150 Jahre
Wissen für die Zukunft
Oldenbourg Verlag

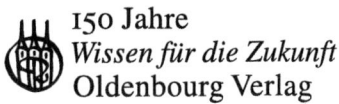

Tilman Nagel

Mohammed
Leben und Legende

R. Oldenbourg Verlag München 2008

UXORI ET FILIO

Dieses Werk wurde gefördert durch einen einjährigen Forschungsaufenthalt am Historischen Kolleg in München.
Das Historische Kolleg, dessen Träger die „Stiftung zur Förderung der Historischen Kommission bei der Bayerischen Akademie der Wissenschaften und des Historischen Kollegs" ist, wird finanziert aus Mitteln des Freistaates Bayern und privater Zuwendungsgeber.

Bibliografische Information der Deutschen Nationalbibliothek
Die Deutsche Nationalbibliothek verzeichnet diese Publikation in der Deutschen Nationalbibliografie; detaillierte bibliografische Daten sind im Internet über <http://dnb.d-nb.de> abrufbar.

Rosenheimer Straße 145, D-81671 München
oldenbourg.de

Umschlaggestaltung: Dieter Vollendorf
Gedruckt auf säurefreiem, alterungsbeständigem Papier (chlorfrei gebleicht)
Druck: Memminger Mediencentrum, Memmingen
Bindung: Buchbinderei Klotz, Jettingen-Scheppach

ISBN 978-3-486-58534-6
eISBN 978-3-486-78095-6

Inhaltsverzeichnis

Detailliertes Inhaltsverzeichnis ... 7
Hinweis für den Leser ... 17

Kapitel I: Die Kaaba
1. Abrahams Bau ... 19
2. Quṣaij, der Quraišite ... 27
3. Von ʿAbd Manāf zu ʿAbd al-Muṭṭalib ... 41
4. Handel, Krieg und Kult ... 48
5. ʿAbd al-Muṭṭalib und das „Jahr des Elefanten" ... 68
6. Die Kaaba in den Jahrzehnten des Übergangs zum Islam ... 78

Kapitel II: Ein heidnischer Prophet
1. Von den „Eingebungen" zur „Herabsendung des Buches" ... 87
2. Die Jahrzehnte bis zur Berufung ... 95
3. Gnostische Anfänge ... 110
4. Anstöße zum Eingottglauben ... 117
5. Die Wahrheit der „Lesung" und Mohammeds Selbstbewußtsein ... 130
6. Vorbilder für den Eingottglauben ... 146
7. Der Weg zum „heidnischen Propheten" ... 162
8. Andere Propheten im damaligen Arabien ... 180

Kapitel III: Die Vertreibung
1. Mohammed und die Banū Maḫzūm ... 187
2. Jenseits des Klangefüges ... 199
3. Das Exil in Äthiopien ... 208
4. Die Ächtung der Hāšimiten ... 221
5. Die Frage nach der Macht in Mekka ... 235
6. Die Vertreibung ... 250

Kapitel IV: Der Glaube
1. Die Vervollkommnung der Riten ... 271
2. Die Nutzbarmachung der „Lesung" ... 285
3. Krieg gegen Mekka ... 297
4. Der Glaube ... 314
5. Die Unterwerfung der Frauen ... 324
6. Die Andersgläubigen ... 336
7. Die Fortsetzung des Krieges gegen Mekka ... 352
8. Vorboten der Niederlage der Mekkaner – oder ihres Sieges? ... 366

Kapitel V: Der Dschihad
1. Das Gemeinwesen der Glaubenskrieger ... 383
2. Der Einmarsch in Mekka ... 402
3. Dynamik nach außen ... 429
4. Radikalisierung im Innern ... 452
5. Mohammeds Tod ... 465
6. Das Ausgreifen der Bewegung ... 467
7. Der Zwiegehörnte ... 484

Kapitel VI: Die Hedschra
1. Der sterbende Prophet ... 491
2. Der Umbruch ... 507
3. Die Erfindung der islamischen Gerechtigkeit ... 513
4. Die Festigung des religiösen Fundaments ... 529
5. Grenzen der Bewegung? ... 546
6. Ideal und Wirklichkeit ... 553

Kapitel VII: Die Fitna
1. Der „Garten der Quraišiten" ... 565
2. Das Kalifat ʿUṯmān b. ʿAffāns (reg. 644–656) ... 576
3. Die Wiederkehr Mohammeds ... 587
4. Die Ermordung ʿUṯmāns ... 597
5. Die „Kamelschlacht" ... 609
6. Ṣiffīn ... 624

Kapitel VIII: Der Islam
1. Die Himmelfahrt des Propheten ... 643
2. Das Kalifat ʿAbdallāh b. az-Zubairs (684–692) ... 652
3. Mohammed und die Omaijaden ... 676
4. Die Autorität des Propheten ... 690
5. Der Islam ... 703
6. Mohammed – Legenden und Geschichte ... 719

Anmerkungen der Kapitel I bis VIII ... 739

Anhang

Einführung in den Gegenstand
1. Stand der Forschung ... 835
2. Eigene Forschungen ... 843
3. Überblick über den Inhalt ... 846

Zusätze ... 873

Genealogische Tafeln ... 980
Landkarten ... 997
Zeittafel ... 999

Indices
1. Begriffe und Sachen ... 1005
2. Personen ... 1014
3. Arabische Termini ... 1026
4. Zitierte bzw. erwähnte Koranstellen ... 1028

Literaturverzeichnis ... 1039
Zur Transliteration arabischer Wörter ... 1052

Detailliertes Inhaltsverzeichnis

Kapitel I: Die Kaaba

1. Abrahams Bau
Die göttliche und die von Menschenhand gemachte Kaaba (19) – Von Mamre nach Mekka (20) – Ismael und die Herrschaft über die Araber (23) – Die jemenische Landnahme und die Ḫuzāʿiten (25)
2. Quṣaij, der Quraišite
Der Machtanspruch der Quraišiten (27) – Das Ende der jemenischen Macht im Hedschas und der Aufstieg der Quraišiten (28) – Genealogie und Herrschaft (30) – Muḍar und Rabīʿa (32) – Wer ist Quraiš? (32) – Die Inbesitznahme Mekkas durch Quṣaij (33) – Die Usurpation des Kultes (35) – Quṣaij als Stifterfigur (39)
3. Von ʿAbd Manāf zu ʿAbd al-Muṭṭalib
Der Streit um das Erbe Quṣaijs (41) – Die Schwurbünde der „Blutlecker" und der „Parfümierten" (41) – Hāšim b. ʿAbd Manāf gegen Asad b. ʿAbd al-ʿUzzā (42) – Hāšims Verdienste (44) – Hāšims Verbindungen nach Medina (44) – Hāšims Rivalität mit ʿAbd Šams, sein Zusammengehen mit den Ḫuzāʿiten (45)
4. Handel, Krieg und Kult
Die Leistung der Quraišiten und Mohammeds Lebenswerk (48) – Die *Aḥābīš* (48) – Die *Fiǧār*-Kriege (50) – Die Sicherung der Handelswege (52) – Das Zusammenwirken mit den Banū Tamīm und seine Bedeutung für den Kult (53) – Der Schwurbund der „Herausragenden" (54) – Die Kultgemeinschaft Abrahams und die „Strengen" (55) – „Heilig" und „profan" (58) – Die politische Bedeutung von „heilig" und „profan" (59) – Mekka und die anderen Marktorte Arabiens (60) – Mekka, die anderen Wallfahrtsorte und die hochreligiöse Durchdringung Arabiens (62) – Der mekkanische Allah und die anderen Götter (65)
5. ʿAbd al-Muṭṭalib und das „Jahr des Elefanten"
Das Wunder des Scheiterns Abrahas (68) – ʿAbd al-Muṭṭalib und Abraha (69) – Die Äthiopier und ʿAbd al-Muṭṭalib (70) – Mekka, aṭ-Ṭāʾif und der Schatten der Großmächte (72) – Die Banū Asad b. ʿAbd al-ʿUzzā und Byzanz (74) – Die Iraner im Jemen (76) – Die Schwäche des Byzantinischen Reiches (77)
6. Die Kaaba in den Jahrzehnten des Übergangs zum Islam
ʿAbd al-Muṭṭalib und der „Herr des Hauses" (78) – Der Neubau der Kaaba und die diesbezüglichen Legenden (80) – Christentum und Wallfahrten in Arabien (82) – Die Kaaba in frühislamischer Zeit (83)

Kapitel II: Ein heidnischer Prophet

1. Von den „Eingebungen" zur „Herabsendung des Buches"
Die muslimische Frage nach der Redlichkeit Mohammeds (87) – „Eingebung" und Leiden (88) – Die Ausblendung des Leidens (90) – Sure 96: Am Anfang war das Buch (91) – Die „Eingebungen" und das „Buch" (91) – Das „Herabsenden" (93) – „Schrift" und „Buch" (94)

2. Die Jahrzehnte bis zur Berufung
Legenden um die Zeugung Mohammeds (95) – Mohammed, Sproß einer uxorilokalen Verbindung (97) – Die Geburt Mohammeds: Datum und Ort (98) – Der Name „Mohammed" (100) – Mohammeds Amme (101) – Als Knabe in Medina (103) – In der Obhut seines Onkels Abū Ṭālib (103) – Erwartete man einen heidnischen Propheten? (105) – Die Ehe mit Ḫadīǧa (106) – Mohammeds Kinder mit Ḫadīǧa (107) – Die Berufung (108)
3. Gnostische Anfänge
Die Reinheit (110) – Mohammed, der „Ṣābi'er" (111) – Der „höchste Herr" als Schöpfer (113) – Frühe Relativierung des Gnostizismus (114) – Hochreligiöse Sinnstiftung (115)
4. Anstöße zum Eingottglauben
Sure 53 und der Beginn der Verkündigungen (117) – Der Hundsstern (119) – Dem „höchsten Herrn" gebührt der erste Rang (121) – Spuren hochreligiöser Überlieferung (122) – Personaler Gott, Schöpfer und Welterhalter (126) – Schöpfer des Guten wie des Bösen (129)
5. Die Wahrheit der „Lesung" und Mohammeds Selbstbewußtsein
Die Redeweise der Wahrsager (130) – Die Bekräftigung der Botschaft (132) – Die Autorisierung des Boten (133) – Mohammed, der „Zauberer" (136) – Mohammeds Monopol auf Unterrichtung aus dem Verborgenen (136) – Die Gesandten vor Mohammed (137) – Gesandter, „Buch" und „Lesung" (138) – Die Authentizität der niedergeschriebenen „Lesung" (140) – Von der mekkanischen zur medinensischen „Lesung" (141) – Der Ramadan, Gedenkmonat der „Herabsendung" (143) – Selbstrechtfertigung mit der „Lesung" (144) – Vorbehalte der „Leute der Schrift" (145)
6. Vorbilder für den Eingottglauben
Ein fremder Lehrer? (146) – Die Frage nach der Herkunft des Stoffs (148) – Die koranische Josefsgeschichte (150) – Josef bei Ephräm (151) – Josef bei Romanos dem Sänger (152) – Endzeitszenerien (154) – Ḥanīfen als Vermittler des Stoffs (155) – Ḥanīfische Dichtung und koranische Rede (156) – Zaid b. ʿAmrs Einfluß auf Mohammed (158) – Zaids Islam (161)
7. Der Weg zum „heidnischen Propheten"
Abrahams Glaubenspraxis ohne Erschwernisse (162) – Abū Qais, ein Ḥanīf aus Medina (164) – ʿUṯmān b. Maẓʿūn und sein Kreis (165) – Das bequeme Ḥanīfentum (166) – Der ḥanīfische Allah und sein Kosmos (167) – Die Aneignung der Gestalt Abrahams und die Erwähltheit der Anhängerschaft Mohammeds (169) – Die „Muslime" (171) – Die Prägung durch das Ḥanīfentum und die Verarbeitung des „ṣābi'ischen" Erbes (173) – Allah ist das Licht (176) – Der Gesandte Allahs (177)
8. Andere Propheten im damaligen Arabien
Ein koranisches Indiz für das Warten auf einen arabischen Propheten (180) – Ḫālid b. Sinān (182) – Ṭalḥa (183) – al-Aswad al-ʿAnsī und Musailima (183) – Saǧāḥ von den Banū Tamīm(185)

Kapitel III: Die Vertreibung

1. Mohammed und die Banū Maḫzūm
Auslegungen der Prophetenvita: mekkanische Erinnerungsstätten (187) – Auslegungen der Prophetenvita: die ersten Anhänger (188) – Zuerst die

eigene Sippe warnen? (191) – Die Rivalitäten unter den quraišitischen Sippen (192) – Die Bedeutung der Banū Maḫzūm (193) – Die Verschärfung der ererbten Konflikte (195) – Versuche zur Beilegung der Konflikte (197)

2. Jenseits des Klangefüges

Erste Wahrnehmung des Gesandten Allahs in Medina (199) – Warnung der Pilger in Mekka (200) – Peinigung der „Schwachen" (201) – Mohammeds Distanz zu den „Schwachen" (202) – Unvermögen der altarabischen Gesellschaft zu einer stimmigen Antwort auf Mohammed (204) – Vorzeichen des unbeabsichtigten Neuen (205) – Universalität der Botschaft, Partikularität der Machtinteressen (207)

3. Das Exil in Äthiopien

Exil und Hedschra (208) – Die erste „islamische" Gemeinde und die erste Auswanderung nach Äthiopien (210) – Die „satanischen" Verse und die zweite Auswanderung (212) – Die Lage im Exil (213) – Das Exil und die große Politik (214) – Mohammed und Äthiopien (216) – Antichristliche Ausgestaltung der Berichte über das Exil (218) – Mohammed und das Christentum am Beginn des äthiopischen Exils (220)

4. Die Ächtung der Hāšimiten

Widerwille gegen die Niederwerfung (221) – Verschärfung der Kritik an Mohammed (222) – Prüfung durch seine Feinde (223) – Der Ablauf der Ereignisse (226) – Die Ächtung (227) – Die Hintergründe der Ächtung (229) – Das Ende der Ächtung (230) – Der Nutzen der überkommenen Ordnung (231) – Die Zuspitzung der ḥanīfischen Gottesidee (233)

5. Die Frage nach der Macht in Mekka

Der Tod Ḫadīǧas und Abū Ṭālibs (235) – Das Abenteuer in aṭ-Ṭā'if (235) – Das Echo im Koran (238) – Die Frage nach der Macht (240) – Mose und Mohammed (242) – Die Uneinigkeit der quraišitischen Klane (243) – Die Himmelfahrt des Gesandten Allahs (244) – Das Problem der Nachtreise des Propheten (246) – Der „fernste Gebetsplatz" (247) – Das Streben nach der Reform der Riten (248)

6. Die Vertreibung

Mohammeds Deutung: Vertreibung und Hinderung am Kult (250) – Vertreibung und Hedschra (251) – Keine gezielte Gemeindebildung in Mekka (252) – Die Entstehung der medinensischen Gemeinde (253) – Zur Geschichte Medinas (254) – Weiteres zur Entstehung der medinensischen Gemeinde (256) – Der Beginn der Auswanderung (256) – Schutzsuche bei fremden Stämmen (258) – Die Begegnungen bei al-ʿAqaba: al-Wāqidīs Bericht (262) – Die Begegnungen bei al-ʿAqaba: Ibn Isḥāqs Bericht (263) – Allahs Befehl, Krieg zu führen (265) – Mohammeds Flucht aus Mekka (266) – Zusammenfassung und Überleitung (269)

Kapitel IV: Der Glaube

1. Die Vervollkommnung der Riten

Ankunft in Medina (271) – Der Gebetsplatz des Propheten (272) – Freitagsgottesdienst und Gebetsruf (273) – Die Gebetszeiten (276) – Die Gebetsrichtung (278) – Die Regelung des Ramadanfastens (281) – Die Riten der Wallfahrt (282)

2. Die Nutzbarmachung der „Lesung“
Die Bedeutung der „Lesung“ für die neuartige Gemeinschaft (285) – Der Zwang zur Klarheit (286) – Überblick über den Inhalt von Sure 2 (289) – Zurückweisung der jüdisch-christlichen Sublimierung des Opfers (291) – Das Zerwürfnis mit den Juden (292) – Der Rückbezug auf Abraham (293) – Regeln der ḥanīfischen Gemeinschaft (294) – Die Lebensmitte der neuen Gemeinschaft (297)
3. Krieg gegen Mekka
Die Kriegszüge, Kern des Wirkens Mohammeds in Medina (297) – Erste Aktivitäten gegen Mekka (298) – Störung des mekkanischen Handelsverkehrs nach aš-Ša'm (300) – Maßnahmen zur Festigung der inneren Sicherheit (302) – Die Vorgeschichte der Schlacht bei Badr (303) – Das Vorgehen der Mekkaner gemäß den islamischen Quellen (304) – Uneinigkeit in den Reihen der Mekkaner (305) – Rechtfertigungen von seiten der Medinenser (307) – Die Schlacht (308) – Zerrüttung der überkommenen Beziehungen durch den Haß (311) – Beute und Lösegeld (312)
4. Der Glaube
Die neue Gemeinschaft und die altarabische Gesellschaft (314) – Mohammeds Deutung: Sure 8 (316) – Die Gläubigen (317) – Allahs Eingreifen und die Aufrechterhaltung der Kampfmoral (317) – Medinensische Opposition gegen Mohammed (320) – Die wahrhaft Gläubigen und die Auswanderung (322) – Die „Helfer“ (324)
5. Die Unterwerfung der Frauen
Auflösung der Ehe durch Übertritt eines Partners zum Islam (324) – Frauen als wertvolles Eigentum (325) – Vorislamische Eheformen (326) – Die ersten Ehen Mohammeds (328) – Die Bestimmungen in Sure 4: eine neue Form der Ehe (329) – Verstoßung und Ehehindernisse (330) – Die Sicherung der Genealogie (331) – Die Unterwerfung der Frauen (332) – Der religiöse Hintergrund dieser Unterwerfung (334)
6. Die Andersgläubigen
Merkmale der von Mohammed gestifteten Gemeinschaft (336) – Die „Schriftbesitzer“ (337) – Die gläubigen und die ungläubigen „Schriftbesitzer“ (338) – Scheidung zwischen Gläubigen und Ungläubigen (339) – Forderungen an die Andersgläubigen (340) – Der rüde Ton, ein Zeichen der Schwäche (342) – Die sogenannte Gemeindeordnung (342) – Medina nach der Schlacht bei Badr (345) – Die Meuchelmorde an Ka'b b. al-Ašraf und anderen (347) – Die Wendung gegen die jüdischen Stämme (349) – Die Vertreibung der Banū Qainuqā' (350)
7. Die Fortsetzung des Krieges gegen Mekka
Einschüchterung der medinensischen Gegner (352) – Die ersten Kriegszüge nach der Schlacht bei Badr (352) – Mekkanische Vorbereitungen auf die Revanche (353) – Die Schlacht bei Uḥud (354) – Die Ausweitung des Konflikts (357) – Die Vertreibung der Banū n-Naḍīr (359) – Das „zurückgeholte“ bewegliche und unbewegliche Gut (360) – Das Bündnis gegen Mohammed (362) – Vorboten der Dschihadbewegung (363) – Spannungen unter den Gläubigen (364) – Die Halsbandaffäre (365)
8. Vorboten der Niederlage der Mekkaner – oder ihres Sieges?
Der „Grabenkrieg“ (366) – Zweideutiges Verhalten der Banū Quraiẓa (368) – Das Massaker an den Banū Quraiẓa (369) – Die Verteilung des

Vermögens der Banū Quraiẓa (370) – Die „Parteiungen“ (371) – Die Verrohung der Sitten (373) – Die Sicherung der Gebiete im Norden von Medina (374) – Fühlungnahme mit Herakleios (375) – Der Entschluß zur „kleinen Wallfahrt“ (376) – Die Unterredungen bei al-Ḥudaibīja (377) – Der Inhalt des Abkommens (378) – Ein belastender Kompromiß (379)

Kapitel V: Der Dschihad

1. Das Gemeinwesen der Glaubenskrieger
Die Umformung der Anhängerschaft des Propheten (383) – Die Dschihadbewegung und ihre Einkünfte (384) – Wandlungen des Begriffs Dschihad (386) – Der Geist der Gläubigkeit (388) – Das gute Darlehen (390) – Der Beutekrieg im Norden (392) – Die Eroberung Ḫaibars (393) – Die Verteilung der Beute und der Erträge des Landes (396) – Die Kopfsteuer (398) – Die Läuterungsgabe und die *ṣadaqāt* (399) – Die Verstetigung der *ṣadaqāt* (400)
2. Der Einmarsch in Mekka
Die Rückkehr der Byzantiner nach aš-Šaʾm (402) – Die Anziehungskraft des Glaubenskriegertums (403) – Unmut über den Vertrag von al-Ḥudaibīja (404) – Schwindende Bedeutung der frühen Auswanderung (406) – Mohammeds „kleine“ Wallfahrt (408) – Die ersten Überläufer (409) – Streit zwischen den frühen und den späten Auswanderern (410) – Bruch des Vertrags von al-Ḥudaibīja (412) – Mohammeds Vorbereitungen auf den Krieg gegen Mekka (413) – Dramatischer Umschwung der politischen Verhältnisse? (413) – Die Bekehrung Abū Sufjān b. Ḥarbs zum Islam (415) – Mohammeds Annäherung an die Quraišiten, Bedeutungsverlust der „Helfer“ und der frühen Auswanderer (416) – Der Einzug in Mekka (418) – Die Rede an der Kaaba (420) – Das Wesen der muslimischen Gemeinschaft nach der Einnahme von Mekka (421) – Die Überhöhung der Gestalt des Propheten (423) – Die Islamisierung Mekkas und seiner Umgebung (424) – Mohammeds Angst vor Übergriffen (425) – Die Schlacht bei Ḥunain (425) – Ergebnisloser Vorstoß nach aṭ-Ṭāʾif (426) – Reichtümer für die Prominenten (427)
3. Dynamik nach außen
Harte Kritik der „Helfer“ an Mohammed (429) – Weitere kriegerische Aktivitäten (430) – Mohammeds Machtanspruch und die große Politik (431) – Gesandtschaften und Maßnahmen der Missionierung (433) – Wendung gegen das Christentum (436) – Die Furcht der Medinenser vor einem Konflikt mit Byzanz (437) – Der kriegerische Prophet und seine Kämpfer (438) – Eroberungen südlich der Grenze zum byzantinischen Reich (439) – Die Unterwerfung der Christen von Naǧrān (441) – Pressionen gegen die Beigeseller (442) – Der Bruch der Übereinkunft mit den Beigesellern (444) – Der Inhalt von Sure 9 (446) – Mohammeds letzte Wallfahrt (448) – Der universale Machtanspruch (449)
4. Radikalisierung im Innern
Die Brüchigkeit der Macht Mohammeds (452) – Opponenten in Medina (455) – Die Opposition und die vorislamischen medinensischen Klanrivalitäten (456) – Mohammeds medinensische „Innenpolitik“ im Lichte dieser Rivalitäten (458) – Die Verlierer unter den Medinensern (459) – Die

„Gegenmoschee“ (460) – Ein Blick von außen (461) – Scharfe Abgrenzung gegen die „Ungläubigen“ (462) – Allahs „Grenzen“ (464)
5. Mohammeds Tod
Der geplante Feldzug nach aš-Ša'm (465) – Sicherung von Machtpositionen (466)
6. Das Ausgreifen der Bewegung
Die Regelung der Nachfolge (467) – Der Abfall der Stämme, neue Propheten (469) – Kriege in Ostarabien (471) – Der Übergang in die Eroberungskriege (475) – Ḫālid b. al-Walīd und der Beginn der Kriege gegen die Sasaniden (476) – Nordostarabien und aš-Ša'm (477) – Die Kriege in aš-Ša'm (479) – Die Eroberung des Irak und das Vordringen nach Iran (480) – Basra und Kufa, die Heerlagerstädte (482) – Der Einfall in Ägypten (483)
7. Der Zwiegehörnte
Der Zwiegehörnte im Koran (484) – Der Zwiegehörnte bei Abraham in Mekka (485) – Der jemenische Zwiegehörnte (487)

Kapitel VI: Die Hedschra

1. Der sterbende Prophet
Ein Giftanschlag auf Mohammed (491) – Die Krankheit zum Tode (491) – Die Hervorhebung Abū Bakrs (493) – Die künftige Rolle ʿAlīs (493) – Mohammed und ʿĀ'iša (494) – Die Diskreditierung ʿUmars (495) – Die Sterblichkeit des Propheten und der Fortbestand des Gemeinwesens (496) – Die Legitimierung des Kalifats Abū Bakrs (496) – Der konstruierte Vorrang ʿĀ'išas (498) – ʿĀ'iša und die Lehrautorität der Prophetengenossen (500) – Bürgen des „Wissens“ (502) – Die Funktionen der Prophetenvita (504) – Von Mohammed zum Islam (506)
2. Der Umbruch
Eine Charakterisierung des Kalifats ʿUmars (507) – Anstößige Mittelvergabe und Abū Ḏarrs Kritik (508) - ʿUmar als Vorbild (510) – Die Verteilung der Einkünfte durch Abū Bakr (510) – Das Anwachsen der Bevölkerung von Medina (511) – Fremde Kulturtechniken (512)
3. Die Erfindung der islamischen Gerechtigkeit
ʿUmars Trennung zwischen öffentlichen und privaten Geldern (513) – Lebensunterhalt, *ṣadaqāt* (513) – ʿUmars „Fiskalismus“ (518) – Der von Allah vorgesehene Lebensunterhalt (518) – Vom Gemeineigentum zum Privatbesitz (520) – Dotationen statt Privatbesitzes (521) – Die Schaffung des „Diwans“ (522) – Die Gemeinschaft der Dotationsempfänger (524) – ʿUmars ḥanīfische Ideale (526) – Die frühen Auswanderer, ein „Verdienstadel“ (527)
4. Die Festigung des religiösen Fundaments
Die Sammlung der „Lesung“ (529) – Der muḍaritische Charakter der „Lesung“ (530) – Das Beharren auf Abgrenzung der „Lesung“ gegen andere Texte (533) – Das mangelnde Charisma der „Nachfolger“ (535) – Verdunklung der Leistungen der Auswanderer durch den erinnerten Propheten: das Beispiel der *tarāwīḥ* (536) – Das Verbot des Weingenusses (538) – Bestimmungen zum Familienrecht (540) – Die Entscheidungsbefugnis des Kalifen und ihre nachträgliche Rechtfertigung (541) – Die Grundla-

gen der „besten Gemeinschaft“: Zusammenfassung (543) – Der Symbolcharakter der Hedschrazeitrechnung (544)
5. Grenzen der Bewegung?
ʿUmars Reisen (546) – Anzeichen für das Erlahmen der Dschihadbewegung (548) – Araber und andere: die Problematik der Genealogie (549) – Kennzeichen der „besten Gemeinschaft“ (550) – Die „Insel der Araber“ (551)
6. Ideal und Wirklichkeit
Der arabische Charakter der „besten Gemeinschaft“ (553) – Das Ḥanīfentum als die den Stammeszwist überwindende Idee (555) – „Beduinisierung nach vollzogener Hedschra“ (557) – Die Wiederkehr des „Väterruhms“ (558) – Das Anwachsen des Klanprestiges der Nachfahren ʿAbd al-Muṭṭalibs (559) – Die Umwandlung der ḥanīfischen Ideale (561)

Kapitel VII: Die Fitna

1. Der „Garten der Quraišiten“
Eine Episode um erworbene Verdienste und vornehme Herkunft (565) – ʿUṯmān wird in die Querelen verwickelt (567) – Die religiöse Verbrämung des Konflikts (569) – Eine Rebellion in Kufa (569) – Ein Blick auf die wirtschaftlichen Verhältnisse (572) – Neue Kampfgemeinschaften (574) – Der Reichtum der alten Genossen (574)
2. Das Kalifat ʿUṯmān b. ʿAffāns (reg. 644-656)
Von ʿUmar zu ʿUṯmān (576) – Das Gremium der Wahlmänner (576) – Die Wahl ʿUṯmāns (578) – Die Vereinheitlichung der „Lesung“ (579) – Die basrischen Querelen (581) – Mißachtung der Grundsätze ʿUmars (583) – Landbesitz schafft Loyalität (584) – Die Klagen über ʿUṯmān (585)
3. Die Wiederkehr Mohammeds
Der Dschihad gerät ins Zwielicht (587) – Die angebliche Verdrehung der Lehren durch ʿAbdallāh b. Sabaʾ (588) – ʿAbdallāh b. Sabaʾ, der Unruhestifter (589) – Das „Vermögen Allahs“ (590) – ʿAbdallāh b. Sabaʾ in Ägypten (592) – Unbefugte Inanspruchnahme der Autorität des Propheten (595)
4. Die Ermordung ʿUṯmāns
Beratungen über die Beilegung der Krise (597) – Der Inhalt der Beschwerden gegen ʿUṯmān und dessen Antwort (598) – ʿUṯmāns „Nepotismus“ (601) – Die „Gläubigen und die „Muslime“ (602) – Das Zeugnis der Prophetengenossen und die im Koran gründende Legalität (603) – Vom Vorrang im Dschihad zum Vorrang im „Wissen“ (604) – Die Ereignisse bis zur Ermordung ʿUṯmāns (605)
5. Die „Kamelschlacht“
Die Unzulänglichkeit des Korans in der Fitna (609) – Ursachen der Autorität der Prophetengenossen (611) – Ein Verteidiger ʿUṯmāns (612) – Glaubenspraxis und Krieg (613) – ʿAlī wird zum Kalifen erhoben (614) – ʿAlīs „antiquraišitische“ Haltung (616) – Die Herkunft der ersten Amtsträger ʿAlīs (617) – Der Ruf nach Rache für den Tod ʿUṯmāns (618) – Der Kampf um den Irak (619) – ʿĀʾiša und Ṭalḥa (620) – Verfolgung der Anhänger ʿAlīs in Basra (620) – ʿAlīs Vorstoß gegen Basra (621) – Die „Kamelschlacht“ (622)

6. Ṣiffīn
Die Prinzipien der Herrschaft ʿAlīs (624) – ʿAlī in der Hand der Aufrührer (625) – Kämpfe zwischen ʿAlī und Muʿāwija (625) – ʿAlī verliert Ägypten (626) – Ergebnislose Bemühungen um einen Huldigungseid Muʿāwijas (627) – Die Kämpfe von Ṣiffīn (629) – Dschihad gegen Glaubensbrüder (629) – ʿAlī und die Rabīʿiten (630) – Der Verlauf der Schlacht (631) – Die Verabredung eines Schiedsgerichts (632) – Noch einmal: der Unterschied zwischen Glaube und Islam (633) – Die Sezession (635) – Die beiden Treffen der Schiedsmänner (636) – ʿAlīs Kriege gegen die Sezessionisten (637) - Muʿāwija in der Offensive (637) – Die Resultate der Fitna (638) – Die Legitimation Muʿāwijas (640)

Kapitel VIII: Der Islam

1. Die Himmelfahrt des Propheten
Die Nachtreise nach Jerusalem (643) – Die Himmelfahrt von Jerusalem aus (644) – Die ältere Fassung: die Himmelfahrt von Mekka aus (646) – Die Nachtreise und die Hinwendung zum Ḥanīfentum (647) – Weitere Fassungen (650) – Himmelfahrt und „Wissen“ (650)
2. Das Kalifat ʿAbdallāh b. az-Zubairs
Die Schlacht auf dem Lavafeld (652) – Die Mohammedfrömmigkeit (654) – Streit um die Anerkennung des Kalifats Jazīds (654) – Die Ergreifung der Herrschaft durch ʿAbdallāh b. az-Zubair (655) – Der Zusammenbruch der omaijadischen Herrschaft (657) – Die Länder des zubairidischen Kalifats (658) – Religion und Stammeszwist (660) – Ibn az-Zubairs Kampf um Kufa (661) – Ibn az-Zubairs Unkenntnis der neuen irakischen Gesellschaft (662) – Glücklicher Erfolg im Irak (664) – Die Unterstützer al-Muḫtārs (665) – Die Stützen des Kalifats Ibn az-Zubairs (667) – Ein Rückblick auf ʿUmars Muḍaritentum (669) – Der konservative Charakter des Kalifats Ibn az-Zubairs (671) – Resümierende Bewertung (672)
3. Mohammed und die Omaijaden
Das Recht der ʿAbd Manāf-Quraišiten auf Herrschaft (676) – Die Festigung der omaijadischen Macht (676) – Die Omaijaden und aš-Šaʾm (677) – Der Prophet als der Garant der omaijadischen Herrschaft (680) – Muʿāwija und Abū Huraira: das Verfügen über das „Wissen“ (682) – Marwān b. al-Ḥakams Lebensweg (684) – Vom eigenen Entscheiden zur Inanspruchnahme der Autorität des Propheten (686) – Das Wirken Kaʿb al-Aḥbārs und die in seinem Namen verbreitete Propaganda (687)
4. Die Autorität des Propheten
Die Legitimität des *ḥadīṯ* (690) – ʿUmars eigenverantwortliche Entscheidungen und deren Umwandlung in *Ḥadīṯe* (691) – Der Einsicht in die Glaubenspraxis entspringende Entscheidungen (694) – Die Okkupation der Einsicht in die Glaubenspraxis durch den Propheten (696) – Zweideutiger Charakter der unbeschränkten Autorität des verklärten Propheten (699) – Die Hauptquelle des *ḥadīṯ*: die jüngeren Prophetengenossen (700) – Das Übergewicht von Themen der Glaubenspraxis (701)
5. Der Islam
Vom Dschihad zum Ritenvollzug (703) – Magische Formeln (704) – Die Aufwertung des *islām* (705) – Umdeutung des kämpferischen Begriffs

des Glaubens (707) – Der Islam tritt in den Vordergrund (708) – Die „fünf Säulen" (710) – Die Überbietung der Pflichtriten (711) – Ritenvollzug anstelle ethischen Handelns (714) – Die Riten und die Herrschaft (716)
6. Mohammed – Legenden und Geschichte
Der historische Mohammed verschwindet hinter dem „islamischen" (719) – Der Felsendom, Monument des Islams (720) – Einfügung des Lebenswerks Mohammeds in die mekkanische Stadtgeschichte: die omaijadische Auslegung (725) – Die hāšimitische Auslegung (726) – Mohammeds Umdeutung der al-ʿAqaba-Vereinbarung: Ausgangspunkt der „Leidensgeschichte" (728) – Zwischenbemerkung zur Funktion der Motive fremder Herkunft in der Prophetenvita (730) – Die Hedschra als das wichtigste Gestaltungsprinzip der Prophetenlegende (731) – Das Hedschrakonzept und die Entstehung des Sunnitentums (733) – Die Person Mohammeds (735)

Hinweis für den Leser

Daß der Islam diejenige unter den Weltreligionen sei, die im hellen Lichte der dokumentierten Geschichte entstand, ist eine häufig geäußerte Feststellung. Das vorliegende Buch unternimmt es, dieser Feststellung eine Grundlage zu geben. Es schildert den Lebensweg jenes Mannes mit Namen Mohammed, der im Arabien des frühen 7. Jahrhunderts n. Chr. den Anspruch erhob, der letzte von Allah berufene Prophet zu sein. Unter nüchternem und furchtlosem Befragen der außerordentlich vielfältigen arabisch-islamischen Quellen und unter Heranziehung der im Vergleich dazu spärlichen einschlägigen Überlieferungen anderer Herkunft entsteht ein facettenreiches Bild von den religiösen und machtpolitischen Bestrebungen Mohammeds, die vor dem Panorama der arabischen Kultur jener Zeit sowie der erbitterten Kriege zwischen Byzanz und Iran nachgezeichnet und analysiert werden. Im Koran, dem vielschichtigen Selbstzeugnis Mohammeds, steht dem Historiker zusätzlich zu den erwähnten eine höchst farbige Quelle zur Verfügung, die ihm die Gelegenheit gibt, mit den Augen jenes Mannes auf die Vorgänge zu blicken, die in die Herausbildung eines neuartigen Gemeinwesens mit einem eigentümlichen religiös-politischen Charakter münden.

Als „Propheten" oder „Gesandten Allahs" bezeichne ich Mohammed nur im uneigentlichen Sinn und nur in Anlehnung an die Redeweise der Quellen über ihn; diese sind, wie gesagt, fast ausschließlich muslimischer Herkunft. Der Glaube der Muslime, daß der Koran Allahs unmittelbare Rede sei, ist selbstverständlich jeder wissenschaftlichen Beurteilung, jeder Falsifikation oder Verifikation, unzugänglich. Die Forschung muß sich an das halten, was als gesichert gelten kann, nämlich daß die Worte des Korans von Mohammed ausgingen, daß er sie als Rede Allahs verstanden wissen wollte und daß ein Teil seiner arabischen Zeitgenossen diese Behauptung ernstnahm und daraus weitreichende Konsequenzen zog. Deren Verwirklichung im Alltag beeinflußte ihrerseits die Vorstellungen, die sich die frühen Muslime von Mohammed und von dem Prophetentum machten, das sie ihm zuerkannten: Die dokumentierte und die erinnerte Geschichte treten auseinander. Wir werden diesem Sachverhalt bis in die zweite Hälfte des 7. Jahrhunderts hinein nachgehen, bis in jene Epoche, in der sich die Grundzüge der Erinnerung der Muslime an die Entstehungsgeschichte ihrer Religion und ihres Gemeinwesens verfestigt haben. Mit den weiteren Entwicklungslinien des muslimischen Bildes vom Propheten bis in die Neuzeit hinein beschäftigt sich die Studie *Allahs Liebling. Ursprung und Erscheinungsformen des Mohammedglaubens*, die im unmittelbaren Zusammenhang mit der vorliegenden ausgearbeitet wurde.

Geschichtsschreibung entsteht aus der hartnäckig bohrenden Auseinandersetzung mit dem, was die Quellen berichten. Erst nach der ins einzelne gehenden Kenntnisnahme des Überlieferten sind verallgemeinernde Schlüsse möglich. Das ist eine Binsenweisheit, die man in der Leben-Mohammed-Forschung leider vielfach mißachtet. Das mannigfaltige, überaus umfangreiche Material ist im übrigen mit zahllosen Einzelpersonen verknüpft und spiegelt das in Kategorien der Verwandtschaft urteilende Weltverständnis seiner Urheber wider. Dieser Sachverhalt darf bei der Darstellung nicht völlig übersprungen werden. Er muß vielmehr so weit nachgezeichnet werden, daß die Schlüsse, die aus der Überlieferung zu ziehen sind, plausibel werden. Ein geringer Teil der Geduld, die beim Studium der Quellen aufzubringen war, wird daher auch dem Leser abverlangt.

Über das Verhältnis meiner Untersuchungen zur bisherigen Leben-Mohammed-Forschung setze ich den Leser in der *Einführung in den Gegenstand* am Beginn des Anhangs ins Bild; dort findet sich auch ein Abriß des Gedankenganges der Darstellung. Ferner enthält der Anhang neben dem üblichen Apparat zahlreiche genealogische Tafeln. Bei letzteren achte ich nicht auf Vollständigkeit, sondern lediglich darauf, daß sich der Leser einen Überblick über die Verwandtschaftsbeziehungen wichtiger im Text genannter Personen verschaffen kann; die Kenntnis dieser Verbindungen, des Ordnungssystems der altarabischen Gesellschaft, ermöglicht erst eigentlich das Verständnis der zu schildernden Geschehnisse. Im Register der Personen verweist eine in Klammern gesetzte römische Zahl gegebenenfalls auf die genealogische Tafel, die zu Rate zu ziehen ist. Den Kern des Anhangs bilden jedoch die Zusätze zu den Anmerkungen. Wenn eine Anmerkung einen Zusatz hat, wird dies durch */Z/* verdeutlicht. Die Zusätze selber sind in der Reihenfolge der Kapitel und darin wiederum nach den Nummern der Anmerkungen geordnet. Sie enthalten Materialien vorwiegend religions- und kulturgeschichtlichen Inhalts, mit deren Hilfe dem Leser der Hintergrund der geschilderten Ereignisse erläutert und veranschaulicht werden soll.

Viele Jahre voller Anstrengungen stecken in dem endlich fertiggestellten Buch. Ohne das Stipendium des Historischen Kollegs in München, wo ich vom Herbst 2005 bis zum Herbst 2006 ungestört und in einer der geistigen Arbeit förderlichen Atmosphäre tätig sein konnte, wäre ich gleichwohl nicht zum Abschluß gekommen. Mein tiefempfundener Dank gilt daher dieser wunderbaren Institution und allen, die sich ihr Wohl und Gedeihen angelegen sein lassen. Herr Dr. Viktor Golinets war in München mein wissenschaftlicher Mitarbeiter; er setzte die genealogischen Tafeln, las den ganzen Hauptteil und gab mir viele wertvolle Literaturhinweise. Herr Andreas Herdt MA unterzog im Sommer 2007 den ganzen Text einer peinlich genauen Lektüre, entdeckte manche Unstimmigkeit und schlug einige Ergänzungen vor, die in den Anmerkungen gekennzeichnet sind. Außerdem fertigte er die Indices der Personen, der arabischen Termini und der Koranstellen an. Frau Natalja Plechistova MA war bei der Beschaffung und Aufbereitung der Landkarten behilflich. Herr Dr. Martin Jagonak enthüllte mir manche Geheimnisse der EDV und machte mir dadurch die Anfertigung des Umbruchs möglich. Ihnen allen gilt mein aufrichtiger, herzlicher Dank. Vor allen anderen aber danke ich meiner lieben Frau; daß sie eine Korrektur las, ist wahrlich der geringste Teil der Unterstützung und Aufmunterung, die sie mir und meiner Arbeit unermüdlich schenkt.

Dransfeld, im September 2007 — Tilman Nagel

Kapitel I: Die Kaaba

1. Abrahams Bau

Die göttliche und die von Menschenhand gemachte Kaaba

Am Anfang, vierzig Jahre vor der Schöpfung der Himmel und der Erde, war die Kaaba der Schaum über dem Wasser; von ihr her breitete Allah das Land aus. So lehrt es Kaʿb al-Aḥbār, der in der vorislamischen Heilsgeschichte bewanderte Jude, der zur Regierungszeit des Kalifen ʿUmar (reg. 634-644) aus dem Jemen nach Medina gekommen ist und den Islam angenommen hat.[1] Ibn al-ʿAbbās (gest. 688), ein Vetter des Propheten Mohammed, weiß es noch genauer: In der Zeit vor der Schaffung der Himmel und der Erde schwebte der Thron Allahs über dem Wasser; Allah entfachte einen Sturm, der an der Stelle der Kaaba eine Sandbank hervortreten ließ, einer Kuppel ähnlich. Unterhalb von ihr verfertigte Allah die sieben Erdschichten; sie schwankten und schwankten, worauf der Schöpfer sie mittels tiefwurzelnder Berge festpflockte. Der erste Berg war der Mekka überragende Abū Qubais, und die Stadt nennt man „die Mutter der Ortschaften". Muǧāhid b. Ǧabr (gest. 722), ein mekkanischer Gelehrter, teilt uns darüber hinaus mit, schon zweitausend Jahre vor Schaffung der Erde habe Allah jene erwähnte Stelle freigelegt, deren Fundament bis zur siebten und letzten Schicht hinabreiche.[2]

Mit diesen Überlieferungen leitet Abū l-Walīd al-Azraqī (gest. ca. 858) sein großes Werk über die Geschichte Mekkas ein. Die heilige Stadt beherbergt den Mittelpunkt der Schöpfung: Alle Länder lagern sich um den Ort der Kaaba; deren Grundmauern ruhen auf der tiefsten Erde. Und unmittelbar über ihr, jenseits des siebten Himmels, befindet sich der Thron Allahs; die Achse des Kosmos verläuft durch die Kaaba. Dies versichert uns eine andere Legende: Als Adam aus dem Paradies verstoßen worden war, vermißte er schmerzlich den Gesang, der dort ständig erklingt; Allah führte ihn an den Ort des künftigen Mekka, und Gabriel fegte mit einem gewaltigen Flügelschlag das Erdreich von der Bodenerhebung, auf welche die Kaaba gesetzt werden sollte; andere Engel schleppten aus verschiedenen Gegenden der Welt mächtige Felsbrocken herbei und ließen sie dort hinab; so wurden die Grundmauern gelegt, und nun schwebte das „vielbesuchte Haus" vom Himmel hernieder und wurde auf den Felsstücken abgesetzt. Das Haus bestand, wie Kaʿb al-Aḥbār weiß, aus einem riesigen ausgehöhlten Rubin; Allah befahl Adam, es zu umkreisen, gleich wie die Engel oben den Thron des Höchsten. Als später die Flut über die sündhafte Menschheit hereinbrach, wurde das „vielbesuchte Haus" wieder in den Himmel emporgezogen.[3]

Daß an dem Ort, wo dieses einst gestanden hatte, heilige Kräfte walteten, geriet nicht in Vergessenheit, nachdem sich die Fluten verlaufen hatten. Allah beschloß, wie einst Adam so nun Abraham die Riten zu lehren; er zeigte ihm den Ort, beauftragte ihn mit dem Bau eines neuen „Hauses", und Abraham machte sich ans Werk. Sein Sohn Ismael schleppte die Steine herbei, aus denen er die Mauer fügte – bis in eine Höhe von neun Ellen. Es entstand ein Geviert, eine Einfriedung ohne Dach, deren Ecken nach den Himmelsrichtungen gelegen waren: Die südliche Ecke nannte man die jemenische; rechter Hand von ihr dehnte sich die Mauer einunddreißig Ellen weit nach Nordosten bis zur östlichen Ecke, die später die irakische heißen sollte; von dort schritt man die Stirnwand entlang und erreichte nach zweiundzwanzig Ellen den nördlichsten Punkt des Gebäudes, die syrische Ecke; der westlichste Punkt war von da zweiunddreißig Ellen entfernt und zwanzig von der jemenischen Ecke.[4] Die annähernd rechtwinklige Einfriedung konnte durch eine Lücke betreten werden, die Abraham in der nach Nordosten weisenden Längswand freigelassen hatte. Er verzichtete im übrigen darauf, die Fugen des Gemäuers mit Lehm auszuschmieren, sondern setzte lediglich die unbehauenen Steine fest aufeinander. Als er bis zur östlichen Ecke gelangt war, bat er seinen Sohn, er möge ein besonders markantes Felsstück suchen. Es war der Engel Gabriel, der Ismael den funkelnden Meteoriten brachte, der noch heute an jener Stelle der Kaaba zu sehen ist, inzwischen freilich geschwärzt wegen der zahllosen sündigen Hände, die ihn in heidnischer Zeit berührten. Im Innern des Bauwerks, zur Rechten des Eingangs, hob Abraham eine Grube aus; in ihr wurden die Votivgaben verwahrt, die die Wallfahrer dem Heiligtum stifteten. So war nun der krafthaltige Ort, zu dem seit dem Rückgang der Flut die Menschen gepilgert waren, um die Vergebung ihrer Verfehlungen zu erflehen,[5] wie zu Adams Zeiten durch ein Gebäude gekennzeichnet, ein menschengemachtes allerdings, und der Meteorit lehrte, von wo aus man mit dem Umschreiten der Achse des Kosmos beginnen sollte.

Von Mamre nach Mekka

Was können wir mit diesen Legenden anfangen? Tragen sie überhaupt zum Verständnis des islamischen Propheten und seiner Gedankenwelt bei? Haben wir nicht törichte Fabeleien vor uns, angeregt durch jenen Vers des Korans (Sure 2, 127), der von der Errichtung des „Hauses" durch Abraham und Ismael erzählt? In der Tat sind die Bemerkungen über die Schaffung der Kaaba vor aller übrigen Kreatur erst nach Mohammeds Tod entstanden, wofür der Name Kaʿb al-Aḥbārs zeugt, eines Juden, der zum Islam übertrat und in der frühen Omaijadenzeit wirkte. Das mekkanische Heiligtum wie auch die Gestalt des Propheten wurden damals zu den entscheidenden Gegebenheiten einer vor allem Irdischen einsetzenden Heilsgeschichte erhoben. In anderem Zusammenhang muß dies weiter geklärt werden. Fürs erste verweilen wir jedoch bei Abraham, genauer bei dem Pilgerkult, den ihm die heidnischen Araber widmeten. Dieser Kult ist nicht erst im Koran und in anderem früharabischen Schrifttum bezeugt, sondern auch unabhängig davon. In den eben zitierten Überlieferungen wird älteres Gedankengut lediglich in einen auf Mekka ausgerichteten Wortlaut übertragen. Das älteste Zeugnis verlegt diesen Kult nämlich nicht nach Mekka. Gegen Ende des 5. Jahrhunderts schrieb Sozomenos in seiner Kirchengeschichte über eine auch von heidnischen Arabern aufgesuchte Pilgerstätte, die, bei Hebron gelegen, sich bis in die Regierungszeit des Kaisers Konstantin regen Zuspruchs erfreute. Bei „Mambré" – den berühmten Terebinthen des Mamre (Gen 13, 18), wo Abraham sich einst niedergelassen hatte – habe man alljährlich im Sommer Zeremonien gefeiert, an denen sich Araber in großer Zahl beteiligt hätten. Obgleich deren Zelte stets dicht an dicht gestanden hätten, habe niemand die guten Sitten verletzt; aus Ehrfurcht vor dem heiligen Ort hätten sich die Wallfahrer des Geschlechtsverkehrs enthalten. Außer einem Gebäude an der Terebinthe Abrahams sei dort nur freies Gelände gewesen. Der Brunnen, den Abraham einst gegraben habe, sei mit Votivgaben vollgestopft und zu nichts mehr nutze gewesen. Juden, Christen und Heiden seien als Pilger gekommen; die Juden, um des Patriarchen zu gedenken; die Christen, weil dort der erschienen sei, der sich später als der Erlöser erwiesen habe; die Heiden schließlich in Erinnerung an die Engel, die Abraham aufgesucht hätten. Überdies hören wir von Sozomenos, daß die Heiden bei Gelegenheit dieser Wallfahrt Tiere opferten, Rinder, Hunde, Ziegenböcke, Hähne. Als der Kaiser von diesem Treiben erfahren habe, sei den Bischöfen in Palästina der Befehl zugegangen, solche Profanierung des heiligen Ortes zu unterbinden, den Opferaltar und die hölzernen Idole zu zerschlagen und eine Kirche zu errichten.[6]

Vereinzelt stößt man in der Spätantike auf Spuren einer Verehrung Abrahams, die sich vom biblischen Hintergrund gelöst hat; auf deren theologischen Gehalt und auf die Frage nach dessen Bedeutung für Mohammeds Verkündigung müssen wir später zu sprechen kommen. Vorerst sei nur an das heilsgeschichtlich bedeutsame Erleben Abrahams bei den Terebinthen von Mamre erinnert, das, folgt man den Worten Sozomenos', die heidnischen arabischen Wallfahrer dorthin lockte. Dem Patriarchen war ein Fremder mit zwei Begleitern erschienen. Die ehrfurchtgebietende Aura des Unbekannten beeindruckte Abraham tief. Er bat Sarah, den Ankömmlingen ein Gastmahl zu bereiten. Nachdem man gespeist hatte, erkundigte sich der Fremde nach Sarah und sagte voraus, daß sie ein Kind gebären werde. Ungläubig lachte sie bei diesen Worten; sie und Abraham waren dafür zu alt. Der Fremde ließ diesen Einwand nicht gelten; Gott sei alles möglich, beharrte er (Gen 18, 2–15). Für die christlichen Wallfahrer nach „Mambré" war jener Unbekannte niemand anders als der Heiland selber, der schon damals Wunder wirkte, genau wie viel später, als Palästina eine römische Provinz geworden war. Von dieser christlichen Inanspruchnahme Abrahams wird noch zu reden sein.

In den ältesten Suren des Korans wird nirgends ausführlich von Abraham erzählt. Erst in den letzten Jahren vor der Hedschra rückt er in den Mittelpunkt der Aufmerksamkeit Mohammeds. So heißt es damals in Sure 11: „Unsere (d.h. Allahs) Gesandten brachten Abraham die Freudenbotschaft: ‚Friede!' Er erwiderte: ‚Friede!' und setzte ihnen sogleich ein gebratenes Kalb vor. Wie er bemerkte, daß ihre Hände es nicht berührten,[7] fand er dies befremdlich, und Furcht vor ihnen beschlich ihn. ‚Fürchte dich nicht! Wir sind zum Volk Lots geschickt!' sagten sie. Abrahams Frau stand dabei. Sie lachte. Wir (d.h. Allah) verhießen ihr die Geburt Isaaks und später Jakobs, worauf sie entgegnete: ‚Weh mir, soll ich gebären, wo ich doch ein altes Weib bin und mein Ehemann ein Greis? Das ist wirklich seltsam!' Jene fragten: ‚Wunderst du dich über Allahs Fügung? Die Barmherzigkeit und der Segen Allahs seien über euch, ihr Leute des Hauses! Er ist hoch zu rühmen!'" (Vers 69–73). In Mohammeds Vorstellung spielt die Szene in Mekka, worauf die Wendung „ihr Leute des Hauses" hinweist: Er denkt bei dieser Wendung an sich selber und an die übrigen Nachkommen seines Großvaters ʿAbd al-Muṭṭalib.[8] Aus einer weiteren Passage, die ebenfalls aus seiner spätmekkanischen Periode stammt, erhellt noch klarer, daß das Ereignis von Mamre, nur noch flüchtig angedeutet, von der Vorstellung absorbiert wird, Mekka sei der Mittelpunkt der Heilsgeschichte der Menschheit. „Wir (d.h. Allah) verhießen Abraham einen klugen Knaben. Und als er mit ihm den (Ort des rituellen) Lauf(es) (zwischen aṣ-Ṣafā und al-Marwa) erreicht hatte,[9] sprach er: ‚Mein lieber Sohn, mir träumte, wie ich dich opfere. Schau, was du nun für richtig hältst!' Er antwortete: ‚Väterchen, tu wie dir aufgetragen! Du wirst mich, so Allah will, geduldig finden.' Als beide (das Gesicht zu Allah, also zur Kaaba) gewandt hatten[10] und Abraham den Sohn auf die Stirn niedergeworfen hatte, da riefen wir ihm zu: ‚Abraham! Du hast dem Traum geglaubt. So aber belohnen wir die, die recht handeln. Dies ist wirklich eine klare Prüfung!' Und wir lösten (den Sohn) durch ein großes Opfertier aus und hinterließen (Abraham) unter den Spätgeborenen (großen Ruhm). Friede sei über ihm! So belohnen wir die, die recht handeln. Er zählt zu unseren gläubigen Knechten. Und wir verhießen ihm Isaak, der ein Prophet und einer der Frommen sein würde, und wir segneten ihn und Isaak. In der Nachkommenschaft beider gibt es einige, die recht handeln, aber auch andere, die offensichtlich wider sich selber freveln." (Sure 37, 101–113). Die Ankündigung der Geburt eines Sohnes – es muß Ismael sein, denn von der Verheißung Isaaks ist erst nach der Opferung die Rede – enthält keinen Hinweis mehr auf den Hain von Mamre; das, wie im Koran üblich, nur in wenigen knappen Strichen skizzierte dramatische Ereignis läuft vor einer mekkanischen Kulisse ab. ʿAbd al-Muṭṭalib, so erzählte man sich, hatte geschworen, er werde Allah einen Sohn opfern, und auch ihm gewährte Allah im letzten Augenblick Schonung; die Mohammedlegenden verbinden die Zeugung des Gesandten Allahs mit diesem Geschehen.[11]

Etwas älter als die Suren 11 und 37 ist Sure 14, die mit „Abraham" überschrieben wurde. Dies weist uns auf ihr Kernthema hin, auf die Verse, die man für besonders wichtig hielt: „Damals sagte Abraham: ‚O mein Herr! Mach diese Ortschaft (d.h. Mekka) sicher! Gib, daß ich und meine Söhne die Verehrung der Idole meiden! O mein Herr! Diese Idole haben schon viele Menschen in die Irre geführt. (Und davor bewahre auch alle) die mir folgen; denn sie gehören zu mir. Und wer sich mir widersetzt – nun, du bist verzeihend und barmherzig! O unser Herr! Ich habe einige meiner Nachkommen in einem Tal angesiedelt, in dem es keinen Ackerbau gibt, bei deinem geheiligten Haus. O unser Herr, sie sollen das rituelle Gebet verrichten. Gib, daß das Herz einiger Leute Zuneigung zu ihnen faßt, ernähre sie von den Früchten, vielleicht werden sie sich dankbar zeigen! O unser Herr, du weißt, was wir verbergen und was wir offenlegen. Allah bleibt nichts verborgen, weder auf der Erde noch im Himmel. Preis sei Allah, der mir trotz meinem Greisenalter Ismael und Isaak geschenkt hat! Mein Herr erhört das Bitten! O mein Herr, mach, daß ich das rituelle Gebet einhalte, desgleichen meine Nachkommen, und nimm mein Bitten an! O unser Herr, verzeih mir und meinen Eltern und den Gläubigen am Tag der Abrechnung!'" (Vers 35–41).

Erst nach Mohammed werden diese Andeutungen durch Anleihen beim Alten Testament und der daraus schöpfenden Literatur ergänzt, wobei die Schwierigkeiten, die die nahtlose Verbindung der arabischen mit der jüdischen Überlieferung bereitet, zutage treten. Abraham, so lautet eine weit verbreitete Fassung der Geschichte,[12] flüchtete aus seinem Heimatland, wo ihn der böse Tyrann Nimrod gepeinigt hatte.[13] Er „wanderte zu Allah aus".[14] Zusammen mit seiner Base Sarah, die er geheiratet hatte, gelangte er nach Ägypten. Der Teufel flüsterte dem Pharao etwas von der ungewöhnlichen Schönheit Sarahs zu und weckte dadurch die Begierde des Herrschers. Sarah mußte vor ihn treten, doch noch ehe er sie packen konnte, verdorrte ihm die Hand. Erschrocken schwor er, er werde Sarah nie wieder belästigen, wenn sie nur erreiche, daß seine Hand heile. Auf Sarahs Bitte erfüllte Allah diesen Wunsch; dankbar schenkte ihr der Pharao eine Magd, Hagar. Sarah, die von ihrer Unfruchtbarkeit wußte, gab die Magd ihrem Ehemann weiter. In jenen Tagen fand auch die Begegnung mit den Fremden statt, die Sarah die Geburt eines Sohnes verhießen. Ismael und Isaak kamen ungefähr zur selben Zeit zur Welt. Mit Kummer bemerkte Sarah, daß Abraham den Sohn der Magd bevorzugte. In ihrer Eifersucht konnte sie ihren Gatten schließlich dazu überreden, Hagar und Ismael zu verstoßen. Abraham riet Sarah sogar, sie solle Hagar beschneiden und ihr überdies die Ohren durchbohren. Beides wurde fortan unter den heidnischen Frauen üblich.[15] Hagar und ihr Sohn wurden in der wasserlosen Einöde des nachmaligen Mekka ausgesetzt. Um sie vor dem Verdursten zu retten, ließ Allah dort den Zemzembrunnen hervorquellen. Wegen dieser Wasserstelle siedelten sich Leute aus dem Stamm der Ǧurhum bei Hagar an. Ismael betätigte sich, sobald er herangewachsen war, als Jäger. Nach dem Tode Hagars suchte Abraham mehrmals Mekka auf; von Allah erhielt er den Felsblock, auf den er sich stellte, als er die Mauern der Kaaba aufführte, bis in eine Höhe von neun Ellen, wie wir hörten. Noch heute kann man diesen Stein mit einem Fußabdruck Abrahams im Hof der Großen Mosche von Mekka besichtigen.

Ismael und die Herrschaft der Araber

Auf Anraten Abrahams heiratete Ismael in den Stamm Ǧurhum ein; als Abraham nämlich während eines seiner Besuche in Mekka den Wohllaut des Arabischen hörte, keimte in ihm der Wunsch, seine Nachkommen möchten sich dieser Sprache bedienen. Ismael freite um Raʿla, eine Tochter des ǧurhumitischen Stammesführers Muḍāḍ b. ʿAmr,[16] die ihm zwölf Söhne gebar (vgl. Gen 17, 12), unter ihnen Nābit, Qaidār und Qaṭūrā. Nach seinem Tode begrub man Ismael wie zuvor schon seine Mutter im Innern der halbkreisförmigen Umzäunung, die noch heute vor der nordöstlichen Querwand der Kaaba zu sehen ist. Abraham hatte sie als eine Hürde für seine Ziegen aus den Ästen des Arak-Baumes[17] gebaut, sein Sohn hatte sie zu demselben Zweck genutzt.[18] – Nābit kümmerte sich nach dem Tod des Vaters um die Kaaba und die Pilgerriten. Er und sein Bruder Qaidār sind es, auf die sich die Stammbäume der Ismael-Araber zurückführen lassen, nicht aber auf Qaṭūrā,[19] und das kam so: Als Nābit gestorben war, ging das Wächteramt an der Kaaba auf Muḍāḍ b. ʿAmr, den Großvater mütterlicherseits, über und damit letzten Endes an die Ǧurhumiten. Muḍāḍ und seine Sippe siedelten am oberen Ende Mekkas und erhoben den Zehnten von allen, die von dort aus das Heiligtum besuchen wollten. As-Samaidaʿ, das Oberhaupt der Familie Qaṭūrās, beherrschte dagegen das Gelände von al-Aǧjād südsüdöstlich der Kaaba.

Beide machten sich zunächst keine Konkurrenz und lebten friedlich miteinander. Freilich waren beide Gruppen, da sie aus dem Jemen stammten, an eine feste Obrigkeit gewöhnt. Wenigstens bevor sie zu einer Karawanenreise aufbrachen, wählten sie stets einen der ihrigen zum „König". In Mekka beanspruchte as-Samaidaᶜ eines Tages das Königtum und wollte es über die ganze Ansiedlung ausdehnen. Es entspann sich ein heftiges Gefecht zwischen beiden Parteiungen, bei dem die Ǧurhumiten unter Muḍāḍ die Oberhand gewannen. Qaṭūrā und sein Anhang wurden verdrängt, Muḍāḍ schwang sich zum „König" von Mekka auf.[20] – Will man Ismael zum Stammvater der Araber erheben, dann muß man die biblische Überlieferung mit einer anderen, genuin arabischen verschmelzen, in der die Erinnerung an die eigenen Genealogien fortlebt. Qaṭūrā – sein Name fehlt in der biblischen Liste der Söhne Ismaels (Gen 25, 12–14; 1. Chronik 1, 29–31)[21] – steht für einen Teil des Arabertums, der wegen seines frevelhaften Verhaltens aus Mekka verstoßen wurde; der mit dem Besitz der Kaaba verbundene Herrschaftsanspruch über alle Araber tritt in dieser Legende unverhohlen zu Tage; er war schon vor Mohammeds Auftreten ein Politikum ersten Ranges und wurde durch dessen Wirken erheblich verschärft.

Eine andere Fassung der Legenden um die Nachkommen Ismaels und deren Aufgehen im Arabertum betrachtet die Ǧurhumiten und die Familie Qaṭūrās als zwei eigenständige Gemeinschaften jemenischen Ursprungs; den Ǧurhumiten ist es vergönnt, durch die Verschwägerung mit Ismael ein Teil der durch die Treue zum Kaabakult gekennzeichneten „rechtgläubigen" Araber zu werden; Qaṭūrā und seine Sippe setzt man dagegen mit den Amalekitern gleich, den Erzfeinden der Israeliten.[22] „Dann machte Allah, daß die Nachkommen Ismaels und die Ǧurhumiten, ihre Verwandten in der mütterlichen Linie, sich ausbreiteten. Die Ǧurhumiten waren die Herren des ‚Hauses', und die Nachfahren Ismaels machten ihnen dies um der Verwandtschaft willen nicht streitig. Als ihnen Mekka zu eng wurde, verteilten sie sich über das Land. Zu welchem Stamm sie auch kamen, in welchem Ort sie sich auch niederließen, wegen ihrer Glaubenspraxis, nämlich der abrahamischen, verlieh ihnen Allah die Oberhand, so daß sie endlich das ganze Land füllten und die Amalekiter von dort vertrieben."[23] Mit dem Bekenntnis zu Abraham und dem Vollzug der Riten, die er auf Geheiß Allahs stiftete, verknüpft sich die Herrschaft; dem muslimischen Autor, der die legendenhafte Geschichte des alten Mekka zusammenfaßt, ist diese Vorstellung geradezu selbstverständlich. Weshalb aber verloren die Ǧurhumiten, was sie einst gewonnen und mit stiller Zustimmung der Söhne Ismaels genossen hatten? Sie verstanden es nicht, die sittliche Lauterkeit, wie sie den Wächtern der Kaaba angemessen ist, zu bewahren sowie sich zügig zu vermehren. Muḍāḍ, ein Urenkel des gleichnamigen Stammesführers, warnte vor den schlimmen Folgen der Lasterhaftigkeit, aber man wollte nicht auf ihn hören. – Wir werden diese Motive in Mohammeds ältesten Verkündigungen wiederfinden. – Als einige Ǧurhumiten gar versuchten, die in der Kaaba hinterlegten Schätze zu stehlen, verbarg Muḍāḍ sie heimlich im Zemzembrunnen, den er danach zuschüttete. Unterdessen rückten Stämme aus dem Jemen, aus Marib, nach Norden vor; sie hofften, entweder in Syrien oder im Irak günstige Lebensverhältnisse anzutreffen. Sie baten die Ǧurhumiten um vorübergehende Unterstützung, bis sie ausgekundschaftet haben würden, wohin sie weiterziehen könnten. Doch die hochmütigen Herren Mekkas verweigerten die Gastfreundschaft; die Fremden nahmen sich nun mit Gewalt, was ihnen nach gutem Brauch zustand. Muḍāḍ und sein Anhang hatten sich aus dem Kampf herausgehalten und retteten damit ihr Leben; sie flüchteten nach Qanaunā,[24] wo ihre Nachfahren, so heißt es in der auf al-Azraqīs Werk fußenden Überlieferung des Ḫuzāʿiten Isḥāq b. Muḥammad,[25] „bis heute" wohnen.[26] Die übrigen Ǧurhumiten wurden getötet oder in alle Winde zerstreut. So kam es, daß die südarabischen Ḫuzāʿiten die Herrschaft über Mekka errangen; noch in der Zeit Mohammeds spielten sie in der Stadt eine, wenn auch untergeordnete, Rolle. Seitdem die Quraišiten, ein sich unmittelbar auf Ismael berufender Stamm, das Heiligtum in ihre Gewalt gebracht hatten und sich anschickten, ihre Macht über ganz Arabien auszudehnen, werden die Ḫuzāʿiten auf den Hinweis Wert gelegt haben, daß sie seinerzeit nach der Vertreibung der Ǧurhumiten bereitwillig die Nachkommen Ismaels in ihrer Mitte aufgenommen hätten.[27]

Die jemenische Landnahme und die Ḫuzāʿiten

Der Sieg jemenischer Einwanderer über die Ǧurhumiten bildet ein Schlüsselereignis in der erinnerten Geschichte der Araber der vor- und frühislamischen Epoche. Denn nicht nur die Verhältnisse in Mekka sollen für lange Zeit hierdurch bestimmt worden sein. Wie al-Azraqī erzählt, befiel die Eroberer, kaum daß sie die Stadt und das „Haus" in Besitz genommen hatten, eine schlimme Fieberseuche. Was zu tun sei, fragten sie ihre Wahrsagerin. Wer über ausreichend Proviant und kräftige Kamele verfüge, der möge in den Oman ziehen, riet sie – und das wurden die Azd ʿUmān; wer sich zutraue, harte Entbehrungen auszuhalten, der möge sich mit der kümmerlichen Nahrung durchschlagen, die ihm die Arak-Bäume in der Niederung von Marr[28] böten – das waren die Ḫuzāʿiten; wenn jemand die im sumpfigen Gelände verwurzelten Bäume bevorzuge, dann solle er in das palmenreiche Jaṯrib einwandern – diesem Hinweis folgten die Aus und die Ḫazraǧ; Wein und ein Leben in Luxus werde man im fernen Bostra und in al-ʿAwīr[29] genießen – die Āl Ǧafna der Banū Ġassān machte sich dorthin auf; feine Gewänder, edle Pferde, viele Schätze, aber auch Blutvergießen erwarteten die Ankömmlinge im Irak – die Sippe des Ǧuḏaima al-Abraš,[30] die Ġassāniden in al-Ḥīra und die Sippe des Muḥarriq[31] fanden den Gewinn zu verlockend. Im Kreise der medinensischen „Helfer" Mohammeds wird man diese Geschichte über die südarabische Landnahme in Verse setzen; im erbitterten Stammeszwist der Omaijadenzeit, der eine mittelbare Folge des Auftretens Mohammeds und des hierdurch verschärften Gegensatzes zwischen Süd- und Nordarabern war, wird alles dies zu einer gleichsam lebendigen Gegenwart erweckt werden.[32]

Luḥaij hieß der erste Ḫuzāʿite, der Mekka regierte und sich um die Kaaba kümmerte. Er verehelichte sich mit einer Ǧurhumitin, die ihm einen Sohn gebar, den er ʿAmr nannte. Mit diesem ʿAmr, einem Mann von sagenhaftem Reichtum, verbindet die Überlieferung schwerwiegende Umgestaltungen des Kaabakultes. Das Vermögen, über das er verfügen konnte, bestand vor allem aus riesigen Viehherden; er konnte es sich leisten, die Pilger mit einer Delikatesse zu bewirten, dem puren Fett aus den Höckern geschlachteter Kamele. Man erzählt, daß er einige in frühislamischer Zeit noch geübte Bräuche der Kamelzüchter gestiftet habe. Stuten, die zehnmal hintereinander weibliche Fohlen zur Welt gebracht hatten, wurden „freigelassen"; sie durften nicht mehr geritten oder gemolken werden, niemand hatte das Recht, sie von einem Weideplatz oder einer Wasserstelle fortzuscheuchen; nach einer anderen Überlieferung erfolgte die „Freilassung" schon nach dem sechsten rein weiblichen Wurf; dem letzten weiblichen Fohlen schlitzte man die Ohren, es verblieb bei dem Muttertier; enthielt der sechste Wurf ein männliches Fohlen, wurde dieses sofort geschlachtet und verzehrt. Kamelstuten wurden im übrigen auch in Erfüllung von Gelübden freigesetzt, etwa nach der Rückkehr von einer gefährlichen Reise oder nach der Genesung von einer schweren Krankheit. Auch für erfolgreiche Deckhengste soll ʿAmr die Befreiung von jeder Indienstnahme verfügt haben. Dank der Großzügigkeit ʿAmrs – er habe den Wallfahrern vielfach reiche Geschenke gemacht – sei der mekkanische Kult sehr beliebt geworden. Mohammed jedoch werden zornige Verwünschungen über ʿAmr in den Mund gelegt; er habe, so der Prophet, jenen reichen Heiden in der Hölle gesehen, die Eingeweide hinter sich herzerrend. Dieses wenig schöne Bild wird öfter heraufbeschworen, wenn es um dem Propheten verhaßte Personen geht.[33] ʿAmr nämlich sei von den Sitten des echten abrahamischen Gottsuchertums abgewichen, als dessen berufenen Erben Mohammed sich verstand. In al-Marwa und aṣ-Ṣafā habe ʿAmr zwei steinerne Idole aufrichten lassen, die man während des rituellen Laufes habe berühren sollen. Noch übler kreidet ihm die islamische Überlieferung an, daß er von einer Reise nach Hīt, einer Ortschaft im Gebiet des Fruchtbaren Halbmondes,[34] eine Statue des Gottes Hubal mitbrachte und in der Kaaba aufstellte; die heidnischen Quraiš pflegten später vor ihr die Lospfeile zu werfen. Solche Neuerungen hätten einen der Ḫuzāʿiten derart verdrossen, daß er sich mit seinem mächtigen Stammesgenossen angelegt, dabei freilich den kürzeren gezogen habe und aus Mekka verjagt worden sei.[35]

Daß der Kaabakult unter den südarabischen Ḫuzāʿiten entartet sei, wird schon unter den vorislamischen Quraišiten eine gängige Vorstellung gewesen sein. Sie mußten doch begründen, weshalb sie in den Besitz Mekkas und der Kaaba gelangt waren. Sie behaupteten von sich, in gerader Linie von Ismael abzustammen, was sie geeignet erscheinen lassen konnte, den echten abrahamischen Riten Geltung zu verschaffen. Fünfhundert Jahre sollen die Ḫuzāʿiten ihr Unwesen getrieben haben, bis es endlich dem Quraišiten Quṣaij glückte, ihnen die Herrschaft zu entwinden. Mit diesem Quṣaij erreichen wir, wenn wir die überlieferte Ahnenreihe Mohammeds gelten lassen, das Ende des 5. Jahrhunderts christlicher Zeitrechnung. Was über ihn berichtet wird, hat wenigstens in einiger Hinsicht eine Grundlage in der an anderen Quellen überprüfbaren Ereignisgeschichte der Arabischen Halbinsel; es sind nicht mehr nur Legenden, die man allein wegen ihrer späteren politischen Auswirkungen betrachten muß.

2. Quṣaij, der Quraišite

Der Machtanspruch der Quraišiten

Stammbäume bringen Ordnung in eine Gesellschaft, die keine von der Persönlichkeit und dem Ansehen der Ahnen unabhängige Einrichtungen der Herrschaft kennt, eine Gesellschaft zudem, die nur in Teilen seßhaft ist. Das fein verästelte genealogische Gefüge, vordergründig als Blutsverwandtschaft ausgelegt, stiftet vielschichtige Loyalitätsbindungen, die allerdings in ständiger Veränderung begriffen sind; zahllos sind die Beispiele für den Wechsel einer sich auf einen bestimmten Ahnherrn zurückführenden Einheit von einer Position innerhalb des Gefüges zu einer anderen, ja manchmal an einen ihr bis dahin gänzlich fremden Platz.[36] Käme es allein auf die Blutsbande an, dann wäre eine solche den Lebensumständen oder den sich wandelnden Machtverhältnissen geschuldete Vertauschung des Platzes gar nicht denkbar; und könnte man sich von einer solchen Vertauschung keine entsprechende Verlagerung der Loyalitäten versprechen, dann wäre der Versuch der Quraišiten, sich als das erste und edelste Geschlecht der Araber auszugeben und alle anderen Stämme als ihnen im Range untergeordnet, reine Torheit. Zahlreiche Bilder waren im Umlauf, mit denen man den Anspruch der Quraišiten auf Herrschaft über die Araber propagierte: Die Quraišiten verhalten sich zu den übrigen Arabern wie ein mächtiger Stamm zu seinen Ästen; die Araber gleichen dem Ringpanzer, den die Krieger, die Quraišiten, angelegt haben; das Arabertum ist ein starker Raubvogel, die Quraišiten sind seine Brust, die übrigen Stämme die Schwingen.[37] Lailā al-Aḫjalīja,[38] eine Dichterin, die wegen ihrer Verse über ihren Geliebten, den Briganten Tauba, zu einem etwas skandalumwitterten Ruhm gekommen war, versicherte dem Kalifen Muʿāwija b. abī Sufjān (reg. 660–680), im großen Verband der Muḍar gebühre den Quraišiten die Führerschaft; die Banū Tamīm seien wie der Nacken und der Bauch, die Qais schließlich die Reiter, den Klauen der Raubtiere ähnlich. Mohammed war von der ungewöhnlichen Sendung seines Stammes durchdrungen, wie an seinem Handeln zweifelsfrei abzulesen ist. Was Wunder, daß man ihm Aussprüche zuschreibt, in denen er die Quraišiten als das Salz seiner Gemeinde preist und voraussagt, daß er alle Araber bezwingen werde, sollte Allah ihm die Macht über die Quraišiten in die Hand spielen.[39]

Aus frühislamischer Zeit stammen die meisten Zeugnisse dieses quraišitischen Machtanspruchs. Wer ihn verfocht, dem stand freilich vor Augen, daß der Grundstein für die glaubwürdige Behauptung dieses Anspruchs erst wenige Generationen zuvor gelegt worden war. Denn in der fernen Vergangenheit, so wußte es wiederum Muʿāwija, hatten die Quraišiten nur den vereinzelten Flicken an den Rändern des Prachtgewandes des Arabertums geglichen; vertrieben waren sie aus dem heiligen Bezirk ihres Herrn, das Erbe und das Land ihres Ahnherrn war ihnen entrissen worden; dann aber habe Allah ihnen das Verlorene wiederbeschafft: „Und er benannte euch um eurer Einheit willen mit einem Namen, durch den er euch von allen anderen Arabern abtrennte und die Ränke der anderen Völker abwehrte. ‚...Weil die Quraišiten Abkommen schließen, Abkommen schließen (für die Karawanen-) Reisen im Winter und im Sommer, sollen sie dem Herrn dieses Hauses dienen)!‘ (Sure 106, 1–3). Seid also auf Eintracht aus!“ Die Quraišiten bilden einen Stamm, der sich auf einen gemeinsamen Vater zurückführt, belehrt Muʿāwija die Zuhörer weiter. Es sei schandbar, daß unter ihnen Zwist wuchere, verursacht durch den Umstand, daß die Vorfahren mütterlicherseits verschiedenen anderen Zweigen des Arabertums zuzurechnen seien. Nicht die mütterlichen Linien der Herkunft dürften das starke Band einer Loyalität knüpfen, sondern allein die väterliche; darauf beharrt Muʿāwija.[40] – Mohammed forderte für die muslimische Gesellschaft rigoros patrilineare Verwandtschaftsverhältnisse.[41] – Die väterliche Linie ist durch Allah ausdrücklich hervorgehoben worden, als er dem Propheten Sure 106 herabsandte, die die praktischen Folgen der quraišitischen Sonderstellung rühmt: Karawanenreisen im Winter und im Sommer vermag dieser Stamm alljährlich zu organisieren, und sein Ansehen bei den Arabern beruht auf der engen kultischen Bindung an den Herrn des „Hauses“.

Sure 106, die zu den ältesten Offenbarungen gehört, verrät, daß Mohammed von der Sonderrolle der Quraišiten genauso überzeugt war wie später der Kalif Muʿāwija, der sie mit Blick auf die Streitigkeiten seiner Zeit beschwört. Muʿāwija legt sich freilich die Vergangenheit gemäß seinen Interessen zurecht, denn Mohammed hatte in Sure 106 keineswegs alle Quraišiten gemeint, und den Klan, aus dem Muʿāwija stammte, gerade nicht. Um dies alles zu verstehen, müssen wir uns im einzelnen mit den Beziehungen der quraišitischen Klane zueinander beschäftigen; der Lebensweg Mohammeds ist, wie nicht anders zu erwarten, in vieler Hinsicht hiervon bestimmt. – Der überragende Part in der Geschichte, die sich die Quraišiten von ihrer Ausnahmerolle innerhalb des Arabertums erzählten, fällt einem gewissen Quṣaij zu. Gemäß dem genealogischen Ordnungssystem lebte er fünf Generationen vor Mohammed. Sollte sich hinter den Überlieferungen, die sich um Quṣaij ranken, die Erinnerung an eine historische Gestalt verbergen, so müßte man sie im letzten Drittel des fünften nachchristlichen Jahrhunderts ansetzen. Quṣaij bleibt als Individuum schattenhaft. Aber es wird überliefert, ihm sei die Einsicht gekommen, daß er und seine Sippe von Ismael abstammten; er habe sich bei den „Schriftbesitzern“, den Christen und Juden, über all dies kundig gemacht und dann ein „Königtum“ errungen, mithin Macht, die über seinen eigenen Stamm hinausging. Seine Großtat aber ist die „Sammlung der Quraišiten“,[42] er führte die unter der Stammesgemeinschaft der Kināna verstreuten kleinen Zeltgruppen von verschiedener Richtung her im heiligen Bezirk von Mekka zusammen, und hieraus soll sich auch der Name des neuen Verbandes ableiten – die Wortwurzel *q-r-š* meine ebenjenes „Sammeln“.[43] Doch gibt es auch andere Erklärungen des Namens „Quraiš“.[44]

Das Ende der jemenischen Macht und der Aufstieg der Quraišiten

Dies alles nötigt einen, sich näher mit der verwirrenden Überlieferung zu den Genealogien einzulassen. Schließlich mußte doch den Arabern des 6. und 7. Jahrhunderts plausibel gemacht werden, weshalb die Gewalt über Mekka und die Kaaba von den Ḫuzāʿiten an einen anderen Stamm überging und mit welchem Recht die neuen Inhaber aus dem Besitz der Kaaba einen Anspruch auf die Herrschaft über das Arabertum ableiten durften. Die Ḫuzāʿiten galten, wie erinnerlich, als die Nachfahren aus dem Jemen nach Norden eingewanderter Stämme; nach dem Ende von Marib und dem Zusammenbruch des jemenischen Königtums sollen sie ihre Heimat aufgegeben haben. Es wird allerdings auch erzählt, daß das mekkanische Heiligtum zum Interessenbereich jemenischer Herrscher gehört habe. Dies setzt eine Erneuerung des jemenischen Königtums nach der Katastrophe von Marib voraus; denn es soll zu einer Zeit, als die Aus und die Ḫazraǧ schon in Jaṯrib siedelten, geschehen sein, daß ein jemenischer Herrscher in den Hedschas zog, Mekka besuchte und als erster die Kaaba mit einem Überwurf verzierte.[45] Diese Begebenheit wird am ausführlichsten von Ibn Isḥāq (gest. 767) in seiner Prophetenvita wiedergegeben. Die Aus und die Ḫazraǧ in Jaṯrib befinden sich augenscheinlich in einem Abhängigkeitsverhältnis zu den ḥimjarischen Herrschern des Jemen. Der ḫazraǧitische Klan der Banū ʿAdī b. an-Naǧǧār tötete einen Vertrauten des fernen Königs Asʿad Abū Karib, der sich daraufhin zu einem Kriegszug in den Norden herausgefordert sah. Auf dem Rückweg in den Jemen hielt er sich sechs Tage in Mekka auf, vollzog die Riten an der Kaaba und stiftete wegen eines Traumgesichtes einen aus Palmblättern geflochtenen Behang für das Gebäude. Außerdem untersagte er den Dienern der Kaaba, sich dem Heiligtum mit Blut, verendeten Tieren oder mit Lappen zu nähern, die von Frauen als Monatsbinden benutzt worden waren. Er ließ ferner den Zugang zum Inneren durch eine Tür nebst Schloß versperren. Wieder im Jemen, so berichtet Ibn Isḥāq weiter, bekehrte sich der König zum Christentum, stieß damit aber auf den erbitterten Widerstand seines Volkes. Aus Jaṯrib hatte er zwei gelehrte Juden mit sich geführt, die nun in einem Gottesurteil die Wahrheit ihres Glaubens unter Beweis stellten und fortan das Judentum im Jemen verbreiteten.[46]

Die Zugehörigkeit Mekkas zum nördlichen Hinterland jemenischer Herrscher erhellt auch aus einer anderen Überlieferung. Al-Fākihī, ein von al-Azraqī abhängiger Historiograph des 9. Jahrhunderts, beschreibt die Mekka unterstellten Verwaltungsbezirke und bedient sich dabei des allein für die jemenische Herrschaft üblichen Begriffs *al-maḫālīf*.[47] Sie erstreckten sich nach Norden nur etwas mehr als eine Tagereise weit, erreichten im Süden aber das zwanzig Tagereisen entfernte Naǧrān.[48] Sollten die ḥimjarischen Könige tatsächlich mit kriegerischen Mitteln ihre Belange im Hedschas zu wahren versucht haben, dann wird das Ende ihres Einflusses auf das mekkanische Heiligtum für sie ein Politikum ersten Ranges gewesen sein. Desweiteren kommen die Interessen der beiden Großmächte ins Spiel, die um die Vormacht auf der Arabischen Halbinsel rangen. Schon lange setzten das Byzantinische Reich und der Iran der Sasaniden alles daran, dort einander auszustechen. Der mit dem Namen Quṣaijs verbundene Umsturz der innerhedschasischen Ordnung fällt in eine Zeit, in der die Byzantiner im Vorteil waren. Auf mittelbare Weise dehnten sie ihren Einfluß bis in den Süden Arabiens aus. Im Jahre 502 schloß Byzanz mit den Banū Kinda ein Bündnis; deren Streif- und Siedlungsgebiet lag in Palästina, doch erstreckte sich ihre Macht viel weiter nach Arabien hinein, zumindest bis in den Hedschas. Die politische Lage gestaltete sich für die Byzantiner noch günstiger, als 523 eine äthiopische Flotte im Jemen landete und „Arabia felix“ vom Negus abhängig wurde; an ihn schickte Kaiser Justinian (reg. 527–565) um 530 einen Gesandten, der ihn wahrscheinlich für eine Zusammenarbeit gegen die Sasaniden gewinnen sollte. Um dieselbe Zeit begehrten die im Jemen ansässig gewordenen äthiopischen Besatzungstruppen gegen ihren Oberherrn auf der anderen Seite des Roten Meeres auf. Es gelang Abraha, einem ihrer Anführer, die Macht über das Land an sich zu reißen. In der Mitte der vierziger Jahre unternahm er einen Feldzug in den Hedschas gegen die Stammesföderation der Maʿadd, von der gleich zu reden sein wird. Diese Tatsache ist so zu deuten, daß die äthiopischen Invasoren sich das Bestreben der ḥimjarischen Könige, ihre Herrschaft bis in den Hedschas hinein abzusichern, zu eigen machten; Abraha war dabei möglicherweise mit den Byzantinern im Bunde,[49] denen der Aufstieg einer ihnen feindlich gesonnenen Kraft in einer für die Verbindungen nach Südarabien wichtigen Region nicht gleichgültig sein konnte. Einige Jahrzehnte später setzten die Sasaniden alles daran, nun ihrerseits den Jemen zu unterwerfen; zuerst kurz nach 570 erreichte ein iranisches Expeditionskorps das Land; die eigentliche Inbesitznahme durch die Iraner erfolgte vermutlich 595. Die Nachkommen dieser Eindringlinge werden uns in Mohammeds Lebensgeschichte begegnen. Daß die Bemühungen Irans, über das Vasallenfürstentum in Hira hinaus bis in den Hedschas hinein sich arabische Stämme gewogen zu machen, weit in die Vergangenheit zurückreichen, kann man vermuten. So wird überliefert, daß „Sāsān b. Bābak“[50] einst der Kaaba goldene Gerätschaften geschenkt habe.[51] Es soll sich um jene Schätze gehandelt haben, die der gesetzestreue Muḍāḍ, wie gehört, im Zemzembrunnen vergrub, um sie vor seinen diebischen Stammesgenossen zu verbergen.

Genealogie und Herrschaft

Quṣaij hatte sich offenbar von „Schriftbesitzern“, nämlich Juden oder Christen, sagen lassen, daß er von Ismael abstamme. Allerdings wurden sich die Genealogen über die Namen und die Anzahl der Zwischenglieder, die ihn von Abrahams und Hagars Sohn trennten, nicht einig.[52] Ferner stritt man heftig darüber, ob es möglich sei, alle Araber, auch die jemenischen, mit einem oder mehreren Gliedern dieser Ahnenreihe zu verbinden, sie also in ein einziges genealogisches System einzufügen; der quraišitische Führungsanspruch erforderte dies mit Bestimmtheit. ʿAdnān und dessen vorhin als Namengeber einer Stammesföderation erwähnter Sohn Maʿadd besetzen die Knotenpunkte, die sich die Verfechter eines von den Quraišiten dominierten Arabertums zunutze machten. In der von Ibn Isḥāq überlieferten Fassung der in quraišitischem Sinne aufgebauten Genealogie steht ʿAdnān in der Folge der Geschlechter nach Ismael auf dem siebten Rang. „Von ʿAdnān aus verzweigten sich die Stämme der Nachkommenschaft Ismaels“, schreibt er und fährt fort: „ʿAdnān zeugte zwei Männer, Maʿadd und ʿAkk.“ Ibn Hišām (gest. 834), einer der Bearbeiter der Prophetenvita Ibn Isḥāqs, bringt hier wie so oft einige „südarabische“ Korrekturen an: ʿAkk und sein Anhang zogen in den Jemen, heirateten dort in den Stamm der Ašʿarījūn ein, die sich über viele Ahnen auf Qaḥṭān zurückführen, einen Ahnherrn, der nicht in Ismael seinen Vorvater hat und, zählt man die Zwischenglieder, weit vor diesem gelebt haben muß; „das Siedlungsgebiet der (Banū ʿAkk und der Ašʿarījūn) wurde eines, desgleichen die Sprache.“ Ganz abwegig wäre es daher, in den Nachkommen jenes ʿAkk die Jemenier zu sehen, die einst aus Marib nach Norden wanderten; in Wahrheit leiten auch die ʿAkk ihre Abstammung von Qaḥṭān her. Ebenso wenig sind die im Zuge der islamischen Eroberungen des 7. Jahrhunderts nach Chorasan verschlagenen ʿAkk ferne Enkel ʿAdnāns. So sieht es Ibn Hišām.[53]

Das durch das quraišitische Machtstreben und dessen zunächst verdeckte, dann ganz offene Förderung durch Mohammed aus dem Geleis geratene Arabertum durchlebte in dem Zeitraum, den wir zu untersuchen vorhaben, die Erschütterung seiner überkommenen Ordnungsvorstellungen; womöglich war es das erste Mal, daß ein Stamm sich anschickte, gleichsam die ganze vielfältige in Legenden gekleidete Vergangenheit aller übrigen zu okkupieren, damit sie als seine minderrangigen Blutsverwandten erschienen. Maʿadd ist eine Schlüsselfigur der erinnerten Geschichte der Quraišiten. Bei ihm lassen sie die Ausgestaltung des genealogischen Systems beginnen, in welchem sie sich die Spitze vorbehalten. Für die religiöse Legitimierung sorgt Quṣaij, indem er sich Mekkas und der Kaaba bemächtigt und seine Abstammung von Ismael „wiederentdeckt". Mohammed teilte diese Sicht der Geschichte; über Maʿadd b. ʿAdnān b. Udad hinaus pflegte er seinen Stammbaum nicht zu verfolgen, denn alles, was man über ältere Glieder zu wissen glaubte, sei ein Lügengebräu der Genealogen. – Stammesformationen, die sich als eigenständig betrachtet hatten, wurden von der Forderung, sich in eine fremde Ahnenreihe einzufügen, auseinandergerissen. Ibn Hišām wies, wie eben geschildert, die Behauptung zurück, ʿAkk sei ein Bruder Maʿadds und daher ein Nachkomme Ismaels. Der Quraišite al-Muṣʿab az-Zubairī (gest. 870), Verfasser eines Handbuches der Genealogie seines Stammes, teilt dem Leser in lakonischer Kürze die Folgen einer solchen Zerstörung der Stammesüberlieferung mit: „ʿAdnān zeugte Maʿadd... und ʿAkk... Alle ʿAkk im Osten führen ihre Herkunft auf al-Azd zurück", den Namengeber einer „südarabischen" Formation, die uns schon begegnet ist; „sie sagen dementsprechend: ʿAkk b. ʿAdnān b. ʿAbdallāh b. al-Azd" und fügen den legendären ʿAdnān nicht in eine von Ismael ausgehende Ahnenkette ein. „Alle anderen ʿAkk in den Ländern" der Arabischen Halbinsel und der in frühislamischer Zeit eroberten Gebiete „und im Jemen leiten dagegen ihren Stammbaum von ʿAdnān b. Udad ab"[54] und unterwerfen sich somit dem quraišitischen Anspruch.

Maʿadd, der Sohn ʿAdnāns, zeugte Nizār und Quḍāʿa; deren Mutter war eine Ǧurhumitin, berichtet az-Zubairī weiter. Der Stamm der Quḍāʿa habe sich jedoch bisweilen als ḥimjarisch ausgegeben: Quḍāʿa b. Mālik b. Ḥimjar b. Sabaʾ. Wer dies behaupte, sage ferner, jener Mālik habe seinen Sohn Quḍāʿa mit einer Sabäerin namens ʿAkbara gezeugt, die, noch vor der Niederkunft, von Maʿadd geehelicht worden sei; Quḍāʿa sei „auf dem Ruhebett des Maʿadd geboren" worden. Indem az-Zubairī dies erzählt – vielleicht sollte man eher sagen: konstruiert –, hüllt er das quḍāʿitische Beharren auf einer „südarabischen", nicht ismaelitischen Abstammung in eine Aura des nach islamischem Recht Verwerflichen, soll doch Mohammed den Grundsatz verkündet haben: „Das Kind gehört (der Abstammung nach zu dem Inhaber) des Bettes (in dem es zur Welt kommt)!" Die Omaijaden sollen dieses Wort des Propheten ebenfalls mißachtet haben, wie die abbasidische Propaganda nicht müde wurde zu behaupten, und jene Quḍāʿiten stehen ihnen offensichtlich im Ungehorsam gegen ein göttliches Gebot in nichts nach! Viel später kommen wir auf Mohammeds Ausspruch und auf seine Bemühungen um die Sicherstellung des Wissens von der Abstammung eines jeden zurück. Der Streit um die Genealogie der Quḍāʿa dient uns hier nur als ein Beispiel für die Auswirkungen, die die von den Quraišiten angestrebte Neuordnung des Arabertums haben konnte. „Sei ein Quḍāʿit, laß dich nicht zu einem Nizāriten machen!" heißt es in einem Gedicht, das az-Zubairī als eine Stimme seiner Gegner zitiert;[55] so reden die, die in widerislamischer Weise die Unabhängigkeit des Stammes vom quraišitischen genealogischen System verfechten! Umgekehrt heißt es von quraišitischer Warte aus, alle Nachkommen Maʿadds mit Ausnahme allein Nizārs hätten sich mit fremden Stämmen vermischt, und Nizārs Sohn Muḍar dürfe man, so Mohammed, überhaupt nicht mit einem bösen Wort bedenken, denn er sei schon Muslim gewesen.[56]

Muḍar und Rabīʿa

Muḍar und Rabīʿa heißen die beiden herausragenden Söhne Nizārs, der eine geboren von einer Frau von den Banū ʿAkk b. ʿAdnān, der andere von einer Ǧurhumitin. Man nennt Muḍar und Rabīʿa „die beiden Reinen unter den Nachfahren Ismaels", vermutlich deshalb, weil sich die Nachkommen eines ihrer Brüder als „Südaraber" verstanden haben sollen und man ihnen einen solchen Fehltritt nicht nachsagen konnte. Zwei Geschlechter weiter, bei Mudrika b. Iljās b. Muḍar, macht az-Zubairī seine Leser erneut auf ihm unerwünschte Ansichten aufmerksam: Die Mutter Mudrikas, eine Quḍāʿitin, habe den Beinamen Ḫindif[57] getragen, und so seien er und seine Brüder als die Banū Ḫindif zu Ansehen gelangt. Unter diese Banū Ḫindif rechnet die quraišitische Genealogie nun auch den Stammvater der Ḫuzāʿiten; entsprechend macht sie den unermeßlich reichen ʿAmr b. Luḥaij zu einem Urenkel jener Quḍāʿitin, was die Ḫuzāʿiten freilich zurückweisen. Da aber Mohammed jenen wegen seiner „Entstellungen" des Kaabakultes in die Hölle versetzten ʿAmr als einen Sproß der Ḫindif bestimmt haben soll, gelten alle ḫuzāʿitischen Einwände für nichts: „Der Gesandte Allahs weiß es besser, und was er sagt, ist die Wahrheit."[58] Wiederum zwei Generationen weiter trifft man auf Kināna b. Ḫuzaima b. Mudrika, und erneut werden einige bedeutende Stämme über einen Halbbruder an die Quraišiten gebunden: Die nach ihrem Selbstverständnis „südarabischen" Ǧuḏām, ʿĀmila und Laḫm – letztere stellen das Fürstenhaus von Hira! – sollen von Asad b. Ḫuzaima abstammen; über die Schwester einer der Ehefrauen Ḫuzaimas sollen zudem die Banū Tamīm, ein wichtiger Bündnispartner der Quraišiten, in die Verwandtschaft gehören.

Wer ist Quraiš?

Zu den Söhnen Kinānas zählt an-Naḍr. Manche Genealogen lehren, daß jeder, der seinen Stammbaum in männlicher Linie auf ihn zurückführen kann, ein Quraišite ist. Es gibt jedoch quraišitische Kenner der Materie, die dies bestreiten und erst in an-Naḍrs Enkel Fihr b. Mālik b. an-Naḍr ihren gemeinsamen Ahnherrn erkennen wollen.[59] Diese Meinung verficht auch az-Zubairī; schließlich ist Quraiš der überlieferte Beiname Fihrs.[60] Er erzählt im übrigen auch eine andere Geschichte zur Erklärung des Stammesnamens: Quraiš hieß ein Urenkel an-Naḍrs, der den Banū

Kināna als Karawanenführer diente; „Quraiš' Karawane kommt!" pflegte man zu rufen, wenn die Händler zurückkehrten, und bald habe man unter dem Wort den Stamm verstanden, dem die Karawane gehörte – die Organisation des Fernhandels ist die Tätigkeit, die die Quraišiten seit eh und je als die ihnen angemessene betrachten dürfen, das ist die Vorstellung, die allen Angehörigen anderer Stämme vermittelt werden soll. Gehen wir wieder zwei Generationen weiter! Luʾaij b. Ġālib b. Fihr hatte zahlreiche Söhne; zwei von ihnen, Kaʿb und ʿĀmir sind die Ahnherren der Sippen, die sich später unter der Führung von Quṣaij in der Bodenmulde ansiedeln werden, in der sich die Kaaba und der Zemzembrunnen befinden. Zu diesen „Talquraišiten" rechnete man außerdem zwei Klane, die von al-Ḥāriṯ b. Fihr, also einem Onkel Kaʿbs und ʿĀmirs, abstammten.[61] Ein Teil der Nachkommen des ʿĀmir b. Luʾaij sowie Angehörige anderer auf Fihr zurückgehender Linien vollzogen diesen entscheidenden Schritt nicht und hießen deshalb die „Quraišiten der äußeren Gegenden". Mehrere von Söhnen Luʾaijs hergeleitete Verbände gingen überdies in anderen Stämmen auf; eine Sippe wanderte sogar in den Oman aus. Unter Luʾaijs Enkeln rückt nun Kilāb, der Vater Quṣaijs, in unser Blickfeld. Kilābs Mutter gehörte zwar zu den Banū Kināna, war aber selbst nach der weiteren der beiden Auslegungen des Begriffes keine Quraišitin. Ihr Vater war ein gewisser Surair, und mit ihm gelangen wir wieder in den Umkreis der Pilgerriten. Surair nämlich soll als erster die Schalttage in den Kalender eingefügt haben, damit dieser sich dem Sonnenjahr angleiche. In der Umzäunung an der Nordwestseite der Kaaba und an deren Pforte hätten von da an die Inhaber dieser Funktion, die unter den Nachkommen eines Neffen Surairs vererbt worden sei, bis in die Zeit Mohammeds diesbezügliche Entscheidungen verkündet[62] und damit wirksam in die Stammespolitik eingegriffen. Denn die sichere Kenntnis von Beginn und Ende der heiligen Monate, in denen die Waffen ruhen mußten, beeinflußte die Planung von Raubzügen und Blutfehden, die einen wesentlichen Teil des Lebensinhalts ausmachten.

Die Inbesitznahme Mekkas durch Quṣaij

Mit Kilābs Ehefrau Fāṭima, der Mutter Quṣaijs, gelangt man noch weiter in den Kreis jener jemenischen Araber hinein, die mit dem Kaabakult befaßt waren. Saʿd b. Sajal aus dem Stamm der Azd Šanūʾa[63] war ihr Vater. Ihm sagt man das Verdienst nach, daß er der erste gewesen sei, der die Kaaba mit festem Mauerwerk gegen die zerstörerische Kraft des bei Regengüssen auftretenden Sturzbaches habe schützen lassen.[64] Seine Sippe soll, wie wir von den Azd bereits wissen, aus Marib in den Hedschas gekommen sein. Sie verschwägerte sich mit den Banū d-Dīl b. Bakr b. ʿAbd Manāt b. Kināna, war demnach in quraišitischer Sicht zwar „südarabischer" Abstammung, aber doch dank der zwischen ihrem Vater und der Kināna-Sippe geknüpften Verbindungen in die ismaelitische Genealogie eingefügt. Fāṭima gebar Kilāb einen Sohn namens Murra. Danach blieb sie lange kinderlos, ehe sie mit Quṣaij niederkam, der eigentlich Zaid hieß. Über Quṣaijs Kindheit erzählte man sich folgendes: Unmittelbar nach der Geburt Quṣaijs starb dessen Vater; die Mutter ging mit einem Quḍāʿiten, Rabīʿa b. Ḥarām, eine neue Ehe ein und nahm den Säugling mit in dessen Heimat nach Sarġ, einem Ort, der im Tal von Tabuk zu suchen ist, eben noch zum Hedschas gehörig, unmittelbar südlich der

Grenze zu aš-Šaʾm.[65] Dort wuchs Quṣaij auf, zusammen mit seinem Halbbruder Rizāḥ und mit den Stiefbrüdern, die Rabīʿa mit verschiedenen anderen Frauen gezeugt hatte. Bei einer Rauferei rief ihm einer seiner Gegner zu: „Geh doch in deine Heimat und zu deinem Stamm! Du gehörst nicht zu uns!" Fāṭima klärte ihren verstörten Sohn über seine Herkunft auf, und von da an hielt es Quṣaij nicht mehr in Sarġ; mit der nächsten Pilgerkarawane zog er nach Mekka. Dort traf er seinen älteren Bruder wieder, der früh vergreist war und bereits das Augenlicht verloren hatte. Mit Erfolg freite Quṣaij um Ḥubbā, die Tochter des ḫuzāʿitischen Kaabawächters. Dieser starb bald darauf und übermachte das Amt seinem Sohn, der bei den Wallfahrern allerdings kein hohes Ansehen genoß. Als sie ihm die üblichen Gaben verweigerten, mußte Quṣaij ihm aushelfen. Dieser kaufte ihm schließlich das Wächteramt gegen einige Viehherden ab; böse Zungen, die die Ḫuzāʿiten anschwärzen wollen, behaupten, ein Schlauch Wein und eine Laute seien der Preis gewesen.[66] Quṣaij brachte sich, wie in der damaligen arabischen Gesellschaft nicht unüblich, mit Räubereien durch; den Grundstein für sein Vermögen legte er, indem er einen äthiopischen Kaufmann überfiel, der in Mekka gute Geschäfte gemacht und die Rückreise angetreten hatte.[67]

Wenn wir uns ins Gedächtnis rufen, daß in der Zeit, in die man die Übernahme der Macht in Mekka durch die Quraišiten datieren muß, der Ort im Bereich der Interessen der äthiopischen Besatzungstruppen lag, die vom Jemen aus operierten, dann erhält der erwähnte Kriegszug des Abraha seinen Sinn. Quṣaij zählte zu den Maʿadd, die das Hauptziel des Vorstoßes gewesen sein sollen – daß jener maʿadditische Klan, der sich in Mekka festsetzte, einmal unter dem Namen Quraiš zu Ruhm kommen sollte, konnte man noch nicht wissen. Deutlich war in den vierziger Jahren des 6. Jahrhunderts aber schon, daß Mekka eine politische Ausrichtung gewählt hatte, die fortan eine Botmäßigkeit gegenüber den „südarabischen" Herrschern und damit auch eine Gefügigkeit gegenüber Byzanz unwahrscheinlich machte. Allerdings hatte man schwerlich voraussehen können, daß die prekäre Lage, in die Quṣaij sich und seinen Klan durch die Usurpation des heiligen Bezirks gebracht hatte, Kräfte freisetzen werde, mit deren Hilfe die Quraišiten sich nicht nur dort behaupten, sondern weit über Mekka hinaus Einfluß gewinnen sollten. Diese Kräfte waren nicht nur kriegerischer Natur, sondern ergaben sich auch aus dem religiös-politischen Gehalt, der zusammen mit dem Anspruch, von Ismael abzustammen, propagiert wurde: Der Ursprung der Quraišiten wurde in einer uneinholbaren Weise aufgewertet; die Herkunftslegenden der übrigen Stämme mußten sich am quraišitischen Anspruch messen lassen, sei es, daß man sie ihm einpaßte, sei es, daß man ihn zurückzuweisen suchte.

So glatt, wie Ibn Isḥāq es erzählt, wird die Inbesitznahme Mekkas allerdings nicht vonstatten gegangen sein. In einer anderen Überlieferung heißt es: „Als sich die Söhne Quṣaijs ausbreiteten, sein Vermögen wuchs und sein Ansehen stieg, starb (sein Schwiegervater). Da erkannte Quṣaij, daß er mehr Recht auf die Kaaba und Mekka habe als die Ḫuzāʿiten und die Banū Bakr (b. ʿAbd Manāt b. Kināna, die zu den Ḫuzāʿiten hielten), daß nämlich die Quraišiten den Zweig der reinen Nachkommen Ismaels, des Sohnes Abrahams, darstellten. Also sprach Quṣaij Männer von den Quraišiten und den Banū Kināna hierauf an und forderte sie auf, die Ḫuzāʿiten und die Banū Bakr aus Mekka zu vertreiben.“ Das tatsächliche Geschehen könnte sich eher in anderen Überlieferungen widerspiegeln, die Quṣaij fürs erste in arger Bedrängnis zeigen, so daß er und sein Anhang mit allem Herkommen brechen mußten: Sie ließen sich auf Dauer in der unmittelbaren Nähe des Heiligtums nieder, was ihnen zunächst die Geringschätzung der Sippen eintrug, die am alten Brauch festhielten und streng den profanen Alltag vom Ritenvollzug trennten.[68] Außerdem erbat Quṣaij Hilfe bei seinem Halbbruder Rizāḥ. Als freilich die Macht über die Kaaba und Mekka gesichert war, schufen, wie wir verfolgen werden, die Quraišiten eine Reihe von – wenn auch rohen – Institutionen, deren Zweck eine die Stämme übergreifende Zähmung des Fehdewesens und damit eng verbunden die Sicherung des Handelsverkehrs war. Hierbei beriefen sie sich auf die durch Abraham und Ismael überhöhte sakrale Bedeutung der Kaaba und nutzten sie für den Aufbau eines Gefüges von Loyalitäten, das möglichst viele arabische Stämme einschloß und den Gepflogenheiten entsprechend als ein Verwandtschaftssystem aufgefaßt wurde. Selbst nach Mohammeds Tod waren viele führende Quraišiten unbeirrbar bemüht, diesem Ideal zum Sieg zu verhelfen; sie begriffen nicht, daß mit der Gestalt Abrahams letzten Endes ein religiöses Moment verknüpft war, das eine auf fiktiver Blutsverwandtschaft beruhende Gesellschaftsordnung sprengen mußte. Auch Mohammed selber ist dieser Umstand nicht zu Bewußtsein gekommen; ungewollt brachte jedoch sein Wirken dieses Moment zur Entfaltung, nicht zuletzt weil der Dschihad die quraišitische Macht über die Grenzen Arabiens hinaustrug und überdies jedem Teilnehmer eine von der Abstammung ganz unabhängige Möglichkeit des Erwerbs von Verdienst und Rang eröffnete. Darum zersetzten sich schon seit der Mitte des 7. Jahrhunderts die genealogisch geprägten Ordnungsvorstellungen und entließen aus sich das, was wir den Islam nennen.

Die Inanspruchnahme einer bei Abraham ihren Anfang nehmenden Abstammung des Arabertums machte die Umdeutung der legendären Vorgeschichte aller Stämme, abgesehen nur von den Quraišiten, notwendig, wie eben schon gesagt wurde;[69] an Beispielen haben wir dies beobachtet. Desgleichen mußte die Vergangenheit der Kaaba neu bestimmt werden, auch dies ein Vorgang, der sich bis in die omaijadische Epoche hinein erstreckte; aus ihr stammen die Belege, die sie für ein vor aller Zeit geschaffenes Bauwerk erklären. Das, was wir bislang dargelegt haben, ist demnach eine dem Leitgedanken der abrahamischen Herkunft der Quraišiten verpflichtete Geschichtsdeutung; eine andere ist uns für Mekka nicht überliefert. Womit wir es von nun an zu tun haben werden, ist die unter diesem Leitgedanken betriebene Politik der Neuankömmlinge auf der unübersichtlichen Bühne Arabiens.

Die Usurpation des Kultes

Damit kehren wir zu Quṣaij und seinen um die Kaaba zusammengedrängten Gefolgsleuten zurück. Rizāḥ, einige seiner Geschwister und eine größere Anzahl Quḍāʿiten eilten tatsächlich nach Mekka, augenscheinlich als Wallfahrer. Bei ʿArafa entbrannte während des Vollzugs der Riten ein Kampf. Bis damals hatte eine Sippe, die man Ṣūfa nannte, die Aufgabe inne, das Zeichen zum Aufbruch von der nordöstlich von Mekka gelegenen Anhöhe ʿArafa zu geben, wo die Menge am neunten Tag des Pilgermonats zu lagern pflegt. Desgleichen amtierten die Ṣūfa am folgenden Tag im Tal von Minā, wo auf deren Wink hin Kieselsteine gegen den Satan zu schleudern waren. Stets hatten sich die Ṣūfa der Ungeduld der Pilger zu erwehren, die nicht abwarten wollten, bis die Sonne den Zenit überschritt und der rechte Augenblick eingetreten war.[70] – Die Ṣūfa waren übrigens Vettern der Banū Tamīm, und man brachte ihren Stammbaum über Iljās b. Muḍar mit der Maʿadd-Linie zusammen, weswegen sie zwar „reine Nachfahren" Ismaels, aber eben keine Qurašiten sind.[71] – Quṣaij, die vielen Kināniten, die für ihn Partei ergriffen, sowie die quḍāʿitischen Pilger unter Rizāḥ trafen sich und machten den Ṣūfa das Recht streitig, das Zeichen zum Steinewerfen zu geben; zur Durchsetzung seiner Forderung wendete Quṣaij Gewalt an, die Ṣūfa unterlagen. Dann mußten die mit den Banū Bakr verbündeten Ḫuzāʿiten zusehen, wie man sie ihrer althergebrachten Aufgaben an der Kaaba beraubte. Um der Fehde ein Ende zu setzen, rief man einen Schiedsmann an, der sich den neuen Kräfteverhältnissen anzupassen wußte: An der Kaaba und in Mekka – und das hieß, nicht bei ʿArafa und nicht im Tal von Minā – sollte von nun an Quṣaij das Sagen haben; alle Blutschuld, deren Begleichung die Ḫuzāʿiten und die Banū Bakr nach dem Kampf von ihm hätten fordern dürfen, sollte „niedergelegt sein, so daß er sie mit den Füßen zermalmt" – der gleichen Formel wird sich Mohammed bedienen, sobald er von Medina aus mit seiner Gefolgschaft seine Vaterstadt in Besitz genommen hat. – Die Verlierer dagegen mußten für die Toten und Verletzten unter ihren Feinden das Wergeld erlegen.[72]

Die Ḫuzāʿiten waren nun all ihrer Ämter ledig. Quṣaij legte es aber nicht darauf an, auch die übrigen Aufgaben, die mit der Wallfahrt zu tun hatten, in seiner Hand zu vereinigen. Aus der Sicht des späteren muslimischen Berichterstatters, vermutlich Ibn Isḥāqs, zeigte er vielmehr eine befremdliche Zurückhaltung bei der „Wiederherstellung" der von den „Südarabern" angeblich verfälschten abrahamischen Kultbräuche. Es werden ihm und seinem Klan nämlich noch die Machtmittel gefehlt haben, um ihre Interessen den Stämmen außerhalb Mekkas aufzuzwingen. Überdies wurden die außerhalb der Stadt geübten Pilgerriten seit langem von kinānitischen Klanen beaufsichtigt, mit denen er sich schwerlich hätte anlegen dürfen. So begnügte er sich damit, möglichst viele Sippen seiner engeren Verwandtschaft – eben Qurašiten – in den heiligen Bezirk zu holen. Was außerhalb der kleinen Ansiedlung vor sich ging, blieb gemäß dem Schiedsspruch in der Verantwortung derjenigen, die sich seit alters her darum gekümmert hatten. Folglich durften die Ṣūfa weiter amtieren; als diese Familie ausstarb, wurden ihre Pflichten der Sippe des Ṣafwān b. al-Ḥāriṯ übertragen, die zu den – kinānitischen – Banū Tamīm zählte und mit den Ṣūfa am engsten verwandt war. Erst Mohammed ordnete diese Angelegenheit neu.[73] Das wichtige Amt des Ermittelns der Schalttage verblieb seinen bisherigen Inhabern. Ebenso wenig wurden die angestammten Rechte der Banū Zaid b. ʿAdwān b. ʿAmr[74] angetastet, einer Sippe des mächtigen Verbandes der Qais ʿAilān. Ihre Aufgabe war es, in al-Muzdalifa, wohin die Menge von ʿArafa aus nach dem dort von den Ṣūfa gegebenen Zeichen geströmt war, den Abzug nach Minā zu befehlen,[75] wo dann wieder ein Mitglied der Ṣūfa die Zeremonie des Steinigens freigab. ʿAdwān war aber auch aus anderen Gründen eine für die Quraišiten höchst wichtige politische Größe. Denn von ihm stammten die Männer ab, die das während der heiligen Monate in der ferneren und danach näheren Umgebung Mekkas ablaufende Marktgeschehen kontrollierten. Nach al-Azraqī wurde der Handel alljährlich in ʿUkāẓ, das zwei Tagereisen südöstlich von Mekka und eine Tagereise von aṭ-Ṭāʾif entfernt liegt,[76] mit Beginn des Monats D̲ū l-Qaʿda eröffnet und dauerte dort zwanzig Tage; dann zog man nach Maǧanna, näher an Mekka heran, und sobald der Pilgermonat angebrochen war, ließ man sich in D̲ū l-Maǧāz dicht bei ʿArafa nieder, von wo aus man am achten Tag die eigentlichen Pilgerriten aufnahm.[77] Den Banū ʿAdwān b. ʿAmr hatte die Region um aṭ-Ṭāʾif gehört; sie waren allerdings unter den Druck der Banū T̲aqīf geraten, eines Stammes, den man unter die Nachkommen des Maʿadd einreihte, bisweilen jedoch zu einer Hawāzin genannten Gemeinschaft rechnete. Die Banū T̲aqīf sollen mit Hilfe der zu den Hawāzin zählenden Banū ʿĀmir b. Ṣaʿṣaʿa, die während des Sommers die Gegend von aṭ-Ṭāʾif aufzusuchen pflegten, sonst aber im Nadschd umherstreiften, das zum Ackerbau geeignete Land in ihren Besitz gebracht haben. Zu Lasten der Banū ʿAdwān sollen beide eine Art von Zusammenarbeit verabredet haben, bei der die Banū ʿĀmir b. Ṣaʿṣaʿa sich ganz ihrer beduinischen Lebensweise hingeben durften, die T̲aqafiten allerdings gegen Angriffe feindlicher Stämme schützen mußten; als Entgelt versprachen ihnen die Banū T̲aqīf die Hälfte des Ernteertrages. Aṭ-Ṭāʾif soll sich nach diesem Abkommen zu einer wohlhabenden Gemeinde entwickelt haben; die T̲aqafiten verfügten schließlich über so viel Geld, daß sie die Stadt mit einer Mauer absichern konnten und den Banū ʿĀmir b. Ṣaʿṣaʿa die vereinbarten Ackerfrüchte verweigerten.[78] Mekka, das nichts sein eigen nennen durfte als die Kaaba und die Pilgerstätten in unmittelbarer Nähe, konnte sich im Wohlstand kaum mit aṭ-Ṭāʾif messen. Doch was Quṣaij und seinen Nachfahren Gewicht verlieh, das war der unmittelbare Einfluß auf den mit der Wallfahrt vereinten Handel, und diesen Einfluß konnte man nur bewahren, wenn man die Banū ʿAdwān nicht verprellte; allerdings war dieser Vorteil nur um den Preis der erbitterten Feindschaft der T̲aqafiten in aṭ-Ṭāʾif zu haben. ʿAbd al-Muṭṭalib wird sich im Kampf gegen aṭ-Ṭāʾif hervortun, dafür aber nicht den Dank aller übrigen quraišitischen Sippen ernten; einige werden ihm einen unguten machtpolitischen Ehrgeiz vorwerfen, und man wird auch Mohammeds Prophetentum unter diesem Blickwinkel bewerten. Schließlich wird sich der Gesandte Allahs in ein zwielichtiges Verhältnis zur gefährlichen und wohlhabenden Nebenbuhlerin Mekkas begeben – der Anlaß für seine quraišitischen Feinde, alles daranzusetzen, ihn endlich loszuwerden. Daß man damals auch in aṭ-Ṭāʾif keine Verwendung für ihn gehabt hatte, ließ er dessen Bewohner im Jahre 630, gleich nach dem Triumph über seine Heimatstadt, teuer entgelten.

Doch sind wir mit diesen Bemerkungen dem Gang der Ereignisse schon weit vorausgeeilt. Es bleibt noch eine vierte Sippe zu erwähnen, auf deren Dienste Quṣaij nicht verzichten mochte: Auch die Banū Murra

b. ʿAuf behielten ihre Vorrechte,[79] und diese waren in der Tat erstaunlich und von einer Art, daß Quṣaij sie kaum hätte schmälern können. Sie genossen nämlich unter den großen Stammesverbänden der Qais und Ġaṭafān über den Zeitraum von acht Monaten eines jeden Jahres Immunität, konnten sich unter ihnen also frei bewegen, ohne einen Übergriff befürchten zu müssen.[80] Wie die Banū Murra b. ʿAuf es zu dieser Ausnahmestellung brachten, ist nicht zu ermitteln. Sie sollen selber einmal ein Sanktuarium nach dem Vorbild Mekkas gegründet haben, das von einem Quḍāʿiten vernichtet worden sein soll.[81] In der quraišitisch zurechtgebogenen frühen Geschichte Mekkas hat Luʾaij b. Ġālib b. Fihr etliche Söhne, deren Nachkommenschaft von fremden Stämmen aufgesogen wurde. Zu diesen gehört ʿAuf, der eines Tages mit einer Karawane durch das Land der Banū Ġaṭafān... b. Qais ʿAilān zog; der Zufall wollte es, daß ʿAuf nach einer Rast die Reisegesellschaft verpaßte und allein zurückblieb. Er fand sich damit ab und erkannte die Genealogie der Sippe, die ihn aufnahm, für die seinige an. Von seinem Sohn Murra leitete sich jener Klan her, der das unschätzbare Vorrecht des achtmonatigen unbehelligten Umherreisens innehatte. ʿUmar b. al-Ḫaṭṭāb (reg. 634–644) stellte eines Tages fest, daß, wäre er je in der Verlegenheit, die Zugehörigkeit zu einer fremden Sippe erwerben oder eine solche in den eigenen Stamm einfügen zu müssen, dies am ehesten die Banū Murra b. ʿAuf sein könnten, in denen man seinesgleichen erkenne.[82]

Quṣaij als Stifterfigur

Auf Quṣaij führten die Quraišiten zu Mohammeds Zeit fast alles zurück, was ihren Alltag und die Politik bestimmte, die ihre Anführer verantworteten. Desgleichen war das Bild ihres Ortes im wesentlichen, so glaubten sie, von ihm geprägt worden. Er hatte den herausragenden Klanen die Grundstücke zugeteilt, auf denen sie unmittelbar bei der Kaaba ihre Häuser errichtet hatten; zwischen dem Kultbau und den privaten Anwesen war nur ein Gang für die rituelle Umkreisung freigelassen worden. Quṣaij kümmerte sich auch darum, der Kaaba ein neues Aussehen zu geben. Er riß das alte Gemäuer nieder und führte an dessen Stelle einen besseren Bau auf. Daß er diesen mit einem Dach habe versehen lassen, steht im Widerspruch zu anderen Überlieferungen, nach denen die Kaaba bis in die Jugendzeit des Propheten ein offenes Geviert gewesen ist. Quṣaij scheute sich nicht, bei der tiefgreifenden Umgestaltung des heiligen Ortes mit einem weiteren Tabu zu brechen – er fällte die dort wachsenden Bäume, die bis dahin als unantastbar gegolten hatten.[83] Unklarheit herrscht in der Überlieferung über den Grundriß dieser quṣaijschen Kaaba. Entsprach dieser wirklich den Maßen des älteren Bauwerks? Der Streit dreht sich um die Frage, ob die halbkreisförmige Umzäunung, die Ismael als Viehstall genutzt haben soll, ein Teil der Kaaba ist oder nicht. Quṣaij jedenfalls gingen die Mittel aus, so daß er nur einige wenige Ellen weit den Boden des Halbkreises in sein rechteckiges Gebäude einbeziehen konnte. Der Durchmesser der Umzäunung ist nämlich größer als die Länge der Querwand der Kaaba; man könnte das Rechteck also noch um einiges verlängern, ehe die nordöstliche und die nordwestliche Ecke auf dem Halbkreis zu liegen kämen, was wünschenswert wäre, da der rituelle Umgang außen an der Umzäunung entlangzuführen hat; reichte die Kaaba bis an den Halbkreis, wäre eine irrtümliche Verkürzung des Umgangs durch den umzäunten Raum hindurch ausgeschlossen.[84] – Daß die Kaaba zum ersten Mal ein Dach erhalten habe und außerdem nicht auf vollem Grundriß wiedererrichtet worden sei, wird auch über den Neubau erzählt, der nach dem „Jahr des Elefanten“ unternommen wurde; womöglich hat man diese Gegebenheiten in die Zeit Quṣaijs zurückgespiegelt.

Quṣaij soll ferner die Grenzen des heiligen Bezirks genau bestimmt und durch Steinmale markiert haben. Da in islamischer Zeit die Grenzen erheblich ausgedehnt wurden und die Angaben hierüber in den Quellen weit auseinandergehen,[85] verbieten sich Mutmaßungen über den Umfang, den das geschützte Territorium in vorislamischer Zeit hatte. Ohnehin hatten damals die Riten der Quraišiten nicht mit denjenigen der übrigen Wallfahrer übereingestimmt. Erstere pflegten sich nur bis al-Muzdalifa von der Kaaba zu entfernen, während alle übrigen nach ʿArafa hinauszogen. „Wir sind die Leute Allahs!“ behaupteten die Quraišiten, um ihr abweichendes Verhalten zu begründen; sie sprächen während der Riten nicht mit den Fremden. Vereinzelt mißachteten Quraišiten diesen Brauch und stellten sich zu den anderen Arabern. Dergleichen wird beispielsweise Šaiba b. Rabīʿa[86] aus dem Klan der Banū ʿAbd Šams nachgesagt, einem der schärfsten Gegner Mohammeds. Bekleidet mit schwarzen Gewändern, saß er auf einem Kamelhengst, dessen Zaumzeug ebenfalls geschwärzt war. Schon vor der Berufung soll Mohammed es ihm gleichgetan haben.[87] Schließlich wird Quṣaij ein Turm zugeschrieben, der sich in der Nähe von al-Muzdalifa befindet, wo die Wallfahrer die Nacht zum Zehnten des Pilgermonats, des Schlachtetages, zubringen, um dann, nach den Zeremonien des Steinigens, die Opfertiere zu töten. Seit dem Kalifat Hārūn ar-Rašīds (reg. 786–809) entzündet man in der fraglichen Nacht Lichter auf diesem Turm, vielleicht geht dieser Brauch aber auch schon auf Quṣaij zurück.[88]

Quṣaij, sei er nun eine historische Gestalt oder eine Figur legendenhafter Berichte, errang aber nicht nur wegen der ihm zugeschriebenen Bauwerke und der folgenreichen Verletzungen des Herkommens einen so nachhaltigen Einfluß auf die Vorstellungen, die sich die Quraišiten von ihrem Rang innerhalb des Arabertums machten, einem Rang, den ihnen nicht wenige Stämme zugestanden, wie wir hören werden. Es gelang ihm, die auf die Kaaba bezüglichen Pilgerriten den neuen Erfordernissen entsprechend zu reorganisieren, dadurch die Anziehungskraft Mekkas zu erhöhen und den hieraus resultierenden Zuwachs an Ansehen und Macht seiner eigenen Nachkommenschaft zu sichern. „Adel und Führerschaft der Quraišiten lagen in der Heidenzeit bei den Söhnen des Quṣaij; ihm macht sie niemand streitig, niemand vermochte sich im Ruhm über sie zu erheben... Die Quraišiten nannten sechs Ruhmestitel ihr eigen, die nur (bestimmten Nachkommen des Quṣaij), nicht aber den übrigen Klanen der Quraišiten zukamen. Es sind dies das Pförtneramt der Kaaba, die Tränkung der Pilger, die Speisung der Pilger, die Ratsversammlung, die Standarte, der Oberbefehl (im Krieg). Als Ḥarb b. Umaija (b. ʿAbd Šams b. ʿAbd Manāf b. Quṣaij) gestorben war, der nach al-Muṭṭalib (b. ʿAbd Manāf b. Quṣaij) das Oberhaupt gewesen war, da verteilten sich Führerschaft und Adel unter den Nachkommen des ʿAbd

Manāf (auf die Linien der Hāšim, der Umaija, der al-Muṭṭalib, der Naufal und der Asad b. ʿAbd al-ʿUzzā)... Die Ruhmestitel der Quraišiten unter dem Islam sind drei: das Prophetentum, das Kalifat, die Beratschlagung...“[89]

Ein Teil der Quraišiten – noch nicht einmal alle die Sippen, die mit Quṣaij ihren Wohnsitz an die Kaaba verlegt hatten – betrachtete sich als so eng dem Kultort verpflichtet, daß von dem ungehinderten Gang der dort geübten Riten nicht allein die eigene Ehre abhing; der ganze Daseinszweck erfüllte sich in der Aufrechterhaltung der Wallfahrt. Das Leben gewann seine Würde durch die dem Heiligtum niemals versagte Dienstbarkeit. Dies ist ein Zug, den man sonst in der umfangreichen Überlieferung zum vorislamischen Arabien nicht wiederfindet; da es andere, dem mekkanischen vergleichbare Heiligtümer gab, mag es sich für die dort tätigen Sippen ähnlich verhalten haben. Als Quṣaij die Steinhäuser um die Kaaba bauen ließ, habe er seinem Anhang eingeschärft, daß die hier wohnenden Quraišiten die Obhut Allahs genössen. Ein Fremder, von seinen Feinden verfolgt oder als Reisender ohne Schutz, darf nach altarabischem Rechtsbrauch um vorübergehende Obhut und Sicherheit für Leib und Leben nachsuchen;[90] indem sich jene quraišitischen Sippen auf ein herkömmliches Rechtsinstitut beriefen und die an der Kaaba verehrte Gottheit als ihren bleibenden Schutzherrn benannten, stifteten sie ein Verhältnis zu ihm, das enger war, als man es zuvor gekannt hatte. Die Pilger, die nun das Heiligtum umkreisten, waren Gäste der Quraišiten und zugleich Gäste der Gottheit, und deren Gäste hatten Anspruch auf die Fürsorge der vom Schutz durch die Gottheit begünstigten Anwohner; die Quraišiten verstanden sich als die „Leute Allahs“ (arab.: *ahl allāh*).[91] Daher oblagen ihnen Aufgaben, die weit über das hinausgingen, was man bis dahin unter dem Wächteramt an der Kaaba verstanden hatte.

Das „Haus des Rates“, das man nahe der Kaaba baute, suchten die Quraišiten auf, um sich über ihre Angelegenheiten zu einigen; hierbei hatten sich die Nachkommen Quṣaijs und deren Eidgenossen einen Vorrang vor den anderen Klanen ausbedungen: Deren Mitglieder durften erst an den Versammlungen teilnehmen, wenn sie das vierzigste Lebensjahr vollendet hatten. Im übrigen wurden dort die Knaben beschnitten. Desweiteren berichten die Quellen von einem eigenartigen Brauch, dem sich die Mädchen zu unterziehen hatten, sobald sie zum ersten Mal an einer Monatsblutung litten. Möglicherweise handelt es sich ebenfalls um einen Ritus der Beschneidung, die ja, wie vorhin erwähnt, als ein für die heidnischen Frauen verpflichtender Brauch angesehen wurde, den Abraham auf Verlangen Sarahs eingeführt haben soll. Die Mädchen wurden in das „Haus des Rates“ geführt, wo man ihnen das Hemd aufriß; dann erhielten sie gleichsam von den Obersten des Stammes ein neues Hemd; sie wurden darauf zu ihren Sippen zurückgeschickt und waren fortan vom Leben außerhalb ihres Wohnsitzes ausgeschlossen. In diesem Zusammenhang taucht das arabische Wort *ad-dīn* auf, das eine Kultpraxis bezeichnet.[92] Es mag an dieser Stelle ein Anachronismus sein, der dem späteren, muslimischen Berichterstatter Ibn Isḥāq unterlaufen ist. Allerdings wird bald, wenn vom quraišitischen Kultbund der nachquṣaijschen Zeit zu handeln ist, wiederum eine Wortwahl festzustellen sein, die verrät, daß man diesen deutlich von den gängigen Eidgenossenschaften zu unterscheiden wußte, indem man ihn als dem *dīn* förderlich kennzeichnet. – Die Versorgung der Pilger mit Trinkwasser war eine schwierige Aufgabe. Quṣaij soll mehrere Brunnen gegraben haben, dennoch mußte das Wasser in der Regel in Schläuchen von außerhalb des heiligen Bezirks auf Kamelen herbeigeholt werden. Es wurde in große irdene Tröge gegossen, die man an der Kaaba aufgestellt hatte. Man versuchte, den Geschmack zu verbessern, indem man es mit Rosinen versetzte. – Auch die Zufuhr von Nahrungsmitteln erforderte erhebliche Anstrengungen. Quṣaij verlangte den quraišitischen Klanen regelmäßige Zahlungen ab, um die nötigen Vorräte zu beschaffen. Noch in islamischer Zeit fühlten sich Kalifen und Sultane verpflichtet, bei Minā die Pilger zu bewirten. – Ob auch die Quṣaij zugeschriebenen Ämter der Führerschaft im Krieg und der Verwahrung der quraišitischen Standarte mit dem Heiligtum in Zusammenhang gebracht wurden, ist unbekannt.[93]

Mit dem Namen Quṣaijs verbindet die Überlieferung nicht nur die Schaffung des sich in den skizzierten Institutionen darstellenden Typus der Bindung eines Stammes an eine Gottheit von überregionaler Ausstrahlung. Quṣaij erscheint darüber hinaus auch als ein weiser Mann, dem seine Nachkommenschaft Lebensmaximen verdankt. „Meidet den Wein!" soll er seinen Söhnen empfohlen haben, „denn er tut zwar dem Körper gut, aber er verdirbt den Geist!"[94]

3. Von ʿAbd Manāf zu ʿAbd al-Muṭṭalib

Der Streit um das Erbe Quṣaijs

Quṣaij hatte mit der Ḫuzāʿitin Ḥubbā vier Söhne, von denen ʿAbd Manāf und ʿAbd ad-Dār die Geschicke der quraišitischen Kultgemeinschaft bestimmen sollten. So jedenfalls sieht es in der Rückschau aus; das Ansehen und die Macht, die die ʿAbd Manāf-Klane zur Zeit Mohammeds erreicht hatten, sollen bereits durch Quṣaijs Vermächtnis begründet worden und deshalb unanfechtbar legitim sein. Trotzdem war nicht ganz zu verwischen, daß die Sippe des ältesten Sohnes, ʿAbd ad-Dārs, ursprünglich vier der sechs Ämter innegehabt hatte, nämlich das Pförtneramt, das „Haus des Rates", die Standarte und die Speisung der Wallfahrer; über die Führerschaft auf Kriegszügen macht die diesbezügliche Überlieferung des Ibn abī Ṯābit (gest. 812/3)[95] keine Aussage; sie bringt außerdem den Streit, bei dem über die Neuverteilung der Ämter entschieden wurde, mit dem Neubau der Kaaba in Zusammenhang, der etwa ein Jahrzehnt vor Mohammeds Berufungserlebnis stattfand, was allen sonstigen Nachrichten widerspricht. Jedenfalls führten die Zwistigkeiten unter den Quṣaij-Sippen nach Ibn abī Ṯābit dazu, daß den Banū ʿAbd ad-Dār das prestigeträchtige Amt der Pilgerspeisung entwunden wurde; es fiel an die Nachkommen des Asad b. ʿAbd al-ʿUzzā, eines Enkels Quṣaijs.[96]

Die Schwurbünde der „Blutlecker" und der „Parfümierten"

Alle anderen Quellen verlegen das Zerwürfnis über das Erbe Quṣaijs in eine frühere Zeit. ʿAbd Manāf, obschon jünger als ʿAbd ad-Dār, habe diesen an Ehren und Ruhm überstrahlt, was den Eltern mißfallen habe; dennoch hätten sie sich bereitgefunden, diese beiden Söhne – unter

Ausschluß der übrigen – mit gleichen Erbteilen zu bedenken. ʿAbd ad-Dār hätten sie das Pförtneramt, das „Haus des Rates" und die Kriegsstandarte anvertraut, ʿAbd Manāf hingegen die Kriegführung sowie die Tränkung und Speisung der Pilger.[97] In dieser Überlieferung spiegeln sich die Verhältnisse wider, wie sie zu Lebzeiten Mohammeds waren. Die Banū Asad b. ʿAbd al-ʿUzzā, zu denen seine erste Ehefrau Ḫadīǧa gehörte, kommen nicht mehr vor, den Grund hierfür werden wir später erfahren. In weiteren Fassungen, die unter anderen der Genealoge Hišām b. al-Kalbī (gest. 819 oder 821) aufzeichnete, wurden die Nachkommen ʿAbd Manāfs von Eifersucht auf die Banū ʿAbd ad-Dār ergriffen, denen sie sich ebenbürtig fühlten. Sie verlangten die Auslieferung des Schlüssels zur Kaaba, beanspruchten also das wichtigste der sechs Ämter für sich. Dieser Zwist spaltete schließlich die quraišitischen Sippen. Die Klane Sahm, von Huṣaiṣ, einem Onkel Quṣaijs väterlicherseits abstammend,[98] Ǧumaḥ, ihr Namengeber ist ein Enkel des eben erwähnten Huṣaiṣ,[99] Maḫzūm, ihr Ahnherr ist ein Großneffe Kilābs,[100] und ʿAdī, dieser ist wiederum ein Onkel Quṣaijs,[101] verschworen sich mit den Banū ʿAbd ad-Dār und besiegelten ihren Bund, indem sie die Hände in das Blut geschlachteter Kamele eintauchten; jemand von den Banū ʿAdī soll etwas Blut aufgeleckt haben, eine Nachricht, bei der es den muslimischen Erzähler sicher schauderte, da ihm der Genuß von Blut strikt untersagt ist. Jedenfalls wurde der Partei ʿAbd ad-Dārs der Spottname „Blutlecker" angehängt, der alles andere als schmeichelhaft war und, da die Spaltung bis in die islamische Geschichte hinein fortdauerte, noch die Nachkommen diskreditierte. Demgegenüber war der Anhang ʿAbd Manāfs im Vorteil; diese Gruppe wurde unter dem Namen „die Parfümierten" berühmt, weil alle Eidgenossen die Hände mit einer wohlriechenden Flüssigkeit benetzten. Mit den Banū ʿAbd Manāf hielten es damals die Sippen des Zuhra, eines Bruders Quṣaijs,[102] des Taim b. Murra, eines Onkels Quṣaijs,[103] des vorhin erwähnten Enkels Asad b. ʿAbd al-ʿUzzā[104] und des al-Ḥāriṯ b. Fihr, eines Ururgroßonkels Quṣaijs.[105] Je zwei Sippen rüsteten zum Kampf gegeneinander,[106] doch wurde das Schlimmste abgewendet. Man vereinbarte, daß das Pförtneramt, das „Haus des Rates" und die Standarte bei den Banū ʿAbd ad-Dār verbleiben sollten; die Banū Asad b. ʿAbd al-ʿUzzā erhielten die Pilgerspeisung zugesprochen.[107]

Hāšim b. ʿAbd Manāf gegen Asad b. ʿAbd al-ʿUzzā

In einer weiteren Darstellung der Geschicke der quṣaijschen Ämter, die den Streit der Klane mit Schweigen übergeht, verwalten die Banū ʿAbd Manāf von Anfang an auch die Speisung der Wallfahrer, und es wird wortreich erzählt, wie Hāšim, ein Sohn ʿAbd Manāfs, unermüdlich für die „Gäste Allahs" sorgt: „Hāšim b. ʿAbd Manāf gab unter Verwendung der Mittel, die ihm von seiten der Quraišiten zugeflossen waren, zu jeder Pilgerzeit den Leuten zu essen. Er kaufte von jenen Geldern Mehl. Außerdem nahm man von jedem Opfertier, sei es ein Kamel, ein Rind oder ein Schaf, einen Oberschenkel. Dies alles brachte man zusammen, schätzte dementsprechend das Mehl ab und bewirtete damit die Wallfahrer. So verfuhr er, bis man in einem Jahr von schlimmer Dürre heimgesucht wurde. Da machte sich Hāšim nach aš-Šaʾm auf, kaufte von dem Geld, das zusammengekommen war, Mehl und Trockengebäck, brachte es zur Pilgerzeit nach Mekka, zerbröselte das Gebäck, ließ Kamelstuten schlachten, das Fleisch kochen und die Gebäckstückchen hineinbrokken. Diese Speise setzte er den Leuten vor, die völlig ausgehungert waren, und hieß sie sich sattessen. Wegen dieser Tat wurde er Hāšim, d.i. der Zerbröckeler, genannt; sein eigentlicher Name war ʿAmr... Hāšim behielt dieses Vorgehen bei, bis er starb; dann pflegte sein Sohn ʿAbd al-Muṭṭalib dies zu tun, ...dann dessen Sohn Abū Ṭālib, bis der Islam kam."[108] So lautet die Entstehungslegende des Klans der Banū Hāšim, aus dem der Prophet Mohammed hervorgehen sollte. Nicht auszuschließen ist, daß Hāšim, dem man großen Reichtum nachsagte, tatsächlich die mit höchstem Ansehen verbundene Aufgabe der Pilgerspeisung auf solche Weise an sich brachte. Würde und Rang eines Mannes zeigten sich an der Bedeutung seiner Gäste und an der Manier, wie er sie mit seiner Freigebigkeit geradezu erdrückte – womöglich gar unter Vernichtung seiner und seiner Angehörigen Lebensgrundlagen.[109] Um wieviel mehr hatte man sich abzuverlangen, wenn es galt, die „Gäste Allahs" zu umsorgen? Daß im übrigen zwischen den Banū ʿAbd Manāf und den Banū Asad b. ʿAbd al-ʿUzzā eine Rivalität bestand und letztere in den Hintergrund gedrängt wurden, läßt sich aus einer Episode schließen, in der ein gewisser Riʾāb b. Jaʿmur aus dem Stamm der Banū Ġanm, in der Genealogie Nachkommen eines Bruders von Kināna b. Ḫuzaima, wegen einer Blutfehde seine entfernten Verwandten, die Quraišiten in Mekka, um Unterstützung bittet. Die Banū Asad b. ʿAbd al-ʿUzzā gewähren sie ihm, worauf man ihn erstaunt fragt: „Du gehst mit dem unheilvollsten Klan der Quraišiten einen Bund ein?" Riʾāb überlegte es sich nun anders und wählte die Banū Umaija, Söhne des ʿAbd Šams b. ʿAbd Manāf, zu Eidgenossen.[110] Weshalb die Banū Asad b. ʿAbd al-ʿUzzā ihrem Verbündeten Unglück bringen könnten, wird uns hier nicht mitgeteilt. Wir werden an das oben bemerkte Verschweigen des Namens der Sippe erinnert. Vorerst bleibt festzuhalten, daß der Aufstieg der Banū ʿAbd Manāf, vor allem der Sippen Hāšim und ʿAbd Šams, auch an ein Geschehen geknüpft ist, über dessen Einzelheiten die gängigen Quellen Stillschweigen bewahren; diese wurden nach Mohammeds Tod zusammengetragen, also in einer Zeit, als die Banū ʿAbd Manāf über ein Weltreich geboten – ihre Herrschaft mußte demnach von Anfang an durch Allah geplant worden sein.

Die Söhne ʿAbd Manāfs – mit denen man die Mitte des 6. Jahrhunderts n. Chr. erreicht – erscheinen in der Überlieferung als diejenigen Quraišiten, die die politischen Voraussetzungen für einen die ganze Arabische Halbinsel überspannenden Handelsverkehr schaffen. Der älteste von ihnen, al-Muṭṭalib, soll zum Negus nach Aksum gereist sein, um mit ihm ein Abkommen zu schließen. Hāšim habe in aš-Šaʾm das Wohlwollen der Byzantiner eingeholt. – Die Quelle nennt den Kaiser Herakleios (reg. 610–641), was natürlich ein Anachronismus ist; sein Name steht in den frühislamischen Quellen aber nicht für diesen einen Herrscher, sondern allgemein für den in der syrischen Provinz regierenden byzantinischen Statthalter. – Naufal b. ʿAbd Manāf endlich knüpfte mit den Sasaniden und ihren in Hira herrschenden arabischen Vasallen Beziehungen an. Der in Sure 106 erwähnte Brauch der Quraišiten, für ihre Karawanen einen Geleitschutz zu organisieren – dessen Nutzen sie zu unermüdlichem Dienst am „Herrn dieses Hauses" verpflichtet (Vers 3) –, soll auf

Hāšim zurückgehen. Im Winter zogen sie in den Jemen und von dort nach Äthiopien, wo sie gern gesehene Gäste des Negus gewesen sein sollen. Im Sommer reisten sie nach Norden, wenigstens bis zur Stadt Gaza, manchmal sogar bis nach Ankara oder an den Hof in Konstantinopel.[111] – Da Sure 106 nur die Handelsaktivitäten nennt, die in den Überlieferungen zur Stadtgeschichte Mekkas Hāšim und al-Muṭṭalib zugeschrieben werden, die übrigen, nämlich diejenigen Naufals, jedoch verschweigt, müssen wir diesen Text als von Mohammed in Umlauf gesetzte Propaganda für den eigenen Klan und die mit ihm im Schwurbund der „Herausragenden" zusammengeschlossenen Sippen verstehen. Diese Eidgenossenschaft wurde, wie im folgenden dargelegt wird, vermutlich zur Jugendzeit Mohammeds gestiftet und spielte noch während seines Auftretens als Gesandter Allahs eine wichtige Rolle, wie an der sogenannten „Ächtung der Hāšimiten" abzulesen ist.

Hāšims Verdienste

Das Wohlwollen der Machthaber in den vergleichsweise fest gefügten großen Reichen im Norden, Osten und Süden zu erringen, war vermutlich der leichtere Teil des Geschäftes, den Handelsverkehr über die Halbinsel hinweg aufzubauen und zu sichern. Schwieriger könnte es gewesen sein, mit den Stämmen, deren Streifgebiete durchquert werden mußten, dauerhafte Vereinbarungen zu treffen. Daß dergleichen möglich war, erfuhren wir am Beispiel der von ʿUmar b. al-Ḫaṭṭāb so sehr geschätzten Banū Murra b. ʿAuf; auch bei ihnen war der heilige Ort, den sie innehatten, die Voraussetzung für ihren Erfolg gewesen. Die Quḍāʿiten hatten ihn zerstört, den Quraišiten dagegen hatten sie den entscheidenden Dienst für den Aufstieg geleistet. – Hāšim erkaufte sich die Friedfertigkeit der zwischen Mekka und der Grenze zu aš-Šaʾm lebenden Araber, indem er ihnen zusagte, die Quraišiten würden auch deren Handelsgüter transportieren, kostenfrei selbstverständlich. Der byzantinische Kaiser soll Hāšim überdies nicht nur ein Handelsprivileg ausgefertigt, sondern auch ein Schreiben an den Negus übergeben haben, in dem dieser gebeten worden sei, die Quraišiten seinen Machtbereich betreten zu lassen. Der alljährlich in den Süden reisenden Karawane mag diese Empfehlung von Nutzen gewesen sein.

Hāšims Verbindungen nach Medina

Hāšim gilt nicht nur als der Lenker all dieser Unternehmungen, er soll sich auch selber an ihnen bis ins hohe Alter beteiligt haben. Nach Syrien führte der Weg über Medina.[112] An einem „Markt der Nabatäer"[113] geheißenen Ort, der von Medina aus überwacht wurde, hatte in einem Jahr eine überaus vornehme Dame namens Salmā bt. ʿAmr aus dem ḫazraǧitischen Klan der Banū ʿAdī b. an-Naǧǧār[114] das Sagen. Sie wurde für so mächtig angesehen, daß sie selber über die Ehen bestimmen konnte, die sie einging. Hāšims Werben erhörte sie, weswegen dieser auf der Stelle eine Hochzeitsfeier veranstalten ließ. Als Hāšim die Reise fortgesetzt und Gaza erreicht hatte, erkrankte er und starb, erst fünfundzwanzig Jahre alt. Salmā aber gebar einen Sohn, dem man den Namen ʿAbd al-Muṭṭalib gab. Ihm fiel das Erbe des Vaters zu.[115] – So erzählte ʿAbdallāh b. Naufal b. al-Ḥāriṯ (gest. 703), wie sein Urgroßvater Hāšim eine verwandtschaftliche Beziehung mit den arabischen Stämmen von Medina gestiftet hatte. ʿAbdallāh hatte allen Grund, an seine medinensische Herkunft zu erinnern, war er doch unter Muʿāwija I. mit den Aufgaben eines *Qāḍī*s dieser

Stadt betraut worden; er soll übrigens der erste gewesen sein, den man dort in dieses Amt berief.[116] Ereignisse, die zeitlich weiter auseinanderliegen, werden in dieser Erzählung auf die Spanne einer einzigen Karawanenreise zusammengezogen. Neben ʿAbd al-Muṭṭalib hatte Hāšim nach dem Zeugnis der genealogischen Überlieferung auch eine Tochter von Salmā. Diese und ʿAbd al-Muṭṭalib waren über ihre beiden Stiefbrüder ʿAmr und Maʿbad zudem mit dem zweiten großen Stammesverband von Medina, den Banū Aus, verschwägert, worauf ʿAbdallāh b. Naufal b. al-Ḥāriṯ anspielt, indem er Salmās ersten Ehemann ausdrücklich erwähnt: Uḥaiḥa b. al-Ǧulāḥ, ein Name, der damals einen guten Klang gehabt haben muß, hatte dieser Mann doch eines der großen befestigten Gehöfte errichten lassen, für die das Oasengebiet von Medina berühmt war.[117] Übrigens hatte Hāšim, wiederum nach Ausweis des quraišitischen Stammbaumes, auch mit einer weiteren Ḫazraǧitin Kinder.[118] Man darf daher annehmen, daß ʿAbdallāh b. Naufal b. al-Ḥāriṯ' Bericht im wesentlichen den Tatsachen entspricht: Im Zuge der Sicherung der Karawanenwege nach Norden entstanden enge Verbindungen zwischen den Quraišiten und zumindest einem der beiden arabischen Stammesverbände von Medina, den Banū Ḫazraǧ.

Hāšims Rivalität mit ʿAbd Šams, sein Zusammengehen mit den Ḫuzāʿiten

Unangefochten blieb Hāšim, der Sohn ʿAbd Manāfs, in seiner Vaterstadt Mekka nicht. Die Rivalität mit dem Bruderklan der ʿAbd Šams b. ʿAbd Manāf soll sich an dem großen Erfolg Hāšims entzündet haben. Freilich wollte sich dieser, von seinem Neffen Umaija b. ʿAbd Šams zum Zweikampf herausgefordert, auf ein derartiges Wagnis nicht einlassen; er begegnete solcher Anmaßung mit der Zusage, er werde „fünfzig Kamelstuten mit schwarzer Pupille in der Talmulde von Mekka schlachten". Dem konnte Umaija nur die Ankündigung entgegensetzen, er werde Mekka für zehn Jahre fernbleiben, wenn Hāšim sein Versprechen wahrmache. Ein ḫuzāʿitischer Wahrsager mußte entscheiden, wer von beiden die prestigereichere Tat in Aussicht gestellt hatte, und es wird uns nach Lage der Dinge nicht wundern, daß der Urteilsspruch zugunsten Hāšims ausfiel. Umaija hatte die Stadt zu verlassen. Er wich nach aš-Šaʾm aus, wo er etliche – für die frühe islamischen Geschichte sehr folgenreiche – Jahre zubrachte, „und das war der Beginn der Feindschaft zwischen den Hāšimiten und den Omaijaden".[119] Umaija übrigens scheint sich im Gebiet westlich des Sees Genezareth aufgehalten zu haben; er zeugte dort einen Sohn, den er später adoptierte.[120] – Auch über heftigen Zwist unter anderen quraišitischen Sippen unterrichten uns die Quellen. Fehden flammten aus bisweilen nichtigen Anlässen auf; die unterliegende Partei suchte nach Unterstützung durch unbeteiligte Klane, um der Vertreibung aus Mekka zu entgehen; Eidgenossenschaften wurden geschlossen.[121] Es führte zu weit, wollte man dies alles erörtern.

Allein solche Ereignisse haben wir hier nachzuzeichnen, die erkennbar bis in die Zeit Mohammeds nachwirkten, und dazu gehört der Bündnisschwur ʿAbd al-Muṭṭalibs mit den Ḫuzāʿiten. Die Vorgeschichte dieser Eidgenossenschaft wird wie folgt erzählt: Als al-Muṭṭalib b. ʿAbd Manāf starb, bemächtigte sich sein Halbbruder Naufal der hinterlassenen Liegenschaften; da aber al-Muṭṭalib stets seinem Neffen ʿAbd al-Muṭṭalib zur Seite gestanden hatte, fühlte dieser sich jetzt bedroht, und in seiner Not rief er die hazrağitischen Banū n-Naǧǧār um Hilfe, jene medinensische Sippe, in der er seine Kindheit verbracht hatte. – Mohammed wird, als die Lage in Mekka sich für ihn gefährlich zuspitzt, Unterstützung von Medinensern vorwiegend aus dieser Sippe erhalten. – Die Banū n-Naǧǧār erschienen mit etlichen Kriegern in Mekka und zwangen Naufal zur Rückgabe des usurpierten Landes. Gegen die Feindschaft, die vom Klan des ʿAbd Šams ausging, nutzte eine solche einmalige Intervention nicht. Sie veranlaßte aber die Ḫuzāʿiten, sich offen auf die Seite ʿAbd al-Muṭṭalibs zu schlagen; sie hätten angeblich mit ihm Mitleid bekommen, und schließlich rechneten sie ebenso zu seinen Vorfahren wie die ḫazrağitischen Banū n-Naǧǧār,[122] meinten sie. Die Wortführer der Ḫuzāʿiten waren damals die Banū ʿAmr b. Rabīʿa; sie hielten sich zugute, daß es ihr gleichnamiger Ahnherr gewesen war, der einst dem Regiment der Ǧurhumiten über das Heiligtum ein Ende bereitet hatte.[123] Wie erinnerlich, erzählten sich die Ḫuzāʿiten davon, wie sie seinerzeit ohne Zögern die Söhne Ismaels bei sich aufgenommen hatten.[124]

Nun also traf man sich mit ʿAbd al-Muṭṭalib und einigen Quraišiten, unter diesen niemand aus den schon länger zusammenhaltenden Sippen der Banū ʿAbd Šams b. ʿAbd Manāf und Naufal b. ʿAbd Manāf, und unterbreitete den folgenden Vorschlag: Wenn sogar die Ḫazrağiten dank ehelichen Banden einen herausragenden Platz in der quraišitischen Genealogie einnähmen, um wie viel mehr stünde dergleichen den Ḫuzāʿiten zu; erstens gehöre man zum selben Geschlecht wie die Ḫazrağiten – eine Anspielung auf die Legenden von der Zerstreuung der jemenischen Araber nach der Auswanderung aus dem Gebiet von Marib;[125] der alte Groll, den man gegen die Quraišiten gehegt habe, sei längst verraucht; es sei an der Zeit, eine Eidgenossenschaft zu bilden, zumal man wie Nachbarn nebeneinander wohne, was von den medinensischen Ḫazrağiten nun einmal nicht gelte; ohnehin habe ʿAbd al-Muṭṭalib in zwei ḫuzāʿitische Sippen eingeheiratet;[126] was liege näher, als sich zu einer engen Gemeinschaft zusammenzuschließen? Die Übereinkunft wurde niedergeschrieben und in der Kaaba aufgehängt; sie hatte den folgenden Wortlaut: „In deinem Namen, o Allah! Dies ist, worauf sich ʿAbd al-Muṭṭalib b. Hāšim und die ḫuzāʿitischen Männer der ʿAmr b. Rabīʿa und die auf ihrer Seite Stehenden der Sippen Aslam und Mālik, zweier Söhne des Afṣā b. Ḥāriṯa,[127] die Treue zuschwören: gegenseitiger Schutz und Trutz, solange ein Meer eine Flocke der Muschelwolle benetzt[128] – ein vereinender, nicht ein trennender Bundeseid sei es, die Alten den Alten, die Jungen den Jungen, die Anwesenden den Abwesenden! Sie verschwören und verpflichten sich in festestem Bunde, in unverbrüchlicher Verpflichtung, die nicht aufgekündigt oder gebrochen werden soll, solange eine Sonne über einem Ṯabīr[129] aufgeht und in einer Wüste ein Kamel schreit, solange die beiden Rauhen[130] stehen und in Mekka ein Mensch lebt – zu einem Bund der Ewigkeit, für die Dauer der Zeit, den das Aufgehen der Sonne festigen und die Finsternis der Nacht bekräftigen soll. ʿAbd al-Muṭṭalib und seine Söhne und wer mit ihnen ist, nicht aber die übrigen Banū n-Naḍr b. Kināna, und die Männer der Ḫuzāʿiten unterstützen, helfen, stärken einander. ʿAbd al-Muṭṭalib obliegt es, (den Ḫuzāʿiten), die sich ihm anschließen, gegen jeden, der an ihnen Blutrache verüben will, zu helfen, zu Lande und zu Wasser, in der Ebene und im Gebirge, und den Ḫuzāʿiten obliegt es, ʿAbd al-Muṭṭalib, seinen Söhnen und wer mit ihm ist, gegen alle Araber zu helfen, im Osten wie im Westen, im rauhen Hochland wie in der weiten Wüstenebene. Allah bieten (die Bündnispartner) als Bürgen auf, und wie gut vermag er zu bürgen!"[131] Die Sachwalterschaft für diesen Bund ging von ʿAbd al-Muṭṭalib an seinen Sohn Abū Ṭālib über, der ein Oheim Mohammeds war und diesem in den frühen Jahren nie den nötigen Rückhalt verweigerte.[132] – Der Gesandte Allahs durfte sich noch im Kampf um Ḫaibar auf die Loyalität der Banū Aslam verlassen, die diese einst ʿAbd al-Muṭṭalib zugeschworen hatten.[133]

Es mag sein, daß die Überlieferung die Feindseligkeiten zwischen den Hāšimiten und den Nachfahren des ʿAbd Šams übertreibt. Der Antagonismus dieser beiden ʿAbd Manāf-Sippen gewinnt während der letzen Lebensjahre Mohammeds in dem von ihm gegründeten Gemeinwesen an Gewicht, findet neue Nahrung unter dem Kalifen ʿUmar b. al-Ḫaṭṭāb, der den Sippenstolz am liebsten aus der muslimischen Gesellschaft ausmerzen würde, und entwickelt sich unaufhaltsam zu einer Konstante des politischen Geschicks der frühislamischen Welt. Womöglich klaubt man in jenen Jahrzehnten alles zusammen, was belegen mochte, daß es sich schon immer so verhalten habe. Daß die Omaijaden dabei in einem ungünstigen Licht erscheinen, ist nicht zuletzt dem Eifer jener Überlieferer geschuldet, sie sich seit der Mitte des 8. Jahrhunderts den hāšimitischen Abbasiden, den Siegern über ihre omaijadischen Rivalen, verpflichtet fühlten. So heißt es etwa, Ḥarb b. Umaija habe eines Tages einige mekkanische Burschen dazu angestiftet, einen jüdischen Kaufmann, der in der Tihama von Markt zu Markt wanderte, zu berauben und zu töten. ʿAbd al-Muṭṭalib habe geltend gemacht, daß dies ein Verbrechen gewesen sei, da jener Mann unter seinem Fremdenschutz gestanden habe; er verlangte von Ḥarb, er solle ihm das Blutgeld für das Opfer auszahlen. Hieraus entwickelte sich ein Zerwürfnis, um dessen Schlichtung man angeblich sogar den Negus anging. Dieser wollte sich allerdings nicht in die arabischen Händel einmischen, weswegen man sich mit einem Schiedsmann geringeren Prestiges zufriedengeben mußte. ʿAbd al-Muṭṭalib habe Ḥarb die Zechgenossenschaft aufgekündigt und ihn derart unter Druck gesetzt, daß er sich endlich bequemt habe, den Hinterbliebenen des Juden einhundert Kamele als Entschädigung zu übergeben. Zu seinem Vertrauten wählte ʿAbd al-Muṭṭalib fortan einen gewissen ʿAbdallāh b. Ǧudʿān aus der Sippe der Banū Taim b. Murra, einen Mann mit legendären Reichtümern, von dem noch die Rede sein wird.[134] Aus ebendieser Sippe wird Abū Bakr, Mohammeds Vertrauter, stammen.

Die Episode um Ḥarb b. Umaija führt uns vor Augen, wie sehr allein schon die Gelegenheit, Geschäfte zu treiben, von den persönlichen Beziehungen zu Stammesführern abhing, die über so hohes Ansehen verfügten, daß man nicht wagen konnte, ihren Schützlingen ein Härchen zu krümmen. Das ungewöhnlich enge Verhältnis zur Gottheit des mekkanischen Kultes verlieh den Quraišiten Einfluß weit über ihre Stadt hinaus, aber es konnte seine den Stammesfrieden stiftende Kraft nur entfalten, wenn sie selber einig waren. Dies war die erste Bedingung ihrer Macht. Die zweite besagte, daß sie die Möglichkeit gewinnen mußten, ihre Interessen notfalls mit Gewalt zur Geltung zu bringen; aus ihrer, der quraišitischen Sicht der Dinge waren diese eigenen Interessen gewissermaßen selbstverständlich, nämlich ganz diejenigen einer die Stämme übergreifenden Allgemeinheit; aus der Sicht der übrigen Araber jedoch waren es die Belange eines fremden Stammes, die sich bisweilen mit denen anderer decken konnten.

4. Handel, Krieg und Kult

Die Leistung der Quraišiten und Mohammeds Lebenswerk

Kurz gesagt, die Quraišiten sahen sich vor die Aufgabe gestellt, eine über Mekka hinausgreifende politische Ordnung zu gewährleisten, zu deren Aufrechterhaltung sie militärische Mittel einsetzen konnten; und war diese Aufgabe erst gelöst, dann wiederum war die religiöse Beziehung der fremden Stämme zum mekkanischen Heiligtum neu zu justieren, und zwar so, daß möglichst viele unterschiedliche Gemeinschaften in ein Verhältnis zu den Quraišiten eintraten, dessen Ausgestaltung von diesen allein bestimmt werden konnte. Die rein genealogisch aufgefaßte Loyalität war durch ein anderes Moment zu ergänzen, gewiß noch nicht abzulösen. Alles dies entfaltet sich durch das Wirken Mohammeds mit einer vorher nicht geahnten Durchschlagskraft, die Voraussetzungen hierfür wurden jedoch schon in der zweiten Hälfte des 6. Jahrhunderts geschaffen. Was damals geschah und jetzt zu beschreiben ist, war zunächst defensiver Natur. Man litt unter dem Unfrieden einer Gesellschaft, der die Abstammung und der „Väterruhm" mehr galten als die selbstverantwortete Tat des einzelnen, und man reagierte in unterschiedlicher Weise auf dieses Leiden, bis hin zum Ḥanīfentum, das jene beiden Werte verwarf. Erst Mohammed ersetzte nach dem Abkommen von al-Ḥudaibīja die stammesübergreifende militärische Organisation, die die heidnischen Quraišiten aufgebaut hatten, durch eine offensive Kampfgemeinschaft, die sich dem „Dschihad auf dem Pfade Allahs" widmete. Und diese Umwandlung erfolgte in enger Verquickung mit der von ihm verkündeten Botschaft, deren Inhalt im Prinzip viel radikaler, als es seinen heidnischen quraišitischen Ahnen denkbar gewesen war, die Genealogie, das überkommene Ordnungssystem der Gesellschaft, in Frage stellte und neu definierte. Es verwundert nicht, daß viele dem von ihm gewiesenen Weg nur zaudernd oder gar nicht folgen wollten; ja, Mohammed selber wird zeit seines Lebens nicht bereit sein, aus seiner Botschaft beherzt diese Konsequenzen zu ziehen.

Die *Aḥābīš*

Widmen wir uns vorerst den wesentlich bescheideneren Zielen der Quraišiten in den Tagen ʿAbd al-Muṭṭalibs und unmittelbar nach ihm! Wir dringen damit bis in die Zeit gegen 600 vor. Denn ʿAbd al-Muṭṭalib verstarb hochbetagt, als Ohrmazd IV. (reg. 578–590) der Schah der Sasaniden war.[135] – Zuvörderst hatten sich die Quraišiten um die Sicherung der Tihama Sorgen zu machen. Es durfte ihnen nicht gleichgültig sein, wer dort das Sagen hatte. Sie selber wären zu gering an Zahl gewesen, um auf Dauer in dem für den Karawanenverkehr unentbehrlichen Küstenstreifen ihren politischen Willen durchzusetzen. Es blieb ihnen nichts anderes übrig, als hierfür einen Bund zu nutzen, den sie schon unter

ʿAbd Manāf aus verschiedenen Stämmen zusammengefügt hatten – und der, glaubt man der Überlieferung, ursprünglich den Sinn gehabt hatte, den Quraišiten das Überleben an der Kaaba zu sichern. Es sind dies die „*Aḥābīš* der Quraišiten", über deren Geschichte wir zunächst einige Worte sagen müssen. Sie bildeten bis in die Zeit des Propheten eine gefürchtete Kampftruppe; in Erinnerung an die Schlacht von Uḥud, die Mohammed gegen die Mekkaner verlor, dichtete der Medinenser Kaʿb b. Mālik: „Wir trafen auf eine Meereswoge, mitten darin die *Aḥābīš*, einige barhäuptig, andere verschleiert." Die *Aḥābīš* waren die Eidgenossen des al-Ḥāriṯ b. ʿAbd Manāt b. Kināna, eines Neffen an-Naḍrs, mit dem, wie erinnerlich, manche Genealogen die Quraišiten beginnen lassen. Des näheren handelte es sich um zwei Sippen, die sich auf Jaiṯaʿ b. al-Haun b. Ḫuzaima zurückführten, der seinerseits wiederum ein Neffe des Kināna gewesen sein soll; sie hießen ʿAḍal und Dīš. Mit im Bunde waren zwei ḫuzāʿitische Sippen, die Banū l-Ḥajā und die Banū l-Muṣṭaliq.[136] Ibn abī Ṯābit verlegt die Entstehung dieses Bundes in eine Zeit, in der die Quraišiten sich angstvoll in Mekka duckten, womit, wie man aus einer anderen Überlieferung erfährt, die Epoche ʿAbd Manāfs gemeint sein mag.[137] Jedenfalls durften die Quraišiten auf die Unterstützung durch die Quḍāʿiten nicht mehr rechnen, und die Feindschaft mit den Banū Bakr war wieder aufgeflammt. – Die Banū Bakr b. ʿAbd Manāt hatten zusammen mit den Ḫuzāʿiten gegen Quṣaij gestanden; die Aufrechnung des ihnen aus den Kämpfen gegen ihn zustehenden Wergeldes war ihnen verweigert worden. Wegen dieser Niederlage gegen Quṣaij waren sie in die Abhängigkeit von den Quraišiten gelangt; sie sahen sich, anders als die Ḫuzāʿiten, die freilich in unmittelbarer Nachbarschaft zu den Nachkommen Quṣaijs lebten, nach dessen Tod offenbar aller Verpflichtungen gegen die Herren von Mekka ledig. – Nun, unter ʿAbd Manāf, schien es, als müßten sich die Quraišiten wieder vor den Banū Bakr fürchten. Ein Pilger von den Banū l-Ḥāriṯ b. ʿAbd Manāt b. Kināna soll sie in Mekka jedenfalls in einer höchst unerquicklichen Lage angetroffen haben. Empört über die Schutzlosigkeit der Quraišiten, fädelte er den Schutzbund mit den genannten Sippen ein, den man am Berge Ḥubšī, zehn Meilen von der Stadt entfernt, besiegelte.[138] Der Anführer der Banū l-Ḥāriṯ gab überdies ʿAbd Manāf eine Tochter zur Frau.[139] Das Gewicht, das diese *Aḥābīš* in der quraišitischen Politik erlangten, war schließlich so groß, daß die ʿAḍal und die Dīš, die man auch unter dem gemeinsamen Namen al-Qāra zusammenfaßte, sich den Herren der Kaaba ebenbürtig fühlen durften und in deren Klan der Banū Zuhra b. Kilāb aufgenommen wurden.[140]

Ein Ereignis jenseits der innerquraišitischen Querelen, von denen die Quellen so ausführlich berichten, macht uns am Ende des 6. Jahrhunderts anschaulich, wie das Bündnis der *Aḥābīš* außerhalb des unmittelbaren Machtbereichs der Quraišiten auf ein Mindestmaß an Landfrieden hinwirkte. In einem Hungerjahr wanderten die Banū Laiṯ, eine Untergruppe der Banū Bakr,[141] aus dem Hochland hinab in die Tihama südlich von Mekka. Sie hatten in der al-Qāra genannten Gemeinschaft der ʿAḍal und Dīš einen Schutzherrn, ʿAuwāf, der seinerseits mit zwei Quraišiten einen Schwurbund geschlossen hatte. Auf ihn stießen die Banū Laiṯ, und wider alles Recht verabredeten sich einige von ihnen dazu, des Nachts ʿAuwāfs Kamele fortzutreiben und sich anzueignen. Bei dem Überfall erschlugen sie einen seiner Söhne. Dieses Verbrechen durfte nicht ungesühnt bleiben; der Geschädigte wandte sich an seine beiden quraišitischen Eidgenossen, man forderte Ersatz für die mittlerweile geschlachteten Tiere sowie den Vollzug der Blutrache an dem Mörder. Dieses Verlangen wurde zurückgewiesen, worauf sich beide Seiten zum Kampf rüsteten und von den Quraiš auch die *Aḥābīš* aufgeboten wurden. Auf der Seite der Banū Laiṯ zogen die übrigen Banū Bakr in den Krieg. Die Entscheidungsschlacht wird uns, wie so oft, als überaus erbittert geschildert; die Quraišiten und die *Aḥābīš* hätten die Scheiden ihrer Schwerter zerbrochen: Nur Sieg oder Tod, nichts Drittes, sollte den Kampf endigen. Die Truppen der Banū Bakr seien völlig aufgerieben worden; wer nicht gefallen sei, habe sich in den heiligen Bezirk geflüchtet, um das Leben zu retten. Aber man habe sie dort nicht geduldet. Die Banū Laiṯ vertrieb man aus der Tihama und hoffte, so die Ordnung wiederherzustellen. Dies erwies sich als ein Irrtum. Sie fanden Unterstützung bei anderen Stämmen, die Kämpfe flammten wieder auf und zogen sich in die Länge; keineswegs waren die Quraišiten und die *Aḥābīš* ständig im Vorteil. Selbst ihre Standarte geriet einmal in höchste Gefahr. Der letzte Waffengang führte zu einem Schiedsgericht, dessen Ergebnis verrät, daß es die Mekkaner mit einem gleichwertigen Gegner zu tun gehabt hatten. Beide Parteien rechneten die Verluste an Menschenleben gegeneinander auf; da es keinen überlegenen Sieger gab, ging es nicht an, das Blutgeld, das dem Verlierer zustand, „unter den Füßen zu zermalmen", wie es einst zugunsten Quṣaijs geschehen war.[142] Die Entschädigung, die den Verwundeten auszuzahlen war, soll sich auf den Wert von 1300 Kamelen belaufen haben; Saʿīd b. al-ʿĀṣ, ein Neffe Ḥarb b. Umaijas,[143] beglich diese Kosten aus seinem Vermögen.[144]

Die *Fiǧār*-Kriege

Mit der letzten Schlacht gegen die Banū Laiṯ brach die Zeit der Bewährung des Bündnisses mit den *Aḥābīš* an. Es ist die Periode der vier sogenannten *Fiǧār*-Kriege,[145] deren erste wohl nur kleinere Gefechte gewesen sind. Ihnen allen ist gemeinsam, daß ihr Anlaß eine mehr oder minder schwere Störung des während der heiligen Monate ablaufenden Handels war. Der vierte Vorfall war von besonderem Gewicht, da er eine Karawane des Fürsten von Hira betraf. Der Schuldige war ein Mann von den Qais ʿAilān, ein Herumtreiber und Tunichtgut, wie sie in den Quellen zur altarabischen Geschichte ab und an begegnen. Ihn hatte es nach Hira gerade zu dem Zeitpunkt verschlagen, als man dort die Karawane nach ʿUkāẓ zusammenstellte und einen Führer suchte, der sie ohne Verluste an ihr Ziel bringen konnte. Der Fremde bot seine Dienste an, aber der Fürst griff dann doch lieber auf einen bewährten Mann zurück, obwohl er seit einiger Zeit mit den Qaisiten eine Fehde ausfocht und seine Karawanen von diesen schon mehrfach überfallen worden waren. Der Fremde von den Qais ʿAilān, durch die Zurücksetzung gekränkt, paßte unterwegs einen günstigen Augenblick ab, zu dem er den Führer allein überraschte, und tötete ihn. Dann sorgte er dafür, daß seine Untat schnell in ʿUkāẓ bekannt wurde. Die Quraiš zogen sich daraufhin eilends nach Mekka in den heiligen Bezirk zurück; es war Pilgerzeit, und in ʿUkāẓ wimmelte es von Qaisiten, denen man sich im Falle offener Feindseligkeiten nicht gewachsen fühlte. Der Handel kam zum Erliegen; übers Jahr, so lautete die Parole, sollten die Waffen entscheiden.

Die Quraišiten nutzten die Frist, um die *Aḥābīš* zusammenzuziehen und auszurüsten. Allein ʿAbdallāh b. Ǧudʿān soll eintausend Kināniten auf Reitkamelen herbeigeführt haben. Alle bedeutenden Klane ernannten einen der Ihrigen zum Anführer ihres Kontingents; demjenigen der Banū Hāšim soll ein junger Mann namens Mohammed angehört haben, der spätere Prophet. Doch auch die Qais ʿAilān blieben nicht untätig. Sie mobilisierten ihre Untergruppen, so die Banū Sulaim,[146] einen mächtigen Verband der Stammesgemeinschaft der Hawāzin, die sich anscheinend vollständig in den Krieg gegen die Quraišiten hineinziehen ließ. Starke Verbündete der Qais ʿAilān waren außerdem die Banū Ṯaqīf aus aṭ-Ṭāʾif nebst ihren Eidgenossen.[147] Es war, als trieben die Dinge auf die Entscheidung zu, wer im mittleren Hedschas zu bestimmen haben werde und ob das quraišitische Mekka den Rang, zu dem es sich emporgearbeitet hatte, werde verteidigen können.

Die Feinde der Quraišiten erreichten zuerst ʿUkāẓ; dort zankten sie sich ausgiebig darüber, wem sie das Kommando anvertrauen sollten. Dann rückten die Quraišiten heran. Bei ihnen hatte Ḥarb b. Umaija den Oberbefehl inne. Seine Brüder waren um ihn, sie alle in Panzerhemden gekleidet. Vor der Schlacht legten sie sich die Füße in Fesseln, durch die sie, vor allem aber ihre Truppen, an der Flucht vor dem Feind gehindert sein wollten: Ein Zurückweichen durfte es nicht geben. Wie üblich, ging dem Gefecht ein Zweikampf voraus, der für die quraišitische Seite vom Anführer der *Aḥābīš* ausgetragen wurde. Nachdem dieser schwer verletzt worden war, brach die Schlacht los. Sie nahm zunächst einen für die Mekkaner wenig verheißungsvollen Verlauf. Die Banū Bakr, die nach ihren Niederlagen gegen die Quraišiten diesen hatten Heeresfolge leisten müssen, entwichen aus dem Getümmel, sobald sie bemerkten, was sich anbahnte. Warum die Dinge schließlich doch eine andere Wende nahmen, bleibt unklar. Überliefert ist, daß die Banū l-Ḥāriṯ b. ʿAbd Manāt, der Kern der *Aḥābīš*, sich am mutigsten in das Kampfgeschehen stürzten und vor den Quraišiten die Front bildeten. Einhundert Männer sollen an jenem Tag unter der Standarte der Banū l-Ḥāriṯ gefallen sein. Auch die Führer der Gegenseite griffen zum Äußersten, um ihren Truppen das Fliehen zu einer Sache der Schande zu machen, und ließen sich Fesseln anlegen. Über die Dauer der Gefechte sind die Angaben widersprüchlich. Nach der ausführlichsten Darstellung war der Kampf bei ʿUkāẓ der vierte, der in dieser Angelegenheit ausgetragen wurde, und je ein Jahr hatte die voraufgehenden Gefechte voneinander getrennt. Es ist nicht auszuschließen, daß die denkwürdigen Ereignisse dieser Schlachten in den Quellen nicht immer sauber unterschieden werden. Deutlich wird in jedem Fall, daß die Quraišiten einer Niederlage entgingen, ihre Feinde allerdings auch nicht triumphierten. Beide Parteien rechneten das ihnen zustehende Blutgeld aus, und man kam zu dem Ergebnis, daß die Quraišiten beträchtliche Zahlungen zu leisten hatten. Das war nicht sogleich möglich, weswegen drei von ihnen, darunter Ḥarb b. Umaija, jeweils einen Sohn als Geisel an die Feinde übergeben mußten.[148] Abū Sufjān b.

Ḥarb, einer der Leidtragenden, wird uns demnächst als ein zäher Widersacher Mohammeds begegnen. Daß sich der quraišitische Klan, der, ohne das Leben seiner Mitglieder zu schonen, für die Interessen Mekkas gekämpft hatte, nicht wenig später von einem Mann wie jenem jungen Mohammed das Heft aus der Hand nehmen lassen wollte, wird man verstehen.

Die Sicherung der Handelswege

Die *Fiǧār*-Kriege, deren letzten man ungefähr auf das Jahr 590 datieren kann,[149] wurden zumindest mittelbar durch Schädigungen des Warenverkehrs und des Handels verursacht. Die *Aḥābīš* spielten in den geschilderten Auseinandersetzungen die Rolle einer Miliz, die zur Wahrung des Friedens im Einklang mit den quraišitischen Interessen die Waffen führte. Daneben aber beruhte die Macht der Mekkaner, die sich, wie eben gezeigt, im Kriege nur mit Mühe gegen größere Stammesverbände behaupteten, auf den Loyalitäts- und Freundschaftsbindungen, die sie zu vielen Klanführern unterhielten, ohne daß diesen Bindungen auch nur der leiseste Anschein einer institutionellen Verstetigung zugekommen wäre. Je dichter das Netz geknüpft war, desto sicherer konnten die Quraišiten sein, sich niemals einer allzu großen und festgefügten Koalition gegenüberzusehen. So standen einzelne Stammesführer der Banū Ġaṭafān, die in ihrer Gesamtheit den Quraišiten nicht wohlgesonnen waren,[150] in einem freundschaftlichen Verhältnis zu Mekka.[151] Der vielleicht wichtigste Knoten in diesem Netz waren die Banū Tamīm. Im genealogischen System gehört Tamīm zu den Nachkommen Muḍars; er ist dessen Urenkel, Tamīm b. Murr b. Udd b. Muḍar lautet die Ahnenreihe.[152]

Der Karawanenverkehr von Nordosten, aus dem Gebiet der laḫmidischen Fürsten, mußte sich in Dūmat al-Ǧandal um eine quraišitische Eskorte bemühen, denn von dort an bewegte man sich auf muḍaritischem Territorium. „Die Quraišiten üben für uns alle die religiösen Pflichten aus, die uns Ismael als unser Erbteil vermachte“, sagten die Muḍariten, unter denen jene sich als das durch die Abstammung von an-Naḍr oder Fihr[153] aus der Gesamtheit der Nachkommen Muḍars herausgehobene Haupt begriffen. Daß die Banū Tamīm den starken Nacken und Leib des von den Quraišiten geführten Arabertums bildeten, haben wir ebenfalls schon gehört.[154] Jeder Händler, der vom Jemen oder vom Hedschas her aufgebrochen war, erbat sich den Schutz durch die Quraišiten, solange er im Lande der Muḍariten reiste. „Denn diese behelligten keinen muḍaritischen Händler, und ebenso wenig hätte er von den Eidgenossen der Muḍariten etwas zu befürchten gehabt... Die Banū Kalb (b. Wabara, ein Stamm der Quḍāʿiten) ließen daher die Kaufleute in Frieden, hatten sie doch ein Bündnis mit den Banū Tamīm.“ Auch die südarabischen Banū Ṭaiji᾽ behinderten den Warenverkehr nicht, da sie mit den muḍaritischen Banū Asad eine Übereinkunft geschlossen hatten; sobald die Kaufleute auf ṭaiji᾽itischem Gebiet eingetroffen waren, entrichteten sie eine Abgabe und erhielten Begleitschutz.[155] Mit diesen Nachrichten bekommen wir einen kleinen Teil des politischen Gebildes zu fassen, von dem in der schon zitierten Sure 106 gesprochen wird: Das erfolgreiche „Zusammenfügen“ der Karawanen, wie die koranischen Worte oft gedeutet werden, setzt Vereinbarungen mit vielen Stämmen voraus; das Verdienst, sie ausgehandelt zu haben, darf natürlich nicht Hāšim b. ʿAbd Manāf allein gutgeschrieben werden. „Die Sachwalter des ‚Zusammenfügens' unter den Quraišiten sind diejenigen, durch deren Wirken Allah sie erhöhte", schreibt Muḥammad b. Ḥabīb, „und es sind die, durch die er die Armen in ihrer Mitte erquickt. ‚Zusammenfügen' meint nämlich die Übereinkünfte (mit den anderen Stämmen). (Die Sachwalter des ‚Zusammenfügens' sind also) Hāšim, ʿAbd Šams, al-Muṭṭalib und Naufal, die Söhne ʿAbd Manāfs."[156] Bei der Beschäftigung mit den innerquraišitischen Verhältnissen wurden wir auf das hohe Maß an Prestige aufmerksam, das diese vier dank ihren Unternehmungen genossen. Während Hāšim in jedem Jahr zwei Karawanen zusammengestellt haben soll, wie Mohammed im Koran behauptet, nämlich die Sommer- und die Winterkarawane nach aš-Šaʾm, soll sich ʿAbd Šams dem Verkehr mit Äthiopien gewidmet haben, während al-Muṭṭalib den Jemen und Naufal den Irak bereisten. „Ein jeder von diesen vier war der Anführer der Kaufleute, die mit ihm zu seinem Reiseziel aufbrachen. Denn (ein jeder) hatte (für die Quraišiten) Abkommen[157] bei den Königen und Ältesten der Stämme (in aš-Šaʾm) ausgehandelt."[158]

Das Zusammenwirken mit den Banū Tamīm und seine Bedeutung für den Kult

Dank den Überlieferungen über die Banū Tamīm gewinnen wir Einblick in das politische Vorgehen der Quraišiten; sie errangen mit Geschick die Zustimmung fremder Stämme für den Handelsaustausch, von dem sie selber den größten Nutzen hatten, an dem sie die anderen jedoch teilhaben ließen, da die Kaufleute Gebühren für das Durchqueren der Streifgebiete aufzubringen hatten. Unter den Muḍar-Arabern wurde diese Politik als der Vollzug des Vermächtnisses Ismaels betrachtet; jedenfalls gaben die Quraišiten sie dafür aus. Daß man ihnen glaubte, zeigen die Beispiele der Banū Tamīm und der Banū Asad b. Ḫuzaima b. Mudrika, die ihre nicht zu Muḍar gehörenden Eidgenossen auf die mekkanische Sache verpflichteten. Die Banū Tamīm arbeiteten besonders eng mit den Quraišiten zusammen, und so nimmt es nicht wunder, daß sie sich bei der Abhaltung der Märkte und der Leitung der Wallfahrtsriten einen herausragenden Part sichern konnten. Nach dem Zeugnis von Muḥammad b. Ḥabīb dienten Tamīmiten als Anführer der Zeremonien und amtierten als „Richter" auf dem Markt von ʿUkāẓ.[159] Die letztgenannte Aufgabe hatte vor ihnen ʿĀmir b. Ẓarib von den Banū ʿAdwān, die zum Verband der Qais ʿAilān rechneten,[160] versehen, und wir hörten, daß Quṣaij bei der Übernahme Mekkas wohlweislich die Verhältnisse außerhalb der Stadt nicht angerührt hatte. Der Aufstieg der Banū Tamīm erzwang offensichtlich eine Änderung, und laut Ibn Ḥabīb gaben die Tamīmiten das Richteramt in ʿUkāẓ bis zum Aufkommen des Islams nicht mehr aus den Händen. Ebenfalls die Einweisung der Pilgerscharen in die Riten an den Kultstätten außerhalb Mekkas, nach Quṣaijs Tod wie schon zuvor von den Ṣūfa wahrgenommen, ging an die Tamīmiten über. „Die Führer der Araber während der Wallfahrt und die ‚Richter' in ʿUkāẓ stellten nach ʿĀmir b. Ẓarib die Banū Tamīm; die Wächter über die Glaubenspraxis und die Kustoden (des Gebäudes) der Gebetsrichtung waren die Quraišiten, und diejenigen, die (den Arabern) über die Riten Auskünfte erteilten, das waren die Banū Mālik b. Kināna."[161]

In den Jahrzehnten nach Quṣaij hatte sich die enge Zusammenarbeit zwischen den Banū Tamīm und den Quraišiten herausgebildet und die überkommene Ordnung der Dinge umgestaltet. Daß diese Tatsachen sich in Schwurbündnissen zwischen einzelnen Quraišiten und Tamīmiten niederschlugen, liegt nahe. Daß aber auch Ehen zwischen den Angehörigen beider Stämme geschlossen wurden, verdient hervorgehoben zu werden, denn die Quraišiten zeigten sich hierin gewöhnlich sehr wählerisch.[162] Einen Güteraustausch, frei von schweren Störungen und weder von Raub noch Mord unterbrochen, zu gewährleisten, war ein Unterfangen, das die mannigfaltigsten Anstrengungen erforderte und keineswegs ohne die althergebrachte rein persönliche Komponente auskommen konnte. Wesentlich und in seiner tiefen Wirkung neuartig war das religiöse Element, das allen quraišitischen Maßnahmen eine die Augenblicke der handelspolitischen Unterredungen und des Geschäftsverkehrs überdauernde Bedeutsamkeit verlieh; vermutlich war es vor allem dieses Element, weniger die von den Quraišiten nicht sonderlich erfolgreich aufgebotene Kampfkraft, das Stämme und Klane bewegte, die Raubgelüste ein ums andere Mal hintanzustellen, Gelüste, deren Ausleben in der damaligen arabischen Gesellschaft doch nicht unehrenhaft war, sobald es sich gegen die Besitztümer von Menschen richtete, mit denen einen kein durch Verschwägerung oder Abstammung begründetes Zusammengehörigkeitsgefühl verband.[163] Über den religiösen Boden der in Sure 106 erwähnten Vereinbarungen wird gleich zu sprechen sein; er unterlegt dem ererbten genealogischen System eine neue Ordnung, die sich aus einem gegenüber allen Arabern erhobenen Geltungsanspruch des mekkanischen Kultes ergibt und die damit einem allgemeinen, nicht mehr an die Ehre eines Stammes oder einer Sippe gebundenen Grundsatz zur Beachtung verhelfen will – ein bis dahin unerhörtes Ansinnen.

Der Schwurbund der „Herausragenden“

Sobald der letzte der *Fiǧār*-Kriege ausgefochten und der Ḏū l-Qaʿda, der erste der drei heiligen Monate, angebrochen war, hatten die Quraišiten die Gelegenheit, zu Hause zu beweisen, daß es ihnen gegeben war, zugunsten des Geschäftsfriedens vom vordergründigen Nutzen ihrer eigenen Klane abzusehen. Den Bericht über das Ereignis verdanken wir Ḥakīm b. Ḥizām (gest. zwischen 670 und 679), einem Neffen von Mohammeds erster Frau.[164] Der Fall war dieser: Kaufleute, seien sie Araber oder von anderer Herkunft, wurden bisweilen, wen wundert es, in Mekka betrogen; diesmal war al-ʿĀṣ b. al-Wāʾil aus dem Klan der Sahm der Bösewicht, das Opfer ein Mann von den Banū Zubaid; al-ʿĀṣ mochte sich zu seinem schändlichen Vorgehen berechtigt fühlen, da einer der Übeltäter, die ʿAuwāfs Sohn erschlagen und dadurch den Krieg gegen die Banū Bakr ausgelöst hatten, aus ebenjener Sippe gekommen war.[165] Wie dem auch sei, der Geschädigte wandte sich an die Mitglieder des Schwurbundes der „Blutlecker“, zu dem ja auch die Sahm zählten. Sie wollten von seinen Klagen aber nichts wissen und jagten ihn fort. Der Fremde erklomm den Berg Abū Qubais, der den Kern des Ortes überragt, und schrie hinab, um für sich Hilfe zu finden: „(Ein Fremder steht hier), den man um seine Ware geprellt hat, hier im Tal von Mekka, fern von seinem Stamm und dessen Kriegern...!“ Die ʿAbd Manāf-Sippen Hāšim und al-Muṭṭalib, ferner die Sippen Zuhra und Taim b. Murra nahmen sich der Sache an. Es handelte sich mithin um den Kern des Schwurbundes der „Parfümierten“,[166] abzüglich wichtiger ʿAbd Manāf-Sippen wie der Banū ʿAbd Šams und der Banū Naufal. Man traf sich im Haus des reichen Taimiten[167] ʿAbdallāh b. Ǧudʿān, wo man sich, einander mit hocherhobenen Händen berührend, versprach, stets auf der Seite desjenigen zu stehen, dem ein Unrecht geschehe, und dafür zu sorgen, daß er Genugtuung erhalte, „solange ein Meer eine Flocke der Muschelwolle benetzt“. An Vortrefflichkeit überragte diese Eidgenossenschaft die beiden älteren, die die quraišitischen Klane miteinander eingegangen waren, so heißt es in einer Überlieferung; und darauf spiele der Name an: der Schwurbund „der Herausragenden“, die die Ethik der beiden früheren Bünde hinter sich gelassen und überwunden hätten.[168] Diese Deutung ist vermutlich erst später dem Begriff unterlegt worden, um den es hier geht. Wahrscheinlich meint er nichts weiter als die Verabredung, in niemandes Händen Güter zu dulden, die dieser im Begriff stehe, sich widerrechtlich anzueignen.[169] Wie ein Beispiel lehrt, fiel hierunter auch der Raub von Frauen: Der eben schon erwähnte al-ʿĀṣ b. Wāʾil aus dem Klan Sahm überfiel einen Kaufmann, der nach Mekka gereist war, und brachte dessen Tochter in seine Gewalt. Der Vater wandte sich an die Schwurgenossen, die unverzüglich der Beschwerde nachgingen, den Schuldigen stellten und die Herausgabe des Mädchens erzwangen; sie ließen sich nicht dadurch umstimmen, daß der Entführer an die gemeinsame Zugehörigkeit zu den Quraišiten appellierte.[170]

In frühislamischer Zeit stritt man sich darüber, wer die Partner dieser Vereinbarung gewesen seien. Ḥakīm b. Ḥizām meinte, daß sich auch die Banū l-Ḥāriṯ b. Fihr beteiligt hätten, desgleichen die Banū Asad b. ʿAbd al-ʿUzzā.[171] Daß man letztere aus der quraišitischen Erinnerung zu tilgen suchte, bemerkten wie bereits an einem anderen Beispiel.[172] Mohammed selber, als Hāšimit, war in die Abmachung einbezogen. „Ich würde nicht einmal rotes Weidevieh[173] gegen einen Schwur eintauschen, bei dem ich im Hause des Ibn Ǧudʿān zugegen war, und (noch weniger wünschte ich mir jene Kostbarkeit) für einen Bruch dieses Schwurs! Hāšim, Zuhra und Taim versprachen einander mit Eiden, daß sie für den ungerecht Behandelten Partei ergreifen wollten, solange ein Meer eine Flocke Muschelwolle benetzt...“ soll Mohammed bekannt haben.[174] Da es in den frühen Offenbarungen, die er empfing, immer wieder um die Verwerflichkeit unrechtmäßiger Bereicherung geht, darf man folgern, daß ihn diese Frage, über die man in seiner Umgebung schon lange debattierte, ebenfalls stark aufwühlte. Es war energisch zu bekräftigen, daß das kurzerhand befriedigte Verlangen nach prestigeträchtigem Besitz keineswegs mit dem Mantel der Sippensolidarität zugedeckt werden darf. Der Bundesschwur setzt schon ein Mindestmaß an Einsicht darin voraus, daß gerade diese Solidarität im Interesse eines nicht mit ihr zu vereinbarenden allgemeinen Prinzips zu überwinden sei. Sich solcher Einsicht zu verschließen, das ist die Torheit, vor der Mohammed, seitdem er sich vom höchsten Herrn angesprochen fühlt, seine Stammesgenossen warnt.

Die Kultgemeinschaft Abrahams und die „Strengen“

Damit kommen wir zum religiös bestimmten Fundament des quraišitischen Strebens nach Herrschaft über das Arabertum. Das genealogische Ordnungssystem sollte keineswegs abgeschafft werden, es sollte vielmehr mit einem neuen Sinn aufgeladen werden, der sich aus der Behauptung ergab, Ismael sei der Ahnherr. Das Arabertum wurde dadurch zu einer in Stämme und Sippen gegliederten Kultgemeinschaft umgedeutet; der Rang einer jeden Gruppierung innerhalb dieser folgte aus der Nähe zum von Abraham errichteten Kultbau und zu dessen Sachwaltern, den Quraišiten. Die Regelung des Geschehens auf den Märkten in der Umgebung von Mekka und die Zeremonien an den Heiligtümern außerhalb der Talmulde hatten die Quraišiten denen überlassen, die seit Alters her damit befaßt waren; dann war dies alles in die Befugnis der Banū Tamīm übergegangen, mit denen sie sich in wichtigen weiteren Interessen einig wußten. Die Kaaba vor allem anderen, das war der Besitz, der den Quraišiten ihre besondere Würde verlieh, die Kultstätte für den höchsten Herrn Allah, auf den hin das ganze Geflecht aus Ismael-Genealogie, Pilgerriten, Politik und Handel ausgerichtet war, das man mit dem Begriff der religiösen Praxis, *ad-dīn*,[175] benannte. Dieser *dīn* wies einen Kern auf, der, einem Magneten vergleichbar, die Ergebenheit Außenstehender auf den Kaabakult – und damit auf die Quraišiten hin – lenkte. Eine Bruderschaft mit dem Namen „die Strengen" verkörperte diesen Kern.

Ibn Isḥāq setzt uns über die Einzelheiten ins Bild: „Die Quraišiten verfielen – ich weiß nicht, ob vor der Sache mit dem Elefanten[176] oder danach – auf eine bestimmte Ansicht, die sie in Umlauf setzten. ‚Wir', so sagten sie, ‚sind die Söhne Abrahams, die Leute der von ihm gestifteten Unverletzlichkeit, die Obmänner seines Hauses, die Bewohner Mekkas. Kein Araber hat einen Anspruch, dem unsrigen ähnlich; keiner hat eine Wohnstätte wie wir; keinem erkennen die Araber zu, was sie uns zuerkennen. Darum schätzt nichts, das erlaubt ist, als so gewichtig ein wie das Verbotene, das ihr scheut! Solltet ihr in diesen Fehler verfallen, dann werden die Araber eure Unverletzlichkeit geringachten.' Man sagte auch, die Quraišiten hätten das Erlaubte als ebenso schwerwiegend wie das Verbotene betrachtet. Deswegen hätten sie davon abgelassen, bei ʿArafa zu stehen und danach von dort loszulaufen, obgleich sie wußten und auch bestätigten, daß ʿArafa zu den Kultorten und (die beiden rituellen Handlungen) zur Wallfahrt und zur Glaubenspraxis Abrahams gehörten; sie aber hielten dafür, daß es allein den übrigen Arabern gestattet sei, dort zu stehen und dann loszulaufen. Denn die Quraišiten behaupteten von sich: ‚Wir sind die Leute des heiligen Bezirks; es ziemt sich für uns nicht, den Ort unserer Unverletzlichkeit zu verlassen und andere Stätten so zu ehren, wie wir, die Strengen, diesen (Ort unserer Unverletzlichkeit) ehren. Die Strengen nämlich sind die Leute des heiligen Bezirks.' Danach verordneten sie allen Arabern, die von ihnen gezeugt worden waren, ob sie nun innerhalb oder außerhalb des heiligen Bezirks wohnten, die gleichen Vorschriften. Da sie von den Quraišiten gezeugt worden waren, sollte ihnen das gleiche gestattet oder verboten sein wie diesen. Zusammen mit ihnen waren die Kināniten und die Ḫuzāʿiten diesen Bestimmungen beigetreten."[177]

Die Rigorosität der religiösen Bräuche sondert die Quraišiten sowie alle, die von ihnen „gezeugt" worden waren, aus der Gemeinschaft der übrigen Araber aus. Dadurch wird die Abstammung keineswegs gleichgültig; im Gegenteil, sie legt nicht mehr nur die Stellung innerhalb des genealogischen Gefüges fest, sie befrachtet diese Stellung mit einem eigentümlichen spirituellen Gehalt. Übrigens erweitert sich ab Kilāb, dem

Vater Quṣaijs, das Blickfeld der quraišitischen genealogischen Überlieferung: Bis zu ihm werden fast durchgehend nur die Söhne eines Mannes aufgezählt; man nennt bestenfalls deren Mutter, die Töchter aber spielen, da für die Systematik ohne Belang, keine Rolle. Von Kilāb an werden meist auch Töchter erwähnt, und man vermerkt ferner, mit wem sie verheiratet waren und welche Kinder sie gebaren. „Die Araber, die von den Quraišiten gezeugt worden waren", meint augenscheinlich auch die Nachkommen in der weiblichen Linie,[178] worin sich ebenfalls das Hinzutreten des neuen, anders definierten Moments der Einordnung bezeugt.

Was allen übrigen erlaubt war, das sollten „die Strengen" nicht auch tun dürfen, schreibt Ibn Isḥāq; bei ʿArafa warten und dann mit dem rituellen Lauf beginnen, so hielten es alle Pilger, und dieser Brauch war durch Abraham begründet worden. Trotzdem sollten die Quraišiten sich scheuen, die Erlaubnis zur Teilnahme an diesem Abschnitt der Riten zu beanspruchen; sie sollten der folgenreichen Tatsache, daß sie die Leute des Hauses waren, stets eingedenk bleiben und ihren „Ort der Unverletzlichkeit" nicht verlassen: Die Kaaba selber hieß doch „die Strenge",[179] bildete also den Ausschließlichkeit fordernden Mittelpunkt der Kultgemeinschaft. Doch reichte der Verzicht auf einige Riten nicht aus; die enge Verbundenheit mit der Kaaba gebot eine Reihe weiterer Verhaltensweisen. Laut Ibn Isḥāq glaubten „die Strengen" desweiteren, ihnen sei es untersagt, „im Weihezustand Hartkäse[180] oder klares Butterfett herzustellen; ebenso wenig durften sie im Weihezustand ein Zelt aus Tierhaaren betreten, und nur in einem aus Leder gefertigten durften sie Schatten suchen."[181] Aus anderen Quellen erfährt man etliche weitere Gebote und Verbote: Es war nicht zulässig, einen Säugling von der Brust der Amme zu entfernen, ehe er nicht des Trinkens überdrüssig war; weder Haare noch Zehen- oder Fußnägel durften geschnitten werden; die Frauen hatten das Spinnen und Weben einzustellen; der Verzehr von Fleisch war verboten, desgleichen der Gebrauch von wohlriechenden Ölen und Salben; es mußten neue Gewänder angelegt werden, die Kaaba war nur bekleidet und beschuht zu umkreisen, denn der Boden des Gebetsplatzes sollte wegen seiner Heiligkeit nicht mit bloßen Füßen berührt werden; seltsam auch das Verbot, die Häuser – oder Zelte? – durch den Eingang zu betreten. Im übrigen seien „die Strengen" in al-Muzdalifa geblieben – eben nicht bis ʿArafa hinausgezogen – und seien von dort aus aufgebrochen, um aṣ-Ṣafā und al-Marwa zu umschreiten, zwei sehr nahe bei der Kaaba gelegene heilige Orte.[182]

„Dann", fährt Ibn Isḥāq fort, „erweiterten sie die Bestimmungen und sagten: ‚Den Leuten, die aus dem profanen Gebiet kommen, ist es nicht gestattet, Speisen zu verzehren, die sie von dort mitbringen, sofern sie zum Vollzug der Wallfahrt (im Monat Ḏū l-Ḥiǧǧa) oder der (außerhalb dieser Zeit möglichen) Pilgerriten angereist sind. Desgleichen dürfen sie, sobald sie das rituelle Umschreiten (der Kaaba) beginnen wollen, dies nur in den Kleidern der ‚Strengen' tun. Wenn sie sich solche nicht verschaffen können, dann müssen sie die Kaaba nackend umschreiten. Wenn ein Mann oder eine Frau, die kein Gewand der ‚Strengen' finden, sich ehrenhaft und freigebig zeigen möchten, dann sollen sie die Kaaba in einem Gewand umkreisen, das sie aus dem Profanen mitgebracht haben; freilich muß dieses Gewand unmittelbar nach dem Ende der Zeremonie abgelegt werden; der Träger darf es danach nicht mehr verwenden, weder er noch jemand anders darf es fortan noch berühren." Die Araber hätten sich tatsächlich diesen Regelungen unterworfen; die Männer seien nackt um die Kaaba geschritten, die Frauen hätten sich zuvor bis auf ein Hemd entkleidet.[183]

„Heilig" und „profan"

Im Zusammenhang mit diesen Vorschriften taucht, den Gegensatz zum Heiligen bezeichnend, der Begriff des Profanen auf. Er ist nun näher zu klären, da er für das Verständnis des religiös-politischen Charakters der quraišitischen Kultgemeinschaft grundlegend ist. Es wurde hinreichend deutlich, daß der Grad der Rigorosität in den rituellen Pflichten die Stellung der Stämme in der auf Ismael hin geordneten Genealogie bestimmen soll. Die Quraišiten bilden den Kern, „die Strengen", erweitert um einige andere Stämme, die dieser Kultgemeinschaft beigetreten sind. Um welche es sich dabei handelt, wird nicht deutlich, weil die Angaben allzu sehr schwanken. Die Ḫuzāʿiten werden genannt, oft auch die Kināniten, vereinzelt die Banū ʿĀmir b. Ṣaʿṣaʿa, die Banū ʿAdwān und andere.[184] Wahrscheinlich sind nicht die ganzen Stämme gemeint, sondern jeweils einige ihrer Sippen oder sogar nur Individuen. Diesen auf strenge Riten Verpflichteten stehen die Profanen gegenüber, wobei mit diesem Wort (arab.: *al-ḥilla*) nicht ausgesagt ist, daß sie an der Wallfahrt nicht beteiligt sind oder deren Vollzug gar zu unterbinden suchten. Es wird über sie berichtet: „Sie verboten das Jagen während (der Tage) der Zeremonien, allerdings nicht außerhalb des heiligen Bezirks. Während dieser Zeit waren sie einander zugetan, der Reiche unter ihnen verschenkte sein Vermögen oder den größten Teil, und die Armen klärten das Butterfett und schoren an Wolle, weichen Filzhaaren und gewöhnlichen Fellhaaren so viel, daß sie damit auskommen konnten. Sie pflegten nichts anderes anzuziehen als eben die Kleidung, in der sie die Zeremonien begangen hatten, und sie legten keine neuen an. Sie betraten weder Haus noch Zelt durch den Eingang; kein Schatten durfte sie kühlen, solange sie im Weihezustand waren. Allerdings salbten sie sich ein und aßen Fleisch, wie sie überhaupt die Zeit der Riten im üppigsten Überfluß zubrachten. Wenn sie aber dann nach Mekka hineinzogen, spendeten sie all ihre Schuhe und Kleider als Almosen und mieteten sich Gewänder von den ‚Strengen'; denn sie hielten die Kaaba für zu erhaben, als daß sie sie ohne neue Kleidung und unbeschuht hätten umrunden und den (Boden) mit bloßen Füßen berühren dürfen. Konnten sie keine Gewänder von den ‚Strengen' erhalten, vollzogen sie den Umlauf nackend. Ein jeder Mann von den Profanen hatte einen *al-Ḥirmī* genannten Partner unter den ‚Strengen', dessen Gewänder er bekam, aber wer keines fand, umkreiste sie nackend. Die Profanen mieteten sich die Gewänder für den Umlauf erst bei ihrer Rückkehr (von den Zeremonien in der Umgebung Mekkas), denn sobald sie zur Pilgerschaft aufgebrochen waren, hielten sie es für unstatthaft, vor dem Erreichen ihrer Lagerplätze etwas zu kaufen oder zu verkaufen. Der Gesandte Allahs war der *Ḥirmī* des ʿIjāḍ b. Ḥimār al-Muǧāšiʿī gewesen, der, wenn er nach Mekka kam, in den Gewändern des Gottesgesandten die Kaaba umkreiste."[185]

Die Profanen pilgern ebenfalls nach Mekka; sie achten während der Zeremonien die Heiligkeit des Territoriums und befolgen einen Teil der Vorschriften, denen sich die „Strengen“ unterwerfen. Ihre Feierlichkeiten zeichnen sich allerdings durch frohen Genuß aus und verschaffen den Mittellosen die Gelegenheit, sich für die nächste Zeit mit haltbaren Nahrungsmitteln – die man beim Umherziehen wegen des Mangels an Brennholz vermutlich nicht erzeugen konnte – und mit Rohmaterialien zu versorgen, aus denen man Filz für die Zelte herstellt. Neue Gewänder für die Riten an der Kaaba leisten sie sich nicht, sie leihen sich das Nötige gegen Geld, vielleicht ein einträgliches Geschäft für die Quraišiten. Während die „Strengen“ ihre Häuser oder Zelte in den Tagen der Pilgerriten von hinten betreten (vgl. Sure 2, 189),[186] verzichten die Profanen auf jeglichen Schutz vor Kälte und Hitze.[187] Dadurch unterscheiden sie sich von einer dritten Gruppierung, die es in dieser Hinsicht mit den „Strengen“ hält, im übrigen aber im Weihezustand die Regeln der Profanen befolgt. In den Quellen werden diese Leute als die „schmutzig Grauen“ bezeichnet – wenn das Wort hier tatsächlich diesen ihm sonst zukommenden Sinn hat, was aber zweifelhaft erscheint. Jedenfalls unterwerfen sie sich den Kleidersitten, die die „Strengen“ beim Umschreiten der Kaaba beachten; sie sorgen also für neue Gewänder. Im übrigen aber vollziehen sie die Riten vom Stehen bei ʿArafa an, wie sie bei den Profanen üblich sind.[188]

Die politische Bedeutung von „heilig“ und „profan“

Deutlich erkennen wir die Klassifizierung der Araber je nach den rituellen Vorschriften – und damit nach der Botmäßigkeit gegenüber den Sachwaltern des „Hauses“. Nun sind die Begriffe, die man bei der Beschreibung dieser Gegebenheiten verwendet, mehrdeutig; zumindest bei zweien ist eine politische Komponente im Spiel, die nicht unmittelbar auf den Ablauf der Riten Bezug nimmt. Das arabische Wort *al-muḥrimūn* benennt nicht nur alle Personen, die während der Pilgertage in den Weihezustand treten, sondern in allgemeiner Weise alle die arabischen Stämme, die den religiösen Geltungsanspruch des mekkanischen Heiligtums und der Quraišiten anerkennen und demgemäß dorthin wallfahrten. In diesem allgemeinen Sinn schließt der Begriff alle diejenigen ein, die mit Blick auf den Ritenvollzug als die Profanen und die „schmutzig Grauen“ angesprochen werden. Mohammeds schon erwähnter *Ḥirmī* ʿIjāḍ b. Ḥimār aus der Sippe der Banū Muǧāšiʿ b. Dārim, zum weitverzweigten Verband der Banū Tamīm gehörend,[189] bietet ein Beispiel für die zweite, umfassendere Bedeutung des Wortes *al-muḥrimūn.* Denn ʿIjāḍ rechnet unter die Profanen, wenn man sein Verhalten während der Riten an der Kaaba in den Blick nimmt; als *muḥrim* gilt er nur im Weihezustand. Betrachtet man allerdings seine politische Stellung zu den Quraišiten, diejenige eines Tamīmiten, dann ist er Mitglied eines Stammes, der die Heiligkeit Mekkas – und damit den durch Abraham und Ismael erhöhten Rang der Quraišiten – billigt und deswegen zu den *muḥrimūn* zählt. Letztere setzen sich in diesem Sinne aus den „Strengen“, des weiteren aus den „schmutzig Grauen“ und auch aus den Profanen zusammen, die nach Mekka pilgern. Ihnen allen steht eine Reihe von Stämmen gegenüber, die den *dīn* der Quraišiten ablehnen, darum auch nicht den „Ort der Unverletzlichkeit“ und die heiligen Monate respektieren. Sie heißen die „Profanierer", *al-muḥillūn*. Zu ihnen gehören Klane der Quḍāʿa, Ṭaijiʾ, Ḫaṯʿam, Bakr b. ʿAbd Manāt, ʿĀmir b. Ṣaʿṣaʿa. Vollkommene Sicherheit über die Reichweite der „ismaelschen Glaubenspraxis" wird man kaum gewinnen können. Man muß damit rechnen, daß die Dinge im Fluß waren. – Daneben machen einige Sippen fremder Stämme die Verteidigung des quraišitischen heiligen Bezirks und der dort gepflegten Riten zu ihrer Aufgabe. Es werden die Banū ʿAmr b. Tamīm, die Banū Ḥanẓala b. Zaid Manāt b. Tamīm – aus einer ihrer Untergruppen stammte Mohammeds *Ḥirmī* – und andere genannt. Sie trugen während der heiligen Monate Waffen, um Übergriffe gegen den quraišitischen *dīn* zu verhindern oder zu ahnden.[190]

Mekka und die anderen Marktorte Arabiens

Aus den Quellen gewinnt man demnach ein detailreiches und farbiges Bild von den ehrgeizigen Bestrebungen der Quraišiten. Handelsinteressen, militärische Gewalt, Eidgenossenschaften und geschickte Ausnutzung der Möglichkeiten, die das genealogische Ordnungssystem zur Erringung von politischem Einfluß bietet, verquicken sich und werden durch die Vorstellung überwölbt, daß die Riten an der Kaaba dem allen eine religiöse Rechtfertigung verleihen, die in der Überlieferung von Abraham und Ismael wurzelt. – Das Gemälde, das wir mit groben Pinselstrichen entworfen haben, wäre allerdings unvollständig, wenn nicht einmal angedeutet würde, in welchem größeren Zusammenhang die Quraišiten ihre Ziele zu verfolgen hatten. Darum gelte ein rascher Blick den übrigen Marktorten auf der Arabischen Halbinsel und danach den anderen Pilgerstätten, gegen die sich die Nachkommen des Quṣaij zu behaupten hatten. Muḥammad b. Ḥabīb setzt den ersten wichtigen Markt im altarabischen Kalenderjahr[191] auf den dritten Monat, den Rabīʿ al-auwal. Dieser Markt wurde in Dūmat al-Ǧandal abgehalten; bis zur Mitte des Monats war die Beteiligung lebhaft, in der zweiten Hälfte flaute sie ab. Die Banū Kalb b. Wabara und eine Untergruppe der Banū Ṭaijiʾ gewährten den Besuchern den Fremdenschutz. Die Herrschaft über den Ort wurde zwischen den Kinditen und den Ġassāniden alljährlich durch einen Wettstreit neu bestimmt.[192] Dieser „König" genannte Herrscher erhob den Zehnten und hatte das Recht, als erster seine Waren zu verkaufen. Die hedschasischen und jemenischen Händler, die Dūmat al-Ǧandal aufsuchten, beanspruchten bei ihrer Reise durch das muḍaritische Gebiet die von den Quraišiten organisierte Eskortierung. Wer vom Zweistromland dorthin zog, war auf eine entsprechende Hilfe durch den Stammesverband der Rabīʿa angewiesen. Rabīʿa war der Bruder Muḍars, ihr Vater war, wie erinnerlich, Nizār b. Maʿadd. – Al-Mušaqqar im Gebiet von Haǧar[193] war der nächste große Markt; er fiel auf den sechsten Monat, den Ǧumādā al-āḫira. Persische Kaufleute, die über den Golf anreisten, boten dort ihre Waren feil, und deshalb waren die sasanidischen Herrscher bestrebt, jenen Ort ihrem Einfluß zu unterwerfen. Die Banū ʿAbd al-Qais[194] und die uns vertrauten Banū Tamīm sorgten für die Unversehrtheit der Reisenden. Die Banū Tamīm stellten den „König". Dieser war von den Sasaniden eingesetzt worden und gehörte wie Mohammeds *Ḥirmī* in die Sippe der Dārimiten, wenn auch in einen anderen Zweig.[195] – Ohnehin bedienten sich die Sasaniden seit eh und je arabischer Stämme, um weite Gebiete der Halbinsel zu kontrollieren. Auf einen Naṣr b.

Rabīʿa führten sich die Laḫmiden in Hira[196] zurück, Vasallen der Sasaniden. Im omanischen Ṣuḥār – und damit sind wir wieder beim Warenaustausch – begann der Handel am ersten Tag des Raǧab, des siebten Monats, dauerte fünf Tage und wurde durch die von den Iranern hiermit beauftragte Sippe der Banū l-Mustakīr geleitet, wiederum unter Einziehung des Zehnten. Diese waren in gleicher Weise in Dabā[197] tätig, und zwar am letzten Tag des Raǧab; im Hafen von Dabā wurden Güter aus Übersee, aus Indien und China, umgeschlagen. – Keinen Zehnten erhob man in aš-Šiḥr, an der Küste des Indischen Ozeans gute einhundert Kilometer östlich von al-Mukallā gelegen; die Banū Muḥārib b. Harab aus dem zu den Quḍāʿiten gerechneten Stamm der Banū Mahra ließen sich den Schutz der Karawanen angelegen sein, die ihre Geschäfte in der Mitte des Monats Šaʿbān abwickelten. – Vom 1. bis 12. Ramadan war Aden an der Reihe; da dieses Gebiet wie auch Sanaa, wohin man sich danach begab, von den Nachkommen des persischen Expeditionskorps verwaltet wurden, mußte man den Zehnten entrichten; es entfielen hier freilich die Kosten für die Eskortierung, die angesichts der politischen Gegebenheiten nicht nötig war. – Ar-Rābija in Hadramaut, das keine Region „mit Herrschaft" war, erreichte man dagegen nur mit Begleitschutz. Die Quraišiten verließen sich hierin auf die Nachfahren des sagenumwobenen Herrschers Ḥuǧr b. ʿAmr, des „Koloquintenessers",[198] eines „Königs" aus dem Stamm der Banū Kinda. Diese hatten in den dreißiger Jahren des 6. Jahrhunderts vorübergehend ganz Innerarabien in ihre Gewalt gebracht; im Norden waren sie zu Mohammeds Zeit vielfach in anderen Stämmen aufgegangen, kämpften aber in Dūmat al-Ǧandal noch um ihren alten Besitz und das „Marktkönigtum". Andere Händler, die in ar-Rābija Geschäfte machen wollten, mußten sich mit einem weniger vornehmen Schutz begnügen; für sie war die kinditische Sippe Masrūq b. Wāʾil zuständig. Die Kinditen hatten übrigens ihre Macht nie auf Mekka ausdehnen können. In der bevorzugten Behandlung der quraišitischen Kaufleute mag zum Ausdruck kommen, daß die Sippe Quṣaijs in der Blütezeit der Kinditen schon als diesen ebenbürtig gegolten hatte. Die Geschäfte in ar-Rābija wurden zur selben Zeit wie in ʿUkāẓ getätigt, nämlich ab Mitte Ḏū l-Qaʿda. Von ʿUkāẓ, wir erinnern uns, brach man am Beginn des zwölften Monats, des Ḏū l-Ḥiǧǧa, nach Ḏū Maǧāz auf, um bald danach die Pilgerriten zu vollziehen. In den Muḥarram, den ersten Monat des neuen Jahres, fielen die Märkte von Ḫaibar und von Ḥaǧr in der Jamāma; über beide wird nichts Näheres überliefert.[199]

Die Markttage wanderten im Laufe eines Sonnenjahres im Uhrzeigersinn einmal um die Arabische Halbinsel. Wo es eine Obrigkeit gab, wurde der Zehnte erhoben. Auffällig ist, daß im Jemen, wo die Sasaniden militärisch eingegriffen hatten, die Notwendigkeit der Eskortierung entfiel. Anders verhielt es sich an der Küste des Golfes und am Rande des Zweistromlandes: Die Chosroen hatten arabische Vertrauenssippen, die den Zehnten wahrscheinlich an ihre Oberherren abführen mußten. Jedenfalls waren diese Vasallen anscheinend ohne ein Heer, das Schutzabkommen überflüssig gemacht hätte. Mekka und seine Umgebung waren keiner Fremdherrschaft untertan; die Quraišiten hatten die Sicherheit der Kaufleute mit Hilfe der in diesen Dingen erfahrenen Banū Tamīm organisiert, die in gleicher Weise den Sasaniden am arabischen Ufer des Golfs dienten. Die Vermutung drängt sich auf, daß die enge Verbindung der Quraišiten mit den Banū Tamīm, die zwischen der Machtergreifung Quṣaijs und dem ausgehenden 6. Jahrhundert zustande gekommen sein muß, vom iranischen Streben nach Ausweitung des Einflusses bis an das Rote Meer zeugt. Die Quraišiten hätten sich, wenn dies zutrifft, geschmeidig diesem Wunsch angepaßt, ohne ihre Unabhängigkeit[200] fahren zu lassen. Noch etwas anderes muß hier angemerkt werden: In aš-Šiḥr, das wie Mekka unabhängig gewesen sein soll, trieb man den Handel ebenfalls in der Nachbarschaft eines heiligen Ortes, nämlich des Grabes des Propheten Hūd, den Mohammed im Koran als einen seiner Vorläufer rühmt. – Im Islam geriet dieses nicht von einer Zentrale aus gesteuerte Marktwesen in Verfall; vor allem die abbasidische Metropole Bagdad benötigte keinen über Innerarabien verlaufenden Handelsverkehr. Es gab aber auch schariatische Bedenken gegen die mit einer vorislamischen Tradition behafteten Bräuche. Dies scheint dafür ausschlaggebend gewesen zu sein, daß im Jahre 812/3 der abbasidische Statthalter in Mekka auf Empfehlung der Rechtsgelehrten den letzten heidnischen Marktort zerstören ließ.[201]

Mekka, die anderen Wallfahrtsorte und die hochreligiöse Durchdringung Arabiens

Die politische Bedeutung Mekkas während der Jahre, in denen Mohammed heranreifte, haben wir nun abschätzen gelernt, zunächst von innen her und dann auch im Zusammenhang mit den Verhältnissen auf der Halbinsel im ganzen. Wie aber ist der religiöse Rang der Stadt zu bewerten, wenn man ganz Arabien in den Blick nimmt? Die Kaaba war bei weitem nicht der einzige heilige Ort, zu dem man pilgerte. Viele andere sind uns bekannt, auch solche, an denen wie in Mekka eine Wächtersippe amtierte. Das Echo einiger dieser Kulte hallt im Koran wider. „Gebt eure Götter nicht auf, weder Wadd, noch Suwāʿ, Jaġūṯ, Jaʿūq oder Nasr!" läßt Mohammed die Feinde Noahs rufen, als dieser sie zum Eingottglauben bekehren will (Sure 71, 23). Hišām b. al-Kalbī sammelte die Nachrichten über die heidnische Religion in seinem „Buch der Götzenbilder", und daher ist für uns das, was der Koran bietet, etwas mehr als eine Aneinanderreihung von Namen. Wadd war die Gottheit der Kalbiten und wurde in Dūmat al-Ǧandal verehrt, wo sich eine Sippe dem Kult widmete. In dem sieben Stationen westlich von Medina gelegenen Dorf Janbuʿ[202] war Suwāʿ beheimatet. Jaġūṯ hatte sein Heiligtum in Ǧuraš, dem Bezirk des oberen Nadschd.[203] Jaʿūqs Kultstätte lag an einem Ort zwei Tagereisen nördlich von Sanaa, Nasr galt als eine Gottheit der Ḥimjariten. Ibn al-Kalbī merkt an, daß diese in ihrer Dichtung nirgends Nasrs gedenken, was damit zu erklären sei, daß sie zum Judentum übergetreten seien. Die Ḥimjariten hätten übrigens in Sanaa ein Riʾām genanntes Gebäude besessen, bei dem sie einen Opferkult gepflegt hätten; nach dem Feldzug des Tubbaʿ in den Norden, bei dem er aus Medina zwei Rabbiner mitgebracht habe, seien diese Bräuche aufgegeben worden. Ohnehin ist Ibn al-Kalbī der Überzeugung, daß die Dichtung der Araber, die wichtigste Quelle für die Kenntnis der vorislamischen Zeit, nicht sehr weit in die Vergangenheit vor der Berufung Mohammeds zurückreiche.[204]

Ibn al-Kalbīs Aussagen über das Judentum der Ḥimjariten enthalten einen geschichtlichen Kern, der unsere Aufmerksamkeit verdient. Bei dem Tubbaʿ, der aus Medina zwei Rabbiner mit in sein Land genommen haben soll, handelt es sich um den in südarabischen Inschriften belegten Herrscher Abīkarib Asʿad (ca. 384 bis 434 nachweisbar). Auf der Rückkehr von einem Feldzug in den Irak macht er, so die in frühislamischer Zeit aufgezeichnete Überlieferung, in Medina Station; die beiden Rabbiner warnen ihn, er dürfe auf keinen Fall dem Heiligtum Abrahams in Mekka einen Schaden zufügen; es sei durch Abraham errichtet worden. Im Traum empfängt Asʿad den Befehl, die Kaaba mit einem Tuch zu umhüllen, und so geschieht es, wie wir schon hörten. Im Jemen zurück, gewinnt er nach einem Gottesurteil seine Untertanen für das Judentum und trägt den beiden Rabbinern auf, das heidnische Kultgebäude Riʾām zu zerstören. Nach dem Zeugnis altsüdarabischer Inschriften wandte sich schon Asʿads Großvater Ṯaʿrān Juhanʿim (nachweisbar ca. 324–375) vom Polytheismus ab; sein Sohn Malkīkarib Juhaʾmin sowie dessen Söhne Asʿad und Aiman riefen keine lokalen Gottheiten mehr an, sondern den „Herrn des Himmels". Das Judentum drängte die zwischen 339 und 344 durch Konstantinus II. (reg. 337–361) von Ẓafār aus ins Werk gesetzte christliche Missionierung in den Hintergrund, freilich ohne daß es im Süden der Halbinsel gleichsam per Dekret zur alleinigen Religion hätte erhoben werden können. In dieser Hinsicht vermittelt die frühislamische Überlieferung ein falsches Bild. Viel eher darf man von einem Monotheismus sprechen, der sich in keiner eindeutigen dogmatischen Äußerung auf eine der beiden miteinander wetteifernden Hochreligionen festlegt. In dieser Epoche wird im Arabischen ein Grundbestand an monotheistischen Vorstellungen und Begriffen heimisch, die man im Ḥanīfentum der Zeit Mohammeds und eben auch bei diesem selber wiederfindet. Syrische bzw. jüdisch-aramäische Wörter wie *ṣalāt* für Gebet und *zakāt* für die Läuterungsgabe tauchen in altsüdarabischen Inschriften auf. *Ilāh* für Gott und *ar-Raḥmān*, „der Barmherzige", als Gottes wohl häufigsten Beinamen verdankt Mohammed dieser zu seinen Lebzeiten schon lange währenden Anreicherung des Arabischen mit den aus dem Norden wie auch aus dem Jemen bzw. Äthiopien stammenden religiösen Ideen: Der eine Gott ist „der Herr des Himmels und der Erde", „der Herr der Lebenden und der Toten", er ist „der Hohe", „der Gepriesene"; der Ort, an dem man diesen Gott verehrt, heißt *masǧid*; der eine Gott ist es, der diejenigen, die ihn anrufen, „erhört". Erst im frühen 6. Jahrhundert nimmt mit Ḏū Nuwās der einzige ḥimjarische König, der sich einen jüdischen Namen zulegt, nämlich Jūsuf, eine Politik der gewaltsamen Förderung des Judentums auf: Er läßt die Christen in Nadschran verfolgen, denen dann der Herrscher von Aksum zu Hilfe kommt. Abraha, der Anführer der von ihm in den Jemen entsandten Truppen, wird sich unabhängig machen; sein Enkel wird eine Streitmacht gegen Mekka schicken, ohne die Stadt in seinen Besitz zu bringen.[205]

Angesichts der hochreligiösen Durchdringung der arabischen Gedankenwelt verwundert es nicht, daß die fünf in der Noah-Sure erwähnten Gottheiten im Leben der Quraišiten eine geminderte Rolle spielten. Und al-Lāt, al-ʿUzzā und Manāt, von denen in Sure 53, Vers 19 bis 23 die Rede ist, waren keine eigenständigen Gottheiten mehr: Wohl im Einklang mit dem nicht näher bestimmbaren monotheistischen Gedankengut faßten die Quraišiten sie als Töchter Allahs auf und erhofften sich deren Fürsprache beim höchsten Herrn; nach Ibn al-Kalbī sollen die Quraišiten beim Umschreiten der Kaaba Bitten dieses Inhalts hergesagt haben – Worte, die sich Mohammed irrtümlich zueigen gemacht, dann aber als satanische Einflüsterungen aus seiner Offenbarung ausgeschieden haben soll, wie wir hören werden. Ibn al-Kalbī hält Manāt für die älteste Göttin dieser Trias, denn Personennamen wie ʿAbd Manāt, „Knecht der Manāt", treffe man im genealogischen System schon viele Generationen vor Mohammed an. An der Küste des Roten Meeres, zwischen der geographischen Breite von Mekka und Medina, sei ihr Standbild gewesen, von allen Arabern verehrt, am innigsten freilich von den medinensischen Stämmen Aus und Ḫazraǧ. Sie pilgerten dorthin und vollzogen Riten, ähnlich denen in Mekka. Die Ġassāniden hatten dem Schatz jenes Heiligtums zwei Schwerter gestiftet, waren demnach um die Wahrung ihres Einflusses in der Tihama bemüht. Nachdem Mohammed diese Kultstätte im Jahre 630 hatte zerstören lassen, schenkte er eines davon seinem Vetter und Schwiegersohn ʿAlī b. abī Ṭālib, das berühmte Ḏū l-Faqār.[206] – Al-Lāt wird von Ibn al-Kalbī als die zweitälteste Göttin betrachtet; am Beginn des 7. Jahrhunderts stand ihr wichtigstes Heiligtum in aṭ-Ṭāʾif. Sie wurde dort an einem Felsblock verehrt, über dem man ein Bauwerk errichtet hatte, das der Kaaba in Mekka ähnelte; den Banū Ṯaqīf, dem in aṭ-Ṭāʾif dominierenden Stamm, gehörte die Sippe der Wächter an. Das Tal, in dem sich dieser Kultort befand, war ebenso wie das Gebiet um Mekka als heilig aus dem profanen Umland herausgesondert. Die Anziehungskraft der al-Lāt muß beträchtlich gewesen sein; wie man erzählt, beteiligten sich auch die Quraišiten an den ihr gewidmeten Zeremonien. Überdies war es Brauch, die Kaaba von aṭ-Ṭāʾif genau wie die mekkanische mit einem Vorhang zu bedecken.[207] Sicher war diese Stadt die schärfste Konkurrentin Mekkas. – Zuletzt zu al-ʿUzzā, die im altarabischen Pantheon den Platz der Venus besetzte! Die arabisch-islamische Überlieferung, aus der man sich des näheren über die religiösen Verhältnisse am Vorabend des Auftretens Mohammeds unterrichten muß,[208] erinnert sich hieran freilich nicht mehr. Unweit Mekkas, rechterhand des Weges in den Irak, war al-ʿUzzās Heiligtum, ebenfalls in einem Gebäude, über das jedoch nichts Näheres mitgeteilt wird. Bei den Quraišiten genoß sie höchstes Ansehen; man pflegte zu ihr hinauszuziehen, um ihr Votivgaben zu überbringen. Auch Mohammed tat dies vor seiner Berufung; es wird erzählt, daß er der Göttin einmal ein Schaf opferte. Zusätzlich hatten die Quraišiten für al-Lāt einen eigenen heiligen Bezirk bestimmt; Ibn al-Kalbī schließt dies aus einem Gedicht, ohne hierzu genauere Angaben beibringen zu können.[209]

Es sind wenig weitere Einzelheiten überliefert; andere Gottheiten sind schon für Hišām b. al-Kalbī, unseren wichtigsten Gewährsmann, kaum mehr als bloße Namen. Den heidnischen Mekkanern waren jene Gottheiten, wie aus den Beispielen al-Lāts und al-ʿUzzās erhellt, keineswegs gleichgültig. Auch wenn sie selber sie nicht verehrt hätten, wären sie ihnen Ehrerbietung schuldig gewesen. Denn manche Stämme, die zum mekkanischen heiligen Bezirk pilgerten, wußten sich jenen eng verbunden. Die medinensischen Aus und Ḫazraǧ richteten ihre Wallfahrt so ein, daß sie die Zeremonien nicht bei den Quraišiten beendeten, sondern bei der Göttin Manāt am Roten Meer. Nicht schon in Mekka, wo sie auf den rituellen Lauf zwischen aṣ-Ṣafā und al-Marwa verzichteten, sondern erst dort hoben sie den Weihezustand auf und schoren sich das Haupthaar.[210] Ähnlich hielten es andere Stämme mit al-ʿUzzā – erst an deren Kultort schlossen sie die Wallfahrt ab, und es ist nicht klar ersichtlich, ob nicht manche Quraišiten genauso verfuhren. Wir wissen, daß die Banū Šaibān, die zum mächtigen Verband der Banū Sulaim gehörenden Wächter des al-ʿUzzā-Heiligtums, Schwurgenossen der Hāšimiten waren.[211] Auf vielfältige Weise hatten sich die Quraišiten also im verwickelten Geflecht der arabischen Stämme untereinander einzurichten. Um uns einen Überblick zu verschaffen, haben wir das überlieferte Material unter dem Gesichtspunkt der Kultgemeinschaft, dann unter dem des Handels und der Sicherung der Karawanenreisen betrachtet und dabei die Einflußnahme der Großmächte auf diese Verhältnisse kurz zur Sprache gebracht. Nun wird uns deutlich, daß auch die Kultgemeinschaften keine fest umrissenen Gefüge bildeten, sondern daß ein und derselbe Stamm mehreren solcher Gemeinschaften angehören konnte. Das führt uns zu der Frage, ob es überhaupt einen dem mekkanischen Kult eigentümlichen religiösen Gehalt gegeben hat. War dieser womöglich überall gleich, und waren nur Tradition sowie politische und wirtschaftliche Interessen dafür entscheidend, welche Pilgerstätten man aufsuchte? Sind die Berufung auf Abraham und Ismael und daran geknüpft der quraišitische Glaube an einen höchsten Herrn erst nach der Offenbarung des Korans zu Kernthemen einer erinnerten Vergangenheit gemacht worden, die dem Prophetentum des in diesem Stamm aufgewachsenen Mohammed angepaßt sein sollte? Die genaue Überprüfung der durch den Filter der muslimischen Gläubigkeit gegangenen Nachrichten über die Vorgeschichte des Islams hat uns zuerst zum Mythos der Schaffung der Kaaba schon vor den Himmeln und der Erde geführt, zur Deutung der Kaaba als des Mittelpunktes des Kosmos, und danach zur Errichtung des Bauwerks durch Abraham. Es ist unbestreitbar, daß diese Themen erst im Zuge des Einströmens hochreligiöser Überlieferung, das durch Mohammeds Verkündigung verstärkt wurde, mit vielerlei Einzelheiten ausgeschmückt wurden. Aber ist deshalb wirklich auszuschließen, daß die Inbesitznahme Mekkas durch die Quraišiten, Quṣaij zugeschrieben, unter Berufung auf Abraham und Ismael erfolgte? Man hat ins Feld geführt, daß, weil „Ibrāhīm" und „Ismāʿīl" in den Namen vorislamischer Araber nicht vorkommen, eine spätere Erdichtung der „ismaelitischen" Vorgeschichte Mohammeds wahrscheinlich sei.[212] Doch erinnern wir uns, daß eine heidnische arabische Abrahamverehrung unabhängig von muslimischen Quellen und weit vor der Entstehungszeit des Islams bezeugt ist. „Heidnisch" heißt zudem auch, daß diese Verehrung noch keinen Eingottglauben voraussetzt, sondern die überkommene Kultpraxis lediglich bereichert.

Der mekkanische Allah und die anderen Götter

Altarabische Personennamen wurden vielfach mit dem Wort *ʿabd*, d.h. Knecht, gebildet, dem der Name einer Gottheit folgte. Ibn al-Kalbī kommt in seiner Abhandlung über die „Götzen" mehrfach hierauf zu sprechen.[213] Die fromme Verehrung einer bestimmten Gottheit, die besondere Verbundenheit mit dieser einen, wurde so zum Ausdruck gebracht. Daß man sich nach einer für einen religiösen Stiftungsakt berühmten Person benannt hätte, wird nicht überliefert; ein schnelles Eindringen von „Ibrāhīm“ und „Ismā'īl“ in den Katalog der üblichen Personennamen wäre schwerlich zu erwarten gewesen. Die Berufung auf die aus Palästina stammende hochreligiöse Überlieferung, die das Handeln des von Gott angesprochenen Menschen in den Mittelpunkt rückt, war der Sache nach im Hedschas etwas völlig Neues. Abraham und Ismael öffneten zudem den Weg zu einem sehr viel allgemeineren Verständnis vom Wesen und Wirken des Transzendenten; dieses Wirken ließ sich am Ende nicht mehr im heidnischen Polytheismus fassen, in den je an unterschiedlichen Orten angeflehten Numina, die dem Menschen diese oder jene Gunst erweisen sollen. Man darf noch nicht vom Eingottglauben sprechen; es handelt sich, wie angedeutet, um den Weg dorthin, dessen Beginn mit Quṣaijs Gestalt verknüpft ist, und Mohammed hat diesen Weg rascher und entschlossener durchmessen als viele seiner Landsleute. Unter welchen Umständen und mit welchen Folgen dies geschah, das aufzuhellen ist das Ziel dieser Studie. Wie aber haben wir uns das vorislamische Nebeneinander von Vielgötterei und einer Ahnung von Monotheismus vorzustellen?

„Was meint ihr wohl von al-Lāt und al-'Uzzā und Manāt, der dritten, anderen? Ihr solltet die männlichen Nachkommen haben, und Er die weiblichen? Eine wahrhaft ungerechte Einteilung!“ Diese Worte Mohammeds (Sure 53, 19–22), in die frühe Zeit seines Prophetentums zu datieren, geben Aufschluß darüber, wie die Mekkaner Vielgötterei und Monotheismus miteinander in Einklang brachten, und zwar mittels eines Verwandtschaftsverhältnisses: Die drei sollen Töchter des Gottes Allah sein. Das weckt nun den Unmut Mohammeds, weil man doch schlecht dem höchsten Herrn zuschreiben kann, was man sich selber ganz und gar nicht wünscht, nämlich ausschließlich Töchter.[214] Allah wurde als ein Sippenoberhaupt gedacht, die Gottheiten, nach denen man seine Kinder rief und denen man in Erwartung von Gunsterweisen opferte, das waren „die hoch (zum Himmel fliegenden) Kraniche al-Lāt, al-'Uzzā und Manāt“, deren Fürsprache bei Allah man erhoffen durfte. So jedenfalls bezeugten es die Quraišiten beim Umschreiten der Kaaba: Allah war der höchste Herr, ein zu gewaltiger und mächtiger Herrscher, als daß man sich ihm auf eigene Faust hätte nähern mögen. – Mohammed wird den Mekkanern gerade dies zumuten; ein solches die Konventionen mißachtendes Verhalten war freilich allzu befremdlich, so daß der Prophet selber bald zum Fürsprecher seiner Glaubensgemeinschaft aufrücken mußte. – Daß Allah in vorislamischer Zeit zum Vater der drei Göttinnen geworden war, zeigt im übrigen, daß dieses quraišitische Pantheon mit der altarabischen Überlieferung gebrochen hat, in der al-Lāt als die Mutter der Götter gegolten hatte.[215]

Über das Verhältnis Allahs zu den Gottheiten wissen wir im übrigen wesentlich mehr, als aus dem obigen Abschnitt des Korans abgeleitet werden kann. Heiden, die Ackerbau betrieben, teilten ihr Land auf; ein Stück weihten sie Allah, das andere den ihnen erreichbar erscheinenden Gottheiten. Dabei achteten sie darauf, daß letzteren der volle für sie vorgesehene Anteil an Saaten und Wasser zufiel, hatten aber nichts dagegen einzuwenden, wenn der Allah geweihte Boden zu kurz kam.[216] Bei dessen Töchtern glaubten sie eher eine Unterstützung erwirken zu können. Wenn sich die Pilger dem Heiligtum einer Gottheit zuwandten, bekundeten sie ihre Hingabe und Ehrfurcht durch bestimmte Formeln, die sie laut riefen. Dieser heidnische Brauch hat sich in den islamischen Pilgerriten erhalten. „Zu deinen Diensten, o Allah, zu deinen Diensten!" hieß es schon vor der Umgestaltung der Zeremonien durch Mohammed. Viele der heidnischen Formeln, die von den nämlichen Worten eingeleitet wurden, sind überliefert: „Zu deinen Diensten, o Allah, zu deinen Diensten! Zu deinen Diensten! Wir sind Knechte, ein jeder beglückt und bereit! Du bist unser gepriesener Herr! Gib uns unseren Besitz heraus und reiche Jagdbeute!" Dies sagte man, wenn man den Kultort Nasrs betrat. Auf ähnliche Weise versicherte man Jaʿūq und Jaġūṯ der treuen Devotion, doch wünschte man sich von beiden keine materiellen Güter; man bat vielmehr um die Gewogenheit des Gottes, der, wie es in der Anrufung des Jaʿūq wörtlich heißt, einem das Böse verhaßt machen sollte. Die Banū Tamīm, ja alle Nachkommen des Udd, beteten eine Gottheit namens Šums an; ihr hatte man ein Heiligtum gebaut, das von der tamīmitischen Sippe Aus b. Muḫāšin gewartet wurde.[217] Diesem Šums näherten sie sich mit dem üblichen Ruf und fügten hinzu, daß sie, fromme Wallfahrer, die sie seien, keine Strapaze als zu groß empfänden. Schickten sich die Banū Tamīm dagegen an, die mekkanischen Zeremonien zu vollziehen, dann lautete ihr Versprechen: „‚Zu deinen Diensten, o Allah, zu deinen Diensten! Zu deinen Diensten!' sagen die Tamīm. ‚Schon länger sahest du, daß sie ihre Götzen hinter sich ließen und ihren Herrn aufrichtig anbeteten. Nun pilgern sie zu dem allein, der sie erschuf. Zu dem, der (allein) die Macht errang und (die Kaaba) baute. Mekka und was er erschuf, gehört dem Herrn!'" Doch nicht nur an der Kaaba leistete man solche situationsbedingten Bekenntnisse zum „Herrn". Die Banū Maḏḥiǧ, ein jemenischer Verband,[218] verehrten Jaġūṯ: „...Dir zu Diensten, Herr des Hundssterns, Herr der höchsten Himmel, Herr von al-Lāt und von al-ʿUzzā!" Ungewiß ist, welchem Gott dieser Ruf der Banū Qais ʿAilān galt: „...Du bist der Barmherzige (arab.: *ar-raḥmān*)! Zu dir eilen die Qais ʿAilān, zu Fuß und beritten, die Alten und die Jungen, vor dem Barmherzigen sind sie alle demütig und auch die Gottheiten!"[219]

Es ist eine Reihe weiterer Formeln bekannt, in denen die Überlegenheit Allahs über die Gottheiten beschworen wird: Er ist der Herr der Idole.[220] Kehren wir nun in den Kreis der Quraišiten zurück! Alle Nizāriten verwendeten laut Ibn al-Kalbī in vorislamischer Zeit diese Worte: „Dir zu Diensten, o Allah, dir zu Diensten! Dir zu Diensten! Du hast keine Teilhaber – außer solchen, die du besitzt! Du besitzt sie und alles, was sie besitzen!" Sie bekannten die Einsheit Allahs, verwarfen aber nicht die übrigen Götter, sondern unterstellten sie dem Einen,[221] um sie, wie schon dargelegt, als Fürsprecher und Vermittler anzurufen. Genau jener Worte sollen sich die Quraišiten auch bedient haben, wenn sie sich an das in der Kaaba aufgerichtete Idol Isāf wandten. Der Kultbund der „Strengen", die Ḫuzāʿiten, alle Kināniten und die Banū ʿĀmir b. Ṣaʿṣaʿa sollen – wahrscheinlich während der Zeremonien an der Kaaba – ihre Hingabe an Allah in derselben Weise kundgegeben haben. Die „Strengen" kannten zudem auch diese Worte: „...Dir zu Diensten! Du bist der Herr des Hundssterns! Darum hilf ihnen[222] wider ihre Feinde, Herr der dritten, anderen, und Herr von al-Lāt und al-ʿUzzā und der unverletzlichen Kaaba und (von jedem Ort), wo du angerufen wirst: ‚Wir kommen zu dir voller Furcht, uns leiten die hageren Reittiere hierher nach langer Reise.' Die Idole ließen sie hinter sich, denn sie sind leer und nichtig!"[223] Ibn al-Kalbī macht den Leser, nachdem er die nizāritische Formel zitiert hat, auf Sure 12, Vers 106 aufmerksam: „Die meisten von ihnen" – nämlich von den Mekkanern – „glauben nicht an Allah, ohne ihm jemanden beizugesellen." Mohammed äußert diesen Satz, nachdem er den Mekkanern von Josef erzählt hat, und zwar so lebendig, als sei er selber dabeigewesen; aber er hat alles von Allah als eine Offenbarung empfangen! Eigentlich müßten die Mekkaner begreifen, wozu dieser Allah fähig ist; sie könnten alles dies auch an den „Zeichen im Himmel und auf der Erde" ablesen (Sure 12, 102–105). Doch verblendet, wie sie nach Mohammeds Meinung sind, halten sie trotzdem an den Teilhabern fest.

In Spuren läßt sich eine Religiosität belegen, die die heidnische Vielgötterei durch einen noch tastenden Glauben an einen höchsten Herrn zu ergänzen und damit zu entkräften beginnt. Dieser Gott, von den „Strengen" – wie auch von den Banū Maḏḥiǧ – als der Herr des Hundssterns[224] gepriesen, tritt an die Spitze des Pantheons; al-Lāt, al-ʿUzzā und Manāt, „die dritte, andere", sind seine Töchter. In welchem Verhältnis die übrigen Gottheiten zu ihm stehen, erfahren wir nicht. In Sure 53 nimmt Mohammed das auf, was er als Mitglied des Kultbundes der „Strengen" über diesen Allah wußte: Dieser, der Herr des Hundssterns (Vers 49), ist der Vater der drei Göttinnen. Mohammed aber hat ihn geschaut, und seit dieser bestürzenden Erfahrung ist er sich sicher, daß man in so unentschiedener Weise, wie es seine kompromißlerischen Landsleute tun, nicht mehr mit dem höchsten Herrn umgehen darf.

5. ʿAbd al-Muṭṭalib und das „Jahr des Elefanten"

Das Wunder des Scheiterns Abrahas

Unter den Gesichtspunkten des Krieges, des Handels und der Riten erörterten wir die gesellschaftlichen und religiösen Voraussetzungen, gemäß denen man das Auftreten des mekkanischen Propheten zu erwägen hat. Nunmehr nähern wir uns der Ereignishistorie, die in das, was bis hierher dargelegt wurde, verflochten ist, aber um der leichteren Überschaubarkeit willen im Hintergrund gehalten wurde. Das früheste Datum der mekkanischen Geschichte, das wir eindeutig mit unserer Zeitrechnung in Beziehung setzen können, ist der Muḥarram – der erste Monat im arabischen Kalender – des Jahres 882 der seleukidischen Ära. Diese beginnt im Herbst des Jahres 312 v. Chr.; zu jenem Zeitpunkt soll das Reich der Seleukiden gegründet worden sein. Das 882. Jahr fängt demgemäß am 1. Oktober 570 n. Chr. an; da der Monat Muḥarram, wenn man den vorhin beschriebenen Brauch des Einfügens von Schalttagen berücksichtigt, in den Winter fällt, darf man ihn auf die Wende von 570 auf 571 verlegen.[225] Was sich damals zutrug, hinterließ in der Erinnerung der Mekkaner einen so nachhaltigen Eindruck, daß etliche für längere Zeit danach datierten, obwohl man sich üblicherweise nach den Regierungsjahren der sasanidischen Chosroen richtete. Hinter den zwei Zeitrechnungen verbirgt sich ein ernstes politisches Zerwürfnis, und in eine der beiden Parteiungen wird Mohammed hineingeboren: Es ist diejenige, deren Protagonist sein Großvater ʿAbd al-Muṭṭalib ist. Folgen wir zunächst der Darstellung der Geschehnisse aus der Sicht dieser Seite!

In jenem Winter war Abraha al-Ašram, der äthiopische Militärmachthaber im Jemen, mit einem großen Heer in den Norden vorgestoßen; bei al-Muġammas,[226] zweidrittel Parasangen von Mekka in Richtung aṭ-Ṭāʾif entfernt, war er unter Umständen gescheitert, die man als ein Wunder ansah: Der Kriegselefant, den die Äthiopier mit sich führten, hatte sich geweigert, in das geheiligte Gebiet einzurücken, und war selbst mit brachialer Gewalt nicht von der Stelle zu bewegen gewesen; die Angreifer lagerten sich dort für die Nacht; des Morgens vernahm man plötzlich ein Prasseln wie von Schloßen; Scharen von Vögeln flogen vom Roten Meer heran, in den Krallen und Schnäbeln Steine, die sie auf die erschrockenen Äthiopier niederregnen ließen; entsetzt flüchteten die Feinde, sofern sie nicht von den Steinen erschlagen wurden; wer entkam, mußte erleben, wie sich seine Wunden zu Pocken auswuchsen, an denen er dann zugrundeging; Abraha selber kam um, desgleichen sein Sohn, der Negus,[227] der die Vorhut befehligt hatte.[228] So erzählte man sich den Hergang in Mohammeds Umgebung. Ob dieser Sohn mehr war als nur ein Prätendent und ob es sich bei dieser Nachricht nicht um ein Mißverständnis handelt, bleibt offen. Jedenfalls wurde das Ereignis in vielen Versen besungen, und der gerade von sich reden machende Prophet widmet ihm eine seiner frühesten Suren: „Hast du nicht gesehen, wie dein Herr mit den Besitzern des Elefanten verfuhr? Ließ er ihren Anschlag nicht scheitern? Vögel sandte er in Scharen wider sie; sie bewarfen sie mit Steinen aus Ton – und er machte, daß die Feinde wie abgefressene Halme dalagen!" (Sure 105).

ʿAbd al-Muṭṭalib und Abraha

Die Geschichtsüberlieferung kennt Genaueres als dies, und sie gibt uns hinreichende Indizien für die Stellung, die Mekka im letzten Drittel des 6. Jahrhunderts auf der politischen Bühne Arabiens zu verteidigen hatte. Gehen wir um fünf Jahrzehnte zurück, dann treffen wir auf das uns schon bekannte Datum 523: Eine äthiopische Flotte war im Jemen gelandet, der Negus hatte das Land unterworfen. Abraha, einer der äthiopischen Militärführer, putschte später gegen seinen Vorgesetzten, tötete ihn und riß die Macht an sich. In den vierziger Jahren drang er zum ersten Mal in den Hedschas vor, um die Maʿadd in die Schranken zu weisen; daß er sich dabei byzantinischer Unterstützung erfreute, ist nicht auszuschließen.[229] Nach der arabischen Überlieferung herrschten der Negus bzw. dessen Militärführer 72 Jahre im Jemen,[230] demnach bis 595.[231] Vier Regenten folgten in dieser Zeit aufeinander: Arjāṭ, den Abraha umbrachte, um selber zu regieren, dann Abrahas Sohn Jaksūm und zuletzt dessen Bruder Masrūq.[232] Daß Abraha den – zweiten – Feldzug der Äthiopier im Winter 570 auf 571 ebenfalls anführte, ist nicht von vornherein auszuschließen, setzt allerdings eine ungewöhnlich lange Regentschaft voraus. Nach der arabischen Überlieferung ging der zweiten Unternehmung der Versuch voraus, den hedschasischen Wallfahrtsstätten das Wasser abzugraben und das Christentum zu fördern. Zu diesem Zweck errichtete man in Sanaa eine prächtige Kirche. Abraha bemühte sich zunächst um eine mittelbare Förderung seiner Vorhaben. Er wählte aus den Arabern, die um seine Gunst buhlten, einen gewissen Muḥammad b. Ḫuzāʿī, der dem Stamm der Banū Sulaim angehörte. Ihn krönte er zu seinem Vasallenregenten und erteilte ihm die Order, für die Pilgerfahrt nach Sanaa zu werben. Bei der Erfüllung dieses Auftrages fand jener den Tod; wahrscheinlich wurde er in der Tihama erschlagen.[233] Der Zorn Abrahas soll aber vor allem durch einen Frevel erregt worden sein, den sich ein Mann von den Banū Fuqaim b. Dārim, jener Sippe, die in Mekka mit der Festlegung der Schalttage befaßt war, zuschulden kommen ließ: Der Bösewicht verrichtete in Abrahas Prunkbau seine Notdurft.[234]

Abraha war nun entschlossen, Mekka zu zerstören. Widerstand, der sich auf dem Feldzug in den Hedschas regte, wurde überwältigt; so wurden zwei Sippen der Banū Ḫaṯʿam besiegt, deren Anführer sich im Angesicht des Todes bereiterklärte, Abraha den weiteren Weg durch Arabien zu weisen. Als dieser vor aṭ-Ṭāʾif auftauchte, beeilten sich die Banū Ṯaqīf, ihm ihren Gehorsam zu versichern; nicht die Göttin al-Lāt sei es, um die es gehe, sondern die Kaaba in Mekka, zu der man Abraha gern führen werde, beteuerten sie. An der schon erwähnten Örtlichkeit al-Muġammas schlug Abraha sein Lager auf und entsandte eine Streifschar gegen Mekka, die sich unterwegs einiger Viehherden bemächtigte; darunter waren zweihundert Kamelstuten, die ʿAbd al-Muṭṭalib b. Hāšim gehörten. Die Quraišiten redeten untereinander zunächst von mutigem Kampf. Dann traf bei ihnen ein Kommissär Abrahas ein; dieser richtete ihnen aus, sie brauchten kein Blutvergießen zu befürchten; sie müßten sich nur darein fügen, daß man die Kaaba zerstören werde. Nun begab sich ʿAbd al-Muṭṭalib als Sprecher der Quraišiten in das Lager der Feinde und erbat von Abraha die Rückerstattung der geraubten Kamelstuten. Zu der Gefahr, die über der Kaaba schwebte, äußerte er sich nicht. Der Feldherr war darüber erstaunt und mußte sich von ʿAbd al-Muṭṭalib sagen lassen, er, der Quraišite, sei nun einmal bloß der Herr der Stuten, die Kaaba habe ihren eigenen Herrn, der sie wohl zu schützen wisse. Ganz so wird es nicht gewesen sein, denn wir hören auch, daß man Abraha ein Drittel des Viehs der Tihama anbot, wenn er nur auf die Zerstörung der Kaaba verzichte. Offenbar ging Abraha hierauf nicht ein. ʿAbd al-Muṭṭalib kam nach Mekka zurück und riet den Bewohnern, den Ort zu verlassen und sich in den umliegenden Schluchten zu verstecken, um dem Wüten eines plündernden Heeres zu entgehen. Dann entfernte er den Ring an der Tür der Kaaba und übersandte ihn dem Feldherrn. Und plötzlich das Wunder: Der gefangene ḫaṯʿamitische Stammesälteste flüsterte dem großen Kriegselefanten ins Ohr, er möge sich nicht von der Stelle rühren, und die Verstocktheit, mit der das Tier diesem Ansinnen nachkam, reizte Abrahas Truppen derart, daß sie es auf grausame Weise zu Tode folterten – und danach wurden sie von der göttlichen Rache heimgesucht, wie uns schon erzählt wurde.[235]

Die Äthiopier und ʿAbd al-Muṭṭalib

Das ist die mekkanische – genauer: die auf die Nachfahren ʿAbd al-Muṭṭalibs zurückgehende – Fassung des Geschehens. Diejenige der Banū Ṯaqīf aus aṭ-Ṭāʾif, die uns ein Enkel des al-Aḫnas b. Šarīq,[236] eines im

Mekka des Propheten wichtigen Mannes aus diesem Stamm, erzählt, handelt nicht von einem bewußt inszenierten Affront gegen Abraha, sondern schlicht von Habgier und Bereicherung. Ein Enkel Abrahas war nach Mekka gepilgert und hatte auf dem Rückweg in einer Kirche in Nadschran Station gemacht. Diese wurde von durchreisenden Mekkanern ausgeplündert, worauf Abraha schwor, er werde zur Rache die Kaaba zerstören. Er schickte eine Streifschar unter seinem Gefolgsmann Šimr[237] b. Maṣfūd, der sich von einem Ḫaṯʿamiten den Weg zeigen ließ. Von Durst gepeinigt, erreichte man aṭ-Ṭāʾif, von wo aus man den Trupp nach Mekka weiterwies. Dort eignete man sich ʿAbd al-Muṭṭalibs Kamelherde an und trieb sie fort; da ʿAbd al-Muṭṭalib einen Bekannten unter den Jemeniten hatte, gelang es ihm, den äthiopischen Anführer um Rückgabe zu bitten. Diese Bitte wurde erhört. Zur Verwunderung des Äthiopiers ersuchte ihn ʿAbd al-Muṭṭalib aber nicht um die Schonung Mekkas und der Kaaba; weswegen er dies angeblich nicht für nötig hielt, wissen wir bereits. Sobald Šimr den Angriff auf Mekka befahl, ereigneten sich jene Wunder; ʿAbd al-Muṭṭalib, auf das Schlimmste gefaßt, entsandte nach längerem angstvollen Warten seinen ältesten Sohn al-Ḥāriṯ, damit dieser in Erfahrung bringe, was vorgefallen sei. Er kam mit der Nachricht vom Untergang der Feinde zurück. „Da zogen ʿAbd al-Muṭṭalib und seine Gefährten hinaus und nahmen die Güter (der Toten) an sich. Diese Güter bildeten den Grundstein des Vermögens der Banū ʿAbd al-Muṭṭalib."[238]

Diese Fassung verdient in mehrfacher Hinsicht unsere Aufmerksamkeit. Sie deutet auf ein Pilgerwesen, dem christliche Beimengungen womöglich nicht ganz fremd gewesen sind; doch bleibt das diesbezügliche Material zu dürftig, auch wenn man die Angabe hinzunimmt, in der Kaaba habe sich neben anderen Darstellungen ein Bild Mariens befunden.[239] Wichtiger aber ist die Erkenntnis, daß es eine ʿAbd al-Muṭṭalib mit Vorbehalt betrachtende Überlieferung gibt, der die geschönte gegenüberzustellen ist. Letztere wertet die Leistung des Großvaters des Propheten auf, indem sie nicht einen einfachen Kommandanten, sondern Abraha selber vor Mekka scheitern läßt, was erhebliche chronologische Schwierigkeiten nach sich zieht; diese verschwinden, wenn man nicht mehr Abraha, sondern seinen Enkel als den Urheber des Unternehmens ansetzt. Ruft man sich überdies die Rivalität zwischen den Nachkommen Hāšims und denjenigen des ʿAbd Šams in Erinnerung, dann ergibt es einen Sinn, daß letztere ihre Aktivitäten auf Äthiopien ausrichteten.[240] Die *Fiǧār*-Kriege führten dann zu einer Veränderung der Machtverhältnisse unter den ʿAbd Manāf-Klanen und zu einem Wechsel in ihren jeweiligen außerquraišitischen Präferenzen; den Nutzen hiervon hatten jedoch nicht ʿAbd al-Muṭṭalib und seine Söhne, worüber gleich im einzelnen zu sprechen sein wird.

Für ʿAbd al-Muṭṭalib und seine Sippe war die Sache mit dem Elefanten der Eckstein ihres Ansehens, jedenfalls bildeten sie sich das ein, und eine im Lichte der späteren Geschehnisse wertende Überlieferung setzt das Prestige, das ʿAbd al-Muṭṭalib und sein Klan für sich in Anspruch nahmen, mit demjenigen der Quraišiten insgesamt gleich. – Die Omaijaden allerdings werden ihre Herrschaft so gerade nicht rechtfertigen; die Angelegenheit mit dem Elefanten werden sie mit Schweigen übergehen, sie werden sich allein auf Sure 106, auf das Sichern der Handelswege, berufen. – Ibn Isḥāq freilich hält sich, wie in abbasidischer Zeit nicht anders zu erwarten, an ʿAbd al-Muṭṭalib: Dank dessen Wirken erlangten die Quraišiten die Gewißheit, daß sie die „Leute Allahs" seien, und zahlreich sind die Verse, in denen ihre wunderbare Errettung gerühmt wird. Ṭālib b. abī Ṭālib, ein Vetter Mohammeds, allerdings erheblich älter als dieser und niemals zum Islam übergetreten,[241] faßt das unerhörte Ereignis in diese Worte: „Wußtet ihr nicht, was über den Krieg von Dāḥis gesagt wurde, und über das Heer des Abū Jaksūm,[242] als es jene Schlucht anfüllte? – Wäre da nicht Allah als Verteidiger gewesen, und nichts außer ihm (hilft), ihr selber hättet nicht vermocht, eure Leute zu schützen!"[243] In den Krieg um Dāḥis, einen Stammeszwist, wären die Quraišiten fast hineingezogen worden;[244] darauf scheint Ṭālib anzuspielen. Allah selber hält seine Hand über sie, davon waren die Quraišiten wohl wirklich überzeugt, als sie später die oben geschilderten *Fiǧār*-Kriege ausfochten und dabei weiter das Bewußtsein von ihrer Sonderstellung ausbildeten, überdies auch die Kraft fanden, ihre inneren Verhältnisse so zu ordnen, daß die unmittelbare Befriedigung der Habgier zugunsten möglicher langfristiger Gewinne unterbunden wurde, die nur bei Wahrung eines Mindestmaßes an Rechtssicherheit zu erwarten waren. ʿAbdallāh b. az-Zibaʿrā, der Lobdichter der heidnischen Quraišiten während ihres Kampfes gegen Mohammed,[245] ließ sich über die Niederlage der Äthiopier so vernehmen: „Gepeinigt wichen sie von der Talschaft Mekkas zurück. Seit ewigen Zeiten vergriff sich niemand am heiligen Bezirk! – Der Hundsstern war (noch) nicht geschaffen in jenen Nächten, als (Mekka) schon für unverletzlich erklärt wurde. Keinen Mächtigen gibt es, der es anzutasten gewagt hätte! – Frag doch den Heerführer nach ihr, was er erlebte! Wer Mekka kennt, wird es den Unwissenden sagen. – Sechzigtausend kehrten nicht in die Heimat zurück, und die Kranken überlebten die Heimkehr nicht lange."[246] Daß das Heiligtum schon vor aller Zeit geschaffen worden sei, klingt hier an; diese Vorstellung wird mit dem durch Mohammed verursachten Einfließen weiterer hochreligiöser Überlieferung verfestigt, wofür wir bereits Beispiele kennen.[247] Von ʿAbd al-Muṭṭalib spricht ʿAbdallāh b. az-Zibaʿrā nicht.

Mekka, aṭ-Ṭāʾif und der Schatten der Großmächte

Doch nicht um das Selbstbewußtsein der Quraišiten und um die Achtung, die die übrigen Araber ihnen zollten, ist es uns hier zu tun, obschon beides wirkmächtige Gegebenheiten sind. Was aus dem Scheitern des vom Enkel Abrahas befohlenen Feldzugs im „Jahr des Elefanten" folgte, das war eine langfristige Entscheidung über die Position Mekkas im Ringen der beiden Großmächte um das Übergewicht auf der Arabischen Halbinsel, und diese Entscheidung fiel so aus, daß sie ʿAbd al-Muṭṭalib auf die Länge der Zeit keine Vorteile eintrug. Am Ende der *Fiǧār*-Kriege, vermutlich knapp zwei Jahrzehnte nach dem äthiopischen Vorstoß, konnten die Mekkaner Forderungen an die Banū Ṯaqīf in aṭ-Ṭāʾif stellen und nötigten ihnen einen Schwurbund auf, der jene verpflichtete, den Quraišiten einen friedfertigen Zutritt zum Heiligtum bei aṭ-Ṭāʾif zu gewähren, was umgekehrt auch für die Banū Ṯaqīf in Mekka gelten sollte. Daß die Ṯaqafiten sich lieber mit den Banū ʿAbd Šams zusammentaten als mit der Sippe, die sie an ihre einstige Partnerschaft mit den von Allah vernichteten Äthiopiern erinnerte, liegt nahe. Als Mohammed seine Lehren zu verkünden begann, war dieser Bund noch in Kraft, denn wir finden Ṯaqafiten an der Seite seiner quraišitischen Widersacher, ja, diese Allianz wird bis in die letzten Lebensjahre Mohammeds hinein Auswirkungen haben, übrigens ganz überraschende, und erst ihr Zerfall wird ihm die Inbesitznahme seiner Heimatstadt erlauben. Ursprünglich freilich hatten die Ṯaqafiten diesen Bundeseid verweigern wollen, und zwar mit dem Argument, ihr Ahnherr habe ihr Heiligtum in eigener Arbeit aus dem Felsen gehauen, während die Quraišiten sich die Hinterlassenschaft Abrahams nur hätten anzueignen brauchen.[248]

Weder die Sasaniden noch die Byzantiner hatten aktiv in die Auseinandersetzungen eingegriffen. Dies war offensichtlich auch gar nicht vorgesehen gewesen. Nach vielen Kriegen hatten sich beide Reiche im Jahre 561 endlich auf einen Frieden einigen können. Man hatte vereinbart, daß es den arabischen Vasallenfürsten, den Ġassāniden auf byzantinischer und den Laḫmiden auf iranischer Seite, verboten sein sollte, auf eigene Faust Feindseligkeiten zu eröffnen. Ferner hatte man festgelegt, daß der Warenschmuggel über die byzantinisch-sasanidische Grenze unterbunden werden müsse; es seien die offiziellen Übergänge zu passieren. Der jahrzehntelange Zweikampf hatte augenscheinlich die Verhältnisse in den arabischen Interessensphären beider Staaten zerrüttet. Dies könnte erklären, warum Handelskarawanen von Hira oder aus den Häfen am Persischen Golf nach Mekka und von dort aus weiter nach Süden und vor allem nach Norden, nach Palästina, reichen Ertrag versprochen hatten.[249] Nach dem „Jahr des Elefanten“, das für den Versuch der Errichtung einer christlichen und daher letzten Endes byzantinischen Hegemonie in Arabien steht, lag eine Ausrichtung quraišitischer Politik auf die Sasaniden nahe, und daher nimmt es nicht wunder, daß man in Mekka nicht nur nach den Regierungsjahren der Chosroen zu datieren begann, sondern sich auch sonst dem iranischen Einfluß öffnete. Nicht aus dem Norden, sondern aus dem Osten, aus Hira, sollen die Quraišiten die Kunst des Schreibens in der Kursive übernommen haben; auch wird überliefert, daß sich manche unter ihnen zum Dualismus bekannten.[250]

Noch als Mohammed in Medina wirkte, bildete dies einen beliebten Stoff für Polemiken. Den Ṯaqafiten und ihren Eidgenossen, den Banū ʿAbd Šams, stellte man in der Anhängerschaft des Propheten die „gute“ Schwurgenossenschaft der Banū Hāšim mit den medinensischen „Helfern“ gegenüber; denn, wie Mohammeds Lobdichter Ḥassān b. Ṯābit in Versen empfahl, wenn „die Ṯaqafiten euch mit ihrem Ruhm zu übertreffen suchen, dann antwortet nur: ‚Dann wollen wir die Sache mit Abū Riġāl nennen! Euer Ahnherr in alter Zeit war der denkbar übelste, und ihr gleicht ihm aufs Haar!‘“ Abū Riġāl soll der Mann gewesen sein, der den Elefanten und das ganze Heer des Enkels Abrahas gegen Mekka führte; doch in dem haßerfüllten Gerede wird er gleich zum Urvater aller Ṯaqafiten, und diese wiederum sollen niemand anders sein als die versprengten Reste des untergegangenen Volkes der Ṯamūd, denen Mohammed in seinen mekkanischen Suren nachsagt, sie hätten einen zu ihnen entsandten Propheten, Ṣāliḥ, der Lüge geziehen und dessen Gebot übertreten, eine freiweidende Kamelstute unbehelligt zu lassen;[251] sie hätten das Tier getötet, und zur Strafe seien ihre Behausungen durch ein Erdbeben zerstört worden (Sure 7, 73–79). Noch älter ist Vers 17 f. von Sure 85, wo die Truppen der Ṯamūd in einem Atemzug mit denjenigen Pharaos genannt werden: Allah vernichtete sie. Der Pharao aber steht, wie wir sehen werden, für die quraišitischen Feinde des Gesandten Allahs,[252] so daß hier deren ṯaqafitische Verbündete gemeint sein werden. In Kufa, wo übrigens die Sippe des al-Aḫnas b. Šarīq über ein Anwesen verfügte,[253] legte ʿAlī b. abī Ṭālib (reg. 656–660) seinem Groll gegen die Ṯaqafiten in einer Ansprache keine Zügel an: „Ich hatte vor, den Banū Ṯaqīf die Kopfsteuer (arab.: *al-ğizja*) abzuverlangen. Denn Ṯaqīf war ein Sklave des Propheten Ṣāliḥ gewesen. Dieser hatte ihn zu einem der *ṣadaqa*-Eintreiber geschickt, der diesen Tribut ihm mit auf den Rückweg gab. Ṯaqīf aber floh und ließ sich im heiligen Bezirk (von aṭ-Ṭāʾif) nieder. Mohammed hat die engste Bindung an Ṣāliḥ (und nicht die Nachfahren des Ṯaqīf). Euch aber rufe ich als Zeugen dafür an, daß ich die Ṯaqafiten hiermit wieder zu Sklaven erkläre!“[254] Was vor dem Auftreten Mohammeds geschehen war, wurde mit der Verkündigung seiner Botschaft keineswegs vergessen. Im Gegenteil, es schlägt sich in seinen Worten nieder, es bestimmt seine Sicht auf die arabischen Verhältnisse, und es berührt unmittelbar die Geschicke der jungen islamischen Gemeinschaft, wie an diesem Beispiel deutlich wird.

Die Banū Asad b. ʿAbd al-ʿUzzā und Byzanz

Die Banū ʿAbd ad-Dār hatten vier der sechs auf Quṣaij zurückgeführten Ämter verwaltet, darunter das höchst ehrenvolle der Pilgerspeisung. Infolge innerquraišitischer Zerwürfnisse verloren sie es an die Banū Asad b. ʿAbd al-ʿUzzā, die Sippe eines Enkels Quṣaijs. Es war uns schon aufgefallen, daß es Überlieferungen gibt, die die Pilgerspeisung nach dem Zwist unter Verschweigen der Banū Asad b. ʿAbd al-ʿUzzā sogleich auf die Sippen der Söhne des ʿAbd Manāf übergehen lassen und ausführlich von den Taten erzählen, mit denen Hāšim b. ʿAbd Manāf sich um die Versorgung der Wallfahrer verdient macht. Die Banū Asad b. ʿAbd al-ʿUzzā werden überdies als der unheilvollste Klan der Quraišiten gebrandmarkt, mit dem man besser keine Eidgenossenschaft eingeht.[255] In der Begegnung mit Abrahas Enkel trat uns nun Hāšims Sohn ʿAbd al-Muṭṭalib als der glaubensstarke Held entgegen, der in unerschütterlichem Vertrauen auf den „Herrn der Kaaba“ handelt und redet: Ihm ist er aufs engste verbunden, und deshalb ist er der befugte Sachwalter der quraišitischen Belange. In einer anderen Geschichte ist ʿAbd al-Muṭṭalib sogar bereit, für die Durchsetzung der Rechte des „Herrn der Kaaba“ einen seiner Söhne zu opfern: Im Traum hatte er den Auftrag empfangen, den gänzlich verschütteten Zemzembrunnen, den „Brunnen unseres Vaters Ismael“,[256] von neuem auszuschachten; man kannte nicht einmal mehr die Stelle, an der sich dieser einst befunden hatte; die Quraišiten murrten über ʿAbd al-Muṭṭalibs Vorgehen, begann er doch genau zwischen zwei den Gottheiten Isāf und an-Nāʾila geweihten Stätten zu graben und dadurch deren Kult zu behindern; um die Mekkaner zu besänftigen, gelobte er, er werde seinen zehnten Sohn, sobald dieser herangewachsen sei, Allah an der Kaaba opfern.[257] Man ahnt schon, daß dies ausgerechnet ʿAbdallāh, der künftige Vater Mohammeds, sein wird. Doch davon später mehr!

Nicht nur weil das unerhörte Kommende sich in der Vergangenheit ankündigen muß, verschwinden die Banū Asad b. ʿAbd al-ʿUzzā aus den Ruhmestiteln der Geschichte der Quraišiten, die sie fast ganz den Nachkommen des ʿAbd Manāf überlassen müssen, und unter diesen wieder den Hāšimiten; diese erlangten durch ungewöhnliches Handeln – in stetem Einklang mit dem „Herrn der Kaaba“ – das Amt der Speisung und nun, dank ʿAbd al-Muṭṭalibs Tatkraft, auch dasjenige der Tränkung der Pilger. Wenn die Geschichte der Hāšimiten zu der Geschichte der Quraišiten schlechthin aufgewertet wird, dann kommt darin auch zum Ausdruck, daß die Entscheidung, die das „Jahr des Elefanten“ gebracht hatte, die Banū Asad b. ʿAbd al-ʿUzzā zu den erklärten Verlierern im Ringen um die politische Ausrichtung Mekkas abstempelte. Sie nämlich waren für ein Zusammengehen mit den Byzantinern eingetreten. Hiervon wissen wir durch Abū ʿAmr aš-Šaibānī, einen geradezu besessenen Sammler und Aufzeichner von Beduinendichtung und tiefen Kenner des Arabischen, der 825 in hohem Alter starb.[258] Er berichtet: ʿUṯmān b. al-Ḥuwairiṯ b. Asad b. ʿAbd al-ʿUzzā überredete den ġassānidischen Fürsten, er solle ihm ein Patent ausfertigen, in dem er, ʿUṯmān, zum Regenten über die Quraišiten erhoben und mit dem Einziehen von Abgaben bevollmächtigt, mithin in den Rang eines „Königs“ nach dem vorhin beschriebenen Muster erhoben werde. Der Ġassānide ließ sich hierauf ein; bis zum Heiligtum der Manāt am Roten Meer, wo die Aus und die Ḫazraǧ ihre Wallfahrt zu beenden pflegten,[259] reichte sein Einfluß, wie wir schon hörten; warum ihn nicht bis nach Mekka ausweiten? Die Quraišiten gaben aber nichts auf das Diplom der Ġassāniden, das ʿUṯmān ihnen vorwies, und jagten ihn davon. Er machte sich jetzt auf den Weg nach Byzanz, wo ihn nach langem Antichambrieren der Kaiser in Audienz empfing und gern hörte, daß ʿUṯmān, einer von den „Leuten der Kaaba, des unverletzlichen Hauses Allahs“, ihm alle Araber untertan machen werde. Ausgestattet mit einem Schreiben des Kaisers, reitend auf einem Maultier mit goldenem Sattel, stellte sich ʿUṯmān auf der Rückreise wieder bei dem ġassānidischen Fürsten ein. Dieser, ʿAmr b. abī Šamir,[260] mußte ihn gewähren lassen, und so inhaftierte ʿUṯmān etliche Quraišiten, die er bei Hofe antraf.[261] Ehe er nach Mekka aufbrechen konnte, verstarb er, wie man munkelt, durch seinen unfreiwilligen Gastgeber vergiftet.[262]

Im übrigen bewahrt auch die Familie az-Zubairs, den Mohammed seinen Jünger nannte, die Erinnerung an ʿUṯmān, der nicht allzu weitläufig mit diesem verwandt war. In al-Muṣʿab az-Zubairīs (gest. 850/1) Werk über die Genealogie der Quraišiten erfährt man, daß ʿUṯmān sich mit dem hohen byzantinischen Titel „Patrikios“[263] schmückte. Die Quraišiten hätten sich von alledem sehr wohl beeindrucken lassen. Einem Enkel Asad b. ʿAbd al-ʿUzzās sollen dann aber doch ernste Bedenken gekommen sein. Die Quraišiten seien frei (arab.: *laqāḥ*), „sie beherrschen niemanden und werden (von niemandem) beherrscht!“[264] Allein in der Unabhängigkeit von beiden Großmächten liegt ihre Stärke; diese Ungebundenheit jetzt, da von Süden her ein Druck zur besonderen Berücksichtigung byzantinischer Interessen nicht mehr ausgeübt werden konnte, aus freien Stücken aufzugeben, wäre in der Tat töricht gewesen. Az-Zubair b. Bakkār (gest. 870), ebenfalls ein Nachkomme az-Zubairs,[265] stellt uns den politischen Hintergrund, vor dem man damals den Schritt ʿUṯmāns bewerten mußte, noch klarer vor Augen. Gleich wie der sasanidische Schah einen Vizekönig in Sanaa hatte, so sollte ʿUṯmān über Mekka herrschen. „Ein König in der Tihama! Erschreckt wie die Wildesel scheuten (die Quraišiten vor ʿUṯmān)."[266]

Die Iraner im Jemen

Daß man die Banū Asad b. ʿAbd al-ʿUzzā zu Lebzeiten ʿAbd al-Muṭṭalibs als den unheilvollsten Klan der Quraišiten schmähte, wie uns vorhin bezeugt wurde, hat angesichts der völlig entgegengesetzten politischen Ambitionen einen sehr handfesten Hintergrund. Man kann vermuten, daß der Widerstreit zwischen beiden Parteiungen nicht erst um 600 seinen Anfang nahm; ʿUṯmān soll den Weg zu den Ġassāniden und in die Kaiserstadt nach der Inbesitznahme des Jemen durch die Sasaniden angetreten haben, die nach Ibn Isḥāqs bereits zitierter Datierung in das Jahr 595 fiel. Vermutlich war jenes einschneidende Ereignis der Anlaß dafür, daß eine schon länger schwelende Rivalität sich in einem offenen Konflikt entlud – als was könnte man die Gefangennahme von Stammesgenossen aus ʿAbd Manāf-Sippen sonst bezeichnen? Zu klären, weil von erheblicher Tragweite für die früheste Geschichte des Islams, bleibt freilich die Frage, wie und wann die Sasaniden nach dem Jemen griffen. Die Angaben hierüber gehen weit auseinander. Wie Ibn Isḥāq berichtet, wurde Masrūq, der letzte der vier äthiopischen Regenten, durch Wahriz, den Anführer des iranischen Expeditionskorps, erschossen.[267] Die Vorgeschichte dieses Ereignisses schildert Ibn Isḥāq so: Saif b. ḏī Jazan, ein jemenitischer Fürst,[268] reiste zum Kaiser in Byzanz, um mit dessen Hilfe das Joch der Äthiopier abzuschütteln. In Konstantinopel war man nicht geneigt, etwas gegen seine christlichen Verbündeten zu unternehmen. Saif brach unverrichteterdinge auf und begab sich nun nach Hira zu an-Nuʿmān b. al-Munḏir, dem Vasallen Chosroes. Sonderliches Interesse am Jemen zeigte auch der Schah nicht, aber immerhin ließ er acht Schiffe mit je einhundert Mann Besatzung – es handelte sich um Strafgefangene – ausrüsten. Sechs erreichten die hadramische Küste. Saif b. ḏī Jazan war mit den Persern gereist; nach deren Sieg wurde er zum König erhoben.[269]

Vergleichen wir hiermit, was Hišām b. al-Kalbī überliefert! Er präzisiert den Namen des persischen Herrschers: Chosrau Anuschirwan (reg. 531–578). Damit diese Identifizierung stimmt, muß er den Namen des laḫmidischen Fürsten – bei Ibn Isḥāq ist es an-Nuʿmān b. al-Munḏir (reg. ca. 580–602)[270] – abändern: „Ich vermute, der (genannte Laḫmide) ist ʿAmr b. Hind (reg. 554–569)."[271] Nur wenn man wie Hišām b. al-Kalbī den in der Überlieferung erwähnten Chosrau mit Chosrau Anuschirwan gleichsetzt und die dadurch notwendig gewordene Austauschung des Namens des Vasallenfürsten gutheißt, dagegen die in mehreren Quellen bezeugte Dauer der äthiopischen Herrschaft im Jemen – 72 Jahre – verwirft, kann man die iranische Invasion und die Tötung Masrūqs schon für 570 ansetzen.[272] Wegen Hišām b. al-Kalbīs Vermutung wurde das Ereignis durch den Annalisten aṭ-Ṭabarī (gest. 923), den bedeutendsten Kompilator von Nachrichten zur vor- und frühislamischen Geschichte, in die Regierungszeit Chosrau Anuschirwans eingeordnet; Ibn al-Kalbī überliefert allerdings auch, Wahriz sei, nach Iran zurückgekehrt, unter jenem Schah gestorben. Anuschirwan habe dann einen Nachfolger in den Jemen geschickt, der später von Ohrmazd IV. (reg. 578–590) wegen vieler Übeltaten habe abberufen werden müssen; dann sei ein Mann namens al-Marwazān als Statthalter eingesetzt worden, der sich mit einer Jemenitin verehelicht habe.[273]

Nur unter großem spekulativen Aufwand lassen sich die bisher angeführten Nachrichten Ibn Isḥāqs und Hišām b. al-Kalbīs harmonisieren.[274] Auch Ibn Isḥāq weiß von der Rückkehr des Wahriz nach Iran, und zwar nachdem Saif b. ḏī Jazan die Herrschaft über den Jemen übertragen worden sei. Saif habe sich mit Greueltaten gegen die im Lande verbliebenen Äthiopier hervorgetan. Allerdings habe er einige von ihnen als seine Garde ausgewählt; sie hätten Lanzen vor ihm hertragen müssen. Eines Tages hätten sie gemeutert und ihren grausamen Herrn getötet, was die Ergreifung der Macht durch einen anderen Äthiopier ermöglicht habe. Daraufhin sei Wahriz ein zweites Mal von Chosrau – wieder bleibt der Name des sasanidischen Schahs unspezifiziert – in den Jemen abgeordnet worden, diesmal mit viertausend Mann. Nachdem Wahriz alle Äthiopier habe über die Klinge springen lassen und dieser Erfolg an den Hof des Schahs gemeldet worden sei, habe man Wahriz auf Dauer zum Befehlshaber des Jemen ernannt. Folgen wir Ibn Isḥāq weiter, dann blieb Wahriz fortan im Land, wo er Steuern für die Sasaniden einzog. Nach seinem Tod traten ein Sohn, dann ein Enkel und schließlich ein Urenkel an seine Stelle. Letzterer fiel beim Schah in Ungnade und entging, an den Hof einbestellt, nur dank der Fürsprache eines der Großen des Reiches der Hinrichtung. Der Herrscher entsandte jetzt einen gewissen Bāḏān in den Jemen, der das Land bis in die Zeit der Prophetenschaft Mohammeds verwaltete.[275]

Es empfiehlt sich angesichts dieser Überlieferungen, die iranische Besitzergreifung als einen Vorgang zu betrachten, der sich über einen längeren Zeitraum erstreckte und keinesfalls die Herrschaft der Äthiopier mit einem Schlag beendete – wie in der Erzählung von dem Schuß, mit dem Wahriz Abrahas Sohn Masrūq erledigt haben soll, vorgegeben wird. Es ist durchaus möglich, daß der erste Vorstoß Wahriz' noch unter Chosrau Anuschirwan erfolgte. Die zweite, wesentlich umfangreichere Expedition, die durch die vorübergehende Restaurierung der äthiopischen Macht ausgelöst wurde, könnte dann unter Chosrau Parwez (reg. 590–628) angeordnet worden sein; auf sie mag die Episode der Tötung Masrūqs anspielen, in der Wahriz als ein alter Mann geschildert wird. Chosrau Parwiz, ein äußerst tatkräftiger Herrscher, verschaffte seinem Reich zum letzten Mal die Offensive gegen die Byzantiner, und das nicht nur im Jemen, wo deren Stellung ohnehin schwach war, sondern ab 602 auch in Palästina – das „echte" Kreuz Christi wurde aus Jerusalem in die sasanidische Residenzstadt Ktesiphon verbracht – und in Unterägypten. Erst nach langwierigen Kämpfen und unter großen Anstrengungen sollte es Kaiser Herakleios (reg. 610–641) gelingen, den Dingen eine Wende zugunsten Konstantinopels zu geben.

Die Schwäche des Byzantinischen Reiches

Um das Jahr 600, und damit kehren wir nach Mekka zurück, war es in den Augen der nüchternen Beobachter der weltpolitischen Lage eine Torheit, sich durch ein Anbändeln mit den Byzantinern den Unmut der Sasaniden zuzuziehen. Die iranische Herrschaft im Jemen stabilisierte sich; ein Versuch jemenitischer Stammesführer, Bāḏān aus Sanaa zu vertreiben, mißlang, da die Banū Hamdān,[276] ein mächtiger nördlich von Sanaa lebender Verband, mit den Persern eine Eidgenossenschaft schlossen.[277] Ohnehin hatten die Sasaniden, sobald sich Wahriz im Jemen endgültig festgesetzt hatte, ihre Interessen an der Arabischen Halbinsel neu und weiter als vorher bestimmen müssen. Eine Sendung jemenitischer Gelder und Kostbarkeiten an den Chosrau wurde im Gebiet der tamīmitischen Banū Jarbūʿ von diesen ausgeraubt, allerdings gegen den energischen Widerspruch der übrigen Tamīmiten. Der Schah sann darauf, die Banū Tamīm zu züchtigen, und ein arabischer Neider, der ihnen bei den Sasaniden den Rang ablaufen wollte, fand sich schnell: al-Hauḏa, ein Mann von den ostarabischen Banū Ḥanīfa. Er wurde mit einem Boten zum iranischen Statthalter in Haǧar geschickt, man lockte zahlreiche Tamīmiten in die Festung al-Mušaqqar, tötete die Männer und verschleppte die Knaben nach Iran, wo viele von ihnen verschnitten wurden. Erst als die Muslime Jahrzehnte später Iṣṭaḫr eroberten, kehrten einige wenige Überlebende in die Heimat zurück.[278] Dieses Beispiel lehrt, daß der iranische Einfluß auf der Halbinsel seit der Intervention im Jemen ein ungekanntes Ausmaß annahm. Das mußte man in Rechnung stellen, wenn man die Unabhängigkeit Mekkas bewahren wollte. Der Zusammenbruch der byzantinischen Macht in Arabien und das Vordringen der Sasaniden sind die beiden einander ergänzenden politischen Entwicklungen, deren Zeuge Mohammed wurde. In Sure 30 läßt er dies anklingen. Wegen seines angespannten Verhältnisses zu den führenden Quraišiten konnte ihm das ganz und gar nicht recht sein, und so setzt er dem die Hoffnung auf einen Umschwung entgegen. In Medina erlebte er, wie die Arbeit, die Herakleios in Angriff genommen hatte, Früchte zu tragen begann, doch das kam ihm dann auch nicht mehr zupaß. Dies alles werden wir an anderem Orte erfahren.

6. Die Kaaba in den Jahrzehnten des Übergangs zum Islam

ʿAbd al-Muṭṭalib und der „Herr des Hauses"

In der islamischen Erinnerung an die Zeit unmittelbar vor dem Auftreten Mohammeds hat dessen Großvater ʿAbd al-Muṭṭalib den herausragenden Part inne. In Wahrheit werden andere Personen wie ʿAbdallāh b. Ǧudʿān, Ḥarb b. Umaija oder Hišām b. al-Muġīra, ein Maḫzūmite, weit einflußreicher gewesen sein,[279] aber aus der Rückschau soll das verständlicherweise nicht gelten. Trotzdem lohnt sich ein genauer Blick auf die ʿAbd al-Muṭṭalib betreffenden Nachrichten, denn man gewinnt aus ihnen wertvolle Hinweise auf die Gottesverehrung, die sich um den Kaabakult als ihren Mittelpunkt entwickelt hatte. „Bei Allah, ich behüte und schütze dich weiterhin, aber ich fühle, daß mein Inneres nicht bereit ist, die Glaubenspraxis ʿAbd al-Muṭṭalibs aufzugeben. Ich werde folglich mit den gleichen Überzeugungen sterben wie er." Das soll Abū Ṭālib seinem Neffen Mohammed bekannt haben, als dieser mit seinen seltsamen Reden zwar manche jungen Männer beeindruckt, die Mehrzahl der Mekkaner aber gegen sich aufgebracht hatte und mit entschiedener Ablehnung rechnen mußte.[280] Wie wir schon sahen, erscheint ʿAbd al-Muṭṭalib als der Held, der im Vertrauen auf den „Herrn des Hauses" den Ring an der Kaabatür Abraha aushändigen läßt, nur um den Untergang des Angreifers desto sicherer herbeizuführen. So wird der Großvater Mohammeds denn als der Stifter einer vertieften Frömmigkeit gefeiert, die im Glauben an jenen Allah wurzelt, der an der Kaaba verehrt wird. Ausdruck dieser Frömmigkeit war ein Brauch, dem später auch Mohammed folgen sollte: ʿAbd al-Muṭṭalib zog sich während des Ramadan zum nahen Berg Ḥirāʾ zurück; dort suchte er einen Monat lang ein sündenfreies Leben in Andacht vor Allah und büßte für seine Schuld, indem er die Armen speiste. Die Quraišiten sollen diese Sitte nachgeahmt haben, so daß schon in vorislamischer Zeit die späteren Ramadanbräuche entstanden. ʿAbd al-Muṭṭalib sei beim Erscheinen der Mondsichel des Ramadan zu dem Berg aufgebrochen und erst zurückgekehrt, wenn in gleicher Weise das Zeichen für den Beginn des Monats Šauwāl sichtbar geworden war. Er und alle, die seinem Vorbild folgten, betraten ihre Häuser nach der Rückkunft erst, nachdem sie die Kaaba siebenmal umrundet hatten.[281] – Übrigens scheint man ʿAbd al-Muṭṭalibs rituellen Aufenthalt auf dem Berg Ḥirāʾ mit der wunderbaren Errettung vor den Äthiopiern Abrahas in Verbindung gebracht zu haben. Sobald ʿAbd al-Muṭṭalib die Rückgabe der geraubten Kamele erwirkt hatte, weihte er sie als Opfertiere und trieb sie in den heiligen Bezirk; die plündernden Äthiopier würden sich an ihnen vergreifen und, so seine Berechnung, sich dadurch den Zorn des „Herrn" zuziehen. Er selber und einige Begleiter brachten sich einstweilen auf dem Berg Ḥirāʾ in Sicherheit und kamen erst nach dem Untergang des Heeres in die Stadt zurück. „O Allah, jeder Mann verteidigt sein Reittier, verteidige auch du dein rechtmäßiges Eigentum! – Nicht ihr Kreuz und nicht ihr Michael[282] soll morgen über deine Macht triumphieren. – Solltest du sie doch zum Ort unserer Gebetsrichtung (arab.: *al-qibla*)[283] lassen, dann muß dir plötzlich etwas Übles in den Sinn gekommen sein!" Mit diesen Worten soll ʿAbd al-Muṭṭalib sein Vorgehen gerechtfertigt haben.[284]

Die enge Beziehung zu jenem „Herrn des Hauses" belegen zwei weitere Ereignisse, die den Quraišiten im Gedächtnis blieben: die schon gestreifte Bereitschaft ʿAbd al-Muṭṭalibs, einen seiner Söhne zu opfern, und sein Mitwirken beim Neubau der Kaaba. Den Zemzembrunnen hatte er nach einem Traum an der geschauten Stelle gegraben; um den abweisenden Quraišiten begreiflich zu machen, daß er auf Befehl des „Herrn" gehandelt hatte, tat er das Gelübde, er werde, wenn ihm sein zehnter Sohn geboren werde, diesen, sobald er herangewachsen sei, dem Allah der Kaaba zum Opfer darbringen. Die Quraišiten hatten nämlich gemeint, sie brauchten sich von einem Manne wie ʿAbd al-Muṭṭalib, der zum Zeitpunkt des Geschehens erst einen Sohn hatte, nichts vorschreiben zu lassen. Etwa fünf Jahre vor Abrahas Kriegszug war der Augenblick gekommen, das Gelübde zu erfüllen. Im Angesichte der Gottheit Hubal warf man, wie üblich, die Lospfeile, und es ergab sich, daß ʿAbdallāh ausersehen war.[285] Mit Entsetzen erkannten die Anwesenden, daß ʿAbd al-Muṭṭalib daranging, das Vorhaben auszuführen. Man überredete ihn, bei einer Wahrsagerin in Ḫaibar Aufschluß über die Höhe des Wergeldes zu suchen, mit dem sich der „Herr der Kaaba" zufriedengeben werde, falls ʿAbdallāh geschont werde. Kamele in einer noch unbestimmten Menge seien nötig, entschied die Wahrsagerin und riet, die genaue Anzahl wiederum vor Hubal durch die Lospfeile zu ermitteln. So geschah es, und man kam zu dem Ergebnis, daß einhundert ausreichend seien.

Der Neubau der Kaaba und die diesbezüglichen Legenden

ʿAbd al-Muṭṭalib starb zwischen 578 und 581.[286] In die Zeit danach fällt der Neubau der Kaaba. Das „Haus" war damals noch ohne Dach; die Tücher, mit denen man es behängte, wurden von innen an den Wänden befestigt. Neue wurden einfach über die alten geworfen, so daß im Laufe der Zeit viele Schichten Stoff übereinander zu liegen kamen. Das Unglück wollte es, daß eines Tages Funken aus einem Kohlebecken die Tücher in Brand setzten. Die durch häufige Sturzbäche ohnehin beschädigten Mauern waren nach dem Feuer vollends baufällig geworden. Eine Renovierung von Grund auf war dringend geboten, aber die Quraišiten trauten sich nicht, ans Werk zu gehen; sie fürchteten die Strafe Allahs für den Fall, daß sie sich an den Wänden seines Heiligtums zu schaffen machten. Irgendwann um diese Zeit strandete an der Küste des Roten Meeres ein byzantinisches Schiff, das Holz geladen hatte. Diesen Baustoff kaufte man der Besatzung ab und brachte ihn nach Mekka. Ein koptischer Zimmermann, der sich mit an Bord befunden hatte, sollte beim Neubau der Kaaba behilflich sein. Man teilte die quraišitischen Klane in vier Gruppen, von denen jede eine Wand zugeteilt bekam und die nötigen Steine herbeischleppen sollte. Zuvor freilich mußten die brüchigen alten Mauern abgerissen werden. Niemand rührte die Hand, bis sich al-Walīd b. al-Muġīra von den Banū Maḫzūm, einer der damals führenden Sippen, ein Herz faßte und unter Flehen, Allah möge, was nun geschehen werde, nicht mißverstehen, mit der Spitzhacke auf die Wände einschlug. Die Umstehenden folgten diesem Beispiel nicht; sie wollten lieber abwarten, ob al-Walīd die folgende Nacht überleben werde; falls nicht, dann hätte Allah das Vorhaben verworfen.

Er verwarf es nicht, und so fuhr man am nächsten Tage fort und gelangte an die Stelle, an der sich die im Brunnen mit den Votivgaben hausende Schlange[287] in der Sonne zu wärmen pflegte. Vor ihr fürchtete man sich sehr, doch ein riesiger Vogel griff sie sich, und so war auch dieses Hindernis beseitigt. Al-Walīd mahnte die Mekkaner, für den Bau der Kaaba dürften sie nur Geld ausgeben, das sie auf einwandfreie Weise verdient hätten;[288] es dürfe weder durch Wucher, noch durch Glückspiel oder Prostitution erworben sein. Nachdem man die Wände abgetragen hatte, stieß man auf Fundamente, die aus riesigen Felsbrocken bestanden. Es gelang nicht, sie von der Stelle zu bewegen. Man versuchte, einen von ihnen mit der Spitzhacke ein wenig zu lockern; er zerbrach in zwei Stücke. Als man das eine etwas verschoben hatte, glitt es in die ursprüngliche Lage zurück, Funken stoben, und ganz Mekka erbebte. Da verzichtete man lieber auf die weitere Erkundung der Fundamente. Indem die Arbeiten voranschritten, bemerkte man, daß Materialien und Geld nicht ausreichen würden, die Wände der Kaaba bis an die halbkreisförmige Umgrenzung heranzuführen, die Ismael als Viehhürde genutzt haben soll. Es mußte dort ein Zwischenraum bleiben; die Querwand, die zwischen den beiden Enden des Halbkreises zu errichten war, bedurfte deswegen eines eigenen Fundamentes, das innerhalb des ursprünglichen Gevierts der Kaaba gelegt wurde, sechs Ellen und eine Spanne von der einstigen den Halbkreis berührenden Mauer entfernt. Überdies beschloß man, die Tür nicht ebenerdig einzusetzen, sondern so hoch, daß sie nur über eine Leiter zu erreichen war. Man wollte ein Auge darauf haben, wer die Kaaba betrat, und man wollte vermeiden, daß das Innere jedes Mal überflutet wurde, wenn sich Sturzbäche in die Niederung hinab ergossen. Das Idol des Hubal entfernte man aus der Kaaba und stellte es, solange die Arbeiten dauerten, am „Standplatz Abrahams" auf; die Kostbarkeiten, die für das Heiligtum gestiftet worden waren, darunter die zwei Hörner des Bockes, den Abraham einst anstatt seines Sohne hatte opfern dürfen, gab man einem Mitglied der Sippe ʿAbd ad-Dār in Verwahrung, die seit den Tagen Quṣaijs die Schlüssel der Kaaba hütete.

Die Wände schichtete man abwechselnd aus Steinen und aus Holz auf. Unter denen, die die Steine herbeitrugen, treffen wir Mohammed, der damals noch ein junger Bursche war. An dem gottgefälligen Werk wollte er wie viele andere teilhaben. Wie er nun auf dem Nacken einen Felsbrocken schleppte, hörte er plötzlich eine Stimme: „Achte auf deine Blöße!" Vor Schreck stürzte er zu Boden. Nie mehr soll man hiernach die Schamgegend Mohammeds unbedeckt gesehen haben. Damals aber nahm ihn sein Onkel al-ʿAbbās in den Arm und begütigte ihn: „Leg doch einen Teil deines Gewandes auf die Schulter, damit du vor den Steinen geschützt bist!" Doch al-ʿAbbās hatte den Zwischenfall mißdeutet. „Nur weil ich mich entblößt habe, traf mich dies", entgegnete Mohammed und zog seinen Lendenschurz fester.[289] Daß al-ʿAbbās in dieser Episode auftaucht, macht einen argwöhnisch; überall wußte die Dynastie der Abbasiden (im Irak von 749 bis 1258) ihren Ahnherrn in der engsten Umgebung Mohammeds zu plazieren. Bemerkenswert aber ist, daß hier dem wohl kaum Zwanzigjährigen die erste ihn zu Boden reißende Audition zugeschrieben wird.[290] Im übrigen werden wir viel später bei ihm wieder auf die rigorose Tabuisierung der Schamgegend stoßen – ein schroffer Gegensatz zur sexuellen Besessenheit, die nach islamischer Überlieferung sein letztes Lebensjahrzehnt überschattet.

Endlich war man mit dem Bau so weit vorangeschritten, daß man den schwarzen Meteoriten einfügen mußte. Unter den Quraišiten entbrannte ein Streit darüber, wem die Ehre dieser Handlung überlassen werden durfte. Der Legende nach machte Abū Umaija b. al-Muġīra, ein Bruder des vorhin erwähnten al-Walīd und zugleich Schwiegersohn ʿAbd al-Muṭṭalibs,[291] den Vorschlag, man möge den ersten Besten, der herzukomme, zum Schiedsmann bestellen. Man ahnt, daß dies niemand anders als Mohammed hatte sein können, hier schon mit dem schmückenden Beiwort „der Zuverlässige" apostrophiert, das er sich doch erst in den Diensten seiner nachmaligen Ehefrau Ḫadīǧa erworben haben soll. Wie dem auch sei, er fand sogleich die Lösung: Er ließ sich den Meteoriten in sein Gewand legen, das er aufhielt dergestalt, daß je ein Vertreter der vier Gruppen den Saum fassen und man den heiligen Gegenstand gemeinsam an den Bestimmungsort bringen konnte. Noch bis ins späte 7. Jahrhundert hinein erzählte man sich dieses Ereignis auch ganz anders: ʿAbd ar-Raḥmān, der hinkende, ein Schutzbefohlener des Muḥammad b.

Rabīʿa b. al-Ḥāriṯ b. ʿAbd al-Muṭṭalib,[292] behauptete, durch den sechsten Imam der Schiiten Muḥammad al-Bāqir (gest. 731) danach befragt, es sei niemand anders als der greise ʿAbd al-Muṭṭalib gewesen, der jene Aufgabe ausgeführt habe, und Ḥassān b. Ṯābit, Mohammeds medinensischer Lobdichter, sei Zeuge gewesen. Wahrscheinlich sind beide Fassungen gelogen. ʿAbd al-Muṭṭalib erlebte den Bau der Kaaba nicht mehr; denn beim Tod des Großvaters soll Mohammed gerade acht Jahre als gewesen sein.[293] Man lernt aus diesen Legenden, wie eifrig sich schon die frühen Muslime bemühten, die Vergangenheit zum Nutzen ihres Propheten und seiner Sippe umzugestalten.

Christentum und Wallfahrten in Arabien

Die Kaaba wurde mit einem flachen Dach versehen; es wurde mittels einer Regenrinne entwässert, die über der Fläche des Halbkreises endete. Um das Dach zu stützen, stellte man im Innern sechs Pfeiler in zwei Dreierreihen auf. Sie maßen achtzehn Ellen; ohnehin war das neue Bauwerk doppelt so hoch wie das alte. Die Höhe von neunzehn Ellen wurde mit sechzehn Stein- und fünfzehn Holzschichten erreicht. Im Innern wurden das Dach, die Wände und die Pfeiler mit Bildern verziert, mit Darstellungen von Propheten, Bäumen, Engeln; es war eine Abbildung Abrahams darunter, in der Gestalt eines Mannes, der Lospfeile austeilt, ferner ein Bild mit Jesus und Maria. In einigen Berichten ist zu lesen, daß Jesus und Maria auf einem der Pfeiler zu sehen gewesen seien, es ist nicht klar, ob als Gemälde oder Relief. Eine Pilgerin von den Ġassāniden soll, als sie diese Darstellung bemerkte, freudig überrascht gewesen sein: „Maria ist Araberin geworden!“ Widersprüchlich sind die Angaben darüber, was mit den Abbildungen geschah, als Mohammed im Jahre 630 in seine Vaterstadt einzog und die Kaaba in Besitz nahm. Er soll das heilige Gebäude nicht eher betreten haben, als bis man die Gemälde allesamt weggewischt hatte. Nach anderen Aussagen inspizierte er das Innere höchstpersönlich und ließ alles entfernen, so auch den Abraham mit den Lospfeilen, nicht aber das Bild Mariens oder Mariens und Jesu. Auch die Hörner des Bockes durften natürlich nicht vernichtet werden, da sie an Abraham erinnerten. Mohammed ließ sie zuhängen, damit sich die Beter nicht durch deren Anblick abgelenkt fühlten.[294] – Dies gibt uns Anlaß, die Frage nach dem Christentum in Mekka kurz zu streifen. ʿAbd al-Muṭṭalibs Verse, die er bei Abrahas Angriff gegen Mekka gesprochen haben soll, lehnten die Religion des Kreuzes rundweg ab. Jene Ġassānidin hingegen könnte Christin gewesen sein; gleichwohl wallfahrtete sie nach Mekka. Ibn Isḥāq erläutert die religiösen Verhältnisse mit folgenden Worten: „Nunmehr wollte Allah seinem Propheten die Ehre geben, sich durch diesen der Knechte erbarmen und sich wider diese einen Beweisgrund sichern.[295] Damals befolgten die Araber etliche unterschiedliche Glaubenspraktiken, obschon die Hochachtung vor dem Geheiligten, die Wallfahrt zum ‚Haus‘ und die Bewahrung der bei ihnen bekannten auf Abraham zurückgehenden Überlieferungen sie vereinte, behaupteten sie doch, seiner Religionsgemeinschaft (arab.: *al-milla*) anzugehören. Daher pflegten sie zum ‚Haus‘ zu pilgern – bei allen Unterschieden in ihren (sonstigen religiösen) Belangen.“[296] Auch die arabischen Christen pilgerten gern zu solchen Kultstätten, wenn auch Mekka in diesem Zusammenhang nicht eigens erwähnt wird. Was Ibn Isḥāq verschweigt, hingegen schon Sozomenos anspricht, waren die Tieropfer, die den Arabern als unentbehrlich galten und ihnen den Übertritt zum Christentum vermutlich erschwerten. Bei den Quraišiten übrigens machte laut Ibn Isḥāq der heidnische Polytheismus jenes religiöse Moment aus, das sie neben dem abrahamischen Erbe kultivierten: „Die Quraišiten verehrten die Kaaba, umkreisten sie und flehten bei ihr um Allahs Verzeihung. Trotzdem verehrten sie auch die Götzen, gaben ihnen einen Anteil an den Opfern, pilgerten und hielten an den (vorgeschriebenen Stellen) das rituelle Warten ein."[297] Abraha scheint diese Verhältnisse genau durchschaut zu haben, als er Sanaa zum Pilgerort der Araber hatte erheben wollen: Wenn er die Gewogenheit und Botmäßigkeit der Araber gewinnen wollte, dann mittels eines allseits anerkannten Pilgerheiligtums; ob der Hochgott, dem die Wallfahrt galt, in einem christlichen oder heidnischen Zusammenhang angebetet wurde, war eine zweitrangige Frage – wie denn der bereits erwähnte hochreligiöse Einfluß nur selten zu einer klaren Entscheidung für das Judentum oder das Christentum geführt hat. Was die Menschen von einer solchen Entscheidung abhielt, werden wir hören, auch aus dem Munde Mohammeds.

Die Kaaba in frühislamischer Zeit

Die Entstehung des Islams führte zu einer Abänderung der Pilgerriten, ohne daß diese in ihrer religiösen Substanz von Mohammed angetastet worden wären; es mußte lediglich deutlich werden, daß Allah keine Teilhaber neben sich duldete, und wären sie auch von ihm abhängig. Die Beschreibung dieser Abänderungen bleibt einer späteren Gelegenheit vorbehalten, desgleichen die Erörterung der Maßnahmen, mit denen man dem starken Anschwellen des Pilgerstromes Rechnung zu tragen suchte, seit die Eroberungszüge Mohammeds und seiner ersten Nachfolger den Herrschaftsbereich muslimischer Araber in unvorhersehbarer Weise ausgeweitet hatten. Auf die Kaaba selber, um die es in diesem Kapitel geht, wirkte sich dies nicht unmittelbar aus. Bis zum Ende der Periode, die wir in dieser Studie in den Blick nehmen, stand sie zweimal im Mittelpunkt muslimischer Aufmerksamkeit. Im Jahr 64 h (begann am 30. August 683) ließ ʿAbdallāh b. az-Zubair, Kalif in Mekka, die Kaaba vollständig abreißen und neu aufbauen. Im Spätherbst 683 hatte man ihn, der Muʿāwijas Sohn und Nachfolger Jazīd die Huldigung verweigert hatte, vergeblich in Mekka belagert. Man hatte die Stadt mit Wurfmaschinen beschossen, dabei auch die Kaaba beschädigt, ohne Ibn az-Zubair zum Einlenken bewegen zu können. Noch während dieser Ereignisse fing die Kaaba Feuer, wohl nicht, weil man brennende Scheite in die Stadt geschleudert hätte, sondern wegen einer Unachtsamkeit der Belagerten. Wie schon bei dem Unglück in vorislamischer Zeit wurden die Tücher, mit denen sie behängt war, als erstes ein Raub der Flammen; die hölzernen Schichten, die in die Wände eingefügt waren, boten dem Feuer reichlich Nahrung, und so blieb nur eine Ruine übrig. Dieses Unglück fiel auf den 13. Rabīʿ al-auwal (10. November 683). Nur zwei Wochen später wurde in Mekka bekannt, daß Jazīd verstorben sei; da ein geeigneter Nachfolger nicht zur Verfügung stand, brach der Druck, den die Omaijaden gegen Ibn az-Zubair ausgeübt hatten, völlig zusammen. Er konnte seine Macht festigen und begann noch im selben Jahr mit dem Wiederaufbau der Kaaba.[298]

Man erinnerte sich damals, daß die Kaaba einst bis in den Halbkreis der Viehhürde hineingereicht hatte. Daran hielt man sich jetzt. Ohnehin muß Ibn az-Zubairs Bauwerk ganz anders ausgesehen haben als die in Flammen aufgegangene quraišitische Kaaba. Nicht nur der Grundriß war, wie gesagt, größer; man verwendete nun auch wertvolle Materialien, die zum Teil aus dem Jemen herangeschafft wurden. Desweiteren wurde das Gebäude wesentlich höher, und man versah es mit zwei ebenerdigen Türen. Die Arbeiter waren hinter Vorhängen am Werk, so daß die Pilger die Kaaba umrunden konnten, ohne befürchten zu müssen, man könne dies als eine Verehrung des Treibens auf der Baustelle mißdeuten. Den Meteoriten verwahrte man unterdessen, in ein Seidentuch eingeschlagen, in einer Truhe. Er war während des Brandes zersprungen. Ibn az-Zubair ließ deshalb eine silberne Fassung anfertigen, wie sie heute noch zu sehen ist. Als der Tag des Einsetzens des Kultobjektes gekommen war, überließ Ibn az-Zubair diese ehrenvolle Aufgabe einem seiner Söhne; ein Mitglied aus der Sippe der Schlüsselwärter der Kaaba assistierte. Solange dieser Vorgang dauerte, verharrte der Kalif in inbrünstigem Gebet. Die beiden Beauftragten trugen den schwarzen Stein durch die andächtige Menge und verschwanden hinter dem Vorhang. Nachdem sie den Stein befestigt hatten, riefen sie „Allāhu akbar", Ibn az-Zubair beendete sein Gebet. Manche Quraišiten waren über dieses ganze Geschehen heftig erzürnt: Man hatte sie nicht herbeigerufen, und so erregten sie sich über Ibn az-Zubairs Eigenmächtigkeit, hatten doch einst die Altvorderen, wie man zu wissen meinte, dem herzutretenden Mohammed die Leitung jener höchst bedeutsamen Angelegenheit anvertraut, und dieser hatte alle quraišitischen Sippen daran beteiligt.[299] Doch konnte sich auch Ibn az-Zubair durch den Propheten gerechtfertigt fühlen, zumindest soweit der jetzige Grundriß betroffen war. Mohammeds Lieblingsfrau ʿĀʾiša, die Tochter Abū Bakrs, habe ihren Gatten einmal nach dem richtigen Aussehen der Kaaba gefragt, und dieser habe geantwortet: „Deine Leute" – d.h. die quraišitischen Klane außer den Hāšimiten; man beachte die Distanzierung![300] – „haben die Kaaba zu knapp gebaut. Hätten deine Leute nicht erst vor kurzem den Unglauben abgelegt, hätte ich an dem (Bau) wiederhergestellt, was sie wegließen. Sollten deine Leute eines Tages darauf verfallen, ihn (in seiner Gänze) zu errichten, dann komm! Ich will dir zeigen, was sie wegließen!" Mohammed wies auf eine Strecke von etwa sieben Ellen und fuhr fort: „Auch gäbe ich der Kaaba zwei Türen, ebenerdig eingebaut, eine östliche, durch die man hineingeht, eine westliche, durch die man hinaustritt."[301]

Der omaijadische Kalif ʿAbd al-Malik b. Marwān (reg. 685–705) schickte im Jahre 73 h (begann am 23. Mai 692) seinen fähigsten Mann, al-Ḥaǧǧāǧ b. Jūsuf, in den Hedschas, um der Herrschaft Ibn az-Zubairs ein Ende zu setzen; alles, was je unter die Gewalt islamischer Waffen gefallen war, sollte wieder in den Händen des Kalifen in Damaskus vereint sein.[302] Am 17. Ǧumādā l-āḫira (2. November 692)[303] fand Ibn az-Zubair im Kampf gegen die überlegende Streitmacht den Tod. Bereits im darauffolgenden Jahr ging al-Ḥaǧǧāǧ b. Jūsuf daran, die Kaaba wieder auf den Grundriß zurückzuführen, auf welchem sie die Quraišiten seinerzeit, noch vor Mohammeds Prophetenschaft, errichtet hatten.[304] Was dies alles über das

Lebenswerk Mohammeds, dessen Auslegung in der frühesten Geschichte des Islams und überhaupt über die Beschaffenheit dieser Religion aussagt, wird sich uns im Fortgang dieser Studie erschließen.

Kapitel II: Ein heidnischer Prophet

1. Von den „Eingebungen" zur „Herabsendung des Buches"

Die muslimische Frage nach der Redlichkeit Mohammeds

Wie war das mit den Offenbarungen Allahs? Was erlebte, durchlitt sein Gesandter beim Empfang der Eingebungen, und wann geschah das zum ersten Mal? Anders gefragt: Welches sind die ältesten Worte des Korans, und wie ging es dann weiter mit den Verkündigungen bis zum Lebensende des Propheten? Für den Muslim ist es selbstverständlich, daß er über dies alles genau Bescheid weiß: Es fing mit Sure 96 an; Mohammed, schon vor der Geburt, ja, vor dem Beginn aller Schöpfung von Allah zum letzten und größten Gesandten erwählt, empfing über den Botenengel Gabriel die göttliche Rede, bisweilen unter Anzeichen heftigen Leidens. Über dreiundzwanzig Jahre erstreckte sich dieses Geschehen. Der Koran ist identisch mit jener Rede; sie prägte sich dem Gedächtnis Mohammeds ein, der sie Stück für Stück so verkündete, wie er sie entgegennahm, vollständig und fehlerlos, zunächst im engsten Kreis seiner Familie und Freunde, später in aller Öffentlichkeit. So ist es nach muslimischer Überzeugung gewesen, und so muß es gewesen sein, wenn man Gewißheit darüber haben will, daß der Koran den unverfälschten Text der Rede Allahs an seinen Gesandten enthält, nicht weniger als dies – aber auch nicht mehr, was ebenso verhängnisvoll wäre. Hitzige Debatten über derartige Fragen waren allzu bald aufgeflammt, Fragen die eindeutig beantwortet werden mußten, wenn der Islam als die damals jüngste Religion der Menschheit irgend Bestand haben sollte, als die Religion, deren Bekenner behaupteten und bis heute behaupten, das echte, unverkürzte, unverfälschte Wort Allahs zu hüten; allein hierauf gründen sie ihren uneingeschränkten Wahrheits- und Machtanspruch. Was wäre gewesen, wenn Allah seinem Propheten die Kraft gegeben hätte, einen Teil der Botschaft zu verschweigen? Wenn dem so gewesen wäre, woher könnten die Muslime dann die Gewißheit nehmen, daß Mohammed von dieser Kraft nie Gebrauch machte? Die Verfechter des islamischen Rationalismus setzten auf die Integrität der Persönlichkeit des Propheten – wäre er nicht durch und durch redlich gewesen, wäre er auch nicht zum Boten erwählt worden. Alle Zweifel vermochte solch ein Zirkelschluß nicht auszuräumen, und so war man erst dann auf der sicheren Seite, wenn man für die uneingeschränkte Bestimmung aller Worte und Handlungen Mohammeds durch Allah eintrat. Die Wahlverwandtschaft des Islams mit einem rigiden Determinismus ergibt sich schon aus dieser Frage nach der Echtheit der koranischen Botschaft.

Noch zu Mohammeds Lebzeiten stieß man auf dieses Problem, damals in der Auseinandersetzung mit den „Schriftbesitzern", die sich natürlich nicht von einem Manne, der sich als einen neuen – und deshalb als den authentischen – Sprecher Allahs verstand, der Unwissenheit, wenn nicht gar der Verlogenheit in Sachen des Glaubens zeihen lassen wollten. In der spätmedinensischen Sure 5 polemisiert Mohammed gegen die Juden und Christen, die seiner Verkündigung kein Vertrauen schenken und daher keine Aussicht auf das Paradies hätten. „Gesandter", läßt er Allah, sein Alter ego, sprechen, „richte aus, was dir aus der Gegenwart deines Herrn herabgeschickt wird! Wenn du das nicht tust, dann richtest du deine Botschaft nicht aus“ und wärest demzufolge auch gar kein Gesandter, dürftest dich also auch nicht über Juden und Christen erhaben dünken – so wird der Muslim diesen Vers mit Blick auf die Frage nach der vollkommenen Zuverlässigkeit Mohammeds lesen.[1] Eigentlich geht es hier aber gar nicht um die Redlichkeit des Gesandten. Seine Worte zielen vielmehr auf die widerspenstigen „Schriftbesitzer“, mit deren Gegenwehr er rechnet: „Wenn du das nicht tust, dann richtest du deine Botschaft nicht aus, obwohl Allah dich vor den (deine Prophetenschaft verwerfenden) Menschen schützt. Er leitet die Ungläubigen nicht recht!“ (Sure 5, 67). Dies ist der ursprüngliche Zusammenhang, aus dem man später den, wie man glaubte, entscheidenden Satz „Wenn du das nicht tust...“ herauslöste, um einen klaren, auf Allah selber rückführbaren Beleg dafür in den Händen zu haben, daß der Prophet unter allen erdenklichen Umständen redlich und zuverlässig seine Aufgaben erfüllt habe.

„Eingebung“ und Leiden

Dies nämlich ist der Hintergrund, vor dem die Muslime die Überlieferungen über den Beginn der „Eingebungen“ wahrnehmen. Mit diesem Begriff, der ein von fremder Macht inspiriertes Reden meint und nicht auf das Prophetentum beschränkt ist,[2] bezeichnet Mohammed sein Verkünden zunächst. Auch im *ḥadīṯ* finden sich Belege für die Überzeugung, daß mit „Eingebungen“ alles seinen Anfang genommen hat. Al-Buḫārī (gest. 870), dessen Sammlung des *ḥadīṯ* die Muslime die höchste Autorität zuschreiben, wirft gleich zu Beginn seines Werkes die Frage auf: „Wie begannen die Eingebungen an den Gesandten Allahs, und was meint des erhabenen Allah Wort: ‚Wir lassen dir Eingebungen zuströmen wie einst dem Noah und den Propheten nach ihm‘ (Sure 4, 163)?“ Ehe al-Buḫārī zum Thema kommt, flicht er ein Wort Mohammeds ein, das vom zweiten Kalifen ʿUmar (reg. 634–644) verbürgt wird: „Die Taten werden nach den Absichten (bewertet); jedermann wird (am Jüngsten Tag) erhalten, was er beabsichtigte. Wessen Hedschra sich auf irdisches Gut richtet, das er haben möchte, oder auf eine Frau, die er zu heiraten begehrt, nun, dessen Hedschra führt eben dorthin, wohin er sie vollzieht!“ Eindringlicher kann man den Muslim kaum mahnen, daß er das, wovon nun die Rede sein wird, in gefestigtem Ernst und ganz und gar nach dem Paradies trachtend in sich aufnehmen möge; enthalten ist in dieser Sentenz freilich auch ein genereller Pardon für den Propheten; sollte ihm in dem einen oder anderen Fall ein Versehen bei der Übermittlung unterlaufen sein – seine Absichten waren grundsätzlich lauter. Nach diesem Einschub ist der Leser oder Zuhörer hinreichend vorbereitet: Al-Ḥāriṯ b. Hišām[3] befragte den Propheten, wie er die Augenblicke erlebe, in denen er göttliche Eingebungen empfange. „Bisweilen kommt zu mir ein Geräusch wie das Klingen einer Glocke; dies ist für mich der heftigste (Zustand); dann aber weicht dies von mir, sobald ich von ihm her in mich aufgenommen habe, was er sagte. Manchmal tritt vor mich ein Engel in der Gestalt eines Mannes; er spricht mich an, so daß ich in mich aufnehme, was er sagt.“ ʿĀʾiša, die jüngste unter Mohammeds Ehefrauen, fügte dem hinzu: „Ich sah, wie an einem eiskalten Tag die Eingebung auf ihn herabkam und dann von ihm wich: Von seiner Stirn perlte der Schweiß.“ Das Leiden beim Empfangen der „Eingebungen" läßt man in einen Vorgang der Belehrung einmünden; das Krankhafte wird zu einem Vorzeichen verharmlost, das dem Propheten ankündigt, daß die Übermittlung einer Botschaft bevorsteht, die er in ungeteilter Aufmerksamkeit entgegenzunehmen hat. Die Aussage al-Ḥāriṯ b. Hišāms legt den Begriff der „Eingebung" demnach mit Blick auf den Glauben aus, daß alles, was der Koran enthält, das klare, wahre Wort Allahs sei.

Dieser Glaube muß seine Bestätigung schon in den ältesten Sätzen finden, die Mohammed übergeben wurden. Ja, am besten wäre es, wenn dieser Glaube in den frühesten Worten des Korans auf den Begriff gebracht würde, gewissermaßen als eine Richtschnur für den Propheten, vor allem aber als eine „Leseanweisung" für alle übrigen Menschen. Dieser Wunsch war mit der überlieferten Geschichte des Korans natürlich nicht zu vereinbaren, und deshalb verwundert es nicht, daß die Ansichten über die älteste „Eingebung" auseinandergehen. Schlagen wir noch einmal bei al-Buḫārī nach! Wieder bemüht er ʿĀʾiša, von der ʿUrwa b. az-Zubair[4] (gest. ca. 711) folgendes in Erfahrung gebracht haben will: „Den Anfang der Eingebungen an den Gesandten Allahs bildete das fromme Träumen; jeder Traum, den er hatte, kam zu ihm wie das Licht bei Tagesanbruch. Später wurde ihm das Alleinsein lieb, und er gab sich in der Höhle des Berges Ḥirāʾ der einsamen Andacht hin. Es war eine Gottesanbetung, die etliche Nächte dauerte, ehe er zu seiner Familie zurückkehrte. Er nahm Proviant mit, dann kehrte er zu Ḫadīǧa zurück, holte erneut Proviant. Schließlich kam (eines Tages) die Wahrheit auf ihn nieder, während er in jener Höhle des Berges Ḥirāʾ weilte: Ein Engel trat zu ihm und befahl: ‚Rezitiere!' und er antwortete: ‚Ich kann nicht rezitieren.'" Der Bericht wechselt nun in die erste Person, Mohammed selber erscheint als Erzähler: „Da packte mich der Engel und preßte mich, bis ich es nicht mehr aushalten konnte;[5] dann ließ er mich los und befahl: ‚Rezitiere!' Ich erwiderte: ‚Ich kann nicht rezitieren.'" Erneut wurde Mohammed niedergedrückt, freigelassen, noch einmal überwältigt, dann endlich teilte ihm der Engel mit, was er rezitieren sollte: „Rezitiere: ‚Im Namen deines Herrn, der erschafft, den Menschen aus einem Blutgerinnsel erschafft! Dein Herr ist der edelmütigste!'" (Sure 96, 1–4). Unvermittelt hat nun wieder ʿĀʾiša das Wort: „Mit pochendem Herzen brachte der Gesandte (die Worte) nach Hause zurück. Er trat zu Ḫadīǧa bt. Ḫuwailid ein und rief: ‚Hüllt mich ein! Hüllt mich ein!' und man hüllte ihn in ein Gewand, bis das Entsetzen von ihm gewichen war. Dann erzählte er Ḫadīǧa, was sich zugetragen hatte: ‚Ich fürchtete um mein Leben!' ‚Nicht doch!' begütigte ihn Ḫadīǧa, ‚bei Allah! Er wird dich nicht in Schande stürzen. Du achtest doch die Verwandtschaft und trägst die Last der Mittellosen unter ihnen, du sorgst für den Unterhalt der Habenichtse, bewirtest den Gast, hilfst bei Schicksalsschlägen, die Allah verhängt.'[6] Ḫadīǧa begab sich mit ihm zu Waraqa b. Naufal b. Asad b. ʿAbd al-ʿUzzā, ihrem Vetter, der in der Heidenzeit Christ geworden war, die hebräische Schrift beherrschte und in dieser Sprache etliches aus dem Evangelium niederzuschreiben pflegte.[7] Mittlerweile war er, ein Greis, schon erblindet. Ḫadīǧa bat ihn: ‚Vetter, hör dir einmal deinen Neffen[8] an!' ‚Worauf bist du verfallen, Neffe?' fragte Waraqa, und der Gesandte Allahs berichtete ihm, was er gesehen hatte. Da belehrte ihn Waraqa: ‚Das ist der Nomos,[9] den Allah auf Mose herabsandte. O wäre ich jetzt jung! O könnte ich erleben, wie deine Leute dich vertreiben!' ‚Werden sie mich denn vertreiben?' fragte Mohammed, worauf jener entgegnete: ‚Gewiß! Denn noch jeder, der etwas verkündete, wie du es tust, wurde angefeindet. Sollte ich deinen Tag noch erleben, dann stehe ich dir mit allen Kräften bei.' Bald darauf aber verstarb Waraqa b. Naufal, und die Eingebungen unterblieben."

Die Ausblendung des Leidens

Al-Buḫārī fügt nun eine Überlieferung an, in der Mohammed jenen Engel, der ihn in der Höhle bedrängt hat, auf einem Thron zwischen Himmel und Erde schaut; erschreckt flieht Mohammed nach Hause, begehrt, daß man ihn einhülle, und vernimmt, wie Allah ihm die folgenden Worte herabsendet: „Der du dich (in dein Gewand) gehüllt hast! Steh auf und warne! Preise deinen Herrn! Reinige deine Kleider! Meide den Schmutz!" (Sure 74, 1–5). Es schließen sich *Ḥadīṯe* an, die das Leiden, das die Entgegennahme der Offenbarungen für Mohammed mit sich bringt, möglichst ausblenden. Er bewegt, solange die Pein anhält, in eigentümlicher Weise die Lippen, was Allah als eine Unart mißbilligt, weshalb er Mohammed Sure 75, Vers 16 bis 19 kundgibt: „Beweg deine Zunge nicht" – von den Lippen ist im Koran gar nicht die Rede – „um den (Vortrag der Offenbarung) zu übereilen! Allein uns obliegt es, (die Worte) zusammenzufügen und zu rezitieren" – was meine, sie in Mohammeds Herzen, dem Sitz des Verstandes,[10] zu komponieren, so daß er sie danach vortragen kann – „und wenn wir (den Koran) rezitiert haben, dann erst folge mit dem Vortragen! Ferner obliegt uns dann die Erläuterung (der Worte)." Seit dieser Mahnung habe der Gesandte stets abgewartet, bis der Botenengel Gabriel geendigt und ihn verlassen hatte; danach erst habe er die betreffenden Worte getreu vorgetragen.[11] Das Leiden, die Überwältigung sind in dieser Überlieferung getilgt; was bleibt, ist ein geradezu buchhalterischer Vorgang.

Sowohl die seelische Pein, die Todesfurcht angesichts des Zwanges, der von einer überlegenen Macht ausgeübt wird, als auch die Vorstellung eines streng kontrollierten Einflößens der Worte dienen der Glaubhaftmachung einer vollständigen und unverfälschten Wiedergabe der Rede Allahs durch seinen Propheten. Je nach dem, welches der beiden Verfahren als das plausiblere betrachtet wird, wechseln die Angaben über die ersten Worte der koranischen Offenbarung. Hierbei ist zu beobachten, daß die frühislamische Gelehrsamkeit dazu neigt, die Begründung der Zuverlässigkeit Mohammeds mit dem jede eigene Willensregung ausschließenden Leiden zugunsten der Lehrer-Schüler-Situation zurückzudrängen. Dies geschieht, obschon in der Prophetenvita bis in die letzten Lebensjahre Mohammeds immer wieder Ereignisse geschildert werden, bei denen Eingebungen mit Anfällen der angedeuteten Art verbunden sind. Wirft man einen kritischen Blick auf die von ʿUrwa b. az-Zubair bezeugte Überlieferung, die bei al-Buḫārī das Kernstück des Themas „Beginn der Eingebungen" ausmacht, so springt ins Auge, daß sie im Sinne der Lehrer-Schüler-Situation überarbeitet ist. Das Zitat aus Sure 96, der Angelpunkt, unterbricht die Erzählung ʿĀʾišas; danach hören wir, wie Mohammed nach Hause eilt und fleht: „Hüllt mich ein!" – ein Ausruf, der, wie man aus dem anschließenden *Ḥadīṯ* erfährt, die Vision des, wie es dort heißt, Engels auf dem Thron zwischen Himmel und Erde voraussetzt; den stimmigen Fortgang der Handlung bilden die ersten Verse von Sure 74, also die Forderung, sich von dem Entsetzen freizumachen, die Mitmenschen zu warnen und allen Schmutz zu meiden.

Sure 96: Am Anfang war das Buch

Durch die Einfügung von Sure 96 soll die den Glauben an die Belehrung störende Überlieferung korrigiert werden, die in Sure 74, Vers 1 bis 5 die ältesten Sätze des Korans sieht. Wir werden erfahren, daß hinter dieser Abschattung von Sure 74 mehr steckt als nur die Bekräftigung des genannten Glaubens. Zunächst bleiben wir bei den Harmonisierungsversuchen. Denn die Erinnerung daran, daß alles mit Sure 74 begonnen hatte, war allzu verbreitet, als daß man sie einfach hätte beiseiteschieben können. Um trotzdem das Lehrer-Schüler-Konzept zu retten,[12] führt man eine Distinktion in die Debatte ein: Der „Beginn der Eingebungen" mochte mit der Vision zusammenhängen; Sure 96 sei in jedem Fall die erste *Sure*, die herabgesandt worden sei.[13] In der ältesten Zeit wußte man noch genau, daß jene Verse von Sure 74 vor Sure 96 entstanden waren. Ǧābir b. ʿAbdallāh al-Anṣārī (gest. um 693), der letzte unter den medinensischen Prophetengenossen,[14] erzählte, wie Mohammed auf dem Berg Ḥirāʾ unter dem Nachbarschaftsschutz (arab.: *al-ǧiwār*) Allahs weilte, dann ins Tal hinabstieg, wo ihn das Gesicht überwältigte; in panischem Schrecken flüchtete er nach Hause, ließ sich verhüllen und empfing dann die Aufforderung, sich zu erheben und die Menschen zu warnen.[15] Wir trafen auf Ǧābirs Überlieferung auch bei al-Buḫārī, und sie ist ebenso in die zweite kanonische Sammlung, diejenige des Muslim b. al-Ḥaǧǧāǧ (gest. 874/5), aufgenommen worden[16] – beide Male allerdings mit einer charakteristischen Veränderung: Nachdem Allah Sure 96 offenbart habe, sei eine Unterbrechung (arab.: *al-fatra*) in den Eingebungen eingetreten, die dann mit Sure 74, Vers 1 bis 5 ein Ende gefunden habe.[17] Die angesehensten zwei *ḥadīṯ*-Sammler, und sicher nicht erst sie,[18] bogen sich die Nachrichten über den Anfang des Prophetentums Mohammeds im Sinne der ihnen geläufigen Unterrichtspraktiken zurecht; daß wesentlich weiter reichende Beweggründe hinter diesem Vorgehen standen, wird sich, wie angedeutet, herausstellen. ʿUbaid b. ʿUmair (gest. 687/8), ein mekkanischer Erbauungsprediger,[19] verantwortet eine Fassung der Entstehung der ersten Offenbarung, bei ihm ebenfalls Sure 96, die nur in den wichtigsten Motiven – Andachtsübungen im Ramadan auf dem Berg Ḥirāʾ, Traum von der Gewaltanwendung durch den Engel,[20] dann Vortrag von Sure 96, „und ich rezitierte sie, als sei sie mir ins Herz geschrieben" – derjenigen ähnelt, die al-Buḫārī über ʿUrwa b. az-Zubair der ʿĀʾiša verdankt; bei ʿUbaid redet Gabriel den Propheten freilich nicht einfach an, sondern zeigt ihm zuvor „einen Überzug aus Brokat, darin ein Buch", und dann erst bedrängt er ihn: „Rezitiere!" Als dies endlich geschehen ist, hört der nunmehrige Prophet eine Stimme: „O Mohammed, du bist der Gesandte Allahs, und ich bin Gabriel!"[21]

Die „Eingebungen" und das „Buch"

Deutlicher kann man die Gründung des Amtes des Gesandten auf dem „Buch" nicht hervorheben; nachdrücklicher wird uns nirgends vor Augen gestellt, daß die Idee eines „Buches" am „Beginn der Eingebungen" bereits eine theologische Überformung des Ursprünglichen ist, als deren wichtigster Beleg Sure 96 herangezogen wird. Dieser Befund ist nun anhand weiterer koranischer Fingerzeige zu erhärten. In Sure 53, einem Schlüsseltext aus der frühen Periode seines Auftretens, verwendet Mohammed mehrfach Ableitungen aus der Wurzel *w-ḥ-j*, die das Übermitteln von Vorstellungen bezeichnet und gemeinhin mit „eingeben, einflößen" übersetzt wird. Mohammed, „euer Gefährte", wie er sich in Vers 2 nennt, redet nicht aus eigenem Gutdünken, „es ist vielmehr nichts anderes als eine Eingebung, die ihm eingeflößt wird" (Vers 4). In bestürzender Nähe zeigt sich ihm der Bote des höchsten Herrn, nur „zwei Spannweiten eines Bogens entfernt oder noch näher, und gab seinem Knecht ein, was er ihm eingab" (Vers 10 f.). Durch das „Eingeben" werden vorwiegend in den zu mekkanischer Zeit[22] entstandenen koranischen Erzählungen vom Lebensschicksal früherer Propheten Situationen beschrieben, in denen Allah den handelnden Personen Anweisungen erteilt, die für den Fortgang des Geschehens entscheidend sind. „Und wir (d.h. Allah) gaben der Mutter Moses ein: ‚Säuge ihn! Wenn du aber um ihn fürchtest, dann wirf ihn in den Fluß und fürchte dich nicht und sei nicht traurig! Wir sind schon dabei, ihn dir zurückzugeben, wir stehen im Begriff, ihn zu einem Gesandten zu machen'" (Sure 28, 7). „(Dem Noah) gaben wir ein: ‚Baue das Schiff unter unseren Augen und gemäß der von uns kommenden Eingebung! Wenn dann unsere Fügung ergeht und der Ofen kocht,[23] dann bring von allem ein Paar hinein, desgleichen deine Sippe, abgesehen von jenen Mitgliedern, gegen die ein Spruch bereits ergangen ist. Sprich mich nicht auf diejenigen an, die frevelten! Sie werden ertränkt werden!'" (Sure 23, 27). Eine solche Eingebung kann sich auf Vorgänge beziehen, die angesichts der im Augenblick herrschenden Umstände nicht im mindesten vorausgeahnt werden können. Elf der Söhne Jakobs schmieden das Komplott gegen Josef, „und als sie ihn (von zu Hause) mitnahmen und beschlossen, ihn auf den Boden der Grube zu werfen, da gaben wir ihm ein: ‚Du wirst ihnen von dieser Tat berichten, ohne daß sie merken (daß du es bist)!'" (Sure 12, 15). Göttliche Eingebungen bestimmen den Lebensweg der Gesandten vor Mohammed, und sie zeichnen ihm den seinigen vor: „Sprich: ‚Ich bin keine Neuigkeit unter den Gesandten; auch weiß ich nicht, was mit mir und euch geschehen wird. Ich folge allein dem, was mir eingegeben wird. Ich bin nur ein deutlicher Warner!'" (Sure 46, 9).

Erst in spätmekkanischen Suren wird „eingeben" mit einem nominalen Akkusativobjekt verbunden, wird also die „eingeflößte" wörtliche Rede zu einem Begriff abstrahiert. Man soll Mildtätigkeit üben, sich dabei aber nicht ruinieren; man soll die Unzucht unterlassen; bei Geschäften soll man redlich sein, desgleichen beim Vollzug der Blutrache; man kümmere sich nicht um Dinge, von denen man nichts versteht; man meide alle Überheblichkeit: Das alles „gehört zu der Weisheit, die dein Herr dir eingab" (Sure 17, 39). Unter den Eingebungen Allahs kann man jetzt etwas sehr Allgemeines verstehen: die Fügung oder Bestimmung (arab.: *al-amr*), die er, als er die Welt aus dem Nichts schuf, allem, was zu dieser Welt gehört, „eingab". Alles Geschehen, das während der Dauer der Welt abläuft, verdankt sich dieser Fügung. Allah bildete die sieben Himmel und flößte einem jeden die ihm zugedachte Fügung ein (Sure 41, 12). Am

Übergang zur spätmekkanischen Lebensperiode Mohammeds entstand Sure 18. In ihr ist zum ersten Mal das „Buch" das Objekt des Eingebens: „Rezitiere, was dir vom Buch deines Herrn eingegeben wurde..." (Vers 27). Fast wörtlich wiederholt sich dieser Satz in Sure 29, Vers 45. Spätmekkanisch sind die folgenden Worte: „Was wir dir vom Buche eingaben, ist die Wahrheit und bestätigt, was davor war" (Sure 35, 31). „Eine arabische Lesung (arab.: *al-qur'ān*)" ist in Sure 42, Vers 7 der Gegenstand der Eingebung; in derselben Sure treffen wir auf die folgende Formulierung: „So flößten wir dir einen Geist (arab.: *ar-rūḥ*) von unserer Fügung (arab.: *al-amr*) ein; du wußtest weder, was das Buch, noch was der Glaube sei. Und wir machten das (was wir dir einflößten) zu einem Licht, mit dem wir die unter unseren Dienern, die uns belieben, auf den rechten Weg leiten. Du führst wirklich zu einer geraden Straße" (Sure 42, 52).

Das „Herabsenden"

Zur selben Zeit kommen Bildungen aus der Wurzel *n-z-l* in Gebrauch; sie stehen für die Vorstellung des Herabsendens und werden nicht mit einzelnen wörtlich wiedergegebenen Anweisungen verbunden. Allah weigert sich, für manche Handlungen eine Vollmacht herabzusenden; folglich sind sie ungesetzlich: Götzen anzubeten schickt sich aus diesem Grunde nicht (Sure 7, 71); die Heiden verehren an Allahs Stelle etwas, wozu er keine Vollmacht herabsandte (Sure 22, 71).[24] Wenn Mohammed die Heiden fragt, woher sie den Lebensunterhalt nehmen und wer wohl den Regen herabschickt, so antworten sie, das sei Allah; sie sind jedoch ganz unverständige Leute, weil sie daraus nicht die Schlüsse ziehen wollen,[25] die sich dem Propheten unentwegt aufdrängen: „Das diesseitige Leben ist nichts als Spiel und Tändelei" (Sure 29, 63 f.), weil es in sich selber keinen Bestand hat, sondern ganz und gar von Allah abhängt, so daß der Kluge ein glückliches Jenseits anstrebt. Gleich wie Allah den Regen herabschickt und dadurch den Menschen das irdische Dasein überhaupt erst ermöglicht, so auch die „Rettung" (arab.: *al-furqān*), die sein Knecht Mohammed empfängt, um die Menschen zu warnen und ihnen die Gelegenheit zum Heilserwerb zu schenken; „er, dem die Herrschaft über die Himmel und die Erde eignet, der sich keinen Sohn nahm, keinen Teilhaber an der Herrschaft hat; der alles schafft und allem darauf das rechte Maß verleiht. (Die Ungläubigen) aber wählten sich Götter unter ihm, die nichts erschaffen. In Wahrheit werden sie erschaffen; sie vermögen aus sich selber (anderen) weder Schaden noch Nutzen zuzufügen; sie gebieten weder über Tod noch Leben, noch über die Auferweckung..." (Sure 25, 1–3). Sowohl das materielle als auch das spirituelle Dasein verdanken sich dem Herabsenden. Das Vorgehen Allahs mit der Schöpfung wie auch die religiöse Deutung dieses Vorgehens nehmen ihren Ursprung in ihm, und diese Deutung manifestiert sich in der Botschaft, die Mohammed ausrichtet: im Buch bzw. im Koran. Der Anfang von Sure 18 ruft den Mekkanern dieses Gefüge von Ideen in Erinnerung; seit der mittleren Periode des Wirkens in seiner Vaterstadt hat Mohammed über diese Zusammenhänge Klarheit gewonnen: „Preis sei Allah, der seinem Knecht das Buch herabsandte, ohne daß er darin irgendeine Krummheit belassen hätte, (herabsandte) als ein gerades (Buch), damit (der Prophet) vor dem schlimmen Unheil warne, das von Allah ausgehen wird, und den Glaubenden, die fromme Werke tun, verheiße, daß sie guten Lohn empfangen werden, indem sie ewig im (Paradies) bleiben werden. Und damit (Mohammed) die warne, die behaupten: ‚Allah nahm sich einen Sohn.' Weder sie noch ihre Väter wissen von diesen Dingen. Schändlich ist das Wort, das ihren Mund verläßt! Sie verbreiten nichts als Lüge! Womöglich grämst du dich zu Tode vor lauter Bedauern über sie, wenn sie diese Rede nicht glauben: Wir haben auf der Erde alles zu deren Zierat geschaffen, um die Menschen auf die Probe zu stellen, wer unter ihnen am besten handelt; und wir werden alles auf der Erde in eine kahle Fläche verwandeln" (Sure 18, 1–8).

„Schrift" und „Buch"

Die Offenbarung des „Buches", in Mohammeds Ausdrucksweise das Herabsenden, bildet ein Element in einer Reihung von Gedanken, die in den ersten Versen von Sure 74, der ältesten „Eingebung", selbst in Andeutungen noch nicht zu finden ist. Aus den handgreiflichen, situationsbezogenen Eingebungen muß erst die allgemeine Botschaft werden, die den Menschen an sich betrifft und deshalb rezitiert, jedermann bekanntgemacht werden soll. „Eingebungen" empfangen viele Menschen, so etwa die Dichter; mit der „Herabsendung eines Buches" begnadet zu werden, bleibt einem Propheten vorbehalten. Die Kundgabe des „Herabgesandten" hinterläßt einen dauerhaften Eindruck, wenn der Inhalt „gerade", nicht „krumm" ist, wenn mithin eine überlegene Autorität für die Wahrheit und Richtigkeit bürgt und eine entsprechende Vollmacht erteilt hat. Man beobachtet daher, wie seit der mittelmekkanischen Schaffensperiode Mohammeds die Rede vom Herabsenden üblich wird und sich mit der Idee des heiligen Buches verbindet, Offenbarung mithin zur Unterweisung eines Lernenden wird; Sure 96 läßt dies anklingen. Auf diese außerordentlich folgenreiche Veränderung werden wir in Kürze zu sprechen kommen. Zum Abschluß dieses Teilkapitels ist noch ein Blick auf den Wandel der Bedeutung des Wortes *kitāb*, „Schrift" oder „Buch", zu richten. Dieser Wandel bestätigt die gerade skizzierte Entwicklung. Die frühesten koranischen Belege meinen noch nicht ein Buch, das herabzusenden ist. „Schrift" erscheint vielmehr als ein Verzeichnis, das sich in der Gegenwart Allahs befindet und alle Handlungen eines jeden Menschen enthält. Die Heiden wollen, wie wir schon hörten, nicht wahrhaben, daß sie aus eigener Kraft nichts in ihrem Leben auszurichten vermögen, sondern Allahs Schöpfermacht alles festlegt. Es gibt nichts, das sie nicht ihm verdankten; er auch wird sie der ewigen Verdammnis anheimgeben: „Der Tag der Entscheidung ist schon abgemacht" (Sure 78, 17). Trotzdem „sind die Ungläubigen nicht auf die Abrechnung gefaßt. Sie leugneten die Wunderzeichen" – das ununterbrochene schöpferische Handeln Allahs – „völlig ab. Doch wir haben alles in einer Schrift nachgezählt" (Sure 78, 27–29). In der schon erwähnten Sure 18 im 49. Vers und in der spätmekkanischen Sure 39, Vers 69 malt Mohammed das Geschehen am Jüngsten Tag näher aus: Jene Schrift wird herbeigebracht; was in ihr verzeichnet ist, bildet die Grundlage der Aburteilung. In Sure 17, Vers 71 wird jedem Menschen ein eigenes Dokument ausgehändigt. Gegen Ende der mekkanischen Zeit taucht die Vorstellung auf, jeder von einem Propheten angeführten Glaubensgemeinschaft werde je eine „Schrift" vorbehalten sein (Sure 45, 28 f.; vgl. Sure 10, 47).

Ein solches „Buch“ ist aber nicht allein als ein Register vergangener Taten gedacht; es ereignet sich im Weltenlauf nichts, was nicht in einer bei Allah aufbewahrten Schrift niedergelegt wäre. „Es gibt kein Tier auf Erden, dessen Ernährung nicht Allah obläge; er weiß, wo es gezeugt und wo es zur Welt gebracht wird (vgl. Sure 6, 98). Alles ist in einer klaren Schrift verzeichnet“ (Sure 11, 6; vgl. Sure 6, 59 und Sure 20, 52 und 75; ferner Sure 34, 1–3).[26] Erst allmählich setzt sich der Sinn „heilige Schrift, von Allah herabgesandt“ durch; Mohammed knüpft dabei an das Vorbild anderer heiliger Bücher an: „So sandten wir dir das Buch hinab. Die, denen wir schon vorher das Buch hinabsandten, glauben daran, und auch unter diesen hier gibt es einige, die daran glauben. Nur die Ungläubigen streiten unsere Wunderzeichen ab.“ Er trage nichts vor, das er anderswo abgeschrieben habe, beteuert Mohammed, aber die Heiden wollten handfestere Wunderzeichen sehen als die Worte, die Allah ihm ins Herz gesenkt habe. „Genügt es ihnen denn nicht, daß wir auf dich das Buch hinabsandten, aus dem ihnen vorgetragen wird?“ (Sure 29, 47–51; vgl. Sure 7, 196 und Sure 16, 64). Die Nöte, die sich Mohammed damit einhandelte, daß er sich auf ein heiliges Buch zu berufen begann und einzelne Suren in schriftliche Form bringen ließ, werden wir in aller Eindringlichkeit kennenlernen. Im Augenblick soll uns die Einsicht genügen, daß die Gleichsetzung der Offenbarung mit der Herabsendung eines Buches, dessen Inhalt wegen seiner Tragweite und Allgemeingültigkeit zu rezitieren sei, keineswegs zum ältesten Ideengut Mohammeds gehörte, sondern sich im Verlaufe seines Auftretens in Mekka herausbildete und erst in Medina eine nicht vorhersehbare Wirkmächtigkeit erlangte. Die Erinnerung an die ältere Art von Eingebung, deren Begleiterscheinung schweres körperliches und seelisches Leiden gewesen war, ging nicht verloren; auch solche Zustände waren geeignet, die Wahrheit und Vollständigkeit des Kundgegebenen zu untermauern, allerdings nur unter der Voraussetzung, daß jeder Anfall tatsächlich ein Offenbarungsgeschehen gewesen sei. Sofern nicht, dann blieben zumindest mit Hinblick auf die Vollständigkeit unausräumbare Zweifel. Diese Erkenntnis legt uns nahe, nunmehr die Überlieferung über die frühen Jahre Mohammeds genauer in den Blick zu nehmen.

2. Die Jahrzehnte bis zur Berufung

Legenden um die Zeugung Mohammeds

Es kann nicht erstaunen, daß die spärlichen Nachrichten über Mohammeds Geburt und über sein Leben vor der Prophetenschaft durch Legenden überwuchert wurden. Schon bald nach seinem Tod setzten die führenden quraišitischen Klane, deren prominente Mitglieder erst spät den Weg zum Islam betreten hatten und sich infolgedessen jetzt von den alten Auswanderern überspielt sahen, zahlreiche Überlieferungen in Umlauf, in denen sie den von Allah erwählten Gesandten als dessen edelstes Geschöpf rühmten – damit etwas von diesem Glanze auf sie abfalle. Denn sie waren höchst ungehalten darüber, daß nach den atemberaubenden Geschehnissen der jüngsten Vergangenheit Männer das Sagen an sich gerissen hatten, deren Sippen im heidnischen Mekka nicht viel gegolten hatten; dem Verdienst um den Islam, auf das sich jene beriefen, wollten sie das entgegenstellen, was in der Gesellschaft nach gutem Brauch und Herkommen das Ansehen begründete: Ansehen und Rang der Väter, ja der Vorfahren in der männlichen Linie überhaupt. So wie sich die Dinge nach dem Triumph Mohammeds nun einmal gestaltet hatten, war er gewiß der ruhmreichste aller Quraišiten, und die Strahlen seines Ruhmes trafen alle die, die mit ihm und seinen Vätern nah verwandt waren. Da sich sein Lebenswerk überdies auf eine im heidnischen Arabien zwar bekannte, aber nie zuvor auf einen Zeitgenossen bezogene Bildersprache stützte, lag es nahe, deren Motive jetzt für die Legenden zu nutzen, mit denen man die Herkunft und die frühen Jahre des Gesandten ausschmückte, dem man fortan nicht nahe genug gestanden haben konnte. Ein zweiter Beweggrund trat hinzu, wirkmächtiger vielleicht noch als der beschriebene: Mohammed wurde ab der Mitte des 7. Jahrhunderts zum einzigen Vermittler von Heilswissen erhoben, und was unter Heilswissen zu verstehen sei, das wurde immer ausgreifender interpretiert. Nicht nur die Rede Allahs, auch sämtliche Worte und Handlungen, die von seinem Propheten ausgegangen waren oder ausgegangen sein sollten, wurden zu Belegen für dessen Monopol auf das Heilswissen und auf die Verkündigung dieses Wissens. War aber sein ganzer Lebenslauf erst einmal hierfür in Anspruch genommen, dann mußten sich seit seiner Geburt, am besten sogar seit der Zeugung, Zeichen der Erwähltheit finden.[27]

Daß seine Prophetenschaft ein uranfänglich von Allah geschaffenes Licht sei, welches sich im Samen des erwählten Geschlechts von Generation zu Generation fortgepflanzt habe – und demgemäß alle Mitglieder der Sippe erhöhe, in der die Weitergabe vonstatten gegangen sei –, das war vielleicht der beliebteste Gedanke jener aufkommenden Überlieferung. Die Nachkommen ʿAbd Manāfs waren, nahm man dies ernst, vor allen übrigen Quraišiten ausgezeichnet, insbesondere vor denjenigen, deren Cliquen in Mekka herrschten; unter den ʿAbd Manāf-Klanen ragten die Familie Hāšims, und noch einen Schritt weiter eingeengt, diejenige ʿAbd al-Muṭṭalibs hervor. Dessen eigentümliche Glaubenspraxis paßte vorzüglich zur Konstruktion eines solchen Erbganges, so vorzüglich, daß man aus der Rückschau nicht mehr klar zu unterscheiden vermag, was daran fromme Erfindung und was Wahrheit ist. Bereits auf ʿAbd al-Muṭṭalibs Stirn, glaubt der Genealoge Daġfal (gest. 685) zu wissen, glänzten „das Licht der Prophetenschaft und die Macht der (baldigen) Herrschaft".[28] Um zu beweisen, daß er mit vollem Recht den Zemzembrunnen wieder ausgeschachtet habe und dadurch an Abrahams Kultstiftung anknüpfe, gelobte er, einen seiner Söhne zu opfern. Es traf ʿAbdallāh, Mohammeds künftigen Vater. Man bedrängte ʿAbd al-Muṭṭalib, von diesem Vorhaben abzulassen; auch Abraham hatte Ismael zuletzt nicht hergeben müssen (vgl. Sure 37, 102–110).[29] Die vor dem Standbild Hubals geworfenen Lospfeile bestimmten die Anzahl der Kamele, die zu schlachten waren, um den höchsten Herrn, der auf das Menschenopfer verzichten mußte, zufriedenzustellen. Nachdem diese Entscheidung gefallen war, so erzählt uns Ibn Isḥāq, nahm ʿAbd al-Muṭṭalib seinen geretteten Sohn bei der Hand, um mit ihm einen folgenreichen Gang zu machen. An der

Kaaba saß eine junge Frau – eine Schwester Waraqa b. Naufals aus dem Klan der Banū Asad b. ʿAbd al-ʿUzzā soll es gewesen sein. Sie blickte dem Burschen ins Gesicht und fragte: „Wohin gehst du, ʿAbdallāh?" „Mit meinem Vater", antwortete dieser, worauf die Frau keck erwidert habe: „Genau so viele Kamele sollst du haben, wie für dich geopfert wurden! Wohne mir sofort bei!" Der gehorsame ʿAbdallāh schlug dieses Angebot aus: „Ich bin mit meinem Vater! Ich kann ihm nicht zuwiderhandeln, mich nicht von ihm trennen." Ob so bereits auf eine ganz andere Art als später durch die Ehe Mohammeds mit Ḫadīǧa ein enges Blutsband zwischen dem Klan ʿAbd al-Muṭṭalibs und den Banū Asad b. ʿAbd al-ʿUzzā gestiftet worden wäre, darin ist sich die islamische Überlieferung nicht sicher. Es könnte auch sein, daß jene herausfordernden Worte von einer Ḫaṯʿamitin namens Fāṭima bt. Murr gesprochen worden seien, von einer der schönsten, liebreizendsten, keuschesten Frauen überhaupt, die mit der Schwester Waraqa b. Naufals die Nähe zu hochreligiösem Gedankengut gemeinsam gehabt haben soll. Die Ḫaṯʿamitin habe sogar selber „die Bücher gelesen... und das Licht der Prophetenschaft in ʿAbdallāhs Gesicht erkannt".[30]

Folgen wir weiter Ibn Isḥāq! ʿAbdallāh hat sich nicht verführen lassen, sondern ist an der Hand des Vaters auf dem Weg zu der Braut, die dieser für ihn ausgesucht hat: Es ist Āmina bt. Wahb, die Tochter eines Mannes aus der Sippe der Banū Zuhra; im Text Ibn Isḥāqs ist Wahb, wie nicht anders zu erwarten, der „Herr der Banū Zuhra, was Abstammung und Ehre angeht", und ähnlich lobend muß man sich über Āmina äußern. Was unsere Aufmerksamkeit verdient, ist der Umstand, daß Āmina mütterlicherseits tatsächlich weitläufig mit den Banū Asad b. ʿAbd al-ʿUzzā und daher mit Waraqa b. Naufal verwandt ist; noch mehr Gewicht muß man der mütterlichen Verwandtschaft Wahbs beimessen, die in die Ḫuzāʿiten hineinreicht; Wahbs ḫuzāʿitischer Großvater hatte, wie wir hören werden, nachhaltigen Einfluß auf die Gottesvorstellungen Mohammeds. Im übrigen bestand zwischen ʿAbd al-Muṭṭalib und den Ḫuzāʿiten ein Bündnis, das seiner Sippe in dem sich innerhalb der Banū ʿAbd Manāf anbahnenden Konflikt zwischen den Nachkommen Hāšims und den Banū ʿAbd Šams den Rücken stärkte.[31] Die Bindungen an die Banū Zuhra, die im Streit um die quṣaijschen Ämter die Partei ʿAbd Manāfs ergriffen und dem Schwurbund der „Parfümierten" beigetreten waren,[32] bedurften anscheinend ebenfalls der Pflege. „Man behauptet", so Ibn Isḥāq, „daß ʿAbdallāh, sobald ihm das Besitzrecht über Āmina gegeben war, unverzüglich bei ihr eintrat und sie beschlief. Dann verließ er sie wieder. Darauf kam er zu der Frau, die ihm jene Sache angetragen hatte. Er fragte sie: ‚Was ist mit dir, daß du mir heute nicht mehr anbietest, was du mir gestern antrugst?' Sie antwortete: ‚Das Licht, das gestern mit dir war, hat dich verlassen. Was soll ich heute mit dir?' Von ihrem Bruder Waraqa b. Naufal, der ein Christ geworden und den Schriften gefolgt war, hatte sie nämlich gehört, daß in dieser Gemeinde (arab.: *al-umma*) ein Prophet auftreten werde."[33]

Mohammed, Sproß einer uxorilokalen Verbindung

Muḥammad b. ʿUmar al-Wāqidī (gest. 823), dessen unermüdlichem Eifer für die Realien der Prophetenvita wir unschätzbare Kenntnisse verdanken, liefert uns die nüchternen Tatsachen, die hinter der Geschichte stecken. Er hat sie von einem Nachfahren[34] des Wuhaib b. ʿAbd Manāf az-Zuhrī erfragt; jener Wuhaib[35] war der Onkel Āminas gewesen, unter dessen Obhut sie aufgewachsen war. Aber auch in der Nachkommenschaft ʿAlīs hatte man al-Wāqidī folgendes erzählt: Eines Tages war ʿAbd al-Muṭṭalib zusammen mit seinem Sohn ʿAbdallāh bei jenem Wuhaib erschienen, um zwei Ehen anzubahnen: ʿAbd al-Muṭṭalib selber hatte sich Hāla, eine Tochter Wuhaibs, ausgesucht, Āmina hatte er ʿAbdallāh zugedacht. Diese Ehen lagen ganz im Sinne der engen Beziehungen, die einst zwischen den beiden und anderen Klanen mittels des Schwurbundes der „Parfümierten" geknüpft worden waren und die man zwei Jahrzehnte darauf, anscheinend schon unter Ausschluß der Banū Asad b. ʿAbd al-ʿUzzā,[36] im „Schwurbund der Herausragenden" bekräftigt hatte. ʿAbd al-Muṭṭalibs Brautwerbung wurde erhört; „so fand die Verehelichung ʿAbd al-Muṭṭalibs und ʿAbdallāhs in einer (einzigen) Geschäftssitzung[37] statt. Hāla bt. Wuhaib gebar Ḥamza b. ʿAbd al-Muṭṭalib, der infolgedessen nach dem Stammbaum der Onkel des Gesandten Allahs und zugleich dessen Milchbruder war." Aus anderen Quellen hat man al-Wāqidīs Überlieferung ergänzt: „Als ʿAbdallāh b. ʿAbd al-Muṭṭalib Āmina bt. Wahb heiratete, blieb er bei ihr drei Tage. Dies war bei ihnen der Brauch, wenn ein Mann die Ehe mit seiner Frau bei deren Sippe vollzog."[38] Damit sind wir besser über die Verbindung unterrichtet, aus der Mohammed hervorging. Daß sie sich in die Klanallianzen einfügt, wurde gerade festgestellt. Es handelte sich nicht um eine der kostspieligen Kaufehen, bei denen die erworbene Gattin die Sippe verließ, in die sie hineingeboren war, um in diejenige des Ehemannes überzuwechseln. Der verabredete Preis war in einem solchen Fall der abgebenden Sippe auszuhändigen. Weit verbreitet war die billigere Form der Ehe – wenn man nach unseren Maßstäben diesen Begriff hier überhaupt verwenden soll; sie lief auf gekauften Beischlaf hinaus, der im Anwesen, das die Sippe der Braut bewohnte, ausgeübt wurde. Das Entgelt floß, wenigstens dem Rechtsbrauche nach, der Frau zu, der es im übrigen nicht verwehrt war, mehrere Verbindungen dieser Art zu unterhalten.[39] In Ibn Isḥāqs Darstellung wird der Vorgang nur angedeutet, da es dem Muslim peinlich ist, daß hier eine Eheform praktiziert worden war, die Mohammed später verworfen hatte:[40] ʿAbdallāh trat unverzüglich bei Āmina ein, um die Ehe zu vollziehen, sobald die Geschäftssitzung, bei der sich sein Vater und Wuhaib handelseinig geworden waren, ihr Ende gefunden hatte. Später, als Mohammed, der Sproß dieser Liaison, zum jungen Mann herangewachsen war, kam auch für ihn, den Habenichts, eine Kaufehe nicht in Frage, und so blieb er schließlich als Beischläfer im Haus der Ḫadīǧa, der er seit einiger Zeit in ihren alltäglichen Geschäften dienstbar geworden war. Über ein eigenes Anwesen verfügte Mohammed in Mekka nie, und wir werden auf Indizien dafür stoßen, daß seine Unbehaustheit auch von Ḫadīǧa nicht in dem Maße aufgehoben wurde, wie es die hagiographische Überlieferung gern sähe.

Die Geburt Mohammeds: Datum und Ort

Als Geburtsdatum Mohammeds wird gemeinhin das „Jahr des Elefanten" angegeben, welches dem 882. Jahr der seleukidischen Ära und dem 40. Jahr der Herrschaft des Sasaniden Chosrau Anuschirwan entsprechen soll.[41] Da dieser Schah 531 n. Chr. den Thron bestieg, dieses Jahr demnach das erste seiner Herrschaft ist, fällt das 40. auf 570, genauer auf die Zeit nach dem iranischen Neujahr jenes Jahres, das von 568 bis 571 jeweils am 2. Juli begangen wurde.[42] Mohammed soll jedoch bei seinem Tode 632 das Alter von 63 Jahren erreicht haben; weil der reine Mondkalender unter Ausschluß der Schalttage erst in Sure 9, also nach der Inbesitznahme Mekkas, für verbindlich erklärt wurde, ist die Geburt Mohammeds im Jahr 568/9 anzusetzen, was mit einer anderen Nachricht übereinstimmt, derzufolge er im 38. Regierungsjahr Anuschirwans zur Welt gekommen sei.[43] Als Geburtstag Mohammeds wird schon von Ibn Isḥāq der 12. Rabīʿ al-auwal genannt. Doch war man sich noch im ausgehenden 12. Jahrhundert dessen nicht völlig sicher. Nur am Monat Rabīʿ al-auwal zweifelte man nicht; da Mohammed an einem Montag geboren worden sei, öffnete man die durch den abbasidischen Kalifen an-Nāṣir li-Dīn Allāh (reg. 1180–1225) reich ausgestattete, sonst unzugängliche mekkanische Gedenkstätte während dieses Monats an jedem Montag für die frommen Beter.[44] Als Gökburi (gest. 1233), der Atabeg von Irbil, seit etwa 1191 große Feiern zur Geburt Mohammeds veranstaltete, ließ er den Termin von Jahr zu Jahr zwischen dem 8. und dem 12. Rabīʿ al-auwal wechseln.[45] Bei aller Unsicherheit des den Schaltmonaten unterworfenen heidnischen Kalenders deckt sich der Rabīʿ al-auwal ungefähr mit dem März, so daß der März 569 das wahrscheinlichste Datum ist. Daß 569 nicht auf das „Jahr des Elefanten" paßt, entkräftet unsere Überlegungen nicht. Der Untergang Abrahas, in Wirklichkeit eines Feldherrn seines Enkels, war, wie dargelegt wurde, nach dem Verständnis der Quraišiten, zumindest der Nachkommen ʿAbd al-Muṭṭalibs unter ihnen, das Ereignis, mit dem Allah ihnen und ihrer Glaubenspraxis den Weg zur Beherrschung der Araber geebnet hatte. Was – aus der Rückschau – damals erkennbar geworden war, erfüllte sich im Lebensweg Mohammeds, und daher die zeitliche Verknüpfung.[46]

Unklarer noch als der Tag der Geburt ist der Ort. Es fällt auf, daß sich die frühen mekkanischen Stadtchroniken über ein Geburtshaus Mohammeds ausschweigen; eine diesbezügliche Gedenkstätte kennen sie nicht. Noch as-Suhailī (gest. 1185/6), der Kommentator der von Ibn Hišām (gest. 834) besorgten Überarbeitung Ibn Isḥāqs, nennt zwei mögliche Orte: in der den Banū Hāšim gehörenden Bergschlucht, in der diese später zusammen mit den Banū l-Muṭṭalib die Jahre der Ächtung zubringen mußten; in einem Haus bei aṣ-Ṣafā, das von Hārūn ar-Rašīds (reg. 786–809) Ehefrau Zubaida erworben und zu einer Moschee umgebaut wurde. ʿAlāʾ ad-Dīn Muġlaṭāj (gest. 1361) spricht in seiner Prophetenbiographie von zwei weiteren Orten, nämlich vom mekkanischen Stadtteil ar-Radm und von ʿUsfān, einer Ansiedlung am Rande der Tihama, zwei Tagereisen von Mekka entfernt. Ar-Radm hieß eine Stelle in Mekka, an der die Banū Ǧumaḥ während einer Fehde gegen die Banū Muḥārib b. Fihr einen Schutzwall aus den Leichen der Gefallenen aufgeschichtet haben sollen. Weswegen Mohammed dort geboren, ja auch beschnitten, berufen und in den Himmel hinaufgehoben worden sein soll, läßt sich nicht aufklären. Hingegen hat die Nachricht, daß Mohammed in ʿUsfān zur Welt gekommen sei, manches für sich. Die Gegend war von Ḫuzāʿiten bewohnt; zu diesem Stamm, der Mekka vor der Ankunft Quṣaijs beherrscht haben soll, hatte ʿAbd al-Muṭṭalib enge Verbindungen geknüpft. Überdies war Āminas Großmutter väterlicherseits die Ḫuzāʿitin Qaila, deren Vater Waǧz religiöse Vorstellungen pflegte, die in der ersten öffentlichen Verkündigung Mohammeds ihr Echo finden werden.[47] Von Medina aus wird Mohammed zuerst im Gebiet von ʿUsfān gegen seine mekkanischen Widersacher aktiv, freilich mit Unterstützung durch Klane der Banū Bakr b. ʿAbd Manāt, bei denen er seine ersten Lebensjahre in der Obhut der Amme Ḥalīma zugebracht hatte. Einem ḫuzāʿitischen Dichter schreibt man Lobverse auf ʿAbd Manāf b. Quṣaij zu, in denen er dessen Söhne offensichtlich wegen ihrer weitgespannten Handelsunternehmungen rühmt; Naufal ruht in einem Grab an der Karawanenroute zwischen der Tihama und dem Irak – einen anderen Hinweis auf Naufals Pflege der Beziehungen mit den Sasaniden kennen wir schon.[48] ʿAbd Šams sei bei Mekka zur letzten Ruhe gebettet worden; im Jemen habe al-Muṭṭalib den Tod gefunden, Hāšim in Gaza.[49] Durch die Überlieferung, Mohammed sei in ʿUsfān geboren, wird unsere Aufmerksamkeit auf die Regionen gelenkt, auf die sich Hāšims Interessen erstreckten. Das gilt auch für den Namen „Mohammed", wie jetzt zu erörtern ist.[50]

Der Name „Mohammed"

Das neugeborene Kind erhielt wahrscheinlich den Namen Quṯam. Es gibt Überlieferungen, in denen man den Propheten sprechen läßt: „Ich bin der Gesandte der Erquickung und der gewaltigen Schlachten. Ich bin Quṯam!" Hieran schließt sich der Versuch an, diesen Eigennamen in ein Epitheton umzudeuten: „Ein *quṯam* ist jemand, der vollkommen ist und (alle positiven Eigenschaften in sich) vereint." Oft folgt auf die Glosse eine Reihung von Wörtern, mit denen Mohammed im Koran bezeichnet wird, z.B. „der sich in ein Gewand gehüllt hat", „der Warner", „der Verkünder", „das Licht". Dies alles hat mit dem Eigennamen natürlich nichts zu tun. Frommer Eifer machte Jahrhunderte später dreihundert, ja sogar tausend solcher schmückenden Beiwörter für den Gesandten Allahs ausfindig, was hier aber nicht zur Debatte steht.[51] Daß arabische Heiden über einen künftigen Propheten spekulierten, der als ein zu preisender, als ein *muḥammad*, zu titulieren sein werde, ist mehrfach bezeugt und hängt mit der schon erwähnten hochreligiösen Durchdringung Arabiens zusammen. Diese Erwartung scheint sich auf die Muḍariten beschränkt zu haben. Gegen die Mitte des 6. Jahrhunderts, während des Zerfalls des kurzlebigen kinditischen Reiches, soll der Dārimite Sufjān b. Muǧāšiʿ einen seiner Söhne Muḥammad genannt haben, nachdem er in aš-Šaʾm durch einen Mönch darüber unterrichtet worden sei, daß unter den Muḍariten ein Prophet dieses Namens erscheinen werde. Der Sippe des Muǧāšiʿ gehörte übrigens Mohammeds *Ḥirmī* an.[52] Zu den wenigen Personen, die vor dem Gesandten Allahs diesen Namen trugen, zählt ferner Muḥammad b. Uḥaiḥa b. al-Ǧulāḥ, ein Sohn eines Gatten jener Salmā, mit der Hāšim Mohammeds Großvater ʿAbd al-Muṭṭalib zeugte.[53] Daß Beinamen zu Eigennamen mutieren – und dann auch grammatisch[54] als solche behandelt werden –, ist nicht eben selten; Quṣaij soll ursprünglich Zaid geheißen haben. Jedenfalls läßt uns der Name „Mohammed" auf die über Medina verlaufenden Beziehungen der Hāšimiten nach aš-Šaʾm aufmerken, die für den Lebensweg des islamischen Propheten schicksalhaft sein werden.

Mohammeds Amme

ʿAbd al-Muṭṭalib brachte seinen neugeborenen Enkel in die Kaaba, um Allah zu danken und dessen Segen herabzuflehen, so will es die hagiographische Ausgestaltung der Vita. In einer Parallelüberlieferung Ibn Isḥāqs ist es, der Wahrheit eher entsprechend, der Gott Hubal, dem das Kind dargeboten wurde.[55] Der Säugling wurde Āmina bald weggenommen; ʿAbd al-Muṭṭalib soll sich selber nach einer Amme umgeschaut haben. Der Grund hierfür wird nur mangelhaft deutlich. Naheliegend ist der Gedanke, daß der Knabe so früh wie irgend möglich dem Einfluß seiner Mutter entzogen werden sollte, damit er Bindungen an die Sippe ʿAbd al-Muṭṭalibs entwickle, zu der sie ja nicht gehörte. Ibn Isḥāq behauptet, Mohammed sei bereits Halbwaise gewesen, als er einer fremden Frau übergeben wurde, ein Umstand, der die Trennung vom Klan der Banū Zuhra noch dringlicher erscheinen lassen konnte. Wann ʿAbdallāh starb, ist umstritten. Als vorzuziehen gilt den frühen Überlieferern die Nachricht, dies sei noch während der Schwangerschaft Āminas geschehen; nach anderen Quellen war Mohammed allerdings schon sieben oder gar 28 Monate alt. Letzteres stimmt am ehesten mit einer Überlieferung überein, derzufolge ʿAbdallāh als achtzehnjähriger junger Mann im 42. Regierungsjahr Anuschirwans den Tod fand.[56] Es steht im übrigen fest, daß ʿAbdallāh in Medina starb; man wußte, daß er dort in „an-Nābiġas Haus" beerdigt worden war. Dieses scheint ein Teil der Wohnburg der Banū ʿAdī b. an-Naǧǧār gewesen zu sein. In diese Sippe hatte einst Hāšim, Mohammeds Urgroßvater, eingeheiratet. Er war, wie erinnerlich, nach dem Vollzug der Ehe mit Salmā bt. ʿAmr weitergezogen und in Gaza einer Krankheit erlegen. Also war ʿAbd al-Muṭṭalib erst nach dem Tod seines Vaters geboren worden;[57] der Verdacht, es werde ebendieser Sachverhalt von den frühen Überlieferern auch auf Mohammed bezogen, beschleicht einen – Mohammed, ein zweiter ʿAbd al-Muṭṭalib? Doch sind die Übereinstimmungen so genau wiederum nicht, daß man sich bei dieser Hypothese beruhigen dürfte: Hāšim stirbt nämlich in Gaza, und ʿAbd al-Muṭṭalib verbringt seine ganze Kindheit in Medina, was von Mohammed nicht gilt. Das Grab des Vaters Mohammeds war übrigens um 800 in Medina noch bekannt; Ibn abī Ṯābit, der uns als Überlieferer schon begegnet ist, hat es sich zeigen lassen,[58] und al-Wāqidī bekräftigt, daß sich die Kundigen darin einig seien, daß ʿAbdallāh auf dem Rückweg aus aš-Šaʾm in Medina erkrankt, verstorben und an dem angegebenen Ort zur letzten Ruhe gebettet worden sei.[59]

Anders als einst Salmā bt. ʿAmr, die über ihre Ehen selber bestimmte, hat Āmina augenscheinlich nicht die Möglichkeit, in dem Kontrakt, mit dem man die uxorilokale Verbindung mit ʿAbdallāh besiegelt, sich die Erziehung ihres Kindes vorzubehalten. Salmā dagegen war eine eigenständig handelnde Frau gewesen und hatte sich von Hāšim ausdrücklich ausbedungen, daß das gemeinsame Kind bei ihr aufwachsen werde; ʿAbd al-Muṭṭalib war erst im Alter von acht Jahren nach Mekka gelangt.[60] Mohammed wird Beduinenfrauen angeboten, die nach Mekka kommen, um für die Städter Säuglinge zu nähren. Es trifft sich, daß junge Mütter aus der Sippe der Banū Saʿd b. Bakr[61] nach derartigen Gelegenheiten suchen, um ihren äußerst kargen Lebensunterhalt ein wenig aufzubessern, wie es heißt. Für Mohammed findet sich zunächst keine Interessentin; sein Vater lebt nicht mehr, und es ist daher ungewiß, wer für den Ammenlohn aufkommen wird. Endlich nimmt sich Ḥalīma bt. abī Ḏuʾaib, die noch ohne Ziehkind ist, des Säuglings an. Wie zu erwarten, kann es fortan nicht ohne Wunder abgehen. Denn schon auf dem Weg zu den Streifgebieten der Banū Saʿd b. Bakr, wo Mohammed seine ersten Lebensjahre verbringen wird, entquillt Ḥalīmas eben noch verdorrten Brüsten Milch in so reichlicher Menge, daß sie nicht nur ihren fremden Zögling, sondern auch das eigene Kind, das dem Verhungern nahe gewesen ist, zu nähren vermag. Und diese Üppigkeit überträgt sich auf das Vieh der Familie, das im unfruchtbaren Land der Banū Saʿd b. Bakr gewöhnlich Not leidet.

Zwei Jahre blieb Mohammed bei den Banū Saʿd b. Bakr. Als er entwöhnt war, brachte ihn Ḥalīma nach Mekka zurück. Doch Āmina habe ihr Kind nicht entgegennehmen wollen; sie habe um seine Gesundheit gefürchtet, da das Klima in Mekka so verderblich sei. Deswegen wuchs Mohammed weiter bei Ḥalīma heran. Daß er die Redeweise der Banū Saʿd zeitlebens nicht verlor, trübte später vielleicht ein wenig den Anspruch, der „arabischste" unter den Quraišiten zu sein,[62] die ihrerseits ihre Führerschaft auch mit dem Beherrschen der reinsten Form des Arabischen begründeten, welche eben die quraišitische sei. In diesen zweiten Aufenthalt bei den Banū Saʿd b. Bakr fällt ein Ereignis, dem die Heiligenlegenden um Mohammed viel Aufmerksamkeit widmen. Als er vier Jahre alt geworden war und eines Tages mit seinen Milchgeschwistern beim Vieh spielte, „traten dort zwei Engel zu ihm, schlitzten ihm den Leib auf und entnahmen ein schwarzes Blutgerinnsel, warfen es beiseite und wuschen ihm den Leib mit Eiswasser aus, das in einer goldenen Schüssel war. Darauf wogen sie ihn gegen tausend Menschen aus seiner Glaubensgemeinschaft auf, und er wog schwerer. Einer der beiden sagte zum anderen: ‚Laß ihn! Selbst wenn wir ihn gegen seine Gemeinschaft insgesamt aufwögen, wäre er schwerer!' Einer der Milchbrüder kam schreiend zu Ḥalīma gerannt: ‚Hilf meinem quraišitischen Bruder!' Ḥalīma und ihr Mann eilten herzu und trafen den Gesandten Allahs mit wächserner Hautfarbe an." Ḥalīma brachte ihn zu Āmina und erzählte, was vorgefallen war. – In einer älteren Fassung dieser Legende ist Mohammed bereits zum Gesandten Allahs berufen, als ihm das Herz aus der Brust genommen und gereinigt wird; dies geschah, bevor er in den Himmel aufstieg. Dieses visionäre Erleben widerfuhr Mohammed achtzehn Monate vor dem Weggang aus Mekka, in einer Zeit, als er mit Nachdruck, doch zunächst vergeblich, auf die allgemeine Beachtung seiner dem einen Allah gewidmeten Riten pochte. Die Vorverlegung des Wunders der Brustöffnung in die früheste Kindheit ist eine Folge der gegen Ende unserer Studien zu beschreibenden muslimischen Glaubensüberzeugung, Mohammed sei während seines ganzen Daseins unfehlbar gewesen. Spuren dieser Vorstellungen haben wir schon kennengelernt. – „Wir hüten ihn wie unseren Augapfel!" beteuerte Ḥalīma, und so kam sie mit Āmina überein, ihn noch einmal mitzunehmen. Er verbrachte ungefähr ein weiteres Jahr bei Ḥalīma, und sie duldete es nicht, daß er sich entfernte. Plötzlich bemerkte sie, wie ihm eine Wolke Schatten spendete, stehenblieb, wenn er stand, mit ihm zog, wenn er seines Weges ging. Dies erschreckte Ḥalīma so sehr, daß sie ihn nun nach Mekka begleitete, um ihn endgültig seiner leiblichen Mutter zurückzugeben. Er war damals fünf Jahre alt. In Mekka verlor sie ihn in der Menge, suchte verzweifelt, konnte ihn aber nicht wiederfinden. Erst als ʿAbd al-Muṭṭalib den Allah der Kaaba um Hilfe bat, spürte man das Kind in der Stadt auf.[63]

Als Knabe in Medina

Der Amme Ḥalīma bewahrte Mohammed zeit seines Lebens eine tiefe Zuneigung; die Bindung an sie überdauerte alles. Selbst als er ein gefürchteter Machthaber geworden war, begegnete er ihr mit Hochachtung, vielleicht sogar mit echter Sohnesliebe.[64] Doch auch in den Tagen, als er noch ganz von Ḫadīǧa abhing, bat Ḥalīma ihn nicht vergebens um Hilfe für ihre hungernde Sippe.[65] – Nachdem Mohammed etwa ein Jahr in Mekka gelebt hatte, reiste Āmina mit dem Knaben nach Medina zu den Banū ʿAdī b. an-Naǧǧār; sie wurde von Umm Aiman begleitet, einer Sklavin, die sich um Mohammed zu kümmern hatte.[66] In Medina brachten sie einen Monat in dem Gehöft an-Nābiġas zu, in dem sein Vater gestorben und begraben worden war. An diesen Besuch soll sich Mohammed später haben erinnern können. Er erkannte, als er nach Medina geflüchtet war, das Gehöft der Banū ʿAdī b. an-Naǧǧār wieder: „Auf diesem Wohnturm spielte ich mit Anīsa, einem Mädchen von den ‚Helfern', und mit einigen Jungen aus meiner mütterlichen Verwandtschaft brachte ich einen Vogel zum Fliegen, der sich immer wieder dort niederließ." „Und hier", so fuhr er fort, „stieg meine Mutter mit mir ab; innen ist die Grabstätte meines Vaters ʿAbdallāh b. ʿAbd al-Muṭṭalib. Ich erlernte das Schwimmen im Brunnen der Banū ʿAdī b. an-Naǧǧār." Einige Juden, die ihn sich damals anschauten, sollen sogleich bemerkt haben, daß er der künftige Prophet sei, und dies der Ort, zu dem er auswandern werde. Auf der Rückreise, bei dem Flecken al-Abwāʾ, starb Āmina. Jetzt war Mohammed Vollwaise. Viel später, im Jahre 628, wird Mohammed wieder durch al-Abwāʾ kommen; er wird die Grabstätte herrichten lassen und daran vor Rührung weinen, sich der Liebe entsinnend, mit der seine Mutter ihm zugetan gewesen war.[67]

In der Obhut seines Onkels Abū Ṭālib

Zwei Jahre nach dem Tod Āminas war auch ʿAbd al-Muṭṭalib, Mohammeds Großvater, nicht mehr unter den Lebenden. Der Knabe kam nun in die Obhut seines Onkels Abū Ṭālib. Ihn preisen die Quellen in den höchsten Tönen: Er soll sich förmlich zerrissen haben, um seinem Neffen und Mündel ein angenehmes Leben zu machen. Abū Ṭālib „hatte kein Vermögen. Aber er liebte Mohammed so sehr wie keines seiner eigenen Kinder. Immer schlief er an seiner Seite, und wenn Mohammed das Haus verließ, ging Abū Ṭālib mit ihm... Ihn bevorzugte Abū Ṭālib, wenn Speisen gereicht wurden. Aß die Sippe Abū Ṭālibs..., so wurden sie nicht satt. Speiste aber mit ihnen der (künftige) Gesandte Allahs, so sättigten sich alle... Darum sagte Abū Ṭālib: ‚Du bist gesegnet.' Die (anderen) Knaben wachten mit Schlaf in den Augen und zottig auf, der Gesandte Allahs aber mit Pomade im Haar und mit schwarzgefärbten Lidern."[68] Die vielen Überlieferungen dieser Art sollen belegen, daß Abū Ṭālib bereits wußte, wen er da in der Mitte seiner Kinderschar aufzog. Sure 93, Vers 7 scheint eine, wenn auch sehr allgemeine, Anspielung auf diese Kindheitsjahre zu sein: „Hat (dein Herr) dich nicht als eine Waise angetroffen und dir Unterkunft verschafft?" Daß es mit der Wertschätzung für den Neffen in Wirklichkeit so weit nicht hergewesen sein kann, erfährt man nur nebenbei. Mohammed hatte eines Tages ein Auge auf Umm Hāniʾ, eine Tochter Abū Ṭālibs, geworfen und begehrte sie zur Ehefrau. Abū Ṭālib wies dieses Ansinnen zurück und gab sie lieber einem bedeutenderen Manne,[69] dessen Sippe damals zur mekkanischen Elite zählte, nämlich Hubaira b. abī Wahb von den Banū Maḫzūm, deren wichtiger Part beim Neubau der Kaaba uns wieder ins Gedächtnis kommt. Umm Hāniʾ nahm erst im Jahre 630 bei Mohammeds Einzug in seine Vaterstadt den Islam an und trennte sich von ihrem Gatten, der dem Heidentum treu blieb.[70] Auch die nun erneuerte Werbung Mohammeds erhörte sie nicht; sie entwand sich ihm mit dem Hinweis auf ihre in anderem Geiste erzogenen Kinder, die ihn kränken könnten. Allah überdeckte die für seinen Gesandten peinliche Abfuhr, indem er sie wie das Befolgen eines Gesetzes erscheinen ließ: „Prophet! Wir erlauben dir (den Geschlechtsverkehr mit) deinen Ehefrauen, denen du ihren Lohn gegeben hast, sowie mit deinen Sklavinnen, die Allah dir als Beute zuschlug, ferner mit den Töchtern deiner Onkel und Tanten in väterlicher und mütterlicher Linie, die mit dir die Hedschra vollzogen haben, ferner mit jeder gläubigen Frau, sofern diese sich dem Propheten schenkt und dieser sie zum Beischlaf begehrt..." (Sure 33, 50). Umm Hāniʾ war die Tochter seines Onkels, aber „ausgewandert" war sie nicht – und somit hätte Allah diese Beziehung gar nicht gutgeheißen.

Abū Ṭālib, um auf diesen zurückzukommen, wußte im übrigen, was er der Sippensolidarität schuldig war, und er bewies dies später unter äußerst harten Umständen, als ihm und seiner Sippe die Distanzierung von seinem als Gesandter Allahs auftretenden Mündel viel Leid erspart hätte. Zu solchem Verrat war Abū Ṭālib aber nicht zu bewegen; vielleicht hätte die Preisgabe des einen auch gar nicht den Druck von der ganzen Sippe genommen, denn allein um Mohammeds willen bedrängte man die Hāšimiten offensichtlich nicht. Allerdings blieben Abū Ṭālib die religiösen Ideen und die Frömmigkeitsriten seines Neffen auf immer fremd. Die Mohammedlegende nutzt trotzdem die Gestalt des Oheims, um dem andächtigen Zuhörer oder Leser darzutun, wie sich schon im Jüngling die Auserwähltheit allen Kundigen zeigt, die von Allahs Heilsplan wissen. Abū Ṭālib beteiligte sich eines Tages an einer Handelskarawane nach aš-Šaʾm, und er nahm sein Mündel mit auf die Reise. In Bostra traf man auf einen Mönch namens Baḥīrā; dieser lebte, seit er der Welt entsagt hatte, in einer Klause und gab sich dem Studium der heiligen Bücher hin. Die quraišitischen Kaufleute kannten ihn schon viele Jahre, er aber hatte von ihnen nie Notiz genommen. So wunderten sie sich sehr, als Baḥīrā sie mit einem Gastmahl empfing. Er hatte nämlich schon aus der Ferne gesehen, daß unter den Reisenden der künftige Gesandte Allahs war, hatte diesem doch unablässig eine Wolke Schatten gespendet. Im übrigen hatte Baḥīrā, sobald die Ankömmlinge sich zur Rast niedergesetzt hatten, augenblicklich bemerkt, wer unter ihnen der Auserwählte sein mußte – die Zweige des Baumes, unter dem Mohammed ruhte, hatten sich über diesem zu einem dichten Laubdach geschlossen. Der Mönch bat die Reisenden zu sich, und alle folgten seiner Einladung bis auf Mohammed, der, als der jüngste in der Gesellschaft, unter jenem Baum zurückbleiben und das Gepäck bewachen mußte. Baḥīrā bemängelte sein Fehlen und drang darauf, ihn zu holen. Dies geschah, und man begann zu speisen. Unterdessen musterte ihn der Mönch und fand, daß der Bursche genau den Beschreibungen entsprach, die in den Schriften überliefert waren. „Bei al-Lāt und al-ʿUzzā!" so sprach Baḥīrā ihn an, „beantworte mir genau meine Fragen!" Der Mönch hatte gehört, wie die Fremden sich mit jenen Worten anredeten, doch Mohammed unterbrach ihn sogleich und verbat sich die Erwähnung jener Namen, die ihm verhaßt seien wie nichts sonst auf der Welt.

Nachdem der fromme Leser auf diese Weise erfahren hat, daß Mohammed von Jugend auf den quraišitischen Kult verabscheut habe – was natürlich nicht den Tatsachen entspricht –, erkundigt sich Baḥīrā über die Art der Träume Mohammeds, und auch sie ist ganz so, wie es sich für einen Propheten ziemt. Endlich schaute er sich Mohammeds entblößten Rücken an und entdeckte zwischen den Schulterblättern genau an der geweissagten Stelle das Mal der Prophetenschaft. Es hatte, wie Ibn Hišām seine Vorlage Ibn Isḥāq ergänzt, die Größe, die ein Schröpfkopf beansprucht. Nun war für Baḥīrā jeglicher Zweifel ausgeräumt. „Kehr mit deinem Neffen in sein Land zurück!" mahnte er Abū Ṭālib, „und schütze ihn vor den Juden! Denn wenn sie ihn sehen und an ihm erkennen, was ich erkannte, dann werden sie ihm Übles antun. Deinem Neffen hier ist Großes aufgetragen!" Diese Warnung nahm sich Abū Ṭālib zu Herzen; er brachte Mohammed schleunigst nach Mekka zurück. „So wuchs der Gesandte Allahs zum Manne heran; stets beschirmte und bewahrte Allah ihn vor dem Schmutz des Heidentums, weil er ihn beehren und mit der Gesandtschaft betrauen wollte. Schließlich übertraf Mohammed alle Mitmenschen an Mannestugend und gutem Wesen; er wurde der edelste an Verdienst, gewährte am freundlichsten Schutz, zeigte am meisten Bedachtsamkeit, sprach am wahrhaftigsten, handelte am redlichsten, hielt sich weiter als alle anderen von unzüchtigen Worten und von üblen Eigenschaften fern, die den Menschen beschmutzen; er war durch und durch rechtschaffen und edel dergestalt, daß er unter seinen Leuten den Beinamen der Redliche bekam." Ibn Isḥāq fügt hier, gleichsam als Rechtfertigung für das überschwengliche Lob, eine Episode an, die uns aus anderem Zusammenhang bekannt ist: Als Knabe spielte Mohammed mit seinen Altersgenossen; sie alle hatten den Lendenschurz gelöst, um ihn unter die Steine zu legen, die sie auf dem Nacken trugen; plötzlich erhielt Mohammed einen schmerzhaften Hieb, er wußte nicht, woher, und hörte eine Stimme: „Bind dir deinen Schurz um!" Das tat er eilends und schleppte fortan die Steine auf dem bloßen Nacken.[71]

Erwartete man einen heidnischen Propheten?

Das Drohende, das Mohammeds Leben überschattet, ist hier gänzlich verharmlost, das Geschehen aus dem Bereich des Furchterregenden herausgerückt. Allah korrigiert seinen Liebling auch in den unschuldigsten Nachlässigkeiten, eben weil den späteren Propheten die Gemeinde in allem nachahmen wird, um den rechten Weg zu wandeln. Von dem Vorfall beim Bau der Kaaba, von Mohammeds Fallsucht, von seinem Leiden beim Empfang der Worte Allahs ahnt man nichts; wie bei den Berichten über die „Eingebungen" wird das Krankhafte ausgeblendet.[72] Schon in der Kindheit war Mohammeds Verhalten tadellos und von vollkommenem islamischen Anstand, soll der Zuhörer glauben – ganz so, wie es die Baḥīrālegende nahelegt. Im übrigen sollen während jener Karawanenreise auch andere Schriftbesitzer in Mohammed den Propheten der Heiden erkannt haben.[73] Daß dies alles fromme Erdichtung sei, darf man, was die Person Mohammeds betrifft, behaupten. Doch verbirgt sich hinter diesen „Voraussagen nach Eintritt des Ereignisses" eine andere für das Verständnis der Lebensgeschichte Mohammeds höchst wichtige Frage: War im arabischen Heidentum damals wirklich die Hoffnung verbreitet, es werde ein Prophet kommen und eine Botschaft überbringen, dank deren man in der Heilsgeschichte den gleichen Rang wie die Juden und Christen erwerben werde? Mohammed selber verwendet im Koran mehrfach Wendungen, die in diese Richtung weisen. „Was meint ihr wohl", spricht er seine mekkanischen Widersacher an, „wenn (die Schrift) nun wirklich von Allah kommt und ihr sie leugnet, jemand von den Banū Isrāʾīl aber etwas dergleichen bezeugt und dann daran glaubt, ihr jedoch trotzdem (die Schrift) hochmütig verwerft? Allah leitet die Frevler nicht recht. Die Ungläubigen sagen von denen, die glauben: ‚Wäre tatsächlich etwas Gutes daran, wären sie uns darin nicht zuvorgekommen.' Eben weil sie sich durch (die Schrift) nicht leiten lassen, werden sie sagen: ‚Das sind alte Lügen!' Davor aber gab es schon die Schrift des Mose als Anleitung und als einen (Erweis) der (göttlichen) Barmherzigkeit, und dies hier ist eine (jene frühere) bestätigende Schrift in arabischer Sprache, die die Frevler warnen soll und denen, die gut handeln, eine Freudenbotschaft ist" (Sure 46, 10–12). Ist diese Sicht der Dinge allein diejenige Mohammeds, geboren aus der Not, seine Prophetenschaft aus der Geschichte zu rechtfertigen, oder macht er sich Vorstellungen zunutze, die, wie verschwommen auch immer, eine eigenständige arabische Heilsbotschaft erträumten? Bei der Erörterung des Namens Mohammed stießen wir auf die ersten Indizien hierfür. Erst später, wenn wir in Inhalt und Form der frühen Verkündigungen Mohammeds eingedrungen sein werden, können wir auf festerem Boden diese Frage erörtern, und wir werden sie unter einem anderen Blickwinkel noch einmal anschneiden, sobald es um das Verhältnis der Muslime zu den Juden in Medina gehen wird.

Die Ehe mit Ḫadīǧa

Über die Jahrzehnte von der Kindheit bis zum Berufungserlebnis sind die Nachrichten am spärlichsten. Mohammed nahm am gewöhnlichen Leben der Quraišiten teil, anscheinend ohne daß er in irgendeiner Weise aufgefallen wäre. Er war Mitglied im Bund der „Strengen", opferte den Gottheiten, kämpfte in den *Fiǧār*-Kriegen; auf alles dies haben wir schon hingewiesen. Als der Schwurbund der „Herausragenden" geschlossen wurde, war er zugegen, worauf er sich, wie bereits angemerkt, viel zugute hielt. Die Ehe mit Ḫadīǧa bt. Ḫuwailid b. Asad b. ʿAbd al-ʿUzzā ist das wichtigste Ereignis, das die Quellen aus jenen Jahrzehnten melden. In der von Legenden eingesponnenen Fassung, die sich bei Ibn Isḥāq findet, hören wir dazu dies: Ḫadīǧa war eine vornehme, vermögende Kauffrau, die ihren Handel durch Angestellte erledigen ließ, welche sie für die Karawanenreisen in Dienst nahm und wohl auch zu Teilhabern ihrer Geschäfte machte; da sie von Mohammeds Redlichkeit erfahren hatte, trug sie ihm an, zusammen mit ihrem Sklaven Maisara nach aš-Šaʾm zu ziehen. – Tatsächlich schickte sie ihn und einen anderen Mann lediglich nach Ḥubāša, einem Marktflecken in der Tihama. – In der Nähe einer Klause setzte sich Mohammed unter einen Baum um zu rasten; der Mönch trat heraus und bedeutete Maisara, unter jenem Baum ruhten nur Propheten. Nach Erledigung der Geschäfte bemerkte Maisara zudem, wie zwei Engel Mohammed in der Mittagshitze Schatten spendeten. Die Waren, die Mohammed nach Mekka brachte, ließen sich mit hohem Gewinn losschlagen. Maisara erzählte seiner Herrin auch von dem, was er unterwegs beobachtet hatte. Daraufhin erklärte sich Ḫadīǧa ihrem Angestellten und trug ihm die Ehe an. Es versteht sich von selbst, daß Ḫadīǧa bei Ibn Isḥāq die edelste und reichste aller Quraišitinnen ist und ihre Sippe sich nichts sehnlicher wünscht als die Verbindung mit diesem Mohammed. So wurde man sich rasch einig: Auf zwanzig junge Kamelstuten belief sich die Morgengabe, die Mohammed aufbringen mußte.[74]

Wie erinnerlich, genossen die Banū ʿAbd al-ʿUzzā unter den Klanen der Quraišiten nicht den besten Ruf, weil sie mit politischen und – wie sich zeigen wird – religiösen Ansichten liebäugelten, die nach dem „Jahr des Elefanten" auf wenig Beifall rechnen durften. Für eine Einheirat in diesen Klan kam Mohammed also in Frage. Daß man dort nach ihm Ausschau gehalten hätte, bestätigen die Quellen nicht. Bei der Eheschließung mit Mohammed soll Ḫadīǧa schon vierzig Jahre alt gewesen sein. Sie hatte mehrere Ehen hinter sich. Zuerst soll sie ihrem Vetter zweiten Grades Waraqa b. Naufal versprochen gewesen sein. Ihr erster Gatte wurde aber ein Tamīmit, ein Eidgenosse der Banū ʿAbd ad-Dār, von dem sie zwei Söhne hatte. Dann heiratete sie den Maḫzūmiten ʿAtīq b. ʿĀbid, darauf einen weiteren Mann aus dieser damals wohl angesehensten quraišitischen Sippe. Auch mit diesen Männern hatte sie Kinder.[75] Jetzt also ging sie die Ehe mit dem fünfzehn Jahre jüngeren Mohammed ein; es handelte sich um eines der uxorilokalen Verhältnisse, wie wir sie schon kennengelernt haben. Die islamische Überlieferung möchte das nicht wahrhaben; deshalb redet man von einer Morgengabe, entweder sollen es, wie es vorhin hieß, zwanzig Kamele gewesen sein oder, wie auch behauptet wird, zwölfeinhalb Uqija Silber; mit ebendieser Summe pflegte er später seine zahlreichen Ehefrauen zu bedenken.[76] In den Quellen ergreift stets Ḫadīǧa die Initiative; ihr Onkel ʿAmr b. Asad ist es, der die Formalitäten erledigt. Um dieses Geschehen rankt sich übrigens eine Burleske: Ḫadīǧas Vater soll mit der Heirat ganz und gar nicht einverstanden gewesen sein; seine Tochter sorgte dafür, daß er genügend Wein zu trinken bekam, danach nahm alles seinen Gang, und als er aus dem Rausch erwachte, sah er sich vor vollendete Tatsachen gestellt. Er griff zu den Waffen, desgleichen die Hāšimiten, aber schließlich legte sich der Tumult. Nach anderen Quellen war Ḫuwailid jedoch nicht mehr am Leben, als seine Tochter die vermeintliche Mesalliance einging.[77] So mag diese Anekdote denn nichts weiter sein als der Widerschein der uns bekannten Animositäten gegen die Banū Asad b. ʿAbd al-ʿUzzā.

Mohammeds Kinder mit Ḫadīǧa

Trotz Ḫadīǧas vorgerücktem Alter hatte Mohammed mit ihr sechs Kinder: Der erste Sohn, al-Qāsim, brachte ihm den Beinamen Abū l-Qāsim ein; es folgten vier Töchter, Zainab, Ruqaija, Fāṭima und Umm Kulṯūm, und dann wieder ein Sohn, ʿAbdallāh. Es gelang Mohammed, Zainab mit einem nahen Verwandten Ḫadīǧas, Abū l-ʿĀṣ b. ar-Rabīʿ, zu verheiraten; dieser brachte einiges Interesse für die religiösen Ideen seines Schwiegervaters auf, bekehrte sich aber erst zum Islam, als man Mohammed aus Mekka verjagt hatte.[78] Weniger Glück hatte er mit der Familie, in die er Ruqaija und Umm Kulṯūm vermittelt hatte. Sie wurden mit ʿUtba und ʿUtaiba verbandelt, den beiden Söhnen seines Onkels ʿAbd al-ʿUzzā b. ʿAbd al-Muṭṭalib. Dieser sollte sich dann über das Prophetentum seines Neffen mehr als befremdet zeigen. Mohammed bedachte ihn deswegen mit einer wüsten Beschimpfung und schmähte ihn als den „Vater des Höllenfeuers", Abū Lahab.[79] In der islamischen Geschichtsüberlieferung blieb diese Verleumdung an ʿAbd al-ʿUzzā hängen, ist sie doch in den Koran eingegangen (Sure 111). Auf dringenden Wunsch ihrer Eltern mußten sich ʿUtba und ʿUtaiba von den beiden Töchtern des Gottesgesandten trennen, der seine Taktlosigkeiten als Wort Allahs ausgab.[80] Mohammed verehelichte nun Ruqaija mit einem seiner jugendlichen Verehrer, mit ʿUṯmān b. ʿAffān aus der Sippe der Banū ʿAbd Šams; nach dem frühen Tod Ruqaijas trug er diesem auch die Hand Umm Kulṯūms an. Fāṭima, die zweitjüngste unter seinen Töchtern, gab er ʿAlī b. abī Ṭālib, seinem Vetter, zur Frau; dies geschah allerdings erst in Medina. Wenig Glück hatte er mit den Söhnen. Al-Qāsim starb im Säuglingsalter; ʿAbdallāh, dem letzten ihm von Ḫadīǧa geborenen Kind, war ebenfalls nur ein sehr kurzes Erdendasein beschieden. Als Mohammed auch ihn hatte beerdigen müssen, höhnte einer seiner Feinde, nun sei der Prophet ganz ohne männliche Nachkommen, sei somit nach den Vorstellungen der patrilinearen Stammesgesellschaft ein Gescheiterter. Mohammed zahlte die Beleidigung in gleicher Münze zurück,[81] wiederum in Form eines Wortes Allahs (Sure 108, 3). – Überblickt man diese Daten, dann beschleichen einen Zweifel, ob Ḫadīǧa bei der Eheschließung mit Mohammed wirklich schon vierzig Jahre alt gewesen ist. Nach der gängigen Chronologie wurde Mohammed als vierzigjähriger Mann von Allah berufen; Ḫadīǧa hatte damals mithin das 55. Lebensjahr vollendet, und erst danach soll sie mit ʿAbdallāh niedergekommen sein. Darf man das für wahr halten? Vermutlich sind die Angaben über das Alter, das Ḫadīǧa und Mohammed je an den entscheidenden Wendepunkten des Lebens erreicht hatten, systematisiert worden, wobei die Vierzig gewählt wurde, da sie als ein Symbol der Vollkommenheit galt: Die vierzigjährige Ḫadīǧa wird die Gattin des künftigen Propheten; der vierzigjährige Mohammed empfängt seine Berufung.[82]

Die Berufung

Wenn wir uns diesem Ereignis jetzt noch einmal zuwenden, werden wir vollends unsicher, ob es sich auf einen bestimmten Zeitpunkt festlegen läßt. Der Beginn der „Eingebungen" wurde mit zwei sehr unterschiedlichen Offenbarungstexten verknüpft: mit der Aufforderung an Mohammed, sich zu erheben und seine Mitmenschen zu warnen, sowie mit dem Befehl: „Rezitiere!" Beide gehören je einem anderen Stadium der Entwicklung des prophetischen Bewußtseins an. Zuerst wird Mohammed ein bestimmtes Handeln aufgetragen; die Worte, mit denen er die Warnung verkünden soll, sind noch nicht vorgegeben. Dies ist erst bei der zweiten Anweisung der Fall. Im nächsten Teilkapitel ist dieser Unterschied genauer zu untersuchen. Jetzt sei lediglich dargelegt, daß man mit einer Periode der Ungewißheit und Unsicherheit Mohammeds zu rechnen hat. Wie sollte er die krankhaften Zustände bewerten, die er seit seiner Kindheit durchlitt? Macht man sich den Blick frei von der Voreingenommenheit der späteren theologischen Prinzipien, die einen klar benennbaren Anfang benötigen, um mit Genauigkeit zu sagen, was Allahs Rede ist und was nicht, dann stoßen wir auf das, was die mit dieser Theologie zusammen Gestalt gewinnende Prophetenvita beiseitegedrängt, aber nicht vollständig getilgt hat. Ibn Hišām (gest. 834), der Schöpfer der am weitesten verbreiteten Fassung der Prophetenvita Ibn Isḥāqs, löschte sehr sorgfältig alles das aus dem Text, was das Bild stören konnte, das der sich um 800 formierende sunnitische Islam vom Propheten benötigte.[83] Jūnus b. Bukair (gest. 814),[84] ein anderer Tradent des Werkes Ibn Isḥāqs, ist noch nicht so befangen. Bei ihm findet sich, auf Muḥammad al-Bāqir (gest. 731), einen Urenkel ʿAlī b. abī Ṭālibs, zurückgeführt,[85] diese Aussage: „In Mekka traf den Gesandten Allahs öfter der böse Blick; er wurde (jedesmal) plötzlich von ihm attackiert. Das geschah, bevor die Eingebungen auf ihn herabkamen. Ḫadīǧa bt. Ḫuwailid schickte dann stets nach einem alten Weib in Mekka, das ihn hiergegen (durch Zauberei) feien sollte. Als aber auf ihn der Koran herabgesandt wurde und ihn dann in gleicher Weise wie zuvor der böse Blick traf und Ḫadīǧa fragte: ‚Gesandter Allahs! Soll ich nicht nach jenem alten Weib schicken, damit es dich feie?‘ da antwortete er: ‚Jetzt nicht!‘“[86] Die Feiung geschah, indem Knoten in einen Faden geschlungen und bespien oder angeblasen wurden.[87] Dies ist genau das Verfahren, gegen das sich Mohammed in Sure 113 verwahrt: „Ich nehme meine Zuflucht beim Herrn des Frühlichts... vor dem Übel der Knotenbläserinnen...“ Nach muslimischer Überlieferung ist Sure 113 kurz vor Sure 53 offenbart worden,[88] mit der Mohammeds öffentliches Predigen beginnt. Den Dienst einer „Knotenbläserin“ braucht er nicht mehr, seitdem er mit sich ins reine gekommen ist und zu wissen glaubt, mit wem er es zu tun hat. Für die muslimischen Gelehrten zwei Jahrhunderte später, die sich bemüßigt fühlen, den ganzen Lebensvollzug des Muslims in Allahs Gesetz zu bannen, dessen Inhalt einzig und allein durch die Person des Propheten verbürgt ist und nicht an innerweltlichen Kriterien überprüft werden kann, mußte es ein beängstigender Gedanke sein, daß letzten Endes eine persönliche Entscheidung Mohammeds den Zeitpunkt bestimmt haben sollte, zu dem er der Gesandte Allahs geworden sei.[89]

Der moderne Historiker, der von solchen Nöten frei ist, tut also gut daran, die vierzig Lebensjahre Ḫadīǧas bei der Verehelichung mit Mohammed und dessen vierzig Jahre bei der Berufung nicht wörtlich zu nehmen; wenn Mohammeds Sohn ʿAbdallāh erst nach diesem Zeitpunkt geboren worden sein soll, dann muß man nicht annehmen, Ḫadīǧa sei bei der Niederkunft eine – zumindest nach damaligen Verhältnissen – Greisin von 55 Jahren gewesen. Das Leiden Mohammeds, das laut den Quellen spätestens seit dem Neubau der Kaaba auftrat, überschattete dessen Ehe mit ihr. In frühen, noch nicht nach Maßgabe der klaren Trennung zwischen der Zeit vor und nach dem „Beginn der Eingebungen“ gegliederten Nachrichten über Mohammeds Lebensdaten bemerkt man diesbezüglich erhebliche Unsicherheiten. Der herausragende medinensische Rechtsgelehrte Saʿīd b. al-Masaijab (gest. 718/9) nimmt an, daß der Koran erst auf Mohammed herabgesandt wurde, nachdem er das 43. Lebensjahr vollendet hatte; dies vorausgesetzt, kommt man auf zwei je zehn Jahre lange Phasen des prophetischen Wirkens in Mekka und in Medina. Letzteres soll auch der nahezu als allwissend geltende Ibn al-ʿAbbās behauptet haben; allerdings wird ihm auch die Meinung zugeschrieben, in Mekka habe Mohammed dreizehn Jahre lang Offenbarungen empfangen. Ferner gibt es die Ansicht, Mohammed habe in Mekka fünfzehn Jahre lang Botschaften von Allah erhalten, also seit seinem vollendeten 38. Lebensjahr. Auch dem pflichtet Ibn al-ʿAbbās bei: „Der Gesandte Allahs blieb (als Prophet) fünfzehn Jahre in Mekka; davon sah er sieben Jahre lang Lichterscheinungen und hörte Stimmen; acht Jahre lang wurden ihm Eingebungen zuteil."[90] Das Leiden Mohammeds, so sagten wir, überschattete seine Ehe mit Ḫadīǧa; doch gelang es, diesem Leiden einen positiven Inhalt zu geben, der mit dem ḥanīfischen Gedankengut zusammenhing, das in der Sippe Ḫadīǧas kursierte. Die religiöse Überlieferung der „Strengen", die Mohammed geläufig war, erfuhr auf diese Weise eine allmähliche Erweiterung und Vertiefung. Diesem Vorgang wenden wir uns jetzt zu.

3. Gnostische Anfänge

Die Reinheit

Die ersten fünf Verse von Sure 96 dienen dem Zweck, Äußerungen, die Mohammed im Zustande des Leidens getan hat und deren Wortlaut in Erinnerung geblieben ist, als Teile eines zu rezitierenden durch Allah herabgesandten Buches auszuweisen. Die älteren von dem Medinenser Ǧābir b. ʿAbdallāh al-Anṣārī und Muḥammad al-Bāqir überlieferten Berichte, der Ruf Allahs habe Mohammed während eines der Anfälle getroffen und noch nicht den Befehl des Rezitierens enthalten, wurden unterdrückt oder im Sinne des Buchkonzepts überarbeitet. Dieser Umstand weist uns den Weg zur Analyse des Inhalts der frühen Offenbarungen: Wir betrachten zunächst jene wenigen Passagen des Korans, in denen sich Mohammed als Warner angesprochen sieht, ohne daß bereits vom Auftrag des Verkündens die Rede ist, und gehen dann zu der Vision oder den Visionen über, die nach der Überlieferung der Anlaß für den entsetzten Schrei „Hüllt mich ein!" gewesen sind; sie werden in Sure 53 in einigem zeitlichen Abstand geschildert und mit einer Reihe von theologisch aussagekräftigen Begriffen verknüpft.[91]

„Steh auf und warne! Und deinen Herrn, den rühme! Und deine Kleider, die reinige! Und den Schmutz (arab.: *ar-ruǧz*), den meide!" Mit diesem Mahnruf, den Mohammed an sich gerichtet fühlt, bewegt er sich noch in den Vorstellungen der „Strengen". In ihren Riten ging es neben anderem um die Reinheit der Gewänder, die die Pilger beim Umlauf um die Kaaba tragen, sofern sie ihn nicht nackend vollziehen wollen. Die für die wichtigste Handlung des mekkanischen Wallfahrtskultes vorgeschriebene Reinheit soll Mohammed fortan grundsätzlich beachten. Der an der Kaaba verehrte Allah, der höchste Herr, verlangt, daß man sich ihm immer so und nicht anders nähere. Wahrscheinlich ist hiermit schon der Gedanke einer Reinheit des Handelns und der Gesinnung verknüpft. In Sure 7, die Mohammed kurz vor der Vertreibung aus seiner Vaterstadt verkündet, nimmt er diese Fragen wieder in den Blick: Allah schuf die Kleidung, damit der Mensch die Scham verberge, doch redete ihm der Satan ein, er möge sie getrost wieder ablegen; derart Abscheuliches befiehlt Allah selbstverständlich nicht; sich an den Kultstätten zu enthüllen, das ist der Brauch der irregeleiteten Väter; man solle daher in ordentlicher Kleidung die Riten vollziehen (Sure 7, 26–33). In diesen jüngeren Versen ist der immaterielle Aspekt angemessener Kleidung mitbedacht, wenn es heißt, die Kleidung der Gottesfurcht sei von höherem Wert als die aus Stoff (Vers 26). Aber auch über das, was Schmutz ist, erfahren wir in Sure 7 mehr. Es sind beispielsweise die Plagen, die Allah in der Zeit Moses über die Ägypter hinabsandte; das Unheil, das Böse, wird mit dem Strafgericht (arab.: *ar-riǧz*) in eins gesetzt (Vers 133–135). Ganz in diesem Sinn heißt es in Sure 8, Vers 11, vor der Schlacht bei Badr habe Allah „auf euch Wasser vom Himmel herabgegossen, um euch dadurch rein zu machen, den Schmutz (arab.: *ar-riǧz*) des Satans von euch zu entfernen" und um den Kämpfern Mut einzuflößen.[92]

Mohammed, der „Ṣābiʾer"

Die Mekkaner wußten sich, sobald sie von Mohammeds religiösen Ideen erfuhren, ihren eigenen Reim darauf zu machen. In Hira hatten sie den Manichäismus kennengelernt, einige von ihnen sollen sich gegenüber dieser gnostischen Religion aufgeschlossen gezeigt haben. Vom Islam und von Muslimen spricht Mohammed in den frühen Suren ja überhaupt nicht. In den Augen seiner Umgebung war er ein „Ṣābiʾer", und entsprechend bezeichneten sie seine Lehren. Sie stellten damit eine Verbindung zwischen seinem Beharren auf der rituellen Reinheit und dem Gedankengut gnostischer Frömmigkeit her. Mohammed selber hat sich nie ausdrücklich als einen Angehörigen dieser Tradition bezeichnet; später, in Medina, setzt er sich deutlich von ihr ab. Denn dann erwähnt er im Koran die Sabier, mit denen er vielleicht die Anhänger des harranischen Kultes meinte;[93] neben den Juden und den Christen zählen sie zu den Gemeinschaften, die Allah am Jüngsten Tag aburteilen wird. Laut Mohammed haben sie mit den Muslimen gemein, daß sie an Allah und das Weltgericht glauben (Sure 2, 62 und Sure 5, 69). In Sure 22, Vers 17 werden zusätzlich die Magier genannt: Zwischen den Muslimen, den Juden, Christen, Sabiern und Magiern sowie den „Beigesellern" wird Allah am Ende der Zeit trennen. In Mekka, am Beginn seines Auftretens, war immerhin deutlich, daß er weder zum Judentum noch zum Christentum übergetreten war; die religiösen Bräuche, die die Quraišiten ihren Vätern zu verdanken meinten, mißbilligte er, und so verfiel man darauf, daß er ein „Ṣābiʾer" geworden sei. Man warf ihm im Zusammenhang hiermit vor, daß er mit seinen seltsamen Ansichten die Quraišiten spalte und deren Weltklugheit wie deren Kult für nichtig erkläre. Im Zuge der politischen Ausrichtung der führenden Klane auf das Sasanidenreich wird man die über Hira nach Innerarabien einsickernde dualitische Frömmigkeit kennengelernt haben. Die „Ṣābiʾer", an die Mohammed seine Gegner erinnerte, wird man allerdings in Palästina suchen müssen; der Sternenhimmel scheint in ihrer Religion eine besondere Bedeutung gehabt zu haben.[94] Einem solchen „Ṣābiʾer" jedenfalls brauche man keine

Ehrerbietung zu erzeigen, schärfte Hind, die Mutter Muʿāwijas, ihrem Mann Abū Sufjān ein.[95] Daß Mohammed seine Glaubensgenossen ermuntert haben soll, weiße Kleidung zu tragen, da diese die vortrefflichste sei,[96] erinnert einen an die weißen Gewänder der manichäischen *electi*. Im Koran haben sich überdies, und zwar ausschließlich in mekkanischen Versen, Spuren gnostischer Religiosität erhalten. Wir werden darüber belehrt, daß Allah den Menschen in der vorzüglichsten Ausrichtung[97] geschaffen, ihn dann gleichwohl zum „Untersten der Unteren" erniedrigt hat – abgesehen von denen, die glauben und fromme Werke tun: Sie empfangen einen Lohn, der keinesfalls als eine Gnadengabe gewertet werden darf (Sure 95). Das Paradies, ein Ort, durch den „unten" das Wasser fließt (z.B. Sure 2, 25) – eine Reminiszenz an den durch das Wasser und den Leviathan von der Welt hermetisch abgeschlossenen Bereich des guten Gottes? – ist den „Allah Nahegebrachten" unter den Menschen zugesagt; des weiteren gibt es zu seiner Rechten diejenigen, die sich das Paradies verdienen, und zu seiner Linken die Verworfenen. Diese Dreiteilung der Heilsnähe (Sure 56, 7–14 und 88–94), die sonst im Koran nicht vorkommt, spiegelt die gnostische Einteilung der Menschen in Hyliker, Psychiker und Pneumatiker wider. Hervorzuheben ist endlich eine Passage aus Sure 74. Die Hölle müsse jedermann zur Warnung gereichen, „denen unter euch, die vorankommen wollen oder zurückbleiben. Jede Seele ist Geisel dessen, was sie erwarb" (Vers 32–38).

Der Bagdader Religionsgeschichtler und Theologe aš-Šahrastānī (gest. 1154) ist der einzige mir bekannte muslimische Autor, dem aufgefallen ist, daß sich hinter diesen koranischen Sätzen ein Problem verbirgt. Er legt ausführlich dar, was das „Ṣābiʾertum" sei; eine klar umrissene Gruppe hat er dabei nicht im Auge, jedoch ist der Bezug zu Formulierungen Mohammeds deutlich: Die Reinheit sei das wesentliche Element der „ṣābiʾischen" Frömmigkeit; die Reinheit – im materiellen wie im immateriellen Sinn? – herbeizuführen, sei ein Akt des „Erwerbens" (arab.: *al-kasb*) (vgl. Sure 74, 38), für den jeder Mensch selber verantwortlich sei. Diesen Ansichten stellt aš-Šahrastānī gegenüber, was er als „unsere Lehre" charakterisiert, nämlich die, wie er überzeugt ist, bereits als islamisch zu bezeichnende Religion der heidnischen arabischen Gottsucher, der Ḥanīfen. Der Kernbegriff ihres Glaubens sei die ursprünglich von Allah jedem Menschen anerschaffene Seinsart (arab: *al-fiṭra*). Er spielt damit auf Sure 30, Vers 30 an, die in spätmekkanischer Zeit entstand; dort heißt es: „Richte dein Gesicht als ein Gottsucher" – als ein Ḥanīf – „auf die Glaubenspraxis! Denn dies ist die (eigentliche) Seinsart, gemäß der Allah die Menschen geschaffen hat. Es gibt keine Möglichkeit, die Schöpfung Allahs auszutauschen..." und dadurch sich selber mittels eigenen „Erwerbens" für das Paradies zu qualifizieren.[98] Aus einem anderen Blickwinkel werden wir den Widerstreit zwischen den „Ṣābiʾern" und den Ḥanīfen gegen Ende dieses Kapitels erneut aufgreifen.

In den schon mehrfach zitierten Anfangsversen von Sure 74 wird die Aufforderung, die Mitmenschen zu warnen, mit der Notwendigkeit begründet, allen Schmutz zu meiden; nur so verdient man sich den Eintritt ins Paradies. Dem können einige ähnliche Aussagen an die Seite gestellt werden, die nach der muslimischen Überlieferung in jene Jahre gehören, in denen Mohammed die Überzeugung gewonnen hat, vom „höchsten Herrn“ angeredet zu werden, aber mit seinen Vorstellungen noch nicht an die Öffentlichkeit treten zu sollen.[99] In Sure 92 schärft Allah seinem Propheten ein, daß nur der, der sich freigebig und gottesfürchtig zeigt, mit einem guten Ende rechnen darf; Allah behält sich das erste und das letzte Wort vor. „So warne ich euch vor einem lodernden Feuer, in dem niemand anders als der Verdammte schmoren wird, der leugnete und sich abwandte. Entrinnen wird (dem Feuer) der Gottesfürchtige, der sein Vermögen hergibt und sich dadurch läutert. Niemand hat bei (Allah) eine fromme Tat gut, so daß sie ihm entgolten werden müßte – (der Gottesfürchtige spendet allein) im Streben nach dem Antlitz des höchsten Herrn, und deswegen wird er Zufriedenheit finden!“ (Sure 92, 14–21). Am Ende von Sure 74 kommt Mohammed wiederum auf die Warnung zu sprechen, die er auszurichten hat: Im Angesicht der drohenden Höllenqualen ist jeder Mensch selber dafür verantwortlich, ob er „vorankommen oder zurückbleiben“ will; „diejenigen zur Rechten“, die aus den Gärten in den Feuerschlund hinabschauen, fragen die Gepeinigten: „‚Was ebnete euch den Weg in die Hölle?‘ Jene antworten: ‚Wir beteten nicht, speisten nicht die Armen, schwätzten mit den Schwätzern, leugneten den Tag des Gerichts – bis uns das Unabwendbare überkam!‘ Niemandes Fürbitte nutzt ihnen! Warum stoben sie vor der Mahnung zurück wie aufgeschreckte Wildesel, die vor einem mächtigen Löwen fliehen? Gewiß, jeder von ihnen möchte ausgebreitete Blätter gezeigt bekommen! Doch nein! Sie fürchten das Ende nicht! Dabei ist dies eine Mahnung. Von wem (Allah) es will, der merkt sie sich...“ (Sure 74, 35–55).

Der „höchste Herr“ als Schöpfer

Der „höchste Herr“, der selber (Sure 53, 5–10) oder dessen Bote (Sure 81, 19–23) sich Mohammed in den verstörenden Visionen gezeigt hatte, war für ihn vermutlich nie der ganz und gar jenseitige, müßige gute Gott der Gnostiker, sondern wurde, eben weil er sich mitgeteilt hatte, als ein mit dem Diesseits befaßter Gott erfahren. Ebenso wenig zweifelte Mohammed allerdings daran, daß Allah von anderer Art war als die übrigen Gottheiten, die man in Arabien anbetete, anders auch als die Göttinnen, die man in Mekka als Allahs Töchter ansah und mit denen man eine ersprießliche Beziehung pflegte. Den „höchsten Herrn“ kann man nicht erweichen oder günstig stimmen; das wußten auch die Heiden.[100] Darum eben hielten sie sich lieber an seine Töchter. Nach Mohammeds Erkenntnis ist das eine verhängnisvolle Fehleinschätzung: Gerade auf den „höchsten Herrn“ kommt es an, er ist unentwegt zu preisen, und zwar ohne jeden Hintergedanken an irdischen Gewinn. Er schließlich ist es, der ohne Unterlaß alles hervorbringt, wie Mohammed in Sure 87 auseinandersetzt: „Rühme den Namen deines höchsten Herrn, der schafft und dann gerade ausrichtet, der alles bemißt und dann auf den rechten Pfad leitet; der die Wiese hervorsprießen und dann verdorren läßt, dunkelgrauem Schaum ähnlich. Wir werden dir vorzutragen geben, und du wirst es nicht vergessen, abgesehen von dem, bei dem Allah es so will. Er kennt das Offene und das Verborgene. Wir geleiten dich zum (jenseitigen) Glück. So mahne, wo die Mahnung noch nützt! Wer sich fürchtet, wird sich mahnen lassen. Der Verdammte aber, der dann im großen Feuer schmort, meidet alle Mahnung; weder sterben kann er darin noch leben. Glückselig wird, wer sich läutert, den Namen seines Herrn erwähnt und betet. Doch ihr bevorzugt das diesseitige Leben. Dabei ist das jenseitige besser und dauerhafter. Dies steht wirklich in den früheren Blättern, den Blättern Abrahams und Moses."

Frühe Relativierung des Gnostizismus

Den Eingangsvers, vielleicht aber auch die ganze Sure 87, hielt ʿUbaid b. ʿUmair al-Laiṯī (gest. 687/8), Inhaber eines alten Koranexemplars, für die älteste Offenbarung – eine Ansicht, die stillschweigend voraussetzt, das ḥanīfische Gotteskonzept sei das ursprüngliche. In Sure 87 stimmt nämlich der Grund für das Mahnen und Warnen nicht mehr mit dem in Sure 74 überein: Allah schafft alles, was der Mensch zum Leben braucht; Allah vernichtet es auch, der Mensch verfügt über nichts, erst recht nicht über sein Jenseits. Beunruhigend ist diese neue Erkenntnis. Den Heiden allerdings wird sie ebenso wenig geschmeckt haben wie die „gnostische". Denn die Vorstellung, es gebe ein Jenseits, erachteten sie für abwegig und lächerlich. Der Tod, dessen waren sie sich sicher, war etwas Endgültiges, er war die unwiderrufliche Vernichtung, auf die alles Dasein zulief. Einzig und allein in dem Ruhm, den man mit prestigeträchtigen Taten erworben hat, lebt man bei seinen Nachfahren weiter, in der kollektiven Erinnerung des als Blutsgemeinschaft aufgefaßten Stammes. Die verrinnende Zeit ist gleichsam die personifizierte Zerstörerin. „O Unheil, das in den Tagen und in der Zeit liegt, wenn du zugrunde gehst, und in dem Wechsel der Nächte, die eine auf die andere folgen!" klagte Ḏū l-Aṣbaʿ von den Banū ʿAdwān b. ʿAmr, ein vorislamischer Dichter und Brigant, als eine den eigenen Stamm zerrüttende Blutfehde nicht abzuwenden war. Im hohen Alter begann Ḏū l-Aṣbaʿ sein ganzes Vermögen zu verteilen, um durch übersteigerte Freigebigkeit Nachruhm zu erwerben; als ihm seine Verwandten tadelnd in den Arm fielen, rechtfertigte er sich: „Nächte und Tage gemeinsam vernichten uns, und harsch greift die Zeit den Jüngling an! So liegt nichts Seltsames in dem, was mich traf, wenn ich nun ein mir selber ekler Graubart und Glatzkopf geworden bin, ich, der einst im Glanze der Jugend strahlte, daß man ihn für eine erquikkende Wasserstelle hätte halten können, ich, dem aus dem fremden Stamm die Mädchen zuzwinkerten – bis jene Glanzzeiten vergingen, für immer dahinschwanden!"[101] „Ist die Zeit etwas anderes als das Heute, das Gestern oder das Morgen? So geht der Zeitenlauf unter uns hin und her! Er bringt über uns eine Nacht, dann ihren folgenden Tag. Wir sind nicht so, daß wir bleiben; die Zeit aber hört nie auf! Wir haben eine bestimmte Frist, die nicht vorher zu Ende geht. (Der Zeit) folgend, gelangen wir schließlich zu (unserer Frist)." Dies antwortete der Dichter Ḥātim aṭ-Ṭāʾī, als man ihn wegen seiner später sprichwörtlich gewordenen unmäßigen Freigebigkeit zur Rede stellte.[102]

Die gnostische Vorstellung vom müßigen „höchsten Herrn" war zwar mit dem Brauch vereinbar, Allah bei den Opfergaben nur wenig zu bedenken, seine Töchter dagegen um so mehr. Als die eine Gegebenheit, auf die man sein Dasein ausrichten solle, um in einer jenseitigen Existenz, an die man kaum glauben mochte, einen entsprechenden Lohn zu empfangen, taugte jedoch eher ein aktiv bestimmender Gott. Im engsten Familienkreis konnte Mohammed entsprechende Anregungen erhalten, worauf bald einzugehen ist. Im Heidentum war man der Ansicht, die

Natur trage in sich die Kraft zu leben, die Zeit aber zerstöre alles, was ins Leben trete. Doch war in Arabien schon vor dem Islam der Glaube an einen Gott eingedrungen, der die Welt aus dem Nichts geschaffen habe. Beschränkte man Gottes schöpferisches Tun auf den „Anfang", dann ersparte man sich die Pflicht, ihm ständig Dankbarkeit zu erweisen und auf seinen Richterspruch am Ende der Zeit gefaßt zu sein. Man sorgte sich um die alltäglichen Dinge und sicherte sich dafür den Beistand der Gottheiten, die man „schon immer" verehrt hatte; als Erzeuger dieser Gottheiten war der Schöpfer zu respektieren, aber er rückte nicht in den Mittelpunkt des Kultes. Das hochreligiöse Gedankengut setzte demgegenüber auf eine Abrechnung, sei es mittels der eigenverantwortlichen Schaffung einer Anwartschaft auf das Paradies, sei es im Zuge des Abtragens der Dankesschuld gegen den Schöpfergott, dessen Handeln, wie man einzusehen lernte, nicht nur „am Anfang", sondern ununterbrochen von überragender Bedeutung ist. Beides war den heidnischen Arabern fremd. Sie „glaubten an die Wahrsagekunst. Doch diejenigen unter ihnen, die in die heiligen Schriften Einblick genommen hatten, bekannten, daß es Paradies und Hölle gebe", lesen wir in einer Darstellung der Vorgeschichte des Islams aus dem 10. Jahrhundert. In der hochreligiösen Weltanschauung wandelt sich die Furcht vor der Zeit, der alles auf dieser Welt ohnmächtig ausgeliefert ist, in das Bangen vor dem Gericht am Ende der Tage – auch dies eine bedrohliche Aussicht, aber immerhin doch ein Ereignis, auf das man sich im irdischen Leben vorbereiten kann. Der König von Hira an-Nuʿmān b. al-Mundir (reg. 580–602)[103] ritt mit seinem christlichen Dichter ʿAdī b. Zaid zur Jagd aus; dieser erinnerte den Herrscher währenddessen daran, daß vieles von dem, woran man gerade vorüberkomme, von nichts anderem als der Vergänglichkeit des diesseitigen Daseins und von der Zerstörungswut der Zeit künde. „Du willst mich mahnen", versetzte der Herrscher, „doch welches ist der Weg, auf dem man Rettung erlangt?" ʿAdī antwortete: „Du mußt die Verehrung der Götzen aufgeben, nur noch den einen Gott anbeten und dich zum Glauben an Jesus Christus, den Sohn der Maria, bekehren!" Diesem Rat folgte an-Nuʿmān und verlieh seinem Leben dadurch einen über das Diesseits hinausweisenden Sinn: Zeit und Schicksal, wovon die Wahrsager zu künden pflegen, sind keine eigenständigen Mächte; sie werden nur nach dem Ratschluß des einen Schöpfers tätig, dem der auferstandene Mensch eines Tages gegenübertreten wird. „Nichts ist bleibend vor dem Fatum – außer dem Antlitz des gepriesenen Allschöpfers", so drückte ʿAdī b. Zaid in einem Vers die das Heidentum überwindende Botschaft aus.[104]

Hochreligiöse Sinnstiftung

Das Thema des unermüdlichen Schöpfertums Allahs verschaffte sich Gehör in den frühen Verkündigungen Mohammeds, wie gezeigt wurde; daß es eigentlich in einem unauflösbaren Spannungsverhältnis zum Gedanken der selbstverantwortlichen Vorbereitung auf das Jenseits steht, trat damals noch nicht zutage: Allah schafft und bemißt alles, er macht, daß das frische Gras emporwächst, und da er es so will, verdorrt es wieder, heißt es in Sure 87, und Allah geleitet auch zum jenseitigen Glück (Vers 8). Ein Werk des Fatums oder der Zeit ist dies alles nicht, sondern allein der unentwegten, alles bestimmenden Sorge des „höchsten Herrn" um diese Welt. Ihn also muß man fürchten; das ist es, woran eindringlich zu erinnern Mohammed sich aufgerufen fühlt. Eine grundsätzliche Debatte hierüber hat er zu Anfang seiner Prophetenschaft freilich nicht zu führen. Wie wir wissen, trat er mit seiner Botschaft noch nicht an die Öffentlichkeit, doch in dem Klan, zu dem Ḫadīǧa gehörte, war entsprechendes Gedankengut nichts Ungewöhnliches. Erst später, als er die Mekkaner insgesamt ansprach und hierdurch die religiös-politischen Verhältnisse seiner Vaterstadt von Grund auf zu ändern trachtete, entzündete sich nicht zuletzt an der Lehre von der Auferstehung und dem folgenden Endgericht eine erbitterte Polemik. Sie fand ihren Niederschlag in den Suren jener Zeit. „Was meinst du wohl von dem, der sich eine unbegründete Meinung zum Gott nahm, von dem also, den Allah wissentlich in die Irre führte, dem er Ohren und Herz versiegelte und die Augen mit einer Hülle verdeckte – könnte ihn, nachdem Allah so mit ihm verfahren ist, noch irgend jemand auf den rechten Weg leiten? Wollt ihr euch nicht mahnen lassen? Wenn ihnen unsere Verse deutlich vorgetragen werden, haben sie kein anderes Argument anzuführen als: ‚Dann bringt doch einmal unsere (verstorbenen) Väter herbei, wenn ihr die Wahrheit sagt!‘ Sie wenden nämlich ein: ‚Es gibt nur unser diesseitiges Leben. Hier sterben und leben wir, und nichts anderes vernichtet uns als die ewige Zeit!‘ Sie haben über alles das gar kein Wissen, sie stellen nur Mutmaßungen an. Sprich: ‚Allah ruft euch ins Leben, läßt euch dann sterben, sammelt euch darauf zum Tag der Auferstehung, woran kein Zweifel möglich ist.‘ Die meisten Menschen wissen allerdings nicht Bescheid. Allah hat die Herrschaft über die Himmel und die Erde inne, und am Tag, da die Stunde anbricht – an jenem Tag werden die Schwätzer die Verlierer sein“ (Sure 45, 23–27). Mohammed, ein schlichter Mensch wie alle anderen auch, wolle mit seinen Verkündigungen lediglich einen Vorrang vor den übrigen behaupten, wirft man ihm vor; wenn er Allah genehm wäre, müßte dieser doch Engel herabsenden, meinen die Feinde des Propheten (Sure 23, 24). „Es gibt nur unser diesseitiges Leben, wir sterben und wir leben hier, wir werden nicht auferweckt. (Mohammed) ist nichts als ein Mann, der über Allah Lügen ersonnen hat. Wir werden ihm nicht glauben!“ (Sure 23, 27 f.; vgl. Sure 6, 29).

Dies sind, wie angemerkt, die Debatten, die Mohammed bevorstehen. Ihm selber ist am Beginn seiner Prophetenschaft zunächst deutlich geworden, daß für den Menschen das Transzendente so bestimmend ist, daß zur Wahrung einer das Heil sichernden Beziehung mit ihm die Reinheit verstetigt werden muß. Denn den Menschen erwartet ein Endgericht. Das Transzendente bzw. die Verbindung mit ihm gab sich Mohammed jedoch in einer personalisierten Weise kund und wurde durch ihn daher nicht als ein abstraktes Prinzip erfahren. Deswegen wurde ihm schnell bewußt, daß die Vorsorge für das Jenseits im Angesicht eines unermüdlichen Schöpfergottes zu leisten ist und daß sie vor allem in der vorbehaltlosen dankbaren Anerkennung seines Wirkens besteht. Am Beginn von Sure 87 spricht Mohammed diesen Gedanken aus. Dieser Allah, der „höchste Herr“, ist die eine Gegebenheit, die im Leben des Geschöpfes überhaupt von Gewicht ist. Wer glückselig werden will, muß des Herrn geziemend gedenken und das rituelle Gebet ausüben (Sure 87, 15) – hier eine der frühesten Erwähnungen der für den Islam kennzeichnenden Form der Gottesverehrung.

Vor allem aber muß der Mensch, wie schon gesagt, sich läutern. Von Beginn an hat Mohammed hierbei die rein äußerliche Freiheit von Schmutz ebenso im Auge wie eine Läuterung von den Folgen eines wider Allahs Bestimmen gerichteten Handelns: Nur als reiner, geläuterter darf der Mensch beim Vollzug des Ritus vor Allah treten. Als einem Mitglied der Kultgemeinschaft der „Strengen" war Mohammed bewußt, daß die Verehrung des Herrn der Kaaba das Tragen neuer, reiner Gewänder erforderte – oder solcher, die von den „Strengen" stammten und für deren rituelle Unbedenklichkeit letztere bürgten.[105] Sich zu läutern, um vor Allah zu treten frei von jeder materiellen wie ideellen Befleckung, wird zum Inbegriff der „islamischen" Lebenshaltung. Das gnostische Gebot ist hierin noch erkennbar, jedoch ist es zugeschnitten auf die Vorstellung vom ständig tätigen, alles bestimmenden Schöpfergott: Der Ritenvollzug, die Bekundung der Dankbarkeit gegen Allah, ist das Handeln des Muslims schlechthin, nicht die eigenständige Meisterung des Diesseits. Diese wird zur heidnischen Eigensucht herabgewürdigt, zum undankbaren Streben nach Veränderung des durch Allah Bestimmten. Da kaum jemand von derartigen Regungen frei ist, wird hier eine andere Art von büßender Selbstreinigung notwendig, die sogenannte Läuterungsgabe (arab.: *az-zakāt*), die man aus seinem Vermögen spendet (Sure 92, 18; 87, 14), und dies muß ohne Hintergedanken geschehen, allein „im Streben nach dem Antlitz des ‚höchsten Herrn'" (Sure 92, 20).

Mit dem „Antlitz des ‚höchsten Herrn'" greift Mohammed den Ausdruck auf, der uns eben bei dem Christen ʿAdī b. Zaid begegnet ist, also aus der in Arabien eindringenden hochreligiösen Gedankenwelt stammt. In Mohammeds Verkündigung wird das Bild, das dieser Ausdruck evoziert, eine prägende Wirkung entfalten; sie wird Mohammed dazu führen, Allah als sein personales Gegenüber aufzufassen und sich selber als den einen durch Allah erwählten Sachwalter, dem dieser nichts abschlägt. Es bedeutet zugleich das Ende des Bundes der „Strengen"; denn jeder, der in der Kenntnis seiner Geschöpflichkeit auch im Alltag sich immer wieder dem Antlitz des „höchsten Herrn" zuwendet, hat notgedrungen ständig für seine rituelle Reinheit zu sorgen, und er hat dies für sich selber zu tun, im besten Fall vereint mit Glaubensgenossen, nicht mehr aber im Gefüge der überkommenen religiösen Institutionen, die ein auf Dauer gestelltes Ringen um Reinheit nicht unterstützen. Mohammeds Verkündigung tastet daher die Grundlagen der quraišitischen Macht an. Doch darüber mehr im nächsten Kapitel!

4. Anstöße zum Eingottglauben

Sure 53 und der Beginn der Verkündigung

Indem Mohammed mit seinen Vorstellungen den intimen Kreis seiner Sippe verläßt, betritt er unwiderruflich den Weg, der ihn in den unversöhnlichen Konflikt mit den Großen seiner Heimatstadt führen wird. Daß Mohammed sich schon früh zu diesem Schritt gedrängt fühlte, deutet er in Sure 87, Vers 6 f. an: „Wir werden dir vorzutragen geben, und du wirst es nicht vergessen, abgesehen von dem, bei dem Allah es will." Was für die Öffentlichkeit taugt, muß nicht mit dem übereinstimmen, was zuvor als das Wort des höchsten Herrn entgegengenommen wurde. Wenn sich der Prophet an einen weiteren Kreis wendet, muß er einen Aufriß seiner Gedanken vorzeigen können und sich als den befugten Sprecher Allahs legitimieren. Dies geschieht in Sure 53. Die in der islamischen Überlieferung vertretene Meinung, sie markiere den Beginn seiner öffentlichen Verkündigung, [106] erweist sich nach einer Analyse des Inhalts als überzeugend. Sure 53 beginnt mit einer Schwurformel, wie sie die Wahrsager benutzten. Weitere Beispiele hierfür werden wir kennenlernen.[107] „Beim Siebengestirn, wenn es sinkt! Euer Gefährte geht nicht in die Irre und ist nicht fehlgeleitet! Er redet nicht nach Belieben! Es ist nichts anderes als eine Eingebung, die ihm eingegeben wird. Jemand mit starken Kräften hat sie ihn gelehrt, jemand mit Macht. Er hatte sich aufrecht (auf den Thron) gesetzt, dort ganz oben am Horizont. Dann kam er näher und ließ sich herab, zwei Bogenspannweiten oder näher. Nun gab er seinem Knecht ein, was er ihm eingab. Das Herz lügt nicht, was es sah. Wollt ihr (dem Gesandten Allahs) bestreiten, was er sieht? Und er sah ihn ein anders Mal herabkommen, beim Christdorn[108] ganz am Ende, dort, wo der Garten mit dem Ruheplatz ist. Da bedeckte etwas den Christdorn. Der Blick wich nicht, war aber auch nicht aufdringlich. Er hatte von den Wunderzeichen seines Herrn das größte gesehen" (Vers 1–18). Die Schilderung der Visionen, von denen eine in den ältesten Worten des Korans (Sure 74, 1–5) zu Buche geschlagen sein mag, nimmt das erste Viertel der Sure ein: Mohammed beruft sich darauf, daß er den hier nicht ausdrücklich genannten Boten des „höchsten Herrn" geschaut hat. – Erst die spätere theologische Reflexion möchte in ihm Gabriel erkennen.[109] – Von diesem Höchsten ist Mohammeds Rede autorisiert worden.[110]

Doch hören wir weiter Sure 53: Die Göttinnen al-Lāt, al-ʿUzzā und Manāt können gegen diesen Herrn nicht aufkommen. So lautet der erste Teil der Botschaft, mit der sich Mohammed an die Mekkaner wendet: „Was meint ihr von al-Lāt, al-ʿUzzā und von Manāt, der anderen, dritten? Euch behaltet ihr die Söhne vor, ihm (sollen bloß) die Töchter gehören? Das ist eine ungerechte Verteilung!" (Vers 19–22). Mohammed kritisiert die Mekkaner, weil sie Allah weniger Prestige zugestehen wollen, als sie für sich selber beanspruchen; dieses Verhalten zeigen die Heiden auch sonst, indem sie es mit den Opfern für ihn weniger genau nehmen. Von den ihnen näher stehenden „Töchtern Allahs" erhoffen sie sich eher eine Hilfe in den Nöten des Alltags.[111] – Der nun folgende Vers fällt stilistisch wie inhaltlich aus dem Rahmen; er ist um ein Vielfaches länger als die anderen und setzt bereits einen Disput über das Thema der Vielgötterei voraus, gehört demnach einer späteren Zeit an. Mohammed faßt hier die Argumente zusammen, die er auch an anderen Stellen des Korans in zahlreichen Abwandlungen vorträgt: „(Die Göttinnen) sind nichts weiter als Namen, die ihr und eure Väter ersonnen haben. Allah hat (für das Ersinnen dieser Namen) keine Vollmacht herabgesandt. (Die Gegner des Gesandten) folgen allein ihren Vermutungen und dem, was sie sich zurechtlegen, und dies, obgleich zu ihnen schon die Rechtleitung von ihrem Herrn gekommen ist!" (Vers 23). – Danach nimmt der Text den mit dem empörten Hinweis auf die ungerechte Verteilung von Töchtern und Söhnen unterbrochenen Gedankengang wieder auf: „Oder wird dem Menschen etwa zuteil, was er wünscht? Allah gehören das Jenseits und das Diesseits!" (Vers 24 f.). Das Geschlecht ihrer Kinder können die Menschen nun einmal nicht bestimmen. Ihre Macht reicht nicht aus, um ihren Wünschen Erfüllung zu ertrotzen; denn Allah verfügt nach eigenem Ratschluß über das Jenseits und das Diesseits. Insofern sind alle Spekulationen, die den Maßstab des Menschen an das Handeln Allahs anlegen, müßig. – Mohammed unterbricht jetzt ein weiteres Mal den ursprünglichen Text: Der Glaube, die zu Unrecht als weiblich angesehenen Engel könnten aus eigener Machtvollkommenheit bei Allah Fürbitte einlegen, ist irrig;[112] der Prophet soll sich von den Einwänden seiner allein nach irdischen Gütern strebenden Gegner nicht beeindrucken lassen. Diese später eingefügten Erläuterungen bereiten die Zuhörer auf den Fortgang des ursprünglichen Textes ab Vers 33 vor, auf die Geißelung der Unwissenheit derjenigen, die sich von dem mahnenden Propheten abwenden; sie liefern nachträglich die Begründung für die Mahnungen. Der Einschub lautet: „Wieviele Engel gibt es in den Himmeln, deren Fürsprache vergeblich ist, es sei denn, Allah hätte sie ihnen zugunsten derjenigen erlaubt, für die er dies will und an denen er Wohlgefallen hat! Wer nicht an das Jenseits glaubt, benennt die Engel mit weiblichen Namen. (Solche Leute) haben kein Wissen davon und folgen nur ihren Mutmaßungen; diese treffen aber nie die Wahrheit. Wende dich ab von denen, die unsere Mahnung mißachten und auf nichts (anderes) als auf das diesseitige Leben aus sind! Das ist nun einmal ihr Anteil am Wissen. Dein Herr kennt am ehesten diejenigen, die vom Weg abirren, und auch die, die sich rechtleiten lassen. Allah gehört, was in den Himmeln und auf der Erde ist; er will denen, die Übles taten, ihr Handeln entgelten, und diejenigen, die Gutes taten, mit dem Paradies belohnen, jene nämlich, die die schweren Sünden und widerwärtigen Taten meiden – bis auf läßliche Verfehlungen. Denn dein Herr ist weitherzig beim Verzeihen, kennt er euch doch ganz genau, da er euch aus Erde schuf und da ihr als Frucht im Leib eurer Mütter heranwuchset. Darum haltet euch nicht für geläutert! Er weiß am besten, wer gottesfürchtig ist" (Vers 26–32).

Der Hundsstern

Nach diesen Erwägungen nun wieder die knappen, ausdrucksstarken Sätze: „Was meinst du von dem, der sich abwendet? Der nur wenig gibt und knausert? Weiß er vom Verborgenen, so daß er es sieht? Oder wurde ihm nicht gesagt, was in den Schriftstücken des Mose steht? Und Abrahams, der (alles) erfüllte? Daß niemand die Last eines anderen trägt? Daß dem Menschen nur zuteil wird, wonach er strebt? Und daß man das Ergebnis des Strebens sehen wird? Daß ihm dann voll entgolten wird? Daß bei deinem Herrn alles endet? Daß er es ist, der lachen und weinen macht? Sterben und leben läßt? Daß er das Paar schafft, männlich und weiblich? Aus einem Samentropfen, wenn dieser hervorgestoßen wird? Daß (Allah) auch die andere Hervorbringung (am Jüngsten Tag) obliegt? Daß er Reichtum und Besitz schenkt? Daß er der Herr des Hundssterns ist? Daß er das alte Volk der ʿĀd vernichtete? Und die Ṯamūd, und niemanden am Leben ließ? Und davor die Leute Noahs? Sie waren frevlerisch und aufsässig! Daß er die dem Untergang geweihte (Stadt)[113] zugrunderichtete und dabei ganz bedeckte? Welche Wohltaten deines Herrn willst du bestreiten? Dies ist eine von den ersten Warnungen. Die Katastrophe steht bevor! Außer Allah vermag niemand sie abzuwenden! Ihr wundert euch über solche Rede? Ihr lacht? Ihr weint nicht? Frivol wie ihr seid? Werft euch (lieber) vor Allah nieder und betet (ihn) an!" (Vers 33–62).

Auf zweierlei Art stellt Mohammed in Sure 53 einen Bezug zwischen seiner Verkündigung und der heidnischen Religion her. Allah ist der Herr des Hundssterns (Vers 49), sagt er, und er kommt auf die Engel zu sprechen (Vers 26). „Dir zu Diensten, Herr des Hundssterns, Herr der höchsten Himmel, Herr von al-Lāt und al-ʿUzzā!" riefen die jemenischen Maḏḥiǧ am Heiligtum ihrer Gottheit Jaġūṯ.[114] Auch in Mohammeds Umgebung genoß der Hundsstern Verehrung, insbesondere unter den Ḫuzāʿiten. Wahb b. ʿAbd Manāf, sein Großvater mütterlicherseits, war über seine Mutter Qaila mit jenem Stamm verwandt. Qaila war die Tochter eines Ḫuzāʿiten namens Waǧz b. Ġālib, der „der erste war, der den Hundsstern anbetete".[115] Hierzu lesen wir bei al-Muṣʿab az-Zubairī: „Waǧz sagte: ‚Der Hundsstern überquert den Himmel in der Breite. Ich sehe am Himmel nichts sonst, weder Sonne noch Mond noch Stern, was ihn in der Breite überqueren würde.' Die Araber nennen den Hundsstern den ‚Überquerer', weil er den Himmel in der Breite überquert. Waǧz hat den Beinamen Abū Kabša, mit dem die Quraišiten den Gesandten Allahs in Verbindung zu bringen pflegten. Die Araber vermuten nämlich, daß kein Mensch anders handelt als nach einer Ader, deren Ähnlichkeit (mit derjenigen eines anderen) ihn (zu entsprechendem Handeln) drängt. Als der Gesandte Allahs sich der Glaubenspraxis (arab.: *ad-dīn*) der Quraišiten widersetzte, sprachen diese: ‚Ihn drängte Abū Kabša dazu.' Denn dieser hatte sich den Leuten widersetzt, indem er den Hundsstern anbetete, und deswegen brachten sie den Gesandten Allahs mit ihm in Verbindung. Abū Kabša war ein Anführer unter den Ḫuzāʿiten gewesen, und man tadelte den Gesandten Allahs mit dieser Bezeichnung (Ibn abī Kabša) keineswegs für irgendeinen Mangel, den er an den Tag gelegt hätte. Man wollte nur die Ähnlichkeit mit dem Zuwiderhandeln Abū Kabšas deutlich machen und sagte deshalb: ‚Er widersetzte sich wie Abū Kabša.'"[116] Allzu verschreckt waren die Mekkaner über Mohammeds Worte zunächst anscheinend nicht. Erst in dem in Sure 53 eingeschobenen Vers 23 verwirft er die Vielgötterei in Bausch und Bogen: Sie ist das Anrufen bloßer Namen. Daß Allah der höchste Herr sei, das war ihnen geläufig, seitdem das hochreligiöse Gedankengut bei ihnen Fuß gefaßt hatte: Allah ist „der Herr des Himmels", und Waǧz schien diesen Herrn des Himmels im Hundsstern erkannt zu haben. So nehmen die Mekkaner vorerst Mohammeds Mahnungen nur als etwas wahr, das dem Eigensinn des Waǧz ähnelt; dieser hatte den Hundsstern für die mächtigste Gottheit gehalten, und Mohammed meint nun, das sei Allah – der offenbar dem Jaġūṯ gleicht, den die jemenischen Banū Maḏḥiǧ[117] als den Herrn des Hundssterns anrufen und als Herrn auch von al-Lāt und al-ʿUzzā; der Hundsstern mag der „Herr des Himmels" sein oder ein geschaffenes Wesen, wie schon ʿAbdallāh b. az-Zibaʿrā in seinem Gedicht über den Abzug Abrahas aus dem Hedschas anmerkt,[118] wichtig ist doch nur, daß man ihn wie auch jene drei Göttinnen um Hilfe anflehen kann. Aber daß diese so sehr geschätzten Fürsprecherinnen bloße Namen sein sollten, noch dazu von ihren Verehrern selber erfundene, das wird den Mekkanern zu weit gehen. Eine solche Verhöhnung ihrer Religion werden sie sich nicht mehr gefallen lassen.

Die zweite Anspielung auf die heidnische Religion ist die Nennung der Engel. Der Kalif Hārūn ar-Rašīd (reg. 786–809) ließ für den byzantinischen Kaiser Konstantin VI. ein Schreiben aufsetzen, in dem dieser aufgefordert wurde, Muslim zu werden. Viel mehr als die erfolgreiche Machtentfaltung des Islams, die schon mit Mohammed begann, kann Hārūn nicht aufbieten, um seine Forderung plausibel zu machen. Jedoch weist er darauf hin, daß die vorislamischen Araber – wie die Christen – die Engel verehrt hätten.[119] Bereits Sozomenos hatte von heidnischen Arabern berichtet, die nach Hebron pilgerten, um dort des Erscheinens der drei Engel bei Abraham zu gedenken. Diese hatten dem Patriarchen verkündet, daß seine Ehefrau trotz ihrem vorgerückten Alter ein Kind gebären werde. Mohammed erzählt die Geschichte in Sure 51, die aus seiner frühmekkanischen Wirkensperiode stammt: Abraham bewirtet die drei Fremden mit einem gebratenen Kalb; sie überbringen ihm die Botschaft, über die sich Sarah eher empört als erfreut zeigt, doch die Gesandten beharren dabei – alles werde geschehen, wie der Herr es beschlossen habe. Mohammed geht darauf gleich zu dem Thema über, das ihn damals besonders beschäftigt; denn die Fremden bestätigen Abraham, daß sie zu einem sündigen Volk geschickt worden seien, das durch vom Himmel herabstürzende gebrannte Lehmbrocken vernichtet werden solle (Vers 24–37). In Sure 53 berührt Mohammed demnach zweimal Gedankengut, das im Heidentum wurzelt, sich aber dem Eingottglauben öffnet, und spitzt es im Sinne seiner Überzeugungen zu: Der Hundsstern ist das mächtigste aller Gestirne, doch über ihm steht Allah; die Engel, als machtvolle Wesen verehrt, vielleicht mit den Göttinnen gleichgesetzt, vermögen nichts aus eigener Kraft, sie verkünden nur, was ein ganz anderer beschließt und bewirkt, und daß sie weiblich sind, ist keineswegs ausgemacht.

Dem „höchsten Herrn“ gebührt der erste Rang

Worin also liegt das Besondere der Worte Mohammeds, worin die Abweichung vom Herkommen? Sagen wir zunächst, worin es nicht – genauer: noch nicht – zu suchen ist: in der Verkündung eines kompromißlosen Eingottglaubens. Davon fehlt in den ältesten Suren jede eindeutige Spur, und auch in Sure 53 ist die diesbezügliche Klärung erst nachträglich eingefügt worden, wie bereits dargelegt. Mohammed will nicht dulden, daß die Mekkaner dem „höchsten Herrn“ nur Töchter zugestehen, sich selber aber die Söhne vorbehalten – der „höchste Herr“ muß im Gegenteil auch das höchste Prestige genießen! Aber gradlinig verlief Mohammeds Weg zum Eingottglauben eben nicht. Denn als sich die Möglichkeit abzeichnete, durch ein Entgegenkommen in der Frage der Göttinnen die Mekkaner zur Ausübung der von ihm geforderten Riten zu bewegen und dadurch für sich und seine Anhänger ein freundliches Klima zu schaffen, nutzte er sie. Als hoch in den Himmel hinauffliegende Kraniche (?), „deren Fürsprache man erhoffen darf“, mögen jene drei weiterhin verehrt werden, räumte er in zwei Versen ein. Er fügte diese Worte entweder gleich im Anschluß an Vers 20 „...und von Manāt, der dritten?" in den älteren Text ein oder hinter der Kritik an der skandalösen Aufteilung von Töchtern und Söhnen. In einen den Engeln vergleichbaren Rang wurden al-Lāt, al-ʿUzzā und Manāt demnach erhoben. Mit der noch zu erörternden Wende zum klar ausgesprochenen Eingottglauben wurden jene Worte zu „satanischen Versen", Mohammed auf perfide Art unterschoben.[120] Jedenfalls bereute er, als er nach Medina vertrieben worden war, ausdrücklich seine Kompromißbereitschaft und lastete sie den Machinationen des Teufels an (Sure 22, 52–55).[121] – An der Stelle in Sure 53, wo vermutlich die „satanischen Verse" über die Fürbitte der Göttinnen bei Allah gestanden hatten, erfährt man jetzt, jene seien nichts als leere Namen, zu deren Verehrung Allah keine Vollmacht erteilt habe (vgl. Sure 6, 81), wie denn auch jegliche Fürbitte von seiner ausdrücklichen Erlaubnis abhänge.

Mohammed will die Rangfolge, die die Gestalten des mekkanischen Pantheons nach seiner Ansicht innehaben, auch in der Kultpraxis verwirklicht sehen. Das ist, ins Positive gewendet, das Ziel, das er zunächst ansteuert, ein Ziel, das mit seinem Streben nach Verstetigung der Reinheit im Einklang steht. Es genügt nicht, Allah während des Vollzugs der Pilgerriten als den „höchsten Herrn" anzurufen und ihn in jenen Augenblicken entsprechend zu verehren! Er ist der unermüdlich Schaffende, er gibt Reichtum und Armut, läßt das Viehfutter grünen und wieder verdorren, bildet jeden Menschen im Mutterleib heran. Dies sind jederzeit im Alltag beobachtbare Erscheinungen seines Schaffens, und so alltäglich wie diese Erscheinungen muß auch die Verehrung des „höchsten Herrn" werden. Hinter ihm haben alle übrigen Numina zurückzustehen, selbst der Hundsstern. Der „höchste Herr" nämlich hat überhaupt alles Geschehen im Diesseits in seiner Hand. Hiervon vermag freilich nicht jeder Mensch Erkenntnis zu erlangen, sondern nur die wenigen, denen er einen Einblick in das Verborgene gewährt (Sure 53, 35). Dort und in den Schriftstücken Moses und Abrahams wird man darüber belehrt, wie der „höchste Herr" alles bestimmt, Leben und Sterben, Lachen und Weinen, das erste Aufwachsen im Diesseits und das zweite am Tag der Auferstehung und des Gerichts. – Später, erst gegen Ende seiner mekkanischen Jahre, wird Mohammed ebendiese Vorstellung, das Schauen in das Verborgene und aus ihr folgend die Einsicht in die Einsheit des Schöpfergottes, am Lebensweg des „heidnischen" Abraham entfalten. – So genau ist alles festgelegt, hören wir in Sure 53 weiter, daß niemand die einem anderen zugeteilte Last wird tragen müssen und jeder zweifelsfrei vor Augen haben wird, wonach er in seinem irdischen Leben dank Allahs Ratschluß strebte. Mohammed knüpft mit diesen Erwägungen ein Band zur hochreligiösen Überlieferung seiner Umwelt, ohne daß man präzise bestimmen könnte, ob diese Überlieferung in seinem Fall jüdisch oder christlich geprägt ist.

Spuren hochreligiöser Überlieferung

Denn der Hinweis auf Mose und Abraham und ihre Schriften führt einen mitnichten geradeswegs zum Judentum. Welches wäre wohl die Schrift, die der Abraham des Alten Testaments von Gott erhalten hätte? Und war nicht, was Mose auf dem Berg Sinai empfing, eine Aufzeichnung von Gesetzen? Davon ist in Sure 53 auch zwischen den Zeilen nicht die Rede. Es geht einzig und allein um das Geschehen, das Allah festlegt und ins Werk setzt, es geht um das Wissen vom „Verborgenen". In Sure 87 stießen wir auf die gleiche Gedankenführung: Allah, der „höchste Herr", bringt alles hervor und führt den, den er glücklich machen will, ans Ziel; wegen solcher Fülle des Wirkens Allahs steht es dem Menschen wohl an, sich zu läutern und des Jenseits eingedenk zu sein; dies sei der Inhalt der Schriftstücke Abrahams und Moses. Ebenso Sure 80, die unmittelbar nach Sure 53 offenbart worden sein soll: Mohammed hat sich unwirsch von einem Blinden abgewandt, der ihn aufgesucht hatte; vielleicht wollte gerade dieser Blinde sich läutern, während die Reichen, um die der Gesandte Allahs sich bemüht, an dergleichen nicht einmal denken. Das, was vorgetragen wird, ist „eine Mahnung; wer will, bewahrt das im Gedächtnis. Sie steht auf Schriftstücken, die man in Ehren hält, hoch emporgehoben und gereinigt, in den Händen von Schreibern, edlen und frommen. Verflucht sei der Mensch! Wie undankbar er ist!" (Vers 11–17). Allah schafft einen jeden Menschen aus einem Tropfen Sperma und geleitet ihn nach der Geburt durch alle Abschnitte des Lebens, versorgt ihn mit allem – und wird ihn vor dem Gericht von den Toten erwecken, und ganz allein, verlassen von Freunden und Verwandten, wird ein jeder Rechenschaft ablegen müssen (Vers 18–37). Es geht Mohammed demnach nicht um Gebote, deren Befolgung ein günstiges Urteil bewirken wird. Etwas viel Allgemeineres steht auf dem Spiel: die Anerkennung der alles umfassenden Schöpfungstätigkeit Allahs; sie leichtfertig zu übersehen oder gar zu leugnen (Vers 17), das zieht die Verdammnis nach sich (Vers 38–42).[122]

Im Buch Exodus besteigt Mose den Berg Sinai und nimmt die Tafeln mit dem Gesetz entgegen. Das Buch der Jubiläen, das in der Mitte des 2. Jahrhunderts v. Chr. niedergeschrieben wurde, zeichnet dieses Geschehen nicht mehr in der Form eines Berichtes nach; hier ist es vielmehr ein Engel, der im Namen Gottes redet, und was Mose übermittelt wird, ist wesentlich mehr als ein Gesetz: „Schreibe auf vom Beginn der Schöpfung bis wann gebaut wird mein Heiligtum unter ihnen für die Ewigkeit der Ewigkeiten!" befiehlt Gott dem Engel, der seinerseits dessen Worte Mose diktiert.[123] Auch Abraham lernte, so das Buch der Jubiläen, die Schriften der Väter und kopierte sie;[124] nach dem Midrasch *Genesis rabbā* zeigte Gott ihm die Hölle sowie auch die Reiche, in denen die Juden im Exil leben würden, ferner die Gesetzgebung und den Tempel, also Gegebenheiten, die erst nach Abrahams Tod offenkundig werden sollten; Gott gewährte ihm Einblicke in die Geheimnisse des Diesseits und des Jenseits und in alles, was sich bis zur Ankunft des Messias ereignen würde.[125] In seinen späten mekkanischen Jahren wird Mohammed diese Vorstellung, wie schon angedeutet, eingehend erörtern und dabei den „heidnischen" Abraham zum Urmonotheisten und zu seinem unübertrefflichen Vorbild stilisieren. Davon kann in Sure 53 noch keine Rede sein, aber es wird deutlich, daß die Schriftstücke Moses und Abrahams, von denen er spricht, nichts mit dem „mosaischen" Gesetz zu tun haben, das ja erst nach Abraham in die Welt kam.

Eben deswegen taugte die Gestalt Abrahams zum Künder des Glaubens an einen allmächtigen Schöpfergott außerhalb und unabhängig vom Judentum mit seiner vom Gesetz geprägten Lebensmitte, außerhalb auch des noch jüngeren Christentums. Dies erkannte nicht erst das arabische Heidentum mit seiner zum ersten Mal von Sozomenos bezeugten kultischen Verehrung des Patriarchen und schon gar nicht Mohammed. Diese Gedanken sind viel älter. Es gibt nicht wenige Belege für eine Ausstrahlung des jüdischen Monotheismus über das durch sein Gesetz gebundene Judentum hinaus. Da waren die „Gottesfürchtigen" (griech.: Pl. *theosebeis*), Menschen, die die Synagogen aufsuchten, vielleicht auch an den dort ausgeübten Kulthandlungen teilnahmen, ohne vollgültige Konvertiten zu sein. Seit dem zweiten vorchristlichen Jahrhundert, seit der Entstehungszeit des Buches der Jubiläen, sind die „Gottesfürchtigen" im Umkreis von Synagogengemeinden bezeugt; der Apostel Paulus erwähnt sie; ab dem zweiten nachchristlichen Jahrhundert finden sich epigraphische Belege von ihnen. Wie zahlreich sie waren, läßt sich nicht ermitteln. Laut einer in Aphrodisias entdeckten Inschrift rekrutierten sie sich vor allem aus der städtischen Handwerkerschaft. Man hat vermutet, daß sie eine den christlichen Katechumenen vergleichbare Gemeinschaft bildeten, der die Gleichstellung mit den Vollmitgliedern verwehrt blieb, zumal sie sich wohl nicht beschneiden ließen.[126] Strabo von Amaseia (64/3 v. Chr.–23/6 n. Chr.), der berühmte Geograph, äußerte in seinem Kapitel über das Judentum Ansichten, die den „Gottesfürchtigen" wie auch den gleich zu beschreibenden Anschauungen des Apostels Paulus vorarbeiten. Mose habe eine reine, bildlose Gottesverehrung eingeführt, da ihm die ägyptischen und griechischen Kulte zuwider gewesen seien. Der Gott, den er verkündet habe, sei ein universaler Schöpfer gewesen, dessen Anbetung den Menschen keinerlei Beschwernisse abgefordert habe – ein Gedanke, auf den wir auch bei Mohammed treffen werden, ohne daß natürlich irgendeine Beziehung zwischen ihm und Strabo unterstellt werden könnte. Die Nachfolger Moses, so heißt es weiter, hätten sich allmählich von jenem reinen Kult abgewandt und seien dem Aberglauben verfallen; beschwerliche Speisegebote und die Beschneidung seien die Ergebnisse einer Verfälschung der schlichten, lauteren Lehre Moses. In dieser Sicht auf ihn und sein Wirken hat man das Echo einer hellenistischen Reformbewegung innerhalb des Judentums erkennen wollen; nähere Einzelheiten hat man jedoch nicht ausfindig machen können.[127]

Noch entschiedener begünstigte das frühe Christentum einen nicht auf der Gestalt des Mose, sondern auf Abraham aufbauenden Monotheismus. Als Jesus nach Jericho kam, so lesen wir bei Lukas im 19. Kapitel, da war es Zachäus, der reiche Zöllner, der ihn bei sich aufnahm; daß sich Jesus mit diesem Manne eingelassen hatte, fand man empörend. Zachäus versprach ihm, er wolle die Hälfte seines Vermögens den Armen schenken, und sollte er jemanden betrogen haben, dann werde er den Schaden in vierfacher Höhe ersetzen. Darauf versicherte ihm Jesus: „Heute hast du mit deiner ganzen Familie die Rettung erfahren. Denn trotz allem bist auch du ein Nachkomme Abrahams. Der Menschensohn ist gekommen, um die Verlorenen zu suchen und zu retten." Paulus bringt die sich hier ankündigende Ablösung des Heilsgewinns von der Einhaltung des mosaischen Gesetzes auf den Begriff: Gott hat Abraham nicht wegen gesetzesfrommer Taten angenommen, sondern allein weil dieser sich fest auf die Zusagen des Einen verließ. Selbst wer „keine Leistungen vorzuweisen hat, aber dem vertraut, der den Schuldigen freispricht, findet durch sein Vertrauen bei Gott Anerkennung" (Römer 4, 5). Dies gilt nach Paulus sowohl für die Beschnittenen als auch für die Unbeschnittenen; Gott nahm Abraham schon vor der Beschneidung an. „Gewiß ist Abraham auch der Vater der Beschnittenen: Aber nicht alle Beschnittenen sind Abrahams Kinder, sondern nur die, die Gott ebenso vertrauen wie unser Vater Abraham, als er noch nicht beschnitten war" (Römer 4, 12). Abraham ist zwar der Stammvater Israels; doch indem er mehr als nur das ist, bereitet er das Erlösungswerk Jesu vor, der der Stammvater der neuen Menschheit ist (Römer 5, 12). Abraham ist nämlich der Patriarch, auf den sich auch die Heiden berufen dürfen, wie Paulus hervorhebt. Der Segen, der auf Abraham ruht, wird ein Segen für alle Völker sein; man verlangt allerdings von ihnen, daß sie in vergleichbarer Weise auf Gott ihr Vertrauen setzen.[128] „Wer dagegen durch die Erfüllung des" – mosaischen – „Gesetzes bei Gott Anerkennung zu finden sucht, lebt unter einem Fluch. Denn es heißt: ‚Fluch über jeden, der nicht alle Bestimmungen dieses Gesetzes genau befolgt!' Es ist aber unmöglich, daß jemand das Gesetz befolgen und dadurch vor Gott bestehen kann; denn es heißt ja auch: ‚Wer Gott vertraut, kann vor ihm bestehen und wird leben'" (Galater 3, 10–12).

Diese Ansätze sind in der frühen christlichen Literatur in vielfältiger Weise ausgebaut worden; eine eingehende Darlegung verbietet sich hier. Es seien nur kurz das apologetische Schrifttum und dessen Grundgedanken skizziert, da man dort wieder auf einen universalistisch gedeuteten Abraham sowie auf mancherlei heilsgeschichtliche Vorstellungen stößt, die sich Mohammed *mutatis mutandis* zunutze machen wird. So schreibt Justinus (gest. um 165), der aus Palästina stammte, daß alle Menschen, die „gemäß dem *logos*" gelebt hätten, Christen gewesen seien; unter den Griechen benennt er Sokrates und Heraklit als Beispiele, „unter den Barbaren Abraham".[129] Dieser steht mithin für einen Menschen, der nicht das mosaische Gesetz benötigte, um ein gottgefälliges Leben zu führen – ein christliches *avant la lettre.* Die christliche Geschichte beginnt, wenn man sich diese Vorstellung zueigen macht, nicht erst mit der Geburt des Heilands, sie fällt vielmehr mit der Weltgeschichte in eins und nimmt mit Gottes Schöpfungstat ihren Anfang. Marcianus Aristides aus Athen, schon vor Justinus wirkend und das Christentum als ein philosophisches System auffassend, betonte den Monotheismus als den Kern der neuen Lehre, für deren Wahrheit ihr übernatürlicher Ursprung bürge; die gläubigen Christen hätten nach wie vor Anteil an der göttlichen Inspiration; ihre Äußerungen seien daher der auf reinen Verstandesüberlegungen fußenden herkömmlichen Philosophie überlegen. Deswegen kann die von Gott selber herrührende Wahrheit in der schlichten Form der Predigt verkündet werden und bedarf keiner ausgefeilten wissenschaftlichen Propädeutik. Die Weltgeschichte ist demnach, wie Justinus darlegt, der mit der Schöpfung einsetzende Vorgang der Selbstentfaltung des göttlichen *logos,* dessen menschgewordene Verkörperung Jesus Christus war. Die christliche Geschichte ist so alt wie die Welt, darum beginnt die Zeitrechnung mit der Schöpfung.

Es ist folgerichtig, daß Minucius Felix (gest. um 200) und Tertullian (gest. um 220), jene Ansätze ausbauend, das Christentum als die Herleitung des Monotheismus aus dem „aufgeschlagenen Buch der Schöpfung“[130] verstehen wollen. Die Philosophen hätten die Möglichkeit gehabt, die Wahrheit zu entdecken – und sie haben sie noch! Aber es ist in diese prinzipiell vernünftige Welt ein Element des Bösen eingedrungen, das nach Minucius durch die Dämonen verkörpert wird. Ihnen ist anzulasten, daß die natürliche, nicht durch die Gestalt Christi geleitete Erkenntnis, mit der sich die Philosophen begnügen müssen, weit hinter dem Ziel zurückbleibt. Zumal den künftigen Weltenbrand, in dem das Diesseits vernichtet werden wird, vermögen die Philosophen nicht vorauszusehen. Diesbezüglich sind nicht sie die Vorläufer der Christen, sondern die Propheten der alten Zeit. Die Lehre vom drohenden Weltgericht läßt sich nicht aus der dem Menschen möglichen Einsicht in das Wirken des göttlichen *logos* erschließen; sie muß durch Prophetie vermittelt werden. Dies kann nur durch Menschen geschehen, die gänzlich für den *logos* geöffnet sind, dem Dämonischen also keine Gelegenheit zur Entfaltung seiner Macht einräumen. Von dieser Seite her ist nämlich alles, was die Philosophen und die Dichter verkündet haben, zwar nicht vollends, aber doch auch geprägt. Diese Ansicht vertrat Theophilos, Bischof von Antiochien und Zeitgenosse des Minucius Felix. In eben dem Maß, in welchem sich Dichter und Philosophen diesem Einfluß entziehen, manifestiert sich in ihren Worten die Weisheit Gottes. Daher liegt die Vermutung nahe, daß alle Menschen, die Offenbarungen empfangen, in einen Zustand der Ekstase, zumindest aber der Abschottung gegen das zudringliche Diesseitige und infolgedessen der ungetrübten Empfangsbereitschaft für den *logos* eintreten. Die frühchristliche Literatur findet dementsprechend zu der Vorstellung, daß der Inhalt der Offenbarungen, die die Propheten des Alten Testaments übermittelten, im wesentlichen stets der gleiche war, ihre „Namen haben lediglich chronologische Bedeutung“.[131] Das Gerüst der mit der Schöpfung beginnenden Weltgeschichte bilden jene Augenblicke des unmittelbaren Erscheinens des das ganze Diesseits durchwaltenden göttlichen *logos*.[132]

Personaler Gott, Schöpfer und Welterhalter

Kehren wir jetzt noch einmal in die Zeit der hellenistischen Durchdringung des Judentums zurück! Abraham, so sagt es das Buch der Jubiläen, folgte dem Gesetz, noch ohne daß dieses durch Mose überbracht worden war. In mosaischer Sicht tritt in der Gestalt Abrahams das in die Weltgeschichte ein, was durch Isaak und Jakob hindurch im gesetzestreuen Volk Israel als gottgewollte Wirklichkeit jedermann erkennbar wird. Der kosmopolitische Geist der hellenistischen Epoche drängt jedoch zu einer anderen Auslegung: Laut Philon von Alexandrien ist Abraham das „lebende“ Gesetz, so wie dies alle anderen Patriarchen gewesen seien. In Abraham und in ihnen kommt der dem göttlichen Wirken innewohnende *nomos* zur Erscheinung, der nicht auf ein einziges Volk beschränkt und nicht für ein einziges gedacht sein kann. Hinter den für Israel erlassenen Vorschriften des Kultes steht eine verallgemeinerbare Ethik. Diesen Gedanken voraussetzend, legt Philon in der Abhandlung *De specialibus legibus* dar, daß man den Schöpfer der Welt nur nach seinen in dieser Welt beobachtbaren Wirkungen beschreiben kann; eine unmittelbare Benennung Gottes durch die an das Diesseits Gebundenen ist ausgeschlossen. *Kyrios* und *theos*, die in der Septuaginta verwendeten Wörter für Gott, bezeichnen je unterschiedliche Aspekte seines Bestimmens über den Lauf dieser Welt: *Theos* verweist auf sein gnädiges Geben, *kyrios* auf sein Herrschen, Strafen, Vernichten. Allein in Exodus 3, Vers 14 findet Philon einen, wie er meint, *theos* und *kyrios* auf höherer Ebene vereinenden Begriff. „Ich bin, der ich sein werde", sagt Gott zu Mose. „Ich bin der Seiende", lautet die Übersetzung dieser Stelle in der Septuaginta, *ho ôn*, im *genus masculinum.* Gott ist der Welt entrückt, in ihr nur an den Wirkungen seines Handelns erkennbar, und dennoch ist er kein gesichtsloses Wirkungsprinzip, sondern ein als eine Person aufzufassender Gott.

Als ein solcher hat er sich, wie Philon in seiner Schrift *De Deo* ausführt, einst Abraham gezeigt. „Denn was einen Vergleich erträgt von (all) dem, was bezüglich Gottes denkbar ist, (muß) mit den größeren Augen der Seele gesehen werden. Denn wenn die Erscheinung des Seienden... aufleuchtet, läßt der Stehende einen vorübergehenden Lichtschein wie Strahlen aufgehen; später kommt er über dem Scheitel zu stehen... Diejenigen nun, denen wie von Mittagshelligkeit die ganze Seele erfüllt ist, werden mit Recht gemeint (in den Worten): Als (Abraham) seine Augen erhob, sah er...(Gen 18, 2)" jenen Fremden mit dessen zwei Begleitern, die ihn im Hain von Mamre aufsuchten; Philon redet von jener Szene, die laut Sozomenos den Juden, Christen und arabischen Heiden heilig war.[133] „Denn auch diejenigen, die in der Heiligen Schrift Übung haben, betrachten (bei sich) jenes ‚Erkenne dich selbst'. Auf das menschliche Glück verzichtend (...), öffnen sie die Augen, werden sehend und erblicken, was oben schwebt, und erforschen die göttliche Natur." In Anlehnung an Gen 18 schildert Philon nun die göttliche Natur. Sie bildet den Mittelpunkt des Kosmos, der als ein riesenhafter Mensch vorgestellt ist: „Das Stehen der Welt – sozusagen (ihre, d.h. der Seraphim) Füße – (sind) Erde und Wasser; das Sehen – sozusagen (ihr) Gesicht – (sind) Luft und Himmel. Die Kräfte aber sind wie mit ihren eigenen Fußsohlen von einem Ende der Welt bis zum anderen ausgespannt; und zwei (der Flügel der Seraphim) bedecken und umschließen wohlgeschützt die Füße des Alls, (d.h.) die niederen Teile seiner Materie, Erde und Wasser, und (zwei weitere Flügel)[134] das Gesicht, (nämlich) Luft und Himmel, die emporstrebenden Elemente. Hierbei steht nichts von (Gottes) vertrautem Besitz abseits, sondern (alles) erhebt sich weit in die Höhe und umgibt ringsum den in der Mitte (befindlichen) Herrscher und Vater..."

Was Abraham in Mamre schaut und Philon mit diesem Bild zu verdeutlichen sucht, ist die Einheit alles Diesseitigen – eine Einheit insofern, als es nichts gibt, was nicht mit dem Einen in Verbindung stünde. Bei sich selber beginnend, vermag der mit dem Schauen begnadete Mensch zu erkennen (vgl. Sure 41, 53), wie er als Teil der von Gott erschaffenen und erhaltenen Welt von „dem Seienden" abhängt (vgl. Sure 11, 56), ohne dessen Wesen auf den Begriff bringen zu können. Mohammed übernahm in seiner Verkündigung hierfür das weit anschaulichere Bild des Herrschers auf dem Thron; wir werden erfahren, woher. Sowohl in der Überlieferung über die Vision, die seiner Berufung zum Warner voranging, als auch in Sure 53 ist Allah der oben, auf dem Thron oder an der höchsten Stelle der Kimmung sich Zeigende. Philon begriff diesen „Seienden", den *theos* oder *kyrios*, als den Erhalter alles Geschaffenen: „Siehst du, welch herrliche Leistung er in (der) Abraham (-Geschichte) bestätigt? Erde und Wasser und Luft und Himmel läßt der Schöpfer an sich hängen, spannt sie durch (seine) Vorsehung auf und hebt die Welt empor wie mit Wächtern: mit seinen Wächtern, den Kräften, befestigt er (sie) von außen zu(m Zwecke der) Bewahrung und des Bestehenbleibens der vollkommensten Geschöpfe. Den Neid aber (...) hält er weit von sich fern und ist in (seiner) Großzügigkeit der Allerfreigebigste. Sein Abbild und das der Kräfte hat er zu uns gesandt (als) Helfer (in) Schmerzen und Übeln, an denen (jeder) teilhat, der aus der sterblichen Natur entstanden ist."[135]

Die in diesem Gottesbild Philons zum Ausdruck gebrachte höchst prekäre Verbindung zwischen göttlicher Transzendenz und Immanenz folgt aus dem Bestreben, den personalen Gott der Schöpfung und Bestimmer der Geschicke seines Volkes Israel in einen allgemeinen, für die Welt an sich zuständigen umzudeuten. Er bewahrt bei Philon zwar die Züge einer Person, ist aber zugleich das alles durchdringende und gestaltende Prinzip. Der Wunsch, diese beiden nicht miteinander zu vereinbarenden Grundsätze wenigstens so weit umzumodellieren, daß sie nebeneinander gedacht werden können, beherrscht, wie wir schon andeuteten, die frühe christliche Theologie und wird in der islamischen zum Kernthema aller intellektuellen Anstrengungen werden – und schließlich in Ritenbesessenheit und Denkverboten enden, die die Verzweiflung über das Mißlingen dieser Anstrengungen betäuben.[136] Die frühe christliche Theologie fragt: Wie kann der Urgrund alles dessen, was ins Sein tritt, eine sprechende Person sein, die als eine solche, nämlich mit den Merkmalen der Diesseitigen ausgestattet, den Propheten erscheint? „Das Göttliche, das sich auf Erden hörbar und sichtbar kundgibt, kann nur das göttliche *Wort* sein. Da aber nach der Fundamentalanschauung der Apologeten das Princip der Religion, d.h. die Wahrheitserkenntniss, auch das Princip der Welt ist, so muss jenes göttliche Wort, welches die richtige Erkenntniss der Welt bringt, identisch sein mit der göttlichen Vernunft, welche die Welt selbst hervorgebracht hat, d.h. der Logos ist nicht nur die schaffende Vernunft Gottes, sondern auch das Offenbarungswort Gottes."[137] In knappster Weise faßt Adolf von Harnack die Schlußfolgerung aus der bezeichneten Problematik zusammen. Er zeigt aber auch, wie schon das frühe Christentum lernte, die aus dieser resultierende Spannung nicht nur auszuhalten, sondern auch für den Weg des Menschen durch das Diesseits fruchtbar zu machen. Da Gott dem Menschen die Vernunft schenkte, eröffnete er ihm die Möglichkeit, in eigener Freiheit und Verantwortung „einen heiligen Wandel in Nachahmung der Vollkommenheit Gottes" zu führen; der Mensch selber soll sich zur Tugend anhalten, er soll schon hier und jetzt „von der Erde zu dem Vater des Lichts eilen". Das sittliche Naturgesetz, von dem die christlichen Apologeten reden und „das sie in den Sprüchen Jesu am klarsten und schönsten reproducirt finden, stellt an den Menschen die Anforderung, sich über seine Natur zu erheben und demgemäß auch in eine Verbindung mit seinen Nebenmenschen zu treten, welche über den natürlichen Verbindungen liegt. Es ist nicht sowohl das Gesetz der Liebe, das Alles regieren soll (...); es ist das Gesetz, welches für den vollkommenen erhabenen Geist gilt, der weil er das vornehmste Wesen auf dieser Erde ist, zu vornehm für sie ist."[138] Jeder Christ ist aufgerufen, sich den in der Welt herrschenden Dämonen zu widersetzen, und allen, denen dies gelingt, gewährt Gott durch Inspiration tiefergehende Erkenntnisse der Wahrheit, von der sie als Propheten künden.[139] Menschen von unterschiedlichen Graden der Vollkommenheit leben als Christen nebeneinander, die *civitas Dei* ist, wie Augustinus lehrte, in Ansätzen, aber eben nur in Ansätzen, in der *civitas terrena* vorhanden.

Schöpfer des Guten wie des Bösen

Es ist für die Christen auch nicht so, daß Gottes Hineinwirken in seine Schöpfung alles, also auch das Böse, umschlösse – weswegen letzten Endes der Mensch gar nicht die Möglichkeit hätte, diesem Bösen zu widerstehen. *Theos*, der schenkende und fürsorgende Aspekt Gottes, und *kyrios*, der rächende und strafende, hatten sich bei Philon in „dem Seienden" vereint. Ob das allumfassende Prinzip, das Philon postuliert hatte, auch das Böse verantwortete, war anscheinend offen. In Mohammeds Verkündigung dagegen wird letzteres zweifelsfrei bekräftigt: In den Schriftstücken Moses und Abrahams ist *alles* festgelegt, und der Mensch, dessen Handeln Allah bestimmt, wird am Ende genau sehen, worauf dieses von Allah bestimmte Handeln hinausgelaufen ist. So sind denn Allahs Strafen – wie alles, was von ihm ausgeht – unbestreitbare „Wohltaten". Dies hören wir schon in Sure 53, Vers 55; in Sure 55 wird Mohammed diese Überzeugung seinen Anhängern in äußerst beeindruckenden Wendungen einschärfen. Einen Zwiespalt zwischen den von Allah gewirkten Taten und Worten eines jeden Menschen und einem anderen, schuldhaft unterlassenen richtigen Tun und Reden gibt es nicht – weswegen Mohammed, wie wir sehen werden, jede Art von Askese als eine Verfälschung wahrer Gläubigkeit schroff ablehnt. Ferner folgt aus der völligen Ineinssetzung des von Allah gewirkten tatsächlichen Handelns des Menschen mit dem ihm möglichen, daß ein Muslim niemals wie der die Dämonen niederringende Christ ein Prophet werden kann, der die Wahrheit, die Gott ihn lehrt, offenbart.[140] Ein asketisches Leben kann Mohammed deshalb nicht als Beleg für die Berechtigung seines Anspruches, ein Prophet zu sein, ins Feld führen. Er hat nichts weiter vorzuweisen als seine Behauptung, Allah habe ihn zum Warner berufen, nichts weiter als die eigene Aussage, was er als „Lesung" vortrage, sei Allahs unmittelbare Rede an ihn. Wenn Waraqa b. Naufal seiner Nichte Ḫadīǧa erläutert, zu Mohammed sei der „große *nomos* gekommen, der (schon) zu Mose kam",[141] dann ist dies das Mißverständnis eines Christen. Von einem Gesetz, das dem Menschen die Möglichkeit des Überwindens dessen, was gegeben ist und nach islamischer Sicht von Allah fortwährend gegeben wird, zugesteht, ist im Koran nirgends die Rede. In Sure 53 und in den anderen frühen Eingebungen, die Mohammed empfangen zu haben glaubte, ist zwar von Strafen die Rede, mit denen Allah unbotmäßige Völkerschaften heimsucht, und deren Verhalten wird mit Begriffen wie „Sünde" (arab.: *al-iṯm*) oder „abscheuliche Handlung" (arab.: *al-fāḥiša*, Pl. *al-fawāḥiš*) gebrandmarkt (z.B. Sure 42, 37); doch was denn durch Allah gefordert werde, bleibt im allgemeinen: Man soll eben Verfehlungen meiden sowie das rituelle Gebet vollziehen und die Läuterungsgabe abführen und untereinander des Rates pflegen und Wohltätigkeit üben (z.B. Sure 42, 38). Daß mit dem *logos*, für den es im Koran den Begriff *al-amr* gibt, auch ein zu beachtender *nomos* in das Diesseits einfließe, dieser Gedanke liegt Mohammed fern. So konnte denn auch die islamische Überlieferung mit dem von Waraqa b. Naufal gebrauchten Begriff *an-nāmūs* nichts anfangen und erklärte ihn als „den Wahrer des Geheimnisses" – nämlich des göttlichen Bestimmens – „der (Mohammed) schauen läßt, was er anderen verhüllt".[142] Wir müssen, um weiter in die von Mohammed verkündeten Lehren einzudringen, der uns gewiesenen Spur folgen und fragen, wie er sein Monopol auf die Prophetenschaft durchficht, wo ihm doch die Möglichkeit des Vorlebens einer das Alltägliche hinter sich lassenden Ethik fehlt.

5. Die Wahrheit der „Lesung" und Mohammeds Selbstbewußtsein

Die Redeweise der Wahrsager

Als sich ʿAbd al-Muṭṭalib von dem Gelübde befreien wollte, seinen Sohn ʿAbdallāh dem Herrn der Kaaba zu opfern, ließ er sich in Ḫaibar von einer berühmten Wahrsagerin raten; diese konnte ihm allerdings nicht auf den Kopf zu sagen, was er tun solle, sondern mußte ihn um einen Tag vertrösten. Erst dann, so versprach sie, werde ihr „Folger" (arab.: *at-tābiʿ*) sie aufgesucht und ihr die richtige Antwort übermittelt haben.[143] Aus dieser Episode erfährt man, was man sich im vorislamischen Arabien unter inspiriertem Sprechen vorstellte: Ein Geist, der dem zu übernatürlicher Rede Berufenen attachiert ist, flüstert diesem zu gegebener Zeit die Nachrichten aus dem verborgenen Seinsbereich ein, der dem gewöhnlichen Menschen verschlossen bleibt. Zur Verständigung bedienen sich der Frager wie auch der Ratgeber einer aus dem Alltäglichen herausgehobenen Sprechweise, die durch Schwurformeln, durch Reimprosa, bisweilen auch durch Verse gekennzeichnet ist. Am häufigsten wird in diesen Versen das *ar-rağaz* genannte Metrum eingesetzt.[144] Wahrsager wurden oft in Anspruch genommen, um zu entscheiden, wer von zwei Männern der edlere, vortrefflichere sei. Zwei Beispiele wollen wir betrachten, um uns ein Bild von der Redeweise zu machen, die Mohammed einsetzte und mit deren Meistern er daher zu konkurrieren hatte.

Mālik b. ʿUmaila von den Banū ʿAbd ad-Dār und der Ḫuzāʿite ʿUmaira b. Hāğir waren Eigentümer je eines edlen Rennpferdes. Eines Tages begegneten sie sich und kamen, wen wundert es, auf die Vorzüge ihrer Tiere zu sprechen; keiner von beiden wollte zugestehen, daß dasjenige des anderen mehr gute Eigenschaften aufweise als das seine, und so verabredeten sie ein Wettrennen. Dieses nahm einen regelwidrigen Verlauf, da jemand von den Banū ʿAbd ad-Dār das Pferd des Ḫuzāʿiten irritierte und, wie ʿUmaira felsenfest behauptete, am sicheren Sieg hinderte. Ein Kleinkrieg zwischen den beiden Klanen lag in der Luft. Das Unheil wurde jedoch vermieden, indem man sich darauf verständigte, einen

Wahrsager zu befragen; zu wessen Ungunsten dieser entscheiden werde, der sollte einhundert Pferde und Kamele aufbringen. Beide Parteien machten sich auf den Weg zu ʿUzzā[145] Salama. Der eigentliche Name des Wahrsagers sei Salama gewesen, erfahren wir, ʿUzzā habe sein „Satan“ (arab.: *aš-šaiṭān*) geheißen. Unterwegs fand man einen verendeten Geier, den klaubte man auf und verbarg ihn in einem Tuch. „Wir haben etwas für dich versteckt! Sag uns, was es ist!“ eröffneten die Besucher das Gespräch, um den Wahrsager zu prüfen und sich Gewißheit über dessen Verbindung zum Verborgenen zu verschaffen. Salama antwortete in Reimprosa: „Einen geflügelten Langhals habt ihr mir versteckt, ein schwarzweißes Langbein; dringt er in den Himmel, zieht er Kreise; stürzt er sich nieder, spaltet er (die Beute); einen Scharfkralligen; er lebt und nutzt sich (langsam) ab.“[146] „Genauer!“ beharrten die Besucher. „Ich schwöre beim Licht und beim Mond! Bei der Klarheit und der ewigen Zeit! Bei den Winden und beim Gestalten![147] Ihr habt mir den Kadaver eines Geiers versteckt, in einem Tuch aus Haar, bei einem Burschen von den Banū Naṣr!“ „Richtig!“ bestätigten jene und baten nun um die Entscheidung, die der Wahrsager in *rağaz*-Versen vortrug: „Ich schwöre bei al-Marwa und den (anderen) Kultorten! Beim Schlachtplatz der Opfertiere in Mekka! Bei jedem, der auf starkem Kamel dorthin pilgert, das zu Sprüngen angetrieben wird oder zu ausgreifendem Schreiten! Bei jedem Pilger, der das mit Tüchern bedeckte Haus Allahs ansteuert! Der Glanz des Ruhmes und stolzen Wesens liegt ganz bei ʿUmaira b. Hāğir! Darum zurück, Bruder (der Sippe ʿAbd) ad-Dār, dein Glück ist gestrauchelt!“ Der Unterlegene bereute in bitteren Versen den Gang zum Wahrsager.[148]

Im zweiten Beispiel geht es um die Rivalität zwischen den Nachkommen des Quṣaij und der quraišitischen Sippe der Banū Maḫzūm, die beim Neubau der Kaaba das Sagen hatte. „Zu uns gehört Suwaid b. Harmī!“ prahlte Abū Rabīʿa b. al-Muġīra. Dessen Vater al-Muġīra war in seiner Zeit der angesehenste Maḫzūmit[149] gewesen; einer seiner Enkel war ʿAmr, von Mohammed mit dem Spottnamen Abū Ğahl, „Vater der ungehobelten heidnischen Gesinnung“, belegt, einer der hartnäckigsten Feinde des Propheten. Suwaid b. Harmī, aus einem anderen Zweig der Banū Maḫzūm, galt als der erste, der die Wallfahrer in Mekka mit Milch bewirtet hatte.[150] Solch eine herausfordernde Erwähnung eines Maḫzūmiten konnte Usaid b. abī l-ʿĪṣ,[151] ein Enkel Umaijas, nicht auf sich beruhen lassen. „Die Söhne des Quṣaij sind edler. ʿAbdallāh b. ʿUmar (b. Maḫzūm) ist doch nur deshalb edel, weil seine Mutter Barra eine Tochter Quṣaijs war![152] Allein durch sie erlangte er, was er erlangte.“ Usaid zählte die herausragenden Männer unter den Nachkommen Quṣaijs auf und fuhr fort: „Wir haben die Pilgerämter der Versorgung mit Speisen und Getränken inne; das Wächteramt, die Standarte, die Ratsversammlung unterstehen uns.“ Man rief zum Ehrenstreit auf, wobei Usaid festlegte: „Wenn ich dich bezwinge, dann nehme ich dir dein Vermögen, und wenn du mich bezwingst, dann nimmst du das meinige.“ Man bestimmte einen ḫuzāʿitischen Wahrsager, machte sich auf den Weg zu ihm, wobei man eine Kamelherde mit sich führte, die der Sieger würde opfern dürfen. Während der Reise las man eine Taube auf und gab sie einem jungen Mann namens Usāma in Verwahrung, nachdem man sie in Straußenfedern gehüllt hatte. „Was haben wir für dich verborgen?" fragten sie den Wahrsager. „Bei einer Wolke, der eine andere folgt und aus der es dann über der Tihama blitzt und aus deren Gießbächen Akazien und Gräser schießen! Ihr habt mir das Junge einer Taube oder ihrer Schwester, der Wildtaube, versteckt, in den Flaumfedern des Straußen, bei deinem Diener Usāma!" „So urteile!" forderte man. „Beim Herrn der hochaufragenden Festverwurzelten! Bei den schwarzen Steinen,[153] zwischen denen die Skorpione hausen! Solange ein Schiff über das Meer fährt! Usaid selber ist das weite Meer! Leugnet nicht den Vorrang, der ihm dank seinem Onkel gebührt! Beim Herrn des Himmels,[154] der Erde, des Wassers und alles dessen, was uns vom Berge Ḥirāʾ herüberleuchtet! Unbestreitbar steht Usaid dem Abū Rabīʿa voran!" „Ist Quṣaij vortrefflicher als Maḫzūm?" wollte man weiter wissen. „Beim Herrn der schnaubend Dahinrennenden! Der Freie gleicht nie dem elenden Knecht, der zurücksteht[155] gegenüber dem, der seine Sippe unten in Mekka ansiedelte!" Usaid als der Sieger opferte die mitgeführten Kamele und erhielt nach der Rückkehr das ganze Vermögen Abū Rabīʿas. Eine Schwester Usaids war mit Abū Ǧahl verheiratet; sie flehte ihren Bruder an, er möge Mitleid mit dem Verlierer haben, worauf er Abū Rabīʿa das Verwettete zurückerstattete.[156]

Die Bekräftigung der Botschaft

Viele frühe Suren halten sich ganz in diesem Stil der Wahrsager; er ist die Redeweise, in der Entscheidungen von größter Tragweite geäußert werden, Entscheidungen, denen sich die Betroffenen nicht entziehen können, sofern sie sich nicht außerhalb der allgemein anerkannten Sittlichkeit stellen wollen. Was die Wahrsager mitteilen, sind Botschaften, die sie nicht aus sich selber heraus formulieren; es sind vielmehr Worte, die ein „Satan" oder ein „Folger" ihnen eingeben. Man wird schwerlich behaupten wollen, daß sich Mohammed diese Vorstellungen gezielt zunutze machte, um seinen Äußerungen Gewicht zu verleihen. Es war ihm einfach selbstverständlich, daß das, was er als Eingebung des höchsten Herrn empfand, so und nicht anders ausgesprochen wurde. Eine spezifische Art prophetischer Rede, die von der Allgemeinheit als eine solche spontan erkannt und anerkannt hätte werden können, gab es im damaligen Arabien nicht. Dies bedeutet, daß für Mohammed die Schwüre, die er den Eingebungen voranstellte, und deren in Anspielungen gekleidete Botschaften einer Konvention entsprachen, die nicht in Frage stand: „Darum zurück, Bruder (der Sippe ʿAbd) ad-Dār, dein Glück ist gestrauchelt!" „Usaid selber ist das weite Meer!" Wie der Inhalt einiger seiner frühen Verkündigungen sich innerhalb der Grundsätze der „Strengen" bewegte, so sprengte auch die Form zunächst nicht das Überkommene. „Bei denen, die schnaubend dahinrennen! Bei denen, die Funken stieben lassen! Bei denen, die morgens angreifen, Staub aufwirbeln, plötzlich mitten in einer Schar (ihrer Feinde) auftauchen! Der Mensch ist wirklich aufsässig gegen seinen Herrn! Der Mensch selber ist Zeuge hierfür: Heftig begehrt er irdische Güter! Weiß er etwa nicht: Wenn nach oben gekehrt wird, was in den Gräbern ist, und wenn zum Vorschein kommt, was sich im Herzen der Menschen verbirgt, an jenem Tag wird ihr Herr sie genau kennen!" (Sure 100).

In der Wirkung der Bekräftigung durch Eide verwandt ist ein anderes in frühen Suren häufiges Stilmittel: Es werden die Schrecknisse des Jüngsten Tages ausgemalt; in kurzen mit „wenn" eingeleiteten Sätzen sucht Mohammed seinen Zuhörern Furcht vor dem Gericht einzuflößen. Dieses Thema ist den Wahrsagern fremd; es hat auch nichts mit den Fragen zu tun, die man ihnen vorlegt. Ohne vorerst zu erwägen, woher Mohammed die Anregungen für diese Motive erhalten haben könnte, seien Sure 82 und Sure 81 wiedergegeben, die uns zum Problem des Inhalts der ältesten Offenbarungen zurückführen werden, das wir schon mehrfach angeschnitten haben. „Wenn sich der Himmel spaltet! Wenn sich die Sterne verstreuen! Wenn man die Meere zum Abfließen bringt! Wenn die Gräber durchwühlt werden! Dann weiß eine jede Seele, was sie getan und gelassen hat! O Mensch, warum täuschst du dich über deinen edelmütigen Herrn, der dich geschaffen, gerade und richtig gebildet hat? Wie es ihm beliebte, hat er dich zusammengesetzt. Doch nein! Ihr leugnet das Gericht ab! Aber über euch sind Wächter gestellt, edle, aufzeichnende, die wissen, was ihr tut. Die Frommen sind im Paradies. Die Übeltäter sind in der Hölle. Sie schmoren in ihr am Tag des Gerichts. Nie mehr kommen sie heraus. Woher weißt du, was der Tag des Gerichts ist? Noch einmal: Woher weißt du, was der Tag des Gerichts ist? (Das Gericht wird gehalten) am Tag, da keine Seele für eine andere etwas vermag. Das Sagen hat dann nur Allah!" (Sure 82). Allah formte jeden Menschen, wie es ihm beliebte, und indem der Mensch das Diesseits durchmaß, ohne daß er sich darüber im klaren gewesen wäre, wozu er von Allah bestimmt worden war, wurde all sein Handeln aufgezeichnet, und nun wird dem Menschen dieses Register vorgewiesen, damit er begreife, wie sein irdisches Dasein abgelaufen ist und daß es tatsächlich so abgelaufen ist.

In Sure 81 verbindet Mohammed die Schilderung des Weltenendes mit den Schwüren, die die Wahrheit einer Botschaft beeiden; diese selber wird uns in knappen Anspielungen ins Gedächtnis gerufen. „Wenn die Sonne eingerollt wird! Wenn sich die Sterne trüben! Wenn die Berge von der Stelle rücken! Wenn man die hochträchtigen Kamelstuten vernachlässigt! Wenn sich die wilden Tiere sammeln! Wenn sich die Meere bis zum Überlaufen füllen! Wenn die Seelen (mit den Leibern) gepaart werden! Wenn das lebendig verscharrte Mädchen gefragt wird, um welcher Schuld willen es getötet wurde! Wenn die Schriftstücke ausgebreitet werden! Wenn vom Himmel die Decke weggezogen wird! Wenn das Höllenfeuer entfacht wird! Wenn man das Paradies herbeibringt! Dann erfährt eine jede Seele, (welche Werke) sie beigebracht hat. Doch nein! Ich schwöre bei den Planeten, die vorüberziehen, sich verbergen! Bei der Nacht, wenn sie weicht! Beim Morgen, wenn er erstrahlt! Dies ist die Rede eines edlen Gesandten, eines mit Macht, einflußreich beim Thronenden, (eines Gesandten) dem man gehorcht, eines zuverlässigen! Euer Gefährte ist nicht besessen. Er schaute ihn am klaren Horizont! Er enthält euch das Verborgene nicht vor. Das sind nicht die Worte eines Satans, den man mit Steinen verjagt! Wozu versteigt ihr euch? Es ist nichts als eine Mahnung für alle Menschen, für die unter euch, die den geraden Weg gehen wollen. Ihr aber wollt nicht, es sei denn, Allah, der Herr aller Menschen, wollte es!" (Sure 81).

Die Autorisierung des Boten

Die letzten Worte klingen wie eine angefügte, noch ganz rohe theologische Erläuterung: An eurem Wollen liegt nichts, denn es gibt in Wirklichkeit nur Allahs Wollen. – Weder ist ein „Satan“ die Quelle dessen, was Mohammed verkündet (Sure 81, 25), noch ist er von einem Dämon besessen. Was er vorträgt, ist die Mahnung, die er demjenigen verdankt, den er „am klaren Horizont“ wahrnahm. Die Worte aus dem Verborgenen wird Mohammed niemals für sich behalten; denn er empfing sie von einem redlichen, aber auch einflußreichen Boten des Herrn auf dem Thron. Diesem dienen Schreiber, die alles aufzeichnen, was im Diesseits gemäß göttlicher Fügung geschieht. Ihm unterstehen aber auch jene in den Schwüren erwähnten Wesen: Sie übermitteln die Worte des thronenden Herrn, und damit erfüllen sie eine Aufgabe, die sie in den Äußerungen der Wahrsager noch nicht haben; letztere reden ihrem „Satan“ oder „Folger“ nach dem Mund – Mohammed will aber gerade nicht in den Ruf gelangen, aus solch einer Quelle zu schöpfen! Und so werden jene Wesen zu einer Vorstufe des Botenengels Gabriel. „Bei denen, die am Zügel zerren, bis es sie würgt! Bei denen, die sich munter tummeln! Bei denen, die rasch dahinschweben! Bei denen, die im Rennen gewinnen! Bei denen, die eine (göttliche) Fügung (arab.: *al-amr*) lenken! Am Tag, da die Erde einmal erbebt und gleich darauf ein zweites Mal: Die Herzen werden dann ängstlich pochen...“ (Sure 79, 1–8). Ähnlich Sure 77: „Bei denen, die losgelassen sind, mit fliegender Mähne! Bei denen, die wie ein Sturm daherbrausen! Bei denen, die ausgreifende Schritte tun,[157] dann etwas deutlich machen, dann eine Mahnung verkünden, zur Entschuldigung und zur Warnung! Was euch angedroht wird, trifft gewiß ein!“ (Vers 1–7). Hier skizziert Mohammed zunächst die Überbringer und nennt danach ihre Aufgabe. Die spätere Koranauslegung hat mit den rasch laufenden Tieren, die uns auch in den Schwüren der Wahrsager begegnet sind, nichts mehr anzufangen gewußt. Deshalb neigte sie dazu, ohne Umschweife von Botenengeln zu reden.[158] – Der frühen mekkanischen Periode der Prophetie Mohammeds gehört ferner Sure 51 an, die wie folgt beginnt: „Bei denen, die Staub aufwirbeln! Bei denen, die eine Last tragen! Bei denen, die leichtfüßig laufen! Bei denen, die eine göttliche Fügung austeilen! Was euch angedroht wird, ist wahr! Das Gericht wird hereinbrechen“ (Vers 1–6). Schon den mittelmekkanischen Offenbarungen rechnet man Sure 37 zu.[159] Hier findet Mohammed unzweideutig Anschluß an die religiöse Bilderwelt des heidnischen Eingottglaubens der sogenannten Ḥanīfen, von denen noch ausführlich die Rede sein wird. Es ist in Sure 37 nicht mehr der „höchste Herr“, der ihn anspricht, sondern der eine Allah, und dieser ist von Wächtern, Engeln, umgeben, wie schon Philon ihn beschrieben hat, und Engel werden nun zu den Überbringern der Botschaft: „Bei denen, die in Reihen stehen! Die dann abwehren, dann eine Mahnung vortragen! Euer Gott ist wahrlich ein einziger, der Herr der Himmel und der Erde und dessen, was zwischen beidem ist, der Herr der Ostgegenden! Den untersten Himmel haben wir mit den Sternen verziert. Dies dient auch dem Schutz gegen jeden widerspenstigen Satan: Sie vermögen die oberste Ratsversammlung nicht zu belauschen! Von allen Seiten bewirft man sie, um sie zu verjagen, und sie erhalten eine lang dauernde Strafe. Einige nur erhaschen etwas, und dann folgt ihnen eine flammende Sternschnuppe hinterdrein“ (Vers 1–10).

Mohammed drängt sich den Zuhörern als der autorisierte Verkünder der Botschaften aus dem Verborgenen auf. Wie es bis jetzt war, nämlich daß die „Satane“, die Dämonen oder die „Folger“ ihren Medien die übernatürlichen Kenntnisse einflüsterten, so darf es nicht weiterhin bleiben. Wenn Mohammed als der Überbringer der Worte des einen Allah ernstgenommen werden will, dann muß er zuallererst sein Monopol auf den befugten Zugang zum Verborgenen durchfechten. Seine Anhänger jedenfalls gestanden ihm dieses Monopol zu, und fortan genügte es, wenn er „bei der ‚Lesung‘ (arab.: *al-qur'ān*) mit der Mahnung“ (Sure 38, 1), „bei der weisen ‚Lesung‘“ (Sure 36, 1), „bei der rühmenswerten ‚Lesung‘“ (Sure 50, 1) oder „beim klaren Buch“ (Sure 43, 1 und 44, 1) schwor. Der Schritt zur Verschriftlichung ist nun nicht mehr weit. In dieselbe Zeit gehören Einleitungsformeln wie: „Dies sind die Wunderzeichen des Buches und einer klaren ‚Lesung‘“ (Sure 15, 1) oder „dies sind die Wunderzeichen des klaren Buches“ (Sure 26, 1; vgl. Sure 27, 1).[160] Die Polemiken, die Mohammed inzwischen zu führen hat, finden ihren Widerhall in den damals entstehenden Abschnitten des Korans. Der Streit entzündet sich an den Worten, die er vorträgt, und an seinem Beharren auf unwidersprochener Autorität, die er aus diesen Worten ableitet – an jenem Grundton herrischen Rechthabens, der islamische Äußerungen gegenüber Andersgläubigen bis in die Gegenwart verunziert. Allah, des Gesandten Alter ego,[161] legt ihm die Fragen in den Mund, mit denen er die Einwände der kritischen Zuhörer abwehren und seinerseits zum Angriff übergehen soll. Folgen wir weiter dem Text von Sure 37! „So frag (deine Gegner) um Aufschluß, ob sie schwieriger zu schaffen waren oder wen wir sonst noch schaffen; wir schufen sie aus klebrigem Lehm.“ Allah macht geltend, daß selbst die Menschen, deren Gestaltung ihm das meiste Geschick abverlangte, doch sein Werk sind; dies bedenkend, sollten die Mekkaner begreifen, daß sie Allah unausgesetzte Verehrung schulden. „Doch du wunderst dich – sie spotten darüber, und wenn man sie mahnt, winken sie ab; und wenn sie ein Wunderzeichen sehen, machen sie es lächerlich und sagen: ‚Offensichtlich nichts als Zauber!‘“ (Verse 11–15).

Den gleichen Stand der Dinge bezeugt Sure 51. Die einführenden Schwüre beziehen sich auf jene dahineilenden Tiere, die „eine Fügung austeilen“:[162] Die Stunde des Gerichts wird eintreffen! Dennoch schlagen viele Menschen solche Warnungen in den Wind und zeigen sich hartherzig gegen die Bedürftigen. „Auf der Erde gibt es Wunderzeichen für diejenigen, die Gewißheit erlangen, und auch an ihnen selber – wollt ihr nicht genau hinschauen? Und im Himmel ist euer Lebensunterhalt und alles, was euch versprochen wird. Beim Herrn des Himmels und der Erde, dies ist so wahr (wie die Behauptung), daß ihr sprechen könnt!“ (Vers 20–23). Nun folgt die Geschichte von den drei fremden Besuchern bei Abraham, die mit der Ankündigung der Zerstörung von Sodom und Gomorrha ihren Höhepunkt erreicht. In jenen sündigen Städten gab es nur ein Haus mit gläubigen Bewohnern; diese wurden vor dem Ausbruch der Katastrophe in Sicherheit gebracht. In Sodom und Gomorrha „ließen wir ein Wunderzeichen für diejenigen zurück, die die schmerzhafte Strafe fürchten“ (Vers 37). Auch der Herrscher von Ägypten mußte gewarnt werden; Mose nahm dies „mit klarer Vollmacht" (Vers 38) auf sich, doch der gottlose Pharao meinte: „Ein Zauberer oder ein Besessener!" So geht es immer, das ist das Fazit, das Mohammed am Ende zieht: „Flüchtet zu Allah! Ich bin euch ein klarer Warner, der von ihm kommt. In dieser Art kam zu den (Menschen) vor (der Zeit der Mekkaner) nie ein Gesandter, ohne daß (dessen Zeitgenossen) gesagt hätten: ‚Ein Zauberer oder ein Besessener!'" (Vers 51 f.). Nur denen, die ohnehin glauben, nutzt solche Mahnung. Dabei fordert Mohammed für die Überbringung gar keinen Unterhalt – wie ihn vermutlich die Wahrsager forderten. Denn die Mittel zur Lebensfristung kommen allein von Allah. Nur um diesen Allah zu verehren, wurden die Menschen und die Dschinnen geschaffen. Darum wehe denjenigen, die undankbar und ohne Glauben sind (Vers 53–60)!

Mohammed, der „Zauberer"

Der Vorwurf, Mohammed sei ein Zauberer, dessen Worte den Menschen die Vernunft raubten,[163] oder ein von einem Dämon Besessener, taucht in den Suren der mittleren mekkanischen Periode mehrfach auf (Sure 15, 6; Sure 26, 27; Sure 54, 9), und er wird, wie gerade deutlich wurde, von Mohammed in die ältere Geschichte zurückgespiegelt. Was er erlebt, haben, so meint er, auch die vor ihm von Allah Berufenen erdulden müssen. Mit ihnen weiß er sich jetzt auf einer Stufe; seine Erfahrungen müssen auch die ihrigen gewesen sein. Damit tritt er endgültig aus dem Schatten der Frömmigkeit der „Strengen" und ihres „höchsten Herrn" heraus. Die genaueren Umstände werden wir im nächsten Teilkapitel betrachten. Zunächst haben wir zu erörtern, wie er Abstand zu den ererbten Vorstellungen vom inspirierten Reden der Wahrsager und Dichter gewinnt. Offenbarung, die Eingebung aus dem Verborgenen, das ist für ihn inzwischen zu einem Geschehen geworden, das jene nicht mehr für sich behaupten dürfen. Die dahineilenden Botentiere werden ersetzt durch die nun auch wortwörtlich genannten Engel: „*Alif-lām-rā.*[164] Jenes sind die Verse des Buches und einer klaren Lesung. Die Undankbaren wären vielleicht gerne Menschen, die (ihr Gesicht ganz zu Allah) wenden.[165] Laß sie! Sollen sie essen und genießen, soll die Hoffnung sie ablenken – sie werden es erfahren! Wir haben nie eine Ortschaft zerstört, ohne daß sie eine festgesetzte Schrift[166] gehabt hätte. Keine Gemeinschaft kommt der ihr (zugemessenen) Frist zuvor, keine schiebt sie hinaus. Sie sagen: ‚Du, dem die Mahnung herabgesandt wurde! Du bist besessen! Wie wäre es, wenn du uns die Engel vorwiesest, wenn du wirklich die Wahrheit sagst?' Wir schicken die Engel nur mit der Wahrheit herab, folglich haben sie keinen Aufschub zu erhoffen. Wir sind es, die die Mahnung herabschicken, und wir schützen sie auch (vgl. Sure 37, 8–10). Wir sandten schon vor dir (Propheten) zu den verschiedenen Gruppen der alten Völker, und nie kam ein Gesandter zu ihnen, ohne daß sie ihn verspottet hätten" (Sure 15, 1–11).

Mohammeds Monopol auf Unterrichtung aus dem Verborgenen

Die Dschinnen, das hörten wir schon, vermögen nicht mehr am Himmel zu lauschen. Mohammed bestreitet nicht, daß früher dergleichen geschah. Aber jetzt, da er sich seines Prophetentums gewiß geworden ist, hat es damit ein Ende. Er allein genießt fortan das Privileg, von Allah Botschaften zu empfangen, und zwar solche, die ausdrücklich an ihn, den Gesandten, gerichtet sind; was er übermittelt, sind nicht Satzfetzen, die er mit List erhaschen müßte. Einige Dschinnen hörten zu, wie etwas aus der mohammedschen „Lesung“ vorgetragen wurde, und sie sagten danach ihren Artgenossen: „,Unser Herr, dessen Glück alles übertreffen möge, nahm sich keine Gattin und keinen Sohn.[167] Die Dummköpfe unter uns haben ganz Abwegiges über Allah verbreitet. Wir meinen aber, daß Menschen und Dschinnen nicht mehr über Allah Lügen verbreiten werden; und daß Männer (aus dem Geschlecht) der Menschen'“ – nämlich die Dichter und die Wahrsager – „,bei Männern (aus dem Geschlecht) der Dschinnen Zuflucht suchten, die sie aber noch tiefer in ihre Schlechtigkeiten verstrickten; daß sie nämlich wie ihr (Menschen) nicht vermuteten, daß Allah jemanden von den Toten auferwecke.‘ Sie sagten ferner: ‚Wir haben den Himmel erkundet und gefunden, daß er jetzt angefüllt ist mit starken Wächtern und mit Sternschnuppen. Früher hockten wir dort wie Zuhörer. Lauscht jetzt jemand, dann findet er, daß auf ihn eine Sternschnuppe lauert. Daher wissen wir nicht mehr, ob für die Erdbewohner Unheil im Werke ist oder ob ihr Herr sie auf den rechten Weg leiten will'“ (Sure 72, 3–10). Mit der Wahrsagerei ist es endgültig vorbei.

Die Gesandten vor Mohammed

Sure 26 faßt das Selbstbewußtsein, das Mohammed bis in die mittlere Phase seines Auftretens in Mekka entwickelt, eindrucksvoll zusammen. Kennzeichnend für das nunmehr erreichte Verständnis von seiner Berufung ist die ständige Bezugnahme auf die vor ihm von Allah bestellten Gesandten. Sie alle, glaubt er, befanden sich in einer ähnlichen Lage wie er, stießen auf die gleiche Ablehnung, wurden aber endlich durch ein Zeichen Allahs auf unwiderlegbare Weise bestätigt – ein Geschehen, das den zweifelsüchtigen Mekkanern noch bevorsteht und für sie ebenso furchtbar sein wird wie für die Menschen der Vergangenheit. „*Ṭā-sīn-mīm.* Jenes sind die Wunderzeichen des klaren Buches. Womöglich grämst du dich, weil sie ungläubig bleiben. Wenn wir wollen, senden wir ihnen vom Himmel ein Wunderzeichen hinab, und daraufhin werden sie immerfort demütig den Nacken beugen. (Doch) der Barmherzige erteilt ihnen stets aufs neue eine Mahnung, aber sie übergehen sie (jedesmal). Sie erklären es für Lüge, doch die Kunde von dem, worüber sie spotteten, wird sie noch erreichen! Haben sie sich denn nie das Land angeschaut, wieviel wir dort hervorsprießen lassen von jeglicher edlen Art? Darin liegt doch ein Wunderzeichen, die meisten von ihnen aber glauben nicht! Dein Herr ist der Mächtige, Barmherzige!“ (Sure 26, 1–9). Alles, was Allah wirkt – und das sind alle Dinge des Diesseits, dem Menschen nützliche genau so wie die Schrecknisse und Katastrophen, die über ihn hereinbrechen, und es sind die Worte, die er über die Gesandten an den Menschen richtet – alles, was Allah wirkt, sind Wunderzeichen, die der Verfügung und dem Handlungsvermögen der Geschöpfe ein für allemal entzogen bleiben. Dies zu begreifen, es an den alltäglichen Vorgängen in der Welt um einen her abzulesen, weigern sich die Mekkaner; sie spotten über die Mahnung. Aus den Geschichten der Gesandten vor ihm weiß Mohammed aber, daß Allah bald das drastische Zeichen einer Katastrophe setzen wird; darauf vertraut Mohammed. Die „Wunderzeichen des klaren Buches“ sind genau so wahr wie das alltägliche Geschehen in der Natur, und diese Wahrheit wird sich in jedem Falle erweisen – was diese Worte von dem Gerede der Wahrsager und Dichter unterscheidet, die sich auf lügenhafte Einflüsterungen verlassen.

Mose und sein Streit mit dem Pharao (Sure 26, 10–67) sind das erste Beispiel, das Mohammed anführt. „Dein Herr ist der Mächtige, Barmherzige!" (Sure 26, 68). Abraham und die Götzendiener, denen dieser entgegentritt, werden dann ins Gedächtnis gerufen. „Dein Herr ist der Mächtige, Barmherzige!" (Sure 26, 104). Noah, die ʿĀd mit ihrem Propheten Hūd, die Ṯamūd und Ṣāliḥ, Lot und die sündigen Städte, den Propheten Šuʿaib, sie alle und den Untergang der Ungläubigen, mit dem ihre Geschichten stets enden, hält Mohammed den Mekkanern vor, und am Ende einer jeden läßt er sein Alter ego versichern: „Dein Herr ist der Mächtige, Barmherzige!" (Sure 26, Verse 122, 140, 159, 175, 191). Noch gewährt Allah den Zweiflern und Spöttern Aufschub, aber wer kann wissen, wielange? „Die Satane bringen das Buch nicht herab. Das ziemt sich nicht für sie, und sie können es auch nicht, denn man hält sie vom Zuhören fern. Darum ruf neben Allah keinen anderen Gott an! Du würdest sonst bestraft werden. Doch warne deine nächsten Angehörigen" – wie es Abraham, Lot und andere Propheten taten – „und sei mit den Gläubigen nachsichtig, die dir folgen! Sollte man sich dir widersetzen, dann sag: ‚Für das, was ihr macht, bin ich nicht verantwortlich!' Und verlaß dich auf den Mächtigen, Barmherzigen, der dich sieht, wenn du dich (zum rituellen Gebet) aufstellst und wie du dich in der Schar derjenigen hin und herwendest, die sich niederwerfen. Er hört und weiß alles. Soll ich euch mitteilen, auf wen die Satane hinabsteigen? Auf jeden sündigen Schwindler! Sie lauschen. Die meisten von ihnen sind Lügner. Desgleichen die Dichter – ihnen folgen die Toren. Hast du nicht gesehen, wie die (Dichter) verwirrt in jedem Tal umherirren und daß sie sagen, was sie nicht tun?" (Sure 26, 210–226). Denn die Worte, bestenfalls bruchstückhaft erlauscht, die sie von den Satanen zugeflüstert bekommen und dann verkünden, müssen sich als falsch erweisen, eben weil sie nicht ein Teil der unaufhörlich von Allah gewirkten Wunderzeichen sind. Ganz anders verhält es sich mit den Gläubigen, wie der letzte, wegen seines vom ganzen Text der Sure abweichenden Stils als nachträgliche Erläuterung anzusehende Vers beteuert: „Abgesehen von denen, die glauben, fromme Werke tun, Allahs oft gedenken und triumphieren, nachdem man ihnen Unrecht zugefügt hat. Diejenigen, die das Unrecht begingen, werden erfahren, worauf es mit ihnen hinausläuft" (Sure 26, 227).

Gesandter, „Buch" und „Lesung"

Zu der Überzeugung, von dem alles lenkenden Allah unmittelbar oder über einen Boten angesprochen zu werden, gesellt sich die Vorstellung, selber ein Bote des Einen zu sein und deswegen am Ende einer langen Reihe von Vorgängern mit vergleichbarem Schicksal zu stehen. Mit der unerschütterlichen Gewißheit, die Wahrheit zu verkünden, deren die Wahrsager und Dichter gar nicht mehr habhaft werden können, verbindet sich ferner der Glaube, daß die in Worte gefaßten Wunderzeichen Allahs mehr sind als ein einmaliger Appell wie etwa: „Steh auf und warne!" (Sure 74, 2). Die Worte gelten vielmehr über den Augenblick ihrer Verkündigung hinaus und gehören daher in das „klare Buch". Dieser Begriff ist, für sich genommen, mehrdeutig. Verbergen sich dahinter die „Schriftstücke" Abrahams und Moses, von denen in den ältesten Offenbarungen die Rede war? Das Wort „Buch" (arab.: *al-kitāb*) meint in der frühesten Zeit eine Aufzeichnung von Ereignissen (Sure 78, 29) und behält diese Bedeutung bis in die mittelmekkanische Periode bei (Sure 17, 71), von der wir hier handeln, ja, hat im Zusammenhang mit der Schilderung des Endgerichts kurz vor der Vertreibung Mohammeds aus Mekka noch ebendiesen Sinn (Sure 39, 69). Dennoch tritt in den Jahren, in denen Mohammed an die mekkanische Öffentlichkeit geht, eine weitere Bedeutung hinzu, die unmittelbar auf jene folgenreiche Erweiterung seines Selbstverständnisses verweist. „*Ṭā-sīn*. Jenes sind die Wunderzeichen der ‚Lesung‘ (arab.: *al-qurʾān*) und eines klaren Buches, die als Rechtleitung und frohe Botschaft den Gläubigen mitgeteilt werden, denjenigen, die das rituelle Gebet verrichten, die Läuterungsgabe abführen und sich des Jenseits gewiß sind“ (Sure 27, 1–3). Diese Verse leiten Sure 27 ein, die unmittelbar nach Sure 26 entstanden sein soll. In der Gemeinde, die sich um Mohammed schart, bilden die Worte, die er als Allahs Offenbarung verkündet, neben den Riten das kräftigste Bindemittel. Sie werden vorgetragen, um die richtige religiöse Gesinnung zu erzeugen und festzuhalten – eine Aufgabe, die die Sprüche der Wahrsager niemals zu erfüllen hatten. Sie konnte freilich nur geleistet werden, indem man die Texte in eine feste Form brachte, die zum liturgischen Vortrag geeignet war. Einführungsverse wie jene von Sure 26 und der Aufbau des Textes, der den Zweck der „Schulung“ unschwer erkennen läßt, belegen, wie weit sich Mohammed inzwischen von seinen Anfängen entfernt hat. Es ist bezeugt, daß solche komponierten Suren in verschriftlichter Form kursierten, und es gibt keinen Grund, diese Überlieferung anzuzweifeln. Wir hören, daß Ḫabbāb b. al-Aratt, Schutzbefohlener einer Ḫuzāʿitin und Eidgenosse der quraišitischen Banū Zuhra,[168] Fāṭima, die Schwester des späteren Kalifen ʿUmar b. al-Ḫaṭṭāb, und deren Ehemann heimlich in der „Lesung“ unterwies. ʿUmar, damals noch ein erbitterter Feind Mohammeds, dessen Liebäugeln mit dem Ḥanīfentum ihm vermutlich suspekt war,[169] vernahm zufällig das Gemurmel, trat erbost hinzu und ließ seiner Wut freien Lauf. Fāṭima konnte das Schriftstück (arab.: *aṣ-ṣaḥīfa*), auf dem der Text von Sure 20 stand, gerade noch verbergen. Als ʿUmars Jähzorn verraucht war, ließ er sich die Blätter aushändigen und las den Text, nachdem er sich auf Bitten seiner Schwester rituell gereinigt hatte. Er bemerkte die Kraft der mohammedschen Worte und erfuhr nun selber, was er den Anhängern der neuen Glaubenspraxis bisher vorgeworfen hatte: nämlich daß sie sich von der „Lesung“ den Kopf verdrehen ließen.[170]

Unter den Gelehrten der ersten Jahrhunderte nach der Hedschra hielt sich die Erinnerung daran, daß die Verschriftlichung der von Mohammed als Offenbarungen präsentierten Texte schon in Mekka ihren Anfang nahm. Hierbei handelte es sich um durchkonstruierte und damit zum liturgischen Gebrauch zubereitete „Lesungen“, deren Gesamtheit man mit dem Wort „Buch“ zu benennen begann. Unter Berufung auf Ibn al-ʿAbbās (gest. 688) schreibt der in Raij wirkende Gelehrte Ibn aḍ-Ḍurais (gest. 906): „Wenn ein Eröffnungsvers einer Sure in Mekka herabgesandt wurde, wurde sie in Mekka niedergeschrieben. Dann pflegte Allah ihr hinzuzufügen, was ihm beliebte.“[171] In der Tat enthält der Koran siebzehn aus jener Periode[172] stammende Suren, deren Einleitungsverse in unterschiedlicher Weise darlegen, daß der sich anschließende Text als Teil eines von Allah auf Mohammed hinabgesandten Buches zu verstehen sei. In drei Fällen taucht das „Buch" in einer Schwurformel auf; die neue Selbstauslegung des Propheten und seiner Verkündigung verbirgt sich hier noch unter der obsolet werdenden Redeweise: „Beim klaren Buch!" beginnen Sure 43 und 44; und Sure 52 setzt so ein: „Beim Berg Sinai! Und bei einem geschriebenen Buch auf entfaltetem Pergament! Beim vielbesuchten Haus (d.h. der Kaaba)! Beim emporgehobenen Himmelsdach! Beim wohlgefüllten Meer!" Diesen Wendungen eng verwandt sind die einleitenden Worte der ebenfalls mekkanischen Sure 36 „Bei der weisen ‚Lesung'!", 38 „Bei der ‚Lesung' mit der Mahnung!" und 50 „Bei der hochlöblichen ‚Lesung'!" Dies nötigt uns zur Beantwortung der Frage, ob Mohammed die Begriffe „Buch" und „Lesung" in gleicher Bedeutung verwendet.

Die Authentizität der niedergeschriebenen „Lesung"

Die ersten Worte von Sure 15 legen die Vermutung nahe, daß dem nicht so ist: „*Alif-lām-rā*. Jenes sind die Wunderzeichen des Buches und einer Lesung", sagt er dort, unterscheidet also zwischen beiden, ohne freilich Aufschluß darüber zu geben, worin der Unterschied bestehe. Die Schwurformeln vor den Suren 43 und 44 helfen uns weiter. „*Ḥā-mīm*. Beim klaren Buch! Wir haben es zu einer arabischen ‚Lesung' gemacht, vielleicht begreift ihr! Es ist bei uns in der Urschrift des Buches, (es ist) erhaben und weise. Sollen wir euch die Mahnung denn vorenthalten, weil ihr Leute seid, die (alles) verschleudern?" (Sure 43, 1–5). Das „klare Buch" tritt im Augenblick der Verkündigung als „Lesung" in Erscheinung; auch in diesem Zustand bleibt es authentisch, nämlich eine Wiedergabe dessen, was in der Urschrift in der unmittelbaren Gegenwart Allahs steht. Man könnte auf den Gedanken verfallen, für die Mekkaner, die allzu sorglos mit den Gaben Allahs umgehen, wäre sein authentisches Wort zu kostbar, doch hat Allah, wie man in den folgenden Versen belehrt wird, schon vor Mohammed Propheten berufen, denen man zu ihrer Zeit mit ähnlicher Mißachtung begegnet war.

Die „Lesung" ist als die auf Mohammeds Umgebung zugeschnittene Fassung der Urschrift zu deuten; indem diese „Lesung" in ein „Buch" umgewandelt, also niedergeschrieben wird, tritt die Klarheit, die Festigkeit ihres Sinnes, vollends zutage. In Schrift gefaßt und damit zum arabischen diesseitigen Repräsentanten des himmlischen Originals erhoben, ist das „Buch" in Mohammeds Augen der schlagendste Beweis dafür, daß die Stümpereien der Wahrsager und Dichter, die zum Besten geben, was manche Dschinnen oder Satane aufschnappten, im Vergleich zu seinen Offenbarungen läppisches Gefasel waren. Das, was er den Mekkanern als „klares Buch" vorlegt, hat Allah ihm gezielt und mit voller Absicht übermittelt: „*Ḥā-mīm*. Beim klaren Buch! Wir sandten es in einer gesegneten Nacht herab, wir waren Warner. In (jener Nacht) wird jegliche Art weiser Fügung entschieden, als eine Fügung, die von uns her kommt, denn wir schickten Gesandte aus. (Dies geschieht) aus Barmherzigkeit seitens deines Herrn. Er ist der Allhörende, Allwissende, der Herr der Himmel und der Erde und dessen, was zwischen beidem ist. (Davon seid ihr überzeugt), wenn ihr Gewißheit erlangt. Es gibt keinen Gott außer ihm. Er bringt euch ins Leben und läßt euch sterben, euer Herr und der Herr eurer Vorväter! Aber (die Mekkaner) vertändeln sich in ihrem Zweifel“ (Sure 44, 1–9). Der eine Allah begnadet seinen erwählten Gesandten in einer gesegneten Nacht mit dem „klaren Buch“, das als ein Ausschnitt aus der alle Schöpfung gestaltenden weisen Fügung übergeben wird. Die Verschriftlichung der „Lesung“ ist somit eine wesentliche Maßnahme zur Erhöhung der Autorität Mohammeds; erst indem er das „Buch“ darbietet, zeigt er sich nach eigenem Verständnis als der berufene Sprecher Allahs. Dieser Allah ist nicht mehr der „höchste Herr“, sondern der einzige. Diesem wesentlichen Umbruch in Mohammeds Gottesidee, der die scharfen Konflikte mit den Mekkanern heraufbeschwört, wenden wir uns in Kürze wieder zu.

Nicht in einem Zuge wurde aus der „Lesung“ das „Buch“, und nicht alles, was heute an frühen Eingebungen im Koran versammelt ist, war ein Teil der „Lesung“. Nur eine begrenzte Zahl von Texten aus mekkanischer Zeit beginnt mit Versen, die auf das „Buch“ Bezug nehmen. „Ein Buch, das dir herabgesandt wurde“ (Sure 7; vgl. Sure 14; 18; 20 „Lesung“; 32; 39; 40; 41; 45; 46) oder „Jenes sind die Verse des klaren Buches“ (Sure 26; 27 „der ‚Lesung‘ und eines klaren Buches“; 28; 31; 10 „des ewigen Buches“) oder „Ein Buch, dessen Verse festgefügt und dann (gleich Perlen) aneinandergereiht wurden“ (Sure 11; vgl. Sure 41), dies sind die Formeln, die Mohammed verwendet, und zwar bis in die frühmedinensische Zeit hinein. „Jenes ist das Buch, in dem nichts Zweifelhaftes ist!“ Diese Einleitung der etwa anderthalb Jahre nach der Hedschra entstandenen Sure 2 greift Sätze aus der spätmekkanischen Sure 10 auf: „Diese ‚Lesung‘ ist nicht so, daß sie erlogen, also ohne Allah (zustande gekommen sein könnte). Sie ist vielmehr eine Bestätigung dessen, was vor ihr war, und eine ins einzelne gehende Erläuterung des Buches, nichts Zweifelhaftes ist darin; sie ist vom Herrn der Welten. Wollen sie etwa behaupten: ‚Er hat sie erlogen‘? Sprich: ‚Dann bringt doch eine Sure gleicher Art bei und ruft anstelle Allahs an, wen ihr könnt!‘“ (Sure 10, 37 f.). Der Gesandte zu sein und das „Buch“ zu überbringen, das gehört nun für Mohammed zusammen. Vor allem weil er ein „Buch“ übermittelt, ist er Allahs Gesandter und steht seinen Vorgängern in nichts nach: „*Alif-lām-mīm.* Allah: Es gibt keinen Gott außer ihm, dem Lebendigen und ewig Beständigen. Er sandte auf dich das Buch mit der Wahrheit herab. Dieses bestätigt, was davor (an Offenbarungen) ergangen war. Und er sandte die Tora und das Evangelium herab, vorher, und dies als Rechtleitung für die Menschen. Und er sandte die Entscheidung herab...“ (Sure 3, 1–4; vgl. Sure 44, 4).

Von der mekkanischen zur medinensischen „Lesung“

Die Lage, in der sich Mohammed in Medina befindet, kann er mit seinen mekkanischen Erfahrungen und Anschauungen nicht meistern. Der Inhalt der Suren 2 und 3 weicht daher stark von dem der mekkanischen ab, worauf hier noch nicht einzugehen ist. Die Zugehörigkeit zum „Buch“ wird jedoch nach dem üblichen Muster hervorgehoben. Ja, um sich den medinensischen Juden gegenüber als Prophet auszuweisen, braucht er das „Buch“ womöglich noch dringender als in Mekka. Sure 3 spiegelt seine Enttäuschung und seinen Zorn darüber wider, daß die Juden ihm die kalte Schulter zeigten (z.B. Vers 65–80, 93–110).[173] In den jüngeren medinensischen Suren fehlt von da an eine entsprechende Einleitung. Sie wenden sich unmittelbar an die eigene Anhängerschaft (z.B.

Sure 4 und 5) oder an ihn selber (z.B. Sure 65 und 66) und rechnen nicht mehr mit einer friedlichen Bekehrung der Andersgläubigen. Der Verzicht auf jene formelhaften Wendungen mag überdies dadurch zu erklären sein, daß Mohammed jetzt über mehrere Schreiber verfügte, die die Offenbarungen aufzeichneten, so daß eine nicht sogleich schriftlich festgehaltene „Lesung" nicht mehr entstand. Daß es Texte einer mündlich weitergegebenen „Lesung" bis in die medinensische Zeit gab, belegen die ersten Verse von Sure 12: „*Alif-lām-rā*. Jenes sind die Verse des klaren Buches. Wir sandten es als eine arabische ‚Lesung' herab. Vielleicht begreift ihr! (vgl. Sure 43, 3). *Wir* erzählen dir am schönsten, indem wir dir *diese* ‚Lesung' eingaben, auch wenn du vorher einer der Mißachtenden warst..." (Vers 1–3). Nach islamischer Überlieferung wurde Sure 12 bereits in Mekka offenbart, aber erst in Medina stellte Mohammed ihr diese Einleitung voran: Erst jetzt wurde dieser Teil der „Lesung" zu einem Abschnitt im „klaren Buch". Die Gründe, die ihn bewogen haben mochten, diesen Text jetzt zu berücksichtigen, nachdem er ihn zuvor „mißachtet" hatte, könnten in der Politik gegenüber den Quraišiten zu suchen sein. Denn in dem ebenfalls erst in Medina entstandenen Vers 7 heißt es: „In Josef und seinen Brüdern lagen Zeichen für die Fragenden." Aus Mekka vertrieben und daher der Geborgenheit in seinem Klan ledig, hegte er die Hoffnung, daß Allah ihm Genugtuung von den Feinden verschaffen werde, wie sie einst Josef zuteil geworden war.[174] Einen möglichen Grund, in Mekka auf Sure 12 zu verzichten, werden wir in Kürze kennenlernen.

In Medina ereignete sich übrigens ein Skandal um die Niederschrift der „Lesung". ʿAbdallāh b. Saʿd b. abī Sarḥ aus dem quraišitischen Zweig der Banū ʿĀmir b. Luʾaij zeichnete nach dem Diktat Mohammeds einige Offenbarungen auf. Ein Vers endete mit der Formulierung „der Allhörende, Allwissende", ʿAbdallāh aber notierte „der Allwissende, Weise". Wie gewöhnlich – und wie später in der muslimischen Gelehrsamkeit allgemein üblich – ließ sich Mohammed zur Kontrolle die Niederschrift vortragen und bemerkte dabei nicht, daß ʿAbdallāh eine Wendung ausgetauscht hatte. ʿAbdallāh verlor den Glauben daran, daß Mohammed Eingebungen empfange, und flüchtete nach Mekka.[175] Den meisten Quellen ist dieser Vorfall äußerst unangenehm. Ibn Hišām hat ihn, sofern er sich in Ibn Isḥāqs Text befunden haben sollte, herausgestrichen. Anderswo heißt es schwammig, ʿAbdallāh habe für den Gesandten Allahs geschrieben, dann habe der Satan ihn ausgleiten lassen, worauf er sich den Ungläubigen in Mekka angeschlossen habe.[176] Als Mohammed im Januar 630 in seine Vaterstadt einzog, gehörte ʿAbdallāh natürlich zu den Todeskandidaten. Glücklicherweise war er ein Milchbruder ʿUṯmān b. ʿAffāns, und diesem gelang es, den nüchtern denkenden Mann zu retten.[177] Nach Mohammeds Tod zeichnete sich ʿAbdallāh bei den Eroberungskriegen in Nordafrika aus.[178]

Unbekannt bleiben der Zeitpunkt und die Umstände der Niederschrift der großen Zahl kurzer mekkanischer Suren, die entweder mit Schwüren nach Art der Wahrsager eröffnet werden,[179] mit Drohungen oder Warnungen beginnen[180] oder keiner dieser beiden Gruppen zuzuordnen sind.[181] Man darf vermuten, daß sie beim Tod des Propheten in schriftlicher Fassung vorlagen. Die Schilderungen der Redaktionstätigkeit, die wenige Jahre danach aufgenommen wurde, setzen voraus, daß die Texte der Suren zur Verfügung standen, und kreisen um die Frage, wie diese anzuordnen seien. Die Vorstellung, jede Sure sei erst jetzt aus einzelnen Fragmenten der Offenbarung zusammengestückelt worden, entspringt der immer wieder zitierten Überlieferung, derzufolge einer der Schreiber Mohammeds, Zaid b. Ṯābit, den Auftrag Abū Bakrs (reg. 632–634) erhalten habe, den Text des Korans zusammenzutragen und niederzuschreiben; mit anderen Worten, es sollte ein Korpus aller Einzelteile der „Lesung“ angelegt werden, damit das „Buch“ in seiner Gesamtheit zuhanden sei. Zaid habe sich die Texte zusammensuchen müssen, heißt es weiter, sie hätten sich auf Palmzweigen, auf Schulter- und Rippenknochen von Tieren, auf Stoffetzen gefunden und nicht zuletzt „in den Herzen der Männer“. Zaid habe die Texte im Kopf gehabt, aber stets nach einem schriftlichen Beleg gefahndet. Genau so sei Ubaij b. Kaʿb, ein anderer Schreiber Mohammeds, verfahren.[182] Wenn man sich ins Gedächtnis ruft, daß die Verse der „Lesung“ damals seit zwei Jahrzehnten täglich rezitiert wurden und zum Leben der Muslime gehörten wie Nahrung oder Kleidung, dann leuchtet schwerlich ein, wie unter Mohammeds ersten Nachfolgern ein Flickenteppich kaum oder gar nicht bekannter Fragmente für das von ihm hinterlassene „Buch“ hätte ausgegeben werden können. In Übereinstimmung mit dem von ihm in Mekka entwickelten Verständnis vom Gottesgesandtentum, das er in Medina in Anbetracht der angedeuteten neuen Erfordernisse umformulieren wird,[183] trieb er zu seinen Lebzeiten die Arbeit an der Niederschrift der „Lesung“ voran, behielt sich jedoch vor, immer wieder redigierend in die zu seinem „Buch“ gewordenen Texte einzugreifen. Hiervon spricht er ganz unverblümt schon in der spätmekkanischen Sure 16, Vers 101, wobei er sich natürlich auf sein Alter ego als den Urheber der Revisionen beruft.

Der Ramadan, Gedenkmonat der „Herabsendung“

Nun behauptet Sure 97, die die Gedanken von Sure 44, Vers 4 fortspinnt, die Herabkunft der Offenbarung zu einem klar umrissenen Zeitpunkt: „Wir sandten (die Lesung) in der Nacht der (göttlichen) Macht herab. Woher weißt du, was die Nacht der Macht ist? Die Nacht der Macht ist besser als tausend Monate. In ihr steigen die Engel und der Geist, jegliche Art göttlicher Fügung, mit Erlaubnis ihres Herrn herab. Heil bedeutet sie – bis zum Anbruch der Morgendämmerung.“ Diese Sure, die von manchen frühen Quellen für medinensisch gehalten wird,[184] könnte mit Sure 2, Vers 185 inhaltlich zusammenhängen; dort ist freilich davon die Rede, daß der ganze Monat Ramadan als der Zeitraum anzusehen sei, in dem Allah den Koran offenbart habe. Wenn Mohammed eine Sure hatte niederschreiben lassen, betrachtete er sie, wie gesagt, nicht als einen abgeschlossenen und daher unveränderlichen Text. Allah pflegte ihr dann noch hinzuzufügen, was ihm beliebte; so drückte sich Ibn aḍ-Ḍurais aus. Auf eben diesen Sachverhalt, jedoch auf die medinensische Periode bezogen, deuten Überlieferungen, Mohammed habe immer im Ramadan den ganzen Text der Offenbarung dem Engel Gabriel vorgetragen,[185] sich also stets aufs neue ein Plazet für das „Buch“ in der jeweils aktuellen Fassung holen müssen. Da er in der Auseinandersetzung mit den Juden von Medina betonte, daß die Lebendigkeit dessen, was er als Allahs Rede verkündete, ihm eine höhere Autorität verschaffe, als sie die auf ein in der Schrift erstarrtes Wort angewiesenen Feinde beanspruchen könnten, erahnen wir das Dilemma, in das er um seines „Buches" willen geraten war. In Mekka war dieses „Buch" der markanteste Beleg für seine grundsätzliche Überlegenheit über die Wahrsager und Dichter gewesen, die gleich ihm behaupteten, ihnen sei das Verborgene zugänglich. In Medina galt sein „Buch" den Juden für nichts, und Mohammed erkannte zudem schnell, daß ihm, wollte er im Namen Allahs herrschen, dieser Allah am besten ständig die erforderlichen Direktiven übermittelte. „Wenn alle Bäume auf Erden Schreibrohre wären und das Meer, das aus sieben dahinterliegenden Meeren Zufluß erhielte, (Tinte), selbst dann gingen die Worte Allahs noch nicht zu Ende! Allah ist mächtig und weise!" (Sure 31, 27; vgl. Sure 18, 107–110).[186]

Selbstrechtfertigung mit der „Lesung"

Mit den letzten Erwägungen haben wir schon über den Rahmen dieses Kapitels hinausgegriffen. Was auf den Propheten in Medina nach der Vertreibung aus Mekka wartete und wie er sich auf die völlig veränderte Lebenslage einstellte, ist später eingehend zu erörtern. Kehren wir nach Mekka zurück und werfen wir noch einmal einen Blick auf das „Buch"! Was dieser Besitz für Mohammed im Kampf um Anerkennung bedeutete, wurde bereits angesprochen. Daß er berechtigt war, die ihm von Allah anvertrauten Worte niederzuschreiben, unterstrich er mit Versen, die nach muslimischer Auffassung die älteste *Sure* – nicht: Offenbarung – bilden. „Rezitiere im Namen deines Herrn, der geschaffen hat, geschaffen hat den Menschen aus einem Blutklumpen! Rezitiere! Denn dein Herr ist der edelmütigste, der das Schreibrohr (zu gebrauchen) gelehrt hat, den Menschen gelehrt hat, was dieser nicht wußte!" (Sure 96, 1–5). Der unermüdliche Schöpfer[187] selber lehrt das Schreiben, damit man seine Botschaft schwarz auf weiß vor sich hat. Dennoch, so heißt es in Sure 96 weiter, setzt man sich über diese Botschaft hinweg, versucht sogar, den Vollzug der Riten zu behindern, doch wird die Frevler schließlich die verdiente Strafe ereilen. Der Gedankengang dieser Verse, die die Niederschrift des Offenbarungstextes rechtfertigen, deckt sich mit demjenigen in den Einleitungsversen von Sure 43 und 44, die wir vorhin besprachen: Obwohl die von Allah gelehrte Kunst des Schreibens ausgeübt wird, stößt Mohammed auf Ablehnung. Sure 68, deren mekkanische Verse[188] unmittelbar nach Sure 96 offenbart worden sein sollen, variiert das nämliche Thema: „*Nūn*. Beim Schreibrohr und bei dem, was man niederschreibt! Dank der Gnade deines Herrn bist du nicht (von einem Dämon) besessen. Du wirst deinen verdienten Lohn bekommen! Du bist von höchst ehrenwertem Wesen. Du und sie, ihr werdet sehen, wer von euch verführt wurde! Dein Herr weiß am besten, wer von seinem Weg abirrte, und er kennt die am besten, die den rechten Weg gehen! Gehorche nicht den Leugnern! Ihnen gefiele es, wenn du (ihnen) schöne Worte machtest, und sie täten es dann auch. Gehorche keinem Verächtlichen, der immerfort schwört, die Leute aufhetzt, Gerüchte ausstreut, das Gute verhindert, den Anstand verletzt, sündigt, (gehorche) keinem Rüpel, der sich dazwischendrängt, weil er reich an Vermögen und Söhnen ist! Trägt man ihm unsere Wunderzeichen vor, winkt er ab: ‚Märchen der Altvorderen!'" (Sure 68, 1–15). Wegen ihrer Borniertheit wird am Ende die Strafe über die Feinde kommen; sie haben kein „Buch“, in dem sie studieren könnten (Vers 37), sie haben keinesfalls die Gewißheit, daß alles so ausgehen wird, wie sie es sich wünschen; nie hat ihnen Allah dergleichen unter Eid zugesagt (Vers 39). Wenn sie sich ihrer Sache so sicher sind, dann sollen sie doch die Gefährten Allahs, auf die sie zählen, herbeizitieren, sobald der Tag der Abrechnung angebrochen sein wird. „Überlaß ruhig mir diejenigen, die solche Rede für Lüge erklären! Wir werden sie Schritt für Schritt ins Verderben führen, ohne daß sie es merken. Ich gewähre ihnen Aufschub, aber meine Tücke ist verläßlich... Nehmen sie etwa Einblick in das Verborgene, so daß sie es niederschreiben?“ (Vers 44–47).

Vorbehalte der „Leute der Schrift“

Der Rückhalt, den Mohammed aus der niedergeschriebenen Offenbarung gewinnt, deutet sich hier an. Im Laufe der Auseinandersetzungen mit den Zweiflern und Spöttern unter den Mekkanern beruft er sich dann nicht mehr auf das „Buch“, um sich zu verteidigen. Er geht zum Angriff über und fordert seine Gegner heraus: „Dann bringt doch eine *Sure* gleicher Art bei und ruft anstelle Allahs an, wen ihr könnt!“ (Sure 10, 38). Auch in Sure 11, Vers 13 wirft er ihnen den Fehdehandschuh hin: „Oder sie sagen: ‚Er hat sich (die Lesung) zusammengelogen.‘ Sprich: ‚Dann bringt doch zehn Suren bei, (der Lesung) vergleichbar und (von euch) zusammengelogen! Ruft anstelle Allahs an, wen ihr könnt, wenn (ihr meint), die Wahrheit zu sagen!‘“ Zum letzten Mal tritt Mohammed in der frühmedinensischen Sure 2 mit diesem Argument den Feinden entgegen. Er wiederholt – zum wievielten Mal? – daß man Allah verehren müsse, ihn, der alles erschafft und ernährt, von dem mithin einzig und allein die Offenbarung herkommen kann (Vers 21 f.). „Wenn ihr im Zweifel über das seid, was wir auf unseren Knecht herabsandten, dann bringt doch eine vergleichbare Sure bei und ruft eure Zeugen an, die ihr anstelle Allahs (zu haben glaubt) –, wenn (ihr meint), die Wahrheit zu sagen! Wenn ihr dies nicht tut, und ihr werdet es nicht tun“ – nämlich eure Behauptung durch das Ersinnen einer gleichen Sure erhärten – „dann hütet euch vor einem Feuer, dessen Brennstoff die Menschen und die Steine sind, vorbereitet für die Ungläubigen!“ (Vers 23 f.). Sure 2 und die ebenfalls in die Anfangszeit des Wirkens in Medina gehörende Sure 3 sind die letzten, die mit einer das „Buch“ hervorhebenden Einleitung versehen sind, und es ist kein Zufall, daß Mohammed nun auch zum letzten Mal die Schriftlichkeit seiner ihm, wie er meint, von Allah zuströmenden Verkündigungen als Beleg für deren unbezweifelbare Wahrheit ins Feld führt.[189] Wie schon vorhin angedeutet, traf er in Medina auf ganz andere Gegner als in seiner Heimatstadt. Mit einem „Buch“ vermochte er die Juden nicht zu beeindrucken; sie dachten nicht daran, in ihm begeistert den Fortsetzer und Vollender des Werkes ihrer Propheten der Vergangenheit zu empfangen, wie er sich geschmeichelt haben mochte. In Mekka, vor seinen heidnischen Landsleuten, durfte er sich auf die Gesandten der Vergangenheit berufen, wofür wir einige Beispiele hörten; sich in deren Schicksal einzubeschreiben, mochte ihm die Achtung mancher Heiden eintragen, zumal er dies in einer die Gefühle aufwühlenden „Lesung“ zum Besten gab. In Medina lebten die Erben einer solchen von prophetischen Verkündigungen geprägten Vergangenheit, und sie werden sich über die Naivität oder Unverfrorenheit jenes Flüchtlings gewundert, vielleicht auch amüsiert haben, der sich in gänzlicher Verkennung der Tatsachen ihren Patriarchen gleich dünkte und die Stirn hatte, seine im Vergleich zur Themenfülle der Tora kümmerlichen Papyrusblätter als dieser ebenbürtig, wenn nicht gar überlegen auszugeben. Die Ablehnung durch die Juden erschütterte Mohammed zutiefst, kratzte vorübergehend auch an seinem Selbstbewußtsein.[190] Sure 3 läßt bereits ahnen, auf welche Weise er sich aus diesen Anfechtungen befreien wird: „Ihr Leute der Schrift, weswegen streitet ihr gegen mich um Abrahams willen, wo doch Tora und Evangelium erst nach ihm herabgesandt wurden? Seht ihr das denn nicht ein?... Weswegen also streitet ihr gegen mich um einer Sache willen, von der ihr kein Wissen habt? Allah weiß es, ihr nicht! Abraham war weder Jude noch Christ, vielmehr war er ein heidnischer Monotheist (arab.: *al-ḥanīf*), der (sein Gesicht zu Allah) gewandt hatte,[191] und gehörte nicht zu den Beigesellern (unter den Heiden)!“ (Vers 65–67). Daß er und seine Anhängerschaft hinter die heiligen Schriften der Juden und Christen zurückgehen, wird Mohammed zum wichtigsten Argument gegen die „Schriftbesitzer“, zu einem Argument, das ihm mit der Übernahme des Gedankengutes der Ḥanīfen zugefallen war, ohne daß er dessen Tragweite in seinen mekkanischen Auseinandersetzungen schon hätte erkennen können. In Medina wird es ihm helfen, die Eigenständigkeit seiner Verkündigung gegenüber Tora und Evangelium zu behaupten, eine Eigenständigkeit, die sich aus der Authentizität des fortwährenden Angesprochenseins durch Allah in Verbindung mit der Berufung auf den „vorjüdischen“ und erst recht „vorchristlichen“ Abraham ergibt: Die „Schriftbesitzer“ haben ein „Buch“, das schon lange ein Gegenstand gelehrter – und wie Mohammed polemisch unterstellt: den Sinn verdrehender – Debatten ist; er selber aber hat eine unmittelbare Beziehung zu dem einen Schöpfer.[192] Daß das Fehlen eines abgeschlossenen „Buches“ überdies der Verwirklichung autokratischer Herrschaft in hohem Maße dienlich ist, muß als die geschichtsmächtige Folge des frühmedinensischen Konflikts um Mohammeds Offenbarungstexte angesehen werden. Er verstand es bald, im rechten Augenblick „Herabsendungen“ mit einem seinem jeweiligen Anliegen günstigen Inhalt zu empfangen. Die sich um solche Vorgänge rankende Überlieferung scheut sich nicht, zur Aussonderung solcher autoritativen Worte aus dem alltäglichen Reden erneut auf Mohammeds Fallsucht zurückzugreifen.

6. Vorbilder für den Eingottglauben

Ein fremder Lehrer?

In Mekka unterschied Mohammed seit dem Beginn der Niederschrift der ihm von Allah übermittelten Eingebungen zwischen der „Lesung“ und dem „Buch“. Erstere konnte zunächst ungeschrieben bleiben und erhielt in diesem Falle, wie wir aus dem Beispiel der Sure 12 schlossen, keine einleitenden Formulierungen. Was man des genaueren unter ihr zu verstehen hat, zeigen einige Koranzitate. „Es ist wahrhaftig eine edle ‚Lesung‘ in einem verhüllten Buch. Nur die (rituell) Geläuterten berühren es. Es ist eine Herabsendung von seiten des Herrn der Welten. Und über solche Rede wollt ihr schöne Worte machen?“ (Sure 56, 77–81). Das

„Buch", verhüllt und geschützt wie eine Perle (vgl. Sure 27, 49 und 52, 24), ist die materielle Erscheinungsform der „Lesung", braucht diese aber nicht ganz zu umfassen (vgl. Sure 15, 1), ja, kann das gar nicht. Denn ihrem Wesen nach ist die „Lesung" mehr als Worte, die einen Inhalt übermitteln. „Sprich: ‚Die Wahrheit ist gekommen, die Lüge wurde zunichte! Die Lüge wird stets zunichte!' Wir schicken von der ‚Lesung' das herab, was Heilung und Barmherzigkeit für die Gläubigen ist. Die Frevler nehmen (durch die ‚Lesung') immer mehr Schaden" (Sure 17, 81 f.). So übt die „Lesung" eine Wirkung auf die Gläubigen aus, die Mohammed als belehrend und deswegen alle Bangigkeit besänftigend beschreibt; ihre Worte entfalten zudem Kräfte, die den Satan abwehren. In Sure 16, die in die späte Periode seines Wirkens in Mekka gehört, greift er diese Vorstellungen auf und verbindet sie mit einer Zurückweisung von Verdächtigungen, die seine Feinde ausstreuen. „Wer, sei es Mann oder Frau, fromm handelt und dabei gläubig ist, den werden wir wahrlich zu einem (rituell) guten Leben beleben und mit Schönerem belohnen, als er geleistet hat. Wenn du die ‚Lesung' vorträgst, dann rufe Allah um Schutz gegen den Satan an, den man steinige! Er hat (seitens Allahs) keine Vollmacht über die, die glauben und sich auf ihren Herrn verlassen. Seine Vollmacht erstreckt sich nur auf die, die sich ihn zum Freund wählen, und diejenigen, die (Allah andere Götter) beigesellen. Wenn wir ein Wunderzeichen gegen ein anderes austauschen – und Allah weiß am besten, was er herabsendet –, sagen sie: ‚Du bist ein Schwindler!' Die meisten von ihnen wissen nicht Bescheid. Entgegne: ‚Der heilige Geist hat (die ‚Lesung') mit der Wahrheit von seiten deines Herrn herabgebracht, um diejenigen zu bestärken, die glauben, sowie als Rechtleitung und Freudenbotschaft für die, die (das Gesicht ganz zu Allah) wenden.' Wir wissen sehr wohl, was sie sagen: ‚Ein Mensch lehrt ihn das!' Die Sprache dessen, zu dem sie neigen, ist aber nicht arabisch, und das hier ist klare arabische Sprache!" (Vers 97–103). Mohammed hatte nämlich in der älteren Sure 17 hervorgehoben, daß Allah um ihn und seine Anhänger einen gegen die Machinationen des Bösen abgeschirmten Bereich schafft; die Feinde vermögen dieser Kraft nicht standzuhalten und ziehen sich zurück: „Wenn du die ‚Lesung' vorträgst, lassen wir zwischen dir und denen, die nicht an das Jenseits glauben, einen Vorhang herab, verhüllen ihnen das Herz, so daß sie nicht begreifen, und verstopfen ihnen die Ohren. Wenn du in der ‚Lesung' allein deinen Herrn erwähnst, weichen sie erschreckt vor dir zurück. Wir wissen am besten, weswegen sie zuhören, wenn sie dir zuhören, besprechen sich die Frevler doch hierüber insgeheim und sagen dann: ‚Ihr Gläubigen folgt niemand anderem als einem verzauberten Mann'" (Vers 45–47).

Der Verdacht, Mohammed empfange das, was er als „Lesung" göttlicher Offenbarungen vortrug, von irgendeinem Fremden, womöglich jemandem, der nicht einmal Araber war, wog schwer und ließ das Versprechen, die Worte hätten eine heilende, belebende Wirkung, ins Leere gehen. Wer mochte, wenn sich dieser Verdacht erhärten ließ, noch an die Mächtigkeit dieser Worte glauben oder die Behauptung ernstnehmen, Allah selber mahne die Menschen und werde die in der „Lesung" angekündigten Ereignisse so gewiß eintreten lassen, wie es gewiß sei, daß die „Lesung“ sein Wort ist? Das, was Allah ihn lehrt, ist keineswegs mit der von den Dschinnen manchen Menschen eingeflüsterten Dichtung zu vergleichen, es ist „Mahnung und klare ‚Lesung‘“ (Sure 36, 69) – so versucht Mohammed den Unterschied auf den Begriff zu bringen (vgl. Sure 38, 1). Die „Lesung“ stellt eine Mahnung dar, die, sofern man sie beherzigt, eine Wandlung auslöst: Der Mensch wird seiner Geschöpflichkeit inne, und damit wird ihm zur Gewißheit, daß er dem Gericht nicht entgehen wird. Diese Perspektive erneuert sein Leben von Grund auf und heilt ihn – das ist nicht nur im übertragenen Sinn verstanden. In Sure 17 fährt Mohammed demgemäß fort, seine ungläubigen Gegner legten sich eine fehlerhafte Deutung ihres Daseins zurecht: „Sie wenden ein: ‚Wenn wir zu Knochen und kleinen Splittern zerfallen sind, dann sollen wir zu einer neuen Schöpfung auferweckt werden?‘ Entgegne: ‚Ob Steine oder Eisen oder sonst etwas Geschaffenes, das in eurem Sinn schwierig (aufzuerwecken) ist!‘ Sie werden fragen: ‚Und wer sollte uns wiederherstellen?‘ Antworte: ‚Derjenige, der euch das erste Mal geschaffen hat!‘ Sie werden vor dir den Kopf schütteln und fragen: ‚Wann?‘ Antworte: ‚Vielleicht bald (nach eurem Tod). Nämlich an dem Tag, da er euch ruft, und ihr werdet ihm antworten, ihn preisend, und vermuten, ihr seiet nur kurze Zeit (in den Gräbern) gewesen‘“ (Sure 17, 48–52).

Die Frage nach der Herkunft des Stoffs

Immer wieder sah sich Mohammed in Mekka mit der Frage nach der den Menschen wandelnden Wirkung der „Lesung“ konfrontiert. Diese Wandlung wird durch das hervorgerufen, was bei ihm „Mahnung“ (arab.: *aḏ-ḏikr*) heißt, und man verknüpft die Frage danach mit dem Begehren, mehr über die Herkunft des Stoffes zu erfahren, in den diese Botschaft gekleidet ist. „Wir haben in der ‚Lesung‘ Gleichnisse jeglicher Art geprägt – vielleicht würden sie sich mahnen lassen! – als eine arabische ‚Lesung‘, an der nichts Krummes ist – vielleicht würden sie Allah fürchten! Allah prägte ein Gleichnis von einem Mann, den zänkische Leute gemeinsam zueigen haben, und von einem anderen, der jemandem allein gehört. Sind jene beiden (Sklaven) wohl einander gleich? Lob sei Allah! Die meisten von ihnen wissen nicht Bescheid! Du wirst sterben, und sie werden sterben, und dann, am Tag der Auferstehung, werdet ihr bei eurem Herrn streiten!“ (Sure 39, 27–31). Um der „Mahnung“ Nachdruck zu verleihen – einzig ein Mensch, der nur einen Eigentümer hat, kann einen „geraden“, in sich stimmigen Text hervorbringen –, ist Mohammed auf immer neue Gleichnisse (arab.: *al-maṯal*), auch auf Erzählungen angewiesen. In Sure 54, einer der frühesten aus der mittelmekkanischen Periode, beteuert der Prophet: „Wir haben die ‚Lesung‘ leichtgemacht, damit sie zur Mahnung tauge. Gibt es jemanden, der sich mahnen läßt? Die ʿĀd ziehen (ihren Gottesgesandten) der Lüge – und wie waren meine Strafe, meine Warnungen!“ (Vers 17 f.). „Wir haben die ‚Lesung‘ leichtgemacht, damit sie zur Mahnung tauge. Gibt es jemanden, der sich mahnen läßt? Die Ṯamūd leugneten die Warnungen“ (Vers 22 f.). Noch zweimal hören wir die Beteuerung und die Frage; auch das Volk Lots und der Pharao setzen sich über alle Mahnungen hinweg (Vers 32 und 40). „Wir haben den Menschen in dieser ‚Lesung‘ Gleichnisse von jeglicher Art geprägt. Wenn du ihnen ein Wunderzeichen bringst, sagen die Ungläubigen tatsächlich: ‚Ihr seid nichts als Lügner!‘ So versiegelt Allah die Herzen derjenigen, die nicht wissen. Fasse dich in Geduld! Allahs Versprechen ist wahr. Die aber, die keine Gewißheit erlangen, sollen dich wirklich nicht geringachten!" (Sure 30, 58–60). Allah verteilte die „Lesung" auf etliche einander im Inhalt ähnliche Texte, damit sein Prophet sie in vielen Variationen vortragen konnte (Sure 17, 106).[193]

Das macht nun auch für uns die Frage nach der Herkunft des Stoffes dringlich, den Mohammed zu diesem Zweck einsetzte. Daß er ihn nicht aus sich selber schöpfte, war, wie Sure 16, Vers 103 andeutet, den sachlich Urteilenden unter den Mekkanern klar. Über Sklaven fremder Herkunft drang die hochreligiöse Überlieferung in die Stadt ein, worüber wir noch etwas mehr hören werden. Der Koran, die „Lesung", so versichert Mohammed in Sure 41, Vers 2 bis 4, sei eine Schrift, deren Verse wie Perlen auf einer Kette aneinandergereiht wurden; einzelne besonders auffällige Pretiosen waren dazwischengefügt. Ebendies hielten manche Mekkaner für kritikwürdig; jedenfalls begründeten sie mit ebendieser Beschaffenheit der „Lesung" ihren Unglauben. „Wenn", so läßt Mohammed sein Alter ego im 44. Vers derselben Sure sprechen, „wir (den Koran) als eine nicht-arabische Lesung hervorgebracht hätten, würden (die Gegner) einwenden: ‚Wenn die Verse (der ‚Lesung') nicht zusammen mit solchen (fremdartigen) Stücken aufgereiht wären (dann würden wir dir glauben)! Eine nicht-arabische (‚Lesung') und eine arabische (zugleich, was soll das)?'[194] Sprich: ‚(Der Koran) bedeutet für die, die glauben, Rechtleitung und Heilung. Diejenigen, die nicht glauben, haben verstopfte Ohren; sie vermögen ihn nicht zu sehen. Man ruft sie von einem viel zu fernen Ort her.' Auch dem Mose gaben wir die Schrift. Danach stritt man sich über sie. Gäbe es nicht ein Wort, ergangen von seiten deines Herrn, dann wäre schon zwischen ihnen entschieden. So jedoch befinden sie sich noch in Argwohn und Zweifel" (Vers 44 f.). Die Anklänge an Geschichten, die in anderen Sprachen umliefen, wurden von den Mekkanern nicht überhört; Mohammed rechtfertigt sich, indem er seinen Feinden vorhält, daß sie ihn, trüge er jene Geschichten in der Originalsprache vor, erst recht nicht als einen arabischen Propheten anerkennen würden. Dies alles äußert er, indem er sich gegen den allgemeinen Verdacht zur Wehr setzen muß, im Koran finde sich nichtiges, unwahres Geschwätz (Vers 41 f.). Nein, beharrt er, „was dir gesagt wird, ist genau das gleiche, was den Gesandten vor dir gesagt wurde" (Vers 43), denen ihre Zeitgenossen ebenfalls nicht abnahmen, daß sie eine vom Himmel kommende Botschaft vortrugen. Woran aber mochten die Mekkaner denken, wenn sie hörten, wie Mohammed und seine Anhänger in unterschiedlichen Fassungen die Geschichten jener Völker rezitierten, die die Mahnungen ihrer Propheten in den Wind geschlagen hatten und dafür schwer bestraft worden waren? Der Stoff, der von Mohammed in den verschiedenen Suren in eine je eigentümliche Form gegossen wird, entstammt letzten Endes dem Alten und dem Neuen Testament; doch hat der arabische Gesandte Allahs ihn dort nicht unmittelbar entlehnt. Jede einzelne Erzählung hatte, ehe sie aus der in der Heiligen Schrift bezeugten Fassung in den Koran gelangte, eine lange Geschichte hinter sich, der wir uns in dieser Studie über Mohammeds Leben nicht zu widmen brauchen. Woran uns liegt, ist die Beantwortung der Frage nach der letzten Quelle, nach derjenigen, der Mohammed seinen Erzählstoff entlehnte, da sie ihm unmittelbar zugänglich war.

Die koranische Josefsgeschichte

Die Josefssure (Sure 12) hilft uns dabei auf die Sprünge. Sie galt schon in Mekka als ein Teil der von Mohammed rezitierten „Lesung", wurde jedoch, wie vorhin gezeigt, erst in frühmedinensischer Zeit dem „Buch" einverleibt; im Rückblick auf den in Sure 41, Vers 44 angedeuteten Vorbehalt der Mekkaner gegen fremden Stoff ahnen wir, weshalb Mohammed noch in Medina in den Einführungsversen (Sure 12, 1–3) so stark den arabischen Charakter der Erzählung betont. Es seien zunächst die Charakteristika dieser koranischen Erzählung herausgearbeitet. Der erste inhaltlich zusammengehörige Abschnitt umfaßt die Verse 4 bis 18. Josef träumt, wie elf Sterne, die Sonne und der Mond vor ihm niederfallen. Jakob, dem er davon berichtet, erkennt sofort, daß Allah diesen Sohn vor allen Brüdern erwählt und zu etwas Herausragendem ausersehen hat; was mit Abraham und Isaak seinen Anfang nahm, die Hinneigung Allahs zu einigen Menschen, um kundzutun, wie er allein den Weg aller Schöpfung bestimme, setzt sich mit Josef fort; Jakob ist sich dessen gewiß, daß hiermit für ihn und Josef schwere Prüfungen verbunden sein werden, die man in zuversichtlicher Geduld auf sich nehmen muß. – Mohammed mochte an sich selber denken, wie denn überhaupt die Erzählungen der „Lesung" stets das Schicksal ihres Verkünders widerspiegeln. – Da Jakob seinen Sohn Josef im Wissen um dessen Erwählung den Brüdern vorzieht, nimmt das Unheil seinen Lauf. Jene schmieden ein Komplott gegen den Liebling des Vaters, dem sie vortäuschen, ein Wolf habe Josef getötet. „Nein!" entgegnet ihnen Jakob, „vielmehr hat euch eure Seele eine Untat eingeflüstert. Doch ist Geduld angebracht. Allah sei um Hilfe angefleht gegen das, was ihr mir beschreibt!" (Vers 18).

Im zweiten Teil, in den Versen 19 bis 53, wird Josef nach Ägypten verkauft und gelangt in den Haushalt des im Koran namenlosen dortigen Machthabers. Dessen Gattin findet Gefallen an dem jungen Mann und versucht, ihn zu verführen, und Josef erwidert ihre Zuneigung; „hätte er nicht einen Fingerzeig seines Herrn gesehen (hätte er gesündigt). Dieser (Fingerzeig) erging, damit wir das Übel und die Unzucht von ihm abwendeten. Denn er gehörte doch zu unseren erwählten Dienern" (Vers 24). Die verschmähte Liebhaberin beschuldigt Josef bei ihrem Gatten, sich ihr in unlauterer Absicht genähert zu haben, worauf Josef ins Gefängnis geworfen wird. Dort wirbt er mit den von Mohammed ein ums andere Mal benutzten Argumenten für den Eingottglauben (Vers 37–40) und deutet die Träume zunächst der Mitgefangenen und danach diejenigen des Herrschers. Dieser läßt ihn schließlich zu sich führen, und Josef bekommt die Gelegenheit, seine Unschuld zu beweisen: Nach jener verfänglichen Szene war sein Hemd von hinten zerrissen gewesen, ein Indiz dafür, daß er der Gattin des Machthabers hatte entwischen wollen. Diese hatte damals überdies ein Gastmahl für ihre Freundinnen ausrichten lassen, bei dem sie diesen die strahlende Schönheit Josefs vorgeführt hatte; Josef hatte eintreten müssen, als die Damen gerade mit den Obstmessern hantierten, und von dem Anblick überwältigt, hatten sie sich in die Finger geschnitten. Auch von diesem Vorfall erfuhr der Machthaber jetzt, und so ließ er Josef frei. Dieser kommentiert die Wende zum Guten:

„...Allah führt die Tücke der Verräter nicht zum Ziel. Aber ich will auch meine Seele nicht für unschuldig erklären. Die Seele treibt stets zum Bösen, es sei denn, mein Herr erbarmte sich“ (Vers 52 f.).

Nur die von Allah ins Werk gesetzte List schlägt zum Guten aus (vgl. Sure 7, 189; 8, 30; 68, 45), sie allein erreicht ihre Absicht. In den durch die Träume des Herrschers angekündigten Hungerjahren müssen auch die Brüder Josefs nach Ägypten reisen, um Nahrung zu erwerben. Josef erkennt sie, und Allah gibt ihm eine List ein, damit er den jüngsten unter ihnen bei sich zurückbehalten kann (Vers 76). Das Jahr darauf kommen sie erneut. Jakob hat auch den Schmerz über den Verlust seines jüngsten Sohnes in unerschütterlicher Geduld ertragen, ist aber vor Gram erblindet. Josef gibt sich diesmal den Brüdern zu erkennen und trägt ihnen auf, Jakob und die ganze Sippe nach Ägypten zu holen. Als sie wieder bei ihm eintreffen, fallen sie aus Dankbarkeit vor ihm nieder. An Jakob gewandt, sagt Josef: „Väterchen, dies ist die Deutung meines Traums von früher. Allah hat ihn Wirklichkeit werden lassen. Er hat gut an mir gehandelt..., nachdem der Satan zwischen mir und meinen Brüdern Zwietracht gesät hatte. Mein Herr geht schlau in dem vor, was er will!... Mein Herr, du hast mir Herrschergewalt gegeben und mich die Deutung der Geschichten gelehrt... Nimm mich dereinst als jemanden zu dir, der (dir das Gesicht) zuwendet (arab.: *muslim*), und vereine mich mit den Frommen!“ (Vers 100 f.). In Mekka, wo dieser Text entstand, wollte Mohammed ihn als ein Beispiel für Allahs nicht im voraus abzusehendes Vorgehen mit seinen Erwählten verstanden wissen. „Schon vor dir haben wir aus der Einwohnerschaft der Städte nur Männer ausgesandt, denen wir Eingebungen zuströmen ließen. Sind denn die Leugner nie durch das Land gereist und haben sich angeschaut, wie es mit denen geendet hat, die vor ihnen lebten?... Als schließlich die Gesandten verzweifelten und meinten, sie seien belogen worden, erreichte sie unsere Hilfe...“ (Vers 109 f.). In Medina, wo der Text in die Schrift eingereiht wurde, sah Mohammed in ihm ein besonders gut auf ihn zutreffendes Beispiel (Vers 7) für Allahs List – mit Josef teilte er, der Prophet, das Schicksal, in die Fremde verschlagen worden zu sein.

Josef bei Ephräm

Der Montag der Karwoche wird im Christentum dem Andenken Josefs gewidmet; in seinem Leiden ist die Passion des Erlösers vorweggenommen, sein Triumph ist eine Vorankündigung der Errettung der Welt. Diese Auslegung der Geschichte sicherte ihr die Aufmerksamkeit der christlichen Erbauungsliteratur. Es kam jedoch eine gewichtige Erweiterung der Thematik hinzu, die den Josef der spätjüdischen und frühchristlichen Überlieferung von der im Buch Genesis (Kap. 37 und 39–50) gezeichneten Gestalt unterscheidet. Den Kern der alttestamentlichen Fassung bilden das Verhältnis Josefs zu seinen Brüdern und die besondere Zuneigung des Vaters, deren Grund erst in Ägypten vollends klar wird: Nachdem Josef die Träume des Pharao gedeutet hat, erkennt selbst dieser, daß Josef durch den Geist Gottes erleuchtet ist (Gen 41, 38). Das außerbiblische jüdische Schrifttum hebt demgemäß Josefs Weisheit hervor, beschäftigt sich aber auch schon mit seiner unanfechtbaren Tugendhaftigkeit.[195] Der letztgenannte Gesichtspunkt beherrscht die Bearbeitung des Stoffes durch Ephräm den Syrer (gest. 373), einen der Stifter der frühchristlichen Hymnendichtung. Für ihn symbolisiert Josefs Weg nach Ägypten die Herabkunft des Erlösers; denn Josef ringt seine fleischliche Begierde nieder und schmachtet danach zwei Jahre schuldlos im Gefängnis, so wie Jesus, der Überwinder der Welt, drei Tage in der Hölle leidet, bevor in seiner Auferstehung die Glorie der Gottesherrschaft jedermann erkennbar wird. So ist Josef nicht einfach ein ehrbarer Jüngling; er ist laut Ephräm der Quell aller Schamhaftigkeit, durch und durch Feind der Wollust. Er ist schon zum Verwalter Ägyptens aufgestiegen, als die Gattin Potiphars ihn zu verführen trachtet. Josef lehnt es ab, seinen Herrn zu hintergehen, weiß er doch, daß man Gott nicht täuschen kann. „Befreie mich von dieser Frau!" fleht er den Höchsten an, „damit ich nicht durch böse Handlungen die Sittlichkeit meiner Vorfahren verletze!" Das liebestolle Weib stellt ihm nach, er flüchtet in Panik, seinen Mantel in ihren Händen zurücklassend. Diese Kränkung nimmt die Frau nicht hin; sie verleumdet Josef bei ihrem Gatten, der den vermeintlichen Übeltäter ins Gefängnis wirft. Wegen seiner Fertigkeiten in der Traumdeutung wird der Pharao auf ihn aufmerksam; nachdem Josef diesem die sieben fetten und die sieben mageren Jahre geweissagt hat, beschleicht Potiphar die Angst, zumal seine Frau nun bekennt, daß in Wahrheit sie es gewesen ist, die den Sklaven zum Beischlaf habe zwingen wollen. Sie rät ihrem Ehemann, mit einem prunkvollen Fest zu Ehren Josefs das Unrecht wiedergutzumachen.[196] Hiernach berichtet Ephräm von den Reisen der Brüder Josefs nach Ägypten.

Josef bei Romanos dem Sänger

Romanos der Sänger (ca. 490–560), ein Syrer, der lange in Konstantinopel wirkte, griff die von Ephräm zur ersten Blüte gebrachte Hymnenliteratur auf und verschaffte ihr im griechischsprachigen Raum große Beliebtheit. Es kursierten auch syrische Fassungen. Unter seinen vielen erhalten gebliebenen Hymnen finden sich zwei, die sich mit Josef beschäftigen. Die eine behandelt ausschließlich die Versuchung, was die Wichtigkeit gerade dieser Episode seiner Lebensgeschichte bezeugt. Enge thematische Parallelen zwischen der Josefssure und der Dichtung Romanos' nötigen uns einen Augenblick zum Verweilen; wir werden überdies erkennen, in welcher Weise das Leitmotiv der christlichen Hymne in Mohammeds Wiedergabe des Stoffes gleichsam verfremdet wird – was uns später zu weiteren Aussagen über die Eigenheiten seines Denkens führen wird, die im Zusammenhang mit der genaueren Zergliederung seines Selbstverständnisses erörtert werden müssen. Zunächst sei an die entscheidenden Sätze im Koran erinnert! „Gib ihm eine ehrenvolle Bleibe, vielleicht haben wir Nutzen von ihm oder können ihn als Sohn annehmen!" weist der hohe Herr in Sure 12, Vers 21 seine Ehefrau an, nachdem er Josef gekauft und ihr übergeben hat. Daß er der Diener des hohen Herrn sei, der ihn gut behandelt habe, ist für Josef das schlagendste Argument, mit dem er die Verführungskünste der Frau abwehrt: „Die Missetäter werden nicht glücklich!" (Vers 23). Freilich ist er nicht wirklich abgeneigt, den Regungen seiner Wollust nachzugeben, „und wenn er nicht einen Fingerzeig von seinem Herrn", also von Allah, gesehen hätte, wäre es um seine Unschuld geschehen gewesen. Allah aber wollte „das Schlechte und die Unzucht von ihm abwenden", denn Josef zählte zu seinen „aufrichtigen Knechten" (Vers 24).

Bei Romanos, dem die christliche Sicht auf Josef selbstverständlich ist, bedeutet der Sklavenstand Josefs weit mehr als nur einen Hinweis auf die besondere Niedertracht des angebotenen Betrugs. „Die gesetzwidrige Tat verkehrte die Ordnung der Dinge in ihr Gegenteil", sagt Romanos in der vierten Strophe der Hymne „Die Versuchung des Josef"; denn „der Sklave, Meister seiner leiblichen Begierden, beherrschte seine Leidenschaften, die Herrin aber wurde zur Kriegsgefangenen ihrer Sünden" und deswegen gleichsam in die Sklaverei verkauft.[197] Was sich in der Affäre zwischen Josef und Potiphars Gattin abspielt, ist nicht einfach eine Kabale. Es geht um die Verkehrung der Ordnung der Schöpfung, die zu beklagen ist, sobald Lüste und Begierden den Menschen knechten, und der wahre Herr der Welt ist derjenige, der die Mächte der Verwirrung in die Schranken zu weisen vermag – so wie einst Jesus, können wir im Anschluß an Ephräms Josefshymnus hinzufügen: Jesus stieg in das Reich des Bösen hinab, um es glanzvoll zu überwinden, und Josef mußte im ägyptischen Gefängnis ausharren, weil er standhaft um die Bewahrung der rechten Ordnung der Welt gekämpft hatte. Wie im Koran – „sie schloß die Türen und rief: ‚Komm her!'" (Vers 23) – trifft auch bei Romanos die Frau alle Maßnahmen planvoll, um zu ihrem Ziel zu gelangen; bei Ephräm spielt ihr noch der Zufall in die Hände. Wie in der nachkoranischen islamischen Erbauungsliteratur folgt nun bei Romanos ein langes Zwiegespräch, in dem die Frau ihrem Sklaven auf verschiedenste Weise den Fehltritt schmackhaft machen will.[198] Josef aber läßt sich nicht beeindrucken. Wie zwei Athleten im Ring tragen er und Potiphars Gattin in Romanos' Darstellung den Kampf zwischen dem Guten und dem Bösen aus, Josef sekundiert durch die Keuschheit, sie durch die Wollust. Gott, von oben zuschauend, krönt den Sieger mit reichem Lob, denn „sein niemals schlafendes Auge hält alles im Blick".[199] Die Ägypterin packt Josef am Gewand, auf ihrer Seite streitet der Teufel, Josef aber genießt die Unterstützung der Mäßigung, die ihm rät: „Soll doch das Gewand zerreißen, wenn nur der Leib des Maßvollen keinen Schaden nimmt! Als Sieger wird er vom Schiedsrichter des Kampfes ein unzerstörbares Gewand empfangen, denn dessen niemals schlafendes Auge hält alles im Blick."[200]

Viel kürzer faßt Romanos die Verführungsszene in der Hymne, in der er das ganze Leben Josefs darstellt. „Wenn du mich meines Gewandes beraubst, dann entblößt du mich doch nicht meiner klugen Mäßigung", sagt Josef dort seiner Widersacherin. „Ein Verkauf hat mich zu deinem Sklaven gemacht, dem pflichte ich bei. Aber angesichts deiner Tat bin ich Herr. Ich hoffe auf Gott. Nimm mein Gewand! Denn er herrscht – groß ist allein der Herr, unser Erlöser!" Das Gewand, das bei der Verführerin zurückbleibt, ist ein Beweisstück – zugunsten Josefs, nicht zu ihren Gunsten. Denn wenn sie vor ihm floh, weshalb hält sie es dann in den Händen? Man könnte meinen, der Sklave, der sich von ihr befreit hat, sei der Sünder, doch in Wahrheit ist er der strahlende Sieger, der ruft: „Groß ist allein der Herr, unser Erlöser!"[201] Die koranische Szene, in der die Täterin überführt wird – „wenn sein Hemd von vorn zerrissen ist, dann sagt sie die Wahrheit, und er lügt" (Vers 26) –, ist bei Romanos vorgeprägt, aber welch ein Unterschied in der Auslegung des Geschehens! Was in Romanos' Hymnus als die Wiederherstellung der richtigen Ordnung der Welt erscheint, als ein Niederringen des Bösen, Widergöttlichen, verwandelt sich bei Mohammed in den Beweis dafür, daß die List Allahs der menschlichen unendlich überlegen ist: „Und als (der Herr über Ägypten) sah, daß (Josefs) Hemd von hinten zerrissen war, sprach er: ‚Dies ist ein Beispiel für eure Listigkeit, (ihr Frauen), eure Listigkeit ist schlimm! Du aber, Josef, wende dich von dergleichen ab! Und du, (Frau), bitte für deinen Fehltritt um Verzeihung! Du hast eine Sünde begangen!'" (Vers 28 f.). Allah ist es, der nicht zuschaut, sondern dafür sorgt, daß die Pläne der Verführerin vereitelt werden; griffe er nicht ein, erläge Josef ihnen (Vers 33). Indem Allah so vorgeht, bewirkt allein er, daß am Ende obsiegt, was er für gerecht und richtig erkannt hat. Mohammed hat sich dies immer wieder selber versichert, worauf oben hingewiesen wurde. Wir werden erkennen, daß es nicht von ungefähr ist, daß für Mohammed der Kampf gegen das Böse und der Einsatz der eigenen Kräfte, das Thema, um das die Josefshymnen Ephräms und Romanos' kreisen, bei aller Übereinstimmung in den Erzählmotiven außer Betracht bleiben.

Auf eine unmittelbare Bekanntschaft Mohammeds mit den in griechischer Sprache geschriebenen Hymnen Romanos', den sogenannten *kontakia*, deutet nichts. Daß sie ins Syrische übertragen wurden, ist bezeugt. Ob Mohammed allerdings unmittelbar aus der syrischen Fassung hätte schöpfen können, ist fraglich; es hätte sich um „nicht arabische Lesungen" (vgl. Sure 41, 44) gehandelt. Jedoch lag der Stoff nicht allein der Josefsgeschichte in einer für ihn leicht zugänglichen, nämlich arabischen Version vor, wie gleich deutlich werden wird. Dem Inhalte nach[202] kann man Romanos' *kontakia* in drei Themenbereiche einteilen, von denen zwei breite Überschneidungen mit koranischem Stoff aufweisen: Es handelt sich erstens um Motive aus dem Alten und Neuen Testament, wofür die Josefserzählung als ein Beispiel besprochen wurde; des weiteren um Buß- und Erbauungshymnen. Das dritte Thema, Romanos' umfangreiche Behandlung der christlichen Hagiographie,[203] fehlt natürlich im Koran.

Endzeitszenerien

Eine umfassende Analyse der den Hymnen und dem Koran gemeinsamen Erzählungen und Motive steht noch aus[204] und ist im Rahmen einer Mohammedbiographie auch nicht zu leisten. Es seien hier nur die den Bußhymnen zuzurechnenden Darstellungen des Weltendes und des Gerichts erwähnt. So haben Romanos bzw. Ephräm mit dem Koran das Abwiegen der Taten gemeinsam (Sure 7, 8 f.; 21, 47; 23, 102 f.; 101, 6);[205] den Menschen werden vor der Aburteilung Schriftrollen ausgehändigt, in denen ihre Werke verzeichnet sind (Sure 17, 71; 19, 19 f.; 84, 7 und 10);[206] die Vernichtung der Welt erfolgt nicht, indem wie in der Apokalypse Feuer vom Himmel fällt, das Feuer gehört vielmehr ganz der Hölle an (z.B. Sure 101, 11);[207] der Himmel mit den Gestirnen wird eingerollt (Sure 81, 1).[208] Die Dichtung der schon erwähnten heidnischen Monotheisten, der Ḥanīfen[209] (vgl. Sure 3, 67), nimmt vielfach auf das Weltgericht Bezug: An jenem Tag werden die Menschen in Scharen zusammengetrieben, und jeder wird vor dem anderen einen Vorteil zu ergattern suchen (vgl. Sure 64, 9), alle Vorsicht wird man fahrenlassen; auf einem ebenen, harten Hochland werden sie sich wiederfinden; der Thron, die Waage und die Schriften senken sich herab, und die Abrechnung beginnt, dichtet z.B. Umaija b. abī ṣ-Ṣalt.[210] Diese Zeilen sind nicht zuletzt deshalb aufschlußreich, weil sie ein Charakteristikum der christlichen Gerichtsszenen aufweisen, das auch der Koran kennt, und somit die Mittlerrolle der Ḥanīfen zwischen der christlichen Bildersprache und dem, was Mohammed in seinen „Wunderzeichen“ aus ihr macht, belegen: Der Thron, und zwar der leere Thron, getragen von acht Engeln, wird für den herabkommenden Weltenrichter bereitgestellt (Sure 69, 15–17);[211] aber natürlich deutet im Koran nichts darauf hin, daß die Erscheinung des erhöhten Herrn bevorsteht. Für ein solches unmittelbar auf Christus verweisendes Motiv hat Mohammed keine Verwendung. Vielmehr wird im Koran immer wieder darauf hingewiesen, daß sich Allah unmittelbar nach der Schaffung der Welt aus dem Nichts auf seinen Thron setzt, um diese Welt zu regieren. Die Bereitstellung (griech.: *hetoimasia*) eines leeren Throns am Jüngsten Tag ist in der ḥanīfischen bzw. koranischen Eschatologie eine eigenartige Doppelung des Geschehens: Allah wechselt, bevor er das Gericht halten wird, von einem Thron auf einen anderen. Dies ist notwenig, weil bei den Ḥanīfen und im Koran aus dem am Ende der Zeiten die Schöpfung aburteilenden Christus der von Anfang an alles lenkende und bestimmende Allah geworden ist. In den christlichen Endzeitszenerien hingegen gehört das Herbeischaffen des leeren Throns, auf dem Christus dann als Richter Platz nimmt, in eine schlüssige Ereignisfolge. Der koranische Allah, der seit der Schaffung der Welt diese von seinem Thron aus regiert, erscheint somit als eine aus dem Endzeitkontext herausgelöste Anleihe bei der christlichen Eschatologie.[212]

Ḥanīfen als Vermittler des Stoffs

Fassen wir zusammen: Womit Mohammed seine den Äußerungen der Wahrsager nachempfundenen Eingebungen anreicherte, das war ein Erzählstoff, der in aš-Šaʾm weit verbreitet war. Die Ḥanīfen im Hedschas kannten ihn ebenso; ihnen zugehörige Dichter setzten ihn in arabische Verse. Allein die „Lesung“, den liturgischen Vortrag dieses Stoffes in arabischer Sprache – den in der christlichen Liturgie vorgetragenen Hymnen vergleichbar,[213] vermutlich auch in der Melodie – müssen wir als eine Neuerung ansehen, was Mohammed, wie gezeigt, ja auch im Koran andeutet. Den Inhalt durfte der Gesandte Allahs als bekannt voraussetzen; was hätten die Zuhörer sonst wohl mit seinen sprunghaften, das Geschehen eher flüchtig skizzierenden als im Zusammenhang entwickelnden „Wunderzeichen“ anfangen sollen? Aus der ganz in den überkommenen metrischen Regeln gehaltenen Dichtung der Ḥanīfen wußte man, wovon die Rede ging, und auch die ḥanīfische Auslegung des seinem Ursprunge nach christlichen Stoffes wird bekannt gewesen sein; hierzu ist gleich noch einiges zu sagen. In dieser Dichtung hatten sich die kulturellen Beziehungen zwischen dem Hedschas und Syrien und Palästina sowie dem Zweistromland niedergeschlagen. Mit aš-Šaʾm war Mohammed enger verbunden, als es die in die Aura der Heiligenlegenden getauchten Erzählungen von seinen Karawanenreisen gen Norden vermuten lassen. Jacob von Edessa (gest. 708), seit 684 mit einer längeren Unterbrechung Bischof der genannten Stadt und mit den muslimischen Invasoren aus eigener Erfahrung vertraut,[214] schreibt, daß Mohammed als Händler „nach Palästina, in das Gebiet der Araber und in das Land Phönizien von Tyros“

gelangt sei. Als „Gebiet der Araber" bezeichnete man damals die Gegend von Nissibin, zwischen dem Oberlauf von Tigris und Chabur gelegen, in die zahlreiche Beduinen eingesickert waren.[215] Höchst bemerkenswert ist überdies die Nachricht, daß Mohammed dem aus Syrien oder Palästina stammenden arabischen Christen Tamīm ad-Dārī zum Lohn für gute Dienste von Medina aus Ländereien nahe bei Hebron übereignen konnte. Dies geschah zu einem Zeitpunkt, als die muslimischen Angriffskriege gegen aš-Ša'm noch nicht begonnen hatten. Der islamischen Geschichtsüberlieferung paßt diese Nachricht nicht ins Konzept, weshalb man flugs behauptet, der Prophet, der selbstverständlich die Zukunft voraussehe, habe im Vorgriff auf die Eroberungen gehandelt. Der Text besagt freilich, Mohammed habe in aš-Ša'm nur das eine Stück Land besessen, gestattet also jene Auslegung nicht.[216] Quraišitischer Landbesitz bei Hebron – dies ruft uns die Zeilen ins Gedächtnis, die Sozomenos über den von Kaiser Konstantin vernichteten Abrahamkult von Hebron schrieb. Mehr als die Möglichkeit eines Zusammenhanges zwischen jener Zerstörung und der Gründung eines quraišitischen Gegenstückes in Mekka läßt sich allerdings daraus nicht folgern.

Ḥanīfische Dichtung und koranische Rede

Die arabisch-islamische Überlieferung bewahrt uns etliche Fragmente der ḥanīfischen Dichtung auf. Zaid b. ʿAmr b. Nufail ist der Urheber der folgenden Verse: „Allah schenke ich mein Lob und mein Rühmen und eine festgefügte Rede, eine auf ewig kraftvolle, eine bleibende – dem höchsten Herrscher, über dem kein Gott steht und dem kein Herr nahekommt. O Mensch, hüte dich vor deinem Ende, denn vor Allah verbirgst du nicht die heimlichste Regung! Hüte dich, stelle niemals neben Allah einen anderen, denn der rechte Pfad ist nun deutlich geworden! Gnade, (o Allah), die Dschinnen waren die Hoffnung (der Menschen), du aber bist mein Herr, unser Herr, du bist meine Hoffnung. An dir als meinem Herrn, o Allah, habe ich meine Genüge, außer dir, Allah, werde ich nie einen zweiten Gott verehren. Ich verehre einen Herrn, der einen erhört,[217] nicht einen, der auf ewig keinen Rufer vernimmt. Du bist es, der aus großer Gnade und Barmherzigkeit zu Mose einen Boten schickte, der ihn aufforderte: ‚Geh mit Aaron, ruft den Pharao, den Tyrannen, zu Allah! Und sprecht zu ihm: Hast etwa du diese (Erde) ohne Pflöcke fest ausgerichtet, so daß sie sicher ruht, wie sie ist? Und sprecht zu ihm: Hast etwa du diesen (Himmel) ohne Stütze emporgehoben? Welch geschickter Baumeister du dann wärest! Und sprecht zu ihm: Hast etwa du mitten auf dem (Himmel) eine Leuchte angebracht, die den Weg weist, wenn die Nacht alles einhüllt? Und sprecht zu ihm: Wer schickt des Morgens die Sonne aus, und alles Land, das sie berührt, erstrahlt? Und sprecht zu ihm: Wer läßt die Saat im Boden keimen, damit das Kraut hervorsprießt und (im Winde) schwankt? Wer treibt an der Spitze der Halme das Getreide hervor?' Wer es genau erfaßt, sieht darin Wunderzeichen. Du bist es, durch dessen Huld Jonas errettet wurde; Nächte hatte er im Leib des Fisches ausgeharrt. O Herr, priese ich deinen Namen noch so viel, ich beginge (trotzdem) viele Sünden – (sie lasten auf mir) außer denen, die du vergibst. Darum, Herr der Knechte, laß mir deine Wohltaten, deine Barmherzigkeit (allzeit) zuströmen; segne meine Söhne und mein Vermögen!"[218]

Was Zaid b. ʿAmr, dessen Einfluß auf die Entwicklung der religiösen Vorstellungen Mohammeds beträchtlich war, in die geläufige Form arabischer Poesie kleidete, findet man in Sure 79 als „Lesung“, also in der für die Mekkaner neuen Gattung, die, wie sie klagten, manchen unter ihnen den Verstand raubte: Die andeutende, dunkle Redeweise der Wahrsager, gefüllt mit einem Inhalt, den man zwar kannte, so aber noch nie vernommen hatte, auf betörende Art verfremdet. Am Beginn von Sure 79 werden jene Wesen beschworen, die rasch und unaufhaltsam heranpreschen, die göttliche Fügung lenkend.[219] Dann sofort die Endzeitszenerie: „Am Tag, da die Erde einmal erbebt und gleich darauf ein zweites Mal! Die Herzen werden dann ängstlich pochen, die Blicke demütig gesenkt! (Die Mekkaner) fragen: ‚Sollen wir an den Anfang zurückgebracht werden – und das, wo wir doch schon morsche Knochen geworden sein werden?‘ Sie sagen ferner: ‚Das ist dann eine verlustreiche Wendung der Dinge!‘ Nichts als ein einziger Schrei, und schon sind sie wieder wach!“ Unvermittelt folgt ein Hinweis auf Mose: „Hast du die Geschichte über Mose gehört? Einst rief ihn sein Herr im heiligen Tal Ṭuwan: ‚Geh zum Pharao! Er ist ein Tyrann. Sprich zu ihm: Möchtest du dich nicht läutern (arab.: *tazakkā*) und daß ich dich zu deinem Herrn weise, damit du demütig wirst?‘ Und Mose zeigte ihm das größte Wunderzeichen, der Pharao aber zieh ihn der Lüge und blieb widerspenstig, wandte sich ab und ging, sammelte und rief herbei, sagte dann: ‚Ich bin euer höchster Herr!‘ Allah überzog ihn im Diesseits und im Jenseits mit harter Strafe. Darin liegt eine Mahnung für die Demütigen“ (Vers 21–26). Wer sich wie der Pharao solchen Worten verschließt, den mag vielleicht der Hinweis auf Allahs Schöpfung zur Besinnung bringen: „Seid ihr (Menschen) schwieriger zu schaffen oder der Himmel? Er hat ihn gebaut, sein Dach emporgehoben und geradegerichtet, er machte an ihm die Nacht dunkel, ließ an ihm das Morgenlicht erstrahlen, ebnete danach das Land, trieb daraus Wasser und Wiesen hervor, verankerte die Berge, euch und eurem Vieh zum Nießbrauch“ (Vers 27–33). Und plötzlich wieder das Ende: „Wenn die große Überschwemmung kommt, am Tag, da der Mensch sich dessen erinnert, was er erstrebte, und da die Hölle allen vorgeführt wird – wer dann tyrannisch war und das Diesseits vorzog, dessen Bleibe wird die Hölle sein...“ (Vers 34–39). Am Schluß folgen Sätze, die belegen, wie sehr Mohammed mit solchen Reden die Mekkaner erregte: „Sie fragen dich nach der Stunde, wann sie sein werde – wie könntest du davon sprechen? Bei deinem Herrn liegt das Ende (des Diesseits)! Du hast nur diejenigen zu warnen, die die Stunde fürchten. Am Tag, da (die Erde) erbeben wird, wird es ihnen vorkommen, als hätten sie nur einen Abend oder den nächsten Morgen gelebt!“ (Vers 42–46).

Die Gedankengänge Zaids und Mohammeds sind die gleichen: „Tyrannisch“, aufsässig gegen Allah ist jeder, der dessen unentwegt wirkende allsorgende Schöpferkraft mißachtet. Zaid legt dies in ebenmäßig gebundener Rede dar – *er* erkennt diesen Zusammenhang, *er* weiß, daß sein Gotteslob angesichts der Fülle, die ihm zuteil wird, beschämend gering ausfällt. Und noch etwas weiß er gewiß: Der Allah, der dies alles erschafft und in der Weltgeschichte Beispiele dafür gab, daß sein Wirken auch das Schicksal der Menschen bestimmt, dieser Allah kann nur ein einziger sein; nur Toren setzten ihre Hoffnung einst auf die Dschinnen. – Mohammed trägt dies alles in einer ganz anderen Diktion vor, frei von den Zwängen eines Versmaßes, aber doch seine Worte der Alltagsprosa entreißend dank den Reimen, auf die er die einzelnen Aussagen auslauten läßt; in der Übersetzung fehlen sie. Mohammeds „Wunderzeichen", wenn auch keinem Metrum unterworfen, sind durchweg kürzer als Zaids Verse, die mit Ausnahme des ersten nur am Ende eines jeden zweiten einen Reim aufweisen. Die „Lesung" vermag in schnellerer Folge von einem rhetorischen Höhepunkt zum nächsten zu eilen. Sie ist infolgedessen, darin vermutlich den Sprüchen der Wahrsager verwandt, viel eher in der Lage, die Zuhörer zu packen; Zaids Verse zeigen demgegenüber den Charakter einer Darlegung, womöglich gar einer reinen Selbstvergewisserung: Er ist es, der der einzig richtigen Glaubenspraxis folgt und dem einen Schöpfer die diesem zustehende Verehrung zollt. Anklänge an die in Arabien gepflegte Gattung der Weisheitsdichtung sind nicht zu überhören. Die „Lesung" dagegen verzichtet in ihren frühesten Passagen darauf, dem Zuhörer Schlußfolgerungen nahezubringen; sie will ihn mit ihren eindringlichen Worten geradezu überwältigen, ihm die einzig vernünftig erscheinende Konsequenz aufnötigen und ihn zu einer dementsprechenden Handlung zwingen: Er soll sich läutern, wie es Mose einst vom Pharao forderte. Statt theologischer Klarheit also ein leidenschaftlicher Mahnruf, sich angesichts des drohenden Weltgerichts zu ändern. Dieser Drang zur Überwältigung bleibt für Mohammed charakteristisch und macht uns verständlich, daß er in allen Stationen seiner Prophetenschaft, die wir verfolgen werden, das ihm aus naheliegenden Gründen ratsam Erscheinende als den unmittelbaren Willen Allahs verkündete.

Zaid b. ʿAmrs Einfluß auf Mohammed

Auf das, was man gemeinhin als den religiösen Kern seiner Botschaft betrachtet, auf den Eingottglauben, mußte er durch Zaid b. ʿAmr gestoßen werden; so jedenfalls will es eine Überlieferung, die den Zweck verfolgt, die Inanspruchnahme des Ḥanīfentums durch den Gesandten Allahs zu legitimieren. Sie verlegt diesen Vorgang in die Zeit vor dem „Beginn der Eingebungen". Der Koran indessen bezeugt, daß Mohammed in seinen Verlautbarungen die Mekkaner nicht sofort zum Eingottglauben aufrief. Vermutlich war ihm klar, was ihn erwartete, sobald er die religiösen Vorstellungen und die in ihnen wurzelnden Riten antastete – das Schicksal des aus Mekka vertriebenen Zaid b. ʿAmrs konnte ihm eine Warnung sein; und es ist, wie ausführlich dargelegt wurde, wenig wahrscheinlich, daß ihn bei Beginn seines Verkündens und Rezitierens schon der Eingottglaube umtrieb. Wir würden ohnehin fehlgehen, wenn wir die muslimische Deutung, man habe Mohammed sogleich als den einen jenseits aller Stammesloyalitäten stehenden Gesandten Allahs identifiziert, stillschweigend unserer Analyse zugrundelegten. Übrigens besagt die ältere islamische Geschichtsüberlieferung, daß Mohammed erst dann die Vielgötterei angriff, als er glaubte, hinreichend Rückhalt in seiner wachsenden Anhängerschar zu haben.[220] Doch darüber später! Zu Mohammeds Belehrung durch Zaid b. ʿAmr weiß Ibn Isḥāq folgendes zu berichten: Zaid b. ʿAmr war der erste, der den künftigen Gesandten Allahs vom Götzendienst abbringen wollte; eines Tages kehrte Mohammed mit seinem Sklaven Zaid b. Ḥāriṯa aus aṭ-Ṭāʾif von einer Reise zurück;

oberhalb Mekkas trafen die beiden auf den Ḥanīfen Zaid b. ʿAmr, den man aus der Stadt vertrieben hatte, weil er sich von der heidnischen Vielgötterei abgewendet hatte; die beiden Reisenden führten Proviant mit sich und luden den Verbannten zum Essen ein; jener aber wollte nicht mithalten, als er bemerkte, daß es sich um das Fleisch von Tieren handelte, die man vor Götzenbildern geschlachtet hatte; er klärte Mohammed über die Torheit der Verehrung von Idolen auf, „die weder schaden noch nützen können",[221] wie es auch im Koran häufig heißt. In den mittleren Jahren des mekkanischen Wirkens Mohammeds taucht dieses Argument dort auf. So wendet sich Mohammed in Sure 20, Vers 89 an seine Zuhörer, denen er gerade die Geschichte vom goldenen Kalb erzählt hat: „Sehen (die Israeliten) nicht, daß es ihnen keine Antwort gibt und ihnen weder zu schaden noch zu nutzen vermag?" Nach dieser rhetorischen Frage[222] setzt Mohammed seinen Bericht fort. Daß Sure 20 in schriftlicher Form zirkulierte und den Wutausbruch ʿUmar b. al-Ḫaṭṭābs ausgelöst haben soll, der seiner Bekehrung unmittelbar vorausgegangen sei, haben wir schon erfahren. Den zweiten frühen Beleg findet man in der ebenfalls schon erörterten Sure 26; hier ist es Abraham, der sein Volk fragt, weswegen es Götzen verehre; man wisse doch, daß diese nicht hören, nicht schaden oder nützen; einzig weil es eine Sitte der Vorväter sei, halte man an dem Kult der Idole fest (Vers 72 f.).[223]

Seit jener Begegnung mit dem aus Mekka verbannten Zaid b. ʿAmr habe Mohammed nie wieder das Wort eines Götzen zu erlauschen begehrt, heißt es; er habe von nun an Bescheid gewußt und den Idolen keine Opfer mehr dargebracht.[224] In der muslimischen Erinnerung möchte man den Zeitpunkt der Abkehr Mohammeds von der überkommenen Kultpraxis, wie gesagt, möglichst weit zurückverlegen; ein junger Bursche sei er damals gewesen. Allerdings war er erst nach der Eheschließung mit Ḫadīǧa in den Besitz von Zaid b. Ḥāriṯa gelangt. Dieser war als Jüngling von Beduinen geraubt worden, als er mit seiner Mutter deren Stamm besucht hatte; auf dem Markt von ʿUkāẓ hatte man ihn zum Verkauf angeboten, wo ihn Ḥakīm b. Ḥizām, ein Neffe Ḫadīǧas, für 400 Dirham[225] erstand und ihr schenkte; diese gab ihn an Mohammed weiter, der ihn später freigelassen haben soll.[226] Es wird den Tatsachen entsprechen, daß Zaid seinen Herrn bei dessen vergeblichem Versuch begleitete, in aṭ-Ṭāʾif Fuß zu fassen,[227] ein Ereignis, das in das zehnte Jahr der Prophetenschaft datiert wird. Daß man Mohammed erst so spät über den Monotheismus belehrt haben soll, ist denn doch nicht glaubhaft. Überdies war Zaid b. ʿAmr b. Nufail zu diesem Zeitpunkt schon lange tot. Es muß eine andere, sehr viel frühere Reise nach aṭ-Ṭāʾif gemeint sein, von der wir sonst nichts wissen; die Episode wird übrigens auch ohne Nennung Zaid b. al-Ḥāriṯas überliefert. Daß Mohammed entscheidende Anregungen zur ḥanīfischen Ausdeutung seiner Verkündigungen aus Ḫadīǧas Umgebung empfing, läßt sich nicht nur aus deren verwandtschaftlichen Verbindungen zu Waraqa b. Naufal und zu Zaid b. ʿAmr folgern. Es wird ausdrücklich bezeugt, daß Ḫadīǧa, wie übrigens auch Mohammed selber, mit zwei Sklaven christlicher oder jüdischer Herkunft, die in Mekka Säbel schmiedeten, Bekanntschaft geschlossen hatte; diese beiden, die einem Juden gehörten, waren sowohl in der Tora wie auch im Evangelium bewandert und verstanden wie Waraqa hebräisch, vielleicht sogar griechisch. Auf diese Bekanntschaft spielen die vorhin zitierten Verse von Sure 16 an.[228]

Mohammed verwahrt sich dort in Vers 103 gegen den Verdacht, er lasse sich in den Sachen seiner Verkündigung belehren, und erst recht die Mohammedlegende späterer Zeit muß alles daransetzen, diese Überlieferung zu unterdrücken, denn wie sollte der Koran sonst Allahs wörtliche Rede sein? Die Fiktion des analphabetischen Propheten soll helfen, ihn in dieser Hinsicht gegen jeden Argwohn zu schützen, handelt ihren Verfechtern allerdings neue Schwierigkeiten ein. Doch dazu an anderer Stelle! In den frühesten „Eingebungen" hütet sich Mohammed, unmißverständlich einen Eingottglauben zu verkünden. Je mehr Stoff er jedoch der christlichen Hymnenliteratur oder der ḥanīfischen Dichtung entlehnte, desto schwieriger mochte es werden, in der „Lesung" den Schlußfolgerungen auszuweichen, die dieser Stoff nun einmal nahelegte. Gerade in den belehrenden Versen der Ḥanīfen dienten die Hinweise auf Allahs fürsorgliches Schöpfungshandeln und auf sein Vorgehen in der Geschichte sowie auf deren schreckenerregendes Ende der Begründung des Eingottglaubens. Man kannte die Gedichte Zaid b. ʿAmrs und hatte ihn wegen seiner Ideen aus der Stadt verjagt. Wenn Mohammed nun in einer Redeweise, die derjenigen der Wahrsager entwuchs, vom Ende des Diesseits, von Mose und Abraham, vom unermüdlich tätigen Allah sprach, dann konnten sich die Mekkaner fragen: Würde Mohammed in seiner „Lesung" bald Ähnliches vortragen wie Zaid b. ʿAmr in seinen Gedichten? „Soll ich meinen Kult einem Herrn widmen oder deren tausend, wenn die Welt so mannigfaltig in Erscheinung tritt?"[229] fragte sich Zaid und gab sogleich die für seine Mitmenschen bestürzende Antwort: „Al-Lāt und al-ʿUzzā setze ich beide ab; so handelt der Starke, Ausharrende! Weder al-ʿUzzā verehre ich noch deren zwei Töchter; die beiden Idole der Banū ʿAmr[230] suche ich nicht auf, auch Hubal nicht, der uns seit Urzeiten ein Herr war – meine kluge Vorsicht ist zu gering (als daß ich mich von meinem Eingottglauben abbringen lassen dürfte)! Stattdessen staune ich: Wie viele Dinge bringen einen in den Nächten zum Staunen und an den Tagen, Dinge, die der Scharfblickende erkennt! (Er sieht), daß Allah viele Männer vernichtete, die sich auf Untaten verlegt hatten; daß er andere am Leben ließ um der Frömmigkeit einiger Leute willen, so daß das Kind der Frevler heranwuchs – und während man sich (über Allahs mögliche Rache) beruhigt hatte, kehrte dieser eines Tages zurück, wie der vom Regen benetzte Zweig unvermittelt ergrünt. Ich aber verehre den Barmherzigen, meinen Herrn, damit der Vergebende meine Verfehlungen verzeihe. Darum bewahrt euch die Furcht vor Allah, eurem Herrn! Solange ihr sie euch bewahrt, geht ihr nicht zugrunde. Du siehst, die Bleibe der Frommen sind die Gärten; auf die Undankbaren (arab.: Pl. *al-kuffār*) aber warten die Hitze des Höllenfeuers und eine Entehrung im (diesseitigen) Leben, und wenn sie sterben, dann begegnet ihnen, was die Herzen beklommen macht."[231] Die Wunder des nächtlichen Himmels und alles, was der Tag in helles Licht taucht, lenken unsere Gedanken zu dem Einen hin, der schon oft die Unachtsamen strafte, sie freilich bisweilen auch in Sicherheit wiegte, wollte er doch nicht mit den Bösen die Gottesfürchtigen töten, die in ihrer Mitte lebten – eine Anspielung auf Lot, dessen Geschichte Mohammed vielfach im Koran erzählt: Allah bewahrte die Angehörigen seiner Boten vor dem Strafgericht,[232] und nur weil er, der Prophet, selber in Mekka lebte, konnte Allah diese Stadt nicht zerstören, wird Mohammed später in Medina beteuern (Sure 8, 33).[233] Zaid b. ʿAmr weiß auch schon wie Mohammed, daß Allah sehr bedacht vorgeht; gegen seine Tücke kann sich niemand schützen (Sure 73, 11; 86, 17; vgl. Sure 3, 54). Will man seinem Zorn entrinnen, muß man ihn, den Barmherzigen, verehren, fürchten, um Verzeihung anflehen.

Zaids Islam

Man muß sich, folgt man dem Rat Zaid b. ʿAmrs, verhalten, wie sich spontan die ganze Schöpfung verhält – mit Ausnahme des Menschen, dem mit dem Verstand auch die Möglichkeit des Eigensinns geschenkt wurde. Der Mensch muß in einer willentlichen Geste allen Eigensinn fahrenlassen und dadurch zu dem allem Geschaffenen angemessenen Verhalten gegenüber dem Schöpfer finden: „Ich wende mein Gesicht (arab.: *aslamtu waǧh-ī*) ganz zu dem, zu dem die Erde (das ihrige) wendet, sie, die schwere Felsen trägt. (Allah) breitete sie hin, und als er sah, daß sie auf dem Wasser ruhte, verankerte er auf ihr die Berge. Ich wende mein Gesicht ganz zu dem, zu dem die Wolke (das ihrige) wendet, sie, die reines süßes Wasser trägt. Wenn sie an einen Ort geleitet wird, dann gießt sie aus Wasserschläuchen den Regen darauf hinab."[234] In diesen Versen gebraucht Zaid b. ʿAmr das Verbum, aus dem sich die Bezeichnung für die Religion entwickeln wird, deren Kern Mohammed dem Gedankengut einiger dem polytheistischen Heidentum entwachsender Zeitgenossen entnahm und im neuartigen Gewand der arabischen „Lesung" zu einem unvorhersehbaren Siegeszug verhalf: Islam. In ebendem Sinn, in dem Zaid b. ʿAmr *aslama,* „jemandem etwas ganz anheimgeben" in den obigen Versen zweimal verwendet, taucht es schon in einer der Anrufungen auf, mit denen sich die Pilger den Kultorten der verschiedenen Gottheiten näherten und der jeweils dort verehrten eine im Augenblick ausschließlich ihr geltende Devotion zusicherten.[235] Die Ḥimjariten beteten Nasr an und riefen: „Dir zu Diensten, o Allah, dir zu Diensten, im Auftrage von Königen und Fürsten, den verständigen und bedachtsamen, die die Verwandtschaftsbindungen achten und sich nie dem Sündhaften näherten; um (irdisches Streben) abzutun und (das Gesicht dir) zuzuwenden,[236] demütigten sie sich vor dem Herrn der Menschen, gehorchen nur ihm allein unter allen ihren erhabenen Gottheiten und Idolen!"[237]

Was die Ḥimjariten ihrem Nasr für die Zeit der Anwesenheit am Kultort zusagen, das soll nach Zaid b. ʿAmrs Überzeugung Allah gewährt werden, nämlich eine uneingeschränkte Verehrung ohne jeden Seitenblick auf andere Numina – die in Zaids Augen gar keine sind, da sie sich nicht am Schöpfungshandeln zu beteiligen vermögen. Und diese Verehrung Allahs soll dauerhaft sein und nie wieder einem anderen gezollt werden. Mohammeds religiöses Bewußtsein war aus einem vergleichbaren Anlaß erwacht: Bei ihm war es die rituelle Reinheit, die nicht nur einige festliche Augenblicke im Leben des Menschen prägen, sondern es ganz formen sollte. Der Islam im Sinne Zaid b. ʿAmrs, die Verstetigung der Hinwendung zu dem einen Schöpfer, beherrscht Mohammeds religiöse Gedankenwelt am Beginn seines Prophetentums jedoch nicht. In den ältesten Suren fehlen der Begriff und seine Ableitungen ganz. Zuerst erscheint das Wort *muslim* in Sure 68, Vers 35: Den Gottesfürchtigen verheißt Allah Gärten; „sollen wir etwa die, die (ihr Gesicht zu Allah) wenden, mit den Frevlern gleichstellen?" Schuldlose, zu Allah gewandte Menschen meint das Wort auch in Sure 51, Vers 36; es sind die Vertrauten Lots, die unter Frevlern leben müssen (Sure 51, Vers 32). „Unter uns sind einige, die (das Gesicht zu Allah) wandten, und andere, die vom rechten Pfad abweichen; wer (das Gesicht ganz zu Allah) wendet, der befleißigt sich der rechten Leitung", bekennen die Dschinnen in Sure 72, Vers 14. In dieser bereits in die mittelmekkanische Phase gehörenden Textstelle ist im Koran zum ersten Mal vom Islam als der das Heil sichernden religiösen Geste die Rede, durch die sich, wie Zaid b. ʿAmr dichtete, die Monotheisten von den übrigen Menschen unterscheiden. Erst von jetzt an wird der „Islam" zu einem wichtigen Thema der mohammedschen Verkündigungen. Der mekkanische Gesandte Allahs begann seine Laufbahn mit einem engen Thema, der rituellen Reinheit, fand dann aber den Weg zur ḥanīfischen Frömmigkeit, die, von einem klaren Eingottglauben geprägt, das ganze Dasein des Menschen vor Allah, den einen Schöpfer und unermüdlich tätigen Lenker des Diesseits, stellen will. Die Übernahme des von den Ḥanīfen benutzten Erzählstoffes, dargeboten in der „Lesung", führte Mohammed diesbezüglich zur Klarheit, was durch die Episode der Begegnung mit dem verbannten Zaid b. ʿAmr zum Ausdruck gebracht wird. Indem sich Mohammed das Ḥanīfentum aneignete, schuf er seinen Verkündigungen einen wirksamen Resonanzboden und konnte sich als den Erfüller ḥanīfischer Hoffnungen auf das Kommen eines „arabischen Propheten" ausgeben.

7. Der Weg zum „heidnischen Propheten"

Abrahams Glaubenspraxis ohne Erschwernisse

Zaid b. ʿAmr war mit seinen Vorstellungen auf die schroffe Ablehnung der meisten Mekkaner gestoßen. Sein Onkel al-Ḫaṭṭāb, der Vater des späteren Kalifen ʿUmar (reg. 634–644), hatte Zaid derart zugesetzt, daß dieser Mekka verließ und fortan am Berg Ḥirāʾ hauste.[238] So lautet die dramatische Fassung seiner Geschichte, die ʿUmar b. al-Ḫaṭṭābs Feindseligkeit gegen die frühesten Anhänger Mohammeds vorwegnehmen soll, was freilich irreführend ist, da ʿUmar selber dem Ḥanīfentum zuneigte. Sein Zorn über Mohammed speiste sich eher daraus, daß dieser mit seiner „Lesung" in den Kreisen der Ḥanīfen Eindruck machte und sich deren Gedankengut aneignete. Nach einer anderen Fassung, die wir al-Wāqidī verdanken, behelligten die Mekkaner Zaid nicht, obwohl er die Verehrung der Idole verwarf und nach der „Glaubenspraxis Abrahams" suchte; dem Judentum oder dem Christentum mochte er sich nicht anschließen, heißt es. Er wendete sich bei seinen Gebeten zur Kaaba hin, da er keine sichere Kenntnis über Allahs rituelle Vorschriften habe erlangen können. Den Mekkanern fiel er dadurch auf, daß er den Brauch, neugeborene Mädchen im Sand zu verscharren, ablehnte. Säuglinge, denen die Sippen diesen Tod zugedacht hatten, kaufte er um einen hohen Preis frei, einen Sklaven, ein Pferd, ein Kamel. In Sure 81, Vers 8 geißelt Mohammed diese barbarische Unsitte und macht sich auch hierin eine Idee Zaid b. ʿAmrs zueigen. Zaid habe sich endlich, so al-Wāqidī, zum Berg Ḥirāʾ zurückgezogen, um sich ganz der Andacht zu widmen. Die Mekkaner hätten ihn den Mönch genannt.[239] Er selber war der Überzeugung gewesen, er sei der einzige Quraišite, der wirklich dem Glauben Abrahams anhänge; nur fehle ihm die authentische, von Allah erlassene Kultpraxis.[240]

Daß Zaid b. ʿAmr nach einem anderen als dem in Mekka gängigen Glauben forschte und sich auf seinen Karawanenreisen nicht nur um den Preis der Waren kümmerte, wird mehrfach bezeugt. Er soll die Rabbiner und Mönche nach ihrer Religion ausgefragt haben, dabei bis in die Gegend von Mossul gelangt sein und das ganze Land aš-Šaʾm durchwandert haben. Zuletzt sei er davon überzeugt gewesen, daß unter den Mekkanern ein Prophet aufstehen werde, der die Menschen zur „Glaubenspraxis Abrahams, dem Ḥanīfentum“ (arab.: *dīn Ibrāhīm al-ḥanīfīja*) rufen werde. „Ḥanīfentum“ steht in diesem Text Ibn Isḥāqs in einem Gegensatz zum Judentum (arab.: *al-jahūdīja*) und Christentum (arab.: *an-naṣrānīja*), die in aš-Šaʾm vorherrschten. Beide hätten Zaid b. ʿAmr nicht zugesagt, weshalb er nach Mekka zurückgekehrt sei.[241] In einer anderen Überlieferung erfahren wir den Grund für diese Ablehnung. In aš-Šaʾm sei Zaid einem Juden begegnet und habe ihm eingestanden, daß er eigentlich selber schon Jude sei. Sein Gegenüber habe die Begeisterung gedämpft: „Du gehörst nicht zu unserer Glaubenspraxis, bevor du nicht deinen Anteil am Zorn Allahs trägst!“ Vor diesem Zorn fliehe er doch gerade, erwiderte Zaid, und wenn es möglich sei, wolle er von diesem Zorn nicht getroffen werden. Dann bleibe nur die Glaubenspraxis Abrahams, die ḥanīfische, habe der Jude gemeint. Darauf sei Zaid mit einem Christen zusammengekommen und habe wiederum freudig geäußert, er schließe sich dem Christentum an. Das gehe nur, wenn er bereit sei, seinen Anteil am Fluch Allahs auf sich zu nehmen. Auch das habe Zaid abgeschreckt, und erneut sei er auf die Glaubenspraxis Abrahams hingewiesen worden.[242] Judentum und Christentum verfügen zwar über einen geregelten Kult, aber der Mensch, der ihn vollzieht, handelt sich das Unheilsverhältnis ein, in dem Jude und Christ nach dieser Auffassung in gleicher Weise stehen: Den Einen zu verehren, meint nicht zuletzt, an der Verringerung einer Urschuld zu arbeiten. Sie kennt das Ḥanīfentum nicht; ihm fehlt allerdings die durch den Einen gestiftete Kultpraxis, über die Juden und Christen seit langem verfügen. Ein Prophet werde sie bringen, so hoffte man offenbar im Ḥanīfentum; sie ist der erwartete *nāmūs*, von dem Waraqa b. Naufal redete, als er von den Eingebungen gehört hatte, die Mohammed zuteil geworden waren.[243] Abraham, der weder Jude noch Christ war (Sure 3, 67), ist die ideale Gründerfigur für die vom Zorn und Fluch Allahs unbehelligte Gottesverehrung; ebenso verständlich ist, daß Mohammed, als er seine Kultpraxis zu formulieren beginnt, Wert auf die Feststellung legen wird, daß sie, ḥanīfisch wie sie sei, von allen durch Allah gar nicht angeordneten Beschwernissen frei sei, Beschwernissen, die in seiner Sicht auf das Abweichen der Juden und Christen von den ursprünglichen Normen zurückzuführen sind und den Zorn wie den Fluch Allahs herausforderten. – Ähnlich hatte Paulus argumentiert: Wer durch die Erfüllung des mosaischen Gesetzes Gottes Wohlwollen zu ertrotzen suche, der lebe in Wahrheit unter Gottes Fluch (Gal 3, 9 f.). – Allah sandte Boten mit Schriften aus, so Jesus mit dem Evangelium, die Christen aber brachten eigenmächtig das Mönchtum auf, das ihnen gar nicht auferlegt worden war (Sure 57, 26 f.). Auch die Juden zerstritten sich, nachdem sie klare Anweisungen entgegengenommen hatten (Sure 10, 93). Um dieses Frevels willen müssen sie strenge Speisegebote beachten, die in den ursprünglichen Vorschriften nicht enthalten gewesen waren (Sure 4, 160). Es wäre verwerflich, alle die Speisen, deren Verzehr Allah gestattete, nach der Kundgabe der wahren Glaubenspraxis durch Mohammed aufs neue zu verbieten (Sure 5, 87). Denn die wahre Glaubenspraxis läuft auf Erleichterung hinaus, nicht auf Erschwernis (Sure 2, 185).

Daß Mohammed mit diesem Pochen auf die Leichtigkeit des *nāmūs* keineswegs bei allen Ḥanīfen Anklang fand, werden wir hören. Die für Zaid b. ʿAmr bezeugten Vorstellungen trieben ihn jedenfalls dazu, seine Inanspruchnahme des Ḥanīfentums mit dem Nachdenken über neue Regeln des Kults zu verbinden. Vor allem unter diesem Blickwinkel bildete der Weg zum Eingottglauben, den er eingeschlagen hatte, eine Bedrohung für die althergebrachten mekkanischen Verhältnisse. Zaid b. ʿAmr erlebte dies nicht mehr. Er ist nach al-Wāqidī in der Zeit gestorben, als die Mekkaner den Neubau der Kaaba errichteten.[244] Sein Sohn Saʿīd folgte sehr früh dem Ruf Mohammeds und bekannte sich als einer der ersten zu ihm. Obwohl Saʿīd in der Geschichte des Islams keinen herausragenden Part spielt, zählt er zu jenen zehn Gefährten, denen der Prophet zusicherte, daß sie nach ihrem Tod sofort in das Paradies einziehen würden.[245] Im übrigen weissagte Mohammed: „Zaid b. ʿAmr b. Nufail wird (am Jüngsten Tag) als eine (eigene) Glaubensgemeinschaft auferweckt werden." In den ersten Jahrzehnten nach dem Tod des Propheten genoß dieser Vorläufer Mohammeds unter manchen Muslimen eine besondere Verehrung; sie flehten Allahs Erbarmen und Vergebung auf ihn herab. Diesen Brauch bezeugt der Rechtsgelehrte Saʿīd b. al-Musaijab (gest. 718/9).[246]

Abū Qais, ein Ḥanīf aus Medina

Mit Zaid b. ʿAmr bringen die Quellen den Medinenser Abū Qais b. al-Aslat in Verbindung. Auch er träumte von einem Ḥanīfentum abrahamischer Prägung, das in seinem heilsgeschichtlichen Rang dem Judentum und dem Christentum gleich, wenn nicht überlegen sein sollte. In Jaṯrib nannte man Abū Qais den Ḥanīfen, d.h. den „Heiden" (arab.: *al-ḥanīf*); im Syrischen, von wo dieser Begriff entlehnt worden war,[247] hatte er vermutlich einen abwertenden Beigeschmack, und auch bei den Arabern, die ihn für sich verwendeten, drückte er einen – allerdings behebbaren – Mangel aus: Noch ist die arabische Religion, in der Idole angebetet werden, den beiden Hochreligionen unterlegen; denn die Götzenverehrung ist ein Irrtum, der freilich nicht einfach dadurch geheilt werden kann, daß man sich zum Judentum oder – wie es der christliche Dichter ʿAdī b. Zaid dem Herrscher von Hira vorschlug – zum Christentum bekehrt. Die Riten dieser beiden Religionen werden von Zaid b. ʿAmr und Abū Qais b. al-Aslat als fremdartig empfunden, sie suchten eine eigenständige, einem monotheistischen „Heidentum" angepaßte Kultpraxis;

dank dieser noch nicht gefundenen neuartigen Kultpraxis sollte das, was die Juden und Christen geringschätzig als das arabische Heidentum bezeichneten, umgewandelt und aufgewertet werden. Immerhin erkannte das arabische Heidentum bereits in Abraham eine Gestalt, die religiöse Verehrung verdiente: Abraham war als „Heide“ von Allah erwählt worden, damals, als jene drei Engel erschienen waren, um ihm die Geburt eines Sohnes zu verkünden. Als „Heide“ wurde Abraham zum Inbild des Allah gehorsamen Menschen, suchte und fand er doch Allahs Gnade. War ein „Heide“ nicht mit besserem Recht ein „Gottsucher“, als ein Jude oder Christ dies waren, die aus ihren heiligen Schriften die Botschaften des Einen bereits genau kannten und erfahren hatten, wie dieser Eine verehrt zu werden wünschte? „Heide“, Ḥanīf, meint demnach einen Frommen, der sich der Erwähltheit durch Allah schon gewiß ist, aber noch danach fragen muß, was für ihn aus dieser Gewißheit folgt. Und das ist jedenfalls nicht der Eintritt in eine der beiden Hochreligionen, denn ein solcher Schritt höbe das „Heidentum“ auf, den abrahamischen Status innerhalb der Heilsgeschichte! „Wollte es der Herr, wir wären Juden“, dichtete Abū Qais, „doch entspricht die Glaubenspraxis der Juden nicht diesen Formen (die wir pflegen). Wollte es der Herr, wären wir Christen zusammen mit den Mönchen auf dem Berge von Galiläa. Doch wurden wir, als wir geschaffen wurden, so geschaffen, daß unsere Glaubensausübung ‚heidnisch‘ bleibt von Geschlecht zu Geschlecht. Wir treiben die Opfertiere, die ergeben in Fesseln einherziehen – nur den Widerrist gibt ihre Bedeckung[248] frei.“[249] Wenn die Araber nur die ihnen eigentümlichen, mit Tieropfern verbundenen Pilgerriten vollziehen können, die ihnen so sehr am Herzen liegen, dann wollen sie sich gern auf einen Eingottglauben einlassen. Davon haben wir schon gehört.[250]

ʿUṯmān b. Maẓʿūn und sein Kreis

Mohammed stellte sich in Mekka einige Zeit nach seiner Berufung ausdrücklich in die Tradition der heidnischen Gottsucher. Seine Auseinandersetzung mit ʿUṯmān b. Maẓʿūn von den Banū Ǧumaḥ ist dafür der klarste Beleg. Die Überlieferung bewahrt die Erinnerung daran, daß ʿUṯmān ein treuer Gefolgsmann Mohammeds geworden war, nach Medina flüchtete, in der Schlacht bei Badr mitfocht und kurze Zeit später starb; er soll der erste Tote gewesen sein, den die Muslime in Medina zu Grabe trugen.[251] In Mekka war er – unabhängig von Mohammeds Prophetentum – als ein Verfechter des Eingottglaubens aufgetreten: Alles in der Welt sei nichtig, abgesehen von Allah; alles Schöne gehe zu Ende. Darüber klagten auch die Anhänger der überkommenen heidnischen Religion; das Fatum, die Zeit zerstöre alles. So sei es in der Tat, pflichtete ʿUṯmān ihnen bei, doch beharrte er darauf, daß das Paradies, dem die Bekenner des einen Schöpfergottes entgegensehen dürften, ohne Ende sei. Dieser neue Gedanke sei eine Torheit, warf man ihm vor. Eines Tages, er war schon Gefolgsmann Mohammeds, artete der Zwist in eine handfeste Prügelei aus, bei der ʿUṯmān ein Auge einbüßte. Trotzdem blieb er bei seiner Meinung. Obwohl sich die Muslime damals in einer gefährlichen Lage befanden, worüber Näheres im nächsten Kapitel auszuführen sein wird, vertrat er ferner die Auffassung, der Nachbarschutz (arab.: *al-ǧiwār*) Allahs sei wirksamer als derjenige des mächtigen Maḫzūmiten al-Walīd b. al-Muǧīra:[252] Der Glaube an den allsorgenden

Schöpfer setzt die Rechtsbräuche der Menschen außer Kraft, weil dieser Schöpfer alles Trachten seiner Geschöpfe auf sich zieht. Ob das heidnische Gottsuchertum einen mit dieser religiösen Vorstellung begründeten vollständigen Neubau der Riten und aller Lebensbräuche anstrebte, ist freilich nicht klar. Abū Qais b. al-Aslat jedenfalls wollte die Pilgerriten beibehalten, vielleicht in abgewandelter Form. Eine asketische Lebensführung widersprach dem heidnischen Gottsuchertum zwar nicht, solange sie sich nicht in Riten verfestigte, die den Zorn oder den Fluch Allahs hervorriefen. Aber Mohammed stand allen religiös begründeten Beschwernissen, die ein Mann wie ʿUṯmān b. Maẓʿūn aus der Pflicht des Geschöpfes zu unbedingter Hinwendung zum allsorgenden Schöpfer ableitete, ablehnend gegenüber.

Das bequeme Ḥanīfentum

ʿUṯmān war übrigens in Mekka nicht der einzige Sucher nach einer neuen Glaubenspraxis, der in dieser Hinsicht anders als Mohammed dachte, und auch außerhalb der Stadt setzte man vielfach den Eingottglauben mit Enthaltsamkeit gleich. Offensichtlich hatte Mohammed Mühe, seine dem religiös nur durchschnittlich begabten Menschen entgegenkommende Meinung durchzufechten. Es ist bezeugt, daß ʿUṯmān und seine Parteigänger dafür eintraten, auf den Verzehr von Fleisch zu verzichten, was für eine im erheblichen Maße von der Viehzucht lebende Bevölkerung eine tiefgreifende, wenn nicht gar unmögliche Umstellung gewesen wäre. Desweiteren forderten sie die Selbstentmannung. Mohammed soll sie hiervon abgebracht haben; es genüge, streng zu fasten, wodurch der Geschlechtstrieb abgetötet werde. Mit Übereifer soll ʿUṯmān diesen Rat befolgt haben, so daß er seine Ehefrau in peinlicher Weise vernachlässigte. Tagsüber faste er, nachts widme er sich ganz dem Gebet, beschwerte sich diese beim Gesandten Allahs. Dieser soll ʿUṯmān bei der nächsten Gelegenheit belehrt haben: „Hast du nicht an mir ein Beispiel? Dein Auge hat Anteil an dir, auch dein Leib hat Anteil an dir, und deine Frau hat ein Recht auf dich! Darum bete und schlafe, iß und faste!" Mohammed soll ihm, in einem Schlagwort zusammengefaßt, seine ganz anderen Überzeugungen so auseinandergesetzt haben: „Allah berief mich zur (Verkündung des) großzügigen Ḥanīfentums (arab.: *al-ḥanīfīja as-samḥa*), nicht des Mönchtums (arab.: *ar-rahbānīja*)." Für den Erfolg seiner Predigt war solche Laxheit von Vorteil, aber er hatte noch längere Zeit gegen eine asketische Strömung in seiner Anhängerschaft zu kämpfen, und diese Strömung verschwand nicht spurlos. Ihr kam er entgegen, indem er sich schrittweise zum Verbot des Weingenusses durchrang, das ʿUṯmān und sein Kreis schon lange propagierten.[253] Noch gegen Ende seiner Zeit in Mekka rühmt Mohammed den Wein als eine der Gaben, die Allah in seiner treusorgenden Güte den Menschen schenkt: „Und auch am Wein habt ihr ein Beispiel (für Allahs Wirken); wir machen für euch aus dem Kot und dem Blut in den Leibern (der Tiere) reine Milch zum Löschen des Durstes, bekömmlich den Trinkenden, und ebenso von den Früchten der Dattelpalmen und der Weinreben. Von diesen erhaltet ihr ein berauschendes Getränk und gute Nahrung. Hierin liegt ein Wunderzeichen für Leute, die ihren Verstand gebrauchen" (Sure 16, 66 f.). In frühmedinensischer Zeit kommen ihm die ersten Bedenken; der Wein und das Glücksspiel brächten einigen Nutzen, doch sei es eine Sünde, ihnen zu frönen (Sure 2, 219); vor allem zum Gebet dürfe man nicht angetrunken erscheinen (Sure 4, 43). Erst gegen Ende seines Lebens erkannte er, daß der Wein wie auch das Glücksspiel, die steinernen Idole und die Lospfeile vom Satan ersonnen worden waren, um die Menschen vom rituellen Gebet und vom Gottesgedenken abzubringen, und deshalb verboten werden müßten (Sure 5, 90 f.). Daß der Islam die Form des heidnischen Gottsuchertums sei, die die Bereitschaft des Menschen zum Verzicht und zur Askese nicht strapaziere, blieb für Mohammed jedoch außer Frage. Das Bekenntnis zu dem einen Allah und die regelmäßige Teilnahme an den Riten sind für den Gewinn des Paradieses ausreichend. „In der Glaubenspraxis (arab.: *ad-dīn*) gibt es keinen Zwang“, nun, da der rechte Weg, der Islam, sich klar vom polytheistischen Heidentum abhebe (Sure 2, 256),[254] beteuert Mohammed etwa anderthalb Jahre nach der Hedschra; in derselben Sure verfügt er, ganz im Sinne jener Großzügigkeit, erhebliche Erleichterungen für das Ramadanfasten (Sure 2, 184 f. und 187).[255]

Mohammeds Eingottglaube soll einen bequemen, das Ausleben der Triebe nicht allzu sehr hemmenden Lebenszuschnitt gestatten. Daß dies dem Propheten gerade in den ersten Jahren nach der Vertreibung aus Mekka am Herzen lag, verwundert nicht. Er brauchte alle Kräfte für die Rückgewinnung dieser Stadt und ihres Pilgerheiligtums. Wir haben es jedoch zunächst noch mit seinen mekkanischen Gedanken und Verkündigungen zu tun, und es bleibt uns, die Frage zu klären, wie er damals das heidnische Gottsuchertum auffaßte, dem er sich zum Nutzen seiner eigenen Ziele eng verbunden hatte. Dieser Themenkomplex ist unter mehreren Gesichtspunkten in Angriff zu nehmen. Wir werden uns einen flüchtigen Eindruck vom Einfluß des „gottsucherischen“ Ideengutes auf den Koran verschaffen und dabei nach dem heilsgeschichtlichen, theologischen und anthropologischen Inhalt jener Ideen fragen und am Schluß das Problem streifen, ob die Ḥanīfen tatsächlich einen Propheten erwarteten, um in dieser Hinsicht zu den Juden und Christen aufzuschließen, eine Erwartung, die, wenn es sie denn gegeben haben sollte, Mohammeds Ambitionen hätte begünstigen können.

Der ḥanīfische Allah und sein Kosmos

Al-Muṭahhar b. Ṭāhir al-Maqdisī, ein Autor des 10. Jahrhunderts, von dem man außer seinem Namen kaum etwas weiß,[256] stellt die ihm bekannte Geschichte der Menschheit in einen engen Zusammenhang mit Betrachtungen über den Kosmos, dessen Geschaffenheit beweisbar sei. Nach muʿtazilitischer Manier sieht er ihn als ein Gefüge aufeinander einwirkender Entitäten, weshalb der Verstand die Möglichkeit hat, die Welt und die Geschehnisse in ihr auf den Begriff zu bringen. Allerdings muß selbst ein kluger Mensch gewärtigen, daß er ohne die Hilfe offenbarter Texte mit seinen Deutungen in die Irre geht. Wer die Ewigkeit der Welt lehrt oder Kosmogonien ersinnt, die sich nicht mit den Aussagen der mohammedschen Offenbarungen decken, verdient zwar einige Beachtung, die feste Grundlage des Nachdenkens über derartige Themen bleibt aber der Koran.[257] In diesem wird den Menschen mitgeteilt, daß Allah sieben Himmel geschaffen hat, die in Schichten übereinanderliegen (Sure 67, 3 und 71, 15). Einzelheiten sagt der Koran nicht; man stoße demgemäß auf ganz unterschiedliche Ansichten darüber, woraus jene

Schichten bestünden, aber al-Maqdisī hält den Streit hierüber für nebensächlich, da der Stoff, aus dem die Körper der Himmel geformt seien, ohnehin ganz anders beschaffen sei als alles Irdische. Mehrfach bezeugt ist die Auffassung, der erste Himmel sei ein riesiger Smaragd, den man Birqiʿ nenne. Al-Maqdisī zitiert hierzu aus einem Gedicht, das der Ḥanīf Umaija b. abī ṣ-Ṣalt geschmiedet hat; an anderem Ort ist es vollständig erhalten. Birqiʿ, so Umaija, gleicht einem windstillen Meer; Engel sind an dessen Rand postiert; beschattet werden sie vom zweiten Himmel, einer Kuppel, deren Farbe derjenigen einer mit Wasser gefüllten Glasschale ähnelt. „Unser Herr stellte sie meisterhaft her, als er sie (d.h. die Schale oder alle sieben Himmel) baute, indem er für sich allein blieb."[258] Die übrigen Verse unterschlägt al-Maqdisī. In ihnen erfahren wir, daß Allah im siebten Himmel auf einem Thron west, der wie ein mit Edelsteinen verzierter Tragsessel beschaffen ist. Viele Engel verharren vor Allah in Anbetung; zahllose andere durchfliegen mit seinen Anweisungen die Himmel. Der Thron, auf dem Allah wie ein König Platz genommen hat, wird von vier Cherubim getragen, einem in Gestalt eines Mannes, der zweite ein Stier, der dritte ein Adler, der vierte ein Löwe.[259] Anklänge an dieses Bild sind uns bereits begegnet, nämlich am Beginn von Sure 37: „Bei den (Engeln, die) in Reihen stehen, die Zudringlichen abwehren, eine göttliche Mahnung verlesen! Euer Gott ist einer, der Herr der Himmel und der Erde und dessen, was dazwischen ist..."[260] An die Sprüche der Wahrsager erinnert hier nur die Schwurformel, sagten wir. Das Bild, das Mohammed in den Zuhörern aufruft, ist diesen aus den Worten der Ḥanīfen vertraut: Allah schuf die Welt, zog sich dann an seinen streng bewachten Herrscherhof zurück, von dem aus er alles regiert, abgeschirmt gegen jeden Versuch eines Eingriffes in sein Wirken und gegen alles Auskundschaften. Nur mit Allahs ausdrücklicher Erlaubnis dürfen der „Geist und die Engel" in der „Nacht der (göttlichen) Macht" herabkommen und seine Fügung (arab.: *al-amr*) in das Diesseits bringen, zu der auch der Koran gehört (Sure 97) – eine Beschreibung des Offenbarungsvorganges, die uns darüber aufklärt, was sich hinter den in den Schwüren genannten die Botschaft austeilenden Wesen verbirgt. In Sure 37 tritt die ḥanīfische Ikonologie vollends zutage und drängt Mohammed, dem Bild entsprechend, zur unzweideutigen Benennung ihrer theologischen Konsequenz: Allah ist einer. In der Prophetenüberlieferung hielt sich die Kenntnis davon, daß Mohammed Allah geschaut hatte, auf einem Thron sitzend und dieser getragen von vier Engeln in den erwähnten Gestalten.[261] Was der heidnische Gottsucher Umaija und der heidnische Prophet Mohammed im Auge haben, sind die im byzantinischen Machtbereich schon vor dem Jahr 500 auftauchenden Darstellungen der Majestas Domini: Der Architekt des Weltalls, nämlich Christus, wird vom viergestaltigen Evangelium getragen, verkörpert durch die Cherubim, die, so Irenäus (gest. ca. 200), „Bilder der Wirksamkeit des Gottessohnes" sind: Der Löwe symbolisiert dessen Tatkraft; der junge Stier das Amt des Opferpriesters, das Christus innehat; der Mensch die Inkarnation und der Adler „die Gabe des Geistes, die der Kirche zufliegt".[262]

Die Bildersprache der heidnischen Monotheisten, der christlichen Kunst entlehnt, aber ihrer spezifisch christlichen Botschaft beraubt, wie wir schon einmal beobachteten,[263] prägt Mohammeds Gottesverständnis; daß er sich die Verse Umaijas gerne vortragen ließ, ist bezeugt.[264] Wie Zaid b. ʿAmr, der sich als den einzigen echten Abrahamverehrer rühmte, verwarf auch Umaija jede andere Glaubenspraxis als die ḥanīfische, legte sie aber im Sinne ʿUṯmān b. Maẓʿūns aus, also nicht „weitherzig“, sondern durch einen asketischen Einschlag gekennzeichnet. Diese Meinungsverschiedenheit könnte ein Grund dafür gewesen sein, daß Mohammed ihn bereits in der spätmekkanischen Sure 7 scharf tadelt: „Verlies ihnen die Nachricht von demjenigen, dem wir unsere Wunderzeichen brachten, der sich dann aber von ihnen zurückzog!“ (Vers 175). Schwerwiegender könnte für Mohammed damals aber noch das Debakel in aṭ-Ṭāʾif, der Heimatstadt Umaijas, gewesen sein. Angesichts der wachsenden Nöte in Mekka war Mohammed dorthin ausgewichen, aber man hatte ihm die kalte Schulter gezeigt. Fortan, zumal in Medina, setzte Mohammed dann ganz auf den weitherzigen heidnischen Monotheismus und mußte in den Augen Umaijas als ein erfolgreicher Opportunist erscheinen, der das Wasser des Gottsuchertums geschickt auf seine Mühlen lenkte. Wen wird es wundern, wenn Umaija die Quraišiten, die bei Badr eine Niederlage gegen Mohammed erlitten hatten, mit Versen zum energischen Kampf aufstachelte?[265] In Mekka wuchs Mohammeds Verkündigung mit dem Gedankengut des heidnischen Gottsuchertums zusammen; in Medina ließ er dann jegliche Zurückhaltung fallen und behauptete, der alleinige wahre Erbe des von Abraham gegründeten heidnischen Eingottglaubens zu sein.

Die Aneignung der Gestalt Abrahams und die Erwähltheit der Anhängerschaft Mohammeds

Den entscheidenden Schritt tat er mit seinen noch in Mekka einsetzenden Überlegungen zur Gestalt Abrahams als des ersten Ḥanīfen und Begründers des „Islams“, die in den ersten medinensischen Jahren durch die Aussage abgeschlossen wurden, Abraham und Ismael hätten einst die ḥanīfischen Riten, nach denen man in Mohammeds Zeit suchte, gestiftet. Es gelte nun, sie durch ihn, den Gesandten Allahs, wiederzubeleben; der ersehnte, ḥanīfische *nāmūs* ist also längst bekannt und wird durch ihn, Mohammed, von neuem zur Richtschnur erhoben. Als Mohammed kurz nach seiner Berufung noch von den „Schriftstücken Moses und Abrahams“ gesprochen hatte, war diese Wendung der Dinge noch nicht abzusehen gewesen. In Sure 37, in der Mohammed, wie geschildert, das ḥanīfische Bild des Kosmos andeutet und sich genötigt sieht, in klaren Worten zum Eingottglauben aufzurufen, läßt er sich einige Zeilen später etwas näher über Abraham aus. Dieser erkennt die Unsinnigkeit der Vielgötterei, der sein Volk frönt; unter dem Vorwand, er sei krank, bleibt er eines Tages den polytheistischen Riten fern und macht sich daran, einige Idole zu zertrümmern (Vers 83–98).[266] Hieran schließt sich die Episode von der Verheißung der Geburt eines Sohnes an, der, nachdem er so weit herangewachsen ist, daß er die Pilgerriten vollziehen kann, von Abraham geopfert werden soll, dann aber durch Allah ausgelöst wird; es muß sich um Ismael handeln, denn nach diesem Geschehen weissagt man Abraham die Geburt eines zweiten Sohnes, Isaaks (Vers 99–113).[267] In der mittleren Periode seines Wirkens in Mekka beschäftigt sich Mohammed öfter mit Abraham, so in Sure 26, Vers 69–89, wo es wieder um die Absurdität der Verehrung von Idolen geht, die „weder nützen noch schaden", während es doch der „Herr der Welten" ist, der „mich schuf und nun auf den rechten Weg führt, der mir zu essen und zu trinken gibt... und mich (vor dem Gericht) auferweckt..." (vgl. auch Sure 19, 41–49). Die ausführlichste Darstellung des Streitens Abrahams gegen den Götzenkult findet sich in Sure 21, ebenfalls aus jener Periode. Hier erfahren wir auch, daß man Abraham zur Strafe für den Frevel an den Bildnissen verbrennen will, was Allah jedoch vereitelt (Vers 51–73). In all diesen mittelmekkanischen Passagen taucht der Begriff des heidnischen Gottsuchers, des Ḥanīfen, noch nicht auf.

Das gilt auch noch für die bereits in die späte mekkanische Phase eingeordnete Sure 14, die den Namen Abrahams als Überschrift trägt. Eines aber hat sich geändert: Die Gestalt Abrahams, deren Beheimatung in Mekka man bis zu jenem Zeitpunkt allenfalls aus Sure 37, Vers 102 „Als (sein Sohn) so weit herangewachsen war, daß er mit (Abraham) den (rituellen) Lauf vollziehen konnte..." herauslesen durfte, wird hier ausdrücklich als der Stifter des mekkanischen Kultes gepriesen: „(Einstmals) flehte Abraham: ‚Herr, mach diese Ortschaft sicher und halte mich und meine Söhne davon ab, daß wir die Götzen verehren! Herr, denn diese haben schon viele Menschen in die Irre geführt. Wer also mir folgt, der gehört zu mir; und wer sich mir widersetzt – nun, du bist verzeihend und barmherzig! Unser Herr, jetzt siedle ich einige meiner Nachkommen in einem Tal ohne Ackerfrüchte bei deinem geheiligten Haus an, damit sie das rituelle Gebet vollziehen. Mach du, daß Menschenherzen ihnen zugetan sind und ernähre (jene Nachkommen) mit Früchten, vielleicht werden sie es dir danken. Unser Herr, du weißt, was wir in uns verbergen und was wir offen äußern.' Nichts auf Erden und im Himmel bleibt Allah verborgen. ‚Preis sei Allah, der mir trotz meinem Greisenalter Ismael und Isaak geschenkt hat! Mein Herr erhört stets das Bitten. Herr, mach, daß ich das rituelle Gebet einhalte, und auch (die Menschen) aus meiner Nachkommenschaft! Unser Herr, nimm mein Bitten an! Unser Herr, verzeih mir, meinen Eltern und den Gläubigen am Tag der Abrechnung!'" (Vers 35–42). Die gefährdete Lage Mekkas in einer unfruchtbaren Talschaft wird mehr als aufgewogen durch das „heilige Haus"; doch sind die, die dort ständig den Riten nachkommen, auf das Wohlwollen der übrigen Menschen angewiesen: Abraham, seine Nachfahren und alle, die mit ihnen sind, belegt Mohammed hier mit dem Begriff der Gläubigen (arab.: *al-muʾminūn*), der in Medina die kampfbereiten Gefolgsleute des Propheten bezeichnen wird.

Dank ihrem Eingottglauben bilden sie schon in diesen mekkanischen Versen eine von den übrigen Menschen abgesonderte Gemeinschaft – nach dem Vorbild Abrahams und seiner Sippe, der ein heidnischer Monotheist war, kein Anbeter der weiblichen Gottheiten Mekkas, die laut Sure 14, Vers 36 „viele Menschen in die Irre führten".[268] In Sure 16, Vers 120 bis 123 kennzeichnet Mohammed den Urvater der „Gläubigen" nun als den „Ḥanīfen" Abraham; das Ḥanīfentum wird somit zum Kristallisationspunkt der Anhängerschaft erklärt, die sich um den mekkanischen Propheten schart und die dank dem Ḥanīfentum ihres religiösen – und genealogischen – Ahnherrn sich von allen übrigen Gemeinschaften unterscheidet. Wie dieser Unterschied auszulegen ist, erläutert Mohammed in Sure 6, die ebenfalls noch in Mekka entstand. „Damals sagte Abraham zu seinem Vater Āzar: ‚Hältst du etwa Götzenbilder für Götter? Ich meine, du und dein Volk, ihr befindet euch eindeutig im Irrtum.‘ – So zeigen wir Abraham (unser) Herrschen über die Himmel und die Erde und daß er einer von denen sein sollte, die Gewißheit erlangen. – Als nun die Nacht über ihn hereinbrach, erblickte er einen Stern und sprach: ‚Das ist mein Herr!‘ Wie der Stern jedoch unterging, sagte (Abraham): ‚Ich mag nicht die, die untergehen.‘ Dann sah er den Mond, der eben emporstieg, und sprach wiederum: ‚Das ist mein Herr!‘ Doch als auch (der Mond) unterging, sagte er: ‚Wenn mein Herr mich nicht rechtleitet, muß ich einer von denen sein, die dem Irrtum verfallen.‘ Endlich erblickte er die Sonne, die eben emporstieg, und sprach: ‚Das da ist mein Herr, es ist am größten!‘ Doch wie auch sie unterging, rief er: ‚Mein Volk! Mit denen, die ihr (dem Einen) beigesellt, habe ich nichts mehr zu tun! Als ein Gottsucher wende ich das Gesicht dem zu, der die Himmel und die Erde geschaffen hat, ich bin kein Beigeseller!‘ Da stritt sein Volk mit ihm. Er aber sagte: ‚Wollt ihr mit mir über Allah streiten, wo er mich doch rechtgeleitet hat? Die, die ihr ihm beigesellt, fürchte ich nicht – es sei denn, Allah wollte etwas (das eurem Götzendienst gliche). Mein Herr umfaßt alles mit seinem Wissen. Wollt ihr euch dessen nicht erinnern? Und wie sollte ich die fürchten, die ihr ihm beigesellt, wo ihr euch nicht einmal davor fürchtet, Allah etwas beizugesellen, zu dem er euch keinerlei Vollmacht herabgesandt hat? Welche der beiden Parteien kann eher auf Sicherheit rechnen? (Antwortet), wenn ihr (es) wißt! Diejenige, die glaubt und ihrem Glauben kein Unrecht beimischt, die hat die Sicherheit und geht den rechten Weg!‘ Dies ist unser Argument, das wir Abraham wider sein Volk gaben. Wir erhöhen um Stufen, wen wir wollen. Dein Herr ist weise und allwissend“ (Vers 74–83).[269] Die letzten Sätze lassen die Lage anklingen, in der sich Mohammed in seiner Heimatstadt befand; seine Feinde fragten, was an ihm denn Besonderes sei, daß er sich erkühnen dürfe, die althergebrachten Sitten zu verwerfen. Um des Glaubens willen, den Abraham durch die Geste der Hinwendung des Gesichts zu dem einen Allschöpfer veranschaulicht, löst er sich aus der Gemeinschaft mit seinem Stamm – und so auch Mohammed. Abraham wie Mohammed handeln nur gemäß der Vollmacht, die Allah ihnen herabsandte (Vers 81), und zur Götzenanbetung hat Allah nun einmal keine Vollmacht erteilt. „Sprich: ‚Mich hat Allah zu einer geraden Straße geleitet, die ich als richtige Glaubenspraxis befolge. Dies ist die Gemeinschaft Abrahams, der ein Ḥanīf war, nicht ein Götzenverehrer!‘“ läßt Mohammed sein Alter ego gegen Ende derselben Sure versichern (Vers 161).

Die „Muslime“

In Medina wird Mohammed noch energischer auf sein Ḥanīfentum pochen und ein ums andere Mal behaupten, er stehe in der unmittelbaren Nachfolge Abrahams: „Führt um Allahs willen den ihm zustehenden Dschihad! Er erwählte euch und erlegte euch in der Glaubenspraxis (arab.: *ad-dīn*) keine Lasten auf – nach Art der Gemeinschaft (arab.: *al-milla*) eures Vaters Abraham (lebt ihr)! (Allah) nannte euch schon früher und (jetzt) hier Leute, die (das Gesicht zu ihm) wenden (arab.: *al-muslimūn*), damit der Gesandte gegen euch Zeugnis ablege und ihr gegen die (übrigen) Menschen. Darum vollzieht das rituelle Gebet, entrichtet die Läuterungsgabe und haltet euch an Allah, der euer Schutzherr ist – welch guter Schutzherr und Helfer!" (Sure 22, 78). Deutlicher als noch in Mekka rückt er die, wie er es sieht, Vorzüge des weitherzigen Ḥanīfentums in den Vordergrund. In der mekkanischen Sure 15 verweigert der Satan Allah den Gehorsam und wirft sich nicht vor dem aus Lehm geformten Adam nieder. Allah gestattet es seinem Widersacher, die künftigen Menschen mit jeglicher Art von List und Tücke zu verführen und ihrem Schöpfer abspenstig zu machen: Erfolg werde der Satan ohnehin nur bei denjenigen haben, die Allah ihm anheimgibt (Vers 26–43). Eine Bewährung unter dem Zorn oder dem Fluch Allahs ist dem einzelnen aus eigener Kraft nicht mehr möglich, sein Jenseitsschicksal ist durch den Schöpfer im voraus festgelegt. In Medina wird die Verstoßung Adams und Evas aus dem Paradies gänzlich aus dem Zusammenhang mit der Bewährung herausgetrennt. Mohammed verschweigt nun die Folge des Ungehorsams des Satans, nämlich, daß Allah eine große Anzahl von Menschen dessen Verführungskünsten ausliefert. Nachdem Adam und Eva von den verbotenen Früchten genossen haben, verweist Allah sie und den Satan des Paradieses; die Menschen und ihr Verführer werden einander feind sein. Doch schon im Augenblick der Vertreibung nimmt Adam tröstende Worte entgegen: Allah in seiner Barmherzigkeit wendet sich ihm wieder zu; sobald den Menschen durch Allah die Rechtleitung übermittelt wird – mit dieser Formulierung ist Mohammed wieder ganz in seiner Gegenwart angekommen – braucht allen, die ihr folgen, um ihr glückliches Jenseits nicht bange zu sein (Sure 2, 34–38).

Die Bequemlichkeit der auf Abraham zurückgeführten weitherzigen Glaubenspraxis dient Mohammed, seit er in Medina wirkt, zum Vorwand, von seinen Gefolgsleuten als ein Allah geschuldetes Entgegenkommen die bedenkenlose Bereitschaft zum Krieg gegen Andersgläubige zu fordern; am Tag des Gerichts kann der Prophet gegen Anhänger, die es hierin an Eifer haben fehlen lassen, bezeugen, daß sie durch ihn von jenen Erwartungen Allahs unterrichtet wurden, so wie seine willfährigen Anhänger in der gleichen Sache gegen alle übrigen Menschen auftreten werden. Abraham erhielt von Allah den „Ort des Hauses" zugewiesen: „Geselle mir nichts bei und reinige mein Haus für die, die es umkreisen, für die, die sich dort zum Gebet aufstellen, für die, die sich (beim Beten) nach vorne beugen und niederwerfen!" (Sure 22, 26). Der Bau der Kaaba durch Abraham und Ismael findet erst jetzt, in frühmedinensischer Zeit, Eingang in den Koran (Sure 2, 124–140); Abraham bittet Allah, unter den Nachkommen einen Gesandten aus ihrer Mitte zu berufen, „der ihnen deine Wunderzeichen vorträgt, sie das Buch und die Weisheit lehrt und sie läutert..." (Vers 129). Mohammeds Gegner wenden ein: „Seid Juden oder Christen, dann geht ihr den rechten Weg!" Und so sollen die Muslime den Einwand entkräften: „Vielmehr der Gemeinschaft Abrahams (gilt es beizutreten), der ein Ḥanīf war, nicht einer von den Beigesellern!" (Vers 135). Denn „wer hat eine bessere Glaubenspraxis als jemand, der das Gesicht ganz zu Allah wendet und dabei gut handelt und der Gemeinschaft Abrahams folgt, der ein Ḥanīf war. Allah erkor sich Abraham zum Freund" (Sure 4, 125).[270] Doch kehren wir vorerst wieder nach Mekka zurück!

Indem sich Mohammed das Ḥanīfentum und die Gestalt Abrahams nutzbar macht, fordert er die überkommene Ordnung seiner Heimatstadt heraus. Diese Machtprobe verliert er; die Umstände werden wir im nächsten Kapitel untersuchen. In seinem neuen, gezwungenermaßen außerhalb Mekkas liegenden Arbeitsfeld nutzt er dann das Ḥanīfentum als ein vorzügliches Instrument der Integration, das seine Anhängerschaft wirksam gegen hochreligiöse Einflüsse abschirmen und ihr zugleich das Ziel des Machtkampfes, in den er sich eingelassen hatte, deutlicher noch, als dies in seiner Heimat je möglich hätte sein können, vor Augen stellen sollte: Die Inbesitznahme der Kaaba, nach Lage der Dinge nur mit Waffengewalt zu erreichen, wird zum religiös untermauerten Daseinsgrund der vorerst im Exil agierenden Gemeinschaft der Erben Abrahams. Nicht alle Ḥanīfen waren mit dieser Nutzbarmachung ihrer religiösen Ideen einverstanden, und manche leisteten ihm bis zu seinem Tod zähen Widerstand. Der wichtigste Grund hierfür lag in seiner Unfähigkeit, den Gedanken an die Erwähltheit der Quraišiten und insbesondere ʿAbd al-Muṭṭalibs fahren zu lassen.[271]

Die Prägung durch das Ḥanīfentum und die Verarbeitung des „ṣābiʾischen“ Erbes

Die Aneignung des Ḥanīfentums war aber mehr als die Stiftung eines effektvollen Gründungsmythos. Sie brachte eine tiefgreifende Veränderung in Mohammeds Auffassung vom Verhältnis des Menschen zu Allah mit sich. Der Prophet scheint sich in Mekka dieser Tatsache nicht bewußt geworden zu sein, und falls doch, so gibt es dafür kein klares Zeugnis. Erst in Medina distanziert er sich unzweideutig von seinen älteren Ansichten. Dem schon erwähnten Bagdader Gelehrten aš-Šahrastānī ist dieser Bruch aufgefallen, und zwar dank seinen umfassenden Kenntnissen der Religionsgeschichte, die er in einem – von der Orientforschung häufig benutzten – Handbuch zusammentrug. Ein Kernthema dieser Geschichte ist bei ihm, wie ebenfalls bereits angedeutet, die Auseinandersetzung zwischen einer ḥanīfischen und einer sabischen Strömung. Was er unter der sabischen versteht, läßt sich wie folgt skizzieren: Die Sabier begreifen die materielle Welt als ein durch geisthafte Kräfte gesteuertes Gebilde; diese Kräfte, von manchen Richtungen dieser Strömung mit den Planeten gleichgesetzt, unterstehen in einer nicht klar auf den Begriff gebrachten Art dem Schöpfer der Welt; dieser wird nicht als ein unermüdlich tätiger Gott gedacht; er ist vielmehr ein weiser Meister, der sich mit seinem Werkstück nach dessen Fertigstellung nicht weiter einläßt; der Mensch muß daher wissen, daß er niemals mit Gottes erhabenem Sein in Berührung kommen kann; ihm bleiben als Vermittlerinstanzen jene in Gottes Nähe gerückten Geistwesen, deren Essenz und Handeln vollkommen lauter (arab.: *muṭahhar*) sind, so daß sie von allem Materiellen und dessen Begleiterscheinungen wie Körperlichkeit und Veränderlichkeit mit Bezug auf Raum und Zeit nicht betroffen werden. Ihre Lauterkeit ist ihnen, schreibt aš-Šahrastānī, von Gott anerschaffen, und sie sind ihm deshalb auf ewig gehorsam. „Ihnen können wir uns nähern, auf sie verlassen wir uns. Daher sind sie unsere Herren und Götter, unsere Helfer und Fürbitter bei (dem höchsten) Gott, der der Herr der Herren und der Gott der Götter ist. Infolgedessen obliegt es uns, unsere Seelen vom Schmutz der Begierden unserer Natur zu reinigen...“ Der Charakter des Menschen muß von den Einflüssen der Lüste und des

Zorns geläutert werden, „und dies erfolgt allein durch unser Erwerben (arab.: *al-iktisāb*), durch unsere Selbstbeherrschung und indem wir unsere Seelen der schmutzigen Begierden entwöhnen", wofür man die Hilfe der Geistwesen erflehen kann. Dies geschieht durch Gebete, Läuterungsgaben, Fasten, Opfer, aber auch durch magische Praktiken. Der Mensch selber muß sich bereitmachen für den Empfang jener Zuwendung, die ihn auf seinem Heilsweg voranbringt. „Mit uns verhält es sich genauso wie mit jemandem, der behauptet, ihm würden Eingebungen zuteil", sagen die Sabier bei aš-Šahrastānī. Die Propheten seien im übrigen anders als jene Geistwesen ganz aus Materie, sie essen und trinken und gleichen den gewöhnlichen Menschen in der Gestalt – weswegen sollte man diesen Propheten gehorchen? „Wenn ihr einem Menschen, wie ihr selber es seid, gehorcht, dann seid ihr wirklich Verlierer" (Sure 23, 34). In diesem Koranzitat faßt aš-Šahrastānī die ablehnende Haltung der Sabier gegenüber dem ḥanīfischen Prophetentum zusammen. Die Sabier verlassen sich also auf ihre eigenen Kräfte; diese müssen aufgewendet werden, damit einem die Geistwesen bei der Annäherung an Gott oder das Göttliche behilflich sind. Die ḥanīfische Sicht der Dinge, „unsere Lehre", skizziert aš-Šahrastānī demgegenüber mit dem Begriff der ursprünglichen Veranlagung (arab.: *al-fiṭra*).[272]

Aš-Šahrastānī schildert den Zwiespalt zwischen sabischer und ḥanīfischer Religiosität aus dem Blickwinkel des Gelehrten, dem ein reiches Fachwissen zu Gebote steht und der seinen Gegenstand mit mancherlei Gesichtspunkten ergänzt, die zu Mohammeds Zeiten unbekannt oder noch nicht auf den Begriff gebracht waren. Außerdem setzt er voraus, daß das Sabiertum der falsche Glaube sei; die Wortwurzel, aus der sich der Name herleite, bezeichne ein Abweichen vom richtigen Pfad, demjenigen der Propheten, belehrt er den Leser. Versuchen wir, zu den aus Mohammeds Zeit überlieferten Fakten vorzudringen! ʿĀmir b. abī Waqqāṣ aus dem quraišitischen Klan der Banū Zuhra, ein Bruder des später so berühmten Prophetengenossen Saʿd, trat auf dessen Drängen der noch sehr kleinen Anhängerschar Mohammeds bei; ʿĀmirs Mutter war darüber so entsetzt, daß sie schwor, sie wolle nicht eher wieder essen oder trinken noch einen schattigen Platz aufsuchen, bis ihr verführter Sohn das „Ṣābiʾertum" aufgebe. Saʿd, der Verführer, kam hinzu und prophezeite der Mutter, sie werde so schnell in der Hölle landen, daß sie ohnehin nichts mehr zu essen und zu trinken brauche. Mohammed kommentierte diesen Vorfall später so: „Wenn deine Eltern dich dazu bringen wollen, daß du mir (d.h. Allah) beigesellst, wovon du gar kein Wissen hast, dann gehorche ihnen nicht, aber behandle sie im Diesseits, wie es recht und billig ist. Folge dem Pfad derjenigen, die sich zu mir kehrten! Endlich werdet ihr alle zu mir zurückkommen; dann werde ich euch mitteilen, was ihr tatet" (Sure 31, 15).[273] Daß ʿUmar b. al-Ḫaṭṭāb anfangs ein erklärter Feind Mohammeds war, hörten wir. Gegürtet mit dem Schwert, machte er sich auf den Weg zum Propheten, zu „diesem Ṣābiʾer, der die Quraišiten spaltet, ihr bedachtsames Entscheidungsvermögen trübt, ihre Götter schmäht und ihre Vorväter kritisiert". Die sich anbahnende blutige Affäre ging dann aber anders als erwartet aus; ʿUmar ließ sich, wie erinnerlich, von den Worten der „Lesung" bestricken und hatte sein Damaskuserlebnis. Wie al-Wāqidī erzählt, vertraute ʿUmar dem Schwatzhaftesten unter allen Quraišiten seine Bekehrung an, damit dieser die Neuigkeit überall ausposaune. Das tat jener dann auch; ʿUmar sei Ṣābiʾer geworden, verbreitete jener, worauf ʿUmar richtiggestellt habe: „Er lügt. Vielmehr habe ich (mein Gesicht ganz zu Allah) gewendet und mich der Glaubenspraxis Mohammeds angeschlossen.“[274] Manchen Quraišiten galt Mohammed als ein „Ṣābiʾer“, er selber und seine Anhänger bezeichneten sich nicht so.

Nimmt man an, daß die Quraišiten eine gewisse Vorstellung von den durch aš-Šahrastānī beschriebenen Lehren hatten, so mag hinter ihrer verwunderten Frage, wieso einem einfachen Mann aus ihrer Mitte Offenbarungen zuteil würden (Sure 23, 24; 7, 63 und 69; 10, 2; 11, 27; 38, 4 und 7–8; 54, 23–26), mehr als bloße Gereiztheit über Mohammeds Anmaßung stecken. Den Mekkanern mußte aufgefallen sein, daß die Mitglieder des Kreises um Mohammed täglich rituelle Waschungen durchführten[275] und dadurch die Gebote der „Strengen“ übererfüllten. Von der rituellen Reinheit ist schon in der frühesten erhaltenen Eingebung die Rede, und Fāṭima, die Schwester ʿUmars, besteht darauf, daß dieser sich rituell reinige, bevor sie ihm die Blätter aushändigen kann, die den Text von Sure 20 enthalten. Die „Lesung“ darf nur von Reinen berührt werden (Sure 56, 79), ist sie doch gegen jegliche Befleckung zu schützen (Sure 80, 14). „Meide den Schmutz (arab.: *ar-riğz*)!“ lautet es weiter in der ältesten Eingebung, und noch gegen Ende des Lebens faßt Mohammed den Sinn seiner Verkündigungen so zusammen: „Ihr Leute der Kaaba, Allah will von euch den Schmutz (arab.: *ar-riğs*) nehmen und euch durch und durch reinigen“ (Sure 33, 33). Inzwischen galt ihm alles als Befleckung, was der neuen Religion widersprach: Weingenuß, Glücksspiel, Verzehr von Schweinefleisch (Sure 5, 90 und 6, 145), desgleichen die Götzenverehrung (Sure 22, 30). Reinheit und Unreinheit wandelten sich in Antonyme, mit denen man die Grenze zwischen Dazugehörigkeit und Andersheit beschreiben kann. In medinensischer Zeit tauchen auch die Sabier selber im Koran auf: Die „Gläubigen“ sowie die Juden, Christen, Zoroastrier und „diejenigen, die beigesellen“, werden durch Allah im Gericht voneinander geschieden (Sure 22, 17); mit Ausnahme der zuletzt genannten werden alle, also auch die Sabier, einen Lohn für ihr Erdenleben empfangen, glaubten sie doch an Allah und an die Auferstehung (Sure 2, 62 und 5, 69).

Diese spärlichen Belege genügen gewiß nicht, um Sicherheit darüber zu gewinnen, woran die Mekkaner dachten, als sie Mohammed vermutlich in polemischer Absicht unter die Sabier einreihten, und ebenso wenig wissen wir, wen Mohammed in Medina neben den Muslimen, Juden, Christen und Zoroastriern im Auge hatte.[276] Die Spuren gnostischer Denkungsart, die sich im Koran finden, wurden schon erörtert. Auch beschrieben wir, wie Mohammed bereits in Mekka erklärtermaßen eine andere, nämlich die ḥanīfische Tradition für sich beansprucht.[277] In einer etwas verworrenen Passage über die Unsinnigkeit der Götzenverehrung erteilt ihm sein Alter ego unvermittelt diesen Ratschlag: „Richte dein Gesicht zur (wahren) Glaubenspraxis hin wie ein Ḥanīf! Das gilt als die ursprüngliche Art (arab.: *al-fiṭra*), nach der Allah die Leute schuf. Niemand vermag die Schöpfung Allahs auszutauschen! Das ist die richtige Religion. Aber die meisten Menschen wissen nicht Bescheid" (Sure 30, 30). Alle Menschen müssen nach ḥanīfischer Ansicht bzw. nach dem, was Mohammed dafür ausgibt, in der Wesensart bleiben, in der Allah sie hervorbrachte. Niemand hat die Möglichkeit, sich durch Askese und durch Selbstreinigung der Hilfe der Geistwesen zu versichern, um so auf seinem Heilsweg voranzuschreiten. Jene in die Nähe des guten Gottes gerückten Geistwesen von vollkommener Lauterkeit ermöglichen den Gnostikern die Verbindung mit diesem Einen, dem für die gewöhnlichen Menschen Unerreichbaren, sagt aš-Šahrastānī. Derartige zum Heil verhelfende Nebenbuhler duldet Mohammed nicht, und erst recht nicht die Konkurrenz der mit der Selbstreinigung befaßten Gnostiker. Deshalb darf der heidnische Prophet es auch nicht billigen, daß ein Mann wie ʿUṯmān b. Maẓʿūn sich kasteit, um sich auf eigene Weise dem Einen zu nähern. Es gibt nur die Glaubenspraxis, die einst von Abraham gestiftet wurde und als deren Erben sich Mohammed nun begreift. Sie überträgt das abrahamische Erleben der Hinwendung zum Einen, den *islām* im wörtlichen Sinn, in die Rituale des Gebets, des Fastens, der Läuterungsgabe. Die Reinheit, die Lebensmitte gnostischer Frommer, wird keineswegs an den Rand geschoben, aber sie verliert, indem sie zur Vorbedingung für den regelgerechten Ritenvollzug entwertet wird, ihren eigentlichen Zweck, nämlich das wirksamste Mittel der Selbsterlösung zu sein. Und noch etwas ist anzumerken: In der gnostischen Religiosität ist ein Prophet ein ganz gewöhnlicher Mensch; einen hohen Rang nehmen dagegen diejenigen ein, die den Weg der Selbstläuterung eingeschlagen haben. Für Mohammed ist es jedoch der Status des Gottesgesandten, der ihn über die gewöhnlichen Sterblichen hinaushebt. Ihnen wird in Sure 30, Vers 30 das Erwerben jeglichen höheren religiösen Ranges verwehrt. Das medinensische Reden von „Allah und seinem Gesandten" und der damit verbundene Machtanspruch Mohammeds deuten sich an.

Allah ist das Licht

Der von Mohammed seit seiner mittelmekkanischen Zeit verkündete Allah ist kein „höchster Herr", der über anderen den Menschen seinsmäßig überlegenen Wesen steht. Er ist nun, wie wir anhand vieler Zeugnisse darlegten, entschieden der Eine und Einzige. Daß der Lauf der Welt von den mittleren Instanzen bestimmt werde, die der eigentliche Schöpfer gewähren lasse, das mochte man im vorislamischen arabischen Heidentum glauben, und das mochte sich mit dem gnostischen Weltbild gerade noch vertragen.[278] In Medina aber verwirft Mohammed in einem kühnen Bild alle gnostische Frömmigkeit, deren Kern ja in einer mühevollen Selbstheiligung des Menschen durch die Aneignung möglichst vieler Lichtpartikel besteht. „Allah ist das Licht der Himmel und der Erde", so beginnt Mohammed den berühmten Lichtvers (Sure 24, 35); sich Schritt für Schritt und mit eigenen Kräften dem Lichte anzuverwandeln, ist dem Propheten eine ebenso abwegige Vorstellung wie die Vermutung, man könne sich selber vergöttlichen. Das Licht, das Allah selber ist, manifestiert sich, stets auf ihn verweisend, im ganzen Schöpfungsgeschehen; es ist wohl eine der Erscheinungsformen seiner Fügung (arab.: *al-amr*). Dies ergibt sich aus den Erläuterungen, die Mohammed an die obige Aussage anschließt: „Mit seinem Licht verhält es sich wie mit einer Nische, in der eine Lampe steht. Die Lampe ist von einem Glas umhüllt, und dieses funkelt wie ein Stern; sie wird vom (Öl eines) gesegneten Olivenbaumes gespeist, der weder dem Osten noch dem Westen angehört. Sein Öl leuchtet fast schon, noch bevor das Feuer es berührt hat – Licht über Licht! Allah leitet zu seinem Lichte hin, wen er will, und prägt den Menschen Gleichnisse. Allah weiß alles.“ Ob der Mensch auf dem Heilsweg vorankommen oder zurückbleiben will (Sure 74, 37), hatte in frühmekkanischer Zeit noch als eine Entscheidung eben des Menschen gegolten. Das ist jetzt, in Medina, grundlegend anders geworden. Denn da alle Kreatur in dem je von Allah bestimmten Maß zu ihm, dem Einen, hingewandt ist, hat sie in ebenjenem Maß Anteil an seiner Lichthaftigkeit. So bleibt dem Menschen die getreue Erfüllung der Ritualpflichten; sie wird durch Allah reichlich belohnt, zumal wenn die Muslime sich nicht in ihrem Eifer durch weltliche Geschäfte beeinträchtigen lassen. Wer aber auf eigene Rechnung handelt und somit nicht Allah als den Lenker alles Geschehens in dieser Welt anerkennt, der gleicht jemandem, der einer Luftspiegelung hinterherhastet, oder jemandem, der im finsteren Meer versinkt, „Finsternis über Finsternis! Wem Allah kein Licht schenkt, der hat kein Licht!“ (Sure 24, 36–40).

Wir sehen, wie der ḥanīfische Monotheismus, in dem ein bei vielen Völkerschaften beobachteter Glaube an eine allmächtige und alles lenkende Schöpfergottheit weiterlebt,[279] angereichert allerdings mit Motiven der christlichen Verkündigung jener Epoche, jegliche Selbstheiligung ausschließt. An ihre Stelle tritt die von Allah selber gewirkte Hingewandtheit der Kreatur zu ihm – oder auch die ebenso aus seinem Ratschluß folgende Abgewandtheit von ihm. Und so steht dem einen Schöpfer die Kreatur ohne jeglichen Bereich der Vermittlung gegenüber, eine Vorstellung, auf die wir bereits in Philons Harmonisierung des jüdischen Schöpfergottes mit hellenistischem Ideengut trafen. Indem Mohammed schon in Mekka die Abhängigkeit alles Seienden von Allahs unabänderlichem Schöpferratschluß zu betonen beginnt, eröffnet er eben die Front, an der er später in Medina weiterkämpfen muß, als er gegen die jüdische Lehre von Gottes Ruhen am Sabbat angeht und auf dem niemals unterbrochenen Handeln Allahs beharrt (Sure 2, 255 und 55, 29): Der Allah der Ḥanīfen erkor sich Mohammed zu seinem Sprecher und stattete ihn mit dem „Buch“ aus, dem Zeichen der nicht mehr in Zweifel zu ziehenden Autorität; nur er, Mohammed, ist befugt, den *islām* in Arabien einzupflanzen, den Gehorsam gegen den einen Allah. Wie dürfte es jetzt noch die Gelegenheit zu selbstgewirkter Erlösung geben? Schon in der mittelmekkanischen Phase verbindet sich mit Mohammeds Verkündigung ein Herrschaftsanspruch[280] – die Mekkaner haben dies deutlich empfunden, wie wir im nächsten Kapitel erfahren werden, und sie haben dementsprechend reagiert. Um den Kampf gegen die Quraišiten zu gewinnen, den er von Medina aus führen mußte, propagierte er noch einmal die Heilswichtigkeit des „Erwerbens“. Aber er ließ keinen Zweifel daran, daß sich dieses „Erwerben“ nur in einem engen, von ihm bzw. Allah vorgegebenen Rahmen entfalten durfte.

Der Gesandte Allahs

Aš-Šahrastānī führte aus, daß die Sabier die in Gottes Nähe gerückten Geistwesen als Vermittler betrachten und als Fürbitter beim höchsten

Gott, der der Herr aller Herren ist.[281] Es läßt sich nicht ermitteln, ob Mohammed einst ähnliche Gedanken gehabt und ob er sich selber als einen solchen Erwählten empfunden hatte. Es fällt jedoch auf, daß er erst ganz am Ende seiner mekkanischen Jahre von sich selber als von einem Propheten zu sprechen beginnt. Bis in die Zeit kurz vor der Vertreibung ist er immer nur der Bote, der Gesandte (arab.: *ar-rasūl*). Er bezieht allerdings dieses Wort nicht von Anfang an auf sich selber. So heißt es in Sure 81, was er vortrage, seien die Worte eines vortrefflichen Gesandten, der beim Herrn des Throns über Ansehen und Einfluß verfüge; es sei nicht das Gefasel eines Dichters, nicht das Lügengespinst eines Teufels, den man steinigen sollte (Vers 19–25). Es könnte hier auch ein Himmelsbote gemeint sein. Erst mit der Aneignung des biblischen Erzählstoffs wagt sich Mohammed daran, sich selber deutlich als einen Gesandten zu beschreiben, und zwar vorerst mittelbar. So beschwört er am Beginn von Sure 51 die Wesen, die eine Botschaft, diejenige vom Endgericht, übermitteln, beeidet die Wahrheit seiner Aussagen und geht dann auf seine Dispute mit den Mekkanern ein, die ihn spöttisch nach dem Zeitpunkt des Jüngsten Tags fragen. Auch Abraham und Mose seien verlacht worden; die ʿĀd hätten sich über die Warnungen lustig gemacht, die man ihnen erteilt habe, und sie alle seien ihrem Schicksal nicht entgangen! Auch zu den Völkern und Stämmen, die vor den Quraišiten lebten, kamen Gesandte, die man als Besessene oder Zauberer verhöhnte (Vers 52). Indem Mohammed seine frivolen Zeitgenossen an das schlimme Geschick erinnert, das über Menschen ähnlichen Leichtsinns hereinbrach, stellt er sich in eine Reihe von Gottesboten, und auf diese Weise wird er einer von ihnen (vgl. Sure 36, 30).

Aus den „Eingebungen" wurde, wie gezeigt, ein „Buch". Mohammed findet sich selber in dem Stoff wieder, den er aufgreift und in zahlreichen Varianten mit der Klage über sein eigenes Erleben verquickt. Aus dem „höchsten Herrn", dem nicht klar konturierten Entsender des Boten, wird der alles schaffende und erhaltende Allah, der „einen Geist aus seiner Fügung" (Sure 17, 85) abordnet, der Mohammed unterrichten soll. Aus dem namenlosen Gesandten des „höchsten Herrn" wird der Engel Gabriel, eine Gestalt jener hochreligiösen Überlieferung, die Mohammed nun zur Selbstdeutung heranzieht; er ist die Quelle der mahnenden Beispiele, die jetzt vorgetragen werden. Der Gesandte des „höchsten Herrn" gehörte nicht dem Diesseits an, er enthüllte sich dem Schauenden. Das Schauen aber spielt in der Begegnung mit Gabriel keine Rolle mehr; der Engel gibt *Worte* weiter. Der alles bestimmende eine Allah hat einen Gesandten, der ein Mensch aus Fleisch und Blut ist, Speisen zu sich nimmt, auf der Straße umherwandert (Sure 25, 7): Der Vorgang der Offenbarung ist textbezogener und „alltäglicher" geworden, wofür der Begriff des Herabsendens steht, und das, was herabgesendet worden ist, nimmt als ein Buch mit liturgischen „Lesungen" greifbare Gestalt an.

Der Begriff „Prophet" (arab.: *an-nabī*) wird in den mekkanischen Suren nur selten verwendet und zunächst ausschließlich auf die Hauptfiguren der jüdisch-christlichen Überlieferung bezogen: Abraham erhält die frohe Kunde, daß Isaak ein Prophet sein werde (Sure 37, 112); in Sure 19, Vers 30 sagt Jesus von Allah, dieser habe ihm die Schrift gegeben und ihn zum Propheten gemacht; danach werden Abraham (Vers 41), Isaak und Jakob (Vers 49), Mose (Vers 51), Ismael (Vers 54) und Idrīs (Vers 56) als Propheten bezeichnet; in der spätmekkanischen Zeit werden sie zu einer Kette heiligmäßiger Männer vereint, die Allah mit „der Schrift, der Urteilskraft und der Prophetie“ begnadete (Sure 6, 84–89). Wiederum erst mit der Klage über die Verstocktheit der von Allah zur Strafe vernichteten Völker gewinnt Mohammed selber Anschluß an diese Reihe (Sure 43, 6 f.): Da er über deren Propheten zu berichten hat, was ihm selber widerfährt, zählt er zu ihnen (vgl. Sure 25, 31). Für jeden Propheten bestimmt Allah Feinde (Sure 6, 112)! Der Begriff „Prophet“ ist mit dem Überbringen der Schrift verknüpft, und da Mohammed in der spätmekkanischen Periode eine im Entstehen begriffene Schrift vorweist, darf er sich selber einen Propheten nennen. Aber was ist der Inhalt dieser Schrift? Er geht über die Mitteilungen hinaus, die ein Gesandter Allahs überbringt. Dieser verkündet lediglich, daß die Menschen ihr ganzes Dasein Allah verdanken. Der Prophet jedoch lehrt sie, welche Ritualpraxis aus dieser allgemeinen Einsicht zu folgen hat.

Eben diese Aufgabe übernimmt Mohammed in Sure 7. Dort droht er den führenden Männern seiner Vaterstadt kaum verhohlen mit dem Schicksal des tyrannischen Pharao, also mit einem Umsturz der Verhältnisse.[282] Während Mose die Gesetzestafeln entgegennahm, hatten die Israeliten das goldene Kalb angebetet; um solche Verfehlungen künftighin zu unterbinden, ernannte er siebzig Obmänner. Er flehte Allah um Vergebung an. Dieser erwiderte, er strafe, wen er wolle, seine Barmherzigkeit hingegen sei grenzenlos; sie werde denen zugute kommen, die „gottesfürchtig sind, die Läuterungsgabe leisten und an unsere Wunderzeichen glauben, denen, die dem Gesandten, dem heidnischen Propheten (arab.: *an-nabī al-ummī*) folgen, den sie in der Tora und im Evangelium niedergeschrieben finden, der ihnen das Billigenswerte befiehlt, das Abscheuliche verbietet, ihnen das rituell Unbedenkliche erlaubt, das Schlechte untersagt und ihnen die Bürde und die Ketten abnimmt, die auf ihnen lasteten. Diejenigen, die an ihn glauben, ihm helfen, ihn unterstützen und dem Licht folgen, das mit ihm herabgesandt wurde, das sind die Glückseligen! Sprich: ‚Ihr Menschen! Ich bin der Gesandte Allahs an euch alle, Allahs, dem die Herrschaft über die Himmel und die Erde gehört, außer dem es keinen Gott gibt, Allahs, der Leben und Tod bewirkt. Glaubt also an Allah und an seinen Gesandten, den heidnischen Propheten, der selber an Allah und dessen Worte glaubt! Folgt ihm, hoffentlich wählt ihr den richtigen Weg!‘“ (Sure 7, 156–158).

In unmißverständlicher Schroffheit erhebt Mohammed nunmehr den Anspruch, als Gesandter Allahs zugleich der heidnische Prophet zu sein, derjenige mithin, der den Heiden die Schrift bringt und sie in dem durch Allah selber gestifteten Kult unterweist. Damit befreit er sie nicht nur vom Makel der Minderwertigkeit gegenüber den Juden und Christen, sondern versetzt sie sogleich in den Rang der Überlegenen (vgl. Sure 2, 135 f.); denn er ist es jetzt, der als einziger berufen ist, die durch Allah verfügte authentische Lebensordnung zu verkünden. Und darum sind nicht nur die Heiden, sondern auch die Juden und Christen aufgefordert, ihm zu folgen. – Mohammed stand damals schon mit einigen Medinensern in

Verbindung; daß man ihn aus Mekka vertreiben werde, konnte er nicht wissen, als Prophet aber mußte er im Namen Allahs den *nāmūs* erlassen, der allgemein verbindlich sein sollte. Sobald er in Medina eingetroffen war,[283] nahm er dies in Angriff, Sure 2 ist die erste Frucht dieser Bemühungen. Die entscheidende Frage, die von da an sowohl den Schriftbesitzern als auch den Heiden (arab.: *al-ummījūn*)[284] zu stellen ist, lautet, ob man wie er das Gesicht ganz zu Allah wende. Denn die einzige Glaubenspraxis, die Allah billigt, wird nun einmal durch den *islām*, die Geste der ursprünglichen Seinsart aller Geschöpfe, versinnbildlicht (Sure 3, 18–20).

„Gesandter Allahs" wird in Medina die am meisten benutzte Selbstbezeichnung Mohammeds bleiben; als Gesandter Allahs wird er das alltägliche Leben kommentieren, vor allem die Kriege und die machtpolitischen Verwicklungen, in die er sich einläßt; als dem Gesandten Allahs wird ihm sein Alter ego die ihm zusagenden Anordnungen in den Mund legen. Die Ansicht, als ein Gesandter mit dem Verkünden eines himmlischen Buches zu vorwiegend liturgischer Verwendung betraut zu sein, wird sich rasch wandeln. Sure 3 ist die letzte, der noch eine Buchstabengruppe vorangestellt ist, die sie als zum liturgischen Kanon zugehörig kennzeichnet. Schon Sure 2, die auch noch zu diesem Kanon zählt, weicht wegen ihres von glaubenspraktischen Vorschriften durchsetzten Inhalts erheblich vom Charakter der mekkanischen Teile der „Lesung" ab. Daß Mohammed nun, da er für seine Offenbarungen eine Art Tagesaktualität behauptete, auf der Unabschließbarkeit der Rede Allahs beharrte, wurde erwähnt.[285] Daß er ein gewöhnlicher Mensch sei, geriet ihm in Medina aus dem Blick: Er ist der Gesandte Allahs und das „Siegel der Propheten",[286] und dank diesen Eigenschaften gelten für ihn die Beziehungen, wie sie üblicherweise unter Menschen bestehen, eben nicht (Sure 33, 40). Die Juden freilich machten gegen ihn geltend, seine Behauptung sei nichts als Anmaßung, da Propheten nur in aš-Šaʾm aufträten, niemals aber im Hedschas.[287] Mohammed antwortete hierauf mit Sure 17, Vers 73 bis 80: Beinahe hätte man ihn dazu verleitet, die offenbarten Worte nach den Wünschen der Juden zu ändern, fast auch hätten sie ihn verjagt; in der ihm durch Allah verliehenen Standhaftigkeit solle er unentwegt die Riten verrichten und an der Wahrheit festhalten.[288]

8. Andere Propheten im damaligen Arabien

Ein koranisches Indiz für das Warten auf einen arabischen Propheten

Daß die Heilsgeschichte auf ihn zulaufe, hat Mohammed in Medina ungeniert verkündet: „Was in den Himmeln und auf der Erde ist, spricht Allah Lobpreisungen, denn er ist der Mächtige, Weise. Ihr, die ihr glaubt, warum sagt ihr, was ihr nicht tut? Allah ist es äußerst verhaßt, daß ihr sagt, was ihr nicht tut! Allah liebt diejenigen, die auf seinem Pfade kämpfen in einer Reihe, als wären sie ein festverfugtes Bauwerk. Einstmals sagte Mose zu seinem Volk: ‚Mein Volk, weshalb kränkt ihr mich, wo ihr doch wißt, daß ich Allahs Gesandter zu euch bin?' Als sie abwichen, ließ Allah ihre Herzen erst recht abweichen, denn er leitet Frevler nicht auf den richtigen Weg. Einstmals sagte Jesus, der Sohn Marias: ‚Israeliten! Ich bin der Gesandte Allahs zu euch, wobei ich die Tora, die vor mir offenbart wurde, bestätige und einen Gesandten ankündige, der nach mir kommen und Aḥmad heißen wird.' Und als (Mohammed) ihnen Beweise brachte, winkten sie ab: ‚Das ist deutlich Zauberei!'" (Sure 61, 1–6). Wer sich gläubig nennt, der muß bereitwillig die Pflichten eines Gläubigen auf sich nehmen und sich in Mohammeds Heer einreihen. Oft wird Mohammed in Medina dergleichen von seinen Anhängern verlangen, und wie so manches Mal legt er die Äußerungen des Unmuts, den er empfindet, den Gottesmännern der Vergangenheit in den Mund – wie Allah, so verblassen auch sie völlig zu seinem Alter ego, was wir am Beispiel Josefs beobachteten. In Sure 61 verweist er unvermittelt auf ein angebliches Wort Jesu, der das Kommen des Gesandten Allahs geweissagt habe: Wer das wohl erwägt, der muß sich doch, wie Mohammed hofft, ohne langes Zögern seinem Kommando unterstellen.

„Aḥmad", zu deutsch „hochgerühmt", ist aus derselben Wurzel gebildet wie „Mohammed". Man hat deshalb Aḥmad hier nach einer in muslimischen Korankommentaren häufig anzutreffenden Deutung als einen Eigennamen verstanden und ein verstecktes Zitat aus dem Johannesevangelium vermutet: Jesus verspricht, daß Gott der Gemeinde einen „Beistand" schicken werde, den Heiligen Geist (Joh 14, 16 und 26). – Mit „Beistand" gibt Luther das griechische *paraklêtos* wieder. – Das griechische Wort sei passend zum Sinn des arabischen *aḥmad* in *periklytos*, „hochberühmt" verlesen worden, behaupten die Verfechter der These des Evangelienzitats. Frühe Korankommentare kennen diese Deutung jedoch nicht. Wahrscheinlich wollte Mohammed an dieser Stelle nur sagen: „...der nach mir kommen und dessen Name hochgerühmt sein wird." Doch gibt es eine Textvariante zu Sure 33, Vers 40, die im Sinne einer Inanspruchnahme umlaufender Verheißungen aufzufassen ist. Dort ist anders, als vorhin erwähnt, nicht nur vom „Siegel der Propheten" die Rede, sondern Jesus stellt fest: „Ich bin der Gesandte Allahs an euch, und ich kündige euch einen Propheten an, dessen Gemeinschaft die letzte der Gemeinschaften sein und mit dem Allah die (Reihe der) Propheten und Gesandten abschließen (arab.: *jaḫtimu*) wird."[289] Man wird demnach einräumen, daß Mohammed – möglicherweise manichäische – Verheißungen aufgreift, die von einem künftigen Gottesgesandten handelten. Wäre dies nicht der Fall, dann wären die ersten Sätze von Sure 61 schwerlich ein Argument, das die zaudernden „Gläubigen" zugunsten der Ziele Mohammeds hätte beeinflussen können. Diese Überlegung gibt uns den Anlaß, mit anderen Augen auf die Legenden zu schauen, in denen der jugendliche Mohammed als der künftige Prophet erkannt wird. Nicht daß man dies nun für eine Tatsache halten sollte! Der springende Punkt ist vielmehr, daß man die Hypothese wagen darf, daß Mohammeds Prophetentum einer Zeitströmung entgegenkam, ohne die er nicht über den Rang eines kleinen Sektenführers hätte hinauswachsen können. In diesen Zusammenhang gehört vielleicht auch die Überlieferung, derzufolge er ursprünglich Quṯam geheißen habe. Einige Araber, so wird uns versichert, hätten sich „der Gepriesene" (arab.: *Muḥammad*) genannt, da das Gerücht umgegangen sei, die Zeit sei gekommen, in der ein arabischer Prophet dieses Namens zu erwarten sei.[290] Inwieweit unser

Mohammed seinen Erfolg einem solchen Hintergrund oder nur ihn betreffenden günstigen Gegebenheiten bzw. den eigenen Fähigkeiten zu verdanken hat, wird man kaum jemals sicher klären können; aber diese Frage darf uns gleichwohl beschäftigen. Muß nicht auch seine Aneignung des Ḥanīfentums, dessen Verfechter eines von Allah autorisierten Ritus harrten, als die Inanspruchnahme einer der Prophetie aufgeschlossenen Zeitstimmung verstanden werden?

Ḫālid b. Sinān

Zum Abschluß dieses Kapitels über den heidnischen Propheten wollen wir daher die spärlichen Nachrichten überblicken, die uns über arabische Vorläufer bzw. Nebenbuhler Mohammeds unterrichten und als Zeugnisse jener Stimmung gelten können. Zu einem nicht näher benennbaren Zeitpunkt suchten drei Männer von den Banū ʿAbs den Propheten in Medina auf. Die Koranleser, die dieser zu ihrem Stamm – der zu den Qais ʿAilān rechnete – geschickt habe, hätten erklärt, ohne eine Hedschra könnten sie niemals vollgültige Muslime werden. Jene drei wollten aus berufenem Munde wissen, ob sie nun wirklich ihre beduinische Lebensweise aufgeben müßten, um sich für Mohammeds militärische Unternehmungen bereitzuhalten.[291] „Fürchtet Allah, wo immer ihr seid!" beschied sie dieser und ließ sich danach von ihnen über deren Propheten Ḫālid b. Sinān ins Bild setzen. Ḫālid habe keine – männlichen – Nachkommen, erfuhr er. „Ein Prophet, den dessen Stamm verlor", kommentierte Mohammed und klärte hernach, allwissend, wie er war, die Anwesenden vollends über Ḫālids Schicksal auf.[292] Wir hingegen müssen uns mit anderen Quellen begnügen. Ibn al-Kalbī erzählt, Ḫālid sei ein Prophet gewesen, dem Eingebungen zuteil wurden; manche vermerken ausdrücklich, und sicher mit Mohammed im Blick, jener ʿAbsite sei der erste Nachfahre Ismaels, der von Allah berufen worden sei.[293] Überdies weiß Ibn al-Kalbī von zwei aufsehenerregenden Wundertaten Ḫālids zu berichten: Mit einer Peitsche trieb er ein Feuer, das auf einem Lavafeld wütete, in den Erdboden zurück und brachte es sogar zum Verlöschen; wenn der Stamm unter einer Dürre litt, breitete Ḫālid über einem Felsblock sein Gewand aus, und sogleich setzte ergiebiger Regen ein, der nicht aufhörte, bis der Prophet das Gewand wieder an sich nahm. Wieso aber gab sein Stamm ihn preis? Kurz vor dem Tod hatte er seinen Leuten aufgetragen, sie sollten sein Grab aufscharren und ihn herausholen, sobald ein schwanzloser Wildesel es umschreite und beschnüffele; man werde ihn, Ḫālid, lebend antreffen, und er wolle ihnen dann weissagen, was bis zum Jüngsten Tag geschehen werde. Als ein Wildesel sich verhielt, wie angekündigt, fehlte den ʿAbsiten jedoch der Mut, zu tun, wie ihnen befohlen worden war; sie fürchteten, von anderen Stämmen als Leichenfledderer verspottet zu werden, und so gaben sie ihren Propheten preis.[294] Irgendwelche Anhaltspunkte über die Zeit, in der Ḫālid anzusetzen ist, scheint man nicht zu überliefern; eine Tochter von ihm soll zu Mohammed gekommen und dem Islam beigetreten sein.[295] Immerhin war die Erinnerung an ihn in frühislamischer Zeit so lebendig, daß ein quraišitischer Autor des 9. Jahrhunderts, der uns gut bekannte Abū ʿAbdallāh Muṣʿab az-Zubairī (gest. 851), indigniert anmerkte, die ʿAbsiten hätten mit dem Hinweis auf jenen Ḫālid die Einmaligkeit Mohammeds in Zweifel ziehen wollen.[296]

Ṭalḥa

Gefährlicher als solche legendenumwobenen Gestalten der Vergangenheit waren Personen, die zu Lebzeiten Mohammeds das Prophetentum beanspruchten und auf diese Weise Kräfte gegen ihn mobilisierten. Dieser Umstand wird nicht der unwichtigste Anlaß für die Abfassung von Sure 61, Vers 1 bis 6 gewesen sein – Konkurrenten, die sich in vergleichbarer Weise die vagen Hoffnungen auf eine Botschaft Allahs an die Araber zueigen machten, mußten als Schwindler hingestellt werden. Die muslimische Geschichtsdeutung neigt dazu, die Nebenbuhler als böse Gegenpropheten anzuschwärzen, die ihr Unwesen in dem Augenblick begonnen hätten, als Mohammed von der sogenannten Abschiedswallfahrt im März 632 zurückgekehrt und erkrankt war. Die Nachricht von dem Leiden „verbreitete sich wie im Flug, und so rebellierten al-Aswad im Jemen und Musailima in der Jamama, ...und dann auch Ṭulaiḥa im Gebiet der Banū Asad, nachdem Mohammed sich schon erholt hatte. Darauf aber, im Muḥarram (des Jahres 11) (begann am 29. März 632), befielen ihn die Schmerzen, in denen ihn Allah zu sich nahm." In dieser Überlieferung, die aṭ-Ṭabarī anführt, wagen sich die „Gegenpropheten" erst aus der Deckung, als Mohammed vom Tod gezeichnet ist; aṭ-Ṭabarī begründet die Rebellionen mit der Weigerung der Stämme, die sich zum Islam bekehrt hatten, die vom Propheten geforderten Steuern (arab.: Pl. *aṣ-ṣadaqāt*) abzuführen.[297] Schon durch diese Bemerkung wird das Geschehen in eine viel längere zeitliche Perspektive gerückt. Ṭulaiḥa – diese Diminutivform von Ṭalḥa[298] belegt die Abwertung des Mannes durch die Überlieferung – b. Ḫuwailid von den Banū Asad war nämlich in Wirklichkeit viel eher in Aktivitäten gegen Mohammed verstrickt. Knappe drei Jahre nach der Hedschra hatte Mohammed diesen Stamm, in dem Ṭalḥa zusammen mit seinem Bruder Salama das Sagen hatte, überfallen und ausrauben lassen.[299] Daß wir Ṭalḥa dann unter den quraišitischen Verbündeten finden, die im sogenannten Grabenkrieg des Frühjahrs 627 den letzten Versuch unternahmen, Mohammed niederzuringen, verwundert nicht.[300] Solange dieser lebte, unterwarf sich Ṭalḥa ihm nicht; er behauptete vielmehr, selber ein Prophet zu sein. In den Kriegen unmittelbar nach Mohammeds Tod, in denen es um die Züchtigung abtrünniger Stämme und um die Ausdehnung der medinensischen Herrschaft auf die ganze Halbinsel ging, leistete Ṭalḥa zähen Widerstand, mußte aber zuletzt klein beigeben.[301] ʿUmar b. al-Ḫaṭṭāb gab ihm und seinem Anhang die Gelegenheit, sich im Irak bei den Feldzügen gegen die Sasaniden auszuzeichnen, beharrte aber darauf, daß er nie in eine Statthalterschaft berufen werden dürfe. Das Mißtrauen beruhte übrigens auf Gegenseitigkeit.[302] Ṭalḥa blieb fortan mit irakischen Angelegenheiten befaßt; zuletzt begegnet er uns in Kufa nach den Wirren, die die Ermordung ʿUṯmāns im Jahre 656 verursacht hatte.[303]

Al-Aswad al-ʿAnsī und Musailima

Ebenfalls schon zu Lebzeiten Mohammeds erhob sich al-Aswad al-ʿAnsī und wehrte sich dagegen, daß jener Prophet im fernen Medina den Jemen unterjocht hatte, mit Hilfe der Nachkommen der sasanidischen Okkupanten die Macht ausübte und Steuern einziehen ließ. Auch al-Aswad gerierte sich als ein Prophet und wirkte Wunder. Mohammeds Abgesandte, unter ihnen der später hochgerühmte Muʿāḏ b. Ǧabal, ergriffen die Flucht. Der Einflußbereich al-Aswads dehnte sich im Norden bis nach aṭ-Ṭā'if, im Osten bis nach al-Aḥsā' aus. In den Banū Maḏḥiǧ hatte er den wichtigsten Rückhalt; er ließ sich bei ihnen durch ʿAmr b. Maʿdīkarib vertreten, einen Mann, den wir im Kalifat ʿUmars zusammen mit dem gerade genannten Ṭalḥa im Irak antreffen.[304] Ungefähr zu der Zeit, als Mohammed in Medina starb, wurde al-Aswad von zwei „Persern" umgebracht.[305] – Mohammeds medinensisches Herrschaftsgebilde war mithin nicht das einzige seiner Art auf der Arabischen Halbinsel. Denn auch Ṭalḥa und al-Aswad wirkten über ihren jeweiligen Stamm hinaus, indem sie sich des Prophetentums bedienten. Der gefährlichste Rivale des Quraišiten erhob sich jedoch im Osten; es war Musailima von den Banū Ḥanīfa, in den islamischen Quellen – und andere gibt es über ihn nicht – fast durchgängig mit dem Epitheton „der Lügenbold" geschmückt. Laut Ibn Isḥāq trat er erst im Jahr 10 der Hedschra (begann am 9. April 631) in Mohammeds Gesichtskreis. Musailima war einer der Gesandten der Banū Ḥanīfa, die damals wie zahlreiche andere Stämme der Halbinsel Abordnungen zu Mohammed schickten, der ihnen in den Jahren zuvor auf unmißverständliche Weise die Botschaft übermittelt hatte, sie hätten sich ihm zu unterwerfen. In der Regel bekundeten die Gesandtschaften die Ergebenheit ihres Stammes gegenüber dem medinensischen Emporkömmling und traten damit – so sieht es zumindest die muslimische Geschichtsschreibung – der neuen Religion und deren politischem Machtbereich bei. Mohammed entließ die Abordnungen huldreich und gab ihnen jemanden mit auf den Weg, der den betreffenden Stamm im Islam unterweisen sollte. Auch die Banū Ḥanīfa reisten nach Medina; unter ihnen war Musailima, der sich freilich Mohammed nicht unterwarf. Die Quellen berichten entweder, Musailima sei außerhalb Medinas beim Troß zurückgeblieben, oder wir hören, die Banū Ḥanīfa hätten ihn, durch einen Vorhang abgeschirmt, vor Mohammed geführt, der ihm in der Unterredung kaltschnäuzig zu verstehen gab, er werde nicht auf den geringsten Zipfel seiner Macht verzichten.[306] Während des Aufenthaltes in Medina soll ein Mitglied der Abordnung im Koran geschult worden sein; von einer Unterwerfung unter Mohammed ist aber nirgends die Rede, und die Delegation kehrte ohne muslimische Begleitung in die Heimat zurück. Sie habe aber, so al-Wāqidī, ein besonderes Andenken an den quraišitischen Propheten mitnehmen dürfen: etwas von dem Wasser, mit dem dieser seine rituelle Waschung vollzogen hatte. Trotzdem fühlten sich Musailima und die Banū Ḥanīfa zu nichts verpflichtet; jener Mann, der in Medina Teile des Korans auswendig gelernt hatte, bezeugte vielmehr, daß Mohammed seinen Konkurrenten als einen Teilhaber an der Prophetenschaft anerkannt habe.[307] So ist es gut möglich, daß sich Musailima nach dem überraschenden Tod Mohammeds als dessen rechtmäßigen Erben betrachtete, wogegen die Quraišiten darauf beharrten, es gebe nach dem Ableben ihres Propheten keinen weiteren.[308] Mohammed hatte keine männlichen Erben; sein prophetisches Herrschertum würde mit seinem Tod verwaisen. Er selber verstand sich in der spätmedinensischen Sure 33, Vers 40 unter dieser Voraussetzung als den Beglaubiger aller früheren Propheten (arab.: *ḫātam an-nabīyīn*).[309] Diese Wendung konnte man nun gut gegen alle Prätendenten ins Feld führen, die gegen den quraišitischen Machtanspruch aufbegehrten.

Musailima wird sich aber nicht, wie die muslimischen Quellen vorspiegeln, erst nach seinem Besuch in Medina als einen Propheten empfunden haben. Gleich nachdem Mohammed sich 628 bei al-Ḥudaibīja mit seinen mekkanischen Feinden geeinigt hatte, schickte er, wie oben angedeutet, an zahlreiche arabische Stämme Botschaften, in denen er ihnen den Islam und damit seine Herrschaft aufnötigte. Ein derartiges Schreiben war damals laut al-Wāqidī auch an Musailima abgegangen; dieser hatte geantwortet, er sei ein Prophet genau so gut wie der Absender und schlage daher vor, das Land mit diesem zu teilen; die Quraišiten jedenfalls seien Leute, „die nicht recht und billig handeln". Der Prophet Musailima warnt demnach seinen „Amtsgenossen" vor dem Zusammengehen mit jenen mekkanischen Kräften, die bis zum Vertragsschluß von al-Ḥudaibīja dessen erbittertste Feinde gewesen sind. Aber Mohammed, sein Ziel zum Greifen nah vor Augen, läßt sich nicht mehr wankend machen; er sendet as-Sā'ib, einen Bruder seines „Jüngers" az-Zubair b. al-ʿAuwām, mit einem weiteren Brief zu Musailima, der nichts als einen Fluch enthält und die Unterstellung, Musailima verbreite Lügen über Allah, der alles Land nun einmal demjenigen zum Erbteil gebe, den er dafür ausersehe (Sure 7, 128).[310]

Saǧāḥ von den Banū Tamīm

Daß sich Mohammed bei al-Ḥudaibīja mit den Quraišiten zusammengetan hatte, machte auch den Banū Tamīm Sorge, die mit diesen in einem Bündnisverhältnis standen und eine wichtige Aufgabe bei der Gestaltung der Pilgerriten versahen.[311] Daß es damit ein Ende haben würde, wenn Mohammed seine bereits zu Beginn seines Wirkens in Medina im Koran bekanntgegebenen Vorstellungen vom Ablauf der Zeremonien durchsetzen sollte,[312] mußte ihnen klar sein. Unter den Banū Tamīm trat nun eine Prophetin auf, Saǧāḥ geheißen, deren Botschaft lautete: „Ihr Gläubigen, Gottesfürchtigen! Uns gehört eine Hälfte des Landes, den Quraišiten die andere! Freilich sind die Quraišiten Leute, die unrecht handeln." Mit dieser schlichten Offenbarung gewann sie die Tamīmiten für sich, denen sie mittels einer weiteren Eingebung nahelegte, zuerst die Banū Ḥanīfa mit ihrem Musailima zu vernichten. Dieser hörte davon und schmeichelte ihr, indem er ihr vorschlug, man solle doch im persönlichen Gespräch ermitteln, wer von ihnen beiden die trefflichsten Offenbarungen empfange. So geschah es, man tat sich zusammen, verlor aber den Krieg gegen Mohammeds Nachfolger Abū Bakr. Musailima kam in den Kämpfen zu Tode, Saǧāḥ nahm darauf den Islam an.[313]

Die Auslotung der geschichtlichen Umstände, unter denen „Ṭulaiḥa", al-Aswad al-ʿAnsī, Musailima und Saǧāḥ auftraten, bleibt einem späteren Kapitel unserer Lebensbeschreibung Mohammeds vorbehalten. Daß die ḥanīfische Erwartung einer gottgewollten Glaubenspraxis das Aufkommen eines heidnischen „abrahamischen" Prophetentums begünstigte, darf man annehmen, gerade weil den islamischen Quellen so viel daran liegt, dies zu verdunkeln. Die Wortführer der Juden von Medina betrachteten dergleichen mit Mißbehagen, ja hielten dies alles für ein Mißverständnis. Unter den Arabern gebe es in Wirklichkeit gar kein Prophetentum, sondern lediglich „Könige", hielten sie ihrem ehemaligen Glaubensbruder ʿAbdallāh b. Salām vor, nachdem sich dieser zum Islam bekehrt hatte.[314] Doch was den Juden von Medina als ausgemacht galt, nämlich daß unter den Heiden nie ein Prophet auftreten werde, weshalb man sie, da ohne *nāmūs*, als Vertragspartner nicht für voll zu nehmen brauche (vgl. Sure 3, 75), sollte sich als ein verhängnisvoller Irrtum erweisen.[315]

Kapitel III: Die Vertreibung

1. Mohammed und die Banū Maḫzūm

Auslegungen der Prophetenvita: mekkanische Erinnerungsstätten

„Das einstige Wohnhaus Ḫadīǧas war genau dasjenige, das noch heute unter ihrem Namen bekannt ist... Wie man sagt, erwarb es Muʿāwija (reg. 660–680) und baute es zu einer Moschee um, in der die Leute beten konnten, und zwar baute er es so um, wie es bis heute ohne Veränderung erhalten ist. Mit der Steinplatte, die der Eintretende gleich an der Tür zu seiner Linken findet, hat es die folgende Bewandtnis: Der Gottesgesandte kauerte darunter und suchte Schutz vor den Geschossen, wenn diese aus den Häusern des Abū Lahab und des Ṯaqafiten ʿAdī b. (abī) Ḥamrāʾ, das hinter dem Anwesen des Ibn ʿAlqama liegt, auf ihn niederhagelten. Die Steinplatte mißt eine Elle und eine Handspanne mal eine Elle."[1] Der Geschichtsschreiber aṭ-Ṭabarī (gest. 923) flicht diese Bemerkung in seine Darstellung der ersten Jahre des Wirkens Mohammeds ein. Man wird ihm den denkwürdigen Ort gezeigt haben, als er 854, gerade sechzehnjährig, in Mekka weilte und währenddessen auch Studien zur Historie der Quraišiten trieb.[2] Jahrhunderte später, als Taqī ad-Dīn al-Fāsī (1373–1428/9) an seiner Topographie der heiligen Stadt der Muslime arbeitete, war aus dem Haus der Ḫadīǧa ein Pilgerheiligtum geworden, das drei Stätten der Andacht barg: den Ort, an dem Ḫadīǧa mit Fāṭima niedergekommen war, daneben die „Kuppel der Eingebungen" und daran anschließend den eben erwähnten Schutzraum. Diesen beschreibt al-Fāsī als ein Gelaß von viereindrittel mal dreizweidrittel Ellen. Da Mohammed den größten Teil der mekkanischen Jahre seines Auftretens bei Ḫadīǧa verbracht hatte, mußte ihr Haus dasjenige sein, in das die meiste Segenskraft eingeströmt war, und so kann al-Fāsī von vielen Baumaßnahmen berichten, mit denen dort muslimische Herrscher ihr Jenseitsverdienst mehrten; von den ursprünglichen Mauern wird er kaum noch etwas zu sehen bekommen haben. Ein weiterer Ort der Erinnerung, den die Pilger um 1400 aufsuchten, bezeugte ihnen ebenfalls die Leidensgeschichte ihres Propheten in dessen Heimatstadt: Der Maḫzūmite al-Arqam b. abī l-Arqam, von dem wir noch hören werden, hatte ihm Unterschlupf gewährt, und so haftet auch an dessen Anwesen Segenskraft, wenn auch in geringerem Maße.[3]

Doch gehen wir noch einmal in die Epoche des jungen aṭ-Ṭabarī zurück! Damals trug der uns wohlbekannte al-Azraqī den Stoff für sein Werk über Mekka zusammen, und er weiß natürlich von den Dingen, die aṭ-Ṭabarī schildert. Muʿāwija, bereits Kalif, habe die Grenzen des Anwesens Ḫadīǧas genau festlegen lassen und einen Mauerdurchbruch zu dem Haus seines Vaters Abū Sufjān b. Ḥarb in Auftrag gegeben. Mohammed nämlich hatte, als er 630 kampflos in die Stadt eingerückt war, ausrufen lassen, daß jeder in Sicherheit sei, der sich zu Abū Sufjān rette. Das neue, muslimische Herrschertum der Omaijaden knüpft an die mekkanischen Anfänge des Islams an; es verbindet sich mit der Stätte, von der her die neue Ordnung der Dinge ihren Ursprung nahm, und diese Ordnung, das sollte nun jedermann demonstriert werden, war schon immer eine quraišitische gewesen, so wahr Muʿāwija dem Geschlechte des Propheten angehörte! Was aber hatte es dann mit jener Steinplatte auf sich, dem Symbol der Verfolgung durch die Quraišiten? Alle kenntnisreichen Leute, die al-Azraqī danach ausfragte, um eine Bestätigung für das zu erlangen, was sich der gemeine Mann darüber erzählte, winkten ab. Die plausibelste Erklärung für die Platte sei folgende: In alter Zeit hätten die Mekkaner in ihre Häuser solche steinernen Borde eingebaut, um darauf Gerätschaften zu verwahren oder auch Haustiere zu halten. Sein Großvater, so al-Azraqī, habe diese Vorrichtung noch in mehreren Gebäuden gesehen, und um nichts anderes handele es sich.[4]

Zwei ganz unterschiedliche Deutungen der mekkanischen Jahre Mohammeds treten uns hier entgegen. Muʿāwija kaufte Ḫadīǧas Haus und eignete sich dadurch die Erinnerungsstätte an, die in Mekka wie keine andere vom Wirken des Gesandten Allahs kündete, hatte er dort doch, bestürzt und verstört, zum ersten Mal von seiner Berufung Zeugnis gegeben. Muʿāwija vereinte sie mit dem Wohnort seines Vaters, wo Mohammed die Versöhnung mit all den Mekkanern hatte ausrufen lassen, die zuvor wider ihn gestritten hatten – indem die ehemaligen Gegner das Haus Abū Sufjāns betreten, vollendet sich Mohammeds Lebenswerk, und Muʿāwija ist der legitime Erbe dieses Werkes. Diese Auslegung der Entstehung des Islams ging zusammen mit den Damaszener Omaijaden in der Mitte des 8. Jahrhunderts unter. Es obsiegte diejenige, die die Jahre, die Mohammed seit seiner Berufung im Hause seiner Ehefrau verbrachte, einzig als eine Leidensgeschichte versteht. Abū Sufjāns Anwesen kommt bei al-Fāsī nicht mehr vor, und das Wohnhaus Ḫadīǧas sowie einige andere Örtlichkeiten weisen nun, weil sie den Empfang und die Weitergabe der Offenbarungen bezeugen, eine unschätzbar wertvolle, dichte spirituelle Kraft auf, an der die Pilger in alle Zukunft teilhaben dürfen; gleichzeitig künden diese Stätten davon, daß die Mehrzahl der mekkanischen Zeitgenossen Mohammeds seiner Botschaft mit ungehemmtem Haß entgegengetreten war. Die Herrschaft eines Sohnes Abū Sufjāns ist unter diesem Blickwinkel gerade nicht die Erfüllung, sondern die ruchlose Zweckentfremdung des mohammedschen Prophetentums; aber Allah ließ den Sieg der Frevler nicht zu. Al-Fāsī nennt zwei weitere heilige Häuser Mekkas, dasjenige Abū Bakrs, des, wie man – wenigstens im Sunnitentum – glaubt, ersten Anhängers Mohammeds, und dasjenige von al-ʿAbbās, dem Oheim des Propheten. Diese beiden Pilgerorte bürgen dem sunnitischen Muslim dafür, daß alles, wie es gekommen ist, gemäß Allahs Willen und daher zu Recht so gekommen ist. Abū Bakr (reg. 632–634) wurde der erste Nachfolger Mohammeds, den er einst auf der gefahrenreichen Flucht nach Medina begleitet hatte; nicht ein prominenter Quraišite, sondern der erste unter den gottesfürchtigen Muslimen beerbte den Propheten. Und nachdem Mohammed zum ersten Mal von Allahs Boten angesprochen worden war, hatten sich vor ihm sogar die Steine verneigt, und einen dieser Steine zeigte man zur Zeit al-Fāsīs den Wallfahrern, eingebaut in eine Wand des Hauses Abū Bakrs, des ersten gläubigen Menschen nach dem Propheten, und man pflegte diesen Stein zu berühren, den unsterblichen Zeugen für den Beginn des einzig wahren Glaubens. Al-ʿAbbās schließlich, der Ahnherr der Dynastie, deren Herrschaftsideologie sich aus der Verneinung alles Omaijadischen speiste, bürgte für den unbeirrbaren, jedoch klug die eigene Unverletzlichkeit wahrenden Kampf für die Sache Allahs und seines Gesandten. Im Haus al-ʿAbbās', das al-Fāsī als einen Sufikonvent beschreibt, hütete man eine grüne Standarte[5] – vermutlich hielt man sie für diejenige Mohammeds.[6] Schon bei Ibn Isḥāq, der den Beginn der Abbasidenherrschaft erlebte und für al-Manṣūr (reg. 754–775) tätig wurde, bemerkt man, wie man al-ʿAbbās, der selber der neuen Religion nie beigetreten war, und seiner Sippe einen herausragenden Platz in der Prophetenbiographie erschleicht. Die Baugeschichte Mekkas nimmt eine dementsprechende Wende, deren Zeugnisse für al-Fāsī von unbezweifelbarer geschichtlicher Wahrheit künden.

Auslegungen der Prophetenvita: die ersten Anhänger

Wenn man die Vorgänge im Mekka Mohammeds durchschauen will, dann muß man, wie deutlich geworden ist, hinter jene Auslegungen zurückzugehen versuchen. Man darf sich nicht vom omaijadischen Bild des zielstrebig und letzten Endes mit dem Wohlwollen der führenden Mekkaner seine Mission erfüllenden Propheten beeindrucken lassen, zumal dieses Bild durch den schwerlich wegzudeutenden Fleck der Vertreibung besudelt ist; man darf aber ebensowenig den leidenden Mohammed, aus dem nach der Hedschra dank Allahs wundersamem Wirken ein triumphierender wird, unbesehen für den historischen halten. Einen Faden, der uns durch die Überlieferungen zu Mohammeds mekkanischen Jahren führt, bekommt man leider auch nicht in die Hände, wenn man die höchst widersprüchlichen Berichte über die Zusammensetzung seiner ältesten Anhängerschaft durchmustert.

Aṭ-Ṭabarī, dessen Studium in Mekka wir vorhin erwähnten, trug zu diesem Thema vielerlei zusammen, wobei er sich vor allem auf die Vorarbeiten al-Wāqidīs stützte. Dieser hatte feststellen müssen, daß man die Wahrheit über diesen Gegenstand nicht in Erfahrung bringen könne. Die frühesten Sammler von Materialien zur Prophetenvita, ʿUrwa b. az-Zubair (gest. 712/3 oder 718) und az-Zuhrī (gest. 741),[7] nennen Mohammeds Sklaven Zaid b. Ḥāriṯa als den ersten Mann, der sich seiner Lehre angeschlossen habe; die erste Frau ist selbstverständlich Ḫadīǧa.[8] Die Vermutung liegt nahe, daß wir hier die offiziöse Meinung der Omaijaden und ihrer Parteigänger vor uns haben: In Ḫadīǧas Haus beginnt die Geschichte von Mohammeds Prophetentum – und im benachbarten Haus Abū Sufjāns findet sie ihren Abschluß, ganz wie Muʿāwija I. es hatte dokumentieren lassen. Ibn Isḥāq dagegen schreibt, Ḫadīǧa habe sich zum Islam bekehrt, und gleich danach seien die Eingebungen unterbrochen worden.[9] Als diese für Mohammed schmerzliche Zeit bohrenden Selbstzweifels vorüber gewesen sei, habe er sich, angeleitet von Gabriel, den Vollzug des rituellen Gebets mit je zwei Bewegungsabläufen (arab.: *ar-rakʿa*) zur Pflicht gemacht. „Dann", so zitiert aṭ-Ṭabarī aus Ibn Isḥāq, „nahm Zaid b. Ḥāriṯa, der Freigelassene Mohammeds, den Islam an. Dieser war der erste Mann, der dem Islam beitrat und das rituelle Gebet ausübte – nach ʿAlī b. abī Ṭālib. Darauf wurde Abū Bakr b. abī Quḥāfa Muslim, und sobald dies geschehen war, bekundete er seinen Islam und rief zu Allah und seinem Gesandten auf."[10] In aṭ-Ṭabarīs wörtlichen Zitaten aus Ibn Isḥāq, die allerdings die bei diesem stehenden Erläuterungen überspringen, wird überdeutlich, daß man ʿAlīs Namen in eine ältere ihn mit Schweigen übergehende Überlieferung eingeschoben hat. Bei Ibn Isḥāq wird dieser Umstand ein wenig kaschiert; denn hinter dem Bericht über die Stiftung des rituellen Gebets steht ein Abschnitt, der ʿAlī, den damals etwa zehnjährigen Knaben, als den ersten muslimischen Mann bezeichnet. Hieran schließt sich der Satz an, der die ältere Version bietet und mit der Bemerkung „nach ʿAlī b. abī Ṭālib" durch Ibn Isḥāq auf den in der Abbasidenzeit erwünschten Inhalt eingestellt werden muß.[11]

ʿAlī eingerechnet, wäre demnach Abū Bakr der dritte Anhänger Mohammeds gewesen. Ibn Isḥāq, und ihn abschreibend aṭ-Ṭabarī, erwähnen des weiteren Abū Bakrs Einsatz für die neue Religion, preisen die große Beliebtheit dieses Mannes, rühmen seine umfassende Kenntnis der quraišitischen Genealogie. Deswegen und auch um des Geschickes willen, das er im Handel an den Tag gelegt habe, sei jedermann gern mit ihm zusammengekommen. „Da begann (Abū Bakr), diejenigen seines Klans, denen er unter seinen Besuchern und Gesprächspartnern vertraute, (zum Glauben an) Allah und dessen Gesandten aufzufordern."[12] Laut Ibn Isḥāq leisteten fünf Männer diesem Ruf Folge; es waren ʿUṯmān b. ʿAffān, az-Zubair b. al-ʿAuwām, ʿAbd ar-Raḥmān b. ʿAuf, Saʿd b. abī Waqqāṣ und Ṭalḥa b. ʿUbaidallāh. Damit haben wir, ʿAlī und Abū Bakr hinzugerechnet, sieben der zehn prominenten Muslime beieinander, denen Mohammed ob ihrer Verdienste um seine Sache verheißen haben soll, daß sie nach dem Tod unverzüglich ins Paradies eingehen würden. Die übrigen drei sind Zaid b. ʿAmr b. Nufails Sohn Saʿīd, ʿUmar b. al-Ḫaṭṭāb und nicht zuletzt er, Mohammed, selber; auf manchen Listen überläßt er allerdings Abū ʿUbaida b. al-Ǧarrāḥ seinen Platz.[13] Die ersten Erfolge in der Werbung werden nicht dem Propheten selber, sondern Abū Bakr gutgeschrieben; Ibn Hišām, dem bekanntesten Überarbeiter Ibn Isḥāqs, ist dies nicht ganz geheuer, und er merkt an, die Worte, mit denen Abū Bakr dies Verdienst zugesprochen wird, stammten nicht vom Verfasser der Prophetenvita.[14] In der Rezension des Jūnus b. Bukair, die man zur Überprüfung heranziehen kann, findet sich, wenn auch in einer anderen Formulierung, genau die von Ibn Hišām angezweifelte Aussage;[15] Ibn Isḥāq war demnach der Überzeugung, daß Abū Bakr der Kristallisationspunkt gewesen sei, um den herum sich schon in Mekka die Stützen des Islams gesammelt hätten, die sich nach dem Tod Mohammeds für die einzigen berufenen Fortsetzer seines Werkes ansahen. Diese Meinung wird freilich durch eine im Wissen um den weiteren Verlauf der Geschichte konstruierte Liste konterkariert, die, ohne Abū Bakr hervorzuheben, die Namen berühmter „Auswanderer" (arab.: Pl. *al-muhāǧirūn*) enthält:[16] Die zehn und sie alle waren „von Anfang an" die Vorkämpfer des wahren Glaubens, den sie nach der Hedschra, die in dieser Sicht der Vergangenheit den eigentlichen Gründungsakt des islamischen Gemeinwesens darstellt, in Medina zum von Allah gewollten Triumph führten. Aṭ-Ṭabarī kennt überdies eine Überlieferung, in der sich Saʿd b. abī Waqqāṣ, von seinem Sohn Muḥammad danach befragt, ob Abū Bakr der erste Muslim gewesen sei, so geäußert haben soll: „Nein! Vor ihm nahmen mehr als fünfzig den Islam an. Doch war Abū Bakr, was seinen Islam angeht, der vortrefflichste von uns allen." Es wird den Tatsachen entsprechen, daß Mohammed durch Abū Bakr Anhänger zugeführt wurden, die später einen herausragenden Part spielen sollten. Auch vor dem Weggang des Propheten aus Mekka leistete er ihm entscheidende Dienste. Nicht ohne Grund konnte sich Abū Bakr im Jahre 632 als der erste Nachfolger des Gesandten Allahs behaupten, womit er übrigens das Mißfallen mancher ʿAbd Manāf-Quraišiten erregte, und so mögen sich Überlieferungen erklären, die seine Leistungen schmälern sollen. In Rechnung stellen muß man überdies, daß das Ḥanīfentum in Abū Bakrs Sippe, den Banū Taim b. Murra, nicht unwillkommen war. ʿAbdallāh b. Ǧudʿān, seinerzeit vielleicht der einflußreichste Klangenosse, verkehrte mit Umaija b. abī ṣ-Ṣalt auf freundschaftlichem Fuße und lehnte zudem den Genuß von Wein ab.[17]

Zuerst die eigene Sippe warnen?

Wir dürfen im übrigen nicht voraussetzen, daß Mohammed am Wohnsitz Ḫadīǧas Werbung für seine Botschaft betrieben hat. Durch die Heirat war ihm kein Verfügungsrecht über das Anwesen zugefallen; er konnte sich dort gemäß der uxorilokalen Ehe, die er mit ihr führte, nur mit ihrer Zustimmung aufhalten. An die Öffentlichkeit war er getreten, nachdem er seine Frau gebeten hatte, die mit den Eingebungen verbundenen Anfälle nicht mehr durch „Knotenbläserinnen" behandeln zu lassen. Ob er in jenem Augenblick bereits über Anhänger verfügte, bleibt unklar. Aufmerksamkeit erregte er, als er Zweifel am hergebrachten Götterkult aussäte, vermutlich mit der Verkündigung von Sure 53. Nun öffnete ihm der vorhin erwähnte al-Arqam b. abī l-Arqam, auf einer Liste der siebte unter seinen frühesten Gefolgsleuten, sein Haus und gestattete ihm, dort Mission zu treiben; vor dem Zugriff erboster quraišitischer Widersacher war Mohammed hier sicher. Doch wird dieser Vorteil die Spannungen erhöht und dazu beigetragen haben, daß sich die Feinde des Gesandten Allahs schließlich zur Ächtung der Hāšimiten durchrangen, wovon wir hören werden. Das Anwesen al-Arqams lag an der Grenze zwischen dem oberen und dem unteren Mekka, ganz in der Nähe der Kultstätte aṣ-Ṣafā, man konnte auf die Pilger hinabblicken, die den rituellen Lauf vollzogen. Über diesen Umstand verärgert, preßte es über ein Jahrhundert später der abbasidische Kalif al-Manṣūr (reg. 754–775) dem Enkel al-Arqams ab und wies es seinen Günstlingen zu. In jenen Tagen war es als das „Haus des Islams" bekannt, da viele zu Ruhm Gekommene dort den Schritt zum neuen Glauben getan hatten. Unter ihnen waren ʿUmar b. al-Ḫaṭṭāb sowie Muṣʿab b. ʿUmair von den Banū ʿAbd ad-Dār gewesen, den seine Familie einsperrte, als sie von seinem Übertritt erfuhr. Ihn treffen wir dann unter den Exilanten in Äthiopien, danach diente er dem Gesandten Allahs, indem er nach Medina zog und die Ḫazraǧiten, mit denen Mohammed eine Vereinbarung geschlossen hatte, im Koran unterwies.[18]

Viel Aufschluß über den Beginn einer etwaigen Gemeindebildung und über deren Begleitumstände gewinnen wir aus alldem nicht, und wir werden sehen, daß man entsprechende Hinweise vergeblich suchen würde. In der muslimischen Geschichtsschreibung hat man den Mangel an diesbezüglicher Überlieferung durch Zitate aus dem Koran überbrückt, die auf den frühesten Stand der Dinge, wie man sich ihn vorstellte, zu passen schienen: Drei Jahre ließ Allah seinen Gesandten im ungewissen, ehe er erneut Gabriel mit dem Ausrichten von Botschaften beauftragte;[19] der Prophet solle sich zuallererst an die eigene Sippe wenden, lauteten sie. Dies leitet man aus dem in die Überlieferung eingebauten Koranzitat (Sure 26, 214) ab: „Warne deine Sippe, die, die dir am nächsten stehen!“ Allah soll diesen Befehl nach der Bekehrung der oben erwähnten künftigen Auswanderer erteilt haben, zusammen mit der in Sure 15, Vers 94 niedergelegten Aufforderung: „Verkünde nun offen, was dir aufgetragen wird, und wende dich von den Beigesellern ab!“ Beide Texte gehören jedoch in die mittlere mekkanische Periode und können daher nicht als Zeugen für den Beginn des öffentlichen Wirkens Mohammeds in Anspruch genommen werden. Aṭ-Ṭabarī freilich suggeriert genau dies, obschon sich mit dieser Überlieferung bei ihm wie in seiner Quelle, Ibn Isḥāq, der Bericht über einen Totschlag verbindet, den Saʿd b. abī Waqqāṣ an einem Mekkaner verübt haben soll, der die Anhänger Mohammeds am Vollzug ihrer Gebetsriten habe hindern wollen; damals, so hören wir, hätten jene ihren Kult vor der Allgemeinheit verborgen gehalten und sich in Schluchten außerhalb der Stadt getroffen. Dieser Umstand scheint aṭ-Ṭabarī dazu verleitet zu haben, die Überlieferung auf die frühesten Anfänge der Verkündigung zu beziehen. Liest man die beiden Koranstellen im weiteren Zusammenhang, dann wird sofort klar, daß in Wahrheit bereits von den Auswirkungen die Rede ist, die Mohammeds öffentliches Auftreten mit sich brachte. Seine Anhänger sehen sich dem Spott ihrer Mitmenschen und womöglich handfesten Drangsalierungen ausgesetzt, so daß er es für gerechtfertigt hält, mit den weniger Standhaften Nachsicht zu üben (Sure 26, 215 f.). Der Aufbau einer Gemeinde jenseits der bestehenden Klangrenzen kommt für ihn nicht in Frage; diesen Konsequenzen seiner Botschaft verweigert er sich. Hierfür werden wir weitere Indizien finden. Aṭ-Ṭabarī stellte demgegenüber im Einklang mit der abbasidischen Herrschaftsideologie eine Verbindung zwischen den in die Überlieferung eingebetteten Koranversen und dem Beginn des öffentlichen Predigens Mohammeds her: Dieses hatte selbstverständlich zuerst den Würdigsten, nämlich den hāšimitischen Ahnherren der Dynastie, zu gelten, deren Nachkommen auf diese Weise eine unübertreffliche religiöse Legitimation erhielten. Bei Ibn Isḥāq, wie gesagt, findet sich diese falsche Fährte noch nicht. Saʿd b. abī Waqqāṣ' Untat, „das erste Blut, das um des Islams willen vergossen wurde“, sowie die Koranverse fallen bei ihm in eine Zeit, in der sich Mohammeds Botschaft bereits in Mekka ausgebreitet und Aufsehen erregt hat.[20]

Die Rivalitäten unter den quraišitischen Sippen

In der hāšimitischen Sicht der Dinge jedenfalls läßt sich Mohammed durch Allah den Ratschlag erteilen, die Warnungen vor dem Endgericht und ebenso vor den schon hier zu gewärtigenden schweren Strafen insbesondere der eigenen Sippe einzuschärfen. Eine unmittelbare Beantwortung der Frage nach den Anfängen der muslimischen Gemeinde in Mekka verweigern uns die Quellen allem Anschein nach; wir verzichten vorerst darauf, setzen aber auch nicht voraus, daß Mohammeds Offenbarungen zunächst für den engen Kreis seiner Sippe und erst dann für einen größeren bestimmt gewesen seien – wir bekommen als Entschädigung einen Schlüssel in die Hand, der uns die Pforte zum Verständnis der Vorgänge seit dem ersten öffentlichen Predigen Mohammeds entriegelt. Lassen wir uns von az-Zuhrī eine Geschichte erzählen! Abū Sufjān b.

Ḥarb aus dem mit den Banū Hāšim rivalisierenden ʿAbd Šams-Zweig der Nachkommen ʿAbd Manāfs, der in der muslimischen Geschichtsüberlieferung als Abū Ǧahl[21] verhöhnte Maḫzūmite ʿAmr b. Hišām b. al-Muġīra und der Ṯaqafite al-Aḫnas b. Šarīq, ein Eidgenosse der quraišitischen Banū Zuhra, schlichen sich eines Nachts, ohne voneinander zu wissen, an das Haus Mohammeds, um zu lauschen, was dieser während des rituellen Gebets murmelte. Nachdem Mohammed geendigt hatte, stießen die drei unversehens aufeinander; von der Begegnung peinlich berührt, versprachen sie sich, eine solche Unvorsichtigkeit nicht zu wiederholen, könnten doch weniger gefestigte Sippenmitglieder sich durch das schlechte Vorbild zu ähnlichem Tun verleiten lassen. Indessen hielten sie sich nicht an ihre Zusage, und als sie sich in den folgenden Nächten zum dritten Mal in die Quere gekommen waren, beschloß der Ṯaqafite, am Morgen die anderen beiden aufzusuchen. Was er von jenen Worten denke, fragte er als ersten Abū Sufjān. Dieser antwortete ausweichend, den Sinn einiger verstehe er, die anderen seien ihm unklar. So gehe es ihm auch, schwor der Ṯaqafite und begab sich zu ʿAmr b. Hišām. „Was hast du von Mohammed vernommen?“ „Was soll ich schon vernommen haben!“ erwiderte ʿAmr. „Wir (Maḫzūmiten) und die Banū ʿAbd Manāf wetteiferten um die Ehre – sie speisten die Pilger, und wir taten es; sie gaben ihnen Reittiere, und wir taten es; sie spendeten ihnen, und wir taten es, bis sie, als wir (Rivalen) uns aufs äußerste anstrengten und zwei im Rennen laufenden Pferden glichen, unvermittelt sagten: ‚Wir haben aber auch einen Propheten, der Eingebungen aus dem Himmel empfängt!‘ Wann sollen wir (jetzt) je (mit ihnen) gleichziehen? Bei Allah, wir werden niemals an Mohammed glauben!“[22]

Die Bedeutung der Banū Maḫzūm

Usaid b. abī l-ʿĪṣ, ein Enkel Umaijas und daher von ʿAbd Manāf und weiter von Quṣaij abstammend, konnte es nicht auf sich beruhen lassen, daß Abū Rabīʿa b. al-Muġīra, der Maḫzūmite, damit prahlte, daß Suwaid b. Harmī, demselben Zweig der Quraišiten angehörig, der erste gewesen sei, der die Pilger mit Milch beköstigt hatte, die Maḫzūmiten mithin den Banū ʿAbd Manāf an Rang vergleichbar seien. Was könne solche gleichsam privat geübte Freigebigkeit schon bedeuten angesichts der althergebrachten Ämter, die von den Nachfahren Quṣaijs versehen würden, hatte Usaid, wie erinnerlich, aufgetrumpft. Überhaupt dürfe man die Maḫzūmiten nur deswegen als edel betrachten, weil einer ihrer Vorfahren mit einer Tochter Quṣaijs verheiratet gewesen sei. Quṣaij sei vortrefflicher als Maḫzūm, so hatte damals auch der Wahrsager entschieden, den man zur Schlichtung des Streites aufgesucht hatte.[23] In den Banū Maḫzūm waren den Nachkommen des ʿAbd Manāf, vor allem denjenigen ʿAbd al-Muṭṭalibs, ehrgeizige Nebenbuhler erwachsen, die für sich das gleiche Prestige forderten; auch sie waren in der Lage, für die Pilger zu sorgen. Hatte nicht ein Maḫzūmite, al-Walīd b. al-Muġīra, beim Neubau der Kaaba das Wort geführt?[24] Und hatte nicht dessen Bruder Hišām, der Vater des in der muslimischen Erinnerung so maßlos geschmähten „Abū Ǧahl“, zusammen mit Ḥarb, dem Vater Abū Sufjāns, und mit dem sagenhaft reichen ʿAbdallāh b. Ǧudʿān das leuchtende Dreigestirn der mekkanischen Vornehmen gebildet?[25] Zahlreich sind die Belege für das große Ansehen,[26] das die Banū Maḫzūm genossen; über Hišām b. al-Muġīra aber sagt man sogar, daß die Quraišiten nach dem Jahr seines Todes datiert hätten. – „Diese hier sind unter ihren Leuten wie die Banū l-Muġīra unter den Quraišiten", wird Mohammed sinnieren, als er das Gepränge beobachtet, mit dem die durch ihn ausgewiesenen Banū n-Naḍīr Medina verlassen.[27]

In Mohammeds Offenbarungen freilich finden sich keinerlei Anspielungen auf das Gewicht, das die Banū Maḫzūm in den Angelegenheiten Mekkas gewonnen hatten. Im Gegenteil, in zwei der ältesten Suren geht das Quraišitentum ganz im Ruhm der Nachkommen ʿAbd Manāfs, ja, strenggenommen sogar Hāšims, auf. Sure 106 rühmt die politische Klugheit der Quraišiten, die den alljährlichen Handelskarawanen das Durchqueren fremder Stammesgebiete ermöglicht – in der Überlieferung zur vorislamischen Geschichte Mekkas fällt das Verdienst allein den Söhnen ʿAbd Manāfs zu.[28] Eine Generation später ist es ʿAbd al-Muṭṭalib, der Großvater Mohammeds, der dank seinem unerschütterlichen Vertrauen auf den „Herrn des Hauses" die Inbesitznahme Mekkas durch Abraha vereitelt haben soll. Wenn Mohammed auf dieses Ereignis in Sure 105 zu sprechen kommt,[29] dann ist für den damaligen mekkanischen Zuhörer klar: Hier preist er die Heldentaten der eigenen Sippe und tadelt zugleich die Maḫzūmiten und deren ganz andere politische Ausrichtung; ebenjener Abū Rabīʿa b. al-Muġīra, der den Streit mit Usaid b. abī l-ʿĪṣ vom Zaune brach, hatte seinen Sohn ʿAbdallāh mit einer Tochter Abrahas verheiratet! – Diese blieb übrigens Christin und lebte bis in die Regierungszeit ʿUmars.[30] – Die Art der Gottesverehrung, die man auf ʿAbd al-Muṭṭalib zurückführte und die für Mohammeds Onkel Abū Ṭālib das höchste Gut war, das es unter allen Umständen zu bewahren galt, ließ sich schwerlich mit jenen religiös-politischen Neigungen der Maḫzūmiten vereinbaren, wie sie sich uns nun andeuten. Daß ʿAbd al-Muṭṭalib die Angelegenheiten Mekkas dominiere, war unter dessen Nachkommen allerdings nur noch eine schöne Erinnerung – ob die Wirklichkeit ihr je ganz entsprochen hatte, wissen wir nicht. Bezeugt ist jedoch, wie später zu berichten sein wird, der Zerfall der inneren Einheit des mekkanischen Quraišitentums, die nach dem Tod ʿAbd al-Muṭṭalibs für einige Zeit noch durch Ḥarb b. Umaija b. ʿAbd Šams verkörpert worden war.[31] Abū Ṭālib machte sich den neuen Glauben, den sein Neffe und Mündel verkündete, niemals zueigen, doch die Kluft, die ihn wegen der Geschichte seiner Sippe von den Banū Maḫzūm trennte, war breit genug, wohl nicht zuletzt verursacht durch einen Groll gegen die *homines novi*. In der späteren muslimischen Erinnerung wird die eingetretene Entwicklung zu einem polyzentrischen Quraišitentum getilgt; eine von ʿAbd al-Muṭṭalib zu Mohammed führende Linie repräsentiert die Geschichte der Quraišiten schlechthin; die Geburt Mohammeds wird in das „Jahr des Elefanten" verlegt – eine Fiktion, wie wir sahen; ihr Zweck ist nunmehr deutlich. Die Banū Maḫzūm, auf dem besten Wege, die Nachkommen ʿAbd Manāfs an Rang einzuholen, wenn nicht gar zu übertreffen, sahen sich durch das Auftreten eines Sehers im Kreise ihrer Rivalen am Erreichen ihrer Ziele gehindert. Daß von ihnen der hartnäckigste und erbittertste Widerstand gegen Mohammed und seine Anhängerschar ausging, überrascht einen nicht, auch wenn es unter ihnen einige Abtrünnige gab.

Die Verschärfung der ererbten Konflikte

Mohammeds Verkündigungen verschärften mithin einen Konflikt, der schon lange schwelte. Die Erben ʿAbd al-Muṭṭalibs sollten auf keinen Fall klein beigeben; davon will Mohammed sie in Sure 26 überzeugen. Die Offenbarungen, die er von Allah entgegennimmt, erhöhen nicht nur ihn, sondern seine ganze Sippe, und sie ziehen eine Scheidelinie zwischen der eigenen, erwählten Sippe und den anderen. Wenn die Beigeseller Mohammed kritisieren, dann kann stets die Frage nach der Rangordnung der quraišitischen Klane mitschwingen, und wenn Mohammed und sein Alter ego die Ungläubigen schmähen, dann müssen sich vor allem jene Klane angesprochen fühlen, die nicht die Erben der Glaubenspraxis ʿAbd al-Muṭṭalibs sind. Dies ist der Stand der Dinge, als Mohammed am Beginn der mittleren Phase seines Wirkens in Mekka zum Eingottglauben findet und dabei in den Lebensschicksalen der Propheten vor ihm die Deutung der eigenen Lage entdeckt. Den Stoff dieser Geschichten kennt er, wie wir darlegten, aus den Versen der Ḥanīfen und aus der christlichen Hymnik, deren Vorbild in Sure 26 so überaus klar durchscheint. Wie in den *kontakia* des Romanos die Strophen oft den gleichen Schlußvers aufweisen, so wird der Inhalt von Sure 26 durch die am Ende eines jeden Abschnittes wiederkehrenden Worte „Dein Herr ist der Mächtige, Barmherzige!" gegliedert. Und was in jedem Abschnitt vorgetragen wird, das eben zeigt, daß es nur die engste Umgebung eines Propheten verdient, vor dem Zorn Allahs gewarnt zu werden. Mose und die Errettung seiner Getreuen vor den heranstürmenden Truppen des Pharao bilden das erste Exempel: „Darin liegt wirklich ein Zeichen! Die meisten von ihnen glauben aber nicht. Dein Herr ist der Mächtige, Barmherzige!" (Vers 67 f.). Wie ernst man Abrahams Botschaft von dem einen Allah hätte nehmen müssen, bemerken seine Zeitgenossen erst, als sie in den Höllenschlund hinunterstürzen; umsonst jammern sie, flehen um eine zweite Gelegenheit, um wiedergutzumachen, was sie vertändelt haben. „Darin liegt wahrlich ein Zeichen! Die meisten von ihnen glauben aber nicht. Dein Herr..." (Vers 103 f.). Noah verzweifelt am Unglauben seines Volkes; nur wer die Worte beherzigt, die er unermüdlich verkündet, entrinnt der Flut. „Darin liegt wahrlich ein Zeichen..." (Vers 121 f.). Vergeblich warnte Hūd das Volk der ʿĀd; „nie wird uns eine Strafe treffen", hielten sie ihm entgegen. Allah aber zögerte nicht, sie zu vernichten, auch dies ein bedrükkendes Zeichen (Vers 139 f.). Die gleiche Erfahrung machten die Ṯamūd, die ihrem Propheten Ṣāliḥ keinen Glauben schenkten (Vers 158 f.). Lot rief sein Volk zum Gehorsam gegen Allah, doch statt in sich zu gehen, drohte es, den lästigen Mahner zu vertreiben (Vers 167). Allah rettete ihn und seine Sippe, alle übrigen hatten das Leben verwirkt – ebenfalls ein mahnendes Zeichen (Vers 174 f.), vielleicht zugleich eine Anspielung auf Zaid b. ʿAmr b. Nufail, den man um seiner Glaubenspraxis willen aus Mekka vertrieben hatte. Auf Lot folgt Šuʿaib; er forderte den Stamm, zu dem Allah ihn entsandt haben soll, zu ehrlichem Gebrauch von Waage und Hohlmaß auf. „Du bist in einem Zauber befangen!" entgegnete man ihm. „Du bist nichts als ein gewöhnlicher Mensch wie wir." Darum halten wir deine Behauptung, du seiest Allahs Bote an uns, für eine Lüge. „Laß doch Stücke vom Himmel auf uns herabfallen, wenn du die Wahrheit sagst!" Unvermittelt traf sie Allahs Strafe. „Darin liegt wahrlich ein Zeichen!..." (Vers 190 f.). Und auch die Josefsgeschichte wird Mohammed in Mekka mit ebendieser Intention erzählt haben; als er sie in Medina in seine niedergeschriebene Lesung aufnimmt, fügt er ihr Vers 7 hinzu, in dem er ausdrücklich auf die „Zeichen" hinweist, die sie enthalte.

Mit solchen Exempla setzt Mohammed seinen mekkanischen Zuhörern zu, jagt ihnen Schrecken auf Schrecken ein, und zuletzt, bei den arabischen Propheten Hūd, Ṣāliḥ und Šuʿaib, erlaubt ihm der Stoff so viel Freiheit, daß er kaum verhüllt die Verhältnisse seiner Stadt aufs Korn nimmt. Und nach diesen Exempla kommt er auf sich selber und auf seine Botschaft zu sprechen: Sie wird durch den Herrn der Welten herabgesandt, der „zuverlässige Geist" übermittelt sie, damit er, Mohammed, die notwendigen Warnungen vortragen könne, und zwar in klarer arabischer Sprache, weil anders erst recht niemand den Worten Glauben schenkte. So aber dringen sie auch den Übeltätern ins Herz; beeindrucken lassen sich diese allerdings nicht – bis plötzlich die Strafe über sie kommt! Dann werden sie um Aufschub flehen; doch sie hatten genug Zeit, und nun ist die Frist verstrichen. „Nie vernichteten wir eine Ortschaft, ohne daß wir sie vorher gewarnt hätten!" (Vers 208). Im übrigen können die Satane nicht mehr die oberste Ratsversammlung belauschen. „Darum ruf neben Allah keinen anderen Gott an! Du hättest dann eine Strafe zu gewärtigen. Warne deine Sippe, diejenigen, die dir am nächsten stehen, und sei nachsichtig gegen die Gläubigen, die dir folgen! Doch wenn sie sich dir widersetzen, dann sprich: ‚Ich bin unschuldig an dem, was ihr tut.'" (Vers 213–216). Nicht Mohammed ist für das verantwortlich, was die Zweifler und Spötter ereilen wird. Mit Šuʿaib, dem letzten Beispiel, ist der Prophet vollends im Mekka seiner Tage und in der Ruhmesgeschichte seiner Sippe angekommen. Den „Schwurbund der Herausragenden", geschlossen gegen unlautere Geschäftspraktiken, schätzte Mohammed wie keine andere der vorislamischen Eidgenossenschaften, und Hāšim hatte dabei das Wort geführt.[32] Šuʿaib ist es im übrigen, der hier genau die Streitgespräche durchsteht, mit denen sich Mohammed, wie wir noch sehen werden, abzuplagen hat: Gleichsam als Probe für die angedrohten Strafen möge Allah auf Bitten des Mahners einige Stücke vom Himmel herabstürzen lassen! Doch für dergleichen Vorführungen gibt sich Allah nicht her; er übermittelt, wie Mohammed im Schlußteil von Sure 26 noch einmal hervorhebt, durch den Mund seiner Gesandten die Warnung, und zu einem dem Menschen unbekannten Zeitpunkt straft er die Ungläubigen und Leichtfertigen. Darum soll Mohammed wenigstens seine nächsten Angehörigen ermahnen, sie vor allem, denn die Beispiele lehren, daß sie am ehesten hören und daher der Vernichtung entgehen. Was mit den übrigen Gläubigen geschieht und was sie tun, das mag Mohammed mit freundlichem Wohlwollen betrachten. Sollten sie fehlgehen, so wird man es ihm nicht anlasten.

Die Gesellschaft, der Mohammed die göttliche Botschaft ausrichtet, ist von der Sippensolidarität geprägt, und es gibt keine Anzeichen dafür, daß dies auf ihn selber nicht zugetroffen hätte. Es versteht sich von selbst, daß die Mekkaner unter ebendieser Leitidee die Worte des Propheten hören. Nur allmählich werden Ansätze einer Aushöhlung der überkommenen gesellschaftlichen Normen greifbar, womit wir uns in anderem Zusammenhang befassen werden. Jetzt, am Beginn der mittelmekkanischen Zeit, geraten Mohammed die „Gläubigen" – deren Verbindung mit ihm nur auf der gemeinsamen religiösen Überzeugung beruht – schon in den Blick, aber das Wohl der eigenen Sippe hat ungleich mehr Gewicht. Sucht man nach dem Zeitpunkt der Gründung einer spezifisch religiösen Gemeinschaft als dem Augenblick des Beginns der islamischen Geschichte, dann sucht man nach etwas, das es nie hat geben können. Indem sich Mohammed, wie wir im vorigen Kapitel beschrieben, dessen bewußt wurde, daß es der eine Schöpfergott sei, den er verkünden solle, wurde diese Verkündigung zuallererst zur Bürde für seine Sippe, die sich selber als Erbin ʿAbd al-Muṭṭalibs sah; andere quraišitische Sippen hatten ein anderes Erbe, und der gemeinsame Nenner des Quraišitentums nahm sich unter je anderem Blickwinkel je etwas anders aus. Daß Mohammeds Worte auch außerhalb seiner Sippe Aufmerksamkeit, Zustimmung und endlich sogar Gehorsam fanden, war eine Tatsache, die sich wenigstens zum Teil dem Ḥanīfentum verdankte, das sich ja nicht mehr um den Menschen als einen Stammesangehörigen sorgte, sondern um den Menschen an sich. Damit konnte man im Rahmen der ererbten gesellschaftlichen Ordnung zunächst noch nichts anfangen, und Mohammed wird sich sein Leben lang nicht wirklich mit diesem die überkommenen Schranken der Gesellschaft niederreißenden Grundzug seiner Verkündigung anfreunden können. Innerhalb der von Sippensolidaritäten gespaltenen Einwohnerschaft Mekkas hatten seine Verkündigungen die Folge, daß die ererbten Rivalitäten und Animositäten an Schärfe zunahmen. Dies ist die Entwicklung der Dinge, die zur Vertreibung Mohammeds aus Mekka führt. Daß seine Geschichte damit nicht endet, verdankt er einigen Gegebenheiten, die sich schon in Mekka herausbilden und dann, befreit vom übermächtigen Einfluß des quraišitischen Stammeserbes, ihre Wirkung entfalten können. Es wird sich freilich zeigen, daß Mohammed selber sich, sobald die Gelegenheit herangereift war, gern von jenem Erbe einholen ließ – unter der Bedingung jedoch, daß er das Sagen hatte und die Quraišiten insgesamt sich als seine Sippe, die ihm am nächsten stehe, begriffen.

Versuche zur Beilegung der Konflikte

Der Weg bis dorthin sollte, als ihm Sure 26 eingegeben wurde, noch mehr als ein Jahrzehnt dauern. Die Maḫzūmiten mußten sich durch Mohammeds Offenbarungen brüskiert und herausgefordert sehen. Die Gründe dafür haben wir erörtert. Es lag für die Führer nicht nur dieser Sippe auf der Hand, daß man ein friedliches Zusammenleben der quraišitischen Klane auf die Dauer nur werde sichern können, wenn man den Nachkommen ʿAbd al-Muṭṭalibs jenen Mohammed nähme. Da dessen Ermordung eine Blutfehde mit unabsehbaren Wendungen nach sich gezogen hätte, versuchte man zunächst, Abū Ṭālib dazu zu bewegen, die Predigten seines Mündels zu unterbinden. Als diese Bitten nichts fruchteten und Mohammed in aller Freimütigkeit von der Nichtigkeit aller Gottheiten außer Allah redete, wurden mehrere einflußreiche Quraišiten, unter ihnen al-Walīd b. al-Muġīra und ʿAmr b. Hišām von den Banū Maḫzūm, Abū Sufjān b. Ḥarb aus dem mit den Hāšimiten rivalisierenden Bruderklan der Banū ʿAbd Šams und al-Aswad b. al-Muṭṭalib von den Banū Asad b. ʿAbd al-ʿUzzā, erneut bei Abū Ṭālib vorstellig: Mohammed unterlasse es nicht, die quraišitische Glaubenspraxis zu tadeln, die Vorväter des Irrtums zu zeihen, ja, überhaupt die ganze kluge Bedachtsamkeit, die man sich seit alters her angelegen sein lasse, für töricht zu erklären; da Abū Ṭālib doch selber vom Inhalt solchen Geredes nicht überzeugt sei, möge er ihnen Mohammed entweder ausliefern oder ihn sonstwie zum Schweigen bringen. In der Familie des vorhin erwähnten al-Aḫnas b. Šarīq erzählte man sich noch zu Lebzeiten Ibn Isḥāqs, daß Mohammed daraufhin mit bewegenden Worten seinem Onkel versichert habe, er werde nie und nimmer seine Ansichten fahrenlassen, und wenn es ihn das Leben koste. Abū Ṭālib habe sich damit abfinden müssen und versprochen, er werde ihn nie den Feinden ausliefern[33] – was ja auch gegen alle gebotene Sippensolidarität verstoßen hätte.

Da unterbreiteten jene Quraišiten Abū Ṭālib ein Angebot: „Dies hier ist ʿUmāra b. al-Walīd (b. al-Muġīra von den Banū Maḫzūm), der auffallendste und schönste Bursche unter den Quraišiten. Nimm ihn; sein Verstand und seine Unterstützung mögen dir nützen! Nimm ihn an Sohnes Statt an, er ist dein! Liefere uns dafür deinen Neffen aus, den, der deiner und deiner Väter Glaubenspraxis zuwiderhandelt, der die Eintracht deines Stammes zerstört und dessen kluge Bedachtsamkeit als töricht schmäht! Wir wollen ihn töten. So ist es nichts weiter, als (daß) ein Mann für einen anderen (gegeben wird).“ Abū Ṭālib verwahrte sich gegen dieses Ansinnen: „Ihr gebt mir euren Sohn, ich ernähre ihn für euch, und ich gebe euch meinen Sohn, und ihr tötet ihn! Das, bei Allah, wird niemals sein!“ Al-Muṭʿim b. ʿAdī, ein Sohn Naufal b. ʿAbd Manāfs, redete Abū Ṭālib zu; er möge erkennen, daß die Quraišiten ihm Gerechtigkeit widerfahren lassen wollten. Doch Abū Ṭālib blieb fest; ihm mochte es scheinen, als föchte er nicht nur für die Belange der Nachkommen ʿAbd al-Muṭṭalibs, sondern auch für die viel älteren aller ʿAbd Manāf-Quraišiten, als deren ranghöchste er gewiß die eigene engere Verwandtschaft ansah. Jedenfalls erhob er den Vorwurf, al-Muṭʿim, der Sohn des Naufal b. ʿAbd Manāf, habe die Seite gewechselt und helfe nun den anderen quraišitischen Sippen gegen die eigene Gemeinschaft. Als unverzeihlich mußte solch ein Verrat gelten; die Söhne Naufal b. ʿAbd Manāfs wie auch diejenigen ʿAbd Šams b. ʿAbd Manāfs machten sich gemein mit den anderen Klanen, den Taim b. Murra, den Maḫzūm und den Zuhra, mit jenen, die doch letzten Endes die Diener der Banū ʿAbd Manāf seien – ihnen verschafften sie eine unbillige Ebenbürtigkeit.[34]

ʿUmāra b. al-Walīd war unter den jungen, reichen Quraišiten eine bekannte Erscheinung, berüchtigt für seinen lockeren, dem Wein ergebenen Lebensstil und für seine Verse. Einiges von dem, was sich von seiner Dichtkunst erhalten hat, zeugt nicht von irgendwelchem Feingefühl gegenüber den Traditionen, denen sich Abū Ṭālib und Mohammed verpflichtet wußten. Vielmehr läßt es das Ungestüm erahnen, mit dem damals die Maḫzūmiten um die Gleichrangigkeit kämpften. Mit Musāfir b. abī ʿAmr,[35] einem Enkel ʿAbd Šams b. ʿAbd Manāfs, geriet ʿUmāra des öfteren aneinander, ob vor oder nach jenem Angebot, läßt sich nicht ermitteln, und in Versen behauptete jeder von beiden, die edleren Vorfahren zu haben.[36] Ibn Isḥāq übrigens kennt ein längeres Gedicht Musāfirs, in welchem dieser den Zemzembrunnen, aus dem man die Pilger versorgt, als den triftigsten Grund für den Stolz der Banū ʿAbd Manāf herausstreicht, „und dem Neider schlagen wir das Auge aus".[37] Nicht nur unter den Nachkommen ʿAbd al-Muṭṭalibs war man sich der Würde bewußt geblieben, die sich aus der Geschichte des mekkanischen Heiligtums seit den Tagen ʿAbd Manāfs ergab. In Kenntnis solcher Einzelheiten wagen wir eine Vermutung zu den Absichten, die jene Quraišiten mit ihrem Vorschlag verfolgten: Es ging nicht allein um die Beseitigung des Störenfrieds Mohammed, für den ein nicht eben unbedeutender Ersatzmann gestellt werden sollte; durch die Adoption, die gestiftete Vaterschaft Abū Ṭālibs an einem Maḫzūmiten, wäre das Prestige der ʿAbd Manāf-Klane, insbesondere dasjenige ʿAbd al-Muṭṭalibs, auf jene Emporkömmlinge ausgedehnt worden. Die unheilvolle Rivalität zwischen ihnen und den angestammten Inhabern der höchsten Ehren der Wallfahrerstadt wäre entschärft worden. Mohammed verhinderte dies, und so trieben die Dinge auf einen Entscheidungskampf zu, in dem er eine wichtige Nebenrolle spielte.

2. Jenseits des Klangefüges

Erste Wahrnehmung des Gesandten Allahs in Medina

Indessen wurde die Angelegenheit mit jenem merkwürdigen Mohammed, der von sich sagte, er verkünde die Rede des einen Schöpfergottes, auch außerhalb Mekkas bekannt. In Jaṯrib, wohin einige Quraišiten enge Beziehungen pflegten, wußte man sehr gut darüber Bescheid, was in Mekka vorging. Abū Qais b. al-Aslat, jener Mann, von dem es heißt, er habe ähnlich wie Zaid b. ʿAmr b. Nufail nach einer gottgegebenen Kultpraxis gesucht, Judentum und Christentum jedoch als unarabisch verworfen, soll in einem längeren Gedicht die Quraišiten davor gewarnt haben, sich über Mohammed zu entzweien. Ihn sollten sie in Frieden lassen und stets daran denken, wie Allah sie begünstigt habe, nicht zuletzt im „Jahr des Elefanten". Abū Qais kannte die Verhältnisse in Mekka aus eigener Anschauung; verehelicht mit einer Tochter des Asad b. ʿAbd al-ʿUzzā, hatte er viele Jahre dort zugebracht. – Nebenbei bemerkt, war Abū Qais dank dieser Ehe ein angeheirateter Onkel Ḫadīǧas.[38] – Doch nicht nur in Jaṯrib, auch anderswo hatte man von Mohammed gehört, ja, man bekannte sich vereinzelt auch zu seinen Lehren – was immer dies in der Wirklichkeit bedeutet haben mag. Ibn Isḥāq faßt das damit verknüpfte Geschehen, das sich über einen längeren Zeitraum erstreckte, so zusammen: „Dann spornten die Quraišiten einander an, gegen die Gefährten des Gottesgesandten, die mit ihm den Islam angenommen hatten und bei ihren Stämmen lebten, vorzugehen. Also griff jeder Stamm die in seiner Mitte lebenden Muslime an; man quälte sie und wollte sie von ihrer Glaubenspraxis abbringen. Allah aber schützte seinen Gesandten mit der Hilfe Abū Ṭālibs, seines Oheims. Als dieser nämlich sah, was die Quraišiten taten, erhob er sich unter den Banū Hāšim und Banū l-Muṭṭalib (b. ʿAbd Manāf) und rief sie auf, so wie er den Gesandten Allahs zu schützen und zu verteidigen. Sie scharten sich um (Abū Ṭālib), fochten an seiner Seite und kamen damit seiner Forderung nach, abgesehen nur von (Mohammeds Onkel väterlicherseits) Abū Lahab (ʿAbd al-ʿUzzā

b. ʿAbd al-Muṭṭalib), dem verfluchten Feind Allahs." Dessen Sohn ʿUtba hatte ohnehin seine eigenen Konsequenzen aus den, wie er es wohl sah, verderblichen Extravaganzen seines Vetters gezogen: Er verstieß Ruqaija, eine Tochter Mohammeds, und auch sein Bruder ʿUtaiba trennte sich von seiner Ehefrau Umm Kulṯūm, ebenfalls einer Tochter des Gesandten Allahs. „Ich glaube nicht an den Herrn des ‚Siebengestirns, wenn es sinkt!' (Sure 53, 1)" soll ʿUtba Mohammed entgegengerufen haben – ein mittelbarer Beleg übrigens für die Nachricht, daß sich dieser mit Sure 53 an die Öffentlichkeit gewandt habe. Ruqaija wurde mit ʿUṯmān verheiratet und ging mit ihm nach Äthiopien. ʿUtba aber soll von Mohammed verflucht und auf einer Karawanenreise nach aš-Šaʾm von einem Löwen gefressen worden sein.[39]

Warnung der Pilger in Mekka

Die Weigerung Abū Ṭālibs, um eines Ausgleichs willen das Prestige des eigenen Klans hinzugeben, blieb nicht folgenlos. Es war aber nicht so, daß man nun, da man Mohammed auch außerhalb Mekkas wahrnahm und schon allein deswegen das religiös-politische Gefüge, von dessen Unversehrtheit so viel für die Quraišiten abhing, in Gefahr geriet, zielstrebig gegen die Quelle dieser Gefahr vorgegangen wäre. Die Normen der Sippensolidarität waren, wie wir beobachteten, zwar in einiger Hinsicht bereits eingeschränkt; man hatte in Mekka Mechanismen gefunden, mit deren Hilfe man zugunsten lebenswichtiger gemeinsamer Interessen den Egoismus einzelner Personen oder Klane zügeln konnte.[40] Freilich handelte es sich bei Mohammeds Gottesgesandtenschaft um eine neuartige Erscheinung, auf die die gängigen Kriterien nicht paßten. Vor allem die „Lesung", mit der Mohammed, so der Vorwurf, viele Menschen betöre, bereitete seinen Feinden Kopfzerbrechen. Ibn Isḥāq erzählt, daß al-Walīd b. al-Muġīra unmittelbar vor Beginn der Pilgersaison führende Quraišiten zusammenrief. Man müsse, legte er dar, eine einheitliche Ansicht darüber finden, was jener Mohammed sei; die fremden Stämme würden gewiß Aufschluß über ihn erbitten, und dann dürfe nicht jeder Quraišite eine andere Antwort geben. Man möge sich darauf einigen ihn als einen Wahrsager zu beschreiben, lautete ein Vorschlag. Nein, wandten andere ein, was er vortrage, ähnele nicht der Reimprosa und dem Gemurmel der Wahrsager; viel eher sei er von einem Dämon besessen. Das könne man auch nicht behaupten, denn die Zuckungen und Krämpfe Besessener schüttelten ihn beim Rezitieren nicht. Man solle ihn als einen Dichter ausgeben. Auch diesen Gedanken ließ man wieder fallen; Mohammeds Verse gehorchten nicht den Regeln der arabischen Poesie. So sei er ein Zauberer! Keinesfalls, er komme ohne die Hantierungen der Zauberer aus. Alles sei unzutreffend, mußte man einräumen. Doch eigne seinen Worten eine verführerische Kraft, und insofern dürfe man sehr wohl von Zauber sprechen, von einem Zauber, „der einen Mann von seinem Vater, einen anderen von seinem Bruder, den dritten von seiner Ehefrau, den vierten von seiner Sippe trennt". Daß dem so war, konnte niemand abstreiten. Mit dieser Einsicht gingen jene Quraišiten auseinander; sie paßten die eintreffenden Wallfahrer ab und warnten sie vor jenem Mann.[41]

Die Wirkung des Korans auf viele Zeitgenossen Mohammeds ist hier anschaulich beschrieben; als ein Beispiel haben wir das Zerwürfnis

ʿUmar b. al-Ḫaṭṭābs mit seiner Schwester kennengelernt.[42] Einzelgänger wie Zaid b. ʿAmr hatte man isolieren können, falls sie sich nicht aus eigenem Antrieb absonderten. Die Verse der Ḥanīfen enthielten zwar alles, was der Vielgötterei, der Grundlage des Pilgerwesens, entgegenstand; aber diese Verse drängten niemanden, hieraus weitreichende Schlußfolgerungen für die Mitmenschen zu ziehen. Der Ḥanīf sprach nur für sich selber und für die, die ohnehin seiner Meinung waren. Mit Mohammed verhielt es sich ganz anders. Er hatte Anhänger, die seine „Lesung" weitertrugen und dabei, wie die Heiden bestürzt erkannten, Zweifel an der Richtigkeit der „klugen Bedachtsamkeit" ausstreuten – ohne allerdings zu sagen, was denn zu tun sei, sobald man sich jene Zweifel zu Herzen nehme. Auch die Klane, dank deren Solidarität sich Mohammed sicher fühlen durfte, scherten ja mitnichten aus den ererbten Verhaltensmustern aus. Abū Ṭālib, so hörten wir, faßte den Anschlag auf das Leben seines Mündels, in den er hatte einwilligen sollen, nicht als einen Versuch auf, einen die Belange Mekkas gefährdenden Eiferer zum Schweigen zu bringen, sondern als einen Angriff auf die eigene Sippe und deren Ehre. Und dementsprechend handelte er; er rief die Banū Hāšim zum Zusammenstehen auf, und nur ʿAbd al-ʿUzzā b. ʿAbd al-Muṭṭalib verweigerte ihm die Gefolgschaft, die Ehen von Mohammeds Töchtern Ruqaija und Umm Kulṯūm, die mit Söhnen ʿAbd al-ʿUzzās verheiratet waren, wurden, wie erwähnt aufgelöst. Mohammed hatte, indem er diesen Onkel in Sure 111 als „Vater der Höllenflammen" verunglimpft hatte, Öl ins Feuer gegossen.[43] Abū Ṭālib mobilisierte zudem die Unterstützung der Banū l-Muṭṭalib b. ʿAbd Manāf. Er griff damit auf eine seit langem bestehende Beziehung zurück. Al-Muṭṭalib, der älteste Sohn ʿAbd Manāfs, galt als der Erbe des während einer Karawanenreise nach aš-Šaʾm verstorbenen Hāšim.[44] Später soll al-Muṭṭalib sich in besonderer Weise der Sicherung der Handelsrouten in den Jemen angenommen haben.[45] Sein Tod gab Naufal, dem jüngsten der vier herausragenden Söhne ʿAbd Manāfs, die Gelegenheit sich an einem den Hāšimiten gehörenden Grundstück in Mekka zu vergreifen. Um dieses Unrecht abzuwehren, mußte Hāšims Sohn ʿAbd al-Muṭṭalib die Unterstützung der in Jaṯrib ansässigen Banū n-Naǧǧār in Anspruch nehmen; Hāšim hatte, wie erinnerlich, in diese ḫazraǧitische Sippe eingeheiratet.[46] Jenseits der Schwurbünde, die wir im ersten Kapitel beschrieben, wirkten sich demnach kleinere Zwistigkeiten auf das Tagesgeschehen aus und machten den innerquraišitischen Streit auch außerhalb Mekkas spürbar. Was in der Sicht der muslimischen Geschichtsschreiber als der selbstlose Schutz erscheint, den der Heide Abū Ṭālib als ein Werkzeug Allahs dessen Gesandtem gewährt, damit dessen Mission von Erfolg gekrönt werde, haben wir als die ungebrochene Wirksamkeit altarabischer Gesinnung zu verstehen. Hierin liegt eine merkwürdige Ironie der Geschichte: Mohammed, der den heidnischen Stolz auf die Machtmittel des Menschen, auf Besitz und einflußreiche Verwandtschaft, geißelt (Sure 26, 88; deutlicher noch in spätmekkanischer Zeit in Sure 34, 34–37), zieht selber hieraus den allergrößten Nutzen. Viele seiner frühen Anhänger hatten ein viel ungünstigeres Los.

Peinigung der „Schwachen"

Es waren dies alle jene, die innerhalb der Stammesgesellschaft nur geringes Ansehen genossen, weil sie Außenseiter waren. Der Koran und die muslimische Geschichtsüberlieferung belegen diese Personen mit dem Begriff der „für schwach Befundenen" (arab.: Pl. *al-mustaḍ ʿafūn*), „schwach" eben nach den geltenden gesellschaftlichen Maßstäben.[47] Das waren einzelne, die in einem unfreien Status lebten oder bestenfalls eine Eidgenossenschaft mit einer mekkanischen Sippe hatten eingehen können; handelte es sich um Araber, so war ihre Sippe (arab.: *al-ʿašīra*) nicht in Mekka oder der näheren Umgebung beheimatet, so daß sie nicht über das Recht der Unverletzlichkeit (arab.: *al-manʿa*) verfügten. Ein anschauliches Beispiel bietet Ṣuhaib b. Sinān, ein Mann, der seiner Geburt nach zum nizāritischen Zweig der Nordaraber gehörte. Die Familie lebte im Gebiet von Mossul; sein Vater oder Onkel diente den Sasaniden als Statthalter in al-Ubulla im Süden des Zweistromlandes. Während eines der vielen Kriege zwischen den Sasaniden und dem Byzantinischen Reich geriet er in Gefangenschaft und wuchs danach in griechischer Umgebung auf, so daß er nur noch gebrochen arabisch sprechen konnte. Die Banū Kalb erstanden ihn durch Kauf und brachten ihn nach Mekka, wo ʿAbdallāh b. Ǧudʿān ihn erwarb und ihm die Freiheit schenkte. Die Nachkommen Ṣuhaibs erzählten eine ehrenvollere Version; danach floh er aus byzantinischem Gewahrsam, sobald er zum Jüngling herangereift war, fand den Weg nach Mekka und ging dort mit ʿAbdallāh b. Ǧudʿān eine Eidgenossenschaft ein. Ungefähr als dreißigster trat er zum Islam über, und als die Gegner der neuen Religion mit den Verfolgungen begannen, machten sie in ihm einen „Schwachen" aus und folterten ihn.[48]

Mohammeds Distanz zu den „Schwachen"

Es fällt auf, daß erst spätmekkanische Suren dieses Thema berühren, über das gleich einige Einzelheiten zu sagen sind. Die Überlieferungen zur Prophetenvita hingegen sprechen unzweideutig davon, daß die Peinigung der „schwachen" Mitglieder in der Anhängerschaft Mohammeds bald nach dem Bekanntwerden seiner monotheistischen Eingebungen, also sehr früh, einsetzte. Betrachten wir zunächst die koranischen – wie gesagt, spätmekkanischen – Belege in ihrem Zusammenhang! In Sure 7 trägt Mohammed den ihn ablehnenden Mekkanern – zum wievielten Mal? – die Geschichte seiner Vorgänger vor, malt den Zweifelnden aus, welch böses Ende es mit den Feinden der göttlichen Rede nahm. Im Vergleich zu den älteren Bearbeitungen dieser Thematik drängt sich Mohammeds eigenes Erleben immer mehr in den Vordergrund und überlagert die ursprünglichen Erzählungen, die beispielsweise in Sure 26 noch das Wesentliche sind. Die ʿĀd, so hatte er dort geschildert, schlugen die Warnungen ihres Propheten Hūd in den Wind; die Ṯamūd durchtrennten der geweihten Kamelin Ṣāliḥs, den sie unter einem Zauber stehend wähnten (Sure 26, 153), die Flechsen, und die Strafe Allahs folgte unvermittelt. In Sure 7 ist es nun die Ratsversammlung (arab. *al-malaʾ*) der Ungläubigen, die mit Hūd ein Gespräch führt: „Wir sehen dich mit Dummheit (arab.: *as-safāha*) geschlagen; wir sind der Ansicht, daß du ein Lügner bist." Mit dem Wort „Dummheit" spielt Mohammed auf den Vorwurf seiner Feinde an, seine „Lesung" werte die „kluge Bedachtsamkeit" zur Torheit ab (arab.: *jusaffihu*). Nach Rekapitulierung des Streits über die Vielgötterei, zu der Allah keine Vollmacht herabsandte, nimmt das Unheil seinen Lauf. Bis auf Hūds Sippe werden die ʿĀd ausgelöscht. Auch die Ratsversammlung der Ṯamūd, „diejenigen aus dem Stamme

Ṣāliḥs, die hochmütig waren, fragten die für schwach Befundenen, nämlich die Gläubigen in ihren Reihen: ‚Wißt ihr denn (sicher), daß Ṣāliḥ von seiten seines Herrn gesandt wurde?'" Obwohl jene bejahten, tötete man die Kamelin und forderte Ṣāliḥ heraus: „Wenn du wirklich ein Gottesgesandter bist, dann bewirke doch, was du uns androhst!" (Vers 75–79). Als Fazit der Geschichte von Mose und dem Pharao heißt es in Vers 137: „Wir gaben den Leuten, die man für schwach befand, den Osten und den Westen des Landes, das wir segnen. So vollendete sich das schönste Wort deines Herrn an den Banū Isrā'īl, weil sie Geduld übten. Wir zerschmetterten, was der Pharao und sein Volk vollbracht und errichtet hatten." Eng hiermit verbunden sind die Formulierungen am Beginn von Sure 28: Der Pharao teilt seine Untertanen in Gruppen ein; eine von ihnen betrachtet er als schwach, so daß man ihre Söhne tötet und nur die Frauen am Leben läßt; Allah aber will gerade den Schwachen die Erde zum Erbe geben und sie zu Anführern erhöhen (Vers 4 f.). In Sure 34 erklären die Leugner des einen Allah, nie und nimmer wollten sie an die „Lesung" glauben. Am Ende der Zeiten, angesichts der über sie verhängten Strafen, beklagen sich die für schwach Befundenen bei den Mächtigen: „Wäret ihr nicht gewesen, dann wären wir gläubig (geblieben)." Diese entgegnen, wenn jene wirklich im Glauben verwurzelt gewesen wären, hätten sie ihn doch nicht aufgegeben; an ihrem Unheil seien sie selber schuld – es trifft sie nun mit vollem Recht (Vers 31–33). In den medinensischen Offenbarungen tauchen die für schwach Befundenen noch vereinzelt auf; ihr Los, dasjenige der in Mekka Zurückgebliebenen, soll die Gefolgsleute Mohammeds zu tapferem Kampf gegen die Quraišiten anspornen (Sure 4, 75); wer es irgend ermöglichen kann, der muß aber den Weg zu Mohammed suchen und nach Medina auswandern (Sure 4, Vers 97 f.).

Für Mohammed ist der Zustand des an Rang Schwachen, den er selber ja nicht kennt, in dieser Zeit noch keine Herausforderung. Wie er am Beginn der mittelmekkanischen Zeit in Sure 26, Vers 214 f. verkündet hat, ist es ihm um das Heil seiner engeren Sippe zu tun. Die übrigen Gläubigen beurteilt er milde; wenn sie sich abwenden, dann ist er dafür nicht verantwortlich – ganz so, wie er es gegen Ende des mekkanischen Abschnittes seiner Prophetenschaft in Sure 34 noch einmal unmißverständlich klarstellt. Seine quraišitischen Widersacher suchten nach der Schilderung Ibn Isḥāqs der Zerwürfnisse in ihren Klanen dadurch Herr zu werden, daß sie, ein jeder in seinem Bereich, diejenigen Muslime, die als schwach galten, grausamen Folterungen aussetzten; sie sollten von ihrem neuen Glauben abfallen. Man prügelte sie, entzog ihnen Speisen und Getränke, ließ sie in der Mittagshitze schmachten. Einige sagten sich vom Islam los, andere hielten den Qualen stand. Bilāl, der spätere Gebetsrufer Mohammeds, ein Sohn einer abessinischen Sklavin, lebte in der Sippe der Banū Ǧumaḥ; sein Rang in der Stammesgesellschaft war der eines *muwallad*,[49] dem die Ebenbürtigkeit mit den gewöhnlichen Mitgliedern der Sippe unerreichbar blieb. Umaija b. Ḫalaf von den Banū Ǧumaḥ fesselte ihn, legte ihn zur Mittagszeit in der prallen Sonne auf den Rücken und wälzte ihm einen schweren Stein auf die Brust. Abū Bakr tadelte Umaija b. Ḫalaf für diese Bestialität; dieser hingegen warf Abū Bakr vor, er habe Bilāl verdorben. Abū Bakr sah sich genötigt, dem Gefolterten das Leben zu retten; er löste ihn aus, indem er Umaija einen anderen kräftigen Negersklaven übereignete, also eine Transaktion vornahm, wie man sie Abū Ṭālib angesonnen hatte.[50] – Eidgenossen der Banū Maḫzūm waren ʿAmmār und sein Vater Jāsir; von Geburt gehörten sie einem jemenitischen Stamm an. Jāsir und zwei seiner Brüder hatte es einst nach Mekka verschlagen, von wo sie einen anderen Bruder, der anscheinend verschleppt worden war, zurückholen sollten. Jāsir blieb in der Fremde – vielleicht hatte er als Tauschobjekt herhalten müssen – und lebte als Sklave bei Abū Ḥuḏaifa b. al-Muġīra al-Maḫzūmī. Dieser verheiratete ihn und ließ ihn frei, als der Sohn ʿAmmār geboren wurde. Jāsir und mit ihm ʿAmmār erlangten den Status von Eidgenossen Abū Ḥuḏaifas, in dessen Anwesen sie nach wie vor wohnten. Als nach dessen Tod die Lehren Mohammeds bekannt wurden, fanden sie im Vater und im Sohn ergebene Anhänger. Beide und auch Jāsirs Ehefrau peinigte man in der schon beschriebenen Weise. „Haltet durch, Familie Jāsirs!" soll Mohammed gerufen haben, als er an ihnen vorbeikam, „im Paradies seht ihr euch wieder!"[51] Die Frau sei unter den Torturen gestorben, heißt es in manchen Quellen, was aber ein Irrtum sein mag. Denn in anderen Berichten wird sie nach dem Tode Jāsirs einem Sklaven aus Byzanz angetraut. ʿAmmār jedenfalls verleugnete seine Zugehörigkeit zum Islam, was er Mohammed später gestand. Der 106. Vers der spätmekkanischen Sure 16, in dem der Prophet den unter der Folter wankend gewordenen Muslimen anders als in Sure 34 Verzeihung in Aussicht stellt, soll mit Blick auf Fälle wie denjenigen ʿAmmār b. Jāsirs entstanden sein.[52]

Unvermögen der altarabischen Gesellschaft zu einer stimmigen Antwort auf Mohammed

Innerhalb der quraišitischen Sippen hatte Mohammeds Botschaft ebenfalls Zuspruch gefunden; vor allem junge Männer scheinen für sie aufgeschlossen gewesen zu sein. Zwar rangen sich ungenannte Quraišiten zu der Meinung durch, man dürfe dem allen nicht tatenlos zusehen: Doch als man Hišām b. al-Walīd b. al-Muġīra davon in Kenntnis setzte, daß man seinen Bruder al-Walīd, der ein Muslim geworden war, auf handgreifliche Weise von seinem Glauben abbringen wolle, willigte er zwar ein, daß man alle, die diesen Schritt getan hatten, auf das heftigste tadle. Aber ihr Leben dürfe nicht in Gefahr geraten. Die Banū Maḫzūm würden anderenfalls unnachsichtig Blutrache nehmen. Demnach wird man von einer systematischen Verfolgung der Muslime, die den großen Sippen angehörten, nicht reden dürfen. Im bei aṣ-Ṣafā gelegenen Haus des Maḫzūmiten al-Arqam b. abī l-Arqam konnte Mohammed in der ersten Zeit seines Auftretens unbehelligt den Islam predigen und Anhänger werben; der letzte, den er dort für seine Sache gewann, soll ʿUmar b. al-Ḫaṭṭāb gewesen sein.[53] Nur an den minderrangigen Anhängern Mohammeds, und das war eine überschaubare Anzahl, konnte man sein Mütchen kühlen; der Zwist zwischen den Gegnern und den Befürwortern der Lehren Mohammeds erschien, insoweit sich Mitglieder der quraišitischen Klane auf dessen Seite geschlagen hatten, eben entweder als ein Zerwürfnis entsprechend den in der Stadtgeschichte überlieferten Animositäten oder als ein Generationenkonflikt. Ein zielstrebiges und in den Einzelheiten abgestimmtes Vorgehen der Feinde Mohammeds, das dem besonderen Charakter der von ihm ausgehenden Gefährdung des Überkommenen gerecht geworden wäre, ist nicht zu erkennen. Daß der Verbreiter jener beunruhigenden „Lesungen" selber in anderen als den ererbten gesellschaftlich-politischen Kategorien dachte, ist zu bezweifeln. Früh ist Mohammed hingegen deutlich geworden, daß mit der Lehre von der Nichtigkeit der Vielgötterei die Frage nach der Macht in Mekka gestellt worden war; hierüber ist noch ausführlich zu handeln. Die Muster, gemäß denen diese Frage beantwortet werden konnte, hielt die Geschichte der Stadt bereit; und für den Hāšimiten Mohammed hieß dies, vor allem die Gestalt Quṣaijs, des, wie man meinte, Wiederbegründers des abrahamischen Kaabakultes, gab die Richtung vor.

Vorzeichen des unbeabsichtigten Neuen

Die gesellschaftliche Wirklichkeit der religiösen Bewegung, die von den Eingebungen Mohammeds zwar nicht in Gang gebracht, doch zumindest gefördert worden war, entsprach diesen Vorstellungen nicht; dies kann man an der Zusammensetzung der Mitgliedschaft ablesen. Denn niemand fragte diejenigen, die sich dem Kult des einen Allah verschrieben, nach ihrer Klanzugehörigkeit oder nach ihrem Verhältnis zu den Erben Quṣaijs oder ʿAbd Manāfs. Unabhängig hiervon und jenseits jeder dadurch bedingten klanspezifischen Funktion oder Praxis beim Vollzug des alten Kultes wurde durch den Übertritt zum Islam eine neue Form religiösen Handelns gestiftet, der langsam eine neue gesellschaftliche Wirklichkeit folgte. Das Beispiel aṭ-Ṭufail b. ʿAmrs b. Ṭuraifs von den Banū Daus,[54] einem zu den Qais ʿAilān gehörenden Stamm, zeigt uns diesen sich über Jahre erstreckenden Vorgang in seinen kennzeichnenden Zügen. Aṭ-Ṭufail kam in jener Zeit nach Mekka, als die am Alten festhaltenden Quraišiten Mohammed als den Zerstörer ihrer Ordnung erkannt hatten. Wie sie sich vorgenommen hatten, warnten sie die Fremden, so auch aṭ-Ṭufail, vor dem verführerischen Singsang jenes Mannes. Gehorsam steckte sich der Dausite einen Baumwollpfropfen in die Ohren. Doch auf dem Gebetsplatz an der Kaaba kam er in der Nähe Mohammeds zu stehen und hörte notgedrungen einiges von dessen „Lesung", und das beeindruckte ihn so tief, daß er den Islam annahm: Er sprach „das Zeugnis der Wahrheit", was vermutlich die Formel „Es gibt keinen Gott außer Allah" meint. Aṭ-Ṭufail versprach Mohammed, den nicht geringen Einfluß, den er auf die Banū Daus ausübe, für die Ausbreitung des neuen Glaubens zu nutzen, ein Vorhaben, für das der Gesandte Allahs dessen Hilfe herabrief. Zu seinem Vater zurückgekehrt, sprach aṭ-Ṭufail: „Du gehörst nicht mehr zu mir und ich nicht zu dir!" Der Islam, die neue Kultpraxis des Mohammed, trenne sie voneinander. Der Vater erklärte sich bereit, dem Glauben des Sohnes zu folgen, der darauf forderte: „Geh und wasch dich und reinige deine Kleider! Dann komm zurück, damit ich dir beibringe, was man mir beigebracht hat!" Nachdem der Vater der Aufforderung entsprochen hatte, trug der Sohn ihm den Islam an, und der Vater bekehrte sich. In ähnlicher Weise drängte aṭ-Ṭufail seine Ehefrau zum Übertritt. Reinigung, das wird in diesem Zusammenhang klar, meint gerade auch die Absage an den Kult der vom Stamm verehrten Gottheit, in diesem Falle eines D̠ū š-Šarj genannten Idols, dessen heiliger Bezirk an einem spärlichen Wasserlauf lag, der einen Berg hinabrann. Ansonsten fand aṭ-Ṭufail nicht den erhofften Anklang; so begab er sich noch einmal nach Mekka, um sich über Mohammed mehr

Rückendeckung durch Allah zu verschaffen. Ob das half, erfahren wir nicht. Jedenfalls blieb aṭ-Ṭufail bei seinem Stamm, bis Mohammed im sechsten Jahr nach der Hedschra ein Abkommen mit seinen quraišitischen Feinden geschlossen hatte und zur Stillung der Kampfeslust, die wegen der gütlichen Einigung unbefriedigt geblieben war, die nördlich von Medina gelegene vorwiegend von Juden besiedelte Oase Ḫaibar belagerte. Zwischen siebzig und achtzig Muslime konnte aṭ-Ṭufail dem Propheten zuführen, und erst jetzt wurde aus der neuen Kultpraxis für deren dausitische Anhänger auch eine neue gesellschaftliche Wirklichkeit. Deren prägendes Merkmal waren der kriegerische Einsatz gegen die verbliebenen Verfechter des überkommenen Kultes und überhaupt die Gewaltanwendung für die Sache Allahs und seines Gesandten. Aṭ-Ṭufail und sein Sohn ʿAmr ließen es hieran nicht fehlen und schlugen sich auch nach Mohammeds Tod ebenso unbeirrt gegen die in muslimischer Sicht falschen Propheten Ṭulaiḥa und Musailima.[55]

Mohammed selber hatte gewiß alles Interesse daran, daß man seine Lehren verkündete und ihnen Anhänger gewann. Der Übertritt zum Islam wird als ein sehr einfacher Vorgang geschildert, der keineswegs durch ihn selber geleitet werden muß. Jeder Muslim kann das Bekenntnis eines Neophyten entgegennehmen; die rituelle Läuterung, die Abkehr von der Vielgötterei, war mit einer Waschung der Person und einer Reinigung der Kleider verbunden – ganz nach dem Muster der frühesten Erfahrungen Mohammeds. Näheres wird leider nicht mitgeteilt. Völlig unabhängig von Mohammed, von dem Mann also, der die Lehren und deren Formulierung in der „Lesung" verantwortete, bildeten sich Gruppen von Menschen, die mit der altarabischen Religion brachen; der neue Kult hatte für sie, wenn sie außerhalb Mekkas lebten, keinen täglich erfahrbaren räumlichen Bezugspunkt mehr, da die fortbestehenden Stammesheiligtümer ja nicht Allah gewidmet wurden. Und auch ein zeitlicher Bezugspunkt im Jahreslauf fehlte ihnen – ein nicht geringer Mangel in einer Gesellschaft, deren Religionsausübung fest in einen Pilgerkalender eingebettet war. In den Quellen gibt es keinerlei Hinweise darauf, daß Mohammed in Mekka, wo alles dies gegeben war, auch wenn es in seinen Augen einer Veränderung von Grund auf bedurfte, überhaupt die prekäre Lebenslage dieser Muslime begriff. Als den Stifter einer spezifisch religiösen, „islamischen" Gemeinschaft kann man ihn gerade nicht charakterisieren, und seine Geschichte seit dem mittelmekkanischen Abschnitt seines Auftretens ist die Geschichte des Vermeidens der gesellschaftlichen Folgen, die seine Botschaft zeitigte, des Vermeidens, indem er diese Folgen so umlenkte, daß sie in seine von der unübertrefflichen Würde Quṣaijs, ʿAbd Manāfs, Hāšims, ʿAbd al-Muṭṭalibs durchdrungenen Überzeugungen hineinpaßten. Der Tod wird ihn ereilen, als er dieses Ziel nahezu erreicht hat. Aber unter der nach seinen Vorstellungen gestalteten Oberfläche des medinensischen Gemeinwesens sind längst die Kräfte herangewachsen, die seinem Lebenswerk eine andere, mit seinen Lehren weit eher übereinstimmende Deutung geben und daher eine andere gesellschaftliche Wirklichkeit nicht nur zulassen, sondern sogar fordern. Diese Kräfte keimen schon in den mittelmekkanischen Jahren. Mohammed aber ist für sie blind, wie uns sein weiterer Weg lehrt.

Universalität der Botschaft, Partikularität der Machtinteressen

Eine Episode, die aus der Zeit überliefert wird, in der ʿUmar b. al-Ḫaṭṭāb schon lange Muslim ist und Abū Ṭālib sein Ende nahen fühlt, bekräftigt diesen Befund. ʿAmr b. Hišām, Umaija b. Ḫalaf, Abū Sufjān b. Ḥarb und andere tonangebende Feinde des Islams kamen in jenen Tagen zu Mohammeds Beschützer und baten diesen um eine Gefälligkeit: Er solle seinem Mündel das Versprechen abnehmen, daß er ihnen nie die Herrschaft über Mekka entreißen werde. Nicht nur außerhalb Mekkas, sondern auch in der Stadt selber hatte Mohammed im Verlauf von etwa zehn Jahren seit seiner Berufung viele Anhänger gewonnen, und er drohte in seinen Offenbarungen, wie wir sehen werden, ganz unverhüllt mit der Vertreibung der Mächtigen, weil sie nicht dem wahren Kult, dem des einen Schöpfergottes, anhingen. Auch Quṣaij, das wußte jeder Mekkaner, war unter solchen Umständen und unter solcher Rechtfertigung zur Herrschaft über die Stadt und den Kultort gelangt. „Abū Ṭālib", sprachen jene, „du kennst unser Verhältnis zu dir, und nun steht dir bevor, was du siehst, und wir fürchten um dich. Du kennst auch unseren Streit mit deinem Neffen. Ruf ihn herbei und nimm ihm zu unseren Gunsten ein Versprechen ab, und uns eines zu seinen Gunsten! Er soll von uns ablassen, und wir wollen von ihm ablassen..." Jeder möge an der von ihm für richtig gehaltenen Glaubenspraxis festhalten. In der Tat, griff der herbeigeholte Mohammed ihren Vorschlag zum Scheine auf, bedürfe es nur eines einzigen Wortes von seiten seiner Feinde, „durch das ihr die Araber beherrschen werdet und durch das sich euch die Nichtaraber unterwerfen... Ihr bekennt: ‚Es gibt keinen Gott außer Allah!' und widersagt allen anderen, die ihr neben ihm verehrt." Dazu konnten sich jene nicht verstehen, und sie verließen Abū Ṭālib in der festen Absicht, bei der Glaubenspraxis ihrer Väter zu beharren und die Tatsachen, die sich von nun an ergeben würden, entscheiden zu lassen.[56] Ibn Isḥāq kennt eine weitere Überlieferung dieses Inhalts. In ihr fordert Mohammed die Quraišiten auf: „Folgt mir, gehorcht meinem Befehl, denn er ist die (göttliche) Rechtleitung und die wahre Glaubenspraxis; dann wird Allah euch Stärke verleihen und euch vor den (übrigen) Menschen schützen und euch Güter und Söhne gewähren (Sure 71, 11)!" Jene erwiderten: „Wenn wir mit dir der (göttlichen) Rechtleitung folgen, dann wird man uns aus unserem Land fortreißen!" Darauf sandte Allah diese Offenbarung herab: „Haben wir ihnen nicht als Wohnplatz ein sicheres geheiligtes Gebiet geschenkt, zu dem Früchte jeglicher Art gebracht werden – als ein Lebensunterhalt, der von uns stammt? Die meisten von ihnen wissen aber nicht Bescheid" (Sure 28, 57).[57] Sure 28, auf die diese Mohammed in den Mund gelegten Worte anspielen, entstand gegen das Ende des mekkanischen Lebensabschnittes Mohammeds; neben vielen anderen später zu erörternden Passagen des Korans bezeugt auch sie, wie fest sich der Prophet inzwischen auf die Fortsetzung der mit Quṣaij beginnenden Geschichte seiner Sippe versteift hat, auf eine Fortsetzung allerdings nach Maßgabe seiner, wie er es sah, unmittelbar von Allah stammenden Rechtleitung. Schon Quṣaijs Schritt, die Ansiedlung der von ihm beherrschten Sippen um den Sitz Allahs herum, mitten im geheiligten Bezirk, war von Allah selber gewünscht worden; wie könnte nun die endgültige Ausrichtung des Kultes auf den einen Allah die von jenen Quraišiten befürchteten Folgen haben?

In Mohammeds Vorstellung wird diese Veränderung der Glaubenspraxis etwas ganz anderes bewirken: die Herrschaft der Quraišiten über alle Araber und schließlich auch die Übernahme der von Allah selber gestifteten Riten durch alle übrigen Völker.

3. Das Exil in Äthiopien

Exil und Hedschra

Um dieser Bestimmung des Blickwinkels willen, unter dem der Hāšimit Mohammed sich selber und sein Werk betrachtete, mußten wir dem Gang der Ereignisse im von der „Lesung" in Verwirrung gestürzten Mekka um einige Jahre vorauseilen. Wir kehren wieder in die Zeit zurück, in der die quraišitischen Klane, die durch die mohammedschen Verkündigungen ihre alten Zwistigkeiten verschärft und ihr gegenseitiges Verhältnis in Frage gestellt sahen, sich noch der Hoffnung hingaben, den Schwelbrand auszutreten, indem sie die gesellschaftlich minderrangigen Muslime durch Folter zum Widerruf zwangen und den übrigen – meist jungen Leuten – auf andere Weise den „Islam" auszutreiben suchten. Laut Ibn Isḥāq riet Mohammed in dieser Lage den Freien unter seinen Anhängern, sie sollten nach Äthiopien auswandern, bis Allah die Bedrängnis, die sie zu Hause erlitten, aufgehoben haben werde; der Negus sei ein Mann, der niemanden ungerecht behandle. „So zogen zu jener Zeit die Muslime unter den Gefährten des Gottesgesandten nach Äthiopien fort, weil sie die Heimsuchung fürchteten und mit ihrer Glaubenspraxis zu Allah flüchten wollten. Dies war die erste Auswanderung (arab.: *al-hiǧra*) im Islam."[58] Soweit Ibn Isḥāq, für den aus der Rückschau selbstverständlich alles durch Mohammed geplant und angeordnet gewesen sein muß. Ibn Hišām verweist in seiner Überarbeitung des Textes auf keinerlei Überlieferungen, die eine solche Annahme stützen könnten. Vielmehr folgen bei ihm sogleich umfangreiche Listen, die die Auswanderer eines jeden Klans erfassen; insgesamt sind es dreiundachtzig Personen.[59] Daß man auf solche Listen nicht viel geben darf, weil sie zusammengestellt wurden, um später, als dank den erfolgreichen Eroberungszügen Kriegsbeute in ungeahnter Fülle in den Händen der muslimischen Führer zusammenströmte, aus dem frühen Verdienst um den Islam Dotationsansprüche abzuleiten, deutete schon al-Wāqidī an. Das trifft auch auf diesen Fall zu; das Ausweichen nach Äthiopien soll bereits als eine Hedschra gewertet werden, um all denen, die daran beteiligt gewesen waren, und auch deren Nachkommen, einen hohen Rang im von Medina aus geleiteten Gemeinwesen der „Auswanderer" (arab.: Pl. *al-muhāǧirūn*) zu sichern. Etliche der Flüchtlinge hatten nämlich erst so spät den Weg aus Äthiopien in den Hedschas zurückgefunden, daß sie sich in Medina gleichsam ins gemachte Bett hatten legen können und den Überlebenskampf Mohammeds gegen seine Vaterstadt versäumt hatten. Der Kalif ʿUmar b. al-Ḫaṭṭāb (reg. 634–644), zu dessen Regierungszeit diese Fragen akut wurden, hätte diesen Leuten deshalb am liebsten den Status eines „Auswanderers" vorenthalten.[60] Während Ibn Isḥāq, wie Ibn Hišām ihn wiedergibt, den Unterschied zwischen der Auswanderung nach Äthiopien und der Hedschra nach Medina verwischt, indem er beide Vorgänge mit demselben Wort „Hedschra" benennt und sie nur dem Zeitpunkt nach voneinander trennt, hält er in der Überlieferung des Jūnus b. Bukair beides grundsätzlich auseinander: „Als die Plage heftig und die Heimsuchung unerträglich hart geworden war, vergriff man sich an den Gefährten des Gottesgesandten. Die letzte Heimsuchung, die diejenigen Muslime, die die Hedschra vollzogen, (aus Mekka) vertrieb, erfolgte nach (dem Weggang) derjenigen, die vor ihnen in das Land Äthiopien ausgezogen waren."[61] Nur die „letzte Heimsuchung" mündet hier in eine Hedschra.

Ibn Isḥāq schließt bei Jūnus b. Bukair an die eben zitierte allgemeine Bemerkung eine bei az-Zuhrī entlehnte Überlieferung an, die dieser auf Umm Salama zurückführt. Bei ihr handelt es sich um eine Maḫzūmitin, die Ehefrau eines Klangenossen namens ʿAbdallāh b. ʿAbd al-Asad, der einer der ersten Quraišiten war, die wegen des Glaubens nach Äthiopien flohen,[62] worüber gleich Genaueres zu sagen ist. Er war ein Milchbruder Mohammeds, und seine Mutter Barra war eine Tochter ʿAbd al-Muṭṭalibs.[63] Im übrigen zählte ʿAbdallāh b. ʿAbd al-Asad zu denjenigen, die ungefähr zur Zeit der Hedschra aus dem afrikanischen Exil zurückkehrten und sich in Medina in das Gemeinwesen des Propheten eingliederten. ʿAbdallāh nahm an dessen Kriegen gegen Mekka teil und erlag am 8. Ǧumādā l-āḫira des Jahres 4 (15. November 625) einer schweren Verwundung. Vier Monate später heiratete Mohammed die Witwe, der danach noch ein langes Leben beschieden war; sie starb erst im Herbst 679.[64] Laut az-Zuhrī erzählte Umm Salama einem Klangenossen, dem Maḫzūmiten Abū Bakr b. ʿAbd ar-Raḥmān (gest. 711/2),[65] daß man den Gefährten Mohammeds das Leben in Mekka immer schwerer gemacht habe; man habe den Abfall vom neuen Glauben erzwingen wollen. Der Gottesgesandte habe ihnen nicht beistehen können; er selber „genoß den Schutz (arab.: *al-manʿa*) seiner Sippe und seines Onkels; ihn traf nichts von all dem Abscheulichen, das seine Gefährten erlitten". Da habe Mohammed empfohlen, die Betroffenen sollten beim Negus Zuflucht suchen; dieser sei ein gerechter Mann und werde niemandem etwas antun.[66] Ibn Hišām unterdrückt diese Überlieferung, stellt sie Mohammed doch in ein wenig vorteilhaftes Licht: Er hat nichts Vergleichbares zu erdulden; für seine Anhänger setzt er sich nicht wirklich ein. Wie wir aus dem Koran erfuhren, liegt ihm vor allem seine Sippe am Herzen.

Hat er tatsächlich den Muslimen aus anderen Klanen geraten, sich in Äthiopien in Sicherheit zu bringen? Möglich ist dies immerhin. Die Handelsbeziehungen nach Äthiopien waren zuerst von al-Muṭṭalib b. ʿAbd Manāf auf eine sichere Grundlage gestellt worden; er, so heißt es, habe mit dem Negus einen Schwurbund geschlossen, durch den die quraišitischen Kaufleute ungefährdeten Zugang zu seinem Reich erhielten. Hāšim habe das gleiche beim Statthalter des Herakleios erwirkt.[67] Um den quraišitischen Karawanen eine unbehelligte Reise in den Jemen zu ermöglichen, von wo aus man die Waren über das Rote Meer verfrachtete, scheint sich al-Muṭṭalib danach vorwiegend im Süden Arabiens aufgehalten zu haben, wo er in Radmān[68] östlich von Sanaa verstarb. Aus Muḥammad b. Ḥabībs Überblick über die Geschichte der Quraišiten erfahren wir, daß sich nun ʿAbd Šams des Äthiopienhandels angenommen habe.[69] Später jedoch, gegen Ende des 6. Jahrhunderts, sind die Hāšimiten und die Nachfahren des ʿAbd Šams miteinander zerfallen; wegen der Schlichtung ihres Streites wenden sie sich sogar an den Negus, der es aber ablehnt, sich in ihre Angelegenheiten zu mischen.[70] In der sich durch das Auftreten Mohammeds verschärfenden Rivalität zwischen den Klanen werden die Hāšimiten und die Banū l-Muṭṭalib, Mitglieder des Schwurbundes „der Herausragenden", auf ihre Verdienste um die großen Karawanen nach Norden und Süden gepocht haben; im Koran ist davon, wie gehört, die Rede. Da Abraha seinen äthiopischen Oberherrn abgeschüttelt und im Jemen als Usurpator geherrscht hatte, konnten die Hāšimiten und mit ihnen die Banū l-Muṭṭalib hoffen, jenseits des Roten Meeres nicht unwillkommen zu sein, zumal sich die Nachkommen ʿAbd al-Muṭṭalibs mit ihrem Sieg gegen die Abtrünnigen brüsteten.

Was aber für die Beurteilung der Gründe der Flucht nach Äthiopien noch mehr Gewicht hat, ist die Tatsache, daß auf den Listen der Name Ǧaʿfars, eines Sohnes Abū Ṭālibs, auftaucht.[71] Zu den allerersten, die in das afrikanische Königreich aufbrachen, gehört Ǧaʿfar nicht, aber anders als der eben erwähnte ʿAbdallāh b. ʿAbd al-Asad, der maḫzūmitische Milchbruder Mohammeds, verließ er sein Exil erst, als sich dieser Ḫaibars bemächtigt hatte.[72] Daß ein Maḫzūmite, selbst wenn er nach damaliger arabischer Vorstellung eng mit Mohammed verwandt war, von dem Hāšimiten Abū Ṭālib keine Solidarität erwarten konnte und daher den Weg in die Fremde bevorzugte, leuchtet vielleicht noch ein. Weswegen aber Abū Ṭālib seinem leiblichen Sohn Ǧaʿfar den Schutz versagt haben sollte, den er seinem Mündel Mohammed so selbstlos gewährte, ist nicht zu erklären – es sei denn, man interpretierte die in der Überlieferung Umm Salamas am frühesten bezeugte und von Ibn Isḥāq in seinen Vorbemerkungen zur Schilderung der Flucht nach Äthiopien aufgegriffene Behauptung, Mohammed habe seine Anhänger ausdrücklich dorthin geschickt, als den Versuch, diesen nachträglich zum Herrn des Geschehens zu erheben: Die Bedrängnis wurde zu arg, und da fiel Mohammed ein, daß die Leidenden doch zum Negus ausweichen könnten.

Die erste „islamische" Gemeinde und die erste Auswanderung nach Äthiopien

Lassen wir aber diese Deutung fallen, dann nähern wir uns ein wenig der Wahrheit, und die besagt, daß Personen, die den Islam annahmen, sehr wohl Glieder ihrer Solidargemeinschaft bleiben konnten, offensichtlich innerhalb dieser geduldet wurden und keinesfalls zu fliehen brauchten. Wir haben das Beispiel aṭ-Ṭufail b. ʿAmrs kennengelernt und wollen uns ein weiteres, sehr erhellendes anschauen. „Der Prophet befahl uns, mit Ǧaʿfar b. abī Ṭālib in das Land des Negus fortzuziehen. Davon erfuhren die Quraišiten, und sie schickten ʿAmr b. al-ʿĀṣ und ʿUmāra b. al-Walīd (an ihn); sie hatten für den Negus ein Geschenk zusammengebracht. So kamen wir und (die quraišitische Gesandtschaft gleichzeitig) beim Negus an." Diese Aussage will ein gewisser Abū Burda von seinem berühmten Vater, dem kufischen Statthalter Abū Mūsā al-Ašʿarī (gest. vermutlich 662), gehört haben: Der Rang seiner Sippe in der frühislamischen Zeit wird dadurch bestimmt, daß sie „von Anfang an" den Anweisungen des Propheten gefolgt sein soll; und in dieser Überlieferung ist es Mohammed selber, der die Order gibt, man habe sich Ǧaʿfar anzuschließen und nach Äthiopien zu reisen. In Wahrheit, das wußten die Kenner der Prophetenvita wie Ibn Isḥāq, Mūsā b. ʿUqba (gest. 758) oder Abū Maʿšar (gest. 786),[73] war Abū Mūsā nie in Äthiopien gewesen. Er war vielmehr bald nach Mohammeds Berufung nach Mekka gekommen, war dort dem Islam beigetreten und zu seinem Stamm zurückgekehrt. Erst als Mohammed Ḫaibar belagerte, hatte er sich mit etlichen Stammesgenossen bei ihm eingefunden. Da etwa zur selben Zeit die letzten Rückkehrer aus Äthiopien eintrafen, schlugen ihn manche Überlieferer dieser Gruppe zu.[74] Sie konnten sich nur schwer vorstellen, daß ein so angesehener Mann, der unter ʿUmar eine wichtige Statthalterschaft innehatte, keinerlei „Auswanderung" geltend machen konnte.[75] Warum aber blieben in Mekka die muslimischen Mitglieder angesehener Sippen und Stämme unbehelligt, ja, wurden sogar zur Rückkehr aufgefordert? Die naheliegendste Erklärung lautet, daß man ihren politischen Ehrgeiz fürchtete. Ǧaʿfars Reise zum Negus müßte unter diesem Gesichtspunkt in einem ganz anderen Licht erscheinen: Er suchte den Negus zugunsten Mohammeds in die klaninternen Streitereien Mekkas hineinzuziehen. Aber da die Quellen schweigen, hat man es bei dieser Vermutung zu belassen.

Der Islam konnte sich demnach unabhängig vom unmittelbaren Einwirken Mohammeds ausbreiten. Daß der Aufbruch mehrerer Quraišiten nach Äthiopien durch Verfolgungen erzwungen und durch seinen Ratschlage veranlaßt wurde, kann daher kaum stimmen. Ja, es erscheint unglaubwürdig, wenn man sich die Tatsache vor Augen führt, daß ʿUṯmān b. Maẓʿūn der Anführer der Äthiopienfahrer gewesen ist,[76] ein Mann, der, wie erinnerlich, im Gegensatz zu Mohammed ein strenges Ḥanīfentum verfocht und gegen das Diesseits eine asketische Haltung an den Tag legte.[77] Als sich im Exil das Gerücht verbreitete, in Mekka praktiziere man inzwischen den mohammedschen Gebetsritus, brach man in die Heimat auf. Man mußte freilich schnell einsehen, daß man sich hatte täuschen lassen. Über die Umstände dieses Irrtums ist gleich einiges zu sagen. Zu allem Übel konnten die Heimkehrer nicht mehr für sich beanspruchen, als Mitglieder ihrer jeweiligen Sippe unverletzlich zu sein; sie hatten durch das Ausweichen in die Fremde augenscheinlich den ihnen angeborenen Status verloren, womöglich auch bewußt aufgegeben. Allerdings erhielten die beiden, die nicht heimlich, sondern offen in ihre Vaterstadt zurückgekommen waren, dann doch den Fremdenschutz (arab.: *al-ǧiwār*) einflußreicher Quraišiten. Es handelte sich um ʿUṯmān b. Maẓʿūn, der zunächst dank diesem Rechtsinstitut der Stammesgesellschaft in Sicherheit lebte, dann aber erkannte, daß diese Art von Sicherheit nicht diejenige sei, die zu seinem Glauben an den einen Allah passe. Er verzichtete in aller Öffentlichkeit auf den ihm von dem Maḫzūmiten al-Walīd b. al-Muġīra gewährten Fremdenschutz. Nur Allah, so behauptete ʿUṯmān, gewährleiste die Unversehrtheit von Leib und Leben. Es sei überdies schändlich, sich auf einen Heiden zu verlassen, während gleichzeitig Gläubige verfolgt würden.[78] Der zweite war ʿAbdallāh b. ʿAbd al-Asad; für dessen Sicherheit bürgte Abū Ṭālib.[79] Wen aber hätte ʿUṯmān b. Maẓʿūns scharfe Kritik an diesem Vorgehen peinlicher berühren sollen als eben jenen Mohammed, der in dieser Sicht der Dinge nicht die bitteren Konsequenzen aus seinen schönen Worten zu ziehen bereit war, aber, wie wir schon wissen, mit der Entscheidung für das weitherzige monotheistische Heidentum seinen machtpolitischen Aufstieg vorbereitete?

Die „satanischen" Verse und die zweite Auswanderung

Eben hierzu scheint er nachträglich das nicht von ihm gesteuerte Ausweichen einiger Ḥanīfen nach Äthiopien genutzt zu haben. ʿAbd al-Muṭṭalibs Ruhm beruhte auf der Abwehr der christlichen Abtrünnigen des Negus, die im Jemen regierten. Jetzt waren einige Mohammeds Gedankengut Nahestehende um der Riten willen zum Negus ausgewichen, von dem sie gut aufgenommen worden waren. Weshalb sollte der Gesandte Allahs diese Tatsache nicht als ein Druckmittel gegen seine quraišitischen Feinde einsetzen? Eine Allianz, wie unbestimmt auch immer, mit dem christlichen Herrscher, der zudem mit Byzanz in Verbindung stand – weshalb nicht? Die politischen Neigungen im Klan Ḫadīǧas erwähnten wir; am Beginn von Sure 30 sollte Mohammed bald selber verkünden, daß er es nun, anders als die einflußreichen quraišitischen Sippen seiner Tage, mit den Byzantinern hielt. Damit bekommen wir einen anderen Zipfel der Tatsachen in die Hand, die sich unter der Überlieferung vom äthiopischen Exil verbergen. – Jahrzehnte später, während des Kalifats Ibn az-Zubairs, wird sich die Interessengleichheit der hedschasischen Muslime mit dem Negus und den Byzantinern auf überraschende Weise von neuem einstellen, wieder zu Lasten des führenden quraišitischen Klans.[80] – In der von Ibn Hišām unabhängigen Geschichtsüberlieferung beginnt der eben beschriebene Auszug einiger mekkanischer Muslime im Raǧab des fünften Jahres nach der Berufung Mohammeds. Elf Männer, unter ihnen ʿUṯmān b. Maẓʿūn und ʿAbdallāh b. ʿAbd al-Asad, nicht aber Ǧaʿfar b. abī Ṭālib, setzten sich heimlich nach aš-Šuʿaiba ab, dem damaligen Hafen Mekkas am Roten Meer, bezahlten einen halben Dinar für die Überfahrt und konnten dann in Äthiopien frei von allen Belästigungen Allah entsprechend ihren neuen Riten verehren. In Mekka spielten sich unterdessen Vorgänge ab, die Ibn Hišām vorsichtshalber überspringt: Die Affäre mit den „satanischen Versen" ist zu peinlich, als daß sie weitererzählt werden durfte. Ibn Isḥāq kannte sie natürlich, wie wir aus Jūnus b. Bukairs Überarbeitung der Prophetenvita wissen: Beim Rezitieren von Sure 53, derjenigen, mit der Mohammed sich an die Öffentlichkeit gewagt hatte, fügte er nun an die Erwähnung der Gottheiten al-Lāt, al-ʿUzzā und Manāt die Bemerkung an, daß man deren Fürbitte bei Allah erhoffen dürfe. Seine quraišitischen Feinde waren darüber erleichtert. Daß Allah allein über Leben und Tod bestimme, wollten sie nun anerkennen, wurde doch im Gegenzug die Religion ihrer Väter, die Anbetung jener Vermittlerinnen, nicht mehr als verwerflich gebrandmarkt. Ein Ausgleich zwischen den Konfliktparteien schien greifbar nahe. Die mächtigen Klanführer brachten es über sich, den neumodischen Gebetsritus Mohammeds gutzuheißen und die mit Widerwillen betrachteten Prosternationen zu vollziehen. Die Kunde von der Übernahme gerade dieser zuvor anscheinend strikt abgelehnten Neuerung durch die Quraišiten gelangte schnell nach Äthiopien; der wichtigste Grund für das Exil schien weggefallen zu sein, und so kehrten jene elf schon nach drei Monaten in die Heimat zurück.[81] Mohammed, vielleicht auf Unterstützung von außen hoffend, widerrief seine Zugeständnisse – und erklärte sie später in Medina, wie gezeigt, für Einflüsterungen des Satans. Mit solchem Taktieren verschlimmerte er die Lage der mekkanischen Muslime entscheidend, und jetzt erst reisten jene dreiundachtzig Männer ab, unter ihnen Ǧaʿfar; dies ist das Ereignis, mit dem bei Ibn Hišām die äthiopische Episode beginnt.Und diese zweite Auswanderung nach Äthiopien ist nun ein so ernstes Politikum, daß die Quraišiten sich um Gegenmaßnahmen bemühen. Denn ein Zusammengehen der Anhänger des Unruhe stiftenden Enkels ʿAbd al-Muṭṭalibs mit dem Negus kann sich sehr wohl auf das labile Kräfteverhältnis unter den Klanen auswirken. Deshalb sandten die Quraišiten ʿAmr b. al-ʿĀṣ und ʿUmāra b. al-Walīd über das Rote Meer. Noch einmal, mit dem Weggang nach aṭ Ṭāʾif, wird Mohammed die politischen Verhältnisse falsch einschätzen; danach aber machten die Mekkaner den entscheidenden Fehler, ihn unbedingt loswerden zu wollen.[82]

Die Lage im Exil

Die Nachrichten über das Leben der Flüchtlinge in Äthiopien sind zu dürftig, als daß wir uns eine klare Vorstellung von ihren dortigen Verhältnissen machen könnten. Das einzige, wovon wir erfahren, ist die ungewisse politische Lage, in der sich die Fremden befanden. Die Herrschaft des Negus war nämlich keineswegs gefestigt. Sein Vater und Vorgänger war einer Verschwörung einiger Höflinge zum Opfer gefallen. Der Bruder des Vaters hatte zwölf Söhne, und man befürchtete, daß die Dynastie untergehen könnte, falls der legitime Herrscher, dem nur ein einziger Sohn beschieden war, auf dem Thron verbliebe. Man ermordete den Negus und inthronisierte an dessen Stelle den kinderreichen Bruder. Nun fügte es sich, daß der seiner Anwartschaft auf die Herrschaft beraubte einzige Sohn des Ermordeten dank seiner Begabung und Zuverlässigkeit das Vertrauen des regierenden Onkels errang und die Höflinge fürchteten, dieser könne gerade ihn zu seinem Nachfolger bestimmen, eine Aussicht, die den Mördern naturgemäß nicht behagte. Ihre Clique bemächtigte sich des jungen Mannes und verkaufte ihn auf dem Sklavenmarkt für sechshundert Silberdirham. Noch am selben Abend soll der Onkel während eines Unwetters vom Blitz erschlagen worden sein. Da bereuten die Verbrecher ihre Untaten, zumal sich alle zwölf Söhne des vom Schicksal ins Jenseits Beförderten als untauglich erwiesen. Zum Glück machte man den Händler ausfindig, nahm ihm den vermeintlichen Sklaven ab und krönte ihn, den rechtmäßigen Thronfolger. Später ließ dieser Herrscher einem Kaufmann, der sich beklagte, man habe ihm einst einen von ihm erworbenen Sklaven entrissen, Gerechtigkeit widerfahren – ohne zu ahnen, daß es sich um seinen eigenen Fall handelte. Man möge dem Kläger entweder den Kaufpreis zurückerstatten oder ihm sein rechtmäßiges Eigentum aushändigen. Die Höflinge beeilten sich, dem Händler das Geld zu übergeben. „Allah nahm von mir keine Bestechung an, als er mich in meine Herrschaft einsetzte; so brauche ich nun um der Herrschaft willen nicht bestechlich zu sein. Die Untertanen gehorchten nicht um meinetwillen, so daß ich ihnen um der (Bewahrung der) Herrschaft willen gehorchen müßte“, soll der neue König geäußert haben, als er den Sachverhalt durchschaute. So gab er ein Zeugnis seiner aufrechten Gesinnung.[83] Die enge Verbindung dieses Herrschers mit den Asylanten brachte ihn bald in Bedrängnis; man warf ihm vor, die angestammte christliche Kultpraxis verlassen zu haben und unter den Einfluß der Fremden geraten zu sein. Eine Rebellion brach aus. Der Herrscher riet

Ǧaʿfar und den anderen Muslimen, sich für den Fall seiner Niederlage auf die Flucht vorzubereiten. Er selber legte sich an der rechten Schulter unter das Gewand einen Fetzen, auf dem geschrieben stand: Es gibt keinen Gott außer Allah, und Mohammed ist sein Knecht und Gesandter. Jesus, der Sohn der Maria, ist sein Knecht, Gesandter und Geist, sein Wort, das er Maria einhauchte." Durch diesen Talisman gestärkt, trat er den Feinden entgegen, fragte, was sie ihm vorzuwerfen hätten. Nichts, außer daß er seinen Glauben geändert habe und jetzt behaupte, Jesus sei der Knecht Gottes, wo es doch christliche Lehre sei, daß er Gottes Sohn ist. „Er ist der Sohn Marias!" erwiderte der Negus, fügte nichts hinzu, sondern berührte mit der Hand die rechte Schulter, für seine Feinde unerkennbar die der christlichen zuwiderlaufende Lehre bekräftigend. Jene waren zufrieden und beendeten die Rebellion.[84]

In einer anderen Überlieferung sind es die Exilanten, die durch den Negus nach ihren religiösen Lehren ausgefragt werden. Den heidnischen Quraišiten war es nämlich nicht recht gewesen, daß Mitglieder ihres Stammes, die mit dem Herkommen gebrochen hatten, in Äthiopien Sicherheit genossen. Darum hatten sie ʿAmr b. al-ʿĀṣ von den Banū Sahm[85] und den Maḫzūmiten ʿAbdallāh b. abī Rabīʿa[86] mit Geschenken an den Negus gesandt, um ihn gegen die Fremden einzunehmen. Die beiden schwärzten ihre Stammesgenossen als gefährliche Narren an, die überdies keineswegs zum in Äthiopien herrschenden Christentum übergetreten seien, sondern einer eigenen Lehre anhingen. Allerdings fürchteten ʿAmr und ʿAbdallāh, der König werde sich selber ein Bild von den Glaubensvorstellungen der Exilanten machen wollen. Genau darauf bestand der Herrscher, und Ǧaʿfar b. abī Ṭālib führte aus: Man komme aus einem Volk, das Idole anbete und anstößige Sitten pflege; der neue Glaube, der Islam, untersage dies alles. Als ein Zeugnis für den Geist des Islams trug Ǧaʿfar die Maria gewidmete Sure 19 vor, die in der Tat aus derselben Zeit stammt, in der Sure 26 offenbart wurde, also in die Jahre der Verschlechterung der Beziehungen unter den quraišitischen Klanen gehört. Der Negus wollte nun genau erfahren, was Mohammed über Jesus lehre. „Er ist der Knecht, der Gesandte, der Geist Allahs, dessen Wort, der Jungfrau Maria eingehaucht." Dies alles, so der Herrscher, treffe wirklich auf Jesus zu, und so bleibe den Fremden das Asyl erhalten. Die anwesenden Patriarchen schnaubten allerdings vor Wut, denn die Gottessohnschaft Jesu war mit Stillschweigen übergangen worden. Die quraišitischen Abgesandten aber mußten unverrichteterdinge heimreisen; selbst ihre Geschenke wies man zurück. In diesem Zusammenhang soll der Negus gesagt haben: „Allah nahm von mir keine Bestechung an..." Der Verdacht kam auf, daß der Herrscher sich durch die Asylanten vom wahren Glauben habe abbringen lassen, doch wurde der Aufstand schnell niedergeschlagen, und die Fremden durften in Äthiopien bleiben. Einige Zeit später kehrten etliche nach Mekka zurück[87] – wie wir wissen, als sich in Medina eine muslimische Gemeinde zu bilden begann –, andere fanden erst den Weg zu Mohammed, als sich dessen Triumph über seine mekkanischen Feinde abzeichnete.

Das Exil und die große Politik

Die Episode des äthiopischen Exils bleibt in mancher Hinsicht rätselhaft. Zuallererst stellt sich die Frage, wie sie sich in die Rivalitäten der quraišitischen Sippen und in deren unterschiedliche politische Neigungen einordnet. Die Beziehungen nach Afrika waren von al-Muṭṭalib geknüpft oder zumindest vorbereitet worden; ʿAbd Šams pflegte sie weiter. Die Verbindungen nach Hira und damit in das Sasanidische Reich waren das Werk Naufal b. ʿAbd Manāfs, eines Halbbruders von Hāšim, al-Muṭṭalib und ʿAbd Šams.[88] ʿAbd al-Muṭṭalib erachtete die Linie Naufals anscheinend nicht für ebenbürtig; als dessen Sohn ʿAdī zwischen aṣ-Ṣafā und al-Marwa einen Brunnen zur Erquickung der Wallfahrer graben lassen wollte, widersetzte sich ʿAbd al-Muṭṭalib lange diesem Vorhaben[89] – ähnlich wie man dem Maḫzūmiten Abū Rabīʿa b. al-Muġīra den Hinweis auf die Verdienste seines Klangenossen Suwaid b. Harmī um die Speisung der Fremden nicht ohne herabsetzende Kommentierung durchgehen ließ. Eifersüchtig wachten die Nachkommen der Söhne Hāšim, al-Muṭṭalib und ʿAbd Šams, die ʿAbd Manāf mit einer Frau von den Banū Sulaim gezeugt hatte,[90] über ihre einst unangefochtene Führung in den kultischen Angelegenheiten. Daß ausgerechnet al-Muṭʿim b. ʿAdī b. Naufal dem Gesandten Allahs später, nach dessen kurzem Aufenthalt in aṭ-Ṭāʾif, Nachbarschutz gewähren sollte,[91] mag auch mit der Außenseiterstellung der Banū Naufal b. ʿAbd Manāf gegenüber den Nachkommen seiner Halbbrüder zu erklären sein. Die Banū ʿAbd Šams werden jedenfalls nicht mit Freude bemerkt haben, daß der in Mekka von den Banū Hāšim und den Banū l-Muṭṭalib ausgehende Widerstand gegen ihre Ambitionen nunmehr nach Äthiopien getragen wurde, das sie seit einiger Zeit als ihr Zuständigkeitsgebiet betrachteten.[92]

Damit begab man sich nämlich in die byzantinische Interessensphäre, und dieser Umstand wird uns später noch einmal auf die Banū ʿAbd Šams hinweisen: Im syrisch-palästinensischen Raum, in den Mohammed in seinen letzten Lebensjahren seine Herrschaft auszudehnen trachtet, haben die Banū ʿAbd Šams, nicht etwa die Hāšimiten, eine Hausmacht. Doch schon vorher, gegen Ende seines Wirkens in Mekka, deutet Mohammed an, daß er die Geschicke des Byzantinischen Reiches aufmerksam verfolgt: Die Byzantiner verloren 613 Damaskus und 614 Jerusalem an die Sasaniden, aber er setzt diesem von ihm wohl mit Unbehagen beobachteten Geschehen die Hoffnung auf eine Wende entgegen, über die sich die „Gläubigen“ freuen würden (Sure 30, 2–5).[93] Das Verhältnis zwischen dem Negus, der die Exilanten aufgenommen hatte, und Mohammed gestaltete sich freundlich, sobald letzterer die Gemeinde in Medina leitete. Der Negus ließ ihm als Geschenk einen goldenen Siegelring überbringen, den Mohammed jedoch an seine Enkelin Umāma weiterreichte; Umāma entstammte der Ehe seiner Tochter Zainab mit Abū l-ʿĀṣ b. ar-Rabīʿ von den Banū ʿAbd Šams.[94] Außerdem übersandte ihm der Negus zwei schwarze Pantoffeln[95] sowie drei Zeremonialstäbe (arab.: *al-ʿanaza*), jeder etwa von der halben Länge eines gewöhnlichen Speeres. Der Gebetsrufer Bilāl trug einen solchen Stab fortan beim Fest des Fastenbrechens und beim Opferfest vor dem Propheten her, wenn dieser zum Gebetsplatz schritt. Dort wurde der Stab in den Boden gesteckt und markierte die Gebetsrichtung. Er blieb bis unter ʿUṯmān (reg. 644–656) als ein Zeichen der Würde des Oberhauptes der Muslime in Gebrauch, danach verwendeten ihn die medinensischen Statthalter der Kalifen.[96] In den Tagen, als Mohammed Umm Salama, die Witwe ʿAbdallāh b. ʿAbd al-Asads, ehelichte, brachte er Gegengeschenke auf den Weg. Er soll schon geahnt haben, daß sie ihren Empfänger nicht mehr erreichen würden. Und so war es auch. Man sandte sie zurück, da der Negus, der die Muslime so zuvorkommend behandelte, verstorben war. Mohammed verteilte die Kostbarkeiten an seinen Harem.[97]

Mohammed und Äthiopien

Zwischen dem Abkommen von al-Ḥudaibīja und dem Eroberungskrieg gegen die Oase Ḫaibar bat Mohammed den Nachfolger des verstorbenen Negus, er möge ihm Umm Ḥabība antrauen, eine Tochter Abū Sufjān b. Ḥarbs, deren Ehemann ʿUbaidallāh b. Ǧaḥš Christ geworden war; der Herrscher habe diesem Wunsch entsprochen, so daß Umm Ḥabība als Gattin des Propheten die Reise nach Medina angetreten habe, zusammen mit den bis zu jenem späten Zeitpunkt in Äthiopien verbliebenen restlichen Exilanten. Diesen die Rückkehr zu erleichtern, hatte Mohammed ebenfalls gebeten, und der afrikanische Herrscher habe dafür zwei Schiffe zur Verfügung gestellt. Wie Umm Ḥabība unter diesen Umständen in den Harem gelangt sei, den sich der Prophet als Oberhaupt der muslimischen Gemeinde in Medina schuf, wird, mit mancherlei Einzelheiten ausgeschmückt, erzählt.[98] Dem steht der kurze Hinweis entgegen, sie sei mit ihrer in Äthiopien geborenen Tochter zurückgekehrt, und zwar nach Mekka – mithin etwa sechs Jahre eher als nach der vorigen Version.[99] Dieser Spur folgend, stößt man auf die Nachricht, ʿUṯmān b. ʿAffān, ein Urenkel von Umaija b. ʿAbd Šams und früher Anhänger Mohammeds, habe die Ehe Umm Ḥabības mit dem Propheten eingefädelt. Da auch ʿUṯmān in Äthiopien gewesen war, aber zu den dreiunddreißig Exilanten gehörte, die kurz vor der Vertreibung Mohammeds aus Mekka zusammen mit anderen Muslimen die Gemeinde der „Auswanderer" in Medina gründeten, muß die Vereinbarung der Ehe mit der Tochter Abū Sufjān b. Ḥarbs, eines erklärten Feindes des Propheten, in diese Periode folgenreicher Entscheidungen fallen. Dieser Kontrakt, wenn es ihn denn gegeben haben sollte, wäre als der Versuch eines Ausgleichs zwischen den Gegnern zu deuten, der aber nicht zu Ende geführt wurde. Erst nach dem Vertrag von al-Ḥudaibīja, so heißt es in diesem Zusammenhang weiter, habe das Eheversprechen eingelöst werden können; in Medina habe der Prophet die Tochter Abū Sufjāns geheiratet, wobei ʿUṯmān das Gastmahl ausgerichtet habe.[100] Die schöne Geschichte mit dem Negus, der auf Bitten Mohammeds als Ehestifter tätig wird, wäre demnach frei erfunden – zu welchem Zweck? Zwei Antworten auf diese Frage sind möglich. Wenn Mohammed so kurz vor der Hedschra nach einer Versöhnung mit seinen Feinden gestrebt hätte, was wäre es dann mit seinem heroischen Dulden und Leiden in Mekka, dem in der muslimischen Geschichtserinnerung so pointiert herausgearbeiteten Grund für die Hedschra und für die sich aus ihr ergebende Stiftung eines spezifisch muslimischen Gemeinwesens? Diese Problematik werden wir im Schlußteil dieses Kapitels aufgreifen. Die zweite Antwort nimmt das Verhältnis der Muslime zu den äthiopischen Christen und zum Christentum im allgemeinen in den Blick.

Liest man die Erzählung von der Verheiratung Umm Ḥabības durch den Negus, gewinnt man den Eindruck, dieser sei eine Art Weisungsempfänger Mohammeds gewesen: Er bereitet auf dessen Wunsch die Ehe vor; er trifft zudem die notwendigen Maßnahmen, damit die letzten noch in Äthiopien weilenden Muslime, wie vom Propheten gefordert, nach Medina reisen können. Nun hat Ibn Isḥāq von seinem Vater Isḥāq b. Jasār[101] folgendes gehört: „Ich habe Abū Naizar, den Sohn des Negus, gesehen. Nie kam mir ein arabischer oder fremder Mann unter die Augen, der stattlicher, größer an Gestalt und von blendenderem Äußeren gewesen wäre als er! ʿAlī b. abī Ṭālib hatte ihn bei einem Händler in Mekka entdeckt, ihn diesem abgekauft und freigelassen, um dem Sohn zu entgelten, was der Vater Ǧaʿfar (b. abī Ṭālib) und dessen Leuten an Gutem getan hatte. Ich fragte meinen Vater: ‚War Abū Naizar so schwarz wie die Äthiopier?' ‚Hättest du ihn selber gesehen', lautete die Antwort, ‚du hättest ihn für einen Araber gehalten!'" Isḥāqs Vater Jasār war als junger Bursche im Jahre 12 (begann am 18. März 633) nach der Niederlage der Sasaniden gegen Ḫālid b. al-Walīd bei ʿAin at-Tamr in den Besitz von ʿAbdallāh b. Qais gelangt, einem Mann aus der Sippe der Banū l-Muṭṭalib, verbrachte sein Leben also in einer den hāšimitischen Angelegenheiten zugetanen Umgebung. Bei ʿAin at-Tamr, unweit Anbar im Irak gelegen, hatte Ḫālid b. al-Walīd nach dem Vorbild des ein Jahr zuvor gestorbenen Propheten[102] die besiegten Männer erschlagen und deren Frauen gefangengenommen; in einem nahegelegenen Kloster war er dann auf eine größere Anzahl junger Burschen gestoßen, die als Sklaven veräußert wurden.[103] Aus deren Nachkommenschaft ging eine Reihe bedeutender frühislamischer Gelehrter hervor, die, wie Jasār, sein Sohn und sein Enkel, in unmittelbarer Berührung mit den führenden Kreisen der Muslime aufwuchsen. Isḥāq also hatte einen Sohn des Negus kennengelernt. Über ihn brachte Ibn Isḥāq dank Gewährsleuten aus dem ḥasanitischen Zweig der Nachfahren ʿAlīs weiteres in Erfahrung: Eines Tages seien zu Abū Naizar einige Äthiopier gekommen, die ʿAlī b. abī Ṭālib einen Monat lang bewirtet habe; sie hätten berichtet, Äthiopien werde von politischen Wirren geplagt, und so möge doch der Sohn des Herrschers mit ihnen in ihre Heimat ziehen und die Macht ergreifen. Abū Naizar wies diesen Vorschlag zurück; er sei inzwischen Muslim geworden.[104]

Der Widerhall der vorhin nacherzählten Geschichte über den in die Sklaverei verkauften Königssohn ist nicht zu überhören. Einen Anschluß an überlieferte Ereignisse finden wir, indem wir uns ins Gedächtnis rufen, daß die Maḫzūmitin Umm Salama bald nach dem November 625 Mohammeds Ehefrau wurde, und im Zusammenhang damit wurde uns mitgeteilt, daß die dem Negus von seiten Mohammeds zugedachten Geschenke ihn nicht mehr erreichten. Erst hiernach soll der Prophet die Gesandtschaft mit den beiden Forderungen nach Äthiopien geschickt haben; deren erste, die Stiftung der Ehe mit Umm Ḥabība, dürfen wir vielleicht in das Reich der Legende verweisen; ohnehin ist umstritten, wer überhaupt in dieser Angelegenheit Mohammeds Botschafter gewesen sei. Was dagegen die Episode von Umm Ḥabības äthiopischer Verheiratung in Verbindung mit den eben zitierten Nachrichten Ibn Isḥāqs andeutet, ist die Verschlechterung der Beziehungen der Muslime mit den Christen, vermutlich gerade auch mit Äthiopien, wo nach dem Tod des araberfreundlichen Negus die Anhänger der neuen Religion womöglich unerwünscht waren. Wohin hätten sich die letzten Exilanten wenden sollen, wenn nicht nach Medina? Daß Mohammed sie ausdrücklich zu sich gerufen habe, ist eine Behauptung, die der Untermauerung der, wie wir sahen, während des Kalifats ʿUmars umstrittenen Zugehörigkeit der Exilanten zu den „Auswanderern" dient; deren „echte", medinensische Gruppe hatte schließlich die Kriege gegen Mekka ausgefochten und bestand jetzt verständlicherweise auf einer bevorzugten Behandlung. Als die letzten Exilanten nach Medina kamen, hatten sich in Äthiopien die Verhältnisse wahrscheinlich tiefgreifend verändert; einige Jahrzehnte danach mag sich eine der dort streitenden Parteien des außer Landes verkauften Sohnes des Negus erinnert haben. – Die äthiopischen Angelegenheiten werden wir später noch einmal überprüfen, und zwar im Lichte von Einsichten, die wir uns erst noch erarbeiten müssen.[105]

Antichristliche Ausgestaltung der Berichte über das Exil

Aufschlußreich ist jedoch, daß wir in den Überlieferungen zum äthiopischen Exil eine Reihe von Hinweisen auf die Anfänge einer Auseinandersetzung zwischen dem auftrumpfenden Islam und dem Christentum vor uns haben. In der Episode von Umm Ḥabības Verehelichung, deren Text, wie dargelegt, schwerlich vor der Zeit ʿUmars entstanden ist, wird die scharfe Konfrontation bereits als eine Tatsache vorausgesetzt, was für die Jahre des äthiopischen Exils kaum zutreffen kann. Und so soll es zu jenem eigenartigen Vorgang gekommen sein: Umm Ḥabība sieht ihren Ehemann ʿUbaidallāh b. Ǧaḥš im Traum, er ist ganz häßlich und entstellt; am nächsten Morgen gesteht er ihr, daß er Christ geworden ist; das sei er schon vor dem Übertritt zum Islam gewesen, verteidigt er sich, und nun kehre er zu seiner alten Religion zurück; vom Angsttraum seiner Frau läßt er sich nicht beeindrucken; er spricht fortan tüchtig dem Wein zu. – Wie erinnerlich, gehört das Weinverbot nicht zum Grundbestand der mohammedschen Lehren, sondern wird erst in spätmedinensischer Zeit verhängt.[106] – Die Erzählung setzt noch nicht voraus, daß die den „wahren Glauben" bekennende Umm Ḥabība nicht mit einem christlichen Scheusal verheiratet sein darf. Aber ihr Ehemann stirbt glücklicherweise bald an der Trunksucht, und kaum ist die erst in spätmedinensischen Suren angeordnete Wartefrist (arab.: *al-ʿidda*) (Sure 33, 49 und 65, 1–4) verstrichen, hat sie wieder einen Traum, den sie nicht anders zu deuten weiß denn als Ankündigung der baldigen Eheschließung mit dem Propheten im fernen Medina. Eine Zofe des Negus überbringt ihr die freudige Botschaft, daß dieser tatsächlich über den König um ihre Hand anhalte. Diese Zofe, so erfahren wir später ausführlich, ist eine heimliche Muslimin, die sich nichts sehnlicher wünscht, als daß Umm Ḥabība den künftigen Gatten von ihr grüße, worüber dieser, sobald ihm das zu Ohren gekommen ist, gutmütig schmunzeln muß. Noch aber spielt die Handlung in Äthiopien, wo der Negus, dem schriftlichen Begehren Mohammeds entsprechend, die Exilanten zusammenruft, in einer kurzen Ansprache Allah rühmt, bezeugt, daß es außer diesem keinen Gott gebe und daß Mohammed dessen Knecht und Gesandter sei, jener nämlich, den schon Jesus, der Sohn Marias, verheißen habe. Nach dem Willen dieses Propheten verheirate er Umm Ḥabība und stifte ihr eine Brautgabe von vierhundert Dinaren. Dann ergreift Ḫālid b. Saʿīd das Wort, der in dieser Fassung die Rolle des Abgesandten hat, bekundet seinen Glauben an den einen Allah und daran, daß dieser Eine Mohammed „mit der Rechtleitung und mit der wahren Glaubenspraxis geschickt hat, um diese über jegliche andere Glaubenspraxis obsiegen zu lassen, selbst wenn es den Beigesellern mißfiele" (Sure 9, 33). Hiermit, so Ḫālid weiter, sei nun die Ehe Umm Ḥabības mit dem Gottesgesandten geschlossen. Der feierliche Akt ist beendet, die Anwesenden wollen aufbrechen, doch der Botschafter Mohammeds belehrt sie, daß nach islamischem Brauch jetzt das Hochzeitsmahl folge – an dem teilzunehmen nach der Scharia die Pflicht eines jeden Eingeladenen ist.[107] Vor dem Abschied gibt die Zofe Umm Ḥabība alles zurück, was diese ihr einst geschenkt hat, und überreicht ihr zudem viele wohlriechende Substanzen, die die Ehefrauen des Negus in Verwendung gehabt haben und auf dessen Geheiß nun der Gattin Mohammeds verehren – und dieser duldet es, daß sie in Medina davon Gebrauch macht.[108]

Frühestens ein Jahr nach der Einnahme Mekkas durch Mohammed kann diese den Leser unangenehm berührende Mischung aus Triumphalismus und Kitsch entstanden sein; dieser Zeitpunkt ergibt sich aus dem Zitat von Sure 9, in der der Prophet einseitig die den Heiden, den „Beigesellern", gegebene Zusage aufkündigt, sie dürften die Pilgerfahrt nach Mekka gemäß ihren angestammten Riten vollziehen. Auch Christen und Juden werden nun zu Feinden des „wahren Glaubens" erklärt, die man bekriegen müsse, bis sie, jeder einzelne von ihnen für sich, in demütiger Haltung den muslimischen Siegern den Tribut entrichteten (Sure 9, 29). Im übrigen enthält der Text, worauf schon aufmerksam gemacht wurde, Aussagen, die in der zu Mohammeds Zeit noch längst nicht existierenden Schariawissenschaft genutzt werden;[109] folglich ist er in manchen Passagen noch jünger. Auch die übrigen Überlieferungen zur äthiopischen Angelegenheit spiegeln eine Haltung gegenüber dem Christentum wider, die es in mittelmekkanischer Zeit, in die sie zurückzugehen vortäuschen, noch nicht gegeben hat. Dies trifft auch auf den Bericht über die Prüfung der Glaubenslehren der Asylanten zu. Jesus wie auch der Prophet Mohammed sind Knechte Allahs; mittelbar wird in dieser Aussage die Gottessohnschaft Jesu zurückgewiesen: Jesus, der Sohn Marias, der Gesandte und Geist Allahs, ist lediglich dessen Wort, das der Schöpfer Maria einhaucht. Diese Sätze, die in unserer Geschichte der um seine Herrschaft kämpfende Negus auf einem Talisman bei sich trägt, sind der medinensischen Sure 4, Vers 171 entnommen. „Ihr Leute der Schrift!" fordert Mohammed die Andersgläubigen auf, „geht in eurem Glauben nicht zu weit, sondern sagt über Allah nur die Wahrheit: Der Messias Jesus, der Sohn der Maria, ist nur der Gesandte Allahs und dessen Wort, das er Maria einhauchte, und gehört zu seinem Geist. Glaubt deshalb an Allah und seine Gesandten und sprecht nicht: ‚Drei!' Laßt das sein! Das ist für euch besser. Allah ist nur ein einziger Gott, gepriesen sei er! (Er ist so einzigartig), daß er kein Kind hat. Ihm gehört alles, was in den Himmeln und auf der Erde ist..." Alles außer dem einen Allah ist dessen Werk und Eigentum und kann deshalb nicht mit ihm wesensgleich sein; genau dies müßte aber nach Mohammeds Vorstellung für einen Sohn gelten. In der Sure 19, die man in die Zeit datiert, in denen die dreiundachtzig Muslime in

Äthiopien Zuflucht fanden, ist dieser Gedanke schon zu entdecken, er ist aber noch nicht zum Dogma zugespitzt, wie es in der eben zitierten Sure 4 der Fall ist. Die Heranbildung eines Menschen im Mutterleib, in der mittelmekkanischen Periode in Sure 23, Vers 13 f. zum Thema gemacht, erklärt sich einzig und allein als ein Schöpfungshandeln Allahs; jeder Mensch durchläuft diese Stadien, weil Allah gewöhnlich so verfährt. Letzten Endes aber sind Zeugung und Geburt Vorgänge, die allein von Allahs Ratschluß abhängen. In Sure 19 hören wir zunächst, wie er im Falle Johannes' des Täufers eingriff; dessen Mutter litt unter Unfruchtbarkeit und empfing trotzdem (Vers 2–15). Noch wunderbarer verhielt es sich mit Jesus: Maria sonderte sich von ihrer Sippe ab, und der Geist Allahs erschien ihr in der Gestalt eines Menschen. – Daß Allah ihr etwas von seinem Geist einhauchte, wird in diesem Text noch nicht gesagt. – Ohne von einem Mann berührt worden zu sein, sollte Maria gebären; dies war von Allah so beschlossen, und darum geschah es: „Das ist Jesus, der Sohn der Maria, gemäß der wahren Ansicht, über die man allerdings streitet. Es ziemt sich für Allah nicht, sich einen Sohn zu nehmen. Gepriesen ist er! Wenn er etwas verfügt, dann sagt er nur: ‚Sei!' und es ist. Allah ist mein Herr und euer Herr. Deswegen betet ihn an! Das ist die gerade Straße" (Vers 34–36).

Mohammed und das Christentum am Beginn des äthiopischen Exils

Allah hat keine Töchter. Die Beigeseller mißachten diese Wahrheit, meint Mohammed. Doch war er in dieser Hinsicht damals zu Zugeständnissen bereit; er rang noch mit dem Problem der Einsheit Allahs. Wenn er den Heiden die Vielgötterei austreiben wollte, dann mußte er sich auch gegen die christliche Lehre der Gottessohnschaft Jesu wenden. Eben dies unternimmt er in Sure 19, und das Argument, das er sowohl gegen die Heiden als auch die Christen ins Feld führt, ist die unablässig wirkende Schöpferkraft Allahs; alles, was ins Dasein tritt und damit dem Diesseits angehört, ist allein durch sie. So steht die gesamte Schöpfung, und selbstverständlich auch Jesus, vor dem Einen in der anbetenden Haltung des Knechtes; dies hat Mohammed schon in der frühmekkanischen Sure 51, Vers 56 dargelegt. Die unerschütterliche Bekundung dieser Haltung ist es, was Allah dazu bewegen kann, auf in der Sicht des Menschen wunderbare Weise vorzugehen: Zacharias verstummt und zertrennt auf diese Weise die Verbindungen zu den Mitmenschen, Maria sondert sich von ihrer ungläubigen Umgebung ab (Vers 10 f. und 16), und dann nimmt das Geschehen seinen Lauf. Das gleiche widerfährt Abraham; er verwirft die Vielgötterei seiner Sippe und „als er sich von ihnen und von dem, was sie neben Allah anbeten, getrennt hatte, schenkten wir ihm Isaak und Jakob..." (Vers 49). Mit Mose hielt Allah Zwiesprache, „und wir schenkten ihm aus unserer Barmherzigkeit seinen Bruder Aaron..." (Vers 53). Alle unter solchen Umständen Gezeugten wurden Propheten, desgleichen Ismael und Idris. „Jene Propheten aus der Nachkommenschaft Adams, die wir mit Noah (in der Arche über die Fluten) trugen, aus der Nachkommenschaft Abrahams und Israels, die wir auf den rechten Weg führten und auserwählten, jene sind es, die, wenn ihnen die Wunderzeichen des Barmherzigen vorgetragen werden, sich zur Prosternation niederwerfen und weinen" (Vers 58). Wir kennen damit den Horizont, vor dem Mohammed am Beginn des äthiopischen Exils einiger Anhänger das

Christentum wahrnahm. Die Grundlage seiner Beurteilung bildet, wie auch bei der Ablehnung der mekkanischen Vielgötterei, das ununterbrochen wirkende Schöpfertum Allahs. Kleine von den übrigen Menschen abgesonderte Zirkel haben zu verschiedenen Epochen der Heilsgeschichte das Wesen dieses Schöpfertums richtig erfaßt und auch erkannt, daß man als Geschöpf zur ebenso ununterbrochenen Anbetung des Einen gehalten ist. Diese Anbetung schließt die Niederwerfung ein, sobald die Botschaft vom Wirken dieses Einen rezitiert wird. Dies war der Ritus gewesen, den die Äthiopienfahrer im Exil ungestört zu vollziehen hofften.[110] Die verschwommenen Formulierungen von Sure 19, Vers 58 deuten an, daß es seit Adam immer wieder Gruppen gab, die den durch Allahs Schöpfertum bedingten Ritus ausübten; diese Gruppen sind einerseits durch ihre Abstammung definiert, andererseits durch eine Erwählung. Die gesellschaftliche Wirklichkeit – oder besser: Zweideutigkeit – des entstehenden Islams kann mit diesen Aussagen zusammengebracht werden; daß Mohammed selber von der Erwählung seiner Sippe überzeugt war, haben wir gehört.

4. Die Ächtung der Hāšimiten

Widerwille gegen die Niederwerfung

Was Mohammed vortrug, raubte wenig gefestigten Menschen nach Ansicht der Mekkaner den Verstand. Die „Lesungen", deren Vorbild in den christlichen Hymnen zu finden ist, waren etwas Fremdartiges. Woher hatte Mohammed dies alles? So fragte man sich, und man äußerte unterschiedliche Vermutungen. War es ein Mann aus der Jamama, der ihm dies alles beibrachte?[111] Oder lernte er dies alles bei seinen häufigen Besuchen in al-Marwa, wo er sich bei einem christlichen Sklaven aufhielt, der das Eigentum des reichen Ḥaḍramī-Klans war, der mit Ḥarb b. Umaija in einem Schwurbund stand?[112] In der spätmekkanischen Sure 16 weist Mohammed die letztere Verdächtigung zurück; derjenige, den man als seinen Einflüsterer ansehe, könne nicht arabisch sprechen, die „Lesung" aber sei arabisch (Vers 103).[113] Von Äthiopien her, wahrscheinlich durch die dort weilenden Exilanten, wurde bei etlichen Christen aus Naǧrān das Interesse an Mohammed geweckt. Sie suchten ihn in Mekka auf und ließen sich von ihm über seine Botschaft ins Bild setzen. Er trug ihnen aus seiner „Lesung" vor, und sie konnten die Tränen nicht zurückhalten.[114] Der Negus selber soll ebenfalls eine Abordnung nach Mekka entsandt haben, damit man ihm aus erster Hand über Mohammed berichte.[115] Die heidnischen Mekkaner hatten allen Grund, mit Mißtrauen auf jenen Hāšimiten zu schauen, dessen aufsehenerregende und verstörende Worte sie an eine fremde religiöse Welt gemahnten. Um des inneren Friedens der Stadt willen hatten sie sich vorübergehend dem mohammedschen Gebetsritus anbequemt, den Niederwerfungen, die aus ebenjener ihnen fremden christlichen Umgebung stammten. Im orthodoxen Christentum vollzog die Gemeinde die Proskynesis, sobald der Priester und der Diakon die Opfergaben in das Schiff der Kirche hineintrugen; das Mysterium der Gegenwart Christi rechtfertigt, ja erfordert diesen Akt der Gläubigen, die in diesen Augenblicken sich unmittelbar dem Höchsten gegenüber sehen. In der lateinischen Kirche nahm man daran Anstoß, daß solche Verehrung schon vor der Wandlung stattfand, durch die doch die Gegenwart erst eigentlich gestiftet werde.[116] Für Mohammed war die Anwesenheit vor dem Einen, der Islam im wörtlichen Sinn, in der Zeitspanne gegeben, in der die „Lesung" erklang; einer vorausgehenden Weihehandlung bedurfte es nicht[117] – ein Umstand, der der Vergleichbarkeit mit dem orthodoxen Ritus förderlich war. Während die heidnischen Mekkaner die Prosternation ablehnten, worauf schon verwiesen wurde, beharrte Mohammed nicht nur in Sure 19 auf dieser Kultgeste. Der älteste Beleg findet sich bereits in Sure 84; Mohammed hat sich noch nicht dem Ḥanīfentum geöffnet, sondern verkündet noch die Selbstheiligung durch Läuterung: „Nein! Ich schwöre bei der Abenddämmerung! Bei der Nacht und allem, was sie einhüllt! Beim Mond, wenn er die Fülle erreicht! Ihr werdet Schicht nach Schicht[118] besteigen! Weshalb glauben sie nicht? Weshalb werfen sie sich nicht nieder, wenn ihnen die ‚Lesung' rezitiert wird?" (Vers 16–21). In die mittelmekkanische Zeit gehört Sure 17, Vers 107; Mohammed erinnert hier an das Vorbild „derjenigen, denen schon vor (dem Koran) das Wissen gegeben wurde"; sie werfen sich bei der Rezitation nieder und berühren mit dem Kinn den Erdboden. Sure 32, Mohammeds letzten Jahren in Mekka zuzuweisen, trägt die Überschrift „Die Prosternation". Unmißverständlich stellt sein Alter ego fest: „Nur die glauben an unsere Wunderzeichen, die, werden sie ihnen (durch den Vortrag) ins Gedächtnis gerufen, sich niederwerfen und ihren Herrn rühmen und dabei keinerlei Hochmut zeigen" (Vers 15).[119]

Mohammeds Bestreben, den Zuhörern der „Lesung" eine Niederwerfung vorzuschreiben, stieß nicht nur bei den Heiden, sondern auch in der eigenen Anhängerschaft auf Widerstand. ʿUmar b. al-Ḫaṭṭāb soll dieser Geste skeptisch bis ablehnend gegenübergestanden haben. So bildete sich ein Kanon von vier bis höchstens fünfzehn Koranversen heraus, bei deren Erklingen die Prosternation vollzogen werden sollte. Die Einzelheiten können wir hier nicht verfolgen.[120] Den Feinden Mohammeds jedenfalls war neben der „Lesung" selber gerade diese Ritualhandlung ein Dorn im Auge. Sie trug zur Erhöhung der Spannungen bei, wenn man ihm auch nicht ernsthaft nach dem Leben zu trachten wagte. Man trieb aber mit ihm manchen Schabernack, dessen Anlaß die Niederwerfung war. So soll ʿUqba b. abī Muʿaiṭ, ein Urenkel Umaijas,[121] Mohammed auf den Nacken getreten haben, als dieser einmal im Gebet vor der Kaaba lag. Abū Ǧahl bewarf ihn, der bei anderer Gelegenheit wieder in dieser Pose verharrte, mit Steinen.[122] Eines Tages trafen Abū Ǧahl und andere auf den betenden Mohammed, und da fiel ihnen ein, daß man Tags zuvor eine Kamelin geschlachtet hatte. Sie besorgten sich die Haut, die den Fötus umhüllt hatte, und legten die eklige Masse dem in Prosternation Verharrenden auf die Schultern. Er rührte sich nicht; jemand holte seine Tochter Fāṭima, damals noch ein kleines Mädchen, die ihren Vater von dem Unrat befreite.[123]

Verschärfung der Kritik an Mohammed

Der Koran selber gab den Mekkanern den meisten Anlaß, Mohammed zuzusetzen. Am lebhaftesten scheint der Streit in der mittelmekkanischen Periode ausgetragen worden zu sein. Mit der Aneignung des Ḥanīfentums war, wie bereits erörtert (vgl. Sure 41, 44), die Aufnahme von als fremdartig empfundenem Erzählgut verbunden. Die Möglichkeiten einer plausiblen Datierung der zu diesem Thema überlieferten Episoden fehlen. Deshalb betrachten wir sie hier im Zusammenhang. Für Mohammed war es in jenen Jahren unabdingbar geworden, sich gegenüber seinen Feinden als Gesandter Allahs zu beweisen. Damals begann die schriftliche Aufzeichnung der Offenbarungen, wie wir im vorigen Kapitel verfolgen konnten. Man begehrte von ihm allerdings unzweideutige Zeichen dafür, daß das intime Verhältnis zu Allah, dessen er sich rühmte, auch wirklich bestehe. Es mußte sich in greifbaren Geschehnissen niederschlagen. Den Koran erlerne er, so warf man ihm vor, oder er habe sich ihn selber zusammengereimt. Ein Bote des Einen sei überdies kein gewöhnlicher Mensch,[124] der Speisen zu sich nehme und auf den Märkten umhergehe. Wenigstens sollte ein Engel erscheinen; mit solch einem himmlischen Boten gemeinsam vorgetragene Warnungen seien glaubwürdiger. Und wenn Mohammed mit Allah auf vertrautem Fuß verkehre, wieso beschaffe er sich nicht einen Schatz oder einen Garten mit Früchten (Sure 25, 4–8)? Mohammed konnte auf solche Herausforderungen nur antworten, daß sein alltäglicher Lebenszuschnitt von Allah beabsichtigt sei; Wundertätern laufe jedermann nach (Sure 25, 20). In Sure 17, die aus derselben Zeit stammt, wird dieser Gedanke etwas genauer ausgeführt. Er solle eine Quelle aus dem Boden hervorsprudeln lassen oder einen Garten mit Palmen und Weinstöcken vorzeigen; oder er solle den Himmel in Stücken auf die Mekkaner herabstürzen lassen, wie er ihnen androhe; oder er möge selber in den Himmel hinaufsteigen und das Buch herunterholen. Dies alles wäre vergeblich, wendet Mohammed ein. Gewiß, wenn die Bewohner der Erde, die es zu bekehren gelte, Engel wären, dann hätte Allah ihnen einen Engel vom Himmel als Botschafter geschickt (Sure 17, 90–95).[125] Die Menschen aber, so ist zu folgern, haben mit einem Menschen als Gesandten Allahs vorlieb zu nehmen.[126]

Prüfung durch seine Feinde

Der schon mehrfach erwähnte Verdacht, Mohammed lasse sich von einem Fremden in der Religion unterweisen, schien seinen mekkanischen Gegnern begründet. Wenn er nämlich behauptete, er empfange sein Wissen von Allah, dann mußte es möglich sein, die Probe aufs Exempel zu machen, indem man sich von irgendjemand Geschichten erzählen ließ, von denen Mohammed keine Kenntnis haben konnte. Man würde ihn danach fragen; Allah würde ihm sicher unverzüglich das Nötige mitteilen – und wenn nicht, dann wäre sein Anspruch widerlegt. In der Tat brachte man ihn in arge Verlegenheit, und das wird so erzählt: An-Naḍr b. al-Ḥāriṯ, ein Mann von den Banū ʿAbd ad-Dār,[127] der durch die Banū ʿAbd Manāf aus dem Erbe Quṣaijs gedrängten Sippe,[128] war voller Haß auf Mohammed; in Hira hatte an-Naḍr die iranischen Erzählungen über Rustam und Isfandijār[129] kennengelernt; wann immer der Gesandte Allahs seine Warnungen vor dem schlimmen Ende, das es mit den ungläubigen Völkern genommen hatte, zum Besten gab, stellte sich an-Naḍr ein, um ihm mit seinen wesentlich unterhaltsameren Erzählungen die Zuhörer abspenstig zu machen. Als „Geschichten der Altvorderen“ soll an-Naḍr Mohammeds Warnungen, deren Inhalt wir uns am Beispiel von Sure 26 vor Augen führten, lächerlich gemacht haben (Sure 68, 15). Besonders deutlich spiegelt Sure 25, Vers 4 bis 5 jenen Spott wider: „Die, die undankbar (gegen Allah) sind, sagen: ‚Das ist nichts als Schwindel, den er sich zusammendichtet, und andere Leute helfen ihm dabei.' Damit begehen (die Spötter) ein schlimmes Unrecht! Sie sprechen weiter: ‚Geschichten der Altvorderen! Er schreibt sie sich auf, während sie ihm diktiert werden, morgens und am Abend.'" Was er rezitiere, werde aus dem Himmel herabgesandt, beharrt Mohammed demgegenüber, und zwar nicht nur an dieser Stelle seiner „Lesung", sondern viele Male. Seine Feinde wollten ihn nicht so einfach davonkommen lassen. Sie schickten an-Naḍr zusammen mit ʿUqba b. abī Muʿaiṭ zu den Rabbinern nach Medina; diese mußten, da sie sich selber auf Propheten beriefen, doch wissen, wie man einen echten von einem falschen unterscheidet. Nach drei Dingen solle man Mohammed fragen, schlugen die Rabbiner vor, und wenn er darauf die richtige Antwort kenne, dann sei er ein Prophet, und wenn nicht, dann ein Aufschneider. Da hatte es in der fernen Vergangenheit einige junge Burschen gegeben, denen ein wundersames Schicksal widerfahren war – was hatte es mit ihnen auf sich gehabt? Es lebte einmal ein Mann, der durch die ganze Welt zog und dabei in den fernsten Osten wie auch den fernsten Westen vordrang – wie lautet seine Geschichte? Und schließlich: Was ist der Geist (arab.: *ar-rūḥ*), auf den sich Mohammed immer wieder beruft? – Sure 18 enthält die Antwort auf die ersten beiden Fragen, wobei im übrigen nur ein Teil der Alexandersage, von der die Rede ist, in Mekka offenbart, der andere erst in Medina hinzugefügt worden sein soll. Die dritte Frage findet sich als ein medinensischer Einschub in Sure 17, Vers 85 kurz angesprochen. Die Diskussion um das Wesen der Offenbarung und um die Legitimation Mohammeds als eines hier und jetzt fortlaufend von Allah angeredeten Propheten kam erst in Medina auf die Tagesordnung; erst dort traf sein Anspruch auf die jüdische Gelehrsamkeit, die sich auf ein abgeschlossenes Korpus prophetischer Texte stützte.[130] Vermutlich gehört die Debatte um den Geist noch nicht in die mekkanische Zeit. – Nachdem jene beiden zurückgekehrt waren, begab man sich zu Mohammed und legte ihm die Fragen vor. „Morgen werde ich euch Bescheid geben", versprach dieser. Aber er vermochte die Zusage nicht einzuhalten. Fünfzehn Tage verstrichen, und er kam ins Gerede. Dann endlich, so Ibn Isḥāq, sei Gabriel erschienen und habe ihm von Allah Sure 18 überbracht. Die Verzögerung, das ist die muslimische Erklärung für diesen peinlichen Umstand, sei als eine Zurechtweisung aufzufassen; denn Mohammed hatte vergessen, die Zusage mit einem „So Allah will" abzuschließen.[131]

Sure 18 beginnt mit einem Hinweis auf die Schrift, die Allah auf seinen Knecht herabsende und wegen dieser Herkunft ohne Fehl und Tadel sei. Den Gläubigen stehe reicher Lohn in Aussicht; aber alle, die Allah ein Kind zuschrieben, sollten sich wegen ihrer diesbezüglichen Unwissenheit warnen lassen. Doch grämen möge sich Mohammed über ihren Unglauben nicht, denn Allah habe alles in seiner Gewalt; er versehe die Erde mit grünem Schmuck, und dann lasse er diesen verdorren, und so, wie ihm dies ein leichtes sei, so auch das Los, das er jenen Männern bereitet hatte, die einst in einer Höhle Zuflucht suchten (Vers 1–10). – Da Sure 18 an das Ende der mittelmekkanischen Periode datiert wird,[132] in eine Zeit, in der, wie wir vorhin gehört haben, die Distanzierung vom polytheistischen Heidentum allmählich zur Distanzierung auch vom Judentum und vom Christentum erweitert wird, könnte die Affäre um die Befragung Mohammeds auch nach der Ächtung der Hāšimiten spielen. Nun werden bisweilen die einführenden Verse als eine Hinzufügung aus medinensischer Zeit aufgefaßt; sollte dies zutreffen, dann wäre die Datierung an das Ende der mittelmekkanischen Zeit nicht zwingend, und die Einordnung der Befragung in die Reihe der Ereignisse, die der Ächtung vorausgingen und die Stimmung gegen Mohammed und seine Sippe verschärften, wäre plausibel. Keine dieser beiden Möglichkeiten kann ausgeschlossen werden.[133] – Allah möge ihnen einen Weg aus ihrer Bedrängnis zeigen, hatten jene jungen Burschen gefleht. Sobald sie die Höhle betreten hatten, schlug ihnen Allah aufs Ohr, so daß sie für lange Zeit betäubt waren. Vor den Übergriffen ihrer der Vielgötterei anhängenden Landsleute waren sie jetzt sicher. Sie schliefen, und ihr Anblick hätte jedem, der sie so entdeckt hätte, einen Schrecken eingejagt. Am Eingang lag ihr Hund, ebenfalls in tiefem Schlaf. Irgendwann weckte Allah sie auf, und sie vermeinten, nur einen Tag oder noch weniger in der Höhle geruht zu haben. Einer von ihnen sollte in der Stadt etwas zu essen einkaufen, mit größter Vorsicht freilich, weil sie glaubten, sich vor ihren Verfolgern in acht nehmen zu müssen, was längst nicht mehr nötig war. Über der Höhle errichtete man später einen Kultbau (Vers 11–21). Ganz zufrieden waren Mohammeds Feinde mit dieser Erzählung nicht; sie wollten genau wissen, wie viele Schläfer es gewesen waren, drei, fünf oder sieben. Das wisse nur Allah, antwortete Mohammed, und dann folgt auch im Koran die schon erwähnte Zurechtweisung: „Sag nie bei einer Sache: ‚Das werde ich morgen tun!' ohne ‚Vorausgesetzt, daß Allah es will'! Gedenke deines Herrn, wenn du etwas vergessen hast, und sprich: ‚Vielleicht wird mich mein Herr zu etwas anleiten, das richtiger ist (als das Unterlassene)!'" (Vers 23 f.). Ob die Schläfer 309 Jahre in ihrer Höhle blieben, wie man berichtet, sei ungewiß; wie Allah ein Geschehen entscheide, sei nur ihm selber bekannt (Vers 25 f.).[134]

„Verlies du aus der Schrift deines Herrn, was dir eingegeben wurde! Seine Worte vermag niemand (gegen andere) auszutauschen. Du wirst außer ihm niemanden finden, an den du dich wenden könntest!" (Vers 27). So spricht sich Mohammed den Mut zu, den er benötigt, um mit den Anwürfen fertigzuwerden. Er solle sich, so heißt es weiter, zuversichtlich an seine Anhänger halten, denen das Paradies versprochen sei. Ein Echo auf das Weglassen des „So Allah will", die kurz zuvor gerügte Unachtsamkeit Mohammeds, folgt dann in einem Gleichnis: Ein Eigentümer ertragreicher Gärten brüstet sich mit seinem Reichtum gegenüber einem Ärmeren. Dieser verwahrt sich gegen jegliche Prahlerei; Allah, der den Menschen zuerst aus Lehm geformt hat und danach je als Individuum aus einem Samentropfen heranbildet, vermag die Gärten unvermittelt zu vernichten. Der Reiche wäre daher gut beraten, jedesmal bei Betreten seines Besitzes zu sagen: „Was Allah will, (geschieht)! Es gibt keine Macht und keine Kraft außer bei Allah. Wenn du meinst, ich hätte weniger Vermögen und Söhne, so wird mein Herr mir vielleicht etwas Besseres geben als deinen Garten..." (Vers 39 f.). Dieses Thema wird in den nächsten Versen abgewandelt, immer mit Blick auf die heidnische Überzeugung, irdische Güter, zu denen auch Söhne zählen, machten den Wert des Menschen aus. Im Endgericht wird es darauf gar nicht ankommen; vergebens werden die Heiden auf die Fürsprache der vermeintlichen Kinder Allahs rechnen. Nach einer knappen Anspielung auf die Straflegenden – Allah hat die Städte der selbstherrlichen Völkerschaften zerstört, die nicht an sein allumfassendes Bestimmen glaubten – beginnt die Erzählung von Mose und seinem Burschen, der in der späteren islamischen Legendenliteratur den Namen al-Ḫiḍr oder al-Ḫaḍir[135] trägt: Die dem antiken Alexanderroman entlehnte Gestalt belehrt im Koran den Propheten Mose[136] an drei Beispielen darüber, daß Allah besser als jeder Mensch alles durchschaut und stets entsprechend diesem dem Menschen unerreichbaren Wissen vorgeht; das Handeln Allahs erscheint dem irdischen Beobachter oftmals sinnlos und willkürlich, ein irriger Eindruck, der dem beschränkten Horizont des Menschen geschuldet ist (Vers 60–82). – Hierauf folgt die wahrscheinlich erst in Medina hinzugefügte Geschichte vom Zwiegehörnten,[137] der, nachdem er im Osten wie im Westen den Rand der Welt erkundet hat, einen Damm gegen die frevlerischen Gog und Magog errichtet. Am Ende spricht der Zwiegehörnte selber aus, worum es in dieser Sure geht: Daß er jenes Werk vollenden konnte, „ist ein Zeichen für die Barmherzigkeit, die mein Herr erzeigt. Wenn freilich das Versprechen meines Herrn eintritt, dann wird er (den Damm) zu einem flachen Hügel einebnen. Die Verheißung meines Herrn bewahrheitet sich!" (Vers 83–98).[138] – Ab Vers 102 fällt Mohammed in die Schelte der Beigeseller zurück: „Vermeinen die Ungläubigen etwa, sie dürften meine Knechte neben mir zu ihren Vertrauten wählen? Den Ungläubigen haben wir die Hölle als Bleibe zubereitet!" Und er hebt den wunderbaren Lohn hervor, den dereinst die Gläubigen empfangen werden. Jawohl, wiederholt er, er ist ein Mensch wie die anderen Mekkaner, aber er erhält Eingebungen. „Euer Gott ist ein einziger! Wer seinen Herrn zu treffen begehrt, der möge rechtschaffen handeln und der Verehrung seines Herrn keinen einzigen (anderen) beigesellen!" (Vers 102–110).

Der Ablauf der Ereignisse

Die Antwort Mohammeds auf die Prüfung, der ihn einige Mekkaner unterzogen, lief mithin auf eine schroffe Bekräftigung des von ihm für wahr Erkannten hinaus. Wenn seine Gegner Bilanz zogen, dann mußten sie sich eingestehen, daß die Eindämmung des vom Gesandten Allahs in Umlauf gesetzten Gedankenguts bis dahin nicht sehr erfolgreich verlaufen war. Die „Lesung" und ihre Lehren machten bei den Stämmen außerhalb Mekkas Eindruck. Eine ganze Reihe von Mekkanern, auch solche aus angesehenen Klanen, hatte sich so weit mit Mohammed eingelassen, daß sie den von ihm eingeführten Kult Allahs als des einzigen Gottes für ihre neue Lebensmitte ansahen und nach Äthiopien auswichen, um die Riten ungestört zu praktizieren; die „satanischen Verse" hatten diesen unerhörten Bruch mit der Solidargemeinschaft nicht kitten und die kultische Einheit der Quraišiten nicht wiederherstellen können; ohnehin war Mohammed bald wieder anderen Sinnes geworden, und eine noch größere Schar ging ins afrikanische Exil. Diese Ereignisse fallen in die zweite Hälfte des fünften Jahres nach Mohammeds Berufung. So jedenfalls schildert uns al-Wāqidī die Abfolge des Geschehens; von ihm stammt auch die Datierung,[139] wobei er offensichtlich eine Zeitspanne von ungefähr dreizehn Jahren zwischen den ersten „Eingebungen" und der Hedschra ansetzt.[140] Daß die an einem im Sinne der späteren Funktionen der Prophetengestalt geschönten Lebenslauf Mohammeds interessierte Überlieferung, für die zumindest Ibn Hišām steht, wenn nicht gar schon Ibn Isḥāq, eine absichtsvolle Verwirrung herbeiführte, wurde vorhin erörtert. Das herausragende Ereignis des sechsten Jahres war dann die überraschende Bekehrung ʿUmar b. al-Ḫaṭṭābs zum Islam, von der wir ebenfalls hörten.

Die Ächtung

Laut al-Wāqidī entwickelten sich die Dinge so weiter: „Als die Quraišiten erfuhren, was der Negus Ǧaʿfar (b. abī Ṭālib) und dessen Gefährten (an Gutem) getan und daß er sie großzügig aufgenommen hatte, mißfiel ihnen das, und sie zürnten dem Gottesgesandten und seinen Anhängern. Sie kamen überein, ihn zu töten, und setzten ein Schriftstück zu Lasten der Hāšimiten auf, nämlich daß sie mit ihnen keinen Ehevertrag eingehen und keinen Handel abschließen und (überhaupt) nicht (mehr) mit ihnen verkehren wollten. Es war Manṣūr b. ʿIkrima al-ʿAbdarī, der dieses Dokument niederschrieb, und danach verdorrte ihm die Hand. Man hängte es im Innern der Kaaba auf. Andere sagen, es wurde bei Umm al-Ǧulās bt. al-Muḫarriba al-Ḥanẓalīja, einer Tante mütterlicherseits von Abū Ǧahl, verwahrt." Die Nachfahren ʿAbd ad-Dārs, das sahen wir bereits am Beispiel an-Naḍr b. al-Ḥāriṯ', waren unter den Gegnern Mohammeds eine treibende Kraft. – Auch an-Naḍr wird übrigens als Schreiber des Dokuments genannt.[141] – Das Zerwürfnis unter den Erben Quṣaijs[142] macht sich weiterhin bemerkbar. Die Banū ʿAbd ad-Dār hatten einst die prestigeträchtigen Ämter der Versorgung der Pilger mit Speisen und Getränken und der Kriegführung nicht halten können; ihnen waren das „Haus der Beratschlagung" verblieben, das Pförtneramt an der Kaaba und die Verwahrung der Standarte. Zu den Banū ʿAbd ad-Dār hatten damals die Banū Maḫzūm gehalten, desweiteren die Klane Sahm, Ǧumaḥ und ʿAdī. Letzteren gehört ʿUmar b. al-Ḫaṭṭāb an, bis in jene Tage einer der erbittertsten Feinde Mohammeds; auf ihn scheint sich al-Wāqidīs Bemerkung zu beziehen, man habe ein Mordkomplott gegen den Propheten geschmiedet, denn ʿUmar hegte die Absicht, ihn zu töten. Er führte sie nicht aus, weil man ihn warnte, die Banū ʿAbd Manāf würden eine solche Untat nicht hinnehmen.[143] Daß ʿUmar Muslim wurde, wird für die Feinde Mohammeds ein Alarmzeichen gewesen sein, das sie zu energischerem Handeln drängte. Das Ergebnis war die schriftliche Ächtung, die mit dem Beginn des siebten Jahres nach der Berufung Mohammeds in Kraft trat.

Der von al-Wāqidī genannte Schreiber Manṣūr b. ʿIkrima b. ʿĀmir b. Hāšim b. ʿAbd Manāf b. ʿAbd ad-Dār, dessen Name auch bei Ibn Isḥāq auftaucht,[144] ist in al-Muṣʿab az-Zubairīs Buch über die Genealogie der Quraišiten nicht zu finden. Sein Vater ʿIkrima allerdings wird dort erwähnt, und zwar als ein Dichter; sein Bruder Baġīḍ b. ʿĀmir sei der Schreiber gewesen, dem dann die Hand verdorrte. Neben ʿIkrima und Baġīḍ hatte ʿĀmir laut az-Zubairī einen dritten Sohn mit Namen Manṣūr; dieser hatte das „Haus der Beratschlagung" inne; noch in vorislamischer Zeit habe er es an Ḥakīm b. Ḥizām b. Ḫuwailid veräußert, einen Neffen Ḫadīǧas, der großes Ansehen genoß und erst zum Islam übertrat, als Mohammed 630 in Mekka eingezogen war.[145] Auch einen Großneffen

ʿĀmirs, Manṣūr b. ʿAbd Šuraḥbīl b. Hāšim, hat die genealogische Literatur als Schreiber des Dokuments anzubieten,[146] so daß wir in dieser Frage keine Entscheidung treffen können. Das „Haus der Beratschlagung" blieb übrigens nach einer anderen Überlieferung im Besitz der ʿabdaritischen Sippe der Banū ʿĀmir b. Hāšim; ihr und nicht Ḥakīm b. Ḥizām soll es Muʿāwija (reg. 660–680) für 100 000 Silberdirham abgekauft haben, um es als Residenz zu nutzen, wenn er als Pilger in Mekka weilte.[147] Die Banū ʿAbd ad-Dār, das sei hier kurz eingeflochten, gehörten in der Mehrzahl zu den hartnäckigen Verteidigern des vorislamischen Mekka; sie trugen in den Kriegen gegen Mohammed die quraišitische Standarte, wie es ihre ererbte Pflicht war, und entrichteten dabei einen hohen Blutzoll. Allein in der Schlacht von Uḥud fielen mehrere Fahnenträger aus dieser Sippe, darunter ein gewisser al-Ǧulās,[148] in dem man den Sohn der vorhin erwähnten Umm al-Ǧulās, der möglichen Verwahrerin der Vereinbarung über die Ächtung der Hāšimiten, vermuten darf.

Al-Wāqidī fährt fort: „Sie schlossen die Banū Hāšim in der Schlucht Abū Ṭālibs ein, und zwar in der Nacht zum ersten Tag des Muḥarram des siebten Jahres nach der Berufung Mohammeds. Die Banū l-Muṭṭalib b. ʿAbd Manāf stellten sich Abū Ṭālib in dessen Schlucht zur Seite, zusammen mit den Banū Hāšim. Abū Lahab jedoch ging hinaus zu den Quraišiten und stand ihnen gegen die Banū Hāšim und die Banū l-Muṭṭalib bei. Man schnitt ihnen die Zufuhr von Getreide und allen Gütern ab, und sie verließen die Schlucht nur zur Pilgerzeit, bis sie große Not litten und man die Stimmen ihrer kleinen Kinder jenseits der Schlucht (wimmern) hören konnte. Da gab es einige Quraišiten, die dies erfreute, andere aber bedrückte es, und diese meinten: ‚Schaut, was Manṣūr b. ʿIkrima begangen hat!' Drei Jahre hielten sie sich in der Schlucht auf, dann ließ Allah seinen Gesandten wissen, wie es um das Dokument stand und daß die Würmer alle mit Frevel und Unrecht beschriebenen Stellen gefressen hatten und nur das übrig geblieben war, worauf Allah erwähnt wurde. Der Gottesgesandte erzählte dies Abū Ṭālib, der seinerseits seine Brüder davon in Kenntnis setzte. Sie gingen hinaus zum Gebetsplatz (an der Kaaba), wo Abū Ṭālib den ungläubigen Quraišiten sagte: ‚Mein Neffe teilte mir mit – und er hat mich noch nie angelogen –, daß Allah euer Dokument den Würmern preisgab. Sie zernagten daran alles, worauf Frevel und Unrecht standen, und es blieb nur alles das übrig, worauf Allah erwähnt wurde. Wenn mein Neffe die Wahrheit spricht, dann gebt ihr eure böse Absicht auf; wenn er aber lügt, dann liefere ich ihn aus, und ihr mögt ihn töten oder am Leben lassen.' Jene entgegneten: ‚Du läßt uns Gerechtigkeit widerfahren.' Man schickte nach dem Dokument und öffnete es, und es war tatsächlich so, wie der Gesandte Allahs gesagt hatte. Verlegen und beschämt standen sie da, worauf Abū Ṭālib fragte: ‚Weswegen werden wir noch gefangengehalten und von der Außenwelt abgeschnitten, da doch nun die Sache klar ist?' Er und seine Begleiter drängten sich zwischen die Kaaba und die Vorhänge, mit denen sie bedeckt war, und (Abū Ṭālib) flehte: ‚O Allah, hilf uns gegen diejenigen, die uns Unrecht antaten, die Verwandtschaftsbande trennten und ihnen verbotene Dinge wider uns zuließen!' Dann kehrten sie in die Schlucht zurück. Einige Quraišiten aber machten sich wegen des Bösen, das sie den Banū Hāšim zugefügt hatten, Vorwürfe, unter ihnen Muṭʿim b. ʿAdī, ʿAdī b. Qais, Zamʿa b. al-Aswad, Abū l-Baḫtarī b. Hišām und Zuhair b. abī Umaija. Sie legten Waffen an, gingen zu den Banū Hāšim und Banū l-Muṭṭalib hinaus und trugen[149] ihnen auf, in ihre Wohnstätten zurückzukehren. So geschah es und als die (übrigen) Quraišiten dies bemerkten, zeigten sie sich bestürzt und erkannten, daß jene (ihnen die Hāšimiten) nicht ausliefern würden. Deren Auszug aus der Schlucht erfolgte im zehnten Berufungsjahr."[150]

Die Hintergründe der Ächtung

Die Ächtung der Hāšimiten und der Banū l-Muṭṭalib begann am ersten Tag des siebten Jahres des Auftretens Mohammeds. Wie die Überlieferung nahelegt, war der Zorn der übrigen quraišitischen Klane nicht erst durch den Gesandten Allahs geweckt worden. Die Zwistigkeiten, die schließlich zu diesem Gewaltakt führten, reichten weiter zurück, und ihre Ursache war der herausgehobene Rang, den sich die Hāšimiten, vor allem die Nachkommen ʿAbd al-Muṭṭalibs, anmaßten. Die Abwehr der äthiopischen Feinde, die Stiftung eines besonderen Kultes, nämlich die rituellen Andachtsübungen am Berg Ḥirāʾ im Ramadan,[151] das Ausheben des Zemzembrunnens, legitimiert durch das Anerbieten, einen Sohn zu opfern,[152] das waren für die Stadt äußerst prägende Vorgänge, die die Verwandten ʿAbd al-Muṭṭalibs zu ihrem eigenen Ruhm anführten. Auch bei der Unterbindung der Übergriffe der Banū Bakr b. ʿAbd Manāt soll ʿAbd al-Muṭṭalib das entscheidende Wort gesprochen haben; man schreibt ihm das Verdienst zu, die *Aḥābīš* zusammengebracht und während der blutigen Schlacht von Ḏāt Nakīf in der Tihama den Oberbefehl über die quraišitischen Truppen innegehabt zu haben.[153] Mohammed hatte sich ohne Bedenken in die quraišitische Parteiung eingefügt, die in seinem Großvater den Mann pries, dem Mekka zu verdanken habe, was es sei; dies lehrten uns Sure 105 und Sure 106. Aber die Wirklichkeit war schon seit seiner Jugend eine andere: Beim Neubau der Kaaba waren die Banū Maḫzūm die treibende Kraft gewesen; die Banū ʿAbd Šams hatten durch die Eidgenossenschaft mit den Banū Ṯaqīf aus aṭ-Ṭāʾif Gewicht gewonnen; iranischer Einfluß gelangte nach Mekka.[154]

In der Sippe Ḫadīǧas aber blickte man, wie erwähnt, nach Byzanz, was die politischen Bestrebungen von ʿUṯmān b. al-Ḥuwairiṯ belegen, die, so die mekkanische Geschichtserinnerung, auf schroffe Ablehnung stießen.[155] Etwa ein Jahr nach dem Beginn der Ächtung schlug sich die Rivalität zwischen den iranfreundlichen und den nach Byzanz ausgerichteten quraišitischen Klanen im Koran nieder. „Die Byzantiner wurden besiegt, in einem ganz nahen Gebiet. Doch werden sie, nachdem man sie bezwungen hat, ihrerseits siegen, in ein paar Jahren. Allah steht die Fügung zu Gebote, vorher und nachher, und dann freuen sich die Gläubigen über den Triumph, den Allah verleiht, wem er will. Er ist der Mächtige, Barmherzige" (Sure 30, 2–5). Allah wird sein Versprechen erfüllen, davon zeigt sich Mohammed überzeugt (Vers 6). Bostra und Aḏruʿāt seien die Ortschaften, die er meine, wußten die Kommentatoren. Dort seien die Armeen der Byzantiner und der nach Westen vorrückenden Sasaniden aufeinandergestoßen, und die Schlachten seien nicht gut für die Byzantiner ausgegangen. Die Beigeseller unter den Quraišiten hätten über diese Nachrichten frohlockt, die Muslime aber seien bedrückt gewesen. Denn die Iraner kennten kein heiliges Buch, „und auch wir sind *ummījūn*", hätten sie den Anhängern Mohammeds vorgehalten, „und unsere Brüder, die Iraner, gewannen über eure Brüder", die Byzantiner, die als Christen Schriftbesitzer seien, die Oberhand. Die quraišitischen Heiden glaubten, jetzt brauchten sie seitens der Muslime nichts mehr zu befürchten.[156] Nachdem Mohammed die obigen Verse von Sure 30 verkündet hatte, machte Abū Bakr sie unter den Quraišiten bekannt. Diese wollten wissen, wann die nach Lage der Dinge so unwahrscheinliche Wende eintreten werde. Sie boten ihm eine Wette an, denn die vorausgesagte Niederlage werde nicht kommen. Doch, habe Abū Bakr beharrt, in einigen Jahren! Dabei wählte er einen Begriff für „einige", der eine Anzahl von drei bis neun bezeichnet. Der Einsatz betrug zehn zugerittene Kamelstuten. Die volle Frist von neun Jahren brauchten die Muslime gar nicht zu warten. Schon nach sieben Jahren, ungefähr zum Zeitpunkt der Schlacht von Badr, hätten die Byzantiner einen Sieg errungen.[157] Eine genaue Zuordnung der Schlachten des byzantinisch-sasanidischen Krieges zu den Aussagen der arabischen Quellen ist nicht möglich. Immerhin waren die Muslime selbst nach dem Tode Mohammeds noch brennend an weiteren Nachrichten hierüber interessiert. ʿUmar b. al-Ḫaṭṭāb (reg. 634–644) fragte Hurmuzān, den iranischen Herrn von Chuzistan, den man im Jahr 17 (begann am 23. Januar 638) als Besiegten nach Medina gebracht hatte,[158] nach dem Verlauf der Kämpfe aus, und durch ihn erfuhr man wohl davon, daß eine bedrohliche Lage im Osten des Reiches die Kräfte der Sasaniden gebunden hatte, so daß sich Herakleios hatte behaupten können.[159]

Das Ende der Ächtung

Die eigenartige Fernwirkung, die das byzantinisch-sasanidische Verhältnis auf den politischen Werdegang Mohammeds ausübt, werden wir noch öfter beobachten. Sobald Mohammed fünf Jahre über Medina geherrscht haben wird, wird der byzantinische Kaiser in aš-Šaʾm einrücken; der Gesandte Allahs wird einen Botschafter zu ihm nach Hims schicken und sich überdies ermutigt sehen, durch eine eigenartige Unternehmung, halb Wallfahrt, halb Feldzug, die Mekkaner herauszufordern. Der Lohn wird das Abkommen von al-Ḥudaibīja sein.[160] Doch richten wir jetzt unseren Blick wieder auf die Geächteten und ihr Schicksal! Den Bericht al-Wāqidīs ergänzende Angaben aus Ibn Isḥāqs Prophetenvita verdeutlichen, daß die Ächtung nicht von Dauer sein konnte, da zu viele verwandtschaftliche Beziehungen zwischen den Hāšimiten und den Banū l-Muṭṭalib einerseits und den übrigen Quraišiten andererseits eine strenge Einhaltung des Abkommens unmöglich machten. Da war Hišām b. ʿAmr b. Rabīʿa, ein Mann von den quraišitischen Banū Ǧaḏīma b. Mālik, deren Stammbaum erst in Luʾaij, einem Enkel Quraišʾ, sich mit demjenigen der meisten mekkanischen Sippen vereinigt. Daß er sich für Mohammeds Ideen erwärmt hätte, ist nirgends bezeugt; im Gegenteil, er blieb Heide, bis der Prophet Mekka besetzte, und zählte dann zu den Prominenten, denen in den darauffolgenden Kriegen ein großer Teil der Beute zugestanden wurde, damit ihr Herz dem Islam zuneige. Während der Ächtung verschaffte Hišām b. ʿAmr trotzdem den Hāšimiten heimlich Lebensmittel und rettete sie vor dem Hungertod. Wieder scheint die Sippensolidarität das Motiv gewesen zu sein, war Hišām doch der Sohn des Stiefbruders von an-Naḍla b. Hāšim b. ʿAbd Manāf. Mohammeds medinensischer Ruhmredner Ḥassān b. Ṯābit wird später Hišām b. ʿAmr b. Rabīʿas Verdienste in Versen besingen: Im Unterschied zu anderen Quraišiten wußte dieser Mann seiner Pflicht zu genügen und schützte die Verfolgten.[161]

Laut Ibn Isḥāq war es auch Hišām b. ʿAmr, der den Maḫzūmiten Zuhair b. abī Umaija überredete, den Ächtungsvertrag zu brechen. Zuhairs Mutter war eine Tochter ʿAbd al-Muṭṭalibs; wie könne man dulden, daß die Verwandtschaft in mütterlicher Linie von allen zwischenmenschlichen Beziehungen ausgeschlossen werde? Al-Muṭʿim b. ʿAdī war selber ein Nachkomme ʿAbd Manāfs, wenn auch von dessen Sohn Naufal, gegen den sich Hāšim und al-Muṭṭalib einst zusammengetan hatten; aber durfte das jetzt zählen? Zamʿa b. al-Aswad, ein Urenkel Asad b. ʿAbd al-ʿUzzās und damit ein enger Verwandter Ḫadīǧas, hatte eben deswegen allen Grund, das Los der Geächteten zu lindern. Sein Vater war einer von denen gewesen, die mit Mohammed ihren Spott getrieben hatten; Zamʿa selber und zwei seiner Brüder fielen später bei Badr auf der Seite der heidnischen Mekkaner.[162] Abū l-Baḫtarī b. Hišām war wie Zamʿa ein Nachfahre des Asad b. ʿAbd al-ʿUzzā; bei Badr focht er ebenfalls im Heer der Mekkaner; Mohammed soll angeordnet haben, daß man ihn wegen seiner Verdienste um die Aufhebung der Ächtung nicht töten möge, doch es kam anders. Abū l-Baḫtarī verlangte auch für seinen Freund Pardon; als man dies verweigerte, stürzte er sich auf einen muslimischen Feind und fiel im Kampf.[163] Nach Ibn Isḥāq kamen diese Männer überein, sie wollten die Quraišiten dazu bewegen, die Ächtung zurückzunehmen; al-Muṭʿim machte sich erbötig, das ominöse Schriftstück zu zerreißen, wogegen Abū Ǧahl lebhaften Einspruch erhoben haben soll. Ibn Isḥāq führt jetzt Abū Ṭālib in die Erzählung ein, der diesen Wortwechsel hörte und daraufhin den Streitenden von der Voraussage seines Neffen berichtete, derzufolge das Dokument, sobald man es öffne, ohnehin zernagt sein werde. Gleichwohl wird der Rest auch noch zerfetzt, und Abū Ṭālib faßte das Geschehen in einem längeren Gedicht zusammen.[164]

Der Nutzen der überkommenen Ordnung

Lassen wir die Wundergeschichte beiseite, dann erkennen wir deutlich, daß sowohl die Ächtung selber als auch deren Annullierung die Wirkmächtigkeit der überkommenen gesellschaftlichen Ordnung bekräftigen. Der Konflikt zwischen den Banū ʿAbd Manāf und den Banū ʿAbd ad-Dār um die durch Quṣaij gestifteten Ämter lag, wie wir schon feststellten, den Vorgängen zugrunde. Die Glaubenspraxis des ʿAbd al-Muṭṭalib, zu der sich Abū Ṭālib bekannte, schien den Hāšimiten und ihren Eidgenossen innerhalb der quraišitischen Klane einen besonderen Rang zu sichern, und Mohammed, so legten es die rivalisierenden Sippen aus, baute auf diesem Fundament weiter, indem er die „Lesung" rezitierte, die Reinigungsriten und die Prosternation einführte und bei den Stämmen außerhalb Mekkas für seine Neuerungen werben ließ. Wenn Abū Ṭālib sich auch die Ideen seines Mündels nicht zueigen machte, so konnten sie doch auf die Länge der Zeit den übrigen Klanen den Weg zu Ruhm und Ansehen erschweren. Abū Ṭālib war nicht bereit gewesen, Mohammed dem Begehren führender Quraišiten nach einer Ausgewogenheit des Prestiges der Sippen zu opfern, ein Begehren, das vor allem die Banū Maḫzūm umtrieb, seit sie beim Neubau der Kaaba einen entscheidenden

Part gespielt hatten. Darum mußte sich der Groll jetzt gegen die Hāšimiten insgesamt und gegen ihre Eidgenossen wenden, und die Banū ʿAbd ad-Dār, die frühesten Verlierer im Wettstreit um die Führung, sind als die Drahtzieher eine glaubwürdige Besetzung. – Die Gegenkräfte, die sich im Laufe von zwei Jahren sammelten, sind, wie dargelegt, ebenso fest im vorislamischen Denken verwurzelt; ihr Kampf gegen den nach Medina vertriebenen Gesandten Allahs wird dies bestätigen. Ihre Beweggründe weisen auf die Brüchigkeit und Unbeständigkeit der vorislamischen Ordnung hin, sofern diese auf mehr als Blutsverwandtschaft oder Verschwägerung errichtet war. Eidgenossenschaften hatten ihr Gewicht, aber sie büßten an bindender Kraft ein, je weiter sie in die Vergangenheit entschwanden und ihre Grenzen durch Ehebeziehungen mit außerhalb des Bundes stehenden Sippen verwischt wurden. Verschwägerungen brachten die Vereinbarung zur Ächtung der Hāšimiten und der Banū l-Muṭṭalib zu Fall, keineswegs irgendeine Vorliebe für Mohammeds Sache. So werden die Verhältnisse auch bei dem von al-Wāqidī in diesem Zusammenhang genannten ʿAdī b. Qais liegen, einem Mann von den im Schwurbund der „Blutlecker" mit den Banū ʿAbd ad-Dār vereinten Banū Sahm. Er zählte ebenfalls zu den Quraišiten, deren Herzen Mohammed nach dem Einzug in seine Vaterstadt durch reiche Beute für den Islam einnehmen mußte.[165]

Die Beharrungskraft des heidnischen gesellschaftlichen Gefüges war, so muß man resümieren, Mohammed von größtem Nutzen. Von den Nachteilen, die dem einzelnen aus der Befolgung der von ihm propagierten Riten erwachsen mochten, blieb er weitgehend verschont. Andere, nicht er, fühlten sich gedrängt, diese Riten zur Grundlage einer neuen Gemeinschaft zu machen, und sie trugen dementsprechend die Lasten des Exils. Er aber war in seiner Sippe geborgen, deren enge Bindung an das rituelle Geschehen um die Kaaba ihm vermutlich eine Selbstverständlichkeit war. Die Unwirksamkeit und die hieraus folgende Aufhebung der Ächtung bestätigten ihm, daß er sich auf dem richtigen Weg befand und berufen war, den mekkanischen Kult von Grund auf umzugestalten und auf den Eingottglauben auszurichten. – Daß mit solch einem Vorhaben stets die Frage nach der Macht in Mekka verbunden war, wußte er aus der Geschichte seiner Stadt. – Abraham und das Ḥanīfentum beanspruchten nun mehr und mehr seine Aufmerksamkeit. Es erscheint daher keineswegs wirklichkeitsfern, daß Ibn Isḥāq in jene Zeit eine Anzahl von Auseinandersetzungen um den Eingottglauben verlegt, in denen Mohammed den Vorwurf des Polytheismus nicht nur gegen die heidnischen Araber, sondern auch gegen Juden und Christen richtet, hierdurch das Ḥanīfentum zur einzig wahren Religion erhebend.[166] Der Weg hin zu einem solchen Verständnis von seiner Mission nahm, wie gezeigt, in Mekka seinen Anfang, wahrscheinlich schon vor der Ächtung,[167] und erreichte in den frühmedinensischen Jahren sein z.B. in Sure 3, Vers 67 barsch formuliertes Ziel. In Sure 30, die während der Ächtung entstand, empfahl er zum ersten Mal das Bekenntnis zum Ḥanīfentum und warf die Vorstellung von der das Heil gewährleistenden Hingeschaffenheit zu Allah in die Debatte (Vers 30).[168] Die Auseinandersetzungen um den ḥanīfischen Eingottglauben fanden ihren Widerhall in den der mittelmekkanischen Zeit angehörenden Suren 21 und 43. Eine sichere Datierung der Diskussionen auf die Jahre der Ächtung der Hāšimiten ist nicht möglich, sie ist immerhin wahrscheinlich; folgt man Ibn Isḥāq, so haben die Reibereien während jener Bedrängnis stattgefunden. Gelegenheiten hierzu gab es, denn den Geächteten war die Teilnahme an den Pilgerriten gestattet. Der Bericht über die Debatten trägt wesentlich zur Erhellung von Mohammeds Selbstverständnis in der zweiten Hälfte seiner mekkanischen Jahre bei. Seine Unnachgiebigkeit hatte weitreichende Folgen: Sie führte zu einer vorübergehenden Ausstoßung aus dem Gemeinwesen der Quraišiten und dadurch zu einer partiellen Freisetzung der die überkommene religiös-politische Ordnung übersteigenden Züge seiner Botschaft. Deswegen lohnt es sich, hier noch einmal auf jene Debatten einzugehen.

Die Zuspitzung der ḥanīfischen Gottesidee

Mohammed saß einst auf dem Gebetsplatz an der Kaaba und erklärte seine Vorstellungen etlichen Quraišiten, unter ihnen al-Walīd b. al-Muġīra, dem vielleicht einflußreichsten unter den Maḫzūmiten. An-Naḍr b. al-Ḥāriṯ kam hinzu und erhob Einwände gegen das, was der Gesandte Allahs vortrug; dieser aber brachte seinen Widerpart schnell zum Verstummen und rezitierte ihm zuletzt Sure 21, Vers 98 bis 100: „Ihr und das, was ihr anstelle Allahs anbetet, seid alle Brennstoff für die Hölle. Ihr seid im Begriff, in sie hinabzufahren. Wären diese hier Götter, so führen sie nicht in sie hinunter! Alle aber müssen ewig in ihr bleiben. Laut werden sie darin seufzen und selber nichts hören", nämlich vom Wohllaut, der die Paradiesbewohner umgibt, die ihrerseits nicht durch die Schreie der Verdammten gestört werden. Was an-Naḍr dem Propheten entgegengehalten hatte, wird verschwiegen. Es läßt sich aber aus dem Fortgang der Erzählung erschließen. Mohammed verließ den Ort als Sieger. Im selben Augenblick tauchte ʿAbdallāh b. az-Zibaʿrā von den Banū Sahm auf, ein Mann, der sich als Verseschmied Ansehen erworben hatte und sogleich von al-Walīd b. al-Muġīra aufgefordert wurde, die Niederlage an-Naḍrs, der dem „(Enkel-) Sohn ʿAbd al-Muṭṭalibs" nicht habe Paroli bieten können, vergessen zu machen. Er wolle die Scharte schon auswetzen, versprach ʿAbdallāh zuversichtlich. Man möge Mohammed doch einmal fragen, ob alle diejenigen, die man neben Allah anbete, zusammen mit ihren Verehrern tatsächlich in die Hölle kämen; denn „wir (Heiden) verehren die Engel, die Juden Esra, die Christen Jesus, den Sohn der Maria". Al-Walīd war von dieser Fangfrage entzückt; dachte man nämlich Mohammeds Behauptung folgerichtig zu Ende, dann schmorten nicht nur die zu Engeln umgewandelten Göttinnen al-Lāt, al-ʿUzzā und Manāt zusammen mit den Heiden im Höllenfeuer, sondern auch Esra und die Juden, Jesus und die Christen. – Es hat sich in einer arabischen Quelle der Hinweis erhalten, daß eine jüdische Sekte in Palästina gelehrt habe, Esra sei Gottes Sohn, zwar nicht leiblich, aber von Gott selber mit diesem Wort bezeichnet, um ihm die gebührende Ehrung zuteil werden zu lassen, gleich wie Gott Abraham für seinen Freund erklärt habe.[169] – Als man Mohammed dieses Argument hinterbrachte, wußte er es zu entkräften: Gemeint sei, jeder, der es selber wünsche, anstelle Allahs angebetet zu werden, der werde zusammen mit seinen Verehrern verdammt werden, und es seien nur die Satane, die solche verqueren Wünsche äußerten. Hierauf bezögen sich die Verse 101 bis 102 von Sure 21: „Diejenigen, denen von uns schon vorher das Schönste zugesagt wurde, werden von (der Hölle) ferngehalten; sie vernehmen kein Geräusch von ihr, da sie auf ewig an dem Ort verweilen, den sie begehrten." Jesus und Esra seien gemeint; die Allah gehorsamen Rabbiner und Mönche, die von Irrenden verehrt würden, fielen ebensowenig dem Feuer anheim.

Die Ansicht der gerade erwähnten jüdischen Sekte deckt sich mit dem, was an anderer Stelle in Sure 21 vorgetragen wird und ebenfalls in die von Ibn Isḥāq wiedergegebenen Streitigkeiten eingegangen ist. Die Mekkaner setzten die Töchter Allahs mit den Engeln (arab.: Pl. *al-malāʾika*) gleich und griffen damit eine Bezeichnung auf, die in ihrem Heidentum nicht heimisch war, sondern aus ebender hochreligiösen Überlieferung stammte, aus der sich Mohammed so frei bediente. Die Heiden, nimmt Mohammed hierzu Stellung, „sagen: ‚Der Barmherzige nahm sich ein Kind.' Gepriesen sei er! Das sind doch nur (durch ihn) geehrte Diener! Sie vermögen ihm nicht mit dem Wort zuvorzukommen, wo sie doch nur gemäß seiner Fügung handeln. Er weiß, was vor und was hinter ihnen ist, und sie legen nur für den Fürsprache ein, an dem er Wohlgefallen findet, denn da sie ihn fürchten, scheuen sie sich (vor einer ihm unerwünschten Fürsprache). Wenn jemand von ihnen sagt: ‚Ich bin ein Gott neben Allah', dann werden wir diesen mit der Hölle bestrafen – so bestrafen wir die Frevler" (Vers 26–29). Wie bereits in anderem Zusammenhang erörtert, läßt die Lehre von der fortwährenden Bestimmung alles Geschaffenen durch Allah den Gedanken an eine wirksame Fürsprache durch andere – wie sie Mohammed in den „satanischen Versen" zugestanden hatte – nicht zu; nur um einige von ihm geschaffene Gestalten in besonderer Weise zu ehren, hat er ihnen einen Rang verliehen, den manche irrtümlich als den eines Kindes Allahs auffassen. Aber jene Geschöpfe verfügen über keinerlei eigene Bestimmungsmacht; sie können Allah niemals mit einem Schöpfungswort ins Handwerk pfuschen. – In Sure 43 deutet Mohammed an, er selber habe Jesus in die Debatte über die von den Mekkanern angebeteten Göttinnen eingeführt; die Gestalt Jesu sollte die Heiden lehren, was es allenfalls heißen könne, ein Kind Allahs zu sein. Aber die Mekkaner verstanden es, diese Absicht sogleich in ihr Gegenteil zu verkehren. „Als der Sohn der Maria als ein Beispiel genannt wurde, schau, da lachten deine Leute lauthals darüber![170] Sie entgegneten: ‚Sind unsere Götter besser oder er?'" Die Mekkaner möchten also gar nicht begreifen, worauf Mohammed hinauswill; sie sehen in Jesus eine Vermittlergestalt, ihren drei Göttinnen ähnlich, und sie wüßten gerne, ob er mehr ausrichten kann als jene. Aber es gibt nun einmal keine Vermittler, und somit entfallen für einen Teil der in und um Mekka geübten Wallfahrtsbräuche die Voraussetzungen. Mohammed fährt fort: „Nur um ein Argument zu haben, hielten sie dir nun (Jesus) als ein Beispiel vor. Sie sind eben zänkische Laute. (Jesus) ist doch nur ein Knecht, dem wir Wohltaten erwiesen und den wir den Banū Isrāʾīl als ein Beispiel gaben. Wollten wir es, dann könnten wir aus eurer Mitte Engel erwählen, die auf der Erde (eure Stelle) einnähmen. Dies ist (jedoch) ein Wissen von der (letzten) Stunde. Zieht sie auf keinen Fall in Zweifel, sondern folgt mir! Das ist die gerade Straße!" (Sure 43, 57–61).[171]

5. Die Frage nach der Macht in Mekka

Der Tod Ḫadīǧas und Abū Ṭālibs

Das Ende des zehnten Jahres nach der Berufung brachte für Mohammed eine Reihe einschneidender Ereignisse, deren relative Chronologie unangefochten ist. Nachdem die Hāšimiten und die Banū l-Muṭṭalib die Schlucht hatten verlassen dürfen, trafen den Gesandten Allahs zwei harte Schicksalsschläge. Gegen Ende des Monats Šauwāl starb Ḫadīǧa, am ersten Tag des Ḏū l-Qaʿda, etwas mehr als einen Monat später, auch sein Onkel Abū Ṭālib.[172] Die Quraišiten sahen sich ermutigt, Mohammed nun mehr als zuvor zuzusetzen. Doch noch einmal durfte er sich auf das Zusammengehörigkeitsgefühl der Hāšimiten verlassen, wie al-Wāqidī in Erfahrung brachte. Sein vielgeschmähter Onkel ʿAbd al-ʿUzzā b. ʿAbd al-Muṭṭalib, „Abū Lahab", verbat sich jegliche Übergriffe gegen seinen Neffen, riet diesem allerdings, Mekka den Rücken zu kehren und anderswo eine Bleibe zu suchen. Dies wurde die Politik, mit der die Quraišiten von jetzt an das Problem zu lösen und ihre alte Ordnung zu bewahren hofften. Mohammed wußte diese Kompromißbereitschaft wenig zu schätzen; von außerhalb Mekkas konnte er schwerlich die Veränderung des Kaabakultes ins Werk setzen, die ihm als die unabdingbare Folge seines Eingottglaubens dringlich war. Daß es bei der Glaubenspraxis seines Großvaters ʿAbd al-Muṭṭalib, die Abū Lahab genauso für verbindlich hielt wie der kurz zuvor verstorbene Abū Ṭālib, nicht werde bleiben können, machte Mohammed just in jenen Tagen unmißverständlich klar. ʿAbd al-Muṭṭalib war kein Muslim gewesen, und so konnte auch er nach dem Tod nirgendwo anders gelandet sein als in der Hölle. Mit solchem Gerede, das sich angesichts seines gleich zu schildernden Schrittes geradezu peinlich opportunistisch ausnimmt, brachte Mohammed die Mekkaner erneut gegen sich auf, und man legte ihm dringend nahe, er möge verschwinden. Begleitet nur von seinem Diener Zaid b. al-Ḥāriṯa, machte er sich auf den Weg nach aṭ-Ṭāʾif.[173]

Das Abenteuer in aṭ-Ṭāʾif

Die Banū Ṯaqīf, seit langem Rivalen der Quraišiten – zumindest derjenigen, die sich am Erbe ʿAbd al-Muṭṭalibs orientierten –, würden ihn freudig willkommen heißen und ihm Sicherheit (arab.: *al-manʿa*)[174] vor allen Übergriffen durch Angehörige seines Stammes gewähren. Das jedenfalls hoffte er, und er wird sich der Geschichte des Vorstoßes der jemenitischen Äthiopier in den Hedschas erinnert haben. Die Pilgerzentren auszuschalten, die die Loyalität der arabischen Stämme gegen die Machthaber im Jemen gar nicht erst gedeihen ließen, war das Ziel gewesen, und die Männer, die damals in aṭ-Ṭāʾif das Sagen gehabt hatten, waren auf den Gedanken verfallen, die Eindringlinge nach Mekka zu verweisen. ʿAbd al-Muṭṭalibs Charakterstärke und sein Vertrauen auf den an der Kaaba verehrten Allah hatten, so glaubten zumindest die Hāšimiten, die Gefahr von der Stadt abgewendet. Wenn Mohammed jetzt bei diesen Nebenbuhlern Mekkas Rückhalt suchte, verriet er damit, was man wenigstens in seiner Sippe als die bis in die Gegenwart wirksame Leistung des großen Vorfahren betrachtete. Aṭ-Ṭāʾif wird aber Mohammed nicht nur aus Gründen schlichter Opportunität als eine vorteilhafte Wahl erschienen sein; der Ort verfügte wie Mekka über ein Heiligtum, an dem eine

Gottheit angebetet wurde. Die Voraussetzungen für die Ausübung seines Ritus, der, wie gehört, die Proskynesis in Gegenwart des Höchsten vorsah, waren auch in aṭ-Ṭāʾif gegeben. – Später, in Medina, war das nicht der Fall, und dieser Mangel stürzte Mohammed zunächst in Ratlosigkeit, wie sein Alter ego im Koran einräumt. – Aṭ-Ṭāʾif taucht in der Lebensgeschichte Mohammeds seit seiner Berufung mehrfach auf, ohne daß der heutige Beobachter sich einen Reim auf die Rolle machen könnte, die es für den Propheten spielte: Auf der Rückkehr von einer Reise dorthin soll ihn Zaid b. ʿAmr b. Nufail von der Nichtigkeit des Götzendienstes überzeugt haben; als er die Eingebungen publik machte, die er empfing, waren es die Banū Ṯaqīf, die über den Sinn des Auftretens zahlreicher Sternschnuppen rätselten; Mohammed griff die Mutmaßungen über dieses Naturschauspiel auf und deutete es in einer ihm nützlichen Weise;[175] Quraišiten, die in aṭ-Ṭāʾif Grundbesitz hatten, sollen in Mekka darauf gedrungen haben, daß man sich durch jenen Mohammed nicht vom Glauben der Väter abbringen lassen möge. Hišām b. ʿUrwa b. az-Zubair (gest. 762/3) hat diese Sicht der Dinge von seinem Vater (gest. ca. 711) übernommen, einem der ersten, die systematisch Nachrichten über das Leben Mohammeds zusammentrugen; ʿUrwa hatte eine Anfrage des Kalifen ʿAbd al-Malik (reg. 685–705) entsprechend beantwortet und jenen Quraišiten aus aṭ-Ṭāʾif die Schuld[176] an der einsetzenden Verfolgung der Muslime zugeschoben, der bald die Auswanderung nach Äthiopien gefolgt war.[177] Der Koran hätte einer bedeutenden Persönlichkeit aus Mekka oder aṭ-Ṭāʾif offenbart werden müssen, hatten zudem die mit den Banū Ṯaqīf auf freundschaftlichem Fuß verkehrenden Quraišiten[178] gemeint. ʿUrwa darf hier nicht allzu deutlich werden, denn die Vorfahren des Kalifen waren in erster Linie betroffen. In Sure 43, Vers 31 f. erinnert Mohammed an diese Diskussionen, in denen sich das Erstaunen über den Vorrang widerspiegelt, den der „Ṣābiʾer" für sich zu fordern wagte.[179] „Teilen sie etwa die Barmherzigkeit deines Herrn zu? Wir verteilen unter sie den ihnen (zustehenden) Unterhalt im diesseitigen Leben und erhöhen die einen von ihnen über die anderen um Stufen, damit die einen die anderen als Diener einsetzen können. Die Barmherzigkeit deines Herrn ist besser als alles Gut, das sie aufhäufen." Unter den Quraišiten, die gute Beziehungen mit aṭ-Ṭāʾif pflegten, finden wir keinen Hāšimiten. Die „Glaubenspraxis des ʿAbd al-Muṭṭalib" konnte einem guten Verhältnis zu dieser Stadt nicht förderlich sein. Jetzt aber hatte Mohammed festgestellt, daß auch ʿAbd al-Muṭṭalib im Höllenfeuer wimmere und heule, und das mochte ihn zu dem Wahn verleiten, man werde ihn in aṭ-Ṭāʾif mit offenen Armen empfangen.

Bei Ibn Isḥāq ist es Muḥammad b. Kaʿb al-Quraẓī (gest. 736),[180] der erzählt, was nun geschah: „Als der Gesandte Allahs nach aṭ-Ṭāʾif gelangt war, begab er sich zu einigen Ṯaqafiten, die damals die Edlen und Herren des Stammes waren. Dies waren drei Brüder, nämlich ʿAbd Jālail, Masʿūd und Ḥabīb, die Söhne des ʿAmr b. ʿUmair b. ʿAuf b. ʿUqda b. Ġijara[181] b. ʿAuf b. Ṯaqīf; einer von ihnen war mit einer Quraišitin aus der Sippe der Banū Ǧumaḥ[182] verheiratet." Nachkommen des Ġijara haben wir bereits kennengelernt; zu ihnen gehört al-Aḫnas b. Šarīq, ein Eidgenosse der Banū Zuhra, der einst hatte wissen wollen, was es mit jenem seltsamen

Mohammed auf sich habe, und in dessen Familie man überlieferte, wie man in aṭ-Ṭāʾif die vielen Sternschnuppen ausgelegt hatte, auf die sich Mohammed berief, um sein Monopol auf den Zugang zum Verborgenen abzusichern;[183] ferner zählt Umaija b. abī ṣ-Ṣalt zu dieser Sippe, der Dichter, der den in der christlichen Hymnik verarbeiteten Stoff auf arabisch bekanntmachte. Umaijas Mutter war übrigens Ruqaija, eine Tochter des ʿAbd Šams b. ʿAbd Manāf.[184] Die sich von Ġijara herleitende Linie vornehmer Ṯaqafiten zog es so lange wie möglich vor, sich nicht mit Mohammed einzulassen. Anders die Nachfahren des Muʿattib b. Mālik b. Kaʿb b. ʿAmr b. ʿAuf b. Ṯaqīf; zu ihnen gehörte ʿUrwa b. Masʿūd, ein Gesandter, den die Ṯaqafiten an Mohammed abfertigten, als dieser bei al-Ḥudaibīja ein Abkommen mit den Mekkanern geschlossen hatte und daher auch für aṭ-Ṭāʾif eine ernstzunehmende politische Größe geworden war. Nachdem Mohammed Anfang 630 Mekka besetzt hatte, riet ʿUrwa seinen Stammesgenossen, sich zum Islam zu bekehren, sie wollten davon aber nichts wissen und töteten ihn. Auch der in der frühen Omaijadenzeit berühmte Prophetengefährte al-Muġīra b. Šuʿba (gest. 670) war Mitglied dieses ṯaqafitischen Klans wie übrigens auch al-Ḥaǧǧāǧ b. Jūsuf (gest. 714), einer der klügsten und strengsten Verwalter, den die Damaszener Omaijaden je hatten.[185]

Mohammed knüpfte, indem er nach aṭ-Ṭāʾif reiste, in voller Absicht Verbindungen mit den Ṯaqafiten an, die bisher, soweit wir unterrichtet sind, keinerlei Sympathien für ihn und sein Prophetentum gezeigt hatten. Dies ist nicht anders zu begreifen, als daß er von einem radikalen Bruch mit Mekka und einer gänzlichen Neugestaltung der politisch-religiösen Machtverhältnisse träumte. Wahrscheinlich vermutete er, dank den engen inhaltlichen Übereinstimmungen zwischen den Versen Umaija b. abī ṣ-Ṣalts und der „Lesung“ werde man ihn nicht abweisen. Muḥammad b. Kaʿb al-Quraẓī fährt fort: „Der Gesandte Allahs setzte sich zu ihnen, rief sie zu Allah und sprach sie darauf an, daß er zu ihnen gekommen sei, damit sie ihm Hilfe gewährten zugunsten des Islams und sich mit ihm gegen diejenigen Quraišiten erhöben, die ihm Widerstand leisteten. Da entgegnete ihm einer, er werde eher die Bedeckung der Kaaba herunterfetzen als daß er glaube, daß Mohammed von Allah geschickt sei. Ein anderer rief: ‚Fand Allah etwa keinen anderen als dich, den er hätte senden können?‘ Der dritte bekräftigte: ‚Bei Allah, nie werde ich mit dir reden! Solltest du tatsächlich ein Gesandter Allahs sein, wie du behauptest, dann wärest du viel zu gewaltig, als daß ich dir antworten dürfte. Und solltest du über Allah Lügen verbreiten, dann ziemte es sich für mich (erst recht) nicht, mit dir zu sprechen!‘ Der Gesandte Allahs stand auf und verließ jene, da er am Guten, das er von den Banū Ṯaqīf erhofft hatte, verzweifelte. Er hatte sie aber gebeten: ‚Was immer ihr tut, bewahrt über mich Stillschweigen!‘ Der Gesandte Allahs wollte nämlich nicht, daß sein Stamm (dies alles) über ihn erfahre, denn dies würde (die Quraišiten) gegen ihn aufbringen. (Die Ṯaqafiten) hielten sich aber nicht daran, sondern hetzten ihre Schwachköpfe und Sklaven gegen ihn auf. Diese schalten ihn und machten um ihn ein Geschrei, so daß sich um ihn viele Leute sammelten und ihn schließlich nötigten, im Garten von ʿUtba und Šaiba, den beiden Söhnen von Rabīʿa (b. ʿAbd Šams b. ʿAbd Manāf),[186] Zuflucht zu suchen." – Bei Badr werden diese beiden sich aus der mekkanischen Schlachtreihe lösen und, freilich mit tödlichem Ausgang für sie selber, Parteigänger Mohammeds zum Zweikampf herausfordern.

ʿUtba und Šaiba waren in ihrem Garten, wohin der Pöbel Mohammed nicht zu folgen wagte. Im Schatten einer Weinrebe sank dieser erschöpft zu Boden, mit Allah Zwiesprache haltend: „Dir klage ich meine geringe Kraft, meinen Mangel an klugem Rat, meine Verächtlichkeit in den Augen der Leute. Barmherzigster, du bist der Herr derjenigen, die man für schwach befindet (arab.: Pl. *al-mustaḍʿafūn*). Du bist mein Herr! An wen verweist du mich? An einen Fernen, der mich mürrisch anblickt? An einen Feind, dem du Macht über mich gabst?" Wenn Allah ihm nur nicht zürne, dann wolle er auch nicht verzagen. „Als ʿUtba und Šaiba bemerkten, was ihm widerfuhr, regte sich ihr Mitleid mit ihm." Sie trugen einem christlichen Sklaven auf, er möge Mohammed auf einer Schale eine Weintraube bringen. Woher er stamme, fragte ihn Mohammed freundlich; aus Ninive, antwortete der Sklave – aus der Stadt des frommen Jonas, ergänzte Mohammed, und das sei sein Bruder, ein Prophet wie er. Indem der Sklave dies hörte, überschüttete er Mohammed mit Küssen, was ʿUtba und Šaiba zu der bissigen Bemerkung veranlaßte, binnen weniger Augenblicke sei es diesem gelungen, den Sklaven zu verderben. Wenig später machte sich der Gesandte Allahs auf den Heimweg nach Mekka. Als er des Nachts sein rituelles Gebet verrichtete, lauschten ihm etliche Dschinnen aus Nisibin und nahmen unverzüglich den Islam an, ein Vorfall, von dem in der spätmekkanischen Sure 46, Vers 29 bis 31 die Rede ist.[187] So findet das Fiasko von aṭ-Ṭāʾif wenigstens in der Vorstellung Mohammeds ein versöhnliches Ende.

Das Echo im Koran

Die zugespitzte, scharfe Wendung gegen die eigenen weiteren und auch engeren Stammesverwandten, der Hintergrund des versuchten Paktierens mit den Feinden, liegt in den spätmekkanischen Suren offen zutage. Besonders deutlich wurde uns dies schon an der Aneignung der Gestalt Abrahams durch Mohammed. In Sure 6 macht er ihn zu seinem unmittelbaren Vorgänger und verwirft auf diese Weise die gesamte erinnerte Geschichte der Kaaba und der Quraišiten. Vor ihm war es Abraham, der, nachdem ihm Allah Einblick in das allumfassende Lenken des Geschaffenen gewährt hatte, die Nichtigkeit jeglicher Art von Vielgötterei erkannte und eine unüberwindbare Grenze zwischen sich und seinem Volk zog. „Wollt ihr mit mir über Allah streiten, wo er mich doch rechtgeleitet hat?" läßt Mohammed ihn in Sure 6, Vers 80 sagen. Und selber äußert er sich so: „Sprich: ‚Mich hat Allah zu einer geraden Straße geleitet, die ich als richtige Glaubenspraxis befolge. Dies ist die Gemeinschaft Abrahams, der ein Ḥanīf war, nicht ein Götzendiener!'" (Sure 6, 161).[188] – Die politische Botschaft, die Mohammed den Mekkanern auszurichten hat, verdichtet sich zu einer unverhohlenen Drohung mit dem Untergang ihrer Stadt, sofern sie ihm nicht willfährig sei; diese Botschaft verknüpft er mit der Geschichte Moses, die er in zwei Eingebungen jener Jahre, in Sure 28 und Sure 7, eingehend behandelt.

In Sure 28 erzählt er uns dies: Pharao war ein Tyrann, der seine Herrschergewalt dadurch festigte, daß er die Untertanen in Parteiungen aufspaltete; eine von ihnen unterdrückte er und tötete alle ihre Männer, obwohl Allah doch vorhatte, denen, die man für schwach ansah,[189] das ganze Land als Erbe zu übermachen. – Es sei eingeflochten, daß nur in Suren aus den letzten mekkanischen Jahren, in denen Mohammed es sich mit allen qurašitischen Klanen verscherzt hat, die Randfiguren der Stammesgesellschaft in der „Lesung" als ein möglicherweise wichtiger Teil der Anhängerschaft des neuen Glaubens bedacht werden; dies paßt zu ihrer Erwähnung in der Episode von aṭ-Ṭāʾif, als Mohammed Grund hatte, sich selber als einen für schwach Befundenen zu bedauern. In Medina, unter völlig veränderten Umständen, ist die Aufmerksamkeit für sie wieder verschwunden.[190] – Allah wies die Mutter des Säuglings Mose an, diesen zu stillen, ihn jedoch bei Gefahr auf dem Nil auszusetzen; sie werde ihr Kind rasch zurückerhalten. So geschieht es tatsächlich, denn Mose, von der Frau des Pharao aus dem Wasser geborgen, trinkt nur an der Brust einer bestimmten Amme, und diese ist niemand anders als eben seine leibliche Mutter. Nachdem er herangewachsen ist, erschlägt er, als er einen Streit schlichten will, einen Ägypter. „Das hat der Satan vollbracht", erkennt Mose und erlangt sogleich Allahs Verzeihung.[191] Die Folge aber ist, daß die Großen der Stadt darüber beratschlagen, wie sie Mose beseitigen könnten; er wird gewarnt und flieht (Vers 21). In Midjan dient er als Hirte; nach Ablauf der ausgehandelten Frist zieht er mit seiner Familie fort. An einem Berghang entdeckt er einen brennenden Busch; Allah gibt sich ihm zu erkennen und zeigt ihm zwei Wunder, mit denen er den Unglauben Pharaos überwinden wird: Sobald er den Hirtenstab hinwirft, verwandelt sich dieser in eine Schlange; und wenn er die Hand in den Schlitz seines Gewandes steckt und wieder hervorzieht, erscheint sie weiß wie vom Aussatz befallen. Solchermaßen für seine Aufgabe gerüstet, tritt er vor Pharao, der sich wie einen Gott verehren läßt. Die Beglaubigungswunder, die Allah für seinen Boten wirkt, machen aber keinen Eindruck; es sei nichts weiter als Zauberei, und außerdem habe man von den Vorvätern nie etwas vernommen, das den Worten Moses geglichen hätte (Vers 36). So ist die Strafe Allahs nicht mehr aufzuhalten: Pharao und seine Soldaten ertrinken im Meer.

Hieran knüpft Mohammed einige Betrachtungen. Er ist nicht dabeigewesen, als Allah Mose aus dem brennenden Busch heraus ansprach, und trotzdem weiß er genau darüber Bescheid – Allah teilt alles dies seinem Gesandten mit, um den Warnungen, die dieser zu überbringen hat, Nachdruck zu verleihen. Nun mögen die Gegner Mohammeds fragen, weshalb dieser nicht die gleichen Wunder vorführe wie Mose. Darauf ist zu antworten, daß die Mekkaner ohnehin dies alles als faulen Zauber verspotten würden. Eine Schrift, aus der sie eine bessere Rechtleitung schöpfen könnten, vermögen sie allerdings auch nicht vorzuweisen (Vers 43–51).[192] Die Schrift, die Mohammed ihnen vorgelegt hat, sollen sie als sein Beglaubigungswunder anerkennen. Es steht aber nicht in der Macht des Gesandten, die Mekkaner auf den richtigen Weg zu führen; das vermag nur Allah. Sie entschuldigen ihre Verstocktheit mit der Behauptung, sobald sie sich zur Rechtleitung bekehrten, werde man sie aus ihrem Land fortschleppen, ein nichtiger Vorwand, wie Mohammed betont, denn Allah hat den Quraišiten den heiligen Bezirk geschenkt, in den genügend Lebensmittel gebracht werden (Vers 57). Die neue Glaubenspraxis, die Mohammed verkündet, wird den Mekkanern keineswegs das gesicherte Dasein rauben. Daß der Kaabakult freilich tiefgreifend verändert werden muß, wird Mohammed bald in seinen ersten medinensischen Eingebungen darlegen. Aber die Verehrung des einen Allah verlangt von den Quraišiten nicht im mindesten den Verzicht auf ihren besonderen Rang unter den Arabern. Was sie allerdings nicht außer acht lassen dürfen, erfahren sie in den nächsten Versen: Jede Stadt, die Allahs Botschaft hochmütig in den Wind schlug, wurde bald darauf dem Erdboden gleichgemacht; stets war es so, daß Allah einen Warner berief, der den Menschen nahezubringen suchte, daß nicht der irdische Besitz das sei, worauf es im Diesseits ankomme; wer dieser irrigen Meinung sei, der werde teuer dafür bezahlen müssen. Dies verdeutlicht Mohammed an der Gestalt des Korah, eines reichen und gewalttätigen Zeitgenossen Moses; Allah ließ diesen Frevler mitsamt seinem Anhang zur Strafe in der Erde versinken (Vers 58–84).[193]

Die Frage nach der Macht

In Sure 7, die näher zum Ende der mekkanischen Jahre offenbart wurde als Sure 28, sind die Anspielungen auf die Frage nach der Macht, die Mohammed aufgeworfen hatte, noch deutlicher. Durch den ganzen Text ziehen sich die Auseinandersetzungen mit den führenden Quraišiten, oft als die Ratsversammlung der Ungläubigen apostrophiert: Allah stärkt Mohammed den Rücken; der Gesandte möge sich über den Unglauben der Feinde nicht grämen, denn die Strafe überkommt sie gerade dann, wenn sie überhaupt nicht damit rechnen; die Hochmütigen, die über den Mahnruf spotten, verhalten sich wie einst der Satan, der es ablehnte, sich auf Allahs Geheiß vor dem aus Lehm gebildeten Adam niederzuwerfen;[194] alle Menschen, die in ähnlicher Weise vom eigenen Verstand Gebrauch machen, folgen jenem falschen Vorbild, sind durch den Satan verführt (Vers 1–18). Daß schon die Väter einen falschen Kult praktizierten, entschuldigt nichts. Wenn Allah einen Boten aussendet, muß man befolgen, was durch diesen verkündet wird (Vers 28 und 35–39). Mit Paradies oder Hölle wird den Menschen ihr Tun vergolten, je nach dem, ob sie die Schrift, die ihnen durch den Boten überbracht wurde, beherzigen oder nicht; am Tag des Gerichts wird es für einen Gesinnungswandel zu spät sein, niemand wird noch einmal in das irdische Leben zurückgebracht werden, niemand wird die Gelegenheit erhalten, in einem zweiten Dasein die Fehler und Vergehen wiedergutzumachen, die er im ersten verschuldete (Vers 52 f.). Noah, Hūd, Ṣāliḥ und Lot erinnerten ihre Völker vergeblich daran, daß kein Frevler dem Zorn Allahs entrinnt. Wie schon in Sure 26[195] ist auch hier Šuʿaib der Vorläufer Mohammeds, dem dieser sich am engsten anzuverwandeln vermag. „Ihr Leute! Verehrt Allah!" läßt er Šuʿaib sagen, „einen anderen Gott habt ihr nicht. Der klare Beweis hierfür ist schon von eurem Herrn an euch gelangt. Darum gebt volles Maß und Gewicht und schmälert den Menschen nicht, was ihnen zusteht![196] Stiftet kein Verderben im Land, seitdem es in einen guten Zustand versetzt worden ist! Das ist für euch am ersprießlichsten, wenn irgend ihr gläubig seid. Und hockt nicht an jeder Straße, indem ihr die Gläubigen bedroht und vom Pfade Allahs abzubringen trachtet, ja, indem ihr wünscht, daß dieser Pfad krumm sei. Denkt an die Zeit zurück, da ihr gering an Zahl wart – Allah hat euch zahlreich gemacht! Schaut, welches

Ende es mit den Missetätern genommen hat!“ (Vers 85 f.). Dies sagt Mohammed besonders den Nachfahren jener Mekkaner, die sich mit Quṣaij unmittelbar an der Kaaba angesiedelt hatten.[197] „Wenn einige unter euch an das glauben, zu dessen Verkündigung ich gesandt wurde, andere aber nicht, dann harrt aus, bis Allah zwischen uns entscheidet...!“ mahnt Šuʿaib. „Die Ratsversammlung, diejenigen seines Volkes, die hochmütig waren, sprachen: ‚Šuʿaib, wir werden dich und die Gläubigen mit dir gewiß vertreiben, es sei denn, ihr kehrtet in unsere Religionsgemeinschaft zurück!‘ (Šuʿaib) entgegnete: ‚Und sollten wir dies ablehnen (was wäre dann)? Wir müßten über Allah Lügen verbreiten, sollten wir in eure Religionsgemeinschaft zurückkehren, nachdem Allah uns aus ihr gerettet hat. Es kommt uns nicht zu, in sie zurückzukehren, außer wenn Allah, unser Herr, es so wollte.[198] Unser Herr umfaßt alles mit seinem Wissen, auf ihn verlassen wir uns. Herr, entscheide zwischen uns und unserem Volk nach der Wahrheit, du bist der beste aller Entscheidenden!‘ Darauf erwiderte die Ratsversammlung,[199] diejenigen, die ungläubig waren: ‚Wenn ihr Šuʿaib folgt, dann gehört ihr zu den Verlierern!‘“ (Vers 86–90). Ein heftiger Erdstoß brachte ihre Häuser zum Einsturz, doch Šuʿaib bedauerte dieses Ende seiner Feinde nicht. Wie können die Bewohner der Ortschaften heutzutage sich davor sicher wähnen, daß Allahs Gewalt plötzlich über sie hereinbricht? (Vers 96–98).

Die Zuhörer sind jetzt auf die längste Erzählung in Sure 7 eingestimmt: Mose wurde zu Pharao und zu dessen Ratsversammlung entsandt, um ihnen Allahs Wunderzeichen vorzuführen und ihnen Kunde vom Schicksal aller Hochmütigen zu geben. „Mose sagte: ‚Pharao, ich bin ein Gesandter vom Herrn der Welten! Es ziemt sich also, daß ich über Allah nur die Wahrheit spreche. Ich bin mit einem Beweis von eurem Herrn gekommen. Laß die Kinder Israel mit mir ziehen!‘ Pharao erwiderte: ‚Wenn du mit einem Wunderzeichen gekommen bist, dann laß es sehen, sofern du nicht lügst!‘ Da warf Mose seinen Stab hin, und sogleich wand sich da völlig deutlich eine Schlange. Und er zog seine Hand heraus, und sogleich erschien sie den Zuschauern ganz weiß. Darauf rief die Ratsversammlung der Leute Pharaos: ‚Dieser da ist ein gelehrter Zauberer! Er will euch aus eurem Land vertreiben! Was also werdet ihr befehlen?‘ Und sie sagten (zu Pharao): ‚Halte ihn und seinen Bruder hin und schicke in die Städte Boten, die die Menschen versammeln. Sie sollen dir einen jeden gelehrten Zauberer bringen!‘ Die Zauberer kamen zu Pharao. Sie fragten: ‚Wir erhalten doch Lohn, wenn wir die Sieger sein werden?‘ Er antwortete: ‚Gewiß, und ihr werdet zu meinem engsten Kreis gehören!‘“ Die Ägypter warfen zuerst ihre Stäbe, vermochten aber nur die Blicke zu täuschen, so daß die Umstehenden meinten, Schlangen zu sehen. Dann warf Mose auf Eingebung Allahs den Stab, und dieser Stab verschlang alles, was jene vorgaukelten. „So wurden (die Zauberer) dort bezwungen und fanden sich gedemütigt. Die Zauberer warfen sich nieder und riefen: ‚Wir glauben an den Herrn der Welten, den Herrn Moses und Aarons!‘“ Diese Wende der Dinge empörte Pharao, der den Zauberern Strafen androhte, wie sie für Aufruhr verhängt werden. „Ihr seid in den Glauben an Mose eingetreten, bevor ich es erlaubte. Dies sind Ränke, die ihr in der Stadt geschmiedet habt, um ihre Bewohner aus ihr zu vertreiben.“

Die Israeliten mußten von nun an mit dem Zorn des Herrschers rechnen, Mose rief sie zur Standhaftigkeit auf. Die ungläubigen Ägypter aber leugneten hartnäckig die Gefahr, in der sie schwebten: „,Welches Wunderzeichen du uns auch immer bringst, um uns zu verzaubern, wir werden dir nicht glauben!' So schickten wir über sie die Flut, die Heuschrecken, Läuse, Frösche, das Blut – (alles) klare Zeichen. Sie aber blieben hochmütig... Dann rächten wir uns an ihnen und ersäuften sie im Meer, weil sie unsere Wunderzeichen leugneten und sich wissentlich über sie hinwegsetzten. Den zuvor für schwach Befundenen gaben wir den Osten und den Westen des Landes als ihr Erbteil..." (Vers 104–137).

Mose und Mohammed

Mohammed fährt in der Erzählung mit der Episode von der Anbetung des goldenen Kalbs fort. Während Mose aus Allahs Hand die Gesetzestafeln entgegennimmt, fallen die Israeliten vom Eingottglauben ab. „Und als Mose voller Zorn und Gram (über solche Untreue) zurückgekommen war, rief er: ,Wie übel habt ihr gehandelt, als ihr nach meinem Weggehen meine Stelle einnahmt! Wolltet ihr die Fügung eures Herrn beschleunigen?' Er warf die Tafeln hin, packte seinen Bruder am Kopf und zerrte ihn an sich. ,Sohn meiner Mutter', wehrte sich Aaron, ,die Leute hielten mich für schwach und hätten mich beinahe umgebracht! Mache mich nicht zum Gespött meiner Feinde, zähle mich nicht zu den Frevlern!'" (Vers 150). Wen die „Hochmütigen" als schwach ansehen, den vermögen sie vom richtigen Glauben abzubringen – den Beweggrund nennt Mohammed zwischen den Zeilen: Die Heiden möchten gern wissen, ob die Strafen, die ihnen für den Fall des Beharrens auf den Lehren ihrer Väter immer wieder angedroht werden, auch tatsächlich eintreffen. Die Israeliten bekamen ja keineswegs sofort die Folgen ihres Rückfalls in das Heidentum zu spüren. Mohammed erklärt dies damit, daß Mose zu Allah flehte, er möge nicht alle um der Untat einiger Toren willen zugrunderichten. Allah straft, wen er will, seine Barmherzigkeit schenkt er jedem, der gottesfürchtig ist, die Läuterungsgabe zahlt und an die Wunderzeichen glaubt (Vers 155 f.). Mohammed aber ist der Bote (arab.: *ar-rasūl*), der als der „heidnische Prophet" (arab.: *an-nabī al-ummī*)[200] berufen wurde, jene Glaubenspraxis zu verkünden, die den Weg zu einem guten Jenseits ebnet. Allah geleitete die Israeliten durch die Wüste und gab ihnen eine Stadt als einen neuen Wohnsitz. Als etliche unter ihnen wieder vom Eingottglauben abfielen, ahndete Allah dies schwer (Vers 160–162). – Dies ist die Gedankenwelt, in der Mohammed lebte, seitdem er des Schutzes durch Abū Ṭālib ledig geworden war. Seine mekkanischen Gegner schmähte er als die auf Böses sinnende Ratsversammlung der Hochmütigen, mit denen es für ihn kein Auskommen geben durfte. Entweder sie oder er, so lauten seine Parolen, und wenn sie, dann ist das Schicksal Mekkas besiegelt. Abū Ǧahl, der Wortführer der Maḫzūmiten, ist für Mohammed niemand anders als der „Pharao dieser Glaubensgemeinschaft" (arab.: *al-umma*), der Araber vermutlich; und als es wenige Jahre später bei Badr zur ersten großen Schlacht zwischen den Muslimen und den heidnischen Mekkanern kommt, da weiß Mohammed genau: Durch den Hohlweg von ar-Rauḥāʾ, den er passieren muß, ist einst auch Mose gezogen mit siebzigtausend Israeliten.[201] Er lebt sich in seinen letzten mekkanischen Jahren ganz in die Gestalt des Mose hinein. Rettung, daran glaubt er fest, ist allein möglich, wenn er wie einst Mose die Führung in den Händen hat. Daß er skrupellos genug ist, dies auf dem Umweg über die Ṯaqafiten von aṭ-Ṭāʾif erreichen zu wollen, offenbart ein erstaunliches Maß an Verblendung. Aber er ist sich seiner Sache sicher; Allahs Zorn würde im Falle, daß die Mekkaner ihn, den Propheten, ablehnen, gewiß über die Stadt hereinbrechen. Mutwillig herausfordern läßt sich Allah freilich nicht, das schärfte schon Mose den kecken Götzendienern seines Volkes ein, und Mohammed sagt es in fast gleichlautenden Worten seinen Stammesgenossen in der spätmekkanischen Sure 16, Vers 1: „Allahs Fügung liegt schon vor! Verlangt daher von ihm keine Beschleunigung!" In der Tat, wenn die Strafe hier und jetzt einträfe, dann erhielte der Prophet keine Gelegenheit, wie Mose zum Herrscher in Allahs Namen zu werden. Und um nichts Geringeres geht es Mohammed in jenen Jahren.

Die Uneinigkeit der quraišitischen Klane

Daß er sich durch das beabsichtigte Paktieren mit den Banū Ṯaqīf in seiner Heimatstadt völlig kompromittiert hatte, wird niemanden wundern. Selbst unter den Söhnen des ʿAbd al-Muṭṭalib fand sich niemand mehr, der den Abenteurer in Schutz genommen hätte. Mohammed durfte sich jetzt wirklich wie jemand fühlen, der ein Außenseiter der Stammesgesellschaft war, ein als schwach Befundener. Wer sollte ihm Sicherheit (arab.: *al-ǧiwār*) vor Übergriffen gewähren? Ihm kam al-Aḫnas b. Šarīq in den Sinn, doch dieser hatte eine überzeugende Entschuldigung: Als Eidgenosse habe er nicht das Recht, gegen die Sippen, mit denen er im Bunde stehe, ein Schutzversprechen zu geben. Der nächste, an den sich Mohammed wandte, war Suhail b. ʿAmr, und mit ihm tritt eine im weiteren Verlauf der Geschichte höchst bedeutsame Gestalt in unseren Gesichtskreis. Nach dem Tode ʿAbd al-Muṭṭalibs hatte zunächst dessen Neffe zweiten Grades Ḥarb b. Umaija b. ʿAbd Šams als Führer der quraišitischen Angelegenheiten gegolten. Danach aber, und das ist genau der Zeitraum, in welchem Mohammed als Gesandter Allahs aufzutreten begann, war unter den Klanen eine Unsicherheit entstanden, wem eigentlich das Sagen gebühre. Die Hāšimiten hielten sich an Abū Ṭālib, vielleicht auch an einige seiner Brüder. Die Banū l-Muṭṭalib, die Banū Umaija, die Banū Naufal b. ʿAbd Manāf scharten sich je um eigene Wortführer. Und nicht nur die einzelnen ʿAbd-Manāf-Klane strebten nach Selbständigkeit, auch andere Sippen wie die Banū Maḫzūm mit Hišām b. al-Muġīra und die Banū ʿAdī mit ʿAmr b. Nufail – dessen Sohn Zaid wir bereits kennen – erhoben ihre Stimme, und dies nicht nur zaghaft, wie das Beispiel der Maḫzūmiten lehrte. Ein gewisser ʿAmr b. ʿAbd Šams war der Mann, der in jenen Tagen einer recht weitläufig mit den übrigen Quraišitenklanen verwandten Sippe Gewicht verlieh, den Banū ʿĀmir b. Luʾaij.[202] Fihr, mit dem Beinamen Quraiš, hatte einen Urenkel Kaʿb b. Luʾaij; er ist der Ahnherr der mekkanischen Sippen. Kaʿb hatte mehrere Geschwister, darunter einen Bruder mit Namen ʿĀmir b. Luʾaij, und von ihm stammt ʿAmr b. ʿAbd Šams her. Auf dessen Sohn Suhail b. ʿAmr, damals ein Mann in den besten Jahren,[203] setzte Mohammed also nun seine Hoffnungen, vermutlich wegen der genealogischen Ferne zu den übrigen quraišitischen Linien. Doch Suhail ließ ihn wissen, die Banū ʿĀmir b. Luʾaij pflegten niemandem gegen die Banū Kaʿb b. Luʾaij Sicherheit zu garantieren. So blieb zuletzt nur al-Muṭʿim b. ʿAdī, der Sohn des Naufal b. ʿAbd Manāf, der schon an der Aufhebung der Ächtung der Hāšimiten und der Banū l-Muṭṭalib mitgewirkt hatte; er erbarmte sich des Gesandten Allahs.[204]

Die Himmelfahrt des Gesandten Allahs

Die Uneinigkeit der quraišitischen Klane und die Vielzahl ihrer Wortführer sind nicht zu gering zu veranschlagen, wenn man Mohammeds so kühn und mutig erscheinende Beharrlichkeit während seiner letzten mekkanischen Jahre beurteilen will. Vielleicht ist es kein Zufall, daß er, als er in Sure 7 von Mose erzählt, darauf hinweist, daß Allah die Israeliten in zwölf Stämme aufgeteilt habe (Vers 160). In diese Zeit der Zersplitterung und des Ringens um die Macht fällt eine Maßnahme, mit der Mohammed seinen Einfluß zu verstärken und sein Prestige zu erhöhen suchte: die Propagierung seiner Himmelfahrt. Laut al-Wāqidī wurde der Gottesgesandte am Mittag des 17. Ramadan, anderthalb Jahre vor der Vertreibung, in den Himmel entrückt. Schon seit langem habe er Allah darum gebeten, einen Blick in das Paradies und in die Hölle tun zu dürfen. Während er nun an jenem denkwürdigen Tag Mittagsschlaf gehalten habe, seien Gabriel und Michael an sein Lager getreten und hätten ihn zum Mitkommen aufgefordert; an der Kaaba zwischen dem Zemzembrunnen und dem Standplatz Abrahams sei für ihn eine wunderbar anzuschauende Leiter aufgerichtet worden, die beiden Engel hätten ihn ergriffen und seien mit ihm emporgestiegen durch alle sieben Himmel bis zum fernsten Christdorn (vgl. Sure 53, 14), von wo aus er Paradies und Hölle habe sehen können; in jedem Himmel seien ihm die dort beheimateten Propheten begegnet; im siebten habe er das kratzende Geräusch vernommen, das die Schreibfedern verursachten, die Allahs ununterbrochenes Bestimmen festhielten. Auf die Erde herab brachte Mohammed das Gebot, fünfmal am Tag das rituelle Gebet zu vollziehen; Gabriel begleitete ihn auf dem Abstieg, um ihm hier unten jeweils zum vorgeschriebenen Zeitpunkt vorzubeten und dadurch alle Unklarheiten über den Ritus auszuräumen. Soweit al-Wāqidī.[205] – In jüngeren Fassungen wird Mohammed von Jerusalem aus in den Himmel emporgetragen; damit dies geschehen kann, wird er in einer nächtlichen Reise von Mekka aus dorthin versetzt. Die Vision dieser Reise hatte Mohammed jedoch erst sechs Monate nach seiner Himmelfahrt. Wie schon im Falle der „satanischen Verse" hat man hier tief in die Überlieferung zur Prophetenvita eingegriffen, um sie Erfordernissen anzupassen, mit denen wir uns später beschäftigen werden. Wenn Mohammed von Jerusalem in den Himmel hinaufgefahren ist, dann muß er zuvor in die heilige Stadt gelangt sein. Was lag näher, als der Nachtreise, für die er Allah im Eingangsvers von Sure 17 preist, diesen Zweck zu unterstellen?

Von seiner Himmelfahrt spricht Mohammed im Koran nie. In den der mittleren mekkanischen Periode angehörenden Offenbarungen läßt er sich aber zweimal darüber aus, daß ein Aufstieg in den Himmel die Gegner mitnichten wohlwollend gegen ihn stimmen würde. „Kein Gesandter kommt zu (seinem Volk), ohne daß dieses über ihn spottet", klagt er in Sure 15, Vers 11. Man hört die Mahnungen, aber sie fruchten nichts; „selbst wenn wir über ihnen eine Pforte des Himmels öffneten und (die Zweifler) dann (immer wieder) in ihn hinaufsteigen könnten, sprächen sie: ‚Unsere Blicke wurden trunken gemacht, nur das ist es! Man hat uns verzaubert!'" (Sure 15, 15). Das hartnäckige Fragen nach den Engeln, die ihm die Eingebungen herabbrächten, hatte Mohammed zu dieser Darlegung veranlaßt. Die Engel werden erst am Ende der Zeiten herabgeschickt, hatte er geantwortet, erst dann, wenn das Diesseits zerstört wird, und deshalb sei das Begehren der Mekkaner, schon jetzt Engel zu sehen, ganz töricht. Sogar wenn die Zweifler selber die Himmel erkunden dürften, wären sie nicht von Mohammeds Botschaft überzeugt, weswegen sollte er dann hinaufzusteigen wünschen? In Sure 17 wird die gleiche Thematik ein zweites Mal aufgerollt. Die „Lesung" ist unnachahmlich, alle Menschen und Dschinnen können nicht einmal in gemeinsamer Anstrengung etwas Vergleichbares zustande bringen. Das behauptet Mohammed hier; die Mekkaner aber wollen diese Behauptung nur gelten lassen, wenn sie jene überirdische Kraft, der dies alles entspringen soll, auch wirklich wahrnehmen können: Sie soll Mohammed einen Weingarten mit Wasserquellen schenken oder den Himmel in Stücken herabstürzen lassen, oder der Prophet möge Allah oder die Engel herbeizitieren. Und wie wäre es, wenn Mohammed einmal selber emporstiege und eine Schrift herunterholte? Nein, entgegnet er; nur wenn die Erde von Engeln bewohnt würde, nur dann hätte Allah einen Engel ihresgleichen als Boten geschickt; sie wird aber von Menschen bevölkert, und folglich kann nur ein Mensch als Bote erwählt werden (Sure 17, 88–95), dem, so ist zu ergänzen, nur das seinem Geschlechte Mögliche zu Gebote steht.

In den letzten mekkanischen Jahren hat Mohammed solche Zurückhaltung aufgegeben. Jetzt streut man das Gerücht von seinem Aufstieg in den Himmel aus. Nach der Affäre in aṭ-Ṭāʾif werden ihn seine Feinde auf Dauer nicht mehr in Mekka dulden; Abū Lahab hat ihm dies schon vorher zu verstehen gegeben. Es muß sich für Mohammed eine andere Bleibe finden. Der Gesandte Allahs aber will sich in der heiligen Stadt behaupten und außerhalb von ihr Verbündete suchen. Sollte er damals doch an einen Weggang gedacht haben, dann höchstens als eine vorübergehende Notlösung, wie er kurz darauf behaupten wird.[206] Daß es nach Mohammeds nunmehriger Meinung einem Gesandten Allahs wohl anstand, die jenseitigen Verhältnisse persönlich in Augenschein zu nehmen, lehrt uns die aus jener Zeit stammende Darstellung des Weges Abrahams zur „islamischen" Gotteserkenntnis: Allah gewährte ihm Einblick in das Bestimmen über die Schöpfung (Sure 6, 75). Was in den älteren Suren 15 und 17 noch als ein widersinniges, weil seinen Zweck ohnehin verfehlendes Verlangen erscheint, wird nun, da die Frage nach der Macht in Mekka und damit nach der Befugnis, die Riten umzugestalten, aufgeworfen ist, zu einem wesentlichen Merkmal prophetischen Wirkens erhoben. In späteren Fassungen der Himmelfahrt handelt Mohammed, beraten von Mose, mit Allah die Fünfzahl der Pflichtgebete aus und verschmäht, als ihm zur Erfrischung unterschiedliche Getränke angeboten werden, den Wein, der den Menschen aus der ihm von Allah anerschaffenen Hingewandtheit (arab.: *al-fiṭra*) zu seinem Schöpfer und Lenker reißt. Daß diese Thematik erst in Medina akut wurde, zeigten wir.[207] Die Himmelfahrt des Propheten beglaubigt nunmehr das „weitherzige" Ḥanīfentum als den Inbegriff des Islams, zumal sich nach dieser Legende die Fünfzahl der Gebete ebenfalls einer erheblichen Minderung der ursprünglich von Allah vorgesehenen Ritualpflichten verdankt.

Das Problem der Nachtreise des Propheten

In Mekka folgt, wie erwähnt, der Himmelfahrt ein halbes Jahr später die Vision von der Nachtreise. Über diesen Vorfall hat al-Wāqidī aus vielerlei Quellen Aussagen zusammengetragen. Mohammed soll die Reise in der Nacht zum 17. Rabīʿ al-auwal ein Jahr vor der Hedschra erlebt haben; sie soll in der Schlucht Abū Ṭālibs begonnen und nach Jerusalem geführt haben. Ein weißes geflügeltes Reittier, Burāq geheißen, nicht ganz Esel, nicht ganz Maultier, habe der Prophet besteigen müssen; mit jedem Schritt habe es den Horizont erreicht, so daß man binnen kurzem am Ziel gewesen sei; Gabriel habe den Reisenden begleitet und das Tier in der heiligen Stadt an dem Pflock festgebunden, den schon die früheren Propheten zu diesem Zweck benutzt hätten. Abraham, Mose und Jesus hätten sich sogleich eingestellt, auf Gabriels Anweisung habe Mohammed ihnen vorgebetet. In Mekka aber hätten die Banū ʿAbd al-Muṭṭalib den Propheten in jener Nacht vermißt, al-ʿAbbās habe sich auf die Suche gemacht und nach ihm gerufen, endlich habe Mohammed ihm geantwortet und von seinem Erlebnis erzählt. Im Bericht seiner Base Umm Hāniʾ bt. abī Ṭālib beginnt die Nachtreise in deren Haus; nach der Rückkehr warnt ihn Umm Hāniʾ; er müsse verschweigen, was ihm widerfuhr, da man ihn anderenfalls als einen Aufschneider verlachen werde. Er hält sich nicht an diesen Rat, und die Folgen bleiben nicht aus. Als er sich bei Gabriel über die Zweifelsucht der Mekkaner beschwert, versichert ihm dieser, zumindest Abū Bakr sei von der Wahrheit seiner Worte überzeugt. Als die Quraišiten Mohammed über Jerusalem ausfragen, um ihn der Lüge zu überführen, erscheint die Stadt vor seinem geistigen Auge, und er vermag sie genau zu beschreiben.[208]

Den Ausgangspunkt der Legende bilden die ersten Verse von Sure 17: „Preis sei dem, der seinen Knecht des Nachts vom geheiligten Gebetsplatz (an der Kaaba) zum fernsten Gebetsplatz (arab.: *al-masǧid al-aqṣā*) reisen ließ, dessen Umgebung wir segneten. Wir wollten ihn einiges von unseren Wunderzeichen schauen lassen. (Allah) hört und sieht alles.“ Danach wendet sich der Koran Mose und den Israeliten zu: Mose empfing das „Buch“, es diente den Israeliten als Rechtleitung, den Nachkommen Noahs, die in der Arche errettet wurden; zweimal würden sie Unheil anrichten, so heißt es im Buch; das erste Mal wurden sie zur Strafe verjagt, aber Allah führte sie wieder zurück, doch wehe, wenn die zweite Vernichtung beginnt! Die Feinde werden die Israeliten entehren, sie werden in ihren Gebetsplatz eindringen, wie beim ersten Mal! Doch noch ist es nicht zu spät. Denn die „Lesung“ sagt den Gläubigen, die das Rechte tun, großen Lohn zu (Vers 1–9). Es schließen sich weitere Mahnungen an, ab Vers 42 läßt Mohammed seine Auseinandersetzungen mit den Mekkanern Revue passieren, um in Vers 60 noch einmal auf den Anfang zurückzukommen: „Einstmals sagten wir dir: ‚Dein Herr kennt die Menschen durch und durch. Den Traum, den wir dich träumen ließen, machten wir zu einer Anfechtung für die Menschen, desgleichen den verfluchten Baum in der ‚Lesung‘, und wir jagten ihnen Furcht ein, und doch bestärkt sie dies in ihrer schlimmen Widerspenstigkeit.‘“ Ob man diese Worte auf die Nachtreise beziehen darf, ist völlig ungewiß.[209] Der Zusammenhang, in dem Sure 17, Vers 60 von einer Vision bzw. von einem Traum spricht, ist ebender, in dem sich die Verse 88 bis 95 unter anderem über einen Aufstieg in den Himmel äußern: Solcherlei Wunder beeindrucken die Zweifler nicht, und deshalb braucht Allah sie auch nicht zu vollbringen. Was dem Gläubigen den Angstschweiß auf die Stirn treibt, läßt den Spötter gänzlich kalt; nicht einmal der furchterregende Baum Zaqqūm, der im tiefsten Höllenschlund gedeiht und dessen Früchte Teufelsköpfe sind (vgl. Sure 37, 62–68), vermag ihn zu schrecken.

Daß al-Wāqidīs Erzählung von der Nachtreise als Vorgeschichte zur Himmelfahrt taugt, ist einzusehen; mit Burāq lieferte sie das passende Reittier, das den Propheten, wenn man beide Geschichten miteinander verbindet, von Jerusalem aus in den Himmel hinaufzutragen vermochte und ihm sowie Gabriel und Michael den beschwerlichen Aufstieg über die Leiter ersparte. Es fragt sich freilich, mit welchem Grund man annimmt, der „fernste Gebetsplatz" in Sure 17, Vers 1 meine die Jerusalemer Örtlichkeit dieses Namens. Die erst nachträglich hergestellte Verbindung zwischen der Nachtreise und der ebenso nachträglich nach Jerusalem verlegten Himmelfahrt rechtfertigt dergleichen nicht. Schon einmal freilich, im Zusammenhang mit Hebron, stießen wir auf eine nicht näher aufklärbare Beziehung Mohammeds nach aš-Šaʾm;[210] daß man in Mekka von Jerusalem wußte, kann man schwerlich bestreiten. Schließlich verrichtete Mohammed seine rituellen Gebete an der Kaaba, indem er sich vor ihr nach Norden, nach Jerusalem gewendet aufstellte. Was der Prophet damals mit dem Namen dieser Stadt verband, erfuhren wir: Jeder Ort, dessen Bewohner die Botschaft Allahs zurückweisen, wird vernichtet werden (Sure 28, 58 f.), und auch mit Jerusalem machte er keine Ausnahme, obwohl er selber die Israeliten dorthin geführt hatte (Sure 7, 161 f.). Gleichwohl ist zu prüfen, was uns über Mekka, seinen geheiligten und seinen fernsten Gebetsplatz überliefert wird. Denn niemand anders als die mekkanischen Quraišiten sollten sich ja angesprochen fühlen: Einst mißachteten die Israeliten die Gesetze, die Mose von Allah erhalten hatte; Allah schickte seine Diener gegen die Ungehorsamen und ließ deren Stadt – Jerusalem – verwüsten (Sure 17, 5); die zweite Zerstörung einer heiligen Stadt bei erneuter Ablehnung der göttlichen Gesetze steht noch aus (Vers 6–7); sie droht Mekka.

Der „fernste Gebetsplatz"

In al-Fāsīs ausführlicher Topographie Mekkas und der umliegenden Orte entdeckt man näheres zum „fernsten Gebetsplatz". Der Mekkaner Zijād b. Muḥammad b. Ṭāriq[211] machte einst in Begleitung des Gelehrten Muǧāhid b. Ǧabr (gest. 722) die sogenannte kleine Pilgerfahrt. Von al-Ǧiʿrāna[212] aus, das auf dem Weg von aṭ-Ṭāʾif nach Mekka liegt, betraten sie das geheiligte Gebiet und nahmen den Weihezustand an, und zwar „hinter dem Tal, wo die Steinmale aufgeschichtet sind". So habe es einst auch der Prophet gemacht – wie im weiteren Verlauf der Beschreibung deutlich wird, bei seiner Rückkehr vom Kriegszug gegen aṭ-Ṭāʾif im Vorfrühling des Jahres 630. Der Gebetsplatz „dort ganz hinten" sei von einem Quraišiten angelegt worden, der in der Nähe auch einige Palmen angepflanzt habe. Dieser Kultort hieß, eben weil er an der äußersten Grenze des geheiligten Bezirks lag, der „fernste Gebetsplatz" (arab.: *al-masǧid al-aqṣā*). Einen anderen, den wir ebenfalls an diesem Weg nach

Mekka suchen müssen, bezeichnete man als den „nächsten" (arab.: *al-masğid al-adnā*), hergerichtet ebenfalls von einem Quraišiten oder nach einer anderen Überlieferung von einem Ḫuzāʿiten.[213] Als Mohammed von der Belagerung aṭ-Ṭāʾifs zurückgekommen sei, habe er beim „fernsten Gebetsplatz" den Weihezustand angenommen; dies geschah im Ḏū l-Qaʿda (begann am 20. Februar 630) des Jahres 8 der Hedschra.[214] Al-Wāqidī brachte über den „fernsten Gebetsplatz" noch folgendes in Erfahrung: „Von (al-Ǧiʿrāna) aus treten die Mekkaner alljährlich in der Nacht zum 17. Ḏū l-Qaʿda in den Weihezustand ein." Noch al-Fāsī lernte den Brauch der Mekkaner kennen, am 16. Ḏū l-Qaʿda nach al-Ǧiʿrāna hinauszuziehen, den 17. dort zu verbringen und dann in der Nacht zum 18. nach dem Pflichtgebet, welches zu vollziehen ist, sobald die Sonne hinter dem Horizont versunken ist, im Weihezustand nach Mekka zurückzuwandern. In manchen Jahren, wenn die Gegend zu unsicher war, verließ man al-Ǧiʿrāna auch schon bei Tage.[215] Auf diesen Brauch nimmt der Anfang von Sure 17 Bezug. Wahrscheinlich sind diese Verse nach Mohammeds Vision einer Nachtreise entstanden und dieser Sure vorangestellt worden, denn in ihr ist, wie erwähnt, von einem Traumgesicht die Rede (Vers 60). Es ist zudem die Zeit, in der Mohammed sich bewußt als den „heidnischen Propheten" ausgibt. Er bringt die wahre Glaubensordnung (Sure 7, 157); sie abzulehnen heißt, die zweite, die letzte Zerstörung heraufzubeschwören, deren Opfer Mekka und die verstockten Quraišiten sein werden. Den Ort der ersten Zerstörung, vielleicht auch dessen unzerstörbares himmlisches Abbild, hat er geschaut. Allah gab seinen Leuten, damals den Israeliten, eine zweite Gelegenheit. Was aber wird sein, wenn die jetzigen „Leute Allahs", die Quraišiten, die dank Mohammed die wahren Erben Moses und der Israeliten geworden sind, diese Gelegenheit verspielen (vgl. Sure 17, 6–8)?[216]

Das Streben nach der Reform der Riten

Laut al-Wāqidī erlebte der Prophet die Vision von der Nachtreise zum „fernsten Gebetsplatz" im Rabīʿ al-auwal, mithin nicht zu dem Zeitpunkt, an dem man nach al-Ǧiʿrāna hinauszuziehen pflegte. Der Eingangsvers von Sure 17 könnte demnach auch als ein Beleg für die durch die Himmelfahrt bekräftigte Befugnis Mohammeds gelesen werden, die geltenden Ritualvorschriften zu verändern. Insbesondere auf die rituellen Gebete erstreckte sich sein Gestaltungseifer. Ob schon damals die Fünfzahl festgelegt wurde, läßt sich weder bestätigen noch ausschließen. Soviel ist deutlich: Mohammed hielt in Mekka das von den Quraišiten geübte Vormittagsgebet (arab.: *ṣalāt aḍ-ḍuḥā*) ein, das möglicherweise ab dem Erscheinen der Sonnenscheibe bis zu deren Höchststand durchgeführt werden konnte. Mohammed fügte ein zweites Gebet hinzu, nämlich am späten Nachmittag, das seine Stammesgenossen jedoch ablehnten. Die Zweizahl der Pflichtgebete spiegelt sich vermutlich noch in der den mittelmekkanischen Jahren zugerechneten Sure 30 wider: „Ihm gebührt das Lob in den Himmeln und auf der Erde – und des Abends und wenn ihr den Mittag erreicht" (Vers 18). In Medina schiebt Mohammed vor diesen Vers einen anderen ein: „Preis sei Allah, wenn ihr in den Abend und wenn ihr in den Morgen eintretet!" Ebenfalls in Medina wurde in Sure 11 ein Vers eingefügt, der auf die Vermehrung der täglichen Pflichtgebete hinweist: „Vollziehe das Gebet an den beiden Enden des Tages und nahe am Beginn der Nacht!" (Vers 114). In der frühmedinensischen Sure 2 ist neben den bereits genannten noch von einem mittleren Pflichtgebet die Rede, das man entweder mit dem in Sure 30, Vers 18 belegten Gebet zur Mittagszeit oder mit dem am Nachmittag (arab.: *ṣalāt al-ʿaṣr*) gleichsetzt. Al-Wāqidī überliefert uns einen bemerkenswerten Text, der auf die Absichten verweist, die Mohammed mit der Stiftung der Gebetszeiten verfolgte, die er deutlich von denen der Heiden absetzte. Ein Mann von den Banū Sulaim, der des Götzendienstes überdrüssig war, traf in Mekka zufällig auf den noch nicht öffentlich predigenden Propheten. Dieser machte ihn mit dem Eingottglauben bekannt und riet ihm, sich ihm anzuschließen, sobald die Botschaft des Islams frei verkündet werde. Als der Sulamite hörte, Mohammed sei ausgewandert, da die Mekkaner ihn hätten töten wollen, eilte er nach Medina und ließ sich dort in den Dingen unterweisen, die Allah in der Zwischenzeit seinen Propheten gelehrt hatte, nämlich in den Einzelheiten der rituellen Waschung und in den Gebetszeiten. „Wenn du das Frühgebet verrichten möchtest, dann nimm davon Abstand, bis die Sonne aufgegangen ist, und wenn sie aufgegangen ist, dann bete erst, wenn sie emporgestiegen ist. Denn sie steigt zwischen den beiden Hörnern des Teufels empor, und zu diesem Zeitpunkt werfen sich die Ungläubigen vor ihr nieder. Sobald sie die Höhe von einer oder zwei Lanzen erreicht hat, dann bete, denn nun wird das Gebet durch Allahs Gegenwart gesegnet und bezeugt, und zwar bis die Lanze ihren Schatten genau vor sich wirft." Dann, zur Mittagsstunde, falle die Hölle vor ihr nieder, das Gebet in Gegenwart Allahs sei erst wieder sinnvoll, wenn die Sonne sich nach Westen zu neigen beginnt. Auch im Augenblick des Versinkens der Sonne dürfe man nicht beten; sie befinde sich erneut zwischen den Hörnern des Teufels und werde dann nur von den Ungläubigen verehrt.[217] – Bald nach seiner Ankunft in Medina wird Mohammed übrigens auch die Pilgerriten so verändern, daß vom Sonnenlauf markierte Zeitpunkte gerade nicht mehr das kultische Geschehen untergliedern; wir werden auf diese Fragen zurückkommen.

Völlige Klarheit über die Herausbildung der fünf Pflichtgebete läßt sich aus dem Koran und auch aus der Prophetenbiographie nicht gewinnen; wichtig ist jedoch die Erkenntnis, daß Mohammed gegen Ende seines Wirkens in Mekka an einer Umgestaltung der überkommenen Riten arbeitete, wobei er sich von der Vorstellung leiten ließ, daß man Allah, dem ständig schaffenden und bestimmenden Gott, möglichst in jedem Abschnitt des Tageslaufs eine Andacht widme und dazu aus dem profanen Lebensvollzug heraustrete.[218] In die Gegenwart Allahs soll man sich über einen längeren Zeitraum versetzen können; die kurzen Momente, in denen der Sonnenball den Horizont überquert oder den Zenit durchmißt, bleiben den Ungläubigen überlassen. Sobald Mohammed die Gelegenheit erhält, die Riten nach seinen Einsichten festzulegen, tut er dies ohne Zaudern, wie die frühmedinensische Sure 2 bezeugt. Was er hier anordnet, ist, wir ahnen es jetzt, schon in den letzten Jahren in Mekka vorbereitet worden. Auch die Vision von der Nachtreise zum „fernsten Gebetsplatz" deutet, wie schon angemerkt, vermutlich auf eine Veränderung ererbter Riten hin; die Quraišiten begaben sich nicht im Rabīʿ al-auwal, sondern im Ḏū l-Qaʿda nach al-Ǧiʿrāna. Und wichtiger noch: Allah führte seinen Knecht Mohammed des Nachts dorthin – wie man in den reformierten Pilgerriten auch erst nach dem Versinken des Sonnenballs von ʿArafāt aufbricht und nicht schon vorher, wie es in vorislamischer Zeit üblich gewesen war. Als ein nur von den Mekkanern geübter Brauch mußte der Aufenthalt am „fernsten Gebetsplatz" allerdings den Muslimen aus dem Blick geraten, sobald sich die medinensische Gemeinde gefestigt hatte. Himmelfahrt und Nachtreise erweisen sich somit als zwei Geschehnisse, die Mohammeds Machtehrgeiz belegen: Er hat von Allah den Befehl zur Neuordnung der Riten im Einklang mit dem zuerst von Abraham praktizierten „Islam" empfangen. Seinen quraišitischen Feinden erschien dies als eine unerhörte Herausforderung.

6. Die Vertreibung

Mohammeds Deutung: Vertreibung und Hinderung am Kult

Mohammed blickt im Koran mehrfach auf seine Vertreibung aus Mekka zurück; mit Bezug auf die eigene Person spricht er niemals von einer Auswanderung (arab.: *al-hiǧra*).[219] So sagt sein Alter ego in Sure 47, Vers 13: „Wie manche Ortschaft, die mächtiger war als die deinige, die dich vertrieben hat (arab.: *aḫraǧat-ka*), haben wir schon vernichtet, und (ihre Bewohner) fanden keinen Beistand!" In Sure 8 erwägt er sein eigenes Schicksal, kommt aber auch auf seine Glaubensgenossen zu sprechen: „Damals schmiedeten die Ungläubigen Ränke wider dich, um dich festzusetzen, zu töten oder zu vertreiben. Sie schmiedeten Ränke, und auch Allah schmiedet Ränke, er aber am besten! Jedesmal wenn man ihnen unsere Wunderzeichen vortrug, sagten sie: ‚Wir haben es schon gehört. Wollten wir es, dann könnten wir Vergleichbares äußern. Das sind doch nichts als die Geschichten der Altvorderen!' Auch sprachen sie damals: ‚Allah, wenn dies wirklich die Wahrheit ist, die von dir kommt, dann laß doch aus dem Himmel Steine auf uns herabregnen oder vollstrecke an uns eine schmerzhafte Strafe!'" Nicht weil derartige Zeichen ohne Wirkung bleiben würden, wie Mohammed in Mekka resignierend feststellte, verzichtete Allah auf sie; jetzt nennt der Prophet einen anderen Grund: „Allah hatte sie doch gar nicht bestrafen können, während du noch unter ihnen weiltest, und er hätte sie auch nicht bestraft, sofern sie um Verzeihung gebeten hätten" (Vers 30–33). Inzwischen hat sich die Lage vollkommen verändert; die Mekkaner, die dem vertriebenen Mohammed und seinen Anhängern nicht die Teilnahme an den Pilgerriten erlauben, werden dem Zorn Allahs nicht entrinnen; dies nicht zuletzt, weil der Kult, den sie an der Kaaba praktizieren, nur aus albernem Gepfeife und Geklatsche besteht (Vers 34 f.). „Ihr, die ihr glaubt!" läßt der Prophet in der spätmedinensischen Sure 60 Allah verkünden, „nehmt euch nicht meine und eure Feinde zu Vertrauten, indem ihr ihnen Liebe erzeigt! Sie hatten doch die zu euch kommende Wahrheit verworfen und dabei den Gesandten und euch vertrieben, weil ihr an Allah, euren Herrn, glaubtet." Im Krieg gegen die heidnischen Mekkaner darf es keinerlei Vertraulichkeiten mit ihnen geben; denn sobald man auf sie stößt, wollen sie den Anhängern Mohammeds den Abfall vom Islam schmackhaft machen; doch mögen die Schwankenden wohl bedenken, daß am Tag des Gerichts streng nach der Gläubigkeit und ohne Rücksicht auf die Verwandtschaft entschieden wird. Schon Abraham wußte, daß er sogar für den eigenen Vater vergebens Verzeihung erflehen werde (Sure 60, 1–4). Im Januar 630, als Mohammed über das heidnische Mekka triumphierte, soll er ausgerufen haben: „Du bist Allahs bestes Stück Erde, du bist Allahs Stück Erde, das ich am meisten liebe! Wäre ich nicht aus dir vertrieben worden, ich wäre nie fortgegangen!"[220]

In Sure 2, in der Mohammed zum ersten Mal ins einzelne gehende rituelle Vorschriften für seine Anhängerschaft erläßt, betrachtet er diese insgesamt als eine Schar, die von ihrem angestammten Kultort vertrieben wurde und daher die Aufgabe hat, mit Waffengewalt die Rückkehr zu erstreiten: „Kämpft auf dem Pfade Allahs gegen diejenigen, die euch bekämpfen, verübt aber keine Exzesse! Allah liebt nicht diejenigen, die Exzesse begehen. Tötet (eure Feinde), wo immer ihr sie trefft, und vertreibt sie, von wo sie euch vertrieben! Die Verführung (zum Abfall vom Islam) ist schlimmer als das Töten! Bekämpft sie aber nicht am geheiligten Gebetsplatz (an der Kaaba), ehe sie ihrerseits euch dort bekämpfen. Und wenn sie euch bekämpfen, dann tötet sie! So vergilt man den Ungläubigen!" (Vers 190 f.). Das Band, das Mohammed und seine Anhänger vereinen soll, ist die Vertreibung – die neue Umgebung, in der sie leben, Medina, spielt in diesen Versen noch keine Rolle. Das Denken Mohammeds ist auf die mekkanische Geschichte fixiert, so wie er sie kennt: Das Ringen um den richtigen, Allah gefälligen Kult geht immer auch darum, die Verfechter des falschen zu vertreiben.[221] Unter diesem Gesichtspunkt nimmt Mohammed die Anhänger des Islams wahr, die sich seit längerem in Medina eingefunden haben, bevor er Mekka verlassen muß. Bereits bei der Erörterung des äthiopischen Exils jener Muslime, die ungestört ihren Kult auszuüben wünschten, wurde deutlich, daß der Prophet und seine Anhängerschaft keine Einheit bildeten, sondern sich in getrennten Lebenskreisen bewegten. Hier Mohammed, Nachkomme ʿAbd al-Muṭṭalibs und, jedenfalls sahen es manche Mekkaner so, vom Ehrgeiz angetrieben, dessen Erbe zu mehren – da die ersten Muslime, von den Worten der „Lesung" berauscht und von dem Bestreben durchdrungen, Allah auf ihre Weise zu verehren. Die Geschichte des Wirkens des Propheten in Mekka, wie wir sie dem Koran und der biographischen Überlieferung entnehmen, ist von diesem Zwiespalt durchzogen. Das Prophetentum, ganz durch die Vergangenheit der Sippe seines Trägers geprägt, verschmilzt nicht mit den Anhängern zu einer Gemeinde, die nach Lage der Dinge eine Gemeinde jenseits der überkommenen religiös-politischen Ordnungen hätte werden müssen. Nichts bezeugt dies klarer als Mohammeds einsamer Gang nach aṭ-Ṭāʾif. Und auch in Medina denkt er noch in den alten Kategorien, wie Sure 2, Vers 190 f. belegt.

Vertreibung und Hedschra

Die Hedschra der Muslime und die Vertreibung Mohammeds sind zwei Vorgänge, die eine einzige Ursache haben, jedoch voneinander unabhängig verlaufen. Es ist nicht so, daß eine Gemeinde samt ihrem Oberhaupt durch die Quraišiten ausgestoßen worden wäre. Vielmehr bildete sich eine Gemeinde mit einem Oberhaupt erst in Medina, und dies unter erheblichen Hemmnissen, wie wir erfahren werden. Wenn wir verstehen wollen, was die Vertreibung für Mohammed bedeutete und welche erstaunlichen Folgen sie zeitigte, müssen wir die mekkanische Vorgeschichte dieser medinensischen Gemeindebildung entsprechend unseren Erkenntnissen über zwei Linien verfolgen, zum einen über die Geschicke der Anhängerschaft, zum anderen über die Person Mohammed. Erst in Medina werden sich die beiden Linien vereinen, und unter welchen Ereignissen und unter welchen Erweiterungen oder Umdeutungen der mohammedschen Lehren dies geschieht, ist der Gegenstand der folgenden Kapitel. Jetzt ist allein geboten, die beiden Linien nachzuzeichnen, und den Anfang machen wir mit der Anhängerschaft.

Keine gezielte Gemeindebildung in Mekka

Das Beispiel der „für schwach Befundenen" sowie der Anhänger, die Mohammed in anderen Stämmen hatte, ohne daß eine feste Verbindung mit ihnen aufgebaut worden wäre, veranschaulicht den völligen Mangel an Initiativen zur Formung einer spezifisch religiösen muslimischen Gemeinde in Mekka. Wie wir erfuhren, konzentrierte er sein Werben auf die eigene Sippe. Die Gewinnung der ersten acht Glaubensgenossen aus anderen Kreisen stellt Ibn Isḥāq als das Verdienst Abū Bakrs dar.[222] Danach zählt er weitere frühe Muslime auf, ohne daß sichtbar würde, ob Mohammed bei ihrem Übertritt zum Islam eine Rolle gespielt hat. Zu dieser Gruppe gehört ein gewisser al-Arqam b. abī l-Arqam (gest. 634),[223] ein Maḫzūmite, dessen voller Name al-Arqam b. ʿAbd Manāf b. Asad b. ʿAbdallāh b. ʿUmar b. Maḫzūm lautet.[224] Dieser Mann besaß bei aṣ-Ṣafā ein Haus, in dem Mohammed, wie schon erwähnt, fortan heimlich Gefolgsleute geworben haben soll, und zwar bis in die Zeit, als ʿUmar b. al-Ḫaṭṭāb sich vom Saulus zum Paulus wandelte.[225] Da al-Arqam zu den seinerzeit mächtigen Banū Maḫzūm zählte, wird Mohammed sich in dessen Anwesen sicher gefühlt haben. Al-Arqam war einer der Schwurgenossen des „Bundes der Herausragenden", vielleicht sogar dessen damaliger Sachwalter.[226] In den ersten Jahrzehnten des abbasidischen Kalifats wurde das Haus den Mekkapilgern noch gezeigt; es schloß damals einen Gebetsplatz ein, jenen Raum, in dem sich der Prophet mit seiner Gefolgschaft getroffen habe, um mit ihnen die „Lesung" einzuüben.[227] Worin in jenen Tagen der „Ruf" (arab.: *ad-daʿwa*) zum Islam bestanden haben könnte, lassen die Quellen offen. In vorislamischer Zeit bezeichnete der Begriff die Zugehörigkeit zur Solidargemeinschaft einer Sippe; das Wort erscheint in der Überlieferung, wenn dargelegt werden soll, daß gemäß der Genealogie und gemäß den Schwurverhältnissen eigentlich eine andere als die gegebene Solidarbindung vorliegen müßte. So wohnten in dem befestigten medinensischen Gehöft Rātiǧ Eidgenossen des jüdischen Klans der Banū Zaʿūrāʾ b. Ǧušam, die sich genealogisch als Brüder der arabischen Sippe der Banū ʿAbd al-Ašhal b. Ǧušam verstanden; der „Ruf" jener Eidgenossen hätte dem jüdischen Klan, mit dem sie zusammen wohnten, zugestanden, war aber an die Banū ʿAbd al-Ašhal gebunden.[228] Der Begriff wurde bis in die abbasidische Zeit hinein im alten Sinne verwendet. Der Kalif al-Mahdī (reg. 775–785) trennte den „Ruf" der jemenischen Sippe der Banū ṣ-Ṣalt, die einst eine Eidgenossenschaft mit den quraišitischen Banū Ǧumaḥ eingegangen waren, aus deren Gemeinschaft heraus und ordnete ihn den übrigen Eidgenossen der Banū l-ʿAbbās b. ʿAbd al-Muṭṭalib zu; den Unterhalt bezogen die Banū ṣ-Ṣalt aber weiterhin aus den Dotationen, die den Banū Ǧumaḥ zustanden.[229]

Daß Mohammed in frühislamischer Zeit einen „Ruf" ausgegeben hätte, der auf eine muslimische, die Stammesgrenzen überschreitende Gemeinschaft hingearbeitet hätte, ist nirgends bezeugt. In Anbetracht der Hinwendung zur eigenen Sippe ist dergleichen unwahrscheinlich.

Man wird sich am besten an die Einsicht halten, daß man in Mekka von einer zielstrebigen, die Stammesgrenzen überschreitenden Proselytenmacherei Mohammeds nicht sprechen darf; diese mußte ihm um so ferner liegen, je mehr er sich berufen fühlte, in der Nachfolge seiner Ahnen und Abrahams dem Kaabakult die dem einen Allah angemessene Form zu verleihen und überhaupt den Menschen, die an diesem heiligen Ort lebten, den wahren Gottesdienst aufzunötigen. Gewiß sah er es gern, wenn auch Personen, deren Alltag sich fern von Mekka abspielte, seine Botschaft zu hören begehrten und sie in ihre Stämme hineintrugen, es ist aber in den Überlieferungen zur mekkanischen Periode nirgends zu erkennen, daß er über die Frage nachgedacht hätte, wie man fern der Kaaba unter ganz anderen Voraussetzungen eine islamische Verehrung des Einen hätte praktizieren sollen. Auf dieses Problem wurde er erst in seiner letzten mekkanischen Zeit gestoßen, ja, eigentlich erst, als er in Medina angekommen war. Dort nämlich traf er auf eine muslimische Gemeinschaft, die sich eigenständig herausgebildet hatte. Sie mußte er zunächst seinem Herrschaftsanspruch gefügig machen, was nicht ohne Widerstand abging. Die in Sure 2 niedergelegten Regelungen stellten ein wesentliches Mittel dieser Unterwerfung dar – man könnte von einer Unterwerfung durch die Erhöhung des Organisationsgrades sprechen. Das andere Mittel, von Mohammed weit schwieriger zu handhaben, war die Einbeziehung der medinensischen Muslime in seine auf die Gewinnung der Macht über das mekkanische Heiligtum ausgerichtete Politik.

Die Entstehung der medinensischen Gemeinde

Wie aber war die medinensische Gemeinschaft entstanden? In der muslimischen Geschichtsüberlieferung finden wir hierzu genügend Nachrichten, die sich in einem wichtigen Punkt mit dem decken, was wir schon mehrfach in anderem Zusammenhang ermittelten: Begegnungen mit Mohammed gaben den Anstoß dafür, daß von seiner Botschaft Überzeugte seine Lehren außerhalb Mekkas verbreiteten. Sie fielen auf fruchtbaren Boden, wie wir an einigen Beispielen erkannten.[230] Erinnern wir uns an Abū Qais b. al-Aslat, den medinensischen Ḥanīfen! In der Biographie seines Sohnes Miḥṣan bemerkt al-Wāqidī, daß der medinensische Verband der Banū Ḫazraǧ bei Ankunft des Propheten zur Gänze islamisiert gewesen sei; im zweiten großen Stamm, den Banū Aus, habe es ebenfalls muslimische Klane gegeben, nämlich die Banū ʿAbd al-Ašhal, die sich ausnahmslos zum Islam bekannt hätten, sowie die Klane ʿAfar, Ḥāriṯa, Muʿāwija und ʿAmr b. ʿAuf. Lediglich die Sippen der Aus Manāt unter Führung des Abū Qais hätten abseits gestanden, und das sei so gekommen: Abū Qais kehrte eines Tages aus Mekka zurück und begegnete dem Anführer der Ḫazraǧiten ʿAbdallāh b. Ubaij; ihm schwärmte Abū Qais von den Lehren des mekkanischen Propheten vor, worauf ʿAbdallāh spöttisch anmerkte, er, Abū Qais, wolle sich anscheinend vor dem Krieg gegen die Ḫazraǧiten drücken – deren Glaubensbruder er mit dem Übertritt zum Islam geworden wäre. Den Verdacht der Feigheit habe Abū Qais nicht auf sich sitzen lassen wollen, und so habe er geschworen, er werde erst nach Ablauf eines Jahres Muslim werden. Während dieser Frist sei er verstorben.[231] Diese Anekdote ist sicher erfunden; denn sie gibt ʿAbdallāh b. Ubaij, einem der schärfsten medinensischen Kritiker Mohammeds, die Schuld an Abū Qais' Zaudern. Wenn wir daran zurückdenken, daß später auch der Ḥanīfe Umaija b. abī ṣ-Ṣalt den Übertritt zum Islam verweigerte und dafür mit bösen Worten belegt wurde, und auch daran, daß Mohammed in jenen Jahren vielerlei Anstrengungen unternahm, um sich die ḥanīfische Tradition anzueignen, erscheint Abū Qais' Zurückhaltung in einem anderen Licht: Man mochte sich fragen, ob der Quraišite wirklich der Prophet war, auf den man wartete. Indessen sind wir genötigt, wenigstens einen flüchtigen Blick in die Geschichte Medinas zu tun, wie sie damals erzählt wurde.

Zur Geschichte Medinas

Die Stammesverbände Aus und Ḫazraǧ führen sich auf einen gemeinsamen jemenischen Ahnherrn namens Ḥāriṯa zurück; nach Jaṯrib sollen sie gelangt sein, nachdem dessen Großvater ʿAmr b. ʿĀmir durch Wahrsager vor dem baldigen Bersten des Dammes in Marib gewarnt worden und deshalb mit seinem Anhang nach Norden aufgebrochen sein soll. Die Ḫuzāʿiten hätten den Hedschas in Besitz genommen, die Ġassāniden aš-Šaʾm; die Aus und die Ḫazraǧ seien, wie gesagt, in dem von Juden besiedelten Gebiet von Jaṯrib untergekommen. Sie seien dem jüdischen Herrscher untertan gewesen, selbst das *jus primae noctis* hätten sie ihm zugestehen müssen. Ein ġassānidischer Fürst habe diesem Übel ein Ende bereitet, indem er auf einem vorgeblich gegen den Jemen gerichteten Feldzug bei Jaṯrib kampiert, die jüdischen Vornehmen zu einem Gastmahl eingeladen und meuchlings ermordet habe. Mit der Freiheit von jüdischer Herrschaft vermochten die Aus und die Ḫazraǧ allerdings nichts Rechtes anzufangen; sie verstrickten sich in Blutfehden, mit deren Einzelheiten wir uns nicht befassen müssen.[232] In den uns betreffenden Jahren war Abū Qais, der Anführer der Ausiten, der vielen Niederlagen seiner Klane überdrüssig und suchte eine Gelegenheit, sich aus den Händeln zurückzuziehen. Ein Ausgleich schien nach einem der seltenen Siege der Ausiten möglich. Man vereinbarte, daß die Ḫazraǧiten, da ihre Feinde drei Tote mehr zu beklagen hatten, ein entsprechendes Blutgeld aufbringen sollten. Dies geschah auch, aber die Ausiten töteten trotzdem drei junge Ḫazraǧiten, worauf der erste der medinensischen *Fiǧār*-Kriege ausbrach, so benannt wegen des Frevels, der ihn ausgelöst hatte. Nach einem weiteren Gefecht, in dem die Ausiten vernichtend geschlagen wurden, entschlossen sich deren Klane ʿAmr b. ʿAuf und Aus Manāt, mit den Ḫazraǧiten doch noch zu einer friedlichen Einigung zu gelangen; die Banū ʿAfar und die Banū ʿAbd al-Ašhal beharrten dagegen auf der Fortsetzung der Blutfehde und wollten lieber Medina verlassen als nachgeben. Sie suchten darum in Mekka um ein Bündnis mit den Quraišiten gegen die Ḫazraǧiten nach, das Abū Ǧahl aber zu hintertreiben wußte. Er fürchtete, ein Bundesgenosse, der so viele Menschen aufbieten konnte, werde den Quraišiten seinen Willen aufzwingen und diese schließlich aus ihren – ja völlig von der Zufuhr von Nahrungsmitteln abhängigen – Wohnsitzen vertreiben. Nach einer anderen Überlieferung wohnten die fünfzehn Abgesandten während ihres Aufenthaltes in Mekka bei ʿUtba b. Rabīʿa b. ʿAbd Šams; dieser lehnte ein Bündnis ebenfalls ab. Denn bei der großen Entfernung wäre ein rechtzeitiges Eingreifen gar nicht möglich. Mohammed soll bei den Fremden für seine Ideen geworben haben.[233] Diese Bemerkung soll wahrscheinlich den Eindruck erwecken, als wäre Mohammed schon sehr früh mit den medinensischen Belangen befaßt gewesen. Dieser Eindruck trügt jedoch, wie sich herausstellen wird. In die Zwistigkeiten der beiden medinensischen Bruderverbände waren zwei der dortigen jüdischen Stämme verwickelt, die Banū n-Naḍīr und die Banū Quraiẓa; sie waren mit den Ausiten eine Eidgenossenschaft eingegangen. Der zweite medinensische *Fiǧār*-Krieg entbrannte wiederum nach der Ermordung von Geiseln; diesmal begingen jüdische Sippen das Verbrechen. In die Zeit unmittelbar vor dem Eindringen des Islams fällt die Schlacht von Buʿāṯ, das blutigste Kräftemessen in dieser verworrenen Historie; auf Seiten der Banū Aus fochten die beiden jüdischen Stämme – Buʿāṯ liegt auf dem Territorium der Banū Quraiẓa – sowie die beduinischen Banū Muzaina. Die Ḫazraǧiten wurden besiegt, ihre Häuser in Schutt und Asche gelegt, die Palmgärten verwüstet. Im siebten Jahr seit der Berufung Mohammeds, sechs Jahre vor der Hedschra, soll sich dies ereignet haben.[234]

Die Koalitionen, die sich in dieser erinnerten Geschichte Medinas abzeichnen, werden für Mohammeds politisches Wirken Bedeutung erlangen. Zugleich zeigen uns diese Überlieferungen, daß zwischen Mekka und Medina althergebrachte Verbindungen bestanden, wie sie ja auch aus der Vergangenheit des Klans des Gesandten Allahs bekannt sind. Da die heidnischen Araber aus Jaṯrib zudem nach Mekka pilgerten, ist es nicht verwunderlich, daß durch ihn in Umlauf gesetztes Gedankengut in Verbindung mit dem Ḥanīfentum schon Jahre vor seiner Vertreibung in die Sippen der Ausiten und Ḫazraǧiten einsickerte, wenn auch die obigen Aussagen al-Wāqidīs übertrieben sein mögen. Die ersten namentlich bekannten Medinenser, die mit dem Propheten in Berührung kamen, waren Ḏakwān b. Qais und Asʿad b. Zurāra, zwei Ḫazraǧiten. Sie waren nach Mekka zu ʿUtba b. Rabīʿa b. ʿAbd Šams gereist, damit dieser einen Streit schlichte, der zwischen ihnen entstanden war. ʿUtba hatte zu den Quraišiten gehört, die Abū Ṭālib als Ersatz für seinen Schützling Mohammed einen anderen Mann hatten stellen wollen. Während ihres Aufenthaltes in Mekka erfuhren Ḏakwān und Asʿad von der Botschaft jenes Mohammed und ließen sich bekehren. Ḏakwān soll in Mekka geblieben sein, wohingegen Asʿad fortan für die Verbreitung des Islams in seiner Heimat sorgte.[235] Zu den ersten Muslimen in Jaṯrib zählte ferner Abū l-Haiṯam b. at-Taijihān, ein Eidgenosse der ausitischen Banū ʿAbd al-Ašhal. Er soll schon lange dem Götzendienst abgeschworen und den Eingottglauben bekannt haben, ehe er in Mekka zum Islam übertrat.[236] Wie aṭ-Ṭufail b. ʿAmr von den Banū Daus, ʿAmr b. ʿAbasa von den Qais ʿAilān – jener Mann, der sich, als er Mohammed Jahre nach der Annahme des Islams wieder begegnete, die Gebetszeiten erklären ließ –, wie Ḍimād von den Azd Šanūʾa[237] oder der Wegelagerer Abū Ḏarr al-Ġifārī, der bei einem zufälligen Treffen mit Mohammed in ʿUkāẓ dessen Anhänger wurde und geraubtes Gut von da an erst in Besitz nahm, wenn er „Es gibt keinen Gott außer Allah" gesprochen hatte,[238] wie alle diese wurden auch die ersten medinensischen Muslime Anhänger der Sache Mohammeds, ohne daß dies sofort bestimmte gesellschaftliche oder politische Folgen gehabt hätte.

Weiteres zur Entstehung der medinensischen Gemeinde

Asʿad b. Zurāra schreibt man das Verdienst zu, in Medina einen Gebetsplatz eingerichtet zu haben. Er legte ihn auf einem bis dahin als Kamelhürde genutzten Gelände an, das zwei Brüdern aus dem ḫazraǧitischen Klan der Banū Mālik b. an-Naǧǧār gehörte. Ob dies der erste medinensische Gebetsplatz war, ist allerdings zweifelhaft, und man betont die Bedeutung dieses Ortes vielleicht nur deshalb, weil er später von Mohammed übernommen und ausgebaut wurde.[239] Auch hierfür wurden, wie wir gleich sehen, die Voraussetzungen bereits vor der Vertreibung geschaffen. Jedenfalls besagt eine andere Überlieferung, daß die „Lesung" in Jaṯrib zum ersten Mal auf dem Gebetsplatz der Banū Zuraiq erklungen sei.[240] Rāfiʿ b. Mālik aus dieser Sippe und Muʿāḏ b. ʿAfrāʾ, Ḫazraǧite auch er, hatten einst die sogenannte kleine Pilgerfahrt unternommen und waren dabei von Mohammed für seine Botschaft gewonnen worden. Die von ihnen angelegte Andachtsstätte muß man in Qubāʾ suchen, einem vorwiegend von Ausiten bewohnten Gebiet Medinas, wo aber auch die ḫazraǧitischen Banū Zuraiq siedelten.[241] Wie gesagt, war es jedoch die Gründung Asʿad b. Zurāras, die sich der besonderen Aufmerksamkeit Mohammeds erfreute. Er entsandte dorthin einen gewissen Ibn Umm Maktūm sowie Muṣʿab b. ʿUmair, einen Angehörigen der quraišitischen Banū ʿAbd ad-Dār; dieser sollte den medinensischen Glaubensbrüdern die „Lesung" beibringen. Auch soll man dort schon eine Vorform des Freitagsgottesdienstes abgehalten haben,[242] was keinesfalls ein Anachronismus zu sein braucht. Diese wichtige kultische Veranstaltung, deren Besuch von Mohammed in Medina zur Pflicht erhoben wurde, scheint unabhängig von ihm entstanden zu sein. Schließlich hatte es in Medina keinen öffentlichen heidnischen Kult gegeben, dem man eine ḥanīfische Deutung hätte unterlegen können.

Der Beginn der „Auswanderung"

Saʿd b. abī Waqqāṣ, jener ungestüme Anhänger Mohammeds, der sich rühmen durfte, der erste Muslim zu sein, der einen Glaubensfeind erschlug – er gilt zudem als der erste, der auf einem vom Propheten angeordneten Feldzug einen Pfeil abschoß[243] –, dieser Saʿd hatte einen Bruder namens ʿUtba, der in Mekka einen Quraišiten ermordet und dadurch eine Blutschuld auf sich geladen hatte. ʿUtba floh nach Jaṯrib, wo er bei den Banū ʿAmr b. ʿAuf Unterschlupf fand. Dies geschah bereits vor der Schlacht von Buʿāṯ. Er kam zu Wohlstand, wie, wissen wir nicht, und erwarb ein Haus und einen Garten. Als sich Saʿd und ein weiterer Bruder, ʿUmair, nach Jaṯrib absetzten, nahmen sie bei ihm Quartier.[244] Es war demnach möglich, sich in Jaṯrib der Verfolgung durch die Quraišiten zu entziehen. Diese Gelegenheit nutzte ab etwa 620 eine steigende Anzahl von mekkanischen Muslimen. Den Anfang machte der uns gut bekannte Maḫzūmite Abū Salama ʿAbdallāh b. ʿAbd al-Asad. Darin stimmen die Nachrichten, die al-Wāqidī und Ibn Isḥāq vortragen, überein. Erhebliche Unterschiede ergeben sich jedoch bei der Datierung. Ibn Isḥāq führt an, was man sich unter den Nachkommen Abū Salamas über dessen Weggang aus Mekka erzählte, und datiert dieses Ereignis auf ein Jahr vor der Huldigung, die der Prophet bei ʿAqaba entgegennahm. Damit ist vermutlich die vor seiner Vertreibung letzte Begegnung Mohammeds mit einigen Anhängern aus Jaṯrib gemeint. Abū Salama, so erzählte man Ibn Isḥāq, hatte seine Ehefrau, die später den Propheten heiraten sollte, auf ein Kamel gesetzt, das er am Halfter führte. Die Maḫzūmiten waren über sein Vorhaben empört und wollten nicht zulassen, daß er fortzog. Sie entrissen ihm die Zügel und trennten seine Ehefrau von ihrem Säugling. Während Abū Salama seine Haut rettete, hielt man die Mutter und das Kind ein Jahr in Mekka fest; erst dann erbarmten sich die Maḫzūmiten der Frau, gaben ihr den Sohn zurück und überließen ihr ein Kamel, auf dem sie ohne Begleitung nach Jaṯrib ritt.[245] – Al-Wāqidī beruft sich auf die Version der Banū ʿAmr b. ʿAuf, die Abū Salama beherbergten. Dieser sei am 10. Muḥarram bei ihnen eingetroffen, der Gottesgesandte am 12. Rabīʿ al-auwal; „so lagen zwischen dem ersten der Auswanderer, die dann kamen und sich bei den Banū ʿAmr b. ʿAuf niederließen, und dem letzten zwei Monate".[246] Demnach hätte der Vorgang, den man Hedschra nennt, nur etliche Wochen gedauert; bei Ibn Isḥāq erstreckt er sich über einen Zeitraum von mehr als einem Jahr.

Ebenfalls in der Ansiedlung Qubāʾ, dem Dorf der Banū ʿAmr b. ʿAuf, fanden ʿĀmir b. Rabīʿa und ʿAbdallāh b. Ǧaḥš Asyl. ʿĀmir war ein Eidgenosse der quraišitischen Banū ʿAdī b. Kaʿb; al-Ḫaṭṭāb, der Vater ʿUmars, soll ihn sogar adoptiert haben. Einer der frühesten Anhänger Mohammeds, war ʿĀmir um der ungehinderten Ritualpraxis willen nach Äthiopien gezogen, dann aber wie einige andere nach Mekka zurückgekehrt, um nun in Jaṯrib eine Bleibe zu suchen.[247] ʿAbdallāh b. Ǧaḥš, ein Eidgenosse der Banū Umaija b. ʿAbd Šams, über seine Mutter Umaima bt. ʿAbd al-Muṭṭalib b. Hāšim aber eng mit Mohammed verwandt,[248] verließ Mekka mit seiner ganzen Familie, so daß sein Haus leer zurückblieb. Hiernach, so Ibn Isḥāq, seien die Muslime „in Scharen" nach Jaṯrib ausgewandert,[249] unter anderen auch die Sippe des ʿUṯmān b. Maẓʿūn. Eine besondere Gruppe unter den Flüchtlingen bildeten die Junggesellen. Sie kamen alle bei Saʿd b. Ḫaiṯama unter; dieser gehörte nicht zu den Banū ʿAmr b. ʿAuf, sondern zu einem Klan der Aus Manāt, der sich in Qubāʾ angesiedelt hatte.[250] Angeblich mißgönnten die Banū ʿAmr b. ʿAuf einander die Ankömmlinge, weshalb man das Los geworfen habe, um zu vereinbaren, wer bei wem wohnen solle.[251] Die Banū ʿAmr b. ʿAuf jedenfalls trugen den größten Teil der Last, andere medinensische Sippen werden nur vereinzelt genannt und scheinen sich nur dazu bequemt zu haben, wenn Verwandtschaftsbindungen dies nahelegten. ʿUṯmān b. ʿAffān beispielsweise erhielt bei den ḫazraǧitischen Banū ʿAdī b. an-Naǧǧār eine Bleibe; aus diesem Klan stammte, wie erinnerlich, Salmā bt. ʿAmr, mit der Hāšim einst den Bund der Ehe geschlossen hatte; Salmā gebar ʿAbd al-Muṭṭalib,[252] und eine seiner Töchter war die Mutter ʿUṯmāns. Bei den Banū ʿAdī b. an-Naǧǧār übrigens hatte Mohammed in seiner Kindheit einige Zeit zugebracht.[253]

Mit Abstand die meisten Flüchtlinge, und offenbar jene, die nicht mit den Medinensern versippt, sondern die einfach nur Glaubensbrüder waren, lebten in Qubāʾ. Wenn man sich die blutigen Geschehnisse vergegenwärtigt, die das Verhältnis der Ausiten und Ḫazraǧiten überschatteten, neigt man dem Urteil zu, die Zuwanderer seien eine willkommene Verstärkung der Kampfkraft der Banū ʿAmr b. ʿAuf gewesen. Im Oasengebiet von Medina herrschten wirtschaftliche Umstände, die sich von denen im ganz auf die Zufuhr von Nahrungsmitteln angewiesenen Mekka völlig unterschieden; dort mochte, wie Abū Ǧahl erkannte, der Gewinn einer größeren Schar von Bundesgenossen rasch zu einer Notlage führen, in der die Waffen hätten entscheiden müssen, wer die knappen Mittel der Lebensfristung verzehren durfte. In Medina konnte man sich Verbündete, Glaubensbrüder, eher leisten. Mohammed freilich verstand diesen Zusammenhang bei seiner Ankunft in Medina noch nicht, er fühlte sich bei den Verwandten, den Banū n-Naǧǧār, besser aufgehoben. Ihren Gebetsplatz hatte er durch die Entsendung des Muṣʿab b. ʿUmair schon legitimiert. Was Qubāʾ betrifft, so fehlen diesbezügliche Nachrichten. Als Vorbeter fungierte dort ein gewisser Sālim, ein Schutzbefohlener des Abū Ḥuḏaifa, eines Urenkels von ʿAbd Šams. Sālim selber war in Jaṯrib bestens bekannt; denn er hatte einer von dort stammenden Frau gehört, die mit Abū Ḥuḏaifa verheiratet gewesen war. Nach anderer Überlieferung hatte zwischen Sālims Eigentümerin und Abū Ḥuḏaifa keine Verbindung bestanden; sie hatte Sālim freigelassen, und dieser war dann ein Eidgenosse Abū Ḥuḏaifas geworden, eines der frühen Anhänger Mohammeds.[254] Ob der Ort, an dem Sālim den Zuwanderern vorbetete, derselbe ist, an dem die Banū Zuraiq die vorhin erwähnte Kultstätte eingerichtet hatten, ist fraglich. Festzuhalten bleibt jedoch, daß es im Gebiet von Jaṯrib vor der Ankunft Mohammeds zumindest zwei muslimische Gebetsplätze gab. Der eine, derjenige bei den Banū ʿAmr b. ʿAuf, war unabhängig von der Einflußnahme des Gesandten Allahs entstanden;[255] die Gründung des Asʿad b. Zurāra dagegen hatte dessen mittelbare Zustimmung erhalten.

Schutzsuche bei fremden Stämmen

Damit wenden wir unseren Blick wieder Mohammed zu. Als er unverrichteterdinge aus aṭ-Ṭāʾif zurückgekehrt war und sich dem Schutz Muṭʿim b. ʿAdīs hatte anvertrauen müssen, schien der Widerspruch zwischen den Drohreden, mit denen er in der „Lesung" die ihm feindlich gesonnenen Mekkaner überzog, und seiner tatsächlichen Lage eklatant zu sein. Er wußte aber seine Widersacher an ihrer empfindlichsten Stelle zu attackieren, nämlich bei ihren Beziehungen zu den fremden Stämmen, die alljährlich die Heiligtümer aufsuchten und deren Wohlwollen den Handel und überhaupt den Bestand der quraišitischen Ansiedlung gewährleistete. Schon in den Jahren zuvor hatte Mohammed, sich über die den „Strengen" auferlegten Verbote hinwegsetzend,[256] Verbindungen zu Mitgliedern anderer Stämme geknüpft, und sie von der Wahrheit seiner Botschaft zu überzeugen gesucht.[257] Der einzige Quraišit, der in dieser Weise gegen das Herkommen verstieß, war Mohammed nicht. So weiß man von Šaiba b. Rabīʿa,[258] einem Enkel des ʿAbd Šams, daß dieser es ebenso hielt. Šaiba war zusammen mit ʿUṯmān b. al-Ḥuwairiṯ, dem Verwandten Ḫadīǧas, Christ geworden[259] und konnte infolgedessen nicht anerkennen, daß der eine Allah nur an der Kaaba verehrt wurde, nicht aber an den Kultstätten außerhalb Mekkas, die gemäß der überlieferten Kultpraxis anderen Gottheiten geweiht waren und an denen die Quraišiten nach der von Quṣaij ausgehandelten Vereinbarung nichts verloren hatten. Mohammed wird die Pilgerriten so umgestalten, daß an allen Stätten des Einen gedacht wird; er greift damit auf, was der hochreligiöse Einfluß, der sich unter anderem im Ḥanīfentum niederschlug, nahelegte. Anzumerken ist, daß Šaiba sich nie Mohammed anschloß, sondern im Kampf gegen ihn bei Badr den Tod fand – wie schon öfter beobachtet, waren die monotheistischen Vorstellungen, die sich zur Geltung brachten, nicht wirkmächtig genug, um ein klanübergreifendes Gemeinwesen zu begründen. Nun aber, so drückt sich Ibn Isḥāq aus, „bot (Mohammed) sich selber (den Stämmen) an“, mit anderen Worten, er erstrebte eine gemäß den Grundsätzen des Gewohnheitsrechts abgesicherte, für seine Ziele nützliche Verbindung. „Er ließ sie wissen, daß er ein (von Allah) entsandter Prophet sei, und bat sie, ihm Glauben zu schenken und Schutz (arab.: *al-manʿa*) zu gewähren, damit er ihnen darlegen könne, wozu Allah ihn berufen habe“, schreibt Ibn Isḥāq.[260]

Ganz ohne Beispiel ist die Aufnahme eines politisch mißliebigen Mannes in einen fremden Stamm nicht. An-Nuʿmān b. al-Mundir (gest. 602), der Fürst von Hira, war mit seinem Oberherrn, dem Schah der Sasaniden, in einen heftigen Konflikt geraten, fürchtete um sein Leben und suchte in seiner Not nach einem Stamm, der ihn aufnehmen und beschützen würde. Nicht einmal die Banū Ṭaijiʾ, denen zwei seiner Frauen angehörten, mochten solch ein Risiko eingehen; die Furcht vor den Sasaniden war zu groß. Endlich hatte eine kleine Sippe den Mut, aber an-Nuʿmān lehnte ab; sie seien zu schwach, um einen Angriff abzuwehren. Zuletzt fand sich bei den Banū Šaibān ein Stammesführer, der den Fürsten „vor allem schützen“ wollte, „wovor er sich selber, sein Gesinde und seine Frauen sowie seine Kinder schütze“. Dieser Mann, Hāniʾ b. Qabīṣa,[261] war ein angesehener Anführer der Stammesföderation der Rabīʿa; im genealogischen System ist Rabīʿa ein Bruder Muḍars und steht an der Spitze des Bundes, den die Quraišiten zu beherrschen trachteten.[262] Die Sasaniden hatten sich die Gewogenheit der Rabīʿa erkaufen wollen, indem sie Hāniʾs Urgroßvater mütterlicherseits[263] die Erträge der Gegend um Ubulla im unteren Irak überschrieben (arab.: *aṭ-ṭuʿma*). Hāniʾ wurde seinen gefährlichen Schützling schnell wieder los; er überredete den Fürsten, es sei besser, sich dem Schah zu Füßen zu werfen, als den Rest des Lebens in Furcht zu verbringen. Der Vorschlag war verhängnisvoll, an-Nuʿmān wurde in Ktesiphon gefesselt und starb in Gefangenschaft.[264] Wenige Jahre danach erlitten die Sasaniden auf dem Gebiet der Banū Bakr b. Wāʾil, eines rabīʿitischen Stammes, eine Niederlage; Mohammed soll hierüber höchst erfreut gewesen sein: Endlich gelinge es den Arabern, sich gegen die Perser Genugtuung zu verschaffen, „und dank meiner siegten sie“. Die Kämpfe zogen sich über eine längere Zeitspanne hin,[265] und daß sie in Arabien eine für die Sasaniden ungünstige Stimmung erzeugten, liegt nahe. Den Banū Šaibān werden wir gleich wieder begegnen. Abū Bakr, der in den Quellen der Mann ist, der für Mohammed die Fäden zieht, hatte sie als eine mögliche Zuflucht ins Auge gefaßt. Diese Nachricht klingt angesichts der skizzierten Vorgänge nicht abwegig. Überdies soll sich Abū Bakrs einflußreicher Klangenosse ʿAbdallāh b. Ǧudʿān in jenen Gegenden ausgekannt haben.[266] So streifen wir denn auch bei dieser Gelegenheit wieder die Rivalität zwischen Konstantinopel und Ktesiphon, genauer: ihren Widerhall in den quraišitischen Affären.

Somit leuchtet ein, bei welchen Stämmen der Gesandte Allahs ein offenes Ohr für sein Anliegen zu finden hoffte. Es werden die Banū Kinda genannt, die Banū Kalb, die Banū Ḥanīfa und schließlich die Banū ʿĀmir b. Ṣaʿṣaʿa, durchweg Gruppierungen, die außerhalb des genealogischen Systems standen, das die Quraišiten zu dominieren begehrten. Den Banū Kinda begegneten wir schon in Dūmat al-Ǧandal, wo sie zu Lebzeiten Mohammeds mit den Banū Kalb b. Wabara um die Vorherrschaft über das Marktgeschehen stritten.[267] Zu den jemenischen Banū Hamdān gehörte ein Mann, der den Vorschlag, Mohammed zu schützen, mit dem Leben bezahlte; seine Stammesgenossen erschlugen ihn, als er ihnen mit diesem Gedanken kam.[268] Der quraišitischen Glaubenspraxis ablehnend standen die Banū ʿĀmir b. Ṣaʿṣaʿa gegenüber;[269] folgt man einem Bericht az-Zuhrīs, so erkannten einige von ihnen, welche Gelegenheit ihnen durch die Anfrage Mohammeds in die Hände gespielt wurde. Wenn man diesen Propheten willkommen heiße, werde man mit seiner Hilfe die Araber insgesamt unterwerfen. Man wollte von Mohammed wissen, ob denn die Herrschaft, sobald Allah alle Widersacher beseitigt habe, auch wirklich bei den Banū ʿĀmir bleiben werde. Die Antwort sei ausweichend gewesen, weshalb man das Anerbieten des Gesandten Allahs zurückgewiesen habe; für einen Fremden habe man nicht die Kastanien aus dem Feuer holen wollen. Diese Sätze mögen angesichts der bitteren Erfahrungen, die die Aus und die Ḫazraǧ mit Mohammed machen sollten, den Banū ʿĀmir in den Mund gelegt worden sein. Daß Mohammed damals den von ihm angesprochenen Stämmen die Vorherrschaft in Aussicht gestellt habe, ist allerdings nicht auszuschließen, wenn man an den Inhalt der von ihm in jenen Jahren verkündeten Offenbarungen denkt. Zum ersten Mal habe ein Nachkomme Ismaels solche Ansprüche erhoben, äußerte eine andere Stimme der Banū ʿĀmir und bedauerte die vertane Gelegenheit. Daß die Quraišiten Emporkömmlinge seien, die, anders als die jemenischen Stämme, noch nie eine Krone getragen hätten, wird später in der südarabischen Polemik gegen das Kalifat der Omaijaden mit Nachdruck betont.[270] Die schroffste Abfuhr soll sich Mohammed bei den Banū Ḥanīfa geholt haben; sie verfolgten im Osten der Arabischen Halbinsel eigene Ziele und konnten bald darauf ebenfalls mit einem Propheten aufwarten.[271]

Über ein Zusammentreffen Abū Bakrs mit einer Gruppe von Wallfahrern der Banū Šaibān sind wir etwas genauer unterrichtet. Unter ihnen soll sich der schon erwähnte Hāniʾ b. Qabīṣa befunden haben sowie al-Muṯannā b. Ḥāriṯa, der unter dem Kalifat ʿUmar b. al-Ḫaṭṭābs in den Kriegen gegen die Sasaniden von sich reden machen wird.[272] Abū Bakr fragte sie nach ihren Lebensverhältnissen aus, vor allem nach ihrer Kampfkraft. Mehr als tausend Bewaffnete könnten sie aufbieten, erfuhr er, der Eifer, sich gegen Übergriffe zu wehren (arab.: *al-manʿa*), sei unbezähmbar. Schlachtrosse seien ihnen teurer als Kinder, Kriegsgerätschaften wichtiger als Milchvieh. Der Sieg werde allerdings von Allah bestimmt, einmal falle er ihnen zu, ein anderes Mal den Feinden. Ob Abū Bakr ein Quraišit sei, erkundigten sich nun die Banū Šaibān ihrerseits. Das bot ihm die Gelegenheit, den Gesandten Allahs in das Gespräch einzubeziehen, der einen Abriß seiner Lehren gab. Neben anderen Koranstellen soll Mohammed Sure 16, Vers 90 zitiert haben: „Allah befiehlt euch Gerechtigkeit und gutes Handeln und den Verwandten (das Ihrige) zukommen zu lassen. Er verbietet Abscheuliches und Tadelnswertes und Gewalt (gegeneinander). Er mahnt euch. Vielleicht seid ihr dessen eingedenk!“[273] Hāniʾ b. Qabīṣa äußerte sich zurückhaltend; es wäre unklug, nach einer zufälligen Begegnung die alte Glaubenspraxis zu verwerfen und eine neue zu übernehmen. Al-Muṯannā trat als der Sprecher in Kriegsangelegenheiten auf und schloß sich Hāniʾs Meinung an, fügte aber hinzu: „Wenn du möchtest, daß wir dir Zuflucht gewähren und dich im Gebiet der Wasserstellen der Araber schützen, nicht aber bei den Kanälen Chosraus, dann tun wir dies.“ Die Banū Šaibān hätten nämlich mit dem Schah eine Vereinbarung getroffen, weder selber Unfrieden zu stiften, noch einen Aufrührer zu decken. „Das, wofür du wirbst, mißfällt den Königen!“ Dem konnte Mohammed nichts anderes entgegenhalten als seine Zuversicht, Allah werde die Glaubenden zum Triumph führen. Auch die Banū Bakr b. Wāʾil, die in gleicher Weise angesprochen wurden, lehnten Mohammeds Bitte nicht rundweg ab. Sie verwiesen auf ihre vielen Gefechte gegen die Perser; wenn sie diesen Feind endgültig besiegt hätten, wollten sie sich mit dem Ersuchen befassen. Diese Unterhandlungen sind auf die drittletzte Pilgersaison zu datieren, die Mohammed in Mekka erlebte, nach muslimischer Rechnung mithin auf das Ende des elften Jahres nach seiner Berufung.[274]

Mit seinem Werben um die Unterstützung durch rabīʿitische Stämme und durch solche, die nicht in die Ismael-Genealogie eingefügt waren, mußte Mohammed seine quraišitischen Feinde aufs höchste alarmieren. Die Unabhängigkeit Mekkas beruhte doch auf der Loyalität der Ismael-Araber und im weiteren auf dem Verzicht auf eine allzu deutliche Parteinahme in politischen Händeln; wie Abū Ǧahl erkannt hatte, mußte man Schwurgemeinschaften mit mächtigen Stämmen meiden, wenn die Gefahr bestand, hierdurch an politischer Bewegungsfreiheit einzubüßen. Betrachtet man Ibn Ḥabībs Aufzählung von Eidgenossenschaften, an denen Quraišiten beteiligt waren, so gelangt man zu dem Ergebnis, daß es sich fast ausschließlich um Abmachungen mit einzelnen Personen oder kleinen Verbänden handelt, die auf diese Weise ihren Platz im mekkanischen Gemeinwesen finden.[275] Daneben stehen die Eidgenossenschaften, die die innerquraišitischen Machtverhältnisse stabilisieren – der Bund der „Blutlecker“, der „Parfümierten“, der „Herausragenden“.[276] Verpflichtungen gegenüber größeren Verbänden ging man nur ein, wenn man unangefochten das Sagen behielt; dies war bei den *Aḥābīš* der Fall oder beim Abkommen mit den Ḫuzāʿiten.[277] Auch mit den Banū Ṯaqīf und Teilen der Banū Daus hatten die Quraišiten eine Eidgenossenschaft gebildet; beide Seiten sicherten einander zu, sie dürften das heilige Gebiet des Schwurpartners ungehindert betreten. Die Initiative zu dieser Abmachung, die man leider nicht datieren kann, war von den Quraišiten ausgegangen.[278] Als Mohammed sich nach aṭ-Ṭāʾif absetzte, hatte er also damit rechnen dürfen, daß man ihn dort nicht behelligen werde. Darin freilich, daß er die Banū Ṯaqīf gegen ihre quraišitischen Schwurgenossen werde aufstacheln können, hatte er sich verkalkuliert. Der Grimm gegen die so erfolgreichen quraišitischen Rivalen war nicht so heftig, daß er die

Banū Ṯaqīf zu Unbesonnenheiten hätte verführen können. Erst viel später sollte er, wahrscheinlich ohne daß er es beabsichtigt hätte, der Grund für den Zerfall dieser Beziehung sein. Vorerst also suchte Mohammed nach Helfershelfern, die ihrer Abneigung gegen die quraišitischen Machtansprüche ohne Bedenken nachgaben. Diese Suche war, so mußte er erkennen, ziemlich schwierig.

Die Begegnungen bei al-ʿAqaba: al-Wāqidīs Bericht

Die Kontaktaufnahme mit den medinensischen Aus und Ḫazraǧ – auch sie waren jemenische Araber – zeichnen unsere Quellen als einen von Mohammed mit Geschick und Geduld über mehrere Jahre ins Werk gesetzten Vorgang, an dessen Ende seine künftigen „Helfer" (arab.: Pl. *al-anṣār*) ihm zusagten, sie wollten sich ohne Vorbehalt auch an seinen Kriegszügen beteiligen. Dies jedenfalls versichert Ibn Isḥāq. Bei al-Wāqidī fällt die Vereinbarung nicht ganz so eindeutig zugunsten Mohammeds aus, wie wir gleich sehen werden. Lange Zeit, so al-Wāqidīs Gewährsmänner, bemühte sich der Prophet vergebens um die Unterstützung jemenischer Stämme – es werden hier zusätzlich zu den von Ibn Isḥāq aufgezählten noch weitere genannt.[279] Al-Wāqidī läßt überdies offen, ob auch schon die allerersten medinensischen Anhänger in der Absicht geworben wurden, dem Gesandten Schutz zu gewähren. Daß dies unwahrscheinlich ist, sahen wir. Folgt man der aus al-Wāqidīs Angaben zu erschließenden Chronologie, so fällt die erste al-ʿAqaba-Begegnung, diejenige mit den zwölf Medinensern, in die Monate zwischen den beiden Visionen von der Himmelfahrt und von der Nachtreise. Zwei für den Eingottglauben aufgeschlossene Medinenser, den Ḫazraǧiten Asʿad b. Zurāra und den Ausiten Abū l-Haiṯam b. at-Taijihān, hatte Mohammed schon vorher für seine Lehren gewonnen. Nun also stellten sich die Medinenser zu zwölft bei der Örtlichkeit al-ʿAqaba ein[280] und leisteten Mohammed den sogenannten „Treueid der Frauen": Sie wollten Allah niemanden beigesellen, nicht stehlen, nicht huren, nicht ihre Kinder töten, keine Verleumdungen ausstreuen und sich dem Gesandten Allahs in nichts widersetzen, was recht und billig ist (vgl. Sure 60, 12). Wenn sie diese Verpflichtungen einhielten, so heißt es weiter, dann gewönnen sie dereinst das Paradies; wenn sie sie verletzten, dann bleibe das Urteil Allah anheimgestellt, der sie entweder bestrafen oder ihnen verzeihen werde. Daß sie Mohammed Schutz gewähren oder gar unter seinem Befehl in den Krieg ziehen sollten, davon ist nicht die Rede. Asʿad b. Zurāra, einer der zwölf, habe fortan in Medina den Freitagsgottesdienst abgehalten; als Koranlehrer habe Mohammed bald darauf Muṣʿab b. ʿUmair und Ibn Umm Maktūm entsandt.[281]

Im zwölften Jahr der Prophetenschaft, knapp zweieinviertel Jahre nach der Reise nach aṭ-Ṭāʾif, steht ein Weggang Mohammeds aus Mekka nach Medina offensichtlich noch nicht zur Debatte. Was uns al-Wāqidī schildert, ist der wohl erste Versuch Mohammeds, außerhalb seiner Vaterstadt eine muslimische Niederlassung zu gründen, die – dank der Tätigkeit Muṣʿab b. ʿUmairs und Ibn Umm Maktūms sowie dank dem Versprechen Asʿad b. Zurāras, im folgenden Jahr wieder nach Mekka zu pilgern – in einer wenn auch lockeren Verbindung mit ihm bleibt. Im Zusammenhang mit den mehrfach erwähnten Bekehrungen von einzelnen Mitgliedern außerhalb Mekkas lebender Stämme wird Vergleichbares nicht berichtet. Ein Jahr später kommen die Muslime, wie zugesagt, erneut nach Mekka, diesmal sollen es dreiundsiebzig Männer und zwei Frauen[282] gewesen sein. Unter den etwa fünfhundert Pilgern aus Medina bilden sie immer noch eine Minderheit. Heimlich in der Nacht trifft man sich mit Mohammed, wieder bei al-ʿAqaba. Und nun geht es, glaubt man der Überlieferung, tatsächlich um ein Schutzversprechen. Al-ʿAbbās b. ʿAbd al-Muṭṭalib ist auf der Seite Mohammeds mit von der Partie. Das erregt unseren Argwohn gegen den Wahrheitsgehalt der Überlieferung; man muß aber bedenken, daß al-ʿAbbās nach dem Tod Abū Ṭālibs dessen Aufgabe als Beschützer des Neffen übernommen haben könnte. In eben dieser Rolle lassen die Quellen ihn nun agieren, und er beharrt gegenüber den Medinensern darauf, daß Mohammed nach wie vor in seiner Sippe alle erdenkliche Sicherheit genieße und keineswegs nach Medina ausweichen müsse. Ihm antwortet einer der Pilger, sie wollten ihr Herzblut für den Gesandten vergießen und würden ihrem einmal gegebenen Wort ewig treu bleiben; selbst der Verlust des Vermögens oder der Tod der Edelsten unter ihnen würden sie nicht wankend machen. So vollzog man denn den Akt der Huldigung. Danach wählte Mohammed aus der Schar der Medinenser zwölf Obmänner, nach dem Vorbild Moses am Sinai (vgl. Sure 5, 12) und unter Berufung auf die Jünger Jesu. Als dies geschehen war, weckte der Satan die Mekkaner mit lautem Geschrei: Mohammed und die Ṣābiʾer mit ihm hätten sich gegen die Quraišiten verschworen. Einer der Medinenser zückte sogleich das Schwert, doch Mohammed wies ihn zurecht: Noch habe man den Befehl Allahs zum Krieg nicht empfangen. Sobald sich am nächsten Morgen die medinensischen Muslime aus der Schar ihrer ahnungslosen Landsleute abgesetzt hatten, versuchten die Mekkaner, der Flüchtigen habhaft zu werden. Sie faßten nur einen, Saʿd b. ʿUbāda, den man aber laufen ließ, nachdem Muṭʿim b. ʿAdī und al-Ḥāriṯ, ein Enkel des Umaija b. ʿAbd Šams, ein Wort für ihn eingelegt hatten;[283] Saʿd war mit beiden einen Vertrag über Fremdenschutz (arab.: *al-ǧiwār*) eingegangen, der auch in dieser Lage beachtet werden mußte.[284]

Die Begegnungen bei al-ʿAqaba: Ibn Isḥāqs Bericht

Ibn Isḥāq bietet im großen und ganzen den gleichen Ablauf der Geschehnisse. Er verrät uns jedoch zusätzlich, warum den Ḫazraǧiten daran gelegen war, Mohammed in ihrer Mitte zu haben. Als dieser im zehnten Jahr seiner Prophetenschaft zum ersten Mal jene Männer um Asʿad b. Zurāra traf, fragte er sie, ob sie Schutzbefohlene (arab.: Pl. *al-mawālī*) der Juden seien. Sie bejahten dies, und Mohammed trug ihnen den Islam an. „Zu dem, womit Allah ihren Wunsch, Muslime zu werden, weckte, gehört folgendes: Mit ihnen in ihren Ortschaften wohnten Juden, die ein (heiliges) Buch und Wissen besaßen; die (Ḫazraǧiten) aber waren Beigeseller und Götzenverehrer. Von den Juden waren sie in ihren Ortschaften mit Krieg überzogen worden; sobald ein Streit zwischen ihnen und den Juden aufflammte, drohten diese ihnen: ‚Nun wird ein Prophet berufen, seine Zeit ist nahegekommen. Ihm werden wir folgen, und an seiner Seite werden wir euch dann töten, wie die ʿĀd (in) Iram getötet wurden!'" (vgl. Sure 89, 6 f.). Mohammed sei der angekündigte Prophet, hätten die Ḫazraǧiten erkannt, und man müsse den Juden bei ihm zuvorkommen.[285] Noch an einer zweiten Stelle erwähnt Ibn Isḥāq die Problematik des Verhältnisses der medinensischen Beigeseller zu den Juden, und zwar aus Anlaß der zweiten Begegnung bei al-ʿAqaba. Einer der Medinenser bittet den Propheten, die Huldigung entgegenzunehmen; die Kriegskunst habe man von den Vorvätern ererbt. Sobald Mohammed nach Medina komme, fuhr ein anderer Ḫazraǧite fort, werde man die Bindungen an die Juden zertrennen; aber dürfe man sich darauf verlassen, daß der Prophet, habe Allah ihn erst einmal zum Sieg geführt, nicht nach Mekka zurückkehren werde? Mohammed soll mit der Formel geantwortet haben, die man beim Abschluß eines Schutzbundes zu sprechen pflegte: „Das Blut (des einen) ist das Blut (des anderen), wird das Blut (des einen) ungerächt vergossen, so auch das Blut (des anderen);[286] ich gehöre zu euch, ihr zu mir, ich bekriege, wen ihr bekriegt, ich halte Frieden, mit wem ihr Frieden haltet!"[287] Daß die Juden auf die heidnischen Mitbewohner Medinas herabschauten, eben weil diese Heiden waren, wird durch den Koran bestätigt: Unter den medinensischen Juden vertraten einige die Ansicht, die *ummīyūn* dürfe man um ihr Vermögen prellen; sie könnten gegen den Betrug nicht vorgehen (Sure 3, 75), weil ihnen ein göttliches Gesetz fehle.[288] Ein weiterer wesentlicher Grund für die Abneigung der medinensischen Araber gegen die jüdischen Mitbewohner wird bei der Schilderung der Begegnungen mit Mohammed verschwiegen. Der sasanidische „Markgraf der Steppe" dehnte in vorislamischer Zeit seinen Einfluß bis in die Tihama aus und ließ durch die Banū n-Naḍīr und die Banū Quraiẓa, die mächtigsten jüdischen Stämme, Abgaben einziehen; sie stellten die „Könige", die, wie für etliche Marktorte bezeugt,[289] die Belange des fernen Chosrau zur Geltung brachten.[290] Die Fernwirkung des sasanidisch-byzantinischen Zweikampfes war also auch in Medina spürbar.

Nachdem Ibn Isḥāq geschildert hat, wie man am Ende der zweiten Begegnung Mohammed gehuldigt hat, fragt diesen einer der Medinenser, ob man am folgenden Tag nicht mit dem Schwert auf die bei Minā versammelten Feinde losgehen solle. „Das ist uns nicht aufgetragen", wehrt Mohammed diesen Vorschlag ab.[291] Die Quraišiten, so erzählt Ibn Isḥāq weiter, hätten vom Treueid der Medinenser Wind bekommen, die Anhänger Mohammeds festzunehmen versucht und hätten, wie auch al-Wāqidī berichtete, Saʿd b. ʿUbāda erwischt. Nach Medina zurückgekehrt, hätten die Eidgenossen Mohammeds ihren Glaubenseifer unter Beweis gestellt, indem sie das hölzerne Idol, das der Vater eines der Ihrigen in seinem Haus verehrte, des Nachts gestohlen und in eine Jauchegrube geworfen hätten. Das Götzenbild vermochte nicht zu verhindern, daß ihm solcher Frevel widerfuhr, und daran habe der Vater erkannt, daß das Heidentum ein Irrtum sei. Unvermittelt springt Ibn Isḥāq dann wieder zur zweiten Begegnung bei al-ʿAqaba zurück – er nennt sie jetzt „die letzte". „Es fand die Huldigung zur Heeresfolge statt", lesen wir nun, und zwar „als Allah seinem Gesandten das Kämpfen erlaubte". Hierbei erlegte Mohammed den „Helfern" Bedingungen auf, die weit über das hinausgehen, was sie ihm im ersten Huldigungsakt, der „Weiberhuldigung", zugesagt hatten; sie verpflichteten sich, am „Krieg gegen den Roten und den Schwarzen", also gegen jedermann, teilzunehmen. „Wir schworen dem Gesandten Allahs das Hören und Gehorchen zu, in Bedrängnis und

Erleichterung, im Erquicklichen wie im Unerquicklichen; ihm sollte der Vorrang vor uns zustehen; und (wir schworen), daß wir die Befehlsgewalt niemals denen streitig machen wollten, denen sie zukam; daß wir die Wahrheit sagen wollten, wo immer wir seien; daß wir im Eifer um die Sache Allahs niemandes Tadel fürchten wollten."[292] Es folgt jetzt das Verzeichnis der fünfundsiebzig Personen, die bei der zweiten Begegnung Mohammed die Treue schworen. Ibn Isḥāq erweckt den Eindruck, als habe dieser Eid die gerade erwähnte bedingungslose Heeresfolge eingeschlossen – was aber, wie wir schon erfuhren, keineswegs der Fall ist.

Allahs Befehl, Krieg zu führen

Um seiner Behauptung Nachdruck zu verleihen, kommt er unmittelbar nach dem Namensverzeichnis noch einmal auf diesen Gegenstand zurück und schildert, wie Mohammed von Allah den Befehl zum Kriegführen empfängt – wenige Seiten vorher hat Ibn Isḥāq angemerkt, daß ebendieser Befehl in der damaligen Lage nicht ergangen sei. Jetzt also doch, und Ibn Isḥāq formuliert dies ohne Bezugnahme auf eine Quelle: „Vor der Huldigung von al-ʿAqaba waren dem Gesandten Allahs weder der Krieg noch das Blutvergießen erlaubt worden. Er hatte allein den Auftrag, zu Allah zu rufen, Kränkungen geduldig zu ertragen und (jedem) Toren zu verzeihen. Die Quraišiten aber hatten den Auswanderern (arab.: Pl. *al-muhāǧirūn*), die (seinen Worten) folgten, derart zugesetzt, daß sie sie von ihrer Glaubenspraxis abzubringen suchten und aus ihrer Heimat vertrieben. (Die Muslime) waren also entweder an der Ausübung ihrer Glaubenspraxis gehindert oder durch die Quraišiten gepeinigt, oder sie waren Flüchtlinge im Lande, die sich vor jenen in Sicherheit bringen wollten, einige in Äthiopien, andere in Medina und in allen möglichen weiteren Gegenden. Als die Quraišiten sich allzu sehr gegen Allah erfrechten, die Ehrung, die er ihnen angedeihen lassen wollte, ausschlugen, seinen Propheten für einen Lügner erklärten und alle diejenigen quälten und verjagten, die Allah als den Einen anbeteten, seinem Propheten Glauben schenkten und sich an der Kultpraxis Allahs festklammerten, da gestattete Allah seinem Gesandten das Kämpfen und den Triumph über die, die wider (die Muslime) unrecht handelten und Frevel verübten." Die ersten Koranverse, die, so ʿUrwa b. az-Zubair, diese Erlaubnis verkündet hätten, lauteten: „Denen, die bekämpft werden, indem man ihnen Unrecht antut, ist (der Krieg) gestattet. Allah hat die Macht, sie zum Sieg zu führen. Denen (ist der Krieg gestattet), die aus ihren Wohnsitzen vertrieben wurden ohne einen (triftigen) Rechtsgrund, sondern nur weil sie sagen: ‚Unser Herr ist Allah!' Verteidigte Allah die Menschen nicht, die einen mit Unterstützung durch die anderen, dann würden Klausen, Klöster, (Stätten der) rituellen Gebete und (Orte der) Proskynesis, an denen häufig der Name Allahs erwähnt wird, zerstört. Allah aber wird gewiß jenen den Sieg verleihen, die ihrerseits ihm den Sieg verleihen wollen. Allah ist stark und mächtig. Denen (gestattet Allah den Krieg), die, gibt man ihnen auf der Erde Macht, das rituelle Gebet vollziehen, die Läuterungsgabe abführen, befehlen, was recht und billig ist, und verwerfen, was tadelnswert ist. Auf Allah läuft alles zu" (Sure 22, 39–41).[293]

Die frühen muslimischen Korangelehrten sind sich über die Entstehungszeit von Sure 22 uneins. Manche verlegen sie noch in Mohammeds mekkanische Zeit, nehmen jedoch an, daß einige der Verse, darunter die von Ibn Isḥāq über ʿUrwa b. az-Zubair zitierten, medinensisch seien, was, da in ihnen die Vertreibung aus Mekka vorausgesetzt wird, plausibel ist. Andere verlegen die Offenbarung ganz nach Medina; der bekannte Theologe und Prediger al-Ḥasan al-Baṣrī (gest. 728) behauptet, sie sei während eines Feldzuges entstanden.[294] Als ein Zeugnis für den Wortlaut des „letzten" Schwures bei al-ʿAqaba, den Ibn Isḥāq, wie erörtert, recht ungeschickt in die Erzählung über die Verbindung von Mohammed mit den Medinensern einfügt, taugen jene Verse demnach gerade nicht. Das ficht Ibn Isḥāq aber nicht an. Unter der Bedingung, daß man den Muslimen Unrecht zufüge – und wann diese Bedingung erfüllt ist, bestimmen sie selber – und vorausgesetzt, daß Mohammed nichts anderes als die Ausbreitung des Islams im Schilde führe, sei ihm das Kriegführen erlaubt worden, und schon damals hätten sich die „Helfer" verpflichtet, ihm ohne zu fragen zu folgen. „Kämpft gegen (die Andersgläubigen), bis es keine Anfechtung (arab.: *al-fitna*) mehr gibt und die Glaubenspraxis (zur Gänze) Allah gewidmet ist", diese Aufforderung aus der ebenfalls medinensischen Sure 2 (Vers 193) zitiert Ibn Isḥāq zur weiteren Untermauerung seiner Behauptungen. Diese stammen sicher nicht von ihm selber; sie entsprechen vielmehr genau jener Deutung des Lebensweges Mohammeds, die im Mekka der Abbasidenzeit den Pilgern eingeschärft wurde: Die Leiden des Propheten in Mekka rechtfertigen seine kriegerische Politik in Medina; seine Feldzüge geschahen auf Allahs Weisung. Und der hatten sich auch die „Helfer" unterzuordnen; sie hatten, so lautet nun die für geschichtliche Wahrheit genommene Legende, auf dem „letzten" Treffen bei al-ʿAqaba dem Propheten unbedingten Gehorsam zugeschworen und ihm damit die Heeresfolge zugesagt; ihre eigenen Belange mußten von nun an ganz außer Betracht bleiben, selbst nach dem Tode Mohammeds würden sie nicht darauf pochen, in den Angelegenheiten des muslimischen Gemeinwesens ein eigenes Wörtchen mitzureden. Eben dies wollten sich die „Helfer" im Jahre 632 aber nicht nehmen lassen, und spätestens unter dem Eindruck der folgenreichen Krise, die das Ableben des Propheten auslöste, unterschob man den Medinensern jene Versprechen, die Ibn Isḥāq in seine Erzählung einfügt. Daß die Behauptung einer Pflicht zur Heeresfolge auch schon gegen Ende des Lebens Mohammeds aufgekommen sein kann, werden wir hören.

Mohammeds Flucht aus Mekka

Ibn Isḥāqs Bericht über die bei al-ʿAqaba getroffenen Vereinbarungen endet also mit einer dreisten Geschichtsklitterung. Zu wessen Gunsten sie ursprünglich ins Werk gesetzt wurde und welche Folgen sie zeitigte, wird uns später beschäftigen. Im Augenblick mag uns die Einsicht genügen, daß das Trugbild eines in Mekka so furchtbar leidenden Mohammed die zweite Seite dieser gefälschten Münze ist: Ohne dieses Leiden keine überzeugende Rechtfertigung der kommenden Kriege! Völlig von hagiographischen Zutaten verdeckt ist in den Quellen die Schilderung des Wegganges Mohammeds aus seiner Vaterstadt, der „Hedschra" mithin, die er im Koran als eine Vertreibung auffaßt. Sie fand etwa drei Monate nach der zweiten Begegnung bei al-ʿAqaba statt. Als Tatsache ist festzuhalten, daß die Vereinbarung, die die Geschichtsschreibung die „Weiberhuldigung" nennt, in Medina ein für die mekkanischen Muslime günstiges Klima schuf. Wie erinnerlich, begannen sie dorthin auszuwandern, um sich den Anfeindungen in ihrer Heimat zu entziehen. Auch etliche der in Äthiopien weilenden Exilanten erachteten den durch das erste al-ʿAqaba-Abkommen bewirkten religiös-politischen Wandel in Arabien für so tiefgreifend, daß sie zurückkehrten, um sich in die entstehende medinensische Gemeinde einzureihen. Diese war in der Tat die erste, die sich am Herkunftsort der Mehrheit ihrer Mitglieder der Duldung durch die andersgläubige Nachbarschaft erfreuen durfte. Mohammed allerdings mußte in dem Jahr, das zwischen dem ersten und dem zweiten Treffen bei al-ʿAqaba liegt, zur Kenntnis nehmen, daß sein Vorhaben, die quraišitischen Feinde durch das Anknüpfen von Verbindungen mit jemenischen Stämmen unter Druck zu setzen, nicht die gewünschte Wirkung zeitigte: Mit der Auswanderung vieler seiner Anhänger wurde seine Lage immer prekärer; daß seine Interessen nicht diejenigen seiner Anhänger waren, wird ihm jetzt schmerzlich bewußt geworden sein, denn von dem Ziel, den Kaabakult umzugestalten und dadurch die Macht an sich zu bringen, entfernte er sich jedesmal einen Schritt, wenn ein Muslim Mekka verließ. Daß sein Trachten ganz auf die eigene Sippe fixiert gewesen war, erwies sich nun als verhängnisvoll. So war ihm nichts anderes geblieben, als schließlich bei seinen medinensischen Anhängern für sich selber um Fremdenschutz (arab.: *al-ǧiwār*) nachzusuchen, der ihm beim zweiten al-ʿAqaba-Treffen ja auch zugestanden wurde.

Ibn Isḥāq berichtet erst im Anschluß an die – fiktive – Erlaubnis zum Kriegführen von der Auswanderung der Anhänger des Propheten und erweckt so den Eindruck einer zeitlichen Folge: Zuerst brachte Mohammed die Regelungen für seine künftige Machtausübung unter Dach und Fach, dann schickte er seine Anhänger los, und endlich machte er sich selber auf den Weg. Dies ist, wie dargelegt, die Legende, die darauf achtet, daß der Prophet, von Allah angeleitet, stets als der Herr der Dinge erscheint. Während die Muslime sich aus Mekka wegstahlen, so Ibn Isḥāq, harrte Mohammed geduldig aus, bis Allah auch ihm die Hedschra gestattete; außer seinem engen Freund Abū Bakr und seinem Vetter ʿAlī b. abī Ṭālib gab es keinen freien Muslim mehr in der Stadt.[295] Beide übernehmen im legendenhaft ausgeschmückten Geschehen nun einen Part, der später zur Rechtfertigung bestimmter Herrschaftsansprüche benutzt wird und daher schwerlich als geschichtliche Wirklichkeit gewertet werden kann. Abū Bakr, der erste Nachfolger Mohammeds, bat diesen damals, so hören wir, um die Erlaubnis zur Hedschra; Mohammed riet ihm, nichts zu überstürzen, denn Allah selber werde ihm einen Weggefährten ausersehen. So traf Abū Bakr die Vorbereitungen für sich selber und für den ihm noch unbekannten Gefährten,[296] der dann niemand anders als der Gesandte sein sollte: Allah stiftete das intime Verhältnis zwischen beiden und erkor auf diese Weise den nächst Mohammed wichtigsten Mann in der künftigen muslimischen Gemeinde. – Noch wundersamer ging es mit ʿAlī zu. Die Quraišiten bemerkten, daß Mohammed fast ohne Anhang in Mekka zurückgeblieben war, und berieten, was zu tun sei; in der Gestalt eines Fremden mischte sich der Satan unter sie. Er mißbilligte den Vorschlag, durch Vertreibung Mohammeds den Störungen des inneren Friedens ein Ende zu bereiten; der Prophet könne mit seiner gewandten Zunge die Stämme gegen Mekka aufhetzen. Und so kam es, daß Abū Ǧahl auf ein Mordkomplott verfiel; jede Sippe sollte ein Mitglied stellen, und gemeinsam sollten sie Mohammed umbringen. Die Blutschuld werde nicht klar zuzuordnen sein, und so werde die Untat ohne Rache bleiben. In dieser höchsten Gefahr griff Gabriel ein und warnte den Propheten. Dieser gab seinem Vetter ʿAlī sein Nachtgewand und befahl, er möge sich an seiner Stelle auf das Ruhebett legen. Als die Verschwörer sich zu Mohammeds Wohnhaus geschlichen hatten, trat dieser plötzlich vor sie und schleuderte ihnen eine Handvoll Staub entgegen. Sie erblindeten für einen Augenblick, und so wurde der Anschlag vereitelt.

Zusammen mit Abū Bakr machte sich Mohammed dann auf den Weg nach Medina. Aus Furcht vor quraišitischen Häschern mußten sie sich zunächst drei Tage in einer Höhle verstecken. Abū Bakrs Sohn ʿAbdallāh hörte sich heimlich um und brachte die Pläne der Feinde in Erfahrung; ʿĀmir b. Fuhaira, ein Schutzbefohlener Abū Bakrs, versorgte die Flüchtlinge mit Milch und Fleisch.[297] Die Nachstellungen der Quraišiten führten zu nichts, obwohl man einhundert Kamele für die Ergreifung Mohammeds ausgelobt hatte. Abū Bakrs Familie hatte keine Kenntnis von dem Ort, an den Mohammed und er sich begeben wollten. Seine Tochter Asmāʾ handelte sich eine kräftige Ohrfeige ein, als sie Abū Ǧahl über das Ziel der beiden keine Auskunft erteilen konnte. Nachdem alles Fahnden ergebnislos geblieben war, kam, wie vorher verabredet worden war, ʿĀmir b. Fuhaira mit einem Führer zur Höhle; auf einem sicheren Weg ging die Reise nun ohne Hindernisse vonstatten. Den ängstlich in Mekka auf eine Nachricht wartenden Angehörigen Abū Bakrs überbrachte ein Dschinn in verschlüsselten Worten die erlösende Botschaft vom glücklichen Ende der Hedschra.[298]

Wenn wir wissen wollen, was der Weggang aus Mekka für Mohammed selber bedeutete, dann müssen wir uns von dem Wust der späteren Auslegungen des Geschehens befreien, deren Herkunft und Folgen wir zu gegebener Zeit zur Sprache bringen werden. Der Gesandte Allahs betrachtete sich und seine Anhänger (vgl. Sure 22, 40) als Vertriebene; davon redet er zu wiederholten Malen im Koran, wie wir zu Beginn dieses Teilkapitels erkannten. Um Vertreibung ging es zuletzt vermutlich auch seinen quraišitischen Feinden, denen in der Legende erst der Satan etwas Böseres suggerieren muß. Das Mordkomplott als der Gipfelpunkt des Leidensweges und die bedingungslose Heeresfolge sind die Fiktionen, die für die Verknüpfung des Anfangs aller muslimischen Geschichte mit der von Allah und Mohammed planvoll gesteuerten Hedschra unentbehrlich sind. Mit dem tatsächlichen Geschehen, wie es uns die Quellen trotz solchen Überlagerungen mitteilen, haben sie nichts zu tun. Wir beobachten einen zäh an ererbten religiös-gesellschaftlichen Leitbildern festhaltenden Mohammed, für den die Vertreibung keineswegs der eigentliche Beginn des politischen Wirkens ist, sondern ein retardierendes Moment auf dem Weg zur Macht: „Der dir die ‚Lesung' auferlegt hat, ist wahrlich schon im Begriff, dich zu einer Rückkehr zurückzubringen. Sprich: ‚Mein Herr weiß am besten, wer den Menschen die Rechtleitung überbrachte und wer sich eindeutig im Irrtum befindet!'" (Sure 28, 85).

Diese Worte, auf dem Wege nach Medina entstanden,[299] eröffnen uns eine von späteren Umdeutungen freie, wirklichkeitsnahe Sicht auf das Geschehen, dessen Folgen wir uns im nächsten Kapitel zuzuwenden haben.

Zusammenfassung und Überleitung

Sie unterliegen den Voraussetzungen, die wir bis hierhin erarbeitet haben. Das Ausweichen einiger Ḥanīfen nach Äthiopien, ein Vorgang, der keineswegs vom Gesandten Allahs veranlaßt worden war, zeigte die Brüchigkeit der innerquraišitischen Verhältnisse: Das Ḥanīfentum ist eine neue Form der Frömmigkeit, die die althergebrachten Grundsätze der Sippensolidarität in Frage zu stellen geeignet ist, jedoch für sich genommen noch keine gesellschaftsbildene Wirkung zeitigt. Mohammed, der Enkel ʿAbd al-Muṭṭalibs, hatte in den Suren 105 und 106 dessen Erbe als die für den Bestand des quraišitischen Mekka entscheidende Gegebenheit gerühmt. Sich mit dem Ḥanīfentum verbindend, trat er während der Äthiopienaffäre nicht mehr nur als Redender, sondern als politisch Handelnder in Erscheinung. Er eignete sich das Ḥanīfentum gleichsam an, nutzte es aber zur Förderung der Belange der eigenen, hāšimitischen Solidargemeinschaft. Daher beobachten wir von da an eine eigentümliche Zweiheit bzw. Parallelität in den Ereignissen, die zur Entstehung des Islams führen: Da ist zum einen, und in die Zeit vor Mohammeds Berufung zurückreichend, die ḥanīfische Frömmigkeitsbewegung, die viele Klane erfaßt hat und so stark gewesen sein muß, daß sich die ihr fernstehenden mekkanischen Führer genötigt sahen, den in den „satanischen" Versen beschriebenen Kompromiß zu suchen, um die Exilanten zur Rückkehr zu bewegen – zum anderen wirkt in Mekka der Gesandte Allahs, der das Ḥanīfentum zum eigentlichen Inhalt seiner Verkündigungen erklärt und es als die dem Streben seines Großvaters nach Vormacht angemessene Religiosität auffaßt. Diese Zweiheit setzt sich in der eben beschriebenen Vorgeschichte der Vertreibung fort – mekkanische Fromme gründen ihre eigene Gemeinde in Medina – und sie wird auch in der neuen Umgebung nicht überwunden, sondern lediglich durch die „Helfer" verkompliziert werden; auch diese wird Mohammed seinen klangebundenen Interessen unter der Vorspiegelung universalreligiöser Ziele dienstbar machen. Die Kriege gegen Mekka werden diesen Widerspruch zunächst verdecken. Sobald Mohammed jedoch die Gelegenheit zur Einigung mit seinen mekkanischen Widersachern bekommen wird, wird er den quraišitischen Charakter seiner Herrschaft hervortreten lassen, was jedoch nicht ohne Widerspruch bleiben wird. Allenfalls vom Hāšimitischen zum Gesamtquraišiischen wird sich demnach, den Umständen entsprechend, sein politischer Blickwinkel weiten. Aufgelöst wird die sein Lebenswerk durchziehende Unstimmigkeit erst in dem Bild des in Mekka leidenden, dann nach dem Bestehen vieler Fährnisse in Medina triumphierenden Gründers des Islams, in einem Bild, das die Hedschra zum Schlüsselereignis seiner Vita erklärt.

Kapitel IV: Der Glaube

1. Die Vervollkommnung der Riten

Am 4. Rabīʿ al-auwal (16. September 622) hatten Mohammed und Abū Bakr die Höhle verlassen. In Medina, so heißt es, wurde der Prophet erwartet. Bei den Banū ʿAmr b. ʿAuf soll man in Jubel ausgebrochen sein, als man die Reisenden kommen sah. Diese begaben sich zuerst nach Qubāʾ,[1] wo die meisten mekkanischen Asylanten eine Bleibe gefunden hatten. Im Schatten einer Palme ruhten sich die Ankömmlinge aus, von Menschen umringt. Viele unter den Neugierigen wußten nicht, welcher der beiden Männer der Prophet sei; erst als der Schatten weitergewandert war und der besorgte Abū Bakr seinen Überwurf über den der Sonne ausgesetzten Mohammed hielt, schloß man aus dieser Geste, wer der von Allah Berufene sein müsse.[2] Immer wieder berichten die Quellen von Abū Bakrs unermüdlicher Fürsorge für den Propheten, und es ist nicht zu sagen, was Wahrheit ist und was erdichtet wurde, um einem Bild von der frühen Geschichte des Islams Vorschub zu leisten, das bis in die Gegenwart nachwirkt. Wir werden darüber ausführlich zu handeln haben. Da Mohammed ohne Ehefrau war, erhielt er wie die Junggesellen bei Saʿd b. Ḫaiṯama eine Unterkunft; nach einer anderen Überlieferung weilte er dort nur tagsüber, während er die Nächte in dem Anwesen des Kulṯūm b. Hidm zubrachte, einer weiteren Absteige der Auswanderer. Abū Bakr bezog etwa eine Meile oberhalb von Qubāʾ, das am Rande des Wādī Buṭḥān liegt, ein Quartier in einer as-Sunḥ genannten Festung, die den Banū l-Ḥāriṯ b. al-Ḫazraǧ gehörte.[3] Laut Ibn Isḥāq blieb Mohammed nur vier Nächte bei den Banū ʿAmr b. ʿAuf; in dieser Zeit habe er dort mit dem Herrichten eines Gebetsplatzes begonnen.[4] Dies ist vermutlich falsch, denn die Banū ʿAmr b. ʿAuf verfügten, wie wir schon wissen, längst über eine muslimische Kultstätte.

Ankunft in Medina

Mohammed fühlte sich allerdings gedrängt, die Gastfreundschaft dieser medinensischen Sippe abzuschütteln. Jene „Helfer“, die ihm enger verbunden waren, wohnten in einem anderen Teil des Oasengebietes. Unter Führung Asʿad b. Zurāras, den er seit mindestens zwei Jahren schätzte und dessen islamische Glaubenspraxis er durch die Entsendung der Koranleser Muṣʿab b. ʿUmair und Ibn Umm Maktūm gleichsam lizenziert hatte, war etwa zwei Meilen nördlich von Qubāʾ der zweite medinensische Schwerpunkt der neuen Religion herangewachsen. Den Weg dorthin ging Mohammed, so die Überlieferung, nicht mit einem Mal. Den ersten Freitagsgottesdienst soll er vielmehr noch in der Nähe von Qubāʾ, nämlich bei den Banū Sālim b. ʿAmr b. ʿAuf, geleitet haben, die ihn auch zum Bleiben aufgefordert hätten. Er habe dies mit dem Hinweis abgelehnt, erst dort, wo sich sein von Allah geführtes Reitkamel niederknien werde, dürfe er wohnen. In verschiedenen Fassungen wird nun erzählt, wie die Sippen Medinas dem Gesandten Allahs eine Unterkunft antragen, wohl auch die Zügel des Tieres ergreifen, um eine Entscheidung zu ihren Gunsten zu erzwingen. Mohammed aber wehrt alle diese Versuche ab, selbst bei den Banū ʿAdī b. an-Naǧǧār, die dank Hāšims Ehe[5] mit seinem quraišitischen Klan verschwägert sind. Erst bei den Banū Mālik b. an-Naǧǧār läßt sich das Tier zu Boden. Abū Aijūb Ḫālid b. Zaid, dieser Sippe zugehörig,[6] lädt den Propheten zu sich ein. Bei ihm erkundigt sich Mohammed nach einem Stück Land, das er gesehen und für eine Kultstätte geeignet gefunden hat. Es gehöre zwei Waisenkindern, deren Vormund Asʿad b. Zurāra sei, erfährt er. Das trifft sich gut; er bittet Abū Bakr, der sein Vermögen aus Mekka mitgebracht hat, einen angemessenen Kaufpreis zu entrichten. Denn als Geschenk will er das Grundstück nicht haben, und zuletzt sind die „Helfer" doch bereit, von Abū Bakr zehn Dinare entgegenzunehmen. Der Bau kann beginnen. Während dieser Zeit, insgesamt sieben Monate, residiert Mohammed bei Abū Aijūb, einem Mann, der später großen Ruhm als Glaubenskrieger erringen sollte. Die Phantasie der Muslime läßt ihn sogar bis vor die Mauern von Konstantinopel gelangen, wo sein vermeintliches Grab bis auf den heutigen Tag ein Ort der Volksfrömmigkeit ist. Vermutlich fand Abū Aijūb um 670 auf einem der zahlreichen von den Omaijaden gegen das Byzantinische Reich vorgetragenen Feldzüge den Tod.[7] – Eine weitere wichtige Gestalt der medinensischen Jahre Mohammeds taucht ebenfalls gleich bei seinem Eintreffen bei den Banū Mālik b. an-Naǧǧār auf. Es ist der zum selben Zweig dieser Sippe wie Abū Aijūb zählende Zaid b. Ṯābit; noch ein Halbwüchsiger, wird er dem hohen Gast vorgestellt. Als Willkommensgruß, so erzählt man, überreicht Zaid dem Propheten eine Schüssel mit Speisen, nachdem Asʿad b. Zurāra das dem Lenken Allahs überlassene Kamel dann doch am Zügel gepackt und an die richtige Stelle geführt hat; also muß man der Vorsehung nachhelfen, damit Mohammed zu dem medinensischen Klan gelangt, dessen Botmäßigkeit er sich am ehesten sicher sein durfte.[8] Zaid b. Ṯābit aber beeindruckt Mohammed, indem er siebzehn Suren auswendig vorträgt. Nach der Schlacht bei Badr läßt er ihn zu einem seiner Schreiber ausbilden und befiehlt ihm auch, die Schrift der Juden zu erlernen. Zusätzlich habe sich Zaid das Syrische angeeignet.[9]

Der Gebetsplatz des Propheten

Asʿad b. Zurāra hatte den Gebetsplatz, den er für sich und die medinensischen Muslime eingerichtet hatte, einfrieden lassen. Nach dem Vorbild Mohammeds in Mekka wandte man sich auch hier beim Vollzug der Riten nach Norden, nach Jerusalem. Die Angaben darüber, wie der Prophet Asʿads Anlage verbessern und erweitern ließ, sind in sich widersprüchlich; Arbeiten, die er zu unterschiedlichen Zeitpunkten in Angriff nahm, werden in der Überlieferung bisweilen zu einem einzigen Vorgang zusammengefaßt. Nachdem er im Jahre 628 Ḫaibar erobert und dabei viel Vermögen an sich gebracht hatte, ließ er den Umfang der ursprünglichen Einfriedung verdoppeln.[10] Erst auf diesen Bau bezieht sich die Angabe, der Gebetsplatz habe einhundert Ellen im Quadrat gemessen. Die Stirnwand, seinerzeit noch die Nordseite, hatte in der auf Asʿad zurückgehenden Umzäunung nur eine Länge von siebzig Ellen gehabt, die Tiefe sechzig Ellen, was die Hälfte des sechs Jahre später festgelegten Umfanges ergibt. Es finden sich sogar noch genauere Zahlen: 54 und zwei drittel Ellen mal 63 Ellen, woraus sich eine Fläche von etwa 3444 Quadratellen errechnet.[11] Durch drei Eingänge konnte man den Platz betreten, je einen im Süden, Westen und Osten. Durch den Einlaß im

Osten, der in frühislamischer Zeit nach der in unmittelbarer Nähe wohnenden Familie ʿUṯmāns benannt wurde und heute Gabrielspforte heißt, pflegte Mohammed seinen Weg auf den Gebetsplatz zu nehmen. Schon sechzehn Monate nach dessen Ankunft in Medina mußte das Bauwerk verändert werden; der Gesandte Allahs verlegte, wie wir noch im einzelnen erfahren werden, die Gebetsrichtung von Jerusalem nach Mekka, so daß der Einlaß in der südlichen Umzäunung geschlossen und ein Zugang durch die nördliche geöffnet wurde. Wahrscheinlich erklärt sich die Unebenmäßigkeit des Grundrisses aus einigen im Zuge der Verlegung der Gebetsrichtung für notwendig erachteten Korrekturen. Der Legende nach wurden die Schwierigkeiten, die das Bestimmen der Richtung bereitete, in der die Kaaba lag, durch das Eingreifen Gabriels überwunden; er ermöglichte es dem Propheten, für einen Augenblick nach Mekka zu blicken, danach rückte er alle dazwischenliegenden Berge und Bäume wieder an ihren Ort.

Daß der erste, auf Asʿad zurückgehende Gebetsplatz mit einer steinernen Mauer eingefriedet gewesen sei, wird zumindest in einer wichtigen Quelle bestritten. Nach Ibn Zabāla (gest. nach 814), dem man die meisten Nachrichten über das frühislamische Medina verdankt, baute man erst vier Jahre nach der Hedschra anstelle einer aus Palmwedeln aufgerichteten Umzäunung eine Mauer.[12] Diese war zunächst nur mannshoch oder um eine Spanne höher und soll mittags im Süden – der nunmehrigen Gebetsrichtung – einen Schatten von einer Elle geworfen haben; hatte sich der Schatten auf die doppelte Länge ausgedehnt, war die Zeit des Nachmittagsgebets herangekommen. Wohl an dieser Südwand hatte man auch eine notdürftige Bedachung hergestellt, ebenfalls aus Palmwedeln; zur Abstützung hatte man einige Pfeiler aufgerichtet. Auf diesen Zustand bezieht sich Mohammeds Wort: „(Bloß) eine aus Zweigen gebaute Hütte wie diejenige Moses, Hirsestroh[13] und einige Stöcke! Doch (das Leben) ist flüchtiger noch als solches (Ungemach)!“[14] Für die nach der Ausplünderung Ḫaibars in Angriff genommene Vergrößerung des Gebetsplatzes auf einhundert Ellen im Quadrat erwarb Mohammed von den Banū n-Naǧǧār ein Gartengrundstück. Die Palmen, die dort wuchsen, ließ er abhacken, die Reste eines Friedhofs beseitigen. Man grub die Knochen aus und entfernte sie. Etliche verfallene Bauten machte man dem Erdboden gleich, hervorsickerndes Grundwasser leitete man ab, und so schuf man ein geeignetes Terrain für den Neubau. Dessen Mauern wurden auf Steine gegründet und aus Ziegeln erbaut. Die Palmenstämme verwendete man als Träger für eine Beschattung, die aber sicher nicht den ganzen Platz bedeckte.[15]

Freitagsgottesdienst und Gebetsruf

Die Verhältnisse, die Mohammed in Medina antraf, zwangen ihm demnach vielfältige Entscheidungen auf, die die Ausgestaltung der von ihm in Mekka so selbstverständlich dem Überkommenen angepaßten Kultpraxis berührten. An die mekkanischen Vorbilder konnte man sich nicht einfach anlehnen, wenn manche Beobachter auch meinten, Mohammed imitiere sie nach Möglichkeit.[16] In Wirklichkeit ließ er sich in erstaunlichem Maße von den „Helfern“ um Asʿad b. Zurāra führen. Die folgenreichste Neuerung, die ihren Anfang in der durch die „Weiberhuldigung“ legitimierten Gemeinde nimmt, ist der Freitagsgottesdienst. Daß der Prophet in Mekka Vergleichbares praktiziert habe, hören wir nirgends. Asʿad b. Zurāra, während der zweiten Begegnung bei al-ʿAqaba zum obersten der zwölf Obmänner berufen, kümmerte sich besonders eifrig um die Ausbreitung des Islams in Medina. Er leitete dort die rituellen Gebete, und er führte am Vortag des jüdischen Sabbat eine zusätzliche Andacht ein, über deren Form und Inhalt wir nichts wissen.[17] Wie anläßlich der Festlegung der fünf Gebetszeiten geschildert,[18] sollte der islamische Kult keine Verwechslung mit den Riten der Andersgläubigen erlauben. Dieser Grundsatz galt offensichtlich auch bei der Wahl des Freitags zum Termin für den wichtigsten Akt der Gottesverehrung in der Woche. Die neue Glaubenspraxis, die den Heiden die Gleichrangigkeit mit den Juden eintragen sollte, durfte der jüdischen möglichst nicht ähneln; das hatte schon der Medinenser Abū Qais b. al-Aslat betont. Das Ḥanīfentum, dessen Gedankengut Mohammed mittlerweile als das seinige ausgab, sei die einzig wahre Religion, hatte auch Umaija b. abī ṣ-Ṣalt verkündet.[19]

Die ersten mekkanischen Auswanderer, denen die Ausübung ihrer Riten in der Gegenwart des im Kultbau der Kaaba anwesenden Allah eine Selbstverständlichkeit gewesen war, scheinen einen solchen Drang zur Abgrenzung nicht verspürt zu haben. In Qubāʾ hielt man stets am Sonnabend einen Gottesdienst ab, und noch Jahrzehnte später war die Erinnerung daran nicht erloschen, daß hier die ruhmreichen mekkanischen Bekenner des Islams wie Abū Bakr und ʿUmar b. al-Ḫaṭṭāb unter ihrem Vorbeter, dem Schutzbefohlenen des Abū Ḥuḏaifa, ihren Glauben praktiziert hatten. Die Andachten am Sonnabend wurden noch von ʿAbdallāh (gest. ca. 692), dem Sohn ʿUmars, besucht.[20] Die Ausnahmestellung von Qubāʾ bezeugen zudem etliche Überlieferungen, die sich bei Ibn Saʿd finden. Jener Gebetsplatz sei auf die Gottesfurcht gegründet – und das soll heißen, nicht auf eine ausdrückliche Anweisung durch Mohammed eingerichtet worden. Mehrfach wird uns versichert, der Gesandte Allahs habe Qubāʾ aufgesucht, am Sonnabend oder am Montag; auch soll er empfohlen haben, dort zu beten, wie er selber es an jedem Montag und Donnerstag getan habe – zu jenen Zeiten mithin, an denen man in Mekka stets die Kaaba betreten hatte.[21] Bei dem wegen der Änderung der Gebetsrichtung notwendig gewordenen Umbau soll er selber mit Hand angelegt und Steine herbeigeschleppt haben; wieder ist es Gabriel, der ihm die richtige Position der Mauern zeigt. Was über die Moschee des Asʿad b. Zurāra erzählt wird, überträgt man augenscheinlich auf Qubāʾ, weist dabei jedoch auf den Rangunterschied hin: Wer in Qubāʾ betet, erwirbt das gleiche religiöse Verdienst wie jemand, der die nicht an die heilige Zeit gebundene kleine Wallfahrt nach Mekka vollzieht.[22]

Für die frühen Auswanderer freilich symbolisierte der Gebetsplatz von Qubāʾ den Gründungsmythos ihres islamischen Gemeinwesens, das nicht mit demjenigen Asʿad b. Zurāras gleichzusetzen ist: „Läge die Moschee von Qubāʾ irgendwo fern am Horizont, wir trieben (unsere) Kamele trotzdem dorthin!“ soll ʿUmar b. al-Ḫaṭṭāb beteuert haben.[23] Mohammed aber, der schon seit der „Weiberhuldigung“ und noch fester seit dem zweiten Schwur bei al-ʿAqaba an die Gruppe um Asʿad b. Zurāra gebunden war, versteifte sich, indem er sich bei den Banū Mālik b. an-Naǧǧār niederließ, auf die deutliche Abgrenzung seiner Glaubenspraxis von den jüdischen Bräuchen. Wir werden dies noch öfter bemerken. Hier sei Sure 62 zitiert, die in frühmedinensischer Zeit offenbart wurde[24] und den Freitagsgottesdienst nebst dem Gebetsruf als Allahs Gebot hinstellt: Allah ist es, „der unter den Heiden einen Gesandten aus deren Mitte berief, der ihnen seine Wunderzeichen vorträgt, sie läutert, sie die Schrift und die Weisheit lehrt, wenn sie auch zuvor sich unbestritten im Irrtum befanden" (Vers 2). Letzteres warfen die Juden den heidnischen Medinensern immer wieder vor, wie wir hörten. Mohammed räumt nun ein, daß etliche unter den Heiden noch nicht den Weg zum Islam betreten haben; Allah schenkt eben seine Huld, wem er will (Vers 3–4). Die Juden jedenfalls, denen Allah die Tora aufbürdete, die sie aber nicht zu tragen und zu beherzigen vermögen, gleichen Eseln, die man mit heiligen Schriften beladen hat – solch ein beschämendes Bild geben sie ab; sie sind Leute, die Allahs Offenbarungen an Mohammed leugnen (Vers 5). „Sprich: ‚Ihr, die ihr Juden seid! Wenn ihr behauptet, ihr und niemand sonst seiet Allahs Vertraute, dann wünscht euch doch den Tod, wenn ihr ehrlich seid!' Doch (den Tod) wünschen sie sich nie und nimmer – angesichts dessen, was sie an Werken vorzuweisen haben! Allah kennt die Frevler sehr genau. Sprich: ‚Der Tod, den ihr flieht, wird euch gewiß begegnen, und dann werdet ihr vor den gebracht, der das Verborgene und das Offenkundige weiß. Er wird euch dann mitteilen, welche Taten ihr beginget!'" (Vers 6-8). Nachdem Mohammed seinem Groll gegen die Juden, dessen Gründe wir im nächsten Teilkapitel näher kennenlernen werden, freien Lauf gelassen hat, wendet er sich an „die, die glauben. Wenn am Freitag das Gebet angekündigt wird,[25] dann eilt zum Gottesgedenken und unterbrecht den Handel! Das ist besser für euch, sofern ihr Bescheid wißt! Nach dem Ende des Gebets geht wieder auseinander, erstrebt Allahs Huld und gedenket seiner oft, vielleicht werdet ihr glückselig!" (Vers 9 f.). Indessen läßt sich zum Mißvergnügen Mohammeds nicht jeder Muslim von diesem Mahnruf beeindrucken: „Wenn sie aber ein Geschäft oder ein Amüsement wittern, dann stürzen sie darauf los und lassen dich (beim Gebet) stehen. Sprich: ‚Was Allah bereithält, ist besser als jedes Amüsement und Geschäft. Allah ernährt euch am besten!'" (Vers 11).

Der Freitagsgottesdienst, die wesentliche Neuerung, die Mohammed sich zueigen machte, war von seinem ḫazraǧitischen Anhang ausgegangen. Das gleiche trifft auf den Brauch zu, den Beginn der Gebete von einer erhöhten Stelle an der Moschee herab ankündigen zu lassen. Bis zu dem Zeitpunkt, an dem man die neue Gebetsrichtung einführte, schickte man einen Ausrufer durch die Gassen; Sure 62 könnte dieses überholte Verfahren widerspiegeln. Man überlegte jedoch, wie man wirkungsvoller auf das Herannahen des Zeitpunktes des Gottesdienstes aufmerksam machen könne. Man erwog die Verwendung des Widderhorns oder der Schlaghölzer. Aber wenn man sich von den Schriftbesitzern unterscheiden wollte, kam beides nicht in Frage. Da hatte der Ḫazraǧite ʿAbdallāh b. Zaid[26] den klärenden Traum, und zwar nach der Fertigstellung des ersten von Mohammed befohlenen Umbaues des von Asʿad eingerichteten Gebetsplatzes:[27] ʿAbdallāh wollte einem Fremden ein Schlagholz abkaufen, dieser aber versicherte ihm, er wisse etwas Besseres, und lehrte ihn den Wortlaut des Gebetsrufes: „Allah ist groß! Ich bezeuge, daß es keinen Gott außer Allah gibt. Ich bezeuge, daß Mohammed der Gesandte Allahs ist. Auf zum Gebet! Auf zum Heil! Allah ist groß! Allah ist groß!" Der Ḫazraǧite eilte zum Propheten, der sogleich Bilāl anwies, sich die Sätze einzuprägen und fortan mit ihnen vom Dach eines benachbarten Hauses herab das Nahen der Gebetszeit anzukündigen. Al-Wāqidī fügt hinzu, daß die Muslime außerhalb der Gebetszeiten weiterhin auf die alte Art zusammengerufen wurden; sollte irgendeine wichtige Neuigkeit, beispielsweise ein Sieg der muslimischen Krieger, bekanntgegeben werden, dann hieß es nach wie vor: „Das Gebet für alle!"[28] Angemerkt sei noch, daß die Überlieferungen zu diesem Thema eine aufkeimende Rivalität zwischen den medinensischen „Helfern" und jenen mekkanischen Auswanderern andeuten, die durch Mohammeds Übersiedlung zu den Banū Mālik b. an-Naǧǧār ins Hintertreffen zu geraten schienen. Als ʿUmar, so lesen wir bei Ibn Isḥāq, zum ersten Mal Bilāl hörte, stürzte er zum Propheten: Genau diese Worte habe er gerade geträumt! Auch kennt Ibn Isḥāq eine Fassung, in der ʿAbdallāh b. Zaid gar nicht vorkommt; Mohammed selber empfängt den Gebetsruf, und als ʿUmar von seinem Traum berichtet, muß er sich sagen lassen, die göttliche Eingebung sei ihm nun einmal zuvorgekommen.[29]

Die Gebetszeiten

Al-Wāqidī, aber auch andere Kenner der frühislamischen Geschichte, verteilen die Einführung der noch heute gebräuchlichen fünf Pflichtgebete auf mehrere Schritte. In Mekka verrichtete Mohammed zunächst nur ein Abendgebet; später fügte er eines am Morgen hinzu. Diesen Zustand spiegelt die noch in die mittlere mekkanische Zeit gehörende Sure 17 wider: „Vollziehe das rituelle Gebet, sobald sich die Sonne (zum Untergehen) neigt (und) bis die Dunkelheit der Nacht eingetreten ist, (und halte) die ‚Lesung' des frühen Morgens ein! An ihr soll man (allgemein) teilnehmen!" (Vers 78). Bereits in Mekka spaltete Mohammed die Gebete an den beiden Enden des lichten Tages auf, so daß es nun vier Pflichtgebete gab. Diesen Vorgang deutet die schon zitierte Überlieferung an, in der sich ein Sulamite vom gerade nach Mekka gekommenen Propheten über die Pflichtgebete und deren Zeitpunkt belehren läßt. Auf keinen Fall darf man eines von ihnen verrichten, während die Sonnenscheibe den Horizont oder den Zenit überquert.[30] Dieser Grundsatz gilt noch heute; die Gebetszeiten werden nicht durch einen bestimmten Punkt auf der gedachten täglichen Kreisbahn markiert. Vielmehr weist man ihnen längere Zeitspannen jenseits jener drei Augenblicke zu. Das Morgengebet ist gültig, wenn man es zwischen dem ersten Morgengrauen und bis zum Aufgang der Sonne vollzieht; das dem Sulamiten aufgegebene Gebet am Vormittag geschieht am besten, wenn die Sonne „zwei Lanzen hoch" am Himmel steht. Ähnlich liegen die Verhältnisse nach dem Sonnenuntergang: Das mit diesem Wort (arab.: *ṣalāt al-maġrib*) benannte Gebet ist in Wirklichkeit nach dem Versinken der Sonne zu verrichten, und ihm folgt das „Gebet des (späten) Abends" (arab.: *ṣalāt al-ʿišāʾ*), dessen Zeitraum die Nachtstunden vom Einbruch der Dunkelheit bis zum Morgengrauen sind. Durch diese vier Gebete wäre der tägliche Sonnenlauf im ganzen, nicht nur einige wenige seiner Stationen, als vom Schöpfer immerwährend ins Werk gesetzt kenntlich gemacht.[31] Aus zwei Beweggründen jedoch wich Mohammed – vermutlich in Medina – von diesem einfachen Schema ab. Der eine ist in dem Bestreben zu sehen, sich von allen anderen religiösen Kulten abzuheben; das auch von den heidnischen Quraišiten geübte Gebet am Vormittag wurde demnach als störend empfunden. Der zweite, schwächere Grund liegt in Mohammeds Einsicht, daß der lichte Tag in erster Linie dem Broterwerb vorbehalten bleiben müsse (vgl. Sure 73, 7). Sure 2, etwa anderthalb Jahre nach der Hedschra entstanden, verkündet die Veränderung der bis dahin geltenden Regelungen, wodurch beiden Beweggründen Genüge geschieht: „Haltet die Gebete ein, sowie das mittlere Gebet!“ (Vers 238). Entweder das „Mittagsgebet“ (arab.: *ṣalāt aẓ-ẓuhr*) oder das „Nachmittagsgebet“ (arab.: *ṣalāt al-ʿaṣr*) vermuten die muslimischen Gelehrten hinter dem hier genannten mittleren. Am meisten hat die zweite Deutung für sich.[32] Denn das Vormittagsgebet ist ja keineswegs in den seit medinensischer Zeit befolgten Regelungen getilgt, sein Beginn wurde nur verschoben, bis die Sonne den Zenit überschritten hat. Daher bleibt der Zeitraum, in dem sie am Himmel emporsteigt, von einer pflichtgemäßen Verehrung Allahs frei. Neu dagegen ist das Nachmittagsgebet, in der Tat das mittlere zwischen den beiden nach Sonnenuntergang und zur Nacht und den beiden vor Sonnenaufgang und danach, letzteres verlegt auf die Zeit nach dem Durchqueren des Zenits. Die rechte Zeitspanne für den Vollzug des Nachmittagsgebets setzt ein, sobald diejenige des Mittagsgebets abgelaufen ist, nämlich sobald die Gegenstände einen Schatten werfen, der ihrer tatsächlichen Höhe entspricht, und sie erstreckt sich bis zu den Augenblicken vor dem Versinken der Sonnenscheibe.

Mohammed äußert sich im Koran nur in Andeutungen über die Gebetszeiten. Überhaupt kann man dem Koran nur in Ausnahmefällen handfeste Einzelheiten über den Vollzug der Riten abgewinnen. Schon bei der Erörterung des in der „Lesung“ verarbeiteten Erzählstoffs bemerkten wir, daß Mohammed recht selten Sachverhalte hinreichend klar und vollständig darlegt; allzu oft begnügt er sich mit Hinweisen und Anspielungen. Wem die alltägliche Glaubenspraxis der Muslime geläufig war, dem war nicht zweifelhaft, was jeweils zur Debatte stand, und er wußte vermutlich auf der Stelle, was etwa mit dem „mittleren Gebet“ gemeint war. Für alle, die nicht „dabei“ waren, ergaben sich aus solcher Unbestimmtheit der Wendungen mannigfache Schwierigkeiten, und die Anzahl der Ratlosen stieg rasch, seitdem die Herrschergewalt des Islams von Kriegern, deren erdrückende Mehrheit selber in den Riten noch wenig eingeübt war, weit über den Hedschas hinausgetragen wurde. Mit den Folgen, deren Verständnis für eine sachgerechte Beurteilung des Lebenswerkes Mohammeds und einiger prägender Eigenheiten des Islams unentbehrlich ist, werden wir uns in den letzten drei Kapiteln ausführlich beschäftigen. Was die Bewegungsabfolge des einzelnen rituellen Gebets betrifft, so suchen wir im Koran vergebens nach Aufschluß; die Geschichtsüberlieferung sowie deren zu einer ewigen Gegenwart umgeschmolzene Quintessenz, das *ḥadīṯ*, belehren uns aber darüber, daß in Mekka die Gebete je zwei Bewegungsabfolgen (arab.: *ar-rakʿa*)[33] aufwiesen. In Medina galt diese Regel zunächst weiter, aber schon einen Monat nach seiner Ankunft soll Mohammed vier Bewegungsabfolgen je

Gebet verlangt haben.[34] Heutzutage sind für das Morgengebet nur zwei Abfolgen obligatorisch, ansonsten vier. Gebete, die unter besonderen Umständen verrichtet werden, etwa auf Reisen oder während eines Feldzuges, sofern eine Attacke der Feinde droht, dürfen verkürzt werden. Wie sich die heute scheinbar so ewig-unumstößliche – und scheinbar von Mohammed selber in allen Einzelheiten erlassene – Glaubenspraxis herausgebildet hat, werden wir wegen des Charakters der Quellen kaum je zufriedenstellend in Erfahrung bringen.

Die Gebetsrichtung

Die beklagte Lückenhaftigkeit und mangelnde Genauigkeit, mit der Mohammed selbst Kernfragen der Glaubenspraxis behandelte, zeigt sich auch im Falle der Gebetsrichtung. Für den muslimischen Kultus, der den Menschen, wie eingehend erörtert, von Angesicht zu Angesicht Allah gegenüberstellt, ist diese Frage keine Kleinigkeit. Und der Allah, den der Koran verkündet, ist noch längst nicht der Eine Unfaßbare, zu dem ihn drei Jahrhunderte theologischer Diskussionen endlich selbst im Sunnitentum machen werden, sondern er ist ein als Person wahrgenommenes Gegenüber, wie uns beispielsweise eine Episode lehrt, in der ʿUmars Sohn ʿAbdallāh zusammen mit ʿUrwa b. az-Zubair auftritt, dem eifrigen Sammler von Nachrichten zur Prophetenbiographie. ʿUrwa wünschte sich eine Tochter ʿAbdallāhs zur Frau; der Zufall wollte es, daß er diesen eines Tages beim Umschreiten der Kaaba erblickte. Beherzt ergriff er die Gelegenheit beim Schopfe und trug ʿAbdallāh sein Anliegen vor. Dieser beachtete den Freier aber nicht im mindesten; ʿUrwa schloß daraus auf eine Ablehnung, erneuerte seinen Wunsch aber später in Medina. ʿAbdallāh erfüllte die Bitte unverzüglich und entschuldigte sein abweisendes Verhalten in Mekka: „Du erwischtest mich gerade beim Umschreiten und sprachst von meiner Tochter. Allah und ich aber, wir hatten einander gerade vor den Augen, und das war es, was mich hinderte, dir bezüglich (der Tochter) zu antworten."[35] – In Mekka betete Mohammed stets mit Blick auf die Kaaba, und zwar so, daß er sich vor deren südlicher Wand befand, mithin nach Jerusalem orientiert.[36] In Medina behielt man diese Gebetsrichtung bei, aber sie war hier ihres eigentlichen Sinnes beraubt. Denn nicht das ferne Jerusalem, mit dessen Tempel das mekkanische Heiligtum in einer von Mohammed nicht näher erläuterten Beziehung stand, konnte für die in Medina zu wählende Position entscheidend sein, sondern allein der Ort, an dem das im Koran so eindringlich geschilderte Stehen vor Allah von Angesicht zu Angesicht nach ḥanīfischer Überzeugung seinen Ursprung genommen hatte. Die „Hinwendung des Gesichts zu Allah", der *islām*, ist eben noch nicht zu einer bloßen Metapher oder gar zu einem auf etwas Unanschauliches verweisenden Appellativum entleert, sondern umschreibt noch das Erleben der Gegenwart vor dem Einen. Die Bekräftigung der „ursprünglichen Wesensart" (arab.: *al-fiṭra*), in der Allah die Menschen geschaffen habe, ist der Sinn aller muslimischen Riten, insbesondere aber der Pflichtgebete. Nichts rituell Unreines darf durch sein Dazwischentreten diese unmittelbare Verbindung stören. Am sinnfälligsten wird dieser Grundsatz in einer oft zitierten Überlieferung, in der Mohammed den Auswurf, den er am Boden seines medinensischen Gebetsplatzes entdeckt, unverzüglich entfernen und danach die betreffende Stelle mit einem wohlriechenden Öl[37] einreiben läßt. Kein Beter wolle, daß Allah sich von ihm abwende, soll er die Anwesenden belehrt haben, und deshalb dürfe man weder nach rechts noch nach vorn, sondern allenfalls nach links seinen Auswurf absondern; am besten verberge man ihn jedoch in der Gewandfalte. Denn wer sich zum rituellen Gebet bereitmache, habe Allah unmittelbar vor dem Gesicht.[38]

Ein Ort einer solchen unmittelbaren Anwesenheit vor Allahs Antlitz fehlte in Medina zunächst. Die Riten der Muslime, wie sie etwa in der Gruppe um Asʿad b. Zurāra ausgeübt wurden, werden daher für den zeit seines Lebens an die mekkanische Ausnahmesituation gewöhnten Propheten, der sich dank seiner Mitgliedschaft im Bund der „Strengen" und seiner Zugehörigkeit zu den Nachkommen ʿAbd al-Muṭṭalibs in einem besonders engen Verhältnis zum Allah der Kaaba wußte, mit einem beklemmenden Mangel behaftet gewesen sein. Dieser Umstand wirft übrigens noch einmal Licht auf die nur auf den ersten Blick befremdliche Tatsache, daß Mohammed, solange sein Verbleiben in Mekka gesichert war, wenig Interesse an der außerhalb seiner Heimatstadt entstehenden Anhängerschaft bekundete – wie hätte er an einem anderen Ort das vorfinden können, woraus er tagtäglich das höchste Maß an innerer Bestätigung seiner Berufung gewann? Allenfalls in aṭ-Ṭāʾif wäre dies möglich gewesen. Nun aber, in Medina, gab es nichts dergleichen, und im Koran spricht ihn sein Alter ego auf die Verwirrung an, unter der er litt: „Wir sehen manchmal, wie du das zum Himmel erhobene Gesicht hin und herwendest. Wir wollen dir eine Gebetsrichtung anweisen, mit der du zufrieden bist. Wende also das Gesicht in Richtung des heiligen Gebetsplatzes! Wo immer ihr seid, wendet das Gesicht dorthin! Diejenigen, denen die Schrift gebracht wurde, wissen, daß dies die Wahrheit ist, die von deinem Herrn kommt. Allah geht nicht über das hinweg, was sie tun. Selbst wenn du denen, die die Schrift erhielten, jegliches Wunderzeichen bringst, werden sie deiner Gebetsrichtung nicht folgen. Niemand folgt der Gebetsrichtung eines anderen. Solltest du auf ihre Mutmaßungen hören, nachdem du nunmehr das Wissen empfangen hast, wärest du einer von denen, die Unrecht tun" (Sure 2, 144 f.).

Indem Mohammed die Kaaba zur Gebetsrichtung wählte, gab er ein religiös-politisches Ziel vor, das er in dem während seines Rittes nach Medina entstandenen Koranvers bereits mittelbar formuliert hatte.[39] In Sure 2, in der Mitte seines zweiten Exiljahres konzipiert, um die in Sure 7, Vers 157 f. in Aussicht gestellte „heidnische" Glaubenspraxis zu schaffen, versteht er sich zu Worten, die an Deutlichkeit schwerlich zu übertreffen sind: „Bekämpft um der Sache Allahs willen diejenigen, die euch bekämpfen, laßt euch aber keine Maßlosigkeiten zuschulden kommen! Allah liebt diejenigen nicht, die über das rechte Maß hinausgehen. Tötet (eure Feinde), wo immer ihr sie antrefft, und vertreibt sie, von wo sie euch vertrieben!... Bekämpft sie aber nicht am geheiligten Gebetsplatz, ehe sie ihrerseits euch dort bekämpfen! Und wenn sie euch bekämpfen, dann tötet sie!" (Vers 190 f.). Um ebendiese Zeit gelang es dem Propheten, die zaudernden Medinenser, oder wenigstens die Bedenkenlosen unter seinen „Helfern", zum Mitwirken bei Überfällen auf mekkanische Karawanen zu überreden. Daß sich die muslimischen Beter nunmehr in die Richtung der Kaaba wenden mußten, unterstrich den Daseinszweck, den Mohammed der jungen Gemeinde zudachte, und brachte ihn jedermann mehrmals täglich zum Bewußtsein. So war der Austausch der Gebetsrichtung ein folgenschwerer Schritt, nicht allerdings ein Schritt, für den der Prophet das Urheberrecht hätte beanspruchen dürfen. Schon Zaid b. ʿAmr b. Nufail hatte, als man ihm den Zutritt zur Kaaba verweigerte, sich außerhalb Mekkas so zum Gebet aufgestellt, daß er das Gesicht in ihre Richtung kehrte.[40]

Einer der Obmänner der „Helfer", al-Barāʾ b. Maʿrūr, hatte ebenfalls diesen Brauch gepflegt. „Er starb in Medina im Ṣafar (begann am 15. August 622), einen Monat vor der Ankunft des Propheten", lesen wir über ihn, und weiter: „In seinem Vermächtnis hatte er angeordnet, er wolle (mit dem Gesicht) zur Kaaba hingewandt (bestattet werden). Er hatte schon vor der Verlegung der Gebetsrichtung zu ihr hingewandt die Gebete vollzogen – und so wurde er, wie gewünscht, bestattet. Der Gesandte Allahs kam (dann) nach Medina und betete am Grab al-Barāʾs." Eines Tages hatte die Witwe für Mohammed und einige seiner Gefährten ein Mahl zubereitet. Nachdem es verzehrt war, verrichtete Mohammed das Mittagsgebet, die ersten zwei Bewegungsabläufe noch nach Norden, dann wendete er sich nach Mekka und führte die restlichen beiden Abfolgen nach Süden aus. Der kleine Gebetsplatz in der den ḫazraǧitischen Banū ʿUbaid b. Salima gehörenden Ortschaft Ḫurbā,[41] auf dem dieser Gottesdienst stattfand, wurde unter dem Namen „Moschee der beiden Gebetsrichtungen" berühmt. Ungefähr zwei Monate vor der Schlacht von Badr soll dieses denkwürdige Ereignis geschehen sein, in der Mitte des Monats Šaʿbān[42] (begann am 28. Januar 624) oder Raǧab (begann am 26. Februar 624); die Unsicherheit in der Datierung rührt daher, daß auch das Gebot des Ramadanfastens in jene Zeit fällt und man nicht auseinanderzuhalten vermochte, in welchem Monat die eine Neuerung und in welchem die andere verfügt worden war.[43]

Ibn Isḥāq, dessen Eingenommenheit gegen die „Helfer" wir schon anläßlich der Mohammed angeblich von Allah erteilten Erlaubnis zum Kriegführen kennenlernten, will auch in diesem Fall nicht gelten lassen, daß Mohammed ihnen gefolgt sei. Von einem Nachfahren des Kaʿb b. Mālik, der wie al-Barāʾ ein Mitglied der verzweigten Sippe der ḫazraǧitischen Banū Salima war,[44] hat er sich folgendes erzählen lassen: Zusammen mit al-Barāʾ habe man sich auf jene Wallfahrt begeben, deren Höhepunkt die zweite Begegnung mit Mohammed sein sollte; beim Verlassen Medinas habe al-Barāʾ den Mitreisenden die Einsicht kundgetan, daß man „diesem Gebäude", der Kaaba, niemals den Rücken zukehren dürfe; in Richtung auf sie wolle er fortan seine Riten vollziehen; man habe eingewandt, soweit man wisse, hätten bislang alle Propheten beim Gebet nach aš-Šaʾm geblickt, so jetzt auch Mohammed, dem man nicht zuwiderhandeln wolle. In Mekka habe man diesen sogleich nach seiner Meinung befragen wollen, habe aber nicht gewußt, wie er aussehe; man habe nur al-ʿAbbās b. ʿAbd al-Muṭṭalib wegen dessen zahlreicher Handelsreisen gekannt. Mohammed sei, so beschied man die Medinenser, jener Mann, der ständig neben al-ʿAbbās sitze. Nachdem Ibn Isḥāq dergestalt dem Legitimationsbedürfnis der Dynastie, unter der er zu arbeiten hatte, Genüge getan hat, kann er dem Leser mitteilen, was der Prophet zu al-Barāʾs Gebetsrichtung gesagt haben soll, nämlich: „Du hieltest (zuvor) eine ein; am besten wärest du bei ihr geblieben." Das Wort Mohammeds sei al-Barāʾ Befehl gewesen, fährt Ibn Isḥāq fort; nur seine Sippe behaupte, er habe sich stets zur Kaaba gekehrt, aber „wir wissen es besser". Ibn Hišām zitiert im Anschluß hieran allerdings einen Vers aus einem längeren Gedicht, in dem ein Abkömmling der „Helfer" die Verdienste seiner Vorfahren rühmt: „Zu uns gehört der, der als erster unter allen Kultstätten sich die Kaaba des Barmherzigen zur Gebetsrichtung erwählte."[45] In der Mitte des 8. Jahrhunderts ist der Gedanke schon anstößig, daß Regeln, die von den Muslimen allgemein befolgt werden, vor allem solche des Kultes, die sich ja grundsätzlich nicht aus irgendwelchen Gegebenheiten des Diesseits herleiten lassen, sondern für sich selber stehen müssen, nicht auf Mohammeds alleinige Anweisung zurückgehen sollen. Die Geschichte, die allmählich zur Aneinanderreihung der Situationen verengt wird, in denen der Prophet Regelungen verkündet, hat sich jenem dogmatischen Erfordernis anzubequemen.

Die Regelung des Ramadanfastens

Die Stiftung des Ramadanfastens fällt, wie eben erwähnt, in die nämlichen Monate, genauer gesagt, die Festlegung der Bestimmungen, die das muslimische Fasten als einen Brauch des „weitherzigen Ḥanīfentums" ausweisen. Wie schon „denjenigen vor euch", es scheinen die Juden und die Christen gemeint zu sein, ist den Muslimen das Fasten vorgeschrieben, und zwar für eine genau benannte Zahl von Tagen; sollte jemand krank oder auf Reisen sein, so mag er das Fasten zu anderer Zeit nachholen. Wer über genügend Vermögen verfügt, mag stattdessen einen Armen verköstigen. Auch bei pünktlicher Befolgung des Fastens ist eine solche Spende angebracht. Auf keinen Fall darf man sich leichtfertig durch Wohltätigkeit von der Beschwernis der Enthaltsamkeit befreien (Sure 2, 184). Im folgenden Vers fügt Mohammed eine Begründung für das Fastengebot bei: „Der Monat Ramadan ist es, in dem die ‚Lesung' herabgesandt wurde als eine Rechtleitung für die Menschen, und zwar in klaren Worten der Rechtleitung und Rettung." Zugleich verleiht er jetzt den Bestimmungen Eindeutigkeit, indem er sie fast wörtlich wiederholt, jedoch auf die Nennung der ersatzweisen Armenspeisung verzichtet. Stattdessen heißt es: „Allah will es euch leichtmachen, nicht mühselig", woran sich die Mahnung anschließt: „Ihr sollt die Zahl erfüllen und Allah dafür rühmen, daß er euch rechtleitete. Vielleicht werdet ihr dankbar sein" (Vers 185). Nur noch als Buße für versäumtes Fasten sollen die Muslime fortan einen Armen bewirten; jeder muß sich des Essens und Trinkens enthalten. Nach der Zusage Allahs, er werde den erhören, der ihn anrufe, kommt Mohammed noch einmal auf das Fasten zu sprechen. Offensichtlich sammelte er schlechte Erfahrungen mit der Ritentreue mancher seiner Anhänger. Denn er gesteht jetzt zu, daß in den Nächten der Fastenzeit der Geschlechtsverkehr statthaft sein soll, da Mann und Frau einender so eng verbunden seien wie Körper und Kleidung. Vorher war der Verkehr anscheinend verboten gewesen, denn Mohammed beklagt, daß die Muslime durch Übertretung dieser Regel „sich selber betrogen", d.h. sich um die Anrechenbarkeit des Fastens auf ihr Jenseitsverdienst gebracht hätten. So möge man nun nach solcher Milderung der

Vorschriften vollziehen, was Allah befahl; sobald man im Morgengrauen einen schwarzen Faden von einem weißen unterscheiden könne, habe man das Fasten bis zum Abend einzuhalten. Untersagt bleibe der Geschlechtsverkehr jedoch allen, die sich zu einem den Ramadan währenden rituellen Aufenthalt an einem Gebetsplatz entschlossen haben; „dies sind die Grenzen (arab.: Pl. *al-ḥudūd*) Allahs, darum kommt ihnen nicht (zu) nahe..." (Vers 187).

Die Fastenbestimmungen von Sure 2 haben eine Vorgeschichte, wie aus Vers 185 und 187 zu folgern ist. Sie bleibt leider ebenso schemenhaft wie die der fünf rituellen Gebete. Auffällig ist al-Wāqidīs Meinung, der Ramadan sei bereits ein Jahr vorher, also Anfang 623, zum Fastenmonat bestimmt worden.[46] Dies könnte erklären, weshalb Mohammed in Vers 184 Vorschriften erläßt, die er in Vers 185 zunächst präzisiert und in Vers 187 nach einer Mahnung Allahs an seine Knechte, sie sollten seinen Worten folgen und an ihn glauben, in ihren Auswirkungen auf den Geschlechtstrieb der Männer abmildert, weil er gesehen hat, daß diese ihnen nicht gewachsen sind. Vom Fasten im Ramadan ist im übrigen der Brauch zu unterscheiden, am 10. Muḥarram auf Essen und Trinken zu verzichten. Dieses Fasten am zehnten Tag des neuen Jahres (arab.: *ʿĀšūrāʾ*) könnte sich an jüdische Vorbilder anlehnen. Das Wort, mit dem dieser Ritus bezeichnet wird, ist – wie allerdings die meisten Begriffe des islamischen Kultes – nicht arabischen Ursprungs; vielleicht bezieht es sich auf den jüdischen Versöhnungstag, den 10. des Monats Tischri.[47] Falsch ist die Vermutung, Mohammed habe hier ganz bewußt einen jüdischen Brauch aufgegriffen, um in Medina die Juden für sich zu gewinnen. Man fühlte sich zu dieser Ansicht gedrängt, weil man der ebenfalls irrigen Meinung war, das Beten in Richtung aš-Šaʾm sei eine freundliche Geste an die medinensische Judenheit gewesen;[48] man übersah dabei, daß Mohammed schon in Mekka, als er an ein Verlassen seiner Heimatstadt noch keinen Gedanken verschwendete, sich so vor die Kaaba stellte, daß er nach Norden, nach aš-Šaʾm, blickte. Ähnlich verhält es sich mit dem ʿĀšūrāʾ-Fasten. ʿAbdallāh b. ʿUmar wußte hierüber dies: „Der Prophet fastete am ʿĀšūrāʾ-Tag und befahl, an ihm zu fasten. Als aber der Ramadan zur Pflicht gemacht wurde, gab man jenes (Fasten) auf." ʿUrwa b. az-Zubair ließ sich von ʿĀʾiša berichten: „In der Heidenzeit hielten die Quraišiten die ʿĀšūrāʾ-Fasten ein. Dann befahl (auch) der Gesandte Allahs, an jenem Tag zu fasten. Schließlich wurde der Ramadan vorgeschrieben. Der Gesandte Allahs sagte, wer (weiterhin) am ʿĀšūrāʾ-Tag fasten wolle, der möge es tun."[49]

Die Riten der Wallfahrt

Sehr eingehend beschäftigt sich Mohammed in jenen Jahren mit den Pilgerriten, der Lebensgrundlage seiner Vaterstadt. Nicht nur in Sure 2 geht er auf dieses Thema ein, sondern auch in Sure 22, deren Zugehörigkeit zu den medinensischen Eingebungen umstritten ist. Sollte sie wirklich im Kern mekkanisch sein, wäre sein in diesem Text an den Tag gelegtes Beharren auf einer tiefgreifenden Veränderung des Kaabakultes ein zusätzliches Zeugnis dafür, daß er die Konfrontation mit den führenden Quraišiten suchte und deren Entmachtung anstrebte. Denn alles, was er mit dem mekkanischen Kult Allahs im Sinn hatte, lief auf die Vernichtung der gesellschaftlichen und politischen Voraussetzungen hinaus, die diesen seit den Tagen Quṣaijs ermöglicht hatten. In Sure 22 betont Mohammed den Nutzen, den die Pilger aus den Opfertieren ziehen sollen. Denn der geheiligte Gebetsplatz mit dem Haus, das Abraham auf Befehl Allahs baute, wurde durch den Schöpfer allen Menschen in gleicher Weise zum Ort der Anbetung bestimmt, sowohl denen, die sich ständig dort aufhalten, als auch den Wanderhirten (Vers 25). Mit dieser Bemerkung stellt Mohammed das besondere Verhältnis, das die Quraišiten mit Allah pflegen, mittelbar in Frage. Die Wallfahrer mögen herbeiströmen, „damit sie einen (vielfältigen) Nutzen, der ihnen zuteil wird, erfahren und an festgelegten Tagen den Namen Allahs über dem Vieh, das wir ihnen als Lebensunterhalt gewähren, aussprechen. ‚Eßt davon und speist den Elenden, Armen!'" (Vers 28). Daß das Fleisch der Opfertiere oder auch nur ein Anteil davon den Quraišiten zustehe, wird nicht erwähnt. Im vorislamischen Mekka galt aber die Regel, daß die Pilger die aus dem profanen Gebiet mitgeführten Speisen nicht im heiligen Bezirk verzehren durften.[50] Das Vieh mit Ausnahme jener Tiere, deren Genuß verboten ist, soll den Pilgern gestattet sein, ergänzt Mohammed in Vers 30 und hebt hervor, daß die Beachtung der Regeln der Gottesverehrung und die Abkehr von jeglichem Götzendienst den Kern der Riten ausmachten – als Ḥanīfen wenden sich die Wallfahrer von den Beigesellern ab (Vers 31). „Jeder Religionsgemeinschaft stifteten wir Riten, damit sie Allahs Namen über dem Vieh ausspreche, das er ihr als Lebensunterhalt schenkt..." (Vers 34).

Wesentlich deutlicher stemmt sich Mohammed in Sure 2 gegen das Herkommen und die Interessen der Quraišiten. „Man fragt dich nach den Neumonden. Sprich: ‚Sie sind die Zeitpunkte für die Menschen und für die Wallfahrt.' Es ist kein Zeichen von Frömmigkeit, daß ihr die Häuser von hinten betretet. Fromm ist, wer Allah fürchtet. Darum betretet die Häuser durch die Tür und fürchtet Allah, vielleicht werdet ihr dann glückselig!" (Sure 2, 189). Es mußte bekannt sein, wann in einem bestimmten Jahr der Monat Ḏū l-Ḥiǧǧa begann; die Festlegung von Schaltmonaten war eine wesentliche Voraussetzung für den reibungslosen Ablauf nicht nur der Riten am Heiligtum selber. Wenn Unsicherheit über das rechte Datum herrschte, dann wurden unter Umständen auch die Abmachungen, die die Anreise aus allen Gegenden der Arabischen Halbinsel ermöglichten, nicht beachtet. Die Aufhebung der Schaltmonate und eine rein nach den Neumonden vorrückende Zeitrechnung bedeuten in Mohammeds Augen vermutlich einen wesentlichen Schritt hin zur vollständigen Einpassung der Menschen in den von Allah gelenkten Lauf der Dinge, zur vollkommenen Geltung der „ursprünglichen Wesensart". Den Quraišiten entzieht er dadurch die Grundlage ihres politischen Kalküls, waren sie doch darauf angewiesen, ihre Pilgersaison und ihre Märkte in das über ganz Arabien ausgedehnte nach dem Sonnenkalender geregelte Handels- und Wallfahrtsgeschehen einzufügen. Der von Mohammed erst gegen Ende seines Lebens als allein gültig vorgeschriebene Mondkalender setzt die Beherrschung der gesamten Halbinsel und die Macht voraus, zu beliebiger Jahreszeit die Karawanenrouten zu sichern; er zerstört mithin den von Ibn al-Kalbī beschriebenen Zyklus vorislamischer Wallfahrts- und Markttage und erhebt die Kaaba zum Maß aller Dinge. Ob

Mohammed sich dieser Folgen schon bewußt war, als er am Beginn seiner medinensischen Jahre den obigen Vers verkündete, können wir nicht wissen. Die Einführung des Mondkalenders nach dem Einmarsch in Mekka und zu einer Zeit, da dem Propheten in Medina die Stämme von weither ihre Aufwartung machten, diente jedenfalls der Festigung seines Machtmonopols.

Der mekkanische Kult, wie Sure 2 ihn ins Auge faßt, kennt nur noch einen Ritus, der für jedermann in gleicher Weise gilt. Die „Strengen", die gegenüber den auswärtigen Verehrern Allahs eine Sonderstellung behaupteten, verlieren ihre Aufgaben und Vorrechte; ihr Brauch, während der Pilgertage ihre Wohnstätte allenfalls von hinten zu betreten, ist sinnlos geworden. Dieser egalitäre Zug findet sich schon in Mohammeds ältester Eingebung, die die nicht spezifizierte Aufforderung enthielt, die Kleidung zu reinigen. Alles, was Mohammed, der Warner, als Allahs Willen verkündete, war im Grundsatz an die Menschen allgemein gerichtet; daß er die Vorteile, die er wegen seiner Nähe zu Allah für sich erhoffte, am liebsten auch der eigenen Sippe gesichert wissen wollte, steht dem nicht entgegen. Die Regeln des Kultes sind für alle dieselben. Die Frömmigkeit, so sagte er uns, erkenne man nicht daran, daß jemand die besonderen Bräuche der „Strengen" befolge (Vers 189). Die „Strengen" waren nicht nach ʿArafāt hinausgezogen, sondern in al-Muzdalifa geblieben.[51] Auch diese Sitte wird nun aufgehoben. Es gilt ohne Einschränkung: „Wenn ihr von ʿArafāt aus den Lauf vollzogen habt, dann gedenket Allahs an der heiligen Kultstätte, nämlich gedenket seiner auf gleiche Art, wie er seinerseits euch rechtgeleitet hat, obwohl ihr zuvor zu den Irrenden gehörtet! Nunmehr beginnt den rituellen Lauf von dort, wo die (übrigen) Leute ihn beginnen!" (Vers 198 f.). Überhaupt sind alle Kultstätten in und um Mekka, die seit grauer Vorzeit unterschiedlichen Gottheiten geweiht waren, von nun an der Verehrung des einen Allah gestiftet. So werden aṣ-Ṣafā und al-Marwa umgewidmet, und daher ist es keine Sünde, wenn ein Muslim sie umschreitet (Vers 158). Daß sich Mohammed mit solchen Vorstellungen schon in Mekka an die Öffentlichkeit wagte, hörten wir. Die Quraišiten konnten, sobald sie ihnen zu Ohren kamen, schwerlich die Folgen verkennen, die sich für sie aus dem mohammedschen Eingottglauben ergeben mußten. Sie werden mit Sorge bemerkt haben, daß das Überleben ihres Gemeinwesens, dessen Ausnahmestellung sie Quṣaij zu verdanken hatten, durch die Worte des Gesandten Allahs aufs Spiel gesetzt wurde. Der eine Allah, so wurde ihnen gesagt, steht zu allen Geschöpfen im selben Verhältnis, Vorrechte duldet er nicht. In Sure 7, Vers 123 f. droht der Pharao den Zauberern, die sich zu seiner Überraschung als Anhänger Moses entpuppen: „Das sind Ränke, die ihr in der Stadt eingefädelt habt, um die Bewohner aus ihr zu vertreiben! Ich werde euch wechselweise Hand und Fuß abschlagen und dann kreuzigen lassen!" Gegen Ende seines Lebens wird Mohammed einen vergleichbaren Hochverrat, nun freilich an „Allah und seinem Gesandten", mit eben dieser Strafe ahnden wollen (Sure 5, 33).

In Mekka mit seinem eingespielten, mit politischen und wirtschaftlichen Interessen verquickten und von einer machtbewußten Führungsschicht getragenen Kult hatte Mohammed mit seinem Eingottglauben allenfalls als Störenfried gegolten. Eine eigene Kultgemeinschaft aufzubauen, hatte auch ihm selber noch nicht in den Sinn kommen können. Es hatte nichts Neues geschaffen werden sollen, vielmehr war es darum gegangen, das Bestehende von, wie er meinte, Verfälschungen zu reinigen. In Medina hingegen erwies sich diese Sicht der Dinge als unmöglich; es gab keinen seit langem geübten Kult. Er mußte vielmehr erst geschaffen werden, und hierin waren ihm die „Helfer“ bereits um mehr als ein Jahr voraus: Gebetsplatz, Freitagsgottesdienst, Gebetsruf und vielleicht auch das Fasten im Ramadan haben ihre Wurzeln nicht in Anordnungen Mohammeds, sondern in unabhängig von ihm entstandenen Praktiken. Diesen prägt er in Sure 2 seinen Stempel auf, den des „heidnischen“ Propheten, verleiht ihnen eine von Allah abgeleitete Autorität und macht sie damit zum wesentlichen Merkmal einer Abgrenzung gegen alle Andersgläubigen. Dies alles ist seinem neuen Lebenskreis geschuldet – sein Sinnen und Trachten bleibt jedoch auf Mekka und die Kaaba gerichtet, deren heilgeschichtlichen Rang er gerade in Sure 2 mit der Schilderung des Wirkens Abrahams und Ismaels an jenem Orte hervorhebt.

2. Die Nutzbarmachung der „Lesung“

Die Bedeutung der „Lesung“ für die neuartige Gemeinschaft

Die Erkenntnis, daß Allah der höchste Herr, ja, daß er der Eine ist, verlangt eine Ausweitung aller Riten der Verehrung, die überdies nur ihm gewidmet sein dürfen. Wir beobachteten dies gerade an den tiefgreifenden Veränderungen der Regeln der Wallfahrt, davor schon an der Verallgemeinerung der von den „Strengen“ und ihren *Ḥirmī*s einzuhaltenden Reinheit der Kleidung, die man bei der Anbetung trägt, und das nicht mehr nur während des Umschreitens der Kaaba, sondern fortan sogar bei den täglichen Pflichtriten; wir erfuhren, daß dem Einen nicht nur einzelne Punkte des Sonnenlaufs, sondern durch eine entsprechende Terminierung der Gebetszeiten ganze Abschnitte als Spannen dankbarer Hinwendung geweiht werden müssen; das Ertönen seines Wortes verlangt eine mit der Proskynesis bekundete rückhaltlose Ehrerbietung, die mittels der Ausrichtung zur Kaaba zumindest symbolisch die körperliche Anwesenheit des Beters vor dem Einen herstellt. Die Ausdehnung des Fastens gehört ebenfalls in diesen Zusammenhang.[52] Den Sinn gerade dieser Anordnung teilt uns Mohammed in Sure 2, Vers 185 mit: Im Ramadan ist die „Lesung“ herabgesandt worden, als Rechtleitung für alle Menschen. Schon manche Quraišiten nutzten den Ramadan, wie wir hörten, als einen Monat der Einkehr und der Andacht und suchten am Berg Ḥirāʾ Abstand vom Alltag.[53] In Übung dieses Brauches hatte sich Mohammed einst von der Erscheinung Allahs überwältigt gefühlt. Den Tag über zu fasten, bereitet den Menschen darauf vor, sich des Nachts in tiefer Andacht dem Wirken und den Worten des Einen zu öffnen. In Sure 73 berichtet Mohammed von solchen nächtlichen Erfahrungen: Vor allem was während der Vigilien erlebt wird, prägt sich fest ein und läßt sich am klarsten ausdrücken. In einem langen, wohl medinensischen Zusatz zu dieser Sure führt er aus, daß er zusammen mit einigen Anhängern Vigilien halte; jene nähmen es damit leider nicht so genau, wie es wünschenswert wäre; Allah habe dafür allerdings Verständnis, und so mögen jene dann wenigstens so viel aus der „Lesung“ rezitieren, wie ihnen erträglich dünke (Sure 73, 20). Wenn es nunmehr heißt, es solle im Ramadan eigens der Herabsendung des Korans gedacht werden, dann dient das Fasten tagsüber der Öffnung des Menschen für die göttliche Rechtleitung. Was in Mekka gemäß Sure 97 auf eine einzige Nacht im Ramadan, die „Nacht der (göttlichen) Macht“,[54] beschränkt war, soll fortan während des ganzen Monats durchlebt werden. Der „Lesung“ einen ganzen Monat verstärkter Aufmerksamkeit zu verschaffen, war unter den in Medina herrschenden Umständen ein geschickt gewählter Schritt, denn anders als in Mekka, wo es kein spezifisch muslimisches Gemeinwesen gegeben hatte – und wegen Mohammeds Verwurzelung in der quraišitischen Überlieferung auch gar nicht hatte geben können –, mußte in Medina ein solches gestiftet werden. Asʿad b. Zurāras kleine Gruppe hatte den Kern gebildet; aus diesem bescheidenen Anfang schmiedete Mohammed durch die Vervollkommnung der Riten, die seinen starken Drang zur Förderung der Gemeinschaftlichkeit verraten, sowie durch weitere in Kürze zu erörternde Maßnahmen ein religiös-politisches Gebilde, wie es in Arabien, soweit wir wissen, noch nie bestanden hatte. Er legte, vermutlich ohne sich dessen bewußt zu sein, ein festes Fundament, das auch im wechselnden Kriegsglück und angesichts der wenig ehrenvollen Kompromisse, die er schließen mußte, tragfähig blieb.

Die stabile Armierung der Grundmauern bildete die „Lesung“, die ihren Charakter gegenüber den mekkanischen Partien veränderte. Dies ist später im einzelnen darzulegen, sobald wir die Ereignisse, deren Zeuge Mohammed war und die er bis zu einem gewissen Grade bestimmte, besser überblicken. Es sei nur angemerkt, daß vieles, was er fortan als Eingebung verkündete, wie eine handfeste Regelung begriffen werden sollte, nach der sich der einzelne Muslim oder die ganze Gemeinde zu richten hatte. In Mekka war dergleichen noch nicht erforderlich gewesen. Die Verschriftlichung der Offenbarungen, mit der man dort schon begonnen hatte, erlangte in dieser neuen, beispiellosen Lage erheblich mehr Gewicht. Das „Buch“ wird die Voraussetzung für die Prophetenschaft in ihrer medinensischen, ausgeweiteten Bedeutung. Wie wir bereits zeigten, hat man, um Mohammeds Offenbarungen von Anfang an als „Buch“ erscheinen zu lassen, in die Überlieferungen über die erste Eingebung Zitate aus Sure 96 eingeschoben und die dort hineingehörenden Verse von Sure 74 getilgt.[55] Es kann aber kaum verwundern, daß sich die Erinnerung daran hielt, daß Sure 96 von Mohammed erst in Medina in Umlauf gesetzt wurde. Dies berichtet der im frühen Sunnitentum geschätzte[56] Tradent as-Sāʾib b. Jazīd (624/5–699):[57] „Als Allah ‚Rezitiere im Namen deines Herrn, der geschaffen hat!‘ (Sure 96, 1–2) auf seinen Gesandten herabgeschickt hatte, kam dieser zu Ubaij b. Kaʿb“, einem der medinensischen Schreiber der Eingebungen, „und sagte: ‚Gabriel befahl mir, dich aufzusuchen, damit du dir diese Sure aneignest und sie auswendig lernst.‘ Ubaij b. Kaʿb fragte: ‚O Gesandter Allahs, hat Allah wirklich mich genannt?‘ ‚Ja‘, antwortete Mohammed.“[58]

Der Zwang zur Klarheit

Was Mohammed in Medina in der „Lesung“ mitteilt, wird nämlich zur Norm einer Gemeinschaft, für deren Glieder das altarabische Herkommen noch selbstverständlich ist, die jedoch spüren, daß sie in einem Sonderstatus leben, der sich aus dem Bekenntnis zur neuen Religion ergibt. Die „Lesung“ als das beim gemeinsamen Vollzug der Riten auf mannigfache Weise gegenwärtige Wort, das Allah an Mohammed gerichtet habe, wird zum autoritativen Kristallisationspunkt des Selbstverständnisses der Gemeinde, verleiht ihr Gewißheit betreffs ihrer Mission und zeigt ihr ihre Andersheit, die die Folge ihrer Erwähltheit ist. Für den Propheten und seine Rede Allahs hat dies nicht nur angenehme Auswirkungen. Unter den Bekennern des Islams nimmt man den Inhalt jetzt, da er den Alltag teils auslegt, teils bestimmt, viel ernster als zuvor, und eben deswegen zeigen sich die Vorboten einer Textgläubigkeit, die am liebsten alles ungefragt billigen möchte; denn allzu hartnäckiges Fragen könnte die Mangelhaftigkeit der Gedankenführung und die Widersprüchlichkeit einiger Aussagen ans Tageslicht bringen und dadurch Zweifel an der unumstößlichen Wahrheit säen. Man lese als Beispiel den 20. Vers von Sure 73: Wie soll man es denn nun mit den Vigilien halten, was ist Pflicht, worauf darf unter welchen Umständen verzichtet werden?

Eine Episode, die freilich erst in die spätere medinensische Zeit fällt, verweist auf den Wandel, dem der Charakter der „Lesung“ unterworfen ist, seitdem sie mehr als nur Mahnung, Erbauung und Belehrung über Allah und die Welt sein muß: Die beiden Söhne des al-ʿĀṣ b. Wāʾil, der erst 628 zu Mohammed übergewechselte ʿAmr und dessen Bruder Hišām,[59] der zu den muslimischen Exilanten in Äthiopien gehört hatte, wurden eines Tages Zeugen eines Streites über den Inhalt einiger Koranverse; in der hitzigen Debatte, die neben Mohammeds Wohnstätte ausbrach und die dieser daher verfolgen konnte, spielte man einzelne Verse gegeneinander aus; zornig trat der Prophet unter die Streitenden; wegen solcherlei Zwistes seien die Glaubensgemeinschaften früherer Zeiten untergegangen, rief er, die einzelnen Passagen des Korans hätten allein den Zweck, einander zu bekräftigen. Plötzlich, so endet die Szene, habe er die beiseitestehenden Hišām und ʿAmr bemerkt, und diese fühlten sich tief beglückt, weil er sie nicht mit dem Vorfall in Verbindung brachte.[60] Von Mohammeds Warte aus betrachtet, ist jegliche Meinungsverschiedenheit eine frevelhafte Auflehnung. In mekkanischen Suren galt der Zwist, der die Menschen trotz der Verkündigung einer göttlichen Botschaft peinigte, als ein Ärgernis, das Allah am Jüngsten Tag durch seinen endgültigen Urteilsspruch beheben werde (vgl. Sure 10, 93; 16, 39 und 124; 32, 25; 39, 46; 45, 17). Mit solch einer Vertagung durfte es in Medina nicht sein Bewenden haben. „Die Menschen waren einst eine einzige Gemeinschaft“, doziert der Gesandte Allahs in Sure 2, Vers 213. „Dann schickte Allah die Propheten als Freudenboten und als Warner und sandte zusammen mit ihnen das Buch mit der Wahrheit hinab, damit es unter den Menschen über das entscheide, worüber sie uneins waren. Diejenigen, denen es gebracht worden war, wurden darüber erst uneins, als sie klare Worte erhalten hatten, (und zwar stritten sie) in Auflehnung gegeneinander! Allah führte mit seiner Erlaubnis die Gläubigen zur (richtigen Ansicht über) die Wahrheit, über die sie vorher gestritten hatten. Allah geleitet, wen er will, zur geraden Straße.“ Die Gläubigen, nämlich die Gefolgsleute Mohammeds, fanden mit Allahs Zustimmung den richtigen

Weg. Kein Abweichen darf mehr hingenommen werden, wie es während früherer Prophetenschaften geschehen war. Gläubigkeit bedeutet kritiklose Gefolgschaft.

Dieses Ideal setzt das Vorhandensein eindeutig bezeugter Offenbarungen voraus, und deshalb wurde in Medina möglichst alles, was Mohammed als eine göttliche Eingebung verlautbarte, schriftlich fixiert. Daß er sich vorbehielt, die Offenbarungen im Ramadan zu revidieren, haben wir schon gehört.[61] Nicht ohne Grund wissen wir von vielen Einschüben, mit denen er mekkanische Aussagen an die medinensischen Erfordernisse anpaßte: Aus Mahnungen und Warnungen mußten Gebote und Verbote werden.[62] Daß die „Lesung" wegen dieser neuen Zweckbestimmung ihre Sprachkraft einbüßte, kann kaum erstaunen. Die Verse wurden länger, verschachtelter, der Reim wurde durch austauschbare Allerweltsprädikate Allahs notdürftig gewahrt. Um so empfindlicher reagierte Mohammed auf Kritik. Den Skandal um ʿAbdallāh b. Saʿd b. abī Sarḥ erwähnten wir schon. Er hatte entdeckt, daß der Prophet es mit jenen Schlußklauseln seiner Verse nicht so genau nahm. „Das, was ich niederschrieb, wurde mir eingegeben, genau wie Mohammed Eingebungen empfängt", spottete er und floh nach Mekka.[63] Die Kritik ʿAbdallāh b. Saʿds wirft ein Schlaglicht auf die prekäre Lage, in der sich Mohammed in Medina zu Anfang befand. Hier stützte ihn kein altbewährtes, in der Gesellschaft verankertes Gefüge von gewachsenen Loyalitäten; die medinensischen „Helfer", deren wichtigster Obmann, Asʿad b. Zurāra, schon ein halbes Jahr nach Mohammeds Ankunft gestorben war, gaben ihm Halt, weil sie in ihm den Gesandten Allahs sahen. Doch wehe, wenn Zweifel an seinem Prophetentum um sich gegriffen hätten!

In den frühmedinensischen Suren spricht er daher ein ums andere Mal von der Klarheit der Verse, der „Wunderzeichen Allahs". Dieses Thema berührte er auch schon in Mekka – wenn Mohammed seinen Landsleuten klare, beweiskräftige Verse vorträgt, fordern die Verstockten unter ihnen eine andere „Lesung" (Sure 10, 15); sie geben trotz den klaren Versen vor, nicht zu wissen, ob sie oder er und seine Anhänger die Besseren sind (Sure 19, 73) – nun aber, zumal in Sure 2, werden aus seinen Hinweisen auf die Klarheit der vorgetragenen Worte geradezu Beschwörungen: „So verdeutlicht Allah seine Wunderzeichen (allen) Menschen – hoffentlich werden sie von Gottesfrucht erfaßt!" (Sure 2, 187). „So verdeutlicht euch Allah seine Wunderzeichen – hoffentlich denkt ihr darüber nach!" (Vers 219 und 266). „Allah verdeutlicht seine Wunderzeichen (allen) Menschen – hoffentlich lassen sie sich mahnen!" (Vers 221). „So verdeutlicht Allah euch seine Wunderzeichen – hoffentlich kommt ihr zu Verstand!" (Vers 242). „So verdeutlicht Allah euch seine Wunderzeichen – hoffentlich laßt ihr euch den rechten Weg führen!" (Sure 3, 103). Solche Beschwörungen richten sich nicht nur an die eigene Anhängerschaft, sondern auch an jene, deren selbständiges Denken er fürchten muß. Das sind zum einen viele Juden, die ihm ablehnend gegenüberstehen. Denen, die „gläubig geworden sind", täuschen sie eine ähnliche Gesinnung vor, unter ihresgleichen aber tuscheln sie: „Wollt ihr (den Muslimen) etwa mitteilen, was Allah euch einst eröffnete, damit sie (am Jüngsten Tag) mit (ebendem, was ihr ihnen mitteiltet) vor eurem Herrn wider euch streiten? Habt ihr denn keinen Verstand?" (Sure 2, 76). Aber auch viele Heiden denken nicht daran, sich von Mohammed für seine Ziele einspannen zu lassen: „Sie wissen das Buch nicht, es sei denn als Wunsch(vorstellungen). Sie haben nichts als Vermutungen. Wehe denen, die mit ihren Händen das Buch schreiben und dann sagen: ‚Dies stammt von Allah!' Sie wollen um einen geringen Preis damit Handel treiben. Darum wehe ihnen um dessen willen, was ihre Hände schrieben! Wehe ihnen um dessen willen, was sie erwarben!" (Sure 2, Vers 78 f.). Diese Heiden erachten Mohammeds Buch nur für ein geringwertiges Gut. Selbst unter den ḥanīfisch Gesinnten folgen ihm, dem Fremdling, längst nicht alle, wie er erfahren wird. In Sure 3, Vers 20 muß er sich eingestehen, daß ihm in Medina wie schon in Mekka nichts bleibt, als die Juden und die Heiden zum Islam zu rufen – ob jene auf den Ruf eingehen, liegt nicht in seiner Hand. Die Kriege, in die er Medina zwang, kräftigten jedoch in einer von ihm selber nicht geahnten Weise das zu Anfang so schwankende Fundament seiner Stellung im Exil.

Überblick über den Inhalt von Sure 2

In Sure 2, die aus der Mitte des zweiten Jahres nach der Hedschra stammt, bemüht er sich, einen Abriß des von ihm propagierten Glaubens und der darin wurzelnden Alltagsregelungen zu geben. Bei der Erörterung der neuen Riten haben wir diese Quelle mehrfach benutzt. Wollen wir die Aufgabe, die der Offenbarung jetzt angesonnen wird, verstehen, so ist wenigstens ein flüchtiger Blick auf diesen Text als ganzen geboten. Die Sure beginnt mit der Buchstabenkombination *alif-lām-mīm*, die wahrscheinlich für den Begriff „Wasser" (arab.: *al-māʾ*) steht und auf den wichtigsten Stoff verweist, durch den sich Allah als der ständige Schöpfer und Erhalter des Diesseits manifestiert.[64] Das „Buch", über jeden Zweifel erhaben, dient den Gottesfürchtigen als Rechtleitung, jenen, die „an das Verborgene glauben, das rituelle Gebet verrichten und von dem spenden, was wir ihnen als Unterhalt gewähren; die an das glauben, was dir und schon vor dir herabgesandt wurde, und die fest vom Jenseits überzeugt sind". Jene werden die Glückseligkeit erlangen (Vers 1–5). Nach dieser sehr rohen Bestimmung dessen, was der Inhalt des Glaubens ist, geht Mohammed zu einer Schmähung des „Unglaubens" und jeglicher Kritik über: Wer außerhalb der muslimischen Gemeinschaft bleibt, hat ein von Allah versiegeltes Herz und vermag, so müssen wir folgern, den mohammedschen Anweisungen aus dem Verborgenen kein Vertrauen zu schenken. Die Zögernden sind taub wie das blöde Vieh, verblendet wie jemand, dem ein Blitz das Sehvermögen raubte (Vers 6–20). Allah, dem ständig sorgenden Schöpfer, haben alle Menschen zu dienen, und das bedeutet vor allem, sie haben auf Mohammed zu hören. Was in Mekka in Streitgespräche einbezogen war, die Aufforderung an die Widersacher, doch eine den seinigen vergleichbare Sure zu dichten (Sure 10, 38; 11, 13; 52, 33 f.), erscheint jetzt als eine handfeste Drohung mit der Hölle, sofern man nicht den Worten des Propheten gehorche: „Wenn ihr an dem zweifelt, was wir unserem Knecht hinabsandten, dann bringt doch eine gleichartige Sure bei und ruft eure Zeugen an, die ihr unter Allah habt – sofern ihr die Wahrheit sprecht! Wenn ihr dies tut – freilich werdet ihr es nicht tun! – dann hütet euch vor dem Höllenfeuer, das für die Ungläubigen vorbereitet ist und in dem Menschen und Steine verbrennen!"

(Vers 23 f.). Da die pure Alltäglichkeit des „weitherzigen Ḥanīfentums", zu dem Mohammed in jener Zeit den Weg gefunden hatte, keinerlei ethische Zumutungen rechtfertigt, mithin keine das Alltägliche übersteigenden sittlichen Forderungen erhebt, in deren Erfüllung der Prophet das die Anhängerschaft einende Vorbild hätte sein können, bleiben neben den Riten nur die mit Drohungen untermauerte, auf Allah zurückgeführte Herrschergewalt und der durch Krieg erzwungene Triumph als Grundlagen des Gemeinwesens. Güte, Verzeihen, Mildtätigkeit treten lediglich als individuelle Verhaltensweisen in Erscheinung, lobenswert zwar, wenn sie einem Muslim zugute kommen, aber weder dogmatisch noch institutionell verstetigt.[65]

Wer glaubt, und das meint, wer Mohammed gehorcht, dem wird das Paradies zugesagt; da Allah zu jeder Zeit das Leben schafft, muß auch die Auferweckung der Toten am Ende der Zeiten wahr sein (Vers 28 f.). Adam, zusammen mit Eva durch den Satan zum Übertreten des Gebotes Allahs verführt, nimmt schon, indem Allah ihn aus dem Paradies verstößt, die Verheißung der Rückkehr entgegen; wer der göttlichen Rechtleitung folgt, darf auf dieses Versprechen bauen (Vers 37–39). Es schließt sich ein langer Abschnitt an, in dem Mohammed die Lebensgeschichte Moses als ein Exempel seiner Auslegung von Glauben und Herrschaft darstellt (Vers 40–93). Hier stoßen wir auf den Kern seiner damaligen Botschaft. In mehrfacher Weise nimmt er auf das Bezug, was er in Sure 7, Vers 157 f. summarisch angekündigt hat, und hebt dabei hervor, daß er aufs neue das ewige Gesetz bringe – dessen nochmalige Verdrehung Allah nicht zulassen werde, wie hinzuzufügen ist. Nach der Errettung aus Ägypten ziehen die Israeliten in der Wüste umher, verfallen in ihrem Wankelmut auf die Anbetung eines goldenen Kalbes, sind unzufrieden mit den Speisen, die Allah ihnen gewährt, wären am liebsten wieder in Ägypten. „Erniedrigung und Elend kamen über sie", schließt Mohammed diesen Abschnitt und blickt dabei schon in die nachmosaische Geschichte. „Sie verfielen dem Zorn Allahs, da sie nicht an seine Zeichen glaubten und ohne alles Recht die Propheten töteten, widersetzlich waren und die Gebote übertraten" (Sure 2, 61). Doch hätten Juden, Christen, Sabier, alle die, die an Allah und den Jüngsten Tag glauben, im Augenblick, da der „heidnische" Prophet berufen wurde, die Gelegenheit, sich von der Furcht vor dem Jüngsten Tag zu befreien, sofern sie endlich „tun, was recht ist" (Vers 62), nämlich den durch Mohammed im Namen Allahs angeordneten Riten folgen. – Die Israeliten aber wandten sich von den wahren mosaischen Gesetzen ab, einige wurden wegen der Verletzung der Sabbatruhe in Affen verwandelt (Vers 65).

Nun kommt Mohammed auf den schwerwiegendsten Verstoß gegen Allahs Ritualordnung zu sprechen: „Damals (in der Wüste) sagte Mose seinem Volk: ‚Allah befiehlt euch, eine Kuh zu opfern!' Sie entgegneten: ‚Treibst du Spott mit uns?' Er beharrte: ‚Da sei Allah vor, daß ich ein Unwissender bin!'" Auf Wunsch der Zweifelnden bringt Mose Einzelheiten über das Opfertier in Erfahrung: Eine Kuh mittleren Alters muß es sein, von kräftiger gelber Farbe, makellos und noch nie zum Arbeiten eingesetzt. Erst nach diesen genauen Angaben lassen sie sich überzeugen und suchen ein entsprechendes Stück Vieh aus; „beinahe hätten sie es nicht getan!“ (Vers 67–71). Diese Verse sind ein Widerschein von Numeri 19: Gott befiehlt Mose und Aaron, eine Kuh zu schlachten und zu verbrennen, ihre Asche soll verwahrt bleiben und dem Wasser zugesetzt werden, mit dem man jemanden reinigt, der mit einem Leichnam in Kontakt gekommen ist (Vers 11). In mißdeuteter Form taucht diese Bestimmung auch in Sure 2 auf. Werde ein Toter mit einem Teil der geschlachteten Kuh berührt, dann erwache er zum Leben und lege Zeugnis wider seinen Mörder ab (Vers 73). Aus dem Reinigungsritual wird bei Mohammed mithin ein von Allah befohlenes Tieropfer, das diesen veranlaßt, seine im Koran immer wieder beschworene Macht zur Auferweckung der Toten unter Beweis zu stellen: „So macht Allah die Toten lebendig und zeigt euch seine Wunderzeichen...“ (Vers 73).

Zurückweisung der jüdisch-christlichen Sublimierung des Opfers

Rekapitulieren wir kurz, was wir bereits über Mohammeds Ort in der vorderasiatischen Religionsgeschichte gehört haben! Der medinensische Ḥanīfe Abū Qais hatte geklagt, weder Judentum noch Christentum seien annehmbare Religionen, da sie keine mit Tieropfern verbundenen Wallfahrten kannten. Schon bei Sozomenos kann man nachlesen, daß in Hebron die heidnisch-arabischen Pilger Tiere darbrachten, ein Brauch, der durch Kaiser Konstantin verboten worden sei. Die Sublimierung des Opfers, wie sie in den beiden Hochreligionen statthat, erscheint aus ḥanīfischer Sicht wie ein Verstoß gegen Allahs Gebot, das er Abraham kundgab, als dieser im Begriff war, den eigenen Sohn zu opfern. Nun auch noch das Schlachten eines Tieres zu verweigern, das belegt einen so verstockten Ungehorsam, daß Allah seinen Zorn über die Schuldigen ausgießt; Juden und Christen sind seitdem nicht mehr mit Allah im reinen. Gerade das aber wollen die Ḥanīfen sein – und Mohammed ist es, der ihnen diesen Traum erfüllt. Ihn erkor sich Allah zum Propheten, zum Überbringer der das Tieropfer einschließenden und daher wahren Glaubenspraxis, die auch Mose verkündet hatte. Dieser aber hatte nur einmal den Willen Allahs durchsetzen können, danach hatten die Israeliten ihn mißachtet. Nicht umsonst wird Sure 2 nach der Kuh benannt; sie ist das Symbol dafür, daß Allah, indem er seinen Gesandten zum „heidnischen“ Propheten erhob, erneut und letztmalig die authentische Glaubenspraxis herabsandte – für das Ḥanīfentum, das ihm diesen Ritus nie vorenthalten wird. Denn es ist die „Straße derjenigen, denen (Allah) wohltut und nicht zürnt, derjenigen, die nicht in die Irre gehen“, wie es in klarer Abgrenzung zu Juden und Christen in der ebenfalls in Medina entstandenen Sure 1 heißt. Sie wurde mit vollem Recht in der heute geltenden Koranfassung an die Spitze gestellt. Sie ist die Quintessenz des mohammedschen Wirkens, seitdem er sich auch als Propheten betrachtete. Mohammed verstand sie aber auch als eine dringende Aufforderung an die Anhänger der anderen Hocheligionen, ihren Ungehorsam und ihren Irrtum aufzugeben, herrsche doch abgesehen von der Frage der Opfer in den wesentlichen Teilen des Glaubens zwischen dem, was er verkündete, und dem, was sie lehrten, vollkommene Übereinstimmung: Sie alle beteten zu dem einen Allah und bereiteten sich auf das Endgericht vor (Sure 2, 62). Über seine Warnungen spottend, beanspruchten Juden und Christen ein besonders enges Verhältnis zu Allah und vermeinten, sie würden der Hölle entrinnen – welch eine Selbsttäuschung! Ein gutes Ende werde es nur mit denen unter ihnen nehmen, die Allah fürchteten und gut handelten (vgl. Sure 2, 111 f.), vor allem durch den Vollzug der richtigen Riten. Ganz und gar verworfen werden allerdings die Beigeseller, etwa jene, die nach dem Brauch der *Ḥums*-Brüder ihre Behausungen während der heiligen Zeit von hinten betreten. Dergleichen ist kein Zeichen von Frömmigkeit; der wahrhaft Fromme betritt sein Haus oder Zelt durch den Eingang wie gewöhnlich, denn es zählt allein die Gottesfurcht (Vers 189). Den ḥanīfischen Riten wohnt nichts Zwanghaftes, Unnatürliches inne, und nun, da diese Riten offenbar geworden sind, kann es keinen Zweifel daran geben, daß man ihnen zu folgen hat, nicht aber dem falschen Brauch (arab.: *aṭ-ṭāġūt*) (Vers 256).[66]

Das Zerwürfnis mit den Juden

Aber nicht die Beigeseller sind für Mohammed jetzt das größte Ärgernis, sondern die Juden. Sie lassen sich nicht davon beeindrucken, daß Mohammed ihnen erklärt, weshalb Allah ihnen zürne. Im Gegenteil, sie feinden ihn an und dünken sich ihm und den Heiden überlegen. Wenn sie es ernst meinten, dann sollten sie sich den Tod herbeiwünschen, um möglichst rasch in der Nähe des Einen zu sein. In Wirklichkeit klammern sie sich jedoch zäher als die Heiden ans Leben (Vers 94–96). Sie geben nichts auf Mohammeds Prophetien, weshalb er sie als Widersacher Allahs und seiner himmlischen Mächte beschimpft: „Wenn jemand Allah, seinen Engeln, seinen Gesandten, Gabriel und Michael[67] feind ist – nun, Allah ist der Feind aller Ungläubigen!" (Vers 97 f.). Ungläubig sind alle, die sich nicht seinen Ansichten unterwerfen. Die Juden setzen sich über alles hinweg, was er vorträgt; für solches Fehlverhalten findet er, wie schon vorhin, Beispiele in ihrer Geschichte (Vers 99–105).

Auf längst verfestigte Offenbarungstexte stützen sich die Juden; bei Mohammed aber ist alles noch im Fluß. Daß auch Muslime Unstimmigkeiten entdeckten und daß ʿAbdallāh b. Saʿd b. abī Sarḥ das *sacrificium intellectus*, das man ihm abforderte, nicht mehr erbringen wollte, rufen die folgenden Verse in Erinnerung: „Ein Wunderzeichen, das wir tilgen oder in Vergessenheit geraten lassen, ersetzen wir durch ein besseres oder ein gleichwertiges. Weißt du nicht, daß Allah alles vermag? Weißt du nicht, daß ihm die Herrschaft über die Himmel und die Erde eignet? Daß ihr außer ihm keinen Freund und Unterstützer habt? Oder wollt ihr euren Gesandten fragen, so wie vorher Mose gefragt wurde? Wer den Unglauben gegen den Glauben eintauscht, der verfehlt den richtigen Weg" (Vers 106–108). Auf vielfältige Weise hatten einst die Juden Mose mit Fragen in Bedrängnis gebracht. Und die Fragen und Zweifel hatten nichts Gutes bewirkt! Darum sollen die Anhänger des Propheten unbesehen hinnehmen, was er ihnen als Allahs Rede vorträgt. Mohammed begründet dieses Ansinnen, indem er hervorhebt, daß die medinensischen Juden erleichtert wären, wenn die Muslime ins Heidentum zurückfielen, denn dann hätten sie wieder die bevorzugte Stellung inne, mit der sie sich seit langem vor den Arabern brüsteten. „Viele der ‚Leute der Schrift' möchten euch am liebsten, nachdem ihr zum Glauben gefunden habt, wieder zu Ungläubigen machen. Da ihnen schon früher die Wahrheit verdeutlicht wurde, empfinden sie nun nämlich ihrerseits Neid (auf euch). Übt Nachsicht gegen sie, bis Allah entscheidet! Allah hat zu allem Macht." Eifrig sollen die Muslime ihre Riten vollziehen, sie werden den verdienten Lohn empfangen. „(Die ‚Schriftbesitzer‘) behaupten: ‚Das Paradies werden nur die betreten, die Juden oder Christen sind.‘ Das sind ihre Wunschvorstellungen! Sprich: ‚Zeigt euren Beweis, wenn ihr (sicher seid, die) Wahrheit zu sagen!‘ Nein! Vielmehr derjenige, der das Gesicht ganz zu Allah wendet und dabei Gutes tut, dem steht sein Lohn bei Allah bereit...“ (Vers 109–112).

Der Rückbezug auf Abraham

Doch nicht nur zwischen Juden und Christen auf der einen und den heidnischen Arabern auf der anderen Seite verläuft ein Graben. Juden und Christen sprechen sich gegenseitig die Zugehörigkeit zur wahren Religion ab. Selbst die Heiden, die noch gar nicht über Wissen verfügen, verurteilen alle, die nicht ihres Glaubens sind. Und alle drei Gruppierungen sind gegen ihn, wie Mohammed klagt: Die Heiden lehnen ihn ab, weil Allah ihnen kein eindeutiges Zeichen sandte, durch das ihnen Mohammeds Prophetentum bestätigt worden wäre; Juden und Christen wollen lediglich Proselyten für ihre Religion gewinnen, aber läsen sie die Schrift, die sie einst von Allah erhielten, dann müßten sie die Berechtigung der Ansprüche Mohammeds anerkennen (Vers 113–121).[68] Mohammeds Alter ego spricht die „Banū Isrāʾīl“ hierauf unmittelbar an: Allah habe sie in der Vergangenheit vor aller Welt ausgezeichnet – was aber werden sie im Gericht vorbringen, wenn sie sich jetzt als dieser Auszeichnung unwürdig erweisen (Vers 122 f.)? Die Erinnerung an Abraham, den Vorvater der Juden, aber auch Stifter des Kaabakultes, müßte die Juden doch veranlassen, Mohammeds Botschaft aufzugreifen. Abraham und die Kaaba, die dieser zusammen mit Ismael erbaut habe, werden gegen die Juden, die sich dem Machtanspruch des zugereisten Mekkaners nicht beugen wollen, in aller Ausführlichkeit ausgespielt. Auf Befehl Allahs errichteten beide die Kaaba, führten die Pilgerriten ein, erflehten von Allah Segen: „Unser Herr, nimm dies von uns an! Du bist der Allhörende, Allwissende! Unser Herr, mach, daß wir beide (das Gesicht zu dir) wenden, mach aus unseren Nachkommen eine Gemeinschaft, die (das Gesicht) zu dir wendet![69] Zeig uns unsere Riten und kehre du dich zu uns! Du bist der Barmherzige, der sich immer (den Geschöpfen) zukehrt!“ (Vers 127 f.). Mit diesen Sätzen untermauert Mohammed seine Forderung, auch Juden und Christen hätten sich ihm zu fügen. Klipp und klar bringt dies ein anderer frühmedinensischer Abschnitt der „Lesung“ auf den Begriff: „Ihr Leute der Schrift! Auf zu einem geraden Wort zwischen uns und euch! Wir wollen allein Allah anbeten und ihm nichts beigesellen! Auch soll keiner von uns den anderen als Herrn betrachten – was nur Allah zusteht. Und wenn sich (die Schriftbesitzer) nicht darauf einlassen, dann sagt: ‚Bezeugt (wenigstens), daß *wir* (das Gesicht Allah) zuwenden!‘“ (Sure 3, 64) nämlich daß wir „Muslime“ sind und die wahre Religion, die Religion Abrahams, bekennen. „Ihr Schriftbesitzer!“ fährt Mohammed fort, „weswegen streitet ihr über Abraham? Tora und Evangelium sind doch erst nach ihm herabgesandt worden“ und künden daher von einem Kult, der keineswegs gegen den mekkanischen Propheten ins Feld geführt werden darf, der doch der wahre Erbe Abrahams ist. „Habt ihr denn keinen Verstand? Ihr strittet (mit mir) schon über Dinge, von denen ihr (tatsächlich) Wissen habt. Warum aber streitet ihr über Dinge, von denen ihr kein Wissen habt? Allah weiß (davon), ihr aber nicht. Abraham war weder Jude noch Christ, vielmehr ein ‚muslimischer' Ḥanīf, kein Beigeseller. Am nächsten stehen Abraham diejenigen, die ihm seinerzeit folgten, und dieser Prophet hier und diejenigen, die zum Glauben fanden. Allah ist der Freund der Glaubenden" (Sure 3, 65–68). Allen *Propheten* vor Mohammed, die einen Teil des himmlischen Buches und einige Weisheit überbrachten, nahm Allah die Verpflichtung ab, daß sie – gemeint sind sie und die von ihnen gegründeten Gemeinschaften – dem Gesandten, der kommen und sie bestätigen werde, Unterstützung gewähren und an ihn glauben würden. Wie können sie jetzt etwas anderes begehren als die Glaubenspraxis Allahs, dem alle in den Himmeln und auf der Erde das Gesicht zuwenden, freiwillig oder gezwungen (Sure 3, 81–83)?

Zurück zur Sure 2! Mohammed ist, indem er den Glauben und die Kultpraxis Abrahams fortzusetzen sich anheischig macht, der Mann, dem sowohl die Heiden als auch die Juden und Christen Gefolgschaft schuldig sind; auf Abrahams Flehen ist er von Allah berufen worden. „Unser Herr!" bat Abraham, „berufe (in unserer Nachkommenschaft) einen Gesandten aus ihrer Mitte, der ihnen deine Wunderzeichen vorträgt, sie das ‚Buch' und die Weisheit lehrt und sie läutert…" (Sure 2, 129). Nur Toren wollen nicht der Glaubensgemeinschaft Abrahams angehören, des im Diesseits Erwählten, im Jenseits vorbildlich Frommen. Einst befahl ihm Allah: „Wende (das Gesicht zu Allah)!" und er willigte ein: „Ich wende (das Gesicht) zum Herrn der Welten!" Diesen Ritus übermachte Abraham – und später auch Jakob – den Söhnen und Enkeln. Wenn jetzt die Juden und Christen darauf beharren, man müsse sich zu ihrer Religion bekehren, dann ist ihnen zu erwidern: Mitnichten, „vielmehr (tretet) der Glaubensgemeinschaft Abrahams bei, der ein Ḥanīf war!" (Vers 135). Indem Ismael, Isaak, Jakob, Mose und Jesus in der Erbfolge Abrahams stehen, ist Mohammed auch deren Erbe und folglich, als der von Abraham ersehnte ḥanīfische Prophet, der Herr über die Juden und Christen, die in böswilliger Absicht die Zeugnisse, die Allah diesbezüglich gegeben hat, unterschlagen (Vers 136–141). Die Verlegung der Gebetsrichtung von Jerusalem nach Mekka wird in diesem Zusammenhang zum unübersehbaren Zeichen dafür, daß Mohammed das ihm zustehende Erbe angetreten hat; sie ist streng einzuhalten, „damit die Leute kein Argument gegen euch haben" (Vers 150) und euch unterstellen, ihr seiet euch eures Ranges bei Allah nicht bewußt. Die neue Gebetsrichtung ist das Kennzeichen für die Zugehörigkeit zu der einzigen von Allah gestifteten Glaubensgemeinschaft, aus der die Juden und Christen sich fortgestohlen haben.

Regeln der ḥanīfischen Gemeinschaft

Mohammed wendet sich nun den ernsten Konsequenzen zu, die die Mitgliedschaft in der Glaubensgemeinschaft Abrahams angesichts der politischen Lage nach sich ziehen wird. Wer auf dem Pfade Allahs getötet wird, lebt in Wahrheit weiter, der Gemeinschaft steht diese Tatsache leider nicht vor Augen. „Wir werden euch mit einiger Angst und mit Hunger und Mangel an Gütern und Früchten und (mit dem Verslust von) Menschenleben prüfen. Übermittle den Ausharrenden eine frohe Botschaft!" (Vers 155). Auf einen kurzen, die Pilgerriten betreffenden Absatz, den wir bereits erörterten, folgen Verse, die sich in den üblichen Topoi über den Gegensatz von Gehorsam gegen Allah und Frevel auslassen.

Dann wendet sich Mohammed einigen Vorschriften zu, die seine ḥanīfische Gemeinde zu beachten hat. Das Fleisch von verendeten Tieren und solchen, bei deren Schlachtung nicht Allahs gedacht wurde, sowie ganz allgemein Blut und Schweinefleisch dürfen nicht verzehrt werden (Vers 173). Immer wieder wird das Gesagte mit Warnungen vor dem Höllenfeuer, mit lobenden Worten für die Gehorsamen umrahmt. Frömmigkeit beweist sich nicht im eifrigen Vollzug der Gebetsriten allein, sondern muß im reichlichen Spenden für die Gemeinde sichtbar werden (Vers 177). Deren friedliches Zusammenleben erfordert Regelungen zur Blutrache (Vers 178 f.) und zum Erbrecht (Vers 180–182). Hiernach legt er die besprochenen Vorschriften zum Ramadanfasten dar. Ausführlich äußert er sich dann über die Wallfahrt, deren kultische Bräuche tiefgreifend verändert werden sollen, wie wir hörten. Daß Mohammed in dem Augenblick, in dem er sich so eingehend hiermit befaßte, gar nicht die Möglichkeit gehabt hätte, nach Mekka zu pilgern, macht uns wieder darauf aufmerksam, daß sein Sinnen und Trachten trotz des erzwungenen Ortswechsels ganz in seinem quraišitischen Herkommen befangen blieb, ja daß diese Ausrichtung durch die Art und Weise, wie er seinen Machtanspruch rechtfertigte, sogar bekräftigt wurde: Ihrem Ursprunge nach bildeten alle Menschen eine einzige Gemeinschaft; nachdem sie sich entzweit hatten, sandte Allah Propheten aus, die durch die Verkündigung seines Wortes die Eintracht wiederherstellen sollten; ebendiese Aufgabe hat jetzt Mohammed zu erfüllen (Vers 213). In dieser Überzeugung blickt er nach Mekka.

Wein und Glücksspiele sind nicht verboten, aber man sollte sie meiden. Das Vermögen der Waisen ist ehrlich zu verwalten. Mit heidnischen Frauen darf man erst dann eine Ehe eingehen, wenn sie zum Islam übergetreten sind; den Verkehr mit menstruierenden Frauen unterlasse man; ansonsten aber betrachte der Mann die Frauen als ein Saatfeld, das er nach Belieben aufsuchen mag (Vers 219–223). In einem längeren Abschnitt regelt Mohammed die Verstoßung und einige damit zusammenhängende Fragen (Vers 226–238). Je weiter man gegen das Ende von Sure 2 gelangt, desto schmerzlicher vermißt man einen roten Faden. Das Verbot von Wucherzinsen und die Anweisung, Schuldverhältnisse schriftlich festzuhalten (Vers 275–284), lassen noch einmal die Thematik anklingen, die ihm anscheinend besonders am Herzen lag: allen erdenklichen Arten von Zwistigkeiten in seiner Anhängerschaft vorzubeugen. Immer wieder untermischt er seine Ausführungen mit Appellen an die Bereitschaft zum Spenden und zum Kampf und spielt dabei auf Geschichten an, die im Alten Testament ihren Ursprung haben und von den Zuhörern im Sinne seiner Ermahnungen ausgelegt werden sollen. Und zwischendurch ein heftiges Dringen auf Anerkennung seines alle Vorgänger übertreffenden Ranges: „Dies sind die Wunderzeichen Allahs! Wir tragen sie dir der Wahrheit gemäß vor. *Du* gehörst wirklich zu den Gesandten!“ (Vers 252). Schon die früheren Gesandten Allahs waren einander im Range nicht gleich – noch in Vers 136 hatte er das Gegenteil behauptet: Zwischen den Gottesmännern der Vergangenheit dürfe man keine Unterschiede feststellen (vgl. auch Vers 285). Nun also doch, denn einen oder mehrere von ihnen hat Allah unmittelbar angeredet, und so kam Zwietracht auf; manche Menschen sind gläubig, manche nicht, und daher kämpfen sie gegeneinander. Daß dies gegen Allahs Willen geschehe, dürfe man keineswegs annehmen (Vers 253), denn er hat alles in der Hand, unermüdlich lenkt er seine Schöpfung (Vers 255). – Auch der Krieg gegen Mekka, den Mohammed in jenen Tagen so zielstrebig vorbereitet, ist von Allah gewollt. – Die vermutlich durch die Wirkung des Wassers versinnbildlichte sich unablässig entfaltende Schöpferkraft erfordert ganz selbstverständlich die Beachtung der islamischen Riten. Da nämlich dank der Wiederverkündung des Islams die Wahrheit durch jedermann leicht vom Irrtum unterschieden werden könne und somit unmittelbar einleuchte, dürfe nicht davon die Rede sein, daß in der unumgänglichen Anerkennung dieser Wahrheit des Islams irgendetwas Zwanghaftes, dem Verstand Gewalt Antuendes liege (Vers 256).[70] „Allah ist der Freund derjenigen, die glauben. Er führt sie aus der Finsternis ins Licht." Die Götzendiener verfallen der Hölle (Vers 257).

Ganz am Ende kommt Mohammed noch einmal auf den Inhalt des Glaubens zurück. „Der Gesandte glaubt an das, was von seiten seines Herrn auf ihn herabgesandt wird, desgleichen die Gläubigen, ein jeder glaubt an Allah, seine Engel, Bücher, Gesandten, und wir machen zwischen keinem seiner Gesandten einen Unterschied. (Die Gläubigen) sprechen: ‚Wir hören und gehorchen. Schenk uns deine Vergebung, unser Herr! Bei dir endet alles. Allah belastet niemanden mit mehr, als er zu tragen vermag; zu seinen Gunsten werden die von ihm erworbenen (guten Taten) angerechnet, zu seinen Lasten (die bösen). Unser Herr, tadle uns nicht, wenn wir etwas vergessen oder einen Fehler machen! Unser Herr, lade uns keine allzu schwere Bürde auf, wie du es bei denen tatest, die vor uns waren![71] Belade uns nicht mit Bürden, die wir nicht zu tragen vermögen! Vergib und verzeih uns, erbarme dich unser! Du bist unser Schutzherr. Führe uns zum Sieg gegen die Ungläubigen!" (Vers 285 f.). Unwidersprochener Gehorsam gegen den Gesandten Allahs, den Erben und Sachwalter der durch Abraham auf Allahs Befehl gestifteten Riten, und der Triumph im Kampf, mit dem Mohammed diesem Erbe wieder Geltung erstreitet, bilden den Grundton, der die Einzelbestimmungen, die Sure 2 verkündet, immer wieder überlagert. Eine Gründung, wenn nicht der Gemeinschaft selbst, so doch wenigstens des Gemeinschaftsgefühls auf irgendeine Art innerweltlicher Askese wird ausdrücklich abgelehnt. Denn, wie Mohammed später feststellen wird, das Mönchtum ist eine Erfindung der Christen; sie wollten auf diese Weise die Verehrung Allahs vertiefen. Aber weil Allah ihnen das Mönchtum nicht vorgeschrieben hatte, gerieten sie mit ihren diesbezüglichen Regelungen auf nicht näher benannte Abwege (Sure 57, 27). Auch die jüdischen Speiseverbote, die strenger als die muslimischen sind, erklären sich nach Ansicht des Propheten als eigenmächtige Erweiterungen der ursprünglichen, „ḥanīfischen" Gebote und sind deshalb verwerflich (Sure 3, 93–97). Bei anderer Gelegenheit meint er, Allah habe den Juden solche Erschwernisse auferlegt, weil sie durch das Fordern von Wucherzinsen seine Gesetze verletzt hätten (Sure 4, 160 f.; 6, 146; 16, 118). Zorn und Fluch lasten eben auf den eigensinnigen Bekennern dieser beiden Religionen.

Die Lebensmitte der neuen Gemeinschaft

Als Lebensmitte der neuen, muslimischen Gemeinschaft taugen demnach nur das von Allah ganz auf die Wesensart der von ihm geschaffenen Menschen zugeschnittene Gesetz – das einzig und allein in den Worten Mohammeds zu finden ist[72] – und das Eisen: „Wir schickten unsere Gesandten mit klaren Worten aus und ließen zusammen mit ihnen das ‚Buch' und die Waage hinab, damit die Menschen das richtige Maß befolgten. Und wir ließen das Eisen hinab. Es bürgt für starke Kampfkraft und bietet (weiteren) Nutzen für die Menschen; Allah wollte nämlich wissen, wer ihn und seine Gesandten (auch) im Verborgenen unterstützt. Allah ist stark und mächtig" (Sure 57, 25). Diese Sätze verkündete Mohammed wahrscheinlich nach der Niederlage bei Uḥud,[73] und sie drükken aus, was in der Kuhsure noch unausgesprochen blieb. Wie eine Glossierung dieser beiden nun von Mohammed selber hervorgehobenen integrierenden Gegebenheiten des muslimischen Gemeinwesens wirkt die folgende Episode, die sich bei Ḥunain zugetragen haben soll: Kurz nach dem Einmarsch in Mekka führte der Prophet sein nunmehr um die quraišitischen Streitkräfte vergrößertes Heer gegen eine Koalition ihm feindlich gesonnener Stämme; wider Erwarten wandten sich die „Helfer" zur Flucht. Es war sein Oheim al-ʿAbbās b. ʿAbd al-Muṭṭalib, den er in seiner Not bat, sie mit einem Schlachtruf zum Standhalten zu bewegen. Das Nachrufen der Namen der einzelnen Sippen bewirkte nichts. „Ihr Leute des *Samura*-Baumes!" unter dem sie im Jahre 628 auf dem Zug nach al-Ḥudaibīja Mohammed die Heeresfolge zugeschworen hatten, und „Ihr Leute der Kuhsure!" solle er rufen, riet Mohammed, und in der Tat, dieser Appell an die beiden Fundamente der Gemeinde veranlaßte die Flüchtenden zur Umkehr.[74]

3. Krieg gegen Mekka

Die Kriegszüge, Kern des Wirkens Mohammeds in Medina

Mit der Verkündung der Umgestaltung der Pilgerriten hatte Mohammed in aller Offenheit ausgesprochen, daß er den Umsturz der mekkanischen Verhältnisse anstrebte. Die Macht über das von Abraham errichtete Heiligtum würde „Allah und seinem Gesandten" zufallen; „Allah und sein Gesandter" erscheinen in Sure 2 als Instanzen, denen man unbedingten Gehorsam schuldet: Der Wucherzins (arab.: *ar-ribā*) ist fortan verboten, heißt es in Sure 2, Vers 278, und wer sich dem nicht fügt, dem sei „ein Krieg von seiten Allahs und seines Gesandten angesagt" (Vers 279). Dutzende Male bezieht sich der in Medina entstandene Teil der „Lesung" auf „Allah und seinen Gesandten";[75] nur ein einziges Mal dagegen stößt man auf diese Formulierung in einer mekkanischen Offenbarung, nämlich in Sure 72, wo es, der damaligen Lebenssituation des Propheten entsprechend, um die Übermittlung der göttlichen Botschaft (arab.: *ar-risāla*) geht, von der die Dschinnen nichts zu erhaschen vermögen. „Wer sich Allah und seinem Gesandten widersetzt, dem ist das Höllenfeuer bereitet..." (Vers 23). Jetzt, in Medina, wird der Ungehorsam nicht nur mit einer Jenseitsstrafe geahndet, er löst vielmehr auch den Einsatz irdischer Gewalt aus. Als Mohammed die Kuhsure verkündete, anderthalb Jahre nach der Hedschra, und sich in ihr ausdrücklich als den wahren Erben

Abrahams rühmte, waren dies nicht etwa programmatische Worte, denen das Handeln erst folgen sollte. Der Krieg gegen Mekka hatte längst begonnen, und die Botschaft von Sure 2 galt vornehmlich der Anhängerschar Mohammeds, insbesondere den medinensischen „Helfern", ohne deren tatkräftiges Mitwirken die Sache des Propheten kaum Aussicht auf Erfolg gehabt hätte.

Nach muslimischem Geschichtsverständnis machen die „Kriegszüge" (arab.: Pl. *al-maġāzī*) den Kern des Handelns Mohammeds in Medina aus.[76] Ihre Chronologie und ihre Begleitumstände sind sorgfältig überliefert worden. Al-Wāqidī (gest. 823), der sich dieses Gegenstandes mit großer Umsicht, ja mit Detailversessenheit annahm, besuchte nicht nur die Schauplätze des Geschehens, sondern trug auch die Dokumente zusammen, die manche Stämme seit der Zeit Mohammeds aufbewahrten, und zeichnete auf, was ihnen in Erinnerung geblieben war.[77] Die Ergebnisse seines Forscherfleißes, die im wesentlichen auf uns gekommen sind, eröffnen die Möglichkeit, die Darstellung Ibn Isḥāqs zu kontrollieren, und gewähren damit Einblick in die vielfältigen Bemühungen um eine dogmatische Überformung der erinnerten Geschichte.

Erste Aktivitäten gegen Mekka

Diese Zwischenbemerkung ebnet uns den Weg zur Erörterung der kriegerischen Maßnahmen, mit denen Mohammed schon wenige Monate nach seiner Ankunft in Medina begann; vor diesem Hintergrund, wir deuteten es an, sind sowohl die Vervollständigung der rituellen Vorschriften als auch Nutzbarmachung der „Lesung" als eines Werkzeugs unentwegter Indoktrinierung zu bewerten. Ḥamza b. ʿAbd al-Muṭṭalib, einem Oheim Mohammeds, schreibt man die Ehre zu, die erste Standarte, die der Prophet an eine Lanze geknüpft habe, ins Feld geführt zu haben. Mit je fünfzehn Auswanderern und „Helfern" sei Ḥamza im Ramadan, sieben Monate nach der Hedschra, an die Küste des Roten Meeres aufgebrochen, um eine quraišitische Karawane zu überfallen, die aus aš-Šaʾm erwartet wurde. Fast wäre es zum Kampf gekommen, jedoch Maǧdī b. ʿAmr von den Banū Ǧuhaina, ein Eidgenosse beider Seiten, habe ihn verhindern können, so daß Ḥamza mit leeren Händen zurückgekehrt sei. Dies überliefert al-Wāqidī. Bei Ibn Isḥāq ist dieser Raubzug bereits der zweite seiner Art. Vorher sei ʿUbaida b. al-Ḥāriṯ aus der Sippe des al-Muṭṭalib b. ʿAbd Manāf b. Quṣaij, die in Mekka zusammen mit den Banū ʿAbd al-Muṭṭalib der Ächtung ausgesetzt gewesen war, im Auftrag Mohammeds in die Gegend von al-Ǧuḥfa vorgedrungen, habe unterwegs eine größere Schar Quraišiten getroffen, aber wohl den Kampf nicht gewagt. Nur Saʿd b. abī Waqqāṣ habe einen Pfeil verschossen, den ersten, den ein Muslim in einem Krieg riskierte. Laut al-Wāqidī wurde ʿUbaida jedoch einen Monat später als Ḥamza abkommandiert. Diese Unstimmigkeiten lassen sich so erklären: Es geht nicht um die Chronologie der Ereignisse, sondern um das Verdienst, der erste von Mohammed beauftragte Befehlshaber gewesen zu sein; die beiden Autoren haben je einen anderen im Auge, dem sie diese Ehre zuerkennen möchten, entweder dem Oheim des Propheten oder jenem ʿUbaida, der bald darauf bei Badr neben Ḥamza als Einzelkämpfer vor die muslimische Schlachtreihe trat und, schwer verwundet, von diesem gerettet wurde, jedoch wenig später seinen Verletzungen erlag.[78]

Während al-Wāqidī Ḥamza, dem in der späteren muslimischen Historiographie vielgefeierten Helden,[79] den Vorzug einräumt, setzt Ibn Isḥāq ihn erst an die dritte Stelle, gesteht ʿUbaida die zweite zu und behält die erste, wir ahnen es, Mohammed selber vor: Elf Monate nach der Hedschra, im Ṣafar des Jahres 2 (begann am 4. August 623), verließ dieser Medina, um die Quraišiten und deren Verbündete, die Banū Ḍamra b. Bakr b. ʿAbd Manāt, zu attackieren. Bei al-Abwāʾ, dem Ort, an dem seine Mutter begraben war, traf er auf den Stammesführer der Banū Ḍamra, mit dem er ein Abkommen schloß.[80] Der Stammesverband der Banū Bakr b. ʿAbd Manāt war einst gegen Quṣaij gestanden und hatte die Ḫuzāʿiten unterstützt, denen jener die Herrschaft über den mekkanischen Kult entrissen hatte;[81] die Beziehungen der Quraišiten zu den Banū Bakr waren daher lange spannungsgeladen, ehe sich in Mohammeds Zeit neue Allianzen herausgebildet hatten.[82] Damals lebte der bakritische Klan der Banū Ḍamra immer noch zusammen mit einigen Ḫuzāʿiten, und zwar sechsunddreißig Meilen nördlich Mekkas am Rande der Küstenebene bei ʿUsfān.[83] Indem er mit ihnen sowie mit ihren weitläufigen Verwandten, den Banū Mudliǧ b. Murra b. Kināna,[84] ein friedfertiges Verhältnis in die Wege leitete, schuf er eine wichtige Voraussetzung für die Eroberung Mekkas; er bedrohte von nun an die nach aš-Šaʾm führenden Handelsstraßen. Laut Ibn Saʿd erreichte er die Vereinbarung, daß man sich gegenseitig nicht bekriegen werde; die Banū Ḍamra sollen sich darüber hinaus verpflichtet haben, seine Feinde nicht zu unterstützen.[85] Ibn Isḥāq betrachtet diese Unternehmung als den ersten muslimischen Kriegszug, weil eben alles mit Mohammed anfangen muß. Hält man sich an die überlieferte Chronologie, dann waren Ḥamza und nach diesem ʿUbaida noch vor ihm, jedoch in seinem Auftrag, zum Kampf ausgerückt. Ein ergebnisloser Streifzug unter Saʿd b. abī Waqqāṣ ist ebenfalls noch zu vermelden. Dann erst wagte sich der Gesandte Allahs persönlich aus dem Weichbild Medinas heraus und erzielte den eben geschilderten diplomatischen Erfolg – in einem Landstrich, der ihm womöglich seit den Tagen der frühesten Kindheit bekannt war.[86]

Höchst aufschlußreich sind etliche in die Berichte eingestreute Bemerkungen. So schreibt Ibn Isḥāq zu Ḥamzas Feldzug: „(Er hatte) dreißig Berittene mit sich, unter ihnen niemanden von den ‚Helfern'."[87] Bei al-Wāqidī dagegen liest man, je fünfzehn Auswanderer und „Helfer" hätten seinem Kommando unterstanden: Das Ideal einer Gemeinschaft, an der beide Gruppierungen gleichberechtigt Anteil haben, wird an den Beginn der medinensischen Kriegsgeschichte gestellt, die überdies nicht – wie bei Ibn Isḥāq – von Mohammed selber, sondern von einem Auswanderer im Auftrage des Propheten eingeleitet wird. Al-Wāqidī fügt allerdings sofort eine Überlieferung an, die jenes Idealbild zweifelhaft erscheinen läßt. Sie stammt nicht aus dem Milieu der Auswanderer und ihrer Nachkommen, sondern geht auf zwei Tradenten zurück, deren Väter, Maḫzūmiten, erst beim Einrücken Mohammeds in Mekka den Islam annahmen: Saʿīd b. al-Musaijab[88] und ʿAbd ar-Raḥmān b. Saʿīd b. Jarbūʿ[89] (gest. 727). „Der Gesandte Allahs", stellten sie richtig, „schickte niemanden von den ‚Helfern' in den Kampf, bevor er selber den Feldzug nach Badr anführte. Er vermutete nämlich, daß sie ihn nicht unterstützen würden."[90] Aus derselben Quelle hat al-Wāqidī eine ergänzende Aussage, die sich völlig mit dem deckt, was wir vorhin über den Inhalt der zweiten Vereinbarung von al-ʿAqaba erschlossen: „Die ‚Helfer' hatten sich ihm gegenüber (lediglich) verpflichtet, ihn auf ihrem Gebiet (arab.: *ad-dār*) (in Medina) zu schützen."[91]

Mohammed bereitete demnach ohne die Mithilfe der Medinenser seinen Krieg gegen Mekka vor. Allein mekkanische Auswanderer schickte er zur Erkundung aus und um die Quraišiten zu überfallen und auszurauben. Daß die Medinenser diese Aktivitäten mit gemischten Gefühlen beobachteten, werden wir sehen. Zunächst müssen wir den Gang der Ereignisse bis gegen Ende des zweiten Jahres seines Aufenthaltes bei den „Helfern" verfolgen. Danach werden wir uns den inneren Verhältnissen Medinas zuwenden. Der Widerstand gegen einen von einer sektiererischen Minderheit der Einheimischen herbeigeholten Mann, der der Gesandte Allahs zu sein behauptete und Anstalten machte, sich mit diesem Anspruch zum Herrn der Oase aufzuschwingen und deren Bewohner in langwierige Kriege gegen Mekka zu verwickeln, war keineswegs geringfügig. Mit politischem Geschick, aber auch mit Kaltschnäuzigkeit und Ruchlosigkeit wußte Mohammed ihn zu brechen, und nicht zuletzt kam ihm in brenzligen Situationen sein Alter ego zu Hilfe, das er immer virtuoser seinen vielfältigen Belangen nutzbar zu machen lernte. Wir werden dies an zahlreichen Beispielen aus den medinensischen Partien der „Lesung" aufzeigen.

Störungen des mekkanischen Handelsverkehrs nach aš-Šaʾm

Der Feldzug nach al-Abwāʾ war mit einem politischen Erfolg gekrönt worden; die Banū Ḍamra hatten versprochen, nicht mit den Quraišiten gemeinsame Sache zu machen. Dies ermunterte Mohammed, im dreizehnten Monat nach der Hedschra (September 623) nach Buwāṭ[92] auszurücken, um einer quraišitischen Karawane aufzulauern. Er stieß somit in ein strategisch wichtiges Gebiet vor, westsüdwestlich von Medina, durch das sich die von aš-Šaʾm nach Mekka ziehenden Karawanen bewegten und das außerdem mehrere kleine Häfen aufwies, die von Ägypten aus angelaufen wurden.[93] Für dieses Mal blieb Mohammed ohne Erfolg. Die quraišitische Karawane, zweitausendfünfhundert Lastkamele, wurde von einer starken Eskorte bewacht. Der Prophet „kehrte zurück, ohne auf eine Kriegslist (des Feindes) getroffen zu sein",[94] wie es bei ergebnislosen Unternehmungen oft heißt,[95] eine Formel, die den Anschein erwekken soll, Gewalt sei immer von den Feinden ausgegangen.[96] Noch im selben Monat gelangte Mohammed zum ersten Mal in die Nähe von Badr, wo sich in Bälde jene Schlacht ereignen sollte, die den Muslimen die Überzeugung vermittelte, Allah stehe unverbrüchlich auf ihrer Seite, und die ihre medinensischen Gegner ins Unrecht zu setzen schien. Jetzt ging es nur um frei weidendes Vieh, das Medinensern gehörte und geraubt worden war; dergleichen durfte nicht durchgehen. Ein viertel Jahr später wagte er erneut einen Vorstoß in jene Gegend, diesmal mit räuberischem Ziel; ihm war zu Ohren gekommen, die Mekkaner hätten kostbare Güter nach aš-Šaʾm abgefertigt. Aber dieser Feldzug blieb ohne Ergebnis. Denn die Karawane hatte den Ort, wo er ihr auflauern wollte, schon passiert.[97]

Mohammed beschränkte seine kriegerischen Aktivitäten nicht auf die Tihama. Im heiligen Monat Rağab (begann am 29. Dezember 623) schickte er ʿAbdallāh b. Ǧaḥš al-Asadī,[98] einen der aus Äthiopien zurückgekehrten Exilanten, nach Süden, bis in die unmittelbare Nähe Mekkas. Bei Naḫla, zwischen Mekka und aṭ-Ṭāʾif gelegen, überraschte ʿAbdallāh einige Quraišiten; sogleich den Kampf aufzunehmen, fühlten sich die Muslime nicht stark genug. Sie täuschten vor, unterwegs zur kleinen Wallfahrt zu sein, die ja jederzeit möglich ist. Im übrigen wäre eine Attacke gegen die Mekkaner anrüchig gewesen, denn man war noch im Raǧab, in dem alles Kämpfen verboten ist. Es war, so glaubte man, der letzte Tag des Monats; aber würde man bis zum Anbruch des darauffolgenden Monats Šaʿbān warten, hätten die Feinde das heilige Gebiet erreicht und wären in Sicherheit gewesen. ʿAbdallāh und seine Mannen kamen daher zu der Einsicht, man wisse nicht genau, ob der Raǧab vorüber sei. Im Zweifel war es besser, die Gelegenheit zu nutzen und loszuschlagen. Man überrumpelte die Karawane und machte zwei Gefangene, erlitt aber auch selber Verluste. An die Überlieferung vom Gefecht bei Naḫla, an dem auf muslimischer Seite nur ein Dutzend Männer beteiligt waren, knüpfen sich eine Reihe folgenschwerer Regelungen. Da war die Frage nach der Statthaftigkeit von Kampfhandlungen zu einem Zeitpunkt, an dem die guten Sitten sie untersagt hätten. Mohammed entschied, daß man sich im Interesse Allahs über diese hinwegsetzen dürfe: „Sie fragen dich nach dem heiligen Monat, dem Kämpfen in ihm. Sprich: ‚Das Kämpfen in ihm ist schwerwiegend. Das Abhalten vom Pfad Allahs, der Unglaube betreffs Allahs und (seines) geheiligten Gebetsplatzes und die Vertreibung seiner Leute von diesem wiegen bei Allah schwerer!' Die Anfechtung ist schlimmer als das Töten; sie bekämpfen euch doch unablässig, um euch nach Möglichkeit von einer (bestimmten) Glaubenspraxis abzubringen. Wer unter euch von seiner Glaubenspraxis abfällt und dann als Ungläubiger stirbt, dessen irdische und jenseitige Werke sind verfehlt, und er wird auf ewig im Höllenfeuer weilen" (Sure 2, 217; vgl. Vers 191). Zum ersten Mal stellte sich ferner die Frage, wie man die Kriegsbeute verteilen solle. Ein Fünftel, so entschied Mohammed, müsse Allah, d.h. ihm und seinen Ambitionen, vorbehalten bleiben (vgl. Sure 8, 41). Endlich ist hervorzuheben, daß ʿAbdallāh b. Ǧaḥš, als Mohammed ihn abordnete, mit dem Titel „Heerführer der Gläubigen" (arab.: *amīr al-muʾminīn*)[99] ausgezeichnet worden war. Vom Kalifat ʿUmar b. al-Ḫaṭṭābs (reg. 634–644) an wird dieser Titel für islamische Herrscher üblich werden; sobald wir erörtern, was die „Lesung" in den medinensischen Jahren, die uns jetzt beschäftigen, unter den Gläubigen versteht, wird uns die Tragweite dieses nur scheinbar beiläufigen Vorganges bewußt werden.

Der Sinn des Vorstoßes nach Naḫla erschließt sich uns erst, wenn wir uns den Zusammenhang vergegenwärtigen, in den die Quellen ihn einordnen. Eine Karawane nach aš-Šaʾm war Mohammed gerade entwischt; er konnte abschätzen, wann sie zurückkehren werde. Die Stadt, in der die Quraišiten ihre Güter umschlugen, war Gaza. Man unterrichtete die Reisenden davon, daß sie mit knapper Not einem Überfall entronnen waren, und diese fürchteten nun, daß sie auf dem Rückweg von einem weit besser vorbereiteten Feind gestellt würden. Unbegründet war diese Furcht nicht. Denn beim Streifzug des ʿAbdallāh b. Ǧaḥš war es weniger um Beute gegangen als um die Erkundung der Pläne der Mekkaner zur

Sicherung der erwarteten Karawane, vermutlich auch darum, sie über die wahren Absichten Mohammeds im ungewissen zu lassen – würde er vielleicht gar nicht in der Tihama losschlagen? In jedem Falle war die Lage der aus Gaza anreisenden Kaufleute alles andere als beruhigend, da man zudem hörte, daß Mohammed mit den Banū Bakr ein Abkommen geschlossen hatte.[100] Mohammed seinerseits wollte früh genug vom Herannahen des Handelszuges Kenntnis erlangen. Er schickte zwei Späher aus, die sich an der Küste unweit Janbuʿs bei einem Mann von den Banū Ǧuhaina Fremdenschutz erbaten. Mit eigenen Augen sahen sie die quraišitische Karawane und vermochten den Wert der mitgeführten Güter abzuschätzen. Bei der nächstbesten Gelegenheit ritten sie nach Medina zurück. Die Kaufleute freilich waren mißtrauisch und fragten den Gastgeber der beiden aus; habe er Spione Mohammeds bemerkt? Der Mann soll seine Kenntnisse standhaft geleugnet haben. Als er später einmal selber nach Medina kam, wollte Mohammed ihm zum Lohn dafür die Erträge der Ortschaft Janbuʿ überschreiben; er sei schon zu alt, erwiderte jener, die Einkünfte sollten lieber seinem Neffen zugewiesen werden. Mohammed kam diesem Wunsch nach.[101]

Maßnahmen zur Festigung der inneren Sicherheit

Dies sind die wesentlichen Ereignisse, vor deren Hintergrund Mohammed die Sure 2 schuf. Es ging ihm um die Macht in Mekka und um die Neugestaltung des Kultes an der Kaaba. Er wußte aber nicht, inwieweit er bei der Verwirklichung seiner Pläne auf die Mithilfe der Ausiten und der Ḫazraǧiten rechnen durfte. Ṯābit b. Qais b. Šammās,[102] der ḫazraǧitische Redner (arab.: *al-ḫaṭīb*) der Medinenser, hatte Mohammed, sobald dieser eingetroffen war, unmißverständlich darauf hingewiesen, wozu die Gastgeber verpflichtet waren: „Wir schützen dich, wovor wir uns selber und unsere Kinder schützen."[103] Das entsprach dem Herkommen, wie wir aus dem Bericht über das Asyl an-Nuʿmān b. al-Munḏirs bei den Banū Šaibān wissen.[104] Mohammed mußte die Medinenser erst in seine Feindschaft gegen Mekka, das ihn vertrieben hatte, hineinziehen. Offensichtlich gelang ihm dies, indem er an das Band des gemeinsamen Glaubens appellierte. Was die Quellen hierüber berichten, werden wir kennenlernen. Doch der Gesandte Allahs verließ sich nicht allein darauf, auch nicht allein auf die regelmäßigen Kulthandlungen, in denen das Gedankengut seines „Buches" vermittelt wurde. Ein wichtiges Symbol der Zusammengehörigkeit, das auch außerhalb der Gottesdienste seine Wirkung entfalten konnte, war der „Friedensgruß", der unter den Muslimen die überkommenen Formeln abzulösen hatte: Wer *as-Salām* – „Friede!" – sagte, gab sich als einer der „zum Paradies Bestimmten" zu erkennen[105] – das man, wie wir hören werden, am ehesten über die Teilnahme am Glaubenskrieg erreichte. Desweiteren verbrüderte er je einen mekkanischen Asylanten mit einem Ausiten oder Ḫazraǧiten. Bereits in Mekka verband er einige seiner Anhänger auf diese Weise, etwa az-Zubair b. al-ʿAuwām mit ʿAbdallāh b. Masʿūd.[106] Diese mekkanische Verbrüderung besagte lediglich, daß die beiden Betroffenen einander über die Klangrenzen hinweg unterstützen sollten. Anders in Medina: Dort sollte das zwischen einem Auswanderer und einem Ausiten oder Ḫazraǧiten gestiftete enge Verhältnis auch das Recht einschließen, einander zu beerben. Als aber bei Badr viele Muslime gefallen waren, wurde diese Bestimmung rasch aufgehoben (Sure 8, 75).[107] Zuletzt ist Sure 2, Vers 178 zu erwähnen; dort verfügt Mohammed, daß im Falle von Verbrechen gegen Leib und Leben ein Wergeld (arab.: *ad-dija*) auszuhandeln sei, damit man endlose Fehden vermeide. Die Quraišiten betrachteten diese Bestimmung als eine altehrwürdige Regel, die einst ihr Ahnherr an-Naḍr b. Kināna b. Ḫuzaima ersonnen und durchgesetzt habe.[108] In Medina dagegen hatten sich die Ausiten und die Ḫazraǧiten darauf geeinigt, daß nur dann ein Wergeld vereinbart werden könne, wenn eine Bluttat im Wohnturm oder im Palmengarten des Opfers geschehen war. Das bedeutete, daß nur dort, nicht aber auf anderem Gelände, ein Schutz vor Übergriffen bestand.[109] Nicht zu Unrecht erinnerte Mohammed daran, daß nur eine unabhängig vom Territorium fällig werdende Vergeltung bzw. Ersatzleistung das Leben sichere (Sure 2, 179). Wenn er erfolgreich gegen Mekka zu Felde ziehen wollte, dann mußte er die ungezügelten Kämpfe, unter denen Medina bisher so sehr gelitten hatte, möglichst unterbinden.

Die Vorgeschichte der Schlacht bei Badr

Zurück zur Vorgeschichte des ersten Kräftemessens Mohammeds mit den Mekkanern! Badr war eine wasserreiche Örtlichkeit, die von Reisenden gern als Rastplatz genutzt wurde. Überdies fanden dort alljährlich Markttage statt.[110] Abū Sufjān, der Führer der aus aš-Šaʾm zurückkehrenden mekkanischen Karawane, hatte zunächst beabsichtigt, wie üblich bei Badr haltzumachen. Als Ḥamza b. ʿAbd al-Muṭṭalib im Jahr vorher in die Tihama vorgerückt war – ging es diesem schon damals um die Jahr für Jahr durchgeführte quraišitische Handelsunternehmung? – hatte Maǧdī b. ʿAmr Feindseligkeiten zwischen den muslimischen Angreifern und den Mekkanern verhindert. Jetzt erkundigte sich Abū Sufjān bei Maǧdī, was er über Mohammeds Aktivitäten wisse. Maǧdī antwortete zögernd, ihm seien zwei fremde Kamelreiter aufgefallen. Abū Sufjān ließ sich genau zeigen, wo, und entdeckte an dem bezeichneten Ort Kamellosung; indem er diese in Augenschein nahm, wurde ihm klar, daß die Tiere Futter erhalten hatten, wie es in Medina gebräuchlich war. Er verzichtete daraufhin auf die gewohnte Rast bei Badr und trieb die Karawane zu äußerster Eile an.[111] Es konnte nun keinen Zweifel mehr an den Plänen Mohammeds geben. Schon in aš-Šaʾm war Abū Sufjān gewarnt worden, und er hatte einen Kamelhirten, den er in Dienst genommen hatte, nach Mekka vorausgeschickt, um die Quraišiten zu alarmieren; mit einer Streitmacht, so hatte er vorgeschlagen, sollten sie ihm entgegenziehen.[112] An der Dringlichkeit der Bitte ließ der Hirte, wie ihm aufgetragen war, keinen Zweifel: Die Ohren seines Reittieres schlitzte er auf,[113] um kundzutun, daß es nach Erfüllung dieser wichtigen Mission zu den frei weidenden, nicht mehr zu nutzenden zähle; den Sattel legte er verkehrt herum auf, das Gewand zerriß er sich vorn und hinten, und, in diesem Aufzug in die Stadt einreitend, rief er unablässig um Hilfe.[114] Tatsächlich konnte er die Mekkaner vom Ernst der Lage überzeugen. Abū Ǧahl zog die Kämpfer zusammen, die die Stadt aufbieten konnte. Doch man wurde mit Schrecken gewahr, daß man, wenn diese nun abrückten, Frauen und Kinder schutzlos zurückließe – eine leichte Beute für die Banū Bakr, mit denen man wieder einmal in Blutfehde lag. Da war es allemal besser, man nahm Frauen und Wertgegenstände mit auf den Kriegszug, obwohl man das kommende Unheil geahnt habe.

Denn die Stadt, so wird erzählt, sei bei der Ankunft des Boten Abū Sufjāns in einer wenig hoffnungsfrohen Stimmung gewesen. ʿĀtika bt. ʿAbd al-Muṭṭalib, eine mit dem Maḫzūmiten Abū Umaija b. al-Muġīra verheiratete Tante des Propheten,[115] habe einen Traum gehabt, der Unheil verheißen habe: Ein fremder Reiter ruft die Mekkaner zu einem Gefecht, in dem sie den Tod finden werden. Damit kommen wir wieder in den Bereich der abbasidischen Mohammedlegenden: ʿĀtika erzählt diesen Traum niemand anderem als ihrem Bruder al-ʿAbbās, der kurz danach mit Abū Ǧahl in einen Streit gerät; Abū Ǧahl will nämlich keine böse Vorbedeutung erkennen, sondern mokiert sich darüber, daß sich mittlerweile sogar die Frauen der Banū ʿAbd al-Muṭṭalib die Prophetie anmaßen. Das Erscheinen des Eilboten Abū Sufjāns hindert al-ʿAbbās daran, von Abū Ǧahl Genugtuung für die respektlosen Worte zu fordern.[116] Al-ʿAbbās, der Heide, ist eben schon längst ein verkappter Anhänger Mohammeds und weiß, was kommen wird und muß; die Ausrüstung einer quraišitischen Streitmacht, von Abū Ǧahl hastig ins Werk gesetzt, bedeutet ihm nichts weiter als Hoffart wider Allah und ein frevelhaftes Anrennen gegen dessen unabänderlichen Ratschluß.

Das Vorgehen der Mekkaner gemäß den islamischen Quellen

Die Quraišiten unter Abū Ǧahl rückten nach Norden ab, begleitet von zahlreichen Frauen; die Gründe hierfür wurden eben genannt. Jener Maǧdī b. ʿAmr von den Banū Ǧuhaina wußte von dem Feldzug Abū Ǧahls; in Mekka sei kein Quraišite, keine Qurašitin zurückgeblieben, die ein Vermögen von zwanzig Silberdirhem[117] oder mehr besaßen.[118] In der muslimisch gefärbten Historiographie erscheint das ganze Unternehmen, wie angedeutet, als eine von Luxus und Hoffart begleitete Freveltat, die ob ihrer Verwerflichkeit scheitern mußte. Den Ausgangspunkt dieser Deutung bildet Sure 8, Vers 47; Mohammed stellt den eigenen Anhängern die besiegten Mekkaner als ein abschreckendes Beispiel für Hochmut und Selbstüberschätzung dar: „Seid nicht wie diejenigen, die überheblich und um bei den Menschen Eindruck zu schinden ihre Wohnsitze verließen!...“ Welche unangenehmen Fragen Mohammed mit dem Anschwärzen seiner Feinde überspielen wollte, werden wir erfahren. Die Überlieferung malt diese koranischen Vorgaben mit kräftigen Farben aus: Unterwegs hätten sich die Quraišiten die Langeweile von Sängerinnen vertreiben lassen, hätten bei jedem Halt Kamele geschlachtet, Wettkämpfe im Lanzenwerfen veranstaltet – kurz, hätten es am Ernst fehlen lassen. Der Unterschied zu den um der Sache Allahs willen aufbrechenden Kriegern soll den Lesern vor Augen treten. Neunhundertundfünfzig kampffähige Männer hätten die Mekkaner aufgeboten und – welch ein Reichtum! – einhundert Pferde, die den Prominenten gehört hätten, dreißig allein den Banū Maḫzūm, und jeder Pferdebesitzer habe ein Panzerhemd getragen, und selbst unter den Fußsoldaten seien einige damit ausgerüstet gewesen; noch dazu hätten die Quraišiten über siebenhundert Kamele verfügt![119] Die Wohlhabenden, Gottlosen zogen den frommen, dürftig ausgestatteten, aber opferbereiten Männern Mohammeds entgegen.

Sobald die Quraišiten al-Ǧuḥfa erreicht hatten, widerfuhr Ǧuhaim b. aṣ-Ṣalt, einem Angehörigen der Sippe al-Muṭṭalib b. ʿAbd Manāfs, im Halbschlaf ein Gesicht: Ein Mann kam auf einem Pferd herbeigeritten, er führte ein Kamel an seiner Seite; „ʿUtba b. Rabīʿa, Šaiba b. Rabīʿa, Abū l-

Ḥakam b. Hišām, Umaija b. Ḫalaf sind gefallen", verkündete er und nannte weitere Männer, die in Kürze bei Badr den Tod finden sollten; dann schnitt er dem Kamel die Kehle an und trieb es in das Lager, und jedes Zelt wurde vom hervorspritzenden Blut befleckt. „Noch ein Prophet, diesmal von den Banū l-Muṭṭalib!" soll Abū Ǧahl gehöhnt haben, als man ihm von diesem Traum erzählte.[120] Träume gehören nach einer im damaligen Arabien verbreiteten Vorstellung zur Prophetie. Einen siebzigsten Teil von ihr, nach einer anderen Fassung einen sechsundvierzigsten, machen sie aus, habe Mohammed einmal gemeint.[121] Was der aufmerksame Leser der Quellen vorerst notiert, ist der auffällige Umstand, daß im heraufziehenden Krieg die Protagonisten für eben jene quraišitischen Lager stehen, die einander schon in der Affäre um die Ächtung der Hāšimiten gegenübergetreten waren: Abū Ǧahl, der Maḫzūmite, und Abū Sufjān, der Nachkomme des ʿAbd Šams, auf der einen Seite, auf der anderen Hāšimiten und Angehörige der Banū l-Muṭṭalib. Mohammed entsandte zunächst ʿUbaida b. al-Ḥāriṯ von den Banū l-Muṭṭalib und danach den eigenen Onkel Ḥamza b. ʿAbd al-Muṭṭalib in Gefechte gegen Mekka, ehe er sich nun selber beteiligte. Einer ausdrücklichen Legitimierung bedarf es für die Führerschaft ʿUbaidas und Ḥamzas nicht, sie setzten einfach den in Mekka ausgebrochenen Zwist fort. ʿAbdallāh b. Ǧaḥš dagegen, der zu keiner der beiden Sippen zählt, nicht einmal ein Quraišite ist, sondern dem Verband der Banū Asad b. Ḫuzaima angehört, allerdings zu einer Sippe, die mit den Banū ʿAbd Šams eine Eidgenossenschaft eingegangen ist,[122] benötigt als Kommandeur einer Streifschar eigens eine Rechtfertigung; ihm verleiht Mohammed den Rang eines „Heerführers der Gläubigen" und bezieht sich damit auf die religiös-politische Gemeinschaft, die im Begriff ist, die überkommenen Grenzlinien zu übersteigen und neue festzulegen. Daß die Mutter ʿAbdallāhs eine Tante Mohammeds ist, Umaima bt. ʿAbd al-Muṭṭalib,[123] mag der Ernennung förderlich gewesen sein. – Im mekkanischen Heer wird die geächtete Partei durch ʿĀtika bt. ʿAbd al-Muṭṭalib und Ǧuhaim b. aṣ-Ṣalt vertreten, die, obwohl keine Anhänger Mohammeds, das blutige Ende der Vorherrschaft Abū Ǧahls, des Maḫzūmiten, und Abū Sufjāns, des Urenkels von ʿAbd Šams, weissagen. Wie zuvor Mohammed, so trifft nun ʿĀtika und Ǧuhaim der Vorwurf, sich die Prophetie anzumaßen, und ruft uns die Anfänge der Auseinandersetzungen Mohammeds mit den in jenen Tagen mächtigen Sippen ins Gedächtnis zurück.

Uneinigkeit in den Reihen der Mekkaner

Abū Sufjān hatte seine Karawane zur Eile angetrieben. Deswegen verpaßte er das ihm entgegenziehende quraišitische Heer. Sobald er sicheres Gebiet erreicht hatte, ließ er es vom glücklichen Ende seiner Handelsreise unterrichten. In al-Ǧuḥfa, wo Ǧuhaim seinen bösen Traum gehabt haben soll, scheint Abū Sufjāns Bote die Quraišiten eingeholt zu haben. Dort jedenfalls beschloß der Ṯaqafite al-Aḫnas b. Šarīq, ein Eidgenosse der Banū Zuhra, er werde nach Mekka umkehren; es gebe nichts mehr zu verteidigen. Die Banū Zuhra ließen Abū Ǧahl im Stich, desgleichen einzelne Mitglieder anderer Sippen. Allein die Banū ʿAdī b. Kaʿb blieben vollzählig bei der Stange. Abū Ǧahl drang auf Fortsetzung des Feldzugs, wohl nicht, um Mohammed eine Niederlage beizubringen. Folgt man den Berichten, so rechnete er nicht mehr mit einem Gefecht gegen den vertriebenen Gesandten Allahs, von dessen Wirken in Medina er sich vermutlich ein ganz falsches Bild machte. Die Karawane, die die Begehrlichkeit Mohammeds und seines Anhangs geweckt hatte, war entkommen. Bewegte man sich in den Bahnen der herkömmlichen Vorstellungen, dann war ein Angriff auf eine mekkanische Streitmacht auszuschließen; denn ohne Unterstützung durch die Aus und die Ḫazraǧ wäre das ein aussichtsloses Unterfangen gewesen. Mohammed war zudem deren Schützling; sein Status war zu gering, als daß er ihnen einen Krieg gegen Mekka hätte aufnötigen können. Sie hatten sich bislang ja auch nicht an den von ihm ausgeheckten Überfällen beteiligt. Viel ernster aber war die Gefahr eines Zusammenwirkens Mohammeds und der Auswanderer mit den Banū Bakr; mit ihnen hatte er, das wird nicht geheim geblieben sein, bereits eine Verabredung getroffen. Man mußte zeigen, wer der Herr in jener strategisch so wichtigen Gegend war. Abū Ǧahl hielt es daher für dringend geraten, nicht auf der Stelle zurückzukehren, sondern den Stämmen zu demonstrieren, daß man das Prestige zu wahren gewillt war. Man solle bis Badr weiterziehen, befand Abū Ǧahl. Ob der Zeitpunkt des dortigen Markttages gerade gekommen war, erfahren wir nicht; es ist nicht wahrscheinlich. So haftete dem Unternehmen, das Abū Ǧahl durchsetzte, trotz allem politischen Kalkül etwas Befremdliches an. Drei Tage, hatte er angeordnet, werde man bei Badr verweilen und sich mit dem Verzehr von reichlich Fleisch, mit dem Genuß von Wein und Gesang eine angenehme Zeit machen, ganz wie es uns von altarabischen Festlichkeiten erzählt wird.[124] Die Stämme würden, so hoffte Abū Ǧahl, von diesem Geschehen hören, „und sie werden uns danach auf immer respektieren".[125]

Daß die Mekkaner die Lage falsch beurteilten, ja falsch beurteilen mußten, liegt nach der Analyse der Voraussetzungen für ihre Entscheidungen auf der Hand. Auch jene, die umkehrten, taten dies nicht in Kenntnis der neuartigen politischen und gesellschaftlichen Gegebenheiten, denen man sich künftig gegenübersehen würde, sondern aus ganz eigensüchtigen Beweggründen. Natürlich wußte man in Mekka, daß Mohammed in seinem Exil alles daransetzte, die Quraišiten in Bedrängnis zu bringen. Saʿd b. Muʿāḏ, ein Ausite aus der Sippe der Banū ʿAbd al-Ašhal und durch Muṣʿab b. ʿUmair für den Islam gewonnen,[126] war noch kurz vor der Schlacht bei Badr nach Mekka gereist, um die Riten der kleinen Wallfahrt zu vollziehen; dort mußte er sich die Vorwürfe Umaija b. Ḫalafs anhören, bei dem er Quartier genommen hatte. Die Medinenser hätten Mohammed eine Bleibe verschafft, und nun gefährde dieser die mekkanischen Interessen. Saʿd hielt dem entgegen, er selber und seine Leute wollten die Sicherheit der Karawanenroute gewährleisten,[127] eine Aussage, die Umaija wenig glaubwürdig erschienen sei. Als die Mekkaner sich bald darauf ermannen mußten, der erwarteten Karawane entgegenzuziehen, wäre Umaija b. Ḫalaf am liebsten zu Hause geblieben; erst als man ihm weibische Feigheit vorgehalten habe, habe er sich zum Aufbruch durchringen können.[128] Wenn Saʿd b. Muʿāḏ damals tatsächlich die Sicherheit der Route zugesagt haben sollte, dann wäre dies ein leeres Versprechen, wenn nicht gar eine Täuschung gewesen. Denn er sollte es sein, der auf dem Weg in den Kampf die letzten Zweifel Mohammeds an der Loyalität der medinensischen Begleiter zerstreute,[129] als klar geworden war, daß es sich nicht um einen Raubüberfall handeln werde.

Rechtfertigungen von seiten der Medinenser

Was bewog die medinensischen Muslime, sich über das bewährte Fremdenrecht hinwegzusetzen und sich durch ihren Schützling in einen Krieg gegen dessen Feinde verstricken zu lassen? „Mohammed, und mit ihm die Ṣābiʾer von euren jungen Männern und von den Leuten aus Jaṯrib",[130] so beschrieb man in Mekka den Feind und hob dabei die neue Glaubenspraxis als dessen einendes Band hervor. Diese Ansicht wird durch eine Episode in Medina bestätigt. Ḫubaib b. Jūsuf und Qais b. Muḥarriṯ waren zwei für ihre Kriegskünste bekannte Haudegen, mit dem Islam aber hatten sie sich bis dahin nicht anfreunden können. Als Mohammed mit vierundsiebzig Auswanderern und ungefähr zweihundert „Helfern" von Medina aufbrach, wollten jene beiden nicht zurückstehen. Sie ritten hinterher, holten Mohammed ein und baten ihn, er möge sie am Beutezug beteiligen. Er forderte, sie sollten auf der Stelle den Islam annehmen; dies lehnten sie zunächst ab, wobei Ḫubaib daran erinnerte, Mohammed sei doch „der Sohn unserer Schwester und unser Schützling". Was für Ḫubaib gemäß dem heidnischen Rechtsempfinden überzeugende Gründe zum Mittun waren, ließ der Prophet nicht gelten. Ḫubaib überlegte es sich vor der Schlacht doch noch anders, trat zum Islam über und stellte im Kampf seine Tüchtigkeit unter Beweis. Qais dagegen mußte unverrichteterdinge nach Medina zurückkehren. Sobald die Muslime dort siegreich und mit Gütern beladen eingetroffen waren, bemerkte er, was ihm entgangen war, und wurde nun ebenfalls Muslim. Die Zugehörigkeit zur neuen Religion war die Voraussetzung für die Beteiligung an den Raubzügen – ein äußerst nützlicher Schachzug Mohammeds. Was sich bereits in der Berufung des ʿAbdallāh b. Ǧaḥš zum „Heerführer der Gläubigen" ankündigt, setzt er zielsicher fort: Nur unter seiner von Allah bekräftigten Macht, die sich im Vollzug der Riten und in der ein ums andere Mal rezitierten „Lesung" ein für Arabien neuartiges Fundament geschaffen hat, darf das Kriegshandwerk ausgeübt werden, das nunmehr wie ein Privileg der Rechtgläubigen erscheint.

Eine Szene, die al-Wāqidī überliefert, bringt diese Vorstellungen, deren Niederschlag im Koran wir im einzelnen studieren werden, sehr lebendig zum Ausdruck. Erst in der Nähe von Badr eröffnet Mohammed den Männern, die mit ihm aus Medina fortzogen, was ihnen bevorstehe: Ein Überfall auf die nur von geringen Kräften eskortierte Karawane oder aber eine Schlacht gegen die von Mekka aufgebotenen Truppen. Sei man bereit, ihm unter diesen Umständen zu folgen? Zuerst äußert Abū Bakr bedingungslose Zustimmung, dann ʿUmar b. al-Ḫaṭṭāb; nie würden die hochmütigen Quraišiten, so ʿUmar, freiwillig auf ihre Macht verzichten. „Sie werden dich bekriegen", sagt er zu Mohammed, „darum rüste du dich zum Kampf!" Jetzt ergreift al-Miqdād b. ʿAmr das Wort, ein mit einer Base Mohammeds verheirateter, früh zum Islam übergetretener Eidgenosse der Banū Zuhra; er erinnert an Mose und die Banū Isrāʾīl, deren koranische Geschichte bei den Muslimen Medinas populär war;[131] schon in Mekka war sie von Mohammed benutzt worden, um den Kampf gegen die quraišitischen Klanführer zum Ringen Moses gegen den bösartigen

Pharao zu stilisieren. – Bis weit in die Epoche des Damaszener Kalifats hinein begegnet man diesen Motiven; sie spielen auf einen Zwist an, in dem unter veränderten politischen Voraussetzungen die spätmekkanische und frühmedinensische Frontlinie fortbesteht. – Al-Miqdād beteuert, man werde Mohammed nicht im Stich lassen, wie es einst die Banū Isrā'īl mit ihrem Propheten getan hätten, als sie diesem gesagt hätten: „Geh du mit deinem Herrn, kämpft ihr beide! Wir werden hier abwarten" (Sure 5, 24). Nein, man werde mit Mohammed ziehen, selbst wenn er es für nötig halte, an der Küste bis weit in Richtung Jemen vorzurücken – und damit riskiert hätte, daß die Mekkaner den Rückweg abschnitten. Der Gesandte Allahs dankte al-Miqdād für diese ermutigenden Worte und wandte sich dann an die „Helfer", um auch deren Meinung zu hören. Denn er befürchtete, daß sie nur auf medinensischem Territorium zu ihm stünden, ihm aber bei einem Vorstoß auf fremdes Gebiet die Gefolgschaft verweigern würden. Sie hatten ihm lediglich versprochen, ihn dort zu schützen, wo sie sich selber und ihre Söhne zu verteidigen bereit seien; das wird hier ausdrücklich noch einmal angemerkt. Ausgerechnet Sa'd b. Mu'āḏ sei es gewesen, der alle diesbezüglichen Bedenken Mohammeds in bewegenden Worten zerstreut habe. „Vielleicht zeigt dir Allah an uns (Medinensern), was in dir frohen Mut weckt."[132]

Die Szenerie ist, wie unschwer zu erkennen, erdichtet; allein schon das Zitat aus Sure 5, der wahrscheinlich spätesten Eingebung, steht für eine ganz andere politische und militärische Lage:[133] Aus Mose, dem kühnen Streiter für die Sache Allahs, wird Mose, der Führer in das heilige Land, geworden sein (vgl. Sure 5, 20–26). Was aber den Kern jener Episode ausmacht, das ist die Verknüpfung des Schicksals der ausitischen und ḫazraǧitischen Muslime mit einem Herrscherwillen, der kein Vorbild in der bodenständigen Überlieferung hat und das Gewohnheitsrecht mißachtet; sein Argument ist der Kampf „auf dem Pfad Allahs". Diese folgenreiche Wende, in die die „Helfer" hineinschlitterten, vermutlich teils aus Beutegier, teils aus Eifer für die Sache Allahs, wird in der obigen fiktiven Beratung als ein bewußter Akt der Selbstverpflichtung ausgegeben: Erst in dem Augenblick, da die etwa zweihundert „Helfer" zweifelsfrei ihre Loyalität bekräftigt haben, legt die Truppe die Waffen an, und Mohammed verteilt drei Standarten – der kriegerische Charakter der Unternehmung wird damit sichtbar bekundet. Sie ist eine Konsequenz des Glaubens, der die Beteiligten eint und ihnen das Ziel vorgibt. Aber wir hören, daß es *drei* Standarten sind, je eine für die Auswanderer, die Ausiten und die Ḫazraǧiten, und jede Gruppierung hat ihren eigenen Schlachtruf.[134] Der Krieg „auf dem Pfad Allahs" und die Befehlsgewalt, die sich dessen Prophet aneignet, erzeugen ein Zusammenwirken, das freilich über die durch den Glauben gerechtfertigten Zwecke nicht hinausgreift. Auswanderer und „Helfer" verschmelzen nicht zu einer neuen Einheit jenseits der ererbten Bindungen tatsächlicher oder fiktiver Verwandtschaft.

Die Schlacht

Mohammed war seinem Heer in Begleitung eines einzigen Kriegers – über dessen Identität die Quellen streiten; wem soll man diese Ehre andichten? – vorausgeritten, um die Lage auszukundschaften. Man traf auf jemanden von den Banū Ḍamra, der vom Herannahen der Mekkaner gehört hatte und wußte, daß diese hinter einer Düne in genau derselben Talschaft lagerten. Die Warnung beherzigend, rückte man, sorgsam Dekkung suchend, bis nach Badr vor, das man in der Nacht zum 17. Ramadan (14. März 624) erreichte. Mohammed ließ das Gelände rekognoszieren, und dabei überraschte man an einem Brunnenloch mehrere Wasserholer, die entkamen und ihren Truppen die Ankunft Mohammeds meldeten.[135] Die Schwachstelle der Feinde erkennend, soll Mohammed eilig alle Brunnen der Gegend haben zuschütten lassen; nur einer, der reichlich Wasser gab, blieb unberührt; man legte ein Becken an, so daß stets der eigene Bedarf gedeckt werden konnte. Die Mekkaner verspürten jedoch bald Wasserknappheit, sie mußten an der einzigen ergiebigen Wasserstelle früher oder später die Entscheidung suchen.[136] In der Tat rückten am Morgen die Quraišiten nahe heran, machten Halt und entsandten einige Männer, die Wasser beschaffen sollten. Mohammed ließ sie gewähren, weshalb sich unter den Mekkanern Zuversicht ausgebreitet habe; die Schlacht, so habe man gehofft, werde sich vermeiden lassen. Der Quraišite ʿUtba b. Rabīʿa erklärte sogar seine Bereitschaft, aus seiner Tasche das Wergeld zu zahlen, das die Muslime für seinen Eidgenossen ʿAmr b. al-Ḥaḍramī hätten aufbringen müssen. Dieser war bei Naḫla durch den Pfeilschuß eines der unter dem Befehl von ʿAbdallāh b. Ǧaḥš stehenden Krieger getötet worden.[137] Sobald man sich auf die Höhe der Summe geeinigt habe, werde man nach Mekka zurückkehren. Der Feldzug der Quraišiten hätte in diesem Fall wie eine der üblichen Unternehmungen zur Regelung einer Blutfehde ausgesehen, keine der Seiten hätte das Gesicht verloren. Die Schuld am Scheitern dieses Plans schieben die Quellen Abū Ǧahl zu; dieser habe unbeirrbar auf der Schlacht bestanden. Nach einer anderen Überlieferung mußte das Unheil seinen Lauf nehmen, weil der Bruder des getöteten ʿAmr b. al-Ḥaḍramī nach Rache geschrien habe.[138]

Die Schilderung des Kriegsgeschehens folgt dem üblichen Muster. „Ich verpflichte mich vor Allah, ich werde an ihrem Wasserbecken trinken oder es zerstören, oder ich werde sterben, ehe ich es erreiche!" gelobte der Maḫzūmite al-Aswad b. ʿAbd al-Asad und trat aus den Reihen der Mekkaner hervor. Wenn die Muslime nicht ihre Ehre einbüßen wollten, mußte sich jemand aus ihrer Mitte zum Zweikampf bereitfinden. Dies war Ḥamza b. ʿAbd al-Muṭṭalib. Nahe am Becken trafen beide aufeinander, und Ḥamza durchtrennte mit einem Schwertstreich dem Herausforderer einen Unterschenkel; doch um sein Gelübde zu erfüllen, kroch der Verwundete, dem das Blut aus dem Bein spritzte, auf das Becken zu und stürzte sich hinein. Erst jetzt gelang es Ḥamza, ihn zu töten. Nun stellte sich ʿUtba b. Rabīʿa nebst seinem Sohn al-Walīd und seinem Bruder Šaiba b. Rabīʿa zum Gefecht. Ihnen traten drei „Helfer" entgegen, doch dies wollten die drei Quraišiten nicht hinnehmen. Zwar seien die „Helfer" edler Herkunft, aber drei Ebenbürtige aus dem Stamm der Quraišiten sollten die Gegner sein. – Für die Mekkaner lag, wie betont, der bevorstehenden Schlacht immer noch das Zerwürfnis zugrunde, das Mohammed durch sein Prophetentum verschärft hatte, der Machtkampf zwischen den Hāšimiten und den Banū l-Muṭṭalib b. ʿAbd Manāf auf der einen Seite und vielen Klanen auf der anderen, vor allem den Maḫzūmiten und den Banū ʿAbd Šams.[139] Daß diese alten Grenzlinien dank Mohammeds Wirken in Medina wenigstens zum Teil obsolet wurden, lag außerhalb des Gesichtskreises der Quraišiten. ʿUbaida b. al-Ḥāriṯ, Ḥamza und ʿAlī b. abī Ṭālib wurden von Mohammed in den Kampf geschickt, und hiermit fügte auch er sich dem Herkommen, dessen Beachtung die Mekkaner erwarteten. Wieder stoßen wir auf die eigentümliche Verschränkung der althergebrachten Gepflogenheiten mit einigen Konsequenzen aus den darüber hinausweisenden Zügen der Botschaft von dem einen Allah. – ʿAlī und Ḥamza entschieden ihre Duelle rasch für sich und töteten danach ʿUtba b. Rabīʿa, der ʿUbaidas Angriff abgewehrt hatte. Erst jetzt wurden die Schlachtreihen handgemein.[140]

Was über das äußerst blutige, von Grausamkeiten geprägte Geschehen überliefert wird, ist mit Legenden durchmischt, die spätere Machtverhältnisse legitimieren sollen. Mohammed selber griff in die Gefechte nicht ein; er hatte die Order gegeben, man möge die Schlachtreihe nach Möglichkeit geschlossen halten, die Bögen spannen und erst, wenn man die Pfeile verschossen habe, den Kampf Mann gegen Mann beginnen.[141] Für den Gesandten Allahs hatte man in der Nähe einen Sonnenschutz errichtet; von dort aus betrachtete er die Entwicklung des Ringens. Saʿd b. Muʿāḏ soll es gewesen sein, dem er diese Bequemlichkeit zu verdanken hatte; man werde, so schlug Saʿd vor, Reittiere bereitstellen, auf denen sich Mohammed im Falle einer Niederlage nach Medina absetzen könne. Dort seien einige seiner Anhänger, die ihn ebenso geliebt hätten wie die „Helfer", zurückgeblieben; hätten jene geahnt, daß ein wirklicher Krieg bevorstand, wären auch sie ins Feld gezogen.[142] Da Mohammed nach der Vertreibung zusammen mit Abū Bakr etliche Tage in einer Höhle zugebracht haben soll, muß er laut einer Überlieferung auch jetzt unter dem Schutzdach dem Propheten Gesellschaft leisten, und zwar er allein, wie man ausdrücklich hinzufügt. Abū Bakr ist es, der ihm rät, Allah um den Sieg anzuflehen; Allah werde seine Zusage einhalten. Mohammed, des Triumphes gewiß, war eingeschlummert, als Abū Bakr ihn mit dieser Bitte bedrängte. Er erwachte und beruhigte den Ängstlichen: Gabriel und andere Engel griffen gerade in die Schlacht ein, versicherte er. Trotzdem trat er vor die Hütte und schleuderte eine Handvoll Kieselsteine in Richtung der Feinde, und sie begannen zu weichen.[143] Die Muslime jagten ihnen nach und töteten viele von ihnen. Manchen Mekkanern ließ Mohammed Schonung angedeihen, so dem Abū l-Baḫtarī b. Hišām b. al-Ḥāriṯ b. Asad b. ʿAbd al-ʿUzzā, einem Verwandten Ḫadīǧas, der sich für die Aufhebung der Ächtung eingesetzt und die Betroffenen mit Lebensmitteln versorgt hatte.[144] Auch al-ʿAbbās solle man nicht antasten. Dieser Befehl habe den Widerspruch Abū Ḥuḏaifas, eines Sohnes ʿUtba b. Rabīʿas, ausgelöst. Warum solle man, so fragte dieser schon lange erprobte Anhänger Mohammeds, die eigenen Verwandten, die Väter, Söhne, Brüder, die unter den mekkanischen Standarten gefochten hatten, ohne jede Nachsicht niedermetzeln, al-ʿAbbās aber nicht? Der Prophet, ob solcher Aufsässigkeit verwirrt, wandte sich an ʿUmar b. al-Ḫaṭṭāb, der sogleich Abū Ḥuḏaifa habe enthaupten wollen; Unbotmäßigkeiten, im sich herausbildenden Sprachgebrauch der Gemeinde unter dem Begriff der „Heuchelei" (arab.: *an-nifāq*) zu einem Gesinnungsverbrechen erklärt, sind rücksichtslos zu verfolgen. Warum ʿUmar sein Urteil nicht vollstreckte, erfahren wir nicht; Abū Ḥuḏaifa habe hinfort in Reue und in Furcht vor den jenseitigen Folgen seiner Widerworte gelebt, die nur der Tod im Kampf um die Sache Allahs tilgen würde; im Krieg gegen Musailima wurde ihm diese Gnade zuteil. Die Quellen belehren uns, al-ʿAbbās dürfe nicht von den Waffen der Muslime berührt werden; denn es gehe nicht an, daß das Gesicht[145] des Oheims des Propheten durch Schwerthiebe verunstaltet werde.[146] – Al-ʿAbbās, Abū Bakr, ʿUmar: In auf die spätere Geschichte verweisendem Zusammenhang hat man Episoden um diese drei in die Nachrichten über die Schlacht eingeflochten.

Zerrüttung der überkommenen Beziehungen durch den Haß

Was an der Schilderung der Schlacht auffällt, sind die vielen Hinweise auf die Erbitterung, mit der gefochten wurde. Zwischen Abū Bakr und seinem Sohn ʿAbd ar-Raḥmān regierte der blanke Haß.[147] Unter ehemals befreundeten Männern darf es angesichts des Kampfes auf dem Pfade Allahs keine Milde, keine Regung des Erbarmens mehr geben; das Bekenntnis des einen zum Islam zerschneidet alle Bande. ʿAbd ar-Raḥmān b. ʿAuf hatte mit Umaija b. Ḫalaf auf vertrautem Fuß gestanden; das galt nicht mehr; was jetzt zählte, war allein, daß Umaija einst Bilāl gepeinigt hatte, und dieser forderte nun Rache; ʿAbd ar-Raḥmān hielt seinen einstigen Freund fest, damit andere an diesem ihr Mütchen kühlen konnten. Den Todesstoß versetzte Umaija der Medinenser Ḫubaib b. Jūsuf, der Muslim geworden war, um an dem Raubzug teilzunehmen. Er eignete sich eine Tochter Umaijas an, vor der er damit prahlte, wie er ihren Vater erschlug. Als man einer ihrer Schwestern nach Mohammeds Einzug in Mekka den Helden zeigte, der ihrem Bruder ʿAlī b. Umaija bei Badr einen Fuß abgeschlagen hatte, antwortete diese beflissen: „Erinnert uns nicht an die, die als Beigeseller getötet wurden!“[148] Das war die Gesinnung, die Mohammed sich wünschte: Wer nicht den Weg zum Islam gegangen war, dessen Name sollte aus dem Gedächtnis der Muslime gelöscht werden. Auf dem Pfad Allahs sind alle herkömmlichen gesellschaftlichen Grenzen, jegliche Sitten der Mitmenschlichkeit aufgehoben. Als die Schlacht geschlagen ist, entdeckt ʿAbdallāh b. Masʿūd, einst ein Sklave Abū Ǧahls, den Anführer der Mekkaner unter den Verwundeten. „Du bist hoch aufgestiegen, Viehhirte“, spricht Abū Ǧahl, und als ʿAbdallāh ankündigt, er werde ihn nun töten, erwidert dieser, es sei nicht das erste Mal, daß ein Knecht seinen Herrn ermorde; was ihn wirklich schmerze, sei der Tod durch die Hand eines Sklaven. Wenn ʿAbdallāh doch wenigstens ein quraišitischer Eidgenosse oder gar ein Mitglied des feindlichen, aber ebenbürtigen Bundes der „Parfümierten“ wäre! ʿAbdallāh erschlägt ihn, raubt die Waffen und die Rüstung und bringt beides dem Gesandten Allahs, der sich hoch erfreut zeigt. Striemen habe er an Abū Ǧahls Leib gesehen, erzählt ʿAbdallāh, worauf Mohammed ihn aufklärt, das seien die Spuren der Peitschenhiebe der Engel. Abū Salama, der maḫzūmitische Muslim, empört sich über die Freveltat des Sklaven an seinem Klangenossen und verschweigt dies dem Propheten nicht. Doch ʿAbdallāh b. Masʿūd ist über die Rechtfertigung nicht im Zweifel: Keiner hat den Gesandten Allahs bösartiger angefeindet als Abū Ǧahl. Von da an „hörte man Abū Salama immer wieder für die Worte über Abū Ǧahl um Vergebung flehen“.[149]

Die gefallenen mekkanischen Anführer ließ Mohammed in den Brunnen werfen, ein Ereignis, das sein Lobdichter Ḥassān b. Ṯābit später in rühmende Verse setzte. Ḥassān hatte seine Wortkunst bereits im Dienste Ǧabala b. al-Aihams, eines ġassānidischen Fürsten in aš-Šaʾm, ausgeübt und wußte übrigens auf dem gleichen Felde wie Mohammed, nämlich dem der Reimprosa, zu brillieren.[150] Wie die arabischen „Könige“,[151] so betrachtete auch Mohammed die Dichtkunst mit einigem Mißtrauen (vgl. Sure 26, 224–227),[152] mochte aber keinesfalls auf die Propaganda eines ihm hörigen Poeten verzichten. Ḥassān verstand es, seine Verse nach den alten Konventionen zu schmieden, sie aber im Inhalt den neuen Bedürfnissen anzupassen. So beginnt er sein Triumphlied über den Sieg bei Badr mit der üblichen Erinnerung an eine ferne Geliebte; die Spuren des Lagers ihres Stammes sind fast schon vom Wind verweht, die spärlichen Reste wecken wehmütige Empfindungen. „Doch fort mit diesem erlogenen Tand!“ ruft sich der Dichter zur Ordnung. Gedenken wir lieber der üppigen Beute, die uns Allah am Morgen des Tages von Badr bescherte! Eine heldenhafte Schar, Junge wie Alte, sie alle schlugen sich für Mohammed, und sie ließen ʿUtba und Šaiba tot auf dem Felde zurück, desgleichen Abū Ǧahl und manche anderen, deren Namen einen guten Klang gehabt hatten. „Der Gesandte Allahs rief (den Feinden) zu, als wir sie scharenweise in den Brunnen warfen: ‚Habt ihr nun erkannt, daß meine Worte die Wahrheit waren, wo doch Allahs Sache die Herzen bezwingt?‘ Sie blieben stumm, und hätten sie geredet, dann hätten sie gesagt: ‚Du hast recht, deine Ansicht war richtig!‘“[153]

Mithin verweigerte Mohammed den Gefallenen die Bestattung, mit Ausnahme Umaija b. Ḫalafs, dessen aufgedunsenen Leib man nicht mehr aus dem Panzerhemd zu lösen vermochte, weshalb man ihn hastig unter Sand und Steinen verscharrte. Keine Spur sollte von jenen bleiben, die der Botschaft Allahs nicht gefolgt waren. Der Hohn des Propheten traf auch jene wenigen, die, obwohl sie in Mekka Muslime geworden waren, ihre Vaterstadt nicht verlassen hatten und jetzt im Krieg gegen ihre Glaubensgenossen getötet worden waren. Ibn Isḥāq nennt insgesamt fünf Personen, darunter zwei Maḫzūmiten, jedoch keinen Hāšimiten und niemanden aus der Sippe des al-Muṭṭalib b. ʿAbd Manāf,[154] was uns noch einmal an die Spaltung der quraišitischen Klane erinnert, die im Hintergrund das Geschehen mitbestimmte. „Jene, die wider sich selber frevelten, wurden von den Engeln geholt, die fragten: ‚Wie verhielt es sich mit euch?‘ Sie antworteten: ‚Wir gehörten zu denen, die man im Lande für schwach befand‘, worauf (die Engel weiter) fragten: ‚War denn Allahs Land nicht weit genug, so daß ihr darin hättet auswandern können?‘ Ihre Bleibe wird die Hölle sein – ein schreckliches Ende!“ (Sure 4, 97); nur diejenigen, die mit Gewalt an der Flucht aus Mekka gehindert worden seien, brauchten solche Bestrafung nicht zu gewärtigen (Vers 98).

Beute und Lösegeld

Nach der Schlacht waren noch manche Dinge zu regeln. Die Beutestücke, die die nicht unmittelbar an den Gefechten Beteiligten eingeheimst hatten, weckten die Begehrlichkeit der anderen, die meinten, nur dank ihrem entschlossenen Kämpfen hätten jene sich bereichern können. Mohammed entschied, daß alle fraglichen Gegenstände ihm zu übergeben seien, und verschenkte sie dann nach Gutdünken.[155] Wertvoller noch als die Beute, die, wenn wir die Umstände bedenken, unter denen die Mekkaner aufgebrochen waren, alles andere als gering gewesen sein wird, waren die Gefangenen; in Sure 8 wird Mohammeds Alter ego ihm übrigens verbieten, an die Inbesitznahme von Gefangenen zu denken, ehe der Feind endgültig besiegt ist. Beträge zwischen eintausend und viertausend Silderdirhem Lösegeld ließen sich für einen Mekkaner erpressen.[156] Zum Vergleich: Der bei den Muslimen in Medina übliche Kaufpreis für eine Frau, im durch Mohammed den Bedürfnissen seiner Kampfgemeinschaft angepaßten Eherecht als Morgengabe benannt, belief sich auf fünfhundert Dirhem; diese Summe jedenfalls pflegte er für seine zahlreichen Gattinnen aufzuwenden. In langsamem Zuge führte man die Gefangenen nach Medina. Die ihm besonders verhaßten ʿUqba b. abī Muʿaiṭ und an-Naḍr b. al-Ḥāriṯ – der versucht hatte, ihm mit Geschichten aus der iranischen Überlieferung das Publikum abspenstig zu machen[157] – ließ Mohammed unterwegs ermorden. Sobald man in Mekka von der Katastrophe erfahren hatte, entschloß man sich, die Totenbeweinung auszusetzen. Mohammed sollte nicht frohlocken, und vor allem durfte man den Preis der Gefangenen nicht durch unbesonnene Handlungen in die Höhe treiben. Abwarten war geboten, und genauestens in Erfahrung bringen, was in Medina vor sich ging. Mohammed hatte die Gefangenen einzelnen verdienten Genossen zugeteilt (vgl. Sure 8, 67), so daß die betroffenen quraišitischen Klane sich mit jenen ins Benehmen setzen mußten. Der Prophet mischte sich allerdings vielfach in diese Angelegenheiten ein und erwirkte die kostenlose Freilassung des einen oder anderen, sofern diese ihm versprachen, sich nie wieder an Kriegen gegen Medina zu beteiligen.[158] Auch ein Tauschhandel wird berichtet: Abū l-ʿĀṣ b. ar-Rabīʿ von den Banū ʿAbd Šams erlangte die Freiheit, nachdem er dafür gesorgt hatte, daß seine Ehefrau, Mohammeds Tochter Zainab, nach Medina gebracht wurde. In Mekka war man mit dieser Abmachung ganz und gar nicht zufrieden, vermutlich weil sie darauf hinauslief, daß Heiden ihre dem Islam zugerechneten Ehefrauen herausgeben sollten. Zwei Männer, die Zainab bei ihrer Abreise aus Mekka bedroht hatten, ließ Mohammed später umbringen. Die Geschichte mit Abū l-ʿĀṣ und Zainab nahm dagegen ein glückliches Ende. Um die Zeit, als Mohammed Mekka seiner Gewalt unterwarf, wurde Abū l-ʿĀṣ von einer muslimischen Streifschar überfallen und nach Medina verschleppt, wo Zainab ihm Schutz gewährte, und da er nun den Islam annahm, erhielt er sie als Gattin zurück.[159]

Ungefähr zwei Monate nach dem Ende der Schlacht, im Monat Ḏū l-Qaʿda (begann am 25. April 624), waren die meisten quraišitischen Gefangenen ausgelöst.[160] Von einer bemerkenswerten Einzelheit berichtet uns Ibn Saʿd: In Mekka sei die Kunst des Schreibens weit verbreitet gewesen, in Medina hingegen nicht; wenn die Quraišiten für einen des Schreibens kundigen Gefangenen das Geld nicht aufzubringen vermochten, dann mußte dieser seine Fertigkeit an zehn junge Medinenser weitergeben, dann wurde er nach Mekka entlassen. Einer jener Schüler war Zaid b. Ṯābit,[161] der Mohammed bei dessen Eintreffen in Medina mit seinen Korankenntnissen beeindruckt hatte. Unversehens beleuchtet dieses Detail die kulturellen Verhältnisse in Medina: Die Juden, aus deren Mitte die Sasaniden ihre Steuereinnehmer gewählt hatten, waren den vom Ackerbau und der Palmenwirtschaft lebenden ḫazraǧitischen und ausitischen *ummīyūn* in vieler Hinsicht überlegen, und dieser Überlegenheit waren sie sich sehr wohl bewußt. Wir werden ihr bei der Schilderung ihrer Beziehungen zu Mohammed des öfteren begegnen. Aber auch die im Handel versierten Quraišiten waren den „Helfern" in manchem voraus. Mohammed, der gerade in Sure 2, Vers 282 die schriftliche Fixierung von Vermögensschulden angeordnet hatte und der, wie wir aus der „Lesung" schlossen, in Mekka mit der Verschriftlichung seiner Eingebungen begonnen hatte, meinte tatsächlich etwas Niedergeschriebenes, wenn er am Anfang der Kuhsure das „Buch" zum religiösen wie auch den Alltag regelnden Fundament des muslimischen Gemeinwesens bestimmte.

4. Der Glaube

Die neue Gemeinschaft und die altarabische Gesellschaft

Den Sieg von Badr verdankte Mohammed dem Umstand, daß zum ersten Mal die mekkanischen Auswanderer und ein großer Teil seiner medinensischen Anhänger zusammen gefochten hatten. Wie überliefert wird, sollen die Worte, die Saʿd b. Muʿāḏ sprach, als der Raubzug wegen des Wechsels des zu erwartenden Feindes unvermutet zu einem echten Kriegszug wurde, dies ermöglicht haben. Es wird sich gleich zeigen, daß man mit Hilfe des Korans tiefer in die Begleitumstände dieses folgenreichen Vorganges einzudringen vermag. Mohammed spricht in Sure 8, in der er das Geschehen Revue passieren läßt und die aus jener Wende der Dinge geborene Kampfgemeinschaft der Gläubigen als eine von Allah gewollte, fürderhin verpflichtende Tatsache zu charakterisieren bestrebt ist, ganz unverblümt über die prekäre Lage, in der er sich damals befand. Bevor wir dieses erhellende Zeugnis eingehend erörtern, müssen wir der Frage nachgehen, wie sich bis zu jenem Zeitpunkt das Verhältnis zwischen den zugewanderten Muslimen und ihren medinensischen Glaubensgenossen, die im Oasengebiet in der Minderzahl waren,[162] entwickelt hatte. Der gemeinsame Vollzug der Riten, bestimmte Regelungen des Alltags und nicht zuletzt das häufige Vortragen der „Lesung" mögen ein Gemeinschaftsgefühl zum Keimen gebracht haben, das über die Blutsbande hinausgriff und zu den Beziehungen hinzutrat, die zwischen beiden Gruppierungen im Einklang mit dem Rechtsstatus des geschützten Fremdlings und des Schutzherrn galten.

Mit dem Asyl in Medina war Mohammed in Abhängigkeiten geraten, die ihm eigentlich hätten nahelegen müssen, sein Prophetentum, das so heftige Konflikte verursachte, vorerst hintanzustellen. Dies tat er aber nicht, und wenn man sich vergegenwärtigt, wie er in den ersten Jahren nach seiner Ankunft handelte, gelangt man zu dem Schluß, daß er trotz der gegenüber Mekka so grundlegend anderen Verhältnisse in der mekkanisch-quraišitischen Sicht auf die damalige arabische Gesellschaft befangen blieb. Zunächst mußte er sich der Loyalität jener Auswanderer versichern, die vor ihm und unabhängig von ihm nach Medina gekommen waren und bei den Banū ʿAmr b. ʿAuf ein Obdach gefunden hatten. Mohammed, in Mekka ganz auf seine Heimatstadt und die Beziehungen der eigenen Sippe (arab.: *al-ʿašīra*) zur Kaaba ausgerichtet, hatte sich nie, wie wir schon öfter anmerkten, um tragfähige Verbindungen zu Anhängern bemüht, die außerhalb des quraišitischen heiligen Bezirks lebten. Gerade weil er die baldige Rückkehr nach Mekka anstrebte, durfte er nun nicht auf die Ergebenheit jener Flüchtlinge verzichten. Sie waren, noch vor seinen „Helfern", die Männer, denen er genealogisch am nächsten stand. Während er in Mekka die maßgebenden Quraišiten nicht für die tiefgreifenden Veränderungen des Kaabakults und der neuen Lehren über Allah hatte gewinnen können, eröffnete sich ihm jetzt die Gelegenheit, eine ihm hörige quraišitische Anhängerschaft um sich zu scharen, als Rückhalt für seine künftige Herrschaft am Pilgerheiligtum.

Bis zu seiner Vertreibung hatte Mohammed stets auf die Sicherheit rechnen dürfen, die er an der Kaaba, dem Kultort Allahs, wie selbstverständlich genoß; jetzt war es für ihn unerläßlich, über jene Quraišiten zu verfügen, die dem Machtbereich ihrer mekkanischen Stammesbrüder entkommen waren: Sie betrachtete er als die Speerspitze im Kampf gegen die alte Ordnung, auf sie würde er sich stützen müssen, wenn er sein Ziel, die Einnahme Mekkas, erreicht haben würde. – Daß sich die Dinge anders entwickeln sollten, war damals nicht zu ahnen. – Aus der Hoffnung Mohammeds auf eine baldige, siegreiche Rückkehr ergab sich die besondere Bedeutung, die die frühen Auswanderer für ihn erlangten. Man darf im übrigen nicht übersehen, daß Mohammed in Medina als ein Verfechter des Ḥanīfentums wahrgenommen wurde – als einen solchen gab er sich schon seit geraumer Zeit aus – und deswegen unter dem Druck von Nebenbuhlern stand; der Rückbezug auf die Kaaba lag nahe, um sich von jenen abzuheben. Wir erinnern uns in diesem Zusammenhang an Abū Qais b. al-Aslat; dieser Ḥanīfe verfügte über großen Einfluß auf die Sippen der Aus Allāh, die das Bekenntnis zum Islam, mithin zu Mohammeds Auslegung des Ḥanīfentums, lange hinauszögerten.[163] Anders handelten die Banū ʿAmr b. ʿAuf, die, ohne Mohammed verpflichtet zu sein, mekkanische Auswanderer beherbergten und diesem zunächst folgten, als er nach Medina gekommen war. Später aber spielten sie in der Affäre um die sogenannte „Gegenmoschee" die führende Rolle,[164] wobei wiederum Meinungsverschiedenheiten um das rechte Verständnis des Ḥanīfentums den Ausschlag gegeben haben könnten. Sowohl der quraišitische Blick auf die altarabische Gesellschaft[165] als auch die Unsicherheit hinsichtlich der ḥanīfischen Konkurrenten mögen Mohammed veranlaßt haben, unter den Auswanderern und den „Helfern" die erwähnten Eidgenossenschaften zu stiften.[166] Die wichtigste Rechtsfolge der Verbrüderung besagte, daß im Falle des Todes des einen der andere dessen Vermögen erbte, nicht aber die – möglicherweise andersgläubigen – Verwandten. In der auf tatsächlicher oder, soweit es das politische Mit- und Gegeneinander der Sippen und Stämme betraf, auf fiktiver Blutsverwandtschaft beruhenden Gesellschaftsordnung sah sich Mohammed aber schon nach der Schlacht von Badr gezwungen, diese Bestimmung, die nun hätte angewendet werden müssen, zurückzunehmen (vgl. Sure 8, 75). Vielleicht fühlte er seine Position dank dem Sieg derart gefestigt, daß er meinte, einer so ungewöhnlichen Verklammerung der Mitglieder seiner Gemeinschaft nicht mehr zu bedürfen. Auch die Abmachungen mit den Juden, die er vor Badr geschlossen hatte und über die wir in Kürze einiges hören werden, wurden nicht mehr beachtet; stattdessen ließ Mohammed fortan die Andersgläubigen bedenkenlos seine Macht fühlen.

Studiert man die Überlieferungen zur medinensischen Verbrüderung bei Ibn Isḥāq bzw. Ibn Hišām, ohne sich aus anderen Quellen Einsicht in die Schwierigkeiten verschafft zu haben, mit denen Mohammed in Medina zu ringen hatte, dann wird einem der Irrtum aufgedrängt, es sei damals um die Legitimierung späterer hāšimitischer Herrschaft gegangen. Mohammed verbindet je einen Auswanderer und einen „Helfer" miteinander. Den Bericht hierüber leitet wohl schon Ibn Isḥāq mit einer auffälligen Ausnahme ein: „Verbrüdert euch um Allahs willen!" befiehlt Mohammed und fährt fort: „Dieser ist mein Bruder!" Mit diesen Worten faßt er seinen Vetter ʿAlī b. abī Ṭālib bei der Hand. „So wurden der Gesandte Allahs, der Herr aller Gesandten, der Imam aller Gottesfürchtigen, der Gesandte des Herrn der Welten, der unter den Gottesdienern nicht seinesgleichen hat, und ʿAlī b. abī Ṭālib zu Brüdern."[167] Ibn Isḥāq baut den Bericht so auf, daß das Geschehen aus der Sicht seiner abbasidischen Förderer, die sich unter al-Manṣūr (reg. 754–775) noch als die rechtmäßigen Erben ʿAlīs ausgaben,[168] wenigstens als dessen mittelbare Bestimmung zum Nachfolger gedeutet werden konnte. Eine derartige Manipulation der Vergangenheit war in diesem Falle vor allem deshalb möglich, weil die medinensische Verbrüderung, wie schon angemerkt, in der sich herausbildenden muslimischen Gesellschaft nur schwache Spuren hinterließ. Diese neue Gesellschaft gründete sich keineswegs auf die Zerschlagung der Stämme und die Schaffung einer spezifisch religiösen einenden Mitte, sondern auf die unbegrenzte Ausweitung der quraišitischen Hegemonie, die sich als die Erfüllung des durch Allah seinem „Freund" Abraham (Sure 4, 125) erteilten Auftrags zur Errichtung des mekkanischen Kultes legitimierte: In Mekka wurde der *islām* zuerst praktiziert, der Quraišit Mohammed gibt ihm seine wahre, ursprüngliche Gestalt zurück, und so soll der *islām* in die ganze Welt ausstrahlen.

Mohammeds Deutung: Sure 8

Um den Charakter der in Medina gestifteten muslimischen Urgemeinde zu erfassen, brauchen wir uns nicht allein auf die Geschichtsschreibung zu stützen. In Sure 8, die, wie Ibn Isḥāq unterstreicht, kurz nach dem Triumph von Badr „im ganzen herabgesandt wurde",[169] liegt uns ein einzigartiges Zeugnis dafür vor, wie Mohammed selber damals sein Wirken und sein Werk begriff. In den ersten Versen stellt er klar, daß die Beutestücke (arab.: Pl. *al-anfāl*), die man den erschlagenen Feinden abnimmt, etwa das Schwert oder das Panzerhemd, „Allah und seinem Gesandten" auszuhändigen sind. Mohammed behält sich das Recht vor, nach eigenem Gutdünken damit zu verfahren. Solche Einzelstücke sind von jenen Gütern zu unterscheiden, die durch die Sieger als eine kriegführende Gemeinschaft in Besitz genommen werden, mithin vom Troß und etwaigen Handelswaren. Dieses Beutegut (arab.: *al-ġanīma*) fällt nur zu einem Fünftel „Allah und seinem Gesandten" zu; später, mit der Stiftung des Dschihads als einer nicht allen Muslimen obliegenden gottgefälligen Aktivität, wird eine dritte Art von Beute hinzukommen, nämlich das eroberte Land und die darauf erzielten Erträge.

Die Gläubigen

Nachdem Mohammed am Beginn von Sure 8 die geplünderten Einzelstücke für sich beansprucht hat, mahnt er zur Gottesfurcht; die Gläubigen sollen untereinander jedes böse Wort meiden und „Allah und seinem Gesandten" gehorchen (Vers 1). Dann beschreibt er die Eigenschaften dieser Gläubigen: Sie sind „diejenigen, deren Herz vor Furcht erschauert, wenn man Allah nennt; deren Glaube zunimmt, wenn ihnen Allahs Wunderzeichen vorgetragen werden; jene, die sich auf Allah verlassen, das rituelle Gebet einhalten und von dem, was wir" – nämlich Allah – „ihnen als Lebensunterhalt gewähren, Spenden abführen. Das sind die wahrhaft Gläubigen. Hohe Ränge haben sie bei ihrem Herrn inne, Vergebung und edler Lebensunterhalt werden ihnen zuteil – gleichwie dein Herr dich gemäß der Wahrheit aus deinem Haus (in Medina) hinausführte (in die Schlacht). Einige der Gläubigen waren dagegen und stritten mit dir über die Wahrheit, obschon sie ihnen deutlich gemacht worden war – (sie stritten) als würden sie sehenden Auges in den Tod geführt! (Erinnert euch daran, daß Allah) euch damals eine der beiden Gruppen" – entweder die quraišitische Handelskarawane oder die ihr entgegenziehende Schutztruppe[170] – „versprach und ihr wünschtet, es wäre diejenige ohne Kampfkraft" – also die Handelskarawane – „gewesen; daß Allah aber durch seine Worte die Wahrheit als wahr erweisen und die Ungläubigen ausrotten wollte, damit sich die Wahrheit als wahr und die Lüge als Lüge erweise, selbst wenn dies den Verbrechern zuwider wäre!" (Vers 2–8). In Mohammeds Vorstellung wird der Sieg bei Badr zum entscheidenden Kriterium für die Wahrheit seiner Botschaft und die Berechtigung seines Machtanspruchs. Die wahrhaft Gläubigen haben nie daran gezweifelt, daß es sich so verhält; die Skeptiker sind jetzt eines Besseren belehrt. Manche Muslime hatten, wie Mohammed einräumt, seine Entschlüsse mit Mißtrauen beobachtet. Sie waren mit ihm aus Medina fortgezogen, offensichtlich in der Hoffnung auf leichte Beute. Saʿd b. Muʿāḏ hatte unterwegs die Loyalität der „Helfer" sichergestellt, und zwar als man erkannte, daß man die Handelskarawane versäumt hatte, dafür aber die mit einem Großteil der quraišitischen Habe beladene Schutztruppe treffen werde.[171] Anscheinend hatte man sich darauf verlassen, daß ein Prophet mit übernatürlichen Kräften ausgestattet sei: Gegen den Gesandten Allahs werde niemand die Waffen zu erheben wagen.[172] Für manche wird es eine böse Überraschung gewesen sein, als Mohammed seinen Mitstreitern eröffnete: „Mekka wirft euch seine besten Söhne entgegen!"[173] Ein Zurück scheint es nicht mehr gegeben zu haben. Den Verlauf der Schlacht kennen wir schon; Mohammeds Truppen lagerten in unmittelbarer Nähe der notdürftig zu einem Becken ausgebauten Wasserstelle. Man wartete ab, und erst in einem günstigen Augenblick schloß man die Reihen und provozierte die üblichen Zweikämpfe, worauf das allgemeine Hauen und Stechen losbrach.

Allahs Eingreifen und die Aufrechterhaltung der Kampfmoral

Und so spiegelt sich das Geschehen in Sure 8 wider: „(Gedenket, als ihr) euren Herrn um Hilfe anflehtet! Er war euch zu Willen: ‚Ich bin dabei, euch mit tausend Engeln hintereinander zu unterstützen!' Allah aber verstand" – dieses Versprechen – „nur als eine Freudenbotschaft und damit eure Herzen zuversichtlich würden. Denn der Sieg kommt von niemandem als von Allah!" (Vers 9 f.). Mohammeds Anwesenheit garantierte Allahs Eingreifen und daher den Triumph, wenn auch in anderer Weise, als manche es sich erhofft hatten. „(Damals) als er euch einschlummern ließ dank der Sicherheit, die er gewährte, und Wasser auf euch hinabschickte, um euch dadurch zu reinigen, den Schmutz des Satans von euch zu nehmen, euch die Herzen zu festigen und den Füßen somit Halt zu geben" (Vers 11). Mohammed läßt sich in diesen Sätzen auf eine heikle Gratwanderung ein. Daß er mehr als ein gewöhnlicher Truppenführer sei, war durch die Tatsache der verlustreichen Schlacht in ein Zwielicht gerückt worden. Allah hatte himmlische Unterstützung zugesagt, so muß es jetzt lauten, eine Unterstützung, die freilich nicht sichtbar wurde, sondern allein weil sie angekündigt wurde, die Muslime beflügelte und mit den herrlichsten Hoffnungen erfüllte, so daß sie, des Sieges gewiß, die Nacht in unerschütterlicher Gefaßtheit zubrachten. Laut Ibn Isḥāq regnete es, was die Quraišiten daran hinderte, früher, als es Mohammed lieb gewesen wäre, an die Wasserstelle vorzustoßen.[174] So läuterte Allah die Herzen von der satanischen Zweifelsucht.[175] „(Damals, als) dein Herr den Engeln eingab: ‚Ich bin mit euch. Darum gebt denen, die glauben, Standhaftigkeit! Den Ungläubigen werde ich Entsetzen einflößen. Trennt ihnen das Haupt vom Rumpf, desgleichen jeden Finger![176] Das deswegen, weil sie gegen Allah und seinen Gesandten widerspenstig waren!' Denn wer gegen Allah und seinen Gesandten widerspenstig ist, für den gilt: Allah straft hart. ‚Das ist nun (die Strafe), schmeckt sie! (Und wißt), daß die Ungläubigen auch noch die Höllenstrafe erwartet!'" (Vers 12–14). Allah hat in die Schlacht eingegriffen, das versichert Mohammed später noch einmal; aber wie dies im einzelnen geschah, bleibt undeutlich. Die Legenden um Badr, die bald reichlich sprossen, wissen selbstverständlich Genaueres; die Striemen am Leichnam Abū Ǧahls sind bescheidene Vorboten einer wuchernden Wunderliteratur.[177]

Mohammed aber muß in dieser Hinsicht Zurückhaltung üben. Für ihn ist anderes wichtig: Auf seiner Seite zu stehen, derjenigen Allahs und der Wahrheit, darauf kommt es an. Diesen Gedanken schärft er seinen Anhängern, den Gläubigen, ein: „Ihr, die ihr glaubt! Wenn ihr im Felde den Ungläubigen begegnet, dann kehrt ihnen auf keinen Fall den Rücken zu!" Nur um erneut in das Gefecht einzugreifen, wäre ein Zurückweichen statthaft. Wer ohne solch einen Beweggrund flieht, dem zürnt Allah, und der Hölle wird er verfallen (Vers 15 f.). Trotz allem ist es so, daß nicht die Krieger Mohammeds den Sieg über die Mekkaner erkämpften; das war allein Allahs Werk – und daher war es letzten Endes doch die Gegenwart des Propheten, die die „Gläubigen" zum Triumph führte. „Denn nicht ihr tötetet sie, sondern Allah tötete sie. Und nicht du schossest, als du schossest, sondern Allah schoß. Allah wollte, daß die Gläubigen durch sein Wirken Heldentaten vollbrachten. Allah hört und weiß alles." Er macht, daß die List der Ungläubigen scheitert. „Wenn ihr um einen Sieg bittet, so ist er euch doch schon gewährt worden. Wenn ihr darum jetzt (vom Verlangen nach weiteren Siegen) Abstand nehmt, dann ist dies für euch am besten. Verlangt es euch (später?) wieder danach, so werden auch wir wieder (entsprechend handeln). Eure Truppen selber, und wären sie noch so zahlreich, werden euch nämlich nichts nutzen; (was allein nutzt, ist), daß Allah mit den Gläubigen ist" (Vers 17–19). Allah bedient sich seiner Gefolgsleute, darunter des Propheten, um die Mekkaner zu vernichten; insofern ist Mohammed tatsächlich von einer Kraft umgeben, die jeder anderen dem Wesen nach überlegen ist. Daß sich die Feinde dem Propheten unterwerfen könnten, ohne daß es zum Schußwechsel kommt, ist freilich eine törichte Hoffnung.

Da der Prophet im Auftrag Allahs handelt, wie der erstaunliche Triumph bei Badr belegt, muß den Muslimen der bedingungslose Gehorsam gegen „Allah und seinen Gesandten" abgefordert werden. Es darf nicht sein wie beim blöden Vieh, das man ansprechen mag, das aber nie etwas vernimmt; nein, mit ganzem Herzen[178] hat man Allah zu folgen, schließlich wird man am Jüngsten Tag vor ihn treten. Nicht nur die Muslime, die Freveltaten begehen, werden Anfechtungen durchstehen müssen; ein Blick in die Vergangenheit der Anhängerschaft Mohammeds zeigt dies: „Erinnert euch! Einst wart ihr wenige, im Lande für schwach erachtet,[179] und fürchtetet, die Menschen könnten euch entführen. (Allah) aber verschaffte euch Unterkunft, stärkte euch durch den Sieg, den er bewirkte, und ernährte euch mit rituell unbedenklichen Dingen. Vielleicht seid ihr dankbar." Die Gläubigen – wegen der Anspielung auf die mekkanische Vergangenheit sind hier nur die Auswanderer gemeint – haben allen Grund, „Allah und seinen Gesandten" nicht zu hintergehen; sie haben ihre Pflichten wahrzunehmen (Vers 20–27). Der Besitz und die Söhne mögen für viele Gläubige eine Versuchung sein; angesichts des übergroßen Lohns, den Allah verspricht, darf sie aber niemanden bezwingen. Es ist noch gar nicht lange her, da dachten die Mekkaner darüber nach, wie sie den Propheten unschädlich machen könnten, ob sie ihn töten oder vertreiben sollten. Die Wunderzeichen, die er vortrug, verspotteten sie als die Märchen der Altvorderen; wenn das alles wahr sei, dann solle Allah doch Steine auf sie herniederregnen lassen[180] oder sie sonstwie strafen. Das konnte Allah damals aber nicht, da ja sein Gesandter noch unter ihnen weilte. Überdies wollte er sie nicht strafen, ohne ihnen eine – nunmehr vertane – Gelegenheit zur Abbitte einzuräumen. Das alles war damals. Jetzt hat sich die Lage vollkommen verändert; Allah schmiedet eben subtilere Ränke als die Menschen. Weshalb sollte er nun, unter ganz neuen Verhältnissen, die Ahndung weiter hinausschieben, zumal die Mekkaner Mohammed und seinen Anhängern den Zutritt zum Pilgerheiligtum verwehren (Vers 28–34)? Sowohl in Sure 2, Vers 217, als auch in Sure 22, Vers 25, beklagt Mohammed diese, wie er es sieht, quraišitische Ungehörigkeit. Seitdem er verjagt worden ist, kann der nächst dem Gebet wichtigste Ritus des Ḥanīfentums durch ihn und die Auswanderer nicht vollzogen werden. Das Beispiel des Saʿd b. Muʿāḏ, dem wir noch kurz vor Badr in Mekka begegneten, lehrt, daß diese Beschränkung die „Helfer" zunächst nicht betraf. Was Mohammeds Unwillen besonders erregt, ist der, wie er meint, falsche, entstellte Kult, den die Quraišiten nach wie vor praktizieren, obwohl ihm doch von Allah mitgeteilt wurde, wie es richtig ist. Ja, die Quraišiten wenden viel Geld auf, um alles beim alten zu belassen und die Muslime dem Pfad Allahs abspenstig zu machen. Die Mekkaner aber werden dem Zorn Allahs nicht entrinnen. Die Pflicht der Gläubigen freilich ist es, so lange zu kämpfen, bis es jene Art der Anfechtung nicht mehr gibt und allein die

Kultpraxis Allahs herrscht. Sollten die Ungläubigen mit ihrem frevlerischen Treiben aufhören, wird Allah ihnen vielleicht verzeihen; wenn nicht, dann seien sie an die Straflegenden erinnert (Vers 34–40)!

Ein Fünftel der gemeinschaftlich erbeuteten Güter gehört „Allah und seinem Gesandten", den Verwandten, Waisen, Armen und den muslimischen Kriegern (arab.: Sg. *ibn as-sabīl*); der Glaube an Allah schließt die Anerkennung dieser Regelung ein, die am Tag von Badr auf Mohammed herabgesandt worden sei (Vers 41). Der folgende Vers erhellt die Rechtfertigungsnöte, unter denen Mohammed trotz seines Sieges stand, der so viele Opfer gekostet hatte und eben deswegen kaum für ein bezwingendes Prophetentum in Anschlag gebracht werden konnte, wie viele seiner Anhänger es sich ausmalten. Bei Badr hatten die Quraišiten und die Muslime ihre Stellungen bezogen; die Karawane mit dem Troß lagerte „unterhalb von euch". „Wenn ihr euch gegenseitig eine Zusage gegeben hättet, dann hättet ihr euch nicht über das Datum einigen können. Aber Allah wollte eine Angelegenheit zu Ende bringen, die bereits erledigt war. Und es sollte der, der starb, mit einem klaren Beweis sterben; und es sollte, wer am Leben blieb, ebenfalls mit einem klaren Beweis überleben. Allah hört und weiß alles" (Vers 42). Es hätte, so unterstellen einige mit Blick auf die zahlreichen Gefallenen, die Möglichkeit bestanden, den Kampf zu vertagen – wie es beispielsweise während der *Fiǧār*-Kriege geschehen war.[181] Allah aber war der eigentliche Handelnde, hält Mohammed solchen Einwendungen entgegen, und durch seinen Ratschluß bekommt jedes Einzelschicksal seinen nicht mehr anzuzweifelnden Sinn. Überdies hätten sich die Beteiligten ohnehin nie auf einen Termin für eine Entscheidungsschlacht einigen können. Warum aber hatte Allah seinen Propheten träumen lassen, die Zahl der Feinde sei gering (Vers 43)? Täuscht Allah etwa seinen auserwählten Gesandten, lautet die peinliche Frage, die hier anklingt. Natürlich nicht, antwortet Mohammed. Doch hätte Allah enthüllt, wie zahlreich die Truppen der Mekkaner sein würden, hätte der Prophet dies sogleich seinen Anhängern mitteilen müssen, und Verzagtheit hätte sie ergriffen. Sie wären über das weitere Vorgehen in Streit geraten und am Ende gescheitert. Allah flüsterte beiden Seiten ein, der Feind sei schwach; dies war die Voraussetzung dafür, daß sein Ratschluß vollzogen wurde. Nichts anderes ergibt sich somit aus den Bedenken, die man nach dem Sieg im Umkreis Mohammeds erhob, als daß jeder Gläubige „Allah und seinem Gesandten" gehorchen und jeden Zwist unterdrücken muß; dann wird man keine Mißerfolge beklagen. „Allah ist mit den Ausharrenden." Wie anders hatte es sich mit den Quraišiten verhalten, die mit stolz geschwellter Brust Mekka verlassen hatten (Vers 43–47)! Ihr Ziel, die Menschen vom Pfad Allahs abzubringen, war frevelhaft, und der Streit um das richtige Vorgehen gegen Mohammed führte in die Niederlage.

Medinensische Opposition gegen Mohammed

Vers 48 von Sure 8 könnte erst im Zusammenhang mit dem Grabenkrieg entstanden sein; der Reim sondert ihn aus der Umgebung aus:[182] Der Satan verleitete die Mekkaner zu ihren bösen Taten, machte sich aber aus dem Staube, als es ernst wurde. – Nach diesem kurzen Zwischenstück nennt Mohammed zum ersten Mal jene Kritiker beim Namen, die ihn trotz seines Triumphes mit ihren Fragen und Bedenken in die

Enge getrieben hatten: „Damals sagten die Heuchler (arab.: Pl. *al-munāfiqūn*) und diejenigen, in deren Herzen eine Krankheit ist: ‚Ihre Glaubenspraxis betörte die (Gläubigen).' Wer auf Allah vertraut, (der weiß), daß Allah mächtig und weise ist" (Vers 49). Die hier und auch sonst oft als Heuchler verunglimpften Bedachtsamen unter den Medinensern waren für Mohammed mehr als bloß ein Ärgernis. Sie bildeten gewiß keine einheitliche Gruppierung. In Qubāʾ, bei den Banū ʿAmr b. ʿAuf, war der Prophet nur kurze Zeit geblieben; er hatte sich dann bei den Ḫazraǧiten um Asʿad b. Zurāra niedergelassen. Als er nun auszog, die aus aš-Šaʾm heimkehrende quraišitische Handelskarawane auszurauben, schickte er von ar-Rauḥāʾ aus einen gewissen ʿĀṣim b. ʿAdī, einen Eidgenossen der „Helfer", nach Medina zurück, und zwar als seinen Bevollmächtigten in Qubāʾ; ihm waren nicht näher bezeichnete unangenehme Nachrichten über die Bewohner jenes Teiles der Oase zu Ohren gekommen.[183] In dem Gebiet lebten die ausitischen Sippen Ḫaṭma, Wāqif, Umaija und Wāʾil, die vor der Ankunft Mohammeds eine Allianz mit den jüdischen Banū n-Naḍīr und Banū Quraiẓa geschlossen und wohl auch unter dem Kommando von Abū Qais b. al-Aslat, dem Mohammed ablehnenden Ḥanīfen, an den erbitterten innermedinensischen Kämpfen teilgenommen hatten.[184]

Doch nicht dieser Unsicherheitsfaktor scheint Mohammeds Vorsichtsmaßnahme ausgelöst zu haben, vermutlich auch nicht die Angst vor ʿAbdallāh b. Ubaij, einem Ḫazraǧiten, den die Quellen als das Oberhaupt der „Heuchler" brandmarken.[185] Gewiß durften ʿAbdallāhs Vergangenheit und sein Rang unter den Medinensern nicht unterschätzt werden. Denn auf ihn als ihre höchste Autorität hatten sich die zerstrittenen Aus und Ḫazraǧ einst einigen können. An seine Seite hatten sie den Ausiten Abū ʿĀmir ʿAbd ʿAmr b. Ṣaifī gestellt, dem sie wegen seines asketischen Lebenswandels den Beinamen „der Mönch" gegeben hatten. ʿAbdallāh b. Ubaij, für den man damals als Insignium seiner Herrscherwürde ein Perlendiadem angefertigt haben soll, verhielt sich Mohammed gegenüber zunächst abwartend; daß sich die Mehrzahl der Ḫazraǧiten dem neuen Glauben zuwandte, konnte ʿAbdallāh nicht verhindern, und schließlich trat er selber über, wahrscheinlich nicht aus innerer Überzeugung. Abū ʿĀmir dagegen verlangte von Mohammed nähere Aufklärung über den Islam, den dieser als „das Ḥanīfentum, die Glaubenspraxis Abrahams" beschrieb. Das ließ Abū ʿĀmir nicht gelten; es sei etwas daruntergemischt, das nicht dazugehöre, tadelte er. Möglicherweise liegt hierin eine Kritik an der auch in Mohammeds Anhängerschaft nicht allseits gutgeheißenen „Weitherzigkeit" des Ḥanīfentums des Propheten. Jedenfalls erklärte Abū ʿĀmir den hāšimitischen Flüchtling für einen Lügner und setzte sich vorsichtshalber nach Mekka ab. Dort lebte er, bis Mohammed die Stadt in Besitz nahm. Über aṭ-Ṭāʾif verschlug es Abū ʿĀmir zuletzt nach aš-Šaʾm.[186] ʿAbdallāh b. Ubaij harrte in Medina aus und arrangierte sich vorerst mit Mohammed und dem Islam. Später, noch nicht im Zusammenhang mit der Schlacht von Badr, zog er den Zorn des Propheten auf sich. Daß Mohammed noch vor diesem Ereignis einen Vertrauensmann zu den Banū ʿAmr b. ʿAuf entsandte, wird, wenn wir alle diese Nachrichten erwägen, mit seinem Argwohn gegen manche Ausiten zu tun gehabt haben. Wie die Affäre um die „Gegenmoschee" im Jahre 9 (begann am 20. April 630) zeigen wird, waren etliche Ausiten der Banū ʿAmr b. ʿAuf mit dem Regiment Mohammeds unzufrieden.[187] Womöglich hatten sie die vielen mekkanischen Flüchtlinge im Interesse eines Ḥanīfentums aufgenommen, das eben nicht demjenigen Mohammeds entsprach, weshalb dieser denn auch nur wenige Tage in Qubāʾ verweilt hatte und lieber zu Asʿad b. Zurāra und dessen Leuten weitergezogen war. Da der Ausite ʿAbd ʿAmr b. Ṣaifī, der schärfste Kritiker, nach Mekka geflohen war, könnte es Mohammed ratsam erschienen sein, die Banū ʿAmr b. ʿAuf beobachten zu lassen, besonders seit bekannt geworden war, daß eine Schlacht bevorstand und nicht das risikofreie Ausplündern einer Karawane.

In Sure 8 spricht sich Mohammed nach der Erwähnung der „Heuchler" Mut zu: „Könntest du sehen, (wie es ist), wenn die Engel die Ungläubigen zu sich holen und ihnen dabei aufs Gesicht und auf den Hintern schlagen: ‚Schmeckt nun die Strafe des Höllenfeuers!'" Diese „Heuchler" handelten verwerflich wie der Pharao! Niemand ist darum Allah verhaßter als die Ungläubigen, „vor allem die unter ihnen, mit denen du etwas vereinbart hast und die dann ihr Versprechen bei jeder Gelegenheit brechen, ohne Gottesfurcht, wie sie sind. Solltest du sie im Krieg treffen, dann jage mit ihnen auch gleich die fort, die hinter ihnen stehen! Vielleicht werden sie sich mahnen lassen. Und wenn du von Leuten Verrat fürchten solltest, dann schleudere ihnen unzweideutig (den Verrat vor die Füße)! Allah liebt die Verräter nicht" (Vers 50–58). Es gilt, sich für den Kampf zu rüsten. Sollten die Feinde dem Frieden zuneigen, mag man sich darauf einlassen. Allah wird Beistand leisten, „der dich stärkte, indem er dir den Sieg schenkte, und durch die Gläubigen. (Allah) einte ihre Herzen. Wendetest du alles Geld auf der Erde auf, du eintest ihre Herzen nicht, Allah aber stiftete Eintracht unter ihnen..." (Vers 59–64). „Prophet! Sporne die Gläubigen zum Kämpfen an! Wenn unter euch zwanzig sind, die ausharren, besiegen sie zweihundert. Und wenn unter euch hundert sind, besiegen sie tausend Ungläubige, da diese uneinsichtige Leute sind. Jetzt aber verschafft euch Allah Erleichterung, erkannte er doch in euch eine Schwäche. Wenn unter euch einhundert sind, die ausharren, besiegen sie zweihundert, und wenn unter euch tausend sind, besiegen sie zweitausend – mit Allahs Erlaubnis. Allah ist mit den Ausharrenden!" (Vers 65 f.).

Die wahrhaft Gläubigen und die Auswanderung

Einem Propheten sei es erst gestattet, Kriegsgefangene zu machen, wenn der Feind endgültig in die Flucht geschlagen wurde, moniert Mohammed; seine Truppen hatten sich bei Badr anders verhalten und dabei irdischen Gewinn im Auge gehabt. „Gäbe es nicht schon eine Verfügung von seiten Allahs, dann hätte euch wegen der (voreilig) genommenen (Gefangenen) eine gewaltige Strafe getroffen! Doch zehrt nun von dem, was ihr erbeutetet, sofern dies erlaubt und rituell unbedenklich ist!..." (Vers 67–69). Im übrigen möge man den Gefangenen eine Erleichterung ihres Loses in Aussicht stellen, sofern sie sich zum Islam bekennen (Vers 70 f.). Nach diesen Sätzen, die praktischen Fragen gewidmet sind, kommt Mohammed unvermittelt auf die Thematik zurück, die ihn schon am Anfang der Sure so sehr bedrängte. Im von Allah bewirkten Sieg bei Badr ist die neue Gemeinschaft, der er voransteht, diejenige der Gläubigen, sichtbar geworden. Deren Grundlagen gilt es zu wahren und zu festigen. Das besagen die letzten vier Verse, die den Eindruck eines Mahnrufs erwecken. „Diejenigen, die gläubig wurden, auswanderten und mit ihrem Vermögen und ihrem Leben auf dem Pfade Allahs den Dschihad führten, und diejenigen, die die ersteren beherbergten und unterstützten, sind einander freund. Mit denen aber, die gläubig wurden ohne auszuwandern haltet ihr keine Freundschaft, bevor sie nicht auch auswandern. Wenn sie euch um der Glaubenspraxis willen um Hilfe bitten, so müßt ihr sie ihnen gewähren, allerdings nicht (zum Kampf) gegen Leute, mit denen ihr in einem Vertragsverhältnis steht. Allah durchschaut, was ihr tut. Diejenigen, die ungläubig sind, sind einander freund. Wenn ihr nicht dementsprechend vorgeht, wird es im Lande Anfechtung geben und großes Verderben. Diejenigen, die gläubig wurden, auswanderten und auf dem Pfade Allahs den Dschihad führten, sowie diejenigen, die (erstere) beherbergten und unterstützten, das sind die wahrhaft Gläubigen. Vergebung und edler Lebensunterhalt werden ihnen zuteil. Diejenigen, die später gläubig wurden und auswanderten und zusammen mit euch den Dschihad führten, die gehören ebenfalls zu euch. Die Verwandten allerdings stehen, so lautet die Vorschrift Allahs, einander noch näher. Allah weiß alles“ (Vers 72–75).

Die beiden Verbrüderungen hatten ein neues Merkmal der Zugehörigkeit zu einer Gemeinschaft ins Bewußtsein gehoben: das Bekenntnis zur Botschaft Mohammeds. Der Vollzug der muslimischen Glaubenspraxis hatte zwar schon die Asylanten in Äthiopien geeint, aber der Verkünder dieser Riten hatte abseits gestanden; er betrachtete sein Wirken aus der Sicht eines Hāšimiten, dessen Lebensmitte die Kaaba ist. Diesen Blickwinkel bewahrte er auch nach der Schlacht von Badr. Für seine Anhängerschaft trat jedoch eine tiefgreifende Veränderung ein. Die muslimischen Riten zu praktizieren, war von jetzt an nicht mehr der entscheidende Beleg für die Zugehörigkeit zur Gemeinschaft des Propheten. Es war vielmehr gefordert, sich „mit seinem Vermögen und seinem Leben“ am Krieg zu beteiligen. Mitleid mit in der Schlacht gefallenen Glaubensbrüdern, denen man unterstellte, sie seien aus freien Stücken in Mekka geblieben, kannte Mohammed nicht. Im Gegenteil, jene hatten eine schwere Schuld auf sich geladen, indem sie es versäumt hatten, sich dem Befehl Abū Ǧahls zu verweigern. Sie hätten auswandern müssen, meinte Mohammed in Sure 4, Vers 97. Erst die Auswanderung, nicht schon das Bekenntnis zum Islam nebst Einhaltung der Pflichtriten begründet fortan die Mitgliedschaft in der Gemeinschaft des Propheten; ihr, der Gemeinschaft der „Gläubigen“, stellt Mohammed in Sure 8 die Gründungsurkunde aus: Wer ihr vollgültiges Mitglied sein will, der muß sich Mohammed für dessen militärische Unternehmungen ständig zur Verfügung halten. Jedes Handeln, das hinter diesem Erfordernis zurückbleibt, zeugt nicht von wahrhafter Gläubigkeit. Schon in den ersten Versen von Sure 8 spricht er von den wahrhaft Gläubigen. Dies seien jene, die ihm gehorcht und sich dem Feldzug angeschlossen hätten, der angeordnet worden sei, damit die Wahrheit obsiege. Und dann spannt Mohammed den Bogen bis zum vorletzten Vers, in dem, gleichsam als Fazit, die wahrhaft Gläubigen beschrieben werden: Das sind nur die, die ausgewandert sind, was aber nicht meint, daß nach seiner Ankunft in Medina die Tür zur wahren Gläubigkeit zugeschlagen worden wäre. Auch eine spätere Hedschra begründet eine vollgültige Mitgliedschaft in diesem Kreis.

Die „Helfer“

Indem die „Helfer“ dem Propheten die Basis für seine die Wahrheit zum Triumph führenden Kriege zur Verfügung stellen und ihn nach Kräften unterstützen, zählen auch sie zu den Gläubigen. Es gelingt Mohammed nicht, die Gläubigkeit so zu bestimmen, daß der Unterschied zwischen „Auswanderern“ und „Helfern“ hätte verschwinden können. Letzteren verbleibt ein geringerer Rang: Sie „beherbergen und unterstützen“ diejenigen, die zuerst erwähnt werden. Sie sind eben lediglich „Helfer“, Medina ist nicht der Ort, den die Gemeinschaft der Gläubigen als den ihrigen begreifen darf. Das ist und bleibt Mekka, um dessen Eroberung es Mohammed einzig und allein geht, wie er schon während seiner Flucht freimütig bekannte (Sure 28, 85). Die „Helfer“ werden sich keineswegs in Mekka ansiedeln, sobald die Stadt in Mohammeds Händen sein wird. Und unter den „Auswanderern“ scheint Mohammed gemäß den damaligen Verhältnissen allein die mekkanischen Flüchtlinge zu verstehen. Erst als auf beiden Seiten fremde Stämme in die Kämpfe hineingezogen werden, wird es notwendig, den Begriff des „Auswanderers“ neu zu bestimmen, wobei das Bemühen zu erkennen ist, den „ersten Auswanderern“ einen bevorzugten Rang zu bewahren. Am Ende von Sure 8 läßt Mohammed den Gedanken fallen, von dem die zweite Verbrüderung zeugte: eine spezifisch religiöse Gemeinschaft zu errichten. Schon in Mekka hatte er deutlich gemacht, daß seine Eingebungen sich vor allem an seine nächsten Sippenangehörigen richteten (Sure 26, 214), jetzt betont er dies wieder. Nach Allahs Gesetzeswillen sind die Sippenangehörigen einander enger verbunden als die „Gläubigen“. Der durch einen bewußten Akt des Beitritts, mit dem der einzelne seine herkömmlichen Bindungen durchtrennt, erworbenen und im Einsatz von Vermögen und Leben erprobten Mitgliedschaft traut Mohammed weniger zu als dem gewachsenen Geflecht familiärer und tribaler Bindungen. Fürs erste macht sich diese Folgewidrigkeit nur in Irritationen bemerkbar, die angesichts der gewaltigen Kraftanstrengungen, die der Krieg gegen Mekka erfordert, noch keine nachhaltigen Auswirkungen zeitigen. Lange aber wird es nicht dauern, und sie wird zu einem Konflikt herangewachsen sein, der keine einvernehmliche Lösung mehr zuläßt und wie ein häßliches Leitmotiv die islamische Geschichte durchzieht.

5. Die Unterwerfung der Frauen

Auflösung der Ehe durch Übertritt eines Partners zum Islam

„Heiratet keine Beigesellerinnen, ehe sie gläubig werden! (Jede) gläubige Sklavin ist besser als eine Beigesellerin, selbst wenn euch diese (noch so sehr) gefallen sollte. Und gebt eure Frauen keinen Beigesellern in die Ehe, bevor diese gläubig werden! Denn (jeder) gläubige Sklave ist besser als ein Beigeseller, selbst wenn euch dieser (noch so sehr) gefallen sollte. Jene (Heiden) nämlich rufen zum Höllenfeuer, Allah aber zum Paradies und zur Vergebung – mit seiner Erlaubnis – und legt seine Wunderzeichen den Menschen ganz deutlich dar. Vielleicht werden sie sich mahnen lassen" (Sure 2, 221). Die mit den beiden Verbrüderungen markierte Grenze zwischen den muslimischen Gläubigen und den Andersgläubigen gilt auch für die Ehe. Hieran erinnert Mohammed in diesen Sätzen aus der Kuhsure, die aus der Zeit kurz vor der Schlacht bei Badr stammt. Wie der Islam althergebrachte Loyalitätsverhältnisse in Frage stellte und nur dann nicht antastete, wenn sie Mohammeds erklärtem Ziel, der Erringung der Macht über die Kaaba, dienlich waren, so gerieten die Ehen in die Gefahr der Auflösung, sobald einer der Partner Muslim geworden war. Abū l-ʿĀṣ b. ar-Rabīʿ war gezwungen worden, seine Gattin, Mohammeds Tochter Zainab, als Gegenleistung für seine Befreiung nach Medina zu schicken, und erst als er später den Islam annahm, wurde sie wieder seine Frau; in Mekka hatte man die Überstellung Zainabs mit Gewalt verhindern wollen, denn es ging an die Mannesehre der Quraišiten, wenn sie duldeten, daß Mohammed auf diese Weise Macht über ihren wertvollsten Besitz, ihre Frauen, erlangte. Viel tiefer als in die Beziehungen der Sippen und Stämme untereinander griff die Ausbreitung des neuen Glaubens in die Eheverhältnisse ein, in den Lebenskreis des einzelnen. Was Mohammed in Sure 2 nur andeutet, die Ausrichtung ehelicher Verbindungen an den Belangen der Gemeinschaft der Gläubigen, formuliert er etwa zwei oder drei Jahre später in Vorschriften, die sich in Sure 4 finden, die mit dem Titel „Die Frauen" versehen wurde. Die gestiftete Solidarität zwischen Männern unterschiedlicher Stämme wurde, wie erörtert, rasch aufgegeben; denn Mohammed hatte die Herrschaft seiner Sippe im Auge. Nirgends gibt er zu erkennen, daß ihm die Überwindung des genealogischen Ordnungssystems der altarabischen Gesellschaft am Herzen gelegen hätte. Erst als fremde Völker unter das Joch der arabisch-muslimischen Eroberer gezwungen wurden, kam die Frage aufs Tapet, ob jenes System eine unabdingbare Voraussetzung für eine Lebensführung nach Maßgabe des Islams sei, und nur unter langwierigen Zwistigkeiten gelang die Abtrennung der Religion von der Genealogie.[188] Die mohammedschen Ehebestimmungen hatten, ganz im Gegenteil, die Festigung der patrilinearen Abstammung bezweckt; sie hatten die Herrschaft eines jeden – muslimischen – Mannes über seine Frau oder seine Frauen sichern und dadurch die Stabilität der Kampfgemeinschaft der „Gläubigen"[189] erhöhen sollen. Sie verstärkten zudem die Anziehungskraft dieser Gemeinschaft, weil nun nirgendwo sonst im damaligen Arabien ein Mann so kostengünstig Eigner einer Frau werden und so unangefochten ihr Herr sein konnte. Mohammed versäumte nicht, diesem in der Tat neuen Verhältnis zwischen Mann und Frau eine tiefere, religiöse Auslegung zu verschaffen.

Frauen als wertvolles Eigentum

Abū Ǧahl nahm auf dem Kriegszug nach Badr viele Frauen mit; sie durften nicht in Mekka bleiben, weil feindliche Stämme sie hätten rauben können. Frauen stellten, wie schon angedeutet, den kostbarsten Besitz eines Stammes dar. Fielen sie im Krieg dem Feind in die Hände, konnte dieser sie auf den Märkten veräußern.[190] Lohnender aber war es für den Sieger, sie zur Ehe zu zwingen. Ḫubaib b. Jūsuf eignete sich eine Tochter des von ihm erschlagenen Umaija b. Ḫalaf an und machte sie zu seiner

Ehefrau; deren Schwester wollte, als Mohammed Mekka besetzte, nicht mehr an ihren Vater erinnert sein. Nach der Überlieferung begründete sie dies mit dem Heidentum Umaijas. Was unausgesprochen bleibt, ist Umaijas Ehrverlust, der mit der Preisgabe der Tochter verbunden war. Die Angst hiervor war, dafür gibt es viele Zeugnisse, mindestens so groß wie die vor dem materiellen Schaden, den eine Niederlage nach sich zog. Frauen waren ein wertvoller, aber eben auch ein heikler Besitz einer Sippe oder eines Stammes. Und so leuchtet es ein, daß man ihre Zahl in überschaubaren Grenzen hielt. Neugeborene Mädchen wurden bisweilen verscharrt, wogegen Mohammed in einer der ältesten Suren seine Stimme erhebt (Sure 81, 8). Unter den Banū Tamīm soll dieser Brauch besonders verbreitet gewesen sein.[191]

Der Tamīmite Qais b. ʿĀṣim kam im Jahre 9 (begann am 20. April 630) nach Medina, um etliche Gefangene auszulösen. Damals soll er Mohammed bekannt haben, aus Furcht vor Entehrung alle seine neugeborenen Töchter vergraben zu lassen; als eine seiner Frauen in seiner Abwesenheit mit einer Tochter niedergekommen sei, habe sie diese rasch zu Verwandten weggegeben, er aber, Qais, habe sich auch Jahre später nicht vom Anblick des herausgeputzten Mädchens, das ihm nun vorgeführt worden sei, erweichen lassen, es eigenhändig in eine Grube gelegt und mit Sand bedeckt. Erklärt wird diese anscheinend auch damals ungewöhnliche Hartherzigkeit mit der Kränkung durch eine Nichte, die, in Gefangenschaft geraten, sich nicht freikaufen lassen wollte, sondern lieber die Ehefrau eines Sohnes des Siegers blieb.[192] Unumstritten war der barbarische Brauch zu Mohammeds Zeit nicht mehr. Ṣaʿṣaʿa b. Nāǧija, der Großvater des unter den Damaszener Omaijaden berühmten tamīmitischen Dichters al-Farazdaq (gest. 728), erwarb sich hohe Anerkennung, weil er gegen Geld viele neugeborene Mädchen vor dem grausamen Tod rettete.[193] – Zu unterscheiden von dieser Art des „Ehrenmordes“ ist die Tötung von Kindern aus materieller Not; Mohammed untersagt sie in Sure 6, Vers 151 mit dem Hinweis, daß der Lebensunterhalt durch Allah festgelegt werde. Der Wortlaut zeigt, daß auch Knaben von diesem Schicksal betroffen waren. Wenn die Verringerung der Zahl der Esser bisweilen als Grund für das Verscharren der Mädchen genannt wird, dann mag es sich im Einzelfall so verhalten haben.[194] Zu bedenken bleibt aber, daß die vornehmen Sippen großen Wert auf die Ebenbürtigkeit der Freier legten; mit der Knappheit des Angebots steigt der Preis, ein Gesichtspunkt, der bei der Erörterung dieses Themas nicht vernachlässigt werden darf.

Vorislamische Eheformen

Denn bei weitem nicht jeder heiratsfähige und heiratswillige Mann vermochte in den Besitz einer Ehefrau zu gelangen. Er mußte sie gegen einen Preis, den er mit den männlichen Verwandten der Auserwählten auszuhandeln hatte, erwerben; dieser Preis (arab.: *al-mahr*) fiel nicht der Braut zu, sondern deren Sippe, durch die sie veräußert wurde.[195] In einer Gesellschaft, in der Raubzüge nichts Ungewöhnliches waren, gehörten, wie angedeutet, die Frauen der geschlagenen Feinde zu den Gütern, die die Sieger sich aneigneten, und so war der Raub neben dem nur wenigen möglichen Kauf der zweite Weg, eine Ehefrau zu gewinnen, die in den eigenen Besitz überging und fortan in der Sippe des Mannes lebte. Eines allerdings galt für beide Fälle in gleicher Weise: Die Frau war ein Teil des Eigentums des Mannes geworden und verfügte über keinerlei Möglichkeiten der Selbstbestimmung – was Mohammed in Sure 4 bekräftigen wird. Der Rechtsstatus der durch Kauf oder Raub erworbenen Ehefrau unterschied sich von dem einer Sklavin nur darin, daß letztere weiterverkauft werden konnte.[196]

Daneben gab es im alten Arabien eine Form legaler Beziehungen zwischen Mann und Frau, die man als gekauften Geschlechtsverkehr bezeichnen kann. Wir lernten sie kennen, als ʿAbd al-Muṭṭalib seinen Sohn ʿAbdallāh mit Āmina bt. Wahb zusammenbrachte. Das Entgelt (arab.: *aṣ-ṣadāq*), das die Frau erhielt, scheint ihr Eigentum gewesen zu sein. Sie selber verblieb in der Sippengemeinschaft, in die hinein sie geboren war, und wenn man sich die spärlichen Nachrichten über die Kindheit Mohammeds in Erinnerung ruft, muß auch die Erziehung des aus einer solchen Verbindung hervorgegangenen Sohnes der Mutter obgelegen haben. Als Säugling jedoch war Mohammed einer Amme von den Banū Bakr übergeben worden, zu der er noch als Erwachsener eine tiefe Zuneigung hegte. Möglicherweise war es üblich, Söhne aus einer solchen uxorilokalen Verbindung durch Ammen aufziehen zu lassen, wenn deren spätere Eingliederung in die Sippe des Vaters verabredet worden war. Ein solcher Brauch würde die in der Überlieferung über die frühe Kindheit Mohammeds vorausgesetzte Erwerbsmäßigkeit des Stillens fremder Kinder erklären, vielleicht auch die hohe Wertschätzung der Milchbruderschaft, die als eine durch die Sippe des Erzeugers gelenkte Stiftung einer Bindung aufzufassen wäre, durch die die Erinnerung an die leibliche Mutter überdeckt werden sollte. Dies alles bleibt aber eine Vermutung, solange eine gründliche Auswertung der reichen Quellen zum vor- und frühislamischen Arabien noch aussteht.[197]

Beim gekauften Geschlechtsverkehr bewahrte die Frau – oder besser: die Sippe der Frau – gegenüber dem Kunden die überlegene Position. Salmā bt. ʿAmr aus dem ḫazraǧitischen Klan der Banū ʿAdī b. an-Naǧǧār allerdings war, wie ausdrücklich betont wird, eine so starke Persönlichkeit, daß sie sich die Männer, denen sie sich hingeben wollte, selber aussuchte. Einer von ihnen war Hāšim b. ʿAbd Manāf, und dessen Sohn ʿAbd al-Muṭṭalib behielt sie in Medina, bis man ihn im Knabenalter nach Mekka holte. Die Ehe Mohammeds mit Ḫadīǧa gehört, worauf wir schon hinwiesen, ebenfalls diesem Typus an, und auch Ḫadīǧa beanspruchte offensichtlich das Recht, selber über ihre Beziehungen zu entscheiden. Die kolportierte Posse um die erschlichene oder umgangene Einwilligung ihres Vaters deutet darauf hin, daß das Recht der Frau auf Selbstbestimmung[198] nicht unumstritten war. So war nach den Aussagen der Quellen der Geschlechtsverkehr, bei dem ʿAbdallāh seinen Sohn Mohammed zeugte, zwischen ʿAbd al-Muṭṭalib und Āminas Vater ausgehandelt worden. Daß bei solchen Verbindungen die Grenzen zur Prostitution fließend waren, drängt sich dem Betrachter auf. Gleichwohl wird in der Überlieferung zwischen beidem getrennt. Eine Frau konnte mit mehreren Männern gleichzeitig ein käufliches Verhältnis pflegen; sie blieb jedoch der sozialen Kontrolle durch ihre Sippe unterworfen, und vielfach waren diese Beziehungen auf eine unbestimmte Dauer angelegt. Hurerei zählte dagegen zu den Vergnügungen, mit denen man sich die nicht eben seltenen Markttage versüßen konnte; sie war geächtet, wie man Sure 19 entnehmen kann. „Woher sollte ich einen Knaben bekommen", wehrt Maria bestürzt die Ankündigung ihrer Schwangerschaft ab, „wo mich doch nie ein Mann berührt hat und ich keine Hure bin?" (Vers 20; vgl. Vers 28).

Die ersten Ehen Mohammeds

Es leuchtet ein, daß Mohammed gerade die uxorilokalen Verbindungen ein Dorn im Auge waren. Bei der Kauf- und der Raubehe war die Frau, die fest in den Lebenskreis ihres Mannes einbezogen war, gänzlich von diesem abhängig, und es änderte sich daran nichts, wenn dieser zum Islam übertrat, gleichviel ob sie diesem Schritt folgte oder nicht. Anders aber standen die Dinge, wenn ein Muslim den käuflichen Geschlechtsverkehr praktizierte, was ja in einer Sippe geschehen mochte, die den neuen Glauben ablehnte. Der unbedingten Botmäßigkeit, die Mohammed von seinen Glaubensgenossen im Krieg gegen Mekka verlangte, konnten derartige Beziehungen nur abträglich sein. Nach dem Tode Ḫadīǧas hatte Mohammed zunächst Sauda bt. Zamaʿa geheiratet, die Witwe des nach Äthiopien ins Exil gegangenen as-Sakrān b. ʿAmr aus der quraišitischen Linie des ʿĀmir b. Luʾaij; Saudas Mutter übrigens entstammte den Banū ʿAdī b. an-Naǧǧār[199] und scheint eine Nichte der vorhin erwähnten Salmā gewesen zu sein. Über die Art dieser Ehe des Propheten schweigen sich die Quellen aus. Sie versichern jedoch, daß Sauda der Sinn nicht mehr recht nach Männern gestanden habe, weil sie damals schon in einem vorgerückten Alter gewesen sei. Da sie erst im Šauwāl (begann am 8. September 674) des Jahres 54 starb,[200] klingt dies nicht sehr glaubwürdig. Wohl nur um zu begründen, warum ʿĀʾiša, die Tochter Abū Bakrs, so schnell und so vollständig das Herz des Gesandten Allahs für sich einnahm, wie dies später von interessierten Kreisen propagiert wurde, erzählt man in diesem Zusammenhang von Saudas freiwilligem Verzicht auf „ihren Tag und ihre Nacht" mit ihm – zugunsten ʿĀʾišas natürlich.[201]

Eine Kaufehe zu schließen war Mohammed nicht in der Lage. Kurze Zeit nach Ḫadīǧas Tod gab er seinem Freund Abū Bakr zu verstehen, daß dessen damals, drei Jahre vor der Hedschra, sechsjährige Tochter seine künftige Ehefrau sein solle, wobei offenbar an ein uxorilokales Verhältnis gedacht war. Mit diesem Wunsch brachte er Abū Bakr in nicht geringe Verlegenheit. Denn dieser hatte ʿĀʾiša bereits Ǧubair b. Muṭʿim aus der Sippe der Banū Naufal b. ʿAbd Manāf versprochen. Dessen Vater Muṭʿim b. ʿAdī war jener Mann, der kurz darauf Mohammed nach der Rückkehr aus aṭ-Ṭāʾif Fremdenschutz gewähren sollte. Jedenfalls gelang es, die Sache im Sinne Mohammeds zu regeln, und bald nach der Hedschra, ʿĀʾiša hatte inzwischen das Alter von neun Jahren erreicht, vollzog der Dreiundfünfzigjährige die Ehe mit ihr. Al-Wāqidī brachte über die näheren Umstände folgendes in Erfahrung: Als nach der Hedschra Ṭalḥa b. ʿUbaidallāh, wie Abū Bakr der quraišitischen Sippe Taim b. Murra zugehörig,[202] zusammen mit Mohammeds Sklaven Zaid b. Ḥāriṯa einige Töchter des Propheten, Sauda bt. Zamaʿa sowie Frauen aus der Familie Abū Bakrs nach Medina geholt hatte, kam ʿĀʾiša bei ihrem Vater unter; die Mitglieder der Familie Mohammeds bezogen Räume, die unmittelbar an den im Bau begriffenen Gebetsplatz grenzten. Warum er ʿĀʾiša denn immer noch nicht zum Weib begehre, wollte Abū Bakr von seinem Freund wissen; es fehle ihm das Geld zum Entrichten des Preises (arab.: *aṣ-ṣadāq*), antwortete dieser, worauf ihm Abū Bakr fünfhundert Silberdirhem zukommen ließ; „dann", so soll ʿĀʾiša erzählt haben, „vollzog er mit mir die Ehe in diesem meinem Haus, in dem ich noch wohne, in ebendem, in welchem der Gesandte Allahs verstarb." Für sich selber ließ Mohammed aus seinem an den Gebetsplatz grenzenden Wohngemach eine Pforte brechen, genau gegenüber der Tür ʿĀʾišas. „Und mit Sauda vollzog er die Ehe in einem der Räume neben dem meinigen; er pflegte sich damals bei ihr aufzuhalten."[203] So die Überlieferung al-Wāqidīs. Dieser bemerkenswerte Text, dem wir uns bei der Erörterung der Legenden um ʿĀʾiša noch einmal zuwenden müssen,[204] soll uns vorerst nur in zweierlei Hinsicht belehren. Wir entnehmen ihm, daß Mohammed in seiner frühen medinensischen Zeit mit Sauda eine Ehe führte, in der diese als eine gekaufte Frau behandelt wurde, die sich im Besitz und im ständigen Kontakt mit dem Gatten befindet. Um mit ʿĀʾiša Geschlechtsverkehr zu haben, benötigte er dagegen Geld; Abū Bakr schenkte es dem Mittellosen; es wird mit dem Begriff bezeichnet, der den Lohn der in ihrer Sippe bleibenden Frau meint. Die Summe belief sich, wie schon in anderem Zusammenhang erwähnt, auf die Hälfte des Mindestbetrages, den man zur Auslösung eines männlichen Kriegsgefangenen aufwenden mußte.

Die Bestimmungen in Sure 4: eine neue Form der Ehe

Damit gehen wir zu den allgemeinen Ausführungen Mohammeds in Sure 4 über. Er nähert sich dort seinem Gegenstand, indem er sich zunächst mit der Frage des Unterhalts beschäftigt. Dies ist nicht verwunderlich, denn was ihn zu seinen Erwägungen herausfordert, sind allein die ungewöhnlichen Verhältnisse, die unter den mekkanischen Auswanderern herrschen. Was außerhalb dieser Gruppe vorgeht, also bei den „Helfern" und bei den Andersgläubigen, bedarf keiner Regelung. Allah hat die Menschen aus einer einzigen Seele geschaffen, so beginnt er, und aus dieser dann ein Paar; von diesem Paar her bildete er darauf die vielen Männer und Frauen – deswegen verdienen Allah und die solchermaßen gestiftete Blutsverwandtschaft höchste Wertschätzung (Sure 4, 1). Wie schon im Schlußvers von Sure 8 unterstreicht Mohammed die Bindungen des Blutes; sie sind das Fundament aller Ordnung in der Gesellschaft. Und sie sind die einzige ihm einleuchtende Voraussetzung für ein selbstloses Verhältnis zwischen Menschen, wenn auch noch nicht dessen Garant. Denn an Sippenangehörige richtet sich sein dringender Rat, das Vermögen der Waisen, zu deren Vormund man bestellt sei, nur ja nicht zu veruntreuen. Sollte jemand – wegen eigener Not – nicht in der Lage sein, das Vermögen verwaister Mädchen gerecht, mithin uneigennützig zu verwalten, dann sollte er sie heiraten, zwei, drei oder vier, sofern kein Ehehindernis vorliegt. Wenn jemand fürchte, er könne nicht einer jeden seiner Gattinnen den gleichen Preis auszahlen, dann möge er nur eine ehelichen oder mit seinen Sklavinnen den Beischlaf ausüben: „Das bewahrt am ehesten vor Mittellosigkeit" (Vers 2 f.).[205] „Und gebt den Frauen ihr Eheentgelt (arab.: Pl. *aṣ-ṣaduqāt*) wie ein Geschenk! Wenn sie euch jedoch etwas davon freiwillig zubilligen, dann verbraucht es ohne Bedenken" (Vers 4).

Das hier verwendete Wort für Eheentgelt wird als ein Synonym[206] des Begriffes verstanden, der die Entlohnung der in ihrer Sippe wohnenden Frau meint. Die Bezeichnung des Kaufpreises (arab.: *al-mahr*), um den ein Mann seine Gattin erwirbt, kommt im Koran dagegen nicht vor. In der Tat wäre ein entsprechendes Geschäft im Kreise der Auswanderer kaum möglich gewesen; unter ihnen gab es keine wohlbehaltenen, vollzähligen Sippenverbände, die eine entsprechende Vereinbarung hätten aushandeln können. Der Islam und als dessen Folge der Krieg hatten sie zerrissen; Mohammed bedauerte dies, wie er am Beginn von Sure 4 versichert. Unter den gegebenen Verhältnissen, so erkannte er, war nur eine Form der Ehe möglich, die sowohl der Kaufehe als auch der uxorilokalen Verbindung ähnelte: Die Frauen selber, die eben nicht mit der Zustimmung der Sachwalter der gesamten Sippe heirateten, nahmen den Kaufpreis (arab.: *al-mahr*) nicht entgegen, wohl aber das Entgelt für den Geschlechtsverkehr; und trotzdem waren sie, da sie nicht bei ihren Sippen wohnten, der Gewalt der Männer so ausgeliefert, als hätten diese sie gekauft. Insbesondere die verwaisten Töchter im Kampf getöteter Auswanderer hatten unter dieser im herkömmlichen Gewohnheitsrecht nicht vorgesehenen Zwischenposition zu leiden. Diesen Personenkreis hat Mohammed in den ersten Versen von Sure 4 im Auge, was auch aus seinen weiteren Erwägungen erhellt: Den Leichtfertigen unter ihnen darf man das Vermögen der Eltern noch nicht anvertrauen; sobald die Waisen aber heiratsfähig und erkennbar vernünftig geworden sind, darf man ihnen die Hinterlassenschaft nicht verweigern (Vers 5 f.). Männer wie Frauen bekommen ihren Anteil daran, wobei, wie Mohammed nun an Beispielen darlegt, das Erbe eines Mannes sich auf das Doppelte des Erbes der Frau beläuft (Vers 7–12). Gegen Ende der Sure spricht Mohammed das Thema der Waisen noch einmal an. In der Schrift, so mahnt er, ist nachzulesen, wie Mädchen, deren Vormundschaft man übernommen hat und die man nicht heiraten möchte, zu behandeln sind; auf keinen Fall darf man sie um ihr Erbe prellen, ebenso wenig wie verwaiste Knaben (Vers 127). Alle diese Darlegungen sind im Lichte der Ehen Mohammeds zu lesen. Er selber hatte nie eine Frau erworben; Sauda bt. Zamaʿa, bei der er in Medina zunächst wohnte, war ihm unter besonderen Umständen zugefallen – Witwe eines Muslims, Abstammung von den Banū ʿAdī b. an-Naǧǧār. Mit ʿĀʾiša verbrachte er nur bestimmte Zeiten, wie aus den Berichten über die Besuchsregelungen erhellt und über die Tage, die ihr ihre Nebenbuhlerinnen freiwillig zugebilligt hätten. Die zahlreichen weiteren Heiraten des Propheten führten ebenfalls nicht zur Gründung eines Hausstandes mit ihm als dem Herrn und in einer Gemeinschaft aller Ehefrauen, diese hatten vielmehr ihre eigenen Wohnungen, wo sie ihn, wenn man den Überlieferungen folgt, regelmäßig zum Beischlaf empfingen.

Verstoßung und Ehehindernisse

Falls eine Frau fürchte, ihr Gatte (arab.: *al-baʿl*) wolle sich von ihr abwenden, dann sollte sie sich mit ihm gütlich über eine Abfindung einigen. Dabei dürfe nicht der Geiz das Handeln des Mannes bestimmen, obschon ausgeschlossen sei, daß er bei jeder Verstoßung die jeweils Betroffene in gleicher Weise wie die vorherigen werde versorgen können; es solle wenigstens nicht zu groben Unbilligkeiten kommen (Vers

127–130). In diesen Sätzen deutet Mohammed noch einmal an, was ihn veranlaßte, sich mit den Pflichten gegenüber den Frauen auseinanderzusetzen. Es sind die ungewöhnlichen Verhältnisse, in die die Auswanderer geraten sind. Wenn sie ihre Ehefrauen verstoßen, dann sind diese ohne jeden Lebensunterhalt, da sie nicht in ihre Sippen zurückkehren können, vielleicht auch nicht sollen. So muß der Erwerber,[207] falls eine gütliche Einigung der Partner nicht zustande kommt, der Verstoßenen einige Mittel überlassen, damit diese, wie Mohammed sich ausdrückt, nicht der Kamelstute gleiche, deren Zügel man losließ, ohne sie ganz von ihr zu nehmen – nicht mehr unter dem Regiment des Ehemanns, aber auch nicht ganz frei (Vers 129). Von den zerbrochenen Ehen geht Mohammed zu den Ehehindernissen über, ein nicht ganz abwegiger Gedankensprung, denn nach seinen Vorstellungen sollte es unter seinen Anhängern keine alleinstehenden Frauen geben. Die eigene Mutter wie auch die übrigen Ehefrauen des Vaters[208] darf ein Mann nicht heiraten, ebenso wenig seine Schwestern, seine Tanten väterlicherseits und mütterlicherseits, seine Basen sowie alle Frauen aus der nächsten Milchverwandtschaft und die Mütter und Stieftöchter seiner Ehefrau, sofern er mit letzterer bereits Geschlechtsverkehr hatte; wenn nicht, dann sind ihm diese Stieftöchter erlaubt. Mit den Ehefrauen der Söhne darf er ebenfalls keine Verbindung eingehen, auch nicht mit zwei Schwestern gleichzeitig. Sollte eine Ehe der letzteren Art geschlossen worden sein, bevor Sure 4 verkündet wurde, so mag sie fortbestehen. Verboten sind schließlich die ehrbaren, freien Ehefrauen anderer Männer. Unbeschränkt dürfen hingegen die Sklavinnen zum Beischlaf genutzt werden. Erlaubt ist ferner der Verkehr mit allen Frauen, die nicht in eine der zuvor genannten Kategorien gehören, „als ehrbare, der Unzucht abholde Männer dürft ihr sie euch gegen (Zahlung aus) eurem Vermögen (zu verschaffen) suchen. Und allen, an denen ihr Genuß hattet,[209] müßt ihr ihren Lohn als ein Pflichtteil geben." Darüber hinausreichende Vereinbarungen sind ebenfalls statthaft. Wer nicht so bemittelt ist, daß er sich den Verkehr mit ehrbaren, freien Frauen leisten kann, der behelfe sich mit muslimischen Sklavinnen. Der gemeinsame Glaube ist ein festes Band; mit Erlaubnis der Eigentümer möge man sich gegen Lohn den Beischlaf mit ihnen sichern. Solch eine Beziehung verlangt den betreffenden Frauen von nun an einen ehrbaren, die Unzucht meidenden Lebenswandel ab; sollten sie es daran fehlen lassen, trifft sie allerdings nur das halbe Maß der für freie Frauen in solchen Fällen vorgesehenen Strafen. Diese Erleichterungen verkündet Allah allen, die in Bedrängnis kommen könnten (Vers 24 f.) – vermutlich wegen der Knappheit ihrer Mittel. Allah legt alles deutlich dar und wendet sich den Muslimen gnädig zu. Die Männer freilich, die ungehemmt ihrer Wollust nachgeben, irren vom rechten Pfad ab. Allah ist sich dessen bewußt, daß er den Menschen als ein schwaches Wesen schuf; deshalb will er ihm die Lasten verringern (Vers 26–28).

Die Sicherung der Genealogie

Klarer läßt sich schwerlich ausdrücken, daß Sure 4 einem sexuellen Notstand steuern will, der die Auswanderer bedrängt. Die Ehe mit den weiblichen Mündeln ist der einfachste Ausweg, aber er stand sicher nur wenigen offen. Daher mußte man den Beischlaf gegen Lohn (arab.: Pl. *al-uğūr*) einkaufen, wobei aus dem Koran nicht ersichtlich ist, inwieweit solche Beziehungen von Dauer sein sollten. Als sich Jahrzehnte danach das islamische Recht herausbildete, fand man von der ja keineswegs untergegangenen Kaufehe in den Offenbarungen keine Spur. Man las sie *faute de mieu* aus den Versen 24 und 25 von Sure 4 heraus, indem man den dort genannten Lohn zum Kaufpreis umdeutete, was freilich den Inhalt verfälscht. Denn das hier gebrauchte arabische *al-uǧūr* bezeichnet nichts anderes als ein Entgelt für geleistete Dienste.[210] Die Weiterentwicklung der koranischen Bestimmungen steht jetzt aber nicht zur Debatte, sondern die Frage, wie Mohammed in Sure 4 die Rechte und Pflichten der solchermaßen in Dienst genommenen Frauen auffaßt. Das führt uns zu der erstaunlichen Erkenntnis, daß er sie aufs strengste dem Geldgeber unterwirft, viel strenger gewiß, als dies bei den uxorilokalen Verbindungen der damaligen Zeit der Fall gewesen sein kann. Den Beweggrund hierfür nennt er schon in Sure 2: Alle verstoßenen Frauen haben vor einer neuen Ehe drei Monatsblutungen abzuwarten, damit man sicher wisse, ob sie von ihrem ehemaligen Gatten schwanger sind (Sure 2, 228–235). Die uxorilokale Ehe wird durch diese Forderung völlig umgestaltet; indem die für die Gewährung des Beischlafs entlohnte Frau nur mit *einem* Mann ein solches Verhältnis eingehen darf – diese Vorschrift verbirgt sich hinter dem Begriff der Ehrbarkeit – und jeder Wechsel des Geschlechtspartners den Bestimmungen der Wartefrist genügen muß, werden Zweifel über eine etwaige Vaterschaft ausgeschlossen. Schon in Mekka hatte Mohammed die Ansicht geäußert, die mit der Zeugung ihren Anfang nehmende Schaffung eines jeden Menschen durch Allah (vgl. Sure 75, 37 f.; 92, 3; 53, 45) sei ein Handeln, dessen Sinn sich im Gefüge der Blutsverwandtschaft und Verschwägerung enthülle (Sure 25, 54), und in Medina sollte er seine Vorstellungen näher erläutern: „Wir schufen euch aus einem männlichen und einem weiblichen (Element) und teilten euch in Völker und Stämme ein, damit ihr einander erkennen solltet..." (Sure 49, 13). Ein Mensch, dessen Eltern nicht benannt werden können, ist kein wirklicher Mensch.[211]

Die Unterwerfung der Frauen

Ehe wir uns diesem Gedanken zuwenden, soll in knapper Zusammenfassung erörtert werden, wie Sure 4 die Frauen zu Dienerinnen des Mannes macht, ja eigentlich zu dessen Gefangenen ohne jede eigene Entscheidungsmacht – weswegen der Mann pfleglich mit ihnen umgehen solle.[212] Die Schwäche des Menschen, die Allah sehr gut kennt (Sure 4, 28), zeigt sich nicht zuletzt in der Habgier; die Muslime sollten einander weder übervorteilen noch die Gaben neiden, die Allah in seiner Huld einigen von ihnen gewährt, anderen aber vorenthält. Männer wie Frauen empfangen an allem den ihnen angemessenen Anteil[213] – gemeint ist: an der Hinterlassenschaft eines Verstorbenen (Vers 29–33). Hatte Mohammed schon in Sure 2, Vers 282, festgestellt, daß bei der Beurkundung von Geldschulden das Zeugnis einer Frau lediglich halb so viel gilt wie das eines Mannes, so verallgemeinert er nun den im Vergleich zum Mann geringen Wert der Frau; dies ist, wie die Gedankenführung nahelegt, das Ergebnis göttlichen Bestimmens, hiergegen anzugehen, wäre ein Zeichen von Gier. Denn „die Männer stehen über den Frauen, weil Allah die einen über die anderen erhob und weil (die Männer für sie Mittel) aus ihrem Vermögen aufwenden". Ähnlich äußerte sich Mohammed vorher schon in Sure 2, Vers 228, allerdings mit engem Bezug darauf, daß selbst nach rechtskräftiger Verstoßung Mann und Frau gegeneinander Rechte und Pflichten haben, bis die Wartefrist abgelaufen ist. Jetzt also betont er eine grundsätzliche Rangfolge, die aus Allahs Ratschluß hergeleitet und in den Unterhaltszahlungen greifbar wird. Der mindere Rang der Frau soll sich in ihrem Verhalten ausdrücken: „Die frommen (Frauen) sind daher demütig und diskret, weil auch Allah das Intime achtet. Jene aber, deren Widerspenstigkeit ihr fürchtet, die ermahnt, meidet im Bett und schlagt, und wenn sie euch gehorchen, geht nicht weiter gegen sie vor! Allah ist erhaben und groß" (Sure 4, 34). Um Zwistigkeiten auszuräumen, empfehle sich die Bestellung eines Schiedsmannes (Vers 35). Leichtfertig und nur, weil ihm etwas gegen den Strich geht, sollte ein Mann sich nicht von einer Frau trennen, und wenn sich die Trennung nicht vermeiden läßt, darf er von dem Entgelt, das er ihr aushändigte, nichts wieder an sich bringen (Vers 19–21). Echte Demut der Frau gegenüber dem Mann erweist sich vor allem darin, daß ihr Verhalten über jeden Verdacht der Untreue erhaben ist. Um eines Fehltrittes überführt zu werden, bedarf es des Zeugnisses von vier Männern; sollten sie übereinstimmend aussagen, dann muß die betreffende Frau bis zu ihrem Tod im Haus eingesperrt bleiben, es sei denn, Allah fände irgendeine andere Möglichkeit der Bereinigung des Vorfalls (Vers 15).[214]

Die Unterwerfung der Frauen ist in Mohammeds Denken ein wesentliches Merkmal der von ihm verkündeten Glaubenspraxis. So wichtig ist sie ihm, daß er sie in der Ansprache erwähnt, die er während seiner letzten Wallfahrt hält.[215] Viele Muslime betrachten das, was er damals verkündet, als eine Art Vermächtnis. Über die Frauen heißt es dort: „Ihr Leute! Die Frauen haben einen Anspruch gegen euch, und ihr habt einen Anspruch gegen sie. Denn es obliegt ihnen, daß sie niemandem erlauben, sich in euer Bett zu legen, und niemandem, den ihr verabscheut, gestatten, euer Haus zu betreten, es sei denn mit eurer Erlaubnis. Handeln sie dem zuwider, so gilt, daß Allah euch gestattet hat, sie im Bett zu meiden und sie zu schlagen, allerdings ohne sie grausam zu quälen. Wenn sie dann ihr Fehlverhalten aufgeben und euch gehorchen, dann stehen ihnen Nahrung und Kleidung zu, wie es recht und billig ist. Die Frauen sind bei euch wie Kriegsgefangene (arab.: Pl. f. *al-ʿawānī*), die über nichts aus eigener Macht verfügen. Ihr aber habt sie von Allah zu treuen Händen erhalten, dank seinem Wort verfügt ihr über ihre Scheide. Darum seid gottesfürchtig im Umgang mit den Frauen und nehmt euch ihrer im Guten an!"[216] Kriegsgefangene in Ketten, das ist die Assoziation, den der von Mohammed verwendete Begriff weckt.[217] Anas b. Mālik, ein Diener Mohammeds und allgemein geschätzter Tradent, weiß zu berichten, daß die Amme Ibrāhīms, des im Säuglingsalter verstorbenen Söhnchens des Propheten, an diesen Vorstellungen Anstoß nahm: „O Gesandter Allahs, den Männern verkündest du Gutes, warum nicht auch den Frauen?" Er entgegnete: „Ist denn keine von euch damit zufrieden, daß ihr, wenn sie von ihrem Ehemann schwanger ist und dieser gut zu ihr steht, der Jenseitslohn eines fastenden und in den Glaubenskrieg ziehenden Mannes zukommt? Und daß, wenn die Wehen einsetzen, niemand im Himmel und auf der Erde weiß, welch ein Augentrost in ihr verborgen ist? Und daß ihr, wenn sie niedergekommen ist, für jeden Schluck ihrer Milch, den ihr Kind trinkt, für jedes Saugen eine gute Tat (auf ihrem Jenseitskonto) angerechnet wird?"[218] „Wenn ich jemandem aus dieser Gemeinde befehlen könnte, sich vor einem anderen niederzuwerfen, dann der Ehefrau, sich vor ihrem Gatten (arab.: *al-baʿl*) niederzuwerfen", soll der Gesandte Allahs bei einer anderen Gelegenheit befunden haben.[219]

Der religiöse Hintergrund dieser Unterwerfung

Für Mohammed war die Ausübung des Beischlafs Kern und Inbegriff des Verhältnisses von Mann und Frau. Wie Körper und Kleidung gehören beide einander zu, eine populäre Anschauung, die auch in der Liebesdichtung ihren Platz hat: Die Gespielin gleicht einer Decke, die den Mann im Sommer gegen die Hitze, im Winter gegen die Kälte schützt.[220] In Sure 2, Vers 187, begründet Mohammed die Erlaubnis, auch im Ramadan den Geschlechtsverkehr zu genießen, mit ebendieser engen Zusammengehörigkeit; und wer wollte nicht einsehen, daß, wenn die Dinge sich so verhalten, ein muslimischer Mann schwerlich mit einer Heidin Intimitäten pflegen kann (Sure 2, 221)? Denn ist die bildliche Vorstellung des Bedeckens erst mit jenem religiösen Sinn aufgeladen, der, wie am Beispiel der Gläubigkeit aufgezeigt, in der Leistung um des Islams willen die Lebensmitte der von Mohammed geführten Gemeinschaft findet, dann darf die der Bestimmung durch den muslimischen Mann anheimgegebene Frau nicht mehr über sich selber verfügen oder gar den Islam ablehnen. Denn die Verbundenheit beider, die das Bild ausdrückt, ist durch Allah gewollt und in seinem Schöpfungshandeln begründet – um das die Heiden sich nicht kümmern. Damit kehren wir zur Erörterung der religiösen Anschauungen zurück, die in den Augen des Propheten die Unterwerfung der Frau unter den Mann nicht nur rechtfertigen, sondern gebieten. Blutsverwandtschaft und Verschwägerung, die im Vorgang der Zeugung den Beginn der Schaffung eines jeden Menschen markieren, sind die beiden Pfeiler des von Allah errichteten Ordnungssystems der Gesellschaft. Und sie sind dies seit dem Anfang aller Schöpfung. „Ihr Leute! Fürchtet euren Herrn, der euch aus einer einzigen Seele schuf und aus dieser (ihr) Paar, und aus (dessen) beiden (Einzelexemplaren) viele Männer und die Frauen! Und fürchtet Allah, in dessen Namen ihr einander (um Beistand) bittet, und die Blutsverwandtschaft! Allah beobachtet euch genau!" (Sure 4, 1). Aus diesen Sätzen entwickelt Mohammed alles, was er in Sure 4 über die Frauen darlegt. Im Koran wird Eva nicht aus der Rippe Adams gebildet, sondern sie entstammt mit Adam „einer einzigen Seele", die in einer zweiten Schöpfungstat zu jener Zweiheit weitergeformt wurde, wie sie fortan in jedem Akt des Zeugens wirksam wird. So sagt Mohammed in Sure 7, Vers 189: „(Allah) ist es, der euch aus einer einzigen Seele schuf, dann aus ihr ein Paar bildete, damit er" – nämlich der Mann – „ihr zugetan sei. Und als er sie bedeckte, wurde sie mit einer leicht erträglichen Schwangerschaft geschwängert..." Ganz ähnlich lautet es in Sure 39, Vers 6: Himmel und Erde wurden von Allah errichtet, die Gestirne in ihre Bahnen eingewiesen, damit sie dem Menschen zunutze seien; „er schuf euch aus einer einzigen Seele, dann bildete er aus ihr das Paar" – womit die Schöpfung des Menschen vollendet ist – „und er sandte zu euch acht Stück Vieh in Paaren herab. Er schafft euch im Leib eurer Mütter..."

Das erste, auf den Menschen nur hindeutende Geschöpf, hier als „Seele" oder „Selbst" (arab.: *an-nafs*) bezeichnet, enthält das Paar, die Sonderung in ein weibliches und ein männliches Exemplar, schon in sich; denn dieses Paar wird aus dem ersten Geschöpf, der einen Seele, „gemacht". Das erste Geschöpf ist demnach von androgyner Natur, eine Reminiszenz gnostischer Vorstellungen.[221] Die im Geschlechtsakt statthabende Vereinigung ist in Mohammeds Sicht nicht das Verschmelzen zweier dem Ursprunge nach unterschiedlicher Wesen, sondern das Einswerden von zwei Erscheinungsweisen eines einzigen Wesens. Diesen Gedanken spricht er in Sure 6, Vers 98 unmißverständlich aus: „Er ist es, der euch aufwachsen ließ aus einer einzigen Seele. Daher (gibt es nun) den Augenblick, an dem (der ausgestoßene Same) Halt findet (vgl. Sure 23, 13), und den Augenblick der Niederkunft. Wir setzten die Wunderzeichen für Leute auseinander, die einsichtig sind." Der Urmensch, den Allah bildete, war eine einheitliche „Seele", ein einziges „Selbst", und wurde in einem zweiten Schöpfungsakt in die für das Diesseits kennzeichnende Zweiheit aufgespalten. Mohammed zeigt sich hier im Banne einer Urgeschichte des Menschen, die vermutlich an Genesis 1, Vers 27 anknüpft; dort heißt es lapidar, daß Gott den ersten Menschen nach seinem Bilde gestaltete, und ohne weitere Erklärung wird darauf mitgeteilt: „Als Mann und Frau schuf er sie." Bereits Philon von Alexandrien unterschied zwischen dem ersten Menschen, der als ein geistiges, nicht körperliches, weder männliches noch weibliches Wesen aufgefaßt wurde, und dem zweiten, körperlichen, der in männlichen und weiblichen Einzelexemplaren auftritt;[222] in deren Vereinigung, und das scheint Mohammeds Gemüt zu faszinieren, kommt ein ums andere Mal die ursprünglich von Allah geschaffene Einheit zum Ausdruck.[223]

In der Spätantike war die Idee des androgynen geistigen Urmenschen weit verbreitet. Augustinus kämpfte gegen sie an; denn die aus der Rippe geschaffene Eva war Adam als Gefährtin gegeben worden, der Geschlechtsverkehr mit ihr war nicht als der Nachvollzug einer ursprünglichen Einheit gerechtfertigt. Enthaltsamkeit und Jungfräulichkeit konnten unter dieser Voraussetzung nicht als eine Verweigerung des Ursprünglichen mißverstanden, sondern als gottgefällige Lebenshaltung gepriesen werden.[224] Daß eine solche Askese Mohammed gänzlich fern lag, wissen wir schon. Zur Begründung dieser Weltzugewandtheit haben wir bisher allein das „weitherzige Ḥanīfentum" herangezogen. Indem wir uns nun die koranischen Aussagen über die Schöpfung des Menschen vergegenwärtigen, enthüllt sich eine weitere Quelle für Mohammeds so auffälliges Rühmen des Geschlechtsverkehrs: „Zu (Allahs) Wunderzeichen zählt, daß er für euch Gegenstücke eurer selbst schuf, damit ihr mit ihnen vertrauten Umgang pflegtet, und er schuf unter euch Liebe und Barmherzigkeit. Darin liegen Zeichen für Leute, die nachdenken" (Sure 30, 21; vgl. Sure 16, 72). Die durch die gemeinsame Herkunft bedingte Unauflösbarkeit der Polarität zwischen Mann und Frau führt, wie diese Worte belegen, freilich nicht zu einer Gleichwertigkeit der beiden Pole; obwohl Mann und Frau der einen „Urseele" entstammen, ist die Frau nur das ergänzende Gegenstück[225] zum Mann. Er und nur er ist es, der in dem von ihm dominierten Geschlechtsakt die ursprüngliche Einheit zur Erscheinung bringt, denn die von Allah intendierte „beste Gemeinschaft" ist patrilinear verfaßt – und damit entfernt sich Mohammed weit von den Zielen der gnostischen Skepsis gegenüber dem Diesseits und seiner „finsteren" Ordnung.

6. Die Andersgläubigen

Merkmale der von Mohammed gestifteten Gemeinschaft

Der Glaube vereint die muslimischen Stammesteile und Sippen im Krieg gegen Mekka. Allein zu diesem Zweck stellt er zwischen ihnen eine Vereinigung her. Aber auch im Kultus wird eine die Blutsverwandtschaft und Verschwägerung übersteigende Einheit sichtbar. Was freilich den profanen Alltag betrifft, so wird die überkommene Ordnung keineswegs außer Kraft gesetzt. Allein für die Auswanderer sind Sonderregelungen vonnöten. Ihr Status läßt sich zwar in der Kategorie des überlieferten Schutzrechts erfassen, aber es haften ihnen doch Eigentümlichkeiten an, die jenseits des Üblichen liegen: Ihre Zahl ist so groß, daß sie schon deswegen eine eigene Gemeinschaft bilden; diese hat im Propheten einen eigenen Sprecher und politischen Führer und hört zudem auf eine religiöse Botschaft, die seit längerem einen erheblichen Teil der Bewohner Medinas, die „Helfer", in ihren Bann zieht. Die von Mohammed gestiftete Verbrüderung zwischen den Auswanderern und den „Helfern" wurde, als sie sich nach der verlustreichen Schlacht bei Badr in einem durch den „Glauben" und nicht durch die Verwandtschaft bestimmten Erbgang hätte bewähren können, wenn nicht zurückgezogen, so doch in ihren praktischen Wirkungen aufgehoben. Auf diesem wichtigen Gebiet des profanen Lebens sollte alles beim alten bleiben. Eine den Erfordernissen einer außergewöhnlichen Lage angepaßte Regelung des Verhältnisses zwischen Männern und Frauen war ebenfalls nur für die Auswanderer geboten; wie sie ausfiel, hörten wir gerade. Eheliche Bindungen zwischen Auswanderern und „Helfern" waren selten. Mohammed selber, obwohl doch mütterlicherseits mit den „Helfern" verwandt, heiratete nie eine Ausitin oder Ḫazrağitin.[226] Unter seinen elf Gattinnen, die Ibn Isḥāq aufzählt, sind sechs Quraišitinnen; die fünf anderen gehörten zu Stämmen, die für die Mekkaner von politischem Gewicht waren wie die Banū ʿĀmir b. Ṣaʿṣaʿa oder mit denen die Banū ʿAbd al-Muṭṭalib einen Bund geschlossen hatten wie die Ḫuzāʿiten. Mit mehreren weiteren war die Ehe bereits ausgehandelt worden, Mohammed vollzog sie jedoch nicht.[227] Unter den prominenten Auswanderern banden sich ʿUmar b. al-Ḫaṭṭāb und sein Bruder Zaid an einen medinensischen Klan, nämlich an die Banū ʿAmr b. ʿAuf, die vor Mohammeds Ankunft vielen Flüchtlingen eine Herberge gewährt hatten. Abū Bakr (gest. 634) nahm eine Tochter seines medinensischen „Bruders" zur Frau, wahrscheinlich aber erst, als er schon zum Nachfolger Mohammeds ausgerufen worden war; die dieser Ehe entstammende Tochter namens Umm Kulṯūm wurde erst nach Abū Bakrs Tod geboren.[228] Der neue Glaube zerriß zwar die eine oder andere nach den herkömmlichen Gewohnheiten der Partnerwahl geschlossene Ehe, schuf aber seinerseits keine neuen, an der Glaubenszugehörigkeit orientierte Möglichkeiten der Partnerwahl.

Auch unter diesem Gesichtspunkt werden wir zu der Erkenntnis geleitet, daß die Auswanderer und die „Helfer" im Alltagsleben keineswegs zu einer Einheit zusammenwachsen. Nur bei der Verrichtung der Riten und im Krieg sind sie vereinigt. Dementsprechend nimmt Mohammed die „Gläubigen" in Sure 4 als eine Kampfgemeinschaft in den Blick. „Ihr, die ihr glaubt! Seid auf der Hut! Rückt nur in einer Schar aus oder allesamt!" (Vers 71), mahnt er. Die Lage ist zu unsicher, als daß seine Anhänger einzeln ihren Unterschlupf verlassen dürften. Und grollend vermerkt er, daß manche aus seiner Anhängerschaft trödeln, sobald ein Feldzug angesagt ist; bei einer Niederlage der „Gläubigen" danken sie Allah dafür, daß sie nicht betroffen sind, bei einem Sieg allerdings wären sie gerne mit von der Partie gewesen (Vers 72 f.). „Alle, die das diesseitige Leben für das jenseitige verkaufen, mögen auf dem Pfade Allahs kämpfen. Und wer dies tut und dabei den Tod findet oder bezwungen wird, dem werden wir einen großartigen Lohn geben. Weshalb also wollt ihr nicht auf dem Pfade Allahs kämpfen und für die als schwach befundenen Männer, Frauen und Kinder (in Mekka), die flehen: ‚Unser Herr! Führ uns aus dieser Stadt hinaus, deren Bewohner Frevler sind! Gib du uns einen Freund, einen, der uns hilft!'" (Vers 74 f.). Scharf rügt Mohammed Glaubensgenossen, die Allah weniger fürchten als die Menschen und hoffen, dem Tod zu entkommen. „Warum hast du uns das Kämpfen auferlegt?" fragen sie Allah, und doch erreicht sie der Tod dort, wo er ihnen bestimmt ist, und hätten sie sich auch in hohen Türmen verborgen. Diese Toren, die nicht verstehen wollen, was auf dem Spiel steht, setzen dem Propheten mit ihrer Kritik zu; denn wenn ihnen ein Vorteil erwächst, behaupten sie, er sei ihnen von Allah gewährt worden, aber für jegliches Übel machen sie Mohammed verantwortlich. Nein, entgegnet er, das Übel kommt stets aus einem selber!

Die „Schriftbesitzer"

Noch recht brüchig ist die Gemeinschaft der „Gläubigen"; wenn man die in Mekka zurückgehaltenen Muslime nachholen könnte, wäre dies eine willkommene Verstärkung. Mohammed wird bald Schritte unternehmen, um das zu erreichen, zunächst ohne Erfolg. Nachdem ihm die „Heuchler" in den Sinn gekommen sind und er sie in die tiefste Hölle gewünscht hat (Sure 4, 145), scheint es ihm geraten, näher auf den Unterschied zwischen Glauben und Unglauben einzugehen. Es ist verwerflich, lediglich an Allah zu glauben, nicht aber an dessen Gesandte; nur die Menschen werden im Jenseits belohnt, die an Allah und an alle Boten glauben, die er ausschickte (Vers 150–152), also auch an Mohammed, der, wie in der Kuhsure dargelegt, den von Allah gewünschten Opferritus befolgt. Es gilt also: Wer die früheren achtet, der darf ihn, der jetzt seines Amtes waltet, nicht ablehnen. Und nun läßt Mohammed seinem Zorn gegen die „Schriftbesitzer" freien Lauf: Heute fordern sie ihn auf, er möge ein Buch aus dem Himmel herabholen, früher, in den Zeiten Moses waren sie noch unverschämter; sie begehrten, Allah mit eigenen Augen zu sehen, worauf ein Blitz sie niederstreckte; bald danach beteten sie ein Kalb an, obwohl sie klare Beweise für die Einsheit des Schöpfergottes erhalten hatten; nur indem Allah den Berg Sinai emporhob und drohend über ihnen hin und herschüttelte, ließen sie sich bewegen, die Gesetze der Tora anzunehmen.[229] „Doch weil sie diese Verpflichtung brachen, weil sie nicht an die Wunderzeichen Allahs glaubten, weil sie ohne rechtmäßigen Grund[230] die Propheten töteten und sagten: ‚Unsere Herzen sind nun einmal unbeschnitten!' – (in Wahrheit) hat Allah sie ihnen mit ihrem Unglauben versiegelt, so daß sie nicht glauben können – und weil sie nicht glauben und Maria in schamloser Weise verleumdeten und weil sie sagten: ‚Wir töteten Jesus, den Sohn der Maria, den Gesandten Allahs!' – dabei töteten sie gar nicht ihn, kreuzigten auch nicht ihn, sondern (einen anderen, der) in ihren Augen (dem Aussehen Jesu) ähnlich war, und wer (in dieser Hinsicht) über Jesus anderer Meinung ist, der befindet sich im Zweifel; sie haben darüber kein Wissen, sondern folgen bloßen Vermutungen; sie haben keineswegs die Gewißheit, daß sie ihn töteten; vielmehr erhob Allah ihn zu sich, Allah ist mächtig und weise; es gibt unter den Schriftbesitzern niemanden, der nicht vor (Jesu) Tod (am Ende der Zeiten) an ihn glauben wird, und am Tag der Auferstehung wird Jesus gegen sie aussagen – weil also die Juden frevelten, verboten wir ihnen rituell unbedenkliche Speisen, die ihnen erlaubt worden waren, desgleichen weil sie viele Menschen vom Pfade Allahs abkehren, weil sie Wucherzinsen nehmen, obgleich diese ihnen untersagt wurden, (schließlich) weil sie wider alles Recht das Vermögen der Menschen verzehren. Wir aber halten für die Ungläubigen unter ihnen eine schmerzhafte Strafe bereit" (Vers 155–161).

Kaum weiß sich der Prophet vor Wut und Empörung zu fassen über die Ablehnung, die er von seiten der „Schriftbesitzer" erfährt. In Medina sind dies vornehmlich Juden, und sie sind es auch, die sich die Geschichte Jesu hinter die Ohren schreiben sollen: Ihre Vorfahren waren so töricht, zu glauben, daß sie Jesus, einen Gesandten Allahs, gekreuzigt hätten; welch eine Selbsttäuschung – denn Allah unterschob ihnen einen anderen Mann und entrückte Jesus in seine unmittelbare Gegenwart, wo er bis auf den Tag lebt![231] Niemals wird Allah einen seiner Gesandten den Feinden überantworten, das sollen die Juden in Medina den Worten Mohammeds entnehmen.[232] Sie sollten die Mahnungen beherzigen, eben weil sie mit der Zurückweisung Jesu Schiffbruch erlitten! – Mohammed aber muß darauf achten, daß der Jesus, der bei Allah lebt, ein sterblicher Prophet bleibt. Hatte er in Mekka noch Jesu Tod und spätere Auferstehung in gleicher Weise vorausgesetzt wie bei jedem gewöhnlichen Menschen (vgl. Sure 19, 33), so muß er sich jetzt, in Ansehung der neuen polemischen Bedürfnisse, verbessern: Der zu Allah emporgehobene Jesus lebt noch, er wird den Endsieg gegen den Unglauben erstreiten und erst danach sterben, um kurz darauf, vor Beginn des Jüngsten Gerichts, auferweckt zu werden.

Die gläubigen und die ungläubigen „Schriftbesitzer"

Wie Allah einst die Juden nur unter massiven Drohungen zur Annahme der Gebote der Tora nötigen konnte und wie sie hochmütig das Prophetentum Jesu verwarfen, so sträuben sie sich auch jetzt heftig gegen den Gottesgesandten Mohammed. Allah strafte sie schon, indem er ihnen Speisegebote auferlegte (vgl. Sure 6, 146), die in der ursprünglichen, der ḥanīfischen Kultpraxis fehlen. Doch gibt es auch andere „Schriftbesitzer", glaubt Mohammed zu wissen: nämlich solche, die unerschütterlich an ihrem Wissen von Allahs Vorgehen mit dieser Welt festhalten und deswegen an die Eingebungen glauben, die Mohammed in gleicher Weise wie vor ihm Noah empfängt, wie Abraham, Ismael, Isaak, Jakob, alle Stämme Israels, wie Jesus, Hiob, Jonas, Aaron, David, wie Mose, den Allah unmittelbar anredete, wie zahllose andere Propheten, von denen Allah Mohammed keine Kunde gab; alle „Schriftbesitzer", die solchermaßen aus dem Heilsgeschehen der Vergangenheit auf die Wahrheit der Botschaft Mohammeds schließen, werden im Jenseits reichen Lohn entgegennehmen. Den Ungläubigen dagegen ist die Hölle bereitet (Sure 4, Verse 162–170). Und nun, nachdem er auf so umfassende Art seinen Wahrheitsanspruch ausgedrückt hat, kommt er noch einmal auf Jesus zu sprechen; was er vorhin über diesen äußerte, könnte, so fürchtet er, mißverstanden werden. „Ihr Schriftbesitzer! Übt in eurer Glaubenslehre Zurückhaltung und sagt über Allah nur die Wahrheit! Der Messias Jesus, der Sohn Marias, ist der Gesandte und das Wort Allahs, das dieser Maria einflößte, ist Geist[233] von ihm. Darum glaubt an Allah und seine Gesandten und sagt nicht: ‚Drei!' Laßt das! Das ist besser für euch. Allah ist nur ein Gott, gepriesen sei er, zu erhaben, als daß er einen Sohn hätte!" Der eine Allah, dem die Himmel und die Erde gehören, ist so gewaltig, daß sich weder der Messias noch die höchsten Engel für zu erhaben einschätzen, ihm zu dienen (Vers 171–173).

Was Mohammed den Juden in Sure 4 vorwirft, hat er schon in Sure 2 dargelegt; ja, dort ist alles bis ins einzelne ausgebreitet: Die Juden nutzen Moses Abwesenheit, um das Kalb anzubeten; sie verlangten, Allah zu schauen; obwohl Allah sie auf dem Zug durch die Wüste mit köstlichen Speisen versorgte, wollten sie seine Gesetze nicht freiwillig annehmen; sie übertraten das Gebot der Sabbatruhe, sie weigerten sich längere Zeit, eine Kuh als Schlachtopfer darzubringen, und dies, obwohl Allah dies ausdrücklich von ihnen gefordert hatte (Sure 2, 51–86). – Abū Qais b. al-Aslat, der medinensische Ḥanīfe, hatte in einem Gedicht geklagt, daß das Judentum und das Christentum eben deshalb nicht nach arabischer Art seien, weil beide keine an einen Wallfahrtsort getriebenen, geschmückten Opfertiere kennten.[234] Nun, mit Mohammeds „Buch" und mit den Riten, die es vorschreibt, ist dem Mangel, unter dem die *ummījūn* litten, abgeholfen; sie haben ihren Propheten und eine, die einzig authentische, Offenbarung, und diese sieht selbstverständlich vor, daß man Allah Tieropfer darbringt. Mose und andere Gesandte nach ihm, schließlich auch Jesus wurden von den Juden für Lügner erklärt (Sure 2, 87), so wäre es geradezu vermessen, von ihnen zu erwarten, daß sie nun Mohammed anerkennen (Sure 2, 75)! Dies alles war dem Gesandten Allahs schon vor der Schlacht bei Badr bewußt. In Sure 4 ist der Ton jedoch ungleich bitterer; schroffer als zuvor fordert er Anerkennung, in einem einzigen atemlosen Satz (Vers 171–173) hat er alles zusammengefaßt, was für ihn spreche, und er droht mit Allahs Eingreifen, das schon zu Zeiten Jesu der Bosheit der Juden die Wirkung genommen habe.

Scheidung zwischen Gläubigen und Ungläubigen

Ganz deutlich trennt Mohammed zwischen den Gläubigen und den Ungläubigen in Sure 3, die er nach der Niederlage bei Uḥud verkündete. Dort war er in Todesgefahr geraten (vgl. Sure 3, 144–146), eine höchst unerwünschte Wende der Dinge, die der Erklärung bedurfte und in ihm den Drang zur Selbstvergewisserung nährte. Auf diesen Charakterzug von Sure 3 werden wir bei der Schilderung jener Ereignisse eingehen. Jetzt merken wir nur auf die strikte Abgrenzung: „Die Gläubigen dürfen sich nicht die Ungläubigen anstelle der Gläubigen zu Freunden wählen. Wer dies tut, hat kein rechtes Verhältnis zu Allah. (Eine Ausnahme ist nur dann zulässig), wenn ihr euch sehr vor ihnen fürchtet. Doch Allah warnt euch vor sich selber, zu ihm nämlich führt euch der Weg (in jedem Fall)!" (Vers 28). Allah durchschaut die Beweggründe der Handlungen genau; manchem mag der Tag des Gerichts so fern erscheinen, daß er alle Gedanken daran leicht verdrängt, aber plötzlich wird es so weit sein, und dann werden alle, die jetzt auf einen Ausgleich mit den Andersgläubigen aus sind, sehnlich die Vergangenheit zurückwünschen. Wer klug ist, der weiß: Der Gehorsam gegen Allah und seinen Gesandten ist gerade jetzt der Maßstab allen Verhaltens (Vers 29–32). Allah erwählte Adam, Noah, die Sippen Abrahams und ʿImrāns und brachte dadurch schon vor der Berufung Mohammeds seine Herrschaft zur Geltung (Vers 33): Wie in Sure 4 betrachtet Mohammed die Menschheitsgeschichte als eine Kette von Maßnahmen, mit denen Allah ein ums andere Mal die von ihm für tauglich erachtete Form der Gemeinschaft stiftete. Maßnahmen, denen bis jetzt aber kein dauerhafter Erfolg beschieden war, eben weil sich viele Menschen nur halbherzig auf sie einließen oder sich womöglich ganz versagten. ʿImrān heißt in der „Lesung" der Vater Marias;[235] diese wird von ihrer Mutter dem Tempeldienst geweiht. Mohammed erzählt dies, um den Frevel der Juden, die Jesus ablehnten, als besonders skandalös hinzustellen: Schon an Maria hätten sie die Zeichen der Erwähltheit erkennen müssen; um wieviel größer ist die Schuld, die sie mit der Zurückweisung des Messias auf sich luden (Vers 34–57)! Wozu Mohammed die Geschichte Jesu in jenen Tagen benutzte, ist uns seit der Erörterung von Sure 4 bewußt; hier, in Sure 3, werden wir nun mitten in die Auseinandersetzungen mit den „Schriftbesitzern" hineingeführt: Jesus ist wie Adam aus Lehm geschaffen und daher nicht der Sohn Gottes, sondern einer der Propheten Allahs – und genau deshalb taugt seine Geschichte als Warnung für alle, die nun Mohammeds Prophetentum ablehnen.

Forderungen an die Andersgläubigen

Daß Jesus mit Adam wesensgleich, mithin durch und durch Mensch sei, ist der Eckstein, auf dem Mohammed seine Polemik gegen die „Schriftbesitzer" aufbaut; Jesus ist ein gewöhnlicher Mensch, und trotzdem ließ Allah ihn nicht im Stich, duldete nicht, daß man ihn tötete, sondern holte ihn in seine Gegenwart – das überzeugendste Beispiel für den Beistand, auf den sich die Gesandten Allahs verlassen dürfen. „Wenn jemand gegen dich streitet, nachdem du die Wahrheit erhieltest, dann sag: ‚Auf denn, wir wollen unsere Söhne und eure Söhne, unsere Frauen und eure Frauen, uns selber und euch zusammenrufen und gegeneinander einen Eid leisten und bewirken, daß der Fluch Allahs die Lügner treffe!'" (Vers 61). Mohammed ist sich sicher, daß er recht hat. Ein letztes, klares, entscheidendes Wort will er den „Schriftbesitzern" abpressen: Sie sollen offen zugeben, daß er und seine Anhänger Allah dienen, ihn als den einzigen Gott bekennen, ihm das Gesicht ganz zuwenden, Muslime sind (Vers 58–64) – kurz, daß sie in der unmittelbaren Nachfolge Abrahams stehen, dessen Weg zum *islām* Mohammed in seinen letzten mekkanischen Jahren den Anhängern eindrücklich vor Augen gestellt hatte.[236] Jetzt, als die Andersgläubigen nichts von ihm wissen wollen, belegt das Erbe Abrahams, das er in Sure 2 wortreich geschildert hat, nicht nur seinen Anspruch auf Herrschaft über die Kaaba, sondern auch sein Recht auf die Ergebenheit der „Schriftbesitzer". Seine Argumentation entspringt keineswegs allein der Enttäuschung über die Ablehnung durch die Juden! Dies ist nur die eine Seite, diejenige, für die die Inanspruchnahme der Gestalt Jesu steht. Die Abgrenzung gegen die Andersgläubigen enthält ebenso gut die schroffe Forderung, Mohammeds Bindungen an Abraham ernstzunehmen und hieraus die einzig mögliche Schlußfolgerung zu ziehen, nämlich ebenfalls Muslim zu werden. Demgemäß mündet der mit den Überlegungen zur Wesensgleichheit von Jesus und Adam einsetzende Abschnitt von Sure 3 – über die Zwischenstationen des Vorschlags eines Gottesurteils und die Aufforderung, ihn und seine Schar als „Muslime" anzuerkennen – in eine barsche Abwertung jeglicher Religion außer derjenigen des Ḥanīfen Abraham: „Ihr Schriftbesitzer! Weshalb streitet ihr (mit mir) über Abraham, wo doch Tora und Evangelium erst nach ihm herabgesandt wurden? Habt ihr gar keinen Verstand? Ihr seid Leute, die über etwas streiten, wovon sie kein Wissen haben. Weshalb streitet ihr (mit mir) über Dinge, von denen ihr kein Wissen habt? Allah hingegen weiß es, ihr nicht! Abraham war weder Jude noch Christ. Er war vielmehr ein Ḥanīf, der (das Gesicht ganz zu Allah) wandte, er war kein Beigeseller. Die Menschen, die Abraham am nächsten stehen, sind doch die, die ihm (seinerzeit) folgten, sowie dieser Prophet hier und diejenigen, die gläubig wurden! Allah ist der Freund der Gläubigen" (Vers 65–68).

Überhaupt hält es Mohammed in Sure 3 für angebracht, den Medinensern in rüdem Ton einzuschärfen, daß er nunmehr eine rückhaltlose Parteinahme zu seinen Gunsten erwartet. Allah selber bezeuge sich als den einzigen Gott; alle Wissenden, alle Engel pflichteten ihm darin bei. Daher gelte: „Die (einzige) Glaubenspraxis ist in den Augen Allahs der Islam. Die Schriftbesitzer entzweiten sich erst, nachdem sie das Wissen (von diesem Sachverhalt) empfangen hatten. Da wollte einer von ihnen gegenüber dem anderen im Vorteil sein" – wie ihnen Mohammed in Sure 2, Vers 111 bis 113 vorgeworfen hatte – „wer aber nicht an die Wunderzeichen Allahs glaubt, (der wird erleben), daß Allah schnell abrechnet! Wenn sie mit dir streiten, dann sag: ‚Ich wende das Gesicht zu Allah, und auch diejenigen, die mir folgen!' Und frag die Schriftbesitzer und die *ummījūn*: ‚Wendet auch ihr?' Und wenn sie dies tun, dann haben sie den rechten Weg gefunden..." (Vers 18-20). Indem Mohammed diese Sätze verkündet, stellt er sich allen Medinensern, die ihm noch nicht gehorchen, als eine mit einer religiösen Mission beauftragte, zu ihnen entsandte Herrschergestalt gegenüber; in der Botmäßigkeit, die er verlangt, wird der bisher bedeutsame Widerstreit zwischen den Juden und den *ummījūn* aufgelöst. Wenn manche „Schriftbesitzer" hoffen, sie dürften sich seinem Machtanspruch entziehen, da sie, die Bekenner eines vom Himmel herabgesandten Glaubens, schlimmstenfalls nur einige Tage im Höllenfeuer verbringen müßten,[237] dann erliegen sie einer verhängnisvollen Täuschung. Denn Allah, der die Herrschaft nach seinem unanfechtbaren Ratschluß vergibt, fällt seine Urteile streng nach dem irdischen

Verdienst; daß allen, die nicht Muslime werden, die ewige Verdammnis bevorsteht, wird Mohammed nicht müde zu wiederholen (Vers 21–26).

Der rüde Ton, ein Zeichen der Schwäche

Nirgends im Koran läßt sich nachweisen, daß Mohammed in den „Schriftbesitzern" Gemeinschaften wahrgenommen hätte, denen er von gleich zu gleich hätte begegnen sollen. Seine Empfindungen angesichts der Skepsis und Feindseligkeit der Juden reichen von erstauntem Bedauern, vielleicht sogar mit einem Anflug von Selbstzweifeln, bis zu wütenden Zurechtweisungen;[238] er hatte, als er von Asʿad b. Zurāra und seinem Kreis in die medinensischen Angelegenheiten hineingezogen wurde, sich wohl tatsächlich geschmeichelt, die mit dem Prophetentum Vertrauten würden sich freudig seinen Worten fügen. Daß dergleichen nicht eintrat, hatte sich vermutlich schon vor der Schlacht bei Badr herausgestellt. Nach diesem Sieg redete er, wie die Suren 3 und 4 zeigen, aus einer Position der Stärke mit ihnen, einer scheinhaften Stärke freilich, die er nur deshalb hatte, weil er sie sich herausnahm. Es war ein Auftrumpfen, das nicht durchweg in Selbstgewißheit verankert war, sondern bisweilen der Einsicht entsprang, daß es ein Zurück nicht gab. Ein von Ibn Isḥāq überlieferter Text, den man in der Geschichtsforschung als Gemeindeordnung bezeichnet hat, deckt die innere Schwäche der Stellung Mohammeds in seinen ersten medinensischen Jahren auf und ergänzt in erhellender Weise die Aussagen der „Lesung".

Die sogenannte Gemeindeordnung

„Der Gesandte Allahs fertigte ein Schriftstück aus, die ‚Auswanderer' und die ‚Helfer' betreffend, in dem er mit den Juden eine Vereinbarung schloß, sie in ihrer Glaubenspraxis und ihrem Vermögen bestätigte sowie zu ihren Gunsten und zu ihren Lasten Bedingungen festlegte." Diesen irreführenden Satz stellt Ibn Isḥāq dem Text voran. Die Vereinbarung bezieht sich aber keineswegs auf die medinensischen Juden insgesamt, sondern nimmt lediglich in einigen Passagen die jüdischen Mitglieder der Sippen in den Blick, deren Muslime sich Mohammed zur Verfügung stellten, und nur auf diese Sippen sind die Bestimmungen zurechtgeschnitten. Daß Mohammed sich nach seiner Ankunft in Medina mit den drei rein jüdischen Stämmen ins Benehmen setzte, ist mehrfach bezeugt; der Inhalt dieser Abmachungen ist nicht überliefert.[239] Mit ihnen hat Ibn Isḥāqs Text jedoch nichts zu schaffen, wie schon die Eingangsklausel belegt: „Dies ist ein Schriftstück von seiten Mohammeds, des Propheten – Allah spreche zu ihm gewandt Gebete und entbiete ihm den Friedensgruß[240] – zwischen den Gläubigen und den Muslimen von den Quraišiten und aus Jaṯrib nebst denen, die ihnen nachgeordnet sind, sich ihnen daher anschlossen und an ihrer Seite den Dschihad führten." Das Abkommen dient demnach der Festigung der Gemeinschaft der unter dem Banner des Propheten Kämpfenden. „Sie bilden eine Gemeinschaft (arab.: *al-umma*) unter Ausschluß der übrigen Menschen. Die quraišitischen Auswanderer bilden einen blutrechtlichen Sippenverband gemäß ihrer (althergebrachten) Ordnung." Am Beginn und am Ende von Sure 8 hatte Mohammed die Kampfgemeinschaft zwischen den „Auswanderern" und den „Helfern" beschworen. Im Triumph bei Badr hatte sie bewiesen, wessen sie fähig war; Mohammed hatte allerdings im letzten Vers von Sure 8 eine Einschränkung verkündet: Die herkömmlichen Rechte und Pflichten der Sippen blieben von der durch den Glauben gestifteten neuartigen Vereinigung unberührt.[241] Mit eben dieser Thematik beschäftigt sich die Vereinbarung: Die Kosten des Kampfes, hier die Aufwendungen für den Freikauf Gefangener, müssen nach wie vor durch die auf Blutsverwandtschaft beruhenden Solidargemeinschaften beglichen werden. Die quraišitischen Auswanderer, so heißt es im Schriftstück weiter, „lösen ihre Gefangenen aus auf allgemein übliche Art und in der unter den Gläubigen zu beachtenden Gerechtigkeit". In nahezu gleichlautenden Formulierungen werden nun etliche medinensische Sippen erwähnt, die sich den kriegerischen Plänen Mohammeds zur Verfügung stellten. „Die Banū ʿAuf bilden einen blutrechtlichen Sippenverband und erlegen Wergeld wie früher; eine jede Gruppe löst ihre Gefangenen aus auf übliche Art und in der unter den Gläubigen zu beachtenden Gerechtigkeit." Das gleiche wird für die Banū Sāʿida, Banū l-Ḥāriṯ, Banū Ǧušam, Banū n-Naǧǧār, Banū ʿAmr b. ʿAuf, Banū n-Nabīt und Banū l-Aus festgestellt. „Die Gläubigen geben jedem Überschuldeten aus ihrer Mitte (das Geld für) einen Freikauf in der üblichen Weise oder zur Regelung einer Blutschuld."

Diese Bestimmungen gehen natürlich nicht, wie man bisweilen vermutet hat,[242] in die Zeit vor Badr zurück. Sie hätten sich in jenen frühen medinensischen Jahren recht befremdlich ausgenommen, da man doch wußte, daß Mohammed zwar den Schutz eines Fremden genoß, jedoch nicht im mindesten das Recht hatte, die „Helfer" in kriegerische Unternehmungen außerhalb der Oase zu verwickeln. Erst nach der verlorenen Schlacht von Uḥud, deren Geschichte wir in Kürze schildern werden, waren Bestimmungen wie die obigen notwendig. Eine neue Trägerschaft des Blutrechts ließ sich nicht finden; aber Mohammed mahnt, daß die Gläubigen einer jeden Sippe sich beim Auslösen der jeweiligen Gefangenen hervortun sollen, und zwar durch Gerechtigkeit (arab.: *al-qisṭ*), will sagen, ohne sich um die nun einmal fälligen Kosten zu drücken. Eine solche das Interesse der Gemeinschaft über das eigene stellende Haltung verlangt er ihnen in Sure 4, Vers 175 ganz allgemein ab. Hatte Mohammed in Sure 8, wie dann auch in Sure 4, seinen Gefolgsleuten eingeschärft, daß sie stets einander freund sein müßten und keinesfalls mit Andersgläubigen auf vertraulichem Fuß stehen durften, so formt die Vereinbarung diesen Appell in eine Vorschrift um. Ein Gläubiger darf nicht mit dem Schutzbefohlenen (arab.: *al-maulā*) eines anderen Gläubigen eine Eidgenossenschaft eingehen – wodurch unter den Anhängern Mohammeds Zerwürfnisse entstehen könnten; man möge vielmehr bestrebt sein, jeden zu zügeln, der Zwietracht säe. Selbst wenn der Unruhestifter der Sohn eines Gläubigen wäre, dürfe man nicht vor Zurechtweisungen zurückschrecken. Ferner darf niemals ein gläubiger Mann den Tod eines Ungläubigen an einem Gläubigen rächen, nie einen Ungläubigen gegen einen Glaubensbruder unterstützen. Denn der Schutz (arab.: *ad-ḏimma*) Allahs ist ein einziger; alle Gläubigen genießen ihn in gleicher Weise. Beiläufig werden nun zum ersten Mal die Juden erwähnt: Sofern sie „folgen", haben sie das gleiche Recht auf Schutz und Unterstützung.

Die eben genannten Vorschriften gelten für Friedenszeiten; was sich anschließt, bezieht sich auf den Kriegszustand. Kein gläubiger Kämpfer darf auf eigene Faust und zu Lasten der Gemeinschaft einen Frieden schließen; die Gläubigen helfen einander mit Reittieren aus; sie vollziehen die Blutrache für jeden ihrer Gefallenen – auf Kriegszügen offensichtlich ohne Ansehung der Sippenzugehörigkeit; sie dulden nicht, daß ein Beigeseller Quraišiten oder deren Vermögen seinem Schutz unterstellt. Wird ein Gläubiger das Opfer eines Totschlags, verübt durch einen Glaubensbruder, dann muß die Gemeinschaft der Gläubigen – wiederum nicht die betroffene Sippe – den Vollzug der Blutrache oder die Vereinbarung eines Wergeldes betreiben. Wie schon mehrfach angemerkt, zeigt sich diese Gemeinschaft allein im Kampf, unter dem unmittelbaren oder delegierten Befehl Mohammeds. Schon in Mekka hatte dieser den Muslimen in anderen Stämmen nur wenig Aufmerksamkeit geschenkt; die Macht der Sippensolidarität hätte anderes wahrscheinlich gar nicht zugelassen. Erst jetzt in der medinensischen Ausnahmesituation, und auch da nur während der Anspannung aller Kräfte im Krieg, wird eine die Grenzen der Sippen hinter sich lassende Gemeinschaft sichtbar. Deren Mitglieder, die sich „dieses Dokument zueigen machen", verpflichten sich ganz allgemein, keinen Übeltäter zu unterstützen, der die Bestimmungen anficht. Vielmehr sollen alle Streitfälle vor Allah und Mohammed gebracht werden – ein weiterer Hinweis auf die unmittelbare Bindung der Gläubigen an Mohammed. Im Kriegsfalle, so heißt es weiter, stehen die Juden den Gläubigen zur Seite. „Die Juden der Banū ʿAuf bilden (dann) mit den Gläubigen eine Gemeinschaft (arab.: *al-umma*). Den Juden (verbleibt trotzdem) ihre Glaubenspraxis, den Muslimen die ihrige; (dies gilt für) ihre Schutzbefohlenen wie für sie selber, abgesehen von jenen, die freveln und sündigen, die (ohnehin nur) sich selber und ihre Familie in den Untergang reißen." Für die Juden der Banū n-Naǧǧār, Sāʿida, Ǧušam, Aus, Šuṭaiba und Ṯaʿlaba sowie für deren Schutzbefohlene gelten die nämlichen Bestimmungen. Alle Personen, die von diesen Vorschriften des Verhaltens im Krieg betroffen sind, dürfen nur mit Mohammeds Zustimmung einen Waffengang unternehmen; allein wenn jemand Talio für eine Verwundung einfordert, mag er dies ohne ausdrückliche Erlaubnis tun. Im übrigen können unbedachte Aktionen einzelner die in diesem Dokument beschriebene Kriegsgemeinschaft nicht zu einer Unterstützung verpflichten. Alle Juden und Muslime, die sich diesen Regeln unterwerfen, tragen jeweils für sich die Unterhaltskosten; sie helfen einander ehrlich, wie denn auch niemand seinen Eidgenossen verrät. Solange man sich dagegen im Kampf befindet, gibt es für die Juden und die Gläubigen eine gemeinsame Kasse.

Gegen Ende wendet sich der Text noch einmal den alltäglichen Lebensverhältnissen in Jaṯrib zu. Im Oasengebiet sollen alle, die der Vereinbarung beigetreten sind, Sicherheit genießen. Sie bilden also eine die Sippengrenzen übergreifende politische Gemeinschaft, zu deren Sachwalter Mohammed sich berufen fühlt: Streitfälle sind ihm vorzulegen, heißt es noch einmal. Ausgeschlossen aus dieser Gemeinschaft sind ausdrücklich die mekkanischen Quraišiten und deren Verbündete. Zu ihren Gunsten darf das Rechtsinstitut des Fremdenschutzes nicht angewendet werden. Denn in Geschlossenheit soll man die Angriffe auf Jaṯrib abwehren, in Geschlossenheit auch etwaige Friedensabsprachen einhalten, die auf Initiative der Gläubigen zustande kommen. Die Partner der Vereinbarung, die nicht zu den Gläubigen zählen, dürfen – bei Wahrung der Interessen Jaṯribs? – ebenfalls Friedensverträge aushandeln, allerdings nicht mit Gruppierungen, die gegen die Anhänger der islamischen Glaubenspraxis Krieg führen. Angehängt ist eine Klausel, derzufolge auch die Juden der Ausiten den Inhalt des Dokuments als verbindlich anerkennen sollen.[243]

Die in der Vereinbarung genannten Klane ʿAuf, al-Ḥāriṯ, Sāʿida, Ǧušam und an-Naǧǧār sind Ḫazraǧiten; die ʿAmr b. ʿAuf und die an-Nabīt gehören zu den Ausiten. Die Banū Ṯaʿlaba, zu denen als eine Untergruppe ein Klan mit dem Namen Banū Ǧafna gerechnet wird, sind ein weitgehend judaisierter Verband, der seine Abstammung auf den Großvater der Aus und der Ḫazraǧ zurückführt. Die Identität der Banū Šuṭaiba[244] – möglicherweise ist der Name entstellt – bleibt ungewiß. Die im ersten Teil des Dokuments erwähnten Banū l-Aus sind vielleicht als ein Sammelname zu verstehen, unter dem kleine ausitische Sippen zusammengefaßt werden. Sie müssen offenbar von den am Ende der Vereinbarung genannten Aus – ohne „Banū" – unterschieden werden; der außer der Reihe stehende Passus könnte sich auf die Aus Manāt bzw. Aus Allāh beziehen, die nur zögerlich,[245] vermutlich erst nach der Niederschrift der Vereinbarung, zum Islam übertraten. Wie schon angedeutet, sind die „Leute dieses Dokuments"[246] keineswegs alle Bewohner des Oasengebiets von Medina. Die großen jüdischen Stämme werden mit keinem Wort erwähnt. Insofern weckt der in der Forschung verwendete Begriff „Gemeindeordnung" oder gar „Verfassung"[247] vollkommen falsche Vorstellungen. Mohammed dachte nicht im entferntesten daran, in Medina ein Gemeinwesen zu errichten, in dem allen Bewohnern ohne Ansehung ihres Verhältnisses zum Islam ihre verbrieften Rechte und Pflichten zuerkannt worden wären. Eine solche Deutung ist in modernen westlichen Begriffen befangen. Es war ihm lediglich darum zu tun, daß die Klane, die mit ihm zusammenarbeiteten, untereinander Frieden wahrten, die blutrechtlichen Verbände intakt blieben, die Juden der Verbündeten sich nicht ausgeschlossen fühlten, da anderenfalls gefährliche Reibereien zu befürchten waren, und nicht zuletzt darum, daß sein Anhang sich nicht durch mekkanische Intrigen entzweien ließ.

Medina nach der Schlacht bei Badr

Denn Mohammed wußte natürlich, daß Abū Sufjān die Niederlage bei Badr keineswegs hinnahm, sondern auf baldige Rache sann. Abū Sufjān hatte darum den Quraišiten die Totenbeweinung und das Rezitieren von Trauergedichten verboten, da beides, so meinte er wohl nicht zu Unrecht, geeignet war, die Wut und den Schmerz zu mildern.[248] Aber nicht nur das! In einem kühnen Handstreich drang Abū Sufjān eines Nachts auf medinensisches Gebiet vor, fand bei einem Juden der Banū n-Naḍīr Unterkunft und horchte ihn nach Mohammeds Plänen aus. Im Morgengrauen ritt er mit seinen Begleitern davon, überraschte im Tal al-ʿUraiḍ einen der „Helfer", der zusammen mit einem Tagelöhner auf dem Feld arbeitete. Abū Sufjān tötete beide und verbrannte dort zwei Häuser und die Ernte. Dies geschah im Juni 624. Mohammed verfolgte ihn vergebens.[249] In diese Monate fällt ferner das durch den Quraišiten ʿUmair b. Wahb von den Banū Ǧumaḥ versuchte Attentat auf Mohammed. Noch als dieser in Mekka lebte, soll sich ʿUmair mit Beleidigungen gegen ihn hervorgetan haben. Jetzt wurde sein Sohn als Kriegsgefangener in Medina festgehalten; der Vater hatte also einen plausiblen Grund, sich dorthin auf den Weg zu machen. Er vereinbarte mit seinem Klangenossen Ṣafwān b. Umaija,[250] daß dieser, sollte der Anschlag mißlingen, für die noch nicht beglichenen Schulden des Attentäters aufkommen werde. Kaum war ʿUmair in Medina eingetroffen, da schöpfte angeblich ʿUmar b. al-Ḫaṭṭāb Verdacht, Mohammed aber ließ den Ankömmling zu sich holen und sagte ihm ins Gesicht, welches der wahre Zweck sei, der ihn nach Medina geführt habe. ʿUmair war bestürzt, glaubte, daß Mohammed tatsächlich „Nachrichten aus dem Himmel" erhalte, und bekannte sich zum Islam, worauf der Prophet ihm verzieh und den Sohn freiließ. Zurück in Mekka, warb ʿUmair für Mohammed und dessen Religion, und viele Mekkaner sollen nun ebenfalls zum Islam übergetreten sein. Ṣafwān aber richtete nie mehr ein Wort an ihn.[251]

Dies in aller Kürze zur Lage Mohammeds in Medina, und sie sollte für ihn noch viel gefährlicher werden. Doch noch sind wir bei den Andersgläubigen. Die jüdischen Mitglieder der mit Mohammed verbündeten Sippen hatten kaum voraussehen können, daß der Übertritt ihrer Klangenossen zum Islam diese in einen Krieg hineinziehen würde, in dem es um die Interessen des Verkünders der neuen Religion ging. Berührte dies die Juden überhaupt? Sobald man freilich die Blutsverwandtschaft in Anschlag brachte, dann waren auch sie zur Solidarität verpflichtet. Deshalb betont die Vereinbarung das Fortbestehen der Sippenverbände über die Grenzen der Bekenntnisse hinweg. Die Aufgaben, die die Sippen erfüllen mußten, standen nach dem Gewohnheitsrecht fest: der Freikauf der Gefangenen und die Regelung der Talio. Dies sollte weiter gelten. Das Dokument spricht in diesem Zusammenhang ausdrücklich von Muslimen, was, wie erinnerlich, diejenigen meint, die die in Medina so rasch fortentwickelten Riten vollzogen. Der Krieg erst läßt die Grenzen der Sippen verschwinden, und auch die so schroffe Markierung, die die Juden als die Inhaber einer himmlischen Botschaft von den *ummīјūn* trennt, wird wenigstens insoweit aufgehoben, als erstere sich dem Kommando beugen müssen, das der seit einigen Jahren in Medina wirkende „heidnische Prophet"[252] (Sure 7, 157 f.) für sich allein beansprucht. Den Juden ist dies nicht leicht gefallen, wofür es zahlreiche Zeugnisse gibt; Mohammed selber kannte das Ressentiment, das sie gegen die *ummījūn* hegten (Sure 3, 75), und im Triumph wird er die Beigeseller ebenso sehr geringschätzen, ja, für rechtlos erklären.[253] Im zweiten Abschnitt der Vereinbarung, in der Mohammed den Juden der verbündeten Klane ihre Glaubenspraxis beläßt, dies aber mit ihrer Unterordnung unter die Belange der „Gemeinschaft der Gläubigen" verknüpft, wird das Grundmuster des späteren islamischen Gemeinwesens sichtbar, in dem allen Andersgläubigen ein minderer Rang zugewiesen wird. Im dritten und letzten Teil kommt Mohammed noch einmal auf das ganze Jaṯrib zu sprechen und warnt alle die, die der Vereinbarung fernbleiben, vor jeglicher Schädigung der Interessen der sich im Krieg verwirklichenden „Gemeinschaft der Gläubigen". Auch in Zeiten der Waffenruhe wird sie dergleichen nicht dulden. Was dies meint, ist, wenn wir die Niederlage bei

Uḥud als den *terminus post quem* für die Niederschrift ansetzen, in Einzelfällen bereits auf erschreckende Art offenbar geworden.

Die Meuchelmorde an Kaʿb b. al-Ašraf und anderen

Denn die Juden, die nicht einem mit Mohammed verbündeten Klan angehörten, gewahrten gleich nach der Schlacht von Badr, daß schwere Zeiten auf sie zukamen. Ihnen konnte schwerlich entgangen sein, daß jene Ausiten und Ḫazraǧiten, die ihn herbeigeholt hatten, in ihm den Mann sahen, mit dessen Hilfe sie sich aus ihrer Unterlegenheit erheben und ihnen gleichrangig werden wollten. Als Mohammed aus Medina abrückte, um Abū Sufjāns Karawane auszurauben, und seinen Trupp westlich des Oasengebietes musterte, klärte ihn ein begeisterter Anhänger aus der ḫazraǧitischen Sippe der Banū Salima darüber auf, daß man einst an eben diesem Ort die Kräfte gesammelt habe, um die Juden von Ḥusaika zu überfallen, und man habe damals einen glänzenden Sieg errungen, und so seien jene Juden den Banū Salima bis auf den Tag untertan[254] – ein Indiz für die Erwartungen, die die Aus und Ḫazraǧ in den herbeigeholten Propheten setzten.[255] Als Kaʿb b. al-Ašraf, einer der Anführer der jüdischen Banū n-Naḍīr,[256] vom Ausgang des Unternehmens erfuhr, floh er nach Mekka. Dort kam er bei Abū Wadāʿa b. Ḍubaira von den Banū Sahm unter. Dieser war bei Badr in Gefangenschaft geraten,[257] doch anscheinend bald ausgelöst worden. Er zählte zu den Spitzen der quraišitischen Gesellschaft; sein Zechgenosse war der Maḫzūmite Abū Umaija b. al-Muġīra, und die beiden hatten dadurch von sich reden gemacht, daß sie Gäste – vielleicht Pilger? – mit einem Honiggetränk bewirteten.[258] Im Hause Abū Wadāʿas dichtete Kaʿb b. al-Ašraf seine berühmten Verse, in denen er den Tod der Edlen am Wasserbecken von Badr beweinte, zugleich aber ankündigte, daß al-Ḥāriṯ b. Hišām (b. al-Muġīra al-Maḫzūmī) schon im Begriff sei, die Scharte auszuwetzen.[259] Al-Ḥāriṯ hatte bei Badr die quraišitische Reiterei befehligt, war jedoch dem Kampfgetümmel mit heiler Haut entronnen, was ihm Schmähverse von seiten des ḫazraǧitischen Dichters Ḥassān b. Ṯābit eintrug, der mehr und mehr in die Rolle des Propagandisten des Propheten hineinwuchs.[260] Kaʿbs Worte der Trauer und des Rufes nach Revanche verbreiteten sich in Mekka, und entgegen dem ausdrücklichen Wunsch Abū Sufjāns gaben sie den Anstoß zu bewegender Totenklage. „Einen Monat lang beweinten die Quraišiten ihre Gefallenen, und in jedem Haus in Mekka vernahm man das Klagen. Die Frauen schnitten sich die Haare ab, man brachte das Kamel oder Pferd eines Getöteten und stellte es in die Mitte einer jammernden Menschenmenge. Die Frauen verhängten die Gassen, versperrten die Wege und verließen die Häuser um zu klagen. Man erkannte, daß die Träume ʿĀtikas und Ǧuhaims die Wahrheit gezeigt hatten."[261]

Ḥassān b. Ṯābits Schmähverse gegen die Quraišiten, die Kaʿb beherbergten, sollen so kräftig gewesen sein, daß man diesem schließlich die Gastfreundschaft aufgekündigt habe; notgedrungen sei er nach Medina zurückgekehrt. „Wer schafft mir Kaʿb b. al-Ašraf vom Hals?" soll Mohammed seine Anhänger gefragt haben, als er davon erfuhr. Muḥammad b. Maslama, ein Eidgenosse der ausitischen Banū ʿAbd al-Ašhal,[262] war zu dem Verbrechen bereit; ihm schlossen sich drei weitere Mitglieder dieser Sippe[263] an sowie ein ausitischer Schwager Muḥammad b. Maslamas.[264] Saʿd b. Muʿāḏ, jener Mann von den Banū ʿAbd al-Ašhal, der dem Propheten auf dem Zug in die Schlacht die Loyalität der „Helfer" zugesichert hatte, wurde von Mohammed zum Anführer des Mordunternehmens ernannt:[265] Die Zugehörigkeit zum Islam vermag jede frühere Bindung zu trennen, und dies muß unter Beweis gestellt werden. Die ausitischen Banū ʿAbd al-Ašhal, die einst in den Quraišiten, wenn auch vergeblich, Bundesgenossen gesucht hatten, töten jetzt den Sprecher der quraišitischen Sache, und ungeheuerlicher noch, ihr Anführer Saʿd b. Muʿāḏ leitet das Komplott, dem ein herausragender Mann jenes jüdischen Stammes zum Opfer fällt, dem die Ausiten bei Buʿāṯ ihren Sieg verdankten. Das liegt auf der gleichen Linie wie die vorhin notierte gefühllose Abkehr von engsten Verwandten, die sich nicht Mohammed anschlossen. In einer Mondnacht im Rabīʿ al-auwal (begann am 22. August 624) machten sich die von höchster Stelle autorisierten Mörder auf den Weg. Am Wohnort des Opfers angekommen, lockten sie es heraus, versprachen, mit ihm den Rest der Nacht in geselliger Runde zu verbringen. Kaʿb, arglos wie er war, folgte ihnen. „Wunderbar parfümierte Haare hast du!" sagte der, der Kaʿb am vertrautesten war, und fuhr ihm immer wieder mit der Hand in die dichten Locken. Plötzlich packte er fest zu und schrie: „Tötet den Feind Allahs!" Die anderen schlugen mit dem Schwert auf Kaʿb ein, doch weil dieser sich an den heimtückischen Freund klammerte, zeigten die Hiebe nicht die erhoffte Wirkung. Muḥammad b. Maslama nahm ein langes, am Ende zugespitztes Eisen, das er mit sich führte, und trieb es dem Verletzten in den Bauchnabel bis tief in den Leib hinein. „Da kreischte der Feind Allahs auf, und oben auf allen Wohntürmen der Juden entzündete man Feuer." Jegliche Hilfe indessen kam zu spät, wenn auch einer der Täter in einem Handgemenge verwundet wurde. Kaʿbs abgetrennten Kopf schleppten die Verbrecher zu Mohammed. Sobald sie sich dessen Wohnsitz genähert hatten und in Sicherheit waren, riefen sie: „Allāhu akbar!" und der Prophet unterbrach sein rituelles Nachtgebet: „Allāhu akbar!" „Glücklich seien eure Gesichter!" begrüßte er sie. „Und das deinige, Gesandter Allahs!" erwiderten sie und warfen ihm den Kopf vor die Füße. Da pries er Allah für den Tod Kaʿbs, dann spie er in die Wunde des verletzten Mörders, und sie verheilte.[266] Dies ist, was al-Wāqidī über jene gräßliche Untat zu berichten hat.

Bereits vorher hatten zwei abscheuliche Morde eine Atmosphäre des Terrors erzeugt. ʿAṣmāʾ bt. Marwān, eine Jüdin,[267] hatte sich in obszönen Versen schon vor der Schlacht bei Badr dagegen gewandt, daß sich einige Ausiten und Ḫazraǧiten einem Dahergelaufenen[268] unterwarfen; töricht sei es, auf einen solchen Mann irgendwelche Hoffnungen zu setzen. – Ähnliche Ansichten wurden auch Kaʿb b. al-Ašraf nachgesagt. – Einer der Verwandten von ʿAṣmāʾs Ehemann gelobte, er werde die Spötterin umbringen, sobald Mohammed unversehrt aus dem Krieg gegen Mekka zurückgekehrt sei. Kaum war dies geschehen, stahl sich jener eifrige Muslim des Nachts in ihr Haus, nahm ihr immerhin den Säugling von der Brust und erschlug die Ahnungslose mit dem Schwert. Mit einem Anflug von Schuldgefühlen suchte der Mörder am Morgen den Propheten auf, der ihn aber beruhigte: „Um ihretwillen gehen keine zwei Ziegen mit den Hörnern aufeinander los!"[269] Der Verbrecher sei ein Mann, der im Verborgenen Allah und dessen Gesandten unterstütze, dem Einen in unerschütterlichem Gehorsam ergeben. Auch Ḥassān b. Ṯābit rühmte ihn, und in der Sippe der Gemeuchelten breitete sich fortan der Islam aus, nachdem zuvor die Anhänger dieser Religion sich hätten bedeckt halten müssen.[270] Auch der greise Abū ʿAfak, ein jüdischer Proselyt von den Banū ʿAmr b. ʿAuf,[271] war wegen seiner Ansichten den Siegern von Badr ein Dorn im Auge. Ein zu den besonders bigotten „Weinern"[272] zählender Eiferer erstach ihn, wiederum in der Nacht, und eine muslimische Lobdichterin besang dieses Heldenstück: „Abū ʿAfak! Ein Ḥanīfe beschenkte dich am Ende der Nacht mit einem Dolchstich – nimm ihn trotz deinem Greisenalter!"[273]

Die Wendung gegen die jüdischen Stämme

In Sure 2, aus der Zeit vor Badr, entdeckt man zahlreiche Spuren des Grolls, den Mohammed gegen die Juden empfand. Sie glauben an Allah und an das kommende Weltgericht, sind aber nicht bereit, ihn als ihren neuen Propheten anzuerkennen (Vers 8–20). Die Schärfe seiner Worte verrät, daß ihm nichts an einem Ausgleich liegt. Daß die Juden ihn ablehnen, weiß er nicht anders zu deuten, als daß sie ihrem Bund mit Allah untreu geworden sind (Vers 40–44). Wie könnten sie sonst vermuten, eine etwaige Jenseitsstrafe werde in ihrem Fall nur wenige Tage dauern (Vers 80)? Im übrigen haben sie bereits die verhängnisvollen diesseitigen Folgen ihrer Treulosigkeit zu tragen; denn sie bilden nicht mehr eine einträchtige Gemeinschaft, sondern sind untereinander zerstritten (Vers 83–85).[274] Mohammed spielt darauf an, daß in den Zwistigkeiten vor seiner Ankunft einer der rein jüdischen Stämme, die Banū Qainuqāʿ, Eidgenossen der Ḫazraǧiten geworden waren, die beiden anderen, die Banū n-Naḍīr und die Banū Quraiẓa, aber mit den Ausiten einen Bund geschlossen hatten.[275] Bei der Schlacht von Buʿāṯ, dem Höhepunkt des innermedinensischen Bürgerkrieges,[276] hatten Juden auf beiden Seiten gekämpft. Und jetzt versuchten sie, unter Anspielung auf jene Ereignisse einen Keil zwischen die ausitischen und die ḫazraǧitischen Muslime zu treiben.[277] Das mußte Mohammed weit mehr beunruhigen als manche hämische Bemerkung über sein Prophetentum, die er einzustecken hatte. Schon beim frühen Tod Asʿad b. Zurāras hatte man gemunkelt, nun sehe man, daß er kein Gesandter Allahs sei, denn sonst hätte Allah seinen Freund am Leben gelassen.[278] Als eines Tages eines seiner Kamele entlaufen war, konnte sich ein Jude nicht die spitze Bemerkung verkneifen, was man wohl von den Jenseitsbotschaften eines Propheten halten solle, der bei einem so alltäglichen Vorfall nicht weniger ratlos sei als ein gewöhnlicher Mensch.[279]

Nach dem Sieg über die Quraišiten sah Mohammed den Augenblick gekommen, den Druck auf die Juden zu verstärken. Er betrat deren Lehrhaus und rief sie zum Islam, worauf sich ein Wortwechsel über Abraham entspann. Aus diesem Anlaß sollen ihm die oben erörterten Verse der Sure 3 eingegeben worden sein, in denen er sich als dessen einzigen legitimen Erben hinstellte. Ein anderes Mal legte er einer größeren Zahl von Juden, die sich nach seiner Einladung auf dem Markt der Banū Qainuqāʿ eingefunden hatten, in drohenden Reden den Übertritt zum Islam nahe. Die Versammelten ließen sich aber nicht ins Bockshorn jagen; sie erwiderten selbstsicher, ihn und seine Gefolgsleute brauchten sie nicht zu fürchten, er überschätze sich, weil er ein paar Quraišiten getötet habe;

sollte es einmal zum Kampf gegen ihn kommen, dann werde er es mit kriegserprobten Männern zu tun haben.[280] – Wie gehört, wurde die Ansicht, der Sieg bei Badr sei nur von geringem militärischem Wert, auch in seinen eigenen Reihen laut; er brachte diese Meinung schnell zum Verstummen. – Nur wenige Juden ließen sich zum Übertritt drängen, und ihnen riefen die ehemaligen Glaubensgenossen hinterher, sie seien wahrlich nicht die Besten ihrer Religion gewesen.[281] Diese wenigen Impressionen müssen genügen, um den Hintergrund zu skizzieren, vor dem Mohammed Sure 3 schuf. „Sprich", riet ihm sein Alter ego, „,Ihr Leute der Schrift! Weswegen wollt ihr die, die gläubig wurden, vom Pfad Allahs abhalten? Ihr wünscht, daß er krumm gebogen sei, und könnt doch selber (das Gegenteil) bezeugen! Allah verschließt vor eurem Tun nicht die Augen!'" Die Gläubigen sollen sich vor den falschen Ratschlägen der Schriftbesitzer in acht nehmen. Aber, so fragt er sich selber zuversichtlich, wie sollten sie in den Unglauben zurückfallen, „wo euch doch die Wunderzeichen Allahs vorgetragen werden und sein Gesandter in eurer Mitte weilt? Wer bei Allah Zuflucht sucht, der wurde zu einer geraden Straße geführt" (Sure 3, 99–101). Darum auch beteuert Mohammed: „Ihr seid die beste Gemeinschaft, die für die Menschen gestiftet wurde. Ihr befehlt, was zu billigen ist, verbietet, was zu tadeln ist, und glaubt an Allah. Wenn die Schriftbesitzer ebenfalls gläubig würden, wäre es besser für sie. Unter diesen gibt es einige, die glauben, doch die meisten von ihnen sind Missetäter" (Vers 110). Und fast beschwörend klingt die Warnung an den eigenen Anhang: „Wählt euch keine Vertrauten, die nicht aus euren eigenen Kreisen stammen! (Eure Feinde) lassen nichts unversucht, euch zu verwirren, und sähen euch gerne in Bedrängnis. Schon ihr Reden offenbart den Haß, aber was sie im Herzen verbergen, ist weit schlimmer! Wir haben euch die Wunderzeichen erklärt, (bedenkt sie), wenn ihr verständig seid!" (Vers 118).[282]

Die Vertreibung der Banū Qainuqāʿ

So vergiftet war das Klima, daß schon ein lächerlicher Anlaß unabsehbare Folgen auslöste – Folgen einer Art allerdings, daß Mohammed sich in seiner Politik der Verschärfung des Terrors gegen die Andersgläubigen bestätigt fühlen konnte. Mitte April 624, kaum einen Monat nach Badr, bedrängte er, wie erwähnt, die Banū Qainuqāʿ mit dem Ansinnen, sie sollten Muslime werden. Der jüdische Stamm stand, wie erwähnt, in einem Schwurbund mit den Ḫazraǧiten, bei denen nach dem Tod Asʿad b. Zurāras der Einfluß Mohammeds weiter gewachsen war, hatte er sich doch in dessen Nachfolge die Würde des muslimischen Obmannes der Banū n-Naǧǧār angeeignet.[283] Daß ihm jetzt die jüdischen Eidgenossen der Ḫazraǧiten in den Blick gerieten, hat demnach eine gewisse Folgerichtigkeit. Im Krieg, so hörten wir, ist der Glaube, der den Islam voraussetzt, das verläßliche Band, sofern keine Blutsverwandtschaft wirken kann. Eine Eidgenossenschaft dagegen kann man leicht kündigen. Die Banū Qainuqāʿ wiesen seine Zumutungen zurück. In einer hitzigen Auseinandersetzung sagten sie, sie wollten von dem uns im einzelnen nicht bekannten Bund, den sie bei seiner Ankunft in Medina verabredet hatten, nichts mehr wissen. – Gegen die drei rein jüdischen Stämme, deren künftiges Verhalten schwer auszurechnen gewesen war, hatte sich Mohammed vermutlich auf die herkömmliche Weise abgesichert; dies ist die

Tatsache, die Ibn Isḥāq andeutet, bevor er die „Gemeindeordnung" zitiert, die ihrerseits nicht auf einen Bündnisschwur Bezug nimmt. Sie betraf, wie ausgeführt, einen ganz anderen Personenkreis und entstand unter anderen Voraussetzungen. – Ein beleidigender Scherz, von einem der Banū Qainuqāʿ auf Kosten einer Araberin verübt, brachte einen Muslim so in Rage, daß er den Schuldigen erschlug. Nun war es mit der Geduld der Banū Qainuqāʿ vorbei. Sie töteten ihrerseits den Mörder, erklärten sich jeder Verpflichtung gegen Mohammed ledig, verschanzten sich in ihren Wohntürmen. Zwei Wochen lang wurden sie belagert, dann sahen sie die Aussichtslosigkeit ihrer Lage ein. Laut Vers 58 von Sure 8, der auf dieses Geschehen bezogen wird, erhielt der Prophet von seinem Alter ego den Rat, sobald er fürchten müsse, ein Stamm wolle ihn hintergehen, solle er alle getroffenen Verabredungen für null und nichtig ausrufen. Demnach hätte Mohammed selber die Gelegenheit ergriffen, die Zahl seiner offenen oder versteckten Feinde zu verringern. Was die Wahrheit ist, kann man nicht entscheiden. Der Ausgang des Zwistes ist allerdings nicht umstritten: Die Banū Qainuqāʿ, denen die anderen jüdischen Stämme nicht beisprangen, kapitulierten; sie verließen ihre geschützten Wohnsitze und lieferten sich Mohammed auf Gedeih und Verderb aus. Dieser befahl, man solle ihnen die Hände auf dem Rücken fesseln. ʿAbdallāh b. Ubaij, seit langer Zeit ein Eidgenosse der Banū Qainuqāʿ, stellte Mohammed deswegen erzürnt zur Rede; viel verdanke er, Ibn Ubaij, seinen jüdischen Verbündeten, die ihm schon bei Buʿāṯ zu Seite gestanden hätten. Die Fesseln wurden ihnen abgenommen. Das Leben wolle er jenen Juden schenken, entschied Mohammed, aber sie sollten vertrieben werden. Da sich ʿAbdallāh nicht als gefügig erwiesen hatte, wandte der Gesandte Allahs sich an ʿUbāda b. aṣ-Ṣāmit, einen der ḫazraǧitischen Obmänner, die bei al-ʿAqaba berufen worden waren. Auch ʿUbāda war ein Eidgenosse der Banū Qainuqāʿ. Er zögerte nicht, sich zur Überwachung der Vertreibung herzugeben, der die Konfiszierung des wertvollen Eigentums vorausging. Es fanden sich darunter etliche Waffen und Panzerhemden, mit denen neben anderen die verdienten Genossen Muḥammad b. Maslama und Saʿd b. Muʿāḏ bedacht wurden. Da die Banū Qainuqāʿ vor allem von der Goldschmiedekunst lebten, wird sich dieser Coup gelohnt haben. Mohammed nötigte sie überdies zum Verzicht auf unbeglichene Forderungen, und deshalb brauchte ihm vor allzu heftigem Unmut unter den Medinensern nicht bange zu sein. Die Opfer besaßen im Oasengebiet kein bebautes Land, so daß sie vermutlich die Aussicht, anderswo einen Neuanfang zu wagen, mehr verlockte als das Los, als Zwangsmuslime in Medina zu bleiben. Sie zogen nach Aḏruʿāt ab, einer Ortschaft „am Rande von aš-Šaʾm", die man zur Region von Amman rechnete.[284] ʿAbdallāh b. Ubaij betrachtete ʿUbādas Handlungsweise als einen schmählichen Verrat an gemeinsamen Verbündeten, mußte sich aber dahingehend belehren lassen, man dürfe einer dahinschwindenden Sache nicht nachtrauern: „Die Herzen haben sich geändert, der Islam tilgte die alten Verpflichtungen."[285]

7. Die Fortsetzung des Krieges gegen Mekka

Einschüchterung der medinensischen Gegner

Die Morde an ʿAṣmāʾ bt. Marwān und Abū ʿAfak können noch als Untaten gewertet werden, die ihren Grund in lokalen Animositäten hatten – im Spott über Mohammed und über die Torheit seiner medinensischen Gefolgsleute. Die Vertreibung der Banū Qainuqāʿ war womöglich das letzte Glied in einer Verkettung unglücklicher Umstände. Doch spätestens das abscheuliche Verbrechen an Kaʿb b. al-Ašraf, das bald danach begangen wurde, macht deutlich, daß der Krieg gegen Mekka ganz und gar das Handeln Mohammeds beherrschte. Kaʿb hatte sofort nach dem Triumph des Gesandten Allahs Medina verlassen, war in Mekka als Propagandist der quraišitischen Sache aufgetreten, hatte dann in die Heimat zurückkehren müssen; zu seinem Unglück war dort inzwischen auf eine Zurücknahme der Politik der Einschüchterung Andersgläubiger nicht mehr zu hoffen. Im Gegenteil, die in den damaligen „Eingebungen" dominierende schroffe Abgrenzung der Muslime von den sich nicht den mohammedschen Riten anbequemenden „Schriftbesitzern" und die auf vielfältige Weise abgewandelte Behauptung, die kampfbereiten „Gläubigen" bildeten die beste je von Allah gestiftete Gemeinschaft, ergänzten einander zum Zwecke der Aufpeitschung der Leidenschaften – der Eifer für den Krieg gegen Mekka durfte nicht erlahmen. Denn anstelle der Quraišiten wollte Mohammed selber das Sagen über die Stätten der Wallfahrt haben, diesem Ziel mußte er näher kommen, koste es, was es wolle. Darum ist die Ermordung Kaʿb b. al-Ašrafs ein Symbol dafür, daß in Mohammeds Gedanken inzwischen die von Allah kommende Wahrheit und die eigenen Machtinteressen völlig deckungsgleich geworden waren; alle, die Mohammed bei der Durchsetzung dieser Wahrheit in den Weg treten, müssen der Vernichtung preisgegeben werden. Die Verschärfung des Terrors im Innern und die Anspannung aller Kräfte nach außen, im Kampf gegen Mekka, erweisen sich somit als die zwei Seiten dieses einen gegen die Vielfalt des Wirklichen und gegen die Forderungen der Moral tauben und blinden Machtwillens, und dementsprechend lassen sich die Ereignisse, die nun zu schildern sein werden, nicht mehr in innermedinensische und kriegerische scheiden. Auf dem Gebiet des Religiösen ist bis zu Mohammeds Tod ohnehin keine Vertiefung, auch keine Diversifizierung mehr zu erkennen. Er wiederholt das, was ihm fester geistiger Besitz geworden ist, damit er ein ums andere Mal die Entfaltung seiner Macht rechtfertige. – Im Hause der Ramla bt. al-Ḥāriṯ[286] nahm er den Banū n-Naḍīr die Verpflichtung ab, nie wieder die Muslime zu kritisieren, sofern sie sich das Schicksal Kaʿb b. al-Ašrafs ersparen wollten, und fortan „hüteten und ängstigten sie sich, sie waren seit (dessen) Ermordung erniedrigt".[287]

Erste Kriegszüge nach der Schlacht bei Badr

Abū Sufjāns nächtlicher Vorstoß auf das Oasengebiet und seine Kontakte mit den Banū n-Naḍīr waren Mohammed nicht verborgen geblieben. Um die zweihundert Berittene sollen Abū Sufjān bis in die Nähe Medinas begleitet haben; sie erwarteten seine Rückkehr von der Zusammenkunft. Bei ihnen traf er wohlbehalten ein, nachdem er sich den schon erwähnten Überfall auf einen der „Helfer" und dessen Sklaven hatte zuschulden kommen lassen.[288] Diese Herausforderung sprach sich rasch herum, Mohammed setzte den abrückenden Feinden nach, vermochte sie aber nicht einzuholen. Anfang Juli 624 wurde in Medina bekannt, daß sich etwa 200 km südöstlich[289] an der von Mekka nach aš-Ša'm führenden Pilgerstraße die Banū Sulaim und die Banū Ġaṭafān zusammenrotteten. Das konnte angesichts des Kriegszustandes nichts Gutes bedeuten. Mohammed eilte mit einem Trupp in jene Gegend, traf dort aber nur große Viehherden und etliche Hirten an; deren Stammesgenossen hatten sich zum Wasserholen entfernt. Die Zahl der Kamele, die Mohammed in die Hände fielen, war so hoch, daß nach der Einbehaltung des für ihn selber bestimmten Beutefünftels jeder der etwa zweihundert „Gläubigen" um sieben Tiere reicher war.[290] Es lohnte sich mithin, für die Sache des Islams zu kämpfen. In den ersten Septembertagen 624, anscheinend kurz nach der Ermordung Kaʿb b. al-Ašrafs, mußte Mohammed sich erneut mit den Banū Ġaṭafān befassen. Diesmal konnte er vierhundertfünfzig Krieger aufbieten. Der Feind stellte sich allerdings nicht zur Schlacht, sondern zerstreute sich in die Berge. Mohammed soll bei diesem Feldzug nur dank seiner Kaltblütigkeit dem Tode entronnen sein.[291] Ende Oktober rückte er wieder in jene Gegend vor; das „Bergwerk der Banū Sulaim" war sein Ziel, aber die Feinde ließen es nicht auf einen Waffengang ankommen.[292]

Wenn diese Vorstöße auch keinerlei greifbare Ergebnisse einbrachten, so stürzten sie die Quraišiten doch in erhebliche Verlegenheiten. Denn die Küstenstraße nach aš-Ša'm war, wie die Vorgeschichte der Schlacht bei Badr gezeigt hatte, für die Handelskarawanen nicht mehr nutzbar, seit Mohammed die dort lebenden Stämme zu Bündnispartnern gewonnen hatte. Jetzt schnitt er auch die Inlandsroute nach Norden ab. Es blieb den Mekkanern nichts anderes, als das Wagnis einzugehen, zunächst dem Weg in den Irak zu folgen und dann in Richtung Norden Wüstengebiete zu durchqueren, die man gewöhnlich mied. Überdies war dieser Weg nicht im Sommer gangbar, in der seit altersher üblichen Zeit der Karawane nach aš-Ša'm, sondern nur im Winter. Ṣafwān b. Umaija wollte sich auf das Risiko einlassen und machte auch einen geeigneten Führer ausfindig. In Medina erfuhren die Banū n-Naḍīr von dieser Unternehmung, und durch einen Zuträger, der bei ihnen davon hatte reden hören, gelangte die Neuigkeit auch zu Mohammed. Dieser schickte seinen Sklaven Zaid b. Ḥāriṯa mit einhundert Mann los, die Karawane wurde gestellt und ausgeraubt. Das Beutefünftel belief sich auf 20 000 Silberdirhem,[293] woraus sich errechnen läßt, daß auf jeden Beteiligten ein hübsches Sümmchen entfiel.

Mekkanische Vorbereitungen auf die Revanche

Unterdessen waren die Mekkaner nicht untätig geblieben. Die Güter, die Abū Sufjān wohlbehalten aus aš-Ša'm herbeigeholt hatte, wurden im Versammlungshaus gelagert. Die Kaufherren waren der Überzeugung, daß es für diesmal vernünftig sei, auf den Genuß der Einkünfte zu verzichten und stattdessen ein Heer auszurüsten, um Mohammed den entscheidenden Schlag zu versetzen. Aus ihren Handelswaren sollen die Quraišiten im Durchschnitt einen Gewinn von einhundert Prozent erwirtschaftet haben, einen Dinar je Dinar eingebrachten Kapitals.[294] Sie verwendeten dies Geld nun, um möglichst viele Bundesgenossen zu kaufen. Die Angeben hierzu gehen nicht ins Detail; einzig die Banū Ṯaqīf, die ja schon lange mit den quraišitischen Klanen gemeinsame Sache machten, die ʿAbd al-Muṭṭalibs Nachkommen feindlich gesonnen waren, werden namentlich genannt. Ihr Aufgebot umfaßte einhundert Berittene, die die doppelte Anzahl an Pferden zur Verfügung hatten. Im ganzen brachte es die quraišitische Streitmacht auf dreitausend Kämpfer, unter ihnen siebenhundert mit Panzern geschützte. Den Transport versahen dreitausend Kamele – wenn es stimmt, eine beeindruckende Herde, die freilich auch mit Futter und Wasser versorgt werden mußte.[295] Im quraišitischen Heer befand sich zudem eine fünfzig Mann starke Einheit, die von besonderer Bedeutung war. Es waren Ausiten, angeführt durch jenen Abū ʿĀmir, den seine Anhänger „den Mönch" nannten;[296] in den meisten islamischen Quellen schmückt ihn das Epitheton „der Missetäter". Er werde die auf Mohammeds Seite fechtenden Klangenossen zum Strecken ihrer Waffen bewegen, versprach er den Mekkanern.[297] Damit die Quraišiten nicht im entscheidenden Augenblick der Kampfgeist verlasse, führte man etliche vornehme Damen mit sich; sie würden die Männer anfeuern. Auch dachte man daran, Mohammed mit den Gebeinen seiner Mutter zu erpressen, die man in al-Abwāʾ exhumieren wollte. Diesen Plan ließ man aber fallen, weil man fürchten mußte, die Banū Bakr oder die Ḫuzāʿiten könnten auf die Idee kommen, sich zu gleichen Zwecken die Knochen verstorbener Quraišitinnen zu verschaffen.[298]

Die Schlacht bei Uḥud

Der Berg Uḥud spaltet das weitläufige für Acker- und Gartenbau nutzbare Gelände nördlich von Medina in einen östlichen und einen westlichen Teil. Den östlichen, al-ʿUraiḍ, durch das Wādī Qanāt gebildet, hatte Abū Sufjān verwüsten lassen. Das wesentlich größere westliche Gebiet, al-Ǧurf oder in älterer Zeit einfach al-ʿIrḍ, „die mit Büschen bestandene Niederung", geheißen, war nun das Ziel der mekkanischen Armee. Dort vereinigten sich mehrere Wādīs zu einer breiteren Ebene mit Brunnen, deren Wasserspiegel nicht allzu tief lag;[299] dort auch hatten viele „Auswanderer" Felder angelegt. Den Quraišiten bot dieses Gelände den geeigneten Lagerplatz, um den Angriff vorzubereiten. Sie ließen ihren Pferden und Kamelen genügend Zeit, sich sattzufressen. Der Schaden für die Medinenser war beträchtlich, und so wurden unter ihnen Stimmen laut, man müsse die sicheren Positionen in Medina räumen und in einer Schlacht außerhalb des besiedelten Gebietes die Entscheidung suchen. Vor allem die jungen unter den Anhängern Mohammeds traten hierfür ein, während die älteren Genossen vor den möglichen verheerenden Folgen warnten. ʿAbdallāh b. Ubaij zumal, der sich auf seine Kriegserfahrungen berief, hielt das Risiko eines Angriffes auf die Quraišiten für nicht einschätzbar und wies im übrigen noch einmal darauf hin, daß die „Helfer" sich nur verpflichtet hätten, Mohammed in Medina zu schützen, nicht aber außerhalb der Siedlung. Man hörte aber nicht auf ihn, sondern suchte die Entscheidung. ʿAbdallāh hielt daher seine Männer aus der sich entwickelnden Schlacht heraus,[300] die die Muslime offensichtlich ohne reifliche strategische Überlegungen begonnen hatten.

Für die Angreifer endete sie, wie unter diesen Umständen zu erwarten gewesen war, mit einem Debakel. In die Darstellung des Geschehens sind Motive aus der Badr-Erzählung eingedrungen, so etwa, daß die Beutegier der „Gläubigen" einen fast schon errungenen Sieg zunichte gemacht habe;[301] bei Badr war die vorschnelle Inbesitznahme von Gefangenen zu tadeln gewesen (Sure 8, 67). Ferner sollen auch bei Uḥud die Streiter Mohammeds von Schläfrigkeit befallen worden sein, nicht aber die Feinde, und die Engel seien diesmal der Partei des Gesandten Allah nicht zu Hilfe geeilt.[302] Man focht mit äußerster Härte und Erbitterung – „Töte!" lautete die Kampfparole der „Gläubigen" – und schreckte auch vor Verstümmelungen der gefallenen Gegner nicht zurück.[303] Ḥamza b. ʿAbd al-Muṭṭalib, Mohammeds Onkel, fiel durch die Hand von Waḥšī, einem abessinischen Sklaven Ǧubair b. Muṭʿims; zum Beweis für den Tod eines der von den Quraišiten am meisten gefürchteten Feinde – überdies eines leiblichen Sohnes ʿAbd al-Muṭṭalibs, des in den Augen der Mekkaner Schuldigen an der nun schon so lange währenden Spaltung der quraišitischen Klane – trennte Waḥšī die Leber aus dem Körper Ḥamzas heraus und zeigte sie seinem Herrn.[304] Irgendwann verbreitete sich unter den „Gläubigen" das Gerücht, auch der Prophet sei erschlagen worden. Etliche prominente Anhänger Mohammeds, unter ihnen ʿUṯmān und anscheinend auch ʿUmar, suchten ihr Heil in der Flucht; die Reihen der Muslime lösten sich auf.[305] Bei Uḥud focht der Gesandte Allahs in der Tat zusammen mit seinen Truppen; ein Zuschauen, wie es ihm bei Badr vergönnt gewesen sein soll, war diesmal nicht möglich. Und wie üblich und in zahlreichen arabischen Schlachtenschilderungen bezeugt, schrie auch er den Feinden Worte der Selbstvergewisserung entgegen: „Ich bin der Sohn der (drei) ʿĀtikas! Ich bin der Prophet – das ist keine Lüge! Ich bin der Sohn des ʿAbd al-Muṭṭalib!"[306] ʿĀtika bt. Hilāl war die Mutter ʿAbd Manāfs, ʿĀtika bt. Murra die Mutter Hāšims, ʿĀtika bt. al-Auqaṣ b. Murra b. Hilāl die Mutter Wahbs, des Großvaters Mohammeds mütterlicherseits – jede dieser Frauen entstammte den Banū Ḏakwān b. Ṯaʿlaba,[307] einer Sippe des mächtigen Verbandes der Banū Sulaim. Die quraišitische Linie, die in der überlieferten mekkanischen Stadtgeschichte den führenden Part innehat und der erst zu Mohammeds Zeiten in den Banū Maḫzūm ernsthafte Nebenbuhler erwachsen waren, stammte demnach mütterlicherseits von den Banū Sulaim her: Quṣaij zeugte ʿAbd Manāf mit der Sulamitin ʿĀtika bt. Hilāl b. Fāliǧ b. Hilāl; Murra b. Hilāl b. Fāliǧ b. Ḏakwān b. Ṯaʿlaba schloß einen Schwurbund mit ʿAbd Manāf, der ʿĀtika bt. Murra heiratete, die ihm Hāšim, ʿAbd Šams und al-Muṭṭalib gebar. Die von Mohammed als Urgroßmutter in Anspruch genommene ʿĀtika ist eine Tochter des al-Auqaṣ b. Murra b. Hilāl.[308] In anderem Zusammenhang hörten wir allerdings, daß diese Urgroßmutter, die Mutter Wahbs, die Ḫuzāʿitin Qaila gewesen sei.[309] Auflösen läßt sich dieser Widerspruch nicht. Doch verdient es Aufmerksamkeit, daß Mohammed gerade in dem Augenblick, in dem er um die Kontrolle des östlichen, das Inland durchquerenden Pilgerweges ringt, die Verwandtschaft mit den Banū Sulaim betont: Sie sind der entscheidende Dominostein in diesem Machtspiel. Die beiden ersten ʿĀtikas heben zudem die Quṣaij-ʿAbd Manāf-Linie der Quraiš hervor – eine Spitze gegen die inzwischen einflußreichen Banū Maḫzūm. Die Berufung auf ʿAbd al-Muṭṭalib schließlich spricht den innerquraišitischen Konflikt an, der mit Mohammeds Prophetentum dramatisch an Schärfe gewann – der Streit um die Vorherrschaft der auf ʿAbd al-

Muṭṭalib zurückgeführten Glaubenspraxis, deren politische Seite in der Glorifizierung der Abwehr der Attacke „Abrahas“ auf Mekka bestand.

Ein wichtiger Grund für die Niederlage der Medinenser war, wie erwähnt, das Gerücht, Mohammed sei zu Tode getroffen.[310] In der Tat war er im Nahkampf schwer am Kopf verwundet worden und auf die Knie niedergestürzt. Entweder hatte er sich in einer Bodenvertiefung vor weiteren Hieben schützen wollen, oder aber er war in eines der Löcher gefallen, die der Ausite Abū ʿĀmir hatte ausheben lassen, um einen Angriff auf die quraišitischen Stellungen zu behindern. Vor einer der nächsten Schlachten wird Mohammed eine ähnliche Kriegslist anwenden.[311] Höchstes Verdienst erwarb sich Ṭalḥa b. ʿUbaidallāh, indem er Mohammed aus dieser bedrohlichen Lage befreite. Bei Ibn Isḥāq freilich darf Ṭalḥa nur den Assistenten der Rettungsaktion abgeben, die von ʿAlī b. abī Ṭālib ins Werk gesetzt wird[312] – wieder wird ein Zerwürfnis aus der Zeit nach Mohammed in die Geschehnisse zu seinen Lebzeiten zurückgespiegelt und den kommenden Geschlechtern mitgeteilt, welche Partei im Recht ist, nämlich diejenige ʿAlīs gegenüber den Anhängern Ṭalḥas.[313] „Wer ist ein Mann, für uns sein Leben zu verkaufen?“[314] soll der Prophet in seiner Bedrängnis ausgerufen haben. Etliche schlugen sich für ihn in die Bresche, gaben ihr Leben für das seinige hin. Es glückte, den Verwundeten in einer Schlucht am Fuße des Berges Uḥud in Sicherheit zu bringen. Als man die Muslime endlich darauf aufmerksam gemacht hatte, daß Mohammed noch lebte, war es mit dem kopflosen Flüchten vorbei, aber eine Wende vermochte man dem Gefecht nicht mehr zu geben. Neben den Heldentaten einzelner, von denen die Quellen erzählen, nehmen sich die Nachrichten über das Ende der Schlacht eigenartig unbestimmt aus. Wie es schon bei den quraišitischen *Fiğār*-Kriegen geschehen war, vereinbarte man mit wechselseitigem Rufen ein neues Kräftemessen, „bei Badr[315] in einem Jahr“.[316]

Statt ihren Sieg zu nutzen, zogen sich die Mekkaner zurück und verschafften den Muslimen dadurch die Gelegenheit, ihre Kräfte zu sammeln und den Abrückenden zu folgen. An einem Sonnabend in der Mitte des Monats Šauwāl (begann am 17. März 625) hatte Mohammed diese Niederlage hinnehmen müssen. Schon am nächsten Morgen habe er die noch ermatteten Truppen wieder zu den Waffen gerufen; die Mekkaner sollten argwöhnen, er habe beträchtliche Reserven in der Hinterhand, und dies sollte sie davon abschrecken, noch einmal anzugreifen. Bis zum folgenden Mittwoch lagerten die „Gläubigen“ in ungefähr acht Meilen Entfernung von Medina, und sein kühnes Täuschungsmanöver hatte Erfolg. Seine vertrauten Beziehungen mit den Ḫuzāʿiten trugen hierzu einiges bei. Diese, ob Beigeseller oder Muslime, waren ihm insgeheim zugetan und unterrichteten ihn über alles, was in der Küstenebene vorfiel. Ihr Anführer Maʿbad, obschon damals noch Heide, überzeugte den zu einem zweiten Angriff entschlossenen Abū Sufjān, daß es besser sei, fürs erste alles auf sich beruhen zu lassen. Überdies machte Ṣafwān b. Umaija geltend, es sei unvernünftig, einen durch die Niederlage aufs äußerste gereizten Feind ohne Not herauszufordern. So durfte der Prophet doch noch fast wie ein Sieger nach Medina zurückkehren, denn die Quraišiten hatten, halb getäuscht, halb in eigener Klügelei befangen, die vielleicht beste Gelegenheit, ihn zu vernichten, vertändelt. Anders Mohammed – er suchte mit Folgerichtigkeit und ohne jede Nachsicht den Nutzen seiner Sache. Als er vor Medina lagerte, gingen ihm Abū ʿAzza von den Banū Ǧumaḥ und Muʿāwija b. al-Muġīra von den Banū ʿAbd Šams ins Netz. Abū ʿAzza war schon bei Badr in muslimische Gefangenschaft geraten, jetzt machte Mohammed kurzen Prozeß mit ihm; noch einmal wollte er nicht gegen ihn kämpfen müssen. Muʿāwijas, eines ʿAbd Manāf-Quraišiten, entledigte er sich auf elegantere, für ihn unverfänglichere Art; ʿUṯmān, Muʿāwijas engster Verwandter unter den „Gläubigen", erwirkte einen dreitägigen Pardon, danach mußte sich Muʿāwija verbergen. Mohammed wußte, wo, und er schickte ʿAmmār b. Jāsir und seinen Sklaven Zaid b. Ḥāriṯa, die ihn ermordeten.[317]

Für Mohammed konnte sich die politische Bilanz des militärischen Debakels sehen lassen, jedenfalls was seine Stellung gegenüber den Mekkanern anging. Anders bot sich ihm die Lage in Medina selber dar, wo der seit der Schlacht bei Badr aufgekommene und eifrig genährte Mythos seiner Unbesiegbarkeit ins Wanken geriet. Allah habe für ihn und, genau betrachtet, an seiner Statt gefochten, hatte er in Sure 8 verkündet. Und jetzt? Mohammed ist kein Prophet, wußten die Juden nun; denn wenn er einer wäre, hätte er dann in solche Bedrängnis kommen können? Auch die Skeptiker um ʿAbdallāh b. Ubaij, die „Heuchler", sahen sich bestätigt, obwohl dieser niemals förmlich seine Loyalität zu Mohammed in Frage stellte. Seinen Sohn tadelte er allerdings heftig, weil dieser mit anderen Heißspornen die Quraišiten angegriffen hatte und dabei schwer verletzt worden war. Seit langem hielt Ibn Ubaij jeden Freitag eine Predigt, in der er die Sache des Islams, die er trotz allem zu der seinigen gemacht hatte, rühmte und die Zuhörer aufforderte, den Gesandten Allahs zu unterstützen. Als er nun wie gewöhnlich das Wort ergreifen wollte, hinderten ihn etliche „Helfer" daran und beschimpften ihn als Feind Allahs. Besonders ʿUbāda b. aṣ-Ṣāmit und Abū Aijūb, bei dem Mohammed zu Anfang seines Aufenthalts in Medina eine Zeitlang gewohnt hatte, taten sich hierbei hervor. Ibn Ubaij verließ den Ort; unter diesen Leuten, das wurde ihm deutlich, hatte er nichts mehr verloren. Ihnen hatte Mohammed den Verstand verdreht, nur die Sichtweise des Propheten war in ihren Augen gültig: Ihren Rat, er möge Mohammed um Vergebung anflehen, damit dieser Allahs Verzeihung für die abweichende Auffassung von der Lage der Dinge erwirke, wies Ibn Ubaij schroff zurück. Er wollte sich sein nüchternes Urteil bewahren.[318]

Die Ausweitung des Konflikts

Mit dem unüberlegten Abzug der siegreichen Quraišiten war die Zeit, in der ihr Konflikt mit Mohammed im wesentlichen zwischen ihnen und ihm nebst seinen „Helfern" ausgetragen wurde, unwiderruflich vorbei. Das zeigten schon die nächsten Monate, in denen immer mehr vorher unbeteiligte Stämme in die Auseinandersetzungen hineingezogen wurden. Mißtrauen und Verrat, die seit eh und je ihr Verhältnis zueinander vergifteten, verschärften sich in dem Maße, wie der Islam an Gewicht gewann. In einem der vorislamischen Kriege, die die Quraišiten um die Festigung ihres Einflusses auf die Tihama gegen die Banū Bakr fochten, hatten ersteren Klane beigestanden, die man unter dem Namen al-Qāra zusammenfaßte und die unter die *Aḥābīš* aufgenommen worden waren.[319] Einige Männer aus diesen Sippen suchten Mohammed in Medina auf, bekundeten, daß es bei ihnen Muslime gebe und daß man den Wunsch hege, den Koran und die Riten der neuen Glaubenspraxis genauer kennenzulernen. Mohammed, der jetzt mit den Banū Bakr gegen die Quraišiten in Mekka verbündet war, schickte arglos sechs seiner Männer mit den heimreisenden al-Qāra. Unterwegs überfiel man die sechs; man wolle sie nicht töten, sagte man ihnen, man wolle sie als Gefangene den Quraišiten ausliefern und dafür einigen Lohn einheimsen. Drei der Überrumpelten mochten sich auf nichts einlassen, zückten das Schwert und erlagen der Übermacht. Einem der Getöteten, der seinem Ekel vor den Beigesellern stets heftigen Ausdruck verliehen hatte, wollte man den Kopf vom Rumpf trennen, um ihn der Heidin zu verkaufen, deren Söhne er erschlagen hatte; sie begehrte, aus der Hirnschale Wein zu trinken. Allah aber verhinderte, daß es dazu kam, denn zu viele Wespen umschwirrten den Leichnam, den dann unerwartet ein Sturzbach fortriß: Allah honorierte so das Gelübde des Getöteten, nie die Haut eines Beigesellers zu berühren, so die Pointe dieser erbaulichen Erzählung. Der vierte Gefangene wurde nach einem Fluchtversuch ermordet. Die letzten beiden wurden von den Quraišiten aufgekauft und zum Vollzug der Blutrache getötet. Staunend bemerkten die Mekkaner bei dem Schauspiel die fanatische Liebe zu Mohammed, durch die sich die Opfer auszeichneten.[320] – Lange zurückliegende Ereignisse, hier der Kampf der Quraišiten gegen die Banū Bakr, bestimmen die Parteinahme; islamische Anschauungen, etwa die am Merkmal der rituellen Reinheit aufgewiesene unüberbrückbare Kluft zwischen den Muslimen und den Beigesellern, schließen jeden Ausgleich aus.

Daß sich Stämme über den Islam belehren lassen wollten, ohne daß deren Anführer den Übertritt zum Islam erwogen, wird mehrfach bezeugt. Die Art, in der Mohammed den Mekkanern getrotzt hatte, wird manchen beeindruckt haben; sich mit ihm gut zu stellen, war ratsam. Im Sommer 625 erschien ʿĀmir b. Mālik, ein Anführer der Banū ʿĀmir b. Ṣaʿṣaʿa, in Medina und machte Mohammed seine Aufwartung, wollte ihm überdies zwei Pferde und zwei Reitkamele schenken. Der Prophet verweigerte die Entgegennahme, da er Beigeseller einer solchen Geste nicht für würdig erachtete, und forderte den Besucher auf, Muslim zu werden. ʿĀmir äußerte sich hinhaltend, riet aber Mohammed, einige seiner Anhänger zu den Bewohnern des Nedschd zu schicken; so könne er dort den Islam ausbreiten. Diesen Vorteil wollte sich Mohammed nicht entgehen lassen; die Aussicht, den Quraišiten in den Gebieten nördlich und nordöstlich von Mekka Paroli zu bieten, war zu verlockend. Freilich fürchtete er die Beduinen des Nedschd, doch ʿĀmir gelobte, den Abgesandten Fremdenschutz zu gewähren. Im übrigen entsprach eine solche Abmachung einem schon länger eingespielten Brauch: Gegen eine bestimmte Menge Datteln verschaffte ʿĀmir b. Mālik medinensischen Reisenden Sicherheit im Nedschd.[321] Deshalb ließ sich Mohammed auf das Unternehmen ein. Er beauftragte mit der Mission siebzig seiner eifrigsten Frommen, die man Koranleser nannte. Diese pflegten sich des Abends irgendwo im Oasengebiet zu versammeln, gemeinsam die Botschaft des Propheten zu studieren und zu beten; gegen Morgen schleppten sie

Trinkwasser und Brennholz zu den Unterkünften Mohammeds und seiner Frauen.[322] Diese Gemeinschaft begab sich nun auf die Reise.

Bei Biʾr Maʿūna machte man Halt; hier verlief die Grenze zwischen den Gebieten der Banū Sulaim und der Banū ʿĀmir b. Ṣaʿṣaʿa, zu deren mächtigstem Anführer ʿĀmir b. aṭ-Ṭufail man Boten schickte, um sich Klarheit über die Gültigkeit des von ʿĀmir b. Mālik gewährten Fremdenschutzes zu verschaffen. Letzterer war bereits vorher durch jene Gegend gezogen und hatte kundgetan, daß er für die Unversehrtheit der Anhänger Mohammeds bürge. ʿĀmir b. aṭ-Ṭufail wollte freilich von den Zusagen seines Onkels nichts wissen,[323] tötete kurzerhand den Boten und forderte den ganzen Stamm zum Kampf gegen die Ankömmlinge auf, fand aber kein Gehör. Mehr Glück hatte er bei einigen Klanen der Banū Sulaim. Mit ihnen tat er sich zusammen, überfiel die Koranleser und erschlug sie. Die Nachrichten von diesem Desaster und vom schrecklichen Schicksal der sechs zu den al-Qāra entsandten Männer sollen Mohammed an ein und demselben Tag erreicht haben.[324] Dem Massaker bei Biʾr Maʿūna waren zwei Koranleser entgangen, weil sie sich vom Lagerplatz entfernt hatten, um die zum Weiden freigelassenen Reittiere zurückzuholen. Die beiden wurden jedoch ebenfalls von ʿĀmir b. aṭ-Ṭufail aufgegriffen. Er tötete einen, ließ den anderen aber laufen, nachdem er ihm zum Zeichen der Erniedrigung die Stirnlocke abgeschnitten hatte. Unweit Medinas stieß der dem Tode Entronnene auf zwei Männer aus dem Stamme ʿĀmirs, ahnte aber nicht, daß Mohammed ihnen Pardon gewährt hatte. Der Rückkehrer machte mit ihnen zusammen Rast und als sie eingeschlummert waren, ermordete er sie. Stolz berichtete er dann dem Propheten von seiner Rachetat; dieser aber erschrak: Sein Schutzversprechen hatte ebenfalls nichts gegolten.[325]

Die Vertreibung der Banū n-Naḍīr

Die Versuche, im Nedschd ebenso zuverlässig wie in der Tihama den Einfluß des Propheten zu etablieren, waren vorerst gescheitert. Noch waren die altarabischen gesellschaftlichen Bindungen, so die Milchbruderschaft Mohammeds mit den Banū Bakr, wirksamer als eine Loyalität, die durch die Zugehörigkeit zum Islam hätte gestiftet werden sollen. Einzelne Männer allerdings, die in der unmittelbaren Nähe zum Propheten gelebt hatten, hatten den Außenstehenden die Kraft der Bindung an ihn vor Augen geführt. Je länger sich Mohammed den Quraišiten widersetzte, desto mehr Ansehen gewann er als ein arabischer Führer. Seine religiöse Botschaft mochte vielen Klanoberhäuptern, die bisher von den Ereignissen höchstens mittelbar betroffen waren, gleichgültig oder unverständlich geblieben sein. Daß er inzwischen politisches Gewicht hatte, war nicht zu leugnen. Aus der Rückschau will es scheinen, als hätte er in dieser offenen Situation, die nach Uḥud eingetreten war, zielstrebig durch die Enteignung von Gemeinschaften, die keine angestammten Glieder der überkommenen genealogischen Ordnung waren, die materielle Grundlage für seine weiteren Erfolge gelegt. Das ist aber nicht richtig. Vielmehr spielte ihm der Zwist mit ʿĀmir b. aṭ-Ṭufail unversehens die Gelegenheit hierzu in die Hände. Dieser nämlich setzte sich unverzüglich mit Mohammed in Verbindung, sobald ihm die Ermordung der beiden Stammesgenossen zu Ohren gekommen war. Das fällige Wergeld konnte Mohammed nicht aufbringen. Darum begab er sich zu den Banū n-Naḍīr, um von ihnen Hilfe zu erbitten. Dieser jüdische Stamm hatte mit den Banū ʿĀmir b. Ṣaʿṣaʿa einen Schwurbund geschlossen, so daß der Prophet vielleicht einen mäßigenden Einfluß auf die geschädigte Sippe erhoffte. Während der Unterredungen bei den Banū n-Naḍīr habe ihn plötzlich ein ungutes Gefühl beschlichen; dank einem Wink aus dem Himmel habe er erkannt, daß man einen Anschlag auf ihn einfädele. Unter einem Vorwand brach er die Verhandlungen ab und entkam. Die Banū n-Naḍīr ihrerseits verschanzten sich, die Rache Mohammeds fürchtend, in ihren Wohntürmen und mußten von dort aus zuschauen, wie man viele ihrer Palmen fällte und verbrannte. ʿAbdallāh b. Ubaij und einige andere Ḫazraǧiten ermunterten die Banū n-Naḍīr zum Durchhalten und versprachen wohl auch Hilfe, wenn es zum Kampf kommen sollte. Lange widerstanden die Belagerten nicht, zumal sie ihre Existenzgrundlage in Medina zum Teil vernichtet sahen. Sie einigten sich mit Mohammed darauf, daß man ihr Leben schone und ihnen gestatte, aus Medina fortzuziehen, wobei sie alle Habe, die ihre Kamele tragen konnten, mitnehmen durften, abgesehen von ihren Waffen. Die Banū n-Naḍīr, heißt es, hätten das Unheil heraufziehen sehen: Durch Mohammed, den „stets lachenden Mörder", den „Ankömmling aus dem Süden", jenen Mann, der auf einem Kamelhengst reitet und einen weiten Umhang trägt, das Schwert auf der Schulter, der nur mit einem Krümel entlohnt, der kein Wunderzeichen vorweist, der in Weisheitssprüchen redet, durch diesen Mohammed sei das Ḥanīfentum so in Verruf gebracht worden, daß sich Abū ʿĀmir, „der Mönch", im Zorn davon abgewendet habe.[326]

Das „zurückgeholte" bewegliche und unbewegliche Gut

Dieser Coup gegen die Banū n-Naḍīr gelang Mohammed im Spätsommer 625. Das Gewicht der skeptischen unter den „Helfern" wurde vermindert, unangenehme Kritiker[327] wurden beseitigt. Allerdings ging er das Risiko ein, es sich mit den mächtigen Banū Ġaṭafān zu verderben, die ebenfalls Verbündete der Banū n-Naḍīr waren. Letztere hatten ohnehin zahlreiche Schwurgenossen; in Ḫaibar verfügten sie zudem über ausgedehnte Besitzungen. Die meisten von ihnen begaben sich dorthin, einige auch nach aš-Šaʾm.[328] Muḥammad b. Maslama überwachte die Ausweisung sowie die Registrierung der zurückgelassenen Güter. ʿUmar b. al-Ḫaṭṭāb, so wird erzählt, forderte Mohammed auf, die Beute gemäß den vor kurzem eingeführten Regeln zu verteilen. Dies lehnte der Prophet ab und berief sich auf eine gewissermaßen taufrische Eingebung, in der es hieß: „Was Allah seinem Gesandten von den Bewohnern der Orte zurückholt, das gehört Allah, dem Gesandten, (dessen) nahen Verwandten, den Waisen, Armen und den Kämpfern auf dem Pfade, damit es nicht unter den Reichen von Hand zu Hand weitergegeben wird. Was euch der Gesandte zuteilt, das nehmt, und was er euch verbietet, das laßt! Und fürchtet Allah, denn er straft streng! Es gehört den armen Auswanderern, die aus ihren Behausungen und ihrem Besitz vertrieben wurden, Allahs Huld und Wohlgefallen begehren und Allah und seinen Gesandten unterstützen – sie sind die Aufrichtigen. Und auch die, die in ihrer Heimat wohnen und den Glauben schon vor (der Ankunft der Auswanderer zum festen Eigentum) erwählten, jetzt diejenigen lieben, die zu ihnen auswanderten, und im Herzen keine Gier nach deren Besitz hegen, sondern (jene) mehr als sich selber bedenken, auch wenn sie selber Mangel leiden sollten – wer sich vor der eigenen Habsucht zu bewahren weiß, das sind die, die glückselig werden!“ (Sure 59, 7–9). – Die Ländereien der Banū n-Naḍīr behielt Mohammed demnach auf Allahs ausdrücklichen Wunsch für sich und einige Auswanderer; den „Helfern“ gab er schöne Worte. Auf dem für sich selber beschlagnahmten Land ließ er Gerste anbauen und bestritt aus dem Ertrag sowie aus dem Erlös der Datteln, die man von den verschonten Palmen erntete, den Unterhalt für sich, seine Ehefrauen und die Nachkommen ʿAbd al-Muṭṭalibs.[329] Die Überschüsse wurden zum Ankauf von Waffen verwendet. Die „Helfer“ sollen freiwillig auf die gleichberechtigte Beteiligung am Land und an der beweglichen Habe der Banū n-Naḍīr verzichtet haben, eben damit die Auswanderer in die Lage versetzt würden, von nun an selber den Lebensunterhalt zu erarbeiten.[330] Ibn Isḥāq faßt diese Empfänger unter der Bezeichnung „die ersten Auswanderer“ zusammen,[331] einem Begriff, der bald von großem politischen Gewicht sein sollte. Lediglich zwei Angehörige der Banū n-Naḍīr retteten ihr Vermögen, allerdings um den Preis des Übertritts zum Islam.[332]

Die propagandistische Auswertung des Geschehens findet sich in Sure 59, die laut Ibn Isḥāq „insgesamt“[333] herabgesandt wurde, ähnlich wie Sure 8 nach dem Sieg bei Badr. Sie beginnt mit einem Lob Allahs, der „die Schriftbesitzer, die ungläubig sind, aus ihren Wohnsitzen vertrieb“, und zwar „zur ersten Versammlung“, eine unklare Formulierung, die wahrscheinlich ein diesseitiges Strafgericht meint, während ja die der Endzeit vorausgehende „Versammlung“, die der vom Tode Auferweckten, in aš-Šaʾm vonstatten gehen soll.[334] Allah jagte den Banū n-Naḍīr ein solches Entsetzen ein, daß sie die Flucht vorzogen und sogar eigenhändig ihre Häuser unbewohnbar machten (Sure 59, 2). – Sie entfernten den Sturz über ihren Haustüren.[335] – Allah sah für sie die Verbannung vor, weil sie seinen Gesandten anfeindeten. Die Palmen, die „ihr fälltet oder die ihr stehenließet“, waren eben jene, über die Allah gerade so entschieden hatte (Vers 4);[336] auch das verpönte Abschlagen der Palmen war vollauf gerechtfertigt, ja ausdrücklich von Allah gewollt gewesen. Der Unglaube, den Mohammed den Banū n-Naḍīr nachsagt (Vers 2), läßt sie ihres Landbesitzes verlustig gehen (Vers 7): „Was Allah für seinen Gesandten von den Bewohnern der Ortschaften zurückholte, dafür brauchtet ihr weder Pferde noch (andere) Reittiere in Galopp zu versetzen. Vielmehr verleiht Allah seinen Gesandten Gewalt über alle, von denen er es will. Allah hat zu allem Macht!“ (Vers 6). Mittelbar wird in diesen beiden Versen ein von der Religionszugehörigkeit abgeleitetes Eigentumsrecht begründet. Über die Verteilung des „zurückgeholten“ Gutes oder Landes entscheidet niemand anders als der Prophet selber. Die „Helfer“ opferten selbstlos ihr Eigentum für die „Auswanderer“ (Vers 8 f.), was fortan in geringerem Maß notwendig sein wird. Wie eben gehört, bedachte Mohammed die „ersten Auswanderer“; wer die Hedschra später vollzog, muß dafür Verständnis haben: „Diejenigen, die nach ihnen kamen, sprechen: ‚Unser Herr, vergib uns und unseren Brüdern, die uns im Glauben voraneilten! Nähre in unseren Herzen keinen Groll gegen die, die (vor uns) gläubig wurden…!‘“ (Vers 10). Hiernach läßt sich Mohammed recht unverblümt über seine düpierten medinensischen Widersacher aus: Die „Heuchler“ versprechen den Juden Unterstützung, kündigen sogar an, sie wollten notfalls mit ihnen Medina verlassen, aber wenn es so weit ist, rühren sie sich nicht; die Juden ihrerseits prahlen mit ihrer Kriegserfahrenheit, sie sind jedoch untereinander uneins und haben vor den Muslimen Angst, kurz, „Heuchler“ und Juden sind Maulhelden (Vers 11–15). Die „Heuchler“ zumal benehmen sich wie der Satan, der die Menschen verführt, und wenn sie sündigen, sucht er das Weite und sagt: „Ich fürchte Allah…“ (Vers 16).

Das Bündnis gegen Mohammed

Die erste Woche des Ḏū l-Qaʿda pflegte man in Badr Markt zu halten.[337] Im Frühjahr 626 stand daher die Revanche an, die Abū Sufjān bei Uḥud eingefordert hatte. Schon im Januar brach Mohammed auf, um mit seinen Truppen am vereinbarten Ort die Ankunft des Feindes abzuwarten. Auch Abū Sufjān hatte Mekka verlassen, gelangte aber allenfalls bis ʿUsfān. Spätestens dort kam ihm die Einsicht, daß angesichts der Dürre, die damals herrschte, eine Revancheschlacht nicht zu verantworten war. Er kehrte um.[338] Für Mohammed wäre es zweifellos vorteilhafter gewesen, er hätte den Erfolg des Jahres 624 wiederholen können. So aber traf er unverrichteterdinge wieder in Medina ein. Seine Lage war trotz der Vertreibung der Banū n-Naḍīr und der Bereicherung an deren Habe und trotz aller Propaganda nicht durchweg befriedigend. Er bemerkte, daß man an einem großen Stammesbündnis gegen ihn arbeitete, wobei die Initiative entweder von den Mekkanern oder den Juden ausging.[339] Von Ḫaibar aus, wohin sich viele Angehörige der Banū n-Naḍīr geflüchtet hatten, suchten etliche Mitglieder dieses Klans, begleitet von dem gewesenen Ḥanīfen Abū ʿĀmir sowie einem Ausiten aus der den Muslimen feindlich gesonnenen Sippe der Banū Wāʾil, Mekka auf und warben für ein breites Kriegsbündnis gegen Mohammed, in dem die Banū Sulaim und die Banū Ġaṭafān eine wichtige Rolle spielen sollten. Schon mit diesen Plänen störte man die Kreise Mohammeds empfindlich, denn auch er versuchte, wie schon gehört, jene Stämme auf seine Seite zu ziehen. Mit einer der schillerndsten Figuren der Banū Ġaṭafān, dem ihrer Sippe der Banū Fazāra angehörenden Beduinenführer ʿUjaina b. Ḥiṣn, hatte er ein Stillhalteabkommen erreicht, das bis in den Winter 626 auf 627 galt.[340] In Mekka kamen die Feinde Mohammeds unter anderem überein, man werde den Banū Ġaṭafān eine Dattelernte Ḫaibars übereignen, was ʿUjaina b. Ḥiṣn zum Frontwechsel veranlaßte.[341] Mit wachsender Nervosität nahm Mohammed diese Entwicklungen zur Kenntnis. Wenn er sich und seinen engsten Vertrauten auch die materielle Lage erleichtert hatte, so fehlten ihm doch noch die Möglichkeiten einer großzügigen Mittelverteilung. Voller Sorge blickte er nicht nur auf alles, was östlich von Medina geschah. Im Spätsommer 626 war ihm zu Ohren gekommen, daß sich bei Dūmat al-Ǧandal Beduinen sammelten, um die Karawanen, die mit Lebensmitteln nach Süden zogen, auszurauben; auch ging das Gerücht, zahlreiche Beduinen wollten sich zusammen mit den Kaufleuten nach Medina auf den Weg machen. Arabien nördlich von Medina betrachtete Mohammed aber als seinen Rückzugsraum, falls es im Krieg mit den Quraišiten hart auf hart kommen sollte. Er dachte daran, sich vorsichtig dem byzantinischen Gebiet zu nähern, ohne den Argwohn des „Kaisers“ zu wecken. Schon in Mekka hatte er für die „Rhomäer“ Partei ergriffen –

im Gegensatz zu den damals führenden quraišitischen Sippen, die sich für die Sasaniden erwärmten, sich allerdings nicht von ihnen abhängig machten.[342] Mit einer größeren Truppe marschierte Mohammed aus Medina ab; er überfiel bei Dūmat al-Ǧandal die Hirten, die bei dem Vieh zurückgeblieben waren. Sobald die Versammelten davon erfuhren, stoben sie auseinander.[343]

Selbst in der unmittelbaren Nähe von Medina forderte man ihn heraus. Bei al-Muraisīʿ, nur wenige Stationen vom Oasengebiet entfernt an der Route nach Mekka,[344] zog der Anführer der Banū l-Muṣṭaliq Kämpfer zusammen, wie Mohammed hörte. Das mußte ihn alarmieren, denn dieser ḫuzāʿitische Klan war wie er selber ein Verbündeter der Banū Mudliǧ. Der gewaltsame Tod jener sechs Abgesandten erschien jetzt in einem neuen Licht: Die Quraišiten waren im Begriff, die *Aḥābīš*, zu denen die Banū l-Muṣṭaliq ebenso zählten wie die al-Qāra, gegen ihn zu mobilisieren, offenbar um ihm die Kontrolle über die Tihama zu entwinden. Was er begonnen hatte, nämlich die Sperrung der mekkanischen Karawanenwege nach aš-Šaʾm, wandten die Quraišiten jetzt gegen ihn selber. Daß er so entschlossen nach Dūmat al-Ǧandal vorgestoßen war, erwies sich als überlebenswichtig, wenn er nicht hätte eingekreist werden wollen. Nach dem Scheitern der Einflußnahme auf die Banū Sulaim und die Banū ʿĀmir b. Ṣaʿṣaʿa und damit auch der Abriegelung der inländischen Verbindung zwischen Mekka und aš-Šaʾm schien nun die Herrschaft über den Küstenweg ebenfalls in Gefahr. Um Genaueres zu ermitteln, entsandte Mohammed einen Spion, Buraida vom Stamm der Banū Aslam b. Afṣā, und empfahl ihm, sich bei den Feinden einzuschmeicheln, indem er ihnen verspreche, sie durch die Krieger seiner Sippe zu verstärken. Buraida soll Mohammed zum ersten Mal begegnet sein, als dieser, aus Mekka vertrieben, auf der Reise nach Medina al-Ġamīm, unweit ʿUsfān,[345] passierte. Mohammed habe Buraida sogleich für seine Lehre eingenommen, doch sei ihm dieser nicht unverzüglich nach Medina gefolgt, sondern habe sich erst nach der Schlacht von Badr in die Schar der Glaubenskrieger eingereiht.[346] Nun stellte er sich dem Propheten für den heiklen Dienst zur Verfügung; das Anerbieten, den Banū l-Muṣṭaliq weitere Kräfte zuzuführen, hätte deren Mißtrauen erregen können, denn die Banū Aslam gehören nicht in den Kreis jener ḫuzāʿitischen Sippen, die wie die Banū l-Muṣṭaliq Glieder der *Aḥābīš*[347] geworden waren, sondern zu den ḫuzāʿitischen Eidgenossen ʿAbd al-Muṭṭalibs.[348] Buraidas Bericht nötigte Mohammed, sofort Medina zu verlassen, um ein Anwachsen der feindlichen Scharen zu verhindern. Einen gegnerischen Späher, den er unterwegs abfing, ließ er töten; angesichts solch grimmer Entschlossenheit sollten die Feinde von Furcht befallen werden. Dem als sehr diszipliniert geschilderten Angriff der Krieger Mohammeds hielten die Banū l-Muṣṭaliq nicht stand. Ihre Helfershelfer hatten sich bereits in alle Winde zerstreut, sobald sich das Gerücht ausgebreitet hatte, es werde ernst mit dem Kämpfen.[349]

Vorboten der Dschihadbewegung

Mohammed behauptete seine Macht in der Tihama. Doch nicht dieser für den weiteren Gang der kriegerischen Ereignisse bedeutsame Umstand beherrscht die muslimische Erinnerung an das Gefecht bei al-Muraisīʿ, sondern einige Affären, in denen sich ein Riß innerhalb der

„Gemeinschaft der Gläubigen" ankündigt, der äußerst weitreichende Folgen zeitigen wird. Viele „Heuchler" seien diesmal mit Mohammed ins Feld gezogen, freilich einzig und allein in der Hoffnung auf irdischen Gewinn und weil die Wegstrecke so angenehm kurz gewesen sei,[350] wird unterstellt. Jedenfalls nahm Mohammed noch am Ort des Kampfes wichtige Präzisierungen der bisher geübten Verteilung der Beute vor. Aus dem Fünftel, das ihm zustand, den sogenannten *ṣadaqāt*, befriedigte er nur noch Wünsche der Bedürftigen und der Waisen; jeder, der reich war oder seinen Lebensunterhalt selber erarbeiten konnte, durfte nicht mehr auf Geschenke rechnen. Die Krieger selber empfingen – neben dem jeweiligen Anteil aus ihren vier Beutefünfteln – keine weiteren Gratifikationen; denn sie sollten aus den Erträgen des durch Allah für die „Gläubigen" „zurückgeholten" Gutes und Landes (arab.: *al-faiʾ*) ihren Unterhalt beziehen. Als Gegenleistung hatten sie den Kriegsdienst (arab.: *al-ǧihād*) zu erbringen.[351] Mohammed schuf sich auf diese Weise eine ihm ergebene Truppe, die, anders als die „Helfer", im Dschihad ihren einzigen Daseinszweck fand. Den „Helfern" konnte dies nicht gefallen, denn sie wurden auf einen minder wichtigen Rang abgedrängt.

Spannungen unter den „Gläubigen"

Eine ganz unerwartete Begebenheit bewirkte zudem, daß sie sich um den besten Teil ihres Gewinns betrogen sahen, und das kam so: Unter den zweihundert Kriegsgefangenen war auch Ǧuwairija, die bezaubernd schöne Tochter des Anführers der Banū l-Muṣṭaliq; bei der Beuteteilung fiel sie dem Ḫazraǧiten Ṯābit b. Qais, dem „Prediger des Gottesgesandten",[352] und einem seiner Neffen zu. Ṯābit nötigte ihr einen Vertrag zum Selbstfreikauf auf, der einen Preis von neun Uqija Gold[353] festsetzte. Was nun folgt, legt al-Wāqidī Mohammeds damals etwa dreizehnjähriger Gattin ʿĀʾiša in den Mund: Als Bittstellerin suchte Ǧuwairija den Propheten auf; Ṯābit b. Qais hatte seinen Neffen bereits abgefunden und besaß das kostbare Beutestück nun ganz allein; den sehr hohen Preis könne sie nie und nimmer aufbringen, und deshalb flehe sie Mohammed um Hilfe an; dieser verfiel im Nu ihren Reizen, sagte ihr die Erlegung der geforderten Summe zu und machte ihr einen Heiratsantrag, den sie beglückt annahm. Ṯābit ließ sie frei, nachdem er das Geld erhalten hatte, und Mohammed verehelichte sich mit ihr. Sobald die bereits auf die Sieger verteilten Banū l-Muṣṭaliq davon erfuhren, begannen sie mit ihrem Schicksal zu hadern; wie sollten sie, nunmehr mit dem Propheten verschwägert, noch das Eigentum seiner Anhänger sein? Man mußte ihnen allen die Freiheit gewähren. Um etwa die Hälfte verminderten sich die möglichen Einkünfte aus dem menschlichen Beutegut dank dieser Eskapade Mohammeds,[354] bei der ein herausragender „Helfer" düpiert worden war.

Die Spannungen zwischen den quraišitischen Auswanderern und den „Helfern" entluden sich zudem in einem handfesten Streit, der aus einem nichtigen Anlaß aufflammte: Ein Eidgenosse der Banū Sālim b. ʿAuf – zu ihnen gehörte der einstige Ḥanīfe Abū ʿĀmir[355] – und ein Dienstmann ʿUmar b. al-Ḫaṭṭābs kamen einander ins Gehege, als sie ihre Wasserschläuche aus einem Brunnen emporzogen. Der „Helfer" rief die Ḫazraǧiten herbei, der Dienstmann die Quraišiten; die Waffen in der Hand, standen die Parteiungen einander gegenüber. Die „Helfer" wollten nicht klein beigeben, und erst als die Auswanderer ʿUbāda b. aṣ-Ṣāmit um

Vermittlung gebeten hatten, gelang es, den Tumult beizulegen, ohne Mohammed davon in Kenntnis zu setzen. ʿAbdallāh b. Ubaij hörte von dem Vorfall und geriet in heftigen Zorn, weil die quraišitischen Auswanderer sich wie eine herkömmliche Blutsgemeinschaft verhalten hatten. Es herrschte keineswegs Eintracht zwischen jenen und den „Helfern", wie ja auch dem Koran zu entnehmen ist. Mohammed unterscheidet klar zwischen den Auswanderern, die er als die eigentlichen Verfechter seiner Sache betrachtet, und jenen, die die aus Mekka Vertriebenen beherbergen und unterstützen. Die Flüchtlinge gewinnen, wie wir sahen, seit der Aneignung der Ländereien der Banū n-Naḍīr an Eigenständigkeit. Ibn Ubaij soll von jetzt an geahnt haben, wie sich die Dinge entwickeln würden: Die Auswanderer entzweien sich „mit uns und versuchen, uns in unserer Heimat zu überwinden. Sie leugnen unsere Wohltaten. Bei Allah, mit uns und den quraišitischen Lumpen steht es, wie das Sprichwort sagt: Mäste deinen Hund, dann frißt er dich!"[356]

Die Halsbandaffäre

Während des Rückmarsches von al-Muraisīʿ ereignete sich ein Vorfall, der Jahrzehnte lang, ja bis auf den heutigen Tag, dem muslimischen Parteienzwist Nahrung gab. Wir zeichnen das Geschehen aus der Sicht der Gruppierung nach, als deren einende Gestalt sich ʿĀʾiša, die „Mutter der Gläubigen", in den Vordergrund schieben wird.[357] Erneut tritt sie selber als Erzählerin auf: Mohammed habe stets das Los entscheiden lassen, welche zwei unter seinen vielen Ehegattinnen ihn auf einem Feldzug begleiten durften, und diesmal sei das Los auf Umm Salama und auf sie gefallen; von ihr habe er sich ohnehin nie trennen mögen; auf dem Rückweg von al-Muraisīʿ habe Mohammed gegen Ende der Nacht eine Rast befohlen; ihr, ʿĀʾiša, sei das Halsband abhanden gekommen, und deshalb habe der Prophet das Zeichen zum Aufbruch hinausgezögert, obwohl es zu tagen begonnen habe und die Zeit des Frühgebets herangekommen sei; am Rastplatz sei kein Wasser für die rituelle Waschung aufzutreiben gewesen; ein Ausite von den Banū ʿAbd al-Ašhal, Mohammed seit den Begegnungen bei al-ʿAqaba bekannt,[358] habe diesen auf die prekäre Lage aufmerksam gemacht; doch unverzüglich habe Allah seinem Propheten aus der Verlegenheit geholfen, indem er ihm eingegeben habe, daß beim Fehlen von Wasser die Reinigung mit sauberem Sand gestattet sei (vgl. Sure 5, 6). Als Kommentierung liest man, die Bekenner der älteren Religionen dürften nur in Gotteshäusern beten, Mohammed aber habe Allah die ganze Erde als einen rituell reinen Ort freigegeben; wo immer die Muslime zur Gebetszeit seien, dort sollten sie ihrer Pflicht nachkommen. Man rückte mit dem ganzen Heer ein kleines Stück vor, fand ein geeignetes ebenes Gelände und verrichtete das Frühgebet. In dieser Fassung besteht der Skandal allein in der durch ʿĀʾišas Unaufmerksamkeit verursachten Notwendigkeit, eine Ersatzreinigung vorzunehmen. Da der Vers, der dieses Verfahren rechtfertigt, aus Sure 5, vermutlich der jüngsten, stammt und der Inhalt der Kommentierung ebenfalls in jene späte Zeit gehört,[359] scheint diese Version zur Entlastung ʿĀʾišas erdichtet zu sein.

Al-Wāqidī verknüpft sie ziemlich unbeholfen mit einer zweiten, in der es um weit Verfänglicheres geht.[360] Sie beginnt ebenfalls mit Mohammeds Brauch, durch das Los die Gattinnen zu bestimmen, die ihn begleiten dürfen. Damit man das Kommende versteht, erfährt man, daß die Verköstigung des mohammedschen Harems damals noch so bescheiden gewesen sei, daß die Diener, die eine verhüllte Kamelsänfte auf das Reittier heben mußten, nicht sagen konnten, ob darin eine der Damen saß oder nicht. Kurz bevor man Medina erreichte, befahl der Prophet eine Rast. Da es finster war, verließ ʿĀʾiša ihre Sänfte und schlug sich in die Büsche, um die Notdurft zu verrichten. Währenddessen entglitt ihr, ohne daß sie es gewahr wurde, ein Halsband aus jemenitischen Onyxperlen. Als sie wieder beim Lager war, brach man gerade auf; da erst bemerkte sie den Verlust und eilte zurück, um das Halsband zu suchen. Sie war bald wieder zur Stelle, aber die Karawane war schon fort. ʿĀʾiša hatte Glück im Unglück, denn nach einiger Zeit traf die Nachhut ein, deren Anführer sie zu Mohammeds Heer geleitete, wo man ihr Fehlen noch gar nicht entdeckt hatte. ʿAbdallāh b. Ubaij soll einer derjenigen gewesen sein, die an dem Vorkommnis ablasen, daß Mohammeds Mannesehre verletzt worden sei. Doch auch im Harem des Propheten rumorte es, weil einige seiner Gattinnen auf ʿĀʾiša eifersüchtig waren und ihr gern einen Fehltritt angehängt hätten. Eine Untersuchung des Ereignisses, bei der sich ʿAlī b. abī Ṭālib mit besonderer Strenge hervorgetan haben soll, förderte nur haltlosen Klatsch zutage. Man gelangte zu dem Schluß, daß neben einigen anderen vor allem Ḥassān b. Ṯābit, der als Verseschmied der islamischen Sache schon gute Dienste geleistet hatte, und Ḥamna, eine Schwester von Mohammeds Ehefrau Zainab bt. Ǧaḥš,[361] die Verleumdungen in Umlauf gesetzt hätten (vgl. Sure 24, 11–20). Die Beschuldigten wurden mit der Auspeitschung (Sure 24, 4) bestraft, die Allah just rechtzeitig in einer Offenbarung verfügte.[362]

8. Vorboten der Niederlage der Mekkaner – oder ihres Sieges?

Der „Graben-krieg"

Der Kriegszug nach al-Muraisīʿ, dessen Begleitumstände klärendes Licht auf die innere Entwicklung des muslimischen Gemeinwesens werfen, war, wenn wir jetzt wieder den Zweikampf Mohammeds mit den mekkanischen Quraišiten in den Blick nehmen, eine unbedeutende Episode. Nach wie vor sahen sich er und seine „Gläubigen" von einem Zusammengehen der Mekkaner mit den Juden nördlich von Medina bedroht. Gerade letztere würden, das stand nach der Vertreibung der Banū n-Naḍīr außer Frage, alles daransetzen, die Macht jenes Emporkömmlings einzudämmen. Ebenso wenig konnte man daran zweifeln, daß ein Krieg gegen Mohammed nur dann zu gewinnen war, wenn man die Banū Ġaṭafān und die Banū Sulaim an sich band. Wie schon erwähnt, hatten sich nach der Absage der Revancheschlacht bei Badr einige Juden der Banū n-Naḍīr sowie der Ḥanīfe Abū ʿĀmir und ein Ausite aus dem Mohammed ablehnenden Sippenverband der Banū Wāʾil zu Abū Sufjān begeben, um darüber zu beratschlagen, wie man den gemeinsamen Feind bezwingen könne.[363] An der Kaaba hatte man ein Bündnis beschworen, wobei die jüdischen Unterhändler den Quraišiten versichert haben sollen, daß sie, die Bewohner Mekkas und Hüter des Hauses Allahs, die „die fetthöckrigen Opferkamele schlachten, den Pilgern zu trinken geben und die Idole anbeten“, im Gegensatz zu Mohammed die richtige Glaubenspraxis befolgten. Die politisch bedingte Bekräftigung der Wahrheit des mekkanischen Kultes erbitterte den Propheten so sehr, daß sein Kommentar dazu Eingang in den Koran fand. „Hast du nicht jene gesehen, die einen Anteil an der Schrift erhielten? Sie glauben (jetzt) an das Idol[364] und an den Götzen und sagen den Ungläubigen, diese befänden sich eher auf dem rechten Weg als die Gläubigen“ (Sure 4, 51). Diese hämische Bemerkung steht in einem längeren Abschnitt, in dem Mohammed darüber klagt, daß die Juden, die „Schriftbesitzer“, sein Prophetentum nicht als die Bestätigung ihres Glaubens, der immerhin einen Teil seiner Schrift ausmache (vgl. Sure 3, 81), anerkennen. Aus den von den ihrigen abweichenden Reinheitsgeboten der Muslime ziehen sie den Schluß, daß nur sie selber vor Allah als rein gelten könnten; doch Allah entscheide hierüber nach eigenen Erwägungen (Sure 4, 44–57, hier Vers 49). Die jüdischen und die ausitischen Bündniswerber waren aus Mekka zu den Banū Ġaṭafān weitergezogen; ihnen versprachen sie, wie wir schon wissen, eine Jahresernte Datteln der Oase Ḫaibar. Auch die Quraišiten trachteten fremde Stämme für ihre Sache zu gewinnen und forderten überdies die *Aḥābīš* auf, sich zum Feldzug gegen Medina zu sammeln. Nach der Rückkehr von al-Muraisīʿ wurde Mohammed erst eigentlich mit den Ergebnissen der jüdisch-quraišitischen Zusammenarbeit konfrontiert.

Eine kleine Gruppe Ḫuzāʿiten hatte die Vorbereitungen der Mekkaner beobachtet und war zu Mohammed geeilt, um ihn zu warnen. Durch die schlimmen Erfahrungen von Uḥud gewitzigt, entschied er sich, diesmal auf einen Angriff zu verzichten. Stattdessen sah man sich im Oasengebiet nach einem Gelände um, das man leicht zur Verteidigung herrichten konnte. Als geeignet erschien ein Terrain südlich des Berges Salʿ. Den Berg im Rücken, hob man in aller Hast einen Graben aus, der einen großen Teil des „unteren“ Medina sicherte; das sich südlich daran anschließende „obere“ Medina, Qubāʾ und die Siedlungsgebiete der Banū n-Naḍīr sowie der Banū Quraiẓa, blieben notgedrungen ungeschützt. Die Banū Quraiẓa, der letzte jüdische Stamm in Medina, lieh den Muslimen die so dringend benötigten Hacken, Schaufeln und Tragekörbe. Unentwegt trieb Mohammed seine Mannen zur Arbeit an; denn man wußte inzwischen, daß die Feinde ein beeindruckendes Heer von etwa zehntausend Kämpfern zusammengebracht hatten, darunter eine starke Reiterei. Gerade dieser Teil der Angreifer sollte durch den Graben zur Wirkungslosigkeit verdammt werden. In seinem Schutz, im Süden des Berges, der die von Norden vordringenden Feinde, sollten sie attackieren, zu einem kräfteraubenden Schwenk nach links zwingen würde, ließ Mohammed seine „Gläubigen“ lagern.

Al-Wāqidī berichtet, daß das Heer der Koalitionäre aus mehreren keineswegs zu einer Einheit verschmolzenen Teilen bestand. Die Quraišiten mit ihren *Aḥābīš* zählten etwa viertausend Mann; ihnen hatten sich auf dem Marsch nach Medina siebenhundert Sulamiten angeschlossen, befehligt von einem Eidgenossen Ḥarb b. Umaijas, des Vaters Abū Sufjāns.

Im Aufgebot des Stammesverbandes der Banū Ġaṭafān befand sich auch ʿUjaina b. Ḥiṣn mit eintausend Kämpfern der Banū Fazāra. Nie und nimmer hätte Mohammed damals in vergleichbarer Weise Stämme außerhalb Medinas für sich mobilisieren können; was ihm die Anstrengungen, die er zu diesem Zweck bis dahin unternommen hatte, eingetragen hatten, ist uns noch in Erinnerung. Als der Kopf der von den Quraišiten geführten Kriegskoalition galt Abū Sufjān, allerdings verfügte er nicht über eine dementsprechende Befehlsgewalt. Die Quraišiten und die *Aḥābīš* besetzten das Gebiet nordwestlich des Salʿ, im wesentlichen das Wādī l-ʿAqīq. Weiter im Norden, in unmittelbarer Nähe des Berges Uḥud, lagerten sich die Banū Ġaṭafān. Dies alles geschah nach al-Wāqidī am 8. Ḏū l-Qaʿda des Jahres 5 (1. April 627). Seit diesem Tage waren die Koalitionstruppen freilich mehr mit logistischen Problemen als mit der Vorbereitung auf das Gefecht befaßt. Denn als sie eintrafen, stand kein Getreide mehr auf dem Halm, und selbst das Stroh hatten die Medinenser fortgeschafft. Die Quraišiten trieben ihre Kamele in das Gestrüpp, das das Wādī l-ʿAqīq säumte; die Pferde aber konnten mit so kargem Futter nicht auskommen, man war auf die mitgebrachte Hirse[365] angewiesen. Vierhundert Pferde führten die Quraišiten mit sich, dreihundert die Banū Ġaṭafān, insgesamt eine beeindruckende Streitmacht, die jedoch mit jedem Tag, der ohne Kampf verstrich, an Wirkung verlor.[366]

Zweideutiges Verhalten der Banū Quraiẓa

Während die „Gläubigen“ an dem Befestigungswerk arbeiteten – den einzelnen Sippen sowie den quraišitischen Muslimen waren bestimmte Abschnitte zugewiesen –, hatten sich die Frauen in den Wohntürmen aufzuhalten. Wenigstens zur Mittagszeit, wenn ein Angriff nicht zu gewärtigen war, wollten einige der Kämpfer bei ihren Ehefrauen nach dem rechten sehen, was Mohammed mit Sorge bemerkte. Nur in Waffen sollten sie das „obere“ Medina betreten, befahl er; denn es war nicht mehr ausgemacht, daß sich die dort wohnenden Banū Quraiẓa wenigstens neutral verhielten.[367] Mohammed selber brauchte übrigens während jener Tage den Freuden des Ehelebens nicht zu entsagen; für ihn hatte man ein Zelt aus Leder verfertigt, in dem ihm ʿĀʾiša, Umm Salama und Zainab bt. Ǧaḥš abwechselnd zur Verfügung standen.[368] Doch zurück zu den Banū Quraiẓa! Zunächst sollen sie sich dem Drängen des Ḥujaij b. Aḫṭab, eines Angehörigen der Banū n-Naḍīr, widersetzt haben, der sie in ein Bündnis mit den Quraišiten hineinziehen wollte. Bald aber wurde in Mohammeds Lager das Gerücht laut, sie hätten das Werben der Koalitionäre nun doch erhört. Az-Zubair b. al-ʿAuwām, ein enger Verwandter von Mohammeds erster Frau Ḫadīǧa, wagte sich in die Nähe der Wohntürme der Banū Quraiẓa und beobachtete Kriegsvorbereitungen – was geschah, war daher klar. Mohammed lobte az-Zubair für seinen mutigen Einsatz als seinen Jünger (arab.: *al-ḥawārī*).[369] Saʿd b. ʿUbāda, Saʿd b. Muʿāḏ und Usaid b. al-Ḥuḍair, drei „Helfer“, die Eidgenossen der Banū Quraiẓa waren, nahmen mit ihnen Verbindung auf – es blieb dabei, Mohammeds Lage hatte sich schlagartig verschlechtert!

Die Ungewißheit darüber, wie sich dieser Frontwechsel auswirken werde, belastete die Muslime schwer. Den Belagerern war allerdings bewußt, daß sie sich nicht auf ein endloses Hinauszögern der Entscheidung einlassen durften. Ihre Anführer erkundeten die Befestigungen, entdeckten eine Bresche, vermuteten aber eine Kriegslist und sahen daher von dem Versuch ab, von dort aus in das geschützte Gelände einzubrechen. So blieb es bei einigen einzelnen Gefechten, bei denen der Maḫzūmite Naufal b. ʿAbdallāh b. al-Muġīra den Tod fand. Mohammed lehnte es ab, dessen Leichnam, herauszugeben; es handle sich um nichts weiter als den Kadaver eines Esels. Nach mancherlei Geplänkel bereiteten sich beide Seiten ohne großen Elan darauf vor, am folgenden Tag eine Entscheidung herbeizuführen. Nicht nur die Angreifer, sondern auch die Verteidiger litten inzwischen Hunger und beklagten zudem eine für die Jahreszeit ungewöhnlich kalte Witterung. Für die Muslime war das Ausharren eine Frage von Leben und Tod, nicht aber für alle Verbündeten der Quraišiten. Mohammed erkannte diese Schwäche seiner Feinde; schon längst hatte er begonnen, unter den Koalitionären Zwietracht zu säen. Vom Wankelmut ʿUjaina b. Ḥiṣns wußte er, und al-Ḥāriṯ b. ʿAuf von den Banū Murra, einer Untergruppe der Banū Ġaṭafān, war gleichfalls nicht gewillt, unter so ungünstigen Begleitumständen gegen den Propheten zu kämpfen.[370] Natürlich wollten sie sich dies von Mohammed honorieren lassen, nämlich mit der halben Dattelernte Medinas. Er handelte sie auf ein Drittel herunter, doch als man daranging, einen Vertrag aufzusetzen, zerstritt man sich. Daß die Banū Ġaṭafān entschlossen die Quraišiten unterstützen würden, war aber nicht mehr zu befürchten. Sie betrachteten die Möglichkeit einer unangefochteten quraišitischen Herrschaft in Nordwestarabien mit gemischten Gefühlen. Die Quellen berichten außerdem von einem Überläufer, der Mißstimmungen zwischen den Verbündeten schürte, indem er ihnen vor Augen stellte, wie unterschiedlich in Wahrheit ihre Interessen seien und daß jede Partei die anderen für eigennützige Ziele einzuspannen trachte. Die Banū Quraiẓa erklärten nun, sie würden an dem verabredeten Angriff nicht teilnehmen, denn er falle auf einen Sabbat. In der Nacht zum Sabbat begann ein heftiger Wind zu blasen, Hunger und Kälte machten beiden Seiten mehr als zuvor zu schaffen. Furcht, gepaart mit Mißtrauen, zermürbten die Kräfte der Verbündeten. In dieser Lage gab Abū Sufjān – wieder einmal – den Krieg verloren. Er hieß die Quraišiten aufsitzen und deckte ihren Rückzug mit zweihundert Reitern. Auch die Beduinenstämme gingen auseinander, ohne daß es zu einer Kampfhandlung gekommen wäre. „Mir verhalf der Frühlingswind zum Sieg, die ʿĀd wurden vom Herbstwind vernichtet!" (vgl. Sure 69, 9), soll Mohammed gesagt haben.[371] Zurück blieben in seiner Reichweite die Banū Quraiẓa.[372]

Das Massaker an den Banū Quraiẓa

Noch am selben Tag, am 15. April 627,[373] zog Mohammed mit seinen Kriegern in das „obere" Medina hinauf und setzte die Banū Quraiẓa in ihren Wohntürmen fest. Nach etwa drei Wochen baten sie, da sie Eidgenossen der Ausiten waren, der Gesandte Allahs möge ihnen einen gewissen Abū Lubāba von den Banū ʿAmr b. ʿAuf schicken, mit dem sie sich beraten wollten. Als Abū Lubāba bei ihnen eingetroffen war, bestürmten sie ihn mit der Frage, ob sie sich wie einst die Banū Qainuqāʿ dem Propheten übergeben sollten. „Jawohl!" antwortete Abū Lubāba und strich sich mit der Hand über die Kehle, ihnen andeutend, was ihnen bevorstand. Noch ehe Abū Lubāba den ersten Schritt zur Rückkehr getan habe, sei er in tiefe Verzweiflung über seinen Verrat am Gesandten Allahs gestürzt; aus Scham sei er ihm nicht unter die Augen getreten; in der Moschee habe er sich an einen Pfeiler binden lassen, von dem er erst gelöst werden wollte, wenn Allah ihm verziehen habe. Vor dem Morgengebet gab Allah seinem Gesandten zu wissen, daß er Abū Lubāba vergeben habe, und Mohammed höchstpersönlich band die Fessel los.[374] Die Ausiten erbaten vom Propheten für ihre Schutzgenossen die gleichen Bedingungen, die er den Ḫazraǧiten für die Banū Qainuqāʿ zugestanden hatte. Statt eine Entscheidung zu fällen, wusch er sich die Hände in Unschuld; der Ausite Saʿd b. Muʿāḏ solle urteilen. Dieser, ein „wohlbeleibter, schöner Mann", mußte auf einem Esel herbeigeholt werden, da er durch einen Pfeilschuß verwundet worden war. „Steht auf vor eurem Herrn!" befahl Mohammed, als Saʿd eintraf, und die „Auswanderer" stritten sich später mit den „Helfern" darüber, ob dieser Befehl ihnen beiden gegolten habe oder nur letzteren. Von Mohammed abgewandt – ihm vermochte er vor Ehrerbietung nicht ins Gesicht zu blicken – verkündete Saʿd den von ihm erwarteten Richterspruch: „Die Männer sollen getötet werden, die Güter verteilt, die Kinder und Frauen gefangengenommen."[375] Die dem Tode Geweihten, die Schätzungen bewegen sich zwischen sechshundert und neunhundert, wurden in einem Hof der Banū n-Naǧǧār zusammengepfercht; auf dem Markt ließ Mohammed Gruben ausheben, und dann wurden die Männer gruppenweise massakriert. Az-Zubair und ʿAlī b. abī Ṭālib leiteten die Aktion, die Mohammed als Zuschauer verfolgte; Mitglieder aller ausitischen Klane hatten sie auszuführen. Alle sollten an den Eidgenossen in gleicher Weise schuldig werden. Bis zum nächsten Morgen dauerte das Morden.[376]

Die Verteilung des Vermögens der Banū Quraiẓa

Die Güter und Gerätschaften aus den Wohntürmen schleppte man auf einem Haufen zusammen. Das besondere Interesse der Überlieferer fanden eintausendfünfhundert Schwerter, dreihundert Kettenhemden, zweitausend Lanzen, eintausendfünfhundert Schilde sowie Krüge mit Wein, den man weggoß.[377] Endlich ging es an das Verteilen. „Die Zahl der Gefangenen, Frauen und Kinder, belief sich auf eintausend. Der Gesandte Allahs sonderte sein Fünftel aus, bevor die Beute veräußert wurde. Er teilte die Gefangenen in fünf Gruppen und nahm eine davon; einige ließ er frei, andere verschenkte er, wieder andere wies er nach seinem Belieben Dritten als Diener zu. Genauso verfuhr er mit dem Hausrat; er wurde verteilt, bevor (die Anteile der anderen) verkauft wurden; desgleichen die Dattelpalmen: (Mohammeds) Fünftel wurde (vom übrigen Bestand) abgetrennt. Über das ganze Gut (nebst den Gefangenen), das in fünf Partien geteilt worden war, ließ er die Lospfeile entscheiden. Auf einen von diesen war ‚Für Allah' geschrieben. Dann wurde gelost, und auf welche Partie sein Pfeil hindeutete, die nahm er, ohne daß er (das Recht) der Vorauswahl ausgeübt hätte. Sein Fünftel vertraute er Maḥmīja b. Ǧazʾ az-Zubaidī an. Dieser war es, der die (Mohammed zugefallene) Beute (als Geschenke) an die Muslime ausgab."[378] Daß der Prophet hierfür bei al-Muraisīʿ Richtlinien verkündet hatte, ist uns erinnerlich. Maḥmīja, ein Eidgenosse der quraišitischen Banū Sahm und Rückkehrer aus Äthiopien,[379] scheint fortan mehrfach mit solchen Aufgaben betraut worden zu sein. – Nun zu den vier Fünfteln, die den insgesamt etwa dreitausend muslimischen Kämpfern gehörten! Die Palmengärten wurden vier Gruppen von ausitischen und ḫazraǧitischen Sippen übereignet. Aus den Gefangenen und den Gerätschaften wurden – rechnerisch – dreitausendundzweiundsiebzig dem Wert nach gleichgroße Anteile gebildet; es waren auf muslimischer Seite sechsunddreißig Streitrosse im Einsatz gewesen, und für jedes waren zwei Anteile in Anschlag zu bringen, so hatte es Mohammed schon bei al-Muraisīʿ angeordnet. Da der ermittelte Wert eines jeden Anteils im Einzelfall kaum in Gefangenen oder Gütern darstellbar war, wurde der Handel mit den Anteilen freigegeben. Der Fall der Ǧuwairija gewährte uns Einblick in das Verfahren; Ṯābit b. Qais erhielt sie zusammen mit einem Neffen, dem er dessen Anteil abkaufte, um dann für sich allein Gewinn aus ihr zu schlagen, was durch die willkürliche Festsetzung einer hohen Freikaufsumme hatte geschehen sollen.

Es ist schwer vorstellbar, daß alle dreitausend Krieger, jeder für sich, den errechneten Anteil in Beutegut umzusetzen oder gegen Geld zu veräußern suchten. Vermutlich erledigten diesen Schacher die Klanführer. Die Grenzen zwischen Verteilung und einträglicher Geschäftemacherei waren überdies fließend. Wer vermögend war, bemühte sich, seine Beute durch den Zukauf fremder Anteile in ein günstig erworbenes Handelsgut zu verwandeln und anderswo auf den Markt zu bringen – was Ṯābit b. Qais in ganz bescheidenem Umfang geplant hatte, betrieben andere in größerem Stil. Denn Beuteteilung bedeutete stets ein vorübergehendes Überangebot an Menschen und Waren, aus dem kapitalkräftige Kaufleute einen großen Gewinn erzielten. So erwarb ein Jude namens Abū š-Šaḥm von Mohammed zwei Mütter mit je drei Kindern um einhundertfünfzig Dinare, offenbar ein sehr günstiger Preis. Desweiteren schickte Mohammed seinen ergebenen Anhänger Saʿd b. ʿUbāda mit einem Teil der Beutegefangenen nach aš-Šaʾm; sie sollten dort losgeschlagen werden, für den Erlös sollte er Waffen kaufen. Andere Gefangene veräußerte Mohammed an seine zahlungskräftigen Genossen ʿUṯmān b. ʿAffān und ʿAbd ar-Raḥmān b. ʿAuf. Von beiden machte ʿUṯmān das mit Abstand bessere Geschäft; ʿAbd ar-Raḥmān hatte ihm die Wahl zwischen den jungen und den älteren Frauen gelassen, und ʿUṯmān war so klug, die älteren zu nehmen – diese, und nicht die jungen, trugen Wertgegenstände bei sich.[380] Muḥammad b. Maslama, den wir als skrupellosen Mörder kennenlernten, setzte eine Mutter und deren zwei Söhne für fünfundvierzig Dinare ab; das entsprach dem rechnerischen Wert von drei Anteilen, die ihm, dem Eigentümer eines Pferdes, aus der gesamten Beute zustanden. Wieweit diese Zahlen repräsentativ sind, bleibt unklar. Als Abnehmer von Gefangenen traten übrigens viele Juden in Erscheinung, die aus Ḫaibar und selbst aus Taimāʾ anreisten.[381]

Die „Parteiungen“

In Sure 33 „Die Parteiungen“, womit die Koalitionäre gemeint sind, schlägt Mohammed einen unverhohlen drohenden Ton gegen alle an, die ihn während der zwei Wochen des Grabenkrieges nicht mutig und selbstlos genug unterstützt hatten. Das war ja auch eine bedrückende und zudem entbehrungsreiche Zeit gewesen, in der beide Seiten fürchteten, eine Entscheidung zu ihren Ungunsten stehe unmittelbar bevor, und beide Seiten hatten nicht gewußt, wie sie das Unheil, das sie spürten, hätten abwenden sollen, von einer verheißungsvollen Initiative ganz zu schweigen. Allah erwies den Muslimen jedoch Gnade, meint Mohammed; er sandte den Sturm, der den Feinden schwer zu schaffen machte, sowie Heere, die unsichtbar blieben. – Das kennen wir schon aus Mohammeds Darlegungen über den Sieg bei Badr. – Vielen Gläubigen stockte vor Angst das Herz. Weil jeglicher Erfolg in weite Ferne gerückt zu sein schien, erwogen manche, Mohammed im Stich zu lassen. Aber vor Allah und seinem Ratschluß kann man nicht fliehen, gleichviel, ob dieser Ratschluß Gutes oder Böses bedeutet. Auch jetzt noch schwanken etliche in ihrer Treue zum Propheten; denn die Beduinen könnten plötzlich zurückkehren. Alle Zagenden sollten sich an ihm, dem Gesandten Allahs, und an seiner Standhaftigkeit ein Beispiel nehmen (Sure 33, 9–24). „Allah wehrte die Ungläubigen in all ihrem Groll ab und ersparte den Gläubigen das Kämpfen. Allah ist stark und mächtig. Und die ‚Schriftbesitzer', die (den Ungläubigen) beistanden, holte er aus ihren Wohntürmen herab und schleuderte ihnen Entsetzen ins Herz; die einen tötetet ihr, die anderen nahmt ihr gefangen! Euch gab er ihr Land als Erbteil und ihre Wohnsitze und Güter, sowie (weiteres) Land, das ihr noch nicht betreten hattet. Allah hat zu allem Macht" (Vers 25–27). Unverhüllt wird hier das – mit dem Schwert durchzusetzende – Eigentumsrecht der Muslime an allen Ländereien und Besitztümern der Andersgläubigen formuliert, klarer noch als zuvor in Sure 59. Auffällig ist in Sure 33 ferner, daß sich Mohammed mehr und mehr vom Umgang mit den gewöhnlichen Menschen absondert. Saʿd b. Muʿāḏ hatte beim Urteilsspruch über die Banū Quraiẓa ihm vor ehrerbietiger Scheu nicht ins Gesicht blicken können, hörten wir. Jetzt sind es die Ehefrauen Mohammeds, die, da sie mit ihm in engster Gemeinschaft leben (vgl. Sure 2, 187), vor der Berührung mit dem Alltag geschützt werden müssen: Haben schon die gewöhnlichen Gläubigen demütig alles hinzunehmen, was Allah und sein Gesandter ihnen vorschreiben (Vers 35 f.), dann sind den Ehefrauen Mohammeds Gehorsam und Unterwürfigkeit in ganz besonderem Maß abzuverlangen; Allah entgilt ihnen gutes wie anstößiges Verhalten mit doppeltem Lohn, doppelter Strafe; so wäre es am besten, sie mischten sich gar nicht mehr unter die Leute (Vers 30–35). Darum verbietet Mohammed seinen Gläubigen, ohne ausdrückliche Aufforderung eine seiner Wohnungen zu betreten, und lasse sich ein Gespräch mit einer seiner Frauen nicht umgehen, dann nur, indem sie hinter einem Vorhang verborgen bleibt (Vers 53).

Die wenig Gefestigten unter den Muslimen „rechnen damit, daß die Parteiungen noch gar nicht abgezogen sind; und wenn sie kommen, dann wären (jene unsicheren Kantonisten) am liebsten in der Steppe bei den Beduinen und erkundigten sich danach, wie es euch geht. Wären sie (noch) unter euch, dann kämpften sie nur halbherzig" (Vers 20). So schätzt Mohammed die Lage nach dem Ende des Grabenkrieges ein; um in Medina die wenig Zuverlässigen vom Verrat abzuhalten, muß er nach wie vor scharf beobachten, was außerhalb des Oasengebietes vor sich geht, und, wenn nötig, rücksichtslos zuschlagen. Bei ʿUrana, nahe dem Kultort ʿArafa, scharte der Liḥjānite[382] Sufjān b. Ḫālid im Bunde mit den *Aḥābīš* Beduinen um sich, angeblich um Medina anzugreifen. Im Juni 627 meldete sich bei Mohammed ein Eidgenosse der ḫazraǧitischen Banū Salima, der sich auf sein Geheiß als Ḫuzāʿite bei Sufjān b. Ḫālid einschmeichelte und diesen bei der ersten Gelegenheit ermordete. Wenig später führte Mohammed einen kleinen Trupp in die Tihama, um den Quraišiten Furcht einzuflößen.[383] Ende August raubte ʿUjaina b. Ḥiṣn eine Herde Kamelstuten, die Mohammed auf verschiedenen Feldzügen in die Hände gefallen waren. Die als Milchvieh gehaltenen Tiere standen in einem mit verkrüppeltem Wald und Gebüsch bewachsenen Gelände etwa acht Meilen von Medina entfernt.[384] Sobald dieser Überfall bekannt wurde, setzte man den Dieben nach und jagte ihnen die Hälfte der Tiere wieder ab.[385] Aus dem Spätwinter 628 wird ein ähnlicher Übergriff auf Mohammeds Kamelstuten berichtet, diesmal sechs Meilen südlich im oberen Wādī Buṭḥān.[386]

Die Verrohung der Sitten

Auch die Juden ließen das Massaker an den Banū Quraiẓa nicht auf sich beruhen. Man schmiedete in Ḫaibar Pläne, bei denen man auf die unzuverlässigen Beduinen von vornherein verzichtete. Man versprach sich mehr Erfolg, wenn man die Juden aus Fadak, Taimāʾ und dem „Tal der Ortschaften"[387] als Bundesgenossen gewänne; im übrigen sei Ḫaibar viel besser befestigt, als es die medinensischen Wohntürme der Banū Quraiẓa gewesen seien. Außerdem war man davon überzeugt, daß Mohammed niemals Medina verlassen werde, um irgendwo einen Ort zu belagern.[388] Unvernünftig war diese Meinung nicht; ob Mohammed eine längere Abwesenheit von Medina riskieren durfte, war keineswegs ausgemacht. Inwieweit er über die Überlegungen der Juden in Ḫaibar unterrichtet war, wissen wir nicht. Seinen Terror jedenfalls ließ er auch dorthin tragen. Der Jude Sallām b. abī l-Ḥuqaiq, ein Angehöriger der Banū n-Naḍīr, der sich um das Zustandekommen der im Grabenkrieg gescheiterten Koalition verdient gemacht hatte, sollte dafür mit dem Tode büßen. Fünf Männer der Banū Salima wollten durch einen Meuchelmord den Ḫazraǧiten den gleichen Ruhm sichern, wie ihn die Ausiten durch die Tötung Kaʿb b. al-Ašrafs errungen hatten. Mohammed war es zufrieden, und jene fünf schlichen sich in Ḫaibar ein, fanden unbemerkt den Weg in Sallāms Schlafgemach und erstachen ihn auf dem Nachtlager.[389] Auf Ḫaibar hatte der Prophet ohnehin ein Auge geworfen. Im Ramadan des Jahres 6 (begann am 14. Januar 628) führte ʿAbdallāh b. Rawāḥa, ein ihm seit den ʿAqaba-Treffen ergebener Ḫazraǧite, einen kleinen Trupp zur Erkundung der Lage dorthin. Zwei Monate danach, Sallām war inzwischen ermordet worden, war ʿAbdallāh b. Rawāḥa wieder in Ḫaibar, diesmal nicht in verdeckter Mission, sondern mit dem Auftrag, dem neuen Wortführer der Juden, Usair, ein Anerbieten Mohammeds zu unterbreiten: Wenn Usair sich dem Propheten unterwerfe, dann dürfe er als dessen Statthalter weiterhin in Ḫaibar seines Amtes walten. Nach einigem Zögern machte sich Usair auf die Reise nach Medina; man war des ständigen Kriegführens überdrüssig. Unterwegs verdächtigten die muslimischen Begleiter den Juden, er plane Verrat, und machten sein Gefolge nieder. Er selber scheint entkommen zu sein, wenn auch schwer verwundet. Mohammed hatte freilich die Ermordung Usairs gewünscht, wie man erzählt.[390]

Unter dem Vorwand, die Belange „Allahs und seines Gesandten" seien die oberste Maxime des Handelns, brechen die Sitten weg, die bis dahin das Zusammenleben der Menschen möglich gemacht haben, ein friedliches Zusammenleben gewiß nicht, aber eines, in dem bestimmte Verhaltensregeln im großen und ganzen beachtet wurden. Mohammed, angetrieben von seinem Alter ego Allah, nimmt sich das Recht, sie beiseitezufegen. Die widerwärtigen Meuchelmorde, die er in Auftrag gibt, künden hiervon. Ja, das Abschlachten der Banū Quraiẓa nutzt er dazu, jedermann vor Augen zu führen, daß alles Überkommene nichts mehr gilt, sobald die eigensüchtigsten Belange Allahs, will sagen, Mohammeds, im Spiele sind: Er zwingt die Ausiten, die eigenen Schwurgenossen umzubringen. Und diese Ungeheuerlichkeit ist keine einmalige Entgleisung; Mord im Auftrag Mohammeds wird zur nachahmenswerten Ruhmestat. Wie erwähnt, drängen sich einige Ḫazraǧiten danach, endlich auch ihrerseits für „Allah und seinen Gesandten" aufs schmählichste alle Normen fahren zu lassen. „Zu dem, wodurch Allah seinem Gesandten einen Vorteil verschaffte, gehört, daß die beiden Stämme der ‚Helfer', die Aus und die Ḫazraǧ, in Gegenwart des Gesandten Allahs wie zwei (kämpfende) Kamelhengste gegeneinander hochsprangen. Taten die Ausiten etwas, woraus der Gesandte Allahs seinen Nutzen zog, dann sagten die Ḫazraǧiten sofort: ‚Bei Allah, ihr stecht uns doch nicht etwa dadurch beim Gesandten Allahs aus, und im Eifer um den Islam?' Sie lassen nicht locker, bis sie etwas Vergleichbares zustande bringen. Und wenn die Ḫazraǧiten etwas machen, dann sprechen die Ausiten derartiges."[391] So äußert sich Ibn Isḥāq zu diesem Thema. Nicht alle Ausiten und Ḫazraǧiten werden sich an diesem Wettlauf um die Zerstörung des Sittlichen beteiligt haben, aber die es taten, das sind in der Erinnerung die herausragenden Gestalten. An die Stelle der heidnischen Moral vermochte das „weitherzige Ḥanīfentum" nichts weiter zu setzen als den politischen und militärischen Erfolg. „Der Islam schneidet alles ab, was vorher war. Und die Hedschra trennt alles ab, was vorher war." Wenn es opportun erscheint, darf das, was der Islam abschneidet, sogar eine Handlung sein, die gegen die Interessen der Muslime gerichtet gewesen war.[392] Ein anderer Maßstab als der augenblickliche Machtzuwachs, bewirkt durch ein formales Bekenntnis zum Islam, ist Mohammed inzwischen fremd.

Die Sicherung der Gebiete im Norden von Medina

Seine Macht bringt er immer öfter offensiv zur Geltung. Das Ziel, das er dabei verfolgt, ist die Sicherung des Gebietes nördlich von Medina bis an die Grenze zum Byzantinischen Reich. Im Rücken sollte ihm keine Gefahr drohen, wenn er sich von nun an ganz der Inbesitznahme seiner Vaterstadt widmete. Schon vor dem Grabenkrieg hatte er begonnen, nach Norden hin seinen Einfluß durchzusetzen, allerdings unter der Bedingung, daß der „Kaiser" nicht irritiert werde – eine Vorsicht, deren Früchte erst Mohammeds Nachfolger ernteten, als sie kaum gehindert in aš-Šaʾm einfielen, für dessen Verteidigung Herakleios (reg. 610–641) nur wenige Mittel bereitgestellt hatte, da es ihm ungefährdet erschienen war.[393] Im Šaʿbān (begann am 16. Dezember 627) des Jahres 6 entsandte Mohammed den frühen Auswanderer ʿAbd ar-Raḥmān b. ʿAuf nach Dūmat al-Ǧandal. Er sollte dort die Bevölkerung zur Annahme des Islams auffordern. Dies tat er mit einigem Erfolg, denn eine kalbitische Sippe, deren Anführer Christ war, trat zum neuen Glauben über, und ʿAbd ar-Raḥmān verschwägerte sich mit ihm. Die unter den Sasaniden übliche Kopfsteuer (arab.: *al-ǧizja*) der Christen führte der Kalbite weiter ab,[394] vermutlich um keine Verwicklungen auszulösen. Mit Mohammeds Politik, in jenem Grenzraum alle Konflikte mit ihm überlegenen Mächten zu meiden, paßt dies zusammen. Zur selben Zeit stieß ʿAlī b. abī Ṭālib nach Fadak vor; die zu den Banū Ġaṭafān gehörenden Banū Saʿd zögen dort Kämpfer zusammen, hatte Mohammed vernommen. ʿAlīs Truppen überraschten die Feinde und jagten sie auseinander.[395] Anfang 628 brach Mohammeds Freigelassener Zaid b. Ḥāriṯa nach aš-Šaʾm auf, um dort Handel zu treiben. Vor Erreichen des „Tals der Ortschaften" wurde er von Beduinen der Banū Fazāra ausgeraubt. Unverzüglich ordnete Mohammed eine Strafexpedition an.[396] Kurz, Mohammed setzte alles daran, daß sich zwischen ihm und aš-Šaʾm keine feindliche Machtzusammenballung entwickeln konnte.

Fühlungnahme mit Herakleios

Im Dezember 627 hatte Herakleios bei Niniveh die Sasaniden geschlagen. Bis in den April 628 operierte sein Heer im nördlichen Irak, war aber auch der Hauptstadt Ktesiphon gefährlich nahe gekommen. Die persischen Truppen in aš-Šaʾm mischten sich in die Kämpfe nicht ein,[397] was auf einen fortschreitenden Zerfall der sasanidischen Herrschaft schließen läßt. Im Jahre 614 hatten sie Herakleios mit dem aufsehenerregenden Raub des Heiligen Kreuzes aus Jerusalem gedemütigt, nun sank ihre Macht dahin. Während des Jahres 628 konzentrierten sich die persischen Truppen im Raum um Antiochien. Herakleios marschierte ab April in Richtung Westen; seine Route ist unbekannt.[398] Dies sind die Ereignisse, in deren Licht wir die Schritte zumindest auch betrachten müssen, die Mohammed in diesem Jahr unternahm. „Am Ende des Jahres 6 oder am Anfang des Jahres 7" (begann am 11. Mai 628) wurde sein Botschafter Diḥja al-Kalbī vom Kaiser in dessen Residenz in Hims empfangen; man habe sich auf eine Waffenruhe verständigt.[399] Auf der Rückreise wurde Diḥja von Beduinen des Stammes Ǧuḏām überfallen und buchstäblich bis aufs Hemd ausgeplündert; andere Beduinen kamen ihm zu Hilfe, und so erhielt er wenigstens sein Gepäck zurück. In zerrissenen Kleidern hielt er Mohammed in Medina Vortrag. Nun hatte der Prophet bereits eine ǧuḏāmitische Sippe für sich gewonnen, deren Anführer ihm einen förmlichen Besuch abgestattet hatte. Der Prophet hatte ihm ein Schreiben folgenden Inhalts mitgegeben: „An NN und seine Sippe insgesamt sowie an alle, die mit ihr (in den Islam) eintraten, um (andere) zu Allah und zu seinem Gesandten zu rufen: Diejenigen, die Folge leisten, gehören zur Partei Allahs[400] und seines Gesandten; wer sich abkehrt, dem wird für zwei Monate Pardon gewährt." Diese Ǧuḏāmiten eilten an den Ort, an dem man Diḥja so übel mitgespielt hatte, trafen die Schuldigen aber nicht an. Mohammed selber ordnete eine fünfhundert Mann starke Truppe ab, geführt von Zaid b. Ḥāriṯa, die schließlich doch der Räuber habhaft wurde und sie tötete. Manche Beduinen, die Zaid auf diesem Streifzug antraf, behaupteten, Muslime zu sein. Sofern sie die erste Sure aufsagen konnten, ließ man dies gelten.[401]

Ḫaibar zu gewinnen, indem man einen führenden Mann der Ansiedlung nach Medina holte, wo er den Islam annehmen sollte, um dann als Statthalter des Propheten zurückzukehren, das hatte dem Muster entsprochen, das Mohammed damals zu befolgen begann. Ob es im Falle des Juden ernsthaft hatte eingehalten werden sollen, wird von der islamischen Überlieferung selber in Zweifel gezogen. Dem Bericht über Zaids Strafexpedition ist im übrigen zu entnehmen, daß der Islam mittlerweile in die nomadisierende Bevölkerung einsickerte; in Medina wußte man nicht mehr, welche Klane schon dazugehörten. Mit einem im Namen Mohammeds ausgefertigten Schreiben autorisiert – und das hieß, mit einer stets zum Eingreifen bereiten Macht im Rücken –, wurden die Bekehrten zur Werbung angespornt. Wenn man die weiteren Ereignisse überblickt, will es scheinen, als habe Mohammed nach dem Ende des Grabenkrieges und nach der Vernichtung der Banū Quraiẓa zielstrebig den Schritt in die Wege geleitet, der ihm die Erfüllung seines seit der Vertreibung aus Mekka gehegten Wunsches bringen sollte: die Einführung seiner Pilgerriten und damit die Herrschaft über Mekka.

Der Entschluß zur „kleinen Wallfahrt"

Denn noch während die eben geschilderten Ereignisse abliefen, kam Mohammed zu dem Schluß, es sei an der Zeit, als Wallfahrer die Kaaba aufzusuchen. Im Šauwāl des Jahres 6 (begann am 13. Februar 628) gab er in Medina diese Absicht kund. Verschlagen, wie er war, mied er die erst im April anstehende eigentliche Pilgersaison, sondern beschied sich mit der nicht an feste Daten gebundenen „kleinen Wallfahrt" (arab.: *al-ʿumra*); er würde so nicht den Anweisungen der heidnischen Verwalter der Pilgerdienste gehorchen müssen. Oder spekulierte er darauf, daß ihm so kurz vor den turnusmäßigen Festtagen ein Handstreich gelingen könnte, der ihn ans Ziel seines Lebens brächte? Was ihn wirklich zu seinem Entschluß bewog, verschweigen die Quellen. Al-Wāqidīs Gewährsleute erzählen von einem Traum, in dem er von ʿArafa aus nach Mekka gezogen sei und den Schlüssel der Kaaba empfangen habe. Während des Monats Šauwāl (endete am 12. März 628) ließ er bei Medina die Opfertiere zusammentreiben und schmücken, insgesamt siebzig Stück Vieh, je eines für zehn Mann, am ersten Tag des Ḏū l-Qaʿda machte er sich auf den Weg.[402] Den Quellen zufolge verzichteten er und die Pilger ausdrücklich auf die Mitnahme von Waffen, abgesehen von einem Schwert je Mann. Es sollte den Anschein haben, daß man nichts anderes als den Vollzug der Riten beabsichtige. Doch eine größere Anzahl bewaffneter Krieger, die nicht in den Weihezustand eintraten, begleitete seinen Zug.[403] Außerdem schickte er einen Erkundungstrupp von zwanzig Reitern voraus. Diesem folgten die Opfertiere nebst den für sie verantwortlichen Wärtern. Er selber befand sich in der Schar der Wallfahrer, die schon kurz nach dem Verlassen Medinas den Weihezustand annahmen. Unterwegs versuchte Mohammed vergeblich, Beduinen zum Mitziehen zu bewegen. Sie argwöhnten, er werde nicht lebend zurückkommen, sei er doch gar nicht in der Lage zu kämpfen.[404]

Mohammed wählte den Weg durch die Tihama. Bald erfuhr er, daß die Quraišiten Truppen abgeordnet hatten, die ihm den Zutritt zum heiligen Bezirk verwehren sollten. Was würden die Araber von den Quraišiten denken, wenn diese jemanden, mit dem sie sich im Kriegszustand befanden, gegen ihren Willen zu den Kultstätten vordringen ließen?[405] Mit ihrem Prestige, der wichtigsten Grundlage ihrer Macht, wäre es vorbei. Unter dem Kommando des Maḫzūmiten Ḫālid b. al-Walīd b. al-Muġīra errichteten die durch Ṯaqafiten und *Aḥābīš* verstärkten Quraišiten im Baldaḥ-Tal westlich von Mekka ein Lager. Doch schon die zweihundert

Mann umfassende mekkanische Reiterei, die ausgeschwärmt war, um die Wallfahrer viel weiter vorn[406] abzufangen, erwies sich als ein unüberwindliches Hindernis. Mohammed und seine Wallfahrer sahen sich plötzlich dieser Streitmacht gegenüber. Zu einem Gefecht kam es jedoch nicht, weil er sich entschied, auszuweichen. Ḫālid zog hieraus offenbar den Schluß, der Prophet habe seine Pläne aufgegeben, und kehrte in das Lager zurück. Mohammed seinerseits machte in der Nähe des Ortes al-Ḥudaibīja halt, nördlich von Mekka gelegen. Erneut bleiben die Gründe im dunkeln. Seine Kamelstute habe nicht weitergehen wollen, wird erzählt, und er habe sogleich erkannt, daß das Tier von derselben Kraft festgehalten werde, die einst zu Zeiten ʿAbd al-Muṭṭalibs dem Elefanten „Abrahas" das Vorrücken auf Mekka unmöglich gemacht habe.[407] Vermutlich war Mohammed zu Bewußtsein gekommen, daß ein Mekka, dessen Ansehen durch einen erzwungenen oder erschlichenen Zutritt schwer geschädigt worden wäre, nicht der Gewinn sein konnte, um den er seit Jahren Krieg führte.

Die Unterredungen bei al-Ḥudaibīja

Die schon mehrfach beobachteten guten Beziehungen Mohammeds zu den Ḫuzāʿiten erwiesen sich auch in dieser unübersichtlichen Lage als sehr nützlich. Ein gewisser Budail b. Warqāʾ, dem später bei Mohammeds Inbesitznahme von Mekka eine wichtige Aufgabe zufallen sollte, diente sich ihm als Unterhändler an. Schon während einer vorangegangenen Begegnung hatte dieser Ḫuzāʿite Mohammed vor der Entschlossenheit der Mekkaner gewarnt;[408] jetzt überbrachte er ihm die Botschaft, die Quraišiten wollten lieber zugrunde gehen, als ihm den Weg zur Kaaba freigeben. Mohammed entgegnete, man werde nur die Riten vollziehen; wer ihn und die Muslime daran hindere, gegen den werde man kämpfen; die Quraišiten seien doch vom vielen Kriegführen erschöpft; darum schlage er ihnen eine Frist vor, während der sie Sicherheit genießen sollten; als Gegenleistung erwarte man, daß man freien Umgang mit den in Kürze anreisenden Wallfahrern haben dürfe; ließen diese sich vom Islam überzeugen, dann hätten die Quraišiten die Wahl: Entweder träten auch sie dem Islam bei, oder sie stellten sich noch einmal zur Schlacht, und zwar mit allen Verstärkungen, die sie während der Friedensfrist würden sammeln können.[409] Einem Quraišiten, der sich als Kommissär bei Mohammed einstellte, sagte er das gleiche. Danach kam der Anführer der *Aḥābīš*; beim Anblick der hungernden Opfertiere überzeugte er sich von der Redlichkeit Mohammeds und drohte den Quraišiten, er werde das Bündnis mit ihnen aufkündigen, wenn man den muslimischen Pilgern nicht gestatte, was man ihnen nicht verwehren dürfe. Nun beauftragten die Mekkaner den Ṯaqafiten ʿUrwa b. Masʿūd, dessen Mutter übrigens eine Tochter des ʿAbd Šams b. ʿAbd Manāf war,[410] im Gespräch mit Mohammed eine Lösung des Konflikts zu suchen. Die Unterredungen bei Mohammed verliefen jedoch ergebnislos, zumal ʿUrwa dort auf seinen nahen Verwandten al-Muġīra b. Šuʿba traf, dessen Mordtaten er kurz zuvor durch das Zahlen von Wergeld für dreizehn Personen hatte sühnen müssen. Al-Muġīra hatte mithin die Seiten gewechselt – Islam und Hedschra schneiden ab, was vorher war.[411] Was ʿUrwa in das Lager der Mekkaner mitnahm, war ein verstörender Eindruck von der fanatischen Ergebenheit, die manche unter den „Gläubigen" gegenüber dem Propheten an den Tag legten; selbst wenn dieser ausspeie, stürzten sie herzu, um den Rotz zu berühren und der darin vermuteten Kraft teilhaftig zu werden.

Auch Mohammed brachte Unterhändler auf den Weg, zuletzt ʿUṯmān b. ʿAffān, bei dem man sicher war, daß die Mekkaner ihn nicht antasten würden, war er doch als Urenkel des Umaija b. ʿAbd Šams b. ʿAbd Manāf ein Großneffe des Abū Sufjān b. Ḥarb b. Umaija. Ob ʿUṯmān nicht die Kaaba umrunden wolle, fragte man ihn, als er die Botschaft Mohammeds ausgerichtet hatte. Auf keinen Fall eher als der Prophet, antwortete ʿUṯmān, worauf man ihn in Mekka festhielt.[412] Bei den auf seine Rückkehr wartenden Pilgern und Reisenden verbreitete sich das Gerücht, er sei getötet worden. Sollten die Mekkaner doch einen Gewaltstreich im Schilde führen? Die Muslime wurden von Angst ergriffen, und Mohammed mußte seine ganze Autorität in die Waagschale werfen, um einer Panik vorzubeugen. Allah trage ihm auf, allen Anwesenden einen Huldigungseid abzuverlangen, mit dem sie sich verpflichteten, nicht zu fliehen. Diese „Huldigung der (unbedingten) Zustimmung" nahm Mohammed im Schatten eines Baumes entgegen, eine Szene, die er in Sure 48, Vers 18 seinen Anhängern ins Gedächtnis rufen wird. Später behauptete man, die „Gläubigen" hätten damals versprochen, für seine Sache zu sterben, was aber eine Dramatisierung ist.[413] Spione in Mohammeds Lager meldeten den Quraišiten diesen Vorgang, worauf diese einen Botschafter bevollmächtigten, ernsthaft ein Abkommen auszuhandeln. Dieser, Suhail b. ʿAmr aus der Linie ʿĀmir b. Luʾaij, hatte schon beim Freikauf der quraišitischen Gefangenen nach der Schlacht von Badr Erfahrungen mit den Muslimen sammeln können.[414] In al-Ḥudaibīja wurde man sich bald einig. Doch ehe es an die Niederschrift des Ergebnisses ging, erhoben ʿUmar b. al-Ḫaṭṭāb und, durch ihn angestiftet, Abū Bakr Einspruch dagegen, daß der Gesandte Allahs sich mit den Beigesellern von gleich zu gleich ins Benehmen setze. Diese Szene verweist auf kommende Spannungen im Gemeinwesen der „Gläubigen" und steht daher im Verdacht, Fiktion zu sein. In der Tat setzte Suhail b. ʿAmr durch, daß in der Einleitungsformel des Schriftstückes die heidnischen Worte „In deinem Namen, o Allah" statt der muslimischen Wendung „Im Namen Allahs, des Barmherzigen, des Erbarmers" gebraucht wurden. Ferner wurde Mohammed nicht als „Gesandter Allahs" tituliert und somit auch nicht als ein solcher anerkannt, sondern tauchte schlicht als „Muḥammad b. ʿAbdallāh" auf.

Der Inhalt des Abkommens

So lautet der überlieferte Text des Vertrags von al-Ḥudaibīja: „Dies ist (die Bedingung), zu der Muḥammad b. ʿAbdallāh mit Suhail b. ʿAmr einen Ausgleich abschließt: Beide vereinbaren, von den Menschen die Last des Krieges für einen Zeitraum von zehn Jahren zu nehmen, während deren sie sicher sind und voneinander ablassen, und zwar unter der Voraussetzung, daß Mohammed alle, die von den Quraišiten ohne Zustimmung ihres Vormunds zu ihm kommen, zu ihnen zurückschickt. Kommt jedoch jemand von den Leuten um Mohammed zu den Quraišiten, schikken sie den Betreffenden nicht zurück. Zwischen uns soll der Kleiderbeutel (des Grolls) zugenäht sein; weder heimliches Stehlen noch offenes Rauben soll geschehen. Wer mit Mohammed einen Bund und Vertrag schließen will, der tue es. Wer mit den Quraišiten einen Bund und Vertrag schließen will, der tue es." Die Ḫuzāʿiten hätten sogleich die Gelegenheit beim Schopf ergriffen und sich mit Mohammed verbündet, die Banū Bakr hingegen hätten ein Zusammengehen mit den Quraišiten vorgezogen. Hiernach nennt Ibn Isḥāq eine weitere Bestimmung, wobei unklar bleibt, ob sie ein Teil der schriftlichen Vereinbarung war: „Daß du in diesem Jahr zurückgehst und nicht gegen unseren Willen Mekka betrittst. Im nächsten Jahr aber verlassen wir (vor deiner Ankunft die Stadt); du ziehst dann in sie hinein und verweilst darin drei Tage und führst mit dir die Waffen eines Reitenden, Schwerter in der Scheide; nur mit dieser Bewaffnung betrittst du (Mekka)."[415]

Ein belastender Kompromiß

Nehmen wir an, Mohammed habe seine Anhänger tatsächlich unter Anspielung auf jenen Traum auf die Reise nach Mekka gelockt – in der Rückschau wird er sich nach wie vor auf ihn berufen (Sure 48, 27) –, dann war ihm unter dem Zwang der Verhältnisse nichts anderes übrig geblieben, als ein hohes Risiko einzugehen: Im Traum war er, der Prophet, bis zur Kaaba gelangt; die Wirklichkeit sah anders aus. Ein unangenehmer Zwischenfall, der sich noch in al-Ḥudaibīja zutrug, war geeignet, seine Autorität weiter zu untergraben. Noch während man die Vereinbarung niederschrieb, tauchte Abū Ǧandal auf, Suhail b. ʿAmrs Sohn, die Füße in Ketten; er war seinen quraišitischen Bewachern entwischt und hoffte, sich endlich Mohammed anzuschließen, von dessen Botschaft er überzeugt war. Der Vater packte ihn am Kragen und schlug ihm ins Gesicht; gegenüber Mohammed bestand er darauf, daß die Vereinbarung schon in Kraft sei, und Mohammed mußte dies einräumen. Abū Ǧandal wurde zu den Quraišiten zurückgeschleppt; nichts als Vertröstungen hatte Mohammed ihm zu bieten gehabt. Nicht alle Muslime ertrugen dies mit Gleichmut.

Die Zelte der verhinderten Wallfahrer waren knapp außerhalb des heiligen Bezirks aufgeschlagen worden. Zum Beten hatte Mohammed schon mehrfach die Grenze überschritten, und nun, nach dem Ende der Verhandlungen, schlachtete man auf geheiligtem Boden die Opfertiere und schor sich das Haupthaar. Dann begab man sich auf den Heimweg.[416] Es war offensichtlich, daß den Propheten der bisher so sichere Instinkt für das Durchsetzbare getrogen, die Fortune ihn verlassen hatte. Statt zu triumphieren, statt die Masse der nach Mekka strömenden Pilger auf seine Seite zu ziehen, statt die mekkanischen Riten nach seinen schon vor Jahren verkündeten Grundsätzen umzugestalten, erlitt er eine Abfuhr, ohne allerdings ganz das Gesicht zu verlieren. Er würde im folgenden Jahr die Zeremonien an der Kaaba durchführen, freilich mit seinen Anhängern allein, und das hieß nichts anderes, als daß man nicht daran dachte, sich seinen neuen Regelungen anzubequemen. Daß er bei der Form des Vertrags nachgeben mußte und überdies zu dem Zugeständnis gezwungen wurde, Bekenner des Islams, die ohne Billigung ihres Vormunds oder Herrn zu ihm kamen, abzuweisen, wird manchen seiner „Gläubigen" nachdenklich gestimmt haben. Die Niederlage bei Uḥud und die Qualen während des Grabenkrieges waren schon schwer zu begründen gewesen, wenn man davon überzeugt war, alles, was Mohammed unternahm, sei durch Allah geplant und werde letzten Endes auch durch Allah ins Werk gesetzt. „Nicht du schossest, als du schossest…“ (Sure 8, 17), so hatte es nach dem Sieg bei Badr noch verheißungsvoll gelautet. Jetzt, auf dem Rückmarsch von al-Ḥudaibīja, mußte ihm sein Alter ego einflüstern, welches die richtige Lesart des soeben Erlebten sei: „Wir haben dir einen klaren Erfolg beschieden!“ (Sure 48, 1). Und damit dies jeder einsehe, ist es nützlich, noch einmal in wenigen Sätzen den Zuhörern die Lehren einzuschärfen, um deren Verwirklichung willen sie alles auf sich nehmen: Mit diesem Erfolg bekundet Allah, daß er seinem Gesandten alle Verfehlungen, ob sie weit zurückliegen oder erst vor kurzem geschahen, vergibt und seine Wohltaten an ihm vollendet, ja ihn eine gerade Straße (vgl. Sure 1, 6) führt, hin zum Triumph; den „Gläubigen“ senkte Allah die Zuversicht ins Herz, die seine Gegenwart (arab.: *as-sakīna*) spendet; auf Erden und im Himmel stehen Allah Heerscharen zu Gebote, will er doch den „Gläubigen“ das Paradies öffnen; und die Hölle wartet auf die „Heuchler“ und auf die Beigeseller, auf alle, die Allah Böses zutrauen, jenem Allah, der die Heerscharen im Himmel und auf der Erde befehligt und der mächtig und weise ist (Vers 2–7).

Seinem Gesandten hat man zu gehorchen ohne zu fragen; nicht ihm huldigt man nämlich, sondern Allah selber: „Die Hand Allahs liegt (in Wahrheit) auf der Hand (der Huldigenden)“ (Vers 10). Dies begriffen die Beduinen nicht, als sie dem Zug nach Mekka mit der Entschuldigung fernblieben, sie müßten sich um ihr Vieh und ihre Familien kümmern – als ob sie in der Lage wären, dergleichen ohne Allahs Handeln zu leisten! Was sie sagten, war ja auch nur ein Vorwand gewesen; sie setzten stillschweigend voraus, daß der Gesandte und die „Gläubigen“ in den Untergang zögen. Man sollte ihnen, die ganz unverständig sind und Allahs Vorgehen nicht begreifen, künftig einhämmern, daß es um ihr Jenseitsschicksal geht, wenn sie zum Krieg gerufen werden – Gehorsam wird mit dem Paradies belohnt (Vers 11–17)! „Allah hatte Wohlgefallen an den ‚Gläubigen‘, als sie dir unter dem Baum huldigten! So erfuhr er, wie es in ihren Herzen aussieht, worauf er seine Gegenwart auf sie herabsandte und sie mit einem baldigen Erfolg belohnte, wie auch mit viel Beute, die sie erhalten (werden)… Allah versprach euch viel Beute, die ihr erhalten (werdet). Jetzt gab er euch schon diese und hielt die Hände der Menschen von euch ab. Dies sollte ein Zeichen für die ‚Gläubigen‘ sein, und damit er euch eine gerade Straße führe“ (Vers 18–20). – Mit dem Zeichen allein, mit der Bekräftigung des Glaubens, die man aus dem Geschehen bei al-Ḥudaibīja ableiten könnte, darf es nicht sein Bewenden haben. Mit welcher Beute Allah die „Gläubigen“ schon jetzt entlohnte, bleibt verschwommen; Mohammed lenkt die Gedanken sogleich auf die erfreuliche Tatsache, daß Allah die Mekkaner daran hinderte, die muslimischen Wallfahrer anzugreifen. Wenn die „Gläubigen“ auch dabei leer ausgingen, so stellt Allah wenigstens „andere (Beute) in Aussicht, deren ihr euch noch nicht bemächtigtet, die er aber schon erfaßt hat“ (Vers 21). Im übrigen ist Mohammed felsenfest davon überzeugt, daß, hätte es ein Gefecht gegeben, die Ungläubigen in die Flucht geschlagen worden wären – dies ist nun einmal Allahs Brauch: „Er ist es, der ihre Hände von euch, eure Hände von ihnen abhielt in jenem (nach) Mekka (führenden)

Tal, nachdem er euch früher bereits den Triumph über sie verliehen hatte... Sie sind es, die nicht glauben und euch vom geheiligten Gebetsplatz fernhielten sowie eure Opfertiere, damit sie nicht die (ritualgemäße) Schlachtstätte erreichten."

Hatte Mohammed schon in Sure 8, Vers 33 behauptet, Allah hätte die Mekkaner gar nicht eher als bei Badr strafen können, eben weil er, der Prophet, sich noch in der Stadt befunden habe, so erklärt er nun sein Zurückbleiben hinter den gesteckten Zielen damit, daß ein Kampf die unbekannten gläubigen Männer und Frauen in Mekka in Bedrängnis gebracht hätte. Die Mekkaner würden von der rohen und ungezügelten Raserei des Heidentums beherrscht, der Gesandte Allahs und die „Gläubigen" hingegen ließen sich von der Gegenwart des Einen bestimmen (Sure 48, 22–26). „Allah sagte seinem Gesandten in dessen Traum die Wahrheit: ‚Ihr werdet gewiß den geheiligten Gebetsplatz betreten, so Allah will, in Sicherheit, das Haupthaar entweder geschoren oder gekürzt,[417] ohne daß ihr euch fürchtet.' Denn Allah weiß, was ihr nicht wißt. Deswegen schob er davor einen baldigen Erfolg ein." Denn schließlich entsandte Allah seinen Propheten, um die wahre Glaubensordnung obsiegen zu lassen (Vers 27 f.). Damit wird aus dem „klaren Erfolg", den man angeblich bei al-Ḥudaibīja errang – mit dem es freilich nicht so weit her war und der Anlaß zu weiterer Kritik geben wird – unversehens ein „baldiger Erfolg", den Allah seinen „Gläubigen" zu schenken im Begriff ist. Raffiniert überspielt Mohammed so die Unzulänglichkeiten der Wirklichkeit. Und nun mündet Sure 48 in eine Selbstvergewisserung, in der schon als Tatsache gepriesen wird, was die widrigen Umstände noch nicht zulassen: „Mohammed, der Gesandte Allahs, und die, die mit ihm sind, zeigen sich hart gegen die Ungläubigen, aber barmherzig untereinander. Du siehst, wie sie sich im Gebet niederwerfen, da sie die Huld und das Wohlgefallen Allahs erstreben. Ihr Mal im Gesicht ist die Spur des Niederwerfens.[418] So werden sie in der Tora beschrieben.[419] Und im Evangelium erscheinen sie als eine Aussaat, deren Triebe (Allah) hervorbringt und dann verstärkt, so daß sie kräftig werden und (die Frucht) schließlich aufrecht auf Halmen steht und den Bauern gefällt.[420] Die Ungläubigen will (Allah auf diese Weise) erzürnen. Denen aber, die glauben und fromme Werke tun, verspricht er Vergebung und gewaltigen Lohn" (Vers 29).

Kapitel V: Der Dschihad

1. Das Gemeinwesen der Glaubenskrieger

Die Umformung der Anhängerschaft des Propheten

In Sure 59 hatte Mohammed erklärt, daß die Habe und die Ländereien der Banū n-Naḍīr, deren er sich bemächtigte, keineswegs als eine im Zuge von Kämpfen gemachte Beute zu betrachten seien; es handle sich vielmehr um bewegliche und unbewegliche Güter, die „Allah für seinen Gesandten von den Bewohnern der Ortschaften zurückholte" (Vers 7). Die auf dem Land erwirtschafteten Erträge sollten all jenen zugute kommen, die durch die Auswanderung nach Medina ihre Lebensgrundlage verloren hatten; Mohammed dachte vor allem an die Nachfahren ʿAbd al-Muṭṭalibs. Nach der Schilderung des Kampfes bei al-Muraisīʿ taucht in der Überlieferung erneut der Begriff des durch Allah für seinen Gesandten zurückgeholten Gutes und Bodens (arab.: *al-faiʾ*) auf. Im Zusammenhang damit wird deutlich, in welche Richtung sich das medinensische Gemeinwesen entwickeln wird: Mohammed macht sich von der Unterstützung frei, die ihm die „Helfer" gewähren – von einer zunehmend unsicheren Unterstützung, wenn wir z.B. an die Umtriebe Abū ʿĀmirs denken. Es soll eine allein von ihm abhängige Gemeinschaft heranwachsen, für deren Bestand der Zugriff auf Kriegsbeute, auf die Erträge des von unterworfener Hand bearbeiteten Landes und auf die Tribute für den Islam gewonnener, aber dem Propheten nicht unmittelbar unterstellter Stämme und Sippen lebensnotwendig und zugleich prägend ist. Wir haben dies schon kurz angesprochen;[1] es gilt nun, diese Veränderung in ihrer ganzen Tragweite zu verstehen.

ʿUrwa b. az-Zubair, der schon oft zitierte Sammler von Nachrichten über jene Zeit, in der sein Vater einen herausragenden Part innehatte, und ʿAbdallāh b. ʿAbdallāh b. al-Ḥāriṯ b. Naufal b. al-Ḥāriṯ b. ʿAbd al-Muṭṭalib (gest. 717/8)[2] setzen uns gemeinsam über eine Anordnung ins Bild, die Mohammed bei al-Muraisīʿ erlassen haben soll. – Der Klan der Banū l-Ḥāriṯ b. ʿAbd al-Muṭṭalib, dies sei hier angemerkt, wahrte bis in die Abbasidenzeit hinein seinen Anspruch auf das entscheidende Wort im islamischen Gemeinwesen, war sein Ahnherr doch der älteste Sohn ʿAbd al-Muṭṭalibs gewesen; von politischem Erfolg war das Pochen auf das Erstgeburtsrecht allerdings nie gekrönt worden.[3] Die Verbindung mit den Zubairiden reicht bis in die medinensische Zeit zurück: Naufals Bruder Rabīʿa heiratete eine Tochter az-Zubairs und erhielt nach der Eroberung Ḫaibars einen jährlichen Ernteanteil von einhundert Kamellasten zugesprochen,[4] womit wir uns mitten in unserem Thema befinden. – Denn was wir zu beschreiben ansetzen, die Eroberung Ḫaibars nördlich von Medina, wird in der eben erwähnten Anordnung gleichsam vorweggenommen. Bei al-Ḥudaibīja waren Mohammeds Kämpfer leer ausgegangen; er faßte für sie einen „baldigen Erfolg" ins Auge, womöglich unter Voraussetzungen, die er schon bei al-Muraisīʿ geschaffen hatte. Unsere beiden Gewährsmänner berichten anläßlich jenes Sieges nämlich folgendes: „Der Gesandte Allahs beauftragte mit der Aufsicht über das Beutefünftel der Muslime[5] den Maḥmīja b. Ǧazʾ az-Zubaidī." Die beiden notieren dies ausdrücklich, da sich zu dieser Aufgabe der Ḥāriṯite ʿAbd al-Muṭṭalib b. Rabīʿa und ein Nachkomme des ʿAbbās gedrängt hatten, von Mohammed aber übergangen worden waren. Maḥmīja war ein Eidgenosse der quraišitischen Banū Sahm; er war früh zum Islam übergetreten und nach Äthiopien ins Exil gezogen. Die Verwaltung der Kriegsbeute wollte Mohammed offensichtlich nicht den Mitgliedern einflußreicher Sippen anvertrauen;[6] sie schien ihm in den Händen einer Person, die seine Kreatur war, besser aufgehoben: Maḥmījas Vater entstammte den Banū Maḏḥiǧ, seine Mutter war eine Ḥimjaritin; immerhin war eine Stiefschwester von ihm mit al-ʿAbbās b. ʿAbd al-Muṭṭalib verehelicht,[7] so daß er eine, wenn auch nicht gerade enge, Beziehung zu den durch das Prophetentum Mohammeds aus allen Quraišiten herausgehobenen Klanen vorweisen konnte.

Die Dschihadbewegung und ihre Einkünfte

„Maḥmīja", so schildern die beiden seine Tätigkeit, „sammelte die Kriegsbeute ein. Die Abgaben (arab.: *aṣ-ṣadaqa*, Pl. *aṣ-ṣadaqāt*) waren für sich gesondert (erfaßt); diejenigen, die (aus dem Ertrag des durch Allah) zurückgeholten (Landes) befriedigt wurden, erhielten keinen Anteil (aus dem Aufkommen) der Abgaben zugewiesen, und diejenigen, die aus den *ṣadaqāt* befriedigt wurden, waren von dem (Ertrag aus dem) zurückgegebenen (Land) ausgeschlossen. Aus den *ṣadaqāt* verteilte er an die Waisen, die Armen und die Schwachen. Sobald ein Waisenknabe die Geschlechtsreife erreichte, wurde er der Gruppe der aus dem (Ertrag des) zurückgegebenen (Landes) zu Befriedigenden zugewiesen und aus dem Kreis der *ṣadaqa*-Berechtigten gestrichen. Nunmehr oblag ihm der Dschihad. Lehnte er die Beteiligung am Dschihad ab, erhielt er nichts mehr aus der *ṣadaqa*, und man stellte es ihm frei, durch Erwerb selber für sich zu sorgen. Der Gesandte Allahs schickte keinen Bittsteller fort. Einmal kamen zu ihm zwei Männer und erbaten sich von ihm etwas aus dem Beutefünftel. Er sagte: ‚Wenn ihr wollt, gebe ich euch etwas davon. Doch ein Reicher, jemand, der so stark ist, daß er seinen Lebensunterhalt erwirbt, hat keinen Anteil daran.'"[8] Diese Überlieferung ist unter zwei Gesichtspunkten aufschlußreich: Zum einen knüpft sie an die Vorstellungen an, die in Sure 59 verkündet und danach durch Mohammed verwirklicht wurden, nämlich daß die Teilnahme am Glaubenskrieg zur Voraussetzung für den Bezug von Dotationen aus den Erträgen eroberten Landes wurde; wer solche erhält, soll nicht mehr aus dem Beutefünftel bedacht werden, das den bedürftigen muslimischen Nichtkombattanten zur Verfügung steht. Zum anderen ist die Verwendung des Begriffs *ṣadaqa* zu beachten, deren Aufkommen in diesem Fall nicht klar von der Kriegsbeute unterschieden wird. Der Grund wird darin liegen, daß Mohammed, wie erinnerlich, um der schönen Ǧuwairija willen der nunmehrigen Verschwägerung mit den Banū l-Muṣṭaliq Rechnung tragen mußte und diese nicht mehr als besiegte Feinde behandeln konnte. Desweiteren hört man, während der Gefechte habe sich herausgestellt, daß etliche Feinde bereits Muslime geworden waren; durfte man sie ausplündern? So taucht denn hier das Wort *ṣadaqa* auf, das bald die Tribute bezeichnen wird, die ein zum Islam übergetretener Stamm zu leisten hat.

Während der Ereignisse von al-Muraisīʿ und unmittelbar darauf – ʿĀʾišas Halsbandaffäre – trübte sich Mohammeds Verhältnis zu den „Helfern" ein. Die *ṣadaqa* im eben genannten Sinn wird neben dem „zurückgeholten Gut" zum zweiten Mittel, mit dem er die „Helfer" entbehrlich macht. Der Begriff begegnet einem schon in Sure 2 und 4, ist mithin bereits damals mit einem islamischen Inhalt befrachtet. Undeutlich spricht der Gesandte Allahs in Sure 4, wie bereits in Sure 2, Vers 78,[9] vom Unmut, den seine Maßnahmen bei manchen Medinensern erregen, die ihn eigentlich unterstützen sollten: „Wir sandten dir die Schrift mit der Wahrheit hinab, damit du unter den Menschen entschiedest gemäß dem, was Allah dir zeigte. Laß dich nicht auf einen Streit (mit Allah) zugunsten der Verräter ein!" (Vers 105). Denn Allah verachtet sie, und sie schaden sich selber; nicht den Propheten, sondern allein sich selber führten jene in die Irre (Vers 106–113). „Allah sandte auf dich das Buch und die Weisheit (die man für Entscheidungen benötigt) hinab und lehrte dich, was du nicht wußtest; Allahs Hulderweise dir gegenüber sind außerordentlich. In vielem von ihrem heimlichen Gerede liegt nichts Gutes. (Gutes ist nur anzutreffen, wenn) jemand eine Gabe (arab.: *aṣ-ṣadaqa*), etwas, das dem löblichen Brauch entspricht oder einen Ausgleich unter den Menschen herbeiführt, anordnet." Wer so handelt, nur um das Wohlgefallen Allahs zu gewinnen, der wird seinen verdienten Lohn empfangen; wer aber jetzt, wo ihm die Rechtleitung klargeworden ist (vgl. Sure 2, 256), einen anderen Weg als denjenigen der Gläubigen einschlägt und gegen den Gesandten Allahs stichelt, mit dem wird es ein böses Ende nehmen (Sure 4, 113–115). Mohammeds Prophetentum ist bei den medinensischen Muslimen nicht unangefochten; sie nehmen seine Beschlüsse nicht unwidersprochen hin, und er muß ein ums andere Mal daran erinnern, daß er als der „heidnische Prophet" mit dem Buch ausgezeichnet wurde; hinter ihm steht die Autorität des Einen. Eine *ṣadaqa* abzuführen, gehört angesichts dieses Sachverhalts zum Besten, womit man seinen Glauben bekräftigen kann.

Gehen wir zu Sure 2 zurück! Dort finden wir noch deutlicher die *ṣadaqa* als eine Sühnegabe beschrieben. Wer wegen einer Erkrankung oder weil ihn das Ungeziefer im Haupthaar allzu sehr plagt, die Pilgerriten vorzeitig beendet, der muß eine *ṣadaqa* entrichten oder eine andere Bußleistung auf sich nehmen (Vers 196). Die Gläubigen gleichen dem keimenden Saatgut; am günstigsten wäre es, wenn sie einander in freundlichen Worten und in milder Nachsicht zugetan wären – jeder *ṣadaqa*, der doch wieder nur Kränkung und Mißhelligkeiten folgten, wäre dies vorzuziehen (Vers 263). Darum warnt Mohammed: „Ihr, die ihr glaubt! Macht eure *ṣadaqa*-Gaben nicht ungültig, indem ihr sie wie kränkende Wohltaten austeilt, so wie jemand, der sein Vermögen herschenkt, um vor den Leuten groß zu tun, obwohl er gar nicht an Allah und den Jüngsten Tag glaubt…!" (Vers 264). Zum einen hängt die *ṣadaqa* mit der Festigung der um den Propheten im Entstehen begriffenen Gemeinschaft zusammen; wird sie, wie in Sure 4 vorausgesetzt, freiwillig gespendet, dann ist dies zu begrüßen. Die redliche und treue Beziehung zu Mohammed und den Gläubigen kann sie allerdings nicht gänzlich ersetzen; im Vergleich mit solch einer löblichen Gesinnung bleibt sie eine Verhaltensweise zweiter Wahl. Die *ṣadaqa* ist nur geeignet, einen Mangel wettzumachen oder abzubüßen, sei es eine ungenügende Ritenerfüllung, sei es ein Schwanken in der Ergebenheit gegenüber Allah und seinem Gesandten; ein Muslim, dessen Führung makellos ist, wird nie vor der Notwendigkeit stehen, eine *ṣadaqa* aufzubringen. Ganz im Sinne einer mit unzureichender Loyalität begründeten Sühne gebraucht Mohammed das Wort in der späten Sure 9, Vers 103: Er läßt sich von Allah raten, dem Vermögen einiger Beduinen, die ihm Treue vorheuchelten, sie ihm aber in einem entscheidenden Augenblick versagten, eine „*ṣadaqa* zu entnehmen, durch die du (die Delinquenten) reinigst und läuterst…“[10] Die *ṣadaqa*, die nach dem Feldzug von al-Muraisīʿ den Besiegten abverlangt wird, rechtfertigt sich demnach durch den Vorwurf, jene Muslime, die sich auf der Seite der Feinde befunden hatten, seien nicht bereit gewesen, aus ihrem Übertritt zum Islam die unerläßlichen Schlußfolgerungen zu ziehen.

Die Vermutung, ʿUrwa b. az-Zubair und ʿAbdallāh b. ʿAbdallāh al-Ḥāriṯī hätten die Unterscheidung zwischen *faiʾ* und *ṣadaqa* in ihren Bericht über Maḥmījas Vorgehen bei al-Muraisīʿ hineininterpretiert, also Verhältnisse, die erst etwas später vorherrschten, zurückdatiert, vielleicht allein deshalb, weil sie meinten, Maḥmīja sei an jenem Ort zum ersten Mal tätig geworden, läßt sich nicht zwingend von der Hand weisen. Sie kann aus den überlieferten Nachrichten jedoch auch nicht bekräftigt werden. Auf alle Fälle entwickeln sich *faiʾ* und *ṣadaqa* unmittelbar nach al-Ḥudaibīja zu den beiden ertragreichsten Quellen, aus denen das von Mohammed geführte Gemeinwesen Allahs seine Einkünfte bezieht. Hierbei dient die *ṣadaqa* der inneren Festigung der Gemeinschaft der Gläubigen – nicht: der Muslime –, während die nach wie vor willkommene Kriegsbeute, vor allem aber die stetig fließenden Einnahmen aus dem eroberten Land, die Aufrechterhaltung des Dschihads ermöglichen, der nunmehr als ein Krieg zur Ausdehnung des Machtbereichs des Propheten verstanden wird. Durch die Vertreibung der Banū n-Naḍīr, deren Ländereien vorzugsweise den Banū ʿAbd al-Muṭṭalib zugeteilt werden, und dann durch das Abkommen von al-Ḥudaibīja, das für die Dauer von zehn Jahren die mekkanischen Quraišiten als Feinde ausschalten soll, lösen sich Mohammed und die Auswanderer aus der Abhängigkeit von den „Helfern“, denen nur noch die Rolle des fünften Rades am Wagen bleibt. Wir werden dies erkennen, indem wir die Ereignisse unmittelbar nach al-Ḥudaibīja Revue passieren lassen, deren wichtigste Folge die Stiftung des Dschihads als der dauerhaften Aufgabe einer kriegerischen, durch Landrente alimentierten Elite der „Gläubigen“ war. Im Zuge der Eroberung von Ḫaibar tritt uns dies zum ersten Mal deutlich vor Augen, und völlig mit Recht wertet auch das muslimische Geschichtsverständnis dieses Geschehen als ein Schlüsselereignis.

Wandlungen des Begriffs Dschihad

Zuvor wollen wir uns jedoch auf die Wandlungen besinnen, die der Begriff Dschihad bis in diese Zeit durchlief. In den mekkanischen Suren gebraucht Mohammed dieses Verbalnomen nur einmal, und zwar zusammen mit einer finiten Form des entsprechenden Verbums. Wenn Allah gewollt hätte, dann hätte er nicht nur in Mekka, sondern an jedem Ort einen Warner berufen; Allah verzichtete darauf, und folglich lautet sein Befehl: „Gehorche den Ungläubigen nicht, sondern führe mit ihm (d.h. mit dem Koran?) gegen sie einen großen Dschihad!“ (Sure 52, 25).

Zu den Waffen zu greifen, war Mohammed damals noch nicht in der Lage. Wahrscheinlich denkt er an einen Kampf, der die Zauberwirkung nutzt, die man der koranischen Rede nachsagte.[11] „Dschihad" meint hier das Ringen um neue Anhänger. In ähnlicher Bedeutung trifft man das Wort – in einer finiten Verbform – ein zweites Mal in einer mekkanischen Offenbarung: Die Eltern „bedrängen" den zum Islam bekehrten Sohn, er möge zum Glauben der Väter zurückfinden (Sure 31, 15) – auch hier also die energische Aufforderung zum Gesinnungswandel. Kommen wir nun nach Medina! Die Zahl der Belege vervielfacht sich jetzt. In den ersten Versen von Sure 29, die als medinensisch gelten,[12] tauchen noch einmal die Eltern auf, die alles daransetzen, ihre Kinder vom Islam abzubringen (Vers 8). Kurz davor liest man die Zusage Allahs, daß jeder, der den Dschihad zur Herzensangelegenheit mache, solches zum eigenen jenseitigen Nutzen tue; denn Allah sei auf derlei Anstrengungen der Menschen nicht angewiesen (Vers 6).

Worin der Dschihad in Medina besteht, das erklärt Mohammed schon in Sure 2 mit wünschenswerter Offenheit. Man will von ihm wissen, ob es zulässig sei, das feindliche Mekka im geheiligten Monat anzugreifen, in dem die Waffen doch schweigen müssen. Ein Krieg zu dieser Zeit sei in der Tat ein schweres Verbrechen, antwortet Mohammed; aber seien die Verfehlungen der Quraišiten, die die Muslime aus ihrer Mitte vertrieben hätten und nun am Vollzug der Pilgerriten hinderten, nicht weit schlimmer? Die Quraišiten, fährt er fort, werden nicht aufhören, euch von eurem Glauben abzubringen – wehe denen unter euch, die schwach werden! (Vers 217). „Diejenigen aber, die glauben, und diejenigen, die auswanderten und auf dem Pfade Allahs den Dschihad führen, das sind die, die auf die Barmherzigkeit Allahs hoffen..." (Vers 218). Der Dschihad ist, woran der Zusammenhang keinen Zweifel läßt, eine kriegerische Anstrengung. Allerdings spricht Mohammed hier noch aus der an anderem Ort geschilderten Stellung des Nutznießers medinensischen Fremdenschutzes heraus; allein „diejenigen, die auswanderten", werden als die Träger des Dschihads gedacht.[13] Die Riten des Islams, der natürlichen, von Allah selber für die Geschöpfe gestifteten Glaubenspraxis, sind keine so drückende Bürde, daß der Dschihad eine unbillig harte Forderung wäre (Sure 2, 256 und 22, 77 f.).

Daher kann Mohammed nach dem Sieg von Badr davon sprechen, daß auch die „Helfer" ihren Beitrag zu seinen kriegerischen Unternehmungen zu leisten haben – sie sind jetzt ja ohnehin den Quraišiten ins Visier geraten. Gleichwohl bleibt die „Auswanderung" die Voraussetzung dafür, daß man jemanden tatsächlich als einen *muǧāhid* betrachten darf. Der Dschihad bleibt in Mohammeds Vorstellung zu allererst das Geschäft der um die Macht über Mekka kämpfenden Vertriebenen. „Diejenigen, die gläubig wurden, auswanderten und mit ihrem Vermögen und ihrem Leben auf dem Pfade Allahs den Dschihad führten, und diejenigen, die die ersteren beherbergten und unterstützten, sind einander freund", hieß es in Sure 8, Vers 72; mit denen, die womöglich ebenfalls den neuen Glauben annahmen, aber nicht den Weg nach Medina fanden, darf man nicht befreundet sein; anderenfalls könnte es „im Lande Anfechtung geben und großes Verderben", warnt Mohammed. Der Blickwinkel, aus dem er urteilt und Anordnungen trifft, bleibt stets derjenige des vertriebenen Zuwanderers, dem der Gedanke, er könne in Medina heimisch werden, gänzlich fernliegt. Und so rühmt er am Ende von Sure 8 das Verhältnis, das Auswanderer und „Helfer“ miteinander eingegangen sind; dem Dschihad widmen sich aber selbst an dieser Stelle nur die Auswanderer und jene, die nach Mohammeds Ankunft von anderswoher zu ihm stießen. Daß Auswanderer und „Helfer“ als die „wahrhaft Gläubigen“ gepriesen werden, deutet nicht an, daß beide Gruppen zu einer Einheit verschmelzen.[14]

Aus der Zeit nach Badr stammen Verse, die dem flüchtigen Leser den Eindruck vermitteln, der Dschihad sei nun eine Leistung geworden, mit der jeder, gleichviel ob Auswanderer oder „Helfer“, Jenseitsverdienst anhäufen kann: Allah prüft genau, wen er ins Paradies hineinläßt, und die *muǧāhidūn* dürfen auf eine Bevorzugung rechnen (Sure 3, 142), ja, sie stehen im Ansehen weit über jenen, die zu Hause „sitzenbleiben“ (Sure 4, 95 f.). Darum tadelt Sure 47, Vers 31 die besonneneren Anhänger des Propheten scharf; Allah droht ihnen, er werde sie auf die Probe stellen, und dann werde man sehen, wer bereit sei, den Dschihad zu führen, und wer nicht. Schon vor dem Vorstoß nach al-Ḥudaibīja forderte Mohammed den Dschihad auch von all jenen, die seinen Befehlen nicht bedenkenlos folgten und die er deswegen als „Heuchler“ verunglimpfte – naturgemäß waren dies vorwiegend „Helfer“, denn den Auswanderern blieb ohnehin keine andere Wahl, als sich rückhaltlos auf seine Seite zu schlagen. „Ihr, die ihr glaubt!“ ruft er in Sure 66, Vers 8 bis 9, „übt aufrichtige Buße vor Allah, dann wird euer Herr euch vielleicht eure Missetaten verzeihen und euch in Gärten geleiten, durch die unten Bäche fließen, am Tag, da Allah den Propheten und die, die mit ihm gläubig wurden, nicht bloßstellen wird! Ihr Licht strahlt von ihnen her und in ihrer Rechten. Sie flehen: ‚Unser Herr! Vollende uns unser Licht und vergib uns! Denn du bist zu allem mächtig!‘ Prophet! Führe den Dschihad gegen die Ungläubigen und die ‚Heuchler‘! Sei hart gegen sie! Ihre Bleibe wird die Hölle sein, welch ein übles Ende!“ In Sure 9 wird Mohammed diese Sätze aufgreifen und seiner Wut freien Lauf lassen; mit einer *ṣadaqa* werden sich jene, die aus dem Islam nicht die ihm erwünschten Konsequenzen zogen, keineswegs mehr loskaufen können.[15]

Der Geist der Gläubigkeit

Doch bleiben wir bei den Verlautbarungen, die in den Zeitraum zwischen dem Grabenkrieg und al-Ḥudaibīja gehören![16] Die Abschnitte aus Sure 4, Sure 47 und Sure 66 wurden zitiert, weil in ihnen der Gedanke des Dschihad angesprochen wird. Sieht man von ihm einmal ab, dann fällt ganz allgemein der kriegslüsterne Ton auf, den Mohammed in jenen Jahren ein ums andere Mal anschlägt. Er bildet die schrille Begleitmusik des rapiden Bedeutungsverlustes der „Helfer“ und der Umwandlung der „Gemeinschaft der Gläubigen“ in ein Gemeinwesen, dessen *raison d'être* der Dschihad darstellt, die Unterjochung Andersgläubiger zum Zwecke der Alimentierung einer Kriegerclique, die sich als die Sachwalterin der Botschaft Allahs versteht.[17] Um nicht mit endlosen Wiederholungen den Leser zu ermüden, seien nur einige Beispiele betrachtet! Wir wenden uns zunächst Sure 47 zu. Sie setzt mit der Feststellung ein, daß Allah die Werke der Ungläubigen fehlschlagen läßt (Vers 1); Mohammed denkt dabei an die Mekkaner, die ihn einst vertrieben und nun selber den Untergang zu gewärtigen haben (Vers 13). Den Gläubigen aber, die gemäß dem handeln, was auf Mohammed herabgesendet wurde, vergibt Allah alle Fehltritte. „Sobald ihr die Ungläubigen trefft, dann gilt es, ihnen (mit dem Schwert) den Nacken abzuschlagen, und wenn ihr sie endlich niedergerungen habt, dann legt sie in Fesseln! Ihr könnt sie später entweder begnadigen oder gegen Lösegeld freilassen. (So handelt) bis der Krieg vorüber ist! Wenn Allah es wollte, verschaffte er sich selber den Triumph über sie. Aber er will die einen von euch durch die anderen auf die Probe stellen. All denen, die auf dem Pfade Allahs getötet werden, läßt er die Werke nicht fehlgehen" (Vers 4). Sie werden in das Paradies eingehen (Vers 5 f.). Den Gläubigen stärkt Allah den Rücken, doch Verderben allen anderen! Ihnen nämlich ist zuwider, was Allah seinem Gesandten offenbarte. Wie diejenigen vor ihnen, die nicht an ihre Propheten glaubten, wird Allah sie vernichten – die fast verwehten Spuren jener Frevler können sich die Feinde Mohammeds anschauen, ihnen wird es genauso ergehen (Vers 7–12). Wie unterschiedlich ist das Los der Paradiesbewohner und der Hölleninsassen (Vers 14 f.)! Trotz allem fürchtet Mohammed die kritischen Fragen von Gegnern, die ihm zwar zuhören, dann aber seinen Anhängern mit Zweifeln zusetzen. Und selbst diese sähen es am liebsten, wenn eine Sure herabgesandt würde, die ohne Wenn und Aber zum Krieg aufforderte; wenn eine solche Offenbarung käme, würden die „Heuchler" allerdings sogleich von Todesfurcht gepackt. Gehorsam und geziemende Worte sind das Mindeste, was man von den Standhaften im Ernstfall verlangen kann; darf sich Mohammed wenigstens ihrer sicher sein? „Werdet ihr, wenn ihr euch womöglich abwendet, (stattdessen) Unheil im Lande stiften und die Verwandtschaftsbindungen zerreißen?" (Vers 16–22). Über solche Ungewißheiten vermag sich Mohammed nur mit Drohungen hinwegzutrösten: Das Ende der Schwankenden wird furchtbar sein (Vers 23–32). Mohammed schließt mit dem Mahnruf, nur ja Allah und seinem Gesandten zu gehorchen und nicht vor der Zeit den Frieden mit den Feinden zu suchen, sondern sich mit allen Mitteln für die Sache Allahs einzusetzen (Vers 33–38).

In einem breiteren Rahmen erörtert Mohammed in Sure 57 „Das Eisen" seine Lage. Allah ist der allwissende, alles lenkende Schöpfer, er kennt die innersten Regungen der Menschen, die ihm eines Tages Rede und Antwort stehen werden; daher ist es unerläßlich, dem Gesandten Glauben zu schenken und dessen Unternehmungen zumindest mit Spenden zu unterstützen (Vers 1–10). „Wer gibt Allah ein gutes Darlehen, damit Allah es ihm am Jüngsten Tag vervielfache...?" (Vers 11). Der Prophet führt die Menschen aus der Finsternis ins Licht (Vers 9), und im Endgericht werden die „Heuchler" den ins Paradies einziehenden Gläubigen nachrufen: „Wartet auf uns, wir wollen etwas von eurem Licht nehmen!" „Zurück mit euch!" wird eine Stimme grollen, „sucht euch das Licht anderswo!" und eine unüberwindliche Mauer wird emporgezogen mit einem verschlossenen Tor, das den Ort der Barmherzigkeit von dem der Höllenqualen trennt (Vers 12–15). Die Gläubigen werden das Licht haben, die anderen verfallen ewiger Pein; was könnte da nützlicher sein, als um die Gunst Allahs zu wetteifern? Freilich ist alles irdische Geschehen von Allah vorherbestimmt, und so auch, wer spenden wird und wer sich abwendet (Vers 16–24). „Wir schickten unsere Gesandten mit klaren Beweisen und mit diesen Gesandten die Schrift und die Waage, damit die Menschen Gerechtigkeit walten ließen. Und wir schickten das Eisen hinab. Es birgt gewaltige Kampfkraft in sich und andere Arten von Nutzen für die Menschen, und (Allah sandte es hinab), damit er wisse, wer ihn und seine Gesandten auch im Verborgenen unterstützt..." (Vers 25). Noah, Abraham und Jesus nennt Mohammed als Beispiele, nicht ohne den Christen das Mönchtum vorzuhalten, das sie aus eigenem Antrieb gestiftet hätten.[18] „Ihr, die ihr glaubt! Fürchtet Allah und glaubt an seinen Gesandten, dann gibt er euch das doppelte Maß an seiner Barmherzigkeit und ein Licht, in dem ihr einhergehen könnt..." (Vers 28). Die Schriftbesitzer dürfen nicht meinen, sie stünden in der Gnade Allahs (vgl. Sure 2, 111 f.) – welch ein Irrtum, denn Allah verteilt seine Huld nach seinem Belieben (Vers 29)!

Das gute Darlehen

Nicht nur ein, wie Sure 47 zeigte, wenig gezügelter Triumphalismus gegenüber den Mekkanern, gepaart freilich mit Argwohn gegen die Medinenser, untermalt die kriegerischen Äußerungen Mohammeds, es drängen sich eine Reihe weiterer Motive in den Vordergrund. Wenn auch, wie Sure 57 betont, alles von Allah vorherbestimmt ist, lohnt es sich doch, ihm ein „gutes Darlehen" zu überlassen; der Gewinn wird überaus reich sein. Das – im Sinne Mohammeds – rechte Handeln wird gewogen werden (Sure 57, 25), und zwar schon durch den Propheten, der das Buch erhalten hat. Situationsbedingt überlagert die Werkgerechtigkeit, deren einziger Maßstab die machtpolitischen Ziele Mohammeds sind, die Lehre von der allumfassenden Vorherbestimmung, ohne daß der Widerspruch erkannt würde. Das Thema der Werkgerechtigkeit beherrscht denn auch die mit Recht in diesen Lebensabschnitt Mohammeds – und nicht in seine Anfänge[19] – datierte Sure 99: Am Ende der Tage wird die Erde erbeben und die in ihr bestatteten Toten hervorstoßen; sie werden ihrer Taten ansichtig, „und wer auch nur das Gewicht eines Stäubchens an Gutem tat, wird es sehen, und wer nur das Gewicht eines Stäubchens an Bösem tat, wird es sehen!" Der Gegensatz zwischen den zum Gehorsam Bereiten, die auf alles Fragen verzichten, und allen übrigen Menschen wird zu dem zwischen Licht und Finsternis zugespitzt, wie mehrfach anklang. In Sure 24, ebenfalls aus diesen Jahren, bildet dieser Gegensatz das Kernthema. Zunächst beschäftigt sie sich allerdings mit dem Skandal um ʿĀʾiša, der die zwischen den Auswanderern und den „Helfern" schwelenden Konflikte unversehens entfachte.[20] Mohammed ist bemüht, den Schaden einzudämmen, indem er eine strenge Bestrafung des Ehebruchs einführt, desgleichen für die nicht durch Zeugen erhärtete Beschuldigung, die Ehe gebrochen zu haben, und Ḥassān b. Ṯābit, der verdiente medinensische Lobredner des Propheten, sah sich unter den ersten Opfern dieses Gesetzes. Jegliche zweideutige Situation, so weiter die Sorge des Propheten, soll künftighin unterbunden sein; beim Betreten fremder Wohnungen lasse man Vorsicht walten, man warte, bis man hineingebeten werde! Begegnen Männer und Frauen einander in der Öffentlichkeit, dann sollen beide Seiten die Blicke auf den Boden heften. Um der Unzucht vorzubeugen, verheirate man die Ledigen – die Bedingungen hierfür hatte Mohammed kurz vorher in Sure 4 wesentlich erleichtert (Sure 24, Vers 2–33 und 58–61).[21] Allah selber, heißt es unvermittelt, ist das Licht,[22] und zu diesem Licht führt er diejenigen hin, die ihm belieben (Vers 35). Die Handlungen der Ungläubigen seien dagegen nichts als Luftspiegelungen, schlimmer noch, sie „sind wie die Finsternis über der tiefen See, über die eine Woge hinweggeht und über diese eine zweite, und darüber eine Wolke – eine Finsternis über der anderen! Zieht jemand die Hand (aus dem Gewand), vermag er sie kaum wahrzunehmen. Wem Allah kein Licht gibt, der hat eben kein Licht!" (Vers 40). Allah ist unentwegt tätig, bestimmt alles, und alles ist ein Zeichen, das auf ihn hindeutet (Vers 41–46). Bei solcher Klarheit dessen, was Mohammed verkündet, kann es ihn nur befremden, daß manche zwar „Ja, ja!" sagen, wenn er auf jene Zeichen hinweist, ihm aber nicht gehorchen, wenn er ihnen etwas abverlangt, das ihnen gegen den Strich geht. Sie schworen, sie wollten mit ihm ins Feld ziehen, aber als es so weit war, drückten sie sich (Vers 47–54). Wenn der Gesandte Allahs etwas fordert, dann ist das doch etwas ganz anderes, als wenn ein gewöhnlicher Mensch ein Ansinnen äußert! Wirklich gläubig ist nur, wer auf Schritt und Tritt Mohammeds Wünsche im Auge hat (Vers 62–64). – Die schon in einem anderen Zusammenhang beobachtete Entrückung Mohammeds aus der Gemeinschaft mit den übrigen Menschen[23] schlägt sich auch in den Wendungen des Korans nieder.

Zum Geist des Gemeinwesens der Glaubenskrieger, der sich zwischen dem Grabenkrieg und al-Ḥudaibīja herausbildet, gehört die rigorose Trennung zwischen den beflissenen Gläubigen auf der einen und allen anderen Menschen auf der anderen Seite. In denkbarer Schärfe formuliert Mohammed in Sure 98 noch einmal die Voraussetzungen, unter denen er einst sein Wirken in Medina begann, und erhebt sie zum unerbittlichen Maßstab für alles Handeln: „Die Ungläubigen unter den Besitzern der Schrift und unter den Beigesellern (wollten) sich erst (von ihren Irrtümern) losreißen, wenn zu ihnen ein klarer Beweis käme: ein Gesandter von seiten Allahs, der ihnen aus lauteren Schriftrollen vorträgt, die unbestreitbare Bücher enthalten.[24] Doch diejenigen, die (in der Vergangenheit) das Buch empfangen hatten, waren wieder uneins geworden, nachdem der klare Beweis an sie gelangt war. Dabei wurde ihnen nichts weiter befohlen, als Allah zu dienen, indem sie ihm aufrichtig als Gottsucher (arab.: Pl. *ḥunafāʾ*) die Glaubenspraxis widmeten, das rituelle Gebet vollzogen und die Läuterungsgabe entrichteten. Dies nämlich ist die Glaubenspraxis des unbestreitbaren (Beweises). Die Ungläubigen, als da sind die Schriftbesitzer und die Beigeseller, bleiben auf ewig im Feuer der Gehenna; sie sind die übelsten Geschöpfe! Diejenigen, die gläubig wurden und fromme Werke tun, das sind die besten Geschöpfe! Der Lohn, der für sie bei ihrem Herrn bereitsteht, sind die Gärten Eden, durch die unten Bäche fließen; ewig bleiben sie dort. Allah fand an ihnen Wohlgefallen und sie an ihm – so geschieht es dem, der seinen Herrn fürchtet!" – Fünf Jahre Erfahrung als ein Prophet „mit einem Buch", als der er nach Medina aufgebrochen war, haben in Mohammed die Erkenntnis geweckt, daß es ihm nicht anders ergehe als seinen Vorgängern; die Offenbarung ist keine Garantie für die Eintracht im Gehorsam gegen Allah. Mohammed zieht daraus den Schluß, daß er in seinem Machtbereich jedem eine unzweideutige Entscheidung abverlangen muß; zu seinen Gunsten wird sie fallen, wenn sie nicht nur eine religiöse bleibt, sondern die Aussicht auf irdischen Gewinn und damit auf Bedeutung in einem Gemeinwesen eröffnet, dessen Fundament ebenjene „richtige" Entscheidung bildet.

Der Beutekrieg im Norden

Hiermit haben wir uns den Weg zu den Ereignissen gebahnt, die nun zu schildern sind. Gegen Ende des Jahres 6 war Mohammed wieder in Medina eingetroffen. Angesichts seiner kompromißlosen, scharfmacherischen Worte, die er seit dem Grabenkrieg in der „Lesung" verkündete, durfte man das Ergebnis des Vorstoßes in Richtung Mekka kaum als glanzvoll werten. Im Gegenteil, es gab viele Enttäuschte. Wessen man Zeuge geworden war, das war weit hinter dem zurückgeblieben, was man einem unverbrüchlich von Allah unterstützten Propheten zugetraut hatte, der für das Licht und die Wahrheit und gegen die der Hölle verfallenen Mächte der Finsternis focht. Er brauchte also den „baldigen Erfolg", von dem er in Sure 48, Vers 27 gesprochen hatte. Wo er ihn suchen werde, war bereits festgelegt. Ḫaibar und das sich von dort nach Norden erstreckende „Tal der Ortschaften" waren lohnende Ziele. Den Krieg dorthin zu tragen, konnte man als einen Schachzug zur Sicherung Medinas ausgeben, denn die Juden von Ḫaibar waren mit den Beduinen der Ġaṭafān-Stämme im Bunde. Der Meuchelmord an Sallām b. abī l-Ḥuqaiq hatte die Bewohner schon alarmiert. Als Mohammed sie etwa zur Zeit seines Vorstoßes gegen Mekka unmißverständlich zur Anerkennung seines Prophetentums und damit zur Unterwerfung auffordern ließ, hatten sie sich unentschlossen gezeigt und waren zunächst auf sein Ansinnen eingegangen; Usair, ihr Wortführer, war auf der Reise nach Medina nur knapp einem Komplott entronnen.[25] Ob sich im Umgang mit Mohammed und seinen, wie beschrieben, aufgestachelten Leuten nach diesen Vorgängen ein Einlenken auszahle, darüber zu debattieren blieb den Bewohnern von Ḫaibar wenig Zeit. Gerade zwei Monate nach der Rückkehr von al-Ḥudaibīja, am Beginn des Monats Rabīʿ al-auwal (begann am 9. Juli 628) des Jahres 7, brach Mohammed mit seinen Glaubenskriegern auf.

Zuvor hatte es in Medina einen Streit darüber gegeben, ob auch jene, die das Risiko des gefahrvollen Marsches gegen Mekka gemieden hatten, an diesem Feldzug, der die Aussicht auf Beute eröffnete, teilnehmen durften. „Dank seinem Getreide, seinem fetten Fleisch und seinem Vieh ist (Ḫaibar) *das* landwirtschaftliche Gebiet des Hedschas!" wußte man. Mohammed stellte richtig: „‚Zieht nicht mit mir aus, es sei denn, ihr wünschtet den Dschihad! Beute wird es (für euch) nicht geben.' Er sandte einen Ausrufer los, der kundgab: ‚Mit uns soll nur der ausziehen, der den Dschihad zu praktizieren begehrt! Beute wird es nicht geben.'"[26] Der gegenüber al-Ḥudaibīja vollkommen veränderte Charakter dieser Unternehmung tritt deutlich zutage. Wenige Monate zuvor war die Zusammenfassung aller Kräfte die unerläßliche Voraussetzung für einen Erfolg gewesen, und es hatte Mohammed tief beunruhigt, daß sich eine nicht geringe Zahl in Medina lebender Muslime seinem Ruf entzogen hatte. Die „Huldigung der (unbedingten) Zustimmung" hatte dann aus den Willigen eine Gemeinschaft geschmiedet, die sich aus den Gläubigen, den Auswanderern und ihren „Helfern“, heraushob; im Angesicht der Todesgefahr war eine Gruppierung sichtbar geworden, die den in der „Lesung“ schon oft beschworenen Dschihad auf sich nehmen, ja in ihm den Daseinszweck erkennen würde. Die Beschränkung des Kreises der Kämpfer auf diejenigen, die fortan, jenseits der Zugehörigkeit zu den Auswanderern oder „Helfern“, diese Vorstellungen pflegen und verwirklichen würden, war die naheliegende Schlußfolgerung aus dem Geschehen vor und bei al-Ḥudaibīja. Sie war, wie gezeigt, durch das Zerwürfnis zwischen den Auswanderern und den „Helfern“ und durch die beschriebene Verschärfung der Verlautbarungen in der „Lesung“ vorbereitet, vielleicht auch durch die Art der Nutzbarmachung des Sieges von al-Muraisīʿ; dies wird allerdings erst nach der Eroberung von Ḫaibar erkennbar werden.

Die Eroberung Ḫaibars

Zweierlei mußte die dringende Sorge Mohammeds auf diesem Feldzug sein: Der erschreckende Mangel an Bedarfsgütern und Kriegsgerät war zu beheben, und man hatte alles daranzusetzen, eine Vereinigung der Juden Ḫaibars mit ihren Verbündeten, den Banū Ġaṭafān, zu vereiteln. Die in Medina verbliebenen Juden forderten von den Muslimen alle Kredite zurück, als sie gewahr wurden, man rüste gegen Ḫaibar. ʿAbdallāh b. Ḥadrad al-Aslamī heißt der bei al-Ḥudaibīja erprobte Held einer Episode, in der es eben um diese Frage geht; er zahlt seinen jüdischen Gläubiger auf Anraten Mohammeds aus und verhökert zu diesem Zweck einen Teil seiner Kleidung. Einem anderen, völlig mittellosen Muslim schenkt Mohammed ein Gewand, das dieser aber veräußert, um für sich und seine Familie ein wenig Proviant zu beschaffen.[27] Wie Medina bestand Ḫaibar aus wehrhaften Wohntürmen, die verstreut im bebauten Land lagen; sie hatten Zugang zu fließendem Wasser, was ausdrücklich angemerkt wird. Eine muslimische Vorhut griff einen Spion auf und erfuhr nach einigem Hin und Her, daß die Juden die Ankunft der Ġaṭafān-Beduinen erwarteten, die man über die herannahende Gefahr unterrichtet hatte. Ḫaibar selbst vermochte eintausend gepanzerte Kämpfer aufzubieten; von diesen unterstützt, hatten die Banū Ġaṭafān stets den Angriffen getrotzt, die andere Stämme gegen sie geführt hatten. Nun sollten sie sich revanchieren. In Ḫaibar war man sich allerdings darüber im klaren, daß man sich auf die Treue dieser Verbündeten nicht allzu fest verlassen durfte, und deshalb hatte man ihnen für die so dringend benötigten Dienste die Hälfte der Jahresernte an Datteln in Aussicht gestellt.[28] Jeden Tag vor dem Morgengrauen versetzten die Juden ihre Truppen in Alarmbereitschaft. Trotzdem war man unangenehm überrascht, als man eines Tages in der Frühe zur Feldarbeit gehen wollte und dabei auf die Feinde traf. Man flüchtete in die Wohntürme zurück, und es begann eine Zeit gegenseitigen Belauerns. Die Angreifer lagen unter dem ständigen Beschuß durch die Verteidiger; Mohammed mußte sich bequemen, einen rückwärtigen Lagerplatz zu suchen. Erste Plänkeleien, während der Mittagshitze ausgetragen,[29] blieben ohne Ergebnis, die Inbesitznahme eines Vorratsturmes mißlang. Die Situation der *muǧāhidūn* war alles andere als vielversprechend, zumal über die Absichten der beduinischen Bundesgenossen der Juden Unklarheit herrschte. Nach einigen Tagen diente sich Mohammed ein Überläufer an: Die Juden des Wohnturmes, den die

Muslime zu erobern im Begriff stünden, seien allnächtlich dabei, sich in einen andern fortzuschleichen; es seien nur noch wenige Verteidiger zurückgeblieben, und das, obwohl in dem Turm ein großes Waffendepot sei, von dessen Existenz angeblich nur der Verräter Genaueres wußte. Dergestalt ermuntert, griffen die Muslime beherzt an und fanden in der Tat nur einige junge Burschen vor. In einem unterirdischen Gelaß entdeckten sie Schwerter, Kettenhemden und Helme, ferner die Teile einer Wurfmaschine und zwei Sturmdächer. Man verwendete das Kriegsgerät bei der Einnahme des Gebäudes, in das sich die Juden geflüchtet hatten, und brachte rasch weitere befestigte Gehöfte in Besitz.[30] Die Versorgungslage der *muǧāhidūn* hatte sich schlagartig verbessert.

Nur ʿUjaina b. Ḥiṣn, der Anführer der Banū Ġaṭafān, vermochte fortan den Erfolg Mohammeds noch zu bedrohen. In der Tat bot ʿUjaina eine große Zahl von Kriegern auf und eilte Ḫaibar zu Hilfe. Anscheinend traf er dort aber erst ein, als der Sieg der Muslime sich schon abzeichnete. In den Quellen wird erzählt, Mohammed habe ihn von der Erfüllung der Bündnisverpflichtungen abhalten wollen und ihm als Lohn für die Untreue ebenfalls die Hälfte der Dattelernte Ḫaibars versprochen. Noch während der Unterredung sei, man weiß nicht, woher, der Ruf erschallt: „Ḥaifāʾ! Bringt eure Leute in Sicherheit!" Augenblicklich sei es mit dem Kampfeswillen der Banū Ġaṭafān vorbei gewesen; denn in Ḥaifāʾ, einer noch zu Medina gerechneten Örtlichkeit,[31] hatten die Beduinen ihre kriegsuntauglichen Angehörigen zurückgelassen, und deren Unversehrtheit sei ihnen enger am Herzen gelegen als die Abwehrschlacht um Ḫaibar. Dies wird eine legendenhafte Ausschmückung sein, die die Wundertätigkeit Mohammeds hervorheben soll. Denn nach einer anderen Fassung schickt Mohammed den „Helfer" Saʿd b. ʿUbāda zu ʿUjaina b. Ḥiṣn, der sich mit seinen Mannen bereits in einem befestigten Bauwerk befindet; Saʿd soll ihn zum Verrat an den Juden bewegen, den ʿUjaina jedoch ablehnt. Nachdem Saʿd unverrichteterdinge zurückgekehrt ist, versucht man es des Nachts mit einer List. Man nähert sich dem von den Beduinen gehaltenen Wohnturm und ruft: „Zu Hilfe in Ḥaifāʾ!" was die erwünschte Wirkung auslöst.[32] – Wie dem auch sei, die Juden sehen sich im Krieg gegen die Angreifer auf sich selber gestellt, und was jetzt in der muslimischen Geschichtsüberlieferung folgt, ist eher ein Heldenepos als ein nüchterner Bericht. Die Verteidiger wehren sich mit Mut und Geschick, der Sieg der *muǧāhidūn* läßt lange auf sich warten. Vor allem Saʿd b. ʿUbāda und die „Helfer" versagen, so daß sich Mohammed zuletzt gezwungen sieht, seinen Vetter und Schwiegersohn ʿAlī b. abī Ṭālib in das Treffen zu schicken, obwohl dieser durch ein Augenleiden behindert ist. Der Prophet heilt es mit seinem Speichel, und ʿAlī ist dann der einzige, der den zum Angriff übergehenden Juden standhält und ihren Anführer im Zweikampf tötet. Die Verteidiger flüchten sich in ihren Wohnturm, ʿAlī setzt ihnen nach; am Gebäude angelangt, schützt er sich vor den auf ihn niederhagelnden Geschossen, indem er eine Tür aus den Angeln reißt und als Schild verwendet. Es beginnt ein Gemetzel Mann gegen Mann, in dem alle prominenten Juden fallen, unter ihnen auch Usair,[33] der wenige Monate vorher dem heimtückischen Anschlag der Emissäre Mohammeds entronnen ist.[34]

Mohammed spornte die Seinen zum Dschihad an, und sie bemächtigten sich eines befestigten Gehöfts nach dem anderen. Unter den muslimischen Kämpfern werden unvermittelt die Banū Aslam genannt; sie waren einst zusammen mit den Ḫuzāʿiten einen Schwurbund mit ʿAbd al-Muṭṭalib eingegangen,[35] der bis zu jenem Tag ihre Loyalität bestimmte. Sie litten, so klagten sie Mohammed, schlimm unter dem Hunger. Von seinen Worten angefeuert, erfochten sie sich den Zutritt zu einem Gebäude, in dem reichlich Nahrungsmittel gespeichert waren. „Nimm diesen Streich, denn ich bin ein Bursche von den Banū Ġifār!“[36] rief ein *muǧāhid*, indem er einen der Verteidiger erschlug. Durch einen solchen in der Heidenzeit üblichen Ausruf werde das Verdienst, das er im Dschihad erworben habe, entwertet, vermutete man erschreckt, aber Mohammed zerstreute die Bedenken.[37] Die Banū Aslam und die Banū Ġifār drangen in das besagte Gehöft ein, und als auf dem Dach das „Allāhu akbar“ erklang, gaben sich die Verteidiger geschlagen. Gerste, Datteln, Butter, Honig, Öl, fettes Fleisch fielen den Ausgehungerten in die Hände, Eßgeschirr aus Messing und aus Ton, dazu vielerlei Kriegsgerät. Mohammed erlaubte die Benutzung des Geschirrs, nachdem man es rituell gereinigt hatte. Überdies verzichtete er darauf, das zum Lebensunterhalt Notwendige auf die später zu teilende Kriegsbeute anrechnen zu lassen. Diese war übergroß, denn es fanden sich in Ḫaibar wertvolle Stoffe und andere Handelsgüter, freilich auch Krüge mit berauschenden Getränken. ʿUjaina b. Ḥiṣn soll nicht schlecht gestaunt haben, als er mit ansehen mußte, über welche Vorräte seine Bundesgenossen verfügt hatten, ohne ihn daran teilhaben zu lassen.[38]

Da die Juden ihre Frauen und auch die meisten Kinder aus den gefährdeten Wohntürmen evakuiert hatten und diejenigen, die zurückgeblieben waren, im Kampfgetümmel hatten entkommen können, hatte man keine gewinnversprechenden Gefangenen gemacht. Man hatte aber in Erfahrung gebracht, daß sich in einem al-Katība genannten befestigten Gehöft inzwischen mehr als zweitausend Frauen und Kinder aufhielten. Mohammed handelte einen Übergabevertrag aus, der den Männern und Kindern Unversehrtheit zusicherte, als Gegenleistung aber die Auslieferung aller beweglichen Habe bis auf ein Kleidungsstück je Person verlangte. Die Insassen von al-Katība unterliefen das Abkommen, indem sie vieles an Stammesgenossen verkauften, denen der Zugang ja nun nicht mehr verwehrt wurde. Das Geld und die Wertsachen versteckte man vor den Plünderern. Mit diesem unbehelligten Verkehr war es aber bald zu Ende. Denn sobald die zuallererst belagerten Wohntürme eingenommen waren, wandten sich Mohammeds Krieger mit all ihren Kräften al-Katība und einigen anderen Gebäuden in der Nähe zu. Die *muǧāhidūn* probierten die aufgefundenen Belagerungsmaschinen aus, aber ausschlaggebend für den Erfolg war, daß die Eingeschlossenen nach zwei Wochen den Mut sinken ließen und Mohammed um eine Möglichkeit zum Abzug baten. Dieser forderte von ihnen gegen die Schonung der jüdischen Truppen und der Kinder die Räumung Ḫaibars; die Juden sollten fortziehen, und zwar unter Zurücklassung ihrer ganzen Habe, abgesehen von je einem Kleidungsstück. Außerdem sollten sie des „Schutzes (arab.: *ad-ḏimma*) Allahs und seines Gesandten“ verlustig sein, wenn sie irgendetwas von ihrem Eigentum den Plünderern entzogen. Kettenhemden, Schwerter, Bögen und Köcher, Lanzen eigneten sich diese in großen Mengen an, dazu Stoffe, Geschirr, Gold und Silber. Die mekkanischen Muslime wußten zudem, daß die jüdische Sippe des Abū l-Ḥuqaiq in einer Kamelhaut einen Schatz an Schmuckstücken verwahrte, die sie zu festlichen Gelegenheiten, etwa zu Hochzeiten, auslieh. Kināna b. abī l-Ḥuqaiq gab vor, man habe diesen Schatz aufgewendet, um sich auf den Krieg vorzubereiten. Mohammed ließ einigen Druck ausüben, und es dauerte nicht lange, bis ein Verwandter Kinānas das Versteck verriet. Goldene Reifen für den Unter- und den Oberarm und die Fessel, goldene Ohrringe, Ketten, Siegelringe, besetzt mit Edelsteinen und Perlen, ein großer Fingerring aus dem Onyx von Zofar – ein beträchtliches Vermögen kam zum Vorschein,[39] das geeignet war, die Anziehungskraft des Dschihad zu steigern.

Die Verteilung der Beute und der Erträge des Landes

Das Gut, das die Muslime beim Überfall auf Ḫaibar an sich brachten, setzte sich aus den während des Kampfgeschehens geraubten Gegenständen sowie aus den gemäß dem „Abkommen" ausgelieferten Vermögenswerten zusammen. Da die besiegte Bevölkerung nicht muslimisch gewesen war, fielen keine *ṣadaqāt* an. Die *muǧāhidūn* wurden aus den vier Fünfteln der Beute befriedigt. Dabei erwies es sich als schwierig, die Veruntreuung von Kriegsbeute und konfisziertem Eigentum zu unterbinden. Mohammed bemühte sich, diesen Mißständen zu steuern, indem er den Schuldigen furchtbare Höllenqualen ankündigte.[40] Den Bestimmungen nach sollte das Beutegut ausschließlich an Kombattanten gelangen, doch hat Mohammed selber diese Regelung durchbrochen. So war eine Gruppe der Banū Daus nach Ḫaibar gezogen, um sich Mohammed anzuschließen,[41] griff aber nicht mehr in die Kämpfe ein; ähnlich verhielt es sich mit einigen Männern von den Banū l-Ašǧaʿ. Sie alle beteiligte Mohammed an der Kriegsbeute, wie es heißt, mit Erlaubnis der übrigen *muǧāhidūn*. Ansonsten achtete man freilich darauf, daß vor allen anderen die Helden von al-Ḥudaibīja ihren Lohn empfingen. Nur in einzelnen begründeten Ausnahmen sind anscheinend andere Personen bedacht worden.[42]

Wie schon nach der Vertreibung der Banū n-Naḍīr bildete das bewirtschaftete Land den wichtigsten Teil des von Allah für seinen Gesandten „zurückgeholten" Guts; in Sure 59 hatte Mohammed dargelegt, daß er allein berechtigt sei, darüber zu verfügen.[43] Ḫaibar erzeugte beträchtliche Mengen an Datteln; unter den Palmen baute man zudem Gerste an. Nach ihrer Niederlage baten die Juden den Propheten darum, er möge von der Vertreibung Abstand nehmen; stattdessen sollte ihm die Hälfte des jährlichen Ertrags gehören, und zwar auf unbestimmte Zeit. Mohammed ließ sich hierauf ein, und die Abmachung wurde bis in den Anfang des Kalifats ʿUmar b. al-Ḫaṭṭābs (reg. 634–644) hinein beachtet, dann in manchen Einzelheiten verändert.[44] Jedes Jahr schickten die Muslime einen Vertrauensmann nach Ḫaibar, der den Wert der voraussichtlichen Ernte abzuschätzen hatte; dabei kam es verständlicherweise zu Reibereien mit den Juden. Denn man erlegte die Hälfte des erwarteten Ertrags als ein Fixum den Juden auf, so daß diese, wenn die Ernte höher ausfiel, den Überschuß behalten durften, bei geringerem Aufkommen jedoch für die Dekkungslücke geradestehen mußten. Auch die Teilung der tatsächlichen Ernte stand zur Debatte; in diesem Fall hätten die Muslime in schlechten Jahren die Ausfälle anteilig mittragen müssen. Das Interesse an festen regelmäßigen Einkünften gewann schließlich die Oberhand; sie wurden mit 20 000 „Kamellasten" veranschlagt.[45]

Das Land, das zu den zuerst eroberten Wohntürmen, an-Naṭāh und aš-Šiqq, gehörte, gestand Mohammed den *muǧāhidūn* zu; es wurde auf sie alle in zwei getrennten Verfahren verteilt. Ihre Zahl belief sich, wie Zaid b. Ṯābit ermittelte, auf eintausendvierhundert; es waren ferner zweihundert Pferde zu berücksichtigen, für die nach dem schon geschildertem Brauch[46] je ein doppelter Anteil berechnet wurde. Da man sich nicht in der Lage sah, eintausendachthundert Anteile einzeln zu vergeben, faßte man die Empfänger zu achtzehn Hundertschaften zusammen; jede von ihnen wurde einem Obmann unterstellt, der das Entgelt der Erträge entgegenzunehmen und für alles weitere zu sorgen hatte. Die Hälfte des Wertes eines jeden Anteils war allerdings als Rücklage zur Deckung unvorhergesehener Kosten einzubehalten. Da man die Verwaltung dieser Mittel nicht in jedem Fall einem Angehörigen der betreffenden Gruppierung zutraute, findet man auf der Liste der Obleute klangvolle Namen wie ʿAlī b. abī Ṭālib, ʿUmar b. al-Ḫaṭṭāb, ʿAbd ar-Raḥmān b. ʿAuf, Ṭalḥa b. ʿUbaidallāh, az-Zubair b. al-ʿAuwām. Wie auch bei Beuteteilungen üblich, setzte sogleich ein schwungvoller Handel mit den Anrechten ein. Mohammed selber soll einem Mann von den Banū Ġifār um zwei Kamele den Anteil abgekauft haben, was als ein für den Propheten einträgliches Geschäft angesehen wurde. ʿUmar b. al-Ḫaṭṭāb verstand es im übrigen, Mohammed einiges abzuhandeln und zusätzlich sämtliche Anrechte der Ausiten in seinen Besitz zu bringen; es läßt aufhorchen, daß für sie kein eigener Obmann erwähnt wird. Selbst der Ausite Muḥammad b. Maslama, ein Eidgenosse der Banū ʿAbd al-Ašhal[47] und daher der Keimzelle des medinensischen Islams eng verbunden, wird nicht unter den Obleuten genannt; er kaufte einige der den Banū Aslam zugewiesenen Anteile.[48] Man darf demnach unterstellen, daß die „ersten Auswanderer" sich am Ende weit besser standen als die übrigen Kämpfer.

Das befestigte Gehöft von al-Katība war, wie erinnerlich, durch eine – freilich abgepreßte – Vereinbarung den Muslimen zugefallen, genauer gesagt, dem Propheten, und er verfügte nach eigenem Gutdünken hierüber. Ein knappes Jahrhundert später war das dem omaijadischen Kalifen ʿUmar b. ʿAbd al-ʿAzīz (reg. 717–720) nicht recht glaubhaft, denn zu seiner Zeit hatte man begonnen, nach dem normsetzenden Handeln Mohammeds zu suchen. Man konnte sich nicht mehr vorstellen, daß dieser seine eigenen – bzw. die nunmehr als göttlich geltenden – Vorschriften mißachtet haben sollte, und deshalb durfte al-Katība nichts anderes als das Beutefünftel „Allahs und seines Gesandten" gewesen sein. ʿUmar b. ʿAbd al-ʿAzīz beauftragte seinen medinensischen *Qāḍī* Abū Bakr b. Ḥizām (gest. um 738),[49] bei ʿAmra, einer in der Obhut ʿĀʾišas aufgewachsenen Enkelin Asʿad b. Zurāras,[50] Erkundigungen über diese Angelegenheit einzuziehen. Das Ergebnis fiel beruhigend aus: Mohammed habe al-Katība zur Beute erklärt; er habe einen von fünf getrockneten Kamelkotballen entsprechend markiert, um seinen Beuteanteil auszulosen; dabei habe er gefleht, Allah möge diesen einen für sich auswählen, und so sei es dann auch gekommen.[51] Dies schreibt al-Wāqidī. Anders Ibn Isḥāq: „Dann teilte der Gesandte Allahs al-Katība... unter seine Verwandten und Ehefrauen auf", heißt es bei ihm lakonisch, „sowie unter (andere) Muslime und Frauen, denen er (einiges) davon zuwies." Die Liste der begünstigten Personen und der jeweiligen Anzahl von „Kamellasten" ist umfangreich und bunt, und Mohammed ergänzte sie noch lange nach der Eroberung von Ḫaibar.[52] Auf Geheiß des Engels Gabriel habe er aus den Einkünften von al-Katība vor allem die Banū Hāšim, die Banū l-Muṭṭalib und die Banū ʿAbd Jaġūṯ unterstützt,[53] die beiden Sippen, die von den übrigen quraišitischen Klanen einst geächtet worden waren, sowie die Nachkommen eines Bruders seiner Mutter Āmina bt. Wahb, ʿAbd Jaġūṯ mit Namen.[54] Daß diese Anrechte streng von den durch den Dschihad erworbenen zu unterscheiden sind, geht schon aus ihrer Bezeichnung hervor: Sie heißen „Speisung" (arab.: *aṭ-ṭuʿma*).[55]

Über die weitere Geschichte dieser „Speisungen" machte al-Wāqidī einiges ausfindig. ʿAlī, Abū Bakr und ʿUmar b. al-Ḫaṭṭāb sollen ihre Anteile den Armen und Waisen oder dem Ankauf von Waffen gestiftet haben. Im übrigen seien die Anrechte zunächst vererbbar gewesen; ʿUmar jedoch habe sie nach dem Ableben der Begünstigten einziehen wollen, sei mit diesem Plan aber auf heftigen Widerstand gestoßen. Ausnahmen habe er trotzdem nur für die Nachkommen der Ehefrauen Mohammeds geduldet. ʿUmars Nachfolger ʿUṯmān b. ʿAffān (reg. 644–656) machte die Annullierung der „Speisung" Zaid b. Ḥāriṯas, die dessen Sohn Usāma beanspruchte, wohl deshalb rückgängig, weil Zaid als der Sklave und dann Freigelassene des Propheten wie dessen Ehefrauen zeit seines Lebens in einem Abhängigkeitsverhältnis zu diesem gestanden hatte. Mit berühmten Genossen wie az-Zubair b. al-ʿAuwām scheint ʿUṯmān den Konflikt erfolgreich durchgestanden zu haben. Die Überlieferung ist jedoch keineswegs einheitlich, so daß eine hinreichende Klarheit nicht zu erzielen ist.[56] Trotzdem werden wir auf diesen Gegenstand zurückkommen müssen.

Die Kopfsteuer

Mohammed erschloß sich in jenen Tagen weitere Einnahmequellen. Östlich von Ḫaibar lag Fadak, ebenfalls von Juden bewohnt. Wie zuvor im Falle Ḫaibars schickte er auch dorthin die Botschaft, man möge zum Islam übertreten; daß der Prophet inzwischen Ḫaibar belagerte, verlieh der Forderung Nachdruck. Dennoch zögerte man in Fadak die Antwort hinaus, bis man von den Triumphen der *muǧāhidūn* hörte. Der Entsandte der Muslime machte sich zusammen mit einem einheimischen Unterhändler auf den Weg nach Ḫaibar; dieser wollte bei Mohammed wenigstens erreichen, daß man, vom Krieg verschont, mit aller Habe Fadak verlassen durfte. Wenn die Datteln reif seien, werde man zurückkehren und sie ernten. Für diesen Vorschlag konnte sich Mohammed nicht erwärmen. Er zwang die Juden, weiter ihr Land zu bestellen, jedoch auf die Hälfte des Ertrags zu verzichten.[57] Diese Einkünfte, für deren Erzielung „keine Reiterei in Galopp versetzt worden war", standen demgemäß ausschließlich dem Propheten zur Verfügung.[58] – Bevor Mohammed nach Medina zurückkehrte, soll er noch einen Abstecher nach Norden in das „Tal der Ortschaften" unternommen haben, in ein Gebiet hinein, das man nicht mehr zum Hedschas, sondern bereits zu aš-Šaʾm rechnete. Die jüdischen Bewohner jener Gegend bis hinauf nach Taimā' wurden vom Schrecken erfaßt und fanden sich zur Zahlung einer Kopfsteuer (arab.: *al-ǧizja*) bereit, ohne daß es zu Kampfhandlungen gekommen wäre.[59] Das Massaker an den Banū Quraiẓa hatte die Juden auch in dieser Gegend alarmiert,[60] doch sie hatten sich nicht zusammen mit ihren Leidensgenossen zu einer Abwehr der Feinde aufraffen können.

Auf den Begriff der Kopfsteuer stießen wir schon anläßlich ʿAbd ar-Raḥmān b. ʿAufs Werbemission, die ihn um die Wende von 627 auf 628 in das Gebiet von Dūmat al-Ǧandal geführt hatte. Kopfsteuer wird in diesem Zusammenhang die Abgabe genannt, die ein christlicher Araber an den Herrscher der Sasaniden abzuführen hatte.[61] Jetzt taucht das Wort erneut auf, wieder auf die Bewohner einer Region jenseits des Hedschas bezogen. In diesem Falle ist allerdings Mohammed derjenige, der die Abgabe eintreiben läßt. Wir wissen nicht, ob die betroffenen Juden eine gleichnamige Steuer ihren vorherigen Oberherren zahlten. Indessen deutet sich hier jene Form islamischer Herrschaft über Andersgläubige an, die in wenigen Jahren weite Teile Vorderasiens prägen sollte. Im Umkehrschluß war aus der Tatsache, daß die Kopfsteuer jenseits der Grenzen des Hedschas erhoben wurde, zu folgern, daß in Arabien selber, wo diese steuerliche Nutzbarmachung andersgläubiger Minderheiten keine Vorgeschichte hatte, kein anderer Glaube als der Islam geduldet werde; ʿUmar b. al-Ḫaṭṭāb wird diesen Grundsatz zu einer der Leitlinien seiner Politik machen.[62] Fürs erste war die Kopfsteuer allerdings noch ohne Gewicht. Denn das Gemeinwesen der *muǧāhidūn* schuf sich seine finanzielle Basis vornehmlich durch den kriegerischen Akt selber, durch den Dschihad; freilich trat neben die im Kampf errungene Beute nun auch das eroberte Territorium als eine Quelle verstetigter Einkünfte. Bei der Zuweisung solcher Landrenten hatte Mohammed allerdings das letzte Wort; daß vier Fünftel der Beute an die Krieger fielen, war dagegen eine ausgemachte Sache. Den bebauten Boden, der durch den Besiegten abgepreßte Verträge gewonnen wurde, betrachtete Mohammed als sein Eigentum; er überließ es den bisherigen Eigentümern zur Bewirtschaftung und verteilte die Erträge nach seinem Gutdünken.

Die Läuterungsgabe und die *ṣadaqāt*

Als weitere Einnahmequellen des muslimischen Gemeinwesens ist die Läuterungsgabe (arab.: *az-zakāt*) zu erwähnen, über die man für diese Zeit fast nichts weiß;[63] vermutlich trägt sie noch einen freiwilligen Charakter. Anders die *ṣadaqāt*, die im Begriff sind, sich zu einer Steuer zu entwickeln, die Züge eines Tributs trägt, der von minderrangigen Angehörigen des Gemeinwesens aufzubringen ist – eben als Ausgleich für die unzureichende Unterstützung, die dessen Daseinszweck von ihrer Seite erhält. Aus den *ṣadaqāt* dürfen Mohammed und seine Familie nichts für sich verwenden, denn die *ṣadaqāt* sind „der Schmutz der Leute",[64] heißt es, und das stimmt mit dem überein, was vorhin aus dem Koran hierüber ermittelt wurde. Wie vermerkt, stießen zu Mohammed, als er bei Ḫaibar lagerte, Angehörige mehrerer Stämme, vermutlich um sich an diesem Dschihad zu beteiligen. Wir hörten von den Banū Daus[65] – unter denen der Jüngling Abū Huraira war, der in der frühen Geschichte des Islams eine bedeutende Rolle spielen sollte – sowie von den Banū l-Ašǧaʿ;[66] beiden Gruppen wurde die Bereitschaft zum Dschihad gelohnt. Der Erfolg Mohammeds ließ ihn in den Augen der Araber als einen der ephemeren „Könige" erscheinen, denen man zu huldigen hatte, ohne daß damit die feste Eingliederung in ein von Institutionen getragenes Machtgefüge beabsichtigt gewesen wäre. Nach dem Sieg bei Ḫaibar und in verstärktem Maße nach der knapp anderthalb Jahre später geglückten Inbesitznahme Mekkas stellten sich beim Gesandten Allahs zahlreiche Abordnungen von Stämmen ein, die ihre Ergebenheit bekundeten und dadurch den Zugriff des neuen Mächtigen abzuwehren hofften. Sie alle zu *muǧāhidūn* zu machen, wäre ein Ding der Unmöglichkeit gewesen, allein schon aus logistischen Gründen. Im Sinne der Grundsätze des heranwachsenden Gemeinwesens wäre dies zwar wünschenswert gewesen, und Mohammed belehrte bald, wie wir sehen werden, diejenigen seiner Anhänger, für die die Beherrschung des Hedschas die Grenze denkbarer Machtausdehnung darstellte, nachdrücklich eines Besseren. Aber abgesehen von den Christen in Naǧrān bot sich in Arabien kein klares Ziel. Die ersten Attacken auf aš-Šaʾm, noch zu Lebzeiten Mohammeds unternommen, zeugen von seinen Bemühungen, ein Ventil für den Druck zu finden, den er selber aufgebaut hatte. Bei Ḫaibar hatte er all dies noch nicht erahnen können, doch zeichnete sich, wie vorhin dargelegt, die vom Dschihad als dem Daseinszweck des Gemeinwesens her gedachte fiskalische Behandlung von Stämmen ab, die ihn lediglich ihrer Loyalität versicherten.

Die Versteigung der *ṣadaqāt*

Am Anfang des Jahres 9 (begann am 20. April 630), und damit greifen wir um des Sachzusammenhangs willen dem Gang der Ereignisse um mehr als anderthalb Jahre vor, entsandte Mohammed seine *ṣadaqāt*-Eintreiber (arab.: Pl. *al-muṣaddiqūn*). Al-Wāqidī überliefert eine Liste von Namen: Zu den Banū Aslam und den Banū Ġifār begab sich Buraida b. al-Ḥuṣaib, ein Aslamite, der Mohammed während dessen Hedschra begegnet war und den Islam angenommen, sich aber erst nach der Schlacht von Uḥud in Medina eingestellt hatte;[67] ein Angehöriger der Banū ʿAbd al-Ašhal mußte sich mit den Banū Sulaim und den Banū Muzaina auseinandersetzen; Rāfiʿ b. Makīṯ von den Banū Ǧuhaina, ein Mann, der an der „Huldigung der (unbedingten) Zustimmung" beteiligt gewesen war, sollte die *ṣadaqāt* seines Stammes einziehen;[68] ʿAmr b. al-ʿĀṣ, einer der quraišitischen Abgesandten, die einst den Negus zur Ausweisung der Asylanten hatten bewegen sollen, nach der Eroberung von Ḫaibar Muslim geworden, sollte sich der Banū Fazāra annehmen; zu den Banū Kilāb und den Banū Kaʿb schickte Mohammed jeweils einen Stammesgenossen;[69] ein Azdite ging zu den Banū Ḏubjān ab; den Banū Saʿd b. Huḏaim wurden von einem der Ihrigen die *ṣadaqāt* abgefordert.[70] Weitere Berichte zeigen, daß das Verlangen Mohammeds in manchen Stämmen Empörung auslöste, so daß es nicht verwundert, wenn etliche, sobald sie 632 vom Tode des Gesandten Allahs hörten, die *ṣadaqāt*-Eintreiber verjagten und, wie es etwa die Banū Ḏubjān taten, die Muslime in ihren Reihen töteten.[71] Die oben genannten Banū Kaʿb waren möglicherweise eine ḫuzāʿitische Sippe; der von al-Wāqidī ihnen zugeordnete *muṣaddiq* Busr b. Sufjān al-Kaʿbī jedenfalls gehörte zu den Ḫuzāʿa. Entweder bei ʿUsfān oder in der Nähe von al-Ḥudaibīja traf er seinen Stamm an und befahl, das Vieh für die *ṣadaqāt* zusammenzutreiben. Die Ḫuzāʿiten gehorchten. Doch bei ihnen waren Verbände der Banū Tamīm, die dies mit Befremden beobachteten. Dergleichen gehöre zum Islam, erfuhren sie, doch sie schworen, nie und nimmer werde Busr eines jener Kamele bekommen, und machten Anstalten, die Ḫuzāʿiten am Ausliefern der *ṣadaqāt* zu hindern. Busr flüchtete unverrichteterdinge. „Der Islam hatte damals noch nicht alle Araber erfaßt", erläutert al-Wāqidī. Es blieben Widerspenstige, die freilich nach Mohammeds Einzug in Mekka und nach seinem Sieg bei Ḥunain vor seinem Schwert zitterten. Im übrigen ließ der Prophet jene Herausforderung durch die Tamīmiten nicht ohne gebührende Antwort: ʿUjaina b. Ḥiṣn, nunmehr auf der Seite Mohammeds, verfolgte die Schuldigen, entdeckte deren Frauen und Kinder und brachte sie als Gefangene nach Medina; die Tamīmiten schickten einige ihrer Vornehmen dorthin, die zerknirscht die Freilassung der Gefangenen erflehten.[72]

Hatten sich in diesem Falle fremde Sippen in die Tätigkeit des *muṣaddiq* eingemischt und dadurch Mohammed erzürnt, so sind auch Beispiele dafür belegt, daß er selber die Initiative ergriff, um Stämme zum Islam und damit zur Zahlung der *ṣadaqāt* zu nötigen. Am bekanntesten ist ʿAlī b. abī Ṭālibs Feldzug gegen die Banū Maḏḥiǧ im Dezember des Jahres 631. Ibn Saʿd schildert ihn so: „Der Gesandte Allahs schickte ʿAlī in den Jemen. Er knüpfte ihm eine Standarte (an eine Lanze), wand ihm eigenhändig den Turban um den Kopf und sprach: ‚Geh und wende dich nicht (vom Weg) ab! Wenn du in ihrem Gebiet lagerst, dann nimm den Kampf gegen sie erst auf, wenn sie gegen dich kämpfen!' ʿAlī zog mit dreihundert Berittenen los. Das war die erste berittene Truppe, die in jenes Land, dasjenige der Banū Maḏḥiǧ, eindrang. Er ordnete seine Krieger in verschiedene Richtungen ab, worauf sie mit Geplündertem, mit im Kampf gewonnener Beute, mit Frauen, Kindern, Kamelen, Schafen und anderem zurückkamen. Die Verteilung der Kriegsbeute übertrug er Buraida b. al-Ḥuṣaib al-Aslamī. Dieser nahm an sich, was ihnen in die Hände gefallen war. Dann stieß ʿAlī auf (die Krieger) der (Banū Maḏḥiǧ). Er forderte sie zur Annahme des Islams auf.[73] Sie aber weigerten sich und schossen mit Pfeilen und Steinen. Da stellte ʿAlī seine Truppe in einer Schlachtreihe auf und übergab Masʿūd b. Sinān as-Salimī[74] die Standarte. Dann ging ʿAlī mit seiner Truppe zum Angriff über und tötete von den Feinden zwanzig Mann. (Die Banū Maḏḥiǧ) stoben auseinander und wandten sich zur Flucht, worauf ʿAlī von der Verfolgung absah. Er forderte sie erneut zur Annahme des Islams auf. Sie kamen dem Verlangen eilends nach, einige ihrer Anführer huldigten ihm unter Bekundung des Übertritts zum Islam und sagten: ‚Wir stehen für diejenigen unseres Stammes ein, die (im Rang) hinter uns sind. Dies hier sind unsere *ṣadaqāt*. Nimm davon den Anteil Allahs!' ʿAlī sammelte die im Kampf geraubten Güter, teilte sie in Fünftel und schreib auf eines (der fünf Lose): ‚Für Allah'." Nachdem die anderen vier Fünftel an die Truppen ausgegeben worden waren, kehrte ʿAlī zurück und erreichte im Wallfahrtsmonat (begann am 28. Februar 632) Mekka, wo Mohammed zum letzten Mal in seinem Leben die Pilgerriten vollzog.[75]

„Spendet von dem, was wir euch als Lebensunterhalt gewährten, bevor zu jemandem von euch der Tod kommt und (der Sterbende) dann bittet: ‚Mein Herr! Wie wäre es, wenn du mir noch ein wenig Aufschub gewährtest? Ich will dann *ṣadaqāt* geben, und damit werde ich einer der Frommen sein!'" (Sure 63, 10). So stellt sich der eben geschilderte Sachverhalt aus der Sicht Mohammeds dar. Die *ṣadaqāt* gleichen einen Mangel an gläubiger Gesinnung und Handlungsbereitschaft aus (vgl. Sure 9, 75), sie dienen der Festigung des inneren Friedens, wie in Sure 4, Vers 92 vermerkt: Wer ohne rechtmäßigen Grund – ohne sein Recht auf Blutrache wahrzunehmen – einen Gläubigen umbringt, der muß zur Sühne einen muslimischen Sklaven freilassen und der geschädigten Sippe ein Wergeld zahlen, es sei denn, diese verzichte darauf und betrachtete die ihr entgangene Zahlung als eine *ṣadaqa*. Die als Ausgleich von Unzulänglichkeiten eingehenden Vermögenswerte dürfen folgerichtig allein für die Stärkung des Zusammenhalts des Gemeinwesens aufgewendet werden, wie Mohammed in Sure 9, Vers 60 bestimmt, nämlich für die Bedürftigen, die Verschuldeten, für den Freikauf von Sklaven, für die Sicherung der Loyalität Neubekehrter, für Leute, die durch das Betreten des „Pfades Allahs" um ihren Lebensunterhalt kamen; „(zu solchem Gebrauch) verpflichtet (uns) Allah."

2. Der Einmarsch in Mekka

Die Rückkehr der Byzantiner nach aš-Šaʾm

In der Darstellung des Lebensweges des Gesandten Allahs übersprangen wir nach der Schilderung der Eroberung Ḫaibars einige bedeutsame Ereignisse, um uns Einblick in die inneren Verhältnisse des von ihm gestifteten Gemeinwesens zu verschaffen. Es sollte verständlich werden, woraus sich dessen rasch zunehmende Anziehungskraft speist und wie sich der Schwerpunkt der Politik Mohammeds vom unmittelbar gegen Mekka gerichteten Kampf abwendet und zur Unterwerfung und Ausbeutung Andersgläubiger, darunter heidnischer Araber, verlagert. Die Wende in aš-Šaʾm, nämlich der Zusammenbruch des persischen Besatzungsregimes und die Rückeroberung des Landes durch Herakleios, ist hierbei ebenfalls in Betracht zu ziehen. Schon die Ereignisse, die zum Vertrag von al-Ḥudaibīja führten, müssen auch im Lichte dieser tiefgreifenden Verschiebung des nahöstlichen Machtgefüges erwogen werden. Das Ende der sasanidischen Herrschaft über aš-Šaʾm beraubte die Quraišiten, die in Mekka das Sagen hatten, eines Druckmittels gegen Mohammed; es war für sie alles andere als eine angenehme Nachricht, daß die „Rhomäer", auf deren künftigen Sieg Mohammed in Mekka hatte setzen müssen (vgl. Sure 30, 2 f.), nun tatsächlich nach aš-Šaʾm zurückgekehrt waren. Die ersten Verlierer waren allerdings die „Helfer". Mohammed hatte sich bei ihnen festgesetzt, nachdem ihm von einer kleinen vorwiegend ḫazraǧitischen Gruppe gemäß dem geltenden Gewohnheitsrecht Unterstützung zugesagt worden war. Solange es darum gegangen war, die Mekkaner zu attackieren und ihre Verbindungen nach aš-Šaʾm zu stören, sowie um die Zusammenarbeit der Quraišiten mit den die Routen kontrollierenden Beduinen zu behindern, bildeten die „Helfer" seinen einzigen Rückhalt, zumal deren Verhältnis zu den Juden nicht spannungsfrei war und letztere damit liebäugelten, als Bundesgenossen der Mekkaner aufzutreten. Indem Mohammed die rein jüdischen Stämme vertrieb bzw. massakrierte und die jüdischen Mitglieder der übrigen Stämme in der sogenannten Gemeindeordnung seinen Interessen unterwarf, verminderte sich rasch die Bedeutung, die die „Helfer“ zu Anfang für ihn gehabt hatten. In dem bei Ḫaibar sichtbar werdenden Gemeinwesen der Glaubenskrieger stellt sich keine ihnen allein vorbehaltene Aufgabe mehr.

Die Anziehungskraft des Glaubenskriegertums

Was wir nun zu beobachten haben, sind die Auswirkungen der im Glaubenskriegertum zutage tretenden Dynamik, zu allererst die Auswirkungen auf die Freund-Feind-Beziehungen zwischen Mohammed und den mekkanischen Quraišiten, dann aber auch auf das Verhältnis des Gesandten Allahs zu allen anderen arabischen Stämmen. Den damals Betroffenen mag das Verhältnis zu ihm im wesentlichen dem Herkömmlichen geglichen haben: Einem „König“ bezeugte man Ehrerbietung; eine Stammesabordnung wurde durch ihn empfangen, man tauschte Geschenke aus. Neu war die Forderung, *ṣadaqāt* zu leisten. Sie verdeutlicht die zusätzliche, religiös-politische Dimension, die von Mohammed ins Spiel gebracht wurde. Die Dschihad-Dynamik einerseits und der in den *ṣadaqāt* zum Ausdruck kommende, über das Streifgebiet der *muǧāhidūn* hinausgreifende Machtanspruch andererseits begleiteten wie Leitmotive die Geschehnisse bis zum Einmarsch Mohammeds in Mekka. In den sich unmittelbar anschließenden Kriegen gegen aṭ-Ṭāʾif und gegen den Beduinenverband der Hawāzin sollten diese beiden Leitmotive eine neue Einfärbung erhalten.

Schon bei Ḫaibar zeigte sich die Anziehungskraft, die Mohammeds Dschihad auf arabische Krieger von außerhalb seiner Gemeinschaft ausübte. Die Mekkaner hatten seit langem in den *Aḥābīš* über verbündete Stämme verfügt. Mohammed selber verfiel, solange er in seiner Heimatstadt lebte, nicht auf den Gedanken, fremde Stämme für seine Sache zu werben. Überdies hätten seine Feinde dies schwerlich geduldet. Um zu wissen, wohin er sich wenden sollte, wenn man ihn vertreiben würde, hatte er sich vielen Stämmen angeboten; aber damit hatte er den Plan aufgegeben, durch einen Umsturz von innen her die Macht zur Veränderung des Kultus zu erringen. In Medina hatte er sich nur mit mäßigem Erfolg Beistand von außen sichern können. Er war aber immerhin gezwungen gewesen, eine eigene Stammespolitik zu entwickeln. Doch erst jetzt, nach dem aus der Not geborenen Dschihad um Ḫaibar, begannen seine diesbezüglichen Bemühungen greifbare Früchte zu tragen.[76] Daß die Banū Aslam an seiner Seite mitfochten, erklärten wir mit althergebrachten Verbindungen; bei den Banū Daus und den Ašʿarījūn ist dergleichen nicht erkennbar. Ebenso wenig ist dies bei dem steinreichen al-Ḥaǧǧāǧ b. ʿIlāṭ. Er war der Inhaber der Goldminen der Banū Sulaim; selber auf einem Raubzug, hörte er von Mohammeds Eroberungsplänen, stellte sich beim Gesandten Allahs ein, trat zum Islam über und nahm, wie die Quellen andeuten, wenigstens eine Zeitlang an den Kämpfen teil. Im Besitze des großen Vermögens war freilich nicht al-Ḥaǧǧāǧ selber, sondern seine in Mekka lebende Ehefrau – Mohammed wird diese Lebenssituation nicht fremd gewesen sein. Al-Ḥaǧǧāǧ machte sich, sobald die Niederlage der Juden feststand, rasch auf den Weg dorthin, um unter Vorspiegelung falscher Tatsachen das Vermögen zu retten, von dem ihm seine Gattin, hätte sie von seinem Übertritt zum Islam Wind bekommen, keinen Pfifferling überlassen hätte. Al-Wāqidī erzählt dies alles als eine Posse, in der er al-ʿAbbās die Gelegenheit gibt, sich wieder einmal als ein hellsichtiger, aber verborgener Anhänger des Propheten hervorzutun.[77]

Unmut über den Vertrag von al-Ḥudaibīja

Der Vertrag von al-Ḥudaibīja gestattete einer jeden Seite, Bundesgenossen zu werben, schrieb allerdings vor, daß es sich um freie Männer handeln müsse. Schon in mekkanischer Zeit hatte man an Mohammed und seinen engsten Gefährten ein erstaunliches Maß an Gleichgültigkeit gegen das Los der „für schwach Befundenen" bemerkt; auch die Haltung des Propheten zu Muslimen fremder Stämme hatte von verstörender Indifferenz gezeugt. Was damals für ihn gezählt hatte, das waren seine Angehörigen gewesen, des weiteren die am Schwurbund der „Parfümierten" Beteiligten. Es waren einige Anhänger aus anderen Sippen hinzugekommen, etwa Abū Bakr. Den Kern seiner Gefolgschaft – vielleicht besser: seines Wirkungskreises – hatte die auf seinen Großvater ʿAbd al-Muṭṭalib zurückgehende innerquraišitische Parteiung gebildet, die sich gegen andere ihr feindlich gesonnene zu behaupten suchte und dabei, wie die Ächtung lehrt, ins Hintertreffen zu geraten schien. Wie wir beobachteten, überlagerte diese Konstellation bis weit in die medinensische Zeit hinein die kriegerischen Auseinandersetzungen Mohammeds mit seiner Heimatstadt. Dem entspricht der Befund, daß innerhalb der Gemeinschaft der „Gläubigen" eine Verschmelzung von Auswanderern und „Helfern" nahezu gänzlich unterblieb. Die von ʿAbd al-Muṭṭalib her tradierte Sicht der Dinge, gemäß der die Wahrung der Ebenbürtigkeit mit den führenden quraišitischen Sippen – und dann der Vorrang vor ihnen – wesentlich waren, muß den Vertrag von al-Ḥudaibīja als den entscheidenden Schritt zur Erfüllung solcher Hoffnungen werten. Der Islam, dessen Früchte im Dschihad und in der einsetzenden Tributpflichtigkeit unterworfener Stämme heranreiften, verlieh jener Sicht nunmehr eine Überzeugungskraft, die auch Mohammeds mekkanische Feinde beeindruckte.

Manche Anhänger Mohammeds zeigten sich über sein Verhalten bei al-Ḥudaibīja irritiert, eben jene nämlich, die, wie es seit Sure 8 als Allahs Anordnung galt, den Kampf gegen die Andersgläubigen, vor allem gegen die Mekkaner, zur Lebensmaxime erhoben hatten. Sie hatten den Vermerk überhört, mit dem Sure 8 abschließt: Letzten Endes stehen die Verwandten einander näher als die Brüder im Glauben. Es ist denkbar, daß dieser Vermerk nachträglich angefügt wurde; belegen läßt es sich allerdings nicht. Das ist auch gar nicht nötig; denn daß Mohammeds gesellschaftliche Normen weit hinter dem zurückblieben, was er als Botschaft Allahs verkündete, hatte sich ein ums andere Mal gezeigt, und so auch jetzt in der Affäre um Abū Ǧandal, den Sohn des mekkanischen Unterhändlers Suhail b. ʿAmr. Laut Vertrag gab es ohne die Zustimmung des Vormunds, hier des Vaters, keinen Weg zu Mohammed, und dieser ließ es geschehen, daß man Abū Ǧandal in Ketten legte, als dieser die Aufnahme unter die Gläubigen begehrte.[78] Die hieraus folgenden Mißhelligkeiten wuchsen sich zu einer für Mohammed gefährlichen Krise aus, die geeignet schien, den gerade errungenen diplomatischen Erfolg zunichte zu machen. Denn kaum war der Gesandte Allahs nach Medina zurückgekehrt, da wurde seine Vertragstreue erneut auf die Probe gestellt. Abū Baṣīr, ein Eidgenosse der quraišitischen Banū Zuhra, wurde bei ihm vorstellig; er sei Muslim, versicherte er, und er sei seinen mekkanischen Herren entkommen. Nicht lange danach traf in Medina ein Bote ein, der ein von al-Aḫnas b. Šarīq, dem einflußreichen ṯaqafitischen Eidgenossen der Banū Zuhra, und einem Zuhriten unterzeichnetes Schreiben überbrachte, in dem Mohammed aufgefordert wurde, die Zusagen von al-Ḥudaibīja einzuhalten und den Flüchtling, der sich ohne die Zustimmung seines quraišitischen Herrn davongemacht habe, ohne Säumen zurückzuschicken. Mohammed kam der Forderung nach und unterließ jeden Versuch, seinem Glaubensgenossen beizustehen. Allah werde einen Ausweg finden, das war alles, was er dem Enttäuschten mit auf die erzwungene Rückreise gab.

Unterwegs brachte Abū Baṣīr die Waffen seiner beiden Aufpasser an sich, tötete einen von beiden, mußte den zweiten aber entkommen lassen; dieser floh nach Medina und berichtete Mohammed, was vorgefallen war. Wenig später traf auch Abū Baṣīr ein, als Kriegsbeute das Schwert und das Kamel des Getöteten mit sich führend. Der Schutz (arab.: *ad-ḏimma*) des Gesandten Allahs sei wirksam gewesen, erklärte Abū Baṣīr; zwar habe der Gesandte selber ihn nicht gewährt, doch habe Allah dies an dessen Stelle getan. Mohammed nämlich habe ihn, einen Gläubigen, den Feinden ausgeliefert; ihm aber sei es gelungen, sich dagegen zur Wehr zu setzen, daß man ihn zum Abfall vom Islam zwinge. Abū Baṣīr spielt in dieser Rede auf Offenbarungen wie Sure 2, Vers 193 und Sure 8, Vers 39 an, in denen die Muslime zum Kampf aufgerufen wurden, bis nur noch die Glaubenspraxis Allahs gelte und niemand mehr zum Aufgeben dieser Praxis gedrängt werde. Mohammed habe, fuhr er fort, von ihm verlangt, die Wahrheit zu leugnen. Trotzdem biete er seine Beute an und erwarte vom Gesandten Allahs, daß er sie dem Gesetz entsprechend in Fünftel teile. Mohammed lehnte das ab, denn sonst hätte er Abū Baṣīr als einen Glaubenskämpfer legalisiert und dadurch den Vertrag von al-Ḥudaibīja gebrochen. Was bis vor kurzem als höchste, unter allen Umständen zu befolgende Tugend gegolten hatte, das durfte es nun nur noch geben, wenn es sich mit den Bestimmungen jenes Abkommens vertrug. Der Übertritt zum Islam hatte seit Badr seine Erfüllung im Kampf gegen die Andersgläubigen finden sollen; ein ums andere Mal hatte Mohammed das gepredigt. Jetzt aber hatte er sich in eine zwielichtige Lage hineinmanövriert. Urteilt man allerdings von der auf seinen Großvater zurückgehenden Tradition aus, dann ist die Zurückweisung Abū Baṣīrs nur folgerichtig: Weswegen hätte ein Außenstehender die für den Propheten vorteilhafte Wendung des innerquraišitischen Machtkampfs gefährden dürfen? Immerhin ließ Mohammed den Störenfried laufen,[79] wohl um nicht bei den vielen, die auf den Islam ihre Hoffnung gesetzt hatten, das Gesicht zu verlieren.

Abū Baṣīr bereitete weitere Schwierigkeiten. Er setzte sich in die Tihama ab, um mit einigen Anhängern, die er um sich scharte, nach dem Vorbild des Gesandten Allahs quraišitischen Karawanen aufzulauern. Die Mitglieder seiner Bande fühlten sich als Muslime, vielleicht als wahre

Glaubenskämpfer. Als sie eines Tages reiche Beute gemacht hatten, wollten sie Mohammed das Fünftel zusenden. Abū Baṣīr aber belehrte sie über die Sinnlosigkeit dieses Unterfangens; denn der Prophet fürchte die Schelte der Mekkaner und stehe nicht zu seinen Verpflichtungen. Man begann, ein eigenes Gemeinwesen zu errichten: Abū Baṣīr, den sie als ihren Anführer (arab.: *al-amīr*) anerkannten, leitete ihre rituellen Gebete, ihren Freitagsgottesdienst, erließ Vorschriften – ganz wie der Gesandte Allahs in Medina.[80] Die Quraišiten wollten diesem Übelstand ein Ende bereiten; sie forderten von Mohammed, er möge Abū Baṣīr und dessen Leute nach Medina holen und dem eigenen Befehl unterstellen. Der Prophet fügte sich; Abū Baṣīr starb allerdings, bevor man ihn nach Medina bringen konnte. Aus einigen Quellen geht hervor, daß neben den Abū Baṣīr ergebenen Männern Beduinen der Stämme Aslam, Ġifār und Ǧuhaina sich an den Überfällen beteiligten; Mitglieder dieser Stämme tauchen wenig später vor Ḫaibar auf, wie wir schilderten. Auch Abū Ǧandal soll den Weg zu den Aufrührern gefunden haben.

Schwindende Bedeutung der frühen Auswanderung

In verhängnisvoller Weise machten diese Ereignisse[81] deutlich, daß die Islamannahme längst nicht jene Botmäßigkeit stiftete, die Mohammed jetzt, da er ein ernsthafter Mitspieler auf der politischen Bühne geworden war, dringend benötigt hätte. War der Islam, auf den er sich unentwegt berief, das entscheidende Bindemittel seiner Gemeinschaft? Oder fand sich dieses doch nur im Erbe ʿAbd al-Muṭṭalibs, in einer innerquraišitischen Parteiung mithin? Bisher hatte es ausgereicht, nach den Zweckmäßigkeiten des Tages Vereinbarungen zu treffen und auf jegliche Klärung zu verzichten. Mit den Banū Ġifār beispielsweise hatte er schon bald nach der Hedschra ein Abkommen geschlossen; es hatte zu den Vorkehrungen gehört, die er für den Angriff auf die mekkanischen Verbindungslinien getroffen hatte und ist mit demjenigen zu vergleichen, das er mit den Banū Ḍamra eingegangen war.[82] Der Text der Vereinbarung mit den Banū Ġifār ist bei Ibn Saʿd überliefert, er lautet: „Der Gesandte Allahs schrieb für die Banū Ġifār, daß sie zu den Muslimen gehören. Ihnen steht zu, was den Muslimen zusteht, sie tragen dieselben Pflichten wie die Muslime. Der Prophet sagt ihnen den Schutz Allahs und seines Gesandten zu, für ihr Vieh und für sie selber. Er gewährt ihnen Unterstützung gegen denjenigen, der ihnen Unrecht antut. Wenn der Prophet sie auffordert, ihn zu unterstützen, dann entsprechen sie (dieser Aufforderung). Ihnen obliegt es, ihm beizustehen, außer gegen diejenigen, die der Prophet um der Glaubenspraxis willen bekriegt – solange ein Meer eine Flocke der Muschelwolle benetzt!“[83] Nicht nur die Bekräftigungsformel[84] bezeugt das Alter des Textes, sondern vor allem auch der Inhalt. Von der unmittelbaren Teilnahme an seinem Krieg gegen Mekka sind die Banū Ġifār befreit. Sie gehen mit Mohammed ein Defensivbündnis ein, bleiben aber ansonsten unabhängig. Der Dschihad, wie er sich bis 628 herausbildet, ist etwas ganz anderes. Solange Mohammed noch nicht als ein gleichberechtigter Gegenspieler der mekkanischen Quraišiten agierte, war diese Konstellation, die man die „beduinische Huldigung“ (arab.: *al-baiʿa al-ʿarabīja*) nannte, äußerst vorteilhaft. Sie hielt ihm den Rücken frei für die Verfolgung seiner eigentlichen Ziele. Wenn jedoch die beiden Gegner sich auf ein Stillhalteabkommen einigten, erwies sich die allzu lockere Bindung an Mohammed als eine Gefahr. Wodurch konnte dieser Mangel behoben werden? Durch die Ausweitung des Instruments der Hedschra über die ursprüngliche Funktion hinaus.

Denn „Hedschra" bedeutete doch nichts anderes, als daß einzelne Personen oder Teile eines Stammes nach Medina „auswanderten", dabei ihren Solidarverband aufgaben und sich stattdessen der unmittelbaren Befehlsgewalt eines diesem nicht angehörenden Individuums, des Gesandten Allahs, unterstellten. Im Raǧab (begann am 26. November 626) des Jahres 5 traf in Medina eine Gesandtschaft der Banū Muzaina ein; es soll sich um die erste Gesandtschaft eines muḍaritischen[85] Stammes gehandelt haben. Insgesamt vierhundert Mann nahmen den Islam an und leisteten einen Huldigungseid. Regelwidrig rechnete Mohammed ihnen dies als Hedschra an; er gestattete ihnen, wie es in der Quelle heißt, „die Hedschra in ihrem Streifgebiet" und sagte: „Ihr seid Auswanderer, wo ihr seid. Kehrt also zu eurem Vieh zurück!"[86] – Ohne ein Datum ist der Bericht über drei Männer von den Banū ʿAbs. Sie wollten von Mohammed wissen, ob es stimme, daß man, ohne die Hedschra zu vollziehen, kein Muslim sein könne. Sie erhielten die beruhigende Antwort, sie dürften bei ihrem Vieh bleiben; Allah werde ihnen ihre Taten uneingeschränkt auf dem Jenseitskonto gutschreiben.[87] – Wie im Falle der *ṣadaqāt* beobachten wir auch hier Mohammeds Wunsch, die zunächst sehr lockeren Verbindungen, die aus der Islamannahme eines sich nicht seinem Befehl unterstellenden Stammes folgten, zu festigen und zu verstetigen. In anderen Fällen beharrte Mohammed auf der Erfüllung der Hedschra im Wortsinn. So hatte er im Frühjahr 629 einen Gesandten nach Bostra geschickt, der unterwegs ermordet worden war. Im Ǧumādā l-ūlā (begann am 16. August 629) brach Zaid b. Ḥāriṯa mit einer Truppe nach Norden auf, um Rache zu nehmen. Bei Muʾta, einem Dorf im Gebiet des heutigen Amman, erlitt die Schar gegen eine byzantinische Streitmacht eine schwere Niederlage; Zaid, Ǧaʿfar b. abī Ṭālib und andere Vertraute Mohammeds fielen. Der unerfüllte Auftrag des Propheten hatte gelautet: Andersgläubige sollten die Aufforderung erhalten, zum Islam überzutreten; stimmten sie zu, dann waren sie zur Hedschra, zum Verlassen ihres Gebiets, zu drängen; hierdurch könnten sie die Gleichstellung mit den Auswanderern erreichen. Lehnten sie die Hedschra ab, dann blieben sie muslimische Beduinen, deren Handeln freilich der Beurteilung durch Allah unterliege – wie dies den drei ʿAbsiten zugesichert worden war. Anteile an der Kriegsbeute könnten sie unter dieser Voraussetzung allerdings nie empfangen. Verschlössen sie sich der Botschaft des Propheten ganz und gar, dann werde ihnen die Kopfsteuer auferlegt.[88]

Der Dschihad, die zu kriegerischer Aktivität genutzte Auswanderung, war demnach das Einzige, was dem Gemeinwesen inneren Zusammenhalt und damit die Möglichkeit verschaffte, als eine Einheit aufzutreten. Die Vorstellung verblaßte, daß Auswanderung und Kampf für den Fortbestand des Gemeinwesens der Muslime ein und dasselbe seien. Indem die Konturen der sich aus der Hedschra ergebenden Verpflichtungen zu verschwimmen begannen, nicht zuletzt durch Sonderregelungen, wie sie der Gesandte Allahs für die Banū Muzaina verfügt hatte, regte sich von nun an die Eifersucht der „ersten Auswanderer". ʿUjaina b. Ḥiṣn jedenfalls begründete mit solcher Eifersucht die Ablehnung des Vorschlags, er möge sich mit den Ġaṭafān, die ihn als ihren Führer anerkennten, zu Mohammed begeben, also „auswandern". Man hatte ihm dies in den Monaten nach der Eroberung Ḫaibars nahegelegt; er war damals in den Verdacht geraten, noch einmal Medina angreifen zu wollen. Würde es sich für ihn lohnen, ein „Auswanderer" zu sein, und zwar ein später? Unentschlossen, wie er war, hatte er zunächst die Stimmung der Quraišiten in Mekka erkunden lassen. Zwar seien die Mekkaner voller Haß auf Mohammed, und sie könnten auch einige Unterstützung von außerhalb erwarten,[89] trug man ihm zu; trotzdem seien sie mutlos, wüßten sie doch, daß die Ḫuzāʿiten mit Mohammed unter einer Decke steckten und ihm alles verrieten. Die Quraišiten wollten sich vorerst auf den ausgehandelten Frieden verlassen, der immerhin gewährleiste, daß man bei der herkömmlichen Glaubenspraxis bleiben könne.[90] Daß ʿUjaina die „ersten Auswanderer" richtig einschätzte, sollte sich bald zeigen: Im Augenblick, in dem sich der Sieg Mohammeds anbahnt, beginnt das Ringen um die Auslegung dieses Sieges und darum, wer den entscheidenden Anteil daran für sich verbuchen darf. Für die außerhalb des Gemeinwesens der Glaubenskrieger Verbliebenen ist es einerseits verlockend, nun rasch die Hedschra zu vollziehen; die Vorteile der Parteinahme für die Sache des Gesandten Allahs liegen auf der Hand. Aber sie müssen mit der Einfügung in eine Rangordnung erkauft werden, die es so in Arabien noch nicht gegeben hat, in eine Rangordnung, deren Spitzenplätze bereits besetzt sind, wenn es nach der Einschätzung der „ersten Auswanderer" geht. Allein der Dschihad, wie er sich in diesen Jahren herausbildet, eröffnet die Möglichkeit, das Verdienst der frühen Hedschra zu überspringen.

Mohammeds „kleine" Wallfahrt

Die Mekkaner wiegten sich in der Hoffnung, durch den Vertrag von al-Ḥudaibīja hätten sie sich fürs erste Luft verschafft, und wenn sie auch von Mohammeds Eroberungen nördlich von Medina kaum entzückt gewesen sein können, so hatten sie immerhin erlebt, wie ihr erklärter Feind im Falle Abū Ǧandals und Abū Baṣīrs seine Bereitschaft zur Beachtung der Vereinbarungen mit der Tat bewiesen hatte. Vielleicht würde Mohammed sich auf Dauer mit dem Norden beschäftigen und dabei den Byzantinern in die Quere kommen, die dann erledigen würden, wozu man selber sich nicht aufraffen mochte. Das Debakel von Muʾta im Spätsommer 629 schien solchen Spekulationen recht zu geben. Zuvor war auch die Nachholung der „kleinen" Wallfahrt, die der Vertrag von al-Ḥudaibīja vorsah, so verlaufen, daß die Mekkaner, die glauben wollten, alles sei in bester Ordnung, Argumente für ihr Wunschdenken finden konnten. Die näheren Umstände werden wie folgt überliefert: Im Ḏū l-Qaʿda (begann am 2. März 629) des Jahres 7 ordnete Mohammed an, daß alle diejenigen, die mit ihm im Jahr zuvor das Wagnis des Pilgerzuges auf sich genommen hatten, ihre Vorbereitungen für die Durchführung der Riten – nunmehr am richtigen Ort – treffen sollten. Ungefähr zweitausend Personen, ausschließlich solche, die zusammen mit dem Propheten die kritischen Tage von al-Ḥudaibīja überstanden hatten, machten sich nach Mekka auf, unter ihnen etwa einhundert Berittene in vollständiger Bewaffnung sowie Fußtruppen. Im Abkommen hatte man vereinbart, daß die muslimischen Pilger nur solche Waffen tragen durften, die jeder Reisende üblicherweise mit sich führte; das Schwert eines jeden Wallfahrers hatte, solange er sich im heiligen Bezirk befand, in der Scheide zu stekken. Bei D̲ū l-Ḥulaifa, der Örtlichkeit, an der man heute, von Medina kommend, das *ḥaram*-Gebiet erreicht, machte man Mohammed auf die Verletzung des Vertrags aufmerksam; er aber beharrte, man müsse gut gerüstete Truppen zumindest in der Nähe haben, und setzte den Weg fort. Die Quraišiten erschraken, als sie davon hörten, und suchten seine Absichten zu erfahren. Er werde so, wie es ausgemacht sei, die Riten vollführen, versicherte er und ließ die Kampftruppen an einer Stelle zurück, von der aus sie die Grenzsteine im Auge behalten konnten. Die quraišitischen Bewohner Mekkas flüchteten auf die Anhöhen, um von dort zuzuschauen, wie sich der Gesandte Allahs, ununterbrochen die an seinen Gott gerichtete Formel der Huldigung ausrufend, dem Heiligsten näherte. Daß Mohammed die Opfertiere bei al-Marwa schlachten ließ und verkündete, daß fortan jeder Paßweg, der nach Mekka hineinführe, für diese rituelle Handlung geeignet sei, erregte nicht den Unwillen der Alteingesessenen, wohl aber etwas anderes: Mohammed hatte die Kaaba betreten; unterdessen kam die Zeit des Mittagsgebets, und er wies Bilāl an, vom Dach der Kaaba herab den Ruf ertönen zu lassen. Mit Schaudern und Entsetzen wurden die Quraišiten Zeugen dieses Triumphes ihres Feindes.[91]

Die ersten Überläufer

Ernsthafte Zwischenfälle blieben jedoch, wie erwähnt, aus. ʿUmāra, eine Tochter des in der Schlacht bei Uḥud gefallenen Ḥamza b. ʿAbd al-Muṭṭalib, nahm man mit auf die Rückreise, ohne daß die Quraišiten hiergegen Einspruch erhoben hätten. Nachdem drei Tage verstrichen waren, die Mohammed in einem in der Senke von Mekka aufgeschlagenen Zelt zugebracht hatte, erschien Suhail b. ʿAmr und mahnte ihn barsch zum Abzug. Der Vertrag von al-Ḥudaibīja erlaubte keinen längeren Aufenthalt. In Mohammeds Umgebung war man offensichtlich anderer Auffassung: Der Prophet habe in jenen drei Tagen kein Haus betreten, nie unter einem festen Dach geweilt, ein Umstand, aus dem man wohl ableitete, daß von einem Aufenthalt im eigentlichen Sinne nicht die Rede sein könne. Wie dem auch sei, die Muslime räumten dann doch bis zum Anbruch der Dunkelheit die Stadt und vereinten sich mit den der Vorsicht halber zurückgelassenen Truppen.[92] Obwohl alles glimpflich abgelaufen und Mohammed bei allen Zweideutigkeiten, die er gezeigt hatte, seinen vertraglichen Verpflichtungen nachgekommen war, dämmerte es einigen Mekkanern, daß sich ihre Lage von Tag zu Tag verschlechterte. Man hocke wie der Fuchs in seinem Bau, und sobald ein großer Eimer Wasser hineingegossen werde, müsse man das Weite suchen; diese Gedanken soll sich der Maḫzūmite Ḫālid b. al-Walīd gemacht haben,[93] der bei al-Ḥudaibīja die Vorhut der Quraišiten befehligt hatte. ʿAmr b. al-ʿĀṣ, einst der quraišitische Gesandte, der den Negus zur Ausweisung der muslimischen Flüchtlinge hatte bewegen sollen, sah die Lage Mekkas ähnlich skeptisch. Und noch ein dritter wurde von derartigen Ängsten geplagt, nämlich der ʿAbdarite ʿUṯmān b. Ṭalḥa. Dieser verließ Mekka zusammen mit Ḫālid, bei al-Hada[94] stießen beide auf ʿAmr, der bekannte, sich ebenfalls Mohammed unterwerfen zu wollen.[95] Die quraišitische Sache stand schlecht – so wenigstens scheint es auf den ersten Blick. Doch bald nahmen die Dinge eine überraschende Wende.

Im Ṣafar (begann am 31. Mai 629) des Jahres 8 huldigten die drei dem Gesandten Allahs. Zwei Monate später machte Mohammed von der im Vertrag mit den Mekkanern ihm eröffneten Möglichkeit Gebrauch, Bündnispartner zu gewinnen. Schon als das Abkommen von al-Ḥudaibīja ausgehandelt wurde, waren die Ḫuzāʿiten durchweg Muslime geworden. Die Stämme in ihrer Umgebung verharrten jedoch im Heidentum. Jetzt hatte Mohammed dort neue Anhänger gefunden, und dies teilte er den Banū ʿAmr, einer ḫuzāʿitischen Sippe, schriftlich mit: Er taste ihre Vertragstreue nicht an, denn niemanden in der Tihama schätze er höher als sie, die sie mit ihm verwandt seien, sowie alle ihre Gefolgsleute, die dem Schwurbund der „Parfümierten" angehörten; „ich sage demjenigen unter ihnen, der die Hedschra vollzieht, das gleiche zu wie mir selber, und vollzöge er auch die Hedschra auf seinem (eigenen) Gebiet – abgesehen allein davon, daß er sich in Mekka zu einem anderen Grund als der großen oder kleinen Pilgerfahrt[96] aufhält." Seien die Banū ʿAmr bislang schon immer vom Gesandten Allahs redlich behandelt worden, so könne man ihnen jetzt melden, daß einige Sippen der Banū ʿĀmir b. Ṣaʿṣaʿa zum Islam übergetreten und „ausgewandert" seien, um dem Propheten zu huldigen; im Erlaubten wie im Verbotenen sei man jetzt miteinander vereint; „bei Allah, ich log euch nicht an, und euer Herr möge euch lieben!"[97] Diese Beteuerung klingt, als hätte es mit den Beziehungen Mohammeds zu den Ḫuzāʿiten nicht zum besten gestanden, vielleicht weil sie, obwohl zunächst von Feinden umringt, nicht als „Auswanderer" betrachtet worden waren. Jedenfalls dient die Zuerkennung der Hedschra hier nur noch der Stiftung einer Loyalität gegenüber dem Gemeinwesen der Glaubenskrieger, die nicht mehr durch das Zerreißen der überkommenen Bindungen bekundet werden muß – zu Beginn der medinensischen Zeit war das unabdingbar gewesen. Das Wagnis, das die „ersten Auswanderer" auf sich genommen hatten, war verglichen mit den Verpflichtungen, die die Banū ʿAmr eingingen, ungleich größer gewesen. Die Hedschra auf dem eigenen Territorium war nunmehr vor allem deswegen möglich, weil diejenigen, denen sie eingeräumt wurde, sich nicht mehr einer durch und durch feindseligen Umgebung ausgesetzt sahen – die Zuflucht bei den „Gläubigen" in Medina war nicht mehr erforderlich. Einzig im unmittelbaren Machtbereich des Feindes, in Mekka, sollte der „Auswanderer" nicht ohne einen zwingenden, nämlich rituellen Grund verweilen. Der dank der Ausbreitung des Islams über Medina hinaus schwindenden Folgelasten der Hedschra auf der einen Seite entsprach auf der anderen das Streben nach Beteiligung am Dschihad als das neue Merkmal durch die Tat bewiesener Gläubigkeit.

Streit zwischen den frühen und den späten Auswanderern

In Anbetracht solcher rasch vonstatten gehenden Veränderungen war Ḫālids Bild vom Fuchs, der tatenlos in seinem Bau verharrte und jederzeit zu gewärtigen hatte, daraus verjagt zu werden, durchaus angebracht. Mohammed waren die quraišitischen Überläufer höchst willkommen; das zeigte sich schon im September 629. Die Stämme des Nordens der Arabischen Halbinsel waren nach al-Ḥudaibīja von Unrast erfaßt worden. Das Ringen zwischen Muslimen und den mekkanischen Heiden wurde vielfach zu ihrer internen Angelegenheit, die Religionszugehörigkeit entzweite die herkömmliche Solidargemeinschaft. Dies war vermutlich eine der Folgen der Ebenbürtigkeit mit Mekka, die Mohammed erlangt hatte. Stammeskoalitionen hatten bis dahin nur die mekkanischen Quraišiten bilden können;[98] das Abkommen von al-Ḥudaibīja gestand beiden Seiten diese Möglichkeit zu, und es läßt sich denken, daß von nun an darüber debattiert wurde, welcher Seite sich eine Sippe, in der es Muslime gab, zuneigen sollte. So war unter den Banū Ġifār ein erbitterter Streit ausgebrochen, während dessen man fast alle Muslime niedermetzelte.[99] Bei Muʾta hatten christliche Quḍāʿiten die byzantinische Streitmacht gestellt. Quḍāʿiten und Banū Balī fanden sich nun, im September, zusammen, um Medina anzugreifen. Der Gesandte Allahs bot „Helfer" und Auswanderer auf, die diese Gefahr im Ansatz beseitigen sollten. Ihnen gesellte er ʿAmr b. al-ʿĀṣ bei, den Mann aus der quraišitischen Sippe der Banū Sahm, dessen Vater übrigens ʿUmar b. al-Ḫaṭṭāb geschützt hatte, als dieser so überraschend dem Zauber der „Lesung" verfallen war. ʿAmrs Mutter stammte von den Banū Balī ab,[100] und Mohammed gedachte, sich diesen Umstand zunutze zu machen. ʿAmr sollte der Führer des Trupps sein. Als man in die Nähe des Lagers der Feinde gekommen war, erkannte man, daß sie zu zahlreich waren, als daß man etwas hätte ausrichten können. Noch während man auf Verstärkung wartete, entbrannte zwischen ʿAmr, der darauf beharrte, das Sagen zu haben, und den wegen ihrer Verdienste um den Islam von ihrem Vorrang Überzeugten ein Zwist. Dieser verschärfte sich, als der frühe Auswanderer Abū ʿUbaida b. al-Ǧarrāḥ mit weiteren Kräften eintraf. ʿAmr wollte nicht dulden, daß Abū ʿUbaida die rituellen Gebete leite und damit als eigentlicher Befehlshaber in Erscheinung trete. Daß auch die „Helfer" die Führung beanspruchten, mag eine Zurückspiegelung künftiger Konflikte bereits in diese Vorgänge hinein sein. ʿAmr jedenfalls setzte sich durch, er, der gerade Bekehrte, betete den alten Kämpfern vor.

Die militärischen Ergebnisse des Feldzugs waren nicht weltbewegend. Sobald ʿAmrs nunmehr ausreichende Streitmacht den Banū Quḍāʿa und den Banū Balī auf den Leib rückte, wichen diese zurück und trennten sich; dieses Spiel wiederholte sich etliche Male.[101] – Der Beobachter dieser Ereignisse wird erneut Zeuge des Endes der frühmedinensischen Gemeinde. Die Quraišiten in Mekka müssen mit Recht fürchten, daß die politische Lage, unberechenbar, wie sie sich in jenen Monaten darstellt, zu ihren Ungunsten umschlagen werde. Denn Mohammed als der durch sie selber aufgewertete Herausforderer kann agieren, sich eine neue Politik aufbauen, die im Islam und im Dschihad Wesenszüge trägt, die über das bisher Gängige hinausweisen, es auf die Länge der Zeit hin auch zerstören, es zunächst aber für sich nutzen. Der Widerspruch, der hierin liegt, war dem Gesandten Allahs vermutlich nicht bewußt. Leute wie ʿAmr b. al-ʿĀṣ auf der einen Seite und die alten Genossen auf der anderen sollten schiedlich friedlich miteinander umgehen; das hatte er den Verstärkungen unter Abū ʿUbaida mit auf den Weg gegeben. Mit der Hedschra auf dem eigenen Gebiet und mit den *ṣadaqāt* hatte Mohammed sich Instrumente geschaffen, mit denen er die Stammesdiplomatie der mekkanischen Quraišiten nicht nur nachzuahmen, sondern in neuer

Form zu verstetigen vermochte. Rückschläge wie bei den Banū Ġifār konnten, das lehrt der Fortgang der Geschichte, sein Werk nicht mehr gefährden. Das frühe Verdienst um den Islam verlor dabei an Gewicht.

Bruch des Vertrags von al-Ḥudaibīja

„Im Islam", d.h. unter Muslimen, schließt man keinen Schwurbund mehr ab; denn die abrahamische Glaubenspraxis mit ihren politischen Konsequenzen soll eine stabile Einheit zwischen allen stiften, die sie Tag für Tag einhalten. Gibt es hingegen eine Eidgenossenschaft, deren Beteiligte insgesamt in den Islam eingetreten sind, dann gilt sie weiterhin, ja gewinnt durch die Zugehörigkeit ihrer Mitglieder zur „wahren" Religion noch an Kraft. So lautet die Nutzbarmachung der Bestimmungen von al-Ḥudaibīja, wie Mohammed sie sich zurechtlegte. Zwischen den Banū Bakr b. Kināna und den Ḫuzāʿiten schwelte seit vorislamischer Zeit eine Blutfehde, und daher war es nicht ohne Bedeutung, daß Mohammed mit den Ḫuzāʿiten den zwischen diesen und ʿAbd al-Muṭṭalib gestifteten Schwurbund gemäß dem eben erwähnten Grundsatz erneuert hatte. Wie so oft, zeitigte ein lächerlicher Vorfall weitreichende Folgen. Ein ḫuzāʿitischer Bursche war Zeuge geworden, wie ein Bakrite den Gesandten Allahs geschmäht hatte; der Ḫuzāʿite brachte dem, wie er meinte, Übeltäter eine Kopfwunde bei, worauf die bakritische Sippe der Banū Nufāṯa mit einigen Führern der Quraišiten Fühlung aufnahm, damit man an den Ḫuzāʿiten Rache übe. Unter den Bakriten hielten sich allein die Banū Mudliǧ abseits, denn sie hatten sich schon vor der Schlacht von Badr verpflichtet, nicht gegen Mohammed Krieg zu führen.[102] Auch Abū Sufjān b. Ḥarb soll sich nicht auf eine Attacke gegen die Ḫuzāʿiten eingelassen haben. Andere Quraišiten waren jedoch zum Mittun bereit, und sie verabredeten mit einigen Bakriten einen nächtlichen Überfall. Das Opfer war eine bei Mekka lagernde Gruppe von Ḫuzāʿiten. Einige retteten sich in das *ḥaram*-Gebiet und fanden in den Häusern zweier Stammesgenossen Unterschlupf. Drei Tage belagerte man sie dort. Als sich die Erregung gelegt hatte und man die Leichen von dreiundzwanzig Ḫuzāʿiten gewahr wurde, beschlich die Quraišiten Furcht. Denn anders als einen Bruch des Vertrags von al-Ḥudaibīja konnte man das Geschehene kaum auslegen.

Abū Sufjān b. Ḥarb verlor in dieser heiklen Situation nicht den Kopf. Fünf Tage nach den Morden machte er sich auf den Weg nach Medina. Dort wollte er noch vor den Nachrichten über die Untat eintreffen; er wollte Mohammed aufsuchen und ihm versichern, die Mekkaner begehrten eine Bekräftigung und Verlängerung der Abmachungen, die man keine zwei Jahre zuvor geschlossen hatte.[103] Die Ḫuzāʿiten freilich waren schneller. Zwei von ihnen waren bereits bei Mohammed. In Versen, mit denen sie ihn zum Eingreifen aufforderten, beriefen sie sich auf den alten Bund. Wie Ibn Isḥāq überliefert, endeten sie mit einem empörenden, nach Rache schreienden Bild: Die Meuchelmörder metzeln die in Gebetshaltung verharrenden Ahnungslosen nieder.[104] Auf halbem Weg nach Medina begegnete Abū Sufjān einer der ḫuzāʿitischen Schreckensboten; von Abū Sufjān zur Rede gestellt, leugnete er, in Medina gewesen zu sein. Abū Sufjān aber glaubte ihm nicht. Er setzte seine Reise fort und bat den Gesandten Allahs um eine Bestätigung des Vertrags und um eine Verlängerung der Friedensfrist; denn er, Abū Sufjān, habe seinerzeit den Unterredungen nicht beiwohnen können – dies der Vorwand, unter dem er Mohammed zu einer Revision bewegen wollte.[105] Mohammed zeigte sich unerbittlich. Die Frist des Waffenstillstandes bleibe unverändert. Die Überlieferung schildert nun, wie Abū Sufjān b. Ḥarb die Großen unter den Auswanderern, danach den „Helfer" Saʿd b. ʿUbāda, ja selbst Fāṭima um ihre guten Dienste bittet – doch stets vergeblich: Mohammed allein habe zu entscheiden. Umm Ḥabība, eine Tochter Abū Sufjāns, war seit etwa zwei Jahren eine der zahlreichen Gattinnen Mohammeds; sie war einst mit ʿUbaidallāh b. Ǧaḥš ins äthiopische Exil gegangen; nachdem sie dort verwitwet war, hatte Mohammed den Negus ersucht, sie ihm anzuverloben.[106] Als der Vater sie aufsuchte, schob sie eilends das Ruhebett beiseite, auf dem der Gesandte Allahs seinen ehelichen Pflichten nachzukommen pflegte; Abū Sufjān, der unreine Beigeseller, sollte es auf keinen Fall berühren. – Öfters stoßen wir in den Quellen auf diese durch den Islam herbeigeführte Zerstörung der engsten Bindungen der Verwandtschaft.[107] – Auch Umm Ḥabība würde kein Wort für die Sache des Vaters einlegen, das war klar. Dies ist die muslimische Version des Endes des Friedens von al-Ḥudaibīja; die mekkanische kennen wir nicht.

Mohammeds Vorbereitungen auf den Krieg gegen Mekka

Unverrichteterdinge kehrte Abū Sufjān nach Mekka zurück, wo man ihn verdächtigte, ein „Ṣābiʾer" geworden zu sein, denn er war länger als erwartet fortgeblieben.[108] Für den Gesandten Allahs war der Mord an den dreiundzwanzig Ḫuzāʿiten ein viel zu willkommener Grund für einen Krieg gegen Mekka, als daß er in irgendeiner Weise sich auf Abū Sufjāns Ansinnen hätte einlassen wollen. Er befahl, die Vorbereitungen für einen Feldzug zu treffen, soll sich aber über das Ziel in Schweigen gehüllt haben; zweifelhaft kann es nicht gewesen sein. Den Beduinen in der Umgebung Medinas richtete er aus, sie hätten sich im Ramadan (begann am 23. Dezember 629) bei ihm einzufinden. Als Boten dienten ihm Mitglieder der betroffenen Sippen. Außerhalb Medinas hielt er Heerschau und verteilte an die einzelnen Verbände Standarten. Die Auswanderer stellten laut al-Wāqidī siebenhundert Mann, darunter dreihundert Berittene, die „Helfer" dreitausendfünfhundert Fußsoldaten und fünfhundert Mann Kavallerie. Daß unter den Auswanderern fast jeder zweite zu Pferde in den Krieg ziehen konnte, deutet auf die erheblichen Vermögenswerte hin, die sich diese Gruppe seit dem Kampf um Ḫaibar angeeignet hatte. Die Stämme Aslam, Muzaina, Ǧuhaina und die Banū Kaʿb von den Ḫuzāʿa boten jeweils etliche hundert Kämpfer auf; soweit al-Wāqidī ihnen Kavallerieverbände zuschreibt, umfaßten diese wesentlich weniger als ein Zehntel des gesamten Kontingents.[109]

Dramatischer Umschwung der politischen Verhältnisse?

Daß so umfangreiche Truppenaushebungen sich wie ein Lauffeuer herumsprachen, verwundert nicht. ʿUjaina b. Ḥiṣn hatte auch davon Wind bekommen. Bei al-ʿArǧ, einem Paß zwischen Medina und Mekka, stieß er zu Mohammed; dieser verriet ihm nicht, wohin es gehen sollte. Als der Gesandte Allahs dann, wie beschrieben, sein Heer musterte und die Standarten austeilte, wußte ʿUjaina Bescheid und bereute seine vorschnelle Entscheidung, mitzuziehen. Ein weiterer Beduinenführer hatte sich in die Nähe Mohammeds begeben, ebenfalls von der Aussicht auf Kriegsbeute beflügelt. So zogen in Mohammeds Kielwasser Verbände mit, von denen er nicht wissen konnte, wie sie sich in einer Schlacht verhalten würden. Unterwegs ergriff man einen Spion der Stammeskonföderation der Hawāzin. Von ihm erfuhr Mohammed, daß auch sie viele Kämpfer zusammenzogen und zudem die Banū Ṯaqīf mobilisiert hatten. Diese hätten, so der Bericht, Leute nach al-Ǧuraš im Norden Asirs[110] geschickt, die eine Wurfmaschine und Schutzdächer besorgen sollten, Gerät, das man zur Erstürmung eines befestigten Ortes benötigte.[111] Für Mekka konnte dies nichts Gutes bedeuten. In den *Fiǧār*-Kriegen waren die Banū Ṯaqīf mit den Hawāzin gegen die Quraišiten gestanden;[112] es drängt sich der Verdacht auf, daß erstere jetzt ihr Bündnis wiederbelebt hatten, um die Schwäche Mekkas zu nutzen. Daß Mohammed mit zahlreichen Truppen, denen sich zuletzt noch die Banū Sulaim anschlossen – Hāšims Mutter ʿĀtika bt. Murra war eine Sulamitin gewesen[113] – auf seine Heimatstadt zumarschierte, konnte den dortigen Quraišiten angesichts dieser vielleicht unerwarteten Bedrohung durch die Ṯaqafiten in einem ganz neuen Licht erscheinen. Die Ṯaqafiten hatten noch für sie Partei ergriffen, als es gegolten hatte, Mohammeds Pilgerzug im Jahre 6 aufzuhalten; damals war es gegen den Erben ʿAbd al-Muṭṭalibs gegangen, und deshalb hatte man zusammengefunden. Diese Allianz war anscheinend zerbrochen. Es fällt auf, daß al-Aḫnas b. Šarīq, der ṯaqafitische Eidgenosse der Banū Zuhra,[114] in den Quellen zum letzten Mal auftaucht, als er, wie geschildert, von Mohammed die Auslieferung Abū Baṣīrs fordert. Hat al-Aḫnas kurz darauf Mekka verlassen? Deutete man in aṭ-Ṭāʾif die in den Quellen beiläufig erwähnte Stiftung eines medinensischen *ḥaram*-Gebiets[115] dahingehend, daß Mohammed nach dem Gewinn von Ḫaibar das Interesse an seiner Heimatstadt verloren hatte, so daß ein enges Zusammengehen mit den Quraišiten aus der Sicht der Ṯaqafiten nicht mehr erforderlich gewesen wäre? Oder war, wofür es Indizien gibt, über die Mekkaner eine Hungersnot gekommen, seitdem sich Mohammed das fruchtbare Ḫaibar angeeignet hatte, so daß die Ṯaqafiten ihre quraišitischen Bundesgenossen verließen und sich auf ihre eigenen Ressourcen zurückzogen? War das Ansehen der Quraišiten bei den Ṯaqafiten wegen des Abkommens mit Mohammed so sehr gesunken, daß diese daran denken konnten, die Scharte auszuwetzen, die sie im „Jahr des Elefanten" erlitten hatten? Letzteres ist am ehesten denkbar. Denn als der Ṯaqafite ʿUrwa b. Masʿūd während der Unterhandlungen von al-Ḥudaibīja den Gesandten Allahs aufsuchte, machte er die ihn befremdende Entdeckung, daß sein Neffe al-Muġīra b. Šuʿba, ein Massenmörder, für dessen dreizehn Opfer er um des Friedens in aṭ-Ṭāʾif willen das Blutgeld hatte zahlen müssen, hier in bestem Ansehen stand. „(Die Annahme) des Islams schneidet ab, was zuvor war!"[116] Was sollten die Ṯaqafiten von ihren mekkanischen Eidgenossen denken, wenn sie sich mit solchen Leuten von gleich zu gleich einigten? Konnte daher der heranziehende Mohammed den in dieser Situation um ihre Existenz fürchtenden Quraišiten nicht wie ein Retter aus höchster Not vorkommen?

Vielleicht muß man schon Mohammeds überraschendes Verhalten gegen Abū Sufjān b. al-Ḥāriṯ b. ʿAbd al-Muṭṭalib, seinen Vetter und Milchbruder, unter dem Eindruck einer dramatischen Wende der politischen Verhältnisse betrachten: Der Gesandte Allahs rückt nicht als Feind, sondern als Sachwalter vitaler quraišitischer Belange gegen Mekka vor. Dieser Vetter war sein erklärter Feind gewesen. Er soll sich einst mit der höhnischen Forderung hervorgetan haben, wenn Mohammed wirklich ein Prophet sei, dann solle er sich doch einen Palast verschaffen oder in den Himmel hinaufsteigen und ein Buch herabholen (Sure 17, 93). Als Mohammed jetzt bei al-Abwā' Station machte und ihm von allen Seiten Menschen zuströmten, war unter ihnen auch dieser Abū Sufjān b. al-Ḥāriṯ. Auf welche Weise er Verzeihung erlangte, wird unterschiedlich erzählt. Auf alle Fälle vergab Mohammed ihm und auch dem Maḫzūmiten ʿAbdallāh b. abī Umaija b. al-Muġīra,[117] noch bevor er in Mekka einrückte.[118] Und auch andere prominente Vertreter der mekkanischen Führungsschicht machten ihm seine Aufwartung, noch ehe er in seine Heimatstadt einzog. Ist dies lediglich das Zeichen eines feigen Opportunismus oder doch die Folge der Einsicht in die höchst gefährdete Lage?

Die Bekehrung Abū Sufjān b. Ḥarbs zum Islam

Bei Marr aẓ-Ẓahrān, nahe an Mekka, schlug Mohammed sein Lager auf. Folgen wir nun dem, was al-Wāqidī ermittelt hat! Als der Gesandte Allahs am Abend den Vormarsch unterbrochen hatte, „befahl er seinen Leuten, (viele) Feuer zu entzünden. Es wurden zehntausend entzündet. Die Quraišiten (in Mekka) kamen überein, Abū Sufjān b. Ḥarb zu entsenden, damit er Erkundigungen einziehe: ‚Wenn du Mohammed triffst, dann erbitte von ihm für uns Fremdenschutz! Solltest du allerdings an seinen Leuten Zeichen der Schwäche entdecken, dann erkläre ihm den Krieg!' Abū Sufjān und (mit ihm) Ḥakīm b. Ḥizām[119] brachen auf. Unterwegs begegnete ihnen Budail (b. Warqā'),[120] den sie zum Mitgehen aufforderten, und er schloß sich ihnen an. Als sie bis zum Arāk-Tal[121] bei Marr aẓ-Ẓahrān gelangt waren, erblickten sie die Zelte, das Lager und die Feuerstätten, hörten das Wiehern der Pferde, das Brüllen der Kamele. ‚Das sind die Banū Kaʿb,[122] (die Absicht) des Krieges führte sie zusammen!' Budail wandte ein, daß jene Schar zahlreicher sei als die Banū Kaʿb. ‚So suchen denn die Hawāzin-Beduinen Weide auf unserem Land? Bei Allah, dergleichen ist uns noch nicht vorgekommen. Das Lager gleicht dem der Pilger!' Nun hatte der Gesandte Allahs ʿUmar b. al-Ḫaṭṭāb zur Wache eingeteilt, und al-ʿAbbās b. ʿAbd al-Muṭṭalib hatte das Maultier des Gesandten Allahs, Duldul geheißen, bestiegen, um womöglich einen Boten an die Quraišiten ausfindig zu machen, der ihnen melden sollte, daß der Gesandte Allahs im Begriff stehe, mit zehntausend Mann bei ihnen einzudringen. Plötzlich vernahm al-ʿAbbās Abū Sufjāns Stimme und rief: ‚Abū Ḥanẓala!' ‚Zu Diensten, Abū l-Faḍl!' erwiderte dieser. ‚Ich bin es!' ‚Was hast du zu vermelden?' fragte Abū Sufjān, worauf al-ʿAbbās anhob: ‚Das ist der Gesandte Allahs mit zehntausend Muslimen. Nimm den Islam an – mögen deine Mutter und deine Sippe deinen Tod beklagen!'[123] Dann trat al-ʿAbbās auf Ḥakīm b. Ḥizām und Budail b. Warqā' zu: ‚Nehmt den Islam an! Ich biete auch euch Fremdenschutz, damit ihr alle zum Gesandten Allahs gelangen könnt. (Ohne solchen Schutz), so fürchte ich, werdet ihr in Stücke gehauen, bevor ihr den Propheten erreicht.'" Al-ʿAbbās geleitet die drei zu Mohammed, der sie die ganze Nacht hindurch verhört und dann verlangt, daß sie sich zum Islam bekehren. Ḥakīm und Budail gehorchen, Abū Sufjān aber will sich nur auf den ersten Teil des Glaubensbekenntnisses einlassen: „Es gibt keinen Gott außer Allah!" Daß Mohammed dessen Gesandter sei, dagegen sträube sich sein Inneres noch, er bitte deswegen um Aufschub. Der Prophet zeigt sich nachsichtig gestimmt, die drei werden Zeugen des rituellen Gebets, das, von Tausenden zugleich ausgeführt, sie tief beeindruckt, und noch mehr die alles bisher Bekannte übersteigende Ergebenheit der Muslime, die sich, nachdem Mohammed die Waschungen vollzogen hat, um das Wasser balgen, um der darin vermuteten Segenskraft teilhaftig zu werden. Dieser Allah muß auf der Seite Mohammeds stehen, sieht Abū Sufjān ein, anders sind die Siege dieses Mannes und die Niederlagen der Quraišiten nicht zu erklären. Was bleibt angesichts solcher Umstände übrig, als auch den zweiten Teil des Glaubensbekenntnisses zu sprechen?

Hierauf entwickelt sich zwischen Abū Sufjān und dem Propheten eine Unterredung. „Mohammed, du ziehst gegen deine Sippe und deinen Ursprung mit einem zusammengewürfelten Haufen zu Felde, manche (deiner Krieger) tragen einen bekannten Namen, manche nicht." „Das Unrecht, das du begangen hast, ist viel größer! Ihr habt den Vertrag von al-Ḥudaibīja gebrochen. Ihr habt sündhafte Übergriffe gegen die Banū Kaʿb unterstützt, und das im heiligen Bezirk Allahs, wo Sicherheit herrschen soll." „Immerhin sind wir dein Stamm, Gesandter Allahs! Wie wäre es, wenn du deinen Zorn und deine Tücke gegen die Hawāzin richtetest? Ihre Verwandtschaft zu dir ist um vieles ferner, und sie feinden dich weit heftiger an." Mohammed antwortet darauf: „Ich erhoffe von meinem Herrn, daß er mir mit der Einnahme Mekkas, mit der Erhöhung des Islams in dieser Stadt und mit der Bezwingung der Hawāzin alles zusammen gewährt und daß er mir deren Besitz und deren Nachkommenschaft als Beute zuführt! Ich erflehe alles dies von Allah!"[124] Al-Wāqidī überliefert eine weitere Fassung dieser Szene; der Gewährsmann ist ʿAbdallāh b. al-ʿAbbās, und es erstaunt darum nicht, daß hier die Rolle des Ahnherrn der Abbasidendynastie noch stärker betont wird: Er hält Abū Sufjān im Lager des Propheten fest und zwingt ihn, der Heerschau beizuwohnen, die ihn von der Aussichtslosigkeit der Situation der Quraišiten überzeugt. Wie schon mehrfach notiert, nahm al-ʿAbbās erst in jenen Tagen den Islam an.[125] Die Geschichtsschreibung der Abbasidenzeit liebt es, ihn als einen Unterhändler im Namen des Gesandten Allahs zu bemühen. Schon bei al-ʿAqaba läßt sie ihn in dieser Rolle auftreten. Dies alles für bare Münze zu nehmen, geht nicht an. Glaubwürdig ist dagegen die Wendung Mohammeds gegen die Hawāzin und als unmittelbare Folge davon der Verzicht auf Waffengewalt beim Einmarsch in Mekka: Seine machtpolitischen Ziele kommen mit denen der Quraišiten zur Deckung – doch das geht nicht ohne schwerwiegende Zerwürfnisse in den eigenen Reihen ab.

Mohammeds Annäherung an die Quraišiten, Bedeutungsverlust der „Helfer" und der frühen Auswanderer

Wir springen in einen der Berichte über die Heerschau hinein, die al-ʿAbbās für Abū Sufjān kommentiert: Nach vielen anderen zieht die Schwadron des Gesandten Allahs an den Beobachtern vorüber; von zahllosen Hufen wird schwarzer Staub aufgewirbelt; eine in Eisen gepanzerte Schar, Auswanderer und „Helfer" dicht an dicht, unter ihnen ʿUmar b. al-Ḫaṭṭāb, mit lauter Stimme die Kämpfer vorantreibend. „Bei Allah, mit den Banū ʿAdī geht es steil bergauf nach all dem Mangel und all der Erniedrigung!" merkt Abū Sufjān an, worauf al-ʿAbbās ihn belehrt: „Allah erhöht, wen er will, auf welche Weise er will. ʿUmar zählt zu denen, die der Islam erhöhte.“ Das Feldzeichen dieser Schwadron hat der Gesandte Allahs dem Ḫazraǧiten Saʿd b. ʿUbāda anvertraut. Sobald dieser vorüberzieht, ruft er: „Abū Sufjān! Heute ist der Tag des letzten Gefechts![126] Heute wird die Unverletzlichkeit (Mekkas) aufgehoben! Heute demütigt Allah die Quraišiten!“ Soll das wirklich geschehen, wo doch Mohammed dafür bekannt ist, daß er die Verwandtschaft hochhält? Zwei der alten Auswanderer bringen Mohammed dazu, Saʿd das Feldzeichen zu entziehen und es dessen Sohn Qais zu übergeben. Es sollten keine unbeabsichtigten Feindseligkeiten entstehen.[127]

Al-Wāqidīs Berichte über die Ereignisse unmittelbar vor der Inbesitznahme Mekkas sind nicht nur zugunsten al-ʿAbbās' zurechtgetrimmt, sie bemühen sich auch um eine Dramatisierung des Geschehens: Abū Sufjān und die übrigen Mekkaner wissen, daß Mohammed sie mit Krieg überziehen wird, aber sie haben keine Ahnung, wer bei Marr aẓ-Ẓahrān lagert. Dies sind die recht unwahrscheinlichen Voraussetzungen, unter denen die Unterredungen mit al-ʿAbbās so ablaufen können, daß sie auf den eben geschilderten Zwist mit den „Helfern“ zusteuern. Wie schon in anderem Zusammenhang erörtert, ist die Entwertung des Verdienstes der „Helfer“ um die Sache des Islams die Vorbedingung für die Errichtung eines auf Dauer angelegten Gemeinwesens, das die Phase stets gefährdeter Selbstbehauptung hinter sich läßt. Diese Wende der Dinge bahnte sich seit längerem an, unter den besonderen Umständen des Einzugs in Mekka werden ihre Folgen in aller Schärfe sichtbar: Die „Helfer“ sehen sich um den Lohn ihrer über Jahre bewiesenen Opferbereitschaft geprellt. Aber nicht nur sie! Auch die Leistungen der „ersten Auswanderer“ verlieren an Gewicht, was ebenfalls in einer Szene dargestellt wird, die sich in der Nacht vor dem Einmarsch abgespielt haben soll; ihre Pointe klang eben in der giftigen Bemerkung Abū Sufjāns über ʿUmar bereits an. Nun lesen wir: Al-ʿAbbās hat sich erboten, Abū Sufjān zu Mohammed zu geleiten; niemand soll sich am Anführer der Feinde vergreifen, deshalb sitzt Abū Sufjān hinter al-ʿAbbās auf dem Maultier des Propheten. Als man an dem Feuer vorbeireitet, das ʿUmar b. al-Ḫaṭṭāb entzündet hat, ruft dieser verwundert: „Wer ist das denn?“ und indem er ihn erkennt, gibt er sich selber die Antwort: „Abū Sufjān, der Feind Allahs! Gepriesen sei Allah, der dich ohne alle vertraglichen Kautelen in unsere Hand gegeben hat!“ ʿUmar eilt zum Gesandten Allahs, al-ʿAbbās spornt das Maultier an und erreicht diesen zusammen mit ʿUmar. Ungestüm fordert ʿUmar die Enthauptung Abū Sufjāns. Mohammed aber stellt ihn unter seinen Schutz, und al-ʿAbbās achtet darauf, daß der Prophet fortan niemandem mehr das Ohr leiht, verlangt ʿUmar doch unbeirrt den Tod des Anführers der Quraišiten. Schließlich herrscht al-ʿAbbās den Erregten an: Ob er sich wohl so verhielte, wenn es um ein Mitglied seiner Sippe, der Banū ʿAdī b. Kaʿb, ginge? Doch nur weil das Urteil einem der Nachkommen ʿAbd Manāfs gelte, beharre er auf unnachsichtiger Strenge! ʿUmar fühlt sich bei einer Unbedachtsamkeit ertappt und lenkt ein; er habe bei der Bekehrung al-ʿAbbās' zum Islam mehr Freude empfunden, als ihm die Bekehrung des eigenen Vaters bereitet hätte.[128] – Dies ist der zweite Konflikt, der, schon beim Beharren ʿAmr b. al-ʿĀṣ' auf seiner Befehlsgewalt zutage getreten, von jetzt an immer nachdrücklicher die Geschicke des Gemeinwesens bestimmt, dessen Gefüge im Prinzip so klar und einfach ist – oben alle die, die den Dschihad betreiben, eine Stufe darunter die Muslime, die in ihren angestammten Streifgebieten die Riten vollziehen und die *ṣadaqāt* erlegen, und daneben oder über allem der Gesandte Allahs und sein engster Kreis, allen festen Regeln enthoben.

Der Einzug in Mekka

Die Folgen der Spannungen zwischen Prinzip und Wirklichkeit konnte man jetzt noch nicht ahnen; wie sehr darunter die Glaubwürdigkeit Mohammeds litt, zeigte sich bald. Vorerst müssen wir von seinem – scheinbaren? – Triumph sprechen, dem Einzug in Mekka, dem kein Sieg in einer Schlacht vorausgegangen war, sondern eine unerwartete politische Konstellation, ein Triumph mithin, der nicht im Niederringen des Feindes bestand, vielmehr in der Aneignung seiner Machtinteressen. Was der ehemalige Feind dafür zu leisten hatte, war die formale Annahme des Islams. Hierbei rechnete Mohammed nüchtern mit der Überzeugungskraft des Geldes, wovon er in Sure 9, Vers 60 ganz unbefangen sprechen wird. Als „noch zehn Nächte des Ramadan des Jahres 8 geblieben waren",[129] d.h. am 12. Januar 630, ritt der Gesandte Allahs in seine Vaterstadt ein. Seine Truppenführer drangen von verschiedenen Seiten aus vor. Zwar hatten Ṣafwān b. Umaija, ʿIkrima b. abī Ǧahl und Suhail b. ʿAmr einige Kampfwillige zusammengezogen, einen nennenswerten Widerstand vermochte man allerdings nicht zu organisieren. Nur einige Angehörige des Trupps von Ḫālid b. al-Walīd, die sich von ihrer Einheit entfernt hatten, wurden erschlagen; etwa ein Dutzend Heiden fielen in den Kämpfen. Mohammed ließ sein Zelt im oberen Teil der Stadt aufschlagen.[130] Danach fahndete man in seinem Auftrag nach einigen Personen, denen er den Tod zugedacht hatte. Darunter war ʿAbdallāh b. Saʿd b. abī Sarḥ, einst der Schreiber seiner Offenbarungen, der sich enttäuscht von Mohammed abgewandt hatte.[131] Auf Fürsprache ʿUṯmāns schenkte Mohammed ihm das Leben, soll indessen gekränkt gewesen sein, weil keiner seiner Getreuen aus eigenem Entschluß ʿAbdallāh b. Saʿd umgebracht habe. Weniger Glück hatte ein *ṣadaqāt*-Eintreiber, der den Islam verlassen und nach Mekka geflohen war. Was Mohammed vor allem erbost hatte, das waren die beiden Sängerinnen, die dieser Mann besaß; sie hatten Schmählieder gegen den Gesandten Allahs zum besten gegeben. Einige andere Personen, die ihn einst beleidigt hatten, entgingen seiner Rache ebenso wenig. ʿIkrima, der Sohn Abū Ǧahls, flüchtete und erlangte später Verzeihung, nachdem seine Ehefrau Muslimin geworden war.[132] Wie nicht anders zu erwarten, vermelden die Quellen nun die Übertritte zahlreicher prominenter Quraišiten zum Islam. Aufsehen erregte die Huldigung von zehn Frauen aus den ersten Kreisen. Unter ihnen war Hind bt. ʿUtba, die bei Uḥud mehrere Quraišitinnen angestiftet hatte, die Leichen gefallener Gefährten Mohammeds zu verstümmeln; sie selber ist in der Überlieferung dafür berüchtigt, daß sie in die Leber des getöteten Ḥamza b. ʿAbd al-Muṭṭalib gebissen haben soll.[133] Die Gattinnen ʿIkrima b. abī Ǧahls und Ṣafwān b. Umaijas gehörten auch zu dieser Gruppe. Mohammed nahm die Bekehrung gnädig auf, ließ aber nicht zu, daß sie beim Huldigungsakt seine entblößte Hand berührten. Die einen erzählen, er habe die Hand mit einem Tuch bedeckt, die anderen glauben zu wissen, er habe sie in einen Becher mit Wasser getaucht und diesen den Frauen gereicht, damit sie mit diesem Wasser, in das seine Segenskraft übergegangen war, ihre Hände benetzten.[134]

In die Berichte über das, was Mohammed nach der Inbesitznahme Mekkas tat, sind Unstimmigkeiten eingeflossen, die sich aus dem Bedürfnis späterer Parteiungen erklären, für ihre Protagonisten eine enge Verbundenheit mit dem Propheten zu behaupten. Wie für die ein Jahr zuvor nachgeholte kleine Wallfahrt vereinbart worden war, sollen auch jetzt die Bewohner des unteren Teils der Stadt auf die umliegenden Berge ausgewichen sein.[135] Bei Ibn Isḥāq findet sich dagegen ein Passus, in dem Mohammed dem inzwischen von der Macht des Islams überzeugten Abū Sufjān zusagt, daß jeder Mekkaner, der im Gebetsplatz an der Kaaba oder in dessen Haus Zuflucht suche, in Sicherheit sein werde. Wir erkannten an anderer Stelle, daß sich hinter dieser Überlieferung eine bestimmte Sicht auf die frühe Geschichte des Islams verbirgt.[136] – Die Mekkaner beobachteten, wie der Gesandte Allahs in voller Rüstung auf seinem Reitkamel siebenmal um die Kaaba herumgeführt wurde. Mit seinem Stab berührte er jedes Mal die Ecke mit dem schwarzen Stein. Dreihundertsechzig Götzenbilder hätten sich teils in der näheren Umgebung des Heiligtums befunden, teils in dessen Wände eingelassen, und jedes Mal, wenn er mit dem Stab auf eines von ihnen gedeutet habe, sei es zusammengestürzt. Nach der Umrundung begab sich Mohammed an den „Standplatz Abrahams"; in jenen Tagen war diese Stätte noch unmittelbar an die Wand der Kaaba angebaut.[137] Mohammed verrichtete dort, noch immer in Rüstung, ein Gebet. Dann wandte er sich dem Zemzembrunnen zu, den, so die mekkanische Überlieferung, sein Großvater ʿAbd al-Muṭṭalib wieder freigegraben hatte. „Ich zöge selber einen Ledereimer (mit Wasser) empor, wenn in diesem Fall die Banū ʿAbd al-Muṭṭalib nicht bezwungen würden", sagte Mohammed und verlieh seiner Befürchtung Ausdruck, wegen der durch eine solche Handlung gesteigerten Heiligkeit des Brunnens werde der Streit um dessen Nutzung sich unter den quraišitischen Klanen zuspitzen und am Ende zuungunsten der Nachkommen seines Großvaters ausgehen. Abū Sufjān b. al-Ḥāriṯ b. ʿAbd al-Muṭṭalib – nach einer anderen Fassung al-ʿAbbās – ergriff an Mohammeds Statt das Seil und gab ihm zu trinken.[138]

Danach ließ sich der Gesandte Allahs den Schlüssel zur Kaaba bringen, der bei den Banū ʿAbd ad-Dār verwahrt wurde. ʿUṯmān b. Ṭalḥa al-ʿAbdarī, der kurz zuvor Muslim geworden war, holte ihn herbei. Später wurden er und sein Neffe Šaiba mit dem Pförtneramt betraut,[139] und bei ihren Nachkommen verblieb es. Mohammed ließ den Kultbau öffnen und befahl ʿUṯmān b. Ṭalḥa, alle Gemälde, die im Innern die Wände zierten, abzuwischen und die Götzenbilder zu zerschlagen. So geschah es, bis auf die Darstellung Abrahams „in der Gestalt eines Greises mit Lospfeilen in der Hand". Nach dieser Reinigung von den Zeugnissen des heidnischen Kultes betrat der Prophet selber den Raum. Eine andere Überlieferung behauptet, es habe sich auch ein Bild Mariens in der Kaaba befunden. Umstritten ist ferner, ob Mohammed nicht auch jenen Abraham unkenntlich machen ließ, habe er doch daran Anstoß genommen, daß man „unseren Meister" mit dem Zuteilen des Geschicks in Verbindung gebracht habe.[140] Als Mohammed die Kaaba verlassen wollte, drängte sich eine dichte Menschentraube vor dem Ausgang. Ḫālid b. al-Walīd verschaffte ihm Platz, dann hielt der Gesandte Allahs eine in den Quellen oft zitierte Rede, die das Ende des heidnischen Mekka und den Beginn einer neuen Zeit verkündete.

Die Rede an der Kaaba

„Preis sei Allah,[141] der sein Versprechen wahr machte, seinem Knecht den Sieg verlieh und ganz allein die Parteiungen in die Flucht schlug![142] Was sagt ihr (jetzt)? Was vermutet ihr?" Die Menge erwiderte: „Wir sagen Gutes, erwarten Gutes! Du bist ein edelmütiger Bruder, der Sohn eines edelmütigen Bruders, du wirst schon recht erwogen haben!" Mohammed ergriff wieder das Wort: „So rede ich zu euch, wie mein Bruder Josef sprach: ‚Kein Tadel treffe euch heute mehr! Allah vergibt, denn er ist der Barmherzigste aller Barmherzigen!' (Sure 12, 92). Wahrlich, jede Verpflichtung zur Zahlung von Wucherzins, eingegangen in der Heidenzeit, jede Blutschuld, jederlei Vermögen und Vorrang, alles dies sei unter diesen meinen Füßen,[143] mit Ausnahme nur des Pförtneramtes des Hauses und der Versorgung der Pilger (mit dem Zemzemwasser)! Wahrlich, für den, der fahrlässig getötet wurde durch Stock oder Peitsche, gilt ein erhöhtes Wergeld, einhundert Kamelstuten, davon vierzig trächtige! Allah vertrieb den Hochmut der Heidenzeit, das Prahlen mit den Vorvätern, wie es üblich war: Ihr alle stammt von Adam ab, und Adam wurde aus Erde geformt! Der Edelste unter euch ist der Gottesfürchtigste (vgl. Sure 49, 13)![144] Wahrlich, Allah erklärte Mekka zu einem heiligen Bezirk schon an dem Tag, da er die Himmel und die Erde schuf. Mekka war niemandem vor mir profan, und es wird niemandem nach mir profan sein – es war mir nur einen Augenblick des heutigen Tages profan" – Mohammed deutete mit der Hand eine kurze Zeitspanne an.[145] „Das jagdbare Wild darf nicht aufgestöbert, das Laub nicht von den Sträuchern geschlagen werden; Aufgefundenes darf jemand nur behalten, wenn er den Fund bekanntgegeben hat; frische Schößlinge dürfen nicht mehr abgeerntet werden!" Hier unterbrach ihn al-ʿAbbās mit der Bitte, das wohlriechende Bartgras[146] von diesem Verbot auszunehmen; Mohammed willigte ein. Dann fuhr er fort: „Es gibt kein Vermächtnis, das einen (bestimmten) Erben (begünstigt).[147] Das Kind gehört (dem Inhaber) des Bettes, in dem es geboren wurde, und der Hurer ist zu steinigen.[148] Keine Frau darf etwas aus ihrem Vermögen wegschenken, es sei denn mit Erlaubnis ihres Ehemanns. Ein Muslim ist Bruder eines Muslims, alle Muslime sind Brüder, sie sind wie eine einzige Hand gegen alle anderen. Sie stehen alle miteinander für ihr Blut ein, der fernste von ihnen nützt ihnen allen, der nächste von ihnen geht zu ihrer aller Lasten eine Verpflichtung ein; die mit starkem Reittier helfen denen, die nur ein schwaches haben; die Leichtbeweglichen helfen den Schwerfälligen. Ein Muslim darf nicht (im Zuge der Talio) für einen Ungläubigen getötet werden, desgleichen niemand, der unter einem verbrieften Schutz steht.[149] Angehörige zweier unterschiedlicher Religionsgemeinschaften beerben einander nicht. (Beim Einziehen von *ṣadaqāt* soll man die Zahlungspflichtigen) nicht (zwingen), das Vieh an einen fernen Ort treiben zu lassen, oder gar die Eigentümer samt ihrem Vieh an die Grenze ihres Streifgebiets holen; vielmehr sind die *ṣadaqāt* der Muslime nur in deren Zelten und Siedlungen einzufordern. Eine Frau darf nicht von dem geheiratet werden, der schon mit deren Tante väterlicherseits oder mütterlicherseits verheiratet ist. Der Beweis obliegt dem, der einen Anspruch erhebt, der Eid dem, der etwas abstreitet. Eine Frau darf nicht weiter als eine Strecke von drei Tagen reisen, ohne von einem männlichen Verwandten begleitet zu werden, der ihr so nahesteht, daß eine Ehe ausgeschlossen ist. Nach dem Nachmittagsgebet gibt es (bis zum Zeitpunkt, an dem die Sonnenscheibe hinter dem Horizont versunken ist) kein (weiteres) rituelles Gebet; ebenso wenig nach dem Morgengebet (bis zum Mittagsgebet).[150] Ich verbiete euch das Fasten an zwei (bestimmten) Tagen, nämlich am Opferfest und am Fest des Fastenbrechens. Ich verbiete euch zwei Arten des Tragens von Kleidung, nämlich so, daß jemand, der sich hinkauert, den Rücken und die Beine in sein Gewandtuch hüllt, jedoch die Schamgegend gegen den Himmel entblößt, und so, daß er eine Partie seines Gewandtuches über die Schulter wirft und die Schamgegend sichtbar wird. Ich vermute, ihr kennt beides."[151]

Die Kaaba ist der Dreh- und Angelpunkt der von Allah gelenkten Geschichte des Diesseits. Indem Mohammed ebendies an der Kaaba verkündet, verschafft er dem Islam das so lange vermißte Fundament im Anschaulichen, Handgreiflichen. Die Achse der Schöpfung ist dem Manne übergeben, dessen Macht sie von Rechts wegen seit der Berufung hätte unterstellt sein müssen. Nun, da der Gesandte Allahs nicht als geduldeter Pilger, sondern als Herrscher in Mekka eingezogen ist, vollendet sich die von Allah gestiftete Ordnung des Diesseits. Das ist das Kernthema der Worte Mohammeds; und weil diese Ordnung jetzt endgültig geworden ist, müssen noch einige ihrer Teilaspekte, die Mohammed auf den Nägeln brennen, verkündet werden, müssen Ehehindernisse und Kleidungssitten präzisiert, Gebetszeiten erläutert, Verhaltensmaßregeln für die Einsammler der *ṣadaqāt* erlassen werden. Das Gemeinwesen, das Mohammed vorschwebt, ist die gesellschaftliche Erscheinungsform seiner Heilsbotschaft. Der Daseinsgrund und der Daseinszweck sind die Herrschaft Allahs; sie ist auszudehnen, und zwar im Dschihad, durch den das Gemeinschaftsgefühl geweckt und lebendig erhalten wird – die Muslime sind wie eine einzige Hand gegen alle anderen, der Stärkere unter ihnen hilft dem Schwächeren nach Kräften. Der Islam ist ein so festes Band, daß alle anderen Bindungen, die das Menschengeschlecht kennt, zunichte werden, jene eben, die man in der Heidenzeit besonders schätzte und mit denen man prahlte.

Das Wesen der muslimischen Gemeinschaft nach der Einnahme von Mekka

Das bedeutet freilich nicht, daß die Abstammung zu einer Nebensache entwertet wird. Ganz im Gegenteil! Wie schon anläßlich der Äußerungen Mohammeds zur rechtlichen Stellung der Frau bemerkt,[152] soll beispielsweise durch die Festlegung einer Wartefrist nach der Verstoßung Gewißheit über die Genealogie eines jeden Menschen erzielt werden. Kinder, die von Frauen geboren werden, die der Prostitution nachgehen, müssen als Nachkommen des Zuhälters betrachtet werden, da man über den wahren Erzeuger keine Klarheit gewinnen kann. Die Adoption solcher Kinder durch einen mutmaßlichen Erzeuger zeitigt erst recht Unsicherheiten in der Abstammung.[153] Das Gemeinwesen Allahs zeichnet sich demnach durch zweierlei Art von Geradheit und Schlichtheit aus: Zum ersten erfüllt sich sein Daseinszweck in der ganz einfachen Schichtung seiner Mitglieder – diejenigen, die für seinen Triumph überall auf der Welt kämpfen, stellen den Kern; die *ṣadaqāt*-Zahler bilden die breite Schale der weniger Eifrigen; verklammert sind Kern und Schale durch das Gebot einer die natürlichen Bindungen übersteigenden Brüderlichkeit. Zum zweiten soll diese Schichtung auf keinen Fall den Anlaß für das Aufleben des als heidnisch verurteilten Stolzes unter neuen Voraussetzungen geben, nämlich nun eines Stolzes auf die Leistungen für den Islam, während man sich zuvor mit den Ruhmestiteln der Ahnen schmückte. Der Stammbaum wird seiner Aufgabe als eines Mittels des Bewahrens der Selbstbewußtsein verleihenden Erinnerung beraubt und darf nur noch dem einzelnen Muslim einen eindeutigen Namen geben, mit dem man dessen Position in einem großen, aber durchschaubaren Netz klarer Verwandtschaftsbeziehungen beschreibt: So wird er, modern gesprochen, zu einer Nummer unter den vielen seinesgleichen, die alle dem einen Ziel und Zweck verpflichtet sind: die Herrschaft Allahs und seines Gesandten auszudehnen und zu festigen.

In Sure 49, die in die Reihe der Offenbarungen gehört, in denen Mohammed seit dem Grabenkrieg vom Triumph seiner Sache redet,[154] äußert er sich so eindeutig in diesem Sinne, daß sich der enge Bezug zu den Sätzen aufdrängt, die er nach dem Verlassen der Kaaba an die Menge richtete. Er selber, das hebt er am Beginn hervor, steht über allem und allen; nur mit Bekundungen der Ehrfurcht darf man sich ihm nähern, nur in gedämpftem Ton zu ihm sprechen. Es kann durchaus sein, daß die lang ersehnte Einheit durch inneren Zwist gefährdet wird; man lasse sich ja nicht durch Flüsterparolen unsicher machen! „Wisset, daß unter euch der Gesandte Allahs ist. Sollte dieser euch in vielen Dingen gehorchen, dann gerietet ihr rasch in Bedrängnis.“ (Vers 7). Mohammed darf nicht bald diesem, bald jenem das Ohr leihen, die persönlichen Belange einzelner müssen ihm gleichgültig bleiben, und deshalb spricht er sich selber Gefaßtheit zu: „Allah hat euch den Glauben lieb und teuer gemacht, ihn euch im Herzen als schön dargestellt und in euch Abscheu gegen Unglauben, Frevel und Aufsässigkeit geweckt…“ (Vers 7). Darum müßte es den Muslimen möglich sein, unter ihnen aufkeimenden Streit zu schlichten; doch darf man, falls unerläßlich, nicht den Einsatz von Waffen scheuen, damit die Herrschaft unangefochten Allah gehöre (Vers 9). „Die Gläubigen sind einander Brüder!“ (Vers 10). Die einen dürfen nicht über die anderen spotten; niemand darf sich besser dünken als seine Brüder und Schwestern. Üble Nachrede und versteckte Anspielungen sind verpönt. „Ihr Menschen! Wir erschufen euch (nur deswegen) aus einem männlichen und einem weiblichen Wesen und teilten euch in Völker und Stämme ein, damit ihr einander erkennen könnt. Bei Allah gilt als der Edelste von euch derjenige, der am meisten Gottesfurcht zeigt“ (Vers 13). Behält man die zwiefache Schlichtheit im Auge, der das muslimische Gemeinwesen genügen soll, dann behaupten die Beduinen zu Unrecht, sie seien gläubig; sie sind lediglich Muslime geworden, und Allah wird all ihre Taten genau auf dem Jenseitskonto vermerken. Gläubig sind aber nur die, die ohne jeden Vorbehalt „mit ihrem Vermögen und ihrem Leben auf dem Pfade Allahs den Dschihad führen“ (Vers 14 f.). Wenn jene Beduinen sich etwas darauf einbilden, daß sie den Islam annahmen, dann spricht das für ihre Verblendung, für ihre Unkenntnis der wahren Umstände ihrer Bekehrung, denn diese ist allein Allahs Werk (Vers 16–18).

Die Überhöhung der Gestalt des Propheten

Aufkommender Unmut darüber, wie wenig sich das Verdienst um den Islam jetzt, da der Sieg errungen wurde, auszahlte, sei es durch die Berufung in Führungspositionen, sei es durch den Gewinn großen Reichtums, mußte erstickt werden. Das gelang am ehesten, indem man die Person des Propheten überhöhte und den alltäglichen Geschäften entrückte und indem man alles Augenmerk auf die von Allah befohlene Aufgabe lenkte. Angesichts dieser Aufgabe schrumpfte der Einzelne zu einem Niemand, und selbst der Gesandte Allahs trat dem äußeren Anschein nach hinter ihr zurück. Um ein Beispiel zu zitieren, greifen wir den Ereignissen ein wenig vor und hören, was al-Muġīra b. Šuʿba, der verbrecherische Ṯaqafite, vom Übertritt seines Stammes zum Islam erzählt! Al-Muġīra selber war kurz vor al-Ḥudaibīja Muslim geworden. Die politischen Umstände, unter denen ihm sein Stamm hierin folgt, werden wir in Kürze erfahren. Die Ṯaqafiten schickten vor ihrem Eintritt in den Islam eine Abordnung nach Medina, die al-Muġīra in seinem Haus beherbergte. „Der Prophet ließ drei Hütten aus Palmzweigen auf dem Gebetsplatz errichten. So konnten (die ṯaqafitischen Abgesandten) die nächtlichen Koranlesungen und Andachtsübungen verfolgen und die Reihen der zum Gebet (Aufgestellten) betrachten, dann zum Hause al-Muġīras zurückkehren, dort essen, sich waschen und bleiben, solange sie wollten, wobei sie immer wieder den Gebetsplatz aufsuchten... Sie hörten auch die Predigt des Propheten, nie aber vernahmen sie, daß er (dabei) von sich selber sprach." Ihnen fiel es deshalb schwer, den zweiten Teil des Glaubensbekenntnisses abzulegen – wie konnte jemand ein mächtiger Herrscher sein, wenn er sich nicht selber rühmte? Erst als Mohammed ihnen versicherte, er selber habe als erster den zweiten Teil gesprochen, bekehrten sie sich zögernd, konnten sie sich doch den Abschied von den Annehmlichkeiten der käuflichen Liebe und des Weins und von den Zerstreuungen des Glücksspiels kaum vorstellen. Aber aṭ-Ṭāʾif war bereits von muslimischer Bevölkerung umringt, und das Schicksal der mekkanischen Qurašiten, die am Ende zu keinerlei Widerstand mehr fähig gewesen waren, drohte auch den Ṯaqafiten.[155] Daß Mohammed als Gesandter Allahs so weit über alle Menschen hinausgehoben war, daß dies keiner eigentlichen Erwähnung bedurfte, ja, daß er im Grunde mit keinem gewöhnlichen Menschen mehr verwandt war, hatte er schon in der Rechtfertigung der anstößigen Aneignung einer Ehefrau seines Adoptivsohns Zaid b. Ḥāriṯa klargestellt: Er ist niemandes Vater, mithin auch nicht dessen Adoptivvater, der die Gattin des Sohne niemals hätte heiraten dürfen; er ist vielmehr das Siegel, der Beglaubiger aller vorherigen Propheten (Sure 33, 40), der den echten, den abrahamischen Riten erneute Geltung verschafft hat. Abraham war der erste, der sie im Namen Allahs angeordnet hatte, Mose wollte sie in gleicher Weise beachtet wissen, wie in Sure 2 erläutert wird, und so auch alle weiteren Propheten: Diese und mithin die von ihnen gestifteten Gemeinschaften hatten sich gegenüber Allah verpflichtet, an Mohammed, den künftigen Gesandten, zu glauben (Sure 3, 81).[156]

Die Islamisierung Mekkas und seiner Umgebung

Die aufbrechenden Widersprüche zwischen dem Ideal der lauteren Hingabe an die Sache Allahs und dem Beharren auf Rangunterschieden im Verdienst können am ehesten überdeckt werden, wenn die vom Ideal beflügelte Bewegung nicht zum Stillstand kommt, sondern unablässig voranschreitet, von Triumph zu Triumph. Die politische Lage, die Mohammed die weitgehend kampflose Übernahme Mekkas gestattet hatte, war solchem Überspielen der Mißhelligkeiten günstig. Die Erneuerung der Grenzsteine des heiligen Bezirks, die, wie man glaubte, einst Abraham auf Geheiß Gabriels aufgestellt und die Quṣaij nach diesem Vorbild wiedererrichtet hatte, vollendete die symbolische Islamisierung Mekkas. Es blieb noch die Aufgabe, alles Heidnische mit Stumpf und Stiel auszurotten. In vielen Häusern befanden sich Götterfiguren, die man entweihte und zerstörte; die Anfertigung und der Verkauf von Idolen, für einige Sippen eine gute Einnahmequelle, wurden unterbunden.[157] Die heidnischen Kultstätten nahe bei Mekka wurden in die muslimischen Pilgerriten einbezogen. In der ferneren Umgebung Mekkas sollte das Heidentum durch die Zerstörung aller Kultstätten ausgelöscht werden. Noch vor dem Ende des Ramadan entsandte Mohammed Streifscharen und befahl, alle zu überfallen, die noch nicht den Weg zum Islam gefunden hatten.[158] Ḫālid b. al-Walīd stieß mit dreißig Reitern zu einem Heiligtum der Göttin al-ʿUzzā vor und zerstörte es.[159] Nachdem er sich dergestalt bewährt hatte, vertraute ihm Mohammed eine größere Aufgabe an. Er sollte in die Tihama einrücken und dort die Menschen zum Übertritt aufrufen. Der Prophet gab ihm Auswanderer und „Helfer" mit, dazu eine Gruppe Kämpfer von den Banū Sulaim, immerhin dreihundertundfünfzig Mann. Das Ziel waren die Banū Ǧaḏīma, die zu den Beduinen der Banū ʿAbd Manāt b. Kināna gehörten. Man muß wissen, daß Ḫālids Vater al-Walīd den Söhnen als letzten Willen neben anderem die Begleichung der Blutschuld aufgetragen hatte, die die Banū Ǧaḏīma durch die Ermordung al-Fākihs, des Bruders al-Walīds, auf sich geladen hatten.[160] Als die Banū Ǧaḏīma vom Heranrücken Ḫālids erfuhren, vermeinten sie, sie brauchten nichts zu befürchten, waren sie doch inzwischen Muslime geworden. „Wir sind nun Ṣābiʾer!" riefen sie Ḫālid zu,[161] und sie legten, von ihm dazu aufgefordert, die Waffen nieder. Dann aber verlangte Ḫālid von den Wehrlosen, sie sollten einander fesseln. Einzeln oder zu zweit wurden sie je einem ihrer Feinde übergeben. Am nächsten Tag ordnete Ḫālid an, ein jeder möge die ihm überstellten Gefangenen töten. Die Banū Sulaim, die mit den Banū Ǧaḏīma ein Hühnchen zu rupfen hatten,[162] sollen diesem Befehl bedenkenlos nachgekommen sein, nicht so jedoch die Auswanderer und „Helfer".[163] In den Quellen ist davon die Rede, daß vor allem ʿUmar b. al-Ḫaṭṭāb scharfe Kritik am Verhalten Ḫālids geübt habe. ʿUmars Groll gegen die spätbekehrten Quraišiten sollte sich Bahn brechen, sobald er Kalif geworden war. Unter den gegebenen Umständen freilich blieb sein Hinweis auf den Islam als den Tilger heidnischer Blutschuld ohne Folgen. Denn Mohammed selber rang sich nur zu einem moderaten Tadel durch, nachdem Ḫālid in der Sache mit einem weiteren Prophetengefährten aneinandergeraten war. „Gemach, Ḫālid!" soll der Gesandte Allahs gesagt haben, „laß dich nicht auf einen Streit mit meinen Genossen ein! Bei Allah, wenn du den ganzen Uḥud-Berg in Gold besäßest und alles auf dem Pfade Allahs ausgäbest, könntest du (das Verdienst) nicht erreichen, das einer meiner Genossen erwarb, indem er einmal ging und einmal zurückkehrte!“[164]

Mohammeds Angst vor Übergriffen

Eine Nebensächlichkeit verrät uns, wie heikel die Lage Mohammeds in Wirklichkeit war, mitten im Kerngebiet seiner – bisherigen – Feinde. „Der Gesandte Allahs blieb fünfzehn Tage in Mekka, wobei er (stets) zwei *rakʿas* betete. Am Sonnabend, dem 6. Šauwāl (27. Januar 630), zog er ab. Er bestellte zum Statthalter über Mekka den ʿAttāb b. Asīd, der (den Mekkanern) vorbetete, und betraute Muʿāḏ b. Ǧabal mit der Aufgabe, sie in den Bräuchen und religiösen Konsequenzen des Islams zu unterweisen.“[165] ʿAttāb zählte zu den Nachkommen des ʿAbd Šams und war eben erst zum Islam übergetreten;[166] wenn schon ʿAmr b. al-ʿĀṣ sich von keinem der alten Auswanderer hatte vorbeten lassen wollen, so mußte der Gesandte Allahs in Mekka erst recht auf die Empfindlichkeiten der Unterlegenen Rücksicht nehmen. Aber nicht nur das! Während des Aufenthalts in seiner Vaterstadt fühlte er sich so unsicher, daß er die verkürzte Fassung des Gebetsritus befolgte – nur zwei *rakʿas*, wie es im Angesicht der Feinde zulässig ist.[167]

Die Schlacht bei Ḥunain

Mit großem Heer – zu den zehntausend Medinensern und zwölftausend Muslimen anderer Herkunft kamen, so berichten die Quellen, jetzt zweitausend Mekkaner – zog er gegen die Hawāzin-Beduinen, deren Kriegsvorbereitungen die Quraišiten in Schrecken versetzt hatten. Nach acht Tagen erreichte man Ḥunain, eine Talschaft, gegen aṭ-Ṭāʾif gelegen. Dort, das hatte sich herumgesprochen, sammelten sich die Hawāzin. Wie mehrfach an anderen Beispielen beobachtet,[168] ist der Bericht über die Schlacht mit Motiven aus der Geschichte von Mose durchsetzt: Unter die Muslime hatten sich viele Heiden gemischt; als man an einem mit Votivgaben behängten Baum vorüberzog, begehrten auch die Muslime für sich einen solchen Opferplatz, ein Wunsch, der Mohammed an die Episode mit dem goldenen Kalb erinnert haben soll;[169] die Schlacht am 10. Šauwāl (31. Januar 630) war alles andere als ein leichtes Treffen; nicht viel hätte gefehlt, und Mohammed hätte als Besiegter Ḥunain verlassen müssen, denn er sah sich plötzlich nur noch von wenigen verteidigt: Im Bittgebet „sagtest du die Worte, die Allah schon Mose eingegeben hatte, als er vor ihm das Meer spaltete und hinter ihm der Pharao nachrückte!“[170] Unter dem Kampfruf „Gefährten der Kuh-Sure!“[171] sollen sich die Muslime gesammelt und schließlich das Blatt gewendet haben, mit übernatürlichem Beistand, wie schon so oft berichtet wurde, vor allem aber beseelt von dem unbändigen Drang, die Feinde zu töten.[172]

Die Feinde Mekkas und seit kurzem eben auch wieder Mohammeds, die bei Ḥunain keineswegs niedergerungen worden waren, setzten sich aus einem großen Kontingent der Banū Ṯaqīf zusammen sowie aus verschiedenen anderen Verbänden. Ihnen allen gemeinsam war ihr Stammvater Hawāzin, der im genealogischen System vier Generationen unter Qais ʿAilān steht.[173] Zu den Hawāzin-Sippen zählen auch die Banū Saʿd b. Bakr, aus deren Mitte Mohammeds Amme stammte. Eine Milchschwester traf er während der Schlacht; die „Helfer“, die gegen die Hawāzin einen heftigen Zorn hegten, brachten sie vor ihn, da sie ihren Beteuerungen nicht glaubten.[174] Bemerkenswert ist, daß der Anführer der Hawāzin,

Mālik b. ʿAuf von den Banū Naṣr b. Muʿāwija, schon in den Überlieferungen zu den letzten *Fiǧār*-Kriegen auftaucht.[175] Wie bereits dargelegt, waren die Ṯaqafiten, deren herausragende Männer seit dem Ende jener Auseinandersetzungen ein gewichtiges Wort in den quraišitischen Angelegenheiten gehabt hatten, allem Anschein nach in die Feindschaft gegen Mekka zurückgefallen, weil die Führung dieser Stadt nicht in der Lage gewesen war, die Zumutungen des Enkels ʿAbd al-Muṭṭalibs mit Strenge abzuweisen. Mohammed seinerseits wandte sich nach der unter großen Opfern überstandenen Schlacht von Ḥunain sogleich gegen aṭ-Ṭāʾif. In Richtung Naḫla, wo sieben Jahre zuvor ʿAbdallāh b. Ǧaḥš al-Asadī, der erste „Heerführer der Gläubigen", ein Gefecht ausgetragen hatte,[176] hatten sich etliche Ṯaqafiten abgesetzt; einige Sulamiten verfolgten sie und töteten dort den greisen Duraid b. aṣ-Ṣimma, einen berühmten Helden der zu den Hawāzin gehörenden Banū Ǧušam, der seinerzeit in den *Fiǧār*-Kriegen von sich reden gemacht hatte.[177] Die Masse der flüchtenden Hawāzin gelangte zu einem Lagerplatz. Auch dorthin entsandte Mohammed eine Truppe, die etliche der Feinde erschlug. Daß die Hawāzin in ihre Schranken gewiesen worden wären, kann man aus den Angaben der Quellen mitnichten folgern. Vielmehr verlagerte sich das Geschehen nach aṭ-Ṭāʾif, wohin sich viele Beduinen zurückzogen, unter ihnen Mālik b. ʿAuf.[178]

Ergebnisloser Vorstoß nach aṭ-Ṭāʾif

Hatte Mohammed gleich nach dem Einzug in Mekka den Auftrag zur Zerstörung heiliger Orte der Heiden gegeben, so nutzte er den Vorstoß gegen aṭ-Ṭāʾif in gleicher Weise. Aṭ-Ṭufail b. ʿAmr von den Banū Daus, schon vor der Hedschra als ein eifriger Missionar des neuen Glaubens und als Zerstörer eines Heiligtums hervorgetreten,[179] war der richtige Mann für die Vernichtung des „der Zweihändige" genannten Götzenbildes seines Stammes, das sich in der Nähe befand.[180] Der Kern des muslimischen Heeres, das bei Ḥunain gekämpft hatte, marschierte auf direktem Weg nach aṭ-Ṭāʾif, wohingegen die Gefangenen und die Beute nach al-Ǧiʿrāna bei Mekka verbracht wurden. Unterdessen richteten die Ṯaqafiten ihre Burg her und füllten sie mit Vorräten. Auch Mohammed war auf eine lange Belagerung gefaßt; denn er ließ unweit der Stadt aus Steinmauern eine Moschee erbauen.[181] Dann rückte er gegen die Festung vor. Schon dabei zeigte er, wie tief sich der Haß auf aṭ-Ṭāʾif in ihn eingefressen hatte. Man brachte einen gefangenen Ṯaqafiten vor ihn, der in seinem eingefriedeten Garten gearbeitet hatte. Er solle unverzüglich den Islam annehmen, herrschte ihn der Gesandte Allahs an, anderenfalls werde man den Garten verbrennen. Der Mann blieb standhaft und kam in dem von Mohammeds Leuten gelegten Feuer um. Sobald man an den Fuß der Festung vorgerückt hatte, beschlich einige Muslime eine bange Vorahnung; ob der Befehl zum Erstürmen wirklich auf Allah zurückgehe, wollte man wissen, worauf Mohammed geschwiegen habe. – Der gleiche Zweifel wird in den Quellen bald wieder auftauchen. – Der Geschoßhagel, der die Angreifer empfing, war so dicht, daß sie zurückweichen mußten. Ein Unterhändler, den Mohammed schickte, wurde ermordet. Die Muslime rächten sich und töteten ihrerseits einen ṯaqafitischen Kommissär, einen Bruder des Dichters Umaija b. abī ṣ-Ṣalt; angenehme Gefühle hätte diese Person kaum in Mohammed wecken können.[182] Die

Muslime waren zunächst trotz allem siegesgewiß; die Festung werde das Grab Abū Riġāls sein, jenes Mannes, der einst Abrahas Heerführer auf dem Zug nach Mekka den Weg gewiesen hatte.[183] Die Wurfmaschine, die die Ṯaqafiten sich aus al-Ǧuraš besorgt hatten, stand mitsamt zwei Sturmdächern bereit. Diese wurden jetzt gegen ihre Auftraggeber eingesetzt, allerdings ohne Erfolg. Denn die Ṯaqafiten wußten, wie man die mit Rindsleder bezogenen Dächer wirkungslos machen konnte. Sie warfen glühende Eisenstücke hinab, und das Leder fing Feuer. Mohammeds Aufruf an die Sklaven der Gegenseite, sie würden die Freiheit erhalten, wenn sie überliefen, fand nur geringen Widerhall. Die wenigen, die sich zum Verrat entschlossen, hatten später, als die Ṯaqafiten Muslime geworden waren, in aṭ-Ṭāʾif die neue Lehre zu verbreiten; hieraus wurde aber nicht viel, denn ihre ehemaligen Herren ließen sie nicht als Freie gelten.

Reichtümer für die Prominenten

Die Zeit verrann, ohne daß eine Entscheidung abzusehen gewesen wäre. ʿUjaina b. Ḥiṣn, der Führer der Ġaṭafān-Beduinen, wurde als erster ungeduldig. Er sei gar nicht mitgekommen, um hier zu kämpfen; er habe nur dabei sein wollen, wie Mohammed eine Festung erobere, und dann habe er sich eine schöne Ṯaqafitin schenken lassen wollen, um mit ihr einen Sohn zu zeugen, denn die Banū Ṯaqīf, so ʿUjaina, seien ein „gesegneter Stamm".[184] Die ungewissen Aussichten und das Murren seiner Verbündeten weckten im Propheten die Einsicht, daß Allah ihm die Inbesitznahme von aṭ-Ṭāʾif nicht gestattet habe.[185] Das ist der Fluch eines Prophetentums, das sich in allem und jedem auf die Absichten Gottes beruft – es kann Mißerfolge kaum vertragen. Unverrichteterdinge zog Mohammed ab. Bei al-Ǧiʿrāna, einer Wasserstelle näher an Mekka als an aṭ-Ṭāʾif, hatte man die gefangenen Hawāzin und die erbeuteten Tiere zusammengetrieben, nach al-Wāqidī immerhin sechstausend Menschen sowie 24 000 Kamele und Kleinvieh in unbekannter Zahl.[186] Nun sollte es ans Verteilen gehen. Seine engsten Genossen hatte der Gesandte Allahs freilich gleich bei Ḥunain bedacht: ʿAbd ar-Raḥmān b. ʿAuf, ʿAlī b. abī Ṭālib, ʿUmar, ʿUṯmān; desweiteren Ǧubair b. Muṭʿim,[187] der Sohn jenes Muṭʿim b. ʿAdī, der ihm einst nach dem Fehlschlag von aṭ-Ṭāʾif Schutz vor den Quraišiten gewährt hatte, sie alle und einige andere hatten bereits ein hübsches Mädchen in Besitz nehmen dürfen. In al-Ǧiʿrāna angelangt, mußte Mohammed die Geduld seiner Krieger noch ein wenig strapazieren. Die Ankunft einer Abordnung der Hawāzin war angekündigt. Darum ging der Gesandte Allahs zunächst an die Vergabe des Viehs und der geplünderten Wertgegenstände, unter denen ein Schatz von 4000 Uqija Silber mancherlei Begehrlichkeiten erregte. Zuallererst mußte man die Wünsche jener Prominenten befriedigen, deren „Herzen mit dem Islam ausgesöhnt werden" (arab.: *al-muʾallafa qulūbu-hum*) sollten (Sure 9, 60). Unter ihnen war beispielsweise Abū Sufjān b. Ḥarb, der vierzig Uqija Silber erhielt und einhundert Kamele; und was sei mit seinen Söhnen Jazīd und Muʿāwija, fragte Abū Sufjān. Mohammed ließ sich nicht lumpen, beide empfingen den gleichen Anteil.

Die Liste der ehemaligen Feinde, die um einiges reicher al-Ǧiʿrāna verließen, braucht nicht im einzelnen erörtert zu werden. Etliche von ihnen befanden ihren Zugewinn für zu gering. Al-ʿAbbās b. Mirdās, der Anführer der Banū Sulaim, mochte dem ganzen Verfahren nicht zustimmen und machte aus seinem Herzen keine Mördergrube. Denn ihm, der sich mit seinem Stamm Mohammed schon bei Marr aẓ-Ẓahrān angeschlossen hatte,[188] billigte man lediglich vier Kamele zu, während andere wie der Tamīmite al-Aqraʿ b. Ḥābis mit einhundert belohnt wurden; über einen solchen Zuwachs an Eigentum dürfe sich sogar ʿUjaina b. Ḥiṣn freuen, der wankelmütige Führer der Ġaṭafān-Beduinen. Al-ʿAbbās' Zorn wurde weiter aufgestachelt, als Mohammed mit Rücksicht auf die Milchverwandtschaft, die ihn mit den Hawāzin verband, nun die Freilassung der Gefangenen in Aussicht stellte,[189] vorausgesetzt, Mālik b. ʿAuf, der nach aṭ-Ṭāʾif geflohen war, bequeme sich zum Gesandten Allahs und trete zum Islam über. Als Mālik b. ʿAuf diese Bedingung später tatsächlich erfüllte, mußte Mohammed die bereits verteilten Mädchen von ihren Besitzern zurückfordern. Da einige der Beschenkten ihre neue Sklavin schon beschlafen hatten, ergaben sich rechtliche Schwierigkeiten. Aber die waren natürlich nur eine Nebensache angesichts der Enttäuschung über die Rückforderung. Al-ʿAbbās b. Mirdās verfertigte ein Gedicht, in dem er seine Leistungen bei Ḥunain hervorhob und die Taten der anderen durch Mohammed Hochdotierten als dürftig hinstellte, so dürftig wie sein Lohn, kümmerliche Kamele, gerade einmal in der Anzahl, wie eines Beine hat.

Fragwürdig war das ganze Verfahren in der Tat. Handelte es sich bei den verteilten Vermögenswerten um Kriegsbeute oder um „zurückgeholtes Gut"? Im letzteren Fall wäre Mohammed nach den von ihm selber aufgestellten Regeln berechtigt gewesen, es nach eigenem Gutdünken zu vergeben. Oder muß man von *ṣadaqāt* sprechen, zumindest ab dem Augenblick, in dem der Anführer der Hawāzin Muslim geworden war? Dies war die Lösung, die Mohammed sich zurechtlegte und die er später in Sure 9, Vers 60 verkündete. Bei al-Ǧiʿrāna fand Mohammed einen Ausgleich zwischen den wegen ihrer Milchverwandtschaft mit ihm und zudem wegen der Bekehrung Mālik b. ʿAufs auf ihrer Freiheit beharrenden Kriegsgefangenen auf der einen Seite und den Forderungen der siegreichen Kämpfer auf der anderen: Das Vieh, nun eben als *ṣadaqāt* zu betrachten, sollte auf die Truppen verteilt werden, die, obwohl noch nicht durchweg muslimisch, nach Ḥunain mitgezogen waren; das waren vor allem Angehörige der Stammesverbände Tamīm und Ġaṭafān. Und da die *ṣadaqāt* an keinerlei Einsatz für den Islam gebunden sind, konnte selbst Mālik b. ʿAuf mit einhundert Kamelen bedacht werden. Er verpflichtete sich, von nun an gegen die Ṯaqafiten zu fechten. Dieser Verpflichtung kam er eifrig nach; er plünderte die Gegend um aṭ-Ṭāʾif aus, so gut es ging, und sandte Mohammed das Beutefünftel zu. Über kurz oder lang würden die in ihrer Burg eingeschlossenen Banū Ṯaqīf klein beigeben müssen.[190] Wenn man den Blick auf die militärische Seite der letzten Ereignisse richtet, dann hatte Mohammed aus dem wegen einer Lappalie angeordneten Feldzug gegen Mekka einen überraschenden Erfolg gemacht. Daß dieser Erfolg in Wirklichkeit teuer erkauft war, das sollte er bald erkennen.

3. Dynamik nach außen

Harte Kritik der „Helfer“ an Mohammed

Die „Helfer“ hatten schon mehrfach Grund gehabt, mit der Behandlung, die der Gesandte Allahs ihnen angedeihen ließ, unzufrieden zu sein. ʿAbdallāh b. Ubaijs bitteres Wort über den Hund, den man mästet und der einen zum Dank dafür frißt, wurde nach dem Feldzug gegen die Banū l-Muṣṭaliq gesprochen. Damals hatte Mohammed um der Befriedigung seiner Wollust willen die Belange seiner „Helfer“ hintangesetzt und ihnen die Möglichkeit genommen, aus den Kriegsgefangenen Kapital zu schlagen.[191] Jetzt war den „Helfern“ der gleiche Tort angetan worden, nur vor den Augen von viel mehr Zeugen, und die Brüskierung wog deshalb um so schwerer. Ḥassān b. Ṯābit, der schon nach dem Feldzug gegen die Banū l-Muṣṭaliq und nach ʿĀʾišas Halsbandaffäre vor einer Kritik am Gesandten Allahs nicht zurückgeschreckt war, konfrontierte diesen in einem Gedicht mit der Frage, weswegen inzwischen die Banū Sulaim, die sich jederzeit aus dem Geschehen zurückzuziehen vermöchten, mehr gälten als sie, die „Helfer“, die ihn bei sich aufgenommen und in seinen risikoreichen Kriegen unterstützt hätten: Sie hätten die Feindschaft der übrigen Araber ertragen – um Mohammeds willen – und hätten niemals einfach weglaufen können.[192] Saʿd b. ʿUbāda traf mit Mohammed zusammen, als Unmutsäußerungen im Tenor jenes Gedichtes bis an dessen Ohr gedrungen waren und seinen Zorn zum Auflodern gebracht hatten. Was an dem Gerede sei, die „Helfer“ seien zwar als Krieger für den Propheten gut genug, aber wenn es um die Beute gehe, dann habe dieser nur seine eigenen Leute im Auge? Was habe es mit dem Argwohn auf sich, daß unbeliebte Anordnungen womöglich nicht dem Willen Allahs entsprächen? Saʿd wich diesen Fragen nicht aus, sondern bekannte freimütig, daß er jener Kritik der „Helfer“ uneingeschränkt beipflichte und ebenfalls auf ein klärendes Wort aus dem Munde des Gesandten Allahs warte: Sei dies alles tatsächlich Allahs Wille? Wenn die Zurücksetzung der „Helfer“ ausdrücklich von Allah befohlen sei, dann, aber nur dann, wolle man sie hinnehmen.

Mohammed rief die „Helfer“ zusammen, unter die sich einige Auswanderer mischten, und hielt eine Ansprache, die bei Ibn Hišām und al-Wāqidī in einem nahezu übereinstimmenden Wortlaut überliefert ist: „Ihr ‚Helfer‘! Da ist ein Gerede, das bei euch (kursiert und) mir zu Ohren kam; da ist ein Groll in euren Herzen! Traf ich nicht bei euch ein, als ihr Irrende wart, und Allah führte euch zum rechten Weg? Wart ihr nicht arm, und Allah machte euch reich? Wart ihr nicht untereinander verfeindet, und Allah führte eure Herzen zueinander?“ „Ja, Allah und sein Gesandter gewähren die meiste Huld und Gnade!“ räumten die „Helfer“ ein. „Wollt ihr mir nicht zu Willen sein, ‚Helfer‘?“ „Worin, Gesandter Allahs? Dem Gesandten Allahs steht es frei, Huld und Gnade zu erweisen.“ „Gewiß, wenn ihr wolltet, könntet ihr mit vollem Recht sagen: ‚Du kamst zu uns als jemand, den man der Lüge zieh, wir aber glaubten dir! Du kamst als jemand, den man im Stich gelassen hatte, wir aber standen zu dir! Du kamst als Vertriebener, wir gaben dir Herberge! Du kamst als Mittelloser, wir sorgten für dich!‘ Ihr ‚Helfer‘! Ihr grollt mir wegen irdischer Güter, mit denen ich Leute freundlich stimmte, damit sie Muslime werden, auf euren Islam aber zählte ich dabei! Ihr wollt also nicht zugestehen, ihr ‚Helfer', daß einige Leute mit Schafen und Kamelen von dannen gehen, während ihr mit dem Gesandten Allahs zu eurem Troß zurückkehren werdet? Bei dem, in dessen Hand das Leben Mohammeds liegt, gäbe es nicht meine Hedschra, dann wäre ich einer der ‚Helfer'! Und zögen alle Menschen durch die eine Schlucht und nur die ‚Helfer' durch die andere, ich zöge mit den ‚Helfern'![193] Ich werde euch die Rechte an Bahrain verbriefen; dieses Land soll nach meinem Tode euch ganz allein gehören. Denn Bahrain wird das vortrefflichste Land sein, auf das sich Allahs Eroberung mittels der ‚Helfer' erstrecken wird." „Was brauchen wir nach deinem Tod noch irdische Güter, Gesandter Allahs?" „Falls nicht, dann werdet ihr nach meinem Tod euch allein gebührende Vorzüge erfahren! Harrt aus, bis ihr Allah und seinen Gesandten wiedertrefft! Ihr seid mit ihm am Wasserbecken[194] verabredet, und dieses Becken ist so groß wie die Strekke von Sanaa nach Oman, und die Trinkgefäße sind zahlreicher als die Sterne. Allah, erbarme dich der ‚Helfer', ihrer Söhne und Enkel!" Da weinten die Zuhörer, bis die Tränen ihnen den Bart benetzten, und riefen: „Gesandter Allahs, wir sind mit unseren Anteilen zufrieden!" Der Gesandte Allahs entfernte sich, und sie gingen ihrer Wege.

Den Hinweis auf das Ende aller Zeiten findet man nur bei al-Wāqidī, desgleichen die Vertröstung mit den Einkünften aus Bahrain. Ungewöhnlich ist im übrigen, daß Mohammed in diesen Sätzen von seinem Tod spricht; wie wir sehen werden, war man selbst in seiner engsten Umgebung davon überzeugt, ein Prophet sei unsterblich, und auch bei den abtrünnigen Stämmen, die sich nach seinem Tode von Medina lossagten, spielte diese Ansicht eine Rolle. Beschränken wir die Erörterung dieser Rede daher auf den Teil, den beide Überlieferer gemeinsam haben und der mit Mohammeds Beteuerung endet, daß er, wäre er nicht ein Auswanderer, sich in allem den „Helfern" anschlösse. Unüberhörbar sind die Anspielungen auf die frühe Sure 93: In ihr läßt sich der Gesandte Allahs von seinem Alter ego versichern, er sei keineswegs während der harten Jugend verstoßen worden; er werde von Allah reiche Gaben empfangen und dereinst vollauf zufrieden sein. – Dieser von Mohammed in seiner Rede nicht zitierte Vers, der unmittelbar vor den rhetorischen Fragen steht, war den „Helfern" natürlich geläufig, so daß mit der Bezugnahme auf Sure 93 künftiger Lohn implizit zugesagt wurde, was dann in den von al-Wāqidī überlieferten Sätzen spezifiziert wird. – Mohammed übernimmt gegenüber den „Helfern" den Part, den in Sure 93 Allah ihm gegenüber beansprucht: Alles, was für die „Helfer" überhaupt zählen kann, verdanken sie dem Propheten, den Islam und mit diesem auch Reichtum und inneren Frieden. Im Vergleich dazu sind die Geschenke, mit denen jene anderen in die Heimat ziehen, geradezu bescheiden; denn die „Helfer" genießen das unschätzbare Privileg, den Gesandten Allahs Tag für Tag in ihrer Mitte zu wissen.

Weitere kriegerische Aktivitäten

Einem quraišitischen Brauch folgend, vollzog Mohammed die Nachtwallfahrt vom „äußersten Gebetsplatz" des *Ḥaram*-Gebiets zur Kaaba und kehrte darauf nach Medina zurück.[195] Aṭ-Ṭā'if wurde in den nächsten Monaten so weit zermürbt, daß es sich ergab. Der Ṯaqafite ʿUrwa b.

Masʿūd, einer der mekkanischen Unterhändler bei al-Ḥudaibīja, soll von sich aus zu Mohammed gekommen sein, sich zum Islam bekannt und versprochen haben, er werde seinen Stamm zur Unterwerfung bewegen. Damit war er allerdings nicht erfolgreich, und als er eines Morgens von seinem Haus herab zum Gebet rief, traf ihn ein Pfeilschuß, und er verblutete.[196] Dieser Zwischenfall trug Unfrieden in die Reihen der Ṯaqafiten, und sie entschlossen sich, eine Abordnung zu Mohammed zu schicken. Diese erreichte Medina im Ramadan (begann am 12. Dezember 630) des Jahres 9. Man werde, richtete sie aus, den Islam annehmen, aber man werde die heidnischen Götterbilder, die man verehre, behalten, denn anders werde die Bevölkerung eine Unterwerfung unter Mohammed nicht dulden; überdies solle man ihnen die fünf Pflichtgebete erlassen. Gerade auf die letzte Forderung konnte Mohammed nicht eingehen, denn die Gebete seien der Kern seiner Glaubenspraxis. Aber Mohammed ersparte es ihnen, mit eigener Hand die Götterbilder zu zerstören. Das erledigten für sie Abū Sufjān b. Ḥarb und ihr Stammesgenosse al-Muġīra b. Šuʿba.[197] Den heiligen Bezirk der Stadt entweihte Mohammed allerdings nicht; man durfte dort, bestimmte er, weiterhin nicht jagen oder das Gesträuch als Viehfutter nutzen. Zum Bewahrer dieses geschützten Gebiets (arab.: *al-ḥimā*) bestellte er seinen Genossen Saʿd b. abī Waqqāṣ.[198] Durch den Zweck der Vernichtung eines heidnischen Gottesbildes, des al-Fals der Banū Ṭaijiʾ, wurde übrigens ein Feldzug geheiligt, den Mohammed schon im Rabīʿ al-āḫar (begann am 18. Juli 630) befohlen hatte. Angeführt wurde die Unternehmung von ʿAlī b. abī Ṭālib, die Kämpfer stammten ausschließlich aus den Reihen der „Helfer", und sie zerstörten nicht nur die Kultstätte, sondern füllten sich auch „die Hände mit Gefangenen, mit Kleinvieh und Schafen".[199] Unter den zur Erpressung von Lösegeld Gefangenen, die in einem Pferch am Eingang der Moschee des Propheten eingesperrt waren,[200] war auch eine Tochter des ṭaijiʾitischen Stammesführers ʿAdī b. Ḥātim. Dieser selber hatte dem Angriff ʿAlīs ausweichen können und war nach aš-Šaʾm entkommen, weswegen Mohammed seit Muʾta ein zweites Mal den mit den Byzantinern verbündeten arabischen Stämmen Anlaß zur Beunruhigung gegeben hatte. ʿAdī übrigens hatte das Heidentum aufgegeben und war Christ geworden.[201]

Mohammeds Machtanspruch und die große Politik

Im Falle der Banū Ṭaijiʾ ist das Bestreben Mohammeds, die Stämme unter seine Kontrolle zu bringen, mit einem zweiten Handlungsstrang verwoben, nämlich mit seinen Versuchen, nunmehr auch bei den an den Vorgängen im Hedschas interessierten Mächten Respekt und Zustimmung zu finden und seine Macht auf fremdes Territorium auszudehnen, also genau das zu tun, weswegen die Banū Šaibān vor einem Zusammengehen mit ihm zurückgeschreckt waren. Nach den Ereignissen von al-Ḥudaibīja kaum wieder in Medina, hatte er schon im Muḥarram (begann am 11. Mai 628) des Jahres 7 sechs Männer zu den in seinen Augen Großen der Welt geschickt, um diese zur Annahme des Islams aufzufordern, und das meinte nichts anders als zur Botmäßigkeit gegen ihn, den Gesandten Allahs. Die Emissäre waren in den Gepflogenheiten der Herrscher versiert, die es zu gewinnen galt, verstanden auch deren Sprache. In Äthiopien fand sein Botschafter freundliche Aufnahme, und der Negus erfüllte ihm den Wunsch, den letzten Flüchtlingen die Reise nach Medina zu ermöglichen.[202] Wir hörten davon. Der uns ebenfalls schon bekannte Diḥja al-Kalbī trat die Reise nach Bostra an; der dortige Machthaber leitete das für Herakleios bestimmte Schreiben nach Hims weiter, wo der Kaiser in Erfüllung seines Gelübdes, im Falle des Sieges über die Sasaniden barfuß von Konstantinopel nach Jerusalem zu pilgern, eingetroffen war. Herakleios' Ratgeber verspürten keine Lust, Muslime zu werden. Der Fürst der Ġassāniden, den ein anderer Botschafter aufsuchte, als er in der Ghota, dem Oasengebiet um Damaskus, alles für den Empfang des Kaisers vorbereitete, war ebenso wenig geneigt, auf die befremdlichen Forderungen einzugehen. Ganz ohne Aussichten war das nachdrückliche Werben Mohammeds aber nicht; der byzantinische Statthalter der Gegend um Amman, ein Araber, ließ sich bekehren und trat mit Mohammed in Verbindung. Dieser scheint daraufhin noch mehrmals Boten nach aš-Ša'm geschickt zu haben; die Erschlagung eines von ihnen, die den geschilderten Feldzug nach Mu'ta auslöste, belegt, daß man die Aktivitäten des Gesandten Allahs auf dem byzantinischen Gebiet dort als ein Ärgernis zu empfinden begann. Der Herrscher der Sasaniden zerriß das ihm überbrachte Schreiben, was Mohammed, als er davon hörte, zu der Vorhersage veranlaßt haben soll, mit dieser Handlung habe er das eigene Reich zerrissen. Bāḏān, der Befehlshaber der Iraner im Jemen, entsandte auf Geheiß seines Herrschers zwei Boten nach Medina, die etwas über jenen seltsamen Mohammed in Erfahrung bringen sollten. Als die beiden dort eintrafen, war Chosrau Parwez gerade von seinem Sohn ermordet worden, wovon Mohammed bereits Kunde hatte.[203] Mit dieser Untat begannen die Wirren, die zum Untergang des Sasanidenreiches führten. Bāḏān und die iranische Kolonie im Jemen traten bald darauf zum Islam über. Der Patriarch von Alexandrien, ein weiterer Adressat, versicherte, daß er gewußt habe, daß ein letzter Prophet berufen werde, allerdings in aš-Ša'm. Trotz dieser Unstimmigkeit ließ er Mohammed Gewänder überbringen und ein weißes Maultier, Duldul[204] geheißen, sowie zwei koptische Mädchen; mit einem von ihnen zeugte Mohammed seinen Sohn Ibrāhīm, der schon im Säuglingsalter starb.

Der Negus, Herakleios einmal über seinen Vasallen in Bostra, ein anderes Mal über den Fürsten der Ġassāniden, der Patriarch von Alexandrien, der Schah der Sasaniden, damit sind fünf der Adressaten genannt. Der sechste war Hauḏa b. ʿAlī, der Führer der Banū Ḥanīfa im Nordosten der Arabischen Halbinsel. Dieser stand in einem engen Verhältnis zu Chosrau Parwez, der ihm eine mit Perlen besetzte Kopfbedeckung geschenkt hatte; Hauḏa hieß deswegen „der mit der Krone".[205] Den Boten Mohammeds nahm er freundlich auf und schlug vor, der Prophet möge ihn an der Herrschaft beteiligen. Da nutzte es wenig, daß Hauḏa dessen Abgesandten mit wertvollen Gaben versehen nach Medina zurückschickte. Mohammed stieß Verwünschungen aus, als ihm die Antwort übermittelt wurde. Als er zwei Jahre später in Mekka eingezogen war, soll ihn die Nachricht vom Tode Hauḏas erreicht haben. Sobald Mohammed bei al-Ǧiʿrāna die Beute verteilt und die Begünstigung der noch nicht im Islam Verwurzelten durchgesetzt hatte, wählte er einen der gerade Bekehrten, den Mekkaner al-ʿAlāʾ b. al-Ḥaḍramī, für eine wichtige diplomatische

Mission aus.[206] Al-ʿAlāʾs Vater war ein Eidgenosse Ḥarb b. Umaijas gewesen; sein Bruder ʿAmr hatte in der Geschichte der Auseinandersetzungen zwischen Mohammed und den mekkanischen Quraišiten eine Spur hinterlassen: Er war bei Naḫla getötet worden, als ʿAbdallāh b. Ǧaḥš die aus aṭ-Ṭāʾif nach Mekka ziehende Karawane überfallen hatte. Mohammed hatte sich geweigert, für die Untat ein Blutgeld zu zahlen. Der Vorfall hatte die Spannungen zwischen beiden Seiten derart verschärft, daß manche ihn geradezu als den Anlaß der Schlacht von Badr betrachten,[207] was aber übertrieben ist. Nun also beauftragt Mohammed al-ʿAlāʾ b. al-Ḥaḍramī damit, Bahrain für den Islam zu gewinnen. Nach dem Tod Haudas ist im Nordosten der Halbinsel al-Mundir b. Sawa al-Asbadī, ein Tamīmite, der mächtigste Mann. Dieser soll den Islam annehmen, und damit sich in seinem Land der richtige Ritus ausbreite, gesellt Mohammed seinem in diesen Dingen ganz ungeübten Botschafter einen jungen Mann bei, Abū Huraira von den Banū Daus, eines der Mitglieder jener Gruppe, die während der Belagerung von Ḫaibar sich der Sache Allahs verschrieben hatte. Al-Mundir ließ Mohammed wissen, er folge seiner Aufforderung, wenn auch nicht die ganze Bevölkerung seines Gebiets die Zuneigung zum Islam teile. Im übrigen lebten dort auch Juden und Zoroastrier – was solle mit ihnen werden? Mohammed gebot, auch diesen sei der Übertritt zum Islam zu ermöglichen; lehnten sie ihn ab, dann seien sie mit der Kopfsteuer zu belegen. Desweiteren setze der Gesandte Allahs ihn über die Höhe der *ṣadaqāt* in Kenntnis, die al-ʿAlāʾ daraufhin eintrieb.[208] Erwägt man diese Überlieferungen, dann könnten die nur bei al-Wāqidī bezeugten Sätze der Ansprache Mohammeds an die „Helfer" doch einen Grund in der Tagespolitik haben.

Gesandtschaften und Maßnahmen der Missionierung

Al-Wāqidīs Schüler Ibn Saʿd stellt das Material zu den Missionsaktivitäten des Gesandten Allahs zusammen. Darin findet sich ein Hinweis auf Jesu Befehl an die Jünger, in alle Welt hinauszugehen und die Völker das Evangelium zu lehren. Eines Tages nach dem Morgengebet habe der Gesandte Allahs seine Gefährten um sich versammelt und ihnen ans Herz gelegt, sie sollten in Aufrichtigkeit vor Allah handeln, denn niemand, dem Verantwortung für andere übertragen sei und der von ihr unredlichen Gebrauch mache, werde das Paradies erlangen. Vor allem aber solle man den Fehler vermeiden, den die Abgesandten Jesu begangen hätten: Sie hätten nur die Menschen in ihrer unmittelbaren Nähe aufgesucht und die Bewohner ferner Länder vernachlässigt. Bewunderung sei ihnen allerdings zu zollen, weil sie die Sprachen der Völker gelernt hätten. Was Mohammed von seinen Emissären erwartete, ging weit über die Unterweisung im neuen Glauben hinaus. Zur Übermittlung der Riten im weitesten Sinne kamen in jedem Falle die *ṣadaqāt* hinzu, die auf das Vieh und die Güter erhoben wurden; und wenn es immer wieder heißt, die mit der Aufforderung zum Übertritt bedachten Stämme hätten Mohammeds Gefährten und Abgesandte gut zu behandeln,[209] dann ist die Androhung von Gewalt für den gegenteiligen Fall gleich mitzudenken. Ibn Saʿd gibt den Wortlaut eines undatierten Briefes nach Haǧar wieder, dem Hauptort Bahrains: „Ich empfehle euch, Allahs eingedenk zu sein und auf euch selber achtzugeben, damit ihr nicht in die Irre geht, nachdem euch der rechte Weg gewiesen worden ist… Eure Abordnung kam zu mir, und ich ließ ihr nur angedeihen, was sie erfreute. Hätte ich euch meine ganze Macht spüren lassen, dann hätte ich euch aus Haǧar vertrieben. So aber nahm ich die Fürsprache desjenigen an, der nicht bei euch weilt, und erzeigte denen, die bei euch sind, meine Huld. Den unter euch, der recht handelt, belaste ich nicht mit der Schuld des Missetäters. Wenn meine Befehlshaber zu euch kommen, dann gehorcht ihnen und unterstützt sie gemäß dem Befehl Allahs und auf seinem Pfade. Wer unter euch eine rechtschaffene Tat vollbringt, dem wird sie weder bei Allah noch bei mir verlorengehen."[210]

ʿAmr b. al-ʿĀṣ machte sich im Ḏū l-Qaʿda (begann am 20. Februar 630) des Jahres 8 in den Oman auf. Der dortige Herrscher, der zu den Azd gehörte, wollte zunächst vom Islam nichts wissen; wenn er jenem Mann in Medina die Macht übergebe, was bleibe ihm selber dann noch? ʿAmr ließ durchblicken, er werde abreisen und Mohammed Bericht erstatten. Dieser Wink genügte, um den Fürsten gefügig zu machen. Fortan war ʿAmr im Oman der eigentliche Herr. Er stellte die *ṣadaqāt* zusammen, „urteilte über die (dortigen) Angelegenheiten" und nutzte das, was er einzog, zur Unterstützung der Bedürftigen. Gute zwei Jahre, bis zum Tode Mohammeds, regierte er so das Land.[211] An diesem Beispiel wird deutlich, wie die Ausbreitung des Islams die Zerstörung des gewachsenen politischen und gesellschaftlichen Gefüges nicht etwa begünstigt, sondern unmittelbar auslöst. Die *ṣadaqāt*, die die Emissäre des Gesandten Allahs nach eigenem Ermessen an diejenigen verteilen sollten, die ihnen als geeignete Empfänger erschienen, zerrütteten die überkommene Sippensolidarität und ließen den Anführern kaum eine andere Wahl, als sich an die Spitze der Veränderungen zu stellen. Ihre Macht wurde nicht zuletzt dadurch untergraben, daß die Sendboten im Namen Allahs Recht zu sprechen begannen und, wie mehrfach bezeugt ist, in örtliche Konflikte eingriffen.

Dazu ein prominenter Fall! Wāʾil b. Ḥuǧr aus Hadramaut, der sich in Medina dem Islam unterworfen hatte, erhielt ein Schreiben ausgehändigt, das die Pflichten und Rechte der ihm unterstehenden Leute wie folgt zusammenfaßte: „Sie sollen das rituelle Gebet einhalten und die Läuterungsgabe entrichten" – eine, wie erinnerlich, schon in mekkanischer Zeit oft wiederholte Formel der Charakterisierung muslimischer Gemeinschaft[212] – „sowie die *ṣadaqa* aus einer freiweidenden Herde von vierzig Stück Vieh abführen; der Eigentümer braucht die für eine Notzeit bei seinem Anwesen gehaltenen Tiere nicht zu dieser Herde hinzuzurechnen. Herden dürfen nicht zusammengetrieben werden" – um *ṣadaqāt*-pflichtige Bestände von mehr als vierzig Stück Vieh zu bilden – „und es dürfen keinerlei Betrug und Übervorteilung geschehen; die Tiere brauchen nicht dem Einnehmer vorgeführt oder an einem am Rande gelegenen Ort gesammelt zu werden; die Zusammenfügung von getrennten Herden zum Zwecke des Erreichens einer höheren Abgabenquote ist verboten. Die Leute sind verpflichtet, den Streifscharen der Muslime Unterstützung zu gewähren; auf je zehn Mann entfällt, was die arabischen (Pferde) tragen (?). Wer Getreide vor der Reife verkauft, der begeht Wucher." Mit dieser Mischung aus Ritualregeln, Vorschriften für die Einziehung von Abgaben und einem Allah zugeschriebenen Rechtsgrundsatz ist Wāʾil nicht zufrieden: „Gesandter Allahs, bestätige mir (das Eigentum) an Land, das ich in der Heidenzeit besaß!" Die ihn begleitenden Vornehmen aus Hadramaut und vom Stammesverband der Ḥimjar bezeugen die Rechtmäßigkeit des Anspruchs Wāʾils, worauf folgendes Dokument aufgesetzt wird: „Von Mohammed, dem Propheten, an Wāʾil b. Ḥuǧr, den Fürsten von Hadramaut: Du hast nunmehr den Islam angenommen, und ich bestätige dir das Eigentum an den Ländereien und Festungen, die sich in deiner Hand befinden, ferner daß man dir aus allem ein Zehntel abverlangt. Zwei unbescholtene Männer sollen dies überprüfen. Ich sage dir zu, daß dir dabei kein Unrecht angetan werden soll, solange die Glaubenspraxis, der Prophet und die Gläubigen hierbei Beistand leisten." Ibn Saʿd merkt zu diesem Text an, die Banū Kinda hätten Wāʾil das „Tal von Hadramaut" streitig gemacht, hätten ihre Sache auch selber dem Propheten vorgetragen; dessen Entscheidung sei aber wie erwähnt ausgefallen.[213] Mohammed setzte sein Urteil durch, indem er Wāʾil b. Ḥuǧr den jungen Muʿāwija b. abī Sufjān mit auf die Rückreise gab.[214]

Im großen und ganzen lassen die literarisch überlieferten Schreiben erkennen, daß Mohammed seine eigenen Prinzipien einzuhalten bemüht ist, wobei er, des Endes der Notwendigkeit einer Hedschra nach Medina eingedenk, den Dschihad gewissermaßen dezentralisiert. Einem Nahšal b. Mālik aus dem zu den Qais ʿAilān zählenden Stamm der Banū Bāhila[215] sicherte er schriftlich zu: „Wer zum Islam übertritt, das rituelle Gebet verrichtet und die Läuterungsgabe aufbringt, Allah und dessen Gesandtem gehorcht, aus der Beute das Fünftel Allahs und des Propheten abführt, sich die Bekehrung zum Islam bezeugen läßt und sich von den Beigesellern trennt, der ist sicher dank dem Sicherheitsversprechen (arab.: *al-amān*) Allahs, und zu dessen Gunsten entsagt Mohammed jeglichem (mit Gewalt geübten) Unrecht; ferner (gewährleistet er), daß (die Banū Bāhila) nicht (zum Krieg) einberufen und nicht zur Zehntsteuer veranlagt werden. Ihr *ṣadaqāt*-Einnehmer wird aus ihrer Mitte stammen."[216] Bei der Forderung des Zehnten ist eine gewisse Willkür zu beobachten. Freilich ist zu bedenken, daß Stämme, die über wenig oder kein bebaubares Land verfügten, diese Form der Abgaben nicht aufbringen konnten. Den im Bīša-Tal siedelnden Verbänden der Banū Bāhila, die nur einen Teil ihres Lebensunterhalts als Wanderhirten erwarben, gestand er zu, Weideland unter den Pflug zu nehmen; wer Boden beackere, dem gehöre er.[217] Der betreffende brauche je dreißig Rinder nur ein bejahrtes Stück Vieh, je vierzig Stück Kleinvieh ein einjähriges Tier und je fünfzig Kamele nur eine ausgewachsene Stute abzuliefern; der Eintreiber müsse die *ṣadaqāt* auf den Weiden entgegennehmen.[218] Die Banū Ḫaṯʿam, ebenfalls teils Nomaden, teils Bauern, haben demgegenüber den Zehnten zu entrichten, und zwar auf die Erträge von Ländereien, die durch Bäche leicht zu bewässern sind. Muß das Wasser hingegen unter Einsatz von Kamelen geschöpft werden, wird nur ein Zwanzigstel fällig.[219] Beim Einsammeln des Zehnten ergeben sich im übrigen eine Reihe von Schwierigkeiten, die Mohammed von Fall zu Fall zu regeln sucht. Die Erträge an Datteln dürfen beispielsweise nicht an der Palme geschätzt werden, Ungenauigkeiten sind zu vermeiden; die Früchte müssen erst auf den Trockenplatz gelangt sein, bevor der Zehnte bemessen werden kann.[220]

Wendung gegen das Christentum

In den von al-Wāqidī zusammengetragenen Schreiben wird deutlich, daß Mohammed das Christentum in jenen Jahren als etwas besonders Unliebsames, Störendes zu begreifen beginnt. Das medinensische Judentum hat er weitgehend vernichtet, abgesehen von den jüdischen Mitgliedern der Klane der „Helfer"; diesen hat er in der sogenannten Gemeindeordnung Schonung zugesagt, solange sie seine Politik nicht behindern. Das Judentum im „Tal der Ortschaften" hat er unterjocht. Seine Ambitionen reichen nun weiter, vermutlich so weit, wie Menschen als Glieder des von ihm für gottgegeben erachteten genealogischen Systems der Araber leben. Das Christentum, das sich seit dem Beginn seiner Geschichte in vorgefundenen politischen Verhältnissen einzurichten verstanden hat und aus seiner Heilsbotschaft nicht die Verpflichtung zu einer grundstürzenden Veränderung irdischer Herrschaft ableitet, hat angesichts der aggressiven Forderungen jenes eigenartigen Propheten durchweg das Nachsehen; nur zu bald mag vielen klar geworden sein, von welchem Geist eine Religion durchdrungen ist, die den Anspruch erhebt, alles Diesseitige nach den für Allahs Willen ausgegebenen Machtinteressen ihrer Anführer umzuformen. Hierfür nur ein Beispiel! Mohammed war es gelungen, den ġassānidischen Fürsten Ǧabala b. al-Aiham zum Eintritt in den Islam zu bewegen. Unter ʿUmar sagte er sich von diesem Glauben wieder los, weil er ihm Dinge abverlangte, die mit den Sitten, die Ǧabala selbstverständlich waren, nicht vereinbart werden konnten. Denn auf dem Markt von Damaskus hatte Ǧabala versehentlich einen Mann von den Banū Muzaina getreten, und dieser hatte ihm darauf ins Gesicht geschlagen. Man brachte den Angrifflustigen vor den Statthalter, den frühen Auswanderer Abū ʿUbaida b. al-Ǧarrāḥ, der, zum großen Ärger des Fürsten, von einer Bestrafung absah und, dem Grundsatz der Vergeltung folgend, diesem freistellte, nun seinerseits dem Muzaniten einen Schlag auf die Backe zu versetzen. Ǧabala wollte nicht begreifen, daß seine fürstliche Wange den gleichen Wert wie die eines einfachen Mannes haben sollte und hielt den Islam daher für eine unzumutbare Religion.[221]

In den Quellenzeugnissen, die die Überlieferung in jene letzten Jahre Mohammeds einordnet, erscheint das Christentum als eine törichte Spielart des Unglaubens. ʿAijāš b. abī Rabīʿa[222] von den Banū Maḫzūm wird zu den Ḥimjariten entsandt: „Die Ungläubigen, nämlich die Schriftbesitzer und die Beigeseller, ließen erst (von ihren Irrtümern) ab, als zu ihnen (Mohammeds Offenbarung als) ein klarer Beweis (für den wahren Glauben) gelangte" (Sure 98, 1 f.). Diese Worte soll er den Jemeniten vortragen, denn darauf werden sie nichts Gescheites zu erwidern haben. So lautet der Rat, den Mohammed ihm mit auf die Reise gibt. Juden und Christen haben ihre Daseinsberechtigung eingebüßt; ihr Glaube ist nur noch eine schlichte Dummheit. Das ist dem Gesandten Allahs in jener Zeit zu Bewußtsein gekommen; er spricht es in Sure 9, Vers 30 in aller Schärfe aus, und auch diese Worte soll ʿAijāš den Ḥimjariten ausrichten: „Die Juden sagen, Esra sei der Sohn Allahs. Die Christen sagen, Christus sei der Sohn Allahs. Das sagen die mit dem Mund (und ohne nachzudenken). Sie plappern die Worte derjenigen nach, die früher ungläubig waren. Allah bekämpfe sie! Wie können sie nur so sehr die Wahrheit verfehlen!"[223] Einem Bischof ließ Mohammed schon vor dem Abkommen von al-Ḥudaibīja durch den uns bekannten Diḥja al-Kalbī in Anspielung an Sure 4, Vers 171 mitteilen, Jesus, der Sohn Marias, sei der Geist Allahs, ja, das Wort Allahs, das der keuschen Maria eingeflößt wurde; er, Mohammed, glaube unterschiedslos an alle Propheten (vgl. Sure 2, 136 und 285; Sure 3, 84). „Der Friedensgruß sei dem entboten, der der Rechtleitung folgt!"[224] In den Versen 17 bis 19 der aus der letzten Lebenszeit Mohammeds stammenden Sure 5 macht er vor allem den Christen noch einmal klar, daß sie keinerlei Sonderstellung bei Allah innehaben; Jesus kann keineswegs etwas gegen Allahs ausdrücklichen Willen ausrichten, Allah belohnt und bestraft, wen er will. So wäre es am besten, alle Schriftbesitzer nähmen die Botschaft an, die der nach einer längeren Unterbrechung in der Reihe der Propheten nunmehr berufene Mohammed verkündet.

Die Furcht der Medinenser vor einem Konflikt mit Byzanz

Mohammeds Zug nach Mekka fiel in den Zeitraum der bereits in Gang gekommenen Expansion der „besten Gemeinschaft". Die Mission der sechs Botschafter, die er nach dem Vertragsschluß von al-Ḥudaibīja an die großen Herrscher in seinem Gesichtskreis geschickt hatte, war die auffälligste der von ihm ergriffenen Maßnahmen gewesen. Im Norden, im Grenzgebiet zu Byzanz, entwickelten sich die Dinge seither aber nicht so, wie er es sich wünschte. Wie schon angedeutet, war der Statthalter in Amman, Farwa b. ʿAmr al-Ǧuḏāmī, Muslim geworden.[225] Er hatte dies nach Medina gemeldet und dem Propheten Geschenke übersandt, darunter prachtvolle Gewänder und in Anerkennung des besonderen Ranges des Propheten ein weißes Maultier, hierin dem Beispiel des Patriarchen von Alexandrien folgend. Die Byzantiner erfuhren von Farwas verräterischen Verbindungen, desgleichen von seinem Glaubenswechsel; diesen solle er rückgängig machen, verlangte man.[226] Als er diese ernsten Mahnungen mißachtete, wurde er gefangengenommen und hingerichtet.[227] Diese Ereignisse könnten noch in die Zeit vor Mohammeds Einzug in Mekka fallen. Im Jahr 630 jedenfalls, als Herakleios in Hims weilte, verdichtete sich in Medina das Gerücht, er ziehe im Gebiet um Amman Truppen zusammen, um Medina anzugreifen. Nabatäische Händler, die seit eh und je Medina mit Nachrichten aus aš-Šaʾm versorgten, hatten es ausgestreut. Da man in Arabien vor der Kampfkraft und guten Ausrüstung der byzantinischen Heere höchsten Respekt hatte, fand man das alles sehr beunruhigend. Mohammed sah sich genötigt, seinerseits einen Feldzug nach Norden vorzubereiten, für den er nicht nur seine Auswanderer und „Helfer" und die Stämme um Medina zu den Waffen rief, sondern auch die Mekkaner. Als man aufbrechen wollte, erlebte Mohammed eine unangenehme Überraschung: Mit den „Helfern" konnte er diesmal nicht so rechnen, wie er es gewohnt war. Einer der wichtigsten Männer unter ihnen, ʿAbdallāh b. Ubaij, hatte zwar viele Kämpfer um sich geschart, trug aber ernsthafte Bedenken vor; der Gesandte Allahs wisse nicht, worauf er sich einlasse.[228] Ob viele „Helfer" dabei waren, als man im Raǧab (begann am 14. Oktober 630) des Jahres 9, unter großer Hitze und Durst leidend, nach Norden vorstieß, zunächst in Richtung Dūmat al-Ǧandal, ist unklar. Mohammed befahl seinen Truppen dann einen

Schwenk nach Westen, bis er mit seinem Heer Tabuk erreichte, eine kleine Festung, die bereits auf byzantinischem Territorium lag. Von den angeblich zum Losschlagen bereiten Feinden war nichts zu sehen oder in Erfahrung zu bringen.

Der kriegerische Prophet und seine Kämpfer

Die Überlieferung verknüpft mit dem Heereszug nach Tabuk die erstmalige Äußerung einer Anzahl von Vorstellungen, die für das Glaubenskämpfertum kennzeichnend sind und die bis in die Gegenwart gern hervorgehoben werden. Überall, wo Mohammed Rast machte, ließ er einen Gebetsplatz (arab.: *al-masǧid*) markieren. Sowohl Ibn Isḥāq als auch al-Wāqidī zählen diese Örtlichkeiten auf.[229] ʿAbdallāh, der Sohn ʿUmar b. al-Ḫaṭṭābs, berichtet, wie man damals Wache gestanden habe, wenn der Gesandte Allahs des Nachts vor seinem Zelt Andacht gehalten habe. Stets habe er sich, bevor er das Gebet begonnen habe, mit dem Zahnholz[230] den Mund gereinigt. Als er einmal mit den Riten fertig gewesen sei, habe er sich an die Umstehenden gewendet: „Fünf Dinge wurden mir von Allah gewährt, die niemandem vor mir gegeben wurden: Ich wurde zu den Menschen insgesamt berufen; zuvor wurde ein Prophet nur zu seinem Volk geschickt. Die (ganze) Erde wurde mir als Gebetsplatz angewiesen, und zwar als rituell rein. Wo immer mich die Gebetszeit erreicht, führe ich die rituelle Reinigung mit Sand durch und bete dann; vor mir hielt man dergleichen für Frevel und betete nur in Kirchen und Klöstern. Die Kriegsbeute wurde mir gestattet, ich darf sie verbrauchen; vor mir untersagte man sie. Das fünfte, das ist, was es ist." Dreimal habe Mohammed diesen Satz wiederholt, ehe man ihn dazu gebracht habe zu verraten, worum es gehe. „Mir wurde gesagt: ‚Bitte! Denn jeder Prophet bat (Allah). (Die Erfüllung deiner Bitten) ist euch und denen verheißen, die bezeugen, daß es keinen Gott außer Allah gibt.'"[231] Die *ḥadīṯ*-Sammlungen verzeichnen viele Varianten dieses Ausspruchs, die den Inhalt schärfer fassen: Mit der Bitte ist Mohammeds Recht gemeint, bei Allah für die Muslime ein gutes Wort einzulegen, so daß sie leicht ins Paradies gelangen werden. Sehr häufig ist auch der Zusatz: „Mir wurde der Sieg zuteil dank dem Schrecken (arab.: *ar-ruʿb*), den ich über eine Wegstrecke von einem Monat verbreite."[232] Nicht selten fügt Mohammed hinzu: „Ich empfing die Schlüssel zu den Schätzen der Erde, sie wurden vor mir niedergelegt."[233] – Man schenkte Mohammed während des Feldzuges nach Tabuk ein Pferd. Er ließ es stets in der Nähe seines Zeltes anpflocken, da er sich am Wiehern ergötzte. In Medina zurück, vermißte er diese Töne, und fragte den Mann, dem er das Pferd überlassen hatte, nach dem Grund für das Verstummen. Er habe es verschnitten, bekannte jener, worauf Mohammed ihn belehrte: „In den Stirnlocken der Pferde liegt das Gute, bis zum Tag der Auferstehung. Darum vermehrt die Pferde und überbietet mit ihrem Wiehern den Stolz der Beigeseller! Die Mähnen der Pferde sind ihr warmes Wollkleid, die Schwänze verscheuchen die Fliegen. Bei dem, in dessen Hand mein Leben liegt! Die Blutzeugen kommen am Jüngsten Tag daher, das Schwert über der Schulter, und an keinem Propheten ziehen sie vorbei, ohne daß er (ehrerbietig) zurückweicht, selbst an Abraham… ziehen sie vorüber, und er weicht vor ihnen zurück, und schließlich nehmen sie auf Predigtkanzeln von Licht Platz. ‚Das sind die, deren Blut für den Herrn der Welten vergossen wurde!'

sagen die Leute. Das wird sich abspielen, bis Allah über seine Knechte urteilt."[234]

Eroberungen südlich der Grenze zum byzantinischen Reich

Mohammed verbrachte die Zeit in Tabuk nicht müßig. Ḫālid b. al-Walīd entsandte er mit einer Streifschar nach Dūmat al-Ǧandal; er sollte den Kinditen Ukaidir b. ʿAbd al-Malik, den dortigen christlichen Fürsten, zum Islam zwingen. Man bekam ihn zusammen mit einem Bruder bei einem Ausritt zu fassen. Ḫālid machte Ukaidir ein Angebot: Wenn er Dūmat al-Ǧandal dem muslimischen Trupp öffne, werde man ihn am Leben lassen. Ukaidir fügte sich, doch die Verwandten in der Festung des Ortes wollten sich nicht ergeben, solange sie ihn in Fesseln sahen. Die Befreiung von den Fesseln hatte Ukaidir teuer zu erkaufen. Ḫālid forderte zweitausend Kamele, achthundert Sklaven, vierhundert Panzerhemden, vierhundert Lanzen. Außerdem verpflichtete sich Ukaidir, zusammen mit seinem Bruder zum Gesandten Allahs zu reisen, um sich dessen Urteilsspruch zu unterwerfen. Nach Übernahme der Sklaven, Kamele und Waffen brach Ḫālid mit den beiden Gefangenen nach Medina auf.[235] Al-Wāqidī, der alle Schauplätze der frühen islamischen Geschichte erkundete, traf in Dūmat al-Ǧandal jemanden, der ihm das Schreiben zeigte, das Mohammed dem Fürsten Ukaidir ausgestellt hatte, und kopierte es. „Dies ist ein Brief von Mohammed, dem Gesandten Allahs, an Ukaidir, (ausgefertigt), als dieser (dem Ruf) zum Islam folgte und sich von allen Gefährten (Allahs) und Götzenbildern lossagte in Gegenwart Ḫālid b. al-Walīds, des Schwertes Allahs, in Dūmat al-Ǧandal und Umgebung: Uns gehören die Umgegend, nämlich der wasserarme Boden, das unbebaute, das weglose und das nicht betretene Land, die Panzer, die Waffen, die Pferde und die Festung; euch gehören die innerhalb der Einfriedung stehenden Dattelpalmen[236] sowie das fließende Wasser auf dem bebauten Boden. Nach dem (Abführen des) Fünftels soll euer freiweidendes Vieh nicht (vom unbebauten Land) vertrieben werden, soll auf einzeln anzutreffende Tiere nicht die *ṣadaqa* erhoben werden, soll euch die Nutzung der Pflanzen (außerhalb der Einfriedung?) nicht verwehrt sein. Euch soll nichts weiter abgefordert werden als der Zehnte des Ertrags der fest eingewurzelten Palmen.[237] Ihr habt das rituelle Gebet einzuhalten und die Läuterungsgabe abzuführen, wie es recht ist. Ihr müßt diese Vereinbarung, diesen Vertrag, beachten; dafür erzeigen wir euch Aufrichtigkeit und erfüllen (unsere Zusagen)."[238]

Elat beherrschte einen wichtigen Weg aus dem Hedschas nach aš-Šaʾm und hatte auch als Hafen Bedeutung. Der Fürst dieses Ortes, ein christlicher Araber namens Juḥanna b. Rūba, und seine Vornehmen waren bereits vorher Adressaten eines Schreibens Mohammeds gewesen, dessen Inhalt uns al-Wāqidī ebenfalls überliefert: „(Noch) seid ihr im Frieden (mit mir). Ich preise vor euch Allah, außer dem es keinen Gott gibt. Denn ich würde nicht gegen euch kämpfen, bevor ich euch schreibe. Nimm also den Islam an oder gib die Kopfsteuer! Und gehorche Allah, seinem Gesandten und den Gesandten seines Gesandten! Behandle sie ehrerbietig und bekleide sie mit schönen Gewändern, nicht mit solchen für Krieger! Bekleide Zaid mit einem schönen Gewand! Denn mit allem, womit meine Gesandten einverstanden sind, bin auch ich einverstanden. Die Kopfsteuer ist bereits bekannt. Wenn ihr also wollt, daß das

Festland und das Meer sicher sind, dann gehorche Allah und seinem Gesandten! Jeglicher Anspruch, den ihr hattet, ob zugunsten der Araber oder der Nichtaraber unter euch, wird euch verwehrt; es gilt nur noch der Anspruch Allahs und seines Gesandten (euch gegenüber). Wenn ihr (die Gesandten) abweist und nicht zufriedenstellt, nehme ich nichts von euch entgegen, bis ich gegen euch kämpfe und (dabei) die Minderjährigen gefangennehme und die Erwachsenen töte. Denn ich bin von Allah mit der Wahrheit gesandt, ich glaube an Allah, seine Bücher und seine Gesandten und an den Gesalbten, den Sohn Mariens, (nämlich) daß er das Wort Allahs ist (vgl. Sure 4, 171), und ich glaube an ihn, (nämlich) daß er der Gesandte Allahs ist. Komm, bevor euch das Übel trifft! Denn ich gab meinen Gesandten mit Bezug auf euch Anweisungen. Gib Ḥarmala drei *wasq* Gerste! Ḥarmala legte für euch Fürbitte ein. Wäre es nicht um Allahs und um dieses Umstandes willen, dann hätte ich euch (keine Botschaft) geschickt, ehe du des Heeres ansichtig geworden wärest. Wenn ihr meinen Gesandten gehorcht, dann wird Allah euch Schutzherr sein, desgleichen Mohammed und alle mit ihm. Meine Gesandten sind Šaraḥbīl, Ubaij, Ḥarmala und Ḥurait̠ b. Zaid aṭ-Ṭāʾī. Welche Abmachung sie immer dir auferlegen, ich bin mit ihr einverstanden. Euch wird der Schutz (arab.: *ad̠-d̠imma*) Allahs und Mohammeds, des Gesandten Allahs, gewährt. Der Friedensgruß sei euch entboten, solange ihr gehorcht. Rüstet die Bewohner von Maqnā aus, daß sie in ihren Ort ziehen!" In welchem Verhältnis diese zu Elat standen, verschweigen die Quellen. Es ist jedoch ein Schreiben Mohammeds an sie überliefert, das dieser ihren Boten mitgab, die ihn aufgesucht hatten. Womöglich fand dieses Treffen bei Tabuk statt, wo Mohammed, wie wir gleich hören werden, mehrere Abgesandte bedrohter Orte empfing, unter ihnen übrigens auch jenen Juḥanna aus Elat. Der Bevölkerung von Maqnā, es handelte sich um Juden, teilte Mohammed die Bedingungen mit, unter denen er ihnen den „Schutz Allahs und seines Gesandten" vor all jenen Gefahren versprach, „vor denen er sich selber schützt. Dem Gesandten Allahs gehören eure Tuche und jeder Sklave bei euch sowie alle Pferde und Waffen, abgesehen von denen, auf die der Gesandte Allahs und dessen Gesandte verzichten. Fürderhin obliegt euch (die Abgabe) von einem Viertel eurer Dattelernte, von eurem Fischfang, von dem, was eure Frauen spinnen. Dafür seid ihr hiernach aller Kopfsteuer und aller Fron (arab.: *as-suḫra*) ledig." Gehorsam gegen Allah und seinen Gesandten werde bewirken, daß die Muslime die Edelmütigen unter den Bewohnern von Maqnā großzügig behandeln, den Missetätern verzeihen werden. Den „Gläubigen und Muslimen" schärft Mohammed ein, all denen, die dem Nachbarschaftsschutz Allahs und seines Gesandten unterstehen, kein Unrecht zuzufügen; diesen wird zuletzt das Recht eingeräumt, ihren „Befehlshaber" (arab.: *al-amīr*) aus ihrer Mitte zu bestimmen.[239]

Kommen wir wieder zu Mohammed in Tabuk zurück! Dūmat al-Ǧandal, Taimāʾ und Elat fürchteten den Propheten, als die Araber in Scharen den Islam annahmen, schreibt Ibn Saʿd in Anlehnung an al-Wāqidī.[240] Juḥanna b. Rūba, durch den Übergriff Ḫālid b. al-Walīds gegen Ukaidir aufgeschreckt, eilte, das Schlimmste abzuwenden und dem Gesandten Allahs erträgliche Bedingungen abzuringen. Ihn begleiteten Vertreter der südlich von Elat siedelnden Küstenbewohner. Auch aus Aḏruḥ und aus Ǧarbāʾ,[241] zwei von Juden bewohnten Orten im südlichen Grenzraum von aš-Šaʾm, stellten sich Abordnungen in Tabuk ein.[242] In ungefähr gleichlautenden Schreiben sicherte Mohammed seinen und Allahs Schutz zu, der im Falle der Elater auch die Karawanen und die Schiffe umfaßte; niemand dürfe sie daran hindern, eine Kameltränke aufzusuchen oder irgendeine Handelsroute zu wählen, sei es zu Wasser, sei es zu Lande. Sollte jemand der andersgläubigen Vertragspartner gegen seine Verpflichtungen verstoßen, dann könne er sich nicht mit seinem Vermögen vor Verfolgung schützen; nehme es ihm jemand – gemeint ist: ein Muslim – ab, dann sei dieses geraubte Gut rituell unbedenklich. Von Sanktionen gegen Muslime, sollten diese die Abkommen brechen, ist nicht die Rede. Als Kopfsteuer hatten die Männer von Elat jährlich dreihundert Golddinare zu zahlen, je Kopf einen. Aus dem durch al-Wāqidī kopierten Dokument, das die Abordnung aus Aḏruḥ erhalten hatte, ist ersichtlich, daß dieser Betrag stets im Raǧab fällig wurde.[243] – Mohammed festigte demnach im Jahre 630 seine Herrschaft im Norden und dehnte sie dabei auf Gebiete aus, die man zu aš-Šaʾm rechnete und die somit den arabischen Vasallenfürsten der Byzantiner unterstanden. Daß er „zu den Menschen insgesamt" geschickt sei, dieser Anspruch löschte nach seinem Verständnis die herkömmlichen politischen Grenzen aus. Die Befangenheit in den Grundsätzen der arabischen Stammesgesellschaft machte es ihm freilich unmöglich, das universalistische Moment seiner Heilsbotschaft deutlich zur Geltung zu bringen. Der Konflikt zwischen dem von den arabischen Muslimen behaupteten Vorrang – Allah wählte einen Araber zu seinem, wie es das Dogma will, letzten Propheten – und der dank einem reichen kulturellen Erbe angestrebten Gleichrangigkeit, auf die die anderen dem Islam unterworfenen Völker pochen werden, ist bis heute nicht gelöst.

Die Unterwerfung der Christen von Naǧrān

Wenden wir uns für einen Augenblick von Medina nach Süden! Naǧrān[244] war weitgehend christianisiert; dies gilt auch für einen zu den Maḏḥiǧ gehörenden Klan, die Banū l-Ḥāriṯ b. Kaʿb,[245] die einen eigenen Bischof hatten. Diesem und den Bischöfen von Naǧrān teilte Mohammed mit, sie dürften ungeschmälert ihre Rechte ausüben, solange sie sich ihm gegenüber aufrichtig verhielten.[246] Al-Wāqidī kennt ein weiteres leider ebenfalls undatiertes Schreiben, das wie im Falle des obigen Briefs an Juḥanna b. Rūba neue Forderungen erhebt: Er, Mohammed, habe über „jegliche gelbe, weiße und schwarze Frucht"[247] zu verfügen, über jeden Sklaven der Naǧrāner;[248] doch sei er willens, ihnen das alles zu belassen und ihnen stattdessen jedes Jahr zweitausend jemenitische Gewänder,[249] ein jedes im Gewicht von einer Uqija,[250] abzuverlangen, je tausend im Raǧab und im Ṣafar. Auch Vieh aller Art hätten sie abzugeben. Überdies hätten sie die Botschafter des Propheten bis zu zwanzig Tagen zu bewirten, sie aber nicht länger als einen Monat aufzuhalten. Sollten Unruhen im Jemen es erfordern, hätten die Christen in Naǧrān Milchvieh und Reittiere aufzubieten; diese Tiere gälten allerdings lediglich als geliehen und würden zurückerstattet. Danach wiederholt Mohammed seine und Allahs Schutzzusage; Bischöfe, Mönche und Stifter von Gütern für religiöse Zwecke sollten in ihren Rechten verbleiben. Dann heißt es, Wucher dürfe nicht mehr getrieben werden, alte Blutschuld solle aufgehoben sein. Untereinander möge man nach Recht und Billigkeit verfahren, wenn etwas strittig sei.[251]

Der Schriftwechsel mit Mohammed war das Vorspiel zu einer mit Waffengewalt unternommenen Islamisierung. Im Rabīʿ al-auwal (begann am 7. Juni 631) des Jahres 10 brach Ḫālid b. al-Walīd mit vierhundert Kämpfern zu den Banū l-Ḥāriṯ b. Kaʿb auf, versehen mit Mohammeds Befehl, vor dem Einsatz des Schwertes dreimal zur Annahme des Islams aufzurufen. Diese höchst unfreundliche „Einladung" konnte man schwerlich ausschlagen. Wie Mohammed es verlangt hatte, brachte Ḫālid eine Abordnung des Stammes mit nach Medina; eines der Mitglieder bestellte er, ähnlich wie im Falle der Juden von Maqnā, zum Befehlshaber der Banū l-Ḥāriṯ b. Kaʿb und beschenkte es;[252] im Januar 632 gestattete er die Heimreise.[253] Auch die Christen von Naǧrān schickten Vertreter nach Medina; es ist nicht klar, ob es hierzu einer besonderen Intervention wie derjenigen Ḫālids gegen die Banū l-Ḥāriṯ b. Kaʿb bedurft hatte. In Medina erregten die Naǧrāner Aufsehen wegen ihrer feinen Kleidung. Sie mißfiel dem Gesandten Allahs, und er richtete erst das Wort an die Besucher, als sie sich ihm im Habit der Mönche zeigten. Der Aufforderung, Muslime zu werden, widersetzten sie sich standhaft, und als Mohammed sie zu einem Gottesurteil drängte, lehnten sie auch dies ab und erklärten, sie wollten sich mit ihrer unterlegenen Stellung abfinden. Die Bedingungen, unter denen sie sich so den „Schutz Allahs und seines Gesandten" erkauften, entsprechen fast wörtlich denen, die das oben zitierte Schreiben festlegt; womöglich ist es mit dem identisch, das jetzt die Abordnung empfing.[254] Da die Naǧrāner während des Kalifats ʿUmar b. al-Ḫaṭṭābs wegen ihres christlichen Glaubens aus der Arabischen Halbinsel vertrieben wurden,[255] haben sich in die Überlieferung über ihre Unterhandlungen mit Mohammed Aussagen über die Stellung der Muslime zum Christentum gemischt, die vermutlich noch nicht in diese frühe Zeit gehören.[256]

Pressionen gegen die Beigeseller

Es ergäbe ein schiefes Bild, wollte man von den vielfältigen Pressionen, mit denen Mohammed in den Monaten nach der Einnahme Mekkas seine Herrschaft über ganz Arabien auszudehnen versuchte, nur diejenigen schildern, die sich gegen Juden und Christen richteten. Diese Fälle springen unter den zahlreichen literarisch überlieferten Zeugnissen seiner Missionstätigkeit deswegen besonders ins Auge, weil sie in den Regionen, die unter byzantinischer Herrschaft standen, die Kopfsteuer etablieren, die im Zuge der Eroberung weiter Landstriche außerhalb der Arabischen Halbinsel neben der Kriegsbeute zum fiskalischen Rückgrat des islamischen Staates werden wird. Die Christen von Naǧrān, die nach Mohammeds Vorstellung auf arabischem Territorium lebten, waren ihr, wie noch Abū Jūsuf (gest. 798), einer der berühmten Rechtsgelehrten des Zeitalters Hārūn ar-Rašīds (reg. 786–809), ausdrücklich feststellt, niemals unterworfen worden. Ebenso wenig wurden übrigens die weitgehend christlichen Banū Taġlib mit dieser Steuer belegt,[257] vermutlich weil sie, außerhalb der Halbinsel auf sasanidischem Territorium lebend, Mohammed zugesagt hatten, ihre Kinder nicht mehr zu taufen.[258] Einige wenige Beispiele sollen illustrieren, daß Mohammeds Anstrengungen, sich einen einheitlichen Raum der Machtausübung zu schaffen, mit gleicher, wenn nicht gar stärkerer Wucht auch die Beigeseller trafen. Als er von al-Ǧiʿrāna aus nach Medina zurückreiste, befahl er einer Streifschar, sich gegen Süden zu wenden und die Botmäßigkeit des großen Klans der Banū Ṣudāʾ[259] zu erwirken. Kaum lagerte der Trupp, von einem Sohn Saʿd b. ʿUbādas angeführt, in einem von aṭ-Ṭāʾif ausgehenden Tal, als sich ein Sprecher dieses Klans einstellte und um Abbruch des Feldzugs bat. Eine Abordnung der Banū Ṣudāʾ eilte nach Medina, man nahm den Islam an und huldigte Mohammed. Als dieser im Jahre 632 seine sogenannte „Abschiedswallfahrt" vollzog, da beteiligten sich an den Riten schon einhundert Angehörige dieses Klans.[260] – Farwa b. Musaik aus dem jemenischen Stamm der Banū Murād suchte Mohammed in Medina auf und erklärte, er kündige den kinditischen „Königen"[261] den Gehorsam auf und werde fortan dem Gesandten Allahs folgen. Er fand eine Zeitlang Unterkunft bei Saʿd b. ʿUbāda, erlernte dort den Koran und die islamischen Riten, erhielt schließlich von Mohammed eine Summe Silber, ein Gewand und einen edlen Kamelhengst und wurde mit dem Auftrag entlassen, die Statthalterschaft über die jemenischen Stämme zu übernehmen; als *ṣadaqāt*-Eintreiber wurde ihm Ḫālid b. Saʿīd b. al-ʿĀṣ[262] beigeordnet, einer der frühesten Anhänger Mohammeds, versehen mit einem Schriftstück, in dem die Abgabequoten aufgezeichnet waren.[263] – Eine Abordnung der Banū Ḫaulān, ebenfalls ein jemenischer Stamm,[264] traf im Šaʿbān (begann am 2. November 631) des Jahres 10 mit Mohammed zusammen. Dieser erkundigte sich, wie es um die von ihnen verehrte Gottheit stehe. Sie hätten sich von ihr losgesagt, bedeuteten sie ihm. Nachdem sie über den Islam belehrt und mit der üblichen Summe Edelmetalls[265] beschenkt worden waren, reisten sie in ihre Heimat zurück und zerstörten das Götzenbild.[266]

Eine Aufzählung weiterer Feldzüge zur Ausbreitung des Islams und weiterer Gesandtschaften, die sich mehr oder weniger freiwillig auf den Weg nach Medina machten, fügte den bereits gewonnenen Erkenntnissen wenig Neues hinzu. Lediglich ʿAlī b. abī Ṭālibs schon erwähnter Vorstoß in den Süden im Ramadan (begann am 1. Dezember 631) des Jahres 10 sei noch einmal gestreift. ʿAlī drang in das Gebiet der Banū Maḏḥiǧ ein. Mit seinen dreihundert Kriegern machte er reiche Beute an Vieh und Menschen; die Verteilung lag in den bewährten Händen Buraida b. al-Ḥuṣaibs. Es war entgegen den Regeln üblich geworden, noch auf dem Schlachtfeld an die ruhmreichen Kämpfer zusätzliche Gaben aus dem Prophetenfünftel zu verschenken. Diesen Unterschleif unterband ʿAlī und achtete darauf, daß das ganze Fünftel an Mohammed gelangte. Nach dem Sieg der Muslime waren die Banū Maḏḥiǧ bereit, in die neue Religion einzutreten. Man lehrte sie den Koran und klärte sie über die *ṣadaqāt* auf. Während ʿAlī dergestalt auf die Ausbreitung des Islams hinarbeitete, kam er mit einem Juden, Kaʿb al-Aḥbār, in Berührung; dieser habe von der Weissagung gesprochen, derzufolge im Gebiet von Jaṯrib ein Prophet erscheinen werde. Unter dem Kalifat ʿUmars finden wir diesen Kaʿb in Medina; über seine Spuren im frühen Islam werden wir Näheres erfahren.[267] Laut al-Wāqidī gehört in den Zusammenhang dieses Feldzuges ein literarisch überliefertes Schreiben, in dem Mohammed sich über die Höhe der *ṣadaqāt* äußert: Aus einer Herde von 120 Schafen ist je eines von

40 abzugeben; übersteigt die Zahl der Herdentiere die 120, dann ist bis zu einem Bestand von 200 ein weiteres fällig, bis zu einem Bestand von 300 deren drei. Wesentlich verwickelter sind die *ṣadaqāt* auf Kamelherden zu veranlagen, da hier auch bestimmte Merkmale der Tiere beachtet werden müssen. Bei den Feldfrüchten betragen die *ṣadaqāt*, wie schon aus anderer Quelle bekannt, ein Zehntel des Ertrages von natürlich bewässertem Land und ein Zwanzigstel von künstlich bewässertem. Zuletzt wird festgelegt, daß alle geschlechtsreifen männlichen Personen, die Juden oder Christen bleiben, in jedem Jahr einen Dinar entrichten müssen, ersatzweise den Gegenwert in Gewändern aus gestreiftem Wollstoff.[268] Da es sich um Personen auf arabischem Territorium handelt, fehlt in diesem Zusammenhang der Begriff der Kopfsteuer. Wie ebenfalls schon erwähnt, zog ʿAlī die *ṣadaqāt* an Ort und Stelle ein und gab sie, wahrscheinlich nur zum Teil, an die Bedürftigen des betreffenden Stammes aus.[269]

Der Bruch der Übereinkunft mit den Beigesellern

In die Zeit zwischen der Inbesitznahme Mekkas und dem Ende des Jahres 631 fällt ein Ereignis, das in vorzüglicher Weise die Mohammed damals beherrschenden Vorstellungen enthüllt und dabei den Hintergrund beleuchtet, vor dem die geschilderten Vorgänge zu betrachten sind. Es ist dies die Entstehung von Sure 9, aus der schon mehrfach zitiert wurde. Die Wallfahrt des Jahres 9 traf auf den März 631. Mohammed selber blieb in Medina; an seiner Stelle brach Abū Bakr mit dreihundert Mann nach Mekka auf – ein Hinweis darauf, daß sich der Gesandte Allahs bei den Quraišiten noch nicht sicher fühlte, wie bereits aus einem anderen Indiz erschlossen. Mit einigen Beigesellern hatte man ein Jahr zuvor ausgemacht, daß auch sie, und zwar nach ihren althergebrachten Riten, die Zeremonien vollführen durften. Mohammed hatte eigenhändig die Opfertiere gekennzeichnet, die er Abū Bakr mit auf den Weg gab, und er hatte ihn gemahnt, beharrlich den heidnischen Sitten zuwiderzuhandeln und die bald nach der Ankunft in Medina verkündeten islamischen Regeln zu befolgen.[270] Laut Ibn Isḥāq oblag den Muslimen und den Beigesellern eine in Mekka verabredete allgemeine Friedenspflicht; außerdem hatte Mohammed mit einigen Stämmen befristete Verträge geschlossen. Diese Lage betreffend – desweiteren jene Muslime tadelnd, die den Propheten vor der eben beendeten Unternehmung gegen aš-Šaʾm den Gehorsam verweigert hatten – sei Sure 9 kurz nach der Abreise der Pilgerkarawane „herabgesandt" worden; ʿAlī habe sie Abū Bakr unterwegs überbracht. Ibn Isḥāq wertet sie als eine Abrechnung mit den äußeren Feinden, den Ungläubigen, wozu Mohammed in jenen Tagen auch die Juden und Christen rechnet, und mit den „Heuchlern", den inneren Widersachern, worüber im nächsten Teilkapitel zu handeln sein wird.

„Aufkündigung[271] von seiten Allahs und seines Gesandten an die Beigeseller, mit denen ihr eine Vereinbarung schlosset!" so beginnt der Text ohne einleitende Floskeln. Angesprochen sind alle die Heiden, die aus der allgemeinen Friedenszusage Nutzen ziehen, stellt Ibn Isḥāq fest. „Darum zieht im Land umher in den vier (heiligen) Monaten und wisset, daß ihr Allah nicht in Verlegenheit bringen könnt!" – Ihr seid überall und jederzeit in Allahs Hand. – „Und wisset, daß Allah die Ungläubigen entehren will! Und Verlautbarung von seiten Allahs und seines Gesandten an die Menschen am Tag der großen Wallfahrt, daß Allah und sein Gesandter (aller Verpflichtungen) gegenüber den Beigesellern ledig sind. Wenn ihr" – Ungläubigen – „euch reumütig bekehrt, dann ist das besser für euch. Aber wenn ihr euch abwendet, dann wisset, daß ihr Allah nicht in Verlegenheit bringen könnt. Drohe den Ungläubigen eine schmerzhafte Strafe an! Mit Ausnahme der Beigeseller, mit welchen ihr eine Abmachung traft und die euch danach nichts vorenthielten und niemanden gegen euch unterstützten. Ihnen gegenüber beachtet die Vereinbarung bis zum Ende der (ausgemachten) Frist! Allah liebt die Gottesfürchtigen. Wenn die heiligen Monate jedoch vergangen sind, dann tötet die Beigeseller, wo immer ihr sie findet! Packt sie, treibt sie in die Enge, legt ihnen jeden erdenklichen Hinterhalt! Wenn sie sich bekehren, das rituelle Gebet verrichten und die Läuterungsgabe abführen, dann laßt sie laufen! Allah verzeiht und ist barmherzig. Wenn ein Beigeseller dich um Nachbarschutz bittet, dann gewähre ihn, damit er die Rede Allahs vernehme; dann geleite ihn auf sicheres Gebiet! (So magst du dich verhalten) weil sie unwissende Leute sind. Wie können die Beigeseller überhaupt vor Allah und seinem Gesandten einen Vertrag haben? Das gilt nur für die, mit denen ihr am heiligen Gebetsplatz eine Abmachung traft" (Sure 9, 1–7). Unter letzteren sind nach Ibn Isḥāq die Banū d-Dīl zu verstehen, ein Klan der Banū Bakr, der auf der Seite der Quraišiten dem Vertrag von al-Ḥudaibīja beigetreten sei; anders als jene hätten sie das Abkommen nicht verletzt. Ihnen sei, als Mohammed in Mekka einmarschiert war, die fortdauernde Gültigkeit des Abkommens aus dem Jahre 628 bestätigt worden. Nun aber, im Jahre 631, soll auch für sie der Friede nur noch vier Monate dauern; sie sollen die Zeit haben, in ihr angestammtes Streifgebiet zurückzukehren. Danach aber haben auch sie, sollten sie im Heidentum verharren, den Dschihad zu gewärtigen.

„Tötet die, bei denen ihr keinen Gebetsrufer hört und keinen Gebetsplatz seht!" Diese Parole hatte Mohammed nach dem Einmarsch in Mekka und noch vor der Schlacht von Ḥunain ausgegeben.[272] Ein Jahr später rechtfertigt er die Aufkündigung der allgemeinen Friedenszusage mit der Behauptung, die Beigeseller seien grundsätzlich nicht willens, eine Vereinbarung zu erfüllen, sobald sie spürten, daß sie Oberwasser hätten (Vers 8). Er selber rückt sich mit dieser Unterstellung in ein günstiges Licht, denn er halte ja einmal gegebene konkrete Zusagen; er macht aber darauf aufmerksam, daß deren Verlängerung nicht in Betracht kommt. Wie einst die Juden von Medina ihre heidnisch-arabischen Mitbewohner nicht als ebenbürtige Partner ansahen (vgl. Sure 3, 75), so handelt nun Mohammed selber an den Beigesellern. Um seinen Drohungen Nachdruck zu verleihen, beschimpft er sie als die „Imame des Unglaubens". Eidbrüchig seien sie; „sie beabsichtigten, den Gesandten (Allahs) zu verjagen, und sie sind es, von denen das erste Mal der Angriff gegen euch ausging!" (Vers 13). Erneut eine Anspielung auf die prekäre Lage, in der sich Mohammed vor knapp einem Jahr in Mekka befunden hatte! Und auch das erste Mal, nämlich bei seiner Vertreibung, waren es seine quraišitischen Widersacher gewesen, die die Initiative ergriffen hatten, um ihn loszuwerden. Darum gilt es, sie mit allen Mitteln niederzukämpfen!

Bilden sich die „Gläubigen“ etwa ein, sie dürften sich jetzt in Sicherheit wiegen vor den Feinden? Der Krieg ist keineswegs vorüber! Allah kennt genau diejenigen unter den Anhängern des Islams, die weiter den Dschihad betreiben werden und sich niemanden außer ihm und dem Gesandten und den „Gläubigen“ für ihren vertrauten Umgang wählen (Vers 9–16)! Diese Bemerkung zielt auf die inneren Schwierigkeiten, denen sich Mohammed seit der Rückkehr von Tabuk gegenübersah.

Der Inhalt von Sure 9

Vorerst bleiben wir bei den mekkanischen Quraišiten, bei seinem Zorn und den scharfmacherischen Reden gegen die Beigeseller, ja gegen alle, die nicht ihm ergeben sind. Sure 9 fesselt unsere Aufmerksamkeit, ist sie doch eine aussagekräftige Bestandsaufnahme der Lage, ganz aus der Sicht Mohammeds. Die Adressaten sind die Muslime allgemein; dank den Erfolgen in den Kriegen und durch die mehr oder minder gewaltsam betriebenen Maßnahmen der Missionierung ist ihre Schar unübersichtlich groß geworden. Formal sind sie alle zur Botmäßigkeit gegenüber ihm verpflichtet, aber mit der alten Gemeinde der „Gläubigen“ hat das rasch wachsende Gebilde immer weniger gemeinsam. Mohammed fällt es schwer, sich von den früheren Verhältnissen zu lösen, als sein Mahnruf die Mehrheit seiner Anhängerschaft, die sich in Medina aufhielt, unmittelbar erreichte. Neue Mittel zur Kundgabe seiner Ansichten und seines Willens stehen ihm nicht zu Gebote, und darum hebt er in Sure 9 das eine um so mehr hervor, das er seit Jahren mit Meisterschaft handhabt: die Worte seines Alter ego. Daß auch sie an Wirkung einzubüßen beginnen, ahnt man, wenn man ihn klagen hört: „Wenn eine Sure herabgesandt wird, (in der es heißt): ‚Glaubt an Allah und führt zusammen mit seinem Gesandten den Dschihad!‘ dann bitten dich die Wohlhabenden unter ihnen: ‚Laß uns (in Ruhe), wir wollen mit denen sein, die (zu Hause) bleiben!‘“ Zum Mittun zwingen kann er sie nicht mehr, und so steht ihm nur offen, zu wiederholen, wie sehr es solchen Leuten an der richtigen Einsicht mangele, während „der Gesandte und diejenigen, die mit ihm glauben und unter Einsatz ihres Vermögens und ihres Lebens den Dschihad führen“, dereinst die Glückseligkeit erlangen werden (Vers 86–89). Mohammed macht sich nichts vor: Durch die Suren werden nur diejenigen in ihrem Glauben bestärkt, die ohnehin schon fest in ihm verwurzelt sind. Die übrigen, „in deren Herzen sich eine Krankheit eingefressen hat“, lassen sich davon kaum beeindrucken und verfangen sich mit ihrer Abwehrhaltung, so Mohammeds Deutung, mehr und mehr in Sünden. Ein oder zweimal im Jahr will Allah sie auf die Probe stellen, und jedesmal schlagen sie diese Gelegenheit zur Besinnung in den Wind. Sie stehlen sich eilig davon, sobald eine Sure offenbart wird, und hoffen, daß niemand sie dabei beobachtet – Allah hat ihr Herz vom Glauben abgewendet! Der Gesandte aus ihrer Mitte, den sie einst ersehnten,[273] ist gekommen; er läßt sich ihr Wohl angelegen sein. Doch wenn sie ihm nicht folgen, dann kann man ihn nicht für ihren Unglauben verantwortlich machen (Vers 124–129).

Fürwahr ein befremdlicher Tonfall von Selbstmitleid, der sich in Mohammeds Verlautbarungen genau in der Zeitspanne einschleicht, als sich der Erfolg seiner Politik einstellt! Denn bei den Vermögenden, die auf dem Felde der Ehre mehr zu verlieren als zu gewinnen haben, büßt der

Dschihad seine Anziehungskraft ein. Um so eindringlicher muß Mohammed für ihn werben und ihn als das eine Merkmal des Glaubens herausstreichen, das jeder unabweisbar bejahte, als er den Schritt zum Heilserwerb tat: „Allah kaufte den Gläubigen das Leben und das Eigentum ab um den Preis des Paradieses. Sie kämpfen auf dem Pfade Allahs, dabei töten sie und werden getötet – diese (Belohnung) gilt als ein wahres Versprechen, gegeben in Tora, Evangelium und Koran. Wer hielte sein Versprechen wohl getreuer ein als Allah? Freut euch also des Tauschgeschäfts, das ihr abgeschlossen habt! Das ist der gewaltige Gewinn!" (Vers 111). Daß Allah seinen Kriegern beisteht, hat er doch schon oft bewiesen, zuletzt bei Ḥunain: Die Muslime waren damals siegesgewiß wegen ihrer zahlenmäßigen Überlegenheit, und doch nützte sie ihnen nichts; unvermittelt sahen sie wie die Verlierer aus, und erst als Allah seine Zuversicht einflößende Gegenwart (arab.: *as-sakīna*) herabsandte und „Heere, die ihr nicht saht", wurden die Hawāzin bezwungen (Vers 25 f.). – Diese Argumente hat Mohammed seit dem Sieg bei Badr bemüht. – Darum müsse man auch jetzt ohne Zaudern dem Aufruf zum Kriegführen folgen. Schon als Mohammed, aus Mekka vertrieben, sich mit Abū Bakr in der Höhle vor den Feinden verbarg, in jenem Augenblick höchster Gefahr, halfen die Gegenwart Allahs und „Heere, die ihr nicht saht" – deswegen stelle man alle Sorgen um Leben und irdischen Besitz hintan und widme sich dem Dschihad (Vers 38–53)! Und wenn schon nicht auf einem in ferne Gegenden führenden Feldzug, dann wenigstens gegen die Ungläubigen in unmittelbarer Nähe (Vers 123)!

So überfällt Mohammed im Augenblick des Triumphes die Angst vor dem Stocken, vor dem Stillstand, dem Rückschritt. Wie berechtigt diese Furcht war, wird sich zeigen. Das Drängen nach Fortsetzung des Kampfes rechtfertigt sich zu jenem Zeitpunkt durch die Aufkündigung der Abmachungen mit den Heiden; beides ist miteinander verbunden wie die zwei Seiten einer Medaille, und das Ziel des Waffeneinsatzes ist die Umgestaltung der mekkanischen Riten; es darf nur noch der von Mohammed festgelegte Ablauf der Zeremonien gelten. Ein neues Ziel wird sich finden, sobald dieses erreicht ist. Die von Abū Bakr geleitete Pilgerkarawane des Jahres 9 würde freilich noch nicht endgültig die nicht mehr vom Heidentum in Mitleidenschaft gezogenen Riten sichern, in den Augen des Propheten diejenigen Abrahams. Die Vollendung mußte Mohammed sich selber vorbehalten. Es gibt Hinweise darauf, daß er davon seit langem träumte. In Sure 2, Vers 217 erklärte er den Krieg gegen die Feinde, die ihm den Zugang zum Gebetsplatz an der Kaaba verwehrten, für erlaubt, selbst wenn er im geheiligten Pilgermonat ausgetragen werden müßte. Seit seinem Eintreffen in Medina beging er dort alljährlich das Opferfest, wobei unklar ist, zu welchem Zeitpunkt. Schließlich stiftete er in Medina einen geheiligten Bezirk; diese Überlieferung reiht al-Wāqidī in die Geschehnisse nach der Rückkehr aus Fadak ein, ohne daß diese Datierung zwingend wäre.[274] Ob diese Stiftung irgend etwas mit Pilgerriten zu tun hatte, wissen wir nicht. Erst im zehnten Jahr seines Aufenthalts in Medina, nachdem Abū Bakr zwölf Monate zuvor wohlbehalten aus Mekka zurückgekehrt war, entschloß sich der Gesandte Allahs zu einer ordnungsgemäßen Wallfahrt. Zuvor hatte er nur die religiös weniger verdienstvollen zeitunabhängigen Zeremonien (arab.: *al-ʿumra*) ins Auge zu fassen gewagt, war damit bei al-Ḥudaibīja noch gescheitert, hatte sie aber vertragsgemäß ein Jahr später nachgeholt; selbst als er in Mekka eingerückt war, hatte er sie erst nach der Schlacht gegen die Hawāzin und der ergebnislosen Belagerung von aṭ-Ṭāʾif durchgeführt,[275] und zwar von al-Ǧiʿrāna aus im März oder April 630.[276]

Mohammeds letzte Wallfahrt

Nach der Austeilung der den Hawāzin abgenommenen Güter an einflußreiche Männer und dank der seither mit größtem Nachdruck betriebenen Ausbreitung des Islams betrachtete Mohammed die Voraussetzungen für eine eigene ordnungsgemäße Wallfahrt als gegeben. Er ließ sein Vorhaben ankündigen, und es sammelte sich in Medina eine stattliche Anzahl von Anhängern der neuen Religion, um mit ihm zur Kaaba zu ziehen. Er verkündete aber vorsorglich, daß die Auswanderer nach Abschluß der Zeremonien nur drei Tage in Mekka bleiben dürften. Am 24. Januar 632, „als noch fünf Nächte des Ḏū l-Qaʿda verblieben waren", brach die Karawane auf.[277] Das Jahr zuvor hatte Abū Bakr darauf achten sollen, daß der heidnische Ablauf der Zeremonien unterbunden werde; ob dies Bemühen von Erfolg gekrönt war, verschweigen die Quellen. Sie bringen die Änderungen naturgemäß mit Mohammed in Zusammenhang. In Mekka angekommen, schlug man sein Zelt bei Minā auf. Danach zog man mit den Opfertieren nach ʿArafa. Von dort wurden sie zu gegebener Zeit zum Schlachtplatz geführt. Sie waren nach überliefertem Brauch geschmückt und mußten sich auf drei Beinen dahinschleppen, da der Unterschenkel eines Vorderlaufs mit einem Strick an den Oberschenkel gefesselt war, die übliche Methode, Tiere am Entlaufen zu hindern. Mohammed befahl den Besitzern, auf den Opferkamelen zu reiten, was offenbar den heidnischen Konventionen widersprach. Der wichtigste Verstoß gegen die heidnischen Bräuche lag jedoch darin, daß Mohammed als Quraišite während der Zeremonien bis nach ʿArafa hinauszog; seine Stammesgenossen hatten dies, wie erinnerlich, niemals getan, mit der Ausnahme allein Mohammeds und des Ḥanīfen Šaiba b. Rabīʿa b. ʿAbd Šams, eines engen Freundes von ʿUṯmān b. al-Ḥuwairiṯ.[278] Der Gesandte Allahs verwirklichte eine Idee des Ḥanīfentums, indem er nun ein weit größeres Gelände zum „Erbe Abrahams" erklärte. „Wir reden nicht mit den (gemeinen) Leuten, wir sind die Gefolgsmänner Allahs!" sollen die Quraišiten in heidnischer Zeit behauptet und sich von den fremden Pilgerscharen ferngehalten haben.[279] Die Entschränkung des quraišitischen Selbstverständnisses, die Einebnung des Rangunterschiedes, der den Sachwaltern der Kaaba bis dahin eingeräumt worden war, liegt auf derselben Ebene wie die Ausweitung des Gebots der rituellen Reinheit, die am Anfang des Prophetentums Mohammeds steht, und wie die gänzliche Entgrenzung der Zuständigkeiten des Einen Allah – „meine und der Propheten vor mir trefflichste Anrufung (Allahs) lautet: ‚Es gibt keinen Gott außer Allah, er hat keinen Gefährten, ihm untersteht die Herrschaft, ihm gebührt das Lob, in seiner Hand liegt das Gute, er schenkt Leben und Tod, er hat Macht zu allem!'" – soll Mohammed nun in ʿArafa bekundet haben.[280]

An alle Araber, an alle, die nach Mekka pilgern, richtet sich die ḥanīfische Botschaft, die mit Mohammeds Wallfahrt praktizierte Wirklichkeit wird. Der ḥanīfische Allah bedenkt alle in gleicher Weise mit seiner Fürsorge, er erschafft alles, und alles ist zum Nutzen des Menschen vorgesehen. Das Vieh nützt dem Menschen auf vielerlei Weise, es trägt Lasten an Orte, an die man sie anders nur mit Mühen bringen könnte; und er schuf „die Pferde, die Maultiere, die Esel, damit ihr auf ihnen reitet, und zur Zierde…" (Sure 16, 5–8). Die Riten dürfen nicht dem von Allah bestimmten Zweck der Opfertiere entgegenstehen. Die Verehrung Allahs muß sich in den von ihm festgelegten Lauf der Dinge einfügen. Schon in der Rede, die Mohammed gut zwei Jahre vorher an der Kaaba gehalten hatte, hatte er klargestellt, daß man das Abendgebet erst nach dem Versinken der Sonnenscheibe zu beginnen habe. Der Aufbruch von ʿArafa darf nun ebenfalls erst zu diesem Zeitpunkt erfolgen; die heidnischen Araber liefen bereits los, „als die Sonne über den Berggipfeln stand wie der Turban auf den Köpfen der Männer".[281] In der berühmten Ansprache, die Mohammed jetzt während des Opferfests hält, ruft er das Ziel aller ḥanīfischen Religion wie folgt in Erinnerung: „Das (Einfügen des) Schaltmonats ist ein Übermaß an Undankbarkeit (gegen Allah, d.h. ein Übermaß an Unglaube); die Ungläubigen werden (durch diese Praxis) in die Irre geführt; sie erklären ihn in einem Jahr für profan, im anderen für heilig, um auf diese Weise auf die Zahl zu kommen, die Allah als heilig festsetzte" (Sure 9, Vers 37). – Wäre der Monat Muḥarram nämlich immer, mithin auch in Schaltjahren heilig, dann ergäben sich in diesen Fällen fünf geheiligte Monate, nicht nur vier, wie es Allahs Regelung verlangt. – „Wahrlich, nun aber hat die Zeit sich einmal gedreht und wieder die Gestalt angenommen, die sie am Tag hatte, da Allah die Himmel und die Erde schuf: Die Zahl der Monate beträgt zwölf gemäß der göttlichen (Ur-) Schrift", in der sein Schöpfungsplan niedergelegt ist. „Davon sind vier geheiligt, drei hintereinander, und zwar Ḏū l-Qaʿda, Ḏū l-Ḥiǧǧa und Muḥarram, sowie der Raǧab, der der Monat Muḍars[282] heißt und zwischen Ǧumādā l-āḫira und Šaʿbān liegt. Und jeder Monat hat neunundzwanzig oder dreißig Tage.[283] Habe ich das deutlich übermittelt?"[284]

Der universale Machtanspruch

Wenig später in derselben Ansprache umreißt Mohammed das religiös-politische Ziel, das er anstrebt und das zum Greifen nahe zu sein scheint. „Ihr Leute! Der Satan ließ alle Hoffnung fahren, fortan in diesem euren Land angebetet zu werden! Doch ist er damit zufrieden, daß man ihm anderswo gehorcht. Ihr erachtet dies für belanglos, er aber ist damit zufrieden!"[285] Mit der Einführung der abrahamischen Pilgerriten wurde dem Teufel in Mekka jetzt jede Möglichkeit genommen, den ihm von Allah zugestandenen Verführungskünsten (Sure 15, 37–40) nachzugehen; vielleicht meint „in diesem Land" jedoch das ganze dem Islam unterworfene Gebiet. Wie dem auch sei, die dem Teufel verbliebenen Möglichkeiten darf man nicht unterschätzen. „Jeder Muslim ist der Bruder (eines jeden) Muslims, sie sind untereinander nichts als Brüder. Kein Muslim darf das Blut und die Habe eines anderen Muslims antasten, es sei denn mit dessen Einverständnis (vgl. Sure 2, 178). Mir wurde befohlen, gegen (alle übrigen) Menschen zu kämpfen, bis sie sagen: ‚Es gibt keinen Gott außer Allah!' Wenn sie das sagen, dann schützen sie ihr Blut und ihr Vermögen, und Allah wird über sie zu Gericht sitzen. Begeht kein Unrecht gegen euresgleichen! Werdet nach meinem Tod nicht wieder ungläubig dergestalt, daß einer dem anderen den Kopf abschlägt![286] Ich hinterlasse euch etwas, woran (ihr euch halten sollt, um) nicht dem Irrtum zu verfallen: das Buch Allahs![287] Habe ich das klar übermittelt?"[288]

Die Ausdehnung der Herrschaft des Gesandten Allahs bedeutet zugleich die Einengung des Wirkungskreises des Satans. Demnach ordnen sich mit der Islamisierung der Erde die Verhältnisse aufs neue so, wie Allah sie beabsichtigt und am Tag der Schöpfung eingerichtet hatte. Die Einführung des reinen Mondkalenders und der abrahamischen Pilgerriten, das Verbot des Wuchers, die Verkündung des Status der Frauen – sie sind die Gefangenen (arab.: Pl. f. *al-ʿawānī*) der Männer[289] – und die möglichst vollständige Unterbindung aus heidnischer Zeit herrührender Blutfehden – „ Allah hat euer Blut, euer Vermögen, eure Ehre bis zu dem Tag, an dem ihr ihm begegnen werdet, in gleicher Weise für heilig erklärt wie diesen Monat jetzt an diesem Ort hier an ebendiesem Tag!"[290] – schaffen einen Raum, in dem nach Mohammeds Überzeugung Allahs reines Bestimmen herrscht und die Hingewandtheit der Geschöpfe zu ihm gewährleistet ist. In Mekka während der letzten Wallfahrt hatte der Gesandte Allahs nur Muslime als Zuhörer. In Sure 9, ein Jahr vorher entstanden, richtet sich sein Blick auch auf die Andersgläubigen: Sie stören das Idealbild der einheitlich Allah zugewandten Menschheit, dem Mohammed sich verpflichtet fühlt: „Mir wurde befohlen, gegen (alle übrigen) Menschen zu kämpfen, bis sie…" ruft er den Pilgern zu. In Sure 9 hat er bereits erläutert, weshalb sich ein unnachsichtiger Kampf gegen die Andersgläubigen zu richten hat: „Die Juden sagen: ‚Esra ist der Sohn Allahs.' Die Christen sagen: ‚Der Messias ist der Sohn Allahs.' So reden sie mit dem Mund (und ohne Überlegung); sie schwätzen es denen nach, die schon vorher ungläubig waren. Allah bekämpfe sie! Was brachte sie nur auf diesen Irrtum? Sie erkoren sich ihre Rabbiner und Mönche zu Herren anstelle Allahs, desgleichen den Messias, den Sohn der Maria. Dabei war ihnen befohlen worden, nur einen Gott anzubeten, außer dem es keinen gibt – gepriesen sei er unter Ausschluß von all dem, was sie ihm beigesellen! Sie wollen das Licht Allahs mit ihrem unüberlegten Gerede auslöschen, Allah aber will nichts anderes als sein Licht vollenden, auch wenn das den Ungläubigen zuwider ist. Er ist es, der seinen Gesandten mit der Rechtleitung schickte und mit der wahren Glaubenspraxis, um diese zum Triumph über jegliche andere Glaubenspraxis zu führen, auch wenn das den Beigesellern zuwider ist. Ihr, die ihr glaubt! Viele Rabbiner und Mönche verzehren zu Unrecht das Vermögen der Menschen und halten sie vom Pfad Allahs fern." Das zu den Andersgläubigen! Noch im selben Vers kommen ihm die wenig Begeisterten unter den eigenen Anhängern in den Sinn, und er fährt fort: „Denen, die Gold und Silber horten und es nicht auf dem Pfade Allahs ausgeben, kündige eine schmerzhafte Strafe an! Am Tag, da über (ihren gehorteten Schätzen) in das Feuer der Gehenna geblasen wird und mit (dem geschmolzenen Metall) ihnen die Stirn, die Seite und der Rücken verbrannt werden: ‚Das ist es, was ihr für euch selber gehortet habt! Kostet nun, was ihr gehortet habt!'" (Sure 9, 30–35). Dieser ganze Abschnitt entwickelt sich aus einer unversöhnlichen Kampfansage sowohl an die Heiden als auch an die Juden und die Christen: „Ihr, die ihr glaubt! Die Beigeseller sind nichts weiter als

Schmutz! Daher dürfen sie sich nach diesem Jahr" – nämlich 631 – „nicht mehr dem heiligen Gebetsplatz nähern. Wenn ihr deswegen zu verarmen fürchtet" – da die Geschäfte mit der Versorgung der Pilger, mit dem Ausleihen der Gewänder für die Umkreisung der Kaaba usw. zurückgehen oder ganz wegfallen – „so wird euch Allah, wenn er will, in seiner Huld Genüge geben. Allah ist wissend und weise. Und kämpft gegen diejenigen unter den Schriftbesitzern, die nicht an Allah und den Jüngsten Tag glauben[291] und nicht für verboten erklären, was Allah und sein Gesandter für verboten erklärten, und nicht die wahre Glaubenspraxis vollziehen, bis sie gedemütigt, ein jeder aus seiner Hand,[292] die Kopfsteuer (arab.: *al-ǧizja*) entrichten!" (Vers 28 f.).

Es läßt sich nicht entscheiden, ob Mohammed in Sure 9 und ein Jahr danach in der Ansprache beim Opferfest die Araber meinte, als er den Willen bekundete, nicht zu ruhen, bis alle Menschen sich zum Islam bekehren würden, oder ob er dabei an die ganze ihm bekannte Welt dachte. Vermutlich fiel für ihn die Menschheit weitgehend mit dem Arabertum in eins, das ja seit Jahrhunderten bis an den Südsaum des anatolischen Hochlandes siedelte bzw. nomadisierte. Die zu unterwerfenden Schriftbesitzer, die zum Bezahlen der Kopfsteuer gezwungen werden sollen, leben vor allem in aš-Šaʾm und am westlichen Teil des Zweistromlandes; nur auf Gemeinschaften im südlichen aš-Šaʾm beziehen sich die literarisch überlieferten Abmachungen, in denen Mohammed die Kopfsteuer durchsetzt. Die bereits nach dem Vertrag von al-Ḥudaibīja an Herakleios, an den Herrscher der Sasaniden und an den Patriarchen von Alexandrien entsandten Botschafter hatten schwerlich den Auftrag, die Islamisierung jener gesamten Territorien zu erwirken. Sie sollten wahrscheinlich nur den dortigen Arabern den Übertritt zum Islam nahelegen. Das Ḥanīfentum hatte nach der Verehrung eines einzigen Schöpfergottes gesucht; sie sollte in einer dem Arabertum angemessenen Form erfolgen und die Opfer- und Pilgerriten, an denen man so sehr hing, nicht behindern. Mohammed begriff seine „Lesung" als arabisch; wäre sie in einer anderen Sprache abgefaßt, könnte sie keine Wirkung erzielen (Vgl. Sure 26, 198). Die Araber sind jene „Schriftlosen" (arab.: Pl. *al-ummīјūn*), zu denen sich Mohammed gesandt wußte; sie hofften seit langem auf einen eigenen Propheten, um von Juden und Christen nicht mehr scheel angesehen zu werden. Als ein Erkennungszeichen betrachteten die heidnischen Araber die Beschneidung. Sie war so selbstverständlich, daß Mohammed über sie im Koran kein Wort verliert.[293] Unter den bei Ḥunain gefallenen Ṯaqafiten entdeckte man einen Unbeschnittenen. Übten die Ṯaqafiten diesen Brauch nicht, waren sie womöglich keine echten Araber? Das hätte sie, so fürchtete ihr Stammesgenosse al-Muġīra b. Šuʿba, ihr Ansehen gekostet, und er beeilte sich, das Gewand eines getöteten Vornehmen hochzuheben, damit man sich überzeugen konnte, daß alles seine Richtigkeit hatte; der Unbeschnittene sei doch nur ein christlicher Sklave gewesen.[294] Der Übertritt vom Christentum zum Islam erscheint unter diesem, wie gesagt, im Koran nicht angesprochenen Gesichtspunkt als eine Rückkehr ins Arabertum.

Trägt man die Indizien zusammen, zu denen nicht zuletzt das schon öfter erwähnte genealogische System der Araber gehört, dann wird man zu dem Schluß kommen, daß Mohammed zwar von den Menschen schlechthin redete, in Wirklichkeit aber seine Volksgenossen im Auge hatte. Diese freilich wollte er zu einer gleichförmigen Gemeinschaft gläubiger Muslime zusammenschmieden, die keine ererbten Rangunterschiede mehr kannte. Jeder einzelne sollte vollkommen nach dem Islam, nach dem sich unablässig aktualisierenden Lenken des Schöpfers sein Leben ausrichten: So mußte es gewesen sein, als das Diesseits noch ganz neu und unentstellt gewesen war. Die Riten, das fünfmal am Tag praktizierte Pflichtgebet zumal, sollten fürderhin für das unangetastete Fortdauern solcher Gleichförmigkeit garantieren. Die *ṣadaqāt* sollten deren materielle Grundlage abgeben, den Ausgleich der Lebensverhältnisse. Der Dschihad hatte die Aufmerksamkeit der tatkräftigen Mitglieder auf das Äußere, auf die anderen zu fixieren. Hierdurch wurde, zumindest fürs erste, eine Bewegung in Gang gehalten, die erst an den Grenzen des bewohnbaren Erdkreises ihr unwiderrufliches Ende finden würde. Alexander der Große, der „Zwiegehörnte", wie die Araber ihn nannten, sollte zur Symbolfigur dieser Bewegung werden; im Koran erzählt Mohammed von ihm (Sure 18, 83–98), wahrscheinlich als man ihn nach dieser Gestalt gefragt hat, um sein Wissen auf die Probe zu stellen.

4. Radikalisierung im Innern

Die Brüchigkeit der Macht Mohammeds

Diese Vision eines sich mittels des Dschihad ausdehnenden, in unentwegter ritueller Praxis zur Gleichgestimmtheit aller Glieder getriebenen Gemeinwesens versuchte Mohammed in Sure 9 und in anderen Verlautbarungen jener Zeit zu propagieren. Die machtpolitischen und gesellschaftlichen Verhältnisse paßten, wie schon mehrfach angemerkt werden mußte, noch längst nicht zu dieser Vision. Der Einmarsch in Mekka war ja nur deshalb so reibungslos verlaufen, weil über der Stadt eine Drohung hing, der die Quraišiten nur zusammen mit Mohammed Paroli bieten konnten. Und das Wohlverhalten vieler Stammesführer gegenüber Mohammed war gekauft. Ganz richtig hatte Mohammed erkannt, daß vor allem der Schrecken, den er und seine Helfershelfer verbreiteten, ihm die Herrschaft in Medina sicherte, und damit dieser Schrecken sich nicht verflüchtige, mußte man immerfort kriegerische Unternehmungen ins Werk setzen und dabei gerade jenen die Gelegenheit geben, sich auszuzeichnen, die bis in die Zeit nach al-Ḥudaibīja gegen ihn gearbeitet hatten. Hiermit aber stieß er die frühen Gläubigen, die alten Auswanderer und die „Helfer", vor den Kopf. Wie weit durfte er die Umwandlung des Islams in eine quraišitische Herrschaft dulden, ohne die Ergebenheit seiner bewährtesten Anhänger aufs Spiel zu setzen? Bei all dem Ruhm, in dem er sich angesichts einer nicht abreißenden Kette von Gesandtschaften nach Medina sonnen durfte, bei aller Anerkennung, die ihm als dem mächtigsten Mann Arabiens nun zuteil wurde, entging ihm nicht, daß seine Herrschaft höchst brüchig war. Die bereits besprochenen Zitate aus Sure 9 belegen dies, und wir werden, indem wir jetzt den Blick unmittelbar auf Medina richten, weitere Hinweise hierauf finden, auch in noch nicht herangezogenen Passagen von Sure 9.

„Nun kam zu euch ein Gesandter aus eurer Mitte, den es bekümmert, daß ihr in Bedrängnis geratet…" (Sure 9, 128). Wenn dieser Vers und die sich anschließende resignierende Bemerkung, der Gesandte stelle, falls sich die „Heuchler" abwenden sollten, seine Sache Allah anheim, tatsächlich schon aus Mekka stammen,[295] wie die muslimische Überlieferung annimmt, dann hat sie Mohammed nicht ohne Grund in Medina aufgegriffen. Einst hatten die Quraišiten seinen Anspruch, ein Prophet zu sein, zurückgewiesen, und auch jetzt wurden Zweifel an ihm laut, so daß es angebracht war, in Erinnerung zu rufen, daß er doch der Mann sei, auf den die Ḥanīfen so sehnsüchtig gewartet hatten. Auf dem Feldzug nach Tabuk war ihm eine Kamelstute entlaufen. Vergeblich suchte man sie, was einen „Heuchler" zu der bissigen Frage verleitete, wie man verstehen solle, daß jemand unentwegt Nachrichten aus dem Himmel empfange, aber nicht zu sagen vermöge, wo sich das Tier befinde. Bei Ibn Isḥāq wird der peinliche Zwischenfall dadurch überspielt, daß Mohammed treuherzig bekennt, er wisse natürlich nur, was Allah ihn lehre, und gerade habe dieser ihm mitgeteilt, wo man die Stute suchen müsse, und siehe da, man entdeckt sie an dem angegebenen Ort.[296] Ein anderes Indiz für das Abbröckeln seiner Autorität macht er in Sure 9 selber publik: „Unter ihnen sind diejenigen, die den Propheten kränken und sagen: ‚Er ist ein Ohr!' Antworte: ‚(Jawohl), ein Ohr für das, was für euch gut ist! Er glaubt an Allah, und er schenkt den Gläubigen Glauben, und er ist barmherzig zu denen, die glauben.' Denen, die den Gesandten Allahs kränken, steht eine schmerzhafte Strafe bevor. Sie schwören euch bei Allah, um euch zufriedenzustellen, doch Allah und sein Gesandter haben mehr Anrecht darauf, daß sie ihn zufrieden stellen, wenn sie denn gläubig sind. Wissen sie denn nicht, daß demjenigen, der Allah und seinem Gesandten zuwiderhandelt, das Feuer der Gehenna bevorsteht, worin er auf ewig bleiben wird?…" (Vers 61–63). Ein Mann von den ausitischen Banū ʿAmr b. ʿAuf hatte den Anlaß zu diesen Ausführungen gegeben. „Mohammed ist ein Ohr! Erzählt man ihm etwas, dann nimmt er es für bare Münze!"[297] hatte jener gestichelt – für einen Propheten, dessen Autorität mit der Glaubwürdigkeit steht und fällt, eine nicht eben schmeichelhafte Charakterisierung!

Man möge doch im Lande umherziehen und schauen, was für ein Ende all diejenigen genommen haben, die über ihre Propheten spotteten (vgl. Sure 6, 10 f.)! Mit solchen Aufforderungen suchte sich Mohammed in der letzten Zeit vor der Vertreibung des Hohns seiner quraišitischen Gegner zu erwehren. In belehrenden Ausführungen über die zuletzt doch eintretenden Folgen der Ungläubigkeit wurde das Thema auch in Medina erwähnt (Sure 13, 32); bei den Spöttern und „Heuchlern" sollte ein Muslim besser nicht sitzen (Sure 4, 140). Dergleichen hielt sich ganz im Allgemeinen. Jetzt aber hat sich die Lage zugespitzt. Wie wir schon hörten, lassen sich die Wohlhabenden von den Offenbarungen nicht mehr recht beeindrucken. Spott und Abkehr vom Wort des Propheten breiten sich in der medinensischen Anhängerschaft aus. Viele hatten ihm vor dem Aufbruch nach Tabuk die Gefolgschaft versagt. In Sure 9 läßt er sich zu Äußerungen ohnmächtiger Wut hinreißen, und der Spott über ihn ist nur das Stichwort, von dem aus er, womöglich ungewollt, Verhältnisse skizziert, die für ihn beängstigend sein müssen. „Die Heuchler sind davor auf der Hut, daß eine Sure herabgesandt wird, die ihnen mitteilt, was sie im Herzen verbergen.“ (Vers 64). – Daß eine Offenbarung nicht mehr viel bewirkt, räumt er an anderer Stelle ein (Vers 86–89), wie wir hörten. – „Sprich: ‚Spottet nur! Allah wird ans Licht bringen, wovor ihr euch in acht nehmt!‘ Wenn du sie zur Rede stellst, antworten sie: ‚Wir plaudern doch nur und spaßen!‘ Sag: ‚Ihr spottetet über Allah, seine Wunderzeichen und seinen Gesandten! Entschuldigt euch nicht! Ihr wurdet ungläubig, obwohl ihr schon den Glauben angenommen hattet!‘ Sollten wir einer Gruppe unter euch verzeihen, so werden wir die andere doch bestrafen, denn es waren Verbrecher. Die Heuchler und die Heuchlerinnen stecken zusammen, sie befehlen das Verwerfliche und verbieten, was recht und billig ist, und sie schließen die Hände“ – und spenden nichts – „sie vergaßen Allah, worauf auch er sie vergaß! Die Heuchler sind die Missetäter! Allah versprach den Heuchlern und den Heuchlerinnen und den Ungläubigen das Feuer der Gehenna, in dem sie ewig bleiben werden. Damit müssen sie vorlieb nehmen, Allah verfluche sie, eine ewige Strafe wartet auf sie!“ (Vers 65–68).

Und nun wieder die seit der mekkanischen Zeit sattsam bekannten Drohungen, inzwischen freilich auf Schlagworte verkürzt: Denen vor euch, auch wenn sie reicher an Vermögen und Nachkommen waren, wurde die gerechte Strafe zuteil; ihr schwätzt wie sie, und sie konnten nicht aufhalten, was über sie verhängt worden war; das Volk Noahs, die ʿĀd, die Ṯamūd und alle anderen, von denen Mohammed in Mekka so oft redete, liefern den Beweis dafür, daß die Spötter am Ende sich selber am meisten schaden. Die Gläubigen ihrerseits stehen zusammen, sie befehlen, was recht und billig ist, verbieten das Verwerfliche (vgl. Sure 3, 110), sie vollziehen die Riten, gehorchen Allah und seinem Gesandten und werden mit dem Paradies belohnt (Sure 9, 69–72). „Prophet! Führe gegen die Ungläubigen und die Heuchler den Dschihad, sei hart gegen sie, ihre Bleibe ist die Gehenna – welch übles Ende! Sie schwören bei Allah, sie hätten es nicht gesagt. Sie sagten aber sehr wohl das Wort des Unglaubens, und sie wurden ungläubig, nachdem sie schon zum Islam übergetreten waren. Sie erstrebten (damit), was sie nicht erreichten. Sie empfanden allein deswegen Groll, weil Allah mit seiner Huld und sein Gesandter sie reich gemacht hatten. Wenn sie sich bekehren, dann ist es besser für sie. Wenden sie sich ab, wird Allah sie im Diesseits und im Jenseits schmerzhaft bestrafen, und auf der Erde haben sie weder einen Freund noch einen Helfer“ (Vers 73 f.). Oft schon stellte Mohammed in Medina einen Zusammenhang zwischen dem Bekenntnis zum Islam und der freigebigen Förderung seiner kriegerischen Vorhaben her (vgl. Sure 3, 86–92; Sure 63, 1–8) und geißelte den mangelnden Einsatz für seine Ziele als einen Rückfall in den Unglauben (vgl. Sure 4, 136–147). Jetzt aber ist ausdrücklich vom „Wort des Unglaubens“ die Rede, und die Geschichtsüberlieferung macht Personen namhaft, die gemeint seien. Ibn Isḥāq nennt als den Spötter, dem Mohammed nicht verzieh (Sure 9, 66), wiederum einen Mann von den Banū ʿAmr b. ʿAuf; einem Eidgenossen der ḫazraǧitischen Banū Salima vergab er. Den Banū ʿAmr b. ʿAuf wird auch der Mann zugerechnet, der das ominöse „Wort des Unglaubens" äußerte.[298]

Opponenten in Medina

ʿAbdallāh b. Ubaij, der ḫazraǧitische Vornehme, hatte die ihm ergebenen Krieger Mohammed vorenthalten; die Byzantiner seien den Arabern in jeder Hinsicht überlegen, hatte ʿAbdallāh gewarnt. Mohammed hatte es hinnehmen müssen, daß ein bedeutendes Kontingent an Kämpfern in Medina zurückblieb.[299] Gegenüber jenen drei anderen Männern fühlte er sich stark genug, jegliche Milde zu unterlassen. Sobald er nach Medina zurückgekehrt war, verfügte er deren Ächtung; er verbot den Muslimen, mit ihnen auch nur ein Wort zu reden. Viele andere, die der ständigen Kriege müde gewesen waren, taten vor Mohammed Buße und entschuldigten sich für ihr vermeintliches Versagen. Jene drei folgten deren Beispiel nicht, und Mohammed verstärkte den Druck auf sie; sie dürften ihre Frauen nicht mehr berühren, bis Allah entscheide, ob er sich ihnen hochherzig wieder zuwenden wolle. Die Angelegenheit schlug Wellen, die bis auf byzantinisches Gebiet reichten; der Fürst der Ġassāniden bot einem der Betroffenen Asyl an. Nach fünfzig Tagen hatte Allah es sich endlich anders überlegt – er verzieh. Und so schlägt sich der Vorfall in Sure 9 nieder: „Allah wandte sich dem Propheten, den Auswanderern und den ‚Helfern' gnädig zu, jenen, die (Mohammed) in der Stunde der Bedrängnis gefolgt waren, nachdem die Herzen einiger von ihnen beinahe (vom Wahren) abgeirrt wären. Allah aber wandte sich ihnen gnädig zu, er verfährt mit ihnen barmherzig. Desgleichen den dreien, die geschnitten[300] worden waren, bis Allah dann, als den dreien die Welt trotz der Weite zu eng wurde und sie sich auch in ihrem Innern bedrückt fühlten und meinten, es gebe keine Flucht vor Allah als zu ihm hin, sich ihnen gnädig zuwandte, damit sie selber sich reumütig ihm zuwendeten…" (Vers 117 f.). Die Korankommentatoren rätseln, weswegen Allah sich, abgesehen von den dreien, auch des Propheten und der Muslime wieder hätte freundlich annehmen sollen, bieten aber keine überzeugende Erklärung an.

Mag das auf sich beruhen! Aufschlußreich ist die Identität jener drei Männer: Zwei von ihnen, Murāra b. ar-Rabīʿ und Umaija b. Hilāl, gehörten den ausitischen Banū ʿAmr b. ʿAuf an, der prominenteste unter ihnen war der Dichter Kaʿb b. Mālik von den Banū Salima, ein Ḫazraǧite, der am zweiten ʿAqaba-Treffen teilgenommen hatte. Der Klan der Banū Salima war mit drei Mitgliedern schon bei der allerersten Begegnung Mohammeds mit Medinensern vertreten gewesen; die ḫazraǧitische Sippe der Banū n-Naǧǧār hatte damals die restlichen sechs Personen gestellt.[301] Das war ein Jahr vor dem ersten sogenannten ʿAqaba-Treffen gewesen. Dieses führte dann fast durchweg Ḫazraǧiten mit Mohammed zusammen; die Ausiten waren lediglich in Gestalt zweier ihrer Eidgenossen beteiligt – das waren Abū l-Haiṯam b. at-Taijihān, der mit den Banū ʿAbd al-Ašhal verbunden war, und ʿUwaim b. Sāʿida, durch Schwur den Banū ʿAmr b. ʿAuf zugehörig.[302] Unter ihnen gilt Abū l-Haiṯam als derjenige, der nicht erst von der Wahrheit der Botschaft Mohammeds überzeugt werden mußte, sondern selber ähnliche Gedanken verfocht.[303] Er soll darum bei der zweiten ʿAqaba-Zusammenkunft entschlossen Mohammed gehuldigt haben,[304] der ihn in Medina, womöglich nicht zufällig, mit dem das

Ḥanīfentum asketisch auslegenden ʿUṯmān b. Maẓʿūn verbrüderte.[305] Im Kreise der Banū ʿAmr b. ʿAuf, in Qubāʾ, ließen sich dann jene frühen Auswanderer nieder, die schon vor Mohammed nach Medina zogen, unter ihnen ʿUmar b. al-Ḫaṭṭāb. Mohammed selber war, wie erinnerlich, nach seiner Ankunft in Medina nur kurze Zeit in Qubāʾ geblieben und hatte sich darauf von seiner Kamelstute zu den Banū n-Naǧǧār führen lassen. Auch Abū Bakr fand bei Ḫazraǧiten eine Herberge.

Die Opposition und die vorislamischen medinensischen Klanrivalitäten

Bereits beim zufälligen Aufeinandertreffen Mohammeds und einiger Medinenser, noch vor der ersten, verabredeten Begegnung bei al-ʿAqaba, habe dieser angedeutet, daß er mit dem Gedanken spiele, seinen Wirkungskreis aus Mekka zu verlegen. Mohammed befand sich dort in der Tat in einer wenig komfortablen Situation, wie oben ausführlich geschildert wurde, und Abū Bakr sondierte die Möglichkeit einer Verbindung mit Stämmen in Ostarabien. Die Medinenser sollen dem Propheten auf seine Andeutungen hin zu bedenken gegeben haben, daß der blutige Höhepunkt des Bruderzwistes zwischen den Aus und den Ḫazraǧ, die Schlacht bei Buʿāṯ, erst ein Jahr zurückliege; man sei nicht stark genug, ihn im Ernstfall zu schützen.[306] Dies veranlaßt uns, in die medinensische Geschichte zurückzublicken. Wie es zu jenem Gemetzel kam, wird wie folgt überliefert: Die Ḫazraǧiten hatten in den seit längerem andauernden Auseinandersetzungen um den Besitz des nicht von jüdischen Klanen gehaltenen bebaubaren Bodens Vorteile gewonnen; da gelang es den Ausiten, die Banū n-Naḍīr und die Banū Quraiẓa auf ihre Seite zu ziehen. Dies beobachteten die Ḫazraǧiten nicht untätig. Sie ließen die Juden wissen, daß man Beduinen in großer Zahl als Verbündete aufbieten werde; obsiege man, dann werde es für die Ausiten keine Bleibe mehr in Medina geben; unterliege man, dann würden die Ausiten ihres Erfolges nicht froh werden, da man sie und ihre jüdischen Gefährten mit Hilfe der Beduinen nach Belieben unter Druck setzen werde. Die Ḫazraǧiten waren bereits so stark, daß sie den Banū n-Naḍīr und den Banū Quraiẓa vierzig Geiseln abverlangen konnten, die, unter die ḫazraǧitischen Sippen verteilt, mit ihrem Leben dafür einstehen sollten, daß die Juden nicht auf der Seite der Ausiten in den Zwist eingriffen. Eine dieser Sippen, die Banū Bajāḍa, nutzte ihre Geisel, um die Juden zu erpressen: Das Land der Banū Bajāḍa sei versalzt und versteppt; man werde die Geisel töten, wenn die Juden nicht ihren fruchtbaren Boden räumten. Diese gaben dem Druck nicht nach, worauf viele ḫazraǧitische Klane tatsächlich ihre Geiseln ermordeten – bis auf jene Sippen, die in ʿAbdallāh b. Ubaij ihren Anführer sahen. Dieser mochte sich nicht zu solch einem ungeheuerlichen Verbrechen verstehen.[307]

Ein Zweig der Ausiten, die Banū n-Nabīt, zu denen die Banū ʿAbd al-Ašhal gehören,[308] verband sich um diese Zeit so eng mit den Banū Quraiẓa und den Banū n-Naḍīr, daß diese deren Familien bei sich aufnahmen. Von den Banū n-Nabīt sei, so die Überlieferung, der Ansporn zur Fortsetzung des Krieges gegen die Ḫazraǧiten ausgegangen, durch die sie anscheinend aus ihren Wohnsitzen vertrieben worden waren.[309] Die Gefechte von Buʿāṯ dagegen sollen durch einen Zwischenfall in Gang gesetzt worden sein, auf den wir noch zu sprechen kommen werden, da er sich Jahre später unmittelbar auf die Politik Mohammeds gegen die

Ausiten auswirkte. Jedenfalls bedrängten die Ḫazraǧiten in der sich nach den Ereignissen um die Banū n-Nabīt zuspitzenden Lage ihren Stammesgenossen ʿAbdallāh b. Ubaij, er möge sich an den bevorstehenden Kämpfen beteiligen; man wolle die Ausiten endlich vernichten. Dieses Ziel konnte er unter keinen Umständen gutheißen, und einige weitere Ḫazraǧiten schlossen sich seiner ablehnenden Haltung an. Unter der Führung der Banū Bajāḍa, deren Skrupellosigkeit andere zur Nachahmung angestiftet hatte, rüstete sich die kriegslüsterne Mehrheit der Ḫazraǧiten zur Schlacht, und die Gegenseite ließ es ebenfalls nicht an den nötigen Vorkehrungen fehlen. Die Ḫazraǧiten mobilisierten zudem ihre beduinischen Eidgenossen, die Banū l-Ašǧaʿ und die Banū Ǧuhaina, die Ausiten riefen die Banū Muzaina zu Hilfe. Abū Qais b. al-Aslat, Ḥanīf und Dichter der Banū Wāʾil und daher zu den unter dem Namen Aus Allāh zusammengefaßten ausitischen Sippen zählend, die erst nach dem Grabenkrieg zum Islam übertreten sollten,[310] setzte sich wie auf der Gegenseite ʿAbdallāh b. Ubaij dafür ein, im Falle eines Sieges die Feinde zu schonen. Der uns ebenfalls bekannte Abū ʿĀmir, „der Mönch", verwarf dagegen jegliche Mäßigung.[311] Die entbrennenden Gefechte konzentrierten sich zunächst um ʿAbdallāh b. Ubaijs Wohnturm; die Ḫazraǧiten, angeführt von Saʿd b. ʿUbāda, setzten sich allerdings erfolgreich zur Wehr.[312] Bei Buʿāṯ, einer den Banū Quraiẓa gehörenden Örtlichkeit, erstritten zuletzt jedoch die Ausiten einen Sieg und ließen die Geschlagenen ihre Rache spüren; sie steckten einen Teil der ḫazraǧitischen Häuser und Palmenhaine in Brand, die Banū n-Naḍīr und die Banū Quraiẓa eigneten sich die Rüstungen der gefallenen Feinde an. Für die ḫazraǧitischen Banū Salima zahlte es sich jetzt aus, daß sie nach einem länger zurückliegenden Gemetzel den Ausiten Saʿd b. Muʿāḏ ihrem Schutz unterstellt und dessen Palmen vor der Vernichtung bewahrt hatten. Er revanchierte sich dafür, und so kamen die Banū Salima ungeschoren davon. Auch ʿAbdallāh b. Ubaijs Wohnturm blieb erhalten, obwohl nicht wenige Ausiten diesen liebend gern dem Erdboden gleich gemacht hätten. Abū Qais b. al-Aslat soll sich entschieden gegen solche Wünsche, sein Mütchen zu kühlen, ausgesprochen haben; sie hätten die Aussicht auf ein dauerhaftes Zusammenleben der beiden Bruderstämme gänzlich zerstört.[313]

Bis zu den Jahren der beiden al-ʿAqaba-Begegnungen konnten die Wunden des Krieges noch nicht vernarbt sein. Schon davor, als man noch in kluger Einschätzung dieser Tatsache jede Zusage an Mohammed ausgeschlossen hatte, hatten dessen ḫazraǧitische Verwandte, die Banū n-Naǧǧār, die Mehrzahl seiner Gesprächspartner gestellt. Dieser Klan gehört zu denen, die sich die Hände durch den erpresserischen Geiselmord mit Blut besudelt hatten. Am ersten al-ʿAqaba-Treffen nehmen, wie erwähnt, zwei Schwurgenossen der Ausiten teil, ansonsten nur Ḫazraǧiten, die beim zweiten, das mit der Schutzzusage für Mohammed endet, ebenfalls die erdrückende Mehrheit bilden. Auf der bei Ibn Isḥāq überlieferten Liste der dreiundsiebzig Männer und zwei Frauen werden drei Männer zu den Banū ʿAbd al-Ašhal gerechnet, unter ihnen Abū l-Haiṯam b. at-Taijihān, drei zu den Banū Ḥāriṯa b. al-Ḥāriṯ und fünf zu den Banū ʿAmr b. ʿAuf.[314] Mohammed verband sich demnach im großen und ganzen mit den Verlierern von Buʿāṯ, und unter diesen vor allem mit Klanen, denen es vor kurzem erklärtermaßen um die Vernichtung der Ausiten gegangen war. ʿAbdallāh b. Ubaijs Sippe, die Banū Sālim b. Ġanm b. al-Ḫazraǧ b. Ḥāriṯa, bot für das zweite Treffen nur zwei Männer auf.[315] Bemerkenswert ist ferner, daß die Anhänger des Islams, die vor Mohammeds Vertreibung aus Mekka flüchteten, durchweg bei den Banū ʿAmr b. ʿAuf unterkamen und dort, in Qubāʾ, auf eigene Faust ein Gemeindeleben gründeten. Als Mohammed eintraf, hielt er sich bei ihnen nicht lange auf, sondern nahm bei den ḫazraǧitischen Verwandten seinen Wohnsitz. Von dort aus begann er seine Intrigen, die, wie ausführlich beschrieben, Medina in einen Krieg gegen Mekka verwickelten. Die von Mohammed womöglich beabsichtigte Nebenwirkung der Waffengänge mit den Quraišiten war die Überdeckung der noch immer zwischen den Ausiten und den Ḫazraǧiten schwelenden Feindseligkeiten, in die er sich, wenn man es von der Warte der Medinenser aus betrachtet, zugunsten der mit den Hāšimiten verschwägerten Ḫazraǧiten einmischte.

Mohammeds medinensische „Innenpolitik“ im Lichte dieser Rivalitäten

Seine Handlungen legen den Schluß nahe, daß er sich dessen bewußt war. Ein unmotivierter Mord, begangen von einem Verbündeten der Ḫazraǧiten an dem Ausiten Suwaid b. aṣ-Ṣāmit, sei, so erzählte man sich in Medina, der Tropfen gewesen, der das Faß gegenseitigen Hasses zum Überlaufen gebracht und die Schlacht von Buʿāṯ ausgelöst habe. Al-Ḥāriṯ, ein Sohn des Opfers, habe nach Mohammeds Eintreffen den Islam angenommen und sei auch mit nach Badr hinausgezogen. Insgeheim habe er nur nach einer Gelegenheit gesucht, den Mord an seinem Vater zu rächen. Diese bot sich nach Mohammeds Niederlage bei Uḥud. Mohammed erfuhr davon und wußte sogleich, wo er den Schuldigen finden werde; er eilte nach Qubāʾ, ließ al-Ḥāriṯ ergreifen und töten. Die so oft durch Mohammed beschworene Aufhebung der heidnischen Blutfehden durch den Islam, die auch in dieser Episode eine Rolle spielt,[316] hatte sehr handgreifliche Gründe: Der Gesandte Allahs wäre verloren gewesen, wenn der Zwist zwischen den Ḫazraǧiten und den Ausiten aufgeflammt wäre, in dem er sich keineswegs neutral verhielt und in dem die mekkanischen Auswanderer mit Ausnahme Abū Bakrs der Gegenseite verpflichtet waren; das erzwungene Ende der Fehden nützte vor allem den Ḫazraǧiten, die seit dem Geiselmord in der Blutschuld der jüdischen Stämme standen. Durch die sofortige von ihm selber angeordnete, nicht von der geschädigten Sippe in eigener Verantwortung ins Werk gesetzte Tötung des Mörders versuchte Mohammed, einem Rückfall in die Vergangenheit vorzubauen. Im übrigen tat er alles, um die Stellung der Ausiten in Medina zu schwächen. Die Vertreibung der Banū n-Naḍīr und die Vernichtung der Banū Quraiẓa, mithin die Ausschaltung der potentesten Bundesgenossen der Ausiten, sind nicht zuletzt in diesem Lichte zu beurteilen. Mit diesen Maßnahmen beraubte er die Ausiten ihres Rückhalts und lockerte zugleich die Abhängigkeit der mekkanischen Auswanderer von ihnen, die ihr materielles Wohl fortan seiner Gunst verdankten. Mindestens ebenso schwerwiegend war die moralische Entwurzelung jener Ausiten, die sich seinem Zwang beugten und Hand an die eigenen Schwurgenossen, die Banū Quraiẓa, legten. Was er damit vermitteln wollte, war klar: Der Islam steht über der ererbten Moral, die Untat der

Ḫazraǧiten zählte nicht mehr, und die scheußlichste Untat, im höchsten Interesse begangen, verwandelt sich in Verdienst; nur über nach den alten Sitten Gleichschuldige kann der Verkünder des Neuen unangefochten herrschen, alle werden zu Handlangern des Unerhörten, das der Lenker der Bewegung jenseits der ererbten Sittlichkeit in einem ebendiesen Handlangern verborgenen Interesse ins Werk setzt. In Mekka noch hatte Mohammed bescheiden gemeint, er sei nur ein Warner und wisse nicht, was Allah mit ihm und seinen Anhängern vorhabe (Sure 46, 9); in Medina brüstet er sich damit, über jeglicher Sittlichkeit zu stehen, denn indem Allah ihm Erfolg gewährte, gab er zu erkennen, daß er ihm alle frühere Schuld und auch die künftige verzeihe (Sure 48, 2).[317] Die wenigen Ausiten, die an den al-ʿAqaba-Treffen teilnahmen, mochten gehofft haben, das Ḥanīfentum Mohammeds werde ihn zu einer Haltung über den Parteien nötigen, wie sie die Episode der Tötung al-Ḥāriṯ bei oberflächlichem Hinschauen belegt. Nimmt man das ganze medinensische Wirken Mohammeds, so wie wir es den Quellen abgewonnen haben, in den Blick, dann drängt sich die Einsicht auf, daß er stets kühl seine Belange durchsetzte, die sein Alter ego für ihn rechtfertigte. Enttäuscht soll sich Abū Qais b. al-Aslat, der nie Muslim wurde, in diesem Sinn gegenüber ʿAbdallāh b. Ubaij geäußert haben.[318]

Die Verlierer unter den Medinensern

Nach dem Grabenkrieg war die Lage der Ausiten so prekär geworden, daß auch die letzten ihrer Klane den Islam annahmen. Aber die Vorbehalte gegen Mohammeds kriegerische Machtpolitik blieben bestehen, wie das Beispiel von Murāra b. ar-Rabīʿ und Umaija b. Hilāl lehrt, jenen beherzten Männern von den Banū ʿAmr b. ʿAuf, die Mohammed nach der Rückkehr von Tabuk ächtete. Auch ʿAbdallāh b. Ubaij, in der islamischen Überlieferung oft als das Oberhaupt der „Heuchler" verunglimpft, war sich selber treu geblieben, doch seine Gefolgsleute gehörten anscheinend zu jenen, die sich bei Mohammed entschuldigten – wir werden bald erfahren, in welch einer von Strafandrohungen aufgeheizten Atmosphäre dies geschah. Zuvor verdient der Fall Kaʿb b Māliks unsere Aufmerksamkeit. Sein Enkel überliefert einen etwas weitschweifigen Bericht Kaʿbs, in dem dieser beteuert, er habe nicht aus bösem Willen den Aufbruch nach Tabuk versäumt, sondern in allzu menschlicher Trägheit die notwendigen Vorbereitungen von einem Tag auf den anderen verschoben, und auf einmal sei es zu spät gewesen. Überdies habe der Gesandte Allahs die Gewohnheit gehabt, das Ziel eines bevorstehenden Kriegszugs bestenfalls anzudeuten, um die Feinde möglichst lange über seine Absichten im unklaren zu lassen. So sei es schon in Falle Badrs gewesen, wohin Kaʿb b. Mālik nicht mitgezogen war; es sei damals nur vom Überfall auf die quraišitische Karawane die Rede gewesen, aber dann habe Allah es so gefügt, daß sich die muslimische Streifschar plötzlich einem feindlichen Heer gegenüber gesehen habe. Wer immer dem Aufbruch nach Badr ferngeblieben sei, habe sich von Mohammed keine Vorwürfe anhören müssen.[319] – Wie oben aus etlichen Indizien gefolgert, hatten sich die „Helfer" bei al-ʿAqaba eben nicht verpflichtet, mit ihrem Gast und Schützling in den Krieg zu ziehen. Die Berichte über die bei der zweiten Begegnung angeblich verabredete Heeresfolge sind eine Fälschung, die dem Zweck dient, Mohammed vom berechtigten Vorwurf der Verletzung des Gastrechts zu entlasten. Die vom Gesandten Allahs mutwillig herbeigeführte Verstrickung in Kämpfe gegen Mekka mußten die „Helfer“ durchstehen, wenn sie nicht das Risiko der Vernichtung ihrer eigenen Existenz eingehen wollten. Aber jetzt schien jener Mohammed drauf und dran zu sein, ihnen die byzantinische Militärmacht auf den Hals zu hetzen. Der Feldzug nach Tabuk hatte doch nur deshalb ein glimpfliches Ende genommen, weil die byzantinische Seite, womöglich wegen der ungünstigen Jahreszeit, gar keine Truppen in Marsch gesetzt hatte. Als man wieder in Medina war, hatten viele trotz des Druckes, den Mohammed zur Unterbindung künftiger Unbotmäßigkeiten inszenierte, vom Dschihad genug. Sie verkauften ihre Waffen. Als er davon erfuhr, verbot er das: „Eine Schar aus meiner Gemeinde wird nicht aufhören, den Dschihad um der Wahrheit willen zu führen, bis der Antichrist (arab.: *ad-Dağğāl*) auftreten wird.“[320]

Die „Gegenmoschee“

Die Medinenser, die schon vor der Aufnahme Mohammeds von ḥanīfischen Ideen angesteckt waren, hatten diese vermutlich mit dessen Hilfe vertiefen wollen; stattdessen fanden sie sich zu Kriegen genötigt, deren Ende, wenn es nach ihm ging, unabsehbar war. Noch einmal wenden wir uns einem längeren Abschnitt von Sure 9 zu. „An den ersten (arab.: Pl. *as-sābiqūn*) unter den Auswanderern und ‚Helfern‘ und an jenen, die ihnen mit rechtem Handeln folgten, hat Allah Wohlgefallen, und sie an ihm“, und er bereitete für sie das Paradies vor. Doch „unter den Beduinen in eurer Umgebung sind ‚Heuchler‘, und unter den Medinensern ebenfalls; sie zeigen sich widerspenstig in ihrer Heuchelei, du kennst sie nicht, wir kennen sie und werden sie zweimal bestrafen, und dann werden sie einer gewaltigen (weiteren) Strafe überantwortet! Andere allerdings gestanden ihre Schuld ein. Sie mischten in die gute Tat eine böse.“ Ihnen wird sich Allah wieder gnädig zuwenden; durch eine *ṣadaqa*-Zahlung wird Allah dazu bewogen, sie wieder als unbescholten zu betrachten (Vers 100–103). Irgendwann entdecken Allah und sein Gesandter eben alles! Im Falle einiger übriger Missetäter ist noch unklar, ob Allah zu vergeben bereit ist (Vers 104–106). „Dann sind da diejenigen, die sich einen Gebetsplatz anlegten, um Schaden zu stiften, sowie aus Unglauben und um einen Keil zwischen die Gläubigen zu treiben und um die zu sammeln, die schon vorher gegen Allah und seinen Gesandten Krieg führten. Sie schwören jetzt zwar, sie hätten (mit dem Bau die) besten Absichten verfolgt, Allah aber bezeugt, daß sie lügen! Stelle dich in (jener Moschee) nie zum Gebet auf! Ein Gebetsplatz, der vom ersten Tag an in Gottesfurcht eingerichtet wurde, ist eher geeignet, daß du dich darin aufstellst; denn darin finden sich Männer, die sich läutern möchten, und Allah liebt alle, die sich läutern!“ Wer sein Gebäude auf die Gottesfurcht gründet, ist doch vernünftiger als jemand, der es an den Rand des Höllenfeuers setzt. Allah kaufte den Gläubigen das Leben und das Vermögen ab, damit sie auf seinem Pfad kämpfen, töten und getötet werden, und er wird sie mit dem Paradies belohnen – ein wahrhaft vorteilhafter Tauschhandel für die Gläubigen! Das sind die, „die Buße üben, (Allah) anbeten, ihn rühmen, (in seinem Dienst) durch die Lande ziehen, sich (im Gebet) verbeugen, sich niederwerfen, das befehlen, was zu billigen ist, das Verwerfliche verbieten und die Grenzen (arab.: Pl. *al-ḥudūd*) Allahs respektieren! Verheiße den Gläubigen (das Beste)!" (Vers 107–112).

Die „Heuchler" ließen es nicht nur an Gehorsam und Willfährigkeit fehlen, sie dachten an eine Absonderung und schufen sich einen eigenen Gebetsplatz ohne die Zustimmung Mohammeds, ja sogar um sich von ihm freizumachen. Die Berichte in den erzählenden Quellen heben gerade dies hervor: Man habe unter sich sein wollen, und zwar habe man auf die Rückkehr Abū ʿĀmirs aus aš-Šaʾm gewartet, des „Mönchs", der bisweilen auch „der Jude" genannt wird.[321] Das Bauwerk wurde in Qubāʾ errichtet, als das zweite seiner Art in diesem Bezirk von Medina. Die erste Moschee war dort von den frühesten Auswanderern gegründet worden und wurde bis in jene Tage, und auch danach, regelmäßig für Gottesdienste genutzt. Man rechtfertigte, so wird in einer Quelle überliefert, den zweiten Bau damit, daß etliche Bewohner von Qubāʾ Schwierigkeiten hätten, den ersten Gebetsplatz zu erreichen, wenn sich nach Regenfällen ein Sturzbach durch das Tal ergieße. Desweiteren wird versichert, man habe Mohammed sehr wohl um Erlaubnis gebeten, doch als dieser die neue Moschee habe betreten wollen, sei plötzlich der Engel Gabriel auf ihn niedergefahren und habe ihm den 109. Vers von Sure 9 mitgeteilt: „Wer sein Gebäude auf die Gottesfurcht gründet..."[322] Die Urheber des „am Rand des Höllenfeuers" eingerichteten Gebetsplatzes stammten allesamt aus den Banū ʿAmr b. ʿAuf; die meisten gehörten der Sippe der Banū Zaid b. Mālik b. ʿAuf b. ʿAmr b. ʿAuf an, zu der auch Abū ʿĀmir, „der Mönch", zählte. Dessen Sohn Abū Ṣaifī soll sich übrigens, als die Sippe – nach dem Grabenkrieg? – den Islam annahm, mit seiner Ehefrau nach Mekka abgesetzt haben. Nach dem Abschluß des Vertrages von al-Ḥudaibīja sei letztere ohne das Einverständnis ihres Ehemannes nach Medina zurückgekehrt; da ausgehandelt worden war, daß abhängige Personen, die auf eigene Faust die Seite wechselten, zurückgeschickt werden mußten, wurden die Mekkaner in dieser Angelegenheit bei Mohammed vorstellig. Er lehnte ihre Forderung mit dem Hinweis ab, die Vereinbarung beziehe sich nur auf Männer.[323] Die „Gegenmoschee" ist ein beredter Beleg für die fortdauernde Skepsis mancher Medinenser gegen Mohammeds Politik, vielleicht sogar für die Erbitterung darüber, daß dieser Mann das Ḥanīfentum in eine kriegerische Bewegung mit sehr diesseitigen Zielen umgewandelt hatte. Mohammed ließ eine solche ins grundsätzliche gehende Kritik nicht zu; er gab den Befehl, das Bauwerk zu zerstören.

Ein Blick von außen

Treten wir für einen kurzen Augenblick aus dem Umkreis von Medina heraus! Man hatte, wie erwähnt, die „Gegenmoschee" in Erwartung der Rückkehr Abū ʿĀmirs aus aš-Šaʾm fertiggestellt und hoffte, er werde dort die Riten leiten.[324] Bereits aus dem Jahre 634 gibt es einen auf griechisch geschriebenen Bericht, die *doctrina Jacobi*, in dem ein aus Palästina stammender Jude mit Namen Justus von den letzten Ereignissen in seiner Heimat erzählt und dabei über das Auftreten eines „falschen Propheten" spricht. Araber hätten ein Mitglied der kaiserlichen Garde getötet. Über die Hintergründe will Justus' Bruder Abraham folgendes in Erfahrung gebracht haben: Ein Prophet sei erschienen und ziehe mit den Sarazenen heran, um die Wiederkunft des Messias zu verkünden, so laute ein Gerücht; bei genauerer Prüfung erweise sich dies als ein Irrtum, denn ein Prophet trete nicht mit dem Schwert auf; es handle sich eher um den Antichristen, denn alle, die jenem Mann begegnet seien, hielten sein Prophetentum für Lüge, sei es doch nichts als Blutvergießen; auch behaupte er, im Besitze der Schlüssel zum Paradies zu sein, was man nicht glauben könne.[325] – Die Worte Mohammeds, die wir in diesem und im vorigen Teilkapitel kennenlernten, spiegeln sich in den knappen Sätzen der griechischen Quelle wider, und diese wirft auch ein Licht auf das religiöse Milieu, in das hinein Mohammed wirkte. Chiliastische Erwartungen kursierten, Gedanken an eine Zeitenwende, die durch einen Propheten angekündigt werden sollte, wie dies in der arabischen Überlieferung mehrfach bekräftigt wird.[326] Als einen „Friedensfürsten" stellte man sich den Erwarteten vor. Daß es sich mit Mohammed so ganz anders verhielt, war ihm selber und seinem Anhang vollkommen bewußt: Er war die Ausnahme, zum Kriegführen berufen, und wer ihm hierin folgte, für den hielt er die Schlüssel zur Glückseligkeit bereit, behauptete er geradeheraus. Daß viele Medinenser ihm mißtrauten, hängt mit ihrer Kenntnis einer so ganz anders gearteten Überlieferung zusammen.

Scharfe Abgrenzung gegen die „Ungläubigen"

Um so rigoroser machte Mohammed den strafenden Allah geltend, jenen Einen, dessen „Grenzen" man, wie es in Sure 9, Vers 112 in drohendem Ton hieß, nicht zu nahe kommen dürfe. Von diesen „Grenzen" war zuerst in Sure 2 die Rede gewesen. In Vers 187 hatte Mohammed den fastenden Männern erlaubt, in den Nächten des Ramadan mit den Ehefrauen zu verkehren, das bis dahin geltende diesbezügliche Verbot war anscheinend allzu oft mißachtet worden. Die nunmehr geltende großzügige Regel stellt aber eine „Grenze" dar, die keinesfalls mehr verletzt werden darf. In ähnlichem Sinne handelten die Verse 229 und 230 von den Grenzen, die bei den Ehebestimmungen nach einer inzwischen in Kraft getretenen Erleichterung unbedingt einzuhalten seien.[327] In Sure 9, Vers 112 sowie in Vers 97 verwendet Mohammed das Wort jedoch in einem allgemeinen Zusammenhang: Die Beduinen seien geneigt, sich über die „Grenzen", die Allah seinem Gesandten verdeutlicht habe, hinwegzusetzen; die wahren Gläubigen hüteten sich vor einer derartigen Leichtfertigkeit. Was inzwischen unter den „Grenzen" zu verstehen ist, legt Mohammed wenigstens in Teilen in Sure 5 dar, mit der nach seiner eigenen Ansicht der Islam vollendet wurde (Vers 3). Sie markieren eine schroffe Trennungslinie zwischen den Muslimen und den Andersgläubigen, den Juden und Christen, sofern letztere nicht bereit sind, sich den islamischen Riten und Reinheitsgeboten anzubequemen. Sie sind in diesem Falle als Ungläubige zu brandmarken (Vers 17). Allah nahm, so Mohammeds Gedankengang, einstmals den Juden und später auch den Christen eine Verpflichtung ab – gemeint ist: zum Eingottglauben in islamischer Auslegung (Vers 12–14). „Ihr Leute der Schrift! Unser Gesandter ist nunmehr" mit der endgültigen, der uranfänglichen Wahrheit gekommen – zweimal redet Mohammeds Alter ego die Andersgläubigen an, die doch endlich auf den islamischen Pfad finden sollten (Vers 15 und 19). Er selber, so Mohammed, sei in einer Zeit berufen worden, als es an Gottesboten gefehlt habe, durch die die Juden und die Christen vor ihren Irrtümern hätten gewarnt werden können (Vers 19). Tora, Evangelium und schließlich die „Lesung“ bezeugten dennoch die ursprünglichen, ewig gleichen Aussagen Allahs. Eigentlich sollten sich Juden und Christen daher in nichts von den Muslimen unterscheiden. In Anbetracht der Tatsache, daß Tora und Evangelium je in einer anderen Epoche offenbart wurden, seien Judentum und Christentum als unterschiedliche Wege zu Allah zu werten; dem Inhalte nach seien beide allerdings der koranischen Verkündigung gleich, und aus eben diesem Grunde hätten Juden und Christen sich dieser zu unterwerfen (Vers 44–50). Da sie in der erdrückenden Mehrzahl daran aber gar nicht dächten, dürfe kein Muslim mit ihnen auf freundschaftlichem Fuße verkehren. Allein diejenigen, „in deren Herzen sich eine Krankheit eingenistet hat“, nähmen mit ihnen Verbindung auf, weil sich das Blatt zuungunsten der Muslime wenden könnte. – Abū ʿĀmir wurde aus aš-Šaʾm zurückerwartet. – Die standfesten Gläubigen seien deswegen mehr als befremdet (Vers 51–53). „Ihr, die ihr glaubt! Wer unter euch seinem praktizierten Glauben abtrünnig wird (dessen Schicksal sei Allah überantwortet). Denn Allah wird andere Leute bringen, die er liebt und die ihn lieben, demütig gegen die Gläubigen, kraftvoll gegen die Ungläubigen. Sie werden auf dem Pfade Allahs den Dschihad betreiben und dabei niemandes Tadel fürchten...“ (Vers 54).

Zaghaftigkeit beim Verfolgen der von Allah anvisierten Ziele zahlt sich nicht aus. Als Mose seinem Volk das gelobte Land zeigte, wurde den meisten bange ums Herz; sie fürchteten sich vor der Stärke der Bewohner, die sie würden von ihrem Land vertreiben müssen. Vergebens forderte Mose sein Volk zu beherztem Kampf auf, nur zwei Männer unterstützten ihn: „Tretet gegen den Willen (der jetzigen Eigentümer) durch die Pforte ein! Und wenn ihr erst eingetreten seid, dann werdet ihr die Oberhand gewinnen. Auf Allah verlaßt euch, wenn ihr gläubig seid!“ (Vers 23). Doch Mose vermochte die Zaudernden nicht zu überzeugen, und so mußte sein Volk vierzig Jahre lang weiter durch die Wüste streifen (Vers 24–26). – Den gleichen Fehler durften die Muslime nicht machen, während sie im Begriff standen, aš-Šaʾm, das „gelobte Land“ der Quraišiten,[328] zu erobern. Erste, ermutigende Erfolge hatte Mohammed errungen. Und auf die Unbotmäßigen in den eigenen Reihen paßte eine andere Erzählung aus der Tora: Die beiden Söhne Adams brachten Allah ein Opfer dar, aber nur eines wurde angenommen, worauf derjenige, der sich von Allah zurückgesetzt sah, dem Bruder den Tod androhte; dieser machte geltend, daß nur die Gottesfürchtigen die Gnade Allahs gewinnen könnten; der Erboste ließ sich nicht von seinem verbrecherischen Vorhaben abbringen; den Leichnam seines ermordeten Bruders vergrub er, doch ein Rabe scharrte an der Stelle, und die Untat kam ans Licht (Vers 27–31). „Deswegen schrieben wir den Israeliten vor: Wer jemanden tötet, ohne daß der Getötete eine Blutschuld hat oder Unheil im Lande stiftete, der hat gleichsam alle Menschen getötet, und wer ihn am Leben läßt, der hat gleichsam alle Menschen am Leben gelassen...“ (Vers 32). Um des inneren Friedens willen, der ein Frieden gemäß den Anweisungen des Gesandten Allahs ist – ihm nicht zu gehorchen, heißt Unheil im Lande stiften – darf es keinerlei Streit in Fragen des Kultes geben; nur die wahre, von ihm selber autorisierte Art der Verehrung wird durch Allah gebilligt.[329]

Allahs „Grenzen“

Gleich im nächsten Vers räumt Mohammed alle Zweifel darüber aus, wie die Geschichte der im Koran namenlosen Kain und Abel auszulegen ist. „Das Entgelt derer, die Allah und seinen Gesandten bekriegen und Unheil im Lande zu stiften beabsichtigen, besteht darin, daß sie grausam getötet oder gekreuzigt werden oder daß man ihnen die Hände und Füße überkreuz abschlägt oder daß sie aus dem Lande gejagt werden. Dies bedeutet für sie Schimpf und Schande im Diesseits, und im Jenseits steht ihnen eine gewaltige Strafe bevor. Ausgenommen sind nur diejenigen, die sich reumütig bekehren, ehe ihr sie in eure Gewalt bekommt. Wisset, daß Allah vergibt und barmherzig ist“ (Vers 33 f.). Alle, die glauben, wählen den Dschihad auf dem Pfade Allahs als das Mittel, mit dem sie sich die ewige Glückseligkeit verschaffen. Die Ungläubigen mögen sich noch so sehr bemühen, die Hölle, in der sie schmoren, wieder zu verlassen, es wird ihnen nie gelingen (Vers 35-37). Die Tötung, Verstümmelung oder Vertreibung eines jeden, der in den Verdacht gerät, es nicht mit Allah und dessen Gesandtem zu halten, ist die wirksamste Strafe, mit der Allah seine „Grenze“ verteidigt. Es folgen nun Sätze, in denen eine zweite „Grenze“ gezogen wird: „Dem Dieb und der Diebin schlagt die Hände ab als Ahndung für das, was sie (an bösen Werken) erworben haben und als ein abschreckendes Exempel seitens Allahs!... Wenn jemand reumütig umkehrt, dann wendet sich Allah ihm gnädig zu...“ (Vers 38 f.). Sehr rasch wurden weitere Delikte namhaft gemacht, durch die ebenfalls die „Grenzen“ Allahs verletzt würden. Die islamische Rechtswissenschaft rechnet hierunter den laut Sure 24, Vers 2 mit Auspeitschung zu bestrafenden unehelichen Geschlechtsverkehr; die Steinigung, die bereits unter ʿUmar b. al-Ḫaṭṭāb praktiziert wurde, wird mit einer Aussage Allahs begründet, die nicht in die „Lesung“ eingefügt worden sein soll. Ebenfalls auf Sure 24, und zwar auf Vers 4, stützt sich die Auspeitschung von Personen, die andere fälschlich des unberechtigten Geschlechtsverkehrs bezichtigten. Die Bestimmungen von Sure 24 gehen, wie geschildert, auf ʿĀʾišas Halsbandaffäre zurück.[330] Mit Auspeitschen wird schließlich der Genuß von berauschenden Getränken geahndet.

Die Verfehlungen, bei denen diese sogenannten koranischen Strafen verhängt werden müssen, tasten nach Mohammeds Vorstellungen die von Allah gestiftete Ordnung an, die doch derjenigen entspricht, die unmittelbar nach der Schaffung der Welt aus dem Nichts geherrscht hatte und deren wesentliche Elemente Mohammed bei der Abschiedswallfahrt beschrieb. Unzucht gefährdet die Durchschaubarkeit des genealogischen Gefüges, Berauschtheit zieht das Sinnen des Menschen von Allah ab und zerstört daher den Islam in des Wortes eigentlicher Bedeutung. Wird jemand eines der koranischen Delikte überführt, dann bleibt dem Richter und dem Oberhaupt des islamischen Gemeinwesens kein Spielraum: Man muß auf die in der „Lesung“ genannte und in der Prophetenüberlieferung näher beschriebene Bestrafung erkennen, und diese muß in der Öffentlichkeit vollstreckt werden. Alle Muslime sollen Zeugen des Vorganges sein, mit dem Allahs Souveränität, die angetastet worden war, wiederhergestellt wird. Anders gewendet, heißt dies: Allah verlangt von den Menschen, die in das Paradies eingehen wollen, absoluten Gehorsam gegen seinen Gesandten, das Unterlassen bestimmter Handlungen und die strenge Beachtung ritueller Pflichten. Dieses Thema klang schon an, es wird in Sure 5 über lange Abschnitte hinweg erörtert. Speisevorschriften (Vers 1–5; Vers 89–96) kennen auch die beiden älteren Religionen, und wenn deren Bekenner „tun, was recht ist", nämlich diese Vorschriften in der jetzt wieder auf ihren ursprünglichen Inhalt zurückgeführten Form befolgen, sowie wenn sie in islamischer Weise an Allah und den Jüngsten Tag glauben, dann brauchten sie sich vor dem Gericht nicht zu ängstigen (Vers 69). Daß sie dies freilich nicht beachten, darüber erzürnt sich Mohammed in Sure 5 öfter (Vers 59–66; Vers 70–81; Vers 110–120). Er regelt alles nach dem Willen und den Worten Allahs, wie sollte da jegliche ältere von Allah erlassene, aber durch die Betroffenen verfälschte Glaubenspraxis nicht in der neuesten, authentischen aufgehoben sein? Diese letzte und authentische aber muß mit grausamen Strafen vor einer erneuten Veränderung bewahrt, alle Angehörigen des Gemeinwesens Allahs und seines Gesandten müssen nicht allein durch den ununterbrochenen Vollzug der Riten auf Allah ausgerichtet werden. Vielmehr muß ihnen im Freitagsgottesdienst die Wahrheit dieser Bestimmungen ein ums andere Mal ins Gedächtnis gerufen werden, und die Rigorosität des Anspruchs Allahs auf Gehorsam ist ihnen durch die Vollstreckung der koranischen Strafen unzweideutig vor Augen zu stellen. Wie die Freitagspredigt nur durch die vom Oberhaupt des Gemeinwesens autorisierten Personen vorgetragen werden darf, so ist dem Stellvertreter Allahs auch vor dem Vollzug dieser Strafen das letzte Wort vorbehalten.[331]

5. Mohammeds Tod

Der geplante Feldzug nach aš-Šaʾm

Kaʿb al-Aḥbār, jener Jude, von dem sich ʿAlī b. abī Ṭālib nach seinem Sieg über die Banū Maḏḥiǧ die angeblich in der Tora enthaltenen Hinweise auf einen Propheten in Jaṯrib erklären ließ,[332] soll seine Einsichten wie folgt zusammengefaßt haben: „(Allah sprach:) Mohammed ist mein erwählter Diener. Er ist weder grob noch rücksichtslos, brüllt nicht auf den Märkten herum, vergilt Böses nicht mit Bösem, sondern vergibt und verzeiht. Geboren ist er in Mekka, ausgewandert nach Medina, in aš-Šaʾm wird er herrschen."[333] Die schmeichelhafte Charakterisierung mündet teils in eine Prophezeiung nach Eintritt der Ereignisse, teils in eine Ankündigung von Entwicklungen, die uns eingehend beschäftigen werden. Indem Kaʿb von Mohammeds Herrschaft über aš-Šaʾm spricht, gibt er die Himmelsrichtung an, in die Mohammed in der letzten Zeit seines Lebens blickte – in das Land, aus dem es seinen Ahnherrn Quṣaij nach Mekka verschlagen hatte und wo die Quraišiten wahrscheinlich immer noch über Eigentum verfügten.[334]

Auch ein ganz persönlicher Beweggrund veranlaßte Mohammed, in den kriegerischen Anstrengungen gegen aš-Šaʾm fortzufahren. Seit bei Muʾta sein Adoptivsohn Zaid b. Ḥāriṯa gefallen war, desgleichen Ǧaʿfar b. abī Ṭālib und andere, die Mohammed nahegestanden hatten, brannte in ihm der Wunsch nach Rache, der bei Tabuk nicht befriedigt worden war. Im Mai 632 gab er den Befehl, man möge schleunigst einen Feldzug nach

Norden vorbereiten. Er bestellte Usāma, Zaid b. Ḥāriṯas Sohn, zu sich und trug ihm auf, mit den Glaubenskriegern in die Gegend vorzustoßen, in der Zaid den Tod gefunden hatte, und den Ort Ubnā, dessen Bewohner Mohammed für die Schuldigen hielt, niederzubrennen sowie die sterblichen Überreste der teuren Gefallenen zu bergen. Das alles solle so rasch geschehen, daß der Vormarsch schneller als die Kunde davon sei.[335] Ibn Hišām faßt sich kurz: „Der Gesandte Allahs schickte Usāma b. Zaid nach aš-Šaʾm und befahl ihm, mit der Reiterei in das zu Palästina gehörende Gebiet von al-Balqāʾ" – dort ist Ubnā zu suchen – „und ad-Dārūm einzudringen. Man traf die nötigen Vorkehrungen, und mit Usāma zogen alle frühen Auswanderer."[336]

Hinter diesen dürren Worten verbirgt sich der Unwille etlicher unter ihnen, denen es nicht paßte, unter einem so jungen Mann zu dienen. Werfen wir wieder einen Blick auf Mohammeds Familienverhältnisse! In Usāmas Nachkommenschaft hielt sich die Überlieferung, daß Zaid, der Sklave, den Ḫadīǧa Mohammed geschenkt hatte, der erste männliche Anhänger des Propheten gewesen sei,[337] nicht aber Abū Bakr oder gar ʿAlī, den die Schiiten in dieser Rolle sehen. Zaid war etwa zehn Jahre jünger als Mohammed.[338] Dieser scheint ihn bald, nachdem er ihn erhalten hatte, freigelassen und adoptiert zu haben. Zaid ehelichte eine Tochter Abū Lahabs, jenes Onkels Mohammeds, der einer seiner schärfsten Gegner werden sollte; damals, bevor Mohammed sich zum Prophetentum berufen glaubte, hatte er selber zwei seiner Töchter mit Söhnen Abū Lahabs verheiratet. Das Prophetentum und die damit zur Geltung gebrachte Sonderstellung zunächst unter den Nachkommen ʿAbd al-Muṭṭalibs und im weiteren Sinne unter allen Quraišiten zerstörten die Ehebindungen; Zaid verstieß die Tochter Abū Lahabs.[339] Mohammed fand eine andere Frau für ihn, nämlich seine Erzieherin Umm Aiman, die neben fünf Kamelen und einer Herde Kleinvieh die Hinterlassenschaft seines Vaters ʿAbdallāh ausgemacht hatte.[340] Wie Umm Aiman in das Eigentum ʿAbdallāhs gelangt war, ist unklar.[341] Als Mohammed die Ehe mit Ḫadīǧa geschlossen hatte, war Umm Aiman nach Medina verheiratet worden, und zwar mit einem Ḫazraǧiten aus der Sippe al-Ḥāriṯ b. al-Ḫazraǧ. Sie war aber bald aus Medina zurückgekehrt und wurde nun dem wesentlich jüngeren Zaid angetraut, der mit ihr Usāma zeugte. Dieser sollte jetzt ein Heer befehligen, dessen Kern die alten, prominenten Auswanderer und auch etliche „Helfer" bildeten.

Sicherung von Machtpositionen

Bei al-Ǧurf[342] sollten sich die Kämpfer einfinden. Das geschah auch; aber man äußerte seine Unzufriedenheit mit dem von Mohammed bestimmten Anführer. Besonders heftig beklagte sich der Maḫzūmite ʿAijāš b. abī Rabīʿa über diese, wie er meinte, Fehlentscheidung. Er, ein Neffe Ḫālid b. al-Walīds, war einer der frühesten Gefolgsleute Mohammeds; er war nach Äthiopien ins Exil gegangen, nach Medina ausgewandert, dann aber nach Mekka zurückgekehrt und von Abū Ǧahl eine Zeitlang dort festgehalten worden.[343] Die Unerfahrenheit Usāmas mag freilich nur einer der Gründe für solchen Widerstand gewesen sein, der Mohammed in höchstem Maße erzürnte. Der Prophet war in jenen Tagen ernsthaft erkrankt, und man befürchtete das Schlimmste. Es ist verständlich, daß die alten Auswanderer nicht genau zu dem Zeitpunkt von Medina abwesend sein wollten, wenn womöglich die Macht neu verteilt werden mußte. Die Erinnerung an die rüde Art, mit der die Spätbekehrten ihren in den Augen der frühen Muslime ungebührlichen Einfluß zu sichern gedachten, war noch ganz frisch. Umm Aiman riet dem Propheten, er möge Usāma so lange in al-Ǧurf warten lassen, bis sich die Genesung abzeichne. Doch Mohammed bestand auf dem sofortigen Beginn des Unternehmens.[344] Am Sonntag, dem 11. Rabīʿ al-auwal des Jahres 11 (6. Juni 632), begab sich Usāma in das Lager, wo sich schon viele Krieger eingefunden hatten. Mohammed war an jenem Tag ohne Bewußtsein; durch die Mundwinkel flößte man ihm eine Arznei ein. Tags darauf kam er wieder zu sich, und Usāma suchte ihn auf, um sich ins Feld zu verabschieden, kehrte ins Lager zurück und erteilte den Befehl zum Aufbruch. Da erreichte ihn die Nachricht, der Gesandte Allahs liege im Sterben. Von ʿUmar b. al-Ḫaṭṭāb und Abū ʿUbaida b. al-Ǧarrāḥ begleitet, eilte Usāma zum Anwesen des Propheten. Am Montagmittag schied der Gesandte Allahs aus dem Leben.[345]

Die Umstände seines Todes und die Ereignisse, die sich um ihn ranken, füllen in den Quellen viele Seiten. Mehr Dichtung als Wahrheit, spiegeln sich in diesen Erzählungen die nach Mohammeds Heimgang geltend gemachten Ansprüche auf sein religiös-politisches Erbe wider. Die Untersuchung dieser Erzählungen bleibt dem nächsten Kapitel vorbehalten. Vorerst ist es uns nur darum zu tun, das weitere Ausgreifen der von Mohammed in Gang gesetzten Dynamik des Dschihads zu schildern. Auf diese Weise skizzieren wir den Ereignisrahmen, innerhalb dessen unterschiedliche Deutungen der muslimischen Bewegung aufkommen und erste Versuche unternommen werden, sie zum Stillstand zu bringen bzw. in einen wenn auch ganz unfertigen Staat überzuführen. Es wird sich zeigen, daß dies nur unter einschneidenden Veränderungen der koranischen Lehren möglich sein wird – Veränderungen, die gleichwohl, damit sie Zustimmung finden, sich als echte Willensbekundungen des Propheten darstellen müssen.

6. Das Ausgreifen der Bewegung

Die Regelung der Nachfolge

„Keine Gruppierung unterläßt den Dschihad, ohne daß Allah sie mit Erniedrigung schlüge!“[346] Dieser Satz steht in der Rede, die Abū Bakr gehalten haben soll, als man ihm nach dramatischen Ereignissen die Stellvertreterschaft (arab.: *al-ḫilāfa*) des Gesandten Allahs zuerkannt hatte. Unmittelbar nach dem Ableben Mohammeds waren nämlich, wie sich im Murren über seine letzte Entscheidung angedeutet hatte, die Bruchlinien der „besten Gemeinschaft“ offen zutage getreten, und es hatte sich gezeigt, daß diese Gemeinschaft in Wahrheit nichts anderes gewesen war als eben die Anhängerschaft des Gesandten Allahs. Da er nun fehlte, war ihr die einende Mitte abhanden gekommen, und es gab niemanden – und auch keine Institution –, die seine Stelle hätte ausfüllen können. Der Groll über vermeintliche oder tatsächliche Zurücksetzungen, die den einen oder anderen Teil der Anhängerschaft unlängst gekränkt hatten, ließ sich nur schwer bezähmen. Der einflußreiche Saʿd b. ʿUbāda aus dem ḫazraǧitischen Klan der Banū Sāʿida hatte bei sich viele „Helfer" zusammengerufen; spätestens seitdem Mohammed in eigenwilliger Weise diejenigen begünstigt hatte, „deren Herzen für den Islam gewonnen werden sollten", haderten sie mit ihrem Los und glaubten sich um den Lohn für ihre unbestreitbaren Verdienste geprellt. Daß die Kriegszüge fortgesetzt werden sollten, wenn auch nicht gerade gegen Byzanz, stand für die um Saʿd Versammelten außer Frage. Aber damit sie sich nicht noch einmal übergangen fühlen mußten, forderten sie für sich nun einen eigenen Befehlshaber. Die große Mehrheit der Auswanderer hingegen traf sich bei den ausitischen Banū ʿAbd al-Ašhal, ebendort, wo die ersten unter ihnen schon vor Mohammeds Ankunft eine Bleibe gefunden hatten. Der ruhmreichste unter den Banū ʿAbd al-Ašhal, Usaid b. Ḥuḍair, der Sohn ihres Helden in der Schlacht von Buʿāṯ und einer der drei ausitischen Obmänner, die Mohammed beim zweiten Treffen von al-ʿAqaba ausgewählt hatte,[347] führte in dieser Schar das Wort. Allein ʿAlī b. abī Ṭālib, az-Zubair b. al-ʿAuwām und Ṭalḥa b. ʿUbaidallāh sollen bei Fāṭima, der Tochter des Propheten geblieben sein, um ihr in diesen schweren Stunden beizustehen und die Vorbereitungen für die Bestattung Mohammeds zu treffen.[348]

Die letztere Überlieferung scheint unter dem Eindruck der Ereignisse des Bürgerkrieges aufgekommen zu sein, der mit der Ermordung ʿUṯmāns im Jahre 656 begann. Mit ʿAlī auf der einen, mit az-Zubair und Ṭalḥa auf der anderen Seite kennzeichnet sie die beiden Parteiungen, die am Anfang jener Ereignisse gegeneinanderstanden und je für sich beanspruchten, die angeblichen Irrtümer und Fehler des dritten Kalifen im Sinne der wahren Anordnungen des Propheten zu berichtigen. Daß unmittelbar nach dem Tod Mohammeds ʿAlī und die anderen beiden politische Kraft entfaltet oder dies wenigstens versucht hätten, wird nirgendwo bezeugt. Von Gewicht scheint im Medina jener Tage nur die alte Scheidung in Ausiten und Ḫazraǧiten gewesen zu sein. Hierbei waren die Ausiten, die schon vor der Bekanntschaft mit Mohammed im Bruderkrieg gegen die Ḫazraǧiten um Unterstützung durch die Quraišiten geworben hatten – damals freilich vergeblich –, nunmehr im Vorteil, eben weil sie jetzt auf die frühen Auswanderer rechnen durften. Unter diesen war es ʿUmar b. al-Ḫaṭṭāb, der Saʿd derart unter Druck setzte, daß dieser einen Schwächeanfall erlitt. Abū Bakr, der Kandidat der Auswanderer und der mit ihnen verbundenen Ausiten, nahm die Huldigung zum „Nachfolger" oder „Stellvertreter des Gesandten Allahs" entgegen. Dieser Titel ist vermutlich ein Kompromiß, da er die Frage der Befehlsgewalt über die Truppen und damit den Streit um die Beuteverteilung allenfalls mittelbar entscheidet. Saʿd b. ʿUbāda erkannte diese Wende der Dinge nicht an; er verweigerte Abū Bakr den Treueid, hatte aber nicht mehr genügend Gefolgsleute, um dessen Kalifat in Gefahr zu bringen. Als wenig später ʿUmar der Nachfolger Abū Bakrs geworden war, zog Saʿd es vor, nach aš-Šaʾm auszuweichen, wo er bald darauf verstorben sein soll.[349]

Auch in manchen quraišitischen Klanen konnte man sich Abū Bakr nicht als einen Herrscher vorstellen. Überhaupt wollte man in Mekka die Gelegenheit nutzen, um sich vom Islam zu befreien. Doch Suhail b. ʿAmr, der einst mit Mohammed den Vertrag von al-Ḥudaibīja ausgehandelt hatte, schob dem einen Riegel vor. Er gab zu bedenken, daß der Islam durch den Tod des Propheten nicht etwa geschwächt, sondern gestärkt werde. „Wer unseren Verdacht erregt, dem schlagen wir den Kopf ab!“ Dies sei das lobenswerte Wirken Suhails, das Mohammed prophezeit habe, bemerkt Ibn Isḥāq.[350] Suhails Drohung paßt mit der Überlieferung zusammen, derzufolge manche Mohammed skeptisch beurteilenden Quraišiten die Verbindungen mit ihm nicht ganz hatten zerschneiden wollen; vielleicht würde sein Werben für den Islam nebenbei dem quraišitischen Machtstreben nützen.[351] In der Tat eröffnete die Aufrechterhaltung der islamischen Bewegung glänzende Aussichten, machtpolitisch wie materiell, so daß es eine Torheit gewesen wäre, sie einfach auslaufen zu lassen. Natürlich betrachteten die weiter von Mekka und Medina entfernt lebenden Stämme die Ereignisse ganz anders; Profiteure des Dschihad konnten allenfalls einige ihrer Angehörigen werden, den übrigen blieben die Lasten der *ṣadaqāt*. Die neuen Riten konnte man weiterhin vollziehen, die Abgaben aber wollte man nicht mehr leisten. Diese Auffassung breitete sich schnell aus und brachte Abū Bakr in arge Schwierigkeiten. Fürs erste stand er freilich vor der Frage, was aus den auf Mohammeds Geheiß zusammengezogenen und dem Befehl Usāmas unterstellten Truppen werden sollte. Trotz vieler Einsprüche, die von verschiedenen Seiten geäußert wurden, setzte er durch, daß Usāma abrückte und die Anordnungen ausführte, die er noch von Mohammed entgegengenommen hatte.

Der Abfall der Stämme, neue Propheten

Nach dem Abschluß des Vertrags von al-Ḥudaibīja hatte Mohammed, wie wir hörten, etlichen Stämmen in der Umgebung Medinas den Vollzug der Hedschra in ihren eigenen Streifgebieten gestattet;[352] sie waren den übrigen *muhāǧirūn* im religiösen Verdienst und in der Pflicht zur Botmäßigkeit gegen den Gesandten Allahs gleichgestellt, mußten sich ihm aber nicht in Medina zur Verfügung halten. Ohnehin hätte eine ungehinderte Zunahme der Zahl der Auswanderer die Leistungsfähigkeit der Medinenser überfordert. Auf die Ergebenheit dieser Stämme hoffte Abū Bakr nun, da er sich nach dem Abmarsch Usāmas von militärischem Schutz entblößt fand. Denn wohin er nun schaute, überall begann sich Widerstand zu regen, allerorten glaubte man sich der Verpflichtungen ledig, die man eben nur Mohammed gegenüber eingegangen war. Wie eine verlassene Herde Kleinvieh in einer regnerischen Winternacht hätten sich die Muslime nach dem Verlust ihres Propheten gefühlt, heißt es in einer Quelle.[353] Die ersten Anzeichen der schweren Erkrankung des Propheten waren schon im Muḥarram (begann am 29. März 632) aufgetreten; die Kunde davon hatte sich in Arabien wie ein Lauffeuer verbreitet, und Mohammed hatte noch die für ihn gewiß schmerzlichen Nachrichten von den Erfolgen drei anderer Propheten hören müssen: Al-Aswad al-ʿAnsī schien den Jemen für sich zu gewinnen, Musailima die Jamama, und Ṭulaiḥa scharte die Banū Asad, und nicht nur diese, um sich.[354]

Von der Rebellion im Jemen muß Mohammed wohl bereits zur Zeit seiner Abschiedswallfahrt gehört haben. Der sich angeblich wie ein Prophet aufführende al-Aswad al-ʿAnsī hatte Sanaa in seinen Besitz gebracht, nachdem dort ein *ṣadaqāt*-Eintreiber aus Medina eingetroffen war und den Unwillen der Bevölkerung erregt hatte.[355] Ihren Anfang hatte al-ʿAnsīs Bewegung allerdings in Naǧrān, unterstützt wurde er vor allem von den Banū Maḏḥiǧ, mit denen ʿAlī b. abī Ṭālib nicht eben sanft umgesprungen war.[356] Die muslimischen Quellen – andere haben wir nicht – schildern al-Aswad als einen Scharlatan, der durch Zauberkunststücke die Herzen der Menschen bestrickt habe.[357] Mohammed hatte seine Herrschaft über den Jemen mit Hilfe der Nachkommen des sasanidischen Expeditionsheeres errichtet.[358] Als Bāḏān, sein Vertrauensmann unter jenen sogenannten „Söhnen", verstarb, teilte Mohammed die jemenische Statthalterschaft auf mehrere Männer auf; über Sanaa setzte er einen Sohn Bāḏāms.[359] Ihm fügte al-Aswad eine Niederlage zu, die muslimischen Statthalter und Steuereintreiber eilten nach Medina zurück oder brachten sich bei benachbarten Stämmen in Sicherheit. Nicht lange danach fiel al-Aswad einem Anschlag zum Opfer, so daß die noch vom Propheten ernannten Funktionsträger zurückkehrten und ihre Geschäfte wiederaufnahmen. Die für Abū Bakr erfreulichen Nachrichten hiervon trafen gegen Ende des Monats in Medina ein, in dem Mohammed verschieden war.[360]

Unmittelbare Gefahr ging dagegen von Ṭulaiḥa b. Ḫuwailid aus, der sich am Anfang des Jahres 9 (begann am 20. April 630) als ein Mitglied der Abordnung der Banū Asad zum Islam bekehrt hatte, es nun aber mit einem eigenen Prophetentum probierte.[361] Zum einen war er den Quraišiten in der Genealogie gleichsam benachbart. Denn in deren Ahnenreihe trifft man auf Ḫuzaima b. Mudrika; unter dessen Söhnen ist Kināna, der Urgroßvater jenes Fihr, dem man den Beinamen Quraiš gab;[362] Kinānas Stiefbruder war Asad b. Ḫuzaima, und zu einem der wichtigsten Verbände, die in jenem Asad ihren Stammvater erkennen, zählen die Banū l-Aštar, eben jene Sippe, der Ṭulaiḥa angehörte.[363] Zum anderen lag das Gebiet, in dem er agierte, Medina bedrohlich nahe. Sobald Mohammed gestorben war, kamen die *ṣadaqāt*-Eintreiber in große Schwierigkeiten. Man verweigerte ihnen die Tribute oder nahm sie ihnen wieder ab, so daß sie mit leeren Händen in Medina eintrafen. Abū Bakr erkannte, daß seiner Herrschaft die Grundlage entzogen wurde, und deshalb zeigte er sich unnachgiebig, als ihn in Medina Abordnungen einiger Stämme aufsuchten und ihm vorschlugen, man werde die Riten praktizieren, wie versprochen, wolle aber von den fiskalischen Verpflichtungen befreit werden. Abū Bakrs kompromißlose Haltung nützte zunächst seinen Gegnern. Ṭulaiḥa hatte regen Zulauf; außer den Banū Ġaṭafān unter ihrem wankelmütigen Anführer ʿUjaina b. Ḥiṣn schlugen sich die Banū Ṭaijiʾ auf seine Seite; die Hawāzin schwankten, für wen sie sich entscheiden sollten; unter den Banū Sulaim wandten sich viele Prominente vom medinensischen Regime ab. Die Banū Ṯaqīf dagegen hielten Abū Bakr die Treue. Die Lage des „Nachfolgers des Gesandten Allahs" war so prekär, daß man jederzeit einen Angriff gegen Medina befürchten mußte. In der Tat drangen die Feinde eines Nachts auf das Oasengebiet vor, konnten allerdings abgewehrt werden. In einem Gefecht zeigte sich Abū Bakr ihnen überlegen.[364] Danach entsandte er gegen die Banū Asad einen ihrer muslimischen Stammesgenossen, der ein Schwurbruder der „Helfer" geworden war. Diesem und einem anderen „Helfer" übergab er das

Kommando über den medinensischen Teil der Streitmacht; ein anderes Kontingent stand unter dem Befehl von Ḫālid b. al-Walīd, dem allerdings stets das letzte Wort vorbehalten bleiben sollte. Womöglich versuchte Abū Bakr auf diese Weise die Forderung der Medinenser nach einem eigenen *amīr* zu erfüllen.

Ḫālid setzte die beiden medinensischen Anführer im Vortrupp ein, wo sie den Tod fanden. Im entscheidenden Gefecht besiegte er Ṭulaiḥa. ʿUjaina b. Ḥiṣn, der sich diesem mit einem Aufgebot von etlichen hundert Kriegern angeschlossen hatte, erspürte rechtzeitig, welchen Lauf die Dinge nahmen, ließ die Banū Asad im Stich und erlangte die Verzeihung des „Nachfolgers des Gesandten Allahs". Ṭulaiḥa überlebte die Niederlage und zog sich nach aš-Šaʾm zurück. Augenscheinlich betrachtete man aš-Šaʾm als eine Region, in die man vor der Verpflichtung zur Zahlung der *ṣadaqāt* und überhaupt vor dem Zugriff des verächtlich „Abū Faṣīl", „Vater des entwöhnten Jungkamels", genannten Abū Bakr ausweichen konnte.[365] Schon Usāma b. Zaid hatte bei seinem Vorstoß nach Norden im Frühsommer 632 hinnehmen müssen, daß im Grenzraum zum byzantinischen Reich die gerade erst gegründete islamische Herrschaft zerbröckelte. Sein Befehl, die dem Islam treu gebliebenen unter den Quḍāʿiten sollten gegen ihre abtrünnigen Stammesbrüder vorgehen, hatte deren Flucht nach Dūmat al-Ǧandal ausgelöst. Kein Wunder, daß jener Grenzraum, der schon Mohammed so sehr am Herzen gelegen hatte, bald die Aufmerksamkeit Medinas auf sich lenken sollte.

Nach dem von Ḫālid b. al-Walīd erstrittenen Erfolg konnte Abū Bakr aufatmen. Es schlossen sich kleinere Auseinandersetzungen an, in denen einzelne Personen oder Sippen Kränkungen zu rächen suchten, die ihnen bei der mehr oder minder gewaltsamen Bekehrung zum Islam zugefügt worden waren. Da es Einzelaktionen blieben und Abū Bakr rasch zuschlagen ließ, gelang es ihm während seines kurzen Kalifats, die unmittelbare Gefährdung Medinas zu beseitigen. Insgesamt zeichneten sich die Kämpfe durch ungewöhnliche Grausamkeit aus. Ḫālid hatte den besiegten Banū Asad und Ġaṭafān unter der Bedingung Schonung gewährt, daß sie sich erneut zu dem verpflichteten, was sie Mohammed zugesagt hatten; darüber hinaus hatte er darauf bestanden, daß man ihm alle diejenigen ausliefere, die sich nach dem Tod des Propheten an ihren muslimischen Stammesgenossen vergriffen hatten. Den ihm unter dieser Beschuldigung Überstellten aus den Reihen der Banū Asad und Ġaṭafān scheint er vergeben zu haben, nicht jedoch einigen abtrünnigen Anführern aus dem Verband der Hawāzin. „Er verstümmelte diejenigen, die den Islam attackiert hatten. Er verbrannte sie, er zerschmetterte ihnen den Schädel mit Steinen, er stürzte sie von Bergen hinab, warf sie kopfüber in Brunnen, ließ sie mit Pfeilen durchbohren." Einen Monat lang soll Ḫālid vom Ort seines Sieges aus Vorstöße unternommen und unter der Bevölkerung derart gewütet haben, daß Abū Bakr sich genötigt gesehen habe, ihn zur Mäßigung zu mahnen.[366]

Kriege in Ostarabien

In die zweite Hälfte des Jahres 11 fallen die Kämpfe Ḫālid b. al-Walīds im Osten der Arabischen Halbinsel. Da sich an ihnen der gleitende Übergang des Ringens um die Wiederherstellung der unter Mohammed herrschenden Gegebenheiten in eine weiter und weiter ausgreifende Welle von Eroberungen beobachten läßt, verdienen sie besondere Aufmerksamkeit. Am Anfang stehen auch hier neue Propheten, genauer gesagt, eine Prophetin und der schon einmal erwähnte Maslama, von den Muslimen als Musailima geschmäht.[367] Zu berücksichtigen ist ferner die instabile Lage des sasanidischen Iran, wo nach längeren Wirren Jazdagird III. den Thron bestieg;[368] er sollte der letzte seines Herrscherhauses sein.

Auch zu den Banū Tamīm, von deren Bedeutung für die Sasaniden wie für die Quraišiten in Mekka ausführlich die Rede war,[369] hatte Mohammed seine *ṣadaqāt*-Eintreiber entsandt. Als diesen der Tod des Propheten zu Ohren kam, zerstritten sie sich darüber, wie sie sich jetzt verhalten sollten. Zur selben Zeit trat bei den Banū Taġlib im unteren Zweistromland eine tamīmitische Prophetin namens Saǧāḥ bt. al-Ḥāriṯ auf den Plan; mit ihrem Anhang zog sie nach Süden. Ihre Genealogie ist unklar; Einigkeit besteht allerdings darüber, daß sie der tamīmitischen Sippe der Banū Jarbūᶜ b. Ḥanẓala zuzurechnen ist.[370] Sie selber und ihre Brüder, deren Klane man später in Kufa wiederfindet, waren jedoch, vielleicht als Schwurgenossen, in den Verband der christlichen Banū Taġlib aufgenommen worden. Weitere tamīmitische Sippen, meist den Banū Rabīᶜa b. Ḥanẓala zugehörend, hatten sich ihr angeschlossen. Soweit diese Christen geworden waren, gaben sie ihren Glauben auf und bekannten sich zu dem, was Saǧāḥ verkündete.[371] Von deren Botschaft wissen wir fast nichts. Da sie aber über einen Gebetsrufer verfügte, liegt die Vermutung nahe, daß ein dem muslimischen vergleichbarer Ritus gepflegt wurde.[372] Möglicherweise war auch Saǧāḥ ein Symptom jenes Konflikts zwischen den Heiden und den Bekennern einer Hochreligion, bei dem in Medina die Aus und die Ḫazraǧ gegen die Juden standen, im Zweistromland hingegen randständige affiliierte Sippen gegen die „echten", christlichen Banū Taġlib.

Mālik b. Nuwaira, einer der Steuereinnehmer bei den Tamīmiten, war ein Klangenosse Saǧāḥs. Die Überlieferung preist in ihm einen Dichter und Krieger, der den „Königen" ebenbürtig gewesen sei, jenen Tamīmiten, denen die Sasaniden an bestimmten Orten die Aufsicht über das Marktgeschehen zu übertragen pflegten.[373] Mālik hatte bei den Banū Ḥanẓala, zu denen er von Mohammed abgeordnet worden war, die als *ṣadaqāt* zusammengebrachten Tiere unter die Bedürftigen verteilt, sobald er von den Vorgängen in Medina erfahren hatte. Dergleichen hatte in seiner Befugnis gelegen. Saǧāḥ, in der Absicht, gegen Abū Bakr einen Raubzug anzuführen, hatte Mālik um Unterstützung bitten lassen, sobald sie mit ihrer Gefolgschaft bis al-Ḥazn vorgerückt war, der wegen ihrer Güte gerühmten Frühlingsweide der Banū Jarbūᶜ b. Ḥanẓala, an der Pilgerroute zwischen Kufa und Mekka gelegen.[374] Mālik stimmte einer Absprache zu, redete ihr aber den Krieg gegen Abū Bakr aus. Sie solle über die Banū Tamīm herrschen, schlug er vor. Einige Tamīmiten waren mit diesem Plan nicht einverstanden und flüchteten. Statt eines Krieges gegen Abū Bakr flammten Kämpfe unter tamīmitischen Sippen auf. In dieser Situation richtete sich der Blick der Prophetin und ihres Anhangs auf ein neues Ziel, nämlich die Jamāma, wo ein gewisser Maslama Offenbarungen verkündete und in ähnlicher Weise agierte wie bis vor kurzem Mohammed in Medina.[375]

Hauda b. ʿAlī (gest. 630) von den Banū Ḥanīfa, ein Christ, war die überragende Persönlichkeit im Nordosten Arabiens gewesen, als Mohammed den Vertrag von al-Ḥudaibīja aushandelte. Kurz darauf hatte er auch ihm einen Boten gesandt und ihn zur Annahme des Islams aufgefordert.[376] Nach Haudas Tod begann der Aufstieg Maslamas. Das spärliche Material, das über dessen im Gestus eines Propheten vorgetragene Verkündigungen auf uns gekommen ist, steht unter dem Verdacht, entstellt worden zu sein. Es setzt sich vorwiegend aus Schwüren im Stil der Wahrsager bzw. der ältesten Suren zusammen, läßt aber auch Anleihen beim Christentum ahnen, so etwa, wenn vom „Himmelreich" (arab.: *mulk as-samāʾ*) die Rede ist.[377] Mit Mohammeds Offenbarungen, wie sie seit seiner Abkehr von der Lehre der Selbstheiligung des Menschen und seiner Hinwendung zum alles bestimmenden einen Allah entstanden, ging Maslamas Gottesbegriff konform: „Euer Herr" sieht euch, grüßt euch, befreit euch von jeglicher Furcht; am Tag seines Gerichts rettet er euch und erweckt euch zum Leben; uns obliegen, sofern wir fromm sind und keine verworfenen Frevler, rituelle Gebete; die Frommen verbringen den Tag mit Fasten, die Nacht mit Vigilien; dies alles geschieht für den großen Herrn, den Herrn der Wolken und des Regens; das Antlitz der Frommen strahlt vor Freude, denn auf Maslamas Rat hin enthalten sie sich der Frauen und des Weines – wie glücklich werden sie erst sein, wenn sie das ewige Leben gewinnen und in das Himmelreich emporsteigen! Der Herr kennt ganz genau die Dinge, die sie in ihren Herzen hegen, und seien sie winzig wie ein Senfkorn.[378] Mit derartigen Verkündigungen bewegte sich Maslama in den Bahnen des Ḥanīfentums, freilich nicht des „großzügigen", das sich Mohammed zueigen gemacht hatte, sondern desjenigen eines ʿUṯmān b. Maẓʿūn.

Gegen diesen Maslama, der mit einer Abordnung der Banū Ḥanīfa in Medina gewesen sein und Mohammed eine Teilung der Herrschaft vorgeschlagen haben soll,[379] zog jetzt Saǧāḥ. Über die Begegnung beider wissen die Quellen nichts Glaubhaftes zu berichten. Jedenfalls wurde eine Schlacht abgewendet, indem Maslama ihr den halben Jahresertrag der nicht näher bezeichneten Feldfrüchte der Jamama zugestand. Auf Abmachungen ähnlichen Inhalts sind wir bei der Schilderung der Kriege Mohammeds mehrfach gestoßen. Saǧāḥs Kämpfer marschierten in das Zweistromland zurück, nur einige ihrer Vertrauten blieben zur Abwicklung der Tribute in der Jamama. – Als Muʿāwija (reg. 660–680) am Ende des Bürgerkrieges durch Zwangsumsiedlungen seine Herrschaft über den Irak zu festigen suchte, wurde Saǧāḥ mit ihrer Sippe nach Kufa verbracht, wo sie den Islam annahm.[380] – Ihr Rückzug aus der Jamama stürzte ihren Stammesverwandten Mālik b. Nuwaira in arge Verlegenheit. Er hielt sich in der Nähe von Ḥazn Jarbūʿ auf, und nun rückte Ḫālid b. al-Walīd gegen ihn vor, ohne von Abū Bakr ausdrücklich damit beauftragt zu sein, wie die Quellen betonen; insbesondere einigen „Helfern" in seinen Reihen soll dies nicht recht gewesen sein. Diesen Zögernden gegenüber habe sich Ḫālid auf den ihm erteilten Oberbefehl berufen und auf die so unverhofft eingetretene Gunst der Stunde, die man nicht ungenutzt verstreichen lassen dürfe. Da Mālik seine Leute bereits an die Orte entlassen hatte, wo ihr Vieh weidete, kam es nicht zu einem Gefecht; Ḫālid sandte jedoch Spähtrupps aus, die die einzelnen Sippen der Feinde aufspüren, deren Loyalität zum Islam sichern und ihnen die *ṣadaqāt* abverlangen sollten. Sie griffen auch Mālik und sein Gefolge auf. Angeblich war ein Mißverständnis der Grund dafür, daß er niedergemacht wurde. Diese Überlieferung soll Ḫālid entschuldigen; sie ist aber schwerlich mit einer anderen Nachricht in Einklang zu bringen, derzufolge er sich Māliks Ehefrau aneignete. Nicht sofort, sondern erst als in Medina die Kunde von Ḫālids Vorgehen eingetroffen war, nahm man daran Anstoß und erkannte, daß man den quraišitischen Feldherrn einer strengen Kontrolle unterwerfen müsse. Auch ließ man sich erst herbei, den Gefangenen aus Māliks Anhang die Freiheit zu schenken,[381] als dessen Bruder Medina aufgesucht und mit einem Bittgedicht das Herz Abū Bakrs erweicht hatte. Unter Abū Bakrs Nachkommen erzählte man sich, der „Nachfolger des Gesandten Allahs“ habe Ḫālid die Anweisung mit auf den Weg gegeben, er möge genau prüfen, ob Gruppen, denen man begegne, den Gebetsruf pflegten; erst wenn man sich vergewissert habe, daß es sich nicht um Muslime handele, solle man sie ausrauben, töten, ihre unbewegliche Habe verbrennen. Im Falle Māliks habe sich sogar ein Zeuge dafür gefunden, daß dieser ein Muslim sei. Ḫālid habe sich davon aber nicht beeindrucken lassen. Als er nach dem Ende der Kämpfe bei Ḥazn Jarbūʿ in Medina habe Rechenschaft ablegen müssen, habe ʿUmar ihn in ungewöhnlich scharfer Form zurechtgewiesen.[382]

Mit Überlieferungen wie dieser wird eine Vorgeschichte des tiefen Konflikts um das religiös-politische Erbe Mohammeds gezeichnet; dieser Konflikt wird im Mittelpunkt des folgenden Kapitels stehen. Bei al-Buṭāḥ, jener Wasserstelle, an der man Mālik b. Nuwaira getötet hatte, lagerten die muslimischen Truppen, bis Ḫālid aus Medina zurückkehrte, wo er, wie angedeutet, Abū Bakr Rede und Antwort gestanden und dann einen neuen Auftrag empfangen hatte. Diesmal ging es um die Ausschaltung Maslamas. Um die Inbesitznahme Ostarabiens bis hin in den Oman führte man schon Krieg, aber ohne die Beseitigung jenes Propheten, in dem man den gefährlichsten der verbliebenen Feinde erblickte, fühlte man sich in Medina nicht sicher. In Begleitung weiterer Kämpfer war Ḫālid wieder in al-Buṭāḥ eingetroffen. Von dort stieß er gegen die Jamama vor. Die Banū Ḥanīfa, die den Nordosten der Arabischen Halbinsel beherrschten, vor allem jene fruchtbare Landschaft, waren gefürchtet; sie konnten sehr viele Krieger aufbieten. Maslama war es gelungen, von Mohammed dorthin entsandte Koranleser für die eigene Sache einzusetzen; er ließ den Gebetsruf unter Erwähnung Mohammeds zu und erweckte dadurch den Anschein, daß er mit Medina im Einvernehmen stehe. Dies wird auch von einer anderen Quelle bezeugt, nämlich vom Bericht über den Besuch der Abordnung der Banū Ḥanīfa bei Mohammed: Maslama strebte eine friedliche Beilegung des Machtkonflikts an, genau wie mit Saǧāḥ.[383] Abū Bakr und sein quraišitischer Feldherr hatten sich davon nicht beirren lassen. Am Rande der Jamama, außerhalb des bebauten Landes, stellte Ḫālid Maslama und die Banū Ḥanīfa zur Schlacht; Disziplinlosigkeiten im Heere Maslamas schwächten dessen Kampfkraft, und so errangen die Muslime einen Sieg; Maslama fand den Tod.[384]

Der Übergang in die Eroberungskriege

Nur die wichtigsten Ereignisse der ersten Kriege nach Mohammeds Tod haben wir skizziert. Andere Schauplätze im Osten und Süden der Halbinsel, zu denen die Quellen ebenfalls vielfältiges Material bieten, wurden übergangen. Die frühe muslimische Historiographie, die die Kämpfe im Nordosten Arabiens vermutlich zu Unrecht dem Ziel der Wiedergewinnung bereits islamisierter Gebiete zurechnet, zieht nach Ḫālids Triumph über Maslama einen Strich: Die Schlachten gegen die „Apostaten" sind nunmehr geschlagen. Aber aus dem, was jetzt gesichert ist, erwächst der Drang nach weiterem. Zwei plausible Ereignisfolgen werden aufgezeigt, beide lassen sich miteinander verweben. Al-Balāḏurī (gest. um 890), der neben einem monumentalen Geschichtswerk über die frühislamische Zeit eine Darstellung der Eroberungszüge hinterlassen hat, äußert sich wie folgt: „Als Abū Bakr den Kampf gegen die ‚Apostaten' abgeschlossen hatte, erachtete er es für gut, Heere nach aš-Šaʾm zu entsenden." Von einem anderen Autor wird in diesem Zusammenhang berichtet, Abū Bakr habe ʿAmr b. al-ʿĀṣ und Šuraḥbīl b. Ḥasana, die er zunächst nach Ostarabien abordnete, zusätzlich angewiesen, nach Niederwerfung der dortigen Abtrünnigen ohne Säumen in das Gebiet der Quḍāʿa einzurücken, also in die Gegend nördlich von Medina.[385] Al-Balāḏurī fährt fort: „Deshalb schrieb Abū Bakr an die Bewohner von Mekka und aṭ-Ṭāʾif, an die Leute im Jemen[386] und an alle Beduinen im Nedschd und Hedschas, um sie für den Dschihad auszuheben und in ihnen die Lust daran und an der bei den Rhomäern zu holenden Kriegsbeute zu entfachen." Sein Aufruf sei ein voller Erfolg gewesen, er habe in Medina drei Heere aufstellen können, deren Standarten er drei bewährten Männern anvertraut habe. Der erste war Ḫālid b. Saʿīd b. al-ʿĀṣ b. Umaija aus dem Klan der Banū ʿAbd Šams, einer der frühesten Anhänger Mohammeds; ʿUmar hielt ihn wegen des notorischen Stolzes auf seinen Klan allerdings für ungeeignet, weswegen ihn Abū Bakr noch nach dem Abmarsch der Heere durch Jazīd b. abī Sufjān, einen Bruder des späteren Kalifen Muʿāwija, ersetzte, einen Spätbekehrten, der ʿUmar besser zusagte und unter seiner Herrschaft zum Statthalter in Palästina aufrückte.[387] Die anderen beiden waren Šuraḥbīl b. Ḥasana, ein Schwurgenosse der Banū Ǧumaḥ und altbewährter Muslim, durch das äthiopische Exil gleichsam geadelt, und ʿAmr b. al-ʿĀṣ, der Spätbekehrte, der sich schon zu Lebzeiten Mohammeds mit einigen Altverdienten darüber gestritten hatte, wer wem etwas zu befehlen habe.[388] Die denkwürdige Zeremonie der Standartenweihe wird auf Donnerstag, den 1. Ṣafar (6. April 634) des Jahres 13 datiert.[389]

Al-Balāḏurī kannte sich in der zu seinen Lebzeiten immer noch umkämpften Region nördlich von Aleppo aus;[390] wohl aus diesem Grund näherte er sich der Geschichte der Eroberungen von aš-Šaʾm her. Der Kufaner Ibn Aʿṯam (gest. ca. 926) entwickelte seinen Gegenstand anders: „Als Abū Bakr die Kriege gegen die ‚Apostaten' beendet hatte, entschloß er sich, die Nichtaraber, als da sind die Perser und die Rhomäer, und (alle) Arten von Ungläubigen mit Krieg zu überziehen. Der Anlaß hierfür lag darin, daß der erste unter den Arabern und Nichtarabern, der das Kriegführen gewohnheitsmäßig betrieb, al-Muṯannā b. Ḥāriṯa aš-Šaibānī war. Die Rabīʿa (b. Nizār), nämlich die Banū Šaibān und andere,[391] ließen sich im Irak nieder, weil sie in der Tihama und im Hedschas unter einer Dürre zu leiden hatten. Eben deswegen zogen sie in den Irak. Sie gelangten schließlich in das Gebiet der ‚Insel'[392] und setzten sich (auch) in der Jamama fest." Der Herrscher der Sasaniden gestattete ihnen, dort zu bleiben, bedang sich aber aus, daß sie keinen Schaden stifteten. „Dann jedoch verübten die Perser Übergriffe gegen die Araber und peinigten sie aufs äußerste. Die Herrschaft lag eben in den Händen der Perser." Al-Muṯannā b. Ḥāriṯa, der Führer der Banū Šaibān, setzte sich zur Wehr und griff einzelne persische Ritter[393] in der Gegend des späteren Kufa an; er soll damals bereits Muslim gewesen sein. Abū Bakr erfuhr von diesen Kämpfen und ermunterte al-Muṯannā zu weiteren Taten. Sobald sich al-Muṯannā der Region bemächtigt hatte, rief er einen Neffen herbei, stattete ihn mit Kämpfern aus und wies ihm Ubulla am Schatt al-Arab als Angriffsziel zu; die Gegend des späteren Basra wurde unterworfen.[394]

Ḫālid b. al-Walīd und der Beginn der Kriege gegen die Sasaniden

Abū Bakrs Interesse am sasanidisch-arabischen Grenzraum kennen wir schon aus der Zeit, in der Mohammed von Mekka aus nach einem Stamm Ausschau hielt, bei dem er Zuflucht finden könnte. Der Name al-Muṯannās begegnet uns in den Kriegen gegen die Abtrünnigen zum ersten Mal im Zusammenhang mit Bahrain; er ist einer der Beduinenfürsten, auf die die muslimische Seite zählt.[395] Nach der Niederlage der Banū Ḥanīfa und dem Tod Maslamas hielt sich Ḫālid b. al-Walīd längere Zeit in der Jamama auf. Der Winter von 632 auf 633 stand vor der Tür, die Truppen waren erschöpft, die Verluste waren ungewöhnlich hoch gewesen. Ḫālid zwang den Besiegten einen Frieden auf, bei dem er sich unter Umgehung der von Mohammed eingeführten Regelungen die Hälfte der Beute aneignete; daß er sich auch die Hälfte der Erträge zusichern ließ, hat allerdings ein Vorbild in der Abmachung von Ḫaibar. Wahrscheinlich suchte er während der ganzen Zeit Medina nicht auf.[396] Im Frühjahr marschierte er, vermutlich im Einvernehmen mit Abū Bakr, nach Norden, am Westufer des Schatt al-Arab entlang, und erreichte Hira. Dabei durchquerte er den Sawād, das fruchtbare Land am Unterlauf des Euphrat. Wie es Mohammed im Falle von Elat gehalten hatte, gewährte er den Bewohnern einiger Orte Sicherheit an Leib und Leben gegen Zahlung der Kopfsteuer. Als er vor Hira sein Lager aufgeschlagen hatte, begab sich der ṭaiji'itische Fürst, den die Sasaniden dort eingesetzt hatten, zu ihm. Die Quellen legen Ḫālid die folgenden Worte in den Mund: „Ich rufe euch zu Allah und zum Islam. Wenn ihr darauf hört, dann seid ihr Muslime und habt die gleichen Rechte wie sie. Wenn ihr euch weigert, dann obliegt euch die Kopfsteuer. Wenn ihr auch sie verweigert, nun, ich bin zu euch mit Leuten gekommen, die den Tod heftiger begehren als ihr das Leben – wir führen dann den Dschihad gegen euch, bis Allah zwischen uns und euch entscheidet!"[397] Auf 190 000 Silberdirhem soll sich die erste irakische Kopfsteuer belaufen haben, die nach Medina transportiert wurde.[398]

Ḫālid verpflichtete die Hirenser außerdem dazu, für ihn Spitzeldienste zu leisten. Unter Ausnutzung der durch al-Muṯannā b. Ḥāriṯa und seinen Neffen bewirkten Zermürbung der sasanidischen Herrschaft im südlichen Zweistromland operierte er dort fast ein Jahr lang. Die Überlieferung zeichnet die Vorgänge so, als wären sie stets unter der Führung und Anweisung Abū Bakrs vonstatten gegangen. Das ist vermutlich falsch. Nicht abwegig erscheint es freilich, daß er Ḫālid unterstützte, indem er ʿIjāḍ b. Ġanm, einen Verwandten des von ihm nach aš-Šaʾm entsandten Abū ʿUbaida b. al-Ǧarrāḥ,[399] nach Osten abordnete, damit die im Irak kämpfenden Truppen nicht Gefahr liefen, von einer aus Richtung Ktesiphon über den Euphrat vorstoßenden Streitmacht gestellt zu werden.[400] – Auf genau diese Weise werden sich gegen Ende des Jahres Perser und Rhomäer zur Wehr setzen. – Ohne weiter die Einzelheiten zu verfolgen, kann man konstatieren, daß im unteren Irak bereits 633 die muslimische Bewegung aus dem zu Lebzeiten Mohammeds unterworfenen Gebiet hinausdrängt. Entscheidendes haben ihr die Sasaniden offensichtlich nicht entgegenzustellen. Ḫālid und al-Muṯannā schöpfen zudem aus einem Reservoir an Menschen, die aus eigenem Antrieb zu den muslimischen Standarten strömen;[401] ob sie alle der schieren Not gehorchen, können wir nicht wissen. Bis Anbar am mittleren Euphrat gelangen die Eindringlinge schon in jenen Monaten. Selbst Ktesiphon, die Residenz der Sasaniden, lenkt bereits die Aufmerksamkeit Ḫālids auf sich: Er soll einen Hirenser als Boten mit einem Drohbrief dorthin geschickt haben.[402] – Gegen Ende des Jahres 12, im Winter 633 auf 634, verläßt Ḫālid den Irak, um zwischen aš-Šaʾm und dem südlichen Zweistromland, auf der „Insel" mithin, Furcht und Schrecken zu verbreiten. In der Folge treffen zum ersten Mal in größerer Zahl Kriegsgefangene von weither in Medina ein. Zusammen mit ʿIjāḍ b. Ġanm wütet Ḫālid in Dūmat al-Ǧandal, kurz darauf finden wir ihn wieder unweit Hiras, Ktesiphon läßt ihm keine Ruhe.[403] Das Ende des Ramadan verbringt er, wo der Irak, die „Insel" und aš-Šaʾm ineinander übergehen.[404] Genau in jener Gegend hat er im Ḏū l-Qaʿda (begann am 7. Januar 634) ein blutiges Gefecht zu bestehen; Perser und Rhomäer haben sich zu einer Streitmacht zusammengeschlossen, sind, wie befürchtet, über den Euphrat gegen Ḫālid vorgestoßen, werden aber zurückgeschlagen. Danach übergibt er den Befehl einem Vertrauten, sagt ihm, er möge unverzüglich nach Hira aufbrechen, er selber werde die Nachhut bilden. Doch das ist eine Finte. Unter strenger Geheimhaltung eilt er nach Süden, auf einem Weg, der als äußerst schwierig gilt. Medina und der „Nachfolger des Gesandten Allahs" kümmern ihn nicht, überraschend trifft er in Mekka ein, vollzieht die Pilgerriten, und ebenso schnell ist er wieder im südlichen Irak, in Hira.[405] Dort erreicht ihn der Befehl Abū Bakrs, ohne Säumen nach aš-Šaʾm abzuziehen, wo die drei Heere, die man von Medina aus nach Norden in Marsch gesetzt hat, in eine bedrohliche Lage geraten sind.

Nordostarabien und aš-Šaʾm

Ob sich alles so dramatisch abgespielt hat, wie die Quellen es erzählen, ist fraglich. Wenn Abū Bakr selber, wie manche überliefern, in jenem Jahr die Pilgerriten leitete, dann kann ihm die Anwesenheit Ḫālid b. al-Walīds in Mekka kaum entgangen sein. Auf die Brüskierung Abū Bakrs kommt es aber den Quellen an, auf das Zerwürfnis zwischen ihm, dem Busenfreund Mohammeds, und dem spätbekehrten Maḫzūmiten, von hochfahrendem Charakter und zu Eigenmächtigkeiten neigend. Daß Ḫālid in die Kämpfe in aš-Šaʾm einzugreifen hatte, als sie für die Muslime übel auszugehen drohten, wird den Tatsachen entsprechen. Das Jahr 13 (begann am 7. März 634) zeigt die Muslime auf breiter Front in Kriege verstrickt. Aš-Šaʾm und das untere Zweistromland bilden einen einzigen Raum militärischer Unternehmungen, wobei freilich die Voraussetzungen, unter denen sie ablaufen, nicht übereinstimmen. Denn auf sasanidischer Seite waren die Bedingungen für die Zurückschlagung der muslimischen Eindringlinge ungünstiger als im byzantinischen aš-Šaʾm. Schon die Schlacht von Ḏū Qār hatte den südlichen Irak eines wirksamen Schutzes beraubt. Ijās b. Qabīṣa von den Banū Ṭaijiʾ, den die Sasaniden als ihren Vasallenfürsten in Hira eingesetzt hatten, war von den Banū Šaibān niedergerungen worden,[406] und diese hatten, wie gehört, wenige Jahre später das Gebiet zwischen dem Schatt al-Arab und der „Insel" in der Hand. Indem al-Muṯannā b. Ḥāriṯa sich zum Islam bekannte, sicherte er sich einen Rückhalt, wie er ihn zuvor nicht hätte finden können. Nicht nur wegen der Thronwirren infolge des Verlusts von aš-Šaʾm waren die Abwehrkräfte der Sasaniden geschwächt, sondern vor allem wegen der seit Ḏū Qār ungehinderten arabisch-beduinischen Einwanderung. Wie wir schon wissen, hatte Mohammed ursprünglich erwogen, von Mekka aus in jene Region aufzubrechen; allerdings hatte man ihm einen Schutz auf sasanidischem Territorium abgeschlagen – in Medina hatte er zu Anfang unter noch engerer Beschränkung die Eroberung der Macht in Mekka betreiben müssen, und die Bedenken gegen seine Politik, die auf eine Konfrontation mit der Großmacht Byzanz zusteuerte, waren nie geschwunden. – Erst die Ereignisse des Jahres 12 scheinen die Scheu vor Kriegen mit den beiden großen Reichen zerstreut zu haben.

Und dies, obwohl am Grenzsaum zu aš-Šaʾm eine vergleichbare Auflösung – hier: der byzantinischen – Autorität nicht stattgefunden hatte. Im Gegenteil, man darf damit rechnen, daß sie nach dem Siegen Herakleios' über die Sasaniden gestärkt worden war. Zudem scheint aš-Šaʾm in jenen Jahren von einer Einwanderung in größerem Stil verschont geblieben zu sein.[407] Somit gab es dort keine Araber, denen durch ein Bekenntnis zum Islam ein Vorteil hätte entstehen können, etwa eine Absicherung innerhalb eines politischen und gesellschaftlichen Gefüges, dessen tragende Kräfte ihnen mit Vorbehalten begegnet wären. Demnach ist unter dem Kalifat Abū Bakrs im Nordosten Arabiens der Kampf gegen die Abtrünnigen gleitend in die Eroberung fremden Landes übergegangen; die daran beteiligten Stämme durchzogen aber nicht nur den südlichen Irak, die „Insel" und auch Streifgebiete westlich davon waren ihnen ebenso vertraut, und so fanden die Geschehnisse im unteren Zweistromland ihren Widerhall bis an den Rand von aš-Šaʾm. Daher wird es nicht der pure Zufall sein, daß Abū Bakr am Beginn des Jahres 13 die erwähnten Heere dorthin in Marsch setzte; die Gelder, die Ḫālid b. al-Walīd ihm zugesandt hatte, werden dem Unternehmen förderlich gewesen sein. Ein Zufall ist es freilich ebenso wenig, daß die muslimischen Heere auf byzantinischem Boden zunächst keine Triumphe errangen. Ihre Führer sollen vielmehr eingesehen haben, daß sie Gefahr liefen, nacheinander bezwungen zu werden. Im April 634 sammelten sie sich im Norden des Jordangebiets, allerdings ohne die Truppen wirklich zu vereinen. Die Eifersüchteleien unter den Anführern schwelten fort; Abū ʿUbaida und Šuraḥbīl b. Ḥasana hätten sich bereitgefunden, zusammen mit Jazīd b. abī Sufjān und ʿAmr b. al-ʿĀṣ die Pflichtgebete zu vollziehen, die beiden

Spätbekehrten dagegen, ʿAmr und Jazīd, hätten sich nie zu Abū ʿUbaida oder Šuraḥbīl bequemt.[408] Wie dem auch sei, die Lage erlaubte den Muslimen nicht, gegen die Byzantiner die Initiative zu ergreifen. Erst als Ḫālid b. al-Walīd auf der Bildfläche erschien, inzwischen war es Spätsommer, änderte sich dies. Glaubt man den Quellen, so gelang es ihm stets, die Truppen im entscheidenden Augenblick anzufeuern; er ließ die „Sure des Dschihad" vortragen, die nach der Schlacht von Badr entstandene Sure 8,[409] die sich ja nicht nur mit der Beuteteilung befaßt, sondern auch vom Beistand handelt, auf den die Krieger Allahs rechnen dürfen.[410]

Die Kriege in aš-Šaʾm

Ḫālid b. al-Walīd hatte sich in der ersten Hälfte des Jahres 634, wie man von ihm gefordert hatte, vom unteren Irak aus nach Westen bewegt. Auf seinem Marsch nach aš-Šaʾm zog er eine Blutspur durch das Land; Araber verschiedener Stämme waren seine Opfer – was, wie angedeutet, im Zweistromland nicht der Fall gewesen war. Über Tadmur drang er in Syrien ein. Auch Damaskus soll er eingenommen haben. Danach soll er nach Bostra im Haurangebirge vorgerückt sein, um von dort aus zu den seiner harrenden muslimischen Truppen zu stoßen. Diese hätten ihn zu ihrem Oberbefehlshaber ausgerufen.[411] Bei Aǧnadain stellte sich ihnen eine byzantinische Streitmacht entgegen, konnte sie aber nicht aufhalten. Herakleios flüchtete aus seiner Residenz in Hims und begab sich nach Antiochien. Dies alles fällt in den Sommer 634, in die Zeit, als Abū Bakr in Medina mit dem Tode rang. Er starb in der Mitte des Ǧumādā l-āḫira (begann am 3. Juli 634) des Jahres 13.[412] Die Inbesitznahme von aš-Šaʾm erfolgte so, wie es nach den Quellen Abū Bakr angeordnet hatte: ʿAmr b. al-ʿĀṣ bemächtigte sich Palästinas zusammen mit einem Prophetengefährten, der sich bereits unter Mohammed bewährt hatte;[413] Šuraḥbīl b. Ḥasana blieb im Jordangebiet; Jazīd b. abī Sufjān setzte sich in Damaskus fest; Abū ʿUbaida b. al-Ǧarrāḥ brachte Hims, die syrische Residenz der byzantinischen Kaiser, in seine Gewalt.[414] Im Raǧab des Jahres 15 (begann am 9. August 636) scheiterte Herakleios' letzter Versuch, die Okkupanten zu vertreiben. Von Edessa aus hatte er den Krieg vorbereitet, Truppen unter anderem aus Armenien angefordert sowie die christianisierten Araber aus aš-Šaʾm, seine Verbündeten aus den Stämmen Laḫm, Ǧuḏām und weitere unter ihrem Fürsten Ǧabala b. al-Aiham zusammengezogen. Auf islamischer Seite hatte der sich anbahnende Kampf Beunruhigung ausgelöst.[415] ʿUmar b. al-Ḫaṭṭāb, seit zwei Jahren „Nachfolger des Nachfolgers des Gesandten Allahs", mußte sich Vorwürfe anhören, weil er Ǧabala mit dem Beharren auf der Kopfsteuer verprellt hatte. Die Teilnahme an diesem Krieg gegen die Andersgläubigen galt als so verdienstvoll, daß sich selbst Abū Sufjān, der Vater des Damaszener Statthalters Jazīd, obwohl mit über siebzig Jahren ein Greis, nach aš-Šaʾm aufmachte. Zum entscheidenden Treffen kam es am Jarmuk, östlich des Tiberiassees. Die Byzantiner unterlagen erneut. Der muslimischen Überlieferung ist vor allem im Gedächtnis geblieben, daß die Fußtruppen der Feinde in Gruppen aneinandergekettet gewesen seien, damit ihnen keine Flucht möglich sei; gerade diese Maßnahme habe die Niederlage beschleunigt, denn wenn in einer solchen Reihe nur ein einziger sich in Todesfrucht auf den Boden geworfen habe, hätten alle anderen sich nicht mehr wehren können.[416]

Die Städte in aš-Šaʾm, die zwischen 634 und 636 von den Muslimen eingenommen worden waren, hatten Unterwerfungsabkommen ausgehandelt; als Herakleios zur letzten Anspannung der Kräfte rief, verweigerten sie sich ihm. Die Repressalien, die sie im Falle eines muslimischen Sieges zu gewärtigen hatten, legten dies nahe. Der byzantinische Kaiser kämpfte also schon um ein Land, dessen Bevölkerung nicht mehr wagte, für ihn Partei zu ergreifen. Die Katastrophe am Jarmuk zerstörte ihm die Hoffnung, in absehbarer Zeit aš-Šaʾm wiederzugewinnen, und selbst Edessa erschien ihm nun zu exponiert, um es erfolgreich zu verteidigen. Ḫālid b. al-Walīd hatte Qinnasrīn erobert und mit den Seßhaften jener Gegend ein Unterwerfungsabkommen geschlossen. Unterdessen rückten von Süden neue muslimische Streifscharen heran, aus dem Gebiet von Kufa, aus Qarqīsijā, aus Mossul, aus der „Insel" und dem Land der Banū Taġlib. Herakleios wich nach Samosate aus und sah sich dann gezwungen, den ganzen Südsaum des anatolischen Hochlandes aufzugeben. Er kehrte nach Konstantinopel zurück. Die muslimischen Geschichtsschreiber wissen nicht genau, ob dies noch im Jahre 15 oder erst im Jahre 16 (begann am 2. Februar 637) geschah. Herakleios räumte auch sämtliche Festungen zwischen Alexandrette und Tarsus, zerstörte sie und beorderte die Mannschaften zu sich; die Muslime sollten nichts vorfinden, was ihnen zur Fortsetzung des Krieges gegen das Reich hätte dienlich sein können.[417] So schuf er unbeabsichtigt sehr günstige Bedingungen für das Fortleben der Dschihad-Idee, wie Mohammed sie gepredigt hatte: „Eine Schar aus meiner Gemeinde wird nicht aufhören, den Dschihad um der Wahrheit willen zu führen..."[418] „Ḫālid und ʿIjāḍ (b. Ġanm al-Fihrī, ein alter Prophetengenosse)[419] betraten den Paßweg aus Richtung aš-Šaʾm, ʿUmar (b. Mālik) und ʿAbdallāh (b. al-Muʿtamm, die von der ‚Insel' und von Mossul herangezogen waren) von der ‚Insel' aus. Zuvor hatten sie noch nie den Paßweg betreten. Sie kehrten dann zurück. Dies war das erste Betreten des Paßweges im Islam, und zwar im Jahre 16."[420] „Den Paßweg betreten", in das Hochland von Anatolien hinaufziehen, und zwar in kriegerischer Absicht, dies wird zum gängigen Ausdruck für die Dschihad-Aktivitäten, für die Aufrechterhaltung der Bewegung,[421] ohne die die „beste Gemeinschaft" ihre Daseinsberechtigung verlöre in einer Welt, in der Herrschaft mehr und mehr die Verwaltung eines bereits gewonnenen, nicht mehr gefährdeten Raumes bedeutete, in einer Welt mithin, die dem Propheten Mohammed unbekannt geblieben war.

Die Eroberung des Irak und das Vordringen nach Iran

Im Osten gestalteten sich die Verhältnisse ganz anders. Das Zagrosgebirge erfüllte nicht wie der Taurus die Funktion eines Schutzwalls. Nachdem Ḫālid b. al-Walīd das untere Zweistromland hatte verlassen müssen, führte dort al-Muṯannā b. Ḥāriṯa mit wechselndem Erfolg Krieg. Die Iraner gaben ihren untereinander zerstrittenen Feldherren die Schuld an der mißlichen Lage. Diese wiederum sollen nun ernsthaft nach einem geeigneten Thronerben Ausschau gehalten und diesen endlich in dem einundzwanzigjährigen Jazdagird III., einem Enkel Chosrau Anuschirwans, gefunden haben. Die Anstrengungen zur Wiedergewinnung des an die Muslime verlorenen Gebiets wurden aufeinander abgestimmt; al-Muṯannā soll diesen Umschwung der Dinge gespürt und sogleich nach Medina gemeldet haben, wo ʿUmar, inzwischen Kalif, unverzüglich die notwendigen Maßnahmen getroffen habe. Die Bewohner des Sawād hatten sich von den Eroberern abgewandt, worauf die Angreifer auf Geheiß des Kalifen an der alten Grenze Verstärkungen gesammelt hätten. Im Spätwinter 635 vollzog ʿUmar die Pilgerriten in Mekka, und bei dieser Gelegenheit soll er die Wallfahrer von der Dringlichkeit seiner Anordnung überzeugt haben.[422] Das Jahr über warb man Kämpfer an, die der Kalif dem Befehl von Saʿd b. abī Waqqāṣ unterstellte. Saʿd, aus dem quraišitischen Klan der Banū Zuhra, genoß unter seinen Glaubensbrüdern den Ruhm, der erste gewesen zu sein, der um des Islams willen einen Menschen getötet hatte;[423] er gehört des weiteren zu jenen Zehn, denen Mohammed den sofortigen Einzug ins Paradies zusagte – die Grabespein würde ihnen erspart bleiben. Noch bevor Mohammed die „Helfer" in seine militärischen Abenteuer hatte verstricken können, hatte sich Saʿd als einer der Männer verdient gemacht, die die Gelegenheiten für einen Schlag gegen die mekkanischen Quraišiten ausgekundschaftet hatten.[424]

Im Bezirk von Ktesiphon musterte Rustam, der sasanidische Oberkommandierende, sein Heer. Saʿd hingegen blieb westlich des Euphrat bei al-Qādisīja. Rustam rückte dann nach Süden vor, um in die Nähe des Feindes zu gelangen. Er entsandte zwei Späher, die sich einen Muslim griffen und vor Rustam brachten. In der Vorstellung einer muslimischen Quelle entwickelt sich zwischen dem Feldherrn und dem Gefangenen das folgende Gespräch: „Weshalb seid ihr gekommen, was wollt ihr?" möchte Rustam wissen. „Wir sind gekommen, um zu fordern, was Allah uns versprochen hat!" „Nämlich was?" „Euer Land, eure Söhne, euer Blut, sofern ihr euch weigert, den Islam anzunehmen!" „Und wenn ihr vorher getötet werdet?" „Allah hat auch versprochen, daß er alle, die vorher getötet werden, ins Paradies bringen wird (vgl. Sure 9, 111). Denen von uns, die überleben, erfüllt er, was ich dir sagte. Wir haben die Gewißheit (eines großen Gewinns vor Augen)." So sei man denn den Angreifern ausgeliefert, habe Rustam sinniert, worauf ihn der Gefangene belehrt habe: „Keineswegs, eure Untaten vielmehr haben euch ausgeliefert! Um ihretwillen hat Allah euch im Stich gelassen... Du wirst nicht gegen Menschen streiten, sondern gegen (Allahs) Ratschluß und Bestimmung!" In heftigem Zorn befiehlt Rustam, den Gefangenen zu enthaupten. Damit die moralische Überlegenheit der gemäß Allahs Entscheidung Angreifenden den Lesern bewußt werde, folgt nun eine kurze Schilderung von Verbrechen, die Rustams Heer an den Bewohnern des Sawād begangen haben soll.[425] Die Schlacht bei al-Qādisīja lief an vier Kampftagen ab; sie endete mit dem Tod Rustams und der Niederlage der Iraner, die sich abzuzeichnen begann, sobald die Muslime bemerkt haben sollen, daß man die furchterregenden Kriegselefanten außer Gefecht setzen könne, indem man ihnen den Rüssel abschlage. Nach dem Sieg bei al-Qādisīja drangen die Muslime bis über den Tigris vor und besetzten das Ausgangsgebiet der für die Sasaniden lebenswichtigen Route nach Chorasan.

Über die Daten dieser Kämpfe konnten sich schon die frühen muslimischen Historiographen nicht einig werden. Al-Wāqidī verlegt den Sieg bei al-Qādisīja in das Jahr 16 (begann am 2. Februar 637), während sich Ibn Isḥāq für das Jahr 15 (begann am 14. Februar 636) ausspricht;[426] dieser Meinung gibt man in der Regel den Vorzug. Während das Byzantinische Reich stark genug blieb, um Anatolien mehr als vier Jahrhunderte gegen den Ansturm muslimischer Invasoren zu verteidigen, war die Herrschaft der Sasaniden mit der Niederlage bei al-Qādisīja tödlich getroffen. Ktesiphon, die glanzvolle Residenz, fiel gleich danach den Eroberern in die Hände, Jazdagird flüchtete nach Osten – an eine Sicherung der „Paßwege" war überhaupt nicht zu denken. Die Inbesitznahme des Kerns des Zweistromlandes sowie der Übergang über den Tigris und der Einmarsch in den Bezirk Ǧalūlāʾ stießen den Eroberern ein Tor auf, durch das sie ungehindert eindringen konnten, dem nach Osten entfliehenden Jazdagird hinterher, dem es nicht gelang, irgendwo eine dauerhafte Auffanglinie zu errichten. Im Jahre 31 (begann am 24. August 651) wurde er in der Nähe von Merw in einer Wassermühle ermordet. Die Umstände dieser Untat werden unterschiedlich geschildert. Dabei wird deutlich, daß entweder Jazdagird oder die eigenen Leute das Reich verloren gaben und im Zusammenspiel mit Türken, die in die fruchtbaren Regionen Mittelasiens einsickerten, eine für den Augenblick vorteilhafte Klärung der unübersichtlichen, völlig offenen Situation suchten.[427] Im selben Jahr erschien ʿAbdallāh b. ʿĀmir vor Merw und diktierte den Bewohnern seine Friedensbedingungen. Dieser war zwei Jahre zuvor durch den Kalifen ʿUṯmān (reg. 644–656), seinen Verwandten aus der Sippe ʿAbd Šams,[428] zum Statthalter von Basra bestellt worden, hatte von dort aus die Eroberung der Persis vollendet, deren Metropole Istachr bis in jene Zeit Widerstand geleistet hatte. Danach war er nach Chorasan marschiert.[429]

Basra und Kufa, die Heerlagerstädte

Diese Ereignisse lenken unseren Blick nach Basra, das in jenen Tagen in der Nähe des erwähnten Ubulla entstanden war. In den ersten Jahren des Kalifats ʿUmars hatte man jene Gegend als ein Aufmarschgebiet für Angriffe auf Ahwas genützt. Allerdings hatten sich die Iraner in Chuzistan mit Erfolg gewehrt. Unter den muslimischen Kämpfern entstand daher der Plan, auf dem westlichen Ufer des Schatt al-Arab eine Relaisstation aufzubauen, von der aus man Attacken vortragen und wo man, von Kriegszügen zurückkehrend, in Sicherheit die Kräfte erneuern und in der üblichen Form die rituellen Gebete vollziehen konnte. Auf Feldzügen und im Feindesland mußte man sich oft mit dem „Gebet der Furcht" begnügen. Man faßte also eine Art Ansiedlung – falls man diesen Ausdruck überhaupt verwenden darf – ins Auge, die ganz von den Bedürfnissen der Dschihad Treibenden geprägt war. Angeblich auf ʿUmars Befehl hin setzte sich im Sommer 636 der alte Prophetengefährte ʿUtba b. Ġazwān mit etwas mehr als dreihundert Kriegern zum Schatt al-Arab in Marsch. Da die Witterung unmittelbar am Wasser unerträglich schwül war, wählte man ein Stück landeinwärts ein geeignetes Gelände. Unterwegs hatten sich der kleinen Truppe Beduinen angeschlossen, so daß etwa fünfhundert von ʿUtba geführte Kämpfer als die ersten Einwohner von Basra gelten können.[430] Die Heerlagerstadt (arab.: *al-miṣr*) nahm weitere dorthin strömende Streiter für die Sache Allahs auf; sie ließen sich, nach Stämmen untereinander abgegrenzt, nur nieder, um möglichst bald in den iranischen Osten aufzubrechen, und zwar auf der von der Geographie vorgegebenen Route über Chuzistan in die Persis hinein oder nach

Isfahan. Chorasan, den Nordosten Irans, erreichte man, indem man sich südlich der unbewohnten Gebiete des Hochlandes hielt und erst am Westsaum des heutigen Afghanistan den Weg nach Norden einschlug.[431]

Glaubt man den Quellen, dann wurde zu genau derselben Zeit die zweite Heerlagerstadt Mesopotamiens gegründet, nämlich Kufa. Laut al-Wāqidī haben wir uns das so vorzustellen: „ʿUmar b. al-Ḫaṭṭāb befahl Saʿd b. abī Waqqāṣ in einem Schreiben, er möge für die Muslime ein Gebiet der Hedschra und eine Garnison (arab.: *al-qairawān*) auswählen. Zwischen ihm, dem Kalifen, und (den Kriegern) dürfe kein Fluß liegen. Saʿd begab sich daraufhin nach Anbar und wollte es zum Lagerplatz bestimmen. Doch litt man dort unter allzu vielen Fliegen, so daß Saʿd an einen anderen Ort zog, der jedoch auch nichts taugte. Schließlich verlegte er die Truppen (auf das Gelände des nachmaligen) Kufa. Er setzte die Quartiere fest, teilte den Leuten die Grundstücke zu, wies den Stämmen ihre Wohnplätze an und richtete eine Moschee ein."[432] Offensichtlich wurde ʿUmar von der Sorge umgetrieben, daß eine ganz ohne feste Punkte voranrollende Eroberungswelle zum Zusammenbruch der muslimischen Herrschaft führen müsse: Im Notfall darf kein Fluß das Eingreifen von Hilfstruppen erschweren. Im übrigen könne man nicht einmal den Beduinen im Nedschd trauen; wenn man alle diejenigen, die gerade aš-Šaʾm eingenommen hätten, zu neuen Zielen beordere und wenn man die Jemeniten auf weite Feldzüge schicke, müsse man dann nicht gewärtigen, daß die Äthiopier in den Jemen, die Byzantiner nach aš-Šaʾm zurückkehrten? Nur zwei Drittel der Kufaner sollten nach Iran aufbrechen; die anderen müßten zurückbleiben, um den erst kürzlich gewonnenen Besitz zu sichern.[433] Damit lernen wir die zweite Aufgabe der Heerlagerstädte kennen, nämlich das retardierende Element in einer Entwicklung zu bilden, deren Ende im ungewissen verschwamm. Hinter dem Rühmen des Heldentums der Glaubenskämpfer, dem Thema, das die Überlieferung beherrscht, steht jenes zweite freilich weit zurück: ʿUmar soll diese neue Ansiedlung als das Haupt des Islams gepriesen haben, die Kufaner als die Lanze Allahs, als den Schatz des Glaubens, als den Gipfel des Arabertums.[434] Die Schlacht bei Nihawend südwestlich von Hamadan, 640 oder 641 geschlagen, öffnete den Muslimen den Weg nach Medien und die Route in den iranischen Osten am Rande der Gebirgsketten entlang, die sich von Aserbeidschan bis nach Transoxanien erstrecken.

Der Einfall in Ägypten

Als ʿUmar 644 ermordet wurde, hatte sich auch nach Westen hin eine Lücke aufgetan, durch die fortan arabisch-beduinische Bevölkerung von der Halbinsel abgesaugt wurde. ʿAmr b. al-ʿĀṣ, den er in Palästina stationiert hatte, war, angeblich gegen den Willen des Kalifen, nach Ägypten aufgebrochen und hatte das Nildelta erobert. Am Ostufer des Stromes, unweit einer kleinen Festung, war eine weitere Heerlagerstadt im Entstehen begriffen, al-Fusṭāṭ, die Keimzelle der im Laufe der Geschichte nach Norden gewucherten Städtelandschaft, die man unter dem Namen Kairo zusammenfaßt. Schon unter ʿUmars Nachfolger ʿUṯmān drangen arabisch-muslimische Krieger weiter nach Westen vor. Sie gründeten in dem von ihnen Ifrīqija genannten heutigen Tunesien das Lager al-Qairawān. Die Ausläufer der arabisch-muslimischen Bewegung hatten sich binnen weniger Jahrzehnte weit von ihrem Ursprungsgebiet entfernt. Und das

Erstaunliche ist, daß selbst die Katastrophe des Bürgerkriegs, der nach der Ermordung ʿUṯmāns ausbrach, sie nur vorübergehend abbremste. In den Köpfen vieler Beteiligter schien der Dschihad auf nichts Geringeres zu zielen als auf die Unterwerfung des ganzen Weltkreises unter die Herrschaft Allahs und seiner das Paradies erstrebenden Diener.

7. Der Zwiegehörnte

Der Zwiegehörnte im Koran

„Und sie fragen dich nach dem Zwiegehörnten. Antworte: ‚Ich werde euch einiges über ihn vortragen.' Wir gaben ihm Macht auf der Erde und eröffneten ihm zu allem einen Weg. So folgte er einem Weg, bis er zu dem Ort gelangte, an dem die Sonne untergeht. Er entdeckte, daß sie in einer schlammigen Quelle untergeht, und er stieß dort auf ein Volk. Wir sprachen: ‚Zwiegehörnter! Entweder bestrafst du sie, oder du verfährst mit ihnen gütig.' Er antwortete: ‚Die Frevler werden wir bestrafen, darauf werden sie vor ihren Herrn geführt, und der wird sie (im Jenseits) grausam bestrafen. Wer aber ein frommes Werk tut, dem winkt das Paradies als Entgelt, und wir teilen ihm aus unserer Fügung Erleichterung zu.' Wieder folgte er einem Weg, bis er den Ort erreichte, an dem die Sonne aufgeht. Er entdeckte, daß sie über Leuten aufgeht, denen wir keinerlei Schutz vor ihr gaben. So ist das! Wir wissen genau, wie es sich mit (dem Zwiegehörnten) verhielt! Wieder folgte er einem Weg, bis er in das Land zwischen den beiden Dämmen vordrang. Vor diesen entdeckte er Leute, die kaum einige Worte verstanden. Sie sprachen: ‚Zwiegehörnter! Gog und Magog stiften Unheil auf der Erde. Sollen wir dir Tribut geben unter der Bedingung, daß du zwischen uns und ihnen einen Damm errichtest?'[435] Er erwiderte: ‚Worüber mein Herr mir Macht verlieh, das zählt mehr! Darum helft mir kräftig, dann werde ich zwischen euch und ihnen einen steinernen Wall bauen! Bringt mir Eisenstücke!' Und als er einen gleichmäßigen Wall zwischen beiden Hängen aufgeführt hatte, befahl er: ‚Blast!' und sobald er (die Glut) zu (loderndem) Feuer angefacht hatte, befahl er: ‚Bringt mir flüssiges Metall! Ich will es darübergießen!' So konnten (Gog und Magog den steinernen Wall) weder erklimmen noch durchbohren. (Der Zwiegehörnte) sprach: ‚Das ist ein Zeichen für die Barmherzigkeit, die mein Herr erzeigt. Sobald freilich das Versprechen meines Herrn eintreten wird, dann wird er (den Wall) zu einem flachen Hügel einebnen. Das Versprechen meines Herrn bewahrheitet sich!'" (Sure 18, 83–98).

Sure 18 enthält Geschichten, die der Prophet in Mekka vortrug; es heißt, seine Feinde hätten sie sich von medinensischen Juden erzählen lassen, um dann zu überprüfen, wie sattelfest dieser Mohammed in den Dingen sei, die die Welt erklären. Wenn er wirklich ein Prophet sein wollte, dann mußte ihm dies alles geläufig sein. Die Alexandergeschichte, die im jüdischen Milieu beliebt war,[436] gehörte mit zu dem Stoff, über den Mohammed sich auslassen sollte. Nach islamischer Überlieferung wurden die eben zitierten Verse jedoch erst in Medina offenbart und in Sure 18 untergebracht,[437] gleichsam als eine Ergänzung zu der allenfalls schattenhaften Anspielung auf Alexander, die sich in den mekkanischen

Versen von Sure 18 findet: Mose möchte zusammen mit einem Diener den „Zusammenfluß der beiden Meere" erkunden; dabei verfehlen sie die Lebensquelle (Sure 18, 60–63). Auch in der Alexandergeschichte begehrt der Held, von jenem Wasser zu trinken, das ihm das ewige Leben beschiede. In der nachkoranischen muslimischen Erzählung ist es der in Sure 18 erwähnte Begleiter Moses, der den Zwiegehörnten darüber aufklärt, daß es keinem Menschen oder Dschinn vergönnt sei, dem Tod zu entrinnen.[438] Das Ende der Geschichte von jenem Mose, den man in der Koranauslegung gewöhnlich vom Überbringer der Gesetzestafeln unterscheidet, war demnach die geeignete Stelle, um die in Medina präzisierten Aussagen über den Zwiegehörnten einzufügen. Im mekkanischen Gedankengang folgte auf das Verfehlen des Lebensquells und die im Anschluß hieran an Beispielen aufgewiesene Unfähigkeit Moses, die Entscheidungen Allahs mit eigenen Erwägungen zu ergründen (Vers 64–82), die Warnung an die Ungläubigen, sich nur ja niemand anderen als Allah zum Vertrauten zu wählen (Vers 102). Wer sich auf dergleichen einläßt, der verstrickt sich in Irrtümer, die ihm den Heilsgewinn unmöglich machen. Die eingefügte Alexandererzählung lockert diesen Sinnzusammenhang, so daß er nachträglich durch die ebenfalls in Medina entstandenen Verse 99 bis 101 bekräftigt werden muß: „Und wir lassen sie an jenem (Jüngsten) Tag durcheinanderwogen. Man stößt in die Posaune, worauf wir sie versammeln. Den Ungläubigen stellen wir an jenem Tag eindringlich die Hölle vor Augen, jenen, deren Augen vor meiner Mahnung verhüllt waren und die nicht zu hören vermochten."

Der Zwiegehörnte bei Abraham in Mekka

Die auf diese Art in den Koran eingeschobene sehr knappe Fassung der Erzählung vom Zwiegehörnten entfaltete, was Mohammed in Medina noch nicht hatte ahnen können, in den Jahrzehnten der weit ausgreifenden Eroberungszüge ihre Deutungskraft; jetzt zeigte sie den Kriegern, an welchem Geschehen sie teilhatten. In zwei unterschiedlichen Versionen war der Stoff gegen 700 in Umlauf, und beide weisen Anspielungen auf die zurückliegenden beispiellosen Ereignisse auf. Die erste, der wir uns zuwenden, geht in ihrem Kern auf den Gelehrten al-Ḥasan al-Baṣrī zurück. Als etwa Dreißigjähriger gelangte er 671 in das Amt eines Schreibers unter ar-Rabīʿ b. Zijād al-Ḥāriṯī, dem Statthalter von Chorasan.[439] Eine mittelpersische Fassung des Stoffes wird die Quelle für al-Ḥasans arabischen Text sein, der in einer etwa einhundert Jahre jüngeren Überarbeitung auf uns gekommen ist.[440] Gegen Ende der Erzählung hören wir davon, wie der Zwiegehörnte sich auf den Weg nach Westen macht, in das Land der Finsternis, wo die Sonne in einer schlammigen Quelle versinkt (Sure 18, 86). Das Lebenswasser, das er in jener unwirtlichen Gegend zu entdecken hofft, bleibt ihm verborgen. Schließlich erreicht er das Gestade des Okeanos. Überwältigt vom Anblick der sich auftürmenden Wogen, ruft er aus: „Es gibt keinen Gott außer Allah!" Die Wunder des Festlandes hat er kennengelernt, nun begehrt er, die Wunder des Meeres zu schauen, und ein Engel führt ihn in einem Schiff auf die hohe See hinaus. Nach einer langen Fahrt betritt der Zwiegehörnte wieder das Land, trifft mit den zurückgelassenen Gefährten zusammen, reist in den Jemen und beschließt dort, nach Mekka zu pilgern. Im Text steht nun ein Einschub, den der Maḫzūmit Saʿīd b. al-Musaijab (gest. 712/3) verantwortet, ein Mann, der sich große Verdienste um das Zusammentragen der Entscheidungen (arab.: *al-qaḍā'*, Pl. *al-aqḍija*) des Propheten und ʿUmar b. al-Ḫaṭṭābs erwarb;[441] bei der Verfestigung der muslimischen Bewegung zum Islam hat er eine Schlüsselrolle inne, worüber an anderer Stelle ausführlich zu sprechen sein wird.

„Der Zwiegehörnte zog mit seinem Heer nach Mekka. Da schenkte ihm Ismael, der Sohn Abrahams, einige Kühe. Die Gefährten (des Zwiegehörnten) aber bemächtigten sich des Zemzembrunnens, so daß Ismael und seine Söhne nicht zum Wasser gelangten und Durst litten. Ihr Durst wurde qualvoll. Da kam Abraham, der Freund Allahs, nach Mekka und traf Ismael und dessen Söhne dürstend an. Er fragte, was vorgefallen sei, und erhielt (von Ismael) zur Antwort, daß der Zwiegehörnte ihm den Brunnen weggenommen habe, worauf Abraham diesen verfluchte. Allah machte, daß der Zwiegehörnte den Namen vergaß, mit dem dieser (ihn) anrief, seine Angelegenheiten regelte und das Heer befehligte. Dem Zwiegehörnten erschien dies befremdlich, und er dachte nach, bis ihm einfiel, daß Abraham hierher gekommen war. Deshalb machte sich der Zwiegehörnte auf, Abraham zu begrüßen. Er traf ihn in aufgebrachter Stimmung an und fragte ihn, was ihn denn so aufgebracht habe. ‚Daß du dich des Brunnens meines Sohnes bemächtigtest und ihn und seine Sippe dürsten ließest!' ‚Ich wußte nicht, daß ihm der Brunnen gehört. Niemand hat es mir gesagt.' Abraham versetzte: ‚Diese Kühe werden bezeugen, daß der Brunnen ihm gehört!' Und Allah verlieh ihnen die Sprache, worauf sie bestätigten: ‚Ja, der Brunnen gehört Ismael.' Der Zwiegehörnte sagte weiter: ‚O Freund Allahs, wir werden uns entfernen. Rufe Allah an, damit er zurückgebe, was er mir nahm!' ‚Unter der Bedingung, daß du deine Soldaten außerhalb des heiligen Gebiets läßt und keiner von ihnen dieses Haus umkreist, es sei denn in tiefer Demut!' Der Zwiegehörnte willigte ein, worauf Abraham seinen Herrn anrief und dieser ihm den Namen zurückgab, mit dem er seine Leute lenkte. Der Zwiegehörnte vollzog die Pilgerriten, verabschiedete sich von Abraham und machte sich in Richtung Babel auf den Weg."[442]

Alexander wird in dieser Überlieferung, die in die von al-Ḥasan al-Baṣrī ins Arabische gebrachte Erzählung eingefügt wurde, mit dem abrahamischen Mekka und seinen Bewohnern verbunden, die ihre Herkunft auf Ismael zurückführen: Derjenige, der die Welt in der Länge und Breite durchquert und damit von ihr zur Gänze Besitz ergreift, von den bebauten Gegenden wie von den wüsten, ist in all seinem Tun gerechtfertigt. Die Kaaba, das von Allah gestiftete Haus seines Kultes, ist durch Abraham und Ismael nach der Sintflut wiedererrichtet worden, und es markiert den Mittelpunkt des Alls.[443] Der Kosmos der Alexandererzählung, die in Iran zu jener Zeit, wie bereits angedeutet, in einer mittelpersischen Fassung zirkulierte, im übrigen aber auch in einer syrischen verbreitet war, ist der imaginierte Raum, in den hinein sich die *muǧāhidūn* auf ihren Kriegszügen begeben. Dies betrifft nicht nur den Aufbau des Kosmos – die übereinandergeschichteten Scheiben, die in der Mitte durch den Berg Qāf gehalten werden, dessen „Wurzeln" in die Tiefe durch die Unterwelten hindurch reichen –,[444] sondern auch die voranschreitende Islamisierung; in seiner ganzen Ausdehnung wird er zum Streifgebiet der muslimischen Heere, die ihn dem Willen des Einen unterwerfen. Ja, letzteres ist der aktualisierende Sinn, mit dem die Erzählung aufgeladen wird. So liest man in der syrischen Version, Alexander habe in Sogdien eine große Stadt anlegen lassen, der er den Namen Samarkand gegeben habe; er habe befohlen, man möge dort für eine Göttin einen Tempel bauen. Der Text al-Ḥasan al-Baṣrīs „islamisiert" das Geschehen: Es ist eine Moschee, die der Zwiegehörnte errichtet.[445]

Der jemenische Zwiegehörnte

Die zweite Fassung der Alexandererzählung macht aus dem Helden einen jemenischen König.[446] Die Handlung wird in Gang gebracht, indem dieser vier Träume hat, die niemand an seinem Hof zu deuten vermag. Der erste nimmt das schon in der koranischen Figur des Zwiegehörnten angelegte Motiv der Demütigung des Mächtigen vor Allah (Sure 18, 98) auf und spitzt es zu: Das ewige Leben behält Allah sich allein vor. Im zweiten Traum steigt Alexander in den Himmel hinauf und bringt, von den Sternen begleitet, Sonne und Mond auf die Erde herab. Der dritte deutet ihm die künftige Herrschaft über Land und Meer an: Er schlingt sie in sich hinein. Im vierten versammeln sich vor ihm alle Menschen und Dschinnen und die Tiere. Nur in Jerusalem, versichern ihm seine Berater, werde er verläßlichen Aufschluß finden; dort lebe ein Prophet aus der Nachkommenschaft Isaaks, von ihm werde er erfahren, was es mit den Gesichten auf sich habe. Der Weg aus dem Jemen nach Palästina führt natürlich über Mekka; dort vollzieht der Zwiegehörnte die Riten, von einer Begegnung mit Abraham oder Ismael ist keine Rede.[447]

Der Prophet, der in Jerusalem die ersehnten Auskünfte erteilt, ist niemand anders als jener Mose,[448] der in Sure 18, Vers 60 bis 64 die Lebensquelle verpaßt und sich danach von einem Unbekannten die Undurchschaubarkeit des göttlichen Ratschlusses demonstrieren läßt. Dem Zwiegehörnten versichert er dieses: „Allah hat dir Macht auf Erden gegeben und dir zu allem einen Weg eröffnet (vgl. Sure 18, 84). Was die Hölle betrifft, so hast du eine Warnung erhalten. Nimm sie dir zu Herzen! Dein Aufstieg in den Himmel bedeutet göttliches Wissen, das du erlangen wirst. Sonne, Mond, hell funkelnde und schwächer leuchtende Sterne bedeuten, daß du alle Herrscher der Erde absetzen wirst und dir alle Mächtigen Folge leisten werden. Daß du die Erde ganz verspeistest, besagt, daß du über die Erde und alles, was auf ihr ist, herrschen wirst. Die sieben Meere, die du austrankest, verheißen, daß du über diese sieben Meere fahren und alle Inseln in Besitz nehmen wirst. Auch den Ozean wirst du so weit befahren, daß du schließlich an eine schlammige Quelle kommen wirst, die du nicht überqueren kannst; an jenem Ort wirst du umkehren. Was die Menschen und die Dschinnen angeht, so wirst du die Bewohner des einen Landes in das andere versetzen. Die Tiere werden sich dir unterwerfen und unter deiner Herrschaft keinen Schaden anrichten; sie werden dir vielmehr stets zu Diensten sein. Auch über die Winde wirst du gebieten. Dein (zweiter) Traum, in dem du Sonne und Mond auf die Erde herabgeholt und hier umhergeführt hast, bedeutet, daß du über das Land des Sonnenuntergangs hinaus in ein Gebiet der Finsternis vordringen wirst, wo du allein auf dein Wissen angewiesen bist, um dich zurechtzufinden. Übernimm die Sache Allahs! Handle im Gehorsam ihm gegenüber! Er wird dir beistehen und dir Erfolg verleihen."[449]

Der Zwiegehörnte zieht zuerst in den Westen, in die Länder der Schwarzen. Er setzt dann nach Andalusien über, entdeckt, daß die Sonne in einem schlammigen Loch untergeht (Sure 18, 86). Auf Inseln jenseits von Andalusien leben Menschen ohne Verstand, ohne religiöses Wissen; er will sie töten, doch Mose, der ihn begleitet, rät ihm, gut zu erwägen, ob man nicht Nachsicht walten lassen solle (Sure 18, 86 f.). Der Zwiegehörnte erfährt nämlich, daß einer seiner jemenischen Vorgänger, Saba',[450] jene Unverständigen dorthin verbannt habe. In der Ferne erblickt er nun einen leuchtend weißen Felsen. Sein Reisegefährte klärt ihn über dessen Bewandtnis auf: Als Allah dem Propheten Abraham auftrug, nach Bābiljūn – so hieß das kleine Fort am Ostufer des Nils, wo ʿAmr b. al-ʿĀṣ seine Lagerstadt gründete[451] – auszuwandern, schickte der „Freund Allahs" einen Heerführer nach Westen weiter, damit auch dort die Herrschaft des wahren Glaubens errichtet werde. Die Krieger stießen zunächst bis nach Qamūnija[452] vor, zu dem Ort, an dem man später die Heerlagerstadt al-Qairawān baute. Dann setzten sie nach Andalusien über, wo sie auf Völker trafen, die von Japhet abstammten: Basken, Goten, Gallizier, Franken, Berber und andere. Diese töteten den Heerführer und Missionar Abrahams und warfen den Leichnam auf einen Abfallhaufen. Geier verschlangen dessen Fleisch und brachten es zu einem glatten, glänzenden Felsen. Hier wird der Getötete am Jüngsten Tag auferstehen; Tiere können die sterbliche Hülle von Gottesmännern nicht schänden.[453] – Soweit der Westfeldzug des Zwiegehörnten und damit verknüpfte Ereignisse. Die Eroberung Ägyptens durch die Muslime, ihr Vordringen nach Nordafrika und schließlich der Angriff gegen das Reich der Westgoten sind in die Erzählung eingeflochten: Der Zwiegehörnte befiehlt seinem Heer, die Bewohner von Andalusien zu töten, da sie sich einst dem Abgesandten Abrahams widersetzt hätten.

Die Inseln im Okeanos jenseits von Andalusien waren das äußerste Ziel, zu dem der Zwiegehörnte zu gelangen vermochte. Dort angekommen, verfertigte er Verse folgenden Inhalts: „Mit meinen Taten überrage ich alle Könige, die keine Araber sind. Denn mit Lanze und Schwert verbreitete ich den Ruf Allahs bis an die westlichen Enden des Diesseits. Allem Eitlen entsagend, zog ich mit meinem Heer in die Welt hinaus, Strapazen nahm ich auf mich. Bei alldem begleitete mich ein frommer Mann, der Offenbarungen empfing und das Verborgene kundtat. In ḥimjarischer Schrift meißelte ich in einen Stein, daß nie ein Mensch weiter vordringen werde als ich. In euren Kriegszügen, im Töten der Feinde, der illegitimen Herrscher dürft ihr nicht nachlassen. So werdet ihr bald zu einem neuen Feldzug gerufen werden, in den fernsten Osten. Denn auch die Menschen dort sollen die Wahrheit Allahs kennenlernen, die sie vertaten, der Vorhang an Gewalt und Unrecht, mit dem sie sich umgeben, soll durch die gottgewollten Mittel zerrissen werden. Die ewige Zeit (arab.: *ad-dahr*) vernichtet alles; wer selber zerstört wird, was könnte der zerstören?"[454] Mose ist unterdessen nach Osten vorausgeschickt worden. Über Qamūnija marschiert er nach Bābiljūn zurück, später vereint er sich mit dem Zwiegehörnten und dessen Truppen in aš-Šaʾm. Die Andersgläubigen flüchten sich nach Jerusalem. Mose rät dem Feldherrn, er solle alle, die sich nicht zum Islam bekehren, aus dem dortigen Heiligtum vertreiben und ihnen die Kopfsteuer auferlegen. Vorbei an den „Paßwegen“ in das Byzantinische Reich ziehen die beiden nach Osten. Bei Nihawend öffnen sich vor ihnen drei Täler. Das eine führt nach Armenien – unter ʿUṯmān wurde ein Heer von Kriegern aus der „Insel“ und aš-Šaʾm dorthin entsandt[455] – und dann durch ein Bergland hindurch in eine weite Ebene hinab, die erst am östlichen Ufer des Okeanos endet. Auf den Inseln in jenem Teil des Weltmeeres leben mißgestaltete Völkerschaften, die sich tagsüber vor der Sonnenhitze in Höhlen verkriechen (Sure 18, 89–91). Auf dem Rückzug kommt der Zwiegehörnte zwischen zwei Berghängen hindurch – diese Gegend wird oft mit Derbent[456] gleichgesetzt – und errichtet den Damm gegen die Gog und Magog. Danach begehrt er, Indien zu erobern, wo ihn die Demut und die Bedürfnislosigkeit der Brahmanen tief beeindrucken. Unvermittelt finden wir ihn dann in Samarkand. In Merw tötet er wenig später alle, die nicht in den Islam eintreten. Über Herat dringt er bis nach China vor. Auf dem Rückweg faßt er den Entschluß, nach Mekka zu pilgern, aber noch bevor er den Irak verläßt, empfängt er in einem Traum die Kunde von seinem baldigen Tod. Der rätselhafte Mose, den die Muslime auch al-Ḫaḍir nennen, verschwindet und zeigt sich erst wieder dem Propheten Mose und danach allen anderen Boten Allahs.[457] Der Zwiegehörnte aber erkrankt und zieht, ehe er stirbt, seine Lebensbilanz: Alles ist vergänglich außer dem einen Allah; selbst wenn ihm, dem Welteroberer, mehr als allen anderen Menschen beschieden worden ist, so ist er doch nicht von deren Los frei, ewiges Leben blieb ihm verwehrt, der Aufstieg in den Himmel versperrt; die Frist läuft unerbittlich ab, man muß sich fügen und des Urteils Allahs harren – Verdammnis oder Glückseligkeit.[458]

Kapitel VI: Die Hedschra

1. Der sterbende Prophet

Ein Giftanschlag auf Mohammed

Spätestens seit der Eroberung von Ḫaibar kann es mit der Gesundheit des Gesandten Allahs nicht mehr zum besten gestanden haben. Als damals die Kämpfe abflauten, nachdem die Oase den Angreifern in die Hände gefallen war, erschien vor Mohammed eine Frau und schmeichelte ihm, dem Sieger, indem sie ihm ein gebratenes Zicklein[1] überreichte. Er ließ sich nicht zweimal bitten, forderte die anwesenden Gefährten zum Mithalten auf und wählte für sich seinen Lieblingsbissen, einen Vorderlauf. Mit den Zähnen riß er sich ein Stück Fleisch heraus, einer der Getreuen folgte seinem Beispiel. Doch kaum hatten beide ihren Bissen verschlungen, da beschlich Mohammed eine böse Ahnung. „Laßt die Finger davon!“ soll er ausgerufen haben, und dem anderen verfärbte sich das Gesicht, und er begann zu jammern, nur um dem Gesandten Allahs nicht den Appetit zu verderben, habe er verschluckt, was er im Mund hatte. Nach längeren Qualen verstarb er, während es den Propheten nicht so schwer getroffen hatte. Die Überlieferer sind sich uneins, ob Mohammed die Täterin umbringen ließ oder ihr verzieh. Wenn Mohammed ein Prophet sei, dann müsse er erkennen, daß man ihm einen vergifteten Braten vorsetze, habe sie zu ihrer Entlastung vorgebracht. Es handelte sich um die Ehefrau des Juden Sallām b. Miškam von den Banū n-Naḍīr, jenes Mannes, der nach der Niederlage der Quraišiten bei Badr sich heimlich in Medina mit Abū Sufjān abgesprochen, aber später seinen Stammesgenossen davon abgeraten hatte, eine Gelegenheit zur Ermordung Mohammeds zu nutzen. Bei der Vertreibung der Banū n-Naḍīr hatte es ihn und seine Familie nach Ḫaibar verschlagen, wo er Verantwortung für den Kampf gegen die Muslime übernommen hatte und zu Tode gekommen war.[2] Seine Frau hatte sich erkundigt, welche Fleischstücke Mohammed bevorzuge, und diese mit einem Gift präpariert, das regelmäßig auftretende schwere und schmerzhafte Fieberanfälle auslöst und dadurch die Lebenskraft untergräbt. Als Mohammed auf den Tod erkrankte, war er davon überzeugt, daß sein Leiden die Folge jener Vergiftung sei.[3]

Die Krankheit zum Tode

Man streitet darüber, bei welcher seiner zahlreichen Ehefrauen und Beischläferinnen ihn die Krankheit zum Tode ereilte. Im späteren Parteienzwist ist dies eine Frage ersten Ranges. Bei Ibn Isḥāq – in der Fassung Ibn Hišāms – bleibt sie ohne ausdrückliche Antwort. Ibn Isḥāq berichtet folgendes: Gegen Ende des Monats Ṣafar oder am Anfang des Rabīʿ al-auwal (begann am 27. Mai 632) des Jahres 11, als Usāma b. Zaid die Krieger für einen Feldzug nach aš-Šaʾm sammelte, verlangte es den Gesandten Allahs eines Nachts, den Friedhof Baqīʿ al-Ġarqad[4] aufzusuchen und Allah für die dort Begrabenen um Verzeihung anzuflehen. Seinem Begleiter vertraute er an, Allah habe ihm die Wahl gelassen zwischen allen Schätzen des Diesseits und dem Verbleib darin, bis der Tag des Gerichts und danach der Einzug ins Paradies komme, oder der Begegnung mit Allah und dem sofortigen Gewinn des Paradieses, und da habe er die Begegnung mit Allah gewählt. Ibn Isḥāq ergänzt dies mit einer auf ʿĀʾiša zurückgeführten Überlieferung: Als Mohammed vom Friedhof zurückgekehrt sei, habe sie über Kopfschmerzen geklagt; die seinen seien viel schlimmer, habe er angedeutet und beteuert, es werde ihr nicht schaden, eher als er zu sterben, wo in diesem Falle doch er selber für die Bestattungsriten sorgen werde; da habe sie ihn geneckt: „Bei Allah! Ich sehe dich vor mir – sobald du das getan hättest, kehrtest du in meine Wohnstätte zurück und verbrächtest darin die Nacht mit einer (anderen) deiner Frauen!" Der Gesandte Allahs habe geschmunzelt; sein Leiden aber habe sich verstärkt, während er, wie gewöhnlich, jede Nacht eine andere seiner Frauen aufgesucht habe, und endlich habe es ihn überwältigt; das sei bei Maimūna geschehen, doch er habe alle Frauen um die Zustimmung dafür gebeten, daß er sich bei ʿĀʾiša pflegen lasse.[5]

Man habe ihn in deren Wohnung geschleppt. Als sein Zustand unerträglich geworden sei, habe er verlangt, daß man ihm Güsse mit dem Wasser aus sieben verschiedenen Brunnen verabreiche. Ibn Isḥāq flicht in diese Darstellung mehrere Berichte über Willenskundgebungen ein, die Mohammed in jenem Zustand getan haben soll. – Die Räume, die er und seine Frauen bewohnten, gingen auf den Gebetsplatz hinaus, und so ist zumindest nicht ausgeschlossen, daß er auch in jenen Tagen noch von der Kanzel hinab zu seinen Anhängern sprach. – Unter anderem habe er gesagt: „Allah gab einem seiner Knechte die Wahl zwischen dem Diesseits und der Gegenwart Allahs, und der Knecht wählte die Gegenwart Allahs!" Als Abū Bakr diese Worte vernommen habe, seien ihm die Tränen gekommen; sich selber und seine ganze Sippe wolle er für das Leben Mohammeds hingeben; doch dieser habe zur Besonnenheit gemahnt und dann befohlen: „Blickt auf diese Pforten, die auf den Gebetsplatz herausgehen! Schließt sie alle bis auf diejenige, die zur Wohnstätte Abū Bakrs führt, denn ich kenne niemanden, der mir ein vortrefflicherer Gefährte gewesen wäre als er!"[6] – Die Tatsache, daß Abū Bakr keine an den Gebetsplatz angrenzende Wohnung besessen hatte und daß darüber hinaus eine ebenso verbreitete Fassung des Ausspruchs ʿAlī b. abī Ṭālib anstelle Abū Bakrs nennt, hat die muslimischen Gelehrten sehr beschäftigt. Ihre Diskussionen werden wir in Kürze nachzeichnen, um Aufschluß über den Sinn der Berichte vom sterbenden Propheten zu gewinnen. – Noch ein zweites Mal läßt man den todkranken Mohammed von der Kanzel herab sprechen: Usāma b. Zaid möge seinen Feldzug beginnen; den Kämpfern von Uḥud, die den Feinden nicht standhielten, solle Allah verzeihen; die Auswanderer sollten sich der „Helfer" annehmen, denn deren Zahl wachse nicht, wohl aber die der übrigen Gruppen.

Da Mohammed das Bewußtsein verlor, ging man daran, ihm Medizin durch die Mundwinkel einzuflößen, ein Verfahren, das man aus Äthiopien mitgebracht hatte. Als er zu sich kam, war ihm solche Behandlung nicht recht, und er verlangte, alle in seinem Haus sollten sich zur Strafe der gleichen Prozedur unterziehen, ausgenommen allein sein Onkel al-ʿAbbās. Der Zustand verschlechterte sich nun zusehends, die Sprache versagte. Usāma b. Zaid eilte aus dem Heerlager herbei; der Sterbende habe eine Hand erhoben und auf den Sohn seines Freigelassenen gelegt. Als die Todesstunde gekommen war, habe der Gesandte Allahs wider

Erwarten einige Worte gemurmelt: „Nein, vielmehr die höchste Gefährtenschaft (arab.: *ar-rafīq al-aʿlā*), im Paradies!" – eine Anspielung auf Sure 4, Vers 69: „Alle, die Allah und dem Gesandten gehorchen, die sind bei den Propheten, den Wahrhaften, den Märtyrern, den Frommen, denen Allah seine Wohltaten erweist – welch eine schöne Gefährtenschaft!" Das Motiv der Wahl zwischen den Schätzen des Diesseits und dem sofortigen Einzug ins Paradies klingt hier noch einmal an: Er wünscht sich unter die Auserwählten, die, wie auf christlichen Darstellungen des Endzeitgeschehens zu sehen ist, bereits vor Anbruch des Gerichts im Himmlischen Jerusalem weilen.[7]

Die Hervorhebung Abū Bakrs

Die Erzählungen über den sterbenden Propheten bestehen, wie deutlich wird, aus Bruchstücken; nicht einmal eine relative Chronologie läßt sich aufstellen, wenn man von der letzten Überlieferung absieht. Bei Ibn Isḥāq ist mit der Segnung Usāma b. Zaids und den letzten Worten Mohammeds die Thematik noch längst nicht erschöpft. Vielmehr folgt jetzt der für die Sunniten wichtigste Teil: Der an sein Lager gefesselte Prophet trägt Abū Bakr auf, den in der Moschee Wartenden vorzubeten. Die Erzählerin ist ʿĀʾiša, Abū Bakrs Tochter: „Als der Gesandte Allahs auf das Krankenlager niedergeworfen worden war, bat er: ‚Befehlt Abū Bakr, daß er den Leuten (die in der Moschee warteten) vorbete!' Ich gab zu bedenken: ‚Prophet Allahs, Abū Bakr ist ein zartbesaiteter Mann, hat überdies eine schwache Stimme und muß oft weinen, wenn er den Koran vorträgt.' (Mohammed aber) bat: ‚Befehlt ihm, daß er den Leuten vorbete!' Ich wiederholte meine Bedenken, worauf er bemerkte: ‚Ihr (Frauen) seid alle Josefs Verführerinnen!'" – wegen der Hartnäckigkeit, mit der ihr eure Ziele verfolgt – „‚Befehlt ihm (endlich), daß er den Leuten vorbete!' Bei Allah, ich äußerte meine Bedenken allein deswegen, weil ich wünschte, daß diese Pflicht von Abū Bakr genommen würde; denn ich erkannte, daß die Menschen niemals jemanden lieben würden, der (des Propheten) Stelle einnehmen würde, ja, daß sie ihn bei jedem Vorkommnis als einen Unglücksbringer ansehen würden. Darum wünschte ich, daß man Abū Bakr diese Pflicht nicht auferlege." Ibn Isḥāq schiebt hier eine Überlieferung ein, die er von az-Zuhrī erhielt; dessen Gewährsmann ist ʿAbdallāh b. Zamʿa b. al-Aswad b. al-Muṭṭalib b. Asad, ein den Banū Asad b. ʿAbd al-ʿUzzā zugehöriger Mann, der überdies mit dem Propheten nicht nur dank dessen Ehe mit Ḫadīǧa verschwägert war; ʿAbdallāhs Mutter war eine Schwester von Umm Salama, der maḫzūmitischen Gattin Mohammeds.[8] ʿAbdallāh b. Zamʿa erzählt, Bilāl habe zum Gebet gerufen, der Prophet habe sich nicht imstande gesehen, die Riten zu leiten und habe ihn, ʿAbdallāh, aufgefordert, einen geeigneten Imam zu finden; da Abū Bakr abwesend gewesen sei, habe er ʿUmar beauftragt; der Prophet sei allerdings über dessen schaurige, überlaute Stimme entsetzt gewesen und habe befürchtet, sie werde den Betenden mißfallen. Deswegen sei Abū Bakr herbeizitiert worden, und ʿUmar habe man die Aufgabe entzogen, was er ʿAbdallāh b. Zamʿa übel vermerkt habe.[9]

Die künftige Rolle ʿAlīs

Ibn Isḥāq setzt die Darstellung mit einer Überlieferung Anas b. Māliks fort, eines Dieners Mohammeds: Der Prophet verließ am Tag, an dem er starb, noch einmal seinen Wohnraum und zeigte sich den Betern in der

Moschee; der Anblick des scheinbar Genesenden erfreute sie derart, daß in ihren Reihen Verwirrung entstand; Abū Bakr leitete den Ritus ordnungsgemäß bis zum Ende und begab sich darauf in sein Haus in as-Sunḥ.[10] In Abū Bakrs Nachkommenschaft erzählte man sich, die Muslime seien überzeugt gewesen, daß der Prophet ausdrücklich ihn zum Nachfolger bestimmt habe; doch als ʿUmar zwölf Jahre später auf seinem Sterbebett in dunklen Worten zu verstehen gegeben habe, daß er nach dem Vorbild des Propheten alles offenlassen werde – und die Einsetzung eines Nachfolgers einem Gremium anvertraue –, sei man eines besseren belehrt worden. Am Morgen des Todestages des Propheten soll sich des weiteren diese Episode zugetragen haben: ʿAlī b. abī Ṭālib verließ das Krankenlager des Propheten und begegnete dessen Onkel al-ʿAbbās b. ʿAbd al-Muṭṭalib, der sich nach Mohammeds Befinden erkundigte; dieser sei im Begriff zu genesen, versicherte ʿAlī. Al-ʿAbbās faßte seinen Neffen bei der Hand und warnte ihn: „ʿAlī, bei Allah, nach dreien wirst du der Prügelknabe sein.[11] Ich schwöre bei Allah, ich habe den Tod im Antlitz des Gesandten Allahs erkannt, so wie ich ihn schon immer auf den Gesichtern der Banū ʿAbd al-Muṭṭalib erkannte. Laß uns zum Gesandten Allahs gehen. Wenn diese Sache bei uns liegt, dann gibt er uns das zu verstehen, und wenn bei jemand anderem, wird er uns das befehlen und uns der Obhut der Menschen anheimgeben." ʿAlī aber suchte nicht die Klarheit, sondern schlug die Mahnung in den Wind: „Wenn uns (die Sache) verweigert wird, dann wird sie uns hiernach ohnehin niemand gewähren."[12] Am späten Vormittag verschied der Gesandte Allahs.

Mohammed und ʿĀʾiša

In dieser Überlieferung reflektiert man über Mohammeds Tod in Kenntnis der späteren Geschicke der „besten Gemeinschaft": Nach drei Kalifaten wird sich ʿAlī den Zwistigkeiten gegenübersehen, die sich seit dem Dahinscheiden des Propheten aufgehäuft haben, und eine Lösung wird er nicht finden; wäre es nicht besser gewesen, er hätte sich durch Mohammed entweder zu dessen Nachfolger bestimmen oder von jeglichem politischen Ehrgeiz abraten lassen? – Ibn Isḥāq ist aber noch nicht am Ende mit den Überlieferungen, die man um den sterbenden Propheten rankt, um machtpolitische Ambitionen aus der Rückschau zu rechtfertigen. Über az-Zuhrī und ʿUrwa b. az-Zubair hat er einen wiederum von ʿĀʾiša erzählten Text aufgenommen: Nachdem Mohammed an seinem Todestag zum letzten Mal seinen Gebetsplatz aufgesucht hatte, kehrte er zu ihr zurück und legte sich nieder, den Kopf an ihre Brust gelehnt; ein Mitglied der Sippe Abū Bakrs überbrachte ein grünes Zahnholz, und mit einem Zeichen machte der Sterbende deutlich, daß er es benutzen wollte, um die Zähne zu reinigen und den üblen Mundgeruch zu vertreiben. – Nach muslimischer Vorstellung schätzt Allah diesen nur bei Fastenden.[13] – Sobald Mohammed damit fertig war, spürte ʿĀʾiša, wie sein Kopf schwerer auf ihr lastete, sein Blick wurde starr; mit den Worten: „Nein, vielmehr die höchste Gefährtenschaft, im Paradies!" tat er seinen letzten Atemzug. ʿĀʾiša beteuerte, nur ihrer Jugend und Unerfahrenheit sei es geschuldet, daß er so, an ihrer Brust, gestorben sei, „und zwar als ich an der Reihe war! Niemanden habe ich bezüglich seiner übervorteilt!" Sie bettete das Haupt des Toten auf ein Kissen und erhob sich, um mit den übrigen Frauen die Klagezeremonien zu beginnen. –

Wer immer sich auf ʿĀʾiša beruft, um sich als Sachwalter der Hinterlassenschaft des Propheten zu legitimieren, ist im Recht.

Die Diskreditierung ʿUmars

Eine letzte Thematik knüpft Ibn Isḥāq an das Geschehen um das Ende Mohammeds. Den Text fand er ebenfalls bei az-Zuhrī, der ihn Saʿīd b. al-Musaijab verdankt, dem maḫzūmitischen Gelehrten, der seinerseits ihn von Abū Huraira übermittelt bekommen haben will, dem jungen Prophetengefährten von den Banū Daus,[14] dessen Wirken in der frühislamischen Geschichte weitere Untersuchungen verlangen wird. ʿUmar b. al-Ḫaṭṭāb soll, als Mohammed nicht mehr unter den Lebenden weilte, über die Ansicht einiger „Heuchler", dem Propheten skeptisch gegenüberstehender Medinenser, empört gewesen sein, die behaupteten, der Gesandte Allahs sei tot; das sei eine Unwahrheit, er sei vielmehr zu seinem Herrn gegangen, ganz so, wie einst der Prophet Mose vierzig Tage seinem Volk unsichtbar geblieben, dann aber zurückgekehrt sei – nämlich vom Berg Sinai. Er, ʿUmar, wolle jedem die Hände und die Füße abschlagen, der verbreite, Mohammed sei tot – und mit diesem Gerücht Unfrieden säe (vgl. Sure 5, 33). Als Abū Bakr von diesen Drohungen gehört habe, sei er schnurstracks zu ʿĀʾiša gelaufen und habe sich davon überzeugt, daß Mohammeds Leichnam, mit einem Tuch bedeckt, in ihrer Wohnstatt liege. Abū Bakr habe das Tuch gelüftet, dem Verstorbenen ins Gesicht geblickt und ihn geküßt. „Den Tod, den Allah für dich vorsah, hast du gekostet, und hiernach wird dich kein Tod jemals mehr treffen." Danach hastete er zu ʿUmar, unterbrach ihn und entriß ihm das Wort: „Ihr Leute, wenn jemand Mohammed anbetete, nun, Mohammed ist tot! Wer aber Allah anbetet, der wisse, Allah lebt und wird nicht sterben. ‚Mohammed ist nichts weiter als ein Gesandter. Vor ihm gingen Gesandte dahin. Wenn er stirbt oder getötet wird, dann fallt ihr also in das zurück, was ihr überwunden habt? Wer in das, was er hinter sich ließ, zurückfällt, der kann Allah damit nicht schaden. Allah wird die Dankbaren entlohnen!' (Sure 3, 144)." Die Leute griffen dieses Koranzitat auf, ʿUmar jedoch war so bestürzt, daß er sich nicht auf den Beinen zu halten vermochte – er mußte erkennen, daß Mohammed wirklich gestorben war[15] und daß dies von Allah gewollt war; was er aber von der Botschaft des Dahingeschiedenen verstanden hatte, das war mehr als anfechtbar!

Der Gesandte Allahs hatte die letzten Tage seines Lebens in einem Zustand äußerster Schwächung zugebracht, der durch einen heftigen Schub seines Leidens verursacht worden war. Sein Bewußtsein war bisweilen getrübt gewesen. Der von ihm selber angeordnete Feldzug Usāma b. Zaids wurde hinausgezögert, obwohl sich die Truppen bereits gesammelt hatten. Kurz war der nach dem Ableben Mohammeds ausgetragene Kampf um die Macht, er wurde zugunsten Abū Bakrs entschieden. So lauten die Tatsachen, von denen aus wir den Wirrwarr an Überlieferungen über den sterbenden Propheten zu betrachten haben. Sie verteilen sich auf mehrere Themenkreise, die wir benennen, in Teilen auch sogleich näher beleuchten. Ihre ganze Bedeutung wird sich allerdings erst erschließen, sobald wir tiefer in die Geschichte der ersten Jahrzehnte nach dem Tod des Propheten eingedrungen sein werden. Wir werden folglich in der Auseinandersetzung mit dieser Geschichte ein ums andere Mal zu diesen Themenkreisen zurückgeführt.

Die Sterblichkeit des Propheten und der Fortbestand des Gemeinwesens

Als ersten benennen wir die Frage nach der Sterblichkeit des Gesandten Allahs. Mohammed läßt sich unmittelbar vor dem Ausbruch der Krankheit durch seinen Freigelassenen Abū Muwaihiba[16] auf den Friedhof hinausführen. Ihm gesteht er, daß Allah ihn vor die Wahl gestellt habe, ob er bis zum Ende der diesseitigen Tage im Genuß aller Schätze der Welt leben und danach im Paradies über all das in noch üppigerem Maße verfügen wolle oder ob es ihn verlange, Allah zu begegnen, was unverzüglich die überirdischen Wonnen eintrage. Mohammed hätte demnach die Möglichkeit gehabt weiterzuleben, aber er hat sie mit Bedacht verworfen. Dies macht er mit seinem Sehnen nach der „höchsten Gefährtenschaft" unmittelbar vor Eintritt des Todes unmißverständlich klar. Durch sein Hinscheiden ist demnach die Botschaft, die er zurückläßt, keineswegs entwertet oder gar widerlegt, etwa weil ein wahrer Prophet unsterblich sein müßte. Das eben ist es, was ʿUmar laut einigen Überlieferungen zunächst nicht zu begreifen vermag – die Botschaft und die Macht, die in ihrem Namen errungen und ausgeübt wird, sind für ihn an die Bedingung geknüpft, daß Mohammed in der Bewegung gegenwärtig ist. Indem Abū Bakr stellvertretend für den Verstorbenen Usāma b. Zaid nach aš-Šaʾm schickt sowie den Krieg gegen die Stämme beginnt, für die alles mit der Person des Propheten stand und fiel,[17] und indem man für die sich Abkehrenden den Begriff der Apostaten prägt, löst man die Hedschra sowie die Verpflichtung zur Zahlung der *ṣadaqāt* aus der Verknüpfung mit der einen überragenden Gestalt. Die Hedschra und die *ṣadaqāt* bilden das Prinzip einer neuartigen Gesellschaft, das zu seiner Geltung und Bekräftigung keiner charismatischen Person mehr bedarf, sondern allein des Bekenntnisses zu dem einen Allah, das durch die Pflichtriten stabilisiert wird.

Damit ist freilich noch nicht gesagt, wer in diesem Gebilde, der „besten Gemeinschaft", die Führung innehat und mit welchem Recht. De facto war es Abū Bakr, und man kann Gründe dafür anführen, weswegen dies der Fall war: Man wird darauf verweisen, daß die „Helfer" in der Zeit vor Mohammeds Ableben überall ins Hintertreffen gerieten; die von ihnen erhobene Forderung nach einem eigenen *amīr* wurde von Abū Bakr, wie angemerkt, aufgegriffen, wenn auch der Maḫzūmite Ḫālid b. al-Walīd, jedenfalls nach den Quellen, den – wohl auch in der Ruchlosigkeit – überragenden Feldherrn gab. Ohnehin darf in Zeiträumen außerordentlicher Verdichtung und Beschleunigung des Geschehens nicht mit einem der kritischen Vernunft standhaltenden Handlungsablauf gerechnet werden. Was auf alle Fälle für Abū Bakr sprach, war seine Verschwägerung mit den ḫazraǧitischen Bal-Ḥāriṯ; die „Helfer" durften ihn, und dergleichen galt nicht einmal für Mohammed, als einen der Ihrigen ansehen,[18] und das eben nicht dank einer lange zurückliegenden Verbindung, sondern einer gegenwärtigen: Abū Bakr hatte Ḥabība geheiratet, eine Tochter des bei Uḥud gefallenen[19] Ḫāriǧa b. Zaid, die ihm, freilich erst nach seinem Tod, eine Tochter gebar, Umm Kulṯūm; die Ehe bestand aber schon zu Lebzeiten Mohammeds.[20]

Die Legitimierung des Kalifats Abū Bakrs

Ein sehr frühes Argument für die Legitimität der eingetretenen Tatsachen haben wir in dem Auftrag vor uns, Abū Bakr möge für den durch seine Krankheit verhinderten Mohammed die Gebete leiten, den wichtigsten Akt der Selbstdarstellung und Selbstvergewisserung der „besten Gemeinschaft". In Zeiten seiner Abwesenheit von Medina hatte der Gesandte Allahs stets jemanden bestimmt, der seinen Part übernahm. Als er nach al-Abwāʾ vorstieß und den Vertrag mit den Banū Ḍamra schloß,[21] war es der „Helfer" Saʿd b. ʿUbāda von den Banū Sāʿida gewesen, den er dafür ausersehen hatte;[22] auch Saʿd b. Muʿāḏ von den ausitischen Banū ʿAbd al-Ašhal setzte er einmal ein.[23] Kurz darauf wählte er lieber Männer, die er aus Mekka kannte, Zaid b. Ḥāriṯa[24] und Abū Salama b. ʿAbd al-Asad al-Maḫzūmī;[25] schon während des Raubzuges nach Badr betraute der Prophet einen Verwandten Ḫadīǧas, Ibn Umm Maktūm, und dieser nahm die Aufgabe fortan fast immer wahr, wenn Mohammed selber Truppen befehligte.[26] Als er Mekka in Besitz genommen hatte und zur Eroberung von aṭ-Ṭāʾif aufbrach, ließ er in Mekka einen ṯaqafitischen Gefolgsmann zurück – nicht zu verwechseln mit dem Statthalter ʿAttāb b. Asīd, der über Mekka bestellt wurde, als Mohammed nach Medina zurückkehrte.[27] Abū Bakr wurde zum ersten Mal auf dem Feldzug nach Tabuk berufen, an der Stelle des Propheten die Riten zu leiten, und zwar bei den Truppen; Mohammed selber führte damals das Kommando, weshalb und unter welchen Umständen er Abū Bakr die prestigeträchtige Aufgabe überließ, ist nicht zu ermitteln. Übrigens versah bei derselben Gelegenheit Muḥammad b. Maslama, ein Schwurgenosse der Banū ʿAbd al-Ašhal, diesen Dienst in Medina.[28] Einen „Platzhalter" (arab.: *al-ḫalīfa*) zu benennen, das war im übrigen ein guter Brauch, und zwar nicht erst seit Mohammed. Man bezeichnete das Mitglied eines Stammes, das im Krieg den Troß und die nicht Kampffähigen zu beschützen hatte, mit diesem Wort.[29] An etwas ähnliches wird Mohammed denken, wenn er Allah davon sprechen läßt, daß er auf der Erde einen „Platzhalter" bestimmen werde, jemanden, der für den eigentlichen Inhaber von Macht und Ansehen steht – einen Vertreter, den Allah ersetzen könnte, wenn er sich als unwürdig entpuppen sollte (vgl. Sure 11, 57). Erst als sich der Begriff *ḫalīfa* mit der Idee angereichert hat, daß die „Platzhalterschaft" in einer noch nicht näher beschreibbaren Weise sehr wohl ein charismatisches Element einschließt, das das in der Hedschra, den *ṣadaqāt* und im Ritenvollzug getätigte Prinzip der Abstraktheit entreißt, erst dann, in Anbetracht dieses hinzugekommenen Erfordernisses, durften die Nachkommen Abū Bakrs nicht mehr dessen sicher sein, daß Mohammed ihn bestimmt hatte; denn andere wären womöglich würdiger gewesen. Bezeichnenderweise heißt es jetzt, daß „man ʿUmar mit Hinblick auf Abū Bakr nicht mit Argwohn begegnet":[30] Daß ʿUmar für Abū Bakr als den *ḫalīfa* des Gesandten Allahs eingetreten war, darf auch unter dem Gesichtspunkt der nunmehr für notwendig erachteten höheren Berufung kein Irrtum gewesen sein.

Vor allem die Frage, wo Mohammed erkrankte und wo er seine letzten Tage zubrachte, muß folglich so beantwortet werden, daß Abū Bakr als der von dem Sterbenden selber ausersehene und daher mit einem entsprechenden Charisma ausgezeichnete Nachfolger zu gelten hat. Um die Tatsachen und die Begleitumstände an sich kann es nicht mehr gehen, sondern nur noch um das, was sie zu beweisen oder zu widerlegen geeignet erscheinen. Je mehr dies gespürt wird und die religiös-politische

Gedankenwelt der „besten Gemeinschaft" beunruhigt, desto mehr rückt der Umstand in den Mittelpunkt der Aufmerksamkeit, daß ʿĀʾiša, die Tochter Abū Bakrs, diejenige gewesen sein soll, an deren Brust Mohammed verschied, und ʿĀʾiša, die den Propheten ja um etliche Jahrzehnte überlebte, wird in die rasch um sich greifenden Händel verstrickt. Sie hat in den Überlieferungen und vermutlich auch in der Wirklichkeit die Aufgabe zu übernehmen, nachträglich die Rechtmäßigkeit des Kalifats ihres Vaters zu erhärten, und das beginnt damit, daß sie zu belegen hat, daß der Sterbende mit vollem Recht in ihrer Wohnstätte geweilt hatte; sie habe niemanden übervorteilt, versichert sie.

Der konstruierte Vorrang ʿĀʾišas

Die Episode, in der es Mohammed unmittelbar vor seinen Leidenstagen auf den Friedhof zieht, setzt voraus, daß ʿĀʾiša Zeugin der ersten Anzeichen der Krankheit wird. Offensichtlich hat man das bestritten. Man machte geltend, daß er jeder seiner Frauen der Reihe nach eine Nacht zu widmen pflegte; alle sollten an ihm den gleichen Anteil haben; denn nur dem Zeitmaß nach seien sie sein Eigentum, die Liebe gewähre allein Allah, und zwar nach seinem unergründbaren Ratschluß.[31] Noch während der Erkrankung habe sich Mohammed diese Art von Gerechtigkeit abverlangt (vgl. Sure 4, 3). Vertraut man dergestalt auf das Pflichtbewußtsein des Propheten, dann braucht man auch jene Überlieferungen nicht zu verwerfen, denen zufolge ihn der Schlag nicht bei ʿĀʾiša trifft, sondern bei Maimūna bt. al-Ḥāriṯ von den Banū ʿĀmir b. Ṣaʿṣaʿa, der letzten seiner Ehefrauen, die er gegen Ende des Jahres 7 während der ihm bei al-Ḥudaibīja zugesicherten Wallfahrt heiratete. Mohammed war ihr dritter Ehemann; was sie für den Propheten so anziehend machte, wird uns verschwiegen. Sie war die Witwe eines Mannes aus dem quraišitischen Zweig der Banū ʿĀmir b. Luʾaij, dem nämlichen, welchem der mekkanische Unterhändler Suhail b. ʿAmr angehörte, und da die Heirat durch den noch in Mekka weilenden al-ʿAbbās, den Onkel des Propheten, eingefädelt worden sein soll, darf man politische Beweggründe annehmen. Bei Sarif, zehn Meilen vor Mekka, wurde die Ehe vollzogen, was gegen Ende des 7. Jahrhunderts, als man Mohammeds Handeln für eine verbindliche Richtschnur zu halten begann, zu Streitereien darüber führte, ob der Prophet dies im Weihezustand getan habe oder nicht. Letzteres wäre manchen Gelehrten lieber gewesen, und so verlegten sie den Ort des ersten Verkehrs kurzerhand nach Medina.[32]

Aus irgendeinem Grund mußte der todkranke Mohammed von Maimūna zu ʿĀʾiša gelangt sein. Er hatte, das glaubte man zu wissen, seine Frauen selber darum gebeten, ihn von der beschriebenen Pflicht zur Gerechtigkeit zu befreien, und sie hatten zugestimmt. Von zwei Männern, deren einer al-ʿAbbās gewesen sein soll, wurde er zu ʿĀʾišas Wohnraum geschleppt dergestalt, daß seine schlaff herabhängenden Füße zwei Linien in den Sand zogen. – Das Bild wird uns gleich noch einmal begegnen. – Später ließ man ʿĀʾiša die Szene aus ihrer Warte schildern, wobei man ihr gleich die Begründung dafür in den Mund legte, daß sie so oft für normsetzende Äußerungen Mohammeds zu bürgen vermochte: Laut einem basrischen Gewährsmann, dem sie sich sogar ohne Vorhang[33] gezeigt haben soll, berichtete sie: „Immer wenn der Gesandte Allahs an der Tür (meines Wohnraums) vorüberkam, warf er mir ein Wort zu, durch das Allah Nutzen stiftete. Eines Tages aber ging er vorbei, ohne etwas zu sagen, und dann noch einmal. Deshalb bat ich eine Magd, mir vor der Tür ein Kissen bereitzulegen. Ich setzte mich also an den Weg, den er nehmen mußte, und wand mir ein Tuch um den Kopf. Da erschien der Gesandte Allahs und fragte: ‚Was ist mit dir?' Ich antwortete: ‚Mir tut der Kopf weh', worauf er versetzte: ‚Und mir erst!' Kurz darauf trug man ihn in einem Gewand herbei und brachte ihn in meinen Wohnraum. Er ließ seine Frauen holen, und als sie sich versammelt hatten, sagte er: ‚Ich bin krank, ich kann nicht mehr bei euch die Runde machen. Wie wäre es, wenn ihr mir gestattetet, daß ich bei ʿĀʾiša bleibe?' Sie willigten ein, und so fiel es mir zu, einen Kranken zu pflegen, was ich zuvor noch nie getan hatte."[34]

Damit alles Geschehen um ʿĀʾiša kreise, war aber nicht nur die „rechtmäßige" Ausschaltung Maimūnas vonnöten. Es gibt nämlich auch diese Überlieferung: Der Prophet hatte eine Sklavin, eine zum Islam gepreßte Jüdin namens Raiḥāna, die er in einem seiner Palmenhaine untergebracht hatte; bei ihr hielt er oft seine Mittagsruhe – sie zählte eben nicht zu den offiziellen Gattinnen, bei denen er reihum nächtigte, und ausgerechnet bei ihr rührte ihn der Schlag. Er gelangte dann zu Maimūna und danach zu ʿĀʾiša.[35] Raiḥāna stammte von den Banū n-Naḍīr her, sie war mit einem Mann von den Banū Quraiẓa verheiratet gewesen. Wie erinnerlich, hatte Mohammed die Männer dieses Stammes niedermetzeln lassen, die Frauen wurden die Sklavinnen der Sieger, und Raiḥāna durfte sich schmeicheln, wegen ihrer Schönheit zur Vorauswahl zu zählen, die der Gesandte Allahs sich von jeglicher Kriegsbeute ausbedang. Näheres ist bei al-Wāqidī zu lesen: „Der Gesandte Allahs schlug ihr vor, sie möge Muslimin werden, doch sie weigerte sich und blieb dem Judentum treu. Er mied sie daraufhin und fühlte sich gekränkt. Schließlich rief er Ibn Saʿīja zu sich und legte ihm die Sache dar. Dieser versprach: ‚Vater und Mutter gäbe ich für dich hin! Sie wird schon den Islam annehmen!' (Ibn Saʿīja) begab sich zu ihr und hielt ihr vor: ‚Folge nicht deinen Leuten! Du siehst doch, was Ḥujaij b. Aḫṭab[36] über sie gebracht hat! Werde Muslimin! Der Gesandte Allahs wählt dich für sich selber!' Der Gesandte Allahs war mit seinen Gefährten zusammen, als er den Hall von Sandalen vernahm. ‚Das sind die Sandalen Ibn Saʿījas, er bringt mir die frohe Botschaft vom Islam Raiḥānas!' rief er erfreut...!" Ein Weilchen mußte er sich noch gedulden, sie hatte gerade ihre Regel. Dann aber war es so weit: Mohammed trug ihr sogar die Ehe an, er werde sie in diesem Falle freilassen. Raiḥāna aber zog es vor, Sklavin zu bleiben, „und er verkehrte mit ihr, bis sie bei ihm starb".[37] Über die Beziehungen Raiḥānas zu Mohammed wird im übrigen Widersprüchliches berichtet. Manchmal heißt es, er habe sie doch geheiratet, danach aber verstoßen, weil sie ihm Eifersuchtsszenen gemacht habe. Er habe später ein zweites Mal mit ihr die Ehe geschlossen. Jedenfalls sei sie vor ihm gestorben.[38]

Diese letztgenannte Annahme scheint geboten zu sein. Denn eine widerspenstige Schönheit, noch dazu von zweifelhaftem muslimischen Glaubensernst, als eine Hauptperson an dem für die weiteren Geschicke der „besten Gemeinschaft" so entscheidenden Wendepunkt, das wäre doch zu arg. Und damit kommen wir zum letzten Themenkreis, bei dem wir uns zeitlich noch etwas weiter vom eigentlichen Ereignis entfernen. Nicht mehr die Begründung, weshalb der Gesandte Allahs mit Recht in die Obhut ʿĀʾišas gelangte, steht nunmehr zur Debatte, sondern wem man nach dem Ableben des Propheten die Macht, ja die göttliche Vollmacht zugestanden habe, die „beste Gemeinschaft" zu führen, und dies nach Grundsätzen, für die dieser Nachfolger nun, in der Sicht des ausgehenden 7. Jahrhunderts, mit seiner Persönlichkeit, seinem Charisma gebürgt haben würde. Kennzeichnend für Form und Inhalt, die in jener Zeit die Überlieferungen über den sterbenden Propheten annahmen, ist die Fassung, die ʿUbaidallāh b. ʿAbdallāh b. ʿUtba b. Masʿūd verbürgte. Er war der Enkel eines gewissen ʿUtba b. Masʿūd, und mit diesem dringen wir in den frühen mekkanischen Zirkel der Anhänger Mohammeds ein. ʿUtbas Vater, ein Huḏailit, war Eidgenosse des quraišitischen Klans der Banū Zuhra geworden, und man zählte seine Nachkommen, so auch ʿUtba, kurzerhand zu den Quraišiten.[39]

ʿĀʾiša und die Lehrautorität der Prophetengenossen

Was wir nun darzulegen haben, ist eingestandenermaßen recht verwickelt, doch kann man nicht auf die Einzelheiten verzichten, ohne den springenden Punkt der Überlieferung zu verfehlen. ʿUtba b. Masʿūd hatte einen Bruder ʿAbdallāh, der ihn zu Lebzeiten des Propheten an Ruhm weit in den Schatten stellte. ʿAbdallāh war in Äthiopien im Exil gewesen und hatte seit Badr in allen wichtigen Schlachten Mohammeds mitgefochten; dieser hatte ihn mit az-Zubair, dem „Jünger", verbrüdert und dann, „nach der Hedschra", mit Saʿd b. Muʿāḏ von den ausitischen Banū ʿAbd al-Ašhal, jenem „Helfer", der sich so sehr um die Kriegsbereitschaft der Medinenser verdient machte.[40] ʿAbdallāh b. Masʿūd habe in Medina fast ständig in nächster Nähe zum Gesandten Allahs gelebt,[41] er sei ihm in Kleinigkeiten des Alltags behilflich gewesen, so bei der Pflege der Sandalen.[42] Solche kaum zu überbietenden Vorzüge hat ʿUtba b. Masʿūd, der Großvater unseres Überlieferers ʿUbaidallāh, nicht vorzuweisen. In die Schar der Badrkämpfer hat man ihn nur aus Versehen eingereiht; zwar soll auch er in Äthiopien gewesen sein, aber den Weg nach Medina fand er nicht so schnell. Erst bei Uḥud soll er den Muslimen mit der Waffe beigestanden haben, allerdings ohne sich im Guten auszuzeichnen, denn er erschlug irrtümlich einen der eigenen Leute.[43] Dann aber, unter ʿUmar b. al-Ḫaṭṭāb (reg. 634–644), scheint ʿUtba b. Masʿūd aus dem bloßen Mitläufertum herausgetreten zu sein. Er soll damals sogar ein Kommando innegehabt haben; näheres verschweigen die Quellen. Sie vermerken hingegen mit einer gewissen Verwunderung, daß der berühmte ʿAbdallāh über den Tod ʿUtbas getrauert habe; es sei immerhin sein Bruder, habe ʿAbdallāh zu bedenken gegeben, trotz allem, was ʿUmar getan habe.[44] Was dieser Satz meint, wissen wir nicht. ʿUmar hatte ʿAbdallāh Hims als „Ort der Hedschra" angewiesen, ihn dann aber nach Kufa versetzt,[45] was auf eine Verstimmung hindeuten könnte. ʿUtba hingegen scheint ein ganz ungetrübtes Verhältnis zu ʿUmar gehabt haben. Auch bei ʿUmars Nachfolger ʿUṯmān (reg. 644–656) stand ʿAbdallāh nicht im besten Ansehen.[46] Denn er hat sich wohl an der in Kufa grassierenden Agitation gegen den Kalifen beteiligt und damit viel Anklang gefunden. Diese Vorgänge werden wir im nächsten Kapitel erhellen. Nachdem ʿUṯmān in Medina ermordet worden war, wich ʿAlī b. abī Ṭālib mit der

Schar seiner Parteigänger nach Kufa aus, und dort durfte er auf die bereitwillige Unterstützung durch ʿAbdallāh b. Masʿūds Kreis bauen.[47]

Nicht nur ʿAbdallāh b. Masʿūd sympathisierte mit ʿAlī; sein Neffe ʿAbdallāh b. ʿUtba, der Vater des uns beschäftigenden Überlieferers ʿUbaidallāh, wurde ausgerechnet durch den schiitischen Rebellen al-Muḫtār im Jahre 66 (begann am 8. August 685) in das Richteramt von Kufa berufen, überstand den Zusammenbruch des Aufstandes und amtierte auch unter dem mit den Omaijaden konkurrierenden zubairidischen Kalifen ʿAbdallāh, der als Sohn des „Jüngers des Propheten" die Herrschaft der „alten Auswanderer" wiederaufleben ließ und bis Ende 692 regierte.[48] ʿAbdallāh b. ʿUtba vermochte noch auf beiden Schultern zu tragen; berief er sich auf seinen Onkel, dann achteten ihn die Schiiten, erinnerte er an seinen Vater ʿUtba und an dessen gutes Verhältnis zu ʿUmar, dann konnten die „alten Auswanderer" und deren Söhne nichts gegen ihn haben. Da ʿAbdallāh b. ʿUtba b. Masʿūd überdies noch zu Lebzeiten des Propheten geboren worden war, rechnete er rein formal zu dessen Gefährten; deren rasch wachsende Wertschätzung genießend, ist er im Jahre 74 (begann am 13. Mai 693) verstorben.[49] Sein Sohn ʿUbaidallāh (gest. nach 710) gehört bereits zu jener Generation von Gelehrten, für die es selbstverständlich wird, daß bei Mohammed und seinen Gefährten die Antwort auf die Frage zu suchen ist, wie man die „beste Gemeinschaft" nicht nur zu beherrschen, sondern zu gestalten hat. ʿUbaidallāh erlebte, wie der spätere omaijadische Kalif ʿUmar b. ʿAbd al-ʿAzīz (reg. 717–720) während seiner Zeit als Statthalter in Medina es sich angelegen sein ließ, möglichst viel von dem in Erfahrung zu bringen, was man über Mohammed und seine Gefährten wußte. Er stieß bei seinen Erkundigungen auch auf ʿUbaidallāh als einen Gewährsmann. In den Gesprächen mit ihm habe sich der Omaijade nicht ausschließlich rühmend über die Prophetengenossen geäußert und sei wegen dieses Mangels an Respekt durch den Gelehrten schroff zurechtgewiesen worden: Das von Allah stammende Wissen und die Überlieferungen über Mohammed und seine Vertrauten seien aller Kritik enthoben; „Allah hatte Wohlgefallen an den Gläubigen, als sie dir unter dem Baum huldigten", heiße es in Sure 48, Vers 16; da niemand gehört habe, daß Allah später einem der Genannten gezürnt habe, verbiete sich jedes unziemliche Wort über sie.[50] Auch eine theologische Bekräftigung der völligen Kritiklosigkeit gegenüber den heiligmäßigen Altvorderen kennt ʿUbaidallāh schon: Allein dem Weltenrichter ist ein Urteil über sie anheimzustellen (arab.: *al-irǧāʾ*),[51] mögen sie nach menschlichem Ermessen auch Fehler begangen haben.

Im Hinblick auf den sterbenden Propheten und die Nachfolgeregelung ist ein Fehler sogar zu vermuten. Denn wäre damals alles richtig gewesen, dann wäre es dreieinhalb Jahrzehnte später nicht zur Ermordung ʿUṯmāns und zum Bürgerkrieg gekommen. ʿUbaidallāh und sein Kreis waren sich jedoch sicher, daß die großen Prophetengefährten, auf die sie sich beriefen, gegen jeden Irrtum gefeit gewesen seien. Ihre Bürgin für diese Gewißheit war niemand anders als ʿĀʾiša. ʿUrwa b. az-Zubair und ʿUbaidallāh wurden eines Tages von ʿUmar b. ʿAbd al-ʿAzīz empfangen. Das Gespräch kam auf ʿĀʾiša und auf die Ehrerbietung, die der 692 von den Omaijaden niedergerungene Kalif ʿAbdallāh b. az-Zubair gegen die Tochter Abū Bakrs gehegt hatte. ʿUrwa, der jüngste Bruder des Bezwungenen und eine der ersten weithin anerkannten Autoritäten auf dem Gebiet der Prophetenbiographie, bezeugte unerschrocken, ʿĀʾiša habe stets betont: „Vom Gesandten Allahs und von meinen Eltern abgesehen, habe ich niemanden so sehr geliebt wie ʿAbdallāh b. az-Zubair!" Dem Omaijaden mißfiel dieses Wort; wie könne der Zubairide jene ʿĀʾiša für sich allein beanspruchen, wo doch jeder Muslim einen Anteil an ihr habe! – ʿĀʾiša rückt zu der Figur schlechthin auf, die den Muslimen die heilswichtige Hinterlassenschaft des Propheten zugänglich macht. – ʿUrwa rechtfertigt sich: Die Segenswirkung ʿĀʾišas erstrecke sich natürlich auf alle Muslime, aber sowohl die verwandtschaftliche Nähe[52] als auch die tiefe Zuneigung stifteten eine besondere Beziehung zwischen ʿAbdallāh b. az-Zubair und ihr. Erregt fordert der Omaijade beide Besucher zum Gehen auf; ʿUbaidallāh hat ʿUrwa in der Szene den Rücken gestärkt, und er unterstreicht seine Haltung durch einige Verse, in denen er den Statthalter daran erinnert, daß die alte gesellschaftliche Rangordnung, in der der Nachkomme des ʿAbd Šams gewiß ganz vorn stünde, untergegangen ist; jetzt, wo vor allem die richtige Ausführung des Ritus zähle, hinke ʿUmar b. ʿAbd al-ʿAzīz selbst denen hinterdrein, die gemächlichen Schrittes vor ihm wanderten.[53] Was entnehmen wir dem allen? Der Ruhm, der sich aus dem engen Umgang mit dem Propheten speist – das Beispiel ʿAbdallāh b. Masʿūds –, muß nicht die Grundlage einer späteren Befugnis abgeben, bestimmten Personen aus dem Umkreis Mohammeds Autorität zuzuschreiben: Nicht ein Nachkomme ʿAbdallāh b. Masʿūds, sondern des unter Mohammed vergleichsweise unbedeutenden ʿUtba, propagiert ʿĀʾišas umfassende Kenntnis von den Bestimmungen Allahs. Daß sie zu Lebzeiten des Propheten sich dies alles mit Fleiß und Beharrlichkeit angeeignet habe, ist, so lautet der Verdacht, eine Behauptung, in der erst nach dessen Tod entstandene Interessen zum Ausdruck kommen.

Bürgen des „Wissens"

Dem genannten ʿUbaidallāh b. ʿAbdallāh b. ʿUtba b. Masʿūd soll ʿĀʾiša die Geschichte vom sterbenden Propheten so erzählt haben: Als den Gesandten Allahs die Krankheit niederdrückte, fragte er, ob die Menschen in der Moschee schon das Gebet verrichtet hätten; man verneinte dies und sagte ihm, sie harrten seiner. Er ließ einen Trog mit Wasser vor sich hinstellen und wusch sich; dann wollte er sich erheben, aber die Beine versagten ihm den Dienst, und ihm schwanden die Sinne. Als er wieder zu sich kam, fragte er erneut, erhielt die gleiche Antwort, ließ wieder Wasser herbeischaffen – die Bewußtlosigkeit hatte die rituelle Reinheit aufgehoben – und wiederholte die Waschung; als er zum dritten Mal aus einer Ohnmacht erwacht war, sah er ein, daß er den Wartenden nicht werde vorbeten können. Auf seinen Wunsch holte man Abū Bakr herbei, damit dieser es an seiner Stelle tue; der wollte die Aufgabe an ʿUmar weitergeben, der sich aber mit der Begründung weigerte, Abū Bakr habe mehr Recht auf diese Ehre. So leitete dieser für einige Tage die Gebete, bis es Mohammed etwas besser ging. Zur Überraschung der Anwesenden ließ er sich eines Nachmittags auf den Gebetsplatz hinausführen, gestützt von zwei Männern, von denen einer al-ʿAbbās war. Unverzüglich räumte Abū Bakr seinen Platz vor der Gemeinde, der Prophet duldete dies aber nicht, sondern gab die Anweisung, man möge ihn neben Abū Bakr auf den Boden niederlassen. So geschah es, und Abū Bakr richtete sich genau nach Mohammed, der den Ritus im Sitzen vollzog, und die Gemeinde ihrerseits hielt sich an Abū Bakr. ʿUbaidallāh trug diese Erzählung ʿAbdallāh b. al-ʿAbbās vor, von dem er sehr geschätzt wurde, und der Sohn des an der Szene Beteiligten bestätigte sie, fragte aber: „Hat ʿĀʾiša dir den Mann nicht genannt, der mit al-ʿAbbās war?" „Nein", erwiderte ʿUbaidallāh, worauf er erfuhr, es habe sich um ʿAlī b. abī Ṭālib gehandelt.[54]

Diese Überlieferung und eine Anzahl ähnlicher aus anderen Quellen, alle jedoch auf dieselbe Szene bezogen, sind in der *ḥadīṯ*-Sammlung des Muslim b. al-Ḥaǧǧāǧ (gest. 874/5), einer der angesehensten Autoritäten auf diesem Gebiet, unter der folgenden Überschrift zu finden: „Kapitel darüber, daß der Vorbeter, sobald ein triftiger Entschuldigungsgrund eintritt wie etwa eine Krankheit, eine Reise usw., einen Stellvertreter einsetzt, der den Leuten vorbetet, ferner darüber, daß alle die, die hinter einem Vorbeter, der wegen der Unfähigkeit zu stehen im Sitzen (den Ritus leitet), ihr Gebet verrichten, zum Stehen verpflichtet sind, sofern sie dazu in der Lage sind, und schließlich darüber, daß die Bestimmung, der zum Stehen Fähige müsse hinter einem sitzenden Vorbeter sitzend (die Riten durchführen), abrogiert wurde." Diese Wendungen belegen, daß man die Verbindlichkeit des in der Überlieferung vermittelten „Wissens" bereits für eine Selbstverständlichkeit nimmt; es muß nur noch geklärt werden, welche normsetzenden Aussagen in diesem „Wissen" verborgen sind – in unserem Falle die Benennung eines Vertreters durch den verhinderten Vorbeter sowie das Gebot, jeder Muslim müsse den Ritus im Stehen vollziehen, sofern ihm das irgend möglich sei. Dieses Gebot ist freilich nur zu rechtfertigen, wenn die vorliegende Überlieferung andere, die einen gegenteiligen Schluß nahelegen, „abrogiert" (arab.: *nasaḫa*). Mohammeds Diener Anas b. Mālik berichtete nämlich, der Prophet sei einmal vom Pferd gefallen und habe sich schwere Schürfwunden zugezogen. „Wir statteten ihm einen Krankenbesuch ab; die Zeit des Gebets kam, er betete im Sitzen und wir hinter ihm ebenfalls im Sitzen. Nachdem er den Ritus beendet hatte, erläuterte er: ‚Der Vorbeter versieht seine Aufgaben, damit man sich genau nach ihm richte. Wenn er das *Allāhu akbar* spricht, dann auch ihr, wenn er sich niederwirft, dann auch ihr, wenn er (die Arme) hebt, dann auch ihr! Wenn er spricht: Allah hört dem zu, der ihn lobpreist, dann sagt: Unser Herr! Dir gilt unsere Lobpreisung! Und wenn (der Vorbeter) im Sitzen betet, dann auch ihr, und zwar alle!'"[55] Der *ḥadīṯ*-Sammlung Muslims ist demnach zu entnehmen, daß alles Handeln Mohammeds den Charakter einer – durch Allah inspirierten – Gesetzgebung trägt. Nicht mehr der berichtete und dadurch zur Geschichte gewordene Vorgang verdient die Aufmerksamkeit des Lesers oder Zuhörers, sondern die im Zuge des Vorgangs übermittelten Normen. Sie müssen ins Bewußtsein des Muslims gehoben werden. Freilich dürfen Normen nicht einander widersprechen. Aus der zuletzt zitierten Überlieferung ist zu ersehen, daß „derjenige, dem der Imam vorbetet, diesem folgen muß", so Muslims Überschrift. Dieses allgemeine Gebot, abgeleitet aus dem Bericht über Mohammeds Unfall und dabei ausdrücklich auch auf das Sitzen beim Ritenvollzug ausgedehnt, wird durch die dem chronologisch späteren Ereignis zu entnehmende Norm insoweit „abrogiert", als sich die Pflicht der peinlich genauen Anpassung der Gesten und Worte an den Vorbeter auf das Sitzen gerade nicht erstreckt.[56] Das ursprüngliche Interesse an einem Hinweis auf die Rechtmäßigkeit des Kalifats Abū Bakrs wird mithin von einem wesentlich weiter reichenden, den Alltag des Muslims gestaltenden überlagert, und die Prophetengefährten, die dieses weitgespannte Interesse befriedigen können, müssen eben darum gegen jede noch so leise Kritik geschützt werden.

Ab dem 9. Jahrhundert greift ein Verständnis der Prophetenvita um sich, das allein auf die Nutzbarmachung der sie betreffenden Überlieferungen für ein, wie man meint, von Allah selber verfügten Rechtssystem zielt. Die Aufmerksamkeit für den Gesamtzusammenhang des Geschehens schwindet, man forscht vor allem nach „Abrogierendem" und „Abrogiertem", im Koran wie im *ḥadīṯ*, um in den debattierten Einzelfragen zu einer Entscheidung zu kommen. So wird unter der stillschweigenden Annahme, alles, was mit der Person des Propheten zusammenhänge, sei ein überzeitlich gültiges, in der „besten Gemeinschaft" zu verwirklichendes, durch Allah gestiftetes „Wissen", die Neugierde des Historikers zu einer anstößigen Zudringlichkeit.[57] Die Vita des Gesandten Allahs zerfällt in eine unüberblickbar große Anzahl normativer Akte; „Geschichte" gibt es nur zum Zwecke der Behebung der Widersprüchlichkeit von einander ausschließenden Überlieferungen und beschränkt sich auf Vorher-Nachher-Fragen sowie auf Mutmaßungen über die Zuverlässigkeit der auf die Prophetengenossen folgenden Tradenten, denen sich eine eigene Fachliteratur widmet. Die Gestalt des Gesandten Allahs verflüchtigt sich für den ungelehrten wie für den gelehrten Muslim zu einem gegen den Wandel der Zeiten immunisierten Ideal, dem er, selber ebenfalls von seinen Lebensumständen absehend, nachzustreben hat.[58] Diese für den Islam grundlegenden Gegebenheiten sind natürlich nicht mehr das Thema einer Mohammedbiographie. Allerdings hat sie aufzuzeigen, wie im Wirken des Propheten und begünstigt durch die Beschaffenheit der Welt, in der er auftrat, jene Gegebenheiten Gestalt annahmen. Daher führt uns unsere Untersuchung bis in die Zeit um 700, in der den Sammlern der Prophetenvita bewußt wird, daß die Kenntnisse, die sie sich angeeignet haben, heilswichtig sind und ihnen, den Verwaltern dieser Kenntnisse, der Vorrang in der „besten Gemeinschaft" gebührt.

Die Funktionen der Prophetenvita

ʿUbaidallāhs Fassung von ʿĀʾišas Bericht führt uns genau an die Schwelle jener Epoche, in der aus der Überlieferung das Heilswissen wird: Vordergründig geht es um die Streitfrage nach der Legitimität des Kalifats Abū Bakrs, und deutlicher noch als bei Ibn Isḥāq wird hier hervorgehoben, daß alle Vorgänge bis in die kleinste Kleinigkeit durch Mohammed gewollt und befohlen waren; Abū Bakr war nie und nimmer von dem Ehrgeiz beseelt, nach dem Kalifat zu greifen. Ebenso wenig hat ʿĀʾiša eine eigene – nämlich ablehnende – Meinung zur Wahl ihres Vaters zum Vorbeter gehabt. Was wissenswert ist, das ist Mohammeds Wort; ʿUmars Ausschluß verdankt sich mittelbar ebenfalls diesem Wort; ein Grund, der ihn hätte disqualifizieren können, wird nicht erwähnt. Sobald Mohammed, scheinbar genesend, auftritt, will sich Abū Bakr zurückziehen. „Als der Gesandte Allahs herauskam, richteten sich die Blicke auf ihn, und Abū Bakr bemerkte, daß dies um des Gesandten willen geschah. Deshalb verließ er den Platz (des Vorbeters), aber Mohammed stieß ihn in den Rücken und befahl: ‚Bete ihnen vor!'"[59] So steht es bei Ibn Isḥāq. ʿUbaidallāh verknüpft diese Szene mit dem Bild des durch al-ʿAbbās und ʿAlī gestützten Propheten, die ihn auf seinen ausdrücklichen Wunsch hin neben Abū Bakr plazieren: Niemand darf auch nur den leisesten Zweifel daran äußern, daß Mohammed allein Abū Bakr in dem Amt sehen wollte, und Abū Bakr ahmt Mohammed fehlerfrei nach, hier im Gebet und daher auch sonst – er ist der von Mohammed selber bestimmte zuverlässige Bürge des „Wissens". Alle von dieser mittlerweile wichtigsten Botschaft des geschilderten Vorganges ablenkenden Motive sind ausgeschieden, und gerade die Einbeziehung ʿAlīs, des Intimfeindes ʿĀʾišas,[60] ist ein zusätzlicher Hinweis auf die über die bloße Wahrnehmung der Amtsgeschäfte des Propheten hinausreichende Funktion, die Abū Bakr nunmehr zugeschrieben wird. Bei Ibn Isḥāq wird ʿAlī an dieser Stelle nicht benötigt; in seinem Material geht es noch um die Legitimität der Nachfolge. Für ʿUbaidallāh, den Kenner des „Wissens", ist ʿAlī an dieser Stelle unentbehrlich. Denn das im Entstehen begriffene Schiitentum, gegen das ʿUbaidallāh seinen Anspruch auf die Kennerschaft des „Wissens" zu verteidigen hatte, erblickte in Abū Bakr den Usurpator, der ʿAlī um die unmittelbare Nachfolge brachte und deswegen auch kein Bürge des Heilswissens sein kann. Zur Abwehr solcher Vorstellungen muß ʿAlī in dieser Szene die Aufgabe eines Gehilfen übernehmen.

So deuten die beiden den Propheten stützenden Männer das Neue an, das um 700 spürbar wird. Dieses Neue übersteigt die Frage, ob Abū Bakr mit Zustimmung des Propheten als Vorbeter und „Stellvertreter" amtierte und daher dessen Nachfolger wurde, und verwandelt sie in das grundsätzliche Problem, wer denn der befugte, durch Allah selber bestimmte Sachwalter des von der Person Mohammeds her ausstrahlenden Heilwissens sei. Nicht nach eigenem Gutdünken habe er die Türen einiger Männer schließen lassen, soll Mohammed seinem Onkel al-ʿAbbās anvertraut haben, auf Anweisung Allahs war dies demnach geschehen.[61] Allein die Pforte, die vom Gebetsplatz zu Abū Bakr führte, sollte geöffnet bleiben, so hörten wir. Doch es gibt andere Überlieferungen, in denen ʿAlī b. abī Ṭālib der solchermaßen Geehrte ist.[62] In die Jahrzehnte gegen die Mitte des 8. Jahrhunderts führen uns Berichte über die Todesstunde des Propheten, in denen ʿĀʾiša und mit ihr Abū Bakr gegen ʿAlī ausgetauscht sind. „Ich bin eine Stadt des Wissens, und ʿAlī ist ihre Pforte", sagt Mohammed in einer verbreiteten schiitischen Überlieferung.[63] Unter den Nachkommen ʿAlīs war man inzwischen überzeugt, daß Mohammed keineswegs an ʿĀʾišas Brust verstorben sei; ʿAlī habe das Haupt des Dahinscheidenden gehalten und dann den Toten auf den Boden gelegt, unterstützt von dem herbeigerufenen al-ʿAbbās. Dessen Sohn ʿAbdallāh wird in einer anderen Überlieferung gefragt: „Starb der Gesandte Allahs, das Haupt an jemandes Brust gelehnt?" „An die Brust ʿAlīs!" lautet die Antwort, worauf der Fragende zu bedenken gibt, ʿUrwa b. az-Zubair schreibe ʿĀʾiša diese Auszeichnung zu. „Bist du von Sinnen!" empört sich ʿAbdallāh b. al-ʿAbbās; das sei ʿAlī gewesen, der danach ja auch den

Leichnam gewaschen habe, assistiert von al-Faḍl b. al-ʿAbbās, nicht aber von al-ʿAbbās selber, denn der Prophet habe allen Abbasiden – sofern sie nicht von al-Faḍl abstammten – befohlen, sich fürs erste verborgen zu halten.[64] Die Überlieferungen, die ʿAlī an die Stelle von ʿĀʾiša und Abū Bakr setzen, entstammen wahrscheinlich der frühen Abbasidenzeit;[65] die zuletzt genannte setzt voraus, daß die umstürzlerische Propaganda, die zunächst im unklaren ließ, wer der ersehnte Bezwinger der Omaijaden sein werde, bereits offen für die Abbasiden warb, was erst gegen die Mitte des 8. Jahrhunderts der Fall war. Mit Überlieferungen wie diesen schnitt sich die neue Dynastie allerdings vom sich herausbildenden Sunnitentum ab, dem die „alten Auswanderer" und Abū Bakr, vor allem aber ʿĀʾiša unentbehrliche Vermittler des „Wissens" waren.[66] ʿĀʾiša wurde eine Rolle zugeschrieben, die sie zu Mohammeds Lebzeiten noch gar nicht hatte innehaben können.

Von Mohammed zum Islam

Die Themenkreise der Überlieferung über den sterbenden Propheten haben wir nunmehr abgeschritten. Der älteste ist die Frage nach der Sterblichkeit des Gesandten Allahs. Mittelbar spielt diese Frage im Kampf gegen die sogenannten Apostaten eine Rolle; während des Kalifats ʿUṯmāns wird sie unter veränderten machtpolitischen und gesellschaftlichen Bedingungen wieder auftauchen und bewirken, daß sich die muslimische Gedankenwelt mit chiliastischen Ideen anreichert. Die Legitimität der Nachfolgeregelung bildet die zweite Thematik. Was geschah, ist am ehesten gerechtfertigt, wenn Mohammed selber es so gewollt und ausdrücklich befohlen hat. Was aus dem hinreichend plausiblen Nachweis dieser Legitimität folgt, kann freilich nicht eindeutig beantwortet werden. Indem man das Problem der Rechtfertigung der Fakten um und umwälzte, stieg ʿĀʾiša, die beim Heimgang des Propheten kaum zwanzig war und bis zu ihrem Tod im Ramadan (begann am 27. Juni 678) des Jahres 58[67] die von Mohammeds Botschaft angestoßenen tiefgreifenden und widersprüchlichen Veränderungen der arabischen Gesellschaft und Mentalität als Beteiligte erlebte, zu einer Schlüsselfigur im Ringen um die gültige Auslegung des vergangenen und gegenwärtigen Geschehens auf. Sie behält diese Stellung im dritten Themenkreis. Denn die Richtung, in deren Überzeugung Abū Bakr – in Vertretung aller übrigen alten Genossen – das Heilswissen von Mohammed empfing und weiterreichte, benötigt weiterhin ʿĀʾiša als Bürgin für ebendiesen Vorgang. Der Mangel der von schiitischer Seite nunmehr in Umlauf gesetzten Überlieferung, Mohammed sei an ʿAlīs Brust gelehnt verschieden, liegt gerade darin, daß es ihr an jeglicher Verankerung in der bis dahin gepflegten Erinnerung an den sterbenden Propheten fehlt. Das Schiitentum in seinen vielfältigen Spielarten hat denn auch nicht gewagt, auf das Ausstechen ʿĀʾišas in jener Szene den Anspruch auf die Sachwalterschaft des Heilswissens zu gründen. Zu diesem Zwecke nutzte man vielmehr ein weder bei Ibn Isḥāq noch bei al-Wāqidī verzeichnetes Wort, das Mohammed am Teich von Ḫumm bei al-Ǧuḥfa gesprochen haben soll: „Wessen Herr ich jetzt bin, dessen Herr soll (künftig) ʿAlī sein!"[68] Alle drei Themenkreise sind in die Ereignisse, die in den letzten drei Kapiteln dieser Untersuchung geschildert werden müssen, auf mannigfache Weise verwoben und formen die Grundzüge des Bildes, das sich die Muslime seit dem 8. Jahrhundert von ihrem Propheten machen und für das historisch „wahre" halten. Wir wenden uns jetzt dem Medina ʿUmars und ʿUṯmāns zu, dem Mittelpunkt der Bewegung, die, wie beschrieben, in jenen zwei Jahrzehnten keine Grenze zu finden scheint und die überkommene arabische Ordnung aus den Fugen sprengt.

2. Der Umbruch

Eine Charakterisierung des Kalifats ʿUmars

Unvermittelt trat unter dem Kalifat ʿUmars ein tiefgreifender Wandel der Lebensverhältnisse ein, ein Wandel, den der zweite Nachfolger des Propheten keineswegs allein mit den durch diesen propagierten Ideen zu steuern gedachte – womit die vorsichtigen Vorbehalte gegen ʿUmar zu erklären sind, die in einigen der eben untersuchten Überlieferungen anklangen.[69] Für manche bewirkte dieser Wandel eine ungeahnte Ausweitung des Daseins und der Möglichkeiten, die es bot. Die in Medina den Juden entrissenen Ländereien sowie Ḫaibar und Fadak waren nur ein Vorgeschmack dessen gewesen, was nun binnen weniger Jahre auf die Muslime einstürmte. Mit wenigen kräftigen Strichen charakterisiert az-Zuhrī den Umbruch: ʿUmar nimmt einen Herrschertitel an, „Befehlshaber der Gläubigen" (arab.: *amīr al-muʾminīn*); er führt die Hedschrazeitrechnung ein, sammelt den Koran, ordnet die zusätzlichen Nachtgebete (arab.: Pl. *at-tarāwīḥ*) des Ramadan an, regelt den Vollzug der täglichen Riten in Medina neu, indem er für die Frauen einen eigenen Koranleser beruft; er drückt das Weinverbot durch und ahndet Verstöße hiergegen mit achtzig Peitschenhieben... „Er war der erste, der die ‚Eroberungen' (arab.: Pl. *al-futūḥ*) ins Werk setzte; dabei handelte es sich um bebaute Ländereien und Bezirke, auf denen man die Grundsteuer (arab.: *al-ḫarāǧ*) erhob bzw. von denen man die Erträge der ‚(von Allah den Muslimen) zurückgegebenen Territorien' (arab.: *al-faiʾ*) einzog. So eroberte er den ganzen Irak, nämlich den Sawad,[70] Medien, Aserbeidschan, die Bezirke und Ländereien Basras, Ahwas' und der Persis, die Bezirke von aš-Šaʾm mit Ausnahme von Aǧnadain, das schon unter Abū Bakr eingenommen worden war.[71] Ferner eroberte ʿUmar die Bezirke der ‚Insel', Mossuls, des Nildeltas, Alexandriens. Als er ermordet wurde, standen seine Reitertruppen vor Raij, dessen Bezirke bereits in die Hände der Muslime gefallen waren. ʿUmar war der erste, der den Sawad und Medien vermessen ließ, den bebauten Boden mit der Grundsteuer belastete, den ‚Schützlingen' (arab.: *ahl aḏ-ḏimma*) in den eroberten Regionen die Kopfsteuer aufbürdete, achtundvierzig Dirhem dem Reichen, vierundzwanzig dem Mittleren, zwölf dem Armen, wobei er befand: ‚Ein Dirhem im Monat stürzt niemanden ins Elend!' Die Grundsteuer des Sawad und Mediens belief sich unter ʿUmar auf 120 Millionen *wāfī*, der *wāfī* zu einem und fünf Zwölftel Dirhem gerechnet.[72] ʿUmar war der erste, der die Heerlagerstädte einrichtete, Kufa, Basra, diejenigen der ‚Insel', aš-Šaʾms, Ägyptens, Mossuls, und darin Beduinen ansiedelte, deren Stämmen er in Kufa und Basra Quartiere anwies. Er war der erste, der ‚Entscheider' berief. Er war der erste, der ein Verzeichnis anlegte, die Menschen nach Stämmen geordnet eintragen ließ, ihnen Dotationen aus den ‚zurückgegebenen Territorien' anwies und Anteile (am Beutefünftel?) ausgab; die Badrkämpfer bevorzugte er dabei und berücksichtigte die Muslime nach ihren Rängen und nach dem Zeitpunkt ihrer Islamannahme. Er war der erste, der aus Ägypten Getreide nach al-Ǧār[73] verschiffen und dann nach Medina transportieren ließ." Wenn ʿUmar einen Statthalter ernannte, legte er dessen persönliche Einkünfte fest und zog, hatte der betreffende höhere erzielt, einen Teil davon für die Staatskasse ein. Mit solchen Ämtern betraute er Prophetengenossen wie ʿAmr b. al-ʿĀṣ, Muʿāwija b. abī Sufjān oder al-Muġīra b. Šuʿba, während er die erstrangigen unter ihnen – ʿUṯmān, ʿAlī b. abī Ṭālib, Ṭalḥa b. ʿUbaidallāh, az-Zubair b. al-ʿAuwām, ʿAbd ar-Raḥmān b. ʿAuf – mit derartigen Aufgaben verschonte, „da jene (aus dem zweiten Glied) Tatkraft und Weitblick zeigten und ʿUmar sie zu beaufsichtigen vermochte und sie Respekt vor ihm hatten". Die Großen unter den Gefährten habe er vom Schmutz der Verwaltungsgeschäfte[74] fernhalten wollen.[75]

Anstößige Mittelvergabe und Abū Ḏarrs Kritik

Es hätte übermenschlicher Kräfte bedurft, um an solch einem dramatischen Wendepunkt zu verhindern, daß die Dinge aus dem Ruder liefen. Wessen ordnende Hand wäre stark genug gewesen, aufflammende Besitzgier zu zähmen, einen redlichen Geschäftsgang zu gewährleisten, ja, überhaupt die notwendigen Regelungen nicht nur zu erlassen, sondern auch ihre Beachtung zu erzwingen? Nachrichten wie die folgenden sind keine Seltenheit. „Als ʿUṯmān (reg. 644–656) dem Marwān b. al-Ḥakam jenes Geschenk gemacht sowie dessen Bruder al-Ḥāriṯ b. al-Ḥakam b. abī l-ʿĀṣ 300 000 Dirham und Zaid b. Ṯābit, dem „Helfer", 100 000 Dirham zugeschanzt hatte, begann Abū Ḏarr zu sticheln: ‚Verheiße denen, die die Schätze aufhäufen, eine schmerzhafte Strafe!' und das Wort Allahs vorzutragen: ‚Und denen, die Gold und Silber horten (ohne es auf dem Pfade Allahs zu verwenden)!' (Sure 9, 34). Marwān b. al-Ḥakam hinterbrachte dies ʿUṯmān, der Nātil, seinen Freigelassenen, zu Abū Ḏarr schickte und diesem ausrichten ließ: ‚Hör auf mit deinen Sticheleien, die mir zu Ohren gekommen sind!' Abū Ḏarr war außer sich: ‚Will ʿUṯmān mir verbieten, das Buch Allahs zu rezitieren und (dadurch) jemanden zu tadeln, der den Befehl Allahs mißachtet? Bei Allah! Daß ich das Wohlgefallen Allahs mittels des Zornes ʿUṯmāns erringe, ist mir lieber und für mich ersprießlicher, als daß ich Allah erzürne um des Wohlgefallens ʿUṯmāns willen!' Diese Antwort brachte den Kalifen auf und kränkte ihn, Abū Ḏarr aber blieb gelassen und schwieg fürderhin."[76] Das große Geschenk, von dem oben die Rede ist, war das Beutefünftel eines Feldzugs nach Nordafrika, der in das Jahr 34 (begann am 22. Juli 654) zu datieren ist. Marwān nahm an ihm teil, desgleichen sein Sohn ʿAbd al-Malik, der spätere Kalif (reg. 685–705). Nun traf es sich, daß Marwān, ein Angehöriger des Zweiges Abū l-ʿĀṣ b. Umaija des Klans der Banū ʿAbd Šams und daher mit ʿUṯmān b. ʿAffān b. abī l-ʿĀṣ eng verwandt, damals eine Tochter des Kalifen heiratete,[77] und dieser soll aus dem freudigen Anlaß dem nunmehrigen Schwiegersohn das ganze Beutefünftel überlassen haben, das eigentlich dem Staatsschatz hätte zugeführt werden müssen. Die gesamte Kriegsbeute habe sich auf die phantastische Summe von 2 520 000 Golddinaren belaufen. Marwāns Sohn ʿAbd al-Malik, damals noch ein junger Mann, empfing als gewöhnlicher *muǧāhid* sechshundert Golddinare, vierhundert für sein Pferd und zweihundert für sich selber gemäß dem uns schon aus Medina bekannten Verteilungsmodus.[78]

„Eines Tages fragte ʿUṯmān: ‚Ist es dem Imam[79] erlaubt, sich Geld (aus dem Staatsschatz) zu nehmen und es, wenn er wieder zahlungskräftig ist, zurückzuerstatten?' Kaʿb al-Aḥbār[80] entschied, dagegen sei nichts einzuwenden. Abū Ḏarr aber sprach: ‚Judensohn, willst du uns etwa unsere Glaubenspraxis lehren?' ʿUṯmān wandte sich zu Abū Ḏarr: ‚Wie oft hast du mich inzwischen beleidigt und wie sehr dich an meinen Gefährten gerieben! Fort mit dir dorthin, wo deine Einheit stationiert ist!' Das war in aš-Šaʾm; Abū Ḏarr war als Mekkapilger gekommen und hatte ʿUṯmān um die Genehmigung gebeten, am Grab des Gesandten Allahs zu rituellem Aufenthalt (arab.: *al-muǧāwara*) verweilen zu dürfen, was ihm gestattet worden war. Abū Ḏarrs Garnison lag aus folgendem Grund in aš-Šaʾm: Als er gesehen hatte, daß sich die Bauten (Medinas) schon bis zum Salʿ-Berg erstreckten, bemerkte er zu ʿUṯmān, er habe den Propheten sagen hören: ‚Wenn die Bauten den Salʿ erreichen, dann gilt es zu fliehen!' Er wolle lieber nach aš-Šaʾm ausweichen und sich dort den Raubzügen (arab.: Sg. *al-ġazwa*) widmen. ʿUṯmān war einverstanden."[81] – Abū Ḏarr al-Ġifārī ist eine der Figuren der frühislamischen Geschichte, um die sich Episoden ranken, in denen Enttäuschung und Verbitterung über Ereignisse und Verhältnisse ihren Ausdruck finden, die die Mehrzahl der Muslime nicht mit den Vorstellungen vereinbaren konnte, die sie sich von der „besten Gemeinschaft" machte. Der Groll der Zukurzgekommenen mischt sich darin mit der Pose der moralisch Überlegenen, den wahren Idealen Ergebenen, und rückt die berechtigte Kritik an der schamlosen Raffgier derjenigen in ein Zwielicht, die dank glücklichen Umständen so unvermittelt aus reichlich sprudelnden Quellen schöpfen durften. Doch wie hätte es anders sein können, als daß im Mittelpunkt einer überraschend erfolgreichen Eroberungsbewegung Menschenmassen, vor allem Kriegsgefangene, zusammenströmten und viele Neureiche Wohnstätten anlegten, die gegen die bescheidenen Unterkünfte hervorstachen, die man bis vor kurzem für üblich hielt? Der Berg Salʿ – vielleicht sollte man lieber von einer Anhöhe sprechen – wird als ein Weideplatz erwähnt, man bezog ihn aber in das Marktgelände ein, das sich im Norden an die Moschee des Propheten und die mit ihr verbundenen Quartiere anschließt.[82] Nach heutigen Maßstäben erschrickt Abū Ḏarr vor einer recht maßvollen Ausweitung des bebauten Gebiets.

Schwerwiegender ist der Finanzskandal, auf den die Überlieferung anspielt. ʿUṯmāns Verwalter des Staatsschatzes war ʿAbdallāh b. al-Arqam von den quraišitischen Banū Zuhra; der Kalif hatte ihn von seinem Vorgänger übernommen.[83] Eines Tages verlangte ʿUṯmān von ihm eine Vorauszahlung von 100 000 Dirham. ʿAbdallāh billigte ihm das Geld zu, vermerkte aber, daß es sich bei dieser Summe um ein später zu befriedigendes „Guthaben der Muslime" handle; ʿAlī, Ṭalḥa, az-Zubair, Saʿd b. abī Waqqāṣ und ʿAbdallāh, ein Sohn des ermordeten Kalifen ʿUmar, sollen mit ihren Unterschriften den Schuldschein beglaubigt haben, und ʿUṯmān beglich die Schulden pünktlich. Dann aber suchte ihn ein Verwandter aus Mekka auf, ʿAbdallāh b. Ḫālid b. Asīd b. abī l-ʿĀṣ,[84] umgeben von Kriegern, und bat um die Mittel zur Finanzierung eines Raubzugs. Der Kalif fertigte eine Anweisung über 300 000 Dirham aus allein für ʿAbdallāh b. Ḫālid – und über 100 000 Dirham für jeden der ihn Begleitenden. Diese Beträge erschienen ʿAbdallāh b. al-Arqam als Verschwendung, er verweigerte die Auszahlung. ʿUṯmān zeigte sich empört; schließlich war jener doch nur sein Schatzmeister! Ibn al-Arqam soll sich nicht haben einschüchtern lassen: „Ich betrachte mich als den Schatzmeister der Muslime! *Dein* Schatzmeister (wäre) dein Diener. Bei Allah, nie mehr werde ich für dich den Staatsschatz verwalten!“ ʿUṯmān mußte sich jemand anderen suchen, bemühte sich aber, Ibn al-Arqam mit einer beträchtlichen Geldsumme zu besänftigen; dieser wies sie zurück.[85]

ʿUmar als Vorbild

Die Quellen erwecken nicht nur in diesem Beispiel den Eindruck, als seien die Verhältnisse unter ʿUmar noch nicht so lax gewesen – mit dem Beginn seines Kalifats freilich setzte der Zustrom von Reichtümern nach Medina überhaupt erst ein, wie skizziert wurde. Auch ʿUmar brauchte einmal einen Vorschuß aus der öffentlichen Kasse, 80 000 Dirham, wie man sagt. Aber die Schulden ließen ihm keine Ruhe. Er bat seinen Sohn ʿAbdallāh, zur Begleichung Gegenstände aus dem Privatbesitz zu veräußern, und sofern das nicht ausreiche, seinen Klan, die Banū ʿAdī, um Unterstützung anzugehen und schlimmstenfalls die Quraišiten insgesamt. ʿAbd ar-Raḥmān b. ʿAuf schlug ihm vor, das geliehene Geld in einen langfristigen Kredit der Staatskasse umzuwandeln. Von dieser Idee war ʿUmar alles andere als begeistert; es könnte doch sein, daß er vor der Zurückzahlung sterbe und man dann behaupten werde, man habe einen Teil des einem von Allah zugedachten Vermögens an ʿUmar abtreten müssen. Von der Last solcher Worte würde er sich nie befreien können. Da sei es besser, sich gar nicht erst in eine solche Lage zu begeben. Sein Sohn bürgte schließlich für den Betrag, und mit dieser Lösung vermochte sich ʿUmar anzufreunden. Unmittelbar nachdem er den Verletzungen erlegen war, die ihm ein Attentäter zugefügt hatte, sorgte ʿAbdallāh b. ʿUmar dafür, daß die Summe an die Staatskasse zurückgezahlt wurde.[86] Allgemein rühmt man ʿUmar, weil er eher zur Mildtätigkeit als zur Besitzgier geneigt habe. Schon als Mohammed seine Genossen in Ḫaibar schadlos stellte, soll ʿUmar die ihm zufallenden Erträge nicht für sich verbraucht, sondern zu *ṣadaqāt* erklärt haben. Das Land, auf dem sie erzielt wurden, sicherte er gegen alle Transaktionen ab, mochte es sich um Verkauf, Schenkung oder Vererbung handeln; es erhielt demnach einen Status, den man später als Stiftung (arab.: *al-waqf*) definieren wird.[87] „Den Bedürftigen, den Verwandten, den Sklaven (zum Freikauf), dem Pfade Allahs und jedem, der sich auf ihn begibt, dem Gast“ sollten die Erträge nützen, „wobei nichts dagegen einzuwenden ist, daß der Verwalter im Rahmen des Üblichen davon zehrt und seine Freunde bewirtet, aber eben ohne ein Vermögen anzusammeln“.[88]

Die Verteilung der Einkünfte durch Abū Bakr

Immer wieder wird man auf die fatalen Auswirkungen gestoßen, die der überschnelle, nicht erarbeitete Reichtum über die Medinenser brachte, besser wohl, über alle, die in der Dschihadbewegung ein Wort mitredeten. Das Ideal herrscherlichen Umgangs mit den öffentlichen Geldern erblickte man in der unverzüglichen, vollständigen und gleichmäßigen Austeilung. Von einem Wirtschaften im eigentlichen Sinn konnte keine Rede sein. Bezeichnend für diese Denkweise[89] ist ein Bericht über das

Finanzgebaren Abū Bakrs. Als er der „Nachfolger des Gesandten Allahs" geworden war, verwahrte er die Staatskasse in seinem Haus in as-Sunḥ. Nicht einmal eine Wache benötigte er zur Sicherung, ein Vorhängeschloß genügte, denn er verteilte alsbald alle Einkünfte. Als Abū Bakr seine Residenz in die Nähe der Wirkungsstätte des verblichenen Propheten verlegte,[90] brachte man auch den Staatsschatz dorthin. „Er hatte damals große Einnahmen aus dem Bergwerk von al-Qabalīja und den Minen der Banū Ǧuhaina;[91] überdies öffnete man unter dem Kalifat Abū Bakrs das Bergwerk der Banū Sulaim,[92] worauf er aus dessen Erträgen *ṣadaqāt* erhielt." Diese Einkünfte – wie gehört, gab es außerdem erste Zusendungen aus den Eroberungen im unteren Irak, aber sie werden in diesem Zusammenhang nicht erwähnt – pflegte er auszuteilen, und zwar an Hundertschaften. Bei der Erörterung der Verwaltung der Kriegsbeute sind wir vereinzelt auf ein vergleichbares Verfahren gestoßen. Jetzt gab man Stücke geschmolzenen Goldes oder Silbers aus. Abū Bakr habe dabei keinen Unterschied gemacht „zwischen Freien und Sklaven, Männern und Frauen, Kindern und Erwachsenen"; überdies habe er Reittiere und Waffen „für den Pfad Allahs" aufgekauft, im Winter einmal die Witwen Medinas mit Stoffen erfreut. In Anwesenheit von ʿAbd ar-Raḥmān b. ʿAuf, ʿUṯmān und anderen habe ʿUmar nach dem Tod Abū Bakrs die Staatskasse aufbrechen lassen und nur einen Dirhem vorgefunden. Der Waagemeister bezeugte, daß unter dem Kalifat Abū Bakrs etwa 200 000 Dirhem eingekommen waren. „Allah möge sich seiner erbarmen!" rief man in lobender Zustimmung zu diesem Umgang mit dem Staatsschatz.[93] Die durch den Reichtum ausgelöste Verwirrung der Gemüter ließ sich am ehesten besänftigen, indem man so rasch wie möglich alle Einnahmen auskehrte. Aber auch das mußte auf Dauer seine plausible Ordnung haben, wenn man nicht unerträgliche Spannungen hervorrufen wollte. ʿUmar wird sich über diese Frage seine Gedanken machen und zu einem Ergebnis kommen, das das Ziel Abū Bakrs im Auge behält, jedoch ein Verfahren der Verteilung festlegt, dessen Maßstab die Prinzipien der „besten Gemeinschaft" sind. Unter ʿUṯmān allerdings brechen sich Kräfte Bahn, die zu einem Abrücken von den eben erst gefundenen Regelungen nötigen.

Das Anwachsen der Bevölkerung von Medina

ʿUmar war der erste, der Getreide aus Ägypten nach Medina einführte, hörten wir. Das lenkt unsere Aufmerksamkeit auf die Bevölkerungsentwicklung Medinas. Zum einen war Medina die Durchgangsstation der *muǧāhidūn* geworden, die in wachsenden Zahlen in die Kriegsgebiete im unteren Irak und in aš-Šaʾm zogen; sie konnten nicht ohne Ausrüstung und Proviant auskommen, was Gewerbetreibende und Händler in die Stadt lockte, Fremde wie Araber.[94] Schon nach der Eroberung Ḫaibars hatte man es für sinnvoll befunden, die Moschee des Propheten zu erweitern; der Eigentümer des benötigten Grundstücks, ein „Helfer", mochte es nicht für Gotteslohn hergeben, so daß ʿUṯmān mit seinem Geld einspringen mußte.[95] Unter ʿUmar mußte das Bauwerk in Teilen erneuert werden. Die hölzernen Säulen waren morsch geworden und wurden nun aus Ziegeln gemauert. Nach Süden, in Richtung Mekka, wurde der Gebetsraum vergrößert, die Zahl der Muslime hatte stark zugenommen.[96] Im Jahre 18 (begann am 12. Januar 639) schwoll der Zustrom ungewöhnlich stark an. Eine Dürre verursachte eine Hungersnot, Beduinen zogen in großer Zahl nach Medina. ʿUmar beauftragte seine Statthalter, ihm Nahrungsmittel zu schicken, was auch geschah. ʿAmr b. al-ʿĀṣ befand sich damals in der Gegend des heutigen Suez und soll dafür gesorgt haben, daß genügend Schiffe in See stachen, um die Not in Medina zu lindern.[97]

Kriegsgefangene, von nun an häufig keine Araber, sondern Griechen oder Angehörige der Völker des Sasanidenreiches, stellten ein beachtliches Kontingent der Einwohner. Daß es in diesem Kreis erbitterte Feinde des Islams und seiner Führer geben mußte, war ʿUmar klar. Er verkaufte Gefangene,[98] die man ihm als Beutegut zugesandt hatte, und verwehrte ihnen, sofern sie bereits zeugungsfähig waren, das Aufenthaltsrecht in Medina. Von al-Muġīra b. Šuʿba, seinem Statthalter in Kufa, ließ er sich überreden, eine Ausnahme zuzulassen; er habe da, so al-Muġīra, einen gewissen Abū Luʾluʾa an der Hand, einen Mann mit ungewöhnlichen Fertigkeiten, geschickt im Schmieden, im Handwerk des Zimmermanns und des Steinmetzen; diesen solle er zu sich beordern, denn den Medinensern werde er auf vielerlei Weise nützen. In Medina angekommen, beschwerte sich Abū Luʾluʾa über die viel zu hohe monatliche Abgabe, nämlich einhundert Dirhem,[99] die al-Muġīra ihm aufgebürdet habe. ʿUmar meinte aber, angesichts der hochwertigen Tätigkeiten sei dieser Betrag vertretbar. Wütend verließ Abū Luʾluʾa den Kalifen, der ihn nach einigen Tagen jedoch zu sich rief, hatte er doch gehört, der Sklave sei in der Lage, eine Mühle zu bauen, die durch den Wind angetrieben werde. Das sei richtig, und er werde es tun, antwortete Abū Luʾluʾa. Heimlich besorgte er sich einen Dolch mit zwei Schneiden, das Heft in der Mitte, lauerte ʿUmar auf, stach dreimal zu und verletzte ihn am Bauch so schwer, daß er nach einigen Tagen verstarb.[100]

Fremde Kulturtechniken

Die Episode um Abū Luʾluʾa verweist uns auf den dritten Bereich überstürzten Wandels neben dem geraubten Reichtum und dem Zustrom von Menschen unterschiedlicher Herkunft, nämlich das Eindringen von Kulturtechniken, die man im Hedschas höchstens vom Hörensagen gekannt hatte. ʿAbdallāh b. ʿĀmir, im Jahre 29 (begann am 14. September 649) von ʿUṯmān zum Statthalter von Basra berufen und seitdem mit vielen Feldzügen in den iranischen Raum hinein berühmt geworden,[101] kaufte Sklavinnen, die sich auf das Schlagen von Kastagnetten verstanden, und schickte sie nach Medina. Jeden Freitag zeigten sie dort ihre Künste und fanden so viel Anklang, daß die Einheimischen sie nachzuahmen begannen. Bald gesellte sich zu den Mädchen ein Perser, der sie mit seiner Art des Gesangs begleitete. ʿAbdallāh b. Ǧaʿfar b. abī Ṭālib (gest. um 700),[102] eine der auffälligen und stilbildenden Persönlichkeiten des Hedschas in der zweiten Hälfte des 7. Jahrhunderts, hatte einen Freigelassenen namens Sāʾib Ḫāṯir, der zu den Vermögenswerten gehört hatte, die „Allah den Muslimen vom Chosrau zurückgeholt hatte".[103] Sofort willigte ʿAbdallāh ein, als ihm sein Freigelassener vorschlug, er werde vergleichbare Lieder in arabischer Sprache dichten. Übrigens war dieser ehemalige Sklave durch den Handel mit Getreide zu Vermögen gekommen; wegen seiner gepflegten Manieren und seiner schönen Stimme hatte er den Zugang zu den Reichen und Mächtigen gefunden, so daß er es sich schließlich erlauben konnte, seine Kunst nur noch wenigen Auserwählten vorzutragen. Maʿbad b. Wahb (gest. ca. 743), der erste vielbeachtete arabische Sänger, soll ganz von Sāʾib Ḫāṯir geprägt sein.[104]

3. Die Erfindung der islamischen Gerechtigkeit

ʿUmars Trennung zwischen öffentlichen und privaten Geldern

Die Eigentumsverhältnisse in und um Medina veränderten sich unter ʿUmar b. al-Ḫaṭṭāb tiefgreifend. Ḫaibar, dessen Erträge Mohammed verdienten Genossen zugewiesen hatte bzw. die von diesen aufgekauft worden waren, sollte nach dem Tod der Begünstigten wieder dem Gemeinwesen zur Verfügung stehen, so entschied der Kalif, konnte sich aber nicht vollständig durchsetzen.[105] Er hing der Vorstellung an, daß eine Mehrung des Eigentums über das zum Lebensunterhalt benötigte Maß hinaus religiös bedenklich sei, und er sah auf eine strikte Trennung zwischen privaten Einkünften und dem „Vermögen Allahs" (arab.: *māl Allāh*), wie man damals den durch den Dschihad erzielten Reichtum nannte. Noch als Kalif versuchte ʿUmar, sich durch Fernhandel sein Brot zu verdienen, wobei er, wie vorhin berichtet, streng auf die Trennung von privaten und öffentlichen Geschäften achtete.[106] – Eines Tages beobachteten einige Vertraute des Kalifen, wie eine Sklavin an ʿUmars Haus in Medina vorüberging, und bemerkten zueinander: „Eine Beischläferin des ‚Befehlshabers der Gläubigen'!" Die Sklavin hörte diese Worte und stellte richtig, das sei keinesfalls so, vielmehr sei sie Teil des Staatsschatzes. ʿUmar zitierte die Männer zu sich und klärte sie auf: Dem „Vermögen Allahs" dürfe er nur so viel entnehmen, daß er sich im Winter und im Sommer angemessen kleiden könne, sich Reittiere für die große und die kleine Wallfahrt verschaffe und zusammen mit seiner Familie einen Lebensstil pflege wie der durchschnittliche Quraišite.[107]

Der berüchtigte Streit ʿUmars mit Abū Huraira über dessen Privateinkünfte, die dieser während seiner Statthalterschaft in Bahrain erzielte, läßt die gleiche Einstellung erkennen. Der Hergang wird in unterschiedlichen Fassungen erzählt. Sie stimmen darin überein, daß sich Abū Huraira wegen seines beträchtlich angewachsenen Vermögens vor dem Kalifen zu verantworten hatte, der ihn als „Feind Allahs und des Buches Allahs" gescholten habe. Abū Huraira rechtfertigte sich: Keineswegs habe er, wie man argwöhne, Diebstahl am „Vermögen Allahs" begangen; er habe die auf ihn entfallenden Beuteanteile aufgespart und sich überdies auf das Züchten von Pferden verlegt, was sich als äußerst gewinnbringend erwiesen habe. Warum er nicht von der eigenen Hände Arbeit lebe, wollte ʿUmar wissen, dergleichen habe doch sogar Josef getan.[108] Abū Huraira hielt dem entgegen, er befürchte, durch eine eigene Erwerbstätigkeit – wie der Kalif selber sie ausübte – erwüchsen ihm zwei oder drei Nachteile: Seine Ehre könnte in den Schmutz gezogen werden, man könnte ihn übervorteilen, vielleicht sogar schlagen, und er selber ließe sich womöglich zu unsachlichen Urteilen hinreißen. ʿUmar blieb von diesen Argumenten unbeeindruckt; er beschlagnahmte den größten Teil des Privateigentums Abū Hurairas.[109]

Lebensunterhalt, *ṣadaqāt*

Der Kalif strebte die Verwirklichung einer Gemeinschaft an, die konsequenter noch, als Mohammed es für ratsam erachtet hatte, die koranische Heilsbotschaft als die oberste Richtschnur anerkannte. Mit der Begünstigung der Spätbekehrten hatte der Prophet, wie ausführlich gezeigt wurde, die gerade erst gefundenen Maßstäbe der „besten Gemeinschaft" außer Kraft gesetzt. Doch war er ohnehin kaum in der Lage, die allgemeinen Schlußfolgerungen seiner Botschaft zu begreifen, geschweige denn durchzufechten; die Widersprüchlichkeit seines Denkens, das einerseits den Vorteil seiner Sippe, der Banū ʿAbd al-Muṭṭalib, suchte, andererseits die universale Gültigkeit seiner Worte betonte, konnten wir des öfteren beobachten.[110] Da war ʿUmar aus ganz anderem Holz geschnitzt. Für ihn galt: Allah teilt jedem einen hinreichenden Lebensunterhalt (arab.: *ar-rizq*) zu, der in der Regel durch eine nutzbringende Tätigkeit zu erzielen ist. Zu solchen Tätigkeiten rechnet auch der Handel, allerdings mit der Einschränkung, daß Gewinne dem Wert der erbrachten Dienstleistung entsprechen müssen und nicht auf ein Spekulationsgeschäft zurückgehen dürfen.[111] Abū Hurairas Pferdezucht erfüllte in ʿUmars Augen nicht diese Bedingung, denn wenn sie so hohe Gewinne eintrug, Gewinne, die weit über das zum Lebensunterhalt Benötigte hinausgingen, dann wird man von einer unerlaubten Überschreitung des von Allah Zugebilligten sprechen müssen. Eine solche Überschreitung ist allein im Zuge des Dschihad erlaubt, wie man ja auch im Kampf auf dem Pfad Allahs den Kredit, den man ihm gewährt, um ein Vielfaches vermehrt zurückerhält.[112] Jeder andere Zugewinn, der über einen Mindestsatz hinausgeht, unterliegt dem Verdacht der Übersteigerung des von Allah Zugeteilten; Nichtkombattanten führen daher die *ṣadaqāt* ab. Die *ṣadaqāt*, dem Ursprunge nach eine Bußabgabe der dem Dschihad Fernbleibenden, nähern sich somit mehr und mehr einer allgemeinen Läuterungsgabe nach Art der *zakāt*, was bei den Schariagelehrten später erhebliche Verwirrung verursachen wird.

Zunächst, in der Epoche ʿUmars, meint man mit den *ṣadaqāt* wie bisher die regelmäßig einzuziehenden Tribute. Es kommt jedoch eine neue Bedeutung hinzu, nämlich der einmalige Verzicht auf Eigentum zugunsten der „besten Gemeinschaft", vor allem wenn dieses Eigentum nicht erarbeiteten Gewinn abwirft. Einige Beispiele sollen erhellen, worum es geht! Mohammed hatte einem Mann, der beim Ausspionieren der Karawane Abū Sufjāns behilflich gewesen war, Janbuʿ zum Nießbrauch überschrieben, und jener hatte es seinem Neffen vermacht.[113] Durch Kauf war der Ort schließlich in den Besitz ʿAlī b. abī Ṭālibs gelangt; dieser erweiterte sein Eigentum und ließ einen Brunnen graben. Dabei stieß man unverhofft auf eine reichlich sprudelnde Wasserader, breit wie „der Hals eines Schlachtkamels". Als man ʿAlī die gute Nachricht überbrachte, rief er aus: „Das wird den Erben freuen!" Er bestimmte dann das Gelände zur *ṣadaqa* „für die Armen und Elenden, für den Pfad Allahs und den, der ihn geht, komme er aus der Nähe oder aus der Ferne, sei es im Frieden oder im Krieg, bis zu (jenem) Tag, an dem einige Gesichter weiß, andere schwarz sein werden – damit Allah mein Gesicht vom Feuer abwende und das Feuer von meinem Gesicht". In einer Überlieferung ist nach „Frieden oder Krieg" eingefügt: „...als *ṣadaqa*, die weder verschenkt noch vererbt werden darf, bis Allah es erbt, der die Erde und alle auf ihr erben wird, denn er ist der beste aller Erben!" ʿUmar b. Šabba (gest.

875/6), dessen „Geschichte der lichtvollen Stadt Medina" wir diese Angaben entnehmen, erläutert ferner: Das Vermögen ʿAlīs habe mehrere Quellen in Janbuʿ umfaßt, darunter die „Quelle al-Buḥairs" (?), die „Quelle Abū Naizars"[114] und die „Quelle Nūlās" (?). In Janbuʿ habe ʿAlī selber einige Arbeiten geleistet; einige Tränken dort befänden sich im Privatbesitz, und die Inhaber behaupteten, die *ṣadaqa*-Verwalter hätten sie ihnen als Eigentum übertragen, mit Ausnahme nur der „Nūlā-Quelle", in deren Gebiet im übrigen Palmen stünden, die der Tochter eines Freigelassenen ʿAlīs gehörten.[115] Die ursprünglichen Bestimmungen wurden nach einhundertundfünfzig Jahren anscheinend nicht mehr im vollen Umfang beachtet, was damit begründet wird, daß ʿAlī selber dort gearbeitet und dadurch das Recht erworben hat, den auf diese Weise angeeigneten Boden einem anderen als Eigentum zu übergeben.[116]

„Der *baqīʿ* az-Zubairs" heißt ein ausgedehntes Gelände in Medina, das sich az-Zubair von Mohammed erbeten hatte. Darauf befanden sich etliche Anwesen, die zu ʿUmar b. Šabbas Zeit von verschiedenen Zweigen der Nachkommen des „Jüngers des Propheten" bewohnt wurden. „Alles dies ist eine *ṣadaqa* az-Zubair b. al-ʿAuwāms, wobei er seinen Söhnen erlaubte (dort zu wohnen)."[117] In diesem Fall weist der Ausschluß der Grundstücke von allen Vermögenstransaktionen auf eine weitere Facette der Rechtsinstitution der *ṣadaqa* hin: Der Eigentümer, az-Zubair, verzichtet zwar auf den Gewinn, der durch die Grundstücke zu erzielen wäre; die *ṣadaqa* wird aber, was in Sure 9, Vers 60 nicht vorgesehen ist,[118] den eigenen Verwandten zur Nutzung übergeben. Deswegen ist nicht mehr erkennbar, daß die Gemeinschaft der Muslime der tatsächliche Eigentümer geworden ist. Nebenbei wirken solche Bestimmungen auf eine Festigung der von Mohammed eingeführten Eheform hin, bei der die Frau grundsätzlich in das Haus des Gatten übersiedelt. Az-Zubair verfügte ausdrücklich, daß Frauen nur so lange das Wohnrecht besaßen, wie sie unverheiratet waren; nach einer Eheschließung mußten sie die *ṣadaqa*-Wohnung ihrer Sippe aufgeben.[119] Während eines Rechtsstreits bekam ʿUmar b. Šabba die *ṣadaqa*-Urkunde zu Gesicht, in der Saʿd b. abī Waqqāṣ seine Immobilien in „Gemeineigentum" umgewandelt hatte. Der *Qāḍī* Hišām b. ʿAbdallāh al-Maḫzūmī[120] gestattete es dem Geschichtsschreiber, den Text genau zu kopieren. „Dies ist ein Schriftstück Saʿd b. abī Waqqāṣ', (ausgefertigt) für seine Tochter Ḥafṣa[121] nebst deren zwei Töchtern: Das Wohnhaus, oben wie unten, in dem sie jetzt lebt, dient als eine Wohnstätte; es darf weder verkauft, noch vererbt, noch verschenkt werden. Vielmehr ist es ein *ṣadaqa*-Haus. (Die genannten) Frauen bewohnen es; es darf aber nicht einem Mann zur Wohnung gegeben werden, es sei denn, die beiden Töchter stimmten zu. Zabrāʾ, der einen der Töchter, gehört die Wohnung, in der sie jetzt lebt, des weiteren der Raum Dumaijas, sofern diese auszieht oder stirbt, sowie der angrenzende Raum und der Raum des Brunnens: Dies alles (dient) als Wohnstätte und darf weder verkauft, noch vererbt, noch verschenkt werden. Vielmehr ist es ein *ṣadaqa*-Haus. Denn der zweiten Tochter (Umm) Ḥuǧair (dient) die Wohnung der Mutter als Wohnstätte. Niedergeschrieben wurde dies zugunsten derjenigen von ihnen, der Unrecht widerfährt oder die verlassen wird. Doch hat keine von ihnen, sofern sie verheiratet ist, eine

Wohnstätte in dem Haus, außer unter der eben von mir niedergeschriebenen Bedingung." Hiernach trifft Saʿd weitere Verfügungen, in denen er einigen Söhnen Häuser übereignet; in keinem Fall verwendet er nun den Begriff der *ṣadaqa*: Buǧair erhält das Wohnhaus seiner Mutter und die darüber befindliche Veranda; Ǧuṯaim, ʿUṯmān und Ǧahmān wird ihr Besitz bestätigt; ʿUmar b. Saʿds Immobilien bestehen aus je der Hälfte dreier anderer Wohngebäude.[122]

Liest man diesen Text, verfällt man auf den Gedanken, mit der Umwandlung von Privateigentum in *ṣadaqāt* habe man – zumindest auch – den Zweck verfolgt, Frauen, die ohne den Schutz eines Ehemanns lebten, Wohnrechte zu sichern. Prüft man jedoch die vielen Fälle, die ʿUmar b. Šabba anführt, dann bestätigt sich diese Vermutung nicht. Es stellt sich vielmehr heraus, daß ein großer Teil der Grundstücke in Medina, die die Prophetengefährten nach der Hedschra in Medina in Besitz genommen hatten – auf welche Weise, das bleibt meist im dunkeln –, dem Geschäftsverkehr entzogen wurde. Sich wandelnde politische und gesellschaftliche Verhältnisse konnten sich daher nur in begrenztem Maß in einem entsprechend veränderten Immobilienbesitz im Mittelpunkt der „besten Gemeinschaft" niederschlagen. Man muß freilich die Frage aufwerfen, ob in jedem Fall die verbrieften Wohnrechte beachtet wurden. Über den Zeitraum hinweg, den es in dieser Studie zu erörtern gilt, also bis etwa 700, scheint es so zu sein. Am ehesten könnte man die Umwandlung von privaten Immobilien in scheinbares Gemeineigentum als eine mekkanische Inbesitznahme Medinas beschreiben, die mit der Rechtsfigur der *ṣadaqa* unumkehrbar gemacht wurde. Übrigens nicht nur die alten Genossen wie Saʿd b. abī Waqqāṣ oder az-Zubair betrieben solche Transaktionen, sondern auch Spätbekehrte wie Ḫālid b. al-Walīd[123] oder ʿAbdallāh b. ʿAuf aus der Sippe der Banū Zuhra. Letzterer hatte erst am Tag des Einzugs des Propheten in Mekka den Islam angenommen, war nach Medina übergesiedelt und hatte ein Anwesen erworben. Dank *ṣadaqa* blieb es im Besitz seiner Nachkommen, abgesehen von einem kleinen Teil, der von diesem Schutz ausgenommen gewesen war und durch einen Zubairiden aufgekauft worden war.[124] Das Gegenbeispiel bietet Maḫrama b. Naufal az-Zuhrī, auch er ein mekkanischer Konvertit der letzten Stunde. Daß er sein medinensisches Grundstück in der genannten Weise absicherte, hören wir nicht; ʿUmar b. Šabba weiß, daß der abbasidische Kalif al-Mahdī (reg. 775–785) einen Teil des Anwesens erwarb und in die erweiterte Moschee einbezog; den anderen Teil eignete sich ein Barmakide an, „und ab dann bis heute wurde es ein dem Kalifen gehörender Boden (arab.: *aṣ-ṣāfija*, Pl. *aṣ-ṣawāfī*)", nämlich nach dem Sturz der Wesirsfamilie im Jahre 803.[125]

Eine brisante Thematik ist mit all diesen Überlieferungen verwoben. Auch der Gesandte Allahs hatte sich Land angeeignet, sowohl in Medina als auch besonders in Ḫaibar und Fadak. Seinen Grundbesitz in Medina verdankte er dem Vermächtnis eines jüdischen Konvertiten namens Muḫairīq, eines Angehörigen der Banū Qainuqāʿ,[126] der in der Schlacht von Uḥud fiel. Es handelte sich dabei um sieben bewässerte und mit Palmen bestandene Parzellen, deren Lage ʿUmar b. Šabba beschreibt. Was mit diesen Palmengärten geschah, ist nicht klar. Laut al-Wāqidī „stiftete" sie der Gesandte Allahs im Jahre 7, eine Nachricht, die insofern zweifelhaft ist, als der im frühislamischen Medina noch nicht gebräuchliche Terminus *waqafa* verwendet wird. Al-Wāqidī überliefert aber auch, Mohammed habe die betreffenden Grundstücke, die „zu den Vermögenswerten der Banū n-Naḍīr zählten", nach der Rückkehr aus der Schlacht bei Uḥud verteilt. Wahrscheinlich gehen hier die Angaben über das Vermächtnis Muḫairīqs und die Nachrichten über die Nutzung der Ländereien der aus Medina vertriebenen Banū n-Naḍīr durcheinander. Nach az-Zuhrī sah der Kalif ʿUmar die Dinge wie folgt: Den Grund und Boden der Banū n-Naḍīr behielt Mohammed für sich selber und bestritt aus den Erträgen unvorhersehbare Kosten (arab.: Pl. *an-nawāʾib*) – wie an anderer Stelle geschildert, verwendete er die Einkünfte zu unterschiedlichen Zwecken, vom Waffenkauf bis zur Unterstützung seiner Familie und seiner mekkanischen Kampfgenossen.[127] – Aus Fadaks Erträgen habe Mohammed, so weiter ʿUmar, die Aufwendungen für die „Söhne des Pfades (Allahs)" beglichen; was Ḫaibar erwirtschaftete, sei zu zwei Dritteln „den Muslimen" zugute gekommen, zu einem Drittel der Prophetenfamilie, und was diese nicht benötigt habe, den „armen Auswanderern".[128]

In dieser Überlieferung az-Zuhrīs haben wir, wie gesagt, die Auslegung ʿUmars vor uns. Als *ṣadaqāt* des Propheten gelten vielfach jene sieben Gärten; ʿUmar erwähnt sie nicht einmal. Vielleicht waren sie beim Tode des Propheten wirklich längst in andere Hände übergegangen. In ʿUmars Aussage werden die Ländereien, über die Mohammed verfügte, mit dem Begriff des „Herrscherlandes" (arab.: Pl. *aṣ-ṣafājā*)[129] bezeichnet, sie sollen also nicht mit den Immobilien vergleichbar sein, die den Genossen zugeteilt worden waren. Folgt man ʿUmar, so konnte es gar kein Land gegeben haben, dessen Rechtsstatus der Prophet, das Oberhaupt der „besten Gemeinschaft", in eine *ṣadaqa* hätte umwandeln können. Wie erinnerlich, hatte er das ḫaibarische Gebiet al-Katība im wesentlichen dafür bestimmt, seine Ehefrauen und Verwandten zu ernähren.[130] ʿUmar wollte diese Regelung dergestalt abändern, daß die Erträge nach dem Ableben der Begünstigten wieder dem Fiskus zuflossen. Daß die Ehefrauen des Propheten ein Anrecht auf die Alimentation aus den Erträgen Ḫaibars hatten, bestritt er nicht. Aber der Vorstellung, das durch Mohammed bestimmten Zwecken zugedachte Land müsse weiterhin und für immer an jene Zwecke gebunden bleiben, trat er nicht näher. Er vergab Ḫaibar neu und stellte die Witwen des Propheten vor die Wahl, die ihnen zustehende Menge an Ackerfrüchten zu beziehen oder ein entsprechendes Stück Land in eigener Verantwortung bebauen zu lassen.[131]

Quer zu all diesem liegt eine vor allem für die Schiiten wichtige Überlieferung über die Ansprüche Fāṭimas, der Tochter Mohammeds. Sie war nach allem, was wir über die damaligen Rechtsvorstellungen wissen, in ihrer Eigenschaft als Ehefrau ʿAlī b. abī Ṭālibs versorgt. Daß Mohammed ihr während seines Wirkens in Medina irgendwelche Vermögenswerte übereignet hätte, wird nirgends bezeugt. Das gilt auch nicht für Fadak, das ihm allein zur Nutzung zugefallen war.[132] ʿUmar griff nach dieser Oase und vertrieb die Bewohner, nachdem er ihnen ein letztes Mal die ihnen durch Mohammed zugebilligte Hälfte der Ernte überlassen hatte.[133]

Wie schon bemerkt, betrachtete der Kalif alle mit dem Namen des Propheten verknüpften Ländereien ohne Rücksicht auf in der Vergangenheit liegende Besonderheiten als dem „Staat" gehörend. Glaubt man nun der vor allem in schiitischen Kreisen beliebten Überlieferung, so hat Fāṭima Ansprüche auf die *ṣadaqāt* ihres Vaters geltend gemacht – da sie den Propheten nur um ungefähr ein halbes Jahr überlebte, muß sie dies gegenüber Abū Bakr getan haben. Wieder schwankt der Wortlaut; es ist vielfach auch ganz unspezifisch vom „Erbe" die Rede. Abū Bakr habe ihr jegliches Gut verweigert und sich dabei auf ein Wort Mohammeds berufen: „Wir werden nicht beerbt, und wir hinterließen keine *ṣadaqa*; die Familie Mohammeds zehrt allein von diesem Vermögen (Allahs)."[134] Außerdem habe er ihr ins Gedächtnis gerufen, daß Ḫaibar zur „Speisung" (arab.: *aṭ-ṭuʿma*) der Angehörigen des Propheten bestimmt gewesen sei;[135] der Grund und Boden ist mithin nicht in Mohammeds Privateigentum übergegangen, für eine *ṣadaqa* gibt es folglich gar keine Grundlage.

ʿUmars „Fiskalismus"

Überblicken wir, was zur Auseinandersetzung Fāṭimas mit Abū Bakr überliefert wird, so drängt sich wegen der gänzlich unstimmigen Argumentation die Schlußfolgerung auf, es handle sich um eine spätere Erfindung, eine Erfindung allerdings, die Furore machen sollte; noch der Kalif ʿUmar b. ʿAbd al-ʿAzīz hielt es für angebracht, in einem Schreiben auf die Fragen einzugehen und dabei energisch zu unterstreichen, daß Abstammung und ererbte Würden grundsätzlich keinen Einfluß auf die Vergabe von Mitteln haben dürften, die aus den *ṣadaqāt*, dem Beutefünftel oder dem „zurückgeholten Gut" (arab.: *al-faiʾ*) stammten.[136] Das von Abū Bakr zitierte angebliche Prophetenwort setzt voraus, daß schon der Gesandte Allahs *ṣadaqāt* im Sinne einer Ausschließung von Immobilien aus dem Geschäftsverkehr getätigt habe. Davon ist nichts bekannt, und so spiegelt die ihm zugeschriebene Aussage Verhältnisse wider, die erst nach seinem Tod eintraten – nämlich die Politik ʿUmars, dem daran gelegen war, möglichst viele Ländereien bzw. Erträge der Kontrolle des Kalifats zu unterwerfen. Die Vererbbarkeit von Anrechten stellte er in Abrede.[137] Und damit war vieles unsicher, was die Mekkaner erworben hatten. Der eleganteste Weg, etwaigen Eingriffen zuvorzukommen, war eben die Rechtskonstruktion der *ṣadaqa*; *de jure* war das betroffene Hab und Gut kein frei verfügbares Eigentum mehr und diente dem Wohlergehen der „besten Gemeinschaft", *de facto* blieb es im Besitz der Sippe des ersten Inhabers. Große Teile Medinas wurden auf diese Weise zu unveräußerlichen Wohnsitzen zugewanderter Mekkaner und ihrer Nachkommen. Es fällt auf, daß ʿAlī, der Schwiegersohn Mohammeds, daran keinen bedeutenden Anteil hatte.[138]

Der von Allah vorgesehene Lebensunterhalt

Das Streben nach religiösem Verdienst wie auch die Furcht vor den Eingriffen ʿUmars in einen gerade eben errungenen Besitzstand werden die unauflösbar miteinander verquickten Beweggründe für die beschriebenen Transaktionen gewesen sein. ʿUmar entwickelte während seines Kalifats Vorstellungen darüber, was islamische Gerechtigkeit sein könne, und orientierte sich dabei, wie mehrfach angedeutet, am koranischen Begriff des von Allah gewährten Lebensunterhalts. Das Vorgehen gegen Abū Huraira war kein Einzelfall. Muʿāḏ b. Ǧabal, Statthalter im Jemen schon zu Mohammeds Zeit, wurde aufgefordert, seine dort erzielten

Einkünfte zur Hälfte dem Kalifen zur Verfügung zu stellen; er redete sich zunächst darauf hinaus, daß selbst der Prophet nichts dergleichen von ihm verlangt habe. Ein Alptraum soll Muʿāḏ dann aber doch veranlaßt haben, Geldbeutel und Gewissen zu erleichtern. Mit ʿAmr b. al-ʿĀṣ, der – angeblich ohne ʿUmars Zustimmung – in Ägypten eingerückt war, focht der Kalif ebenfalls einen Strauß aus. ʿAmrs Reichtum sei, seit er in Ägypten tätig sei, in besorgniserregender Weise angewachsen, monierte der Kalif, worauf sich der Beargwöhnte damit verteidigte, er befinde sich nun einmal in einer Gegend, in der Handel und Landwirtschaft gediehen. Es sei nichts Anstößiges daran, daß er mehr einnehme, als er für seinen Lebensunterhalt aufwende. ʿUmar ließ das nicht gelten. Allen Männern, die er irgendwohin auf Posten schickte, soll er von vornherein klargemacht haben, er werde die Hälfte der Einkünfte, sofern diese einen bestimmten Betrag überstiegen, für „die Muslime" fordern. Er entsandte Muḥammad b. Maslama,[139] den schon mehrfach genannten Ausiten, nach Ägypten, um einzutreiben, was ʿAmr der Staatskasse schuldete. ʿAmr war erzürnt: „Eine Zeit, in der uns der Koloquintensohn[140] so behandeln kann, ist eine üble Zeit! (Mein Vater) al-ʿĀṣ b. Wāʾil trug schon Seidengewänder mit Brokat gesäumt!" – Was bildete sich also dieser ʿUmar ein? Al-ʿĀṣ war einst so großzügig gewesen, eben diesem ʿUmar Nachbarschutz zu gewähren, als die Quraišiten ihm wegen der unerwarteten Bekehrung zum Islam nachstellten,[141] und nun das! – Muḥammad b. Maslama erinnerte ʿAmr an andere Tatsachen: „Wäre nicht die Zeit des Koloquintensohns, den du verabscheust, dann träfe man dich dabei, wie du im Hof deines Hauses Ziegen anbindest, dich über reichlich Milch freust und über ein spärliches Ergebnis ärgerst!"[142]

Im Hungerjahr 639 hatte ʿAmr sich darum gekümmert, daß genügend Schiffe den Hedschas mit ägyptischem Getreide versorgten. Im Jahr darauf war er in das fruchtbare Nildelta vorgestoßen und hatte sich an dessen südlichem Ende, dort, wo das Tal des Stromes sich so verengt, daß man von den Anhöhen der einen Seite auf diejenigen der gegenüberliegenden blickt, in dem Fort Bābiljūn festgesetzt. Um diese Zeit hatte der Kalif ʿUmar bereits Regelungen verkündet, mit denen er die Staatseinkünfte in Bahnen zu lenken wünschte, die sich islamischen Grundsätzen anpaßten. Was seit al-Ḥudaibīja und seit der Stiftung des Dschihad als ein Verfahren der Verteilung des „Vermögens Allahs" praktiziert worden war, konnte sich unter den so rasch und tiefgreifend veränderten Umständen nicht mehr bewähren. Ḫaibar und Fadak hatten noch im Gesichtskreis des Machthabers von Medina gelegen, die Erträge waren überschaubar gewesen, desgleichen der Kreis der Empfangsberechtigten, der sich aus Angehörigen des Propheten und alten Genossen zusammengesetzt hatte. Im Grunde waren die Einkünfte aus der von fremder, nicht muslimischer Hand betriebenen Land- und Gartenwirtschaft eine Gegebenheit, die in die von Mohammed als eine kriegerische Bewegung aufgefaßte „beste Gemeinschaft" nicht hineinpaßte: Sie war ein statisches Element, setzte eine Verwaltung voraus mit alljährlich sich wiederholenden Vorgängen, einhergehend mit einer wie auch immer gearteten Bindung jenes statischen, andersgläubigen Elements an die Bewegung, die ihren Daseinszweck im Dschihad gegen ebenjene Andersgläubigen sah. Das durch die

Grundsteuer, den *ḫarāǧ*, und durch die Kopfsteuer erzielte „Vermögen Allahs" war weder mit der Kriegsbeute zu vergleichen, noch mit den *ṣadaqāt* der letzten Lebensjahre Mohammeds, durch deren Zahlung Muslime das Fernbleiben vom Dschihad abbüßten. *Ṣadaqāt* und Dschihad ließ ʿUmar unangetastet, die Hedschra blieb der Nachweis vollgültiger Teilhabe an der von Allah und seinem Propheten gestifteten Gemeinschaft, wenn auch die schon von Mohammed den muḍaritischen Banū Muzaina eröffnete Möglichkeit, die Hedschra auf dem eigenen Territorium zu vollziehen,[143] insofern ausgeweitet wurde, als sie nun auch den Anschluß an die fern von Medina operierenden Truppen bedeuten konnte. Die Bewegung war eben in kürzester Zeit über ihren Ausgangspunkt hinausgewachsen.

Vom Gemeineigentum zum Privatbesitz

Der Damaszener Gelehrte al-Walīd b. Muslim (gest. ca. 810)[144] brachte über ʿUmars Bodenpolitik folgendes in Erfahrung: „ʿUmar und die (übrigen) Gefährten des Gesandten Allahs waren übereinstimmend der Meinung, man müsse die Ländereien (der Unterworfenen) in deren Händen belassen, so daß sie sie bestellen und aus (dem Ertrag) die Grundsteuer (arab.: *al-ḫarāǧ*) für die Muslime abführen. Wenn einer von ihnen ein Muslim werde, nehme man die Pflicht zum Abführen der Grundsteuer von ihm, dafür aber gelange sein Land und sein Haus in den Besitz seiner (christlichen) Dorfgenossen, die nun (auch) die von ihm bis dahin aufgebrachte Grundsteuer abführen; sie übergeben (allerdings dem Konvertiten) dessen (bewegliches) Vermögen, die Sklaven und die Nutztiere. Dem (neuen Muslim) weist man die ihm gebührenden Dotationen im Diwan an" – worüber gleich zu handeln ist – „dergestalt, daß er die gleichen Rechte und Pflichten wie die Muslime hat. (ʿUmar und die Prophetengenossen) waren ganz und gar nicht der Meinung, daß der Konvertit, selbst wenn er nun Muslim ist, einen Anspruch auf das Eigentum an seinem bisherigen Land unter seinen (andersgläubigen) Gefährten, seiner Familie und Verwandtschaft hat." Sehr deutlich treten uns in diesen Sätzen wieder die ganz auf den Kampf und die Ausbeutung der Arbeitskraft der Andersgläubigen zählenden Merkmale der „besten Gemeinschaft" vor Augen. Der ehemals dem Konvertiten gehörende Boden wurde also nicht Eigentum (arab.: *aṣ-ṣāfija*, Pl. *aṣ-ṣawāfī*) des muslimischen Fiskus. Dies betont al-Walīd und fährt fort: „Man nannte diejenigen, die bei ihrem Glauben und in ihrem Dorf[145] blieben, die ‚Schutzbefohlenen' (arab.: *ahl aḏ-ḏimma*) der Muslime. Ferner waren (ʿUmar und die Genossen) der Ansicht, daß kein Muslim (den Unterworfenen) gegen deren Willen ihr Land abkaufen dürfe. Denn die (Unterworfenen) machten gegen die Muslime geltend, sie hätten sie nicht bekämpft, sondern bewirtet und es unterlassen, die Byzantiner, die Feinde der Muslime, zu unterstützen." Auch um die Herrschaft der Muslime zu stärken, dürfe man die Besiegten nicht zur Veräußerung ihres Landes nötigen, zumal diese doch schon vor der militärischen Niederlage der Byzantiner um Pardon nachgesucht hätten. Selbst einen freiwilligen Verkauf an die Eroberer hätten ʿUmar und seinesgleichen abgelehnt; denn sie selber hätten die Ländereien, über die sie schon verfügten, in Stiftungen umgewandelt und dadurch für alle Zeit dem Immobilienverkehr entzogen, um sich ausschließlich der Pflicht zum Dschihad zu widmen, „bis es keine Anfechtung" mehr geben werde (Sure 2, 193). Trotzdem seien umfangreiche Ländereien in das Eigentum des muslimischen Fiskus übergegangen. Das seien die Güter gewesen, die byzantinischen *patrikioi* gehört hatten; nachdem diese geflohen waren, habe der Statthalter der Muslime die Hand darauf gelegt. Gegen eine festgesetzte Pacht (arab.: *al-qabāla*), die in den Staatsschatz floß, seien diese ebenfalls vom Immobilienverkehr ausgeschlossenen Güter in Bearbeitung gegeben worden. Dies habe sich unter ʿUṯmān geändert. Damals habe Muʿāwija, der Statthalter von aš-Šaʾm, darum gebeten, einen Teil dieser Pachteinnahmen zur Bestreitung der hohen Kosten verwenden zu dürfen, die bei der Wahrung der inneren Sicherheit und zur Aufrechterhaltung der diplomatischen Beziehungen mit Konstantinopel entstünden. Diesem Ersuchen habe ʿUṯmān stattgegeben, und so habe Muʿāwija in eigener Verantwortung über die betreffenden Ländereien verfügen können. Bald seien sie in den Besitz mancher Quraišiten und anderer vornehmer Araber übergegangen und handelbares Privateigentum geworden.[146]

Dotationen statt Privatbesitzes

Mit diesem aufschlußreichen Ausblick haben wir schon über den Gegenstand dieses Kapitels hinausgegriffen. Kommen wir nun zum eigentlichen Thema zurück! Wenn der Vollzug der Hedschra der für die Zugehörigkeit zum Gemeinwesen entscheidende Sachverhalt sein sollte, dann war Abū Bakrs Verfahren der gleichmäßigen Auskehrung der Einkünfte aus den Bergwerken unvertretbar. Die Abgaben aus dem Erzabbau waren insofern dem *ḫarāǧ* und der Kopfsteuer vergleichbar, als sie die Zugehörigkeit der Gruben zum islamischen Territorium voraussetzten, jedoch nicht durch Kampfhandlungen gewonnen wurden, weder durch unmittelbare wie den Dschihad, noch durch die Förderung der Kampfbereitschaft mittels *ṣadaqāt.* Sie kamen vielmehr, war das betreffende Gebiet erst einmal unter islamische Herrschaft gefallen, unabhängig vom Kampfgeschehen zustande, mit dem sich die Bewegung manifestierte. Im Grunde hatte Abū Bakr folgerichtig gehandelt, indem er diese Mittel frei verteilte und dabei gerade dringliche Bedürfnisse befriedigte.[147] Schwoll jedoch diese Art von Einnahmen allzu stark an und wurden sie ohne Ansehung der Grundzüge und Ideale der Kampfgemeinschaft verausgabt, dann mußten sich ebendiese Ideale verwischen. ʿUmar war nicht der Mann, derartiges zuzulassen. Er schuf ein Dotationssystem, das auf den Verdiensten um die Kampfgemeinschaft der „Gläubigen" fußte. Nicht umsonst wählte er für sich den Herrschertitel „Heerführer der Gläubigen", den Mohammed am Beginn seines Wirkens in Medina ʿAbdallāh b. Ǧaḥš al-Asadī verliehen hatte, als dieser nach Naḫla vorstieß, um die Karawanenrouten der Mekkaner unsicher zu machen.[148]

Die Mittel zur Linderung der Hungersnot im Jahre 18, das überdies in aš-Šaʾm von einer Seuche überschattet wurde, die viele Opfer forderte, konnten natürlich nur nach Maßgabe der Bedürftigkeit verteilt werden.[149] Solch eine ungeregelte Vergabe verbot sich unter gewöhnlichen Voraussetzungen, und die Frage, was mit den Einkünften, die nicht unmittelbar in den Heerlagern verbraucht wurden, geschehen sollte, mußte in einer möglichst alle Angehörigen des Gemeinwesens zufriedenstellenden Weise gelöst werden. Im Muḥarram (begann am 21. Dezember 640) des Jahres 20 setzte der Kalif ein Gremium ein, das an die Verwirklichung eines

Planes ging, dessen Einzelheiten wahrscheinlich schon seit längerer Zeit erörtert worden waren. Jedenfalls legen die Quellen dies nahe: Man suchte nach einem einfachen, aber plausiblen Prinzip, gemäß dem man verfahren wollte. Al-Wāqidīs Berichte, die Ibn Saʿd zusammenstellt, vermitteln einen Einblick in die Vorschläge und eröffnen uns zugleich einen Zugang zu den religiösen und gesellschaftlichen Idealen, von denen sich ʿUmar leiten ließ. Denn die Schaffung eines als „islamisch" gerecht empfundenen Verteilungssystems weist auf eine im nächsten Schritt zu beschreibende, wesentlich weiter reichende Auslegung des Lebenswerkes Mohammeds und der hierdurch in Gang gesetzten Formung der „besten Gemeinschaft" hin.

Die Schaffung des „Diwans"

Dies nun der erste Bericht: „ʿUmar b. al-Ḫaṭṭāb bat die Muslime um Rat bei der Schaffung eines Registers (arab.: *ad-dīwān*). ʿAlī b. abī Ṭālib schlug ihm vor: ‚Du verteilst jedes Jahr alles Vermögen, das bei dir eingeht, und hältst nichts davon zurück.' ʿUṯmān b. ʿAffān meinte: ‚Ich sehe so viel Vermögen, daß es für alle reicht. Wenn sie allerdings nicht gezählt werden, so daß du denjenigen, der schon bedacht wurde, von dem unterscheiden kannst, der noch nichts erhielt, dann, fürchte ich, wird die Sache aus dem Ruder laufen.' Al-Walīd b. Hišām b. al-Muġīra (von den Banū Maḫzūm) gab zu bedenken: ‚Ich kam nach aš-Šaʾm und bemerkte, daß die dortigen Herrscher'" – nämlich die Ġassāniden – „‚ein Register anlegten und Heeresbezirke einrichteten. Tue du das gleiche!' Daran hielt sich ʿUmar. Er rief ʿAqīl b. abī Ṭālib, Maḫrama b. Naufal und Ǧubair b. Muṭʿim zu sich, die unter den Quraišiten die Kenner der Genealogie waren. Ihnen befahl er: ‚Schreibt die Leute gemäß ihrem Ort (in der Genealogie) auf!' Sie begannen mit den Banū Hāšim, schlossen daran Abū Bakr und seine Sippe und dann ʿUmar mit seiner Sippe an, entsprechend der Nachfolgerschaft. Als sich ʿUmar dies ansah, äußerte er: ‚Bei Allah, am liebsten hätte ich es so! Aber beginnt mit den Verwandten des Propheten, mit einem nach dem anderen, so daß ihr ʿUmar dort eintragt, wohin ihn Allah (in der Genealogie) stellte.'"[150] Ein zweiter Bericht setzt voraus, daß das Schema ausgearbeitet ist und dem Kalifen zur Begutachtung vorgelegt wird: Auf die Banū Hāšim folgen die Banū Taim, dann die Banū ʿAdī; ʿUmar beanstandet dies und verlangt, man solle die Banū Taim und seine eigene Sippe an den ihnen zukommenden Platz verschieben. Daraufhin werden die Banū ʿAdī bei ihm, der doch zu ihnen gehört, vorstellig und verlangen den zuvor ihnen eingeräumten Rang, was ʿUmar ihnen mit der Begründung verweigert, er wolle doch nicht um der Befriedigung der Habgier seiner Sippe willen die eigenen Jenseitsverdienste aufs Spiel setzen. Seine beiden Vorgänger, nämlich Mohammed und Abū Bakr, hätten einen bestimmten Weg eingeschlagen, und sobald er diesen verlasse, werde man ihm den Gehorsam aufkündigen. „Bei Allah, den Vorrang im Diesseits und die Belohnung durch Allah, die wir im Jenseits für unsere Taten erhoffen, erlangen wir allein durch (Vermittlung) Mohammeds." Er also muß an der Spitze stehen, seine Sippe sind die vortrefflichsten Araber, und dann folgen die übrigen, geordnet nach abnehmender verwandtschaftlicher Nähe zu ihm. Die Überlegenheit der Araber über die anderen Völker ergibt sich aus der Tatsache, daß ihnen der Gesandte Allahs entstammt. Man erwartet jetzt, daß

ʿUmar die Positionen aller Muslime nach der genealogischen Nähe zu Mohammed bestimmt. Genau dies aber geschieht nicht. Selbst wenn jemand mit Mohammed viele Ahnen gemeinsam hätte, dann nützte ihm dies nichts vor Allah, wenn er kein entsprechendes gottgefälliges Handeln vorzuweisen hätte; ja, sogar wenn ein Nichtaraber, auf dessen Konto gute Taten verzeichnet sind, vor Allah träte, und mit ihm ein Araber ohne solche Werke, dann stünde jener Nichtaraber näher zu Mohammed als letzterer. „Wessen Handeln unzulänglich ist, den wird auch der Stammbaum nicht eilends (in das Paradies) bringen!"[151]

Wie soll man der Zwickmühle entrinnen? Hören wir den dritten Bericht al-Wāqidīs! „Als ʿUmar b. al-Ḫaṭṭāb sich entschlossen hatte, ein Register anzulegen – dies war im Muḥarram des Jahres 20 –, da begann er mit den Banū Hāšim, und zwar nach Maßgabe der bekundeten Zugehörigkeit (arab.: *ad-diʿwa*);[152] dann die nächsten und wiederum die nächsten. Wenn Leute einander in der verwandtschaftlichen Nähe gleich waren, dann gab er all denen den Vorrang, die sich am frühesten um den Islam verdient gemacht hatten (arab.: *ahl as-sābiqa*). Endlich kam er auch zu den ‚Helfern'. Man fragte: ‚Mit wem sollen wir beginnen?' ʿUmar antwortete: ‚Beginnt mit der Gruppe des Saʿd b. Muʿāḏ al-Ašhalī, und dann wieder der Reihe nach entsprechend der verwandtschaftlichen Nähe zu Saʿd b. Muʿāḏ!'" – „Beginnen" meint hier, die betreffende Sippe an die ehrenvolle Spitze des Registers stellen, präjudiziert aber nicht die Höhe der Einkünfte aller ihrer Mitglieder, die sich je aus der individuellen Leistung für den Islam errechnet. Saʿd b. Muʿāḏ hatte sich, wie geschildert, große Verdienste um die Einbeziehung der „Helfer" in den Krieg gegen die Quraišiten erworben. – „Den solchermaßen in das Register Eingetragenen wies ʿUmar bestimmte Bezüge zu; die früh um den Islam Verdienten und die Kämpfer in den Schlachten (gegen die Mekkaner) bevorzugte er. Abū Bakr dagegen hatte beim Verteilen alle gleichmäßig berücksichtigt. Man sprach ʿUmar darauf an, und er rechtfertigte sich: ‚Ich kann doch nicht den, der gegen den Gesandten Allahs kämpfte, mit einem anderen gleichstellen, der auf seiner Seite focht!' Der Kalif begann also mit den Auswanderern und ‚Helfern', die bei Badr gekämpft hatten; jeder von ihnen erhielt eine jährliche Dotation von fünftausend Dirhem zugesprochen, einschließlich ihrer Eidgenossen und Freigelassenen. Alle, die so früh wie die Badrkämpfer den Islam angenommen hatten, nämlich die Exilanten in Äthiopien, sowie die Kämpfer bei Uḥud bekamen je viertausend Dirhem. Die Söhne der Badrkämpfer empfingen zweitausend Dirhem, abgesehen von al-Ḥasan und al-Ḥusain, die in die Kategorie ihres Vaters (ʿAlī b. abī Ṭālib) eingestuft wurden und je fünftausend Dirhem erhielten, und auch al-ʿAbbās b. ʿAbd al-Muṭṭalib wies er aus dem gleichen Grund (der Nähe zu Mohammed) fünftausend Dirhem zu. Einige überliefern, im Falle al-ʿAbbās' seien es sogar siebentausend gewesen; andere beharren darauf, ʿUmar habe niemanden höher eingeordnet als die Badrkämpfer, nicht gerechnet die Ehefrauen des Propheten. Diesen wies er je zwölftausend Dirhem an, darunter auch Ǧuwairija bt. al-Ḥāriṯ und Ṣafīja bt. Ḥujaij. Diese Ansicht wird einhellig vertreten."

Wer noch vor der Inbesitznahme Mekkas die Hedschra zu Mohammed vollzog, war berechtigt, dreitausend Dirhem entgegenzunehmen, wer in

Mekka zum Islam übertrat, immerhin noch zweitausend, einen Betrag, den ʿUmar auch für die ganz jungen unter den Söhnen der Auswanderer und „Helfer" vorsah – gemeint sind womöglich diejenigen, die zu Lebzeiten Mohammeds noch nicht kampffähig gewesen waren. „Desweiteren teilte er den Muslimen gemäß ihrem Rang,[153] ihrer Fähigkeit im Rezitieren des Korans und ihrem Dschihad Beträge zu." Wer immer noch nicht erfaßt war, wurde in eine letzte Kategorie eingereiht, nämlich diejenige der Muslime, die nach Medina kamen; ihnen und auch den Moscheedienern billigte der Kalif noch je fünfundzwanzig Dinar zu, nach dem üblichen Umrechnungskurs dreihundert Dirhem.[154] Zwischen zweitausend und dreihundert Dirhem je Mann bewegten sich die Dotationen für die im Jemen, in aš-Šaʾm und im Irak kämpfenden Truppen; sollte das „Vermögen Allahs" noch weiter anwachsen, dann werde jeder eintausend Dirhem für die Reise, eintausend für seine Bewaffnung, eintausend für seine zurückbleibende Familie und eintausend für sein Reittier bekommen. Üppig wurden auch die Frauen der Auswanderer versorgt, je dreitausend Dirhem, heißt es, sogar sechstausend für Ṣafīja bt. ʿAbd al-Muṭṭalib.[155] In besonderer Weise sorgte der Kalif für den al-ʿAwālī[156] genannten Teil Medinas, in dem Qubāʾ liegt; dort war er mit den meisten anderen Auswanderern untergekommen, nicht aber Mohammed, und auch die Auswahl Saʿd b. Muʿāḏs zum Dreh- und Angelpunkt der medinensischen Genealogie belegt eine gewisse Distanz zu Mohammed. In den Quellen findet sich zudem eine Anzahl von Ausnahmen und Sonderregelungen. Das Verdienst um den Islam, das manchen angerechnet wurde, war nicht immer allen einsichtig. Selbst bei seinem Sohn ʿAbdallāh handelte sich ʿUmar Kritik ein; er hatte Usāma b. Zaid viertausend Dirhem zugesagt, ʿAbdallāh aber nur dreitausend, obwohl dieser in viel mehr Schlachten mitgefochten hatte. Usāma sei ein Liebling des Propheten gewesen, lautete die Begründung.[157]

Die Gemeinschaft der Dotationsempfänger

Die Verteilung, sei es eigenen Vermögens, sei es des Staatsschatzes, betrachtete ʿUmar, wie in mehreren Quellen berichtet wird, als einen vorrangigen Bereich seiner Regierungstätigkeit. Schon während der Hungersnot soll er selber Hand angelegt haben, als es galt, eine Beduinenschar von etwa zwanzig Zeltgemeinschaften, die sich bis in die Nähe von Medina geschleppt hatten, mit dem Nötigsten zu versorgen. Später, bei der Ausgabe von Mitteln gemäß dem Register, begab er sich in die von Ḫuzāʿiten besiedelten Landstriche südwestlich Medinas, um den Berechtigten die Anteile zu überreichen; er ließ sich nicht davon abhalten, sogar Frauen die Gelder persönlich auszuhändigen. Berühmt geworden ist eine kurze Ansprache, die as-Sāʾib b. Jazīd, einer der durch ʿUmar b. ʿAbd al-ʿAzīz zu Rate gezogenen Gelehrten,[158] verbreitete. In ihr verkündet ʿUmar b. al-Ḫaṭṭāb: „Zu diesem ‚Vermögen (Allahs)' steht jeder in einer Rechtsbeziehung, so daß er einen Anteil erhält oder nicht. Und niemand hat einen größeren Anspruch darauf als ein Sklave, der jemandes Eigentum ist." Die Dotation soll ihm helfen, sich freizukaufen (vgl. Sure 2, 177 und Sure 9, 60). „Und mein Anspruch errechnet sich genauso wie jeder andere. Aber wir sind nach unserem jeweiligen Verhältnis zum Buche Allahs geordnet und nach der uns (von Allah) bestimmten Teilhabe am (Lebenswerk) des Gesandten. Daher gilt: der Mann und seine Leistung für den Islam; der Mann und der Zeitpunkt des Übertritts zum Islam; der Mann und seine Not[159] im Islam; der Mann und sein Bedürfnis.“ Und nun der Schlußsatz, der, von aller wirklichkeitsnahen Kenntnisnahme der Verhältnisse unter ʿUmar abgelöst, das geflügelte Wort der Verklärung der frühislamischen Zeit geworden ist: „Bei Allah, wenn ich am Leben bleibe, dann will ich sogar dem Hirten auf den Bergen bei Sanaa seinen Anteil an diesem Vermögen bringen!“[160]

Bei den *ṣadaqāt* konnten wir beobachten, wie eine religiös-politische Institution, die ursprünglich nur eine klar umrissene Gruppe, nämlich die nicht zur Hedschra bereiten Muslime, zu einer Leistung für das Gemeinwesen heranzog, auf alle Mitglieder übergriff. Dies konnte geschehen, weil die *ṣadaqāt* den Charakter einer heilswichtigen Maßnahme hatten, deren Vollzug geeignet war, auch den bei strenger Auslegung nicht Verpflichteten Vorteile am Tag des Gerichts zu sichern. Die allgemeinen Vorstellungen über die Angemessenheit der göttlichen Daseinsvorsorge und die Sündhaftigkeit des Strebens nach einem darüber hinausgehenden Besitz bestärkten die Ängstlichen in solcher Vorsicht. Die *ṣadaqāt*, ihrer zunächst deutlich umgrenzten Funktion beraubt, begannen mit der Läuterungsgabe (arab.: *az-zakāt*) zu einer Einheit zu verschwimmen, deren Grundgedanke in der Überzeugung besteht, daß alle wie auch immer mit der „besten Gemeinschaft“ und dem „Staatsschatz Allahs“ verknüpften Vermögenswerte legitim, und das heißt, ohne das eigene Heil zu gefährden, verbraucht werden können. Die gleiche Idee kommt in der Einrichtung des Dotationsregisters zum Ausdruck. Das Beutefünftel, vor allem aber die Erträge der von den Andersgläubigen bearbeiteten Ländereien und betriebenen Gewerbe – ein Beispiel bietet der Abū Luʾluʾa abverlangte *ḫarāǧ* – waren Einkünfte, die Allah offensichtlich seinen Anhängern zuwies und die ebendeshalb keineswegs verschmäht zu werden brauchten. Der Begriff, der alles dies umschloß, die Beute wie die regelmäßigen Abgaben, war „das von Allah für den Gesandten zurückgeholte Gut“ (arab.: *al-faiʾ*); im Koran taucht er in einem ganz bestimmten Zusammenhang auf und weitet sich jetzt auf alle Arten von Einkünften aus, mit denen das „Vermögen Allahs“ gespeist wird, abgesehen wohl von der Kopfsteuer.[161] Der Staatsschatz Allahs wird vorwiegend mit geraubtem Gut und mit Mitteln gefüllt, die den Charakter von Tributen tragen, die besiegte Völkerschaften zu leisten haben. Die *ṣadaqāt* bzw. die Läuterungsgabe macht die Angehörigen der „besten Gemeinschaft“ rein für die Entgegennahme der ihnen in reichem Maße zuteil werdenden Fürsorge Allahs, für dessen ungeschmälerte Herrschaft über das Diesseits sie die Waffen erheben. Diesen Lauf der Dinge aufrechtzuerhalten, ist der ureigene Zweck islamischer Machtausübung, und die islamische Gerechtigkeit ist im wesentlichen die dem Zweck der Machtausübung förderliche Verteilung des „Vermögens Allahs“. ʿUmar kommt das Verdienst zu, diese ḥanīfischen Grundsätze, zu deren Verwirklichung sich Mohammed wegen seiner Befangenheit im genealogischen Ordnungsdenken und in den Belangen der Erben ʿAbd al-Muṭṭalibs nie hatte entschließen können, expliziert zu haben. Ob seinem Werk Dauer beschieden war, wird sich zeigen. Blicken wir zuvor genauer auf die ḥanīfische Gedankenverbindung zwischen dem Bekenntnis zu dem Einen und der Aufhebung von Abstammung und „Väterruhm" als den wichtigsten Merkmalen eines Menschen!

ʿUmars ḥanīfische Ideale

Das Ḥanīfentum betrachtete den Menschen nicht von dem Rang her, den er im genealogischen System innehatte; es nahm ihn vielmehr als jemanden wahr, der als ein einzelner dem alles bestimmenden Allah anheimgegeben war. Diesem allein waren die Pilger- und Opferriten zu widmen, die fälschlich in von Stamm zu Stamm anderer Weise verschiedenen Gottheiten zugedacht wurden. Quss b. Sāʿida, ein bisweilen dem Christentum zugerechneter Prediger des 6. Jahrhunderts,[162] soll einst auf dem Markt von ʿUkāẓ folgende Worte an die Menge gerichtet haben: „Ihr Leute, hört und behaltet im Gedächtnis: Wer lebt, der stirbt, und wer stirbt, der geht dahin! Alles, was kommen soll, das kommt! Finstere Nacht, stiller Tag, ein Himmel mit den Tierkreiszeichen; Sterne, die leuchten; Meere, die anschwellen; Berge, die er verankert hat; Erde, die er hinbreitete; Flüsse, die er fließen ließ: Im Himmel gibt es wirklich eine Kunde, auf der Erde wirklich lehrreiche Beispiele! Wieso sollten die Menschen da sterben und nicht wiederkehren? Waren sie es zufrieden und blieben (in den Gräbern), oder wurden sie dort gelassen und schliefen? Quss schwört einen sündlosen Eid bei Allah: Allah hat eine Glaubenspraxis, die ihm besser gefällt und die vortrefflicher ist als die eure! Ihr begeht schreckliche Dinge!"[163] Die alles überblendende Gegebenheit des menschlichen Daseins ist der eine Allah, und am Tag des Gerichts wird es sich bewahrheiten, daß niemand von der Abrechnung verschont bleibt und unbehelligt den Todesschlaf weiterschläft. Abrechnung aber meint, ganz auf sich selber gestellt zu sein. Auch Mohammed wird im Koran mehrfach daran erinnern, daß an jenem Tag die irdischen Ehren und die ruhmreichen Verwandten nicht zählen werden (vgl. Sure 60, 3).[164] In einem – wohl fiktiven – Zwiegespräch mit dem byzantinischen Kaiser wird Quss b. Sāʿida ganz deutlich. „Wir erkannten", sagt er unter anderem, „daß die Menschen eine tierische Gestalt haben, doch mit dem Verstand untereinander wetteifern, und wir erkannten, daß die Ehre nicht in den Vätern und Müttern begründet liegt, sondern in einem lobenswerten Charakter. Hierüber dichtete ich: ‚Ich habe alle Zitzen der Zeit gemolken, dann den reinen Rahm abgeschöpft, doch vermochte ich weder Vorrang noch Edles in den Worten des Mannes zu erkennen, der sagt: Ich bin ein Araber! (Bevor wir ihm einen Vorrang zubilligen, müssen) wir sehen, daß er sich zu einem edlen Charakter erhebt, so daß seine lobenswerten Eigenschaften seine Herkunft verteidigen. Weder der Verstand seines Ahnherrn, der (längst) gestorben ist, noch der Verstand des Vaters nützt dem Mann für seinen Witz, denn der Mann ist nichts als der Sohn des eigenen Selbst, durch es wird er erkannt...'"[165] Ganz so radikal wie Quss b. Sāʿida in diesen Sätzen ist nicht einmal ʿUmar b. al-Ḫaṭṭāb, wie wir hören werden. Aber dem Prinzip nach bedeutet das Gemeinwesen des Dschihad die Abkehr von der Stammesgesellschaft; eine „islamische" Gerechtigkeit darf nicht auf dem ererbten Rang beruhen.

Im Jahre 1061 schloß der Philologe al-Marzūqī eine nach Sachthemen geordnete Sammlung von Zeugnissen der alten arabischen Lebensweise ab. Inzwischen verherrlichten die Angehörigen der Schicht der kultivierten Städter das vorislamische Arabien, vermochten es aber in den Einzelheiten nicht mehr zu verstehen. Mit seinem Buch wollte al-Marzūqī ihnen den Zugang zu der literarischen Überlieferung jener verklärten Zeit erleichtern; das Studium der in Diwanen zusammengestellten poetischen Hinterlassenschaft der gerühmten Alten gehörte zur gehobenen Bildung. Al-Marzūqīs Werk vermittelt dem Leser einen Eindruck von dem tiefen Bruch, der die Weltauffassung des Arabers der Zeit Mohammeds von derjenigen des Städters späterer Jahrhunderte trennt. An einer Stelle versucht der Autor, diesen durch den Islam verursachten Bruch in wenigen Sätzen zu beschreiben. Hierbei behält er im Auge, daß das Mekka des Propheten schon aus kulturgeographischen Gründen nicht mit einer der Metropolen der mittleren Abbasidenzeit verglichen werden darf. Er hält vielmehr das Arabien vor und nach der Verkündung des Islams gegeneinander. Bis in die Jahre, in denen jene Religion entstand, betätigten sich die Araber, so schreibt er, auf fünf Feldern: Das erste war die Beteiligung an Überfällen auf fremde Stämme und an Plünderungen, wenn große Not herrschte, die Anführer erhielten ein Viertel der Beute und hatten Vorrechte bei der Auswahl; das zweite waren die Gesandtschaften zu den „Königen", um Gefangene freizukaufen oder Wergeld auszuhandeln und Frieden zu stiften; das dritte Feld bestand in der Verschönerung des Lebens durch den Umgang mit Kamelen und Pferden (vgl. Sure 16, 8); viertens kommt die Pflege der Dattelpalmen und zuletzt die erbärmliche Mühsal der Tagelöhner und Kameltreiber, Tätigkeiten, die jeder Edle flieht. Die ersten vier Bereiche sind, wie al-Marzūqī belegt, durch Äußerungen Mohammeds – in Wahrheit Sprichwörter – geheiligt: „Das beste Eigentum sind eine fruchtbare Stute und aufgereihte reich tragende Dattelpalmen" – „Das Gute ist bis zum Jüngsten Tag an die Stirnlocke der Pferde geknüpft" – „Die Pferde rennen nach den Tugenden ihrer Ahnen, und an einem Tag, an dem die Wette gilt, rennen sie je nach dem Glück der Eigentümer" – „Mein Lebensunterhalt liegt in der Spitze der Lanzen". Im Islam kennt man nur noch vier Tätigkeitsfelder. Die Tagelöhner besetzen nach wie vor die unterste Schicht. Über ihnen stehen die Seßhaften, die an ihren Weideplätzen und auf ihrer Scholle bleiben, sich genügsam ernähren und ihr Los durch ein wenig Handel mildern. Ihnen voraus sind die Beduinen, die Kamele züchten, die vom Regen zum Grünen gebrachten Landstriche aufsuchen und ihre Tiere in den Siedlungen am Rande der Wüste und in den Heerlagern vermieten. An der Spitze stehen die Auswanderer, die in die Register eingetragen sind, das islamische Territorium verteidigen, gegen die Andersgläubigen vorrücken und gegen sie kämpfen. „Das Gute liegt im Schwert, ist mit dem Schwert und wird durch das Schwert errungen", hat Mohammed in einem unter den Nachkommen ʿAlī b. abī Ṭālibs überlieferten Ausspruch festgestellt.[166]

Die frühen Auswanderer, ein „Verdienstadel"

In dieser Sichtweise findet das vorislamische Kriegertum unter den *muhāǧirūn* seine islamisch überformte Fortsetzung. Alles, was wirklich zählt, wird mit dem Schwert gewonnen. Bestenfalls die Kamelzüchter bekommen jenes edle Kriegsgeschäft, dem die *muhāǧirūn* nachgehen, noch in den Blick; abschätzig und voll des Bedauerns schreibt al-Marzūqī von den an den Ort ihres Broterwerbs Gebundenen; sie leben an der Grenze des Elends. Gewiß haben wir in al-Marzūqīs Sätzen keine analysierende Durchdringung des Überlieferten vor uns, sondern eine idealtypische Zuspitzung. Was er aber zutreffend erfaßt, ist der neue, islamische „Verdienstadel", der mittels der Registrierung gestiftet wurde. ʿUmar bedenkt zwar auch Nichtkombattanten, die „nach Medina kamen", aus welchem Grund, wird nicht gesagt; womöglich bezieht sich dies noch auf die Hungerflüchtlinge. Außer dem Kämpfen rechtfertigen lediglich Tätigkeiten, die das ideologische Fundament des Gemeinwesens ausbauen und bewahren, den Empfang von Dotationen. ʿUmars Register fixiert die Blickrichtung der Unternehmenden und Risikobereiten auf das Kriegshandwerk, dem die Hedschra voranzugehen hat. Zum leuchtenden Exempel werden die frühen Auswanderer und ihre Heldentaten in Medina. ʿAbdallāh b. Ǧaḥš ist der erste „Befehlshaber der Gläubigen" gewesen; die Tradition, die in ʿAbdallāh den vorbildlichen Ausdruck gefunden haben soll, erklärt ʿUmar für verbindlich, indem er diesen Herrschertitel annimmt. Am Anfang der Geschichte des islamischen Gemeinwesens steht eine Hedschra, die nun zur Hedschra schlechthin wird, nachahmenswert zwar, aber doch unerreichbar: Die islamische Gerechtigkeit kennt keine Gleichheit, die frühen Auswanderer sind durch noch so viel Heldenmut nicht mehr von der Spitze zu verdrängen. Auf den Zeitpunkt des Verdienstes Wert zu legen, verdirbt die Kategorie des Verdienstes um den Islam in einer Weise, die ʿUmar kaum ahnte, und legt den Sprengsatz für die nachhaltige Erschütterung, der die „beste Gemeinschaft" entgegenging. In Keimen deutet sich das Drama in al-Wāqidīs Berichten an. Weshalb soll man den jungen Söhnen der Auswanderer und „Helfer" Dotationen gewähren, weshalb den Söhnen der Badrkämpfer? Und weshalb begünstigt ʿUmar die Bewohner des Stadtteils al-ʿAwālī, übrigens eine Maßnahme, die durch ʿUṯmān nicht nur bestätigt, sondern sogar erweitert wird?[167] Die Hedschra der alten Auswanderer und die Unterstützung, die sie von den Ausiten erfuhren, vermehrt um den Kampf bei Badr, dergleichen ist nie mehr durch irgend jemanden zu erreichen! Die Familie des Propheten ist demgegenüber allein durch die Genealogie hervorgehoben. Daß man damals al-Ḥasan und al-Ḥusain derartig beschenkte, ist zu bezweifeln, und das gilt wahrscheinlich auch für al-ʿAbbās – oder betrachtete man ihn als den letzten noch lebenden Onkel Mohammeds aus der väterlichen Linie für besonders verehrungswürdig?[168] Ganz auszuschließen ist dies nicht. Aber letzten Endes war der Vorrang der Banū Hāšim im Dotationsregister ohne greifbare Bedeutung, denn die Höhe der Zahlungen errechnete sich nach dem Prinzip der *sābiqa*.[169] Einzig die Frauen Mohammeds waren ihm naturgemäß nicht unterworfen. Angesichts der Bevorzugung der frühen Auswanderer hat man die mangelnde Hervorhebung der Banū Hāšim später als anstößig empfunden; zur Zeit ʿUmars urteilte man noch nach einem anderen Maßstab, wie wir sehen werden. Auffällig und vielleicht als ein späterer Zusatz zu erklären, ist die Formulierung, der Kalif habe seine Listen mit den „Banū Hāšim nach Maßgabe der bekundeten Zugehörigkeit" begonnen. Bei allen anderen genealogischen Gruppierungen fehlt diese Bemerkung. ʿAbdallāh b. Ǧaʿfar b. abī Ṭālib band zur Regierungszeit ʿAbd al-Maliks einen ṭāʾitischen Dichter und dessen Brüder auf dem Wege solcher Bekundung an die Hāšimiten.[170] Das Anwachsen des Prestiges der Hāšimiten wird in der zweiten Hälfte des 7. Jahrhunderts mit dem „Verdienstadel" der frühen Auswanderer in Konflikt geraten – ein Vorgang, dessen Spuren sich in die Überlieferung vom Entstehen des Registers eingeschlichen haben mögen.

4. Die Festigung des religiösen Fundaments

Die Sammlung der „Lesung"

ʿUmar setzte den Koranlesern Dotationen aus, hörten wir. Er ließ es sich angelegen sein, die Zahl der Kenner der Botschaft des Gesandten Allahs zu erhöhen. In den letzten Regierungsjahren betraute er Abū Mūsā al-Ašʿarī, der zuvor erfolgreich im Gebiet von Ahwas Krieg geführt hatte, mit der Statthalterschaft von Basra.[171] Abū Mūsā kümmerte sich um die Unterweisung im Koran, und in kaum zwei Monaten hatte er sieben Männer so weit geschult, daß sie die Worte des Propheten auswendig hersagen konnten. Der Statthalter schickte sie zu ʿUmar nach Medina, der jedem von ihnen eine Dotation von zweitausend Dirhem überschrieb.[172] Was berichten die Quellen über den Koran in der Zeit ʿUmars? Daß die Verschriftlichung schon in Mekka begann und in Medina fortgesetzt wurde, haben wir oben dargelegt. Mohammed diktierte den Text seinen Schreibern, wobei er es nicht immer peinlich genau nahm, wie wir aus dem Skandal um ʿAbdallāh b. Saʿd b. abī Sarḥ wissen.[173] Zwar griff Mohammed immer wieder in die von ihm als Offenbarung bezeichneten Texte ein, und deren Bestand vermehrte sich fortlaufend; in frühmedinensischer Zeit war wahrscheinlich ein Kern von dreißig Suren abgeschlossen. Wieviele darüber hinaus als im Text gefestigt betrachtet werden dürfen, wissen wir nicht. Die als einzelne Schriftstücke zirkulierenden Suren wurden unter den Anhängern immer wieder vorgetragen, und das gemeinsame Erleben solcher Lesungen bildete ein starkes einigendes Band, wie man aus der Erzählung über die Bekehrung ʿUmar b. al-Ḫaṭṭābs weiß und auch aus den Klagen der Mekkaner, die „Lesung" verdrehe den Unerfahrenen den Kopf. Der in den Gottesdiensten der medinensischen Zeit ununterbrochen gepflegte liturgische Koranvortrag pflanzte den Text in das Gedächtnis der Muslime ein, so daß ein Versuch, ganze Passagen zu fälschen, zu Lebzeiten Mohammeds nur schwer vorstellbar ist, und auch in den ersten Jahren nach seinem Tod wird dies kaum möglich gewesen sein. Dennoch hatte ʿUmar ein dringendes Interesse daran, ein für allemal festzulegen, welche Texte Bestandteile der „Lesung" waren und wie man sie vorzutragen hatte. Als er ermordet wurde, war diese Arbeit noch nicht beendet.[174]

Von den „Helfern" kam der Vorschlag, die Suren der „Lesung" in einem einzigen Kodex zusammenzustellen. Diesen Gedanken griff er auf, wobei er sich vermutlich auf Vorarbeiten stützen konnte, die unter Abū Bakr geleistet worden waren.[175] Wer immer unmittelbar aus dem Munde Mohammeds etwas gehört hatte, das offenbart worden war, der sollte dies niederschreiben und dem Kalifen einreichen; er sollte zwei Bürgen für die Echtheit des Textes aufbieten. Als Schreibmaterialien verwendeten die Leute unter anderem Bretter und die entblätterten Stiele von Palmwedeln.[176] Diese Überlieferung hat viel Verwirrung gestiftet; sie leistete der Vorstellung Vorschub, die ganze „Lesung" sei aus solchen

Fragmenten zusammengeflickt worden, womöglich ohne den Leitfaden von in der Liturgie tagtäglich vergegenwärtigten Textabschnitten. Es geht hier aber nur um ergänzende Stücke, die nach Auffassung mancher Zeitzeugen in dieser oder jener Passage zu berücksichtigen seien. Die einschlägigen arabischen Quellen kennen nur zwei Beispiele. So vermißte Zaid b. Ṯābit in den ihm zur Verfügung stehenden schriftlichen Zeugnissen den 23. Vers von Sure 33: „Unter den Gläubigen gibt es Männer, die getreu erfüllen, wozu sie sich Allah gegenüber verpflichtet haben." Zaid habe den Vers schließlich bei einem „Helfer" gefunden. Die unangefochtene Autorität auf diesem Gebiet scheint unter dem Kalifat Abū Bakrs der Ḫazraǧite Ubaij b. Kaʿb gewesen zu sein. Er diktierte den Text, wie er ihn für richtig hielt, wobei er ja schon für den Propheten selber Offenbarungen aufgezeichnet hatte. Als Ubaij nun selber für die „Lesung" verantwortlich war, stellte er fest, daß man irrtümlich meinte, Sure 9 habe nur 127 Verse. Er bestand aber darauf, daß Mohammed ihr zwei hinzugefügt habe: „Nun kam zu euch ein Gesandter aus eurer Mitte, den es bekümmert, daß ihr in Bedrängnis geratet, der sich eurer annimmt und den Gläubigen Barmherzigkeit erzeigt. Wenn sie sich abwenden, dann sprich: ‚Allah, außer dem es keinen Gott gibt, ist meine Genüge, auf ihn verlasse ich mich, denn er ist der Herr des gewaltigen Thrones.'" (Vers 128 f.). Mit diesen Versen habe die Herabsendung des Korans ihren Abschluß gefunden; die göttliche Botschaft sei mit dem gleichen Gedanken beendet worden, mit dem sie einst eröffnet worden sei, und diesen Grundgedanken fand man in Sure 21 „Die Propheten": „Niemals schickten wir vor dir einen Gesandten, ohne daß wir ihm (eine Botschaft) eingegeben hätten: ‚Es gibt keinen Gott außer mir, darum betet mich an!'" (Vers 25). Unter ʿUmar stand die Frage nach der Geschlossenheit der Offenbarung weiterhin auf der Tagesordnung, und wieder suchte man nach einem Beleg für jene beiden Verse am Ende von Sure 9.[177] Nun war es Ḫuzaima b. Ṯābit[178] von den ausitischen Banū Sāʿida, der ihre Echtheit verbürgte.

Der muḍaritische Charakter der „Lesung"

Das Ergebnis der Arbeit Abū Bakrs gelangte in den Besitz ʿUmars. Worum es diesem, der bisweilen in die Arbeiten eingriff, in Wirklichkeit ging, werden wir in zwei Schritten erörtern. Im ersten betrachten wir zunächst ʿUmars Ansichten über die arabische Sprache und Dichtung. Dazu zwei Zeugnisse! Daġfal aš-Šaibānī,[179] ein Kenner der arabischen Genealogie, will dabei gewesen sein, als al-ʿAbbās den Kalifen gefragt habe, wen er für den besten Dichter halte. ʿUmar soll sich wie folgt geäußert haben: „Imruʾ al-Qais[180] ist der Pionier, er grub für (die Dichter nach ihm) die Quelle ihrer Kunst frei und öffnete eine klare Sicht, indem er sich von einäugigen Bedeutungen abkehrte.[181] Imruʾ al-Qais ist aber ein Kindite und damit ein jemenischer Araber. Diesen geht jedoch die Sprachreinheit Muḍars ab, ihre Poesie ist nicht vorzüglich." Die jemenischen Begriffe, so Daġfal, wertete ʿUmar als einäugig, nicht ganz treffend, wenn Imruʾ al-Qais auch das Verdienst gebührt, in vielen Versen zu einer erfreulichen Durchsichtigkeit des Ausdrucks vorgestoßen zu sein. Mit der Dichtung der Nachfahren Muḍars kann sich sein Werk allerdings nicht messen.[182] – Muḍar war, daran sei erinnert, der gemeinsame Ahnherr der Quraišiten und der Banū Tamīm, ihrer in Mohammeds Kindheit und Jugend so unentbehrlichen Bundesgenossen.[183] Selbst zum Muslim erklärte man Muḍar:[184] Eine durch die Neigung zum Monotheismus und durch eine eigentümliche Art zu dichten aus dem Arabertum ausgesonderte Gruppe, nämlich die Muḍariten,[185] scheint für ʿUmar die Trägerin des Heilsgeschehens zu sein, für dessen Fortgang er sich verantwortlich weiß, eines Geschehens mithin, das weit hinter Mohammed zurückreicht und darum nicht einzig durch ihn verkörpert wird.[186] – Bereits zwischen 360 und 380 hatte es den Anschein gehabt, als werde der Polytheismus auf der Arabischen Halbinsel durch einen Eingottglauben abgelöst werden. Ẓafār war um 340 der Ausgangsort einer durch Byzanz initiierten christlichen Missionierung gewesen, danach war der jüdische Einfluß gewachsen. Infolgedessen waren syrische bzw. jüdisch-aramäische Fremdwörter in das Südarabische eingedrungen, die sich, wie erwähnt, mehr als zwei Jahrhunderte später bei Mohammed wiederfinden. Die religiöse Umorientierung der Himjariten ging damals nicht zuletzt mit einer sprachlichen Vereinheitlichung einher, der das Hadramautische zum Opfer fiel.[187] Auf diese Analogie sei hier verwiesen!

Das zweite Zeugnis betrifft Zuhair b. abī Sulmā. Neben Imruʾ al-Qais ist er der zweite aus dem damals hochgeschätzten Dreigestirn der großen Dichter – der dritte ist an-Nābiġa aḏ-Ḏubjānī. Zuhair und an-Nābiġa sind Muḍariten; während letzterer dem Stammesverband der Banū Ġaṭafān angehört, steht Zuhair in der Genealogie den Quraišiten näher.[188] Wieder wird über die Frage debattiert, wer der beste Dichter der Araber sei, und ʿUmar, auf dem Weg nach al-Ǧābija[189] bei Damaskus, spricht sich gegenüber ʿAbdallāh b. al-ʿAbbās für Zuhair aus. „Denn Zuhair verdunkelte seine Redeweise nicht und mied verwilderte Verse. Auch rühmte er niemanden außer mit den Vorzügen, die dieser tatsächlich besaß.“[190] Die Überlieferung gehört in ein fiktives Zwiegespräch, in dem ʿUmar darlegt, daß das Prophetentum und das Kalifat nicht in ein und derselben quraišitischen Sippe, nämlich bei den Banū Hāšim, zusammenkommen dürften. Wie werden uns später mit dieser Frage befassen. Hier genügt die ʿUmar zugeschriebene Ansicht, der Muḍarite Zuhair verkörpere die Vollendung der arabischen Dichtkunst. In einer anderen Version begründet der Kalif seine Überzeugung in ähnlichen Worten: Zuhair spreche von nichts, das er nicht wirklich kenne. ʿAbdallāh b. al-ʿAbbās muß die Nacht über aus den Gedichten Zuhairs vortragen; sobald der Morgen graut, rezitiert man Sure 56 „Die hereinbrechende (Katastrophe)“ und beginnt das rituelle Gebet. In der Vorliebe für Zuhair unterscheidet sich ʿUmar übrigens von Mohammed,[191] der allerdings der Dichtkunst überhaupt skeptisch gegenüberstand.

Die Sprache der Nachfahren Muḍars, das war das Kriterium, dem die „Lesung“ genügen mußte. Deshalb leuchtete dem Kalifen der Vorschlag der „Helfer“ ein, alle Texte des Korans zusammenzufassen. Sie sollten vor der Entstellung im Munde von Rezitierern bewahrt werden, die von den Muḍariten abweichende sprachliche Gewohnheiten pflegten, und innerhalb des Muḍaritischen galt allein die Redeweise der Quraišiten. Dabei legte er großen Wert auf die korrekte Wiedergabe der Flexionsendungen (arab.: *al-iʿrāb*); wer die „Lesung“ in solch vollkommener Weise rezitiere und dabei sterbe, der gehe ins Paradies ein wie ein im Glaubenskrieg

Getöteter.[192] Einmal wurde ʿUmar Zeuge, wie ein Huḏailit statt des quraišitischen *ḥattā*, d.h. „bis", ein *ʿattā* sprach, und drang sofort auf eine Berichtigung; es sei unverantwortlich, daß der im Irak wirkende Korankenner ʿAbdallāh b. Masʿūd, bei dem der Gerügte gelernt hatte, derartige Schlampereien durchgehen lasse.[193] Da die „Helfer" jemenische Araber waren, wollte ʿUmar nicht dulden, daß sie selber die Berichtigung ausführten. „Ihr seid Leute, deren Sprechweise mit Kauderwelsch durchsetzt ist, und ich lehne es ab, daß ihr in der ‚Lesung' irgendein Kauderwelsch erzeugt." So schroffe Worte waren nicht zu rechtfertigen, denn immerhin rühmte man Ubaij b. Kaʿb von den ḫazraǧitischen Banū Mālik b. an-Naǧǧār als den „Herrn der Koranleser".[194] ʿUmar wirft ihm Fehler vor, die über sprachliche Unzulänglichkeiten hinausgehen. Bei der Voreingenommenheit des Kalifen für die Ausiten fragt man sich, ob hier noch etwas anderes im Spiel ist.

Vor allem sind Meinungsverschiedenheiten über die Frage zu verzeichnen, ob die durch Mohammed widerrufenen und durch anderslautende ersetzten Verse nach wie vor als ein Teil der Offenbarung gelten. In Sure 2, Vers 106 behielt sich Mohammeds Alter ego das Recht vor, den für göttlich ausgegebenen Text zu korrigieren: „Sollten wir einen Vers abrogieren oder in Vergessenheit geraten lassen, dann bringen wir einen besseren." Die in Medina erfolgte Umdeutung des Prophetentums in eine den tagespolitischen Notwendigkeiten verpflichtete Führerschaft, die unentwegt der Rechtfertigung durch Allah bedurfte, setzte die Offenheit und Unabschließbarkeit der „Lesung" voraus. Nachdem Mohammed in Mekka seine Ambitionen zuletzt durch das Vorweisen eines fertigen „Buches" hatte fördern wollen, propagierte er nun mit großem Nachdruck Eingebung und Herabsendung als einen sein Auftreten begleitenden Vorgang.[195] Dem trug Ubaij b. Kaʿb Rechnung. Denn er hatte es sich bei seinen Bemühungen um die Zusammenstellung der Botschaft des Propheten zum Grundsatz gemacht, nichts wegzulassen, was er einmal aus dem Munde Mohammeds als eine Offenbarung gehört hatte. ʿUmar dagegen war allein auf die letzte Fassung eines Verses, auf den zuletzt geltenden Wortlaut aus. Diesem konnten ganze Sätze fehlen. „Hätte der Sohn Adams ein ganzes Tal, angefüllt mit Gold, dann stäche ihm ein weiteres, gleiches ins Auge. Doch füllt den Leib des Sohnes Adams nichts als die Erde! Allah aber wendet sich dem zu, der sich ihm reumütig zuwendet." Laut Ubaij gehören diese Sätze in die „Lesung", aber ʿUmar fand dafür keinen Beleg, ließ sie weg und mußte sich den Tadel gefallen lassen, er maße sich ein Urteil an, das über dem des Gesandten Allahs stehe. Eine andere Überlieferung konfrontiert Ubaij b. Kaʿb mit Zaid b. Ṯābit, für den der Kalif Partei ergreift. „Damals ließen es die Ungläubigen zu, daß das Ungestüm ihr Herz überwältigte, das Ungestüm des Heidentums" (Sure 48, 26) – „doch wenn ihr (Muslime) ebensolches Ungestüm gezeigt hättet, dann wäre der geheiligte Gebetsplatz entweiht worden."[196] Der zweite Teil des Satzes wurde allein von Ubaij verbürgt; Zaids und ʿUmars kürzere Fassung wurde die kanonische. – „Wenn man am Freitag zum Gebet ruft, dann lauft (arab.: *fa-sʿau*), Allahs zu gedenken!" (Sure 62, 9). Dies eine Lesung Ubaij b. Kaʿbs; als ʿUmar davon erfuhr, verlangte er eine Berichtigung, die allerdings nicht im *textus receptus* berücksichtigt wurde. Es müsse heißen: „...dann geht (arab.: *fa-mḍū*)...“ „Ubaij“, soll der Kalif seine Meinung zusammengefaßt haben, „rezitierte mehr als wir alle das Widerrufene.“[197]

ʿUmar war an einer „Lesung“ gelegen, die der reinen muḍaritischen Ausdrucksweise angepaßt war, so können wir resümieren, und es kam ihm auf einen Text an, der einen letztgültigen gesicherten Bestand an Versen aufwies, die nicht durch das Zitat widerrufener angefochten werden konnten. Und er wünschte eine „Lesung“, die sich durch das Merkmal, eine Herabsendung bzw. Eingebung von seiten Allahs zu sein, zweifelsfrei von allen übrigen Texten abhob. Hiermit berühren wir den zweiten Beweggrund für ʿUmars Arbeit am Koran. Bevor wir näher darauf eingehen, ist ein letzter Streit zwischen dem Kalifen und Ubaij b. Kaʿb zu erwähnen. Er dreht sich um Sure 9, Vers 100: „Die ersten, die früh (zum Islam) eilten (arab.: *as-sābiqūn*) unter den Auswanderern und ‚Helfern‘ und diejenigen, die ihnen mit gutem Handeln folgten – an denen (allen) hat Allah Wohlgefallen, und sie haben Wohlgefallen an ihm.“ Ihnen sagt Allah das Paradies zu, den höchsten Gewinn. So lautet die von Ubaij bezeugte Fassung, die im kanonischen Text steht. ʿUmar bestritt, daß die „Helfer“ ausdrücklich genannt seien; er las: „Die ersten, die früh zum Islam eilten, nämlich die Auswanderer, und diejenigen, die ihnen mit guten Handeln folgten...“[198] Der Unterschied ist bemerkenswert: Unmißverständlich zieht er eine Grenze zwischen den frühen Auswanderern und allen übrigen Muslimen; selbst wenn sie sich von Beginn an um den Islam verdient gemacht haben sollten, etwa in der Schlacht von Badr, so sind sie doch nur Muslime, die den Auswanderern im „guten Handeln“ folgten. Der frühe Auswanderer kann manche „Helfer“ nicht in der *sābiqa* übertreffen, aber dank der Auswanderung, der Hedschra, ist er ihnen uneinholbar voraus. Wenn die Prophetie als Kommentierung der Machtpolitik betrieben wird, und wir haben dafür viele Beispiele kennengelernt, dann ist nicht auszuschließen, daß ʿUmar recht hat und Mohammed jenen Vers zuletzt unter Auslassung der „Helfer“ vortrug. Zwistigkeiten gab es nach der Inbesitznahme Mekkas genug.[199] Daß die verkürzte Fassung ʿUmars Überzeugungen entsprach und mit den Ereignissen seit dem Tode Mohammeds im Einklang stand, wurde schon zwischen den Zeilen greifbar. Der Kalif bemerkte nicht, wie wegen dieser auf die Hedschra ausgerichteten Sicht des Lebenswerkes des Propheten die Grundfesten seiner Herrschaft zu erodieren begannen. Doch darüber später mehr!

Das Beharren auf Abgrenzung der „Lesung“ gegen andere Texte

Der zweite Beweggrund für die Vereinigung der Suren der „Lesung“ in einem einzigen Kodex war das Streben nach einer Abgrenzung von allen anderen Textgattungen, das deuteten wir vorhin an. ʿĀmir b. Šarāḥīl aš-Šaʿbī (gest. um 720) war seit dem ausgehenden 7. Jahrhundert einer der überragenden Gelehrten des Irak. Von ḥimjarischer Abkunft, war es ihm wie so vielen seinesgleichen beschieden, in den eben erst dem Islam gewonnenen Gebieten aufzuwachsen. Seine Heimat war Kufa. In die Streitereien der sich formierenden *ḥadīṯ*-Kunde verwickelt, blickte er auf die Anfänge dieses Wissenszweiges zurück – er rühmte sich damit, daß er fünfhundert Prophetengenossen kennengelernt habe,[200] Bürgen der Epoche Mohammeds, die inzwischen in einem mehr und mehr verklärten Licht erschien. „Wer Allah gehorcht, der tut recht, und wer sich gegen ihn oder seinen Gesandten auflehnt, der scheitert. Der Koran nämlich und die Rechtleitung sind der Pfad; beide blieben, als der Gesandte dahinging. Doch ist es, als wäre er lebendig, gesund, noch immer unter euch dank dem, was bei euch blieb!" Diese Verse des in der omaijadenfeindlichen Geschichtserinnerung als Wüstling verschrienen Kalifen al-Walīd b. Jazīd (reg. 743–744)[201] charakterisieren treffend die seit der Wende zum 8. Jahrhundert die Muslime beherrschende Mentalität, die einerseits durch Männer wie aš-Šaʿbī hervorgebracht wurde und diesen andererseits ihr Renommee bescherte: In einer verlebendigten Erinnerung an Mohammed möchte man das Dasein zubringen, um sicher zu sein, daß man der Rechtleitung teilhaftig ist. Was aš-Šaʿbī in einem Rückblick auf die Anfänge Kufas mitzuteilen hat, gestützt auf die Autorität des „Helfers" Qaraẓa b. Kaʿb, klang in den Ohren seiner Zeitgenossen schon befremdlich. Qaraẓa, der bis zum Kalifat ʿAlīs (reg. 656–660) in Kufa wirkte, war von ʿUmar dafür ausgewählt worden, die dortige Bevölkerung in den praktischen Konsequenzen des Islams zu unterrichten.[202] „Wir wollten nach Kufa reisen", erzählte Qaraẓa laut aš-Šaʿbī, „und ʿUmar gab uns bis Ṣirār[203] das Geleit. Dort vollzog er die kleine rituelle Waschung, danach zweimal die große. ‚Wißt ihr, warum ich euch das Geleit gab?' fragte er. ‚Ja', antworteten wir, ‚weil wir Gefährten des Gesandten Allahs sind.' Er ergriff wieder das Wort: ‚Ihr werdet zu Leuten eines Ortes kommen, die den Koran eifrig dahersummen wie die Bienen. Hindert sie daran nicht durch den Vortrag von *Ḥadīṯ*en, ihr könntet sie ablenken! Konzentriert euch auf den Koran und überliefert wenig über den Gesandten Allahs! Und nun geht, ich bin euer Teilhaber.'"[204]

ʿUmar berichtigt seine Beauftragten, die meinen, als Gefährten des verstorbenen Propheten, als erstrangige Bürgen alles dessen, was mit ihm zu tun hatte, sollten sie in Kufa auftreten. Gerade dies wünscht er nicht. Im Koran haben die Muslime zur Verfügung, was wirklich wichtig ist – Worte von einer, wie wir hörten, einmaligen Beschaffenheit. Was darüber hinaus alles geredet wird, darf niemandem den Kopf verdrehen. Die „Lesung" genügt; auf dieser Grundlage gewinnt man durch sachgemäße Überlegungen Einsichten in die Erfordernisse der islamischen Lebensführung. Die Einstellung ʿUmars bestätigt sich auf einem anderen Weg. Al-Qāsim (gest. 726/7), ein Enkel Abū Bakrs, war in seiner Zeit ein gesuchter Überlieferer des Propheten*ḥadīṯ*; er pflegte es niederzuschreiben. Jemanden, der ihn bat, *Ḥadīṯ*e zu diktieren, belehrte er: „In der Epoche ʿUmar b. al-Ḫaṭṭābs nahmen die *Ḥadīṯ*e zu. Der Kalif beschwor die Leute, ihm diese (Schriftstücke) zu bringen, und als das geschehen war, befahl er, sie zu verbrennen. ‚Eine Mischna wie die Mischna der Schriftbesitzer!' sagte er (zur Begründung), und deshalb verwehrte mir al-Qāsim seinerzeit das Niederschreiben von *Ḥadīṯ*en."[205] Die zu Anfang mündlich weitergegebene Auslegung der Tora, die Ableitung einer Fülle von Gesetzesbestimmungen aus jenem Grundtext, nennt man die Mischna. Sie wurde seit dem 2. Jahrhundert n. Chr. in schriftlicher Form festgehalten und bildete eine zweite, wegen ihres Bezugs zum Alltag häufig zu Rate gezogene Quelle religiöser Erkenntnis und wohl auch vielfältigen Streits. Als schriftlich fixiertes Referenzwerk durfte es nach ʿUmars Meinung nur die „Lesung" geben. Niemand sollte sich anheischig machen, die durch Allah dem Gesandten eingegebene Rede durch andere Worte zu ergänzen oder zu ersetzen und sie dadurch in ihrer Einmaligkeit abzuwerten. ʿAbdallāh b. Masʿūd, ein huḏailitischer Eidgenosse der quraišitischen Banū Zuhra und einer der frühesten Anhänger des Propheten, lebte in Kufa und diktierte den Koran ohne Bezugnahme auf schriftliche Quellen, was ʿUmar gebilligt haben soll[206] – nicht freilich die mundartliche Einfärbung des Textes, wie schon geschildert. Ausdrücklich gelobt wird ʿAbdallāh aber dafür, daß er, wenn er *Ḥadīṯe* vortrug, stets den Koran zur Bestätigung beizog.[207]

In Gestalt des *ḥadīṯ* braute sich etwas zusammen, das nicht zu überblicken war; eine unkontrollierbare Autorität schob sich zwischen das offenbarte Wort Allahs und die darauf fußende Herrschaft der alten Auswanderer. Ihr Ansehen litt, wenn man – vermeintliche – Worte Mohammeds gegen sie ins Feld führen durfte. Wie empfindlich ʿUmar in allem war, was auch nur von fern an ein Fortleben der Person des Propheten erinnern mochte, zeigt der Streit darüber, ob man Knaben die Namen von Gottesgesandten geben dürfe. Als ʿUmar Kalif geworden war, untersagte er dies und drang auf eine Änderung solcher Namen. Der Maḫzūmite al-Ḥāriṯ b. Hišām b. al-Muġīra hatte einen Sohn Ibrāhīm; er mußte ihn fortan ʿAbd ar-Raḥmān rufen. In einem anderen Fall hatte aus einem Muḥammad ebenfalls ein ʿAbd ar-Raḥmān zu werden. Der Kalif machte geltend, es gehe nicht an, daß in Verwünschungen, wie sie im Alltag nun einmal gang und gäbe seien, der Name des Gesandten Allahs mißbraucht und entehrt werde.[208] Auf Dauer konnte sich ʿUmar jedoch nicht durchsetzen. Mohammed selber, belehrte man ihn, habe dergleichen geduldet.[209] Doch noch der schon mehrfach erwähnte Rechtsgelehrte Saʿīd b. al-Musaijab hielt es für nicht ratsam, die Kinder nach einem Propheten zu nennen.[210]

Das mangelnde Charisma der „Nachfolger“

Die frühen Auswanderer vermochten das Charisma Mohammeds, des Gesandten Allahs, nicht vorzuweisen; in der Amtsbezeichnung „Nachfolger“ oder „Stellvertreter des Gesandten Allahs“ verdeutlichte man den Abstand, der die Kalifen aus ihrer Mitte in dieser Hinsicht von Mohammed trennte. Zumindest aber war ʿUmar der „Heerführer der Gläubigen“, der eigenständig im Namen der „besten Gemeinschaft“ handelte und dies auch konnte, da er „am Anfang“ die Hedschra vollzogen und seitdem die Geschicke des muslimischen Gemeinwesens in unmittelbarer Nähe zum Propheten mitgestaltet hatte. Darum beanspruchte er die Befugnis, Entscheidungen zu fällen, und zwar nach Maßgabe des Korans, sofern dies möglich war. Der Gedanke an eine vorübergehende Entrücktheit Mohammeds, vergleichbar der Abwesenheit Moses auf dem Berg Sinai, lag ʿUmar nun ganz fern. Einst hatte Abū Bakr ihn davon abbringen müssen; jetzt war es ihm selber ein Ärgernis, daß manche sich nicht mit der „Lesung“ zufrieden geben wollten. Diesen Zeitgenossen erschienen die bloßen Worte unzureichend; Spekulationen über eine Wiederkehr ihres Verkünders tauchten auf.[211] Wir ahnen, welchen Eindruck Mohammeds Allah in den Mund gelegte Äußerungen zu den laufenden Geschäften hinterlassen hatten – was durch Allah sanktioniert worden war, mußte nicht nur richtig sein, es war die Wahrheit. Welches Gewicht konnte da eine Anordnung jener „Nachfolger“ beanspruchen?

Vor allem unter den jungen Leuten, jenen, die den Propheten erst in den letzten Jahren seines Wirkens erlebt hatten, kam eine eigenartige Stimmung auf. Jene frühen Tage, in denen das Schicksal des Propheten und seiner Anhängerschaft auf des Messers Schneide stand, kannten sie nur vom Hörensagen, jene Tage, in denen Mohammed viel daranzusetzen hatte, die mit Glück, Kaltschnäuzigkeit und Gerissenheit erfochtenen Siege als das Ergebnis des Eingreifens Allahs zu deuten und den Anschein zu erwecken, er, der Gesandte Allahs, habe ein Anrecht auf solchen Beistand.[212] Sie kannten nur die triumphierende Bewegung, hatten erfahren, wie die Opponenten, die „Heuchler", und desgleichen die Andersgläubigen, klein beigeben mußten, sie waren im besten Mannesalter die Zeugen der Eroberungen geworden: War schon das Diesseits berauschend, so würde das Jenseits noch großartiger sein – das Jenseits gleicht dem unermeßlichen Ozean, das Diesseits dem Wassertropfen, der am Zeigefinger hängenbleibt, nachdem man ihn in den Ozean hineingetaucht hat. Derartiges habe der Gesandte Allahs verheißen, überlieferte den Kufanern ein Mann, der bei Mohammeds Tod ein junger Bursche gewesen war.[213] Das Schwärmen der jungen Leute, die in den Strudel der ausgreifenden Bewegung hineingezogen werden, hinterläßt in der frühen Geschichte des Islams eine kräftige Spur, die wir eingehend prüfen werden. Unter ʿAbd al-Malik, um 700, werden die *Ḥadīṯe* zu einem Problem für das Kalifat geworden sein; ganz unschuldig sind die Omaijaden daran nicht, denn soweit es ihnen nützlich schien, förderten sie selber solche Experten für das vermeintlich unanfechtbar Wahre, so etwa Abū Huraira. Vor den Medinensern aber führt ʿAbd al-Malik nun bewegte Klage: „Am meisten seid ihr verpflichtet, an der Grundlage festzuhalten. Aus diesem Osten strömten (inzwischen) zahlreiche *Ḥadīṯe* auf uns ein, die wir nicht kannten und von denen wir nichts anerkannten außer dem, was der Rezitation der ‚Lesung' (entspricht). Klammert euch daher an den Inhalt eures Kodex, um den euch der Imam scharte, dem Unrecht widerfuhr! Und erfüllt die religiösen Pflichten, auf die euch euer Imam einschwor, dem Unrecht widerfuhr!" – Gemeint ist ʿUṯmān. – „Er ließ sich in allem von Zaid b. Ṯābit beraten – welch ein vorzüglicher Ratgeber für die Belange des Islams!" Einvernehmlich hätten beide den Umfang des Korans festgelegt und manches, das ihnen seltsam erschienen sei, ausgeschieden.[214] ʿUṯmān, der Nachfolger ʿUmars und Vollender der kanonischen Fassung des Korans, ist für den mit ihm eng verwandten Omaijaden der eigentliche Urheber;[215] doch das Motiv der klaren Abgrenzung der offenbarten „Lesung" von der ins Unüberschaubare wuchernden frommen Überlieferung ist auch ʿAbd al-Malik noch einleuchtend.

Verdunklung der Leistungen der Auswanderer durch den erinnerten Propheten: das Beispiel der *tarāwīḥ*

Die islamische Geschichtsüberlieferung betrachtet ʿUmar b. al-Ḫaṭṭāb als den Kalifen, der sich mit unerbittlichem Eifer der Formierung der „besten Gemeinschaft" nach Maßgabe des Korans widmete – und eben deshalb widerrufene Verse als störend empfinden mußte, wie im Falle der Verschärfung der Strafe für den Weingenuß deutlich werden wird. Der Kalif bemühte sich um eine regelmäßige Unterweisung der Muslime in der „Lesung", was vereinzelten Nachrichten zu entnehmen ist. Er griff den Gedanken Ubaij b. Kaʿbs auf, die nächtlichen Gebete im Ramadan zu einem festen Ritus umzugestalten. Im Ramadan, so glaubte man spätestens, seitdem Mohammed in Medina wirkte, sei der Koran durch Allah herabgesandt worden; in jedem Ramadan gehe Mohammed zusammen mit dem Engel Gabriel den Text durch, um etwaige Fehler auszumerzen.[216] Nach einer Überlieferung, die von Jaḥjā b. ʿAbd ar-Raḥmān (gest. 722/3),[217] einem zur Regierungszeit ʿUṯmāns geborenen Medinenser, und von dessen Zeitgenossen Abū Salama az-Zuhrī verbürgt ist, pflegte man schon seit den Zeiten des Propheten in den Nächten des Ramadan länger als gewöhnlich in der Moschee zu bleiben, um zu Allah zu beten. Trug jemand den Koran vor, dann sammelte sich spontan hinter ihm eine kleine Schar Zuhörer, so daß in ein und demselben Gebetsraum viele Gruppen nebeneinander ihre Riten verrichteten. Man bat Ubaij b. Kaʿb, dem Wirrwarr ein Ende zu setzen, indem er allein die Rezitation übernahm. ʿUmar kam eines Nachts hinzu und war über diese Neuerung höchst erfreut. Er befand allerdings, daß es verdienstvoll sei, die Zusatzrezitationen, die mit Elementen aus dem Gebetsritus durchsetzt waren, erst gegen Ende der Nacht abzuhalten, damit er selber im Anschluß daran die Morgen*ṣalāt* beginnen könne.[218]

Die kanonischen *ḥadīṯ*-Sammlungen dagegen verschieben die Aufmerksamkeit des Lesers, weg von ʿUmar, hin zum Propheten. Am vorliegenden Einzelfall sei dies nur aufgezeigt; in anderem Zusammenhang wird dieser Sachverhalt genauer untersucht werden. Al-Buḫārī beginnt sein Unterkapitel über die Vorzüge des „Stehens" in den Ramadannächten mit einem *Ḥadīṯ*, das der vorhin erwähnte Abū Salama an seinen Klangenossen Ibn Šihāb az-Zuhrī weiterreichte. Abū Salama berichtet jedoch nicht, wie in der obigen Überlieferung, in eigener Rede von der Veränderung des Ritus unter ʿUmar; vielmehr ist hier Abū Huraira ad-Dausī, jener junge Mann, der den Propheten bei Ḫaibar kennenlernte, davorgeschaltet, der seinerseits eine angebliche Aussage Mohammeds wiedergibt. Abū Huraira erscheint somit als der Bürge, der die entscheidenden Worte, diejenigen des Gesandten Allahs, bezeugt: „Ich hörte ihn bezüglich des Ramadan sagen: ‚Wer während (des Ramadan) nächtens steht zur Bekundung des Glaubens und um Verdienst zu erwerben, dem werden die bis dahin verübten Sünden verziehen.'" Erst hiernach kommt Ibn Šihāb az-Zuhrī mit einer verkürzten Fassung der oben wiedergegebenen Überlieferung zu Wort, freilich ohne daß erwähnt wird, daß der Anstoß zur Umwandlung in einen geregelten Ritus von Ubaij b. Kaʿb ausging. Stattdessen fügt al-Buḫārī, wiederum unter Nennung Ibn Šihāb az-Zuhrīs, jedoch auf ʿUrwa b. az-Zubair zurückgeführt, ein anderes *Ḥadīṯ* ein,[219] in dem ʿUmar empfiehlt, die Gruppen Andächtiger sollten sich hinter Ubaij b. Kaʿb vereinigen. Al-Buḫārī ergänzt die Thematik mit drei weiteren Überlieferungen, deren erste – Ibn Šihāb az-Zuhrī über ʿUrwa b. az-Zubair zu ʿĀʾiša – nur mitteilt, daß Mohammed im Ramadan rituell betete, gemeint ist, in den Nächten. Die zweite – mit der nämlichen Kette von Bürgen – erzählt, wie Mohammed im Ramadan des Nachts die Moschee aufsucht und sich ihm jedes Mal mehr Beter anschließen als zuvor, so daß endlich der Platz knapp wird und viele die Riten im Freien vollziehen. Daraufhin verkündet der Gesandte Allahs eines Morgens: „Euer Eifer in dieser Sache blieb mir nicht verborgen. Aber ich fürchtete, daß (die Zusatzgebete) euch als Pflicht auferlegt werden könnten und ihr dafür zu schwach wäret." Die Sache blieb unentschieden, solange Mohammed lebte; auf alle Fälle muß der Eindruck erweckt werden, daß die Idee vom Propheten selber stammte. Zuletzt läßt al-Buḫārī noch einmal den Gewährsmann Abū Salama az-Zuhrī auftreten; dieser berichtet wieder nicht selber, sondern will von ʿĀʾiša wissen, wie der Gesandte Allahs im Ramadan nächtens gebetet habe. Um elf *rakaʿāt* habe dieser den üblichen Ritus erweitert, zuerst vier hintereinander, „und frage nicht, wie schön er das machte und wie lange das dauerte!" dann wieder vier und zuletzt drei. Ob ihn nicht der Schlaf übermanne, ehe die elf vollendet seien, habe sich ʿĀʾiša gesorgt, aber Mohammed habe dergleichen weit von sich gewiesen: „Meine Augen schlafen, aber doch nicht mein Herz!"[220]

At-Tarāwīḥ, die Ruhepausen, nennt man diesen strapaziösen Ritus der Ramadannächte, der in der Tat nicht zu den Pflichten gehört, dessen Einhaltung jedoch dringend empfohlen wird.[221] In der medinensischen Erinnerung hielt sich das Wissen davon, daß die *tarāwīḥ* unter ʿUmar eingeführt worden waren und daß Ubaij b. Kaʿb ein gewichtiges Wort dabei mitgesprochen hatte. Im kanonischen *ḥadīṯ* wird dieses Wissen nicht ausgelöscht, sondern es wird so verpackt, daß ʿUmars Rolle fast verschwindet. Man läßt Abū Huraira mehrfach auftreten; er behauptet, Mohammed habe ihm anvertraut, wieviel Jenseitslohn man gewinnen werde, sobald man die *tarāwīḥ*-Gebete und die Rezitationen vollziehe. Über ʿĀʾiša wird der Gesandte Allahs selber in die Debatte eingeführt, und dieser, in seiner schier unfaßbaren Güte, weiß genau Bescheid, was er seinen Muslimen zumuten darf und was nicht, und Allah hat sich danach gerichtet. So läuft denn alles auf den Propheten zu, ohne dessen *post factum* aufgefundenes Plazet eine Anordnung ʿUmars gar nicht mehr vorstellbar ist. Eine eigenartige Mediatisierung des Wissens und des Handelns tritt ein, hervorgerufen durch den erinnerten Mohammed.

Das Verbot des Weingenusses

Dank den Ramadangebeten steigerte ʿUmar die Herrschaft der „Lesung" über Geist und Gemüt der Muslime. Ihm lag aber ebenso viel daran, mit den Vorschriften, die sie enthielt, in einer Weise ernst zu machen, wie sie aus Mohammeds Tagen unbekannt war. „Abrogierte" Verse des Korans konnten dabei hinderlich sein. So war die Bestrafung des Genusses von Wein nicht schlüssig aus der „Lesung" herzuleiten. Denn erst in Sure 5, Vers 90 f. ringt sich Mohammed zu einem Verbot durch und begründet es damit, daß der Wein wie auch das Losspiel dem Satan dabei hülfen, Zwietracht zu säen. Vorher tadelte er nur jene, die in angetrunkenem Zustand zum rituellen Gebet erschienen; sie sollten erst wieder nüchtern geworden sein, ehe sie Allah von Angesicht zu Angesicht gegenüberstanden (Sure 4, 43). Den Schaden, den der Wein verursachen konnte, erachtete Mohammed für größer als den Nutzen, den er nicht abstritt (Sure 2, 219). Ließ man die beiden älteren Verse weiter gelten, dann fand sich im Koran keine eindeutige Grundlage für ein striktes Weinverbot; denn klipp und klar wurde es nur in der ganz späten Sure 5 ausgesprochen. ʿUmar ging allerdings noch weiter: Er ordnete das Weintrinken, das in seiner Zeit weithin im Schwange war, den Delikten zu, die die Souveränität Allahs antasten – Ehebruch, Diebstahl, Verleumdung, Aufrührerei – und bestimmte als Strafmaß achtzig Stockhiebe. In Mohammeds Zeit hatte man auf die Ertappten mit Stöcken, Sandalen und mit dem, was man sonst zur Hand hatte, eingeprügelt und deren Tod in Kauf genommen. Daß ʿUmar einen zwar nicht minder grausamen, aber immerhin geregelten Strafvollzug einführte, der sich nicht mit Mohammed in Verbindung bringen ließ, ist noch hinter der Entscheidung ʿAlī b. abī Ṭālibs zu erahnen, den Angehörigen der so zu Tode Gekommenen ein Wergeld zu zahlen; die Hinterbliebenen von Delinquenten, die eines anderen Verstoßes gegen Allah überführt worden waren, gingen demgegenüber leer aus.[222]

Um das Weinverbot nicht nur in Medina durchzusetzen, sondern überall in den Ländern, die in der Regierungszeit ʿUmars unterworfen wurden, scheute der Kalif keine Konflikte, selbst nicht mit den von ihm ernannten Statthaltern, und auch nicht, wenn er mit ihnen verschwägert war. Qudāma, der Bruder des zum asketischen Ḥanīfentum neigenden ʿUṯmān b. Maẓʿūn, amtierte in Bahrain; er war mit ʿUmars Schwester Ṣafīja[223] verheiratet. Ein gewisser al-Ǧārūd,[224] ein Anführer der in Bahrain ansässigen Banū ʿAbd Qais, schwärzte Qudāma bei seinem Schwager an: Der Statthalter sei einmal betrunken gewesen, und er, al-Ǧārūd, sehe es als seine Pflicht an, dieses Fehlverhalten zu melden. Abū Huraira, der sich ebenfalls in Bahrain aufgehalten hatte, wurde als Zeuge vernommen. Er zog sich darauf zurück, daß er nicht gesehen habe, wie Qudāma getrunken habe, allerdings bestätigen könne, daß jener berauscht gewesen sei und sich habe übergeben müssen. Durch ʿUmar mit den Vorwürfen konfrontiert, berief sich Qudāma auf Sure 5, Vers 93: Denen, die glauben und fromme Werke tun, werde nichts von der Nahrung, die sie zu sich nähmen, als Sünde angerechnet. Das sei richtig, entgegnete der Kalif, aber alles sei unter den Vorbehalt der Gottesfurcht gestellt, und wer Allah fürchte, der genieße nicht, was Allah untersagt habe. Die Strafe wurde vollstreckt, ungeachtet der Möglichkeit, daß Qudāma sie nicht überleben würde. Es sei besser, er begegne Allah unter den Peitschenhieben denn als ein Delinquent, für dessen Verschonung ʿUmar verantwortlich sei. Die Affäre erregte Aufsehen, da sie Züge einer Intrige trug. Die Verfehlung Qudāmas soll auf einem Feldzug vorgefallen sein; von den Strapazen ausgelaugt, habe eine kleine Schar, darunter der Statthalter, in einem verlassenen Haus Lebensmittel und Wein entdeckt und sich daran gütlich getan.[225]

Auch bei den anderen Delikten, die mit den koranischen Strafen bedroht sind, kannte ʿUmar kein Pardon. Eine Negerin, die man der Hurerei bezichtigte, wurde ausgepeitscht und für ein Jahr aus Medina verbannt.[226] Die Quellen zeichnen ihn als einen Kalifen, der auch in anderer Hinsicht mit Härte die Vorschriften des Korans anzuwenden und hierfür feste Regeln durchzusetzen trachtete. Die Höhe des Wergeldes, dessen die Gewalt zügelnde Wirkung Mohammed den „Helfern" eindringlich ins Gedächtnis gerufen hatte,[227] mußte verbindlich festgelegt werden. Ein erschlagener freier Mann war zu Lebzeiten Mohammeds einhundert Kamele wert, wobei man einen durchschnittlichen Preis von vierzig Silberdirhem für ein Tier annahm. Die Rinderzüchter hatten zweihundert Kühe, die Kleinviehhirten zweitausend Schafe, die Weber einhundert vollständige Bekleidungen (arab.: Sg. *al-ḥulla*)[228] abzuliefern; wer die Barzahlung vorzog, der war zweihundert Golddinare[229] schuldig. Die weiten Kriegszüge hatten das Preisgefüge zerrüttet; die Nachfrage nach Kamelen war außerordentlich gestiegen. Dem trug ʿUmar Rechnung, indem er den Gegenwert des in Kamelen aufzubringenden Wergeldes auf zehntausend, nach anderen Quellen sogar auf zwölftausend Silberdirhem anhob, denen er einen Wert von eintausend Golddinaren zuordnete. Die Weber, die Rinderzüchter und Kleinviehhirten blieben von diesen Verschiebungen unberührt.[230]

Bestimmungen zum Familienrecht

Ein weiterer Bereich, für den Mohammed zwar Grundzüge vorgegeben, aber keine Einzelbestimmungen erlassen hatte, die den sich überstürzenden Veränderungen hätten genügen können, waren die eheähnlichen Beziehungen. Dem Gesandten Allahs hatte, wie erörtert,[231] eine Gesellschaft vorgeschwebt, deren Glieder durch ihre Position in einem patrilinearen genealogischen System eindeutig zu benennen sein sollten. ʿUmar hatte sich diese Überzeugung zueigen gemacht, wobei er den praktischen Nutzen betonte. Den Streit der Kenner über die Namen der Nachfahren Ismaels und über die Zahl der Zwischenglieder, die zwischen den Zeitgenossen und dem Vater der Nordaraber anzusetzen waren, verachtete er als brotlose Kunst. „Unser Vater, an dem nicht zu zweifeln ist, das ist Abraham." In der „Lesung" selber ist kein Aufschluß darüber zu finden, wieviele Geschlechter man von den ʿĀd oder den Ṯamūd entfernt ist. Doch solle jeder seine Abstammung so weit kennen, daß er jene Verwandten namhaft machen kann, die nötigenfalls auf seine Hilfe Anspruch haben, und daß er Erbfragen zu klären vermag. Auch die Sternkunde, meint ʿUmar, betreibt man nicht um ihrer selbst willen, sondern um die Tages- und Nachtzeit zu ermitteln, sich in fremden Regionen zu orientieren und aus den Mondstationen den Kalender herzuleiten.[232]

Zahlreiche gefangene Frauen aus fremden Völkern gelangten während der Kriege in den Besitz der siegreichen Muslime. Der Geschlechtsverkehr mit diesen Sklavinnen war den Muslimen erlaubt, daran zweifelte niemand. Aber hatte ein Sohn, der von einer solchen Sklavin geboren worden war, ein Anrecht auf eine Dotation? Der Kalif verneinte das, als ihm diese Frage vorgelegt wurde. „Der Sohn ist ein Sklave", belehrte er den Bittenden. Dieser zog aus der Antwort eine naheliegende Schlußfolgerung und bot Mutter wie Sohn, die unnötige Kosten verursachten, auf dem Markt zum Verkauf an. ʿUmar konnte dem gerade noch zuvorkommen und untersagte es, eine Sklavin zu veräußern, die ihrem Herrn einen Sohn geboren hatte (arab.: *umm walad*). „Denn wenn ihr dergleichen tut, dann könnte es geschehen, daß jemand, ohne es zu wissen, eine Frau heiratet, mit der er so eng verwandt ist, daß sich eine Ehe verbietet."[233] Dem Eigentumsrecht nach solle man die betreffenden Sklavinnen in den Anteil einrechnen, den ihr Sohn an der Hinterlassenschaft des Vaters zu beanspruchen habe. Das führte freilich dazu, daß die Halbbrüder behaupten konnten, indem der Sohn seine Mutter erbe, seien alle seine Anrechte auf die Hinterlassenschaft des Vaters abgegolten. Eine solche Lösung befriedigte ʿUmar ebenso wenig, und daher verfügte er, daß eine Sklavin, die ihrem Eigentümer einen Sohn gebar, im Augenblick des Todes des Erzeugers den Status einer Freien erlangt.[234] Die Zeitehe (arab.: *al-mutʿa*) gefährdete ebenfalls die Eindeutigkeit der Genealogie.

Mehrere Fälle sind überliefert, in denen ʿUmar geradezu entsetzt diese Form des – befristeten – Zusammenlebens von Mann und Frau ablehnt. Anscheinend wurden solche der Prostitution nicht unähnlichen Beziehungen damals weithin als unanstößig empfunden; unter Mohammed und Abū Bakr sollen sie gang und gäbe gewesen sein, und laut den Berichten wurde ʿUmar auf die Sache nur deshalb aufmerksam, weil aus mehreren Zeitehen Kinder hervorgegangen waren und die Männer sich dem Unterhalt entziehen wollten. In den geschilderten Fällen handelten die Mutter und die Schwester einer künftigen Gattin auf Zeit die Konditionen aus; daher war die *mutʿa*-Ehe vielleicht die letzte Bastion weiblicher Selbstbestimmung in der kompromißlos auf die Macht des Mannes pochenden „besten Gemeinschaft". In dieser jedenfalls, und das betonte der Kalif, traut man nur einem männlichen Vormund der Braut und männlichen Zeugen den ordnungsgemäßen Abschluß eines Ehevertrags zu.[235]

Die Entscheidungsbefugnis des Kalifen und ihre nachträgliche Rechtfertigung

ʿUmar lehnte das im Entstehen begriffene *ḥadīṯ* als eine maßgebliche Grundlage seiner Entscheidungen klipp und klar ab. Was er verfügte, rechtfertigte er allenfalls mit dem Hinweis auf ein übergeordnetes Ziel, etwa die Durchschaubarkeit der Verwandtschaftsverhältnisse. Um sich diesem Ziel zu nähern, war er bereit, einmal getroffene Entscheidungen zu überprüfen und, wenn nötig, zu verändern, wie am Beispiel der Sklavin gezeigt wurde, die ihrem Herrn einen Sohn gebar. Da ʿUmar allein den Koran gelten ließ, vermochte er seinen Anordnungen natürlich nicht unter Berufung auf ein ihm eigenes Charisma Nachdruck zu verleihen. Es kamen jedoch Überlieferungen auf, die diesem Mangel abhelfen sollten; ob sie von ʿUmar selber in Umlauf gesetzt worden sind, bleibt unklar. In den kurzen Texten wird davon erzählt, daß der künftige Kalif schon zu Mohammeds Lebzeiten spontan Ansichten geäußert habe, die mit danach ergangenen Offenbarungen übereingestimmt hätten. Einer seiner Söhne, vermutlich ʿAbdallāh, versicherte: „Niemals sandte Allah eine Angelegenheit herab, so daß man dazu seine Meinung äußerte, und auch ʿUmar die seinige, ohne daß die ‚Lesung' entsprechend der Meinung ʿUmars herabgesandt worden wäre."[236]

Der Sohn nannte drei Gegenstände, bei denen die Übereinstimmung des Vaters mit Allah hervorgetreten sei: der „Standplatz Abrahams" an der Kaaba, der Vorhang, der die Frauen Mohammeds den Blicken fremder Männer entzog, und die Kriegsgefangenen, die man bei Badr genommen hatte. ʿUmar hatte Mohammed darauf aufmerksam gemacht, daß man den „Standplatz unseres Vaters Abraham" zu einem Ort des Gebets erklären sollte, und in Sure 2, Vers 215, in der Mohammed das mekkanische Heiligtum zum religiösen Mittelpunkt auch der ausgewanderten und der medinensischen Muslime erhebt, heißt es: „Einstmals erwählten wir das Haus zu einem Ort der Umkehr (zu Allah), zu einem sicheren Platz (und befahlen): ‚Nutzt den Standplatz Abrahams für das rituelle Gebet!' (Außerdem) trugen wir Abraham und Ismael auf: ‚Reinigt mein Haus für die, die es umkreisen, dort die spirituelle Gegenwart suchen, sich im Gebet beugen und niederwerfen!'" – ʿUmar beobachtete, daß es nicht verborgen blieb, wenn die Frauen des Propheten nachts zu einem bestimmten Gelände eilten. „Ich konnte dich erkennen!" rief ʿUmar der hochaufgeschossenen Sauda bt. Zamʿa zu und hoffte dabei, daß eine Offenbarung herabkommen werde, die dem einen Riegel vorschiebe. Auch sprach er den Gesandten Allahs darauf an: „Wie wäre es, wenn sich deine Frauen hinter einen Vorhang[237] begäben, unterhalten sie sich doch mit Frommen wie auch mit Frevlern?" Endlich wurde Mohammed Sure 33, Vers 53 eingegeben: Ohne zum Essen eingeladen zu sein, dürfe niemand in die Wohnungen des Propheten eindringen; nur nach ausdrücklicher Aufforderung dürfe man eintreten, keinesfalls solle man vor der Zeit kommen und an der Tür herumlungern; man erscheine im passenden Augenblick, speise mit Mohammed, empfehle sich alsbald und falle ihm nie durch endloses Geschwätz auf die Nerven! Allah nenne die Unhöflichkeiten unverblümt. „Und wenn ihr die (Ehefrauen Mohammeds) um etwas bittet, dann hinter einem Vorhang. Das bewahrt ihr und euer Herz am ehesten in Lauterkeit!" Im übrigen dürfe niemand nach Mohammeds Tod mit einer jener Frauen eine Ehe eingehen. – Während Abū Bakr den Propheten drängte, die bei Badr gefangengenommenen Mekkaner am Leben zu lassen und Lösegeld auszuhandeln, verlangte ʿUmar, man möge sie töten, da sie doch die Botschaft des Korans für eine Lüge erklärt und den Verkünder verjagt hätten. Mohammed neigte trotz allem zu Abū Bakrs Ansicht, doch am Tag nach dem Streit traf ʿUmar beide weinend an. Sie hatten die Jenseitsstrafe geschaut, der jene Muslime ausgesetzt sein würden, die ihre Gefangenen gegen ein Lösegeld freigelassen hatten. Allah hatte die Verse 67 bis 69 von Sure 8 herabgesandt: „Kein Prophet darf Kriegsgefangene haben, ehe er (alle) Feinde im Lande unschädlich gemacht hat!" Wer sich seine Gefangenen hat abkaufen lassen, hat ob solch eines Strebens nach irdischen Gütern eine furchtbare Höllenpein zu gewärtigen; anders steht es mit der Kriegsbeute, deren Nutzung ganz unbedenklich ist.[238]

Neben diesen drei von einem Sohn ʿUmars verbürgten „Übereinstimmungen" kennt die Literatur weitere, darunter das schon erwähnte Verbot des Weingenusses. ʿUmar soll es gewesen sein, der Allah um eine Erläuterung des angemessenen Umgangs mit dem gefährlichen Getränk gebeten haben soll. Daraufhin sei zunächst Sure 2, Vers 219 herabgesandt worden, wo lediglich die Sündhaftigkeit des Genusses höher als ein möglicher Nutzen eingeschätzt wird. Daß ʿUmar eine strengere, die Askese unterstreichende Auslegung der „ḥanīfischen" Religion befürwortet, erinnert uns an Mohammeds Auseinandersetzung mit ʿUṯmān b. Maẓʿūn. Dieser hatte von sich aus dem Wein abgeschworen, und zwar aus ebendem Grund, der Mohammed zu der Mahnung in Sure 4, Vers 43 bewegt, man möge nie mit berauschtem Kopf die Riten vollziehen: Der Wein beeinträchtigt die Tätigkeit des Verstandes,[239] der doch dem Menschen nahelegt, sich dem Schöpfer zuzuwenden. Mohammed war aber davon überzeugt gewesen, mit dem „großzügigen Ḥanīfentum" leichter Erfolge zu erzielen. Wie ʿUmar zählte ʿUṯmān b. Maẓʿūn zu jenen Auswanderern, die sich mit den Ausiten, genauer, mit den Banū ʿAbd al-Ašhal, verbanden; deren Angehöriger Abū l-Haiṯam b. at-Taijihān wurde ʿUṯmāns „Bruder".[240] ʿUmars Verschwägerung mit ʿUṯmān b. Maẓʿūn wurde bereits erwähnt. Über das Verhältnis des späteren Kalifen zum inzwischen verstorbenen ʿUṯmān erzählte man sich, wie eng es gewesen sei; man berichtete allerdings auch von der Enttäuschung ʿUmars über den natürlichen Tod des Schwagers, dem es nicht vergönnt gewesen war, das Leben „auf dem Pfade Allahs" zu verlieren. Als aber Mohammed und dann auch Abū Bakr keinen Heldentod starben, habe ʿUṯmān b. Maẓʿūn im Herzen ʿUmars wieder den früheren Rang eingenommen.[241] Die strikte Handhabung des in den letzten Lebensmonaten Mohammeds in Übereinstimmung mit ʿUmars Bestrebungen herabgesandten Weinverbots ist demnach im Zusammenhang mit der Nähe des Kalifen zu einem anspruchsvollen Ḥanīfentum zu erwägen.

Eine Reihe weiterer Koranverse sollen durch ʿUmar herbeigewünscht bzw. vorausgeahnt worden sein. Als ʿAbdallāh b. Ubaij, der gegen den Propheten so kritisch eingestellte Ḫazraǧite, zu Grabe getragen wurde, sprach Mohammed trotz allem ein Totengebet, was ʿUmar als unangebracht tadelte. Bald danach wurden zwei Verse offenbart, die in Sure 9 stehen (Vers 80 und 84) und dem Propheten untersagen, für jene, die sich über den Eifer mancher Gläubigen lustig machten, Allah um Verzeihung zu bitten oder für sie den Gebetsritus auszuführen. – An einem heißen Tag hielt ʿUmar, leicht bekleidet, seine Mittagsruhe. Ein Junge betrat sein Haus, ohne um Erlaubnis gefragt zu haben, und erblickte ʿUmar in jenem Aufzug, was diesem äußerst peinlich war. Sure 24, Vers 58 befiehlt den Sklaven und den noch nicht zeugungsfähigen Knaben, zu drei Zeitpunkten des Tages unbedingt die Erlaubnis zum Eintreten abzuwarten: vor dem Frühgebet; mittags, wenn man sich der Kleidung entledigt hat; nach dem Abendgebet. – Andere, ganz belanglose Koranstellen hat man ebenfalls als Belege für ʿUmars Voraussicht geltend gemacht, ohne daß deutlich wäre, weshalb. – Als man in Medina sich regelmäßig zum gemeinschaftlichen Gebet zu versammeln begann, kam die Frage auf, wie man die Gemeindemitglieder herbeiholen solle. Die Ratsche der Christen hielt man für ungeeignet; ʿUmar dachte sich, man möge bestimmte Worte ausrufen lassen. Als Mohammed in diesem Sinne entschied, beteuerte ʿUmar, er habe genau diesen Plan gehabt.[242]

Die Grundlagen der „besten Gemeinschaft": Zusammenfassung

Der größte Teil dieser Überlieferungen wurde unter ʿUmars Nachfahren weitererzählt und hat in die späteren Schriften über seine Ruhmestitel (arab.: Pl. *al-manāqib*) Eingang gefunden.[243] Inwieweit sie schon während seines Kalifats in Umlauf waren, wissen wir nicht. Was sich aber in ihnen ausdrückt, ist das Spiegelbild seiner Ablehnung des aufkommenden *ḥadīṯ*, mithin der Inanspruchnahme der Autorität des Propheten über dessen Tod hinaus. Diesem Brauch – in ʿUmars Augen war es eine Unsitte – setzte er die singuläre Beschaffenheit der „Lesung" entgegen. Klar von allen übrigen Textgattungen unterschieden, war sie das einzige, was Autorität beanspruchen durfte. In den Riten unentwegt vergegenwärtigt, sollte sie im Daseinsvollzug des Muslims die unanfechtbare Richtschnur werden und die Überzeugung aller Mitglieder der „besten Gemeinschaft" festigen, daß allein die Unterwerfung unter die Ideale der Bewegung, die in der „Lesung" eindringlich und in vielfacher Wiederholung beschrieben werden, den Gewinn eines glückhaften Jenseits ermöglicht – welches im Diesseits dank der islamischen Gerechtigkeit vorweggenommen wird, wenn auch nur als ein Abglanz. Was die Idee des Verdienstes um den Islam zum Inhalt hat, ist im Zuge der Schaffung der

Dotationsregister sichtbar geworden. Die Hedschra, d.i. die Einfügung der eigenen Person in die Reihen der *muǧāhidūn*, ist der sinnvollste und ertragreichste Schritt, den ein Mann tun kann. Eines natürlichen Todes zu sterben wie ʿUṯmān b. Maẓʿūn, wie Mohammed und Abū Bakr, stellt in dieser religiös-gesellschaftlichen Weltsicht eine fast schon irritierende Abweichung von den Idealen der Bewegung dar, zumindest wenn ein solcher Tod jemanden trifft, dem im Paradies die allerhöchsten Ränge vorherbestimmt sein sollen. Im Wandel der Haltung ʿUmars zum friedlichen Sterben ʿUṯmān b. Maẓʿūns wird eine Ahnung von der Begrenztheit der Bewegung spürbar, von einer Begrenztheit durch das individuelle Lebensschicksal, der, wie wir sehen werden, das Streben des Kalifen nach einer erdräumlichen Begrenzung entspricht. Indessen bleiben wir noch bei der zuerst im Schicksal ʿUṯmān b. Maẓʿūns zutage getretenen Unmöglichkeit, den z.B. in Sure 9, Vers 111 formulierten Verdienstgedanken in seiner koranischen Radikalität durchzuhalten.

Daß ʿUmar selber gegen ihn verstieß, indem er das erarbeitete Ansehen der frühen *muhāǧirūn* auch deren Söhnen zukommen ließ, und zwar in klingender Münze, bezeugt, daß man auch in der „besten Gemeinschaft" nicht nur nach der individuellen Leistung beurteilt wird. Eine Gefahr für seine Grundsätze witterte der Kalif jedoch anderswo, wenn sie auch prinzipiell die gleiche war, die ihn zu der erwähnten Unregelmäßigkeit verführt hatte: Es war die Meinung einiger Mitglieder der „Prophetenfamilie", wenn Allah eine bestimmte Sippe, nämlich die ihrige, mit der Prophetenschaft begnadet habe, dann könne er doch unmöglich wollen, daß die „Nachfolgeschaft" in andere Hände übergehe.[244] Dies alles wird, wie die Quellen andeuten, mit der Frage nach der Höhe der Dotationen verquickt; bei deren Bemessung wurde der aus der vorislamischen Zeit ererbte Rang in den Augen derjenigen, die auf ihn pochen konnten, nicht ausreichend gewürdigt. Es kam hinzu, daß angesichts der ungebremst wachsenden Ansprüche die verfügbaren Mittel knapp wurden: Die Begünstigten erwarben Kebsweiber und Diener als sichtbare Zeichen ihres neuen Prestiges und forderten entsprechenden Unterhalt, was ʿUmar ablehnte. Das muslimische Gemeinwesen verglich er mit zwei Schiffen in der tosenden See – nicht mit einem! – und wenn die Passagiere es wünschten, könnten sie je einen Kapitän wählen und ihm folgen oder ihn töten, sofern er ihnen nicht zu Gefallen sei, ihn töten, nicht ihn absetzen, denn das Töten wäre die abschreckendste Mahnung für den Nachfolger. Hüten möge man sich vor dem jungen Quraišiten – ʿAlī b. abī Ṭālib –, der „nur schlafen kann, wenn er Beifall bekommen hat, der lacht, wenn (der Kalif) zürnt, und der sich mit den Höhergestellten ebenso anlegt wie mit denen unter ihm". Scharf kritisierte ʿUmar zudem die besorgniserregende Grüppchenbildung unter den Quraišiten und machte aus seinem Überdruß an der Herrschaft keinen Hehl.[245]

Der Symbolcharakter der Hedschrazeitrechnung

Je zielstrebiger er, auch unter Einsatz der eigenen Person, an der Nutzung der Bewegung im Interesse einer durch und durch islamischen Gesellschaft arbeitete, desto hartnäckiger erwies sich der im Überkommenen verankerte Widerstand, der es freilich lernte, sich in einen islamischen Mantel zu hüllen. Unter seinem Nachfolger wird der Konflikt an die Oberfläche treten; die erdrückende Mehrheit der Muslime wird sich in Bahnen drängen lassen, die zur fiktiven Gestalt des Propheten als eines allwissenden Entscheiders sämtlicher denkbaren Fragen und eines unentwegt sorgenden Heilsvermittlers hinführen. ʿUmar selber verantwortet demgegenüber die Maßnahme, die dieser Entwicklung das stärkste Hindernis in den Weg stellte. Ob ihm dies bewußt war, bleibt offen, aber man muß die Inkraftsetzung einer mit der Hedschra beginnenden Zeitrechnung vor dem Hintergrund der in der „besten Gemeinschaft" aufkommenden Spannungen betrachten. Es wird dann deutlich, daß diese Neuerung nicht bloß eine Maßnahme zur Erleichterung der Verwaltung war, sondern ein Schritt von kaum zu überschätzendem politischen Gewicht. Die Fakten, in denen die Quellen durchweg übereinstimmen, sind schnell erzählt. ʿUmars kufischer Statthalter Abū Mūsā al-Ašʿarī mußte, nachdem er ein Schreiben des Kalifen erhalten hatte, zurückfragen, auf welches Jahr sich die Anordnung beziehe, und schlug vor, sich auf eine Zählung der Jahre zu einigen. Es wurden mehrere Möglichkeiten in die Debatte geworfen. Die seleukidische Ära, nach der sich die Byzantiner richteten und die in Arabien bekannt war,[246] erschien ungeeignet, weil sie bereits hohe Zahlen erreicht hatte. Auch die sasanidische Zeitrechnung, die in Herrscherjahren erfolgte, verwarf man, weil sie zu oft neu einsetzte; man hatte sie in Arabien, soweit es sasanidischem Einfluß unterlag, verwendet, so auch in Mekka, dessen führende Familien sich in Mohammeds Jugend – im Gegensatz zu den Banū ʿAbd al-Muṭṭalib – nach Nordosten orientiert hatten.[247] Wenn es eine eigene Zeitrechnung sein sollte, dann bot es sich an, mit dem historischen Augenblick einzusetzen, an dem die koranische Botschaft, deren einmaligen Charakter ʿUmar so nachdrücklich betonte, zum Fundament der „besten Gemeinschaft" gemacht worden war. Das Jahr der Geburt Mohammeds kam unter dieser Voraussetzung nicht in Betracht, und auch die Berufung zum Propheten nicht, deren Zeitpunkt man, wie gezeigt,[248] nicht mit hinreichender Genauigkeit kannte. Zweifelsfrei stand aber das Datum fest, an dem Mohammed aus Mekka vertrieben worden und an dem er in Medina eingetroffen war. In aš-Šaʾm begann das Kalenderjahr mit dem Eintritt des Herbstes; und auch im alten Arabien hatte man es so gehalten.[249] Eine am Sonnenlauf ausgerichtete Datierung war im Islam nicht mehr möglich, und so wurde der Ramadan als der erste Monat des muslimischen Jahres ins Gespräch gebracht, was der herausragenden Geltung der „Lesung" am ehesten gerecht geworden wäre. Der Ramadan war aber zu weit von dem tatsächlichen Datum der Hedschra Mohammeds, dem 12. Rabīʿ al-auwal, entfernt, so daß man schließlich den 1. Muḥarram zum ersten Tag des muslimischen Kalenders wählte. Die Pilgerriten, der religiöse Höhepunkt eines muslimischen Jahres, seien dann gerade zu Ende, das neue könne beginnen.[250] Indem ʿUmars Zeitrechnung zweieinhalb Monate vor Mohammeds Eintreffen in Medina einsetzt, wird sie ein wenig von dessen Person abgelöst und umgreift auch die Auswanderer, die schon vor ihm dorthin kamen – die Hedschra wird zu einem Ereignis der reinen *sābiqa*, und auch Mohammeds Weggang aus Mekka, von ihm selber stets als Vertreibung gesehen,[251] wird nun eine Hedschra: Er ist jetzt einer der „frühen Auswanderer", der herausragende unter ihnen vielleicht, doch sind sie nach seinem Tod die berechtigten Erben.

Im fünften Jahr seines Kalifats, im Jahre 16 (begann am 2. Februar 637) führte ʿUmar diese Zeitrechnung ein. Er war sich darüber im klaren, daß er damit der noch kurzen Geschichte des muslimischen Gemeinwesens eine ganz bestimmte Auslegung überstülpte. Der Augenblick der Auswanderung, stellte er fest, zog eine Trennungslinie zwischen Wahrheit und Lüge. Abraham, der Urtyp des Ḥanīfen, ist zugleich der Urtyp des Auswanderers: Er flüchtete aus seinem Heimatland, in dem der Tyrann Nimrod herrschte, und „wanderte zu Allah aus".[252] Die Einführung der Hedschrazeitrechnung ist somit als die Vollendung der Einfügung des Lebenswerkes Mohammeds in das Ḥanīfentum zu deuten, die Herkunft und die Stellung des Propheten in der vorislamischen mekkanischen Gesellschaft büßen hierdurch ihre Geltung ein. Es verwundert nicht, daß sich ʿAlī b. abī Ṭālib eine ganz andere Interpretation der Hedschra zurechtlegte: Mit der Hedschra verließ der Prophet das Herrschaftsgebiet der Vielgötterei.[253] Dieser Satz meint etwas ganz anderes als die Worte ʿUmars. ʿAlī schaut auf den ganzen Lebenslauf Mohammeds; dieser bleibt die Verklammerung dessen, was vor der Hedschra war, mit dem, was danach kam. Die Schlacht bei Badr kann, und hierin weiß er sich mit den führenden Klanen der Quraišiten einig, in die von ʿAbd al-Muṭṭalib ausgelösten Zerwürfnisse eingeordnet werden.[254] Sondert die Hedschra hingegen Wahrheit und Lüge voneinander, dann ist alles, was davor war, nichtig, und der Schritt über die Trennlinie ist für den Propheten und die Auswanderer, die ihn seinerzeit vollzogen, der gleiche. Der Gesandte Allahs ist in dieser Hinsicht nur ein *Primus inter pares*, und sein Primat liegt allein in dem mit seinem Tod zu Ende gegangenen Empfang der „Lesung" begründet. Das alte Mekka mit seiner Rangordnung der quraišitischen Sippen ist ein Teil jener versunkenen Lüge geworden – Wahrheit ist allein die „beste Gemeinschaft" mit ihren ganz anderen Ordnungsprinzipien. ʿAbd ar-Raḥmān b. ʿAuf brachte unmißverständlich zum Ausdruck, was den alten Auswanderern ihr Weggang aus Mekka bedeutete: Wenn er danach einmal in Mekka weilte, betrat er nie sein Haus, in dem er bis zur Hedschra gewohnt hatte – eben weil er von dort aus die Hedschra unternommen hatte.[255]

5. Grenzen der Bewegung?

ʿUmars Reisen

Das Kalifat ʿUmar b. al-Ḫaṭṭābs eröffnete ungeahnte Ausblicke in den Raum, der Arabien im Westen, Norden und Osten umschließt: Bislang von überlegenen Großmächten bewacht und schwerlich gegen deren Willen dem Zugriff der Araber frei – denken wir nur an den vergeblichen Versuch Mohammeds, von Mekka in die Grenzregion des sasanidischen Reiches auszuweichen –, waren jetzt dank unvorhersehbaren politischen Umständen die Wächter dort unaufmerksam, wenn nicht gar handlungsunfähig geworden. Die muslimische Bewegung aber war in ihre stürmischste Phase eingetreten. Die inneren Verwerfungen, die sich unter ʿUmar, wie dargelegt, klarer abzuzeichnen begannen, nachdem sie bereits zu Mohammeds Lebzeiten spürbar geworden waren, konnten durch die enormen Vermögenswerte, die zu verteilen waren, durch die Schaffung einer islamischen Gerechtigkeit und durch die Steigerung des religiös-ideologischen Propagandadrucks vorerst blockiert werden. Der Kalif betrachtete die Dotationen als ein Mittel zur Festigung seiner Herrschaft, die noch ganz wesentlich von der Gegenwart seiner Person an den Brennpunkten des Geschehens abhing und in dieser Hinsicht die im Medina des Propheten eingespielten Verhältnisse fortsetzte. Darauf weisen nicht nur die Besuche in den ḫuzāʿitischen Gebieten westlich von Medina hin und das zitierte geflügelte Wort, wonach selbst ein Hirte in Sanaa erwarten dürfe, daß der Kalif ihm den Anteil am „Vermögen Allahs" bringe. Insgesamt viermal nahm ʿUmar den beschwerlichen Weg nach aš-Šaʾm auf sich, wo die *muǧāhidūn* sich damals festsetzten und die Byzantiner bis an den Südsaum des Taurus zurückdrängten.

Zweimal betrat der Kalif im Jahre 16 (begann am 2. Februar 637) den Boden von aš-Šaʾm, zweimal brach er im folgenden Jahr von Medina aus dorthin auf, zunächst ohne ans Ziel zu gelangen, da die Seuche, die im Lande wütete, ein Festhalten am Reiseplan nicht ratsam erscheinen ließ.[256] Das Dotationsregister wurde erst nach diesen Unternehmungen aufgestellt. Doch ging es schon bei der ersten Reise um Vermögensfragen. Die Berichte sind leider etwas knapp, so daß man nicht mit Sicherheit erkennen kann, was im Jahre 16 zur Debatte stand. ʿUmar sei nach al-Ǧābija bei Damaskus gekommen, um das eroberte Land bzw. dessen veranschlagte Erträge unter die Muslime zu verteilen; denn da es mit Gewalt (arab.: *ʿanwat^an^*) und nicht auf Grund einer Unterwerfungsvereinbarung in Besitz genommen worden sei, hätten die ursprünglichen Eigentümer jeden Rechtstitel verloren. Muʿāḏ b. Ǧabal, ein Prophetengenosse, der bereits für Mohammed tätig gewesen war und nun ʿUmar begleitete, soll dem Kalifen dringend von seinem Vorhaben abgeraten haben. Es werde nach der Landverteilung etwas sehr Unerwünschtes eintreten: Da die Zahl der neuen Eigentümer sich wegen der Verluste an Menschenleben – gemeint ist wahrscheinlich, in den fortwährenden Kriegen – verringern werde, befinde sich zuletzt alles in der Hand eines einzigen, und sollten weitere Leute nach aš-Šaʾm kommen, müßten sie leer ausgehen und würden „aus dem Islam ausgesperrt". Der Kalif möge eine Lösung anstreben, die „den ersten wie den letzten" befriedige.[257] Diese Überlieferung deutet an, daß das Dotationsregister aus Erwägungen hervorgegangen ist, wie man die von den *muǧāhidūn* getragene Bewegung aufrechterhalten könne; sie dürfe nicht wegen des Eigentums am eroberten Land und der daran geknüpften ortsgebundenen Interessen allmählich abgebremst werden, und es wäre unklug, sich einen Zwist zwischen „dem ersten und dem letzten" einzuhandeln.

Die erste, abgebrochene Reise des Jahres 17 ist in einen ähnlichen Zusammenhang zu setzen. Viele – wohl bereits muslimische – Landeigentümer waren an der Seuche gestorben, Erben konnten nicht ausfindig gemacht werden. Im Ǧumādā l-ūlā (begann am 21. Mai 638) entschloß sich der Kalif, ins heimgesuchte Gebiet vorzustoßen und die Hinterlassenschaften, für die nach islamischem Recht kein Erbe zu ermitteln war, in seiner Eigenschaft als Oberhaupt der „besten Gemeinschaft" anderen Personen zu übereignen. Geplant war womöglich eine Rundreise durch alle Regionen im Norden der Halbinsel, in denen sich die Eroberer in jenen Jahren festsetzten. Es wird nämlich behauptet, ʿUmar habe sich zuerst nach Kufa begeben wollen, sei hiervon aber abgebracht worden, weil man ihm weisgemacht habe, jenes Heerlager im Osten sei der Ort, an dem sich neun Zehntel des Bösen, das Allah geschaffen habe, zusammenballten. In der Historiographie bietet diese Verunglimpfung die Gelegenheit, ʿAlī b. abī Ṭālib das Wort zu erteilen, damit er für seinen künftigen Regierungssitz eine Lanze breche: Kufa sei die Kuppel des Islams, ein Lager, dessen Bewohner nach ihrer ersten Hedschra noch eine zweite vollzogen hätten. Dies ist ein Geplänkel, erdichtet im Wissen von dem, was zwanzig Jahre später geschah. Die Bemerkung, die ʿUmar aus Anlaß seiner dritten, gescheiterten Reise nach aš-Šaʾm gemacht haben soll, hat mit solchen Zänkereien nichts zu tun, offenbart aber ein Amtsverständnis, das in die vorhin markierte Richtung deutet: „Die Erbteile der Leute in aš-Šaʾm sind verlorengegangen. Dort fange ich (mit meiner Rundreise?) an. Ich verteile (die Hinterlassenschaften aufs neue) und verrichte für die (Muslime), was mir vorschwebt.[258] Dann kehre ich (nach Medina) zurück, ziehe durch die Lande und eröffne den Bewohnern meinen Befehl."[259] Erinnert sei daran, daß ʿUmar auch die Anteile einzog, die verdiente, aber inzwischen verstorbene Genossen Mohammeds an den Erträgen von Ḫaibar gehalten hatten.[260]

Anzeichen für das Erlahmen der Dschihadbewegung

Der Raum, in dem sich die Bewegung einrichtet und alles nach ihren Gesetzen regelt, kann nicht von einem Punkt aus beherrscht werden. Die islamische Gerechtigkeit verlangt die Gegenwart des „Nachfolgers" oder „Stellvertreters des Gesandten Allahs". So wie nur Mohammed bindende Entscheidungen hatte treffen können, so sollte auch dem Kalifen das letzte Wort vorbehalten bleiben. Daher finden wir in seinen Maßnahmen einerseits den Versuch, der Bewegung Dauer zu verleihen, wozu vornehmlich das Dotationsregister taugte, da es auf dem Prinzip der kämpferischen Leistung für den Islam aufbaut, dadurch immer weiter zu ihr anregt und mit der Beschneidung des Bodeneigentums die Bindung der *muǧāhidūn* an ein bestimmtes Stück Erde verhindert. Andererseits liegt der Nachteil dieser sehr stark auf die persönliche Loyalität zwischen dem Kalifen und jedem einzelnen Muslim setzenden Machtausübung in der Unmöglichkeit, sie in einem sich ausdehnenden Territorium aufrechtzuerhalten. Die Bewegung geht an ihrem Erfolg zugrunde. Am Ende des Kalifats ʿUmars vermerken die Quellen untrügliche Zeichen hierfür. So erreichte den Kalifen eines Tages das Ersuchen seines basrischen Statthalters, man möge zur Ernährung dieses Militärbezirks Ländereien heranziehen, die den Kufanern unterstanden. Die Zahl der *muǧāhidūn*, die herbeiströmten, sei so stark angewachsen, daß die den Basrensern zufließenden Ertragssteuern nicht mehr ausreichten. Anders als aš-Šaʾm lockte der fruchtbare Irak Kriegswillige in Scharen an. Die Kufaner traten jenem Ansinnen entgegen und machten eine eigene Rechnung auf. Der Kalif fand eine Lösung, indem er den verdienten Kämpfern der ersten Stunde und den Teilnehmern an der Schlacht bei al-Qādisīja kufisches Land zuwies. Der Gesichtspunkt des Verdienstes um den Islam wurde auch hier zur Geltung gebracht, wogegen man weder in Basra noch in Kufa etwas einwenden konnte, und den neuen in Basra versammelten Kräften blieb genug, um die aktuellen Kämpfe durchzustehen. Als Muʿāwija während des Bürgerkriegs die vor den Anhängern ʿAlīs aus Basra und Kufa geflohenen *muǧāhidūn* bei sich aufnahm, mußte er ihnen Unterhalt verschaffen, bevor er sie für seine Ziele einsetzen konnte. Er erklärte Qinnasrīn zu einem Heerlager. Der Ort war bisher Hims nachgeordnet gewesen; nun wurde er eigenständig, und die zur Ernährung von Kufa verwendeten Gebiete wie Mossul und Aserbeidschan bis hinauf nach Derbent, auf die Muʿāwija die Hand zu legen vermochte, hatten fortan die Truppen von Qinnasrīn zu verköstigen.[261]

Der Erfolg der Bewegung, deren Träger in ʿUmars Zeit wohl noch ausschließlich Araber waren, machte den Zugriff auf immer entlegenere Gebiete notwendig, wobei die übergeordneten Interessen des Kalifen zwangsläufig mit denen der einzelnen großen Heerlager in Widerstreit gerieten. Die Ausdehnung wurde zu einer Gefahr, ohne daß ʿUmars Ideal eigens zum Thema von Debatten gemacht werden mußte. Dieses Ideal selber trug insofern ein wirkungsvolles Element der Begrenzung in sich, als der Kalif die Mitgliedschaft in der Bewegung mit dem Arabertum gleichsetzte. Hierfür gibt es voneinander unabhängige Zeugnisse. Jazīd b. ʿUbaid (gest. 747/8), ein medinensischer Dichter und Überlieferer, führte den Gentilnamen as-Saʿdī,[262] trat also der Abstammung nach als ein Mitglied der Sippe der Banū Saʿd b. Bakr b. Hawāzin auf, deren Prestige darin bestand, daß ihr Ḥalīma, die Amme des Propheten, entstammte. Mohammed hatte der Frau ein liebevolles Andenken bewahrt, und dessen rühmte sich jetzt die ganze Sippe, der anzugehören daher in der sich formierenden arabisch-islamischen Gesellschaft vorteilhaft war. In Wahrheit war ʿUbaid, Jazīds Vater, ein Mann von den Banū Sulaim gewesen; er war unter Umständen, die die Quellen nicht erläutern, noch in vorislamischer Zeit in Gefangenschaft geraten und auf dem Markt von Ḏū l-Maǧāz an einen Saʿditen verkauft worden. Als ʿUmar das Kalifat übernommen hatte, legte ʿUbaid ihm sein Schicksal dar und bat ihn um Hilfe. „Ein Araber darf nicht den Status eines Gefangenen haben!" entschied ʿUmar. Der Eigentümer schenke ihm die Freiheit, fuhr der Kalif fort; „wenn du willst, bleibe bei ihm oder schließe dich wieder deinem Stamm an". Der kraft dieser Äußerung in den Status des Freien Versetzte blieb mit seinem Sohn, ebenjenem Jazīd b. ʿUbaid, bei den Banū Saʿd und trat in deren Genealogie ein.[263] Es klafft demnach ein kaum zu überbrückender Abstand zwischen Arabern und Nichtarabern: Erstere, und nur sie, sind dank dem Islam eine Menschengruppe von im Rechtsstatus Gleichen geworden; sie sind ebenjene, die sich durch ihre Genealogie definieren, die freilich, um einen im Islam nicht mehr zulässigen Verstoß gegen dieses Gleichheitsgebot aus der Welt zu schaffen, über das Institut der Klientelschaft neu bestimmt werden kann. Wenn alle Berichtigungen dieser Art vorgenommen sind, wird dieses Institut seine Aufgabe eingebüßt haben.

Araber und andere: die Problematik der Genealogie

Was ʿUmar nicht voraussehen konnte oder wollte, war der bei vielen unterworfenen Nichtarabern aufkeimende Wunsch, ebenfalls Mitglieder der „besten Gemeinschaft" zu sein. Der Kalif hatte Kriegsgefangene, sofern sie erwachsen waren, möglichst aus Medina verbannt und nur die Halbwüchsigen, die man noch an die Sklaverei gewöhnen konnte, an seinem Regierungssitz belassen wollen. Daß die Befreiung eines Sklaven eine religiös verdienstvolle Handlung sei, wird er, wie in dem obigen Fall, allein auf die Araber bezogen haben. Er erlebte nicht mehr, wie ausgerechnet über die Klientelschaft der rein arabische Charakter der „besten Gemeinschaft" verwässert wurde und in einem folgenden Entwicklungsschritt die Genealogie als ein jeden Muslim in ein arabisches Ordnungsgefüge hineinpressendes Zwangssystem außer Gebrauch geriet. Die Berber hatten sich dem noch anbequemt, indem sie entdeckten, daß sie jemenische Ahnen hatten,[264] und schufen sich so ihren Ort im Gemeinwesen, dessen Mitglieder sie wegen der Siege arabisch-muslimischer Waffen geworden waren. Es kam die Stunde der gelehrten Stammbaumkonstrukteure, die alle unter das muslimische Joch gezwungenen Völker über Noahs Söhne Sem, Ham und Japhet miteinander verbanden.[265] Aber da ein Kulturvolk wie die Perser mit einer alten bäuerlichen und städtischen Tradition kein dem arabischen ähnliches genealogisches Ordnungssystem kannte und sich auch nach dem Übertritt zum Islam keines schuf, wurden die diesbezüglichen Ansichten Mohammeds, ʿUmars und ihrer muslimischen Zeitgenossen spätestens im 8. Jahrhundert obsolet, und die Klientelschaft wurde dann nicht mehr als das Zugangstor zum Islam durchschritten. Daß die Verhältnisse einst anders gewesen waren, war nun der Historiographie zu entnehmen. Dort war festgehalten, daß ʿUmar in einer Predigt gemahnt hatte: „Ihr Muslime! Lernt eure Genealogie, damit ihr eure Verwandtschaftsbindungen stets beachtet! Und lernt den Koran, damit ihr durch ihn erkannt werdet! Und handelt ihm gemäß, damit ihr zu den durch ihn geführten Menschen gehört...!"[266] ʿUmars Sohn ʿAbdallāh (gest. ca. 693) prüfte eines seiner Kinder, ob es den eigenen Stammbaum und die Genealogien der „Mütter" hersagen könne – leider mit negativem Ergebnis. Ernsthaft wies ʿAbdallāh darauf hin, daß man die Verwandtschaft kennen und achten müsse.[267]

Kennzeichen der „besten Gemeinschaft"

Die Genealogie und der arabische Koran[268] sind die Merkmale der Bewegung, an deren Spitze ʿUmar steht. Für die Reinerhaltung der „Lesung" trug er Sorge, wie schon geschildert. Das aus ihr abgeleitete Benehmen, nicht nur die rituellen Gebete, die Pilgerfahrt und das Ramadanfasten, sondern die Umgangsformen im Alltag, heben die arabisch-muslimische Gemeinschaft vom heidnischen Arabertum mit seinen auf Zersplitterung gerichteten ungezügelten Regungen ab, aber auch von anderen Gemeinschaften, etwa der christlichen und der jüdischen: Unter den Muslimen soll gelten, daß niemals mehr als zwei Personen auf einem Reittier sitzen, daß man nie Raubtierfelle als Satteldecken benutzt; an der Kleidung und am Habitus sind die Angehörigen der „besten Gemeinschaft" zu erkennen, sie tragen Lendentücher, ziehen zum Reiten Maultiere vor, verwenden das Zahnholz, schneiden sich die Fingernägel und den Schnurrbart zurecht.[269] Wer unter einer Bevölkerung lebt, deren Erscheinungsbild derart vereinheitlicht wurde, befindet sich in einem befriedeten, im eigenen Gebiet. ʿAuf b. Mālik, ein Mann, der bei Ḫaibar den Islam annahm und sich dann in Hims ansiedelte,[270] soll in einem Traum gesehen haben, wie ʿUmar die Menge der Zeitgenossen um drei Ellen überragte, nämlich als der Mann, der, wenn es um die Sache Allahs ging, vor niemandem zurückschreckte, als der Mann, der mit Recht zum

Nachfolger des Gesandten Allahs erhoben wurde, und als der Mann, der den Märtyrertod fand. Als der Kalif aš-Šaʾm besuchte, erzählte man ihm von diesem Traum, und er nahm an den ersten zwei Charakterisierungen keinen Anstoß, wohl aber an der letzten. Denn „wie sollte ich den Märtyrertod erleiden, wo ich doch auf der ‚Insel der Araber' wohne, mich nicht an Raubzügen beteilige und (infolgedessen) von den (eigenen) Leuten umgeben bin?"[271]

Die „Insel der Araber"

Die „Insel der Araber" ist das Territorium des Islams. Was jenseits von ihr liegt, bleibt das Land der Ungläubigen. Nur dort kann man noch den Rang des Blutzeugen gewinnen. Es ist allerdings nicht empfehlenswert, sich in jenen fremden Gefilden übermäßig lange aufzuhalten. Der Dschihad wird allmählich aus dem Bereich des in unmittelbarer Nähe Erfahrbaren hinausgerückt. Je ferner die Kampfgebiete lagen, desto länger dauerten die Feldzüge. ʿUmar glaubte, anordnen zu können, daß die *muǧāhidūn* höchstens sechs Monate von ihren Familien getrennt sein dürften.[272] Der Aufenthalt in den Ländern jenseits der dem Islam unterworfenen „Insel" war überdies etwas religiös äußerst Bedenkliches. Die Krieger in Aserbeidschan machte der Kalif darauf aufmerksam, daß man dort Fleisch und Lederkleidung von Tieren verwende, die nicht nach den islamischen Regeln geschlachtet worden seien.[273] Der Raum der „Insel der Araber" beherbergt eine gleichförmige Bevölkerung; diese ist nicht nur durch die Sprache und die in ihr offenbarte „Lesung" geprägt, sondern auch durch die vom Islam bestimmte Lebensweise. Der Fortbestand anderer Gruppen auf dieser „Insel" ist daher eine ärgerliche Unregelmäßigkeit. Der Kalif war von der Vorstellung beseelt, daß es keine zwei Glaubensordnungen in dieser, wie er es sah, durch und durch islamisierten Weltgegend geben durfte. Und er handelte dementsprechend. Die Anfänge der „Säuberung" Arabiens werden allerdings noch von Mohammed verantwortet. Er kündigte den Heiden die bei der Einnahme seiner Vaterstadt gegebene Zusicherung auf, sie dürften weiterhin an der Kaaba die überkommenen Zeremonien verrichten. Den Beigesellern wurde in Sure 9, Vers 1 bis 7 rundweg die Daseinsberechtigung abgesprochen.[274] Als einen Befehl des Propheten, die Heiden aus Arabien zu vertreiben, erinnert das *ḥadīṯ* diesen Vertragsbruch. Doch auch die Vertreibung der Juden aus dem Hedschas und der Christen aus Nadschran soll bereits Mohammed angeordnet haben. Es dürften nicht zwei unterschiedliche Gebetsrichtungen auf der „Insel" gelten, soll er zur Begründung angeführt haben. In der *ḥadīṯ*-Literatur und in schariakundlichen Abhandlungen wird diese Forderung auf verschiedene Weise formuliert.[275] Die Geschichtsüberlieferung hält als eine Tatsache fest, daß ʿUmar derartige Forderungen verwirklicht habe. Sie trafen die Juden, die nördlich von Ḫaibar verblieben waren und denen Mohammed keine Unterwerfungsabkommen hatte aufzwingen können.[276] Viel Aufsehen – und eine lebhafte Debatte im späteren Schrifttum über den Umgang mit Andersgläubigen – erregte die Angelegenheit der Christen von Nadschran, deren Bischöfe mit Mohammed einen Unterwerfungsvertrag ausgehandelt hatten, der ihnen wenigstens das Recht beließ, gegen die Ablieferung hoher jährlicher Tribute in ihrer Heimat zu bleiben.[277] ʿUmar bestand jedoch unerbittlich auf ihrer Ausweisung, wobei unklar bleibt, ob es um die gesamte christliche Bevölkerung von Nadschran ging oder nur um die Einwohner eines Ortes. Diese hatten, so heißt es, den Islam angenommen, diesen Glauben aber wieder verlassen. Infolgedessen hatte man ihnen den „Schutz" (arab.: *aḏ-ḏimma*) der islamischen Machthaber entzogen. In den Berichten, in denen von der Vertreibung die Rede ist, wird deutlich, wie die Erzähler nach Vorwänden fahnden, um ʿUmars Anordnung zu rechtfertigen.[278] Deswegen hat man den Vorgang für geschichtlich zu halten.

Die Vertreibung der Christen aus Nadschran[279] muß man in einem Zusammenhang mit den übrigen Maßnahmen ʿUmars gegen Juden und Christen erwägen. In aš-Šaʾm wurde der Kalif Zeuge von Bräuchen, die ihm mißfielen: Die Diakone versahen ihren Gemeindedienst, und man verwendete die Ratsche, um die Gläubigen in die Kirche zu rufen. Ein eifriger Muslim soll sich, durch den Unmut des Kalifen veranlaßt, nach Konstantinopel aufgemacht und dort auf einem Turm nach muslimischer Art zum Gebet aufgefordert haben. Der Kaiser habe sogleich begriffen, daß ʿUmar, der neue Herr der Levante und Syriens, die sichtbaren Aktivitäten der Christen nicht dulden werde.[280] Desweiteren wird überliefert, aus welchem Anlaß ʿUmar die Christen verpflichtete, in der Öffentlichkeit in einem bestimmten Aufzug zu erscheinen. Eine Frau, die vom Christentum zum Islam übergetreten war, beschwerte sich bei ʿUmars Statthalter in Kufa, ihr Mann schlage sie, um sie zur Aufgabe des neuen Glaubens zu bewegen. Der Statthalter verhängte über den Ehemann eine Prügelstrafe und ließ ihm zur Entehrung die Haare scheren; die Ehe erklärte er für aufgelöst. Der Bestrafte nahm dies nicht hin, sondern machte sich zum Kalifen auf, um ein anderes Urteil zu erwirken. ʿUmar aber gab seinem Beamten recht und ordnete überdies an, daß man allen Christen die Stirnlocke abschneide[281] – mithin ihren minderen, machtlosen Rang sichtbar mache – und verbot ihnen, muslimische Kleidung zu tragen: Sie sollten zweifelsfrei zu erkennen sein.[282] Aus solchen Einzelmaßnahmen, die ʿUmar auch auf die Zoroastrier ausdehnte,[283] wuchs in den nächsten Jahrzehnten ein Korpus von Bestimmungen zusammen, die die Andersgläubigen im islamischen Herrschaftsgebiet zu beachten hatten. Dieses Korpus, obzwar, wie betont, unter dem zweiten „Nachfolger des Gesandten Allahs" noch längst nicht vorhanden und in vielen Einzelheiten erst aus späterer Zeit, wird als die „ʿumarschen Bedingungen" bezeichnet.[284]

Es bleibt die geographische Vorstellung abzuklären, die sich hinter dem Begriff der „Insel der Araber" verbirgt. Sie hat sich während des hier in Rede stehenden Zeitraums erheblich verändert. Wurde der Terminus zunächst nur auf Medina und seine Umgebung angewendet, so umriß er bald danach ein Gebiet, zu dem fast ganz Arabien gehörte; ausgeschlossen war nur im Norden das Land von Taimāʾ an, im Süden rechnete man den Jemen nicht mit. Bald darauf schwand auch diese Einschränkung.[285] Man begann, die Grenzen des Raums tatsächlich als Gewässer, Ströme und Meere, aufzufassen. Im Nordosten war dies der Euphrat, im Nordwesten der Nil. Ob die zuvor von den Byzantinern und den Sasaniden beherrschten Gebiete mit zur „Insel" zählten, blieb umstritten.[286] In den Augen ʿUmars jedenfalls war sie von Wasser umflossen, und das erfüllte ihn mit Furcht. Als ʿAmr b. al-ʿĀṣ das Nildelta erobert hatte, beabsichtigte er, Alexandrien zu seinem Heerlager auszubauen; ʿUmar habe ihm dies untersagt, weil in diesem Falle ein Strom ihn von Medina abschneiden könne.[287] ʿAmr selber, der im Hungerjahr die Versorgung des Hedschas zu Schiff gewährleistet hatte, könnte die Furcht geschürt habe. Als der Kalif ihn fragte, wie es sich mit der Seefahrt verhalte, soll er geantwortet haben: „Wie Würmer auf einem Stück Holz, und wenn das Holz zerbricht, ist es um die Würmer geschehen."[288] Ihre Bestätigung wird diese Abneigung gegen das Meer im Jahre 20 (begann am 21. Dezember 640) gefunden haben: Ein Vorstoß über das Rote Meer nach Äthiopien endete damit, daß viele Muslime ertranken.[289]

6. Ideal und Wirklichkeit

Der arabische Charakter der „besten Gemeinschaft"

Im Denken ʿUmars und seiner Parteigänger war dem Dschihad zwar insofern keine Grenze gesetzt, als er der Beschaffung des Unterhalts der ins Dotationsregister aufgenommenen Muslime diente. Der Endzweck lag allerdings nicht in einer bis an die Ränder des Erdkreises vorangetriebenen Ausdehnung der unmittelbaren Herrschaft des in Medina residierenden „Nachfolgers des Gesandten Allahs". Diese war nur für das Territorium der „Insel der Araber" vorgesehen, in deren nördlichen Gebieten sich die wichtigsten Kämpfe der Regierungszeit ʿUmars abspielten. Erst als man lernte, im Zwiegehörnten, der im Osten wie im Westen den Okeanos erreichte und überall die andersgläubigen Völkerschaften ausrottete, das Richtmaß gottgefälligen Kämpfens zu erkennen, verschwand ʿUmars Vision. Ein halbes Jahrhundert liegt dazwischen: Um das Jahr 700 führte man in Innerasien und im Nordwesten Afrikas Krieg, notgedrungen war man mehr als sechs Monate von zu Hause abwesend, kehrte womöglich nie wieder zurück, öffnete fremden Völkern den Zutritt zum Islam auf dem Weg der Klientelschaft. Die universalistischen Züge der Botschaft des Korans drängten sich in den Vordergrund und entbanden eine ganz andere Sicht auf das Lebenswerk Mohammeds, die sich nicht mit derjenigen ʿUmars vertragen hätte. Denn die „Insel der Araber", an die der Kalif dachte, war nur das Kernland der bewohnten Welt, jenseits davon blieben die riesigen Gebiete der Andersgläubigen, jener Menschen, die keine Araber waren und daher nicht zu den Muslimen gehören konnten. Während dort eine nicht auf Allahs Wort gegründete, heidnische Sittlichkeit herrschte – die einen fortwährenden Dschihad rechtfertigte –, bildete die „Insel" Allahs Territorium. Dessen religiöser, heilsgeschichtlicher Mittelpunkt war die Kaaba,[290] zu ihr strömten die Pilger, sie suchten im Idealfall alljährlich während der Wallfahrtsriten auch der Kalif und seine Statthalter auf. Diese Riten zu leiten, wird zu einer höchst symbolträchtigen Aufgabe der muslimischen Machthaber; sind sie selber verhindert, ernennen sie eigens einen Vertreter, der für sie diese Pflicht wahrnimmt.[291] Die Bewohner der „Insel" sind einheitlich Bekenner des Islams, sie widmen sich Tag für Tag dem von Allah vorgeschriebenen Kult, sie benutzen untereinander den Friedensgruß,[292] sie zeichnen sich durch eine bestimmte Kleidung und Körperpflege aus. Fremde Religionsgemeinschaften haben auf der „Insel" keinen Platz; soweit sie nicht vertrieben werden können, müssen sie sich vom arabisch-islamischen „Staatsvolk“ deutlich abheben. Ihre Minderrangigkeit, einmal im Jahr durch die mit einer Demutsgeste überreichte Kopfsteuer (Sure 9, 29) offenkundig gemacht, muß auch darüberhinaus zum Ausdruck kommen, wie die „ʿumarschen Bedingungen“ eindringlich vor Augen führen.[293]

Das Instrument der Vereinheitlichung der arabisch-muslimischen Bevölkerung ist die „Lesung“, die, wofür ʿUmar Sorge trägt, in der Sprache der Muḍariten, des näheren der Quraišiten, schriftlich zu verbreiten und im Ritenvollzug zu rezitieren ist. In den ältesten Suren streicht Mohammed noch nicht den arabischen Charakter seiner „Lesung“ heraus. Erst in der mittelmekkanischen Periode schneidet er dieses Thema an, so etwa in Sure 20, Vers 113, wo sein Alter ego sagt: „In dieser Art sandten wir (das Buch) als eine arabische ‚Lesung‘ hinab und legten darin die Drohung (mit dem Endgericht) in unterschiedlicher Form dar. Vielleicht ergreift (die Zuhörer) die Gottesfurcht oder bewirkt (das Buch) bei ihnen, daß sie (Allahs) gedenken.“ Bei dieser Gelegenheit rufen wir uns ins Gedächtnis zurück, daß es das Rezitieren von Sure 20 gewesen war, bei dem ʿUmar seine Schwester ertappt hatte; er hatte seiner Wut freien Lauf gelassen und war dann selber dem „Zauber“ der „Lesung“ verfallen; ʿUmars Großonkel Zaid b. ʿAmr b. Nufail, dem man noch in frühislamischer Zeit Verehrung zollte,[294] war ein herausragender Ḥanīf gewesen, der sich aus wohlüberlegten religiösen Gründen weder für das Christentum noch für das Judentum hatte entscheiden können. Auch auf ʿUmars Verschwägerung mit ʿUṯmān b. Maẓʿūn, dem „strengen“ Ḥanīfen, wurden wir aufmerksam. Die weiteren Verse des Korans, in denen davon die Rede ist, daß die „Lesung“ arabisch sei und keineswegs etwas mit den Nichtarabern (arab.: *al-ʿağam*) zu tun habe, stammen wie der eben zitierte aus der Periode, in der Mohammed um das Ḥanīfentum wirbt. In Medina berührt Mohammed diesen Gegenstand nur zweimal. Alle, die das Buch empfingen, freuen sich über das, was Allah ihnen herabsendet, vermerkt er in Sure 13, Vers 36, um dann fortzufahren, die „Parteiungen“ (arab: Pl. *al-aḥzāb*) hingegen wollten einiges davon nicht gelten lassen; diesen versichert Mohammed im anschließenden Vers: „In dieser Art sandten wir (das Buch) als einen arabischen Rechtsspruch (arab.: *ḥukm*^{an} *ʿarabīj*^{an}) hinab. Schließt du dich ihren unbegründeten Meinungen an nach all dem Wissen, das du erhieltest, dann wird dich niemand gegen Allah sichern und schützen.“ – Der zweite medinensische Beleg ist Sure 12, Vers 2: Allah sandte das „klare Buch“ als eine arabische „Lesung“ hinab.

Diese Formulierung greift entsprechende Wendungen auf, die sich in den Einleitungen von zwei mekkanischen Suren finden: „Ein Buch, dessen Verse (wie Perlen) als eine arabische ‚Lesung‘ aneinandergereiht wurden für Leute, die wissen, sowie als Freudenbotschaft und als Warnung...“ (Sure 41, 2 f.; vgl. Sure 43, 3). Außerhalb der Einleitungsformeln stößt man auf ähnliche Beteuerungen: Die „Lesung“, ein makelloser arabischer Koran, enthält vielerlei Gleichnisse (Sure 39, 28); früher galt das Buch, das Mose offenbart worden war, und „dies ist ein Buch, durch das (jenes) bestätigt wird, und zwar in arabischer Sprache...“ (Sure 46, 12; vgl. Sure 26, 195). Allah gab seinem Propheten eine arabische „Lesung“

ein, damit dieser „die Mutter der Ortschaften und alle, die in ihrer Umgebung wohnen", mit der Botschaft Allahs warne (Sure 42, 7). Die „Lesung" wird nichts nützen, wenn sie in einer fremden Sprache vorgetragen werden sollte; was Allah seinem Gesandten mitteilt, gab er ganz genau so dessen Vorgängern ein, doch „wenn wir (das Buch) als eine nichtarabische ‚Lesung' dargelegt hätten", hätten sich die hiesigen Adressaten beschwert (Sure 41, 44). – Weder mit der jüdischen Religion, noch mit der christlichen waren die Ḥanīfen einverstanden gewesen, jetzt hatten sie die eigene Botschaft, nach der sie so lange gesucht hatten. – Der Koran ist keinesfalls ein zweitrangiger, fremdsprachiger Text, den Mohammed irgendein Nicht-Araber lehren könnte; es handelt sich vielmehr um „klare arabische Sprache" (Sure 16, 103). Alle zitierten Verse verweisen auf einen polemischen Zusammenhang, in dem Mohammed die Wahrheit seiner Verkündigungen zum einen auf die vorangegangenen Propheten stützt, zum anderen jedoch für seine „Lesung" die Originalität des arabischen Wortlauts beansprucht. – Zu klären wäre schließlich der Begriff der „Parteiungen", die laut Sure 13, Vers 36 die Wahrheit eines Teiles der Offenbarung abstreiten und mit dem Hinweis auf deren arabischen Charakter eines Besseren belehrt werden sollen. In drei mekkanischen Versen taucht ebendieser Begriff auf, und zwar in einer Gedankenverknüpfung, die derjenigen von Sure 13 entspricht: Zunächst ist von denen die Rede, die an die Offenbarung glauben, dann werden die „Parteiungen" genannt, die dies nicht tun (Sure 11, 17; 19, 37; 43, 65).[295] Dürfen wir diese Stellen als eine Beschwörung jener Ḥanīfen auslegen, die zögerten, in Mohammed den erwarteten Überbringer einer arabischen Heilsbotschaft zu erkennen?

Das Ḥanīfentum als die den Stammeszwist überwindende Idee

Um uns von einem anderen Ausgangspunkt her den Fragen zu nähern, die uns die Augen für die durch ʿUmar b. al-Ḫaṭṭāb verkörperten religiös-politischen Ordnungsvorstellungen öffnen sollen, wenden wir uns kurz dem Dichter an-Nābiġa al-Ǧaʿdī zu, genauer, den Überlieferungen, die sich um seinen Namen ranken. Er gilt als einer der Langlebigen, denen manche Sammler der altarabischen Dichtung viel Aufmerksamkeit schenkten.[296] Denn ihr Schicksal belegte, daß am Ende doch die zerstörerische Zeit den Sieg über alles Planen und Hoffen des Menschen davontrug. An-Nābiġa zählte zu den Banū ʿĀmir b. Ṣaʿṣaʿa, deren Genealogie zu Muḍar hinaufführt. Wie es heißt, war er in heidnischer Zeit mit Gedichten hervorgetreten, dann aber für drei Jahrzehnte verstummt, ehe aufs neue Verse aus ihm „herausbrachen", worauf sein Beiname an-Nābiġa anspielt.[297] ʿUmar war von ihm angetan, soll sich auch von ihm selber über dessen Langlebigkeit haben aufklären lassen: Drei Ehefrauen hintereinander sah der Dichter sterben, mit einer jeden will er sechzig Jahre verheiratet gewesen sein. Wie auch immer, Aufsehen erregte er gegen Ende des Kalifats ʿUmar b. al-Ḫaṭṭābs, als es unter den bei Isfahan lagernden Klanen Ǧaʿda und Qušair der Banū ʿĀmir b. Ṣaʿṣaʿa zu einem Zerwürfnis kam. Ein qušairitischer Dichter schmähte an-Nābiġa und die Banū Ǧaʿda; hierauf antwortete dieser mit einem Gedicht, in dem er mit den Ruhmestaten aller Sippen der Banū ʿĀmir prahlte und nur die Banū Qušair und vor allem einen weiteren ʿāmiritischen Klan, die Banū ʿUqail, ausschloß. Dies zog ihm den glühenden Haß der berühmten ʿuqailitischen Dichterin Lailā al-Aḫjalīja zu, die ihm in ihrer Erwiderung nichts schuldig blieb. Die Beleidigungen, die, wie nicht unüblich, ins Zotenhafte abglitten, steigerten sich von beiden Seiten her. Am Ende sahen sich die Banū Ǧaʿda derart in ihrer Ehre verletzt, daß sie sich hilfesuchend an den Kalifen wenden wollten. Nur eine der Ruhmestaten, die an-Nābiġa seinen Ahnen zuschreibt, sei knapp wiedergegeben: Der Jemenier Šarāḥīl al-Ǧuʿfī hatte mit den Banū ʿĀmir eine Übereinkunft getroffen; wenn er einen Raubzug unternahm, durfte er deren Streifgebiet ungehindert durchqueren. Eines Tages, auf dem Rückweg von einem Beutegang, kam er mit seinen Kriegern zu den Banū Ǧaʿda, die ihn vereinbarungsgemäß bewirteten. Seine Männer waren allerdings ohne Disziplin, sie schlachteten eigenmächtig Vieh, das den Banū Ǧaʿda gehörte. Šarāḥīl stellte auch keine Wiedergutmachung in Aussicht, und so sannen die Geschädigten auf Rache. Einer von ihnen machte sich auf den Weg, um den Bruderklan, die Banū Qušair, zu mobilisieren. Derweil bereiteten die übrigen dem Jemenier und seiner engsten Umgebung ein Gastmahl, in dessen Verlauf sie die Ahnungslosen ermordeten. Als die Banū Qušair hinzukamen, töteten auch sie etliche Jemenier, wogegen die Banū ʿUqail für die Fremden Partei ergriffen. Im aufflammenden Zwist der ʿāmiritischen Bruderklane konnten die überlebenden Jemenier das Weite suchen. Die Nachfahren Muḍars, und zwar alle, hätten sich diesen Meuchelmord an den „Südarabern" als ein Bravourstück angerechnet, versichert der Überlieferer.[298]

Die Bedeutung des Klans oder eines ganzen Stammesverbandes ergab sich nach wie vor aus der geglückten Gewaltanwendung gegen andere, vergleichbare Gruppen. Daran hatten die wenigen Jahre der Zugehörigkeit zum Islam nichts ändern können. Auffällig ist die auch bei ʿUmar beobachtete Ausrichtung der als maßgeblich empfundenen Solidargemeinschaft auf Muḍar; die Verpflichtung auf die größere, die „Araber", mußte durch die Hedschra und den Eintritt in den Islam erst eigens gestiftet werden. Sie hätte Schmähreden und die Selbsterhöhung durch das Aufzählen von Verbrechen, begangen an anderen „Arabern", untragbar machen müssen. Das scheint man zuletzt vielleicht bemerkt zu haben, weswegen man auf den Gedanken verfiel, den Kalifen mit der Angelegenheit zu befassen. Dessen sich vermutlich aus dem Ḥanīfentum herleitendes Streben nach einer jenseits solchen Väterruhms liegenden Würde hätte freilich auch den Klägern nicht zum Vorteil ausschlagen dürfen. Darüber zu spekulieren, ist müßig. An-Nābiġa jedenfalls bekannte sich zu ebenjenem Ḥanīfentum. Einer der Männer sei er gewesen, die über die Mängel der heidnischen Gesinnung nachgedacht hätten,[299] lesen wir. Er tadelte den Weingenuß – wie ʿUṯmān b. Maẓʿūn – und lehnte den Rausch ab, da dieser den Verstand in Mitleidenschaft ziehe. Desgleichen verwarf er die Anbetung von Idolen und das Losen mit Pfeilen; er sprach von der Glaubenspraxis Abrahams, fastete, bat angesichts der möglichen Folgen seines Handelns Allah um Vergebung. „Preis sei Allah, der keinen Gefährten hat! Wer dies nicht bekundet, der frevelt wider sich selber!" begann an-Nābiġa eines seiner Gedichte. Der Frevel gegen sich selber, der in der Abkehr vom Eingottglauben liegt, ist ein Gedanke, den Mohammed seit der mittelmekkanischen Zeit ein ums andere Mal seinen

Zuhörern einschärft (vgl. Sure 27, 44; 16, 33; 7, 23 und 160; 2, 57). Man verdächtigte an-Nābiġa, diesen Vers bei Umaija b. abī ṣ-Ṣalt entwendet zu haben. An-Nābiġa wies dies entrüstet zurück; dergleichen lasse sich nur ein übler Plagiator zuschulden kommen.[300] Zaid b. ʿAmr b. Nufail, ʿUṯmān b. Maẓʿūn, Umaija b. abī ṣ-Ṣalt, an-Nābiġa al-Ǧaʿdī, in Medina Abū Qais b. al-Aslat – was hätten diese fünf nach überkommenem Maßstab gemeinsam gehabt? In der Tat, das Ḥanīfentum war eine Geisteshaltung jenseits aller ererbten Risse und Barrieren, unter denen die Stammesgesellschaft des alten Arabien litt.[301] Mohammed hatte sich in seinen Verkündigungen nie wirklich zu solch einer Haltung durchringen können, wie ausführlich dargelegt wurde. Viel zu sehr war sein Denken davon beherrscht gewesen, daß er ein Enkel ʿAbd al-Muṭṭalibs war.

„Beduinisierung nach vollzogener Hedschra"

Als ʿUṯmān b. ʿAffān zum Kalifen gewählt worden war, suchte ihn an-Nābiġa auf und bat ihn um die Erlaubnis, sich an seine Weideplätze zurückzuziehen und dort von der Milch seines Viehs zu leben. ʿUṯmān willigte ein, wies aber darauf hin, daß eine solche „Beduinisierung nach vollzogener Hedschra", das Ausscheiden aus den Reihen der *muǧāhidūn* und die Streichung im Dotationsregister, in höchstem Maße unerwünscht sei.[302] In diesem Bericht über den Besuch des Dichters beim Kalifen wird dem Leser etwas Wichtiges vorenthalten, nämlich der Grund, weswegen damals einige Sonderlinge wieder „Beduinen" sein wollten. An-Nābiġa sagt lakonisch: „Ich tadle mich selber." Dieser Satz folgt auf sein Versprechen, wieder so bescheiden wie einst das Leben zu fristen. Die Hedschra fügte ihn in die Schar der Krieger ein, die „Araber" sind,[303] an einen Rückzug war dabei eigentlich nicht gedacht. Den gleichen Schritt, jedoch unter erheblich größerem Aufsehen, tat Abū Ḏarr al-Ġifārī, ein Prophetengefährte, der in aš-Šaʾm gegen das Wiedererstarken des genealogischen Ordnungsdenkens agitierte. Er erzürnte Muʿāwija b. abī Sufjān, den Statthalter von Damaskus, über alle Maßen, und auch der Kalif ʿUṯmān begann die aufrührerischen Reden zu fürchten. Er verbannte Abū Ḏarr aus Medina nach ar-Rabaḏa, einem nicht allzu weit entfernten Weidegebiet. Nach einer anderen Überlieferung zog sich Abū Ḏarr freiwillig dorthin zurück, das war sein Einspruch gegen den überhand nehmenden Luxus am Regierungssitz des „Nachfolgers". Um einen Abfall vom Islam zum Beduinentum zu vermeiden, soll er in gewissen Abständen Medina aufgesucht haben.[304]

Die Hedschra stiftet in ihrer radikalen Auslegung eine ganz neue Gesellschaftsordnung, die mit der alten auf der Abstammung und dem Väterruhm fußenden nicht zusammenpaßt; die neue Ordnung ist dem asketischen Ḥanīfentum wahlverwandt. Wenn sich, statt daß alles nach dem Verdienst um den Islam verteilt wird, eine neureiche Schicht herausbildet, die wie ein Abziehbild der vorislamischen Prominenz aussieht, dann verliert die Hedschra ihren Sinn. Abstammung und Väterruhm waren aber so fest im Denken der Mehrheit verwurzelt, daß sie die Ziele der Politik ʿUmars vermutlich nur unter Zugrundelegung jener beiden Kategorien zu beurteilen vermochte. Wenn man aber so dachte, dann war die „Nachfolgeschaft", die Abū Bakr und nach ihm ʿUmar angetreten hatten, eine unwürdige Ausnahme vom Gebräuchlichen. Schon unter ʿUṯmān (reg. 644–656) und in gesteigertem Maß nach dem großen Bürgerkrieg und dem Scheitern der Politik ʿAlī b. abī Ṭālibs erörterte man die beiden ersten Kalifate vor dem Hintergrund der vorislamischen Klangeschichte der Quraišiten: Quṣaij hatte seinem jüngeren Sohn ʿAbd ad-Dār die mit der Wallfahrt befaßten Ämter anvertraut; dessen Bruder ʿAbd Manāf, der sich für eher geeignet hielt, neidete sie ihm und schmiedete seine Sippe und die Klane Asad b. ʿAbd al-ʿUzzā, Zuhra b. Kilāb und Taim b. Murra zu einem Schwurbund zusammen; auch die Angehörigen der Banū l-Ḥāriṯ b. Fihr,[305] die in Mekka lebten – aus ihrer Mitte stammte Abū ʿUbaida b. al-Ǧarrāḥ – traten dieser Eidgenossenschaft bei, die man, wie geschildert, die „Parfümierten" nannte. Im Hause ʿAbdallāh b. Ǧudʿāns, des vermögenden und einflußreichen Taimiten, soll man die Eide geleistet haben. Für ʿAbd ad-Dār ergriffen andere Klane Partei, nämlich die Banū Ǧumaḥ, Maḫzūm, Sahm und ʿAdī b. Kaʿb. Sie bekräftigten ihren Schwur, indem sie die Hände in eine Schüssel mit Kamelblut tauchten; jemand von den Banū ʿAdī b. Kaʿb soll sich das Blut von der Hand geleckt haben, weswegen diese Parteiung als diejenige der „Blutlecker" verleumdet wurde.[306] Sie vermochten nicht zu verhindern, daß die Aufgabe der Versorgung der Pilger mit Speisen und Getränken an ʿAbd Manāf überging.

Die Wiederkehr des „Väterruhms"

„Ist es vortrefflicher, daß ein ‚Parfümierter' das Amt des Befehlshabers innehat oder jemand von den Eidgenossen (der ‚Blutlecker')?" Diese Frage stellte ʿAbdallāh b. Ṣafwān dem Ibn al-ʿAbbās, der sich ohne zu zögern für die „Parfümierten" entschied: Das Kalifat Abū Bakrs war demjenigen ʿUmars vorzuziehen.[307] Denn Abū Bakrs Sippe, die Banū Taim b. Murra, hatten, von ʿAbdallāh b. Ǧudʿān geführt, sich auf die Seite gestellt, die in den Augen des Ibn al-ʿAbbās, eines Enkels ʿAbd al-Muṭṭalibs, die einzig richtige sein konnte. ʿUmar b. al-Ḫaṭṭāb von den Banū ʿAdī b. Kaʿb dagegen war – wie schrecklich! – der Nachkomme eines „Blutleckers". Um ganz zu ermessen, worum es in diesem kurzen, womöglich erfundenen Wortwechsel geht, nehmen wir ʿAbdallāh b. Ṣafwān in den Blick. Sein Vater Ṣafwān b. Umaija b. Ḫalaf al-Ǧumaḥī taucht unter den quraišitischen Führern auf, die auf dem Feldzug nach Uḥud ihre Ehefrauen mitnahmen; diese sollten ihnen in der Schlacht den Rücken stärken und sie am Fliehen hindern. Es sind dies Hind bt. ʿUtba, die zuvor mit einem Maḫzūmiten verheiratet war, nun aber Abū Sufjān b. Ḥarbs Gattin ist – und die Mutter von Muʿāwija;[308] die Maḫzūmitin Umm Ḥakīm bt. al-Ḥāriṯ, die Ehefrau des ebendieser Sippe angehörenden ʿIkrima b. abī Ǧahl; Fāṭima bt. al-Walīd b. al-Muġīra mit ihrem Ehemann al-Ḥāriṯ b. Hišām b. al-Muġīra, beide Maḫzūmiten – daß er zwei Jahre zuvor die Quraišiten gegen das Jaṯrib des Propheten geführt hatte, war damals dem Juden Kaʿb b. al-Ašraf Anlaß zu einem Lobgedicht gewesen, zu einem verfrühten allerdings, denn al-Ḥāriṯ war aus dem Kampfgetümmel geflohen, bei Uḥud dagegen hielt er stand,[309] das grausame Ende, das Mohammed dem Dichter bereiten ließ, fällt uns wieder ein;[310] Raiṭa bt. Munabbih, die Ehefrau des ʿAmr b. al-ʿĀṣ von den Banū Sahm; Sulāfa bt. Saʿd, Gattin des Ṭalḥa b. abī Ṭalḥa von den Banū ʿAbd ad-Dār; die Ṯaqafitin Barra, die Ehefrau von Ṣafwān b. Umaija b. Ḫalaf al-Ǧumaḥī, Mutter des obigen ʿAbdallāh.[311] Der Bund der „Blutlecker" war mithin gut vertreten unter den quraišitischen Anführern bei Uḥud, und ʿAbdallāh b. Ṣafwān hat wie

ʿUmar b. al-Ḫaṭṭāb in dieser Eidgenossenschaft seinen „Väterruhm". In der Kamelschlacht des Jahres 657 hält er zu ʿĀʾiša, Ṭalḥa und az-Zubair,[312] und so verwundert es nicht, daß er ein viertel Jahrhundert später dem mekkanischen Kalifen ʿAbdallāh b. az-Zubair dient.[313] Doch bereits gegen Muʿāwija (reg. 660–680) hat der Ǧumaḥite seine Ansichten mutig verfochten. Der Omaijade war einmal nach Medina gekommen – vielleicht handelt es sich um die Reise, die der Kalif unternahm, um seinem Sohn Jazīd die Thronfolge zu sichern.[314] Schon vor seinem Eintreffen hatte Muʿāwija unverhüllte Drohungen gegen ʿUmars Sohn ʿAbdallāh ausgestoßen, aber ʿAbdallāh b. Ṣafwān trat dem Kalifen entgegen und nötigte ihn zur Mäßigung.[315]

Muʿāwijas Vater Abū Sufjān, von der Schlacht bei Badr bis zum Einzug Mohammeds in Mekka der große quraišitische Widersacher des Propheten, soll während des Kalifats ʿUmars hellsichtig ausgesprochen haben, welch glänzende Zukunft seinem Sohn mit der Statthalterschaft von Damaskus eröffnet wurde: „Jene Gruppe von *muhāǧirūn* eilte voran, und wir blieben zurück. Das Voraneilen erhöhte sie, unser Zurückbleiben beschnitt uns (die Möglichkeiten zur Entfaltung unserer Kräfte). Sie wurden Anführer, wir Gefolgsleute. Nun übertragen sie euch ein bedeutendes Stück ihrer Macht. Darum widersetzt euch ihnen nicht! Du bist auf dem Weg zu einem Ziel, das du noch nicht erreicht hast, das du aber erreichen wirst."[316] Zunächst ohne dessen Zutun wich unter ʿUṯmān solch eine wirklichkeitsnahe Sicht der Dinge dem übellaunigen Messen der Tatsachen an einer vergangenen Würde, auf die die Gegenwart so anstößig wenig Rücksicht nahm: ʿAlī b. abī Ṭālib, der Enkel ʿAbd al-Muṭṭalibs und Schwiegersohn des Propheten, hetzt gegen den Herrscher, der ein Nachfahre des ʿAbd Šams ist, und der Herrscher seinerseits fühlt sich gekränkt, da man vor seiner Zeit nicht nur einen taimitischen, sondern sogar einen ʿaditischen Kalifen geduldet hat, wo doch die Banū ʿAbd Manāf, zu denen sich ʿUṯmān mit vollem Recht zählt, ein wesentlich größeres Anrecht auf die Führerschaft haben als die Banū Taim b. Murra oder gar die Banū ʿAdī b. Kaʿb.[317]

Das Anwachsen des Klanprestiges der Nachfahren ʿAbd al-Muṭṭalibs

Mitten hinein in diese Zänkereien führt uns der folgende Text. Die Ereignisse, die er schildert, fallen in die Regierungszeit Muʿāwijas. Einige Vornehme unter den Quraišiten sowie anderer Herkunft pflegten sich in Medina zu einer geselligen Runde zu versammeln, zu der sich auch Söhne der frühen Auswanderer einstellten. Man nannte diesen Kreis „das Halsband", da er wegen der Prominenz und des Adels seiner Mitglieder einem Halsband aneinandergereihter Perlen glich. „Muʿāwija befragte jeden, der (aus Medina) zu ihm kam, nach jenem Halsbandkreis, da er ihm viel Bedeutung beimaß. Eines Tages, so erzählt man, wurden sechstausend Dirhem fällig, die Ibn abī ʿAtīq einem Kaufmann schuldete." – Der Schuldner ist ein Urenkel Abū Bakrs; letzterer habe den Beinamen ʿAtīq getragen, den Mohammed als „den (vor dem Höllenfeuer) Erretteten" gedeutet haben soll.[318] – „Der Kaufmann erschien bei Ibn abī ʿAtīq und forderte sein Geld. Dieser erwiderte, er habe es nicht; doch sobald er, Ibn abī ʿAtīq, sich im Halsbandkreis eingefunden habe, möge der Kaufmann ihn nach der Nachkommenschaft ʿAbd Manāfs fragen. Ibn abī ʿAtīq nahm in der Runde neben al-Ḥasan b. ʿAlī b. abī Ṭālib Platz, und dann bat der Kaufmann: ‚Erzähl mir von den Nachfahren ʿAbd Manāfs!' Ibn abī ʿAtīq begann: ‚Das ist die Sippe des Ḥarb; sie waren Beigeseller, und so auch die (übrigen) Menschen, sie wurden Muslime, und so auch die (übrigen) Menschen!' ‚Und wer weiter?' beharrte der Kaufmann. ‚Die Banū l-ʿĀṣ, die Sippe mit den meisten Blutzeugen und edlen Kriegern!'" – Die von al-ʿĀṣ b. Umaija ausgehende Linie weist in der Tat die ersten omaijadischen Blutzeugen auf, so ʿAbdallāh b. Saʿīd b. al-ʿĀṣ, der bei Badr noch gegen Mohammed gefochten und in Gefangenschaft geraten war; der Prophet ließ ihn unter der Auflage frei, medinensische Muslime in der Schreibkunst zu unterrichten;[319] ʿAbdallāh fiel bei Muʾta. Saʿīd b. Saʿīd b. al-ʿĀṣ verlor das Leben im Kampf um aṭ-Ṭāʾif. ʿAmr b. Saʿīd b. al-ʿĀṣ wurde bei Ağnadain getötet, desgleichen sein Halbbruder Abān.[320] Muʿāwija, der omaijadische Kalif, stammt über Ḥarb von Umaija b. ʿAbd Šams ab. Die rivalisierende Linie Marwāns nimmt ihren Ausgang bei Abū l-ʿĀṣ, einem dritten Sohn Umaijas; ihr gehörte auch ʿUṯmān b. ʿAffān an. – „Der Kaufmann wunderte sich: ‚Und wo bleiben die Banū ʿAbd al-Muṭṭalib?' ‚Dummkopf!' entgegnete Ibn abī ʿAtīq, ‚du hast mich doch nur nach den Menschen unter den Nachkommen ʿAbd Manāfs gefragt! Hättest du dich nach den Engeln unter ihnen erkundigt, dann hätte ich zu dir über die Banū ʿAbd al-Muṭṭalib gesprochen. Zu ihnen gehören der Gesandte Allahs, der Löwe Allahs (Ḥamza b. ʿAbd al-Muṭṭalib) und der, der ins Paradies flog (Ǧaʿfar b. abī Ṭālib).'" Solches Rühmen der Banū ʿAbd al-Muṭṭalib hat den berechneten Effekt: Al-Ḥasan b. ʿAlī ist hellauf begeistert über diese Worte und bietet Ibn abī ʿAtīq an, er werde für ihn die Schulden tilgen.

Diese Posse karikiert das rasch anwachsende religiöse Prestige der Nachkommen ʿAbd al-Muṭṭalibs, das sich mehr und mehr auf Mohammed konzentrieren wird sowie auf ʿAlī, vermutlich wegen der Ehe mit der schon unter Abū Bakr verstorbenen Fāṭima. Der Bericht über den Halsbandkreis zeigt im weiteren Verlauf, daß nun, etwa drei Jahrzehnte nach Mohammeds Tod, der von ʿUmar favorisierte Gedanke des Ranges gemäß dem Verdienst in sein Gegenteil verkehrt wird; es kommt nicht auf das in eigener Person geleistete Einstehen für den Islam an, sondern auf den „Väterruhm". Ein Vorbote dieser Veränderung war die Sonderstellung der „Söhne der Auswanderer" bei den Dotationen gewesen. Es ist das vergangene Verdienst, das eine neue Nobilität begründet, die es allerdings schwer hat, sich gegen die vorislamische zu behaupten. Das Ḥanīfentum jedenfalls hat ausgespielt, und die Entstehung und der Erfolg der Bewegung, ja, alles was mit dem frühen Islam zu tun hatte, werden unter dem Blickwinkel der Reputation der beteiligten Klane beurteilt. Eifersüchteleien und Häme überschatten deren Beziehungen zueinander und prägen die Wahrnehmung der jüngsten Vergangenheit und damit zugleich die Vorstellung von dem Gewicht, das eine bestimmte Sippe in der Gegenwart haben sollte. Muʿāwija war so klug, alle Empfindlichkeiten zu achten, auch die der frühen Auswanderer und ihrer Söhne. Daß erstere dank ihrem bereitwilligen, nicht auf den eigenen Nachteil achtenden Einsatz in einer auf der Hedschra fußenden Gesellschaft höchstes Ansehen genossen, hatte schon sein Vater Abū Sufjān unumwunden anerkannt.

Solange der Halsbandkreis in Medina bestehe, werde die Stadt blühen, lautete Muʿāwijas Überzeugung. Die Zeiten wurden jedoch ungünstig für die Erfüllung solcher Wünsche. ʿUbaidallāh b. ʿAdī (gest. 708/9), ein Nachkomme des Naufal b. ʿAbd Manāf, jenes Zweiges, in dem die Genealogie besonders gepflegt wurde,[321] hob in der Runde hervor, daß niemand so beredt wie ʿAlī b. abī Ṭālib gewesen sei und niemand sich so vortrefflich wie dieser auf die Herleitung der lebenspraktischen Konsequenzen der koranischen Botschaft verstanden habe. Der Vater dieses ʿUbaidallāh war erst beim Einzug in Mekka zum Islam übergetreten, nach einer anderen Überlieferung war er bei Badr als Heide gefallen.[322] Mit frühem Verdienst war es bei ihm also nichts, und so lag die Lobpreisung der Prophetenfamilie nahe, von deren Glanz man auf diese Weise ein wenig auf sich selber lenkte. Ein anwesender Nachfahre des ʿAbd Šams ließ sich über die Vorzüge Muʿāwijas aus, was einen Enkel ʿUmars dazu herausforderte, die Gerechtigkeit und charakterliche Vollkommenheit dieses Kalifen zu preisen. Ein Maḫzūmite warf erregt ein: „Ihr scheint allein bei den *muhāǧirūn* einen Vorrang gelten zu lassen! Bei Allah, was haben sie denn weiter vorzuweisen, als daß sie den Islam annahmen!" Er rief allen die Heldentaten seines Klangenossen al-Ḥāriṯ b. Hišām in Erinnerung, der, wie erwähnt, bei Badr zwar vor Mohammeds Streitmacht geflohen war, bei Uḥud aber ausgeharrt hatte; zum Islam hatte auch er erst gefunden, als Mohammed Mekka besetzte, unter ʿUmar jedoch hatte er sich für den Dschihad in aš-Šaʾm entschieden, den er wie viele andere mit einem ähnlichen Lebenslauf als einen, wenn auch verspätet betretenen, Weg zu Allah auffaßte.[323] Ob solcher Mißachtung der Leistungen der frühen Auswanderer packte Mūsā, einen Sohn Ṭalḥas, heftiger Zorn: „Wie kannst du solche Männer in dieser Runde im gleichen Atemzug mit den *muhāǧirūn* nennen? Bei Allah, sie sind doch nichts anderes als die Sklaven der *muhāǧirūn*, diese schenkten ihnen die Freiheit, nachdem sie sie auf Gedeih und Verderb in ihre Gewalt gebracht hatten!" Mūsā und der Maḫzūmit gingen aufeinander los, mit Mühe trennte man sie. Der Maḫzūmit beschwerte sich bei Marwān, Muʿāwijas Statthalter in Medina,[324] über die Beleidigung, die ihm widerfahren sei: Er sollte ein Sklave sein, und dann wohl auch die anderen Sprößlinge vornehmer quraišitischer Klane, schließlich gar selbst Muʿāwija, der Kalif! Mūsā suchte bei ʿĀʾiša Schutz, während Marwān von der Predigtkanzel Mohammeds herab Verwünschungen gegen ihn ausstieß. Als Muʿāwija von dem Zwischenfall hörte, wußte er, daß es mit dem Halsbandkreis vorbei war; er verbot Marwān, die Affäre je wieder zu erwähnen; die Gemüter sollten nicht unnötig erregt werden.[325]

Die Umwandlung der ḥanīfischen Ideale

Die frühen Auswanderer wurden durch ihre Söhne zu einer Art neuer Nobilität erhoben. Man paßte sich damit dem in der arabischen Gesellschaft jener Tage geltenden Prinzip der Ableitung des Ranges der Person aus dem Stammbaum (arab.: *an-nasab*) und dem „Väterruhm" (arab.: *al-ḥasab*) an. Die ḥanīfische Idee des individuell im Angesichte Allahs erarbeiteten Prestiges war eine zu große Zumutung, um auf Dauer wirksam zu sein. Sie verschwand allerdings nicht spurlos. Sie wurde vielmehr umgeschmolzen in ein nicht mehr bzw. nicht mehr allein durch das Kriegführen als den Inbegriff der Gläubigkeit erzielbares islamisches

Prestige; auch Abstammung und „Väterruhm" konnten es einem nicht verschaffen, wurden jedoch nicht gänzlich entwertet. Wir werden diesen Vorgang in den beiden letzten Kapiteln beobachten. Die Distanz zur Person des Propheten, die nach ḥanīfischem Grundsatz völlig hinter der „Lesung" verschwinden sollte, war dabei nicht durchzuhalten. Denn zum einen warben die Angehörigen der „Familie des Propheten" mit ihrer Genealogie und luden die Tatsache ihrer verwandtschaftlichen Nähe zum von Allah Erwählten mit religiösem Gehalt auf. Zum anderen glückte es den angesehenen quraišitischen Klanen, die bis zum Einzug Mohammeds in seine Vaterstadt gegen „ʿAbd al-Muṭṭalib" gekämpft hatten, die machtpolitischen Erfolge Mohammeds zu den ihrigen zu machen;[326] im Quraišitentum, zumal in dessen über ʿAbd Manāf definiertem Ausschnitt, schien solches Machtstreben seine Rechtfertigung zu finden.[327] Überdies schwangen sich die Omaijaden zu Interpreten der Botschaft Mohammeds auf; durch Anleihen bei der jüdischen und christlichen Überlieferung machten sie sie für die Bewohner von aš-Šaʾm annehmbar, das sie zum Mittelpunkt ihrer Herrschaft wählten. Muʿāwija war es, der das erbauliche Erzählen (arab.: *al-qaṣaṣ*) im Anschluß an den Freitagsgottesdienst, vielleicht auch bei anderen Gelegenheiten, zu einer festen Einrichtung erhob, wie es heißt, in den Tagen des Bürgerkriegs. ʿUmar hatte sich gegen eine solche Verwässerung des offenbarten Wortes noch zur Wehr gesetzt,[328] was uns nicht überrascht. Die Träger dieser auf eine volksnahe Frömmigkeit zugeschnittenen Überlieferung waren meist Personen, die selber den Propheten nicht mehr wirklich kennengelernt, sondern ihn vielleicht nur gesehen oder eine kurze Zeit in seiner Nähe verbracht hatten, jetzt aber um so besser zu wissen glaubten, was dessen Ansichten zu allem Möglichen gewesen waren.[329]

Dem Zug der Zeit vermochten die frühen Auswanderer und deren Söhne nicht zu entrinnen. In Anbetracht der Propaganda der Prophetenfamilie und der unter omaijadischer Obhut – und in ebenso großem Maße unabhängig davon – produzierten „Erinnerung" an den Gesandten Allahs mußten auch sie sich in ein Verhältnis zu ihm setzen, das ihn für sie und ihre Sicht der Dinge zum Sprechen brachte. Über ʿĀʾiša gelang ihnen das. Konnte man im übrigen einen glaubwürdigeren Zeugen für die medinensischen Jahre Mohammeds benennen, die doch, wie ʿUmar betont hatte, die Herrschaft der Wahrheit waren, abgesondert von der Lüge durch das Schlüsselereignis der Hedschra? Über ʿĀʾiša führte der Weg zur „authentischen" Kenntnisnahme gerade jener Jahre, und diese Gewißheit bedeutete ein Festhalten am ʿumarschen Wahrheitsanspruch und zugleich die Überbietung der durch die Genealogie verbürgten Nähe zu Mohammed: Man konnte seiner in die Gegenwart hinein fortwirkenden Anleitung teilhaftig werden, ohne sich mit den mekkanischen Klanintrigen zu befassen, die doch nichts weiter als Lüge waren. Nicht nur die Söhne der alten Auswanderer, auch andere Muslime vermochten über ʿĀʾiša in den Besitz der medinensischen Wahrheit zu gelangen. Die Exklusivität, die unter ʿUmar noch einer der Wesenszüge des Verdienstgedankens ist, schwindet, obwohl man deren Spuren bis gegen das Ende des 7. Jahrhunderts bemerkt. ʿĀʾiša wird zur „Mutter der Gläubigen". ʿAbdallāh b. Ṣafwān al-Ǧumaḥī, wie erinnerlich weder den ersten quraišitischen Kreisen entstammend noch durch eine *sābiqa* seines Vaters ausgezeichnet, bezeugt die Rolle, die sie erobert hat. Von ihr selber will er über die neun Vorzüge unterrichtet worden sein, die keine andere Frau mit ihr teile; einzig Maria mag durch Allah in vergleichbarer Weise erwählt worden sein: „Der Engel kam (zum Propheten) in meiner Gestalt herab. Der Gesandte Allahs heiratete mich, als ich sieben Jahre alt war. Mit neun Jahren wurde ich ihm zugeführt. Beim Vollzug der Ehe war ich Jungfrau, kein Mensch hatte neben ihm einen Anteil an mir. (Mohammed) empfing Eingebungen, während er mit mir in ein und dieselbe Decke gehüllt war. Ich zählte zu den Menschen, die ihm am liebsten waren. Bezüglich meiner wurde ein Vers der ‚Lesung' herabgesandt, an dem die Gemeinschaft beinahe zugrunde gegangen wäre. Ich sah Gabriel, außer mir sah ihn keine seiner Frauen. (Mohammed) verstarb in meinem Zimmer, als ihm niemand nahe war außer dem Todesengel und mir."[330]

Kapitel VII: Die Fitna

1. Der „Garten der Quraišiten"

Eine Episode um erworbene Verdienste und vornehme Herkunft

Saʿīd b. al-ʿĀṣ, ein Nachfahre des Umaija b. ʿAbd Šams b. ʿAbd Manāf in der fünften Generation,[1] war beim Tode des Propheten ein Knabe von etwa neun Jahren gewesen. Sein Vater war während der Schlacht bei Badr auf der Seite der quraišitischen Heiden gefallen. Einmal sei Saʿīd, inzwischen ein Jüngling, dem Kalifen ʿUmar begegnet und habe dabei den Eindruck vermittelt, daß ihm das Treffen nicht gerade angenehm sei. ʿUmar glaubte den Grund für das Verhalten zu kennen. Nicht er, sondern ʿAlī b. abī Ṭālib sei es gewesen, der in jener Schlacht den Vater getötet habe, gab der Kalif zu bedenken, fügte allerdings hinzu, auch wenn der Vater Saʿīds durch seine, ʿUmars, Hand umgekommen wäre, sähe er keinen Anlaß, sich gegenüber dem Sohn zu entschuldigen. – Durch die Hedschra, wir erinnern uns, waren für ʿUmar Wahrheit und Lüge und daher auch Recht und Unrecht klar voneinander geschieden worden. – „Befehlshaber der Gläubigen", antwortete Saʿīd b. al-ʿĀṣ geistesgegenwärtig, „selbst wenn du es gewesen wärest, der meinen Vater tötete, so gälte doch, daß du im Recht warst und er im Unrecht!" Der Kalif war mit diesen Worten hoch zufrieden und soll sich lobend über ein solches Beispiel der klugen Besonnenheit (arab.: *al-ḥilm*, Pl. *al-aḥlām*)[2] geäußert haben, wie sie den Quraišiten eigne.[3] Als Einstimmung auf den Bericht über das verhängnisvolle Geschehen, das sich wenige Jahre später um die Gestalt Saʿīd b. al-ʿĀṣ' abspielen wird, ist diese Episode von Ibn Saʿd, dem überaus verdienstvollen Prosopographen der frühen islamischen Geschichte, geschickt ausgewählt. An sie schließt er die Erzählung von Aufstieg und Fall Saʿīds an, dargelegt aus der Sicht eines der Enkel.[4] Saʿīd hatte bereits zur Zeit ʿUmars Nachwuchs und bat den Kalifen daher, das medinensische Anwesen, in dem er wohnte,[5] vergrößern zu dürfen. ʿUmar kam ihm entgegen, erfüllte zwar nicht alle Wünsche, vertröstete Saʿīd aber: „Nach mir wird einer herrschen, der dir entsprechend deiner Verwandtschaft gibt und dein Bedürfnis befriedigt." Nachdem ʿUmar einem Anschlag zum Opfer gefallen war, bestimmte ein Wahlmännergremium ʿUṯmān b. ʿAffān (reg. 644–656) zum Kalifen, einen Mann, der ebenfalls von Umaija abstammte und in der Tat Saʿīd nichts verweigerte; doch nicht nur das! „Er gab mir Anteil an der ihm (durch Allah) anvertrauten (arab.: *al-amāna*) Herrschaft" (vgl. Sure 4, 58 und 33, 72). Saʿīd stand um der Verwandtschaft willen der Weg zum Herrscher stets offen, und als dieser seinen kufischen Statthalter al-Walīd b. ʿUqba b. abī Muʿaiṭ wegen Trunkenheit bei der Leitung der rituellen Gebete von seinem Posten hatte abberufen müssen, bestimmte er Saʿīd zu dessen Nachfolger.[6]

Dies geschah im Jahr 29 (begann am 14. September 649), und Saʿīd scheint die Zeit, in der er das Amt innehatte, vor allem zu Feldzügen nach Armenien und an das Kaspische Meer genutzt zu haben.[7] Doch nicht allein dadurch suchte er sich auszuzeichnen. Er sah auf Distanz zu seinem Vorgänger. Dessen Vater ʿUqba b. abī Muʿaiṭ war einer der hartnäckigsten Feinde Mohammeds gewesen, nach der Schlacht von Badr hatte der Prophet mit ihm keine Gnade gekannt und ihn als Gefangenen getötet. Den Sohn al-Walīd mit einer Statthalterschaft zu betrauen, war sicher ein Mißgriff ʿUṯmāns gewesen; Saʿīd b. al-ʿĀṣ empfahl sich daher den Kufanern als dessen genaues Gegenteil: Bevor er zum ersten Mal bei ihnen die Predigtkanzel bestieg, ließ er sie rituell reinigen. Die kluge Antwort, die er einst ʿUmar gegeben hatte, und dann dessen Andeutung, daß der kommende „Stellvertreter des Gesandten Allahs" Saʿīd eine glänzende Zukunft eröffnen werde, dies alles soll dem Leser klarmachen, daß nun ein Mann in Kufa das Heft in die Hand nimmt, dessen Karriere angesichts der im Hinblick auf das frühe Verdienst um den Islam nicht eben ruhmreichen Familientradition durch ʿUmar zwar nicht gefördert, aber immerhin ohne einschränkende Bemerkungen angekündigt wurde. Und auch ein verstecktes Eingeständnis des Scheiterns der eigenen Politik ist in den Worten ʿUmars verborgen, die man in der durch Saʿīds Nachfahren im eigenen Sinne zurechtgebogenen Darstellung der Dinge den Kalifen sagen läßt. Darüber wird gleich näheres darzulegen sein.

Ein verwöhnter junger Mann sei Saʿīd gewesen, als er die Statthalterschaft in Kufa angetreten habe, zudem ohne jegliches frühere Verdienst (arab.: *as-sābiqa*), wie sein Enkel in seinem Bericht unumwunden einräumt. Als Saʿīd die rituell gereinigte Kanzel in der Moschee von Kufa bestiegen habe, seien von ihm Worte zu hören gewesen, die die Versammelten heftig erzürnt hätten. Diese seien, habe Saʿīd gehöhnt, nichts als Nörgler mit einer Neigung zur Widerspenstigkeit und zum Streit; ihnen sei offensichtlich nicht klar, daß „der Sawad doch nichts anderes als der Garten der Sklavenbürschchen der Quraišiten" sei.[8] Diese unbedachte Äußerung, die den Kufanern wohl ins Gedächtnis rufen sollte, daß sie selber, minderer Abstammung, wie sie in den Augen des Quraišiten waren, unter der Herrschaft der Mekkaner, die sich dank jenem Mohammed in so wunderbarer Weise über ganz Arabien ausgedehnt hatte, ohne alles Gewicht seien. Abū Miḫnaf (gest. 774),[9] ein irakischer Überlieferer, spitzt den aufbrechenden Konflikt in aufschlußreicher Weise zu. Bei ihm entschlüpft das empörende Wort dem unerfahrenen Statthalter nicht auf der Kanzel, sondern in einem Gespräch mit einer Reihe eingesessener Kufaner, die als „Koranleser"[10] bezeichnet werden. Wie nicht unüblich, pflegte ein mächtiger Mann wie Saʿīd den Umgang mit den im Arabischen Gebildeten. Eines Tages debattierte man über das Thema, ob die Ebene oder das Gebirge die vortrefflichere Landschaft sei.[11] Einer der Anwesenden sprach sich entschieden für die Ebene aus, denn dort flössen die Bäche unablässig, es wüchsen Weizen und Gerste, die Palmen ragten empor, und man werde nur wenige Obstsorten nennen können, die in der Ebene nicht ebenso gut wie im Gebirge gediehen. „Ganz recht," fiel ihm Saʿīds Polizeichef ins Wort, „ich sähe am liebsten, dies alles gehörte dem Befehlshaber, und euch etwas noch Besseres!" Letzteres war eine Anspielung auf den Garten Eden – in dessen Genuß man hienieden natürlich noch nicht gelangt. Der für die Ordnung Verantwortliche hatte nach diesem unbedachten Satz seine liebe Not damit, die Kufaner zu bändigen. „Dem Befehlshaber willst du das Bessere" – auf Erden nicht Verfügbare – „vorenthalten? Buhlst du nicht mit unseren" – irdischen –

„Gütern um seine Gunst?“ fuhr Mālik al-Aštar erregt dazwischen, ein Mann von den jemenischen Banū n-Naḫaʿ. „Was verschlägt dir das?“ lautete die Antwort, „wenn der Befehlshaber es wünschte, wäre dies (alles ohnehin) seines!“ Diese Herausforderung, die den Statthalter zur Willkür geradezu einlud, wies al-Aštar scharf zurück: „Selbst wenn er es wollte, er wäre nicht dazu imstande (es an sich zu bringen)!“ Bei dieser Wendung des Gesprächs goß der Statthalter Öl ins Feuer: „Der Sawad ist nichts anderes als der Garten der Quraišiten. Wir nehmen davon, was uns beliebt, und wir lassen übrig, was uns beliebt!“ Mālik al-Aštar geriet außer sich: „Das behauptest du, wo doch der Sawad das Land ist, in das wir unsere Lanzen steckten, das Land, das (Allah) für uns zurückholte!“ Und da sie nicht gegen den Statthalter tätlich werden konnten, packten sie den Polizeichef und verprügelten ihn.[12]

ʿUṯmān wird in die Querelen verwickelt

In der irakischen Fassung fällt der anstoßerregende Satz in einem Gespräch. Was Saʿīds Enkel erzählt, steht vermutlich unter dem Eindruck der späteren so überaus heftigen Spannungen zwischen den Omaijaden und den Irakern; mehrere Statthalter traten ihr Amt mit einer Predigt an, in der sie den Irakern ein strenges Regiment androhten.[13] Der Enkel weiß im übrigen von weiteren Vorfällen zu berichten, in denen es um den Widerstreit zwischen den im Dschihad erfochtenen Rechten der Eroberer und dem auf dem Quraišitentum beruhenden Herrschaftsanspruch geht. ʿUṯmān kam zu Ohren, wie sein Statthalter die Kufaner gegen sich aufgebracht hatte, und ordnete an, wann immer sich jemand durch einen Befehlshaber beleidigt fühle, solle er dies dem Kalifen mitteilen, der den Schuldigen des Amtes entheben werde. Saʿīd b. al-ʿĀṣ reiste nach Medina, um die Wogen zu glätten. Den frühen Auswanderern und den wichtigen „Helfern“ ließ er Geschenke überreichen. Auch ʿAlī b. abī Ṭālib bedachte er großzügig, und dieser nahm die Gaben entgegen, wobei er anmerkte, die Omaijaden seien darauf und daran, ihm wenigstens stückweise das Erbe Mohammeds zuzubilligen; wenn er lange genug lebe, dann wolle er sie von diesem Erbe abschütteln, wie der Metzger die Zotten der Kaldaunen ausschüttelt.[14] Saʿīd rettete fürs erste seinen Posten, trotzdem ließ er sich das alles keine Lehre sein. Immer wieder kam es, wie sein Enkel erzählt, zu Reibereien mit Leuten, die sich viel auf ihr frühes Verdienst zugute hielten. So fragte er einmal am Ende des Ramadan, ob jemand die Sichel des Neumondes erblickt habe; es meldete sich ein Einäugiger. Der Statthalter machte sich über ihn lustig – ausgerechnet dieser sollte für den rituell richtigen Zeitpunkt des Fastenbrechens bürgen! Der Verspottete setzte sich zur Wehr: Auf dem Pfade Allahs sei er so schwer verwundet worden, bei der Schlacht am Jarmūk. Er kümmerte sich nicht weiter um den Statthalter, sondern hob in seinem Haus zusammen mit Gästen gemäß seiner Erkenntnis die Fasten auf. Solche Mißachtung seiner Autorität setzte Saʿīd dermaßen in Wut, daß er den Alten verprügeln und dessen Haus niederbrennen ließ. Eine Nichte und ein Bruder Saʿd b. abī Waqqāṣ', des Eroberers des Sawad,[15] machten sich daraufhin auf den Weg nach Medina zu eben diesem Saʿd, der versprach, in der Angelegenheit beim Kalifen vorstellig zu werden und ihn zum Eingreifen aufzufordern. Doch ʿUṯmān zauderte; er brachte es nicht übers Herz, seinen Statthalter abzuberufen. Er hoffte, den Fall im Zuge einer statthaften Rache aus der Welt zu schaffen. Die Sippe des Opfers möge Saʿīd verprügeln, außerdem möge man Feuer an dessen Haus legen. Daß man in Medina zur Tat schritt und Saʿīds dortiges Anwesen in Brand steckte, soll ʿĀʾiša verhindert haben.

Die Sache schien im Sande zu verlaufen. Doch etliche Kufaner verloren die Geduld und brachen nach Medina auf, um den Kalifen zur Rede zu stellen. Nach der saʿīdschen Familienüberlieferung waren dies: Mālik al-Aštar von den jemenischen Banū n-Naḫaʿ,[16] denen drei weitere Petenten angehörten, ferner zwei Brüder von den Banū ʿAbd,[17] zwei Azditen und zwei nicht näher zu identifizierende Männer. Ihnen allen ist gemeinsam, daß sie in der Überlieferung zur Prophetenvita nicht auftauchen, aber augenscheinlich bei der Inbesitznahme des unteren Irak eine Rolle gespielt hatten, die ihnen im erst vor kurzem gegründeten Kufa Einfluß sicherte. Nur Mālik al-Aštar sowie Zaid b. Ṣūḥān und Ṣaʿṣaʿa, die beiden ʿAbditen, werden in der Literatur über die Prophetengefährten erwähnt; doch kann man dort bestenfalls für sie geltend machen, daß sie schon in Mohammeds Zeit gelebt haben, ob sie ihm je begegneten, ist zweifelhaft. Dieser Umstand verhinderte aber nicht, daß später über einen der beiden ʿAbditen – er hatte in der Kamelschlacht auf der Seite ʿAlī b. abī Ṭālibs gekämpft – durch letzteren ein überschwengliches Lob in Umlauf gesetzt wurde, das aus dem Munde Mohammeds stammen sollte.[18] Saʿīd hatte vom Vorhaben seiner Kufaner Feinde erfahren und eilte ebenfalls nach Medina. ʿUṯmān sah sich gezwungen, zwischen beiden Parteien zu entscheiden, und er entschloß sich, den Statthalter im Amt zu belassen. Nach Lage der Dinge hatte er kaum eine andere Möglichkeit, denn die Stabilität seiner Herrschaft mußte ihm mehr am Herzen liegen, als einen Umsturz zu legalisieren, dessen Rückwirkungen nicht abzuschätzen waren. In der irakischen Überlieferung zeigt sich ʿUṯmān geschickter im Umgang mit den Aufrührern. Noch bevor sie nach Medina reisen, hat der Kalif von ihrem Unmut gehört. Er läßt ihnen ausrichten, sie möchten sich nach aš-Šaʾm begeben, um von dort aus an Kriegszügen zur Ausweitung des islamischen Territoriums teilzunehmen. Auch Saʿīd sendet er eine Botschaft: Er möge den Unruhestiftern den Befehl zum Abmarsch nach aš-Šaʾm übermitteln – dem diese sicher Folge leisten würden – und sich im übrigen einer einwandfreien Amtsführung befleißigen. Tatsächlich trifft man die Rebellen in der nächsten Szene in einem Gespräch mit Muʿāwija b. abī Sufjān an, dem Statthalter in Damaskus. Er mahnt sie eindringlich, sie befänden sich nun in einem Land, wo man nichts als den Gehorsam kenne, sie sollten deswegen unter allen Umständen darauf verzichten, Zweifel in die Herzen zu säen. Al-Aštar entgegnet, Allah habe die Wissenden verpflichtet, den Menschen, die danach fragten, das Wissen nicht vorzuenthalten. Muʿāwija ist über diese Antwort nicht erfreut; die Ankömmlinge seien darauf aus, Unfrieden (arab.: *al-fitna*) zu schüren. Sie sollten Allah fürchten, der in Sure 3, Vers 105 warnt: „Seid nicht wie jene Leute, die sich zerstritten und untereinander uneins wurden, nachdem sie bereits klare Beweise erhalten hatten!" ʿAmr b. Zurāra an-Naḫaʿī[19] – sein Name fehlt auf der Liste, die Saʿīds Enkel überliefert – erwidert trotzig, sie allein seien es, die durch Allah rechtgeleitet würden. Muʿāwija läßt ihn zusammen mit al-Aštar einsperren; Zaid b. Ṣūḥān, der ein hohes Ansehen genießt, weil ihm in der Schlacht bei al-Qādisīja eine Hand abgeschlagen worden ist, gelingt es jedoch, den Statthalter umzustimmen, ja, dieser erwirkt bei seinem Amtsgenossen in Kufa sogar die Erlaubnis zur Rückkehr. In Hims soll die Aufrührer die Nachricht erreicht haben, daß die Kufaner mittlerweile entschlossen seien, Saʿīd b. al-ʿĀṣ zu vertreiben. Die Aussichten auf einen solchen Umschwung beschleunigten ihre Heimreise.[20]

Die religiöse Verbrämung des Konflikts

An der Unterredung mit Muʿāwija fällt auf, daß nicht mehr der Streit über die Beachtung des Verdienstes um den Islam und über die Erwähltheit der Quraišiten den Kern der Auseinandersetzung bildet. Dieser scheint vielmehr durch eine religiöse Argumentation zwar nicht verdrängt, aber doch verhüllt worden zu sein. Die Wortführer der Rebellen nehmen für sich ein besonderes Wissen in Anspruch, dessen alle übrigen Muslime bedürftig seien und zu dem man ihnen den Zugang eröffnen müsse, sobald sie darum bäten. Im Unterschied wohl zu dem auf eine Autorität vorislamischen Ursprungs pochenden Saʿīd b. al-ʿĀṣ betrachten jene sich als von Allah geführt. Muʿāwija tritt dieser Ansicht nicht im grundsätzlichen entgegen – sein Vater hatte sich, wie man überliefert, eingestanden, daß alle die, die auf den Propheten gesetzt hatten, recht bekommen hatten.[21] Muʿāwija ließ sich daher auf den Austausch koranischer Aussagen und auf die neue mit deren Hilfe begründete Redeweise ein: Die Unruhestifter machten sich des Aufwiegelns zur Fitna schuldig, arbeiteten also auf eine Spaltung der Glaubensgemeinschaft hin, deren gottgewollter Zustand die Eintracht sei. Diese Entgegnung des Statthalters wog schwer angesichts der häufigen Anspielungen Mohammeds auf das Verhängnis einer Fitna, deren endgültige Unterbindung er zum wichtigsten Ziel der Gläubigen bestimmt hatte: Der Krieg soll fortdauern, bis es nirgendwo noch eine Fitna gibt und alle Glaubenspraxis allein Allah geweiht ist (Sure 2, 193 und 8, 39). Al-Aštar seinerseits hatte sich gegenüber Muʿāwija auf Sure 3, Vers 187 berufen: „Einstmals nahm Allah denen, die schon vor euch die Schrift empfangen hatten, die Verpflichtung ab: ‚Ihr sollt sie die Menschen lehren und habt nichts davon zu verschweigen!‘ Sie aber warfen (die Schrift) hinter sich und handelten sich für sie einen geringen Preis ein – wie übel ist, was sie (für die Schrift) kaufen!“ So steht in dem Gespräch eine Art von Fehlverhalten der früheren Glaubensgemeinschaften gegen eine andere, nämlich gegen die Fitna, deren Verhinderung das erste Anliegen der Machthaber ist.

Eine Rebellion in Kufa

Laut Saʿīds Enkel treffen sich sein Großvater und die Rebellen zuletzt bei ʿUṯmān, und der Kalif hört sich an, was beide Parteien vorzutragen haben. So ist es auch nach az-Zuhrī gewesen. Es stellte sich, so berichtet er, bei dieser Unterredung heraus, daß man Saʿīd b. al-ʿĀṣ nichts weiter vorwerfen konnte als seine Behauptung, der Sawad sei der Garten der Quraišiten. Mit dieser wenig klugen Äußerung habe er freilich niemandes Integrität (arab.: *al-ḥurma*) angetastet. Der Kalif dürfe eine Abberufung doch nur unter der Voraussetzung befürworten, daß man dem Statthalter üble Anordnungen nachweise, der sich keiner seiner Untergebenen zu widersetzen vermöge, solange jener im Amt sei. Mit anderen Worten: Nur wenn Saʿīd die ihm unterstellten Leute zu Handlungen gezwungen hätte, die gegen das Recht sind, bestünde ein Grund zur Entlassung. Unverrichteterdinge machten sich die Beschwerdeführer auf die Heimreise. Einer von ihnen eilte voraus und hetzte die Kufaner auf: Der Kalif habe die Abberufung verweigert und jenen Mann im Amt bestätigt, der den Sawad für sich reklamiere. Bald traf auch al-Aštar ein und hielt eine Rede, in der er den Propheten, Abū Bakr und ʿUmar pries, ʿUṯmān aber scharf verurteilte. Wer meine, der Zeitpunkt sei gekommen, die Rechte Allahs zu verteidigen, der möge sich in al-Ǧaraʿa einfinden.[22] An diesem Ort zwischen Hira und Kufa sammelten sich nun die Aufrührer um al-Aštar. Saʿīd dagegen zog seine Anhänger in al-ʿUḏaib zusammen, einer Station auf der Karawanenroute von Kufa in den Hedschas, am Rande der Steppe gelegen.[23] Al-Aštar wies zwei bewährte Haudegen an, sie sollten je mit einem Heerhaufen von etwa fünfhundert Mann gegen Saʿīd vorrücken und ihn derart aufschrecken, daß er die Flucht zu ʿUṯmān dem Bleiben in Kufa vorziehen werde. Sollte er sich wider Erwarten zur Wehr setzen, dann solle ihn das seinen Kopf kosten. Saʿīd erkannte rechtzeitig die Aussichtslosigkeit seiner Lage und setzte sich nach Medina ab. Die Rebellen waren jetzt im Besitz von Kufa. Al-Aštar beteuerte, alles nur um Allahs und der Kufaner willen eingefädelt zu haben, und schlug vor, man möge Abū Mūsā al-Ašʿarī mit der Leitung der rituellen Gebete und des Krieges an den – wie gehört, bis nach Medien und Ǧurǧān vorgeschobenen – kufanischen Grenzorten beauftragen, sowie Ḥuḏaifa b. al-Jamān mit der Verwaltung der Einkünfte aus dem Sawad. Abū Mūsā ließ sich auf dieses Abenteuer nur unter der Bedingung ein, daß man in Kufa die Huldigung für den Kalifen ʿUṯmān erneuere, was auch geschah. Somit bestand für diesen kein Grund, die eingetretenen Tatsachen umzustoßen, und ʿUṯmān sagte zu, bis zu seinem Tod an dieser Lösung der Krise nichts zu ändern. Dies alles spielte sich ab, nachdem ʿUṯmān etwa ein Jahr vor seiner Ermordung seine Statthalter zur Beratschlagung nach Mekka beordert hatte.[24]

Die auf Saʿīds Enkel zurückgehende Überlieferung und die irakische lassen sich nicht völlig zur Deckung bringen. In der ersteren laufen die Fäden der Handlung beim Kalifen ʿUṯmān zusammen. Ihm tragen die Parteien ihre Beschwerden vor, er fällt die Entscheidungen. Die Iraker hingegen konzentrieren sich stärker auf Mālik al-Aštar, vor allem aber wird bei ihnen der Streit mit der Hilfe der neueren, religiösen Begriffe ausgefochten, und zwar zwischen al-Aštar als dem Sprecher der Rebellen und Muʿāwija, dem künftigen Kalifen, dessen wichtigste Aufgabe die Befriedung des Irak sein wird. Deswegen mögen in die Berichte, die uns vorliegen, Verhältnisse eingeflossen sein, die zur Zeit des Geschehens noch nicht gegeben waren. Das ändert freilich nichts an der Tatsache, daß der als skandalös empfundene Ausspruch Saʿīd b. al-ʿĀṣ' für das Ende des von ʿUmar b. al-Ḫaṭṭāb aufgebauten Dotationssystems steht, in dem nach ḥanīfischer Art der Väterruhm und die Genealogie zugunsten der individuellen Leistung für den Islam außer Kraft gesetzt werden sollten. Bei Saʿīd liegt die Mißachtung dieses Grundsatzes auf der Hand, bei seinen Widersachern zeigt er sich erst auf den zweiten Blick. Denn auch unter ihnen findet man Personen, die auf das pochen, was die Väter errangen: ʿAmr b. Zurāra gehört schon der Generation derjenigen an, die sich aus den Leistungen der Väter einen dauerhaften Gewinn sichern wollen, und dieser Beweggrund, von Mālik al-Aštar im Streit mit Saʿīd offen geäußert, entspricht dem Prinzip nach den Überzeugungen des Statthalters. Um Zurāra übrigens, ʿAmrs Vater, rankt sich eine Überlieferung, in der Mohammed die Auflösung der auf die kämpferische Gläubigkeit und damit auf das individuelle Verdienst gegründeten Ordnung weissagt. Zurāra, Mitglied der Gesandtschaft der Banū n-Naḫaʿ, die Medina kurz vor Mohammeds Tod aufsucht, bittet diesen um die Deutung eines Traums, den er unterwegs gehabt habe: Eine Eselin, die er in der Heimat zurückgelassen hatte, habe ein rotschwarzes, ganz dunkles Schafsböcklein geworfen, und dann sei ein Feuer zwischen dem Träumenden und einem Sohn namens ʿAmr ausgebrochen, hell auflodernd; auch habe er den Fürsten von Hira an-Nuʿmān b. Munḏir gesehen, geschmückt mit Ohrgehängen und Armreifen, und eine Alte mit fahlem Haar, die dem Erdboden entstiegen sei. Der Gesandte Allahs fragte, ob im Jemen eine der Sklavinnen Zurāras schwanger sei, was dieser bejahte; sie sei inzwischen mit einem Sohn niedergekommen, stellte Mohammed fest, und die dunkle Hautfärbung zeige an, daß Zurāra bislang allen Mitmenschen verschwiegen habe, daß er am Aussatz erkrankt sei; das Feuer aber, „das ist die Fitna, die nach meinem Tod um sich greifen wird“; was eine Fitna sei, wollte Zurāra wissen, und der Prophet antwortete: „Die Leute töten ihren Imam und streiten gegeneinander“ – wobei Mohammed mit den Fingern einer Hand in unterschiedliche Richtungen zeigte – „und zuletzt schmeckt dem einen Gläubigen das Blut des anderen süßer als ein Trunk Wassers; der Frevler wird vermeinen, er tue etwas Gutes“; der gerade geborene Sohn ʿAmr werde diese schlimme Zeit erleben, in der ein König Prunk entfalten werde wie einst an-Nuʿmān, die Welt aber werde einer hinfälligen Greisin gleichen. Und in der Tat, ʿAmr b. Zurāra war später der erste, der ʿUṯmān für abgesetzt erklärte.[25]

Alle Motive, die in diesem Traumgesicht miteinander verwoben sind, beginnen unter dem Kalifat ʿUṯmāns das religiös-politische Denken der Muslime zu beherrschen. „Das, was die Kufaner mit Saʿīd b. al-ʿĀṣ taten, war der Anfang der Schwäche, die (das Kalifat) ʿUṯmāns befiel, als man gegen ihn aufzubegehren wagte“, meint Saʿīds Enkel.[26] Die Ansprüche, die die Bewegung der Dschihadkämpfer fortlaufend erzeugte, sollten streng aus der jeweils nachgewiesenen Beteiligung an einem Kriegszug abgeleitet werden. Doch wurden sie, wie es die Gewohnheit des Menschen ist, mit den vermeintlichen Vorrechten der edlen Geburt oder den Taten der Väter vermischt. Dem einen Genüge zu tun, hieß, anderen zu schmälern, was sie, wie sie glaubten, mit gutem Recht als das ihnen Zukommende betrachteten. Dieser unter ʿUmar noch nicht gegebenen Lage war ʿUṯmān in der Tat nicht gewachsen, wobei sein Fehler wohl darin zu suchen ist, daß er redlich bestrebt war, es allen recht zu machen, in unserem Fall seinem Statthalter in Kufa und dem Quraišitentum auf der einen Seite und den – ehemaligen – Glaubenskriegern auf der anderen, die ihr frühes Verdienst um den Islam so auslegten, als müßten sie dessen Früchte niemals mit anderen teilen. Bemerkenswert ist zudem, daß die Aufrührer selber es vorziehen, in der zweiten Reihe zu bleiben, und mit Ḥuḏaifa b. al-Jamān und Abū Mūsā al-Ašʿarī zwei Prophetengenossen in den Vordergrund schieben. Dieser Umstand paßt gut zu der oben erörterten Einkleidung ihrer Forderungen. Ehe wir den hiermit verknüpften Fragen nachgehen, wollen wir in einigen groben Strichen das wachsende Mißverhältnis zwischen den Begehrlichkeiten und den Möglichkeiten ihrer Befriedigung zeichnen und bleiben dabei im Irak.[27]

Ein Blick auf die wirtschaftlichen Verhältnisse

Unter ʿUmar, das hörten wir, belief sich das Steueraufkommen des Sawad und Mediens auf 120 Millionen *wāfī*-Dirhem,[28] aus denen alle Dotationen pünktlich beglichen wurden.[29] Daß Teile dieser Einkünfte, die nach ʿUmars Auffassung allein dem „Vermögen Allahs" zuzuweisen waren, dem Zugriff des islamischen Fiskus entzogen wurden, was ja der Fall war, wenn man Anrechte ehemaliger, womöglich gar verstorbener Kämpfer weiter bediente, zerstörte die Grundlage der Besoldung der späteren muǧāhidūn. Nicht nur die abnehmende Wirtschaftlichkeit der Raubzüge – wachsende Entfernungen, daher steigender logistischer Aufwand, desweiteren schwieriges Gelände in den Gebirgen Mediens, im Kaukasus, an den Rändern des iranischen Hochlandes, sinkender Wert der Kriegsbeute sowie der voraussehbaren Erträge aus den „zurückgeholten" Territorien – setzte der Bewegung Grenzen, die nur noch unter äußerstem Zwang zu verschieben waren, sondern eben auch die ungenierte Bereicherung einzelner, denen es gelang, sich entgegen den Prinzipien „islamischer Gerechtigkeit" Anteile am eroberten Land zu sichern.

Zijād b. abī Sufjān, Muʿāwijas (reg. als Kalif von 660–680) Statthalter im Irak, vermochte dem ganzen ihm unterstellten Gebiet, also Basra und dem südiranischen Hinterland sowie Kufa und den von dort aus erkämpften Regionen des nördlichen Iran, nur noch 100 Millionen Dirhem abzupressen. Davon erarbeitete Basra 60 Millionen, die wie folgt ausgegeben wurden: 36 Millionen flossen als Dotationen an die Krieger; 16 Millionen gelangten an deren „Nachwuchs" (arab.: *aḏ-ḏurrīja*); von den restlichen acht Millionen gingen vier an den Kalifen, je zwei waren für die Verwaltung und für Rücklagen bestimmt. Ähnlich verteilte er vermutlich die 40 Millionen, die Kufa zu tragen hatte; jedenfalls überwies er aus dieser Summe nur zwei Drittel von vier Millionen Dirhem nach Damaskus, so daß dem Kalifen aus dem Irak insgesamt 6,66 Millionen Dirhem zuflossen. Zijāds Sohn ʿUbaidallāh, der dem 53 (begann am 27. Dezember 673) gestorbenen Vater zwei Jahre später im Amt nachfolgte und es bis über den Tod Muʿāwijas hinaus behielt,[30] bediente den Kalifen mit der Übersendung von nur noch sechs Millionen aus Basra und Kufa zusammen. Widersprüchlich sind die Angaben zu den Zahlungsterminen. Einmal heißt es, die Kämpfer hätten ihre Dotationen am 1. Muḥarram, also am Beginn des Kalenderjahres, empfangen, nach einer anderen Quelle geschah dies im Monat Šaʿbān, „und sie füllten ihre Häuser mit allen Arten des Süßen und des Sauren und sahen (im Besitz solcher Vorräte) dem Ramadan entgegen"; der „Nachwuchs" wurde entweder versorgt, wenn man die Mondsichel des Ramadan erblickt hatte, oder am Beginn des Ḏū l-Ḥiǧǧa. Vielleicht schon unter Zijād, in jedem Falle aber unter ʿUbaidallāh schwoll die Zahl der Dotationsberechtigten in Basra erheblich an.[31] Überdies wendete bereits Zijād beträchtliche Mittel zur Regulierung des Getreidepreises auf. Um einer Teuerung vorzubeugen, lieh er den Händlern Geld. Sie konnten damit das Korn, das dann an die Kämpfer und den „Nachwuchs“ ausgegeben wurde, für einen um ein Viertel überhöhten Preis aufkaufen; sanken die Preise unter das mittlere Niveau, ließ er sich die Subventionen durch die Kämpfer zurückzahlen. Überdies lockte das Dürrejahr, auf das sich diese Angaben beziehen, zahlreiche Beduinensippen nach Basra, wo sie sich eine ausreichende Versorgung erhofften. In seiner Not stellte Zijād die Dotationsberechtigten vor die Wahl, sich entweder mit der Hälfte der ihnen zustehenden Mittel zu begnügen – in diesem Falle wollte der Statthalter die zur Sippe eines Empfangsberechtigten gehörenden Flüchtlinge aus den Vorräten ernähren, über die er selber verfügte – oder bei Belassung der vollen Bezüge in eigener Verantwortung für die hilfesuchenden Verwandten aufzukommen. Für jeden zusätzlichen Esser kalkulierte man eine bestimmte Menge Getreide ein, ferner einhundert Dirhem sowie noch einmal je fünfzig Dirhem zum Fest des Fastenbrechens und zum Opferfest. „Denn wenn Beduinen hungern, beginnen sie zu kämpfen“, befand Zijād[32] und verriet damit, wie heikel die Lage der „besten Gemeinschaft“ war, die sich von einer Bewegung in ein statisches Gemeinwesen wandeln mußte und dabei, soviel war schon erkennbar, nur einen Teil der auf dem Territorium lebenden Bevölkerung würde eingliedern und in Ruhe halten können.

Als die Nachricht vom Tod Jazīds (reg. 680–683), des Sohnes und Nachfolgers Muʿāwijas, in Basra eingetroffen war, hielt ʿUbaidallāh b. Zijād eine Ansprache, um die in Gärung geratene Einwohnerschaft zur Ordnung zu rufen und zur Treue gegen die Omaijaden aufzufordern: „Basrenser, ihr beschimpft mich also? Bei Allah, ihr müßt doch erkennen, daß der Ort, zu dem meinen Vater die Hedschra führte, an dem ich geboren wurde, wo sich mein Haus befindet, bei und mit euch ist! Als ich über euch eingesetzt wurde, zählte man im Register eurer Kämpfer nur 40 000, im Register eurer Kostgänger nur 70 000, heute rechnet man mir in eurem Register 80 000 Kämpfer vor, in dem eurer Kostgänger 120 000! Keinen Verdächtigen, von dem eine Gefahr für euch zu befürchten war, ließ ich frei umherlaufen, ich warf ihn ins Gefängnis. Der Befehlshaber der Gläubigen ist tot, die Nachfolge trat sein Sohn Muʿāwija b. Jazīd (reg. 683–684) an. Heute stellen die Basrenser die stärksten Truppen, euer (durch Allah) zurückgeholtes Land ist das ausgedehnteste, ihr genießt das größte Maß an Unabhängigkeit von den übrigen Menschen. So wählt für euch selber den Mann, mit dem ihr für die Leitung eurer Glaubenspraxis und zur Bewahrung eurer Eintracht (arab.: *al-ǧamāʿa*) am ehesten einverstanden seid – ich werde als erster mit ihm einverstanden sein, ihm huldigen und ihn mit Rat und Geld unterstützen! Wenn man sich in aš-Šaʾm auf jemanden einigt, mit dem man dort im Hinblick auf die Glaubenspraxis einverstanden ist, dann schließt ihr euch den Muslimen an!“ Die Zunahme der Zahl der Kämpfer will ʿUbaidallāh sich als Verdienst zuschreiben, die Problematik, die damit verbunden ist, nimmt er nicht wahr. Die Basrenser leisten ihm den Huldigungseid, verlangen dann aber, er solle inhaftierte Charidschiten, auf die er in seiner Rede angespielt hat, freilassen. Sobald er diesem Drängen nachgegeben hat, wendet sich die Stimmung des Volkes, von den Befreiten aufgehetzt, erneut gegen ihn; die Eintracht, die er beschworen hat, ist dahin.[33]

Neue Kampfgemeinschaften

Die Ausweitung der Zahl der Dotationsberechtigten war längst nicht allen Unzufriedenen zugute gekommen. Die Kluft zwischen den Begünstigten und den Begehrenden war allzu breit. Den aus welchen Gründen auch immer von den Zuteilungen Ausgeschlossenen blieb nichts weiter als empörtes Schwärmen von einer noch gar nicht lange zurückliegenden Vergangenheit, in der, wie sie meinten, Gerechtigkeit geherrscht hatte, und die politische Seite solcher Schwärmerei waren die Gründung eigener Kampfgemeinschaften und die Ausrufung einer eigenen Bewegung, eines eigenen Dschihads, der, da *sie* dessen Früchte ernten würden, der wahre sein mußte, die wirkliche Nachfolge der rechtgeleiteten prophetischen Gemeinde, die durch die gegenwärtigen Machthaber zu einem Königtum alten Musters, zu einem Regime des Unrechts und des Frevels entstellt worden sei. Bleiben wir hier noch bei den materiellen Gesichtspunkten der Fitna, in deren weiterführende Analyse wir in Kürze eintreten werden! Wie schamlos die ersten sich bereichert hatten, wie gering die Gelegenheiten der Nachrückenden waren, ebenfalls ein bequemes Auskommen zu finden, dokumentieren Überlieferungen vom märchenhaften Reichtum mancher Prophetengenossen.

Der Reichtum der alten Genossen

Als erster sticht uns ʿAbd ar-Raḥmān b. ʿAuf aus dem Klan der Banū Zuhra ins Auge. Schon in Medina war sein Vermögen beträchtlich. Den Grundstock bildeten Handelsgeschäfte, wobei ihm der „Helfer" Saʿd b. ar-Rabīʿ, mit dem Mohammed ihn verbrüdert hatte, finanzielle Unterstützung zumindest angeboten hatte. Immerhin behauptete Saʿd von sich, der reichste Mann Medinas zu sein. ʿAbd ar-Raḥmāns Eigentum vermehrte sich rasant, Mohammed erlaubte ihm ausdrücklich, sich in seidene Gewänder zu kleiden.[34] Überdies wies der Prophet ihm ein Stück Land in aš-Šaʾm zu, as-Salīl geheißen, das einem Gedicht des Ibn Qais ar-Ruqaijāt zufolge bei Bostra zu suchen ist.[35] Schon damals war ʿAbd ar-Raḥmāns Reichtum sprichwörtlich, so daß der Prophet ihm dringend empfahl, Wohltätigkeit zu üben, damit er ins Paradies gelange. Er verkaufte seinen Anteil an dem Land, das man den Banū n-Naḍīr geraubt hatte, und schenkte den Erlös den Witwen Mohammeds. Was konnte ihm nun noch den Weg zu den ewigen Wonnen versperren? Als er im Jahre 32 (begann am 12. August 652) starb, hinterließ er tausend Kamelhengste, dreitausend Schafe, einhundert Pferde; das Land, auf dem er die Ackerfrüchte zur Ernährung der eigenen Großfamilie anbauen ließ, wurde von zwanzig Kamelen bewässert. „Zu dem, was er vererbte, gehörte Gold, das man (bei der Verteilung) mit Äxten in Stücke schlagen mußte." Es handelte sich um solch eine Menge, daß die mit dieser Arbeit Betrauten sich Blasen an den Händen holten. Die vier Witwen hatten sich ein Achtel der Hinterlassenschaft zu teilen, und dennoch entfielen auf eine jede von ihnen 80 000 bis 100 000 Dirhem.[36]

Bei ʿAbd ar-Raḥmān b. ʿAufs Vermögen ist nicht abzuschätzen, inwieweit bei der Aufhäufung die Aneignung eroberter Ländereien einerseits und das Kaufmannsglück andererseits den Ausschlag gegeben hatten. Anders verhält es sich bei Ṭalḥa b. ʿUbaidallāh (gest. 656) von den Banū Taim b. Murra; ihm war es ja auch vergönnt, einige entscheidende Jahre länger als ʿAbd ar-Raḥmān von den Eroberungszügen zu profitieren. Ibn Saʿd stellt einige Nachrichten zusammen, die, mögen sie im einzelnen auch übertrieben sein, ein überraschendes Bild zeichnen, überraschend, wenn man sich der Zahlen erinnert, die wir im Zusammenhang mit Zijād b. abī Sufjān und seinem Sohn ʿUbaidallāh kennenlernten. Allein der irakische Landbesitz soll Ṭalḥa jeden Tag eine Million Wafi-Dirhem eingebracht haben, was sicher ein Irrtum ist; jedes Jahr, könnte gemeint sein. Eine andere Nachricht lautet: „Er nahm im Irak 400 000 bis 500 000 (Dirhem) ein“ – in welchem Zeitraum? – „und im Sarāt“ – dem Bergland südöstlich von Mekka, in dem es fruchtbare Täler gab[37] – „ungefähr zehntausend Dinare.[38] Es kamen Erträge aus der Landschaft al-Aʿrāḍ hinzu“ – ebenfalls südlich des Hedschas in Richtung Jemen gelegen. – „(Ṭalḥa) ließ keinen der Banū Taim (b. Murra) unversorgt, sondern schenkte einem jeden den Lebensunterhalt für sich und seine Angehörigen; er verehelichte ihre Witwen, stattete die Mittellosen mit Dienern aus, beglich die Schulden der Schuldner. Einmal im Jahr, und zwar wenn die Erträge eingekommen waren, schickte er ʿĀʾiša 10 000 (Dirhem?), für Ṣubaiḥa at-Taimī[39] bezahlte er (Schulden von) 30 000 Dirhem.“ Muʿāwija fragte einen der Söhne Ṭalḥas nach dem Wert des Erbes; es habe sich in Münzen auf 2 200 000 Dirhem und 200 000 Dinare belaufen; die jährlichen Einnahmen aus dem Irak seien mit 100 000 Dirhem zu beziffern gewesen – womit vermutlich der Vermögenszuwachs gemeint ist. Auch als Unternehmer war Ṭalḥa tätig; er soll der erste gewesen sein, der im Tal Qanāt bei aṭ-Ṭāʾif Weizen anbaute – ein Hinweis auf den steigenden Bedarf angesichts der Zunahme der Bevölkerung im Hedschas. Muʿāwija zeigte sich sehr beeindruckt. Das gesamte Vermögen, das es nach Ṭalḥas Tod zu verteilen galt, wurde, wie mehrfach überliefert wird, auf 30 000 000 Dirhem geschätzt.[40]

Noch klarer tritt der Zusammenhang zwischen einem enormen Zuwachs an Vermögen und den in Gang gekommenen Eroberungszügen bei az-Zubair b. al-ʿAuwām zutage, dem „Jünger“ Mohammeds. Alle Posten, die er jemals innehatte, sei es das Kommando über Truppen, sei es das Einziehen von Tributen oder regelmäßigen Abgaben, übte er auf Kriegszügen aus, die unter dem Propheten oder einem seiner drei Nachfolger unternommen wurden. So kam es, daß er, als er in der Kamelschlacht gegen ʿAlī b. abī Ṭālib fiel, über Immobilien sowohl in Kufa und Basra als auch im ägyptischen Fustat verfügte, von Medina gar nicht zu reden. Az-Zubair war dabei gewesen, wie sich die Bewegung der *muǧāhidūn* der ertragreichsten unter den an Arabien angrenzenden Ländern bemächtigte. Sein Sohn ʿAbdallāh, der spätere mekkanische Kalif, war mit der Verwaltung des Nachlasses beschäftigt; sein Vater hatte, wie sich herausstellte, von vielen Leuten Geld zur Verwahrung entgegengenommen, es jedoch stets wie ein zinsloses Darlehen betrachtet und ausgegeben. Man befürchtete deshalb, nun mit Forderungen überhäuft zu werden, die das vorhandene Kapital übersteigen könnten. Zur Befriedigung der Gläubiger schlug man das Gut al-Ġāba los, das im unteren Gebiet von Medina lag. Az-Zubair hatte es für 170 000 Dirhem gekauft; jetzt erzielte man einen Preis von über 3 000 000 Dirhem,[41] wobei allerdings ungenannt bleibt, welche Leistungen zur Urbarmachung des Terrains az-Zubair über die Jahre hinweg erbracht hatte. Denn ursprünglich scheint es sich um ein von Büschen und Bäumen überwuchertes Feuchtgebiet gehandelt zu haben, in dem der Prophet der Legende nach eine Abordnung der Raubtiere empfangen hatte, die ihn um Speisegebote angegangen waren.[42] Bei dem sprunghaften Anwachsen der Bevölkerung in Medina werden sich die Investitionen schnell amortisiert haben. In vier aufeinanderfolgenden Jahren ließ ʿAbdallāh b. az-Zubair zur Pilgerzeit in Mekka ausrufen, jeder, dem der Verstorbene etwas schulde, möge sich melden. Die Hinterlassenschaft, die den Erben az-Zubairs nach Ablauf dieser Frist geblieben war, bezifferte man auf 35 200 000 Dirhem; vor Abzug der Schulden habe das Vermögen einen Wert von 51 oder 52 Millionen Dirhem erreicht.[43]

2. Das Kalifat ʿUṯmān b. ʿAffāns (reg. 644–656)

Von ʿUmar zu ʿUṯmān

ʿUmar b. al-Ḫaṭṭāb hatte das Glück gehabt, das Kalifat am Beginn der von Mohammed initiierten Bewegung innezuhaben. Seine Bemühungen um eine Eingrenzung dieser Bewegung belegen, daß ihm die Einsicht gekommen war, es gehe nicht an, den Dingen einfach ihren Lauf zu lassen. Die Voraussetzung, unter der er eine Kontrolle ausüben wollte, war freilich, daß nicht nur die grundsätzlichen Entscheidungen über Medina liefen, sondern auch das Kriegsmaterial und das Geld sowie, wichtiger noch, die Truppen von dort aus verwaltet wurden. Je weiter die Ereignisse voranschritten, desto illusionärer wurde die Erfüllung dieser Bedingung. ʿUmar verschloß sich nicht der Erkenntnis, er müsse selber durch sein in ständiger Ausdehnung begriffenes Reich reisen, um die „islamische Gerechtigkeit" zu schützen. Unter ʿUṯmān hätte auch unermüdliches Reisen nicht mehr viel genützt. Die großen ehemaligen Heerlager hatten, wie wir am Beispiel Kufas und Basras studierten, ein Eigenleben begonnen. Beutegierige Krieger und hungernde Beduinen strömten dorthin, Menschen, von denen man in Medina wohl nichts wußte und die man von dort aus niemals hätte lenken können. Die Politik Zijād b. abī Sufjāns und seines Sohnes ʿUbaidallāh zielte auf eine Stärkung Basras, der eigenen Residenz, was in diesem Falle zwar den Interessen der Kalifen in Damaskus entgegenkam, jedoch im gleichen Maße dem Eigennutz der Statthalter förderlich war. Mitten in der Zeit wachsender Ansprüche und fallender Gewinnaussichten, in der Periode eines keimenden Lokalpatriotismus und einsetzender regionaler Sonderentwicklungen wurde ʿUṯmān zum Kalifen erhoben. Es kommt jetzt darauf an, die im vorigen Teilkapitel skizzierten Entwicklungen mit einem auf sein Kalifat verengten Blick noch einmal zu betrachten. Wir werden auf diese Weise versuchen, die Voraussetzungen und Begleiterscheinungen des Ausbruchs der Fitna genauer zu erfassen.

Das Gremium der Wahlmänner

Auf seinem Sterbelager hatte ʿUmar b. al-Ḫaṭṭāb ein Gremium aus dem Kreis der frühen Auswanderer eingesetzt, das die Frage der Nachfolge entscheiden sollte. Diese Anordnung steht im Einklang mit seinen ḥanīfischen Überzeugungen, die den Rang einer Person nicht in der Abstammung oder im Väterruhm sehen, sondern allein in den Leistungen der betreffenden Person selber. Indem die frühen Auswanderer mit Mut und Entschlossenheit und – von ʿAlī abgesehen – unabhängig von Mohammed und ohne dessen Befangenheit im hāšimitischen Dünkel durch die Hedschra den Schritt der existentiellen Trennung zwischen Lüge und Wahrheit vollzogen hatten, hatten sie das größte ihnen überhaupt denkbare Verdienst erworben. So jedenfalls sah es ʿUmar, und seiner Überzeugung entsprach die Zusammensetzung des Wahlausschusses. Daß sein Sohn ʿAbdallāh ihm im Kalifat folgen könnte, lehnte er rundweg ab; wenn Abū ʿUbaida b. al-Ǧarrāḥ noch am Leben wäre, dann hätte er ihn berufen.[44] Abū ʿUbaida hatte zusammen mit ʿUṯmān b. Maẓʿūn und ʿAbd ar-Raḥmān b. ʿAuf „und ihren Gefährten" recht früh den Weg zu Mohammed gefunden,[45] gehörte demnach zu jenen Ḥanīfen, die eine gewisse Übereinstimmung ihrer Vorstellungen mit jenen des seit kurzem öffentlich predigenden Propheten entdeckt hatten – worin ihnen ihr Glaubensgenosse ʿUmar ja erst später und unter dramatischen Begleitumständen gefolgt war.[46] Aus diesem engsten Zirkel der alten Ḥanīfen lebte nur noch ʿAbd ar-Raḥmān b. ʿAuf, der eine Zeitlang als möglicher Nachfolger galt, sich dann aber mit der Rolle des Königsmachers begnügte. Er wurde in den Ausschuß berufen. ʿUmar wählte ferner Saʿd b. abī Waqqāṣ, der von sich behauptete, der dritte Muslim gewesen zu sein; in Medina hatte er bei den ausitischen Banū ʿAmr b. ʿAuf gewohnt, wo schon vorher, freilich nicht aus religiösen Gründen, sein Bruder ʿUtba Unterschlupf gefunden hatte.[47] Ṭalḥa b. ʿUbaidallāh und az-Zubair b. al-ʿAuwām gehörten dem Gremium ebenso an wie immerhin zwei Nachfahren ʿAbd Manāfs, nämlich ʿUṯmān b. ʿAffān und ʿAlī b. abī Ṭālib, zwei Männer, die sich während der im Jahre 644 eben in Schwung geratenen Eroberungskriege nicht hervorgetan und auch sonst wenig Aufmerksamkeit erregt hatten.[48]

Der Verlauf der Verhandlungen, an denen Ṭalḥa wegen Abwesenheit von Medina nicht beteiligt war, läßt sich nicht schlüssig rekonstruieren. Noch bevor ʿUmar seinen letzten Atemzug tat, hatte man sich zerstritten, so daß der Sterbende um eine gütliche Einigung bitten mußte, die binnen drei Tagen nach seinem Tod erreicht werden sollte. ʿUmars Sohn ʿAbdallāh erhob in den Beratungen sein Wort, ohne daß er als Kandidat hätte gelten dürfen. Angeblich hatte sich der Kalif selber noch über den möglichen Ausgang der Wahl geäußert: Entweder ʿAlī oder ʿUṯmān werde das Rennen machen. Überdies habe er den „Helfern" geraten, auch sie sollten einen Befehlshaber aus ihrer Mitte bestimmen; dies geschah auch, hatte aber keine Folgen. Ṣuhaib b. Sinān, auch er ein früher mekkanischer Anhänger des Propheten, sollte während der Tage der Beratung die rituellen Gebete leiten und, wenn sich eine Mehrheit von fünf oder vier auf einen Kandidaten geeinigt habe, den einen oder die zwei Abweichler umbringen; bei Stimmengleichstand solle ʿAbdallāh b. ʿUmar entscheiden, und wenn man mit diesem Verfahren nicht einverstanden sei, dann solle der Kandidat jener Dreiergruppe das Kalifat erringen, in der sich ʿAbd ar-Raḥmān b. ʿAuf befinde. ʿAlī habe sofort begriffen, daß er bei diesem Vorgehen aus dem Spiel ausscheiden werde, denn Saʿd b. abī Waqqāṣ werde seinem Neffen ʿAbd ar-Raḥmān b. ʿAuf niemals widersprechen, und ʿUṯmān wiederum sei mit ʿAbd ar-Raḥmān b. ʿAuf verschwägert; alles werde darauf hinauslaufen, daß entweder ʿUṯmān durch ʿAbd ar-Raḥmān vorgeschlagen werde oder ʿAbd ar-Raḥmān durch ʿUṯmān. Diese Einsichten unterbreitet ʿAlī niemand anderem als al-ʿAbbās, der ihn daran erinnert, wie er ihn vor Jahr und Tag, als Mohammed auf den Tod erkrankt war, so sehr gedrängt habe, diesem doch wenigstens ein Zeichen abzuringen, durch das die Frage der Nachfolge geklärt worden wäre. Die ʿAlī in den Mund gelegten Bemerkungen sind Kommentare aus der Rückschau und geben keinen Aufschluß über die Überlegungen, die zur Wahl ʿUṯmāns führten. Nach einer anderen Überlieferung war es ʿAlī selber, der für den Fall eines Scheiterns seiner Kandidatur die Wahl ʿUṯmāns ins Gespräch gebracht habe. ʿAbd ar-Raḥmān b. ʿAuf habe nach Befragung aller Wahlmänner kein eindeutiges Ergebnis feststellen können, heißt es weiter. Danach habe er zunächst von ʿAlī wissen wollen, wie dieser im Falle seiner Ernennung das Amt führen werde – doch wohl gemäß dem Buch Allahs und dem Vorbild des Propheten, Abū Bakrs und ʿUmars? Nein, habe ʿAlī geantwortet, vielmehr gemäß seinen eigenen Kräften und Einsichten; ʿUṯmān dagegen habe versprochen, sich am Koran und an den Vorgängern zu orientieren. Beide hätten ihre unterschiedlichen Vorstellungen vom Kalifat öffentlich wiederholt, so daß ʿAbd ar-Raḥmān schließlich, mit dem Turban bekleidet, den ihm einst der Gesandte Allahs schenkte, spontan ʿUṯmān gehuldigt und dann allen Anwesenden den Treueid auf den neuen Kalifen abverlangt habe.[49]

Die Wahl ʿUṯmāns

Daß ʿAbd ar-Raḥmān b. ʿAuf bei der Wahl ʿUṯmāns eine treibende Kraft gewesen ist, wird man kaum in Abrede stellen können. Zweifelhaft ist freilich die Zuspitzung auf die Alternative zwischen ʿUṯmān und ʿAlī, und noch unwahrscheinlicher ist es, daß ʿAlīs Ablehnung, den Koran zu beachten und dem Vorbild der vorherigen Amtsinhaber zu folgen, den Ausschlag gab. Hierin deutet sich ein Vorwurf an, der erst im Zuge der Fitna, und zwar nach dem gewaltsamen Ende ʿUṯmāns, laut wurde. Daß ʿUṯmān zusagte, die Grundzüge der Politik seiner Vorgänger nicht zu verlassen, klingt plausibel. Gerade mit diesem Festhalten am Herkommen machte er sich dann viele Feinde, wie wir bereits ahnen und gleich an einigen Beispielen genauer sehen werden. Was ihm die Zustimmung des Gremiums verschaffte, wird aber nicht nur dieses Versprechen der Fortsetzung der Politik ʿUmars – und damit der Wahrung der Interessen der frühen Auswanderer – gewesen sein, sondern auch die enge Verbundenheit mit Mohammed. Dieser hatte ihm schon in Mekka seine Tochter Ruqaija zur Ehefrau gegeben, die ʿUṯmān etwa zwei Jahre vor der Hedschra einen Sohn namens ʿAbdallāh gebar.[50] – Zu ʿUmar hatte Mohammed dagegen auf Distanz geachtet: Erst in Medina verheiratete sich der Prophet mit Ḥafṣa, einer verwitweten Tochter ʿUmars; dieser hätte sie übrigens lieber an der Seite Abū Bakrs oder ʿUṯmāns gesehen.[51] – Vor allem aber rührte die engere Verbindung ʿUṯmāns mit Mohammed daher, daß beide Nachkommen ʿAbd Manāfs waren und somit dem quraišitischen „Adel" angehörten. Wenn ʿUṯmān auch nicht, wie sein späterer Nebenbuhler ʿAlī b. abī Ṭālib, von ʿAbd al-Muṭṭalib abstammte und deswegen ebenso wenig für jenen Klan stand, dessen durch das Prophetentum Mohammeds gesteigerte Machtansprüche den übrigen Quraišiten ein Skandal wurden, so war er doch wenigstens der Vertreter einer Sippe, deren Herrschaft nicht gegen die althergebrachte Rangordnung verstieß. Denn als Abū Bakr unter turbulenten Umständen die Nachfolge

Mohammeds angetreten hatte, war nicht nur ʿAlī b. abī Ṭālib zunächst nicht zu einem Treueid zu bewegen gewesen, sondern ebenso wenig Ḫālid b. Saʿīd b. al-ʿĀṣ b. Umaija aus der Sippe der Banū ʿAbd Šams, einer der ersten Muslime; er kritisierte damals die Nachfahren ʿAbd Manāfs, allen voran ʿAlī und ʿUṯmān, weil sie auf ihre Rechte verzichtet hätten. Die gleiche Ansicht vertrat Abū l-ʿĀṣ b. ar-Rabīʿ b. ʿAbd al-ʿUzzā b. ʿAbd Šams, der erst kurz vor der Einnahme Mekkas nach Medina verschleppt und Muslim geworden war. Abū l-ʿĀṣ hatte ʿAlīs Feldzug in den Jemen mitgemacht; er schloß sich in dem fraglichen Augenblick der Meinung ʿAlīs an und verweigerte Abū Bakr eine Zeitlang die Anerkennung.[52] Indem jetzt ʿUṯmān die Zügel in die Hand nahm, wurde jener Mangel geheilt. Aber in den zwölf Jahren seit Mohammeds Ableben hatte sich zu viel geändert, als daß diese Korrektur sich nun hätte günstig auswirken können.

Die Vereinheitlichung der „Lesung"

Das bedeutendste Vorhaben, das ʿUṯmān von seinem Vorgänger übernahm,[53] war die Vereinheitlichung des Korantextes. Worum es dabei ging, wurde oben geschildert. In ʿUṯmāns Zeit erscheint hierbei Ḥuḏaifa b. al-Jamān als die treibende Kraft, die auf die Vollendung der Arbeit drang. Einen Anlaß bot ein Kriegszug nach Armenien, an dem Iraker wie Syrer teilnahmen. Die Unterschiedlichkeit der Vortragsweise kam dabei ans Licht. Allerdings scheint es, daß sich im Irak selber bereits so viel Konfliktstoff aufgehäuft hatte, daß man den Versuch einer Vereinheitlichung wagen mußte. Hatten wir schon erfahren, daß sich ʿUmar nicht so sehr um einen einheitlichen Inhalt hatte bemühen müssen als vielmehr um die Standardisierung der Aussprache nach den Gepflogenheiten der Muḍariten, so lag auch im Irak die Schwierigkeit in der unterschiedlichen Einfärbung des Arabischen. In Kufa stand der Vortragsweise ʿAbdallāh b. Masʿūds – den ʿUmar, wie erinnerlich, wegen mangelnder Strenge getadelt hatte – diejenige der jemenischen Stämme gegenüber. Diese herrschte im Koranexemplar des Abū Mūsā al-Ašʿarī vor. Aus beiden Vortragsweisen ließ Ḥuḏaifa eine vereinheitlichte Lesart (arab.: *al-ḥarf*) herstellen. Möglicherweise verlieh Ḥuḏaifa seinen Wünschen Nachdruck, indem er die Autorität des Kalifen in Medina ins Spiel brachte, eben weil man im Irak der Streitereien aus eigener Kraft nicht Herr zu werden vermochte. Jedenfalls soll ʿUṯmān erst durch den Lärm, der sich in Kufa um den richtigen Koran erhoben hatte, zu der Maßnahme angeregt worden sein, mehrere Exemplare der in Medina geschaffenen Fassung in die großen Heerlager zu senden.[54] Die Vorstellung, es könnte im expandierenden Reich eine unüberschaubar große Anzahl individueller Codices gegeben haben, die sich durch vielfaches Kopieren frei und ohne regulierende Kräfte hätten auseinanderentwickeln können, ist vermutlich falsch. In den Quellen findet sie jedenfalls keine Stütze. Dagegen hören wir von dem Bestreben, die in den zu einem Eigenleben findenden Regionen zirkulierenden Abschriften zu vergleichen, um etwaige Sonderüberlieferungen auszumerzen. Den Berichten zufolge vermochte man solche Sondertexte, zumeist wohl Satzfragmente, zu identifizieren und neigte eher dazu, sie zu verwerfen, als sie zu übernehmen.[55]

Solche Zurückhaltung, die sich vor allem mit dem Namen des von ʿUmar favorisierten Zaid b. Ṯābit verbindet, der auch unter ʿUṯmān seiner

Linie treu blieb, war in den Heerlagern anscheinend nicht mehr leicht durchzusetzen. Deswegen schickte ʿUṯmān die Abschriften der in Medina unter maßgeblicher Beteiligung Zaids erarbeiteten Fassung dorthin, nach Kufa anscheinend mit dem ausdrücklichen Befehl, den aus den Versionen ʿAbdallāh b. Masʿūds und Abū Mūsā al-Ašʿarīs geschaffenen Koran – von dem wir nichts weiter wissen – dem seinigen anzupassen. Wie es heißt, gab ʿUṯmān jedem der vier versendeten Exemplare ein Begleitschreiben mit, in dem er versicherte, drei unterschiedliche Koranversionen habe man in Medina durchgearbeitet, diejenige des Abū d-Dardāʾ aus aš-Šaʾm und die beiden aus Kufa; obwohl Mohammed noch nicht lange im Grab liege, habe man sie in manchen Punkten nicht zur Übereinstimmung bringen können; das Schicksal der Christen, deren Offenbarungsschrift in voneinander abweichenden Fassungen kursiere – er meint die vier Evangelien –, müsse den Muslimen erspart bleiben; schließlich sei der Koran noch frisch; Zaid b. Ṯābit habe daher den Auftrag erhalten, unter Zugrundelegung eines bei ʿĀʾiša aufbewahrten Pergamentkorans die Anfertigung der vier Musterexemplare zu leiten. Als eines der vier nach Kufa gebracht worden sei, habe man es mit dem verglichen, das man selber erarbeitet hatte. Abū Mūsā al-Ašʿarī habe vorgeschlagen, man solle die nur im ʿuṯmānschen Koran auffindbaren Sondertexte übernehmen, die eigenen aber – also nicht von Zaid b. Ṯābit sanktionierte Zusätze – nicht unterdrücken.[56] Daß sich ʿUṯmān von solchen Winkelzügen nicht beirren ließ und seinen Text durchsetzte, wird ihn nicht gerade beliebt gemacht haben. Was mit den älteren Exemplaren geschah, ist übrigens unklar; meist heißt es, der Kalif habe sie verbrennen lassen. Überliefert wird dagegen, daß man ihm dazu geraten habe, doch habe ihm der Gedanke, dies zu tun, Mißbehagen bereitet. Er habe sie unter einer Stufe seiner Predigtkanzel vergraben lassen,[57] anscheinend nachdem er befohlen hatte, sie in kleine Stücke zu zerreißen.[58] Den schärfsten Einspruch gegen den Einheitstext vernahm ʿUṯmān aus Kufa. ʿAbdallāh b. Masʿūd zeigte sich nicht bereit, seinen Koran, den er so niedergeschrieben habe, wie er ihn von Mohammed gehört habe, auszuliefern und damit der Vernichtung preiszugeben.[59]

Der Irak ist der Teil des Kalifenreichs, in dem sich der heftigste Widerstand gegen ʿUṯmān zusammenballt. Am Beispiel Saʿīd b. al-ʿĀṣ' haben wir davon schon einen Eindruck gewonnen. Der in den ʿUṯmān feindlich gesonnenen Quellen immer wieder erhobene Vorwurf, der Kalif sei bedenkenlos von den gerechten, muslimischen Grundsätzen seines Vorgängers abgewichen, um die Interessen des eigenen Klans zu fördern, läßt sich aus den überlieferten Nachrichten nur unvollkommen erhärten und ist in erster Linie Propaganda. Nicht nur bei der Anfertigung des vereinheitlichten Korantextes behielt er die Politik ʿUmars bei, sah sich dann freilich vor die Aufgabe gestellt, sie auch durchzusetzen. Das machte ihn zur Zielscheibe aller Gegner der ḥanīfischen Grundsätze ʿUmars, während man diesem selber ein gutes Andenken bewahrte. Wie vertrackt die Verhältnisse inzwischen geworden waren, verraten uns ja nicht nur die Querelen in Kufa. In Basra waren ihnen Wirrungen vorangegangen, in denen Abū Mūsā al-Ašʿarī, jener Mann, den die Kufaner im Jahre 34 (begann am 22 Juli 654) als den Nachfolger Saʿīd b. al-ʿĀṣ' durchgesetzt hatten, einen wichtigen Part innehatte, und wenn wir die basrischen Vorgänge Revue passieren lassen, gewinnen wir eine Ahnung davon, was Saʿīds Enkel mit dem Urteil meinte, der Niedergang der Herrschaft ʿUṯmāns habe mit jener ihm aufgezwungenen Personalentscheidung seinen Anfang genommen.

Die basrischen Querelen

Im Jahr 29 (begann am 14. September 649), als sich in Kufa der Widerstand gegen al-Walīd b. ʿUqba regte, traten auch in Basra ernste Mißhelligkeiten zutage. Der eben genannte Abū Mūsā al-Ašʿarī versah dort seit sechs Jahren das Amt des Statthalters, war also noch von ʿUmar eingesetzt worden. ʿUṯmān hatte ihn in dieser Stellung bestätigt. Wie weit muslimische Heere inzwischen nach Osten vorgedrungen waren, erfährt man aus kurzen Notizen über Abū Mūsā nachgeordnete Kriegsleute. Einer von ihnen war für Chorasan zuständig; er war bis in das Ferghanabecken vorgestoßen, und auf dem Marsch dorthin hatte er „keinen Landbezirk ohne ein Unterwerfungsabkommen (arab.: *aṣ-ṣulḥ*) gelassen". Ein anderer war über Sistan bis nach Kabul vorgerückt. Ein dritter hatte an der Südküste Irans seinen Weg bis nach Mukran gefunden; wie es heißt, war er einmal bis an den Indus gelangt.[60] Weniger glorreich entwickelte sich die Herrschaft über den seit längerem besetzten Süden und die Mitte Irans.[61] Īḏağ, zwischen Chuzistan und Isfahan gelegen, erhob sich gegen das muslimische Joch, desgleichen die Kurden, wobei unklar bleibt, welches ihrer damaligen Siedlungsgebiete gemeint ist. Abū Mūsā al-Ašʿarī mußte hiergegen vorgehen, der Verlust eines Teils der iranischen Kernlande hätte die in weiter Ferne kämpfenden Truppen von Basra abgeschnitten. Er rief also zum Dschihad auf und malte den ausgehobenen Kriegern aus, daß insbesondere das Fechten als Fußsoldat die Aussicht auf ein hohes religiöses Verdienst eröffne. Er fand mit diesen Ausführungen zunächst Beifall, einige aber mieden eine vorschnelle Zustimmung. Sie wollten erst sehen, wie Abū Mūsā selber aufbrechen werde. Als der Tag gekommen war, hatte er allein für seinen Troß vierzig Reittiere zur Verfügung. Mit Mühe ließen sich die Leute beschwichtigen. Diesen Vorfall hinterbrachte man ʿUṯmān und forderte ihn auf, er möge einen anderen Statthalter ernennen. Jeder beliebige, der ihm einfalle, sei es ein unerfahrener Jüngling, sei es ein geistesschwacher Greis, sei besser als dieser Abū Mūsā. Denn dieser habe, so eine weitere Klage, „unser Land verzehrt und unter uns die Gesittung der Heidenzeit wiederbelebt". ʿUṯmān erkannte, daß Abū Mūsā nicht zu halten war, und ersetzte ihn durch ʿAbdallāh b. ʿĀmir,[62] einen Nachkommen des Ḥabīb b. ʿAbd Šams,[63] des ältesten Bruders Umaijas. Abū Mūsā al-Ašʿarī, den man dem Kalifen in maliziöser Weise als einen Mann geschildert hatte, der die Herrschaft über seinen jemenischen Stamm für wichtiger erachte als die Statthalterschaft in Basra, zeigte sich über die Amtsenthebung empört; er machte seinem Ärger Luft, indem er verbreitete, es komme jetzt jemand, der erst recht viele Kriegszüge anzetteln werde, ein junger Mann von fünfundzwanzig Jahren, der vornehm sei allein dank seinen Großmüttern und Tanten; und dem vertraue man zu allem Überfluß gleich beide Heere an, das basrische und das von einem Ṯaqafiten geführte, das ohne den Umweg über Basra von Bahrain und Oman aus an die iranische Küste des Golfs übergesetzt worden war.[64] ʿAbdallāh b. ʿĀmir mußte, kaum im

Amt, erleben, wie die Persis abtrünnig wurde, bei Iṣṭaḫr entwickelten sich verlustreiche Kämpfe. Zu einem nicht näher bestimmbaren Zeitpunkt griff der Kalif selber in die Verhältnisse im Osten des Reiches ein, indem er etliche neue Basra nachgeordnete Statthalterschaften einrichtete. Dabei kam Balch, das von Kufa aus erobert worden war und nach den damaligen Vorstellungen auch von dort aus hätte verwaltet werden sollen, in den basrischen Zuständigkeitsbereich, der von jetzt an den Osten Irans dominierte.[65]

Schlüssiger als viele vereinzelte Hinweise belegt diese kurze Betrachtung der Verhältnisse in Basra, wie wenig die von ʿUmar ersonnene islamische Gerechtigkeit noch in die Wirklichkeit paßte – sofern dies je jenseits der Grenzen von Medina der Fall gewesen sein sollte. Abū Mūsā al-Ašʿarī hatte den Propheten bei Ḫaibar kennengelernt und war dem Islam beigetreten. Mit diesem Schritt aber hatte er keineswegs seine jemenische Herkunft abgelegt, war kein Muḍarite geworden. Daß ʿUmar ihn in die Statthalterschaft von Basra eingesetzt hatte, hatte ihm die Gelegenheit zur Ausübung von Macht verschafft, und dergleichen war gemäß den Vorstellungen, mit denen er groß geworden war, zu allererst, ja eigentlich ausschließlich die Sache der jemenischen Araber. Noch Muʿāwija, der sich guter Beziehungen zu den jemenischen Stämmen rühmen durfte, hatte gegen dieses Vorurteil, gegen diesen jemenischen Dünkel zu kämpfen.[66] Die Heilsbotschaft Mohammeds sollte in muḍaritischer Fassung rezitiert werden – für Abū Mūsā vermutlich ein befremdliches Ansinnen: Seinen Koran gab es in Kufa und denjenigen ʿAbdallāh b. Masʿūds, eines frühen Prophetengefährten, dessen Vater ein Schwurgenosse eines Zuhriten[67] gewesen war – und insoweit war auch eine muḍaritische, allerdings von ʿUmar gerügte „Lesung" in Kufa in Gebrauch. Zweifellos empfand Abū Mūsā die amtliche Unterdrückung seines Korans als einen Affront, der ebenso zum Widerstand reizte wie der erste, die Ablösung durch einen jungen Mann ohne irgendwelche Meriten, die ihn für die schwierige Aufgabe hätten empfehlen können. Die Solidarität der Stammesgemeinschaft wird durch den Beitritt zur „besten Gemeinschaft" nicht aufgehoben, sondern allenfalls ergänzt. Als der Kitt einer auf Bereicherung und auf der Ausbeutung der Unterworfenen errichteten Bewegung hatte die Botschaft des Gesandten Allahs ihre Eignung eindrucksvoll belegt; jetzt galt es, den Beweis anzutreten, daß sie auch als ein Ordnungsprinzip eines zur Ruhe kommenden, sich mehr und mehr aus eigener Leistung ernährenden Gemeinwesens taugte. Die Zeichen dafür standen schlecht, wenn Männer wie Abū Mūsā al-Ašʿarī, der wenigstens eine formale Loyalität gegenüber dem Kalifen wahrte, in den Provinzen an die Macht getragen wurden. Die islamische Gerechtigkeit hätte eine Grundlage hierfür abgeben können, wäre sie nicht von ʿUmar und den übrigen frühen Auswanderern als ein Mittel zum Schutz von Privilegien und somit zur Konservierung eines Zustandes der „besten Gemeinschaft" mißbraucht worden, der mit jedem Tag, um den man sich von der Hedschra „am Anfang" entfernte, weniger der Wirklichkeit entsprach. Selbst ʿUmar hatte dieser für ihn schmerzlichen Tatsache Tribut zollen müssen: Muʿāwija in Damaskus, Abū Mūsā al-Ašʿarī in Basra, um nur diese zu nennen, hätten wegen mangelnder *sābiqa* nicht in ihre Ämter berufen werden dürfen. Die Verhältnisse aber schufen sich ihr Recht. ʿUmar, wie gesagt, sah man den Widerspruch noch nach; ʿUṯmān, dessen Kalifat zum Teil schon den antiḥanīfischen Zug der Zeit widerspiegelt, vermochte bei allem redlichen Bemühen den Abgrund zwischen Schein und Sein nicht mehr zu überbrücken.

Mißachtung der Grundsätze ʿUmars

Vergegenwärtigen wir uns noch einmal die basrischen Vorgänge, die wir eben schilderten, und halten wir ihnen Überlieferungen wie die folgenden entgegen! Die Mittel, über die der Kalif verfügte und die er nach den Grundsätzen der islamischen Gerechtigkeit zu vergeben hatte, flossen zunächst reichlicher noch als zu ʿUmars Zeit – Ägypten und Nordafrika sowie die Gebiete östlich und nördlich des Zweistromlandes, also alles, was jenseits der Grenzen der „Insel der Araber" lag, wurde erst jetzt ausgebeutet. Die Zuflüsse an Geldern und Gütern gerieten vorübergehend außer Kontrolle. Dem berühmten irakischen Überlieferer Muḥammad b. Sīrīn (gest. 729), geboren zwei Jahre vor der Ermordung ʿUṯmāns, zum Broterwerb in der Persis als Sekretär tätig und daher mit fiskalischen Fragen vertraut,[68] hatte man vom sagenhaften Reichtum dieser Epoche erzählt, an deren Ende er das Licht der Welt erblickt hatte: Eine Sklavin wog man in Silberdirhem auf, ein Pferd bezahlte man mit 50 000. Ibn Sīrīns Zeitgenosse al-Ḥasan al-Baṣrī (gest. 728) will als ein gerade geschlechtsreif gewordener Bursche noch selber erlebt haben, wie man unter ʿUṯmān die Leute zur Verteilung rief; selbst Honig und Fett, zwei begehrte Güter, seien in großen Mengen ausgegeben worden. Kein Tag sei in Medina vergangen, an dem man die Bewohner nicht mit Gütern überschüttet hätte, einmal mit Lebensmitteln, ein anderes Mal mit Kleidung. „Die Feinde stoben auseinander, die zuzuteilenden Güter strömten heran, im Innern stand alles zum besten, des Guten gab es viel, nirgendwo war ein gläubiger Muslim, der sich vor seinesgleichen gefürchtet hätte." – Wie sein Vorgänger ʿUmar unterdrückte ʿUṯmān den heidnischen Brauch der Schmähdichtung, erfahren wir nebenbei. – Auf die seit ʿUmar geltenden Maßstäbe für die Verteilung scheint man nicht mehr streng geachtet zu haben. ʿUrwa b. az-Zubair, geboren am Ende des Kalifats ʿUmars, glaubte über die Tage seiner Kindheit zu wissen: „Es gab keinen Muslim, dem nicht ein Anteil vom ‚Vermögen Allahs' zugebilligt worden wäre." Darunter waren einige, die man als einer hohen Zuwendung unwürdig betrachten muß. Ḫālid b. Asīd, ein Enkel des ʿAbd Šams und Bruder jenes ʿAttāb, den Mohammed nach dem Einzug in Mekka zu seinem Statthalter berufen hatte, hatte diese Wendung der Dinge als eine Schmach empfunden.[69] Bald darauf war er allerdings gegen die „Abtrünnigen" ins Feld gezogen und gefallen,[70] ein beredtes Beispiel für einen spätbekehrten Quraišiten, der sich dann für die von Mohammed initiierte Bewegung begeisterte, da sie dem Machtanspruch des eigenen Stammes förderlich war. Bei Ḫālids Sohn ʿAbdallāh pflegte der gleichnamige Sohn des Kalifen ʿUmar Quartier zu nehmen, wenn er Mekka besuchte.[71] Einmal beklagte sich ʿAbdallāh b. Ḫālid, es fehle ihm an den Mitteln, um seine Familie und sein Gesinde durchzubringen – ob sein Gast nach der Rückkehr wohl ʿUṯmān ansprechen und um Unterstützung bitten könne? „Mach es selber!" riet ʿAbdallāh b. ʿUmar, und so geschah es. ʿUṯmān ließ sich nicht lumpen; die erkleckliche Summe von 100 000 Dirhem zahlte er seinem Verwandten aus und gab ihm obendrein noch eine Tochter zur Frau.[72]

Landbesitz schafft Loyalität

Hatte ʿUmar noch versucht, bebautes Land möglichst dem Fiskus vorzubehalten und eine private Nutzung zu verhindern, so wandte sich ʿUṯmān von diesem Prinzip ab. Er wies bestimmten Personen Ländereien zu, wobei unklar ist, ob dies nur zum Nießbrauch gedacht war oder eine unbefristete Übereignung darstellte. Der Gewährsmann für die diesbezüglichen Nachrichten ist Mūsā (gest. ca. 722), ein Sohn Ṭalḥa b. ʿUbaidallāhs. Mūsā kannte die irakischen Verhältnisse aus eigener Anschauung; die meiste Zeit seines Lebens verbrachte er in Kufa.[73] Er behauptet, ʿUṯmān habe etlichen Prophetengefährten ganze Ortschaften oder Güter überschrieben, die zuvor Teile der Domänen (arab.: Pl. *aṣ-ṣawāfī*) der Angehörigen der Chosroen gewesen seien. In einer Überlieferung ist von fünf Gefährten die Rede, nämlich von az-Zubair, Saʿd b. abī Waqqāṣ, ʿAbdallāh b. Masʿūd, Ḫabbāb b. al-Aratt und Usāma, dem Sohn Zaid b. Ḥāriṯas. Auf diese Namen sind wir inzwischen schon des öfteren gestoßen, mit Ausnahme Ḫabbābs. Dieser hatte zu dem Zirkel gehört, der einst gegen den Willen des noch nicht bekehrten ʿUmar die mohammedschen „Lesungen" studiert hatte.[74] In allen wichtigen Schlachten des Propheten hatte er mitgefochten, ohne daß die Quellen außergewöhnliche Dinge über ihn zu vermelden hätten. Daß er sich in Kufa niederließ, wird mehrfach bezeugt; dort starb er im Jahr 37 (begann am 19. Juni 657), und zwar als ʿAlī b. abī Ṭālib von Ṣiffīn zurückgekehrt war.[75] ʿAlī vollzog die Totengebete, und so kommt es, daß Ḫabbāb einer der wenigen Prophetengefährten ist, denen die schiitische Gelehrsamkeit wohlwollend gegenübersteht.[76] Daß Ḫabbāb b. al-Aratt die oberste Kategorie der *sābiqa* erreicht und deshalb laut islamischer Gerechtigkeit höchste Ansprüche an den Fiskus stellen darf, steht außer Zweifel. In einer anderen Fassung der Überlieferung nennt Mūsā b. Ṭalḥa auch den eigenen Vater. Die Ländereien Saʿds und ʿAbdallāh b. Masʿūds waren den Ṭalḥa übergebenen benachbart, und diese beiden Nachbarn, merkt Mūsā an, pflegten ihre Güter für ein Drittel oder ein Viertel des Ertragswerts zu verpachten.[77] In einer dritten Fassung erwähnt Mūsā b. Ṭalḥa vier weitere Begünstigte der ʿuṯmānschen Großzügigkeit: ʿAdī b. Ḥātim, den im Jahre 9 zum Islam übergetretenen Christen von den Banū Ṭaiji'; Saʿīd b. Zaid, vermutlich den Sohn des berühmten Ḥanīfen Zaid b. ʿAmr b. Nufail; Ḫālid b. ʿUrfuṭa, einen Schwurgenossen der Banū Zuhra, der sich in den Eroberungskriegen im unteren Irak seine Sporen verdiente; und zuletzt Abū Mūsā al-Ašʿarī, von dessen Reichtum wir gerade erfuhren.[78]

Damit wird uns deutlich, daß die Politik ʿUṯmāns in eigenartiger Weise zwar die Grundsätze seines Vorgängers beibehielt: Die Landvergaben kamen vorzugsweise Personen zugute, deren Verdienst um den Islam man nicht leugnen konnte. Aber er nutzte die zunächst im Übermaß zufließenden Mittel auch, um sich von Fall zu Fall die Loyalität von Männern zu erkaufen, deren Gesinnung er sich nicht ganz sicher war. Und das mußte die Unzufriedenheit aller derjenigen schüren, die glaubten, sie kämen dabei zu kurz, und die erkannten, daß sie bei nüchternem Abwägen der Verhältnisse nie die Gelegenheit erhalten würden, sich in vergleichbarer Weise zu bereichern. Die vornehme Geburt und der Väterruhm waren in der „besten Gemeinschaft“ eben doch nicht aufgehoben, es hatte sich lediglich ein islamischer „Adel“ dem älteren hinzugesellt, und es gab auffällige Überschneidungen zwischen beiden, wie die Beispiele Abū Mūsā al-Ašʿarīs in Kufa und in einem anderen Zusammenhang Muʿāwija b. abī Sufjāns in Damaskus zeigten. Was durfte man in dieser Lage noch erhoffen, wenn man dem Ruf zum Dschihad folgte und sich etwa in der Gegend von Iṣṭaḫr, deren Reichtümer bereits verteilt worden waren, mit Aufständischen herumschlug? Die Verhältnisse hatten sich binnen weniger Jahre in rasender Geschwindigkeit verändert, der Rausch, den die schier unerschöpflich scheinenden Mittel auslösten, verflog, und ihm folgte ein quälender Kater. Alle Übelgelaunten fanden den Schuldigen für ihre Enttäuschungen: Der Kalif mußte es sein; er war vom Pfade ʿUmars abgewichen. Das stimmte eigentlich nicht, oder es stimmte nur in einzelnen Fällen, nicht im allgemeinen. Doch auf die einzelnen Fälle verwies man, sie wurden immer wieder kolportiert, alles andere übersah man; daß das, was ʿUmar angefangen hatte, nicht mehr durchzuhalten war, wollte man nicht wahrhaben. Einem plötzlichen Klimasturz vergleichbar verbreitete sich Mißmut, und die Moralprediger, die schon immer alles gewußt hatten, bekamen Zulauf. Die „Schwäche ʿUṯmāns“, von der der Enkel Saʿīd b. al-ʿĀṣ' gesprochen hatte, gründete in diesem Klimasturz.

Die Klagen über ʿUṯmān

Die überlieferten Nachrichten bringen diesen Klimasturz nicht unmittelbar auf den Begriff. Sie verdeutlichen ihn in fiktiven Gesprächen, in denen Prophetengefährten als Ankläger ʿUṯmāns auftreten. Drei Beispiele wollen wir betrachten. Der Grundgedanke des ersten lautet: ʿUṯmāns Verdienst um den frühen Islam ist nach formalen Kriterien unanfechtbar, nicht aber nach inhaltlichen, und deshalb nimmt er selber es mit der *sābiqa* nicht so genau – und die Folgen werden nun spürbar. ʿAbd ar-Raḥmān b. ʿAuf soll ʿUṯmān mit diesem Vorwurf konfrontiert haben: „Ich habe dich in dein Amt gebracht, obwohl für mich selber Dinge sprachen, die du von dir nicht behaupten kannst. Ich kämpfte bei Badr mit, du aber nicht![79] Ich war an der ‚Huldigung der (unbedingten) Zustimmung‘ beteiligt, du aber nicht![80] Aus der Schlacht bei Uḥud bist du geflohen, ich aber hielt stand!“[81] Gegen diese Anschuldigungen, die keineswegs aus der Luft gegriffen waren, machte ʿUṯmān geltend: Der Gesandte Allahs habe ihm vor Badr selber befohlen, er möge zurückbleiben und sich um seine erkrankte Ehefrau, eine Tochter Mohammeds, kümmern, und nach dem Sieg habe der Prophet ihm einen Beuteanteil zugebilligt, dessen Höhe demjenigen eines Kämpfers entsprochen habe; bei der berühmten Huldigung habe er gefehlt, weil er im Auftrag Mohammeds in Mekka Unterredungen geführt habe; während der Kämpfe bei Uḥud habe er in der Tat Schuld auf sich geladen, aber Allah und der Prophet hätten ihm alles vergeben (vgl. Sure 3, 152 und 155)[82] – wie dürfe man ihn noch eines Fehltritts bezichtigen, dem der Höchste längst verziehen habe?[83]

Beim zweiten Beispiel, der Prügelstrafe, die ʿUṯmān an ʿAmmār b. Jāsir vollstrecken ließ, geht es um den Nepotismus. ʿAmmār und sein Vater Jāsir, ein aus dem Jemen stammender Schwurgenosse des Maḫzūmiten Abū Ḥuḏaifa b. al-Muġīra, zählen zu den wenigen echten Märtyrern, die um des Islams willen litten, nicht aber bei der gewaltsamen Ausbreitung ihres Glaubens zu Schaden kamen. Als beide in Mekka gefoltert wurden, hatte der Prophet einige ermunternde Worte für sie übrig, von einem persönlichen Einsatz zur Linderung ihrer Leiden erfahren wir nichts.[84] Einige Prophetengenossen, unter ihnen ʿAmmār b. Jāsir, seien eines Tages in Medina zusammengetroffen, um sich bei ʿUṯmān zu beschweren, worüber, wird verschwiegen. Sie forderten den Kalifen auf, er möge unverzüglich vor sie treten und ihnen Rede und Antwort stehen. Durch einen Boten ließ ihnen ʿUṯmān ausrichten, sie sollten sich bis zu einem Termin, den er ihnen nannte, gedulden. Damit gab man sich zufrieden; einzig ʿAmmār habe darauf beharrt, ʿUṯmān müsse sich auf der Stelle rechtfertigen. Der Bote des Kalifen habe den hartnäckigen Beschwerdeführer ergriffen und derart durchprügeln lassen, daß ihm das Bewußtsein schwand. Man habe ʿAmmār in das Haus der Umm Salama, einer Witwe des Propheten, geschleppt, wo er erst gegen Sonnenuntergang wieder zu sich gekommen sei. Das erste, was er danach getan habe, sei das Nachholen der versäumten Pflichtgebete gewesen. Als die übrigen am verabredeten Tag ʿUṯmān unter die Augen getreten seien, hätten sie ihm außer der brutalen Behandlung ʿAmmārs keine Verfehlungen vorhalten können. So lautet eine Version des Skandals.[85] Daß man so grausam gegen ʿAmmār vorging, mag daran gelegen haben, daß er bereits im Ruf eines Stichlers gegen den Kalifen stand.[86] Freilich hört man vereinzelt von der Neigung ʿUṯmāns zu überzogenen Strafen,[87] was zur Untergrabung seines Ansehens beigetragen haben mag. Ein anderer Bericht über den Vorfall versichert, ʿUṯmān selber habe eine Reihe von Prophetengefährten zu sich einbestellt. Der Kalif habe sie eindringlich danach ausgefragt, ob sie wirklich davon wüßten, daß der Gesandte Allahs die Quraišiten allen übrigen Menschen vorgezogen habe, und unter den Quraišiten wiederum die Banū Hāšim. – In der Überlieferung zur Affäre um ʿAmmār b. Jāsir wird mithin unterstellt, eine den Ansichten des Propheten zuwiderlaufende Auswahl der Amtsträger sei an allem Unglück schuld. – Die Prophetengenossen äußern sich nicht, worauf ʿUṯmān wiederum das Wort ergreift: „Und hielte ich die Schlüssel zum Paradies in den Händen, ich überreichte sie den Banū Umaija, damit sie, angefangen mit dem allerletzten von ihnen, hineinzögen. Bei Allah, ihnen will ich (alles) gewähren, sie will ich zu Statthaltern berufen, gleichviel ob es manchem paßt oder nicht!" „Auch wenn es mir nicht paßt?" habe ihn ʿAmmār unterbrochen. „Auch wenn es dir nicht paßt!" „Und gegen das Vorbild Abū Bakrs und ʿUmars?" habe ʿAmmār herausfordernd weitergefragt, worauf ʿUṯmān nicht geantwortet, sondern jene Strafe angeordnet habe. Dann aber habe den Kalifen diese Unbeherrschtheit gereut, er habe die Banū Umaija verwünscht, um deretwillen er sich versündigt habe. Ṭalḥa und az-Zubair habe er geschickt, um durch Wiedergutmachung eine Aussöhnung zu erreichen; die habe ʿAmmār ihm jedoch verweigert.[88]

Neben den Vorwurf des mangelnden Einsatzes für die Sache des Islams und der absichtsvollen Mißachtung der Anweisungen des Propheten – wodurch die Gemeinschaft ins Unglück gestürzt wird – tritt die Anklage, einen Verfall der Sitten wenn nicht verursacht, so doch wenigstens tatenlos hingenommen zu haben. Als Zeugen und Berichterstatter der Szene, in der ʿUṯmān hierfür verantwortlich gemacht wird, bemüht man den Medinenser Mālik b. Aus b. al-Ḥadaṯān (gest. ca. 710).[89] Er will zusammen mit dem Kalifen in der Moschee gesessen haben, als plötzlich Abū Ḏarr al-Ġifārī erschien. ʿUṯmān habe diesen nach dem Befinden gefragt. Abū Ḏarr habe das Gesicht abgewandt und zu rezitieren begonnen: „Die Raffgier hat euch abgelenkt!" (Sure 102, 1). Die Moschee sei ob seiner dröhnenden Stimme erbebt, und indem er die Sure, die den Leichtfertigen die Höllenstrafe ins Gedächtnis ruft, bis zu Ende vorgetragen habe, sei er zu einer Säule geschritten, um dort zwei *rakʿa*s zu beten. Viele Menschen, unter ihnen der Berichterstatter, hätten sich um Abū Ḏarr gedrängt und von ihm nach den Koranversen ein passendes Prophetenwort vernehmen wollen. „Ich hörte den Gesandten Allahs sagen: ‚Aus der Kamelherde ist eine bestimmte *ṣadaqa* abzuführen, desgleichen von den Rindern, vom Kleinvieh, vom Weizen. Wer Dinare, Dirhem, ungeschmolzenes Gold oder Silber hortet, ohne es auf dem Pfade Allahs auszugeben oder ohne es einem Schuldner (in die Hand) zu zählen, dem wird dies (alles) zu einem (ungenutzten) Schatz, mit dem man ihm am Tag des Gerichts Brandmale zufügt!'" „Fürchte Allah, Abū Ḏarr!" wirft Mālik b. Aus erschrocken ein, „bedenke, was du sagst! Alles dies horten die Menschen doch!" Abū Ḏarr fragt ihn, wer er sei und ob er den Koran studiere. In der „Lesung" warne Allah nämlich ausdrücklich: „Denjenigen, die Gold und Silber horten und nicht auf dem Pfade Allahs ausgeben", sei hinter die Ohren geschrieben, daß auf sie eine schmerzhafte Strafe wartet (Sure 9, 34)! In aš-Šaʾm hatte Abū Ḏarr bereits Muʿāwija mit derartigen Auftritten gegen sich aufgebracht, nun war er in Medina und stiftete auch hier Unruhe – ganz gegen seinen Willen, wie er beteuert haben soll; er sei es zufrieden, wenn er fern von allem Gepränge der Mächtigen unter ganz bescheidenen Umständen sein Leben fristen dürfe.[90]

3. Die Wiederkehr Mohammeds

Der Dschihad gerät ins Zwielicht

Einst rechtfertigte das Beschreiten des Pfades Allahs jedweden Gewinn; als unrecht galt nur, mit verfügbaren Mitteln zu geizen, die man für das Beschreiten hätte einsetzen können. Jetzt soll das Vermögen gleichsam ohne jede Aussicht auf Reichtum für diesen Zweck geopfert werden, und so sollen es schon die Altvorderen damit gehalten haben. Ist der Dschihad einmal seiner Unschuld verlustig gegangen, dann kann er nur noch mit einer Gesinnung äußerster Entsagung betrieben werden, und entsagungsvoll muß er nunmehr von Anfang an gewesen sein. Seine materielle Seite, die Freude, den Andersgläubigen den Besitz zu rauben, ihnen die Früchte ihrer Arbeit zu entwinden – das Ursprüngliche des Dschihad mithin –, gilt jetzt als Entartung, und zwar nicht, weil es an sich böse wäre, sondern weil der Gewinn bislang nur einigen, nicht allen zugute gekommen ist. Die Verteilung war voreilig und daher unbefriedigend gewesen – wer glaubt, bisher übergangen worden zu sein, der wird noch lange ohne Aussicht auf die Erfüllung seiner Wünsche kämpfen müssen, dann aber wird der Zeitpunkt erreicht werden, an dem allen alles erfüllt werden wird. Solange diese Vollendung nicht eingetreten ist, sind Zweifel an dem, was geschah und geschieht, allemal angebracht: Was verheißen wurde, kommt erst noch.

Die angebliche Verdrehung der Lehren durch ʿAbdallāh b. Sabaʾ

Mittels einer Geschichte, deren Bürge Ibn al-ʿAbbās gewesen sein soll, machte man sich begreiflich, was sich innerhalb weniger Jahre so sehr gewandelt hatte, daß man sich vom Zeitalter Mohammeds derart getrennt fühlte, als wäre alles, was damals als gut und richtig gegolten hatte, nunmehr mit einer Schicht Mehltau überzogen und verdorben: Als Jesus, der die Banū Isrāʾīl zu dem von ihm verkündeten Glauben rief, an die siebenhundert Sippen[91] bekehrt hatte, befahl Paulus, der König: „Tötet die Christen!" Er verfolgte die Flüchtenden, bis er an die Paßwege[92] gelangte und sie entkommen lassen mußte. Die Feinde, ahnte Paulus, würden auf die Worte der Christen hören und sich zum Angriff gegen ihn rüsten. Darum schlug er seinen Männern vor, er werde das Königsgewand ablegen und sich in das Land der Feinde begeben, um unerkannt den Christen falsche Lehren zu predigen. Seine engsten Gefolgsleute versprachen, ihm bei seinem Abenteuer zur Seite zu stehen. Sobald er das gegnerische Lager erreicht hatte, sah er freilich sein Inkognito gelüftet; in höchster Gefahr bat er um einen Augenblick Gehör und machte den Christen weis, damals, als er sich gegen sie gewandt habe, sei er durch Jesus seiner Sinne und seines Verstandes beraubt gewesen. Jesus habe ihm beides erst wieder anerschaffen, als er geschworen habe, er werde dem Christentum beitreten und sich künftig als einen der Verfolgten ansehen. Daher sei er nun gekommen, um sie die Tora und das rechte Verhalten zu lehren. Sie müßten ihm allerdings ein Haus bauen, ein bescheidenes nur, dessen Boden mit Asche bestreut sei. Dort widmete er sich der Verehrung Allahs und unterrichtete die Christen. Eines Tages fanden sie die Tür verriegelt. Besorgt wollten sie wissen, ob sie ihn womöglich gekränkt hätten. Er verneinte und eröffnete ihnen dann, er habe eine Erleuchtung gehabt, derzufolge man fortan eine andere Gebetsrichtung einnehmen müsse – ob sie ihm darin wohl Folge leisten würden? Sie stimmten ihm zu. Es vergingen zwei Tage, und wieder schloß sich Paulus ein. Erneut ihre besorgte Frage und wieder die Abänderung eines religiösen Gesetzes: Wenn jemand einem anderen etwas schenke und jener das Geschenk zurückweise, werde sich der Geber nicht beleidigt fühlen? Allah, der großzügigste aller Geber, machte den Menschen alles auf Erden dienstbar (vgl. Sure 16, 5–17), wieso erklärten sie dann einiges für rituell verboten, lehnten den Genuß ab und brüskierten dadurch den Schöpfer? Alles, von der Wanze bis zum Elefanten, sei rituell unbedenklich! Nach weiteren Tagen der Abgeschiedenheit begann Paulus zu lehren: Die Vergeltung von Untaten sei ein Irrtum; wer einen Schlag auf die eine Wange erhalten habe, solle auch die andere hinhalten; wem man einen Teil der Kleidung gestohlen habe, der schenke auch den anderen her – und so verzichteten sie von da an auf den Dschihad. Zuletzt forderte Paulus, es dürften bei ihm nur noch Jakobus (gest. 578), Nestorius (gest. 451), „Malkūn"[93] und „der Gläubige" verbleiben. Diesen vier redete er ein, niemals habe ein Mensch Tonfiguren durch seinen Atem Leben eingehaucht,[94] Aussätzige geheilt, Blinde sehend gemacht, Tote auferweckt, den Menschen mitgeteilt, was sie in ihren Häusern aufbewahrten (vgl. Sure 3, 49). Nicht ein Mensch kann es gewesen sein, der sich in

Jesus zeigte, sondern Allah selber, der sich darauf wieder verhüllt habe: Jesus war Allahs Sohn, er ist der dritte von dreien (vgl. Sure 5, 73), Vater, Mutter Maria und Sohn. Bei diesen Worten habe den einen Gläubigen unter den vieren Entsetzen gepackt; er hatte Jesus mit eigenen Augen gesehen und wollte sich nicht von Paulus zum Irrglauben verführen lassen. Er und seine Gefährten, von da an durch die anderen bekämpft, mußten erneut fliehen; sie fanden bei Juden in aš-Ša'm Unterschlupf. Sobald sich die Juden von der Harmlosigkeit jener Sonderlinge überzeugt hatten, ließen sie sie in Ruhe, und die Gläubigen zogen sich in Einsiedeleien und Höhlen zurück, um den wahren Eingottglauben zu bekennen. Sie sind es, deren Mönchtum Mohammed in Sure 57, Vers 27 erwähnt; nur diese unzulässige Neuerung sei an ihnen tadelnswert. Auch in Sure 61, Vers 14 ist von ihnen die Rede. Die „Insel der Araber" aber war zuletzt das Gebiet, wo sie sicher waren. Dreiunddreißig Mönche erlebten das Erscheinen des von ihnen erwarteten Propheten und glaubten an ihn. Was aber Paulus unter den Christen war, das ist in dieser „besten Gemeinschaft" ʿAbdallāh b. Saba'.[95]

ʿAbdallāh b. Saba', der Unruhestifter

Wie einst die Lehren Jesu durch Paulus entstellt und dann von den großen östlichen Kirchen verbreitet worden seien, so erlebe man jetzt eine Verdrehung der Botschaft Mohammeds, und man kann die Person benennen, die sich vor allen anderen diesem teuflischen Tun verschrieben hat: ʿAbdallāh b. Saba'. Über ihn berichten die Quellen ziemlich ausführlich. Er stammte aus Sanaa und war Jude gewesen, bevor er unter dem Kalifat ʿUṯmāns zum Islam übertrat. Mit ihm macht zum ersten Mal ein Muslim von sich reden, wie er in dem ʿumarschen Gesellschaftsgefüge gar nicht vorgesehen ist. In der arabischen Genealogie hat er offensichtlich keinen Platz; er ist der Sohn einer Schwarzen, und so lautet auch sein Beiname, unter dem er häufig in den Quellen auftaucht: Ibn as-Saudā'. Er reiht sich, aus welchen Gründen auch immer, nicht unter die *muǧāhidūn*, sondern zieht umher, um die Muslime „zum Irrtum zu verleiten", ganz wie man es von Paulus erzählt.[96] „Er begann im Hedschas, dann (war er) in Basra, danach in Kufa, danach in aš-Ša'm. In aš-Ša'm erreichte er jedoch bei niemandem sein Ziel. Sie verjagten ihn, so daß er nach Ägypten weiterzog, wo seine Worte auf fruchtbaren Boden fielen."[97] Es sei doch seltsam, habe er den Ägyptern gesagt, daß es Leute gebe, die von der Wiederkehr Jesu überzeugt seien,[98] aber leugneten, daß Mohammed zurückkehren werde. Dabei habe Allah doch selber verkündet: „Der dir (die Verkündung) der ‚Lesung' auferlegt hat, steht im Begriff, dich zu einer Rückkehr zurückzubringen" (Sure 28, 85). Mohammed habe demnach sogar ein höheres Anrecht auf die Wiederkehr als Jesus. Diese Lehren habe man angenommen, und man habe sich viel mit ihnen beschäftigt.

Später soll ʿAbdallāh b. Saba' eine Anzahl weiterer Lehren in Umlauf gesetzt haben, die der um sich greifenden Unzufriedenheit einen religiösen Umhang anpaßten. Der Unmut konnte sich von da an in Parolen hüllen, die mehr zu besagen schienen als bloße Anschuldigungen ʿUṯmāns, in Schlagworte überdies, die suggerierten, es gebe einen einfachen und mühelosen Weg aus allen Unannehmlichkeiten. ʿAbdallāh b. Saba' erklärte, vor Mohammed hätten tausend Propheten gelebt, und ein jeder von ihnen habe einen Verweser, einen Testamentsvollstrecker (arab.: *al-waṣī*), benannt; Mohammeds Verweser sei ʿAlī b. abī Ṭālib. Und so wie Mohammed das Siegel der Propheten gewesen sei, sei ʿAlī das Siegel der Verweser, der letzte in ihrer Reihe. Das hieß aber nicht mehr und nicht weniger, als daß die politischen Verhältnisse, wie sie sich nach dem Hinscheiden Mohammeds herausgebildet hatten, illegitim waren. „Wer", so fragte ʿAbdallāh b. Sabaʾ polemisch, „ist ein üblerer Frevler als derjenige, der die Vollstreckung des Vermächtnisses des Gesandten Allahs nicht zuließ, ja, sich am Verweser vergriff?" ʿUṯmān ist mithin ein Usurpator, und was darf man von solch einem Mann anderes erwarten als Ungerechtigkeiten? Güter und Gelder häuft er auf, alles rafft er an sich, ohne dazu befugt zu sein; denn der Verweser, nämlich ʿAlī, lebt noch! Das ganze Netz von Amtsträgern, das die Kalifen aufgebaut haben, handelt daher illegal! Man muß die Menschen wachrütteln, muß sie aufrufen, das Billigenswerte einzufordern, das Tadelnswerte zurückzuweisen (vgl. Sure 3, 110), damit überhaupt erst wieder eine Gemeinschaft entsteht, die sich als Erbin des Lebenswerkes des Propheten betrachten darf! So lautete die Botschaft, mit der ʿAbdallāh b. Sabaʾ um Anhänger warb.[99]

Das „Vermögen Allahs"

Dies alles wird uns so mitgeteilt, als hätte ʿAbdallāh b. Sabaʾ erst von Ägypten aus mit dem Aufwiegeln begonnen. Dieser Eindruck täuscht; nicht erst dort hat er seine Ideen zielstrebig verbreitet. Zum ersten Mal wird er um das Jahr 30 (begann am 4. September 650) greifbar, und zwar in aš-Šaʾm, wo er mit Abū Ḏarr al-Ġifārī zusammengetroffen sein soll. Ihn habe er angestiftet, sich bei Muʿāwija über die ungerechten Verhältnisse zu beschweren. Muʿāwija, so schärfte ʿAbdallāh b. Sabaʾ dem einfältigen Abū Ḏarr ein, behaupte, die Schätze, die er horte, seien das „Vermögen Allahs" – eine wohl schon unter Mohammed gebräuchliche Bezeichnung für die „Staatskasse".[100] Nun gehöre, in religiöser Sicht der Dinge, ohnehin alles dem Schöpfer, Muʿāwija aber verwende den Begriff, um vorzutäuschen, es handle sich nicht um das Eigentum der Muslime. In Wahrheit wolle er ihnen vorenthalten, was ihnen zustehe. – An diesem Vorwurf ist etwas Richtiges; denn das „Vermögen Allahs" speist sich aus den unmittelbaren wie den mittelbaren Einkünften, die die Kampfgemeinschaft der Gläubigen erzielt, und sie sind zur Aufrechterhaltung der Bewegung auszugeben; wären sie das „Vermögen der Muslime", dann müßten sie jedem, der nach Mekka gewandt betet, zugute kommen, z.B. auch ʿAbdallāh b. Sabaʾ. Seine Lehren sind ein weiteres Anzeichen dafür, daß sich die Bewegung erschöpft. – Abū Ḏarr wurde tatsächlich beim Statthalter in Damaskus vorstellig und verärgerte ihn mit dem Zank um die richtige Benennung des Staatsschatzes. Zu allem Überfluß begann Abū Ḏarr, in aš-Šaʾm gegen das Aufhäufen von Gütern wie gegen jeden Reichtum zu wettern, wovon wir schon wissen. Der Kalif riet Muʿāwija, da nun die „Fitna ihr Maul und ihre Augen" zeige und wie eine Raubkatze auf das Schlagen der Beute lauere, jenen Abū Ḏarr höflich, aber bestimmt auf den Weg nach Medina zu schicken, wo es dann zu der schon geschilderten Begegnung mit ʿUṯmān kam. Abū Ḏarr hielt auch ihm gegenüber mit den von ʿAbdallāh b. Sabaʾ gelernten Weisheiten nicht hinter dem Berge – es müsse heißen: „Vermögen der Muslime", und ohnehin sei zu unterbinden, daß die Reichen sich etwas von diesem Vermögen aneigneten. Der Kalif entließ ihn, wie schon erzählt, nach ar-Rabaḏa, schenkte ihm eine Kamelherde und gestattete ihm, wieder wie ein Beduine zu leben, also die Hedschra rückgängig zu machen und dadurch aus der Bewegung auszuscheiden.[101] In aš-Ša'm versuchte ʿAbdallāh b. Saba', weitere prominente Prophetengenossen für seine Ziele einzuspannen. So nahm er mit dem Ḫazraǧiten Abū d-Dardā' (gest. 652/3) Verbindung auf, einem Mann, der Muʿāwija eine Zeitlang als *Qāḍī* von Damaskus diente,[102] sowie mit einem anderen „Helfer", nämlich ʿUbāda b. aṣ-Ṣāmit. Er und Abū d-Dardā' waren übrigens schon von Jazīd b. abī Sufjān[103] nach aš-Ša'm gerufen worden, um dort die Menschen im neuen Glauben zu unterweisen.[104] Bei beiden hatte ʿAbdallāh b. Saba' weniger Erfolg als bei Abū Ḏarr; ʿUbāda übrigens soll es gewesen sein, der Muʿāwija über die Umtriebe des jemenitischen Neubekehrten in Kenntnis setzte.[105]

Auch jetzt kann es ihn noch nicht nach Ägypten verschlagen haben, wie man aus dem oben wiedergegebenen summarischen Bericht über ihn schließen müßte. Im Jahre 33 (begann am 2. August 653) treffen wir ʿAbdallāh b. Saba' nämlich in Basra. Als ʿAbdallāh b. ʿĀmir das dritte Jahr Statthalter von Basra war, mithin im Jahr 32 (begann am 12. August 652), erfuhr er, daß sich unter den Banū ʿAbd al-Qais ein Fremder verberge. Unterkunft gewähre ihm ein gewisser Ḥukaim b. Ǧabala, der ein berüchtigter Räuber war. Immer wenn die Truppen zum Dschihad abmarschierten, war Ḥukaim dabei, aber dann setzte er sich ab und überfiel sowohl Andersgläubige, die in einem Vertragsverhältnis mit den Muslimen standen, wie auch „Leute der Gebetsrichtung". Auf Anweisung ʿUṯmāns hielt ʿAbdallāh b. ʿĀmir den Banditen und seinen Anhang in Basra fest; sie sollten sich eines Besseren besinnen. Der Fremde, der bei Ḥukaim abstieg, war aber niemand anders als ʿAbdallāh b. Saba'. Er habe sich in Basra für einen Schriftbesitzer ausgegeben, der sich zum Islam hingezogen fühle und daher die Nähe des Statthalters suche. In Wirklichkeit habe er, allerdings ohne klar seine Absichten zu eröffnen, sich das Vertrauen derjenigen erschlichen, die mit den ihnen durch Ibn ʿĀmir auferlegten Beschränkungen nicht einverstanden waren; ihnen habe er mancherlei Ideen eingeblasen, worauf der Statthalter ihn zum Verlassen der Ansiedlung aufgefordert habe. ʿAbdallāh b. Saba' wandte sich nun nach Kufa, wo er ebenso wenig willkommen war, und schließlich habe ihn sein Weg nach Ägypten geführt. Dort wurde er geduldet, und erst von dort aus knüpfte er ein Netz hochverräterischer Verbindungen.[106]

Sein Aufenthalt in Basra wird in den Quellen zumindest chronologisch mit anderen Vorgängen zusammengebracht, die ein Schlaglicht auf die Bemühungen ʿUṯmāns um die Verankerung islamischer Grundsätze in der Gesellschaft werfen. Die harte Bestrafung al-Walīd b. ʿUqbas deutete ja in eben diese Richtung, doch trug sie keineswegs dazu bei, dem Kalifen die Sympathien der breiten Masse zu sichern.[107] Jetzt ging es um einen der Freigelassenen ʿUṯmāns, der eine Ehe geschlossen hatte, ohne sich um die in Sure 2, Vers 228 und Sure 65, Vers 1 und 4 vorgeschriebene Wartefrist zu kümmern. Der Kalif ließ die Vermählten trennen und verbannte den Mann von Medina nach Basra. Dort verkehrte der Exilierte mit ʿAbdallāh b. ʿĀmir. Als er nach Medina zurückkehren durfte, brachte er die Nachricht mit, in Basra lebe jemand, der sich durch eine unislamische Enthaltsamkeit[108] auszeichne; er meide die Frauen und den Verzehr von Fleisch, noch schlimmer aber: er bleibe dem Freitagsgottesdienst fern und verfechte die Ansicht, die Nachkommen Abrahams seien keiner besonderen Verehrung würdig. Auch diesen Fall löste ʿUṯmān durch Verbannung. Der Denunzierte mußte sich nach aš-Šaʾm verfügen, wo er allerdings die Wertschätzung Muʿāwijas gewann, zumal er die Beschuldigungen entkräften konnte. Auch andere Fälle von Zwangsumsiedlung sind bekannt.[109] ʿAbdallāh b. Sabaʾ brauchte mithin, um die Menschen wirksam zu agitieren, nicht nur auf das „Vermögen Allahs" zu verweisen. ʿUṯmān hoffte anscheinend, mit Zwangsmaßnahmen den islamischen Charakter der „besten Gemeinschaft" zu festigen, bemerkte aber nicht, wie sich eine Atmosphäre von Zuträgerei und Verunglimpfung herausbildete. Leicht war es, eine Obrigkeit, die Verleumdungen allzu bereitwillig für bare Münze nahm, als ungerecht und despotisch anzuschwärzen, noch dazu bei einer Bevölkerung, die erst seit zwei Jahrzehnten mit einem Gemeinwesen Bekanntschaft machte, dessen einende Kraft jenseits des jeweiligen Stammes entsprang.

ʿAbdallāh b. Sabaʾ in Ägypten

Gegen Ende des Kalifats ʿUṯmāns war ʿAbdallāh b. Sabaʾ tatsächlich in Ägypten. Die großen Heerlagersiedlungen waren alle in Gärung geraten. In der einen hörte man, wie übel es in einer anderen stehe, und pries sich glücklich, weil man die – tatsächlichen oder vermeintlichen – Leiden der übrigen nicht teilen müsse; in Medina aber liefen alle diese Tatarennachrichten zusammen, und wer sie ernstnahm, der mußte den Eindruck gewinnen, daß die Verhältnisse überall weit bedrückender seien als am Herrschersitz des „Befehlshabers der Gläubigen". Der Kalif faßte den Entschluß, vertrauenswürdige Männer an die Brennpunkte der Unzufriedenheit zu schicken, die die Wahrheit herausfinden sollten. So geschah es; unter den Entsandten waren ʿAbdallāh b. ʿUmar, Usāma b. Zaid und Muḥammad b. Maslama, die sich in Basra, Kufa und aš-Šaʾm umschauten. Alle stellten sich bald wieder in Medina ein, mit einer Ausnahme: ʿAmmār b. Jāsir, der nach Ägypten gereist war, blieb aus. Man hegte in Medina bereits schlimme Befürchtungen, begann von seiner Ermordung zu munkeln. Da kam eine Botschaft von ʿAbdallāh b. Saʿd b. abī Sarḥ, dem Statthalter in Fustat. ʿAmmār habe sich mit einigen Unruhestiftern eingelassen und mache mit ihnen gemeinsame Sache. Namentlich genannt wurden ʿAbdallāh b. Sabaʾ, des weiteren Ḫālid b. Mulǧam, Sūdān b. Ḥumrān und Kināna b. Bišr. Diese vier vor allem hätten ʿAmmār b. Jāsir beschworen, er möge sich von ʿUṯmān lossagen, denn die Wiederkehr Mohammeds stehe bevor. Selbst in Medina sei man inzwischen dieser Überzeugung.[110] Auch in der ägyptischen Überlieferung hielt sich die Kunde davon, daß der berühmte Prophetengenosse einst das Land betreten hatte; man wußte, daß dies erst unter ʿUṯmān geschehen war, und zwar „in einer Angelegenheit (des Kalifen)". Haftengeblieben war ferner die Erinnerung an einen Ausspruch, den er damals tat: „Freut euch, denn, bei Allah, obwohl ihr den Gesandten Allahs niemals gesehen habt, ist eure Liebe zu ihm heftiger als diejenige der meisten, die ihn gesehen haben!"[111]

Die Namen der Gesinnungsgenossen ʿAbdallāh b. Sabaʾs verraten uns, bei wem seine Worte auf fruchtbaren Boden fielen. Greifen wir um etwa zwei Jahrzehnte zurück, in die Anfänge des Kalifats ʿUmars! Um die immer noch unsicheren Eroberungen im Süden des Irak zu festigen – Ḫālid b. al-Walīd hatte nach aš-Šaʾm abgezogen werden müssen –, bemühte sich ʿUmar, neue Kämpfer für den Dschihad im Zweistromland zu begeistern. Die im Jahre 635 angeworbenen Truppen unterstellte er dem Befehl von Saʿd b. abī Waqqāṣ; es sind jene Krieger, die bald bei al-Qādisīja den vielbejubelten Sieg erringen werden.[112] Sobald sie abmarschbereit waren, begab sich der Kalif in das Lager, um vor ihnen eine Abschiedspredigt zu halten. Insgesamt soll es sich um viertausend Personen gehandelt haben, Frauen und Kinder eingerechnet; Jemeniten stellten mit Abstand das größte Aufgebot. Der Aufbruch wurde von einem peinlichen Zwischenfall überschattet. Ungefähr die Hälfte der *muǧāhidūn*, die doch allesamt zur Stabilisierung der Lage im Irak gebraucht wurden, meuterte und weigerte sich, dem Befehl ʿUmars Folge zu leisten; man wolle lieber nach aš-Šaʾm als in das Zweistromland ziehen. Schon Mohammed hatte erfahren müssen, daß es kaum möglich war, Araber zum Kampf gegen die Sasaniden zu ermuntern. Vor ihnen und ihrer militärischen Stärke hatten sie allen Respekt, aš-Šaʾm hingegen galt als die bequemere Beute. Vielleicht wußte man davon, daß Herakleios sich in der Illusion wiegte, von Süden her drohe ihm nur eine geringe Gefahr.[113] Jedenfalls mußte ʿUmar nachgeben, und so marschierten viel weniger in den Irak, als er erhofft hatte. Kurze Zeit danach, am Beginn des Winters von 635 auf 636, lagerte das Heer im Streifgebiet der Banū Tamīm, und dort gelang es, reichlich Verstärkungen anzuwerben, so daß man doch mit einem schlagkräftigen Heer den Sasaniden entgegentreten konnte.[114] Bei jener denkwürdigen Heerschau, so wird erzählt, war ʿUmar das Kontingent der jemenischen as-Sakūn, die unter die Kinditen eingereiht waren, besonders unangenehm aufgefallen. Einer der Führer war der Sakūnite Muʿāwija b. Ḥudaiǧ. Während ʿUmar dessen Bataillon gemustert habe, seien ihm dunkelhäutige, glatthaarige junge Männer unter die Augen getreten, und er habe sich befremdet abgewandt – vor allem die glatten Haare galten als unarabisch.[115] Schließlich betrachtete ʿUmar das Gebilde, an dessen Spitze er stand, als muḍaritisch.[116] Mit Widerwillen habe der Kalif diese Leute wahrgenommen; er habe gezaudert und sich gefragt, ob er, der von deren Unzuverlässigkeit überzeugt war, sie auf einen Feldzug schicken dürfe, bei dem es auf Geradheit und Festigkeit ankomme. In der Rückschau habe man die Hellsichtigkeit des Kalifen bewundert, denn unter den Beargwöhnten waren ein Mann wie Sūdān b. Ḥumrān, einer der Mörder ʿUṯmāns, ferner ein Eidgenosse mit Namen Ḫālid b. Mulǧam, der Mann, der später ʿAlī b. abī Ṭālib erdolchte.[117]

Muʿāwija b. Ḥudaiǧ gehörte zu den Meuterern; danach begegnet er uns als Befehlshaber eines Bataillons in der Schlacht am Jarmuk,[118] die Herakleios die letzte Hoffnung auf einen Wiedergewinn Syriens und Palästinas raubte.[119] Viele der dem Kalifen ungehorsamen Jemenier brachen schließlich mit ʿAmr b. al-ʿĀṣ nach Ägypten auf, das den Eindringlingen schutzlos ausgeliefert war. Muʿāwija b. Ḥudaiǧ hatte darauf die Ehre, als ʿAmrs Bote dem Kalifen in Medina die Erstürmung Alexandriens zu melden.[120] Abgesehen von der erwähnten Befehlsverweigerung, ließ sich Muʿāwija b. Ḥudaiǧ in keine weiteren Illoyalitäten gegen die Kalifen hineinziehen, und als man ʿUṯmān ermordet hatte, verfolgte er die Beschuldigten unnachsichtig. Mehr als siebzig Männer des eigenen Stammes tötete er unter diesem Verdacht.[121] In enger verwandtschaftlicher Nähe zu Muʿāwija b. Ḥudaiǧ stand Kināna b. Bišr, der anders als jener ein Anhänger ʿAbdallāh b. Sabaʾs wurde; Kināna hatte zu den Männern der ersten Stunde in Fustat gehört, ʿAmr b. al-ʿĀṣ hatte seinem Klan dort ein Wohnviertel angewiesen.[122] Wahrscheinlich war Kināna einer von denen, die sehr früh gegen ʿAmr zu arbeiten begannen. Wiederholt beschwerten sich einige Fustater über ihren Statthalter bei ʿUṯmān, der überdies nicht verhindern konnte, daß einer seiner Ziehsöhne Medina in Richtung Ägypten verließ, um sich auf die Seite der Murrenden zu schlagen. Diese drückten durch, daß ʿAmr b. al-ʿĀṣ im Jahre 27 (begann am 7. Oktober 647) einen Teil seiner Amtsbefugnisse an ʿAbdallāh b. Saʿd b. abī Sarḥ abtrat, der sogleich einen einträglichen Raubzug bis in das heutige Tunesien organisierte und sieben Jahre später noch einmal dorthin aufbrach.[123] Bei beiden Kriegszügen zeichnete sich Muʿāwija b. Ḥudaiǧ aus. Tatsächlich blieb ʿAmr der starke Mann in Ägypten; ʿAbdallāh b. Saʿd verwaltete zwar die Erträge aus dem bebauten Land und zeichnete für den Dschihad verantwortlich, ʿAmr aber behielt die prestigeträchtige Aufgabe, die rituellen Gebete in Fustat zu leiten, so daß eigentlich er und nicht ʿAbdallāh b. Saʿd b. abī Sarḥ der Stellvertreter des Kalifen war. Diese unentschiedene Situation bot den Unruhestiftern um Kināna b. Bišr und Sūdān b. Ḥumrān ein vielversprechendes Tätigkeitsfeld.[124] Sie nahmen ʿAbdallāh b. Sabaʾ mit offenen Armen auf.

Im Jahre 34 (begann am 22. Juli 654) rief ʿUṯmān einige Vertraute zu sich, um im Gespräch mit ihnen zu einer klaren Politik zu finden. In Mekka sollte man sich treffen, und zwar während der Pilgerzeremonien. Auch ʿAmr b. al-ʿĀṣ und ʿAbdallāh b. Saʿd folgten der Aufforderung. Bei den Unterredungen empfahl ʿAbdallāh b. ʿĀmir, den Verhältnissen seiner basrischen Statthalterschaft Rechnung tragend, die Querulanten in einem endlosen Dschihad fern ihrer Heerlagersiedlung zu zermürben.[125] In Fustat aber bot die Abwesenheit der beiden Vertreter des Kalifen den Unruhestiftern um ʿAbdallāh b. Sabaʾ die Gelegenheit, ihre Pläne voranzubringen.[126] Daß es so weit hatte kommen können, ist nicht zuletzt der Unentschlossenheit des Kalifen geschuldet. Noch ehe ʿAbdallāh b. Saʿd nach Mekka beordert worden war, hatte er ʿUṯmān über die Wühltätigkeit ʿAmmār b. Jāsirs in Kenntnis gesetzt und vorgeschlagen, den Störenfried dingfest zu machen und zu töten. In harschen Worten soll sich ʿUṯmān dergleichen verbeten haben; weder ʿAmmār noch jenen Rebellen dürfe ein Haar gekrümmt werden, solange sie nicht ausdrücklich den Kalifen für abgesetzt erklärten. „Laß sie schwätzen und tändeln!" befand ʿUṯmān – in Anlehnung an Mohammeds koranische Redeweise über die ihm feindlich gesonnenen Mekkaner (vgl. Sure 43, 83; 52, 12; 70, 42), jedoch in völliger Verkennung der seitdem von Grund auf veränderten Gegebenheiten. Als ʿUṯmān dann seine Vertrauten zur Beratung nach Mekka befahl, erhielt ʿAbdallāh b. Saʿd den Auftrag, ʿAmmār b. Jāsir zu verhaften und mitzubringen; alle übrigen blieben unbehelligt. ʿAmmār, beklagte sich der Kalif, habe ihn wegen mancher Entschlüsse geradezu verleumdet und ihn getadelt, obwohl er doch stets nach Recht und Billigkeit zu entscheiden bestrebt gewesen sei; Allah sei Zeuge dafür, daß es ihm, dem Kalifen, immer nur um die Beachtung der von Allah gesetzten Grenzen gegangen sei. Nachdem ʿUṯmān dies alles noch einmal gegenüber ʿAmmār beteuert hatte, ließ er diesen frei, und viele hätten ʿAmmār, der sich, wenn öffentlich zur Rede gestellt, zwar verteidigt, unter vier Augen aber seine Verirrung eingestanden habe, von da an geschnitten.[127]

Unbefugte Inanspruchnahme der Autorität Mohammeds

Die Wiederkehr Mohammeds war eines der Schlagworte, mit denen man die Unzufriedenen, die sich in den Heerlagern ansammelten, hatte erregen können. Diejenigen, die selber den Gesandten Allahs niemals gesehen hatten, liebten ihn mehr als die meisten derjenigen, die als Prophetengenossen galten, weil sie ihn erlebt hatten. ʿUmar hatte angeordnet, daß man die Mohammed zugeschriebenen Aussprüche nicht aufzeichne; einen Text wie die Mischna, der womöglich unkontrolliert weiterwuchern und mit Äußerungen befrachtet würde, die unterschiedlichen aktuellen Interessen nutzen sollten, durfte man nach seinen Vorstellungen nicht zulassen. Genau solch eine unbefugte Inanspruchnahme der Autorität Mohammeds wurde nun gang und gäbe, eben bei jenen, die dem Propheten niemals begegnet waren, ihn darum aber desto mehr liebten – nämlich als denjenigen, der angeblich die Erfüllung ihrer berechtigten wie ihrer unberechtigten Forderungen in der Vergangenheit zugesagt und mit dieser Zusage die Herrscher nach ihm gebunden haben sollte. ʿUmar selber hatte, wie überliefert wird, den Tod des Propheten anfangs nicht wahrhaben wollen, aber hinter dieser Regung war kaum mehr verborgen gewesen als der schlichte Gedanke, daß jemand, der von Allah zur Übermittlung seiner Rede erkoren worden war, mehr sein müsse als ein gewöhnlicher Sterblicher.[128] ʿAbdallāh b. Sabaʾ hingegen verwendete die Erwartung einer Wiederkehr Mohammeds zu einem deutlich erkennbaren politischen Zweck: Die Herrschaft, die ʿUṯmān ausübte, sollte illegitim sein, eine Usurpation von Befugnissen, die der wahre Machthaber in Kürze wieder an sich nehmen werde. Die aus Medina kommenden Anordnungen zu durchkreuzen, gegen die Statthalter des Kalifen zu opponieren, das war nicht etwa ein Ausscheren aus der Bewegung, es war vielmehr der Beweis echter Gläubigkeit. Diese – neue – Art der Gläubigkeit, von ihren Verfechtern als die einzig wahre und immer schon gebotene ausgegeben, würde von dem wiederkehrenden Mohammed in ihr vermeintlich angestammtes Recht eingesetzt werden, das von den Herrschenden mißbraucht und verdreht worden sei.

Wie trefflich die Liebe zu Mohammed das Milieu schuf, in dem man ihm die passenden Worte in den Mund legen konnte, bezeugen *Ḥadīṯe*, die man sich in den jemenischen Klanen erzählte, die ʿAmr b. al-ʿĀṣ mit nach Fustat gebracht und dort angesiedelt hatte. Muʿāḏ b. Ǧabal, den der Prophet in den Jemen geschickt und mit der Werbung für den Islam beauftragt hatte, spielt darin, wie einen nicht erstaunt, einen wichtigen Part. Aus dem Süden zurückgekehrt, gelangte er schon unter Jazīd b. abī Sufjān nach aš-Šaʾm, wo er, noch jung an Jahren, der Pest erlag. Die meuternden jemenischen *muǧāhidūn* könnten ihn dort kennengelernt haben, nach Ägypten gelangte er nicht. Der jemenische Stamm der Maʿāfir zusammen mit den Aš'arīǧūn und den Sakāsik hatte sein Fustater Quartier zuerst in der Nachbarschaft 'Amrs, danach bekamen sie ein anderes zugewiesen. Unter den Aš'arīǧūn und den Sakāsik kursierten *Ḥadīṯe*, die ihren eigenen Ruhm verkündeten. Der Prophet, hieß es da, hatte Mu'āḏ, als dieser in den Jemen aufbrach, ein Reitkamel geschenkt und ihm befohlen, bis nach al-Ǧanad zu reisen; wo immer das Kamel dort niederknien werde, solle er zum Gebet rufen, beten und eine Moschee errichten.[129] Daran hatte sich Mu'āḏ halten wollen, doch sobald er am Ort seines Auftrags angekommen war, blieb das Tier hartnäckig auf allen Vieren stehen. Ob es noch ein anderes al-Ǧanad gebe, erkundigte sich Mu'āḏ, und nachdem er sich dorthin durchgefragt hatte, kniete das Tier nieder, und er tat, was Mohammed ihm gesagt hatte. Der Eigentümer des von da an als Moschee genutzten Grundstücks war ein Mann von den Sakāsik; dieser legte ohne zu zögern einen Huldigungseid auf Mohammed ab und mit ihm etliche der Aš'arīǧūn und die Umlūk Radmān. Durch Mu'āḏ von diesem Erfolg in Kenntnis gesetzt, flehte der Prophet Allah an, er möge den Genannten alle Verfehlungen verzeihen. Ein weiteres *Ḥadīṯ* erzählte man sich in jenem Quartier in Fustat: Der Gesandte Allahs habe eines Tages in die Runde gefragt, ob seine Zuhörer nicht gern wüßten, welche die besten Stämme seien; natürlich war man darauf neugierig, und so stellte er fest, das seien „Umlūk Radmān, einige Gruppen unter den Aš'arīǧūn, Ḫaulān, as-Sakāsik und as-Sakūn".[130]

Damit sind wir genau beim Gegenteil dessen angelangt, was 'Umar b. al-Ḫaṭṭāb beunruhigte, als er die jemenischen Truppen musterte, die in das Zweistromland abrücken sollten. Die Liebe, nicht zu dem wirklichen, gestorbenen Propheten, sondern zu dem imaginierten, niemals erlebten machte derartiges möglich. Sie bot die Gelegenheit, allen Unmut zum Ausdruck zu bringen, den man gegen die übermächtigen Zwänge der Bewegung und der aus ihr folgenden islamischen Gerechtigkeit sowie gegen die schamlosen Nutznießer der letzten Jahre empfand. Ob freilich die Wiederkehr Mohammeds die verlockendste Hoffung derjenigen war, die sich jener Liebe verschrieben hatten, ist anzuzweifeln. Denn vermutlich schon damals waren ganz andere Erwartungen ebenfalls in Umlauf, die besser in die koranische Eschatologie der Auferweckung der Toten und des Endgerichts paßten. Nicht über einen zurückgekehrten Propheten, sondern über eine abgrundtiefe Verschlimmerung der irdischen Verhältnisse führte der Weg zum Besseren, das erst am Ende eintreten würde. Die Verwirrung des Rechts und die vermeintlich so jammervollen Lebensumstände wurden als ein unvermeidliches Durchgangsstadium ausgelegt, von dem übrigens im Koran noch nicht die Rede ist. Im Gegenteil, der „besten Gemeinschaft" sollte nach Mohammeds Vorstellung ein solches Schicksal ja gerade erspart bleiben! Jetzt aber war, wie man beispielsweise Mu'āḏ b. Ǧabal sprechen läßt, anscheinend genau das eingetroffen. Als er auf den Tod erkrankt war, bat man ihn, er möge einen Satz Mohammeds vortragen, den er Wort für Wort im Gedächtnis behalten habe. „Jeder Prophet", habe der Gesandte Allahs ihm einmal anvertraut, „warnte seine Gemeinschaft vor dem großen Lügner (arab.: *ad-Daǧǧāl*), und auch ich warne euch vor ihm. Er sieht nur mit einem Auge, Allah aber mit beiden. Zwischen den Augen (des goßen Lügners) steht ‚Ungläubig' geschrieben, jedermann kann das lesen, gleichviel ob er das Schreiben gelernt hat oder nicht. Auch der große Lügner führt mit sich Paradies und Hölle, nur ist seine Hölle (in Wirklichkeit) das Paradies, sein Paradies die Hölle!"[131] In Ägypten folgte man ʿAbdallāh b. Sabaʾ vor allem in einem: in seiner Lehre, daß ʿAlī b. abī Ṭālib der Testamentsvollstrecker Mohammeds sei. Angesichts der als unerträglich empfundenen Macht ʿAmr b. al-ʿĀṣ', der „der Fangzahn und der (alles zermalmende) Mahlstein" der Araber sei, wie ʿAbdallāh b. Sabaʾ sich ausdrückte,[132] lag in dieser Idee die Verheißung einer Veränderung, die nicht vom Eintreten eines Wunders wie der Rückkunft Mohammeds abhing.

4. Die Ermordung ʿUṯmāns

Beratungen über die Beilegung der Krise

Das Treffen des Kalifen mit seinen wichtigsten Statthaltern und Vertrauten, das am Ende des Jahres 34 während der Wallfahrtsriten abgehalten wurde, hatte kein greifbares Ergebnis gezeitigt. Den Teilnehmern war die Mißstimmung, die sich überall ausbreitete, natürlich nicht verborgen geblieben. Die Ratschläge, die man ʿUṯmān gab, waren so unterschiedlich wie die Regionen, denen die Statthalter vorstanden oder in denen sie als Amtsträger des Kalifen ihre Erfahrungen gesammelt hatten. Während der in den Kufaner Affären bewanderte Saʿīd b. al-ʿĀṣ vorschlug, mit Härte gegen die Rädelsführer vorzugehen, die im geheimen agierten und die Schuld am Verfall der Autorität des Kalifen trügen, und ʿAbdallāh b. Saʿd auf ein Handeln streng nach dem Recht drang, weswegen an den Missetätern die ihnen gebührende Strafe auch tatsächlich vollstreckt werden müsse, hielt sich Muʿāwija bedeckt; in aš-Šaʾm spüre man nichts von den Schwierigkeiten, die hier zur Debatte stünden. Schon seit dieser Beratung, bei der die Unentschlossenheit ʿUṯmāns deutlich wurde, habe Muʿāwija das Kalifat angestrebt, unterstellen einige Überlieferungen. Ṭalḥa b. ʿUbaidallāh, az-Zubair b. al-ʿAuwām und ʿAlī b. abī Ṭālib seien von seinem Ehrgeiz unangenehm berührt gewesen, zumal er ihnen ins Gedächtnis gerufen habe, daß sie alle drei allein dank ihrer Beziehung zu Mohammed in ihren Sippen zu Ansehen gekommen seien und dieses Ansehen jetzt auch nur bewahren könnten, sofern sie im Geiste der Botschaft des Propheten handelten, nicht aber um diesseitiges Prestige und Reichtum buhlten.[133] – Es hat sich nun, wie man an den Teilnehmern der Beraterrunde ersehen kann, die Macht in der „besten Gemeinschaft" von den frühen Auswanderern hinweg zu Männern verlagert, die sich durch Tatkraft auszeichnen, aber keine *sābiqa* aufweisen: Saʿīd b. al-ʿĀṣ, Muʿāwija b. abī Sufjān und ʿAbdallāh b. ʿĀmir stammen von Umaija ab und fanden erst spät zum Islam, desgleichen ʿAmr b. al-ʿĀṣ aus der quraišitischen Sippe der Banū Sahm; einzig ʿAbdallāh b. Saʿd b. abī Sarḥ aus der quraišitischen Linie der Nachkommen des ʿĀmir b. Luʾaij, übrigens ein Milchbruder ʿUṯmāns und deshalb von diesem für die Statthalterschaft in Fustat favorisiert,[134] war zwar früh dem neuen Glauben beigetreten, hatte es sich aber mit Mohammed ganz und gar verscherzt, als er dessen Offenbarungen für unecht erkannt hatte.[135] – Während man in Mekka tagte, rumorte es in den Heerlagersiedlungen weiter; es gelang aber nicht, einen Umsturz herbeizuführen. Lediglich in Kufa glaubte man den Augenblick zum Losschlagen für gekommen. Saʿīd b. al-ʿĀṣ vermochte die Situation nicht mehr zu meistern, sein Nachfolger wurde Abū Mūsā al-Ašʿarī, wie wir schon wissen.[136]

Zu einem Akt der Illoyalität gegen ʿUṯmān ließ auch Abū Mūsā sich nicht verleiten, so daß die Pläne der Parteigänger ʿAbdallāh b. Sabaʾs um die Wende zum Jahr 35 (begann am 11. Juli 655) nirgendwo verwirklicht wurden. Daher verständigten sich die Aufrührer untereinander darauf, daß sie Vertreter nach Medina schicken wollten, um den Kalifen zur Rede zu stellen. ʿUṯmān erfuhr von ihrem Eintreffen und ließ auskundschaften, worum es ihnen im einzelnen zu tun war. Man wolle, so brachten seine Gewährsleute in Erfahrung, dem Kalifen Fragen zu Dingen vorlegen, die man den Unzufriedenen „ins Herz gepflanzt" habe; man rechne nicht damit, daß der Kalif anderen Sinnes werde, und ebendiese vermeintliche Verstocktheit werde man nützen, um desto erfolgreicher die Menschen gegen ihn aufzuwiegeln. Bei der kommenden Wallfahrt werde man ʿUṯmān in den Weg treten und seine Abdankung verlangen; verweigere er sie, werde man ihn umbringen. In Medina seien drei Männer, die von diesen Plänen wüßten, nämlich ʿAmmār b. Jāsir – der mit ʿAbdallāh b. Saʿd aus Ägypten heimgekehrt war – sowie Muḥammad, ein Sohn Abū Bakrs,[137] und Muḥammad b. abī Ḥuḏaifa,[138] jener Ziehsohn ʿUṯmāns, der sich nicht genügend protegiert gefühlt hatte, nach Ägypten gegangen war und dort die Verbindung mit den Rebellen gesucht hatte.[139] ʿUṯmān lachte über diese wenigen und, wie er meinte, unbedeutenden Leute, die in Medina seine erklärten Feinde waren, und dachte nicht daran, gegen sie einzuschreiten. Auch die Beschwerdeführer, die aus Kufa und Fustat angereist waren, nahm er von aller Verfolgung aus, solange sie nicht wirklich Untaten begingen, die mit den in Sure 5 genannten koranischen Strafen zu ahnden seien. Er bot den Fremden sogar die Gelegenheit, ihre Klagen vorzutragen.

Der Inhalt der Beschwerden gegen ʿUṯmān und dessen Antwort

Sie führten folgendes an: Der Kalif habe auf Reisen das rituelle Gebet in vollständiger Länge vollzogen, wo es doch nach dem Vorbild des Propheten zu verkürzen sei. – ʿUṯmān verteidigte sich damit, daß er die vollständige Ausführung nur dann befohlen habe, wenn er sich auf heimischem Gebiet und nicht im Feindesland befunden habe. Zweitens habe der Kalif Weidegründe für den allgemeinen Gebrauch gesperrt. Er habe nichts getan, was nicht schon lange üblich gewesen sei, nämlich einen Weidegrund zum Reservat (arab.: *al-ḥimā*) für die Kamele der *muǧāhidūn* bestimmt;[140] als er sein Amt angetreten habe, sei er sowohl an Kamelen als auch an Kleinvieh der reichste Araber gewesen, jetzt besitze er nur noch zwei Reitkamele, wie also sollte er sich an den Reservaten bereichert haben? Drittens habe er den vereinheitlichten Text des Korans für verbindlich erklärt. Der Koran sei einer und stamme aus einer Quelle. Viertens habe der Kalif seinem Verwandten al-Ḥakam b. al-ʿĀṣ[141] die Rückkehr aus der Verbannung erlaubt. Der Gesandte Allahs habe diesen Enkel von Umaija b. ʿAbd Šams, einen seiner ärgsten Feinde, nach der Inbesitznahme Mekkas aus der Stadt verbannt, ihn danach aber selber wieder zurückgeholt. Fünftens habe der Kalif junge Männer mit herausragenden Ämtern betraut. Seine Vorgänger, betont ʿUṯmān, handelten genau so, man denke nur an Usāma b. Zaid, den der Prophet zum Befehlshaber eines Feldzugs ernannte. Sechstens habe ʿAbdallāh b. Saʿd ein Fünftel der Erträge des von ihm eroberten Landes bekommen. Auch hier verweist der Kalif auf Abū Bakr und ʿUmar; überdies habe er nach dem Einspruch des Heeres diese Entscheidung rückgängig gemacht. Siebtens bevorzuge der Kalif in ungebührlicher Weise seine Verwandten. Was er ihnen schenkte, stammte aus seinem Privatvermögen, so daß den Muslimen nirgends die Rechte geschmälert wurden; in der Tat habe er Ländereien verkauft, deren Erträge den Auswanderern und „Helfern" zustanden, doch habe es dafür gute Gründe gegeben: Wer im eroberten Land bleibe und von dort aus dem Dschihad nachgehe, der stelle dadurch den Lebensunterhalt seiner Familie in der Heimat sicher; kehre er dorthin zurück, dürfe sein Anteil am durch den Dschihad gewonnenen Ernteertrag nicht verlorengehen, und deshalb habe er, der Kalif, im Namen des Heimgekehrten dessen Anteile veräußert und diesem den Erlös übergeben.

ʿUṯmān hoffte, den Unmut besänftigt zu haben; die Beschwerdeführer reisten ab, nicht ohne sich darauf geeinigt zu haben, daß man sich im kommenden Šauwāl (begann am 2. April 656) wieder in Medina treffen werde.[142] In das Jahr 35 (begann am 11. Juli 655) werden drei Verlautbarungen datiert, die ʿUṯmān habe verbreiten lassen, um den Argumenten der Rebellen entgegenzutreten. Die Adressaten sind „die Gläubigen und die Muslime". Ihnen ruft der Kalif in Erinnerung, daß Allah sie durch die Verkündung des Islams aus dem religiösen Irrtum herausgeführt und vor dem Unglauben errettet, ihnen danach desweiteren klare Zeichen für die Wahrheit offenbart habe: Er schenkte ihnen den Triumph über die Feinde und überschüttete sie mit Wohltaten (Sure 31, 20) und allem, was zur Fristung des Lebens unentbehrlich ist. Zur Bekräftigung dieser Aussage fügt ʿUṯmān Zitate aus dem Koran an. Die Wohltaten Allahs sind unzählbar, der Mensch aber kennt keine Dankbarkeit (Sure 14, 34). Besonders ergiebig für ʿUṯmāns Zwecke erweist sich Sure 3 aus der frühen medinensischen Epoche, in der Mohammed um die Unterstützung der Ausiten und Ḫazraǧiten sowie der in Qubāʾ wohnenden Auswanderer rang und die Zersplitterung seines Anhangs gewärtigte.[143] Die Gläubigen müssen Allah fürchten und sollen bis zu ihrem Tod in der Hingewandtheit zu ihm verharren (Vers 102), denn aus ihnen soll eine Gemeinschaft werden, die zum Guten aufruft, gebietet, was recht ist, und alles Verwerfliche verbietet (Vers 104);[144] sie dürfe um nichts in der Welt in den Fehler der vergangenen Gemeinschaften verfallen, die sich in verfeindete Faktionen zersplitterten; wer mit seinem Glauben einen wohlfeilen Handel treibt, geht seines Anteils an einem angenehmen Jenseits verlustig (Vers 77), eine Warnung, die in Sure 2, Vers 41 ebenfalls ausgesprochen wird. Sure 64, Vers 16 und Sure 5, Vers 7 mahnen zum Gehorsam gegen die Botschaft, die Mohammed überbrachte; Sure 5, Vers 48 richtete sich ursprünglich an den Propheten selber: Er möge nicht dulden, daß seine Feinde ihn im Glauben an das schwankend machten, was ihm herabgesandt worden sei – dieser Vers enthält den Begriff der Fitna, nämlich der Anfechtung der Glaubenstreue. Eben dies geschieht in seinen Tagen, meint ʿUṯmān. Sure 5, Vers 48 bietet mithin die Diagnose, die der Kalif zu den Vorgängen aufstellt, deren Zeuge er wird. Ein Zitat aus Sure 49 unterstreicht diese Auffassung; in Vers 6 heißt es: „Ihr, die ihr glaubt! Wenn euch ein Frevler eine Nachricht bringt, dann erwägt (sie), damit ihr niemandem mit einer Torheit schadet und damit ihr danach euer Handeln nicht bereuen müßt!" Von den mekkanischen Suren zitiert der Kalif lediglich die 16., in der er die Aufforderung findet, man müsse die Verpflichtung, die man gegenüber Allah eingegangen sei, aufrichtig erfüllen (Vers 91); Eide, die man geschworen habe, dürfe man nicht mißbrauchen, um Zwietracht zu säen, und deshalb wäre es ein schlimmer Frevel, wollte man von dem Schwur, den man vor Allah abgelegt hat, um eines kleinen Vorteils willen abrücken (Vers 94 f.).

Damit sind wir beim wichtigsten Anklagepunkt, den ʿUṯmān gegen seine Feinde geltend macht. Sie sagen von sich, sie seien geradsinnige Muslime, die unbeirrbar der Verpflichtung eingedenk seien, die sie vor Allah auf sich genommen hätten, als sie seine Gläubigen geworden seien; alles, was sie seither antreibe, sei nichts als die Treue zu Allah. In Wahrheit aber, meint ʿUṯmān, haben sie diese Treue längst um eines schnöden irdischen Gewinns willen verpfändet; mit ihrer Verlogenheit tragen sie den Unfrieden und zuletzt gar die Zwietracht in die „beste Gemeinschaft" hinein. – Die beiden anderen Verlautbarungen kommen fast ohne Koranzitate aus und enthüllen ʿUṯmāns Gedankengang um so unbefangener. Allah, so mahnt der Kalif die Unruhestifter, wünsche nichts als Gehorsam, keinesfalls sei er mit Widerspenstigkeit, Zwist und Abspaltungen einverstanden. Im Koran habe er den Muslimen die abschreckenden Beispiele untergegangener Glaubensgemeinschaften vor Augen geführt. „Keine von ihnen fiel der Vernichtung anheim, bevor sie Uneinigkeit zeigte und es keinen Imam mehr gab, der sie hätte einen können." Auch jetzt werde es wieder so sein: Sobald man nicht mehr in Eintracht die rituellen Gebet vollziehe, werde Allah die Feinde an die Macht bringen, Zweifel über das Erlaubte und Verbotene würden um sich greifen. – Daß die Abweichung ʿUṯmāns von einer durch den Propheten vorgegebenen Gebetsregel auf der Liste seiner Verfehlungen ganz oben stand, bestätigt diese dem Islam eigentümliche Wertung des Rituals, von dem aus alle übrigen Bereiche des Daseins in den Blick genommen werden. Zeitgleich mit dem Erlahmen der Dschihadbewegung rückt diese Wertung in den Vordergrund, wie wir im letzten Kapitel erfahren werden.

Die Quintessenz der Unrast, die das Gemeinwesen befallen hat, sieht ʿUṯmān in Sure 6, Vers 159 auf den Punkt gebracht: „Diejenigen, die ihre Glaubenspraxis (arab.: *ad-dīn*) spalten und sich in Parteiungen (arab.: *aš-šīʿa*, Pl. *aš-šijaʿ*) aufteilen, sind nicht deine (d.h. Mohammeds) Angelegenheit. Sie sind Allah (und niemandem sonst) überantwortet – er wird ihnen (am Jüngsten Tag) mitteilen, was sie angerichtet haben." ʿUṯmān will die Aufrührer genau daran erinnern, was der Koran als das autoritative offenbarte Wort zu ihnen zu sagen hat. „Mein Volk!" rief der Prophet Šuʿaib seiner unbotmäßigen Gemeinde zu, „eure Widerspenstigkeit gegen mich wird hoffentlich nicht damit enden, daß euch das gleiche trifft wie das Volk des Noah, des Hūd, des Ṣāliḥ, und auch das Volk Lots ist nicht fern von euch![145] Fleht euren Herrn um Vergebung an, dann wendet euch bußfertig zu ihm! Mein Herr ist barmherzig und voller Liebe!"[146]

Das dritte Sendschreiben beginnt wiederum mit der Klage über jene Leute, die gegen den Kalifen Stimmung machen und dabei vorgeben, sie handelten im Interesse der göttlichen Wahrheit und nicht aus diesseitigen Beweggründen. Als man ihnen freilich die Wahrheit eröffnet habe – ein Passus, der sich auf die Aussprache mit den Beschwerdeführern bezieht –, reagierten diese höchst unterschiedlich. Manche ergriffen hastig, was ihnen zustand, andere hielten sich zurück und bekamen später trotzdem ihr Recht. Wieder andere verschmähten es in unredlicher Absicht, denn sie erstrebten nicht mehr und nicht weniger als die Macht. „In ihren Augen lebe ich schon viel zu lange; was sie sich erhoffen,[147] zieht sich in die Länge, und so beschleunigten sie das Vorherbestimmte."[148] Jetzt folgt ein Bericht darüber, wie sich damals die Erörterungen abspielten. Der Kalif versammelte die Gegner sowie die Auswanderer und „Helfer" in der Moschee und erzielte wenigstens darin eine Übereinstimmung, daß es geboten sei, streng nach dem Koran zu urteilen und nötigenfalls die Strafen zu vollstrecken, die er vorschreibe. Die Aufrührer konnten nicht widerlegen, daß jemand, der zum Hochverrat auffordert, zu töten ist (vgl. Sure 5, 33).[149] Die Rebellen ihrerseits verlangten, daß jeder, der mittellos sei, durch das Kalifat ernährt werden müsse; auf diese Weise solle ein „guter Brauch" begründet werden. Um dies zu ermöglichen, dürften weder das Beutefünftel des Kalifen noch die eingehobenen *ṣadaqāt* angetastet werden. – Hier wird erneut deutlich, was die Forderung ʿAbdallāh b. Sabaʾs meinte, der Staatsschatz sei das „Vermögen der Muslime", ein Fundus nämlich, aus dem jeder Muslim unabhängig von seiner Leistung für die „beste Gemeinschaft" durchzufüttern sei. Die *ṣadaqāt* und das Beutefünftel des Kalifen verlieren die ursprüngliche Zweckbestimmung; die *ṣadaqāt* waren der Beitrag der nicht für den Dschihad Verfügbaren zur Aufrechterhaltung der Bewegung gewesen, und in gleicher Weise hatte Mohammed sein Beutefünftel verwendet, zur Belohnung außergewöhnlichen Einsatzes wie zum Erkaufen von Loyalität. – Beide Arten von Einkünften werden nun der Disposition des Kalifen entzogen; denn in seiner Not stimmte ʿUṯmān diesem Ansinnen zu. Desweiteren hatte man ihm abgezwungen, er möge „kraftvolle und integre" Statthalter ernennen. Nachdem er sich mit den Witwen des Propheten, die zum ersten Mal als politischer Faktor erscheinen, über dieses Begehren beraten hatte, vergab er den Posten in Fustat wieder an ʿAmr b. al-ʿĀṣ, weil dieser bei seinen Truppen so beliebt sei, und bestätigte den Umsturz, der in Kufa vonstatten gegangen war und Abū Mūsā al-Ašʿarī ins Amt getragen hatte.[150]

ʿUṯmāns „Nepotismus"

Von Medina aus konnte man den entstehenden islamischen Staat offensichtlich nicht mehr lenken. Die Heerlagerstädte hatten binnen zwei Jahrzehnten ein solches Maß an Eigengewicht gewonnen, daß die dortigen Notabeln sich die Zügel nicht aus der Hand nehmen ließen. ʿUmar b. al-Ḫaṭṭāb war umhergereist; sein Gedanke war es gewesen, durch persönliche Anwesenheit die Macht des „Befehlshabers der Gläubigen" zur Geltung zu bringen und eigenhändig die auf die Bevölkerung entfallenden Dotationen zu verteilen. Schon damals war es vergebliche Hoffnung, auf diese Weise die „beste Gemeinschaft" zusammenhalten zu können. In der Zeit ʿUṯmāns war daran überhaupt nicht mehr zu denken, und so ist es folgerichtig, daß der Kalif, von den Wallfahrten abgesehen, in Medina blieb. Welche anderen Möglichkeiten, den Lauf der Dinge zu kontrollieren, hatte er, als Männer seines Vertrauens zu seinen Statthaltern zu ernennen, und das hieß nach den in der Alltagswirklichkeit durch die neue Religion ja keineswegs aufgehobenen althergebrachten gesellschaftlichen Maßstäben, es mußten möglichst enge Verwandte sein. Damit trug ʿUṯmān den Tatsachen Rechnung, die er bei der Übernahme des Kalifats vorfand: Weder in Basra und Kufa noch in aš-Šaʾm und in Fustat führten die frühen Auswanderer das Regiment. Es hat auch nicht den Anschein, als hätten sich die frühen Auswanderer – die mit Ausnahme ʿAlī b. abī Ṭālibs in die Jahre kamen – besonders heftig nach Verantwortung jenseits Medinas gedrängt. Nichts spricht dafür, daß diejenigen, die einst ein hohes Maß an *sābiqa* erworben hatten, aus ebendiesem Umstand nun eine Verpflichtung zur Bekräftigung ihrer Hedschra auf den Eroberungszügen verspürt hätten. Damit schwand allmählich die Geschäftsgrundlage für ʿUmars islamische Gerechtigkeit; die Einrichtung der Dotationslisten glich aus der Rückschau einer Momentaufnahme; der Augenblick, den diese Listen bezeugten, war vorüber und konnte nicht zurückgeholt werden.

Die „Gläubigen" und die „Muslime"

Daß ʿUṯmān in seinem letzten Jahr Regelungen zustimmen mußte, die einen in der Wirklichkeit längst herrschenden Sachverhalt legitimierten, nämlich den Verlust der Steuerung der durch die Eroberung fremder Länder und durch die Ausbeutung der Andersgläubigen erzielten Staatseinkünfte, enthüllt einen tiefgreifenden Wandel der „besten Gemeinschaft". Die Bewegung erstarrte; wodurch sie in Gang gehalten worden war, immer neue Mengen geraubter Güter und versklavter Menschen, versiegte. Die Anstrengungen, die der Dschihad in fernen Gegenden verlangte, standen in keinem verlockenden Verhältnis mehr zum Ertrag. Was überhaupt noch einkam, sollte gleichmäßig verteilt werden, eine verständliche Forderung, wenn man bedenkt, wie ungeniert einige wenige die – einmalige – Gunst ihrer Stunde zu nutzen gewußt hatten. ʿUṯmān richtete seine Sendschreiben an „die Gläubigen und die Muslime". Diese Adresse ist kein Zufall, sie spiegelt vielmehr genau jenen Wandel wider, dessen Ergebnisse jetzt zutage traten. „Muslim" war seit der Stiftung des Dschihad ein minderer Status gewesen; „Muslime" nannte man jene Personen, die sich nicht dem Daseinszweck der mohammedschen Bewegung hatten unterordnen können. Was gefordert war, das war jene kämpferische Gläubigkeit, die sich in den Jahren bis zum Vertragsschluß von al-Ḥudaibīja herausgebildet hatte; die Begriffe der Hedschra und des Dschihad hatte sie bereits gekannt. Seit der Bannung der mekkanischen Gefahr hatte man unter beidem den Krieg gegen Andersgläubige zum Zwecke der Ausdehnung und der materiellen Bereicherung der „besten Gemeinschaft" zu verstehen, und an diesem Richtmaß orientierte sich ʿUmar. ʿAbdallāh b. Sabaʾ hatte scharfsichtig erkannt, daß die Trennung zwischen Muslimen und dem Dschihad obliegenden Gläubigen inzwischen widersinnig geworden war. Da sich der Dschihad in fernen Gebieten abspielte und zunehmend unergiebig wurde, erschien die Teilnahme daran vielen, die sich zum Islam bekehrt hatten, nicht mehr ratsam. Der „Muslim" wird zum Durchschnittsmitglied der „besten Gemeinschaft"; die kampfbegeisterten „Gläubigen" gibt es nach wie vor, aber die Machtausübung über ein mehr und mehr „muslimisch" werdendes Gemeinwesen darf nicht mehr vorwiegend sie im Blick haben. Die aufrührerischen Reden ʿAbdallāh b. Sabaʾs bedeuten in der Tat das Ende des Dschihad – nicht, daß er ganz hätte aufhören müssen, aber es ist sein Ende als des gewichtigsten Daseinsgrundes des Gemeinwesens. Eben dies folgte ja auch aus den Lehren des „Königs" Paulus, mit denen man sich die Propaganda jenes Konvertiten aus Sanaa begreiflich zu machen versuchte.

Das Zeugnis der Prophetengenossen und die im Koran gründende Legalität

In dem Maße wie die Kennzeichen der Bewegung in den Hintergrund gerückt wurden – ganz wurden sie nie getilgt, wovon die Schwäche der Institutionen in allen genuin islamischen Herrschaftsformen zeugt[151] –, veränderte sich die Auffassung von den Rangstufen innerhalb der „besten Gemeinschaft". Um die Wende zum Jahr 35 hatten sich, wie geschildert, die Wortführer der Unzufriedenen von Mekka nach Medina begeben, um ʿUṯmān mit ihren Forderungen zu konfrontieren; dieser hatte zwei Vertraute beauftragt, die Fremden auszuhorchen, danach hatte er zum rituellen Gebet in die Moschee rufen lassen, wo er sich vor den Männern aus Basra, Kufa und Fustat rechtfertigte. Die Beschwerdeführer umringten die Predigtkanzel. Bald trafen „die Gefährten des Gesandten Allahs" ein und bildeten ihrerseits um die Ankläger einen engen Kreis. ʿUṯmān „lobte und pries Allah und berichtete (den Prophetengenossen) vom Begehren (jener) Leute. Auch erhoben sich die beiden Männer", um ihren Bericht vorzutragen. „Da sagten alle (Gefährten Mohammeds): ‚Töte sie! Denn der Gesandte Allahs sprach: Allahs Fluch komme über jeden, der für sich selber oder jemand anderen wirbt, obwohl den Menschen ein Imam voransteht! Tötet deshalb (einen solchen Hochverräter)!'" In gleichem Sinn habe ʿUmar b. al-Ḫaṭṭāb befunden, ein Mord sei unter der Voraussetzung erlaubt, daß er als Kalif sich an der Tötung beteilige. Von dieser Lizenz wollte ʿUṯmān aber keinen Gebrauch machen, solange die Beschwerdeführer weder Unglauben zeigten noch eine Untat begingen, die im Koran mit der Todesstrafe bedroht ist.[152] An dieser Schilderung fällt auf, daß die Prophetengenossen als die Gruppe des islamischen Gemeinwesens auftreten, der die Entscheidung vorbehalten ist: Sie alle raten dem Kalifen dazu, die Aufrührer zu töten, und berufen sich dabei auf ein Wort Mohammeds, das kaum von diesem stammt, da innerhalb seiner Anhängerschaft nie an den Austausch seiner Person gegen jemand anders gedacht wurde. Der Widerstand gegen ihn, von dem wir berichteten, lief auf eine Aufkündigung des Islams hinaus, und unmittelbar nach seinem Tod hatte man in den Kriegen gegen die „Abtrünnigen" für den Fortbestand des islamischen Gemeinwesens an sich zu kämpfen. Dergleichen stand jetzt nicht mehr zur Entscheidung an. In der Szene, in der sich ʿUṯmān vor den Rebellen rechtfertigt, erscheinen diese als eine Minderheit von Ungehorsamen in einer nicht weiter differenzierten Schar von zur Loyalität gegen den Kalifen, den Imam, Verpflichteten. Herausgehoben sind allein die Gefährten Mohammeds, die als die Zeitzeugen und Bürgen des Wahren, Richtigen aufgefaßt werden. Diese Stellung gewannen sie nicht durch ihre Mitgliedschaft in der Bewegung, durch ihre Teilnahme am Dschihad, sondern eben durch die Bekanntschaft mit Mohammed. Den intimsten Umgang mit dem Propheten hatten seine Ehefrauen, und deshalb treten in einer anderen, weiter oben zitierten Schilderung der Vorgänge die Witwen als die Ratgeberinnen des Kalifen auf den Plan. Auch sie legten die Tötung der Beschwerdeführer nahe. Das gleiche soll bei anderer Gelegenheit ʿUmar b. al-Ḫaṭṭāb gefordert haben, allerdings ohne sich auf Mohammed zu berufen.

Vom Vorrang im Dschihad zum Vorrang im „Wissen“

In der Betonung dieser gleichlautenden Vorschläge, die damals durchaus vorgebracht worden sein können, liegt bereits die später immer wieder angeführte Erklärung des Scheiterns ʿUṯmāns. Ja, in verallgemeinerter Sichtweise erschließt sich hier dem Muslim die Ursache für die Katastrophe der Fitna: Als Imam der „besten Gemeinschaft“ wich ʿUṯmān vom Vorbild Mohammeds ab; denn er war zu schwach, um die religiöspolitische Eintracht über die Bestimmungen des Korans zu stellen. Genau das nämlich hätte er tun müssen, um den Bürgerkrieg zu vermeiden, glaubt man zu wissen, jedenfalls aus der Rückschau und von sunnitischer Warte aus geurteilt. Unter dem Eindruck der Folgen, die ʿUṯmāns Festhalten an der koranischen Legalität zeitigte, sollten Mālik b. Anas (gest. 795) und die sich auf ihn berufende Rechtsschule zu der erschreckenden Überzeugung gelangen, daß es hinnehmbar sei, wenn der Imam der „besten Gemeinschaft“ den dritten Teil von dieser töte, falls es gelte, Abspaltungen zu unterbinden.[153] Die Untertanen des Kalifen, des Imams, für die sich in omaijadischer Zeit der Begriff der Herde (arab.: *ar-raʿīja*) einbürgern wird, weisen nur insofern in sich eine Rangabstufung auf, als einige wenige Glieder durch die erlebte Nähe des Propheten ausgezeichnet sind und infolgedessen besser als alle übrigen wissen, wie in einer außergewöhnlichen Lage zu verfahren ist. Was man unter ʿUmar die *sābiqa* nannte und auf der Grundlage des Dschihad definierte, ergibt sich von nun an aus der Art und der Intimität des Umgangs mit dem Propheten. Die Hedschra bleibt ein wesentliches Kriterium für die neue Rangermittlung, aber man versteht unter ihr ein einmaliges Ereignis, das den Anfang der medinensischen Urgemeinde bildete. Als die Entscheidung zwischen Wahrheit und Lüge gilt sie nur noch mit Blick auf jenen vergangenen, unwiederholbaren Zeitpunkt. Für alle, die später den Islam annahmen und Mitglieder der „besten Gemeinschaft“ wurden, bleibt sie allein deswegen von Belang, weil sie ihnen zum Prüfstein wird, mit dem sie die wahren Zeugen von Mohammeds Reden und Handeln von den untauglichen trennen. Unter den neuen Voraussetzungen, denen die Fitna den Weg ebnet, werden die frühen Auswanderer – und auch die „Helfer“, diese jedoch in einem besonderen Argumentationszusammenhang – zu Trägern eines Wissens, das allen anderen, den nachfolgenden Geschlechtern zumal, aus eigenen Kräften unerreichbar ist, es sei denn, man riefe jene Auswanderer und „Helfer“ als Bürgen auf. Im Zuge dieser Wandlung wird zudem die Abstammung, die ʿUmar b. al-Ḫaṭṭāb als eine Vorbedingung für einen hohen Rang in der islamischen Gesellschaft abgelehnt hatte, von neuem an Gewicht gewinnen, und zwar insbesondere die Zugehörigkeit zu den Banū Hāšim. Daß Hāšim – und nicht etwa ʿAbd al-Muṭṭalib – zum Ahnherrn der Prophetenverwandtschaft bestimmt wurde, liegt nicht nur an der erinnerten quraišitischen Geschichte;[154] die

Ereignisse der Fitna selber, des Ersten Bürgerkriegs, in dem mit Muʿāwija, einem Nachfahren des ʿAbd Šams, eines Bruders Hāšims, die Rolle des Gegenspielers ʿAlī b. abī Ṭālibs zufiel, leisteten der Interpretation der islamischen Geschichte als eines Zweikampfes zwischen den Banū ʿAbd Šams und den Banū Hāšim Vorschub. Die Anhänger der Banū Hāšim zumal unterlegten diesem Zweikampf die Deutung eines Ringens zwischen Recht und Unrecht, zwischen islamisch legitimierter Herrschaft und usurpierter Machtausübung.

Die Ereignisse bis zur Ermordung ʿUṯmāns

Mit diesen Betrachtungen sind wir weit über das letzte Kalifatsjahr ʿUṯmāns hinausgeeilt. Die Berichte über die Vorgänge, die mit seiner Ermordung endeten, lassen sich kaum zu einem stimmigen Ganzen harmonisieren. Schon ihr Zusammenhang mit dem Treffen, in dessen Verlauf er die Anklagen zu entkräften suchte, ist fraglich. Wahrscheinlich wurde der Kalif bereits in Mekka während der Pilgerriten im Ḏū l-Ḥiǧǧa (begann am 12. Juni 655) des Jahres 34 von den Beschwerdeführern angegangen. Muʿāwija soll bei dieser Gelegenheit ʿUṯmān gedrängt haben, mit ihm nach aš-Šaʾm zu reisen, wo er in Sicherheit sein würde. Wie gehört, unterstellt man Muʿāwija in Vorwegnahme des Kommenden, er habe bereits damals das Kalifat angestrebt. Auch seine Aufforderung an Ṭalḥa, az-Zubair und ʿAlī b. abī Ṭālib, sie sollten sich den Schutz des Bedrohten angelegen sein lassen, setzt die künftigen Ereignisse voraus und dient der Rechtfertigung des Handelns Muʿāwijas nach dem Mord.[155] Den Tatsachen wird entsprechen, daß die Aufrührer dem Kalifen von Mekka nach Medina folgten, wo sie sich für längere Zeit niederließen. Dem Kalifen fehlten Macht und Entschlossenheit, sie zu vertreiben; er führte stattdessen mit ihnen die beschriebenen Debatten und bewog sie, nachdem er sich nachgiebig gezeigt hatte, endlich doch zum Abzug. Wie erwähnt, wollte man im Šauwāl (begann am 2. April 656) erneut in Medina zusammenkommen, und der Zweck dieses geplanten Treffens war vermutlich, ʿUṯmān zur Abdankung zu zwingen. Der Zeitpunkt war unverdächtig; es konnte sich um den Aufbruch zur Wallfahrt nach Mekka handeln. Den Reisenden in den vier ägyptischen Karawanen, jede zwischen sechshundert und tausend Mann stark, war aber klar, daß sie in Wahrheit in den Krieg zogen. Unter ihnen befand sich ʿAbdallāh b. Sabaʾ, das Kommando über alle vier hatte al-Ġāfiqī b. Ḥarb al-ʿAkkī inne, ein Mann jemenischer Herkunft und ein Förderer des Unruhestifters. Auch aus Kufa und Basra sollen sich je vier Gruppen auf den Weg gemacht haben. Zu den Kufanern zählte man Mālik al-Aštar, die Führung insgesamt lag bei jemandem von den Banū ʿĀmir b. Ṣaʿṣaʿa. Die Basrenser vertrauten sich Ḥurqūṣ b. Zuhair an, einem Tamīmiten, der unter ʿUmar in der Gegend von Ahwas zum Einsatz gekommen war.[156] Die drei Gruppen drangen bis in die Nähe von Medina vor und schlugen an unterschiedlichen Orten ihr Lager auf; man wollte nichts überstürzen, da man gehört hatte, daß sich die Medinenser auf eine Verteidigung eingerichtet hatten. Man wollte zunächst herausfinden, wie sich die Dinge dort seit dem Beginn des Jahres entwickelt hatten. Den Witwen des Propheten sowie Ṭalḥa, az-Zubair und ʿAlī versicherte man insgeheim, man habe nichts weiter als die Wallfahrt im Sinn, beabsichtige aber, den Kalifen im Namen der Statthalter um Entschuldigung für etwaige Fehltritte zu bitten; jene drei berühmten Prophetengefährten sollten sich damit einverstanden erklären, daß man zu diesem Zweck in Medina einrücke. Dieses Ansinnen lehnten die drei ab, und erst recht wollte keiner von ihnen dulden, daß man ihm huldige, wie dies die Ägypter ʿAlī, die Kufaner az-Zubair und die Basrenser Ṭalḥa antrugen.[157] Inwieweit diese Schematisierung der Ereignisse den Tatsachen entspricht, bleibe dahingestellt. Daß unter den Rebellen Einigkeit nur darüber herrschte, was sie nicht wollten, nämlich die Fortdauer des Kalifats ʿUṯmāns, trat verhängnisvoll zutage, sobald dieses erste Ziel erreicht war.

Die Rebellen gaben sich den Anschein, unverrichteterdinge die Umgebung Medinas zu verlassen, brachten dann aber in einem Überraschungsangriff die wichtigsten Bezirke in ihre Hand. Weshalb sie denn so plötzlich zurückgekommen seien, fragten die Medinenser. Die Ägypter behaupteten, sie hätten ein Schreiben abgefangen, in dem zu lesen sei, daß sie alle getötet werden sollten. Verwunderung erregte, daß auch die Basrenser und Kufaner von dieser Botschaft erfahren hatten und zur selben Zeit umgekehrt waren. Eine überzeugende Erklärung gab es hierfür nicht. ʿUṯmān verhielt sich in dieser höchsten Not passiv, ließ die Aufrührer gewähren, gestattete, daß sie an den von ihm geleiteten Gebeten teilnahmen, und duldete, daß jeder beliebige seine Nähe suchte. Allerdings hatte er Emissäre nach aš-Šaʾm, Ägypten, Basra und Kufa geschickt, die dort seine Anhängerschaft mobilisierten. Beim ersten Freitagsgottesdienst nach der Besetzung der Stadt kam es zum Eklat. Als der Kalif in seiner Predigt verkündete, der Prophet verfluche Aufrührer, weswegen die Eindringlinge ihre Sünden durch aufrechte Taten wiedergutmachen sollten, brach ein Tumult los, in dessen Verlauf die wenigen Verteidiger ʿUṯmāns mit einem Hagel von Steinen vertrieben wurden und der Kalif, ernstlich verletzt, nur unter Mühen in seine Residenz gerettet werden konnte. Trotzdem soll er weiter gezögert haben, mit Gewalt gegen die Rebellen, vor allem die Ägypter, vorzugehen. Seitdem ʿUṯmān aus der Moschee verjagt worden war, leitete dort al-Ġāfiqī, der Anführer der Fustater, die Riten. Der Wohnsitz des Kalifen wurde von den Feinden eingeschlossen, die in Medina nach Belieben schalteten und walteten.[158] Eine andere Quelle berichtet, ʿUṯmān habe mit den Ägyptern getrennte Verhandlungen geführt und dabei zugesagt, fortan den Medinensern – abgesehen von den Prophetengenossen – keine Dotationen mehr zu gewähren; die im Kampf geraubten Güter müßten dort verteilt werden, wo man sie sich angeeignet habe, mithin in Ägypten. Die schon bei anderer Gelegenheit beobachtete Auszehrung der kalifischen Macht schreitet voran. ʿUṯmān hatte den verwöhnten Medinensern nun zu raten, sie sollten sich um ihres Lebensunterhalts willen wieder mit Ackerbau und Viehzucht beschäftigen. Dies erschien ihnen als eine unbillige Zumutung; sie glaubten an eine Finte des Kalifen und seiner Sippe und waren äußerst erbost. Der Kalif habe seinen Statthalter in Fustat, ʿAbdallāh b. Saʿd, anstiften wollen, die Aufrührer nach ihrer Heimkehr umzubringen. Diese Botschaft sei den Ägyptern in die Hände gefallen. Aufgebracht über solche Heimtücke, kehrten sie – nur sie in dieser Quelle, nicht die Iraker – auf der Stelle um und forderten von ʿUṯmān Rechenschaft. Er stritt alles ab und beharrte darauf, er habe den Brief nicht geschrieben.[159]

Wiederum anderes hat al-Wāqidī ermittelt. Schon im Raǧab (begann am 4. Januar 656) war von Fustat eine Karawane abgegangen; angeblich wollten die Reisenden in Mekka die Riten der kleinen Wallfahrt vollziehen. ʿAbdallāh b. Saʿd b. abī Sarḥ war alarmiert; durch einen Eilboten, der die Strecke von Fustat nach Medina in elf Tagen zurücklegte, ließ er den Kalifen warnen; Muḥammad b. abī Ḥuḏaifa – damals in Fustat – sei einer der Drahtzieher. ʿAlī, Ṭalḥa und ʿAmmār b. Jāsir waren die Medinenser, die die Rebellen für sich zu gewinnen hofften; entsprechende Schreiben Muḥammad b. abī Ḥuḏaifas führten sie mit sich. Die vermeintlichen Wallfahrer nahmen, vor Medina lagernd, sogleich mit ʿAlī Verbindung auf. Dies kam ʿUṯmān zu Ohren, und er bat ʿAlī, alles zu tun, um die Aufrührer fernzuhalten; sie sollten nicht in die Residenz des Kalifen eindringen, denn dadurch werde die ehrfurchtgebietende Aura des „Befehlshabers der Gläubigen" zerstört. In seiner Not beteuerte ʿUṯmān nun, er werde alles tun, was ʿAlī schon seit langem empfehle – vermutlich weitere Zugeständnisse an die Rebellen machen. Dazu sei es wohl zu spät, entgegnete dieser, denn leider habe sich der Kalif stets den Einflüsterungen Muʿāwijas, Marwān b. al-Ḥakams, ʿAbdallāh b. ʿĀmirs und Saʿīd b. al-ʿĀṣ' geöffnet. Von Stund an werde das ganz anders sein, schwor ʿUṯmān, was ʿAlī endlich doch bewog, sein Bestes zu versuchen. In Begleitung von Auswanderern und „Helfern" – denen sich ʿAmmār b. Jāsir erklärtermaßen nicht anschloß[160] – erschien ʿAlī im Lager der Aufrührer und bewog sie tatsächlich zum Abzug. Vermutlich brachte er ihnen die ʿUṯmān abgerungenen, schriftlich niederlegten Zusagen, von denen im vorigen Bericht die Rede war.[161] Marwān wollte sich mit dieser Wende der Dinge nicht abfinden; er blies dem Kalifen ein, bei nächster Gelegenheit von der Predigtkanzel herab zu verkündigen, die Ägypter seien abgezogen, weil sie hätten erkennen müssen, daß ihre Forderungen unberechtigt seien. ʿAmr b. al-ʿĀṣ, der einstige Statthalter von Fustat, wurde Zeuge dieser Predigt und warnte entsetzt vor den schlimmen Folgen solchen Wankelmuts. ʿUṯmān wurde ausfällig gegen ihn, mußte aber angesichts des Unmuts, den er ausgelöst hatte, klein beigeben; er wende sich reuevoll zu Allah, rief er aus.[162] ʿAmr, der die Verwaltung der Grundsteuer an ʿAbdallāh b. Saʿd hatte abtreten müssen, bedrängte ʿUṯmān seit längerem, diese Anordnung zu widerrufen. Im Haß war man voneinander geschieden, und ʿAmr soll alles darangesetzt haben, ʿAlī, Ṭalḥa und az-Zubair gegen den Kalifen aufzuhetzen. Nach diesem erneuten Zusammenstoß wich ʿAmr auf seine Güter in Palästina aus. Dort wartete er den Ausgang der Krise ab – und genoß später das Ansehen eines Überparteilichen. Niemand anders als irgendwelche Hirten irgendwo im Gebirge habe er gegen den Kalifen aufwiegeln wollen, entschuldigte er sich, als ihm fern vom Brennpunkt des Geschehens das ganze Ausmaß des Desasters der auch von ihm geschürten Fitna bekannt wurde. Eine feste Tür habe die Quraišiten gegen die übrigen Araber abgeschirmt; doch mutwillig hätten die Quraišiten gerade diese Tür eingeschlagen, sagte ihm ein Freund aus einem anderen Stamm. Das, räumte ʿAmr ein, sei in der Tat äußerst verhängnisvoll; es sei das nicht vorausgeahnte Ergebnis des Versuchs, das Recht aus dem zum Unrecht führenden Geleis herauszuheben.[163]

Wegen der Unzuverlässigkeit seiner Zusagen verschlimmerte sich ʿUṯmāns Lage zusehends. ʿAlī gab die Haltung des Zuschauers, zu der er sich bis dahin verstanden hatte, nunmehr auf und wandte sich an den Kalifen, um diesen mit aller Deutlichkeit auf den raschen Zerfall seiner Macht hinzuweisen. Überall brande Empörung auf, und was werde geschehen, sobald die anderen beiden Pilgerkarawanen, die irakischen, einträfen? Auf den Šauwāl war man, wie erinnerlich, verabredet. Dann werde er, so ʿAlī, nicht mehr bereit sein, die Wogen zu glätten und sein Ansehen für den Kalifen in die Bresche zu schlagen. Diese Ankündigung verfehlte ihre Wirkung nicht. ʿUṯmān verbreitete, er sei zum Verzicht auf das Kalifat entschlossen, vorausgesetzt, die Vornehmen und Mächtigen in Medina hielten dies für ratsam; sie sollten ihn ihre Ansicht wissen lassen. Erneut fällte er nicht selber eine Entscheidung, sondern machte sich von den Entscheidungen anderer abhängig. Al-Wāqidī überliefert, daß nach der Ankündigung der beabsichtigten Abdankung wieder Marwān b. al-Ḥakam Einfluß auf ʿUṯmān gewann. Sich zu einem Fehler zu bekennen, für den man Allah um Vergebung gebeten habe, sei besser, als in einer Regung der Reue, deren wahre Ursache die Furcht sei, voreilig alles aufzugeben. Dieser Mahnung konnte ʿUṯmān einiges abgewinnen, aber er wagte es nicht, seinen abermaligen Sinneswandel selber kundzutun. Marwān übernahm dies für ihn und redete in der Tat vielen Medinensern ein, es sei am günstigsten, wenn alles so bleibe, wie es war. ʿAlī b. abī Ṭālib war aufgebracht – er fühlte sich nicht zu Unrecht vor den Kopf gestoßen und brüskiert. So gab es schließlich niemanden mehr, der sich dem nahenden Unheil entgegengestemmt hätte. Das geschilderte Doppelspiel mit den Ägyptern, ob nun von ʿUṯmān selber inszeniert oder hinter seinem Rücken, ging ungehindert über die Bühne. ʿAbdallāh b. Saʿd, der, nachdem er ʿUṯmān vom Aufbruch der falschen Pilger in Kenntnis gesetzt hatte und sich dann auf Befehl des Kalifen selber nach Medina auf den Weg gemacht hatte, kam nur noch bis Elat.[164] Dort hörte er, daß die Aufrührer, über die hinterhältigen Anordnungen erbost, nicht ihm entgegenzogen, sondern nach Medina zurückgekehrt waren. An eine Vernichtung der Rebellen, die in Anbetracht des Abmarsches des Statthalters aus Fustat anscheinend ins Auge gefaßt worden war, konnte man nicht mehr denken. In der letzten Predigt, die ʿUṯmān in der Moschee hielt, verdammte er, indem er Sure 6, Vers 159 zitierte, alle Feinde als Frevler, die sich von ihrem Glauben getrennt hätten. Von zahlreichen Steinen getroffen, stürzte er von der Kanzel hinunter und wurde in bewußtlosem Zustand in seine Residenz getragen.[165]

Unterdessen nutzte Muḥammad b. abī Ḥuḏaifa die Abwesenheit ʿAbdallāh b. Saʿds von Fustat. Er riß die Macht über Ägypten an sich, der Statthalter blieb in Palästina,[166] da er weder im Hedschas noch gar in Fustat in Sicherheit gewesen wäre. Der Kalif war inzwischen in seiner Residenz eingeschlossen; es kam zu einzelnen Kampfhandlungen, da seine Getreuen, allerdings unkoordiniert, auf die Belagerer schossen. Diese antworteten mit Brandpfeilen, ein Teil des Gebäudes ging in Flammen auf. Marwān, Saʿīd b. al-ʿĀṣ und der Ṯaqafite al-Muġīra b. al-Aḫnas b. Šarīq unternahmen den Versuch, den Ring der Feinde aufzubrechen, aber vergebens. Al-Muġīra verlor sein Leben, die übrigen hasteten zur Pforte zurück, wo sich ein erbittertes Gefecht entwickelte. In dieser Situation öffnete ein „Helfer“, dessen Haus der Residenz benachbart war, sein Grundstück für die Angreifer. Diese drangen von dort her in die Gemächer ʿUṯmāns ein und töteten ihn. Zum Datum dieses Schicksalstages der islamischen Geschichte gibt es keine einheitliche Überlieferung. Es fällt in den Monat Ḏū l-Ḥiǧǧa (begann am 31. Mai 656) des Jahres 35. Gewöhnlich verlegt man den Mord in die Zeit des mekkanischen Opferfestes, das vom 11. bis 13. abgehalten wird. „Bei meinem Leben, welch ein schreckliches Opfer brachtet ihr dar am Tag der Opfer – im Widerstreit gegen den Gesandten Allahs!“ dichtete al-Qāsim, ein Sohn Umaija b. abī ṣ-Ṣalts. Vermutlich trifft der 18. des Monats zu, aber er verdirbt natürlich das schöne Gedankenspiel.[167]

5. Die „Kamelschlacht“

Die Unzulänglichkeit des Korans in der Fitna

Durch die Ermordung ʿUṯmāns wurde keine einzige der Aufgaben gelöst, die in den zwölf Jahren seines Kalifats allmählich sichtbar geworden waren. Zuletzt hatten sie einen solchen Grad an Dringlichkeit gewonnen, daß der „Befehlshaber der Gläubigen“, von den Verhältnissen überfordert, zwischen den Parteiungen hin und herschwankte. Indem er sich Marwān überantwortete, ließ er sich ganz für die Interessen eines Klans aus seiner Verwandtschaft vereinnahmen. In verzweifelter Unzeitgemäßheit klammerte er sich an den Koran; in ihm, so wird berichtet, studierte er mit verbissener Beharrlichkeit, während um ihn herum die Gefechte tobten und die Feinde schließlich die Residenz eroberten. Beim Lesen im Koran trafen ihn die tödlichen Stiche. Man mag diese Szene für eine Kolportage erachten, etwas Wahres brächte sie gleichwohl zum Ausdruck: Der Koran, durch seine und seines Vorgängers Anstrengungen zur einenden Mitte der „besten Gemeinschaft“ erhoben, war mit dem Erstarren der Bewegung, auf dessen Symptome und Gründe wir des öfteren aufmerksam machten, zu einem Text von gestern geworden. In den Riten, die man in dichter Regelmäßigkeit vollzog, waren die Worte Allahs stets gegenwärtig; viele Mitglieder des Gemeinwesens werden ganze Passagen auswendig gewußt, noch mehr werden die Verse so gut gekannt haben, daß sie, sobald das Vortragen begann, durch den Rezitator geführt, hätten mitsprechen können. Aber was diese Worte in der aktuellen Verwirrung empfehlen mochten, welchen Weg aus dem Zwist sie nahelegten oder gar geboten, das blieb rätselhaft. Wenn ʿUṯmān sich auf Sure 6, Vers 159 berief und damit seine Feinde als Abweichler brandmarkte, die die Eintracht der im wahren, von Allah selber gestifteten Ritus zusammengeschlossenen Glaubensgemeinschaft zerstörten, so konnten die Aufrührer genügend andere Stellen anführen, mit denen sie ihre Überzeugungen rechtfertigten. Und endlich hätten auch sie ihrerseits Sure 6, Vers 159 nutzen können, und zwar gegen den Kalifen. Denn spaltete er nicht die Gemeinschaft, indem er den Einflüsterungen seiner Verwandten das Ohr lieh? Gab er dadurch nicht zu erkennen, daß ihm das Werk Mohammeds und seiner Gefährten nicht am Herzen lag, sondern die Belange von Personen, die den Propheten bis kurz vor dessen Tod bekämpft hatten? Konnte man sich eine ruchlosere Abkehr vom Wahren überhaupt denken? Ein noch so aufwühlend in Szene gesetztes Rezitieren der Worte Allahs mochte alle, die der neuen Religion beigetreten waren, zwar anrühren, aber es weckte in ihnen kein einheitliches Wünschen und Wollen. Die Parteivoreingenommenheit des einzelnen wurde allenfalls bestätigt, nicht aber aufgehoben.

Das aber wäre nötig gewesen. Indem der Koran das nicht mehr zu leisten vermochte, enthüllte sich die Katastrophe der Fitna in ihrer unheilvollen Tragweite. Die „Lesung", zumal während der medinensischen Jahre durch Mohammed wie ein Kommentar zu den laufenden Angelegenheiten konzipiert und mit den jeweils wichtigen Verordnungen durchsetzt, erfüllte die ihm vom Propheten zugedachte machtpolitische Funktion nur unter einer wesentlichen Bedingung, die ihm selber und seiner Anhängerschar gar nicht zu Bewußtsein kam, weil sie schlicht und einfach gegeben war: Er, der Gesandte Allahs, war gegenwärtig. Auf seine Person hatte jeder, der sich zum Islam bekehrte, und mehr noch jeder, der die Hedschra auf sich nahm, fürderhin alles Trachten, Denken und Handeln zu beziehen. Im Koranvortrag, sei es während der Riten oder außerhalb ihrer, war er stets mit anwesend, wenn nicht körperlich, so doch als Zeitgenosse, und die Ausdehnung der Herrschaft der „besten Gemeinschaft" begann erst gerade, so daß für einen großen Teil seiner Anhänger seine räumliche Nähe, wenn schon keine tägliche, so doch immerhin keine ungewöhnliche Erfahrung war. Wenn Mohammed in der „Lesung" eindringlich vor Abspaltungen warnte, die, wie dies bei den vergangenen Religionsgemeinschaften geschehen war, die Aussicht auf das Heil zunichte machen würden, dann war den Angeredeten nicht nur klar, was auf dem Spiel stand, sondern auch, was sie zu tun hatten. Die Verwandlung der Urgemeinde in eine Bewegung eben in jenem Augenblick, in dem der politische Kompromiß – mit Mekka – unabwendbar geworden war, erweist sich aus der Rückschau als der geniale Schachzug, mit dem die Eindeutigkeit der durch die koranische Botschaft vermittelten religiös-politischen Aussagen gewahrt wurde. Die Frage, ob es gerecht sei, daß nun auch die Feinde Mohammeds und seiner Gemeinde „mitmachen" durften, und dazu oft in führender Position, stellte sich bereits, aber sie konnte im Hintergrund gehalten werden. ʿUmar b. al-Ḫaṭṭāb, durch die militärischen Erfolge und die unverhoffte Fülle an Beute und Tributen begünstigt, brauchte im Grunde nur fortzusetzen, was nach al-Ḥudaibīja in Gang gekommen war. Die Stabilisierung des Korantextes und die Unterdrückung einer im Entstehen begriffenen „Mischna" waren Maßnahmen zur Sicherung des Erbes des Gesandten Allahs, desgleichen die Stiftung der islamischen Gerechtigkeit. Von seinen Glaubensgenossen wurde dies so verstanden, und auch seine vereinzelt erkennbare Rückkehr zum strengen Ḥanīfentum mochte man als eine um dieser Sicherung willen unentbehrliche Folgerichtigkeit entschuldigen. Die Interessengegensätze zwischen den Heerlagern und den von dort aus operierenden *muǧāhidūn* einerseits und Medina andererseits kündigten sich an, blieben aber noch ohne große Wirkung. Um zu unterbinden, daß sich diese Gegensätze einschliffen, bestand ʿUmar darauf, seine Statthalter alljährlich während der Pilgerzeremonien zu treffen; selber nahm er ebenfalls Reisen auf sich. Schon Mohammeds *ṣadaqāt*-Beauftragte hatten nur einen Teil des eingezogenen Viehs nach Medina getrieben, den anderen an Ort und Stelle den Bedürftigen übereignet: Der neue Glaube erschien nicht zuletzt als eine Milderung des Gegensatzes zwischen arm und reich, und ʿUmar war von dem Gedanken durchdrungen, diesen Charakterzug unter dem Einsatz ungleich üppigerer Mittel zu bewahren; aber da die neue, islamische Ordnung Diesseits und Jenseits zu einem Ganzen verknüpfte, mußte sie auch die Möglichkeit haben, diesen Zusammenhang zu verdeutlichen. Wer für den Triumph dieser Ordnung sein Vermögen und sein Leben riskiert hatte, sollte mehr erwarten als die Behebung etwaiger Bedürftigkeit. Im Diesseits wie im Jenseits sollte ihm reicher Lohn zufließen. Deswegen wurde in der Gestalt der *sābiqa* ein weiteres Kriterium in die Debatte geworfen, und eben dadurch wurden genau die Fragen, die man in den letzten Lebensjahren Mohammeds weggedrängt hatte, in verhängnisvoller Weise wiederbelebt.

Ursachen der Autorität der Prophetengenossen

Gewiß gegen ʿUmars Absicht wurde nun der Väterruhm, den das Ḥanīfentum ablehnte, bedeutsamer als zuvor. Wer nur geringe *sābiqa* aufzuweisen hatte, wollte den vorislamischen Rang seines Klans nicht einfach mißachtet sehen, und aus dem Verdienst um den Islam wurde mit dem Tod der alten Genossen ein neuer Väterruhm. Je knapper die Mittel wurden, die zur Verteilung gelangten, desto erbitterter wurden vermutlich die Argumente hin und hergewälzt. Und wenn ʿUmar auch das Entstehen einer „Mischna" bekämpft hatte, so bildete sie sich unter diesen Verhältnissen heraus, zumal der ungeheure Reichtum einiger weniger die Diskussionen anheizte. Unter dem Propheten hatte, so glaubte man, Gerechtigkeit geherrscht; aber jeder, der dies behauptete, konnte sich etwas anderes darunter vorstellen. Die Parole, Mohammed werde wiederkehren, war anziehend für alle, deren Idee von Gerechtigkeit keine Erfüllung in der Wirklichkeit fand. Solange diese Wiederkehr ausblieb, mußte man sich auf die Zeitzeugen der mohammedschen Verhältnisse berufen: Die Gefährten und Witwen des Propheten erlangen eine Autorität, die sich aus dem Scheitern der islamischen Gerechtigkeit speist – und aus der Verwendbarkeit der koranischen Botschaft für ganz unterschiedliche religiös-politische Ziele. Das Zeugnis jenes Personenkreises wird, so die Hoffnung, die „richtige" Auslegung des Korans kenntlich machen. Doch unter den Voraussetzungen der Fitna trügt diese Hoffnung. Auch diese neuartige Autorität tilgt den Parteienhaß nicht, den die Fitna gezeitigt hat. Im Gegenteil, die Ermordung ʿUṯmāns war der Öffnung der Büchse der Pandora vergleichbar. Denn die Person des Kalifen, wie unzureichend sein Regieren in den letzten Amtsjahren auch gewesen sein mag, ragte immerhin aus der Epoche des Propheten in die von vielen als skandalös wahrgenommene Gegenwart hinein und schien angesichts dieser Wahrnehmung zu belegen, daß es das Bessere tatsächlich gegeben hatte. Aus der Rückschau wurde selbst ʿUṯmān zum Symbol einer Eintracht, die mit seinem gewaltsamen Tod unwiederbringlich verloren war. Seine Ermordung nahm sich wie ein Dammbruch aus, der dem aufgestauten Widerstreit über die Beschaffenheit der „besten Gemeinschaft" freie Bahn gewährte. Einige getreue Anhänger des Kalifen suchten die

Schuld an dem Unheil, das über den Islam und seine Bekenner hereinbrach, denn auch bei jenen, die ʿUṯmān in seinen letzten Tagen den nötigen Beistand versagt hatten.

Ein Verteidiger ʿUṯmāns

Kaʿb b. Mālik, ein Ḫazraǧite, der Mohammed seit den Begegnungen bei al-ʿAqaba kannte und einst mit seinen Drohversen die Banū Daus dazu bewog, sich dem Propheten zu unterwerfen,[168] faßte in Gedichtform die Sicht der Verteidiger ʿUṯmāns zusammen. Selber hatte Kaʿb gegen die Ägypter zu den Waffen gegriffen, der Kalif aber hatte ihn und andere von gleicher Gesinnung beschworen, sie sollten von aller Gewalt Abstand nehmen, denn zum Äußersten werde es nicht kommen: Ein Mordanschlag auf den „Befehlshaber der Gläubigen" sei unvorstellbar. Kaʿb hatte sich gefügt, dann hatte er, untätig zu Hause wartend, hören müssen, was am Wohnsitz des Kalifen vorgefallen war. Die „Helfer", so hebt er in den Klageversen an, sollten sich ehrlich eingestehen, daß ihnen ihr Versagen bei den Übergriffen auf den Kalifen Schande und Haß eingetragen habe. Nichts hätten sie unternommen, als die Residenz in Flammen aufgegangen sei. Während ʿUṯmān auf Hilfe gehofft habe, habe man zugesehen, wie sich seine Gemächer mit Qualm füllten, habe weggeschaut, als die Feinde bei ihm eindrangen, der längst durch Hunger und Durst geschwächt gewesen sei. – Die Belagerer hatten die Versorgung der Eingeschlossenen unterbunden. – Mit Schwertstreichen seien die Bösewichte über den Kalifen hergefallen. Kaʿb malt sich aus, wie ʿUṯmān in dieser Todesgefahr die „Helfer" herbeisehnte, die starke Hand eines Ṯābit b. Qais b. Šammās, der dem Propheten, kaum daß dieser in Medina eingetroffen war, versprach, ihn wie einen der Seinigen zu schützen,[169] den Mut eines Abū Duǧāna, der in der Schlacht bei Uḥud, von Wunden übersät, bei Mohammed ausharrte und ihn vor dem Tod rettete,[170] die Kühnheit eines Ṯābit b. Aqram, der bei al-Muʾta die Standarte ergriff, als ihr Träger ʿAbdallāh b. Rawāḥa gefallen war,[171] die Zuverlässigkeit eines Abū Lubāba, dem beim Einzug des Gesandten Allahs in Mekka das Banner der Banū ʿAmr b. ʿAuf anvertraut war,[172] die Entschlossenheit eines Saʿd b. Muʿāḏ, der die „Helfer" zum Mittun bei Badr drängte und ohne Zaudern das Urteil über die Banū Quraiẓa fällte,[173] die Selbstaufopferung eines al-Munḏir b. ʿAmr, der bei Biʾr Maʿūna sein Leben für den Islam ließ[174] – solche Männer, die es als eine heilige Pflicht ansehen, ihrem Befehlshaber den Sieg zu schenken, die den Gehorsam als den Kern des Glaubens verstehen, Männer, denen, wenn ohne *amīr*, die „Glaubenspraxis beschädigt ist, was ihnen den Aufenthalt an den Orten unmöglich macht", wären in den Tagen, in denen es um ʿUṯmāns Leben ging, vonnöten gewesen. Einen hohen Rang wird Allah gewiß seinem Freund, dem Kalifen ʿUṯmān, gewähren, dessen Feinde er erniedrigen wird; denn Mohammed sogar verschwägerte sich mit ihm, rechnete ihn zu seinen redlichen Vertrauten; niemand außer dem Propheten selber war in so reiner Linie mit Maʿadd verbunden, und darum erkannten ihm die Nachfahren Maʿadds die Macht zu; zu anderen Zeiten verrieten die „Helfer" doch nie den Fremden, der bei ihnen Schutz suchte; stark wie sie waren, ergötzten sie sich sogar im mächtigen Mekka; sie gaben dem Bittenden, vernichteten die feindlichen Recken im Kampf – hätten sich die „Helfer" doch nur für ʿUṯmān in die Bresche geschlagen: Die unverbrüchlichen Eide, die sie Mohammed geschworen hatten, wie schändlich vergaßen sie sie![175]

Glaubenspraxis und Krieg

Einem „Befehlshaber“ zu unterstehen, das ist mehr als ein – womöglich gar vorübergehendes – Abhängigkeitsverhältnis, es ist der feste Kern der Glaubenspraxis (arab.: *ad-dīn*); die Glaubenspraxis tritt beim Vollzug der Riten in Erscheinung und genauso im Krieg; ohne eine regelnde Hand, ohne einen *amīr*, fehlt die von Allah den Menschen gestiftete Ordnung, die Menschen wären der Zügellosigkeit, dem Chaos (arab.: *al-fauḍā*),[176] überlassen – ebendiesen Begriff verwendet Kaʿb b. Mālik – und ein Zusammenleben in Siedlungen, in größeren Gemeinschaften, wäre unmöglich. Hier rühren wir an die Wurzel der Furcht vor Abspaltungen, denn Kaʿb b. Mālik wußte noch, wie es in Medina gewesen war, bevor über die Einführung der rituellen Regeln des Islams und von diesen aus fortschreitend weiterer Bestimmungen, wie sie in Sure 2 zusammengestellt sind, mühsam und gegen zähen Widerstand der Frieden zwischen den Ausiten und den Ḫazraǧiten erzwungen worden war. Gäbe es nicht einen „Befehlshaber der Gläubigen“, dann wäre die Ruhe dahin, denn das heidnische Ungestüm, über das Mohammed in Sure 48, Vers 26 klagt, entfesselte sogleich die zerstörerischen Kräfte. Dies ist, in andere Worte gefaßt, die Botschaft, die Kaʿb den „Helfern“ ins Gedächtnis schreibt. Ihm steht vor Augen, was der Prophet mit der Verkündung des Islams vollbracht hat. Als eine spezifisch religiöse Lehre erscheint der Islam in seinen Versen nicht, auch das Wort fehlt. Kaʿb beschreibt allein die Auswirkungen dessen, was dank Mohammed zum *dīn* der Medinenser wurde, und diese Wirkungen werden über die Abstammung von Maʿadd erst eigentlich zur Geltung gebracht. Am vollkommensten gelang dies dem Gesandten Allahs, der, wie der Dichter unterstellt, in kluger Voraussicht ʿUṯmān seine Töchter Ruqaija und nach deren frühem Tod Umm Kulṯūm[177] zu Ehefrauen gab; nach Kaʿbs Meinung ein unbestreitbarer Hinweis darauf, daß Mohammed in ihm seinen Nachfolger sah. Nächst Mohammed war ʿUṯmān der würdigste Vertreter der Maʿadd, ein Argument, das bei der Ratsversammlung[178] von Gewicht gewesen sein könnte, die über die Nachfolge ʿUmar b. Ḫaṭṭābs entschied.

Die Reue über die Untätigkeit bedeutete freilich nicht, daß Kaʿb b. Mālik mit der schleichenden Ergreifung der Macht durch die Banū ʿAbd Šams einverstanden gewesen wäre. Woran er erinnert, das sind doch gerade die Heldentaten gegen die hartnäckigen Heiden; im Kampf gegen sie war es den „Helfern“ vergönnt gewesen, an der Seite Mohammeds als Sieger in Mekka einzuziehen. Das erwähnt Kaʿb ausdrücklich, und schon seit langem hatte er in vielen Schmähversen seinen Spott über die vermeintlichen Verlierer ausgegossen. Mit Ḥassān b. Ṯābit war ihm gemeinsam, daß er sich bei seinen diesbezüglichen Künsten der althergebrachten Themen bediente. Der medinensische Dichter, der seinem Wortkrieg gegen die heidnischen Quraišiten neuartige, islamische Gedanken zugrundegelegt hatte, war ʿAbdallāh b. Rawāḥa gewesen. Übrigens sagt man, die Quraišiten hätten sich zunächst vor allem über die Verse Ḥassāns und Kaʿbs geärgert, ʿAbdallāh b. Rawāḥas „islamische“ Giftigkeiten hätten sie kalt gelassen. Im Laufe der Jahre – je mehr der Islam das Denken zu prägen begann – habe sich die quraišitische Einschätzung ins

Gegenteil verkehrt.[179] Damit stoßen wir wieder auf den tiefgreifenden Wandel, der die Fitna entband und der durch die Geschehnisse, die sie in Gang gesetzt hatte, vorangetrieben wurde.

ʿAlī wird zum Kalifen erhoben

Fünf Tage blieb Medina nach dem Verbrechen ohne einen „Befehlshaber". Der Rädelsführer der Ägypter al-Ġāfiqī b. Ḥarb soll sich nach jemandem umgesehen haben, den man zum Nachfolger ʿUṯmāns ausrufen könne. Er fand ihn in ʿAlī b. abī Ṭālib, der freilich zögerte und nicht gern von einem Gewalttäter zum Herrscher erhoben werden wollte. Die Kufaner dachten an az-Zubair, der sich während der Ereignisse nicht gezeigt hatte; die Basrenser wünschten sich Ṭalḥa, der jedoch ebenfalls Zurückhaltung übte.[180] Auch Saʿd b. abī Waqqāṣ, ein Mitglied der Ratsversammlung, die zwölf Jahre vorher ʿUṯmān gewählt hatte, wurde als Kandidat gehandelt; er setzte sich jedoch ab. Aus anderen Gründen, nämlich weil sie um ihr Leben fürchteten, flohen die Omaijaden nach Mekka, namentlich al-Walīd b. ʿUqba, Saʿīd b. al-ʿĀṣ und Marwān b. al-Ḥakam. Die in Medina verbliebenen Prophetengefährten – wer damit gemeint ist, bleibt ungewiß – schlugen, von den Ägyptern dazu gedrängt, ʿAlī b. abī Ṭālib als Kalifen vor. Das Verfahren sollte vermutlich eine Ratsversammlung vortäuschen. ʿAlī weigerte sich nach wie vor, und man erkannte, daß man zumindest das Einverständnis von Ṭalḥa und az-Zubair einholen sollte. Vielleicht war die Stimmung unter den Irakern schon umgeschlagen, als man beide herbeischaffte; unter Todesdrohungen erklärten Ṭalḥa und az-Zubair sich für ʿAlī, wie es heißt, durch die Basrenser und Kufaner mit höhnischen Bemerkungen bedacht. Bei der Huldigung, die danach inszeniert wurde, sollen beide bekundet haben, daß sie ʿAlī den Treueid nicht aus freien Stücken leisteten.[181]

Die erste Predigt, die ʿAlī als Kalif hielt, rückte den Begriff des Muslims in den Mittelpunkt: Allah sandte das Buch herab, es enthält eine klare Unterscheidung zwischen dem Guten und dem Bösen; die Wahl, die es zu treffen gilt, kann demnach nicht zweifelhaft sein; des weiteren sind die religiösen Pflichten, die Allah den Menschen auferlegt hat, gewissenhaft zu erfüllen; wer dem nachkommt, dem wird er das Paradies öffnen; „Allah erklärte manches für unverletzlich, die Unverletzlichkeit des Muslims jedoch stellte er über jegliche Art von Unverletzlichkeit; er gibt den Muslimen Stärke, indem sie ihn aufrichtig als den Einen verehren, denn ein Muslim ist jeder, von dessen Zunge und Hand die übrigen Menschen nichts zu fürchten haben, es sei denn, aus einem triftigen Grund; einen Muslim darf man nicht antasten außer in Fällen, in denen dies notwendig ist." Die Belange der Allgemeinheit müssen im Vordergrund stehen, denn das, was den einzelnen erwartet, ist nichts anderes als der Tod. Die Knechte Allahs zu beschützen, ist der beste Schutz vor Allahs Zorn; deshalb tragen alle Verantwortung, selbst für das, was an entlegenen Orten geschieht und sogar für das Vieh. „Denkt daran, wie es war, als ihr im Lande gering an Zahl waret und man euch für schwach ansah...!" (Sure 8, 26).[182] – Ein Muslim ist hier nicht der, der das Gesicht Allah zuwendet. ʿAlī deutet den Begriff in Rücksicht auf die verworrene Lage, in der ihm das Kalifat aufgedrängt wurde, in die Bezeichnung für ein ebendieser Lage angemessenes Verhalten um: „Muslim" ist jemand, der sich so benimmt, daß seine Mitmenschen wohlbehalten, sicher sind (arab.: *sali-*

ma). Die Unantastbarkeit, die die Muslime einander garantieren, steht über jeder anderen Art von Unversehrtheit, die ein Mensch genießen könnte. Allein Verstöße gegen Allahs Gesetz rechtfertigen es, einen Muslim zu behelligen. Die Ägypter antworten auf dieses Versprechen, mit dem sich ʿAlī weit von den Grundsätzen der Bewegung entfernt, mit einem frivolen Vers: „Nimm (das Kalifat), doch sei auf der Hut, Abū l-Ḥasan! Denn wie ein Halfter streifen wir (dir) die Herrschaft über!“[183]

Die Situation ʿAlīs war alles andere als komfortabel. Diejenigen, auf deren Druck hin man ihm gehuldigt hatte, präsentierten ihm sogleich ihre Rechnung. Die Erschütterungen, die der Kalifenmord verursacht hatte, waren aber noch lange nicht überstanden, so daß ʿAlī, ausgehend von der Macht, die die Aufrührer ihm gewährt hatten, die Loyalität der Medinenser hätte gewinnen können. Wie das Gedicht Kaʿb b. Māliks bezeugte, wurde vielen erst nach und nach bewußt, was eigentlich geschehen war: Männer hatten die Hand an ʿUṯmān gelegt, die in der Rangordnung, die bis dahin gegolten und die unter den maßgeblichen Leuten niemand angefochten hatte, gar nichts zählten – Aufrührer wie Sūdān b. Ḥumrān und Kināna b. Bišr, bei denen ʿAbdallāh b. Sabaʾ ein und ausgegangen war, und ein gewisser ʿAmr b. al-Ḥamiq, ein Ḫuzāʿite, der schon an mehreren Orten sein Glück versucht hatte![184] Die großen Worte, die ʿAlī nach der Huldigung gesprochen hatte, machten ihn gerade bei denen höchst angreifbar, die seinen Aufstieg zum Kalifat gezwungenermaßen zugelassen, aber keineswegs gefördert hatten. Das waren jene Gefährten Mohammeds, die ʿUṯmān wegen der Mißachtung guter, althergebrachter Bräuche kritisiert hatten, die jedoch noch weniger guthießen, daß die Macht über die „beste Gemeinschaft“ durch Aufrührer ohne jede *sābiqa* vergeben wurde. Daß diese sich zu allem Überfluß mit ihrer so überraschend gewonnenen Rolle als Königsmacher brüsteten, war mehr als ein Ärgernis. Die Quellen verraten nicht, wer genau jetzt ʿAlī seinen Unmut spüren ließ; es sind diejenigen, die ʿAlī den Treueid leisteten, nachdem Ṭalḥa und az-Zubair dies getan hatten, hören wir. Aus diesem Kreis wurde der neue Kalif mit der Forderung konfrontiert, er möge unverzüglich gegen die Mörder ein Verfahren einleiten, damit an diesen die koranischen Strafen vollstreckt werden könnten. In dieser Sache, entgegnete ʿAlī, seien ihm die Hände gebunden; wie solle er gegen Leute vorgehen, die „uns beherrschen, die wir aber nicht beherrschen“? Die Medinenser, die dieses Ansinnen vortrügen, sollten sich gut umschauen; sie würden erkennen, daß ihre eigenen Sklaven und Beduinen zu Parteigängern der Rebellen geworden seien. Freund und Feind seien miteinander vermischt, wie solle man da der Mörder habhaft werden? Vielleicht werde sich die Lage bald klären, und dann werde man die Frage wieder aufgreifen. Das einzige, wozu ʿAlī die Kraft fand, war ein Vorgehen gegen einige Quraišiten. Ihnen untersagte er, Medina zu verlassen. Die Flucht der Banū Umaija legte dieses Verbot nahe, denn es war nicht zu bezweifeln, daß sich unter deren Fahnen die Feinde des Kalifen sammeln würden. Ansonsten beließ ʿAlī es bei einem halbherzigen Versuch, wenigstens die Beduinen zu überreden, zu ihren Wasserstellen zurückzukehren. Es erwies sich aber, daß sie unter dem Einfluß ʿAbdallāh b. Sabaʾs standen.

ʿAlīs „antiquraišitische" Haltung

Ṭalḥa und az-Zubair begriffen, daß es für sie in Medina vorerst nichts zu tun gab. Sie zogen es vor, sich auf ihren Gütern bei Basra und Kufa in Sicherheit zu bringen. Unterdessen verlangte ein anderes Problem nach einer raschen Lösung. Was sollte aus den Statthaltern werden, die ʿUṯmān berufen hatte? Waren sie noch im Amt, solange sie keine gegenteilige Botschaft erreicht hatte? Sollte ʿAlī die Posten überhaupt neu besetzen, oder war es ratsam, nichts zu verändern? Hierüber gingen die Meinungen in ʿAlīs Umgebung weit auseinander. Al-Muġīra b. Šuʿba empfahl einmal dies, ein anderes Mal etwas anderes. ʿAbdallāh b. al-ʿAbbās, den ʿUṯmān kurz vor der Katastrophe mit der Leitung der Pilgerriten betraut hatte, traf nach der Ausrufung ʿAlīs zum Kalifen wieder in Medina ein. Ihn hätte ʿAlī am liebsten nach aš-Šaʾm geschickt, wo er Muʿāwija hätte ablösen sollen. Doch ʿAbdallāh hielt dies für eine schlechte Idee; die Omaijaden seien in die Welt vernarrt, ihnen sei es gleichgültig, wer in Medina der „Befehlshaber der Gläubigen" sei, solange sie nur ihre Pfründe behielten. ʿAlī aber versteifte sich darauf, er wolle niemanden im Amt dulden, der durch seinen Vorgänger ernannt worden sei.[185] Bei Licht betrachtet, blieb ʿAlī kaum etwas anderes übrig. Denn viel zu eng war sein Name mit der Kritik an ʿUṯmāns Ämtervergabe verbunden. Hätte er hier alles beim alten belassen, dann hätte er sein Kalifat gleich zur Verfügung stellen können. Als Büttel, der Strafen an quraišitischen Delinquenten vollstreckte, hatte er sich seit längerem einen Namen gemacht; sein aufsehenerregendster Fall war die Bestrafung al-Walīd b. ʿUqbas gewesen. Die Quellen sind sich nicht einig, ob ʿAlī selber Hand anlegte oder ob er, nachdem sich sein Sohn al-Ḥasan geweigert hatte, zur Knute zu greifen, seinen Neffen ʿAbdallāh b. Ǧaʿfar die Arbeit tun ließ und nur darauf achtgab, daß kein Hieb zuviel verabreicht wurde.[186]

Jedenfalls war ein antiquraišitisches Gehabe, das in den Augen der von ʿAbdallāh b. Sabaʾs Lehren Verblendeten dank solchen Episoden glaubwürdig war, das einzige Pfund, mit dem ʿAlī wuchern konnte. Zu seinem Vorteil schlug ihm jetzt aus, daß er nach Mohammeds Tod Abū Bakr die Anerkennung verweigert hatte, freilich aus dem inzwischen inopportunen Grund, daß er nicht hatte billigen können, daß ein Quraišite aus einem nicht von ʿAbd Manāf abstammenden Klan die Herrschaft übernahm. Zusammen mit ʿUṯmān hatte er die Nachkommen ʿAbd Manāfs gerügt, weil sie es nicht verstanden hätten, ihre verbrieften Rechte durchzusetzen. ʿAlī hatte seinerzeit dieselbe Meinung verfochten wie Abū Sufjān b. Ḥarb, der erst bei Mohammeds Einzug in Mekka Muslim geworden war, wie Abū l-ʿĀṣ b. ar-Rabīʿ, ein Enkel von ʿAbd al-ʿUzzā b. ʿAbd Šams,[187] oder wie Ḫālid b. Saʿīd b. al-ʿĀṣ b. Umaija, einer der ersten Gefolgsleute Mohammeds.[188] Unabhängig von der Haltung zu den im Koran verkündeten Lehren, denen zufolge die Abstammung am Tag des Gerichts für nichts gelte, sollte in der Frage der Nachfolge eben doch der Väterruhm den Ausschlag geben, ganz im Einklang mit dem Vorbehalt, den Mohammed nach seinem Sieg bei Badr formuliert hatte: Die Auswanderer und die „Helfer" sind die wahren Gläubigen, dazu alle, die erst nach Mohammeds Hedschra zu diesem Kreis stoßen, und trotzdem stehen laut dem Buch Allahs die Verwandten einander am nächsten (Sure 8, Vers 74 f.).[189] Mittlerweile durfte man nicht mehr wahrhaben, in welchem

Zusammenhang ʿAlī b. abī Ṭālib gegen Abū Bakr opponiert hatte. Man starrte nur noch auf seine Distanz zu ʿUṯmān, die man als eine Kritik am heidnischen Väterruhm auslegte, und darüber hinaus auch als eine Kritik an der *sābiqa*, dem islamischen Väterruhm. Gegen beides richtete sich die Propaganda ʿAbdallāh b. Sabaʾs, beides war den Gleichmachern ein Dorn im Auge; die äußeren Umstände, die ihnen zur Rechtfertigung ihrer Parolen dienten, lernten wir kennen. Das Gerede vom Erbberechtigten, dem Testamentsvollstrecker Mohammeds, drängte ʿAlī schließlich sogar in die Rolle eines Opfers: Hätte nicht er der Nachfolger des Gesandten Allahs sein müssen? Waren es nicht finstere Mächte gewesen, die ihn um sein legitimes Erbe gebracht hatten?[190] Ein Nebenaspekt dieser Phantasiereien war der bereits erwähnte Streit um die materielle Hinterlassenschaft des Propheten, die ʿUmar Fāṭima und ihren beiden Söhnen vorenthalten haben sollte.[191] Zur Beliebtheit ʿAlīs bei vielen Arabern, die außerhalb der muḍaritischen bzw. quraišitischen Genealogie standen, mag überdies beigetragen haben, daß er Ehen mit Frauen schloß, deren Stämme nach den von ʿUmar befürworteten Maßstäben minderrangig waren. Ḫaula bt. Ǧaʿfar von den Banū Ḥanīfa gebar ihm seinen Sohn Muḥammad, der in den 70er Jahren des 7. Jahrhunderts von manchen schiitischen Kreisen als der verheißene Endzeitherrscher, der Erneuerer und Vollender des Islams, gefeiert wurde; aṣ-Ṣahbāʾ, eine Taġlibitin, die Mutter seines jüngsten Sohnes ʿUmar, war eine der Kriegsgefangenen, die Ḫālid b. al-Walīd in den Kämpfen gegen die „Abtrünnigen" gemacht hatte; zu den Rabīʿa-Arabern, nicht zu den Muḍariten, gehörte die Mutter von al-ʿAbbās b. ʿAlī. Auch mit einer Ṯaqafitin, einer Tochter des ʿUrwa b. Masʿūd, war er verheiratet.[192]

Die Herkunft der ersten Amtsträger ʿAlīs

ʿAlī b. abī Ṭālib wird in der Tat einen etwas weiteren Gesichtskreis gehabt haben als sein Vorgänger, jedenfalls insoweit es um die Auswahl seiner Amtsträger ging. Die Verhältnisse, denen er sich nach seiner Erhebung zum Kalifen gegenübersah, erzwangen zudem ein größeres Maß an Offenheit. Vor allem die „Helfer" bekamen unter ihm zum ersten Mal die Gelegenheit, sich auf wichtigen Posten auszuzeichnen. Sahl b. Ḥunaif von den Banū ʿAmr b. ʿAuf – mit ihm soll ʿAlī durch den Propheten verbrüdert worden sein – bestimmte er zu seinem Statthalter in aš-Šaʾm, später versetzte er ihn nach Basra.[193] Dessen Bruder ʿUṯmān sollte zuvor die Kalifenmacht ʿAlīs in Basra vertreten; ʿUṯmān war auf diese Aufgabe bestens vorbereitet, denn zur Zeit ʿUmars war er im unteren Irak mit der Landvermessung beschäftigt gewesen,[194] und das heißt wohl auch, mit der Festsetzung von Grundsteuern. Nach Kufa entsandte ʿAlī einen Mann von den Banū Ṯaur, womit wahrscheinlich ein Klan der Banū Tamīm gemeint ist;[195] dieser Statthalter konnte, wie hervorgehoben wird, darauf verweisen, daß er die Hedschra vollzogen hatte. In den Jemen ordnete er ʿUbaidallāh ab, einen Bruder des ʿAbdallāh b. al-ʿAbbās. Einem politischen Manifest kam die Vergabe der Statthalterschaft in Fustat gleich. ʿAlī wählte für dieses in Anbetracht der Zusammensetzung seiner Anhängerschaft besonders wichtige Amt Qais b. Saʿd aus,[196] den Sohn von Saʿd b. ʿUbāda aus dem ḫazraǧitischen Klan der Banū Sāʿida. Bei ihnen war nach dem Tod Mohammeds der Ruf laut geworden, den „Helfern" müsse man einen eigenen Befehlshaber zubilligen. Sie hatten sich, das war unübersehbar gewesen, durch die unerwartete Vorliebe Mohammeds für seine spätbekehrten Stammesgenossen hintergangen gefühlt. Qais' Berufung durfte als eine ausdrückliche Bezugnahme auf diese Affäre gewertet werden. In Ägypten war er zudem kein Fremder. Südlich der Großen Moschee von Fustat hatte ʿAmr b. al-ʿĀṣ ihm ein Grundstück zugeteilt. Nachdem ʿAlī ihn zum Statthalter bestellt hatte, errichtete Qais dort ein Gebäude, das er als seinen und seiner Nachfolger Amtssitz verstand.[197]

Man darf sich nicht vorstellen, daß es dem neuen Kalifen mit diesen Ernennungen gelungen wäre, seine Macht auf alle Provinzen auszudehnen. Sahl b. Ḥunaif kam nur bis Tabuk, dann mußte er umkehren; aš-Šaʾm blieb ʿAlī von Anfang an verschlossen. Qais b. Saʿd wurde in Elat aufgehalten, bis wohin die Truppen ʿAbdallāh b. Saʿds gelangt waren, die ʿUṯmān zu Hilfe hatten kommen sollen. Qais gab sich als ein versprengter Anhänger des Ermordeten aus, der irgendwo Unterschlupf suche, und man ließ ihn laufen, so daß er nach Ägypten gelangte. Die Bewohner von Fustat hatten keine einheitliche Meinung zu den Vorgängen in Medina. Manche schlossen sich Qais an und folgten damit, wie es in der Quelle heißt, der „einträchtigen Gemeinschaft" (arab.: *al-ǧamāʿa*), jener Richtung also, die sich als die loyalen Gefolgsleute des legitimen „Befehlshabers" begriffen und daher weder ohne ein Oberhaupt waren – denken wir an die Verse Kaʿb b. Māliks! – noch gar einer Abspaltung (arab.: *al-furqa*) zuneigten. Der Gemeinschaft zugehörig fühlten sich außerdem viele der Rebellen, zumindest so lange, wie ʿAlī nicht an ihren Kameraden die Blutrache zu vollziehen sich anschickte. Andere Ägypter dagegen wollten sich erst dann für ʿAlī erklären, wenn die Mörder ʿUṯmāns hingerichtet seien. Eine alle Seiten befriedigende Lösung lag nicht im Bereich des Möglichen. Ähnlich entwickelten sich die Verhältnisse in Basra. Kufa hingegen bereitete dem Statthalter ʿAlīs einen denkbar üblen Empfang. Ṭulaiḥa b. Ḫuwailid von den Banū Asad b. Ḫuzaima b. Mudrika hatte bereits die Forderung erhoben, man müsse den Tod ʿUṯmāns rächen; das Heerlager war für ʿAlī nicht zu gewinnen. Einen Erfolg verbuchte einzig ʿUbaidallāh b. al-ʿAbbās; er sicherte die jemenitischen Tribute und schaffte sie nach Medina.

Der Ruf nach Rache für den Tod ʿUṯmāns

ʿAlī sah ein, daß er in Kufa und aš-Šaʾm eine Wende zu seinen Gunsten nicht erzwingen konnte. Er übersandte Abū Mūsā al-Ašʿarī und Muʿāwija die Botschaft, daß sie ihre Ämter behalten dürften. Man erfuhr allerdings in Medina, daß die Damaszener, aufgehetzt durch die Zurschaustellung des blutgetränkten Gewandes ʿUṯmāns, von ihrem Ruf nach Rache nicht ablassen würden und daß man mehr und mehr in ʿAlī selber den Hauptverantwortlichen sehe. Auch in Medina war die Atmosphäre zum Zerreißen gespannt. Die Anhänger ʿAbdallāh b. Sabaʾs machten Anstalten, sich an ʿAlīs Gesandtem nach Damaskus, einem Muḍariten, zu vergreifen, weil er die wenig verheißungsvolle Nachricht aus aš-Šaʾm überbracht hatte. Es war die Frage, wielange sich ʿAlī noch in Medina werde halten können, ohne etwas gegen Muʿāwija zu unternehmen, der ihm kecker als alle seine anderen Feinde trotzte und, wenn die Meldungen aus Damaskus zutrafen, vor einem Krieg nicht zurückschreckte. Sollte ʿAlī seinerseits einen Feldzug gegen „Leute der Gebetsrichtung" wagen, also gegen Glaubensgenossen? Es blieb ihm, so urteilte er, keine andere Wahl. Er hob ein Heer aus, hütete sich aber, irgendeinem der Rebellen ein Kommando zu übertragen. Es stehe ein Krieg gegen die Spalter der Glaubensgemeinschaft bevor, schärfte er den Medinensern ein. Von Abū Mūsā in Kufa, ʿUṯmān b. Ḥunaif in Basra und Qais b. Saʿd in Fustat forderte er Unterstützung an. Die Aussichten auf einen Sieg waren indessen gering. Ṭalḥa und az-Zubair hatten sich mit ʿAlīs Einverständnis nach Mekka begeben, wie sie ihm versicherten, um die kleine Wallfahrt zu verrichten. In Wirklichkeit hatten sie sich mit ʿĀʾiša zusammengetan; sie waren, wie man in Medina erfuhr, inzwischen nach Basra unterwegs.[198]

Der Kampf um den Irak

Daß ʿAlī sich dafür entschied, aš-Šaʾm mit Muʿāwija auf sich beruhen zu lassen und stattdessen den Griff ʿĀʾišas, Ṭalḥas und az-Zubairs nach dem unteren Irak zu vereiteln, ist plausibel. Im Norden war für ihn nichts zu holen, denn die Rebellen hatten dort wenig Anklang gefunden. Im Irak dagegen hatte er zumindest einen Fuß in der Tür; er mußte schauen, wie er sie ganz für sich öffne, wenn er je seine Macht über aš-Šaʾm durchsetzen wollte, und schon gar nicht durfte er riskieren, daß man ihm den Zugang zu den reichen Ressourcen des Irak völlig versperre. Quṯam b. al-ʿAbbās vertraute er Mekka an, dessen Bruder at-Tammām setzte er über Medina. Es würde ein längerer Feldzug werden; der Plan, die drei und ihren Anhang auf dem Weg von Mekka nach Basra abzufangen, hatte sich nämlich erledigt; sie waren zu schnell gewesen.[199] ʿAlī scheint sich jetzt mit der Hoffnung geschmeichelt zu haben, er werde in Kufa genügend Zuspruch und Hilfe finden, wenn er erst einmal dort sei; die Stammesführer mit der meisten *sābiqa* werde er für sich gewinnen. ʿAbdallāh b. al-ʿAbbās, der ihn begleitete, mochte daran nicht recht glauben; zu viele von ihnen brannten vor ungestilltem Ehrgeiz, meinte er.[200] Doch die Verlagerung des Hauptschauplatzes in den Irak war nicht rückgängig zu machen. – In Basra war man über die Ankunft jener drei nicht sonderlich erfreut. Unwillen erregte vor allem ʿĀʾiša, die, indem sie sich dem Kampf aussetze und in Lebensgefahr begebe, die Würde, die sie als Witwe des Propheten genieße, verwirke. Übrigens habe sie selber lange Zeit an ʿUṯmān kein gutes Haar gelassen, und jetzt auf einmal zeige sie sich überzeugt, daß ein Schuldloser getötet worden sei, dessen Blut nach Rache schreie. – Ob der Racheruf, der sich mit Sure 2, Vers 178 begründen ließ,[201] gerechtfertigt sei, so lautete inzwischen die Frage, auf die alles zugespitzt wurde. Die Vorwürfe, die man gegen ʿUṯmān erhoben hatte, rückten in den Hintergrund. Das Sachproblem der sinnvollen Handhabung der islamischen Gerechtigkeit eignete sich nicht mehr, um die Gemüter zu erhitzen; es war viel zu kompliziert. Wenn das wichtigste Merkmal eines Muslims nunmehr ein platter, kumpelhafter Comment im Umgang mit seinesgleichen sein sollte, dann war die eine wie die andere Ansicht zu jener Frage denkbar, ja, der Verzicht auf jegliche klare Ansicht wäre das Beste gewesen. Die Aufgabe des „Imams“, die zerstörerischen Leidenschaften der Masse zu zügeln, war ganz aus dem Blick geraten. Auch in Basra verkürzte sich der Streit auf das Problem, ob man von ʿAlī ein Vorgehen gegen die Mörder verlangen müsse, und da es dafür unter Berücksichtigung des ausgedünnten Begriffs des „Muslims“ nicht die Spur einer einvernehmlichen Lösung gab, zersetzte sich gleichsam von selbst die Gefolgschaft, auf die sich ʿAlīs Statthalter ʿUṯmān b. Ḥunaif bis dahin gestützt hatte.[202]

ʿĀʾiša und Ṭalḥa

Ohnehin schossen die Mutmaßungen und die auf purer Spekulation errichteten Urteile über die Schuld an der Fitna jetzt ins Kraut. ʿAlī sei nur ein Drittel davon anzulasten, ein weiteres Drittel müsse ʿĀʾiša tragen und das letzte Ṭalḥa, hieß es beispielsweise.[203] Ganz aus der Luft gegriffen ist diese Meinung nicht, wenn man sich vergegenwärtigt, was zum Verhalten der „Mutter der Gläubigen" und Ṭalḥas gegenüber ʿUṯmān zu sagen ist. ʿĀʾiša und Ṭalḥa gehören beide dem Klan der Banū Taim b. Murra an. Ihr gemeinsamer Ahnherr ist ʿAmr b. Kaʿb b. Saʿd b. Taim b. Murra, der in der Genealogie drei Generationen über Ṭalḥa und vier über ʿĀʾiša steht. Zuerst ist da eine alte Geschichte: Ṭalḥas Großmutter war die Tochter des Wahb b. ʿAbd b. Quṣaij, der das Amt der Pilgerspeisung (arab.: *ar-rifāda*) innehatte; dieses war nach den Angaben der überlieferten Stadtsage jedoch von Quṣaij, der es ʿAbd ad-Dār hatte vererben wollen, auf ʿAbd Manāf übergegangen.[204] Die Rivalität mit den ʿAbd Manāf-Quraišiten, die, wie vorhin angemerkt wurde, den Einspruch von Männern wie ʿAlī, Abū l-ʿĀṣ b. ar-Rabīʿ, Abū Sufjān b. Ḥarb und Ḫālid b. Saʿīd b. al-ʿĀṣ gegen das Kalifat Abū Bakrs veranlaßte, wird auch die Haltung der Banū Taim b. Murra zu ʿUṯmān bestimmt haben, und diese Haltung wurde zum Zeitpunkt der Übernahme des Kalifats durch ʿAlī nicht im mindesten obsolet. Ṭalḥa rühmte man zudem nach, ihn habe in Bostra ein Mönch danach gefragt, ob in Mekka nicht ein Prophet erschienen sei, ein Sohn ʿAbd al-Muṭṭalibs; in Mekka zurück, habe Ṭalḥa von der Berufung Mohammeds erfahren und daß Abū Bakr sich zu ihm bekenne; Ṭalḥa folgte sogleich dem Beispiel seines Klangenossen, und beide mußten sie die Folterung durch Naufal, einen Bruder Ḫadīǧas erleiden.[205] Ṭalḥa, so erzählt man weiter, versorgte Mohammed und Abū Bakr mit Kleidung, die er als Handelsware aus aš-Šaʾm mitbrachte;[206] und zwar begegnete er den beiden während ihrer Flucht nach Medina in der Nähe von al-Ǧuḥfa.[207] Wegen der Verbrüderung mit Saʿīd b. Zaid b. ʿAmr b. Nufail[208] dürfen wir zudem annehmen, daß Ṭalḥa der ḥanīfischen Auslegung der mohammedschen Botschaft aufgeschlossen gegenüberstand, und diese sah keine Rangbestimmung nach Maßgabe des Stammbaums vor. Mit Umm Kulṯūm, einer Tochter Abū Bakrs, war er verheiratet; sie gebar ihm zwei Söhne und eine Tochter.[209] Schon zu Lebzeiten des Propheten soll er darauf spekuliert haben, auch ʿĀʾiša zur Frau zu nehmen. Sure 33, Vers 53, wo Mohammed sich verbittet, daß jemand nach seinem Tod eine seiner Witwen heiratet, soll auf Ṭalḥas Ehrgeiz gemünzt sein.[210] Daß Ṭalḥa und ʿĀʾiša dem Treiben gegen ʿUṯmān tatenlos zusahen, weil sie vermuteten, die Aufrührer arbeiteten ihnen in die Hände, scheint keineswegs weit hergeholt zu sein. Ob ʿĀʾiša die Rebellen wissentlich anstachelte, ist umstritten.[211] Daß sie nach der Untat die Rache an den Mördern forderte, wird ebenfalls den Tatsachen entsprechen. Wie sonst hätte sie die Herrschaft ʿAlīs untergraben können, mit dem sie seit der Halsbandaffäre überdies noch eine Rechnung offen hatte?

Verfolgung der Anhänger ʿAlīs in Basra

Es gelang den dreien zunächst nicht, Basra für sich zu gewinnen. ʿUṯmān b. Ḥunaif vermochte sie allerdings auch nicht völlig aus dem Heerlager herauszuhalten. Nach einem Geplänkel, das keine Entscheidung brachte, schlossen beide Parteien, jeweils unterstützt von den „Gläubigen und Muslimen, die auf ihrer Seite standen“, ein Stillhalteabkommen. ʿĀʾiša, Ṭalḥa und az-Zubair behaupteten, sie seien in friedlicher Absicht angereist; an den Huldigungseid, den die beiden Männer ʿAlī geleistet hatten, fühle man sich freilich nicht gebunden, denn er sei ihnen abgezwungen worden. Man einigte sich darauf, einen Schiedsmann nach Medina zu entsenden; die dortigen Prophetengefährten sollten sagen, ob es sich wirklich so verhalten habe. Daß auf diesem Wege keine Lösung des Konflikts zustandekam, braucht nicht erläutert zu werden. Basra fiel endlich doch den dreien zu. Man kühlte an ʿUṯmān b. Ḥunaif sein Mütchen, indem man ihm Haupt- und Barthaare ausraufte, zuletzt sogar die Augenbrauen. Nachdem die Anhänger ʿAlīs versucht hatten, ʿĀʾiša zu töten, gab es für die tatsächlichen wie für die vermeintlichen Aufrührer gegen ʿUṯmān b. ʿAffān keinen sicheren Ort mehr; allein Ḥurqūṣ b. Zuhair, einer der basrischen Wortführer, entkam. Das Massaker an den Rebellen geschah am 24. Rabīʿ al-āḫar des Jahres 36 (20. Oktober 656). ʿĀʾiša ließ einen Bericht von diesen Ereignissen nach Kufa übermitteln, wohl um dort Gefolgsleute zu gewinnen.[212] ʿAlī seinerseits hoffte ebenfalls, die Kufaner für seine Sache günstig zu stimmen. Abū Mūsā al-Ašʿarī erinnerte die Boten des Kalifen jedoch daran, daß er genau wie ʿAlī dem Ermordeten einen Treueid geleistet habe und daher die Bestrafung der Verbrecher für notwendig erachte.

ʿAlīs Vorstoß gegen Basra

Zur selben Zeit, als man in Basra nach dem mißlungenen Übergriff auf ʿĀʾiša viele Aufrührer ausfindig machte und tötete, brach ʿAlī mit seinem Heer von Medina in den Irak auf.[213] Es war keine tausend Mann stark, doch boten sich ihm Krieger mehrerer Stämme als Verbündete an. Er war allerdings der Auffassung, es reiche aus, wenn sich in seinem Heer lediglich *muhāǧirūn* befänden[214] – ein Hinweis darauf, daß auch er sich vor der völligen Auflösung der auf der Hedschra fußenden Ordnung fürchtete. Bei Ḏū Qār, dem geschichtsträchtigen Ort, lagerte er längere Zeit, empfing den entstellten ʿUṯmān b. Ḥunaif und wartete ab, ob es ihm nicht glücken werde, Kufa auf seine Seite zu ziehen, das ja auch von ʿĀʾiša umworben wurde. Abū Mūsā al-Ašʿarī zierte sich noch, dann aber wurde er anderen Sinnes und setzte sich über die Skrupel hinweg, die ihm angeblich die Verse 29 und 93 von Sure 4 bereiteten: Die Gläubigen dürfen nicht gegeneinander kämpfen; wenn einer von ihnen einen Glaubensbruder umbringt, dann verfällt er der Hölle. Die Quellen geben ganz unterschiedliche Ansichten zu dem bevorstehenden Krieg wieder, ohne daß man ermitteln könnte, was damals wirklich erörtert wurde und weshalb die Schlacht unvermeidlich war. ʿAlī hatte seinen Sohn al-Ḥasan nach Kufa geschickt, und dieser brachte es fertig, daß sich neuntausend Kämpfer auf den Weg nach Basra machten, davon an die dreitausend zu Schiff.[215] Dieser Erfolg scheint die Zukunft bestimmt zu haben, den Sieg ʿAlīs bei Basra und seine Bindung an Kufa. Es kamen auf seiner Seite weitere Krieger hinzu, so die Banū ʿAbd al-Qais, die sich ihm auf dem Marsch von Ḏū Qār nach Basra anschlossen.[216] Doch soll ʿAlī selbst jetzt noch an eine friedliche Beilegung des Konflikts geglaubt haben. Ein Bote führte in seinem Auftrag Unterredungen mit Ṭalḥa und az-Zubair und ließ sich von beiden bestätigen, es gehe keinesfalls um den Sturz des

Kalifen, sondern nur um die Blutrache. Das Heidentum, setzte ʿAlī in dieser Situation seinen Anhängern auseinander, sei gleichbedeutend mit dem Unheil gewesen; nach dem Tod des Gesandten Allahs sorge der Kalif dafür, daß die Gnadengabe der Eintracht (arab.: *al-ǧamāʿa*) nicht vertan werde; die mißliche Lage, in die die Gemeinschaft (arab.: *al-umma*) geraten sei, sei das böse Werk von Menschen, die irdisches Gut begehrten und es denen neideten, denen Allah solches Gut „zurückgeholt" habe, und diese Neider würden am liebsten die Verkündigung des Islams rückgängig machen. Doch Allah erreiche stets seine Ziele. „Ich werde morgen abrücken, tut auch ihr dies! Aber keiner von denen soll morgen abrücken, die ihre Hand dem Vorgehen gegen ʿUṯmān um irgendeiner Angelegenheit willen liehen! Mögen die Unbesonnenen mich von sich selber befreien!"[217]

Die „Kamelschlacht"

Sich auf solch schlaue Art aus der Affäre zu ziehen, den Krieg unter Glaubensbrüdern zu umgehen und wissentlich zu dulden, daß einige Heißsporne unter den Anhängern ʿUṯmāns den Unwillkommenen – ohne deren Wühltätigkeit ʿAlī doch gar nicht Kalif geworden wäre – den Garaus machten, das ging einfach nicht mehr. Die Betroffenen, die in Kürze gleichsam Freiwild sein sollten, wußten, daß sie eine Minderheit waren. Sollte, wie anscheinend geplant, zwischen ʿAlī sowie Ṭalḥa und az-Zubair eine Übereinkunft auf ihre Kosten erzielt werden, etwa des Inhalts, daß letztere das Kalifat ʿAlīs anerkannten und dieser ihnen die Möglichkeit eröffnete, durch die Tötung der Mörder ʿUṯmāns das Gesicht zu wahren, dann wäre ihr Leben keinen Pfifferling mehr wert. ʿAbdallāh b. Sabaʾ riet deshalb, die Gefährdeten sollten sich unter die Menge verteilen und, sobald die Parteien mit ihren Unterhandlungen begännen, Gefechte provozieren; die Verbände, aus denen heraus sie zuschlügen, würden, um sich vor der Gegenwehr der Feinde zu schützen, unverzüglich zu den Waffen greifen, und aus sei es mit der Diplomatie![218] Doch versichern die Quellen, daß sich die in Aussicht genommene friedliche Beilegung auch ohne solche Provokationen als eine Fata Morgana erwies. Zwar schreckte az-Zubair davor zurück, in einem für ihn günstigen Augenblick ʿAlī zu überrumpeln, wie man ihm vorschlug; ʿAlī sei mit ihm in ein und derselben Solidargemeinschaft (arab.: *ad-diʿwa*),[219] und einen solchen Krieg wie den, der ihm aufgezwungen werde, habe es noch nie gegeben – womit werde er sich am Tag des Gerichts entschuldigen? Auch Ṭalḥa erinnerte daran, daß beide Parteien Muslime seien. In letzter Minute gelang es einer größeren Schar von Basrensern, geführt von dem Tamīmiten al-Aḥnaf b. Qais, sich aus dem losbrechenden Gefecht zurückzuziehen. Denn kaum waren die beiden Heere miteinander in Berührung gekommen, als die Kämpfe mit Heftigkeit entbrannten. Ṭalḥa fiel nach kurzer Zeit. Az-Zubair entrann der Schlacht, wurde aber in der Nähe durch al-Aḥnaf gestellt und getötet.[220]

In der muslimischen Erinnerung verblaßt der Tod dieser letzten beiden bedeutenden Auswanderer – ʿAlī b. abī Ṭālib war viel jünger als sie und gewann erst als Bezugsperson der Aufrührer an Statur – gegenüber der Gestalt ʿĀʾišas, der mit Abstand jüngsten Witwe Mohammeds. In ihrem Namen wird die Botschaft geschrieben, die die Kufaner für die Verfolgung der Mörder ʿUṯmāns gewinnen soll.[221] Sie tritt als Gesprächspartnerin der Abgesandten aus Kufa auf, die in Basra Erkundigungen über die Pläne Ṭalḥas und az-Zubairs einholen. Die Szene spielt nach dem Massaker an den etwa sechshundert basrischen Feinden des getöteten Kalifen; auf die Blutrache zu verzichten, wäre ein Verstoß gegen die Bestimmungen des Korans, rechtfertigen sich die beiden, die man nachträglich zur Unterredung hinzugezogen hat. An ʿĀʾiša richtet der Abgesandte der Kufaner sein letztes Wort, bevor das Unheil seinen Lauf nimmt: Mit der Tötung der sechshundert haben Ṭalḥa und az-Zubair zehnmal soviel Menschen gegen sich aufgebracht, sowohl Muḍariten als auch Rabīʿiten – wie anders wolle man denn nun aus allem heil herauskommen als durch Stillhalten, bis die Erregung sich lege?[222] Anscheinend ließen sich die drei von diesen Argumenten überzeugen. Sie verhielten sich passiv, und ʿAlī brach nach Basra auf, vermutlich um, wie oben erwähnt, einen Ausgleich zu suchen, was aber vereitelt wurde. Beide Seiten waren schon handgemein geworden, da tauchte Kaʿb b. Sūr bei ʿĀʾiša auf. Er hatte zu den Basrensern gezählt, die sich dem Hilferuf ʿUṯmāns nicht verschlossen hatten, sondern bereit gewesen waren, ihm in seinem Kampf gegen die Rebellen beizustehen, die, wie der Kalif sich ausdrückte, den Feinden Mohammeds bei Uḥud oder während des Grabenkriegs zu vergleichen waren.[223] Als die drei vor Basra angekommen waren, hatte Kaʿb als der Vertrauensmann beider Parteien bereits in Medina ausforschen lassen, ob Ṭalḥa und az-Zubair zur Huldigung gezwungen worden waren.[224]

Kaʿb hastete jetzt zu ʿĀʾiša. „Komm schnell herbei, die Leute wollen nur noch Kampf! Vielleicht wird Allah durch dich den Frieden wahren!“ Sie ließ sich auf ein Kamel heben, die Sänfte, in der sie Platz nahm, war mit Kettenhemden gegen Pfeile gesichert. So gelangte sie ins Kampfgetümmel, als Ṭalḥa schon tödlich getroffen war und az-Zubair sich absetzte. Viele andere folgten seinem Beispiel, doch als ihnen das Kamel mit ʿĀʾiša in den Blick geriet, da führten es die basrischen Muḍariten in ihre Mitte und bildeten von neuem den Kern einer standhaltenden Truppe; auch die Rabīʿiten und die Jemenier von Basra stellten sich wieder den Kufanern entgegen. ʿĀʾiša befahl Kaʿb, er solle das Kamel freilassen und mit einem Koranexemplar in der Hand vor die Feinde treten. Er gehorchte und stürzte, von vielen Geschossen durchbohrt, tot zu Boden. Die Parteigänger ʿAbdallāh b. Sabaʾs hatten das Sagen an sich gerissen, ʿAlī vermochte sie nicht zu mäßigen. Unversehens wurde ʿĀʾišas Kamel zum Zentrum der Schlacht; sie feuerte ihre Verteidiger zum Ausharren an. Unentschieden wogten die Kämpfe hin und her, die Grausamkeit steigerte sich, man begann, vor allem auf die Beine und Arme der Feinde zu zielen, um die Zahl der Wehrlosen rasch zu erhöhen. Im Hauen und Stechen um das Kamel starben viele basrische Muḍariten, zuletzt aber geriet es in die Hände der Feinde. Sie hatten dem Tier die Flechsen durchgeschlagen, aufbrüllend ging es zu Boden, man zerschnitt die Riemen, mit denen die Sänfte auf dem Rücken befestigt war, stellte sie nieder und umringte sie. Den letzten Getreuen ʿĀʾišas gewährte man Pardon.[225] Der erste blutige Bruderkrieg des Islams war zu Ende. Al-Wāqidī datiert diesen Schicksalstag auf dem 10. Ǧumādā l-āḫira des Jahres 36 (4. Dezember 656).[226]

6. Ṣiffīn

Die Prinzipien der Herrschaft ʿAlīs

Der schiitische Parteienhaß sieht in ʿĀʾiša nichts als eine Kriegstreiberin. Das Bild der bösartigen Witwe, die vom Rücken des Kamels herab eine verblendete Anhängerschar gegen den für die Sache des wahren Islams kämpfenden ʿAlī hetzt,[227] läßt sich mit der Überlieferung nicht vereinbaren. Nicht im Zuge finsterer Machenschaften ʿĀʾišas wurde das Kamel mit ihrer Sänfte zum Mittelpunkt einer Schlacht; ʿĀʾiša wurde vielmehr von Kaʿb b. Sūr in die ausbrechenden Gefechte hineingeführt, um im letzten Augenblick das Schlimmste zu verhindern. Auf das Ende Ṭalḥas und az-Zubairs hatte dies keinen Einfluß mehr, und daß sie den Aufrührern um ʿAbdallāh b. Sabaʾ bei ihrem Erscheinen zum Symbol der verhaßten Realitäten und daher zum Ziel des Furors wurde, ist leicht einzusehen. Das genaue Studium der Berichte über die Kamelschlacht enthüllt das Dilemma, in dem sich alle handelnden Personen befanden, ausgenommen nur die Aufrührer, die nichts zu verlieren hatten und nach dem Massaker von Basra nichts so sehr zu fürchten hatten wie eine friedliche Übereinkunft unter den Gegnern. Wenn man erwägt, was über ʿAlīs Verhalten seit seiner Erhebung zum Kalifen berichtet wird, kommt man nicht an dem Urteil vorbei, daß er im Grunde an eine Fortführung der Politik der frühen Auswanderer dachte, freilich mit dem Unterschied, daß er glaubte, die als skandalös angeprangerte Begünstigung von Sippen, die im Islam nicht eben ihre Herzenssache erblickt hatten, korrigieren zu müssen, um den inneren Frieden wiederherzustellen. Nur zu bald, vielleicht schon nach dem Scheitern seines Griffs nach aš-Šaʾm, muß ihm klar geworden sein, daß er sich mit Kräften eingelassen hatte, denen an einer Korrektur nicht im geringsten gelegen war. Der Islam, von dem die Aufrührer träumten, hatte, wie gezeigt, mit der Bewegung der *muhāǧirūn* und ihrer Art von Gerechtigkeit nichts gemein.

An ihr aber hing ʿAlī nach wie vor. Seine ersten Berufungen auf Gouverneursposten machten das deutlich. Anders als unter seinen Vorgängern war lediglich, daß er die „Helfer" nicht überging. Aber er achtete darauf, daß er keine Kommandostellen an Rebellen vergab und wehrte den Zustrom von Kämpfern ab, die außerhalb der durch eine Hedschra begründeten Ordnung standen. Daß er sich zu solcher Vorsicht genötigt sah, verrät allerdings auch, von welcher Art die Hoffnungen waren, die viele in ihn setzten: Sie nahmen in ihm den Überwinder der alten Ordnung wahr, wozu sie sich dank dem Weg, auf dem er zur Macht gelangt war, ermuntert fühlen durften. Im Verlauf der Ereignisse, die in der Kamelschlacht kulminierten, gab er zu erkennen, daß ihm an einem Krieg nicht gelegen war. Die Unterredungen zwischen den beiden Parteien wurden von Männern geführt, die sich gegen die Aufrührer und für ʿUṯmān, mithin für die Legalität eingesetzt hatten. Al-Qaʿqāʿ b. ʿAmr, ʿAlīs Vertrauensmann in Kufa, hatte die gleiche Einstellung wie Kaʿb b. Sūr, und wahrscheinlich ist es al-Qaʿqāʿs beherztem Einschreiten zuzuschreiben, daß ʿĀʾiša nicht der Kampfeswut der für ʿAlī fechtenden, aber nicht wirklich von ihm kontrollierten Scharen zum Opfer fiel. Die „legalistischen" Kräfte hüteten sich, die Würde der Witwe des Propheten antasten zu lassen. Einen Unbefugten, der neugierig einen Blick in die auf dem Boden abgesetzte Sänfte warf, bestrafte man erbarmungslos: Ihm wurde die Hand abgeschlagen, mit der er den Vorhang beiseitegeschoben hatte, dann wurde er getötet, sein nackter Leichnam verblieb unbestattet auf einem Stück wüsten Landes.[228]

ʿAlī in der Hand der Aufrührer

Trotz der Bemühungen um Legalität geriet ʿAlī nach diesem Sieg, den man mit Recht als einen Pyrrhussieg bezeichnen kann, fester als zuvor in die Hände der Rebellen, und in die Hände der Kufaner. Denn in der Schlacht, wie sie sich entwickelt hatte, hatten muḍaritische und rabīʿitische Kufaner mit muḍaritischen und rabīʿitischen Basrensern die Waffen gekreuzt[229] – wenn, wie ʿUmar b. al-Ḫaṭṭāb so offen bekundet hatte, die Botschaft des Propheten eine muḍaritische und des näheren eine quraišitische Sache war, dann war auch dies fortan eine Überzeugung, die von der Wirklichkeit Lügen gestraft worden war. Welche Machtbasis blieb ʿAlī außer dem Kufaner Lokalpatriotismus und eben einem Islam, der sich in ein Moralisieren zu verflüchtigen drohte? Der Ausgang der Kamelschlacht machte es den bewahrenden Kräften unmöglich, sich mit der Herrschaft ʿAlīs abzufinden. Ihnen war die einträchtige Gemeinschaft ein hohes Gut. Viele Male beteuert Mohammed im Koran, daß seine religiöse Botschaft eine politische Ordnung stiftet, die durch Abspaltungen zunichte werden könnte. Seitdem ʿAlī, wenn auch wider seine Absicht, den Scharen ʿAbdallāh b. Sabaʾs das Gesetz seines Handelns hatte zubilligen müssen, war er der Sachwalter des Unfriedens geworden, ein Machthaber zudem, der sich gegen die Anwendung koranischen Rechts sträubte. Zumindest konnte man das, was mit ihm und in seiner Umgebung geschah, auf diesen Nenner bringen. Unter den „Helfern" war er aus naheliegenden Gründen beliebt,[230] aber was nutzte ihm das jetzt, wo sich die Aussichten, je wieder von Medina aus zu regieren, in Rauch auflösten? Neben Kaʿb b. Mālik ließen sich drei weitere „Helfer" nicht von ʿAlī blenden. Noch ehe er nach Basra zog, wollten sie wissen, ob ʿUṯmān als ein Übeltäter oder unschuldig getötet worden sei. Sie meinten das letztere, aber wenn ʿAlī, dem man eine umfassende Kenntnis des Zwistes nachsage, vom Gegenteil überzeugt sei, solle er seine Gründe nennen. Komme auch er zu dem Schluß, daß man ʿUṯmān nichts Schlimmes vorwerfen könne, werde man einräumen, daß er, ʿAlī, sich in gutem Glauben geirrt habe, also kein Hochverräter sei. ʿAlī erwiderte schroff, sein Vorgänger habe in unguter Weise eigenmächtige Entscheidungen getroffen, und diejenigen, die ihm immer noch die Stange hielten, seien zu Unrecht empört – was die Wahrheit sei, werde Allah am Jüngsten Tag offenlegen. Der Hinweis, diese Antwort sei unbefriedigend, reizte ʿAlī zu der unbedachten Äußerung, ihm dürfe man nicht *coram publico* widersprechen; er verbannte die unbequemen Frager aus Medina. Es waren außer Kaʿb b. Mālik der Lobdichter des Propheten Ḥassān b. Ṯābit und an-Nuʿmān b. Bašīr. Bei Muʿāwija waren sie willkommen; den beiden Dichtern zahlte er eine ansehnliche Summe, an-Nuʿmān berief er zum Statthalter in Hims, später in Kufa.[231]

Kämpfe zwischen ʿAlī und Muʿāwija

Nach dem Sieg bei Basra richtete sich ʿAlī in Kufa ein; von dort war das größte Kontingent an Truppen gekommen, denen er seinen Erfolg verdankte, wenn es denn sein Erfolg gewesen war. Er berief jetzt zahlreiche Statthalter; an den Orten, über die er sie setzte, läßt sich jedoch ablesen, wie begrenzt sein Herrschaftsgebiet war. Es werden Ktesiphon genannt, Isfahan und Hamadan, die Regionen des Sasanidenreichs, die von Kufa aus in Besitz genommen worden waren. Nach Sidschistan entsandte er einen Tamīmiten, auch für Chorasan bestimmte er einen Gouverneur. Sobald sich dieser Nischapur näherte, erfuhr er, daß die iranische Bevölkerung im Begriff stand, das muslimische Joch abzuwerfen; es waren Steuereinnehmer eingetroffen, die ein „Chosrau in Kabul“ abgeordnet hatte. Doch nach einigen Kämpfen brachte man die Gegend wieder unter Kontrolle. Wichtiger war jedoch die Sicherung des Kufa benachbarten Raumes. ʿAlī entsandte seine Vertrauensleute in viele kleinere Ortschaften im mittleren Zweistromland. Den Norden des Fruchtbaren Halbmondes nahm Mālik al-Aštar für ihn in Besitz; Mossul, Nisibin und Amid waren die wichtigsten Städte, die er hielt. Die Landstriche, die die Araber als die „Insel“[232] bezeichnen, würden es sein, in denen sich der Zweikampf zwischen ʿAlī und Muʿāwija entscheiden mußte. Denn Muʿāwija hatte Harran, ar-Raqqa, Edessa und Qarqisija in der Hand. Überdies trat er mit den Byzantinern in Verbindung und erreichte gegen eine beträchtliche Geldzahlung, daß diese ihm während des Krieges gegen ʿAlī nicht in den Rücken fielen. Verstärkung bekam er zudem von Bewohnern Basras und Kufas, die sich auf die Seite ʿUṯmāns gestellt hatten. Al-Aštar ergriff die Initiative, er rückte nach Harran vor. Zwischen Harran und ar-Raqqa ereignete sich das erste Gefecht zwischen ihm und einigen Muʿāwija ergebenen Truppen.[233]

ʿAlī verliert Ägypten

Selbstverständlich versuchte ʿAlī, auch andere Regionen seiner Herrschaft zu unterwerfen. Basra übergab er ʿAbdallāh b. al-ʿAbbās, nachdem er ʿĀʾiša am 1. Rağab des Jahres 36 (24. Dezember 656) mit einem Ehrengeleit nach Medina zurückgeschickt hatte.[234] Als der für die Erhebung der Grundsteuer zuständige Verwalter wurde ʿAbdallāh b. al-ʿAbbās übrigens Zijād, ein Adoptivsohn Abū Sufjāns, beigeordnet; Zijād war während der Kämpfe in Basra untergetaucht,[235] ʿAlī wollte ihn mit diesem Amt an sich binden, vielleicht auch Muʿāwija von seinen redlichen Absichten überzeugen. Schwierigkeiten bereitete Ägypten. ʿAmr b. al-ʿĀṣ, der in Palästina den Ausgang der Rebellion gegen ʿUṯmān abgewartet und aus der Ferne die ersten Schritte des neuen Kalifen beobachtet hatte, erkannte früh, daß Muʿāwija die bessere Wahl für ihn war. Er tat sich mit ihm zusammen, gemeinsam wollte man sich Ägypten sichern. Muʿāwija hätte ohne die Erträge des Niltals kaum einen Krieg gegen ʿAlī durchhalten können, dem die reichen Ressourcen des Zweistromlandes zu Gebote standen. Muḥammad b. abī Ḥuḏaifa, der Parteigänger der Rebellen, hatte das Sagen in Fustat; er versuchte, die beiden an der Inbesitznahme des Landes zu hindern, und verschanzte sich zuletzt in al-ʿArīš, einem kleinen Ort nahe der Küste des Mittelmeeres. Seine Hoffnung, den Feinden den Weg zu verlegen, trog; man beschoß das Kastell mit Wurfmaschinen, Muḥammad b. abī Ḥuḏaifa kam dabei ums Leben.[236] Unterdessen hatte ʿAlī Qais, den Sohn Saʿd b. ʿUbādas, zu seinem Statthalter in Fustat ernannt. Dieser traf dort im Rabīʿ al-auwal (begann am 17. August 657) des Jahres 37 ein.[237] Ihm hatte ʿAlī ein Schreiben mit auf den Weg gegeben, das Qais nach seiner Ankunft verlesen sollte. Es richtete sich an „die

Gläubigen und die Muslime", legte die Sichtweise des neuen Kalifen auf die jüngste Vergangenheit dar und versprach eine Herrschaft, die sich am Buch Allahs und an der Verfahrensweise (arab.: *as-sunna*) seines Gesandten orientieren und von Redlichkeit gekennzeichnet sein werde. Diese Proklamation wurde nach der Überlieferung schon im Ṣafar des Jahres 36 ausgefertigt, also mehr als ein Jahr, bevor Qais b. Saʿd nach Fustat hatte gelangen können.[238] Auch mit Bezug auf Ägypten verfolgte ʿAlī demnach die Politik, sich nicht der Aufrührer zu bedienen. Erst als diese in den Kämpfen gegen Muʿāwija ihr Leben gelassen hatten, vermochte ʿAlī seine Absichten durchzusetzen, allerdings nur sehr unvollkommen. Denn Qais hielt sich nur wenige Monate in Fustat. In einer Atmosphäre von Verrat und falschen Anschuldigungen, von Muʿāwija meisterhaft zur Förderung seiner Ziele genutzt, geriet Qais bei ʿAlī in den Verdacht der Unzuverlässigkeit und wurde des Amtes enthoben. Mālik al-Aštar an-Naḫaʿī stand angeblich in einem besseren Ansehen beim Kalifen, hatte freilich Neider, unter ihnen ʿAbdallāh b. Ǧaʿfar b. abī Ṭālib. Dieser hatte die Berufung al-Aštars nach Ägypten angeregt, um dessen Untergang herbeizuführen; vermutlich sollte ʿAlī von einem seiner hitzköpfigsten, jeglichem Kompromiß abgeneigten Anhänger befreit werden. Al-Aštar starb Anfang Raǧab (begann am 13. Dezember 657) des Jahres 37 in der Nähe von Suez an einem vergifteten Getränk.[239] Muḥammad, der Sohn Abū Bakrs, eine treibende Kraft der Aufrührer, erhielt jetzt die Statthalterschaft; gegen den Rat Qais b. Saʿds vergriff er sich an allen, die den Ambitionen der Rebellen im Wege gestanden hatten – Muʿāwija b. Ḥudaiǧ war der bekannteste unter ihnen. Dies rief wieder die Omaijaden zusammen mit ʿAmr b. al-ʿĀṣ auf den Plan; in einem blutigen Gefecht wurden Muḥammad b. abī Bakrs Gefolgsleute aufgerieben, sein Leichnam wurde geschändet und zusammen mit Eselskadavern verbrannt.[240] Nach diesen Ereignissen fiel Ägypten im Ṣafar (begann am 9. Juli 658) 38 wieder an ʿAmr b. al-ʿĀṣ, der es von da an im Namen Muʿāwijas verwaltete.[241]

Ergebnislose Bemühungen um einen Huldigungseid Muʿāwijas

Die bewegte Geschichte Ägyptens nach der Ermordung ʿUṯmāns belegt das Anwachsen eines zerstörerischen Parteienhasses, desgleichen den ungezügelten Ehrgeiz der Rebellen, denen, wenn sie vorübergehend Macht in den Händen hielten, Mäßigung und politische Klugheit fremd waren. Die Aussichten ʿAlīs auf die Behauptung seines Kalifats schwanden daher seit der Kamelschlacht unaufhaltsam. Selbst wenn er, wie gezeigt, das mittlere Zweistromland im Besitz hatte und daher in der Nähe des Gebietes, in dem sich seine Gefechte gegen Muʿāwija abspielen sollten, über hinreichenden Nachschub verfügte, vermochte er daraus keine langfristigen Vorteile zu ziehen. Im Gegenteil, durch einige ungeschickte Schachzüge, die ein überraschendes Maß an Wirklichkeitsferne erkennen lassen, beschleunigte er den Zusammenprall mit Muʿāwija. Ǧarīr b. ʿAbdallāh al-Baǧalī war noch von ʿUṯmān in die Region um Hamadan geschickt worden, wo er die Herrschaft der Muslime festigte und den Zugang zum iranischen Hochland schützte. Dieser wichtige Vorposten war Kufa zugeordnet, und so verlangte ʿAlī, kaum daß er in Kufa eine Bleibe gefunden hatte, von Ǧarīr einen Huldigungseid. ʿAlī teilte ihm mit, die frühen *muhāǧirūn* und die „Helfer" hätten ihn zum

Kalifen erhoben, die eidbrüchigen Ṭalḥa und az-Zubair habe er verfolgt und ausgeschaltet; sein Sohn al-Ḥasan sowie ʿAbdallāh b. al-ʿAbbās, ʿAmmār b. Jāsir und Qais b. Saʿd b. ʿUbāda hätten ihm die Ergebenheit der Kufaner gewonnen.[242] Ǧarīr fand sich in Kufa ein und schwor ʿAlī Treue. Auch ein weiterer noch von ʿUṯmān eingesetzter Feldherr, der in Aserbeidschan Krieg führte, ging zu ʿAlī über. Durch diese Erfolge geblendet, faßte ʿAlī den Entschluß, jetzt auch Muʿāwija zu einem Huldigungseid aufzufordern. In Damaskus herrschten freilich ganz andere Verhältnisse als im iranischen Hinterland. An-Nuʿmān b. Bašīr hatte das blutgetränkte Gewand ʿUṯmāns mitgebracht, das, wie schon erwähnt, öffentlich zur Schau gestellt wurde. Das gleiche geschah mit einem Teil der Handfläche und mit den Fingern, die Nāʾila, eine Ehefrau ʿUṯmāns, verloren hatte, als sie den ersten Schwerthieb Kināna b. Bišrs gegen ihren Ehemann hatte abwehren wollen. Einige Muslime in aš-Šaʾm hatten gelobt, sie wollten so lange nicht die große Waschung vollziehen, wie die Mörder ʿUṯmāns noch am Leben seien. Nach Lage der Dinge war es Tagträumerei, dort den Huldigungseid für ʿAlī einzufordern. Aber der Kalif ließ sich nicht von seinem Vorhaben abbringen, zumal Ǧarīr anbot, er werde die heikle Mission übernehmen. Er stehe mit Muʿāwija auf freundschaftlichem Fuß, behauptete er, was ʿAlī bewog, sämtliche Einwände, die Mālik al-Aštar erhob, in den Wind zu schlagen.[243]

Ǧarīr war kurze Zeit vor dem Tod Mohammeds Muslim geworden. Die Banū Baǧīla, denen er angehörte, betrachtete man als Nachfahren der Sabäer, deren Wohlstand Allah vernichtet hatte, wie in Sure 34 erzählt wird (Vers 15–19). Zehn große Stammesverbände leiten sich von ihnen her, vier von ihnen zogen in den Norden, nach aš-Šaʾm, sechs blieben im Süden, unter ihnen die Anmār, die sich in die zwei Stämme der Banū Ḫaṯʿam und der Banū Baǧīla aufspalteten.[244] Der Gesandte Allahs beauftragte Ǧarīr, im Jemen Ḏū l-Kulāʿ, einen Nachfahren des sagenumwobenen Herrschers Ḥassān b. Tubbaʿ,[245] für den Islam zu gewinnen. Noch während Ǧarīr im Süden weilte, erreichte ihn die Nachricht vom Tod des Propheten. Er kehrte nach Medina zurück.[246] Als Abū Bakr im Jahr 13 (begann am 7. März 634) ein Heer zusammenrief, das er, in Verfolgung der Pläne Mohammeds, nach aš-Šaʾm schicken wollte, stellte sich Ḏū l-Kulāʿ mit einem Kontingent bei ihm ein.[247] Diese Schwadron treffen wir in der Schlacht am Jarmuk wieder.[248] Ḏū l-Kulāʿ zeichnete sich dann im Kampf um Damaskus aus,[249] und auch in den Kriegen, von denen wir gleich zu berichten haben, hat er einen wichtigen Part an der Seite Muʿāwijas inne. Ǧarīr, der von ʿUmar gefördert worden war,[250] durfte wenigstens hoffen, in Damaskus Gehör zu finden. Denn Mālik al-Aštar, der ebenfalls als Gesandter zur Debatte stand, wäre als Sprecher ʿAlīs wohl nicht einmal empfangen worden, zu eng war sein Name mit dem Beginn der Unbotmäßigkeiten gegen ʿUṯmān verbunden. Doch auch Ǧarīr kehrte unverrichteterdinge zu ʿAlī zurück. Der Fehlschlag setzte ihn dem Verdacht aus, er habe den Kalifen verraten; es wäre das beste, meinten Ǧarīrs Feinde, man nähme ihn und seinen Anhang gefangen. Ehe es so weit kam, flüchtete sich Ǧarīr mit seinen Gefolgsleuten nach Qarqisija, wo er sich fortan aus allem heraushielt.[251] ʿAlī wollte diesen Rückzug, der ihn etliche Truppen kostete, nicht ohne Vergeltung hinnehmen. Er verwüstete Ǧarīrs Landgut im Gebiet von Kufa, verbrannte dessen Wohnsitz und auch denjenigen eines Vornehmen, der sich Ǧarīr angeschlossen hatte.[252] Haßerfüllte Unvernunft bestimmte das Handeln.

Die Kämpfe von Ṣiffīn

Am mittleren Euphrat, teils auf dem westlichen Ufer, wurde gekämpft; Muʿāwija verhielt sich zögernd, abwartend, ʿAlī dagegen wird in den Quellen als der Angreifer gezeichnet, was naheliegt, da sich unter ihm auf Veränderung drängende Kräfte gesammelt hatten, deren Ungestüm sich in der Kamelschlacht gezeigt hatte. In der Landschaft Ṣiffīn trafen die Hauptstreitmächte beider Seiten aufeinander, ohne daß sogleich ein allgemeines Blutvergießen begonnen hätte. Es ergaben sich vielmehr Gefechte, in denen einzelne Anführer einer jeden Partei mit den ihnen zugeordneten Schwadronen gegeneinander antraten. Nach altem Brauch vermied man, alles auf eine Karte zu setzen; man hört von den üblichen Duellen und eben von begrenzten Kämpfen. So verstrich der letzte Monat des Jahres 36. Während des folgenden Muḥarram (begann am 19. Januar 657) ließ man die Waffen ruhen; „vielleicht würde Allah einen Ausgleich“[253] ins Werk setzen. Gespräche kamen in Gang, in denen die bekannten Argumente ausgetauscht wurden. ʿAlī sei, so äußern sich in der Überlieferung seine Abgesandten, der „Herr der Muslime“, ihm erkenne man den höchsten Grad der *sābiqa* zu, alle Muslime stünden auf seiner Seite, abgesehen nur von Muʿāwija und seinen Leuten, denen das gleiche zustoßen werde wie Ṭalḥa und az-Zubair; wenn Muʿāwija seine Ansichten ändere und sich ʿAlī unterwerfe, dann seien die Eintracht (arab.: *al-ǧamāʿa*) und das gegenseitige Zutrauen (arab.: *al-ulfa*) zurückgewonnen. Der Omaijade dagegen beharrte darauf, daß allein er für die Eintracht bürge; ʿAlī habe sie durch seine Attacken gegen den Kalifen ʿUṯmān zerstört, ja mehr noch, er halte die Hand über die Übeltäter; als enger Verwandter des Getöteten habe er, Muʿāwija, zweifelsfrei das Recht zur Blutrache. Wenn ʿAlī die von ihm selber zunichte gemachte Eintracht wiederherstellen wolle, dann möge er die Mörder ausliefern, und man werde ihm von da an gehorchen.[254] Umfangreich ist die Überlieferung solcher und ähnlicher Wortgefechte, und quälend ist die Lektüre, denn stets drehen sich Rede und Gegenrede im Kreis, und auch die Exkurse zur frühesten Geschichte des Islams, die man den Streitenden in den Mund legt, lassen keinen Fixpunkt erkennen, von dem aus man damals in überzeugender Manier eine Lanze für die eine oder die andere Seite hätte brechen können. Mit dem bis dahin bekannten und erprobten gedanklichen Rüstzeug war keine Entscheidung zu erzielen. Im Keim war das neue Rüstzeug, mit dem eine begründete Parteinahme möglich wurde, allerdings schon nachweisbar, und das geschilderte Patt wurde durch das eruptive Hervorbrechen dieses Neuen zerrissen – dergestalt jedoch, daß die Eintracht für immer verloren war: Das, was nach dieser Eruption Islam heißen wird, tritt in Gestalt unterschiedlicher, einander ausschließender Heilswege in Erscheinung.

Dschihad gegen Glaubensbrüder

Muʿāwijas Part war in diesen dramatischen Vorgängen der einfachste. Er machte geltend, daß er für die Fortsetzung der legalen Verhältnisse streite. ʿUṯmān, so sagte man in seinem Kreis nach dem Zeugnis der Quellen, sei ein durch Allah „rechtgeleiteter Kalif“ gewesen, der „nach dem Buch Allahs handelte und sich stets der Herrschaft Allahs zuwendete".[255] ʿAlīs Partei dagegen mußte beharrlich das Außergewöhnliche betonen, das ihr den Waffengang aufnötigte: „Ein integrer Muslim ist jeder, dessen Glaubenspraxis und dessen Ansichten integer sind. Diese Leute aber, bei Allah, meinen, wenn sie uns zur Aufrechterhaltung der Glaubenspraxis bekämpfen, wir hätten diese verdorben, und wenn sie gegen uns zur Wiederbelebung des Rechts Krieg führen, wir hätten es getötet. Doch in Wahrheit kämpfen sie nur für das Diesseits, damit sie hier Tyrannen... sein können." Sollten sie obsiegen, dann werde es weitergehen im Stile al-Walīd b. ʿUqbas, Saʿīd b. al-ʿĀṣ' oder ʿAbdallāh b. ʿĀmirs. Dabei sei doch alles „das Vermögen Allahs, das er für uns zurückholte mit unseren Schwertern und Lanzen!" Deswegen übe man Gewalt gegen die Frevler, die anders als nach dem Buch Allahs entschieden hätten. „Für den Dschihad gegen sie soll euch niemandes Tadel treffen!" Denn wenn sie triumphierten, machten sie eure Glaubenspraxis zuschanden und genauso euer irdisches Gut![256] Auch ʿAlī selber ruft den Dschihad in Erinnerung: Allah liebt diejenigen, die auf seinem Pfad Krieg führen und dem Feind standhalten wie ein unerschütterliches Bollwerk (Sure 61, 4).[257] – Der Dschihad gegen Glaubensgenossen, das ist in der Tat neu; was auf dem Spiel steht, ist nicht ein Wiedergewinn der Eintracht, indem man die Spalter in die Gemeinschaft zurückzwingt, sondern es ist die wahre Glaubenspraxis überhaupt, an der die Feinde gar keinen Anteil mehr haben.

ʿAlī und die Rabīʿiten

Solche Reden finden sich vor der Schilderung der großen, mehrere Tage andauernden Entscheidungsschlacht, die nach dem Scheitern der Bemühungen um einen Ausgleich zuletzt doch entbrennt. Ihr Verlauf braucht nicht im einzelnen nachgezeichnet zu werden. Zuerst, das ist dem Wust an Kampfszenen, an Rede und Gegenrede, an Versen zum Ruhm der eigenen Partei, zur Schmähung des Gegners zu entnehmen, geriet Muʿāwijas Zelt in Gefahr. Dann stieß er mit verstärkten Kräften gegen den rechten Flügel des Heeres ʿAlīs vor; die Iraker, die dort postiert waren, wichen zurück; auch jemenische Truppen, die ihn, der sich im Zentrum befand, deckten, ergriffen die Flucht; der Kalif rettete sich auf den linken Flügel. Die Muḍariten, die er hier in Stellung gebracht hatte, gaben sich ebenfalls geschlagen. Allein die Rabīʿiten leisteten zähen Widerstand, und ihnen hatte er es zu danken, daß keine vorzeitige Entscheidung gegen ihn fiel.[258] Doch getreu der altarabischen Kampfweise des „Fliehens und Umkehrens" sammelten sich die Kämpfer des nur scheinbar besiegten rechten Flügels, wodurch nun Muʿāwija seinerseits in Bedrängnis kam. Er habe beobachtet, soll ʿAlī seinen wieder vorrükkenden Kriegern zugerufen haben, wie sie unter den Angriffen „der ungehobelten Unterdrücker und der Beduinen unter den Leuten aus aš-Šaʾm" zu wanken begannen, doch wisse er, daß die Seinen die gewaltigsten Streiter der Araber, ja deren glanzvoller Flor seien, zudem daß sie die Nächte mit dem Rezitieren des Korans verbrächten; sie seien es, die zur Wahrheit riefen, während jene dem Irrtum erlägen; hätten die Seinen sich nicht von neuem zum Angriff gewendet, dann freilich hätten sie ein für allemal ihr glückliches Jenseits verspielt.[259] Muʿāwija spornte den Kampfesmut seiner Truppen an, indem er ihnen hohen Lohn versprach. Den Ḥimjariten unter dem Kommando von Ḏū l-Kulāʿ sagte er die Einkünfte der Rabīʿiten zu, sollten sie diesen Stammesverband bezwingen; da dessen Angehörige sehr zahlreich waren, hatten die Ḥimjariten einen verlockenden Gewinn vor Augen. ʿUbaidallāh b. ʿUmar b. al-Ḫaṭṭāb war mit in der Schwadron Ḏū l-Kulāʿs und feuerte die Mannen an: Es gelte jetzt, die Rabīʿiten zu besiegen; wenn dies gelinge, dann habe man endlich die irakischen Mörder ʿUṯmāns vernichtet. Doch die Rabīʿiten wehrten den Vorstoß ab, ʿUbaidallāh fiel, Ḏū l-Kulāʿ wurde verwundet.[260] ʿAlī jedenfalls erfuhr seit der Kamelschlacht ein weiteres Mal, auf welchen „nordarabischen" Verband er sich verlassen durfte – nicht auf die Muḍariten, zu denen er selber zählte, sondern auf deren feindliche Brüder, die Rabīʿiten; sie hatten seine Gunst erobert.[261] Damit aber brach seinem Kalifat die zweite Stütze weg; daß er nicht mehr in der Nachfolge der frühen Auswanderer stehe, war leicht zu erkennen, denn er war durch die an die Macht gekommen, denen das *ancien régime* zuwider gewesen war, darüber hatten seine Bemühungen um eine die Kontinuität betonende Personalauswahl nicht hinwegtäuschen können; jetzt entglitten ihm die Muḍariten, die doch – denken wir an ʿUmar b. al-Ḫaṭṭāb zurück! – die Träger der koranischen Botschaft sein sollten.

Der Verlauf der Schlacht

Drei Tage und drei Nächte soll diese Schlacht von Ṣiffīn ohne Pause gedauert haben. Man kämpfte bis zur völligen Ermattung: Die Lanzen waren schließlich zerbrochen, die Pfeile verschossen, dann hieb man mit den Schwertern aufeinander ein, zuletzt rangen die Feinde miteinander Mann gegen Mann, knieend wehrte man sich mit Bissen seiner Haut. Am Ende blieb nichts als bleierne Erschöpfung. Die Araber, liest man in einer Überlieferung, kannten einander, und der heidnische Ungeist der Wildheit hatte noch Macht über sie. Zwar sei diese Schlacht schon in islamischer Zeit geschlagen, aber nur bei wenigen habe man Spuren der neuen Glaubensordnung entdecken können. Zu ungestüm war noch die Gesittung, als daß Mäßigung zum Leitmotiv des Handelns geworden wäre.[262] Am Morgen nach der dritten Nacht waren die Entkräfteten kaum noch zum Weiterkämpfen zu bewegen. Mālik al-Aštar ließ jedoch keine Ausflüchte gelten; er riß einige mit zu einer letzten Attacke, indem er ihnen zurief, ob sie nicht gleich ihm „das Leben Allah verkaufen", entweder siegen oder den Weg zum Höchsten durcheilen wollten. Mit diesen an Sure 9, Vers 111 gemahnenden Worten mobilisierte er so viel Kampfwillen, daß er bis tief in die Truppen Muʿāwijas hinein vordrang. In diesem prekären Augenblick kam ʿAmr b. al-ʿĀṣ auf den Einfall, man möge wieder den Koran ins Spiel bringen, zumal man doch nichts als eine Entscheidung auf seiner Grundlage anstrebe, und wer einer solchen Entscheidung nicht zustimme, der sei nun einmal ein Befürworter der Spaltung (arab.: *al-furqa*). Dieser Feststellung werde man auch auf ʿAlīs Seite nicht widersprechen. Lanzen mit daran angehefteten Koranexemplaren habe man hochgehalten, um die Gegenseite auf diesen Vorschlag aufmerksam zu machen.[263] Ob man tatsächlich so vorging oder auf andere Weise das Anliegen zum Ausdruck brachte, das nach wie vor den Anlaß der Auseinandersetzungen bildete, ist unerheblich. Bereits im Kampf um Basra, den Ṭalḥa und az-Zubair gegen ʿUṯmān b. Ḥunaif austrugen, hatte sich alles Argumentieren auf die Frage nach dem Recht auf Blutrache zugespitzt. Für sie allein konnte man damals eine Antwort nach Maßgabe des Korans überhaupt erwarten, und das galt jetzt, etwa ein knappes Jahr später, erst recht. Das wesentliche Problem, das die „beste Gemeinschaft" zu bewältigen hatte, das Hervortreten einer muḍaritisch-quraišitischen und einer vorerst noch ganz unspezifischen „islamischen" Auslegung ihrer Fundamente, konnte gewiß kein Gegenstand von Unterredungen sein, obschon deren Zweck die Wiederherstellung der Eintracht war. Vor der Kamelschlacht hatte man sich auf ein Stillhalteabkommen einigen können; man hatte einen Schiedsmann ausgesucht, dem aufgegeben wurde, zu ermitteln, ob Ṭalḥa und az-Zubair tatsächlich wider ihren Willen ʿAlī gehuldigt hatten. Dieses Thema hatte sich inzwischen erledigt, und so blieb allein die Berechtigung der Forderung nach Blutrache als der formale Gegenstand des Streits.

Die Verabredung eines Schiedsgerichts

Man darf den Quellen glauben, die behaupten, daß der Vorschlag, eine Schlichtung auf der Grundlage des Korans zu suchen, im Lager ʿAlīs nicht nur Beifall fand. Manche argwöhnten, es handle sich um eine Finte. Doch durfte man diesen Appell zurückweisen, wo man selber stets betont hatte, es sei einem der Islam so sehr am Herzen gelegen? Wohl oder übel ließ sich ʿAlī auf das Spiel der Gegenseite ein,[264] obwohl manche seiner Anhänger – sie werden die Koranleser genannt – strikt dagegen waren. „Sie hatten ihre Schwerter gezückt, legten sie sich über die Schulter und sprachen: ‚Befehlshaber der Gläubigen, gib diesen Leuten keine Zeit! Wir wollen mit unseren Schwertern zu ihnen gehen, damit Allah zwischen uns und ihnen gemäß der Wahrheit entscheide!' ʿAlī erwiderte: ‚Wir haben den Koran als Schiedsrichter zwischen uns und ihnen gebilligt. Gegen sie zu kämpfen, ist erst wieder erlaubt, wenn wir sehen, was der Koran entscheidet!'"[265] Viele Koranleser der Iraker sowie diejenigen von aš-Šaʾm sollen mit diesem Verfahren einverstanden gewesen sein: In den Reihen der irakischen „Leser" wurde der Wunsch laut, Abū Mūsā al-Ašʿarī solle der Schiedsmann der Partei ʿAlīs sein. Zum Sprecher dieser Gruppierung machte sich al-Ašʿaṯ b. Qais al-Kindī, wie Ǧarīr b. ʿAbdallāh al-Baǧalī ein noch von ʿUṯmān ernannter Feldherr, der aber, anders als Ǧarīr, den Weg zu ʿAlī gefunden hatte.[266] ʿAlī wies diesen Vorschlag zunächst schroff zurück; Abū Mūsā habe nie wirklich zu ihm gehalten, habe sich gar verborgen und sei erst aus der Deckung gekommen, nachdem man ihm Sicherheit für Leib und Leben versprochen habe. ʿAbdallāh b. al-ʿAbbās sei ein besserer Mann, sagte ʿAlī mit Nachdruck. Nein, hielt ihm al-Ašʿaṯ entgegen, der sei unannehmbar, er sei zu eng mit ihm, dem Kalifen, verwandt; dann könne dieser gleich selber die Aufgabe ausführen. Es müsse jemand sein, der in der Genealogie von ʿAlī wie von Muʿāwija gleich weit entfernt sei. Dann eben Mālik al-Aštar, meinte ʿAlī. Nein, der sei ein gefährlicher Scharfmacher, der allen seine unheilvollen Absichten aufdränge. Da aber Muʿāwija den Quraišiten ʿAmr b. al-ʿĀṣ zu seinem Schiedsmann bestimmte, wollte ʿAlī einen ebenbürtigen Unterhändler auswählen, und darum beharrte er auf ʿAbdallāh b. al-ʿAbbās.[267] Diese Erwägungen verraten die Spannungen in der Anhängerschaft des Kalifen: Immer noch waren in ihr die legalistischen Elemente, hier vertreten durch al-Ašʿaṯ mit seinem Einsatz für Abū Mūsā al-Ašʿarī, sehr einflußreich. Von der Radikalität, die al-Aštar an den Tag legte, waren längst nicht alle begeistert.

Die „Legalisten“ gewannen die Oberhand. Der Inhalt der Vereinbarung wird wie folgt wiedergegeben: „Dies ist, was ʿAlī b. abī Ṭālib und Muʿāwija b. abī Sufjān zu beiderseitigem Nutzen einfordern, ʿAlī von den Kufanern und den sie begleitenden Gläubigen und Muslimen, die zur (kufanischen) Partei (arab.: *aš-šīʿa*) gehören, Muʿāwija von den Leuten aus aš-Šaʾm und den Gläubigen und Muslimen, die mit ihnen sind:[268] Wir lassen vom Kampf ab zugunsten des Urteils Allahs und seines Buches, nichts anderes führt uns zusammen. Das Buch Allahs gilt für uns gemeinsam von seinem ersten bis zu seinem letzten Vers, wir wollen leben lassen, was es leben läßt, und wir töten, was es tötet. Was die beiden Schiedsmänner für Recht erkennen, nämlich Abū Mūsā al-Ašʿarī ʿAbdallāh b. Qais und ʿAmr b. al-ʿĀṣ al-Qurašī, danach sollen sie handeln. Worüber sie nichts im Buch Allahs finden, das sollen sie nach dem gerechten Brauch (arab.: *as-sunna*), der eint, nicht spaltet, entscheiden.“ Muʿāwija und ʿAlī hätten zugesagt, sich dem Spruch zu beugen; desgleichen hätten sich beide Seiten dafür verbürgt, daß, „wenn die Entscheidung der beiden zu Lasten der Gläubigen ausfällt, Sicherheit, Ordnung und Waffenruhe zwischen diesen herrschen sollen, wo immer sie sind, und zwar für sie selber, ihr Gesinde, ihr Vermögen, für ihre Leute, die bei ihnen sind, und für jene, die abwesend sind“. Beide Schiedsrichter sind gehalten, ein Urteil zu treffen, das die Glaubensgemeinschaft nicht wieder in Krieg und Zersplitterung reißt, nämlich dergestalt, daß man beiden den Gehorsam verweigert. Im kommenden Ramadan soll die Entscheidung bekanntgegeben werden, doch dürfen die beiden diese Frist im gegenseitigen Einvernehmen hinausschieben. Sollte einer von ihnen sterben, hat der Anführer der betreffenden Partei[269] einen Ersatzmann auszusuchen. Beide sollen einen zwischen den Territorien der Parteien gelegenen Ort bestimmen, an dem sie sich treffen werden. Nur ausdrücklich von ihnen benannte Personen dürfen während des Ringens um ein Urteil zugegen sein. Es werden zum Schluß die Männer aufgezählt, die die Vereinbarung unterzeichneten.[270] Sie wird auf den 16. Ṣafar des Jahres 37 (3. August 657) datiert.[271]

Noch einmal: Der Unterschied zwischen Glaube und Islam

In der Vereinbarung stoßen wir auf die schon bekannte Unterscheidung zwischen den Gläubigen und den Muslimen; beide Gruppierungen werden angesprochen. Ins Auge springt jedoch eine Bestimmung, die sich allein auf die Gläubigen bezieht: Es könne eintreten, daß sich die Schiedsmänner auf eine Lösung einigen, die jenen mißfalle; trotzdem müßten sie Ruhe und Ordnung bewahren und dürften nicht zu den Waffen greifen; im Gegenzug sollten sie selber Unversehrtheit genießen, ihr Eigentum – vermutlich ist an das Vieh gedacht, das sie mit sich führen – und alle zu ihren jeweiligen Klanen gehörenden Personen dürften nicht angetastet werden. Versetzen wir uns in die Zeit der medinensischen Urgemeinde zurück! Damals bildeten die Gläubigen den Kern der Anhängerschaft des Propheten; bis zum Vertrag von al-Ḥudaibīja trugen sie die Last des Krieges gegen Mekka, danach formte Mohammed aus ihnen die Bewegung, deren Existenzgrundlage der fortwährende Dschihad war. Die Problematik dieser Hinterlassenschaft Mohammeds wurde unter ʿUmar und schärfer noch unter ʿUṯmān in unterschiedlichen Facetten deutlich: Das Gemeinwesen, dessen Grenzen sich im Uferlosen verloren, war nicht mehr zu beherrschen; die Prinzipien der islamischen Gerechtigkeit erwiesen sich angesichts des Widerspruchs zwischen dem ererbten und dem individuell erworbenen Verdienst um den Islam als wirklichkeitsfremd; je weiter die Gebiete des Krieges gegen die Andersgläubigen in blaue Fernen rückten und je ungünstiger sich das Verhältnis zwischen Aufwand und Ertrag gestaltete, desto stärker wurde der Drang, ja die Notwendigkeit, es beim Islam zu belassen und auf den Aufstieg zum Gläubigen zu verzichten. In dieser Situation hatte ʿAbdallāh b. Sabaʾ die Frage nach dem „Staatsschatz der Muslime" aufgeworfen und mit ihr die Zukurzgekommenen aufsässig gemacht. Seine Kritik richtete sich gegen die aus der *sābiqa* abgeleiteten materiellen Ansprüche. Da der Begriff der *sābiqa* selber doppeldeutig war, war auch ʿAbdallāh b. Sabaʾs Forderung nach Gleichbehandlung doppeldeutig. Sie konnte die Gleichheit der Ansprüche der Muslime wie der Gläubigen meinen und damit die der Bewegung zugrundeliegende Spannung zwischen den eigentlichen Kämpfern einerseits und den die *ṣadaqāt* Abführenden andererseits aufheben; sie konnte aber auch die Zurückweisung jeglichen nicht erfochtenen Vorrangs meinen sowie die alleinige Berücksichtigung der persönlich im Dschihad erbrachten Leistung. Beide Auslegungen haben wir kennengelernt. ʿAbdallāh b. Sabaʾ wird zunächst der ersten zugeneigt haben; je weiter sich die Aussichten auf Beute verschlechterten, desto mehr Zuspruch mochte die letztere gewinnen. Vor dem Hintergrund als skandalös empfundener Reichtümer der alten Genossen und ihrer Sprößlinge verwundert dies nicht. Beide Auslegungen entspringen jedoch der einen Tatsache, daß die kämpferischen „Gläubigen" jetzt eben nicht mehr den Kern der „besten Gemeinschaft" bilden, sondern zu einer Ausnahmeerscheinung werden.

Wegen ihrer andauernden Kriegsbereitschaft werden sie zum umstürzlerischen Element. Mālik al-Aštar ist als Schiedsmann unannehmbar; er verläßt die Umgebung ʿAlīs und fällt, ehe der Schiedsspruch verkündet wird, bei Suez einem Giftanschlag zum Opfer. Dabei zeigen die Quellen, daß ʿAlī gerade seiner Beharrlichkeit, seiner Unnachgiebigkeit die gegen Ende der Schlacht bei Ṣiffīn errungene Überlegenheit zu verdanken hatte. In der letzten Nacht, in der das Kampfgeschehen wegen allgemeiner Erschöpfung zum Erliegen zu kommen scheint, zwingt er die Regimenter Lanzenlänge um Lanzenlänge zum Vorrücken. Al-Aštar mobilisiert vor allem die Koranleser: „Wer verkauft Allah das Leben und kämpft an der Seite al-Aštars bis zum Sieg oder bis er zu Allah gelangt?" ruft er.[272] ʿAlī sei sich darüber im klaren gewesen, daß der Appell an den Koran eine Kriegslist Muʿāwijas sei, doch habe er diesen Appell nicht zurückweisen dürfen, weil er zumindest dem Anscheine nach den eigenen Absichten entsprochen habe. Kaum habe ʿAlī dies seinem engsten Kreis auseinandergesetzt, da sei eine Schar gepanzerter Krieger aufgetaucht, „die Schwerter über die Schulter gelegt, die Stirn schwarz von den Niederwerfungen (im rituellen Gebet)... und eine Gruppe Koranleser, die später Charidschiten werden sollten"; sie hätten ʿAlī beim Namen gerufen, nicht mit seinem Herrschertitel, und ihm gedroht, falls er sich nicht auf das Urteil des Korans einlasse, wollten sie ihn umbringen wie einst ʿUṯmān. Für die Beachtung des Korans kämpfe er doch und für nichts anderes, habe ʿAlī sich verteidigt. Man solle al-Aštar holen, hätten die Koranleser nun verlangt; der habe sich äußerst ungehalten darüber gezeigt, daß man ihn im Augenblick des greifbaren Triumphes aus der Schlacht herausbeordert habe, in Gegenwart ʿAlīs habe sich zwischen al-Aštar und den Männern „mit der schwarzen Stirn" ein erregter Disput entwickelt. Al-Aštar, der für die sofortige Wiederaufnahme der Gefechte eingetreten sei, habe erst eingelenkt, als er sicher gewesen sei, daß ʿAlī anders entschieden habe.[273] Die Koranleser beider Seiten stimmten, wie erwähnt, dem Schiedsgericht zu, al-Aštar war aus dem Spiel.

Die Sezession

Nicht aber seine Radikalität! Man habe doch das Zeichen Allahs, den bevorstehenden Sieg über Muʿāwija, schon geschaut; deswegen werde er seinen Namen nicht unter die Vereinbarung setzen, werde sich jedoch der Entscheidung ʿAlīs beugen, äußerte sich al-Aštar. Al-Ašʿaṯ b. Qais al-Kindī hatte die Aufgabe, den Inhalt der Vereinbarung den Truppen ʿAlīs bekanntzugeben. Bei den Banū ʿAnaza,[274] die sich ʿAlī mit angeblich viertausend gepanzerten Pferden zur Verfügung gestellt hatten, wurde al-Ašʿaṯ zum ersten Mal die Parole entgegengerufen: „Nur Allah steht die Entscheidung zu!" Zwei junge Männer hätten sich, nachdem sie dies hinausgeschrien hätten, in das Lager Muʿāwijas gestürzt und seien dort getötet worden. Wie ein Lauffeuer habe sich dieser Satz in den Reihen ʿAlīs verbreitet: Wie könne man Menschen über die Glaubensordnung Allahs befinden lassen? Welchen Sinn hätten die vielen Opfer, die man zu beklagen habe? Zunächst unterschätzte ʿAlī die Zahl der mit dem Schiedsgericht Unzufriedenen. Man hatte ihm gemeldet, sie seien vor allem im Stamm der Banū Rāsib[275] zu finden, doch wurde schnell klar, daß man es mit einem Flächenbrand zu tun hatte.[276] Miteinander uneins in der Frage über die Zweckmäßigkeit des Schiedsgerichts und ob man in die Allah vorbehaltenen Entscheidungen eingreifen dürfe und ob man dies wirklich getan habe, kehrten ʿAlī und seine Truppen nach Kufa zurück. Alle diejenigen, die ihm die Vereinbarung mit Muʿāwija vorwarfen, betraten nicht mehr mit ihm zusammen die Heerlagerstadt; sie suchten sich eine andere Bleibe und ließen sich bei al-Ḥarūrāʾ nieder. Sie bekundeten damit, daß sie ʿAlī nicht mehr für ihren Imam erachteten. Auf zwölftausend Mann soll sich die Zahl der Sezessionisten belaufen haben. Ihre Huldigung, erklärten sie, gelte Allah und sonst niemandem. Zu ihrem Befehlshaber im Kampf wählten sie den Tamīmiten Šabaṯ b. Ribʿī; die Riten leitete ʿAbdallāh b. al-Kauwāʾ von den Banū Jaškur;[277] alle weiteren Angelegenheiten sollten Gegenstand der Beratung (arab.: *aš-šūrā*) sein, sobald man obsiegt habe, es mithin etwas zu verteilen gebe. Im übrigen gelte der Grundsatz „des Befehlens des Billigenswerten und des Tadelns des Verwerflichen" (vgl. Sure 3, 110).[278] Diese Regelungen sind von Sure 42, Vers 36 bis 39 inspiriert: „Alles, was ihr empfangt, ist das Gut des diesseitigen Lebens. Was für euch bei Allah bereitsteht, ist für die, die glauben und auf ihren Herrn vertrauen, besser und verleiht ihnen am ehesten Dauer; für jene, die die großen Sünden und die Unzucht meiden und, wenn der Zorn über sie kommt, (von sich aus) dafür um Verzeihung bitten; für jene, die ihrem Herrn willfahren und das rituelle Gebet verrichten, die über ihre Angelegenheiten miteinander beratschlagen und die von dem spenden, was wir ihnen als Lebensunterhalt gewähren; für jene, die, wenn man wider sie Gewalt verübt, sich wohl zu behaupten wissen."

Die beiden Treffen der Schiedsmänner

In Aḏruḥ trafen die beiden Schiedsmänner zusammen. Der Ort liegt „an der Grenze von aš-Šaʾm und dem Hedschas" und ist nach den Beschreibungen der arabischen Geographen im Süden des heutigen Jordanien zu suchen.[279] Abū Mūsā al-Ašʿarī, den die legalistischen Kräfte in der Anhängerschaft ʿAlīs schließlich als seinen Schiedsmann durchgesetzt hatten, dürfte, wenn er den eigenen Überzeugungen treu blieb, kaum mit großem Nachdruck die Position seines Mandanten verfochten haben. Für Korrekturen an der Regierungstätigkeit ʿUṯmāns hatte er sich ausgesprochen, einen Umsturz hatte er jedoch rundweg abgelehnt, und es gibt keine Zeugnisse dafür, daß er seine Meinung geändert hatte. ʿAmr b. al-ʿĀṣ, der in Palästina das Geschehen in Medina abgewartet hatte und dann aus freien Stücken zu Muʿāwija übergegangen war, mochte weniger dessen Schicksal als vielmehr die eigene Rückkehr nach Ägypten im Auge gehabt haben; deren Vorbedingung war freilich, daß Muʿāwija als Sieger aus dem Konflikt hervorging. Man kann sich daher vorstellen, daß beide mit ganz unterschiedlichem Schwung die Unterredungen in Angriff nahmen. ʿAmr brauchte im übrigen nur auf Aussagen des Korans wie Sure 17, Vers 33 zu verweisen, um sein Gegenüber in die Enge zu treiben: „Tötet niemanden, den Allah für unverletzlich erklärte, außer aus einem rechtmäßigen Grund: Wer gegen das Recht getötet wird, dessen Sachwalter erteilen wir hiermit eine Vollmacht. Allerdings darf er (in der Rache) nicht zu weit gehen. Ihm wird doch Unterstützung zuteil." Abū Mūsā konnte dem anscheinend nichts entgegensetzen. Schon in der Affäre um Saʿīd b. al-ʿĀṣ hatte er auf der Wiederherstellung der Loyalität zu ʿUṯmān bestanden; ihn konnte er nicht gut nachträglich zum Verbrecher abstempeln. Was sprach für die Beibehaltung des Kalifats ʿAlīs? Wohl nur, daß dieser ein Gefährte Mohammeds gewesen war; aber da gab es noch einen anderen Gefährten als Anwärter, dessen Ansehen nicht durch die Wirren beschädigt worden war: Der Name Saʿd b. abī Waqqāṣ' wurde in die Debatte geworfen. Immerhin war Saʿd ein Mitglied des Sechsergremiums gewesen, das ʿUṯmān gewählt hatte. Doch hatte er sich aus dem politischen Leben zurückgezogen. Weitere frühe Auswanderer waren nicht zu finden – außer dem kompromittierten ʿAlī. Selbst wenn man ʿAbdallāh b. ʿUmar vorschlug, mußte man einräumen, daß auch dessen sābiqa nicht an die der ersten Generation heranreichte. ʿAmr meinte, sein eigener Sohn, ebenfalls ʿAbdallāh mit Namen, werde für seine Frömmigkeit weithin gerühmt und könnte auch kandidieren. Muʿāwija habe immerhin den Vorzug, daß er, ein namhafter Quraišite, sich als Sachwalter der Racheforderung Anerkennung erworben habe.[280] So lauten die Argumente, die bei Aḏruḥ ausgetauscht worden sein sollen.

Hiervon zu trennen ist anscheinend eine zweite Begegnung, die nach Dūmat al-Ǧandal verlegt wird. Dort, so heißt es, habe sich Abū Mūsā von ʿAmr verleiten lassen, ʿAlī für abgesetzt zu erklären. Da man sich weder auf Muʿāwija oder ʿAbdallāh b. ʿAmr b. al-ʿĀṣ, noch auf ʿAlī oder ʿAbdallāh b. ʿUmar habe einigen können, soll Abū Mūsā geraten haben, beiden, sowohl ʿAlī als auch Muʿāwija, das Amt zu nehmen. Die Muslime sollten sich selber ihren Anführer wählen. Abū Mūsā als der ältere der zwei Schiedsmänner verkündete dieses Urteil, ʿAmr b. al-ʿĀṣ scheute sich nicht, ihm zu widersprechen: Er erkläre ebenfalls ʿAlī für des Kalifats verlustig, halte allerdings an Muʿāwija fest.[281] Ob uns die Überlieferungen ein einigermaßen verläßliches Bild vom Verlauf und vom Ergebnis des Schiedsgerichts zeichnen, wissen wir nicht. Nach al-Wāqidī wurde dieses Urteil im Šaʿbān (begann am 3. Dezember 658) des Jahres 38 gefällt, was plausibel ist, wenn man die Zusammenkunft in Aḏruḥ von der in Dūmat al-Ǧandal unterscheidet, bei der ja eine andere Thematik verhandelt wurde. Bei Aḏruḥ geht es noch um die Frage der Blutrache. In Dūmat al-Ǧandal spricht man über die Absetzung ʿAlīs und Muʿāwijas, und vermutlich ist auch die Erörterung weiterer Kandidaten in diesen Zusammenhang zu stellen.[282] Damit man von der Absetzung beider sprechen kann, muß Muʿāwija erst einmal in aller Form das Kalifat übernommen haben. Dies geschah im Ḏū l-Qaʿda (begann am 10. April 658) des Jahres 37, mithin zwei Monate nach dem Urteil in Aḏruḥ, sofern dieses, wie überliefert wird, im Ramadan des Jahres 37 zustande kam.[283] Erst nach dem Spruch von Dūmat al-Ǧandal begannen beide Seiten, einander zu verfluchen.[284] Der Zerfall der Gefolgschaft ʿAlīs und die ungewöhnlich blutigen Schlachten, die er sich mit den von ihm abgefallenen ehemaligen Unterstützern lieferte, mögen Muʿāwija und seine Partei bewogen haben, die Statthalterschaft in Damaskus zum Kalifat aufzuwerten.

ʿAlīs Kriege gegen die Sezessionisten

Denn noch in das Jahr 37 gehören die ersten Kriege ʿAlīs gegen die Sezessionisten. Die Überlieferung ist nicht hinreichend präzise, um festzustellen, ob er auch den Feldzug nach aš-Šaʾm schon damals plante oder erst ein Jahr später, als Muʿāwija Kalif geworden war.[285] Ich halte das letztere für wahrscheinlicher. Das ʿAlī in diesem Zusammenhang zugeschriebene Argument, die beiden Schiedsmänner hätten ihren Entschluß aufs Geratewohl und ohne Beachtung des Korans und des guten Brauches gefaßt, mag sich auf seine Absetzung beziehen; ein solches Urteil ist in der Tat ohne Präzedens. Ein Krieg gegen Muʿāwija, der sich für die Partei ʿAlīs nun wie ein Usurpator ausnahm, wäre leicht zu rechtfertigen gewesen. Aber das unterstellt eine Folgerichtigkeit des Entscheidens, die sich am Überlieferten, nicht an den Erfahrungen der Handelnden orientiert und daher fehlgehen könnte. In jedem Fall waren die Jahre 37 und 38 mit Schlachten gegen die Charidschiten ausgefüllt. Weder ʿAlī noch Muʿāwija scheinen sich in Aḏruḥ oder Dūmat al-Ǧandal eingefunden zu haben. Die Tagesgeschäfte waren dringlicher, und sie drehten sich bei ʿAlī vor allem um die, die ihn verlassen hatten. Diese seien keineswegs Rezitierer des Korans, ebenso wenig hätten sie Einsicht in die Glaubensordnung, an *sābiqa* könnten sie nichts vorweisen, den Dschihad hätten sie – wegen ihrer Sezession? – aufgegeben. Im Gebiet von an-Nahrawān, im mittleren Zweistromland, dezimierte ʿAlī diesen Feind, ohne daß er vor ihm hätte Ruhe finden können.

Muʿāwija in der Offensive

Während ʿAlī in diesen mit äußerster Härte ausgefochtenen internen Kämpfen seine Kräfte aufrieb, gelang es Muʿāwija, die Hand auf Ägypten zu legen, wie bereits geschildert wurde. Auch in den südlichen Irak streckte er seine Fühler aus. Basra hatte ʿAlī seinem Vetter ʿAbdallāh b. al-ʿAbbās anvertraut; die charidschitischen Umtriebe erforderten es, daß dieser nach Kufa wechselte. Der schon einmal erwähnte Zijād, der später zum Adoptivsohn Abū Sufjāns erklärt werden sollte, bemühte sich, für ʿAlī die Stellung zu halten. Ein Abgesandter Muʿāwijas trieb unterdessen in Basra sein Unwesen und nahm erhebliche Teile der Bevölkerung, vor allem die Tamīmiten, für den Omaijaden ein. Trotzdem begab sich Zijād auf Befehl ʿAlīs in die Persis, wo man den Statthalter Sahl b. Ḥunaif verjagt hatte. Zijād festigte die islamische Herrschaft nicht nur in der Persis, sondern auch in Kirman. Dies war der einzige nennenswerte Erfolg, den ʿAlī in jenen Tagen verbuchen konnte. Im Jahr 39 (begann am 29. Mai 659) sah sich Muʿāwija in der Lage, mehrere Heere gegen ʿAlī in Marsch zu setzen. ʿAin at-Tamr war das Angriffsziel an-Nuʿmān b. Bašīrs, ʿAlī vermochte nicht für ernsthafte Gegenwehr zu sorgen. Eine wesentlich größere Streifschar bemächtigte sich Anbars, plünderte die dort eingelagerten Güter und zog sich wieder nach Westen zurück. Zwei weitere Unternehmungen richteten sich gegen Taimāʾ und einen nicht identifizierbaren Ort; Beduinen sollten zum Abführen der *ṣadaqāt* und zum Überwechseln auf die Seite Muʿāwijas gezwungen werden. Der Omaijade selber erreichte den Tigris, konnte diese Position aber nicht halten.[286] Im darauffolgenden Jahr vermehrte Muʿāwija seine Anstrengungen zur Unterwerfung des Hedschas. Gleichzeitig einigte er sich mit der Gegenseite auf einen Waffenstillstand; er versprach ʿAlī, er werde ihm nicht den Irak streitig machen.[287] Ansätze zu einer Versöhnung, die vielleicht gegeben waren, konnten sich jedoch nicht mehr entfalten. Denn ʿAlī fiel entweder im Rabīʿ al-āḫir (begann am 14. August 660) oder im Ramadan (begann am 8. Januar 661) des Jahres 40 einem Mordanschlag zum Opfer. Der Täter war der Ägypter Ḫālid b. Mulǧam,[288] dem wir schon unter den Rebellen gegen ʿUṯmān begegneten, oder ein Stammesgenosse von ihm, ʿAbd ar-Raḥmān b. Mulǧam mit Namen und ebenfalls aus Ägypten.[289] Das Verbrechen war das Ergebnis einer charidschitischen Verschwörung; auch Muʿāwija und ʿAmr b. al-ʿĀṣ hatten getötet werden sollen, doch waren bei ihnen die Attentäter nicht zum Ziel gelangt. ʿAlīs Sohn al-Ḥasan, den man im Irak zum Kalifen ausrief, zog es bald darauf vor, gegen eine namhafte Geldsumme zugunsten Muʿāwijas auf das Amt zu verzichten – womöglich eine Folge des Waffenstillstandsabkommens. Als das „Jahr der Eintracht" (arab.: *ʿām al-ǧamāʿa*) ließ der Omaijade das Ende der Fitna feiern.

Die Resultate der Fitna

Wenn man die wichtigsten Ereignisse der Fitna aus der überreichen, bisweilen unentwirrbaren Überlieferung herausschält, stößt man zu mehreren Leitmotiven des Geschehens und seiner Deutung vor. Wir wiesen mehrfach darauf hin, daß das Modell der „besten Gemeinschaft" als einer Bewegung an seine Grenzen gekommen war. Gleichwohl büßte der Begriff des Dschihad seine normative Kraft nicht völlig ein. In ʿAlīs Partei bezeichnete man mit ihm sogar den Kampf gegen Glaubensgenossen, die sich gegen den Kalifen stellten. Die Muslime, auch das wurde schon mehrfach hervorgehoben, traten nunmehr als eine wichtige Kraft im Hintergrund der beschriebenen Vorgänge auf. Sie führten nicht die Kämpfe, aber in den überlieferten Predigten und in den von den Quellen zitierten Dokumenten werden sie mitgenannt. Sie gestalten das Geschehen nicht, aber ohne sie ist es nicht verständlich. In der Bewegung und in der auf sie zugeschnittenen islamischen Gerechtigkeit spielten sie dagegen den

Part der nicht im vollen Sinne Dazugehörenden. Indem sie jetzt dem Rang nach zu den Gläubigen aufrücken, wird das Verdienst, das man im Krieg für den Islam erwirbt, relativiert. Es ist aber noch nicht zu sehen, was diese Minderung der Würde des Dschihad im Hinblick auf die unerläßliche Förderung der Belange der „besten Gemeinschaft" ausgleichen könnte. Anders gesagt, wie man sich im Frieden um sie verdient machen könne, dazu hatte Mohammed keine Belehrungen hinterlassen. Dieses beunruhigende Vakuum trieb die Charidschiten in die Radikalität. Der Glaube hatte für sie alles zu sein; nur mit Bezug auf ihn durfte man sein Leben leben. Ein verschwommener, nicht mehr aus dem Gebrauch der Waffen heraus definierter „Islam" war ihnen ohne Sinn; aus dem Dschihad gewann ihre Existenz Bedeutung, jeder erwarb sich im Kampf seinen eigenen Rang in der Gemeinschaft, und das richtige Verhalten, das „Befehlen des Billigenswerten und das Verbieten des Verwerflichen", zeigte sich als eine Facette des immerwährenden Kampfes. Diesem Ideal folgend, werden sich einige Charidschiten zu der Überzeugung versteigen, jeder, der eine schwere Verfehlung begehe, stelle sich außerhalb der Gemeinschaft und müsse getötet werden. Überdies läßt die kämpferische Gläubigkeit in ihrer reinen Form nicht zu, daß sich Führerschaft anders als in der Verwirklichung dieser Gläubigkeit legitimiere, und so gibt es keine Führerschaft außer im Krieg, und keine Qualität außer der persönlichen Tüchtigkeit berechtigt zu ihrer Übernahme.

Die islamische Gerechtigkeit enthielt aber auch ein Element des Ererbten. Im Begriff der *sābiqa* drückte sich die Wichtigkeit des Zeitpunktes des Beitritts aus, mithin ein über das momentane persönliche Verdienst hinausweisender Sachverhalt. Desweiteren war die Zugehörigkeit zu den Muḍariten, am besten zu den Quraišiten, für die Position im Diwan und somit für den gesellschaftlichen Rang in Anschlag zu bringen. In den Augen der Charidschiten war dergleichen prinzipiell ausgeschlossen. Für die verbliebenen Anhänger ʿAlīs kam die mit dem Muḍaritentum vermischte Auslegung der *sābiqa* ebenfalls nicht in Frage, denn nach diesem Maßstab wäre der größte Teil der Partei ʿAlīs minderrangig gewesen. Bei ihnen mußte sich der Blick auf die nahe Verwandtschaft mit dem Propheten verengen; durch sie waren ʿAlī und seine Nachkommen vor allen anderen Menschen ausgezeichnet. Eine wie eng oder locker auch immer geartete Blutsbindung an die „Sippe Mohammeds" konnten die Anhänger des „Imams" niemals in Anspruch nehmen. Mit dem Unterstreichen der Einzigartigkeit der Beziehung ʿAlīs zum Gesandten Allahs entstand die Notwendigkeit, diese Einzigartigkeit nicht nur zu behaupten, sondern ihr einen Inhalt zu verleihen. In den Jahren des Kalifats ʿAlīs bemerken wir davon fast nichts; zu sehr war er darauf bedacht, sich den legalistischen Strömungen anzupassen. Das Schlagwort vom Testamentsvollstrecker war allerdings schon geschaffen worden. Ihm fiel in der nach seinem Tode rasch und heftig einsetzenden Mythenbildung in seiner Partei so viel Aufmerksamkeit zu, daß außenstehende Beobachter sich des Eindrucks nicht erwehren konnten, daß die Erinnerung an den Propheten selber verdunkelt werde; radikale schiitische Richtungen schienen mit der Lehre von Mohammed als dem letzten Gesandten Allahs in Konflikt zu geraten.

Die Legitimation Muʿāwijas

Einzig Muʿāwijas Art, das Quraišitentum als ein tragendes Merkmal der Gesellschaft zu betonen, machte die uneingeschränkte Rezeption der Erinnerung an Mohammed möglich. Gegen Ende der Schlacht bei Ṣiffīn spielt eine Szene, in der Muʿāwija sich darüber beklagt, die Quraišiten aus aš-Šaʾm unterstützten ihn nicht einhellig. Al-Walīd b. ʿUqba, den ʿAlī einst auf Befehl ʿUṯmāns ausgepeitscht hatte, wies diese Kritik zurück, doch Muʿāwija ließ sich nicht davon abbringen; die irakischen Quraišiten ihrerseits setzten sich für das Leben ʿAlīs ein, beharrte er. Ganz im Gegenteil, fiel ihm al-Walīd ins Wort, es sei ʿAlī, dank dessen Person sie Schutz genössen – hier kommt bereits zum Ausdruck, was eben in Kenntnis der reichen frühschiitischen Literatur festgestellt wurde.[290] In der Überlieferung spricht Marwān b. al-Ḥakam die Prestigeprobleme der Partei Muʿāwijas unverblümt aus: ʿAlī lehne es ab, einen seiner Söhne oder ʿAbdallāh b. al-ʿAbbās sowie dessen Brüder in einen Zweikampf gegen gleichrangige Gegner aus den Reihen der Quraišiten von aš-Šaʾm zu schicken; und ein Auftrumpfen mit dem Väterruhm sei der Seite Muʿāwijas nicht gut möglich. Denn wähle man den Islam zum maßgeblichen Gesichtspunkt, dann habe ʿAlīs Partei das Prophetentum Mohammeds für sich; greife man auf die Heidenzeit zurück, dann müsse man einräumen, daß bislang nur Jemenier Könige gewesen seien;[291] berufe man sich gegenüber allen Arabern auf Quraiš, dann fragen sie, warum man denn nicht den Nachkommen ʿAbd al-Muṭṭalibs den Vorrang zuerkenne. Nur weil er die Erstürmung der Residenz ʿUṯmāns und die Kamelschlacht erlebt habe, bekräftigt Marwān, habe er es nicht über sich gebracht, für ʿAlī Partei zu ergreifen; dieser sei der Mann mit dem höchsten Väterruhm und der besten Kenntnis von der Glaubenspraxis. Schließlich soll sich Muʿāwija die Ergebenheit der Quraišiten in aš-Šaʾm durch namhafte Zuwendungen erkauft haben.[292] Später, als die Schiedsmänner in Dūmat al-Ǧandal tagten,[293] rief Muʿāwija führende Quraišiten aus anderen Sippen als der seinigen zusammen, um sie für die geplanten – und im Jahre 39 durchgeführten – Feldzüge gegen ʿAlī zu gewinnen. Unter ihnen befanden sich ʿAbdallāh b. az-Zubair und ʿAbdallāh b. ʿUmar. Seine Gäste hielten ihm vor, der Krieg sei vorüber.[294] Ergebnisse dieses Treffens sind nicht bekannt. ʿAbdallāh b. az-Zubair sollte, nachdem es Muʿāwija nicht gelungen war, auf Dauer eine Vater-Sohn-Thronfolge durchzusetzen, selber das Kalifat an sich reißen.[295] – Die Stellung der Quraišiten, die nicht von ʿAbd al-Muṭṭalib abstammten, war in der Partei ʿAlīs heikel. Für die Gegenseite galt: Muʿāwijas *sābiqa* war verglichen mit derjenigen ʿAlīs nicht beeindruckend, aber wenn das Quraišitentum und Muḍar bei den jetzt herrschenden Verhältnissen irgendwo zählen durften, dann eben nur bei Muʿāwija. Nicht nur mit Geld förderte er seine politischen Belange. Im Lichte seines Ringens um Legitimität verstehen wir nun, weshalb er in Mekka das Haus Ḫadīǧas erwarb und es mit dem seines Vaters Abū Sufjān verband.[296] Nicht die *sābiqa*, sondern die Überwindung der durch Mohammeds Prophetentum verursachten Spaltung der Quraišiten war der Gesichtspunkt, unter den er sein Kalifat stellte, ja stellen mußte.

Indem er dies zur Richtschnur seines Handelns machte, gewann er als der Garant der in der Botschaft Mohammeds enthaltenen Einheit stiftenden Kraft Statur. Die führerlos ihren Unbeherrschtheiten und Unbesonnenheiten überlassene heidnische Gesellschaft war das schreckliche Gegenbild, dem auch Männer, die wie Kaʿb b. Mālik keine Muḍariten waren, nicht mehr die geringste Sympathie entgegenbringen konnten. Die Bedachtsamkeit (arab.: *al-ḥilm*), die die Quellen Muʿāwija nachrühmen, zeigte hier ihren damals geltenden Sinnzusammenhang. Dieser war keineswegs „vorislamisch", denn er stand nicht im mindesten für ein widergöttliches Königtum (arab.: *al-mulk*), wie die irakisch-abbasidische Polemik später unermüdlich behaupten sollte. Die Bedachtsamkeit und ihre Früchte gaben vielmehr den Boden ab, auf dem sich der „Islam" als die Grundordnung eines nicht mehr rein kämpferisch aufgefaßten Gemeinwesens entwickeln konnte.[297] Dies geschah eben nicht dort, wo er zuerst – durch ʿAbdallāh b. Sabaʾs Hinweis auf das „Vermögen der Muslime" – zum Gegenstand politischer Bestrebungen gemacht worden war. Das heißt natürlich nicht, daß unter Muʿāwija die Kriege gegen die Andersgläubigen aufgehört hätten. Im Gegenteil, sie wurden energisch vorangetrieben,[298] aber sie waren nicht mehr der einzige Daseinszweck der „besten Gemeinschaft". Um es anders auszudrücken: Der Dschihad wurde zu einer „Pflicht der hinreichenden Anzahl" (arab.: *farḍ al-kifāja*); wer nicht an ihm teilhatte, erlegte zwar nach wie vor die *ṣadaqāt*, aber diese verloren den Charakter einer Bußleistung und wurden als Almosen verstanden. Im Zuge dieses tiefgreifenden Wandels wuchs dem erinnerten Propheten eine neue, im Laufe der Jahrhunderte immer ausgedehnter interpretierte Aufgabe zu, die uns zum ersten Mal in den Blick fiel, als wir uns mit den Überlieferungen über sein Sterben beschäftigten. In seiner Gestalt, in dem, was über ihn gesagt wird, ist seine Rechtleitung, die er der Urgemeinde vermittelte, nach wie vor lebendig. Sie führt den Muslim durch die Fährnisse des Alltags: Der Islam im uns heute geläufigen Sinn betritt die Bühne der Geschichte.

Kapitel VIII: Der Islam

1. Die Himmelfahrt des Propheten

Die Nachtreise nach Jerusalem

„Dann brachte man des Nachts den Gesandten Allahs vom geheiligten Gebetsort zum fernsten Gebetsort (arab.: *al-masǧid al-aqṣā*), der der Tempel von Jerusalem ist. Der Islam hatte sich damals in Mekka schon unter den Quraišiten und unter allen Stämmen ausgebreitet." Mit diesen Worten leitet Ibn Isḥāq sein Kapitel über die Nachtreise des Propheten ein, die zum Ort des Aufstiegs in den Himmel führt. Eine ganze Reihe von Gewährsmännern bürgt für die Wahrheit der Geschichte, die „ein belehrendes Beispiel für die Verständigen" ist und denen, „die glauben und für wahr halten und sich Allahs völlig gewiß sind, eine Bestärkung, ein Zeichen der Rechtleitung und der Barmherzigkeit" bietet. „Nach seinem souveränen Willen gewährte Allah ihm eine nächtliche Reise, so daß (der Prophet) einiges von Allahs Herrschen, von seiner gewaltigen Macht und von der Kraft schaute, durch die er schafft, was er will." Und dies geschah so: Gabriel weckte den Gesandten, der in der halbkreisförmigen Einfriedung der Kaaba schlummerte, führte ihn an die Pforte des Gebetsplatzes und hieß ihn auf ein Reittier steigen, das dort wartete. Es war halb wie ein Maultier, halb wie ein Esel, an den Unterschenkeln waren ihm Flügel gewachsen, die die Beine beim Galoppieren weit nach vorn trieben. Als Mohammed es besteigen sollte, scheute es unwillig. Gabriel legte dem Tier die Hand auf die Mähne und fragte vorwurfsvoll: „Schämst du dich nicht, Burāq? Bei Allah, noch nie ist auf dir ein Knecht Allahs geritten, der ihm lieber gewesen wäre als Mohammed!" Da war das Tier so verlegen, daß ihm die Schweißperlen herunterrannen. Fortan war es fügsam.

In Windeseile trug es den Gesandten Allahs nach Jerusalem, Gabriel hielt Schritt. Man traf auf eine Schar Propheten, unter ihnen Abraham, Mose und Jesus. Mohammed trat vor sie hin und leitete ein rituelles Gebet. Danach reichte man ihm zwei Gefäße, in dem einen war Wein, in dem anderen Milch. Mohammed griff nach dem mit der Milch und rührte den Wein nicht an. Da sprach Gabriel: „Du bist zur ursprünglichen Wesensart (arab.: *al-fiṭra*) geleitet worden; deine Glaubensgemeinschaft, Mohammed, wurde auf den rechten Weg gewiesen, der Wein ist euch untersagt." – In einer anderen Fassung wird ihm auch ein Gefäß mit Wasser dargeboten, das er ebenfalls ablehnt. Hätte er daraus getrunken, wäre seine Glaubensgemeinschaft gleich derjenigen Noahs in einer Flut umgekommen. – Am nächsten Morgen berichtete Mohammed den Quraišiten von diesem Erlebnis. Sie mochten nicht glauben, daß er in einer Nacht von Mekka nach Jerusalem und zurück gereist sein sollte; viele schworen dem Islam ab. Auch Abū Bakr war erstaunt und zeigte sich ungläubig, als er erfuhr, wovon Mohammed an der Kaaba erzählte, meinte dann aber, auch die Offenbarungen kämen in einem kurzen Augenblick vom Himmel herab, sei es nachts oder am Tag. Und als Abū Bakr selber alles aus dem Mund des Propheten gehört hatte, da war bei ihm keine Spur mehr von den Zweifeln; Mohammed rühmte ihn als den „treu

Glaubenden" (arab.: *aṣ-ṣiddīq*), eine Auslegung dieses Beinamens, die haftenblieb. Über die aber, die wegen dieser Erzählung des Propheten vom Islam abgefallen waren, liest man in der Offenbarung: „Mit dem Traum, den wir dir zeigten, beabsichtigten wir, die Menschen in Verwirrung zu stürzen, desgleichen mit dem verfluchten Höllenbaum,[1] der im Koran (beschrieben ist): Wir versetzen sie in Furcht. Doch treibt sie das immer weiter in ihre Aufsässigkeit hinein" (Sure 17, 60).

Wie diese Nachtreise wohl zu verstehen sei, ist schon früh erörtert worden. ʿĀʾiša glaubte zu wissen, daß Mohammed sich nur mit seinem Geist aus Mekka entfernt habe, sein Leib sei am Ort geblieben. Muʿāwija dagegen sprach von einem Traum besonderer Art, der einen Wahres, Reales erleben lasse. Im gleichen Sinn behauptete az-Zuhrī, Mohammed habe Abraham, Mose und Jesus ganz genau beschreiben können; überdies habe Abraham ja auch seinem Sohn eröffnet, daß er im Traum geschaut habe, wie er ihn opfere (Sure 37, 102), also einen tatsächlichen Befehl Allahs empfangen habe: Eingebungen werden den Propheten zuteil, gleichviel ob sie wachen oder schlafen. Doch erzählte man sich die Nachtreise auch ohne derartige Vorbehalte, ganz so als ob Mohammed sie leibhaftig vollführt hätte. Merkwürdigerweise werden in diesem Falle der Anfang und das Ende in das Haus von Umm Hāniʾ bt. abī Ṭālib verlegt; sie war die Frau, um deren Hand Mohammed seinen Onkel Abū Ṭālib so inständig gebeten hatte. Er hatte sie ihm aber verweigert und Umm Hāniʾ mit einem Maḫzūmiten verehelicht. Diesem hatte sie einen Sohn namens Ǧaʿda geboren, der bei Ṣiffīn auf der Seite ʿAlīs focht.[2] Da Umm Hāniʾ den Islam annahm, wurde die Verbindung mit dem Maḫzūmiten aufgelöst. Mohammed, der sie nun bedrängte, mit ihm die Ehe einzugehen, wurde von ihr abgewiesen.[3] Jedenfalls wird in dieser Version der wunderbaren Reise angenommen, daß Mohammed bei Umm Hāniʾ das Nachtgebet vollzieht und danach das Morgengebet. Umm Hāniʾ, die als erste erfährt, was in der Zwischenzeit geschehen ist, möchte ihn daran hindern, den ungläubigen Quraišiten von der Nachtreise zu berichten. Doch er läßt sich nicht aufhalten. Den Beweis für die Wahrheit, verkündet er den Spottenden, könnten sie in Kürze selber in Augenschein nehmen. Denn er sei auf dem Hinweg an der Karawane der Banū NN vorübergekommen; das Geräusch seines Reittiers habe sie aufgeschreckt, eines der Kamele sei durchgegangen, und er habe den Reisenden gezeigt, wohin es geflüchtet war. Auf dem Rückweg sei er in der Tihama auf eine andere Karawane gestoßen, die dort rastete. Er habe Durst gehabt; da alle schliefen, habe er ohne zu fragen den Deckel von einem Krug genommen, daraus getrunken und ihn wieder verschlossen. Diese Karawane treffe gerade am Rande von Mekka ein, das erste Kamel des Zuges sei so und so beschaffen und mit zwei Säcken beladen, der eine schwarz, der andere bunt. Man stürzte an den beschriebenen Ort und fand alles, wie Mohammed gesagt hatte. Die Reisenden, denen er auf dem Hinweg den Schrecken eingejagt hatte, waren bereits in Mekka, und auch sie bestätigten seine Aussagen.[4]

Die Himmelfahrt von Jerusalem aus

Ibn Isḥāq schildert unmittelbar nach der Nachtreise die Himmelfahrt, wobei er als Gewährsmann vorwiegend Abū Saʿīd al-Ḫudrī (gest. um 684 oder um 693) heranzieht. Dieser gehört auch zu den Bürgen der Nachtreise, ist dabei aber einer unter vielen. „Ich vernahm, wie der Gesandte Allahs erzählte: ‚Als ich erledigt hatte, was in Jerusalem zu tun war'" – die Wahl des richtigen Getränks und das Vorbeten – „‚brachte man eine Leiter. Etwas Schöneres als sie habe ich noch nie gesehen. Sie ist es, worauf der Sterbende die Augen richtet, wenn seine Stunde schlägt. Mein Begleiter befahl mir, darauf emporzusteigen. Wir gelangten schließlich an eine der Pforten des Himmels, die man die Pforte der Wächter nennt. An ihr ist ein Engel namens Ismael postiert, der zwölftausend andere unter sich hat, und von diesen hat jeder wiederum zwölftausend unter sich.' (Abū Saʿīd) spricht: ‚Der Gesandte Allahs sagte, als er diese Überlieferung mitteilte, daß die Heere des Herrn nur diesem bekannt seien.' ‚Als Gabriel mit mir eintrat, fragte der Engel am Tor: Wer ist das? Gabriel antwortete: Das ist Mohammed. – Ist er denn schon berufen worden? – Ja! – Da erflehte der Wächterengel auf mich mit Gesten und Worten (?) den Segen herab.'" – Einer anderen Quelle entstammt ein ausschmückendes Detail, das Ibn Isḥāq hier einschiebt: Einer der Engel starrt dem Gesandten Allahs finster entgegen, kein Hauch von Freundlichkeit hellt seine Miene auf; das sei der Höllenwächter, belehrt Gabriel seinen Schützling, der einen neugierigen Blick auf das tosende Flammenmeer werfen darf. Dann wird der Höllenschlund wieder zugedeckt. – „‚Als ich den (der Erde) nächstgelegenen Himmel betrat, sah ich da einen Mann sitzen, dem die Geister der Söhne Adams dargeboten wurden. Zu einigen, die ihm gezeigt wurden, sprach er Angenehmes und freute sich: Ein guter Geist aus einem guten Leib! Anderen rief er zu: Pfui! Dabei verdüsterten sich seine Gesichtszüge: Ein schlechter Geist aus einem schlechten Leib! Wer das sei, erkundigte sich Mohammed bei Gabriel. Dein Vater Adam, lautete die Antwort, ihm werden die Geister seiner Nachkommenschaft gezeigt...'" Manche der Bösen haben Lefzen wie Kamele, in den Händen müssen sie Stücke von Glut halten, die sie sich in den Mund werfen, und sie scheiden die Glut unverdaut durch den After wieder aus: Das sind diejenigen, die das Vermögen von Waisenkindern veruntreut haben. Nicht besser ergeht es den Wucherern und den Hurern oder den Frauen, die ihren Männern außerehelich gezeugte Kinder unterschoben.

Dann beginnt der Aufstieg durch die weiteren Himmel; laut Abū Saʿīd al-Ḫudrī erzählte Mohammed, wie er im zweiten Jesus und Johannes den Täufer traf, im dritten Josef, im vierten Idrīs,[5] von dem es im Koran heißt. „Wir hoben ihn an einen hohen Ort empor" (Sure 19, 57). Im fünften Himmel fällt Mohammed ein Mann mit weißen Haupthaar und Bart ins Auge, es ist Aaron. Im sechsten begegnet er Mose; seine Hautfarbe ist bräunlich, die Hakennase prägt seine markanten Züge. Im siebten Himmel hockt ein Mann auf einem Podest neben der Tür zum „vielbesuchten Haus", dem Urbild der irdischen Kaaba; Tag für Tag kommen siebzigtausend Engel, sie betreten es und werden erst am Jüngsten Tag zurückkehren. „Euer Gefährte sah niemals jemanden, der ihm ähnlicher gewesen wäre", versichert Mohammed in der Überlieferung Abū Saʿīd al-Ḫudrīs. Natürlich handelt es sich um Abraham, „deinen Vater", wie Gabriel betont. Auf dem Gipfelpunkt der Himmelsreise ergibt sich die Gelegenheit zu einer Stippvisite im Paradies. Eines der Mädchen hat auffallend tiefrote Lippen; es ist Zaid b. Ḥāriṯa vorbehalten, dem Schutzbefohlenen Mohammeds.[6] Über andere Eindrücke des Propheten erfahren wir nichts, denn sogleich beginnt der Abstieg. Als Mohammed an Mose vorbeikommt, fragt dieser, wieviele Gebete Allah ihm und seiner Gemeinde abverlange. „Fünfzig jeden Tag", antwortet Mohammed, worauf Mose zu bedenken gibt: „Das rituelle Gebet ist beschwerlich, deine Glaubensgemeinschaft aber ist schwach. Geh zu deinem Herrn zurück und bitte ihn um Erleichterung für dich und deine Glaubensgemeinschaft!" So geschieht es, doch auch vierzig dünken Mose viel zuviel. „Jedesmal wenn ich zu Mose zurückkehrte, schickte er mich wieder fort, bis (Allah) meine Last auf fünf Gebete je Tag und Nacht verringert hatte." Immer noch verlangt Mose, Mohammed solle Allah etwas abhandeln. Aber nun weigert sich Mohammed und bekennt, er schäme sich schon vor Allah und wolle es bei dieser Anzahl belassen. „Wer unter euch fünf verrichtet, indem er an sie glaubt und sie als fromme Taten für sich anrechnen läßt, dem wird ein Lohn zuteil, als hätte er fünfzig gebetet."[7]

Die ältere Fassung: die Himmelfahrt von Mekka aus

Ibn Isḥāq fügt die Nachtreise und die Himmelfahrt zu einer einzigen Ereignisfolge zusammen. So wird es plausibel, daß Mohammed von Jerusalem aus in die sieben Himmel emporsteigt, genauer: von Burāq hinaufgetragen wird. Ganz anders verhält es sich bei al-Wāqidī: „Der Gesandte Allahs bat seinen Herrn, er möge ihm das Paradies und die Hölle zeigen. In der Nacht zum Sonnabend, dem 17. Ramadan, achtzehn Monate vor der Hedschra, schlummerte der Prophet des Mittags[8] in seinem Haus. Da kamen Gabriel und Michael zu ihm und sprachen: ‚Auf zu dem, worum du Allah batest!' Und sie gingen mit ihm an einen Ort zwischen dem Standplatz (Abrahams) und dem Zemzembrunnen. Man schaffte eine Leiter herbei, und siehe, sie war so wunderschön anzuschauen wie sonst nichts! Beide stiegen mit ihm (auf der Leiter) in die Himmel empor, in einen nach dem anderen." Mohammed traf dort die Propheten, gelangte bis zum „Christdorn am äußersten Ende" (Sure 53, 14), und man ließ ihn einen Blick auf das Paradies und die Hölle tun. „Der Gesandte Allahs erzählte: ‚Als ich bis in den siebten Himmel vorgedrungen war, vernahm ich nichts weiter als das Kratzen der Schreibrohre.'" Es wurden ihm die fünf Pflichtgebete auferlegt, Gabriel stieg mit ihm hinab, und Mohammed betete sie zu den vorgeschriebenen Zeiten.[9] Al-Wāqidī verdankt diesen Text Abū Bakr b. ʿAbdallāh (b. Muḥammad) b. abī Sabra (gest. 778/9)[10] „und anderen".

Auch im *ḥadīṯ* hat sich die Vorstellung gehalten, daß Mohammed von Mekka aus in den Himmel entrückt wurde. Abū Ḏarr al-Ġifārī[11] verbindet sie mit der Legende von der Öffnung der Brust des Propheten und der Waschung des Inneren mit dem Wasser des Zemzembrunnens. Wie schon erörtert, verlegt die sunnitische Rechtgläubigkeit dieses Geschehen am liebsten in die Kindheit Mohammeds, hier aber wird es erzählt, um seine Aufnahmefähigkeit für jegliche Art von Weisheit (arab.: *al-ḥikma*) und Glauben (arab.: *al-īmān*) verständlich zu machen. Gabriel bringt eine goldene Schüssel herbei, die mit diesen unschätzbaren Gütern gefüllt ist, und leert sie in die geöffnete Brust. Dann verschließt er diese, nimmt den Gesandten Allahs bei der Hand und steigt zum ersten Himmel empor, wo man Adam trifft, der beim Anblick der zum Paradies Bestimmten lacht und über die Verdammten weint. Weiter geht es hinauf, zuletzt, nach der Begegnung mit Abraham, vernimmt Mohammed das Geräusch des Schreibrohrs und darf einen Blick in Paradies und Hölle tun. Nachdem er auf Anraten Moses die Zahl der täglichen Pflichtgebete auf fünf heruntergehandelt hat, gelangt er bis an den fernsten Christdorn und beobachtet, wie dieser von unbeschreibbar schönen Farben eingehüllt wird.[12] Was ihm einst bei der Berufung widerfahren war, jetzt, während der Himmelfahrt, erlebt er es noch einmal, und dies nicht als eine verstörende Vision, sondern als ein beglückendes Schauen in der unerschütterlichen Gewißheit seiner Erwähltheit. Zum knappen Bericht der Gewährsmänner al-Wāqidīs ist in dem von Abū Ḏarr verbürgten *Ḥadīṯ* ein Hinweis auf „Weisheit und Glauben" hinzugefügt worden, der gleich unsere Aufmerksamkeit auf sich ziehen wird.

Sechs Monate nach der Himmelfahrt, so al-Wāqidī, machte Mohammed von sich reden, indem er sich eines weiteren Wunders rühmte: Er sei über Nacht in Jerusalem gewesen. So jedenfalls versteht man die Koranstelle, die sich hierauf beziehen soll: „Preis sei dem, der seinen Knecht eines Nachts vom heiligen Gebetsplatz (in Mekka) zum fernsten Gebetsplatz (arab.: *al-masǧid al-aqṣā*) versetzte, dessen Umgebung wir segneten; wir wollten ihm einiges von unseren Zeichen zeigen. Allah hört und sieht (alles)" (Sure 17, 1). Allah sendet mancherlei Zeichen, so heißt es später in derselben Sure; er will den Menschen Furcht einjagen. So gab er den Ṯamūd eine geweihte Kamelstute, doch sie ließen sich davon nicht beeindrucken und töteten sie (Vers 59). „Wir sagten dir doch, dein Herr umfaßt die Menschen ganz und gar! Der Traum, den wir dich träumen ließen, sollte den Menschen nichts als eine Anfechtung sein, desgleichen der in der ‚Lesung' (erwähnte) Baum. Wir flößen ihnen Furcht ein, doch sie verfangen sich mehr und mehr in hartnäckiger Widersetzlichkeit" (Vers 60). Wie Ibn Isḥāq weiß auch al-Wāqidī, daß der Gesandte Allahs die betreffende Nacht im Haus von Umm Hāniʾ bt. abī Ṭālib zubrachte; dieses lag im Seitental Abū Ṭālibs, wie wir zusätzlich erfahren, und als es Morgen wurde, vermißten die Banū ʿAbd al-Muṭṭalib ihren Verwandten und machten sich auf die Suche.[13] – Ein Jahr vor seiner Vertreibung ist Mohammed in höchster Gefahr; die Bemühungen, mit anderen arabischen Stämmen Verbindungen anzuknüpfen, haben noch keine Ergebnisse gebracht: Diese bedrückende Lage ist der Hintergrund von al-Wāqidīs Überlieferung. Wie schon angemerkt, wurde der Eingangsvers von Sure 17, deren übriger Text älter ist, nachträglich hinzugefügt und nimmt auf den 60. Vers dieser Sure Bezug, wo von einem Traumgesicht gesprochen wird. Ursprünglich war es um die Drohworte Moses gegen die Israeliten (Vers 5) und um die Zerstörung Jerusalems gegangen; diese Andeutungen hatten die Mekkaner schrecken sollen.[14] Wenn Mohammed jetzt von einem durch Allah auf wunderbare Weise herbeigeführten Besuch in Jerusalem redete, dann sollten die Mekkaner inzwischen daraus etwas anderes ersehen, nämlich daß er durch den Höchsten bevollmächtigt worden sei, die neue, endgültige Glaubensordnung zu verkünden.

Die Nachtreise und die Hinwendung zum Ḥanīfentum

Was für Mohammed zur Debatte stand, seitdem er sich fest mit dem Ḥanīfentum eingelassen hatte, war die Stiftung einer diesem angemessenen Glaubenspraxis (arab.: *ad-dīn*). Deren Fehlen wurde, wie erinnerlich, in den Kreisen der Gottsucher schmerzlich beklagt. Mit der Nachtreise verbindet sich eine Aufklärung über das wahre Wesen dieser Praxis: Sie empfiehlt die Milch, weist den Wein zurück, und deshalb ist nur sie geeignet, die ursprüngliche Wesensart (arab.: *al-fiṭra*) zu bewahren; denn im Judentum wird der Weingenuß bei kultischen Handlungen nicht nur geduldet, sondern sogar gefordert, und im Christentum ist er ein wesentliches Element der Eucharistie.[15] Da der Wein aber eine berauschende Wirkung hat, schädigt er nach ḥanīfischer Überzeugung die *fiṭra*, deren Reinerhaltung gemäß der im achten Jahr nach der Berufung entstandenen Sure 30 (Vers 30) heilswichtig ist. Alle Kinder, so wird es später im *ḥadīṯ* heißen, stehen bei der Geburt in der *fiṭra*, erst die Erziehung durch andersgläubige Eltern nimmt ihnen diese Bestimmung zum Heil und macht aus ihnen Juden, Christen oder Zoroastrier.[16] Als sich Mohammed in seinen mittleren mekkanischen Jahren als einen Verfechter des Ḥanīfentums zu erkennen gegeben hatte, übersah er noch nicht, welche Folgen dies für sein Verhältnis zu Juden und Christen zeitigen werde; das äthiopische Exil etlicher seiner Anhänger bezeugt die Nähe, die zwischen seinem und dem christlichen Kult zu herrschen schien.[17] Seine Feinde, und das gilt noch für Sure 17, sind die Quraišiten, und zwar vorzugsweise diejenigen von ihnen, die außerhalb des Schwurbundes der „Parfümierten" stehen und sich nicht dem Erbe ʿAbd al-Muṭṭalibs verpflichtet fühlen.

Kurze Zeit vor seinem Weggang aus Mekka lernte Mohammed jedoch, sich selber als den „heidnischen Propheten" zu begreifen (Sure 7, 157), der „gebietet, was recht ist, und verbietet, was verwerflich" ist; er ist es jetzt, der auch den Juden und den Christen die drückenden Fesseln abnimmt, die auf ihnen lasten, seitdem sie von der wahren, der abrahamischen Glaubensordnung abwichen. Im Kerntext von Sure 17 ist Mohammed, wie dargelegt, noch nicht zu diesem Selbstverständnis vorgedrungen. Dem Verlangen seiner mekkanischen Feinde, er möge, um die Wahrheit seiner Verkündigung unter Beweis zu stellen, eine Quelle hervorsprudeln lassen, einen Garten mit Bächen herbeizaubern, er möge machen, daß Stücke vom Himmel herabfallen oder daß ein prächtiges Schloß dasteht, all solchen Wünschen hält er entgegen, daß er nichts weiter sei als ein Mensch, den Allah mit einer Botschaft betraute (Vers 93). Selbst wenn er in den Himmel emporstiege und eine Schrift herabbrächte, hätten jene den Einwand parat, es handle sich um Blendwerk. Einem Engel – wie ihn sich die Mekkaner scheinheilig als Boten ersehnten – konnte Allah die Botschaft nicht übergeben, denn Engel laufen nun einmal nicht auf der Erde umher (Vers 95). Dies alles bringt Mohammed den Mekkanern in einer äußerst gespannten Lage zu Gehör: Sie erwägen, ihn zu vertreiben (Vers 76), und er seinerseits droht ihnen mit Allahs Tücke, der einst Jerusalem zum Opfer fiel – vielleicht steht der Vernichtungsschlag gegen Mekka kurz bevor (Vers 51). Auf dem Festland wie auf dem Meer können die Frevler von der Strafe ereilt werden (Vers 66–69).

Was Mohammed in Sure 17 noch abgeht, ist die Überzeugung, der zweite Abraham zu sein, wie er dies in frühmedinensischer Zeit unverblümt von sich behauptet: „Am nächsten stehen Abraham diejenigen, die ihm (zu seiner Zeit) folgten, und dieser Prophet (arab.: *an-nabī*) und diejenigen, die gläubig wurden. Allah ist der Freund der Gläubigen" (Sure 3, 68).[18] Erst in Sure 6, die man in die letzte mekkanische Zeit zu datieren hat, gibt er sich ausdrücklich als den Nachfolger Abrahams zu erkennen. „Mein Herr umfaßt alles mit seinem Wissen," läßt er Abraham sprechen und hat dabei die quraišitischen Heiden im Blick. „Wie sollte ich die fürchten, die ihr (Allah) beigesellt, wo ihr euch nicht einmal davor fürchtet, Allah etwas beizugesellen, zu dem er euch keinerlei Vollmacht herabgesandt hat? Welche der beiden Parteien kann eher auf Sicherheit rechnen?... Diejenige, die glaubt und ihrem Glauben kein Unrecht beimischt, die hat die Sicherheit und geht den richtigen Weg!" ruft Mohammed seinen Feinden entgegen, und sein Alter ego bestätigt ihm: „Dies ist unser Argument, das wir Abraham wider sein Volk gaben" (Sure 6, 81–83).[19] Der Abraham in Sure 6 konnte freilich nur deshalb so zuversichtlich und selbstsicher sprechen, weil Allah in seiner Güte ihm jeglichen noch so leisen Zweifel nahm: „So zeigen wir Abraham (unser) Herrschen (arab.: *al-malakūt*) über die Himmel und die Erde und damit er einer von denen sein sollte, die Gewißheit erlangen" (Vers 75). Was in diesen Worten angedeutet wird, hat die muslimische Koranauslegung durchweg als eine Entrückung Abrahams in den Himmel aufgefaßt, wodurch Allah ihm die Gelegenheit verschaffte, genau zu beobachten, was es mit dem verborgenen göttlichen Walten auf sich hatte. Es ist das fortwährende, durch den Menschen nicht zu enträtselnde Bestimmen Allahs über die Schöpfung, dessen Abraham ansichtig wurde, ebenjenes Schöpfertum des ḥanīfischen Gottesverständnisses, das Mohammed bald im sogenannten Thronvers (Sure 2, 255) preisen wird.[20]

Die Vision der Himmelfahrt wie die ein halbes Jahr später verbreitete Episode von der Nachtreise, letztere notdürftig mit dem in der bereits vorhandenen Sure 17 erwähnten Traumgesicht in Verbindung gebracht, sind eng mit Mohammeds nunmehr unmißverständlich erhobenem Anspruch verbunden, nicht mehr nur ein Gesandter Allahs und ein Warner vor dem Verhängnis des Unglaubens zu sein, sondern als ein Prophet in der Nachfolge Abrahams die endgültige, die ḥanīfische Glaubenspraxis zu verkünden und durchzusetzen. Sein Lebensschicksal wollte es, daß ihm dies in Mekka zunächst nicht glückte; in Medina dagegen schuf er mit Sure 2 eine diesem Ziel gewidmete Verlautbarung. Die bereits vor der Vertreibung aus Mekka auf eine gewaltsame Bereinigung des Konflikts mit den heidnischen Landsleuten ausgerichtete Gesinnung Mohammeds[21] scheint allerdings durch die verordnete ḥanīfische Glaubenspraxis hindurch. „Kämpft auf dem Pfade Allahs gegen diejenigen, die euch bekämpfen!" fordert er. Zu Auswüchsen solle es nicht kommen, doch fährt er fort: „Tötet sie, wo immer ihr ihrer habhaft werdet, und vertreibt sie, von wo sie euch vertrieben! Denn die Anfechtung ist schlimmer als das Töten!" Nur am geheiligten Gebetsplatz dürfe man nicht zu den Waffen greifen, es sei denn, die Quraišiten täten es selber. – Was hätten sie sonst tun sollen, wenn sie sich nicht freiwillig unterwerfen wollten? – „Kämpft gegen sie, bis es keine Anfechtung mehr gibt und alle Glaubenspraxis Allah gewidmet ist!" (Sure 2, 190–193). Das Kriegführen wird, wie geschildert, rasch zum Inbegriff der Gläubigkeit; nach al-Ḥudaibīja wird es der Dschihad sein, der dem Gemeinwesen der „Gläubigen" die

Lebenskraft vermittelt. Der *islām*, die abrahamische Hinwendung des ganzen Daseins zu dem einen Schöpfer, wird zum Ungenügenden, Zweitrangigen abgewertet, sofern sie nicht im Dschihad ihre Erfüllung findet. Die Verteilungskämpfe und die unaufhebbare Ungleichheit des Prestiges, mithin das Scheitern der islamischen Gerechtigkeit und die Wiederbelebung des Väterruhms, enden damit, daß die „Gläubigen" die Waffen gegeneinander wenden.

Weitere Fassungen

Unter den „frühen Auswanderern" scheint niemand die Berichte von der Himmelfahrt und der Nachtreise tradiert zu haben. Was Abū Ḏarr al-Ġifārī zur Himmelfahrt überliefert – man läutert vor dem Aufstieg Mohammeds Herz und füllt es mit Glaube und Weisheit –, läuft unter einem weiteren Bürgen um, einem gewissen Mālik b. Ṣaʿṣaʿa, der zu den ḫazraǧitischen Banū Māzin b. an-Naǧǧār gehörte. Von ihm soll Anas b. Mālik, Mohammeds medinensischer Diener, ebendiese Fassung übernommen und verbreitet haben.[22] Anas selber zog freilich eine andere Version vor, in der die „mekkanische" Vorgeschichte fehlt. Ohne daß Mohammeds Herz geläutert und mit Weisheit versehen werden müßte, stellt man ihm das Reittier zur Verfügung, das ihn ohne Säumen nach Jerusalem trägt. Dort angelangt, bindet es der Gesandte Allahs genau an dem eisernen Ring fest, den schon die Propheten vor ihm für diesen Zweck nützten. Nachdem Mohammed das Getränk der *fiṭra* gewählt hat, steigt er durch die Himmel empor. Es ist der siebte, in dem er auf Abraham trifft, der sich mit dem Rücken an das „vielbesuchte Haus" lehnt, das Urbild der Kaaba.[23] Nach dem Blick hinüber ins Paradies feilscht Mohammed mit Allah um die täglichen Pflichtriten.[24] Anas schmückte das Geschehen mit weiteren Einzelheiten aus: „In der Nacht, in der man mich reisen ließ, kam ich an Leuten vorbei, denen man mit Scheren aus Feuer in die Lippen schnitt. Das waren, erfuhr ich, dem Diesseits verbundene Prediger, die andere zur Frömmigkeit anhielten, sich selber aber vergaßen (vgl. Sure 2, 44)."[25] Ähnliches fügte man in Anas' Namen in die Erzählung vom Aufstieg in den Himmel ein: Mohammed erblickte „Menschen mit Fingernägeln aus Messing, mit denen sie sich Gesicht und Brust zerkratzten"; das waren Gauner gewesen, die „das Fleisch der Menschen gefressen und deren Ehre in den Schmutz gezogen" hatten.[26] Mancherlei weitere Motive konnten sich an die eine oder die andere Überlieferung anlagern, ohne daß man noch zwischen Himmelfahrt und Nachtreise unterschieden hätte. Bei ʿAbdallāh b. Masʿūd endet die Nachtreise am „Christdorn an der äußersten Grenze" (Sure 53, 14); dieser wachse im sechsten Himmel, und das sei der Ort, an dem Allahs Bestimmen und die hierdurch gelenkte Schöpfung aneinanderstoßen. Die fünf Pflichtgebete und die einer Anrufung Allahs ähnelnden letzten Verse von Sure 2 nahm Mohammed dort entgegen, desgleichen die Vergebung, die alle Muslime erlangen werden, die der Vielgötterei endgültig abschwören.[27] Auch wußte ʿAbdallāh b. Masʿūd, daß Mohammed bei der Nachtreise einer Unterhaltung Abrahams, Moses und Jesu über die Vorzeichen des Jüngsten Tages hatte beiwohnen dürfen.[28]

Himmelfahrt und „Wissen"

Das alles hat etwas von der Freude am Fabulieren. Doch sollte man die Tragweite der religiösen Ideen nicht unterschätzen, die sich auf diese Weise Ausdruck verschaffen. Um diesen Ideen näherzukommen, widmen wir uns zum Abschluß dieses Teilkapitels der Fassung, die Ḥuḏaifa b. al-Jamān zu verantworten hat. Ḥuḏaifas Lebensschicksal sei zuvor in wenigen Strichen skizziert. Sein Vater, ein Mann von den Banū ʿAbs, war vermutlich wegen einer Blutfehde nach Medina geflohen; dort war er mit den ausitischen Banū ʿAbd al-Ašhal einen Bund eingegangen und hatte sich mit ihnen verschwägert. Die Ausiten zählen zu den jemenischen Arabern, weshalb man ihn fortan al-Jamān nannte. Wie es heißt, nahmen er und sein Sohn Ḥuḏaifa früh den Islam an, konnten aber bei Badr dem Gesandten Allahs noch nicht beistehen, da sie kurz vorher den Mekkanern in die Hände gefallen waren. Bei Uḥud fand al-Jamān den Tod, sein Sohn focht in den weiteren Schlachten des Propheten und machte vor allem unter ʿUmar von sich reden: Der Kalif übertrug ihm die Statthalterschaft von Ktesiphon. Ḥuḏaifa blieb im Irak, wir werden ihm gleich in Kufa begegnen. Er beteiligte sich an den Eroberungskriegen, die von dort aus den nordwestlichen Iran verheerten und Raij und Dinawar unterwarfen. Im Jahre 36 (begann am 30. Januar 656) soll Ḥuḏaifa gestorben sein.[29] Der Gesandte Allahs, erzählte er, habe ihm folgendes anvertraut: „Man brachte mir Burāq, ein langgestrecktes weißes Reittier, das die Vorderhufe (stets) an den äußersten Rand (des sichtbaren Landes) setzte. Gabriel und ich, wir hielten uns auf seinem Rücken fest, bis ich nach Jerusalem kam. Uns öffneten sich die Pforten des Himmels, ich erblickte das Paradies und die Hölle." An dieser Stelle hob Ḥuḏaifa hervor: „(Mohammed) betete nicht in Jerusalem." „Im Gegenteil!" unterbrach ihn ein Zuhörer, „er betete dort sehr wohl!" Ḥuḏaifa fuhr den Störenfried unwirsch an: „Wie heißt du, Glatzkopf? Ich kenne dein Gesicht, aber nicht deinen Namen!" „Ich bin Zirr b. Ḥubaiš", antwortete jener, worauf Ḥuḏaifa nachhakte: „Woher weißt du, daß Mohammed dort betete?" Zirr erläuterte: „Allah spricht: ‚Preis sei dem, der des Nachts seinen Knecht vom geheiligten Gebetsplatz zum fernsten reisen ließ, dessen Umgebung wir segneten! Wir wollten ihm etwas von unseren Wunderzeichen zeigen. Allah hört und sieht alles!' (Sure 17, 1)." „So meinst du also, daß (Mohammed) dort betete? Hätte er das getan, dann würdet auch ihr dort beten, so wie ihr auf dem geheiligten Gebetsplatz betet." Zirr b. Ḥubaiš fügte noch hinzu: „Und Mohammed band das Reittier an dem Ring fest, den die (übrigen) Propheten hierzu benutzten." „Fürchtete Mohammed etwa, Burāq werde ihm durchgehen, wo doch Allah selber ihm dieses Reittier gegeben hatte?" wunderte sich Ḥuḏaifa.[30]

Zirr b. Ḥubaiš macht den kufischen Erzähler von Nachtreise und Himmelfahrt – in dieser Reihenfolge laufen bei Ḥuḏaifa die Ereignisse ab – darauf aufmerksam, daß man dies alles nicht einfach nur berichten darf. Es folgen aus der von Zirr b. Ḥubaiš wie von Ḥuḏaifa für wahr gehaltenen Geschichte Verpflichtungen, was letzterem nicht hinreichend klar zu sein scheint. Das heilige Gebiet um die Kaaba herum ist gesegnet, wer würde daran zweifeln, und daß man sich hier während der Pilgerzeit ins Gebet versenkt, ist unbestritten. Wenn Allah aber auch jene Stätte in Jerusalem segnete, dann hat der Muslim dort die gleichen Pflichten. Mohammed, das überlieferten beispielsweise al-Wāqidīs Gewährsmänner, hatte in Jerusalem, kaum daß er wieder den Boden der Erde betreten hatte, durch Gabriel angeleitet den Ritus in der von Allah gewünschten

Weise vollzogen. Zirr b. Ḥubaiš gehörte in Kufa zum Kreis um ʿAbdallāh b. Masʿūd. Einmal, unter dem Kalifat ʿUṯmāns, hatte Zirr Medina besucht, war mit Ubaij b. Kaʿb zusammengetroffen und hatte sich von ihm über die „Nacht der göttlichen Macht" (arab.: *lailat al-qadr*) ins Bild setzen lassen. In Kufa nämlich begingen ʿAbdallāh b. Masʿūd und seine Gefährten die Nacht zum 27. Ramadan, in der der Koran herabgesandt worden sein soll, nach eigenem Brauch: Sie veranstalteten eine rituelle Reise, bei der sie gefärbte – nicht: weiße[31] – Gewänder trugen und aus Krügen leicht vergorenen Dattelsaft (arab.: *an-nabīḏ*) tranken, „wobei sie nichts Schlimmes fanden", wie ein Überlieferer anmerkt.[32] In der „Nacht der göttlichen Macht" wurde der Koran, Allahs ureigenes Wort, auf die Erde herabgesandt. Die Nachtreise nach Jerusalem ist ein gleichartiges Geschehen: ein zweiter Akt der Übermittlung göttlicher Normen, deren Verbindlichkeit Zirr b. Ḥubaiš unterstrich.

Abū Ḏarr al-Ġifārī ist einer der Tradenten der Himmelfahrt Mohammeds; Abū Saʿīd al-Ḫudrī bürgt bei Ibn Isḥāq für sie und für die Erzählung von der Nachtreise nach Jerusalem, freilich in der umgekehrten, der „unhistorischen" Reihenfolge. Diese ergibt jedoch am ehesten Sinn, wenn man unter Zugrundelegung von Sure 17, Vers 1 den Propheten nach Jerusalem versetzt, damit er dort in einem von der Herabsendung des Korans unterschiedenen Akt der Übermittlung heilswichtigen Wissens die der *fiṭra* gemäßen Gebetsriten im Detail vorführe. Eine solche Verknüpfung beider Visionen zu einem einzigen Vorgang macht den erinnerten Propheten erst eigentlich zu einem über die bloße Verkündung der Rede Allahs hinaus Beachtung und Nachahmung heischenden Vorbild – nicht für den *muǧāhid* im engeren Verständnis, sondern für den Muslim. Dem, was ʿUmar b. al-Ḫaṭṭāb fürchtete, einer „Mischna wie derjenigen der Schriftbesitzer",[33] wächst Legitimität zu, sofern ihr Inhalt glaubhaft mit dem Propheten in Zusammenhang gebracht werden kann. Diese „Mischna" ist keineswegs nur die Sache von Männern wie Abū Ḏarr und Abū Saʿīd, die für die Kritik an den als ungerecht empfundenen Folgen der Eroberungskriege stehen. Gestalter und Propagandisten dieser neuen, ungeschichtlichen Auffassung vom Propheten und seinem Wirken sind vor allem Muslime, die jung waren, als sie in seinen Bann gerieten. Ḥuḏaifa b. al-Jamān, Mālik b. Ṣaʿṣaʿa, Anas b. Mālik, von deren Nachsinnen über Nachtreise und Himmelfahrt wir erfuhren, müssen wir zu ihnen rechnen, desgleichen auch ʿAbdallāh b. Masʿūd, der, obschon unter die ersten Muslime gezählt, wesentlich jünger als Mohammed war.[34]

2. Das Kalifat ʿAbdallāh b. az-Zubairs

Die Schlacht auf dem Lavafeld

Der Ḏū l-Ḥiǧǧa (begann am 1. August 683) des Jahres 63 war für die Medinenser kein guter Monat: Die Schlacht auf dem Lavafeld endete mit einer dreitägigen Plünderung der Oase. Muʿāwija, der vor über zwei Jahrzehnten al-Ḥasan b. ʿAlī mit Geld zum Verzicht auf das Kalifat bewogen und sich seitdem in dem Ruhm gesonnt hatte, er habe nach dem blutigen Bürgerkrieg die „einträchtige Gemeinschaft" wiederhergestellt, war damals schon drei Jahre tot. Seither hatten sich die Großen der alten Zeit und viele ihrer Söhne geweigert, Muʿāwijas Sohn Jazīd, den der Vater zum Nachfolger bestimmt hatte, den Huldigungseid zu schwören. Nun war eine omaijadische Streitmacht vor der Stadt erschienen, hatte beim östlichen Lavafeld (arab.: *al-ḥarra*) ein Lager aufgeschlagen und war bald darauf zum Angriff übergegangen. Saʿd b. abī Waqqāṣ war einer der vielgerühmten ersten Streiter für den Propheten gewesen. Jetzt hatte sein Sohn Muḥammad gegen die Truppen aus aš-Šaʾm sein Bestes gegeben, hatte aber einsehen müssen, daß die Soldaten des Kalifen überlegen waren. Sie fegten die Verteidiger hinweg und kühlten an den Bewohnern Medinas ihr Mütchen. Die betagten Prophetengenossen brachten sich in Sicherheit, unter ihnen Abū Saʿīd al-Ḫudrī, der sich in einer Höhle verbarg. Ein Syrer spürte ihn auf und drang mit gezücktem Schwert in das Versteck ein. „Da zog auch ich blank", soll Abū Saʿīd später erzählt haben, „und ging auf ihn los, um ihm einen Schrecken einzujagen, in der Hoffnung, er werde sich von mir abwenden. Er kam aber unbeirrt auf mich zu. Sobald ich erkannt hatte, daß es ihm ernst war, steckte ich das Schwert in die Scheide und sagte: ‚Solltest du Hand an mich legen, um mich zu töten, so werde ich jedenfalls nicht ein gleiches versuchen, denn ich fürchte Allah, den Herrn der Welten.' ‚Wer bist du denn – Allah sei dein Vater anheimgegeben?' fragte jener. ‚Abū Saʿīd al-Ḫudrī!' antwortete ich, worauf jener wissen wollte: ‚Etwa der Gefährte des Gesandten Allahs?' und indem ich dies bejahte, wich jener von mir zurück."[35] Ein halbes Jahrhundert nach Mohammeds Tod ist die Ehrfurcht vor den letzten noch lebenden Zeugen der Urgemeinde so weit verbreitet, daß Parteigrenzen, ja selbst die Feindschaft im Krieg ihre trennende Kraft einbüßen können. Dabei wird es zur Nebensache, ob der betreffende auf Heldentaten unter dem Banner des Propheten zurückblicken kann oder nicht: An der Schlacht am Berge Uḥud war Abū Saʿīd noch nicht beteiligt, weil er für zu jung erachtet worden war; dann aber, so heißt es lakonisch, zog er ins Feld.[36]

Aus der Rückschau mußte der Prophet die Schlacht auf dem Lavafeld natürlich vorausgeahnt und im Sinne von Männern wie Abū Saʿīd, die die Erinnerung an ihn verkörperten, bewertet haben. Auf jenem Lavafeld „werden die Besten meiner Gemeinde getötet werden". ʿAbdallāh b. Salām, das wird uns in einer mit diesem Ereignis befaßten Sammlung von Überlieferungen versichert,[37] habe schon zu Lebzeiten Muʿāwijas bemerkt, daß es im jüdischen Schrifttum einen Hinweis gebe, demzufolge eines Tages an jenem Ort Männer getötet werden, die am Ende der Zeiten mit geschultertem Schwert auferstehen und mit den Worten vor Allah treten werden: „Um deinetwillen fielen wir!" Und auch unter ʿUmar enthüllte sich die Bedeutung jenes Geländes, als durch dessen felsige Rillen nach einem starken Regen das Wasser rann, ein Wasser, das sich, weil es gerade erst vom Himmel gefallen war, eben noch in segensreicher Nähe zum Thron des Einen befunden hatte. „Durch diese Rillen wird das Blut der Menschen fließen", sagte Kaʿb al-Aḥbār ahnungsschwer, worauf sich ʿUmar weitere Prophezeiungen aus dessen Mund verbat. ʿAbdallāh b. az-Zubairs Neugier aber war geweckt; wann das sein werde, begehrte er zu erfahren. „Hüte dich, (in jenem Augenblick) auf dem Sprung zu sein!"

lautete die Antwort. ʿAbd ar-Raḥmān, ein Sohn des Saʿīd b. Zaid b. ʿAmr,[38] dichtete auf die Schlacht diesen Vers: „Wenn ihr uns am Kampftag des Lavafeldes von Wāqim[39] tötet, dann sind wir die ersten, die getötet werden und den Islam bekannten!"[40]

Die Mohammedfrömmigkeit

Der Sieg des syrischen Heeres über Medina erscheint in dieser Sicht als ein Triumph der gegen den Islam gerichteten Kräfte. Daß diese von Muʿāwija ausgegangen seien, konnte man allerdings nicht belegen.[41] Im Gegenteil, gerade Muʿāwija demonstrierte eine tiefe Mohammedfrömmigkeit. Als er auf den Tod erkrankt war, ließ er sich in ein Gewand kleiden, das ihm der Prophet einst geschenkt hatte. In einem Fläschchen bewahrte er abgeschnittene Fingernägel des Gesandten Allahs auf; er befahl, sie nun zu Pulver zu zerreiben und ihm in Mund und Augen zu streuen, „vielleicht erbarmt sich Allah meiner dank ihrer Segenskraft".[42] Man konnte allerdings auch nicht behaupten, Muʿāwija habe sich mit außergewöhnlichem Eifer um die Propagierung des neuen Glaubens verdient gemacht. Er hatte sich in erster Linie auf das Quraišitentum berufen und im übrigen, den Erfordernissen der Zeit nachgebend, geduldet, daß der Dschihad die Bedeutung des Gipfels jeglicher Gläubigkeit allmählich einbüßte. Damit wurde der Weg frei für die Herausbildung einer neuartigen Erinnerung an Mohammed und die Urgemeinde, die den *islām* in den Mittelpunkt rückte und denen, die Zeugen dieses Islams des Propheten geworden waren, ein unübersteigbares Prestige zuwachsen ließ, eine *sābiqa*, die sich nicht mehr mit dem deckte, was ʿUmar mit diesem Begriff hatte ausdrücken wollen. Es galt jetzt der Stolz auf eine Zeitzeugenschaft, wie sie nur die „Besten der Gemeinde" in Anspruch nehmen durften, niemand sonst; ein formalisiertes Verfahren der Zuerkennung dieser Zeugenschaft konnte es allerdings nicht geben. Auch die Auffassung von Mohammed wandelte sich von Grund auf. Zuvor war er der Feldherr gewesen, der auf Allahs Anweisung die Gläubigen in die Schlachten gegen den „Unglauben" führte und sie lehrte, daß Allah ihnen zwar das Vermögen und das Leben „abgekauft" habe (Sure 9, 111), sie aber zu „Erben" alles Landes machen werde (Sure 33, 26); jetzt begann man in ihm den von Allah berufenen Bürgen einer Daseinsordnung zu sehen, die über die Glaubenspraxis und über die Erringung und Aufrechterhaltung von religiöser und politischer Macht weit hinausging. Indem Muʿāwija die islamische Gerechtigkeit ʿumarscher Prägung verblassen ließ, leistete er demnach einer ganz anderen Auslegung des Lebenswerkes Mohammeds Vorschub – und schuf dadurch gegen sich und sein Herrschertum ein Milieu des Widerstandes, das sich artikulierte, sobald er von der Bühne abtrat.

Streit um die Anerkennung des Kalifats Jazīds

Vor seinem Tod im Rağab (begann am 4. April 680) des Jahres 60 hatte Muʿāwija seinen Sohn Jazīd als Nachfolger benannt, manche der Statthalter hatten ihn jedoch wissen lassen, sie könnten oder wollten in ihrem Amtsgebiet nicht für die Einhaltung dieser Anordnung geradestehen. Jazīd selber befand sich zu jener Zeit nicht in Damaskus, so daß der Kalif zwei seiner erprobten Heerführer beauftragte, dem Sohn das Vermächtnis zu überbringen.[43] Sobald Jazīd nach dem Ableben Muʿāwijas zum Kalifen erhoben worden war, setzte er alles daran, den Treueid der prominentesten Verweigerer zu erzwingen. Seinem Statthalter in Medina befahl er, al-Ḥusain b. ʿAlī, ʿAbdallāh b. az-Zubair und ʿAbdallāh b. ʿUmar derart zu bedrängen, daß sie dem Verlangen nachkommen würden. Die Folge war, daß zuerst ʿAbdallāh b. az-Zubair und nach ihm al-Ḥusain nach Mekka auswichen.[44] Nach diesem Fehlschlag besetzte Jazīd den Posten des Statthalters in Medina neu und forderte ein entschlosseneres Vorgehen, in erster Linie gegen Ibn az-Zubair. Dieser fand jedoch in Mekka so viel Unterstützung, daß er eine von Medina anrückende Truppe abwehren konnte. Aus Jazīds großspuriger Ankündigung, Ibn az-Zubair werde in Halsfesseln vor ihn treten,[45] um ihm zu huldigen, wurde nichts. In Kufa, wo Muʿāwijas treuer Anhänger an-Nuʿmān b. Bašīr die Stellung hielt, glaubten manche den Augenblick gekommen, doch noch einem Sohn ʿAlī b. abī Ṭālibs, nämlich al-Ḥusain, zur Macht zu verhelfen. Dieser ließ sich auf das Abenteuer ein und machte sich von Mekka auf den Weg nach Nordosten. In diesem Vabanquespiel mit tödlichem Ausgang schreibt man Ibn az-Zubair eine zwielichtige Rolle zu. Die Herrschaft stehe nun einmal nicht den Omaijaden zu, sondern uns, den „Söhnen der Auswanderer“, und wenn er, Ibn az-Zubair, über solch einen Anhang verfügte wie al-Ḥusain in Kufa, dann wüßte er nicht, was er Kufa vorziehen sollte. Freilich sei nicht auszuschließen, das al-Ḥusain das Kalifat auch erringen werde, wenn er im Hedschas den Ausgang der Dinge abwarte.[46] In Kufa hatte die omaijadische Seite früh erfahren, daß sich al-Ḥusain mit einer Schar von Aufrührern näherte. Man traf die nötigen Vorkehrungen und ließ ihn gar nicht erst in die Heerlagerstadt hinein. Unversehens befanden sich die Rebellen in einer aussichtslosen Situation; sie konnten sich nicht einmal mit Trinkwasser versorgen. Al-Ḥusain starb im alles entscheidenden Gefecht, wie man sagt, von dreiunddreißig Lanzenstichen durchbohrt, von vierunddreißig Schwerthieben verwundet.[47] Seinen Todestag, den man auf den 10. Muḥarram 61 (10. Oktober 680) verlegt, begehen die Schiiten mit Trauerumzügen und mit Selbstgeißelungen – zur Sühne der Nachlässigkeiten der kufischen Parteigänger, die seine Machtübernahme so stümperhaft vorbereitet hatten.

Die Ergreifung der Herrschaft durch ʿAbdallāh b. az-Zubair

Kaum war in Mekka der Tod al-Ḥusains bekannt geworden, da begann Ibn az-Zubair die Einwohnerschaft gegen die Omaijaden aufzuwiegeln. Ungefähr dies soll er den Leuten eingeredet haben: Die Iraker, allen voran die Kufaner, seien üble Verräter; sie hätten al-Ḥusain zu sich gerufen und ihm versprochen, ihn nach Kräften zu unterstützen; sobald er aber vor Kufa erschienen sei, hätten sie ihn vor eine geradezu ungeheuerliche Wahl gestellt, nämlich er solle sich kampflos und freiwillig dem Statthalter ʿUbaidallāh b. Zijād ausliefern und sich dessen Urteil fügen, oder aber er solle zur Waffe greifen, dann aber ohne die Mithilfe seiner kufischen Anhänger. Wenn Allah, so Ibn az-Zubair weiter, auch niemandem Einblick in das Verborgene gewähre, dergestalt daß man den eigenen Tod vorherzusehen vermöchte, so sei es al-Ḥusain dennoch klar gewesen, daß es nur noch gelte, den ehrenvollen Untergang einem Leben in Schande vorzuziehen. – In ebendiesen Gedankenbahnen bewegt sich die schiitische Rhetorik der Trauer um al-Ḥusain bis auf den heutigen Tag.[48] – Die omaijadischen Schergen hätten sich freilich auch schon an anderen Warnern vergriffen, und was Allah verhängt habe, das trete ein. Was folge aus alledem? Doch nur, daß man den Omaijaden nie und nimmer vertrauen dürfe. Wie auch, da sie in al-Ḥusain den Mann ermordet hätten, der die Nächte in frommer Andacht durchwacht, der tagsüber gefastet habe, den Mann, der anders als sie das Recht zur Herrschaft besessen habe, sowohl wegen der Glaubenspraxis, die er beständig ausgeübt habe, als auch wegen des Vorzugs seiner Herkunft! Al-Ḥusain, so steigert Ibn az-Zubair seine Agitation, habe niemals die Rezitation der „Lesung" durch das Singen von Liedern ersetzt, niemals das Weinen aus Furcht vor Allah durch den aufmunternden Gesang nach Art der Kameltreiber, nie das Fasten durch den Genuß von Wein, nie das Sitzen im Kreis der Allahs Gedenkenden durch die Teilnahme an einer Jagdpartie. So stachelte Ibn az-Zubair das Ressentiment der gottesfürchtigen Provinzler auf, die sich im Besitz der Kenntnis von der gottgefälligen Lebensweise des Propheten dünkten, und nahm sie gegen den Hof im fernen Damaskus ein, den sie sich gern als einen Sündenpfuhl ausmalen mochten. Viele Mekkaner huldigten heimlich Ibn az-Zubair, Jazīds hedschasischer Statthalter scheint von den Umtrieben gewußt zu haben, ohne sie zu unterbinden. Wie schon im Zusammenhang mit der Schlacht auf dem Lavafeld geschildert, kommen auch hier vermeintliche Prophezeiungen ins Spiel. ʿAbdallāh, ʿAmr b. al-ʿĀṣ' frommer, weltabgewandter Sohn, wurde durch den hedschasischen Statthalter Jazīds befragt, was die Zukunft bringen werde. ʿAbdallāh sei ein Kenner des Buches Daniel[49] gewesen und habe folgendes geantwortet: „Der bewußte NN" – also Ibn az-Zubair – „ist zweifellos einer der Könige, denen ihre Angelegenheiten glücken, bis sie als Könige sterben werden." Diese Weissagung habe den Statthalter einerseits noch mehr gegen Ibn az-Zubair aufgebracht, ihn andererseits jedoch zu einem äußerst freundlichen Umgang mit ihm bewogen.[50]

Im Jahre 62 (begann am 20. September 681) spitzte sich die Lage zu. Ein neuer Gouverneur für den Hedschas traf in Medina ein, der seine wichtigste Aufgabe nicht darin sah, gegen jene vorzugehen, die die Huldigung verweigerten, sondern die Sklaven und Schutzbefohlenen seines Vorgängers festzunehmen. Dieser befreite seine Leute mit einer List und begab sich zu Jazīd nach Damaskus. Er machte dem Kalifen deutlich, daß Ibn az-Zubair überall in Medina und Mekka seine Anhänger habe. Man habe nichts anderes tun können als nach außen hin gute Miene zum bösen Spiel zu machen. Insgeheim aber habe man Ibn az-Zubairs Anordnungen behindert, wo es möglich war; man habe die Straßen nach Mekka bewacht und sich Kenntnis von allen Personen verschafft, die dorthin reisten; hätten diese im Verdacht gestanden, Ibn az-Zubair zu unterstützen, habe man sie festgesetzt. Jazīd wechselte noch einmal den Statthalter über den Hedschas aus. Wenn man eine Abordnung vornehmer Medinenser zu Jazīd schicke, würden sich die Schwierigkeiten ausräumen lassen, hoffte der neue Amtsinhaber. Eine Anzahl geeigneter Männer reiste an den Hof, unter ihnen ʿAbdallāh b. Ḥanẓala, der Sohn des „von den Engeln Gewaschenen" und Enkel des „Mönchs" Abū ʿĀmir.[51] Der Kalif behandelte die Medinenser zuvorkommend und stattete sie mit reichen Gaben aus. Die Streitigkeiten jedoch konnten augenscheinlich nicht beigelegt werden. Sobald die Abgesandten zurückgekehrt waren, zogen sie bösartiger als zuvor über Jazīd her: Er beachte nicht die Glaubenspraxis, trinke Wein, vergnüge sich mit Sängerinnen, spiele mit Hunden, umgebe sich abends mit schamlosen Burschen – kurzum, er sei nicht tragbar, und deshalb erkläre man ihn für abgesetzt.[52]

Um die Wende von 62 auf 63 schworen viele Medinenser ʿAbdallāh b. Ḥanẓala einen Treueid und griffen Jazīds Statthalter, die in der Stadt lebenden Omaijaden und deren Freigelassene an sowie alle übrigen Quraišiten, die zum Damaszener Kalifat hielten. An die tausend Menschen sollen es gewesen sein, die ihre Wohnsitze verließen und sich in das Anwesen Marwān b. al-Ḥakams flüchteten. Es gelang ihnen, einen Vertrauensmann nach Syrien zu entsenden, der Jazīd über die dramatischen Vorgänge im Hedschas unterrichtete. Als in Medina ruchbar wurde, daß der Kalif als Antwort auf ihre Rebellion Truppen in Marsch gesetzt hatte, schloß man Marwān und die Flüchtlinge ein und wollte sie zur Aufgabe zwingen. Man werde sie umbringen, es sei denn, sie verpflichteten sich, aus Medina abzuziehen, allerdings ohne dem heranrückenden Feind irgendwelche Hinweise auf die Breschen in der Verteidigung zu geben. In ihrer Not sagten sie dies zu. Mit ihrem Gepäck brachen die Vertriebenen nach Norden in das „Tal der Ortschaften" auf, wo man auf die von Jazīd nach Süden abkommandierten Truppen traf. Marwāns Sohn ʿAbd al-Malik, der spätere Kalif, soll es gewesen sein, der den omaijadischen Befehlshabern riet, im Osten Medinas die Entscheidung zu suchen und daher des Morgens, mit der aufgehenden Sonne im Rücken, den Kampf aufzunehmen.[53] Den Ausgang des Gefechts kennen wir bereits.[54] Die Sieger marschierten nach Mekka weiter, wo Ibn az-Zubair inzwischen als Kalif herrschte. Doch bevor sie dort eintrafen, starb der von Jazīd ernannte Feldherr; an seine Stelle trat der dafür vorgesehene Ersatzmann. Bereits im Muḥarram (begann am 30. August 683) des Jahres 64 riegelte man Mekka von der Außenwelt ab. In die Stadt waren zahlreiche Medinenser und auch etliche Charidschiten geeilt, um Ibn az-Zubair beizustehen. Über ungefähr zwei Monate, bis zum Anfang des Rabīʿ al-auwal, zogen sich die Kämpfe hin, ohne daß man einer Entscheidung nähergekommen wäre. Am 3. Rabīʿ al-auwal brachten die Angreifer eine Wurfmaschine in Stellung und beschossen die Stadt. Daß sie dabei den Brand der Kaaba verursacht hätten, ist ein Propagandamärchen; die Feuersbrunst war auf die Unachtsamkeit eines Mekkaners zurückzuführen.[55] Während dieser Vorgänge starb Jazīd in der Nähe von Hims, und zwar am 14. Rabīʿ al-auwal. Sechzehn Tage später war die Kunde hiervon bei Ibn az-Zubair; die omaijadischen Belagerer hatten noch nichts davon gehört. Doch wurden sie schnell durch die Eingeschlossenen von dieser Wende der Dinge in Kenntnis gesetzt. Man einigte sich darauf, daß die Soldaten aus aš-Šaʾm die Kaaba umkreisen dürften und dann heimkehren würden. So geschah es.[56]

Der Zusammenbruch der omaijadischen Herrschaft

Der überraschende Tod Jazīds brachte Muʿāwijas Lebenswerk vollends zum Einsturz. Zwar versuchte man in Damaskus, das Kalifat in seiner Linie zu bewahren, und bestimmte einen Sohn Jazīds, Muʿāwija II., zum neuen Herrscher. Der erst im vierzehnten Lebensjahr stehende Jüngling starb aber schon knapp zwei Monate später. Unverhofft war Ibn az-Zubair die wichtigste Figur auf der politischen Bühne des Islams geworden. Daß seine Vorstellungen von islamischer Machtausübung nicht denjenigen Muʿāwijas entsprachen, wird im einzelnen darzulegen sein. Soviel sei vorausgeschickt: Zuerst verbreitete Ibn az-Zubair die Parole, der neue Herrscher über die muslimische Gemeinde müsse aus einer Beratschlagung (arab.: *aš-šūrā*) hervorgehen, wie dies ja im Falle ʿUṯmān b. ʿAffāns gewesen war. Es genügt ein Blick auf die grundstürzenden Veränderungen auf der politischen Landkarte, die seitdem eingetreten waren, um die Abwegigkeit dieses Vorschlags zu erkennen. Als einige Monate nach dem Tod Jazīds verstrichen waren und auch die Farce um den bedauernswerten Muʿāwija II. ein Ende gefunden hatte, ließ Ibn az-Zubair in diesem Punkte den geheiligten Brauch der Altvorderen fahren und erklärte sich selber zum Kandidaten für das Kalifat; am 9. Rağab (1. März 684) nahm er in Mekka die Huldigung entgegen.[57]

Der Zerfall der omaijadischen Macht schritt im Jahre 64 in beängstigender Geschwindigkeit voran. ʿUbaidallāh b. Zijād, Jazīds Statthalter im Irak, wurde aus Basra vertrieben, nachdem die dortigen Klanführer zunächst zugesagt hatten, ihn so lange zu dulden, bis ein neuer Kalif die Zügel in die Hände genommen haben werde. Als Werber für den Kalifen ʿAbdallāh b. az-Zubair auftauchten, war es mit solcher Vorsicht vorbei, ʿUbaidallāh mußte sich bei einer ihm freundlich gesonnenen Sippe in Sicherheit bringen. Ein Muḍarite und ein Rabīʿite, so lautete die Absprache unter den Klanführern, sollten entscheiden, wer in Basra das Sagen haben werde. Der Muḍarite dachte an einen Omaijaden, war aber schließlich damit einverstanden, den Rabīʿiten die Wahl treffen zu lassen; dieser wünschte sich – denken wir an ʿAlī b. abī Ṭālibs Verhältnis zu den Banū Rabīʿa – einen Hāšimiten. Viele Kandidaten dieser Herkunft standen nicht zur Verfügung. ʿAbdallāh, ein Sohn von al-Ḥāriṯ b. Naufal b. al-Ḥāriṯ b. ʿAbd al-Muṭṭalib b. Hāšim, erfüllte diese Bedingung; doch nicht nur das! Seine Mutter war eine Tochter Abū Sufjāns, und ein Onkel hatte in Medina das Amt des *Qāḍī* innegehabt, als dort Marwān b. al-Ḥakam der Statthalter Muʿāwijas gewesen war.[58] Sehen wir einmal von dieser fast schon wunderbaren Verbindung der widerstreitenden genealogischen Erfordernisse in einem einzigen Stammbaum ab, so können wir diesem Mann nach Ausweis der Quellen leider keine weiteren Meriten zuschreiben. Mit der omaijadischen Kontrolle Basras hatte es jedenfalls ein Ende, ʿUbaidallāh b. Zijād machte sich eines Nachts davon, auf einem Esel, wie erzählt wird, denn das Reiten auf einem Kamel war ihm zu anstrengend geworden.[59]

Die Länder des zubairidischen Kalifats

Durch den ständigen blutigen Kleinkrieg gegen die Charidschiten war die Macht der Omaijaden im Irak untergraben worden, so wie vorher schon die Herrschaft ʿAlī b. abī Ṭālibs. Der Tod al-Ḥusains verursachte allerdings weit nachhaltigere Erschütterungen, und diese gingen von Kufa aus, wo man den in Basra zunächst gefundenen Kompromiß einer vorläufigen Fortsetzung der Statthalterschaft ʿUbaidallāh b. Zijāds rundweg abgelehnt hatte.[60] Freilich hatten nicht sogleich den Hāšimiten anhängende Kräfte nach der Macht gegriffen, doch war die Einsetzung eines Nachfolgers für ʿUbaidallāh durch Klageweiber von den südarabischen Hamdān, die al-Ḥusain betrauerten, empfindlich gestört worden.[61] Ibn az-Zubair, um nachträgliche Billigung einer diesbezüglich von den

Stammesführern getroffenen Entscheidung gebeten, stimmte zu und gewann damit die nach Ägypten wichtigste Provinz. Auch in aš-Šaʾm fand das Kalifat Ibn az-Zubairs weithin Anerkennung, desgleichen im Gebiet der „Insel". Einzig der Heeresbezirk Jordanien stand abseits.[62]

Daß die Omaijaden nicht für immer aus der Herrschaft gedrängt wurden, entschied sich in Ägypten. Eigentlich hatte Ibn az-Zubair damit rechnen dürfen, daß er gerade dort tatkräftige Unterstützung finden werde. Denn auf den frühesten Kriegszügen nach Nordafrika hinein hatte er sich ausgezeichnet. Man schrieb ihm das Verdienst zu, den durch den Kaiser von Byzanz eingesetzten Statthalter erschlagen zu haben, und danach sei ihm die höchst ehrenvolle Aufgabe übertragen worden, ʿUṯmān von der neuen Eroberung Bericht zu erstatten.[63] Im Šaʿbān (begann am 24. März 684) des Jahres 64 kam in Fustat ein Statthalter Ibn az-Zubairs an.[64] Er brachte eine Gruppe Charidschiten mit – Ibn az-Zubair selber hatte während der Belagerung vom Kampfeseifer dieser Sektierer seinen Nutzen gehabt. Nun, in Ägypten, machten sie seinem Statthalter das Regieren schwer, denn sie vergriffen sich an seinem Vorgänger. Der neue Mann distanzierte sich sogleich von ihnen, denn es konnte ihm nichts daran liegen, die Verhältnisse zu ändern, solange sie ihm von Vorteil waren. Die innere Sicherheit und das Amt des *Qāḍī*s waren seit langem in den Händen eines erfahrenen Haudegens gewesen, der unter Muʿāwija I. und Jazīd Hervorragendes geleistet hatte – weswegen sollte man diesen ebenfalls des Amtes entheben? So trugen die Unbesonnenheiten der Charidschiten dazu bei, daß die etablierten Kräfte gar nicht anders konnten, als den Eid auf Ibn az-Zubair abzulegen. Vorerst jedenfalls schien ihnen dies das Vernünftigste zu sein, auch wenn etliche von ihnen lieber einen Omaijaden als Kalifen gehabt hätten.

Der Omaijade, an den sie dachten, war Marwān b. al-Ḥakam.[65] Wenige Jahre nach der Hedschra geboren und im heidnischen Mekka aufgewachsen, wird er kaum mit Mohammed und dem Islam in engere Berührung gekommen sein, bevor unter ʿUmar die ertragreichen Eroberungskriege einsetzten. Der allererste Vorstoß nach Nordafrika fiel schon in das Kalifat ʿUṯmāns, und dieser soll seinem jungen Verwandten das Beutefünftel geschenkt haben, das man aus Nordafrika nach Medina geschickt hatte. Damit erregte der Kalif die Gemüter aufs heftigste. Wohl nur um diese unbegreifliche Handlung zu erklären, kam die Ansicht auf, Marwān selber sei an dem Unternehmen beteiligt gewesen, ja, er habe dem ʿUṯmān die Siegesbotschaft überbracht.[66] Die Quellen, die sich mit der Eroberung Ägyptens und Nordafrikas befassen, schweigen sich freilich über Marwān aus, desgleichen über seinen Vater, so daß man dies alles als Legende werten muß. Dennoch bleibt die Tatsache, daß die einflußreichen Männer Ägyptens ihren Treueschwur für Ibn az-Zubair vergaßen, sobald sich die Gelegenheit bot, an die Seite Marwāns zu treten. Indem sie ihn, wie wir sehen werden, nach Ägypten holten, gaben sie ihm den für die Zukunft entscheidenden Rückhalt, und Ibn az-Zubair sah sich auf den Hedschas, den Osten und auf das erbittert umkämpfte aš-Šaʾm beschränkt. Unter Muʿāwija I. hatten jene, die sich nun so rasch von Ibn az-Zubair abwandten, bedeutende militärische Erfolge errungen;[67] sie hatten in dem durch die Omaijaden aufgenommenen Seekrieg gegen Byzanz[68] gekämpft – was konnte ihnen da ein Kalif im Hedschas bieten, dem dies alles fremd war? Die Herrschaft über ein im Entstehen begriffenes Weltreich und das Starren auf die mekkanischen und medinensischen Anfänge, das ging nicht mehr zusammen. Indem Ibn az-Zubair im Hedschas blieb, aus welchen Gründen auch immer, verspielte er die Gelegenheit, seinem Kalifat eine Zukunft zu geben.

Religion und Stammeszwist

Man muß das Jahr 64 als einen jener seltenen Augenblicke in der Geschichte betrachten, in denen auf überraschende Weise dem einen vieles möglich wird, der sich unvermittelt im Besitz der Zügel der Macht sieht. Zögert er, von dieser Gelegenheit beherzten Gebrauch zu machen, dann wird sich alles gegen ihn wenden, und er taumelt dem Untergang entgegen. Der Irak und nebst diesem der Osten des islamischen Reiches, der sich damals schon mit dem riesigen Territorium der Sasaniden deckte, waren dank den basrischen und kufischen Vorgängen Ibn az-Zubair zugefallen, ohne daß er im mindesten steuernd eingegriffen hätte. Er war gegen Jazīd gewesen, und das hatte schon genügt. Wie aber sollte er diejenigen zusammenhalten, die selbst von machtvollen Militärführern nur mit Brutalität daran gehindert worden waren, einander zu zerfleischen? Im fernen Chorasan usurpierte das Oberhaupt der muḍaritischen Araber Merw und begann einen Krieg gegen den Statthalter von Herat, der den rabīʿitischen Banū Bakr b. Wāʾil angehörte. Die Kämpfe endeten in einem Gemetzel, dem achttausend Bakriten zum Opfer gefallen sein sollen.[69] Solchem Stammeszwist (arab.: *al-ʿaṣabīja*) liegen ererbte Solidaritäten und Animositäten zugrunde, die durch die „islamische Gerechtigkeit" nicht erstickt werden konnten. Indem dieses Erbe in die Auseinandersetzungen um das Konzept der Hedschra und um die Schuld an der Fitna einbezogen wurde, gewann es an religiösem Gewicht und bekam sogar eine heilsbedeutsame Komponente: Die Parteigänger ʿAlīs und seiner Nachkommen waren vorwiegend jemenisch oder rabīʿitisch, und dank der Überzeugung, ʿAlī sei der von Mohammed selber bestimmte Erbberechtigte (arab.: *al-waṣī*), verschwammen die Stammeszugehörigkeit und die Parteinahme für den „legitimen" Imam und die „wahre" Glaubensordnung zu einem verhängnisvoll vielschichtigen Ganzen. Diese Entwicklung setzte während des Ersten Bürgerkriegs ein und schritt unter den Kalifaten Muʿāwijas I. und Jazīds rasant fort, ohne daß sie aufzuhalten gewesen wäre.

So hatte al-Muġīra b. Šuʿba, den Muʿāwija I. in die Statthalterschaft von Kufa berufen hatte, in seinen Predigten stets ʿAlī b. abī Ṭālib als den Spalter der einträchtigen Gemeinschaft verflucht. Um den Kinditen Ḥuǧr b. ʿAdī hatte sich ein kleiner Kreis von Opponenten gesammelt, der dagegenhielt. Um die Wende zum Jahr 50 (begann am 29. Januar 670) hatten sich die Spannungen so verschärft, daß es zu einem Zwischenfall kam. Bei einem Gottesdienst begann ein großer Teil der Zuhörer über al-Muġīras Vortrag zu murren. Zuletzt wollte man von dem, was er sagte, nichts mehr wissen. Er solle sie mit seinen Verwünschungen des „Befehlshabers der Gläubigen" – so redeten sie immer noch von ʿAlī – gefälligst verschonen und seine Amtstätigkeit auf das Auszahlen der Dotationen beschränken. Eine derartige Insubordination durfte man nicht dulden. Al-Muġīra befahl, man möge Ḥuǧr ergreifen, und es zeigte sich, daß die mit diesem nahe verwandten Sippen keineswegs bereit waren, für ihn einzustehen.[70] Die Obrigkeit ihrerseits wußte bei der Verfolgung einiger Anhänger Ḥuǧrs noch zwischen den Beweggründen zu unterscheiden, die den einen oder anderen in die Aufsässigkeit getrieben haben mochten: Bloße Wut war geringer zu veranschlagen als die religiöspolitische Einstellung.[71] Zijād b. abī Sufjān, der für den im Šaʿbān (begann am 24. August 670) des Jahres 50 verstorbenen al-Muġīra[72] die Angelegenheit weiter verfolgte, bewegte die Obmänner der Stadtviertel Kufas[73] zur Unterzeichnung einer Erklärung, in der festgestellt wurde, daß Ḥuǧr den Kalifen verraten und damit die Gemeinschaft verlassen habe.[74] Der Delinquent wurde nach Damaskus verbracht und mit einigen ergebenen Gefolgsleuten hingerichtet.[75]

Ibn az-Zubairs Kampf um Kufa

Als man Ibn az-Zubair die Herrschaft über Kufa anträgt, ist eine solche Politik der harten Hand nicht mehr möglich. Der Tod al-Ḥusains hat die Gemüter zu sehr aufgewühlt. Gegen Ende des Jahres 64 ist ein von Ibn az-Zubair bestellter Statthalter, der Ausite ʿAbdallāh b. Jazīd, in der Heerlagerstadt eingetroffen. Wie viele seiner Herkunft, hat auch er an der Seite ʿAlī b. abī Ṭālibs gefochten. Seine Verdienste um den Islam reichen bis zur bewaffneten Pilgerreise nach al-Ḥudaibīja zurück, die er als Siebzehnjähriger mitmacht.[76] Al-Wāqidī nennt ihn unter den Jüngsten, die unmittelbar vom Propheten stammende Überlieferungen verbreiteten – in einer Zeit schon, in der dies bitter nötig geworden sei.[77] Doch selbst einem Mann mit diesem Ansehen gelingt es nicht mehr, Kufa endgültig für Ibn az-Zubair zu sichern. Seit drei Jahren nämlich, seit dem Tod al-Ḥusains, ist in Kufa eine Bewegung herangewachsen, die sich zum Ziel gesetzt hat, sich im Kampf um Rache selbst zu opfern. Vor allem will man ʿUbaidallāh b. Zijād beseitigen, der sich Anfang 65 (begann am 18. August 684) anschickt, aus aš-Šaʾm zurückzukehren. ʿAbdallāh b. Jazīd bemüht sich vergeblich, die Unterstützung dieser Schiiten, die sich die „Bußfertigen“ nennen, für sich zu gewinnen. Sie haben, wie sie meinen, schmählich versagt, als sie al-Ḥusain schutzlos den Feinden preisgegeben hätten, und zur Sühne gelte es nun, die Vertreter der Macht anzugreifen und zu vernichten; gleichviel, ob ʿAbdallāh b. Jazīd beteuert, er habe doch mit dem Tod des Enkels des Propheten nichts zu tun, mit einer Tragödie, die ihn ebenso schmerze wie sie – für Argumente sind die „Bußfertigen“ nicht mehr zugänglich. Zum Glück für die Partei Ibn az-Zubairs wenden sie sich gegen das aus aš-Šaʾm heranziehende omaijadische Heer, verlassen also Kufa und werfen sich in ein Gefecht, in dem sie vollkommen aufgerieben werden.[78] Die Gefährdung der zubairidischen Herrschaft über Kufa ist damit freilich noch nicht behoben. Denn bereits als die „Bußfertigen“ sich zu ihrem Opferzug sammeln, ist aus Mekka ein Ṯaqafite namens al-Muḫtār eingetroffen. Er ist seit langem in schiitische Umtriebe verstrickt, ʿUbaidallāh b. Zijād hatte ihn deswegen aus Kufa verbannt. Wir begegnen ihm dann in Mekka, wo er sich an der Seite Ibn az-Zubairs während der Belagerung auszeichnet, diesen auch als Kalifen anerkennt. Nun ist er wieder am Ort seiner umstürzlerischen Aktivitäten angelangt; die neue, zum Sterben bereite Schar der „Bußfertigen“ kommt ihm bei seinen Ambitionen allerdings ungelegen. Er erklärt, er sei im Auftrag Muḥammad b. al-Ḥanafījas tätig, eines weiteren Sohnes

ʿAlī b. abī Ṭālibs, und die Machtübernahme dieses Muḥammad bereite er vor. Viele Schiiten schenken ihm Glauben, und er wird wesentlich mehr erreichen als jene Eiferer, die außer ebendiesem Eifer wenig ihr eigen nennen konnten, was in der Schlacht zählt. Al-Muḫtār hingegen weiß die mächtigen südarabischen Stämme hinter sich, die Hamdān, Kinda, Maḏḥiǧ, Nahd, Baǧīla, Ḫaṯʿam.[79]

Nur wenige Monate amtierte der Ausite ʿAbdallāh b. Jazīd in Kufa. Im Ramadan (begann am 22. April 684) des Jahres 64 hatte er seine Tätigkeit dort aufgenommen,[80] schon zur Wende zum Jahr 65 war er durch ʿAbdallāh b. Muṭīʿ aus dem quraišitischen Klan der Banū ʿAdī b. Kaʿb abgelöst worden.[81] Ibn az-Zubair hatte während der Belagerung Mekkas gewissermaßen als ein Opfer des Kalifen Jazīd die Unterstützung ganz unterschiedlicher religiös-politischer Parteiungen genossen. Von den Charidschiten war schon die Rede, und al-Muḫtār, dessen Verbindungen zur entstehenden Schia bekannt waren, hatte sich ebenfalls für ihn in die Bresche geschlagen. Kaum war mit dem Tod Jazīds jedoch die größte Gefahr überstanden, da war es mit der Zusammenarbeit vorüber. Betrachten wir die Politik Ibn az-Zubairs bis zu seinem gewaltsamen Ende im Spätherbst des Jahres 692, so entdecken wir darin keinen Fingerzeig darauf, daß er sich irgendwie bemüht hätte, die Kräfte für sich zu gewinnen, die ihm in der höchsten Not ihre Hilfe nicht versagt hatten. Der Wechsel in der Statthalterschaft Kufas ist kennzeichnend für dieses Versäumnis, oder richtiger: für diese absichtsvolle Unterlassung. ʿAbdallāh b. Jazīd wäre ein Mann gewesen, der zwar aus der Umgebung ʿAlīs kam, aber keineswegs den Nachfahren der – im Sinne ʿUmars „frühen" – Auswanderer feindlich gegenüberstand. Immerhin bezog er seine Kenntnisse über die Anfänge des Islams nicht nur von den großen „Helfern" wie Zaid b. Ṯābit oder Saʿd b. ʿUbāda, sondern überlieferte sie auch nach einer „Schrift ʿUmar b. al-Ḫaṭṭābs",[82] in der dieser Anweisungen zur Erhebung der *ṣadaqāt* erteilt hatte.[83] ʿAbdallāh b. Muṭīʿ, der Nachfolger, hatte einen ganz anderen religiös-politischen Hintergrund. Er war einer der Wortführer gewesen, als die Medinenser nach der Rückkehr ihrer Abgesandten aus Damaskus die Omaijaden aus der Stadt vertrieben. Der Ruf nach einer Beratschlagung war laut geworden, der neue Kalif sollte die Zustimmung (arab.: *ar-riḍā*) aller auf sich vereinen. Bis es so weit war, sollte eine Art Triumvirat die Angelegenheiten Medinas regeln, und dieses Gremium spiegelte in fataler Weise die für den Hedschas vielleicht noch sinnvolle, anderswo aber längst überholte Gruppeneinteilung der letzten Jahre Mohammeds und der ʿumarschen Zeit wider: ʿAbdallāh b. Muṭīʿ[84] sollte die Quraišiten führen, ʿAbdallāh b. Ḥanẓala die „Helfer" und Maʿqil b. Sinān[85] die „Stämme der Auswanderer",[86] mit denen vermutlich all jene gemeint sind, denen Mohammed die Hedschra auf ihrem eigenen Streifgebiet gestattete. Die Hedschra jedenfalls wird nach wie vor als der Prüfstein für den Rang in der „besten Gemeinschaft" angesehen.

Ibn az-Zubairs Unkenntnis der neuen irakischen Gesellschaft

Ibn az-Zubair entsandte ʿAbdallāh b. Muṭīʿ nach Kufa und deutete dadurch an, daß ihm die gesellschaftliche und religiös-politische Wirklichkeit in den Heerlagerstädten unverständlich geblieben war. Al-Muḫtār hingegen kannte sich mit ihr aus und wußte sie in kluger Weise für sich zu nutzen, und so wird er im Irak zum Gegenspieler des zubairidischen

Kalifats, wobei seine ṯaqafitische Abstammung gegenüber dem Quraišitentum des in Mekka residierenden Herrschers einen zusätzlichen Akzent setzt. Von den Reichtümern Ägyptens abgeschnitten und im Irak, wie sich gleich zeigen wird, zu verlustreichen Kriegen gezwungen, durfte Ibn az-Zubair allzu bald nicht mehr zuversichtlich in die Zukunft blicken. In Kufa hatte man al-Muḫtār zwar vorübergehend inhaftiert, aber er war binnen kurzem wieder freigekommen. ʿAbdallāh, der angesehene Sohn ʿUmar b. al-Ḫaṭṭābs, hatte für den mit ihm verschwägerten[87] Unruhestifter ein gutes Wort bei Ibn az-Zubair eingelegt: Man hatte im Hedschas wenig Gespür für das, was an den Brennpunkten des politischen Geschehens vorging. Al-Muḫtār zog die wenigen in Kufa verbliebenen „Bußfertigen" an sich und verständigte sich auch mit Ibrāhīm, dem Sohn Mālik al-Aštars, jenes Mannes, dessen ungezügeltes Streiten für die Sache ʿAlī b. abī Ṭālibs uns noch im Gedächtnis haftet. Der 14. Rabīʿ al-auwal (29. Oktober 684) soll der Tag des Losschlagens sein. ʿAbdallāh b. Muṭīʿ versucht, von der Festung aus die Gegenwehr zu organisieren, muß aber erkennen, daß seine Kräfte zu schwach sind. Er verläßt Kufa und eilt in den Hedschas zu Ibn az-Zubair.

In diesem entscheidenden Augenblick gewinnt die Bewegung eine neue Dimension. ʿAbdallāh b. Muṭīʿ hatte, bevor er aus Kufa flüchtete, seine Meinung über den Aufstand gesagt: Es sei, mit ein oder zwei Ausnahmen, der Pöbel, der die Herrschaft an sich reiße. Al-Muḫtār hingegen gab seine Rebellion als einen Kampf für das Buch Allahs und das verpflichtende Vorbild (arab.: *as-sunna*) Mohammeds aus, als einen Krieg um die Vergeltung für das vergossene Blut der Nachkommen des Propheten, einen Dschihad gegen diejenigen, die das Heilige verletzen (arab.: Pl. *al-muḥillūn*), als eine Verteidigung der Schwachen.[88] Mit den Feinden haben er und seine Anhänger nichts mehr zu tun, genau so wenig, wie die Stämme, die die heiligen Bräuche des Pilgerns zur Kaaba verachten, mit den Quraišiten und ihren Verbündeten im Frieden leben können. Hierauf spielt al-Muḫtār mit der Wahl seiner Worte an.[89] Solche Reden wurden von den arabischen Klanführern als bedrohlich empfunden, so daß er einlenken und sie beschwichtigen mußte. Das wiederum mißfiel den Schutzbefohlenen, jenen Muslimen nichtarabischer Herkunft, die vorwiegend über den Status des versklavten Kriegsgefangenen zum Islam gekommen und bei ihrer Freilassung in das übliche Klientelverhältnis zu ihrem ehemaligen Eigentümer getreten waren. Sie murrten über al-Muḫtārs vermeintliche Hinwendung zu den Arabern, worauf er beteuerte, er werde „sich an den Missetätern rächen". Über dieses Koranwort – es ist der Schluß von Sure 32, Vers 22 – hätten sich die Schutzbefohlenen gefreut; sie hätten sich ausgemalt,[90] al-Muḫtār sei berufen, die Araber, die augenscheinlich wenig auf den Islam gäben, zu töten. Denn daß sich das Zitat auf die schon längst zum Islam übergetretenen Araber beziehe, war aus dem nicht eigens angeführten Teil des Verses ersichtlich: „Wer ist ein üblerer Frevler als der, der durch die Wunderzeichen seines Herrn gemahnt wurde, sich dann aber von ihnen abwandte?"

Das Problem, über das sich schon ʿUmar b. al-Ḫaṭṭāb düstere Gedanken gemacht hatte, nämlich die Frage, was aus den vielen nichtarabischen Menschen werden sollte, die in eine Gesellschaft einzufügen waren, die als die Ausprägung eines bestimmten genealogischen Systems aufgefaßt wurde, stellte sich zwei Generationen nach Mohammeds Tod mit bis dahin ungekannter Schärfe. ʿUmar hatte gehofft, durch eine Verbannung der erwachsenen Gefangenen aus Medina und durch deren kluge Aufteilung auf die Stämme eine Zusammenballung feindseliger Fremdlinge zu unterbinden. Er hatte überdies den Einfall, Araber, die vor dem Islam während Stammesfehden gefangengenommen worden waren und bis dahin nicht hatten freigekauft werden können, durch nichtarabische Sklaven auszulösen, und zwar durch zwei fremde für einen Araber.[91] Übertritte nichtarabischer Personen zum Islam waren unter ʿUmar noch die Ausnahme gewesen. Jetzt aber war kaum noch zu leugnen, daß der Islam keine arabische und erst recht keine muḍaritische Angelegenheit mehr war. Da Medina und Mekka im Verlauf des Ersten Bürgerkrieges zu Provinzstädten abgesunken waren, mochte man sich dort noch dem Träumen von den schönen Zeiten „am Anfang" überlassen. Im Irak erlaubte die Wirklichkeit dies nicht mehr. Dies begreifend, verschaffte sich al-Muḫtār den Beistand der Schutzbefohlenen (arab.: *al-maulā*, Pl. *al-mawālī*), die insofern zu seinem vorwiegend südarabischen Anhang paßten, als auch diesem im muḍaritischen Islam mit den Quraišiten an der Spitze nur ein untergeordneter Rang vorbehalten war. Die Begeisterung und Leidensbereitschaft für die „Familie des Propheten" stehen mit der antiquraišitischen Propaganda al-Muḫtārs keinesfalls im Widerspruch. Denn ʿAlī, al-Ḥusain, Muḥammad b. al-Ḥanafīja verdienen Verehrung nicht etwa, weil sie Quraišiten sind, sondern weil in ihren Adern das Blut des Propheten fließt.[92] Das Quraišitentum, das sie mit Muʿāwija, Ibn az-Zubair, ʿUmar b. al-Ḫaṭṭāb und zahllosen anderen teilen, vermittelt in den Augen der Anhänger al-Muḫtārs gerade keinen herausragenden Rang.

Glücklicher Erfolg im Irak

Das Jahr 66 (begann am 8. August 685) sah den Irak im Krieg. Ibrāhīm b. al-Aštar focht auf Anordnung al-Muḫtārs gegen ʿUbaidallāh b. Zijād, um diesem die Rückkehr auf seine ehemalige Statthalterschaft zu verwehren. Al-Muḫtār selber widmete sich der Festigung seiner Macht in Kufa. Als er den Schutzbefohlenen einen Anteil am *faiʾ* zubilligte, hatte er es sich mit den arabischen Klanführern endgültig verscherzt. Die Schutzbefohlenen selber, so belehrte man ihn, seien ein Teil des Gutes, das Allah ihnen „zurückgegeben" habe, zusammen mit dem ganzen Land; „wir schenkten ihnen die Freiheit und hofften dabei auf Lohn und Dank. Doch dir ist das alles noch nicht genug der Gunst für sie, und deshalb machst du sie zu Miteigentümern an unserem *faiʾ*!" Er wolle das überdenken, versprach al-Muḫtār; die Beschwerdeführer ihrerseits sollten ihm als Gegenleistung für eine Revision der Entscheidung Hilfe im Krieg gegen die Omaijaden und Ibn az-Zubair gewähren. Darauf ließen sich die Klanoberhäupter nicht ein.[93] Al-Muḫtār rief Ibrāhīm b. al-Aštar kurzfristig von seinen eigentlichen Aufgaben zurück und ging gegen die kufischen Widersacher vor; er verfolge die Mörder al-Ḥusains, streute er aus, „die Feinde Allahs, seines Buches, seines Gesandten und der Familie seines Gesandten. Wo ist al-Ḥusain b. ʿAlī? Bringt ihn zu mir! Ihr tötetet denjenigen, über den ihr im Pflichtritus ein Gebet zu sprechen gehalten seid!"[94] – Gegen Ende eines jeden rituellen Gebets ist die Formel herzusagen: „Allah vollziehe zu (Mohammed) hin ein Gebet und entbiete ihm den Friedensgruß!" woran Segenswünsche für Mohammeds Familie anzuschließen sind.[95] – Das Wüten al-Muḫtārs in Kufa mag der Grund dafür gewesen sein, daß sich Basra nicht von seinen Parolen anstecken ließ. Auch Ibn az-Zubair traute seinem einstigen Kampfgefährten schon lange nicht mehr. Als al-Muḫtār ein Heer in den Hedschas in Marsch setzte, angeblich um Ibn az-Zubair gegen die wiedererstarkenden Omaijaden beizustehen, beschlich diesen ein Argwohn; vor Medina wurden die Anrückenden teils niedergemacht, teils in die Flucht geschlagen. Überdies wurde Muḥammad b. al-Ḥanafīja, dessen Verbindungen zu dem Aufrührer unklar waren, in Haft genommen. Anfang 67 (begann am 28. Juli 686) besiegte Ibrāhīm b. al-Aštar die Truppen ʿUbaidallāh b. Zijāds; dieser fand in der Schlacht den Tod. Damit war das Zweistromland fast ganz in der Hand al-Muḫtārs. Allein Basra ganz im Süden hatte sich ihm verweigert, und dorthin entsandte Ibn az-Zubair einen seiner Brüder, Muṣʿab, der noch im selben Jahr Kufa einnahm. Flüchtlinge von dort hatten sein Heer verstärkt; er hatte al-Muḫtār außerhalb der Stadt geschlagen und ihn dann etliche Monate in der Festung belagert. Zuletzt sah al-Muḫtār in einem weiteren Ausharren keinen Sinn mehr. Er bereitete sich auf das Sterben vor, indem er an sich die Totenwaschung vornahm und seinen Leib mit Balsam einrieb, dann trat er vor die Festung und wurde niedergehauen.[96]

Die Unterstützer al-Muḫtārs

Um die Gestalt al-Muḫtārs ranken sich Überlieferungen, die zeigen sollen, wie er und seine Gefolgschaft sich mit ihren religiösen Anschauungen und Riten vom Islam entfernten – der eben nur von Arabern richtig praktiziert werden kann, das sollte der damalige Zuhörer vermutlich daraus schließen. Nach dem gewaltsamen Vorgehen gegen die angeblichen Mörder al-Ḥusains hörte es al-Muḫtār nur zu gern, daß jemand gesehen haben wollte, wie eine Schar Engel auf schwarz-weiß gescheckten Streitrossen in das Gefecht eingegriffen habe; dergleichen hatte ja auch Mohammed mehrfach behauptet. In diesen Tagen gab al-Muḫtār seinem Feldherrn Ibrāhīm b. al-Aštar, der in den Krieg gegen ʿUbaidallāh b. Zijād abmarschierte, das Ehrengeleit. Außerhalb Kufas zog ihnen eine Schar ihrer Anhänger entgegen, die ein Maultier mit sich führten, auf dem ein Schemel (arab.: *al-kursī*) befestigt war. Dieser sei, so sagten jene, der jüdischen Bundeslade vergleichbar. Sie hatten dabei wahrscheinlich Sure 2, Vers 255 im Sinn: Der Fußschemel Allahs umfaßt die Himmel und die Erde, und alles, was er umfaßt, unterliegt Allahs unablässigem Bestimmen.[97] Die al-Muḫtār wenig gewogene Geschichtsschreibung vergleicht diesen Schemel lieber mit dem goldenen Kalb und weiß zu berichten, daß das gute Stück einem Ölhändler gehört und daß das Holz, von Ölresten gesättigt, wunderbar geglänzt habe; deshalb habe man den Schemel dem leichtgläubigen Aufrührer als den Sitz eines Feldherrn ʿAlīs aufschwatzen können: Es hafte daran noch eine Spur vom Wissen[98] – das, so ist vielleicht zu ergänzen, diesem seine Ernennung eingetragen habe.[99] Es ist nicht auszuschließen, daß manche Schiiten al-Muḫtār höhere Einsichten nachsagten. Die Überzeugung, ein Anführer müsse über ein besonderes Charisma verfügen, war schon in ʿAlīs Anhängerschaft verbreitet und bildete die Grundlage der Verehrung der „Familie des Propheten"; diese Verehrung nährte sich, wie schon erwähnt, gerade nicht vom Quraišitentum Mohammeds, und die irakische Sektengeschichte, zumal des 8. Jahrhunderts, kennt Beispiele dafür, daß man Personen unabhängig von ihrer Abstammung ein solches Charisma zuschrieb.[100] Nachdem man al-Muḫtār getötet hatte, fragte man seine beiden Ehefrauen, was sie von ihm dächten. Während die eine antwortete, sie halte von ihrem Mann genau dasselbe wie die Frager, meinte die andere, er sei ein frommer Diener Allahs gewesen. Ibn az-Zubair teilte man daraufhin mit, sie habe behauptet, al-Muḫtār sei ein Prophet gewesen. Auf Befehl des Kalifen wurde sie umgebracht.[101]

Dies lenkt unseren Blick auf das Milieu, in dem al-Muḫtār verwurzelt war, und sobald man die nicht eben reichlichen Nachrichten Revue passieren läßt, die einem hierüber Aufschluß geben können, springt einem sogleich der Unterschied zu den hedschasischen Verhältnissen ins Auge. Al-Muḫtār hatte, wie erwähnt, zwei Ehefrauen. Die eine war eine Tochter des Samura b. Ǧundab von den Banū Fazāra, eines Eidgenossen der „Helfer", der zu omaijadischer Zeit in Basra Zijād b. abī Sufjān vertrat, wenn dieser in Kufa zu tun hatte.[102] Der Vater der zweiten war an-Nuʿmān b. Bašīr, jener Ḫazraǧite, der im Ersten Bürgerkrieg für Muʿāwija Partei ergriffen hatte.[103] Verschwägert war al-Muḫtār im übrigen mit ʿAbdallāh b. ʿUmar; dieser war mit Ṣafīja verheiratet, einer Schwester al-Muḫtārs.[104] Samura b. Ǧundab, an-Nuʿmān b. Bašīr und ʿAbdallāh b. ʿUmar haben eines gemeinsam: Mohammed hatte sie neben einer Anzahl anderer Burschen vor der Schlacht bei Uḥud ausgemustert, weil sie zu jung für den Krieg seien. Allein Samura soll den Propheten umgestimmt haben, nachdem er seine Tüchtigkeit im Ringen unter Beweis gestellt hatte.[105] Als dann der Grabenkrieg bevorstand, wurden etliche der Zurückgewiesenen endlich doch zugelassen, darunter ʿAbdallāh b. ʿUmar.[106] Erwägt man die politischen Neigungen, die sich aus solchen Bindungen ergeben mochten, so gelangt man bei aller Vorsicht zu dem Ergebnis, daß al-Muḫtār dem Gedanken, die ʿAbd Manāf-Quraišiten seien zum Herrschen berufen,[107] ferngestanden haben wird. Desgleichen ist schwer vorstellbar, daß er an einem muḍaritischen Islam interessiert war. Von diesem Leitbild hatte sich auch ʿAbdallāh b. ʿUmar gelöst, sofern er es je in Anlehnung an seinen Vater vertreten haben sollte. Jedenfalls wäre er als ein Verfechter solcher Ideen kaum bei Dūmat al-Ǧandal durch Abū Mūsā al-Ašʿarī als Kandidat für das Kalifat ins Spiel gebracht worden.[108]

Auch die Beziehungen der Banū Ṯaqīf zu den Ausiten und Ḫazraǧiten wären jetzt genauer zu ergründen, was hier aber unterbleiben muß. Denn wichtiger ist eine Antwort auf die Frage, wie sich der Rückhalt al-Muḫtārs bei einer so beträchtlichen Anzahl von Kufanern erklärt. Dies führt uns in die Zeit Mohammeds und ʿUmar b. al-Ḫaṭṭābs zurück. Masʿūd b. ʿAmr, der Großvater al-Muḫtārs, war einer der drei einflußreichen Ṯaqafiten gewesen, die Mohammed aus aṭ-Ṭāʾif verwiesen, als er dort um Aufnahme nachsuchte.[109] Masʿūds Sohn ʿUrwa, ein Onkel al-Muḫtārs, war mit einer Tochter Abū Sufjāns verheiratet und bezeugt insofern die enge Zusammenarbeit, zwischen den Ṯaqafiten und einigen quraišitischen Sippen, auf die wir schon des öfteren stießen.[110] Dieser

ʿUrwa hatte im Jahre 9 Mohammeds vergebliche Belagerung aṭ-Ṭāʾifs nicht miterlebt, da er sich damals in Ǧuraš in die Kunst des Baues von Wurfmaschinen einweihen ließ. Nach der Schlacht bei Ḥunain war er dem Propheten hinterhergeeilt, hatte sich zum Islam bekannt und dann in seiner Heimatstadt für die Sache Allahs geworben. Diesen Einsatz für den neuen Glauben hatte er mit dem Leben bezahlt.[111] Von Abū ʿUbaid, al-Muḫtārs Vater, hören wir zum ersten Mal, als ʿUmar b. al-Ḫaṭṭāb die unter seinem Vorgänger in Angriff genommene Eroberung des Sawad zu Ende zu bringen befiehlt.[112] Nächst Ḫālid b. al-Walīd und al-Muṯannā b. Ḥāriṯa[113] schreibt man das größte Verdienst um diesen Erfolg der Kühnheit Abū ʿUbaids zu. Sobald der Sieg von al-Qādisīja errungen worden war, zählte man in den südarabischen Stämme an-Naḫaʿ und Baǧīla eintausendsiebenhundert unversorgte Frauen, so daß die *muhāǧirūn*, also die nach ihrer Hedschra sich dem Dschihad widmenden Männer,[114] die freie Auswahl hatten. „Die mit den *muhāǧirūn* Verschwägerten" nannte man fortan jene beiden Stämme.[115] Im unteren Irak bildete sich demnach schon seit den ausgehenden dreißiger Jahren des 7. Jahrhunderts eine arabische Bevölkerung heraus,[116] der die für ʿUmar so bedeutungsvolle Zugehörigkeit zum Muḍaritentum wenig oder nichts gelten konnte, und al-Muḫtār erbte das Ansehen, das sein Vater bei ihr genossen hatte.

Die Stützen des Kalifats Ibn az-Zubairs

Im Hedschas, wo der Sohn des „Jüngers" Mohammeds erfolgreich dem Omaijaden Jazīd Paroli geboten hatte, waren die Umstände derart von den irakischen verschieden, daß es unmöglich war, sie zur Richtschnur des Regierens des ganzen Reiches zu wählen. Ibn az-Zubair mochte mit den ihm zu Gebote stehenden Mitteln eine Zeitlang den Zugriff al-Muḫtārs oder auch der sich neu formierenden Omaijaden abwehren. Doch fehlte ihm sogar in seinem unmittelbaren Machtbereich die Kraft, den eigenen, veralteten Prinzipien Geltung zu verschaffen. Wie prekär seine Lage war, enthüllten die Pilgerzeremonien im Ḏū l-Ḥiǧǧa (begann am 7. Juni 688) des Jahres 68. Dem Herkommen nach wäre er als der Kalif oder ein von ihm Beauftragter verpflichtet gewesen, den Kult zu leiten. Als der Augenblick gekommen war, das Zeichen zum Verlassen ʿArafāts zu geben, war er aber nicht allein. Neben seiner Standarte erblickte man diejenige Muḥammad b. al-Ḥanafījas, desweiteren diejenige eines Charidschiten und eine der Omaijaden. In wessen Händen lag die legitime Herrschaft? Immerhin gelang es, den friedlichen Ablauf der Riten zu gewährleisten.[117] Von einer gefestigten Herrschaft Ibn az-Zubairs darf man demnach auch vier Jahre nach dem Tod Jazīds nicht sprechen. Sie war, wie schon mehrfach hervorgehoben, ihrer Zeit hinterher. Trotzdem lohnt es sich, einige Nachrichten über dieses eigenartige Kalifat näher zu prüfen, um seiner Bedeutung im geschichtlichen Zusammenhang auf die Spur zu kommen. Die Ergebnisse dieser Überprüfung werden uns zu einer schärferen Sicht auf die in der Herausbildung begriffene Gesellschaft des Islams und auf die Funktion führen, die die Erinnerung an Mohammed in ihr gewinnt.

Während des Kalifats ʿUmar b. al-Ḫaṭṭābs stritten sich az-Zubair b. al-ʿAuwām und ʿAlī b. abī Ṭālib um die Klientelschaft der freigelassenen Sklaven Ṣafīja bt. ʿAbd al-Muṭṭalibs. ʿUmar entschied, sie gehörten zu az-Zubair, dem Sohn Ṣafījas, nicht zu ʿAlī, ihrem Neffen.[118] Anzeichen einer

Abneigung zwischen den Banū Asad b. ʿAbd al-ʿUzzā b. Quṣaij und anderen quraišitischen Klanen haben wir schon des öfteren bemerkt; erinnert sei an ʿUṯmān b. al-Ḥuwairiṯ und seinen Versuch, sich in Mekka zum Vertreter von byzantinischen Interessen aufzuschwingen:[119] Einer der ersten Leidtragenden des Ehrgeizes ʿUṯmān b. al-Ḥuwairiṯ' war Saʿīd b. al-ʿĀṣ gewesen, ein Enkel Umaijas, und aus der Haft ausgelöst hatten ihn die Brüder seiner maḫzūmitischen Ehefrau.[120] Obwohl ʿAbdallāh b. az-Zubair eine Tochter al-Ḥasan b. ʿAlīs und eine Tochter ʿUṯmān b. ʿAffāns zur Frau nahm,[121] brachen unter ihm die Animositäten zwischen den ʿAbd Manāf-Sippen und seinem Klan mit Heftigkeit auf. So soll er von der Predigtkanzel in Mekka herab sich in beleidigender Weise über den anwesenden Ibn al-ʿAbbās ausgelassen haben: Dieser sei ein Mann, dem Allah das Herz und die Augen blind gemacht habe, behaupte er doch, Allah und der Gesandte hätten die Zeitehe gestattet, und gebe auch sonst seine ungebetene Expertenmeinung „zu jeder Laus und Ameise" zum besten, und dies, obwohl er selber, um sich zu bereichern, vor der Kamelschlacht den Staatsschatz Basras beiseitegeschafft habe, so daß sich die dortigen Dotationsberechtigten durch das Aufknacken von Dattelkernen hätten ernähren müssen, und überhaupt verdiene er den härtesten Tadel, da er an der Seite ʿAlīs gegen die „Mutter der Gläubigen" ʿĀʾiša, den „Jünger des Gesandten Allahs" az-Zubair und gegen denjenigen ins Feld gezogen sei, der Mohammed bei Uḥud vor dem Schlimmsten geschützt habe, nämlich Ṭalḥa.[122] Ibn al-ʿAbbās soll ihm in seiner Antwort nichts schuldig geblieben sein; es sei doch nur zu bekannt, was ein jeder quraišitischer Klan auf dem Kerbholz habe.[123]

Die engsten Vertrauten, mit denen sich Ibn az-Zubair beriet und die ihm während des ersten Angriffs auf Mekka zur Seite standen, waren diese vier: al-Miswar b. Maḫrama; Muṣʿab, ein Sohn ʿAbd ar-Raḥmān b. ʿAufs; ʿUbaid b. ʿUmair und dessen Vetter ʿAbdallāh b. Ṣafwān.[124] Ibn az-Zubair hatte damals die Feinde zurückschlagen können, aus dem kühnen Wunschtraum Jazīds, man werde seinen mekkanischen Herausforderer in Fesseln vor ihn führen und zur Huldigung zwingen, wurde nichts.[125] Wer sind jene vier? Al-Miswar entstammte der quraišitischen Sippe der Banū Zuhra. Sein Vater Maḫrama b. Naufal, ein hochgerühmter Kenner der Genealogie und der mekkanischen Geschichte, hatte sich von Mohammed und dem Islam ferngehalten. Er gehörte zu denen, die der Prophet nach dem mühsam erkämpften Sieg gegen die Hawāzin für die neue Glaubenspraxis zu kaufen trachtete; fünfzig Kamelhengste war ihm die Gunst Maḫramas wert.[126] Al-Miswars Mutter war eine Schwester ʿAbd ar-Raḥmān b. ʿAufs,[127] des zuhritischen Prophetengefährten, der sich bei der Regelung der Nachfolge ʿUmars als der schärfste Rivale ʿUṯmān b. ʿAffāns erwiesen, sich am Ende aber mit der Rolle des Königsmachers zufriedengegeben hatte.[128] Von diesen Vorgängen hatte al-Miswar eine intime Kenntnis, denn er gehörte zum engsten Kreis um ʿUmar und verbrachte die Tage, während deren über die Nachfolge des auf den Tod verletzten Kalifen entschieden wurde, mit seinem Onkel ʿAbd ar-Raḥmān b. ʿAuf.[129] In ʿUmars Umgebung wird er auch mit ʿAbdallāh b. az-Zubair in nähere Beziehungen getreten sein.[130] Ihm hielt er die Treue, als die Truppen Jazīds Mekka belagerten. Von einem der Steine, die durch eine

Wurfmaschine in die Stadt hineingeschleudert wurden, wurde al-Miswar erschlagen; wie eine dramatische Zuspitzung es will, just in dem Augenblick, als die Nachricht vom Ableben Jazīds eintraf.

Muṣʿab b. ʿAbd ar-Raḥmān b. ʿAuf war in Medina der Polizeichef Marwān b. al-Ḥakams gewesen, des Statthalters Muʿāwijas. Mit harter Hand hatte Muṣʿab die innere Ordnung wiederhergestellt, die infolge des Ersten Bürgerkriegs zusammengebrochen war. Unter Jazīd diente er zunächst noch im selben Amt, bis man ihm den Befehl erteilte, er solle die Häuser der Hāšimiten und Banū Asad b. ʿAbd al-ʿUzzā zerstören, da al-Ḥusain und Ibn az-Zubair die Huldigung verweigert hatten. Diesem Ansinnen widersetzte sich Muṣʿab, entwich nach Mekka und schloß sich letzterem an.[131] – ʿUbaid ist vermutlich ein Sohn ʿUmair b. Wahb al-Ǧumaḥīs,[132] des Quraišiten, der mit seinem Stammesgenossen Ṣafwān b. Umaija verabredet hatte, Mohammed in Medina zu ermorden. Wie erzählt wird, gelang es diesem, ʿUmair für den Islam zu gewinnen. Das Zerwürfnis, das daraufhin zwischen ihm und Ṣafwān aufbrach, wurde erst nach dem Einmarsch in Mekka gekittet, als ʿUmair für ihn die Vergebung Mohammeds erwirkte.[133] Ṣafwān kam allerdings nicht ungeschoren davon; er mußte vorübergehend seinen Aufenthalt in Medina nehmen, bis der Prophet ihm die Rückkehr gestattete. In Mekka ist er während des Ersten Bürgerkriegs gestorben. Das hohe Ansehen, das Ṣafwān zeit seines Lebens genoß, ging auf seinen Sohn ʿAbdallāh über, der sich vor Muʿāwija brüstete, er sei der reichste Quraišite. Hatte schon sein Vater keines durch die neue Religion begründeten Ranges bedurft, so galt dies auch für den Sohn: ʿAbdallāh war unter dem Beinamen „der Hochmütige" (arab.: *al-mutakabbir*) bekannt,[134] der im Koran Allah vorbehalten ist (Sure 59, 23) und, auf einen Menschen bezogen, eine wider den Schöpfer gerichtete Selbstüberhebung meint (Sure 40, 27 und 35). Unter den Banū Ǧumaḥ war freilich nicht nur der vermögende Ṣafwān berühmt. Aus ihren Reihen stammte auch ʿUṯmān b. Maẓʿūn, wie erinnerlich, einer der Verfechter des strengen Ḥanīfentums, dessen Verschwägerung mit ʿUmar b. al-Ḫaṭṭāb bereits hervorgehoben wurde.[135]

Ein Rückblick auf ʿUmars Muḍaritentum

ʿUmar hatte das Gemeinwesen, an dessen Spitze er getreten war, als ein muḍaritisch geprägtes verstanden, als die „Insel der Araber", auf der es neben dem Islam keine weitere Glaubenspraxis geben durfte. Den religiösen Mittelpunkt bildete der heilige Bezirk um Mekka, dessen Grenzen häufig aufs neue zu markieren waren. Als ʿUmar im Jahre 17 (begann am 23. Januar 638) die kleine Wallfahrt vollzog, blieb er zwanzig Tage in Mekka und ordnete abgesehen von der Erweiterung des freien Raumes um die Kaaba die Erneuerung der Grenzsteine des heiligen Bezirkes an. Diese Aufgabe erfüllte ein vierköpfiges Gremium, in dem wir auf al-Miswars Vater Maḫrama treffen.[136] Es ist bemerkenswert, wie sehr sich der zweite „Nachfolger des Gesandten Allahs" bei dieser höchst wichtigen Maßnahme auf den Sachverstand von Männern verließ, die keineswegs einen langen Weg mit dem Propheten zusammen gegangen waren. Einer der Grenzexperten war der Zuhrite al-Azhar b. ʿAbd ʿAuf. Sein Name fällt in der Vita Mohammeds in einem Atemzug mit demjenigen des Ṯaqafiten al-Aḫnas b. Šarīq; diese beiden verfassen den Brief an den Gesandten Allahs, in dem sich die Mekkaner über die Umtriebe Abū

Baṣīrs beschweren.[137] Die anderen beiden Mitglieder des Vierergremiums, der Maḫzūmite Saʿīd b. Jarbūʿ und Ḥuwaiṭib b. ʿAbd al-ʿUzzā von den Banū ʿĀmir b. Luʾaij, wurden wie Maḫrama mit je einer Herde Kamelhengste dem Islam gewogen gemacht.[138] Maḫramas Kenntnisse der Vergangenheit Mekkas waren damals überdies in einem anderen Zusammenhang gefragt: Abgesehen von ihm berief der Kalif Ǧubair b. Muṭʿim und ʿAqīl, einen Bruder ʿAlī b. abī Ṭālibs, in einen Dreierrat, der „die Menschen nach ihrem Rang aufschreiben", mithin die Grundlage des Dotationsregisters schaffen sollte.[139] Auch diese beiden, ausgewiesene Kenner von Genealogie und Geschichte, kann man nicht eben als Förderer des neuen Glaubens bezeichnen: ʿAqīl b. abī Ṭālib war erst bei der Einnahme Mekkas Muslim geworden,[140] Ǧubair b. Muṭʿim allenfalls kurz vorher.[141]

Zwei kurze Texte verdienen es, zur weiteren Erhellung der religiös-politischen Ansichten ʿUmars angesprochen zu werden. Sie sind überdies geeignet, von ganz anderer Warte aus Licht auf das Kalifat ʿAbdallāh b. az-Zubairs zu werfen. Al-Miswar b. Maḫrama ist der Urheber einer für Mohammed wenig schmeichelhaften Überlieferung. Ruqaija[142] bt. abī Ṣaifī b. Hāšim, die Mutter Maḫramas, sei es gewesen, die den Gesandten Allahs vor einem nächtlichen Anschlag gewarnt habe – einem Mord, wie ihn Mohammed bald darauf in Medina gegen mißliebige Kritiker mehrfach in Auftrag gab. Mohammed habe sich nach dieser Warnung rechtzeitig in Sicherheit gebracht und seinen Vetter ʿAlī b. abī Ṭālib, damals noch ein Jüngling, überredet, an seiner Stelle auf der gefährdeten Ruhestätte zu nächtigen.[143] Der Prophet als ein Feigling, der das Leben eines nahen Verwandten aufs Spiel setzt – das darf natürlich nicht wahr sein! Schon bei Ibn Isḥāq finden wir deshalb alles ins Wunderbare, für Mohammeds Prophetentum Zeugende gewendet. Denn es ist nun Gabriel, der dem Gesandten Allahs davon abrät, die Nacht im eigenen Bett zuzubringen, und dieser gibt ʿAlī zugleich mit der Anweisung die Zusage, daß ihm ohnehin nichts geschehen werde.[144] – ʿUmar b. al-Ḫaṭṭāb ließ, wie eben beschrieben, durch sachkundige Männer die Grenzen des heiligen Bezirks markieren und folgte damit einem seit langem geübten Brauch. Der Maḫzūmite Saʿīd b. Jarbūʿ, den der Kalif neben anderen hierfür heranzog, sei mit dieser Arbeit jedes Jahr befaßt gewesen und habe sich daher mit ihr am besten ausgekannt.[145] Bei al-Wāqidī ist ʿUmars Maßnahme mit einer Vorgeschichte versehen: Abraham errichtete die Grenzsteine auf Anweisung Gabriels, Ismael erneuerte sie, ohne daß sie von der Stelle gerückt worden wären, danach übernahm Quṣaij diese Aufgabe und nach ihm der Gesandte Allahs, sobald er sich Mekka angeeignet hatte; zuletzt wählte ʿUmar den erwähnten Dreierrat, der bis in die Regierungszeit Muʿāwijas für die Markierungen zuständig geblieben sei.[146] – Der erste Text hebt die Unvollkommenheit des Menschen Mohammeds hervor; in der überarbeiteten Version wird sie übermalt, indem an der Stelle einer Großtante des Propheten der Engel Gabriel die Warnung übermittelt. Was als anstößig gebrandmarkt werden mußte, erscheint nun als eine Handlung auf göttliches Geheiß. Im zweiten Fall ist eine vergleichbare Umdeutung festzustellen. ʿUmar, der sich das Aufzeichnen einer Mischna nach Art der „Schriftbesitzer" verbat, folgt einem in Mekka geltenden Brauch. Hieraus wird ein wiederum durch Gabriel angeordnetes und zuletzt durch den Propheten sanktioniertes Verfahren, aus einem für den regelgerechten Vollzug der Pilgerriten notwendigen Vorgang wird ein heilsgeschichtlich bedeutsames Ereignis, bei dem Mohammed einen wesentlichen Part übernimmt. In einer auf Ibn al-ʿAbbās zurückgeführten Fassung ist von ʿUmar nicht mehr die Rede: „Abraham war der erste, der die Grenzsteine setzte, deren Orte ihm Gabriel gezeigt hatte. Dann erneuerte sie Ismael, dann Quṣaij, dann der Gesandte Allahs."[147]

Der konservative Charakter des Kalifats Ibn az-Zubairs

Eine solche Sanktionierung der Normen menschlichen Handelns durch den Propheten, seien sie durch Gabriel vermittelt oder seien sie der durch Mohammeds Handeln unmittelbar sichtbar gemachte Gehalt des göttlichen Gesetzeswillens, war unter dem Kalifat ʿUmars noch undenkbar. Als Ibn az-Zubair in Mekka herrschte, war das Reden über eine solche Sanktionierung aufgekommen, und sich am Kalifat ʿUmars auszurichten meinte daher, diese neumodischen Neigungen strikt abzulehnen. Davor scheute Ibn az-Zubair nicht zurück. Er kümmerte sich nicht um die damals schon kursierende Legende, Mohammed habe einst beim Neubau der Kaaba alle quraišitischen Klane an der feierlichen Einfügung des schwarzen Steins beteiligt, sondern vollzog den festlichen Akt nach eigener Einsicht. Wenn man sich allerdings ins Gedächtnis rief, was Mohammed einst ʿĀʾiša anvertraut haben sollte, dann war alles in Ordnung. Denn wenn „ihre Leute" das Werk eines Tages vollenden würden, dann erlangte es sein authentisches Aussehen zurück.[148] „Ihre Leute", das sind eben alle die, die sich in der Kamelschlacht um sie geschart hatten, alle die, die genau wußten, daß der sterbende Prophet keinen ʿAbd Manāf-Quraišiten und erst recht keinen Hāšimiten als Fortsetzer seines Werkes in Betracht gezogen hatte.[149] ʿAbd al-Malik b. Marwān (reg. 685–705), dessen Aufstieg wir in Kürze betrachten werden, war sich im klaren darüber, daß er Ibn az-Zubairs Kaaba nicht als den Mittelpunkt des islamischen Kultus gelten lassen durfte. Aus seinem Herrschaftsgebiet wollte er vorerst keine Wallfahrten nach Mekka mehr dulden. In Jerusalem glaubte man den Felsen zu kennen, von dem aus Mohammed in den Himmel emporgetragen worden war. Genau dort ließ er einen Kuppelbau aufführen, behängte ihn wie die Kaaba mit kostbaren Tüchern und bestellte die für die Riten unentbehrlichen Wärter.[150] Als sein Feldherr al-Ḥaǧǧāǧ b. Jūsuf Mekka erobert hatte, machte er sich freilich sogleich an die Restaurierung der in diesen Kämpfen erneut beschädigten Kaaba – selbstverständlich nach Maßgabe des Grundrisses, den die Quraišiten einst gewählt hatten und der angeblich durch Mohammeds entscheidendes Mitwirken sanktioniert worden war.

Wofür Ibn az-Zubair stand, das waren die Ideen, von denen die Ḥanīfen durchdrungen gewesen waren. Auf den ererbten Väterruhm der Stammesgesellschaft hatten sie nichts gegeben, und deshalb durfte der Zubairide zunächst auf die Sympathie der Charidschiten rechnen. Zäh verteidigten sie Ibn az-Zubair gegen die von Jazīd entsandten Belagerer, meinten aber, ihr Eifer gelte nicht ihm, sondern der Kaaba. Da sie nach wie vor ʿUṯmān für einen unrechtmäßigen Kalifen ansahen und den Kampf gegen ihn für geboten, überwarf sich Ibn az-Zubair mit ihnen und geriet in eine bedrohliche Lage.[151] Die Herabsetzung ʿUṯmāns bedeutete ja auch eine Mißachtung des Vorranges der „frühen Auswanderer", und das war nicht hinnehmbar.[152] Ibn az-Zubair sei der Sohn des „Jüngers des Gesandten Allahs", und doch fordere er Rache für ʿUṯmān[153] – mit dieser Parole warb man für ihn in aš-Šaʾm, und dies keineswegs erfolglos. Man mußte nicht, so lautete die Botschaft, für die ʿAbd Manāf-Quraišiten eintreten, wenn man die Ermordung ʿUṯmāns für verwerflich hielt. War dies seinerzeit nicht auch die Haltung Abū Mūsā al-Ašʿarīs gewesen, und hatte nicht sogar ʿAlī eine Politik verfochten, die nicht gänzlich mit derjenigen der „frühen Auswanderer" brach?[154] Daß die Charidschiten für einen solchen Standpunkt Sympathie empfanden, konnte man freilich nicht erwarten.

Nachdem Ibn az-Zubair mit den Charidschiten zerfallen war, verdarb er es sich auch mit den Schiiten; dies war nach allem, was eben erörtert wurde, nur folgerichtig. Ibn az-Zubair habe, so heißt es in einer Quelle, eine schlechte Meinung über die Banū Hāšim an den Tag gelegt und die Erwähnung Mohammeds in den religiösen Formeln unterlassen; denn die Verwandten des Propheten seien übel, und jedes Mal, wenn dessen Name falle, reckten sie, von Stolz erfüllt, die Hälse. Die Inhaftierung Muḥammad b. al-Ḥanafījas wird mit diesen Veränderungen im Ritus in Zusammenhang gebracht,[155] was aber nur einer ganz vordergründigen Interpretation der frühen islamischen Geschichte als eines Kampfes der Hāšimiten um ihr angebliches Recht[156] entspricht. Gemäß dieser Auslegung schreibt beispielsweise der schiitische Historiograph al-Jaʿqūbī (gest. 891/2): Ibn az-Zubair entwickelte eine unbezähmbare Abneigung gegen die Hāšimiten und offenbarte Feindschaft und Haß gegen sie; dies ging so weit, daß er in der Predigt die Formel, Allah möge zu Mohammed – und zu dessen Sippe – gewandt rituelle Gebete sprechen, schließlich ganz unterdrückte, und zwar mit dem eben schon genannten Hinweis auf den Dünkel der Hāšimiten.[157] Vielleicht ging die Auslassung der Erwähnung Mohammeds während der Riten nicht von Mekka, sondern vom Irak aus, wo Muṣʿab b. az-Zubair gegen al-Muḫtār kämpfte. Dieser rekrutierte einen Teil seines Anhangs aus den Reihen der Sklaven, ein Umstand, der Ibn az-Zubair angst machte,[158] denn die Nichtaraber waren in ʿUmar b. al-Ḫaṭṭābs muḍaritisch dominierter Gesellschaft nicht vorgekommen. Al-Muḫtār versprach ihnen die Freiheit, wenn sie sich ihm anschlössen. Womöglich waren die Schutzbefohlenen, die in seiner Bewegung ein so wichtiges Wort mitredeten, solche eben erst befreiten Sklaven. Auch nach Ansicht der kufischen Araber waren es inzwischen zu viele Schutzbefohlene, und sie schlugen Muṣʿab b. az-Zubair vor, er möge sie wieder ihren Stämmen überstellen. Doch kannte er eine bessere Lösung: Er ließ sie umbringen, angeblich siebenhundert an der Zahl.[159] Al-Muḫtār war im Irak als Bevollmächtigter Muḥammad b. al-Ḥanafījas aufgetreten; dieser hätte im Hedschas wenig ausrichten können. Aber wäre es nicht verständlich, wenn man angesichts der gesellschaftlichen Gärung im Irak, als deren Ursache man die ungute Verherrlichung der Prophetenfamilie ausmachen konnte, dort zuerst auf die Streichung des Namens Mohammeds aus den Riten verfallen wäre?[160]

Resümierende Bewertung

Versuchen wir nun eine abschließende Bewertung des zubairidischen Kalifats und seiner Bedeutung in der Geschichte des frühen Islams! Erinnern wir zuerst erneut an ʿUmars Vorliebe für die Muḍariten! Ihr steht ein Fluch gegenüber, den Mohammed nach dem Massaker von Biʾr Maʿūna[161] ausgestoßen haben soll: „Allah, drücke die Muḍariten grausam nieder! Schicke über sie Hungerjahre wie jene Josefs!“[162] ʿĀmir b. aṭ-Ṭufail, der Anführer der Banū ʿĀmir b. Ṣaʿṣaʿa, hatte Mohammed gestattet, einige Leute in den Nedschd zu entsenden, damit sie dort den Islam verbreiteten. Diese Möglichkeit war für den Propheten äußerst verlokkend gewesen, hatte er sich doch nun Hoffnung machen dürfen, in den von den Quraišiten beherrschten muḍaritischen Beduinenstämmen Einfluß zu gewinnen. Er schickte eine Anzahl besonders frommer „Koranleser“ aus den Reihen der „Helfer“ auf den Weg, die jedoch nie ihr Ziel erreichten, sondern an dem genannten Ort niedergehauen wurden. Die Verwünschung wie das Ereignis, worauf sie sich bezieht, belegen, wie Mohammed in seinen medinensischen Jahren aus der muḍaritischen Solidargemeinschaft ausschert, zumindest vorübergehend ausscheren muß. Er sieht sich – vermutlich bei dem erwähnten Treffen – mit der Forderung ʿĀmir b. aṭ-Ṭufails konfrontiert, seinen Herrschaftsanspruch auf das Ackerland zu beschränken, während ʿĀmir sich die Filzzelte vorbehalten möchte. Mohammed weist das Ansinnen zurück, worauf jener droht, er werde in Medina mit so vielen Streitrossen einrücken, daß an jede Palme eines angebunden werden könne. Wäre es Mohammed gelungen, ʿĀmir auf seine Seite zu ziehen, dann wären die Quraišiten verloren gewesen, grübelt der Prophet[163] – und ihm wären der Grabenkrieg und der Zug nach al-Ḥudaibīja erspart geblieben, dürfen wir ergänzen. Trotz dem dort geschlossenen Vertrag fällt ein Zwielicht auf sein Verhältnis zum Muḍaritentum, denn indem er bis dahin gegen die Quraišiten Krieg geführt hatte, hatte er.es bekämpft. Die „ersten Auswanderer“, die unabhängig von ihm nach Medina gegangen waren, waren in dieser Hinsicht weit weniger belastet, denn nur er war ja der Anstifter der Kriege gewesen. ʿUmar b. al-Ḫaṭṭāb kann sich daher als den Vorreiter der muḍaritischen Belange ausgeben; sie können eine Grundlage seines Kalifats werden. Daß dabei der Väterruhm in Anschlag gebracht werde, wie dies bei den ʿAbd Manāf-Quraišiten fortwährend geschieht, verboten ihm seine ḥanīfischen Überzeugungen. Sollte man ʿAlī wählen, dann dürfe dieser den Leuten ja nicht die Banū ʿAbd al-Muṭṭalib auf den Hals hetzen, sollte ʿUṯmān berufen werden, dann obliege es diesem, zu den Banū Abī Muʿaiṭ Abstand zu wahren.[164] Diese Worte legt man dem sterbenden Kalifen in den Mund, um deutlich zu machen, welch ein folgenreicher Wendepunkt das Jahr 644 gewesen ist. Und es ist ʿUmar, den Ibn az-Zubair als sein Vorbild betrachtet, ja, den er sogar in den Äußerlichkeiten nachäfft.[165]

ʿUmar hatte, worauf schon verwiesen wurde, den Islam auf der „Insel der Araber“ festhalten wollen. Insbesondere scheint ihm die Eroberung Ägyptens mißfallen zu haben. Gegen Ende des Kalifats Muʿāwijas I. wurde die omaijadische Flotte vor Konstantinopel vernichtet; der Kalif mußte sich zu alljährlichen Tributzahlungen bereit finden. Während der Herrschaft Ibn az-Zubairs stießen byzantinische Kriegsschiffe bis an die palästinensische Küste vor, Askalon, Akkon und Caesaraea wurden zurückerobert. Zu Lande erreichte Kaiser Konstantin IV. (reg. 668–685) mit seinem Heer Mopsuestia. ʿAbd al-Malik handelte mit ihm im Juli 685 einen Vertrag aus, der erheblich höhere Zahlungen vorsah. Dieser Vertrag hatte die Vereinbarung zum Vorbild, die Muʿāwija am Beginn seines Kalifats mit Konstans II. (reg. 641–668) geschlossen hatte, um ohne Furcht vor einer byzantinischen Attacke den Krieg gegen ʿAlī zum Abschluß zu bringen. Die Abmachung ʿAbd al-Maliks mit den Byzantinern wurde noch zur Regierungszeit des Kaisers Konstantins IV. in die Wege geleitet, ratifiziert jedoch erst unter Justinian II. (reg. 685–695).[166] Bemerkenswert ist nun, daß vor dem Abschluß dieses Vertrags die Truppen Ibn az-Zubairs durch ein äthiopisches Kontingent von zweihundert mit Wurfspießen kämpfenden Soldaten verstärkt worden waren; der Negus habe sie ihm gesandt, heißt es. In den Schlachten gegen Jazīds Heer erwiesen sie sich nicht als sonderlich wirkungsvoll; aber sie richteten unter den Fliehenden, denen sie nachsetzten, schwere Verluste an. Ibn az-Zubair befahl sie dann in den Irak, wo sie in Muṣʿabs Armee eingegliedert wurden.[167] Man muß also annehmen, daß man am Hof in Konstantinopel den mit dem Tod Muʿāwijas und der Weigerung Ibn az-Zubairs, Jazīd zu huldigen, einsetzenden Zerfall der omaijadischen Herrschaft zur Rückgewinnung aš-Šaʾms zu nutzen trachtete. Zu diesem Zweck knüpfte man anscheinend an die in die Zeit vor Mohammed zurückgehenden Verbindungen an, die zwischen Ḫadīǧas Vetter ʿUṯmān b. Ḥuwairiṯ, dem *patrikios*, und Byzanz bestanden hatten. Im Kampf um die Macht in Mekka hatte Mohammed damals Sympathie für die Byzantiner erkennen lassen, und die mit diesen verbündeten Äthiopier hatten einigen seiner Anhänger Asyl gewährt. Als Mohammed ein gutes Jahrzehnt später Mekka in Besitz genommen und sich mit dessen Führern ausgesöhnt hatte, allen voran mit den Banū ʿAbd Šams, war die gegen die Byzantiner freundliche Haltung hinfällig geworden. Warum aber vertaten die Byzantiner die sich ihnen dank dem zubairidischen Kalifat eröffnenden Möglichkeiten durch das Abkommen mit ʿAbd al-Malik? Vermutlich aus dem gleichen Grund, aus dem sie Muʿāwija gegen ʿAlī unterstützt hatten: Mehr als ein omaijadisches aš-Šaʾm fürchteten sie eines, das vom Irak aus beherrscht würde, dem Kernland des einstigen sasanidischen Erzfeindes.[168]

Auch in den Augen der Äthiopier war das zubairidische Kalifat offenbar dazu angetan, Erinnerungen an vergangene Verhältnisse zu wecken. Als ein Exil für Araber, die Verfechter einer hochreligiös überformten Ritualpraxis geworden waren, hatte sich Äthiopien seinerzeit bewährt. Schon vorher hatte der Negus in Mekka hohes Ansehen genossen. Ihn als ersten ging man in einem Streit zwischen Ḥarb b. Umaija und ʿAbd al-Muṭṭalib an, aber er verzichtete auf das Schiedsamt, das dann Nufail b. ʿAbd al-ʿUzzā, der Großvater ʿUmar b. al-Ḫaṭṭābs, übernahm. Az-Zubair b. al-ʿAuwām, den man unter die ersten Exilanten rechnet,[169] trat in den Kriegsdienst des Herrschers und wurde für seine Leistungen mit einer Zeremoniallanze (arab.: *al-ʿanaza*) ausgezeichnet, wie sie Mohammed in Medina benutzte.[170] Der Negus hatte mit der Aufnahme der Flüchtlinge die Hände in Arabien im Spiel behalten, was nach dem Abfall Abrahas kein geringer Vorteil war.[171] Dem Großvater des Gesandten Allahs kam – jedenfalls in der Sicht der Hāšimiten – das Verdienst der Vernichtung Abrahas zu, und so war es für den Negus naheliegend, auch mit Mohammed Artigkeiten auszutauschen, zumal dieser in Sure 30 offen für die Byzantiner eingetreten und einige Jahre danach aus Mekka vertrieben worden war. Der Vertrag von al-Ḥudaibīja beendete die Interessenähnlichkeit zwischen dem Negus und dem nunmehrigen Herrscher Mohammed.[172] Indem dieser sich mit den führenden quraišitischen Klanen aussöhnte, wechselte er zu deren antibyzantinischer Politik über, die er einst in Sure 30 als zum Scheitern verurteilt getadelt hatte. Der Dschihad als der Inbegriff praktizierter Gläubigkeit trieb die Expansion auch nach Norden voran; ʿUmar hoffte vergebens, sie abzubremsen. Er war aus jenen ḥanīfischen Kreisen hervorgegangen, denen Mohammed mit seiner Botschaft zunächst ferngestanden hatte. Dann hatte Mohammed die Lehren der Ḥanīfen aufgegriffen, sie allerdings in seinem Sinne verändert. Als einen Propagandisten ihrer Vorstellungen konnten die Ḥanīfen ihn trotzdem gelten lassen, jedenfalls bis sie zur Kenntnis nehmen mußten, daß er sich an die hergebrachten Machtverhältnisse Mekkas annäherte und dadurch zwangsläufig eine andere Rangfolge innerhalb der „besten Gemeinschaft" zur Geltung brachte. Die zwei Jahre zwischen dem Einzug in Mekka und Mohammeds Tod reichten jedoch nicht aus, um Medina dieser neuen Rangfolge zu unterwerfen; anders gesagt, eine Herrschaft der spätbekehrten Mekkaner über Medina kam nicht zustande.

Als man dort um das politische Erbe Mohammeds stritt, waren letztere noch nicht daran beteiligt; sie hatten das Ergebnis des Streits hinzunehmen, nämlich die Herrschaft der „frühen Auswanderer". Von ihrer Kritik haben wir gehört. Die Gunst der Verhältnisse gewährte den antibyzantinisch gesonnenen mekkanischen Kräften allerdings reiche Entfaltungsmöglichkeiten. Die Restriktionen, die ʿUmar den spätbekehrten quraišitischen Vornehmen hatte auferlegen wollen, wurden schon unter seinem Kalifat von der Wirklichkeit überholt und erwiesen sich unter ʿUṯmān als völlig obsolet. Dem entspricht, daß Mohammed mehr und mehr die Konturen eines allzuständigen Stifters der als umfassend gedachten Ordnung der „besten Gemeinschaft" gewann. In ihm begann man den Übermittler einer ihr angemessenen Moral zu erblicken, deren angebliche oder tatsächliche Mißachtung die Unzuträglichkeiten hervorgebracht haben sollte, unter denen man litt. Eine solche Stimmung hatte es zu ʿUmars Zeit noch nicht gegeben, und darum hatte er es sich verbitten können, den aufkommenden Schwärmereien über den Propheten allzu viel Beachtung zu zollen. Indem sich Ibn az-Zubair auf ʿUmar berief, weckte er auch jenseits der Reichsgrenzen die Hoffnung auf die Rückkehr zu einer den Byzantinern gewogenen Politik, eine Hoffnung, die sich schnell als trügerisch erweisen sollte. In Ägypten, wir hörten es, ließen sich diejenigen, die am Seekrieg beteiligt waren, von Ibn az-Zubairs Statthalter nicht beeindrucken. Sobald dort der Omaijade Marwān b. al-Ḥakam auftauchte, hielten sie sich an ihn. Dies ist ein Indiz dafür, daß sich die Verhältnisse derart gewandelt hatten, daß die mohammedsche Auslegung der hochreligiös überformten Ritualpraxis, die auf der politischen Ebene mit dem Dschihad, hier gegen Byzanz, einherging, nicht mehr in Frage gestellt werden konnte. Die Ideen, für die das Ḥanīfentum gestanden hatte, etwa die Ableitung des Ranges vor Allah und in der Gemeinschaft aus dem Verdienst um deren Sache, hatten ihre Anziehungskraft eingebüßt.

Selbst Ibn az-Zubair muß sich auf den Väterruhm berufen, wenn er gegen Muʿāwija, dem eine solche Argumentation selbstverständlich ist, nicht den Kürzeren ziehen will.[173] Und da zeigt es sich, daß er als ein Nachkomme des Asad b. ʿAbd al-ʿUzzā nun einmal weder mit den Hāšimiten noch den Banū ʿAbd Šams mithalten kann.

3. Mohammed und die Omaijaden

Das Recht der ʿAbd Manāf-Quraišiten auf Herrschaft

Als Abū Bakr zum Nachfolger des Gottesgesandten bestellt worden war, soll Abū Sufjān ausgerufen haben, das sei eine schlimme Sache, die nur mit viel Blutvergießen bereinigt werden könne.[174] Unter den Nachfahren des ʿAbd Šams stand er mit der Meinung, die Herrschaft eines Mannes von den Banū Taim b. Murra sei etwas ganz Unerhörtes, keineswegs allein. Selbst Ḫālid b. Saʿīd b. al-ʿĀṣ,[175] einer der ersten Anhänger Mohammeds und dann Exilant in Äthiopien, wollte sich mit solch einem Bruch des Herkommens nicht abfinden. Daß ein solcher Bruch nicht gebilligt werden dürfe, lesen wir erneut im Zusammenhang mit prozubairidischen Aktivitäten in aš-Šaʾm. Unter Muʿāwija I. war das Land in fünf Militärbezirke eingeteilt worden,[176] deren wichtigsten, den von Damaskus, der Quraišite aḍ-Ḍaḥḥāk b. Qais al-Fihrī befehligte. Nachdem Muʿāwija II. gestorben war, liebäugelte aḍ-Ḍaḥḥāk damit, zu Ibn az-Zubair überzulaufen, der, wie erwähnt, auch in Syrien und Palästina mit vielen Sympathisanten rechnen durfte. Die Damaszener hatten ihrem Kommandanten in der unklaren Lage nach dem Ableben des minderjährigen Kalifen einen vorläufigen Treueid geleistet, damit die rituellen Gebete in einer auf das Jenseitsverdienst anrechenbaren Weise vollzogen werden konnten.[177] Ähnliches wurde uns aus Basra gemeldet. Marwān b. al-Ḥakam trug sich damals, als für die Omaijaden alles verloren schien, selber mit dem Gedanken, Ibn az-Zubair anzuerkennen. Aber er sah davon ab, als sich ihm unerwartet die Gelegenheit bot, die Witwe Jazīds zu heiraten, wodurch die Schutzbefohlenen Muʿāwijas unter seine Kontrolle kamen. Er forderte nun aḍ-Ḍaḥḥāk heraus und ließ ihn wissen, es sei unbegreiflich, wie man jemanden von den Banū ʿAbd al-ʿUzzā stützen könne, wo doch die Herrschaft den ʿAbd Manāf-Quraišiten gebühre.[178]

Die Festigung der omaijadischen Macht

In der gebotenen Kürze betrachten wir die wichtigsten Etappen der Konsolidierung des Kalifats Marwāns und seines Sohnes ʿAbd al-Malik, ehe wir die Frage nach der Legitimierung der omaijadischen Herrschaft[179] aufwerfen. Daß sie aus der Zugehörigkeit zu den ʿAbd Manāf-Klanen abgeleitet wird und über diese Zugehörigkeit die Verbindung mit Mohammed als dem inzwischen mit unbeschränkten Kompetenzen ausgestatteten Stifter des Islams geknüpft wird, ahnen wir bereits. – Marwān gewann nach der für ihn so günstigen Heirat die Unterstützung etlicher Stämme, die an einem omaijadischen Kalifat festhalten wollten. Nunmehr fest davon überzeugt, sich Ibn az-Zubair verweigern zu sollen, erschien er vor Damaskus und bezwang aḍ-Ḍaḥḥāk in der Schlacht von Marǧ Rāhiṭ nordöstlich der Stadt; dies geschah im Juli oder in der ersten Augusthälfte 684.[180] Die Anhänger Ibn az-Zubairs scheinen sich nicht zu einer entschlossenen Gegenwehr zusammengefunden zu haben. Marwān folgte dann der Aufforderung einiger verräterischer Militärführer in Ägypten und bemächtigte sich dieses Landes. Daß er dadurch die Getreidezufuhr in den Hedschas unterbrechen konnte, war ein schwerer Schlag für Ibn az-Zubair.[181] Marwān weilte vom Dezember 684 bis zum Februar 685 in Ägypten, dann wendete er sich wieder Syrien zu. Schon um diese Zeit setzten seine Bemühungen um die Wiedergewinnung des Irak ein, deren Früchte allerdings erst sein Sohn ʿAbd al-Malik ernten sollte. Denn Marwān starb schon im April oder Mai 685.[182] ʿAbd al-Malik, der sich in Palästina aufhielt, eilte nach Damaskus und nahm die Huldigung entgegen. Die nächsten sieben Jahre hatte er an der Konsolidierung seiner Macht zu arbeiten. Der erste Schritt, zu dem er sich wenige Monate nach dem Beginn seines Kalifats verstehen mußte, war der schon erwähnte drückende Friedensvertrag mit Byzanz; allerdings bekam er auf diese Weise den Rücken für den Kampf gegen Ibn az-Zubair frei. Daß ʿUbaidallāh b. Zijād bei seinem Versuch, wieder im Irak Fuß zu fassen, sein Leben ließ, ist uns noch im Gedächtnis. Al-Muḫtār und Muṣʿab b. az-Zubair führten gegeneinander Krieg und zermürbten ihre Kräfte, daher brauchte ʿAbd al-Malik trotz dieses Fehlschlags nicht zu befürchten, daß man aus dem Irak heraus ihn in aš-Šaʾm angreifen werde. Die „Insel", das Gebiet zwischen Syrien und dem Zweistromland, war unterdessen in Anarchie verfallen; die arabischen Stämme befehdeten sich nach alter Manier, und die Parteinahme für die Omaijaden oder die Zubairiden scheint immer noch von Bedeutung gewesen zu sein. Nachdem ʿAbd al-Malik im Jahre 689 einen Nebenbuhler bezwungen und anscheinend eigenhändig getötet hatte, widmete er sich der „Insel" und eroberte im Sommer 690 Qarqisija, das bis dahin von Ibn az-Zubair ergebenen Stämmen gehalten worden war. Vernünftigerweise verlangte ʿAbd al-Malik deren Anführern keine Heeresfolge ab, solange Ibn az-Zubair lebte. Es sollten keine Eide gebrochen werden.[183] Nach dem Fall von Qarqisija war der Weg zur entscheidenden Schlacht gegen Muṣʿab b. az-Zubair frei, die ʿAbd al-Malik 691 schlug. Ein Jahr später schickte er al-Ḥaǧǧāǧ b. Jūsuf, einen seiner fähigsten Männer, in den Hedschas. Dieser setzte dem Kalifat ʿAbdallāh b. az-Zubairs ein Ende, nachdem Mekka zum zweiten Mal mit Schleudermaschinen beschossen worden war.

Die Omaijaden und aš-Šaʾm

Eine islamische Gesellschaft ohne das allgegenwärtige Leitbild Mohammed war von jetzt an nicht einmal mehr denkbar. Ihr Kerngebiet war, wenn es nach den Omaijaden ging, nicht der Hedschas, sondern aš-Šaʾm. Jazīd b. abī Sufjān, Muʿāwijas Bruder, war der erste Omaijade, der dort im Auftrag der islamischen Obrigkeit tätig geworden war. Abū Bakr hatte ihn zusammen mit Abū ʿUbaida b. al-Ǧarrāḥ und Šuraḥbīl b. Ḥasana in das Gebiet um Amman geschickt. Ḫālid b. al-Walīd stieß aus dem Osten nach aš-Šaʾm vor und schlug sein Lager bei Bostra auf, wo die genannten drei auf ihn trafen. Nach einem Unterwerfungsabkommen wurde die Stadt besetzt.[184] Das Jahr 18 (begann am 12. Januar 639) über wütete in aš-Šaʾm die Pest, Jazīd und die beiden anderen noch von Abū Bakr berufenen Befehlshaber starben.[185] So wurde der Weg frei für Muʿāwija, der sich mit der Errichtung der Heerlagerstadt bei Qinnasrīn Lorbeeren erworben hatte; die aus dem Irak zum Kampf um Syrien Herbeeilenden sollten es als Ausgangsbasis nutzen.[186] An der Eroberung Caesaraeas im Jahre 19 hatte er ebenfalls Anteil. Die Bezirke, die ihm ʿUmar b. al-Ḫaṭṭāb zur Verwaltung übergab, umfaßten aber nicht Palästina, sondern Amman, Damaskus und die Bekaaebene. Doch wurde Muʿāwija bald die Zuständigkeit für ganz aš-Šaʾm übertragen.[187] Bei einem der Treffen, die ʿUmar mit seinen Statthaltern während der Pilgerzeit in Mekka anzuberaumen pflegte, soll Muʿāwija, diensteifrig, wie er war, nicht die eigenen Eltern, sondern zuerst den Kalifen aufgesucht haben. Dieser habe das gerügt, worauf sich Muʿāwija ohne Säumen zu seiner Mutter begeben habe. Sie habe ihrem Sohn geraten, stets so zu handeln, wie es dem „Befehlshaber der Gläubigen" gefalle, denn ihm verdanke er den Aufstieg. Sein Vater Abū Sufjān habe bei derselben Gelegenheit voller Bewunderung über jene „Auswanderer" gesprochen, die den übrigen Quraišiten so viel voraushätten; man solle es sich tunlichst nicht mit ihnen verderben.[188] Ob diese Worte tatsächlich gefallen sind, wissen wir nicht, aber zweifellos handelte Muʿāwija dementsprechend. Er haderte nicht mit dem Schicksal, weil jetzt jemand regierte, der nicht zu den Nachkommen ʿAbd Manāfs gehörte, sondern tat alles, was in seinen Kräften stand, um die eigene Stellung zu festigen. Er war daher in der Lage, die verwickelten Ereignisse des Ersten Bürgerkriegs so zu nutzen, daß er als Sieger daraus hervorging. Wenn wir uns nicht von der späteren abbasidischen Propaganda blenden lassen, die an ihm und seiner Dynastie kein gutes Haar läßt, dann erkennen wir ein hartnäckiges Bemühen um eine Aneignung der Botschaft des Propheten wie auch um eine Verknüpfung seiner Gestalt mit dem Väterruhm der Banū ʿAbd Šams. Er kaufte, wie erwähnt, in Mekka Ḫadīǧas Wohnhaus und vereinte es mit demjenigen Abū Sufjāns: Hier hatte Mohammed die Versöhnung mit seinen mekkanischen Feinden verkündet.[189]

Aš-Šaʾm wurde zum Hort omaijadischer Macht. Auch nach schwerer Erschütterung war es nicht durch Fremde einzunehmen, wie der Zweite Bürgerkrieg erwies. Zu aš-Šaʾm hatten die Quraišiten Beziehungen, die weit in die vorislamische Zeit zurückreichten.[190] Zudem war es in den letzten Lebensjahren Mohammeds das Ziel muslimischer Angriffe geworden, sehr zum Unwillen einiger „Helfer", wie wir erfuhren. Aus dem wenn überhaupt vorhandenen, dann nur sehr losen Zusammenhalt der Bekenner des Ḥanīfentums war die aggressive „beste Gemeinschaft" geworden; sie erhob den Anspruch, das ganze Arabertum unter muḍaritischer Führung zu einen, aš-Šaʾm aber wurde in der omaijadischen Sicht auf den Islam zum Kerngebiet dieser Gemeinschaft, zu einem Territorium gesteigerter religiöser Würde. In der genealogischen Literatur findet sich die Andeutung, daß zwei Zweige der Nachkommenschaft des ʿAbd Šams b. ʿAbd Manāf in aš-Šaʾm lebten, nämlich die Banū ʿAbd Umaija b. ʿAbd Šams und die Banū Naufal b. ʿAbd Šams.[191] Einer der Enkel Naufals heiratete in das Fürstenhaus der Ġassāniden ein.[192] In der Heilsgeschichte, die mit Mohammed zur Erfüllung gelangt ist, wird aš-Šaʾm zum vorzüglichsten Land, wie es in den Texten heißt, die zur Regierungszeit Muʿāwijas in Umlauf kommen. Šahr b. Ḥaušab, ein Mann aus Hims,[193] erzählt: „Als wir den Treueid auf Jazīd leisten mußten, reiste ich nach aš-Šaʾm. Man sagte mir, wo Nauf[194] wohne, und ich kam zu ihm. Plötzlich erschien jemand, mit einem schwarzen Gewand bekleidet, und die Anwesenden machten ihm (respektvoll) Platz. Es war ʿAbdallāh b. ʿAmr b. al-ʿĀṣ. Sobald Nauf ihn erblickt hatte, unterbrach er seinen *ḥadīṯ*-Vortrag, worauf ʿAbdallāh sprach: ‚Ich hörte, wie der Gesandte Allahs prophezeite: Es wird eine Hedschra nach der Hedschra geben; die Menschen werden sich dorthin absetzen, wohin Abraham die Hedschra vollzog. Im (Ursprungs-)Land werden nur die Übelsten bleiben, und (am Jüngsten Tag) werden sie von ihren Gräbern ausgespien werden, Allahs Innerstes verabscheut sie. Das Feuer wird sie zusammen mit den Affen und den Schweinen aufnehmen – es nächtigt mit ihnen, wenn sie schlafen, es hält mit ihnen Mittagsruhe, und es verzehrt alle, die (von der Hedschra) fernbleiben. Und ich hörte den Gesandten Allahs voraussagen: Meine Gemeinde werden im Osten Leute verlassen, die den Koran rezitieren, ohne daß (die Laute) über das Schlüsselbein hinauskommen. Wann immer ein Geschlecht von ihnen (gegen meine Gemeinde) rebelliert, wird es getötet – dies wiederholte er mehr als zehnmal – bis der Antichrist (arab.: *ad-Daǧǧāl*) zusammen mit dem Rest (dieser Bösen) auftreten wird.“[195] Jene Übeltäter, die immer wieder von Osten her die Eintracht stören, sind die Charidschiten; ihr Koranvortrag wird von Allah nicht angenommen.[196] Aš-Šaʾm ist demgegenüber die Zufluchtstätte der Glaubenden, an die sich schon Abraham zurückzog. Die islamische Geschichte wurde von Abraham in Gang gesetzt, und sie mündete schon damals in eine das Heil sichernde Hedschra nach aš-Šaʾm, und jetzt, in der von Mohammed gestifteten Gemeinde, ist es wieder so. Die Sicherung aš-Šaʾms für den wahren Glauben ist den Quraišiten aufgetragen; sie ist eine Pflicht, bei deren Erfüllung sie nicht versagen dürfen. Das deutete schon Mohammed dunkel in Sure 17, Vers 7 an. Allah habe aš-Šaʾm gesegnet, erzählte Kaʿb al-Aḥbār, jenes Gebiet, das sich vom Euphrat bis nach al-ʿArīš erstreckt.[197] Wenn am Ende der Zeiten die Welt von Allah zerstört werden wird, dann wird er aš-Šaʾm noch vierzig Jahre verschonen.[198] Fünf Städte, so Kaʿb, wird man im Paradies wiederfinden, Jerusalem, Hims, Damaskus, Bait Ǧibrīn in Palästina und Ẓafār, die Residenz der jüdisch-ḥimjarischen Herrscher, andere fünf werden in der Hölle sein, Konstantinopel, aṭ-Ṭuwāna bei Mopsuestia, Antiochien, Tadmur und Sanaa.[199] In den Endzeitkämpfen wird Damaskus die Festung der Muslime sein.[200] – Nie wurde ein Prophet anderswo berufen als in aš-Šaʾm, und wenn er nicht dort berufen worden sein sollte, dann wurde er zumindest in einer Nachtreise in jenes Land versetzt. „An drei Orten“, soll Mohammed festgestellt haben, „wurde die ‚Lesung‘ auf mich herabgesandt, in Mekka, in Medina und in aš-Šaʾm“ – nämlich in Jerusalem.[201] Was die Botschaft sei, mit der Allah ihn beauftragt habe, wollte jemand vom Propheten wissen. Es sei der Islam, lautete die Antwort, und zwar das Bekenntnis, daß Allah einer und Mohammed sein Gesandter sei, daß man das rituelle Gebet verrichten und die Läuterungsgabe abführen müsse, daß man die Ehefrau einzukleiden und zu ernähren habe, und schließlich daß man dort – wobei er nach aš-Šaʾm deutete – zum Jüngsten Gericht versammelt werde.[202]

Einem gewissen ʿAbdallāh b. Ḥawāla, von dem die Quellen nichts weiter berichten, als daß er Mohammed kennengelernt habe und im Jahre 58 (begann am 9. November 677) oder 80 (begann am 7. März 699) in aš-Šaʾm gestorben sei,[203] schreibt man die Verbürgung des Prophetenwortes zu, das alle diese Vorzüge auf den Punkt bringt. „Wähle mir (ein Land aus), Gesandter Allahs!" bat er, als Mohammed ihm dunkel zu verstehen gegeben hatte, daß Heeresbezirke im Irak, im Jemen und in aš-Šaʾm entstehen würden. „Geh nach aš-Šaʾm!" lautete die Empfehlung an den Ratlosen. „Wem das nicht paßt, der soll sich in seinen Jemen aufmachen und aus den Teichen dort sein Wasser holen. Allah garantierte mir für aš-Šaʾm und seine Bewohner!" Eine zweite Fassung wird noch deutlicher. Nur weil ʿAbdallāh b. Ḥawāla ahnt, daß Mohammed sterblich ist, benötigt er den Rat, denn sonst wäre er einfach immer in seiner Nähe geblieben. Die Empfehlung, sich nach aš-Šaʾm zu verfügen, findet nicht den Beifall des Fragers, so daß der Prophet hinzufügt: „Weißt du eigentlich, was Allah über aš-Šaʾm sagt? Er sagt: ‚O aš-Šaʾm, ich halte meine Hand über dich, du bist mein erlesenstes Land, zu dir führe ich die besten meiner Knechte, du bist die Peitsche meiner Rache, die Peitsche meiner Strafe, du warnst am klarsten (vor dem Unglauben), in dir wird man sich zum Jüngsten Tag versammeln.' In der Nacht, da ich (nach Jerusalem) reiste, schaute ich eine Säule, die weiß wie eine Perle war und von Engeln getragen wurde. ‚Was tragt ihr?' fragte ich. ‚Die Säule des Islams. Wir haben den Befehl, sie in aš-Šaʾm aufzustellen!' Und während ich schlief, träumte mir, daß man mir den Koran unter dem Kopfkissen hinwegzog. Ich vermutete, Allah trenne sich von den Bewohnern der Erde, und ich folgte dem Koran mit meinen Blicken, und siehe, er verharrte vor mir, bis man ihn in aš-Šaʾm ablegte. Darum geh nach aš-Šaʾm...!"[204]

Der Prophet als der Garant der omaijadischen Herrschaft

Die Herrschaft Muʿāwijas, der die Leistung des Propheten Mohammed nicht verwirft, sondern aufgreift und für sich nutzbar macht, zeigt sich dem seiner Parteiung angehörenden Beobachter als das erhoffte Ergebnis der mittels hochreligiöser Vorstellungen bekräftigten quraišitischen Ambitionen. Auf die Gestalt Mohammeds kann gerade Muʿāwija nicht verzichten; mit ihr verbindet er alles das, was über das bisher bekannte, wenig stabile und wenig dauerhafte arabische Herrschertum hinausgeht, und das alles stammt unmittelbar von Allah und wurde durch die sich vom menschlichen Maß ablösende Figur seines Gesandten in das Diesseits hinein übermittelt. Ganz anders als das zur Anarchie neigende Charidschitentum, dem sich das Vorbild Mohammeds und seiner beiden ersten Nachfolger im individuellen Dschihad erfüllt, ganz anders auch als das Schiitentum, in dem der Prophet durch den Erbberechtigten mediatisiert wird, schaffen sich Muʿāwija und sein Anhang den Propheten zum Garanten des omaijadischen Kalifats um, zu dem einen Menschen, ohne dessen Wirken der Kalif niemals der Stellvertreter Allahs auf Erden hätte werden können. „Die Erde ist Allahs, und ich bin der Stellvertreter (arab.: *al-ḫalīfa*) Allahs, was ich nehme, gehört mir, was ich den Leuten lasse, das haben sie aus meiner Gnade." Solche Worte läßt man Muʿāwija sagen.[205] Unwidersprochen bleiben sie nicht, aber der Widerspruch belegt vor allem, daß sie den Muslimen ungewohnt und unerhört klangen: Zum ersten Mal leitete man ungeniert ein imperiales politisches Konzept aus dem Lebenswerk Mohammeds ab, vergleichbar dem, das für den Kaiser in Konstantinopel schon seit langem aus der durch ihn beanspruchten

Nachfolge Christi gerechtfertigt wurde.[206] Der „Erzähler" ʿUbaid b. ʿUmair al-Laiṯī hatte, als Mekka von den Truppen Jazīds umzingelt war, den Kalifen kritisiert; die Truppen aus aš-Šaʾm verbaten sich das, denn die religiöse Würde Jazīds übertreffe diejenige der Kaaba.[207] „Muʿāwija, der Befehlshaber der Gläubigen, war ein Knecht Allahs. Durch diesen Knecht erstickte Allah die vielfältige Fitna und dehnte das Land aus", so daß es der muslimischen Herrschaft untersteht,[208] meinte aḍ-Ḍaḥḥāk b. Qais in der Trauerrede auf den verstorbenen Kalifen,[209] mit dem er engen Umgang gepflegt hatte. Diese göttliche Mission, die Muʿāwija erfüllte, gab ihm augenscheinlich das Recht, sich nicht als den Nachfolger des Gesandten Allahs (arab.: *ḫalīfat rasūl allāh*) zu begreifen, sondern als den Stellvertreter Allahs (arab.: *ḫalīfat allāh*), wie wir eben hörten. Auf Kaʿb al-Aḥbār, den jüdischen Konvertiten,[210] geht die heilsgeschichtliche Deutung der Ereignisse zurück, an deren Ende die quraišitische Herrschaft über aš-Šaʾm steht, die Muʿāwija verwirklicht hat. In der Tora, so Kaʿb, „finden wir Muḥammad b. ʿAbdallāh. Sein Geburtsort ist Mekka; die Stätte, zu der er auswandern wird, ist Medina; seine Herrschaft (arab.: *al-mulk*) aber wird er in aš-Šaʾm errichten."[211] Durch das Niederringen der Fitna und die Verlegung des Mittelpunktes des Reiches nach aš-Šaʾm beweist sich Muʿāwija als der wahre Erbe des Propheten. Er bemühte sich allerdings vergeblich, Mohammeds Predigtkanzel aus Medina nach Damaskus zu holen.[212]

Vor Augen geführt wird den Muslimen dieser Anspruch aber durch die Aneignung der Kleidung Mohammeds. Das Gewand, in dem dieser die Abordnungen der Stämme empfangen hatte, verblieb im Besitz der Kalifen, berichtet ʿUrwa b. az-Zubair; sie hätten es zum Opferfest und zum Fest des Fastenbrechens getragen. Allerdings sei es nicht mehr im ursprünglichen Zustand, fügte er hinzu. Es sei so sehr verschlissen, daß man es in einen neuen Stoff habe einfassen müssen. Diese Angaben beziehen sich vermutlich auf die mittlere Omaijadenzeit, in der ʿUrwa sein umfangreiches Material über Mohammed sammelte. Jedoch ist schon Muʿāwijas Interesse an solchen durch die Berührung mit dem Propheten geheiligten Erinnerungstücken bezeugt. Für zwanzigtausend Dirhem erwarb er von Kaʿb b. Zuhair den Mantel, den dieser geschenkt bekommen hatte, als er Mohammed seine berühmten Lobverse vorgetragen hatte.[213] Der Dichter rühmte damals den Gesandten Allahs als einen kampfesmutigen Stammesführer vorislamischer Prägung, schilderte ihn freilich auch als einen Mann, der über die Abrechnung am Jüngsten Tag predigte und deshalb von dem, der ihn beleidigt hatte, ein rückhaltloses Geständnis der Schuld erwartete.[214] Kaʿb b. Zuhair hatte nämlich den eigenen Bruder, der ein Muslim geworden war, scharf getadelt und empört gefragt, wie man nur den Glauben der Väter aufgeben und jenem Propheten folgen könne; dies sei ein Zeichen von purer Unvernunft. Als Mohammed diese Worte zu Ohren gekommen waren, hatte er Kaʿb für vogelfrei erklärt, und nun hatte ihn der Frevler in derart anrührenden Worten um Verzeihung gebeten! Tief bewegt entledigte sich Mohammed seines Mantels und hängte ihn dem Dichter um die Schultern. Dieses Ereignis fällt in das Jahr 9 (begann am 20. April 630), in jene Tage, in denen Mohammed die Versöhnung mit den quraišitischen Feinden betrieb, mit jenen neuesten Muslimen, als deren Eifrigste sich Abū Sufjān und Muʿāwija erweisen sollten. Der Mantel (arab.: *al-burda*) symbolisiert den Beginn jenes Vorganges, auf den aḍ-Ḍaḥḥāk b. Qais mit dem „Ausdehnen des Landes" anspielte: Diejenigen, die vorher den göttlichen Heilsplan abgelehnt hatten, waren durch den Akt des Verzeihens in ihn einbezogen worden; sie hatten die Gelegenheit erhalten, sich zu bewähren – und sie bewährten sich, sie errichteten die durch den Propheten angesteuerte Herrschaft in aš-Šaʾm, sie erzwangen nach der Fitna die Eintracht und retteten den Heilsplan vor dem Scheitern.

Muʿāwija und Abū Huraira: das Verfügen über das „Wissen"

Der Mantel, der den Körper des Propheten umschloß, nahm in sich dessen segenspendende Wirkung auf und vermittelt sie dem, der sich in ihn hüllt.[215] Ein Mantel, vor dem Propheten wie zum Entgegennehmen reicher Gaben aufgehalten, sammelt dessen weise, einer überirdischen Einsicht entströmende Worte ein, und damit gelangen wir zum zweiten Aspekt der Aneignung Mohammeds durch die Omaijaden. Abū Huraira von den Banū Daus, jener Mann, der bei der Belagerung Ḫaibars mit einigen Stammesgenossen zu Mohammed gekommen und zum Islam übergetreten war, redete viel über den Propheten und über die Dinge, die dieser getan oder gesagt hatte – oder haben sollte. Er rechtfertigte seine Mitteilsamkeit mit einer großmütigen Handlung, durch die Mohammed ihn ausgezeichnet habe: „Ich hörte von dir zahlreiche Überlieferungen, aber ich vergesse sie danach", klagte er diesem sein Leid, worauf ihm der Gesandte Allahs riet: „Halte deinen Mantel auf!" Abū Huraira tat es, und Mohammed schöpfte mit der Hand etwas in die Vertiefung hinein, dann befahl er: „Füge (die Stoffränder) zusammen!" Seitdem will Abū Huraira nie wieder ein *Ḥadīṯ* vergessen haben, das er aus dem Munde des Propheten hörte.[216] – Als Abū Huraira zu Mohammed stieß, war er etwa Mitte zwanzig Jahre alt. Nach dessen Tod sagten sich viele Stämme vom Islam los, und nun begegnet uns Abū Huraira im Osten der Halbinsel, wo er sich an den Kriegen gegen die sogenannten Apostaten beteiligte.[217] Im Jahre 20 (begann am 21. Dezember 640) trieb er im Auftrag ʿUmars die Abgaben von Bahrain ein[218] und geriet, als er nach Medina zurückgekehrt war, in den Verdacht, Gelder veruntreut zu haben. Den Einwand, er habe sich seinen Reichtum durch erfolgreiche Pferdezucht redlich erworben, ließ der Kalif nicht gelten und beschlagnahmte einen großen Teil des Vermögens.[219] Das Zerwürfnis mit ʿUmar hatte noch andere Ursachen, auf die wir in Kürze zu sprechen kommen. Abū Huraira zog es danach wieder in den Osten, diesmal in die Kufa nachgeordneten Gebiete am Kaukasus und im Süden des Kaspischen Meeres. Schon vor dem Tod ʿUmars war man über Derbend hinaus in das „Land der Türken" vorgedrungen; deren Herrscher hatte zu Anfang von zielstrebiger Gegenwehr Abstand genommen, weil er es für möglich hielt, daß die Angreifer einen übernatürlichen Schutz genössen. Sobald er seinen Irrtum erkannt hatte, brachte er den Muslimen eine schwere Schlappe bei. Augenzeuge dieser Vorgänge war Abū Huraira; unmittelbar darauf setzte er sich mit den Zurückgeschlagenen nach Gilan und dann nach Gurgan ab.[220] Während der Fitna stellte er sich auf die Seite ʿUṯmāns. Als die rebellierenden Ägypter den Kalifen mit Steinen beworfen hatten und der Verwundete in seinen Amtssitz zurückgetragen worden war, zeigte sich

Abū Huraira neben Zaid b. Ṯābit und ʿAlīs Sohn al-Ḥasan bereit, das Leben im Kampf gegen die Aufrührer zu riskieren.[221] Diese Haltung änderte er während des Bürgerkrieges nicht. Seit der Ermordung ʿAlīs leitete er in Medina die rituellen Pflichtgebete, floh aber vorübergehend, als ein Schiit dort die Anerkennung des Kalifats al-Ḥasans durchsetzen wollte.[222]

Das Todesdatum Abū Hurairas ist umstritten. Es werden die Jahre 57 (begann am 14. November 676), 58 oder 59 genannt. Das späteste Datum wählt man, um plausibel zu machen, daß Abū Huraira die Totengebete nach dem Hinscheiden der letzten überlebenden Gattinnen des Propheten gesprochen habe, und zwar im Ramadan (begann am 27. Juni 678) 58 für ʿĀʾiša und im Šauwāl (begann am 16. Juli 679) 59 für Umm Salama. Kurz darauf sei er selber gestorben.[223] Viel häufiger heißt es allerdings, der Tod habe ihn schon 57 oder 58 ereilt, und dann fehlt der Hinweis auf die beiden Frauen.[224] Das Ableben Abū Hurairas war jedenfalls für die omaijadische Obrigkeit ein herausragendes Ereignis. Der Statthalter in Medina ließ es sich nicht nehmen, die Trauerzeremonien persönlich zu leiten, obwohl, wie vermerkt wird, hochangesehene Prophetengefährten wie ʿAbdallāh b. ʿUmar oder Abū Saʿīd al-Ḫudrī zur Stelle gewesen seien.[225] Was verkörperte Abū Huraira für die Omaijaden? Engen, täglichen Umgang soll er mit dem Propheten gehabt haben. Dies wird auf unterschiedliche Weise erzählt. Abū Huraira begleitete Mohammed unablässig und erhielt als Gegenleistung soviel Speise, daß er sich gerade sattessen konnte. „Seine Hand war mit der Hand des Gesandten Allahs, sie wendete sich, wohin der Gesandte sich wendete."[226] Um nur ja keinen Augenblick des Lebens Mohammeds zu verpassen, nahm er das Äußerste an Not und Elend auf sich und verzichtete auf jeglichen Broterwerb; er trieb keinen Handel, pflanzte keine Palmenschößlinge, schnitt keine reifen Fruchtstände von den Palmen. Er war bei Mohammed zugegen, wenn andere sich fortgemacht hatten, er prägte sich alles ein, sie aber vergaßen. So speicherte er in sich alles Wissen, entledigte sich aller Sorgen des Alltags, die ihn hätten ablenken können. Folglich wußte er weit mehr als alle übrigen Prophetengefährten zu überliefern. „Und Allahs gedachte er häufig, dankte ihm für die Wohltaten, die dieser ihm erwiesen hatte, nachdem er ein armer Tagelöhner gewesen war..."[227] Zusammen mit anderen Habenichtsen widmete sich Abū Huraira in Medina ganz und gar der Lobpreisung Allahs; niemand konnte ihn darin übertreffen. Denn bei jedem Rühmen Allahs entnahm er einem Beutel einen Kieselstein und ließ ihn fallen. Sobald der Beutel leer war, reichte er ihn einer schwarzen Dienerin, die alle Kiesel auflas und ihm den gefüllten Beutel zurückgab. Ebenso hartnäckig ging er beim Überliefern vor. Er wiederholte die *Ḥadīṯe* ein ums andere Mal, bis alle Anwesenden sie sich gemerkt hatten.[228]

Derartiges verbreitete man also über ihn. Lange Jahre war Marwān b. al-Ḥakam der Statthalter Muʿāwijas in Medina. Er forderte Abū Huraira auf, alles niederzuschreiben, was er von Mohammed überliefere. Mit diesem Verlangen stieß Marwān angeblich auf keine Gegenliebe. Der Statthalter überlistete dann Abū Huraira, und man zeichnete heimlich auf, was dieser vortrug. Eine spätere Überprüfung ergab, daß alles in fehlerfreier Weise niedergeschrieben worden war. Mit der geschichtlichen Wirklichkeit in jener frühen islamischen Zeit haben diese erbaulichen Erzählungen insofern zu tun, als schon unter ʿUmar die Frage erörtert worden war, ob das Aufzeichnen von Aussagen Mohammeds, die nicht dem Koran zugeordnet werden konnten, statthaft sei. Der zweite Nachfolger des Gottesgesandten hatte dies strikt verneint. Wenn auch die Aussagen über Abū Hurairas Haltung zur Verschriftlichung des *ḥadīṯ* nicht einheitlich sind, so wird er doch für die frühen Omaijaden zur herausragenden Autorität auf dem Gebiet der von ʿUmar b. al-Ḫaṭṭāb abgelehnten „islamischen Mischna". Man war sich sehr wohl dessen bewußt, daß man sich in einen krassen Gegensatz zu ihm begeben hatte. „Hätte ich die *Ḥadīṯe*, die ich heute überliefere, in der Zeit ʿUmars übermittelt, dann hätte er mir den Schädel eingeschlagen!" „Erst als ʿUmar verstorben war, durften wir sagen: ‚Der Gesandte Allahs sprach...'" Die Peitsche des Kalifen hatte man gefürchtet. Jetzt aber war es nicht mehr verpönt, sich auf Worte des Propheten zu berufen und die Autorität des Toten, die die Omaijaden so dringend benötigten, in die Gegenwart herein zu verlängern. „Wer absichtlich Lügen über mich verbreitet, der mag seinen Platz im Höllenfeuer einnehmen!" habe der Prophet gewarnt. Als Abū Huraira diesen Satz ʿUmar vorgetragen habe, sei dieser vollkommen beruhigt gewesen: Subjektive Ehrlichkeit schützt den Überlieferer vor der Verdammnis. Alles sei nunmehr in bester Ordnung, habe der Kalif befunden, Abū Huraira möge sich fürderhin keinen Zwang antun.[229] Ob diese Generalabsolution für jegliche Art Mohammed in den Mund gelegter Worte wirklich schon aus der frühen Omaijadenzeit stammt,[230] kann niemand mit Sicherheit sagen. Daß sich die Voraussetzungen für die Umgestaltung des erinnerten Mohammed zu einer unbegrenzbaren Autorität in Fragen der Glaubenspraxis wie des profanen Alltags bis in die Epoche des Kalifats Muʿāwijas entwickelten, haben wir schon auf mehreren Wegen erkannt: ʿĀʾiša, die jüngste der Gattinnen des Propheten, erringt ein kaum näher zu umschreibendes Ansehen als die Vermittlerin authentischen oder scheinbar authentischen Wissens über Mohammed, der gewünscht habe, die letzten Stunden mit ihr zu verbringen. Von der Wiederkehr des lebendigen Propheten, die ʿAbdallāh b. Sabaʾ zunächst erhofft hatte, braucht niemand mehr zu träumen. Ungleich weiter reicht die Autorität, die der tote Gesandte Allahs ausstrahlt, eine noch ganz formlose, biegsame, für vielerlei Zwecke nutzbare Autorität. Das omaijadische Kalifat griff nach ihr, ʿAbdallāh b. az-Zubair hatte sie in seinem Haß auf die Hāšimiten verschmäht, und ʿUmar war sich noch sicher gewesen, ohne sie auszukommen, wovon das nächste Teilkapitel Näheres berichten wird. Unter Muʿāwija I. ist jedoch längst eine unumkehrbare Entwicklung im Gang, an deren Ende der Inhalt des Islams von dem bestimmt sein wird, was eine Gruppe von Genossen des Propheten in dessen Namen in Umlauf gesetzt haben wird. Der ganze Islam wäre nichtig, falls nicht wahr wäre, was sie überliefern, wird ein gutes Jahrhundert später Hārūn ar-Rašīd (reg. 786–809) mit Schrecken bemerken.[231]

Marwān b. al-Ḥakams Lebensweg

So weit ist es jetzt noch nicht, aber daß es dahin kommen wird, daran haben die ersten Omaijaden nach Kräften mitgewirkt, und Abū Huraira ist einer der Männer gewesen, die ihnen besonders bedenkenlos die von

Mohammed hergeleitete Autorität zur Verfügung gestellt haben. Betrachten wir, was wir über den Lebensweg Marwān b. al-Ḥakams wissen, dann ahnen wir, wie tiefgreifend der Wandel war, dem die Botschaft des Propheten in den ersten fünfzig Jahren nach dessen Tod unterlag. Marwān war zu jenem Zeitpunkt acht Jahre alt. Die Jugend und die ersten Mannesjahre verbrachte er in Medina. ʿUṯmān b. ʿAffān, ein naher Verwandter, zog ihn an sich und beschäftigte ihn als Schreiber. Viele Medinenser waren darüber höchst erbittert; sie meinten, Marwān übe einen unguten Einfluß auf den Kalifen aus und trübe dessen Beziehungen zu den alten Gefährten Mohammeds. Als ʿUṯmān ihn überreich aus der nordafrikanischen Kriegsbeute bedachte,[232] ließen sich die Wogen der Empörung kaum noch glätten. Zu allem Überfluß entwickelte sich Marwān zu einem scharfen Kritiker Ṭalḥa b. ʿUbaidallāhs, dem er einen verfehlten Machtehrgeiz vorhielt, und verfeindete sich mit ʿĀʾiša, die wie Ṭalḥa dem Klan der Banū Taim b. Murra angehörte. Den Hintergrund bildete wahrscheinlich der Streit über die Frage, ob die Herrschaft den ʿAbd Manāf-Quraišiten vorbehalten bleiben müsse. Nachdem Marwān den Kalifen ʿUṯmān gegen die Aufrührer verteidigt hatte, stellte er sich denen zur Verfügung, die nach Rache riefen; auf der Seite az-Zubairs, ʿĀʾišas und Ṭalḥas focht er in der Kamelschlacht, schoß hinterrücks auf letzteren, den er für den eigentlichen Quell allen Übels ansah, und verwundete ihn tödlich. Selber schwer verletzt, entkam Marwān den Gefechten und leistete ʿAlī b. abī Ṭālib einen Huldigungseid. In Medina erlebte er das Ende des Ersten Bürgerkriegs und den Triumph seines Klangenossen Muʿāwija, der ihn im Jahre 42 (begann am 26. April 662) zum ersten Mal zum Statthalter des einstigen Mittelpunktes des islamischen Reiches ernannte. Mehrfach wurde er jedoch durch andere Verwandte des Kalifen abgelöst, und unter Jazīd amtierte Marwān überhaupt nicht mehr.[233]

Man schätzte Marwān falsch ein, wenn man die ungehemmten Schmähungen beim Wort nähme, die vielleicht schon zu seinen Lebzeiten über ihn und seinen Vater kursierten. In schiitischen Kreisen in Basra erzählte man sich beispielsweise diese Verwünschung: Marwāns Vater al-Ḥakam b. abī l-ʿĀṣ suchte eines Tages um ein Gespräch mit dem Gesandten Allahs nach, der seinem Türsteher befohlen habe: „Laßt ihn eintreten, diese Schlange oder diesen Sohn einer Schlange, Allah verfluche ihn und jeden, den er zeugt, abgesehen von den Gläubigen unter seinen Nachkommen, und das werden nur wenige sein! Im Diesseits werden sie hoch geehrt, im Jenseits erniedrigt, diese Ränkeschmiede und Betrüger, die man hier rühmt, während sie am (glücklichen) Jenseits keinen Anteil haben!“[234] Die *ḥadīṯ*-Gelehrten sind sich nicht sicher, ob Mohammed je einen solchen Satz gesprochen habe. Im Januar 630 hatte al-Ḥakam den Islam angenommen und war nach Medina übergesiedelt. Dort hatte er eines Tages den Gesandten Allahs in einer intimen Situation überrascht und ihm ins Gesicht gegrinst, worauf Mohammed ihn eine Zeitlang aus Medina nach aṭ-Ṭāʾif verbannte. In den empörten Bericht über eine solche Respektlosigkeit mischt man eine Weissagung des Propheten: Er sieht voraus, daß sich al-Ḥakams Söhne auf den Predigtkanzeln breitmachen werden,[235] „auf ihnen umherspringen werden wie die Affen“, wie eine besonders mißgünstige Fassung lautet.[236] Hier ist das Ressentiment der Überlieferer herauszuhören, die ihresgleichen für geeigneter erachten, sich in Sachen des Islams zu betätigen. Denn al-Ḥakams Sohn Marwān war als ein eifriger Rezitator des Korans bekannt, als ein Mann, der sich um Einsicht (arab.: *al-fiqh*) in die lebenspraktischen Konsequenzen des Glaubens bemühte,[237] mit Strenge auf die Einhaltung der von Allah gezogenen „Grenzen" (arab.: *al-ḥudūd*) achtete und trotzdem als der kultivierteste unter den jungen Quraišiten gepriesen wurde.[238] Auch konnte man ihm nicht vorwerfen, daß er die Lebensleistung der „ersten Auswanderer" geringgeschätzt habe. Bei seiner Amtsführung betrachtete er die Entscheidungen" (arab.: Sg. *al-qaḍāʾ*), die auf ʿUmar b. al-Ḫaṭṭāb zurückgingen, als vorbildlich. Während seiner Statthalterschaft beauftragte er Abū Salama und Muṣʿab, zwei Söhne ʿAbd ar-Raḥmān b. ʿAufs, mit dem Treffen von „Entscheidungen", was zeigt, daß er die Sachkenntnis und das Ansehen der „frühen Auswanderer" für sich zu nutzen bestrebt war.[239]

Vom eigenen Entscheiden zur Inanspruchnahme der Autorität des Propheten

Marwān befolgte mithin die von den älteren Prophetengenossen für gut befundenen Methoden der Entwicklung der „besten Gemeinschaft": Unter Zugrundelegung des Korans und der in ihm aufgezeigten „Grenzen" suchten sie in eigener Verantwortung nach „islamischen" Lösungen für die vielen Fragen, die der Alltag aufwarf. Der Medinenser Qabīṣa b. Ḏuʾaib (gest. ca. 700)[240] schildert, wie eine Frau gelobt hatte, ihren Sohn an der Kaaba zu opfern, sofern sie eine nicht näher bezeichnete Tat begehen sollte. Es trat die Bedingung ein, unter der sie ihr Gelübde hätte erfüllen müssen. In ihrer Not wollte sie von ʿAbdallāh b. ʿUmar wissen, wie sie die Tötung des Sohnes umgehen könne. Allah bestehe auf der Erfüllung dessen, was man gelobt habe, verbiete allerdings, Angehörige der eigenen Sippe umzubringen. Diese Antwort ließ die Frau ratlos. ʿAbdallāh b. al-ʿAbbās erinnerte sie an ʿAbd al-Muṭṭalib, dem Allah gestattet hatte, an Stelle des Sohnes einhundert Kamele zu opfern. Die Sache kam Marwān zu Ohren, und dieser befand, ein Gelübde, das eine Widersetzlichkeit gegen Allah – hier: das Töten des eigenen Sohnes – zum Inhalt habe, sei nichtig; Marwān empfahl der Frau, Buße zu tun. Diese Entscheidung löste bei den Menschen Bewunderung aus; man erkannte, daß Marwān ein zutreffendes Gutachten (arab.: *al-fatwā*) erteilt hatte, und fortan entschied man in ähnlichen Fällen, daß es kein Gelübde geben dürfe, das eine Widersetzlichkeit gegen Allah vorsehe. – Eines Tages erkundigte sich Marwān bei einem Enkel Abū Mūsā al-Ašʿarīs: „Ist es richtig, daß nach eurer Ansicht (im Erbgang) der Großvater nicht an die Stelle des Vaters rückt, wenn ein Vater unauffindbar ist?" „Jawohl", bekräftigte der Gefragte, worauf Marwān wissen wollte: „Warum ändert ihr das nicht?" „Nicht einmal du könntest das ändern!" beharrte der Enkel Abū Mūsās. Marwān gab zu bedenken: „Ich bezeuge zu Lasten ʿUṯmāns, daß er zu Lasten Abū Bakrs bezeugte, daß dieser den Großvater an die Position des Vaters rückte, wenn ein Vater unauffindbar war."[241] Das Ansehen des ersten und des dritten Kalifen hätte die Verfechter der anderen Meinung zum Einlenken bewegen sollen.

Die eigenverantwortliche Einsicht in die Forderungen, die der Islam gegenüber den Mitgliedern der „besten Gemeinschaft" erhebt, führt keineswegs immer zu verwertbaren Ergebnissen. Viel hängt von der Fähigkeit der Sachkenner ab, einen Fall auf den Punkt zu bringen und dann zu einer überzeugenden und praktikablen Lösung zu gelangen, wie dies Marwān beim Problem des Gelübdes glückte. Es gibt ferner Umstände, bei denen zwei oder mehr plausible Entscheidungen möglich sind. Könnte man dann auf Vorgaben zurückgreifen, wäre manches leichter, vor allem wenn die Vorgaben mit einer Autorität ausgestattet wären, die jeden Widerspruch erstickte. Denn selbst Marwān ist nicht in der Lage, seine Entscheidungen durchzufechten, obwohl er sich auf Abū Bakr und ʿUṯmān beruft. Wörtlich dürfen wir die Episode nicht nehmen, in der Marwān sich mit List eine Mitschrift der Überlieferungen Abū Hurairas verschafft. Sie deutet darauf hin, daß anders als unter ʿUmar b. al-Ḫaṭṭāb das Bedürfnis, im Namen einer höheren Autorität zu sprechen, jetzt auch unter den Herrschenden spürbar geworden war. Marwān galt im übrigen für einen kompetenten *ḥadīṯ*-Kenner,[242] er gehörte ja auch der Generation an, deren Kindheits- oder Jugendjahre noch in die Lebenszeit Mohammeds fielen; die Kriege um die Etablierung des medinensischen Gemeinwesens hatten sie nicht bewußt erlebt, geschweige denn die mekkanischen Auseinandersetzungen um den wahren Kaabakult. Die „frühen Auswanderer" hatten nach Mohammeds Tod das Heft in die Hand genommen, die jüngeren aber machten sich ihre eigenen Gedanken darüber, wie ein Prophet geredet und gehandelt haben müßte. Und sie glaubten zu wissen, daß es sich gerade so verhalten habe. Sie beriefen sich auf ihn, die „frühen Auswanderer" hatten an der Tatsache ihrer Befugnisse genug. Von welcher Art das Material war, das die Jüngeren dem Propheten zuschrieben, werden wir uns vergegenwärtigen. Ihnen jedenfalls wird Mohammed nicht nur zum Spender der Legitimität der Kalifenherrschaft, ihnen wird er zum Ursprung aller Verhaltensnormen, denen die „beste Gemeinschaft" und ihr Oberhaupt verpflichtet sind. Im Idealfall hätte der „Befehlshaber der Gläubigen" dann keinerlei so schwer zur Geltung zu bringende eigene Einsicht mehr nötig. Muʿāwijas Bemühen um die Nutzung der Erinnerung an Mohammed für die Zwecke des Machterhalts überlagerte sich demnach mit dem unbegrenzbaren Zugewinn an Zuständigkeiten, die man dem Propheten für den gesamten Lebensvollzug zubilligte: Mohammed wuchs ins Übergroße.[243]

Das Wirken Kaʿb al-Aḥbārs und die in seinem Namen verbreitete Propaganda

Dies alles wurde dadurch beschleunigt, daß sich in der frühen Omaijadenzeit vielfältige Möglichkeiten der Einbeziehung der neuen Religion in die aus aš-Šaʾm stammende, seit dem 4. Jahrhundert in die Arabische Halbinsel einsickernde jüdisch-christliche Überlieferung ergaben. Namen wie Kaʿb al-Aḥbār und ʿAbdallāh b. ʿAmr b. al-ʿĀṣ stehen für diesen Vorgang, auf dessen Spuren wir schon am Beginn unserer Studien über Mohammed stießen. Kaʿb al-Aḥbār wußte, daß Allah von der Kaaba aus alles Land hinbreitete; sie war von Anfang an der Mittelpunkt des Diesseits. Wie kamen die Verbindungen zwischen Kaʿb und den Omaijaden zustande? Er war ein Neffe jenes Ḏū l-Kulāʿ, der, durch den Propheten umworben, sich unter Abū Bakr für den ersten großen Feldzug nach aš-Šaʾm zur Verfügung gestellt und dann im Kampf um Damaskus Verdienste errungen hatte.[244] Ḏū l-Kulāʿ hatte sich in Hims niedergelassen, besaß in Damaskus aber etliche Läden. Schließlich verschaffte ihm Muʿāwija einen Wohnsitz in der Metropole, und zwar im „Haus der Medinenser".[245] Im Bürgerkrieg betätigte sich Ḏū l-Kulāʿ als beredter Agent für die Sache Muʿāwijas.[246] Doch erreichte er auf dem Gebiet des Predigens und „Erzählens" (arab.: *al-qaṣaṣ*) bei weitem nicht den Ruhm seines Neffen. Kaʿb nämlich hatte sich, zunächst aus eigenem Antrieb, ganz auf diese Kunst verlegt, auf das erbauliche Weiterspinnen koranischer Motive, das schon unter ʿUmar aufgekommen war. Ḏū l-Kulāʿ meinte allerdings, daß man das nicht ohne Einwilligung des Herrschers praktizieren durfte; Muʿāwija erkannte die Wirksamkeit dieses Mittels der Indoktrinierung und erteilte Kaʿb die Erlaubnis. ʿAuf b. Mālik al-Ašǧaʿī, der sich während des Krieges um Ḫaibar dem Islam angeschlossen hatte und in aš-Šaʾm zu einigem Ansehen gelangt war,[247] steuerte den passenden Satz bei, den er von Mohammed gehört haben wollte – als es die darin beantwortete Frage noch gar nicht gegeben hatte: „Die ‚Erzähler' sind von dreierlei Art: Sie sind entweder die Befehlshaber selber oder deren Beauftragte, oder sie sind Schwindler."[248]

Wir dürfen nicht hoffen, daß wir Kaʿb al-Aḥbārs Äußerungen im unveränderten Wortlaut vor uns haben. Manches, was man mit ihm in Verbindung bringt, ist nach seinem Tod, der in die letzten Jahre des Kalifats ʿUṯmāns fällt,[249] den Ereignissen angepaßt worden, so die vorhin zitierte Aufzählung der fünf verfluchten Städte: Aṭ-Ṭuwāna und Antiochien tauchen in der arabischen Geschichtsüberlieferung erst in den Kriegen gegen Byzanz auf, die am Ende der Regierungszeit ʿAbd al-Maliks und kurz danach ausgefochten wurden.[250] Es finden sich in den Quellen jedoch Hinweise auf einen größeren Schülerkreis Kaʿbs,[251] so daß verständlich wird, warum sich das von ihm verfochtene Gedankengut verbreiten und erhalten konnte. Wofür Kaʿb Zeugnis ablegte, das war die Eigenart des omaijadischen Herrschertums; jedenfalls wurde er dafür in Anspruch genommen, so etwa von ʿAbd al-Malik, der sich versichern ließ, laut einer Weissagung Kaʿbs würden nach seinem Tod einundzwanzig Kalifen regieren.[252] Kaʿb schöpfte seine bisweilen kruden Auslassungen über Allah und die Welt, wie er vorgab, aus der Tora. Selten genug wird dergleichen wirklich so gewesen sein. Zwar taucht in der biographischen Überlieferung die schattenhafte Gestalt eines Abū Samauʾal aus Galiläa auf, eines Juden, der unter Abū Bakr, vielleicht auch erst unter Muʿāwija zum Islam übertrat und den passenden Beinamen Abū Muslim erhielt. Dessen Worte habe man in Hims weitergegeben, vor allem aber gilt er als der Lehrer Kaʿbs. Ursprünglich habe Abū Samauʾal eine mönchische Lebensweise gepflegt, sich unter ʿUmar jedoch der profanen Welt geöffnet, wie es sich für einen Muslim ziemt. In ihm haben wir einen Mann vor uns, der, in diesem Falle auf der Grundlage des Judentums, eine religiöse Deutung und Formung des Alltags predigte, die ihren Ausgang von der Ehrfurcht vor einem allmächtigen Schöpfer nahm: Ins Paradies gelangt, wer beim Kauf eines Gewandes, beim Stillen des Hungers, beim Erwerb eines Reittiers Allah dankt – denn von ihm einzig und allein rührt alles her; so steht auch geschrieben, daß man im Schrecken vor dem Herrn den Acker bestellt.[253]

Das Rühmen Allahs und der eifrige Vollzug der Riten wirken sich laut Kaʿb al-Aḥbār auf das Verhalten des Einen gegenüber der Schöpfung aus:

„Allah gab Mose neben anderem ein: ‚O Mose, gäbe es nicht jemanden, der mich lobt, ließe ich keinen Tropfen vom Himmel fallen und kein Blatt aus dem Boden sprießen. O Mose, gäbe es nicht jemanden, der mich anbetet, gewährte ich denen, die sich mir widersetzen, nicht einen Augenblick Aufschub. O Mose, gäbe es nicht jemanden, der bezeugt, daß kein Gott außer Allah ist, überließe ich der Gehenna die Macht über das Diesseits. O Mose, wenn du die Armen triffst, dann frage sie (nach dem Jenseits), wie du die Reichen (danach) ausfragst! Denn wenn du das nicht tust (und sie nicht warnst), dann magst du alles unternehmen, was du weißt – oder was du irgend tun kannst –, du bist nichts weiter als Staub! Möchtest du, daß dich am Tag der Auferstehung nicht der Durst plagt?‘ ‚Ja, o mein Gott!‘ ‚Dann sprich oft Gebete für Mohammed!‘“[254] – ʿAbdallāh b. abī Aḥmad, ein Mann, der Muslim wurde, noch ehe der Gesandte Allahs im Haus al-Arqams für seine Botschaft zu werben begonnen hatte, stammte aus der Sippe der Banū Asad b. Ḫuzaima, die mit den Banū ʿAbd Šams einen Schwurbund geschlossen hatte. Eines Tages kehrte er mit reicher Beute von einem Feldzug zu Muʿāwija zurück. Als er diesem gegenüber ein Jahr danach Rechnung legen wollte, bemerkte er mit Bestürzung, daß das Bargeld verbraucht war. Zufällig begegnete er Kaʿb al-Aḥbār, der ihn beruhigte und ihm riet, sich von den verbliebenen Vermögenswerten Dattelpalmen zuzulegen. „Du findest sie im Buch Allahs: Sie sind die nahrungspendenden Bäume auf unfruchtbarer Erde, die festverwurzelten im Sumpf. Das beste Eigentum sind sie. Wer sie verkauft, ist ruiniert. Wer sie kauft, hat seine Speise. Wer sie veräußert, gleicht der Asche auf kahlem Felsen, die an einem stürmischen Tag fortgeweht wird.“ ʿAbdallāh b. abī Aḥmad folgte der Empfehlung.[255] – Allah schickte Adam Stäbe in der Zahl der künftigen Propheten hinab. Adam vermachte sie seinem Sohn Seth; es seien Symbole für den festen Bund, der zwischen Allah und den Menschen bestehe. „Und immer, wenn du Allahs gedenkst“, mahnte Adam, „dann gedenke auch des Namens Mohammeds! Denn als ich noch ein Lehmkloß und noch nicht beseelt war, erblickte ich den Namen Mohammeds an einem Bein des Throns.“ Kein Fleck im Himmel sei frei von diesem Namen, auch im Paradies sei er allenthalben zu sehen, die dortigen Engel priesen ihn unablässig.[256] – „Im Buch Allahs“, womit Kaʿb die Tora meinte, „finden wir, daß die Erde die Form eines Adlers hat. Der Kopf ist aš-Šaʾm, die beiden Flügel sind der Osten und der Westen, der Schwanz ist der Jemen. Den Menschen geht es so lange gut, wie man den Kopf nach Ungeziefer absucht und wie der Kopf (Kraft) aus dem Körper zieht, nicht aber der Körper aus dem Kopf. Denn wenn das geschieht, gehen die Menschen zugrunde. Bei dem, in dessen Hand Kaʿbs Seele ruht, es wird über die Menschen eine Zeit hereinbrechen, in der keine ‚Insel der Araber‘ – oder keine Lagerstadt – mehr sein wird, in der nicht eine Reiterschar aus aš-Šaʾm um des Islams willen gegen die dortigen Bewohner kämpfen wird. Ohne den Kampf (der Reiter aus aš-Šaʾm) werden jene in den Unglauben zurückfallen.“[257]

Was Kaʿb zu „erzählen“ hatte, bediente sich frei eines Stoffes, der außerhalb des Korans lag; im letzten Beispiel wird ausdrücklich angemerkt, daß er aus der Tora schöpfe. Daß dies nicht für bare Münze genommen werden darf, deuteten wir an. Es ist nicht schwierig, diesen Stoff so einzusetzen, daß der Gründer der neuen Religion in den Mittelpunkt gerückt wird. Diese ist nun gewiß nicht mehr die Frucht unterschiedlicher Nährquellen wie der quraišitischen Riten und deren Auslegung durch die „Strengen", des gnostischen Gedankenguts und des Ḥanīfentums, das letzten Endes unter ʿUmar b. al-Ḫaṭṭāb seine Hochblüte erlebte, sondern nur noch das Werk jenes einen Gesandten Allahs, der schon vor aller Zeit erwählt worden ist. Daß er seine Botschaft verkündet hat, verleiht den Omaijaden, die sein Erbe angetreten und auf dem Felde der Machtpolitik verwirklicht haben, das Recht, die Stellvertreterschaft Allahs auszuüben. Als ʿAbd al-Malik kurz nach dem Sieg über Muṣʿab b. az-Zubair nach aš-Šaʾm aufbrach, schärfte er seinem Heer ein, was es mit der „Vollmacht" (arab.: *as-sulṭān*) auf sich habe, die er, der Kalif, verkörpere: Er sei der „Schatten Allahs auf der Erde", er habe Gehorsam und Eintracht (arab.: *al-ǧamāʿa*) zu fordern.[258] An anderer Stelle ist sogar davon die Rede, daß ʿAbd al-Malik als der „Stellvertreter" Allah lieber sei als der Gesandte.[259]

4. Die Autorität des Propheten

Die Legitimität des *ḥadīṯ*

In der Gestalt des ʿAbdallāh b. ʿAmr b. al-ʿĀṣ (gest. ca. 685) treffen wir auf einen weiteren Protagonisten der „erzählerischen" Anreicherung der koranischen Botschaft sowie der unbeschränkten Inanspruchnahme der Autorität Mohammeds. In den Auseinandersetzungen zwischen ʿAlī b. abī Ṭālib und Muʿāwija brachte die omaijadische Seite diesen ʿAbdallāh als einen möglichen „Befehlshaber der Gläubigen" in die Debatte; seine Frömmigkeit schien ihn zu diesem Amt zu befähigen.[260] Man läßt ihn auch mit Kaʿb al-Aḥbār zusammentreffen, der seine Einsicht in die Tragweite der Worte des Korans pries. Denn ʿAbdallāh hatte festgestellt, daß die Erkenntnisse, die die Auguren aus dem Vogelflug gewönnen, letzten Endes nichts anderes seien als die von Allah gewirkten Zeichen. Ebendies bezeuge auch die Tora, hob Kaʿb lobend hervor.[261] Ohnehin galt der Sohn des Eroberers von Ägypten als ein Mann, der „die Bücher" studiert hatte.[262] Man schreibt ihm jedoch auch die folgende Behauptung zu: „Alles, was ich vom Gesandten Allahs hörte, zeichnete ich auf, um es auswendig zu lernen." Man habe ihn gefragt, was er da eigentlich tue; schließlich sei der Gesandte Allahs nur ein Mensch (vgl. Sure 25, 20), „der sich im Zorn wie im Einverständnis äußerte. Deshalb unterließ ich das Aufschreiben und sprach mit dem Gesandten Allahs darüber. Dieser befand: ‚Schreib nur! Denn bei dem, in dessen Hand meine Seele liegt, (meinen Mund) verläßt nichts als die Wahrheit!'"[263] Diese fiktive Zustimmung Mohammeds zum durch ʿUmar b. al-Ḫaṭṭāb untersagten Aufzeichnen von angeblichen oder tatsächlichen Worten, die nicht in die Offenbarung eingegangen waren, belegt eindrücklich, wie schnell die Berufung auf die Autorität des Propheten zum Problem wird und wie sehr er der menschlichen Sphäre entrückt werden muß. Spricht er nicht oft unter dem Einfluß seiner Empfindungen, und darf man das, was er unter solchen Umständen sagt, als Wahrheit anerkennen, als eine den Willen Allahs ungetrübt wiedergebende Äußerung, in ihrem Gewicht der „Lesung" vergleichbar? Man muß es sogar, lautet die Antwort, die Mohammed dem Jüngling gegeben haben soll. Laut al-Wāqidī verhielt es sich folgendermaßen: ʿAbdallāh b. al-ʿAbbās, ʿAbdallāh b. ʿUmar, Abū Saʿīd al-Ḫudrī, Abū Huraira, ʿAbdallāh b. ʿAmr b. al-ʿĀṣ, Ǧābir b. ʿAbdallāh,[264] Rāfiʿ b. Ḫadīǧ,[265] Salama b. ʿAmr b. al-Akwaʿ,[266] Abū Wāqid al-Laiṯī,[267] ʿAbdallāh b. Buḥaina[268] und andere Gefährten des Gesandten Allahs pflegten in Medina „Gutachten" zu erteilen, d.h. Urteile über den Islam und seine lebenspraktischen Konsequenzen zu erlassen, sowie auf Autorität Mohammeds *Ḥadīṯe* in Umlauf zu setzen, seitdem ʿUṯmān ermordet worden war; nicht alle von ihnen, schränkt al-Wāqidī ein, nämlich nur Ibn al-ʿAbbās, Abū Saʿīd al-Ḫudrī, ʿAbdallāh b. ʿUmar, Abū Huraira und Ǧābir b. ʿAbdallāh hätten sich auf dem Gebiet der „Gutachten" in besonderer Weise hervorgetan.[269] In jenen Jahren, in denen die Unzufriedenheit über das Auseinandertreten vom erträumten Ideal und der Wirklichkeit um sich griff und ʿAbdallāh b. Sabaʾ nicht wenigen mit dem Gerede von der Wiederkunft Mohammeds den Kopf verdrehte, verlegten sich namhafte Angehörige der Generation, die als junge Burschen Mohammed gesehen hatten, darauf, ihre Meinung dazu zu äußern, wie es eigentlich in der „besten Gemeinschaft" zugehen solle; sie kleideten ihre Ansichten in eine fiktive wörtliche Rede (arab.: *al-ḥadīṯ*) des Propheten.

ʿUmars eigenverantwortliche Entscheidungen und deren Umwandlung in *Ḥadīṯe*

Sie verschafften damit einer Gattung von Texten Wertschätzung und Anerkennung, die sicher schon vorher kursierten, aber eben noch nicht als irgend verbindlich, d.h. als neben dem Koran zu beachten gegolten hatten. Maßnahmen, die ʿUmar b. al-Ḫaṭṭāb anordnete, bedurften keiner Bestätigung durch Aussagen, deren Echtheit überhaupt nicht nachzuweisen war. Als „Nachfolger des Nachfolgers des Gesandten Allahs" fällte er jede Entscheidung (arab.: *al-qaḍāʾ*) in eigener Verantwortung. Beispiele dafür haben sich als Zitate in späteren Werken erhalten. So hatte ʿUmar eines Tages in Erfahrung gebracht, daß etliche Leute Mittel aus dem Staatsschatz bekommen hatten, um den Dschihad zu führen; sie waren dann ihrer Absicht untreu geworden, weswegen der Kalif anordnete, er habe einen Anspruch auf die betreffenden Mittel, sie müßten rückerstattet werden.[270] Von ʿUmars Sorge um die Bewahrung der rituellen Reinheit außerhalb der „Insel der Araber" haben wir gehört. Die *muǧāhidūn* sollten genau prüfen, welche Käsesorten gemäß den Regeln der islamischen Glaubenspraxis erlaubt seien und welche nicht; desgleichen hätten sie zu gewährleisten, daß sie sich nie in Felle von Tieren kleideten, die verendet waren und daher als Aas und als unrein zu gelten hatten.[271] Bemerkenswerterweise finden sich daneben *Ḥadīṯe*, die die Frage der Genießbarkeit des von Andersgläubigen erzeugten Käses mit einem Wort des Propheten beantworten; bei Tabuk oder während des Einzugs in Mekka soll er sich dazu geäußert haben.[272] Angesichts dieser Unklarheit über den Ort, an dem er die entscheidenden Worte gesprochen haben soll, geht man nicht fehl, wenn man in diesen Überlieferungen eine nachträgliche Berufung auf seine Autorität erkennt. Ähnliches haben wir bei der Einführung der Riten für die Ramadannächte beobachtet.

Ein weiteres oft erwähntes Beispiel für die Festlegung von Regeln ohne Bezugnahme auf Mohammed sind die von ʿUmar erlassenen Ausführungsbestimmungen für die Einziehung der *ṣadaqāt*. In der malikitischen Rechtsschule wird der Inhalt seines diesbezüglichen Schreibens wie folgt überliefert: „Bei vierundzwanzig und weniger Kamelen ist Kleinvieh einzufordern, und zwar ein Schaf auf je fünf Kamele. Beläuft sich die Zahl der Kamele auf bis zu fünfunddreißig, dann wird das weibliche Fohlen einer Zuchtstute fällig und falls ein solches Fohlen nicht vorhanden ist, das männliche Fohlen einer Milchstute. Beläuft sich die Zahl bis auf fünfundvierzig, dann das weibliche Fohlen einer Milchstute. Beläuft sich die Zahl bis auf sechzig, dann eine dreijährige Stute, die durch einen Hengst gedeckt werden kann. Beläuft sich die Zahl bis auf fünfundsiebzig, dann ein Junghengst. Beläuft sich die Zahl bis auf neunzig, dann zwei weibliche Fohlen einer Milchstute. Beläuft sich die Zahl bis auf einhundertzwanzig, dann zwei dreijährige Stuten, die gedeckt werden können. Geht die Zahl darüber hinaus, dann für je vierzig ein weibliches Fohlen einer Milchstute sowie für je fünfzig eine dreijährige Stute..." Es schließen sich ebenso detaillierte Bestimmungen bezüglich des Kleinviehs an. Die Echtheit dieses Schreibens sei in Medina unumstritten, der Inhalt werde von den Gelehrten anerkannt.[273]

Die nämlichen Bestimmungen entdeckt man in dem von Schülern aš-Šāfiʿīs (gest. 820) zusammengetragenen umfangreichen Handbuch des islamischen Rechts, freilich in einem völlig veränderten Umfeld. Unter der Überschrift: „Wie die *ṣadaqa* auferlegt wurde" heißt es dort: Aš-Šāfiʿī sagt: Uns teilte al-Qāsim b. ʿAbdallāh b. ʿUmar auf Autorität von al-Muṯannā b. Anas oder von NN b. Anas b. Mālik mit – aš-Šāfiʿī ist sich im Zweifel (über dieses Glied der Tradentenkette) – letzterer auf Autorität von Anas b. Mālik, welcher sagte: „Dies ist die *ṣadaqa.* Später wurden das Kleinvieh und anderes weggelassen, denn die Menschen verabscheuten das. Im Namen Allahs, des Barmherzigen, Erbarmungsreichen! Dies ist die *ṣadaqa*-Pflicht, die der Gesandte Allahs den Muslimen aufbürdet, da Allah sie ihm befahl. Wem (die *ṣadaqa*) den Regeln entsprechend abverlangt wird, der hat sie aufzubringen, und wem mehr abverlangt wird, hat dies nicht aufzubringen. Bei vierundzwanzig und weniger Kamelen ist Kleinvieh einzufordern, und zwar ein Schaf auf je fünf Kamele..." Es schließt sich der oben übersetzte Text des Schreibens ʿUmar b. al-Ḫaṭṭābs an, am Ende ergänzt um einige Präzisierungen für den Fall, daß die vorgesehene dreijährige Stute oder ein Junghengst nicht greifbar sind.[274] Für aš-Šāfiʿī ist es nicht mehr denkbar, daß der Kalif ohne Rückbezug auf den Propheten etwas so Grundlegendes wie die *ṣadaqa* geregelt haben sollte. Er leitet den Text dementsprechend vom Propheten selber her unter Einschaltung von Anas b. Mālik, dessen ḫazraǧitischem Diener. Zehn Jahre soll Anas alt gewesen sein, als seine Mutter ihn dem eben aus Mekka vertriebenen Mohammed übergab, und über einhundert Jahre soll sein Leben gewährt haben, das er nach der Teilnahme an den frühen Eroberungskriegen vorwiegend in Basra verbrachte. Aš-Šāfiʿī hat allerdings keine klaren Vorstellungen davon, wie der Text über Anas an den Tradenten gelangt sein soll, der ihn ihm übermittelt hat. Jener al-Qāsim b. ʿAbdallāh war ein Nachkomme ʿUmar b. al-Ḫaṭṭābs in der fünften Generation; er wirkte in Medina, wo er 773 verstarb. Die Gewährsmännerkritik seiner Zeit und danach belegt ihn mit abwertenden Charakterisierungen der schärfsten Art, nennt aber, wie meistens, keine konkreten Vorwürfe.[275] Laut aš-Šāfiʿī bezieht Anas b. Mālik den Text auf den

Gesandten Allahs und weist überdies in einem kurzen Vorspann darauf hin, daß von bescheidenen Viehbeständen weniger abzuführen sei als angeordnet; denn die ursprüngliche Höhe habe Unwillen erregt. Dann folgen die Basmala und die dem Propheten in den Mund gelegte Bemerkung, daß die Vorschrift auf Allahs Geheiß erlassen worden und in den festgesetzten Beträgen zu erbringen sei – ein eigenartiger Widerspruch zu der Milderung, von der Anas geredet haben soll. Die eigentlichen Bestimmungen stehen im Einklang mit dem, was das Schreiben ʿUmars enthielt, das – so der malikitische Autor, den wir vorhin zitierten – gemeinhin anerkannt sei.

Nach dem Ende der hier von Anas verbürgten Vorschriften kommt aš-Šāfiʿī noch einmal auf die unklare Überliefererkette zurück und spricht die erwähnten Präzisierungen an: Wenn jemand, der zur Übergabe eines jungen Kamelhengstes verpflichtet ist und kein Tier von der geforderten Eigenschaft in seiner Herde hat, mag er stattdessen eine dreijährige Stute nebst zwei Schafen oder zwanzig Dirhem abführen, „sofern ihm dies nicht schwerfällt". Viele vertrauenswürdige Tradenten kennten diese Fassung, allerdings ohne diesen Zusatz, der alles in der Schwebe läßt. Ḥammād b. Salama (gest. 783/4) aus Basra habe sie überliefert, und zwar unter Inanspruchnahme Ṯumāmas, eines Enkels von Anas, der sich auf den Großvater berufen habe. Aš-Šāfiʿī fährt fort: „Im übrigen meine ich betreffs des *Ḥadīṯ*es ‚Ḥammād auf Autorität von Anas', daß letzterer anmerkte: ‚Das Schreiben über die *ṣadaqa* auf Autorität des Gottesgesandten wurde Abū Bakr ausgehändigt.' Dann zitierte (Anas) den Inhalt, wie ich ihn wiedergab." Aus einer anderen Quelle schöpft aš-Šāfiʿī eine weitere Bekräftigung dafür, daß dieses Schreiben mit den *ṣadaqa*-Sätzen „auf dem Wege der Eingebung (arab.: *al-waḥj*) auf den Gesandten Allahs herabgekommen ist". Den ʿumarschen Text hat er bis hierhin einfach ignoriert, jetzt vermag er auf ihn einzugehen: Er enthält haargenau das gleiche wie die von Ḥammād b. Salama verbürgte Überlieferung, konstatiert aš-Šāfiʿī und atmet auf. Letztere – und nicht diejenige des übel beleumdeten al-Qāsim b. ʿAbdallāh b. ʿUmar – betrachtet er als die Grundlage des *ṣadaqa*-Rechts, dessen Einzelheiten er bald darauf erörtert. Über ʿAbdallāh, den berühmtesten Sohn ʿUmars, nimmt aš-Šāfiʿī nunmehr auch von dem Schreiben des Kalifen Notiz, flicht aber sogleich ein, er wisse nicht, ob ʿAbdallāh in die Kette der Gewährsmänner zwischen sich selber und den Propheten den Vater eingeschaltet habe.[276] Das Ergebnis dieses kleinen Ausflugs in die Welt des *ḥadīṯ* und der frühen Schariawissenschaft lautet, daß eine gut bezeugte Anordnung ʿUmar b. al-Ḫaṭṭābs im Laufe von anderthalb Jahrhunderten zu einem auf den Propheten selber zurückgeführten Text geworden ist. In diesem Fall hat man die Veränderungen, die hierzu nötig waren, in Basra vorgenommen. In Medina war dergleichen nicht so leicht möglich; Mālik b. Anas (gest. 795), der Gründervater der von dort ausgehenden Rechtsschule, wußte, daß ʿUmar der Urheber der *ṣadaqa*-Sätze gewesen war; der Medinenser al-Qāsim, der etwas anderes lehrte, genoß einen schlechten Ruf. In Basra dagegen konnte man sich nur den Propheten selber als die Quelle der Vorschriften vorstellen. Man setzte Anas b. Mālik, den Diener Mohammeds, als einen offenbar vielseitig verwendbaren Bürgen an den Beginn einer Tradentenreihe – ob er je mit dem Text etwas zu tun hatte, wissen wir nicht. Sein Enkel Ṯumāma bekleidete in der mittleren Omaijadenzeit in Basra das Amt eines Richters.[277] Ob bereits er für die Umwandlung der kalifischen Anordnung in eine Eingebung verantwortlich ist, bleibt ungewiß. Als er seines Amtes waltete, war jedenfalls die Gestalt des Gesandten Allahs so übermächtig geworden, daß man zumindest außerhalb Medinas auf den Gedanken verfallen konnte, „Entscheidungen" jenseits seiner Autorität habe es nie gegeben.

Der Einsicht in die Glaubenspraxis entspringende „Entscheidungen"

Eine Geschichte des frühen islamischen *fiqh*, des schon von Mohammed selber geforderten Strebens nach Einsicht in die Tragweite seiner Botschaft,[278] ist noch nicht geschrieben, obschon die Quellen reichlich fließen. Es muß genügen, an einigen Beispielen etwas genauer zu beobachten, was eben geschildert wurde: die Okkupation jener Einsicht durch die verklärte Figur des Propheten. Daß dergleichen unter ʿUmar bei der Leitung der „besten Gemeinschaft" noch keine Rolle spielte, zeigt der Fall eines gewissen Ḥābis b. Saʿd. Über ihn erfährt man, daß er in der Umgebung Abū Bakrs tätig war, als dieser die Nachfolge Mohammeds angetreten hatte. Die „Wissenschaft von den (Gewährs-) Männern" hat herausgefunden, daß Ḥābis nur von ihm und von Fāṭima, der Tochter des Propheten, überliefert habe. Mohammed hat er allenfalls gesehen, als Gefährte darf er nicht eingestuft werden. In dieser Hinsicht nimmt er demnach mit Abū Huraira den gleichen Rang ein, aber anders als jener machte er sich nicht anheischig, alles Erdenkliche mit der Autorität des Propheten abzustützen. Trotzdem wirkte er auch als Richter, als „Entscheider". In aš-Šaʾm ansässig, kämpfte er während des Ersten Bürgerkriegs auf omaijadischer Seite und fiel bei Ṣiffīn.[279] – Abū Mūsā al-Ašʿarī wurde im Jahre 17 (begann am 23. Januar 638) durch ʿUmar auf den Posten des Statthalters von Basra berufen.[280] Einen langen, engen Umgang mit dem Propheten konnte Abū Mūsā nicht vorweisen, war er doch, wie erinnerlich, zusammen mit den letzten äthiopischen Exilanten in Medina eingetroffen. Trotzdem war er es, der die im Heerlager von Basra zusammenströmenden Araber, von denen viele noch keine Bekanntschaft mit dem Islam gemacht hatten, „im Wissen unterrichtete und ihnen Einsicht verschaffte", offenbar zur Zufriedenheit ʿUmars. Denn er löste Abū Mūsā nicht schon nach einem Jahr ab, was er sonst oft mit seinen Amtsträgern machte. Neben ʿUmar, ʿAlī und Zaid b. Ṯābit zählt man Abū Mūsā zu den berühmten „Entscheidern" des frühen Islam.[281]

Während des Kalifats ʿUmars wurde der Maḫzūmite Saʿīd b. al-Musaijab geboren. In der mittleren Omaijadenzeit erwarb er sich den Ruhm des besten Kenners der „Einsicht" in die Auswirkungen der Glaubenspraxis. Man sagte ihm nach, daß sich niemand so trefflich wie er auf die Bestimmungen über „erlaubt" (arab.: *ḥalāl*) und „verboten" (arab.: *ḥarām*) verstehe. Den Biographen späterer Jahrhunderte ist in Erinnerung geblieben, daß sich Saʿīd verläßlicher als alle anderen Zeitgenossen die „Entscheidungen" (arab.: *al-qaḍāʾ*, Pl. *al-aqḍija*) und die „Bewertungen" (arab.: *al-ḥukm*, Pl. *al-aḥkām*) von Sachverhalten und Tatbeständen angeeignet habe, die ʿUmar und andere Führer der muslimischen Gemeinde fällten.[282] Die sich formende „beste Gemeinschaft" gewinnt einen festen Rahmen nicht aus dem, was man in dieser Zeit bereits *ḥadīṯ* nennt, sondern aus den „Entscheidungen" und „Bewertungen", die jenseits des Korans liegen können, aus herrscherlichen Akten mithin, die als Präzedenzfälle und -urteile künftiges herrscherliches Handeln leiten sollen. Die „Entscheidungen" des Propheten selber, Abū Bakrs, ʿUmars und ʿUṯmāns bildeten den Mittelpunkt des Interesses Saʿīds.[283] Drei beliebige Beispiele mögen veranschaulichen, worum es ging. Zijād b. abī Sufjān, Muʿāwijas Statthalter im Irak, wurde mit dem Fall konfrontiert, daß das Erbe eines Verstorbenen auf zwei hinterbliebene Tanten verteilt werden mußte. Der Koran (vgl. Sure 4, 11 f.) sagt hierüber nichts. Zijād erinnerte sich, wie ʿUmar in einem ähnlichen Fall „entschieden" hatte: Die Tante väterlicherseits hatte er an die Stelle des Bruders gerückt, die andere an die der Schwester; erstere erhielt zwei Drittel, letztere ein Drittel der Hinterlassenschaft.[284] – Eine Frau erhielt die Nachricht vom Tod ihres Ehemanns und heiratete zum zweiten Mal; kurze Zeit später kehrte ihr für tot gehaltener Ehemann zurück. ʿUṯmān b. ʿAffān „entschied", daß der erste Ehemann zwischen der Fortsetzung der Ehe oder der Rückerstattung seines Brautgeldes wählen dürfe.[285] – Auch Mohammed traf viele „Entscheidungen", ohne daß er offenbarte Grundsätze heranzog oder hätte heranziehen können. ʿĀʾiša hatte bei einer fremden Sippe eine Sklavin durch Kauf erworben und bald danach freigelassen. Daraufhin beanspruchten die ehemaligen Eigentümer der Sklavin das Recht der Klientelschaft für sich. Mohammed erkannte es jedoch ʿĀʾiša zu, da sie es gewesen war, die ihr die Freiheit geschenkt hatte. Außerdem war die Sklavin mit einem Sklaven verheiratet, der in Unfreiheit blieb; der Prophet ließ ihr die Wahl zwischen der Fortsetzung dieser Ehe oder der Auflösung, dann freilich unter der Bedingung der Einhaltung der bei Verstoßungen üblichen Wartefrist.[286] – Allmählich wurden solche „Entscheidungen" aus der Tätigkeit des Herrschers oder Statthalters ausgegliedert und auf Spezialisten verlagert, auf „Entscheider" (arab.: *al-qāḍī*, Pl. *al-quḍāt*). So hatte Marwān während seiner zweiten Amtszeit in Medina einen mit diesem Tätigkeitsfeld befaßten Untergebenen, der zugleich die Polizei befehligte, also im weitesten Sinne für die praktische Seite der Statthalterschaft geradestand.[287] Je üblicher es wurde, Befugnisse dergestalt auf andere zu übertragen, desto dringlicher wurde die Frage nach deren Eigenverantwortlichkeit – wo lagen die Grenzen ihrer Zuständigkeit, waren sie in ihren „Entscheidungen" ebenso ungebunden wie die, für die sie die Befugnisse wahrnahmen? Zijād b. abī Sufjān berief sich auf eine „Entscheidung" ʿUmars; von noch größerem Gewicht waren vermutlich die „Entscheidungen" Mohammeds. Daß Saʿīd b. al-Musaijab das entsprechende Material zusammentrug und, obwohl ohne Amt, um Auskünfte angegangen wurde, belegt den zunehmenden Organisationsgrad der „besten Gemeinschaft".

Unterdessen wurde das Fehlen eines unstrittigen Bezugsrahmens für die tagtäglich zu lösenden Probleme immer spürbarer; durch die Überhöhung des Kalifen zum Stellvertreter Allahs stiftete man zwar eine umfassende religiös begründete Legitimation alles obrigkeitlichen Handelns in der „besten Gemeinschaft". Aber was hieß das im konkreten Einzelfall? Eine Antwort konnte man nur finden, wenn man auch für jeden Einzelfall religiös legitimierte Richtlinien zur Hand hatte. Die überlieferten „Entscheidungen" verließen allmählich den Bereich des nach menschlicher Vernunft Billigenswerten und gingen in den des Religiösen über oder, vielleicht angemessener ausgedrückt, wo immer Regelungen gegolten hatten, die sich alltäglichen Erwägungen verdankten, mußten diese fortan im neuen hochreligiösen Denken verankert werden, das in der verklärten Gestalt des Propheten seinen allzuständigen Sachwalter entdeckt hatte. Unmerklich, aber unaufhaltsam gewann die Überzeugung Raum, daß alles, was im Gemeinwesen der Muslime angeordnet, beurteilt oder entschieden wurde, islamisch begründet sein müsse, d.h. es müsse mit dem Koran und mit der Gestalt des Propheten in Beziehung stehen. Saʿīd b. al-Musaijab wirkte mitten in dieser geschichtsmächtigen Umdeutung von Herrschaft, die man als die Ausscheidung der praktischen Vernunft aus dem muslimischen Bewußtsein auf den Begriff bringen kann.

Die Okkupation der Einsicht in die Glaubenspraxis durch den Propheten

Sie zeigte sich darin, daß sich die Grenzen zwischen menschengemachten Urteilen und dem *ḥadīṯ* zu verwischen begannen, seitdem man den *fiqh* mehr und mehr auf die durch Überlieferung vermittelte Autorität des Propheten gründete. Daß *fiqh* und *ḥadīṯ* nicht in eins fallen konnten, wußte man damals allerdings. Abū Saʿīd al-Ḫudrī stand in dem Ansehen, unter den „jungen *ḥadīṯ*-Kennern" derjenige gewesen zu sein, der daneben die vortrefflichsten „Einsichten" gehabt habe.[288] Viel beschäftigte sich Ḫāriǧa (gest. 717), ein Sohn Zaid b. Ṯābits, mit dem *ḥadīṯ*, doch fertigte er als einer der hochgeschätzten medinensischen „Experten der Einsicht" (arab.: *al-faqīh*, Pl. *al-fuqahāʾ*) Urkunden aus und regelte Erbauseinandersetzungen.[289] Sein basrischer Zeitgenosse ʿAbdallāh b. Zaid war im *ḥadīṯ* bestens bewandert, zählte aber auch zu den scharfsinnigen *fuqahāʾ* und erwies sich als geschickt im „Entscheiden".[290] Die Gelehrtentätigkeit umfaßte demnach zwei epistemologisch grundverschiedene Bereiche, die für ein und dasselbe Ziel nutzbar gemacht werden mußten, für die Schaffung des hochreligiösen Fundaments der „besten Gemeinschaft". Da dieses Fundament unanfechtbar zu sein hatte, liegt auf der Hand, welcher der beiden Bereiche sich auf Kosten des anderen ausdehnen würde. Nicht jeder beobachtete dies mit Wohlgefallen. In Kufa genoß Ḥammād b. abī Sulaimān (gest. 737) große Beliebtheit. Während einer Pilgerreise machte er Bekanntschaft mit den hedschasischen Koryphäen des *ḥadīṯ*. Zurück in der Heimatstadt, ließ er sich so vernehmen: „Freut euch, Kufaner! Eure kleinen Kinder, ja die kleinsten unter ihnen, verfügen über mehr Einsicht" als jene.[291] Gegenteilige Meinungen haben wir schon kennengelernt.

Zu Lebzeiten Saʿīd b. al-Musaijabs war das *ḥadīṯ* erst auf dem Weg dorthin, wo es unter aš-Šāfiʿī angekommen war: Wer die „Lesung" hört, der hört das Wort Allahs, und zwar nicht nur insofern, als es seine Botschaft ausrichtet, sondern als eine Manifestation seines *amr* in seiner Schöpfung[292] – die az-Zuhrī (gest. 742) zugeschriebene Formalisierung der Verbürgung mit Hilfe einer Gewährsmännerkette (arab.: *al-isnād*) diente der wiederholbaren Erzeugung einer Authentizität, die jeden, der einem *ḥadīṯ*-Vortrag lauschte, aufs neue an der Kraft des prophetischen Wortes teilhaben ließ, die einst der erste Tradent verspürt haben mußte, als er das betreffende Wort[293] – vorgeblich – von Mohammed gehört hatte. Die formalisierte Verlängerung der Wirksamkeit der Rede Mohammeds in die Gegenwart der Hörer hinein beschleunigte erheblich den Triumph des *ḥadīṯ* über die frei eingesetzte Vernunft. Sobald die äußeren Merkmale des *ḥadīṯ* allgemein anerkannt worden waren, vermehrte sich die ihnen genügende Überlieferung in atemberaubender Geschwindigkeit, und bei nüchtern denkenden Zeitgenossen wuchsen die Zweifel an der Wahrheit des solchermaßen Verbürgten.[294] In dieser Not fing man an, die Tradentenkette als ein Kriterium für die Echtheit des Inhalts des jeweiligen *Ḥadīṯ*es zu mißbrauchen, und postulierte überdies, daß die Altvorderen wie Abū Huraira, nunmehr die Garanten des heilstiftenden Fortwirkens der Worte des imaginierten Propheten, von jedem Tadel freizustellen seien; so, wie man inzwischen überzeugt war, daß Mohammed zeit seines Lebens ein fehlerloser, stets Allah ergebener und redlicher Mensch gewesen sein müsse – anderenfalls könnte man nicht sicher sein, daß er die Botschaft Allahs vollständig und einwandfrei übermittelt habe –, so hatten auch seine Genossen aller Kritik überhoben zu sein. Wenn dies nicht gewährleistet werden konnte, dann wurde dem Islam unweigerlich der Boden entzogen, wie Hārūn ar-Rašīd bemerken sollte.[295]

Saʿīd b. al-Musaijab, der Fachmann für „Entscheidungen", bewegte sich ebenfalls auf dem Feld des *ḥadīṯ*, wozu er nicht zuletzt dadurch angeregt worden sein mag, daß er eine Tochter Abū Hurairas zur Frau hatte:[296] Abū Hurairas Überlieferungen wußte niemand getreuer wiederzugeben als Saʿīd.[297] In seiner Zeit tauchte, was zu erwarten war, die Frage auf, ob die sich herausbildende Autorität des Propheten selbst die „Lesung", die, wie man meinte, authentische Rede Allahs, überspiele. Nicht immer stimmten beide im Inhalt überein. Saʿīd b. al-Musaijab ist Zeuge für einen der eklatanten Widersprüche zwischen einer Vorschrift des Korans und einer im *ḥadīṯ* dem Propheten zugeschriebenen Handlungsmaxime. In Sure 24, Vers 2 ordnet Mohammed an, Mann und Frau, die der Unzucht überführt werden, mit einhundert Peitschenhieben zu bestrafen; da diese Ahndung zum praktizierten Glauben gehöre, sollten sich diejenigen, die dem Vollzug beiwohnen, nicht vom Mitleid überwältigen lassen. Saʿīd b. al-Musaijab – der angeblich niemals von ʿUmar überlieferte, da er ja bei dessen Tod noch ein Kind gewesen sei – hörte in diesem Falle doch „ʿUmar auf der Predigtkanzel sagen: ‚Vielleicht gibt es Leute, die nach meinem Tod die Steinigung (als Strafe für die Unzucht) abstreiten werden und dies damit begründen, daß sie dergleichen nicht im Buch Allahs finden. Müßte ich nicht dem Buch Allahs hinzufügen, was nicht darin steht, (und damit eine Fälschung begehen), dann schriebe ich (hinein), daß (die Steinigung) wahr ist. Denn der Gesandte Allahs ordnete sie an, desgleichen Abū Bakr, und auch ich ließ steinigen.'"[298] Die Steinigung Eheerfahrener scheint in der Tat auf eine außerkoranische „Entscheidung" Mohammeds zurückzugehen. Abū Huraira und sein Altersgenosse Zaid b. Ḫālid[299] behaupten, zwei Männer hätten eines Tages beim Gesandten Allahs vorgesprochen und hätten um Aufklärung in einer heiklen Angelegenheit gebeten. Der Sohn des einen habe sich als Tagelöhner bei dem anderen verdingt und sei dabei ertappt worden, wie er mit dessen Ehefrau Unzucht getrieben habe. Der Vater, der um das Leben seines Sohnes fürchtete, kaufte diesen von dem hintergangenen

Patron frei, der offensichtlich einen Anspruch auf die Wiederherstellung seiner Ehre durch die Steinigung hatte; der Preis belief sich auf einhundert Schafe und ein Mädchen. Erst nach diesem Handel habe der Vater erfahren, daß der Sohn eine Strafe von einhundert Peitschenhieben und einer einjährigen Verbannung zu gewärtigen habe. Die Steinigung drohe allein der Ehefrau. – Im Lichte dieses Falles wurde Sure 24, Vers 2 vermutlich erlassen, um wie bei der Regelung der Blutrache (Sure 2, 178)[300] einen bisher von den Betroffenen eigenständig gehandhabten Strafvollzug in die Glaubenspraxis einzubeziehen und möglichen unkontrollierten Weiterungen zu steuern. – Mohammed entschied „nach dem Buche Allahs", die Schafe und das Mädchen seien dem Vater zurückzuerstatten, denn der Sohn werde tatsächlich mit Auspeitschung und Verbannung bestraft werden. Dann ließ Mohammed die beschuldigte Ehefrau verhören; sollte sie geständig sein, dann, so forderte er, müsse sie gesteinigt werden.[301] Dies ist in der Tat eine willkürliche Abweichung vom Inhalt der „Lesung".

Saʿīd b. al-Musaijab erklärte sie sich so, und zwar nach einer Überlieferung von Abū Huraira: Ein Jude und eine nicht näher benannte Frau begingen Unzucht und waren nach jüdischem Recht der Steinigung verfallen. Man fragte Mohammed, wie er die Sache sehe; da er für eine Erleichterung in den Dingen der Glaubenspraxis eintrat, erhoffte man von ihm ein milderes Urteil, an das man sich halten wollte. Man sagte Mohammed im medinensischen Lehrhaus, daß die Tora anordne, das Gesicht der beiden Delinquenten zu schwärzen, sie Nacken an Nacken gefesselt auf einen Esel zu setzen und durch den Ort zu führen. Jemand machte den Propheten jedoch darauf aufmerksam, daß die Tora in Wirklichkeit die Steinigung fordere; die Ehebrecher nur dem Spott der Allgemeinheit preiszugeben, sei eine unzulässige Abschwächung der göttlichen Strafnorm. Mohammed habe hierauf die Steinigung verlangt und sich dabei auf Sure 5, Vers 44 berufen: „Wir sandten die Tora herab. Sie enthält Licht und Rechtleitung. Die Propheten, die (das Gesicht zu Allah) wandten, urteilen für die Juden..."[302] Mohammed kann, da die Beschuldigten Juden sind, nur nach dem Gesetz urteilen, das bei ihnen gilt. Eine befriedigende Lösung der Frage, mit der Saʿīd ringt, ist der Überlieferung Abū Hurairas nicht abzugewinnen. Im Gegenteil, sie besagt nichts anderes, als daß sich der Prophet von dem angeblich durch den Islam überwundenen Gesetz der Juden leiten ließ, als er im ersten Fall gegen den Wortlaut des Korans auf die Steinigung einer geständigen eheerfahrenen Frau erkannte. Womöglich waren in der Zeit Saʿīds noch nicht die *Ḥadīṯe* im Umlauf, mit denen man diese Peinlichkeit auf noch peinlichere Weise zu vertuschen suchte: Einmal heißt es, Zaid b. Ṯābit habe die entsprechenden Worte nicht niederschreiben mögen, als er den Widerwillen Mohammeds gegen ihren Inhalt gespürt habe, ʿUmar habe natürlich gewußt, daß sie herabgesandt worden seien und habe darum in ihrem Sinne entschieden;[303] ein anderes Mal wird uns weisgemacht, man habe das Blatt mit dem Steinigungsvers unter ʿĀʾišas Bett verwahrt und es dort in der Aufregung um den sterbenskranken Propheten vergessen, und als man sich daran erinnert habe, habe man entdeckt, daß es leider von einem Tierchen gefressen worden sei.[304]

Zweideutiger Charakter der unbeschränkten Autorität des verklärten Propheten

Vordergründig betrachtet, ist die Durchdringung des gesamten Lebens und Denkens der „besten Gemeinschaft" mit hochreligiösem Ideengut, welches auf den der Ereignisgeschichte entzogenen Propheten zurückgeführt wird, ein Sachverhalt, der der Formierung und Stabilisierung von Gesellschaft und Herrschaft dienlich ist. Die Muslime nehmen sich selber in dem Bewußtsein wahr, Glieder eines Gemeinwesens zu sein, das durch einen von Allah berufenen Sprecher gestiftet und mit göttlichen Normen, denen es zu genügen hat, vollständig ausgestattet worden ist. Daß dies mit der in den Quellen zu Buche geschlagenen Geschichte nur bedingt zu tun hat, haben wir im Zuge unserer Untersuchung schon mehrfach angesprochen. Sobald sich jenes Bewußtsein herausgebildet hat, verstärkt es die Kräfte, die ebendiese Herausbildung bewirkt haben und die fortan den Vorgang der hochreligiösen Auslegung des Lebensvollzugs weiter und weiter vorantreiben. Die Schaffung des schariatischen Rechts im 9. und des Muftiamts im 11. Jahrhundert[305] sind Meilensteine auf einem Weg, dessen Ende grundsätzlich nicht erreicht werden kann; denn die Welt, veränderlich, wie sie ist, stellt den muslimischen Sachwaltern jener Auslegung fortlaufend neue Aufgaben. Diese Sachwalter nun, und damit kommen wir zum destabilisierenden Effekt des Vorgangs, sind nicht mit den Machthabern identisch und unterstehen auch nicht deren Kontrolle. Vielmehr ist es umgekehrt: Die Sachwalter, die Gelehrten (arab.: *al-ʿālim*, Pl. *al-ʿulamāʾ*), erheben den Anspruch, die Herrscher zu zensieren und ihnen zu verdeutlichen, was eine islamische Machtausübung eigentlich sei. Gerade das *ḥadīṯ* ist die Literaturgattung, in der man – von praktischen Zwängen frei – den idealisierten Propheten ebenso idealisierte Grundsätze verkündigen läßt, von denen man zu meinen beginnt, sie seien einst, in seinem Medina, Wirklichkeit gewesen. Gemessen an solchen Grundsätzen ist jede Herrschaft unzulänglich, mögen die Mächtigen auch noch so eifrig um den Nachweis einer islamischen Legitimierung bemüht sein. Diese subversive Seite der hochreligiösen Durchdringung der wahrgenommenen Welt können wir die ganze islamische Geschichte hindurch bis in die Gegenwart beobachten.[306] Heute zeigen sich die Folgen der Verdrängung der selbstverantwortlich eingesetzten Vernunft und der Rückbindung alles menschlichen Denkens und Handelns an den idealisierten Propheten in einem muslimischen Autismus, der keine jenseits seiner religiösen Überzeugungen liegenden Prinzipien anerkennt, wie sie für ein konstruktives Miteinander unterschiedlicher Partner unentbehrlich sind.

Die subversiven, das Gemeinwesen zerrüttenden Konsequenzen des geschilderten Bewußtseins treten schon in Saʿīd b. al-Musaijabs Lebenslauf zutage. Saʿīd war in Medina, als ʿAbdallāh b. az-Zubairs Statthalter die Huldigung einforderte. Der Gelehrte verweigerte sie, wurde festgenommen und ausgepeitscht. Die Überlieferung verknüpft diese Folterung mit einem Streit wegen der Mißachtung einer koranischen Vorschrift: Der Statthalter hatte eine fünfte Ehefrau geheiratet, noch bevor die Wartefrist der verstoßenen vierten abgelaufen war. Wer sich so bedenkenlos über die Regeln Allahs hinwegsetze, mit dem nehme es nur zu bald ein übles Ende. Diese Mahnung Saʿīds fruchtete nichts, er wurde ausgepeitscht – und nicht lange danach fand Ibn az-Zubair den Tod.[307] Auch mit den

Omaijaden geriet Saʿīd aneinander, und wieder liegt dem Bericht das Muster des Gegensatzes von Macht und muslimischer Daseinsordnung zugrunde. Im Jahre 703 starb der von ʿAbd al-Malik ausersehene Thronfolger, der Kalif benannte an dessen Stelle zwei seiner Söhne, al-Walīd (reg. 705–715) und Sulaimān (reg. 715–717), zu Kronprinzen und trug den Statthaltern auf, Treueschwüre einzuholen. Wieder weigerte sich Saʿīd, wurde ausgepeitscht und inhaftiert. Darüber soll ʿAbd al-Malik verärgert gewesen sein. Man kenne Saʿīds Aufsässigkeit, doch hätte der Statthalter, selber ein Maḫzūmite, in Ansehung dieser engen Verwandtschaft Milde walten lassen sollen.[308] Ein paar Jahre danach versuchte al-Walīds Statthalter, mit Schmeicheleien die Loyalität der Gelehrtenschaft Medinas zu gewinnen; er schätze in ihnen diejenigen, die ihm den Weg zur Wahrheit weisen könnten.[309] Als al-Walīd im Jahre 710 persönlich nach Medina reiste, war Saʿīd nicht zu bewegen, dem Herrscher die übliche Reverenz zu erzeigen. Er blieb an seinem Gebetsplatz in der Moschee auf dem Boden hocken; sobald der Augenblick des Ritenvollzugs gekommen sei, werde er sich – wie es der von Allah gestiftete Ritus verlangt – erheben.[310]

Die Hauptquelle des *ḥadīṯ*: die jüngeren Prophetengenossen

Die Kenner der vom verklärten Propheten ausstrahlenden Überlieferung hüten die Wahrheit, das hatte Abū Huraira, wie er vorgab, aus dem Munde Mohammeds vernommen. Gegenüber diesen Hütern der Wahrheit ist der Kalif ein Nichts. Das hatte ihm Saʿīd zu verstehen gegeben. Der Inhalt dieser Überlieferung, dem wir uns jetzt zuwenden, wurde von Männern verantwortet, die nicht wie Abū Bakr, ʿUmar, ʿAbd ar-Raḥmān b. ʿAuf und die meisten anderen frühen Auswanderer und „Helfer" in der einen oder anderen Weise in Medina zum machtpolitischen Erfolg der neuen Glaubenspraxis beigetragen hatten, sondern von jenen, die wegen ihrer späten Geburt erst dann mit der Bewegung in Berührung gekommen waren, als diese nicht mehr zu bremsen war. Von der Warte eines muslimischen Kenners des entstehenden Islams beschreibt al-Wāqidī diesen Umstand so: „Von den Älteren unter den Prophetengenossen überliefert man allein deswegen so wenig, weil sie schon gestorben waren, bevor man ihrer bedurfte. Nur von ʿUmar b. al-Ḫaṭṭāb und ʿAlī b. abī Ṭālib tradiert man viel, weil sie an die Herrschaft gelangt und dann befragt worden waren und ‚Entscheidungen' unter den Menschen zu treffen hatten. Alle Gefährten des Gesandten Allahs waren Imame, denen man folgt und deren Äußerungen man im Gedächtnis bewahrt. Sie handelten, man befragte sie um eine ‚Begutachtung', und sie erteilten sie. Sie hatten *Ḥadīṯe* (aus Mohammeds Mund) gehört und gaben sie weiter. Doch überlieferten die Alten unter den Genossen wie Abū Bakr, ʿUṯmān, Ṭalḥa, az-Zubair, Saʿd b. abī Waqqāṣ, ʿAbd ar-Raḥmān b. ʿAuf, Abū ʿUbaida b. al-Ǧarrāḥ, Saʿīd b. Zaid b. ʿAmr b. Nufail, Ubaij b. Kaʿb, Saʿd b. ʿUbāda, ʿUbāda b. aṣ-Ṣāmit, Usaid b. al-Ḥuḍair, Muʿāḏ b. Ǧabal und ihresgleichen weniger als die anderen. Von den Alten ist also nicht eine solche Fülle des *ḥadīṯ* auf uns gekommen wie von den jungen Gefährten des Gottesgesandten, als da sind Ǧābir b. ʿAbdallāh, Abū Saʿīd al-Ḫudrī, Abū Huraira, ʿAbdallāh b. ʿUmar b. al-Ḫaṭṭāb, ʿAbdallāh b. ʿAmr b. al-ʿĀṣ, ʿAbdallāh b. al-ʿAbbās, Rāfiʿ b. al-Ḫadīǧ, Anas b. Mālik, al-Barāʾ b. ʿĀzib und ihresgleichen. Sie alle rechnet man zu den *fuqahāʾ* unter den Gefährten des

Gesandten Allahs. Sie und ihresgleichen waren dem Gesandten Allahs nicht von der Seite gewichen, desweiteren auch noch jüngere Männer als sie, nämlich ʿUqba b. ʿĀmir al-Ǧuhanī,[311] Zaid b. Ḫālid al-Ǧuhanī,[312] ʿImrān b. al-Ḥuṣain,[313] an-Nuʿmān b. Bašīr,[314] Muʿāwija b. abī Sufjān, Sahl b. Saʿd as-Sāʿidī,[315] ʿAbdallāh b. Jazīd al-Ḫaṭmī,[316] Maslama b. Muḫallad az-Zuraqī,[317] Rabīʿa b. Kaʿb al-Aslamī[318] sowie Hind und Asmāʾ, die beiden Söhne[319] Ḥāriṯas von den Banū Aslam, die dem Gesandten Allahs aufwarteten und sich ständig in seiner Nähe aufhielten. Der größte Teil der Überlieferung und des Wissens befindet sich bei diesen und bei Prophetengefährten ihresgleichen, denn sie blieben (aus der alten Zeit) und lebten lange. (Damals) bedurfte man ihrer, viele Gefährten des Gesandten Allahs davor hatten ihr Wissen mit ins Grab genommen, und einige auch noch danach, so daß man von ihnen nichts tradiert. Man benötigte sie aber auch nicht, da es viele Prophetengenossen gibt."[320]

Für al-Wāqidī ist es unbestreitbar, daß es seit den Tagen des Propheten in der „besten Gemeinschaft" das „Wissen" gibt. Alle, die mit Mohammed in Berührung kamen, sind daher „Imame", haben dieses „Wissen" unmittelbar von Allahs Boten erfahren, und das ist ein uneinholbarer Vorzug. Die Geschichte des Islams beginnt mit seiner Vollkommenheit. Insofern ist es ein irritierender Makel, daß die große Masse des zirkulierenden *ḥadīṯ* nicht auf die frühen Mitstreiter Mohammeds zurückgeht, sondern auf Personen, die jung waren, als sie zum Islam übertraten und den Propheten auf dem Höhepunkt seiner Macht erlebten. Al-Wāqidī kennzeichnet sie zudem als *fuqahāʾ*, spricht ihnen also die Fähigkeit zu, sich über das, was sie in sich aufnahmen, ihre eigenen Gedanken zu machen. Sie überliefern am meisten, schlicht und einfach weil sie noch am Leben waren, als man nach dem von Mohammeds Autorität gedeckten „Wissen" zu suchen begann. Die älteren Genossen tradieren nur wenig, mit Ausnahme ʿUmar b. al-Ḫaṭṭābs und ʿAlī b. abī Ṭālibs, die wegen der Zwänge des Regierens zahlreiche Fragen zu „entscheiden" gehabt hatten.

Das Übergewicht von Themen der Glaubenspraxis

Das *ḥadīṯ* der jüngeren Prophetengenossen behandelt vorzugsweise Gegenstände, die der Glaubenspraxis zuzuordnen sind. Aḥmad b. Ḥanbal (gest. 855) räumt in seiner umfangreichen Sammlung ein Kapitel den Überlieferungen ein, die man auf Muʿāwija zurückführte. Selbst bei ihm spielt die hohe Politik nur eine Nebenrolle. Freilich will er vom Propheten diesen Satz gehört haben: „Die Herrschaft liegt bei den Quraišiten, und jeden, der sie ihnen streitig macht, stürzt Allah auf das Gesicht nieder – (diese Zusage gilt) solange die Quraišiten die richtige Glaubenspraxis befolgen."[321] Wer die „Helfer" liebt, der darf sich der Liebe Allahs erfreuen.[322] Wer ohne einen Imam stirbt, der stirbt wie ein Heide, weiß Muʿāwija von Mohammed – man könnte sagen, das seien deutliche Zeichen für eine Verwendung der Überlieferung im Sinne der omaijadischen Herrschaft. Das ist richtig: Der Gesandte Allahs prophezeite, eine Gruppe aus seiner Gemeinde werde immer für die Sache Allahs eintreten, und wer diese Getreuen im Stich lasse oder bekämpfe, der werde ihnen doch nicht schaden können, und sie sind es, die am Jüngsten Tag triumphieren werden; diese angeblichen Worte Mohammeds zitierte Muʿāwija in einer Predigt, einer der Anwesenden stand auf und bekräftigte, das seien die

Bewohner von aš-Šaʾm.[323] Wie schon gesagt, ist aber die richtige Glaubenspraxis die unabdingbare Voraussetzung der quraišitischen, omaijadischen Herrschaft. In mehreren Varianten bezeugt Muʿāwija, daß Mohammed unterstrichen habe: „Wem Allah Gutes antut, dem verleiht er ‚Einsicht' in die Glaubenspraxis." Die Elite der Heidenzeit wird auch im Islam die Elite sein, vorausgesetzt, sie befleißigt sich der „Einsicht" in den praktizierten Glauben.[324] Um ihn geht es immer wieder: Immer wenn der Gebetsrufer an das „Auf zum Gebet!" gelangt war, dann sprach Muʿāwija nach dem Vorbild Mohammeds: „Es gibt keine Macht und keine Kraft außer bei Allah!" – er führt uns zum Vollzug unserer Pflichten. Bescheidenheit ziere daher unseren Lebenszuschnitt: Der Gesandte Allahs verbot das Tragen von Gewändern, die ganz aus Seide oder aus einem golddurchwirkten Stoff waren, desgleichen das Zusammenfügen kostbarer Stoffe zu einem Kleidungsstück; er verbot das Trinken aus silbernen Gefäßen. Wer sich damit schmeichelt, daß Menschen ihm zu Ehren aufstehen, der hat seinen Platz in der Hölle sicher. Wer trotz dreimaliger Bestrafung zum vierten Mal beim Weingenuß überrascht wird, ist zu töten. Lässigkeiten im Ritenvollzug darf es nicht geben; die große und die kleine Wallfahrt darf man nicht zu einem einzigen Ritual vereinen; Mohammed duldete es nicht, wenn man ihn beim rituellen Gebet in seinem Bewegungsablauf überholte. Wer versehentlich etwas aus dem Gebetsritus wegläßt, der möge sich am Ende zusätzlich zweimal niederwerfen. Muʿāwija zeigt, auf welche Art sich Mohammed bei der rituellen Waschung das Wasser über den Kopf goß. Am Ende der Pilgerriten kürzte sich Mohammed die Haare mit einer Schere, bezeugt Muʿāwija, und Ibn al-ʿAbbās, dem man dies vortrug, war sich sicher, daß dessen Überlieferungen vom Propheten einwandfrei seien.[325] Bei einer Wallfahrt hielt Muʿāwija eine Ansprache und berief sich dabei auf Mohammed, der eindringlich gewarnt habe: „Die Leute der beiden heiligen Bücher spalteten sich in ihrer Glaubenspraxis in zweiundsiebzig Richtungen, und auch diese Gemeinschaft wird sich spalten, sogar in dreiundsiebzig Richtungen, die alle bis auf eine im Höllenfeuer landen werden. Die eine, gerettete ist die einträchtige Gemeinschaft (arab.: *al-ǧamāʿa*). In meiner Gemeinde werden Leute auftreten, mit denen die sektiererischen Meinungen einherlaufen werden wie der Hund mit seinem Herrn. In jede Ader, in jedes Gelenk dringen sie ein. Bei Allah, ihr Araber, wenn schon ihr nicht praktiziert, was der Prophet euch auftrug, dann werden andere als ihr es erst recht nicht tun!"[326]

Die herausragende heilsgeschichtliche Bedeutung aš-Šaʾms – das, wie gehört, das Ende der Welt um vierzig Jahre überdauern wird – und die Herrschaft der Quraišiten sind Themen, deren Verknüpfung mit dem Namen Muʿāwijas nicht erstaunt. Die einträchtige Gemeinschaft sichert ihren Fortbestand nicht aus der Entfaltung militärischer Stärke, sondern aus dem genauen Einhalten der Anordnungen des Propheten, die die Riten regeln. Die „Einsicht" in die Glaubenspraxis tilgt sogar den Makel heidnischen Aristokratentums und verspäteter Islamannahme, sie berechtigt in der islamischen Gesellschaft erneut zur Führung. Das Quraišitentum, vor allem die Zugehörigkeit zur ʿAbd Manāf-Linie, die ja auch diejenige des Propheten ist, wird durch Mohammed in vorher ungeahnter Weise erhöht – und die so anders gearteten Ideale des den Väterruhm abwertenden Ḥanīfentums erscheinen als eine Angelegenheit von gestern. Ibn az-Zubairs Widerwille gegen das ständige Lobpreisen Mohammeds bekundete eine Deutung der Geschehnisse der letzten Jahrzehnte, mit der sich die Mehrheit seiner Zeitgenossen nicht mehr einverstanden erklären mochte. Es ist nämlich keineswegs so, daß man in der Betonung des Rituellen und des *dīn* im allgemeinen ein Sonderthema der Überlieferung Muʿāwijas vermuten dürfte; sie ist für das *ḥadīṯ* insgesamt kennzeichnend. Was der Prophet zu seinen Lebzeiten gewollt hatte, war etwas ganz anderes gewesen. Nun mußte der tote seine Autorität einer Auslegung der Botschaft Allahs leihen, die in seither tiefgreifend veränderten gesellschaftlichen und politischen Gegebenheiten und in einer hochreligiös gesättigten Mentalität ihren Ursprung nimmt.

5. Der Islam

Vom Dschihad zum Ritenvollzug

Es war allerdings nicht ausgemacht, daß die Hedschra, der Erwerb religiösen Verdienstes mittels des Dschihad, nunmehr ein Ende hatte. Muʿāwija will von Mohammed gehört haben, daß es mit der Hedschra erst vorbei sein werde, wenn Allah auch die Buße (arab.: *at-tauba*) nicht mehr entgegennehme, und das werde erst eintreten, „wenn die Sonne im Westen aufgeht".[327] Die Hedschra und der Dschihad werden, wenn man diesen Ausspruch genau bedenkt, in den Islam der Riten einbezogen; sie erscheinen als womöglich äußerst probate Sonderformen der Stiftung jenes von Zorn und Fluch freien Verhältnisses zwischen Allah und den Menschen, das mit dem Begriff *islām* bezeichnet wird: Die Buße, die Ausrichtung des Daseins auf Allah, ist der allgemeine Begriff für die das Heil sichernde Befindlichkeit, die im Vollzug der Riten stets aufs neue hergestellt und dadurch stabilisiert wird. Die Erfüllung der Riten und erst recht deren Übererfüllung leisten inzwischen das gleiche wie der Dschihad und das mittels des Dschihads Allah gewährte Darlehen. Daß der Dschihad nicht erlahmen dürfe, hatte Mohammed seinen Anhängern in seinen letzten Lebensjahren allerdings eingehämmert: „Wenn eine Sure herabgesandt wird, (in der es heißt): ‚Glaubt an Allah und führt zusammen mit seinem Gesandten den Dschihad!' dann bitten dich die Wohlhabenden unter ihnen: ‚Laß uns (in Ruhe), wir wollen mit denen sein, die zu Hause bleiben!'" Solche Drückeberger werden nicht das Paradies gewinnen, sondern allein „der Gesandte und diejenigen, die mit ihm glauben und unter Einsatz ihres Vermögens und Lebens den Dschihad führen" (Sure 9, 86 und 88).[328]

Der Prophet, dessen Autorität von den Protagonisten der Überlieferung in Anspruch genommen wird, ist gewiß nicht mehr jener Mann, dessen Alter ego sich mit solchen Worten kundgegeben hat. Im Weltverständnis des im *ḥadīṯ* gleichsam neu erfundenen Mohammed schaffen nicht zuallererst die Waffen und die Selbstaufopferung des Gläubigen eine Anwartschaft auf das Paradies. Vielmehr ist es jetzt notwendig, sich mit aller Gewissenhaftigkeit den Riten zu widmen. Ǧābir b. ʿAbdallāh, den al-Wāqidī unter den eifrigen Überlieferern nennt, glaubte, sich an folgendes Versprechen Mohammeds zu erinnern: „Wenn jemand das Nachtgebet in der Gemeinschaft (arab.: *al-ǧamāʿa*) vollzieht und danach so lange weiterbetet, wie es ihm angemessen scheint, und schließlich freie Gebete (arab.: *al-witr*) verrichtet, bevor er erschöpft weggeht, dann ist für ihn jene Nacht bei der Erhörung von Bitten so, als wäre er in der ‚Nacht der (göttlichen) Macht' gewesen", in der einst der Koran herabgeschickt worden sein soll.[329] „Allah unterstützte euch, indem er ein Gebet empfahl, das besser ist als edle Kamele! Das ist das freie Gebet. Die Zeit dafür legte er für euch auf die Spanne zwischen dem Nachtgebet und dem Anbruch der Morgendämmerung." Buraida b. al-Ḥuṣaib, ein Mann, der im Jahr der Eroberung Ḫaibars Muslim geworden war und den es in den großen Kriegen von Basra nach Merw verschlagen hatte, bezeugte sogar, daß Mohammed das Unterlassen der freien Gebete als ein Indiz dafür gewertet hatte, daß man nicht zur „besten Gemeinschaft" gehöre. In aš-Šaʾm hielt man sie ebenfalls für Pflicht, was ʿUbāda b. aṣ-Ṣāmit, der berühmte ḫazraǧitische Helfer, rundweg zurückwies. Er war in seinen letzten Lebensjahren mehrfach mit Muʿāwija, damals Statthalter in Damaskus, wegen religiöser Fragen in Streit geraten.[330] Mohammed habe, so ʿUbāda, jegliche Abwertung der fünf Pflichtgebete getadelt; diese fünf seien es, die, sorgfältig eingehalten, dem Muslim das Paradies gewährleisteten.[331]

Ǧābir b. ʿAbdallāh behauptete ferner auf Autorität des Gesandten Allahs: „Der Imam ist ein Schutzschild. Wenn er im Stehen betet, dann auch ihr, wenn im Sitzen, dann auch ihr."[332] Es ist nicht nur so, daß sich die Anstrengungen, mit denen man der Hölle entgeht, nicht auf kriegerische Ziele zu richten brauchen; auch die Verantwortlichkeit des einzelnen wird verwässert. Die Gemeinschaft (arab.: *al-ǧamāʿa*) der übrigen ritentreuen Muslime, nicht die Kampfgemeinschaft der Gläubigen, ist der Ort, an dem man sich auf ein glückliches Jenseits vorbereitet, und in der Übererfüllung der Riten besteht jetzt der ertragreiche Handel mit Allah, bei dem man früher Vermögen und Leben einsetzte. Ja, vielleicht ist solch ein Handel gar nicht nötig. Kommt man seinen Ritualpflichten nach, und zwar unter Anleitung eines Imams, dann ist man überdies gegen Irrtümer abgesichert. Sollte dem Imam ein Fehler unterlaufen, wird Allah ihn und nur ihn zur Rechenschaft ziehen. Für ein Gebet außerhalb der Gemeinschaft ist man dagegen selber verantwortlich. Anas b. Mālik will zugegen gewesen sein, als der Gesandte Allahs seiner Gemeinde verhieß: „Wer vierzig Tage lang in der Gemeinschaft das rituelle Gebet verrichtet und während dieser Frist immer schon beim ersten ‚Allāhu akbar' des Gebetsrufes anwesend ist, dem wird eine zweifache Befreiung gutgeschrieben: die Befreiung vom Höllenfeuer und die Befreiung von der Heuchelei." Abū Huraira zeichnet für Überlieferungen verantwortlich, in denen die rituelle Waschung ganz materiell als ein Abwaschen des Sündenschmutzes aufgefaßt wird; auch habe Mohammed beteuert: Die fünf Pflichtgebete, und zwar von Freitag zu Freitag, sind „Sühneleistungen für die unterdessen (begangenen Verfehlungen), sofern man sich keine schweren Sünden zuschulden kommen ließ".[333]

Magische Formeln

Nicht nur rituelle Handlungen sichern einem ein erfreuliches Jenseits. Unüberschaubar groß ist die Zahl der *Ḥadīṯe* aus jener frühen Zeit, in denen Mohammed das Hersagen bestimmter Formeln rät, die einen ähnlichen Nutzen haben, aber auch das Diesseits angenehm zu gestalten helfen. Anas b. Mālik berichtet, der Prophet sei eines Tages Zeuge geworden, wie jemand gefleht habe: „O Allah, dich bitte ich, weil dir das Lob gebührt, es gibt keinen Gott außer dir, dem Wohltäter, dem Erbauer der Himmel und der Erde, dem Majestätischen, dem, den man verehrt! Ich bitte dich um das Paradies und suche Zuflucht bei dir vor (den Schrecknissen) des Höllenfeuers!" Mohammed habe den Anwesenden bestätigt: „Dieser da flehte Allah mit dem Namen (des Wohltäters) (arab.: *al-mannān*) an. Wann immer Allah unter diesem Namen gerufen wird, antwortet er, und wenn er unter diesem Namen gebeten wird, dann gibt er."[334] Einer Frau von den Banū Sulaim[335] empfahl der Prophet, jedesmal wenn man sich an einem Rastplatz niederlasse, die feienden Wörter auszusprechen, die Allah den Muslimen übermittelt hatte (Sure 113 und 114). Bis zum Augenblick des Aufbruchs werde man keinen Schaden erleiden.[336] Laut Barāʾ b. ʿĀzib riet der Gesandte Allahs: „Wenn du dich (zur Nachtruhe) niederlegst, dann wasche dich vorher wie zum rituellen Gebet! Dann leg dich auf die rechte Seite und sprich: ‚O Allah, ich wende das Gesicht ganz zu dir (*aslamtu waǧh-ī ilai-ka*) und überantworte mich dir! Auch meinen Rücken stelle ich dir anheim, im Verlangen nach dir und in der Furcht vor dir. Man kann nirgendwohin sonst fliehen außer zu dir, und erst recht nicht vor dir! Ich glaube an dein Buch, das du herabgeschickt hast, und an deinen Propheten, den du gesandt hast!' Sieh zu, daß dies deine letzten Worte sind, und solltest du in dieser Nacht sterben, dann stirbst du in der dir anerschaffenen Wesensart (arab.: *al-fiṭra*)."[337]

Die Aufwertung des *islām*

Mohammed hatte den *islām* als eine Vorstufe zur wahren Gläubigkeit verstanden. Der *islām*, das ist die einzige von Allah gutgeheißene Glaubenspraxis (arab.: *ad-dīn*) (Sure 3, 19), hatte er in Medina seinen Anhängern versichert, genauer: Er ist deren unabdingbare Voraussetzung, die Abraham erfüllte, als er mit Allahs Unterstützung erkannte, daß alle Kreatur vom ununterbrochenen Wirken des Einen abhängig ist (Sure 6, 74–83). Diese Erkenntnis manifestiert sich in der Hinwendung des Gesichts zu Allah – wodurch die Hinwendung der ganzen Person und ihres Wahrnehmens, Denkens und Wollens zu ihm veranschaulicht wird. Die Glaubenspraxis dient dem Zweck, den *islām* auf Dauer zu stellen. Der *muslim* ist sich seiner Geschöpflichkeit in ihrer ganzen Tragweite bewußt geworden, ihm ist es Gewißheit, daß er die reine, unverfälschte Wesensart (arab.: *al-fiṭra*) bewahrt, in der Allah ihn geschaffen hat (Sure 30, 30). Durch die regelmäßige Wiederholung der Riten bestärkt er sich in dieser Gewißheit. Unter den politischen Bedingungen der medinensischen Urgemeinde war es aber zu wenig, wenn man dieses Bewußtsein wachhielt und im getreuen Ritenvollzug ein ums andere Mal bekundete. Die Botschaft vom *islām* implizierte nämlich die Forderung, in allen Menschen – und auch in den Dschinnen, vor denen Mohammed doch ebenfalls gepredigt haben soll – die Erkenntnis der Geschöpflichkeit und ihrer rituellen Konsequenzen zu wecken: „Ich habe die Dschinnen und die Menschen nur dazu geschaffen, daß sie mir dienen" (Sure 51, 56), d.h. Allah verehren. Alle müssen ihm die Riten widmen, die ihm wegen seines Schöpfertums zustehen. Solange dies noch nicht geschieht, muß der *islām* durch eine kämpferische Gläubigkeit ergänzt werden, die vor dem Einsatz des eigenen Lebens nicht zurückschreckt. Wo immer man die Feinde antreffe, möge man sie töten, denn die Anfechtung (arab.: *al-fitna*), was heißen soll, die Unterbindung der wahren, islamischen Glaubenspraxis, sei schlimmer als Töten, ruft Mohammed in Sure 2, Vers 191 seinen Anhängern zu. Zu bekämpfen seien die Feinde, „bis es keine Anfechtung mehr gibt und die Glaubenspraxis Allah gewidmet ist..." (Vers 193).

Mit dem Vertragsschluß bei al-Ḥudaibīja war Mohammed der starke Mann von Nordwestarabien geworden. Seine Politik der Feldzüge gegen das byzantinische aš-Ša᾽m wurde von manchen Medinensern abgelehnt. Sie sahen offenbar keine Gefährdung der Herrschaft des Propheten mehr. Was vor der Schlacht bei Badr verlautbart worden war, hatte in ihren Augen angesichts der von Grund auf veränderten Lage keine Gültigkeit mehr. Doch von tagespolitischen Gegebenheiten ließ sich Mohammed nicht mehr beeindrucken. Die Stiftung des Dschihad weitete die Grenzen des Glaubenskrieges derart aus, daß man die Aussagen von Sure 2 nicht mehr im ursprünglich gemeinten Sinn auf Mekka zu beziehen brauchte, sondern verallgemeinern konnte. Überall, wo nicht der islamische *dīn* praktiziert wird, herrscht Fitna. So trifft es die Tatsachen, wenn Beduinen außerhalb Mekkas darauf verweisen, daß sie die Allah gebührenden Riten vollziehen – aber damit darf es nicht sein Bewenden haben: Gläubig sind sie erst, wenn sie dem Gesandten Allahs mit all ihrer Habe und in der Bereitschaft, das Leben einzusetzen, für den Dschihad zur Verfügung stehen (Sure 49, 14 f.). Durch die Erfindung der *ṣadaqa* wurde die Spaltung der Anhängerschaft Mohammeds in die kriegführenden Gläubigen und die ihrem Broterwerb nachgehenden Muslime abgewendet. Der Status des Nichtkombattanten blieb zwar dem der *muǧāhidūn* unterlegen, aber er erfüllte nun eine unentbehrliche dienende Aufgabe in der Bewegung, die durch den Propheten angestoßen und unter dessen ersten Nachfolgern in weite Fernen vorangetrieben worden war. Bis in viele Einzelheiten beobachteten wir, wie die Bewegung sich erschöpfte und die Frage nach der gerechten Entlohnung der Anstrengungen eine ganz andere Art von Fitna verursachte. War es überhaupt noch angemessen, die „beste Gemeinschaft" als eine Bewegung zu begreifen? War das, was sich in der Staatskasse anhäufte, das „Vermögen Allahs", immer noch ein Fonds, der vorzugsweise „auf dem Pfade Allahs", mithin zur Förderung der Bewegung aufzuwenden war?[338] Oder handelte es sich nicht eher um das „Vermögen der Muslime"? In dieser Fitna, in der man nicht mehr sagen konnte, wo denn der Feind der islamischen Glaubenspraxis zu finden war, wen man also töten sollte, damit alle Verehrung dem Einen zukomme, zersetzen sich endgültig die gesellschaftlichen und religiösen Grundlagen der Bewegung: „Die Gläubigen und die Muslime" werden in einem Atemzug als Adressaten von Verlautbarungen genannt, in denen die alte Unterscheidung nicht mehr wesentlich ist.[339] Auch in den Geschehnissen bei Ṣiffīn stößt man auf diese Wendung.[340] Nach der Manier der medinensischen Urgemeinde „Gläubige" und „Muslime" zu trennen, ist sinnlos geworden, denn jede der sich befehdenden Parteiungen hat beide Gruppierungen in ihren Reihen. Eine

Ausnahme machen nur die sich im Ersten Bürgerkrieg schnell radikalisierenden Charidschiten, die erst unter ʿAbd al-Malik lernen, sich zu mäßigen und sich selber auch als „Muslime" zu betrachten, wie es damals der erdrückenden Mehrheit schon selbstverständlich ist.[341] In der Fitna, in der die Ordnung der Bewegung untergeht, drängt sich vielmehr der Unterschied zwischen einer geregelten, geleiteten Glaubenspraxis und der Anarchie in den Vordergrund.[342] Den das Heil gewährleistenden *dīn* gibt es nur unter einem Imam; wer stirbt, ohne einem Imam zu unterstehen, der stirbt wie ein Heide.[343] Der praktizierte Glaube verwirklicht sich ausschließlich in der einträchtigen Gemeinschaft (arab.: *al-ǧamāʿa*).

Umdeutung des kämpferischen Begriffs des Glaubens

Nirgendwo im Koran findet sich ein Versuch, zu bestimmen, was Islam ist. Für Mohammed war dies kein Gegenstand, der seine Aufmerksamkeit beansprucht hätte. Sobald er sich das Ḥanīfentum angeeignet und Abrahams Weg zum Eingottglauben geschildert hatte, verstand es sich von selbst, daß die Gesamtheit der Riten aus dem Akt der Wendung des Daseins zu dem Einen hergeleitet war. Erst ganz am Ende seines Lebens gab der Prophet einen ausdrücklichen Hinweis darauf, daß er die Dinge so sah. Mitten in einer Aufzählung von Speiseverboten läßt er Allah sagen: „Heute verzweifeln die Ungläubigen (im Neid auf) eure Glaubenspraxis" – denn nun ist der vom Ḥanīfentum so heiß ersehnte *dīn* endlich da – „fürchtet daher nicht sie,[344] sondern mich!" – Denn Allah hat die richtige Glaubenspraxis jetzt Mohammed übergeben. – „Heute vollende ich an euch meine Gnade und bin es zufrieden, daß ihr den Islam als Glaubenspraxis besitzt" (Sure 5, 3). Was Mohammed bis dahin stets weit mehr beschäftigte, war der Glaube (arab.: *al-īmān*), der nicht erst in den Kriegen der medinensischen Gemeinde mehr Gewicht als der Islam hatte. Er war, ehe er zum Inbegriff der Kampfbereitschaft wurde, in erster Linie das Bekenntnis – gegenüber anderen und zur Stärkung der eigenen Gemeinschaft: Glauben muß man an den verborgenen Seinsbereich, aus dem Allah das Buch herabsendet (Sure 2, 3 f.), glauben muß man an das Jenseits (Sure 23, 74), an die Wunderzeichen des Schöpfers bzw. an die Verse der „Lesung" (Sure 23, 58), in Medina dann auch an Allah und seinen Gesandten (Sure 24, 62). Dieses, sagen wir, „vordschihadische" Verständnis des Glaubens wird in der auf die jüngeren Prophetengenossen zurückgeführten Überlieferung wiederbelebt. Am bekanntesten ist in diesem Zusammenhang ein *Ḥadīṯ*, als dessen ältester Gewährsmann meist Abū Huraira firmiert. Eines Tages war der Gesandte Allahs für jedermann zugänglich. Ein Mann trat auf ihn zu und fragte ihn: „Gesandter Allahs, was ist der Glaube?" Mohammed antwortete: „Daß du an Allah, seine Engel, sein Buch, die Begegnung mit ihm und an seine Gesandten glaubst sowie an die Auferweckung." Der Unbekannte fuhr fort: „Und was, Gesandter Allahs, ist der Islam?" „Islam bedeutet, daß du Allah verehrst und ihm nichts beigesellst; daß du das vorgeschriebene rituelle Gebet verrichtest, die dir auferlegte Läuterungsgabe abführst und im Ramadan fastest." „Und was ist das rechte Handeln?" „Daß du Allah verehrst, als ob du ihn sähest. Wenn du ihn auch nicht siehst, so sieht er doch dich!" „Und wann, Gesandter Allahs, bricht die letzte Stunde an?" „Der Gefragte weiß das ebenso wenig wie der Fragende. Aber ich will dir ihre Vorzeichen mitteilen: Wenn die Nackten, Barfüßigen die Oberhäupter der Menschen sein werden, dann gehört dies zu den Vorzeichen! Wenn die Kleinviehhirten mit großen Bauwerken prunken, dann gehört dies zu ihren Vorzeichen! Insgesamt sind es deren fünf, sie alle kennt nur Allah." Dann rezitierte der Prophet: „Allah bleibt das Wissen von der Stunde vorbehalten. Er läßt es vom Himmel herab regnen, er weiß, was im Mutterleib heranwächst. Keine Seele weiß, was sie morgen erwerben wird, keine Seele weiß, in welchem Land sie sterben wird. Allah ist allwissend und kundig!" (Sure 31, 34). Nun wandte sich der Fragende zum Gehen, der Gesandte Allahs rief: „Holt ihn mir zurück!" Man wollte es tun, erblickte aber niemanden mehr. Da erklärte der Gesandte Allahs den Anwesenden: „Das war Gabriel! Er kam, um die Menschen ihre Glaubenspraxis zu lehren."[345]

Der Islam tritt in den Vordergrund

Der Glaube wird in diesem *Ḥadīṯ* mit einer an Sure 2, Vers 3 f. angelehnten Formel definiert, auf die man in der im 8. Jahrhundert aufblühenden theologischen Literatur allenthalben trifft.[346] Unter der Rubrik des Islam faßt dieser Text die rituellen Konsequenzen des Glaubens an Allah und das Gericht zusammen: Man kehrt sich von der Verehrung alles dessen ab, was nicht er ist, und gibt sich fleißig den Riten hin, die einen in der Hinwendung zu Allah festhalten. Das gute, rechte Handeln (arab.: *al-iḥsān*), über dessen Maßstäbe man nichts erfährt, vollzieht sich gleichsam unter den Augen Allahs; wenn man dies erwägt, wird man schon nicht gegen dessen Gesetze verstoßen. Dieser Gedanke wird aber nur angedeutet; die Scharia, das ausgetüftelte System vermeintlich göttlicher Bewertungen menschlichen Tuns und Lassens, gibt es auch in Ansätzen noch nicht. Indessen erscheinen der Islam und das gute Handeln in einem engen Zusammenhang mit der Vorstellung des Weltgerichts, das sich durch eine Verkehrung der gewöhnlichen irdischen Verhältnisse in ihr Gegenteil ankündigt. Die Omaijaden maßen aš-Šaʾm einen herausragenden Part im Endzeitgeschehen bei, wie wir vorhin darlegten. Im gefahrvollen diesseitigen Dasein, in dem viele Fallstricke den Menschen zum Straucheln bringen können, ist die Glaubenspraxis, der Islam, das einzige, woran man sich festklammern darf. Die Ritentreue entlastet einen von der Furcht, die Aussicht auf ein glückliches Jenseits zu verspielen. Der ungeheure Druck, unter den die durch den Propheten in Medina propagierte kriegerische Gläubigkeit den einzelnen setzte und der in der vom Dschihad getragenen Bewegung vermutlich allein durch das Hochgefühl der anfänglichen Siege gemildert wurde, wird nun durch den Islam aufgefangen. Nicht ohne Grund ist es in einem Ṭalḥa b. ʿUbaidallāh zugeschriebenen *Ḥadīṯ* ein Beduine – mit „wirrem Haarschopf, röhrender Stimme und unverständlicher Rede" –, der vom Propheten Auskunft über den Islam begehrt. Mohammed erläutert ihm: „Fünf rituelle Gebete je Tag und Nacht!" „Habe ich weitere Pflichten?" „Nein, es sei denn, du tätest freiwillig (mehr). Sowie das Fasten im Ramadan." „Habe ich weitere Pflichten?" „Nein, es sei denn, du tätest freiwillig (mehr)." Es obliegt ihm natürlich auch die Läuterungsgabe, die gleichfalls freiwillig erhöht werden kann. Mit der Beteuerung, alles auf das genaueste einhalten zu wollen, entfernt sich der Beduine, und Mohammed bekräftigt für die Umstehenden: „Wenn er es ehrlich meint, dann gewinnt er das Glück im Jenseits."[347]

Der Islam übernimmt die Aufgabe, die der Glaube in der medinensischen Urgemeinde hatte: An die Stelle des mit dem Eigentum und dem Leben erstrittenen Paradieses tritt das durch die peinliche Einhaltung der kultischen Pflichten errungene – und durch fromme Sprüche gesicherte, wofür wir ebenfalls Beispiele kennenlernten. Der Islam als ein festes Fundament des Daseins lenkt das Sinnen des Menschen auf Allah als den ständig Schaffenden und wehrt Gedanken an eine eigene Heilsverantwortung ab. Das Zitat aus Sure 31, in das Mohammed die Belehrung Gabriels münden läßt, weist in diese Richtung: Allah bestimmt das Wachsen in der Natur, er bringt den Embryo im Mutterleib zur Reife – und hat auch schon das Jenseitsschicksal des noch Ungeborenen festgelegt, wie es in einem vielgenannten *Ḥadīṯ* heißt, in dem die im Koran beschriebene Entwicklung eines kleinen Blutgerinnsels zur voll ausgebildeten Leibesfrucht (vgl. Sure 23, 14 sowie Sure 22, 5) mit Allahs im voraus gefaßten Urteil „glückselig" oder „verdammt" endet.[348] In einer anderen Version wird das *Ḥadīṯ* über den Fremden „in einem glänzendweißen Gewand", der sich von Mohammed in Glaube und Islam einweihen läßt, für eine noch ganz unbeholfene Diskussion über die Vorherbestimmung genutzt. In Basra hat ein Mann aus der Anhängerschaft ʿAlī b. abī Ṭālibs, ein gewisser Maʿbad al-Ǧuhanī,[349] nebst einigen anderen, die den Koran studieren, die These aufgebracht, es gebe keine das ganze Leben des Menschen überspannende Festlegung auf Paradies oder Hölle, sondern die göttliche Fügung (arab.: *al-amr*) sei von Mal zu Mal „frisch". Zwei Männer aus Basra kommen auf der Pilgerreise zu ʿAbdallāh b. ʿUmar b. al-Ḫaṭṭāb und fragen ihn nach dieser Lehre; er distanziert sich von ihr mit Entschiedenheit: Selbst wenn jemand einen Goldklumpen von der Größe des Berges Uḥud aufwendete, wäre er Allah doch nichts wert, solange er nicht an dessen uneingeschränkte Bestimmungsmacht (arab.: *al-qadar*) glaubt. Sein Vater, fährt ʿAbdallāh fort, sei Zeuge jenes Lehrgesprächs zwischen dem Propheten und Gabriel gewesen. Der Islam, so damals Mohammed, bestehe im zweigliedrigen Glaubensbekenntnis, im rituellen Gebet, in der Läuterungsgabe, im Ramadanfasten und in der Wallfahrt nach Mekka, sofern man über die notwendigen Mittel verfügt; der Glaube – hier erst nach dem bereits in fünf, nicht mehr wie vorhin nur in drei Elemente unterteilten Islam genannt – erstreckt sich auf Allah, seine Engel, seine Bücher, seine Gesandten und den Jüngsten Tag sowie darauf, „daß du an die (göttliche) Bestimmungsmacht glaubst, enthalte sie Gutes oder Böses".[350] Maʿbad wurde wegen seiner abweichenden Lehren unter ʿAbd al-Malik hingerichtet, vermutlich gegen Ende seines bis 705 währenden Kalifats.[351]

Die im *ḥadīṯ* gründende Religion verweist den nach einem glücklichen Jenseits strebenden Menschen auf die Riten, läßt ihn aber mit der Frage allein, wie er denn in dieser Welt handeln soll. Unbezweifelbar ist nur, daß es mit jedem Menschen auf das hinauslaufen wird, was Allah entschied, bevor der einzelne überhaupt die Gelegenheit bekam, von sich aus etwas zu tun. Daß man aus dem Koran, zumal aus den medinensischen Abschnitten, etwas ganz anderes herauslesen konnte, rief die Empörung der Mehrheit hervor, nicht zuletzt des Kalifen; denn die einträchtige Gemeinschaft existierte doch nur unter der Voraussetzung, daß

Fragen nach der Eigenverantwortung nicht gestellt wurden. Ganz zu ersticken waren derartige Gedanken nicht. Aber sie waren abträglich für die Macht der Kalifen, die ebendiese Macht dem unenträtselbaren Entschluß Allahs verdankten, weshalb sie den Untertanen keine Rechenschaft zu schulden meinten.[352] Die Disputationen und Zwistigkeiten, die in spätomaijadischer Zeit um solche Themen entflammten, gehören nicht mehr zu unserem Gegenstand. Was wir aus den beiden *Ḥadīṯ*en über die Belehrung Gabriels durch den Propheten ersehen, ist die steigende Bedeutung des Islams als des Fundaments der „besten Gemeinschaft"; zugleich vermitteln sie uns die Gewißheit, daß niemand hierüber so gut Bescheid weiß wie Mohammed, denn der Botenengel Allahs fand an dessen Ausführungen nichts auszusetzen.

Die „fünf Säulen"

Das Motiv des Auskunft heischenden Beduinen, der ja für den Heilsgewinn auf den Islam angewiesen ist, da er sich nicht dem Dschihad widmen kann – erst in der Epoche der einträglichen Eroberungen wurde dies anders –, taucht im *ḥadīṯ* mehrfach auf. Abū Aijūb, der Ḫazraǧite, bei dem Mohammed, von Qubāʾ kommend, für einige Zeit Quartier nahm, soll bezeugt haben, daß sich dem Propheten während eines Feldzuges ein Beduine in den Weg stellte, in die Zügel der Kamelstute griff und forderte: „Gesandter Allahs, sag mir, was mich dem Paradies annähert und vom Höllenfeuer entfernt!" Der Prophet hielt inne, blickte auf seine Gefährten und meinte. „Dieser ist rechtgeleitet." Dann, an den Beduinen gewendet, bat er: „Was genau war deine Frage?" Jener wiederholte sie, worauf Mohammed sprach: „Du verehrst Allah, gesellst ihm nichts bei, vollziehst das rituelle Gebet, entrichtest die Läuterungsgabe, beachtest die Verwandtschaft! Und nun laß die Kamelstute los!"[353] Auf Abū Huraira zurückgeführt, wird die Szenerie nicht so anschaulich geschildert. „Zeig mir ein Handeln (arab.: *al-ʿamal*), das, wenn ich es tue, mich ins Paradies bringt!" Die ersten drei Empfehlungen sind die gleichen; die Einhaltung der Pflichten, die man engen Verwandten gegenüber hat, fehlt, dafür ist das Ramadanfasten hinzugefügt. Der Beduine verspricht, alles genau zu befolgen und wendet sich zum Gehen, während Mohammed meint, wer gern einen künftigen Paradiesbewohner sehen wolle, der möge sich jenen Beduinen anschauen.[354] In Ǧābir b. ʿAbdallāhs Fassung kennt man sogar den Namen des Fragers, die Empfehlungen fallen kürzer aus: Das rituelle Gebet und die Beachtung von „erlaubt" und „verboten", in einer Überlieferung um das Ramadanfasten ergänzt, garantieren den guten Ausgang des Gerichts.[355] Die Definition des Islams, die bis heute allgemeine Anerkennung findet, verbindet sich mit dem Namen ʿAbdallāh b. ʿUmars. Sie steht bereits in der Szene der Belehrung Gabriels, die der Sohn des Kalifen, sich auf den Vater berufend, den beiden basrischen Pilgern erzählt, um die Lehren Maʿbad al-Ǧuhanīs zurückzuweisen. In Fassungen ohne dieses Beiwerk bezieht sich ʿAbdallāh b. ʿUmar unmittelbar auf Mohammed, der feststellt: „Der Islam wurde auf fünf (Säulen) errichtet: daß man Allah für den einen erklärt" – oder: daß man Allah verehrt und an niemanden außer ihm glaubt – „daß man das rituelle Gebet vollzieht, daß man die Läuterungsgabe leistet, daß man im Ramadan fastet und daß man die Wallfahrt vornimmt." Die vierte und die fünfte „Säule" wurden auch miteinander vertauscht, worüber man sich stritt. In der genannten Reihenfolge, die sich durchgesetzt hat, will ʿAbdallāh b. ʿUmar die Definition vom Propheten gehört haben, wie er in einer Version des *Ḥadīṯ*es beteuert.[356] Die Reihung wird demnach als eine Rangfolge begriffen, und somit erhält die Wallfahrt, den politischen und gesellschaftlichen Gegebenheiten entsprechend, die geringste Dringlichkeit. Wenn die Umstände es dem einzelnen ermöglichen, soll er sie unternehmen, sagt ʿAbdallāh b. ʿUmar den beiden Basrensern. – Dem geschichtlichen Mohammed war die Wallfahrt der wichtigste Beweggrund seines Handelns gewesen.

Die Überbietung der Pflichtriten

Mit den verwickelten Bestimmungen, die sich mit der Gültigkeit des Vollzugs einer jeden der Grundpflichten des Islams und mit den Möglichkeiten beschäftigen, Versäumtes nachzuholen und fehlerhafte Leistungen zu berichtigen, brauchen wir uns nicht auseinanderzusetzen. Die unüberschaubare Fülle dieses Stoffes belegt, wie bitter ernst man die Lehre nahm, daß der Einzug ins Paradies nicht mehr, wie im Medina Mohammeds, durch kriegerische Gläubigkeit gesichert wurde, sondern eben durch die Ritentreue. Galt dies erst einmal für eine unumstößliche Wahrheit, dann erhob sich für die Eifrigen die Frage, wie man über das Durchschnittliche hinausgelangen könne, um noch sicherer über das zu verfügen, was jedem Pflichtbewußten zugesagt war. Denn man hätte es am liebsten schon hier und jetzt wie ein unveräußerliches Eigentum gehabt und war bereit, dafür große Opfer zu bringen. In Medina war dies, wie gesagt, jenes „Darlehen" gewesen, das man Allah mit dem Kampf gegen die Andersgläubigen gewährte. Was aber sollten die Eifrigen tun, wenn der Islam schon den höchstmöglichen Gewinn eintrug? Ein dem mönchischen Leben vergleichbares Ausscheiden aus dem Alltag war nur im Sinne der kämpferischen Gläubigkeit zulässig gewesen und kam für die meisten nicht mehr in Frage, und Sonderriten zu Ehren Allahs waren verpönt. Der Islam durfte nicht für einige wenige erschwert werden, wollte man nicht wie die Juden und Christen dem Zorn und dem Fluch Allahs anheimfallen. So blieb der Weg zu einer Verinnerlichung der Riten, denn deren regelgerechter Vollzug mochte zunächst doch ganz oberflächlich bleiben. Über Anas b. Mālik legt man Mohammed diese Erkenntnis in den Mund: „Der Islam ist das der Öffentlichkeit Zugängliche, der Glaube aber ist im Herzen verborgen", und indem er dies sagte, deutete er sich dreimal an die Brust, „die Gottesfurcht aber ist hier, die Gottesfurcht ist hier!"[357]

Schon zu Lebzeiten Mohammeds gab es unter den Muslimen Zirkel, die sich in ständiger Zerknirschung übten und ihr Dasein im gottgefälligen Dienst am Propheten zu verbringen gedachten. Wir erinnern uns an die „Weiner".[358] Als eine eigene Gruppe erscheinen die „Leute unter dem Schattendach" (arab.: *ahl aṣ-ṣuffa*). Bevor die Gebetsrichtung auf die Kaaba hin verlegt wurde, vollzog man die Riten vor der – gen Jerusalem liegenden – Nordwand der medinensischen Moschee; diese war dort ein Stück weit überdacht. Sobald Mohammed entschieden hatte, daß man sich nach Mekka wende, nutzten mittellose Anhänger, die in Medina keine Unterkunft fanden, diesen Teil als einen Aufenthaltsort. Sie bildeten keineswegs eine feste Gemeinschaft; vielmehr war alles im Fluß je nach den wechselnden Lebensumständen. Diese „Leute des Schattendachs" werden als wahre Elendsgestalten beschrieben, als „Auswanderer", die nicht sogleich in die im Entstehen begriffene „beste Gemeinschaft" eingegliedert werden konnten. In Lumpen gehüllt, vom Hunger gezeichnet, wie sie waren, werden sie in der islamischen Frömmigkeitsliteratur zu „Gästen des Islams" stilisiert, die das Überleben Speisungswundern verdankten. Immerhin fühlten sich die Medinenser bemüßigt, für sie Büschel mit reifen Datteln aufzuhängen, um sie vor dem Tod zu bewahren.[359] Allerdings sollen sie alles Diesseitige von Herzen verachtet haben, ahnten sie doch, daß der ihnen von Mohammed zugesagte künftige Reichtum nicht guttun werde: Der Neid werde ihre Beziehungen zueinander, die in der Not ganz rein und ohne Arg seien, völlig vergiften.[360] Daß sich jene freiwillig auf die dürftigen Lebensumstände eingelassen hätten, um sich desto leichter dem Dienst an Allah hinzugeben, ist eine Legende, die aufkam, als man nach medinensischen Vorbildern für eine von Gottesfurcht beherrschte und von Skepsis gegen die Welt geprägte vertiefte Sinngebung der Riten fahndete. Da glaubte man zu wissen, daß die engsten Verwandten Mohammeds wie dieser selber den vertrauten Umgang mit den „Leuten unter dem Schattendach" gesucht hätten, um sich deren Sittlichkeit anzueignen und um Nutzen aus deren Anrufungen Allahs zu ziehen, die, wie man gemeint habe, in jedem Fall erhört würden.[361] Die Überlieferungen zur Prophetenvita schweigen sich über all dies aus – daß man sich durch weltflüchtige Ritenfrömmigkeit Allah gewogen machen könne, war in einer Zeit, in der der Gehorsam gegen Allah und den Gesandten als die höchste Tugend gepriesen wurde, noch nicht vorstellbar gewesen.

Man muß ein gutes halbes Jahrhundert weitergehen, um auf solche Lebenshaltungen in einem plausiblen Zusammenhang zu stoßen. Wir kehren noch einmal zu Saʿīd b. al-Musaijab zurück. Als ihm gegen Ende seines Lebens das Augenlicht schwand, empfahl man ihm, in der Dämmerung des Morgens und des Abends ins Grüne hinauszugehen und sich in der Frische der Natur zu erholen. Er aber wandte ein, daß er in solch einem Fall nicht in der Lage sei, seiner Gewohnheit gemäß im rituellen Gebet zu verharren. Nie, so läßt man ihn beteuern, sei der Zeitpunkt einer Ritualpflicht herangekommen, ohne daß er schon auf sie vorbereitet gewesen sei und ein entsprechendes Verlangen gespürt habe. Über vierzig Jahre hinweg habe er kein Pflichtgebet versäumt, sondern es stets in der Gemeinschaft vollzogen, fünfzig Jahre lang habe er nach der für das Nachtgebet verrichteten Waschung auch noch am Morgen beten können – er hatte mithin die Nacht durchwacht; zwanzig Jahre lang habe er vor sich nicht den Nacken eines anderen Beters erblickt, immer sei er so früh zur Stelle gewesen, daß er in der ersten Reihe einen Platz gefunden habe. „Was unterbricht den Vollzug des rituellen Gebets?" fragte man ihn, und er antwortete: „Lasterhaftigkeit! Und die Gottesfurcht schützt es!"[362] Fein vermochte Saʿīd b. al-Musaijab zwischen der sachgerechten Erfüllung und einer das Vorgeschriebene mißachtenden Übertreibung zu unterscheiden. Da gab es junge Burschen, die in der Mittagshitze zum Gebetsplatz eilten und die Riten ohne Unterbrechung bis zum Abend ausdehnten. Das sei wahrer Gottesdienst, wenn man doch selber die Kraft dazu hätte, seufzte jemand in Saʿīds Gegenwart. Das sei überhaupt kein Gottesdienst, widersprach dieser, wahrer Gottesdienst beweise sich in der tiefschürfenden Einsicht in die Glaubenspraxis und im Nachdenken darüber, wie Allah mit der Schöpfung verfährt.[363]

Das Grübeln darüber, wie man die starren Regeln des Ritenislams überbieten und zu einer jeglichen Ansatz inhaltsarmer Routine unterbindenden lebendigen Praxis gelangen könne, setzte offenbar in jenen Jahrzehnten ein, in denen man eine die Zeiten überdauernde Definition dieses Islams erarbeitete. Als die ersten Verfechter einer in übersteigerte Gottesfurcht und quälende Selbstbespiegelung hinübergleitenden Ritenfrömmigkeit gelten die „acht Asketen", nicht sonderlich klar faßbare Gestalten der mittleren und späten Omaijadenzeit. Nur eine von ihnen, einen gewissen ʿĀmir b. ʿAbd Qais, wollen wir genauer betrachten. Er war Tamīmite und stammte aus Basra. Dort erregte er wegen seines der Gründung einer Familie abgeneigten Lebenswandels und seiner ungewöhnlichen Mildtätigkeit einiges Aufsehen, man verbreitete über ihn, Abraham sei nicht besser gewesen als er. Schließlich verbannte man ihn nach aš-Šaʾm, wo er, wenn er nicht an Feldzügen gegen Byzanz teilnahm, den Rest seiner Tage zubrachte. In ihm tritt uns ein Virtuose des übermäßigen Ritenvollzugs vor Augen. Als er im Sterben lag, sei er in Tränen ausgebrochen, erzählte man sich; er fürchte sich nicht vor dem Tod, habe er versichert, sondern es tue ihm so sehr um den Durst in der Mittagshitze des Sommers und um die Qualen des nächtelangen Gebets in der Winterkälte leid.[364] Um seine früh sprichwörtlich gewordene Verehrung Allahs[365] knüpft sich ein Kranz von Aussprüchen und Anekdoten.

Der herausragende frühislamische Theologe und Förderer ritengebundener Frömmigkeit al-Ḥasan al-Baṣrī (gest. 728/9 im Alter von etwa 85 Sonnenjahren) erinnerte sich, daß ʿĀmir b. ʿAbd Qais einen festen Platz in der Moschee hatte. Als er diesen längere Zeit nicht mehr in Anspruch nahm, argwöhnte man, er sei zu den Sektierern abgewandert.[366] Zur Rede gestellt, begründete er sein Fernbleiben mit dem Lärm und dem Durcheinander – ist doch die Freitagsmoschee stets auch ein Ort weltlichen Treibens gewesen. Von Sektierern halte er nichts, denn er habe viel mit Prophetentengenossen verkehrt, und die hätten unterstrichen, daß am Jüngsten Tag diejenigen den reinsten Glauben vorweisen könnten, die im Diesseits unermüdlich mit sich selber gerechtet hätten; wem dagegen im Diesseits die meiste Freude vergönnt sei, der werde am Gerichtstag von Kummer überwältigt; wer jetzt am längsten lache, der werde dann nur noch weinen. Desweiteren hätten jene Prophetengefährten gelehrt, daß Allah die Ritualpflichten angeordnet, Verhaltensnormen gesetzt und feste Grenzen gezogen habe – deren Verletzung seine Souveränität antastet; wer die Pflichten erfüllt, die Normen befolgt und sich von den Grenzen fernhält, der darf das Paradies betreten, ohne vor Allah Rechenschaft ablegen zu müssen; wer die Pflichten erfüllt, die Normen befolgt, jedoch die Grenzen überschreitet, dann aber Buße tut, dem stehen Leiden, Erschütterungen und Schrecknisse bevor, am Ende aber gelangt er doch ins Paradies. Wer seine Ritualpflichten und die Normen einhält, jedoch stirbt, ohne für die Verletzung der Grenzen Buße getan zu haben, der wird Allah als ein Muslim begegnen, und es steht in Allahs Belieben, ob er verzeiht oder bestraft.[367] Der über die Befolgung der

Pflichtriten hinausführende Umgang mit dem Diesseits richtet sich hier nicht nach außen, auf die kriegerische Unterwerfung der Welt unter die Herrschaft des Islams, sondern nach innen, auf die Beobachtung der Regungen der Seele, die laut Sure 12, Vers 53 unentwegt dazu neigt, den Menschen zur Widerspenstigkeit gegen Allah zu reizen. Die Seele, das Ich, ist demnach die wider den *islām* gerichtete Kraft im Menschen, die es zu lähmen und auszuschalten gilt. Man wunderte sich über ʿĀmir b. ʿAbd Qais' Bereitschaft zum Verzicht auf alle Annehmlichkeiten – wozu die unausgesetzten Qualen? Denn das Paradies werde auch ohne sie gewonnen, die Hölle nicht hierdurch vermieden! Das sei richtig, erwiderte ʿĀmir, aber die Voraussetzung sei das unermüdliche Tadeln der Seele[368] – die, so müssen wir ergänzen, die Riten ja nicht spontan einhält und daher tausend Ausflüchte entdeckt, um Nachlässigkeiten einreißen zu lassen, und die zudem jeden gelungenen Ritenvollzug nicht Allah, sondern einem eigenen Handlungsvermögen zuschreibt. Mit diesem Irrtum aber würde der Sinn der Riten völlig verfehlt, denn sie sind der Ausdruck des Knechtsverhältnisses, in dem die Menschen und die Dschinnen zu Allah stehen (vgl. Sure 51, 56).

Ritenvollzug anstelle ethischen Handelns

Indem der Islam, die durch die Riten gefestigte und verstetigte Hingewandtheit zu Allah, in die Lebensmitte der Bekenner der neuen Religion rückt und das Dasein nicht mehr im Dschihad die Sinnerfüllung findet, wird der Ritenvollzug selber problematisch. Er geschieht, und indem er geschieht, manifestiert sich die einträchtige Gemeinschaft. Das ist die machtpolitische Seite des Islams, die sich mit dem *forum externum* begnügt. Das war im Grundsätzlichen auch schon zu Mohammeds Zeiten so; um unter die Gläubigen zu rechnen, war die Hedschra vonnöten mit allem, was aus ihr folgte – die Spaltung der Anhängerschaft des Propheten in die Muslime und die Gläubigen war unvermeidlich. Wenn aber der Islam bereits das Äußerste ist, dessen sich der Mensch zur Sicherung des Heils befleißigen kann, dann scheint eine vergleichbare Spaltung ausgeschlossen zu sein. Auf Gleichheit waren die Forderungen ʿAbdallāh b. Sabaʾs hinausgelaufen. Doch tritt nun eine neue Art der Spaltung auf. „ʿĀmir b. ʿAbd Qais war der vortrefflichste der Allah Dienenden[369] und hatte sich täglich tausend Bewegungsabläufe[370] auferlegt, wobei er vom Aufgang der Sonne bis zum Nachmittag stand und erst dann wegging; ihm waren inzwischen die Unterschenkel und die Füße geschwollen. Er sprach: ‚Seele, du wurdest nur zum Gottesdienst geschaffen, du, die du stets zum Bösen rätst (Sure 12, 53)! Bei Allah, ich will so mit dir verfahren, daß ein Ruhelager nie etwas von dir zu spüren bekommt!' Er ging hinab in ein Tal, das man das Tal der Raubtiere nannte. Dort lebte ein äthiopischer Gottesdiener, Ḥumama[371] geheißen. ʿĀmir blieb an einem Ende für sich allein, Ḥumama am anderen, und so verrichteten sie ihre rituellen Gebete vierzig Tage und vierzig Nächte, ohne daß der eine sich um den anderen gekümmert hätte. Sobald der Zeitpunkt des Pflichtritus herangekommen war, vollzogen sie ihn, danach machten sie sich an die freiwilligen Leistungen. Dann, nach vierzig Tagen, begab sich ʿĀmir zu Ḥumama und fragte: ‚Wer bist du, Allah habe Erbarmen mit dir?' ‚Laß mich mit meinen Sorgen allein!' ‚Ich beschwöre dich, (sag es mir)!' ‚Ich bin Ḥumama.' Darauf sprach ʿĀmir: ‚Wenn du der Ḥumama bist, von dem man mir erzählte, dann bist du der am meisten dem Gottesdienst hingegebene Mensch auf der Erde. Sag mir, was ist die vorzüglichste Eigenschaft?' ‚Dazu bin ich zu unvollkommen (in meinem Gottesdienst)! Gäbe es nicht die Zeiten der Pflichtgebete und der Niederwerfungen, verbrächte ich am liebsten das Ganze Leben mit nach vorn gebeugtem Körper, das Gesicht zum Boden gesenkt, bis ich Allah begegne. Aber die Ritualpflichten gestatten mir nicht, dies zu tun. Und wer bis du, Allah habe mit dir Erbarmen?' ‚Ich bin ʿĀmir b. ʿAbd Qais.' ‚Wenn du der ʿĀmir bist, von dem man mir erzählte, dann bist du der am meisten dem Gottesdienst hingegebene Mensch. Sag mir, was ist die vortrefflichste Eigenschaft?' ‚Dazu bin ich zu unvollkommen (in meinem Gottesdienst). Aber eine ist mir sehr wichtig: Die Ehrfurcht vor Allah ist in meinem Herzen so gewaltig, daß ich nichts fürchte außer ihm.' Da umringten ihn die Raubtiere, eines kam herzu, sprang ihn von hinten an und legte ihm die Vorderpfoten auf die Schulter, er aber rezitierte: ‚Das wird ein Tag sein, an dem man alle Menschen versammelt, ein Tag, den alle erleben werden!' (Sure 11, 103). Als das Raubtier spürte, daß er von ihm keine Notiz nahm, machte es sich fort. Da fragte Ḥumama: ‚ʿĀmir, was bedeutet dir das, was ich sah?' ʿĀmir antwortete: ‚Ich schäme mich vor Allah, etwas anderes als ihn zu fürchten.' Ḥumama fügte hinzu: ‚Versuchte uns Allah nicht durch unseren Bauch, so daß wir, wenn wir etwas essen, auch etwas ausscheiden müssen, dann sähe mein Herr mich nur, wie ich vornüber gebeugt bin oder in der Niederwerfung verharre.' Ḥumama nämlich verrichtete an jedem Tag achthundert Bewegungsfolgen und hielt sich immer noch für unvollkommen im Gottesdienst und tadelte seine Seele."[372]

Die gleichen Worte, mit denen ʿĀmir b. ʿAbd Qais seine Kaltblütigkeit gegen die Raubtiere begründete, verwendete er auch zur Erklärung der Furchtlosigkeit, die er angesichts des Satans zeigte. Iblis, in der Gestalt einer Schlange, wand sich genau auf dem Fleck Erde, auf den sich ʿĀmir im Gebet niederwarf. Die Schlange verströmte einen üblen Geruch, und daher schob er sie mit der Hand beiseite. Nur weil der Gestank ihn gestört habe, habe er dies getan; ansonsten sei ihm die Gegenwart des Verführers gleichgültig. Da er sich vor nichts anderem als Allah fürchte, habe es ihm auch nichts ausgemacht, als ihm die Schlange unter das Gewand gekrochen und am Ärmelausschnitt wieder zum Vorschein gekommen sei.[373] Ein Mann wie ʿĀmir ist, da er sein Leben so weit, wie irgend möglich, mit der Gottesverehrung zubringt, der Garant für das Vorhandensein eines von den Verführungskünsten des Satans freien Raumes im Diesseits, das Allah im übrigen dem von ihm selber geschaffenen Bösen öffnete (Sure 15, 26–48). „Über meine Diener hast du keine Vollmacht, abgesehen von denen, die in die Irre gehen und dir folgen", belehrte Allah den Satan (Vers 42). Der Gottesdienst (arab.: *al-ʿibāda*), das Handeln als ein Knecht Allahs, stiftet im Diesseits die Augenblicke und Territorien, in denen der *islām* in unbeeinträchtigter Weise herrscht. Somit nimmt der Knecht Allahs beispielhaft vorweg, was der Endzweck islamischer Machtausübung ist: Die „beste Gemeinschaft" soll überall und zu jeder Zeit befehlen, was Allah billigt, und verbieten, was er verwirft. Zum ersten Mal wird dieser Gedanke im Koran ausgesprochen, als Luqmān seinem Sohn rät, unbeirrt die Gebete auszuüben und dabei in der genannten Art die gottgefällige Ordnung zu unterstützen (Sure 31, 17). Befehlen, was Allah billigt, verbieten, was er verwirft, das ist die Aufgabe des „heidnischen Propheten" (Sure 7, 157), in den medinensischen Suren taucht die Formulierung dann mehrfach auf (Sure 3, 104, 110 und 114; Sure 22, 41). Die Heuchler gebrauchen die gleichen Worte (Sure 9, 67), doch folgen daraus nicht die Taten, die die Gläubigen leisten (Sure 9, 71) – eine Differenzierung, die wir wegen der veränderten Definition von Gläubigkeit nun nicht mehr erwarten dürfen. Der Ritenvollzug, ergänzt um freiwillige gegen die zum Ungehorsam drängende Seele gerichtete, den Riten entlehnte Formen der Kasteiung, qualifiziert den Gottesdiener zum Mahner der Machthaber, ja erhebt ihn in den Augen des durchschnittlichen Muslims dazu. ʿĀmir b. ʿAbd Qais wurde eines Tages Zeuge, wie ein Untergebener des Statthalters einen Andersgläubigen mißhandelte. Ob dieser die Kopfsteuer nicht entrichtet habe, mischte sich ʿĀmir ein. Das habe er, doch solle er nun den Palast des Statthalters ausfegen. ʿĀmir erfuhr, daß der Andersgläubige diesem Ansinnen nicht zugestimmt hatte, man ihn aber nicht laufenlassen wollte. Da breitete er seinen Mantel über den Bedrängten und sprach zu dem Büttel: „Achte niemals den vom Gesandten Allahs gewährten Schutz (arab.: *aḏ-ḏimma*) gering!" So entging der Andersgläubige dem erniedrigenden Dienst – was, da es die islamische Macht gegenüber einem solchen Mann desavouierte, zur Verbannung ʿĀmirs aus Basra führte. Muʿāwija hatte zuvor gehofft, den Unbequemen mundtot zu machen, indem er ihm die Mittel für den Erwerb einer Frau überbringen ließ, doch ʿĀmir erwies sich als unbestechlich.[374]

Die Riten und die Herrschaft

Der Islam als die Lebensmitte der sich auf Mohammed berufenden Religion konzentrierte das Streben nach Heilssicherung wie auch die politisch-gesellschaftliche Erscheinungsweise der „besten Gemeinschaft" auf die gemeinsame Ausübung der Riten. Die Gläubigkeit verlor ihren kriegerischen Charakter und war auch nicht mehr heilswichtig, so daß für den einfachen Muslim eine seine Unzulänglichkeit behebende Zusatzleistung nach Art der *ṣadaqa* weiterhin nötig gewesen wäre. Der Abbau der Dschihadgesellschaft brachte insofern mehr Gleichheit. Er bedeutete aber auch eine nachhaltige Schwächung der ohnehin noch unzureichend entwickelten Kalifenherrschaft. Hatte Mohammed in Medina immer wieder darauf bestanden, daß die Muslime Allah und ihm, dem Gesandten, Gehorsam schuldeten (z.B. Sure 47, 33), desgleichen jenen, die Befehlsgewalt innehatten (Sure 4, 59), so ist die Leitung der Riten nur noch in sehr ausgedünnter Form mit dem Staatsoberhaupt verbunden. Kennzeichnend für diesen neuen Sachverhalt ist der Begriff „Imam" mit seiner Bedeutungsbreite. Weder im Sinne eines Führers der „besten Gemeinschaft" noch des Leiters der rituellen Gebete wird er von Mohammed im Koran verwendet. Er meint soviel wie die Richtschnur oder den Maßstab (Sure 2, 124; 11, 17; 25, 74; 46, 12), in negativem Zusammenhang ein abschreckendes Beispiel (Sure 15, 79). In Sure 17, Vers 71 bezeichnet das Wort vermutlich die Liste der Taten, die bei Allah für jede Gemeinschaft getrennt geführt und dieser am Tag des Gerichts vorgelegt wird.[375] Die Propheten Israels sind Leitsterne, die den von Allah gewiesenen Weg gingen (Sure 21, 73), der Pharao und seine Gefolgsleute dagegen waren falsche Vorbilder, die alle, die ihnen verfallen, in die Hölle bringen (Sure 28, 41). Im *ḥadīṯ* jedoch entwickelt sich eine neue Bedeutung, die dem Vorrang des Islams entspricht. „Die Imame gehören zu den Quraišiten", soll Mohammed apodiktisch festgestellt und damit den Herrschaftsanspruch seines Stammes zementiert haben.[376] Daß hier die Kalifen gemeint sind, deren Amt man auch Imamat nennt, steht außer Zweifel. Aber viel häufiger bezeichnet man im *ḥadīṯ* mit „Imam" den Vorbeter, dessen Autorität ebenso wenig angefochten werden darf wie diejenige eines Befehlshabers, mögen beide auch ungerechte, falsche Anweisungen erteilen.[377]

Dieses Oszillieren des Begriffs „Imam" zwischen der nahen, alltäglich erlebten Autorität und der fernen des Kalifen führt zu der Frage, wer denn jene Inhaber von Befehlsgewalt seien, von denen Mohammed in Sure 4, Vers 59 spricht. In der islamischen politischen Theorie, wie sie sich in den folgenden Jahrhunderten herausbildet, ist selbstverständlich der Kalif der Erbe der Macht über die Organisierung der Riten wie auch der Herrschaft über das Profane, für dessen Regelung im Sinne des Korans und des *ḥadīṯ* er zu sorgen hat, und noch die Befugnisse des Imams der Freitagsmoschee des fernsten Ortes leiten sich auf dem Weg einer fiktiven Delegierung von den seinigen ab. Eben deshalb verlangt der Staatsrechtler al-Māwardī (gest. 1058), daß der Kalif die Machtausübung von Usurpatoren legitimiere, indem er sie formal zu seinen Statthaltern ernenne. Denn nur unter dieser Voraussetzung sind die Riten, die Muslime in dem betreffenden Territorium vollziehen, gültig und auf das Jenseitskonto anrechenbar.[378] Das „Imamat" des Erben der politisch-religiösen Macht Mohammeds zeigt sich dem einfachen Muslim im Imam der Freitagsmoschee und in dessen Anweisungen. Deren Inhalt resultiert aber keineswegs aus allfälligen Erlassen des Kalifen, sondern wurzelt im Koran und im *ḥadīṯ*, mithin in unmittelbar Allah und seinem Gesandten zugeschriebenen Aussagen, die der intellektuellen Verfügungsgewalt des Kalifen ein für allemal entzogen bleiben. Sachwalter dieser Aussagen sind vielmehr Personen, deren Beziehungen zur kalifischen Macht sich höchst spannungsreich gestalten. Einen Vorboten dieser in der späten Omaijadenzeit in aller Schärfe hervortretenden Verhältnisse haben wir beim Blick auf Saʿīd b. al-Musaijab kennengelernt.

Die erwähnten Spannungen zwischen den Überlieferungsgelehrten und den *fuqahāʾ* auf der einen und den Inhabern der politischen und militärischen Gewalt auf der anderen Seite erklären sich aus dem Sieg der Ritenfrömmigkeit über die kämpferische Gläubigkeit. Indem dank diesem Sieg die Überlieferer und die *fuqahāʾ* den für den einfachen Muslim, den es nach Heilsgewißheit verlangt, wichtigsten Teil des Erbes des Propheten beanspruchen und die lebenspraktischen Konsequenzen des *islām* in ihre Zuständigkeit nehmen, wird der Zugriff des Herrschers auf die Untertanen – in omaijadischer Redeweise: auf die Herde – in äußerst wirksamer Weise mediatisiert. Die Überlieferer und die *fuqahāʾ* zwingen den Kalifen ihren Diskurs auf, zum ersten Mal schon um 700, als es um die Frage geht, inwieweit der Hirte für das Wohl der Herde verantwortlich zu machen ist[379] oder ob der Kalif als der „Schatten Allahs auf der Erde" gleichsam als die Silhouette des unablässigen Bestimmens Allahs über seine Schöpfung gedeutet werden muß und deshalb von Menschen für nichts zur Rechenschaft gezogen werden kann. Letzteres zuzugestehen, wäre gleichbedeutend mit dem Verzicht der Gelehrten auf die durch den Triumph des Islams gerade errungene Ausnahmestellung gewesen. Schauen wir von dieser Erkenntnis aus auf den Islam der Ritenfrömmigkeit, so enthüllt sich unserem Blick, wie gering der Erfolg der von Muʿāwija betriebenen Inanspruchnahme der Autorität des Propheten war: Die subversiven Züge einer nicht auf genau festgelegte Gegenstandsbereiche eingrenzbaren Autorität hatte er nicht voraussehen können;[380] er hatte nicht ahnen können, daß die Überlieferung der jungen Prophetengefährten, zu denen er selber rechnete, gegen seine Nachfolger verwendet werden sollte, eben weil diese jungen, anders als er selber, nicht mehr zu den Mächtigen gehören würden. Wenn man mit den eben umrissenen Erkenntnissen das *ḥadīṯ* überprüft, entdeckt man rasch jene Subversivität: Ǧābir b. ʿAbdallāh, Ǧābir b. Samura,[381] Muʿāwija, al-Muġīra b. Šuʿba, Ṯaubān, ein Schutzbefohlener des Propheten, der sich in Hims niederließ,[382] und ʿUqba b. ʿĀmir, sie alle verbürgen sich für ein Wort Mohammeds, das ihnen selber für ihre Deutung der neuen Religion eine unüberbietbare Rechtfertigung zuspricht: „Eine Gruppe aus meiner Gemeinde wird ohne Unterlaß für die Wahrheit kämpfen und dabei bis zum Jüngsten Tag die Oberhand behalten." „Diese Glaubenspraxis wird ununterbrochen Bestand haben, indem eine Schar Muslime für sie kämpft, bis die Stunde anbricht." Auch Zusätze werden überliefert, so mehrfach: „Und diejenigen, die diese Gruppe im Stich lassen oder gegen sie vorgehen, werden ihr nicht schaden." Einmal heißt es: „Und dann wird Jesus, der Sohn der Maria, herabsteigen, und der Anführer (der Krieger für die Wahrheit) wird ihn auffordern: ‚Sei unser Vorbeter!' Jesus aber wird sich weigern: ‚Ihr seid einander Anführer!' Denn so ehrte Allah diese Glaubensgemeinschaft (vor allen anderen)."[383]

Von zwei unterschiedlichen Richtungen aus wird das auf den Islam gegründete Gemeinwesen in Frage gestellt werden. Der Islam, die Ausübung der Riten, ist zwar fortan das Fundament der „besten Gemeinschaft", aber die Erinnerung an jene Zeit, in der alles auf den Dschihad hingeordnet war, ist damit noch nicht gelöscht. Sie ist in das *ḥadīṯ* eingegangen und kann in Augenblicken, in denen die Inhaber der Macht als unerträglich verdorben gelten, wiederbelebt werden. Die Hedschra und der Krieg gegen die für unislamisch erachteten Verhältnisse finden ohne weiteres ihre Legitimierung in den einschlägigen Partien der Überlieferung.[384] Auf einem anderen Blatt steht, daß schiitische Gruppen und vor allen Dingen die Charidschiten die strenge Unterscheidung zwischen dem Islam als einer unzureichenden Ritenfrömmigkeit und dem Glauben als dem das Heil sichernden Handeln bewahren, dies freilich, ohne auf das *ḥadīṯ* als die wesentliche Quelle dessen angewiesen zu sein, wonach sie sich zu richten haben. Sie konservieren damit einen archaischen Zustand der auf Mohammed zurückgehenden Religion. Die Mehrheitsrichtung, die man ab dem 8. Jahrhundert Sunnitentum zu nennen beginnt, wird sich in einer kritischen, oft feindseligen Distanz zum Kalifat herausbilden und nach einem langwierigen Prozeß der theologischen und gesellschaftlichen Konsolidierung ab dem 10. Jahrhundert zu einer Symbiose mit dem Kalifat finden. Doch indem dies geschieht, wird – vorzugsweise auf dem Boden des Sunnitentums – diese eben erreichte Verschmelzung von Herrschaft und durch die Gelehrten getragenem Islam von den Überbietern der Riten unterminiert. Die in ständigem Rechten mit der Seele weit über die formale Erfüllung hinausgetriebene Ritenfrömmigkeit ringt um die das Heil verbürgende Gegenwärtigkeit des *islām*, stellt dabei die Unzulänglichkeiten der Herrschaft bloß und gewährt nötigenfalls Schutz vor den Machthabern. Die Anfänge dieser Art von Mediatisierung, die ebenfalls im Islam begründet ist, konnten wir an ʿĀmir b. ʿAbd Qais beobachten.

6. Mohammed – Legenden und Geschichte

Der historische Mohammed verschwindet hinter dem „islamischen"

Der Mohammed des *ḥadīṯ* steht für eine Religion und eine Gesellschaft, die nicht diejenige des Korans und somit auch nicht diejenige des historischen Mohammed ist. Anders gesagt, die unbeschränkte Autorität des Gesandten Allahs, die die „jungen" Prophetengenossen für das verlangen, was sie unter seinem Namen in Umlauf setzen, deckt nicht mehr das, worum es dem geschichtlichen Propheten gegangen war. Die Gefährten Mohammeds, die in der frühen Omaijadenzeit das große Wort führten, hatten erlebt, wie dieser den Vertrag von al-Ḥudaibīja schloß und sich, die Widerstände im Inneren der medinensischen Gemeinde in Kauf nehmend, den machtpolitischen Zielen der mekkanischen Wortführer der Quraišiten anpaßte; sie waren Zeugen davon geworden, wie die „frühen Auswanderer", allen voran ʿUmar b. al-Ḫaṭṭāb, das Ruder herumzureißen versuchten, indem sie die Hedschra zur Trennlinie zwischen Wahrheit und Lüge erklärten,[385] dadurch die Politik, auf die sich Mohammed in seinen letzten Lebensjahren eingelassen hatte, desavouierten und unter Betonung ḥanīfischer Ideale ein auf die Arabische Halbinsel begrenztes meritokratisches Regime ansteuerten, das von den Konsequenzen des leidigen Väterruhms möglichst unbehelligt bleiben sollte; sie standen im besten Mannesalter, als sich die Unerreichbarkeit dieser Ziele abzeichnete und die kämpferische Gläubigkeit in einem blutigen Bürgerkrieg in Mißkredit gebracht wurde, weil das simple Schema „die Feinde sind die Andersgläubigen" nicht mehr stimmte. Prophetengenossen standen zur Verfügung – jedenfalls viele von ihnen –, als ein siegreicher Muʿāwija auf vielfältige Weise zu verstehen gab, daß sein quraišitisches Regime die Autorität Mohammeds in bisher ungekannter Intensität zu nutzen gedachte und damit einem Wunsch entgegenkam, der sich schon vor dem Bürgerkrieg bemerkbar gemacht hatte. Schon allein wegen der damaligen Ausdehnung des Reiches, um deretwillen sich die Kriegsschauplätze in ferne Gegenden verlagert hatten, konnte der Dschihad nicht mehr der Bezugspunkt der durch den Propheten gestifteten Religion sein. Die tagtägliche Glaubenspraxis, in der sich die „beste Gemeinschaft" unabhängig von kriegerischen Aktivitäten manifestierte, wurde die gleichsam natürliche Lebensmitte. Das bedeutete nicht, daß der Dschihad erloschen wäre, aber er wurde von einer Sache der Gemeinde zu einer Haupt- und Staatsaktion – insbesondere gilt dies für die

Seekriege gegen Byzanz, die ein vergleichsweise hohes, „professionelles" Können voraussetzten und nicht mehr für eifernde Laien taugten.

Die Legende von der Himmelfahrt des Propheten war bestens geeignet, diesen noch nie dagewesenen Charakter der Omaijadenherrschaft jedermann ins Bewußtsein zu heben. Mohammed brachte aus dem Himmel die Einzelvorschriften für die rituellen Gebete herab, die wichtigsten kultischen Handlungen des Islams. Wie einst hinter dem Propheten selber, so versammelten sich jetzt die Muslime hinter ihren Vorbetern, und bei oberflächlicher Betrachtung waren alle Muslime als Diener Allahs untereinander gleich. Der gehorsame Vollzug der Riten gewährleistete zudem die Eintracht (arab.: *al-ǧamāʿa*) des muslimischen Gemeinwesens. – Das Fernbleiben ʿĀmir b. ʿAbd Qais' hatte sogleich Anlaß zu Argwohn gegeben. – Die Gestalt des Propheten als des Übermittlers der gottgewollten Riten trat somit in den Mittelpunkt der Aufmerksamkeit, denn mittels der Riten trat die Einheit zutage, und diese war ausschlaggebend für die Legitimität des „Stellvertreters Allahs". Von innen betrachtet, war dies unter Mohammed ähnlich gewesen, aber die Umstände, unter denen er gewirkt hatte, waren ganz andere gewesen: In mekkanischer Zeit hatte sich eine Minderheit im Vollzug der Riten Tag für Tag ihres Anspruchs vergewissert, gegen die Ansichten der Mehrheit im Besitz der Wahrheit zu sein; die Vision vom Aufstieg in den Himmel wie auch danach diejenige von der Nachtreise hatten der Bekräftigung der Wahrheit im Angesichte der Zweifler und Spötter gedient. Jetzt aber vollzogen viele die Riten, die Macht lag in muslimischen Händen, Zweifler und Spötter brauchten nicht mehr mundtot gemacht zu werden. Die Himmelfahrt bestätigte nun den Muslimen, daß die Riten wie auch der Alltag außerhalb der Moschee entsprechend dem Willen Allahs gestaltet seien, fügte sich beides doch der Autorität des Propheten, der sich der Kalif ausdrücklich unterstellte. Unter ʿUmar und ʿUṯmān war das noch ganz anders gewesen. Die Himmelfahrt des Propheten und die Episode der Belehrung Gabriels durch ihn, die als ein mit Auszeichnung bestandenes Examen Mohammeds aufgefaßt wurde, verliehen den Verhältnissen, wie sie inzwischen der Islam herbeigeführt hatte, das Gütesiegel unanfechtbarer Legitimität, und diese kam auch den Kalifen zugute, unter denen diese Verhältnisse vorherrschend geworden waren; die Kalifen mußten es sich angelegen sein lassen, alles so zu erhalten, wie es jetzt war.

Der Felsendom, Monument des Islams

Das Symbol dieser neuen, islamischen „besten Gemeinschaft" und der sie bewahrenden und mehrenden Machtausübung ist der Felsendom in Jerusalem. Nachdem sich Mohammed einst mit der Himmelfahrt als der Überbringer der von Allah selber gestifteten Riten legitimiert und sich als den Erben des abrahamischen Ḥanīfentums ausgewiesen hatte, sollte die visionäre Inaugenscheinnahme des nach der ersten Zerstörung wiedererrichteten Jerusalem die Quraišiten unter Druck setzen: Wenn sie ihn und die von ihm überbrachten Gesetze mißachten würden, dann werde Allah seine jetzigen „Leute",[386] eben die Quraišiten, in ähnlicher Weise strafen wie einst die Juden, und womöglich werde es danach nie eine Wende zum Besseren geben. Mit dem Weggang nach Medina wurde der Gesandte Allahs auch zum „heidnischen Propheten", nach dem Erbe Abrahams trat er auch dasjenige Moses an. Die Bestimmungen, wie er sie vor allem in Sure 2 erließ, gaben der abrahamischen Hinwendung zu dem Einen die Form von Gesetzen. Mose, nicht Abraham, ist daher in der legendenhaften Ausschmückung der Himmelfahrt, die diese Stufe der Entwicklung des Islams widerspiegelt, der Berater Mohammeds. Mit dieser Himmelfahrt von Jerusalem aus vollendet sich die Heilsgeschichte als die erneute Verkündung dessen, was die Juden und die Christen verdorben und verfälscht haben. Die in Sure 17, Vers 2 bis 8 ausgesprochene Drohung[387] braucht nun nicht mehr aufrechterhalten zu werden. Nebukadnezar oder Titus zerstörten den alten Tempel, die von Mohammed geschaute Wiedererrichtung wird jetzt Wirklichkeit.[388] Das ist das Werk der wahren Erben Moses, die sich Mohammed, dem zuverlässigen Gesandten, anschlossen, der eben um der Zuverlässigkeit willen nichts anderes sein wollte als der Gesandte Allahs.

Die Quraišiten sind die „Leute Allahs", soll Mohammed nach der Inbesitznahme Mekkas ʿAttāb b. Asīd b. abī l-ʿĪṣ b. Umaija b. ʿAbd Šams versichert haben, dem Omaijaden, der sich an eben jenem Tag zum Islam bekehrt hatte und gleich darauf zum muslimischen Verwalter der Stadt der Kaaba eingesetzt worden war.[389] Diese Überlieferung ist als eine Zusammenfassung alles dessen geeignet, was die Omaijaden über sich selber und über ihr Verhältnis zum längst verblichenen Propheten glauben mochten. Zufall wird es sein, daß die Vollendung des Felsendoms mit dem „Jahr der Eintracht" in Verbindung gebracht werden kann. Die Inschrift im Innern des Bauwerks nennt das Jahr 72 (begann am 4. Juni 691) als das Datum der Fertigstellung, die „Eintracht" wurde kurz darauf erreicht, als Ibn az-Zubair in Mekka zu Tode gekommen war.[390] Allerdings handelt es sich wohl nur um eine nachträgliche Verknüpfung mit einer Bezeichnung, die ursprünglich dem Zeitpunkt gegolten hatte, zu dem al-Ḥasan b. ʿAlī darauf verzichtet hatte, das politische Erbe seines Vaters anzutreten. Daß der Verlauf der Kriege, in denen ʿAbd al-Malik seine Feinde, allen voran die Zubairiden, niederkämpfte, ihn veranlaßt haben könnte, einen noch gar nicht errungenen Sieg mit solch einem außergewöhnlichen Gebäude zu dokumentieren und propagandistisch auszuschlachten, klingt höchst unwahrscheinlich. In Betracht zu ziehen sind dagegen die Indizien, die besagen, die Omaijaden hätten sich einen eigenen religiösen Mittelpunkt schaffen wollen.[391] Der Beweggrund ist freilich nicht in der schlichten Tatsache zu suchen, daß Mekka in der Hand der Zubairiden lag. Wäre es wirklich um die Verlegung der Pilgerstätte gegangen,[392] hätte ʿAbd al-Malik nicht alles daranzusetzen brauchen, Mekka seiner Herrschaft zu unterwerfen. Was ʿAbd al-Malik und die omaijadischen Kalifen vor ihm prinzipiell vom Kalifat Ibn az-Zubairs unterschied, war die Haltung zum Propheten. Es wurde oben gezeigt, daß Ibn az-Zubair die Ansicht verfocht, Mohammed solle nicht ständig während des Vollzugs der Riten genannt werden. Die „frühen Auswanderer" und die ihnen nacheifernden Söhne brauchten ihn nicht als die überragende Autorität, von deren fiktiver Zustimmung sie in all ihren Entscheidungen abhingen. Sie wußten selber, was unter Zugrundelegung des Korans jeweils das Richtige sei, sie hielten in dieser Hinsicht an der Verfahrensweise ʿUmar b. al-Ḫaṭṭābs fest.[393]

An den Beispielen des Setzens der Grenzsteine des *ḥaram*-Gebiets und der Warnung, die der Prophet unmittelbar vor seiner Flucht aus Mekka erhielt,[394] beobachteten wir, wie die Gestalt Gabriels in die Überlieferung zur Stiftung wesentlicher Elemente des Kultes und zum Leben Mohammeds eindringt. Gabriel begleitet ihn auf der Nachtreise, steigt mit ihm durch die Himmel empor; Gabriel kommt inkognito, um ihn zu prüfen. Der Felsen in Jerusalem, von dem aus der Prophet emporgetragen wurde, markiert jenen Punkt der Erde, an dem Mohammed die ihm zugedachte Aufgabe des Gesandten Allahs als Mensch von Fleisch und Blut wahrgenommen haben soll, nicht bloß, wie in Mekka, als die irdische Stimme des Einen. Wir befinden uns an dem Ort, an dem sich das Gesandtentum leibhaft erfüllte, weswegen Mohammed fortan nicht mehr nur als der Übermittler der Worte, sondern vor allem als der mit seinem ganzen Dasein für die Wahrheit des Islams Bürgende begriffen werden kann. Es braucht hier nicht die Frage erörtert zu werden, ob sich nicht auch im Hedschas eine zur Veranschaulichung dieser Vorstellung geeignete Lokalität hätte finden können: In diesem Entwicklungsstadium des Islams, das, wie gezeigt, in einer engen Verbindung zu einer bestimmten Auslegung muslimischer Herrschaft steht, lag wahrscheinlich keine andere Möglichkeit nahe.

Daß Mohammed der Gesandte Allahs sei, ist denn auch die mehrfach wiederholte Aussage der beiden Schriftbänder im Innern der Kuppel. Der Inhalt besteht in Koranzitaten, die mit frei formulierten Sätzen untereinander verknüpft sind. Das erste Schriftband lautet: „(Basmala) Es gibt keinen Gott außer Allah, er hat keinen Gefährten. *Sprich: Er ist Allah, ein einziger; er ist Allah ganz und gar: er hat nicht gezeugt und wurde nicht gezeugt, und niemand ist ihm ebenbürtig*[395] (Sure 112). Mohammed ist der Gesandte Allahs (Eulogie). Es gibt keinen Gott außer Allah allein, er hat keinen Gefährten. Mohammed ist der Gesandte Allahs. *Allah und seine Engel vollziehen gegen ihn gewendet das rituelle Gebet.*[396] *Ihr, die ihr glaubt! Vollzieht auch ihr gegen ihn gewendet das rituelle Gebet und grüßt ihn mit dem Friedensgruß* (Sure 33, 56)! (Basmala) Es gibt keinen Gott außer Allah allein. *Preis sei Allah, der sich kein Kind nahm, keinen Gefährten in der Herrschaft hat und keinen Schutzpatron gegen die Erniedrigung (braucht); und preise ihn aufs höchste* (Sure 17, 111)! Mohammed ist der Gesandte Allahs. Allah vollziehe gegen ihn gewendet das rituelle Gebet, desgleichen seine Engel und seine Gesandten! Der Friedensgruß werde ihm entboten, die Barmherzigkeit Allahs (werde ihm zuteil)! (Basmala) Es gibt keinen Gott außer Allah allein, er hat keinen Gefährten. Er hat die Herrschaft inne, ihm gebührt das Lob. *Er gibt das Leben und den Tod. Er ist zu allem mächtig* (Sure 57, 2). Mohammed ist der Gesandte Allahs. Allah vollziehe gegen ihn gewendet das rituelle Gebet und nehme am Tag der Auferstehung seine Fürsprache für die Gemeinde an! (Basmala) Es gibt keinen Gott außer Allah allein, er hat keinen Gefährten. Mohammed ist der Gesandte Allahs. Allah vollziehe gegen ihn gewendet das rituelle Gebet!“ Das zweite Schriftband beginnt mit Sure 57, Vers 2 und Sure 33, Vers 56, durch die gleichen Hinweise auf die Einsheit Allahs und auf den Propheten ergänzt. Darauf folgt Sure 4, Vers 171 f.; Mohammed polemisiert hier gegen das christliche Trinitätsdogma und kommt zu dem Schluß, daß sich Jesus keineswegs dafür zu schade sei, ein Knecht Allahs zu heißen. Auch zu ihm, dem Gesandten und Knecht Jesus, gewendet, vollziehe Allah das rituelle Gebet, der Friedensgruß sei ihm entboten (Sure 19, 15). „Das ist Jesus, der Sohn der Maria, *gemäß dem Wort der Wahrheit, über die sie im Zweifel sind. Es ziemt sich für Allah nicht, daß er sich irgendein Kind genommen hätte. Wenn er eine Sache entscheidet, dann sagt er zu ihr nur: ‚Sei!' und sie ist. Allah ist mein Herr und euer Herr. Ihn verehrt! Das ist eine gerade Straße* (Sure 19, 34–36)! *Allah bezeugt, daß es keinen Gott außer ihm gibt, desgleichen* (bezeugen es) *die Engel und die Wissenden. Er setzt die Gerechtigkeit durch. Es gibt keinen Gott außer ihm, dem Mächtigen, Weisen. Die* (wahre) *Glaubenspraxis ist bei Allah der Islam. Diejenigen, die das Buch erhalten hatten, wichen* (vom Islam) *erst ab, als das Wissen zu ihnen gelangt war; sie taten dies, indem sie sich gegeneinander auflehnten. Wer nicht an die Wunderzeichen Allahs glaubt, nun, Allah rechnet schnell ab* (Sure 3, 18 f.).“[397]

Wie Jesus in den zitierten Sätzen des Korans nichts anderes als ein Knecht Allahs ist, so auch Mohammed. Die vermeintliche Behauptung der Christen, Allah habe ein Kind gezeugt – es ist hier an die Zeugung vermittels eines Samentropfens (vgl. Sure 75, 37) und die hierdurch ausgelöste Entwicklung der Leibesfrucht (vgl. Sure 22, 5) gedacht –, wird als abwegig zurückgewiesen. Allahs Schaffen geschieht durch das Wort „Sei!“ Wenn man dafür plädieren wollte, Jesus sei das Kind (arab.: *al-walad*) Allahs, dann wäre man zur Annahme einer natürlichen Empfängnis gezwungen, was aber nicht zutrifft; denn Jesus entsteht aus dem in der Schöpfung wirkenden Wort (arab.: *al-kalima*) Allahs (Sure 3, 45), doch er ist trotz dieser ihn von allen Menschen unterscheidenden Herkunft genau wie Mohammed nur ein Gesandter Allahs (Sure 4, 171).[398] Und so wenig wie Mohammed darf Jesus, der Christus, für den Weltenherrscher ausgegeben werden, als den ihn das die Wesensgleichheit mit Gott Vater betonende nicaenische Glaubensbekenntnis beschreibt. Nicht Christus, sondern Allah sitzt auf dem von den Engeln umringten Thron, ihm allein gehört die Herrschaft (arab.: *al-mulk*), wie es in den beiden Schriftbändern immer wieder heißt. Über die Herkunft des Bildes jenes Allah, der sich nach dem Abschluß der Schaffung der Welt aus dem Nichts sogleich auf den Thron setzt, um sein Werk zu regieren, wurde ausführlich gehandelt.[399] Die Abgrenzung vom Christentum ist ein Ziel der Erbauer des Felsendoms, das andere ist in der Klärung des Ranges zu suchen, den Mohammed bei Allah einnimmt. Mohammed, der Gesandte Allahs, ist diesem so lieb und wert, daß er mitsamt den Engeln und allen früheren Gesandten zu ihm hingewendet rituelle Gebete vollzieht und ihm den Friedensgruß entbietet. Welch eine ungeheure Erhöhung des vor zwei Generationen verstorbenen Propheten in diesen Sätzen liegt, ist den bisherigen Interpreten dieses erstrangigen Zeugnisses einer übersteigerten Mohammedverehrung gar nicht zu Bewußtsein gekommen. In Sure 33, Vers 56, entstanden nach dem Mißerfolg seiner Feinde im Grabenkrieg, ist zum ersten Mal davon die Rede, daß Allah und seine Engel sich in dieser Weise dem Gesandten zuwenden. Jetzt wird das Begehren, daß dies ein ums andere Mal geschehe, dem Betrachter der Inschrift immer wieder eingeschärft, und die Aufforderung, die den zweiten Teil des zitierten Verses bildet, ist stets mitzudenken: „Vollzieht auch ihr gegen ihn gewendet das rituelle Gebet und grüßt ihn mit dem Friedensgruß!" Denn er bildet das Fundament der Herrschaft (arab.: *al-mulk*) Allahs über das Diesseits, deren praktische Ausübung den Händen seines Stellvertreters, des Kalifen, anvertraut ist.

Die frei formulierten Sätze zwischen den Koranzitaten begegnen einem auf Schritt und Tritt im *ḥadīṯ*. Der im Jordangebiet wirkende Ǧunāda b. abī Umaija (gest. um 700), der vereinzelt unmittelbar von Mohammed überliefert, obschon natürlich bezweifelt wird, daß er je mit ihm in Kontakt geraten sein könnte,[400] will von dem Helfer ʿUbāda b. aṣ-Ṣāmit, dessen Beziehungen zu Muʿāwija erwähnt wurden, dieses Prophetenwort gehört haben: „Wer bezeugt, daß es keinen Gott außer allein Allah gibt, der keinen Gefährten hat, und daß Mohammed sein Knecht und sein Gesandter ist, und (weiterhin bezeugt), daß Jesus der Knecht und der Gesandte Allahs ist sowie das Wort, das er Maria einflößte, und Geist von ihm, ferner daß das Paradies und die Hölle Wahrheit sind, den wird der segenspendende und erhabene Allah ins Paradies bringen ohne Beachtung der Taten, die er vorzuweisen hat." Hier treffen wir auf eben jenen Gedankengang, den die Inschriften vermitteln wollen, und es wird uns versichert, daß es den Gewinn der Glückseligkeit nach sich zieht, wenn man ihn offen bekennt. Einen ähnlichen Ertrag bringe es, wenn man auf dem Markt diese Sätze ausrufe: „Es gibt keinen Gott außer allein Allah! Er hat keinen Gefährten. Er hatte die Herrschaft inne, ihm gebührt das Lob. In seiner Hand liegt das Gute. *Er gibt das Leben und den Tod. Er ist zu allem mächtig* (Sure 57, 2)!" Alle Sünden, habe Mohammed versprochen, seien dem vergeben, der diese Worte unter die Leute bringt. ʿAbdallāh, der Sohn ʿUmar b. al-Ḫaṭṭābs, bezeuge dies.[401] Zu den Männern, die in aš-Šaʾm mit beharrlichem Eifer die „Einsicht" verbreiteten, gehörte ʿAbd ar-Raḥmān b. Ġanm (gest. 697). Angeblich noch vor dem Tod Mohammeds Muslim geworden, macht er zum ersten Mal während der Belagerung ʿUṯmāns von sich reden: Mit einigen in aš-Šaʾm lebenden Prophetengefährten wie ʿUbāda b. aṣ-Ṣāmit und etlichen aus der nächsten Generation, zu der er selber zählt, erklärt er seine Bereitschaft, dem bedrängten Kalifen in Medina zu Hilfe zu eilen. Was daraus wurde, ist unbekannt; jedenfalls finden wir ʿAbd ar-Raḥmān im zweiten Bürgerkrieg an der Seite Marwāns, mit dem er nach Ägypten geht. Der Gesandte Allahs habe ihm folgendes zugesichert: „Wer, bevor er sich vom Abend- und Morgengebet erhebt, ausspricht: ‚Es gibt keinen Gott außer allein Allah. Er hat keinen Gefährten. Bei ihm liegt die Herrschaft, ihm gebührt das Lob. In seiner Hand ist alles Gute. *Er gibt das Leben und den Tod. Er ist zu allem mächtig* (Sure 57, 2)', und zwar zehnmal, dem werden für jedes eine Mal zehn gute Taten angerechnet und zehn schlechte getilgt, und ihm wird ein um zehn Stufen erhöhter Rang zugeteilt. (Diese Worte) sind für ihn ein Zufluchtsort gegen alles Üble, ja, gegen den Satan, eine Festung, die keine Verfehlung zu ihm dringen läßt abgesehen von der Beigesellung, und er wird zu den Leuten mit dem vorzüglichsten Tatenregister zählen – außer denjenigen, die ihn mit noch besserer Rede übertreffen."[402] Am häufigsten stößt man im *ḥadīṯ* auf eine verkürzte Formel, der der Hinweis auf das Stiften des Guten und das Bestimmen von Leben und Tod fehlt: „Es gibt keinen Gott außer allein Allah. Er hat keinen Gefährten. Er hat die Herrschaft inne, ihm gebührt das Lob. *Er ist zu allem mächtig* (Sure 57, 2).“ Mit diesen Worten kann man beispielsweise soviel Verdienst erwerben wie durch die Freilassung mehrerer Sklaven. Statt des Zitats aus Sure 57 weisen andere *Ḥadīṯe* die Anrufung auf: „O Allah, es gibt niemanden, der verweigern könnte, was du gibst, niemanden, der geben könnte, was du verweigerst. Wider dich nutzt dem Eifrigen sein Eifer nichts.“ Für diese Fassung zeichnet ein Schreiber al-Muġīra b. Šuʿbas verantwortlich; Muʿāwija soll sie in seinen Predigten verwendet haben.[403]

Einfügung des Lebenswerks Mohammeds in die mekkanische Stadtgeschichte: die omaijadische Auslegung

Der geschichtliche Mohammed, der in Mekka für die Umgestaltung der Riten nach Maßgabe der ihm zuteil gewordenen Einsichten in das Wirken Allahs kämpfte, der in Mekka scheiterte und in Medina eine zweite Gelegenheit zur Verfolgung seiner Ziele bekam und der schließlich unter Billigung der quraišitischen Machtpolitik die Dschihadbewegung ins Leben rief – dieser Mohammed ist, wie schon mehrfach betont wurde, nicht der Erläuterer des Islams, der, von Jerusalem aus in den Himmel emporgehoben, mit Allah die Riten aushandelt und sie dann die Gläubigen lehrt. Der geschichtliche Mohammed ist der Verkünder der kämpferischen Gläubigkeit und derjenige, der sich weiter reichende Ziele steckte, sobald er in Mekka eingezogen war und die Wallfahrt nach seinen Vorstellungen geregelt hatte. Was die religiöse Würde anbelangt, so sahen sich die Quraišiten fortan in eine Reihe eingefügt, die mit Abraham begann und über Quṣaij zu Mohammed führte: Sie alle folgten, wir hörten es, mit Bezug auf die Grenzmarkierungen, den durch Gabriel überbrachten Anweisungen Allahs. Abraham baute die Kaaba, setzte die von Allah befohlenen Riten in Kraft und gab sie seinem Sohn Ismael weiter. ʿAmr b. Luḥaij, nach Auffassung der muḍaritischen Genealogen der Ahnherr der Ḫuzāʿiten, begründete unter den Nachkommen Ismaels den Kult von Steinidolen, den er in Moab kennengelernt hatte.[404] „Dann hielt Quṣaij dafür, daß er auf die Kaaba und die Herrschaft in Mekka ein besseres Recht habe als die Ḫuzāʿiten“ – die wegen ihrer Abstammung vom Stifter des Götzendienstes ihren Rang nicht verdienten – „und als die Banū Bakr (b. ʿAbd Manāt) und daß Quraiš der edelste und reinste Sproß Ismaels sei.“[405] Daher ist es gerechtfertigt, daß sich Quṣaij mit Gewalt nahm, was ihm ohnehin zustand. ʿUmar b. al-Ḫaṭṭāb, der den Väterruhm verwarf und daher dem Lobgesang auf Quṣaij nichts abgewinnen konnte, soll sich als Kalif diese Geschichten schweigend angehört haben.[406]

Die nicht auf Quṣaij zurückgehenden quraišitischen Klane können sich nicht auf die Ruhmestat berufen, die aus dem Stamm das machte, was er seitdem in Arabien darstellt: den legitimen Verwalter des Erbes Abrahams. Dieses Erbe hat neben der religiösen Seite eine machtpolitische, und beide zusammen werden im omaijadischen Kalifat sichtbar. Abū Sufjān und seine Söhne, aber auch Marwān b. al-Ḥakam, eigneten sich den allzuständigen Propheten an und unterstrichen dadurch, daß ihre Herrschaft über ein auf Ismael und Muḍar ausgerichtetes Arabertum der göttlichen Vorsehung entsprach. ʿAbd Manāf hatte, so lautete ihre Lesart der Vergangenheit Mekkas, nach Quṣaij die Pilgerämter innegehabt; im Augenblick der Aussöhnung Abū Sufjāns mit Mohammed zeigte Allah in aller Deutlichkeit, welchen Verlauf die Geschichte zu nehmen habe. ʿAmr b. ʿUtba,[407] ein Neffe Muʿāwijas, erzählt, wie sich sein Onkel darüber entrüstet, daß bestimmte Quraišiten um einer gemeinsamen Mutter willen ein eigenes Gemeinschaftsgefühl entwickeln und gegen andere Quraišiten zur Geltung bringen; es verhalte sich doch in Wahrheit so, daß der Adel (arab.: *aš-šaraf*) der Quraišiten in einem gemeinsamen Ahnherrn bestehe. Sich nach der Herkunft mütterlicherseits zu gruppieren, heiße zertrennen, „was Allah verband". – Mohammeds Beharren auf einer klaren patrilinearen Genealogie entsprach demnach einer von den Quraišiten gehegten und anscheinend gegen abweichende Vorstellungen in Anschlag gebrachten Überzeugung.[408] – Allah stiftete den auf einen gemeinsamen Stammvater zurückgeführten Verband der Quraišiten; hierin lagen das Ansehen und der machtpolitische Erfolg der Quraišiten in der Vergangenheit, und hierin wird beides auch in der Zukunft liegen, mahnt Muʿāwija und fährt fort: „Ihr wißt doch wohl, daß ihr einst Flicken an den Rändern der Araber wart. Aus dem heiligen Bezirk eures Herrn wart ihr vertrieben worden, das Erbe eures Vaters und eures Ortes hatte man euch entwunden." Fremde Stämme hatten sich Mekkas und des abrahamischen Kultes bemächtigt. „Dann aber nahm Allah für euch, was euch genommen worden war, und gab euch um eurer Vereinigung willen einen Namen, der euch aus allen Arabern heraushob. Die Ränke der Nichtaraber ließ Allah hierdurch fehlgehen. ‚Indem die Quraišiten zusammenbringen; indem sie (die Karawanenreise des Sommers und des Winters) zusammenbringen…' (Sure 106, 1–2). Erstrebt daher die Eintracht – möge Allah euch mit ihr ehren! – denn die Zwietracht warnte euch schon vor ihren Folgen, und die Erfahrung genüge als Mahnerin!"[409] ʿAbd Šams, das ist hier implizit gesagt, setzte das Werk Quṣaijs und ʿAbd Manāfs fort, denn er und sein Klan hatten die Usurpatoren des Erbes standhaft bekämpft, sein Bruder Hāšim dagegen hatte mit ihnen, den Ḫuzāʿiten, paktiert, und auch Mohammed war sich für ein gutes Verhältnis mit ihnen nicht zu schade gewesen.[410] So steht er in der omaijadischen Auslegung der Geschichte und Gegenwart trotz aller Überhöhung nicht allein. Denn das Wort, das er überbrachte, bestätigt die bereits gegebene Sonderstellung der Quraišiten und verleiht deren Herrschaft eine neue Dimension: die Ritualgesetze des „heidnischen" Propheten. Die entscheidende Tat ist aber schon durch Quṣaij vollzogen worden: Er hat mit Allahs Hilfe die Quraišiten wieder in ihr mekkanisches Erbe eingesetzt, das sie seitdem verwalten. Wie durch ein Kettenhemd werden sie von den übrigen mit ihnen genealogisch verbundenen Stämmen geschützt; wie die Brust eines Vogels sind die Quraišiten, der von den Schwingen, den übrigen Arabern, in die Lüfte getragen wird.[411]

Die hāšimitische Auslegung

Über ʿAbd Manāf und dessen ebenfalls durch Gewalt gekennzeichnete Verdrängung seines Bruders ʿAbd ad-Dār aus den Pilgerämtern gelangt das Erbe Ismaels aber nicht nur zu ʿAbd Šams, sondern vor allem zu Hāšim und zu dessen Sohn ʿAbd al-Muṭṭalib. Um diese beiden Vorfahren Mohammeds rankt sich ein Kranz von Legenden: Hāšim wetteifert mit ʿAbd Šams, sticht ihn in der Vorsorge um die Pilger aus, desgleichen in der Sicherung des Karawanenhandels.[412] ʿAbd al-Muṭṭalib gewinnt durch die Stiftung einer sich vom Herkommen unterscheidenden Glaubenspraxis einen Vorrang vor den übrigen quraišitischen Sippen und rettet Mekka. Inwieweit diese Ereignisse in das Ringen der Sasaniden und der Byzantiner um die Kontrolle der Arabischen Halbinsel verflochten waren, konnte ein Stück weit aufgeklärt werden, desgleichen die Spannungen, die sich zwischen den quraišitischen Klanen aufhäuften. Sure 105 und 106 belegen, daß sich Mohammed die politischen Anschauungen seines Großvaters zueigen machte, und man erkennt ferner, wie Mohammeds Prophetentum diese Spannungen vertieft und schließlich zu einer Spaltung der Quraišiten führt, die die Ächtung der Hāšimiten und der mit ihnen verbündeten Banū l-Muṭṭalib auslöst. Die Berichte über dieses Geschehen rücken nun die Person Mohammeds derart in den Vordergrund, daß der flüchtige Leser den Eindruck gewinnt, alles erfolge allein um des Propheten willen, dessen Erwählung durch Allah den Stammesgenossen eine schwer erträgliche Tatsache gewesen sei. Damit bemerken wir einen doppelten Beweggrund für die Legendenbildung um den mekkanischen Mohammed: Jene Jahre müssen eine Leidenszeit sein – worauf wir gleich eingehen werden –, und alles, was sich um seine Person herum abspielt, ja auch alles, von dem man nur vermuten kann, daß er es zur Kenntnis nahm, muß um seinetwillen geschehen sein. Denn dank dem Leuchten auf ʿAbdallāhs Stirn, das verschwunden war, sobald er Mohammed gezeugt hatte, dank auch den außergewöhnlichen Zeichen, die Āmina bt. Wahbs Niederkunft begleiteten, mußte den Mekkanern doch klar geworden sein, was sich in ihrer Mitte ereignete. Und sie übersahen das auch nicht! Denn als sie bei der Fertigstellung des Neubaus der Kaaba nicht wußten, wie sie den heiligen Stein einfügen sollten, folgten sie dem Rat des jungen Mohammed. Trotzdem wären sie ihn am liebsten losgewesen, und deshalb unterbreiteten sie später seinem Onkel Abū Ṭālib ein unsittliches Angebot: Sie wollten seiner Sippe anstatt des Propheten einen anderen Mann verschaffen.

Verwoben in diese Legenden, die Mohammed schon in seinen frühesten Jahren zum Dreh- und Angelpunkt der quraišitischen Angelegenheiten machen, ist ein ganz anderer Typ von Episoden, denen zufolge er schon lange vor seiner Berufung auf seine künftigen Aufgaben vorbereitet gewesen sei. ʿAbd al-Muṭṭalib brachte den Neugeborenen in die Kaaba vor Allah – in einer noch nicht an diese Erfordernisse angepaßten Fassung heißt es: vor Hubal.[413] Dem Kleinkind reinigen Engel die Brust, woraus abzuleiten ist, daß Mohammed, noch ehe man von ihm den Gebrauch des Verstandes erwarten durfte, von aller Falschheit und allem Eigensinn frei war – so muß ein zuverlässiger Bote sein. Die lebenspraktischen Konsequenzen, die sich aus der ihm demnächst anzuvertrauenden Botschaft Allahs ergeben würden, vermag er spontan einzuhalten: Als sich beim Schleppen der Steine für den Bau der Kaaba seine Scham entblößte, wußte er, wie er künftig dergleichen verhindern werde. Er ist nicht nur ein vertrauenswürdiger Bote Allahs, sondern handelt so, wie man es sich in jenen Jahrzehnten ausmalt, als man aus dem, was er in der „Lesung" vorgetragen hat, vor allem den Islam herausliest. Daß seine Visionen von der Himmelfahrt und der Nachtreise, die, als er sie propagiert, der Bekräftigung seiner Warnungen dienen und seinen Anordnungen als den letzten Gelegenheiten zum Heilserwerb Dringlichkeit verleihen sollen, im nämlichen Sinn umgedeutet werden, haben wir ausführlich erörtert.

Kommen wir jetzt zur Deutung der mekkanischen Jahre seines Prophetentums als einer Leidenszeit! Diese Deutung erlangte unter den Damaszener Omaijaden, wie nicht anders zu erwarten, keine Anerkennung von seiten der Kalifen, wurde aber unter den Abbasiden propagiert und schlug sich in einer Umwandlung der mekkanischen Erinnerungsstätten nieder, wie schon geschildert wurde.[414] Der Grundstein für diese Uminterpretation, die eine Verunglimpfung des quraišitischen Mekka impliziert, wurde vermutlich noch von Mohammed selber gelegt. Wie erinnerlich, war den „Helfern" nach der Rückkehr von Tabuk das Kriegführen endgültig verleidet; wohl zu Recht befürchteten sie, dieser Feldzug sei nur deshalb ohne Schaden abgegangen, weil die Byzantiner keine Gegenwehr aufgeboten hätten. Mohammed aber beharrte, der Dschihad werde bis zum Auftreten des Antichristen fortdauern. Zumindest eine Schar aus seiner Gemeinde werde sich ihm unermüdlich widmen.[415] Betrachtet man die Überlieferungen zu Mohammeds Begegnungen mit den Medinensern bei al-ʿAqaba, die ja laut Ibn Isḥāq in eine Verpflichtung zur Heeresfolge münden, dann ergibt sich das folgende Bild: Während der drittletzten Pilgersaison vor dem Weggang aus Mekka trifft Mohammed einige Medinenser, die ihr Interesse an der neuartigen Verehrung des einen Allah bekunden; das Ḥanīfentum hat auch in Medina Wurzeln geschlagen. Ein Jahr später kommt Mohammed wieder mit den genannten Pilgern zusammen, deren Wortführer Asʿad b. Zurāra ist. Zwölf von ihnen sollen ihm damals den „Treueid der Frauen" geleistet haben, der sie unter anderem zum Eingottglauben, zum Unterlassen von Unzucht usw. verpflichtet und ihnen die Zusage abverlangt, sie wollten sich dem Propheten in nichts widersetzen, was recht und billig sei. Daß Mohammed nach Medina kommen könnte, ist noch nicht Gegenstand der Abmachung; er schickt zu ihnen Ibn Umm Maktūm und Muṣʿab b. ʿUmair, die sie im Koran und in den Riten unterweisen.[416] Asʿad b. Zurāra führt danach in Medina den Freitagsgottesdienst ein. Er hält sein Versprechen, Mohammed während der folgenden Pilgersaison erneut zu treffen. Die Gemeinde ist inzwischen auf über siebzig Medinenser angewachsen, die nunmehr schwören, sie seien bereit, Mohammed nach dem altarabischen Recht Schutz zu gewähren. In den Bericht über diese zweite al-ʿAqaba-Begegnung flicht Ibn Isḥāq die angebliche Zusage der Medinenser ein, sie würden an der Seite des Propheten „gegen jeden Roten und Schwarzen" in den Krieg ziehen; um diese erstaunliche Ausweitung der Verpflichtung zu rechtfertigen, beruft sich Mohammed laut Ibn Isḥāq auf Sure 2, Vers 193 und Sure 22, Vers 39 bis 41.[417]

Mohammeds Umdeutung der al-ʿAqaba-Vereinbarung: Ausgangspunkt der „Leidensgeschichte"

Nun hat man in der Forschung argumentiert, es habe nur eine Begegnung bei al-ʿAqaba gegeben, nämlich die, in der die Medinenser dem Propheten die Gewährung von Fremdenschutz zugesichert hätten; hierfür läßt sich eine Überlieferung ʿUrwa b. az-Zubairs ins Feld führen.[418] Das erste Treffen Mohammeds mit den zwölf Obmännern sei erfunden worden, um unter Beweis zu stellen, daß Mohammeds Lebensweg demjenigen Moses gleiche, der zu seiner Zeit den Israeliten gleichfalls Gesetze auferlegt habe; von einem ähnlichen Vorgang handle die Erzählung über die erste Zusammenkunft mit den Medinensern. Daß es zwölf Obmänner gewesen seien, behaupte man in Anlehnung an die Zahl der Jünger. Für eine Gestaltung der gesamten Überlieferungen zu al-ʿAqaba nach Maßgabe christlichen Stoffes spreche zudem der Umstand, daß an der zweiten Begegnung über siebzig Personen teilgenommen haben sollen. Dies sei ein Widerschein des 10. Kapitels des Lukasevangeliums, wo geschildert wird, wie Jesus zweiundsiebzig, nach einer Textvariante siebzig, Jünger aussendet. Es sei nicht zu übersehen, daß bei der Herausbildung der Legenden um al-ʿAqaba der Wunsch Pate gestanden habe, Mohammeds Vita den Lebensläufen seiner Vorgänger anzupassen.[419] – Nun ist die letzte Aussage eine Binsenweisheit; nicht erst die Muslime, Mohammed selber spiegelte, was ihm widerfuhr, in die Geschichten von seinen Vorgängern zurück; Beispiele dafür haben wir mehrfach erörtert. Ebendies geschah mit Bezug auf die al-ʿAqaba-Treffen, und zwar in dem Augenblick, als er nicht mehr auf die unverbrüchliche Loyalität der Medinenser rechnen durfte. „Allah nahm die Verpflichtung der Israeliten entgegen, und wir entsandten aus ihrer Mitte zwölf Obmänner. Allah sprach: ‚Ich bin mit euch. Wahrhaftig, wenn ihr die rituellen Gebete vollzieht, die Läuterungsgabe abführt, an meine Gesandten glaubt, sie unterstützt und Allah ein schönes Darlehen gewährt, dann werde ich euch gewiß eure bösen Taten verzeihen und euch in Gärten führen, unter denen Bäche fließen. Wer von euch aber hiernach wieder ungläubig wird, ist vom geraden Weg abgeirrt!' Da sie ihre Verpflichtung nicht einhielten, verfluchten wir sie und verhärteten ihnen das Herz, so daß sie den Sinn der Worte verdrehen. Sie vergaßen ihren Anteil an dem, womit man sie warnte. Du gewärtigst immer noch einen Verrat ihrerseits, abgesehen von einigen wenigen. Vergib ihnen und verzeihe! Allah liebt diejenigen, die Gutes tun!" (Sure 5, 12 f.). Abū ʿĀmir, den man auch „den Mönch" nannte, war in Mohammeds letzten Jahren ein Kopf des medinensischen Widerstands gegen seine Kriegspolitik; er sympathisierte mit dem Judentum. Rufen wir uns das ins Gedächtnis zurück, dann lesen wir diese Passage aus der vermutlich letzten Sure als eine Erinnerung an die Verpflichtungen, die einige Medinenser bei al-ʿAqaba eingegangen waren. Eine Anspielung auf die Zwölfzahl der Jünger Jesu kann man in diesem Zusammenhang nicht glaubhaft machen. Zu denken wäre eher an die zwölf Männer, die Mose auswählte, damit sie das Land der Amoriter auskundschafteten (Deuteronomium 1, 23). Auch die Zahl siebzig läßt sich auf das Leben Moses beziehen: Man erzählte sich, daß Mose, nachdem er das goldene Kalb zerstört hatte, Männer in dieser Zahl aufforderte, mit ihm auf den Sinai hinaufzusteigen und Allah zu besänftigen.[420]

Die Verpflichtung, die Allah laut Sure 5, Vers 12 den Israeliten abnimmt und für deren Erfüllung die zwölf Obmänner geradestehen sollen, erstreckt sich auf die wesentlichen Riten und auf den Krieg gegen die Andersgläubigen; letzteres erhellt aus der Aufforderung, man möge Allah ein „schönes Darlehen" gewähren (vgl. Sure 2, 245; Sure 57, 11 und 18 sowie Sure 64, 17). Wie gezeigt wurde, verbirgt sich hinter dieser Formulierung die Vorstellung, daß Allah den kämpferischen Einsatz für seine Sache hoch verzinst.[421] Die Abmachungen bei al-ʿAqaba sahen freilich die Pflicht der Heeresfolge gar nicht vor, und wir beobachteten, wie Ibn Isḥāq einen entsprechenden Passus ziemlich ungeschickt mit dem Bericht über die zweite Begegnung verknüpft und dabei die erst in Medina entstandenen Koranverse 193 von Sure 2 und 39 bis 41 von Sure 22 bemüht. Jetzt haben wir Grund zu der Vermutung, daß schon Mohammed selber in den für ihn bei aller äußerlichen Machtentfaltung so unerquicklichen letzten zwei Lebensjahren den Treffen bei al-ʿAqaba einen Sinn unterlegte, den sie in Wahrheit nicht gehabt hatten. Hierzu mochte er sich angesichts des Umstandes berechtigt fühlen, daß die „Helfer" doch seit der Schlacht bei Badr für seine Kriegspläne verfügbar gewesen waren bzw. wegen der durch jenes Ereignis geschaffenen politischen Lage hatten sein müssen. Vor Badr war es offensichtlich umstritten gewesen, ob die „Helfer" sich auf einen Krieg einlassen sollten. Von den zwölf Obmännern auf Ibn Isḥāqs Liste[422] tauchen nur sechs in al-Wāqidīs Verzeichnis der Badrkämpfer auf. Asʿad b. Zurāra starb neun Monate nach der Hedschra, ist also nicht einzurechnen. Dann bleiben immerhin fünf Obmänner, unter ihnen so prominente wie ʿUbāda b. aṣ-Ṣāmit und Saʿd b. ʿUbāda, die nicht ins Feld zogen.[423] Mehr als ein halbes Jahrzehnt später und unter dem Eindruck der Kriege, die man nach Badr durchgestanden hatte, pochte Mohammed seit der Rückkehr von Tabuk auf eine Art durch Fakten geschaffenen Gewohnheitsrechts auf Heeresfolge und unterschob den Abmachungen von al-ʿAqaba einen entsprechenden Inhalt. Der „Treueid der Frauen", den die zwölf ablegten, wird hierbei zu einer Vorstufe der angeblich beim zweiten Treffen zugesagten uneingeschränkten Kriegsbereitschaft verfälscht.

Zwischenbemerkung zur Funktion der Motive fremder Herkunft in der Prophetenvita

Mohammed selber schuf augenscheinlich mit dieser Umdeutung die Grundlage für das von ʿUmar b. al-Ḫaṭṭāb propagierte Verständnis der Hedschra als der Trennung zwischen Lüge und Wahrheit. Helfen uns, um dies alles zu klären, die in den Berichten – angeblich oder tatsächlich – verborgenen Motive aus dem Alten Testament? Waren sie gar die Vorlage für die Konstruktion einer Geschichte jenseits überlieferter Geschehnisse? In unserem Fall scheinen solche Annahmen in die Irre zu führen. In Anlehnung an ʿUrwa b. az-Zubair zu dem Schluß zu gelangen, es habe nur eine Begegnung bei al-ʿAqaba gegeben, ist insofern plausibel, als nur bei einer einzigen, nämlich der letzten, über die Bedingungen der Aufnahme des Propheten in Medina gesprochen wurde. Die Berichte über die Unterhandlungen mit den Banū Šaibān belehren uns darüber, worum es damals ging: Mohammed begehrte den üblichen Fremdenschutz, seine Gesprächspartner waren dagegen bestrebt, sicherzustellen, daß der von ihnen beherbergte Prophet sich nicht in Händel jenseits des von ihnen kontrollierten Territoriums einließ, die denen, die ihm Schutz und Unterkunft gewährten, unkalkulierbare Risiken aufluden. Während des Treffens ein Jahr zuvor hatte noch etwas ganz anderes zur Debatte gestanden; von einer Zuflucht in Medina war nicht die Rede gewesen. Folglich gibt es keinen überzeugenden Grund, dieses erste Treffen und die erzielten Abmachungen für eine Erfindung zu halten, die allein durch einige biblische Motive angeregt sein soll, Motive, die zudem nur unter Verrenkungen in die Texte hineingelesen werden können. Es verhält sich umgekehrt: Zuerst ist die Kenntnis von den Ereignissen da, denen dann durch die Bezugnahme auf biblische Motive ein ihnen ursprünglich nicht zukommender Sinn zugeschrieben wird: Der „Treueid der Frauen“, den die zwölf schworen, wird in die Geschichte des medinensischen Exils Mohammeds einbezogen, die zweite Begegnung bei al-ʿAqaba führt schon zum Versprechen der Heeresfolge. Ungewollt kommt die Tilgung des ersten Treffens aus der Ereignisgeschichte den Absichten des späten Mohammed entgegen: Daß man einmal an einen eigenständigen Islam in Medina gedacht hatte, verschwindet aus dem Blickfeld.

An diesem Beispiel wird deutlich, daß es sich nicht empfiehlt, den Legenden aus dem biblischen Umfeld, deren Spuren man überall in der Überlieferung zur Vita Mohammeds entdeckt, eine den Ereignisbericht bestimmende Kraft zuzusprechen und, diese Hypothese auf die Spitze treibend, aus dem Gesandten Allahs einen aus literarischen Versatzstükken zusammengefügten Schemen zu machen. Das Ereignis hat stattgefunden, die Erinnerung daran mag durch die weitverbreitete Kenntnis der jüdischen und christlichen Überlieferung geprägt sein – dies ist der Weg, auf dem man sich den Quellen nähern sollte. Der Koran selber bestätigt dies auf eindrucksvolle Weise. Denken wir an Sure 7 oder Sure 12 zurück![424] Allerdings wird man einwenden: Und was ist mit den zahlreichen Prophetenwundern, die überliefert werden, mit den Vermehrungen knapper Speise, den ehrfürchtigen Grüßen, die Mohammed die Tiere und selbst die Steine entbieten, mit den Worten eines Wolfes an einen Hirten, die diesen veranlassen, zum Propheten zu gehen, mit der Rede eines anderen Wolfes, der vor ihm als der Abgesandte der Raubtiere erscheint?[425] Hier haben wir schlichte Zeichen der Bekräftigung des Prophetentums vor uns, erzählt einzig und allein zum Zweck der Selbstvergewisserung der frühen Muslime, denen der Prophet, wie erörtert, zum einzig denkbaren Vermittler heilswichtigen Wissens wird.[426] Auf die Nachrichten zum Lebensweg Mohammeds ist der Einfluß solcher Wundergeschichten gering. Tiefgreifende, den Stoff verformende Kraft hat dagegen die Uminterpretation der al-ʿAqaba-Episoden entfaltet, auf die wir nun ein letztes Mal blicken.

Die Hedschra als das wichtigste Gestaltungsprinzip der Prophetenlegende

Wenn die letzte Begegnung bei al-ʿAqaba mit der von Allah erteilten Erlaubnis zum Kriegführen und mit der Zusage der „Helfer“ endet, den Propheten dabei mit allen zur Verfügung stehenden Mitteln zu unterstützen, dann bedeutet dies in der Tat, daß jetzt die Lüge von der Wahrheit geschieden wird. Die Wahrheit drückt sich fortan im Krieg aus, in dem die Lüge bezwungen wird. Die Lüge ist das, wogegen sich die kriegerische Wahrheit richtet, das vorislamische Mekka. Der Übergang erfolgt unvermittelt; was vor der Hedschra war, war das Widergöttliche, unter dem der Künder der Wahrheit leiden mußte. Mit der Hedschra wird die Leidenszeit beendet,[427] die Epoche der Triumphe bricht an. ʿUmar b. al-Ḫaṭṭāb und seine ḥanīfisch geprägte Umgebung bauten auf diese nun tatsächlich die Prophetenvita gestaltende Legende ihre Auslegung der Ereignisse, deren Zeugen sie geworden waren, und sie verliehen dieser Auslegung Dauer durch die Einführung der Hedschrazeitrechnung. Verbunden mit der bereits beschriebenen Neigung, wichtige Geschehnisse, die sich während der mekkanischen Jahre Mohammeds zutrugen, auf ihn und sein Prophetentum zu beziehen, ist diese Herabwürdigung des alten

Mekka zum schlechthin Falschen das vielleicht folgenreichste legendäre Formungsprinzip der *sīra*, das es zu erfassen und, soweit dies überhaupt möglich ist, zu überwinden gilt, um dem historischen Mohammed näherzukommen. Umgekehrt muß man sich bei der Betrachtung der medinensischen Jahre vor einer anderen Folge der Legende von der Zweiteilung der Prophetenschaft Mohammeds in acht nehmen: Diese Jahre waren nicht die Epoche des Triumphes der „Wahrheit", sie waren vielmehr voller Unzulänglichkeiten und voller Widersprüche, zuletzt von heftigen Spannungen bestimmt, die der politische Umschwung erzeugte, den al-Ḥudaibīja einleitete und den die Inbesitznahme Mekkas abschloß. Erst aus der Kenntnis dieser Mißhelligkeiten heraus ist das Geschehen der kommenden Jahrzehnte zu begreifen, und es wird auch einsehbar, weshalb sich der Wunsch zu regen beginnt, diese Spannungen abzufangen in der Gestalt des allzuständigen Propheten des Islams.

Das Medina des Propheten ist die Manifestation gottgegebener Wahrheit im Diesseits, und bei der Bekräftigung dieses Glaubenssatzes wächst der These, die Hedschra habe die Wahrheit von der Lüge getrennt, mehr Gewicht zu, als der zweite Kalif hatte ahnen können. Für ihn war die Wahrheit allein in der „Lesung" gegenwärtig; was man jenseits ihrer festlegen und in Regeln fassen mußte, verdankte sich den selbstverantworteten Entscheidungen der hierzu Befugten. Doch seit den Träumen von der Wiederkehr Mohammeds, vor allem aber seit der Entstehung des von jeglichem Fehler, von jeglicher Unvollkommenheit freien Idealbildes, das die jungen Genossen und auch Männer, die den Propheten gar nicht mehr bewußt erlebt haben konnten, von ihm entwarfen und in angeblich von ihm selber geäußerten Worten „überlieferten", mußten die Berichte über die medinensischen Jahre durchforstet und von Aussagen gesäubert werden, die das Idealbild verunzierten. ʿAbdallāh b. Saʿd b. abī Sarḥ, der an Mohammeds saloppem Umgang mit der Rede Allahs Anstoß genommen hatte, war zu einem perfiden Manipulator abzustempeln. Überhaupt war der Eindruck zu wecken, daß, von wenigen notorischen Querulanten, „Heuchlern", abgesehen, die nichtjüdische Bevölkerung Medinas geschlossen hinter dem Gesandten Allahs gestanden habe; die Angelegenheit mit der „Gegenmoschee" wird zu einem bedauerlichen, aber rasch bereinigten Einzelfall heruntergespielt; das Murren über die Bevorzugung der Spätbekehrten läßt sich mit einigen treffenden Worten des Propheten aus der Welt schaffen, denn die „Helfer" sehen ohne weiteres ein, daß der Vorteil, ihn in ihrer Mitte zu wissen, durch alle Schätze des Diesseits nicht aufzuwiegen ist. Die Überarbeitung des zur medinensischen Urgemeinde überlieferten Stoffs gelang allerdings nicht vollständig. Zu vielschichtig war das Geschehen, als daß sich dem sorgfältig Prüfenden nicht eine Fülle von Indizien erschlösse, die ihm eine Analyse der Ereignisse ermöglichen, bei der vor allem der innere Zusammenhang zwischen dem, was vor, und dem, was nach der Hedschra war, deutlich hervortritt.

Zuletzt sei beachtet, daß die ḥanīfische Deutung des Handelns Mohammeds, die die Hedschra und nicht etwa, wie es den Fakten entspräche, al-Ḥudaibīja zum entscheidenden Wendepunkt seines Werdeganges bestimmt, den Propheten aus dem Widerstreit zwischen Byzanz und den

Sasaniden herausrückt. Wie tief der Bruch war, den Mohammed seiner Gemeinde zumutete, als er sich die antibyzantinische Politik der zu jener Zeit führenden Mekkaner zueigen machte, ließ sich an manchen Indizien ablesen. Unter den Schlagwörtern des endgültigen Hervortretens der Wahrheit und der islamischen Gerechtigkeit konnte man diesen Bruch nebst den Erschütterungen, die er hervorrief, verbergen. Erst unter dem zubairidischen Kalifat wurden noch einmal Spätfolgen jenes dramatischen Umschwungs sichtbar.

Das Hedschrakonzept und die Entstehung des Sunnitentums

Das, was durch das Hedschrakonzept ʿUmars verdeckt werden sollte, blieb also dem Spürsinn des Forschers zugänglich. Der Blick des Muslims freilich, befangen in der trügerischen Gewißheit, alles, was mit der Kunstfigur des allzuständigen Propheten des Islams in Verbindung gebracht werde, sei wahr und geschichtlich, drang und dringt nur selten dorthin vor, und aus dem *ḥadīṯ* gewinnt er genügend plausible Winke, die ihn vor bohrenden Zweifeln und vor allzu neugierigem Weiterfragen bewahren.[428] Indessen gehört dies alles einer Entwicklungsstufe des Islams an, die jenseits des in dieser Studie betrachteten Zeitraums liegt. Bis in die mittlere Omaijadenzeit ist das ʿumarsche Verständnis von zum Ereignis gewordener Wahrheit noch nicht mit dem Wahrheitsanspruch des *ḥadīṯ* zu einem Ganzen verschmolzen. Abū Sufjān, Muʿāwija und Personen aus ihrem Umfeld, etwa al-Muġīra b. Šuʿba, können gemeinsam mit ʿAbdallāh b. ʿUmar und selbst mit al-Ḥasan b. ʿAlī als die Künder der „jungen" Überlieferung auftreten. Dies wird erst anders werden, sobald die – von ʿUmar b. al-Ḫaṭṭāb beabsichtigte – Konsequenz der Grenzziehung zwischen Lüge und Wahrheit, nämlich die Verbannung des vorislamischen Mekka und seiner Protagonisten in das Reich der Lüge, Macht über das Denken der frommen Gelehrten gewinnt und damit das einsetzt, was vorhin als die Mediatisierung der Herrschergewalt beschrieben wurde. Aus dieser seit etwa 700 zu beobachtenden Perspektivenverschiebung geht das Sunnitentum hervor, für das mit der Hedschra die Verwirklichung der Wahrheit ihren Anfang nimmt, deren Ansprüchen letzten Endes seit dem Tod des Propheten kein Inhaber eines hohen Amtes zu genügen vermag, erst recht nicht jene omaijadischen Kalifen, deren Ahnherren an der medinensischen Verwirklichung der Wahrheit keinen Anteil gehabt, ja sie sogar fast bis zuletzt bekämpft haben. Selbst ʿUṯmān wird manchen Sunniten jetzt verdächtig, und als im Bürgerkrieg zwischen al-Amīn (reg. 809–813) und al-Maʾmūn (reg. 813–833) radikale sunnitische Eiferer das Loblied Muʿāwijas singen, klingt dies in den Ohren der Zeitgenossen wie eine skandalöse Verirrung und schamlose Provokation.[429]

Daß Mohammed in Mekka gelitten und dann in Medina gleichsam ohne Übergang triumphiert habe, daß mithin die Hedschra – ein Begriff, den Mohammed, wie erwähnt, nie auf sich selber bezog – zu einem mythischen Einbruch des Göttlichen in das Heidnische stilisiert wird, ist Begleiterscheinung und Stabilisierung des Islams in einem. Die Autorität des Propheten, die alles beglaubigt, was in seinem Namen in Umlauf gebracht wird, findet auf diese Weise ihre Verankerung in einer von Allah ins Werk gesetzten Heilsgeschichte. Das hat insofern fatale Folgen, als der Inhalt dessen, wofür sein Name zu bürgen hat, nicht im entferntesten umrissen werden kann. Dieser Inhalt mag in konkreten Ereignissen der medinensischen Geschichte Mohammeds bestehen, er kann aber auch schlichtweg dem entsprechen, was sich eine mehr oder minder fromme Einbildungskraft zurechtlegt. Beispiele haben wir kennengelernt, sie könnten *ad nauseam* vermehrt werden. Durch die allzu rasche Etablierung der allumfassenden Autorität entstand ein weiter Raum, in den Gedankensplitter, Maximen, Spruchweisheiten, Interessenbekundungen unterschiedlicher Herkunft hineingesogen wurden. Damit kommt uns die gefährlichste Schwäche, die Paradoxie des Islams zu Bewußtsein: Die Autorität des allzuständigen Propheten, der Dreh- und Angelpunkt des Islams, ist eine gleichsam freischwebende Gegebenheit und vermag sich an einen beliebigen Inhalt anzulagern. Das ist bis auf den heutigen Tag so: Die Falafel, die ein Garkoch in einem sunnitischen Viertel des in Anarchie versinkenden Bagdad des Jahres 2006 feilbietet, sind den selbsternannten muslimischen Sittenwächtern ein Dorn im Auge, weil es diese Speise zur Zeit des Propheten noch nicht gab, ihr Verzehr also nicht durch ihn gebilligt worden sein kann; für die Kalaschnikows, mit denen die Eiferer das Leben des Garkochs bedrohen, hätte das gleiche zu gelten,[430] aber sie dienen natürlich der Aufrechterhaltung des Islams, ihren Gebrauch hätte Mohammed daher ohne Zaudern gutgeheißen.

Schon im frühen 8. Jahrhundert beginnt eine Kritik am *ḥadīṯ*, die vorgibt, sich an äußeren, durch jedermann nachprüfbaren Merkmalen zu orientieren, nämlich an der Überliefererkette; auf diese Weise gelange man, so der Anspruch, zu objektiven Urteilen über die Echtheit einer auf Mohammed zurückgeführten Aussage. In Wirklichkeit aber erfolgte die Kanonbildung des *ḥadīṯ* in einem informellen, unkontrollierbaren *inhaltsbezogenen* Konsensverfahren. Die zur gleichen Zeit einsetzende muslimische „Wissenschaft von den Männern", d.h. den Tradenten, bezeugt dies tausendfach. Immer wieder stößt man auf Urteile, in denen ohne Angabe von Gründen ein bestimmter Gewährsmann mit Bezug auf gewisse Überlieferungen einem anderen vorgezogen wird. Vielfach werden allerdings Kriterien genannt. So spielte es eine Rolle, ob die *Ḥadīṯe*, für die jemand bürgte, dem Inhalte nach mit denjenigen anderer übereinstimmten; bei manchen Tradenten wollte man nur das für echt erkennen, was der Masse „folgte" (arab.: *al-mutābaʿa*), obschon man sich darüber im klaren war, daß hierin grundsätzlich kein Maßstab für Wahrheit liege.[431] Bei einzelnen Überlieferern wird vermerkt, an sie dürfe man sich halten, selbst in Fällen, in denen sie mit ihren *Ḥadīṯen* allein stünden. Über Ǧābir al-Ǧuʿfī (gest. um 747) wußte man, daß er die in seiner Zeit aufkommende Tradentenkette und die unterschiedlichen Arten der Weitergabe von Glied zu Glied auf das sorgfältigste dokumentierte; da er schiitische Ansichten verfocht, hielten manche Kenner seine *Ḥadīṯe* trotzdem für wertlos.[432] Überhaupt nimmt im 8. Jahrhundert die Ablehnung von *ḥadīṯ*-Gelehrten zu, weil sie in dogmatischen Fragen nicht mit dem sich herauskristallisierenden Sunnitentum konform gehen.[433] Besonders oft wird in Anschlag gebracht, der Betreffende habe die Lehre von der Bestimmungsmacht des Menschen verfochten.[434] Gnädiger ging man mit einem Charidschiten um; da er kein Propagandist seiner Richtung gewesen sei, brauche man sein *ḥadīṯ* nicht in Bausch und Bogen zu verwerfen.[435] *De facto* bricht in der Epoche der Herausbildung der islamischen Glaubensrichtungen die Zugehörigkeit zu der einen oder anderen von ihnen die Autorität des allzuständigen Propheten. Ausdrücklich zugegeben wird dies aber nie.

Die Person Mohammeds

Doch wollen wir uns nicht in den riesigen Stoff der Aufspaltung der einen Mohammedfigur in diejenigen der einzelnen Glaubensrichtungen verlieren. Es war uns nur darum zu tun, die Wirkmächtigkeit der Idee der den Lebensvollzug der Muslime legitimierenden Autorität des Propheten im Zusammenhang mit dem „Hedschrakonzept" anzudeuten und auf deren Problematik hinzuweisen. Wir lenken am Schluß, wie es sich gehört, den Blick noch einmal auf den geschichtlichen Mohammed zurück. Die Debatte, ob er der bedeutendste Mensch der Weltgeschichte gewesen sei,[436] mag für manche Muslime von Interesse sein, desgleichen für schlichte Gemüter, die die Vergangenheit im *Guinnes-Buch der Rekorde* niedergeschrieben glauben. Auch versage ich es mir, nach der Manier von W. Montgomery Watt Überlegungen über „den Mann und seine Größe" anzustellen, und unfruchtbar ist ebenso die Frage nach den moralischen Standards von Mohammeds Handeln und Reden.[437] Daß es nicht die unsrigen waren und daß sie für die pluralistische Weltgesellschaft, die heute in aller Munde ist, nicht taugen, bedarf keiner weiteren Begründung. Wie könnte man das auch erwarten von einem Menschen, der über all die Jahre seines in den Quellen bezeugten Wirkens hinweg unter einer furchtbaren Last litt: „Der du dich in ein Gewand gehüllt hast! Steh die Nacht über, bis auf eine kurze Zeitspanne, die Hälfte oder etwas weniger, oder etwas mehr, und trag die ‚Lesung' in wohlabgemessener Sprechweise vor! Denn wir werden schwere Rede auf dich laden. Das nächtliche Stehen[438] geht dir am meisten nahe[439] und erzwingt den ehrlichsten Ton. Am Tag nämlich bist du völlig abgelenkt" (Sure 73, 1–7). Dies ist eines der frühesten Zeugnisse seiner Berufung. Anders als den gewöhnlichen Menschen wird ihm ein Doppelleben abverlangt. Des Nachts, wenn andere von ihren Tagesgeschäften ausruhen, hat er sich dem zu widmen, was ihm aufgeladen wird; der Schlafentzug versetzt ihn in eine Stimmung, in der ihm das, was als wahr erkannt wurde, spontan und ohne alle Störung durch irgendwelche Geschäftigkeit aus dem Herzen rinnt.

In der Geschäftigkeit des Tages, die gewiß auch Zeiträume für die Riten vorsieht, wird der Mensch nicht dem gerecht, was für ihn das Wichtigste ist. Dies ist die Außenseite der Einsicht Mohammeds, und wäre es dabei geblieben, dann hätte er sich nicht von unzähligen anderen Menschen unterschieden, denen ähnliche Gedanken kommen. Gelegenheiten, diesen als schmerzlich empfundenen Mangel zu überspielen, hatte Mohammed genug: Sein Großvater ʿAbd al-Muṭṭalib kannte schon den rituellen Aufenthalt am Berg Ḥirāʾ; er selber betätigte sich im Bund der „Strengen". Sein Alter ego aber sagte ihm, daß von ihm etwas ganz anderes gefordert wurde: ein zweites, ein zusätzliches Dasein neben dem alltäglichen und gewichtiger noch als dieses. Zuerst Reinigungskulte, dann das Ḥanīfentum waren für Mohammed die Anker, die ihm den ersten Halt boten, da es galt, die als bedrohlich empfundenen Forderungen auf den Begriff zu bringen. Eine weitere unentbehrliche Hilfe leistete ihm bei der Suche nach der Auslegung des Erlebten der umlaufende hochreligiöse Erzählstoff sei es eschatologischen, sei es erbaulichen Inhalts. Indem er sich diesen Stoff anverwandelte, wurde das, was er zu sagen hatte, für andere verständlich, er zog sie in seinen Bann, während viele ihn belächelten. Als letztere anläßlich seiner Äußerungen zu Kernfragen des mekkanischen Kultes feststellen mußten, daß er wirklich meinte, wovon er redete, wurde seine Botschaft zum Politikum. Die quraišitischen Klanrivalitäten und die Spannungen zwischen Byzanz und den Sasaniden, die in seinen Werdegang hineinwirkten, haben wir kennengelernt. Als Gesandter Allahs trat er jetzt seinen Widersachern entgegen. Sein Handeln war nicht stets geradlinig und in Anbetracht der Tragweite seines Anspruchs wie auch des religiösen Gehalts seiner Botschaft nur selten angemessen; denken wir nur an die nie überwundene Beschränkung seines Blicks auf die eigene Sippe, später auf das Mekka der ʿAbd Manāf-Quraišiten, an deren hohem Rang er nicht zweifelte.

Die Vertreibung aus Mekka bedeutete für ihn keinen Bruch; er setzte darauf, daß Allah ihn zurückführen werde. Daß daraus nichts wurde, jedenfalls nicht auf Dauer, ermöglichte die weltgeschichtlichen Folgen seines Lebenswerkes. Weniger für ihn selber, dessen Gedanken um Mekka und um die Neuordnung des Kaabakultes – und nicht minder um die Usurpierung der quraišitischen Macht – kreisten, als vielmehr für seine Gefolgsleute hatte sich der universalistische Kern seiner Botschaft schon in den ersten medinensischen Jahren zu entfalten begonnen. Mit der Stiftung einer Gebetsrichtung war, wie es in einer vielleicht noch auf ihn selber zurückgehenden Wendung heißt, die ganze Erde zum Gebetsplatz geworden. Mekka blieb Wallfahrtsort, wurde nie zum Mittelpunkt des islamischen Reiches. Liest man die Berichte über die medinensischen Kriege und Feldzüge genau, dann bemerkt man, wie alles oft auf des Messers Schneide stand und wie sehr Mohammeds Glück, mehr noch allerdings die Unentschlossenheit seiner Feinde, einen für ihn günstigen Ausgang der Konflikte herbeiführte. Die Verfestigung der Riten und die Verschriftlichung der „Lesung“ waren wesentliche Voraussetzungen dafür, daß sich seine Anhängerschaft zu einer für das damalige Arabien neuartigen Gemeinschaft formte, die man fürchtete, zuletzt vielleicht sogar respektierte, wie die Ergebenheitsbekundungen von allen Enden der Arabischen Halbinsel nahelegen. Daß Mohammed, der „heidnische Prophet“, sein Alter ego inzwischen virtuoser als zuvor zur Geltung zu bringen wußte, kann nicht erstaunen; ein besseres Mittel, unter seinen Anhängern seinen Willen durchzusetzen, hatte er nicht, und so wäre es töricht gewesen, darauf zu verzichten. Nur den modernen Beobachter befremdet der Gedanke, Allah, der eine Schöpfer und Lenker der Welt, kümmere sich um die Haremsquerelen seines Gesandten (Sure 66, 1 f.), tadle den mangelnden Takt mancher Anhänger (Sure 33, 53) oder stelle sicher, daß dessen Gattinnen beim Verlassen ihrer Wohnungen nicht belästigt wurden (Sure 33, 59). Die geschichtlichen Gegebenheiten, unter denen dies alles – und bald auch ein imaginierter Prophet – zur übergeschichtlichen Wahrheit erhoben wurde, erlebte Mohammed nicht mehr. Dafür sorgten die vielen, die nach ihm kamen und sich von seiner Botschaft und den Riten, durch die diese stabilisiert und unablässig propagiert wird, auf Gedeih und Verderb vereinnahmen ließen; sie machten aus ihm einen Übermenschen, das wichtigste, von Allah am meisten geliebte Geschöpf und schließlich sogar das Inbild und den Endzweck göttlichen Schöpfertums überhaupt.[440] Die Last des zweiten Daseins, die der historische Mohammed nie von sich zu wälzen vermochte und die ihn am Ende so sehr überforderte, daß er seinen Gegnern nichts als Unterwerfung oder Tod in Aussicht stellen wollte (vgl. Sure 9, 1–29), kommt in solchen hochfliegenden Spekulationen nicht mehr vor. Diese zweite Last zu ermessen und dann nüchtern zu erwägen, wie der, dem sie aufgebürdet wurde, mit ihr umging, könnte zu der Erkenntnis führen, daß es seinen Anhängern schlecht ansteht, sich bei allem und jedem unter seine Autorität zu flüchten.

Anmerkungen

Kapitel I: Die Kaaba

[1] Über ihn Wolfensohn: *Kaʿb al-Aḥbār*; im übrigen vgl. unten, 687 f.
[2] *WAM*, 3 f.
[3] Ebd., 17–19; *WAN*, 26 f. /*Z*/
[4] *WAN*, 29 f.; vgl. ebd., 44. Es ist zu beachten, daß der Betrachter an der jemenischen Ecke nach Süden „blickt", so daß linker Hand von ihr in nordöstlicher Richtung die Mauer zum östlichen Eckpunkt der Kaaba verläuft (vgl. hierzu /*Z*/ I 65).
[5] *WAN*, 30 f.
[6] Sozomenos, 244–249; vgl. ferner Maraval: *Lieux saints*, 275.
[7] Da die Fremden Engel sind, verzehren sie keine irdischen Speisen; sie wollen Abraham jedoch nicht kränken und tun deshalb so, als äßen sie (Speyer: *Die biblischen Erzählungen im Qoran*, 149).
[8] Zur Bedeutung des arabischen *ahl al-bait* führt Paret: *Grenzen der Koranforschung* aus, es müßten hiermit die „Leute des Hauses", nämlich des Kaabakultes, gemeint sein; er stützt sich dabei auf die Tatsache, daß *al-bait* im Koran die Kaaba meine. Jedoch scheint es außerhalb des Korans für diese Bedeutung von *ahl al-bait* keine Belege zu geben. Hingegen wird die Wendung zur Benennung einer durch einen besonderen Vorzug charakterisierten Sippe gebraucht: Al-Ḥuṭaiʾa, der Tradent der Dichtung Zuhair b. abī Sulmās sowie der Sippe Zuhairs im allgemeinen, erbittet sich von dessen Sohn Kaʿb ein Gedicht, in welchem Kaʿb sich an erster Stelle rühmen soll, an zweiter aber ihn, den Tradenten. Er begründet seine Bitte damit, daß er sich durch das Tradieren „eurer, der *ahl al-bait*, Gedichte" große Verdienste erworben habe (*AG2*, XVII, 82, Zeile 10). Die Sippe Zuhairs, die hier angesprochen ist, zeichnete sich durch ungewöhnlich viele Mitglieder aus, die als Dichter hervortraten (*AG2*, X, 314 f.). Vgl. im übrigen zu Mohammeds Sippengebundenheit unten, Kapitel III, passim sowie /*Z*/ IV 188, /*Z*/ V 144.
[9] Das Verbum *balaġa* „erreichen" läßt hier mehrere Deutungen zu; entweder heißt es, der zu opfernde Sohn habe das Alter erreicht, in dem er den rituellen Lauf vollziehen kann, oder es ist daran gedacht, daß Vater und Sohn gemeinsam die Pilgerriten vollziehen und dabei an jene Stelle im Ritual gelangen, die diesen Lauf vorsieht; die Worte „mit ihm" scheinen mir die letztgenannte Deutung nahezulegen.
[10] Zur Bedeutung von *aslama* vgl. unten, 136, 151, 161, 171 f.
[11] Vgl. unten, 96.
[12] aṯ-Ṯaʿlabī: *ʿArāʾis al-maǧālis*, 64–69 ; dieser Sachverhalt wird in *WAN*, 34–36 zitiert, um Abrahams Wirken in Mekka mit der auf dem Alten Testament beruhenden Überlieferung zu verknüpfen und dadurch dem muslimischen Anspruch, daß Mohammed der letzte aller Propheten sei und deren Werk aufgegriffen und vollendet habe, Plausibilität zu verleihen. Ohnehin läßt sich beobachten, wie sich die aus Syrien und Palästina stammende hochreligiöse Überlieferung in Arabien einbürgert und zu einer „autochthonen" wird: So soll Adam aus dem Erdreich von Daḥnāʾ, das zu den *maḫālīf* von aṭ-Ṭāʾif gehört, gebildet worden sein, und in an-Naʿmān, zwischen Mekka und aṭ-Ṭāʾif, soll Allah der Lende Adams die künftige Menschheit entnommen und über die das Heil gewährleistende Verbindung mit Ihm, dem Einen (Sure 7, 172), unterwiesen haben (*IST*, I/I, 8 und *JQ*, s.vv. *Daḥnāʾ* und *an-Naʿmān*).
[13] Vgl. hierzu H. Schützinger: *Abraham-Nimrod-Legende*, 75–83 und 106–113.
[14] Zum Begriff des Auswanderns (arab.: *hāǧara*) vgl. unten, Kapitel IV bis VI, passim; im obigen Zusammenhang vgl. besonders 541 f. und 544.
[15] Zur Beschneidung der Frauen vgl. unten, 40.
[16] *AG2*, XV, 12.
[17] Dietrich: *Dioskurides*, 2. Teil, III, 16: Salvadora persica L, „eine Charakterpflanze der subtropischen Steppengebiete", das zähfasrige Holz wird als Zahnbürste benutzt, die Früchte sind eßbar, das Laub dient als Viehfutter.
[18] *WAM*, 31.
[19] *WAN*, 39. Soweit man heute weiß, war Ismael der Name eines protobeduinischen Stammesverbandes, der in Nordarabien zwischen dem 8. und 6. vorchristlichen Jahrhundert nachweisbar ist. Sein kultisches Zentrum war Dūmat al-Ǧandal. Die Qedar-Araber lebten an der Ostgrenze Syriens. Seit dem beginnenden 5. Jahrhundert v. Chr. werden sie entlang der

Weihrauchstraße zwischen Dedan und Naǧrān vermutet (*Knauf*, passim, besonders 104). Daß sich irgendeine Erinnerung an diesen Sachverhalt hinter der muslimischen Erzählung über Ismael verbergen könnte, ist wenig wahrscheinlich. Für die Spätantike vgl. jedoch unten, 65.

[20] *WAM*, 44–46; *AG2*, XV, 12 f.

[21] Nebajot erscheint im Arabischen als Nābit oder Nabīt, Kedar als Qaidār. Qaṭūrā, der Sohn Ismaels (Ibn al-Aṯīr: *al-Kāmil*, I, 125), darf nicht mit der in Gen. 25, 1 erwähnten Frau Abrahams namens Ketura verwechselt werden, die den frühen islamischen Gelehrten ebenfalls bekannt war (vgl. al-Jaʿqūbī: *Taʾrīḫ*, I, 28, ein Zitat aus Gen 25, 1).

[22] *RGG*, 4. Auflage, I, 386 (St. Timm).

[23] *WAN*, 40.

[24] Flecken in der Nähe des Städtchens al-Ḥalj, das die mittelalterlichen arabischen Geographen bereits zum Jemen rechnen; es liegt an der Küste des Roten Meeres und ist acht Tagereisen von Mekka entfernt (*JQ*, s.vv. *Qanaunā* und *al-Ḥalj*).

[25] Wahrscheinlich ist Abū Muḥammad Isḥāq b. Aḥmad al-Ḫuzāʿī (gest. 921) gemeint, einer der Tradenten des Werkes al-Azraqīs (*WAM*, 3). Über ihn vgl. *WAMM*, 16 f.

[26] *AG2*, XV, 17.

[27] *WAM*, 54–56; *WAN*, 41; *AG2*, XV, 17.

[28] Örtlichkeit, nach al-Wāqidī fünf Meilen von Mekka entfernt (zitiert bei *JQ*, s.v. *Marr*); daher nicht mit Marr aẓ-Ẓahrān zu verwechseln, dessen Entfernung von Mekka laut al-Hamdānī dreizehn Meilen beträgt (*HAM*, 185).

[29] Wasserstelle oder Dorf zwischen Aleppo und Tadmur (*JQ*, s.v. al-ʿAwīr).

[30] Herrscher von Hira, berühmt für sein in der Nähe von Hīt gelegenes Schloß (*JQ*, s.v. *al-Baqqa*).

[31] D. h. der „Verbrenner", Beiname des ʿAmr b. Hind, des Enkels des al-Munḏir b. Māʾ as-Samāʾ, eines Herrschers von Hira; er ließ eine besiegte Sippe verbrennen (*AG1*, XIX, 129 f.).

[32] *WAM*, 55; *WAMM*, 94–96. Ḥassān b. Ṯābit, Mohammeds medinensischer Lobdichter, geht auf die Trennung der Ḫuzāʿa von ihren übrigen südarabischen Verwandten ein; das lange Gedicht, das ihm al-Azraqī hier zuschreibt, stammt allerdings nicht von ihm; es nimmt einen Vers („Als wir in die Niederung von Marr hinabstiegen, trennte sich Ḫuzāʿa in großen Scharen von uns."), der den Schluß eines Gedichtes Ḥassāns bildet (Ḥassān b. Ṯābit, 119; Ḥassān b. Ṯābit/Ar, 483, Nr. 318), zum Anlaß für ein ausgiebiges Selbstlob jener südarabischen Gemeinschaften. Zur Verteilung der Azd vgl. Shahîd: *Fifth Century*, 67. /Z/

[33] Vgl. Wensinck: *Concordance*, s.v. *quṣb.* Zu den „Freilassungen" der Kamele vgl. Lane: *Lexicon*, s.vv. *b-ḥ-r*, *ḥ-m-j* und *s-j-b*. /Z/

[34] So die nähere Lokalisierung in *WAM*, 58 bzw. *WAMM*, 100; vermutlich ist Hīt am mittleren Euphrat, westnordwestlich von Bagdad gemeint. Laut *IHS*, I, 79 brachte ʿAmr die Hubal-Statue aus Moab. Sie soll aus Karneol (arab.: *al-ʿaqīq*) gefertigt gewesen sein; ihr fehlte die rechte Hand, die die Qurais̆iten aus Gold nachbilden ließen (*FSG*, II, 278 f.). Der Hubal-Kult wird im übrigen auch mit der Person des Ḫuzaima b. Mudrika (zu ihm vgl. unten, 470), des Vaters von Kināna (zu ihm vgl. unten, 32), in Zusammenhang gebracht (*JQ*, s.v. *Hubal*). Die Gegenden im mittleren Zweistromland lagen im Gesichtskreis der vorislamischen Araber; Nachkommen des Ijād b. Nizār, eines Bruders Muḍars, sollen durch die Sasaniden bei Takrit angesiedelt worden und später sogar nach Ankara – auf byzantinisches Gebiet – gelangt sein (al-Jaʿqūbī: *Taʾrīḫ*, I, 225 f.).

[35] *WAM*, 58–60 und 72 f.; *WAMM*, 100 f. /Z/

[36] Beispiele s. unten, 30–32, 38, 49.

[37] Nagel: *Staat und Glaubensgemeinschaft*, I, 38 f.

[38] Ihr Zusammentreffen mit Muʿāwija wird auch bezeugt in *AG2*, XI, 237 f.

[39] *NMQ*, 24 f.

[40] *IF*, III, 322 f.

[41] Vgl. unten, 325, 336.

[42] *IST*, I/I, 29; FSG, II, 68; Nagel: *Staat und Glaubensgemeinschaft*, I, 40.

[43] *NMQ*, 28 f.

[44] Vgl. *EI*², s.v. Ḳuraysh (V, 434, W.M. Watt); s. ferner unten, Anmerkung 60.

[45] *FSG*, I, 119 f. Wahrscheinlich ist mit mehreren Dammbrüchen und anschließenden Phasen der Konsolidierung zu rechnen. Der letzte in altsüdarabischen Inschriften belegte Dammbruch fällt in das Jahr 543 n. Chr. (vgl. Glaser: *Die Abessinier in Arabien*, Inschriften

X und XIX). Die zu Mohammeds Lebzeiten erfolgte Zerstörung wurde offenbar nicht mehr in Inschriften dokumentiert. /Z/

[46] *IHS*, I, 20–28. Der Herrscher Asʿad Abū Karib ist, wie Inschriften belegen, im ausgehenden 4. und frühen 5. Jahrhundert n. Chr. anzusetzen (Ryckmans: *L'institution monarchique*, 318; Altheim/Stiehl: *Die Araber in der alten Welt*, V/1, 374–376). /Z/

[47] Lane: *Lexicon*, s.v. *ḫ-l-f.*

[48] *WAQ*, 50.

[49] Shahîd: *Sixth Century*, I/1, 21 f. und 144-146; Ryckmans: *L'institution monarchique*, 325.

[50] Vielleicht ist Ardašīr I. (reg. 226-241), der Sohn des Pāpak, gemeint.

[51] *FSG*, I, 116.

[52] az-Zubairī: *Nasab*, 3 f.

[53] *IHS*, I, 8-10.

[54] *IST*, I/I, 28, Zeile 12 sowie 29, Zeile 20-30, Zeile 2; az-Zubairī: *Nasab*, 5. /Z/

[55] az-Zubairī, op. cit., 5; *IST*, I/I, 30, Zeile 4–15. /Z/

[56] Über die Bedeutung Muḍars unter dem Kalifen ʿUmar b. al-Ḫaṭṭāb (reg. 634–644), insbesondere auch für die Schaffung eines sprachlich vereinheitlichten Korans, vgl. unten, 530.

[57] Angeblich bedeutet die in dem Namen verborgene Wortwurzel das stolze Einherschreiten; jedenfalls leiteten die Araber der frühislamischen Zeit aus diesem Namen den Hinweis auf einen gesellschaftlich gehobenen Rang der Söhne dieser Quḍāʿitin ab.

[58] az-Zubairī: *Nasab*, 8.

[59] *AG2*, I, 12. Vgl. *FSG*, II, 63.

[60] az-Zubairī: *Nasab*, 12. Allgemein wird behauptet, daß *quraiš* die Diminutivform von *qirš* = Hai sein soll; weitere Deutungen *FSG*, II, 63 f.

[61] *MHB*, 168.

[62] Ebd., 157; az-Zubairī: *Nasab*, 13. Die Herausgeber von *IHS* machen die Mutter Kilābs, einen Hinweis aṭ-Ṭabarīs aufgreifend, fälschlich zu einer Urenkelin Fihrs (*IHS*, I, 108, Zeile 7 f.). Die mit den Schalttagen befaßte Sippe der Mālik b. Kināna darf jedoch nicht mit den Nachkommen des Mālik b. an-Naḍr b. Kināna verwechselt werden (vgl. *MHB*, 178). /Z/

[63] *MHB*, 52, 456; az-Zubairī: *Nasab*, 14.

[64] *IHS*, I, 109; az-Zubairī: *Nasab*,14.

[65] *IST*, I/I, 36, Zeile 25; *JQ*, s.v. *Sarġ*. /Z/

[66] *IST*, I/I, 36 f.; *TRM*, I, 1094.

[67] *NMQ*, 32.

[68] *IST*, I/I, 38; *TRM*, I, 1094; vgl. ferner *FSG*, II, 63.

[69] Die Überlieferung der sogenannten Kampftage der Araber (arab.: *aijām al-ʿarab*) wurde obsolet; quraišitischer Stoff fließt nicht in sie ein. /Z/

[70] *NMQ*, 255 f.; *TRM*, I, 1095 f.

[71] Ibn al-Kalbī: *Ǧamhara*, 189. Al-Ġauṯ b. Murr, der Ahnherr der Ṣūfa, soll übrigens, wie Ibn al-Kalbī überliefert, von seiner Mutter in einem Gelübde dem Kaabadienst geweiht worden sein und zum sichtbaren Zeichen dafür ein wollenes Band um den Kopf getragen haben, wovon sich sein Beiname ableite (arab.: *aṣ-ṣūf* = die Wolle). Dies ist eine Volksetymologie, verbunden mit einer Ätiologie. Laut Dozy: *Supplément*, I, 853, stammt das Wort aus dem Hebräischen und bedeutet „Tempeldiener".

[72] *IST*, I/I, 38; *TRM*, I, 1096 f. Vgl. unten, 420.

[73] *IHS*, I, 126 f.; *TRM*, I, 1098.

[74] *TRM*, I, 1098, Zeile 14.

[75] Ebd., I, 1134; vgl. *WAM*, 129; *WAMM*, 187 f. Zum Ablauf der Pilgerriten vgl. *EI²*, s.v. al-Ḥadjdj (III, 31–38, Wensinck/Jomier/Lewis) sowie S. Faroqhi: *Herrscher über Mekka*, 23–34.

[76] al-Afġānī, 286.

[77] *WAM*, 129; al-Afġānī, 289.

[78] Ibn al-Aṯīr: *al-Kāmil*, I, 684 f.

[79] *TRM*, I, 1098.

[80] *IHS*, I, 106 f. Vgl. hierzu Kister: *Mecca and the tribes of Arabia*, 42.

[81] Ibn al-Aṯīr: *al-Kāmil*, I, 503.

[82] *MUF*, arab. Text, 101–103; *IHS*, I, 103.

[83] *WAN*, 43. /Z/

[84] *FSG*, I, 211–214. Der halbkreisförmige nicht in die Kaaba einbezogene Platz an ihrer nach Nordnordwesten weisenden Rückwand heißt *al-ḥaṭīm*, die niedrige Einfriedung selber wird *al-ḥiǧr* genannt. Der Platz diente in vorislamischer Zeit als ein Gehege für Opfertiere.

In islamischer Zeit wurde *al-ḥiğr* als die Einfriedung des Grabes Ismaels verstanden; auch glaubte man, dort seien in alter Zeit Votivgaben gesammelt worden. Näheres s. Rubin: *The Kaʿba.*

85 *FSG*, I, 55–66.

86 Seine Genealogie bei az-Zubairī: *Nasab*, 152 f.

87 *WQ/Jones*, 1102 und 1105. Später, wahrscheinlich bei seiner letzten Pilgerreise, soll Mohammed verkündet haben, wie weit jeweils das Gelände reiche, das zu al-Muzdalifa, ʿArafa und Minā gehöre; den am äußersten Rand von ʿArafa Stehenden habe er versichert: „Haltet euch an eure Kultstätten! (Überall dort) befindet ihr euch auf einem Teil des Erbes Abrahams!" (ebd., 1103 f.).

88 *FSG*, I, 307 f. und II, 74.

89 *MHB*, 164 f. Zu den Ämtern vgl. auch Hawting: *The „Sacred Offices" of Mecca*; dem Autor ist die wichtige Rolle, die den Banū Asad b. ʿAbd al-ʿUzzā in diesem Zusammenhang zukommt, allerdings entgangen.

90 *EI²*, s.v. Djiwār (II, 558 f., Lecerf).

91 *TRM*, I, 1096–1099; *WAN*, 47.

92 *TRM*, I, 1097; *WAMM*, II, 252 f.; *FSG*, II, 86 f. Da die Beschneidung (*IST*, I/I, 39) der Knaben wie der Mädchen zum quraišitischen heidnischen, aber durch Abraham legitimierten *dīn* zählte, hat Mohammed sie nicht abgeschafft. Die Vorstellung, er habe einen radikalen Bruch mit dem Heidentum vollzogen, entstammt, wie wir erkennen werden, dem Gedankengut der *muhāğirūn* und hat mit der geschichtlichen Wirklichkeit wenig gemein (vgl. unten, 546). So empfahl Mohammed auch die Beschneidung der Mädchen (vgl. Lane: *Lexicon*, s.v. *b-ẓ-r*), die laut J. Wellhausen erst erfolgte, wenn sie heiraten konnten oder sollten (Adamek: *Kleinkind*, 134 f.). Zur auch heute weithin in der islamischen Welt geübten Praxis der Beschneidung der Mädchen vgl. Ohlig: *Weltreligion Islam*, 150–153. Vgl. /Z/ V 293.

93 *TRM*, I, 1095–1099; *FSG*, II, 87–91; *WAN*, 46 f.; *IST*, I/I, 36–42.

94 *IF*, VI, 338.

95 Ibn Ḥağar: *Tahḏīb*, VI, 350 f., Nr. 671; al-Ḫaṭīb: *Taʾrīḫ*, X, 440–442, Nr. 5603. Sein eigentlicher Name ist ʿAbd al-ʿAzīz b. ʿImrān az-Zuhrī; da er bei einem Brand seine Aufzeichnungen verloren hatte und aus dem Gedächtnis vortrug, seien ihm viele Fehler unterlaufen, heißt es. Das ungünstige Urteil über ihn wird aber auch deswegen aufgekommen sein, weil er in engen Beziehungen zum Hof der Barmakiden gestanden hatte (vgl. hierzu auch Nagel: *Verstehen oder nachahmen? Grundzüge der muslimischen Erinnerung an Mohammed*).

96 *NMQ*, 273–275. Der Vorwurf, Ibn abī Ṯābit schere sich nicht um die Verdienste der Ahnen der vornehmen Leute, mag darauf beruhen, daß er Überlieferungen erwähnte, die den damals herrschenden Kreisen, die in Hāšim ihren Stammvater verehrten, nicht genehm waren.

97 *WAM*, 66.

98 az-Zubairī: *Nasab*, 400.

99 Ebd., 386.

100 Ebd., 299.

101 Ebd., 346.

102 Ebd., 257.

103 Watt: *Mecca*, 7.

104 az-Zubairī: *Nasab*, 205.

105 Ebd., 12 und 443.

106 Die ʿAbd Manāf gegen die Sahm, die ʿAbd ad-Dār gegen die Asad b. ʿAbd al-ʿUzzā, die Maḫzūm gegen die Taim b. Murra, die Ğumaḥ gegen die Zuhra, die ʿAdī gegen die al-Ḥāriṯ b. Fihr.

107 *NMQ*, 33 f. (laut Ibn al-Kalbī?), 50–52, 189–191 (Ibn al-Kalbī).

108 *WAM*, 67 f.; *WAMM*, 111 f.

109 Hierfür steht das Ideal der Freigebigkeit (arab.: *al-karam*) in seiner vorislamischen Ausprägung; es wurde später islamisch umgedeutet. /Z/

110 *NMQ*, 237 f. Riʾābs Sohn Ğaḥš heiratete Umaima, eine Tochter des ʿAbd al-Muṭṭalib b. Hāšim (*IST*, I/I, 31, 71). Zur Rolle der Kinder des Ğaḥš in der Vita Mohammeds vgl. unten, 257 sowie 301 und 305.

111 *IST*, I/I, 43. Vgl. unten, 53.

[112] Die Behauptung, „Medina" meine die „Stadt des Propheten" Mohammed, der Name sei also erst nach dessen Vertreibung aus Mekka aufgekommen, ist irrig. „Medina" und „Jaṯrib" werden schon vor Mohammeds Zeit nebeneinander gebraucht (*EI²*, s.v. al-Madīna, V, 994–998, W.M. Watt).

[113] Als Nabatäer bezeichnen die frühislamischen Quellen die Ackerbau treibende arabische Bevölkerung in den östlichen Randzonen von aš-Ša'm und in den westlichen Randzonen des Zweistromlandes (vgl. Altheim/Stiehl: *Die Araber in der alten Welt*, I, 31–39 und 65–79; *EI²*, s.v. an.Nabaṭ, VII, 834–838, D.F. Graf/T. Fahd). Von ihnen unterschieden sich die Araber der Halbinsel durch das genealogische System, das sie entwickelt hatten und um dessen willen sie sich den „Nabatäern" überlegen dünkten (Nagel: *Staat und Glaubensgemeinschaft*, I, 147).

[114] Salmā war eine Schwester der Mutter des hochangesehenen Ausiten Suwaid b. aṣ-Ṣāmit (nicht zu verwechseln mit einem gleichnamigen Ḫazraǧiten, diesen siehe in Ibn Ḥaǧar: *al-Iṣāba*, II, 99, Nr. 3599). Insofern war Mohammed auch mit den Ausiten verschwägert (*IU*, II, 6 f.).

[115] *IST*, I/I, 46; *BAA*, I, 70; vgl. Lecker: *Early marriage links*.

[116] Seine Sippe wollte später, nach der Beseitigung der Damaszener Omaijaden, aus verständlichen Gründen von diesem Beleg einer engen Beziehung zu den Herrschern aus dem Klan der Banū Umaija nichts mehr wissen (*TRM*, III, 2477 f.), hatte sie doch, wie die Abbasiden zu den Hāšimiten zählend, aus dem Untergang der Omaijaden Nutzen ziehen wollen. Die Abbasiden, die einzigen Gewinner aus dem Umsturz, machten derartigen Spekulationen der Ḥāriṯiten jedoch rasch und gründlich ein Ende (Nagel: *Untersuchungen*, 168 f.).

[117] Lecker: *Medina*, 56.

[118] *IST*, I/I, 46, Zeile 25; az-Zubairī: *Nasab*, 16; zur Verifizierung der Genealogie dieser Frau vgl. die Angaben von Lecker: *Medina*, 126.

[119] *NMQ*, 97–100; *IST*, I/I, 44.

[120] *NMQ*, 100. Dieser Sohn, Abū ʿAmr, zeugte später mit einer anderen Frau seines Vaters (vgl. das Beispiel az-Zubairī: *Nasab*, 16, Zeile 17) einen Sohn namens Abū Muʿaiṭ, den Umaija ebenfalls adoptierte. Nachkommen dieses Abū Muʿaiṭ spielen in der frühislamischen Geschichte eine von der meist omaijadenfeindlichen Überlieferung vielgeschmähte Rolle. – Im Islam waren Ehen dieser Art verpönt (Sure 4, 22); vgl. ferner az-Zubairī: *Nasab*, 10. /Z/

[121] Ein Beispiel: *NMQ*, 80 f.

[122] *BAA*, I, 77 f. Die Mutter Salmās stammte aus dem ḫazraǧitischen Klan der Banū Māzin b. an-Naǧǧār, so daß ʿAbd al-Muṭṭalib in mütterlicher Linie mit zwei Klanen der Banū n-Naǧǧār verwandt war (az-Zubairī: *Nasab*, 15 f.).

[123] *TRM*, I, 1132 f.

[124] Vgl. oben, 25.

[125] Vgl. oben, 24 f

[126] Aus einer dieser Ehen ging Mohammeds Onkel Abū Lahab hervor, einer seiner erbittertsten Feinde, den er in Sure 111 verflucht.

[127] Afṣā b. Ḥāriṯa ist in der Genealogie der Ḫuzāʿiten der Onkel des ʿAmr b. Rabīʿa. Die Klane Aslam und Mālik b. Afṣā stehen mithin im Verhältnis von Vettern zu den Banū ʿAmr b. Rabīʿa.

[128] Goldglänzende Fasern einer der Auster ähnlichen Muschel, mit denen diese sich an den Felsen im Wasser festsetzt; aus diesen Fasern wurden sehr kostbare Gewebe hergestellt; vgl. hierzu Dozy: *Supplément*, I, 853, s.v. *ṣ-w-f*. Vgl. unten, Kapitel V, bei Anmerkung 80.

[129] Mehrere Anhöhen in der Umgebung Mekkas tragen einen mit *Ṯabīr* gebildeten Eigennamen.

[130] Al-Aḫšabān, zwei Berge bei al-ʿAqaba.

[131] *BAA*, I, 69 f.; *NMQ*, 87. Von einem Schwurbruder erwartete man eine Treue, die derjenigen der eigenen Blutsverwandten gleichkam. Er mußte bereit sein, den „Väterruhm" (arab.: *al-ḥasab*) der Sippe zu verteidigen, der er sich durch seinen Eid verbunden hatte (vgl. *AG2*, II, 243, Zeile 5).

[132] *IST*, I/I, 51. Die Fassung Muḥammad b. Ḥabībs (*NMQ*, 86–90) zeigt bereits die Spuren einer in der Abbasidenzeit erfolgten Überarbeitung: Nachdem das Schriftstück in der Kaaba aufgehängt worden ist, berichtet einer der auf ḫuzāʿitischer Seite Beteiligten von einem Traum; in Jaṯrib schritten die Nachfahren ʿAbd al-Muṭṭalibs über die Palmenwipfel hinweg und streuten Datteln unter das Volk; so habe man das medinensische Wirken Mohammeds vorausgesehen, obwohl damals noch nicht einmal dessen Vater geboren gewesen sei.

Ferner fügt Muḥammad b. Ḥabīb an, daß nach dem Tode Abū Ṭālibs dessen Bruder al-ʿAbbās, der Ahnherr der Dynastie, die Sorge für das Bündnis übernommen habe – die Abbasiden sind von Anfang an in die islamische Heilsgeschichte einbezogen, soll der Leser daraus erkennen.

133 Vgl. unten, 395.

134 *BAA*, I, 71 f.: vgl. ebd., 77 f.; *NMQ*, 90–92.

135 *BAA*, I, 93: „Unter Ohrmazd, dem Sohn des Anuschirwan, während in Hira Qābūs b. al-Mundir regierte", dessen Herrschaft drei Jahre und vier Monate in die Regierungszeit Ohrmazds hineinreichte (Nöldeke: *Perser und Araber*, 345). ʿAbd al-Muṭṭalibs Tod fällt also in den Zeitraum zwischen 578 und 581. Daß die Quraišiten nach den Herrscherjahren der Sasaniden datierten, ist öfter belegt.

136 az-Zubairī: *Nasab*, 9. Auch die Vokalisierung al-Hūn und Daiš ist überliefert. Näheres zu den Aḥābīš findet sich bei Hamidullah: *Les Aḥābīsh* sowie in *EI²*, s.v. Ḥabash (III, 7 f., W.M. Watt).

137 *BAA*, I, 59.

138 *NMQ*, 231 f.; *JQ*, s.v. *Ḥubšī*.

139 az-Zubairī: *Nasab*, 15, Zeile 17.

140 *NMQ*, 230.

141 Ibn al-Kalbī: *Ǧamhara*, 135 f.

142 Vgl. oben, 36.

143 Ibn al-Kalbī: *Ǧamhara*, 44: Saʿīds Ansehen in Mekka soll so groß gewesen sein, daß niemand wagte, einen Turban von der gleichen Farbe zu tragen, die der seinige hatte.

144 *NMQ*, 113–123.

145 Da die Verbrechen, durch die diese Kriege ausgelöst wurden, in den heiligen Monaten begangen wurden, waren sie eine gröbliche Mißachtung der religiös sanktionierten Ordnung; hierauf soll die Bezeichnung verweisen (*IHS*, I, 196; Lane: *Lexicon*, s.v. *f-ǧ-r*). Die ausführlichste Fassung (*AG2*, XXII, 54–75) untergliedert die *Fiǧār*-Kriege wie folgt: Man faßt unter diesem Namen zwei Ereignisreihen zusammen; die eine enthält die drei ersten Gefechte, die alle aus ganz nichtigen Anlässen entstanden waren; in der zweiten Reihe werden die insgesamt fünf Schlachten abgehandelt, die durch die Ermordung des laḫmidischen Karawanenführers ausgelöst worden waren. Nur an der ersten dieser fünf Schlachten soll Mohammed nicht beteiligt gewesen sein.

146 Ihre Streifgebiete lagen nördlich der Linie Mekka-Dschidda (Lecker: *Sulaym*, XIII und 26 f.).

147 Zu Einzelheiten vgl. unten, 426–428.

148 *NMQ*, 164–183; *IHS*, I, 195–198; *IST*, I/I, 81.

149 Mohammed soll damals etwa zwanzig Jahre alt gewesen sein. Laut *IGM*, II, 290 f. sind die ersten drei dieser Kriege in das Jahr 10 nach Mohammeds Geburt zu datieren; beim vierten soll Mohammed vierzehn Jahre alt gewesen sein. Er habe damals den erwachsenen Kriegern die Pfeile gereicht (ebd., 296). Ibn al-Ǧauzī hält diese Datierung für die richtige; eine andere verlegt den Krieg in Mohammeds einundzwanzigstes Lebensjahr und kann ihm deswegen den Ruhm zuschreiben, aktiv an der Schlacht beteiligt gewesen zu sein (ebd., 298).

150 Vgl. oben, 38 und unten, 407 f., 427 f.

151 Beispiele: ʿUjaina b. Ḥiṣn von den Banū Fazāra (Kister: *Mecca and the tribes of Arabia*, 40 f.) und die Banū Murra b. ʿAuf (vgl oben, 38).

152 Ibn al-Kalbī: *Ǧamhara*, 191.

153 Vgl. oben, 32.

154 Vgl. oben, 27.

155 Kister: *Mecca and Tamīm*, 128 f.

156 Ebd., 125 f.

157 Hier steht das in Sure 106 gebrauchte Wort *al-īlāf*. In *TRM*, I, 1089 und in Anlehnung daran in *IGM*, II, 212 findet sich hingegen das den Kontext mit Sure 106 ausblendende Wort *al-ʿiṣam*.

158 *MHB*, 162 f., vgl. Kister: *Mecca and Tamīm*, 125 f. *TRM*, I, 1089 und *IGM*, II, 212 zählen im einzelnen auf: Hāšim knüpfte die Beziehungen zu den „Königen" von aš-Šaʾm an, zu denen der Rūm und der Ġassān; ʿAbd Šams zum Negus von Äthiopien; Naufal zu den Chosroen, weshalb er den Irak und auch aš-Šaʾm frequentierte; al-Muṭṭalib pflegte die Verbindung zu den Ḥimjaren im Jemen. – Sollten mit den beiden in Sure 106 erwähnten

Karawanen, derjenigen des Sommers und derjenigen des Winters, diejenige Hāšims in den Norden und diejenige al-Muṭṭalibs zu den Ḥimjaren gemeint sein, dann hätte Mohammed gleichwohl den Handel nach Äthiopien und nach Iran verschwiegen, der in den Händen von ʿAbd Šams und Naufal lag, deren Sippen dem Bund der „Herausragenden" (vgl. dazu im folgenden sowie /Z/ I 174) nicht beigetreten waren; dieser Bund war aber in den Augen Mohammeds ein besonderes Ruhmesblatt der daran Beteiligten.

159 Auch in Mekka ging während der Pilgerriten der Handel weiter, selbst im unteren Teil der Ansiedlung, wo sich die Kaaba befand (*AG2*, II, 343, Zeile 12). Vgl. im übrigen unten, /Z/ I 175.

160 Ibn al-Kalbī: *Ǧamhara*, 472; ʿĀmir b. Ẓarib war ein anerkannter Schiedsmann gewesen (ebd., 312).

161 *MHB*, 181–183; Kister: *Mecca and Tamīm*, 146 f. Die Erwähnung der Gebetsrichtung (arab.: *al-qibla*) muß in diesem Zusammenhang kein Anachronismus sein; man pflegte vor der Kaaba stehend nach Norden – aš-Šaʾm – gewandt zu beten.

162 Kister, op. cit., 157–160.

163 Ein Beispiel: *NMQ*, 142 f. Bezeichnenderweise zogen es die Quraišiten schon in dieser in die vorislamische Zeit fallenden Affäre vor, sie mit dem Einziehen von Wergeld aus der Welt zu schaffen. Mohammeds dem gleichen Tenor verpflichtete Regelung der Blutrache (Sure 2, 178 f.) entspricht ganz den Interessen seines Stammes, dem die Wahrung der Sicherheit des Karawanenverkehrs wichtiger war, als an Schuldigen ihr Mütchen zu kühlen. – Nebenbei sei ein Brauch erwähnt, der der Auflösung von Spannungen zwischen den quraišitischen Klanen diente. Außerhalb Mekkas, an einem bestimmten Felsstück, pflegten sich Mitglieder der Klane zu treffen und sich gegenseitig mit dem Lob der eigenen Sippe und dem Schmähen der anderen zu reizen; diese Treffen endeten mit Kämpfen, die aber anscheinend keine ernsthaften Zerwürfnisse nach sich zogen. In islamischer Zeit wurden hieraus ritualisierte Kämpfe zwischen den Anhängern der Hāšimiten und der Omaijaden (*AG2*, IX, 174 f.).

164 Seine Mutter entstammte dem gemiedenen Klan der Asad b. ʿAbd al-ʿUzzā (*WAM*, 118, Zeile 15–18). Ibn Ḥaǧar: *Tahḏīb*, II, 447 f., Nr. 775.

165 *NMQ*, 114; vgl. oben, 49. Die Banū Zubaid sind ein Verband der Maḏḥiǧ (*IKC*, Register, 608).

166 Vgl. oben, 42.

167 Seine Genealogie bei Ibn al-Kalbī, Ǧamhara, 82. Nach Ḥakīm b. Ḥizām endete der letzte *Fiǧār*-Krieg im Monat Šauwāl (*NMQ*, 186), nach as-Suhailī schon im Šaʿbān (*SRU*, I, 156), der Schwurbund wurde nach beiden Quellen im Ḏū l-Qaʿda geschlossen.

168 *MHB*, 167; *NMQ*, 53 f.; vgl. *SRU*, I, 158.

169 Lane: *Lexicon*, 2412, s.v. *f-ḍ-l*.

170 *NMQ*, 55.

171 Ebd., 189.

172 Vgl. oben, 43.

173 Häufig gebrauchter Ausdruck für etwas sehr Kostbares; weitere Belege bei Wensinck: *Concordance*, s.v. *ḥumr an-naʿam*.

174 *IST*, I/I, 82; *NMQ*, 188. Laut *IGM*, II, 308 und 311 war Mohammed bei diesem Eid zwanzig Jahre alt. /Z/

175 *MHB*, 264. /Z/

176 Vgl. dazu das nächste Teilkapitel.

177 *IHS*, I, 211 f. /Z/

178 Das arabische Verbum *w-l-d* läßt diese Auslegung ohne weiteres zu. Vgl. az-Zubairī: *Nasab*, ab Seite 14, Zeile 3; s. ferner Kister: *Mecca and Tamīm*, 132.

179 Kister, op. cit., 139. Vgl. vor allem Fabietti: *Organization of the „Ḥums"*, 355, der den Bund als eine die bloße Verwandtschaft übersteigende, in einem Kult wurzelnde Gesellung beschreibt, sowie auch Dostal: *Mecca before the Time of the Prophet*, 225–227, der den Bund in einen breiteren Zusammenhang mit den Schwurgemeinschaften stellt. /Z/

180 Milch von Ziegen oder Schafen wird, nachdem man die Butter entzogen hat, durch Kochen eingedickt; die so gewonnene Masse läßt man an der Sonne trocknen, bis sie steinhart wird (Lane: *Lexicon*, s.v. *ʾ-q-ṭ*).

181 *IHS*, I, 214.

182 *MHB*, 179 f.; *WAM*, 122–124.

183 *IHS*, I, 214 f. /Z/

[184] Kister: *Mecca and Tamīm*, 132.
[185] *MHB*, 180 f. Der *Ḥirmī* mußte als Gegenleistung der jeweiligen quraišitischen Sippe das Fleisch seines Opfertieres überlassen (*BAA*, X, 171 f.).
[186] Es sei daran erinnert, daß die Errichtung fester Wohnhäuser an der Kaaba eine mißbilligte Neuerung war; manche Araber schmähten Quṣaij hierfür, wie wir hörten. Wenigstens während der Tage der durch die *labbaika*-Rufe (vgl. dazu unten, 161) beschworenen besonderen Nähe des „höchsten Herrn" wurde auf diese Weise der Besitz eines Hauses vor ihm „verborgen".
[187] Sie bewahren damit den vorquraišitischen Ritus der Anwesenheit vor der Gottheit in einem unbebauten heiligen Bezirk. Die Riten der „Strengen" darf man als eine Kompensation für den Eingriff in die Vorrechte des „höchsten Herrn" deuten, den die Bebauung darstellt.
[188] *MHB*, 181. Ihr Name lautet *aṭ-ṭuls*. Sie nahmen ferner davon Abstand, neugeborene Mädchen, wenn diese als unnütze Esser betrachtet wurden, im Sand zu verscharren (vgl. Sure 81, 8). In welchem inhaltlichen Zusammenhang mit den Pilgerriten diese hier mitgeteilte Einzelheit steht, bleibt unklar.
[189] Ibn al-Kalbī: *Ǧambara*, 203.
[190] Kister: *Mecca and Tamīm*, 142-146. Laut *BAA*, V, 100 pilgerten die Ṭaiji' und die Ḫaṯʿam grundsätzlich nicht nach Mekka.
[191] Dieses umfaßt die am Lauf des Mondes ausgerichteten zwölf noch heute im islamisch-arabischen Mondkalender gebräuchlichen Namen. Dank den schon erwähnten Schaltmonaten konnte dieser Mondkalender immer wieder grob mit dem Sonnenjahr in Übereinstimmung gebracht werden (vgl. hierzu ausführlich /*Z*/ I 62).
[192] Da in Mekka keine Großmacht ihren Einfluß geltend machte (vgl. unten, 74), zogen die Quraišiten den Zehnten zu eigenem Vorteil ein, zumindest von Händlern, die aus byzantinischem Gebiet kamen (*WAM*, 107). Zu den Handelsriten siehe im übrigen /*Z*/ I 164.
[193] Das Oasengebiet gegenüber von Bahrain, heute al-Aḥsā' genannt.
[194] ʿAbd al-Qais b. Afṣā b. Duʿmī b. Ǧadīla b. Asab b. Rabīʿa b. Nizār, bedeutende Sippe des Verbandes der Rabīʿa (Ibn al-Kalbī: *Ǧambara*, 483 f.), in Bahrain sehr einflußreich (*IKC*, Tafel 60, Register S. 430).
[195] Ibn al-Kalbī: *Ǧambara*, 201.
[196] *IKC*, Tafel 246; Register S. 382. In der Regel werden die Laḫmiden für die Südaraber reklamiert, doch werden sie auch für die Nachkommenschaft des Maʿadd vereinnahmt (Rothstein: *Laḫmiden*, 42).
[197] *IKC*, Tafel 216, Register S. 264. Dieser Ort wurde in den Kämpfen gegen die „Abtrünnigen" auf Abū Bakrs Befehl verwüstet; die Vornehmen wurden niedergemetzelt, ihre Nachkommen nach Medina verschleppt (*JQ*, s.v. *Dabā*). Nach al-Afġānī: *Aswāq al-ʿarab*, 264 f. ist Dabā mit dem heutigen Dubai identisch.
[198] Ākil al-murār. Laut Schmucker: *Materia Medica*, 464 ist *al-murār* genauer zu definieren als *Ecballium elaterium* RICH.
[199] *MHB*, 263–268; vgl. die Liste in al-Afġānī: *Aswāq al-ʿarab*, 226 f.
[200] Die Quraišiten betonten stets, daß sie nie einen Vasallenstatus gehabt, sondern immer frei gewesen seien (Ullmann: *Wörterbuch*, s.v. *laqāḥ*); vgl. unten, 75.
[201] MHB, 266; vgl. z.B. Sure 11. Zerstörung des letzten Marktortes: FSG, II, 283.
[202] Nicht mit der gleichnamigen Stadt an der Küste des Roten Meeres zu verwechseln (*JQ*, s.v. *Janbuʿ*).
[203] *HAM*, 117. Vgl. unten, 427.
[204] *IKR*, arab. Text, 6 f.
[205] Robin: *Le judaïsme*, 102–112, 125, 137.
[206] *MHB*, 316; *IKR*, arab. Text, 8 f. Aus Ibn al-Kalbīs Text geht hervor, daß die Banū Huḏail und die Ḫuzāʿiten ein eigenes Manāt-Heiligtum hatten, über das nichts weiter vermeldet wird. – Über die Herkunft von Ḏū l-Faqār – der Name könnte bedeuten: glänzend wie die Faqār genannten Sterne im Orion – gibt es eine andere, weiter verbreitete Geschichte, die jedoch allzu aufdringlich das Heldentum ʿAlīs während der Schlacht von Badr betont, also an dem späteren Bild ʿAlīs modelliert, das ihn zum einzig legitimen Erben des Werkes des Propheten stilisieren möchte: ʿAlī entriß während der Schlacht das Schwert einem Feinde, schenkte es dem Propheten und erbte es nach dessen Tod (Lane: *Lexicon*, s.v. *f-q-r*; daselbst auch eine weitere Erklärung des Namens).

[207] *IKR*, arab. Text, 10 f.; *MHB*, 315. Ibn al-Kalbī berichtet von zwei weiteren Kaaba genannten Kultbauten und vom Versuch eines Mannes von den Banū Ǧuhaina, eine Kaaba als Konkurrenz für die mekkanische zu bauen (*IKR*, arab. Text, 28).
[208] Leider wird im Hedschas kaum archäologische Forschung betrieben; die Gründe hierfür sind religiös-ideologischer Natur: Man bewahrt, um ja nicht auf die Einmaligkeit Mohammeds und den absoluten Bruch des Islams mit dem vorislamischen Arabertum den Schatten eines Zweifels fallen zu lassen, lieber die Unwissenheit.
[209] *IKR*, arab. Text, 12 f.; Lecker: Banū Sulaym, 37–42.
[210] *IKR*, arab. Text, 9; *WAMM*, I, 125.
[211] *WAMM*, I, 126; und zwar der Banū l-Ḥāriṯ b. ʿAbd al-Muṭṭalib, so Lecker: *Banū Sulaym*, 128–130.
[212] Vgl. oben, Anmerkung 16. Eine Untersuchung des überlieferten altarabischen und frühislamischen Bestandes an Personennamen hat ergeben, daß „Ismāʿīl" erst in nachislamischer Zeit und auch dann nur zögernd – und vorwiegend in der Nachkommenschaft ʿAlī b. abī Ṭālibs – vergeben worden ist (Dagorn: *La geste d'Ismaël*, vgl. dort die Tabellen 50–99 und die anschließende Interpretation des Befundes). „Ibrāhīm" ist dagegen in vorislamischer Zeit vereinzelt als arabischer Personenname belegt (Shahîd: *Sixth Century*, I/1, 122). */Z/*
[213] *IKR*, arab. Text, 8–11, 18, 20.
[214] Ebd., arab. Text, 12.
[215] Ebd., 91; Smith: *Religion of the Semites*, 56; Fahd: *Panthéon*. Nach J. Henninger: *La religion bédouine*, 139, kann man den altarabischen Glauben wie folgt beschreiben: Allah ist der Schöpfer der Welt und ihr oberster „Meister", doch in der Kultpraxis rückt er in den Hintergrund; diese gilt Astralgottheiten, die dem Verehrenden näherstehen. Hierzu vgl. unten, 118 f. Vgl. auch */Z/* II 276.
[216] Vgl. *Z* I */32/*.
[217] *MHB*, 312 und 316.
[218] *IKC*, Register, 381 f.
[219] Kister: *Labbayka*, arab. Text, Nr. 3, 16, 26, 33, 37, 41.
[220] Ebd., Nr. 43, 50, 52, 53, 55, 56.
[221] *IKR*, arab. Text, 4; vielleicht stammt die Formulierung von Ibn Isḥāq, vgl. Kister, op. cit., Zusatz zu Anm. 3.
[222] D.h. den auswärtigen *Ḥirmīs*.
[223] Kister: *Labbayka*, arab. Text, Nr. 1, 11, 32, 45.
[224] Zur möglichen Bedeutung dieses Ausdrucks vgl. unten (Kister: *Labbayka*, Zusatz zu Anm. 19: Die Ḫuzāʿiten beteten laut al-Fākihī in der Heidenzeit den Hundsstern an; vgl. unten, 67 f., 72, 120 f.). Ferner heißt es, kurz vor Eintritt der Nilüberschwemmung erscheine der Hundsstern am Morgenhimmel: Es beginnt das altägyptische Sothisjahr, das 365 Tage hat; der Hundstern ist eine Gottheit des Wachstums; Lane: *Lexicon*, s.v. *š-ʿ-r*, Bedeutung des Sirius für die Palmenwirtschaft.
[225] As-Suhailī, zitiert in *FSG*, I, 189.
[226] Auch die Vokalisierung „al-Muġammis" ist überliefert, vgl. *JQ*, s.v.; *IHS*, I, 49: Dort war das Grab des Elefantenführers Abū Riġāl zu sehen, das man – wie die „Satane" bei Minā – mit Steinen bewarf.
[227] So *NMQ*, 77, Zeile 6. A.F.L. Beeston vermutet (*EI*², I, 102 f., s.v. Abraha), Abraha habe den wachsenden sasanidischen Einfluß im Hedschas beschneiden wollen.
[228] *NMQ*, 70–77; vgl. *IHS*, I, 54–56; *TRM*, I, 941 f.
[229] Vgl. oben, 30.
[230] *TRM*, I, 946.
[231] Ryckmans: *L'institution monarchique*, 325, datiert das Eindringen der Perser in den Jemen ungefähr zwanzig Jahre zu früh und zitiert hierfür Hitti: *History of the Arabs*, 66, wo man freilich für das Jahr 575, in welchem die persische Invasion stattgefunden haben soll, keinen Quellenhinweis findet. Vgl. unten, 73 f.
[232] *TRM*, I, 946; vgl. Bāfaqīh: *Abraha...tubbaʿan*, 104.
[233] *TRM*, I, 934 f.; Lecker: *Banū Sulaym*, 108 f.
[234] *TRM*, I, 934; Ibn al-Aṯīr: *al-Kāmil*, I, 442.
[235] *TRM*, I, 937–945. Vgl. Kister: *The Campaign of Ḥulubān*, 363–365.
[236] Vgl. zu ihm unten, Kapitel II, III, V.
[237] Vokalisierung nach Ibn Ḥaǧar: *Tahḏīb*, IV, 364, Fußnote 4.
[238] Abū Nuʿaim: *Dalāʾil*, 100–105; Ibn abī Ḥātim: *Tafsīr*, X, 3464.

[239] Vgl. unten, 82 und 419. /Z/
[240] Vgl. oben, 53. G. A. Lundin kommt in einer eingehenden Studie der Chronologie der Feldzüge Abrahas zu dem Ergebnis, daß eine Unternehmung im Jahre 570 nicht mit den übrigen, gesicherten Daten zu vereinbaren ist (Lundin: *Južnaja Aravija*, 73-92).
[241] *IST*, IV/I, 28. Er war ein Dichter. In der Schlacht bei Badr kämpfte er auf der Seite der Mekkaner; er ist in dieser Schlacht verschollen (*IST*, I/I, 77 und *TRM*, I, 1307 f.).
[242] Zum Krieg von Dāḥis vgl. Meyer: *Der historische Gehalt*, 50–55. Aksūm b. aṣ-Ṣabāḥ al-Ḥimjarī heißt der Enkel Abrahas in der Überlieferung bei Ibn abī Ḥātim und Abū Nuʿaim (vgl. Anm. 238).
[243] *IHS*, I, 61. Zur Sache vgl. oben, 54.
[244] Vgl. Ibn al-Aṯīr: *al-Kāmil*, I, 568: Die Quraišiten fühlten sich erleichtert, als Qais b. Zuhair, die Hauptfigur des Dāḥis-Krieges, Mekka verließ, ohne daß sie auf seine gegen die Kaaba gerichteten Herausforderungen hatten eingehen müssen.
[245] az-Zubairī: *Nasab*, 402. ʿAbdallāh trat erst bei der Einnahme Mekkas durch Mohammed zum Islam über; er wußte dann auch den Propheten zu preisen (Ibn Ḥaǧar: *al-Iṣāba*, II, 308, Nr. 4679).
[246] *IHS*, I, 59.
[247] Vgl. oben, 19.
[248] *NMQ*, 232 f. Der Ṯaqafite Šarīq, Vater des al-Aḫnas, der in Mekka zu den Kritikern Mohammeds gehörte und in dessen Familie die gegen die Ansprüche ʿAbd al-Muṭṭalibs kritische Fassung der Geschichte Abrahas überliefert wurde, hatte bereits vorher eine Eidgenossenschaft mit der Sippe al-Ḥāriṯ b. Zuhra b. Kilāb geschlossen (*NMQ*, 235), ein Umstand, der in der Affäre um Abū Baṣīr, den Sohn des mekkanischen Unterhändlers bei al-Ḥudaibīja, Suhail b. ʿAmrs, von Bedeutung sein wird; damals löste sich der Bund zwischen den Ṯaqafiten und den Mohammed feindlich gesonnenen Quraišiten auf und ermöglichte Mohammed die Einnahme Mekkas (vgl. unten, 413 f.). Die Verbindung zwischen den Ṯaqafiten und den Banū ʿAbd Šams dokumentiert sich im engen Verhältnis zwischen ʿUrwa b. Masʿūd und Abū Sufjān (vgl. al-Muġīra b. Šuʿbas Beziehung zu Muʿāwija, Ibn Ḥaǧar: *al-Iṣāba*, II, 477, Nr. 5526), ferner darin, daß Abū Sufjān über den Ṯaqafiten Ġailān b. Salama Handelsverbindungen zu den Sasaniden erhielt (ebd., III, 189 f, Nr. 6924; *AG2*, XIII, 206 f.).
[249] Shahîd: *Peace Treaty*, 192–197: Der Warenverkehr zwischen beiden Reichen sollte, so der Vertrag von 561, nur noch über Daras/Nisibis abgewickelt werden, womit der Karawanenhandel durch Arabien erheblich an Bedeutung hätte einbüßen müssen. Zum Schwurbund der Quraišiten mit den Ṯaqafiten s. *NMQ*, 232 f.
[250] Ibn Qutaiba: *al-Maʿārif*, 662. Die Sitte, den Mächtigen Naurūz- und Mihrgān-Geschenke zu überreichen, hielt sich bis in die Regierungszeit ʿUmars II. (reg. 717–720) (*IST*, V, 276). Auch in aṭ-Ṭāʾif machte sich sasanidischer Einfluß bemerkbar (*IST*, V, 371). ʿAbdallāh b. Ǧudʿān von den Banū Taim b. Murra, in dessen Haus der Schwurbund der „Herausragenden" geschlossen wurde, pflegte gute Beziehungen nach aṭ-Ṭāʾif, und zwar zu dem ḥanīfischen Dichter Umaija b. abī ṣ-Ṣalt (*AG2*, VIII, 327) und verkehrte am Hof der Sasaniden; von dort brachte er einen Diener mit, der eine in Mekka unbekannte Süßspeise zuzubereiten verstand. ʿAbdallāh bewirtete damit in Mekka freigebig die Bevölkerung, darunter auch Umaija (ebd., 329 f.). ʿAbdallāhs Nähe zum Ḥanīfentum wird übrigens durch seine Skepsis gegenüber dem Wein bekräftigt (ebd., 332).
[251] Vgl. *Z* I /33/.
[252] Vgl. unten, 241.
[253] *TRM*, II, 655.
[254] *AG2*, IV, 302–307, hier 306; übrigens hatte Ḥassān b. Ṯābit in dem genannten Gedicht die Ṯaqafiten als die Sklaven der tamīmitischen Banū Saʿd b. Zaid Manāt geschmäht (*AG2*, IV, 308).
[255] Vgl. oben, 43.
[256] *IHS*, I, 152.
[257] Vgl. im folgenden Teilkapitel.
[258] Mit zwei Tintenfässern versehen, pflegte er sich zu den Beduinen zu begeben und nicht eher heimzukehren, ehe er sie leergeschrieben hatte; mehr als achtzig Stammesdiwane sollen wir seinem Fleiß zu verdanken haben. Er stammte aus Kufa, siedelte aber nach Bagdad über (al-Ḫaṭīb: *Taʾrīḫ Baġdād*, VI, 329–332, Nr. 3373).
[259] Vgl. oben, 65.

[260] So die Vokalisierung nach Nöldeke: *Die ghassânidischen Fürsten*, 53; ʿAmrs Regentschaft fällt in eine nicht näher bestimmbare Zeit zwischen 583 und 614. „Ibn abī Šamir“ bezieht sich vermutlich auf den Ahnherrn des Hauses Ǧafna, Abū Šamir Ǧabala (um 500).
[261] Unter den Inhaftierten waren Saʿīd b. al-ʿĀṣ b. Umaija und Abū Ḏiʾb b. Rabīʿa von den Banū ʿĀmir b. Luʾaij. Abū Ḏiʾb (vgl. az-Zubairī: *Nasab*, 99) verstarb in der Gefangenschaft, Saʿīd wurde ausgelöst (*NMQ*, 156), woran ʿUtba b. Rabīʿa b. ʿAbd Šams beteiligt gewesen sein soll. Da letzterer bei Badr auf der Seite der Mekkaner fiel (az-Zubairī: *Nasab*, 152), wird man den ganzen Vorgang nicht weit in das 6. Jahrhundert zurückverlegen dürfen; vielleicht ist ein Zeitpunkt um 600 zutreffend. Nach al-Wāqidī (*BAA*, IX, 464 f.) ging die Initiative zur Verhaftung der Quraišiten vom Kaiser aus.
[262] *NMQ*, 154–156.
[263] „Patrikios“ ist ein von Kaiser Konstantin dem Großen geschaffener hoher Hofrang. Zu ʿUṯmān b. al-Ḥuwairiṯ als künftigen „König“ von Mekka vgl. *Reallexikon zur byzantinischen Kunst*, Bd. II, Stuttgart 1971, Spalte 966, s.v. *Hauran*.
[264] az-Zubairī: *Nasab*, 210. Vgl. oben, 59.
[265] Ibn Ḥaǧar: *Tahḏīb*, III, 312, Nr. 580.
[266] Zitiert in *FSG*, II, 108 f.
[267] *TRM*, I, 949.
[268] Vgl. Nöldeke: *Perser und Araber*, 220, Anmerkung 4. Das Geschlecht der Ḏū Jazan ist seit dem 5. Jahrhundert belegt und war nach der Königsfamilie das angesehenste unter den Ḥimjariten (*IKC*, Register, 70 f. und 237; Tafel 278).
[269] *TRM*, 945–950.
[270] Rothstein: *Laḫmiden*, 111.
[271] *TRM*, I, 950, Zeile 12; Shahîd: *Sixth Century*, I/1, 666.
[272] So Nöldeke: *Perser und Araber*, 220, Anmerkung 3. Zuletzt hat sich Shahîd für das frühe Datum ausgesprochen (*Sixth Century*, I/1, 364–372). Die beiden Textstellen aus der byzantinischen Historiographie, die er als Stützen seiner Datierung anführt, lassen sich allerdings nur mit erheblichen Eingriffen und selbst dann nur unter weitherziger Auslegung des Inhalts mit der persischen Invasion in Verbindung bringen.
[273] *TRM*, I, 988.
[274] W. Caskel scheint in der Regel Ibn Isḥāq den Vorzug vor al-Kalbī und dessen Sohn Hišām zu geben, da ersterer auf älterem Material fuße (*IKC*, Register, 69). Im Falle der Beendigung der äthiopischen Invasion des Jemens übernimmt Caskel jedoch ohne weitere Erörterung das Datum 570.
[275] *TRM*, I, 957 f. Laut Hišām b. al-Kalbī war der Urenkel Wahriz' bereits völlig arabisiert, weshalb man ihn durch Bāḏān ersetzt habe (*TRM*, I, 1039 f.).
[276] Ibn Ḥazm: *Ǧamhara*, 392–395; *IKC*, Register, 267, Tafel 176.
[277] ar-Rāzī: *Ṣanʿāʾ*, 94–96. Der Text der Vereinbarung ist überliefert; er folgt dem Muster, das wir bei dem Schwurbund zwischen ʿAbd al-Muṭṭalib und den Ḫuzāʿiten kennengelernt haben (vgl oben, 46). Da die Araber solche Vereinbarungen mit „In deinem Namen, o Allah!“ beginnen, die zoroastrischen Perser die Worte „Im Namen des Wohltäters der Barmherzigkeit und Rechtleitung“ verwenden, vereinigte man in dem Dokument beide Formulierungen. Hat hier das islamische „Im Namen Allahs, des Barmherzigen, des Allerbarmers“ ein Vorbild? – Die Hamdān suchten, nachdem sie, durch die Perser unterstützt, den äthiopischen Rebellen (Abraha) hatten widerstehen können, bezeichnenderweise bei Mohammed Rückendeckung, nachdem dieser zu einem überregionalen Herrscher aufgestiegen war (*IST*, VI, 17 f.).
[278] *TRM*, I, 984–987.
[279] Diese drei werden als die Großen der Quraišiten jener Tage bezeichnet (*BAA*, X, 174).
[280] *BAA*, I, 135 und II, 288.
[281] *BAA*, I, 92, 116, wo vermerkt wird, daß auch Mohammed diese Sitte befolgte. Ferner *FSG*, II, 86.
[282] *Miḥālu-hum*. Michael ist der Beschützer der christlichen Heere.
[283] Der Terminus ist keine Erfindung Mohammeds, sondern war bereits Zaid b. ʿAmr b. Nufail bekannt, vgl. unten, 162.
[284] *IST*, I, 56. /*Z*/
[285] *BAA*, I, 86 f.
[286] *IHS*, I, 162–184. Zum Todesdatum ʿAbd al-Muṭṭalibs vgl. oben, Anmerkung 135.

[287] Es wird überliefert, daß Mohammed der Ansicht gewesen sei, in einer Schlange verberge sich ein Dämon, sei es einer, der den Islam angenommen hat, sei es ein „Satan“ (*WQ/Jones*, 475).
[288] *WAM*, 108; *ṭaijib* im Sinne von rituell rein und unbedenklich. Im selben Sinn verwendet Mohammed das Wort im Koran (z.B. Sure 2, 57).
[289] *JB*, 79 (nicht von Ibn Isḥāq); *WAM*, 107 f. und 114.
[290] Die am weitesten verbreitete Überarbeitung des Ibn Isḥāq, diejenige des Ibn Hišām, kennt diese Episode nicht; sie ist aber nicht Ibn Hišāms Rotstift zum Opfer gefallen, der erklärtermaßen „Dinge, über die zu sprechen schändlich wäre oder deren Erwähnung jemanden kränken könnte“ (*IHS*, I, 4), mit Schweigen übergeht. Vielmehr wird Mohammed hier, noch im Kindesalter, darauf aufmerksam gemacht, daß er, wenn er beim Spielen mit anderen Knaben Steine trägt, den Lendenschurz nicht zum Schutz des Nackens zweckentfremden darf; ein Anfall wird nicht angedeutet (*IHS*, I, 194; vgl. unten, 89 f.). Damit ist das Geschehen verharmlost worden. Denn wenn Mohammed schon vor seiner Prophetenschaft einen solchen Anfall erlitten haben sollte, dann wäre dadurch zweierlei in ein Zwielicht gerückt: 1. die Berufung im reifen Mannesalter; 2. die unauflösliche Verbindung zwischen solchen Vorgängen und der Übermittlung von Offenbarungen – woraus sich desweiteren Zweifel an der göttlichen Herkunft alles dessen ergeben, was Mohammed während derartiger Zustände äußerte und was im Koran zusammengefaßt wurde. Wir sind hier zum ersten Mal auf den prekären, für den Islam jedoch lebenswichtigen Zusammenhang zwischen berichteten Ereignissen der Prophetenvita einerseits und der von ihm behaupteten Wahrheit seines religiösen Gehalts gestoßen, die auf die Anerkennung bestimmter überlieferter Ereignisse und auf der Leugnung anderer angewiesen ist. Im späteren „kanonischen“ *ḥadīṯ* wird die Begebenheit entschärft: Al-ʿAbbās rät dem Steine tragenden Mohammed, das Lendentuch über die Schulter zu legen; da stürzt Mohammed zu Boden, die Augen in den Himmel gerichtet, und bittet al-ʿAbbās, ihm den richtigen Sitz des Tuches zu zeigen – nichts von einer Audition, nichts von der Blöße. Die Episode ist ihres – für den „Islam“ unerwünschten – Sinnes beraubt (*BS*, *ḥaǧǧ*, 43 = II, 179).
[291] az-Zubairī: *Nasab*, 299 f.
[292] Ibn Ḥaǧar: *Tahḏīb*, VI, 290, Nr. 566 nebst Randglosse.
[293] *JB*, 108. Lebensalter Mohammeds beim Tod seines Großvaters: *IST*, I/I, 75, Zeile 13.
[294] *WAM*, 104–118; *BAA*, I, 108–110; *IHS*, I, 204–211; zu den Hörnern: *WAM*, 114, 155 f. „Voller Eifer sind meine Feinde, kein Übel gibt es, das sie nicht wider mich erdächten, beim Herrn Mekkas und des Kreuzes!“ dichtet der Christ ʿAdī b. Zaid (*AG2*, II, 111) und erweckt den Eindruck, es könnte eine christliche Auslegung der mekkanischen Riten gegeben haben, mithin eine Verknüpfung, wie sie Abraha in Sanaa ins Werk zu setzen versucht hätte (vgl. oben, 69 f.). Der Sieg ʿAbd al-Muṭṭalibs wäre dann als ein Sieg der abrahamischen Auslegung Mekkas zu interpretieren, zugleich wären die Beziehungen zu Byzanz, wie der „Patrikios“ ʿUṯmān b. al-Ḥuwairiṯ b. Asad b. ʿAbd al-ʿUzzā sie anstrebte (vgl. oben, 74 f.), untragbar geworden. Doch muß dies alles Spekulation bleiben. – Übrigens zirkulierte in den ersten Jahrzehnten nach Mohammeds Tod eine ihm zugeschriebene Aussage, derzufolge ein Äthiopier die Kaaba zerstören werde (*WAM*, 193); als ʿAbdallāh b. az-Zubair den durch ein Feuer zerstörten Bau niederreißen ließ, soll er mit dieser Arbeit Äthiopier beauftragt haben, hoffte er doch, einer von diesen sei der von Mohammed geweissagte Zerstörer der Kaaba, so daß der Neubau nicht mehr unter jener Drohung stehe (ebd., 141). Zu ʿAbdallāh b. az-Zubairs Verbindungen nach Äthiopien vgl. unten, 674.
[295] Der Prophet teilt den Menschen mit, daß sie von Allah geschaffen wurden und vor ihm am Jüngsten Tag Rechenschaft ablegen müssen (vgl. Sure 7, 172). Sie können sich, nachdem unter ihnen der Prophet gewirkt hat, vor Allah nicht mehr auf die Unkenntnis dieses Sachverhalts berufen (Sure 4, 165; 6, 149).
[296] *JB*, 120; ähnlich al-Jaʿqūbī: *Taʾrīḫ*, I, 254.
[297] *JB*, 93.
[298] *TRM*, II, 426 f., 537, 592; *BAA*, V, 369 f.; *BAA/Jer*, IV/II, 55 f.; mit vielen Einzelheiten *WAM*, 140–154. Al-Wāqidī hat den Bericht eines Augenzeugen ausfindig gemacht, in dem Unachtsamkeit als Brandursache bestätigt wird (*AG2*, XVIII, 323 f.).
[299] *WAM*, 143 f.
[300] Vgl. hierzu unten, 499–506.
[301] *WAM, 146.* In der Familie az-Zubairs ist dieses vermeintliche Prophetenwort im Zusammenhang mit dem Vorgehen Ibn az-Zubairs überliefert worden. In Überliefererketten, in

denen ein Zubairide fehlt, fehlt auch der Bezug auf die geschichtlichen Umstände, unter denen diese Sätze in Umlauf kamen (*BS*, *ḥaǧǧ*, 43 = II, 179 f.; weitere Belege vgl. Wensinck: *Concordance*, s.v. *ḥadāṯa*).

302 *TRM*, II, 850–854.

303 *HT*, 266.

304 *TRM*, II, 854.

Kapitel II: Ein heidnischer Prophet

1 Vgl. ʿImāra (Hg.): *Rasāʾil*, II, 116–120. Eine knappe systematische Untersuchung der Überlieferungen zur Berufung Mohammeds stammt von T. Andrae (*Die legenden von der berufung Muḥammeds*). Er kommt zu dem Ergebnis, daß die Annahme, Sure 96 sei die erste Offenbarung gewesen, nicht von Anfang an allgemeine Anerkennung gefunden habe (12 f.).

2 Die Wortwurzel *w-ḥ-j* bedeutet, „jemandem auf versteckte Weise einen Hinweis geben"; dies kann durch verschlüsselte Rede, durch einen Wink, durch ein paar geschriebene Zeilen geschehen. Unter Bezugnahme auf Sure 6, Vers 112 (spätmekkanisch) wird festgestellt, daß auch Mohammed den eigentlichen Sprecher, nämlich Allah, niemals gesehen habe; die „Eingebungen" verdankten sich entweder einer Inspirierung, einem Traum oder der Herabsendung eines Buches (al-Murtaḍā az-Zabīdī: *Tāǧ al-ʿarūs*, XL, 196–172). Die islamische theologische Auslegung des Begriffs wirkt hier in die Semantik hinein.

3 Al-Ḥāriṯ, ein Sohn des Hišām b. al-Muġīra aus dem Klan der Banū Maḫzūm, focht bei Badr und bei Uḥud auf der Seite der heidnischen Mekkaner und trat erst bei Mohammeds Einzug in seine Heimatstadt zum Islam über. In der Regierungszeit ʿUmars ging er mit vielen anderen Mekkanern nach aš-Šaʾm, was er nicht als eine Veränderung seines Wohnsitzes, sondern als einen „Umzug zu Allah" verstanden wissen wollte (Ibn Ḥaǧar: *al-Iṣāba*, I, 293, Nr. 1504) (vgl. unten, 677–680).

4 ʿUrwa, ein Bruder des oben, 83 f. genannten ʿAbdallāh, ist der wohl jüngste Sohn az-Zubairs, des Neffen von Mohammeds erster Frau Ḫadīǧa (Ibn Ḥaǧar: *Tahḏīb*, VII, 180–185, Nr. 351); ʿUrwa tat sich als Sammler von Nachrichten zur Prophetenvita hervor, die in vielen späteren Quellen zitiert werden. Zum Umfang seiner Sammlung vgl. Goerke,

5 Im alten Arabien war die Vorstellung weit verbreitet, das gebundene Sprechen des Dichters erfolge unter Zwang, den eine fremde Gewalt ihm antue: Der Dichter ist „besessen", muß sich einem Dämon fügen; bei seinen Mitmenschen erregt er Grauen. /*Z*/

6 Text: *nawāʾib al-ḥaqq*. Die Formulierung ist für den frühesten Islam ungewöhnlich, da *al-ḥaqq* im Koran „die Wahrheit" bedeutet (Allah ist die Wahrheit, z.B. Sure 18, 44; 22, 6 und 62; 24, 25; 31, 30), aber für sich allein stehend, gleichsam als „Eigenname", noch nicht vorkommt. Es wird in grammatischer Beziehung auf Allah nur als Prädikatsnomen oder als Attribut verwendet. Ob *al-ḥaqq* zu den 99 Gottesnamen gehöre, war in der islamischen Theologie umstritten, obwohl das Wort in den üblichen Listen aufgeführt ist (Gimaret: *Noms divins*, 138–142). – In der älteren Koranauslegung hörte man aus dem Anruf „der du dich eingehüllt hast!" (Sure 73, 1 und Sure 74, 1) einen Tadel heraus: Mohammed versuchte, sich der ihm von Allah zugedachten Mission zu entziehen. Ein solches auch bei anderen Gestalten der Religionsgeschichte wahrnehmbares Widerstreben wollte man später für Mohammed nicht mehr gelten lassen. Man deutete die Anrede nun als einen Ausdruck des hohen Respekts, den Allah seinem Sprecher zollte, der in geziemender Kleidung sein Haus verlassen hatte (Rubin: *The Shrouded Messenger*, vgl. ferner Nagel: *Allahs Liebling*, 148).

7 Gemeint ist das Syrische.

8 Mohammeds Mutter Āmina bt. Wahb stammte in mütterlicher Linie von Umm Ḥabīb, einer Tochter des Asad b. ʿAbd al-ʿUzzā ab (*IHS*, I, 165; az-Zubairī: *Nasab*, 207, 251). Asad b. ʿAbd al-ʿUzzā war zugleich der Vater von Ḫuwailid und Großvater von Waraqa b. Naufal; wahrscheinlich spielen die Worte auf diese weitläufige Verschwägerung an.

9 arab.: *an-nāmūs*; über diesen Begriff vgl. unten, Anmerkung 141.

10 Die spätere islamische Theologie und Anthropologie werden diese Vorstellungen dahingehend ausbauen, daß sie darlegen, wie sich im Herzen der offenkundige und der verborgene Seinsbereich der Schöpfung begegnen und wie in dieser Begegnung die Erziehung der ichsüchtigen Triebseele durch den „Geist", der der göttlichen Fügung angehört (Sure 17, 85), zur Allah gehorsamen „zuversichtlichen Seele" (Sure 89, 27) erfolgen und damit

dem Verstand zum Triumph verholfen werden kann (vgl. Nagel: *Im Offenkundigen*, 396–445).

[11] *BS, bad' al-waḥj.*

[12] Wie sich zeigen wird, ist die Situation der krankhaften Überwältigung der Sinne des Propheten eine zu unsichere Ausgangslage für den Beweis der Vollständigkeit und Unverfälschtheit der Übermittlung der Worte Allahs, zumal man noch wußte, daß es vor der Berufung solche Zustände bei Mohammed gegeben hatte. Vgl. unten, 109.

[13] Nagel: *Einschübe*, 121.

[14] Ibn Ḥağar: *Tahḏīb*, II, 42 f., Nr. 67.

[15] Zitiert in as-Sujūṭī: *al-Itqān*, I, 24.

[16] *MS, īmān* 255; ferner at-Tirmiḏī: *Ṣaḥīḥ, tafsīr sūrat 74.*

[17] Besonders deutlich wird der Sinn dieser Konstruktion in der Überarbeitung einer Überlieferung durch az-Zuhrī (*TRM*, I, 1155): Die Eingebungen unterblieben, nachdem als erstes Stück des Korans Sure 96, Vers 1 bis 5 offenbart worden war. Ob dieses Ausbleibens tief bekümmert, wollte Mohammed sich von einem hohen Felsen zu Tode stürzen; Gabriel mußte ihn hiervon mehrfach abhalten und versicherte ihm, daß er ein Prophet sei. Dann, eines Tages, schaute Mohammed den Engel auf einem Thron zwischen Himmel und Erde, eilte entsetzt heim und erhielt dort die Eingebung: „Der du dich eingehüllt hast! Steh auf und warne!..." (Sure 74, 1–5). In diesem Bericht az-Zuhrīs läßt sich besonders klar die Funktion der Erhebung von Sure 96 zur ersten Offenbarung erkennen: Alles Rezitierte ist, weil es rezitiert wird, Offenbarung. Vgl. ferner as-Sujūṭī: *al-Itqān*, loc. cit.

[18] Wie den bei as-Sujūṭī, a.a.O. zitierten Belegen zu entnehmen ist, verbreitete Abū Salama (gest. zwischen 712 und 722) (über ihn Ibn Ḥağar: *Tahḏīb*, XII, 115–118, Nr. 537), ein Sohn des berühmten Prophetengefährten ʿAbd ar-Raḥmān b. ʿAuf, die Fassung, die man womöglich als die von den *Muhāğirūn* bevorzugte ansehen muß. Der Hintergrund könnte die unter den ersten drei Kalifen ins Werk gesetzte Kodifizierung des Korans sein sowie die schroffe Ablehnung der Verschriftlichung einer nichtkanonischen Überlieferung, nämlich des sogenannten *ḥadīṯ* (vgl dazu unten, 530–535).

[19] Ibn Ḥağar: *Tahḏīb*, VII, 71, Nr. 148.

[20] Nur ein Traum soll es gewesen sein, kein wirklicher Anfall!

[21] *IHS*, I, 252 f.; vgl. as-Sujūṭī: *al-Itqān*, I, 23 f. ʿUbaid b. ʿUmair besaß ein eigenes Koranexemplar; er hat zudem den Gedanken vertreten, daß Sure 87, Vers 1 – „Preise den Namen deines höchsten Herrn, der schafft!" – die älteste Offenbarung darstelle (Sulaimān b. al-Ašʿaṯ: *al-Maṣāḥif*, 98 f.). Was die theologische Aussage dieses Verses betrifft, so ist ʿUbaids Ansicht nicht abwegig: Wir haben hier ältestes Gedankengut Mohammeds vor uns (vgl. unten, 117). U. Rubin hat zeigen können, daß es in den Eingangsworten von Sure 96 in Anlehnung an eine hebräische liturgische Redeweise darum geht, den „Namen deines Herrn anzurufen", d.h. zu preisen, und zwar mit den Worten von Sure 96. Dieses Verständnis von Sure 96 wurde noch von dem Philologen Abū ʿUbaida (gest. 825) propagiert (Iqraʾ, 216, 223). Sure 96, Vers 1 wäre mithin analog zu Sure 87, Vers 1 zu verstehen. Lüling hat Verse Umaija b. abī ṣ-Ṣalts ausfindig gemacht, die den Eingangsversen von Sure 96 zugrunde liegen dürften (*Ur-Qurʾān*, 77), so daß eine ḥanīfische Vermittlung wahrscheinlich ist.

[22] Ich folge weitgehend der von Nöldeke aufgestellten Chronologie der Suren (Nöldeke/Schwally: *Geschichte des Qorāns*, 66–234), die ja stark von der islamischen Überlieferung abhängig ist. Vgl. auch /*Z*/ II 91.

[23] Vgl. Speyer: *Die biblischen Erzählungen im Qoran*, 103: „Jeden Tropfen, den Gott über das Geschlecht der Sündflut brachte, hatte er glühend heiß in der Hölle gemacht."

[24] So heißt es auch in Sure 53, Vers 23, der allein schon wegen seiner Länge als ein späterer Einschub in Sure 53 zu erkennen ist; er fügt das in der spätmekkanischen Sure 7, Vers 71 entwickelte Argument, die Götzen seien nichts als von den Heiden selber erfundene Namen, in den frühen Text ein.

[25] Wir treffen hier erneut auf die schon in Kapitel I bemerkte Einstellung der heidnischen Mekkaner, zwar Allah als den höchsten Herrn anzuerkennen, sich im praktischen Leben aber lieber auf dessen Töchter zu verlassen (vgl. oben, 66 f.).

[26] Nagel: *Vom „Qurʾān" zur „Schrift"*, 153-165. Auf den naheliegenden Sinn von *mustaqarr* und *mustaudaʿ* machte mich Herr Andreas Herdt aufmerksam.

[27] Hierüber unterrichtet ausführlich der erste Teil meiner Studie *Allahs Liebling.*

[28] *AG2*, I, 12.

[29] Vgl. Nagel: *Abraham in Mekka.*

[30] *IST*, I/I, 59 f.; *BAA*, I, 88 – hier gehört die Frau zu den Banū Ḫuzaima b. Mudrika (az-Zubairī: *Nasab*, 8). Über die Ausarbeitung des Motivs des auf Mohammeds Stirn glänzenden Lichts in der frühen islamischen Literatur vgl. U. Rubin: *Pre-existence and light*, 83–104.
[31] Vgl. oben, 46 sowie ferner az-Zubairī: *Nasab*, 261.
[32] Vgl. oben, 42.
[33] *IHS*, I, 164 f. In einer weiteren Fassung ist es ʿAbdallāhs eigene Frau, mit der er den Beischlaf begehrt. Sie hält ihn hin, da sie sich von seinem verschmutzten Gewand abgestoßen fühlt. ʿAbdallāh säubert sich und geht spornstreichs zu Āmina, die anscheinend seine zweite Frau ist. Als er von Āmina zurückkommt, ist „der weiße Fleck zwischen seinen Augen" verschwunden (*IHS*, I, 166; vgl. *IST*, I/I, 59, Zeile 25–60, Zeile 5).
[34] Es handelt sich um den Medinenser ʿAbdallāh b. Ǧaʿfar az-Zuhrī (gest. 786/7) (Ibn Ḥaǧar: *Tahḏīb*, V, 171–173, Nr. 295).
[35] az-Zubairī: *Nasab*, 262: Uhaib.
[36] Vgl. oben, 55.
[37] arab.: *al-maǧlis*, vgl. /Z/ I 164. Die Gleichzeitigkeit beider Ehen ist wahrscheinlich erfunden, denn nach anderen Quellen soll Ḥamza vier Jahre älter als Mohammed gewesen sein (*IST*, III/I, 4).
[38] *IST*, I/I, 58; vgl. *TRM*, I, 1081. Hier bestätigt sich die Behauptung der biobibliographischen Überlieferung, derzufolge al-Wāqidī ein hervorragender Kenner der Prophetenvita war, jedoch die heidnische Zeit vernachlässigte (al-Ḫaṭīb: *Taʾrīḫ Baġdād*, III, 5, Nr. 939; Ibn Ḥaǧar: *Tahḏīb*, IX, 365, Nr. 604) /Z/
[39] Robertson Smith: *Kinship and Marriage*, 68 f.
[40] Vgl. dazu unten, Kapitel IV, Unterkapitel 5.
[41] *BAA*, I, 100.
[42] Vgl. die Tabelle bei Nöldeke: *Sasaniden*, Anhang B.
[43] al-Marzūqī: *al-Azmina wal-amkina*, II, 268; *IST*, I/I, 26: Zwischen Jesu Geburt und der Geburt Mohammeds liegen 569 Jahre. Dagegen wußte der ägyptische Geschichtsschreiber al-Maqrīzī (gest. 1442), daß die Verlegung des Geburtsjahrs Mohammeds in das „Jahr des Elefanten" unzutreffend ist; er schreibt, Mohammed sei im Jahre 881 der seleukidischen Ära geboren (al-Maqrīzī: *Imtāʿ*, I, 7). Auch war manchen klar, daß die 63 Jahre, die Mohammeds Leben währte, in Sonnenjahren zu rechnen waren. Dementsprechend kam der Genealoge Daġfal zu der Behauptung, der Prophet sei 65 Jahre – nämlich Mondjahre – alt geworden (*TRM*, I, 1835). Der sinnstiftende Charakter der Verbindung der Geburt Mohammeds mit dem abgewehrten Angriff auf Mekka wird besonders eng durch al-Ḥalabī (gest. 1635) hervorgehoben: Mohammed kam „am Tag des Elefanten" zur Welt (*IU*, I, 58).
[44] Ibn Ǧubair: *Riḥla*, 114 f.
[45] Ibn Ḫallikān: *Wafajāt al-aʿjān*, IV, 118.
[46] In frühislamischer Zeit war diese Verknüpfung des „Jahrs des Elefanten" mit der Geburt Mohammeds noch nicht Allgemeingut (Conrad: *Abraha and Muḥammad*, 234 f.). Ein anderes Beispiel für die Verknüpfung des Geburtsjahres eines berühmten Mannes mit einem Ereignis, das im Rückblick auf ihn vorausdeutend ausgelegt wird: Timurs angebliches Geburtsjahr 736 h (Nagel: *Timur der Eroberer*, 175).
[47] Vgl. hierzu unten, 119 f. Für Ibn al-Muqaffaʿ stand fest, daß Mohammed ein „Mann aus der Tihama" war (Guidi: *La lotta*, arabischer Text, 29). Noch der Autor einer 1877 geschriebenen Darstellung der Vorgeschichte der Geburt Mohammeds (vgl. hierzu *Allahs Liebling*, zweiter Teil, Kapitel IV/4) erwähnt, daß ʿUsfān als Geburtsort angenommen werde (al-Ḥulwānī: *Maukib Rabīʿ*, 218).
[48] Vgl. hierzu oben, 43.
[49] Zitiert in *JQ*, s.v. *Radmān*.
[50] Zur von Ibn Ǧubair beschriebenen Gedenkstätte vgl. Nagel: *Allahs Liebling*, zweiter Teil, Kapitel IV.
[51] al-Ǧurǧānī: *al-Kāmil fī ḍuʿafāʾ ar-riǧāl*, VII, 65; al-Ǧazarī: *an-Nihāja fī ġarīb al-aṯar*, IV, 16; al-ʿAinī: *ʿUmdat al-qārī*, XVI, 97; as-Sujūṭī: *Tanwīr al-ḥawālik*, I, 263. Für den von Dermenghem: *La vie de Mahomet*, VII, genannten Namen „Zobath" habe ich keinen Beleg gefunden. Zu Quṯam vgl auch unten, 181.
[52] Vgl. oben, 58.
[53] *MHB*, 130; Ibn Ḥaǧar: *al-Iṣāba*, III, 508, Nr. 8498 und 379 f., Nr. 7793.
[54] Vgl. dazu oben, *Z* I/239.
[55] *IHS*, I, 168; *JB*, 45.

[56] Nöldeke: *Sasaniden*, 168. Wahrscheinlich setzt diese Angabe voraus, daß Mohammed im 40. Regierungsjahr Anuschirwans geboren wurde.
[57] Vgl. oben, 44.
[58] *USM*, I, 116; zu Ibn abī Ṯābit vgl. Kapitel I, Anmerkung 95.
[59] *TRM*, I, 1082.
[60] Ebd., I, 1083.
[61] Genealogisch gehören die Banū Saʿd b. Bakr zu den Hawāzin, einem großen Stammesverband, den man zu den Qais ʿAilān rechnet. Die Abstammungslinie lautet: Saʿd b. Bakr b. Hawāzin b. Manṣūr b. ʿIkrima b. Qais ʿAilān. Ein Sohn Saʿds, in der Genealogie acht Generationen vor Ḥalīmas Vater Abū Ḏuʾaib (dessen Genealogie: *IHS*, I, 169), war mit der Tochter des Quraišiten al-Ḥāriṯ b. Fihr verheiratet. Al-ʿAbbās b. ʿAbd al-Muṭṭalib hatte einen Schwurgenossen unter den Banū Saʿd b. Bakr, mit dem er sich verschwägerte (Ibn al-Kalbī: *Ǧambara*, 393 f.). Laut *WQ/Jones*, 913 verbrachte Mohammed die Jahre bei den Banū Saʿd b. Bakr im Wādī s-Sirar, vier Meilen von Mekka entfernt. Auch Mohammeds Sohn Ibrāhīm wurde einer Amme gegeben (*IST*, I/I, 87 und 92). Es wird übrigens auch erzählt, daß Ṯuwaiba, eine Magd von Mohammeds Onkel Abū Lahab, die erste Amme gewesen sei. Ṯuwaiba habe Abū Lahab die freudige Nachricht von der Geburt seines Neffen überbracht und sei zum Dank dafür freigelassen worden (Ibn Kaṯīr: *Maulid rasūl Allāh*, 21). Daß Mohammeds Bindung an seinen Onkel Abū Lahab ursprünglich sehr eng gewesen war, geht auch aus der Tatsache hervor, daß Mohammed zwei seiner Töchter mit Söhnen Abū Lahabs verheiratete.
[62] *IST*, I/I, 71, Zeile 17. Vgl. im übrigen unten, 530 f. und /*Z*/ II 194.
[63] *IST*, I/I, 70; *IHS*, I, 168–176. Zur Brustöffnung vgl. auch Aḥmad b. Ḥanbal: *Musnad*, II, 121, wo man auch nachlesen kann, man habe die Naht auf der Brust Mohammeds noch in seinem Mannesalter sehen können. Die Episode mit dem Verschwinden des Kindes ist vermutlich ein Widerschein der Geschichte vom zwölfjährigen Jesus im Tempel. — Birkelands Analyse der überlieferten Versionen der Legende von der Brustöffnung führte zu dem erwähnten Ergebnis; die ältere Fassung verschwand nicht ganz aus dem Schrifttum, sie wurde aber ab dem 11. Jahrhundert vom sunnitischen Islam abgelehnt (*The Legend of the Opening of Muhammed's Breast*, 49, 53).
[64] Vgl. unten, 549.
[65] *IST*, I/I, 71, Zeile 19–22.
[66] Umm Aiman war eine Sklavin Āminas; nach deren Tod gelangte sie in das Eigentum Mohammeds, der sie freiließ, als er Ḫadīǧa heiratete (Ibn Ḥaǧar: *al-Iṣāba*, IV, 432, Nr. 1145).
[67] *IST*, I/I, 73.
[68] Ebd., 75 f.
[69] *MHB*, 97 f.; *IST*, VIII, 32 und 108 f.
[70] az-Zubairī: *Nasab*, 39 f.
[71] *IHS*, I, 191–194. Die Baḥīrā-Legende spielt in einer anderen Fassung erst in der Zeit, als Mohammed bereits in Diensten Ḫadīǧas steht; zusammen mit deren Sklaven Maisara unternimmt er die Reise nach aš-Šaʾm, und die Rolle Abū Ṭālibs wird von diesem übernommen (IHS, I, 199); vgl. oben, 102.
[72] Vgl. oben, 81und 95.
[73] *IHS*, I, 194.
[74] Ebd., I, 198–201; bei al-Wāqidī heißt der Mönch Nestor (*IST*, I/I, 82). Zur Ausgestaltung der Baḥīrālegende in der christlich orientalischen Literatur vgl. Gerö: *The Legend of the Monk Baḥīrā*. Über Mohammeds Reise nach Ḥubāša vgl. *TRM*, I, 1129, Zeile 5. Dort ist auch zu lesen, daß Ḫuwailid selber seine Tochter mit Mohammed verehelichte, nachdem eine namentlich nicht genannte freigelassene Sklavin sich als Heiratsvermittlerin betätigt hatte. /*Z*/
[75] *IST*, VIII, 8.
[76] Ebd., VIII, 10; *BAA*, I, 107. 1 Uqija entspricht 40 Dirhem bzw. etwa 125 Gramm (Hinz: *Islamische Maße und Gewichte*, 35).
[77] *IST*, I/I, 84 f.
[78] az-Zubairī: *Nasab*, 22, 230; Ibn Ḥaǧar: *al-Iṣāba*, IV, 121, Nr. 692.
[79] Der Beiname selbst wurde nicht von Mohammed erfunden; ʿAbd al-ʿUzzā hatte ihn wegen seiner „flammenden" Gesichtsfarbe erhalten (*NMQ*, 423). Mohammed nahm also nur eine polemische Umdeutung vor.

[80] az-Zubairī: *Nasab*, 22.
[81] IST, I/I, 85.
[82] Ḥakīm b. Ḥizām war während des *Fiǧār*-Krieges 33 Jahre alt; er war zwei Jahre älter als seine Tante Ḫadīǧa (*BAA*, IX, 454 f.). – Es dürfte der letzte jener Kriege gemeint sein; an ihm nahm auch Mohammed teil. Der letzte *Fiǧār*-Krieg ist etwa für das Jahr 590 anzusetzen. Mohammed war ungefähr 21 Jahre alt, seine künftige Frau 31. – Daneben gibt es eine andere Überlieferung, derzufolge sie bei der Eheschließung mit Mohammed erst 28 Jahre alt gewesen ist (Kister: *Sons of Ḫadīja*, 85).
[83] Vgl. hierzu /*Z*/ II 38.
[84] Suhail Zakkār legt dar, daß Ibn Isḥāq die erste Fassung seines Werkes in Medina anfertigte, wo er sich gegen Ende der Omaijadenzeit den Vorwurf der „Freigeisterei" (arab.: *az-zandaqa*) und der Befürwortung der eigenverantwortlichen Bestimmungsmacht (arab.: *al-qadar*) des Menschen (vgl. *Z* II/38) zuzog, ausgepeitscht und verjagt wurde. Den äußeren Anlaß hierfür gab Ibn Isḥāqs Gewohnheit, in einem Winkel der Moschee von Medina in der Nähe der Frauen zu sitzen und diesen Unterhaltung zu bieten; damit erregte er den Zorn der bigotten omaijadischen Obrigkeit (*JU*, VI, 400 f.). Nach dem Untergang der Omaijaden im Jahre 749/750 begab sich Ibn Isḥāq zum abbasidischen Kalifen al-Manṣūr (reg. 754–775) und schrieb für ihn eine zweite Fassung des Werkes. Als al-Manṣūr 760 Bagdad gründete, gelangte Ibn Isḥāq ebendorthin, begleitete den Kronprinzen al-Mahdī auf einer Reise nach Chorasan und schuf für ihn eine dritte Version. Jūnus b. Bukair tradiert im wesentlichen die älteste, medinensische Fassung (*JB*, Vorwort, 12 f.).
[85] Das Zwischenglied bildet der Medinenser ʿAbdallāh b. abī Bakr al-Anṣārī (Ibn Ḥaǧar: *Tahḏīb*, V, 164, Nr. 281).
[86] JB, 124. Vgl. Nagel: *Allahs Liebling*, 31.
[87] Lane: *Lexicon*, 1140 s.v. *r-q-j*.
[88] Vgl. unten, 112–114: Mohammed tritt an die Öffentlichkeit.
[89] Aus der Vorstellung, Mohammed habe selber festgelegt, ab wann er der Gesandte Allahs war, könnte sich der von den Schiiten gegen die Sunniten gerichtete Vorwurf entwickelt haben, sie, bzw. die Prophetengenossen, hätten einige den Schiiten günstige Offenbarungen unterschlagen (vgl. hierzu Tisdall: *Shi'ah Additions to the Koran*). Das Thema wurde jedoch erst um 1000 zwischen beiden Seiten heftig diskutiert, wovon Ibn al-Bāqillānīs (gest. 1013) Darstellung der sunnitischen Position zeugt (*Kitāb al-intiṣār*, 176–190).
[90] *IST*, I/I, 151 f.
[91] In der bisherigen Forschung über den Beginn der „Eingebungen" hat man vor allem die Frage erörtert, ob die Botschaft vom gütigen Schöpfergott oder vom drohenden Strafgericht zuerst verkündet worden sei. /*Z*/
[92] Analog dazu wird das heilstiftende Wirken Allahs als Fett und als Honig vorgestellt, die aus einer Wolke, dem Islam, auf die Menschen niederregnen (Nagel: *Im Offenkundigen das Verborgene*, 528).
[93] Über diese vgl. T. Green: *The City of the Moon*.
[94] *BAA*, X, 29, 287, 289–292. Die Neigungen einiger Quraišiten zum Manichäismus bezeugt Ibn Qutaiba: *Kitāb al-maʿārif*, 621 (vgl. Tardieu: *L'arrivée des Manichéens à al-Ḥīra*). Den Forschungsstand zur Frage des manichäischen Einflusses auf Mohammed resümiert Simon; er nennt die beiden Religionen gemeinsamen Züge (Universalität des Geltungsanspruchs, Gipfel- und Endpunkt der Heilsgeschichte, Lehre von der Aufeinanderfolge der Gottesgesandten, Wichtigkeit des heiligen Buches), macht aber auch auf die Unterschiede (Mohammeds Beharren auf dem Eingottglauben und auf den Riten als Kern der Glaubenspraxis) aufmerksam. Es gibt spärliche Hinweise auf eine Gegenwart des Manichäismus im vorislamischen Arabien. Je größer Mohammeds Anhängerschar wurde, desto mehr sei sein Interesse an einer manichäisch-asketischen Lebensweise geschwunden (Simon: *Mānī and Muḥammad*, 126–133). Wir werden zeigen, wie dies mit der Hinwendung zum Ḥanīfentum zusammenhängt. – Die engen Verbündeten der Quraišiten, die Banū Tamīm, standen unter dem Einfluß des Zoroastrismus (arab.: *al-maǧūsīja*) (Ibn Ḥazm: *Ǧamhara*, 491; Muhammads *Ḥirmī* gehörte zu den Banū Tamīm, vgl. oben, 58). Zum „Ṣābiʾertum" Mohammeds vgl. auch K. Rudolph: *Die Anfänge Mohammeds*, 312. Die Etymologie des Namens hat Tardieu mit überzeugenden Argumenten dargelegt; der Name verweist auf ein im damaligen palästinensischen Judentum gebräuchliches Wort, das die „stratiotikoi", die Anbeter der himmlischen Heerscharen, bezeichnete und damit Gnostiker meinte (*Ṣābiens coraniques*, 42; zur henotheistischen Auslegung des Sternenkults in Mohammeds mütterlicher Ver-

wandtschaft vgl. unten, 120). Palästinensische Gnostiker sind es nach Tardieu, die im Koran in einem Atemzug mit den *ahl al-kitāb* erwähnt werden (Sure 2, 62; 5, 69; 22, 17) (*Ṣābiens coraniques*, 27 f.), nicht harranische. Vgl. unten, 173 f.

[95] *BAA*, V, 14.

[96] *IST*, I/II, 147. Die weißen Kleider werden auch bei der Begegnung Abū Sufjāns mit Herakleios (vgl. unten, Kapitel V, Anmerkung 227) neben der Beschnittenheit als ein wesentliches Merkmal der von Mohammed gestifteten Religion hervorgehoben (Ibn Ḥağar: *Fatḥ al-bārī*, I, 42–45).

[97] Text: *taqwīm*. Paret übersetzt: „...den Menschen mit den besten Anweisungen versehen". Er stellt dahinter allerdings ein Fragezeichen. Ich vermute, daß die „Geradheit" der Gestalt Adams mitgemeint ist.

[98] aš-Šahrastānī: *Milal*, II, 95. Zum möglichen gnostischen bzw. manichäischen Ursprung der Selbstbezeichnung Mohammeds als des Gesandten Allahs vgl. K. Rudolph: *Die Anfänge Mohammeds*, 299. Es ist allerdings zu berücksichtigen, daß Mohammed sich nicht sofort nach der Berufung, sondern erst im Verlauf der mekkanischen Phase seines Auftretens so zu nennen beginnt (vgl. unten, 135, 138, 178).

[99] In der relativen Chronologie der Suren folge ich der muslimischen Überlieferung, die in knappster Form von as-Sujūṭī (gest. 1505) zusammengestellt wurde (*al-Itqān*, I, 25). Sie geht auf den basrischen Korangelehrten Ǧābir b. Zaid al-Azdī (gest. um 715) zurück und weicht im übrigen nicht wesentlich von den Ergebnissen der europäischen Forschung ab, wie sie von Theodor Nöldeke und Richard Bell auf anderen Wegen erzielt wurden. Ich unterscheide mich von Ǧābir b. Zaid und von Nöldeke und Bell jedoch mit Bezug auf die Suren 96 und 68, die von ihnen an den Anfang gesetzt werden – Sure 68 sicher wegen der Erwähnung des Schreibrohrs. Der Beginn der „Eingebungen" fällt nicht, wie diese Reihung suggeriert, mit dem Beginn der Verschriftlichung und der Darbietung der „Eingebungen" in der Form der „arabischen Lesung" (arab.: *al-qur'ān al-ʿarabī*) zusammen, was im Laufe dieses Kapitels deutlich werden wird. Laut Ǧābir b. Zaid gilt nach Sure 96 und 68 die folgende Reihung: 73, 74, 1, 111, 81, 87, 92, 89, 93, 94, 103, 100, 108, 102, 107, 109, 105, 113, 114, 112, 53. Sure 53 markiert einen Einschnitt in Mohammeds Prophetenkarriere; sie war, so der Merwer Richter al-Ḥusain b. Wāqid (gest. 776) (Ibn Ḥağar: *Tahḏīb*, II, 374 f., Nr. 643), die erste, die Mohammed in der Öffentlichkeit verkündete (*al-Itqān*, loc. cit.). Ein Überblick über die Ansichten der europäischen Forschung zur Reihung der ältesten Suren findet sich bei Watt: *Bell's Introduction*, 110. */Z/*

[100] Vgl. oben, 66 f.

[101] *AG2*, III, 96, 104.

[102] Ḥātim aṭ-Ṭā'ī: *Dīwān*, arabischer Text, 39.

[103] Über ihn Nöldeke: *Sasaniden*, 346 f.

[104] Nagel: *Der Koran*, 151–153.

[105] Vgl. oben, 56 f.

[106] Vgl. oben, 113.

[107] Der Eid „Beim Siebengestirn, wenn es sinkt!" könnte auf die zur Vertreibung der unbefugt lauschenden Dämonen gegen diese geschleuderten Sternschnuppen anspielen (vgl. unten, 134 und 137). Zur Sache allgemein s. auch R. Bell: *Muhammad's Visions.*

[108] Vgl. Dietrich: *Dioskurides triumphans*, II, 144 f. (Nr. 61).

[109] Nagel: *Die religionsgeschichtlichen Wurzeln des sogenannten Bilderverbots im Islam*, 94 f. Daß eine Veränderung im Charakter der „Eingebungen" durch den Weg an die Öffentlichkeit bedingt war, scheint sich in der Überlieferung widerzuspiegeln, Mohammed sei zunächst drei Jahre durch Israfil aufgesucht worden, bevor danach Gabriel sein Botenamt angetreten habe (*IST*, I/I, 127). Vgl. ferner unten, 178. Man rechnete freilich auch in späterer Zeit damit, daß Allah selber dem Propheten erschienen sei. So heißt es in al-Būṣīrīs (gest. 1295) *Mantelgedicht* (Vers 128) (vgl. Nagel: *Allahs Liebling*, zweiter Teil, Kapitel IV), Mohammed habe bei seiner Himmelsreise die niemandem sonst vergönnte Annäherung an Allah „bis auf zwei Bogenspannweiten" erreicht. Der Bezug auf die bekannte Koranstelle ergibt nur dann einen Sinn, wenn vorausgesetzt wird, daß auch in ihr von einer Annäherung an Allah die Rede ist.

[110] „Er richtete sich auf", heißt es von ihm in Vers 6; mit dem selben Verbum, arabisch: *istawā (ʿalā l-ʿarš)*, wird später zum Ausdruck gebracht, daß der Eine sich nach Vollendung seines Schöpfungswerkes sogleich auf seinem Thron zurechtsetzt, um es zu regieren (Sure 7, 54; 10, 3; 13, 2; 20, 5; 25, 59; 32, 4; 57, 4).

[111] Vgl. oben, 62. Laut J. Henninger: *La religion bédouine préislamique*, bleibt Allah als der höchste Herr und Schöpfer der Welt in der altarabischen Religion stets im Hintergrund; astrale Gottheiten sind für die Menschen wichtiger, weil sie in das Lebensschicksal eingreifen. Zu koranischen Anspielungen auf einen schon im vorislamischen Mekka verehrten „Hochgott" vgl. Watt: *„High God"*.
[112] In der Affäre um die „satanischen Verse" (vgl. unten, 122) wird diese Lieblingsidee der Mekkaner eine wichtige Rolle spielen.
[113] Gemeint ist Sodom, vgl. Speyer: *Die biblischen Erzählungen im Qoran*, 156.
[114] Vgl. oben, 67.
[115] Daß dieser Stern in der Heidenzeit verehrt wurde, weiß noch Faḫr ad-Dīn ar-Rāzī (*Mafātīḥ al-ġaib*, XXIX, 21, zu Sure 53, 49): Man kannte zwei Hundssterne, den syrischen und den jemenischen; letzterer war derjenige, den man anbetete. Zur Sache vgl. auch Robin: *Le judaïsme*, 103–105: Die aus der hochreligiösen Überlieferung stammende Formel vom „Herrn der Himmel" ebnet den Weg zum Henotheismus.
[116] az-Zubairī: *Nasab*, 261 f. Vgl. oben, 67. Wağz b. Ġālib ist demnach auf dem Weg zu einem astralen (vgl. oben, Anmerkung 111) Eingottglauben gewesen: der Hundsstern als das eine Gestirn, von dem alle anderen abhängen. Ich verweise auf die Analogie zur Verehrung des Sol invictus, über die Konstantin den Weg zum Christentum fand.
[117] Die Banū Maḏḥiğ gehörten zu den Stämmen, die zusammen mit dem Herrscher Ḏū Nuwās Jūsuf (vgl. oben, 63) Feldzüge nach Nadschran und in die Tihama unternahmen (Robin: *Le judaïsme*, 129). Daß sie ihren obersten Gott als den „Herrn des Hundssterns" anriefen, könnte bedeuten, daß sie sich weiter als andere Stämme einem monotheistischen Einfluß geöffnet hatten.
[118] Vgl. oben, 69 f. sowie unten, 132: „Herr des Himmels" als Beispiel für hochreligiöse Durchdringung des Heidentums (vgl. oben, 63).
[119] Ṣafwat (Hg.): *Ğamharat rasā'il al-ʿarab*, III, 219. Vgl. Nagel: *Allahs Liebling*, erster Teil, Kapitel II.
[120] Belege bei Nöldeke/Schwally: *Geschichte des Qorāns*, I, 100 f. Zum ereignisgeschichtlichen Hintergrund vgl. unten, 212.
[121] Nagel: *Einschübe*, 59.
[122] Es sei an die bekannte Tatsache erinnert, daß nach koranischem Sprachgebrauch Unglaube (arab.: *al-kufr*) mit Undank gegen Allah zusammenfällt: „...wie wir zu euch einen Gesandten aus eurer Mitte schickten, der euch unsere Verse vorträgt, euch läutert, euch die Schrift und die Weisheit lehrt, Dinge, von denen ihr nichts wußtet. Darum gedenket mein (d.h. Allahs), damit ich eurer gedenke! Danket mir und seid nicht undankbar/ungläubig!" (Sure 2, 151 f.).
[123] Kratz: *„Öffne seinen Mund und seine Ohren" – Wie Abraham Hebräisch lernte*, 56 f.
[124] Speyer: *Die biblischen Erzählungen im Qoran*, 175.
[125] Ebd., 166.
[126] Reynolds/Tannenbaum: *Jews and Godfearers*, 78–89.
[127] Theissen: *Die Religion der ersten Christen*, 291 f. Zur Gottesverehrung ohne Beschwernisse vgl. unten, 163, 166 und 179.
[128] Theissen, op. cit., 375 f.
[129] von Campenhausen: *Griechische Kirchenväter*, 17. Die Textstelle aus Justinus' Apologie ist wörtlich zitiert bei A. von Harnack: *Lehrbuch der Dogmengeschichte*, I, 524. Diesem Werk entnehme ich im übrigen die Zusammenfassung der Themen des frühchristlichen apologetischen Schrifttums, auf das ich mich hier beziehe.
[130] von Harnack, op. cit., I, 521.
[131] Ebd., 524.
[132] Ebd., 525.
[133] Vgl. oben, 20 f.
[134] Die Seraphim haben sechs Flügel, vgl. *LCI*, s.v. Engel.
[135] Siegert: *Abrahams Gottesvision im hellenistischen Judentum*, 76–82.
[136] Die eigentliche Funktion des Verstandes wird es werden, die Unfähigkeit zu eigener Erkenntnis zu begreifen und daher die bedingungslose Unterwerfung unter das zu gewährleisten, was als Allahs Wort und Wille verkündet wird (Nagel: *Die Festung des Glaubens*, 331–339). Nur der ichlos gewordene Mensch vermag als Allahs Stellvertreter dem Scheine nach in Allahs totales Bestimmen einzugreifen (ders.: *Im Offenkundigen das Verborgene*, 300 f.).

[137] von Harnack: *Dogmengeschichte*, I, 531 (im Original ab „d.h." gesperrt).
[138] Ebd., 537.
[139] Ebd., 539.
[140] Ebd., 539.
[141] *IHS*, I, 254; vgl. oben, 90. In der islamischen Theologie spielt der Begriff des *nomos* (arab.: *an-nāmūs*) denn auch keine Rolle; nur im Zusammenhang mit dem eigenen Schauen des Sufis kommt er charakteristischerweise wieder in Gebrauch. Waraqa b. Naufal hat den Begriff aus dem Syrischen übernommen; dort steht er für das hebräische „Tora": In Gen 26, 5 meint er die göttlichen Gebote, die Abraham befolgte; in Gen 47, 26 bezeichnet er durch Josef verfügtes Recht; in 1 Sam 10, 25 die Satzungen, die Samuel dem Volk bekanntgibt (Brockelmann: *Lexicon syriacum*, 431). Waraqa b. Naufal bewegte sich im übrigen ganz in den Lehren, die Mohammed verkündete (vgl. das ihm zugeschriebene Gedicht in *IGM*, II, 373 f., das allerdings aus der Zeit nach dem öffentlichen Auftreten Mohammeds stammt).
[142] Vgl. von Harnack, op. cit., I, 525. *BS*, *anbijā'* 21; vgl. *SRU*, I, 273.
[143] *IHS*, I, 162.
[144] Sofern nicht die Reimprosa verwendet wird; vgl. M. Ullmann: *Untersuchungen zur Rağazpoesie*, 9.
[145] Name vermutlich durch den Herausgeber entstellt (*NMQ*, 102, Anmerkung 5).
[146] Den Geiern wird Langlebigkeit nachgesagt.
[147] *al-faṭr*, ist gemeint: Beim Gestalten, das in der Natur vor sich geht?
[148] *NMQ*, 102 f.
[149] Ibn al-Kalbī: *Ǧamhara*, 85.
[150] az-Zubairī: *Nasab*, 342.
[151] Ebd., 99.
[152] Ibn al-Kalbī, loc. cit.
[153] Text: *al-ğarwa* (?) *as-sūd*. Übersetzung nicht gesichert.
[154] Vgl. oben, 63.
[155] Text: *m-f-s-ḫ*. Der Emendationsvorschlag des Herausgebers ermöglicht die folgende Übersetzung: „Der Freie gleicht nicht dem Knecht, der elend ist wegen (des Mannes), der..."
[156] *NMQ*, 106 f. Eine weitere Episode des Zerwürfnisses zwischen den Banū Maḫzūm und den Banū ʿAbd Manāf rankt sich um die Vorgeschichte der Geburt Muʿāwija b. abī Sufjāns. Dessen Mutter Hind bt. ʿUtba b. Rabīʿa b. ʿAbd Šams war mit einem Maḫzūmiten verehelicht, der sie zu Unrecht der Untreue bezichtigte. Die Vertreter beider Sippen trafen sich vor einem Wahrsager wieder, der zugunsten Hinds entschied. Sie lehnte eine Versöhnung ab und wurde daraufhin ihrem Vetter zweiten Grades Abū Sufjān zur Frau gegeben, dem sie Muʿāwija gebar (*AG2*, IX, 53 f.).
[157] Vgl. oben, 132: *n-š-r* im Zusammenhang mit *ṭ-f-r*.
[158] Ein Beispiel bei ar-Rāzī: *Mafātīḥ al-ġaib*, XXX, 233–236.
[159] Nöldeke/Schwally: *Geschichte des Qorāns*, I, 120.
[160] Nöldeke/Schwally, loc. cit.
[161] Ich wende diesen Begriff im Sinne der „alternierenden Persönlichkeit" auf Mohammed an, ohne mich zu einer näheren Analyse zu versteigen, zu der mir die Kompetenz fehlt. /Z/
[162] Eine kurze Zusammenfassung der von der muslimischen Exegese bisher vorgetragenen Deutungen der Schwüre sowie der von der ägyptischen Gelehrten Bint aš-Šāṭiʾ entwickelten literaturwissenschaftlichen Interpretation findet man in dem Aufsatz von Lamya Kandil: *Die Schwüre in den mekkanischen Suren*. Angeregt durch Hinweise von Angelika Neuwirth: *Der Horizont der Offenbarung. Zur Relevanz der einleitenden Schwurserien für die Suren der frühmekkanischen Zeit*, gelangt die Verfasserin zu dem Ergebnis, der koranische Schwur habe unter funktionalen Gesichtspunkten keine Parallelen zu den Schwüren der Wahrsager, weil, wie schon Frau Neuwirth bemerkt (a.a.O., 31), die Schwüre in einem deutlich erkennbaren Spannungsverhältnis zu den darauffolgenden Aussagen der jeweiligen Sure stünden. Diese Behauptung läßt sich meines Erachtens nur aufrechterhalten, wenn man – nach muslimischer Manier – die Einbindung Mohammeds in seine heidnische Umwelt mit dem Beginn der Eingebungen unvermittelt enden lassen will. Dem ist aber nicht so! Mohammed ficht vielmehr sein Monopol auf den Zugang zum Verborgenen mit dem gedanklichen Rüstzeug durch, das er in dem Milieu vorfindet, in dem er lebt, und das ihm selbstverständlich ist.

[163] Nagel: *Einschübe*, 137–144; vgl. im übrigen unten, 195–199.
[164] Zu den Buchstaben am Beginn mancher Suren vgl. jetzt Ferchl: *Die Deutung der „rätselhaften Buchstaben" des Korans.*
[165] Text: *muslimīn*. Vgl. hierüber unten, 171–177.
[166] Text: *kitāb maʿlūm*. Hier ist vermutlich der Begriff *kitāb* noch in der Bedeutung des Verzeichnisses der von Allah festgelegten zukünftigen Ereignisse zu verstehen; in Vers 1 ist dagegen zweifelsfrei die – in schriftliche Form gebrachte – Offenbarung gemeint.
[167] Sure 112, die rigide Formulierung des Eingottglaubens, gehört mithin in den Kontext der sich verfestigenden Abgrenzung Mohammeds von seiner heidnisch-polytheistischen Umwelt. Vgl. dazu unten, 176, 178–180.
[168] Ibn Ḥağar: *al-Iṣāba*, I, 416, Nr. 2210.
[169] Vgl. hierzu unten, 526, 536–540 und 555 f.
[170] *IHS*, I, 367–370.
[171] Nagel: *Einschübe*, 115–119. Vgl. den Hinweis auf die Parallele zu Mani bei K. Rudolph: *Die Anfänge Moḥammeds*, 299.
[172] Es kommen die medinensischen Suren 2 und 3 hinzu. Vgl. hierzu auch /Z/ II 194.
[173] Zur Datierung von Sure 3 vgl. Nöldeke/Schwally: *Geschichte des Qorāns*, I, 192.
[174] Ebd., 114 f. Mein australischer Kollege A.H. Johns macht in einem unveröffentlichten Aufsatz mit dem Titel *Dramatic Dialogue and Human Experience in the Surah of Joseph* darauf aufmerksam, daß Mohammed bei seinem Einzug in Mekka die milde Behandlung seiner ehemaligen Feinde mit dem Hinweis auf Sure 12 rechtfertigte. Vgl. dazu unten, 420. Sure 13, von der nicht klar ist, ob sie in Mekka oder in Medina offenbart wurde, beginnt ebenfalls noch mit einem Hinweis auf das „Buch": *„Alif-lām-mīm-rā.* Jenes sind die Verse des Buches..." Schließlich ist Sure 29 ein weiteres Beispiel für eine in Mekka offenbarte, aber erst in Medina mit einer Einleitung versehene Sure (vgl. Nagel: *Einschübe*, 66).
[175] *WQ/Jones*, 855.
[176] Ibn Ḥağar: *al-Iṣāba*, III, 317, Nr. 4711.
[177] *IHS*, IV, 51 f.
[178] Ibn ʿAbd al-Ḥakam: *Kitāb futūḥ Miṣr*, 110 f. und öfter; al-Kindī: *Kitāb al-umarāʾ*, 11–14.
[179] Es sind dies die Suren 51–53, 69, 75, 77, 79, 85, 86, 89, 90-93, 95, 100, 103.
[180] Sure 54, 56, 81–84, 88, 101, 104, 111.
[181] Sure 70–74, 80, 87, 94, 96, 102, 105–109, 112-114.
[182] Sulaimān b. al-Ašʿaṯ: *al-Maṣāḥif*, 14–16. Vgl. hierzu unten, 530, 532.
[183] Nagel: *Einschübe*, 126 f.; vgl. ferner unten, 179 f.
[184] Nagel: *Einschübe*, 94.
[185] *IST*, II/II, 3 f.
[186] Nagel: *Einschübe*, 126.
[187] Die Schaffung des Menschen aus einem Blutklumpen spielt auf das ununterbrochene Wirken Allahs an, nicht auf die Schöpfung des Menschen „am Anfang", die auch nach Mohammeds Vorstellung aus Lehm erfolgte (Sure 15, 26–33).
[188] Nagel: *Einschübe*, 86 f.
[189] Im Zusammenhang mit den eben besprochenen Versen der „Herausforderung" (arab.: *at-taḥaddī*) entwickelt sich die Lehre von der Unnachahmbarkeit (arab.: *al-iʿǧāz*) des Stils und Inhalts des Korans, in der man nach muslimischer Auffassung das „Beglaubigungswunder" Mohammeds zu sehen hat. /Z/
[190] Vgl. unten,336–351; ferner Nagel: *Einschübe*, 21–28, 32 f.
[191] Text: *muslim*. Vgl dazu unten, 151.
[192] Vgl. dazu Nagel: *Mohammeds Haltung zu den anderen Religionen.*
[193] Später ist über die Frage gestritten worden, ob die Themenvariierung und die damit einhergehende häufige Wiederholung ein und desselben Stoffs nicht einen Mangel der Rede Allahs»darstelle und den „Wundercharakter" des Korans beeinträchtige (vgl. Nagel: *Allahs Liebling*, 98).
[194] Text: *fuṣṣilat* (scil. *āǧātu-hū*). /Z/
[195] Laut Philon von Alexandrien ist das Diesseits einem Staat vergleichbar, und jeder kann bereits aus dem Wort der Natur erkennen, was er zu tun und zu lassen hat. Der Name Josef wird von Philon als das „Hinzufügen" durch Gott gedeutet, nämlich von Regeln und Gesetzen, nach denen die Menschen mit den Vorgaben der Natur umgehen und das Diesseits meistern. Dieses „Hinzufügen" geschieht mittelbar, durch von Gott hierzu ausersehene Menschen, was zur Folge hat, daß diese Regeln und Gesetze von Volk zu Volk unterschied-

lich sind (Philo: *De Josepho*, §§ 28–34). Eine hinzugefügte»Vorschrift besagt, daß die Juden keinen vor- und außerehelichen Beischlaf dulden, eine Beschränkung, die legitime Nachkommen garantiert (ebd., § 42, vgl. hierzu auch unten, Kapitel IV, Unterkapitel 5). Deswegen widersetzt sich Josef den Verführungskünsten der Ehefrau seines ägyptischen Herrn; ein ethischer Gesichtspunkt tritt hinzu: Es wäre verwerflich, den Wohltäter zu hintergehen. Dank diesen Erwägungen widersteht Josef aus eigener Kraft der Versuchung, anders als im Koran, wo Allah eingreifen muß (Sure 12, 24) (vgl. zur späteren islamischen Auslegung der Gestalt Josefs meinen Aufsatz: *Jūsuf, Zulaichā und «die Seele, die zum Bösen treibt». Biblischer Stoff in islamischer Deutung*, in: *Eothen* 1993–1996, 81–95). Auch an diesem Beispiel zeigt sich, wie das von Mohammed propagierte großzügige Ḥanīfentum den Menschen von der eigenen Anstrengung um ein ethisches Verhalten freistellt, weil es ihm die Kraft dazu abspricht.

196 Ephraem: *Due sermoni*, 24–26, 58 f.

197 Romanos/Grosdidier, I, 266.

198 Nagel: *Jūsuf* (wie Anmerkung 195), 84 f.

199 Romanos/Grosdidier, I, 276–278.

200 Ebd., 286–288.

201 Ebd., 214–218.

202 Zur Problematik des formalen Aufbaus der syrischen Hymnen und zur Frage, inwiefern Romanos ihn in seinen griechischen Adaptierungen veränderte, vgl. Grosdidier: *Romanos le Mélode*, 16–24. Eine Studie über die Abhängigkeit des Korans von der christlichen Hymnenliteratur müßte gerade diesen Gesichtspunkt der Form und, falls überhaupt möglich, der Melodie in den Mittelpunkt der Betrachtung rücken. Vorarbeiten hierzu hat A. Neuwirth in ihren *Studien zur Komposition der mekkanischen Suren* geleistet, allerdings ohne die christliche Hymnenliteratur als ein mögliches Vorbild zu erwähnen. Der Begriff Hymnus wurde zwar in der Forschung vereinzelt auf einige kurze Abschnitte des Korans angewendet, jedoch im Sinne einer sich über wenige Verse erstreckenden Äußerung religiöser Begeisterung (Neuwirth, op. cit., 184, 192 f., 316).

203 Grosdidier: *Romanos le Mélode*, 217.

204 Als Quelle jenes im Koran auffindbaren Stoffes hat man bisher stillschweigend das Alte Testament und das darauf beruhende jüdische Schrifttum sowie das Neue Testament und die apokryphen Evangelien herangezogen und auf diese Weise grundlegende Einsichten in die Ursprünge der koranischen Erzählungen gewonnen; die Arbeit von Speyer: *Die biblischen Erzählungen im Qoran* (zuerst 1931), ist immer noch das Standardwerk auf diesem Gebiet. Die Untersuchungen von Lüling und Luxenberg haben das Verdienst, nicht nach der fernsten, ältesten Quelle koranischer Texte zu fragen, sondern nach Anknüpfungspunkten in Mohammeds Umwelt Ausschau zu halten. Ihr Fehler liegt darin, daß sie eine unmittelbare Übertragung äthiopischer bzw. syrischer Vorlagen ins Arabische annehmen; sie möchten aus dem arabischen Text diese Vorlagen rekonstruieren. Das kann aber höchstens bei kurzen Bruchstücken gelingen, da Mohammed den Stoff, wie wir bereits mehrfach zeigten und wie im Verlauf unserer Darstellung immer wieder deutlich werden wird, frei den eigenen Bedürfnissen anpaßte. /Z/

205 Romanos beschreibt das Aufstellen der Waage, desgleichen das große Hauptverzeichnis aller Taten (Sure 17, 71; vgl. Paret: *Kommentar*, 304). Es Handelt sich um einen weit verbreiteten Topos, der schon von Umaija b. abī ṣ-Ṣalt verwendet wird (Hirschberg: *Jüdische und christliche Lehren*, 149 f.).

206 Die Schriftrollen werden gewogen, *LCI*, IV, 516.

207 Th. Wehofer: *Apokalypse des Romanos*, 42 f., 48.

208 *LCI*, IV, 514; vgl. B. Brenk: *Die Anfänge der byzantinischen Weltgerichtsdarstellung*, 109 f.

209 Da sich die Islamwissenschaft viel zu sehr von dem muslimischen Anspruch beeindrukken ließ, der Koran sei ein „Text ohne Kontext" (diese Formulierung bei M. Radscheit: *The Iconography of the Qur'ān*, 176), hat sie diese Dichtung meist voreilig als durch die mohammedsche Offenbarung beeinflußt betrachtet und sich dadurch einen kultur-, geistes- und literaturgeschichtlichen Zugang zur heiligen Schrift der Muslime versperrt.

210 Schultheß: *Umajja ibn Abi ṣ Ṣalt*/Fragmente, 56, Gedicht XLIX.

211 *LCI*, IV, 306 f.

212 Auch Umaija behält den Thron, der sich am Weltende herabsenkt, natürlich nicht Christus vor, sondern dem Schöpfer selber (Schultheß, op. cit., 54, Gedicht XLVI). /Z/

[213] Die Strophen der Hymnen können einen Refrain aufweisen, wie am Beispiel der beiden Josef gewidmeten Dichtungen Romanos' gezeigt; dergleichen findet sich im Koran in besonders deutlicher Form in Sure 26 und in Sure 55. Man darf daher mit Fug und Recht von einer Rezeption der christlichen Hymnen in der arabischen „Lesung" sprechen. Die Einzelheiten dieser Rezeption harren noch der Erforschung. Vgl. im übrigen /Z/ I 239.
[214] Hoyland: *Seeing Islam as Others Saw It*, 160–167.
[215] de Prémare: *Les fondations*, 38 f.
[216] Ebd., 73–75. Ein weiterer Fall: unten, 574.
[217] Text: *justaǧābu*, d.h. (bei dem) man Erhörung findet.
[218] *IHS*, I, 242–244.
[219] Vgl. oben, 132. /Z/
[220] Watt: *Muhammad at Mecca*, 100 f.; vgl. im übrigen unten, 221–223.
[221] *JB*, 118. Vgl. hierzu Kister: *"A Bag of Meat"*.
[222] Im Text durch die Verwendung des Imperfekts aus dem im Perfekt gehaltenen Bericht herausgehoben.
[223] Weitere, spätere koranische Belege bei Paret: *Kommentar*, 144 (zu Sure 6, 71).
[224] *JB*, 118; Version ohne Beteiligung Zaid b. Ḥāriṯas: *BAA*, X, 468.
[225] Ein Dirhem Silber, in der Regel ein Zwölftel der in den Quellen oft erwähnten Gewichtseinheit Uqija, entspricht ungefähr 3 Gramm.
[226] *IST*, I/II, 179 f.; Ibn Ḥaǧar: *al-Iṣāba*, I, 563, Nr. 2890.
[227] *IST*, I/I, 142.
[228] Belege bei Gilliot: *Zur Herkunft der Gewährsmänner des Propheten*, 150–156. – Ibn Hišām nahm selbstverständlich Anstoß daran, daß Mohammed von einem Menschen über den Monotheismus belehrt worden sein sollte, weshalb bei ihm die Überlieferung der Belehrung durch Zaid b. ʿAmr fehlt. Der spätere Mohammedglaube läßt nicht zu, daß der Prophet nicht schon von Geburt an Monotheist gewesen sein soll; man hilft sich über die dem entgegenstehenden Überlieferungen mit der Lehre von seinem unirdischen Wesenskern hinweg, der den Ungläubigen nicht unvermittelt hätte enthüllt werden dürfen, weil sie sonst gar nichts begriffen hätten. Vgl. hier zu Nagel: *Allahs Liebling*, 158–166.
[229] Die Mannigfaltigkeit des Diesseits fordert gerade nicht die Vielgötterei, sondern, wie weiter unten im Gedicht ausgeführt wird, wegen der Sinnhaftigkeit des Mannigfaltigen den Eingottglauben.
[230] Variante: Banū Ġanm.
[231] *IHS*, I, 241 f.
[232] Vgl. Paret: *Kommentar*, 162, zu Sure 7, 64; mit Bezug auf Lot ebd., 166, zu Sure 7, 83.
[233] Nagel: *Einschübe*, 129.
[234] *IHS*, I, 246.
[235] Vgl. oben, 67 f.
[236] Text: *tanazzuh-an wa-islām(-an)*.
[237] Kister: *Labbayka*, 39 und 55, Nr. 43.
[238] *IHS*, I, 246.
[239] *BAA*, X, 469.
[240] *JB*, 116.
[241] *IHS*, I, 247; vgl. *IST*, I/I, 106 sowie *IGM*, II, 328–331.
[242] *AG2*, III, 126 f.; Ibn Ḥaǧar: *Tahḏīb*, III, 422, Nr. 773.
[243] Vgl. oben, 123 f.
[244] *BAA*, X, 468.
[245] Zu diesen zehn Prophetengenossen vgl. unten, 190.
[246] *BAA*, X, 467 f.
[247] *EI²*, s.v. al-Ḥanīf.
[248] Die schmückende Bedeckung, durch die sie als Opfertiere kenntlich gemacht sind.
[249] *IST*, IV/II, 94 f.; *TMD*, XXIV, 248–251.
[250] Vgl. oben, 68 und 82 f. Vgl. ferner die Aussagen Ibn Isḥāqs in *JB* 120 sowie *JB* 93. Vgl. ferner unten, 290 f.
[251] Ibn Ḥaǧar: *al-Iṣāba*, II, 464, Nr. 5453.
[252] *IHS*, II, 9 f.
[253] *BAA*, X, 253–258.
[254] Dieser Vers wird heute in der Regel als „Beleg" für eine angeblich von Mohammed propagierte „Religionsfreiheit" angeführt. Das ist eine Vorspiegelung falscher Tatsachen,

wie die Kenntnisnahme des historischen Zusammenhanges ergibt, in den der Vers gehört. Nichts lag Mohammed ferner, als den Menschen die Entscheidung über ihren Glauben anheimzustellen; in den späteren Kapiteln wird dies deutlich werden.

[255] Vgl. unten, 281 f.

[256] Über ihn und sein Werk vgl. T. Khalidi: *Muʿtazilite Historiography*, 1–12.

[257] al-Maqdisī: *al-Badʾ*, II, 1 und 5.

[258] Ebd., II, 7.

[259] Schultheß: *Umajja b. abi-ṣ-Ṣalt*, 83 f.

[260] Vgl. oben, 134.

[261] Nagel: *Die religionsgeschichtlichen Wurzeln*, 97.

[262] *LCI*, III, 178 f. s.v. Majestas Christi (F. van der Meer).

[263] Vgl. oben, 151 f. und /Z/ II 212.

[264] *IST*, V, 376.

[265] *AG2*, IV, 122.

[266] Zur Herkunft der Erzählmotive vgl. Speyer: *Die biblischen Erzählungen im Qorān*, 134–144; vgl. besonders H. Schützinger: *Ursprung und Entwicklung der arabischen Abraham-Nimrod-Legende*, 104–106 (Abraham zertrümmert die Idole).

[267] Vgl. Nagel: *Abraham in Mekka*, 136.

[268] Es wird in diesem Zusammenhang die 3. Person Pl. femininum gebraucht, so daß der Bezug auf die in den „satanischen Versen" erwähnten weiblichen Gottheiten, an deren Kult den Mekkanern so viel lag, eindeutig ist.

[269] Zu den späteren Auslegungen dieser für den islamischen Glauben grundlegenden Verse vgl. Nagel: *„Abraham der Gottesfreund"*.

[270] Vgl. Sure 3, 65–67; vgl. ferner oben, 151. In der Leben-Mohammed-Forschung des ausgehenden 19. Jahrhunderts zeigte man sich davon überzeugt, daß wesentliche Elemente der Verkündigung Mohammeds erst im Zuge der Auseinandersetzung mit den Juden in Medina formuliert worden seien, so auch die Aussagen über die Gestalt Abrahams als des Vorläufers Mohammeds. E. Beck wies dagegen nach, daß Abraham durch Mohammed schon in Mekka mit der Kaaba in Verbindung gebracht wurde (*Die Gestalt des Abraham*, 93 f.). Die Überlieferungen zum Ḥanīfentum wurden allerdings von Beck noch nicht ernstgenommen, so daß er Sure 2, Vers 135 („Die Schriftbesitzer sagen: ‚Seid Juden oder Christen!...'") allein aus der Abwehrhaltung der Schriftbesitzer gegen Mohammed erklärt (ebd., 89), ohne an die ältere, ḥanīfische Distanzierung von Judentum und Christentum zu denken.

[271] Vgl. dazu unten, 423–430, 452–463, 526–528.

[272] aš-Šahrastānī: *al-Milal*, II, 95-98. K. Rudolph: *Die Anfänge Mohammeds*, 313, führt etliche Termini auf, für die man gnostischen oder manichäischen Ursprung postuliert hat. Sie beziehen sich auf das Erschließen eines verborgenen Wissens, das man, auf der „geraden Straße" wandelnd, für die eigene Erlösung nutzbar macht.

[273] *BAA*, X, 28 f.

[274] Ebd., 287–290.

[275] Wellhausen: *Heidentum*, 237 f.

[276] Vgl. oben, 111–113. Eine genaue Darstellung des verschlungenen Weges, den die Forschung bis jetzt zurückgelegt hat, um die im Koran erwähnten Sabier zu identifizieren, findet man bei T. M. Green: *The City of the Moon God*, 100–123.

[277] Vgl. oben, 114 f.

[278] In den meisten gnostischen Systemen ist der jenseits der Welt wesende gute Gott letzten Endes untätig. Von ihm geht die Entstehung der Welt zwar aus, ihr Beginn ist aber eher ein Mißgeschick als ein gezieltes Handeln des guten Gottes. Ist aber die Vermischung von Licht und Finsternis erst einmal erfolgt, dann bemächtigt sich der Demiurg dieses Gemisches und nimmt sein unheilvolles Tun auf (Jonas: *Gnosis und spätantiker Geist*, z.B. I, 279 und 284–320).

[279] Vgl. etwa die Beispiele aus Afrika in Eliade: *Geschichte der religiösen Ideen*, IV, 15–21. /Z/.

[280] Mohammed rechnete schon in Mekka mit Krieg: *BAA*, XIII, 333.

[281] Die Geistwesen benutzen den Menschen gleichsam als Halt bei ihrem Sturz und als Ausgangsstufe für ihren Wiederaufstieg (Jonas: *Gnosis*, II, 194 f.); die Menschen haben Anteil an dem kosmischen „Erlösungsdrama"; die gewöhnlichen unter ihnen haben die Pflicht, den *electi* ihr „weltabgewandtes Heiligendasein" zu ermöglichen, bis auch sie nach

langem Umherirren in dieser Welt an den „Vereinigungsort der Wahrhaftigen" gelangen (ebd., I, 315).

[282] Vgl. unten, 240–242. Laut W. A. Bijlefeld: *A prophet and more than a prophet*, 24, der die Verteilung der Begriffe *ar-rasūl* und *an-nabī* im Koran untersucht hat, fällt der Gebrauch von *an-nabī* mit einer stärkeren Betonung der Herkunft Mohammeds von Abraham und Ismael zusammen, was mit der beschriebenen Rezeption des Ḥanīfentums zu tun hat. Bijlefeld weist im übrigen darauf hin, daß der Begriff Prophet keineswegs die Gründergestalt einer Religion bezeichnen muß, sondern nur einen Verkünder nach der Art Johannes des Täufers, den Jesus in Matth. 11, 9 und 13 als einen solchen nennt (ebd., 27). Im frühen Christentum war die Prophetie ohnehin als ein Sehertum bekannt, das nicht den Anspruch auf Schaffung eines neuen Glaubens erhob.

[283] Vgl. unten, 291-297. Es fällt auf, daß in der medinensischen Sure 4, Vers 163 Noah eine über die übrigen Propheten herausgehobene Position einnimmt: Zuerst hat Allah dem Noah, danach den übrigen Gesandten, angefangen mit Abraham, Nachrichten eingegeben (vgl. oben, 88 f.); ähnlich äußert sich Mohammed in der ebenfalls medinensischen Sure 42, Vers 13 (vgl. ferner Sure 33, 7) (vgl. Speyer: *Die biblischen Erzählungen im Qoran*, 114). In den mekkanischen Patriarchenlisten (vgl. Paret: *Kommentar*, 111) fehlt Noah; in den Straflegenden hat er natürlich seinen Platz vor Abraham (Sure 37, 75–82). Es fragt sich, ob es in Medina Spuren noachidischen Gedankenguts gab, die Mohammed veranlaßt haben könnten, nunmehr Noah in den Vordergrund zu rücken. Unklar ist ferner, was es mit dem in der medinensischen Überlieferung von der biblischen Tradition abweichenden Stammbaum Noahs (*BAA*, I, 7–9) auf sich hat. */Z/*

[284] Die im heutigen Islam mit Klauen und Zähnen verteidigte Umdeutung der noch nicht mit einer heiligen Schrift Begnadeten in Schreibunkundige verdankt sich einzig dem Wunsch, Mohammed möge als ein „analphabetischer Prophet" so unberührt von jeder religiösen Überlieferung gewesen sein wie die Geschworenen eines US-amerikanischen Strafprozesses von dem Gerede über ihren Fall. */Z/*

[285] Vgl. oben, 144.

[286] Der Ausdruck soll vermutlich bedeuten, daß er alle seine Vorgänger beglaubigt. Als die Versuche, sein Charisma einigen der Nachfahren ʿAlī b. abī Ṭālibs zuzusprechen, Anstoß erregten, legte man das Wort so aus, als besage es, Mohammed sei der letzte aller Propheten vor dem Anbruch des Gerichts gewesen.

[287] Ibn ʿAbd al-Kāfī, fol. 34 a.

[288] Nagel: *Einschübe*, 46 f. Zu Mohammeds Kämpfen in Medina vgl. unten, 315–322 und 452–463.

[289] Vgl. Paret: *Kommentar*, 476 (zu Sure 61, 6). Die Verbindung zwischen *aḥmad* und dem in *periklytos* verlesenen *paraklêtos* ist möglicherweise, wie Paret meint, erst von Maracci im 17. Jahrhundert hergestellt worden. Noch Faḫr ad-Dīn ar-Rāzī führt in seinem Kommentar aus, Jesus habe an den genannten Stellen im Johannesevangelium den Parakleten (*al-fār.q.līṭ*), den Heiligen Geist, verheißen; daß dieses Wort dem arabischen *aḥmad* entspreche, behauptet ar-Rāzī nicht (*Mafātīḥ al-ġaib*, XXIX, 272). In diesem Zusammenhang ist zu erwähnen, daß sich Mani für einen Apostel, einen Gesandten Jesu, hielt und das Wort *paraklêtos* in diesem Sinne verstand (Beck: *Ephräms Polemik*, 20). Man könnte spekulieren, daß sich Mohammeds Visionen auf solch einen Gesandten Jesu bezogen und daß er dann während der Rezipierung des Ḥanīfentums, für das Jesus nur ein Prophet sein konnte, zu der Überzeugung gelangte, er selber sei der Gesandte des Einen. Diesen Einen stellte man sich wie den Weltenrichter Christus auf einem Thron sitzend vor – freilich nicht, um über die Welt Gericht zu halten, sondern um sie in jedem Augenblick zu regieren. Sure 61 wäre demnach eine Erinnerung an die Anfänge Mohammeds, nun freilich zur Untermauerung seines allumfassenden Herrschaftsanspruches verwendet. Zuletzt hat R. Simon (*Mānī and Muḥammad*, 130 f.) darauf hingewiesen, daß eine für Sure 33, Vers 40 überlieferte Textvariante unzweideutig die Vorstellungen Manis wiedergibt.

[290] *MHB*, 130. Vgl. ferner oben, 100.

[291] Vgl. hierzu unten, 322–324, 388–391, 520–525.

[292] *IST*, I/II, 42.

[293] *GH*, IV, 476.

[294] *BAA*, XIII, 204–206; vgl. Ibn al-Kalbī: *Ǧamhara*, 443 und 449.

[295] Ibn al-Aṯīr: *al-Kāmil*, I, 376. Nach Ausweis der altsüdarabischen Inschriften muß man ab dem 4. Jahrhundert mit einem Eindringen allgemeiner religiöser Vorstellungen jüdischer

oder christlicher Herkunft rechnen, ohne daß man, abgesehen von Nadschran, vor Ḏū Nuwās und der äthiopischen Intervention eindeutige Bekenntnisse zu einer der beiden Religionen nachweisen könnte (Lundin: *The Jewish Communities*, 23 f.). Zeugen dieses unspezifischen hochreligiösen Einflusses sind Gestalten wie Ḫālid b. Sinān und nicht zuletzt Mohammed.

[296] *BAA*, XIII, 206. Die Erinnerung an Ḫālid b. Sinān lielt sich übrigens zäh; noch im 16. Jahrhundert glaubten einige Muslime im heutigen Algerien, sie hätten ihn ausgegraben (Landau-Tasseron: *Unearthing a Pre-Islamic Arabian Prophet*).

[297] *TRM*, I, 1750.

[298] Vgl. die Namensform in *AG2*, XIV, 41 =*AG1*, XV, 244, Zeile 2.

[299] Landau-Tasseron: *Asad*, 8–10.

[300] *WQ/Jones*, 470.

[301] *BAA*, XI, 156–158.

[302] *AG2*, XIV, 28, 31, 41 = *AG1*, XV, 220–244.

[303] *TRM*, I, 3088; nach einer anderen Überlieferung starb er bereits 642 in der Schlacht von Nihawend. Vgl. *EI²*, s.v. Ṭulaiḥa (X, 603 f., Landau-Tasseron).

[304] Ibn al-Aṯīr: *al-Kāmil*, II, 336–342.

[305] *IST*, I/II, 389 f.

[306] Beide Fassungen in *TRM*, I, 1737–1739. Indem die Banū Ḥanīfa Musailima gegen die Blicke der gewöhnlichen Menschen abschirmen, bringen sie zum Ausdruck, daß er in ihren Augen ein charismatischer, von Gott erwählter Herrscher ist. Dieses Zeremoniell stammt aus Iran. Über den erheblichen Einfluß der Sasaniden auf Ostarabien vgl. auch oben, 60–62, 78 und unten, 229 f., 259 f.

[307] *IST*, I/II, 56; vgl. die Formulierung *TRM*, 1738 ult.–1739, Zeile 2.

[308] „Mohammed ist der Gesandte Allahs; nach ihm gibt es keinen Propheten mehr, der mit ihm einen Anteil hätte", mit diesen Worten soll Ṯumāma b. Uṯāl von den Banū Ḥanīfa seinen Stamm davor gewarnt haben, Musailima zu folgen (*IST*, V, 401).

[309] Zur Bedeutung dieses Begriffes vgl. Speyer: *Die biblischen Erzählungen im Qoran*, 422 f.

[310] *IST*, I/II, 25, Zeile 27 bis 26, Zeile 6. Hiervon zu unterscheiden ist offensichtlich Mohammeds Brief an den „König" der Banū Ḥanīfa al-Hauḏa b. ʿAlī (über ihn vgl. oben, 78), der Mohammeds Ansinnen, er möge sich zum Islam bekehren, ebenfalls ablehnte und darauf hinwies, schließlich sei er der Dichter und Prediger seines Stammes und werde von allen Arabern respektiert; er schlug ebenfalls eine Aufteilung der Herrschaft vor. Mohammed soll über diese Antwort empört gewesen sein (*IST*, I/II, 18).

[311] Vgl. oben, 67.

[312] Vgl. hierüber unten, 282–285.

[313] *AG2*, XVIII, 165–167.

[314] *IHS*, II, 220.

[315] „Unter den Schriftbesitzern gibt es einige, die dir ein *qinṭār*" – vgl. hierzu Hinz: *Islamische Maße und Gewichte*, 24–27 – „(an Waren), die du ihnen anvertraust, wieder aushändigen, und es gibt unter ihnen andere, die dir einen Dinar, den du ihnen anvertraust, nur wieder aushändigen, solange du sie unter Druck setzen kannst. Sie sagen nämlich: ‚Unter den Heiden kann man nicht gegen uns vorgehen.'" In den „noachidischen Geboten" ist eine solche Ungleichbehandlung der Nichtjuden vorgesehen, vgl. /*Z*/ II 283.

Kapitel III: Die Vertreibung

[1] *TRM*, I, 1130.

[2] Gilliot: *Exégèse*, 34.

[3] *FSG*, I, 272-274.

[4] *WAMM*, II, 199 f.

[5] *FSG*, I, 275.

[6] In Wahrheit wählte erst al-Maʾmūn (reg. 813–833) die grüne Farbe zu derjenigen seiner sich in besonderer Weise auf den Propheten berufenden Herrschaft (Nagel: *Rechtleitung und Kalifat*, 425 und 427).

[7] Über die Beiträge dieser beiden Tradenten zur Prophetenvita vgl. Sezgin: *GAS*, I,

[8] *TRM*, I, 1167.

[9] *IHS*, I, 257 f.

[10] *TRM*, I, 1167 f.
[11] Die Hāšimīja-Propaganda, die die Abbasiden geschickt für ihre Belange nutzten, enthielt das gesamte schiitische Repertoire an Geschichtsklitterungen (vgl. Nagel: *Untersuchungen zur Entstehung des abbasidischen Kalifats*, 121–124), von denen sich die Dynastie seit al-Manṣūr mühsam wieder trennte (ders.: *Rechtleitung und Kalifat*, 297–310).
[12] IHS, I, 267; TRM, I, 1168.
[13] *HdI*, 57 f., s.v. al-ʿAs͟hara al-mubas͟hs͟hara (A.J. Wensinck).
[14] *IHS*, I, 269, Zeile 6.
[15] *JB*, 140, Zeile 5 f.
[16] *IHS*, I, 269–280; *JB*, 143 f. (bei letzterem getrennt von der vorhergehenden Überlieferung durch den Bericht über die Islamannahme Abū Ḏarrs und einiger anderer Beduinen, die von sich aus Mohammed aufsuchen).
[17] *TRM*, I, 1167, Zeile 5; *AG2*, VIII, 327 f. und 332.
[18] *IGM*, II, 364 f.; *WAMM*, II, 266; *IST*, III/I, 173 f.
[19] Nach einer anderen Überlieferung (*IST*, I/I, 127) wurde Mohammed in jenen drei Jahren von Israfil bedient; indem dieser von Gabriel abgelöst wurde, setzte demnach die Verkündigung der für das von Allah gestiftete Gemeinwesen grundlegenden Offenbarungen ein. Daß der Kern des Korans die schariatische Gesetzgebung sei, steckt hinter dieser Vorstellung.
[20] *TRM*, I, 1169 f.;*IHS*, I, 280–282. Die islamische Geschichtsüberlieferung unterscheidet, wie bereits angedeutet, die frühesten Anhänger in solche, die zu Mohammed fanden, noch ehe er „das Haus al-Arqams betrat", und in andere, die Muslime wurden, während er in jenem Haus weilte (Caetani: *Annali*, I, § 263). Vermutlich lebte er dort vom vierten bis ins sechste Jahr seines Gottesgesandtentums, unter Umständen geschützt auch durch al-Arqams Verbindung mit den Ḫuzāʿiten, denen dessen Mutter entstammte (Muranyi: *Die ersten Muslime von Mekka*, 32 f.) wie auch ein Vorfahre Mohammeds, mit dem man dessen Verkündigung in Zusammenhang brachte, wie schon erwähnt wurde (vgl. oben, 120).
[21] „Vater der Unwissenheit"; Unwissenheit verstanden als das Gegenteil des von Allah stammenden, den Menschen erst eigentlich zivilisierenden Wissens.
[22] *IHS*, I, 337 f.
[23] Vgl. oben, 131 f.
[24] Vgl. oben, 80.
[25] *BAA*, X, 174.
[26] Man lese die Ausführungen in az-Zubairī: *Nasab*, 299–346.
[27] Ebd., 301 und *TMD*, I, 43; *WQ/Jones*, 375, Zeile 1.
[28] Vgl. oben, 52.
[29] Vgl. oben, 69 f.
[30] az-Zubairī: *Nasab*, 318 f.
[31] *NMQ*, 331 f. „Ihr Söhne ʿAbd al-Muṭṭalibs", soll Abū Sufjān zu al-ʿAbbās bemerkt haben, „tragt in euch, wie die Quraišiten nicht aufhören festzustellen, eine glückliche und eine unheilvolle Kraft, eine jede von allgemeiner Wirkung!" Die unheilvolle zeige sich in Mohammed (*AG2*, VI, 350).
[32] Vgl. oben, 54. Daß Sure 26, Vers 214 f. auf die Nachfahren ʿAbd Manāfs zu beziehen ist, hörte Hišām b. al-Kalbī von seinem Vater (*IST*, I/I, 42, Zeile 10).
[33] *IHS*, I, 284 f.
[34] Ebd., I, 284–286; vgl. *IST*, I/I, 134.
[35] So lautet sein Name u.a. bei Ibn al-Kalbī: *Ǧamhara*, 51.
[36] Vgl. *AG2*, IX, 49 (*AG1*, VIII, 48 f.) und XVIII, 122 (*AG1*, XVI, 158).
[37] *IHS*, I, 158 f.
[38] Ebd., I, 302. Die Vermutung Leckers (*Studies on Early Islamic Medina*, 38), der in seinen Quellen angegebene Stammbaum dieser Frau sei unvollständig, muß nicht zutreffen. Asad b. ʿAbd al-ʿUzzā hatte laut az-Zubairī: *Nasab*, 206 mehrere namentlich nicht genannte Töchter, zu denen Abū Qais' Frau Arnab gehören kann.
[39] *IHS*, I, 287; *AG2*, XVI, 175 f.; az-Zubairī: *Nasab*, 22 f.
[40] Vgl. oben, 49 f. und 54 f.
[41] *IHS*, I, 288 f.
[42] Vgl. oben, 139.
[43] az-Zubairī: *Nasab*, 22.
[44] *NMQ*, 83; vgl. oben, 45 f.

[45] *NMQ*, 44.
[46] Ebd., 84.
[47] *IST*, III/I, 177, Zeile 12 f. Parets Übersetzung „die Unterdrückten" ist ganz irreführend, kommt aber – vermutlich unbewußt – den heute bevorzugten „sozialkritischen" Erklärungsmustern der islamischen Geschichte entgegen, die spätestens seit der iranischen Revolution zu einem Grundelement der um sich greifenden totalitären Islamideologie schiitischer wie auch sunnitischer Observanz geworden sind.
[48] *IST*, III/I, 161 f.
[49] Ein *muwallad* ist eine Person, die keine arabische Abstammung aufweisen kann. Während im Osten der islamischen Welt der Übertritt zum Islam über die Stiftung einer Klientelschaft, d.h. auf dem Wege der Affiliierung an einen arabischen Stamm erfolgte, schloß der Betreffende in al-Andalus einen „Vertrag" mit der Gemeinschaft der arabisch-islamischen Eroberer. Hierdurch erlangte er den Rechtsstatus eines *muwallad*. Theoretisch war er nunmehr mit jenen gleichberechtigt, in der Lebenswirklichkeit wurde er jedoch oft als minderrangig angesehen (vgl. hierzu *EI*², s.v. *Muwallad*, VII, 807 f., P. Chelmata).
[50] *IHS*, I, 339 f. Weitere Angaben zu den Folterungen *IST*, III/I, 165 f.
[51] *JB*, 192. Der böse Maḫzūmite Abū Ǧahl soll die Frau getötet haben (*IST*, III/I, 166), ein Umstand, der einen erst recht mit Mißtrauen gegen diese Überlieferung erfüllt.
[52] *IHS*, I, 342; *IST*, III/I, 176–178.
[53] *IHS*, I, 343; Ibn Ḥaǧar: *al-Iṣāba*, I, 28, Nr. 73.
[54] Ibn al-Kalbī: *Ǧamhara*, 471.
[55] *IHS*, II, 22–25.
[56] Ebd., II, 58 f.
[57] *JB*, 209.
[58] *IHS*, I, 344.
[59] Ebd., I, 353.
[60] Watt: *Mecca*, 112. Asmāʾ bt. ʿUmais, die Ehefrau Ǧaʿfar b. abī Ṭālibs, ließ sich durch Mohammed angeblich zusichern, daß ihr das Verdienst aus zwei „Auswanderungen" zustehe; die Medina-Auswanderer hatten ihr gesagt, daß sie nicht in deren Kategorie gehöre (*IST*, VIII, 206) – eine Rückspiegelung des unter ʿUmar ausbrechenden Streites um den Rang im Dotationsdiwan in die Zeit Mohammeds.
[61] *JB*, 213.
[62] az-Zubairī: *Nasab*, 337.
[63] Ibn Ḥaǧar: *al-Iṣāba*, II, 335, Nr. 4783.
[64] *IST*, VIII, 60 f.
[65] Ibn Ḥaǧar: *Tahḏīb*, XII, 30–32, Nr. 141.
[66] *JB*, 213; vgl. *IHS*, I, 349.
[67] *IST*, I/I, 43.
[68] *HAM*, 55, 103 f.
[69] *NMQ*, 44.
[70] *IST*, I/I, 52.
[71] *IHS*, I, 346.
[72] *IST*, IV/I, 22 f.
[73] Mūsā b. ʿUqba, ein Schüler az-Zuhrīs, war in Medina tätig und sammelte vor allem Nachrichten über die Feldzüge (arab.: Pl. *al-maġāzī*) Mohammeds; in Zitaten bei späteren Autoren ist ein Teil seiner Überlieferungen erhalten (Sezgin: *GAS*, I, 286 f.). Abū Maʿšar Naǧīḥ b. ʿAbd ar-Raḥmān as-Sindī beschäftigte sich ebenfalls mit Mohammeds Feldzügen; Fragmente seines Werkes werden in aṭ-Ṭabarīs Universalgeschichte zitiert (*GAS*, I, 291 f.).
[74] *IST*, IV/I, 78.
[75] Es ist an diesem Fall deutlich zu erkennen, daß die erst später aufgekommene Auffassung, die Hedschra Mohammeds und im Anschluß an sein Vorbild eine Hedschra der prominenten frühen Muslime sei das Schlüsselereignis seiner und ihrer Vita, die Interpretation der Geschichte beherrscht; so soll denn auch das äthiopische Exil eine „Hedschra" gewesen sein. Zur Problematik der Hedschra vgl. Kapitel VI, sowie Kapitel VIII.
[76] *IHS*, I, 345.
[77] Vgl. oben, 166.
[78] *IHS*, II, 9; *JB*, 178 f.; *BAA*, X, 257.
[79] *JB*, 178.
[80] Vgl. unten, 674.

[81] *JB*, 177 f.; vgl. ferner *IST*, I/I, 137 f. Der Vergleich der Göttinnen mit Kranichen ist nicht ungewöhnlich, vgl. dazu Walter W. Müller: *Adler und Geier als altarabische Gottheiten.*
[82] Offensichtlich hat Ibn Hišām an dieser Stelle tief in den Text Ibn Isḥāqs eingegriffen: 1. Da Ibn Hišām erklärtermaßen Ereignisse nicht erwähnen will, sofern sie nicht unmittelbar mit Mohammed zu tun haben, fällt der Bericht über die erste, eben nicht von Mohammed veranlaßte Äthiopienreise seinem Rotstift zum Opfer. 2. Ibn Hišām will desweiteren alles verschweigen, was für Mohammed peinlich sein könnte (*IHS*, I, 4); daher läßt er die Affäre mit den „satanischen Versen" weg. Infolgedessen kann es bei ihm nur *eine* Auswanderung nach Äthiopien geben. Was aber fängt man unter diesen Voraussetzungen mit den Nachrichten von der baldigen Rückkehr der ersten Äthiopienfahrer an? Man muß sie mit den Nachrichten von der Rückkehr der 33 Exilanten vermischen (*IHS*, II, 2–8), die in Wahrheit erst den Entschluß zur Abreise aus Äthiopien faßten, als die Auswanderung nach Medina in Gang gekommen und Mohammed dorthin vertrieben worden war. Auf dem Weg nach Medina wurden einige der Rückkehrer in Mekka festgehalten; insgesamt schlugen sich 24 von ihnen nach Medina zum Propheten durch und kämpften bei Badr im Jahre 624 in seinem Heer (*IST*, I/I, 139). Da Ibn Hišām nicht unterschlagen kann, daß die ersten Äthiopienfahrer zurückkamen, und zwar nach Mekka, setzt er diese ersten elf Männer mit jenen 33 gleich und bringt die Überlieferung völlig widersinnig mitten in den Berichten über die Verfolgungen unter, denen sich Mohammed, seine Sippe und seine Anhänger nach dem Widerruf des Kompromisses tatsächlich ausgesetzt sahen.
[83] *IHS*, I, 363 f.; *JB*, 217.
[84] *IHS*, I, 365. Die Formel. Jesus sei der Knecht Gottes, taucht später in den Inschriften im Felsendom auf, vgl. unten, 723. Sie stammt, wie dargelegt, natürlich nicht aus der Zeit des äthiopischen Exils; damals war der Diskussionsstand ein anderer, wie dargelegt wird. Auf jeden Fall gehört die Formel in den Zusammenhang der muslimischen Zurückweisung der christlichen Lehren, in dem sie auch im Felsendom verwendet wird, und kann nicht für ein „nicht-trinitarisches" Christentum angeführt werden.
[85] Sein Vater al-ʿĀṣ b. Wāʾil zählte unter die prominenten Mekkaner; obwohl Heide, hatte er dem im sechsten Jahr nach der Berufung Mohammeds zum Islam übergetretenen ʿUmar b. al-Ḫaṭṭāb Schutz (arab.: *al-manʿa*) gewährt (az-Zubairī: *Nasab*, 408 f.).
[86] Er war ein Halbbruder ʿAmr b. Hišāms (Abū Ǧahls) (az-Zubairī: *Nasab*, 302).
[87] *IHS*, I, 357–362; *JB*, 213–216. In der oben, 210 erwähnten, von Abū Burda verbürgten Überlieferung wird fälschlich der Abū Ṭālib als Ersatzmann für Mohammed angebotene ʿUmāra b. al-Walīd als der zweite Gesandte neben ʿAmr b. al-ʿĀṣ bezeichnet (so auch az-Zubairī: *Nasab*, 322). Den Hintergrund dieses Irrtums bildet die Episode von der durch ʿAmr b. al-ʿĀṣ und ʿUmāra b. al-Walīds gemeinsam unternommenen Handelsreise nach Äthiopien. Während des Aufenthaltes am Hof soll sich der Schwerenöter ʿUmāra an eine der Ehefrauen des Negus herangemacht haben. ʿAmr, der auf der Schiffsreise beinahe einem Anschlag ʿUmāras zum Opfer gefallen wäre, steckte die Affäre dem Herrscher. Dieser versammelte, nachdem er sich durch eine List von der Wahrheit der Beschuldigung überzeugt hatte, seine Zauberinnen, die ʿUmāra entkleideten und ihm in die Harnröhre bliesen. Von Stund an war er von Sinnen und lebte bis in die Regierungszeit ʿUmars wie ein wildes Tier in Äthiopien. Dann zog der genannte ʿAbdallāh b. abī Rabīʿa aus, um seinen Verwandten zu suchen. Er fand ihn, doch indem er ihn berührte, traf ʿUmāra wegen des Zaubers der Tod (*AG2*, IX, 55–58, *AG1*, VIII, 52 f.).
[88] Seine Mutter stammte von den Qais ʿAilān ab (*NMQ*, 45).
[89] az-Zubairī: *Nasab*, 197 f.
[90] Ebd., 14. Ihr Name war ʿĀtika bt. Murra b. Hilāl, vgl. die genealogische Tafel in: Lecker: *The Banū Sulaym*, 246.
[91] Vgl. hierzu unten, 244.
[92] Daß Mohammed als ein Nachkomme ʿAbd al-Muṭṭalibs, des „Besiegers" eines Feldherrn Abrahas, des von Äthiopien abgefallenen Kommandanten, die Sympathie des Negus genossen haben könnte, wurde schon angemerkt.
[93] Paret: *Kommentar*, 388.
[94] *IST*, VIII, 27; ferner az-Zubairī, Nasab, 157 f.
[95] *IST*, I/II, 169.
[96] Ebd., III, 168.
[97] Ebd., VIII, 67.
[98] Ebd., IV/I, 153 und VIII, 68–71. Zur politischen Bedeutung dieses Harems vgl. /*Z*/ IV 199.

[99] Ebd., VIII, 68, Zeile 10 f.
[100] Vgl. die bei Ibn Ḥaǧar: *al-Iṣāba*, IV, 306, Nr. 434 zusammengetragenen Überlieferungen.
[101] Isḥāq b. Jasār soll noch Muʿāwija (gest. 680) gesehen haben; er überlieferte unter anderem von al-Ḥasan b. ʿAlī, hatte also Beziehungen zu den Aliden (Ibn Ḥaǧar: *Tahḏīb*, I, 257, Nr. 484).
[102] Zur Vernichtung der Banū Quraiẓa durch Mohammed vgl. Kapitel IV.
[103] *TRM*, I, 2062–2064.
[104] *JB*, 220.
[105] Als Mohammeds Gesandte werden genannt: ʿAmr b. Umaija aḍ-Ḍamrī (*IST*, IV/I, 183; VIII, 70) oder Ḫālid b. Saʿīd b. al-ʿĀṣ (*IST*, VIII, 70). Vgl. unten, 674.
[106] Vgl. oben, 166 f.
[107] Nach islamischer Auffassung ist es dringend geboten, der Einladung zu einem Gastmahl (arab.: *al-walīma*) Folge zu leisten, zumal wenn es sich um ein Hochzeitsmahl handelt (Abū Dāʾūd: *Sunan*, *aṭʿima* 1). Vgl. *EI*², s.v. ʿUrs (X, 900 f., W. Heffening).
[108] *IST*, VIII, 68 f.
[109] Eine Muslimin darf nicht mit einem Mann verheiratet bleiben, der zu einer anderen Religion übergetreten ist. Der Text bietet im übrigen ein schönes Beispiel für die Zirkelhaftigkeit des Argumentierens der Schariagelehrten mit der Geschichtsüberlieferung: Die Gelehrten finden in dieser „historisch" legitimiert genau das wieder, was sie zuvor hineingelegt haben, in diesem Falle z.B. die Erlaubnis, die Geschenke Andersgläubiger anzunehmen.
[110] Vgl. oben, 212. /Z/
[111] *IHS*, I, 332; *JB*, 199.
[112] Über die Herkunft der Banū l-Ḥaḍramī vgl. *NMQ*, 264 f.
[113] *IHS*, II, 33.
[114] Ebd., I, 32; *JB*, 218.
[115] *JB*, 219.
[116] Heiler: *Die Ostkirchen*, 215. Laut Johannes Chrysostomus verwandelt das Einsetzungswort Wein und Brot in das reale Blut und Fleisch Christi; Johannes von Damaskus lehrte, daß Wein und Brot keine Abbilder seien, sondern der vergottete Leib des Herrn selber (*RGG*, I, 18 f.).
[117] Die Frage, inwieweit das göttliche, ungeschaffene Sein im Koranvortrag bzw. mittels des Koranvortrages im geschaffenen Sein gegenwärtig wird, sollte die islamische Theologie ausgiebig beschäftigen. /Z/
[118] Nach koranischer Vorstellung, die für die mittelmekkanische Periode bezeugt ist, liegen die Himmel in Schichten (arab.: *aṭ-ṭabaq*, Pl. *aṭ-ṭibāq*) übereinander (Sure 67, 3 und 71, 15).
[119] Tottoli: *Suǧūd al-Qurʾān*, 376.
[120] Ebd., 378–393.
[121] az-Zubairī: *Nasab*, 99.
[122] *SRU*, II, 48, 51.
[123] Die Fassung, in der die Episode überliefert ist, trägt Züge einer schiitischen Legende, in der die Rolle Fāṭimas herausgestrichen werden soll. Die Episode ist zitiert bei G. Lüling: *Wiederentdeckung*, 295 f. Die Deutungen, die Lüling aus dem Umstand herausliest, daß man für diesen Ulk die Haut eines Fötus verwendete, unterstellen den Mekkanern ohne jeglichen in den Quellen nachweisbaren Grund tiefgehende Kenntnisse in der Religionsgeschichte der Menschheit.
[124] Vgl. dazu oben, 116 und 136.
[125] *IHS*, I, 330 f. Daß an dieser Stelle außerdem Sure 13, Vers 31 genannt wird, ist ein Anachronismus; dieser Vers entstand erst in Medina.
[126] Nach Mohammeds Tod wird man beginnen, einen überirdischen Wesenskern im Propheten zu suchen. Sein menschliches Äußeres wird man als eine Verhüllung dieses Kerns interpretieren, ohne die Mohammed den Menschen gegenüber gar nicht als Übermittler einer göttlichen Botschaft hätte auftreten können (Nagel: *Allahs Liebling*, Teil II, Kapitel 1).
[127] az-Zubairī: *Nasab*, 255.
[128] Vgl. oben, 41 f.
[129] *BAA*, I, 158. Rustam ist in der iranischen Heldensage ein im Kampf gegen die Türken sehr tüchtiger Feldherr, der mehreren aufeinanderfolgenden Herrschern diente, unter ihnen Bištāsp. Dieser beauftragte seinen Sohn und Kronprinzen Isfandijār mit weiteren Kriegen gegen die Türken jenseits des Oxus; er errang glänzende Siege, so daß sein Vater fürchtete,

der Sohn werde ihm die Herrschaft streitig machen. In einem durch den Vater eingefädelten Krieg gegen den zu mächtigen Sohn wird dieser durch Rustam getötet (*TRM*, I, 681).
[130] Nagel: *Einschübe*, 48 und 123–127.
[131] *IHS*, I, 322.
[132] Nöldeke: *Geschichte des Qorāns*, I, 141–143.
[133] Da in den Versen zwischen der Geschichte von den Siebenschläfern und jener von Mose und seinem Burschen gegen den heidnischen Stolz auf Besitz und Söhne und die auf die Dauer dieser weltlichen Güter setzende Vernunft polemisiert und die Hoffnung, sich im Gericht auf die Fürsprache der Vermittlergottheiten verlassen zu dürfen, als vergeblich hingestellt wird, ist es am wahrscheinlichsten, daß die einleitenden Verse, in denen es um das Christentum geht, nachträglich hinzugefügt wurden. Heidentum und Christentum gleichen sich in ihrem Vertrauen auf mehrere bzw. eine Mittlergestalt, sobald man den Maßstab von Mohammeds Eingottglauben anlegt, Vermittler von diesseitigem Wohlergehen für die Heiden, Vermittler auch des Jenseitsheils für die Christen. Vers 38, als ein medinensischer Einschub ausgewiesen – „Ich geselle meinem Herrn keinen einzigen bei", sagt in einem Zwiegespräch ein Muslim einem besitzstolzen Heiden –, könnte eine Zuspitzung der Thematik der Beigesellung auf Christentum und Judentum sein (vgl. dazu unten, 436 f.). Die Formulierung begegnet jedoch auch im letzten Vers von Sure 18, der eine bei Vers 102 einsetzende eindeutig gegen die heidnischen Beigeseller gerichtete Passage abschließt.
[134] Während der Christenverfolgung unter Kaiser Decius (reg. 249–251) sollen bei Ephesus einige Knaben in eine Höhle geflohen, dort entdeckt und eingemauert worden sein. Nach der Legende erwachten sie unter Theodosius II. (reg. 408–450) (*LCI*, VIII, 344–346, M. Lechner/C. Squarr). Zur islamischen Überlieferung vgl. die ausführliche Studie von N. de Witt: *Les Septs Dormants d'Ephèse en Islam et en Chrétienté*.
[135] Zur Bedeutung und Herkunft des Namens vgl. Friedlaender: *Chadhirlegende*, 109–122; s. auch *EI*^{2}, s.v. *al-Khaḍir* (IV, 903–905, A.J. Wensinck).
[136] In der islamischen Legendenliteratur ist man sich nicht einig, ob es sich wirklich um den Propheten Mose oder einen anderen Mann dieses Namens handele.
[137] Vgl. hierüber Nagel: *Alexander der Große in der frühislamischen Volksliteratur*.
[138] Vgl. unten, 484 sowie Nagel: *Einschübe*, 49–53.
[139] *IST*, I/I, 136 und 138.
[140] Mohammeds Versuch, in aṭ-Ṭā'if Fuß zu fassen, fällt nach dieser Datierung in den Šauwāl des zehnten Jahres; danach folgt die „Himmelfahrt" im Ramadan, d.h. im elften Jahr, und zwar achtzehn Monate vor der Hedschra, die folglich für das dreizehnte Jahr anzusetzen ist (*IST*, I/I, 142 f.).
[141] *IHS*, I, 376.
[142] Vgl. oben, 41 f..
[143] *IHS*, I, 368; vgl. ebd., 337.
[144] Ebd., 375; vgl. *TRM*, I, 1198.
[145] az-Zubairī: *Nasab*, 231; az-Zubair b. Bakkār: *Ǧambara*, 354.
[146] az-Zubairī: *Nasab*, 254 f.
[147] *WAMM*, II, 110.
[148] *IST*, II/I, 28.
[149] Im Text steht hier unvermittelt die 3. Person Sg. m.
[150] *IST*, I/I, 139 f. In ʿAlī b. Muḥammad al-Kinānīs *Našr al-laṭā'if* finden sich Spuren einer von Mohammeds Geburt an zählenden Chronologie: Im 46. Lebensjahr begann der Boykott; bis zum 50. blieb die diesbezügliche Vereinbarung in der Kaaba aufgehängt; in seinem 50. Lebensjahr starben Ḫadīǧa und Abū Ṭālib; gegen Ende desselben Lebensjahres versuchte Mohammed in aṭ-Ṭā'if Fuß zu fassen (Šauwāl des Jahres 10 nach seiner Berufung); im 51. Lebensjahr erhielt er Fremdenschutz durch Muṭʿim b. ʿAdī (24 f.). Vgl. unten, Anmerkung 280 in diesem Kapitel.
[151] *BAA*, I, 92 und 116.
[152] Ebd., I, 86 f., „fünf Jahre vor dem Elefantenjahr'".
[153] Ebd., I, 84 f.; *NMQ*, 115, hier irrtümlich: al-Muṭṭalib. Vgl. oben, 49–51.
[154] Vgl. oben, 72 f.
[155] Vgl. oben, 75 f.
[156] *IGM*, II, 386 f. Die Niederlage der Byzantiner, auf die Sure 30 anspielt, hat sich Ende 614 im Gebiet von Bostra zugetragen (Götz: *Zum historischen Hintergrund von Sure 30, 1–5*, 117).

[157] Ebd., II, 387; *TMD*, I, 370–373. Für Fazlur Rahman markiert Sure 30, in der sich Mohammed entschieden für das Ḥanīfentum ausspricht (Vers 30–32 und 43), den Zeitpunkt der endgültigen Abkehr vom alten Mekka (vgl. Sure 12, 37–40); der Bruch kann nicht mehr gekittet werden, und insofern solle man Sure 30 als eine Ankündigung des gegen das alte Mekka gerichteten medinensischen Kampfes verstehen (*Pre-Foundations of the Muslim Community in Mecca*, 17).

[158] *TRM*, I, 2557.

[159] *TMD*, I, 374–378.

[160] Vgl. unten, 375–377.

[161] az-Zubairī: *Nasab*, 16 und 432; zu Hišāms Genealogie ebd., 431, wo auch einige Verse zitiert werden, in denen Abū Ṭālib ihm Dank abstattet für die Bemühungen um die Aufhebung der Ächtung. Sure 28, Vers 3 – „Pharao war übermütig im Lande und spaltete dessen Bevölkerung in Gruppen, wobei er eine Gruppe von ihnen für schwach befand, die Söhne abschlachtete und die Frauen am Leben ließ..." – könnte sich auf die Ächtung der Hāšimiten beziehen. Laut Speyer: *Die biblischen Erzählungen im Qoran*, 263, läßt sich für diese Aussage keine Parallele in der jüdisch-christlichen Überlieferung beibringen.

[162] *WQ/Jones*, 123; Ibn al-Kalbī: *Ǧambara*, 72; Zamʿas Schwert war unter dem Namen „Hundezunge" berühmt, *NMQ*, 416.

[163] az-Zubairī: *Nasab*, 213 f.

[164] *IHS*, II, 14–17. /Z/

[165] Ibn Ḥaǧar: *al-Iṣāba*, II, 471, Nr. 5488; zur Genealogie vgl. az-Zubairī: *Nasab*, 405. In *BAA*, I, 272 f. gehört auch ʿUtba b. Rabīʿa, ein Enkel des ʿAbd Šams, zu denen, die sich für ein Ende der Ächtung einsetzen. ʿUtba focht ebenfalls bei Badr gegen Mohammed (az-Zubairī: *Nasab*, 152).

[166] Vgl. oben, 162 f.

[167] Vgl. oben, 220 f.

[168] Vgl. oben, 167 f.

[169] al-Maqdisī: *Kitāb al-badʾ*, IV, 35. (Vermischung von Davidmessias und Menschensohn im Vierten Buch Esra, vgl. Grözinger: *Jüdisches Denken*, I, 196).

[170] Die hier im Text Ibn Isḥāqs (*IHS*, I, 386, Zeile 9) stehende Erläuterung zu Sure 43, Vers 57 ist philologisch unhaltbar.

[171] *IHS*, I, 384–386.

[172] *IST*, I/I, 141, Zeile 13; *BAA*, I, 273, wo auch Meinungen zusammengetragen sind, denen zufolge ein geringerer zeitlicher Abstand zwischen den beiden Todesfällen gewesen sein soll. *IST*, I/I, 142, Zeile 5 verlegt Mohammeds Reise nach aṭ-Ṭāʾif in das Ende des Monats Šauwāl; diese Datierung der Reise wird in einer anderen Quelle bestätigt (*BAA*, I, 274). Falls diese Datierung zutrifft, müßten die Todesfälle einige Monate vorher erfolgt sein, denn die Reihenfolge „Auszug aus der Schlucht, Tod Abū Ṭālibs, Versuch, in aṭ-Ṭāʾif Fuß zu fassen" wird nicht in Frage gestellt.

[173] *IST*, I/I, 141 f.; *BAA*, I, 273 f. Wenn das in *BAA*, I, 274, Zeile 3, überlieferte Datum richtig ist, verließ Mohammed unmittelbar nach dem Tod Ḫadīǧas seine Heimatstadt. Nach *IGM*, III, 12, geschah dies erst nach dem Tod Abū Ṭālibs; da als Datum der Reise nach aṭ-Ṭāʾif wie in *BAA*, I, 274, das Ende des Monats Šauwāl des zehnten Jahres seit seiner Berufung angegeben ist, müßte Ḫadīǧa bereits im Ramadan des genannten Jahres verstorben sein.

[174] *IHS*, II, 60, Zeile 11.

[175] Vgl. oben, 134 (*IST*, I/I, 107).

[176] Vgl. oben, 193–198.

[177] *TRM*, I, 1180 f.

[178] *BAA*, I, 152.

[179] Vgl. oben, 111 f..

[180] Muḥammad b. Kaʿbs Vater, ein Angehöriger des jüdischen Stammes der Banū Quraiẓa, überlebte das von Mohammed verübte Massaker (vgl. unten, 369 f.), weil er damals so jung gewesen war, daß ihm noch nicht der Bart sproß (Ibn Ḥaǧar: *Tahḏīb*, IX, 420–422, Nr. 689).

[181] So die Vokalisierung nach Ibn al-Kalbī: *Ǧambara*, 386.

[182] Die Banū Ǧumaḥ gehörten dem Bund der „Blutlecker" an, der sich um die Banū ʿAbd ad-Dār gebildet hatte (vgl. oben, 42).

[183] Vgl. oben, 134 f. und Nagel: *Allahs Liebling*, 32–34.

[184] az-Zubairī: *Nasab*, 98.

[185] Ibn al-Kalbī: *Ǧambara*, 385–392; *TRM*, I, 1535–1537 und 1687–1689.

[186] az-Zubairī: *Nasab*, 152.
[187] *IHS*, II, 60–63. Sure 72, die viel älter ist, wird in der Erzählung fälschlich ebenfalls auf dieses Ereignis bezogen.
[188] Vgl. oben, 171.
[189] Vgl. oben, 202–204
[190] Sie werden an folgenden Stellen genannt: Sure 7, Vers 75, 137 und 150; Sure 28, Vers 4 f.; Sure 34, Vers 31-33. In Sure 34 spielen die für schwach Befundenen, wie bereits erörtert, eine negative Rolle.
[191] Die Beratschlagung der Mächtigen über die Beseitigung der lästigen Mahner ist ein häufiges Motiv im Koran und dürfte Erfahrungen Mohammeds widerspiegeln. Der Totschlag, den Mose verübt, wird im Midrasch erwähnt (Speyer: *Die biblischen Erzählungen im Qoran*, 246–248).
[192] Vgl. oben, 139 f. Die nun folgenden Verse 52 bis 55 sind ein Einschub aus medinensischer Zeit und werden hier nicht berücksichtigt (vgl. Nagel: *Einschübe*, 64 f.).
[193] Speyer: *Die biblischen Erzählungen im Qoran*, 342–344.
[194] Jemand anderen als Allah anzubeten, ist nur dann als die schwerste Sünde, als Vielgötterei, zu werten, wenn dies aus eigenem Antrieb geschieht. Wie Abraham in Sure 6, Vers 81 feststellt, ist die Vielgötterei nur deswegen verwerflich, weil Allah keine diesbezügliche „Vollmacht" erteilt hat.
[195] Vgl. oben, 138.
[196] Die Hinwendung zu Gott, der „Islam", zeigt sich nicht zuletzt in der Entgegennahme des Lebensunterhalts (arab.: *ar-rizq*) so, wie Allah ihn bestimmt hat; diesen Unterhalt zu eigenen Gunsten zu vermehren, bedeutet die Abwendung von Allah (Nagel: *Islam*, §§ 57 f.).
[197] Vgl. oben, 34–36.
[198] Vgl. oben, Anmerkung 194.
[199] Auch die Ṯamūd haben in Sure 7, Vers 75 ihre „Ratsversammlung", die den für schwach Befundenen gegenüber die Mißachtung des Prophetentums Ṣāliḥs kundtut.
[200] Vgl. oben, 179.
[201] *WQ/Jones*, 40 und 46; ar-Rauḥāʾ gehört zum Bezirk al-Furʿ und liegt 41 Meilen von Medina entfernt an einem der Wege nach Mekka.
[202] *NMQ*, 331 f.
[203] Er starb an der Pest in Emmaus (Ibn Ḥağar: *al-Iṣāba*, II, 94, Nr. 3573), die in das Jahr 17 h (begann am 23. Januar 638) datiert wird. Zu Suhail vgl. auch az-Zubairī: *Nasab*, 417 f.
[204] *IHS*, II, 20; TRM, I, 1203.
[205] *IST*, I/I, 143.
[206] Vgl. unten, 268 f.
[207] Vgl. oben, 167.
[208] *IST*, I/I, 143-145. Über die Bedeutung von aš-Šaʾm im Zusammenhang mit Mohammeds Sendung vgl. auch unten, 679.
[209] Paret: *Kommentar*, 302, mit Blick auf andere Visionen, auf die der Koran anspielt.
[210] Vgl. oben, 156.
[211] Seinen Vater nennt Ibn Ḥağar: *Tahḏīb*, IX, 234 f., Nr. 371.
[212] Auch die Vokalisierung al-Ğiʿirrāna ist bekannt.
[213] *FSG*, I, 292. Vgl. Guilleaume: *Where was al-Masyid al-aqṣā?* Dagegen möchte Paret die bei Mekka gelegenen Örtlichkeiten bei der Deutung dieses Verses nicht berücksichtigen (Paret: *Die „ferne Gebetsstätte" in Sure 17, 1*), was aber nicht überzeugt. Er findet in diesen Versen eine Anspielung auf die zwei Zerstörungen Jerusalems durch Nebukadnezar und Titus, übersieht aber, daß die zweite Zerstörung des in Sure 17 ja nicht genannten Jerusalem nur angedroht wird (Vers 6 f.).
[214] *WQ/Jones*, 958 f. Vgl. hierzu M. Plessner: *Muḥammed's clandestine ʿUmra.*
[215] *FSG*, loc. cit.
[216] Busse (*Muḥammad's Night Journey*, 1–4) erörtert die bisher zu diesem Gegenstand geäußerten Ansichten und schlägt vor (35–37), in dem Begriff *al-masğid al-aqṣā* aus Sure 17, Vers 1 das üblicherweise *al-bait al-maʿmūr* genannte himmlische Gegenstück zur Kaaba zu sehen. Da Busse für diesen Vorschlag keinen ausdrücklichen Quellenbeleg anführen kann und außerdem den Kontext, in dem die „Nachtreise" steht – Mohammed als Reformer der Riten –, nicht beachtet, möchte ich die Möglichkeit, daß Mohammed tatsächlich zu einem anderen als dem üblichen Zeitpunkt in der Nacht zum „fernsten Gebetsplatz" hinauszog und dadurch, wie im Falle der Gebetsriten, seine Befugnis zur Änderung des

Kultes demonstrierte, nicht ausschließen. Zur weiteren Erläuterung der Entwicklungsphase des Selbstverständnisses Mohammeds, in die die Nachtreise gehört, vgl. unten, 646–650.

[217] *IST*, IV/I, 158 f.; vgl. U. Rubin: *Morning and Evening Prayers*, passim und Nagel: *Einschübe*, 167.

[218] Nagel: *Das islamische Recht*, 48. Daß Mohammed in den letzten mekkanischen Jahren dem „Islam" entsprechende Riten stiftete, geht auch aus dem Bericht hervor, demzufolge er bei der Bestattung Ḫadīǧas zum ersten Mal ein rituelles Gebet zu einem Leichenbegängnis durchführen ließ (*IST*; VIII, 11). /Z/

[219] Zu dieser Thematik vgl. Nagel: *Einschübe*, 128–144. In Sure 33, Vers 50, in spätmedinensischer Zeit entstanden, gestattet sich Mohammed die Ehe mit seinen Cousinen der väterlichen und der mütterlichen Linie, sofern sie „mit dir ausgewandert" sind; hier geht es aber nicht um ein gemeinsames Erleben, sondern um den Rechtsstatus des „Auswanderers". Erst in der Prophetenbiographie (arab.: *as-sīra*) wird, wie U. Rubin (*The Life of Muḥammad*, 56 f.) mit Recht hervorhebt, aus der Vertreibung eine Hedschra. Im Koran (vgl. Sure 9, 40) nutze Mohammed die Anspielung auf die Höhle, in der er „zu zweit" die Gefahr abwartete, als eine „didaktische göttliche Rede"; in der Prophetenbiographie werde der Weggang Mohammeds aus Mekka in ein wichtiges Ereignis der Gemeindegeschichte umgemünzt und mit vielen Einzelheiten angereichert. In den folgenden Kapiteln wird, so hoffe ich, deutlich werden, wie diese literaturgeschichtliche Diagnose durch die Ereignis- und Ideengeschichte des frühesten Islams erst eigentlich einsichtig wird.

[220] *WQ/Jones*, 865. Es gibt eine für das Ansehen Medinas günstigere Fassung, die man auf die Abschiedswallfahrt verlegt; Mohammed fügt hier hinzu, Allah habe ihn aus dem Land vertrieben, das er, der Prophet, am innigsten geliebt habe; nun möge Allah ihn in dem Land ansiedeln, das er, nämlich Allah, am innigsten liebe – und das sei eben Medina gewesen (*TMD*, XI, 492).

[221] Vgl. oben, 25 f., 31 und 34.

[222] *IHS*, I, 267–269.

[223] Ibn al-Aṯīr: *al-Kāmil*, II, 449; auch ein viel späteres Sterbedatum wird genannt (ebd., III, 502), das Jahr 55 h (begann am 6. Dezember 674), doch hat man den Maḫzūmiten al-Arqam vielfach mit anderen Personen dieses Namens verwechselt (vgl. *IAB*, I, 108 f.).

[224] *IHS*, I, 270; Genealogie bei az-Zubairī: *Nasab*, 334.

[225] U. Rubin: *The Eye of the Beholder*, 128–130; Einzelheiten der Überlieferung bei M. Muranyi: *Die ersten Muslime von Mekka – soziale Basis einer neuen Religion?*

[226] *Ṣāḥib ḥilf al-fuḍūl*, IAB, I, 108.

[227] *WAMM*, II, 260.

[228] *IST*, IV/II, 87; der Name des Gehöfts hier irrtümlich Rābiḥ, vgl. *JQ*, s.v. *Rātiǧ*. Die vorislamische *daʿwa* scheint etwas mit dem Wohnsitz der betreffenden Sippe zu tun zu haben (vgl. das Beispiel *IST*, III/II, 20). Wenn Mohammed im Haus des Arqam eine eigene *daʿwa* propagiert haben sollte (vgl. die Formulierungen *IST*, III/I, 164, 170, 173), dann hätte darin ein politisch folgenreicher Affront gegen die mekkanischen Klanführer gelegen.

[229] *IST*, V, 7.

[230] Vgl. oben, 205 f.

[231] *IST*, IV/II, 95.

[232] Zusammenfassung bei Ibn al-Aṯīr: *al-Kāmil*, I, 655–684. Vgl. /Z/ IV 68.

[233] *IST*, III/II, 14 f.; IHS, II, 63–67.

[234] Ibn al-Aṯīr: *al-Kāmil*, I, 681. Datierung: *IGM*, II, 385 f.

[235] *IST*, I/I, 146 und III/II, 127 f.; Ibn Ḥaǧar: *al-Iṣāba*, I, 34, Nr. 111.

[236] *IST*, III/II, 22.

[237] Ebd., IV/I, 177 f.

[238] Ebd., IV/I, 164, Zeile 20–23.

[239] *IST*, I/II, 2 und III/II, 53 und 139.

[240] Ebd., I/I, 146 und III/II, 148.

[241] Lecker: *Medina*, 5 und 126.

[242] *IST*, I/I, 148 und 158. Vgl. unten, 274 f.

[243] *IST*, III/I, 99 f.: az-Zubairī: *Nasab*, 94.

[244] *IST*, III/I, 98 f.

[245] *IHS*, II, 112.

[246] *IST*, III/I, 171.

[247] Ebd., III/I, 281 f.; *IHS*, II, 114.

[248] az-Zubairī: *Nasab*, 19.
[249] *IHS*, II, 115; *IST*, VIII, 177.
[250] *IST*, III/I, 163; Lecker: *Medina*, 84 f.
[251] *IST*, III/I, 288.
[252] Vgl. oben, 44. Vgl. /Z/ IV 68.
[253] Vgl. oben, 103.
[254] *IAB*, II, 70 f.; Ibn Ḥağar: *al-Iṣāba*, II, 6, Nr. 3052. Laut *IAB*, IV, 257 gehörte diese Frau zu den Banū ʿAmr b. ʿAuf.
[255] Nagel: *Einschübe*, 135 f.
[256] Über die „Strengen" vgl. oben, 57–59.
[257] Ein Beispiel für diese Aktivitäten Mohammeds ist Suwaid b. Ṣāmit von den Banū ʿAmr b. ʿAuf, der schon vor der Schlacht von Buʿāṯ mit ihm zusammengetroffen war. Suwaid hatte ihm dabei ein Schriftstück über den weisen Luqmān (vgl. Sure 31, 12–19) gezeigt – ein weiterer Beleg für die Verbreitung des Erzählgutes, das Mohammed in seiner „Lesung" in eine im Arabischen bis dahin unbekannte Form goß (*IHS*, II, 67 f.).
[258] *WQ/Jones*, 1102; Šaiba pflegte auch den rituellen Aufenthalt im Berg Ḥirāʾ (*NMQ*, 422).
[259] *MHB*, 175; Ibn Ḥazm: *Ǧamhara*, 491. Šaiba und ʿUṯmān b. al-Ḥuwairiṯ waren Zechgenossen (arab.: *an-nadīm*, Pl. *an-nudamāʾ*), wie beispielsweise auch Zaid b. ʿAmr b. Nufail b. Asad b. ʿAbd al-ʿUzzā und Waraqa b. Naufal b. Asad b. ʿAbd al-ʿUzzā (*NMQ*, 365, *MHB*, 175). Die gesellschaftliche Bedeutung der Zechgenossenschaft ist noch zu ermitteln.
[260] *IHS*, II, 64, Zeile 2 f.
[261] Ibn al-Kalbī: *Ǧamhara*, 492: Hāniʾ b. Qabīṣa b. Hāniʾ b. Masʿūd.
[262] Vgl. unten, 530–532.
[263] Sein Name ist Qais b. Masʿūd, vgl. Ibn al-Kalbī: *Ǧamhara*, 492.
[264] *AG2*, II, 125 f.; ebd., XXIV, 54. Zu *aṭ-ṭuʿma* vgl. unten, 398.
[265] *TRM*, I, 1016. Aṭ-Ṭabarī nennt an dieser Stelle eine Reihe von Orten, an denen Schlachten zwischen den Rabīʿa und den Sasaniden geschlagen worden sind; welche Zeiträume jeweils dazwischenlagen, ist unbekannt, so daß die Behauptung, Mohammed sei zum Zeitpunkt der Schlacht bereits berufen gewesen (vgl. auch Ibn al-Aṯīr: *al-Kāmil*, I, 489), sehr wohl bei einem dieser Treffen stimmen kann. Das überlieferte Material verbindet alle Kämpfe mit dem Ortsnamen Ḏū Qār (vgl. *JQ*, s.v.). */Z/*
[266] *AG2*, VIII, 329 f.
[267] Vgl. oben, 60.
[268] *IST*, I/II, 73.
[269] Vgl. oben, 60.
[270] Nagel: *Alexander*, 92–109, besonders 101.
[271] *IHS*, II, 65 f.
[272] Vgl. unten, 480–482.
[273] Da dieser Vers mekkanisch ist, könnte Mohammed ihn vorgetragen haben. Er soll aber auch Sure 6, Vers 151 angeführt haben; hierbei handelt es sich um einen medinensischen Einschub (Nagel: *Einschübe*, 26–28). Da Sure 16, Vers 90 von späteren Rechtsgelehrten, in Burhān ad-Dīn al-Ḥalabīs Text (*IU*, II, 4, Zeile 25) von ʿIzz ad-Dīn b. ʿAbd as-Salām (gest. 1262), für die Quintessenz der mohammedschen Botschaft angesehen wurde, ist vermutlich die ganze Ansprache Mohammeds eine spätere Konstruktion.
[274] *IGM*, III, 23–25; *IU*, II, 4 f.
[275] Beispiele: Ḥāriṯa b. al-Auqaṣ geht einen Schwurbund mit Umaija b. ʿAbd Šams ein, um ungestört dem Kaabakult obzuliegen (*NMQ*, 236 f.); Schwurbünde, um der Blutrache zu entgehen (*NMQ*, 235, 237, 243); um einen fähigen Mann zu gewinnen (*NMQ*, 239); um Verschwägerungen zu bekräftigen (*NMQ*, 239 f., 245).
[276] Vgl. oben, 42 und 54 f.
[277] Vgl. oben, 46 f.
[278] *NMQ*, 232–235.
[279] *IST*, I/I, 145, Zeile 19–21. Mohammed sprach diese Stämme nicht nur bei Mekka an, sondern auch in ʿUkāẓ, Mağanna und Ḏū Mağāz.
[280] *JQ*, s.v. al-ʿAqaba: Zwischen Mekka und Mina; dies geschah im Jahre 11 nach der Berufung. Woher Jāqūt diese mit den von uns aus al-Wāqidī (Himmelfahrt achtzehn Monate vor der Hedschra, *IST* I/I, 143, Zeile 3; Nachtreise zwölf Monate vor der Hedschra, *IST* I/I, 143, Zeile 19) erschlossenen Zeitangaben nicht übereinstimmende Datierung entlehnt hat, verschweigt er leider. Nach der in *IGM* überlieferten muslimischen Chronologie, die mit dem

Jahr der Berufung beginnt, fällt die vorletzte mekkanische Pilgersaison Mohammeds auf das Ende seines zwölften Jahres, das vierzehnte Jahr nach der Berufung umfaßt nur die ersten drei Monate, die Mohammed noch in Mekka zubrachte, und ist ab dem Monat Rabīʿ al-auwal mit dem Jahr 1 der Hedschra identisch (*IGM*, III, 45).

[281] *IST*, I/I, 147 f. Ibn Umm Maktūm: ebd., I/I, 158, Zeile 26. Der Inhalt dieser Vereinbarung taucht in spätmedinensischer Zeit in Sure 60, Vers 12 auf; damals, vermutlich nach dem Einzug Mohammeds in Mekka, verpflichtete er Frauen, die „gläubig" geworden waren, zur Einhaltung der genannten Normen. Die Bezeichnung „Treueid der Frauen" für die erste al-ʿAqaba-Verpflichtung kann erst jetzt aufgekommen sein. Die zweite al-ʿAqaba-Verpflichtung wird unter diesem Blickwinkel und im Rahmen der in Kapitel V näher beschriebenen Dschihadidee zu einem Treueid der Männer, der wie selbstverständlich die Heeresfolge einschloß. So werden wir auch auf diesem Weg zu der Einsicht geführt, daß, wie im folgenden dargelegt werden wird, erst unter den machtpolitischen Gegebenheiten der spätmedinensischen Zeit der in der zweiten al-ʿAqaba-Vereinbarung gewährte *ǧiwār* zu einem Versprechen der Heeresfolge verfälscht wird. Über die in diesem Zusammenhang zu beachtenden medinensischen Klanrivalitäten und Mohammeds keineswegs überparteiliche Politik in Medina (vgl. unten, 456–461).

[282] *IHS*, II, 97.

[283] *IST*, I/I, 148–150.

[284] *IHS*, II, 92 f.

[285] Ebd., II, 70. Einen detaillierten Überblick über das Heidentum in Medina gibt M. Lecker (*Idol Worship in Pre-Islamic Medina*). Es fällt auf, daß eine herausragende Gottheit, vergleichbar dem mekkanischen Allah, fehlt (vgl. die Übersicht, ebd., 342 f.).

[286] Lane: *Lexicon*, s.v. *d-m-w/j*.

[287] *IHS*, II, 85.

[288] Vgl. oben, 179 f.

[289] Vgl. oben, 61.

[290] Ibn Ḫurdaḏbah: *al-Masālik wal-mamālik*, 128; vgl. das Gedicht in *JQ* (ed. Wüstenfeld III, 567, Zeile 8)

[291] *IHS*, II, 90.

[292] Ebd., II, 97.

[293] Ebd., II, 110 f.

[294] Nagel: *Einschübe*, 56.

[295] *IHS*, II, 123 f.

[296] Ebd., II, 128.

[297] Ebd., II, 130.

[298] *TRM*, I, 1240 f. (aus der über ʿUrwa b. az-Zubair auf ʿĀʾiša zurückgeführten Fassung).

[299] Nagel: *Einschübe*, 65.

Kapitel IV: Der Glaube

[1] *IST*, I/I, 157 f.

[2] *IHS*, II, 137.

[3] Lecker: *Early Islamic Medina*, 6 sowie Karte 2.

[4] *IHS*, II, 139.

[5] Vgl. oben, 44.

[6] Ibn Ḥaǧar: *al-Iṣāba*, I, 405, Nr. 2163.

[7] Laut al-Wāqidī wurde im Jahre 54 h (begann am 16. Dezember 673) die Insel Arwad, „nahe bei Konstantinopel", erobert; diese geographische Bestimmung der vor Tartus an der syrischen Küste gelegenen Insel ist freilich abwegig (*TRM*, II, 163). Rhodos wurde schon ein Jahr vorher besetzt (*TRM*, II, 157), doch stellt man in der Nachricht hierüber keine Verbindung zu Konstantinopel her. Abū Aijūb wird als Teilnehmer an Muʿāwijas Angriff auf Zypern im Jahr 29 (begann am 14. September 649) erwähnt, der ersten muslimischen Unternehmung zur See (*BAF*, 153 f.).

[8] *IST*, I/I, 160, Zeile 25 – 161, Zeile 1.

[9] Ibn Ḥaǧar: *al-Iṣāba*, I, 561, Nr. 2880.

[10] *IST*, I/I, 160, Zeile 25–161, Zeile 1.

[11] al-Marāġī: *Taḥqīq*, 44.

[12] Ebd., 43 f.

[13] Text: *t-m-ʾ-m*, lies: *ṯumām*, Lane: *Lexicon*, s.v. *ṯ-m*.
[14] *IST*, I/II, 2; al-Marāġī, op. cit., 45. Bei ad-Dārimī: *Sunan, muqaddima 6* taucht der erste Teil des Ausspruches in einer ganz anderen Bedeutung auf: *ʿarīš* meint dort eine Vorstufe zur Predigtkanzel; vgl. auch Aḥmad b. Ḥanbal: *Musnad*, VI, 342 und 343, wo mit *ʿarīš* ein (bescheidenes?) Nachtlager gemeint zu sein scheint.
[15] *IST*, I/II, 2 f.; al-Marāġī, op. cit., 44 f.
[16] Vgl. *BAA*, II, 41.
[17] Über die Eigenständigkeit von Qubāʾ vgl. oben, 257 f.; *BAA*, I, 282 und *IU*, II, 9 f. und 12. Angesichts der ḥanīfischen Auffassung, daß das Ḥanīfentum der jüdischen und der christlichen Kultpraxis „religionsgeschichtlich" vorausliege, erscheint die Wahl des Freitags zum Versammlungstag plausibel.
[18] Vgl. oben, 249.
[19] Nagel: *Abraham in Mekka*, 142 und 144.
[20] *IST*, IV/I, 120; *USM*, 46.
[21] Vgl. oben, *Z* I 183.
[22] *IST*, I/II, 5 f.
[23] Ebd., I/II, 6, Zeile 23 f.
[24] Nöldeke: *Geschichte des Qorāns*, I, 186.
[25] Text: *nūdija*. Das im islamischen Ritualrecht gebräuchliche Wort *aḏān* kommt im Koran in der Bedeutung „Gebetsruf" nicht vor. In der spätmedinensischen Sure 9, Vers 3, bezeichnet es die feierliche Kundgabe der Rücknahme der Versprechen, die Mohammed den Heiden kurz zuvor gegeben hatte. Das aus *aḏān* abgeleitete Verbum *aḏḏana* begegnet in Sure 22, Vers 27: Abraham soll allen Menschen die Stiftung der Pilgerriten *verkünden*. Es läßt sich nicht ermitteln, ob die Formulierung in Sure 62 den *aḏān* genannten Gebetsruf voraussetzt oder nicht. Sure 62, Vers 9 ist der einzige koranische Beleg für die Verbindung des Verbums *nādā* mit *aṣ-ṣalāt*.
[26] Ibn Ḥaǧar: *Tahḏīb*, V, 223 f., Nr. 381.
[27] Ebd., 224, Zeile 2: Er träumte, wie man zum Gebet „rufen" (arab.: *an-nidāʾ*) solle. Ibn Ḥaǧar: *al-Iṣāba*, II, 312, Nr. 4686: Er träumte den *aḏān*.
[28] *IST*, I/II, 7, Zeile 18: *aṣ-ṣalāta ǧāmiʿatan*, d.h. das Gebet in einer (alle) zusammenbringenden Weise.
[29] *IHS*, II, 155 f.
[30] Vgl. oben, 248 f.
[31] Möglicherweise ist dies der Sinn von Sure 11, Vers 114, einem medinensischen Einschub in Sure 11.
[32] Rubin: *Morning and Evening Prayers*, 57. „Die Beigeseller hielten uns (während des Grabenskrieges) vom mittleren Gebet ab – möge Allah ihnen den Leib und die Gräber mit Feuer füllen!" sagte Mohammed laut Ibn al-ʿAbbās und habe die *ṣalāt al-ʿaṣr* gemeint (*WQ/Jones*, 474, Zeile 2).
[33] Zur Sache vgl. Watt/Welch: *Der Islam*, I, 278–284.
[34] *BAA*, I, 133 und 301.
[35] *IST*, IV/I, 123.
[36] Ebd., I/II, 4; vgl. ferner Nagel: *Einschübe*, 145–148.
[37] Text: *ḫalūq*. Laut Fagnan: *Additions*, 50 handelt es sich um eine Substanz, die Safran sowie nicht näher bestimmte Duftstoffe enthält.
[38] *USM*, I, 19; Belege im *ḥadīṯ* bei Wensinck: *Concordance*, s.v. *b-ṣ-q*.
[39] Sure 28, Vers 85; vgl. oben, 268 f.
[40] *BAA*, I, 132; vgl. oben, 156–162.
[41] So zu vokalisieren laut al-Marāġī: *Taḥqīq*, 142, Anmerkung 2; vgl. jedoch *USM*, I, 68, Anmerkung 1.
[42] *BAA*, I, 285; al-Marāġī, op. cit., 141.
[43] *IST*, I/II, 4.
[44] Ibn Ḥaǧar: *al-Iṣāba*, III, 302, Nr. 7433.
[45] *IHS*, II, 82 f.; vgl. *TRM*, I, 1219. In den Texten wird fast immer aš-Šaʾm als Gebetsrichtung genannt; Jerusalem (arab.: *bait al-maqdis*) kommt erst in einer Überlieferung vor, die Jūnus b. Bukair über den irakischen Juristen Ibn abī Lailā (gest. 765) ohne Zwischenglieder auf Muʿāḏ b. Ǧabal zurückführt (*JB*, 297).
[46] Zitiert bei Nöldeke: *Geschichte des Qorāns*, I, 180, Fußnote. Dies bestätigt *JB*, 298: Als Mohammed nach Medina kam, fastete er am ʿĀšūrāʾ-Tag sowie drei Tage in jedem Monat.

Danach erlegte er seinen Anhängern das Ramadanfasten auf, wobei ihnen als Ersatz die Speisung eines Armen gestattet war (Sure 2, 184). Da die meisten lieber einen Armen bewirtet als gefastet hätten, sei Vers 185 offenbart worden, der den in Medina Anwesenden das Fasten als Pflicht auferlegte, verbunden allerdings mit den in Vers 187 verkündeten Erleichterungen.

[47] Ebd., 179, Fußnote. Die bisher vorgebrachten Theorien über den jüdischen Ursprung des *ʿĀšūrāʾ*-Fastens finden sich bei Wagtendonk: *Fasting in the Koran*, 41–46, vgl. ferner ebd., 79.

[48] Noch Watt: *Muhammad at Medina*, 199 (ältere Beispiele bei Nöldeke, op. cit., I, 179, Fußnote) hält an dieser Vermutung fest, die aber keine Grundlage in den Quellen hat und außerdem stillschweigend voraussetzt, daß die Überlieferungen über die vorislamische in Mekka geübte Religionspraxis samt und sonders Fiktionen seien. Es fragt sich freilich, wieso man jene Überlieferungen in frühislamischer Zeit hätte fingieren sollen, wo doch unser Quellenmaterial viel eher dazu neigt, den Bruch zu betonen, der das Zeitalter des Heidentums unüberbrückbar vom Islam trenne.

[49] *BS*, *ṣaum* 1.

[50] Vgl. oben, 57–59 und Z I 183.

[51] Vgl. oben, 57.

[52] Nöldeke: *Geschichte des Qorāns*, 179 schreibt: „Diese unerhörte Steigerung läßt sich, wie die Umwandlung der Qibla, weder aus prinzipiellen Gedanken des Islām oder aus heidnischen Institutionen herleiten, noch als freie und willkürliche Erfindung betrachten." Sie muß also als eine – womöglich mißverstandene – Nachahmung eines fremden Rituals aufgefaßt werden. Diese Deutung setzt voraus, daß Mohammed in einem von kultischen Überlieferungen leeren Raum heranwuchs und dann, nachdem er in Medina in die Verlegenheit gebracht worden war, eine religiös-politische Gemeinde zu führen, an Riten aufgriff, was er irgend bekommen konnte. Es ist diese auf fatale Weise unhistorische Sicht auf Mohammed und den Beginn des Islams, die es zu überwinden gilt. Die letzten, absurdesten Ausläufer dieser unhistorischen Sicht – die übrigens in verblüffender Weise die dogmatisch-muslimische widerspiegelt, derzufolge Mohammed und der Koran Setzungen Allahs ohne geschichtlichen Kontext sind – habe ich in der *Einführung in den Gegenstand* beschrieben (vgl. ferner oben, 117).

[53] Vgl. oben, 79: Der Aufenthalt am Berg Ḥirāʾ gehörte zur Glaubenspraxis des ʿAbd al-Muṭṭalib, der sich dessen Nachkommen verpflichtet fühlten.

[54] Die Nacht zum 27. Ramadan (Watt/Welch: *Der Islam*, I, 310).

[55] Vgl. oben, 93 f.

[56] ʿUmar b. ʿAbd al-ʿAzīz ließ sich von ihm überliefern, wielange ein „Auswanderer" nach dem Ende der Pilgerfahrt in Mekka verbleiben durfte (*IST*, IV/II, 77).

[57] *TRM*, I, 1373; *HT*, 278.

[58] *IST*, II/II, 103.

[59] az-Zubairī: *Nasab*, 409; Ibn Ḥağar: *al-Iṣāba*, III, 604, Nr. 8965.

[60] *IST*, IV/I, 141.

[61] Vgl. oben, 143.

[62] Nagel: *Einschübe*, 26–28, 45

[63] *WQ/Jones*, 855 f. Vgl. oben, 142.

[64] „Kern des Korans": *IST*, VII/I, 49. Ferchl: *Die Deutung der „rätselhaften Buchstaben"*, 97–100, 116–128.

[65] Die *zakāt*-Gabe dient der Läuterung der Person des Gebers, anderes ist dem Koran nicht zu entnehmen (vgl. Nagel: *Das islamische Recht*, 51–55). Die *ṣadaqāt* sind ein der Steuer vergleichbarer Tribut, der den nicht in die medinensische Kampfgemeinschaft eingetretenen Personen bzw. Verbänden abverlangt wird und nach Sure 9, Vers 60 entsprechend den Interessen dieser Kampfgemeinschaft zu verwenden ist (vgl. unten, 399–402).

[66] Nämlich der Götzenverehrung; vgl. hierzu Jeffery: *Foreign Vocabulary*, 202 f.

[67] Michael war als der Schutzherr der christlichen Heere bekannt, vgl. oben, 79.

[68] Daß Mohammed auf eine Unterstützung durch die medinensischen Juden gerechnet habe, wird seit Jahrhunderten in europäischen Darstellungen seines Lebens behauptet. Einen stichhaltigen Beleg in den Quellen gibt es hierfür nicht. Er forderte, sie sollten ihn anerkennen – was etwas ganz anderes ist. /*Z*/

[69] Vgl. oben, 161–166.

[70] In diesem Sinne zitiert Mohammed selber einen Teil dieses Verses in der Aufforderung an die Juden von Ḫaibar, sich zu ergeben (*IHS*, II, 193). Daß dieser Vers (Sure 2, 256) zur Toleranz aufrufe, wie immer wieder behauptet wird, widerspricht schlicht den Tatsachen. Nirgends im Koran werden Andersgläubige in ihrer Eigenart geduldet. Dergleichen Vorstellungen lagen Mohammed völlig fern. Von andersgläubiger Seite dagegen hat man früh versucht, diesen Teilvers gegen den Druck der islamischen Eroberer und der von ihnen gestellten Obrigkeit einzusetzen; so berief sich auf sie ein christlicher Sklave ʿUmar b. al-Ḫaṭṭābs (*IST*, VI, 110). Jene Worte sind, wenn man sie aus ihrem Zusammenhang löst, der einzige koranische Text, den Andersgläubige den muslimischen Zumutungen entgegenhalten können.
[71] Ein erneuter Hinweis auf die Weitherzigkeit des Ḥanīfentums, das Mohammed predigt.
[72] Vgl. oben, 130–140.
[73] Nöldeke: *Geschichte des Qorāns*, I, 195.
[74] *IST*, IV/I, 11 f.; die Kuhsure steht für die einzig wahre Ritualordnung; der *Samura*-Baum, unter dem man Mohammed den unbedingten Gehorsam in seinen kriegerischen Unternehmungen zuschwören wird, ist das Symbol der kriegerischen Gläubigkeit.
[75] Vgl. die Belege in Muḥammad Fuʾād ʿAbd al-Bāqī: *al-Muʿǧam*, 316–318.
[76] Wie M. Hinds erkannt hat, liefen die ältesten Sammlungen von Überlieferungen zum Leben Mohammeds unter der Bezeichnung *al-maġāzī* um. Erst ab dem 3. islamischen Jahrhundert bezog man diesen Begriff im engeren Sinn auf das Wirken des Propheten in Medina (Hinds: *Maghāzī and Sīra in Early Islamic Scholarship*). Selbst die Jahre in Mekka werden somit unter dem Gesichtspunkt des Kampfes interpretiert. Die *maġāzī*- Bücher des az-Zuhrī sowie des Ibn Isḥāq in der Fassung des Jūnus b. Bukair beginnen mit dem Ausheben des Zemzembrunnens durch ʿAbd al-Muṭṭalib (Hinds, op. cit., 197) und spiegeln vermutlich das Verständnis des Islams als einer Fortsetzung der Glaubenspraxis dieses Vorfahren Mohammeds wider. Wie erinnerlich, hatte die Ächtung der Sippe des ʿAbd al-Muṭṭalib gegolten; ihr nahm man es übel, daß sie in ihren Reihen nun auch einen Propheten hatte
[77] Vgl. /Z/ II 38.
[78] Ibn Ḥaǧar: *al-Iṣāba*, II, 449, Nr. 5375.
[79] Anscheinend beweinte man ihn erst auf Anweisung Mohammeds (*IF*, III, 235); ʿAlī b. abī Ṭālib erhob ihn zu einer Identifikationsfigur seiner Anhängerschaft (ebd., IV, 278), übrigens zusammen mit ʿUbaida b. al-Ḥāriṯ (ebd., IV, 336).
[80] Bei Ibn al-Kalbī: *Ǧamhara*, 153 ist von einem Friedensabkommen die Rede.
[81] Vgl. oben, 49.
[82] So hatte Ḥarb b. Umaija mit der Sippe des Nufāṭa b. ʿAdī b. ad-Dīl b. Bakr b. ʿAbd Manāt eine Eidgenossenschaft geschlossen (*NMQ*, 265).
[83] *IST*, II/I, 7 Zeile 19 f.
[84] Über die Verwandtschaftsverhältnisse sowie die Verbindung zu den Ḫuzāʿa unterrichtet Ibn al-Kalbī: *Ǧamhara*, 135–137.
[85] *IST*, II/I, 3. Der Text eines vergleichbaren Abkommens mit den Banū Ġifār wird von al-Wāqidī überliefert; darin wird ausdrücklich ausgeschlossen, daß sie Mohammed in einem Krieg unterstützen, den er um der Glaubenspraxis willen führt (vgl. unten, 406).
[86] *WQ/Jones*, 9–12; *IHS*, II, 241–245; *IST*, II/I, 2–5. Vgl. ferner oben, 100 und 102.
[87] *IHS*, II, 245.
[88] Sein Vater al-Musaijab b. Ḥazn: Ibn Ḥaǧar: *Tahḏīb*, X, 152, Nr. 290; er war auf mekkanischer Seite bei den Unterredungen von al-Ḥudaibīja zugegen.
[89] Sein Vater Saʿīd b. Jarbūʿ war einer der Quraišiten, die ʿUmar mit der Erneuerung der Grenzsteine des heiligen Bezirks betraute (Ibn Ḥaǧar: *Tahḏīb*, IV, 99 f., Nr. 167).
[90] *WQ/Jones*, 10.
[91] Ebd., 11.
[92] *JQ*, s.v. *Buwāṭ*.
[93] Ebd., s.v. *Raḍwā*.
[94] *WQ/Jones*, 12; *IHS*, II, 248; *IST*, II/I, 3 f.
[95] Hierzu A. Fischer in *Zeitschrift der Deutschen Morgenländischen Gesellschaft* LX/1906, 857; Beispiele bei M. Ullmann: *Wörterbuch*, *kāf*, 485 f.
[96] Die Auslegung der Kriege Mohammeds als Verteidigungskriege beruht auf dieser die überlieferten Fakten verdrehenden Sicht, die von den meisten Muslimen und vielen kritiklosen Andersgläubigen bis in die Gegenwart vehement verfochten wird; sie fügt sich nahtlos mit der Fiktion zusammen, Mohammed sei in Mekka ein unpolitischer Dulder gewesen.

[97] *WQ/Jones*, 12 f. ; *IHS*, II, 248–250; *IST*, II/I, 4 f.
[98] Ǧaḥš b. Riʾāb al-Asadī (von den Banū Asad b. Ḫuzaima, vgl. Ibn al-Kalbī: *Ǧamhara*, 168 f.) hatte wegen einer Blutfehde sich nach einem quraišitischen Eidgenossen umgesehen und war bei den Banū l-Asad b. ʿAbd al-ʿUzzā b. ʿAbd Manāf, dem Klan Ḫadīǧas, auf Gegenliebe gestoßen (*NMQ*, 237 f.); andere Quraišiten sollen Ǧaḥš darüber aufgeklärt haben, daß er sich einen unheilvollen Klan ausgesucht habe (*NMQ*, 357). Durch die Ehe mit Umaima, einer Tochter ʿAbd al-Muṭṭalibs (az-Zubairī: *Nasab*, 19; *MHB*, 63), verband er sich mit Mohammeds Sippe; aus dieser Ehe ging der genannte ʿAbdallāh hervor (vgl. unten, 305).
[99] *WQ/Jones*, 13–19; *IHS*, II, 252, 256; *IST*, II/I, 5; *TRM*, I, 1274–1279.
[100] *WQ/Jones*, 28.
[101] Ebd., 19 f.
[102] Ṯābit war in der Schlacht bei Buʿāṯ durch einen Juden der mit den Ausiten verbündeten Banū Quraiẓa gefangengenommen worden; der Jude hatte zum Zeichen, daß Ṯābit ihm das Leben verdanke, diesem Stirnlocke abgeschnitten (vgl. das Beispiel unten, 552) und ihn dann freigelassen. Als Mohammed nach dem Grabenkrieg die wehrfähigen Männer der Banū Quraiẓa abschlachten ließ, erbat sich Ṯābit von ihm, er möge ihm jenen – inzwischen in hohem Alter stehenden – Juden schenken, damit er diesem die Dankesschuld begleichen könne. Mohammed willigte ein (*TRM*, I, 1495).
[103] Ibn Ḥaǧar: *al-Iṣāba*, I, 195, Nr. 904.
[104] Vgl. oben, 259.
[105] *WQ/Jones*, 126; vgl. die Anekdote um den Heiden ʿUjaina b. Ḥiṣn in *AG2*, XV, 219; vgl. ferner unten, 553.
[106] Ibn Ḥaǧar: *al-Iṣāba*, II, 369, Nr. 4954. ʿAbdallāhs Vater Masʿūd, ein Huḏailite, war wegen einer Blutfehde ein Eidgenosse des ʿAbd b. al-Ḥāriṯ von den quraišitischen Banū Zuhra b. Kilāb geworden (*NMQ*, 245; az-Zubairī: *Nasab*, 265).
[107] *BAA*, I, 318 f. Vgl. unten, 323.
[108] *BAA*, I, 45.
[109] *AG2*, III, 42.
[110] *IST*, II/I, 7, Zeile 22.
[111] *WQ/Jones*, 41.
[112] *IST*, II/I, 7.
[113] *WQ/Jones*, 31; vgl. oben, 26.
[114] *WQ/Jones*, 28 f.
[115] az-Zubairī: *Nasab*, 18.
[116] *IHS*, II, 259 f.; *WQ/Jones*, 29.
[117] 1 Dirhem entspricht ungefähr 3 Gramm.
[118] *WQ/Jones*, 41.
[119] Ebd., 39.
[120] *IHS*, II, 270.
[121] *MS*, *ruʾjā* 6-9; weitere Belege: Wensinck: *Handbook*, 61, „Certain dreams belong to prophecy".
[122] Ibn al-Kalbī: *Ǧamhara*, 168. Die Quraišiten zwangen die Banū Hāšim, die in Mekka lebten, mit ihnen gegen ihren Klangenossen Mohammed ins Feld zu ziehen; Abū Lahab befreite sich von der unangenehmen Pflicht, indem er einen Ersatzmann stellte, nämlich al-ʿĀṣ b. Hišām b. al-Muġīra al-Maḫzūmī, dem er im Glücksspiel das gesamte Vermögen abgenommen hatte; al-ʿĀṣ fiel bei Badr (*NMQ*, 365 f.). Auch diese Überlieferung zeigt, daß die Quraišiten die bevorstehende Schlacht gegen Mohammed als eine Fortsetzung des innerquraišitischen Ringens betrachteten, das mit der Ächtung seinen letzten Höhepunkt erreicht hatte.
[123] *IAB*, II, 272.
[124] Einmal findet sich der Hinweis, daß die Markttage von Badr auf den Anfang des Ḏū l-Qaʿda fielen (vgl. unten, 362), während die Schlacht im Ramadan stattfand. Zum Treiben und zu den Bräuchen während der Markttage vgl. Jacob: *Altarabisches Beduinenleben*, 99–104.
[125] *IHS*, II, 270 f.; vgl. *IST*, II/I, 8 f.
[126] *IST*, III/II, 2.
[127] Die ausitischen Banū ʿAbd al-Ašhal hatten schon vor längerer Zeit Kontakte nach Mekka geknüpft (vgl. oben, 253).

[128] *WQ/Jones*, 35 f.
[129] Ebd., 48.
[130] Ebd., 32. Die Vokalisierung *aṣ-ṣubāḥ* ist in *aṣ-ṣabaʾa* zu berichtigen.
[131] Vgl. oben, 242: Bekannte Örtlichkeiten werden mit der Geschichte Moses in Zusammenhang gebracht.
[132] *WQ/Jones*, 47 f.; *IHS*, II, 267.
[133] Vgl. unten, 462–465.
[134] *WQ/Jones*, 50; die Schlachtrufe ebd., 71 und *IST*, II/I, 8.
[135] *WQ/Jones*, 51 f.
[136] *IHS*, II, 272; *WQ/Jones*, 54 f.
[137] *WQ/Jones*, 14 f.
[138] *IHS*, II, 275.
[139] Vgl. oben, 131, 193.
[140] *IHS*, II, 277 f.
[141] *WQ/Jones*, 67.
[142] *IHS*, II, 272 f.
[143] Ebd., II, 279 f. Bei al-Wāqidī ist von einem Zelt Mohammeds die Rede; daß Abū Bakr bei ihm war, wird durch einen glossierenden Zusatz in den Text eingefügt, in dem Abū Bakr sonst nicht erwähnt wird (*WQ/Jones*, 98). Daß der Herrscher den Kampf nur beobachtet, dürfte dem Wunsch geschuldet sein, sein Königsheil nicht zu gefährden; Steine gegen die Feinde zu schleudern, um sie zu verjagen, ist ebenfalls ein häufiger Topos..
[144] az-Zubairī: *Nasab*, 213.
[145] Da der Oheim zum Fleisch und Blut des Neffen gehört (vgl. die abbasidische Kalifatsideologie, Nagel: *Rechtleitung und Kalifat*, 139–142 sowie /Z/ VIII 92), wird mit dessen Gesicht zugleich dasjenige des Propheten verunstaltet. Allgemein soll Mohammed empfohlen haben: „Wenn jemand gegen seinen (Glaubens-)Bruder kämpft, dann soll er dessen Gesicht meiden" (*MS, al-birr* 112–116). Das Gesicht gilt als der Körperteil, der – bei Männern – nicht verhüllt werden darf, da sich auf ihm die Vorzüge der Persönlichkeit spiegeln. Schließlich schuf Allah Adam „nach seinem Gesicht" (ebd., Nr. 115).
[146] *IHS*, II, 281.
[147] Ebd., II, 291.
[148] *WQ/Jones*, 83–85.
[149] Ebd., 90 f.
[150] *AG2*, XV, 157 und 162.
[151] Beispiel des Imruʾ al-Qais, *AG2*, IX, 87 (*AG1*, VIII, 68).
[152] Diese Verse sind ein medinensischer Einschub (Nagel: *Einschübe*, 63 f.); in Mekka stellte sich für Mohammed die Frage nach dem Einsatz derartiger Propagandamittel noch nicht. Jetzt heißt es, daß diejenigen, die zu den Muslimen zählen, deren Dienste in Anspruch nehmen dürfen (Vers 227).
[153] *IHS*, II, 293 f.
[154] Ebd., II, 295; JB, 309.
[155] *IHS*, II, 297; *IST*, II/I, 11 und 14.
[156] *IHS*, II, 316. Ein Vergleich mit den Kosten von Gütern des täglichen Bedarfs ist nicht möglich. Jedoch erreichte unter dem Kalifen ʿUṯmān (reg. 644–656) in Medina der Wert einer Dattelpalme eintausend Dirhem (*IST*, IV/I, 49), ein Preis, der vermutlich der Teuerung anzulasten ist, die durch das Einströmen überreicher Kriegsbeute verursacht wurde.
[157] Vgl. oben, 223.
[158] *IHS*, II, 314 f. Dies ist der Zusammenhang, in den das in Sure 8, Vers 67 ausgesprochene Verbot gehört, Gefangene zu machen; nach dem Freikauf könnten sie erneut gegen ihn kämpfen, da ist es besser, sie zu töten.
[159] *IHS*, II, 306–314.
[160] *JB*, 310.
[161] *IST*, II/I, 14.
[162] Lecker: *Early Islamic Medina*, 19 weist mit Recht die in der wissenschaftlichen Literatur verbreitete Annahme zurück, nach Mohammeds Ankunft in Medina habe man sich dort rasch und nahezu vollständig zum Islam bekannt. Lecker zeigt (a.a.O., 19–49), daß der Sippenverband der Aus Allāh sich erst nach dem Grabenkrieg zum Übertritt bequemte.
[163] Lecker, op. cit., 23 f.
[164] Ebd., 101 f.

[165] Muḥammad b. Ḥabīb beschreibt die Ausdehnung des Quraišitentums, die in vorislamischer Zeit mittels der Eidgenossenschaft erfolgte und in islamischer Zeit auf anderer Rechtsgrundlage – Verschwägerung, Freundschaft, Schutzgenossenschaft, Klientelschaft – fortgesetzt wurde (*NMQ*, 232–248 und 249–267). Mohammeds diesbezügliche Maßnahmen werden als „Verbrüderung" (arab.: *al-mu'āḫāh*), jedoch auch mit dem Verbum *ḥālafa* (*IST*, I/II, 1, Zeile 14) bezeichnet, das den heidnischen Vorgang des Schließens einer Eidgenossenschaft benennt.

[166] *IST*, I/II, 1. Vgl. oben, 303.

[167] *IHS*, II, 150 f.

[168] Vgl. die berühmten Reden aus Anlaß der Thronerhebung as-Saffāḥs (*TRM*, III, 33).

[169] *IHS*, II, 322.

[170] ar-Rāzī: *Mafātīḥ al-ġaib*, XV, 103, zu Sure 8, Vers 7.

[171] *WQ/Jones*, 131 f.

[172] *IHS*, II, 258.

[173] Ebd., II, 269.

[174] Ebd., II, 323.

[175] *WQ/Jones*, 132 nimmt den „Schmutz des Satans" wörtlich und führt aus, dank dem Regen hätten die Muslime vor dem Pflichtgebet die rituelle Reinheit herstellen können.

[176] So wird der Inhalt in den Korankommentaren aufgefaßt, z.B. ar-Rāzī: *Mafātīḥ al-ġaib*, XV, 109, zu Sure 8, Vers 12 (durch das Abschlagen der Gliedmaßen sollten die Feinde kampfunfähig gemacht werden, führt ar-Rāzī aus).

[177] Ein frühes Beispiel dafür bietet eine Predigt ʿAlī b. abī Ṭālibs in Kufa: Wie drei heftige Windstöße erscheinen Gabriel, Michael und Israfil mit ihren Heerscharen und postieren sich zur Rechten, zur Linken und in der Mitte der von Mohammed befehligten Truppen (*WQ/Jones*, 57 f.).

[178] Das Herz als der Sitz des Verstandes soll die Gefolgsleute Mohammeds von der Notwendigkeit des Gehorsams gegen „Allah und seinen Gesandten" überzeugen.

[179] Vgl. oben, 202.

[180] Indem Vögel Steine auf Abraha herabgeworfen hatten, war dessen Angriff auf Mekka gescheitert, was, wie gezeigt (vgl oben, 70), dem Einfluß ʿAbd al-Muṭṭalibs auf Allah zugeschrieben wurde; die den Hāšimiten reserviert gegenüberstehenden quraišitischen Sippen hielten offensichtlich von dieser Legende nichts, weshalb sie Mohammed aufforderten, gegen sie die gleiche Strafe zu erwirken. Mohammed erfindet einen „plausiblen" Grund für das Ausbleiben dieser Strafe und wertet die Niederlage, die er bei Badr den Quraišiten beibrachte, anscheinend als die aus dem genannten triftigen Grund durch Allah hinausgezögerte Ahndung quraišitischer Zweifelsucht, Spottlust und Ungläubigkeit.

[181] Vgl. oben, 51.

[182] Paret: *Kommentar*, 190.

[183] *IST*, III/II, 36; Ibn Ḥağar: *al-Iṣāba*, II, 246, Nr. 4353.

[184] Lecker: *Early Islamic Medina*, 25 f.

[185] *BAA*, I, 325.

[186] *IHS*, II, 234 f.; *BAA*, I, 334.

[187] Lecker: *Early Islamic Medina*, 136–140.

[188] Auf die Anfänge dieses Prozesses werden wir in Kapitel VII zu sprechen kommen. Eine grundlegende Untersuchung dieses für die islamische Geschichte äußerst bedeutungsvollen Geschehens steht noch aus. /*Z*/

[189] Die vielfach vorgetragene Auffassung, Mohammed habe ein „besseres" Gefüge der Familie geschaffen (Watt: *Muhammad at Medina*, 332) und dadurch der Gleichberechtigung der Frau zum Durchbruch verholfen (die diesbezüglichen „Argumente" der Islamapologetik findet man zusammengestellt in Schirrmacher/Spuler-Stegemann, 64–66), verkennt völlig die historischen Tatsachen.

[190] Smith: *Kinship and Marriage*, 79 und 284.

[191] Ebd., 280.

[192] *AG2*, XV, 69–71 (*AG1*, XII, 150); *IST*, I/II, 40 und II/I, 116.

[193] Nicholson: *Literary History*, 243.

[194] Smith: *Kinship and Marriage*, 280.

[195] Ebd., 73 f. und 78.

[196] Ebd., 76 f.

[197] Laut Smith: *Kinship and Marriage*, 70 gehören die Kinder aus einer solchen uxorilokalen Verbindung der Sippe der Mutter; das Beispiel Mohammeds aber zeigt, daß andere Regelungen getroffen werden konnten. Daher mußte für Mohammed eine Amme gefunden werden (vgl. oben, 101).
[198] Weithin bekannt ist die Überlieferung, derzufolge die Frauen in vorislamischer Zeit den Eingang ihres Zeltes auf die gegenüberliegende Seite verlegten und dadurch dem Mann, der sie bis dahin aufzusuchen pflegte, zu verstehen gaben, daß es damit nun ein Ende habe (*AG2*, XVII, 387; *AG1*, XVI, 106). Zur Begründung eines uxorilokalen Eheverhältnisses benötigte die Frau nicht unbedingt einen Vormund (al-Mubarrad: *al-Kāmil*, 264 f.).
[199] *IST*, VIII, 36. /*Z*/
[200] Ebd., VIII, 39.
[201] Da as-Sakrān seine Gattin Sauda nach Äthiopien mitnehmen konnte, wird er eine Kaufehe geführt haben. Durch die Heirat mit Mohammed blieb Sauda in quraišitischen „Besitz"; der in den Quellen für eine solche „Nachfolge" oft verwendete Ausdruck ist *ḫalafa ʿalaihā*, d.h. „(NN) trat die Nachfolge (in der Position des Ehegatten) über sie an".
[202] Sie haben in ʿAmr b. Kaʿb einen gemeinsamen Urgroßvater, der als der Herr der quraišitischen Banū Taim b. Murra gegolten hatte (az-Zubairī: *Nasab*, 275 und 280).
[203] *IST*, VIII, 42 f. Über die Ausstattung der einzelnen „Häuser" der Frauen Mohammeds vgl. Knieps: *Verschleierung*, 188.
[204] Vgl. unten, 499 nebst Anmerkung 35.
[205] Dies ist der naheliegende, sich aus dem Zusammenhang ergebende Sinn des Satzes *ḏālika adnā al-lā taʿūlū* (vgl. im übrigen ar-Rāzī: *Mafātīḥ al-ġaib*, IX, 144–146, zu Sure 4, Vers 3).
[206] Lane: *Lexicon*, s.v. *ṣ-d-q*.
[207] Wie aus dem verwendeten Begriff *baʿl* (vgl. dazu unten, 334) folgt, handelt es sich hier um Ehen, die durch Kauf oder Raub gestiftet wurden.
[208] Vgl. hierzu oben; Kapitel I, Anmerkung 120.
[209] Das islamische Recht hat, zumindest im Bereich des Sunnitentums, den hier für die Auswanderer ermöglichten käuflichen Geschlechtsverkehr zugunsten der althergebrachten Kaufehe wieder aufgegeben (vgl. die folgende Anmerkung). Im Schiitentum lebt er in der Form der *mutʿa*-Ehe fort; doch hielt sich auch im Sunnitentum die Erinnerung daran, daß in frühester islamischer Zeit das „Genießen" der Frauen gegen Entgelt möglich war (vgl. Gribetz: *Strange Bedfellows*, 181 f.).
[210] Die Schariagelehrten hatten dann auch ihre liebe Not damit, das „Entgelt", das laut Sure 4, Vers 24 für den oder nach dem Genuß fällig wird, in einen mit dem Übergang der Frau in das Eigentum des Mannes zu entrichtenden Preis umzudeuten (vgl. Faḫr ad-Dīn ar-Rāzī: *Mafātīḥ al-ġaib*, X, 40 f., zu Sure 4, Vers 24). Ein analoger Fall für „Entgelt", in denselben Begriffen ausgedrückt, ist die in Sure 65, Vers 6 geforderte Entlohnung stillender Mütter, sofern diese bereits durch ihre Ehemänner verstoßen wurden.
[211] Diese Vorstellung hat sich bis in die Gegenwart gehalten. So zählt man zu den aus der Sure 30, Vers 30 genannten *fiṭra* abgeleiteten „islamischen" Grundrechten das „Recht, einer Mutter Sohn zu sein" (Nagel: *Das islamische Recht*, 347).
[212] Smith: *Kinship and Marriage*, 78; Ibn Māǧa: *Sunan*, *nikāḥ* 3.
[213] Es ist möglich, daß Mohammed in Sure 4, Vers 32 vom durch Tätigkeit erworbenen Eigentum spricht (Bell: *The Qurʾān*, Sure 4, 32). Im folgenden Vers ist jedoch eindeutig wieder vom Erbe die Rede.
[214] Die Frauen Mohammeds wurden etwa ab dem Jahr 4 (begann am 13. Juni 625) weit schärferen Vorschriften unterworfen, durch die sie nahezu völlig aus der Öffentlichkeit ausgeschlossen wurden. Diese in Sure 33, Vers 53 und 59 sowie in Sure 24, Vers 31 niedergelegten Bestimmungen wurden bald auf alle Musliminnen ausgedehnt (Knieps: *Verschleierung*, 182–226). Die Sonderstellung der Frauen des Propheten blieb nach dessen Tod insofern erhalten, als sie, die „Mütter der Gläubigen", keine neue Ehe eingehen durften.
[215] Vgl. unten, 450.
[216] *IHS*, IV, 251; *WQ/Jones*, 1112 f.
[217] Vgl. das Beispiel *NMQ*, 133, Zeile 3–4.
[218] *BAA*, II, 90.
[219] Ibn Ḥaǧar: *al-Iṣāba*, III, 191, Zeile 25 f., Nr. 6924.
[220] Belege bei Ullmann: *Wörterbuch*, II (*lām*), 314, s.v. *liḥāf*. Auch das aus dem Koran in die Schariawissenschaft eingegangene Wort für Ehe, *an-nikāḥ*, meint nach Ansicht der musli-

mischen Rechtsgelehrten ursprünglich das Umarmen, Umfassen oder Bedecken (Nagel: *Das islamische Recht*, 63).

[221] Hierzu Jonas: *Gnosis und spätantiker Geist*, I, 346, 354.

[222] Speyer: *Die biblischen Erzählungen im Qoran*, 60 f. Daß Eva aus der Rippe Adams genommen sei, wird erst in Genesis II, Vers 21 f. gesagt, im Zusammenhang mit der Szene, in der Gott Adam die Tiere vorführt und durch ihn benennen läßt. Die koranische Entsprechung findet sich z.B. in Sure 2, Vers 30 bis 33. An dieser Stelle wird Adam im Koran mit seinem Namen genannt, und er wird als „Stellvertreter" (arab.: *al-ḫalīfa*) bezeichnet. Es ist nicht auszuschließen, daß der Sinn „Nachfolger", den *al-ḫalīfa* ja ebenfalls hat, mitschwingt, „Nachfolger" nämlich der Präadamiten, deren Existenz man in der Spätantike aus dem vorhergehenden Bericht (Genesis I, 27) über die Schöpfung des Urmenschen und sein Erscheinen als Mann und Frau folgerte. Daß die Menschen auf der Erde „Nachfolger", *ḫalāʾif*, nicht näher spezifizierter Wesen sein sollen (Sure 10, 14; weitere Belege: Paret: *Kommentar*, 156), könnte in diese Richtung deuten.

[223] In der Gnosis ist die Überzeugung belegt, durch das Ausleben der Fleischeslust füge man sich dem göttlichen Willen (Leisegang: *Die Gnosis*, 261). Es wird der mannweibliche Charakter der Urschöpfung „nachgespielt".

[224] Flasch: *Eva und Adam*, 21 f.

[225] Der Inhalt, den der Begriff *zauǧ* im Koran hat, ist zweierlei: Er bezeichnet zum einen die polare Zweiheit des männlichen und des weiblichen Menschen, die beide „aus einer Seele" (Sure 4, 1; 7, 189; 39, 6) geschaffen wurden; er bezeichnet, wie in Sure 16, Vers 72 und Sure 30, Vers 21 das weibliche Gegenstück zur männlichen Vereinzelung der androgynen „Urseele" (vgl. Lane: *Lexicon*, 1266 f., s.v. *z-w-ǧ*). Das feministische Schrifttum aus muslimischer Feder möchte aus den Worten „schuf euch aus einer einzigen Seele" eine von Mohammed bzw. Allah beabsichtigte Gleichberechtigung von Mann und Frau herauslesen. Daran denkt Mohammed aber gerade nicht. Er verwendet diese Vorstellung von der Schöpfung des Menschen, um das patrilineare Verwandtschaftssystem und die unbedingte Bindung der Frau an den – muslimischen – Mann zu bekräftigen.

[226] Sauda galt als Quraišitin, da lediglich ihre Mutter zu den Banū ʿAdī b. an-Naǧǧār zählte. Vgl. /Z/ IV 199.

[227] *IHS*, IV, 293–298; *SRU*, IV, 267 f. Ibn Saʿd nennt zwölf Gattinnen, mit denen er die Ehe vollzog; die bei Ibn Isḥāq fehlende ist die Jüdin Raiḥāna bt. Zaid von den Banū n-Naḍīr, vorher verehelicht mit einem Juden von den Banū Quraiẓa (*IST*, VIII, 92). Weshalb sie in der „kanonischen" Überlieferung mit Schweigen übergangen wird, werden wir sehen (vgl. unten, 498–500).

[228] Nagel: *Authority of the Caliphate*, 184.

[229] Die Herkunft der hier und in Medina auch schon in Sure 2, Vers 51 bis 61 sowie Vers 63 f. und Vers 87 bis 93 von Mohammed aufgegriffenen Motive erläutert Speyer: *Die biblischen Erzählungen im Qoran*, 295–304.

[230] Wie fest Mohammed im überkommenen, durch die Blutsverwandtschaft bestimmten Menschenbild verwurzelt ist, zeigt sich in seiner Auffassung von der Rechtmäßigkeit des Tötens: Regelungen der Blutrache gewähren einer Sippe einen rechtmäßigen Grund zur Ermordung eines Angehörigen einer anderen Sippe (vgl. Sure 2, 178 f.); das Töten, das nicht den Gesetzen der Talio folgt, ist lediglich innerhalb der wie eine große Sippe aufgefaßten Gemeinschaft der Muslime geächtet. /Z/

[231] Mohammed macht sich das doketische Christusverständnis zueigen, das zu seiner Zeit von einigen christlichen Strömungen, vor allem jedoch im Manichäismus gelehrt wurde.

[232] Vgl. *RGG*[4], s.v. *Doketismus*, II. Islam (van Ess).

[233] Wie aus Sure 19 hervorgeht, meinte Mohammed allerdings nicht, daß Jesus ein Geistwesen sei, das sich nur einer menschlichen Verhüllung bedient habe. Eine solche Abwertung des Leibes, wie etwa Markion sie mit Bezug aus Jesus vertrat, lag Mohammed völlig fern.

[234] Vgl. oben, 165.

[235] Im Alten Testament ist ʿAmrām der Vater von Mose und Aaron sowie von deren Schwester Mirjam (4. Mose 26, 59). Diese Mirjam wird von Mohammed mit der Mutter Jesu verwechselt (vgl. Paret: *Kommentar*, 64 f.).

[236] Vgl. oben, 161, 163, 170 f.

[237] Andeutung des Fegefeuers? Vgl. auch Nagel: *Medinensische Einschübe*, 54 (zu Sure 19, 71).

[238] Vgl. Nagel: *Medinensische Einschübe*, 21, 32 f., 43, 51, 61, 63 f., 71, 88.

[239] Vgl. *WQ/Jones*, 176 und *IST*, II/I, 19, Zeile 14.
[240] Diese Eulogie könnte später eingefügt worden sein.
[241] Vgl. oben, 323.
[242] Watt: *Medina*, 225.
[243] *IHS*, II, 147–150. Ich habe in den Quellen keine zwingenden Gründe dafür finden können, die drei Themenkreise der Vereinbarung – Bestätigung der blutrechtlichen Verbände, die Gläubigen als kriegführende Gemeinschaft, das Verhältnis der jüdischen Mitglieder der mit Mohammed verbündeten Klane zu den kriegführenden Gläubigen – auf unterschiedliche Phasen des medinensischen Wirkens Mohammeds zu verteilen; allein die für sich stehende Nennung der „Juden der Aus" (*IHS*, II, 150, Zeile 5 f.) dürfte ein aus der Geschichte der Islamisierung Medinas zu erklärender Einschub sein. Einen Überblick über die bisher vorgeschlagenen Einteilungen findet man bei G. Schaller: *Die „Gemeindeordnung von Medina"*, 204–213.
[244] So Wensinck: *Joden*, 78 f.
[245] Lecker: *Early Islamic Medina*, 19 f.
[246] Text: *ahl hāḏihi ṣ-ṣaḥīfa*, *IHS*, II, 149, Zeile 20.
[247] Watt: *Medina*, 221: „Constitution of Medina".
[248] *IHS*, II, 121.
[249] *WQ/Jones*, 181 f.; *SWW*, 1265.
[250] Ṣafwān b. Umaija war in Mekka für die Lospfeile zuständig; er war demnach eng mit dem heidnischen Kultgeschehen verbunden (Ibn Ḥağar: *al-Iṣāba*, II, 187, Nr. 4073).
[251] *IHS*, II, 316–318.
[252] Der Begriff (arab.: *an-nabī al-ummī*) entstammt der spätmekkanischen Zeit, vgl. Nagel: *Medinensische Einschübe*, 29 und 188, Anmerkung 28. Vgl. ferner oben, 178–180.
[253] Einzelheiten bei Nagel: *Muḥammads Haltung zu den anderen Religionen*, 193. Vgl. ferner unten, 442–445.
[254] *WQ/Jones*, 22 f.; *USM*, 158.
[255] Vgl. oben, 254 f. und unten, 456–461.
[256] Er war, da von einer jüdischen Mutter geboren, Jude; sein Vater gehörte zu den Banū Ṭaiji' (Watt: *Medina*, 18).
[257] *IST*, II/I, 11.
[258] *NMQ*, 367. Ibn Ḥabīb führt an dieser Stelle eine längere Liste quraišitischer Zechgenossen (arab.: *an-nadīm*) an; es handelt sich stets um zwei Männer unterschiedlicher Sippen. Die Zechgenossenschaft war demzufolge eine die Klangrenzen überwindende Einrichtung.
[259] *WQ/Jones*, 122.
[260] Ebd., 42, 58, 184–187; az-Zubairī: *Nasab*, 301 f.; Ḥassān b. Ṯābit: *Dīwān*, I, 29–33 /*Z*/ Vgl. auch /*Z*/ II 219.
[261] *WQ/Jones*, 122, 185 f.
[262] Ibn Ḥağar: *al-Iṣāba*, III, 383, Nr. 7806.
[263] al-Ḥāriṯ b. Aus (*IST*, III/II, 14), ʿAbbād b. Bišr (*IST*, III/II, 17), Abū Nā'ila Silkān b. Salāma (*WQ/Jones*, 187; Ibn Ḥağar: *al-Iṣāba*, IV, 195, Nr. 1146).
[264] Abū ʿAbs b. Ğabr; er war mit einer Schwester Muḥammad b. Maslamas verheiratet, die zu den wenigen Frauen zählte, die Mohammed bei al-ʿAqaba gehuldigt hatten (*IST*, III/II, 23 f.).
[265] *WQ/Jones*, 187. Kaʿb b. al-Ašraf betätigte sich als Pfandleiher (*IST*, II/I, 23), was zu seiner Verhaßtheit beigetragen haben wird. Vgl. ferner Lecker: *Wāqidīs Account*, 26.
[266] *WQ/Jones*, 187–190. Im Inhalt entspricht dies bis in die Einzelheiten den Überlieferungen bei Ibn Isḥāq (*IHS*, II, 54–61); er fügt lediglich hinzu, daß die falschen Freunde Kaʿb als *agents provocateurs* zu Äußerungen über die Gefahr verleiteten, in die Medina durch jenen dahergelaufenen Mohammed gebracht werde; daß Mohammed die Meuchelmörder auf dem Weg zu ihrem Verbrechen ein Stück weit begleitete und daß Mohammed vor allem darüber erbost gewesen sei, daß Kaʿb sich in den der dichterischen Konvention entsprechenden erotischen Einleitungen seiner Qaṣīden über Musliminnen ausgelassen habe.
[267] Lecker: *Early Islamic Medina*, 38.
[268] Text: *atāwī*, d.h. jemand, der fälschlich die Zugehörigkeit zu der Gemeinschaft behauptet, in der er sich gerade aufhält.
[269] *IHS*, III, 58 f.
[270] *WQ/Jones*, 172–174; *IST*, II/I, 18.
[271] Lecker: *Early Islamic Medina*, 52.

[272] *al-bakkāʾūn*; aṭ-Ṭabarīs Liste dieser Personen, die Ibn Ḥağar: *al-Iṣāba*, II, 5, Nr. 3046 erwähnt, konnte ich nicht finden. Jedoch überliefert Ibn Isḥāq ihre Namen (*IHS*, IV, 161). ʿAmr b. ʿAuf al-Muzanī, der sich auf dem Zug nach Badr an die Geschichte Moses erinnert fühlte (vgl. oben, 242), zählte ebenfalls zu den „Weinern" (*WQ/Jones*, 40). – In der äußeren Vorhalle der orthodoxen Kirche standen beim Gottesdienst die „Weinenden", die Büßer des untersten Grades, in der inneren Vorhalle die Katechumenen und die Büßer höherer Grade (Heiler: *Ostkirchen*, 190). Letztere könnte man mit den medinensischen *ahl aṣ-ṣuffa* vergleichen. Vgl. unten, 711.
[273] *WQ/Jones*, 175.
[274] Vgl. *IHS*, II, 177–192.
[275] Ebd., II, 188-190. Vgl. über die medinensischen Eidgenossenschaften der Zeit vor Buʿāṯ vgl. Ibn al-Aṯīr: *al-Kāmil*, I, 677–680; ferner Wellhausen: *Skizzen und Vorarbeiten*, viertes Heft, 31–35.
[276] Vgl. oben, 254 f.
[277] *IHS*, II, 203–206.
[278] Ebd., II, 153 f.
[279] Ebd., II, 174.
[280] Ebd., II, 201; *WQ/Jones*, 176.
[281] *IHS*, II, 206.
[282] Vgl. *IHS*, II, 206 f.
[283] *IHS*, II, 154. Er mochte sich zu diesem Schritt dank seiner Verwandtschaft berechtigt sehen; Salmā, die Mutter ʿAbd al-Muṭṭalibs, gehörte, wie erinnerlich, dieser ḫazrağitischen Klangruppe an. Außerdem war ihm die Umgebung seit seiner Kindheit vertraut (vgl. oben, 103).
[284] *JQ*, s.v. *Aḏruʿāt*.
[285] *IHS*, III, 50–53; *WQ/Jones*, 176–180, verkürzt in *TRM*, I, 1359–1361.
[286] oder: bt. al-Ḥ.d.ṯ, Ibn Ḥağar: *al-Iṣāba*, IV, 305, Nr. 432. Ramla war eine Ḫazrağitin aus der Sippe der Banū n-Naǧǧār.
[287] *WQ/Jones*, 192. Diese Worte stellen al-Wāqidīs eigene Bewertung dar; angesichts der Tatsache, daß die Juden bei der Ankunft Mohammeds die mächtigste und am besten gerüstete Bevölkerungsgruppe Medinas darstellten, hinter der die Muslime und die „Beigeseller" weit zurückstanden (Lecker: *Wāqidī's Account*, 17 f.), griff Mohammed zum nackten Terror. Das „Abkommen" mit den Banū n-Naḍīr soll sich nach dem Tod Mohammeds im Besitz seines Vetters ʿAlī befunden haben (ebd., 26).
[288] *IHS*, III, 47 f.; vgl. oben, 345; Lecker: *Sulaym*, 6.
[289] Lecker: *Sulaym*, XIII.
[290] *WQ/Jones*, 182 f.
[291] Ebd., 195 f.
[292] Ebd., 196; *IHS*, III, 50; *IST*, II/I, 24. Ich folge der Datierung al-Wāqidīs, die von derjenigen Ibn Isḥāqs abweicht.
[293] *WQ/Jones*, 198; *IHS*, III, 53 f.; *IST*, II/I, 24 f.; *AG2*, XVII, 324 f.
[294] *IST*, II/I, 25.
[295] *WQ/Jones*, 203.
[296] Vgl. oben, 321.
[297] *WQ/Jones*, 206.
[298] *WQ/Jones*, a.a.O.
[299] *SWW*, 1175 f.
[300] *IHS*, III, 68; *WQ/Jones*, 210–220.
[301] *WQ/Jones*, 229–231.
[302] Ebd., 235, 296.
[303] Ebd., 274, 284, 286, 297. Abū Sufjān entschuldigt die von seinen Kämpfern begangenen Verstümmelungen mit dem Ungestüm, das von ihnen Besitz ergriff. Mohammed soll solches Ungestüm als satanisch und nicht mehr zu rechtfertigen charakterisiert haben (ebd., 305); wenn Mohammed tatsächlich zu dieser Einsicht gelangt sein sollte, dann erst nach der Schlacht, denn diese Art der Entehrung des Feindes ist für beide Seiten bezeugt.
[304] *WQ/Jones*, 332.
[305] Ebd., 277; *IHS*, III, 76, 82.
[306] *WQ/Jones*, 280.
[307] az-Zubairī: *Nasab*, 14.

[308] Lecker: *Banū Sulaym*, 108-119, besonders 113. In Wahrheit war ʿAbd Manāfs Mutter die Ḫuzāʿitin Ḥubbā bt. Ḥulail (az-Zubairī: *Nasab* 14). Ibn al-Aṯīr schreibt (*al-Kāmil*, II, 34), daß es bekannt gewesen sei, daß sich Mohammed in diesem Falle fälschlich eine sulamitische Herkunft beigelegt habe.
[309] Vgl. oben, 120.
[310] *IHS*, III, 82.
[311] *WQ/Jones*, 244. Der Vergleich mit den Maßnahmen der Muslime beim Grabenkrieg wird hier ausdrücklich gezogen.
[312] *WQ/Jones*, 245; *IHS*, III, 85.
[313] Vgl. unten, 614, 620.
[314] *IHS*, III, 86. „Sein Leben verkaufen, um das Wohlwollen Allahs zu erstreben", diese Formulierung begegnet schon in Sure 2, Vers 207 (vgl. auch Sure 4, Vers 74: „...das diesseitige Leben für das jenseitige verkaufen..."). In Sure 9, Vers 111 wird diese Haltung als die für die Gläubigen kennzeichnende erscheinen.
[315] Text: *Badr aṣ-ṣafrāʾ*. Laut *JQ*, s.v. *Badr*, ist ohne Ansehung der in der Überlieferung zu „Badr" hinzutretenden Epitheta stets dieselbe Örtlichkeit gemeint.
[316] *WQ/Jones*, 297; *IHS*, III, 100.
[317] *IHS*, III, 100–111.
[318] *IHS*, III, 111; *WQ/Jones*, 317–319.
[319] Vgl. oben, 49; Ibn al-Kalbī: *Ǧamhara*, 166–168; *NMQ*, 115.
[320] *IHS*, III, 178–181.
[321] Lecker: *Banū Sulaym*, 106.
[322] *WQ/Jones*, 347.
[323] ʿĀmir b. aṭ-Ṭufail b. Mālik ist der Neffe von ʿĀmir b. Mālik (vgl. *IST*, I/II, 51; Ibn Ḥaǧar: *al-Iṣāba*, II, 258, Nr. 4424).
[324] *WQ/Jones*, 349.
[325] Ebd., 351 f. Ein weiteres Beispiel für den altarabischen Brauch, dem besiegten Feind die Stirnlocke abzuschneiden: *TRM*, I, 1495.
[326] *IHS*, III, 199–201; *WQ/Jones*, 364–367. M.J. Kister kommt nach einer Analyse der verworrenen Überlieferungen zu dem Ergebnis, daß der Mord an den Missionaren Mohammeds durch einen für einen bei Badr Gefallenen Blutrache suchenden Klan der Banū Sulaim verübt und von ʿĀmir b. aṭ-Ṭufail zumindest billigend in Kauf genommen wurde; Männer von den zu den Banū ʿĀmir b. Ṣaʿṣaʿa zählenden Banū Kilāb waren an der Untat beteiligt (*The Expedition of Biʾr Maʿūna*, 356), was im übrigen erklären könnte, warum Mohammed beim Massaker an den Banū Quraiẓa auch die Mitglieder der mit diesen verbündeten Banū Kilāb, deren er habhaft werden konnte, töten ließ. Als Anstifter des Massakers von Biʾr Maʿūna scheinen die quraišitischen Banū Naufal b. ʿAbd Manāf eine Rolle im Hintergrund gespielt zu haben. Nach M. Lecker (*On arabs of the Banū Kilāb*, 70) ist jedoch auch denkbar, daß der Kampf bei Biʾr Maʿūna erst nach dem Grabenkrieg stattfand, wie auch überliefert wird. Dies angenommen, sei das Massaker als eine Rachetat ʿĀmir b. aṭ-Ṭufails zu verstehen, vollzogen wegen der Ermordung etlicher mit den Banū Quraiẓa verbündeter Beduinen.
[327] Angeblich betrachteten die Banū n-Naḍīr Mohammed voller Mißgunst, da sie feststellen mußten, daß das Prophetentum nicht mehr unter den Nachkommen Aarons heimisch sei, zu denen sie sich selber zählten (*WQ/Jones*. 368).
[328] *WQ/Jones*, 373.
[329] Ebd., 378, Zeile 7.
[330] Ebd., 379.
[331] *IHS*, III, 201, Zeile 16.
[332] Ebd., III, 202.
[333] Ebd., III, 202, Zeile 8. /Z/
[334] Aš-Šaʾm ist *arḍ al-maḥšar* (*BAA*, V, 38, Zeile 9).
[335] *WQ/Jones*, 374.
[336] Ebd., 381.
[337] Ebd., 384.
[338] *IHS*, III, 220; *WQ/Jones*, 385–387.
[339] *WQ/Jones*, 389: Die Mekkaner bemühten sich um den Aufbau einer Koalition; *IHS*, III, 225: Juden und ein Vertreter der ausitischen Banū Wāʾil gingen nach Mekka, um die Quraišiten zu einem Bündnis zu gewinnen.

340 *WQ/Jones*, 422, Zeile 17.
341 Ebd., 443.
342 Vgl. oben, 78.
343 *WQ/Jones*, 402–404.
344 *SWW*, 1306; vgl. ebd., 1281 (*al-Furʿ*). /Z/
345 *SWW*, 1278 f.; *JQ*, s.v. *al-Ġamīm*: zwischen Rābiġ und al-Ǧuḥfa.
346 Ibn Ḥağar: *al-Iṣāba*, I, 146, Nr. 632. Buraidas Anhang soll, als er den Islam annahm, etwa achtzig Zelte umfaßt haben (*IAB*, I, 174).
347 Vgl. oben, 49.
348 Vgl. oben, 46.
349 *WQ/Jones*, 404–407.
350 Ebd., 405.
351 Ebd., 410. Der Begriff *al-faiʾ* ist im Zusammenhang mit einem generell von Mohammed erhobenen Eigentumsanspruch zu verstehen.
352 *IAB*, I, 192–195. Wie beschrieben, geht die „liturgische" Ausgestaltung des muslimischen Kultus in wesentlichen Teilen auf die „Helfer" zurück.
353 In das islamische Recht übernommener heidnischer Vertragstyp, der einem Sklaven die Möglichkeit einräumt, eine vereinbarte Summe Geldes zu beschaffen oder neben den dem Eigentümer geschuldeten Diensten zu erarbeiten, um sich damit die Freiheit zu erkaufen (arab.: *al-mukātaba*). In der medinensischen Sure 24, Vers 33 empfiehlt Mohammed, mit zuverlässigen Sklaven einen solchen Vertrag abzuschließen (vgl. *EI²*, s.v. ʿAbd, I, 30, R. Brunschwig). 1 Uqija = 125 Gramm (Hinz: *Maße und Gewichte*, 35).
354 *WQ/Jones*, 410 f. Das Skandalöse, den Konflikt mit den „Helfern" Auslösende im Verhalten Mohammeds wird in einigen Überlieferungen überspielt, indem man behauptet, Ǧuwairijas Vater habe bei Mohammed die Freilassung seiner Tochter mit dem Hinweis erwirkt, sie sei zu edel, als daß sie eine Kriegsgefangene sein dürfe. Mohammed läßt ihr daraufhin die Wahl, entweder zu ihrem – heidnischen – Vater zurückzukehren oder beim Gesandten Allahs zu bleiben; natürlich entscheidet sie sich „richtig" (*IST*, VIII, 84). Ṯābit b. Qais und die „Helfer" kommen hier gar nicht vor und demgemäß auch nicht der aufbrechende geschichtsmächtige Zwist mit den „Helfern".
355 Lecker: *Early Islamic Medina*, 124.
356 *WQ/Jones*, 415 f. „Lumpen": *ǧalābīb Quraiš*; ʿAbdallāh b. Ubaij verwendet hier den Spottnamen, den die Heiden den „Auswanderern" gaben (*WQ/Jones*, 416, Anmerkung 4; vgl. ebd., 581). – Ibn Isḥāq (*IHS*, III, 302–309) setzt den Feldzug nach al-Muraisīʿ ein Jahr zu spät an (*IHS*, III, 302, Anmerkung 2).
357 Vgl. unten, 498–500, 620.
358 Usaid b. (al-)Ḥuḍair, vgl. Ibn Ḥağar: *al-Iṣāba*, I, 49, Nr. 185.
359 Sie zitiert mittelbar ein Wort, mit dem Mohammed auf dem Feldzug nach Tabuk einen universalen Herrschaftsanspruch verkündet haben soll (vgl. dazu unten, 437) (Aḥmad b. Ḥanbal: *Musnad*, II, 222 = neue Ausgabe, Nr. 7068; weitere Belege und Varianten bei ʿIjāḍ al-Jaḥṣubī: *aš-Šifāʾ*, I, 168 f.).
360 Sie ist die einzige Version, die Ibn Isḥāq (*IHS*, III, 310 ff.) und von ihm abhängige Quellen kennen (z.B. *TRM*, I, 1518–1525).
361 Zainab bt. Ǧaḥš war die Ehefrau Zaid b. Ḥāriṯas, des Sklaven Mohammeds, gewesen; Mohammed fand Gefallen an ihr, und Allah, sein Alter ego, riet ihm verständnisvoll, er möge sich seine Wünsche erfüllen (Sure 33, 38 f.), worauf Mohammed Zainab ehelichte. Zainab soll sich viel darauf zugute gehalten haben, daß sie die einzige Frau war, die der Prophet dank himmlischer Eingebung geheiratet hatte (*IST*, VIII, 72 f.). Vgl. /Z/ V 156.
362 *WQ/Jones*, 426–440; *IHS*, III, 309–321.
363 Vgl. oben, 342; *WQ/Jones*, 442; *IHS*, III, 225. Al-Wāqidī erzählt dies zweimal (*WQ/Jones*, 389), das erste Mal unmittelbar vor den Vorstößen Mohammeds nach Dūmat al-Ǧandal und al-Muraisīʿ, die als Reaktion auf die zwischen den Quraišiten und den Juden vereinbarte Zusammenarbeit zu verstehen sind. Bei der Schilderung des Grabenkrieges drei Monate später kommt er auf diese Vorgeschichte zurück.
364 Paret: *Kommentar*, 96.
365 *WQ/Jones*, 444, Zeile 8: *aḏ-ḏurra*, lies: *aḏ-ḏura*; zur Sache: Dietrich: *Dioskurides triumphans*, Teil II, 248 (II, 81).
366 *WQ/Jones*, 444-446.
367 Ebd., 451.

[368] Ebd., 454.
[369] Ebd., 457.
[370] Ebd., 477. Die Genealogie der Banū Murra steht bei Ibn al-Kalbī: *Ǧamhara*, 416. Die Banū Murra behaupteten später, sie seien gar nicht an der Koalition gegen Mohammed beteiligt gewesen (*WQ/Jones*, 443 f.).
[371] *WQ/Jones*, 476. Donner hebt mit Recht die stammespolitische Schwäche Mohammeds hervor; erst der Gewinn von Ḫaibar habe ihm die Möglichkeit eröffnet, in nennenswertem Maß Verbündete an sich zu ziehen (Donner: *Muḥammad's Political Consolidation*, 238–240 und 245).
[372] ʿUrwa b. az-Zubair in *DNB*, III, 398–407; *IHS*, III, 225–244; *WQ/Jones*, 443–493, besonders 470–490.
[373] Datierung nach *WQ/Jones*, 440 und 446.
[374] *IHS*, III, 247 f.; *WQ/Jones*, 507 f.
[375] *IHS*, III, 250 f.; *WQ/Jones*, 510–512.
[376] *WQ/Jones*, 515–518.
[377] Ebd., 510.
[378] Ebd., 523, Zeile 14 – 524, Zeile 1.
[379] Ibn Ḥaǧar: *al-Iṣāba*, III, 388, Nr. 7823.
[380] *WQ/Jones*, 522 f.
[381] Ebd., 524.
[382] Die Quraišiten entstammten der Linie Muḍar-Iljās-Mudrika-Kināna, die Banū Liḥjān waren Nachkommen des Huḏail b. Mudrika.
[383] *WQ/Jones*, 531 f. und 536.
[384] Text: *al-ġāba*, vgl. *SWW*, 1276.
[385] *WQ/Jones*, 542.
[386] Ebd., 538–571; *SWW*, 1174 f.
[387] Das Tal zwischen Ḫaibar und Taimāʾ, in dem sich eine Ortschaft an die andere reihte (*JQ*, s.vv. *al-Qurā* und *Wādī l-qurā*).
[388] *WQ/Jones*, 530 f.
[389] *IHS*, III, 286–288.
[390] WQ/Jones, 566–568; 568, Zeile 13–16.
[391] *IHS*, III, 286, Zeile 12–17.
[392] Vgl. den Fall des ʿAmr b. al-ʿĀṣ, *IHS*, III, 289–291.
[393] Lilie: *Byzanz*, 87 f. Eine Analyse der politischen Lage Syriens und Palästinas vor der arabisch-islamischen Unterwerfung findet man bei Schick: *Jordan on the Eve of the Muslim Conquest A.D. 602–634*.
[394] *WQ/Jones*, 562, Zeile 1.
[395] Ebd., 562 f.
[396] Ebd., 564 f.
[397] Kaegi: *Heraclius*, 156–169
[398] Ebd., 178: Herakleios verließ Ganzak am Fuß des Zagrosgebirges am 7. April; vgl. ebd., 184.
[399] Ibn Ḥaǧar: *al-Iṣāba*, I, 473 f., Nr. 2390. Diese Gesandtschaft darf nicht mit der Gesandtschaft des al-Ḥāriṯ b. ʿUmair al-Azdī verwechselt werden, der im Frühjahr 629 nach Bostra geschickt und unterwegs ermordet worden war, was Mohammed zum Vorstoß nach al-Muʾta veranlaßte (vgl. unten, 407).
[400] Text: *ḥizb Allāh*, nämlich im Gegensatz zu den „Parteiungen", die den Grabenkrieg angezettelt und schmählich verloren hatten, was Mohammed in Sure 33 propagandistisch ausgeschlachtet hatte.
[401] *WQ/Jones*, 556–559.
[402] Ebd., 573, Zeile 9.
[403] Ebd., 575.
[404] *IHS*, III, 321–323; *WQ/Jones*, 571–579.
[405] *WQ/Jones*, 579.
[406] Bei al-Ġamīm (*WQ/Jones*, 580, Zeile 18); nach *JQ*, s.v. *al-Ġamīm*, wohl nicht mit der gleichnamigen Örtlichkeit in der Nähe Medinas identisch, sondern „zwischen Mekka und Medina".
[407] *WQ/Jones*, 587.
[408] Ebd., 581.

[409] Ebd., 593; bei Ibn Isḥāq sind diese entscheidenden Vorgänge in sinnentstellender Verkürzung wiedergegeben (*IHS*, III, 325).
[410] Ibn Ḥağar: *al-Iṣāba*, II, 477, Nr. 5526.
[411] Al-Muġīra war mit dreizehn Männern der Banū Mālik (d.h. der ṯaqafitischen Sippe Mālik b. Kaʿb?, Ibn al-Kalbī: *Ǧamhara*, 386 f.), deren Eidgenosse er war, zum Patriarchen nach Alexandrien gereist. Da er in dieser anscheinend der Festigung des Christentums in Arabien dienenden Gesandtschaft der einzige Eidgenosse und somit minderen Ranges war, erhielt er vom Patriarchen nur geringwertige Geschenke. Auf der Rückreise machte er seine dreizehn Gefährten betrunken, erschlug sie allesamt, eignete sich deren Geschenke an, kam zu Mohammed nach Medina und trat zum Islam über, der, wie er gehört hatte, alles abschneide, was vorher gewesen war. Immerhin wollte Mohammed die durch Raubmord erworbenen Güter nicht als Kriegsbeute betrachten und dementsprechend verteilen (*IST*, IV/II, 25 f.; vgl. *WQ/Jones*, 596).
[412] *IHS*, III, 329.
[413] *IHS*, III, 330; *WQ/Jones*, 603 f.
[414] az-Zubairī: *Nasab*, 417 f.
[415] *IHS*, III, 332. Bei al-Wāqidī gehört der zweite Teil in den Text des Vertrags hinein und ist dementsprechend in der zweiten Person singularis gehalten (*WQ/Jones*, 611 f.). – Der Vertrag von al-Ḥudaibīja ist von C. E. Dubler und U. Quarella als „ein Bruch mit der hergebrachten Clan-Organisation" gedeutet worden; der „Islam hört auf, eine arabische Organisation zu sein" und „schöpft aus diesem Vertrag die Legitimation zur Eigenentwicklung" (Dubler/Quarella: *Der Vertrag von Ḥudaybiyya*, 78–81). Dieser Eindruck entsteht, wenn man die Bestimmungen für sich genommen betrachtet. Mohammed blieb aber in seinen Vorstellungen zur Gesellschaftsordnung und in seinen weiteren Maßnahmen, wie wir schon oft beobachteten, durch und durch „konservativ"; das die Stammesgesellschaft übersteigende Potential seiner Verkündigungen kam erst nach seinem Tod zur Entfaltung und löste, wie wir sehen werden, die Katastrophe des Ersten Bürgerkrieges aus.
[416] *IHS*, III, 332–334; *WQ/Jones*, 613–615: Viele versuchten, eine Strähne vom Haupthaar Mohammeds zu ergattern. Kranken gab man Wasser zu trinken, in das man einige seiner abgeschnittenen Haare getunkt hatte.
[417] Bei al-Ḥudaibīja hatten die Muslime untereinander gestritten, ob ein Verkürzen der Haare ausreiche; Mohammed soll dies, nachdem man ihn mehrfach danach gefragt hatte, zugestanden haben (*WQ/Jones*, 615).
[418] Vgl. oben, 222. Bei heutigen muslimischen Eiferern ist die Schwiele auf der Stirn wieder in Mode, nachdem sie bis zum Ende des zweiten Drittels des 20. Jahrhunderts nahezu nie zu sehen gewesen ist.
[419] Laut R. Bell eine Anspielung auf 5 Mose 6,8 und 11, 18 (Paret: *Kommentar*, 453); dort ist freilich davon die Rede, daß die Juden sich die Gebote Gottes auf die Stirn binden sollten, damit sie sie stets beherzigten. An eine ostentative Zurschaustellung unermüdlicher Ritenerfüllung ist dort jedenfalls nicht gedacht.
[420] Ferner Widerhall eines nicht näher bestimmbaren Gleichnisses Jesu (Paret, a.a.O.).

Kapitel V: Der Dschihad

[1] Vgl. oben, 360 f.
[2] Ibn Ḥağar: *Tahḏīb*, V, 284, Nr. 479.
[3] Nagel: *Untersuchungen zur Entstehung des abbasidischen Kalifats*, 166–169.
[4] az-Zubairī: *Nasab*, 87.
[5] Gemeint ist vermutlich das Fünftel, das dem Propheten vorbehalten ist und das er nach Gutdünken an die Muslime verteilen darf (vgl. *WQ/Jones*, 410, Zeile 3–5).
[6] Vgl. *IST*, IV/I, 40 f. sowie Ibn Ḥağar: *al-Iṣāba*, III, 388, Nr. 7823, in Anlehnung an *MS*: *az-zakāt* 167 f. In das betreffende *Ḥadīṯ* ist das Motiv der Rivalität zwischen den Nachkommen ʿAlīs, der Mohammeds Schwiegersohn geworden war, und anderen wichtigen quraišitischen Klanen, vor allem den Zubairiden, eingegangen.
[7] Lubāba: *IST*, IV/I, 145 und az-Zubairī: *Nasab*, 27.
[8] *WQ/Jones*, 410.
[9] Vgl. oben, 289.
[10] In Sure 58, ebenfalls aus der Zeit zwischen dem Grabenkrieg und al-Ḥudaibīja stammend, verurteilt Mohammed in scharfer Form das heimliche Gerede (arab.: *an-nağwā*). Wenn ihm

jemand etwas auf diese Art hinterbringen will – und dafür irgendeinen Vorteil erwartet? – dann soll er vor dem gewünschten Gespräch unter vier Augen eine *ṣadaqa* abführen (Vers 12).

[11] Vgl. oben, 135.

[12] Nagel: *Medinensische Einschübe*, 65 f.

[13] Vgl. oben, 323.

[14] Vgl. oben, 323.

[15] Vgl. unten, 446.

[16] Es handelt sich dabei um die Suren, die zwischen Sure 33 (Kommentierung des Grabenkriegs, vgl. oben, 371 f.) und Sure 48 (Kommentierung der Ereignisse von al-Ḥudaibīja) entstanden; es sind dies in dieser Reihenfolge die Suren 60, 4, 99, 57, 47, 13, 55, 76, 65, 98, 59, 24, 22 (in der Regel als mekkanisch gewertet, bis auf einige Verse, vgl. Nagel: *Einschübe*, 56), 63, 58, 49, 66, 64, 61, 62.

[17] Vgl. die bereits in Sure 33 nach Abzug der Koalitionäre ausgestoßenen Drohungen, oben, 372.

[18] Vgl. oben, 166, 172.

[19] Nagel: *Medinensische Einschübe*, 94 f.

[20] Vgl. oben, 364–366.

[21] Vgl. oben, 329 f.

[22] Vgl. oben, 176 f.

[23] Vgl. oben, 372.

[24] Vgl. oben, 138 f.

[25] Vgl. oben, 373.

[26] *WQ/Jones*, 634, Zeile 7–9; *IST*, II/I, 77.

[27] *WQ/Jones*, 634–636.

[28] Ebd., 642, Zeile 8–13.

[29] Ebd., 645, Zeile 7. Den mittelbaren Angaben über die Jahreszeiten der Ereignisse läßt sich entnehmen, daß das Geschehen in die unter ʿUmar b. al-Ḫaṭṭāb eingeführte Hedschra-Datierung (vgl. unten, 544–546) eingepaßt wurde. Sonst käme man im vorliegenden Fall auf den Herbst 628. An anderer Stelle (ebd., 646, Zeile 5) heißt es, die Muslime seien „bei grüner Frucht" (*ʿalā ṯamaratin ḫaḍrāʾ*; zu *ṯamara* s. de Goeje: *Le Glossaire joint au Liber expugnationis regionum auctore al-Belâdsorí*, Leiden 1866: produit de la terre) angekommen, als das Klima ungesund gewesen sei; sie hätten von den unreifen Früchten gegessen und danach unter Fieber gelitten. Auf den Herbst treffen derartige Angaben schwerlich zu.

[30] *WQ/Jones*, 647–649.

[31] *SWW*, 1192: meist al-Ḥafjāʾ genannt.

[32] *WQ/Jones*, 652 f.

[33] Ebd., 654–662.

[34] Vgl. oben, 373.

[35] Vgl. oben, 46.

[36] Die Banū Ġifār werden von Mohammed zusammen mit den Banū Aslam als geeignete Bundesgenossen bezeichnet, *NMQ*, 237. Zu den Banū Aslam vgl. auch *WQ/Jones*, 782.

[37] *WQ/Jones*, 659 f.

[38] Ebd., 665.

[39] Ebd., 673.

[40] Ebd., 681.

[41] Angeblich wurden die Banū Daus durch zwei Verse des medinensischen Dichters Kaʿb b. Mālik so sehr eingeschüchtert, daß sie sich eilends Mohammed unterwarfen (Ibn Ḥağar: *al-Iṣāba*, III, 302, Nr. 7433). Da diese Verse aber die Eroberung Ḫaibars als bereits abgeschlossen voraussetzen, können sie nicht der Anlaß für die Annahme des Islams durch die genannte Gruppe von Dausiten gewesen sein.

[42] Ebd., 683–685.

[43] Vgl. oben, 361.

[44] Vgl. unten, 510, 513–528 (*WQ/Jones*, 718 ff.)

[45] *WQ/Jones*, 691; eine „Kamellast" (arab.: *al-wasq*) betrug als Hohlmaß etwa 252 Liter und bezeichnete bei Weizen ein Gewicht von 195 kg (Hinz: *Islamische Maße und Gewichte*, 53).

[46] Vgl. oben, 371.

[47] Ibn Ḥağar: *al-Iṣāba*, II, 383, Nr. 7806; *IST*, II/I, 82.

[48] *IHS*, III, 364 f.; *WQ/Jones*, 689 f.
[49] Ibn Ḥaǧar: *Tahḏīb*, XII, 38–40, Nr. 154.
[50] Ebd., XII, 438, Nr. 2851.
[51] *WQ/Jones*, 692.
[52] Ebd., 693–695; *IHS*, III, 365–367.
[53] *WQ/Jones*, 696.
[54] az-Zubairī: *Nasab*, 261 f.; Ibn al-Kalbī: *Ǧamhara*, 76; *NMQ*, 48.
[55] Vgl. oben, 259.
[56] *WQ/Jones*, 697–699. (ʿUmar war in der Idee des Vorranges der ersten Auswanderer befangen, daß allein das frühe Verdienst um den Islam zählen sollte, vgl. unten, 527 f.).
[57] *WQ/Jones*, 706 f.
[58] *IHS*, III, 368.
[59] *WQ/Jones*, 710 f.
[60] Vgl. oben, 373.
[61] Vgl. oben, 374.
[62] Vgl. unten, 551 f.
[63] *EI²*, s.v. Zakāt (XI, 407–422, A. Zysow).
[64] *WQ/Jones*, 697.
[65] Bisweilen wird auch der Dausite aṭ-Ṭufail b. ʿAmr zu denen gezählt, die kurz nach der Eroberung Ḫaibars, doch noch vor der Rückkehr Mohammeds nach Medina, zu ihm fanden (*IST*, II/I, 78, Zeile 18). Aber sein Aufenthalt in der Umgebung des Propheten ist erst für die gemäß dem Vertrag von al-Ḥudaibīja nachgeholte „kleine Wallfahrt" bezeugt (Ibn Ḥaǧar: *al-Iṣāba*, II, 225, Nr. 4254).
[66] Die Gruppe von Angehörigen des jemenischen Stammes der Ašʿarījūn, deren Schiff auf dem Weg zu Mohammed an die äthiopische Küste verweht worden war und die nun zusammen mit den letzten Asylanten, deren Rückkehr Mohammed vom Negus erbeten hatte, sich vor Ḫaibar einstellten, wurden anscheinend noch nicht als *muǧāhidūn* gerechnet. Abū Mūsā al-Ašʿarī taucht erst in der Schlacht bei Ḥunain als muslimischer Kämpfer auf (*WQ/Jones*, 916, 959).
[67] Ibn Ḥaǧar: *al-Iṣāba*, I, 146, Nr. 632; nach einer anderen Quelle soll der „Helfer" Kaʿb b. Mālik diese Aufgabe wahrgenommen haben (*WQ/Jones*, 973, Zeile 15).
[68] Ibn Ḥaǧar: *al-Iṣāba*, I, 499, Nr. 2547.
[69] Es handelt sich um Busr b. Sufjān al-Kaʿbī und aḍ-Ḍaḥḥāk b. Sufjān al-Kilābī. Busr hatte Mohammed vor den Mekkanern gewarnt, als dieser auf dem Marsch nach al-Ḥudaibīja durch ʿUsfān kam (Ibn Ḥaǧar: *al-Iṣāba*, I, 149, Nr. 646); aḍ-Ḍaḥḥāk (ebd., II, 206 f., Nr. 4166) wird als Anführer eines Feldzuges gegen den eigenen Stamm genannt (*WQ/Jones*, 7), datiert auf den Rabīʿ al-auwal 9 (begann am 18. Juni 630).
[70] *WQ/Jones*, 973.
[71] *TRM*, I, 1877.
[72] *WQ/Jones*, 974–980.
[73] Text: *daʿā-hum ilā l-islām*. Um den oft – wie in diesem Fall – gewaltsamen Charakter der Bekehrung zum Islam zu bemänteln, pflegt man diese Wendung heutzutage mit „zum Islam einladen" wiederzugeben.
[74] Identität nicht sicher; seine *nisba* wird als al-Aslamī oder as-Salimī überliefert; er soll ein Eidgenosse der ḫazraǧitischen Banū Salima gewesen sein (Ibn Ḥaǧar: *al-Iṣāba*, III, 411, Nr. 7949 f.).
[75] *IST*, II/I, 122. /Z/
[76] Vgl. hierzu Donner: *Muhammad's Political Consolidation*, 245. Zu den *Aḥābīš* vgl. oben, 49–51.
[77] El-Abed: *Mittelalterliche Bergwerke*, 14 f.; *WQ/Jones*, 702–704.
[78] Vgl. oben, 379.
[79] *WQ/Jones*, 624–627. Vermutlich wollte Mohammed nicht das ja immer noch nach heidnischen Maßstäben gemessene politische Prestige aufs Spiel setzen, das er gerade gewonnen hatte. Abū Baṣīrs Berufung auf die Schutzgarantie (arab.: *aḏ-ḏimma*) brachte einen solchen heidnischen Aspekt der Machtausübung zur Sprache (vgl. das Beispiel in *AG2*, XI, 104, Zeile 5).
[80] *WQ/Jones*, 627. Die Aktivitäten Abū Baṣīrs, in die mehrere Stämme westlich von Mekka und Medina verstrickt waren, dauerten wahrscheinlich bis etwa zur Inbesitznahme Mekkas durch Mohammed fort (Muranyi: *Die Auslieferungsklausel*, 290 f.).

[81] Vgl. Muranyi: *Prophetengenossen*, 165–176.
[82] Vgl. oben, 299.
[83] *IST*, I/II, 26 f.
[84] Vgl. oben, 46.
[85] Die Quraišiten betrachteten sich selber als die edelsten aller muḍaritischen Araber (vgl. unten, 530). Wenn jetzt ein muḍaritischer Stamm Mohammed seine Aufwartung machte, belegt dies eine Verlagerung der Loyalität von den mekkanischen Quraišiten weg und zu ihm hin.
[86] *IST*, I/II, 38.
[87] Ebd., I/II, 42.
[88] *WQ/Jones*, 757.
[89] Es handelt sich um die Banū d-Dīl, deren Anführer Naufal b. Muʿāwija bei hinreichender Unterstützung zum Krieg gegen Medina bereit gewesen wäre. Naufal wird anläßlich des letzten *Fiǧār*-Krieges neben ʿAbdallāh b. Ǧudʿān, Hišām b. al-Muġīra und Ḥarb b. Umaija als einer der Wortführer der quraišitischen Seite erwähnt (*NMQ*, 168).
[90] *WQ/Jones*, 729–731.
[91] Ebd., 731–738. Daß die Schlachtung der Opfertiere jetzt bei „jedem Paßweg" möglich sein soll, belegt, daß der „heilige Bezirk" nur noch einer einzigen Gottheit geweiht ist: Allah und sein Gesandter haben mit den Heiden nichts mehr zu schaffen (Sure 9, 3).
[92] *WQ/Jones*, 738–741.
[93] Ebd., 744.
[94] *JQ*: *al-Hada* (sic!), bei Marr aẓ-Ẓahrān und damit laut *HAM*, 120 zur von den Quraišiten und Ḫuzāʿiten kontrollierten Tihama gehörend.
[95] *WQ/Jones*, 748.
[96] Mekka ist noch feindliches Gebiet, auf dem sich ein Muslim eben nur zum Zweck des Ritenvollzugs aufhalten darf. Die dieser Überlieferung zugrunde liegende Vorstellung, daß der Aufenthalt eines Muslims auf dem Territorium der Andersgläubigen (arab.: *dār al-ḥarb*) diesen einen Vorteil bringen könne und daher nicht unbegrenzt ausgedehnt werden dürfe, wird später zu einem wichtigen Grundsatz der schariatischen Normen des muslimischen Verhältnisses zu den Andersgläubigen ausgebaut werden.
[97] *WQ/Jones*, 749 f.; *IST*, I/II, 25.
[98] Vgl. die vergeblichen Versuche Mohammeds, in frühmedinensischer Zeit durch Missionierung Stämme auf seine Seite zu ziehen, oben, 358 f.
[99] *WQ/Jones*, 752 f.
[100] az-Zubairī: *Nasab*, 408.
[101] *WQ/Jones*, 770–774; *IST*, II/I, 96 f.
[102] Vgl. oben, 299.
[103] *WQ/Jones*, 782–785; *IHS*, IV, 31–35.
[104] *IHS*, IV, 37.
[105] *WQ/Jones*, 792; *IHS*, IV, 38.
[106] *IST*, VIII, 68–71.
[107] Vgl. oben, 313.
[108] *IHS*, IV, 38 f.; *WQ/Jones*, 791–795.
[109] *WQ/Jones*, 800 f.
[110] *HAM*, 118: al-Ǧuraš liegt am südlichen Ende des sich nach Norden öffnenden Wādī l-Bīša.
[111] *WQ/Jones*, 805. Die Banū Naṣr b. Muʿāwija, zu denen Mālik b. ʿAuf, der Anführer der Hawāzin bei Ḥunain, zählte, waren Eidgenossen der Ṯaqafiten (Ibn Ḥaǧar: *al-Iṣāba*, III, 191, Nr. 6924).
[112] *NMQ*, 172, 182 f.
[113] *WQ/Jones*, 813; vgl. *IHS*, IV, 121.
[114] *IST*, II/I, 8; vgl. oben, 70.
[115] *WQ/Jones*, 712.
[116] Donner: *Mecca's Food Supplies and Muḥammad's Boycott*, passim. *AG2*, XVI, 82. Vgl. oben, 377.
[117] Er ist der Bruder der Ehefrau Mohammeds Umm Salama, vgl. Ibn Ḥaǧar: *al-Iṣāba*, II, 277, Nr. 4543.
[118] *IHS*, IV, 42 f.; *WQ/Jones*, 806–810.
[119] Ein Neffe Ḫadīǧas, vgl. oben, 54 f.

[120] Ein Ḫuzāʿite; sein Haus in Mekka war eines der beiden gewesen, in das sich die Ḫuzāʿiten geflüchtet hatten, die dem Gemetzel entronnen waren, das, wie erwähnt, von den Banū Bakr und einigen Quraišiten angerichtet worden war und den Feldzug Mohammeds ausgelöst hatte.
[121] *JQ*, s.v. *Arāk*.
[122] d.h. die Ḫuzāʿiten.
[123] Eine Formel des Verwünschens.
[124] *WQ/Jones*, 814–816.
[125] Weder bei al-Wāqidī noch bei Ibn Isḥāq wird vom Übertritt al-ʿAbbās' zum Islam gesprochen. Ibn Hišām fügt in Ibn Isḥāqs Text eine auf az-Zuhrī zurückgeführte Notiz ein, derzufolge al-ʿAbbās Mohammed bis al-Ǧuḥfa entgegengezogen sei, dort den Islam angenommen und „das Wohlgefallen des Propheten" erlangt habe (*IHS*, IV, 42). In einer späteren Propagandaschrift des abbasidischen Kalifats heißt es, schon in der Zeit vor Badr habe sich das Gerücht verbreitet, al-ʿAbbās sei zum Islam übergetreten (*Istorija*, fol. 238 b), was aus der Überlieferung gefolgert zu sein scheint, ʿUmar b. al-Ḫaṭṭāb habe ihn bei den Dotationen (vgl. unten, 522 f.) höher als die Badr-Kämpfer eingestuft (*Istorija*, fol. 141 a). Ein besonders auffälliges Detail der abbasidischen Propaganda ist im übrigen darin zu erkennen, daß al-ʿAbbās das Reittier des Propheten benutzt, das diesen als den erwarteten Endzeitherrscher ausweist (vgl. unten, Anmerkung 204) – eine geradezu peinlich direkte „Legitimierung" des Herrschaftsanspruchs der Abbasiden: Sie sind die wahren Erben des Propheten und werden ihre Macht so lange behalten, bis die Endzeit anbricht (vgl. Nagel: *Rechtleitung und Kalifat*, 96).
[126] Text: *al-malḥama* = apokalyptischer, in den Untergang führender Kampf; so auch mit Bezug auf die Banū n-Naḍīr verwendet (*WQ/Jones*, 372), vgl. Ullmann: *Wörterbuch*, II, 371.
[127] *WQ/Jones*, 821; vgl. *IHS*, IV, 44–46. Qais b. Saʿd b. ʿUbāda wird später unter dem Kalifat ʿAlī b. abī Ṭālibs eine wichtige Rolle spielen (vgl unten, 617 f.).
[128] *IHS*, IV, 45.
[129] Ebd., IV, 80.
[130] Ebd., IV, 48–50; *WQ/Jones*, 823 f.
[131] Vgl. oben, 142.
[132] *IHS*, IV, 60. ʿIkrima ist übrigens ein gutes Beispiel für den raschen Aufstieg der Mohammed bis zur Einnahme Mekkas meist feindlich gesonnenen quraišitischen Elite. Die Azditen aus der Gegend des heutigen Dubai hatten eine Abordnung nach Medina geschickt und den Islam angenommen; ihren Stammesgenossen Ḥuḏaifa b. al-Jamān hatte Mohammed als *muṣaddiq* bei ihnen eingesetzt. Abū Bakr beauftragte während der „Apostasie" ʿIkrima mit der erneuten Unterwerfung der Azditen; ʿIkrima bezwang den Stamm und sandte etliche Azditen, unter ihnen Ḥuḏaifa, als Gefangene nach Medina (so al-Wāqidī in seinem *Kitāb ar-ridda*, zitiert von Ibn Ḥaǧar: *al-Iṣāba*, I, 318, Nr. 1648). Ḫālid b. al-Walīd sowie Jazīd und Muʿāwija, die beiden Söhne Abū Sufjāns, sind die herausragendsten Vertreter dieser Gruppe; im folgenden wird des öfteren von ihnen die Rede sein.
[133] *WQ/Jones*, 274 und 286.
[134] Ebd., 850 f.
[135] Ebd., 831 pu.
[136] *IHS*, IV, 47; vgl. oben, 187.
[137] *WQ/Jones*, 832, Zeile 12; dies stimmt mit den Angaben Mālik b. Anas' überein (*FSG*, I, 206).
[138] Ebd., 832.
[139] az-Zubairī: *Nasab*, 253 f. Laut Ibn Ḥazm: *Ǧamhara*, 127 wird auch die Meinung vertreten, ʿUṯmān b. Ṭalḥas Nachkommen hätten allein das Anrecht auf dieses Amt.
[140] *WQ/Jones*, 834 f.; *IHS*, IV, 55.
[141] Bei Ibn Isḥāq: „Es gibt keinen Gott außer Allah, dem Einen, der keinen Gefährten hat."
[142] Anspielung auf den Grabenkrieg als das entscheidende Ereignis im Kampf gegen die mekkanischen Quraišiten.
[143] Aus der Heidenzeit überlieferte Formel, vgl. oben, 36.
[144] Hier endet der – von Ibn Hišām verkürzte? – Text Ibn Isḥāqs, und zwar mit dem bei al-Wāqidī einleitenden Passus: „Quraišiten, was, glaubt ihr wohl, werde ich mit euch machen?" „Gutes, edelmütiger Bruder, Sohn eines edelmütigen Bruders!" „So geht eures Wegs! Ihr seid (fortan von Schuld) frei (arab.: Pl. *aṭ-ṭulaqāʾ*)!" (*IHS*, IV, 55). Der Begriff *aṭ-ṭulaqāʾ*, der in der antiomaijadischen Propaganda eine große Rolle spielen sollte, fehlt bei al-

Wāqidī. Über die Verwendung der Genealogie im Alltag der altarabischen Gesellschaft vgl. /Z/

145 Nämlich als er bewaffnet einzog.

146 Text: *al-idḫīr*, vgl. Dietrich: *Dioskurides triumphans*, Teil 2, 100.

147 Das islamische Erbrecht ist weitgehend ein Intestaterbrecht.

148 Zur Festigung der genealogischen Beziehungen nach patrilinearem Prinzip vgl. oben, 330–333.

149 Dies bezieht sich auf Personengruppen, seien es Muslime oder Andersgläubige, die auf einem Territorium leben, über das die muslimische Obrigkeit mit den Andersgläubigen eine Abmachung getroffen hat.

150 Vgl. oben, 249, 277.

151 *WQ/Jones*, 835–837.

152 Vgl. oben, 332.

153 Vgl. oben, 199; der berühmteste Fall von Adoption war die durch Muʿāwija veranlaßte Aufnahme seines fähigen irakischen Statthalters Zijād (vgl. unten, 572) in die Herrscherfamilie; die spätere antiomaijadische Propaganda ergeht sich in wüsten Beschimpfungen Muʿāwijas wegen dieses Verstoßes gegen Mohammeds Ideal der Eindeutigkeit der Abstammung; die frühen Abbasiden schließen die Nachkommen Zijāds aus dem Kreis der Quraišiten aus (Nagel: *Rechtleitung und Kalifat*, 102 f.).

154 Vgl. oben, 390; Nöldeke/Schwally: *Geschichte des Qorāns*, 220–222.

155 *WQ/Jones*, 965 f.

156 Vgl. Nagel: *Allahs Liebling*, 44. Mohammed erblickte bei seinem freigelassenen Sklaven Zaid b. Ḥāriṯa dessen Ehefrau Zainab bt. Ǧaḥš, verliebte sich in sie und begehrte sie zur Frau; Zaid mußte sich von ihr trennen. Der Skandal lag vor allem darin, daß Zaid von Mohammed als Adoptivsohn betrachtet wurde, Mohammed also die Ehefrau seines Sohnes heiratete. Sein Alter ego befreite ihn aus der Bredouille, indem es ihm eingab, er, Mohammed, sei niemandes Vater, vielmehr sei er der Gesandte Allahs und das Siegel der Propheten (Sure 33, 40) (*IST*, VIII, 71 f.). Im übrigen erleichterte ihm Allah das Gewissen, indem er ihm bei der Himmelfahrt kundgab, daß im Paradies auf Zaid eine mindestens ebenso hübsche Jungfrau warte – so die fromme Legende (*Allahs Liebling*, loc. cit.). /Z/

157 *WQ/Jones*, 842, 870 f.

158 *IHS*, IV, 71.

159 *WQ/Jones*, 873 f.

160 *NMQ*, 191 f., vgl. ebd., 143; *IHS*, IV, 74; *WQ/Jones*, 880.

161 *IHS*, IV, 73.

162 *WQ/Jones*, 878.

163 Ebd., 876.

164 *IHS*, IV, 74.

165 Ebd., IV, 80; *WQ/Jones*, 889.

166 Ibn Ḥaǧar: *al-Iṣāba*, II, 451, Nr. 5391.

167 Zum *ṣalāt al-ḫauf* vgl. *EI*², VIII, 934 f. (G. Monnot). Daß sich Mohammed vor dem Zug nach Mekka trotz der zu seinen Gunsten veränderten politischen Lage seiner Sache nicht sicher war, belegt auch der Umstand, daß er, bevor er von Medina aufbrach, möglichst viele ihm ergebene Stämme nach Medina beorderte (*IST*, IV/II, 15, 21, 50, 67).

168 Vgl. oben, 307

169 *WQ/Jones*, 890 f.

170 Ebd., 901; *IHS*, IV, 83–92.

171 *WQ/Jones*, 903.

172 *WQ/Jones*, 905–907. „Töte, töte!" lautete der Schlachtruf, und allein Salama b. al-Akwaʿ, in dem Mohammed seinen besten Fußsoldaten gesehen haben soll (*TMD*, XXII, 84), soll eigenhändig siebzehn Feinde vornehmer Herkunft umgebracht haben (ebd., 91 f.). Zur Bedeutung der Hawāzin: /Z/

173 Ibn Ḥazm: *Ǧambara*, 269–275 und 468 f.

174 *WQ/Jones*, 913; vgl. Ibn Ḥazm, op. cit., 265.

175 *NMQ*, 184; *AG1*, XIX, 81.

176 Vgl. oben, 301.

177 *NMQ*, 175; *IHS*, IV, 95–97.

178 *WQ/Jones*, 917.

179 Vgl. oben, 205 f.

[180] *Dū l-kaffain*; *IKR*, arab. Text, 24 sowie Erläuterungen, 117. *WQ/Jones*, 870, 922.
[181] *WQ/Jones*, 924.
[182] Ebd., 926-928; die Überlieferung über die Belagerung aṭ-Ṭāʾifs enthält weitere Äußerungen eines ungezügelten gegenseitigen Hasses (z.B. *WQ/Jones*, 929 f.).
[183] Ebd., 930; dieses Grab wurde noch zur Regierungszeit ʿUmar b. al-Ḫaṭṭābs „gesteinigt" (Ibn Ḥağar: *al-Iṣāba*, III, 191, Nr. 6924).
[184] *WQ/Jones*, 937.
[185] *IHS*, IV, 127.
[186] *WQ/Jones*, 943.
[187] Ǧubair war vermutlich erst beim Einmarsch in Mekka Muslim geworden (Ibn Ḥağar: *al-Iṣāba*, I, 225 f., Nr. 1091).
[188] *WQ/Jones*, 813. Danach war man darauf aufmerksam geworden, daß der Prophet in mütterlicher Linie mit den Banū Sulaim verwandt sei. Noch während des Kampfes um Ḫaibar ist al-ʿAbbās b. Mirdās nicht auf der Seite Mohammeds, sondern unterrichtet die mekkanischen Quraišiten über die Vorgänge (ebd., 701).
[189] Vgl. oben, 364.
[190] *WQ/Jones*, 944–955; *IHS*, IV, 130–139.
[191] Vgl. oben, 365 f..
[192] *IHS*, IV, 140 f.
[193] Hier endet der Text Ibn Hišāms (*IHS*, IV, 142 f.); es folgt bei ihm unmittelbar die Herabrufung der Barmherzigkeit Allahs auf die „Helfer", mit der auch al-Wāqidī, allerdings erst nach den Zusätzen, die ich ebenfalls wiedergebe, den Text abschließt (*WQ/Jones*, 958).
[194] Am Tag des Gerichts, an dem drückende Hitze herrschen wird, erwartet Mohammed die Muslime an einem Wasserbecken; dort dürfen sie sich mit einem kühlen Trunk erfrischen.
[195] *WQ/Jones*, 958 f.
[196] Ebd., 961 f.
[197] Zur Vorstellung, daß die Pflichtgebete den Kern der islamischen Glaubenspraxis bilden, vgl z.B. oben, 212. Über al-Muġīra vgl. oben, Kapitel IV, Anmerkung 411; *WQ/Jones*, 968–972; *IST*, I/II, 52–54.
[198] *WQ/Jones*, 973.
[199] Ebd., 984–989.
[200] *TRM*, I, 1708.
[201] *IKR*, arabischer Text, 37 f.; *TRM*, I, 1706–1710.
[202] Vgl. oben, 216.
[203] Laut *IST*, I/II, 16, Zeile 25 wurde Chosrau Parwez im Ǧumādā l-ūlā (begann am 6. September 628) des Jahres 7 ermordet.
[204] Durch das weiße Maultier (vgl. oben, Anmerkung 125) wird Mohammed durch den Patriarchen als ein Endzeitherrscher gekennzeichnet, ein deutlicher Akt der Zurückweisung byzantinischer Herrschaftsansprüche; der byzantinische Statthalter in Amman, der auf gleiche Weise Mohammed Avancen gemacht hatte, bezahlte dies mit seinem Leben (vgl. unten, 437). Dies alles sind weitere mittelbare Belege für das Vorhandensein von religiöspolitischen Hoffnungen, die sich Mohammed zunutze machen konnte (vgl. oben, 180–186).
[205] Ibn Duraid: *al-Ištiqāq*, 348.
[206] *IST*, I/II, 18, Zeile 13. Mohammed hatte die Banū ʿAbd al-Qais in Bahrain aufgefordert, sie sollten zwanzig Delegierte an ihn entsenden; diese waren im Jahr der Einnahme Mekka bei ihm eingetroffen (*IST*, I/II, 54). Hieran schloß sich die Mission al-ʿAlāʾ b. al-Ḥaḍramīs an. Diesem gab Mohammed ein Schreiben mit auf den Weg, in dem ihnen die Sicherheit ihrer Handelswege zugesagt wurde (vgl. die Drohungen gegen die Bewohner von Elat, unten, 439 f.). Sie ihrerseits wurden verpflichtet, das Heer der Muslime zu unterstützen; als Gegenleistung sollten sie auf die Beteiligung am „zurückgeholten Gut" (arab.: *al-faiʾ*) rechnen dürfen (*IST*, I/II, 32, Zeile 25-33, Zeile 4).
[207] Ibn Ḥağar: *al-Iṣāba*, II, 497 f. sowie Ibn Ḥazm: *Ǧambara*, 232; vgl. oben, 301.
[208] *IST*, I/II, 19.
[209] Ebd., 19 f.
[210] Ebd., 27.
[211] Ebd., 18.
[212] Vgl. oben, 117.
[213] *IST*, I/II, 35.
[214] Ibn Ḥağar: *al-Iṣāba*, III, 628, Nr. 9100.

215 Ibn Ḥazm: *Ǧamhara*, 244–246.
216 *IST*, I/II, 33.
217 Dieser Grundsatz ist in das islamische Recht eingegangen (Nagel: *Das islamische Recht*, 169).
218 *IST*, I/II, 33.
219 Ebd., 34 f.
220 Ebd., 35. /Z/
221 Ebd., 20. Die Episode wird auch anders erzählt; die Pointe bleibt die gleiche: Die subversive Egalität des Islams steht gegen den althergebrachten Rang (vgl. T. Nagel: *Eine Abstammungslegende im mamlukischen Ägypten. Zur Problematik der Legitimation fremdbürtiger Machteliten im Islam*, in: Peter Wunderli (Hg.): *Herkunft und Ursprung*, Sigmaringen 1994, 111–118).
222 Auswanderer nach Äthiopien, dann nach Medina; von Abū Ǧahl nach Mekka gelockt und dann dort festgehalten (Ibn Ḥaǧar: *al-Iṣāba*, III, 47, Nr. 6123).
223 *IST*, I/II, 32. Die am Ende von Sure 9, Vers 30 stehende Schmähung der Andersgläubigen findet sich wörtlich auch in der ebenfalls der späteren medinensischen Zeit angehörenden Sure 63, Vers 4.
224 *IST*, I/II, 28. Dieser Brief wird im *Ḥadīṯ BS*, *bad' al-waḥj* 6, Abū Sufjān in einer Audienz bei Herakleios vorgelesen; während der Verhandlungen bei al-Ḥudaibīja war Abū Sufjān nämlich nicht im Hedschas, sondern auf einer Handelsreise (Bashear: *The Mission*, 97). Irrtümlich wird im Verlauf der in diesem *Ḥadīṯ* wiedergegebenen Episode aus dem Kaiser Herakleios ein Bischof dieses Namens (ebd., 104).
225 Vgl. oben, 432 f.
226 *IST*, I/II, 31.
227 Ebd., 83. In diese Zeit des Waffenstillstandes von al-Ḥudaibīja fällt auch die Begegnung Abū Sufjāns mit Herakleios in Jerusalem (Text : *Īlijā'*), bei der sich der Kaiser über jenen seltsamen Mohammed ins Bild setzen ließ (*BS*, *bad' al-waḥj*, 6).
228 *WQ/Jones*, 995 f. Vgl. /Z/ IV 260.
229 Ebd., 999; *IHS*, IV, 174 f.
230 Der Gebrauch des Zahnholzes (arab.: *as-siwāk*) soll verhindern, das der Mensch, der vor Allah steht, einen üblen Mundgeruch verbreitet.
231 *WQ/Jones*, 1021 f.
232 Wensinck: *Concordance*, s.v. *ruʿb* (II, 271).
233 Ebd., s.v. *ḫazīna* (II, 28). Die wesentlichen Varianten sind vereinigt in *MS*, *al-masāǧid wa-mawāḍiʿ aṣ-ṣalāh*, 2-8.
234 *WQ/Jones*, 1019 f. Auch von diesem Ausspruch finden sich im *ḥadīṯ* zahlreiche Varianten: Wensinck, op. cit., s.v. *ḫair* (II, 96); s.v. *ḫail* (II, 103); s.v. *saif* (III, 56).
235 *WQ/Jones*, 1025-1027; *IHS*, IV, 169 f.
236 Text: *aḍ-ḍāmina*; vgl. Lane: *Lexicon*, s.v. *ḍ-m-n*.
237 *WQ/Jones*, 1030: „Euch soll nicht der Zehnte auf euer Haushaltsgut abverlangt werden."
238 *WQ/Jones*, 1030; *IST*, I/II, 36.
239 Ebd., 28 f.
240 *WQ/Jones*, 1031; *IST*, I/II, 37.
241 *JQ*, s.v. *Aḏruḥ*.
242 *IHS*, IV, 169.
243 *WQ/Jones*, 1030–1032; *IST*, I/II, 37 f.
244 Stadt an der Weihrauchstraße, im Südwesten des heutigen Saudi-Arabien. Die dortige christliche Gemeinde entstand im 5. Jahrhundert; sie wurde um 520 durch einen südarabischen Herrscher jüdischen Glaubens vernichtet und 525 durch die Äthiopier wiedergegründet.
245 Ibn Ḥazm: *Ǧamhara*, 284, 416 f.
246 *IST*, I/II, 21.
247 Der Ausdruck ist natürlich im übertragenen Sinn zu verstehen und bezieht sich entweder auf Metalle (Gold, Silber, Eisen?) (vgl. Lane: *Lexicon*, s.v. *ṯamra*) oder, weniger wahrscheinlich, auf Erträge des bebauten – „schwarzen" – und des unbebauten – „weißen" – Bodens und einer dritten Art.
248 In diesem Schreiben und in dem vorher zitierten an die Bewohner von Elat kommt klar zum Ausdruck, in welchem Zusammenhang Mohammed den Begriff des „zurückgeholten Gutes" verwendet, vgl. oben, 360 f., 364. Mohammed ist der Überzeugung, daß ihm als dem

Gesandten Allahs und den Muslimen als den „Gläubigen“ ein allgemeines Eigentumsrecht an allem zusteht.
[249] Bestehend aus einem oder zwei feinen Tüchern.
[250] Gemeint ist wahrscheinlich ein der syrischen Uqija (214 g) vergleichbares Gewicht.
[251] *IST*, I/II, 35 f.
[252] Die Beschenkung durch den Mächtigen ist kein Akt des Wohlwollens, sondern der Indienstnahme und Verpflichtung des Machtlosen.
[253] *IHS*, IV, 239–242; *IST*, I/II, 72.
[254] *IST*, I/II, 84 f.
[255] Vgl. dazu unten, 552.
[256] Schmucker: *Die christliche Minderheit von Nağrān*, bes. 234-247.
[257] Ebd., 246.
[258] *IST*, I/II, 55.
[259] Ibn Ḥazm: *Ǧamhara*, 413.
[260] *IST*, I/II, 63.
[261] Vgl. oben, 24, 28, 60 f.
[262] Er war ein Angehöriger der Banū ʿAbd Šams, seine Mutter war eine Ṯaqafitin; in doppelter Hinsicht war er demnach eine Ausnahmeerscheinung unter den ersten Muslimen (Ibn Ḥağar: *al-Iṣāba*, I, 406, Nr. 2167).
[263] *IST*, I/II, 63 f.
[264] Ibn Ḥazm: *Ǧamhara*, 418.
[265] Der Ranghöchste bekam 500 Silberdirham, der Rangniedrigste 200 Dirham (*IST*, I/II, 76, Zeile 7 f.).
[266] *IST*, I/II, 61.
[267] Vgl. unten, 687–690.
[268] Text: *al-maʿāfirī*. Es handelt sich um eine Abart der *burd* genannten Gewänder; die *burda* des Propheten wird so beschrieben: Ein dickes wollenes Tuch, sieben und einen halben Fuß lang und vier und einen halben Fuß breit (Lane: *Lexicon*, s.v. *burd*).
[269] *WQ/Jones*, 1079-1085.
[270] Ebd., 1077.
[271] Die bisweilen vorgeschlagene Übersetzung „Schutzerklärung“ (vgl. Paret: *Der Koran*, 132) entbehrt der Grundlage.
[272] *IHS*, IV, 191; *IST*, II/I, 107.
[273] Laut islamischer Überlieferung sind die Verse 128 f. bereits in Mekka entstanden (Nöldeke/Schwally: *Geschichts des Qorāns*, 226).
[274] *WQ/Jones*, 712; *IST*, II/I, 124.
[275] *IHS*, IV, 143.
[276] *WQ/Jones*, 1088.
[277] Ebd., 1089; *IHS*, IV, 248; *IST*, II/I, 135.
[278] Vgl. oben, 75.
[279] *WQ/Jones*, 1102–1105.
[280] Ebd., 1104.
[281] Ebd., 1089; *IHS*, IV, 248.
[282] Muḍar, dem man nachsagt, er sei bereits Muslim gewesen, verkörperte nach quraišitischer Ansicht das Ismael-Arabertum (vgl. dazu unten, 531 f.). Der Rağab wurde besonders von den Muḍar-Arabern als heilig angesehen; in islamischer Zeit lagerten sich an diese Überlieferung weitere Vorstellungen an. Allah erhöre besonders während des Rağab die an ihn gerichteten Bitten. Eine ausführliche Darlegung mit diesem Monat zusammenhängenden Überlieferungen findet man in ʿAbd al-Qādir al-Ǧīlānī: *al-Ġunja*, 720–761.
[283] Die islamischen Monate haben abwechselnd 30 oder 29 Tage (= 354 Tage im Jahr). In den Schaltjahren des islamischen Mondkalenders hat der Ḏū l-Ḥiğğa, der letzte Monat, ebenfalls 30 Tage. Schaltjahre sind in einem Zyklus von 30 Jahren jeweils das 2., 5., 7., 10., 13., 16., 18., 21., 24., 26. und 29. Jahr. – Eine knappe Zusammenfassung spätantiker Spekulationen über die Abhängigkeit der Naturvorgänge von der Zahl 28 und dem Mondlauf, entnommen dem Buch von Philon über die Weltschöpfung, findet sich bei Leisegang: *Die Gnosis*, 43–49. Wir wissen nicht, wieviel von solchem Gedankengut im Arabien der Zeit Mohammeds umlief; doch ahnt man nach der Lektüre dieses Textes, wie vermessen einem das Einfügen eines Schaltmonats erscheinen konnte, wenn man diese Vorstellungen für bare Münze nahm. Die Annahme D. Ferchls (*Die Deutung*, 114), die Abkürzungen, die vor

29 Suren stehen, als Hinweise auf bestimmte Themenkomplexe aufzufassen und deren Aneinanderreihung als eine koranische „Weltgeschichte" zu interpretieren, ist durchaus plausibel.

[284] *WQ/Jones*, 1112; *IHS*, IV, 251.

[285] Bei Ibn Isḥāq (*IHS*, IV, 251) heißt es: „Der Satan ließ alle Hoffnung fahren, fortan jemals in diesem euren Land angebetet zu werden. Doch wenn man ihm anderswo gehorcht, so ist er bereits damit einverstanden, nämlich mit solchen Handlungen eurerseits, die ihr für belanglos erachtet. Darum seid in Dingen eurer Glaubenspraxis vor ihm auf der Hut!" Die von Mohammed laut dem älteren bei al-Wāqidī überlieferten Text intendierte Anspornung zur Ausdehnung des Gebietes des Islams, um die Möglichkeiten des Satans einzuschränken, ist bei Ibn Isḥāq in das Dringen auf eine „innere" Islamisierung gemäß Koran und Sunna (vgl. unten, Anmerkung 287) umgedeutet worden. Letzteres ist natürlich ein Anachronismus.

[286] Text: *jaḍribu baʿḍu-kum riqāba baʿḍin*, vgl. Sure 47, Vers 4, wo den Muslimen angeraten wird, so mit den „Ungläubigen" zu verfahren.

[287] Diese Wendung zeugt für das hohe Alter der von al-Wāqidī überlieferten Fassung, der ich folge. Bei Ibn Isḥāq (*IHS*, IV, 251) heißt es: „Ich hinterlasse euch etwas, dank dem ihr, sofern ihr euch daran haltet, niemals dem Irrtum verfallen werdet, nämlich eine klare Angelegenheit: das Buch Allahs und die *sunna* seines Propheten!"

[288] *WQ/Jones*, 1113. Der Kriegsbefehl als eigenständiges Vermächtnis: *MS*, *īmān*, 32 und auch sonst öfter im *ḥadīṯ* (Wensinck: *Concordance*, V, 298, rechte Spalte).

[289] Vgl. oben, 333.

[290] *WQ/Jones*, 1111; *IHS*, IV, 252.

[291] In Mohammeds Vorstellung können die Juden und Christen, da sie, wie er meint, neben Allah anderen göttliche Ehren zuteil werden lassen, nicht wirklich an den Einen glauben, und schon gar nicht an den Jüngsten Tag, denn sonst würden sie aus Furcht vor der Strafe von solcher Vielgötterei ablassen.

[292] Text: *ʿan jadin*; ein Beispiel für den Gebrauch dieser Redensart: *AG2*, II, 44, Zeile 3 sowie ebd., Anmerkung 3. Jeder männliche und geschlechtsreife Jude oder Christ muß den alljährlich fälligen Dinar persönlich dem muslimischen Eintreiber überreichen und erhält dabei einen erniedrigenden Schlag auf den Kopf (Bat Ye'or: *Der Niedergang des orientalischen Christentums*, 82). Zu den Koranstellen, in denen Mohammed in seinen letzten Lebensjahren geradezu mit Wut gegen Juden und Christen zu Felde zieht, gehört Sure 5, Vers 12 bis 18. Hier erhebt er den Vorwurf, die „Schriftbesitzer" hätten die frühere Offenbarung verfälscht. Deshalb wollten sie ihn nicht als den Gesandten Allahs anerkennen; sie behaupteten vielmehr, Allahs Günstlinge zu sein. Dennoch strafe sie Allah, so daß diese Behauptung nicht zutreffen könne. Womöglich spiegeln sich in diesen Sätzen die vorhin beschriebenen Maßnahmen zur Unterjochung jüdischer und christlicher Ortschaften wider.

[293] Auch im *ḥadīṯ* spielt das Thema der Beschneidung der Jungen keine große Rolle. Sie wird neben der weißen Kleidung (vgl. oben, 112) als Erkennungsmerkmal des Islams genannt (*BS*, *badʾ al-waḥj*, 6). Indem der Islam in Völker hineingetragen wird, die diesen Brauch nicht kennen, wird sie zu einem Akt der Aufnahme in die Glaubensgemeinschaft ausgestaltet. /*Z*/

[294] *WQ/Jones*, 911.

[295] Laut Ibn ʿAbd al-Kāfī, dem die Kairiner Koranausgabe folgt (vgl. Nagel: *Medinensische Einschübe*, 14).

[296] *IHS*, IV, 166 f.

[297] Ebd., 195.

[298] Ebd., 195 f.

[299] *WQ/Jones*, 995 f.

[300] Text: *ḫullifū ḥattā*..., d.h. „sie wurden zurückgelassen, bis..." Über die Ansichten der Korankommentatoren zu dieser Stelle vgl. ar-Rāzī: *Mafātīḥ al-ġaib*, XVI, 172–174. Bei Ibn Isḥāq findet sich mit Bezug auf den koranischen Passus die Aussage, jenen dreien sei verweigert worden, was den übrigen, die ja um Verzeihung gebeten hätten, gewährt worden sei: die Annahme der Entschuldigung. Allah habe die Sache der drei zurückgelassen, aufgeschoben. So erzählte man sich die Angelegenheit in der Nachkommenschaft eines der Betroffenen, des Kaʿb b. Mālik (*IHS*, IV, 181).

[301] *TRM*, I, 1210 f.

[302] Ebd., 1212 f.; *IST*, I/I, 148.

[303] *IST*, III/II, 21 f.
[304] Ebd., I/I, 149 f.
[305] Ebd., III/I, 288.
[306] Ebd., I/I, 147.
[307] *AG2*, XVII, 119 f.; Lecker: *Early Islamic Medina*, 2.
[308] Lecker, op. cit., 3 und 24.
[309] *AG2*, XVII, 122, Zeile 1.
[310] Ibn Ḥazm: *Ǧambara*, 345.
[311] *AG2*, XVII, 123.
[312] Ebd., 171 f., falls dieser Kampf wirklich in diesen Zusammenhang gehört.
[313] *AG2*, XVII, 123–128.
[314] *IHS*, II, 97–99.
[315] Ebd., 108.
[316] Ibn Ḥazm: *Ǧambara*, 337 f.; *WQ/Jones*, 303–305.
[317] Siebzehn Jahre sollen zwischen diesen beiden Äußerungen Mohammeds liegen, vgl. Ibn Diḥja al-Kalbī: *Kitāb al-Ḫaṣā'iṣ*, fol. 221b.
[318] Abū Qais, der ausitische Protagonist der Mäßigung, räumt gegenüber ʿAbdallāh b. Ubaij, dem ḫazraǧitischen Protagonisten der Mäßigung, ein, daß es ein Fehler war, den Bruderzwist durch den von außen herbeigeholten Mohammed bereinigen zu wollen (Lecker: *Early Islamic Medina*, 160).
[319] *IHS*, IV, 175–178; hier S. 175.
[320] *IST*, II/I, 120, Zeile 16–18. /*Z*/
[321] Lecker: *Early Islamic Medina*, 92 f. Vgl. /*Z*/ IV 68.
[322] Ebd., 90.
[323] Ebd., 108.
[324] Ebd., 76.
[325] Hoyland: *Seeing Islam*, 55–57.
[326] Vgl. oben, 180–186
[327] Der Begriff der „Grenzen" findet sich ferner in Sure 4, Vers 13 f., sowie in Sure 58, Vers 4 und in Sure 65, Vers 1, und zwar stets mit Bezug auf Ehebestimmungen; seine Verallgemeinerung ist, wie gesagt, erst spätestes Gedankengut Mohammeds.
[328] Vgl. oben, 308 sowie unten, 465 f..
[329] Sure 5, Vers 32 liegt ein Passus aus der Mischna zugrunde, der lautet: „Deshalb ist der Mensch als einer geschaffen worden, um dich zu lehren, daß, wer eine Person in Israel vernichtet, so zu betrachten ist, als habe er die ganze Welt vernichtet, wer aber jemanden in Israel erhält, als habe er die ganze Welt erhalten" (Speyer: *Die biblischen Erzählungen im Qoran*, 88). Dieser Koranvers wird im sogenannten christlich-islamischen Dialog gern zitiert, um zu behaupten, der Islam, der Friede sei, kenne ein generelles Tötungsverbot. In Wahrheit geht es jedoch, wie schon in der jüdischen Vorlage, nur um die Einheit und den Erhalt der eigenen Gemeinschaft.
[330] Vgl. oben, 365 f. /*Z*/
[331] Saif b. ʿUmar: *Kitāb ar-ridda*, 32: ʿUṯmān mahnt die Beachtung dieses seines Rechts ausdrücklich an; ebd., 91: ʿUṯmān ist bezeichnenderweise der Auffassung, daß die Teilnahme an den Eroberungskriegen die Verhängung einer koranischen Strafe als inopportun erscheinen läßt, denn sie könnte unter den Kriegern Unfrieden verursachen. Die unterschiedlichen Interessen „Allahs" sind gegeneinander abzuwägen (vgl. ebd., 94).
[332] Vgl. oben, 443.
[333] *IST*, I/II, 87.
[334] de Prémare: *Les fondations de l'islam*, 70.
[335] *WQ/Jones*, 1117; *TMD*, XXII, 3-8.
[336] *IHS*, IV, 291. Ad-Dārūm liegt südlich von Gaza, eine halbe Parasange von der Küste entfernt (*JQ*, s.v. *ad-Dārūm*).
[337] *BAA*, II, 112.
[338] Ebd., II, 114: Als Zaid bei Mu'ta fiel, war er fünfzig Jahre alt.
[339] Ebd., II, 112; az-Zubairī: *Nasab*, 22.
[340] *IST*, VIII, 162. Es handelte sich um *awārik*-Kamele, solche, die sich vom Zahnbürstenbaum (arab.: *al-arāk*, vgl. hierzu A. Dietrich: *Dioskurides triumphans*, zweiter Teil, 361 f.: Poterium, Salvadora persica) nähren und deren Milch als besonders gut galt (Lane: *Lexicon*, s.v. *'-r-k*).

[341] Die Genealogie ihres Vaters findet sich in *IAB*, I, 88. Ihr Sohn Aiman aus der Ehe mit einem Ḫazraǧiten fiel bei Ḥunain.
[342] Al-Ǧurf liegt drei Meilen von Medina entfernt in Richtung aš-Šaʾm (*JQ*, s.v. *al-Ǧurf*; *SWW*, 1175 f.).
[343] Ibn Ḥaǧar: *al-Iṣāba*, III, 47, Nr. 6123.
[344] *IHS*, IV, 300; *WQ/Jones*, 1120.
[345] Der Todestag fiel auf „Montag, den 12. Rabīʿ al-auwal" (7. Juni 632) (*WQ/Jones*, 1120). „Montag" ist vermutlich der richtige Wochentag, „der 12." könnte hingegen, entsprechend einer verbreiteten Ansicht, wonach die Propheten an dem Datum sterben, an dem sie geboren wurden, ein Konstrukt sein. Laut aṭ-Ṭabarī steht der Wochentag, also der Montag, fest, unklar sei, um welchen Montag im Rabīʿ al-auwal es sich handle. Aṭ-Ṭabarī führt die Ansicht der „Rechtsgelehrten des Hedschas" an, derzufolge der erste Montag gemeint sei, und zwar „nachdem zwei Nächte des Rabīʿ al-auwal verstrichen waren"; der 2. Rabīʿ al-auwal war jedoch ein Freitag (*TRM*, I, 1815).
[346] *IHS*, IV, 311.
[347] *IHS*, II, 87. Usaid b. Ḥuḍair war von Mohammeds Missionar Muṣʿab b. ʿUmair für den Islam gewonnen worden. Muṣʿab war, wie bereits erwähnt, nach dem Übertritt des Ḫazraǧiten Asʿad b. Zurāra (Banū Mālik b. an-Naǧǧār) zum Islam nach Medina gekommen. Usaid war mit Asʿad weitläufig verwandt (*TRM*, I, 1214–1216).
[348] *IHS*, IV, 306 f.
[349] *IST*, III/II, 144 f.; ferner Muranyi: *Ein neuer Bericht*, 233–260.
[350] *IHS*, IV, 316.
[351] Vgl. oben, 207
[352] Vgl. oben, 410.
[353] *TRM*, I, 1848.
[354] Ebd., I, 1795.
[355] Ebd., I, 1750.
[356] Vgl. oben, 443.
[357] TRM, I, 1796.
[358] Vgl. oben, 76–78.
[359] *TRM*, I, 1852 f.
[360] Ebd., I, 1860–1868.
[361] *IST*, I/II, 39; als Muslim heißt er hier noch Ṭalḥa, wird also nicht mit dem verächtlichen Diminutiv Ṭulaiḥa belegt. Als Ṭulaiḥa sagt man ihm nach, er habe vorgegeben, mit einem Engel mit Namen Ḏū n-Nūn zu verkehren (*TRM*, I, 1797); ʿUjaina b. Ḥiṣn habe diesen Schwindel entlarvt (ebd., I, 1890 f.).
[362] az-Zubairī: *Nasab*, 8–12.
[363] Ibn al-Kalbī: *Ǧamhara*, 166–170. Aus diesem Stamm ging al-Malik al-Aštar hervor; über diesen vgl. unten, 627, 631.
[364] *TRM*, I, 1870 f.
[365] Ebd., I, 1887–1891. Der Witz liegt darin, daß man den Eigennamen Abū Bakr wörtlich als „Vater des jungen Kamels" begreift und dann für „Bakr" das sinnverwandte „Faṣīl" setzt; „Abū Faṣīl" existiert nicht als Eigenname. Zu den Ereignissen vgl. auch die Zusammenfassung bei *JQ*, s.v. *Buzāḫa*.
[366] *TRM*, I, 1860–1868.
[367] Vgl. oben, 184.
[368] *TRM*, I, 1869. Jazdagird III. bestieg nach vierjährigen politischen Wirren den Thron (Christensen, Arthur: *L'Iran sous les Sassanides*, 493).
[369] Vgl. oben, 53 f.
[370] Ibn al-Kalbī: *Ǧamhara*, 221; *TRM*, I, 1911.
[371] *TRM*, I, 1911.
[372] Ibn al-Kalbī: *Ǧamhara*, 215.
[373] Vgl. oben, 60–62.
[374] *JQ*, s.vv. *Ḥazn Jarbūʿ* und *Faid*.
[375] *TRM*, I, 1915.
[376] Eickelman: *Musaylima*, 31 f.
[377] Eickelman, op. cit., 40.
[378] *TRM*, I, 1916 f.
[379] Vgl. oben, 184.

[380] *TRM*, I, 1920. Vgl. unten, 640 f.
[381] *IAK*, I, 16–22.
[382] *TRM*, I, 1921–1929; Ibn Ḥağar: *al-Iṣāba*, IV, 357, Nr. 7696. Einige Verse des Bittgedichts werden überliefert in *AG2*, XV, 306, wo im übrigen die meisten Überlieferungen zu dem Fall im Zusammenhang dargeboten werden (*AG2*, XV, 298–308).
[383] *TRM*, I, 1932; *IST*, I/II, 55 f.
[384] *TRM*, I, 1940–1950; *BAF*, 88.
[385] *TRM*, I, 1930.
[386] Dem damaligen Sprachgebrauch entsprechend sind wahrscheinlich die Gebiete südlich von Mekka gemeint.
[387] Ibn Ḥağar: *al-Iṣāba*, III, 656, Nr. 9265.
[388] Vgl. oben, 411.
[389] *BAF*, 107 f. Der 6. April 634 fiel auf einen Sonntag.
[390] Nach Ibn al-ʿAmīd: *Taʾrīḫ Ḥalab*, zitiert in *BAF*, Einleitung, 4 f.
[391] Vgl. Ibn al-Kalbī: *Ǧamhara*, 483 und 489-537.
[392] Text: *al-Ǧazīra*, gemeint ist *Ǧazīrat Aqūr*, die Region zwischen aš-Šaʾm und dem Irak, in dem u.a., wie erwähnt, die Prophetin Sağāḥ wirkte.
[393] Text: Pl. *al-asāwira*, von pers. Sg. *siwār*; diese waren niedere Adlige, die im sasanidischen Heer dienten; Chosrau Anuschirwan sah sich genötigt, vielen von ihnen ein Pferd und die nötige Ausrüstung auf Staatskosten zu stellen; unter seinem Nachfolger Parwez II. (reg. 590–628) war die Politik der unmittelbaren Zuordnung der „Ritterschaft" zum Herrscher nur noch schwer durchzuhalten (Altheim/Stiehl: *Ein asiatischer Staat*, 134–154). Die muslimischen Eroberer stießen demnach in ein zerrüttetes Reich vor.
[394] *IAK*, I, 88–90.
[395] *TRM*, I, 1971.
[396] Ebd., I, 1952–1956 und 2016.
[397] Ebd., I, 2017, vgl. auch 2019.
[398] Ebd., I, 2019, Zeile 16.
[399] Ibn Ḥağar: *al-Iṣāba*, III, 50, Nr. 6140.
[400] *TRM*, I, 2020.
[401] Vgl. z.B. *TRM*, I, 2021.
[402] Ebd., I, 2053 und 2077.
[403] Ebd., I, 2066–2068.
[404] Ebd., I, 2073.
[405] Ebd., I, 2074–2076.
[406] Ibn al-Aṯīr: *al-Kāmil*, I, 488–490.
[407] Vgl. */Z/* I 65.
[408] TRM, I, 2091.
[409] Ebd., I, 2095.
[410] Vgl. oben, 316–320.
[411] *BAF*, 110-113.
[412] Ebd., 114. In diesen Zusammenhang gehört auch die Schlacht bei al-Jāqūṣa (ebd., 114, Zeile 17), die aṭ-Ṭabarī mit der großen Schlacht am Jarmuk verwechselt (*TRM*, I, 2088: al-Wāqūṣa; vgl. jedoch *TRM*, I, 2347–2349, nach Ibn Isḥāq).
[413] ʿAlqama b. al-Muğazziz: Im Rabīʿ aṯ-ṯānī (begann am 18. Juli 630) des Jahres 9 zog er an die Küste des Roten Meeres, wo äthiopische Schiffe gesichtet worden waren (*WQ/Jones*, 983).
[414] *TRM*, I, 2090; *JQ*, s.v. *Ḥimṣ*.
[415] Die Episode des Besuchs Ǧabalas im nunmehr islamischen Mekka ist in der Geschichtserinnerung lebendig geblieben als ein Beleg für das Aufeinanderstoßen der vergangenen Welt, in der die Abstammung noch den Rang eines Menschen bestimmte, mit der neuen, in der sie nur noch den Namen des Einzelnen in einer Masse Gleicher definiert (Nagel: *Eine Abstammunglegende*, wie Anmerkung 221). Vgl. *TRM*, I, 2347–2349.
[416] *BAF*, 135–138; *TRM*, I, 2099. Der Rückzug Herakleios' folgte militärtaktischen Übertlegungen (Kaegi: *Reflections*, 269 f.). Um 640 veranlaßte der Kaiser einen *census*, um die Leistungsfähigkeit der unter seiner Herrschaft verbliebenen syrischen Gebiete zu ermitteln. Inwieweit bzw. ob diese Maßnahmen überhaupt noch durchgeführt wurden, ist unbekannt (ebd., 271).
[417] *TRM*, I, 2394 und 2396.

[418] Vgl. oben, 460.
[419] Ibn Ḥağar: *al-Iṣāba*, III, 50, Nr. 6140.
[420] *TRM*, I, 2394, Zeile 10–12.
[421] Auch im Abbasidenreich bildete der „Sommerfeldzug" (arab.: *aṣ-ṣā'ifa*) gegen das Byzantinische Reich ein wesentliches Element der Herrschaftsideologie. Der Oberbefehl über den „Sommerfeldzug" wurde meist einem engen Verwandten des Kalifen anvertraut (vgl. *EI*², s.v. Ṣā'ifa, VIII, 869, Bosworth).
[422] *TRM*, I, 2208–2212; möglicherweise hat ʿUmar im Jahre 635 keine Pilgerfahrt unternommen (ebd., I, 2212).
[423] Vgl. oben, 256.
[424] *WQ/Jones*, 11.
[425] *TRM*, I, 2254.
[426] Ebd., I, 2377. „Ende 16", meint al-Balāḏurī (*BAF*, 256), was aber kaum stimmen kann, da nach al-Wāqidī die Eroberung von Ktesiphon sowie von Ǧalūlā', dem Bezirk östlich des Tigris am Anfang der Route nach Chorasan, ebenfalls im Jahre 16 erfolgte und den Sieg bei al-Qādisīja voraussetzt (*BAF*, 264).
[427] *TRM*, I, 2872–2884.
[428] *HT*, 136; über seine Abstammung: *IAB*, II, 359 und az-Zubairī: *Nasab*, 147–149: Über ihn wird – vermutlich wegen seiner großen militärischen Erfolge – erzählt, daß der Prophet von ihm gesagt habe, er ähnele den Banū ʿAbd al-Muṭṭalib mehr als den Banū ʿAbd Šams; als Kleinkind habe ʿAbdallāh den Speichel des Propheten in sich aufnehmen dürfen, weswegen er auf seinen späteren Kriegszügen stets genügend Wasser entdeckt habe.
[429] *BAF*, 315; *TRM*, I, 2884.
[430] *TRM*, I, 2377–2382;
[431] Zusammenfassung der Ereignisse bei Spuler: *Iran in frühislamischer Zeit*, 5–21; das missionarische Bewußtsein, in welchem die Muslime die Eroberung betrieben, läßt sich daran ermessen, daß sie Sure 9, Vers 33 auf ihre in Iran in Umlauf gesetzten Münzen prägten: Allah berief seinen Gesandten mit der wahren Glaubenspraxis, um dieser den Sieg zu verleihen.
[432] *BAF*, 275. Da al-Wāqidī den Sieg bei al-Qādisīja an das Ende des Jahres 16 verlegt, wird bei ihm Kufa erst im Jahr 17 (begann am 23. Januar 638) gegründet.
[433] *BAF*, 302.
[434] Ebd., 289; wörtlich: „Schädel der Araber" bzw. „der Beduinen".
[435] Über die Ungereimtheiten dieser Passage vgl. Paret: *Kommentar*, 320.
[436] Die Juden Alexandriens eigneten sich den Stoff des Alexanderromans in der Überzeugung an, der Welteroberer sei zum jüdischen Glauben übergetreten (Pfister: *Gründungsgeschichte*, 17 f. und 22 f. sowie ders.: *Alexander der Große*, 33).
[437] Vgl. oben, 226.
[438] Nagel: *Alexander*, 16.
[439] Er zeichnete sich ab 666 im Gebiet von Kabul und Sidschistan aus (*HT*, 192); im Jahre 50 (begann am 29. Januar 670) kam er nach Nordostiran, wo er Baktrien und Kuhistan unterwarf (ebd., 197).
[440] Stang: *Legend of Legends*, 123–130. Stang kannte noch nicht die Belege *TMD*, XVII, 341–360, die seine Argumentation bekräftigen.
[441] Ibn Ḥağar: *Tahḏīb*, IV, 84–88, Nr. 145.
[442] British Library Manuscript Add. 5928, fol. 72b–73a. Kühe enthüllen die Wahrheit, vgl. Sure 2, 73.
[443] Vgl. oben, 19 f.
[444] Vgl. al-Maqdisī: *al-Bad'*, Teil II, 39–60 unter Einbeziehung der einschlägigen Koranverse. Eine „islamische" Kosmographie hat sich neben der seit dem 9. Jahrhundert den Muslimen bekannt gewordenen antiken behauptet (vgl. A. Heinen: *Islamic Cosmology*, 85).
[445] Stang, op. cit., 101.
[446] Ibrāhīm b. Muḥammad, ein Enkel Ṭalḥa b. ʿUbaidallāhs, macht ihn zum Sohn eines Ḥimjariten und einer ġassānidischen Frau (*TMD*, XVII, 332).
[447] *IHT*, 85, Zeile 17–19.
[448] In den Geschichten über den Zwiegehörnten verschwimmen der unbekannte Mose aus Sure 18 und sein anonymer Begleiter bisweilen zu einer einzigen Figur (Nagel: *Alexander*, 12).
[449] Nagel: *Alexander der Große*, 12 f.

[450] Der Zwiegehörnte ist in dieser Version der Alexandererzählung ein Glied in einer legendären jemenischen Herrscherfolge (Nagel: *Alexander der Große*, 9).
[451] Nach islamischer Überlieferung wurde dieses Fort von den Sasaniden gebaut, nachdem sie 616 Ägypten den Byzantinern entrissen hatten (Ibn ʿAbd al-Ḥakam: *Futūḥ Miṣr*, 34). Diese Lage war strategisch günstig, da dort der in der Spätantike gegrabene Kanal vom Golf von Sues her in den Nil mündet; al-Fusṭāṭ, die von ʿAmr gegründete Heerlagerstadt, liegt unmittelbar nördlich von Bābiljūn.
[452] *JQ*, s.v. *Qamūnija*. In Nordafrika gab es zunächst keine Heerlagerstadt; Vorstöße bis in das heutige Tunesien fanden schon bald nach der Eroberung Ägyptens statt, aber erst im Jahre 50 (begann am 29. Januar 670) legte ʿUqba b. Nāfiʿ al-Qairawān an (*BAF*, 227).
[453] Nagel: *Alexander*, 15 f.
[454] *IHT*, 95 f.
[455] *BAF*, 197. Die verwickelten politischen Verhältnisse Armeniens waren den Muslimen in den Grundzügen bekannt, vgl. ebd., 192–196.
[456] Nagel, op. cit., 48 f. Unter dem abbasidischen Kalifen al-Wāṯiq (reg. 842–847) erkundete man die Lage jenes Dammes, da dem Herrscher geträumt hatte, das Bauwerk zerbreche. Über Tiflis gelangte man zu den Chasaren, von dort aus reiste man ungefähr zwei Monate nach Osten und entdeckte einen etwa zweihundert Ellen langen Damm, der ein Tal abschloß. In ihm vermutete man jetzt den vom Zwiegehörnten hinterlassenen Bau (ebd., 49).
[457] Im muslimischen Volksglauben wie im gelehrten Schrifttum gilt er als ein ständig anrufbarer Berater, als jemand, der nach dem Tod des Propheten die heilstiftende Verbindung mit dem Verborgenen aufrechterhält. Die Gelehrtenmeinungen über ihn stellte Ibn Ḥaǧar al-ʿAsqalānī im 15. Jahrhundert ausführlich dar (Ibn Ḥaǧar: *al-Iṣāba*, I, 429-452, Nr. 2270).
[458] Nagel, op. cit., 27. Eine Folge des „heidnischen Prophetentums" Mohammeds ist die völlige Ungewißheit des Muslims über das, was ihm im Jenseits bevorsteht (vgl. Nagel: *Geschichte der islamischen Theologie*, 75 und 80); zwar trat an die Stelle des heidnischen Fatums der als Person handelnde Allah, aber wegen der ausdrücklichen Ausschaltung einer über das Hinnehmen des von Allah Bestimmten hinausweisenden Individualethik (vgl. oben, 130, 290, 374) konnte kein Zusammenhang zwischen den „Werken" und dem „Jenseits" glaubhaft gemacht werden. In letzter Konsequenz führt dies zu der Auffassung, Mohammed sei der Ausgangspunkt des göttlichen Schöpfungshandelns und wer an ihn glaube, sei ohnehin zum Paradies bestimmt (hierüber vgl. Nagel: *Allahs Liebling*, zweiter Teil, Kapitel IV), oder eben zum obsessiven Suchen des Todes im Kampf für die irdischen Belange „Allahs" – irreführend als Märtyrertod bezeichnet; einen solchen Tod für sich herbeizuführen, heißt, Gewißheit darüber zu erlangen, daß man in das Paradies einziehen wird (vgl. Sure 9, 111).

Kapitel VI: Die Hedschra

[1] Bei Ibn Isḥāq ist es ein Schaf.
[2] *WQ/Jones*, 181 f., 365–373, 679.
[3] Ebd., 679; vgl. *IHS*, IV, 352 f.
[4] Das Wort *baqīʿ* bezeichnet ein Gelände, dessen Bäume abgeholzt wurden, auf dem jedoch die Stubben zurückblieben; der Baqīʿ al-Ġarqad war ursprünglich mit Christdorn bestanden und diente jetzt als Friedhof (*SWW*, 1154). Dort war u.a. Mohammeds Sohn Ibrāhīm bestattet worden, der als Säugling gestorben war (*IST*, I/I, 92).
[5] *IHS*, IV, 291 f.
[6] Ebd., IV, 299.
[7] Vgl. die Darstellung der Vorgeschichte des Gerichts und des Gerichts selber in Eva Haustein-Bartsch: *Das Jüngste Gericht*, 4–6. Vgl. /Z/ V 320.
[8] Ibn Ḥaǧar: *Tahḏīb*, V, 218 f., Nr. 377: ʿAbdallāh fand bei der Erstürmung der Residenz ʿUṯmāns den Tod.
[9] *IHS*, IV, 303; vgl. *IST*, II/II, 21.
[10] *IHS*, IV, 304, Zeile 7. Abū Bakr hatte eine Frau von den „Helfern" geheiratet, nämlich aus der ḫazraǧitischen Sippe Banū l-Ḥāriṯ (Bal-Ḥāriṯ) b. al-Ḫazraǧ; bei dieser Sippe hatte er sogleich nach seiner Ankunft in Medina ein Quartier gefunden, nämlich in as-Sunḥ (*IST*, II/II, 17, Zeile 19 f.).
[11] Die Redensart meint im Arabischen, auf grausame Art getötet zu werden, vgl. das Beispiel *AG2*, IX, 83, Zeile 1.

[12] *IHS*, IV, 304, Zeile 15–17.
[13] Zahlreiche Belege in Wensinck: *Handbook*, 71 (The agreeable odour of the faster's breath).
[14] Vgl. oben, 396 und unten, 682.
[15] *IHS*, IV, 305 f.
[16] *IST*, I/II, 180.
[17] Sie denken im Grunde genau wie ʿUmar.
[18] az-Zubairī: *Nasab*, 278.
[19] *IST*, II/I, 31.
[20] Ebd., II/II, 17.
[21] Vgl. oben, 299 f.
[22] *IST*, II/I, 3, Zeile 14.
[23] Ebd., 4, Zeile 1.
[24] Ebd., 4, Zeile 10.
[25] Ebd., 4, Zeile 18
[26] Ebd., 18, Zeile 7; vgl. Ibn Ḥağar: *al-Iṣāba*, II, 523, Nr. 5764.
[27] *IST*, II/I, 105. Bei dem Ṯaqafiten handelt es sich um Hubaira b. Sabl, der während der Verhandlungen in al-Ḥudaibīja zu Mohammed gekommen und Muslim geworden war (Ibn Ḥağar: *al-Iṣāba*, III, 599, Nr. 8935): Der Islam setzt alle Stammesloyalitäten außer Kraft, sofern sie seinen Zielen entgegenstehen.
[28] Ebd., 119; Ibn Ḥağar: *al-Iṣāba*, III, 383 f., Nr. 7806.
[29] Nagel: *Staat und Glaubensgemeinschaft*, I, 83. In diesem Sinne ist *TRM*, I, 2067, Zeile 9 zu verstehen: Ḫālid b. al-Walīd läßt einen *ḫalīfa* in al-Ḥīra zurück.
[30] *IHS*, IV, 304, Zeile 14.
[31] *IST*, II/II, 28.
[32] Ebd., VIII, 94–100. Vgl. vor allem *BAA*, II, 81 f.
[33] Die Frauen Mohammeds durften sich nach seinem Tod dem gewöhnlichen Publikum nicht einmal verschleiert zeigen (vgl. Knieps: *Verschleierung*, 217–226).
[34] *IST*, II/II, 29.
[35] *BAA*, II, 91. Mohammed blieb zeit seines Lebens dem uxorilokalen Ehetyp treu, der auch für sein Verhältnis mit seiner angeblichen Lieblingsgattin charakteristisch war, vgl. oben, 329.
[36] Ibn Saʿīja ist offensichtlich ein Konvertit, Ḥujaij b. Aḫṭab war einer der zähesten jüdischen Feinde Mohammeds.
[37] *WQ/Jones*, 520 f.
[38] *BAA*, II, 92.
[39] *AG2*, IX, 139.
[40] Ibn Ḥağar: *al-Iṣāba*, II, 369, Nr. 4954; vgl. oben, 306 f.
[41] Er und sein Bruder bewohnten ein Haus unmittelbar „hinter" der Moschee des Propheten (*IST*, III/I, 108, Zeile 5 f.).
[42] *IST*, III/I, 108.
[43] *WQ/Jones*, 301.
[44] Ibn Ḥağar: *al-Iṣāba*, II, 456, Nr. 5414.
[45] *IST*, III/I, 111.
[46] Ebd., III/I, 113 f. Erst nach einer Intervention az-Zubairs war der Kalif bereit, ʿAbdallāh b. Masʿūd die ihm zustehenden Dotationen auszubezahlen.
[47] Ebd., III/I, 110.
[48] *TRM*, II, 636, 752, 783; *HT*, 266. Al-Muḫtār unterstützte zunächst ʿAbdallāh b. az-Zubair (*IST*, V, 71).
[49] *HT*, 271.
[50] *AG2*, IX, 151 f.; vgl. oben, 380.
[51] *AG2*, IX, 141; van Ess: *Theologie und Gesellschaft*, 184–220.
[52] IST, III/I, 70: Nicht nur Mohammed, sondern auch sein „Jünger" az-Zubair war mit einer Tochter Abū Bakrs verheiratet; die Mutter u.a. von ʿAbdallāh und ʿUrwa war Asmāʾ bt. abī Bakr.
[53] *AG2*, IX, 142 f.
[54] *MS*, *ṣalāt*, 90.
[55] Ebd., *ṣalāt*, 77–83.

[56] *Muslim* belegt übrigens, daß aus der Szene mit dem im Sitzen betenden todkranken Propheten auch das Gegenteil herausgelesen wurde. Sie wird dementsprechend erzählt: Mohammed gab durch ein Zeichen zu verstehen, alle Anwesenden sollten im Sitzen beten wie er. Nach dem Ende der Riten erläutert Mohammed laut dieser Überlieferung: „Vorher wart ihr nahe daran, euch wie die Perser und die Griechen zu verhalten: Sie stehen vor ihren Herrschern, während diese sitzen. Tut dergleichen nicht, sondern richtet euch nach euren Vorbetern..." (*ṣalāt*, 84 f.). In dieser Überlieferung kommt gut zum Ausdruck, daß das rituelle Gebet als ein hoheitlicher Akt aufgefaßt wird, bei dem der Vorbeter die Stelle des Herrschers – nämlich Allahs, in dessen Namen der Prophet spricht – einnimmt. /Z/

[57] Vgl. meinen Aufsatz *Verstehen oder Nachahmen. Grundtypen der muslimischen Erinnerung an Mohammed.*

[58] Nagel: *Allahs Liebling*, erster Teil, Kapitel I, sowie vor allem zweiter Teil, Kapitel III.

[59] *IHS*, IV, 303.

[60] Vgl. dazu oben, 366 und unten, 619–623.

[61] *IST*, II/II, 26. Daß in dieser Anweisung ein starkes Indiz dafür liege, daß der Prophet Abū Bakr zum Nachfolger bestimmt habe (*SWW*, 472), meinte beispielsweise al-Ḫaṭṭābī (gest. um 850) (Ibn Ḥağar: *Tahḏīb*, V, 331, Nr. 566).

[62] Unter den sunnitischen *ḥadīṯ*-Sammlern überliefern dies Aḥmad b. Ḥanbal und an-Nasāʾī (*SWW*, 474).

[63] Nagel: *Rechtleitung und Kalifat*, 185.

[64] *IST*, II/II, 51. Vgl. Nagel: *Untersuchungen zur Entstehung des abbasidischen Kalifats*, 80 und 82: Noch in den *Hāšimījāt* des Dichters Kumait (gest. 743) erscheint al-Faḍl b. al-ʿAbbās neben seinem Bruder ʿAbdallāh als ein herausragender Vertreter des Hāšimiten.

[65] Al-Wāqidī, dem ich sie entnehme, war al-Maʾmūn verpflichtet, was ihn zur Darbietung dieses Stoffes veranlaßt haben könnte (vgl. /Z/ II 38). Bürgen dieser Überlieferungen sind die „Helfer" (zu deren Verhältnis zu ʿAlī vgl. unten, 616–618), der Alide ʿAbdallāh b. Muḥammad b. ʿUmar b. ʿAlī (starb zur Regierungszeit al-Manṣūrs, Ibn Ḥağar: *Tahḏīb*, VI, 18, Nr. 22) auf Autorität seines Großvaters bzw. ʿAlī b. al-Ḥusains, der Iraker aš-Šaʿbī (gest. ca. 728) und ein Sohn des Charidschiten Dāʾūd b. al-Ḥuṣain (gest. 752/3) (Ibn Ḥağar, op. cit., III, 181 f., Nr. 345). Zum zeitweiligen Zusammengehen der Charidschiten mit den Werbern für den Umsturz der Omaijaden vgl. Nagel: *Untersuchungen zur Entstehung des abbasidischen Kalifats*, 141–145.

[66] Dementsprechend wird ʿĀʾiša in der schiitischen Überlieferung abgewertet, vgl. die Beispiele bei Nagel: *Rechtleitung und Kalifat*, 176 f. und 182.

[67] *IST*, VIII, 54.

[68] *WQ/Jones*, 1096: Mohammed hatte dort einen Gebetsplatz anlegen lassen, den er bei seiner letzten Wallfahrt auf dem Weg nach Mekka aufsuchte. Die schiitische Version findet sich u.a. bei Jaʿqūbī: *Taʾrīḫ*, II, 112.

[69] ʿUmar will zuerst den Tod des Propheten nicht wahrhaben; er war wegen seiner schaurigen Stimme nicht zum Vorbeten geeignet; er deutet auf seinem Sterbebett an, daß es keinen Fingerzeig Mohammeds auf Abū Bakr gegeben habe, womit er sich gegen die einhellige Meinung des Sunnitentums stellt; er tat ʿAbdallāh b. Masʿūd einen Tort an und förderte den unbedeutenden ʿUtba b. Masʿūd.

[70] Vgl. oben, 480 f.

[71] Vgl. oben, 478 f.

[72] Der *wāfī*-Dirhem war in der Persis in Umlauf; er hatte das Gewicht von einem Gold-*miṯqāl*, d.h. 4,233 Gramm (Hinz: *Islamische Maße und Gewichte*, 2). Andere Arten des Dirhems – vermutlich ist der gewöhnliche Dirhem gemeint – wogen bis zu 30 % weniger (az-Zubairī: *Nasab*, 177); vgl. unten, Anmerkung 154.

[73] Hafenort am Roten Meer, drei Tagereisen nördlich von al-Ǧuḥfa, *JQ*, s.v. *al-Ǧār*.

[74] Bekanntlich sind die durch den islamischen Fiskus eingetriebenen Tribute und Abgaben der „Schmutz der Leute", vgl. oben, 399.

[75] *IST*, III/I, 202 f.; *BAA*, X, 322 f.

[76] *BAA*, VI, 166.

[77] az-Zubairī: *Nasab*, 112; ʿUṯmān verschwägerte sich ebenfalls mit ʿAbd al-Malik.

[78] Ibn ʿAbd al-Ḥakam: *Futūḥ Miṣr*, 193 f.; al-Jaʿqūbī: *Taʾrīḫ*, 165 f., sofern die Verbindung der Gabe mit der Hochzeit nicht schiitische Polemik ist.

[79] Imam hier als Bezeichnung des Oberhaupts der „besten Gemeinschaft“, abgeleitet aus der Funktion des Vorbeters, der die Muslime im Ritenvollzug unmittelbar vor Allah stellt. /Z/
[80] Zu ihm vgl. oben, 443 und 465 sowie unten, 687–690.
[81] *BAA*, VI, 166.
[82] *SWW*, 1235; *JQ*, s.v. *Sal*ʿ.
[83] *HT*, 130, 157. ʿAbdallāh b. al-Arqam hatte bei der Inbesitznahme Mekkas durch Mohammed den Islam angenommen und gleich danach dem Propheten als Sekretär gedient. Das große Vertrauen, das Mohammed ihm entgegengebracht hatte, ermutigte später ʿUmar, ihn mit der Verwaltung der Staatskasse (arab.: *bait al-māl*) zu beauftragen (Ibn Ḥağar: *al-Iṣāba*, II, 273 f., Nr. 4525).
[84] Er zählte zu den Banū Umaija; er war der Großneffe von ʿAttāb b. Asīd, den Mohammed als seinen Statthalter in Mekka eingesetzt hatte (Ibn Ḥağar: *al-Iṣāba*, II, 301 f., Nr. 4642 in Verbindung mit II, 451, Nr. 5391).
[85] *BAA*, VI, 173.
[86] *IST*, III/I, 260.
[87] Zum Wesen der Stiftung in der Scharia vgl. *HdI*, s.v. *Wakf* (787–793, W. Heffening).
[88] *IST*, III/I, 260, Zeile 7–10; *BAA*, X, 295.
[89] Als es ein halbes Jahrhundert später mit den einträglichen Raubzügen und infolgedessen mit dem bedenkenlosen Verteilen vorbei war, verband sich der Wunsch, es möge doch bald wieder so sein, mit den rasch wuchernden chiliastischen Erwartungen: Der ersehnte Endzeitherrscher wird das Geld mit vollen Händen ausstreuen und überhaupt nicht nachrechnen (vgl. Nagel: *Untersuchungen zur Entstehung des abbasidischen Kalifats*, 95 f.).
[90] Es wird sich um das von ʿUmar b. Šabba erwähnte Anwesen im Viertel al-Baqīʿ, östlich der Moschee des Propheten, handeln, „gegenüber dem kleinen Haus ʿUṯmāns“ (*USM*, I, 242). Sunnitische Gelehrte versuchten, ihm unmittelbar im Westen der Moschee bzw. des Gebetsplatzes eine weitere Wohnung zuzuschreiben, aber anscheinend nur, damit die Überlieferung vom „Schließen aller Pforten bis auf diejenige Abū Bakrs“ plausibel wird; die Angaben bleiben ganz verschwommen und reden lediglich von einem direkten Zugang zum Gebetsplatz (*USM*, I, 242 f.; *SWW*, 717–719).
[91] Al-Qabalīja liegt westlich von Medina, gegen die Küste hin (*JQ*, s.v. *al-Qabalīja*) und gehört den Banū Ǧuhaina. Im Rağab (begann am 25. Oktober 629) des Jahres 8 entsandte Mohammed dorthin dreihundert Auswanderer und „Helfer“ (*IST*, II/I, 95).
[92] Vgl. oben, 403.
[93] *IST*, III/I, 151 f.
[94] Ebd., V, 6.
[95] *SWW*, 338.
[96] Ebd., 481.
[97] *TRM*, I, 2576 f.; *IST*, III/I, 227–229.
[98] Vgl. das Beispiel *AG2*, VII, 53.
[99] Es handelte sich dabei nicht um die Kopfsteuer, sondern um den *ḫarāğ*, die Grundsteuer, die von den Erträgen des von Nichtmuslimen bestellten Bodens abzuführen war; das Beispiel Abū Luʾluʾas zeigt, daß man auch das Gewerbe mit dem *ḫarāğ* belastete (*IST*, III/I, 250, Zeile 10–12).
[100] *IST*, III/I, 250–252.
[101] *HT*, 136–152. ʿAbdallāh b. ʿĀmir gehörte wie ʿUṯmān zum Klan der Banū ʿAbd Šams, war aber mütterlicherseits mit den Banū ʿAbd al-Muṭṭalib verwandt (*IAB*, II, 359–361); er ist ein gutes Beispiel für das Bestreben ʿUṯmāns, den ʿAbd Manāf-Quraišiten zu Macht und Einfluß zu verhelfen (vgl. dazu unten, 580 f.).
[102] Er ist ein in Äthiopien geborener Sohn Ǧaʿfar b. abī Ṭālibs; dieser war, wie erinnerlich, zu Schiff in den Hedschas zurückgekehrt, als Mohammed Krieg gegen Ḫaibar führte (Ibn Ḥağar: *al-Iṣāba*, II, 289, Nr. 4591).
[103] Text: *min faiʾ Kisrā*, *AG2*, VIII, 321, Zeile 2.
[104] *AG2*, VIII, 321 f.
[105] Vgl. oben, 398.
[106] *IST*, III/I, 199.
[107] Ebd., 197 f., wo weitere Überlieferungen in diesem Sinne zu finden sind.
[108] Vermutlich ist der Getreidehandel gemeint.
[109] *IST*, IV/II, 59 f.

[110] Etwa bei der Analyse von Sure 8, vgl. oben, 316–320.
[111] Nagel: *Islam*, § 57, ; ders.: *Das islamische Recht*, 80 f.
[112] Vgl. oben, 390.
[113] Vgl. oben, 302.
[114] Er ist der oben, 217, genannte Sohn des Negus.
[115] *USM*, I, 220 f.
[116] Nach islamischem Recht erwirbt man Eigentum an Grund und Boden nur unter der Voraussetzung, daß man sie bearbeitet.
[117] *USM*, I, 230.
[118] Allenfalls das Land, das Allah für Mohammed „zurückgeholt" hat (Sure 59, 7), kann auch den Verwandten überlassen werden; dies ist aber nicht als eine *ṣadaqa* zu verstehen, jedenfalls nicht, wenn man die Begriffe des Korans ernstnimmt.
[119] *USM*, I, 230.
[120] Er amtierte gegen Ende des Kalifats Hārūn ar-Rašīds (reg. 786–809) eine Zeitlang als *Qāḍī* in Medina (Wakīʿ, I, 241–243).
[121] Text: *Ḥafṣ*; vgl. *IST*, III/I, 97, Zeile 19.
[122] *USM*, I, 238 f.
[123] Ebd., I, 244.
[124] Ebd., I, 241; Ibn Ḥağar: *al-Iṣāba*, II, 356, Nr. 4870.
[125] *USM*, I, 241; Ibn Ḥağar, op. cit., III, 390, Nr. 7840.
[126] Meist wird er zu einem der Banū n-Naḍīr erklärt, was aber vielleicht eine Verwechslung ist, wie man denn auch das durch ihn dem Propheten übermachte Land mit den Ländereien durcheinandergeworfen hat, die Mohammed nach der Vertreibung jener beschlagnahmte.
[127] Vgl. oben, 360.
[128] *USM*, I, 173–176.
[129] Vgl. Dozy: *Supplément*, I, 839, s.v. *ṣ-f-w*.
[130] Vgl. oben, 398.
[131] *USM*, I, 186.
[132] Vgl. oben, 398.
[133] *USM*, I, 196.
[134] Ebd., loc. cit.; Belege im *ḥadīṯ*, in der Regel auf alle Propheten und deren Nachkommen bezogen, bei Wensinck: *Concordance*, VII, 184, rechte Spalte.
[135] *USM*, I, 198; vgl. oben, 397 f.
[136] *USM*, I, 213–218. Beide Arten von Einkünften dienten ja gerade der Errichtung des muslimischen, des von Allah durch den Propheten gestifteten Gemeinwesens, dessen Lebensmitte allein das Bekenntnis zum Islam sein sollte.
[137] Vgl. oben, 398.
[138] *USM*, I, 223.
[139] Er hatte sich bei den Kämpfen in Ägypten ausgezeichnet (Ibn ʿAbd al-Ḥakam: *Futūḥ Miṣr*, 93).
[140] Spottname ʿUmars; gemeint ist die Koloquintenpflanze (arab.: *al-ḥantama*), die die bitteren Früchte – ʿUmar – hervorbringt.
[141] az-Zubairī: *Nasab*, 409. Die Banū Sahm, die Sippe ʿAmrs, und die Banū ʿAdī b. Kaʿb, diejenige ʿUmars, gehörten beide zum Bund der „Blutlecker", was die Gewährung des Schutzes begreiflich macht.
[142] *BAA*, X, 369 f.
[143] Vgl. oben, 407.
[144] Ibn Ḥağar: *Tahḏīb*, XI, 153-155, Nr. 254.
[145] Text: *q-r-ba*, wohl irrtümlich für *qarja*.
[146] *TMD*, II, 204–208.
[147] Vgl. oben, 511. Daß Abū Bakr jedem – in Medina Anwesenden? – einen gleich großen Anteil an dem ihm zur Verfügung stehenden „Staatsschatz" zubilligte, ist auch anderswo bezeugt (Puin: *Diwan*, 75–77).
[148] Vgl. oben, 301.
[149] Puin: *Diwan*, 80–92.
[150] *IST*, III/I, 212, Zeile 6–16; *TRM*, I, 2750.
[151] *IST*, III/I, 212, Zeile 17–213, Zeile 4; *TRM*, I, 2751.
[152] Vgl. hierüber oben, 252.

[153] Text: *ʿalā manāzili-him* (*IST*, III/I, 214, Zeile 9); gemeint dürfte wieder die Stellung im genealogischen System sein; vgl. *IST*, III/I, 212, Zeile 13, wo der Zusammenhang keine andere Deutung zuläßt.
[154] Laut Hinz: *Islamische Währungen umgerechnet in Gold*, VIII, betrug der Wert des Goldes seit Kaiser Konstantin das Zwölffache des gleichen Gewichts an Silber; die Begriffe Dinar und Dirhem bezeichneten damals in Arabien ein je gleiches Gewicht, nämlich ein Miṯqāl, an Gold bzw. an Silber. Vgl. oben, Anmerkung 72.
[155] Sie war mit al-ʿAuwām b. Ḫuwailid, einem Bruder Ḫadīǧas, verheiratet, dem sie az-Zubair, den „Jünger" Mohammeds, gebar (az-Zubairī: *Nasab*, 20).
[156] Lecker: *Early Islamic Medina*, 1–3.
[157] *IST*, III/I, 214 f.
[158] Vgl. *IST*, IV/II, 77.
[159] Text: *ġanāʾu-hū*. Ich bevorzuge die in Fußnote *b*) vermerkte Variante *ʿanāʾu-hū*. Die in den Text aufgenommene Lesart ergibt allerdings ebenfalls einen Sinn: Wer im Islam, als Muslim, ein hinreichendes Auskommen hat, der benötigt weniger als der im Anschluß genannte Bedürftige. Es ist aber nirgends belegt, daß ein gutes Auskommen der Grund für die Verweigerung einer Dotation sei.
[160] *TRM*, I, 2752 f.
[161] Vgl. oben, 360 f. Lane: *Lexicon*, 2468, s.v. *al-faiʾ* macht den Vorgang der Erweiterung der Bedeutung anschaulich: Das Wort soll, so eine Quelle des ausgehenden 8. Jahrhunderts, ein Synonym für *al-ġanīma* wie für *al-ḫarāǧ* sein und Güter meinen „such, of the possessions of the unbelievers, as accrues to the Muslims without war, or such as obtained from the believers in a plurality of gods after the laying-down of arms, or such as God has restored (as though it were theirs of right) to the people of his religion, of the possessions of those who have opposed them, without fighting, either by the latter's quitting their homes and leaving them vacant to the Muslims, or by their making peace on the condition of paying a poll-tax or other money or property to save themselves from slaughter".
[162] Zu ihm vgl. Blachère: *Histoire de la littérature arabe*, 727 f. Man hat Quss vielfach für einen Christen erklärt. Allerdings war *qass* (sic!) als Beiname für Personen in Gebrauch, die sich durch eine besonders strenge Wahrnehmung ihrer kultischen Pflichten auszeichneten (*AG2*, VIII, 334 und 350). In dem Material, das man in *AG2*, XV, 246–250 über ihn findet, deutet nichts auf ein Bekenntnis Quss' zum Christentum; wie mit Bezug auf den Ḥanīfen Zaid b. ʿAmr b. Nufail soll Mohammed auch betreffs Quss b. Sāʿida verheißen haben, dieser werde als „eine eigene Glaubensgemeinschaft" von den Toten auferweckt und abgeurteilt werden (op. cit., VIII, 246).
[163] Nagel: *Der Koran als Zeugnis einer Zeitenwende*, 102.
[164] Weitere Belege bei Paret: *Kommentar*, 61 f.
[165] Nagel: *Der Koran als Zeugnis einer Zeitenwende*, 98.
[166] al-Marzūqī: *al-Azmina*, II, 330 f.; *AG2*, XXI, 10 und 226: Der Dschihad ist die vorzüglichste Handlung des Muslims.
[167] *IST*, III/I, 214, Zeile 19. Es ist nicht zu entscheiden, ob sich die anschließenden Angaben über die Zuteilungen an die Neugeborenen usw. und an die Findelkinder auch noch auf al-ʿAwālī beziehen.
[168] Dem Bruder des Vaters kommt in der damaligen arabischen Gesellschaft ein herausgehobener Rang zu. Dies gilt zum einen beim Erbgang (vgl. hierzu /Z/ VIII 92). Zum anderen war es in Mohammeds Zeit üblich geworden, Ehen mit der Base, der Tochter des Onkels väterlicherseits, zu stiften, durch die die kostspieligen Kaufehen umgangen werden konnten (Robertson Smith: *Kinship and Marriage*, 82). Mohammed freilich hatte seinen Onkel Abū Ṭālib vergeblich um eine Ehe mit dessen Tochter Umm Hāniʾ gebeten (vgl. oben, 104).
[169] Puin: *Diwan*, 105 f.
[170] *AG2*, V, 101 f.
[171] *HT*, 128.
[172] *IST*, VII/I, 89.
[173] *WQ/Jones*, 855; vgl. oben, 142.
[174] *USM*, II, 705; *IST*, III/I, 212, Zeile 4.
[175] as-Siǧistānī: *Maṣāḥif*, 12–16. Meistens wird die Initiative Abū Bakrs mit den verlustreichen Kriegen im Nordosten Arabiens in Verbindung gebracht; dort seien viele Kenner des Korans umgekommen, so daß man dringend durch eine Sammlung des Textes die ungeschmälerte Fülle der Botschaft sichern müsse (as-Siǧistānī, a.a.O., 14 f.). Bemerkenswert ist

im übrigen, daß auch in dieser Hinsicht die „Helfer" auf die Verfestigung und Verstetigung der religiösen Praxis dringen, so wie sie es schon bei der Einführung gottesdienstlicher Elemente in den Kultus getan hatten. – Die bisher in der westlichen Islamwissenschaft vertretenen Ansichten über die „Sammlung des Korans" faßt H. Motzki in dem Aufsatz *The Collection of the Qurʾān* zusammen; sie unterscheiden sich von den meinigen dadurch, daß jene die Zuverlässigkeit von *Ḥadīṯ*en zu diesem Gegenstand erörtern und – ganz unterschiedlich – bewerten, nicht aber eine Analyse des Inhalts der gesamten einschlägigen Überlieferung vor dem Hintergrund der historischen Gegebenheiten versuchen, von denen die Quellen berichten.

176 *USM*, II, 705; as-Siǧistānī: *Maṣāḥif*, 13–17.

177 as-Siǧistānī, op. cit., 14 f.

178 Er war ein Badrkämpfer und focht später an der Seite ʿAlī b. abī Ṭālibs (Ibn Ḥaǧar: *al-Iṣāba*, I, 425, Nr. 2251).

179 Man weiß nicht, ob er den Propheten noch gesehen hat. Er kam im Jahre 65 (begann am 18. August 684) in einem Gefecht in Iran um (Ibn Ḥaǧar: *Tahḏīb*, II, 211, Nr. 399).

180 Über ihn vgl. Blachère: *Histoire de la littérature arabe*, 261–263.

181 Lane: *Lexicon*, 2425, s.v. *f-q-r*.

182 *AG2*, VIII, 199.

183 Vgl. oben, 52.

184 *BAA*, I, 37.

185 Ebd., I, 47 f.: Kaʿb b. Luʾaij, von dessen Todesdatum an man die Zeit bis zum „Jahr des Elefanten" gerechnet habe, hielt Predigten, in denen er auf eine Abrechnung im Jenseits und auf eine kommende Botschaft hingewiesen haben soll, die derjenigen Moses und Jesus vergleichbar sein werde.

186 ʿUmar interessierte sich übrigens für die Verse, die die Dichter ersannen, seit sie Muslime geworden waren (vgl. *AG2*, XXI, 30).

187 Robin: *Le judaïsme*, 102–110, bes. 106.

188 Vor Zuhair und an-Nābiġa soll Aus b. Ḥaǧar von den Banū Tamīm der bedeutendste Dichter der Muḍariten gewesen sein (*AG2*, XI, 70). Ferner *AG2*, X, 288; az-Zubarī: *Nasab*, 8.

189 Über die vier Reisen ʿUmars nach aš-Šaʾm: *TRM*, I, 2401.

190 *TRM*, I, 2769 f.; *AG2*, X, 288 f.

191 *AG2*, X, 290 f.

192 *BAA*, X, 348.

193 *USM*, II, 711. ʿAbdallāh b. Masʿūd war selber ein Huḏailit, vgl. oben, 500.

194 Ibn Ḥaǧar: *al-Iṣāba*, I, 19, Nr. 32.

195 Vgl. hierzu oben, 179 f.

196 Wir haben oben die angespannte Lage geschildert, in der sich Mohammed in seiner Heimatstadt befand; mit angelegter Rüstung umrundete er die Kaaba (vgl. oben, 425).

197 *USM*, II, 710–712. In Muʿāwijas Erinnerung war das Arabische des Korans bei der Redaktion nach der Sprechweise des Saʿīd b. al-ʿĀṣ b. Saʿīd b. al-ʿĀṣ b. Umaija ausgerichtet worden; besser als irgend jemand sonst habe Saʿīd die Sprechweise des Propheten zu treffen gewußt. Saʿīd war einer der Schreiber der ʿuṯmānschen Musterkorane (Ibn Ḥaǧar: *Tahḏīb*, IV, 49, Nr. 78).

198 *USM*, II, 707.

199 Vgl. oben, Kapitel V, Teilkapitel 3 und 4.

200 Ibn Ḥaǧar: *Tahḏīb*, V, 67, Nr. 110.

201 *AG2*, VII, 58. Vgl. zu den Versen meinen Aufsatz *Verstehen oder nachahmen? Grundtypen der muslimischen Erinnerung an Mohammed*.

202 Text: *jufaqqihu n-nās*, Ibn Ḥaǧar: *al-Iṣāba*, III, 232, Zeile 1 f., Nr. 7098. *BAA*, XI, 94: Einen gewissen Qusaiṭ b. Usāma von den muḍaritischen Banū Kināna schickte er zu den Beduinen (wo?), damit er sie den Koran lehre.

203 Wasserstelle unweit Medinas an der Route in den Irak, *JQ*, s.v. *Ṣirār*.

204 *IST*, VI, 2, Zeile 22–27. Vgl. ferner *USM*, III, 800.

205 Ebd., V, 140, Zeile 3–5.

206 *BAA*, XI, 212.

207 Ebd., XI, 221.

208 *IST*, V, 2, Zeile 3, sowie 36, Zeile 8; vgl. ebd., V, 37, Zeile 1 und 38, Zeile 17.

209 *IST*, V, 50; vgl. ebd., V, 52, Zeile 4.

210 Ebd., V, 99, Zeile 3. Über Saʿīd vgl. unten, 694–700.

[211] Vgl. oben, 495; vgl. unten, 589–595.
[212] Vgl. oben, 317–320 (Eingreifen der Engel).
[213] *IST*, VI, 40.
[214] Ebd., V, 173, Zeile 10-14.
[215] Vgl. dazu unten, 721, 723, 725 f.
[216] Vgl. oben, 288.
[217] Ibn Ḥağar: *Tahḏīb*, XI, 249 f., Nr. 399. Der zweite Bürge, im Text lediglich mit Abū Salama angegeben, ist wahrscheinlich Jaḥjās Zeitgenosse Abū Salama (b. ʿAbd ar-Raḥmān az-Zuhrī) (ebd., XII, 115, Nr. 537).
[218] *USM*, II, 713 f.
[219] Sie steht in *USM*, II, 713 f. Dort ist der in den kanonischen *ḥadīṯ*-Sammlungen – soweit ich sehe – unbekannte as-Sāʾib b. Jazīd als Bürge erwähnt, der bei Ibn Saʿd u.a. mit der Überlieferung auftaucht, ein *muhāğir* dürfe sich nur drei Tage in Mekka aufhalten (*IST*, IV/II, 77).
[220] *BS*, *faḍl man qāma Ramaḍān*.
[221] *EI²*, s.v. at-Tarāwīḥ (X, 222, A.J. Wensinck).
[222] *USM*, II, 731–734.
[223] Ibn Ḥağar: *al-Iṣāba*, IV, 348, Nr. 651 und III, 228 f., Nr. 7088.
[224] Al-Ğārūd, ein Christ, war mit der Delegation seines Stammes nach Medina gereist und hatte auf Drängen Mohammeds den Islam angenommen. In der Zeit der „Apostasie" kämpfte er für die Beibehaltung der neuen Religion (*IST*, V, 408).
[225] *USM*, III, 843-848; *IST*, V, 408.
[226] *USM*, III, 852 f.
[227] Vgl. oben, 303.
[228] Eine *ḥulla* bestand aus zwei zueinander gehörenden Tüchern, die man um die Lende und um den Oberleib wickelte, oder sie war ein einziges Tuch, das ausreichte, den ganzen Körper einzuhüllen (Lane: *Lexicon*, 621, s.v. *ḥ-l-l*).
[229] Der Herausgeber emendiert die Zahl zweihundert in tausend, die er der nächsten Überlieferung entnimmt, in der es aber um die Angleichung der Geldsumme an die gestiegenen Kamelpreise geht.
[230] *USM*, II, 756–758.
[231] Vgl. Kapitel IV, Teilkapitel 5.
[232] *USM*, III, 797 f.
[233] Nämlich im Falle, daß er sie ihrem nächsten Eigentümer abkauft. Wurde die Mutter veräußert, als ihr Sohn noch ein Kleinkind war, wird dieser nicht bemerken, wen er da erwirbt.
[234] *USM*, II, 722 f.
[235] Ebd., II, 716–718. Zur Zeitehe vgl. *EI²*, s.v. al-Mutʿa (VII, 757–759, Heffening). Weil der von den Schiiten gehaßte ʿUmar die Zeitehe verbot, halten sie sie für erlaubt; sie braucht nach schiitischem Recht nicht vor einem *Qāḍī* geschlossen werden, Zeugen sind ebenfalls entbehrlich.
[236] *USM*, III, 859.
[237] Die auf ʿĀʾiša zurückgeführte Überlieferung, ʿUmar habe Anstoß daran genommen, daß Mohammeds Frauen ihre Gemächer verließen und dabei zu erkennen waren, verweist auf die Frage nach der Verhüllung der Frauen in der Öffentlichkeit. Davon ist in Sure 33, Vers 53 aber gar nicht die Rede, so daß die Überlieferung hier fehl am Platz ist. Allah ist zu erhaben, um „unverhüllt" mit einem Menschen zu sprechen, sagt Mohammed in Sure 42, Vers 51. Diese schon in Mekka geäußerte Vorstellung wird auf die durch die Berührung mit dem Propheten aus dem Kreis der gewöhnlichen Frauen herausgehobenen Gattinnen übertragen und findet im Verbot der Wiederverheiratung ihre naheliegende Schlußfolgerung.
[238] *USM*, III, 860–862.
[239] *IST*, III/I, 286. Daß ʿUṯmān b. Maẓʿūn die Offenbarung des Weinverbots in Sure 5, Vers 90 f. erlebte, wie diese Überlieferung annimmt, ist ein Anachronismus.
[240] *IST*, III/I, 288, Zeile 21.
[241] Ebd., 290, Zeile 22–27.
[242] *USM*, III, 860–868. Vgl. oben, 276.
[243] In diesen Werken ist ʿUmar zum Vorreiter des – auf dem *ḥadīṯ* fußenden! – Sunnitentums umgestaltet worden. Vgl. darüber unten, 691–694.

[244] *TRM*, I, 2769; vgl. ferner die läppische Anekdote, in der al-Ḥusain den Kalifen ʿUmar von der Predigtkanzel des Propheten zerren will, *USM*, III, 799.
[245] *TRM*, I, 2755 f.
[246] Vgl. oben, 98 f. Daneben werden vereinzelt weitere Datierungen bezeugt, so etwa nach dem Todestag des Kaʿb b. Luʾaij, nach dem „Elefantenkrieg", nach dem Todesdatum des ʿAbd al-Muṭṭalib (*BAA*, I, 47) und nach den Herrscherjahren der Laḫmiden (ebd., I, 113). Auch die „Kampftage der Araber" vermochte man zu anderen Ereignissen in eine relative Chronologie zu setzen. Dergleichen ist jedenfalls für den „Tag von Šiʿb Ǧabala" überliefert: Er habe neunzehn Jahre vor Mohammeds Geburt stattgefunden (*AG2*, XI, 160).
[247] Vgl. oben, 68.
[248] Vgl. oben, 99.
[249] al-Marzūqī: *al-Azmina*, I, 167.
[250] *USM*, II, 758 f.; *IGM*, IV, 226–229.
[251] Vgl. Nagel: *Medinensische Einschübe*, 128, 143.
[252] Vgl. oben, 23; *BAA*, X, 321.
[253] *TRM*, I, 2480.
[254] Vgl. oben, 305.
[255] *BAA*, X, 34.
[256] *TRM*, I, 2401 und 2515.
[257] *BAF*, 151 f.
[258] Text: *wa-uqīmu la-hum mā fī nafs-ī*. Ich bin mir nicht sicher, den Sinn getroffen zu haben.
[259] *TRM*, I, 2515. Text: *wa-anbiḏu ilaihim amr-ī*. Variante: *wa-ubdī*. Die in den Text übernommene Fassung wäre zu übersetzen: Und ich stelle ihnen meine Angelegenheit (= Herrschaft) anheim (?).
[260] Vgl. oben, 396–398.
[261] *TRM*, I, 2672-2675.
[262] Ibn Ḥaǧar: *Tahḏīb*, XI, 349, Nr. 668.
[263] *AG2*, XII, 239.
[264] Auch als Muḍariten galten sie manchen Genealogen. Die ganz unterschiedlichen Hypothesen über ihren Ursprung (Ibn Ḫaldūn: *Histoire des Berbères*, I, 167–185) belegen das Bemühen islamischer Genealogen, die Stichhaltigkeit des genealogischen Ordnungsprinzips in jedem Fall unter Beweis zu stellen.
[265] Vgl. /*Z*/ IV 188.
[266] *BAA*, X, 356.
[267] Ebd., X, 451. Die Mitglieder der Hāšimīja-Bewegung (erste Hälfte des 8. Jahrhunderts), in der Iraner und in Iran seßhaft gewordene arabische Einwanderer zusammenarbeiteten, fielen dadurch auf, daß sie keine arabischen Gentilnamen verwendeten, sondern ihre *nisba* auf den Ort bezogen, den sie bewohnten, was den „echten" Arabern als bäurisch und anstößig erschien (Nagel: *Staat und Glaubensgemeinschaft*, I, 147).
[268] Vgl. Sure 12, 2: 13, 37; 16, 103; 20, 113; 26, 195; 39, 28; 41, 3; 42, 7; 43, 3; 46, 12.
[269] *BAA*, X, 370. Im *ḥadīṯ* wird über die dem Muslim ziemende Kleidung usw. ausführlich gehandelt.
[270] Ibn Ḥaǧar: *al-Iṣāba*, III, 43, Nr. 6101.
[271] *BAA*, X, 409.
[272] *USM*, II, 759.
[273] *IST*, VI, 69. Ein von „Ungläubigen" nach deren Art zubereitetes Essen ist geeignet, die Muslime zu „verderben" (*USM*, III, 857).
[274] Vgl. oben, 445.
[275] Schmucker: *Die christliche Minderheit in Naǧrān*, 263 (81).
[276] Ibn al-Aṯīr: *al-Kāmil*, II, 224.
[277] Vgl. oben, 441 f.
[278] Schmucker, a.a.O., 255 (73) – 269 (87) sowie 280 (98).
[279] Schmucker, a.a.O., 275 (93) hält eine freiwillige Abwanderung für wahrscheinlich, ohne in den Quellen einen konkreten Anhaltspunkt dafür zu entdecken. Seine Argumentation lautet: Da die Berichte über die Vertreibung der Christen aus Nadschran innere Unstimmigkeiten – etwa in der Begründung – aufweisen, hat es die Vertreibung wahrscheinlich nicht gegeben. Schmucker setzt die von ihm untersuchten Berichte weder in eine historische Perspektive – Beginn der „Säuberung" unter Mohammed – noch in einen Zusammenhang

mit der über diesen einen von ihm angezweifelten Akt der Vertreibung hinausreichenden Überlieferung zur Politik des Kalifen. Aus diesem Unterlassen erklärt sich sein Schluß: Wird über etwas in unstimmiger Weise berichtet, hat das Berichtete nicht stattgefunden; da es aber in den Quellen steht, muß es für etwas anderes stehen, das der Forscher aus freiem Ratschluß setzt. Vgl. zu dieser in der Erforschung der frühislamischen Geschichte leider oft befolgten Methode vgl. unten, Einführung in den Gegenstand, 1. Stand der Forschung.

[280] *USM*, III, 853 f.

[281] Vgl. oben, 302.

[282] *BAA*, X, 13.

[283] *USM*, III, 853.

[284] Noth: *Abgrenzungsprobleme*, 310–312 hebt bei der Analyse den Aspekt des Selbstschutzes der Muslime hervor; da sie auf christlichem Gebiet, z.B. in Palästina und Syrien, in der Minderheit gewesen seien, habe man mit Kleidungs- und Körperpflegevorschriften eine muslimische Identität herstellen müssen. So empfehle Mohammed in *Ḥadīṯ*en den „Helfern", die weißen Bärte mit Henna gelb oder rot einzufärben, um sich von den Andersgläubigen zu unterscheiden. Noth übersieht dabei jedoch, daß die „ʿumarschen Bedingungen", nimmt man sie in ihrer Gesamtheit wahr, stets von einer Position der mit Waffengewalt errungenen Überlegenheit aus auf die Andersgläubigen hinabblicken. /*Z*/

[285] Schmucker, a.a.O., 266 (84).

[286] Nagel: *Staat und Glaubensgemeinschaft*, I, 21–23.

[287] Ebd., 92 f. Vgl. Noth: *Early Arabic Historical Tradition*, 134 f., wo der Verfasser zeigt, daß das Überqueren eines Flusses zu einem wiederholt verwendeten Topos in Berichten über wichtige Schlachten gegen Andersgläubige wird, abgeleitet wohl aus den Ereignissen der Schlacht „an der Brücke" (*TRM*, I, 2174), in der es um den Übergang über den Euphrat und einen möglichen Vorstoß nach Ktesiphon ging (vgl. oben, 477).

[288] *IST*, III/I, 204, Zeile 22–24.

[289] *TRM*, I, 2595.

[290] Diese Vorstellung wird später von der islamischen Geographie aufgegriffen, die Mekka zum Mittelpunkt der Welt und der Weltbeschreibung erhebt. Wie Radtke: *Weltgeschichte und Weltbeschreibung*, 22, 94 und 96 belegt, war der frühe Universalhistoriker aṭ-Ṭabarī (gest. 923) der Meinung, daß die Semiten die Mitte der Erde bewohnten, deren Kern Jerusalem bilde; in der iranischen Überlieferung, die die Muslime ebenfalls kannten, haben die Perser die Mitte inne. Für den ägyptischen Historiker al-Quḍāʿī (gest. 1062) ist jedoch bereits Mekka der Mittelpunkt der Welt und das ursprüngliche Siedlungsgebiet der Semiten.

[291] Faroqhi: *Herrscher über Mekka*, 12 f. und besonders 45–60 und 80–90, jedoch mit Bezug auf die osmanische Zeit.

[292] Vgl. oben, 302.

[293] Bat Yeor: *Der Niedergang*, 82.

[294] Vgl. oben, 164.

[295] Paret: *Kommentar*, 233, zu Sure 11, Vers 17.

[296] Goldziher: *Das Kitāb al-muʿammarīn*, 81 f.

[297] *AG2*, V, 5–7.

[298] Ebd., 19 f.

[299] Oder soll man den Passus übersetzen: „Er dachte schon in der Heidenzeit nach"? (*AG2*, V, 9, Zeile 1).

[300] *AG2*, V, 9 f.

[301] Vgl. oben, 38: ʿUmar b. al-Ḫaṭṭāb bewundert die Banū Murra b. ʿAuf, die jedes Jahr acht Monate umherziehen dürfen, ohne daß andere Stämme ihnen entgegentreten.

[302] *AG2*, V, 10.

[303] Nagel: *Staat und Glaubensgemeinschaft*, I, 48.

[304] Ebd., 52 f.

[305] Die quraišitischen Klane im engeren Sinn stammen von Ġālib b. Fihr ab (az-Zubairī: *Nasab*, 12 f.).

[306] Vgl. oben, 42.

[307] *BAA*, I, 63.

[308] az-Zubairī: *Nasab*, 153.

[309] Ebd., 301 f.

[310] Vgl. oben, 347 f.

[311] *TRM*, I, 1386. Es werden ferner die Mutter des Muṣʿab b. ʿUmair genannt, die mit einem anderen Sohn in die Schlacht zog, sowie eine Frau von den Banū l-Ḥāriṯ b. ʿAbd Manāt b. Kināna.
[312] *TRM*, I, 3105.
[313] Ebd., II, 224 f.
[314] Dies geschah im Jahre 51 (begann am 18. Januar 671) (*HT*, 194–205).
[315] *IST*, IV/I, 135.
[316] *BAA*, V, 17. Hierzu paßt die Nachricht, daß der frühe Muslim Ḫālid b. Saʿīd b. al-ʿĀṣ wegen seines Klandünkels durch Jazīd b. abī Sufjān ersetzt werden mußte (vgl. oben, 475).
[317] *BAA*, VI, 116 f.
[318] *IST*, III/I, 120; eine andere Auslegung: Ibn Ḥağar: *Tahḏīb*, VI, 11, Nr. 15.
[319] Vgl. oben, 313.
[320] az-Zubairī: *Nasab*, 174.
[321] Nämlich durch Muṭʿim b. ʿAdī, einen Großonkel des genannten ʿUbaidallāh (az-Zubairī: *Nasab*, 201, Zeile 2) und später durch einen Neffen zweiten Grades ʿUbaidallāhs (ebd., 203, Zeile 5). Überdies hatte Muṭʿim dem Propheten in höchster Not Fremdenschutz gewährt (vgl. oben, 244).
[322] Ibn Ḥağar: *Tahḏīb*, VII, 36, Nr. 67.
[323] az-Zubairī: *Nasab*, 301 f.
[324] Marwān wurde von Muʿāwija zum ersten Mal im Jahre 48 (begann am 20. Februar 668) der Statthalterschaft Medinas enthoben (*HT*, 193), bekleidete dieses Amt jedoch wieder von 54 (begann am 16. Dezember 673) bis 57 (begann am 14. November 676) (*HT*, 210 und 213).
[325] *NMQ*, 357–360.
[326] Vgl. oben, 187 f. Ein markantes Beispiel hierfür bietet ʿIkrima b. abī Ğahl, der beim Einzug Mohammeds in Mekka noch gegen diesen die Waffen erheben wollte (vgl. oben, 418). Abū Bakr entsandte ihn dann nach Dubai, damit er dort die vom Islam abgefallenen Azditen wieder zum Islam zwinge (Ibn Ḥağar: *al-Iṣāba*, I, 318, Nr. 1648).
[327] Nagel: *Staat und Glaubensgemeinschaft*, I, 24, 38–40.
[328] *USM*, I, 10 f. Vgl. den Text in *Z* VI 56.
[329] Ein Beispiel: oben, 534.
[330] *TRM*, I, 1262.

Kapitel VII: Die Fitna

[1] Saʿīd b. al-ʿĀṣ b. Saʿīd abī l-Uḥaiḥa b. al-ʿĀṣ b. Umaija b. ʿAbd Šams, vgl. *IST*, V, 19, Zeile 15 f. und az-Zubairī: *Nasab*, 176–178.
[2] Der Gegensatz zur ungestümen Emotionalität und zum Mangel an Selbstkontrolle, die für das Heidentum kennzeichnend sein sollen; die Quraišiten sind, schon bevor Mohammed auftrat, bereits dabei, die heidnische Gesittung aufzugeben. Vgl. /*Z*/ I 109.
[3] *IST*, V, 20; az-Zubairī: *Nasab*, 176, Zeile 9.
[4] Der Erzähler ist ʿAmr, ein Sohn des Jaḥjā b. Saʿīd; letzterer war im zweiten Bürgerkrieg ein Gegenspieler Marwāns gewesen (az-Zubairī: *Nasab*, 179 f.).
[5] Das Anwesen lag in der Nähe der Moschee des Propheten in der unter Muʿāwija gepflasterten Gasse (*SWW*, 744).
[6] *IST*, V, 20 f.
[7] *HT*, 138–141.
[8] *IST*, V, 21, Zeile 9.
[9] Über ihn vgl. Noth: *The Early Arabic Historical Tradition*, 4 und 6 sowie ders.: *Der Charakter der ersten großen Sammlungen von Nachrichten zur frühen Kalifenzeit*, in: *Der Islam* 47/1971, 168–199.
[10] Daß es sich wirklich um „Koranleser" handelt, ist von G.H.A. Juynboll angezweifelt worden. Vgl. *EI²*, s.v. Ḳurrāʾ (V, 499, T. Nagel).
[11] Die Literaturgattung des Rangstreits wird in manchen Gegenden der arabischen Welt bis auf den heutigen Tag gepflegt (vgl. E. Wagner: *Rangstreitdichtung*).
[12] *AG2*, XII, 141 f.
[13] Nagel: *Staat und Glaubensgemeinschaft*, I, 110–112; vgl. ferner *EI²*, s.v. al-Ḥadjdjādj b. Yūsuf (III, 39–43, A. Dietrich); ein Beispiel für seine Beredsamkeit ebenda, 42.

[14] Text: ... *nafḏa al-qaṣṣābi t-tirāba l-waḏima* (Lane: *Lexicon*, Supplement, s.v. *w-ḏ-m* unter Verweis auf *Tāǧ al-ʿarūs*, s.v. *t-r-b*)
[15] Vgl. oben, 481.
[16] Eine große Abordnung dieses Stammes war die letzte gewesen, die vor Mohammeds Tod bei ihm in Medina vorgesprochen hatte; die Männer waren durch Muʿāḏ b. Ǧabal für den Islam gewonnen worden (*IST*, I/II, 77). Mālik kann nicht unter ihnen gewesen sein, denn er hat Mohammed nie gesehen (Ibn Ḥaǧar: *al-Iṣāba*, III, 482, Nr. 8341).
[17] *TRM*, I, 2921; Zaid und Ṣaʿṣaʿa b. Ṣūḥān, Ibn Ḥaǧar: *al-Iṣāba*, I, 582 f., Nr. 2997.
[18] Ibn Ḥaǧar: *al-Iṣāba*, I, 583, Zeile 1.
[19] Sein Vater Zurāra war anscheinend ein Mitglied jener in Anmerkung 16 erwähnten letzten durch Mohammed empfangenen Gesandtschaft (Ibn Ḥaǧar: *al-Iṣāba*, I, 547, Nr. 2795).
[20] *AG2*, XII, 142. Zu Zaid b. Ṣūḥān vgl. Ibn Ḥaǧar: *al-Iṣāba*, I, 582 f., Nr. 2997.
[21] Vgl. oben, 559.
[22] *AG2*, XII, 143.
[23] *JQ*, s.v. *al-ʿUḏaib*.
[24] *IST*, V, 22; zum Datum vgl. *HT*, 145; zur Sache vgl. unten, 597 f.
[25] Ibn Ḥaǧar: *al-Iṣāba*, I, 548, Nr. 2795.
[26] *IST*, V, 22, Zeile 26 f.
[27] Ägypten war die zweite Region, die den Eroberern außergewöhnlich hohe Einkünfte sicherte, und auch dort fand die Fitna einen Nährboden, wie im folgenden deutlich werden wird. Zur fiskalischen Nutzbarmachung Ägyptens vgl. K. Morimoto: *The Fiscal Administration of Egypt in the Early Islamic Period.*
[28] Vgl. oben, 507.
[29] *BAA*, X, 322.
[30] ʿUbaidallāh wurde im Jahre 53 nach Chorasan geschickt, wo er sich im Dschihad bewährte; dann erhielt er die Statthalterschaft in Basra, diejenige seines Vaters, die unter den Omaijaden für den gesamten Irak zuständig war (*HT*, 206, 211 f.).
[31] *BAA*, V, 227 f.
[32] Ebd., V, 245.
[33] Ebd., VI, 29–31.
[34] *IST*, III/I, 92. Als Grund wird ein Hautleiden angegeben bzw. ein Befall durch Läuse.
[35] *IST*, III/I, 89; as-Salīl: *JQ*, s.v.; zu Mohammeds Landvergaben in aš-Šaʾm vgl. oben, 156
[36] *IST*, III/I, 96 f.; *BAA*, X, 38 f.
[37] *HAM*, 121 f.; *JQ*, s.v., spricht unter anderem von Weinreben und Zuckerrohr (letzteres wohl noch nicht im 7. Jahrhundert).
[38] Die arabischen Regionen des sasanidischen und diejenigen des byzantinischen Kultureinflusses halten sich zäh auch in islamischer Zeit, obwohl ihnen nun die politische Grundlage fehlt. Im ehemals byzantinischen Interessenbereich rechnet man, wie in diesem Beispiel, in Dinaren, im sasanidischen in Dirhem; aus aṭ-Ṭāʾif stammt das Datum „882 nach Alexander" für den Vorstoß des Enkels Abrahas, in Mekka, wo man sich, vermittelt durch die Banū Tamīm, dem sasanidischen Einfluß geöffnet hatte, datierte man nach den Herrscherjahren der Chosroen; die Karawanenrouten, die die Geographen des 9. Jahrhunderts beschreiben, sind im Westen in Meilen angegeben, im Osten in Parasangen.
[39] Ṣubaiḥa war erst nach dem Einzug Mohammeds in Mekka Muslim geworden; unter ʿUmar wirkte er in dem Gremium mit, das die Grenzen des ḥaram-Gebiets neu markierte (Ibn Ḥaǧar: *al-Iṣāba*, II, 176, Nr. 4038).
[40] *IST*, III/I, 157 f.; *BAA*, X, 124 f. Az-Zubair besaß im Irak angeblich eintausend Sklaven, die den *ḫarāǧ* der Ländereien erarbeiteten, die er sich angeeignet hatte; alle Einkünfte hieraus soll er sofort an die Berechtigten weitergeleitet haben (Ibn Ḥaǧar: *Tahḏīb*, II, 319, Nr. 592). Wenn diese Überlieferung zutrifft, stammte ein Teil der Reichtümer aus Ländereien, die eigentlich dem Fiskus gehörten; die veranschlagten Grundsteuern wurden durch Notablen, hier az-Zubair, eingezogen, die diesen Dienst natürlich nicht kostenlos leisteten. Die Gegebenheiten, die über Jahrhunderte hinweg die verhängnisvolle Schwäche der Institutionen des islamischen Staates verursachten – und in anderer Form heute noch verursachen – wären demnach seit dem Beginn der islamischen Geschichte wirksam gewesen.
[41] Nämlich 2 600 000 Dirhem zuzüglich des Wertes eines Stückes Land, das man ʿAbdallāh b. Ǧaʿfar b. abī Ṭālib übereignen mußte, der aus dem Verkauf einen Überschuß über den Betrag erzielte, den az-Zubair ihm geschuldet hatte (*BAA*, IX, 426).
[42] *SWW*, IV, 1275 f.

[43] *BAA*, IX, 426 f.
[44] *TRM*, I, 2776 f.
[45] *IST*, III/I, 298, Zeile 7.
[46] Vgl. oben, 165 f.
[47] *IST*, III/I, 98 f.
[48] Ṭalḥa, az-Zubair und ʿUṯmān sollen, ebenfalls sehr früh, gemeinsam den Islam angenommen haben (*IST*, III/I, 37).
[49] *TRM*, I, 2794 f. Der Prophet hatte ʿUṯmān und ʿAbd ar-Raḥmān b. ʿAuf miteinander verbrüdert (*USM*, III, 955). Im Jahre 23 (begann am 19. November 643) erlaubte ʿUmar zum ersten Mal den Witwen des Propheten die Wallfahrt nach Mekka; er beauftragte ʿUṯmān und ʿAbd ar-Raḥmān b. ʿAuf damit, die Karawane sorgfältig gegen jeden fremden Blick abzuschirmen (*IST*, III/I, 95). Eine enge Beziehung zwischen beiden könnte sich angesichts dieser Aufgabe gefestigt haben, die sich dadurch auszeichnete, daß sie unmittelbar mit der tabuisierten Sphäre des Prophetentums zu schaffen hatte.
[50] Dieser Enkel Mohammeds erreichte ein Alter von sechs Jahren und starb im Ǧumādā l-ūlā (begann am 9. Oktober 625) des Jahres 4 an den Folgen einer Verletzung (*IST*, III/I, 36 f.).
[51] *IST*, VIII, 56 f.; vgl. /*Z*/ IV 199.
[52] Nagel: *Some Considerations*, 186.
[53] *USM*, III, 992.
[54] Ebd., III, 998 f. Saʿīd b. al-ʿĀṣ b. Saʿīd b. al-ʿĀṣ b. Umaija war einer derjenigen, die für ʿUṯmān an den Codices arbeiteten; Saʿīd sei für die Aufgabe besonders geeignet gewesen, weil seine Sprechweise (arab.: *al-lahǧa*) derjenigen Mohammeds am nächsten gekommen sei (Ibn Ḥaǧar: *Tahḏīb*, IV, 49, Nr. 78).
[55] as-Siǧistānī: *al-Maṣāḥif*, 174 ; vgl. oben, 530–533.
[56] *USM*, III, 999.
[57] Ebd., III, 1003.
[58] Ebd., III, 1004 f.
[59] Ebd., III, 1005–1009.
[60] Wink: *Al-Hind*, I, 201–209.
[61] Hier hielten sich bis in das frühe 11. Jahrhundert zoroastrische Minderheiten, die dann dem kriegerischen Eifer sunnitischer Sufi-Gemeinschaften zum Opfer fielen (Maḥmūd b. ʿUṯmān: *Firdaus al-muršidīja. Die Vita des Scheich Abū Isḥāq al-Kāzarūnī*, zitiert bei Nagel: *Staat und Glaubensgemeinschaft*, I, 401–409).
[62] *TRM*, I, 2828–2831.
[63] az-Zubairī: *Nasab*, 97.
[64] *TRM*, I, 2832.
[65] Ebd., I, 2831.
[66] Nagel: *Alexander der Große*, 115.
[67] Ibn Ḥaǧar: *al-Iṣāba*, II, 368, Nr. 4954.
[68] Ibn Ḥaǧar: *Tahḏīb*, IX, 214–216, Nr. 336.
[69] *WQ/Jones*, 738, 846.
[70] *TRM*, I, 1984, 1989, 1998; Ibn Ḥaǧar: *al-Iṣāba*, I, 401, Nr. 2144.
[71] *IST*, IV/I, 116.
[72] *USM*, III, 1022. E. Gräf hat an einem Beispiel gezeigt, daß ʿUṯmān bestrebt war, ein von der Obrigkeit administriertes, mithin „islamisches" Recht durchzusetzen, mit diesem Bestreben jedoch am zähen Widerstand der am obrigkeitsfreien Herkommen Festhaltenden scheiterte (Gräf: *Eine wichtige Rechtsdirektive*, 129).
[73] Ibn Ḥaǧar: *Tahḏīb*, X, 350 f., Nr. 625.
[74] *IHS*, I, 368–370.
[75] Mithin gegen Ende des genannten Jahres, vgl. unten, 635.
[76] Ibn Ḥaǧar: *al-Iṣāba*, I, 416, Nr. 2210; Ḫabbāb wird zu den *Ahl aṣ-ṣuffa* gerechnet (vgl. Abū Nuʿaim: *Ḥiljat al-aulijāʾ*, I, 359). Vgl. Kapitel IV, Anmerkung 272.
[77] Mohammed verlangte, wie wir wissen, die Hälfte. Der Text ist indessen auch anders zu deuten, wenn man die Verbform als ein Passiv liest: „Ich sah, wie beiden ihr Land um ein Drittel und ein Viertel gegeben wurde." Dies würde die Vorwegnahme des späteren Dienstlehens bedeuten, hier unter der außergewöhnlich vorteilhaften Bedingung, daß die „Lehensträger" nur ein Drittel bzw. ein Viertel der veranschlagten Erträge als Leistungen für den Fiskus abzugelten hätten.
[78] *USM*, III, 1020 f.

[79] *WQ/Jones*, 153 f.
[80] Vgl. oben, 378: ʿUṯmān weilte angeblich währenddessen im Auftrage Mohammeds in Mekka.
[81] Mohammed bedrohte alle, die bei Uḥud in ihrer Loyalität zu ihm schwankend geworden waren, mit dem Tod, sofern sie ihn nicht binnen drei Tagen um Verzeihung angingen. ʿUṯmān schaffte dies rechtzeitig und hatte danach Gelegenheit, für einen engen Verwandten die Vergebung Mohammeds zu erwirken (*WQ/Jones*, 333).
[82] *WQ/Jones*, 323.
[83] Ebd., 278 f.; *USM*, III, 1031 f.
[84] Vgl. oben, 201–204.
[85] *USM*, III, 1101 f.
[86] Ebd., III, 1102, Zeile 3–5. Zum besseren Verständnis vgl. ferner die Affäre um al-ʿAbbās b. ʿUtba b. abī Lahab und ʿAmmār b. Jāsir; beide hatten einander verleumdet, worauf ʿUṯmān beide gemäß den im Koran vorgeschriebenen Strafen hatte auspeitschen lassen (Saif b. ʿUmar, 138; *TRM*, I, 3029).
[87] Ein Beispiel: *USM*, III, 1030 f.
[88] Ebd., III, 1099; dort weitere Belege.
[89] Ibn Ḥaǧar: *Tahḏīb*, X, 10 f. Nr. 5.
[90] *USM*, III, 1034 f., wo weitere Belege aufgeführt sind. Zu Abū Ḏarr und seinem Weggang aus Medina nach ar-Rabaḏa vgl. Cameron: *Abū D̲harr al-G̲hifārī.*
[91] Text: *ahl bait*, d.h. die jeweils bedeutendste Familie eines Klans, vgl. oben, Anmerkung 8 zu Kapitel I.
[92] Text: *ad-durūb*, vgl. oben, 480. Der Text setzt mithin die in aš-Šaʾm seit der Zeit ʿUmars herrschenden Verhältnisse voraus.
[93] So ist vermutlich der Schriftzug zu lesen. Gemeint ist ein fiktiver Gründer der melchitischen Kirche, der jene syrischen und ägyptischen Christen angehörten, die sich die Dogmen des Konzils von Chalkedon (451 n. Chr.) zueigen gemacht hatten. Sie waren damit auf die Seite des Kaisers (syr.: *malkô* = „König") getreten.
[94] Ein im Koran erzähltes Wunder Jesu (Sure 3, 49 und 5, 110).
[95] Saif b. ʿUmar, 132–135.
[96] Ebd., 134, Zeile 17 und 135, Zeile 18 (= *TRM*, I, 2942, Zeile 3).
[97] Text: *fa-ġtamara fī-him* (Saif b. ʿUmar, 136, Zeile 2); *fa-ʿtamara fī-him* (*TRM*, I, 2942, Zeile 5). Die Stelle ist unklar, somit ist die Übersetzung nicht gesichert; Ibn al-Aṯīr hat laut *TRM*, I, 2942, Fußnote b. den unklaren Ausdruck durch *fa-aqāma fī-him* = „er hielt sich bei ihnen auf" ersetzt.
[98] Jesu Gestalt in der islamischen Eschatologie vgl. /*Z*/ V 320.
[99] Saif b. ʿUmar, 136; *TRM*, I, 2942.
[100] Vgl. oben, 513–520.
[101] Vgl. oben, Anmerkung 90.
[102] Ibn Ḥaǧar: *al-Iṣāba*, III, 45 f., Nr. 6117.
[103] Vgl. oben, 475.
[104] Ibn Ḥaǧar: *al-Iṣāba*, II, 269, Nr. 4497.
[105] Saif b. ʿUmar, 102 f.; *TRM*, I, 2858–2860.
[106] *TRM*, I, 2922.
[107] Saif b. ʿUmar, 35.
[108] Dieser Vorfall ist ein Beleg dafür, daß das „großzügige Ḥanīfentum" als ein zwingend zu beachtender Grundsatz aufgefaßt wurde.
[109] *TRM*, I, 2924–2927.
[110] Saif b. ʿUmar, 137 f.; *TRM*, I, 2943 f. Es ist bemerkenswert, daß aṭ-Ṭabarī, der Saifs Text reproduziert, nur an einer Stelle den Hinweis auf die Lehren von der Wiederkehr Mohammeds nicht getilgt hat, nämlich *TRM*, I, 2942. Ansonsten, und so auch in dem hier zitierten Text, unterdrückt aṭ-Ṭabarī diese Aussage. Sie klingt ihm vermutlich zu anstößig.
[111] Ibn ʿAbd al-Ḥakam: *Futūḥ Miṣr*, 96, 267 f. Vgl. hierzu unten, 684 und 700 f.
[112] Vgl. oben, 481.
[113] Vgl. oben, 375, 402, 432.
[114] *TRM*, I, 2218–2222.
[115] Lane: *Lexicon*, 1295, s.v. *s-b-ṭ*.
[116] Vgl. oben, 530–532.
[117] *TRM*, I, 2220 f.

[118] Ebd., I, 2094.
[119] Vgl. oben, 480.
[120] Ibn ʿAbd al-Ḥakam: *Futūḥ Miṣr*, 81.
[121] Ebd., 122.
[122] Ebd., 125.
[123] Nagel: *Alexander der Große*, 65 f.
[124] Saif b. ʿUmar, 116 f.
[125] *TRM*, I, 2932 f.
[126] Saif b. ʿUmar, 116-118.
[127] Ebd., 138.
[128] Vgl. oben, 495.
[129] Wir kennen dieses Erzählmotiv bereits aus den Überlieferungen über Mohammeds erste Tage in Medina (vgl. oben, 271).
[130] Ibn ʿAbd al-Ḥakam: *Futūḥ Miṣr*, 127 f.
[131] Ebd., 306 f. /Z/
[132] Saif b. ʿUmar, 116.
[133] *TRM*, I, 2945–2947.
[134] Ibn Ḥağar: *al-Iṣāba*, III, 3, Zeile 16, Nr. 5882.
[135] Vgl. oben, 142.
[136] Vgl. oben, 570.
[137] Seine Mutter war eine Ḫaṯʿamitin; er wurde auf dem Rückweg Mohammeds von der Abschiedswallfahrt geboren und wuchs in der Obhut ʿAlī b. abī Ṭālibs auf (Ibn Ḥağar: *al-Iṣāba*, III. 472, Nr. 8294).
[138] Er ist der Sohn des Abū Ḥuḏaifa b. ʿUtba b. Rabīʿa b. ʿAbd Šams, eines der frühesten Anhänger Mohammeds, und wurde im äthiopischen Exil geboren (*IST*, III/I, 59).
[139] Vgl. oben, 594.
[140] Wahrscheinlich handelt es sich um das aḍ-Ḍarīja genannte Reservat, daß sein Vorgänger ʿUmar für die Kamele angelegt hatte, die als *ṣadaqa* abgeliefert wurden und den Glaubenskriegern zur Verfügung standen. Unter ʿUṯmān hatte die Zahl der *ṣadaqa*-Tiere derart zugenommen, daß das Reservat erweitert und zudem mit einer Tränke versehen werden mußte; die Quelle, aus der sie gespeist wurde, hatte ʿUṯmān aus seinem Privatvermögen bezahlt (*SWW*, III, 1092–1094). Indem Medina die Funktion einer Ausgangsstation für einen weit ausgreifenden Dschihad zu übernehmen hatte, ergaben sich für die Alteingesessenen manche Beschränkungen und Unbequemlichkeiten.
[141] Laut Ibn Saʿd wurde al-Ḥakam durch den Propheten von Medina aus nach aṭ-Ṭāʾif verbannt, und erst ʿUṯmān gestattete ihm die Rückkehr (zitiert in Ibn Ḥağar: *al-Iṣāba*, I, 345, Zeile 22 f., Nr. 1781). Im Gegensatz hierzu heißt es an einer anderen Stelle, al-Ḥakams Sohn Marwān sei beim Tode Mohammeds acht Jahre alt gewesen und habe mit seinem Vater ununterbrochen in Medina gelebt, bis dieser unter ʿUṯmān gestorben sei (*IST*, V, 24). Am meisten brachte die Kritiker auf, daß der Kalif al-Ḥakams Sohn Marwān reich beschenkte und als seinen Schreiber beschäftigte (*IST*, V, 24 f.).
[142] Saif b. ʿUmar, 150-154; *TRM*, I, 2952-2954.
[143] Vgl. oben, 274 und 456–461.
[144] In der Fassung, die aṭ-Ṭabarī kopiert hat, wird ausdrücklich auf den 103. Vers von Sure 3 hingewiesen: „Haltet alle am Seil Allahs fest und spaltet euch nicht! Gedenkt der Wohltat Allahs an euch: Einst wart ihr Feinde, er aber stiftete Eintracht zwischen euren Herzen, so daß ihr dank seiner Wohltat Brüder wurdet."
[145] Es fehlt noch eine Untersuchung der „heilsgeschichtlichen" Topographie der Zeitgenossen Mohammeds. Man braucht nur, so Mohammed, im Land umherzureisen, um die Spuren des Handelns Allahs an den Widerspenstigen zu erkennen (Sure 3, 137; 6, 11; 27, 69; 30, 42). Durch den Paß von ar-Rauḥāʾ war einst Mose nach dem Zug durch das Rote Meer mit einer riesigen Armee nach Medina marschiert, glaubte Mohammed; zwei Meilen weiter in Richtung Medina habe Mose das rituelle Gebet verrichtet (*WQ/Jones*, 40).
[146] Saif b. ʿUmar, 154–157; *TRM*, I, 3040–3042, Zeile 14.
[147] In *TRM*, I, 3042, Zeile 20 heißt es demgegenüber unzweideutig: „Ihre Hoffnung auf die Befehlshaberschaft (arab.: *al-imra*) zieht sich in die Länge..."
[148] Saif b. ʿUmar, 157; *TRM*, I, 3042, Zeile 12–20.
[149] Saif b. ʿUmar, 157, Zeile 9–11; *TRM*, I, 3043, Zeile 1–4.
[150] *TRM*, I, 3043, Zeile 4–11.

[151] Die islamischen Staatslehren sind demgemäß Lehren der Legitimierung von Herrschaft, nicht Lehren der Verwaltung.
[152] *TRM*, I, 2951, Zeile 6–12.
[153] Nagel: *Festung des Glaubens*, 327.
[154] Vgl. oben, 44–48.
[155] *TRM*, I, 2946-2949.
[156] Ibn Ḥağar: *al-Iṣāba*, I, 320, Nr. 1661.
[157] Saif b. ʿUmar, 158–160; *TRM*, I, 2954–2957.
[158] Saif b. ʿUmar, 161–164; *TRM*, I, 2958–2962.
[159] *TRM*, I, 2964 f.
[160] ʿUṯmān hatte Saʿd b. abī Waqqāṣ gebeten, ʿAmmār zum Mittun zu bewegen, dann aber, mißtrauisch, wie er war, das entscheidende Gespräch zwischen beiden belauschen lassen. Das war herausgekommen, und ʿAmmār weigerte sich von da an, für den Kalifen einzutreten (*TRM*, I, 2970).
[161] *TRM*, I, 2968–2971; Liste der prominenten Auswanderer und „Helfer": 2971, Zeile 3–8; im ganzen sollen es dreißig Mann gewesen sein.
[162] *TRM*, I, 2972.
[163] Ebd., I, 2967 f.
[164] Ebd., I, 2976–2980.
[165] Ebd., I, 2999.
[166] Ebd., I, 2999, Zeile 17.
[167] *HT*, 154 f.; der 18. Ḏū l-Ḥiğğa: Saif b. ʿUmar, 208. Die Worte al-Qāsims wie auch der Einsatz al-Muġīra b. al-Aḫnas' zeugen dafür, daß sich die aus vorislamischer Zeit stammende Allianz zwischen den Ṯaqafiten und den in Mohammeds Zeit führenden quraišitischen Klanen, die vermutlich wegen der Aufnahme al-Muġīra b. Šuʿbas durch Mohammed das Abkommen von al-Ḥudaibīja nicht mehr mittrugen, nun wieder bewährte. Muʿāwija hatte übrigens versucht, dem bedrängten ʿUṯmān mit Truppen zu Hilfe zu kommen; die von Ḥabīb b. Maslama befehligten Kämpfer erfuhren auf dem Marsch nach Medina vom Tod des Kalifen (*TMD*, XII, 72 f.).
[168] Zu den Banū Daus vgl. oben, 396.
[169] Ibn Ḥağar: *al-Iṣāba*, I, 195, Nr. 904.
[170] *WQ/Jones*, 256 und 294, Ibn Ḥağar: *al-Iṣāba*, IV, 58, Nr. 173.
[171] Ibn Ḥağar: *al-Iṣāba*, I, 190, Nr. 872.
[172] Ebd., IV, 168, Nr. 981.
[173] Vgl. oben, 370.
[174] Zur Sache vgl. oben, 359; zur Person: Ibn Ḥağar: *al-Iṣāba*, IV, 460 f., Nr. 8224.
[175] *AG2*, XVI, 229 f.
[176] Text: *in jutrakū fauḍā*, wörtlich: wenn sie sich als herrenlose Leute (arab.: *al-fāʾiḍ*, Pl. *al-fauḍā*) selbst überlassen bleiben.
[177] Ruqaija starb an dem Tag, an dem die Nachricht vom Sieg bei Badr in Medina eintraf; danach wurde die Ehe mit Umm Kulṯūm geschlossen (az-Zubairī: *Nasab*, 101).
[178] Vgl. oben, 577 f.
[179] *AG2*, XVI, 231. */Z/*
[180] Saif b. ʿUmar, 232 f.
[181] Ebd., 239.
[182] Saif b. ʿUmar, 240; *TRM*, I, 3078 f.
[183] Saif b. ʿUmar, 241; *TRM*, I, 3079. Weitere Verse finden sich an den genannten Fundstellen, jedoch mit so vielen Varianten, daß eine Entscheidung für eine bestimmte Übersetzung nicht ratsam ist; der Sinn des zitierten Verses wird allerdings nicht in Frage gestellt.
[184] Ibn Ḥağar: *al-Iṣāba*, II, 532 f., Nr. 5818. Er gehörte zu den von Muʿāwija gejagten Mördern ʿUṯmāns. Unter den Männern, die die Residenz des Kalifen stürmten, betrachtete man ihn als den Wortführer (*IST*, III/I, 45).
[185] Saif b. ʿUmar, 245 f.; *TRM*, I, 3080–3084.
[186] *USM*, 972–975.
[187] Er war mit Zainab, einer Tochter Mohammeds, verheiratet; da er Heide blieb, wurde die Ehe aufgelöst und erst später, als er in Medina Muslim geworden war, wieder geschlossen. Vgl. oben, 325.
[188] Nagel: *Some Considerations*, 185 f.
[189] Vgl. oben, 323.

[190] In meiner Studie *Rechtleitung und Kalifat* habe ich nachgezeichnet, zu welch immer absurderen Behauptungen sich das frühe Schiitentum in dieser Hinsicht verstieg (157–224). Daß im übrigen ʿAlī selber inzwischen glaubte, er hätte Mohammed nachfolgen müssen und sei dreimal schnöde ausgebootet worden (*TRM*, I, 3110 f.), ist durchaus möglich.
[191] Vgl. oben, 517 f.
[192] az-Zubairī: *Nasab*, 40–44.
[193] Ibn Ḥaǧar: *al-Iṣāba*, II, 87, Nr. 3527.
[194] Ebd., II, 459, Nr. 5435.
[195] In Anlehnung an die Genealogie Sufjān aṯ-Ṯaurīs, *IST*, VI, 258.
[196] Saif b. ʿUmar, 246; *TRM*, I, 3087.
[197] Ibn ʿAbd al-Ḥakam: *Futūḥ Miṣr*, 98; Ibn Ḥaǧar: *al-Iṣāba*, III, 249, Nr. 7177. Das Schicksal Qais b. Saʿds während der Herrschaft ʿAlīs und des kurzen Kalifats al-Ḥasans sowie schließlich die Huldigung an Muʿāwija beschreibt Vesely in: *Die Anṣār im Ersten Bürgerkrieg.*
[198] Saif b. ʿUmar, 247–251; *TRM*, I, 3088–3093.
[199] *TRM*, I, 3106.
[200] Ebd., I, 3113.
[201] Vgl. oben, 295.
[202] *TRM*, I, 3119 f.
[203] Ebd., I, 3121.
[204] *IST*, III/I, 152; vermutlich haben wir in dieser Aussage einen Rest einer quraišitischen Geschichte vor uns, in der nicht ʿAbd Manāf den Dreh- und Angelpunkt bildet.
[205] *IST*, III/I, 153; az-Zubairī: *Nasab*, 230.
[206] *IST*, III/I, 153, Zeile 19–23.
[207] Der Ort der Begegnung heißt al-Ḫarrār und liegt laut *JQ*, s.v., in der Nähe von al-Ǧuḥfa.
[208] *IST*, III/I, 154, Zeile 1.
[209] Ebd., 152, Zeile 20 f.
[210] Ebd., VIII, 145; vgl. Nagel: *Some Considerations*, 190.
[211] *IST*, III/I, 57.
[212] Saif b. ʿUmar, 286-292; *TRM*, I, 3126–3134.
[213] *TRM*, I, 3139.
[214] Saif b. ʿUmar, 295 f.; *TRM*, I, 3142 f.
[215] Saif b. ʿUmar, 304; *TRM*, I, 3152.
[216] *TRM*, I, 3155.
[217] Saif b. ʿUmar, 308 f.; *TRM*, I, 3163.
[218] Saif b. ʿUmar, 310 f.; *TRM*, I, 3163 f.
[219] Der Begriff *ad-diʿwa* meint die Inanspruchnahme einer de facto nicht gegebenen Vater-Sohn-Verwandtschaft; er wird aber auch zur Bezeichnung einer tatsächlichen, auf Verwandtschaft beruhenden Solidaritätsbindung verwendet.
[220] Saif b. ʿUmar, 314, 323 f.; *TRM*, I, 3170 f. Daß az-Zubair auf die diʿwa verwies, die er mit ʿAlī gemeinsam habe, wird mittelbar bestätigt durch eine Überlieferung, in der es heißt, az-Zubair habe ʿAlī versprochen, nicht gegen ihn zu Felde zu ziehen. Az-Zubair sei erst durch seinen Sohn ʿAbdallāh dazu gebracht worden, seinen diesbezüglichen Eid durch Sühnemaßnahmen zu lösen (*AG2*, XVIII, 55 f.).
[221] Saif b. ʿUmar, 301.
[222] Ebd., 301. Vielleicht bezieht sich diese Frage auf ʿAlīs vorhin erwähnten Vorschlag, er werde sich von den Mördern ʿUṯmāns absondern.
[223] Saif b. ʿUmar, 162 f.
[224] Ebd., 284 f. Auch der kufische Unterhändler al-Qaʿqāʿ b. ʿAmr, den ʿAlī nach Basra schickte, gehörte zu den Kreisen, die gegen die Aufrührer gewirkt hatten (Saif b. ʿUmar, 163).
[225] Saif b. ʿUmar, 332; *TRM*, I, 3209.
[226] *TRM*, I, 3218.
[227] Dies ist die schiitische Verzeichnung der Gestalt ʿĀʾišas.
[228] *TRM*, I, 3218.
[229] Saif b. ʿUmar, 324.
[230] Zur Beliebtheit ʿAlīs bei den „Helfern" findet man einiges bei Vesely: *Die Anṣār im Ersten Bürgerkrieg.*
[231] *AG2*, XVI, 233 f.
[232] Vgl. oben, 476.

[233] *WS*, 5–13. Zum Abkommen mit Byzanz vgl. A. Kaplony: *Gesandtschaften*, 37–46. Den Byzantinern mochte der aus dem Irak heraus operierende ʿAlī wie ein Fortsetzer sasanidischer Interessen erscheinen und daher als der gefährlichere Feind.
[234] *TRM*, I, 3231.
[235] Ebd., I, 3229.
[236] Ebd., I, 3233. Laut al-Kindī drang Muʿāwija in Ägypten ein, überredete Muḥammad b. abī Ḥuḏaifa, ihn mit den prominentesten Mördern ʿUṯmāns wie Kināna b. Bišr nach Damaskus zu begleiten, wobei ein Austausch von Geiseln gewährleisten sollte, daß zwischen Muʿāwija und den Ägyptern keine Feindseligkeiten ausbrechen sollten. Vermutlich dachte Muʿāwija an eine Art Gerichtsverfahren; Kināna b. Bišr hatte den ersten Schwertstreich gegen ʿUṯmān geführt (*TRM*, I, 3020). Muʿāwija setzte die Verdächtigten entgegen seinem Versprechen in Palästina fest. Sie entkamen zwar dem Gefängnis, wurden aber gestellt und im Ḏū l-Ḥiǧǧa (begann am 21. Mai 657) des Jahres 36 getötet (al-Kindī: *Kitāb al-umarāʾ*, 19 f.).
[237] al-Kindī: *Kitāb al-umarāʾ*, 20.
[238] *TRM*, I, 3237.
[239] al-Kindī, op. cit., 23; *TRM*, I, 3242.
[240] al-Kindī, op. cit., 29.
[241] Ebd., 31; *TRM*, I, 3248.
[242] *TRM*, I, 3254; *WS*, 15 f.
[243] *TRM*, I, 3020 und 3254 f.
[244] *IST*, I/I, 20; vgl. *IZ* I 32.
[245] Ihm werden Feldzüge in die Jamāma, ja bis nach China nachgerühmt (*TRM*, I, 770–775, 890–892). Sein Vater soll jener König gewesen sein, der Jaṯrib/Medina unterwarf; von dort soll er etliche Rabbiner nach Mekka gebracht haben, und schließlich soll er selber zum Judentum übergetreten sein. Aṭ-Ṭabarī verlegt dieses Geschehen in die Regierungszeit des Sasaniden Kāwād I. (reg. 488–531). Es spiegeln sich in diesen Sagen die Kriege der Sasaniden gegen die Hephthaliten wider, an denen Jemenier anscheinend als sasanidische Vasallen beteiligt waren.
[246] *IST*, I/II, 20.
[247] *TRM*, I, 2082.
[248] Ebd., I, 2094.
[249] Ebd., I, 2152.
[250] Ibn Ḥaǧar: *al-Iṣāba*, I, 232, Nr. 1136.
[251] *TRM*, I, 3256.
[252] *WS*, 60 f.
[253] *WS*, 196; *TRM*, I, 3272 f.
[254] *TRM*, I, 3275 f.
[255] *WS*, 200; *TRM*, I, 3277, Zeile 8 f.
[256] *WS*, 247 f.; *TRM*, I, 3291 f. (nach *WS* zu berichtigen).
[257] *WS*, 235; *TRM*, I, 3290.
[258] *TRM*, I, 3292 f.
[259] Ebd., I, 3301.
[260] Ebd., I, 3312–3314.
[261] *WS*, 309, 402.
[262] *WS*, 332, 369; *TRM*, I, 3327.
[263] *WS*, 478–481; *TRM*, I, 3329.
[264] *WS*, 482–494.
[265] Ebd., 497.
[266] *TRM*, I, 3254.
[267] *WS*, 499–501.
[268] Diese Formulierung nach *TRM*, I, 3336, Zeile 8-10; bei *WS*, 504 steht eine andere Fassung, in der der Begriff der *šīʿa* auf beide Seiten angewandt wird. Bei *TRM* ist der Text so umgebaut, daß das Wort *šīʿa* nur noch in Verbindung mit ʿAlī auftaucht. Ich halte dies für eine Manipulation, die die späteren Verhältnisse in diese Vereinbarung hineinspiegeln soll: Nur der Anhang ʿAlīs – die Omaijaden ließen diesen Mann von den Gebetskanzeln herab verfluchen – ist „Partei", Schia.
[269] *TRM*, I, 3337, Zeile 6: Hier wird der Begriff *šīʿa* für jede der beiden Seiten verwendet, was die in der vorigen Anmerkung vorgetragene Überlegung bekräftigt.

[270] *WS*, 510 f.; *TRM*, I, 3336-3338. Der Text *WS*, 504–507 stimmt im Inhalt mit dem von aṭ-Ṭabarī überein, scheint jedoch um die glossierenden Erweiterungen, die er aufweist, erweitert worden zu sein. Er weicht in einem Punkt von aṭ-Ṭabarī ab, indem er eine Fristverlängerung nur bis zum Ende der Pilgersaison gestattet (*WS*, 506, Zeile 8).
[271] *WS*, 508; *TRM*, I, 3340.
[272] *WS*, 475 f.
[273] Ebd., 489–492.
[274] Die BanūʿAnaza b. Asad waren ein rabīʿitischer Stamm (*IKC*, Register, 189).
[275] Die Banū Rāsib waren ein südarabischer (jemenischer) Stamm (*IKC*, Erläuterungen, 87 f.)
[276] *WS*, 511–518.
[277] Die Banū Jaškur gehörten zu den rabīʿitischen Banū Bakr b. Wāʾil (*IKC*, Register, 592).
[278] *TRM*, I, 3349.
[279] *JQ*, s.v. *Aḏruḥ*.
[280] *TRM*, I, 3354–3357. Wahrscheinlich ist ein Teil dieser Argumente erst in Dūmat al-Ǧandal ausgetauscht worden, vgl. dazu den Text *WS*, 540 f.
[281] *TRM*, I, 3359.
[282] Vgl. unten, 640.
[283] *HT*, 174.
[284] *TRM*, I, 3360.
[285] Ebd., I, 3369 f.
[286] Ebd., I, 3414–3450.
[287] Ebd., I, 3452 f.
[288] Ebd., I, 2221.
[289] Ebd., I, 3457. ʿAmr b. al-ʿĀṣ entging dem Tod, weil er an dem betreffenden Tag zufällig nicht in Fustat die Gebete leitete (Ibn Ḥaǧar: *Tahḏīb*, III, 74, Nr. 142).
[290] Vgl. die Darstellung der Radikalisierung dieser Literatur bei Nagel: *Rechtleitung und Kalifat*, 157–207.
[291] Wenn der Adel (arab.: *aš-šaraf*) den Ausschlag gebe, dann, so Abū Mūsā al-Ašʿarī, habe „die Sippe des Abraha b. aṣ-Ṣabbāḥ" (*TRM*, I, 3356, Zeile 3; *WS*, 541, Zeile 11: ohne „die Sippe") den Vorrang. Diese Sippe hatte Grundbesitz in Gizeh (Ibn ʿAbd al-Ḥakam: *Futūḥ Miṣr*, 113), ihre Frühlingsweiden waren in Memphis (ebd., 142). Wahrscheinlich war diese Sippe mit dem Enkel Abrahas verwandt, der den Feldzug nach Mekka unternahm und scheiterte. Dieser Enkel hieß Jaksūm (Abū Nuʿaim: *Dalāʾil*, 101: *ʾ-k-š-w-m*) b. aṣ-Ṣabbāḥ (vgl. oben, 71). In der Tat wäre damit ein dem Quraišitentum weit überlegener „Adel" benannt worden, der dem Jemenier Abū Mūsā als Legitimierung einleuchten mochte. Diese Meinung bedeutete aber einen scharfen Affront gegen die Quraišiten, vor allem gegen die Nachkommen ʿAbd al-Muṭṭalibs.
[292] *WS*, 462–464.
[293] Diese Überlieferung stützt die obige These, daß es zwei Unterredungen der Schiedsmänner gegeben habe; Muʿāwija schickte al-Muġīra b. Šuʿba nach Dūmat al-Ǧandal, der in Erfahrung brachte, man rede von der Absetzung ʿAlīs und Muʿāwijas; Abū Mūsā al-Ašʿarī favorisiere ʿAbdallāh b. ʿUmar (*WS*, 540; vgl. oben, 637).
[294] *WS*, 539.
[295] Vgl. unten, 655.
[296] Vgl. oben, 187.
[297] Muʿāwija beweist diesen *ḥilm* vor allem im Umgang mit den jemenischen Stämmen, z.B. mit den Ḥimjariten unter Ḏū l-Kulāʿ oder mit den Banū ʿAkk und den Ašʿarījūn, die er in der Schlacht den irakischen Stammesgenossen gegenüberzustellen vermag, ohne daß er einen Seitenwechsel „seiner" Jemenier befürchtet (*WS*, 433).
[298] Vgl. hierzu allgemein Ph. Hitti: *History of the Arabs*, 199–223.

Kapitel VIII: Der Islam

[1] Vgl. zum Höllenbaum M. Radscheit: *Die Ikonographie von Paradies und Hölle im Koran*, in: *Der Koran und sein religiöses und kulturelles Umfeld*. Kolloquium des Historischen Kollegs vom 22. bis 24. Mai 2006.
[2] *WS*, 463.
[3] *IST*, VIII, 108 f. Vgl. oben, 104; sie hieß Fāḫita, nach Ibn al-Kalbī jedoch Hind (*IST*, VIII, 108, Zeile 13), ebenso bei Ibn Isḥāq (*IHS*, II, 43, Zeile 5).

[4] *IHS*, II, 36–44.
[5] Diese in Sure 19, Vers 57 und Sure 21, Vers 85 erwähnte Gestalt wird oft mit Henoch verglichen (Gen 5, 23 f.); wie dieser wurde Idrīs zu seinen Lebzeiten in den Himmel aufgenommen. In den muslimischen Legenden über die vorislamischen Propheten und Gottesmänner gilt er als ein frommer Mann, der sich eifrig dem Studium der Offenbarungsschriften gewidmet habe; diese Annahme geht auf eine volkstümliche Deutung seines Namens zurück (arab. *d-r-s* = studieren). Desweiteren erscheint er in diesen Legenden als ein Kulturbringer: Er soll der erste gewesen sein, der auf einem Pferd ritt, Gewänder nähte usw. (vgl. aṯ-Ṯaʿlabī, 42 f.; W. Beltz: *Sehnsucht nach dem Paradies*, 203 und 207).
[6] Zu Mohammeds Affäre mit der Ehefrau Zaids vgl. oben, 423.
[7] *IHS*, II, 44–50. Heribert Busse vertritt die Auffassung, die Begriffe *bait al-maqdis*, *al-masǧid al-aqṣā* und *al-bait al-maʿmūr* bedeuteten ein und dasselbe, nämlich den Wohnsitz Allahs im siebten Himmel, dessen irdisches Gegenbild die Kaaba sei. Die durch Ibn Isḥāq vorgenommene Identifizierung von *al-masǧid al-aqṣā* mit dem Felsendom sei erst nach al-Walīds Tod im Jahre 715 und dem Abschluß der ersten Bauphase möglich gewesen, als deutlich geworden sei, daß der Felsendom in eine Konkurrenz zum mekkanischen Heiligtum trete (*Jerusalem in the story of Muḥammad's Night Journey*, 36–38). Busse setzt sich nicht mit al-Wāqidīs Datierung der Visionen auseinander und belegt seine Annahme des synonymen Gebrauchs der drei Eigennamen nicht. Aufschlußreich sind seine Hinweise auf die Motive aus der apokalyptischen Literatur, die in die Erzählung eingeflossen sind. Sie verweisen auf die frühe Omaijadenzeit, vgl. z.B. unten, 656.
[8] Der Widerspruch zu „in der Nacht" läßt sich nicht auflösen; vielleicht gehört „Nacht" hinter die Zahlenangabe „17", wo man es nach dem gängigen Sprachgebrauch erwartet und in diesem Text vermißt. Nach dieser Umstellung wäre zu übersetzen: „Als der Sonnabend zu siebzehn vergangenen Nächten des Ramadan eingetreten war..."
[9] *IST*, I/I, 143, Zeile 1-9.
[10] *HT*, 468.
[11] Über ihn vgl. oben, 590.
[12] *BS*, *kitāb aṣ-ṣalāt* 1.
[13] *IST*, I/I, 144.
[14] Vgl. oben, 247.
[15] Im Judentum soll laut Dtn 14, 26 beim Gemeinschaftsmahl Wein genossen werden, desgleichen beim Passamahl (nach Mk 14, 25).
[16] *BS*, *tafsīr al-qurʾān*, zu Sure 30; *MS*, *kitāb al-qadar*, 22-25; *AHM/a*, III, 233, 253 und öfter (vgl. Wensinck: *Handbook*, 43).
[17] Vgl. oben, 212.
[18] In Sure 7, Vers 157, der noch mekkanischen ältesten Stelle, an der sich Mohammed als einen Propheten bezeichnet, fehlt der Gedanke der unmittelbaren Nachfolgerschaft Abrahams. In Sure 2 ist er dagegen schon deutlich ausgesprochen: „Unser Herr!" fleht Abraham, „berufe unter ihnen einen Gesandten (arab.: *ar-rasūl*) aus ihrer Mitte, der ihnen deine Wunderzeichen vorträgt, sie das Buch und die Weisheit lehrt und sie läutert...!" (Vers 129).
[19] Vgl. oben, 170 f.
[20] Im Korankommentar aṭ-Ṭabarīs sind die frühen Auslegungen von Sure 6, Vers 75 zusammengetragen. Sie laufen darauf hinaus, daß Allah Abraham zeigt, wie er die Schöpfung lenkt und nach souveränem Ratschluß die Menschen in das Paradies oder die Hölle einweist (*TGB*, zu Sure 6, 75). Zum Begriff *al-malakūt* vgl. Nagel: *Im Offenkundigen das Verborgene*, 196, 205, 408 f.
[21] Vgl. oben, 149 und 240–243.
[22] Sie steht *AHM/a*, IV, 207–210. Mālik b. Ṣaʿṣaʿa stammt nach anderer Ansicht aus demselben Klan wie Anas, nämlich aus den Banū ʿAdī b. an-Naǧǧār (Ibn Ḥaǧar: *al-Iṣāba*, III, 346, Nr. 7639).
[23] Vgl. oben, 19.
[24] *MS*, *kitāb al-īmān*, 259.
[25] *AHM/a*, III, 120, 180, 231, 239.
[26] Ebd., III, 224.
[27] Ebd., I, 387.
[28] Ebd., I, 375.
[29] Ibn Ḥaǧar: *Tahḏīb*, II, 219 f., Nr. 405.
[30] *AHM/a*, V, 392.

[31] Vgl. oben, 111 f.; vgl. ferner Ibn Ḥağar: *Fatḥ al-bārī*, I, 42: Die Muslime heben sich durch das Tragen von weißen Gewändern und durch die Beschneidung von den Untertanen des byzantinischen Kaisers ab.
[32] *TMD*, IXI, 27–29.
[33] Vgl. oben, 534.
[34] *IST*, III/I, 106 f.
[35] *TRM*, II, 418.
[36] Ibn Ḥağar: *al-Iṣāba*, II, 35, Nr. 3196.
[37] Es sind zwei Schriften dieses Inhalts bezeugt, vgl. Ibn an-Nadīm: *Fihrist*, 115 und 121.
[38] Saʿīd b. Zaid b. ʿAmr b. Nufail gehört zu den zehn Männern, denen Mohammed den sofortigen Einzug ins Paradies versprach.
[39] Name eines Wohnturms der Banū ʿAbd al-Ašhal, in dessen Nähe das Feld lag.
[40] *SWW*, 1188 f.
[41] Vgl. oben, 640 f.
[42] *TRM*, II, 201.
[43] Ebd., II, 196–199. Die Omaijaden begründeten die umstrittene Tatsache, daß Muʿāwija in eigener Machtvollkommenheit seinen Sohn zu seinem Nachfolger bestimmt hatte, mit dem Vorbild Abū Bakrs und ʿUmars, die ja auch nicht nach einer „Beratschlagung" das Kalifat erlangt hatten; ihre Gegner, in diesem Fall Abū Bakrs Sohn ʿAbd ar-Raḥmān, hielten dagegen, die Benennung eines Thronfolgers sei der von den byzantinischen Kaisern geübte Brauch (al-Ḥākim an-Naisābūrī: *Mustadrak*, IV, 528, Nr. 8483).
[44] *TRM*, II, 216–222.
[45] Das Motiv taucht später in einem anderen Zusammenhang noch einmal auf (*TRM*, II, 397 f.) und dient offensichtlich dazu, die törichte Selbstüberschätzung des Kalifen zu charakterisieren.
[46] Ebd., II, 274, 276.
[47] Ebd., II, 366.
[48] Man vergleiche die Propagandapredigten, die vor und während der iranischen Revolution verbreitet wurden (Nagel: *Staat und Glaubensgemeinschaft*, II, 321 f.).
[49] Über die Kenntnisse der frühen Muslime vom Buch Daniel vgl. *EI²*, s.v. Dāniyāl (II, 112, G. Vajda).
[50] *TRM*, II, 399.
[51] Abū ʿĀmir war der schärfste Kritiker Mohammeds unter den medinensischen Ḥanīfen gewesen; sein Sohn Ḥanẓala dagegen war Muslim geworden und hätte bei Uḥud beinahe Abū Sufjān, Jazīds Großvater, getötet und war dann in dieser Schlacht gefallen; Mohammed behauptete, die Engel hätten an Ḥanẓalas Leichnam die Totenwaschung vollzogen (Ibn Ḥağar: *al-Iṣāba*, I, 360 f., Nr. 1863).
[52] *TRM*, II, 403.
[53] Ebd., II, 411.
[54] Näheres zur Vorgeschichte und zur Schlacht auf dem Lavafeld findet man bei Rotter: *Bürgerkrieg*, 40–59.
[55] *TRM*, II, 427; vgl. oben, 83.
[56] *TRM*, II, 427–430.
[57] *HT*, 253.
[58] az-Zubairī: *Nasab*, 86.
[59] *TRM*, II, 457.
[60] Ebd., II, 459–461.
[61] Ebd., II, 459 unten.
[62] Ebd., II, 467.
[63] Ibn ʿAbd al-Ḥakam: *Futūḥ Miṣr*, 183, 185 f.
[64] al-Kindī: *The Governors and Judges*, 41.
[65] Ebd., 42.
[66] Ibn ʿAbd al-Ḥakam: *Futūḥ Miṣr*, 194.
[67] al-Kindī, op. cit., 38.
[68] Hierzu vgl. Ahrweiler: *Byzance et la mer*, 14: Laut Theophanes bauten Griechen in Tripolis/Libanon auf Befehl Muʿāwijas die omaijadische Flotte, und zwar noch während dessen Statthalterschaft in aš-Šaʾm. In Konstantinopel begriff man den Ernst der Lage erst, als die Araber nach einer siegreichen Seeschlacht im Jahre 655 die Verbindungen der Hauptstadt des Reiches mit dem westlichen Mittelmeer gefährdeten (ebd., 17 f.). Eine Zusammenfas-

sung, auf den arabischen Quellen beruhend, bietet W. Hoenerbach: *Araber und Mittelmeer. Anfänge und Probleme arabischer Seegeschichte.*
69 *TRM*, II, 495 f.
70 Ebd., II, 117, 122.
71 Ebd., II, 125.
72 *HT*, 195.
73 Über die Einteilung Kufas in Viertel und über deren Funktion vgl. EI^2, s.v. al-Kūfa (V, 345–351, Hichem Djaït).
74 *TRM*, II, 132.
75 Ebd., II, 116, 139.
76 Ibn Ḥağar: *Tahḏīb*, VI, 78, Nr. 155.
77 *IST*, II/II, 127. Vgl. hierzu unten, 700 f.
78 Rotter: *Die Umayyaden und der zweite Bürgerkrieg*, 187 f.
79 Ebd., 100 f.
80 *HT*, 254.
81 *TRM*, II, 593.
82 Ibn Ḥağar: *Tahḏīb*, VI, 78, Nr. 155.
83 Vgl. hierüber unten, 691–693.
84 Sein Vater al-ʿĀṣī, d.h. der Ungehorsame, trat bei der Inbesitznahme Mekkas zum Islam über und gehörte zu denen, die von Mohammed einen unverfänglichen Namen erhielten, in seinem Falle Muṭīʿ, der Gehorsame (Ibn Ḥağar: *al-Iṣāba*, III, 425 f., Nr. 8031). ʿAbdallāh selber hielt Ibn az-Zubair bis zu dessen Ende die Treue und fand mit ihm den Tod (ebd., III, 64 f., Nr. 6191).
85 Maʿqil entstammte den Banū Ašğaʿ, einer Unterformation des großen Verbandes der Banū Ġaṭafān; zu den „Stämmen der Auswanderer" zählen die Banū Ašğaʿ wohl deswegen, weil sie sich an der Inbesitznahme Mekkas durch Mohammed beteiligten; der Standartenträger ihres Kontingents soll Maʿqil gewesen sein. Er soll im übrigen die so unislamische Lebensweise Jazīds in Erfahrung gebracht und ausposaunt haben (Ibn Ḥağar: *al-Iṣāba*, III, 446, Nr. 8136).
86 *HT*, 228.
87 *TRM*, II, 600, Zeile 5. ʿAbdallāh b. ʿUmar hatte Ṣafīja, eine Schwester al-Muḫtārs, geheiratet (Ibn Ḥağar: *al-Iṣāba*, III, 519, Zeile 22, Nr. 8545).
88 *TRM*, II, 633 und 691.
89 Ebd., II, 633, Zeile 3.
90 Ebd., II, 634, Zeile 15–17.
91 *IST*, VI/I, 105 f.
92 Wo genau man die Grenze ziehen muß, wer also noch zur „Familie des Propheten" zählt und wer nicht, wird in wenigen Jahrzehnten ein Gegenstand ewiger Zankereien werden, mit denen wir uns hier jedoch nicht auseinandersetzen müssen. */Z/*
93 *TRM*, II, 650. Daß unter den arabischen Anhängern al-Muḫtārs von einer Einsicht in die Gleichheit mit den „Griechen und Dailamiten" noch lange keine Rede sein konnte, zeigen die Worte, die einer von ihnen an den siegreichen Muṣʿab b. az-Zubair richtete: Im Gegensatz zu jenen Völkern liege man eben gern mit seinesgleichen in Fehde (*BAA*, VI, 441 f.).
94 *TRM*, II, 668. Vgl. auch *BAA*, VI, 401–408.
95 Näheres bei Watt/Welch: *Der Islam*, I, 284; zur wörtlichen Bedeutung der Formel *ṣallā llāh ʿalai-hi wa-sallama* vgl. Nagel: *Allahs Liebling*, 146 f.
96 *TRM*, II, 738. Al-Muḫtār wurde anscheinend dadurch zum Entsenden von Truppen zu Ibn az-Zubair veranlaßt, daß er gewärtigte, von Basra und von aš-Šaʾm aus in die Zange genommen zu werden; seine wohl nicht ehrlich gemeinte Unterstützung Ibn az-Zubairs sollte den Omaijaden nahe legen, einen Teil ihrer Truppen gegen den Hedschas zu wenden (*BAA*, VI, 419).
97 An dem Ort, an dem Allahs Füße das Geschaffene berühren, findet man das unverfälschte göttliche Wissen, wird man später sagen (vgl. Dreher: *Das Imamat des islamischen Mystikers Ibn Qasī*, 39 f.).
98 *BAA*, VI, 401; *TRM*, II, 703.
99 Es handelt sich um Ğaʿda b. Hubaira, den Sohn einer Schwester ʿAlīs (Ibn al-Aṯīr: *al-Kāmil*, III, 390).
100 Saʿd b. ʿAbdallāh: *al-Maqālāt wal-firaq*, 37, 81.
101 *TRM*, II, 743 f.

[102] Ibn Ḥağar: *al-Iṣāba*, II, 78 f., Nr. 3475.
[103] Vgl. oben, 625, 638.
[104] Vgl. oben, Anmerkung 87.
[105] *WQ/Jones*, 216.
[106] Ebd., 453.
[107] Vgl. oben, 620.
[108] Vgl. oben, 636.
[109] *IHS*, II, 60.
[110] Vgl. oben, 72.
[111] *IHS*, IV, 182.
[112] *TRM*, I, 2121.
[113] Vgl. oben, 475–480.
[114] Vgl. oben, 511 und 521–525.
[115] *TRM*, I, 2363.
[116] Zur Mischbevölkerung, die im südlichen Irak entstand, vgl. M. Morony: *Iraq after the Muslim Conquest*, 254–264 und 431–466.
[117] *TRM*, II, 781-783.
[118] *BAA*, IV, 425.
[119] Vgl. oben, 75 f.
[120] *NMQ*, 156.
[121] *BAA*, VII, 141.
[122] Ebd., IV, 55 f.
[123] Ibn al-ʿAbbās wies auf die peinliche Angelegenheit mit ʿAusağa hin (*IF*, IV, 85):
[124] *BAA*, V, 330.
[125] Das von Medina nach Mekka entsandte Heer wurde übrigens von ʿAmr, einem mit ʿAbdallāh b. az-Zubair verfeindeten Bruder, angeführt; Ibn az-Zubair nahm nach dem Sieg grausame Rache an ʿAmr (*BAA*, V, 331).
[126] *IST*, II/I, 110.
[127] Ebd., VIII, 180.
[128] Vgl. oben, 577 f.
[129] Ibn Ḥağar: *al-Iṣāba*, III, 419 f., Nr. 7993.
[130] Vgl. az-Zubairī: *Nasab*, 237.
[131] Ebd., 267 f.
[132] In der Zeit, als az-Zubairī sein genealogisches Werk zusammentrug, gab es keine Nachkommen ʿUmairs mehr; das heißt aber nicht, daß dieser kinderlos gewesen wäre. Az-Zubairī nennt einen Sohn namens Salm (op. cit., 391). Es ist nicht auszuschließen, daß es sich um ʿUbaid b. ʿUmair al-Laiṯī handelt, den „Erzähler“ (arab.: *al-qāṣṣ*) von Mekka (vgl. unten, 681).
[133] *WQ/Jones*, 853 f.
[134] Ibn Ḥağar: *al-Iṣāba*, II, 187 f., Nr. 4073; az-Zubairī: *Nasab*, 389.
[135] Vgl. oben, 539.
[136] *TRM*, I, 2528.
[137] *WQ/Jones*, 624.
[138] *IST*, II/I, 110.
[139] Ebd., III/I, 212.
[140] Ibn Ḥağar: *al-Iṣāba*, II, 494, Nr. 5628.
[141] Ebd., I, 225 f., Nr. 1091.
[142] So lautet der Name in az-Zubairī: *Nasab*, 16; *IST*, I/I, 54: Ruqaiqa.
[143] *IST*, VIII, 162.
[144] *IHS*, II, 126 f.; *TRM*, I, 1231 f.
[145] al-Mizzī: *Tahḏīb al-kamāl*, XI, 113.
[146] *WQ/Jones*, 842.
[147] al-Maḥāmilī: *Amālī*, 311, Nr. 329.
[148] Vgl. oben, 84.
[149] Vgl. oben, 499–506.
[150] al-Jaʿqūbī: *Taʾrīḫ*, II, 261. Zur Baugeschichte des Felsendoms s. Caskel: *Der Felsendom*, 10–15; zum *Masğid al-aqṣā* vgl. *EI*², s.v. al-Masdjid al-Aḳṣā (VI, 707 f., O. Grabar).
[151] *BAA*, VII, 120 und 143–154, wo die sich aus dem Konflikt mit Ibn az-Zubair heraus entwickelnde Bewegung Nāfiʿ b. al-Azraqs beschrieben wird.

[152] *BAA*, V, 333.
[153] Ebd., VI, 259
[154] Vgl. oben, 624.
[155] *BAA*, V, 333.
[156] Vgl. oben, 604 f.
[157] al-Ja'qūbī, *Ta'rīḫ*, II, 261; vgl. *BAA*, VII, 133.
[158] *BAA*, VI, 448.
[159] Ebd., VII, 34 f.
[160] Ebd., VII, 24. Die frühesten Münzen, auf denen „Mohammed ist der Gesandte Allahs" zu lesen ist, stammen aus Iran und wurden zwischen 685 und 689 geprägt (St. Heidemann in FAZ, 28. Februar 2007, Seite N3). Das ist nicht verwunderlich, denn Ibn az-Zubair knüpft, wie ich im folgenden darlege, an das Lebenswerk des dahingegangenen Propheten an, das eben nicht bzw. nicht allein in seinen hāšimitischen Nachfahren weiterlebt. Unter anderen Voraussetzungen gilt dies auch für die Omaijaden; auch sie verstehen sich als dessen nicht mit ihm blutsverwandte Erben, und sie beginnen kurz nach den zubairidischen Beispielen dieselbe Formel auf Münzen zu prägen und in die Kuppel des Felsendoms einzuschreiben.
[161] Vgl. oben, 359.
[162] Kister: *„O God, tighten..."*, 255–257.
[163] *AG2*, XVII, 60.
[164] *BAA*, VI, 122.
[165] Ebd., VI, 343.
[166] Vgl. oben, 626. Rotter: *Die Umayyaden und der zweite Bürgerkrieg*, 170–172.
[167] *BAA*, V, 373 und VII, 119 f.
[168] Kaplony: *Gesandtschaften*, 109 f.
[169] *BAA*, I, 81. Caetani: *Annali*, I, § 275.
[170] *BAA*, I, 214. Bei den in aš-Ša'm in den Heeresdiwan 'Umars eingetragenen Äthiopiern hat es sich wahrscheinlich nicht um ein von dort entsandtes Truppenkontingent gehandelt, sondern, wie das Beispiel Bilāls zeigt, um nach Arabien verschlagene Personen äthiopischer Herkunft (*BAA*, I, 218).
[171] Den Negus, der am durch den Enkel Abrahas veranlaßten Feldzug gegen Mekka beteiligt gewesen sein soll (vgl. oben, 69), könnte man auch als einen Prätendenten auffassen. Daß es zu einer Verständigung zwischen den Nachfolgern Abrahas und den Herrschern von Äthiopien gekommen sei, liegt näher; denn in diesem Fall ist am leichtesten einzusehen, weshalb Flüchtlinge aus Mekka am äthiopischen Hof willkommen waren. Die Unterstützung des Negus für Mohammed wäre dann als eine Maßnahme zur Schwächung der Quraišiten zu interpretieren. Freilich ist alles dies Spekulation.
[172] Dessen Schreiben an die benachbarten Herrscher belegen das neue Selbstverständnis.
[173] Vgl. *BAA*, V, 78–80.
[174] Ebd., V, 18.
[175] Er ist übrigens ein Sohn jenes Sa'īd, der unter dem Ehrgeiz von 'Uṯmān b. al-Ḥuwairiṯ, mit byzantinischer Hilfe „König" von Mekka zu werden, zu leiden gehabt hatte.
[176] Rotter, op. cit., 132 f.
[177] Vgl. oben, 613. Das rituelle Gebet, insbesondere während des Freitagsgottesdienstes, ist die Gelegenheit, bei der sich die „beste Gemeinschaft" einerseits von Angesicht zu Angesicht vor Allah stellt, andererseits als ein einträchtiges politisches Gemeinwesen zeigt – weshalb man Jahrhunderte später dem Kalifen empfehlen wird, Usurpatoren als seine Statthalter zu legitimieren (vgl. Nagel: *Staat und Glaubensgemeinschaft*, I, 363 f.); vgl. */Z/* VI 56 und 79.
[178] *BAA*, VI, 296.
[179] In diesem Zusammenhang ist eine Hypothese zu erwähnen, derzufolge 'Abd al-Malik gar kein Muslim gewesen sei, da es den Islam noch nicht gegeben habe; er habe sich vielmehr durch eine Propaganda für Jesus als den „erwählten/gepriesenen Gottesknecht" legitimiert (Popp: *Die frühe Islamgeschichte*, 60). Der Autor gelangt zu dieser Behauptung, indem er die auf Münzen anzutreffende Formel *Muḥammad-un rasūlu l-lāh* als „Gepriesen/erwählt ist der Gottesknecht" übersetzen will (ebd., 75). Bedauerlicherweise läßt die arabische Elementargrammatik dies aber nicht zu, und der Verfasser müßte begründen, weshalb diese ausgerechnet bei Münzlegenden in so eklatanter Weise verletzt wird. Aber da der Verfasser die gesamte arabisch-vorislamische und arabisch-islamische Geschichtsüberlieferung ohnehin keines Blickes würdigt, wird er diesen Einwand sicher für eine

alberne Kleinigkeit halten. Er scheint sich seine Anregungen bei Chr. Luxenberg geholt zu haben, der die Inschrift im Felsendom gemäß jener grammatisch unhaltbaren Lesung „neu interpretiert". „Damit stellt diese Eulogie vom Felsendom die Verbindung mit einer christologischen Tradition her, die wir im 2. christlichen Jahrhundert belegt finden", behauptet Luxenberg (*Die arabische Inschrift*, 131 und 141). Wie einfach ist doch alle Wissenschaft, wenn man nur zur Kenntnis nimmt, was man für seine Theorien benötigt, und dies Wenige auch noch entsprechend zurechtbiegt!

180 Rotter, op. cit., 148 f.

181 Ebd., 156.

182 Ebd., 162.

183 Ebd., 213.

184 *HT*, 87.

185 Ebd., 109.

186 *TRM*, I, 2866.

187 *HT*, 109.

188 *BAA*, V, 17.

189 Vgl. oben, 188.

190 Vgl. oben, 33 f., 156.

191 *BAA*, V, 7.

192 az-Zubairī: *Nasab*, 152, Zeile 8.

193 Ibn abī Ḥātim: *Kitāb al-ǧarḥ wat-taʿdīl*, IV, 382, Nr. 1668. Šahr stand in den Diensten Jazīd b. al.Muhallabs (*TRM*, II, 1326), der unter ʿUmar b. ʿAbd al-ʿAzīz (reg. 717–720) Statthalter im Irak war und 721 bei einem von ihm vom Zaun gebrochenen Aufstand gegen die Omaijaden den Tod fand (ebd., II, 1391).

194 Es handelt sich um Nauf b. Faḍāla al-Ḥimjarī al-Bikālī (gest. nach 710), einen Stiefsohn Kaʿb al-Aḥbārs. Er wirkte vor allem in Damaskus und war als Überlieferer von „Geschichten" bekannt (Ibn Ḥaǧar: *Tahḏīb*, X, 490, Nr. 880). Über seinen Anteil an der Verbreitung der muslimischen Alexandererzählung vgl. Friedlaender: *Chadhirlegende*, 79–87.

195 *TMD*, I, 160–163.

196 Ibn Ḥaǧar: *Fatḥ al-bārī*, XIII, 536.

197 *TMD*, I, 144.

198 Ebd., I, 194.

199 Ebd., I, 222. Der jüdische Ḥimjarit Kaʿb al-Aḥbār konnte für Sanaa, die Residenz der – zeitweilig von Aksum unabhängigen – Führer der äthiopischen Interventionstruppen, natürlich keine Sympathie aufbringen.

200 *TMD*, I, 244.

201 Ebd., I, 164 f.

202 Ebd., I, 176.

203 Ibn Ḥaǧar: *Tahḏīb*, V, 194, Nr. 334.

204 *TMD*, I, 68–70.

205 *BAA*, V, 27; vgl. Nagel: *Staat und Glaubensgemeinschaft*, I, 117 f.

206 Justinian war der Auffassung, daß er der Stellvertreter Gottes auf Erden sei; Verordnungen leitete er oft mit der Formel ein: „Im Namen unseres Herrn Jesus Christus". Vgl. hierzu Fr. Dvornik: *Early Christian and Byzantine Political Philosophy*, 718–722; eine knappe Zusammenfassung bei A. Ducellier: *Byzanz*, 45–48.

207 *BAA*, V, 364; zu ʿUbaid vgl. Ibn Ḥaǧdar: *Tahḏīb*, VII, 71, Nr. 148. Er soll schon unter ʿUmar als „Erzähler" tätig gewesen sein (*IST*, V, 341).

208 *BAA*, V, 162.

209 *AG2*, XVII, 212.

210 Vgl. oben, 443.

211 *IST*, I/II, 87.

212 Nagel: *Allahs Liebling*, 216.

213 *IST*, I/II, 153. *BAA*, XI, 328; Ibn al-Aṯīr: *al-Kāmil*, II, 276.

214 Krenkow, Vers 44 f.

215 Eine vergleichbare Funktion schreibt man dem seit dem 11. Jahrhundert in Sufikreisen gebräuchlichen Flickengewand (arab.: *al-ḫirqa*) zu, mit dem der Meister die Adepten am Ende ihrer Lehrzeit einkleidet, um sie in die auf den Propheten selber zurückreichende Kette der Kenner spiritueller Geheimnisse einzufügen.

216 *IST*, IV/II, 56.

[217] *TRM*, I, 1942, 1954, 1967.
[218] Ebd., I, 2594.
[219] *TMD*, LXVII, 371; *BAF*, 82; vgl. oben, 433.
[220] *TRM*, I, 2669, 2890.
[221] Ebd., I, 2961, 3015.
[222] Ebd., I, 3452.
[223] *TMD*, LXVII, 386.
[224] Beispiele ebd., LXVII, 386–390.
[225] Ebd., LXVII, 387.
[226] Ebd., LXVII, 311.
[227] Ebd., 312 f.
[228] Ebd., 328 und 339.
[229] Ebd., 343 f.
[230] Juynboll, G.H.A.: *Muslim Tradition* beschäftigt sich eingehend mit diesem vor Lügen warnenden *Ḥadīṯ*.
[231] *TMD*, LXVII, 361 f.; vgl. meinen Aufsatz *Verstehen oder nachahmen. Grundtypen der muslimischen Erinnerung an Mohammed. /Z/*
[232] Vgl. oben, 508.
[233] *TMD*, LVII, 242 und 258 f.
[234] Ebd., LVII, 268 f.
[235] Ibn Ḥağar: *al-Iṣāba*, I, 345, Nr. 1781.
[236] *TMD*, LVII, 266.
[237] Vgl. Nagel: *Das islamische Recht*, 186–192.
[238] Ebd., LVII, 238 f.
[239] Ebd., LVII, 239 und 242; *IST*, V, 115.
[240] Ibn Ḥağar: *Tahḏīb*, VIII, 346 f., Nr. 628.
[241] *TMD*, LVII, 239 f.
[242] Ebd., LVII, 237; man überliefert allerdings nicht gern von ihm, weil er Ṭalḥas Tod verschuldet hatte.
[243] Zu den theologischen Begleitumständen vgl. Nagel: *Allahs Liebling*, erster Teil.
[244] Vgl. oben, 628.
[245] *TMD*, XVII, 382 f.
[246] Ebd., XVII, 391.
[247] Er soll durch Mohammed mit Abū d-Dardā᾽ verbrüdert worden sein (Ibn Ḥağar: *al-Iṣāba*, III, 43, Nr. 6101).
[248] *TMD*, XVII, 387.
[249] Ibn Ḥağar: *Tahḏīb*, VIII, 439, Nr. 793.
[250] *BAF*, 161; *TRM*, II, 1185.
[251] *TMD*, LXV, 46 und LXVI, 299.
[252] Ebd., LXVII, 89.
[253] Ebd., LXVII, 214–219.
[254] Ebd., LXI, 150.
[255] Ebd., XXIX, 360.
[256] Ebd., XXIII, 281.
[257] Ebd., I, 191. Vgl. hierzu Newby: *The Making of the Last Prophet*, 9–11. Newby hat recht, wenn er darlegt, daß ein großer Teil des von ihm rekonstruierten *Kitāb al-mubtada᾽* des Ibn Isḥāq in dieses frühislamische geistige Milieu zurückgeht. Man muß allerdings immer in Rechnung stellen, daß vieles auch schon vor der Berufung Mohammeds in Umlauf gewesen sein muß (vgl. z.B. oben, 146–180).
[258] *BAA*, VII, 111.
[259] Ebd., VII, 397.
[260] Vgl. oben, 636.
[261] *IST*, IV/II, 13.
[262] *TMD*, XXXI, 245. Beispiele für sein „Erzählen“: Ibn ʿAbd al-Ḥakam: *Futūḥ Miṣr*, 1, 5 f., 32 f.
[263] *TMD*, XXXI, 260.
[264] Starb um 694 im Alter von etwa 91 Sonnenjahren (Ibn Ḥağar: *Tahḏīb*, II, 43, Nr. 67).
[265] Starb 684 (ebd., III, 229, Nr. 440).
[266] Starb 684 oder 694 (ebd., IV, 151, Nr. 262).

[267] Starb 687 im Alter von etwa 63 Sonnenjahren (ebd., XII, 270, Nr. 1/235).
[268] Starb in der Zeit, als Marwān unter Muʿāwija Statthalter in Medina war (ebd., V, 381, Nr. 653).
[269] *IST*, II/II, 124.
[270] al-Baihaqī: *Sunan*, VII, 22, Nr. 12980.
[271] Ebd., IX, 320, Nr. 19174.
[272] Ebd., X, 6, Nr. 19486–19473.
[273] *IAB/I*, III, 179–181.
[274] aš-Šāfiʿī: *al-Umm*, II, 4.
[275] Ibn Ḥağar: *Tahḏīb*, VIII, 320 f., Nr. 578.
[276] aš-Šāfiʿī: *al-Umm*, II, 5 f.
[277] Ibn Ḥağar: *Tahḏīb*, II, 28, Nr. 46.
[278] Nagel: *Das islamische Recht*, 6 f.
[279] Ibn Ḥağar: *Tahḏīb*, II, 127, Nr. 207.
[280] *HT*, 106.
[281] Ibn Ḥağar: *Tahḏīb*, V, 363, Nr. 625.
[282] *IST*, V, 89 f.; Ibn Ḥağar: *Tahḏīb*, IV, 84–86, Nr. 145.
[283] *IST*, V, 89.
[284] Ebd., VII/I, 71.
[285] Ebd., VIII, 346.
[286] Ebd., VIII, 188.
[287] Ebd., V, 115.
[288] Ibn Ḥağar: *Tahḏīb*, V, 479 f., Nr. 894.
[289] Ebd., III, 75, Nr. 143.
[290] Ebd., V, 225, Nr. 387.
[291] Ebd., III, 17, Nr. 15.
[292] Vgl. oben, 134, 140 f., 168. Ferner Nagel: *Geschichte der islamischen Theologie*, 132, 188, 194 und ders.: *Im Offenkundigen das Verborgene*, 170, 188 f.
[293] Nagel: *Im Offenkundigen das Verborgene*, 495–554.
[294] Der islamische Rationalismus, der der Vernunft des Menschen eigenständige Urteile zutraute, lehnte eine Verherrlichung der Prophetengefährten ab. Er blieb die Sache einer Minderheit, die im Laufe des 9. Jahrhunderts ihren Einfluß auf die Geschichte des Islams als einer Glaubenspraxis einbüßte. /Z/
[295] Vgl. oben, 684.
[296] *IST*, V, 89.
[297] Ibn Ḥağar: *Tahḏīb*, IV, 86 f., Nr. 145.
[298] Ebd., IV, 88, Nr. 145.
[299] Ebd., III, 410 f., Nr. 748.
[300] Vgl. oben, 295, 344.
[301] *BS*, *al-aimān*, 2.
[302] ʿAbd ar-Razzāq: *Tafsīr aṣ-Ṣanʿānī*, I, 189 f.
[303] *AHM/a*, V, 183.
[304] Ebd., VI, 269.
[305] Nagel: *Das islamische Recht*, 201-216; ders.: *Die Festung des Glaubens*, 323–329; ders.: *Im Offenkundigen das Verborgene*, 230.
[306] Ich habe sie als eine Mediatisierung der Machtausübung durch die *ʿulamāʾ* auf den Begriff zu bringen versucht (*Evangelisches Staatslexikon*, Neuausgabe 2006, 1049–1058).
[307] *IST*, V, 90 f.
[308] *TRM*, II, 1171.
[309] Ebd., II, 1183.
[310] Ebd., II, 1233.
[311] ʿUqba starb 58 h (begann am 3. November 677). Er hatte in Ägypten gewirkt, wo er für seinen *fiqh* berühmt war. Überdies beherrschte er das schwierige Erbrecht. Sein Koranexemplar wies eine andere Anordnung der Suren auf als der kanonisch gewordene Text. In den Überlieferungen zur *sīra* hat er keine Spuren hinterlassen. Im Ersten Bürgerkrieg stand er auf der Seite Muʿāwijas, der ihm später ein Flottenkommando (*TRM*, II, 85) anvertraute (Ibn Ḥağar: *al-Iṣāba*, III, 489, Nr. 5601).

[312] Er war bei al-Ḥudaibīja zugegen, trug bei der Inbesitznahme Mekkas die Standarte seines Stammes; er starb in Medina unter dem Kalifat Muʿāwijas, nach anderen Aussagen jedoch erst um 690 (Ibn Ḥağar: *al-Iṣāba*, I, 565, Nr. 2895).
[313] Er ist ein Ḫuzāʿite; im Jahr der Eroberung Ḫaibars nahm er den Islam an. Beim Einmarsch in Mekka trug er die Standarte der Ḫuzāʿa. Er ließ sich im gerade gegründeten Basra nieder, wo er 672 starb (Ibn Ḥağar: *al-Iṣāba*, III, 26 f., Nr. 6010).
[314] Vgl. oben, 625.
[315] Der letzte Prophetengefährte, der in Medina starb, und zwar 709 (Ibn Ḥağar: *al-Iṣāba*, II, 88, Nr. 3533).
[316] Er war zu Lebzeiten des Propheten noch so jung, daß manche sagen, er habe diesen nur gesehen, nicht aber von ihm überliefert (Ibn Ḥağar: *al-Iṣāba*, II, 382, Nr. 5033).
[317] Er war beim Tode Mohammeds erst zehn Jahre alt, soll aber trotzdem von ihm überliefert haben (Ibn Ḥağar: *al-Iṣāba*, III, 418, Nr. 7988).
[318] Er übernachtete vor der Tür des Propheten, um für ihn das Wasser zur rituellen Waschung bereitzuhalten; er starb 683 (Ibn Ḥağar: *al-Iṣāba*, I, 511, Nr. 2633).
[319] Es scheint nur festzustehen, daß sie Mohammed dienten (Ibn Ḥağar: *al-Iṣāba*, I, 39, Nr. 137).
[320] *IST*, II/II, 126 f. Vgl. oben, 592.
[321] *AHM/a*, IV, 94. Das *Ḥadīṯ* ist vor dem Hintergrund der charidschitischen Bewegungen zu verstehen, deutet jedoch vor allem auf den kommenden Stammeszwist zwischen Nord- und Südarabern hin.
[322] *AHM/a*, IV, 96.
[323] Ebd., IV, 101.
[324] Ebd., IV, loc. cit. Vgl. unten, Anmerkung 352.
[325] Ebd., IV, 95.
[326] Ebd., IV, 102.
[327] *TMD*, VI, 359.
[328] Vgl. oben, 446.
[329] *TMD*, VI, 45 f.
[330] Ibn Ḥağar: *al-Iṣāba*, II, 269, Nr. 4497.
[331] Abū Dāʾūd: *Sunan*, *witr* 1 und 2, Nr. 1418 und 1420.
[332] *TMD*, VI, 46 f.
[333] Nagel: *Im Offenkundigen das Verborgene*, 523 f.
[334] *TMD*, VII, 46 f.
[335] Ḫaula bt. Ḥakīm, sie ist nicht mit der gleichnamigen Ehefrau ʿUṯmān b. Maẓʿūns identisch, sondern vermutlich eine Medinenserin (vgl. Ibn Ḥağar: *al-Iṣāba*, IV, 291 f., Nr. 362 und 363 sowie 476 f., Nr. 1415 und 1416).
[336] *MS*, *aḏ-ḏikr wad-duʿāʾ* 16, Nr. 2708.
[337] Ebd., *aḏ-ḏikr wad-duʿāʾ* 17, Nr. 2710.
[338] Vgl. oben, 590.
[339] Nagel: *Medinensische Einschübe*, 179–184. Vgl. oben, 602 f.
[340] Vgl. oben, 633.
[341] ʿAbdallāh b. Ibāḍ, mit dem sich ʿAbd al-Malik über Fragen des Glaubens austauschte, ließ sich von seinen Gefolgsleuten nicht mehr als „Befehlshaber der Gläubigen", sondern als „Befehlshaber der Muslime" titulieren (vgl. hierzu *EI*², s.v. Ibāḍiyya).
[342] Vgl. oben, 612 f.
[343] Vgl. oben 701; zahlreiche Belegstellen bei Wensinck: *Concordance*, VI, 301 f.
[344] Wie oben, 698 im Zusammenhang mit der Steinigung angesprochen, stellt Mohammed in Sure 5, Vers 44 fest, daß für die Muslime natürlich das von ihm überbrachte Gesetz gilt; die Muslime brauchen demnach die anderen Glaubensgemeinschaften nicht zu fürchten.
[345] *MS*, *al-īmān* 1, Nr. 5 und 7.
[346] Nagel: *Geschichte der islamischen Theologie*, 71 f.
[347] *MS*, *al-īmān* 2.
[348] van Ess: *Zwischen Ḥadīṯ und Theologie*, 1–31.
[349] Über ihn vgl. van Ess: *Theologie und Gesellschaft*, I, 72–74: Laut dem Sunniten al-Auzāʿī (gest. 774) ist Maʿbad al-Ğuhanī durch Christen zu seiner antiprädestinatianischen Haltung verführt worden.
[350] *MS*, *al-īmān* 1.
[351] Ibn Ḥağar: *Tahḏīb*, X, 226, Nr. 414; *HT*, 306.

[352] Maʿbad al-Ǧuhanī erwähnte oft den folgenden Satz des Propheten und bezog sich dabei auf Muʿāwija, der diese Worte stets in seinen Predigten zitiert habe (Ibn Ḥağar: *Tahḏīb*, X, 226, Nr. 414; vgl. oben, Anmerkung 324): „Wem Allah Gutes antun will, dem schenkt er ‚Einsicht' in die Glaubenspraxis. Dieser Besitz ist (stets) grün und süß. Wer sich ihn in angemessener Weise aneignet, der wird gesegnet. Doch hütet euch vor dem (leeren) gegenseitigen Lob! Das ist wie geopfert zu werden!" (aṭ-Ṭabarānī: *al-Muʿǧam al-kabīr*, XIX, 350). Die eigenverantwortliche „Einsicht" zeichnet sich durch eine nüchterne Selbstanalyse aus; das soll auch für den Kalifen gelten. Dieser ist aber in der Zeit ʿAbd al-Maliks schon zum „Schatten Allahs" auf der Erde geworden und empfindet daher das Streben nach „Einsicht" als ein Antasten der ihm von Allah zugedachten uneingeschränkten Macht.

[353] *MS*, *al-īmān* 4, Nr. 13.

[354] Ebd., *al-īmān* 4, Nr. 16.

[355] Ebd., *al-īmān* 4, Nr. 18 f.

[356] Ebd., *al-īmān* 5, Nr. 19–22.

[357] *AHM/a*, III, 134 f.

[358] Vgl. oben, 349.

[359] *SWW*, 453–458. Vgl. oben, Kapitel IV, Anmerkung 272.

[360] Abū Nuʿaim: *Ḥilja*, I, 340.

[361] Ebd., II, 34.

[362] Ebd., II, 163.

[363] Ebd., II, 162.

[364] *IST*, VII/I, 80.

[365] Ebd., VII/I, 120, Zeile 15.

[366] Die Teilnahme am Freitagsgottesdienst in der Großen Moschee eines Ortes besagt, daß man sich zu dem islamischen Machthaber bekennt, der während dieses Gottesdienstes genannt wird; wenn sich ʿĀmir beispielsweise den Charidschiten zugewendet hätte, was angesichts seiner rigorosen Frömmigkeit denkbar gewesen wäre, dann hätte er seine Ritualpflichten in deren Moschee verrichten müssen.

[367] Abū Nuʿaim: *Ḥilja*, II, 93.

[368] Ebd., II, 88, Zeile 12 f.

[369] Nämlich durch den Ritenvollzug im Sinne von Sure 51, Vers 56.

[370] Aus zwei bis vier obligatorischen Bewegungsabläufen (arab.: Sg. *ar-rakʿa*) bestehen die fünf täglichen rituellen Gebete.

[371] D.h. Kohlestück; ein Mann dieses Namens erscheint als Prophetengenosse bei der Eroberung Isfahans bei aṭ-Ṭabarānī: *al-Muʿǧam*, IV, 54.

[372] Abū Nuʿaim: *Ḥilja*, II, 88 f.

[373] Ebd., loc. cit.

[374] Ebd., II, 90 f.

[375] Paret: *Kommentar*, 304 mit Hinweis auf andere Beschreibungen dieser Szene, in denen der Begriff „Imam" fehlt.

[376] ʿAbd ar-Razzāq: *Muṣannaf*, XI, 58.

[377] *MS*, *al-imāra* 12, Nr. 49; *al-imāra* 13, Nr. 52-56; *AHM/a*, IV, 156, 201.

[378] Nagel: *Staat und Glaubensgemeinschaft*, I, 363–369.

[379] Ders.: *Rechtleitung und Kalifat*, 76.

[380] Ich widerspreche daher ausdrücklich der These von H. A. R. Gibb, derzufolge die religiös-ideologische Auslegung des Islams mit den Anforderungen, die der politisch-militärische Erfolg des Reiches an eine solche stellte, nicht habe Schritt halten können, was dann den Sturz der Omaijaden und die Machtergreifung der Abbasiden verursacht habe (Gibb: *The Evolution of Government in Early Islam*).

[381] Er ist der Sohn des vielgenannten Prophetengenossen Samura b. Ǧundab, der zu Mohammeds Lebzeiten ein junger Bursche war (Ibn Ḥağar: *al-Iṣāba*, II, 78 f., Nr. 3475). Trotzdem heißt es von Ǧābir b. Samura, er habe mehr als einhundertmal mit Mohammed zusammengesessen (ebd., I, 212, Nr. 1018).

[382] Ibn Ḥağar: *Tahḏīb*, II, 31, Nr. 54.

[383] *MS*, *al-īmān* 71, Nr. 247 und *al-imāra* 53, Nr. 170–177.

[384] Alle Sammelwerke enthalten umfangreiche Kapitel über den Dschihad, der im „islamischen" Gemeinwesen zwar nicht zu den „Säulen" zählt, aber als eine „Pflicht der hinreichenden Anzahl" (arab.: *farḍ al-kifāja*) gilt, die im übrigen bei innerer oder äußerer Gefährdung der „besten Gemeinschaft" zu einer jedem obliegenden Pflicht (arab.: *farḍ al-*

ʿain) werden kann (Nagel: *Das islamische Recht*, 25, 29 f.). Sollte eine islamische Regierung hierin nachlässig sein, können auch glaubenseifrige Einzelne zu den Waffen greifen und den Dschihad beginnen – eine Regelung, die wiederum die Schwäche der Herrscher und die Stärke der „Gelehrten" belegt.

[385] Wodurch natürlich die vorislamische Politik der Quraišiten, mit der sich Mohammed wieder angefreundet hatte, ebenfalls verdammt wurde.

[386] *WQ/Jones*, 1102.

[387] Vgl. oben, 246 f.

[388] In der frühen Koranauslegung ist man sich dieses Zusammenhangs noch bewußt; bereits ʿUmar b. al-Ḫaṭṭāb soll sich des Wiederaufbaus angenommen haben (Busse: *The Destruction*, 17).

[389] Abū Jūsuf: *Kitāb al-āṯār*, I, 182, Nr. 828.

[390] van Berchem : *Matériaux*, II, Bd. II, 229-231. Nagel: *Rechtleitung und Kalifat*, 258.

[391] Vgl. oben, 676–690. H. Busse merkt an, daß die Errichtung des Felsendoms als ein Wiederaufbau des zerstörten Jerusalem verstanden worden sei und damit gleichsam als die Erfüllung der Mission Mohammeds (*Monotheismus und islamische Christologie*, 169 f.). Diese Deutung ist plausibel, wußten die Quraišiten in Mekka doch von der Zerstörung des Tempels; Mohammed hatte in Sure 17, Vers 6 f. dunkel davon geredet, daß im Falle der Abkehr der Muslime vom rechten Glauben jene Kultstätte ein zweites Mal, und zwar endgültig, zerstört werde (vgl. oben, 247). Die Omaijaden vollenden somit das Werk Mohammeds, nämlich die Restauration der durch Allah gestifteten Glaubensordnung.

[392] So Caskel: *Der Felsendom*, 24 f. Caskel nimmt zu Unrecht an, Mohammed habe erst gegen Ende seines Lebens den Kaabakult als ein Element der islamischen Glaubenspraxis erkannt (ebd., 21).

[393] Dessen Sohn ʿAbdallāh ist übrigens der einzige, den al-Wāqidī zu den eifrigen Überlieferern unter den „Jungen" zählt (vgl. oben, 700); er ist eine Ausnahme (hierzu vgl. oben, 666).

[394] Vgl. oben, 670 f.

[395] Die Koranzitate sind kursiv wiedergegeben, um sie vom frei formulierten Text abzuheben.

[396] Vgl. hierzu Nagel: *Allahs Liebling*, 146.

[397] Nagel: *Felsendom*, 333–335. /Z/

[398] Wegen dieser Herkunft konnte er gar nicht gekreuzigt werden; es litt an seiner Stelle ein anderer, und seine Feinde frohlockten ganz grundlos darüber, daß sie Jesus, den Gesandten Allahs, getötet hätten (Sure 4, 157).

[399] Vgl. oben, 168. Vgl. ferner Nagel: *Geschichte der islamischen Theologie*, 26, 103 f.

[400] Ibn Ḥaǧar: *Tahḏīb*, II, 115 f., Nr. 184.

[401] *AHM/a*, V, 313 f. Vgl. ferner Nagel: *Felsendom*, 355.

[402] *AHM/a*, IV, 227.

[403] Nagel: *Felsendom*, 356.

[404] *IHS*, I, 78 f.

[405] Ebd., I, 123.

[406] Ebd., I, 133.

[407] Zu ihm vgl. az-Zubairī: *Nasab*, 133 und 153. Er tritt unter ʿAbd al-Malik (reg. 685–705) als Fürsprecher des sufjānidischen Zweiges der Omaijaden auf (Ibn Qutaiba: *ʿUjūn al-aḫbār*, III, 130).

[408] Vgl. oben, 325, 336.

[409] *IF*, III, 322 f.

[410] Vgl. oben, 46.

[411] *IF*, III, 323; vgl. Nagel: *Staat und Glaubensgemeinschaft im Islam*, I, 38–40.

[412] Vgl. oben, 44 f.

[413] *IHS*, I, 168; *JB*, 45.

[414] Vgl. oben, 187 f.

[415] Vgl. oben, 460.

[416] Vgl. oben, 262.

[417] Vgl. oben, 265.

[418] Mélamède: *Meetings*, 46.

[419] Ebd., 41 f. und 44–46.

[420] TRM, I, 495.

[421] Vgl. oben, 389–391.

[422] *IHS*, II, 86 f.
[423] Saʿd b. ar-Rabīʿ fehlt in al-Wāqidīs Verzeichnis der Kämpfer; gleichwohl heißt es an anderer Stelle, er habe bei Badr einen Maḫzūmiten getötet (*WQ/Jones*, 150). Diese Unstimmigkeit läßt sich nicht aufklären.
[424] Vgl. oben, 240–242, 420.
[425] Abū Nuʿaim: Dalāʾil, 318–320.
[426] Vgl. hierzu auch Nagel: *Allahs Liebling*, 30–45.
[427] Auch die Medinenser hatten ein Interesse an dieser Legende, rückte sie doch ihre Leistungen in das Licht ruhmreichen Heldentums (Nagel: *Einschübe*, 134; vgl. auch die Bemerkung von Lecker: *A Treaty with the Anṣār*, 166 f.).
[428] Vgl. hierzu Nagel: *Allahs Liebling*, erster Teil, Kapitel II.
[429] Nagel: *Rechtleitung und Kalifat*, 440 f.
[430] *Les „émirats" de Baghdad*, in: *Le monde*, 6. Juli 2006.
[431] Ibn Ḥağar: *Tahḏīb*, I, 254 f., Nr. 479; I, 267, Nr. 504; III, 306, Nr. 571.
[432] Ebd., II, 47–51, Nr. 75.
[433] z.B. ebd., II, 95–97, Nr. 145.
[434] z.B. ebd., II, 75, Nr. 116; II, 145, Nr. 248; III, 34, Nr. 55.
[435] Ebd., III, 182, Nr. 345.
[436] Nagel: *Allahs Liebling*, Prolog und Epilog.
[437] Watt: *Muhammad at Medina*, 321–335.
[438] Dies bedeutet der hier verwendete Ausdruck *nāšiʾa*, wie häufig bezeugt ist, z.B. Ibn abī Ḥātim: *Tafsīr*, X, 3380. Ibn abī Šaiba: *Muṣannaf*, VI, 121 führt das Wort in dieser Bedeutung unter den wenigen äthiopischen Fremdwörtern des Korans auf.
[439] In den Stunden des nächtlichen „Stehens" stellt sich eine Übereinstimmung zwischen dem Herzen als dem Organ der Wissensaufnahme und der Zunge her; so besonders präzise formuliert in Ibn Kaṯīr: *Tafsīr*, IV, 436.
[440] Nagel: *Allahs Liebling*, zweiter Teil, Kapitel IV.

Anhang

Einführung in den Gegenstand

1. Stand der Forschung

Das 1941 erschienene *Handwörterbuch des Islam* vereinte in sich alle jene Artikel der zuvor vollendeten *Enzyklopädie des Islam*, die sich vornehmlich der Religion widmen. Viele dieser Artikel hielt man damals für verbesserungsbedürftig, nicht so jedoch denjenigen über Mohammed. Er stammte aus der Feder des 1932 verstorbenen Dänen Frants Buhl. Dessen auf dänisch schon 1903 veröffentlichte Mohammedbiographie war 1930 in einer deutschen Übersetzung publiziert worden (Nachdruck Darmstadt 1961). Sie behauptete sich bis in die zweite Hälfte des 20. Jahrhunderts als die einschlägige Darstellung des Gegenstandes, zu ergänzen allenfalls durch das religionsgeschichtlich ausgerichtete Werk von Tor Andrae *Muhammed, sein Leben und seine Lehre* (deutsch 1932). Inzwischen ist auch eine vollständige Neuausgabe der Enzyklopädie abgeschlossen. Sieht man in ihr unter dem Stichwort *MUḤAMMAD* nach, macht man eine befremdliche Entdeckung: Der 1993 im siebten Band veröffentlichte Artikel über das Leben des islamischen Propheten entpuppt sich als eine nur unwesentlich überarbeitete Version der schon 1941 für unübertreffbar erachteten Darlegungen Buhls. Wie ist diese erstaunliche, wenn nicht gar beklemmende Beständigkeit der durch Buhl erzielten Ergebnisse zu erklären? Hat es über fast ein Jahrhundert hinweg keine neuen Erkenntnisse gegeben? Das ist gewiß nicht der Fall. Aber der wissenschaftliche Konsens über die Frage, ob und falls ja, wie das Abfassen einer Biographie Mohammeds möglich sei, ist seit langem zerbrochen. Das ist eine Tatsache, der niemand, der sich in wissenschaftlicher Absicht dieser Thematik nähert, ausweichen kann. Entsprechend disparat in Methodik und Darstellung erweisen sich die neueren Werke über den Propheten des Islams. Sie reichen von der schwärmerischen Nacherzählung der muslimischen hagiographisch überformten Überlieferung (Beispiele: Armstrong, Karen: *Muhammad. Religionsstifter und Staatsmann*, aus dem Englischen von Hedda Pänke, München 1993; Lings, Martin: *Muḥammad. Sein Leben nach den frühesten Quellen*, aus dem Englischen von Ulli Full, Kandern 2004) bis zur Leugnung der Geschichtlichkeit Mohammeds (Beispiele: Cook/Crone: *Hagarism* und Ohlig, Karl-Heinz: *Die dunklen Anfänge*). Es leuchtet ein, daß es nicht angeht, zwischen den beiden einander ausschließenden Positionen einen Mittelweg zu suchen. Ein Neuanfang tut not, und zu diesem Zweck sind zunächst die methodologischen Probleme nüchtern zu resümieren, die die Forschung in das scheinbar ausweglose Dilemma geführt haben.

Im Kern waren sie schon Buhl bewußt. Er schreibt im Vorwort zur deutschen Ausgabe seiner Mohammedbiographie: „Ich empfinde lebhaft die Schwierigkeiten, denen die Zeichnung seines (d.h. Mohammeds, Na) Bildes auf Schritt und Tritt begegnet, und die Unvollkommenheit jedes Versuches, seine Reden im Koran und die Überlieferungen über ihn in eine Gestalt von Fleisch und Blut zu verwandeln.“ Der Koran und die Überlieferungen (arab.: *al-ḥadīṯ*) widersprächen einander vielfach, so daß man, wenn man nicht willkürlich eine Seite hervorheben wolle, zu einem unbefriedigenden „Doppelbild" gelange. Allerdings sei man trotz diesem Sachverhalt berechtigt, „aus der von Muhammed hervorgerufenen lebenskräftigen geistigen Bewegung auf die Energie seines eigenen religiösen Lebens" zu schließen; freilich begebe man sich dabei auf ein Gebiet, „wo unsere logisch konsequente Denkungsart nicht selten" versage. Auch Tor Andraes Buch hat zur Lösung dieser im Grundsätzlichen liegenden Schwierigkeit nichts beitragen können. Er warf jedoch die Frage nach dem Ort des Islams innerhalb der vorderasiatischen Religionsgeschichte auf, indem er das koranische Konzept der Buchreligion aus manichäischem Einfluß zu erklären suchte.

Das Problem der Unvereinbarkeit der Aussagen des Korans mit dem *ḥadīṯ* beschäftigte auch W. Montgomery Watt. Er als einziger unternahm Mitte des 20. Jahrhunderts den Versuch, über den Wissensstand, den Buhl und Andrae nebst einigen anderen erarbeitet hatten, im Prinzipiellen hinauszugelangen. Watt trennt, anders z.B. als Buhl, klar zwischen der historischen Überlieferung zum Leben Mohammeds – hierzu zählen etwa die *sīra* des Ibn Isḥāq oder die *maġāzī* al-Wāqidīs – und dem *ḥadīṯ*, dem er die Funktion belassen will, die es in der muslimischen Gelehrsamkeit innehat, nämlich schariatische Normen zu begründen; nur von Fall zu Fall möchte Watt es als Geschichtsquelle nutzen. Die von Buhl benannten Probleme sind damit freilich nicht gelöst, doch wird ihnen einiges von ihrer Schärfe genommen. Denn auf den ersten Blick läßt sich das Material der *sīra* und der *maġāzī* eher mit den Aussagen des Korans in Übereinstimmung bringen als mit dem – schariarechtlich relevanten – *ḥadīṯ*. Das *ḥadīṯ* dokumentiert augenscheinlich einen anderen, späteren Entwicklungsstand des Islams als der Koran. Dies war seit den Forschungen von Ignaz Goldziher am Ende des 19. Jahrhunderts klar geworden; aber Buhl hatte noch vermutet, daß in diesem späteren Entwicklungsstand der frühere in verdeckter Form gegenwärtig sei. Diese Hoffnung gab Watt stillschweigend auf – jedenfalls bis auf die einzelnen Fälle, in denen er sich doch auf das *ḥadīṯ* berufen zu dürfen glaubte. Worin der inhaltliche Unterschied zwischen Koran und *ḥadīṯ* bestehe, machte er aber nicht zum Thema einer Grundsatzdebatte. Deshalb gelangte er am Ende nicht wesentlich über Buhl hinaus. Da Watt die erzählenden Geschichtsquellen (*sīra, maġāzī*) intensiv auswertete, glückte ihm allerdings die Aufhellung entscheidender gesellschaftlicher und wirtschaftlicher Aspekte der Vita des Propheten, so daß deren Ereignisfolge zuverlässiger als zuvor in einen „materiellen" Hintergrund eingebettet erscheint.

Diesen Weg der Erfassung der materiellen und sozialen Umwelt Mohammeds ist man vor allem in der israelischen Forschung weitergegangen – Kister und seine Schüler, es seien stellvertretend Lecker und Rubin genannt – und hat dabei folgenreiche Ergebnisse erzielt, die sich in dem Satz zusammenfassen lassen: Die Überlieferung über das Arabien vor und während der Zeit Mohammeds ist weit aufschlußreicher als bisher angenommen. Man war stets geneigt gewesen, ihren Inhalt allzu rasch als spätere Erfindung abzutun, zumal in den Fällen, in denen sie Vorstellungen durchscheinen ließ, wie sie der Koran verkündet; daß es sich dabei um fromme Fiktionen handele, die das „Wahre", das „Islamische", in die fernere Vergangenheit zurückspiegeln sollten, galt als ausgemacht. Doch ist eine derartige Behauptung eine nicht durch unabhängige Zeugnisse zu erhärtende *petitio principii*, die zudem übersieht, daß das muslimische Geschichtsverständnis gerade den unüberbrückbaren Unterschied zwischen den von Allah verworfenen Verhältnissen des Heidentums (arab.: *al-ǧāhilīja*) einerseits und denjenigen des Islams andererseits betont, eine absichtliche Rückspiegelung „wahrer" Aussagen in die Zeit der „Unwahrheit" (vgl. oben, Kapitel VI) demgemäß kaum zu erwarten ist. Die Ergebnisse der israelischen Forschungen machen es daher notwendig, den Koran und auch die erzählenden Quellen über das Leben Mohammeds von Grund auf neu zu analysieren, und zwar im Lichte eben jener Erkenntnisse, die den Propheten des Islams nicht mehr als einen erratischen Block in einer kaum zu erkundenden undurchdringlichen Landschaft erscheinen lassen, sondern nahelegen, ihn und sein Lebenswerk als Teil einer weit umfassenderen vorderasiatischen Religions- und Gesellschaftsgeschichte zu interpretieren. Das ist bisher unterblieben.

Der Grund hierfür ist nach wie vor in der von Buhl diagnostizierten Inkompatibilität von Koran und *ḥadīṯ* zu suchen. Denn letzteres stehe, wie C.H. Becker in einem programmatischen Aufsatz behauptete (*Grundsätzliches zur Leben-Muhammedforschung*, in ders.: *Islamstudien I*, Leipzig 1924, 520–527)), in einem engen – und wie man meint: verhängnisvollen – Zusammenhang mit der *sīra*-Literatur. Auch die Leistungen der Jerusalemer Schule haben diese Inkompatibilität nicht aus der Welt schaffen können; denn das ist unmöglich. Sie haben aber unseren Blick für die Erkenntnis geschärft, daß mit dem *ḥadīṯ* ein neues Element in eine inhaltsreiche historische Überlieferung eindringt, diese allmählich zersetzt und seinen Erfordernissen anverwandelt, die gerade nicht in der Historisierung des Vergangenen liegen. Die Kernfragen, denen sich jeder stellen muß, der es unternimmt, eine Vita Mohammeds zu schreiben, lauten daher: 1. Was bedeutet die Botschaft des Korans in ihrem Verhältnis zu der Mohammed umgebenden „heidnischen" Welt, und welches ist der religionsgeschichtliche Ort dieser Botschaft? Von hier aus wird man unverzüglich zu den weiteren Kernfragen gedrängt: 2. Wie läßt sich der Inhalt der koranischen Botschaft auf den Lebensweg des Propheten beziehen, wo doch das *ḥadīṯ*, das sich in vielem mit der *sīra* überschneidet, bereits die spätere normative, ahistorische Auslegung dieses Lebensweges bietet? Wie können wir hinter diese normative Auslegung gelangen?

Die entmutigende Antwort, die die Forschung seit mehreren Jahrzehnten gab, lautete: Wir können es gar nicht! Eine Folge dieser resignierenden Feststellung waren Studien, die auf der Grundlage einiger weniger Notizen in nichtislamischen Quellen des 7. Jahrhunderts die Geschichte des frühen Islams völlig neu zu entwerfen suchten. Die Figur Mohammeds, dessen energische Persönlichkeit Buhl noch hinter den Aussagen der Quellen zu spüren vermeint hatte, verblaßte zu einem Schemen (M. Cook: *Muhammad*, Oxford 1983). Das Verschwinden des historischen Mohammed – übrigens ein überraschender Sieg der ebendies beabsichtigenden muslimischen *ḥadīṯ*-Gelehrsamkeit! – steht in einem unmittelbaren Zusammenhang mit einer seit den späten 70er Jahren Aufsehen erregenden Wendung in der westlichen Koranforschung: Der Koran, so glaubte man zu erkennen, sei nichts weniger als das authentische Zeugnis eines Menschen, der sich von Gott zum Propheten berufen fühlte und eine weitreichende religiös-politische Wirkung erzielte; der Koran sei vielmehr ein in einem über Jahrhunderte verlaufenden anonymen Redaktionsgeschehen zusammengewachsenes Korpus von Texten kerygmatischen und erbaulichen Inhalts (J. Wansbrough: *Quranic Studies*, Oxford 1977; ders.: *The Sectarian Milieu*, Oxford 1978). Eine auf eine Person namens Mohammed bezogene Deutung der Anfänge des Islams galt als nicht mehr möglich (Cook/Crone: *Hagarism. The Making of the Islamic World*, Cambridge 1977). Da freilich die Entstehung einer bedeutenden politisch-militärischen Macht in der ersten Hälfte des 7. Jahrhunderts von zahlreichen außerarabischen Quellen bezeugt wird und daher nicht geleugnet werden kann, schied man zwischen den arabisch-islamischen Quellen religiösen und denjenigen ereignisgeschichtlichen Inhalts. Die ersteren könne man nur in Bausch und Bogen für wahr halten – dies ist die Glaubensposition der Muslime – oder man müsse sie ebenso pauschal für Fiktion erklären, welches die Position der historisch-kritischen Forschung sei; nur wenn ein „spezifischer" Grund vorliege, sei in Ausnahmen einer die Entstehung der Religion des Islams betreffenden arabisch-islamischen Aussage Gewicht beizumessen (weitere Informationen über den wissenschaftsgeschichtlichen Hintergrund dieser Auffassung findet man in meiner Studie *Medinensische Einschübe in mekkanischen Suren*, Göttingen 1995, 7–13). In letzter Konsequenz heißt dies, daß das äußerst umfangreiche arabisch-islamische Quellenmaterial zu Mohammed und zur Entstehung des Islams erst nach subjektiven Vorentscheidungen des einzelnen Forschers – denn was ist ein „spezifischer" Grund? – in die Betrachtung einbezogen werden darf, subjektiv deshalb, weil zum einen für die Identifizierung der ereignisgeschichtlich relevanten Aussagen und für deren Aussonderung aus der Masse von Aussagen „religiösen" Inhalts kein objektiver Maßstab zur Verfügung steht und weil zum anderen nicht erklärt werden kann, weshalb den spärlichen, oft vagen und widersprüchlichen Andeutungen der außerhalb der Ereignisse entstandenen fremden Überlieferung (zusammengefaßt in Hoyland: *Seeing Islam as Others Saw it*, Princeton 1997) ein höheres Maß an Zuverlässigkeit zukommen soll.

Cook, Crone und Wansbrough sind bestens ausgewiesene Kenner der einschlägigen arabischen Quellen. Was sie vortragen, hat deswegen Gewicht und kann nur mittels einer weiter vorangetriebenen Analyse entkräftet werden, die, wie gleich zu erörtern ist, durchaus im Bereich des Möglichen liegt. Anders verhält es sich mit den Arbeiten von K.-H. Ohlig und seinem Kreis, die mit den bisherigen Forschungen nicht kompatibel sind. Vermutlich in Mißdeutung der von den vorgenannten entwickelten Hypothesen halten letztere die Kenntnisnahme des arabischen Quellenmaterials zur Vita Mohammeds und zur frühen Geschichte des Islams für entbehrlich, ja überhaupt für irreführend. Ohlig rühmt sich im Vorwort zu seinem 2000 erschienenen Buch *Weltreligion Islam* ausdrücklich seiner Unkenntnis des Arabischen, die ihn davor bewahre, sich durch die Lektüre der einschlägigen Quellen die Unbefangenheit des Urteils rauben zu lassen (Vorwort, 12). Nach Ohligs Meinung ist der Islam in Wahrheit eine christliche Sekte, *muḥammad* sei keineswegs ein Eigenname – einen Propheten dieses Namens habe es nie gegeben –, und sowohl der Koran wie auch die gesamte arabische Überlieferung über diesen Mohammed und den frühen Islam seien eine gigantische Fälschung aus der Abbasidenzeit (ab 749). Wohl nur wenn man das vor- und frühislamische arabische Schrifttum nicht kennt, kann man auf den Gedanken verfallen, es hätten sich einige Leute zusammengesetzt und gut einhundertundfünfzig Jahre Vergangenheit mit Tausenden von handelnden Personen, mit widereinander streitenden religiösen und politischen Strömungen, mit unterschiedlichen Auslegungen ein und desselben Ereignisses usw. zusammenfabuliert. Ein solch ungewöhnlicher, in der Weltgeschichte wohl einmaliger Vorgang bedürfte einer näheren Ergründung und Begründung. Diese wird einem jedoch vorenthalten. Stattdessen wird dem Leser weisgemacht, die im Felsendom von Jerusalem auf das Jahr 691/2 zu datierende Inschrift *muḥammad ʿabd Allāh wa-rasūlu-hū* sei nicht mit „Mohammed ist der Knecht Allahs und sein Gesandter" zu übersetzen, sondern heiße „zu loben ist der Knecht Allahs und sein Gesandter", was beides auf den Messias Jesus zu beziehen sei. Nun lernt man im arabischen Elementarunterricht spätestens in der zweiten Woche, daß *muḥammad* in dieser syntaktischen Position kein – indeterminiertes – Prädikatsnomen, sondern nur ein dem Sinn nach determiniertes Subjekt sein kann; lediglich in der Funktion eines Eigennamens kann ein der grammatischen Form nach indeterminiertes Nomen dem Sinn nach determiniert sein. Warum in der Inschrift und auf den zur selben Zeit in Umlauf gekommenen Münzen ein derart auffälliger Verstoß gegen die Grammatik erfolgt, bedürfte wiederum einer plausiblen Erklärung. Da *muḥammad*, das angebliche Epitheton Jesu, nicht arabisch sein darf, stammt es laut Ohlig aus dem Altaramäischen (7. bis 4. Jahrhundert v. Chr.) (vgl. auch die von Ohlig selber geschriebene Zusammenfassung seiner Thesen in der FAZ vom 21. November 2006, 41 und 43), nach der neuesten Lesart sogar aus dem Ugaritischen (V. Popp in Ohlig, Hg.: *Der frühe Islam*, Berlin 2007, 13 f.). Die Eliminierung Mohammeds aus der Weltgeschichte wirft mithin mehr Fragen auf, als sie zu lösen vorgibt; denn wie soll man sich vorstellen, daß sich ausgerechnet ein ugaritisches Wort, das die erlesene Qualität etwa von Gold bezeichnete, an die zweitausend Jahre gehalten habe, um weit entfernt von Ras Schamra als ein schmückender Beiname Jesu aufzutauchen? Es bleibt im übrigen die viel schwieriger zu beantwortende Frage, wie der zuvor aus der Weltgeschichte ausgestoßene Mohammed dann schließlich doch als ein Schemen von erstaunlicher Wirkmächtigkeit in sie hineinkommt.

Kehren wir wieder zur wissenschaftlichen Diskussion im engeren Sinn zurück! Schon Cook und Crone schenkten der Frage nach der Entstehung des unbestreitbar vorhandenen umfangreichen und mannigfaltigen Quellenmaterials erschreckend wenig Aufmerksamkeit. Stattdessen trugen sie ihre Thesen mit Heftigkeit und Eifer vor. Sie brachten die im Lichte ihrer Ansichten altbacken wirkende Beschäftigung mit den Hauptgattungen der Überlieferung zu Mohammed und zum frühen Islam in Verruf, förderten allerdings die Auseinandersetzung mit der Geschichte des spätantiken Nahen Ostens in der ersten Hälfte des 7. Jahrhunderts. Die Ergebnisse etlicher seit 1984 dieser Thematik gewidmeter Symposien wurden in der Reihe *Studies in Late Antiquity and Early Islam* veröffentlicht und erhellen in willkommener Weise die Verhältnisse in jenen Regionen, in welche die Heere der arabisch-islamischen Eroberer vorstießen. Allmählich bereitet sich im Gefolge solcher Untersuchungen eine Rückbesinnung auf die arabisch-islamischen Quellen vor, bei der freilich die Frage nach der Person Mohammeds, nach dem Inhalt seiner religiösen Vorstellungen und nach deren Einfluß auf sein Handeln und auf den Gang der frühislamischen Geschichte meistens ausgeklammert bleibt (vgl. hierzu die Bemerkungen von F.E. Peters: *The Quest of the Historical Muhammad*, in: *Journal of Middle East Studies* 23/1991, 291–315). Merkwürdig ist ferner, daß die tiefgreifenden und nachhaltigen Auswirkungen, die die Herrschaft Justinians (reg. 527–565), nicht zuletzt seine Religionspolitik, gerade auch in Syrien, Palästina und den im Süden angrenzenden Gebieten zeitigte, weitgehend unbeachtet bleiben.

Über Mohammed als den Verkünder einer neuen Religion wagt man sich mithin nicht zu äußern, sei es, weil man mit Cook und Crone daran zweifelt, ob es ihn je gegeben hat, sei es, daß man ihn zwar für geschichtlich hält, jedoch nicht weiß, wie man den Quellen wissenschaftlich haltbare Aussagen über ihn abgewinnen kann. Den neuesten Stand der Diskussion dokumentiert ein Sammelband mit dem Titel *The biography of Muhammad: the issue of the sources* (Leiden 2000), der die zehn Beiträge eines im Oktober 1997 in Nimwegen veranstalteten Fachkolloquiums enthält. In seinem Vorwort weist der Herausgeber und Initiator, H. Motzki, auf ein Dilemma hin, in dem sich die Mohammedforschung nicht nur nach seiner Ansicht befindet: Einerseits sei es unmöglich, eine Prophetenvita zu schreiben, ohne von den Fachgenossen der unkritischen Nutzung der Quellen bezichtigt zu werden; andererseits verhindere der kritische Gebrauch der Quellen das Abfassen einer Biographie Mohammeds (S. XIV). Mehr oder minder teilen alle hier vereinigten Autoren diese Meinung, weswegen ich mich hier allein mit dem Beitrag Motzkis auseinandersetze, der im übrigen der umfangreichste ist.

Motzki ist allerdings davon überzeugt, daß man sich keineswegs in einer ausweglosen Lage befinde. Er schlägt vor, die nach seiner Meinung bislang unzureichende Analyse der Quellen voranzutreiben, indem man die formalen Kriterien aufgreife, die einem die einschlägigen muslimischen Überlieferungen an die Hand gäben. Dieses Material liege als *ḥadīṯ* vor, als meistens recht kurze Texteinheiten, denen eine Gewährsmännerkette (arab.: *al-isnād*) vorangestellt ist. Wenn man diese jeweils zusammen mit dem durch sie verbürgten Text (arab.: *al-matn*) studiere, werde man feststellen können, welche dieser Texte zuverlässig seien und welche aus den und den Gründen nicht. Sobald man derartige Studien in genügend großer Zahl angefertigt haben werde, würden sich die Konturen des historischen Mohammed allmählich aus dem Wust des Fiktionalen herausschälen. Motzki veröffentlicht in dem besagten Sammelband ein Beispiel für seine Art des Vorgehens und für die Ergebnisse, die man mit ihr erzielen könne (*The Murder of Ibn abī l-Ḥuqayq: On the Origin and Reliability of some Maghāzī-Reports*, aaO., 170–239). Es geht um den durch Mohammed befohlenen Meuchelmord an einem seiner jüdischen Kritiker (vgl. oben, Kapitel IV). Zu welchem Ergebnis gelangt Motzki? Das Ereignis wird unter vier Hauptketten überliefert, die sich ab etwa 740 je in ein ganzes Bündel jüngerer Verbürgungen aufspalten. Daraus schließt Motzki, daß die Überlieferungen selber älter als dieses Datum seien, von dem an sie auf zahlreichen Wegen weitergereicht werden. Auch die Betrachtung der vier Grundtexte, die untereinander leicht variieren, führt zu der Einsicht, daß die berichtete Geschichte „viel älter" (S. 231) ist, „als man erwarten würde"; er denkt an das letzte Drittel des 7. Jahrhunderts. In einem wesentlichen Punkt stimmen die vier Texte jedoch nicht überein: in der Person des Mörders Ibn abī l-Ḥuqaiqs. Wenn man wüßte, wer wirklich der Mörder war, dann wäre man nach Motzki im Besitz der geschichtlichen Wahrheit. Er versucht ihr näherzukommen, indem er darüber Erwägungen anstellt, wie ein Bericht über das Ereignis in der frühen Koranauslegung oder später zur Absicherung schariatischer Normen hätte verwendet und daher auch verfälscht werden können. Leider gelangt er dabei zu keinem klaren Ergebnis. Ohnedies wäre zu fragen, ob jede Nutzung im genannten Zusammenhang bereits ein Indiz für eine Verfälschung des Inhalts sein muß.

Was folgt aus seiner peinlich genauen Studie? Er selber gibt sich darüber Rechenschaft. Zuerst pocht er darauf, daß die Mohammedviten aus der Feder der modernen Historiker kein vertrauenswürdiges Bild des Lebens des Propheten ergäben. Was man beispielsweise über den Mord an Ibn abī l-Ḥuqaiq schreibe, dürfe nicht für eine geschichtliche Tatsache durchgehen, habe man doch bisher leichtfertig den Versuch unterlassen herauszufinden, „welche der Quellen die zuverlässigste ist" (S. 233). – Wie ein diesbezügliches Urteil zustande kommen könnte, wird nirgends plausibel erklärt; am Ende landet auch Motzki bei den „spezifischen" Gründen, die schon Cook und Crone für die Annahme oder Verwerfung einer Überlieferung geltend machen wollten, also bei der Intuition, nur daß er von „Zuverlässigkeit" redet. – „Geschichtliche Wirklichkeit", so Motzki weiter, werde in den bisher erschienenen Mohammedviten jedenfalls nicht geboten, und insofern hätten Cook und Crone mit ihrer radikalen Kritik recht. Unrecht jedoch hätten sie, weil sie die Unmöglichkeit einer Rekonstruktion der Fakten behaupteten. Er jedenfalls habe in der von ihm *isnād-cum*(wieso *cum*?)*-matn*-Methode genannten Art der Textanalyse einen Weg entdeckt, sich der Wirklichkeit zu nähern. Hunderte von Studien dieser Art müßten allerdings noch durchgeführt werden, ehe man sich an das Schreiben einer Prophetenvita wagen dürfe (S. 233 f.)

Nun ist Motzkis Verfahren, Text und Überliefererkette gemeinsam zubetrachten, um die Verbreitung und Abwandlung bestimmter Ideen in einen geschichtlichen Zusammenhang einzuordnen, so neu nicht, wie er meint. Hierzu gleich noch eine Bemerkung! Vorerst sei nur unterstrichen, daß es ein Geheimnis bleibt, wie sich aus dem Vermehren solcher Studien, die alle nur je einen winzigen Aspekt behandeln, ein plausibles Ganzes ergeben soll; das Aufhäufen von Scheidemünzen führt zu einem Haufen von Scheidemünzen, und sind es recht viele, dann wird es ein recht großer Haufen. Anders gesagt, ohne eine leitende Idee bleibt jeder

Fleiß unfruchtbar; selbst in den Naturwissenschaften ist es mit der reinen Empirie nicht im mindesten getan. Was wäre für die Biographie Mohammeds wirklich gewonnen, wenn wir den wahren Mörder Ibn abī l-Ḥuqaiqs überführt hätten? Nach allem, was wir bis jetzt ahnen, nichts, und so sollte uns die Ungewißheit in dieser Sache nicht davon abhalten, weit folgenreicheren und durchaus beantwortbaren Fragen nachzugehen. Denn Motzkis Methode reproduziert letzten Endes nichts, was wir nicht längst wüßten, nämlich daß in der ersten Hälfte des 8. Jahrhunderts das *ḥadīṯ* seine formale Ausprägung findet. Es ist ein verhängnisvoller, seit C. H. Becker getreulich wiedergekäuter Irrtum, stillschweigend vorauszusetzen, daß alles, was neben dem Koran Aussagen zur frühislamischen Geschichte enthält, *ḥadīṯ* sei und daß mithin die *sīra* und al-Wāqidīs *maġāzī*, um nur diese zu nennen, einfach dieser Gattung zugeschlagen würden müßten. Vieles Ältere, z.B. die *qaḍāʾ* genannten Entscheidungen Mohammeds und seiner ersten Nachfolger, wurden ab dem ausgehenden 7. Jahrhundert erst zu *Ḥadīṯ*en gemacht (vgl. die Beispiele oben, Kapitel VIII). Der Geschichtsüberlieferung wurde seit jener Zeit ein Schleier des Ungeschichtlichen übergeworfen (vgl. jetzt meinen Aufsatz *Verstehen oder nachahmen – Grundtypen der muslimischen Erinnerung an Mohammed*, in: *Jahrbuch des Historischen Kollegs 2006*, 73–94), und womit Motzki und die seiner Methode Folgenden sich abplagen, ist nichts weiter als die unentwegte Beschreibung dieses Schleiers. Für das Verständnis von Vorgängen im frühen 8. Jahrhundert, zumal von religiöspolitischen Strömungen, ist das von Motzki vorgeschlagene und seit langem eingesetzte Verfahren durchaus nützlich; will man beispielsweise die weite Verbreitung chiliastischen Gedankenguts um das Jahr 100 der Hedschra (begann am 3. August 718) erkunden und wissen, wie darin die früheste Geschichte des Islams ausgelegt wird, muß man den Text und die Bürgenkette eines jeden *Ḥadīṯ*es zusammen analysieren. Um eine Mohammedbiographie zu schreiben, muß man aber durch jenen Schleier hindurchsehen wollen, und das ist ein Unterfangen, das natürlich mit dem Risiko des Irrtums behaftet ist. Die „*isnād-cum-matn*-Methode" mag es bisweilen ein wenig verringern, aber das ist nicht entscheidend. Es ist das Schicksal einer jeden Forschung, eines Tages durch neue, weiter reichende Erkenntnisse ersetzt zu werden. Aber ohne Wagnis auch keine spätere Berichtigung! In erstaunlichem Maße ahmt Motzkis Vorgehen das ganz anders motivierte Sicherheitsstreben der *ḥadīṯ*-Gelehrten nach, die von dem Glauben durchdrungen waren und sind, es gebe ein unveränderliches, wahres Wissen, dessen man sich ein für allemal versichern müsse. Sie meinen seit altersher, ein guter *isnād* bürge für die Wahrheit des *matn*, doch ganz verstohlen schauen auch sie, ob ihnen ein gut verbürgter *matn* zupaß komme oder nicht. Denn es gehört ins Reich der Legende, daß die Aufnahme eines *Ḥadīṯ*es in eine der kanonischen Sammlungen allein nach strenger Bewertung des *isnād*s entschieden worden wäre. In Wahrheit gab der Inhalt des *Ḥadīṯ*es den Ausschlag, wie die ganz unterschiedliche theologische Ausrichtung etwa der Sammlung al-Buḫārīs und derjenigen at-Tirmiḏīs bezeugen.

Quellenkritische Einzeluntersuchungen beherrschen also das Feld der Leben-Mohammed-Forschung. Die Gründe hierfür wurden skizziert. In bestimmte Abschnitte der Prophetenvita vermag man auf diese Weise Licht zu bringen (ein Beispiel: M. Schöller: *Exegetisches Denken und Prophetenbiographie. Eine quellenkritische Analyse der Sīra-Überlieferung zu Muḥammads Konflikten mit den Juden*, Wiesbaden 1998). Ein Durchbruch zu einer befriedigenden Gesamtdeutung steht jedoch noch aus. Er muß auf die bereits von Buhl aufgeworfene Kernfrage nach dem Verhältnis, das zwischen dem Koran und dem *ḥadīṯ* obwaltet, eine plausible, aus dem Lebenswerk Mohammeds selbst herauskristallisierte Antwort bieten und damit zugleich die Zweifel an der Geschichtlichkeit seiner Gestalt beheben. Mir erscheint es als eine Binsenweisheit, daß derartiges nur im Rahmen einer Hermeneutik zu leisten ist, die den gesamten Komplex „Mohammed und die Entstehung des Islams" in den Blick bekommt; nur unter dieser Voraussetzung besteht die Aussicht auf einen wesentlichen Fortschritt in der Erkenntnis. Und zu einer solchen Hermeneutik wird man nur vorstoßen, wenn man es auf sich nimmt, aufmerksam und umsichtig zu registrieren, was die Quellen in ihren mannigfaltigen Gattungen uns eigentlich mitteilen. Nach den geschilderten Irrungen und Wirrungen der letzten Jahrzehnte zahlt es sich für die Islamwissenschaft vielleicht aus, wenn auch das, was für jegliche Geschichtsforschung selbstverständlich sein sollte, einmal gesagt wird (M. Schöller: *Methode und Wahrheit in der Islamwissenschaft*, Wiesbaden 2000).

2. Die Mohammedbiographie im Rahmen eigener Forschungen

Bereits während mehrerer früher Studien (*Untersuchungen zur Entstehung des abbasidischen Kalifats*, Bonn 1972; *Rechtleitung und Kalifat. Versuch über eine Grundfrage der islamischen Geschichte*, Bonn 1975) war mir die Dürftigkeit unserer Kenntnisse von Mohammeds Wirken in Medina und von der Geschichte der ersten Jahrzehnte nach seinem Tod schmerzlich zu Bewußtsein gekommen. Gerade die Epoche seiner ersten vier Nachfolger gilt gemeinhin als nahezu undurchdringlich. Da der Schwerpunkt meines Interesses jedoch in einem anderen Zeitalter lag, war eine nähere Erkundung jener weißen Flecken, auf die wir immer noch durch die Brille der muslimischen Deutung blickten – und bis heute blicken –, für mich zunächst nicht dringlich. 1980 trug mir der Beck-Verlag an, eine Monographie über den Koran zu schreiben; Kollegen, die man vorher angesprochen habe, hätten abgewinkt, wurde mir bedeutet, was verständlich ist, da in jenen Jahren die Thesen Wansbroughs Furore machten, man also, wenn sich diese bestätigt hätten, nicht mehr recht gewußt hätte, was der Koran denn nun sei. Trotzdem übernahm ich nach einigem Zögern den Auftrag, da ich überzeugt war, daß ein mehrfaches gründliches Studium der gesamten islamischen Offenbarungsurkunde für einen Islamwissenschaftler nicht ohne Nutzen bleiben werde. Die im Zusammenhang mit dieser Arbeit (*Der Koran*, München 1983) erzielten Ergebnisse waren die folgenden:

a. Wansbrough hat nicht recht; der Koran bezeugt eine Gotteserfahrung, die einer in sich stimmigen Entwicklung unterliegt und auf deren „äußere", ereignisgeschichtliche Etappen Bezug nimmt; die von Crone vorgeschlagene Ausklammerung der Analyse des religiösen Moments verhindert die Sicht auf diesen Sachverhalt;

b. die koranische Gotteserfahrung, die dem muslimischen Monotheismus zugrunde liegt, unterscheidet sich deutlich von der christlichen und der jüdischen;

c. das gleiche läßt sich vom Konzept des Prophetentums sagen, das der Urheber des Korans entwickelt; es unterscheidet sich klar von dem, was man im rabbinischen Judentum und im orientalischen Christentum unter dem Prophetentum verstand.

Für meine weiteren Arbeiten maßgeblich war ferner die Einsicht, daß die Ergebnisse der vom Formalen ausgehenden Erfassung der Textgeschichte des Korans (Nöldeke/Schwally; R. Bell) durch eine religionsphänomenologische Analyse des Inhalts im wesentlichen bestätigt werden. Wansbrough und seine Anhänger vermögen überdies nicht plausibel zu machen, wie aus zunächst unzusammenhängenden kerygmatischen und erbaulichen Texten ein den Punkten a bis c genügendes Korpus entstehen kann.

Zu näherer Beschäftigung mit dem Leben Mohammeds wurde ich durch eine inhaltliche Untersuchung der – in manchen Koranausgaben eigens ausgewiesenen – medinensischen Einschübe in mekkanischen Suren ermutigt. Um welche Verse es sich dabei handeln soll, ist in einer bis ins 7. Jahrhundert zurückreichenden Überlieferung verbürgt, die aber von der Koranforschung übergangen wurde. So schreibt Th. Nöldeke (*Geschichte des Qorāns*, I, 153) ohne weitere Begründung, die jener Überlieferung zugehörende Aussage, daß die Verse 1 bis 3 der Josefssure in Medina offenbart worden seien, sei „unhaltbar und gegenstandslos". Nimmt man diese Aussage jedoch beim Wort, dann folgt daraus, daß die Josefssure zwar in Mekka entstanden ist, aber erst in Medina dem sich herausbildenden Korpus des Korans einverleibt wurde. Für die Prophetenvita folgt daraus, daß sich Mohammed erst allmählich darüber klar wurde, daß das Ergebnis seines Angesprochenseins eine „Schrift" bzw. ein „Koran" zu sein habe, eine Einsicht, die auf einem ganz anderen Weg ihre Bekräftigung findet (vgl. hierzu meinen Aufsatz *Vom „Qurʾān" zur „Schrift"*, in: *Der Islam* 60/1983, 143-165). Das Studium der übrigen von der genannten Überlieferung ausgewiesenen medinensischen Einschübe, verbunden mit einer Überprüfung des jeweils einschlägigen Quellenmaterials zu *sīra* und *maġāzī* (vorgelegt in der ausführlichen Abhandlung *Medinensische Einschübe in mekkanischen Suren*, Göttingen 1995), führte zu einer Reihe zusätzlicher folgenreicher Ergebnisse:

a. Mohammed entwickelte schon in Mekka politische Ambitionen; die in der muslimischen Mohammedliteratur und auch in der europäischen Geschichtsforschung gängige Vorstellung, der Prophet sei in Mekka ein Dulder und erst in Medina ein politisch Handelnder, ist unhaltbar.

b. Die Anfänge dieser Vorstellung reichen in die letzten Lebensjahre Mohammeds zurück. Sie zielt darauf ab, die Hedschra als den eigentlichen Gründungsakt des spezifisch muslimischen Gemeinwesens auszugeben, dessen Geschäftsgrundlage in der kriegerischen Durchsetzung der Interessen Mohammeds bestanden habe.

c. Der Islam wird auf diese Weise zum bewußten Bruch Mohammeds mit seiner Herkunft aus dem quraišitischen Klan der ʿAbd Manāf bzw. zum bewußten Bruch mit dem mekkanischen Quraišitentum stilisiert; dies ist die Deutung, die diejenigen unter den mekkanischen Hedschragenossen, die nach Mohammeds Tod die Macht okkupierten, dem Lebenswerk Mohammeds gaben. Nachdem Mohammed 630 seine Vaterstadt in Besitz genommen hatte, hatte seine Handlungsweise diesen Vorstellungen widersprochen; nur notdürftig war damals der Konflikt mit seinen nicht von ʿAbd Manāf abstammenden Hedschragenossen überdeckt worden. Nach Mohammeds Tod 632 brachen sich die Zwistigkeiten Bahn (vgl. auch meinen Arbeitsbericht in St. Wild (Hg.): *The Qurʾān as Text*, Leiden 1996, 59–68).

Die Beachtung einer bislang vernachlässigten bzw. verworfenen Überlieferung hat es demnach möglich gemacht, bei einem Ereigniskomplex der Prophetenvita zwischen dem wahrscheinlichen Geschehen und dessen schon sehr früh und unter erkennbarer Zwecksetzung vorgenommener Auslegung zu unterscheiden. Dieses Ergebnis legte es nahe, in diese Richtung weiterzugehen: Der Koran und die Überlieferungen zur Prophetenvita lassen sich in einen fruchtbaren Dialog bringen. Allerdings hat man beide Quellen als eigenständig zu betrachten und sich deutlich zu machen, daß die Überlieferungen zur Prophetenvita nicht als eine Auslegung zum Koran entstanden sind. Dies wäre bereits die spätere muslimische Sicht der Dinge, die zudem stillschweigend voraussetzt, daß die Überlieferungen zur *sīra* und zu den *maġāzī* ihres geschichtlichen Charakters entkleidet und zum übergeschichtlichen *ḥadīṯ* umgestaltet wurden (vgl. hierzu meine Überlegungen *Ḥadīṯ – oder: Die Vernichtung der Geschichte*, in: XXV. Deutscher Orientalistentag, Vorträge, *ZDMG Supplementa 10*, Stuttgart 1994, 118–128; Beispiele in meinem Buch *Geschichte der islamischen Theologie*, München 1994, 78–86). Vielmehr sind die *sīra* und die *maġāzī* Darlegungen des Lebenswerks Mohammeds. In dieser Sicht durch das Buch von U. Rubin (*The Eye of the Beholder. The Life of Muḥammad as Viewed by the Early Muslims*, Princeton 1995) bestärkt (vgl. dort 226–228), begann ich mit der Auswertung der *sīra*- und *maġāzī*-Literatur im weitesten Sinne; es kamen die Quellen zur Stadtgeschichte Mekkas und über die vorislamische Geschichte der Quraišiten hinzu. Letztere öffnete den Blick für die Loyalitätsbindungen und Bruchlinien innerhalb des Stammes Mohammeds, die, wie mit dem Beispiel der Auslegung der Hedschra bereits angedeutet, viele Angaben der *sīra*, aber auch zahlreiche Aussagen des Korans erst eigentlich verständlich machen und mit vorislamischen politischen Zerwürfnissen und religiösen Vorstellungen verknüpfen. Es gelang auf diese Weise überdies, den Gehalt der mohammedschen Botschaft besser als vorher mit der spätantiken Religionsgeschichte Vorderasiens in Beziehung zu setzen (vgl. *„Der erste Muslim". Abraham in Mekka* und *„Abraham der Gottesfreund". Deutungen muslimischer Korankommentatoren*, in: R. Kratz/T. Nagel (Hgg.): *„Abraham unser Vater"*, Göttingen 2003, 133–149 und 150–164; *Theology and the Qurʾān*, Übersichtsartikel für die Encyclopedia of the Qurʾān). Auf diese Problematik gehe ich jedoch in der Darstellung der Lebensgeschichte Mohammeds nicht systematisch ein, denn das würde allzu oft zu längeren Abschweifungen nötigen. Die meines Erachtens unentbehrlichen Angaben hierzu finden sich in der Hauptsache in einigen der Zusätze (vgl. im übrigen *Der Koran und sein religiöses und kulturelles Umfeld*, Bd. 72 der Kolloquien des Historischen Kollegs, München 2008).

Neben dem kontinuierlichen Dialog zwischen koranischer Botschaft und dem umfangreichen Quellenmaterial zur Prophetenvita – zu dem beispielsweise auch das *Kitāb al-aġānī* des al-Iṣbahānī sowie die hier nicht einzeln aufzuzählenden Werke, in denen die biographischen Notizen zu Mohammeds Zeitgenossen zusammengetragen sind, vieles Wertvolle beisteuern – ist, wie aus dem oben Erwähnten folgt, Aufschluß darüber unentbehrlich, wie bestimmte schon zu Mohammeds Lebzeiten erkennbar werdende Parteiungen das Geschehen, dessen Zeugen sie wurden, interpretierten. Das eben genannte Buch von U. Rubin enthält hierzu einige Anregungen, ordnet die Kernmotive der in der *sīra*-Literatur vorgenommenen Deutung des Lebenswerkes Mohammeds jedoch nicht einzelnen Parteiungen zu. Dies ist aber möglich. Doch muß die Darstellung des Lebens Mohammeds, um diesbezüglich Klarheit zu erreichen, die ersten fünf Jahrzehnte nach seinem Tod in die Betrachtung einbeziehen. Ansätze hierfür habe ich ebenfalls schon in der Studie über die medinensischen Einschübe vorgelegt (vgl. dort, 169–185; sowie meinen Aufsatz *Die Inschriften im Felsendom und das islamische Glaubensbekenntnis. Der Koran und die Anfänge des* ḥadīṯ, in: *Arabica* 47/2000, 329–365). Wesentliche Vorgänge der frühesten Geschichte des muslimischen Gemeinwesens werden auf diese Weise durchsichtig. Insbesondere die wegen ihrer Rückwirkungen auf die *sīra*-Literatur folgenreiche Art, in der man Mohammeds Monopol auf den Zugang zum „Verborgenen", an das zu glauben laut Sure 2, Vers 3 Pflicht ist, durchfocht, verdient Beachtung. Das Buch *Mohammed. Leben und Legende* steht in dieser Hinsicht in einem Arbeitszusammenhang mit einem anderen Werk, das ich zur selben Zeit niederschrieb. Es ist dem Mohammedglauben, seinem Inhalt und seinen Erscheinungsformen gewidmet und analysiert vor allem die ab dem 12. Jahrhundert entstandene Literatur der Muslime über ihren Propheten. In einem umfangreichen ersten Teil erörtere ich jedoch, wie im Zuge der Herausbildung der Scharia Mohammed jenes Monopol der Vermittlung von Wissen zuerkannt wird, und gehe dabei von der Ende des 7. Jahrhunderts erreichten Entwicklungsstufe aus, eben jener, von der aus ich in der Darstellung des Lebens Mohammeds immer wieder auf diesen zurückzublicken hatte.

3. Überblick über den Inhalt

Bei der Darstellung des Lebensweges Mohammeds und der frühen Deutung seines Wirkens halte ich mich vielfach eng an die Redeweise der Quellen. Dies erscheint mir nicht zuletzt deshalb notwendig, weil sehr viel Material zur Sprache kommt, das in den bisher verfügbaren Mohammedviten, zumal in den muslimischen, allenfalls am Rande erwähnt wird. Ich scheue mich nicht, mir wesentlich erscheinende Aussagen in Übersetzung wiederzugeben und behalte in diesen Fällen meistens die im Originaltext vorherrschende Vermittlung des Inhalts durch fiktive wörtliche Rede bei. Die Marginalüberschriften sollen dem Leser die Orientierung in einem vielschichtigen und ihm fremden Stoff erleichtern. Demselben Zweck dient auch die Zusammenfassung des Gedankenganges der einzelnen Kapitel, die den wichtigsten Teil dieser Einführung bildet.

Kapitel I: Die Kaaba

Das erste Kapitel beschreibt die grundlegenden religiösen, politischen, wirtschaftlichen und gesellschaftlichen Tatsachen und Vorstellungen, die für Mohammed, den Quraišiten aus einem ʿAbd Manāf-Klan und Enkel ʿAbd al-Muṭṭalibs, maßgeblich waren. Das mekkanische Heiligtum, die Kaaba, war schon in vorislamischer Zeit mit dem Namen Abrahams verbunden. Zum Mittelpunkt des von Allah erschaffenen und allein dank seinem unablässig ausgeübten Schöpfertum existierenden Diesseits wurde die Kaaba allerdings erst in frühislamischer Zeit erhoben. Die erinnerte Geschichte des quraišitischen Herrschens über Mekka beginnt mit einem gewissen Quṣaij, der in der Genealogie fünf Generationen über Mohammed steht. Quṣaij wuchs in der Gegend von Tabuk auf, südlich der Grenze des von den Byzantinern und ihren Vasallen regierten aš-Šaʾm. Er gelangte nach Mekka, heiratete in den dort dominierenden jemenischen Stamm der Ḫuzāʿa ein und usurpierte den Kaabakult. Zwei Erzählstränge sind mit diesem Bericht verwoben: die Auseinandersetzungen der jemenischen oder südarabischen Stämme mit den nordarabischen und die Verknüpfung des Kaabakults mit Abraham. Die nach der Genealogie – nicht nach der Geographie – jemenischen Araber, deren Stammbaum nicht auf Ismael zurückgeführt wird, büßen im Hedschas ihre einstige Vormacht gegen die – wiederum in genealogischer Hinsicht – nordarabischen Ismael-Stämme ein, als deren Vorkämpfer Quṣaij und die Quraišiten gezeichnet werden. Dieser Zweikampf war zu Lebzeiten Mohammeds noch nicht entschieden und sollte die Geschicke des omaijadischen Kalifats von Damaskus (660–749) bestimmen. Was uns über die frühe Zeit dieses Konflikts überliefert wird, ist vielfach verwirrend und steht im Verdacht, spätere Machtansprüche rechtfertigen zu sollen. Unbestreitbar ist, daß die Quraišiten sich als Nachkommen Ismaels ausgaben und daraus die Pflicht ableiteten, den Kaabakult von vermeintlichen „südarabischen“ Entstellungen zu reinigen und freizuhalten. Da eine heidnisch-arabische Wallfahrt zur Gedenkstätte Abrahams im Hain von Mamre für das 4. Jahrhundert n. Chr. bezeugt ist und die Quraišiten noch zu Mohammeds Lebzeiten bei Hebron Land besaßen, erscheint eine Übertragung der einst bei Mamre geübten Pilger- und Opferriten auf das mekkanische Wallfahrtsheiligtum nicht ausgeschlossen. Kaiser Konstantin habe dem heidnischen Treiben bei Hebron ein Ende gesetzt, versichert der Kirchenhistoriker Sozomenos, der aus der Nähe von Gaza stammte. In diesem Zusammenhang ist darauf zu verweisen, daß die heidnischen Ḥanīfen, denen sich Mohammed während der mekkanischen Jahre seines Wirkens zuwenden wird, die Religionen der Juden und Christen ablehnten, weil in deren Ritualpraxis die Tieropfer verboten waren.

Quṣaij und sein Anhang besiedelten lediglich das Gebiet unmittelbar um die Kaaba. Zu den Pilgerstätten in der näheren Umgebung, die in die heutigen islamischen Wallfahrtsriten einbezogen sind, hatten sie während der Pilgersaison keinen Zutritt. Überhaupt war die Lage der mekkanischen Quraišiten prekär. Sie verfügten über keine eigenen Ressourcen und mußten daher vom Kult und vom damit verbundenen Handel leben. Die diesbezüglichen Überlieferungen schildern die Versuche, unter diesen Bedingungen den friedlichen Ablauf der Pilgersaison zu gewährleisten. Wechselnde Bündnisse, die sich überschneidenden Interessen der Großmächte, nämlich des Byzantinischen und des Sasanidischen Reiches, und nicht zuletzt innerquraišitische Klanrivalitäten bestimmen die mekkanische Geschichte des ausgehenden 6. Jahrhunderts, mithin die Jugendzeit Mohammeds. Als Enkel ʿAbd al-Muṭṭalib b. Hāšims war er in all diesen Vorgängen, die wir in groben Zügen nachzuzeichnen vermögen, keineswegs neutral, sondern Partei. Wenn er in Sure 105 die wunderbare Abwehr der kriegerischen Attacke äthiopischer Besatzungstruppen aus dem Jemen anspricht – zum Zeitpunkt dieses Ereignisses war er ein Jahr alt –, dann haben wir einen die Verdienste seines Großvaters rühmenden Text vor uns, gedichtet etwa vier Jahrzehnte später, als jener längst tot und seine herausragende Rolle in den mekkanischen Angelegenheiten für die meisten seiner Nachkommen nur noch eine wehmütige Erinnerung war. Längst hatten andere Klane das Sagen, ein Umstand, der die Geschichte des Auftretens Mohammeds als eines Gesandten Allahs mitprägte und sich bis weit in seine medinensischen Jahre hinein auswirkte. Den Neubau der Kaaba, der in Mohammeds Jugendzeit notwendig geworden war, leiteten jedenfalls nicht die Nachkommen ʿAbd al-Muṭṭalibs, und erst die spätere Mohammedlegende bringt es fertig, den künftigen Propheten in einem entscheidenden Augenblick in das Geschehen einzubeziehen. Ob man die „authentische", die abrahamische Kaaba wiedererrichten oder den Grundriß jenes noch in heidnischer Zeit gebauten Heiligtums beibehalten solle, daran schieden sich im frühen Islam die Geister. Und so kann man die Berichte zur Baugeschichte als ein Symbol für jene Vermischung von heidnischer und hochreligiöser Überlieferung betrachten, die Mohammeds Verkündigung charakterisieren wird.

Kapitel II: Ein heidnischer Prophet

Dieser Verkündigung wenden wir uns im zweiten Kapitel zu. Die absolute Wahrheit, die ihr die Muslime zuerkennen, schlägt sich in den widersprüchlichen Ansichten über den Zeitpunkt des Einbrechens des Transzendenten in Mohammeds Leben nieder. Meistens nimmt man an, daß er ungefähr im Alter von vierzig Jahren von Allah angesprochen worden sei und dreizehn Jahre in Mekka und danach zehn Jahre in Medina Worte Allahs übermittelt und für deren Beachtung gestritten habe. Manche Quellen wollen etwas von Lichterscheinungen wissen, die ihn schon vor der Entgegennahme der ersten Botschaften heimgesucht hätten. Das Empfangen der Offenbarungen schildert das *ḥadīṯ* mit Symptomen der Fallsucht, bewirkt freilich durch den Überbringer der Worte Allahs. Aus einer der glättenden Bearbeitung des Werkes Ibn Isḥāqs zum Opfer gefallenen Überlieferung erfährt man, daß Ḫadīǧa, Mohammeds erste Ehefrau, ihn eine Zeitlang nach jedem Anfall „besprechen" ließ, bis er selber sich dies verbat. Der Gedanke, Mohammed könnte selber festgelegt haben, ab wann er in Allah die Quelle seines Leiden erkennen wollte, verträgt sich ganz und gar nicht mit dem Wahrheitsanspruch, der spätestens im zweiten Jahrhundert nach der Hedschra durch die Behauptung ergänzt wurde, Mohammed habe die göttliche Botschaft nicht nur zuverlässig, sondern auch vollständig ausgerichtet. Darüberhinaus gelangte man damals zu der Überzeugung, der gesamte Lebensvollzug Mohammeds sei ein Beleg für den Gehorsam, den er Allah ununterbrochen erwiesen habe – weshalb es dem die Heilssicherung begehrenden Muslim wohl anstünde, sich von diesem Lebensvollzug umfassende Kunde zu verschaffen und ihn in allen Einzelheiten nachzuahmen. Daß Mohammed schon vor seiner Berufung ein wichtiges Wort beim Neubau der Kaaba mitgesprochen habe, ist eine Episode, die sich aus dem Bestreben erklärt, ihn von Geburt an unter göttlicher Rechtleitung stehen zu lassen. So wurde denn auch die Legende von der Öffnung und Reinigung seiner Brust, die man zuerst im Zusammenhang mit der achtzehn Monate vor der Hedschra erlebten Vision des Aufstiegs in den Himmel erzählte, in die früheste Kindheit vorverlegt.

Die skizzierten Bemühungen, die Jahrzehnte vor seiner Berufung entsprechend späteren Bedürfnissen auszugestalten, erschweren die Ermittlung verläßlicher Angaben zu jener Zeit. Geboren wurde er höchstwahrscheinlich im Frühjahr 569, vermutlich nicht in Mekka, sondern westlich davon am Rande der Tihama. Hiermit wäre zugleich erklärt, weshalb man erst seit dem Ende des 12. Jahrhunderts ein Geburtshaus Mohammeds in Mekka zeigt; doch selbst von da an stößt man in der einschlägigen Literatur auf einander ausschließende Aussagen über den Ort, an dem er das Licht der Welt erblickte. Er war der Sproß einer uxorilokalen Verbindung, die sein Großvater ʿAbd al-Muṭṭalib gestiftet hatte; sie hing mit innerquraišitischen Klanbündnissen zusammen. Sein ursprünglicher Name könnte Quṯam gelautet haben. „Muḥammad", der „Vielgelobte", war eine neue Eigennamenbildung, die wenige Generationen vor ihm aufgekommen war. Sie ist eine der zahlreichen Spuren, die das Eindringen hochreligiöser Überlieferung im arabischen Heidentum hinterließ. Übertritte zum Judentum oder Christentum kann man nur in geringer Zahl nachweisen, hingegen gibt es viele Zeugnisse für eine Aneignung einzelner Vorstellungen und Begriffe. Die von Sozomenos beschriebene heidnisch-arabische Abrahamverehrung gehört hierher. Falls „Muḥammad" tatsächlich der zweite Name des Gesandten Allahs gewesen sein sollte, so wissen wir nicht, wann und unter welchen Umständen er ihn erhielt. Er verweist uns allerdings auf Medina; dort, und zwar in der Sippe, in die Hāšim, der Vater ʿAbd al-Muṭṭalibs, eingeheiratet hatte, soll dieser Name zum ersten Mal vergeben worden sein, und die Beziehungen, die damals angeknüpft worden waren, bestanden weiter. Mohammeds Vater ʿAbdallāh – auch dies übrigens eine Neubildung – verstarb dort, sein Grab zeigte man bis ins 9. Jahrhundert. Der Knabe Mohammed verbrachte eine längere Zeit bei dem seit Hāšims Zeiten verschwägerten ḫazraǧitischen Klan. Auf dem Rückweg nach Mekka verstarb seine Mutter in al-Abwāʾ, so daß er von da an Vollwaise war. Als er unter der Obhut seines Onkels Abū Ṭālib herangewachsen war, gelangte er in ein uxorilokales Eheverhältnis mit Ḫadīǧa aus dem quraišitischen Klan der Banū Asad b. ʿAbd al-ʿUzzā. Diese standen bei den übrigen Quraišiten nicht im besten Ruf, hatte einer der Ihrigen doch die Ansiedlung, die sich auf ihre formale Unabhängigkeit von fremden Mächten viel zugutehielt, eng an das Byzantinische Reich binden wollen und zum Dank für diese Bemühungen den Titel „Patrikios" empfangen. Mit Ḫadīǧa, die bei ihrer Verheiratung mit Mohammed schon mehrere Ehen hinter sich hatte, zeugte er zwei Töchter, die er mit den Söhnen des vielleicht bedeutendsten unter seiner Onkeln, mit Abū Lahab, verehelichte. Dieser hielt es als einziger von ihnen mit den mekkanischen Wortführern jener Zeit, unter denen die Nachkommen des ʿAbd Šams, eines Bruders Hāšims, sowie die nicht von Quṣaij abstammenden Banū Maḫzūm und ʿAbdallāh b. Ǧudʿān von den Banū Taim b. Murra hervorragten. Zu den Banū Maḫzūm zählte übrigens al-Arqam b. abī l-Arqam, der, anders als seine Sippengenossen, sich von Mohammeds Reden beeindrucken ließ und ihm sein Haus als Versammlungsort der entstehenden Gemeinde zur Verfügung stellte – ein weiteres Indiz dafür, daß Mohammed in Mekka kein Anwesen sein eigen hatte nennen dürfen.

Damit sind wir bereits zu den im Koran zu Buche geschlagenen Verkündigungen Mohammeds gelangt. Die ältesten zeigen Spuren gnostischer Religiosität. In ihnen wird der einzelne Mensch aufgefordert, sich zu läutern, um sich die Anwartschaft auf ein glückliches Jenseits zu sichern. Als „Ṣābiʾer", d.h. als einen Anhänger einer vermutlich palästinensischen gnostischen Sekte, nehmen die Mekkaner Mohammed daher zu Anfang wahr. Er verband seine frühen Verlautbarungen mit eschatologischen Motiven, wie sie seit der justinianschen Zeit im syrisch-palästinensischen Raum weit verbreitet waren. Doch schnell wandelte sich der Inhalt seiner Verkündigungen. Daß Allah der einzige Gott sei und keine Nebenbuhler dulde, trat in den Vordergrund; Mohammed sah sich selber jetzt als den Gesandten (arab.: *ar-rasūl*) dieses Einen. Unter Allah versteht er die eine als Person vorzustellende Kraft, von der das Diesseits geschaffen wurde und seither in all seinen Erscheinungen gelenkt und bis in die Einzelheiten bestimmt wird. Eine selbstverantwortete Läuterung des Einzelnen, wie sie zunächst in Anlehnung an gnostische Ideen gefordert worden war, kam jetzt nicht mehr in Frage. Die Heilssicherung hatte vielmehr über die rituell zu bekundende Dankbarkeit gegenüber diesem Allah zu erfolgen, die im regelmäßig vollzogenen Gebet zum Ausdruck kam und auch in einer Läuterungsgabe, mit der man eigennützige Eingriffe in die von Allah her gewirkte Daseinsvorsorge zu sühnen hatte. Rituelles Gebet (arab.: *aṣ-ṣalāt*) und Läuterungsgabe (arab.: *az-zakāt*) werden zu den einenden Merkmalen der sich um den Gesandten Allahs scharenden Gemeinschaft. Beide Begriffe kommen aus dem Syrischen; sie sind schon lange vor Mohammed auf der Arabischen Halbinsel belegt und gehören zu dem Vokabular, das dort im Zuge der Aufnahme hochreligiösen Gedankenguts heimisch wurde. Mit dem Begriff *al-islām*, der Metapher für die rückhaltlose Hinwendung des Gesichts, also der ganzen Person, zu dem einen Allah verdeutlicht Mohammed seit den mittleren Jahren seines Auftretens in Mekka sowohl die existentielle als auch die lebenspraktische Folge der von ihm verkündeten Lehren. Dieser Begriff begegnet vorher in Huldigungsrufen, mit denen sich Wallfahrer dem Heiligtum einer Gottheit nähern, und erinnert somit an das wichtigste Element heidnisch-arabischer Frömmigkeit, das in dem von Mohammed gestifteten Glauben ungebrochen fortlebt.

Um die Grundideen seiner Verkündigung zu festigen und seinen Anhängern immer wieder einzuschärfen, griff er das in syrischen Hymnen und in arabischer Nachdichtung kursierende erbauliche Erzählgut auf, das ursprünglich dem Alten und dem Neuen Testament entstammte, aber entsprechend den Bedürfnissen der Mahnpredigten der justinianschen Zeit überarbeitet worden war. Dabei setzte Mohammed voraus, daß der Stoff bekannt war; denn er erzählte ihn nicht der Reihe nach, sondern deutete den Handlungszusammenhang vielfach nur an und aktualisierte ihn, indem er ihn auf die eigenen Person und die eigenen Erfahrungen bezog. Daß er fremden Stoff vortrug, warfen ihm seine mekkanischen Feinde mit Recht vor, aber er konterte mit ebenso viel Recht, daß es ein „klarer arabischer" Vortrag sei (Sure 16, 103), dessen Ausdruckskraft seine Gegner im übrigen fürchteten. Mohammed hatte die bis in seine Zeit vorwiegend für die Wahrsagerei und das Herrscherlob genutzte Reimprosa für seine Zwecke entdeckt; sie aufgreifend und weiterentwikkelnd, vermochte er das in der didaktischen Dichtung recht dröge wirkende hochreligiöse Gedankengut in einer die Gefühle der Zuhörer aufwühlenden Weise zu verlebendigen, und diese Leistung Mohammeds darf man ohne zu zögern als den Schlüssel zu seinem Erfolg betrachten.

Als Gesandter Allahs sah sich Mohammed vor die Aufgabe gestellt, ein himmlisches Buch zu schaffen. Suren der mittleren und späten mekkanischen Zeit belegen, daß er dieser Forderung nachzukommen suchte; schon in Mekka begann die Verschriftlichung seiner Verkündigungen. Was sein oberstes Ziel angeht, die Durchfechtung des Eingottglaubens und dessen Verankerung in den Pilgerriten, so war er keineswegs der erste und einzige, der hierfür kämpfte. In Mekka, aber auch in aṭ-Ṭāʾif, Medina oder anderswo, gab es Männer, die, wahrscheinlich durch die hochreligiöse Überlieferung angeregt, einen sich bewußt vom Judentum und vom Christentum absetzenden Eingottglauben bekannten. Diesen sogenannten Ḥanīfen – von syrisch *ḥanpā*, Heide – wandte er sich in seinen letzten mekkanischen Jahren zu. Die Erinnerung an einen von ihnen, Zaid b. ʿAmr b. Nufail, aus dessen Sippe der spätere Kalif ʿUmar (reg. 634-644) stammte, war noch nicht verblaßt. Daß Mohammed selber ihn kennenlernte und von seinen Vorstellungen beeinflußt wurde, wird überliefert und ist nicht auszuschließen. Zaid war wegen seiner Lehren aus Mekka verbannt worden und hatte dann seine rituellen Gebete in die Richtung der Kaaba vollzogen, kann also als der „Erfinder" der muslimischen Gebetsrichtung gelten. Die Ḥanīfen waren, um für gleichrangig mit den Juden und Christen zu gelten, auf der Suche nach einer von Allah selber gestifteten Ritualpraxis. Ungefähr zwei Jahre vor der Vertreibung aus Mekka griff Mohammed diese Bestrebungen auf. Er wollte nicht mehr nur der Gesandte Allahs sein und die Menschen den Eingottglauben lehren; er nannte sich fortan zusätzlich den „heidnischen Propheten" (arab.: *an-nabī al-ummī*), der auf Allahs Geheiß die von den Ḥanīfen so schmerzlich empfundene Lücke schloß: Er verkündete den Heiden, was verboten und was erlaubt ist (Sure 7, 156 und 158). Daß infolgedessen der Bruch mit den Sachwaltern der mekkanischen Ritualordnung nicht mehr zu vermeiden ist, werden wir im nächsten Kapitel erfahren. Sure 2, die Mohammed in Medina achtzehn Monate nach der Vertreibung aus Mekka vorträgt, löst das Versprechen ein, das er mit der Inanspruchnahme des Prophetentitels gegeben hat. Sie enthält eine – keineswegs vollständige – Ritualordnung für die sich auf Abraham zurückführende Gemeinde, die sich als die wahre Anhängerschaft Allahs versteht, der er weder flucht noch zürnt. Juden und Christen hatten nach ḥanīfischer Überzeugung den Zorn und den Fluch Allahs auf sich geladen; wie man in Sure 2 erfährt, war dies unter anderem die Folge des von ihnen abgelehnten Tieropfers gewesen, auf das die Ḥanīfen in ihren Wallfahrtsriten gerade nicht verzichteten. So wird, indem Mohammed das Prophetentum beansprucht, aus seiner „arabischen" Verkündigung eine heidnische, d.h. gegen die Juden und die Christen gewendete, Ritualgesetzgebung. Sure 1, die die Muslime zu denjenigen erklärt, denen Allah nicht zürnt und die nicht in die Irre gehen, ist die täglich millionenfach rezitierte Vergegenwärtigung dieses Sachverhalts. Daraus folgt, nebenbei bemerkt, daß man Mohammed nicht als einen christlichen Sektierer betrachten darf; seine Aussagen über das Christentum verfolgen allein das Ziel, den Zuhörern begreiflich zu machen, warum Allah seinen Zorn über jene ausgießt und weshalb es für sie besser wäre, wenn sie sich seinen, den abrahamischen, Riten anschlössen (vgl. Sure 3, 110).

Kapitel III: Die Vertreibung

Um die Entwicklung der Themen der koranischen Botschaft zu verfolgen, mußten wir der Ereignisgeschichte vorgreifen. In diesem Kapitel ist nun im Zusammenhang zu erörtern, was wir über den Lebenslauf Mohammeds von seiner Berufung bis zur Vertreibung aus Mekka wissen. Im allgemeinen wird dieser Lebensabschnitt Mohammeds als eine Zeit des Leidens und des geduldigen Ausharrens beschrieben, die mit der Hedschra endet; diese markiert den Beginn einer völlig anderen Phase seines Wirkens: Gewissermaßen von einem Tag auf den anderen wird er zum Kriegsherrn und Staatsmann. Dieser abrupte Wandel der Persönlichkeit Mohammeds entspricht nicht den historischen Tatsachen, er ist vielmehr, wie wir im sechsten Kapitel hören werden, das Ergebnis einer in frühislamischer Zeit propagierten Interpretation seiner Vita. In Wahrheit hatte Mohammeds öffentliches Wirken von Anfang an eine machtpolitische Dimension und verschärfte die seit langem schwelenden Konflikte unter den quraišitischen Sippen. In den mekkanischen Angelegenheiten hatten damals Männer das Sagen, die für eine gegenüber den Sasaniden freundliche Haltung eintraten. Spätestens nach dem in Sure 105 beschriebenen Debakel der Äthiopier hatten zudem die über aṭ-Ṭāʾif herrschenden Banū Ṯaqīf Schwurbündnisse mit einigen Quraišiten geschlossen, die den Ambitionen ʿAbd al-Muṭṭalibs fernstanden. Aṭ-Ṭāʾif war damals verdächtigt worden, die in den Hedschas vorgedrungenen jemenischen Äthiopier gegen Mekka gewiesen zu haben. Ihr Untergang, den sich die Parteiung ʿAbd al-Muṭṭalibs als Verdienst anrechnete, soll die Ṯaqafiten genötigt haben, sich mit den Quraišiten gutzustellen, der Lage nach mit denjenigen von ihnen, die ʿAbd al-Muṭṭalib mit Skepsis betrachteten. Die Ṯaqafiten galten als die Nachfahren des in einem göttlichen Strafgericht zerschlagenen Stammes der Ṯamūd. Wenn Mohammed in Sure 85, Vers 17 f. den durch Allah herbeigeführten Untergang des Pharao und der Ṯamūd ins Gedächtnis ruft, hat er die den Interessen seiner Sippe entgegenstehenden Ṯaqafiten und ihre mekkanischen Eidgenossen im Auge, unter denen der in den Quellen als „Abū Ǧahl", „Vater der Unwissenheit", verunglimpfte Maḫzūmite ʿAmr b. Hišām b. al-Muġīra hervorragte. Daß es Mohammed gelang, mit al-Arqam b. abī l-Arqam einen maḫzūmitischen Gefolgsmann zu gewinnen, wird die Abneigung dieser Sippe gegen ihn verstärkt haben. Auf der anderen Seite standen auch die Nachkommen ʿAbd al-Muṭṭalibs nicht geschlossen hinter Mohammed. Abū Lahab hielt zu seinen Feinden; die Ehen, die zwei seiner Söhne mit Töchtern Mohammeds eingegangen waren, wurden aufgelöst. In Sure 111 schmäht Mohammed seinen Onkel in bösen Worten. Daß sich Mohammed als Gesandter Allahs gerierte, erschien den Feinden der Partei ʿAbd al-Muṭṭalibs wie eine trotzige Unterstreichung geschwundenen Prestiges. Der Seitenwechsel al-Arqams zum einen und der „Verrat" Abū Lahabs zum anderen belegen, daß Mohammeds Worte geeignet waren, die überkommenen Klanloyalitäten zu zersetzen. Im großen und ganzen verursachte die göttliche Botschaft jedoch zunächst eine Vertiefung und Verhärtung der alten Parteigrenzen. Mohammed selber förderte diese widersprüchliche Wirkung seines Auftretens. Einerseits berief er sich auf den einen Schöpfer, der die Undankbaren, Ungläubigen zu verschiedenen Zeitpunkten der Geschichte vernichtet habe – nicht die Klanzugehörigkeit hatte dabei den Ausschlag gegeben, sondern der Mangel an Gehorsam gegen Allah –, andererseits hielt er an der Vorstellung fest, daß er vor allem die eigene Sippe retten solle. Dieser Widerspruch durchzieht sein ganzes Lebenswerk; er taucht in Medina auf höherer Ebene als der Streit um die Bevorzugung der Quraišiten vor den Arabern anderer Abstammung wieder auf.

Die Ächtung der Hāšimiten und ihrer Verbündeten durch die übrigen Quraišiten bildete den Höhepunkt des durch Mohammed angefachten Kampfes um die Vorherrschaft in Mekka. Diese am Beginn des siebten Jahres nach seiner Berufung getroffene Maßnahme steht in einem zeitlichen Zusammenhang mit den Siegen der Sasaniden in Palästina und dem Zusammenbruch der byzantinischen Macht in der Levante und Ägypten. In Sure 30 spielt Mohammed auf diese für seine Seite ungünstige Entwicklung der Dinge an. Doch trotz den erbitterten Zwistigkeiten waren die Bindungen zwischen den verfeindeten Sippen viel zu zahlreich, als daß die Ächtung hätte unbegrenzt durchgehalten werden können. Sie wurde nach etwa drei Jahren aufgehoben. Das Ende des zehnten Jahres nach der Berufung brachte zwei für Mohammed einschneidende Ereignisse. Ḫadīǧa und kurz darauf Abū Ṭālib starben. Er hatte jetzt keinen zuverlässigen Halt mehr, abgesehen vielleicht von Abū Bakr, einem vermögenden Händler aus der Sippe der Banū Taim b. Murra. Der geschmähte Abū Lahab nahm sich des Neffen an, machte ihm aber klar, daß er nicht mehr in Mekka bleiben dürfe. In dieser Lage traf Mohammed eine verhängnisvolle Fehlentscheidung: Er wandte sich nach aṭ-Ṭāʾif. Die Mißgunst der Nebenbuhlerin gegenüber allem Mekkanischen mochte ihn auf den Gedanken gebracht haben, man werde ihn dort mit offenen Armen empfangen, womöglich auch die Tatsache, daß aṭ-Ṭāʾif genau wie Mekka über ein Heiligtum verfügte, bei dem er seine am Eingottglauben ausgerichtete Kultreform hätte durchführen können. Wie dem auch sei, man wies ihn barsch ab. Noch hielt der Schwurbund zwischen den Ṯaqafiten und den ihm feindlich gesonnenen Quraišitenklanen. Desavouiert kehrte er nach Mekka zurück, vermutlich mit dem Makel behaftet, den Versuch einer Verschwörung gegen die eigene Stadt unternommen zu haben. Abū Lahab gewährte ihm nun keinen Schutz mehr, doch fand sich ein Mann aus einer anderen Sippe zur Hilfe bereit; zuvor hatte der betreffende schon auf die Aufhebung der Ächtung hingewirkt. Die Spannungen zwischen Mohammed und seinen Feinden wurden so freilich nicht vermindert. In Sure 7 schlüpft Mohammed in die Rolle Moses und droht dem Pharao und dessen Gefolgsleuten die Vertreibung aus ihrer Stadt an. Weshalb konnte Mohammed derart auftrumpfen?

Richten wir den Blick über die mekkanischen Sippenparteiungen hinaus, so erkennen wir, daß Mohammeds Verkündigung vielfach bei Personen auf einen fruchtbaren Boden fiel, die als Kriegsgefangene, Sklaven oder Schutzbefohlene in Mekka lebten und demnach mit den etablierten Sippen nicht blutsverwandt waren. Im Koran werden sie als „diejenigen, die man als schwach einstuft", apostrophiert. Mohammed, befangen in den Interessen seiner eigenen Sippe, schenkte ihnen keine besondere Aufmerksamkeit und hatte, wenn sie wegen ihres Bekenntnisses zu seinen Lehren gepeinigt wurden, nichts als schöne Worte für sie übrig. Ebenso wenig kümmerte er sich um einige Männer, die außerhalb Mekkas lebten und seine Botschaft angenommen hatten. Eine systematische Werbung für seinen Eingottglauben, dessen Praktizierung er sich nur in enger Verbindung mit den Riten an der Kaaba denken konnte, lag ihm fern. Seine entschiedene Hinwendung zum Ḥanīfentum hatte ihm jedoch im Laufe der Jahre Anhänger in allen quraišitischen Sippen gewonnen, so daß, vorerst durch die älteren Konfliktlinien verdeckt, eine beachtliche „gesamtquraišitische" Gefolgschaft herangewachsen war. Sie trat in Erscheinung, als etliche ḥanīfisch oder „mohammedisch" gesinnte Mekkaner, der Belästigungen durch die Feinde der neuen Glaubenspraxis überdrüssig, zum Negus nach Äthiopien aufbrachen; sie waren überzeugt, daß man sie dort gewähren lassen würde. Ihr Ritus war den prominenten Mekkanern zuwider, weil er während der Rezitation des offenbarten Gotteswortes eine Niederwerfung verlangte. Anscheinend wollten die Wortführer der Quraišiten dem Verlust kampftauglicher Männer nicht tatenlos zusehen. Jedenfalls ließen sie sich zu einem Ausgleich mit Mohammed herbei: Sie wollten die von ihnen geforderte Niederwerfung vollziehen, sofern er einräume, daß ihre beliebten Göttinnen al-Lāt, al-ʿUzzā und Manāt als ihre Fürsprecherinnen bei Allah anerkannt würden. Mohammed ging hierauf ein, was die Exilanten zur Rückkehr veranlaßte.

Noch nicht wieder in Mekka, mußten sie freilich hören, daß Mohammed sein Zugeständnis zurückgezogen habe. Sie machten sich wieder auf den Weg nach Äthiopien, andere stießen zu ihnen. Erst nach der Hedschra kamen die meisten in den Hedschas zurück. Die Mekkaner versuchten übrigens, den Negus zur Verweigerung des Exils zu bewegen. Die Auswanderung (arab.: al-hiǧra) nach Äthiopien geschah noch vor der Ächtung; sie verdeutlicht, wie Mohammeds Predigen die etablierten Machtverhältnisse untergrub, indem es über die Stammesgesellschaft hinausgreifende Folgen zeitigte und das althergebrachte Gefüge wenigstens zum Teil außer Geltung setzte. Auch das Scheitern der Ächtung weist in diese Richtung. Und so erscheint es nicht ganz abwegig, daß Mohammed nach dem Abenteuer in aṭ-Ṭāʾif den in Sure 7 dokumentierten unversöhnlichen Ton anschlug.

Allerdings hatte er sich diesmal noch verschätzt, und es wurde ihm klar, daß er nicht in Mekka bleiben konnte. Sein Ziel aber, die Reform des mekkanischen Kults, verlor er zu keiner Zeit aus dem Blick, wie Sure 28, Vers 85 bezeugt, Worte, die sich ihm auf seiner Reise von Mekka nach Medina aufdrängen werden. Vorerst aber sondierte er, von Abū Bakr unterstützt, die Möglichkeiten, bei Stämmen außerhalb Mekkas nach dem geltenden Gewohnheitsrecht Fremdenschutz zu erhalten. Die im Nordosten der Halbinsel, an der Grenze zu den Sasaniden, nomadisierenden Banū Šaibān waren anscheinend seine erste Wahl. Sie galten nicht gerade als die Freunde der Iraner, denen wiederum, wie gehört, führende Quraišiten zuneigten. Nach längerem Zögern lehnten die Banū Šaibān seinen Wunsch ab, da sie kriegerische Verwicklungen mit den Sasaniden befürchteten. Günstiger gestalteten sich die Dinge in Medina, wo eine kleine muslimische Gemeinde entstand, die zunächst in loser Verbindung zu Mohammed blieb. Während der Pilgersaison im dreizehnten Jahr seiner Berufung versprachen ihm etliche ihrer Mitglieder, sie wollten ihm auf ihrem Territorium Schutz gewähren. Unabhängig von ihm begab sich eine größere Zahl seiner mekkanischen Anhänger dorthin, so daß die Lage für ihn in Mekka brenzlig wurde. Daher entschloß er sich, ihnen zu folgen; im Koran bezeichnet er seinen Weggang als Vertreibung.

Kapitel IV: Der Glaube

In Medina siedelten rein jüdische Stämme arabischer Sprache, ferner zwei der Genealogie nach jemenische Verbände, die Ausiten und die Ḫazraǧiten, die seit längerem in blutiger Fehde lagen und verschiedentlich versucht hatten, die Quraišiten in ihren Zwist hineinzuziehen. Während die mekkanischen Anhänger Mohammeds, die vor ihm nach Medina ausgewandert waren, bei der Örtlichkeit Qubāʾ durch den ausitischen Klan der Banū ʿAmr b. ʿAuf Herberge erhalten hatten, begab sich der Prophet zu der ḫazraǧitischen Sippe der Banū Mālik b. an-Naǧǧār; den Ḫazraǧiten hatten fast alle jene Medinenser angehört, die ihn anderthalb Jahre vorher um die Entsendung eines Koranlehrers gebeten und die bereits erwähnte muslimische Gemeinde gebildet hatten. Der ausitisch-ḫazraǧitische Konflikt lebte in der muslimischen medinensischen Gemeinde in der Form der Rivalität zwischen Mohammed und den seit

Hāšims Zeiten mit seiner Sippe verschwägerten Ḫazraǧiten einerseits und den ersten Auswanderern und den Ausiten andererseits fort. Die Ausiten, die sich in den vorangegangenen Fehden nur mit Mühe hatten gegen die Ḫazraǧiten behaupten können, waren Schwurgenossen der jüdischen Stämme. Deren von Mohammed ins Werk gesetzte Vertreibung, Versklavung und Vernichtung diente somit nicht nur der Versorgung der eigenen Kämpfer, deren Zahl sich stetig erhöhte, sondern auch der Festigung der Ergebenheit seiner alten mekkanischen Glaubensgenossen, der frühen Auswanderer. Nach der Einnahme von Mekka im Januar 630 sollte der Nutzen dieser „Innenpolitik" sichtbar werden.

Mit dieser Bemerkung sind wir dem im vierten Kapitel geschilderten Geschehen jedoch schon vorausgeeilt. In Sure 7 hatte Mohammed das Prophetentum für sich in Anspruch genommen. Jetzt machte er sich daran, ins einzelne gehende rituelle Bestimmungen zu erlassen. Sie sind in Sure 2 zusammengefaßt, werden aber an vielen Stellen in jüngeren Teilen des Korans ergänzt. Seinem Drängen auf eine Reform der mekkanischen Pilgerriten verleiht er nunmehr energischen Ausdruck. Allein der Neumond – gemeint wird sein: jeder zwölfte Neumond – bestimmt den Zeitpunkt der Wallfahrt, an der alle gläubigen Menschen in gleicher Weise teilhaben sollen. Besondere Riten für enger auf den Kult verpflichtete Quraišiten soll es nicht mehr geben; die Kultstätten in der unmittelbaren Umgebung werden in die dem einen Allah gewidmete Verehrung einbezogen. An eine Ausübung dieser reformierten Riten war allerdings bei den gegebenen politischen Verhältnissen nicht zu denken.

Als Quelle zahlreicher in der täglichen Religionspraxis und im profanen Miteinander zu beachtender Regeln konnte sich der Koran in Medina zur einenden Mitte der muslimischen Gemeinschaft entwickeln. Zäh hielten sich allerdings die trennenden Linien der fiktiven Blutsverwandtschaft. Eheliche Bindungen zwischen den Auswanderern (arab.: Pl. *al-muhāǧirūn*) und den medinensischen „Helfern" (arab.: Pl. *al-anṣār*) blieben Ausnahmen, und auch die Gegnerschaft zwischen Ausiten und Ḫazraǧiten löste sich nicht auf, wie bereits hervorgehoben wurde. Das muslimische Gemeinschaftsgefühl speiste sich vor allem aus der Grenzziehung zu den „Schriftbesitzern" (arab.: *ahl al-kitāb*), den Juden und Christen. Im Koran ist nachzulesen, daß sie über Mohammeds Warnungen vor dem Endgericht spotten und meinen, über einen privilegierten Zugang zum Paradies zu verfügen. Allah aber zürnt ihnen, beteuert der Prophet, da sie die von ihm gewünschten Tieropfer verweigern. Nur unter Aufbietung all seiner Beredsamkeit hatte Mose die Israeliten einst zur Opferung einer Kuh bewegen können. „Die Kuh" lautet die Überschrift von Sure 2, das Wort diente den Muslimen auch als Schlachtruf: Die für die Opferung am Wallfahrtsort geschmückten Tiere sind das wesentliche, von anderen Religionen abgrenzende Merkmal des nunmehr mit einer göttlichen Ordnung begnadeten Ḥanīfentums. Um so mehr schmerzt es Mohammed, daß ihm die Wallfahrt nach Mekka unmöglich ist. Daß er sich aber den Weg zur Kaaba freikämpfen werde, kündigt er ganz unverblümt ebenfalls schon in Sure 2 an. Die peinlich genaue Ausübung der Riten genügt daher nicht, um Allahs Wohlgefallen zu erringen. Wahrer Glaube (arab.: *al-īmān*) hat sich im Krieg gegen die Feinde zu bewähren, die Mekka im Besitz haben und die durch Allah geforderte Kultpraxis unterbinden.

Mit Recht erkennt die muslimische Überlieferung in der Leitung der Kriegszüge (arab.: Pl. *al-maġāzī*) den Inbegriff des Wirkens Mohammeds in Medina. Eine vermutlich erst kurz vor seinem Tod in Umlauf gesetzte Fassung der Versprechen, die ihm die Vertreter der medinensischen Gemeinde unmittelbar vor seiner Vertreibung gaben, schließt die Heeresfolge ein. Diese Fälschung soll die des andauernden Dschihads müden Medinenser zu weiteren Waffengängen nötigen. In Wahrheit hatten sie ihm nur den üblichen Fremdenschutz auf ihrem Territorium zugesagt. Kaum in Medina, kommandierte Mohammed ausschließlich aus Flüchtlingen gebildete Streiftrupps ab, die die von Mekka nach Norden verlaufenden Karawanenrouten unsicher machen, vielleicht auch unterbrechen sollten. In der Gegend, aus der er vermutlich stammte, am Rande der Tihama, warb er unter den Beduinen Verbündete an. Er plante, eine aus Palästina zurückerwartete quraišitische Handelskarawane zu überfallen und auszurauben. Deren Anführer, Abū Sufjān von den Banū ʿAbd Šams, bekam davon Wind, beschleunigte die Reise und forderte zudem eine mekkanische Schutztruppe an, die ihm entgegenziehen sollte. Unterdessen gelang es Mohammed, viele der „Helfer" zum Mittun bei seinem Beutezug zu überreden – was zugleich hieß, das Gewohnheitsrecht zu brechen, auf dessen Grundlage die Übereinkunft mit ihm geschlossen worden war. Eine Duldung von Angriffen des „Schützlings" auf Dritte war nicht vorgesehen. Solche Komplikationen befürchtend, hatten die Banū Šaibān Mohammed das Gastrecht verwehrt. Durch die koranische Rhetorik, in der der „Gehorsam gegen Allah und seinen Gesandten" zu einer stehenden Redensart wurde, in ein neuartiges Gemeinschaftsgefühl gebannt und von der Aussicht auf leichte Beute geblendet, ließen viele „Helfer" alle Vernunft fahren. Nicht auf die Karawane, die dem Überfall entronnen war, stieß man, sondern auf die zu ihrer Verteidigung ausgesendete mekkanische Truppe. Trotz unerwarteter herber Verluste entschied man die Schlacht für sich, die an einem Badr genannten Ort ausgefochten wurde. Die Beute war beträchtlich, da die Quraišiten, die Mekka von allem Schutz hatten entblößen müssen, einen großen Teil ihrer wertvollen beweglichen Habe mit sich führten. Auch die bei der Auslösung der Gefangenen erpreßten Summen waren ansehnlich. Die bittere Folge für die „Helfer" bestand darin, daß sie nunmehr ihr Los auf Gedeih und Verderb an dasjenige ihres „Schützlings" gebunden hatten, den man inzwischen längst nicht mehr einhellig als willkommen betrachtete. Letzteres belegen die Mohammed lästig werdenden Bedenken und Einwände der besonnenen Medinenser, die er fortan im Koran als „Heuchler" (arab.: Pl. *al-munāfiqūn*) anprangert.

Mit wechselndem Erfolg dauerten Mohammeds Kriege gegen Mekka bis zum Jahre 627 an, wobei der Konflikt immer weitere Kreise zog. Damals war es den Mekkanern gelungen, eine breite Stammeskoalition gegen Mohammed zusammenzuschmieden. Sie belagerte im Spätwinter 627 Medina und brachte die Verteidiger in arge Bedrängnis. Ungewöhnlich kaltes, stürmisches Wetter, vor allem aber der Mangel an Weideflächen für das Vieh der Angreifer, bewirkten jedoch, daß deren Eifer erlahmte; sie rückten ab, der sogenannte Grabenkrieg ging zugunsten Mohammeds aus. In einen Zusammenhang mit den Feindseligkeiten gegen Mekka ist Mohammeds Vorgehen gegen die Juden in Medina zu stellen, die sich ihrer prekären Lage nur zu bald bewußt geworden waren und begreiflicherweise einen Sieg der Quraišiten begrüßt hätten. Mohammed hatte mit ihnen oder mit einigen von ihnen unmittelbar nach seiner Ankunft Vereinbarungen getroffen, in denen diese ihm womöglich eine neutrale Haltung zugesichert hatten. Ein in der wissenschaftlichen Literatur in völliger Verkennung der Tatsachen und des Inhalts des überlieferten Textes als „Gemeindeordnung" oder gar als „Verfassung" gepriesener Vertrag regelt lediglich die Rechtsstellung der zum Judentum übergetretenen Mitglieder der ausitischen und ḫazraǧitischen Sippen. Der Lauf der Ereignisse lehrt, daß Mohammed günstige Augenblicke zur Vertreibung oder zur Vernichtung der rein jüdischen Stämme nutzte und sich deren Ländereien und bewegliche Habe aneignete. Die Einwanderer wurden auf diese Weise von den Zuwendungen der „Helfer" unabhängig. Es kündigt sich eine neue Gemeinschaftsform an, in der die führende Schicht, diejenige der „Gläubigen", vom „Dschihad auf dem Pfade Allahs" lebt und hierdurch nicht nur auf Erden das höchste Prestige erwirbt, sondern auch den reichsten Jenseitslohn zu erwarten hat. Die Anziehungskraft dieser Gemeinschaft verstärkte sich nicht zuletzt dadurch, daß sie es den Männern, verglichen mit dem Herkommen, erheblich erleichterte, in den Besitz von Frauen zu gelangen.

Der mekkanische Fehlschlag von 627 nährte in Mohammed die berechtigte Hoffnung, daß seine Feinde fürs erste nichts Entscheidendes gegen ihn unternehmen könnten. Wie vor der Schlacht bei Badr ergriff er die Initiative und scheute auch ein beträchtliches Risiko nicht. Er ließ Opfertiere herrichten, um endlich mit einer großen Anzahl seiner Anhänger die mekkanischen Pilgerstätten aufzusuchen. Ganz schutzlos machte er sich freilich nicht auf den Weg. Ihn begleiteten Bewaffnete, die nicht in den Weihezustand eintraten. Die Quraišiten erfuhren von seinem Heranrücken und verstellten ihm den Weg. Bei al-Ḥudaibīja kam es zu Unterhandlungen, in deren Verlauf die Quraišiten, so schien es auf den ersten Blick, ihre Belange geschickter und erfolgreicher verfochten als Mohammed die seinigen. Er gestand ihnen zu, daß er für dieses Mal auf das Betreten Mekkas verzichte und erst im Jahr darauf zum Vollzug der Riten kurz in der Stadt weilen werde. Ferner wurde ein zehnjähriger Waffenstillstand vereinbart; während dieser Frist sollte es beiden Seiten gestattet sein, nach Bundesgenossen Ausschau zu halten. Sklaven sollte es ohne die ausdrückliche Erlaubnis ihres Herrn verboten sein, nach Medina zu gehen und sich den Muslimen anzuschließen – eine Klausel, die in Mohammeds Reihen Unmut und Widerstand auslöste. Mohammed aber durfte sich von nun an als einen mit den Mekkanern gleichberechtigten Vertragspartner ansehen. Die Zeit der Verteidigungskriege war vorüber, seinen Machtanspruch gab er über die Grenzen des Hedschas hinaus kund. Da er von Süden her keine Gefahr zu befürchten hatte, konnte er sich gegen Norden hin einträglichen Eroberungen widmen, um der materiellen Not seiner Anhängerschaft zu steuern. Eine wichtige Nebenfolge der Vertragsverhandlungen von al-Ḥudaibīja war das Ende der quraišitisch-ṯaqafitischen Zusammenarbeit; im Bericht über die Unterredungen werden zum letzten Mal an der Seite der Mekkaner die Namen prominenter Ṯaqafiten genannt. Sie hatte es erschreckt, daß al-Muġīra b. Šuʿba, ein ruchloser Massenmörder ihres Stammes, bei Mohammed Aufnahme gefunden hatte: Der Übertritt zum Islam tilge jegliche vorherige Schuld, sagte man in Kreisen der Muslime.

Kapitel V: Der Dschihad

Das Abkommen von al-Ḥudaibīja bewirkte einen tiefgreifenden Wandel der Anhängerschaft Mohammeds. Hatte sie sich bis dahin fast ausschließlich aus den Auswanderern und „Helfern" zusammengesetzt, die unmittelbar dem Befehl Mohammeds unterstanden, so ergab sich jetzt die Gelegenheit, jenseits Medinas Gefolgsleute zu gewinnen. Erstmals bildeten sich muslimische Gemeinschaften in nennenswerter Zahl außerhalb der täglichen Aufsicht durch den Propheten. Die Exilanten in Äthiopien waren ein Sonderfall gewesen, mit dem, was nunmehr aufkam, nur bedingt zu vergleichen; denn die neuen Gemeinden bestanden aus Menschen, die die gewohnten Lebensverhältnisse beibehielten. Sie schickten Anführer nach Medina, versicherten Mohammed ihre Ergebenheit, nahmen bisweilen Koranlehrer mit auf die Rückreise und lebten fortan als Muslime innerhalb ihrer Stammesgemeinschaft. Als Parallele kann man allenfalls die kleine Schar der nachmaligen „Helfer" vor der Ankunft Mohammeds heranziehen. Wie diese damals, so nahmen auch die neuen Gemeinschaften keine Hedschra auf sich, hielten sich folglich auch nicht dem Propheten für seine Kriege zur Verfügung. Doch nicht in der Aneignung des Korans und in der Ausübung der Riten erschöpfte sich ihr durch den Übertritt zum Islam erworbener Status; er zeigte sich auch in der Verpflichtung zur Erlegung der *ṣadaqāt*-Abgaben, die, durch von Mohammed beauftragte Männer eingezogen, zur Stärkung der inneren Solidarität der betreffenden muslimischen Gemeinschaft aufgewendet werden sollten, zum Teil aber auch nach Medina flossen, um dort den Interessen des sich festigenden „Staates" nutzbar zu sein. Im diesseitigen Prestige und im Jenseitsrang stehen die Gläubigen – „gläubig" im vorhin beschriebenen Sinn – über diesen nicht kämpfenden Muslimen.

Die frühmedinensische Kampfgemeinschaft, der im Prinzip alle Auswanderer und „Helfer" angehört hatten, setzte sich nach al-Ḥudaibīja in der Gruppierung der *muǧāhidūn* fort, in denjenigen, die sich dem „Dschihad auf dem Pfade Allahs" widmeten, der nun nicht mehr gegen Mekka zielte, sondern die gewaltsame Ausdehnung der Macht Mohammeds bezweckte. Die Teilnahme an diesen Kriegen war, wie Mohammed vor dem Eroberungszug nach Ḫaibar zu verstehen gab, freiwillig. Den medinensischen „Helfern" wollte er allerdings, als er sich in Feindseligkeiten mit byzantinischen Vasallen hineinwagte, ein Fernbleiben von den Kämpfen nicht gestatten. Der Dschihad werde auf unabsehbare Zeit fortdauern, beschied er die Widerspenstigen. Daß er, der Gesandte Allahs, die Mission aller Propheten vor ihm bestätigen und vollenden werde, wozu diese bereits vor dem Beginn der diesseitigen Geschichte Allah ihre Zustimmung erteilt hätten, hatte Mohammed schon in Sure 3, Vers 81 behauptet. Hieraus hatte er die Pflicht der Schriftbesitzer abgeleitet, den durch ihn als den letzten aller Propheten auf Allahs Geheiß angeordneten Riten zu folgen (vgl. Sure 3, 110; später zugespitzt in Sure 5, 12-14). Ihm als dem legitimen Erben stand deswegen auch alles Vermögen zu, sei es bewegliches, sei es unbewegliches Gut, das er den seine Riten zurückweisenden Schriftbesitzern abnahm, zuerst den jüdischen Banū n-Naḍīr. Inzwischen waren es die *muǧāhidūn*, die mit dem Schwert die Ordnung Allahs durchfochten und daher ein Recht auf Anteile an der Kriegsbeute und auf die Alimentierung aus dem faiʾ hatten, den durch Allah „zurückgeholten" (Sure 59, 7) Besitztümern.

Die Zweiteilung des mohammedschen Gemeinwesens in die *muǧāhidūn* und die Muslime ist seit dem Zug nach Ḫaibar deutlich zu erkennen. Es war keineswegs ausgeschlossen, daß man vom ritentreuen Muslim zum Gläubigen und *muǧāhid* aufstieg. Im Gegenteil, die Dynamik dieses Gemeinwesens entfaltete sich seit den ersten Erfolgen außerordentlich schnell. Wahrscheinlich ist ihr wenigstens zum Teil der Fall Mekkas zu verdanken. Begünstigt wurde er durch den schon erwähnten Rückzug der Ṯaqafiten. Desweiteren stellten sich quraišitische Überläufer bei Mohammed ein. Ein Vorwand für den Bruch der Vereinbarung von al-Ḥudaibīja ließ sich leicht konstruieren, und so machte sich Mohammed im Winter 629 auf 630 mit einem Heer in seine Vaterstadt auf. Vor Mekka angekommen, soll er die quraišitischen Späher über seine unzureichenden Kräfte getäuscht und so sehr entmutigt haben, daß man ihn kampflos einmarschieren ließ. Die „Helfer" hatten erwartet, er werde über seine Feinde ein Strafgericht halten. Das aber blieb aus. Stattdessen erhob er die machtpolitischen Bestrebungen der ja nicht im Kampf besiegten Quraišiten ohne Säumen zu seinen eigenen. Gemeinsam mit ihnen führte er seine Truppen in einen Krieg gegen den Stammesverband der Hawāzin, der, anscheinend von den Ṯaqafiten hierzu angestachelt, die in der Tatsache des Vertragsschlusses mit Mohammed zutage getretene Schwäche Mekkas zum eigenen Vorteil nutzen wollte. In der Schlacht hielten die Quraišiten und das Heer Mohammeds den Hawāzin mit knapper Not stand, aber es gelang dem Propheten, Anführer der Feinde danach mit üppigen Geschenken auf seine Seite zu ziehen – „ihre Herzen dem Islam gewogen zu machen" (Sure 9, 60).

Da Mekka in seinem Besitz war, konnten die Wallfahrtsriten seinen Vorstellungen angepaßt werden. In größerer Entfernung liegende Kultstätten ließ er vernichten. Die Einführung des Mondkalenders nebst Abschaffung der Schaltmonate zerstörte das auf das Sonnenjahr abgestimmte Pilgerwesen, in das bis dahin viele Wallfahrtsorte in ganz Arabien einbezogen gewesen waren. Er allein und sein Islam, dessen Riten fürderhin an der Kaaba und an den geheiligten Stätten im Weichbild Mekkas praktiziert wurden, sollten die einzigen in Arabien sein. Während der wenigen Tage, die er sich nach dem kampflosen Einzug in Mekka aufgehalten hatte, war er um seine Sicherheit besorgt gewesen, so daß der Feldzug gegen die Hawāzin auch eine willkommene Befreiung aus einer nicht eben angenehmen Lage bedeutet hatte. Seine wenig gefestigte Stellung zeigt sich nicht zuletzt darin, daß er allen heidnisch bleibenden Arabern hatte zugestehen müssen, daß sie die Pilgerriten weiterhin nach ihrer Art vollziehen durften. Doch schon ein Jahr später – anstelle Mohammeds begab sich Abū Bakr zur Leitung der Pilgerriten nach Mekka – wurde diese Duldung widerrufen. Araber, die keine Juden oder Christen waren und die nicht zum Islam übertraten, hätten ihr Lebensrecht verwirkt, verkündete er in Sure 9, Vers 3 bis 10. Ihre Existenz war nicht durch die Befolgung der Kultvorschriften eines der früheren Propheten gerechtfertigt, und sie hatten es versäumt, diesen Mangel durch die Anerkennung des letzten auszugleichen. Einen bindenden Vertrag mit ihnen konnte es daher gar nicht geben. Mohammed behandelte sie mit eben der Geringschätzung, die zuvor den medinensischen Arabern von seiten der Juden widerfahren war; in Sure 3, Vers 75 hatte er hierüber bewegte Klage geführt.

Auch in den kriegerischen Übergriffen auf byzantinisches Territorium ist eine Aneignung mekkanisch-quraišitischer Interessen durch Mohammed zu erkennen. Diese Wende in der Politik des Propheten brachte die selbständig Denkenden unter den „Helfern" vollends gegen ihn auf. Doch konnte er mit Gesinnungsterror den gegen ihn aufflammenden Unmut ersticken. Die militärischen Operationen in seiner letzten Lebenszeit zielten gegen die Gebiete, aus denen einst Quṣaij nach Mekka aufgebrochen sein soll. Mohammeds überraschender Tod hätte angesichts der nur mit Mühe unterdrückten Opposition dazu führen können, daß sein politisches Lebenswerk rasch zerfallen wäre. In der Tat begehrten die „Helfer" sofort gegen die von ihnen als ungerecht empfundenen Verhältnisse auf. Schließlich hatten sie die Muslime und den Propheten bei sich aufgenommen; sie hatten ihn in den Kriegen gegen die Quraišiten unter dem Einsatz ihrer Habe und ihres Lebens verteidigt. Nun, da der Islam quraišitisch geworden zu sein schien, hatten sie das Nachsehen; denn die Beute wurde anderen zugeschanzt, ehemaligen Feinden gar, und das Kommando über die jüngst angeordneten Kriegszüge war einigen gerade erst bekehrten Quraišiten in die Hände gelegt worden. Mit diesem Gang der Dinge waren allerdings die frühen Auswanderer auch nicht zufrieden gewesen. Sie hatten seinerzeit nicht alles in Mekka aufgegeben, um nun von neuem denen zu unterstehen, die ihnen einst die Ausübung der von Allah vorgeschriebenen Riten so sauer gemacht hatten. Die „Helfer" scharten sich um den Ḫazraǧiten Saʿd b. ʿUbāda, die frühen Auswanderer sammelten sich bei jenen Ausiten, die ihnen zu Anfang Herberge gegeben hatten.

Wie Abū Bakr zum Nachfolger des Gesandten Allahs erhoben wurde, teilen uns die Quellen nicht im einzelnen mit; sie sagen nur, daß er auch die Zustimmung der meisten „Helfer" gewonnen habe, die ihre Forderung nach einem eigenen Befehlshaber fallenließen. Viel Zeit für die Entscheidung der Machtfrage blieb den Muslimen auch nicht. Stämme, die sich dem Islam zugewandt hatten, machten diesen Schritt rückgängig, töteten gar die von Mohammed entsandten ṣadaqāt-Eintreiber. Andere Propheten, die in Arabien seit einigen Jahren wirkten, erhielten Zulauf, feindliche Streifscharen drangen auf medinensisches Gebiet vor. Das Naheliegendste war, alle Kräfte zusammenzufassen und sich gegen die Widersacher, die ja nicht einmütig handelten, zur Wehr zu setzen. In dieser Hinsicht stimmten die Interessen der gerade erst bekehrten Quraišiten mit denjenigen der frühen Auswanderer und der „Helfer" überein. In blutigen Kriegen gelang es während der kurzen Herrschaft Abū Bakrs, die „Abtrünnigen" erneut zu unterwerfen und dabei auch schon in Gegenden vorzustoßen, die zuvor noch nicht unter die Botmäßigkeit Medinas geraten waren. Unter Abū Bakrs Nachfolgern ʿUmar und ʿUṯmān erfaßte die erste Eroberungswelle der islamischen Geschichte weite Bereiche Westasiens und Nordafrikas. Das von Mohammed nach dem Abkommen von al-Ḥudaibīja gestiftete Ideal des Dschihad und die Rechtfertigung der Landnahme, die in dem Begriff des faiʾ enthalten ist, bildeten ihren religiös-ideologischen Hintergrund. Der in Sure 18 genannte Zwiegehörnte wird zur Symbolfigur dieses in der Phantasie der muǧāhidūn bis an die Grenzen der bewohnten Welt vorgetragenen Glaubenskriegs, in dem alle Ängstlichen und Bereitwilligen zum Islam bekehrt, alle Widerspenstigen getötet werden.

Kapitel VI: Die Hedschra

Die muslimische Überlieferung setzt stillschweigend voraus, daß die Geschichte nach dem Tod des Propheten von dessen Anhängern nur mit ständigem Blick auf sein Vorbild, seine Botschaft und deren von ihm verantwortete Verwirklichung, fortgesetzt worden sei. Das ist im doppelten Sinn eine Fiktion. Denn erstens vermag nur das verklärende Schauen des Gläubigen in Mohammeds Lebensweg eine folgerichtig durch Allah gestaltete Aneinanderreihung von Triumphen zu erkennen und dabei auch die Niederlagen und Fehlschläge zu sinnreich eingefädeltem Gelingen umzudeuten. Zweitens wurde schon geschildert, daß das muslimische Gemeinwesen seinen Tod unter Voraussetzungen überdauerte, die, wenn man die von Mohammed zuletzt bevorzugte Politik der Begünstigung der quraišitischen Elite genau erwägt, gerade nicht seinen Absichten entgegengekommen wären. Der sein ganzes Lebenswerk prägende Widerspruch zwischen den universalistischen Aussagen seiner Verkündigung und seinen klanbezogenen politischen und gesellschaftlichen Anschauungen tritt einem bei der Betrachtung dieser Vorgänge wieder vor Augen. Die muslimische Historiographie ist bemüht, ihn zu verdekken, indem sie den Fortgang der Geschichte nach dem Ableben des Gesandten Allahs unter verschieden akzentuierten Auslegungen des universalistischen Elements seiner Botschaft beschreibt. Diese Auslegungen entstanden freilich erst im Laufe ebendieser Geschichte und können daher für die Handelnden selber zunächst gar nicht maßgeblich gewesen sein. Waren die Deutungen jedoch einmal konzipiert, dann entfalteten sie eine zwiefache Wirkung: Sie überformten die Erinnerung an Mohammed und verschafften den religiös-politischen Bestrebungen der Verfechter einer jeden dieser Deutungen Legitimität, indem sie ihnen den Anschein wahrer Erben des Propheten verliehen. Wie in einem Brennpunkt verdichten die Berichte über den sterbenden Mohammed und die um ihn besorgten Personen jene Auslegungen und die aus ihnen abgeleiteten Ansprüche legitimer Nachfolge.

Unter Abū Bakr hatte man den Fortbestand des Gemeinwesens gesichert; die Dynamik des Dschihads konnte sich erneut zur Geltung bringen, und sie führte unter ʿUmar zu Verhältnissen, von denen man im Medina des Propheten noch nicht die mindeste Ahnung hatte haben können. Am Residenzort des Kalifen zusammenströmende Scharen von Kriegsgefangenen einerseits, die Gunst der Stunde zu nutzen und ihr Glück zumachen entschlossene muǧāhidūn andererseits ließen die Einwohnerzahl in die Höhe schnellen; bisher unbekannte Vergnügungen und fremde Kulturgüter fanden Bewunderung, der unverhoffte Reichtum der ersten Kämpfer und die Gier der noch Unbefriedigten prallten aufeinander. Unter solchen Umständen hatte ʿUmar die Macht inne. Er nahm den Herrschertitel „Befehlshaber der Gläubigen" an, den Mohammed einem der Anführer der ersten Stoßtrupps verliehen hatte, die von ihm, sobald er in Medina eingetroffen war, gegen quraišitische Handelsaktivitäten abkommandiert worden waren. Ausschließlich Auswanderer waren an diesen Unternehmungen beteiligt gewesen, nicht die „Helfer" und natürlich erst recht nicht die quraišitische Elite, die noch – wenn man ʿUmars Sicht folgt – im Unglauben befangen gewesen war und daher nur als Repräsentantin des niederzuringenden Bösen in den Symbolgehalt dieses Titels einging. Das alte Ḥanīfentum, das es in ʿUmars Sippe bereits vor Mohammeds Prophetentum gegeben und das dieser erst in der zweiten Hälfte seiner mekkanischen Jahre als sein ureigenes Anliegen beansprucht hatte, war mit der Hedschra der frühen Auswanderer zum Durchbruch gelangt. Diese Hedschra war daher der heilsgeschichtliche Augenblick der Trennung zwischen Lüge und Wahrheit gewesen. Mohammeds Zugehörigkeit zu den ʿAbd Manāf-Sippen und sein daraus abgeleitetes Prestige, das für ihn selber, wie schon betont wurde, von großem Gewicht gewesen war, galt dem Ḥanīfen ʿUmar nichts; in seinen Kreisen war man davon überzeugt, daß vor dem Richterstuhl Allahs nur das zählt, was der einzelne an Taten vorzuweisen hat. Mit Ingrimm hatte ʿUmar deswegen den islamischen Wiederaufstieg der alten quraišitischen Elite beobachtet; ihn zu bremsen, wenn nicht gar rückgängig zu machen, war eines der Ziele seiner Herrschaft. Doch die Wirklichkeit machte ihm einen Strich durch die Rechnung. Er konnte beispielsweise nicht verhindern, daß Abū Sufjān und sein Sohn Muʿāwija in Syrien und Palästina eine Hausmacht aufbauten, freilich, wie überliefert wird, von der Einsicht durchdrungen, daß es besser gewesen wäre, wenn sie die Bedeutung Mohammeds eher erkannt hätten. Als Muʿāwija zwei Jahrzehnte später das Kalifat errang, handelte er so, daß man die Ehrlichkeit dieses Geständnisses nicht bestreiten kann. Über ʿUmars Anschauungen war damals allerdings längst die Zeit hinweggegangen, so daß manche Eiferer, die Muʿāwija an dem zweiten Nachfolger Mohammeds maßen und für untauglich befanden, dem Gründer der Omaijadendynastie nicht gerecht wurden.

ʿUmar war von dem Wunsch beseelt, seine ḥanīfischen Ideale zu verwirklichen. Für ihn war klar, daß allein das mit der Waffe erfochtene Verdienst um den Islam den Rang in der Gesellschaft bestimmen durfte – und damit auch die Höhe der Dotationen, die aus den in Medina zusammenfließenden usurpierten Vermögenswerten und aus den Tributen der unterworfenen Länder auszuschütten waren. Das gebot die islamische Gerechtigkeit, die in diesem Vergabesystem zum Ausdruck kommen sollte. Hierfür war er nach seiner Vorstellung anscheinend persönlich haftbar, ein Gedanke, der mit der Wirklichkeit des sich auf zwei Kontinente ausdehnenden Reiches nicht mehr übereinstimmte. Ein zweites politisches Konzept, das mit dem vorgenannten unmittelbar verknüpft ist, zeigt, wie verspätet, gemessen an den Tatsachen, die ihn leitenden Ideale waren. ʿUmar hoffte, das islamische Territorium auf die „Insel der Araber", die Halbinsel und die nördlich an sie grenzenden schon in vorislamischer Zeit arabisch besiedelten Gebiete, beschränken zu können. Innerhalb dieses islamischen Territoriums sollte es nicht zweierlei Glaubenspraxis geben. Infolgedessen betrieb er die Ausweisung der Christen aus Nadschran, anscheinend auch die Kennzeichnung Andersgläubiger, und unterwarf letztere demütigenden Vorschriften, die bis heute mit seinem Namen verbunden sind. Nachhaltige Folgen zeitigten ferner die Maßnahmen zur Festigung des islamischen Charakters des Gemeinwesens. Als ʿUmar die Nachfolge Abū Bakrs antrat, lag al-Ḥudaibīja erst sechs Jahre zurück, eine äußerst kurze Zeit für die Stiftung einer ritentreuen Gemeinschaft, zumal wenn man noch die „Abtrünnigkeit" und das Auftreten anderer Propheten berücksichtigt, die eine kontinuierliche Unterweisung der Neubekehrten vermutlich erheblich gestört hatten. Neben einigen Ergänzungen ritueller Vorschriften und der Behebung von Unzulänglichkeiten in der genealogischen Systematik ließ sich ʿUmar vor allem die Zusammenstellung eines „kanonischen" Korantextes angelegen sein. Dieser sollte der Aussprache der nordarabischen Muḍar folgen, des „reinsten" Zweiges der Nachkommen Ismaels. Muḍar habe bereits den Islam praktiziert, sagte man. ʿUmars Nachfolger ʿUṯmān übernahm beim Antritt des Kalifats dieses schon weit fortgeschrittene Vorhaben und setzte die Befolgung dieser „muḍaritischen" Vortragsart auch dort durch, wo man eine „jemenische" pflegte; vielfach erntete er wütenden Protest, der eigentlich seinen Vorgänger hätte treffen müssen. Von unschätzbarer Symbolkraft war schließlich die Einführung der Hedschrazeitrechnung. Sie brachte das Geschichtsverständnis ʿUmars zum Ausdruck, das nicht etwa im Zeitpunkt der Geburt Mohammeds oder seiner Berufung den Stiftungsakt des Gemeinwesens erkennt, sondern in der Loslösung von den mekkanischen Gegebenheiten, zu denen Mohammed selber unbeirrt zurückgestrebt hatte.

Die muslimische Historiographie hat diese Distanz ʿUmars zum Propheten in eine unzertrennliche Nähe umgefälscht und den Kalifen als den getreuen und unerschütterlichen Fortsetzer seines Werkes ausgegeben. Das erklärt sich aus dem Bild, das einige muslimische Strömungen nach dem Ersten Bürgerkrieg (656–660) von ihm entwerfen werden, sowie allgemein aus dem Bestreben, eine Fortdauer der durch den Propheten vermittelten Rechtleitung wenigstens bis zum Beginn jener Katastrophe zu konstruieren. In Wahrheit hatte ʿUmar mit der Schaffung des kanonisierten Korantextes das Ziel verfolgt, das verkündete Wort Allahs unmißverständlich von Äußerungen Mohammeds zu unterscheiden, die man vorwiegend in den Kreisen der jüngeren Generation der Prophetengefährten zu kolportieren begann. Diese hatten den Gesandten Allahs erst auf dem Höhepunkt seiner Macht kennengelernt und gerieten nun in einen Konflikt mit den frühen Auswanderern, jenen durch die Teilnahme an der einen heilsgeschichtlich entscheidenden Hedschra gleichsam Geadelten. Die jungen Genossen griffen ganz heterogenen erbaulichen

Stoff auf und brachten ihn mit Mohammed in Verbindung. Betrachtet man, was einer ihrer Wortführer, Abū Huraira, an angeblichen Prophetensprüchen verantwortet, so erkennt man die Neigung, das Jenseitsglück nicht mehr allein von der kämpferischen Gläubigkeit abhängig zu machen, sondern der – übersteigerten – Ritenerfüllung und dem viele Male rezitierten krafthaltigen Wort einen gewichtigen Beitrag hierzu zuzuschreiben. Doch nicht allein diese den Charakter der von Mohammed ins Leben gerufenen Dschihadbewegung verdeckenden Vorstellungen entzogen dem von ʿUmar verkörperten Regime der frühen Auswanderer allmählich die Grundlage. Auch die Vorboten einer auf das althergebrachte Prestige Mohammeds als eines ʿAbd Manāf-Quraišiten pochenden Strömung machten sich unter ʿUmar bemerkbar. Die Lösung, die ein allein aus frühen Auswanderern zusammengesetztes Gremium für dessen Nachfolge fand, ist bereits als eine Berücksichtigung dieser Strömung zu interpretieren.

Kapitel VII: Die Fitna

Die Unmöglichkeit, das von ʿUmar eingeführte Dotationssystem angesichts spärlicher fließender Beute, kostspieligerer Kriegszüge und einer steigenden Zahl von *muǧāhidūn* aufrechtzuerhalten, entfesselte unter dem Kalifat ʿUṯmāns die unter ʿUmar noch gebändigten Kräfte. Sie brachten, wie schon angedeutet, einen neuen, unhistorischen Mohammed ins Spiel, der bis auf den heutigen Tag die Muslime in seinen Bann zieht. Der Beschreibung dieses Vorgangs ist das siebte Kapitel gewidmet. Anhand von Beispielen wird dem Leser der Widerstreit zwischen dem Beharrungsvermögen der auf ihren ererbten Rang verweisenden quraišitischen Sippen und den *homines novi* veranschaulicht, die aus ihrem Kampf für die mohammedsche Botschaft das Recht auf die führende Rolle im muslimischen Gemeinwesen ableiten. Da die alten Helden des Islams, jedenfalls einige sehr bekannte unter ihnen, eine anstößige Schwäche für das Anhäufen von Vermögen an den Tag legten, wurden die Verdienste, die sie tatsächlich erworben hatten, ins Zwielicht gerückt. Insbesondere bei den jüngeren Prophetengenossen gerieten die alten Auswanderer in Mißkredit. Hier zeigen sich, grob skizziert, die Bruchlinien des durch ein überrasches Wachstum geschädigten Gemeinwesens; während der Herrschaft ʿUṯmāns zeichneten sie sich immer schärfer ab, bis eine Rebellion gegen ihn zum bis heute nicht rückgängig gemachten Zerfall der muslimischen Glaubensgemeinschaft führte. Schon die Art und Weise, wie ʿUṯmān das Kalifat errang, verriet in dem Versuch, jene Bruchlinien zu verhüllen, die Tatsache ihres Vorhandenseins. ʿUṯmān und ʿAlī b. abī Ṭālib waren die beiden Mitglieder des durch ʿUmar eingesetzten Wahlmännergremiums, die sich bei der Bereicherung noch nicht hervorgetan hatten und zudem von ʿAbd Manāf abstammten; daß sie sich schon früh um den Islam verdient gemacht hatten, konnte ebenfalls nicht in Abrede gestellt werden. Anscheinend dank einer Verschwägerung mit ʿAbd ar-Raḥmān b. ʿAuf, dem letzten aus dem engeren Kreis der Ḥanīfen, dem auch ʿUmar angehört hatte, machte ʿUṯmān schließlich das Rennen.

Seine Herrschaft ist von dem Bestreben gekennzeichnet, den durch ʿUmar eingeschlagenen Weg fortzusetzen. Dabei trotzten ihm die Verhältnisse, die sich in eine dem Ḥanīfentum nicht mehr entsprechende Richtung entwickelten, eine die ʿumarschen Prinzipien mißachtende Entscheidung nach der anderen ab. Dies wiederum verursachte den Groll all derjenigen, die zu kurz kamen und dem Kalifen deshalb eine Verletzung der islamischen Gerechtigkeit ankreideten. Es regte sich aber auch Widerstand, der mit dem Grundsätzlichen argumentierte und die Vorstellung verwarf, daß die Dschihadbewegung die angemessene diesseitige Verwirklichung der Botschaft Mohammeds sei. Der Prophet selber werde nach dem baldigen Ende seiner Entrücktheit wiederkehren und dem Spuk der um des Aufhäufens von Reichtum willen existierenden Kampfgemeinschaft ein Ende bereiten. Das von den Mächtigen verwaltete „Vermögen Allahs" sei in Wahrheit das Vermögen der Muslime und müsse an sie verteilt werden. Unter nicht ganz durchsichtigen Umständen veränderte ʿAbdallāh b. Sabaʾ, der eifrigste Werber für diese Ideen, bald seine Propaganda und verband sie statt mit dem toten Mohammed mit dessen Vetter und Schwiegersohn ʿAlī b. abī Ṭālib. Dessen Ehebeziehungen mit südarabischen Stämmen – letztere, unter ihnen die „Helfer", waren gemäß ʿUmars Bevorzugung der Muḍariten zur Zweitrangigkeit verdammt – und vielleicht auch der Unmut ʿAlīs über die Wahlmänner, die ihn zugunsten ʿUṯmāns übergangen hatten, mögen ʿAbdallāh b. Sabaʾ hierzu bewogen haben. In der Rebellion gegen ʿUṯmān, die mit dessen Ermordung endete, wurden überdies zum ersten Mal die Prophetengenossen – nicht die frühen Auswanderer! – als eine Gruppierung erwähnt, der eine besondere Bedeutung zufällt. Nicht als eine politische Partei werden sie greifbar, sondern als die Gemeinschaft der Bürgen des Wissens, nämlich der Kenntnisse von Mohammeds Worten und Handlungen. Die Aussagen des Korans, der durch ʿUmars Maßnahmen der Sammlung der Suren und der Absonderung von den Berichten über Mohammed zu d e m autoritativen Referenztext der „besten Gemeinschaft" erhoben worden war, erfüllte während der Fitna nicht die ihm zugedachte die Eintracht bewahrende Funktion. Neben den politischen und gesellschaftlichen Veränderungen ist dies ein wesentlicher Grund für die Aufwertung der jüngeren Prophetengenossen und des durch sie verbreiteten Bildes Mohammeds. Was sie über den Gesandten Allahs erzählten, sollte nach dem Ende der Wirren binnen weniger Jahrzehnte zum wesentlichen Faktor des Zusammenhalts einer muslimischen – nicht mehr einer „gläubigen" – Gesellschaft werden. Man wird ihre Berichte neben dem Koran als das Wissen schlechthin auffassen, das einer rationalen Durchdringung unzugänglich ist. Als ein solches Wissen verkleidet, wird übrigens auch das in die Geschichtserinnerung eingegangene Regierungshandeln der alten Auswanderer der Nachwelt zugänglich bleiben, obzwar es in den ersten beiden Jahrzehnten nach Mohammeds Tod das betreffende Konzept von Wissen noch gar nicht gegeben hatte.

Mit Blick auf diese fernere Entwicklung wird das Geschehen der Fitna erörtert. Dabei stellt sich heraus, daß ʿAlī b. abī Ṭālib, sobald ihm die Aufständischen gehuldigt hatten, keineswegs radikal mit den Maximen seiner Vorgänger zu brechen suchte. Im Gegenteil, ihm war daran gelegen, auf Distanz zu den Rädelsführern zu gehen und sich auf möglichst unbelastete Personen zu stützen. Daß unter seinem Kalifat vorwiegend

„Helfer" bzw. deren Söhne zum Zuge kamen und er den tatkräftigen Beistand rabīʿitischer Stämme, die vor allem im Irak zu Hause waren, gern entgegennahm, wird den Beobachter nicht erstaunen. Doch war es eine Verkettung ungünstiger Umstände, daß es ihm nicht gelang, sich von den radikalen Kräften in seinen Reihen zu befreien. Aus den begrenzten Handlungsmöglichkeiten, die ihm im Hedschas zu Gebote standen, folgte zwangsläufig, daß er seine Aktivitäten in den Irak verlagerte. Sein Sieg in der „Kamelschlacht" beendete die Macht der frühen Auswanderer, deren letzte Vertreter, Ṭalḥa b. ʿUbaidallāh und az-Zubair b. al-ʿAuwām, den Tod fanden. Mittelbar schuf dieser Sieg in der Gestalt ʿĀʾišas eine neue Symbolfigur für das Fortleben der durch den Propheten vermittelten Rechtleitung, des Wissens im neuen, oben beschriebenen Sinn; auf ʿAlīs Kalifat wirkte sich dies jedoch noch nicht aus. Aber sobald man begonnen hatte, nach jenem Wissen Ausschau zu halten, dessen man bei der Einpflanzung eines islamischen Lebenszuschnittes in die unterworfenen Gebiete bedurfte, verfiel man auf sie als Zeugin. Denn dank ihrem täglichen Umgang mit Mohammed mußte sie über alles im Bilde sein. Als angebliche Intimfeindin ʿAlīs war sie dafür prädestiniert, gegen die sich herausbildenden schiitischen Lehren für die Wahrheit der Überlieferungen der Prophetengenossen, für das später so genannte Sunnitentum, zu bürgen.

Das zubairidische Kalifat, mit dem wir uns im achten Kapitel beschäftigen werden, verkörperte die zum Wissen mutierte Kunde vom in erster Linie durch die frühen Auswanderer vermittelten Bild der medinensischen Urgemeinde; die Omaijaden beriefen sich indessen stärker auf die jungen Prophetengenossen vom Schlage eines Abū Huraira. Beide standen jedoch gegen die Gefolgschaft ʿAlī b. abī Ṭālibs und das von ihr propagierte Gedankengut. Er mußte sich vor allem auf die Masse der Zukurzgekommenen verlassen, die den Parolen ʿAbdallāh b. Sabaʾs aufgesessen war – eine höchst unsichere Parteiung, wie er in den Auseinandersetzungen mit Muʿāwija erfuhr, die den ersten Teil seines Kalifats ausfüllten. Was hatten die Anhänger ʿAlīs anderes als ihre Hoffnung, endlich ausreichend am „Vermögen der Muslime" teilzuhaben, und ihre unerschütterliche Überzeugung, daß sie nicht benachteiligt worden wären, wenn es bei der Ausgabe der mit dem Schwert erfochtenen Güter mit rechten Dingen zugegangen wäre? Dieser im Schlagwort vom „Vermögen der Muslime" enthaltene Vorwurf ist, wenn man ʿAbdallāh b. Sabaʾs Parolen genau erwägt, stets mitzudenken. Diejenigen unter den Anhängern ʿAlīs, die dies mit Entschiedenheit taten, sagten sich daher von ihm los, als er sich damit einverstanden erklärte, die Frage nach der Rechtmäßigkeit der durch Muʿāwija geforderten Blutrache für den ermordeten ʿUṯmān einem Schiedsgericht anzuvertrauen. Nur Allah stehe das Urteil zu, argumentierten die von ʿAlī Enttäuschten, die man später Charidschiten nannte.

Viel besser war die Ausgangslage Muʿāwijas, der in Damaskus die Entwicklung der Fitna abwarten konnte. Das Verlangen ʿAlīs, er solle ihm huldigen, lehnte er rundweg ab. Er konnte sich für den Fortsetzer der legalen Verhältnisse ausgeben. Sein Verwandter ʿUṯmān war getötet worden; Mörder hatten ʿAlī an die Macht gebracht, und dieser schaffte es nicht, sich ihrem Einfluß zu entziehen. Der Koran solle die Lösung des Konfliktes bringen, denn wenn ʿAlīs Anhänger tatsächlich der Blutrache verfallen sein sollten, dann wären sie zu töten, und erst wenn so der Legalität Genüge getan wäre, dann hätte man von der Legitimität seines Kalifat sprechen können. Als ʿAlī keine Anstalten machte, dieser Auslegung der Situation beizupflichten, zu der sich auch das Schiedsgericht verstanden hatte, griff Muʿāwija selber nach dem Kalifat.

Kapitel VIII: Der Islam

Während ʿAlī seit dem Schiedsspruch seine Kräfte in den Kriegen gegen die Charidschiten aufrieb, festigte Muʿāwija, der vermutlich im April oder Mai 659 in aller Form das Kalifat übernahm, seine Stellung, diejenige des Erben des Kalifats ʿUṯmāns. Nicht unwesentlich ist in diesem Zusammenhang, daß ʿAlī im Irak vorwiegend von rabīʿitischen Klanen gestützt wurde, während der Islam doch, wie ʿUmar einst unterstrichen hatten, zuallererst eine muḍaritische Angelegenheit sein sollte. Diesen Umstand deutete Muʿāwija allerdings auf seine Weise. Mohammed war ein ʿAbd Manāf-Quraišite gewesen. Quṣaij, der Gründer der quraišitischen Herrschaft in Mekka, wurde zu einem herausragenden Vorläufer Mohammeds erklärt. Als Trennlinie zwischen Lüge und Wahrheit, wie die Hedschra von den frühen Auswanderern interpretiert worden war, konnte sie infolgedessen nicht mehr gelten. Ḫadīǧas mekkanisches Anwesen und dasjenige Abū Sufjāns wurden miteinander verbunden, die vormedinensische Geschichte des Islams erhält Gewicht. Die Herstellung der Einheit der Quraišiten und die Zuordnung des gesamten Arabertums zu einer von ihnen dominierten Genealogie sollten die beiden Schritte sein, die zu einer Friedensordnung führen sollten. Sie war aber keineswegs vorislamisch, wie die antiomaijadische Polemik aus der Rückschau immer wieder behauptet hat; sie bot vielmehr den Boden dafür, daß die Überlieferung der jungen Prophetengefährten, zu denen Muʿāwija selber zählte, als vergegenwärtigte Rechtleitung zur Grundlage der muslimischen Glaubensgemeinschaft werden konnte: In ganz anderer Weise als ʿAbdallāh b. Sabaʾ vermutet hatte, war Mohammed wiedergekehrt.

In der letzten Zeit seines Wirkens in Mekka, als er den Schritt über die Gottesgesandtschaft hinaus zum Prophetentum ging, hatte Mohammed zunächst die Kunde von einem Aufstieg in den Himmel und etwa ein halbes Jahr später von einer nächtlichen Reise zum „fernsten Gebetsplatz" ausgestreut. Die Himmelfahrt steht in einem engen Zusammenhang mit dem im Koran bezeugten Ansinnen der Mekkaner, er möge eine Schrift überirdischen Ursprungs vorweisen. Schon früh wurde der behauptete Aufstieg in die Gegenwart Allahs als ein Akt der Legitimierung des Propheten als des erwählten Überbringers der göttlichen Normen und Riten verstanden; dies wird im übrigen durch die Legende von der Brustöffnung erhärtet, die in der älteren Fassung unmittelbar vor dem Erklimmen der an der Kaaba bereitgestellten Himmelsleiter stattgefunden haben soll: Von allen diesseitigen Bestrebungen, die seine Aufnahmefähigkeit hätten beeinträchtigen können, geläutert, nahm er Allahs Gesetze entgegen. Ob die Nachtreise (Sure 17, 1) ursprünglich ebenfalls mit Mohammeds Prophetentum zu tun hatte, ist zweifelhaft. Möglicherweise bezieht sie sich auf das in derselben Sure im 60. Vers erwähnte Traumgesicht, das den Mekkanern hatte Furcht einjagen sollen. Am Beginn dieser Sure erzählte Mohammed davon, daß die Israeliten nach der Gesetzesübermittlung durch Mose wegen ihrer Verfehlungen mit der Zerstörung Jerusalems bestraft wurden; hieran schloß Mohammed die Drohung an, dergleichen könnte sich ein zweites Mal ereignen (Sure 17, 2-8) – und diesmal die Quraišiten treffen, die nicht auf ihn hörten! Wenn diese Vermutung zutrifft, dann könnte man den vorangesetzten Vers 1 als eine Aktualisierung dieser Drohung begreifen, die nun um so mehr Gewicht hatte, als Mohammed sich anschickte, nach dem Vorbild Moses ein göttliches Gesetz zu überbringen, wie er in Sure 7, Vers 156 bis 158 ankündigte. Diese Deutung bleibt aber Spekulation. Als „fernsten Gebetsplatz" bezeichneten die Mekkaner zu Mohammeds Zeit einen Ort an der Grenze des Heiligen Bezirks; sie kannten den Brauch, des Nachts von dort aus nach Mekka zu wallen. Nach der Inbesitznahme führte Mohammed selber diesen Ritus aus. In seiner Vision wurde er allerdings aus dem Platz an der Kaaba hinaus dorthin versetzt, was gegen eine Anspielung auf den Ritus spricht. Überdies gibt es Indizien, die nahelegen, daß tatsächlich an das den Quraišiten nicht unbekannte Jerusalem gedacht ist; immerhin verrichteten sie ihre Gebete in diese Richtung gewandt. In frühomaijadischer Zeit, als man in Mohammed den Bürgen für einen islamischen Lebensvollzug wahrzunehmen begann, wurden Nachtreise und Himmelfahrt – in dieser umgekehrten Reihenfolge! – zu einer einzigen Erzählung vereint: Während der Nachtreise wird er durch das geflügelte Reittier Burāq nach Jerusalem gebracht, wo die Himmelsleiter aufgerichtet ist; Mohammed muß sich aber nicht der Mühe eines Erklimmens unterziehen, denn Burāq trägt ihn empor. Im Himmel verhandelt er mit Allah über die Anzahl der täglichen Pflichtgebete. Auf die Erde zurückgekehrt, führt er den Ritus sogleich vor, damit alle Muslime die authentischen Vorschriften Allahs befolgen können.

Wenden wir uns dem politischen Geschehen zu, das den Vordergrund der Umgestaltung der mohammedschen Botschaft in den Islam, in die Ritenfrömmigkeit, abgibt! Das zubairidische Kalifat, das nach dem Tod Jazīd b. Muʿāwijas für einige Jahre im Hedschas bestand und sich sowohl in Syrien und Palästina als auch im Irak zu behaupten suchte, brachte die neue Funktion Mohammeds nur in inhaltlich beschränkter Weise zur Geltung. Denn es erblickte seine eigentliche Aufgabe in der Wiederbelebung der ʿumarschen Ideale; doch ist damit zu rechnen, daß auch im Kreis seiner Unterstützer die neuartige Autorität Mohammeds, allerdings vermittelt durch ʿĀʾiša, die in eigener Verantwortung getroffenen Entschlüsse ʿUmars zu Nachahmungen des Vorbilds des Propheten umzuwandeln begann. Das durch ʿUrwa, den jüngsten Bruder des Kalifen ʿAbdallāh b. az-Zubair, an den Tag gelegte Interesse für eine zu einem großen Teil durch ʿĀʾiša verbürgte Prophetenvita hat in der Überlieferung eine breite Spur hinterlassen. Als verspäteter Nachfolger ʿUmars achtete der Kalif jedoch darauf, daß seine hāšimitischen Zeitgenossen, gegen deren Parteigänger er Krieg führte, sich nicht allzu viel auf die Verwandtschaft mit Mohammed zugutehielten. Durch die Kämpfe gegen die frühen Schiiten, die die Vermittlung der Rechtleitung gerade aus solcher Verwandtschaft ableiteten, wird der antihāšimitische Affekt der Zubairiden an Schärfe gewonnen haben. – Die Omaijaden wiederum unterstrichen den Vorrang der ʿAbd Manāf-Quraišiten, wovon schon die Rede war. Sie betonten die Bindung der Quraišiten an aš-Šaʾm, die ja weit in die vorislamische Zeit zurückreicht. Als ein Mann aus der Nachkommenschaft ʿAbd Manāfs war Mohammed für Muʿāwija von Gewicht; vielleicht betrachtete er ihn als den bedeutendsten unter ihnen. Die Predigtkanzel des Propheten sollte nicht in Medina verbleiben, Muʿāwija hätte sie gern nach Damaskus gebracht, aber daraus wurde nichts. Doch wenigstens Mohammeds Mantel eignete er sich an; dieser galt fortan als das augenfälligste Kennzeichen des Kalifats. Der Prophet unterhielt die engsten Beziehungen zu Allah, aber alle Quraišiten sind die „Leute Allahs", sie tun sich damit hervor, dessen Häuser zu pflegen. Damit sind nicht die Moscheen gemeint, vielmehr hat man darunter die Kaaba zu verstehen, die im Koran als das erste Haus überhaupt gerühmt wird, das Allah für die Menschen geschaffen habe (Sure 3, 96). Der Felsendom in Jerusalem, unter ʿAbd al-Malik (reg. 685–705) vollendet, führt den Menschen vor Augen, daß die Quraišiten dieser Aufgabe nach wie vor auf unübertreffliche Weise gerecht werden. Dieses Bauwerk, dessen Inschriften Mohammed preisen und den von seinem Thron herab das Schöpfungswerk regierenden Allah gegen den über die Welt zu Gericht sitzenden Christus ausspielen, steht an der Stelle, von der aus Mohammed von Burāq in den Himmel emporgetragen worden sein soll: Mohammed ist der Künder der Herrschaft Allahs über das Diesseits, die durch Mohammed überbrachten Riten verleihen der dankbaren Hinwendung zum Einen Dauer; die Aufrechterhaltung der Ausübung der Riten aber ist in die Hände des quraišitischen Stellvertreters Allahs gelegt, des Kalifen.

Dieser hat die faktische Macht über die Muslime inne. Aber was sein herrscherliches Handeln zum Inhalt haben muß, das wird er mehr und mehr durch den Propheten Mohammed erfahren. Muʿāwija selber hatte, wie schon angemerkt, zu dessen jungen Gefährten gehört. In all dem mannigfaltigen Stoff, den diese in den ersten Jahrzehnten nach Mohammeds Tod aus der hochreligiösen Überlieferung übernahmen, erkannten sie das Gedankengut des von ihnen verehrten Mannes wieder. Die machtpolitischen Erfolge der ersten drei Kalifen haben eine beschleunigte Aneignung dieser Überlieferung möglich gemacht. Am Beispiel Kaʿb al-Aḥbārs wird dies gezeigt. Die erbaulichen Erzählungen, die man im besten Glauben aufgriff und mit dem koranischen Stoff verwob, der ja aus derselben Quelle stammte, spiegelten natürlich nicht die medinensische Kampfgemeinschaft wider und erst recht nicht deren deutlicher ḥanīfisch akzentuierte Fortsetzung unter dem Regime der frühen Auswanderer. Ein kriegerischer Prophet war eine außergewöhnliche Erscheinung und bedurfte einer besonderen Begründung, wie sie die Mohammed zugeschriebene Aussage von den fünf oder sechs Vorzügen enthielt, die von Allah nur ihm gewährt worden seien. Für einen Glauben, dessen Lebensmitte die Riten bildeten, war dergleichen nicht mehr erforderlich. Die innerislamische gesellschaftliche wie theologische Entwicklung weg von den Idealen der Kampfgemeinschaft und das Aufsaugen umfangreichen hochreligiösen Stoffs waren zwei zu einander komplementäre Vorgänge. Ihr Ergebnis ist der Islam als die auf den fünf Säulen beruhende Glaubenspraxis, die Mohammed, nachdem er sie von Allah empfangen habe, unverändert und vollständig die Muslime gelehrt habe. Diesem Mohammed, dem Verkünder der Riten, setzt der Kalif im Felsendom ein Denkmal, zugleich aber auch sich selber. Denn es gibt den einen alles lenkenden Allah auf seinem Thron, und es gibt ihn, den Kalifen, als dessen irdischen Stellvertreter.

Die in diesem Kapitel im einzelnen beschriebenen Veränderungen, die die von Mohammed ins Leben gerufene Gemeinde um die Mitte des 7. Jahrhundert durchlief, ließen den geschichtlichen Mohammed hinter einem Schleier von Überlieferungen verschwinden, die aus ihm den „islamischen" Propheten machten. Was man über das Leben des historischen Mohammed wußte, und das war nicht wenig, das mußte sich dem „islamischen" Verständnis von Religion und Gemeinschaft fügen und wurde nach Gesichtspunkten gemustert, die dieses Verständnis bekräftigten. So ist zu erklären, daß der „islamische" Mohammed nicht als eine lebensvolle Figur vor uns steht, sondern als ein Amalgam von historisch Belegbarem mit den Interpretationen, die man ihr seit der Mitte des 7. Jahrhunderts gab. Diese Auslegungen waren keineswegs einheitlich. Die omaijadische unterschied sich grundsätzlich von der hāšimitischen, und die sunnitische, die zuletzt entstand, zeichnete sich dadurch aus, das in ihr die Übernahmen aus der hochreligiösen Überlieferung gleichberechtigt neben vielen Materialien zu stehen kommen, die dem so ganz anders ausgerichteten „Entscheiden" Mohammeds und der frühen Auswanderer entlehnt sind. So entsteht ein Bild von Mohammed, das ihn als Gesandten Allahs und Propheten in einem zeichnet und suggeriert, er sei von Geburt an auf die vielfältigen Aufgaben vorbereitet gewesen, die er in der ihm von den Muslimen zugemuteten Doppelrolle habe erfüllen müssen. Denn das Unterscheiden zwischen dem einen und dem anderen je nach den Stationen seines Lebens ist eine Sache des Muslims nicht, der für sich die Wahrheitsgarantie nicht nur bei jeder wie auch immer gearteten mit Mohammed verknüpften Überlieferung begehrt, sondern auch Gewißheit darüber fordert, daß sein Prophet selbst in den Augenblicken seiner Vita, über die nichts bekannt ist, unter der unmittelbaren und ungeschmälerten Anleitung durch Allah stand. Die ganze Überlieferung über Mohammed nimmt schließlich den Charakter einer Aufhäufung von Wundererzählungen an, von denen jede einzelne für das gesamte Leben des Propheten zeugt: Es ist ein von Allah gewirktes Wunderzeichen. Die Anfänge dieser Entwicklung, die im 11. Jahrhundert ans Ende gelangt sein wird, sind uns nunmehr begreiflich.

Zusätze

Verzeichnis der Zusätze

Kapitel I: Die Kaaba

3 Der Mittelpunkt des Alls 874
32 Jemenische Araber 876
35 Heidnische Bräuche 878
45 Der Damm von Mārib 880
46 Ḏū Nuwās 881
54 Maʿadd 881
55 Quḍāʿa 882
62 Die Schaltmonate 883
65 aš-Šaʾm 885
69 Die Kampftage der Araber 885
83 Verzauberte Orte 886
109 Das Ideal der Freigebigkeit 887
120 Heidnische Eheformen 888
174 Der Schwurbund der „Herausragenden" 889
175 Der Handel 890
177 Der Eingottglaube, von Abraham zu den Quraišiten 892
179 Die „Strengen" 893
183 Vorislamische Riten an der Kaaba 893
212 Byzanz und die Araber 895
239 Neue Deutungen des Islams 896
284 Zum Quellenwert der Dichtung 899

Kapitel II: Ein heidnischer Prophet

5 Die Dichter und die Dschinnen 901
38 Der Historiker al-Wāqidī 902
74 Die Christianisierung Arabiens 907
91 Strafender Richter oder Schöpfergott? 909
99 Die Reihenfolge der Suren 910
161 Das Alter ego 911
189 Die koranische „Herausforderung" 913
194 Der fremde Stoff 915
204 Eine Dekonstruktion des Korans 917
212 Der Thron Allahs 919
219 Die Reimprosa 921
276 Der „Urmonotheismus" 923
283 Die Noachiden 924
284 Die *ummījūn* 925

Kapitel III: Die Vertreibung

110 Die Proskynesis 928
117 Die Immanenz Allahs 930
218 Vom Sinn der rituellen Gebete 932
265 Die Schlacht bei Ḏū Qār 933

Kapitel IV: Der Glaube

68 Juden in Medina 935
77 Geschichte und *ḥadīṯ*: ein Beispiel 937
188 Die Genealogie der Völker 938
199 Mohammeds Ehefrauen 939
230 Das angebliche Verbot der Tötung 942
260 Ḥassān b. Ṯābit 945
333 „Zurückgeholtes Gut" 946
344 Die Reihenfolge der Schlachten 947

Kapitel V: Der Dschihad

75 Die heutigen Pilgerriten 949
144 Die Geneaolgie im Alltag 950
156 Zaid b. Ḥāriṯa 953
172 Die Hawāzin 954
220 „Zurückgeholtes Gut" und *ṣadaqāt* 958
293 Die Beschneidung 960
320 Die letzten Dinge 961
330 Die koranischen Strafen 963

Kapitel VI: Die Hedschra

56 Riten und Herrschaft 964
79 Der Imam 966
284 Die „ʿumarschen Bedingungen" 968

Kapitel VII: Die Fitna

179 Spannungen zwischen den „Helfern" und den Quraišiten 969

Kapitel VIII: Der Islam

92 Die Prophetenfamilie 970
231 Das Selbstbewußtsein der Religionsgelehrten 972
294 Die Prophetengefährten 973
397 Der Felsendom 976

Kapitel I: Die Kaaba

/3/ Daß die Kaaba den Mittelpunkt des Kosmos bilde, schlägt sich in der Geste nieder, den Bauch oder den Rücken an das Gebäude zu pressen. Hierfür ist der auf arabisch *al-multazam* genannte Abschnitt der Wand, der zwischen der Tür und der östlichen Ecke – derjenigen mit dem Meteoriten – liegt, vorgesehen. Entsprechende Angaben hat al-Fāsī (gest. 1429) zusammengetragen (*FSG*, I, 161). Der berühmte *ḥadīṯ*-Gelehrte Ibn aṣ-Ṣalāḥ (gest. 1245) schreibt in einer Studie über die mekkanischen Pilgerriten, einige sittenlose Beduinen (*al-ġağar*, vgl. Dozy: *Supplément*, s.v.) hätten einen neuen Brauch aufgebracht, der äußerst verderblich für die Allgemeinheit sei; weit oben in der der Tür gegenüberliegenden Längswand bezeichneten sie eine bestimmte Stelle als „den festesten Knoten" (*al-ʿurwa al-wuṯqā*, vgl. Sure 31, Vers 22: „Wer das Gesicht ganz zu Allah wendet und dabei recht handelt" – d.h. vor allem die Ritualpflichten erfüllt – „der hat den festesten Knoten ergriffen" sowie Sure 2, Vers 256: „In der" – islamischen – „Glaubenspraxis wird" – dem Menschen – „kein Zwang angetan. Denn der rechte Wandel und der Irrtum sind nun klar voneinander unterscheidbar. Wer also an den Götzen nicht glaubt, wohl aber an Allah, der hat den festesten Knoten ergriffen, der sich nicht lösen kann.") und gaben sich alle erdenkliche Mühe, sie mit den Händen zu berühren. Das Skandalöse daran war, daß, um jenen Punkt in der Mauer zu erreichen, Männer wie Frauen aneinander hochkletterten. Im Jahre 701 h – begann am 6. September 1301 – schritt die Obrigkeit gegen dieses der Unzucht bedenklich nahekommende Treiben ein. Ferner gab es im Innern der Kaaba, anscheinend im Mittelpunkt des Bodens, einen Pflock, den man als den Nabel der Welt bezeichnete; Besucher pflegten den Bauch zu entblößen und ihren Nabel auf jenen Pflock zu drücken, sich also mit dem Punkt höchster kosmischer Wirkung zu vereinen (*FSG*, I, 107).

Al-Fāsī nennt in seinem großen Werk über Mekka einige Bilder, mit denen man die Mittelpunktposition der Kaaba verdeutlichte: Sie ist wie die Sonne in der vierten, der mittleren Sphäre; sie gleicht dem Magen, der die Mitte aller Organe einnimmt (*FSG*, I, 168). Für die vor- und frühislamische Zeit sind derartige Vorstellungen nicht bezeugt. Durch die Kaaba führt die Weltachse. Mit dieser Vorstellung werden im Islam archaische Konzepte des Kosmos konserviert. Die Weltachse, versinnbildlicht durch einen Baum, einen Berg, eine Treppe, ist ein Element der mit Akkerbaukulturen in Verbindung gebrachten kosmischen Religiosität. Der vorislamische Kaabakult und erst recht der islamische sind keinesfalls Ausdruck einer „beduinischen" Frömmigkeit; es handelt sich um eine feste Ansiedlung mit einem heiligen Bezirk; die Bewohner sind sich allerdings ihrer aus der Kargheit des Bodens herrührenden prekären Lage bewußt, wie aus Sure 14, Vers 37 hervorgeht.

Beispiele kosmischer Religiosität des von der Kaaba angedeuteten Typus sind aus allen Weltgegenden bekannt. Im germanischen Heidentum nahm der Weltenbaum Yggdrasil das Zentrum des Kosmos ein; seine Zweige stützten den Himmel, die Wurzeln reichten in die Unterwelt hinab; Himmel, Erde und Hölle stehen dank ihm in Verbindung (Eliade: *Geschichte*, I, 49; II, 140). An der Achse verdichtet sich das zyklische Geschehen, als das sich der Kosmos manifestiert, in besonderer Weise. Die Pilgerriten, die in vorislamischer Zeit an der Kaaba vollzogen wurden, weisen Züge auf, die sie mit dem Sonnenkalender verknüpfen. Die Umgestaltung dieser Riten, die Mohammed vornahm, verdunkelten, wie wir sehen (vgl. oben, 248 f., 276 f.; /*Z*/ III 218 und V 75), diesen Zusammenhang. Indem Mohammed im Koran häufig das Wirken Allahs als ein Aufwachsenlassen und Zerstören beschreibt (vgl. Paret: *Kommentar*, zu Sure 3, Vers 117) und unter der Barmherzigkeit Allahs auch das in menschlicher Sicht destruktive Handeln des Schöpfers versteht (vgl. Sure 55, Vers 36: Die Schrecknisse des Jüngsten Tags sind Wohltaten, die Menschen und die Dschinnen haben dies anzuerkennen), belegt er, daß seine Umgebung für eine kosmisch ausgerichtete Religiosität empfänglich war. Mohammed benutzt solche Beschreibungen jedoch – und das ist das Eigentümliche seiner Verkündigung –, um das kosmische Geschehen als das zielgerichtete Handeln eines personalisierten Gottes glaubhaft zu machen.

M. Eliade hat in seiner Studie über den Schamanismus an Beispielen dargelegt, daß die Symbolik des Zentrums über den ganzen Erdball verstreut anzutreffen ist, selbstverständlich auch im Vorderen Orient. Im Zentrum, schreibt Eliade, sei die Durchbrechung der Ebenen möglich; von hier aus trete der Schamane seine Himmelsreise an (Eliade: *Schamanismus*, 251–258). Auch dieses Motiv begegnet einem in der Lebensgeschichte Mohammeds. Laut Sure 17, Vers 93 forderten die Mekkaner von ihm einen Aufstieg in den Himmel; doch selbst wenn er ihnen diesen Wunsch erfüllen sollte, wollten sie ihm erst unter den Bedingung glauben, daß er tatsächlich eine mitgebrachte himmlische Schrift vorzeigen könne. Ohne hier auf die näheren ereignisgeschichtlichen Umstände einzugehen, sei lediglich festgestellt, daß Mohammeds Verkündigung wesentliche Elemente einer als nicht hochreligiös zu charakterisierenden Kosmosfrömmigkeit bewahrt, deren Verknüpfung mit dem Wallfahrtsort und seinem Heiligtum ihm und seinen Landsleuten selbstverständlich war.

/32/ Das von al-Azraqī zitierte, Ḥassān b. Ṯābit zugeschriebene Gedicht hat folgenden Inhalt: „Als wir in die Niederung von Marr hinabstiegen, trennten sich die Ḫuzāʿiten von uns in mächtigen Scharen; jedes sich zur Tihama hin öffnende Tal schützten sie fortan, und auch sich selber, mit scharfen Waffen; auf jedem Kriegszug durch Gebirge und Hochland fiel ihnen das Beuteviertel zu; die Ḫuzāʿiten unter uns sind Leute, die sich anzustrengen wissen, sie nehmen die Hedschra auf sich, die ‚Helfer' unter uns sind das Heer des ‚ausgewanderten' Propheten; wir zogen los, ließen uns in Jaṯrib nieder, wo wir zu unserem Unterhalt alle Bäume vorfanden, und die Spuren der untergegangenen ʿĀd; die ‚Helfer' wählten sich Jaṯrib zum Wohnplatz, sie sind die Aus und die Ḫazraǧ; die Juden wurden von ihnen in die Schranken gewiesen (vgl. /*Z*/ IV 68); Karawanen führten wir nach aš-Šaʾm; schließlich wurden (die jemenischen Araber) dort zu Königen, in jeder Rede das Wahre treffend; jenes sind die Söhne der Māʾ as-Samāʾ, die Damaskus als Königtum untereinander vererbten."

Es handelt sich, wie unschwer zu erkennen ist, um ein Lob des jemenischen Arabertums; den Hintergrund bildet die tiefe Enttäuschung der Aus und der Ḫazraǧ, der „Helfer", die die „Hedschra", die Zuwanderung der mekkanischen Muslime und endlich auch Mohammeds, auf sich nahmen, dann aber trotz ihrer unbestreitbaren Verdienste um den Islam im sich herausbildenden Gemeinwesen nur eine untergeordnete Rolle spielten. Angesichts dieser Ungerechtigkeit beschwört der Dichter die glanzvolle Vergangenheit der Südaraber; ihnen gegenüber sind die sich mit der Abstammung von Ismael brüstenden Nordaraber, allen voran die Quraišiten, nichts als Emporkömmlinge (Nagel: *Alexander*, 97–113). Denn aus den jemenischen Arabern waren die Ġassāniden hervorgegangen, die, wie es im Gedicht und auch in der von al-Azraqī davor genannten Geschichtsüberlieferung heißt, Syrien gewannen. Sie sind die Söhne der Mā᾽ as-Samā᾽ des letzten Verses, die das Königtum von Damaskus innehatten. Dieser Vers enthält den Schlüssel für das Verständnis der Ḥassān b. Ṯābit zugeschriebenen, sich an eine Zeile eines seiner Gedichte anschließenden von al-Azraqī zitierten Aussagen: Sie legen gegen den omaijadischen Machtanspruch Protest ein, der die Südaraber, auch die Ġassāniden, in der Zeit des durch Mohammeds Prophetentum verschärften Machtstrebens der Nordaraber zu Nachkommen Ismaels – und damit in der Genealogie den Quraišiten nachgeordneten Arabern – erklären will. Abū Huraira, eifriger Propagandist der Interessen der frühen Omaijaden, weist im Zusammenhang mit der Erzählung vom Lebensweg Hagars, die „Söhne der Mā᾽ as-Samā᾽" ausdrücklich auf das hin, was nun zu gelten hat: „*Diese* (also Hagar) ist eure Mutter!" (Ibn al-Aṯīr: *al-Kāmil*, I, 101).

Im *Buch der Kronen* des Ibn Hišām ist uns die Legende, die mit dem vermeintlichen Gedicht Ḥassāns dem Kundigen ins Gedächtnis gerufen werden soll, genauer aufgezeichnet: Nach dem Bruch des Dammes von Mārib gelangten die Stämme, die vom Jemen aus aufgebrochen waren, nach einigen Wirrungen in den Hedschas; eine Wahrsagerin hatte ihnen den Rat gegeben, einem Kamel freien Lauf zu lassen und diesem zu folgen (*IHT*, 279); so kamen sie in das von den Ǧurhumiten beherrschte Mekka; diese verweigerten ihnen, wie schon berichtet, die Gastfreundschaft; einer der jemenischen Anführer, Abū Ḥāriṯa ʿAmr b. ʿĀmir, blieb nach dem Zwist mit den Ǧurhumiten in Mekka, starb aber bald an einer Seuche; sein Bruder Ṯaʿlaba hatte sich dagegen nach al-Ǧuḥfa (Örtlichkeit am Weg von Mekka nach Medina, sechs Meilen von der Küste des Roten Meeres entfernt, *JQ*, s.v.) begeben, wohin die Reste der in Mekka verbliebenen jemenischen Araber aus Furcht vor dem ungesunden Klima der unteren Teile der heiligen Ansiedlung bald flüchteten; in al-Ǧuḥfa starb die erwähnte Wahrsagerin – „ihr Grab dort ist bekannt" (*IHT*, 281); ein gewisser ʿAmr b. Rabīʿa b. Ḥāriṯa b. ʿAmr b. ʿĀmir ließ sich später dann doch in Mekka nieder und bereicherte die Stadt mit einem Brunnen, den er Ġassān nannte; vor allen anderen aber machten die Ḫuzāʿiten, die von ʿImrān b. ʿĀmir, dem Bruder des ʿAmr b. ʿĀmir abstammten, Mekka zu ihrer Heimat; jener ʿImrān war der südarabischen Sage nach vor ʿAmr b. ʿĀmir König der Ḥimjariten gewesen und hatte sich zugleich in der Wahrsagekunst ausgezeichnet (*IHT*, 264).

Mit Bezug auf die Ḫuzāʿiten sprach ein sonst unbekannter ʿAmr b. Unaif al-Ġassānī die ersten zwei Verse des bei al-Azraqī Ḥassān b. Ṯābit zugeschriebenen Gedichts: „Als wir in die Niederung von Marr hinabstiegen (vgl. Kropp: *Geschichte der „reinen Araber"*, arab. Text, 79), trennten sich die Ḫuzāʿiten in mächtigen Scharen von uns; jedes Tal zur Tihama schützten sie, und auch sich selber, mit weißen Lanzen und scharf schneidenden Schwertern" (*IHT*, 281). Hierzu findet man im *Buch der Kronen* die folgenden auf das eben Dargelegte bezugnehmenden Erläuterungen: Die südarabischen Azd Šanūʾa zogen, wiederum durch die Wahrsagerei einer Frau veranlaßt, die dem sagenhaften arabischen Volk der ʿĀd angehörte, in den Oman weiter; Ṯaʿlaba hingegen brach nach Norden auf; er wurde von Dämonen getötet; sein Sohn Ḥāriṯa, der Vater der Aus und der Ḫazraǧ, wurde sein Nachfolger; in aš-Šaʾm aber lebten bereits Araber, die dem Stamm der Quḍāʿa angehörten und von einem gewissen Sulaiḥ abstammten (vgl. /Z/ I 55). Die politische Macht über das Land übte der byzantinische Kaiser aus; „dies war während der herrschaftslosen Zeit, die im Jemen nach dem Ende der Tubbaʿ-Könige eingetreten war, und zwar nach dem Tod des Kaisers (d.h. des byzantinischen Statthalters in Syrien?) Māhān, der der Gouverneur des Tubbaʿ-Königs Šamar-Jurʿiš gewesen war. Nach (Māhān) hatte *D-q-j-w-s* (= Decius?) b. Māhān (in Syrien) die Macht übernommen" (*IHT*, 283). – In der Vorstellung der jemenischen Araber hatte sich die Herrschaft ihrer Könige also schon vor der Katastrophe von Mārib bis nach Syrien erstreckt. Der Bruch des Dammes von Mārib soll zum vorübergehenden Ende der Tubbaʿ-Herrschaft geführt haben; eine Periode miteinander kämpfender Kleinfürsten, vergleichbar den Diadochen, habe die jemenische Machtentfaltung nach Nordarabien hin unterbunden, bis der Tubbaʿ Asʿad b.ʿAdī al-Aṣġar die Herrschaft über den Hedschas wiederherstellte und dabei auch Mekka besuchte (vgl. oben, 29; Kropp: *Geschichte der „reinen Araber"*, arabischer Text 45 f.) – Die Ġassāniden, die jemenischen Zuwanderer, erhielten nach Fürsprache durch die Quḍāʿa ein Diplom des „Kaisers", das ihnen den Aufenthalt auf dessen Territorium gestattete; sie meinten freilich, dieses Diplom schließe die Befreiung von Abgaben ein. Darüber kam es unter Ḥāriṯa b. Ṯaʿlaba zu einem Streit mit den Byzantinern; die den Katholikos (? al-Ǧaṯālīq) zur Schlichtung entsandten. Es wurde eine neue, für die Südaraber günstige Abmachung ausgehandelt; Ḥāriṯa aber blieb mißtrauisch, und so zog er sich mit seinem Anhang nach Jaṯrib zurück, wo die von ihm abstammenden Aus und Ḫazraǧ Fuß faßten. Unter der Führung der Sippe Ǧafnas entwickelten sich die in aš-Šaʾm verbliebenen Ġassāniden zu einem arabischen Fürstengeschlecht, das, wie prophezeit worden war, das angenehme Leben mit ständigen Kriegen entgelten mußte (*IHT*, 284–286).

Die moderne Geschichtsforschung, die sich auf die Ergebnisse der in Mārib durchgeführten archäologischen Untersuchungen und auf altsüdarabische Inschriften stützen kann, muß die Behauptung, jene eine Katastrophe habe die Nordwanderung südarabischer Stämme ausgelöst, in das Reich der Legende verweisen (vgl. /Z/ I 45). Für die Araber der vor- und vor allem frühislamischen Zeit war dies alles jedoch eine durch ihre Nachwirkungen beglaubigte Vergangenheit und bestimmte die Parteinahme in den politischen Händeln. Wenige Verse genügten, um ein ganzes Geflecht aus Namen, genealogischen Verbindungen, sagenhaften Geschehnissen ins Gedächtnis zu rufen. Für den modernen Historiker ist es unerläßlich, dieses Geflecht so weit, als die Quellen es erlauben, zu durchschauen, und zwar nicht nur, um die weiter zurückliegende Ereignisgeschichte zu klären – was sich vielfach als unmöglich erweist –, sondern um die Beweggründe handelnder Personen der Zeit Mohammeds zu verstehen.

/35/ Bei Muḥammad b. Ḥabīb (gest. 859) finden sich ausführliche Bemerkungen zu dem Thema. Der Islam habe die folgenden heidnischen Bräuche aufgehoben: die Eheschließung zwischen den Söhnen und den verwitweten Ehefrauen ihres Vaters (vgl. /Z/ I 120); die Vererbbarkeit von Frauen, als seien sie bewegliches Gut; die Übergabe des Erbes an jemand anderen als die unmündigen Kinder des Erblassers; die Erbberechtigung allein der männlichen Nachkommen; „daß die Kamelstute eines Mannes mit an einen Vorderlauf gebundenem Kopf über dessen Grab steht" (vgl. *MHB*, 323: Dieses *al-balīja* genannte Tier verendet auf dem Grab des verstorbenen Besitzers, der bei der Auferstehung nicht ohne Reittier sein soll); die Lospfeile und das Glücksspiel; schließlich die erwähnten Bräuche der Kamelzüchter.

Die letzteren sind, folgt man Ibn Ḥabīb, als Opferbräuche aufzufassen. Er schreibt: „Die Bewohner der Filzzelte pflegten ihren Göttern einiges Fleisch ihres Viehs zu weihen, die Bewohner der Erdschollen einiges gepflügtes Land. Dabei verfuhren die Bewohner der Filzzelte wie folgt: Sobald eine Kamelstute (viermal) gefohlt hatte, schlitzten sie den weiblichen Tieren des fünften Wurfes das Ohr ein. Eine solche (markierte) Stute nennt man *al-baḥīra*; bisweilen kam eine Herde von vierzig bis einhundert derartigen Tieren zusammen. Man schor deren Fell nicht; wenn man sie ritt oder mit Lasten belud, rief man dabei nicht Allah an (weil das Tier ohnehin schon Allah geweiht war?); die Milch (solcher Stuten) war nur für die Männer, nicht für die Frauen. – Das Freigelassene (arab.: *as-sāʾiba*): Jemand läßt für (eine Weihung) etwas aus seinem Besitz frei, sei es ein Stück Vieh oder einen Menschen; (das Vieh) ist auf immer unverletzlich, sein Nutzen steht nur den Männern, nicht den Frauen zu. – Das Beschenkende (arab.: *al-waṣīla*): Wenn ein Mutterschaf sieben Würfe hatte, nimmt man den siebten, und wenn es sich um einen Bock handelt, wird er geschlachtet. Ist es ein weibliches Tier, läßt man es unter den anderen. Sind es ein männliches und ein weibliches Lamm, dann sagt man: ‚Das weibliche hat den Bruder beschenkt', und beide gelten als unverletzlich. Der Nutzen an ihnen beiden und die Milch des weiblichen Tieres stehen nur den Männern, nicht den Frauen zu. Das meint Allahs Rede (Sure 6, 140): ‚Und (die Heiden) sagen: Was im Mutterleib dieses Viehs ist, steht allein den Männern unter uns zu und ist unseren Ehefrauen untersagt. Wenn es aber tot zur Welt kommt, haben sie alle gemeinsam daran teil. (Allah wird die Heiden für diesen Irrtum bestrafen.)' – Das Schutz Verleihende (arab.: *al-ḥāmija*): Wenn die Nachkommen der Nachkommen eines Kamelhengstes die Geschlechtsreife erlangt haben und dann das erste Tier der ersten Generation seiner Nachkommen ‚Großvater' geworden ist, sagt man: ‚Der Rücken dieses Hengstes ist geschützt, laßt ihn in Ruhe!' worauf man ihn nicht mehr als Reit- oder Lasttier nutzt und ihn von keiner Wasserstelle und keiner Weide zurückhält. Wenn solche Tiere, die sie ihren Göttern geweiht haben, sterben, essen Männer und Frauen gemeinsam von ihnen."

Diesen – mit den Angaben der in Anmerkung 35 zitierten Quellen nur partiell übereinstimmenden – Darlegungen Ibn Ḥabībs ist übrigens zu entnehmen, daß der den vorislamischen Arabern vorgeworfene Verzehr des Fleisches von verendeten Tieren, die nicht geschächtet worden waren (Sure 2, 173; 5, 3; 6, 145; 16, 115), wahrscheinlich das geweihte Vieh meint, das natürlich nicht geschlachtet werden durfte.

„Die Leute der Erdschollen und des Pflügens zogen, wenn sie gepflügt und gepflanzt hatten, mitten durch das betreffende Stück Land eine Linie und teilten es. Dann sagten sie, daß, was diesseits dieser Linie ist, ihren Göttern gehöre, und was der eine Allah wachsen lasse, sei für ihn. Und wenn etwas von dem, was sie dem einen Allah zugewiesen hatten, auf das den Göttern geweihte Gelände fiel, dann war es (den Heiden) recht, und sie beließen es dabei. Wenn aber etwas von dem, was sie den Göttern geweiht hatten, auf das dem einen Allah zugeteilte Gelände fiel, dann nahmen sie es auf das (den Göttern zugeteilte Gelände) zurück. Danach ließen sie Wasser auf das den Göttern geweihte Gelände fließen, und wenn sich eine Bresche auf das dem einen Allah geweihte Gelände öffnete, verschlossen sie sie wieder. Aber wenn sie Wasser auf das dem einen Allah geweihte Gelände ließen und sich eine Bresche zu dem den Göttern geweihten Gelände öffnete, sagten sie: ‚Laßt es, denn der betreffende (unter ihren Göttern, dem sie es geweiht hatten?) braucht es!‘ Deswegen sandte Allah (die folgenden Worte) herab (Sure 6, 136): ‚(Die Heiden) gewähren (dem einen) Allah von all dem, was er wachsen läßt an Ackerfrüchten und Vieh, (nur) *einen* Anteil und sagen gemäß ihrer (irrigen) Behauptung: Dies ist für Allah, das für unsere Teilhaber (an dessen Göttlichkeit)! Das, was ihren Teilhabern zusteht, soll demnach nicht an den (einen) Allah gelangen und umgekehrt. Welch ein böses Urteil maßen sie sich an!‘“ (*MHB*, 330–332) (zum Verhältnis des heidnischen „höchsten Herrn“ zu den „Teilhabern“ vgl. oben, 118–122).

/45/ Mārib, etwa 130 km östlich von Sanaa gelegen, war der Hauptort des sabäischen Reiches. Mohammed spricht im Koran von Mārib als einer „guten (arab.: *ṭaijib*) Ortschaft“ (Sure 34, 15). Die Früchte, die man dort durch die Bewässerung des Landes gewinnt, sind in ritueller Hinsicht unbedenklich, soll damit ausgesagt werden; sie verdanken sich nicht einem frevelhaften, eigensüchtigen Eingreifen des Menschen in den ihm von Allah zugeteilten Lebensunterhalt (arab.: *ar-rizq*). – In Sure 34 erscheint das Reich der Sabäer als der südliche Ausgangspunkt eines von Karawanen durchzogenen Gebietes, das sich von dort bis zu den „Städten, die wir (d.h. Allah) gesegnet haben“, nämlich bis nach Syrien oder Palästina (vgl. Sure 17, 1), erstreckt. – Mohammeds Blick reicht so weit, wie die quraišitischen Sommer- und Winterkarawanen (Sure 106) ziehen (Sure 34, 18) (vgl. oben, Kapitel VI, Unterkapitel 5). Mit alldem waren die Sabäer aber nicht zufrieden; sie wandten sich daher von Allah ab und begehrten mehr, als er ihnen bestimmt hatte, so etwa weiter reichende Karawanenreisen (Sure 34, 19). Diesen Frevel mußten sie mit der Zerstörung des Dammes, von dem ihr Wohlstand abhing, und mit der Verödung ihrer Gärten büßen (Vers 16 f.). So findet sich auch im Koran eine Anspielung auf die zur Zeit Mohammeds über Mārib hereingebrochene Katastrophe, mit der man, wie erwähnt, wichtige Ereignisse der spätantiken Geschichte Innerarabiens in Verbindung brachte, indem man von dem damaligen Geschehen auf die Tragweite länger zurückliegender Unglücke schloß (das in Sure 85, Vers 7 erwähnte „säulenreiche Iram“, die verödete Wohnstätte des untergegangenen arabischen Volkes der ʿĀd, lag am Fuße des Dschebel Ram, nicht weit östlich von Aqaba, *IKC*, I, 40).

Ausgrabungen haben zu der Erkenntnis geführt, daß das Bewässerungssystem, für das Mārib berühmt war, bis in die Zeit um 2000 v. Chr. zurückgeht. In den Jahren 25 bis 24 v. Chr. drang ein römisches Heer unter Aelius Gallus bis nach Mārib vor; er mußte sich zurückziehen, ohne das Gebiet erobert zu haben. In der Spätantike hatte sich Marib der herandrängenden Beduinen zu erwehren und mußte sich gegen andere jemenitische Reiche behaupten. Eine Inschrift aus dem Jahre 499 n. Chr. bezeugt jedoch, daß Mārib selbst damals noch eine blühende Landschaft gewesen ist. Schwere Beschädigungen der Dämme, belegt für die ersten Jahrzehnte sowie die zweite Hälfte des 4. Jahrhunderts n. Chr., für das Jahr 449 sowie für 542 und 553, wurden augenscheinlich stets behoben. Die in Sure 34, Vers 16 erwähnte große Katastrophe hat sich erst um 600 ereignet (*EI*[2], s.v. Mārib, W.W. Müller).

/46/ Unter den Herrschern des Jemen ist Ḏū Nuwās eine Ausnahmeerscheinung, da er sich zum Judentum bekannte; vermutlich gab er sich auch als einen Sohn des Herrschers Asʿad Abū Karib aus (Altheim/Stiehl: *Die Araber in der alten Welt*, V/I, 376). Ḏū Nuwās soll, nachdem er seinen frevlerischen Vorgänger ermordet habe, die Macht an sich gerissen und 38 Jahre über den Jemen geherrscht haben, eine Dauer, die aufgrund der vorliegenden Daten anzuzweifeln ist. Es ist nicht auszuschließen, daß der von Ḏū Nuwās beseitigte Herrscher sein leiblicher Vater gewesen ist. Seine Mutter, die aus Nisibis stammte und offensichtlich Jüdin gewesen ist, erzog ihn in ihrer Religion (vgl. /*Z*/ IV 68). Als er die Herrschaft errungen hatte, begann er die Christen zu verfolgen, in Sonderheit in Nadschran, worüber man durch das *Buch der Ḥimjariten* unterrichtet ist (über dessen Authentizität vgl. Shahîd: *The Book of the Himyarites*, in: *Le Muséon* 76/1963, 349–362). Möglicherweise spielen Sure 85, Vers 4 und die hinter diesem Vers stehenden Legenden auf dieses Ereignis an. Ḏū Nuwās, dessen jüdischer Name Jūsuf war, wurde 524 zum Ziel äthiopischer militärischer Unternehmungen; dies war jedoch schon das zweite Eingreifen der Äthiopier in die jemenitischen Angelegenheiten. Die Verfolgungen der Christen hatten nämlich bereits vor 524 begonnen. Es ist zweifelhaft, ob auch da schon der Jude Ḏū Nuwās an der Macht gewesen war. Ḏū Nuwās hatte sich in seinem Krieg gegen die Äthiopier Hilfe von den Laḫmiden in Hira erhofft. Daraus wurde aber nichts, da der Kindite al-Ḥāriṯ im Jahre 525 Hira eroberte und sich dort für drei Jahre festsetzte. In dieser Lage hatte Ḏū Nuwās den Äthiopiern nicht genügend Schlagkraft entgegenzusetzen und fand wahrscheinlich in den Kämpfen den Tod (Altheim/Stiehl: *Die Araber in der alten Welt*, V/I, 384–391; *EI*[2], s.v. Dhū Nuwās, M.R. Al-Assouad).

/54/ Der Name Maʿadd wird in islamischer Zeit zur Bezeichnung der Nordaraber verwendet; die gleiche Funktion erfüllen „ʿAdnān" als Vater Maʿadds sowie „Nizār", in der Genealogie ein Sohn Maʿadds. Die von Maʿadd her sich verzweigenden „Nordaraber" heißen auch *al-ʿarab al-mustaʿraba*, die „arabisierten Araber", denen *al-ʿarab al-ʿāriba* gegenüberstehen; dieser Name mag soviel bedeuten wie die „ursprünglichen, wahren (echten?) Araber". Nach der islamischen Auffassung handelt es sich bei letzteren um Stammesverbände, die bis auf spärliche Reste untergegangen sind. Zu ihnen zählen die im Koran erwähnten ʿĀd (Sure 85, 6 und öfter) und die Ṯamūd (Sure 7, 73 und öfter); von beiden spricht Mohammed häufig in den sogenannten Straflegenden (vgl. hierzu oben, 226). Maʿadds Mutter gehörte nach den Genealogen zu dem ebenfalls verschollenen Stamm der Ǧadīs. Die *ʿarab al-ʿāriba* werden in Ahnenreihen, die nicht über Abraham führen, in Anlehnung an die biblische Völkertafel mit Noahs Sohn Sem verknüpft (vgl. /*Z*/ IV 188).

Maʿadd bzw. ʿAdnān, die Schlüsselnamen im System der Ismael-Araber (vgl. /*Z*/ I 212), bilden zumindest seit dem Aufstieg der Quraišiten im 6. Jahrhundert den Gegenpol zu Qaḥṭān, dem Ausgangspunkt des „jemenischen" Arabertums. Maʿadd oder ʿAdnān stehen zugleich für den inklusiven Führungsanspruch der Quraišiten, dem sich im Idealfall das ganze Arabertum zu beugen hat; auch qaḥṭānische Stämme sollen eine maʿadditische bzw. ʿadnānitische Herkunft anerkennen (vgl. hierzu Nagel: *Alexander der Große*, 77–117; ders.: *Staat und Glaubensgemeinschaft*, I, 55–129). Dieser Führungsanspruch der Quraišiten bereitete sich während des 6. Jahrhunderts vor: Zunächst bezeichnete man mit Maʿadditen die nordarabischen Untertanen der Herrscher aus dem Stamm der Banū Kinda; al-Ḥāriṯ (Arethas) b. ʿAmr, der bedeutendste kinditische Fürst, starb 528. Daraufhin rebellierten die Maʿadd. Später gelang es den Byzantinern, die sich in ihren Kriegen gegen die Sasaniden keine offene Südflanke leisten durften, das Bündnis mit den Kinditen, das seit 502 bestanden hatte, zu erneuern und Qais, einen Enkel des al-Ḥāriṯ b. ʿAmr, zum Sachwalter ihrer Belange zu machen; damit waren die Maʿadd wieder den byzantinischen Interessen unterworfen. In der Mitte des 6. Jahrhunderts, mit dem Dahinschwinden kinditischer Macht, tauchen die Maʿadd in den Quellen als ein wenigstens in Teilen den Laḫmiden in Hira botmäßiger Stammesverband auf (Shahîd: *Sixth Century*, I/1, 162–166). Die Maʿadd unterlagen übrigens einem starken monophysitischen Einfluß (Shahîd, op. cit., 176 f.); diesem Sachverhalt werden wir in anderem Zusammenhang unsere Aufmerksamkeit schenken (vgl. /*Z*/ III 110).

/55/ Eine im quraišitischen Sinne überarbeitete frühe Geschichte der Quḍāʿa ist uns überliefert. Danach erfolgte die Ausbreitung der Nachkommen Ismaels von der Tihama aus. Der erste Verband, der von dort fortzog und damit auch aus der Genealogie ausschied, waren die Nachkommen des Quḍāʿa b. Maʿadd. Der Quḍāʿite Ḫuzaima b. Nahd machte einer zu den Nizāriten gehörenden Dame den Hof, und um dabei nicht gestört zu werden, lockte er deren Vater in einen Hinterhalt und ermordete ihn, daraufhin kam es zu einem Krieg zwischen den beiden Stammesverbänden, in dem die Quḍāʿiten den kürzeren zogen. Sie wurden aus ihren Streifgebieten vertrieben, die damals zwischen Mekka und aṭ-Ṭāʾif lagen. Ein Teil der Geschlagenen, vereint mit einigen aus dem Stamm der Ašʿarījūn, die in der Umgebung von Dschidda am Roten Meer gelebt hatten, brachen nun in Richtung Bahrain auf und ließen sich schließlich in Haǧar nieder. Eine andere Gruppe von Quḍāʿiten fand in ʿAbqar ihre Bleibe, einem Ort in dem weit nach Syrien hineinragenden Gebiet zwischen den Oberläufen von Tigris und Euphrat, das die Araber

„Insel“ nennen; dort wurden sie von dem Sasaniden Šāpūr (I., reg. 241–272) b. Ardašīr (I., reg. 226–241) besiegt; die Überlebenden flüchteten sich zu ihren Stammesgenossen, die in Syrien eingewandert waren, oder gingen im arabischen Stammesverband der Tanūḫ auf (*JQ*, s.v. Ǧazīrat Aqūr; vgl. ebd., s.v. ʿAbqar; Ibn al-Aṯīr: *al-Kāmil*, I, 387 f.). Ein dritter Verband der Quḍāʿiten unter dem in /Z/ I 32 genannten Sulaiḥ konnte sich in Palästina niederlassen. Die großen quḍāʿitischen Verbände der Ǧuhaina und Balī setzten sich an der Küste des Roten Meeres fest und beherrschten die dort entlangführende Karawanenroute von Mekka nach Syrien; die Balī hatten den nördlichen Abschnitt dieses Gebietes inne (*EI²*, s.v. Ḳuḍāʿa, M.J. Kister). Die restlichen in ihrem ursprünglichen Siedlungsgebiet verbliebenen Quḍāʿiten gerieten unter den Druck der in den Hedschas expandierenden ḥimjarischen „Südaraber“ und wichen schließlich ebenfalls nach Norden aus; ihre Überreste sollen in der as-Samāwa genannten Steppe zwischen Kufa und aš-Šaʾm zu Lebzeiten des Erzählers, bei dem es sich wahrscheinlich um Ibn Šihāb az-Zuhrī (gest. 743) handelt, noch anzutreffen gewesen sein (*AG2*, XIII, 78–83).

All diesen Berichten steht die „südarabische“ Version der Geschichte der Quḍāʿa gegenüber. Hier ist Quḍāʿa ein Sohn des Mālik b. Ḥimjar; sein Grab soll sich in aš-Šiḥr an der Küste des Indischen Ozeans befinden, in der Nähe desjenigen Huds. Quḍāʿas Enkel Mālik sei von den Tubbaʿ-Herrschern nach Äthiopien vertrieben worden. Gleichwohl sollen sich später Verwandte Quḍāʿas des Omans bemächtigt und eben auch in aš-Šiḥr geherrscht haben. Die endlosen Kriege mit den Tubbaʿ-Herrschern hätten allerdings die Kräfte der Quḍāʿiten auf Dauer überstrapaziert; sie seien in den Hedschas ausgewichen, wo ihr Ruhm allmählich verblaßt sei. In Ansehung dieser Umstände seien sie in die genealogische Gemeinschaft der Maʿadd, also der ʿadnānischen oder Nordaraber eingetreten (Kropp: *Geschichte der „reinen Araber“*, arab. Text, 59 f.)

/62/ Hišām b. al-Kalbī beschreibt uns das Verfahren der Bestimmung der Schaltmonate wie folgt: „Der erste Muḍarite, der Schalttage einfügte, war Mālik b. Kināna. Dieser hatte nämlich in die Sippe des Kinditen Muʿāwija b. Ṯaur eingeheiratet und lebte damals bei den Kinditen. Das Amt der Festlegung der Schaltmonate war vor (Mālik) von den Kinditen ausgeübt worden, denn diese waren die ‚Könige‘ der Araber über die Verbände Muḍar und Rabīʿa gewesen.“ – Zwischen 530 und 550 hatten sich die Maʿadd der kinditischen Kontrolle entzogen (vgl. oben, 61; zum Zusammenhang s. besonders Shahîd: *Sixth Century*, I/1, 163–165). Wenn man die genealogische Überlieferung ernst nimmt, müßte die Einführung der Schaltmonate in Mekka jedoch in eine frühere Zeit fallen und hätte mit dieser Entwicklung nichts zu tun gehabt. – „Die Kinditen aber waren die höchsten Würdenträger jemenischer Fürsten gewesen. Dann legte Ṯaʿlaba b. Mālik die Schaltmonate fest, nach ihm al-Ḥāriṯ b. Mālik b. Kināna, den man al-Qalammas nannte; ihm folgte hierin Surair b. al-Qalammas. Darauf nahmen die Banū Fuqaim aus der Nachkommenschaft Ṯaʿlabas diese Aufgabe wahr, bis der Islam kam. Der letzte von ihnen, der dies tat, war Abū Ṯumāma Ǧunāda b. ʿAuf b. ʿAbd b. Fuqaim. Er ist es, der zur Zeit ʿUmar b. al-Ḫaṭṭābs (reg. 634–644) an die Ecke (der Kaaba) mit dem schwarzen Stein trat und, indem er das dortige Gedränge bemerkte, sagte: ‚Ich bin für (den schwarzen Stein) ein Schutzherr (arab.: *al-ǧār*), zurück von ihm!' Da schlug ʿUmar ihn leicht mit der Peitsche: ‚Ungehobelter Flegel, Allah hat durch den Islam deine Macht vernichtet!' Alle Genannten haben in der Heidenzeit den Schaltmonat bestimmt. Wer immer von ihnen dies für die Araber tat, wenn sie den (ersten Monat des Jahres, den ‚geheiligten') al-Muḥarram zu einem profanen Zeitabschnitt werden lassen wollten" – nämlich weil der nach dem Sonnenlauf ermittelte Termin der Wallfahrt sich aus dem letzten Monat des Mondkalenders hinausverlagert hatte – „der stellte sich an dem Tage, da die Pilger auf der Rückkehr von ʿArafa an der Kaaba vorbeikamen, in deren Hof und rief: ‚Leute, profaniert nicht euer Geheiligtes, sondern achtet euren Kult! Man soll mir willfährig sein, nicht mich tadeln. Niemand werde getadelt für ein Wort, das ich gesagt habe!' Die Heiden nannten den (ersten, von den Muslimen stets mit dem Namen) al-Muḥarram (bezeichneten Monat des Jahres) den ‚ersten Ṣafar', den (eigentlichen) Ṣafar (des muslimischen Kalenders) den ‚letzten Ṣafar', sagten also: die beiden Ṣafar, die beiden Rabīʿ, die beiden Ǧumādā, dann: Raǧab, Šaʿbān, Ramadan, Šauwāl, Ḏū l-Qaʿda, Ḏū l-Ḥiǧǧa." Die Einschiebung der Schalttage erfolgte in jedem zweiten Jahr, „damit sie (fortlaufend) heilige Monate für profan und profane für heilig erklärten." – Nur in sehr grober Weise wurde so der Termin der Wallfahrt nach dem Sonnenlauf fixiert. – „Das hatte ihnen der Satan eingeflüstert, so daß sie es für gut hielten." Zwei Jahre nachdem die Pilgerfahrt dergestalt in den al-Muḥarram gefallen war, rief der Festleger der Schaltmonate aus: ‚Dieses Jahr erkläre ich den ‚ersten Ṣafar', d.h. den al-Muḥarram, zum Schaltmonat!' Sie tilgen ihn damit aus der Reihe der Monate, rechnen ihn nicht mit" – da das Jahr ja sonst dreizehn Monate hätte – „und beginnen das Zählen (mit dem nächsten). Sie sagen also zum (eigentlichen) Ṣafar (d.h. zum zweiten Monat in der gewöhnlichen Reihung) und zum ersten Rabīʿ: die beiden Ṣafar; zum zweiten Rabīʿ und zum ersten Ǧumādā: die beiden Rabīʿ" usw.; der Šauwāl erhält den Namen Ramadan, der Ḏū l-Qaʿda den Namen Šauwāl, der Ḏū l-Ḥiǧǧa den Namen Ḏū l-Qaʿda, der ‚erste Ṣafar', der in islamischer Reihung al-Muḥarram heißt, wird zum Ḏū l-Ḥiǧǧa, so daß nun und im darauffolgenden Jahr die Pilgerfahrt strenggenommen im al-Muḥarram stattfindet. Danach ist wieder eine Verschiebung notwendig, die in der beschriebenen Weise angekündigt wird. Diesmal muß der Ausrufer hinzufügen: „Hiermit erkläre ich das Blut der Ḫaṯʿam und Ṭaiji' in den heiligen Monaten für erlaubt, ...denn sie greifen die Menschen in den (von uns solchermaßen bestimmten) heiligen Monaten an..." (vgl. oben, 58 f.). Die übrigen Araber, und zwar sowohl die „Strengen" als auch die nach Mekka pilgernden „Profanierer", achteten die von den Verkündern der Schaltmonate ausgerufenen heiligen Monate, die somit in vierundzwanzig Jahren einmal durch alle zwölf Mondmonate liefen. Die von Mohammed verfügte Aufhebung der Schaltmonate und die Einführung des reinen Mondkalenders (vgl. oben, 449) erhöhten demnach die Rechtssicherheit, vereinheitlichten die heidnischen Fehdebestimmungen und dehnten dadurch gleichzeitig den quraišitischen Herrschaftsanspruch inhaltlich wie geographisch aus (*WAM*, 125–127; *WAMM*, 182–185).

/65/ Aš-Šaʾm, wörtlich „die linke Seite", bezeichnet für die Bewohner Innerarabiens die nordwestlich an die Halbinsel angrenzenden Regionen, im Gegensatz zum „Jemen", der, wenn man sich zum Aufgang der Sonne hin wendet, „rechter Hand" liegt. Wenn Mohammed und seine Zeitgenossen das Wort aš-Šaʾm benutzen, meinen sie ein Gebiet, das die heutigen Länder Jordanien, Israel, Palästina, Syrien, den Libanon und die jetzt zur Türkei gehörenden Provinzen Diyarbakır, Gaziantep und Iskenderun umfaßte.

Im 6. Jahrhundert waren diese Regionen bereits in starkem Maße arabisiert (vgl. Dussaud: *La pénétration*, besonders 126–158). Der *limes arabicus* erstreckte sich in römischer Zeit von Bostra (arab.: *Buṣrā*) südlich von Damaskus über Philadelphia (Amman) bis nach Aqaba. Schon seit dem 5. Jahrhundert verlor Byzanz die Kontrolle über dieses Grenzsystem. Dieser *limes arabicus* bildete den südlichen Abschnitt der ausgedehnten Befestigungen, die man unter dem Begriff *limes orientalis* zusammenfaßte und die im Norden bis in das Zweistromland hineinragten. Im 4. Jahrhundert begannen die Römer/Byzantiner zu dulden, daß sich arabische Stämme innerhalb dieser Grenzen ansiedelten; es handelte sich vielfach um Zuwanderer aus Südarabien, die mit den außerhalb des *limes* nomadisierenden Arabern keine genealogische Verbindung aufwiesen und daher als geeignete Verbündete im Abwehrkampf gegen die von außen andrängenden Araber erschienen. Die „südarabischen" Ġassāniden bieten hierfür ein gutes Beispiel (Shahîd: *Fifth Century*, 478; vgl. */Z/* I 32 und IV 68).

/69/ Als „Tage der Araber" (arab.: *aijām al-ʿarab*) bezeichnet man kriegerische Auseinandersetzungen zwischen Stämmen und die von zahlreichen Gedichten durchzogenen Erzählungen hierüber. Wegen des Übertritts vieler Stämme zum Islam ab dem Jahr 630 kamen die Fehden vorübergehend zum Erliegen; auch die zunächst sehr lukrativen Eroberungszüge werden hierzu beigetragen haben. Unter veränderten Voraussetzungen lebten die Fehden jedoch im dritten Jahrzehnt nach Mohammeds Tod wieder auf (vgl. Kapitel VII). Ab der mittleren Omaijadenzeit verschärften sie sich zu einem unlösbaren Konflikt zwischen Nord- und Südarabern, der entscheidend zum Untergang der Dynastie in den Kerngebieten der islamischen Welt beitrug.

Es ist anzunehmen, daß der Stammeszwist der Omaijadenzeit das Interesse an der vorislamischen Überlieferung zu diesem Gegenstand weckte und zu deren Bewahrung durch die beginnende gelehrte Beschäftigung mit dem Arabischen und seiner außerislamischen Literatur führte. Im Mittelpunkt der gelehrten Untersuchungen standen die Aufzeichnung und die philologische Auslegung der Poesie, mit der die einander befehdenden Stämme sich wechselseitig herabzusetzen und das eigene Handeln zu rühmen pflegten. Hierüber unterrichtet ausführlich W. Caskel (*Aijām al-ʿArab. Studien zur altarabischen Epik*). Eine Auswertung dieses Materials unter Gesichtspunkten der Geschichtsforschung stößt jedoch auf erhebliche, vielfach unüberwindliche Schwierigkeiten (E. Meyer: *Der historische Gehalt*). ʿUmar b. al-Ḫaṭṭāb, der den Islam als den Inbegriff des Muḍaritentums betrachtete und dieses wiederum mit einer kriegerischen Gesinnung gleichsetzte (vgl. oben, 530 f.), zeigte viel Interesse für die Überlieferungen zur „Tapferkeit" (*AG2*, XVI, 68–71).

/83/ Wie kühn der Tabubruch Quṣaijs gewesen ist, läßt sich an der folgenden Geschichte ermessen: Ḥarb b. Umaija war der Wortführer der Banū Umaija während der jährlichen Markttage von ʿUkāẓ. Eines Tages fiel ihm auf dem Rückweg nach Mekka das Gelände von al-Quraija (JQ, s.v. al-Quraija nennt mehrere Orte dieses Namens, die alle nicht einschlägig sind) ins Auge, eine mit Gebüsch bestandene feuchte Senke. Zusammen mit Mirdās b. abī ʿĀmir von den Banū ʿAbs beschloß er, diesen Boden urbar zu machen. Sie brannten den Bewuchs nieder, und dabei vernahmen sie ein Jammern und Klagen; es kamen weiße Schlangen zum Vorschein. Als das Feuer verloschen war, hörten sie eine Stimme, die ihnen Unheil androhte, und kurz darauf sollen beide verstorben sein (*AG2*, VI, 342). Auch der Neubau der Kaaba in der Jugendzeit Mohammeds setzte einen Tabubruch voraus; es war ein Maḫzūmite, der bereit war, mit dem gefährlichen Abreißen des alten Gemäuers zu beginnen, und auch in diesem Fall zeigte sich eine Schlange (vgl. oben, 80 sowie 715).

Der Glaube, daß manche Orte verzaubert seien und von den Dschinnen bewacht würden, war zu Mohammeds Zeit in Arabien vermutlich weit verbreitet und wurde durch die Verkündigung des Islams keineswegs aufgehoben. Dafür ein Beispiel! Die Hauptperson ist Ṭuwais, ein Schutzbefohlener der Banū Maḫzūm; seine genauen Lebensdaten scheinen nicht überliefert zu sein, auf alle Fälle ist er Mohammed nicht mehr begegnet. Ṭuwais ist dafür berühmt, daß er als erster in Medina auf arabisch sang und den als „weibisch" eher diffamierten als treffend charakterisierten verfeinerten Lebensstil (arab.: *al-ḫanaṯ*) pflegte. Jemand berichtet, wie er diesem Mann auf einer Reise begegnete: „Wir waren unterwegs, und mit uns war jemand, von dem gleich zu sprechen ist. Denn wir gelangten in ein Tal und ließen Rast machen, jener wollte zulangen, vermochte dies aber nicht. Dabei hatte er vorher mit uns bei jeder Rast gespeist. Wir gingen, um nach seinem Zustand zu fragen. Dabei stießen wir auf einen hochgewachsenen, schielenden Mann in zerlumpten Beduinenkleidern. ‚Was ist mit euch?' fragte er, und uns befremdete seine Frage, wir teilten ihm aber mit, wie es um jenen Mitreisenden stehe. ‚Wie heißt er?' wollte der Unbekannte wissen. ‚Usaid' d.h. kleiner Löwe, antworteten wir. Darauf erklärte der Unbekannte: ‚Dies ist ein Tal, dessen Raubtiere verzaubert wurden. Zieht weiter! Hättet ihr dieses Tal schon durchquert, dann wäre euer Begleiter wieder bei Kräften und äße.' ‚Der gehört zu den Dschinnen!' dachten wir bei uns, und Grausen überkam uns. Jener bemerkte das und beruhigte uns: ‚Euer Schrecken möge weichen! Ich bin Ṭuwais!'" Es stellte sich heraus, daß der Sänger von einem Beduinen eingeladen worden war und diesen inkognito aufzusuchen im Begriff stand. Eine Handtrommel führte er mit sich, er stimmte ein Lied an, und das Tal, so der Erzähler, schien in das Lied einzustimmen, so schön war es. „Und wir wunderten uns über sein Wissen und darüber, wie er uns das Leiden unseres Begleiters erklärt hatte" (*AG2*, III, 36 f.).

/109/ Eine Freigebigkeit, die ohne Rücksicht auf die wirtschaftlichen Möglichkeiten geübt wird und die eigene Existenz aufs Spiel setzt, gehörte zu den Idealen des vorislamischen Arabertums. Man vernichtete seine Subsistenzmittel und gewann dadurch einen Ruhm, der die kurze Frist des irdischen Daseins überdauerte. Das Ideal ist also nicht mit Uneigennützigkeit zu verwechseln; das gilt übrigens auch für die vielgepriesene orientalische Gastfreundschaft, zumindest in den meisten Fällen. Zu Lebzeiten Mohammeds wurde das vorislamische Ideal am aufsehenerregendsten von Ḥātim aṭ-Ṭāʾī verkörpert. Über ihn wird unter anderem folgendes erzählt:

Als seine Mutter, über deren Freigebigkeit man schon Wunderdinge berichtete – ihre Brüder hatten schließlich einschreiten müssen, damit sie nicht die Lebensgrundlagen der Sippe ruinierte –, schwanger war, erschien ihr jemand im Traum und fragte sie, ob sie lieber *einen* für seine Großzügigkeit bewunderten Sohn gebären wolle oder deren zehn, die zwar kampfesmutig sein würden, aber sonst von gewöhnlichem Schlage. Sie zog den einen, Ḥātim, vor. Ḥātim war ein echter Held, im Kampf immer siegreich; wenn er Beute machte, gab er sie sogleich zur Plünderung durch andere frei. Gefangenen schenkte er die Freiheit, ohne vorher Lösegeld zu erpressen. Beim Wettrennen ging er stets als erster durchs Ziel, auch beim Losen war er durchweg der Gewinner. Seine Dichtkunst war ebenso überragend wie seine Freigebigkeit, Worte und Taten stimmten überein. Wann immer er sich irgendwo niederließ, sorgte er dafür, daß dies bekannt wurde, so daß kein Umherziehender nach jemandem ausspähen mußte, der ihn bewirten würde. Im Monat Raǧab, der den Muḍariten heilig ist, ließ er jeden Tag zehn Kamele schlachten, um Fremde zu beköstigen – kurz, er vereinte in sich alle altarabischen Tugenden. Ḥātim hatte es sich zur Gewohnheit gemacht, seine Speise fortzuwerfen, wenn sich niemand fand, mit dem er sie hätte teilen können. Sein Vater war über derartige Verschwendungssucht erbost und schickte ihn fort, die Kamelherde zu hüten. Im Weidegebiet angekommen, begann Ḥātim nach Gästen Ausschau zu halten. Endlich zeigte sich eine Karawane; unter den Reisenden waren auch bekannte Dichter. Beglückt schlachtete Ḥātim sogleich drei Kamele, worauf die so überreich Bewirteten verdutzt einwandten, etwas Milch hätte ihnen schon genügt. Das sei ihm bewußt, antwortete Ḥātim; aber er habe unter ihnen Männer von unterschiedlicher Herkunft und mit unterschiedlichen Reisezielen angetroffen. Ein jeder von diesen werde ihn in Lobversen preisen. Aber das reichte Ḥātim, wie weiter erzählt wird, noch lange nicht. Er beschwor die Fremden, sie sollten seine ganze Kamelherde unter sich aufteilen. Denn wenn sie ihn allein um der *einmaligen* Bewirtung hätten rühmen müssen, hätten sie wegen des hohen Wertes ihrer Verse einen Vorrang vor ihm geltend machen können. Deswegen drängte er ihnen die ganze Habe seiner Sippe auf. „Wo sind die Kamele?“ wollte der Vater wissen, als er sich bald darauf nach dem Sohn umsah. Dieser rechtfertigte sich: „Durch sie, Väterchen, zeichnete ich dich mit ewigem Ruhm aus so, wie die Taube mit ihrem Halsring geziert ist, mit (dem Prestige) des Edelmuts (arab.: *al-karam*)! Denn man wird nicht aufhören, als Entgelt für deine Kamele die zu unserem Ruhm gedichteten Verse zu verbreiten!“ Der

Vater zeigte hierfür kein Verständnis und überließ den Sohn seinem Schicksal (*AG2*, XVII, 365–367).

Wie andere Werte der altarabischen Gesellschaft erfuhr der sich vor allem in eigennütziger Freigebigkeit beweisende Edelmut in islamischer Zeit eine Umdeutung. So lautet ein von Abū Huraira (über ihn vgl. oben, 700 f.) verantworteter Ausspruch Mohammeds: „Der Edelmut eines Mannes besteht in seiner Glaubenspraxis (arab.: *ad-dīn*), die Mannestugend in seinem Verstand" – der ihn zum Befolgen der göttlichen Normen anhält – „und sein Väterruhm (arab.: *al-ḥasab*; vgl. oben, 526, 558) in seinem Charakter" (*AHM/a*, II, 365). Indem man in den Zeitabschnitten des Tages, die nicht einer rituellen Handlung vorbehalten sind, Allahs gedenkt (Sure 29, 45), zieht man den Edelmut von irdischen Zielen ab und widmet die mit ihm verbundene Hingabe ausschließlich Allah (ebd., III, 68 und 76). Daher werden Begriffe wie Edelmut im Sufismus verwendet, um das Weggeben des Ichs und das Entwerden in Allah zu beschreiben. Allgemein ist festzustellen, daß das Problem der Umwertung der heidnisch-arabischen Werte, deren erster Schub in der nach Mohammeds Tod in großem Stil einsetzenden Rezeption hochreligiöser Überlieferung erbaulichen Inhalts zu sehen ist, noch nicht systematisch ergründet wurde (vgl. Bravmann: *Spiritual Background*; Izutsu: *God and Man in the Koran*, 198–229). In einer Lebensbeschreibung Mohammeds kann es nur gestreift werden.

/120/ Mohammed, dem es um die Schaffung einer streng patrilinear geordneten Gesellschaft ging (vgl. oben, Kapitel IV, Unterkapitel 5), untersagte in Sure 4, Vers 22, daß ein Sohn nach dem Tod des Vaters eine Ehe mit der Stiefmutter eingehe. Soweit solche Ehen noch aus der vorislamischen Zeit bestünden, sollten sie allerdings ihre Gültigkeit behalten. – In Medina war es üblich gewesen, daß die Söhne des Bruders des Verstorbenen Ansprüche auf dessen Witwen hatten. – Die durch Kauf aus ihrer Stammesgemeinschaft herausgelöste Frau wurde als Eigentum des Erwerbers betrachtet, somit also als Teil des Eigentums des Stammes ihres Gatten. Starb dieser, so gehörte sie zu seiner Hinterlassenschaft und fiel naturgemäß an seine Erben. Wenn einer von diesen ihr sein Gewand überwarf, wurde sie dessen Eigentum. Er konnte sie als eigene Ehefrau behalten oder um ein angemessenes Entgelt veräußern. War die Frau hingegen nach dem Tod des Ehemannes zu ihrem Stamm entkommen, dann konnte der Stamm des Verstorbenen kein Eigfentumsrecht mehr an ihr geltend machen (Robertson Smith: *Kinship and Marriage*, 86–94, 269).

Ibn Qutaiba (gest. 889/890) verzeichnet in seinem „Handbuch der Geschichte" eine ganze Reihe von bekannten Persönlichkeiten der vorislamischen Zeit, die nach dem Tod des Vaters die Stiefmutter heirateten (Ibn Qutaiba/Handbuch, 55 f.):

1. Ḫuzaima b. Mudrika b. Iljās b. Muḍar war mit Barra bt. Murr, der Schwester Tamīm b. Murrs, verheiratet; nach Ḫuzaimas Tod zeugte Kināna b. Ḫuzaima mit ihr an-Naḍr und weitere Kinder.

2. Āmina bt. Abān b. Kulaib, zunächst verheiratet mit Umaija b. ʿAbd Šams, ehelichte dessen Sohn Abū ʿAmr und gebar ihm Abū Muʿaiṭ.

3. Wāqida von den Banū Māzin b. Ṣaʿṣaʿa, eine Ehefrau ʿAbd Manāfs, gebar diesem Naufal; später wurde sie von Hāšim b. ʿAbd Manāf geheiratet, der mit ihr zwei Töchter zeugte.

4. Nufail b. ʿAbd al-ʿUzzā, der Großvater ʿUmar b. al-Ḫaṭṭābs, heiratete eine Frau von den Banū Fahm; sie wurde nach Nufails Tod mit dessen Sohn ʿAmr verehelicht, dem sie den berühmten Ḥanīfen Zaid b. ʿAmr b. Nufail gebar. Zaids Mutter ist mithin zugleich die Mutter von al-Ḫaṭṭāb und die Großmutter ʿUmars.

5. Die Gattin al-Ḥasan b. ʿAlīs, Ḫaula bt. Manẓūr b. Zabbān, war aus der Ehe Manẓūrs mit seiner Stiefmutter hervorgegangen.

/174/ Das dem Schwurbund „der Herausragenden" zugrunde liegende Geschehen wird in mehreren Varianten erzählt. Der Hergang ist jedoch stets der gleiche. Ein jemenischer Pilger, der an der Kaaba die zu jeder Zeit möglichen Riten (arab.: *al-ʿumra*) zu vollziehen gedachte, veräußerte Waren an ein Mitglied der Banū Sahm, das ihm den Preis schuldig blieb. Der Geprellte machte das Unrecht publik, worauf einige quraišitische Sippen im Haus ʿAbdallāh b. Ǧudʿāns zusammenkamen, um eine Vereinbarung zu treffen, die Vorfälle wie den geschilderten verhindern und gegebenenfalls Geschädigten mit Waffengewalt Genugtuung verschaffen sollte. Die Bedeutung des Namens *ḥilf al-fuḍūl* kannte man schon in frühislamischer Zeit nicht mehr; es werden daher unterschiedliche Erklärungen angeboten:

a. Bereits einige Ǧurhumiten hätten einen vergleichbaren Bund geschlossen; da sie alle den Namen Faḍl oder einen aus derselben Wurzel abgeleiteten getragen hätten, habe man fortan vom „Bund der Faḍls" gesprochen (*AG2*, XVII, 288, 292, 293).

b. Nachdem der Betrogene das Unrecht, das ihm widerfahren war, laut herausgeschrieen hatte, hatten sich weder die „Parfümierten" noch die „Blutlecker" einzuschreiten getraut, weil sie fürchteten, die jeweiligen Nebenbuhler könnten die Angelegenheit zu ihren Gunsten nutzen. In dieser verfahrenen Lage trafen sich einige Quraišiten im Haus ʿAbdallāh b. Ǧudʿāns, um einen „Bund, der ein Hinausgehen (über das bisher Übliche)" zum Inhalt hatte, zu beschwören; die Verpflichtungen sollten also jenseits derjenigen liegen, die die beiden älteren Vereinbarungen ihren Mitgliedern abforderten. An dem neuen Bund beteiligten sich die Banū Hāšim, die Banū Asad b. ʿAbd al-ʿUzzā, die Banū Zuhra und die Banū Taim b. Murra. „Man holte Wasser aus dem Zemzembrunnen" – den ʿAbd al-Muṭṭalib wieder aufgegraben hatte – „goß es in eine Schüssel, ließ diese zur Kaaba bringen, deren Ecken mit dem Wasser gewaschen wurden. Dann brachte man das Wasser zurück, und (die Schwurgenossen) tranken es" (ebd., 289 f.).

c. Kürzer faßt sich eine dritte Quelle, in der nachzulesen ist: Die genannten Sippen schworen, daß sie den Fremden schützen wollten, dem ein Unrecht widerfahren war, ferner ihm zur Heimreise verhelfen wollten, sofern sein Reittier zu sehr geschwächt sei, ja daß sie allen Verarmten, die nach Mekka gelangten, aus den Überschüssen (arab.: *al-fuḍūl*) ihres Vermögens selbstlos Unterstützung gewähren wollten (*BAA*, II, 282).

d. Die Banū Hāšim, al-Muṭṭalib, Asad und Taim schworen, daß sie weder in Mekka noch im Gebiet der *Aḥābīš* zulassen wollten, daß jemandem ein Unrecht zugefügt werde. Die nicht beteiligten Mitglieder des Bundes der „Parfümierten" sowie alle Angehörigen der „Blutlecker" lehnten diese Sondervereinbarung ab und nannten sie das „Bündnis des Überflüssigen", wobei sie auf den pejorativen Sinn des Wortes *fuḍūl* abhoben (*AG2*, XVII, 294).

Die genannten Sippen schlossen den Bund und gingen dann zu dem Sahmiten al-ʿĀṣ b. Wāʾil und drohten ihm, sie würden sich nicht eher von ihm trennen, als bis er das Unrecht wiedergutgemacht haben würde. ʿUtba b. Rabīʿa, ein Enkel des ʿAbd Šams, räumte ein, wenn ein einzelner Mann zum Zwecke des Beitritts zu diesem Bund seine nicht daran beteiligte Sippe verlassen dürfte, dann täte er dies (ebd., 290). Als sich der Kalif ʿAbd al-Malik (reg. 685–705) bei einem Sohn Ǧubair b. Muṭʿims, des berühmten Kenners der quraišitischen Geschichte, danach erkundigte, ob die Banū ʿAbd Šams und die Banū Naufal b. ʿAbd Manāf, die Sippe Ǧubairs, Mitglieder jenes Bundes gewesen seien, antwortete jener mit einem klaren Nein (ebd., 295, 297). Manche meinen, auch die Banū Asad b. ʿAbd al-ʿUzzā seien jenem vom Propheten so hochgeschätzten Bund niemals beigetreten, ʿAbdallāh b. az-Zubair habe eine Mitgliedschaft zu Unrecht behauptet (ebd., 299 f.). Daß bestimmte Klane der Quraišiten schon in vorislamischer Zeit die Erinnerung an die Banū Asad b. ʿAbd al-ʿUzzā am liebsten getilgt hätten, haben wir gehört; wie erfuhren auch den Grund hierfür. Noch nach dem Tod Mohammeds war der Bund wirksam. Al-Ḥusain b. ʿAlī soll sich auf ihn berufen haben, als er sich durch Muʿāwija um ein Stück Land betrogen sah; eben um des Bundes willen soll ʿAbdallāh b. az-Zubair ihm mit Emphase beigesprungen sein: „Rufst du den Bund an, und ich liege, dann will ich mich sofort aufsetzen; oder sollte ich sitzen, werde ich sofort aufstehen; oder sollte ich gehen, dann will ich sofort losrennen, und dann mag mein Leben zusammen mit deinem zugrunde gehen, oder ich verschaffe dir dein Recht!" (ebd., 296).

/175/ Die allgemeine Ritualisiertheit des Lebensvollzugs begünstigt die Ausdehnung des Begriffes *ad-dīn* auf Sachverhalte, die der moderne Europäer nicht mehr hierunter rechnen würde. Um eine Vorstellung von der Festlegung selbst einzelner Gesten auch bei nach unserem Empfinden profanen Vorgängen zu geben, betrachten wir eine Schilderung des altarabischen Marktgeschehens. In Dūmat al-Ǧandal wurde vor dem Beginn der Geschäfte ermittelt, ob der „König", der den Zehnten einzog, von den Banū Kinda oder einem Vertrauensmann der Ġassāniden gestellt werden durfte (vgl. oben, 60 f.); die beiden Kandidaten mußten, wie es wörtlich heißt, einen Rätselwettbewerb austragen. „Wer von den beiden ‚Königen' seinen Rivalen durch die Lösung dessen, was ihm aufgegeben worden war, überwand, dem überließ man den Markt... Niemand verkaufte irgendetwas ohne die Erlaubnis (des ‚Königs'), damit dieser alle seine Waren verkaufen konnte (und einen sicheren Gewinn erzielte) – zusätzlich zum Zehnten, der an ihn gelangte. Die Kalbiten hatten in Dūmat al-Ǧandal viele Freudenmädchen in Filzzelten; sie zwangen ihre Mädchen zur Prostitution. (Im übrigen) stellten die Kalbiten die zahlreichste Schar unter den (in Dūmat al-Ǧandal zusammenkommenden) Arabern. Deren Geschäfte wurden getätigt, indem sie Steine warfen: Bisweilen nämlich sammelte sich um eine Ware eine ganze Gruppe von Kaufinteressenten, die mit dem Verkäufer um diese Ware feilschten; derjenige unter den Interessenten, der (mit dem Preis) einverstanden war, warf einen Stein; es konnte geschehen, daß mehrere sich auf diese Weise mit dem Geschäft einverstanden erklärten, und dann kamen sie nicht umhin, gemeinsam den Kauf zu tätigen, obwohl ihnen dies widerstrebte. Es konnte auch sein, daß sie sich (vorher) verabredet hatten und dann alle zusammen ihre Steine warfen, wenn sie eine Anzahl waren und untereinander ein Einverständnis erzielt hatten; sie trieben auf diese Art den Verkäufer in den Verlust, wenn sie gegen ihn zusammenhielten." In al-Mušaqqar erfolgte der Handel „durch Berühren und leises Murmeln. (Der Abschluß des Geschäfts mit) Berühren besteht in den stummen Zeichen, die Käufer und Verkäufer einander geben, so daß sie verhandeln, ohne ein Wort zu sagen, bis sie sich durch die Zeichen einigen. Das Murmeln (nach der Einigung) soll verhindern, daß jemand eine Lüge beschwört, falls ein Kunde behauptet, er sei anderen Sinnes geworden." In Dabā war das Feilschen üblich, ohne daß uns Genaueres mitgeteilt wird. In Sanaa erfolgte der Handel „durch das Betasten, das Betasten der Hände", eine Formulierung, deren Inhalt dunkel bleibt (*MHB*, 264–267).

Wie auf anderen Gebieten, so hat das islamische Recht auch auf dem Gebiet des Handels die heidnischen Vorstellungen nicht abgelöst, sondern in ein hochreligiöses Ambiente verpflanzt; der Inhalt wurde nicht tiefgreifend verändert. Im schariatischen Handelsrecht müssen die Geschäfte während der „Sitzung", d.h. solange beide Partner anwesend sind, zum Abschluß gebracht werden. Hat einer die „Sitzung" verlassen, ohne daß der Austausch von Geld gegen Ware oder von Ware gegen Ware stattgefunden hat, ist ein gültiger Abschluß nicht mehr möglich. Nur während der „Sitzung" kann über den Preis gefeilscht werden; einigt man sich und wird die „Sitzung" danach aufgehoben, ist der Rücktritt vom Geschäft ausgeschlossen, desgleichen eine Veränderung der Konditionen. Allein ein durch lange Geschäftsbeziehungen dieser Art gefestigtes Vertrauensverhältnis kann eine „Sitzung" überflüssig machen (Lohlker: *Der Handel im mālikitischen Recht*, 161 f.). Es ist unzureichend, diese „Sitzung" als eine soziale Handlung zu betrachten; das ist sie natürlich auch. Aber das Wesentliche für die Beteiligten ist die Herauslösung der Geschäftsbegegnung aus dem Profanen, das ja das Ungeregelte ist, und die Einbettung in ein rituelles Verhalten, einen *dīn*. Dieser ermöglicht erst eigentlich das von Falschheit ungetrübte Gegenüber, gleichwie die ebenfalls aus dem Profanen herausgetrennte Raum-Zeit-Situation die in Riten gefaßte Begegnung mit Allah ermöglicht, sei es im Gebet, im Fasten oder während des Vollzugs der Pilgerzeremonien. In diesen Zusammenhang ist auch die Überlieferung zu stellen, derzufolge Eide, mit denen Partner einander bestimmte künftige Handlungen zusagten, ebenfalls während der Pilgerzeremonien geleistet wurden, und zwar am 10. Ḏū l-Ḥiǧǧa: „Man berührte einander mit den Händen, wie dies Käufer und Verkäufer tun, hatte sich aber vor dem 10. schon das Versprechen gegeben.“ Als ein Beispiel für solch eine Handlung nennt die Quelle (*WQ/Jones*, 840) den Verkauf eines Hauses durch Abū Sufjān an einen Mann von den Banū ʿĀmir b. Ṣaʿṣaʿa; dieser hatte nur einhundert Dinare angezahlt und schwor nun, den Rest des Kaufpreises, weitere dreihundert Dinare, zu einem bestimmten Zeitpunkt aufzubringen.

/177/ Der Historiograph al-Jaʿqūbī (gest. 891/2) betrachtet in seinem Geschichtswerk in einer für einen Muslim ungewöhnlich ausführlichen und stark an nicht-islamischer Überlieferung interessierten Form die Vergangenheit von Staaten und Dynastien, die in seinen Blick gerieten, darunter sogar das Römische Reich. An den Schluß dieser Vorgeschichte des Islams – das besagt natürlich seine wertende Sicht – stellt er die „Nachrichten über Ismael und seine Söhne..., denn mit ihnen schloß Allah das Prophetentum und die Herrschaft ab; die Nachrichten über sie stehen mit der Geschichte des Gottesgesandten und der Kalifen in einer (unmittelbaren) Beziehung“: Der Islam ist die Erfüllung der sich seit Ismael vorbereitenden Heilsgeschichte.

Ismael ist bei al-Jaʿqūbī der erste, den Allah die arabische Sprache lehrt; ihm verschafft Allah aus dem Meer einhundert Pferde; Ismael und seine Nachkommen lernen, sie zu reiten, während die gewöhnlichen Menschen sich mit Maultieren bescheiden müssen. Die Ǧurhumiten verschwägern sich mit Ismael, seine Söhne zerstreuen sich über ganz Arabien, so daß die Herrschaft über Mekka schließlich an die Ǧurhumiten fällt; dennoch vergessen die Nachfahren Ismaels niemals, die Kaaba zu ehren, anders als die Ǧurhumiten, die es in dieser Hinsicht an Eifer fehlen lassen. Zur Zeit Udads gingen sie unter, weswegen von da an wieder die Nachkommen Ismaels alle Aufmerksamkeit der Kaaba zuwenden mußten. Die Kinder und Kindeskinder Udads machten sich auf je besondere Weise um den mekkanischen Kult verdient – wobei sich die Angaben al-Jaʿqūbīs nicht immer mit denen anderer Quellen decken: ʿAdnān setzte als erster die Grenzpfähle des heiligen Bezirks und versah die Kaaba mit Tüchern; sein edelster Sohn war Maʿadd, auf dessen Ruhebett später Quḍāʿa geboren wurde; Maʿadd führte den Kamelsattel ein; Nizār teilte das Erbe unter vier Söhne auf, von denen Muḍar und Rabīʿa als die „beiden Reinen“ aus der Nachkommenschaft Ismaels galten; die Banū Rabīʿa können sich heldenhafter Kämpfe mit anderen Stämmen rühmen (vgl. /*Z*/ I 69); nach einem Wort Mohammeds darf man weder Muḍar noch Rabīʿa schmähen, denn beide hätten an der Glaubenspraxis Abrahams unbeirrbar festgehalten; Iljās, der Sohn Muḍars, war nämlich der erste, der ein Abweichen von den althergebrachten Bräuchen erkannt und zur Berichtigung der Fehler aufgerufen hatte (vgl. /*Z*/ I 212); in die Lebenszeit Mudrikas, des Sohnes Iljās', fällt das unheilvolle Wirken des ʿAmr b. Luḥaij, der aus Hit die Hubal-Statue nach Mekka brachte (vgl. oben, 26); in Kināna b. Ḫuzaima b. Mudrika zeigten sich edle Eigenschaften in großer Zahl, desgleichen in dessen Sohn an-Naḍr (= Quraiš), und so fort bis zu Quṣaij, vor allem aber zu Hāšim und ʿAbd al-Muṭṭalib, von denen wir in dieser Studie in Einzelheiten berichten (al-Jaʿqūbī: *Taʾrīḫ*, I, 221–253).

/179/ Zum Umfang des Bundes der „Strengen" berichtet Ibn Isḥāq nach Ibn al-ʿAbbās: „Die Araber teilten sich (in der Heidenzeit) mit Bezug auf die religiöse Praxis (arab.: *ad-dīn*) in zwei Gruppen, die Profanen (arab.: *al-ḥilla*) (vgl. oben, 58) und die Strengen (arab.: *al-ḥums*). Zu letzteren gehörten die Quraišiten und alle, die von ihnen gezeugt bzw. geboren wurden; ferner die Kināna, Ḫuzāʿa, die Aus und die Ḫazraǧ, die Ǧušam, die Banū Rabīʿa b. ʿĀmir b. Ṣaʿṣaʿa, die Azd Šanūʾa, Ǧuḏām (?, Text: *ǧ-ḏ-m*), die Zubaid, die Banū Ḏakwān aus dem Verband der Banū Sulaim, die ʿAmr al-Lāt, die Ṯaqīf, die Ġaṭafān, die al-Ġauṯ, ʿAdwān, ʿAllāf und Quḍāʿa. Wenn die Quraišiten eine ihrer Frauen einem (stammesfremden) Araber vermählten, bedangen sie ihm ab, daß jeder Knabe, den sie gebar, ein ‚Strenger' gemäß der (quraišitischen) Glaubenspraxis sein solle. Taim al-Adram b. Ġālib b. Fihr... verehelichte seine Tochter Maǧd dem Rabīʿa b. ʿĀmir b. Ṣaʿṣaʿa unter den Voraussetzung, daß ihre Kinder ‚Strenge' nach quraišitischem Brauch (arab.: *as-sunna*) seien... Man erzählt ferner: Manṣūr b. ʿIkrima b. Ḫaṣafa b. Qais b. ʿAilān heiratete Salmā bt. Ḍubaiʿa b. ʿAlī b. Jaʿṣur b. Saʿd b. Qais b. ʿAilān, die ihm Hawāzin (vgl. /*Z*/ V 172) gebar. Dieser erkrankte schwer, worauf Salmā gelobte, ihn im Falle seiner Genesung der ‚strengen' Glaubenspraxis zu weihen. Als er genas, tat sie es" (*WAM*, 122 f.; *WAMM*, I, 179 f.).

/183/ Nach al-Wāqidī (gest. 822/3), zitiert von al-Azraqī, öffneten die Quraišiten die Kaaba montags und donnerstags. Diese Aussage bezieht sich bereits auf den Neubau (vgl. oben, 80), denn wir hören zugleich, daß die Pförtner alle die rücksichtslos von der Leiter hinabstießen, denen sie den Zutritt zum Heiligtum verwehrten. Da der Boden der Kaaba nicht mit rituell Unreinem in Berührung kommen durfte, mußten die Besucher die Schuhe unten an der Leiter stehenlassen. Diesen Brauch soll al-Walīd b. al-Muġīra vom Klan der Banū Maḫzūm eingeführt haben; beim Neubau der Kaaba spielte dieser Klan eine wichtige Rolle. Da ʿAbd al-Muṭṭalib während dieses Ereignisses noch gelebt haben soll, fällt es in die Zeit vor 581. – ʿAbdallāh b. abī Sulaimān (Ibn Ḥaǧar: *Tahḏīb*, V, 246, Nr. 429), ein Schutzbefohlener des ʿUṯmān b. ʿAffān, berichtet, daß Fāḫita, eine Tochter des Zuhair b. al-Ḥāriṯ b. Asad b. ʿAbd al-ʿUzzā, in hochschwangerem Zustand die Kaaba betrat; „dort überkamen sie die Wehen, und sie gebar Ḥakīm b. Ḥizām (vgl. oben, 54 f.) in der Kaaba. In einem Ledertuch trug man sie hinaus; was unter ihrem (?, Text: *maṯbiri-hā*, Bedeutung unbekannt)... gewesen war, nahm man und wusch es dann am Becken des Zemzembrunnens. Die Kleider, die sie bei der Geburt getragen hatte, wurden für ‚abzulegende Gewänder' erklärt. Mit den ‚abzulegenden Gewändern' hat es folgendes auf sich: Man umrundete das ‚Haus' nur nackend, abgesehen von den ‚Strengen', diese taten es im bekleideten Zustand. Wenn jemand anders im bekleideten Zustand das ‚Haus' umrundet hatte, sei es Mann oder Frau, dann brachte er die Kleider, die er dabei getragen hatte, und warf sie bei der Kaaba hin, und niemand berührte sie oder bewegte sie von der Stelle, bis sie vom Treten der Füße, von Sonne, Wind und Regen zerschlissen waren..." – Als Abū Bakr im Jahr nach der Inbesitznahme der Kaaba durch Mohammed die Pilgerfahrt leitete, überbrachte ihm ʿAlī auf dem Weg dorthin einen Brief (vgl. oben, 445), in dem ihn der Prophet unter anderem beauftragte, das Umkreisen der Kaaba in nacktem Zustand zu unterbinden. – Ibn Šihāb az-Zuhrī (gest. um 742) überliefert: „Die Araber umkreisten die Kaaba nackend, abgesehen von den ‚Strengen' unter den Quraišiten und ihren Eidgenossen. *Al-Aḥmasī* heißt in der Ausdrucksweise einiger Araber jemand, der es mit seiner religiösen Praxis (arab.: *ad-dīn*) streng nimmt. Wenn jemand anders (zum Vollzug der Riten an die Kaaba) kam, legte er das Gewand ab und umrundete die Kaaba nackend; oder er umrundete sie nackend und warf dann seine Gewänder hin, indem er sie für verboten erklärte und bestimmte, daß sie bei (der Kaaba) blieben. (In Ablehnung dieser Sitte) sagt der erhabene (Allah): ‚Legt euren Schmuck bei jedem Gebetsplatz an!' (Sure 7, 31)." – Laut Sure 7, Vers 27, hat der Satan Adam und Eva um das Paradies gebracht, indem er ihnen einredete, sie sollten sich nackt ausziehen, damit sie ihre Scham sehen könnten; die Kleidung gehört aber zum von Allah bereitgestellten Lebensunterhalt (vgl. Sure 7, 32). Deshalb verbot Allah in einer Offenbarung jenen heidnischen Brauch. – In einer auf Ṭā'ūs b. Kaisān (gest. 724) zurückgeführten langen Schilderung der Bräuche der „Strengen" heißt es: „Die Profanen dürfen keine Speisen verzehren, die sie aus dem Gebiet des Profanen in den geheiligten Bezirk mitnehmen, wenn sie die große (arab.: *al-ḥaǧǧ*) oder die (zu jeder Jahreszeit mögliche sogenannte kleine) Wallfahrt (arab.: *al-ʿumra*) vollziehen wollen. Sie essen im geheiligten Bezirk nur die Speise der Bewohner dieses Bezirkes, sei es, daß sie von letzteren bewirtet werden oder ihnen die Speise abkaufen müssen... Wenn jemand zum ersten Mal pilgert (arab.: *aṣ-ṣarūra*), ob Mann oder Frau, und nicht zu den ‚Strengen' gehört, umkreist er beim erstmaligem Vollzug das ‚Haus' nur nackend, außer wenn er dies im Gewand eines ‚Strengen' tun kann, das ihm kostenlos geliehen oder gegen Entgelt vermietet wurde... Wenn ihm niemand ein Gewand leiht, wirft er seine Kleidung außen vor dem Tor zum Gebetsplatz (dessen Mitte die Kaaba bildet) zu Boden, betritt den Platz und umrundet die Kaaba nackend. Er beginnt bei Isāf, berührt dieses Idol, dann die Ecke mit dem schwarzen Stein. Danach wendet er sich nach rechts und umschreitet die Kaaba, wobei diese zu seiner Rechten liegt; hat er sie siebenmal umkreist, berührt er abermals die Ecke mit dem schwarzen Stein und zuletzt an-Nā'ila und beendet damit die Umkreisung, verläßt (den Gebetsplatz), findet seine Kleider unberührt, so wie er sie dort abgelegt hat, nimmt sie, zieht sie an und umkreist die Kaaba danach nie wieder nackend. Nur die Erstpilger, die nicht zu den ‚Strengen' gehören, umkreisen sie nackend, die ‚Strengen' dagegen in Kleidern. Wenn jemand, der nicht zu den ‚Strengen' gehört, sei es Mann oder Frau, großmütig sein will und nicht von einem ‚Strengen' Gewänder erhalten kann, um darin die Kaaba zu umrunden, und wenn er noch weitere Gewänder mit sich hat als jene, die er gerade trägt, und dann den Umgang in den Gewändern vollzogen hat, die er aus dem Profanen mitgebracht hat, dann zieht er jene, in denen er die Kaaba umschritt, danach aus und erklärt sie zu ‚abgelegten Gewändern', die er zwischen Isāf und an-Nā'ila hinwirft. Niemand rührt sie an oder nutzt sie, bis sie von den Tritten der Füße, von Sonne, Wind und Regen ganz verschlissen sind.." (*WAM*, 118–121; *WAMM*, I, 174–178).

/212/ Irfan Shahîd analysiert in seinen umfangreichen Studien über das Verhältnis zwischen Byzanz und den Arabern in vorislamischer Zeit unter anderem zwei Kirchenhistoriker des 5. Jahrhunderts: Theodoret von Kyrrhos und Sozomenos aus Bethelea bei Gaza. Theodoret stammte aus Antiochien, erlangte das Amt eines Bischofs von Kyrrhos östlich von seiner Geburtsstadt, verlor es zwischen 449 und 451, da er im Streit um die Christologie gegen Kyrillos von Alexandrien Stellung bezogen hatte. In seinen Schriften erscheinen die Araber als ein Volk, das in Ismael seinen Ahnherrn sieht, diesen verehrt und sich der Abkunft von ihm rühmt (Shahîd: *Fifth Century*, 155). – Sozomenos schrieb in der ersten Hälfte des 5. Jahrhunderts eine Kirchengeschichte, die bis zum Jahr 422 reicht. Er unterscheidet sich in einem wesentlichen Punkt von dem etwas späteren Theodoret: Bei Sozomenos ist es eine gelehrte Bemerkung, daß die Araber von Ismael abstammen; er deutet nicht an, daß diese Ansicht der Auffassung der zu seiner Zeit lebenden Araber entspricht, die er in der Regel als Sarazenen bezeichnet; die Araber hätten diesen Namen, so behauptet er, angenommen, um ihre niedrige Herkunft von der Magd Hagar zu verschleiern. Sie übten jedoch, wie Sozomenos betont, zahlreiche jüdische Bräuche wie etwa die Beschneidung. Für Sozomenos ist dies freilich nicht verwunderlich, stammen doch Juden wie Araber von einem gemeinsamen Ahnherrn, von Abraham, her und sind lediglich durch die Gesetzgebung Moses voneinander getrennt. Der abrahamische Monotheismus der Araber sei, da sie mit vielen Völkern in Verbindung getreten seien, in Verderbnis geraten, meint Sozomenos; jetzt aber seien sie wieder mit den Juden in Berührung gekommen, und die Neigung, sich wieder enger an deren Sitten anzuschließen, sei unverkennbar (Shahîd: *Fifth Century*, 167–172). Das oben (Kapitel I, Teilkapitel 1) von uns aus den arabischen Quellen ermittelte Geschichtsbild – Verblassen des Monotheismus, dann dessen Wiederherstellung durch Quṣaij – ist, wenn man von der Person des Quraišiten absieht, keineswegs eine nachkoranische Konstruktion, sondern enthält seit dem frühen 5. Jahrhundert im Arabertum nachweisbare Überzeugungen (vgl. /*Z*/ I 177).

Diese ganz allgemeine Feststellung wird durch die 2003 von Chr. J. Robin veröffentlichten Untersuchungen zur Durchdringung Arabiens mit monotheistischem Gedankengut bekräftigt. Robins Quellen sind in erster Linie ḥimjarische Inschriften. Bis etwa zum Jahre 350 n.Chr. bezeugen diese ausschließlich polytheistische Vorstellungen, wobei freilich zu beobachten ist, daß die in Mārib verehrte Gottheit Almaqah das sabäische Pantheon zu dominieren beginnt. Gegen Ende des 4. Jahrhunderts tauchen Anrufungen des „Herrn des Himmels“ auf; in Nordwestarabien ist dieser Begriff schon früher belegt, nun ist er in den Süden gelangt. Allein im Zusammenhang mit dem „Herrn des Himmels“ werden Wörter wie „erhören“ (*s-m-ʿ*) und „Gebet“ (*ṣ-l-t*) verwendet, letzteres ein aus dem Syrischen stammendes Fremdwort. Von etwa 380 bis 522 reicht die Zeitspanne, in der laut Robin mehr und mehr hochreligiöses Ideengut seinen Niederschlag in ḥimjarischen Inschriften findet, ohne daß von einem Übertritt der Bevölkerung zum Judentum oder Christentum gesprochern werden könnte. Erst 522 nimmt Ḏū Nuwās das Judentum an und nennt sich fortan Jūsuf. Sein Krieg gegen die Christen in Nadschran lenkt die Aufmerksamkeit des Byzantinischen Reiches auf Südarabien (Robin: *Le judaïsme de Ḥimyar*, 97–130).

Auffällig ist im übrigen, daß die allmähliche Hinwendung der Ḥimjaren zum Monotheismus mit einer Ausdehnung ihrer Herrschaft bis nach Ẓafār hinein einherging und der Anschluß der in Besitz genommenen Gebiete zu einer Vereinheitlichung der Sprache führte, wie wir ihr auch unter ʿUmar b. al-Ḫaṭṭāb begegnen werden (ebd., 106; vgl. Kapitel VI, 529–533). Demnach gab es in Arabien schon vor Mohammed einen autochthonen, hochreligiöse Elemente aufnehmenden Monotheismus oder besser Henotheismus, dessen Träger sich expansiv verhielten.

/239/ Die Überzeugung, daß Mohammed und seine Botschaft gleichsam aus dem Nichts kamen und wie ein erratischer Fels in der Menschheitsgeschichte stehen, wird nicht einmal von den Muslimen geteilt. Allerdings ist nach ihrer Ansicht jedes Wort des Korans unmittelbar zu Allah. So und nicht anders wurde es ihrem Propheten durch Allah eingegeben, und dank solcher unmittelbaren Herkunft von Allah unterscheidet sich der Koran von jeglicher anderen Rede, die zu Mohammeds Lebzeiten, lange vor und bis zum Jüngsten Tag nach ihm geäußert wurde und wird: Die Originalität der koranischen Verlautbarungen des Propheten liegt nicht so sehr in ihrem Inhalt als vielmehr darin, daß sie Allahs unmittelbares Wort sein sollen. Die Muslime leugnen nicht, daß sich im Koran zahlreiche Parallelen zu Texten finden, die auf das Alte und das Neue Testament und die apokryphen Evangelien zurückgehen. Offenbarungen hat es schon vor Mohammed gegeben; aber sie seien verfälscht worden. Somit gelten gerade die Veränderungen, die der Stoff im Koran gegenüber den älteren Fassungen erleidet, als der Beweis für die Authentizität der koranischen Worte und für deren Unabhängigkeit von den genannten Quellen.

Dieser dem islamischen Glauben entspringenden unhistorischen Betrachtungsweise hat die Islamwissenschaft seit dem frühen 19. Jahrhundert eine Fülle von Erkenntnissen über die Abhängigkeit des Korans von jüdischem und christlichem Gedanken- und Erzählgut entgegengesetzt; in einer Darstellung der Vita Mohammeds braucht man auf dieses Sachgebiet nicht im einzelnen einzugehen. Von Belang für unser Thema sind derartige Untersuchungen nur dann, wenn in ihnen aus der angesprochenen Abhängigkeit, die eine unbestreitbare Tatsache ist, auf die Fiktivität der Gestalt des islamischen Propheten geschlossen wird. Die wichtigsten drei derartigen Ansätze sollen hier umrissen werden.

1. Günter Lüling kommt in der Analyse einiger Passagen des Korans zu dem Schluß, daß es „poetische verfaßte und strophisch gegliederte christliche Grundtexte" des Korans gegeben habe (Lüling: *Ur-Qurʾān*, 2). Diese seien auf vielfältige Weise umgedeutet worden; hierbei denkt Lüling vor allem an sprachliche Manipulationen. Der Zweck dieser Umdeutungen sei in der Einpassung des betreffenden Stoffes in die originär-islamischen Passagen des Korans zu suchen. Die Problematik der Argumentation Lülings liegt darin, daß er vielfach nicht der Versuchung widersteht, Sätze in seinem Sinn zusammenzuflicken und dann auf diesen nicht belegbaren Konstrukten weitreichende Schlußfolgerungen aufzu-

bauen, für die ihrerseits aus den einschlägigen Quellen keinerlei Belege erbracht werden können. Ein Beispiel: In Sure 50, Vers 30 bis 32, ist nach dem üblichen Verständnis davon die Rede, daß am Jüngsten Tag die bereits überfüllte Hölle nach weiteren Sündern giert (Vers 30); zu den Gottesfürchtigen wird dagegen der „Garten" herangebracht (Vers 31): „Das ist, was euch versprochen wird" (Vers 32). Lüling macht in Vers 31 durch das Hinzufügen eines diakritischen Punkts aus „nahegebracht" „vernichtet" (aaO., 254 f.). Infolgedessen darf es nicht bei den im selben Vers erwähnten Gottesfürchtigen bleiben; sie werden „urqur'ānisch" als „diejenigen" interpretiert, „die sich schützen" wollen (aaO., 217), nämlich gegen die Verurteilung und Bestrafung durch Allah: Das „Paradies", der „Garten", wie es im Koran wörtlich heißt, ist laut Lüling ein paganer heiliger Hain. Mohammed polemisiert mithin gegen Feinde, die vermeinen, in einem heidnischen Schutzbezirk dem Zorn Allahs zu entgehen. Da der „Ur-Qur'ān" christlich sein soll, hat man es mit einer christlichen Polemik gegen Menschen zu tun, die ihr Christentum nicht mehr ernstnehmen, gegen „Muslime", d.h. gegen „Verräter", „Im-Stich-Lasser" – in der Tat kann das Verbum *aslama* die Bedeutung „ausliefern" haben (aaO., 217; über die Bedeutung des Verbums *aslama* im koranischen Kontext vgl. oben, Kapitel II, 161–163).

Lüling leitet den Islam mithin aus einem beiseitegedrängten Christentum ab und übersieht dabei, daß es eine weder als christlich, noch als jüdisch zu definierende heidnische Frömmigkeit gab, die ihre Redeweise an dem seit dem 4. Jahrhundert nachweisbaren hochreligiösen Einfluß auf Arabien orientierte. Deswegen macht er aus dem Ḥanīfen Umaija b. abī ṣ-Ṣalt, in dessen Gedichten er beispielsweise die Vorlage für Sure 96 aufspürt, kurzerhand einen Christen (*Ur-Qur'ān*, 77). Die Annahmen seines Buches *Über den Ur-Qur'ān* fortspinnend, gelangt Lüling in einer 1981 vorgelegten Studie zu der Auffassung, Mohammed sei der letzte urchristlich-theologische Denker gewesen. Die doketische Christologie des Korans (vgl. Sure 4, 156) sei „direkt auf die im Islam erhaltene und fortentwickelte *Engelchristologie* (von Lüling hervorgehoben, Na) des Urchristentums zurückzufühen" (Lüling: *Wiederentdeckung*, 61). Die mekkanischen Feinde Mohammeds seien keineswegs Heiden gewesen, sondern in Wahrheit hellenistische Christen. Wegen ihrer Trinitätslehre habe Mohammed sie polemisch als Polytheisten gebrandmarkt, wegen ihrer Kruzifix- und Bilderverehrung als Götzendiener geschmäht. Erst der nachprophetische Islam habe generell die Christen, die hellenistischen zumal, als Ungläubige verunglimpft und sich damit von seinen eigentlichen Wurzeln getrennt: Der Islam sei mithin das Werk der ersten Nachfolger Mohammeds (ebd., 94 f.).

Damit diese Auffassungen plausibel erscheinen, muß Lüling die Geschichtsüberlieferung zu Mohammed und zum frühen Islam ignorieren. Er begründet dies mit der Behauptung, sie sei ein späteres Konstrukt, eben weil Mohammed ja eigentlich ein christlicher Prophet gewesen sei. Unter Berufung auf R. Paret: *Die Lücke in der schriftlichen Überlieferung über den Urislam*, postuliert Lüling einen Zeitraum von 170 Jahren, über den uns die Quellen im ungewissen ließen. – Paret setzt die Lücke übrigens kürzer an. – Die islamische Geschichte beginnt mithin erst etwa unter dem Abbasiden Hārūn ar-Rašīd (reg. 786–809). In der undokumentierten Zwischenzeit soll jene Umgestaltung der urchristlichen Verkündigung Mohammeds zu einer „nachprophetischen islamischen Orthodoxie" (ebd., 91) abgelaufen sein. Als Gründe für diesen Vorgang macht Lüling geltend: a. Das durch das islamische, d.h. urchristliche Schwert bezwungene hellenistische Christentum obsiegte in der „intellektuell-sophistischen Gelehrten-Disputation", indem es den wahren Ursprung des Islams verschleierte und vorgab, dieser habe sich aus dem Heidentum entwickelt. b. Für Mohammeds Nachfolger war der revolutionäre Gedanke eines wiederbelebten und auf Abraham zurückgeführten Urchristentums zu anspruchsvoll und problematisch, und deshalb hätten sie sich willig in die Verdrängung dieser Vorstellungen durch ihre hellenistisch-christlichen Feinde gefügt (ebd., 205–211).

2. Eine radikale Textkritik des Korans liegt auch dem zweiten Versuch zugrunde, aus Mohammed einen anderen zu machen als den, der uns in den Quellen entgegentritt. Diesmal freilich soll er nicht ein urchristlicher Prophet gewesen sein, sondern nur ein Schemen, den dem Leser die unter dem Namen Koran umlaufenden Texte vorgaukeln. John Wansbrough veröffentlichte 1977 ein Buch mit dem *Titel Quranic Studies. Sources und Methods of Scriptural Interpretation.* Vereinfacht gesagt, überträgt Wansbrough die Verfahren der Erforschung der Evangelien auf den Koran, wodurch diesem *a priori* ein als Prophet wirkender Urheber abgesprochen wird. Der Koran sei vielmehr im Laufe von zwei bis drei Jahrhunderten in einem Redaktionsgeschehen, dessen Autoren nicht namhaft gemacht werden können, zu dem heute vorliegenden Textkorpus zusammengewachsen. Die Unterschiedlichkeit der literarischen Gattungen, die der Koran aufweist – Wansbrough nennt in erster Linie prophetische *logia* sowie *exempla* aus der Heilsgeschichte, die den Inhalt der *logia* veranschaulichen sollen –, ist das stärkste Argument für seine Thesen. In dem ein Jahr später publizierten Buch *The Sectarian Milieu. Content and Composition of the Islamic Salvation History* versucht er, unter Absehung von der überlieferten islamischen Ereignisgeschichte ein Bild vom religiösen und intellektuellen Lebensraum zu entwerfen, in dem sich der disparate Stoff zur heiligen Schrift eines neuen Glaubens habe verdichten können.

Stark von den Überzeugungen Wansbroughs beeinflußt ist das 1977 erschienene Buch *Hagarism. The Making of the Islamic World* von Michael Cook und Patricia Crone. Sie bringen Wansbroughs Thesen mit der gut belegten Tatsache in Verbindung, daß man die Anhänger der – laut Wansbrough nur angeblich von einem gewissen Mohammed gestifteten Religion – erst gegen Ende des 7. Jahrhunderts Muslime zu nennen begann. Juden, die nach der Rückeroberung Edessas durch Herakleios im Jahre 628 nach Arabien flohen, seien dort mit einem Mann namens Mamet in Berührung gekommen, der seinen Landsleuten von Abraham gepredigt habe. Es habe sich eine judäo-arabische Gemeinschaft gebildet, die sich dann auf einen Exodus, eine Hedschra, in das Heilige Land begeben habe. In den islamischen Quellen kann man diese Vorgänge nicht belegen; diese Quellen seien daher in Bausch und Bogen zu übergehen und dürfen nur in Einzelfällen „aus spezifischen Gründen" herangezogen werden (Cook: *Muhammad*, 67). Nun ist freilich dieses Material so reichhaltig und vielschichtig, daß man es nicht einfach als eine spätere Erfindung abtun kann, zumal ab dem mittleren 7. Jahrhundert mit dem Aufstieg der Omaijaden von Damaskus eine materielle Überlieferung – Münzen, Inschriften – einsetzt. Patricia Crone ist diesem Problem nicht ausgewichen. In ihrem Buch *Slaves on Horses. The Evolution of the Islamic Polity* schildert sie die Entstehung des ersten islamischen Staates; sie vertritt dabei den Standpunkt, daß dieselben Quellen, die, sofern sie sich auf den frühen Islam als eine Religion beziehen, zu verwerfen seien, sehr wohl für die Beschreibung der politischen und militärischen Geschehnisse genutzt werden dürften (vgl. auch Nagel: *Einschübe*, 10–13).

3. Die völlige Negierung der Person Mohammeds blieb Karl-Heinz Ohlig vorbehalten. Unter Zugrundelegung der Arbeiten von Chr. Luxenberg (vgl. /Z/ II 204) stellt er die Behauptung auf, *Muḥammad* sei keineswegs der Eigenname eines Arabers, der als Prophet aufgetreten sei, sondern ein Epitheton Jesu (vgl. hierzu oben, 836 f.). Ähnlich wie Lüling, auf den sich Ohlig allerdings, soweit ich sehe, nicht beruft, glaubt Ohlig an ein Überleben bzw. Wiederaufleben eines vornicänischen Christentums. In der Regierungszeit des Kalifen ʿAbd al-Malik b. Marwān (reg. 785–805) habe sich das von Ohlig postulierte – wo belegte? – christologische Prädikat *muḥammad*, „der zu Preisende", zu verselbständigen begonnen; es sei gleichsam als eine eigenständige Person aufgefaßt worden, eine Betrachtungsweise, zu der die hellenistische Christologie stets neige (Ohlig: *Historisierung*, 335). In Wahrheit sei es im sogenannten Islam um eine erneute, gegen die erwähnten Tendenzen gerichtete Bekräftigung des syrisch-semitischen Verständnisses von Jesus gegangen. Jesus als der „Knecht Gottes" – nicht als der seinem Vater wesensgleiche oder wesensähnliche Sohn Gottes – habe sich in seinem Leiden als der neue Mensch bewährt, der „Gott bis in den Tod gehorcht" (Ohlig: *Das syrische und arabische Christentum*, 379). Ohligs wichtigster und frühester Beleg für die Gottesknecht-Theologie ist die im frühen 2. Jahrhundert im syrischen Raum entstandene *Didache*, die einem judenchristlichen Milieu entstammt (*RGG*[4], II, 835 f., W. Rordorf). Im frühen Islam, der mithin als eine Fortsetzung der in jenem Text zum ersten Mal bezeugten Christuslehre zu begreifen sei, werde stark betont, daß der Messias der Knecht Gottes sei – ebenjener Knecht Allahs, der laut den Inschriften des gegen Ende des 7. Jahrhunderts in Jerusalem errichteten Felsendoms „gepriesen" werden müsse. In /Z/ VIII 397 werde ich auf dieses Thema zurückkommen.

/284/ Wie in /Z/ I 32 an einem Beispiel gezeigt, vermögen wenige Verse in den Zuhörern eine Fülle miteinander verwobener Gedanken und Überlieferungen zum Klingen zu bringen; eine bestimmte Parteinahme und ihre zum Teil weit zurückliegenden, nicht selten legendären Beweggründe können so dem Kundigen, Betroffenen bewußt werden. Die ins einzelne gehende Erläuterung der Vorgeschichte dieser oder jener Parteinahme wird entbehrlich, ein Umstand, der den Historiker, der die Quellen ohne ein entsprechendes Vorauswissen studiert, oft ratlos macht. Eine Klage über den mangelhaften Aufbau arabischer Geschichtsschreibung geht freilich ins Leere, denn für den modernen Historiker wurde sie nicht betrieben.

Dieser zieht im allgemeinen die in die erzählende Überlieferung eingestreuten Gedichte, selbst wenn deren Urheber genannt werden, nur ungern zur Klärung von Ereignissen heran. Gedichte stehen in dem Verdacht, nicht unmittelbar unter dem Eindruck dessen entstanden zu sein, wovon sie Zeugnis ablegen wollen, sondern die Absicht zu verfolgen, das in ihnen erwähnte Geschehen propagandistisch zu verschleiern. Dieser Verdacht ist nicht von der Hand zu weisen. Dennoch ist auch zu bedenken, daß die überlieferte Dichtung als die Erinnerung an sich gewertet wurde; die Dichtung sei der „Diwan" der Araber, ihr „Archiv", wie ein geflügeltes Wort betont. Zu dem Streit, ob die in die Geschichtswerke eingefügten poetischen Fragmente der Unterhaltung der Leser bzw. der Zuhörer diente, möchte ich mich nicht äußern. Zumindest in der Zeit, mit der wir es in diesem Buch zu tun haben und in der eine arabische Historiographie allenfalls in rohen Anfängen existierte, wurden Gedichte als Mitteilungen in einer gesteigerten Ausdrucksweise empfunden, die – übrigens ähnlich wie die Verse des Korans – dem aufmerksamen Zuhörer den eigentlichen Sinn des Vorgetragenen erschlossen, *den* Sinn natürlich, den der Urheber der Verse der Mitteilung beilegte. Freilich war dies ein Sinn, der in der Überzeugung des Urhebers gar nicht immer von ihm selber erdacht worden war, sondern einen jenseits seiner Erfindungskraft liegenden Ursprung haben konnte (vgl. /*Z*/ II 5). Den einem Geschehen beigelegten Sinn zu kennen, ist aber für den heutigen Historiker von großem Interesse.

Die Funktion, das Innere eines Vorganges zu enthüllen, behält die arabische Poesie übrigens auch in anderen Gattungen als der Historiographie. Ich verdeutliche deswegen, worauf es mir ankommt, mit einem Beispiel aus *1001 Nacht*. In Bagdad gab es einen Lastenträger mit Namen Sindbad. Eines Tages keuchte er wieder unter schwerer Bürde durch die Gassen und kam am Anwesen eines reichen Kaufmanns vorbei. Um ein wenig Atem zu schöpfen, setzte er die Last ab. Dabei bemerkte er den Wohlgeruch, der aus der Pforte strömte, und aus dem seinen Blicken entzogenen Inneren drang der liebliche Gesang von Vögeln an sein Ohr. Vorsichtig machte er ein paar Schritte und erspähte einen dem Paradies vergleichbaren Garten. „Preis sei dir, Allah!" sprach er bei sich selber, „du ernährst, wen du willst, ohne Abrechnung. Niemand kann gegen deine Entscheidung Einspruch erheben... Der Herr jenes Ortes genießt den größten Wohlstand... Unter deinen Geschöpfen findet sich der Ermattete wie der Ausgeruhte, der Glückliche und jemand wie ich in äußerster Überanstrengung und Erniedrigung." Und der Lastenträger sprach die folgenden Verse: „Wie mancher Elende, Ruhelose muß sich ohne Schatten erholen; ich lebe in übergroßer Anstrengung, seltsam ist mein Los, meine Last allzu schwer; ein anderer ist glücklich und ohne Plage, nicht einen Tag trägt er wie ich; immer läßt er es sich wohl sein, ist geachtet, trinkt und ißt nach Belieben; und doch sind alle Menschen aus einem Samentropfen nur (Sure 22, 5 oder Sure 40, 67 und weitere Belege), ich bin wie der da, er ist wie ich; und doch dieser gewaltige Unterschied, wie zwischen Wein und Essig; und doch will ich dir, Allah, nichts nachsagen, was dir nicht ziemt – du bist der Weise, und du entscheidest gerecht!" (*Alf laila wa-laila*, III, 60 f.; vgl. die Übersetzung von Littmann, IV, 98 f.).

Hier dienen die Verse der Erschließung des Sinnes der ganzen folgenden Geschichte von den sieben gefahrvollen Kauffahrteireisen Sindbads des Seefahrers; nur dem Unwissenden ist Allahs Bestimmung reine Willkür, wie es Sindbad dem Lastenträger im ersten Augenblick erscheint. Allah bestimmt alles Geschehen, das ein Mensch erlebt, aber des Schöpfers Weisheit fügt alles so, daß sich Leiden und Freuden zu einem gerechten Ganzen verbinden. Dies ist die Lösung, die die spätmittelalterliche sunnitische Theologie für das Problem der Prädestination und der Gerechtigkeit gefunden hat (vgl. Nagel: *Im Offenkundigen*, 449, 479–494). Die eingeschobenen Verse dienen also keineswegs der bloßen Unterhaltung, sondern machen den Zuhörer auf die erwünschte Auslegung der folgenden Erzählung aufmerksam.

Kapitel II: Ein heidnischer Prophet

/5/ Es soll der Dichter Kuṯaijir ʿAzza, der für seine Lobgesänge auf ʿAlī b. abī Ṭālibs Sohn Muḥammad b. al-Ḥanafīja je nach dem Standpunkt des Urteilenden berühmt oder berüchtigt war, folgendes über sich selber erzählt haben: „Ich redete nicht in Versen, bevor ich dazu gezwungen wurde." „Und wie geschah das?" fragte man ihn. „Eines Tages ritt ich um die Mittagszeit auf einem meiner Kamelhengste in der Gegend von al-Ġamīm oder Ḥamdān" – zwei möglicherweise im Gebiet von Medina gelegenen Örtlichkeiten (*SWW*, 1278 f.). – „Plötzlich näherte sich mir ein Reiter, bis er sich an meiner Seite befand. Ich betrachtete ihn und bemerkte, daß er aus Messing war; seine Seele schleifte er auf dem Boden hinter sich her." – Die Seele wird im Islam, soweit er nicht durch hellenistisches Gedankengut beeinflußt ist, bis auf den heutigen Tag als eine materielle Entität verstanden; sie wird dem Sterbenden im Augenblick des Todes entrissen, was unerträgliche Schmerzen bereitet; auf diesen besonders für die Frevler furchtbaren Augenblick spielt Sure 6, Vers 93 an. – „(Der Fremde befahl mir): ‚Sprich in Versen!' und lud sie mir auf. ‚Wer bist du?' fragte ich, und er antwortete: ‚Dein Begleiter von den Dschinnen.' Seither sprach ich Verse" (*AG2*, IX, 24).

Der Dichter al-Ḥuṭaiʾa, ein Zeitgenosse Mohammeds und ein für seinen beißenden Spott gefürchteter Mann, gehörte zu den Banū Ġaṭafān; aber man sagte ihm nach, er rechne sich immer zu jenem Stamm, dem er gerade einmal nicht zürne. Jemand berichtete, was ihm mit jenem seltsamen Mann widerfahren war. Eines Tages, so der Erzähler, habe er seinen Reiseweg verfehlt und sei von Unbekannten aufgenommen und bewirtet worden. Was man ihm zu essen gab, hatte einen eigenartigen Geschmack und lag schwer im Magen. Die Gastgeber forderten einen der Ihrigen auf, einen Vers vorzutragen. „Spurlos verschwunden ist Sulaimā (als Name: *AG2*, I, 123, Zeile 5; nach Dozy: *Supplément*, I, 678 bedeutet das Wort *sālima* den Salbei) aus Musḥulān und selbst aus Ḥāmir (vgl. *HAM*, 175); die Straußen und die Wildkühe nahmen sie fort." Der Gast war erstaunt: „Ist dies nicht ein Vers al-Ḥuṭaiʾas?" „Gewiß!" antwortete jener, „und ich bin sein Gefährte von den Dschinnen!" (*AG2*, II, 177 f.). Es waren also Dämonen, die sich um ihn gesorgt hatten, und einer unter ihnen war der Einflüsterer des bekannten Dichters. – Vor der Kraft der Worte al-Ḥuṭaiʾas galt es, sich in acht zu nehmen. Er war wegen seiner maßlosen Bettelei verschrien, und als er eines Tages während eines Hungerjahres in Medina erschien, hatten die Quraišiten wohlweislich einiges zurückgelegt, um auf seine Unverschämtheiten vorbereitet zu sein. Sie sagten sich: „Jetzt kommt dieser Mann, der ein Dichter ist. Ein Dichter aber spricht eine Vermutung aus und läßt sie dann Wahrheit werden! Er wird sich zu einem eurer Vornehmen begeben und ihn anbetteln. Gibt jener ihm etwas, dann muß er sich bis zum Äußersten anstrengen; verweigert er ihm etwas, dann wird al-Ḥuṭaiʾa ihn mit Schmähworten strafen." Die Rücklagen beliefen sich auf vierhundert Golddinare; man war sich sicher, daß man ihn damit zufriedenstellen werde, doch schon am folgenden Freitag während des Gottesdienstes rief er, zum Imam gewandt: „Wer mir zwei Maultiere schenkt, den wird Allah vor dem Heranbrausen des Höllenfeuers schützen!" (*AG2*, II, 164). – Ein Dichter steht mit verborgenen, überlegenen Mächten in Beziehung; sie haben ihn in der Gewalt, aber auch er vermag sie so einzusetzen, daß es nicht ratsam ist, sich ihm zu widersetzen: Die Wirkung seiner Schmähworte ist in jedem Fall zu fürchten. Mohammed, der Gesandte des Einen, ist ebenfalls einer fremden Gewalt ausgeliefert, und was er äußert, könnte seinen Feinden schaden; doch duldet er den Vergleich mit den Dichtern oder den Besessenen nicht, von denen es viele gibt. Als der Gesandte des Einen verficht er gegen die Wahrsager und Dichter sein Monopol des Zugangs zum Verborgenen (vgl. Nagel: *Allahs Liebling*, erster Teil, Kapitel I).

/38/ Muḥammad b. ʿUmar al-Wāqidī hat sich wie kein zweiter islamischer Gelehrter um unsere Kenntnis vom Leben Mohammeds verdient gemacht. Da sein Wirken in die Periode fällt, in der sich die erinnerte Geschichte des frühen Islams in ein Korpus für überzeitlich gültig angesehener Normen verwandelt, gehen die Urteile seiner muslimischen Kollegen über ihn sehr weit auseinander. Bei Hušaim (gest. 799), einem der geschätztesten *ḥadīṯ*-Kenner und fabelhaftesten Gedächtniskünstler jener Tage, spielt die folgende Episode: Al-Wāqidī besucht ihn, und Hušaim nutzt die Gelegenheit, den Gast mit seinem Wissen zu beeindrucken; er fragt al-Wāqidī, welche Überlieferungen er zu einem bestimmten Thema im Kopf habe; al-Wāqidī gibt die Frage gleich zurück, worauf Hušaim natürlich nur gewartet hat – jetzt darf er loslegen, fünf oder sechs *Ḥadīṯe* gehen ihm fließend von den Lippen. Dann ist al-Wāqidī an der Reihe, und er weiß deren dreißig und hat im übrigen zu ebendem Gegenstand eine Anzahl der größten Koryphäen befragt. Hušaim ist unangenehm berührt; al-Wāqidī verläßt als Sieger die Szene, während der Unterlegene sinniert: „Wenn er ein Schwindler ist, dann gibt es auf der Welt nicht seinesgleichen, und wenn er die Wahrheit sagt, dann gibt es auf der Welt ebenso wenig seinesgleichen!" (Ibn Ḥağar: *Tahḏīb*, IX, 366, Nr. 604).

Al-Wāqidīs Schüler Ibn Saʿd teilt uns die wichtigsten Lebensdaten mit: Geboren im Jahre 747/8, verließ al-Wāqidī seine Wirkungsstätte in Medina erst 796/7 und brach zu Hārūn auf, der damals in Ruṣāfa am Euphrat residierte, lehrte später in Bagdad und blieb dort, bis der Kalif al-Maʾmūn (reg. 813–133) aus Chorasan kam und in die Metropole Einzug hielt, was im Jahr 819 geschah. Al-Maʾmūn berief ihn zum *Qāḍī* im Stadtviertel ʿAskar al-Mahdī am Ostufer des Tigris. Dieses Amt hatte al-Wāqidī bis zu seinem Tod im April/Mai 823 inne (Ibn Ḥağar, loc. cit.). Was ihn einst aus Medina an den Abbasidenhof verschlagen hatte, waren keine gelehrten Angelegenheiten gewesen, sondern ganz profane Geschäfte; er verdiente sich seinen Lebensunterhalt nämlich mit dem Weizenhandel. Bei einer Beteiligung hatte er seinen Einsatz verloren, und so finden wir ihn eines Tages in Bagdad an der Pforte des Palastes der Barmakiden, wie er die Türhüter beschwatzt, ihm Zutritt zu Jaḥjā b. Ḫālid zu verschaffen, jenem Manne, der in Wahrheit anstelle Hārūn ar-Rašīds (reg. 786–809) das Reich lenkt. In jenen Tagen konnte Gelehrtenruhm noch materiellen Nutzen eintragen, und so war es auch im Falle al-Wāqidīs: Der Wesir ließ ihm die stattliche Summe von 200 000 Dirham ausfertigen (al-Ḫaṭīb: *Taʾrīḫ Baġdād*, III, 4, Nr. 939). Überdies gelangte al-Wāqidī mit den Kreisen in Verbindung, denen ein ganz bestimmtes Bild von der inneren Verfassung des islamischen Reiches vor Augen stand. Der Kalif, so lehrten sie, gehört zu den Hāšimiten und verfügt vermöge solcher genealogischen Nähe zum Propheten über ein Charisma, das ihn befähigt, aus dem islamischen Reich ein einheitliches religiös-politisches Gebilde zu formen. Dies geschieht in einem der von Allah dem Menschen geschenkten *ratio* unterworfenen Diskurs, der vom Kalifen in Gang gesetzt und geleitet wird. Die „Rechtleitung", die Führung des muslimischen Gemeinwesens nach Maßgabe des von Allah durch die Offenbarung kundgegebenen Gesetzeswillens, ist ein jeweils sich in der Herrschaft des Kalifen als des „Imams der Rechtleitung" aktualisierendes Geschehen. Es bezieht sich insofern auf die Wirkungszeit des Propheten, als diese den historischen Beginn jenes sich fortsetzenden Geschehens bildet; die Zeit des Propheten kann gleichwohl Geschichte werden, eben weil die Heilsbestimmtheit der Gegenwart durch die Gestalt des „Imams der Rechtleitung" verbürgt ist (vgl. hierzu T. Nagel: *Rechtleitung und Kalifat*, besonders Kap. III und V). Die stupenden Kenntnisse von der Geschichte Mohammeds und des frühesten Islams, über die al-Wāqidī verfügte, boten einen schier unerschöpflichen Vorrat an Material, auf das man in jenem Diskurs zurückgreifen konnte. Daß al-Wāqidī bei Hofe willkommen war, kann daher nicht überraschen.

Die Rechtsgelehrsamkeit, die jener Staatsideologie wahlverwandt war, bediente sich der reichhaltigen von der Überlieferung bereitgestellten Nachrichten über den frühesten Islam, um daraus unter Einsatz des juristischen Sachverstands Aufschluß über das gottgewollte Recht zu gewinnen, das diesen Staat formen sollte. In diesem Sinne durfte man behaupten, daß der *fiqh*, d.h. Einsicht in die lebenspraktischen und normativen Konsequenzen der koranischen Heilsbotschaft, wie ihn der Rechtsgelehrte Abū ʿUbaid al-Qāsim b. Salām (gest. 839) in seinen Schriften entfaltete, auf al-Wāqidī zurückgehe (Ibn Ḥağar, loc. cit.). Abū ʿUbaid aber war eng mit dem maʾmūnschen Regime verbunden; er war Erzieher in der Familie des hohen al-Maʾmūn ergebenen Würdenträgers Harṯama b. Aʿjan (al-

Ḫaṭīb, op. cit., XII, 404, Nr. 6868) und amtierte lange als Qāḍī in Tarsus, in der wichtigen Grenzregion zu Byzanz, wo er dem dortigen Militärführer Ṯābit b. Naṣr b. Mālik al-Ḫuzāʿī unterstand (Ibn Ḥağar, op. cit., VIII, 316, Nr. 572; *HT*, 511).

Es ist gerade sein historisches Interesse, das al-Wāqidī für Männer wie Abū ʿUbaid zu einem bevorzugten Bürgen und für uns zu einer erstrangigen Quelle macht – für die im 9. Jahrhundert triumphierende *ḥadīṯ*- und Schariawissenschaft jedoch zu einem Ärgernis. Dem, was al-Wāqidī am Herzen lag, konnte die Gelehrtenschaft eine Generation später nichts mehr abgewinnen; nicht selten urteilt sie deshalb vernichtend über ihn, weil er bestimmte methodische Standards, die ihr selbstverständlich geworden waren, nicht beachtet habe. Hingegen wäre es seinen nachgeborenen Kritikern nicht im Traum eingefallen, sich nach der Art und Weise al-Wāqidīs Kenntnisse von der frühesten Geschichte des Islams anzueignen: „Nie traf ich einen der Nachkommen oder der Schutzbefohlenen der Prophetengenossen oder der (unter Mohammed) im Kampf Gefallenen, ohne ihn zu fragen: ‚Hast du mitbekommen, wie jemand aus deiner Sippe dir etwas über dessen Tod erzählte oder darüber, wo jener fiel?' Und wenn er mir etwas mitteilte, ging ich an jenen Ort, um ihn in Augenschein zu nehmen. So zog ich nach al-Muraisīʿ (einer Wasserstelle, an der im Jahre 6 nach der Hedschra eine Schlacht stattfand) und schaute es mir an. Ich kenne keinen Raubzug, dessen Kampfstätte ich nicht aufgesucht hätte, um sie zu sehen" (al-Ḫaṭīb, op. cit, III, 6, Nr. 939). Al-Maʾmūn wußte dies alles aufs höchste zu schätzen (ebd., 5), aber noch als al-Wāqidī lebte, ging die Zeit über dieses angespannte Aufmerken auf das ferne Geschehen hinweg; der unstillbare Wunsch, selbst die winzigste Einzelheit aus dem Leben Mohammeds zu erfahren, um daraus Schlüsse für die Gegenwart zu ziehen, verwandelte sich allmählich in die Sucht, sich das Vergangene als von Allah verfertigte Lösung für alle Probleme aller Zeiten wie einen unveräußerlichen Besitz anzueignen.

Das Indiz für diesen Wandel ist die Kritik, die man an al-Wāqidīs Art des Vortrags seines gewaltigen Stoffes übte. So ließ sich der bedeutende *ḥadīṯ*-Kenner Ibrāhīm al-Ḥarbī (gest. 898) (Ibn an-Nadīm: *al-Fihrist*, 287) von einem seiner Lehrer erzählen, man habe al-Wāqidī zur Rede gestellt, weil er am Beginn eines Berichtes die Überliefererketten zusammenfasse und dann den Stoff insgesamt vortrage, also zu einer inhaltlichen Einheit verschmelze, so daß man nicht verfolgen könne, ob der Tradent Y gegenüber dem Tradenten X an einer bestimmten Stelle einen abweichenden Wortlaut, womöglich gar eine Lücke aufweise. Lasse man jeden Tradenten einzeln zu Wort kommen, werde der Text viel zu lang, wehrte sich al-Wāqidī, womit sich die an der Diskussion Beteiligten damals zufrieden gegeben hätten (al-Ḫaṭīb, op. cit., 7; in al-Wāqidīs Werk über die Feldzüge Mohammeds kann man sich seine Methode der Darstellung anschauen). Hinter dieser Kritik steckt mehr als bloßes Gelehrtengezänk. Wir stoßen auf den Kern der Sache, wenn wir uns die folgende Nachricht anhören: Aḥmad b. Ḥanbal (gest. 855) wurde nicht müde, al-Wāqidī zu verteidigen, bis er eines Tages bemerkte, daß dieser auf Autorität von Maʿmar – az-Zuhrī – Nabhān – Umm Salama das *Ḥadīṯ* überliefert, in dem es heißt: „Seid ihre beide etwa blind?" (al-Ḫaṭīb, op. cit., II, 17); damit beging al-Wāqidī einen Fehler, den man nicht mehr beschönigen durfte, denn das betreffende *Ḥadīṯ* wurde allein von Jūnus b. Jazīd (gest. 775) tradiert. Über diesen Irrtum konnte sich Aḥmad b. Ḥanbal gar nicht genug ereifern, und andere seinesgleichen griffen die Angelegenheit auf, um al-Wāqidī eins auszuwischen. So verblaßt schon im 9. Jahrhundert die Erinnerung an seine gewaltige Leistung, und es bleiben allfällige Schmähungen: Nach Aḥmad b. Ḥanbal erklärte auch al-Buḫārī ihn für einen Lügner; desgleichen angeblich schon aš-Šafiʿī, wofür sich allerdings erst bei al-Baihaqī (gest. 1066) und anderen ein Zeugnis findet. Ibn Māǧa (gest. 886), Verfasser eines der „Sechs Bücher", hält nur eine einzige Überlieferung al-Wāqidīs für würdig, in seine Sammlung aufgenommen zu werden; an-Nasāʾī (gest. 915) rechnet ihn zu „jenen Schwachen, die für ihre Lügen über den Gesandten Allahs berüchtigt sind", und zahlreiche weniger prominente Gelehrte stoßen in das gleiche Horn. Abū Ḥātim ar-Rāzī (gest. 890) bemängelte, daß sich al-Wāqidīs Überlieferungen aus Medina auf in der *ḥadīṯ*-Wissenschaft unbekannte Bürgen stützten und auch dem Inhalte nach Befremdliches böten (al-Ḫaṭīb, op. cit., III, 7-18; Ibn Ḥaǧar, op. cit., 364–367).

Denn die Autopsie der Örtlichkeiten vergangenen Geschehens, um zu verstehen, wie es eigentlich gewesen ist, das ist ein Treiben, dem die ab dem 8. Jahrhundert ihren Siegeszug beginnende *ḥadīṯ*-Gelehrsamkeit ratlos, wenn nicht gar schroff ablehnend gegenübersteht. Ihr ist es gerade nicht darum zu tun, Vergangenes in seiner je charakteristischen Eigentümlichkeit zu erfassen; sie ist darauf versessen, die Welt als ein ununterbrochen fortwirkendes Jetzt zu sichern und die Augenblicke, in denen dieses Jetzt an Mohammeds Reden und Handeln besonders klar zutage trat und sich dadurch die Heilsbestimmtheit des von Allahs Schöpfungswirken abhängigen Diesseits manifestierte, zu zeitloser Gegenwart umzuschmelzen (vgl. hierzu meine Bemerkungen in: *Ḥadīṯ – oder: Die Vernichtung der Geschichte*, in: XXV. Deutscher Orientalistentag, Vorträge, Stuttgart 1994, 118–128). Eines der formalen Mittel, mit denen geschichtliche Überlieferung in ein ununterbrochen fortwirkendes Gegenwärtiges verwandelt wird, ist die Gewährsmännerkette (arab.: *al-isnād*). Sie benennt nicht einfach, wie man auf den ersten Blick meinen könnte, Zeugen dafür, daß Mohammed eine bestimmte Aussage getroffen hat, sondern Personen, durch die hindurch das heilhaltige Wort nebst den Umständen, unter denen es geäußert wurde, und mit aller ihm innewohnenden heilstiftenden Kraft bis zu demjenigen lebendig geblieben ist, der es von dem letztgenannten Bürgen gehört hat. Tradieren ist nicht Weitergabe von Information, es bedeutet Anschluß finden an die Fülle unmittelbarer göttlicher Rechtleitung, durch die sich die Epoche Mohammeds ausgezeichnet haben soll (vgl. hierzu T. Nagel: *Im Offenkundigen das Verborgene*, viertes Buch). Eine Nachricht über den Ablauf des Gefechts von al-Muraisīʿ sowie dessen Analyse unter Zugrundelegung detaillierter Ortskenntnisse und nach Befragung von Nachkommen der daran Beteiligten ist unter dem Blickwinkel des *ḥadīṯ*-Sammlers sinnlos und leer; die Personen, mit denen al-Wāqidī sich abgibt, könnten die Aufmerksamkeit eines Aḥmad b. Ḥanbal allenfalls dann erregen, wenn durch sie hindurch etwas von jener heilstiftenden Kraft geströmt wäre, die in einem Reden,

Handeln oder stillschweigenden Billigen Mohammeds greifbar wurde. Daß es unter dieser für die *ḥadīṯ*-Gelehrten selbstverständlichen Voraussetzung geradezu frivol ist, Überliefererketten und Überliefertes nach Gesichtspunkten der Zweckmäßigkeit und größtmöglichen Stoffverdichtung zusammenzufassen, leuchtet ein. Und ebenso wenig geht es an, in einer solchen Kette einen Namen gegen einen anderen auszutauschen, und sei es irrtümlich: Der in der Person des Propheten seinen Ausgang nehmende Strahl heilstiftender Wirksamkeit wäre unterbrochen, denn er ist nun einmal, um bei dem Beispiel zu bleiben, das Aḥmad so empörte, keineswegs über Maʿmar, sondern über Jūnus b. Jazīd weitergelenkt worden.

Die Intaktheit der Gewährsmännerkette vom Propheten bis in die Gegenwart war nach der von aš-Šāfiʿī ausgearbeiteten Lehre die unabdingbare Voraussetzung für das Vorhandensein wirklichen, d.h. heilsmächtigen Wissens; und es genügte nicht, dieses Wissen, wie bei anderen Arten von Kenntnissen üblich, über schriftliche Quellen aufzunehmen. Dem Historiker reicht dies aus, niemals aber dem *ḥadīṯ*-Gelehrten. In al-Wāqidīs Werken finde man 20 000 *Ḥadīṯe*, die er gar nicht gehört habe, klagte ʿAlī b. al-Madīnī (gest. 872); man könne von ihm nicht überliefern (al-Ḫaṭīb, op. cit., III, 12 f.). Echtes Wissen ist für aš-Šāfiʿī eine Gegebenheit, die außerhalb der fachlichen Könnerschaft eines Gelehrten, ja gänzlich unabhängig von dieser besteht; es wird nicht von Menschen erarbeitet, womöglich falsifiziert, korrigiert, erneut überprüft – dies alles kann mit dem von Allah über den Propheten in die Welt gebrachten Wissen gerade nicht geschehen. Es ist in einer überzeitlichen Weise vorhanden, seitdem Mohammed auftrat, und die Pflicht des *ḥadīṯ*-Gelehrten lautet, es in zuverlässiger Weise und in unverfälschter Form zuhanden zu halten und immer neuen Generationen von Muslimen den Anschluß an die heilstiftende Rechtleitung, die es gewährleistet, zu vermitteln. Selbstverständlich kommt auch aš-Šāfiʿī nicht ohne eine umfassende Kenntnis (arab.: *al-iḥāṭa*) der Lebensumstände Mohammeds aus; sie ist sogar die unentbehrliche Voraussetzung für die vollständige Explikation des Inhalts dieses heilswichtigen Wissens, die in der Schariagelehrsamkeit statthat. Aber solche umfassende Kenntnis ist mit den Verfahren al-Wāqidīs nicht zu erzielen (T. Nagel: *Aš-Šāfiʿīs Theorie des Wissens*), wenn diese unter anderem Blickwinkel auch noch so ertragreich sind; sie führen nicht zu heilswichtigem Wissen, sondern eben, wie wir hörten, zur Lüge, d.h. zur Kenntnis dessen, was für das Heil bedeutungslos ist.

Indem im Laufe des 9. Jahrhunderts der sunnitische Islam obsiegt und mit ihm das *ḥadīṯ*, wird der Expertenschaft des Historikers die Legitimation entzogen. Daß das Werk al-Wāqidīs wenigstens in Teilen erhalten blieb, ist für den Erforscher der frühen Jahre des Islams ein Glücksfall. Ein Tradent wie Hušaim, Zeitgenosse al-Wāqidīs und daher auch Zeitgenosse jener folgensschweren Wende weg von der Expertenschaft des Kenners hin zur Überzeitlichkeit des „Wissens“, war sich über al-Wāqidī noch unschlüssig. Später war man sich seiner Sache sicher. Warum al-Buḫārī (gest. 870) seine *ḥadīṯ*-Sammlung, die angesehenste des Sunnitentums, mit *Ḥadīṯen* anhebt, die vom „Beginn der Eingebungen“ handeln und nicht mit der Geburt Mohammeds oder seinen Feldzügen, leuchtet nun vollends ein: Nur um ein „Wissen“, das wenigstens mittelbar – der Koran ist es für den Muslim unmittelbar – als heilswichtig legitimiert ist, da es nach der Berufung manifest wurde, kann sich die wahre muslimische Gelehrsamkeit kümmern Vgl. zu der ganzen Problematik auch meinen Aufsatz: *Verstehen oder nachahmen – Grundtypen der muslimischen Erinnerung an Mohammed.*

/74/ Mohammeds Verkündigung ist als eine heidnische Reaktion (vgl. oben, 179–185, 291 f.) auf die seit längerem vonstatten gehende hochreligiöse Durchdringung Arabiens (vgl. /*Z*/ I 212) zu betrachten. Die Ereignisgeschichte der jüdischen Missionierung ist nur sehr spärlich bezeugt. Wir wissen lediglich, daß der jemenische Herrscher Ḏū Nuwās (vgl. /*Z*/ I 46) zum Judentum übertrat, das er angeblich in Medina kennengelernt hatte. Die Juden von Tiberias scheinen Verbindungen nach Südarabien unterhalten und den Unmut der jemenischen Proselyten gegen die ḥimjarischen Christen geschürt zu haben (Engelhardt: *Mission und Politik*, 38). In einem politischen Zusammenspiel mit den von den Byzantinern gefürchteten Vasallen der Sasaniden, den Laḫmiden von Hira, tat sich Ḏū Nuwās ab 523 als Verfolger der Christen in Nadschran hervor. Kaiser Justin I. (reg. 518–527) unterstützte mit Schiffen ein 525 von Äthiopien aus ins Werk gesetztes Landungsunternehmen im Jemen. Ḏū Nuwās wurde bezwungen; der byzantinische Geschichtsschreiber Prokop äußerte die Auffassung, nach diesem Sieg seien sowohl das Ḥimjarenreich als auch das Rote Meer byzantinisch geworden (ebd., 33).

Während der jüdischen Missionierung Arabiens der Rückhalt an einer überregionalen Macht fehlte, war dies bei den Christen, wie angedeutet, nicht der Fall. Einen Ausläufer der von Byzanz aus betriebenen Christianisierung haben wir mit dem von Abrahas Enkel angeordneten Überfall auf Mekka kennengelernt, dessen Abwehr sich ʿAbd al-Muṭṭalib und seine Parteigänger zugute hielten. Man muß allerdings in der zweiten Hälfte des 6. Jahrhunderts zwischen der vom Hof in Konstantinopel geförderten Missionierung und einer „inoffiziellen“ unterscheiden. Hierbei sind die ab 571 einsetzenden scharfen Verfolgungen der Monophysiten in Rechnung zu stellen. – Betrachten wir zunächst die durch die Kaiser veranlaßten Maßnahmen der Missionierung! Justinian (reg. 527–565) erteilte im Jahre 542 Johannes von Ephesos (gest. 586) den Auftrag, Kleinasien zum – chalkedonischen – Christentum zu bekehren. Johannes' monophysitische Überzeugungen waren damals offensichtlich noch kein Grund gewesen, ihm zu mißtrauen. Erst unter Justin II. (reg. 565–578) blieb Johannes nicht mehr vom allerhöchsten Eifer für das chalkedonische Bekenntnis verschont. Die Christianisierung der nördlichen Randzonen Arabiens war zu jenem Zeitpunkt aber bereits unter monophysitischem Vorzeichen in Gang gekommen, und zwar ausdrücklich gemäß Anweisungen, die am Hof getroffen worden waren. Der ġassānidische Vasallenfürst der Byzantiner, al-Ḥāriṯ b. Ǧabala, hatte sich 542 an Theodora, die Ehefrau Justinians, gewandt und die Abordnung geeigneter Männer erbeten, damit dem Priestermangel abgeholfen werde. Theodora entsandte zwei monophysitische Mönche. Der einer von ihnen, Theodor, war arabischer Herkunft und übte fortan „seine Autorität im Süden und

Westen, in der ganzen Wüste, in Arabien und Palästina aus" (Johannes von Ephesos: *De beatis orientalibus*, zitiert bei Engelhardt, op. cit., 92). Der andere, Jakob Baradaios, wirkte von Edessa aus und gilt als der eigentliche Retter des monophysitischen Christentums, das vielfach auch das jakobitische genannt wird. Bereits Justinian soll beträchtliche Summen ausgelobt haben, um Jakobs habhaft zu werden, jedoch umsonst (ebd., 93). Das Ergebnis der sehr erfolgreichen Tätigkeit Jakobs war, daß aš-Šaʾm, der Raum des heutigen Palästina, Syrien und Jordanien, um die Wende zum 7. Jahrhundert in erheblichem Maße christianisiert war, aber eben nach einer Glaubenslehre, die der am Konstantinopeler Hof nunmehr mit Nachdruck verfochtenen chalkedonischen nicht entsprach. – Was den Jemen betraf, so war es dort nach dem Sieg über D̲ū Nuwās nicht mehr der byzantinische Kaiser, der die Christianisierung vorantrieb, sondern der Herrscher von Äthiopien. Dieser ersuchte Timotheos, den monophysitischen Patriarchen von Alexandrien, um die Entsendung eines Bischofs für die Ḥimjariten. Timotheos kam dem Begehren nach, noch ehe in Alexandrien das chalkedonische Bekenntnis eingeführt wurde (ebd., 171 f.).

Dies ist in aller Kürze die Geschichte der durch die Herrscher geförderten Christianisierung Arabiens bis in die Zeit unmittelbar vor dem Auftreten Mohammeds. Sie macht die Ergebnisse verständlich, zu denen eine bereits 1936 veröffentlichte Studie über die Ausbreitung des christlichen Glaubens bei den im Gebiet des syrisch-mesopotamischen Limes seßhaften und nomadisierenden Arabern gelangte: Der Einfluß der chalkedonischen Richtung blieb gering; die Nestorianer waren allenfalls auf sasanidischem Territorium erfolgreich, nämlich bei den Laḫmiden in Hira; weit in den Schatten gestellt wurden jedoch auch sie durch die Jakobiten. Diese begnügten sich nicht damit, bei den Seßhaften die Oberhand zu gewinnen. Zu ihrem Bekenntnis zählten auch Priester und Bischöfe, die mit den Beduinen lebten. Die Wallfahrten zu christlichen Heiligtümern, insbesonmdere zu jenem des Sergius von Ruṣāfa am Euphrat, trugen zur Propagierung der monophysitischen Lehren bei (H. Charles: *Le christianisme des arabes nomades*, 95–97). Zur Regierungszeit Justinians noch ein kleiner Ort, jedoch mit einer Befestigung versehen, genoß die Pilgerstätte unter Justin II. schon so viel Ansehen, daß er 575 dorthin seinen ġassānidischen Vasallenfürsten einbestellte, damit dieser sich mit einem kaiserlichen Botschafter über die Beilegung von Zerwürfnissen einige (ebd., 33 f.).

Die Feldzüge des Sasaniden Chosrau Parwez (reg. 590–628) gegen das Byzantinische Reich brachten im Mai 614 Jerusalem in die Hand der Iraner; bis 620 fiel auch Ägypten unter sasanidische Oberhoheit. Diese Ereignisse versetzten dem chalkedonischen Christentum des Nahen Ostens einen weiteren schweren Schlag. Jetzt zeigten sich die schlimmen Folgen der antimonophysitischen Religionspolitik. Der Patriarch von Jerusalem und insgesamt 35 000 Chalkedonier wurden nach Ktesiphon verschleppt und mit ihnen die Reliquie des Wahren Kreuzes. Die Monophysiten, die kaum für den Kaiser im fernen Byzanz eintreten mochten, blieben unbehelligt. Auch in Ägypten wurde der seit langem schwelende Konflikt zwischen den Chalkedoniern und den Monophysiten zugunsten der letzteren entschieden. Da freilich die Iraner die ihnen genehmen Nestorianer protegierten, wurden sie nicht zu einer beliebten Besatzungsmacht. Die Gegenoffensive des Kaisers Herakleios im Winter 627 auf 628 bereitete ihrem Regime in Syrien und Palästina ein rasches Ende (Frend: *The Rise of the Monophysite Movement*, 335–353) – eine Wende, die sich auch auf Mohammeds Lebensweg auswirkte (vgl. oben, 431 f.).

/91/ Im 20. Jahrhundert hat man in der Islamwissenschaft darüber gestritten, ob Mohammeds erste Verkündigungen von der Furcht vor dem baldigen Endgericht beherrscht wurden oder vom Vertrauen auf den gütigen Schöpfergott. Das erste Thema hat in den Suren, die man der frühesten Phase zuordnet, auf den ersten Blick das Übergewicht. Laut Theodor Nöldekes *Geschichte des Qorāns* sind zwanzig der achtundvierzig Suren der ältesten Schicht ganz oder fast ganz der Eschatologie gewidmet: Vernichtung der Welt, Gericht, Paradies, Hölle. Nur zehn Suren aus dieser frühen Zeit enthalten überhaupt keine Anspielungen auf die letzten Dinge (Paret: *Mohammed und der Koran*, 63). Man hat aus diesem Sachverhalt schließen wollen, daß Mohammed ein Prediger chiliastischer Vorstellungen gewesen sei, der den baldigen Weltuntergang befürchtet habe (Casanova: *Mohammed et la fin du monde*). Demgegenüber hat vor allem Richard Bell geltend gemacht, daß in den ältesten Suren oft von Allah als dem gütigen Schöpfergott gesprochen werde (z.B. Sure 79, 27–33; Sure 80, 24–32). Deshalb plädiert Bell dafür, die eschatologische Thematik als derjenigen vom allsorgenden Schöpfer nachgeordnet zu betrachten. Diesen Gedanken hat W.M. Watt aufgegriffen. Das ursprüngliche *kerygma* Mohammeds enthält nach seiner Auffassung die folgenden Themen:

a. Der barmherzige, den Menschen belehrende Allah (Sure 96, 1–5) schafft einen jeden Menschen aus einem Samentropfen und wird ihn in ähnlicher Weise zum Gericht wiedererwecken (Sure 90, 4 und 8–10; Sure 87, 1–3; Sure 80, 17–22; Sure 55, 1–3); Mohammed selber hat sein wohltätiges Wirken erfahren (Sure 93, 3–8).

b. Allah wird die Menschen auferwecken, um von ihnen im Endgericht Rechenschaft zu fordern (Sure 74, 8–10; Sure 84, 1-12).

c. Der Mensch ist angesichts der Fürsorge Allahs zur Dankbarkeit verpflichtet (Sure 106),

d. er soll sich daher freigebig gegen die Mitmenschen zeigen und sich läutern (Sure 93, 9–11; Sure 92, 5–11).

e. Mohammed hat seinen Mitmenschen diese Botschaft beharrlich ins Gedächtnis zu rufen (Sure 74, 2; Sure 87, 9), damit sie rechtzeitig zur Besinnung kommen und sich dementsprechend verhalten; sie werden unter dieser Voraussetzung das Paradies gewinnen (Watt: *Bell's Introduction*, 116; ders.: *Mecca*, 61–72).

Bells Analyse und deren Verfeinerung durch Watt betrachten den Koran aus einem anderen Blickwinkel, als ihn Nöldeke und Paret in ihren Forschungen einnehmen. Die Frage, welche Thematik die ältere sei, setzt stillschweigend voraus, daß es Mohammed möglich gewesen sei, die eine oder die andere zu wählen. Mohammed wird zu einem Eklektiker erklärt, der sich nach seinem Belieben aus dem Repertoire hochreligiöser

Überlieferung hätte bedienen können. Bell und Watt charakterisieren das mohammedsche *kerygma* als einen von Anfang an gegebenen Gesamtkomplex aufeinander bezogener religiöser Ideen, als deren vereinenden Gedanken Bell die Zeichenhaftigkeit des allumfassenden Handelns Allahs in und mit der Schöpfung erkennt: Zeichenhaft, nämlich auf Allah als den einen Ursprung alles Seienden hinweisend, ist das Geschehen in unserer Umwelt; Zeichen, Beweise legen die Gesandten Allahs ihren ungläubigen Gegnern vor; Zeichen sind die von den Gesandten Allahs verkündeten Worte, insbesondere diejenigen, die im „Buche" in schriftliche Form gebracht wurden (Watt: *Bell's Introduction*, 122–127). Bell und Watt erkennen dem *kerygma* Mohammeds einen kohärenten Inhalt zu, der sich im Laufe der Verkündigungen entfaltet; laut Bell war die Rede Mohammeds von den Zeichen sogar vielfach älter als die Suren, in die eingefügt sie im heutigen Koran stehen (ebd., 123). – Wir haben hier im wesentlichen das ḥanīfische Gedankengut vor uns, das sich Mohammed aneignete.

/99/ Die Reihenfolge, in der die 114 Suren des Korans angeordnet sind, ist nicht chronologisch. In Drucken des Korans ist es üblich, einer jeden Sure den Namen voranzustellen, der wie ein Stichwort auf den Inhalt verweist (Verzeichnis bei Paret: *Kommentar*, 539–547), sowie mitzuteilen, ob sie in Mekka oder in Medina offenbart wurde und wieviel Verse sie zählt. Die ganz grobe Einteilung der mohammedschen Verkündigungen in solche, die aus seiner mekkanischen Zeit stammen, und in medinensische wurde von der europäischen Wissenschaft aufgegriffen und vertieft. 1856 wurde Theodor Nöldeke (1836–1930) in Göttingen mit der Dissertation *De origine et compositione surarum qoranicarum ipsiusque qorani* promoviert, einem Werk, aus dem über Zwischenstufen – unter Mitarbeit von Friedrich Schwally sowie Otto Pretzl und Gotthelf Bergsträsser – die 1938 vollendete dreibändige *Geschichte des Qorāns* entstand. Nöldeke führte den Sprachstil als ein wesentliches Kriterium für die Bestimmung des Alters einer Sure bzw. eines zusammenhängenden Abschnitts einer Sure in die Debatte ein. Im ganzen entwickelte sich, so das Argument, der Stil Mohammeds von den erregten, eindringlichen Sätzen der ersten Zeit zu den langatmigen Darlegungen der medinensischen Suren. Innerhalb der mekkanischen und der medinensischen Periode stellten Nöldeke und seine Mitautoren ebenfalls eine Chronologie der Texte auf, die sich in starkem Maße auf die diesbezüglichen islamischen Überlieferungen stützt.

Vor allem bei den längeren Suren liegt der Gedanke nahe, sie stellten keine geschlossenen Texteinheiten dar. Man hat deshalb vielfach versucht, in ihnen kleinere Texteinheiten aufzuspüren und deren Entstehungszeit zu ermitteln. Am entschiedensten hat sich Richard Bell diese Methode in seiner 1937 und 1939 in Edinburgh erschienen Übersetzung zueigen gemacht (*The Qurʾān: Translated with a critical re-arrangement of the surahs*). In der 1953 ebenfalls in Edinburgh veröffentlichten *Introduction to the Qurʾān* begründet er sein Vorgehen ausführlich. Dieses Buch wurde von W. Montgomery Watt überarbeitet und 1970 als achter Band der Reihe *Islamic Surveys* erneut publiziert. Es enthält im übrigen einen Überblick über die europäischen Koranstudien bis zum Zeitpunkt seiner Veröffentlichung. Von ähnlichen grundsätzlichen Überlegungen wie Bell ließ sich Régis Blachère in seiner 1949 bis 1950 gedruckten Bearbeitung des Korans leiten (*Le coran. Traduction*), wobei er möglicherweise eine ihm zunächst eigene Zurückhaltung bei der Zerteilung der Suren unter dem Eindruck der Arbeit Bells aufgab (Watt: *Bell's Introduction*, 113).

Die Aufspaltung der längeren Suren in kürzere Passagen, die unterschiedlichen Lebensabschnitten Mohammeds zugeordnet werden, entspricht sicherlich in vielen Fällen den geschichtlichen Gegebenheiten; vieles bleibt aber im Bereich der Vermutung. Es ist nämlich hervorzuheben, daß eine literaturwissenschaftlich ausgerichtete Betrachtungsweise die Zusammengehörigkeit von Abschnitten zu belegen vermag, die Nöldeke, Bell oder Blachère aufgrund des rein äußerlichen Merkmals des Wechsels im Reim voneinander trennen. Angelika Neuwirth hat in ihrer Arbeit zur Komposition mekkanischer Suren nachgewiesen, daß es in ihnen bestimmte Typen thematischer Übergänge gibt, die auch von einem Reimwechsel begleitet sein können (Neuwirth: *Studien*, 111–115). Es ist daher zweifelhaft, ob man eine aus einzeln definierbaren Elementen zusammengesetzte Gedankenabfolge in diese einzelnen Elemente zerlegen und diese je unterschiedlichen Anlässen zuordnen darf. Ich halte dies für bedenklich. Deswegen folge ich bei der Chronologie der Verkündigungen Mohammeds so weit, wie es plausibel ist, der islamischen Überlieferung, die voraussetzt, daß Mohammed die Suren zwar als Einheiten betrachtete, sie aber in vielen Fällen einer Revision unterzog und Verse einfügte, die die betreffenden mekkanischen Partien den veränderten Bedürfnissen der medinensischen Zeit anpassen sollten (Nagel: *Einschübe*, 20–99).

/161/ Angeregt von islamischen Überlieferungen, die den Empfang der Offenbarungen durch Mohammed mit der Schilderung von Ausnahmezuständen verknüpfen, die mit dem Eintauchen in Trance, mit heftigen Krämpfen und Schweißausbrüchen einhergehen, hat man vereinzelt über den zeitlichen und räumlichen Abstand hinweg eine Art Ferndiagnose vorgenommen. Besonders ausgiebig beschäftigte sich Aloys Sprenger (1813–1893) in seiner dreibändigen Vita Mohammeds mit diesen Überlieferungen. Sprenger hatte Orientalistik, aber auch Medizin studiert; jedenfalls war er 1840 in Leiden mit der Dissertation *De originibus medicinae arabicae sub caliphatu* zum Dr. med. promoviert worden. Er trat danach in britische Dienste und wurde 1842 zum Direktor der Medresse von Delhi bestellt. Dort eignete er sich umfassende Kenntnisse der arabischen Quellen zur frühen Geschichte des Islams an und setzte die schon in Indien begonnene Arbeit an einer Biographie des islamischen Propheten in Europa fort, wohin er 1856 zurückgekehrt war. Die erste Auflage seines dreibändigen Werkes *Das Leben und die Lehre des Moḥammad nach bisher größtenteils unbenutzten Quellen* erschien in Berlin zwischen 1861 und 1865 (Fück: *Die arabischen Studien in Europa*, 178).

Im ersten Band versuchte er, das, was die Muslime als Prophetentum wahrnehmen, mit einem ihm geläufigen Krankheitsbild in Übereinstimmung zu bringen; er strebte eine wissenschaftliche, medizinische Erklärung des Phänomens der Prophetie an. Seine Darlegungen lassen sich wie folgt zusammenfassen: Mohammed litt an *Hysteria muscularis*, einer meist bei Frauen auftretenden, jedoch auch bei Männern beobachteten Krankheit, die sich bisweilen in religiöser Schwärmerei äußere; in der „kritischen Lebensphase" seien die betroffenen Frauen vielfach von Nymphomanie beherrscht, und hier ergibt sich neben den Krämpfen eine weitere Analogie zu dem, was über Mohammed berichtet wird. Denn bis zu seinem 49. Lebensjahr habe er nur Ḫadīǧa zur Frau gehabt, dann aber mehr als ein Dutzend Gattinnen, und wenn er sich auf einen Feldzug begeben habe, hätten ihn eine oder zwei Frauen begleiten müssen. Zum Erscheinungsbild dieses Leidens gehöre im übrigen der Hang zum Lügen (Sprenger: *Leben und Lehre des Moḥammad*, I, 207–210). Man könne freilich nicht in Abrede stellen, daß der Menschheit ein Religionsinstinkt eigen sei, „ein Kompaß der Menschheit auf den Fluten der Zeit" (ebd., 225). Dieser Instinkt dürfe sich jedoch nicht ungezügelt entfalten. Visionäre und Heilige, die sich als Vorbilder der Menschheit sähen, müßten von einem streng moralischen Gesichtspunkt aus beurteilt werden; sie verdienten es, verdammt zu werden, schon allein wegen ihrer Selbsttäuschung, denn diese sei eine Frucht der Eitelkeit und eine Folge des Mangels an Selbsterziehung (ebd., 239).

Die Mohammedforschung und -schriftstellerei des 20 Jahrhunderts hat diesen moralischen Standpunkt aufgegeben und ist dabei in das Gegenteil verfallen: Man spricht Mohammed zumindest subjektive Ehrlichkeit zu und entschuldigt auch abscheuliche Untaten damit, daß man unsere Maßstäbe nicht an eine fremde Zeit anlegen dürfe. Dabei wird übersehen, daß Mohammeds Reden und Handeln in den Augen der Mehrheit der Muslime das Richtmaß für alle Zeiten und alle Weltgegenden sein soll und die Tatsache seines Prophetentums – er tat und sagte alles nach Allahs Willen – auch die grausamste Verfehlung veredelt und der Kritik enthebt. Ist also auch das Verwerfliche an Mohammeds Handeln wegen seines Prophetentums gerechtfertigt und vorbildlich? Die erdrückende Mehrheit der Muslime hat nie eine Antwort auf diese Frage gesucht und hilft sich, hierauf angesprochen, mit dem amoralischen Argument aus der Klemme, immerhin habe doch alles dem Islam genutzt, oder mit einer selektiven Wahrnehmung der Überlieferung, was meistens Erfolg hat, da der nichtmuslimische Gesprächspartner den Inhalt der Quellen nicht kennt. Die Verschiebung der Frage nach Mohammeds Ehrlichkeit und nach allem, was von dieser abhängt, in den Bereich der Medizin beseitigt die Problematik nicht. Man wird sie erst auflösen – und den Islam mit einer aus vielen Kulturen bestehenden Welt vereinbar machen –, wenn man an das ganze überlieferte Reden und Handeln Mohammeds einen allgemeingültigen, nicht vom Interesse des Islams und seiner Bekenner verformten Maßstab anlegt.

Dies zu tun, ist nicht die Aufgabe des Historikers, wohl aber, durch nüchterne Bestandsaufnahme und Analyse des Überlieferten hierzu den Weg zu ebnen. Dies erfordert eine hinreichende Distanz zu der Hauptfigur und den von ihr und von ihren Anhängern in ihrem Namen erhobenen religiös-politischen Ansprüchen. Ich betrachte Mohammed daher nicht als einen Propheten, sondern als einen bemerkenswerten und eine große geschichtliche Wirkung auslösenden Menschen, dessen wesentliches Kennzeichen eine alternierende Persönlichkeit ist: Der Koran ist der Ausdruck seiner Zwiesprache mit seinem Alter ego, und in dieser Zwiesprache spiegeln sich die von ihm aus seiner Umgebung aufgenommenen religiösen Einsichten wider, aber auch, und zwar besonders in Medina, seine politischen Ambitionen und sein banaler Alltag. Für das letztere sei ein Beispiel zitiert, nämlich Sure 33, Vers 53: „Ihr, die ihr glaubt! Betretet nicht die Gemächer des Propheten, es sei denn, dies wäre euch zur Wahrnehmung einer Einladung zum Essen erlaubt worden! (Tut dies) ohne (draußen) den rechten Zeitpunkt abzuwarten, sondern tretet ein, wenn ihr gerufen werdet, und wenn ihr gegessen habt, geht auseinander, ohne weitere Geselligkeit zu suchen! Denn solches Verhalten eurerseits würde den Propheten kränken. Dem aber war es peinlich, euch (selber zurechtzuweisen). Allah aber ist die Wahrheit nicht peinlich. Und wenn ihr (Mohammeds Frauen) um eine Sache bittet, dann hinter einem Vorhang (vor ihnen) verborgen. Das hält eure und ihre Herzen am ehesten lauter. Euch ist es nicht gestattet, den Gesandten Allahs zu belästigen, und auch nicht, nach seinem Tod seine Ehefrauen zu heiraten, für alle Zeit (ist euch das verboten). Denn in den Augen Allahs wäre das eine schlimme Angelegenheit."

/189/ Mohammed focht für die Wahrheit seiner auf „Eingebungen" beruhenden Verkündigung mit unterschiedlichen Mitteln. Das älteste waren die Schwüre, wie sie auch von den Wahrsagern verwendet wurden. Danach griff er den Gedanken auf, daß Allah die unter seinem Thron lauschenden Dämonen mit Sternschnuppen vertreibe, so daß sie nichts mehr aufschnappen könnten. Wahrsager und Dichter, die ja dank den Einflüsterungen von Dämonen redeten (vgl. /*Z*/ II, 5), sind spätestens seit dem Beginn der mohammedschen Verkündigungen entmächtigt, da sie, im Gegensatz zum Gesandten Allahs, keinen Zugang zur göttlichen Wahrheit mehr erhalten (vgl. oben, 134–140). Die Mekkaner kannten den jüdisch-christlichen Erzählstoff und wußten deshalb, daß ein von Allah erwählter Bote Wunder tut. Am Beispiel Moses (Sure 28, 31 f.) und anderer „Vorgänger" wies Mohammed selber hierauf hin, und gegen Ende seiner mekkanischen Zeit stellte er dar, wie Mose mit eben diesen Wundern den Untergang Pharaos einleitete (Sure 7, 104–137). Die Mekkaner drängten Mohammed, er solle ihnen nun auch ein Wunder vorweisen, einen Garten mit Palmen und Weinstöcken und sprudelnden Quellen; oder er solle zur Strafe für ihren Unglauben den Himmel in Stücken auf sie herabstürzen lassen; oder er solle in den Himmel hinaufsteigen und ein Buch herabholen (Sure 17, 90–93). Mohammed mußte demgegenüber darauf beharren, daß er ein gewöhnlicher Mensch und nichts als ein Gesandter sei – nicht ein Prophet; zu einem solchen erklärte er sich *expressis verbis* erst kurz vor der Vertreibung (vgl. oben, 178–180).

Doch noch so viele Wunder würden den Unglauben der Mekkaner nicht brechen, glaubte Mohammed zu wissen (Sure 17, 93). Einen Engel hätte Allah allerdings gar nicht mit dem Überbringen der Botschaft betrauen können, denn dessen Wesen unterschiede sich zu sehr von dem der Erdbewohner. So muß denn allein die göttliche Rede, die Mohammed auf Befehl des Einen mitteilt, als ein ihn beglaubigendes Wunder dienen – Allah genüge als Zeuge (Vers 95)! Denn selbst wenn alle Menschen und alle Dämonen sich zusammentäten, sie brächten nicht einen Vers zustande, der denjenigen des Korans gliche (Vers 88). Diesen Gedankengang treffen wir in mekkanischen Suren der späteren Zeit öfter: Dem Vorwurf, Mohammed habe sich die „Lesung" ausgedacht, begegnet dieser mit der Aufforderung, wenn seine Gegner es wirklich so meinten, dann sollten sie doch zehn Suren erdichten (Sure 11, 13).

Belegstellen wie diese bilden den Grundstock der islamischen Lehre vom Koran als dem Beglaubigungswunder Mohammeds. Jesus vermochte, wie in Sure 19, Vers 24 f. erzählt wird, schon als gerade geborener Säugling zu sprechen, Mose bezwang die ägyptischen Zauberer mit den von Allah gewirkten Wundern. An solcherlei „Durchbrechungen des Gewöhnlichen" vermag man den Propheten zu erkennen, und eine „Durchbrechung des Gewöhnlichen" sei der Koran. Es dauerte bis ins 4./10. Jahrhundert, ehe aus diesen Grundgedanken das bis heute allgemein anerkannte Dogma vom Wundercharakter und von der Unnachahmbarkeit des Korans wurde. Ersonnen, um Andersgläubige von der Wahrheit der mohammedschen Offenbarung zu überzeugen, ist es in seiner ausgearbeiteten Form so gestaltet, daß es den frommen Muslim voraussetzt, der in den Worten des Korans ohnehin einen unergründlichen Tiefsinn und eine bestrickende sprachliche Schönheit wahrnehmen wird, den „Beweis" also höchstens für eine abermalige Selbstvergewisserung benötigt.

In der Epoche der siegreichen Kriege gegen das Byzantinische Reich ließ Hārūn ar-Rašīd (reg. 786-809) ein Schreiben an den Kaiser Konstantin VI. ausfertigen, um ihn für den Islam zu gewinnen. Darin finden wir das genannte Dogma noch nicht. Stattdessen kommt der Verfasser auf die Vertreibung der Dämonen durch Allah zu sprechen, verlegt sich dann aber auf eine ganz andere, der politischen Lage angemessenen Thematik: Der militärische und machtpolitische Erfolg Mohammeds werden zum Beleg für sein Prophetentum herangezogen. Allah hat seinen Propheten selbst in sehr prekären Augenblicken, in denen dieser einer Niederlage nahe war, geschützt und schließlich zum Triumph geführt, und der sei nur möglich gewesen, weil Mohammed stets den göttlichen Eingebungen vertraut habe. Al-Ǧāḥiẓ (gest. 869), ein schöpferischer und geistreicher Literat, der dem muʿtazilitischen Rationalismus verpflichtet war, begriff, daß man einem Andersgläubigen nicht plausibel machen konnte, wieso sich aus den Siegen auf dem Schlachtfeld die Wahrheit des Islams und vor allem die göttliche Herkunft des Korans folgern lassen sollten. Im Koran, so glaubte al-Ǧāḥiẓ, werde der Zweck erreicht, zu dem Allah die Sprache, und zwar ganz besonders die arabische Sprache, geschaffen habe, nämlich um sein fortwährendes Lenken und Gestalten des Diesseits und damit die Voraussetzungen, unter denen sich der Mensch im Hinblick auf das Gericht zu bewähren hat, in adäquate und diesen Sachverhalt ohne Sinnverlust ausdrückende Worte zu bringen. Eine Zergliederung der Ausdrucksweise des Korans – dessen Worte ja von Allah genauso geschaffen wurden wie das Diesseits – muß zur Einsicht in diese einmalige sprachliche Leistung führen und sollte auch Andersgläubige überzeugen. Unter diesen Prämissen nimmt al-Ǧāḥiẓ die Stellen des Korans in den Blick, an denen Mohammed seine Gegner herausfordert, sie sollten vergleichbare Suren verfassen. Warum ließ sich niemand auf diese Herausforderung ein? Eben weil die Gegner Mohammeds bei all ihrer erschöpfenden Kenntnis des Arabischen sich nicht dazu in der Lage sahen! Sie hatten nur vorgegeben, sie könnten es, aber so hatten sie nur geredet, um ihr Prestige zu wahren.

In den nächsten Jahrhunderten wird aus dieser Verteidigung des Wundercharakters des Korans gegen die Zweifel Andersgläubiger eine selbstbezügliche Argumentation, die bei dem Adressaten den islamischen Glauben schon voraussetzt. Ibn al-Bāqillānī (gest. 1013) schrieb das Standardwerk zum Dogma des Korans als des Beglaubigungswunders Mohammeds. Er entwickelt seine Überlegungen von der Unnachahmbarkeit der koranischen Rede her, die für ihn, anders als für den Muʿtaziliten al-Ǧāḥiẓ, transzendentes Sein im Diesseits nicht etwa nur repräsentiert, sondern tatsächlich manifestiert. Der Koran ist in seinen Augen ein übergeschichtliches, jenseits der Zeit liegendes, nicht an bestimmte Gesprächspartner gerichtetes Sprechen. Und da dies so ist, gleicht der Koran keiner einzigen der Literaturgattungen des Arabischen. Durch die Analyse einzelner Wendungen – das mußte al-Ǧāḥiẓ tun, um seine These auszuarbeiten – kommt man dieser Andersheit nicht auf die Spur. Ibn al-Bāqillānī betrachtet ganze Abschnitte, zeigt die Vielfalt der Themen, die in ihnen verwoben ist, und bemüht sich um den Nachweis, daß diese Themen auf sinnstiftende Weise miteinander verknüpft seien. Ein und derselbe Gegenstand werde an zahlreichen Stellen des Korans angesprochen; verfolge man ihn, dann werde einem bewußt, wie er sich von Beleg zu Beleg in seiner ganzen Tiefe erschließe. Diese einzigartige Komposition, verbunden mit der Behauptung, im Koran stünden Dinge, die ein *Mensch* gar nicht habe wissen können, mag einen Andersgläubigen immer noch nicht dazu bewegen, einzuräumen, daß Mohammed ein Prophet war. Zweifelsfrei aber ist es so, daß Mohammed diesen Anspruch erhob und ihn mit der Herausforderung untermauerte, man solle doch einige Suren nachmachen. Wenn Mohammed diese Worte als ein Lügner geäußert hätte, dann hätte Allah sich gewiß beeilt, jemanden mit den notwendigen Fähigkeiten auszustatten und die Herausforderung anzunehmen. Da nichts dergleichen bekannt ist, sind sowohl die Unnachahmbarkeit des Korans als auch das Prophetentum Mohammeds bewiesen (vgl. ausführlich in meiner Abhandlung *Allahs Liebling. Ursprung und Erscheinungsformen des Mohammedglaubens*, Teil I, Kapitel 2). – In einem Weltsystem, das in jedem Augenblick zu Allah sein soll, ist am Ende mit Allahs Allmacht jeder Beweis zu führen; das Denken wird korrumpiert, weil derjenige, der sich von dem System nicht vereinnahmen läßt, für die Verfechter dieses Systems gar nicht mehr darin vorkommt.

/194/ Herr Herdt wies mich auf die in den arabischen Nationalwörterbüchern hervorgehobene Bedeutung von *faṣṣala* hin: einen Frauengürtel, eine Schärpe dergestalt verzieren, daß auf je zwei Perlen eine Koralle, ein kostbares Mineral oder ein Edelstein folgt, die wegen ihrer die gewöhnlichen Perlen gliedernden Funktion *al-fāṣila* genannt wurden (Ibn Manẓūr: *Lisān al-ʿarab*, XI, 523; az-Zabīdī: *Tāğ al-ʿarūs*, XXX, 163). Daß diese Bedeutung auch für den Koran einschlägig sei, war auch die Meinung der muslimischen Kommentatoren. Sie bezogen diesen Begriff jedoch oft auf die letzten, kurzen Suren; diese seien je durch die Basmala, mit der eine jede beginne, voneinander getrennt. Die eben erwähnte Bedeutung war aber auch noch bekannt (az-Zabīdī, aaO., 167 f.). Diese Bedeutung wird bekräftigt durch Sure 6, Vers 133: „Wir sandten über (die Ägypter) die Flut, die Heuschrecken, die Läuse, die Frösche, das Blut – als aneinandergereihte Zeichen (arab.: *ājātin mufaṣṣalātin*)." Mit Ausnahme von Sure 9, Vers 11 und Sure 13, Vers 2 kommen *faṣṣala* und seine Ableitungen ausschließlich in mittel- und spätmekkanischen Suren vor, wobei die spätere, abstrahierte Bedeutung „Stück für Stück darlegen" bereits durchscheint (Sure 6, 97 f., 119 und 126; Sure 7, 32, 52 und 174; Sure 10, 24 und 37; Sure 30, 28). Jedoch unterscheidet Sure 11, Vers 1 noch genau zwischen den von Allah auf weise, keiner Fehldeutung unterliegende Art gefertigten Versen (*uḥkimat*) und deren Aneinanderreihung (*ṯumma fuṣṣilat*).

Am Anfang von Sure 41 (Vers 3) bekräftigt Mohammed, daß die Aneinanderreihung eine arabische „Lesung" hervorbringt – die Betonung liegt auf „arabisch"; aus Vers 44 ergibt sich, daß seine Gegner gerade dies in Zweifel ziehen. Wenn die Verse nicht von jener Beschaffenheit wären, also nicht mit fremden „Glanzstücken" durchsetzt, dann wollten sie glauben – so reden sie sich für ihren Unglauben heraus. Mohammed entgegnet, wenn der Koran wirklich nicht-arabisch wäre, dann nähmen sie daran erst recht Anstoß. Mohammed beharrt darauf, daß der Koran durchgängig eine „arabische ‚Lesung'" ist, eine durch „Glanzstücke" gegliederte Aneinanderreihung, und gerade die letzteren machen den Wert des Korans in seiner Gesamtheit aus. – Der vielfältige hochreligiöse Stoff war demnach in jener Zeit für ihn zu einem Problem geworden, wie auch Sure 16, Vers 103 belegt. Abgesehen von dem medinensischen Einschub Sure 12, Vers 1 bis 3 (mit Bezug auf die in Mekka entstandene Josefssure) und Sure 13, Vers 37 wird der arabische Charakter der „Lesung" allein in der mittel- und spätmekkanischen Zeit unterstrichen (Sure 20, 113; Sure 26, 195; Sure 39, 28; Sure 43, 3; Sure 46, 12), in der Zeit, die durch die Übernahme des fremden Erzählstoffs charakterisiert ist und in die auch die erst in Medina zum „Buch" hinzugeschlagene Josefssure gehört.

Das Wort *mufaṣṣal* bezeichnet desweiteren auch die Gesamtheit der, wie beschrieben, aufgebauten Suren. Nach der Auffassung von ʿAbdallāh b. Masʿūd (vgl. oben, 532) soll es sich um insgesamt zwanzig gehandelt haben (*MS, ṣalāt al-musāfirīn* 276). Sie sollen den „festgefügten" (arab.: *muḥkam*) Teil des Korans ausmachen, wie ja auch in Sure 11, Vers 1 angedeutet wird. Es könnte sich dabei um jene zwanzig mekkanischen Suren handeln, in deren Einleitung sich Hinweise auf die Verschriftlichung finden und die meistens auch einen Hinweis auf den arabischen Charakter des Textes enthalten (Sure 7, 10, 11, 14, 15, 18, 26, 27, 28, 31, 32, 39, 40, 41, 43, 44, 45, 46, 52; zu diesen neunzehn Suren wäre als mekkanisch Sure 12 zu rechnen, die aber erst in Medina mit der entsprechenden Einleitung versehen wurde, vgl. Nagel: *Einschübe*, 119. Sure 13 ist wohl zu den in Medina entstandenen Suren mit einer solchen Einleitung zu rechnen, vergleichbar mit Sure 2 und 3). Bemerkenswert ist darüber hinaus, daß die *mufaṣṣal*-Suren im Gebetsritus einen besonderen Rang einnahmen. Während der ersten beiden *rakʿa*s des Gebets nach Sonnenuntergang rezitierte Mohammed die kurzen *mufaṣṣal*-Suren, während des Nachtgebets diejenigen von mittlerer Länge, während des Morgengebets die langen. Der omaijadische Kalif ʿUmar b. ʿAbd al-ʿAzīz (reg. 717–720) soll sich stets an diesen Brauch des Propheten gehalten haben (*AHM/a*, II, 300 und 330).

/204/ Es ist eine seit langem bekannte Tatsache, daß der Wortschatz des Korans zahlreiche Spuren syrischer Beeinflussung aufweist (grundlegend noch immer: Josef Horovitz: *Koranische Untersuchungen*, und Arthur Jeffery: *The foreign vocabulary of the Qurʾān*). Den islamischen Gelehrten war dieser Umstand unangenehm aufgefallen, als sie sich mit dem schariarechtlichen Inhalt von Begriffen des alltäglichen Lebens auseinandersetzten; in der schariarechtlichen Bedeutung, so die Theorie, komme ein abgeleiteter Sinn zur Geltung; so meine der Begriff „Ehe" (arab.: *an-nikāḥ*) „ursprünglich" u.a. das Umarmen (Nagel: *Das islamische Recht*, 63). Das Wort für „rituelles Gebet" (arab.: *aṣ-ṣalāt*), das dem Syrischen entstammt, konnte man nicht in überzeugender Weise mit dem Sinn der ihm im Arabischen zuzuordnenden Wurzel *ṣ-l-w/j* in Verbindung bringen (Nagel: *Die Festung des Glaubens*, 231 f.). Verengen wir den Blick auf den Koran, dann kommen wir zu dem Schluß, daß grundlegende Begriffe gerade des kultisch-rituellen Bereichs Entlehnungen aus dem Syrischen sind, Entlehnungen zudem, die wir in anderen altarabischen Literaturgattungen nicht finden. Der Schluß liegt nahe, daß sie von einer Affinität der Verkündigungen Mohammeds mit der damaligen syrischen Literatur und den in ihr verbreiteten Ideen zeugen. Die Frage ist nun, inwieweit durch die Übernahme fremder Begriffe zugleich ein fremdes religiöses Gedankengebäude dem altarabischen Milieu eingepflanzt wurde.

Im Kapitel *Ein heidnischer Prophet* lege ich dar, daß man zwar auf die Stiftung einer durch Allah selber gebilligten Glaubenspraxis hoffte, aber keineswegs einen Übertritt zum Judentum oder Christentum ins Auge faßte. Obwohl sich derartige Aussagen der Quellen mit dem eben umrissenen Befund decken – die Glaubenspraxis wurde christlichen bzw. jüdischen Grundsätzen angenähert –, werden sie in der bisherigen Forschung übersehen. Stattdessen fahndet man bisweilen nach Indizien, die den Islam als das Ergebnis der Aneignung einer bestimmten Form des Christentums erscheinen lassen (vgl. /Z/ I 239). Wenn man nun mit diesem Ziel den Koran durchmustert, muß man über das bisher als syrisches Lehngut identifizierte Wortmaterial hinaus zeigen, daß die Verkündigungen Mohammeds insgesamt auf einer christlich-syrischen Folie zu lesen seien, ja daß weiten Passagen des Korans ein syrischer Subtext zugrunde liege, der notdürftig arabisiert worden sei. Dies ist der Grundgedanke der Studien von Chr. Luxenberg (*Die syro-aramäische Lesart des Koran*), die in den letzten Jahren einige Aufmerksamkeit erregten. Ein Beispiel mag sein Vorgehen verdeutlichen. Sure 108 besteht aus drei knappen Versen, die bislang wie folgt übersetzt wurden: „1. Wir gaben dir die Fülle (*al-kauṯar*). 2. Darum bete zu deinem Herrn und opfere! 3. Dein Hasser ist der Gestutzte (*al-abtar*).“ Vers 3 könnte auch als Wunsch verstanden werden. Die Sure unterstreicht den Gegensatz zwischen dem Allah vertrauenden Mohammed und dem bitteren Los seines Feindes, der, so hat man das Wort *abtar* erklärt, ohne Anhang bzw. Nachkommen ist. Entsprechend hat man *al-kauṯar* als eine Bezeichnung für eine äußerst zahlreiche Anhängerschaft interpretiert; die muslimische Koranauslegung sieht in dem Wort eine Anspielung auf das Paradies bzw. auf einen der dort fließenden Ströme. Luxenberg schaut sich im Syrischen um und findet ein Nomen *kūṯārā* (= die Dauer, die Erwartung, das Ausharren) und „übersetzt“ nun: „Wir haben dir die (Tugend der) Beharrlichkeit gegeben.“ Für das befremdliche *al-abtar* findet sich im Syrischen nichts, was Luxenberg konvenieren könnte; daher postuliert er ohne Angabe von Gründen eine Metathese der Wurzelkonsonanten, der arabischen Wurzel *b-t-r* liege eine syrische *t-b-r* zugrunde, die „besiegt werden, die Flucht ergreifen“ meint; die unpunktierte arabische Schrift, darauf weist Luxenberg in der Einführung zu seinem Buch hin, ist ja ohnehin vieldeutig. Jedenfalls bedeutet *al-abtar* jetzt „der Besiegte“. Bleibt Vers 2, in dem das Verbum „beten“ ohnehin syrischer Herkunft ist; das arabische *wa'nḥar* „und schlachte“ stört, läßt sich aber leicht wegerklären, indem man die arabische Wurzel *n-ḥ-r* als eine Verschreibung der syrischen *n-g-r* „erklärt“ und damit den Sinn „bete und sei geduldig“ erreicht. Damit auch das letzte verbliebene arabische Wort *aʿṭainā-ka* „wir haben dir gegeben“ ins Syrische übertragen wird, legt Luxenberg dar: „Das einzige Verbum (*aʿṭā*) (*geben*), das man für echt arabisch hielte, wird letztlich etymologisch als dialektale Sekundärbildung (durch Verschiebung des *Hamza* zu *ʿAyn* und die dadurch bedingte Emphatisierung des *t*) aus syro-aramäischem (*aytī*) (*kommen lassen, bringen*) erwiesen. Dies geht schon aus dem koranischen Gebrauch dieser beiden Wurzeln hervor. Während nämlich die arabische Wurzel (*ʿaṭā*) im Koran insgesamt 14mal vorkommt, sind es bei der aus dem syro-aramäischen (*eṯā*) entlehnten Wurzel (*atā*) mit all ihren Ableitungen unzählige Male“ (Luxenberg: *Die syro-aramäische Lesart des Koran*, 271–275). Als Ergebnis solcher Bastelei präsentiert Luxenberg einen syrischen Text, dessen Ort im syrischen Schrifttum freilich vollkommen rätselhaft bleibt: Wer wurde denn mit diesen Worten zur Geduld gemahnt? Warum, wann und von wem wurden die Zeilen arabisiert? Derartige Fragen wirft Luxenberg nicht einmal auf. Er kann seine „Analysen“ nur betreiben, indem er die etliche tausend Seiten umfangreiche arabische Überlieferung zur vor- und frühislamischen Zeit nahezu durchgängig ignoriert (eine dieses Quellenmaterial nutzende Analyse von Sure 108 findet sich bei Kister: *The Sons of Khadīja*, 72 und 85–90).

Diese unwissenschaftliche Haltung bringt ihn schließlich auch bei seinem Paradestück ins Straucheln, bei der Umdeutung der koranischen Paradiesjungfrauen in Weintrauben. Bereits 1925 hatte der schwedische Orientalist Tor Andrae Übereinstimmungen zwischen eschatologischen Motiven und den Paradiesbeschreibungen Ephräms (gest. 373) und Mohammeds erkannt (*Der Ursprung des Islams und das Christentum*, Teil III, in: Kirkohistorisk Årsskrift 1925, 45–112, hier bes. 52 f.). Doch schien es sich in dem christlichen Text um Weintrauben zu handeln, nicht um Paradiesjungfrauen. Diese angeblich von Ephräm gemeinten Weintrauben entdeckt Luxenberg nun auch im Koran, und das geht so: In Sure 44, Vers 54 und in Sure 52, Vers 20 heißt es, die in das Paradies Eintretenden vermähle Allah mit „großäugigen Huris" (arab.: *ḥūr ʿīn*). Der von Luxenberg behauptete syrische „Subtext" soll in diesem Fall *w-ḥewārē/w-ḥewārāṯā ʿaynē* „weiße, kristall- (klare) [Weintrauben]" (op. cit., 239) lauten. Das ärgerliche „vermählen" läßt sich durch eine „bereinigte" (226, Zeile 21) Schreibung in „wir werden sie ausruhen lassen" umbiegen, und die beiden Verse bedeuten nun: „Wir werden es ihnen unter weißen, kristall(klaren) (Weintrauben) behaglich machen."

Verlassen wir jetzt das Reich sprachspielerischer Phantasien und betreten wir den Boden der literarischen Überlieferung! Der laḫmidische Fürst an-Nuʿmān b. al-Munḏir pries vor seinem Oberherrn, dem sasanidischen Schah, die Vorzüge Zaids, des Sohnes von ʿAdī b. Zaid, den er so schändlich hatte zu Tode kommen lassen. Der Schah begriff dies als eine Empfehlung und holte diesen Sohn zu sich an den Hof, wo dieser wie vorher der Vater mit der Verwaltung der Beziehungen zu den arabischen Vasallenfürsten beauftragt wurde. Nun war es Sitte, daß der Herrscher der Sasaniden in seinen Ländern nach Mädchen suchte, die einem strengen Schönheitsideal entsprachen; bei seinen arabischen Untertanen hatte er bislang noch nie nachgefragt, war er doch davon überzeugt, dort nie eine junge Frau zu entdecken, die seinen Ansprüchen genügt hätte. Zaid b. ʿAdī, der sich an dem Laḫmiden für den Tod des Vaters rächen wollte, redete dem Schah ein, unter den Töchtern dieses Vasallen seien sehr wohl etliche von der gewünschten Schönheit. Denn bereits al-Munḏir der Ältere habe Chosrau Anuschirwan ein arabisches Mädchen zuführen lassen, das er seinem ġassānidischen Rivalen geraubt habe. Dieses Mädchen habe er dem Schah mit den folgenden Worten angepriesen: „Ich schicke dem König ein Mädchen von ausgewogener Figur, fleckenlos die Haut und die Vorderzähne, (ein Mädchen) hell wie der glänzende Mond, mit buschigen Brauen, schwärzlichen Lidern, mit großen schwarzen Augen, deren weiße Augäpfel leuchten (Sg. *ḥaurāʾ ʿaināʾ*, zu. Pl. *ḥūr ʿīn*), mit schön geschwungener und angenehm hervortretender Nase, mit wohlgeformtem Gesicht, mit langen, feinen Wimpern, schmalen Wangen, sinnlichem Mund, dichten schwarzen Haaren..., mit schwellenden Brüsten..." (*AG2*, II, 123). Mohammed nimmt im Koran ein geläufiges Schönheitsideal auf, das ist der ganze Sachverhalt.

/212/ Das Bereitstellen des Throns für Allah als den Weltenrichter wird im Koran nur einmal, nämlich in Sure 69, Vers 15 bis 17, erwähnt. Ansonsten ist ausschließlich im Zusammenhang mit der Schöpfung von Allahs Thron die Rede: Nach Beendigung der Schaffung der Welt aus dem Nichts, wofür Allah sechs Tage benötigte, zwei für die Erde an sich, vier für die Berge und für die Nahrung, die sie dem Menschen bietet (Sure 41, 9 f.), nimmt er sogleich auf seinem Thron Platz, um sein Werk zu regieren (z.B. Sure 7, 54). Aus der ḥanīfischen Dichtung wissen wir, daß dieser mit Edelsteinen verzierte Thron von vier Engeln getragen wird, einem in der Gestalt eines Mannes, dem zweiten in der eines Stiers, dem dritten in der eines Adlers, dem vierten in der eines Löwen (vgl. oben, 168): Wir haben eine Entlehnung des christlichen Bildes der *Majestas Domini* vor uns (vgl. oben, 762, Anmerkung 262) – an die Stelle Christi ist Allah getreten. Die Übernahme gerade dieses Details der ḥanīfischen religiösen Vorstellungen, das seine Anschaulichkeit aus einer umgedeuteten christlichen Ikonographie gewinnt, zieht die Notwendigkeit einer klaren Abgrenzung gegen das Christentum nach sich. Die antichristliche Ausgestaltung der Berichte über das Asyl in Äthiopien (vgl. oben, 218–222) belegt den diesbezüglichen Sinneswandel, der sich im Koran vor allem in der spätmedinensischen Periode niederschlägt (vgl. hierzu auch /*Z*/ III 110 und /*Z*/ VIII 397).

Der frühen muslimischen Gelehrsamkeit war nicht recht einsichtig, weshalb der ohnehin von seinem durch vier Engel getragenen Thron aus den Weltenlauf lenkende Allah sich vor dem Aburteilen der Geschöpfe einen anderen, leeren von deren acht herbeiholen lassen müsse. Diesem Bild liegt die Vision Hesekiels zugrunde: „Als ich die Gestalten sah, siehe, da stand je ein Rad auf der Erde bei den Gestalten, bei ihren vier Angesichtern. Die Räder waren alle gleich,…und sie waren so gemacht, daß ein Rad im anderen war. Nach allen vier Seiten konnten sie gehen, sie brauchten sich im Gehen nicht umzuwenden“ (Hes 1, 15–17, vgl. Hes 10, 9–11). Einem Thronwagen gleich halten die vier Cherubim den Sitz Gottes, und damit jeder von ihnen, ohne sich zu wenden, sich nach vorn und nach hinten, nach rechts und nach links bewegen kann, verfügt er über zwei im rechten Winkel zueinander angeordnete Räder. Der in der christlichen Apokalyptik für Christus, den Weltenrichter, bereitgestellte Thronwagen steht demnach auf acht Rädern. „Acht Engel in Gestalt von Steinböcken“, heißt es in aṭ-Ṭabarīs Kommentar zu Sure 69, Vers 15 bis 17. Aṭ-Ṭabarī bezieht sich dabei auf ein *Ḥadīṯ*, demzufolge Mohammed erklärt haben soll, über dem siebten Himmel befinde sich ein Meer, dessen Tiefe der Entfernung zwischen Erde und erstem Himmel entspreche, „und darüber (stehen) acht Steinböcke; zwischen deren gespaltenen Hufen und den Knieen beträgt die Entfernung wiederum die Strecke zwischen Himmel und Erde, und auf ihnen ruht der Thron…“ (*AHM/a*, I, 206; *AHM/n*, III, 202–205, Nr. 1770 f., wo weitere Belege aufgeführt sind). „Heute wird der Thron von vieren gehalten“, soll Mohammed einen Frager belehrt haben, „am Tag der Auferstehung von acht“; dies überliefert Ḥammād b. Zaid (gest. 795) (*TGB*, XXIX, 37, zu Sure 69, 15–17). Die christliche Szenerie der Bereitstellung des Throns, von dem herab Christus seine Urteile sprechen wird, war den muslimischen Kommentatoren nicht gegenwärtig. Gleichwohl ist sie eine wichtige Komponente der christlichen Endzeitbilder, deren Einzelheiten sich im Koran wiederfinden (vgl. /*Z*/ V 320).

Doch kommen wir wieder zu jenem Allah auf dem von Löwe, Adler, Stier und Mann getragenen Thron zurück, dem Lenker der Schöpfung! In der islamischen Theologie hat man bemerkt, daß die Aussage, Allah habe die Welt in sechs Tagen geschaffen und sich dann auf den Thron gesetzt, um sie in allen Einzelheiten zu regieren, nicht gut mit der Vorstellung vom ständig schaffenden Allah zusammenpaßt: Wie kann er, wo er doch unermüdlich tätig ist, etwas in einer bestimmten Frist vollenden und von da an nur mehr lenken? Schaffen, *ḫalaqa*, heißt doch, jedem Ding in jedem Augenblick seine Bestimmung verleihen und es auf diese Weise in jenem Augenblick existieren lassen. Das ḥanīfische Konzept der *creatio continua*, das seit mittelmekkanischer Zeit die koranische Verkündigung prägt (vgl. Nagel: *Der Koran*, 175–184), läßt sich nur so lange mit dem auf dem Thron sitzenden Allah verbildlichen, wie niemand unter Rückgriff auf den biblischen Bericht vom Sechstagewerk fragt, welche Art von Zäsur denn mit dem Platznehmen auf diesen Thron gemeint sei. Oder anders formuliert: „Die Tatsache, daß alle Dinge in sechs Tagen geschaffen wurden, kann man nicht als einen Beweis (für die Existenz) des Werkmeisters (arab.: *aṣ-ṣāniʿ*) verwenden", der auf unbestimmte Zeit tätig zu sein hat. Dazu führt Faḫr ad-Dīn ar-Rāzī folgendes aus: Am Anfang der Tora sei von den sechs Schöpfungstagen die Rede; die Araber, die mit Juden Umgang gehabt hätten, seien durch diesen Bericht darauf gestoßen worden, die Verehrung von Idolen aufzugeben. – Der nach der Beendigung der Schöpfung seinen Thron besteigende Allah verbildlicht demnach nicht den Kern der islamischen Schöpfungslehre, sondern weist nur unvollkommen auf diesen hin, nämlich daß es einen alles bestimmenden Schöpfer gibt, der ununterbrochen am Werke ist. Daher wäre es falsch, etwa aus Sure 7, Vers 54 abzuleiten, Allah habe sein Wirken nach sechs Tagen beendet und dann, wie die Juden und Christen lehren, geruht. Denn es heißt an dieser Stelle im Koran doch: „Euer Herr ist Allah, der die Himmel und die Erde in sechs Tagen schuf und danach auf dem Thron Platz nahm. Er macht, daß die Nacht den Tag bedeckt,... und die Sonne, den Mond und die Sterne schuf er dergestalt, daß sie durch seine Fügung unterworfen (und nicht eigenständig handelnd) sind. Ihm kommt das Schaffen zu, wie auch die Fügung." Befriedigend aufgelöst hat ar-Rāzī den Widerspruch nicht, der zwischen der *creatio continua* und dem einem ganz anderen theologischen Umfeld entlehnten Bild des nach getaner Arbeit den Thron besteigenden Schöpfers obwaltet; da helfen auch die Hinweise nicht, daß man die Zeitangaben nicht wörtlich verstehen dürfe. Am Ende bleibt ar-Rāzī der oft erprobte Ausweg: „Nach unserer Lehrmeinung ist die Angelegenheit im ganzen einfach und klar; denn der Erhabene macht, was er will, und entscheidet, wie ihm beliebt... Er stellt alles her, und dafür, daß er etwas herstellt, gibt es keinen Grund" (*Mafātīḥ al-ġaib*, XIV, 79–82, zu Sure 7, 54).

/219/ Die von Mohammed im Koran verwendete Reimprosa (arab.: *as-sağʿ*) war schon in vorislamischer Zeit in Gebrauch, und zwar nicht nur in den Sprüchen der Wahrsager, die im übrigen vielfach dem Metrum *rağaz* genügten und in diesen Fällen der Poesie zuzuordnen sind (vgl. hierzu M. Ullmann: *Untersuchungen zur Rağazpoesie*, 1–9). Den Schwurformeln der frühen Suren und deren in knappen, meist gleichförmig aufgebauten Gliedern gehaltenen Botschaften (vgl. die Suren 86, 90, 91, 92) liegt dieses Vorbild zugrunde. Doch auch in Predigten war die Reimprosa nicht unüblich. Als ein Beispiel ziehe ich die Worte heran, die Quss b. Sāʿida al-Ijādī auf dem Markt von ʿUkāẓ von seinem Reitkamel herab verkündete; sie hinterließen einen nachhaltigen Eindruck, und Mohammed soll einige der Banū Ijād, die ihn in Medina aufsuchten, gebeten haben, sie ihm zu wiederholen. Diese Worte werden wie folgt überliefert: „Ihr Leute, hört und bewahrt im Gedächtnis!" Dieser Aufforderung folgen ein dreigliedriges Textelement und sechs zweigliedrige, die je durch einen bestimmten Reim zusammengehalten werden (...*māt*, ...*fāt*, ...*āt*; ...*dāǧ*, ...*abrāǧ*; usw.); hieran schließt sich ein Schwur an: „Beim Gott des Quss b. Sāʿida!" Mit diesem Schwur wird der Übergang zu einer komplexeren Aussage geschaffen: „Auf dem Erdboden gibt es keine Glaubenspraxis als eine solche, wie sie euch nunmehr erwartet (...*zamānu-hū*), deren Zeit euch jetzt erreicht hat (...*awānu-hū*). Darum selig diejenigen, die (diese Glaubenspraxis) erleben und befolgen! Und wehe denen, die sich ihr widersetzen!" (*AG2*, XV, 246 f.). Unter den eben erwähnten Suren folgen diesem Muster die 86. (komplexere Aussage ab Vers 17) und die 92. (komplexere Aussage ab Vers 14). Weitere kurze Suren der frühesten Zeit des Auftretens Mohammeds weisen ebenfalls das Gefüge der Predigt Quss b. Sāʿidas auf, so daß die Annahme nahe liegt, Mohammed habe in ihnen ein damals gängiges Gestaltungsprinzip befolgt. Durch die Rezeption eines umfangreichen Stoffes, der aus der Hymnik Ephräms, Romanos' und anderer stammte und der bis zu Mohammed nur in der Dichtung z.B. Umaija b. abī ṣ-Ṣalts verbreitet wurde, zerbrach er dieses Schema, behielt aber den *saǧʿ* bei – und hierauf beruhte sein erstaunlicher Erfolg: Die Reimprosa, mit diesem Inhalt zusammengebracht, erregte Aufsehen. Es war eine neue Erzählweise entstanden, weit ausdrucksreicher, eher die Gefühle aufwühlend als die in ein vergleichsweise rigides Korsett genötigte Poesie, jedoch auch nicht auf die eine folgerichtige Darlegung erfordernde Prosa verpflichtet. Was die Zuhörer längst kannten, beispielsweise das Geschick Noahs oder Josefs, konnte fortan in wenigen aufrüttelnden Höhepunkten vor Augen geführt werden, ja diese konnten, wie es bis heute in bestimmten Arten der Koranrezitation üblich ist, wiederholt werden. Zudem war es mit dieser Art von Text, die mehr als andere in einem symbiotischen Verhältnis mit den Assoziationen der Zuhörer Leben gewann, leicht möglich, diese Assoziationen so zu lenken, daß diese Zuhörer intuitiv erfaßten, daß nicht nur von Noah oder Josef, sondern vor allem auch von Mohammed selber die Rede war (vgl. hierzu Nagel: *Der Koran*, 94–96 und ders.: *Jūsuf, Zulaichā und „die Seele, die zum Bösen treibt"*, in: *Eothen* 1993–1996, 81–95, bes. 81–83).

Daß sich Mohammed diese Ausdrucksmöglichkeiten erschloß, darin liegt seine bedeutendste schöpferische Leistung – und indem er diese Ausdrucksmöglichkeiten in Medina dem sich damals ergebenden neuen Stoff, den Vorschriften, Betrachtungen und Beschimpfungen, überstülpte, führte er sie *ad absurdum*. Gleichwohl muß man den weiten Abstand im Auge behalten, der ihn von jenen trennt, die sich vor ihm und nach ihm im *saǧʿ* äußerten. So soll der ġassānidische Fürst Ǧabala b. al-Aiham durch Ḥassān b. Ṯābit mit den folgenden seinem Rang angemessenen Sätzen begrüßt worden sein: „Guten Morgen, gesegneter König (...*al-mubārak*)! Der Himmel ist deine Decke (...*ġiṭāʾu-ka*), die Erde dein trägt deine Tritte (...*wiṭāʾu-ka*)", und so geht es in einem fort; insgesamt achtundfünfzigmal erfahren wir, was alles des Königs ist bzw. sein soll, stets gereimt auf *-uka*, was vermutlich in Anlehnung an die letzte Silbe des Partizips al-mubārak einfach *-ak* gesprochen wurde. Danach folgt unvermittelt die Überleitung zur Quintessenz der ermüdenden Aufzählung: „Kann es al-Mund̲ir mit dir an Ruhm aufnehmen, der Laḫmide?“ Und dann weitere gleichförmig gebaute, gereimte Sätze: „Bei Allah, dein Nakken ist besser als sein Gesicht (...*waǧhi-hī*), deine Linke besser als seine Rechte (...*jamīni-hī*)“ usw., allerdings nur siebenmal, und zweimal je zwei gereimte Sätze bilden den Schluß (*AG2*, XV, 159–161; Zuschreibung an Ḥassān b. T̲ābit: ebd., 162, Zeile 1). Diese Art von Reimprosa überlebte Mohammed und fand Fortsetzer, so etwa einen gewissen Ḥakam al-Ḫuḍrī, der in die Mitte des 8. Jahrhunderts zu datieren ist. Über ihn heißt es, daß er viel Reimprosa zum besten gab, ein armseliges Wortgeklingel ohne Inhalt freilich, „denn es handelte sich weder um *raǧaz*-Dichtung, noch war es sprachlich rein, noch war es eine Prosa, die durch die Reime zu einem stimmigen Ganzen gefügt worden wäre“ (*AG2*, XV, 291, Zeile 5 f.). Erst unter tiefgreifend veränderten Umständen, nämlich unter dem dichten Einfluß fremder Zivilisationen, kam das Genre in der arabischen Literatur zu einer neuen Blüte.

/279/ Mircea Eliade hat in seiner Geschichte der religiösen Ideen unter anderem Texte schriftloser Völker zusammengestellt, in denen ein Schöpfergott bezeugt wird, der, gleich dem mohammedschen Allah, unablässig die von ihm geschaffene Welt lenkt und das innerweltliche Geschehen in jedem Augenblick bestimmt. Derartige Vorstellungen finden sich in allen Weltgegenden; sie sind voneinander unabhängig. So kennen die nilotischen Nuer einen Gott, auf den alle Erscheinungen der Welt zurückgehen; er ist die Ursache von deren gegenwärtigem Zustand, er ist der „Ursprung von Sitte und Überlieferung“, er bestimmte, „daß die Nuer die Dinka angreifen sollten und daß die Europäer die Nuer besiegen sollten“ (op. cit., 17). – Die Bakongo verehren ein unsichtbares Wesen, das alles geschaffen hat. Es „greift in die Erschaffung jedes Kindes ein, ...bestraft diejenigen, die seine Verbote verletzen“. Dieses Wesen ist ihnen der „höchste, unerreichbare Herr“, zu erhaben, als daß man ihm einen Kult widmen könnte (op. cit., 18). – Daß man den als Stifter alles Geschehens und als Urgrund der Welt betrachteten Gott nicht regelmäßig verehrt, ist übrigens mehrfach belegt (op. cit., 28–30) (vgl. /*Z*/ I 35).

Ohne auf den Streit über den sogenannten Urmonotheismus und über die Modelle der Herausbildung des Eingottglaubens einzugehen, möchte ich lediglich hervorheben, daß Mohammeds Vorstellung, es gebe einen für alles in dieser Welt verantwortlichen Gott, der diese Verantwortung in einer *creatio continua* zur Geltung bringt, nicht notwendigerweise aus dem hochreligiösen Einfluß abgeleitet zu werden braucht, der die Arabische Halbinsel seit dem 4. Jahrhundert n. Chr. erfaßte. Auch nach christlicher Lehrmeinung erhält Gott die Welt bis zur Ankunft des Erlösers. Diese *conservatio* (*RGG*[4], s.v., II, 452) bedeutet jedoch nicht, daß dem Menschen die Pflicht zu selbstverantwortetem Handeln abgenommen werde, wie dies im Koran und dann durchweg im sunnitischen Islam und in Teilen der Schia den Muslimen zugesagt wird (Nagel: *Islam*, §§ 18–21,

§§ 37–45). Vielmehr erhält Gott die Welt, damit sich der Mensch in ihr gleichsam als ein zweiter Schöpfer bewähre. Dieser Gedanke, der auf die christliche Überzeugung zurückgeht, das Diesseits könne niemals zum Ort der vollkommen verwirklichten göttlichen Ordnung werden, wurde im Europa der Renaissance zur Grundlage der Auffassung des Menschen als des von Gott berufenen „Repräsentanten des Alls" (Ernst Cassirer: *Individuum und Kosmos in der Philosophie der Renaissance*, 4. Auflage, Darmstadt 1987, 68, 71 f., 74 f., 103).

/283/ Es ist die Frage aufzuwerfen, ob die Hervorhebung Noahs in medinensischen Suren ein Echo noachidischen Gedankenguts ist, das in Medina im Umlauf gewesen sein könnte. Es wurde schon öfter darauf hingewiesen, daß das Einströmen hochreligiöser Vorstellungen nach Arabien seit dem 4. Jahrhundert n. Chr. gut bezeugt ist (vgl. Lundin: *Južnaja Aravija* und *The Jewish Communities* sowie Robin: *Le judaïsme*), daß aber nur im Falle des Herrschers D̲ū Nuwās ein Beitritt zum Judentum bezeugt ist. Dieser Sachverhalt legt die Annahme nahe, daß der Anteil der Juden an der Bevölkerung gering blieb, jedoch Araber sich gedrängt fühlen konnten, die noachischen Gesetze zu befolgen, die das Judentum für Andersgläubige vorsieht, die in seinem Bereich leben.

Unabhängig von der Sintfluterzählung taucht Noah im Buch der Jubiläen (7, 20–39) und im 2. Petrusbrief (2, 5) als ein „Verkünder der Gerechtigkeit" auf; bei Flavius Josephus heißt es, Noah sei empört über das Verhalten seiner Nachbarn gewesen, habe sich bemüht, sie zu bessern, sei dann aber, als er den Mißerfolg seiner Bestrebungen erkannt habe, aus dem Land der Sündhaften fortgezogen (Bailey: *Noah*, 163). In muslimischen Konzeptionen der Heilsgeschichte wird Noah in Anlehnung an Sure 42, Vers 13 (medinensisch; „Allah hat euch den zu praktizierenden Glauben auferlegt, nämlich was er einst dem Noah aufgetragen hatte...") mit der Auslegung der Adam übergebenen Kenntnis vom Wesen der Welt und vom Verhalten des Menschen in ihr begnadet (Nagel: *Islam*, § 13 und § 20).

Unter den Qumran-Fragmenten haben sich Texte gefunden, die man mit den Noah betreffenden Abschnitten des Buchs der Jubiläen in Verbindung bringen konnte. Ein aus diesen Materialien in groben Zügen rekonstruiertes „Buch Noahs" handelte u.a. von einem Bund, den Noah nach der Sintflut mit Gott schloß. Dabei verpflichtete er sich, bestimmte Gebote zu befolgen (Garcia Martinez: *Qumran and Apocalyptic*, 43 f.). Im 2. Jahrhundert n. Chr. sind die sieben „noachischen Gebote" zum ersten Mal in einer jüdischen Quelle bezeugt (Novak: *Image of the Non-Jew*, 3). Diese Gebote besagen: 1. Die Nicht-Juden müssen wie die Juden in jedem Bezirk, in dem sie mit diesen gemeinsam wohnen, einen Gerichtshof gründen. 2. Wie den Juden ist den Nicht-Juden die Gotteslästerung untersagt. 3. Den Nicht-Juden ist der Götzendienst verboten. 4. Es ist ihnen verboten, das Blut der Mitmenschen zu vergießen. 5. Auch die Nicht-Juden haben von bestimmten Formen sexueller Beziehungen Abstand zu nehmen. 6. Diebstahl und Raub sind im Prinzip untersagt; einige jüdische Autoren halten es jedoch für statthaft, daß Juden Nicht-Juden berauben (Novak, op. cit., 234; vgl. Sure 3, 75). 7. Es ist verboten, Gliedmaßen zu verzehren, die von einem lebenden Tier abgeschnitten wurden.

/284/ Der Begriff *ummījūn* taucht im Koran an vier Stellen auf, und zwar nur in medinensischen Suren. In Sure 2, Vers 78 spricht Mohammed davon, daß es unter den Bewohnern Medinas *ummījūn* gebe, die „das Buch nicht wissen, es sei denn als Wunsch(-vorstellungen) (A. Guillaume: *The Meaning of ‚Amāniya'*, in: *The World of Islam. Studies in Honor of Philip Hitti*, 41–46 will den Ausdruck hier als einen – sonst nicht belegten – Plural von „Amen" deuten: „Sie wissen vom Buch nichts als ‚Amen, Amen'"). Sie hängen bloßen Vermutungen nach." Auch Vers 79 ist noch auf diese Personen zu beziehen: „Wehe denen, die mit ihren Händen das Buch schreiben und dann sagen: ‚Dies stammt von Allah!' (Sie wollen) um einen geringen Preis damit Handel treiben. Wehe ihnen um dessen willen, was ihre Hände schrieben! Wehe ihnen um dessen willen, was sie erwerben!" Hier ist von Einwohnern Medinas die Rede, die, obzwar *ummījūn*, Mohammeds Autorität nicht anerkennen (vgl. hierzu oben, 289 und 455–462). In Sure 3, Vers 20 soll Mohammed sowohl den Schriftbesitzern als auch den *ummījūn* die Frage vorlegen, ob sie sich zum ḥanīfischen Glauben bekehren werden. Desweiteren ist davon die Rede, daß einige unter den Schriftbesitzern die *ummījūn* betrügen, weil diese nicht die Möglichkeit hätten, gegen Schriftbesitzer vorzugehen (Vers 75) – vermutlich da die *ummījūn* nicht unter dem Schutz einer von Allah erlassenen Rechtsordnung stehen (vgl. Sure 9, 5). Schließlich sagt Mohammed in Sure 62, Vers 2, Allah habe jetzt unter den *ummījūn* einen Propheten aus ihrer Mitte berufen, der ihnen Allahs Verse vortrage, sie läutere und sie die Schrift und die Weisheit lehre.

Das Wort *ummī* leitet sich vom hebräischen Begriff der *ummot ha-ʿolam* her, der „Völker der Welt", die im Gegensatz zu den Juden nicht dem Gesetz der Tora unterstehen. In spätantiker Zeit hat dieser Begriff den älteren der *gojim* verdrängt. *Ummījūn*, zu den *ummot* gehörig, sind in den Augen der medinensischen Juden die arabischen Mitbewohner, die Heiden oder Christen sein können. Der Begriff deckt sich nicht völlig mit dem im Koran öfter verwendeten *ḥanīf*, das die Heiden aus christlichem Blickwinkel bezeichnet und die Juden natürlich nicht einbezieht. Das Ḥanīfentum, das sich Mohammed in Mekka angeeignet hat, entspricht demnach einer christlichen Einteilung der Menschen gemäß ihrem religiösen Status, doch nun rückt bei ihm der *ḥanīf* an die Spitze; denn sein Inbild ist Abraham.

ʿAbdallāh b. Salām war einer der wenigen jüdischen Konvertiten zum Islam; in Sure 3, Vers 199 wird ein Schriftbesitzer gelobt, der an das glaubt, was „euch und was ihm herabgesandt wurde" – es soll ʿAbdallāh b. Salām gemeint sein (*WQ/Jones*, 329). Mohammed beauftragte ihn zum Dank für den Übertritt zum Islam mit dem Abschlagen von Dattelpalmen, die den Banū n-Naḍīr, seinen ehemaligen Glaubensbrüdern, gehörten (*WQ/Jones*, 372 und 381), und mit dem Zusammenraffen der beweglichen Habe der dem Tod oder der Sklaverei überantworteten Banū Quraiẓa (*WQ/Jones*, 509 f.). ʿAbdallāh b. Salām versicherte, er habe in der Tora die folgenden Worte entdeckt: „O Prophet! Wir entsandten dich als

Zeugen und als Verkünder einer frohen Botschaft, als einen Warner und als eine Zuflucht für die *ummījūn*..." (*IST*, I/II, 87, Zeile 16); ein anderer ʿAbdallāh, der fromme Sohn von ʿAmr b. al-ʿĀṣ, übernahm diese Desinformation (ebd., 88, Zeile 20). –Diḥja al-Kalbī, Mohammeds Botschafter an Herakleios (vgl. oben, 432 und 437), legte dem ġassānidischen Fürsten Ǧabala b. al-Aiham dar, daß die Religion des *an-nabī al-ummī* die für die Araber angemessene sei, nicht diejenige der byzantinischen oder sasanidischen Oberherrn (Bashear: *The Mission*, 106). – Daß mit den *ummījūn* die Menschen ohne ein heiliges Buch gemeint waren, wußte noch Ibn Isḥāq (*TGB*, VI, 282, Nr. 6774, zu Sure 3, 20); er verdankte diese Kenntnis einem Enkel az-Zubairs, der bis etwa 730 in Medina lebte und für einen bedeutenden *faqīh* und Koranleser gehalten wurde (Ibn Ḥaǧar: *Tahḏīb*, IX, 93, Nr. 124). Der *nabī ummī* ist dementsprechend der zu den *ummot* – in Medina – entsandte Prophet. Daß diese Wendung nur in Sure 7 erscheint, hängt mit den geschichtlichen Gegebenheiten zusammen, unter denen sie entstand. In ihr droht Mohammed, wie dargelegt (vgl. oben, 240–243), den Mekkanern mit dem Umsturz, und dies geschieht, als er bereits Verbindungen nach Medina geknüpft hat, in erster Linie zu den Ḫazraǧiten. Die Muslime, die sich unabhängig von ihm auf den Weg nach Medina machen sollten, werden sich bei den Ausiten niederlassen, und so wird die Gemeinschaft der Muslime, der *ummījūn* in jüdischer Sicht, von Rivalitäten durchzogen sein, die beispielsweise in der Frage der Riten aufbrechen werden (vgl. oben, 273–276).

Es ist nicht genau auszumachen, wann aus dem heidnischen, d.h. zu Menschen ohne heilige Schrift, geschickten Propheten ein Prophet wird, der nicht schreiben und nicht rechnen kann. In der Zeit Ibn Isḥāqs ist diese Überlieferung schon in Umlauf (*TGB*, IV, 282, Nr. 6775, zu Sure 3, 20). Sein Zeitgenosse Ibn Ǧuraiǧ (gest. 767/8) führt sie auf ʿAbdallāh b. al-ʿAbbās zurück. Dessen Vater soll sich einst zusammen mit Abū Sufjān auf einer Handelsreise im Jemen befunden haben; ein jemenitischer Rabbiner habe al-ʿAbbās gefragt, ob es zutreffe, daß sein Neffe sich als „Ṣābiʾer" (*AG2*, VI, 351, Zeile 5 irrtümlich *ṣabwa* = jugendliche Leidenschaft) oder als Narr geriere; al-ʿAbbās habe beim „Gott ʿAbd al-Muṭṭalibs" beteuert, Mohammed sei kein Lügner; ob er „mit seiner Hand" schreibe, habe der Rabbiner weiter wissen wollen; al-ʿAbbās sei im Begriff gewesen, dies zu bestätigen, habe es dann aber aus Klugheit verneint, denn Abū Sufjān hätte eine positive Antwort sogleich zum Vorwand genommen, Mohammed für einen Lügner zu erklären (*AG2*, VI, 351). Wir gelangen mit dieser Geschichte in ein religiöses Milieu, das sich deutlich von dem unterscheidet, das die Zubairiden unter ihrem Kalifen ʿAbdallāh b. az-Zubair (gest. 692) pflegten. Letzterer erachtete die Verehrung Mohammeds, die sich unter den Hāšimiten seit dem Kalifat ʿAlīs ausbreitete, für völlig überzogen (vgl. oben, 672). Wenn man Mohammed als eine Gestalt der Geschichte ansieht, dann darf er der Prophet der Heiden sein. Wenn aber die gesamte „Rechtleitung" des Muslims über die Figur des Propheten vermittelt wird und dieser deswegen gleichsam bei jeder Handlung des Muslims gegenwärtig sein muß, dann muß gewährleistet sein, daß alles, wofür Mohammed steht, auch tatsächlich seinen Ursprung in Allah nahm. Nur wenn Mohammed nie irgendwo etwas aus sich heraus in die „Schrift“ hineinschmuggelte, nur wenn er nie etwas, das sich in der „Lesung“ findet, aus einer irdischen Quelle bezog, ist er wirklich der Überbringer des vollständigen und unverfälschten Wortes Allahs. Allein die Ungläubigen leugneten die Wahrheit der Koranverse, läßt sich Mohammed in Sure 29, Vers 47 von seinem Alter ego bestätigen, und weiter: „Vorher trugst du nie ein Buch vor, auch schriebst du keines mit deiner Rechten nieder. Dann nämlich würden diejenigen, die Nichtiges daherschwätzen, (sofort) zweifeln!“ (Vers 48). Vorher, vermutlich als Mohammed noch keine „Eingebungen“ empfing, hatte er nichts verfaßt. Die „Eingebungen“ strömen ihm ohne eine schriftliche Quelle zu, ohne irgendeine Belehrung durch einen Menschen; dies garantiert die Authentizität. Aus dem „schriftlosen“ konnte so der schreibunkundige Prophet werden, und er muß schreibunkundig sein, je mehr man darauf zählt, daß in der „Lesung“ und im *ḥadīṯ* das Transzendente in das Diesseits hereinragt (vgl. Nagel: *Verstehen oder nachahmen?*). „Er war ein *ummī*, schrieb nicht, (aber) er trug das *ḥadīṯ* vor“, urteilte Jaḥjā b. Maʿīn (gest. 847/8) über einen Überlieferer (Ibn Ḥağar: *Tahḏīb*, III, 7, Zeile 15, Nr. 10) und belegt, daß zu seiner Zeit die Bedeutung „Analphabet“ gängig geworden war.

Ganz zufrieden war man mit dieser Interpretation von *an-nabī al-ummī* allerdings nicht. Denn man konnte nicht gut abstreiten, daß es kein Ruhmesblatt ist, eine der wichtigsten Kulturtechniken nicht zu beherrschen. In aṭ-Ṭabarīs (gest. 923) Korankommentar stößt man auf die Überlegung, daß der Passus auf den vorhergehenden Vers (Sure 7, 156) zurückverweise, wo es heißt: „Meine Barmherzigkeit umfaßt alles; ich werde sie denen gutschreiben, die gottesfürchtig sind“, die Riten vollziehen und an die Verse der „Lesung“ glauben. Dieses „alles“, das von der Barmherzigkeit Allahs umgriffen werde, meine die *umma*, die Gemeinschaft der Muslime, die ja gottesfürchtig sei usw. *An-nabī al-ummī* sei eben der zu den Muslimen als der besten *umma* ausgesandte Prophet (*TGB*, XIII, 161–163, zu Sure 7, 157). Somit wäre kein Mangel über Mohammed ausgesagt, allerdings wäre auch die Authentizität nicht mehr garantiert. Der Mohammed in den Mund gelegte Ausspruch: „Wir sind eine des Schreibens unkundige Gemeinschaft (arab.: *umma ummīja*), wir schreiben und rechnen nicht“ (*TGB*, II, 257, Nr. 1355, zu Sure 2, 78; Quellennachweise ebd.), versperrt diesen Ausweg ohnehin. Aṭ-Ṭabarī kommt der Geistesblitz, *ummī* vom Wort *al-umm*, die Mutter, abzuleiten; das Schreiben sei schließlich Männersache, und diese Erklärung passe auch gut zu Sure 62, Vers 2: Die *ummījūn*, aus deren Mitte Mohammed berufen worden sei, sind eben Menschen, die in dieser Hinsicht ihren Müttern gleichen – was offensichtlich nicht so peinlich ist wie der bloße Hinweis auf einen Mangel an elementaren Fertigkeiten (*TGB*, II, 259).

Die Erklärungsnot war also groß, und es bedurfte eines erfahrenen Scholastikers, um alles zum Positiven zu wenden. Daß Mohammed als schreibunkundig charakterisiert wird, gehört zu seinen Beglaubigungswundern, und zwar unter drei Gesichtspunkten: Erstens rezitierte er die ihm eingegebenen Texte trotz deren Komplexität und trotz der schwierigen Reime immer wieder bis aufs Jota gleich und völlig fehlerlos; „wir werden dich rezitieren lassen, und nichts wirst du vergessen!“ (Sure

87, 6) – außer dem, was Allah dich vergessen lassen will, doch diesen Teil des folgenden Verses unterschlägt der Autor. Zweitens ist festzustellen: Hätte Mohammed lesen und schreiben können, wäre er des Plagiats bezichtigt worden (Sure 29, 48), und dies, obschon der Koran jegliche nur erdenkliche Art von Weisheit und Wissen enthält, also allein deswegen nirgends abgeschrieben sein kann. Drittens, und das ist das größte Wunder, weiß jedermann, daß selbst Minderbegabte das Schreiben lernen; obwohl Mohammed eine unübertreffliche Begabung hatte, wovon die Tatsache zeugt, daß er den Koran in sich aufzunehmen vermochte, erlernte er das Schreiben nicht – welch eine wunderbare, alles Gewohnte durchbrechende Vereinigung von zwei Gegensätzen in ein und derselben Person! Was könnte man diesen Ausführungen Faḫr ad-Dīn ar-Rāzīs (gest. 1209) noch hinzufügen (ar-Rāzī: *Mafātīḥ al-ġaib*, zu Sure 7, 157)?

Kapitel III: Die Vertreibung

/110/ Die Geschichte des Christentums vom 4. bis 6. Jahrhundert zeichnet sich durch eine zunehmende Betonung der Göttlichkeit Christi aus (Lassus: *Sanctuaires chrétiens*, 305). Im Konzil von Chalkedon hatte man versucht, deutlich zwischen der göttlichen und der menschlichen Natur Jesu zu unterscheiden und beiden ihren je eigenen Rang zuzuerkennen. Hiergegen erhoben manche Kirchenlehrer Einspruch, die in der Person Christi eine einzige, spezifisch gottmenschliche Natur wahrnahmen. In den monophysitischen Lehren, die seit dem letzten Drittel des 6. Jahrhunderts durch die byzantinischen Kaiser unterdrückt wurden (vgl. /*Z*/ II 74), gewann der Einspruch seine dogmatische Ausprägung. Die Betonung der Göttlichkeit Jesu erschwerte es den Christen, sich mit Bitten unmittelbar an den Gottessohn zu wenden; der Kult der Heiligen, die man als Vermittler und Fürsprecher anrief, blühte auf. Dies gilt uneingeschränkt auch für aš-Šaʾm (Lassus, op. cit., 306), jene Region, in der die Araber in enger Berührung mit dem – monophysitischen – Christentum standen.

Im Gottesdienst wurde die Erhöhung Christi durch die Übernahme von Elementen des römischen bzw. byzantinischen Kaiserkultes in die Meßliturgie bekräftigt (vgl. Treitinger: *Kaiser und Reichsidee*, 49–51). Einige dieser Elemente, etwa die Prozession mit Weihrauch und Kerzen, wurden obligatorische Bestandteile der christlichen Liturgie; andere konnten sich nicht als verbindlich ihr zuzurechnende Handlungen durchsetzen. Dazu zählt die Proskynese, eine Bewegungsabfolge, die „verschiedene gradweise Abstufungen vom Neigen des Hauptes und Verneigen des Oberkörpers bis zum Knien und Bücken bis auf die Erde, ja bis zur ganzen Prosternation“ umfassen konnte (Horst: *Proskynein*, 52). Sie weist demnach alle Körperhaltungen auf, aus denen eine muslimische *rakʿa* zusammengesetzt ist. Die durch die Proskynese zum Ausdruck gebrachte Überhöhung des Kaisers (Treitinger, op. cit., 84–90) gilt im christlichen Zusammenhang dem überhöhten Christus als dem Weltenherrscher und Weltenrichter. Hierher gehört die in der orthodoxen Kirche während der Fastenzeit vollzogene Geste der Niederwerfung zur

Bekundung einer bußfertigen Gesinnung. Desweiteren, und weitaus häufiger, ist die Proskynese der Ausdruck der demütigen Ehrfurcht im Erfahren der göttlichen Gegenwart: Menschen, die Zeugen von Wundern werden, stellt man in der christlichen Ikonographie vielfach in dieser Haltung dar, so etwa Maria und Martha beim Anblick des zum Leben erweckten Lazarus (Onasch: *Liturgie und Kunst*, 313 f.).

In den Kirchen des Ostens ist dementsprechend die Niederwerfung in der Gegenwart des Transzendenten nicht ungewöhnlich. Im ersten Teil des Gottesdienstes, der Liturgie der Katechumenen, wird das „Kommen des Herrn, des erhöhten Christus zu seiner Gemeinde sinnenfällig dargestellt im feierlichen Einzug mit dem Evangelienbuch", im sogenannten „kleinen Einzug". Dessen Riten verherrlichen das Wort Gottes und enden mit der Aufforderung an die Katechumenen, das Haupt vor dem Herrn zu beugen. In der sich anschließenden Liturgie der getauften Gläubigen betritt der Priester zusammen mit den Diakonen das Kirchenschiff und führt die Opfergaben zur Gemeinde herein. In diesem „großen Einzug" wird „das letzte Kommen Christi zum Gericht und zur Weltvollendung vorweggenommen", und nun werfen sich die Gläubigen ehrfürchtig nieder: In den hereingetragenen Opfergaben ist Christus selber anwesend (Heiler: *Ostkirchen*, 206, 215). Zu der Zeit, als Mohammed auftrat, hatten sich diese Riten bereits herausgebildet. Vor dem 5. Jahrhundert waren Brot und Wein zusammen mit den Gaben für die Armen bei Beginn des Gottesdienstes am Altar niedergelegt worden, die Diakone hatten dann die Eucharistie vorbereitet. Dann aber wurde es üblich, die Gaben in einem Nebenraum zu sammeln und in einer eigenen, schon vor der Liturgie der Katechumenen durchzuführenden Zeremonie, der Proskomedie, für den durch diese Veränderung notwendig gewordenen „großen Einzug" zuzubereiten (Heiler, op. cit., 206). Theodor von Mopsuestia (gest. 426) bezeugt als erster die rituelle Einbringung der Opfergaben in das Kirchenschiff und was sie versinnbildlicht: Christus selber wird als Opfer zum Altar getragen und dort niedergelegt; der Altar ist als sein Grab zu verstehen und zugleich als der Ort, von dem aus die Auferstehung erfolgt (Taft: *The Great Entrance*, 35–37).

In den Opfergaben konnte für Mohammed das Transzendente nicht gegenwärtig werden; eine Erlösung benötigte er nicht, da Allah das Dasein des Menschen in allen Einzelheiten lenkt und dieser deswegen nicht mit einer Urschuld belastet sein kann. Wohl aber in den Worten Allahs war es erfahrbar. Mohammeds Forderung, die Menschen sollten sich niederwerfen, sobald der Koran vorgetragen werde, deutet in diese Richtung und weist auf das hochreligiöse Vorbild hin, das er sich aneignet. Den Mekkanern mochte diese Sitte fremd und anstößig erscheinen – ebenso wie die Geschichten aus der hochreligiösen Überlieferung, die er in seine „Lesung" einflocht (vgl. */Z/* II 194). Den Äthiopiern mußte sie hingegen bekannt sein, denn die Evagelienlesung wird bei ihnen durch einen „kleinen Einzug" vorbereitet (Heiler, op. cit., 371). Doch sobald Mohammed als „heidnischer Prophet" die Sublimierung des Opfers für eine schuldhafte Verirrung erklärte (vgl. oben, 291 f.), wurde auch die scharfe Abgrenzung gegen das Christentum unumgänglich: Jesus kann nichts anderes sein als Allahs Wort (Sure 4, 171) (vgl. */Z/* VIII 397).

/117/ Allah kommen das Schaffen (arab.: *al-ḫalq*) sowie die Fügung (arab.: al-*amr*) zu, stellt Mohammed in der spätmekkanischen Sure 7, Vers 54 fest. Man könnte aus dieser Formulierung schließen, daß die beiden Sachverhalte einer zeitlichen Abfolge unterliegen: Erst wird die Schöpfung abgeschlossen, dann wird sie der Fügung Allahs anheimgegeben, mittels deren er anordnet, was mit dem Geschaffenen in jedem Augenblick geschieht. Wie in /*Z*/ II 212 gezeigt, hat man in der islamischen Theologie erkannt, daß sie ein Mißverständnis ist, das durch die Aneignung des biblischen Schöpfungsberichts hervorgerufen wurde. Das Bild des von seinem Thron herab die Schöpfung lenkenden Allah habe nur dazu gedient, „die Araber" darauf hinzuweisen, daß sie aus eigener Kraft und in eigener Verantwortung nicht zu handeln vermögen und deshalb in jedem Augenblick ihres Daseins durch Allah bestimmt sind. Das „Medium", durch welches Allah dies bewirkt, heißt im Koran *al-amr*, die „Fügung"; Schaffen oder Schöpfung sind demnach die sich ununterbrochen manifestierenden Bezeugungen, „Wunderzeichen", des von Allah ebenso ununterbrochen ausgehenden *amr* (Beispiele bei Nagel: *Der Koran*, 177–179, 210 f.). Die Rede Allahs, die der Prophet übermittelt, gehört ebenfalls zu diesen Bezeugungen (ebd., 329–335). Aus alldem folgt, daß es schwierig, wenn nicht unmöglich ist, Allah als transzendent zu beschreiben, da er doch in jedem Augenblick sich im Diesseitigen manifestiert und da das Diesseits nur dank solcher Manifestation so und nicht anders von den Menschen wahrgenommen wird. Und auch diese Wahrnehmung wird nicht durch das Wahrzunehmende ausgelöst, sondern erfolgt allein gemäß dem göttlichen *amr*.

In der islamischen Theologie hat man auf zweierlei Weise versucht, diesen den Menschen völlig entmächtigenden Konsequenzen der ḥanīfischen Auffassung von Schöpfung zu entkommen (vgl. im übrigen Mohammeds Bemühen, im Zusammenhang mit dem Dschihad eine inhaltlich stark eingeschränkte Werkgerechtigkeit zu fordern, oben, 390 f.). Daß sich im *amr* Allahs Bestimmungmacht (arab.: *al-qadar*) kundgebe, blieb unbestritten; aber erfuhr der Mensch nicht tagtäglich, daß auch er über eine solche gebiete? Der im ausgehenden 7. Jahrundert entbrennende Streit über einen menschlichen *qadar* und seine Reichweite hielt die islamische Theologie bis ins 11. Jahrhundert in Atem. Es war eine Epoche fruchtbarer Debatten, in der die Tür für die antike Überlieferung offenstand. Allah, so lehrten die Verfechter des menschlichen *qadar*, lege selbstverständlich die Rahmenbedingungen des Handelns seiner Geschöpfe fest, und wie weit hierduch eine Handlung vorgeprägt werde, darüber konnte man ausgiebig diskutieren. Da Allah aber will, daß die Menschen gemäß seinem Gesetz handeln und dadurch das Paradies gewinnen können, gestaltet er sowohl die Welt als auch sein Gesetz so, daß der Mensch mittels seines Verstandes erschließen kann, was er jeweils tun soll, um sein Heilsziel zu erreichen. Die hellenistische Naturphilosophie und Ethik fanden Zutritt zum islamischen Denken, wenn auch nur bei einer Minderheit.

Die Mehrheit hielt an der bis ins einzelne gehenden und unentschlüsselbaren Fremdbestimmung des Menschen durch Allah fest. Durch Übernahme und Umdeutung des zugunsten eines menschlichen *qadar* genutzten naturphilosophischen Ideenguts schuf sie sich das intellektuelle Rüstzeug, mit dem sie die Seinsohnmacht des Geschaffenen gegenüber einem allmächtigen Schöpfer verfocht. Allerdings entsprach ein Mensch ohne eigenes Handlungsvermögen zwar einer sich ganz dem Einen ausliefernden Frömmigkeit, aber es ergab sich eine schwer erträgliche Spannung zu dem zweiten Fixpunkt des Mehrheitsislams, nämlich der Forderung, das irdische Dasein ganz nach den Regelungen der Scharia auszurichten. Setzte das nicht doch die Möglichkeit selbstverantworteten Tuns voraus? Al-Ġazālī (gest. 1111) versuchte, die das Ich auflösende Frömmigkeit und jene Forderung zu einer neuartigen Einheit zu verschmelzen: Sich ganz dem göttlichen Bestimmen ausliefern, meint für ihn, sich auf den von Allah gemäß dessen Gewohnheit – und nicht, weil Allah zu etwas aus irgendeinem außerhalb seiner selbst liegenden Grund gezwungen wäre – erfahrbaren scheinhaften Kausalnexus des unaufhörlich von Allah geschaffenen Diesseits zu verlassen und, diese nicht in den geschaffenen Dingen selber, sondern in Allahs Bestimmen gründende Scheinkausalität nutzend, die Scharia zu erfüllen. Solches Handeln hat natürlich in dem Bewußtsein zu geschehen, daß der Erfolg in jedem einzelnen Fall allein Allah zugeschrieben werden darf. Was diese Kompromißformel bedeute, darüber ist seit al-Ġazālī heftig gestritten worden. In der Gegenwart hört man aus muslimischem Mund auf die Frage nach Allahs Bestimmungsmacht immer wieder die al-Ġazālī unzulässig vereinfachende Phrase: „Ich handle in eigener Verantwortung und frei, aber Allah weiß natürlich, wie ich handeln werde." Einen Rückgriff auf die Diskussionen der Zeit vom 7. bis zum 11. Jahrhundert und ein Plädoyer für einen *qadar* des Menschen hat man nur ganz vereinzelt versucht.

Das liegt vor allem daran, daß der *amr* die Rede Allahs mit umfaßt. Betrachtet man sie, die nach muslimischem Glauben im Koran zu Buche geschlagen ist, als eine unmittelbar von ihm ausstrahlende Gegebenheit, dann repräsentiert sie Allahs Sein im Diesseitigen. Denkt man diese Vorstellung zu Ende, dann gelangt man mit der Mehrheit der Muslime zu der Auffassung, jene Rede sei wie Allah selber ungeschaffen, demnach auch nicht mit den Mängeln und Fehlern des Diesseitigen, Geschaffenen behaftet; sie muß vielmehr außerhalb der irdischen Geschichte und, da von göttlicher Seinsqualität, zudem ewig und unangreifbar wahr sein. Wer hingegen das Wirken der göttlichen Fügung auf die Setzung der Rahmenbedingungen des menschlichen Handelns einschränkte, konnte auch die göttliche Rede für geschaffen und geschichtlich erklären. Ihr Inhalt mußte im Hinblick auf die zu meisternden irdischen Verhältnisse rational analysierbar sein. Mit dem Sieg der Lehre von der Seinsohnmacht des Menschen schwand diese Möglichkeit der Auslegung der göttlichen Rede. Der Koran wird von da an für Allahs wahres und auf ewig unveränderliches Wort ausgegeben, das ohne irgendeinen beschreibbaren Bezug zu den obwaltenden diesseitigen Verhältnissen gilt und als unantastbare Norm höchste Autorität genießt. Dieser Umstand ist nicht nur von theologischem Interesse, sondern von nicht zu überschätzendem Gewicht in Fragen der Tagespolitik. So können beispielsweise Gewaltaktionen einzelner Muslime gegen Andersgläubige durch die muslimischen Theologen und Schariagelehrten nicht klar verworfen werden, weil sich die Täter auf Allahs ewig gültiges Wort berufen können, etwa auf Sure 2, Vers 193, wo der Kampf gegen die Andersgläubigen gefordert wird, bis niemand mehr den Triumph des Islams aufzuhalten versucht; „Heiden" sind ohnehin zu töten (Sure 9, 5). Die Religionsfreiheit oder die Menschenrechte im allgemeinen leiten sich von innerweltlichen Kriterien wie der einem jeden Menschen unveräußerlich innewohnenden Würde ab und sind daher gegenüber den als ewig wahr und gültig angesehenen Versen des Korans zweitrangig. Und weshalb sollten die muslimischen Religions- und Rechtsgelehrten, die sich als die Sachwalter dieser göttlichen Wahrheit verstehen und durch die erdrückende Mehrheit ihrer Glaubensgenossen als solche anerkannt werden, sich den Ast absägen, auf dem sie sitzen?

/218/ Das rituelle Gebet (arab.: *aṣ-ṣalāh*) besteht aus zwei bis vier Bewegungsabfolgen (arab.: Sg. *ar-rakʿa*), die je aus dreizehn Pflichtelementen zusammengesetzt sind; freiwillige Elemente können an bestimmten Stellen hinzugefügt werden (vgl. Watt/Welch: *Der Islam*, I, 282 f.). Während des Vollzugs dieses Ritus ist der Muslim aus dem profanen Lebensbereich herausgerückt, er „richtet das Gesicht ausschließlich zu Allah hin" (*aslama waǧha-hū lil-lāh*) (vgl. Sure 2, 112 oder Sure 4, 125) und befindet sich im Islam im ursprünglichen Sinne (Nagel: *Im Offenkundigen das Verborgene*, 242–245), in der Seinshaltung, die die ihm von Allah eigentlich zugedachte ist (vgl. Sure 30, 30): Er erkennt rückhaltlos an, daß er sich selber und seinen ganzen Lebenskreis nebst allen Mitteln der Daseinsfristung dem unermüdlichen Schöpfungshandeln Allahs verdankt (vgl. /*Z*/ II 212 und /*Z*/ III 117). Die Anwesenheit vor dem alles bestimmenden Allah während des Vollzugs der Gebetsriten wurde und wird vielfach ganz unmittelbar erfahren. Solange diese Herauslösung aus dem Profanen dauert, ist der Muslim außerstande, Verfehlungen zu begehen (vgl. Sure 29, 45), er ist mit seinem Schöpfer so im reinen, wie er es auch in den profanen Zeitabschnitten sein sollte. Die anderen drei Pflichtriten – die Läuterungsgabe, das Ramadanfasten, die Pilgerfahrt – verfolgen das gleiche Ziel wie das rituelle Gebet. Da dieses aber den Tageslauf des Muslims begleitet, handelt es sich um den mit Abstand wichtigsten Ritus des Islams und bildet bei genauer Betrachtung den Kern dieser Religion. „Die vortrefflichste Handlung des Menschen ist das in seinem (vorgeschriebenen) Zeitraum verrichtete Gebet", soll Mohammed befunden haben (Belege bei Wensinck: *Concordance*, VII, 282).

Im gemeinsamen rituellen Gebet, vor allem wenn es durch das Oberhaupt des islamischen Gemeinwesens geleitet wird, enthüllt sich daher der Daseinszweck des durch „Allah und seinen Gesandten" gestifteten muslimischen Gemeinwesens (vgl. /*Z*/ VI 56 und /*Z*/ VI 79). Wenigstens zum Freitagsgottesdienst, der bis in die Gegenwart als ein hoheitlicher Akt aufgefaßt wird, soll der Muslim daher die für ihn zuständige Freitagsmoschee aufsuchen. In Medina leitete Mohammed selber die Gebete, nach seinem Tod übernahmen seine Stellvertreter diese Aufgabe (vgl. oben, 497–506) sowie in den eroberten Gebieten die von ihnen ernannten Heerführer oder Statthalter. Freitagsmoscheen stehen mithin in einer engen Beziehung zum Machthaber, der sich selber durch ein wie immer definiertes Verhältnis zu Mohammed und zur Urgemeinde zu legitimieren hat.

Seit dem Aufkommen der sogenannten Gottesfreunde treten deren Klausen in Konkurrenz zu den „staatlichen" Feitagsmoscheen; denn die Gottesfreunde machen sich anheischig, unabhängig von der Schriftgelehrsamkeit und außerhalb der Institutionen im Namen Allahs und seines Propheten zu sprechen. Nicht selten veranstalteten sie in ihren Anwesen einen „illegalen" Freitagsgottesdienst. Heute ist in vielen islamischen Ländern der Unterschied zwischen einer gewöhnlichen, vielfach von Privatpersonen eingerichteten Moschee und der Freitagsmoschee geschwunden; auch in Privatmoscheen ruft man zum Freitagsgebet, und nicht selten sammeln sich hier die Kräfte, die dem betreffenden islamischen Staat seine Legitimität absprechen, weil er sein oberstes Ziel, die ganze Menschheit dem von Allah gestifteten Ritus zu unterwerfen, nicht mit dem nötigen Nachdruck verfolge.

/265/ Die Schlacht von D̲ū Qār läßt sich nicht datieren. In der islamischen Geschichtsüberlieferung wird sie auf den Lebenslauf Mohammeds bezogen: Sie fand statt, als Mohammed geboren wurde (*JQ*, s.v. D̲ū Qār) oder als er von Badr nach Medina zurückmarschierte (ebd.). Dazwischen liegen immerhin fünfundfünfzig Jahre. Als Mohammed von der Schlacht erfuhr, soll er ausgerufen haben: „Dies ist der erste (Kampf-) Tag, an dem sich die Araber von den Nichtarabern Genugtuung verschaffen, und dank mir wurde ihnen der Sieg zuteil!" (*AG2*, XXIV, 76; Ibn al-At̲īr: *al-Kāmil*, I, 482 f.). Die Feindseligkeit Mohammeds gegen die Sasaniden kommt auch im Zusammenhang mit diesem Ereignis zum Ausdruck.

Im Gefecht bei D̲ū Qār bezwangen rabīʿitische Araber Truppen des Herrschers der Sasaniden, so lautet die stark verkürzte Botschaft. Nach aṭ-Ṭabarī hat man insgesamt sechs Treffen voneinander zu unterscheiden, die alle in der Nähe der genannten Örtlichkeit ausgetragen wurden, die man auf halbem Wege zwischen Kufa und Wāsiṭ suchen muß. Es bleibt offen, ob es sich dabei jeweils um unabhängiges Kampfgeschehen handelt, durch längere Zeitabschnitte unterbrochen, oder um einzelne Episoden der einen von den Quellen beschriebenen Schlacht. Ihren Hintergrund bilden Bestrebungen Chosrau Parwez' (reg. 590–628), seine Macht über Hira und Nordostarabien abzusichern. Wie bei der Beschreibung der altarabischen Märkte erwähnt, stützten sich die Sasaniden zum Teil auf Männer aus dem Stamm der Banū Tamīm, um Arabien zu kontrollieren (vgl. oben, 52 und 61 f.). Al-Mund̲ir b. al-Mund̲ir, der laḫmidische Fürst von Hira, hatte seinen Sohn an-Nuʿmān einem Tamīmiten zur Erziehung gegeben, nämlich dem christlichen Dichter ʿAdī b. Zaid, einem hochbegabten Mann, der sowohl die persische als auch die arabische Schrift beherrschte, beim Schah im besten Ansehen stand und häufig am Hofe in Ktesiphon verkehrte. Insgesamt zwölf Söhne hatte al-Mund̲ir, so daß seine Nachfolge nicht einfach zu regeln sein würde. Darum bestellte der Schah nach al-Mund̲irs Tod fürs erste einen Ṭāʾiten zum Fürsten von Hira und ließ alle Söhne des Verstorbenen nach Ktesiphon kommen, um eine Entscheidung zu fällen. Es entspann sich ein Intrigenspiel, in dem es ʿAdī b. Zaid gelang, seinem Kandidaten, an-Nuʿmān b.

al-Mundir, die Krone zu sichern; ʿAdī verdarb es sich dabei allerdings mit einem Nebenbuhler, dem der wachsende Einfluß des Maʿadd-Arabers ein Dorn im Auge war (*TRM*, I, 1019, Zeile 12).

Dieser Nebenbuhler verleumdete ʿAdī bei an-Nuʿmān; schließlich glaubte der Fürst, daß der Mann, dem er Hira zu verdanken hatte, in Wahrheit sein Feind sei. Er rief ihn aus Ktesiphon zu sich und setzte ihn gefangen. Dies erfuhr der Schah und schickte einen Boten nach Hira. Da an-Nuʿmān sich vor der Rache des womöglich bald freikommenden ʿAdī b. Zaid fürchtete, ließ er ihn ermorden. Um den Zorn Chosrau Parwez' zu besänftigen, führte er ihm einen Sohn ʿAdīs mit Namen Zaid zu, und der Herrscher nahm diesen Jüngling freudig auf und beauftragte ihn mit der arabischen Korrespondenz. Nach einiger Zeit zerrüttete an-Nuʿmān sein Verhältnis zum Schah mit einer unbedachten beleidigenden Äußerung über die Frauen Irans und des Sawad. Mehrere Monate lang geschah nichts, dann erreichte ihn der Befehl, er habe sich nach Ktesiphon zu begeben (*TRM*, I, 1019-1029; Ibn al-Aṯīr: *al-Kāmil*, I, 482–487). In dieser Not suchte an-Nuʿmān nach einem arabischen Stamm, der ihm Zuflucht gewähren könnte, aber vergeblich. Bei den Banū Šaibān durfte er wenigstens seine Frauen, sein Gesinde und seine bewegliche Habe in Sicherheit bringen. Dann machte er sich auf den schweren Weg nach Ktesiphon, wo ihn der Schah sogleich in Ketten legte. An-Nuʿmān starb in der Gefangenschaft an einer Seuche, wie es heißt, „kurz vor dem Islam" (*TRM*, I, 1029; Ibn al-Aṯīr, op. cit, I, 488).

Mit dem Tod an-Nuʿmāns war eine Lücke in die sasanidische Abwehr gegen die Araber gerissen worden. Qais b. Masʿūd von den Banū Šaibān machte sich erbötig, für die Sasaniden die Aufgabe an-Nuʿmāns zu übernehmen, verlangte als Lohn aber den Ertrag von Ländereien bei Ubulla, was ihm zugestanden wurde. Von seinem Reichtum teilte Qais freigebig aus, was Neider auf den Plan rief; diese überredeten Leute aus dem Stamm der Banū Bakr b. Wāʾil, in den Sawad einzufallen und dort zu plündern. Dies zeitigte die von den Unruhestiftern erhoffte Wirkung: Der Schah zürnte Qais b. Masʿūd, nahm ihn in Gewahrsam und begann mit den Vorbereitungen für einen Feldzug. Überdies war ihm mittlerweile zu Ohren gekommen, daß die Banū Šaibān das Vermögen an-Nuʿmāns verwahrten. Chosrau Parwez forderte die Herausgabe und drohte mit Krieg, falls sein Verlangen nicht erfüllt werden sollte. Doch die Banū Šaibān leugneten, im Besitz der fraglichen Güter zu sein. Der Herrscher übereilte nichts, sondern sah zu, daß er unter den Arabern Verbündete gewann, was ihm auch glückte. Mit seinem ṭāʾitischen Statthalter von ʿAin at-Tamr beriet er das weitere Vorgehen. Man kam schließlich überein, die Banū Bakr b. Wāʾil bei Ḏū Qār anzugreifen, wo sie die heißeste Zeit des Sommers zuzubringen pflegten. Parwez ordnete an, daß seine Truppen zusammen mit der Karawane aufbrechen sollten, die zu den Persern im Jemen reiste und Waren mit sich führte. Wenn man die Banū Bakr b. Wāʾil überwältigt und die von den Banū Šaibān verwahrten Güter an sich genommen habe, solle man aus der Mitte der Besiegten einhundert Burschen als Geiseln einziehen, danach könne man die Handelsleute an ihr Ziel geleiten. Daß sich die Araber vor den Persern fürchteten, erhöhte die Siegesgewißheit des Schahs; er hatte sich einst grausam an einer tamīmitischen Sippe gerächt, die eine aus dem Jemen in den Irak ziehende Karawane überfallen hatte (*AG2*, XVII, 318–322). Kurz vor Beginn der Kampfhandlungen bat man noch einmal die Banū Šaibān, das deponierte Gut auszuliefern, damit das Schlimmste verhindert werde, doch sie weigerten sich standhaft. Sie eigneten sich allerdings das Kriegsgerät an-Nuʿmāns an, da es in den bevorstehenden Gefechten von Nutzen sein werde. Die Perser erwarteten, die Feinde würden ihnen in einer langen Schlachtreihe entgegentreten, wie es bei den Arabern üblich war. Die Überlegenheit der persischen Pfeilschützen hätte dann schnell ihre verhängnisvolle Wirkung entfalten sollen. Zur Überraschung der Angreifer hatten die Banū Bakr b. Wāʾil und ihre Verbündeten kleine Schwadronen gebildet, die ihrerseits unverzüglich zur Attacke übergingen. Aus dem leichten persischen Sieg wurde nichts, die Kämpfe zogen sich in die Länge, und am Ende wandten sich die Truppen des Schahs zur Flucht (*AG2*, XXIV, 53–73).

Unter Hinzuziehung weiterer Quellen gelangt A.I. Kolesnikow zu einer vergleichbaren Schilderung. Die Jahre zwischen 590 und 602 waren eine Periode friedlicher Beziehungen zwischen den Byzantinern und den Sasaniden und habe den Herrscher von Hira verleitet, eine Schaukelpolitik zwischen beiden Reichen zu beginnen, vermutlich mit dem Ziel wenigstens partieller Unabhängigkeit. Ab 602, dem Jahr der Todes an-Nuʿmāns in Ktesiphon, sei die Stabilität in der Grenzregion verlorengegangen (Kolesnikow, 82–85), die nach 604/5 (ebd., 78) anzusetzende Schlacht bei Ḏū Qār – Kolesnikow denkt offensichtlich an ein einziges entscheidendes Ereignis – weckte in den Arabern die Hoffnung, sich von der Vormacht der Sasaniden zu befreien.

Kapitel IV: Der Glaube

/68/ Über die Herkunft und die Geschichte der jüdischen Bevölkerung in Jaṯrib/Medina erzählte man sich im frühislamischen Arabien zweierlei:

1. Nach der Katastrophe des Dammbruchs von Mārib zog der Azdite Ḥāriṯa b. Ṯaʿlaba nach aš-Šaʾm. Dort bekam er Streit mit den Byzantinern und sah sich gezwungen, nach Arabien zurückzukehren. Dabei gelangte er nach Medina. Mit dem dortigen jüdischen Herrscher schloß er eine Vereinbarung, die besagte, er werde anerkennen, daß die Juden im Verhältnis zu den Ġassāniden als seßhafte Bevölkerung anzusehen seien, die Ġassāniden dagegen den Juden als Beduinen zu gelten hätten. Der Sinn dieser Formulierung ist nicht sicher; wahrscheinlich geht es um die Eintreibung von Abgaben. Jedenfalls folgt nun eine Zeit heftiger Konflikte zwischen den Juden in Medina und den Ġassāniden; letztere überfallen bei einer günstigen Gelegenheit die Juden und rauben deren Frauen. Obwohl die Juden bei ihren Glaubensbrüdern in Ḫaibar und aš-Šaʾm um Unterstützung nachsuchen, müssen sie sich darein fügen, daß infolge der Zwistigkeiten fortan die Ausiten und die Ḫazraǧiten in Medina die erste Geige spielen. Die beiden arabischen Stämme aber wissen die gewonnene Vormacht nicht sinnvoll zu nutzen, sondern verstricken sich in mörderische Fehden (Kropp: *Geschichte der „reinen Araber“*, 68 f.)

2. Vor der Inbesitznahme durch die Juden und lange bevor die Ausiten und die Ḫazraǧiten nach dem Bersten des Dammes von Mārib (vgl. /*Z*/ I 45) dorthin gelangten, lebten dort die Amalekiter. Mose entsandte gegen sie ein Heer mit dem Auftrag, diese bis auf den letzten Mann auszurotten. Sein Befehl wurde ausgeführt, allerdings bekamen die Soldaten Mitleid mit dem Sohn des amalekitischen Königs. Sie ließen ihn am Leben; Mose selber sollte bestimmen, was mit dem Jüngling geschehen sollte. Nachdem das siegreiche Heer nach aš-Šaʾm zurückgekehrt war, hörte Mose von dieser Eigenmächtigkeit. Voller Zorn darüber verwehrte er dem Heer den Aufenthalt in der Heimat. Es mußte in den Hedschas abziehen und ließ sich in Medina nieder. Als die Römer Palästina eroberten, flüchteten einige jüdische Sippen, so die Banū n-Naḍīr und die Banū Quraiẓa, zu ihren Glaubensbrüdern in Medina. Die Banū n-Naḍīr lebten fortan von der Viehzucht, die Banū Quraiẓa nebst einigen kleineren jüdischen Klanen eigneten sich bewässertes Land an und verlegten sich auf den Akkerbau. Zusammen mit ihnen wohnten einige arabische Klane unterschiedlicher Genealogie, so ein jemenischer, ferner einer, der zu den Banū Sulaim gehörte, und einer, der mit den Ġassāniden, den arabischen Vasallenfürsten der Byzantiner, verwandt war (vgl. /*Z*/ IV 260). Nach dem Bruch des Dammes von Mārib flüchteten, wie bereits erwähnt (/*Z*/ I 45), viele jemenische Araber nach Norden. Die Ausiten und die Ḫazraǧiten verschlug es nach Medina. Sie litten dort zunächst bittere Not, denn der fruchtbare Boden war in der Hand der alteingesessenen Juden. Etwas Brachland, das die Neuankömmlinge hatten urbar machen können, sowie einige Palmen bildeten deren kümmerliche Lebensgrundlage (*AG2*, XXII, 107–115).

Der Ḫazraǧite Mālik b. al-ʿAǧlān, Anführer der beiden damals noch nicht miteinander verfeindeten Stämme, soll jedoch die Vorherrschaft der Juden über Medina angefochten haben. Er wandte sich an die Ġassāniden und erreichte, daß diese einen Feldherrn namens Abū Ǧubaila mit einer Truppe nach Medina in Marsch setzten. Dort eingetroffen, lud Abū Ǧubaila die prominenten Juden zu einem Gastmahl und ermordete sie meuchlings. Nun waren die Ausiten und die Ḫazraǧiten fast schon die Herren der Oase geworden; sie eigneten sich einen Teil der Palmenhaine und der Häuser der Juden an (Ibn al-Aṯīr: *al-Kāmil*, I, 657 f.). – Die Mutter Mālik b. al-ʿAǧlāns und die Mutter Uḥaiḥa b. al-Ǧulāḥs, des ersten Ehemannes von Salmā, die später Hāšim dessen Sohn ʿAbd al-Muṭṭalib gebar (vgl. oben, 45), sollen Schwestern gewesen sein (Lecker: *Early Islamic Medina*, 127, Anmerkung 179). Daraus ergibt sich, daß die jüdische Vorherrschaft über Medina etwa drei Generationen vor Mohammed eingeschränkt wurde. – Die Ausiten und die Ḫazraǧiten vermochten jedoch mit ihrem neuen Besitz nicht sinnvoll umzugehen; sie verstrickten sich fortan in Blutfehden, die mit dem Gefecht von Buʿāṯ im siebten Jahr der Berufung Mohammeds (vgl. oben, 254 f.) einen unrühmlichen Höhepunkt erreichten.

Wensinck vertritt in seiner Untersuchung über *Mohammed en de Joden te Medina* (33–35) im Anschluß an Nöldeke die Auffassung, dies alles sei „haltlose Erdichtung“. Ganz so vorschnell sollte man nicht urteilen. Daß es jüdische Machthaber im Hedschas spätestens seit dem

3. Jahrhundert n. Chr. gab, ist inzwischen durch Inschriften erwiesen (Altheim/Stiehl: *Die Araber in der Alten Welt*, V/I, 305–309). Die oben knapp zusammengefaßte erinnerte Geschichte Medinas läuft darauf hinaus, daß die Ausiten und die Ḫazraǧiten seit langem die jüdische Vormacht abzuschütteln versuchten, und das macht einem begreiflich, weshalb man Mohammed keinen ernsthaften Widerstand entgegensetzte als er die Ausiten zum Verrat ihrer jüdischen Schwurbrüder zwang (vgl. oben, 350 f., 360, 370). Die Ausiten gaben womöglich in der Aussicht auf die endgültige Beseitigung der einst führenden Schicht Medinas ihre Bundesgenossen preis und merkten zu spät, daß sie mit diesem Schritt ihre eigene Freiheit verspielt hatten (vgl. oben, 460 f.).

/77/ Was hier als eine einzelne geschichtliche Begebenheit überliefert wird, spiegelt sich später im *ḥadīṯ* idealtypisch als eine von Mohammed angeordnete Verfahrensweise wider. Die bei Muslim b. al-Ḥaǧǧāǧ (*ǧihād*, 3), Ibn Māǧa (*ǧihād*, 38) und ad-Dārimī (*sijar*, 5) wiedergegebene Beschreibung geht auf Buraida b. al-Ḥuṣaib al-Aslamī (gest. 682/3) zurück. Buraida, den wir als *muṣaddiq* kennenlernten (vgl. oben, 401), gelangte im Zuge der muslimischen Eroberungen nach Basra und von dort nach Merw im Osten Irans, wo er starb (Ibn Ḥaǧar: *Tahḏīb*, I, 433, Nr. 797). Sein Sohn Sulaimān soll den Text an ʿAlqama b. Marṯad weitergereicht haben; von diesem gelangte er an Sufjān aṯ-Ṯaurī (gest. 778) und ging damit in die irakische *ḥadīṯ*-Gelehrsamkeit ein. Buraida berichtet (Wortlaut nach *MS*, *ǧihād* 3): „Wenn der Gesandte Allahs den Befehlshaber eines Heeres oder einer Truppe ernannte, riet er diesem für dessen eigene Person Gottesfrucht an und den mit ihm ziehenden Muslimen ein gutes Verhalten. Dann sagte er: ‚Marschiert im Namen Allahs gegen den Feind, um der Sache Allahs willen! Kämpft gegen die, die nicht an Allah glauben! Zieht (in den Krieg), veruntreut aber keine Beute, brecht keine (Vereinbarung), verstümmelt keine (Gefallenen), tötet keine Säuglinge! Sobald du deine heidnischen Feinde triffst, rufe sie auf, eine von den folgenden drei Möglichkeiten anzunehmen, und in welche von diesen sie auch einwilligen, die billige und laß von ihnen ab! (Zuerst) rufe sie zum Islam, und wenn sie einwilligen, dann nimm das an und laß von ihnen ab! Dann rufe sie auf, ihr angestammtes Streifgebiet zu verlassen und ins Gebiet der Auswanderer zu kommen. Sag ihnen, daß sie, wenn sie dies tun, die nämlichen Rechte und Pflichten haben werden wie die anderen Auswanderer. Lehnen sie die Hedschra ab, dann sag ihnen, daß sie im Status der Beduinen (arab.: Pl. *al-aʿrāb*) der Muslime sein werden; sie unterliegen dem Urteil Allahs, sie haben aber weder an der Kriegsbeute (arab.: *al-ġanīma*) noch an dem (von Allah für seinen Propheten) ‚zurückgeholten Vermögen' (arab.: *al-faiʾ*) einen Anteil, es sei denn, sie führten mit den Muslimen den Dschihad.'" – Hier wird bereits vorausgesetzt, daß sich Beduinen ohne ausdrückliche Hedschra in die Eroberungskriege einschalten; die zentrale Kontrolle, die die Mohammed in den Mund gelegten Regelungen stillschweigend annehmen, gab es, wie wir sehen werden, bald nach seinem Tod nicht mehr, folglich auch nicht mehr eine Hedschra, die in der bewußt vollzogenen Unterordnung unter den Propheten bzw. seinen Nachfolger bestanden hätte. Die Tatsache der Beteiligung am Krieg begründete bereits den Anspruch auf einen Beuteanteil; insofern sind in die Überlieferung Buraidas bereits die Verhältnisse der Eroberungszeit eingegangen. – „Wenn sie (auch den Status der Beduinen der Muslime) zurückweisen, dann fordere von ihnen die Kopfsteuer (arab.: *al-ǧizja*), und wenn sie einwilligen, dann nimm das an und laß von ihnen ab!" – Wie erwähnt, taucht der Begriff der Kopfsteuer im Zusammenhang mit Personen auf, die nicht auf dem arabischen, sondern dem byzantinischen bzw. sasanidischen Territorium leben (vgl. oben, 374). Es ist in Buraidas Text, wie zu erwarten, von den Kriegen jenseits der Arabischen Halbinsel die Rede. – „Lehnen sie (selbst diese dritte Möglichkeit) ab, dann rufe Allah um Hilfe an und kämpfe gegen sie. Wenn du die Leute eines befestigten Ortes belagerst und diese dann von dir verlangen, du mögest ihnen den ‚Schutz' Allahs und seines Propheten zusagen, dann tue das nicht, sondern sage ihnen nur deinen und deiner Truppe ‚Schutz' zu. Denn es wiegt weniger schwer, daß ihr euer und eurer Truppe Schutzversprechen brecht, als daß ihr das Schutzversprechen Allahs und seines Gesandten brecht. Wenn du die Leute eines befestigten Ortes belagerst und diese von dir begehren, du solltest zulassen, daß sie sich gemäß dem Urteil Allahs ergeben, dann gewähre (ihnen) das nicht, sondern gestatte nur, daß sie sich gemäß *deinem* Urteil ergeben. Denn du weißt nicht, ob du mit Bezug auf sie das Urteil Allahs triffst oder nicht."

/188/ „Noah rief uns (um Hilfe) an, und wie (bereitwillig) pflegen wir (die Bittenden) zu erhören! Wie erretteten ihn und seine Leute aus bitterem Kummer und erwählten seine Nachkommen zu den (einzigen) Überlebenden" (Sure 37, 75–77). Diese Koranstelle, die auf den in Sure 71, Vers 26 geäußerten Wunsch Noahs Bezug nimmt, Allah möge alle andersgläubigen Menschen vom Erdboden vertilgen, veranlaßt Korankommentatoren und islamische Universalhistoriker, einen „Völkerstammbaum" zu entwerfen, mithin das genealogische Ordnungssystem auf die ganze Menschheit auszudehnen. Ohne auf die schon im Alten Testament bezeugten Wurzeln solcher Vorstellungen einzugehen (vgl. *RGG*[4], VIII, 826, s.v. Urgeschichte II: Altes Testament), fasse ich die im frühen Islam umlaufenden diesbezüglichen Aussagen zusammen: Sem ist der Urvater der Araber, Perser und „Rhomäer" (Griechen), Ham ist der Urvater der Schwarzen, Japhet ist der Urvater der Türken sowie der Völkerschaften Gog und Magog, die die Vettern der Türken sind. Des näheren heißt es, Japhet sei mit einer in der fünften Generation von Kain abstammenden Frau verheiratet gewesen, die ihm sieben Söhne und eine Tochter geboren habe; sie alle werden mit Namen genannt, Gog und Magog, die Slawen und die Türken führen sich auf diese Nachkommen Japhets zurück. Auch Hams Ehefrau war eine Kainitin; sie gebar drei Söhne, Kūš, Qūṭ und Kanʿān. Kūš ehelichte eine Japhetitin, und aus dieser Verbindung gingen die Ahnherren der Äthiopier und der Bewohner von Sind und von Indien hervor; Qūṭ wird der Stammvater der Kopten; Kanʿān zeugt – ebenfalls mit einer Japhetitin – alle schwarzhäutigen Völker Afrikas. Sem heiratet eine Kainitin, die Söhne dieses Ehepaares werden zu den Ahnherren von Persern, Ǧurǧāniern – Gurgan ist das Gebirgsland südlich des Kaspischen Meeres – sowie von den Amalekitern (vgl. /*Z*/ IV 68) usw. Auf Iram, einen der Söhne Sems, gehen die ʿĀd und die Ṯamūd zurück nebst weiteren „echt arabischen" Stämmen, denen „diese muḍaritische Sprache" (vgl. oben, 530) ursprünglich war; sie nennt man deswegen die „wahren Araber" (arab.: *al-ʿarab al-ʿāriba*, vgl. oben /*Z*/ I 54); die Nachkommen Ismaels, die sich in deren Gebiet ansiedelten (vgl. oben, 23) und die Sprache der „wahren Araber" annahmen, sind die „arabisierten Araber" (*TGB*, XXIII, 43, zu Sure 37, 77; *TRM*, I, 211–215; aṯ-Ṯaʿlabī: *ʿArāʾis al-maǧālis*, 52 f.).

Wie diese grob vereinfacht wiedergegebene „Völkertafel" zeigt, ist sie den frühislamischen Gegebenheiten angepaßt: Slawen, Kopten, Griechen, Inder, die Bewohner von Sind und Gurgan usw. kommen vor. Die Völker werden als Gemeinschaften aufgefaßt, die von einem Ahnherrn abstammen, dessen Genealogie Glied für Glied benennbar ist. Dies entspricht der Vorstellung, die Mohammed in Sure 49, Vers 13 äußert: „Ihr Menschen! Wir schufen euch von einem Mann und einer Frau und teilten euch in Völker und Stämme ein, damit ihr einander (er-)kennen könnt..." Wie dargelegt (vgl. oben, 331), wird das heidnisch-arabische genealogische Ordnungssystem laut Mohammed durch den Islam keineswegs überwunden, sondern im Gegenteil zu einem in möglichst rigider Form zu verwirklichenden patrilinearen Prinzip verschärft, zu dessen Aufrechterhaltung die Knechtung der Frauen unerläßlich ist (vgl. oben, 333, 421 f.). Das durch den vermeintlichen Willen Allahs perfektionierte heidnisch-arabische genealogische System war aber schon in dem Augenblick, in dem es von eifrigen muslimischen Gelehrten auf die sich vor ihnen öffnende Welt angewendet wurde, wirklichkeitsfremd geworden und behinderte die Eingliederung nicht-arabischer Konvertiten in die islamisch-arabische Gesellschaft (vgl. oben, 663 f., 672). Bereits im frühen 8. Jahrhundert verlor in den Gebieten Irans, in denen arabisch-islamische Eroberer seßhaft geworden waren, die auf den Ahnherrn des Stammes bezogene *nisba* ihre Bedeutung; in ihre Stelle trat die auf den Wohnort bezogene. Auf der allgemeineren Ebene der politischen Ordnungsvorstellungen büßte die genealogisch legitimierte Macht der Omaijaden ihre Überzeugungskraft ein; das charismatisch legitimierte Herrschertum gewann an Zustimmung (Nagel: *Staat und Glaubensgemeinschaft*, I, 131–153).

/199/ In der islamischen Geschichtsschreibung kursieren nach unterschiedlichen Gesichtspunkten zusammengestellte Listen der Ehefrauen Mohammeds. Ibn Hišām (*IHS*, IV, 293–298) schreibt dem Propheten neun „Mütter der Gläubigen" zu, also Ehefrauen, die ihm Kinder gebaren – Sklavinnen und Beischläferinnen sind nicht mit eingerechnet. Da Ḫadīǧa auf dieser Liste fehlt, haben nur jene Gattinnen diesen Ehrentitel, die in der Zeit, als „die Gläubigen" die Selbstbezeichnung der Anhänger Mohammeds war, als Freie mit ihm verheiratet waren und die ihn überlebten. Diese neun sind:

ʿĀʾiša bt. abī Bakr,
Ḥafṣa bt. ʿUmar b. al-Ḫaṭṭāb,
Umm Ḥabība bt. abī Sufjān,
Sauda bt. Zamʿa…b. ʿĀmir b. Luʾaij,
Umm Salama bt. abī Umaija von den Banū Maḫzūm,
insgesamt also fünf Quraišitinnen; ferner
Zainab bt. Ǧaḥš (die er mit Allahs Zustimmung seinem Freigelassenen Zaid b. Ḥāriṯa ausspannte, vgl. Sure 33, 37),
Ǧuwairija bt. al-Ḥāriṯ von den Banū Ḫuzāʿa,
Maimūna bt. al-Ḥāriṯ von den Banū ʿĀmir b. Ṣaʿṣaʿa,
Ṣafīja bt. Ḥujaij b. Aḫṭab.
Es kommen zwei Frauen hinzu, die vor ihm starben, nämlich
Ḫadīǧa bt. Ḫuwailid und
Zainab bt. Ḫuzaima von den Banū ʿĀmir b. Ṣaʿṣaʿa.

Mit zwei weiteren Frauen kam eine geplante eheliche Verbindung nicht zustande:

Asmāʾ bt. an-Nuʿmān aus der kinditischen Sippe Ākil al-Murār (Mohammed entdeckte an ihr eine aussätzige Stelle und entließ sie mit einer Abfindung) und

ʿAmra bt. Jazīd von den Banū Kilāb (Als sie Mohammed zugeführt wurde, soll sie ausgerufen haben: „Ich suche meine Zuflucht bei Allah!" Er habe sie daraufhin zu ihrer Sippe zurückgeschickt).

Die Chronologie der Eheschließungen Mohammeds ergibt folgendes Bild:

Ḫadīǧa bt. Ḫuwailid war bis zu ihrem Tod die einzige Ehefrau Mohammeds. *Sauda bt. Zamʿa* b. Qais b. ʿAbd Šams b. ʿAbd Wudd von den quraišitischen Banū ʿĀmir b. Luʾaij war die erste Frau, die er nach dem Tode Ḫadīǧas heiratete; sie war zuvor mit dem zur selben Sippe gehörenden as-Sakrān b. ʿAmr b. ʿAbd Šams b. ʿAbd Wudd verheiratet, einem frühen Muslim und Exilanten in Äthiopien; dieser soll dort verstorben sein; über Sauda, zu der Mohammed keine engere Beziehung aufzubauen vermochte, verschwägerte er sich mit dem genannten Klan, der in Mekka über großen Einfluß verfügte: Einer der mekkanischen Unterhändler bei al-Ḥudaibīja war Suhail b. ʿAmr b. ʿAbd Šams, ein Bruder as-Sakrāns und ein Großonkel Saudas (az-Zubairī: *Nasab*, 421 f.; *IGM*, III, 19).

ʿĀʾiša bt. abī Bakrs Ehe mit Mohammed geht ebenfalls noch in mekkanische Zeiten zurück; der Vertrag wurde geschlossen, als sie ein sechsjähriges Kind war; mit der Neunjährigen vollzog Mohammed in Medina die Ehe. Abū Bakr war ein Mitglied der Sippe der Banū Taim b. Murra (b. Kaʿb b. Luʾaij b. Ġālib b. Fihr = Quraiš); Taims Bruder Kilāb ist der Vater Quṣaijs, in dessen Nachkommenschaft die religiösen Ämter Mekkas weitergegeben wurden. Die Banū Taim b. Murra rechneten demnach nicht zu den Spitzen der Gesellschaft. Einer anderen Linie dieser Sippe gehörte allerdings ʿAbdallāh b. Ǧudʿān an, der in der Zeit vor Mohammeds Berufung eine wichtige Rolle in Mekka spielte und sogar Verbindungen zu den Sasaniden pflegte. Er ist ein Beispiel für den Aufstieg nicht von Quṣaij abstammender Familien, den ʿAbd al-Muṭṭalib und dann dessen Enkel Mohammed mit religiösen Neuerungen zu konterkarieren suchten.

Ḥafṣa bt. ʿUmar b. al-Ḫaṭṭāb entstammte der Ehe ʿUmars mit Zainab, einer Schwester ʿUṯmān b. Maẓʿūns. Ḥafṣa wurde fünf Jahre vor der Berufung Mohammeds geboren; dies belegt, wie weit ʿUmars Verbindungen mit der Familie des Verfechters des strengen Ḥanīfentums in die Vergangenheit zurückreichen. ʿUmars ursprüngliche Opposition gegen Mohammed wird eben damit zu tun haben, ehe ihn, wie geschildert, der Zauber der „Lesung" überwältigte. In erster Ehe war Ḥafṣa mit Ḫunais b. Ḥuḏāfa von den Banū Sahm verheiratet, mit dem sie nach Äthiopien ausgewandert und dann nach Medina gekommen war. Ḫunais starb an Verwundungen, die er sich bei Badr (*IST*, VIII, 56, Zeile 24) oder bei Uḥud (Ibn Ḥağar: *al-Iṣāba*, I, 456, Nr. 2294, was wohl eine Verwechselung mit Abū Salama, dem Ehemann Umm Salamas, ist) zugezogen hatte. ʿUmar soll seine verwitwete Tochter zunächst Abū Bakr und dann ʿUṯmān b. ʿAffān angeboten haben, die aber ablehnten. Abū Bakr begründete seinen Verzicht damit, daß insgeheim bereits Mohammed ein Auge auf sie geworfen habe (*IST*, VIII, 57).

Zainab bt. Ǧaḥš b. Riʾāb führte väterlicherseits ihre Genealogie auf Asad b. Ḫuzaima b. Mudrika b. Iljās b. Muḍar zurück. In der Nachkommenschaft von Asads Bruder Kināna finden sich die Quraišiten. Zainabs Mutter war Umaima, eine Tochter ʿAbd al-Muṭṭalibs, so daß mütterlicherseits eine enge Verwandtschaft mit den Hāšimiten bestand. Nach dem Zeugnis der Quellen heiratete Mohammed sie unter skandalösen Umständen, weil er ihren Reizen erlegen war (vgl. oben, 423 und *Allahs Liebling*, 44, 60, 72).

Zainab bt. Ḫuzaima von den Banū ʿĀmir b. Ṣaʿṣaʿa ehelichte er im Ramadan (begann am 15. Februar 625) des Jahres 3. Sie starb schon acht Monate später. Ihr erster Ehemann war ʿUbaida b. al-Ḥāriṯ gewesen, ein früher Anhänger Mohammeds aus der Sippe des al-Muṭṭalib b. ʿAbd Manāf, die, wie erinnerlich, mit den Hāšimiten im Schwurbund der „Parfümierten" liiert war. ʿUbaida war bei Badr gefallen; man darf annehmen, daß es sich um eine Versorgungsehe handelte.

Umm Salama bt. abī Umaija b. al-Muġīra von den Banū Maḫzūm war zuerst mit dem Maḫzūmiten Abū Salama verheiratet gewesen, einem der frühen Muslime. Mit ihm hatte sie an beiden Auswanderungen nach Äthiopien teilgenommen und war dann nach Medina gelangt. Bei Uḥud wurde er schwer verwundet und starb im Ǧumādā l-āḫira (begann am 8. November 625) des Jahres 4 der Hedschra; Mohammed heiratete sie ein viertel Jahr danach (*IST*, VIII, 61).

Ǧuwairija bt. al-Ḥāriṯ Reizen erlag Mohammed nach dem Gefecht bei al-Muraisīʿ (vgl. oben, 364 f.).

Raiḥāna bt. Zaid gehörte zu den Banū Quraiẓa. Es ist zweifelhaft, ob Mohammed sie zur Ehe überreden konnte (vgl. oben, 499).

Umm Ḥabība Ramla bt. abī Sufjān b. Ḥarb, eine Tante ʿUṯmān b. ʿAffāns, war mit ʿUbaidallāh b. Ǧaḥš verheiratet gewesen, einem Eidgenossen des Ḥarb b. Umaija b. ʿAbd Šams. Mit ʿUbaidallāh war sie in der zweiten Auswanderung nach Äthiopien gegangen, wo ihr Mann das Christentum annahm und bald darauf starb. Einige Quellen behaupten, sie sei mit ihrer im Exil geborenen Tochter Ḥabība nach Mekka zurückgekehrt, eine Verwechselung mit der eben erwähnten Umm Salama?

Denn nach anderen blieb sie in Äthiopien. Mohammed ließ von Medina aus um ihre Hand anhalten, und zwar nach dem Abschluß des Vertrags von al-Ḥudaibīja. Im Jahre 7 (begann am 11. Mai 628) gelangte sie nach Medina, wo Mohammed sie ehelichte. Anerkennend soll sich ihr Vater Abū Sufjān über Mohammeds Heiratseifer geäußert haben: Der Prophet sei „ein Kamelhengst, der sich auch durch einen Schlag auf die Nüstern nicht vom Besteigen der Stute abbringen" läßt (*IST*, VIII, 70, Zeile 14; *AG2*, VI, 344). In der Tat können wir einige der bis zu diesem Zeitpunkt geschlossenen Ehen als Schachzüge zur Festigung seines Einflusses bewerten: Über Ḥafṣa band er ʿUmar und den Klan des Ibn Maẓʿūn an sich; über Sauda und Umm Ḥabība knüpfte er Beziehungen zu den mächtigen mekkanischen Klanen, desgleichen über Umm Salama. Auch auf diese Weise bereitete er die Einnahme seiner Vaterstadt vor.

Ṣafīja bt. Ḥujaij von den Banū Quraiẓa war ihm als Teil der Kriegsbeute von Ḫaibar in die Hände gefallen. Er hatte sie sich entweder in der Ausübung seines Rechts der ersten Auswahl angeeignet oder aus den zur Verteilung gelangten Anteilen erworben.

Maimūna bt. al-Ḥāriṯ von den Banū ʿĀmir b. Ṣaʿṣaʿa war zuerst mit einem Ṯaqafiten verheiratet gewesen, dann mit Abū Ruhm b. ʿAbd al-ʿUzzā von den Banū ʿĀmir b. Luʾaij. Abū Ruhm taucht mehrfach im Umkreis der Familie Hāšims auf; er soll es gewesen sein, der die Hinterlassenschaft des in Gaza verstorbenen Hāšim nach Mekka brachte (*IST*, I/I, 46); später heiratete er Barra, eine Tochter ʿAbd al-Muṭṭalibs (ebd., VIII, 31). Aus dieser Ehe ging ein Sohn hervor, der bei Badr auf der Seite der Muslime fiel. Mohammed heiratete Maimūna nach dem Tod Abū Ruhms, und zwar nachdem er die bei al-Ḥudaibīja verabredete Wallfahrt durchgeführt hatte. Sein Onkel al-ʿAbbās soll diese Ehe gestiftet haben; Maimūna war die Schwester der Mutter seines ältesten Sohnes al-Faḍl (vgl. /Z/ VIII 92) sowie des später berühmten ʿAbdallāh (az-Zubairī: *Nasab*, 27; *IST*, VIII, 94). Diese letzte Ehe Mohammeds mag wie diejenigen mit Umm Salama und Umm Ḥabība der Vorbereitung der Inbesitznahme Mekkas gedient haben. Vielleicht sah al-ʿAbbās ja doch nach dem Waffenstillstandsabkommen die Stunde der Nachfahren ʿAbd al-Muṭṭalibs nahen.

/230/ In der muslimischen Apologetik versucht man, andersgläubigen Gesprächspartnern, die häufig ohne Sachkenntnis sind, weiszumachen, alle muslimischen Eroberungskriege seien in Wahrheit Verteidigungskriege gewesen, da der Koran das Töten von Menschen verbiete und daher auch den offensiven Einsatz von Waffen. Besonders seit den Anschlägen vom 11. Septembers 2001 ist diese Art der Desinformation beliebt geworden: Jene Verbrechen hätten mit dem Islam nichts zu tun, verkünde doch der Koran, wer nur einen Menschen töte, habe gleichsam die ganze Menschheit getötet. Diese Aussage nimmt auf Sure 5, Vers 32 Bezug: „Deswegen (d.h. wegen des vorher in Andeutungen erzählten Mordes Kains an Abel) haben wir den Banū Isrāʾīl (d.h. den Israeliten) zur Vorschrift gemacht: Wer jemanden tötet, ohne daß dieser eine Blutschuld auf sich geladen (wörtlich: Wer jemanden/eine Seele ohne den Gegenwert eines anderen/einer anderen Seele tötet) oder Unheil auf

Erden gestiftet hätte (vgl. Sure 5, 33), der tötet gleichsam alle Leute; und wer jemanden am Leben läßt, der läßt gleichsam alle Leute am Leben. Unsere Gesandten haben ihnen klare Beweise gebracht; gleichwohl überschreiten viele von ihnen nach alldem noch das von Allah gesetzte Maß." Eine ähnliche Aussage findet sich noch in Sure 18, 74, in der Mose, wegen der Taten al-Ḫaḍirs befremdet, diesen fragt: „Hast du etwa jemanden ohne den Gegenwert eines anderen getötet? Du hast etwas Schreckliches getan!"

Den Hintergrund beider Textstellen bildet das Problem der Blutrache. Erfolgte die zur Vergeltung verübte Tötung im Einklang mit den einschlägigen Regelungen? Falls nicht, dann – und nur dann – wäre sie eine schwere Verfehlung. Die Quelle von Sure 5, Vers 32 („… der tötet gleichsam alle Leute …"), ist Mischna Sanhedrin IV, 5: „Deshalb ist der Mensch als *einer* erschaffen worden, um dich zu lehren, daß, wer eine Person in Israel vernichtet, so zu betrachten ist, als habe er die ganze Welt vernichtet, wer aber jemanden in Israel erhält, so betrachtet wird, als habe er die ganze Welt erhalten." (Speyer: *Die biblischen Erzählungen im Qoran*, 87 f.).

Die Tötung als Vollzug der Talio wird im Koran häufig erwähnt (z.B. mit Bezug auf den laut Koran von Mose in Ägypten verübten Totschlag: Sure 20, 40; 28, 19 und 33). In Sure 25, ab Vers 63, werden die „Knechte des Barmherzigen" beschrieben: Sie sind freundlich selbst zu Dummköpfen, üben fleißig das rituelle Gebet aus, spenden in angemessener Weise vom Lebensunterhalt, den Allah ihnen gewährt. Ferner sind die wahren Knechte Allahs „diejenigen, die neben Allah keinen anderen Gott anrufen und niemanden töten, den (zu töten) Allah untersagt hat, es sei denn, es läge ein Recht (-sgrund zur Tötung) vor; desweiteren diejenigen, die keine Unzucht begehen. Wer dies tut, den wird die Strafe treffen" (Vers 68). Wichtige Belege zur Vergeltung finden sich in Sure 2, Vers 178 f. und 194 sowie in Sure 5, Vers 45. In Sure 2, Vers 178 f. wird den „Gläubigen", d.h. den kampfbereiten Anhängern Mohammeds, die die Hedschra vollzogen und ihm für seine Feldzüge zur Verfügung stehen, bei Tötungsdelikten die Vergeltung vorgeschrieben: ein Freier für einen Freien, ein Sklave für einen Sklaven, eine Frau für eine Frau; wenn der Bruder des Opfers, also der, dem der Vollzug der Blutrache zusteht, dem Täter verzeiht, dann möge man diesem Bruder in Dankbarkeit das Wergeld aushändigen; in dieser Regelung der Blutrache liege für die „Gläubigen" das Leben begründet. Sure 2, 194 unterwirft auch Verstöße gegen die in den heiligen Monaten geltenden Regeln (Verbot des Blutvergießens) diesem Grundsatz; für solche Verstöße ist an den Delinquenten Vergeltung zu üben – wahrscheinlich ist gemeint: noch während der heiligen Monate. Sure 5, Vers 45 erweitert die Vergeltung auf die Körperverletzung: Auge um Auge, Ohr um Ohr, Zahn um Zahn; für jede Wunde die entsprechende Verwundung; wer aber, obwohl zum Vollzug der Rache berechtigt, auf deren Vollzug verzichtet und dadurch dem Gemeinwesen der „Gläubigen" eine Abgabe leistet (*taṣaddaqa*, nämlich durch diesen Verzicht den inneren Zusammenhalt festigt), dem rechnet Allah diese Gabe als eine Sühneleistung für etwaige Missetaten an vgl. die Ausführungen zur *ṣadaqa*, oben, 399–401).

Somit schützt das in Sure 5, 32 ausgesprochene Tötungsverbot lediglich die Mitglieder der eigenen, der „gläubigen" Solidargemeinschaft vor Übergriffen, die von ihresgleichen ausgehen könnten. Die eigene Solidargemeinschaft darf nicht geschwächt werden; im Gegenteil, ihr „Leben" soll gemehrt werden, was durch die Einführung des Wergeldes und den hiermit erkauften Verzicht auf Vergeltung (Sure 2, 178 f.) bewirkt werden soll. Bereits die jüdische Textvorlage – es handelt sich übrigens um einen der wenigen Fälle, in denen die Quelle einer koranischen Aussage so eindeutig und zwingend identifiziert werden kann – hebt diese Absicht hervor: „... wer eine Person *in Israel* ..." Dem gleichen Gedanken ist Sure 4, Vers 92 bis 96 verpflichtet: „Ein Gläubiger (zum koranischen Begriff des Gläubigen in Mohammeds medinensischen Jahren vgl. oben, 322–324) darf einen anderen Gläubigen nur versehentlich töten. Wer einen Gläubigen versehentlich tötet, dem obliegt es, einen gläubigen Sklaven freizulassen und Wergeld aufzubringen, das der Sippe des Getöteten zu übergeben ist, es sei denn, diese gäben es als Spende (vgl. oben, Sure 5, 45). Gehörte der Getötete zu Leuten, die mit euch verfeindet sind, wohingegen er gläubig war, so muß der Delinquent einen gläubigen Sklaven freilassen (während die Wergeldzahlung an die feindliche Gemeinschaft, die dieser nützlich wäre, unterbleibt). Gehörte der Getötete zu Leuten, mit denen ihr in einem Vertragsverhältnis (arab.: *al-mīṯāq*) steht, so ist Wergeld aufzubringen, das der Sippe des Getöteten zu übergeben ist, und ein gläubiger Sklave ist freizulassen. Wer jedoch nichts findet (nämlich keinen Sklaven zur Verfügung hat und kein Wergeld), der muß zwei Monate hintereinander fasten – dies als ein Akt der Zuwendung Allahs zu ihm! Allah ist allwissend und weise. Wer allerdings absichtlich einen Gläubigen tötet, dessen Strafe wird die Hölle sein, ewig wird er in ihr bleiben. Allah zürnt ihm, verflucht ihn, bereitet ihm eine furchtbare Strafe. Ihr, die ihr glaubt! Wenn ihr auf dem Pfade Allahs loszieht, dann holt genaue Erkundigungen ein! Sagt nicht zu jemandem, der euch den *salām* entbietet: ‚Du bist kein Gläubiger!' nur weil ihr nach irdischen Gütern trachtet! Allah hält viele Beutestücke bereit. Ebenso (gefährdet) wart ihr früher, dann aber erwies euch Allah seine Huld. Darum zieht genaue Erkundigungen ein! Allah ist darüber unterrichtet, was ihr tut. Diejenigen Gläubigen, die, ohne an einem Schaden zu leiden, (zu Hause) sitzenbleiben, und diejenigen, die auf dem Pfade Allahs unter Einsatz ihres Vermögens und Lebens den Dschihad führen, sind nicht gleichrangig. Vielmehr zieht Allah die *muǧāhidūn*, die ihr Vermögen und Leben einsetzen, den Sitzenbleibenden im Range vor, wenn er auch allen (die sich zum ihm bekennen) das Schönste (d.h. das Paradies) versprochen hat. Allah zieht die *muǧāhidūn* den Sitzenbleibenden vor, indem er ersteren einen gewaltigen Lohn zusagt. Er seinerseits (bevorzugt sie) um etliche Rangstufen, sowie mit Verzeihen und Barmherzigkeit. Allah ist verzeihend und barmherzig."

Dieser Text läßt sich in die medinensische Geschichte einordnen. Er entstammt der Zeit nach dem Abkommen von Hudaibija, vielleicht sogar nach der Einnahme Mekkas. Während bis zum Grabenkrieg die Anhänger Mohammeds selber fürchten mußten, sie könnten, sobald sie Medina verließen, angegriffen und getötet werden, hat sich die Lage nun umgekehrt. Die Überlieferung zur Prophetenvita vermerkt für die Jahre des Triumphes – von Mohammed nicht mehr kontrollierte? – Streifzüge „Gläubiger", die vor Überfällen auf Gruppierungen, die sich mit dem *salām* als Muslime zu erkennen gaben (vgl. oben, 302, 440), nicht zurückschreckten, wenn sie mit ihnen in Blutfehde lebten (vgl. hierzu *WQ/Jones*, 797; *TGB*, V, 139–145, zu Sure 4, 94). Daher die Mahnung, genau zu rekognoszieren! Mohammed warb, möglicherweise um dem Kampfeseifer jener Beutegierigen neue Ziele zu eröffnen, sicher jedoch zur Ausdehnung seiner religiös-politischen Herrschaft, zur selben Zeit um eine Fortsetzung des Dschihad (vgl. oben, 437 f.). Die Aufkündigung der bei der Inbesitznahme Mekkas den Heiden gegebenen Zusage, sie dürften weiterhin die Pilgerriten nach der herkömmlichen Weise vollziehen, verknüpfte Mohammed mit der Aufforderung, die Beigeseller nach Ablauf der heiligen Monate zu töten, wo immer man sie treffe (Sure 9, 5; vgl. oben, 442–446). Daß der Koran ein allgemeines Tötungsverbot enthalte, ist somit ein Propagandamärchen.

/260/ Die Ġassāniden nehmen in der Geschichte Medinas einen wichtigen Platz ein. Sie waren es – so jedenfalls in einer Fassung der Ereignisse, die zur Beschneidung der jüdischen Vormacht über Medina führten (vgl. /*Z*/ IV 68) –, die Mālik b. ʿAǧlān, dem Anführer der Ausiten und der Ḫazraǧiten, zu Hilfe eilten, als dieser den jüdischen Dynasten al-Fiṭjūn (*AG2*, III, 40, Anmerkung 3) ermordet hatte. In den sich anschließenden blutigen Fehden zwischen den Ausiten und den Ḫazraǧiten begegnet uns Ḥassān b. Ṯābits Vater bzw. Großvater – die Überlieferung schwankt zwischen beiden – als Schiedsmann (*AG2*, III, 26). Man darf demnach annehmen, daß Ḥassāns ḫazraǧitische Sippe über einigen Einfluß verfügte. Auch was über ihn selber erzählt wird, deutet in diese Richtung.

Freilich hat sich ein Kranz von Legenden um seine Gestalt gelegt, und hier ist nicht der Ort, dies alles zu untersuchen. Man erzählt sich beispielsweise, daß er ein Alter von 120 Jahren erreicht haben soll, von denen die Hälfte in die islamische Zeit falle; andere wollen wissen, daß Ḥassān, als Mohammed geboren wurde, sieben oder acht Jahre alt gewesen sei; mit eigenen Ohren habe er damals gehört, wie ein Jude das für sein Volk schicksalhafte Ereignis sehr wohl zutreffend gedeutet habe, und trotzdem habe der Betreffende später nicht an Mohammed geglaubt (*AG2*, IV, 135) – so mußte den Juden eben widerfahren, was ihnen widerfuhr! Ḥassān sei zum bedeutendsten Dichter der seßhaften Araber herangereift, wird uns desweiteren mitgeteilt. Er habe sich als das Sprachrohr der Propheten und des Islams hervorgetan sowie als der Propagandist der jemenischen Araber. Letzteres hat allerdings mit dem Lebensweg Ḥassāns nichts mehr zu tun, sondern bezieht sich auf die Nutzung seiner antiquraišitischen Verse (vgl. /*Z*/ VII 179) im sich zuspitzenden Stammeszwist des ausgehenden 7. Jahrhunderts (Nagel: *Alexander der Große*, 108–110; manches wurde damals von seinem Sohn ʿAbd ar-Raḥmān unter dem Namen des berühmten Vaters in Umlauf gesetzt, vgl. z.B. Ḥassān b. Ṯābit: *Dīwān*, I, 502). Die Verbindung der medinensischen Araber mit den Ġassāniden, so erfuhren wir (/*Z*/ IV 68), ermöglichte es, das Joch jüdischer Herrschaft abzuschütteln. Diese drei Generationen vor Mohammed angeknüpften Beziehungen bestanden nach wie vor, als dieser Medina seiner Macht unterwarf. Ḥassān b. Ṯābit war mit dem Ġassāniden Ǧabala b. al-Aiham bekannt; ihn hatte er in Versen gerühmt und war dafür reichlich entlohnt worden. Auch in der Reimprosa zeigte sich Ḥassān übrigens versiert (vgl. /*Z*/ II 219). Ǧabala b. al-Aiham, so eine berühmte Anekdote, suchte ʿUmar b. al-Ḫaṭṭāb während dessen Kalifat in Medina auf, ließ sich von diesem zur Teilnahme an der Wallfahrt nach Mekka überreden, war allerdings wegen eines Mißgeschickes, das ihm beim Umrunden der Kaaba widerfuhr, derart erbost, daß er Christ wurde und sich Herakleios für den Abwehrkampf gegen die Muslime zur Verfügung stellte (*AG2*, XV, 162–169). ʿUmar und Muʿāwija, der in jenen Jahren schon in Syrein tätig war, bemühten sich darum, Ǧabala zum Wiedereintritt in den Islam zu bewegen. Die Beziehungen Ḥassān b. Ṯābits zu den Ġassāniden lassen erahnen, wie tief der Widerwille mancher „Helfer" gegen Mohammeds Politik gewesen sein muß, als dieser sie in einen Krieg gegen die Vasallen des byzantinischen Kaisers drängte (vgl. oben, 437 f.).

/333/ die Unterscheidung zwischen den Einkünften aus Kriegsbeute – vielleicht besser: Kampfbeute (arab: *al-ġanīma*) – und aus „zurückgeholtem Gut" (arab.: *al-faiʾ*) stand noch dem Staatsrechtler al-Māwardī (gest. 1058/9) klar vor Augen (*al-Aḥkām*, 126-141); zugleich trennt er hiervon scharf die *ṣadaqāt* (vgl. dazu oben, 385–401). Beute oder „zurückgeholtes Gut" heißt alles, was aus dem Eigentum der Beigeseller in das der Muslime übergeht, sowie das, für dessen Inbesitznahme durch die Muslime die Beigeseller den Anlaß boten. Letztere Formulierung hat den Sinn, eine Aneignung zu legitimieren, die unter zweifelhaften Umständen erfolgte. Die beiden Arten von angeeigneten fremden Vermögenswerten sind nach al-Māwardī in viererlei Hinsicht von den *ṣadaqāt* zu unterscheiden: 1. Die *ṣadaqāt* werden bei den Muslimen erhoben, um diese zu läutern, *faiʾ* und *ġanīma* dagegen bei den „Ungläubigen, um an ihnen (im Namen Allahs) wegen ihres Unglaubens Rache zu üben"; 2. der Verwendungszweck der *ṣadaqāt* wurde durch Allah ein für allemal festgelegt (Sure 9, 60), während der Führer des muslimischen Gemeinwesens bis zu einem gewissen Grad frei über *faiʾ* und *ġanīma* verfügen darf; 3. die Eintreiber der *ṣadaqāt* dürfen selbständig deren Verteilung gemäß Sure 9, Vers 60 vornehmen, die Ausgabe von Kampfbeute und „zurückgeholtem Gut" bleibt dem Herrscher vorbehalten; 4. *faiʾ* und *ġanīma* sind in je eigentümlicher Weise voneinander zu unterscheiden und insofern ihrem Wesen nach etwas anderes als die einen einzigen Rechtbegriff bildenden *ṣadaqāt*.

Die Beute nämlich wird im Kampf dem Feind mit Gewalt entrissen, der *faiʾ* hingegen wird „spontan" (arab.: *ʿafwan*), d.h. ohne daß der Einsatz von Waffen noch nötig wäre, nach dem Ende der Kämpfe den siegreichen Muslimen überlassen. Die Beute ist zu fünfteln, wie schon mehrfach geschildert. In Sure 59, Vers 7 bleibt demgegenüber die Nutzung des *faiʾ* „Allah, dem Gesandten, den Verwandten, den Waisen, den Armen und dem Sohn des Pfades", dem mittellosen Muslim, vorbehalten. Somit gleicht der *faiʾ* laut al-Māwardī den durch einen ausgehandelten Waffenstillstand, durch die Kopfsteuer (arab.: *al-ǧizja*), durch den Zehnten auf Handelswaren und durch die Grundsteuer (arab.: *al-ḫarāǧ*) erzielten Staatseinkünften. Wie wir in Kapitel V, Teilkapitel 1 darlegen, verfuhr Mohammed nach dem Sieg in Ḫaibar nach eigenem Gutdünken mit dem *faiʾ*. Er wies den Ertrag des „zurückgeholten" Landes den Kämpfern zu, obwohl diese durch ihren nach ihrer Hedschra vollzogenen Dschihad nur einen Rechtsanspruch auf vier Fünftel der *ġanīma*, nicht aber des *faiʾ*, erworben hatten. Noch Abū Ḥanīfa (gest. 767) wußte, daß der *faiʾ* nicht gefünftelt worden war; al-Māwardī zitiert dessen Ansicht, hält sie aber für einen Irrtum und glaubt, diesen mit Sure 59, Vers 7 widerlegen zu können. In diesem Vers ist aber vom Teilen in fünf Partien nicht die Rede, und nur wenn man in die Aufzählung der Begünstigten – „Allah und sein Gesandter", „die Verwandten", „die Waisen", „die Armen", „den Sohn des Pfades" – eine Fünftelung hineinliest, was mitnichten zwingend ist – niemand hat analog aus Sure 9, Vers 60 eine Siebtelung der *ṣadaqāt* abgeleitet – kann man der Argumentation al-Māwardīs folgen. In dem nach Mohammeds Tod aufgekommenen Gebot der Fünftelung des *faiʾ* ist der Versuch zu erkennen, dem islamischen Staat möglichst regelmäßige Einkünfte zu sichern sowie deren Zuweisung zu bestimmten Ressorts zu gewährleisten. Wie al-Māwardī schreibt, konnte Mohammed frei über sein – angebliches – Fünftel des *faiʾ* verfügen; ob die diesbezüglich von ihm getroffenen Anordnungen über seinen Tod hinaus Gültigkeit hatten, war umstritten. Bereits ʿUmar b. al-Ḫaṭṭāb wollte die von Mohammed nach eigenem Gutdünken vergebenen Ernteerträge seiner Kontrolle unterstellen. Nach aš-Šāfiʿī, dessen Rechtsschule al-Māwardī angehört, sollen die Einkünfte aus dem vermeintlichen Prophetenfünftel des *faiʾ* gemeinnützigen Zwecken zugeführt werden.

Scharf arbeitet al-Māwardī den Unterschied zwischen den *muhāǧirūn* und den Beduinen (arab.: *al-aʿrāb*) heraus. Dabei macht er eine den erzählenden Quellen nicht zu entnehmende Distinktion: Ein Stamm, der sich in seiner Gesamtheit vor Mohammeds Einzug in Mekka zum Islam bekehrte und die Hedschra vollzog, wurde mit dem Begriff *al-barara* (= die Frommen) bezeichnet; wanderte nur ein Teil eines Stammes aus, sprach man mit Bezug auf diese wenigen von *al-ḫijara* (= die Erlesenen). Nach der Inbesitznahme Mekkas sei diese Unterscheidung hinfällig geworden; man habe nur noch die *aʿrāb* auf der einen Seite und die *muhāǧirūn* auf der anderen gekannt (vgl. hierzu Nagel: *Staat und Glaubensgemeinschaft*, I, 49).

/344/ In der Reihung der Feldzüge zwischen Uḥud und al-Ḥudaibīja weichen die Darstellungen Ibn Isḥāqs und al-Wāqidīs voneinander ab.

Ibn Isḥāq:
Uḥud (Mitte Šauwāl 3 = Ende März 625)
ar-Raǧīʿ („im Jahr 3")
Biʾr Maʿūna (Ṣafar 4 = Juli/August 625)

Banū n-Naḍīr (Rabīʿ I 4 = August/September 625)
Ḏāt ar-Riqāʿ (Ǧumādā I 4 = Oktober/November 625)
Badr II (Šaʿbān 4 = Januar 626)
Dūmat al-Ǧandal (Rabīʿ I 5 = August 626)
Grabenkrieg (Šauwāl 5 = Februar/März 627)
Banū Liḥjān (Ǧumādā I 6 = September/Oktober 627)
Ḏū Qarad (kurz danach)
Banū l-Muṣṭaliq (Šaʿbān 6 = Dezember 627/Januar 628)
al-Ḥudaibīja (Ḏū l-Qaʿda 6 = März/April 628)

al-Wāqidī:
Uḥud (7. Šauwāl 3 = 23. März 625)
Qaṭan (Muḥarram 4 = Juni/Juli 625)
Biʾr Maʿūna (Ṣafar 4 = Juli/August 625)
ar-Raǧīʿ (Ṣafar 4 = Juli/August 625)
Banū n-Naḍīr (Rabīʿ I 4 = August/September 625)
Badr II (1. Ḏū l-Qaʿda 4 = 4. April 626)
Ḏāt ar-Riqāʿ (10. Muḥarram 5 = 11. Juni 626)
Dūmat al-Ǧandal (Rabīʿ I 5 = August 626)
al-Muraisīʿ = Banū l-Muṣṭaliq (Šaʿbān 5 = Januar 627)
Grabenkrieg (8. Ḏū l-Qaʿda 5 = 1. April 627)
al-Qarṭāʾ (10. Muḥarram 6 = 1. Juni 627)
ʿUrana (15. Muḥarram 6 = 6. Juni 627)
Banū Liḥjān (1. Rabīʿ I 6 = 21. Juli 627)
al-Ġamr (Rabīʿ I 6 = Juli/August 627)
al-Ġāba (4. Rabīʿ II 6 = 23. August 627)
Banū Ṯaʿlaba (Rabīʿ II 6 = August/September 627)
Ḏū l-Qaṣṣa (Rabīʿ II 6 = August/September 627)
Zaid b. Ḥāriṯa gegen eine quraišitische Karawane (Ǧumādā I 6 = September/Oktober 627)
Ṭaraf (Ǧumādā I 6 = September/Oktober 627)
Ḥisma (Ǧumādā I 6 = September/Oktober 627)
Fadak (Šaʿbān 6 = Dezember 627/Januar 628)
Umm Qirfa (Ramaḍān 6 = Januar/Februar 628)
Usair b. Zārim, Ḫaibar (Šauwāl 6 = Februar/März 628)
Ḏū l-Ǧadr (Šauwāl 6 = Februar/März 628)
al-Ḥudaibīja (Rückkehr im Ḏū l-Ḥiǧǧa 6 = April/Mai 628)

Dieser Vergleich ergibt folgendes:
Sowohl Ibn Isḥāq/Ibn Hišām als auch al-Wāqidī schildern zwischen der Schlacht am Berge Uḥud und der Vertreibung der Banū n-Naḍīr die beiden Versuche Mohammeds, durch Missionare den Islam ausbreiten zu lassen, sowie das Scheitern dieser Unternehmungen (*ar-Raǧīʿ*, *Biʾr Maʿūna*). Al-Wāqidī nimmt zusätzlich von einem Streifzug (*Qaṭan*) Notiz, der durch den Maḫzūmiten Abū Salama b. ʿAbd al-Asad angeführt wurde; dessen frühere Verwundungen waren hiernach wieder aufgebrochen, und er war kurz darauf gestorben; Mohammed ehelichte dann dessen Witwe Umm Salama, ebenfalls ein Maḫzūmitin (vgl. oben, 217). Bei Ibn Isḥāq/Ibn Hišām findet sich über diesen Streifzug nichts. Auch

die dort im Anschluß an die Vertreibung der Banū n-Naḍīr beschriebenen militärischen Unternehmungen sind durchweg solche, die Mohammed selber befehligt hatte.

Demgegenüber eröffnet al-Wāqidī dem Leser einen wesentlich tieferen Einblick in Mohammeds medinensische Politik. Wir erkennen sein Bestreben, die beiden von Mekka nach aš-Šaʾm führenden Karawanenrouten unter seine Kontrolle zu bringen, werden darauf aufmerksam gemacht, daß er schon vor al-Ḥudaibīja die Oasengebiete um Fadak und Ḫaibar auskundschaften ließ – worauf er wohl in Sure 48, Vers 21 anspielt. Überhaupt wird der Zusammenhang zwischen den Operationen im Norden, bis nach Dūmat al-Ǧandal, mit dem Pilgerzug nach al-Ḥudaibīja deutlich. Das von Ibn Isḥāq/Ibn Hišām befolgte Konzept der *sīra*, das allein den Propheten in den Brennpunkt rückt und alles, was nicht unmittelbar mit ihm zusammenhängt, als vernachlässigenswert erscheinen läßt, gewinnt seit der Mitte des 8. Jahrhunderts im Zuge der Fesselung des islamischen Denkens an das *ḥadīṯ* mehr und mehr an Plausibilität (vgl. Nagel: *Allahs Liebling*, erster Teil, besonders Kapitel 2). In al-Wāqidīs Unzeitgemäßheit liegt mithin sein unschätzbarer Nutzen für uns. Daß Ibn Isḥāq Mohammeds Vorstoß nach al-Muraisīʿ gegen die Banū Muṣṭaliq ein ganzes Jahr zu spät ansetzt, ist im übrigen schon Ibn Hišām und einem seiner Gewährsmänner aufgefallen (*IHS*, III, 213; vgl. Nylander, 130 f.; Wellhausen: *Muhammad in Medina*, Vorbemerkung 16; Sprenger, III, Vorrede LXVI).

Kapitel V: Der Dschihad

/75/ Wie bei der Ausführung aller Ritualpflichten soll der Muslim vor dem Beginn der Pilgerfahrt Allah die Absicht (arab.: *an-nīja*) zu dieser Handlung bekunden: Die rituellen Handlungen sollen in dem Bewußtsein vollzogen werden, daß man Allahs Willen erfüllt. Spätestens unmittelbar vor dem Überschreiten der Grenzen des heiligen Bezirks hat der Pilger in den Weihezustand einzutreten (arab.: *al-iḥrām*) und dabei alles Profane hinter sich zu lassen: Man verrichtet eine große Waschung und legt das aus zwei ungenähten Tüchern bestehende Pilgergewand an. Fortan sind der Geschlechtsverkehr, das Blutvergießen und Jagen sowie jegliche Art von Körperpflege untersagt. In Mekka angekommen, empfiehlt es sich, siebenmal die Kaaba zu umkreisen und siebenmal die Wegstrecke von Ṣafā nach Marwa zurückzulegen.

Die eigentlichen Pilgerzeremonien beginnen am 7. Ḏū l-Ḥiǧǧa mit dem Anhören einer Predigt in der Moschee, die die Kaaba umgibt. Am Abend desselben Tages oder am darauffolgenden Morgen strömen die Scharen der Wallfahrer an Minā und al-Muzdalifa vorbei in die Ebene von ʿArafāt. Viele versuchen, einen Platz auf einer „Berg der Barmherzigkeit" genannten Anhöhe zu erreichen. Das vorgeschriebene rituelle Stehen vor Allah fällt auf die Stunden vom Mittag bis zum Sonnenuntergang des 9. Ḏū l-Ḥiǧǧa. Predigten verkürzen die Wartezeit. Sobald die Sonnenscheibe versunken ist (vgl. /*Z*/ III 218 und oben, 249), gibt man das Zeichen zum rituellen Lauf nach al-Muzdalifa. Hier vollzieht man das Nachtgebet, hört am nächsten Morgen wieder eine Predigt und begibt sich nach Minā. An diesem Tag, dem 10. Ḏū l-Ḥiǧǧa, soll jeder Pilger an einer der drei hierfür vorgesehenen Stätten Steine auf den „Satan“ werfen, am nächsten Tag an den anderen beiden Stätten. Der 10. Ḏū l-Ḥiǧǧa ist ferner der Tag des Tieropfers; einen Teil des Fleisches soll der Opfernde verzehren, den anderen den Armen spenden. Nach dem Opfermahl läßt man sich den Kopf rasieren; man wäscht sich und legt die Pilgerkleidung ab. Andere Einschränkungen, die der Weihezustand gebietet, bleiben jedoch in Kraft, bis man in Mekka die Kaaba – noch einmal, sofern man dies schon bei der Ankunft erledigt hat – umschritten hat; ist man beim Eintreffen in Mekka nicht zu den sieben Umkreisungen und sieben Läufen gekommen, muß man dies jetzt nachholen. Dann sind alle Elemente einer auf das Jenseitsverdienst anrechenbaren Wallfahrt ausgeführt, alle Weiheverbote sind nunmehr aufgehoben. Es schließen sich die drei *Tašrīq*-Tage – die Bedeutung des Begriffs ist nicht befriedigend geklärt – an; die einem jeden vorangehende Nacht ist in Minā zuzubringen; tagsüber sind die noch ausstehenden an den beiden anderen Stätten vorgeschriebenen „Steinigungen“ zu vollführen. Im übrigen soll die Freude über die abgeschlossenen Pilgerriten diese Zeit prägen. Vor der Abreise ist eine Abschiedsumrundung der Kaaba anzuraten (*HdI*, s.vv. *Ḥadjdj* und *Iḥrām*; Watt/Welch: *Der Islam*, I, 335–341; Faroqhi: *Herrscher über Mekka*, 23–34).

/144/ Die Genealogie zu benennen, war in der altarabischen Gesellschaft der Weg, auf dem Fremde, die einander trafen, sich gegenseitig ihre nicht individuell aufgefaßte Identität enthüllten. Ein beliebiges Beispiel mag dies erläutern! Der medinensische Sänger Maʿbad (b. Wahb) möchte Näheres über den Liebesdichter Ǧamīl (gest. um 700) in Erfahrung bringen und wird an einen „Scheich“ der Banū Ḥanẓala verwiesen, der von seiner Begegnung mit jenem wie folgt erzählt: „Während ich an einem Frühlingstag meine Kamele hütete, erblickte ich plötzlich einen Reiter, der in sich zusammengesunken auf dem Sattel hockte, als wäre er ein Dämon. Doch entbot er mir den Friedensgruß und fragte: ‚Zu wem gehörst du, Knecht Allahs?‘“ – Er fragte nicht: „Wie heißt du?“ – „‚Ich bin einer der Banū Ḥanẓala!‘ Darauf forderte (der Fremde): ‚Nenne deine Genealogie!‘ Das tat ich, bis ich zu meiner Untergruppe (arab.: *al-faḫḏ*) gelangte. Dann wollte er von mir wissen, wo sich die Banū ʿUḏra niedergelassen hätten (wo er seine Geliebte vermutete).“ Nachdem der Fremde die Auskunft bekommen hat, bittet er den „Bruder der Banū Ḥanẓala“ um einen Gefallen; er möge auskundschaften, wo sich Buṯaina, die Angebetete, aufhalte. Der „Scheich“ willigt ein, möchte zuvor aber doch wissen, wen er vor sich hat. Auf diese Frage antwortet der Unbekannte, die Konventionen verletzend, nicht, sondern verrät nur, daß die Banū ʿUḏra die Söhne eines Onkels väterlicherseits seien (*AG2*, II, 388). Der Text gibt keinen Hinweis darauf, welche der in der genealogischen Literatur bekannten Banū Ḥanẓala gemeint sein könnten. In der Regel nannte man bei der Darlegung des Stammbaumes in den skizzierten Situationen zuerst die größere Einheit, der man, stets mit „dann“ verknüpft, die kleineren folgen ließ. Nach Hišām b. al-Kalbīs Terminologie wäre, auf Mohammed angewandt, zuerst Ḫuzaima b. Mudrika zu erwähnen; dessen Nachkommenschaft gilt als „Volk" (arab.: *aš-šaʿb*). Dann hätten die Gruppen der Nachfahren eines jeden der Söhne Ḫuzaimas zu folgen, in Mohammeds Fall Kinānas, des Ahnherrn eines großen Stammes (arab.: *al-qabīla*). Ihm nachgeordnet käme Quraiš, ein Unterstamm (arab.: *al-ʿimāra*), laut einer Definition eine Gemeinschaft, die eine wirtschaftliche Einheit bildet, da sie eigenständig ihr Weideland sucht und sichert. *Baṭn*, d.h. „Leib", wären die Nachfahren Quṣaijs, *faḫḏ*, d.h. „Schenkel", die Sippe Hāšims (Lane: *Lexicon*, s.v. *šaʿb*). Es sind jedoch auch andere Reihungen der zwischen *šaʿb* und *baṭn* eingeordneten Begriffe bekannt. Kennzeichnend ist im obigen Beispiel, daß der fremde Frager sich mit der Untergruppe zufriedengibt und am individuellen Namen keinerlei Interesse zeigt.

Mohammed geht es in Sure 49 um diese Konvention der Bestimmung eines jeden Menschen als eines Gliedes einer überindividuellen Gemeinschaft: Der „Scheich" ist für Ǧamīl „der Bruder der Banū Ḥanẓala", nicht aber ein Gesprächspartner mit einem Namen, der ihn als einen Einzelnen aus dem Kollektiv der Untergruppe heraussondert. Der Einzelne nämlich ist nichts weiter als der augenblickliche Erscheinungsort einer in die Vergangenheit zurückreichenden Personenkette. Und diese Kette ist, dem überkommenen Verständnis gemäß, mit Prestige aufgeladen; nach Ansicht eines Außenstehenden, des Erscheinungsortes einer anderen Kette, mag sie auch mit Schimpf und Schande belastet sein. Nach der koranischen Lehre, daß alles in dieser Welt auf das Wirken Allahs zurückgeht und daß es ein heidnischer Irrtum sei, wenn der Mensch sich selber bzw. seinen Vorvätern Taten zuschreibt, hat diese Vorstellung nicht die geringste Berechtigung mehr. Alles reduziert sich auf die eine Frage: Wendet man das Gesicht allein Allah zu oder nicht? Prestige oder Schande der Ahnen, beides kann und darf es in einer Gesellschaft nicht mehr geben, in der das für den Einzelnen entscheidende Merkmal die Zugehörigkeit zum Islam ist. Nach dem Einzug in Mekka verfluchte ein Muslim den verstorbenen Vater Abū Bakrs; „denn dieser pflegte weder die Gäste zu bewirten noch Verstöße gegen die guten Sitten abzuwehren"; Mohammed hörte dies und verbat sich die Schmähung Toter, um Lebende zu kränken; „und solltet ihr die Beigeseller im Auge haben, dann (schmäht sie) mit allgemeinen (Aussagen)", nicht mit Bezugnahme auf ein überliefertes individuell zurechenbares Fehlverhalten (*WQ/Jones*, 925).

In der den Grabenkrieg kommentierenden Sure 33 kommt Mohammed auf die nach seiner Auffassung durch Allah erstrebte Eindeutigkeit der Bestimmung eines jeden Menschen mittels der Genealogie zu sprechen: „Allah hat keinem Mann zwei Herzen im Leib erschaffen, und er hat auch nicht eure Ehefrauen, die ihr mit der Formel verstoßt, sie seien für euch gleichgültig wie der Rücken eurer Mutter, zu euren Müttern gemacht. Ebenso wenig hat er die von euch beanspruchten Kinder (aus einer uxorilokalen Ehe oder aus einem Verhältnis mit einer zum Geschlechtsverkehr überlassenen Sklavin) zu euren Söhnen gemacht… Nennt sie daher nach ihren Vätern (d.h. den Eigentümern des Bettes, in dem sie geboren wurden), das ist vor Allah der gerechteste Weg! Und wenn ihr ihre Väter nicht kennt, so sind sie doch eure Brüder in der Glaubenspraxis und eure Schutzbefohlenen. Wenn ihr darin einen Irrtum begeht, dann wird er euch nicht als Verfehlung angerechnet, wohl aber das, was eure Herzen in voller Absicht anstreben!... Der Prophet hat mehr Anspruch auf die Gläubigen als sie auf sich selber, und seine Ehefrauen sind eure Mütter. Die Blutsverwandten allerdings haben gemäß der Schrift Allahs mehr Anspruch gegeneinander als die Gläubigen und die Auswanderer, unter der Bedingung jedoch, daß ihr eure Schutzbefohlenen behandelt, wie es recht und billig ist" (Sure 33, 4-6). Die formale Geltung des Systems hat im Zweifelsfall den Vorrang vor – im übrigen niemals ganz sicher zu ermittelnden – Tatsachen; die Menschen sind nach dem formal festgestellten Vater zu benennen. Nur Mohammed selber ist, wie wir andeuteten (vgl. oben, 423), aus diesem Geflecht eindeutig zu bestimmender Verbindungen herausgehoben, und zwar dank dem in seinem Prophetentum gründenden uneingeschränkten Machtanspruch, desgleichen die Frauen, die er zu seinen Gattinnen erwählte: Sie sind allen Muslimen gegenüber wie Mütter, stehen ihnen mithin unter keinen Umständen mehr zum Geschlechtsverkehr zur Verfügung. Von dieser einen Ausnahme abgesehen, gilt das jeglichen Prestiges entkleidete Verwandtschaftsgeflecht – allen Prestiges, auch desjenigen, das sich bis vor kurzem noch aus der Gläubigkeit und der Auswanderung ergab. Die Vereinheitlichung der in den Sog mohammedscher Machtentfaltung geratenen Bevölkerung ist in Ansätzen seit al-Ḥudaibīja, verstärkt seit dem Einzug in Mekka zu beobachten; sie findet in den obigen Versen ihre koranische Bekräftigung: Es soll nur noch Muslime geben, solche, die dem Dschihad obliegen, andere, die die *ṣadaqāt* aufbringen.

Eine Gegebenheit, die erst jenseits des von uns in dieser Studie in den Blick genommenen Zeitraums zu einem dringlichen Problem werden wird, sei wenigstens angesprochen. Mohammeds Vorstellungskraft war ganz in den arabischen Verhältnissen befangen. Obschon er seine Macht über die von Byzanz und den Sasaniden definierten Grenzen Arabiens hinaus auszudehnen bestrebt war, lag die Tatsache, daß in anderen Völkern der Einzelne seine Identität anders auffasste, ja überhaupt auf einer individuellen Identität bestehen mochte, gänzlich außerhalb seines Gesichtskreises. Personen nicht-arabischer Herkunft mußten sich dem arabischen System einpassen, das „vor Allah das gerechteste" sein sollte. Das war jedoch unpraktikabel, so daß man stillschweigend am althergebrachten System der Affiliierung (arab.: *al-walāʾ*) Fremdbürtiger (arab.: *al-maulā*, Pl. *al-mawālī*) an eine arabische Sippe festhielt. Das unter ʿUmar al-Ḫaṭṭāb eingeführte Dotationssystem leitete die Höhe der Zuwendungen an den einzelnen Muslim auch aus seiner Position in der arabischen Genealogie ab; ein nach seinem Vater benannter iranischer Konvertit wäre aus dem System herausgefallen. Betrachten wir die Angelegenheit des Sālim aus dem Süden Irans! In den Quellen erscheint er als Sālim b. Maʿqil, der Schutzbefohlene des Abū Ḥuḏaifa b. ʿUtba b. Rabīʿa b. ʿAbd Šams b. ʿAbd Manāf. Des näheren wird überliefert: „(Sālim) zählt zu den (frühen) Auswanderern. Denn als seine Herrin, die Ehefrau des Abū Ḥuḏaifa, ihn freiließ, wählte er sich Abū Ḥuḏaifa als Schutzherrn, und Abū Ḥuḏaifa nahm ihn an Sohnes Statt an, und deswegen zählt er zu den Auswanderern." Durch den Akt der Adoptierung wurde Sālim zu einem vollgültigen Mitglied der altarabischen Gesellschaft. „Auf Abū Ḥuḏaifa führte er seine Genealogie zurück. Man nannte ihn Sālim b. abī Ḥuḏaifa, bis der Vers offenbart wurde: ‚Nennt sie nach ihren Vätern!'" (Sure 33, 5). Da man zu wissen glaubte, daß Sālims Vater ein Mann namens Maʿqil gewesen sei – das ist kein persischer Name, vielleicht die arabische Verballhornung eines solchen? – ist Sālim b. Maʿqil von nun an der korrekte Name (*IAB*, II, 70 f. und IV, 257).

Dieses System war, wie angedeutet, nicht durchzuhalten. Denn was sollte mit den vielen nicht-arabischen Konvertiten werden, die, als Kriegsgefangene meist notgedrungen, in ein Klientelverhältnis zu einem muslimischen Araber gelangt waren? Mohammed hätte zusammen mit den Bestimmungen von Sure 33, Vers 5 die Rechtsinstitution des Schutzbefohlenen aufheben oder so weit verändern müssen, daß die Betroffenen einen befriedigenden Ort in der Genealogie hätten erlangen können, ohne adoptiert zu werden. Diese Problematik kann hier nicht weiter erörtert werden (vgl. Nagel: *Das islamische Recht*, 171 f.). Die Schwierigkeiten verschwinden in dem Maß, wie eine aus verschiedenen Völkern gemischte muslimische Gesellschaft heranwächst. An die Stelle der den arabischen Stamm bzw. eine Sippe anzeigenden *nisba* tritt eine solche, die sich auf den Wohnort bezieht – in den Augen der echten Araber etwas Grausiges, denn es sind, so meinen sie, nur die verachteten bäuerlichen „Nabatäer", die es mit ihren Namen so halten (Nagel: *Staat und Glaubensgemeinschaft*, I, 131–153).

/156/ Zaids Vater Ḥāriṯa b. Šarāḥīl war ein Kalbite; im Gebiet der Banū Ṭaijiʾ zeugte er mit einer zu diesem Stamm gehörenden Frau seinen Sohn, der in deren Obhut verblieb. Zaid besaß eine Anzahl Kamelhengste, die ihm nach dem Tod des Vaters zugefallen waren. Er verdiente sich damit seinen Unterhalt, daß er die Tiere vermietete. Eines Tages nahmen einige Araber seine Dienste in Anspruch, bemächtigten sich seiner und verkauften ihn auf dem Markt von ʿUkāẓ. Ḥakīm b. Ḥizām, Ḫadīǧas Neffe (az-Zubairī: *Nasab*, 231), erwarb ihn für sie, so daß Zaid von da an in ihrem Auftrag Handel trieb, mithin ein Kollege des späteren Propheten Mohammed wurde. Dieser verheiratete Zaid, wie gehört, mit Umm Aiman. Danach erst erbat sich Mohammed diesen Zaid als Geschenk, worin Ḫadīǧa einwilligte. Später ließ Mohammed beide, Zaid und Umm Aiman, frei (*BAA*, II, 118). – In einer etwas ausführlicheren Fassung der Lebensgeschichte Zaids wird folgendes erzählt: Zaid, der das Alter eines zum Dienen tauglichen Burschen erreicht hatte, reiste mit seiner ṭaijiʾitischen Mutter zu deren Stamm. Eine Streifschar der quḍāʿitischen Balqain stieß auf die Zelte der Ṭaijiʾiten, raubte Zaid und verkaufte ihn für 400 oder 600 Dirham auf dem Markt von ʿUkāẓ an Ḥakīm b. Ḥizām, der ihn für seine Tante Ḫadīǧa erwarb. Als diese ihren Diener Mohammed heiratete, machte sie ihm Zaid zum Geschenk; Mohammed erklärte ihn für frei und nahm ihn an Sohnes Statt an. Andere behaupten, Mohammed habe Zaid in aš-Šaʾm für Ḫadīǧa erstanden. Wie dem auch sei, als einige Kalbiten nach Mekka pilgerten, erkannten sie ihren verschleppten Stammesgenossen und berichteten nach ihrer Rückkehr dessen Vater Ḥāriṯa davon. Dieser begab sich nach Mekka, um seinen Sohn freizukaufen. Mohammed stellte Zaid die Entscheidung anheim, ob er wieder bei seinem Vater leben wolle, Zaid aber zog es vor, beim Propheten zu bleiben. Durch die Adoption war Zaid zum Erben Mohammeds geworden, man rief ihn mit Zaid b. Mohammed. Ḥāriṯa und die Kalbiten, die ihn hatten zurückholen wollen, waren mit dieser Wende der Dinge zufrieden – Zaid war in einer rechtlich eindeutigen Weise zu einem Quraišiten geworden. Ab und an finden sich in den Quellen weitere Beispiele für dieses vorislamische quraišitische Rechtsinstitut der Adoption und Aufnahme in die Genealogie (arab.: *al-istilḫāq*). So hatte al-Ḫaṭṭāb b. Nufail, der Vater ʿUmars, einen Schwurgenossen namens ʿĀmir b. Rabīʿa von den Banū Ǧadīla b. Asad (zu diesen vgl. Ibn al-Kalbī: *Ǧamhara*, 484), den er adoptierte, worauf sich dieser fortan ʿĀmir b. al-Ḫaṭṭāb nannte (*IST*, III/I, 281).

„Als der Islam kam", wurde das Rechtinstitut der Adoption und Aufnahme in die Genealogie für abgeschafft erklärt; zumindest verbot Mohammed, den Adoptierenden in der Genealogie anstelle des natürlichen Vaters zu nennen. „Ruft sie nach ihren Vätern! Das hält Allah für richtiger!..." (Sure 33, 5), verkündete Mohammed. Und daher hieß Zaid jetzt wieder „b. Ḥāriṯa" und ʿĀmir „b. Rabīʿa" (*BAA*, II, 107–109). Wie in den Fragen des zugemessenen Lebensunterhalts und des Verbots des Wuchers sowie des Mondkalenders folgt Mohammed hier seinen Vorstellungen von der Unantastbarkeit des von Allah Bestimmten.

/172/ Die Geschichte der Stammesföderation der Hawāzin ist durch den Konflikt mit dem Verband der Ġaṭafān geprägt. Da dieser Konflikt sich im wesentlichen in dem Raum der arabischen Halbinsel abspielte, mit dem wir uns beschäftigen, muß er in den Grundlinien nachgezeichnet werden. Zum Ausgangspunkt wählen wir den Zwist zwischen Zuhair b. Ǧaḏīma al-ʿAbsī von den Banū Ġaṭafān und Ḫālid b. Ǧaʿfar von den Banū ʿĀmir b. Ṣaʿṣaʿa, dem vielleicht bedeutendsten Stamm der Hawāzin. Wie üblich, sind hierüber mehrere Versionen in Umlauf.

Šaʾs b. Zuhair al-ʿAbsī, ein Sohn des genannten Zuhair – dieser war mit den Laḫmiden von Hira verschwägert –, hatte den dortigen Fürsten besucht und war dabei reich beschenkt worden. Auf dem Rückweg wurde er von einem entfernten Verwandten, dessen Sippe Eidgenossen der Banū ʿĀmir b. Ṣaʿṣaʿa waren, hinterrücks ermordet; seine Besitztümer nahm der Mörder an sich. Zuhair, der Vater, brachte in Erfahrung, daß sein Sohn zum letzten Mal im Streifgebiet der ġaṭafānischen Banū Ġanī gesehen worden war; ihnen gehörte der Mörder in der Tat an. Ungeachtet der Zugehörigkeit der Sippe des Schuldigen zu derselben Föderation, den Banū Ġaṭafān, wandte sich Zuhair an die Eidgenossen der Banū Ġanī, die Banū ʿĀmir b. Ṣaʿṣaʿa von den Hawāzin, und verlangte von diesen Genugtuung; entweder müßten sie ihm die Sippe des Schuldigen insgesamt ausliefern, damit er zur Stillung seiner Rachegelüste sie samt und sonders töte, oder es werde auf unabsehbare Zeit der Fehdezustand zwischen den Banū Ġaṭafān und den Banū ʿĀmir b. Ṣaʿṣaʿa herrschen, denn die dritte Möglichkeit, nämlich daß man seinen Sohn zum Leben erwecke, scheide ja aus. Ḫālid b. Ǧaʿfar, der Sprecher der Banū ʿĀmir b. Ṣaʿṣaʿa, war über die Maßlosigkeit und Unnachgiebigkeit Zuhairs entsetzt, der die Entgegennahme eines Wergeldes strikt ablehnte. So richtete Zuhair auf eigene Faust ein Blutbad unter den Banū Ġanī an. Auch als man während der heiligen Monate in ʿUkāẓ zusammentraf, scheiterte eine friedliche Einigung. Nun verhielt es sich so, daß der Verband der Hawāzin, also auch die Banū ʿĀmir b. Ṣaʿṣaʿa, Zuhair jedes Jahr in ʿUkāẓ einen Tribut zu leisten hatten. – Womöglich hängt dies mit Zuhairs engen Beziehungen mit den Laḫmiden zusammen und mit dem Bemühen der Sasaniden um eine Kontrolle der Araber. – Ḫālid b. Ǧaʿfar, erbittert wie er war, mobilisierte den ganzen Verband der Hawāzin, und in einer Schlacht wurde Zuhair bezwungen; Ḫālid tötete ihn. Danach begab sich Ḫālid nach Hira, um sich das Wohlwollen der laḫmidischen Fürsten zu sichern. Dies gelang nicht, er fiel einer Intrige zum Opfer, deren Gewinner der neue Herr der Ġaṭafān war, ein gewisser al-Ḥāriṯ b. Ẓālim (Ibn al-Aṯīr: *al-Kāmil*, I, 556–560; *AG2*, XI, 75–81).

Zwischen dem Mord an Šaʾs und dem Tod seines Vaters Zuhair durch die Hand Ḫālid b. Ǧaʿfars sollen laut Abū ʿUbaida Maʿmar b. al-Muṯannā (gest. 824/5) zwanzig bis dreißig Jahre liegen. Er erzählt die Geschichte ganz anders und betrachtet sie als den Hauptteil der langen Auseinandersetzungen zwischen den Banū ʿAbs von den Ġaṭafān und den Banū ʿĀmir b. Ṣaʿṣaʿa von den Hawāzin. Zuhair, so setzt diese Erzählung ein, zog während der Markttage in ʿUkāẓ die Tribute der Hawāzin ein. Ein betagtes Weib brachte Butter in einem Schlauch, Zuhair kostete davon, fand den Geschmack abscheulich und stieß der Alten im Zorn mit dem Bogen, den er in der Hand hielt, vor die Brust. Die Frau fiel auf den Rükken, wobei die Schamgegend entblößt wurde, was die Hawāzin aufs äußerste erboste. In jenen Tagen, bemerkt Abū ʿUbaida, waren die Banū ʿĀmir b. Ṣaʿṣaʿa bereits sehr zahlreich geworden. Ḫālid b. Ǧaʿfar tat den Schwur, er werde Zuhair von hinten am Hals packen und töten, oder er wolle selber getötet werden (*AG2*, XI, 82 f.). Zusammen mit seiner Ehefrau von den Banū Sulaim und seinen Söhnen verließ Zuhair den Lagerplatz seines Stammes. Unterwegs begegnete er einem Bruder seiner Ehefrau. Zuhair dachte daran, ihn zu fesseln, damit er nicht die wenige Nachtreisen entfernt lagernden Banū ʿĀmir b. Ṣaʿṣaʿa warnen könne. Doch die Ehefrau verhinderte diesen Anschlag auf ihren Bruder; man bewirtete ihn, und er schwor, er werde den Aufenthaltsort Zuhairs nicht preisgeben. Der Bruder zog weiter und gelangte zu den Banū ʿĀmir; vor den Augen der Ältesten des Stammes goß er die ihm als Wegzehrung mitgegebene Milch an die Wurzel eines Baumes und rief: „Fügsamer Baum, trink von dieser Milch und prüfe ihren Geschmack!" Die Banū ʿĀmir begriffen, daß man dem Fremden ein Schweigegebot auferlegt hatte, bemerkten, daß die Milch ganz frisch und unverdorben war und schlossen daraus auf die Nähe des Feindes. Ḫālid b. Ǧaʿfar brach in Begleitung einiger Gefährten auf, folgte der Spur des Unbekannten und stieß bald auf die Kamelherde Zuhairs. Dessen Hirten meldeten ihrem Herrn, daß sie Reiter mit Lanzen erspäht hatten. Wer seien schon jene

Banū ʿĀmir b. Ṣaʿṣaʿa, prahlte Zuhair; die Banū Kilāb hingegen, seine Sippe, glichen einer Schlange, lasse man sie in Ruhe, dann sei sie harmlos, trete man auf sie, dann beiße sie zu. Die Zuhair begleitenden Sippen zogen es jedoch vor, sich aus dem Staube zu machen. Nun war es so, daß ein Dämon Zuhair als Kundschafter dienstbar war. Als eines der Pferde Zuhairs, die er stets unter einem riesigen Sonnenschirm anband, ohne erkennbaren Grund wieherte, fragte er den Dämon, was vorgefallen sei. Es wittere fremde Pferde, antwortete dieser, und ehe man es sich versah, tauchten die unbekannten Reiter auf, von denen schon die Kamelhirten gesprochen hatten. Zuhair hielt sie für jemenische Araber – ein verhängnisvoller Irrtum, denn es waren Ḫālid b. Ǧaʿfar auf seinem berühmten Streitroß Ḥaḏfa und die wagemutigen Kampfgefährten. Man ritt aufeinander zu. Zuhairs Pferd al-Qaʿsāʾ scheute, Ḫālid bekam seinen Feind nicht zu fassen. Doch einer seiner Mannen zerstach dem Tier den Hüftnerv, erst auf der einen, dann auf der anderen Seite. Nun stob Ḫālid herzu, packte Zuhair von hinten am Hals, zerrte ihn aus dem Sattel, beide stürzten zu Boden. Dabei riß Ḫālid seinem Widersacher den Helm vom Kopf, ein Schwertstreich drang ihm durch den Schädel ins Gehirn. Die beiden Söhne Zuhairs zogen den schwer verletzten Vater aus dem Kampf, drei Tage danach starb er. Ḫālid rühmte sich in Versen seiner Heldentat: Die Hawāzin habe er aus der Knechtschaft befreit! Abū ʿUbaida unterstreicht, daß in diesen Versen ausschließlich vom Kampf Zuhairs gegen die Hawāzin die Rede ist; aus diesem Umstand sei zu folgern, daß es damals gar nicht mehr um die Rache an den Banū Ġanī für den Mord an Šaʾs gegangen sei, sondern allein um die Aufrechterhaltung der Herrschaft über die Hawāzin. In dem geschilderten Gefecht hätten die Banū ʿAbs sie verspielt; Zuhairs Söhne hätten zwar kräftig auf Ḫālid eingeschlagen, aber da ihm der Schutz seines Helms erhalten geblieben sei, hätten sie ihm nichts anhaben können. Daß selbst von kundigen Händen geführte Streiche ihr Ziel verfehlen könnten, als ein Beispiel dafür habe man noch in spätomaijadischer Zeit jene Szene angeführt. Soweit Abū ʿUbaida (*AG2*, XI, 84–90; *AAA*, II, 95–118).

Ḫālid b. Ǧaʿfar von den Banū ʿĀmir b. Ṣaʿṣaʿa war zum Anführer der Hawāzin aufgestiegen. Der erbitterten Feindschaft der Banū ʿAbs und auch der Banū Ḏubjān, zweier Untergruppen der Ġaṭafān, mußte er nach allem, was vorgefallen war, gewärtig sein. Er begab sich nach Hira an den Hof an-Nuʿmān b. al-Munḏirs, um in Erfahrung zu bringen, wieviel er dort zähle. Als Geschenk brachte er ein edles Pferd mit. Doch zu seinem nicht geringen Ärger war ihm al-Ḥāriṯ b. Ẓālim von den Banū Jarbūʿ b. Ġaiẓ b. Murra, einem Klan der ġaṭafānischen Banū Ḏubjān, mit genau dem gleichen Geschenk zuvorgekommen. – Überdies hatte Ḫālid den Banū Jarbūʿ in der Vergangenheit Gewalt angetan und alle Männer erschlagen lassen, al-Ḥāriṯ war zur Zeit jener Untat noch ein Knabe gewesen und hatte deswegen überlebt. – Sein Pferd, rühmte sich al-Ḥāriṯ b. Ẓālim vor dem Fürsten, habe ihm stets gute Dienste in den Fehden gegen Ḫālid geleistet, und da Ḫālid nunmehr seine, des Fürsten, Gunst genieße, werde letzterer gerade dieses Pferd zu schätzen lernen. Dem hielt Ḫālid entgegen, sein Roß sei demjenigen al-Ḥāriṯ' so turmhoch überlegen wie die Banū ʿĀmir b. Ṣaʿṣaʿa allen übrigen Arabern (*AAA*, II, 121). Solch zänkisches Geschwätz erzürnte den Herrscher. In den nächsten Tagen gerieten die beiden verfeindeten Gäste bei weiteren Gelegenheiten aneinander. Al-Ḥāriṯ b. Ẓālim fand zuletzt einen Weg, seinen Widersacher Ḫālid b. Ǧaʿfar zu beseitigen (*AG2*, XI, 94–98; *AAA*, II, 119–127). Hierüber waren die Banū Ḏubjān, al-Ḥāriṯ' Klangenossen, ganz und gar nicht erfreut, sie distanzierten sich von ihm, und er mußte schauen, wer ihm Fremdenschutz gewähren würde. Dies taten zunächst die Banū Tamīm, danach die Quraišiten; dementsprechend änderte er seine Genealogie: Al-Ḥāriṯ b. Ẓālim war ein Nachkomme des Murra b. ʿAuf b. Saʿd b. Ḏubjān, nun wollte er von Murra b. Kaʿb b. Luʾaij b. Ġālib abstammen; ʿAbdallāh b. Ǧudʿān von den quraišitischen Banū Taim b. Murra nahm ihn bei sich auf (*AG2*, XI, 117; *AAA*, II, 128). Dem waren allerdings Kämpfe zwischen al-Ḥāriṯ und seinem tamīmitischen Schutzherrn und den Banū ʿĀmir b. Ṣaʿṣaʿa vorausgegangen; die Einzelheiten überspringen wir. Nur soviel sei gesagt: Gegenüber dem Herrscher von Hira bekunden die Ġaṭafān, daß sie al-Ḥāriṯ b. Ẓālim aus ihrer Gemeinschaft ausstoßen; Schutzversprechen, die er Dritten gibt, sind für die Ġaṭafān nicht mehr bindend (*AG2*, XI, 104, Zeile 5). Al-Ḥāriṯ hatte also, einem Vogelfreien vergleichbar, von Stamm zu Stamm zu ziehen, überall um vorübergehenden Schutz zu bitten, war überall gefährdet, da er es sich mit allzu vielen verdorben hatte. Zuletzt soll es ihn zu den Ġassāniden nach aš-Šaʾm verschlagen haben, wo er, wiederum wegen einer unbesonnenen Gewalttat, ergriffen und auf Befehl des Herrschers hingerichtet wurde (*AAA*, II, 160–164). In der kufischen Überlieferung ist es jedoch der Fürst der Laḫmiden, der al-Ḥāriṯ aus Mekka, wo er seiner nicht habhaft werden kann, nach Hira lockt und umbringen läßt (*AG2*, XI, 118–120).

Unter Qais, dem Sohn von Zuhair al-ʿAbsī, wurde auch Medina in das Ringen zwischen den Banū Ġaṭafān und den Banū ʿĀmir b. Ṣaʿṣaʿa hineingezogen. Denn Qais versuchte, bei Uḥaiḥa b. al-Ǧulāḥ von den ausitischen Banū ʿAmr b. ʿAuf ein Panzerhemd zu erwerben. Mit dieser Angabe gewinnen wir einen Hinweis auf die Zeit des Geschehens: Uḥaiḥa b. al-Ǧulāḥ war ein Zeitgenosse von Hāšim b. ʿAbd Manāf (Lecker: *Early Islamic Medina*, 56). Falls Uḥaiḥa das Panzerhemd entbehren könne, dann möge er es verschenken oder veräußern. Weder handle er mit Waffen, noch entledige er sich ihrer, wenn er sie nicht mehr brauche, entgegnete Uḥaiḥa; verschenke er es jedoch, dann setze er sich dem Tadel der Banū ʿĀmir b. Ṣaʿṣaʿa aus, mit denen er in einem Schutzverhältnis stehe. Qais ließ nicht locker und nannte immer höhere Summen, die er zu zahlen bereit sei, worauf Uḥaiḥa sich endlich das Feilschen verbat; Qais b. Zuhair solle irgendeinen Preis vorschlagen, denn es sei nicht unehrenhaft, einen unvorteilhaften Handel abzuschließen (Ibn al-Aṯīr: *al-Kāmil*, I, 566; *AG2*, XV, 51 f.). – In dieser Szene kommt es darauf an, daß Uḥaiḥa das Panzerhemd weder verschenkt, noch als überflüssiges Gut weggibt, noch einen ordnungsgemäßen Handel tätigt: In den ersten beiden Fällen hätte er sich eine absichtliche Bereicherung eines Feindes der Banū ʿĀmir b. Ṣaʿṣaʿa zuschulden kommen lassen, im dritten hätte sogar ein Geschäft unter Ausgleich der Interessen von Käufer und Verkäufer vorgelegen (vgl. /*Z*/ I 175). Es bleibt allein die Möglichkeit eines spontanen, einer ungezügelten Gefühlsregung folgenden Aktes, der Uḥaiḥa nicht den Tadel der Banū ʿĀmir b. Ṣaʿṣaʿa eintragen kann. In den Augen Mohammeds und der Muslime wäre auch dieser Ausweg versperrt; der Glaube an Allah zwingt den Menschen zu einem ständigen Abwägen aller Taten im Lichte der Gebote und Interessen Allahs und duldet keine „ǧāhilitische" Spontanität mehr (vgl. /Z/ I 109).

/220/ ʿUbaidallāh b. Muḥammad (gest. 842/3), genannt Ibn ʿĀʾiša, berichtet auf Autorität eines nicht näher identifizierten Sallām Abū Mundir, dieser habe von einem gewissen ʿAbd al-Malik b. Aijūb an-Numairī (taucht in *TRM*, III, 373, 466, 469 und 482 als Gewährsmann auf) ein Schriftstück bekommen, das ein Schreiben des Kalifen ʿUmar b. ʿAbd al-ʿAzīz an einen Quraišiten darstellte.

Der Text beginnt mit dem Hinweis, daß Allah die Bestimmungen der Rechtleitung erließ und verdeutlichte, was erlaubt und was verboten sei; solche Regelungen verkündete er auch den Religionsgemeinschaften vor dem Islam. In diesem Zusammenhang sind die Gaben zu erörtern, die der Prophet aus freien Stücken von den Vermögenswerten austeilte, die ihm nach dem Sieg über die Banū n-Naḍīr und die Banū Quraiẓa zugefallen waren. Allah stellte diesbezüglich in Sure 59, Vers 6 fest: „Was Allah für seinen Gesandten zurückholte, dafür brauchtet ihr weder Pferde noch (andere) Reittiere in Galopp zu versetzen. Vielmehr verleiht Allah seinen Gesandten Gewalt über alle, von denen er es will. Allah hat zu allem Macht" (vgl. oben, 361). Hieraus folgt, daß diese Vermögenswerte allein Mohammed zufielen und davon weder ein Beutefünftel noch eine Kampfbeute abzuführen waren; der Gesandte Allahs verfügte darüber nach Maßgabe der Eingebung und Erlaubnis seitens Allahs, verteilte es nicht unter alle, behielt es aber auch nicht für sich und seine Angehörigen. Sondern er bedachte mit den besten Stücken die Mittellosen unter den Auswanderern, „die aus ihren Wohnstätten und ihrem Besitz vertrieben wurden, die Huld und das Wohlwollen Allahs erstreben und Allah und seinen Gesandten unterstützen" (Vers 8); ferner gewährte er einiges auch den verarmten „Helfern" und behielt einen Teil für unvorhersehbare Notfälle zurück. Mohammed selber achtete das irdische Gut für gering; er schaute nur auf das, was ihm bei Allah Gewinn eintragen konnte. Dies alles, so ʿUmar b. ʿAbd al-ʿAzīz, sei auch bei den Rechtsgelehrten unumstritten. Schwierigkeiten bereite hingegen die Auslegung von Vers 7: „Was Allah für seinen Gesandten von den Bewohnern der Ortschaften zurückholte, das steht Allah und seinem Gesandten zu, sowie den Nahestehenden, den Waisen, den Armen und dem, der den Pfad (Allahs) wandelt, damit es nicht unter den Reichen aus eurer Mitte von Hand zu Hand geht. Was euch der Gesandte bringt, das nehmt, und was er euch verwehrt, das laßt sein! Und fürchtet Allah, denn er straft streng!" (Vers 7). Zunächst sei festzustellen, daß hier ganz bestimmte Nutznießer genannt seien, und nur diese seien gemeint. Der erste ist Allah selber, der freilich keinerlei irdischer Güter und Helfershelfer bedarf; er wird hier erwähnt, um zu verdeutlichen, daß das zurückgeholte Gut nur für Zwecke aufgewendet werden darf, die Allah angeordnet hat. „Dem Gesandten", das heißt, daß er allein entscheidet; denn handelte es sich um gewöhnliche Kriegsbeute, dann stünden der Verteilungsmodus und damit auch der Anteil des Propheten fest. „Den Nahestehenden", aus dieser Formulierung hätten manche geschlossen, es sei von einer Hinterlassenschaft die Rede, die nach den bekannten Bestimmungen dem einen oder anderen zur Hälfte, einem Viertel, Achtel oder Sechstel zu übertragen sei, und zwar unabhängig von Reichtum oder Armut, von frommem oder ungezügeltem Lebenswandel. Das ist ein Mißverständnis, beharrt ʿUmar b. ʿAbd al-ʿAzīz; der Text besagt gewiß, daß Dotationen aus den Erträgen, desgleichen Gefangene, Waren und Gold oder Silber ausgeteilt werden, aber es wurden, solange Mohammed lebte, niemals irgendjemand feste Anteile zugewiesen. Richtig ist allerdings, daß Mohammed nach der Eroberung von Ḫaibar seine Frauen und einige andere Personen bedachte, jedoch außerhalb jeglicher allgemeinverbindlichen Regel. Und erst recht zog er hierbei keinen seiner Verwandten einem Bedürftigen vor. Es mißfällt ʿUmar b. ʿAbd al-ʿAzīz, daß man die „Nahestehenden" mit den Verwandten gleichgesetzt hat; es habe sich um Bedürftige gehandelt, die dem Propheten dank ihrem Einsatz für den Islam etwas bedeuteten, es seien aber weder Personen aus der eigenen Sippe noch enge Freunde gemeint gewesen, denn sonst hätte er schwerlich Abū Bakr oder ʿAlī b. abī Ṭālib übergangen. „Nähe" möchte er als die Nähe zu einem Anrecht definieren, das sich aus der Bedürftigkeit ergibt: Ein Armer, der keine Wohnung hat, ist bedürftig und könnte aus dem „zurückgeholten Gut" befriedigt werden; doch besäße er eine Unterkunft, dann eben nicht. „Weder der Gesandte Allahs noch die Tauglichen unter denen, die ihm folgten, wären je darauf verfallen, einen Anteil, den Allah zugesagt bzw. den sein Gesandter für einen Verwandten reserviert hätte, den Betreffenden vorzuenthalten und ihnen nicht das Recht zu gewähren, welches Allah (nun einmal) für sie vorsah. Sie leiteten doch auch die Pflichtgebete, führten die Läuterungsgabe ab, verschafften den Bestimmungen des Korans Geltung. In gleicher Weise wiesen sie die Dotationen selbst Menschen ohne klare Genealogie zu, von denen manche nicht einmal Muslime waren."

Mit dem Beutefünftel des Gesandten Allahs verhält es sich wie mit der Kampfbeute, nur daß Allah seinem Propheten bei bestimmten Gelegenheiten das Recht einräumte, die ihm „Nahestehenden" zu begünstigen, ohne daß man das, was sie empfingen, als einen ihnen auf Grund einer Anordnung Allahs zukommenden pflichtgemäßen Anteil verstehen dürfte. Allah „holte" ihm Kriegsgefangene „zurück", Mohammed gab sie manchen als Diener, überging aber die eigene Tochter – wäre das nicht ein grobes Unrecht gewesen? Nein, auch hier hat die Beachtung der Blutsverwandtschaft zu unterbleiben, sie wäre, wie jeder erkennt, der über Einsicht in die Glaubenspraxis verfügt, geradezu gegen den Geist des Buches Allahs! In Sure 34, Vers 47 und in Sure 38, Vers 86 stellt Mohammed ausdrücklich klar, daß er von den Menschen für das Ausrichten der Botschaft keinerlei Lohn fordere. Dies taten auch die Propheten vor ihm nicht. Und umgekehrt: Hätte Allah Mohammed befohlen, einen Pflichtanteil für sich und seine Verwandten festzusetzen, dann hätte er niemals anders gehandelt...

Die *ṣadaqāt* dienen der Läuterung; an ihnen erkennt Allah den Glauben der Muslime und die Geduld bei der Erfüllung der Pflichten, die er ihnen auferlegt (vgl. Sure 9, 103). Auch diese Vermögenswerte stehen weder dem Propheten selber, noch seiner Sippe zu, und ebenso wenig hat ein Reicher, der sich seinen Lebensunterhalt erarbeitet, einen Anspruch darauf. Wer aus den *ṣadaqāt* Zuwendungen bekommen darf, ist in Sure 9, Vers 60 geregelt: Es sind die Armen und Bedürftigen, dann jene, die die *ṣadaqāt* einziehen und verwalten, diejenigen, die für den Islam gewonnen werden sollen; sie können für den Freikauf muslimischer Sklaven eingesetzt werden und zur Unterstützung aller, die sich dem „Pfad Allahs" widmen. Die *ṣadaqāt* und die rituellen Gebete bilden eine unauflösbar Zweiheit, worauf Abū Bakr pochte, als einige der „Abtrünnigen" vorschlugen, sie wollten die Gebete leisten, nicht aber die Tribute abführen. Aus den in Sure 9, Vers 60 dargelegten Verwendungszwecken schließt ʿUmar b. ʿAbd al-ʿAzīz, daß auch bei der Verwendung dieser Kategorie von Einnahmen weder die edle Herkunft noch eine im Reichtum oder in hochfahrendem Betragen demonstrierte Würde berücksichtigt werden dürfen (*USM*, I, 213–217).

/293/ Zu den heidnisch-arabischen Bräuchen und Vorstellungen, denen Mohammed eine hochreligiöse Legitimierung und Deutung verlieh, indem er sie für durch den einen Allah sanktioniert erklärte (z.B. das Tieropfer; die Definition des Menschen durch seine Genealogie; die keine allgemeinverbindliche Ethik anerkennende Solidargemeinschaft, die ihre Interessen als von Allah gewollte je nach den obwaltenden Umständen durchficht), gehört die Beschneidung (arab.: *al-ḫitān*). Im Koran wird sie nicht erwähnt. Im *ḥadīṯ* hingegen wird die Beschneidung ausdrücklich gefordert. Abū Huraira (über ihn vgl. oben, 691, 697 f., 700–703) stellt unter Berufung auf Mohammed fest: „Fünf Dinge gehören zur ursprünglichen Geschaffenheit (zu Allah hin) (arab.: *al-fiṭra*), nämlich die Beschneidung, das Abrasieren der Schamhaare, das Kürzen der Fingernägel, das Ausreißen der Haare in der Achselhöhle und das Stutzen des Schnurrbarts" (*BS*, *libās* 63 und *istiʾḏān* 51; *MS*, *ṭahāra* 49 f.). Diese fünf Bräuche zu befolgen, darunter die Beschneidung, bewahrt den Menschen demnach in der – noch nicht durch Judentum und Christentum befleckten – von Allah gewünschten Beschaffenheit, mithin im Islam. Die Knaben beschneiden zu lassen, ist daher ein verplichtender Usus (arab.: *as-sunna*; nach türkischem Sprachgebrauch ist das Beschnittensein sogar das Wesensmerkmal eines der *sunna* angepaßten Menschen: *sünnetli* heißt der Beschnittene, *sünnet* meint neben der *sunna* auch den Akt der Beschneidung), die Mädchen beschneiden zu lassen, ist eine „edle Handlung" (arab.: *al-makruma*) (*AHM/a*, V, 75; vgl. oben, 23, 40). Muslim b. al-Ḥaǧǧāǧ ordnet die obigen Überlieferungen denn auch in das Kapitel „rituelle Reinheit" (arab.: *aṭ-ṭahāra*) ein, also unter die Vorbedingungen, die gegeben sein müssen, damit die Pflichtriten in einer auf das Jenseitsverdienst anrechenbaren Weise vollzogen werden.

In der Heidenzeit wurden die Jünglinge beschnitten, sobald sie geschlechtsreif geworden waren; ʿAbdallāh b. al-ʿAbbās soll dem Rechtsgelehrten Saʿīd b. Ǧubair (gest. 713/4) eröffnet haben, daß er beim Tode Mohammeds, also etwa im Alter von vierzehn Jahren – ʿAbdallāh wurde während der Ächtung der Hāšimiten geboren – beschnitten gewesen sei (*BS, istiʾḏān*, 51). Die Vorverlegung der Beschneidung auf ungefähr das achte Lebensjahr, die zur Zeit Saʿīd b. Ǧubairs anscheinend erörtert wurde, hängt damit zusammen, daß Knaben in diesem Alter schon so viel Einsichtskraft entwickelt haben sollen, daß sie sich an den Pflichtriten beteiligen. Auch soll ein Knabe dieses Alters, sofern er nicht Muslim ist, bereits in der Lage sein, den Islam anzunehmen – das aber bedeutet, daß er in ritueller Reinheit die Glaubenspraxis zu erfüllen hat.

/320/ Tor Andrae hat in seinen 1923 bis 1925 veröffentlichten drei Aufsätzen zu dem Thema *Der Ursprung des Islams und das Christentum* herausgearbeitet, daß die Motive der koranischen Rede über das Ende der Zeiten aufs engste denjenigen verwandt sind, die in den syrischen Kirchen seit Ephräm (gest. 373) in Umlauf waren. Heute weiß man überdies, daß das eschatologische Gedankengut seit dem ausgehenden 6. Jahrhundert die syrische Christenheit in besonderem Maße bewegte. Schon Andrae schreibt in diesem Sinne, ein finsterer Ernst habe die syrische Frömmigkeit beherrscht, Scherzen und Lachen seien verpönt gewesen (1924, 290). Mohammed macht sich diese düstere Weltsicht in seinen frühen Suren zueigen (vgl. Sure 53, 60), und auch im *ḥadīṯ* ist sie allgegenwärtig. Es ist aber fraglich, ob man, wie Andrae es vorschlägt, von einer asketisch-eschatologischen Frömmigkeit Mohammeds (1925, 102) sprechen darf. Die Drohungen mit dem Weltende wurden von ihm doch als ein Mittel verwendet, mit dem er seinem Machtstreben den Erfolg sichern will. Die von Tertullian (gest. nach 220) geäußerte Ansicht, die Seelen der Märtyrer kämen unverzüglich in den Himmel (1925, 69), wird von Mohammed – unter folgenschwerer Veränderung des christlichen Märtyrerbegriffs – dahingehend ausgelegt, daß diejenigen, die auf dem „Pfade Allahs" töten und getötet werden (Sure 9, 111), des Paradieses gewiß sein können. Diese Art der Instrumentalisierung der dem syrischen Christentum entlehnten Endzeitvorstellungen ist für Mohammed kennzeichnend, und seine Ziele waren alles andere als asketischer, jenseitsbezogener Natur.

Andrae legt dar, daß alle Motive der koranischen Endzeitszenerien bei Ephräm ausgebildet sind: Die Erde wird erbeben, der Himmel wird zusammengerollt, das Meer fließt ab; Posaunenstöße verkünden den Beginn des Gerichts; unbezähmbare Angst befällt die Auferstandenen, jeder ist auf sich selber gestellt, die Möglichkeit einer Fürbitte wird von Ephräm verworfen (1925, 45–55). Alle diese Motive leben in den Ostkirchen fort und schlagen sich beispielsweise in der Ikonenmalerei nieder. So zeigt eine von E. Haustein-Bartsch publizierte russische Ikone aus der zweiten Hälfte des 17. Jahrhunderts Christus auf dem Thron des Weltenherrschers (vgl. /*Z*/ II 212); seine Füße ruhen auf dem Schemel davor, unter dem das Diesseits beginnt (vgl. Sure 2, 255). Im Diesseits wird der noch leere Thron, auf dem Christus Platz nehmen wird, um Gericht zu halten, bereitgestellt; darunter erkennt man die Waage; zur Rechten stehen die Gerechten, sie werden in einer anderen Szene von Petrus ins Paradies geleitet; unter den Sündern, die zur Linken der Waage abgebildet sind, lodern die Flammen der Hölle (Haustein-Bartsch: *Das Jüngste Gericht*). Auch die „höchste Gefährtenschaft", in die Mohammed aufgenommen zu werden wünschte, ist auf dieser Ikone zu sehen: Es handelt sich um das Himmlische Jerusalem, die Wohnstätte der Seligen, ganz oben über denen zur Rechten (vgl. Sure 56, 10–26 die schon vor dem Gericht in die Nähe Allahs Entrückten; Vers 27–40 die zur Rechten; Vers 41–56 die zur Linken).

Daß all dieser Stoff auch auf arabisch zugänglich war, beispielsweise in den Gedichten von Umaija b. abī ṣ-Ṣalt, haben wir ausführlich erörtert. – Andrae hegt übrigens Bedenken gegen die gut begründbare Vorstellung, Umaija könnte eine Quelle der koranischen Bilder sein; von Umaija dürfe Mohammed nicht sein „dichterisches Selbst" geborgt haben, schreibt Andrae (1923, 199), ohne daß deutlich würde, was mit dieser Bemerkung gemeint ist. – Noch nicht koranisch ist übrigens das im *ḥadīṯ* mehrfach geschilderte Vorspiel zum Jüngsten Tag: das Auftrumpfen des „Lügners" (arab.: *ad-Daǧǧāl*, von syrisch *dagālā*), den der wiedergekehrte Christus vernichten wird. Den Ausgangspunkt dieser erbaulichen Geschichten bilden die Ausführungen Paulus' im zweiten Brief an die Thessalonicher (2, 1–12): Die Parusie Christi wird erst eintreten, wenn die Sünde und der Abfall vom wahren Glauben überhand genommen haben; „und alsdann wird der Frevler offenbart werden, welchen der Herr Jesus umbringen wird mit dem Hauch seines Mundes… Denn der Frevler wird auftreten in der Macht des Satans mit allerlei lügenhaften Kräften und Zeichen und Wundern und mit allerlei Verführung zur Ungerechtigkeit bei denen, die verloren werden…" Im *ḥadīṯ* haben sich an diesen Kern zahlreiche weitere Motive angelagert. Ich gebe hier nur ein Beispiel für ein solches *Ḥadīṯ*. Es wird dem Prophetengefährten an-Nauwās b. Samʿān zugeschrieben, über den man nur weiß, daß er sich in aš-Šaʾm niederließ (Ibn Ḥaǧar: *Tahḏīb*, X, 480 f., Nr. 867). Zusammen mit anderen, so legt man ihm in den Mund, hört er Mohammed einmal laut, dann wieder leise vom *Daǧǧāl* sprechen. An-Nauwās und seine ungenannten Begleiter gehen, neugierig geworden, zum Propheten, und dieser versichert ihnen, solange er selber lebe, sei ihm um die Muslime nicht bange; nach seinem Tod werde Allah einen jeden Muslim vor dem *Daǧǧāl*, dem Verführer, schützen. Dieser wird ein kraushaariger junger Mann mit einem verloschenen Auge sein. Wer ihn erblickt, der rezitiere, um sich vor ihm zu bewahren, die ersten Verse von Sure 18! – Dort warnt Allah die Muslime vor den Christen und ihren, wie er es sieht, Irrlehren. – Zwischen aš-Šaʾm und dem Irak wird der *Daǧǧāl* erscheinen und Unheil verbreiten. Vierzig Tage wird er bleiben, von denen einer so lange dauert wie ein Jahr, ein anderer so lange wie ein Monat, ein dritter so lange wie eine Woche, die übrigen wie gewöhnliche Tage. Schnell wie ein vom Sturm getriebener Sturzbach wird er über die Menschen herfallen; er wird es regnen lassen, fette Weidegründe wird es geben, das Vieh wird gedeihen, und wer an ihn glaubt, dem wird es bestens gehen. Wer seinen Ruf zurückweist, der muß Elend in Kauf nehmen. Wunder wird der *Daǧǧāl* tun, bis der Messias am weißen Minarett östlich von Damaskus die Erde betritt, gestützt auf zwei Engel. Jeder Ungläaubige, den sein Atem trifft, stirbt. Der Messias wird den *Daǧǧāl* verfolgen, bei Lydda stellen und töten. Von einem gesicherten Ort aus werden der Messias und die Geretteten beobachten, wie Allah die Völker Gog und Magog am See Genezareth vorbeiziehen läßt; sie sind so zahlreich, daß sein Wasser nicht ausreicht, damit alle ihren Durst löschen können. Allah tötet sie auf einen Schlag, Jesus und die Getreuen verlassen ihren sicheren Ort und finden die Erde von Leichen bedeckt. Allah sendet kräftige Vögel, die den Messias und seine Gläubigen emportragen; dann spült er mit einem Regenguß den Schmutz der Bösen fort. Wie neu ist die Erde nun, alles gedeiht jetzt so üppig, daß die Milch einer Kamelstute eine ganze Schar von Menschen ernährt. Ein Windstoß hebt die gläubigen Muslime hinweg, zurück bleiben die bösen Menschen; ihnen steht jetzt die Aburteilung im Jüngsten Gericht bevor (*MS, al-fitan*, 110).

/330/ Mohammed gefällt sich darin, im Koran seinen Widersachern ein ums andere Mal furchtbare Strafen anzudrohen; diese sollen sie im Diesseits treffen, und im Jenseits stehen ihnen noch weit grausamere Peinigungen bevor. In Mekka bezog er dergleichen meist auf untergegangene Völker, die den Mahnungen ihrer Propheten nicht gehorcht hätten. „Die ʿĀd zeigten sich hochmütig in ihrem Land, ohne daß sie dazu berechtigt gewesen wären. ‚Wer ist mächtiger als wir?‘ fragten sie. Begriffen sie denn nicht, daß Allah, der sie schuf, mächtiger als sie ist? Sie leugneten unsere Wunderzeichen. So schickten wir wider sie an unglückbringenden Tagen einen eiskalten Wind, damit wir sie im diesseitigen Leben die Strafe der Bloßstellung kosten ließen, doch wahrlich, die Strafe im Jenseits wird sie noch mehr entehren! Niemand wird ihnen beistehen!“ (Sure 41, 15–16). In Medina gilt es, durch Strafandrohung die Beachtung der von ihm verfügten Bestimmungen zu erzwingen: „Wer sich hiernach“ – nach der Verkündung der Regelung der Blutrache – „eine Übertretung zuschulden kommen läßt, der hat eine schmerzhafte Strafe zu gewärtigen“ heißt es in Sure 2, Vers 178. Es bleibt offen, ob die Übertretung schon im Diesseits oder erst im Jenseits geahndet wird. Erst gegen Ende seines Lebens ringt sich Mohammed zur Festlegung von Diesseitsstrafen durch, mit denen Verstöße gegen bestimmte Vergehen bedroht sind. Es handelt sich dabei um Verfehlungen, die nach Mohammeds Vorstellung die Souveränität Allahs als des eigentlichen Herrn des islamischen Gemeinwesens antasten. Die Gläubigen, die mit ihrem Vermögen und ihrem Leben auf dem Pfad Allahs kämpfen, die töten und getötet werden, sie dürfen den Eintritt in das Paradies erwarten, befindet Mohammed in Sure 9, Vers 111 und bestimmt diese dem Heil entgegengehenden Anhänger noch genauer: Es sind diejenigen, die sich reumütig zu Allah wenden, ihn verehren und preisen, sich im rituellen Gebet niederwerfen, „das Billigenswerte befehlen und das Tadelnswerte verbieten und die Grenzen (arab.: Pl. *al-ḥudūd*), die Allah gesetzt hat, einhalten“. Die Beduinen, die nicht in die Kampfgemeinschaft der Gläubigen eingeordnet werden wollen, neigen dazu, „die Grenzen“ Allahs zu mißachten, hat Mohammed vorher dargelegt (Sure 9, 97). Der Nutzen dieser „Grenzen“

liegt, wie ein moderner muslimischer Gelehrter meint, „in der Beseitigung der Verderbnis der Gesellschaft, in der Bewahrung der Seele vor der Verdammnis, im Schutz der Ehre, in der Sicherung der Genealogie vor Vermischung, schließlich darin, daß das Vermögen frei von mutwilliger Vergeudung gehalten wird" (Nagel: *Das islamische Recht*, 86).

Damit ist mittelbar schon ausgesagt, welche Delikte die „Grenzen" verletzen: Es sind dies jegliches Aufbegehren gegen die innere Ordnung des Gemeinwesens (Sure 5, 33); der Alkoholgenuß, da er den Verstand trübt und dadurch den Vollzug der Riten behindert und die Einsicht in die Gehorsamspflicht gegenüber Allah schmälert; die verleumderische Bezichtigung des Ehebruchs; der nachgewiesene Ehebruch (Sure 24, 2–20, vgl. oben, 366), der die von Allah gewünschte Klarheit der Abstammung gefährdet; der Diebstahl (Sure 5, 38). Sind derartige Delikte vorgefallen, dann hat die islamische Obrigkeit einzugreifen und die im Koran vorgeschriebenen bzw. im Falle des Ehebruchs die in der Rechtspraxis der Omaijadenzeit üblich gewordenen Strafen (Auspeitschung, Abhacken der Hand, Steinigung usw.) zu vollstrecken, und zwar in der Öffentlichkeit, da ja nicht eine Privatperson geschädigt, sondern Allah beleidigt wurde.

Kapitel VI: Die Hedschra

/56/ Die Moschee (arab.: *al-masğid*) ist der Ort, an dem man mittels der Pflichtgebete, in deren Verlauf man sich mehrfach vor Allah niederwirft, die existentielle Hinwendung zum Einen bekundet, mithin jene Dankbarkeit gegen ihn rituell bezeugt, die man ihm für sein nie erlahmendes Schöpfungshandeln schuldet (vgl. /*Z*/ III 218). Da die Gewährleistung dieser rituellen Handlung den eigentlichen Daseinszweck des islamischen Gemeinwesens darstellt, ist die Moschee zugleich der Ort, an dem die triumphierende Macht der „besten Gemeinschaft" (Sure 3, 110) in Szene gesetzt wird. Dies geschieht vorzugsweise in den Großen oder Freitagsmoscheen, deren Geschichte ein Spiegel des Geschicks der islamischen Metropolen ist. Betrachten wir Kairo als ein Beispiel:

Sobald ʿAmr b. al-ʿĀṣ sich Unterägyptens bemächtigt hatte, gründete er an einem strategisch wichtigen Ort, nämlich dort, wo ein in der Nähe des heutigen Suez seinen Ausgang nehmender Kanal in den Nil mündete, das Heerlager Fustat. Dessen Kern war die den Namen des Eroberers tragende Moschee, um die herum die an den militärischen Unternehmungen beteiligten arabischen Klane ihre Quartiere zugewiesen bekamen: Der Gebetsplatz veranschaulicht die nunmehr auch in Ägypten durch die Muslime hergestellte Souveränität Allahs. Eines eigens den Kult leitenden Spezialisten bedarf es hierzu nicht, eben weil für diese Veranschaulichung der erobernde Heerführer persönlich verantwortlich ist; er kann diese Aufgabe delegieren, aber trotzdem wird er weder von der Verantwortung für den Kult entlastet noch gar von der Zuständigkeit hierfür (vgl. /*Z*/ VI 79). Glaubenspraxis ist Machtausübung; deswegen kann sich keine eigenständige geistliche Hierarchie herausbilden.

Die Predigt (arab.: *al-ḫuṭba*) in der Großen oder Freitagsmoschee (arab.: *al-ǧāmiʿ*) ist die Veranstaltung, in der der im Namen Allahs agierende Machthaber vorzugsweise seiner diesbezüglichen Pflicht nachkommt. Anfänglich bestand diese Predigt im wesentlichen aus der Mahnung, Allahs als des eigentlichen Herrn des Diesseits angemessen zu gedenken. Als die Einheit des islamischen Gemeinwesens im Ersten Bürgerkrieg zerbrochen war, wurde es üblich, in der Predigt den Namen des Herrschers zu rühmen, der die Macht über das betreffende Territorium ausübte und daher als der legitime Stellvertreter Allahs anzusehen war; in der Residenzstadt hatte dieser Stellvertreter persönlich diese Pflicht zu erfüllen. In der frühen *ḥadīṯ*- und Schariagelehrsamkeit, die, wie geschildert, sich selber für den wahren Erben des Lebenswerkes des Propheten hielt (vgl. oben, 696–703), regte sich vereinzelt Widerstand gegen die Rühmung des Kalifen in der Freitagspredigt. Doch einigte man sich darauf, es nicht zum Bruch kommen zu lassen, denn der Schaden, den man dabei nehmen könnte, sei unvertretbar hoch (az-Zarkašī: *Aḥkām al-masāǧid*, 368). Ein tiefgreifender Wandel der politischen Verhältnisse dokumentiert sich demzufolge in der Errichtung einer neuen Freitagsmoschee, meist benannt nach dem Namen des jeweiligen Usurpators, oder in der Umwidmung bestehender Moscheen. Als Aḥmad b. Ṭūlūn, der abbasidische Statthalter in Ägypten, sich 868 *de facto* von seinen Bagdader Oberherren lossagte, schuf er sich zum Ausdruck seiner, wie er meinte, gottgewollten, legitimen Herrschaft die nach ihm benannte Moschee; hier wurde nun der Freitagsgottesdienst mit der ihn rühmenden Predigt gehalten. Ein Jahrhundert später ergriff der fatimidische Feldherr Ǧauhar von Ägypten Besitz; den Kern des neuen Palastbezirks, nach dem das heutige Kairo benannt ist, bildete die al-Azhar-Moschee, in der seit dem Ramadan 361 die Freitagspredigt vorgetragen wurde. Der Fatimide al-Ḥākim (reg. 996–1021) baute sich eine eigene Freitagsmoschee, die an der nördlichen Stadtmauer liegt, wohl nicht zufällig zwischen dem „Tor der Eroberungen" und dem „Tor des Sieges". Das fatimidische Kalifat, damals auf dem Höhepunkt seiner Macht, durfte in jenen Jahrzehnten darauf hoffen, die Abbasiden niederzuringen. Ab 1003 predigte al-Ḥākim in seiner neuen Moschee; es ist unklar, ob in der al-Azhar-Moschee weiterhin am Freitag gepredigt wurde. Nachdem sich Saladin Kairos bemächtigt und 1171 dem fatimidischen Kalifat ein Ende gesetzt hatte, untersagte er Freitagspredigten in der al-Azhar-Moschee. Baibars (reg. 1260–1277), der bedeutendste unter den frühen Mamlukensultanen, ließ sie von 1257 an wieder als Freitagsmoschee nutzen, stieß damit aber auf den Einspruch sunnitischer Gelehrter, die an der Vorstellung festhielten, daß es in jeder Stadt nur eine Freitagsmoschee geben dürfe (az-Zarkašī, op.cit., 34 f.), wie eben auch nur einen Repräsentanten der islamischen Staatsmacht (vgl. Nagel: *Die Festung des Glaubens*, 40 f.). Es wurde jedoch üblich, größere in sich geschlossene Stadtviertel als eigenständige Siedlungen zu werten, so daß in vielen Städten mehrere Freitagsmoscheen nebeneinander für zweckmäßig erachtet wurden. Seitdem man ab dem 13. Jahrhundert in den Gottesfreunden von der bestehenden islamischen Machtausübung unabhägige Vergegenwärtiger des „Verborgenen" zu erkennen begonnen hatte, wurden in den von diesen errichteten Moscheen Freitagsgottesdienste üblich, vielfach mit zusätzlichen Riten der Hinwendung des Gläubigen zu Allah verbunden. Dadurch verwischte sich der die islamische Herrschergewalt repräsentierende Charakter der Freitagsmoschee, so daß heute nahezu in jeder Moschee am Freitag gepredigt wird. Die Erinnerung an die ursprüngliche Funktion ist jedoch keineswegs verloschen. Die Vorliebe der in Europa eingewanderten Muslime, ihre Moscheen nach ʿUmar b. al-Ḫaṭṭāb, nach Mehmed Fatih, dem Eroberer von Konstantinopel, nach Selim Yavuz (reg. 1512–1520), dem osmanischen Bezwinger des Mamlukenreichs, nach Süleyman Kanuni (reg. 1520–1566), dem Belagerer Wiens, zu benennen, verrät mit hinreichender Klarheit die Assoziationen, von denen sich die Gründer dieser Einrichtungen leiten lassen.

Von den Freitagsmoscheen ursprünglich zu unterscheiden sind die gewöhnlichen Gebetsstätten, *masǧid* geheißen. Von ihnen kann es auf Erden gar nicht genug geben, soll doch Mohammed gemeint haben, wer im Diesseits einen solchen Ort schaffe, dem werde Allah ein Haus im Paradies bauen. „Die Moscheen sind die Häuser Allahs, sie leuchten den Himmelsbewohnern wie die Sterne den Erdbewohnern." Sei eine solche Stätte auch nur so klein wie das Fleckchen Boden, den ein Huhn aufscharre, so gewährleisteten sie doch den Schutz vor dem Satan. Am Tag des Gerichts werde die ganze Erde vernichtet, nur die Gebetsstätten nicht: Sie alle werde Allah aneinanderfügen – das schon im Diesseits gegen die Verführungskünste des Bösen gefeite Territorium, das der Souveränität Allahs unterstand, entgeht dessen Zorn; wer dieses Territorium zeit seines Lebens als sein eigentliches Zuhause ansah, dem garantiert Allah, daß er die Brücke über dem Höllenschlund wohlbehalten überschreite (az-Zarkašī, op. cit., 36–39).

/79/ Wie in /Z/ VI 56 dargelegt, ist das gemeinschaftliche rituelle Gebet während des Freitagsgottesdienstes die Versinnbildlichung der durch Mohammed und seine Nachfolger hergestellten und aufrechterhaltenen Machtausübung Allahs über das Diesseits. Der Vollzug der Glaubenspraxis ist zugleich der Vollzug der Herrschaft im eigentlichen Sinn: Die Anordnungen Allahs werden in seinem Gemeinwesen genau nach den göttlichen Anweisungen ausgeführt. Im profanen Alltag soll es sich ebenso verhalten, doch sind die Verrichtungen und Geschäfte zu vielfältig, als daß dies vollständig gelingen könnte. Jedoch hat die Obrigkeit, angeleitet durch die Schariakenner, dafür Sorge zu tragen, daß die Annäherung des Handelns der Muslime an die göttlichen Normen unablässig vorangetrieben wird.

Im Begriff Imam trifft man den eigentümlichen religiös-politischen Charakter des islamischen Gemeinwesens in besonders verdichteter Form an: Imam nennt man den Leiter der rituellen Gebete, und Imam ist desgleichen die allgemeinste Bezeichnung für das Oberhaupt des Gemeinwesens. Sie meint im Schiitentum den dank seiner Abstammung von Mohammed zur Herrschaft Berechtigten; die Sunniten benennen in ihrem staatstheoretischen Schrifttum mit diesem Wort den Inhaber der obersten Führungsbefugnis. In den Überlieferungen über den sterbenden Propheten und die Legitimierung des Kalifats Abū Bakrs durch den angeblichen Befehl Mohammeds, an seiner Statt das rituelle Gebet zu leiten (vgl. oben, 498–506), bildet der durch das Wort Imam ausgedrückte Zusammenhang von Glaubenspraxis und Herrschermacht den für das Verständnis unentbehrlichen Hintergrund. Selbst in Umrissen kann hier keine Geschichte des Imamats nachgezeichnet werden. Es sollen nur die rituelle Führerschaft und die machtpolitische in ihren Grundzügen charakterisiert werden.

a. Als Vorbeter kann jeder Muslim fungieren, der über die hinreichenden Kenntnisse zur Wahrnehmung der Leitung der Riten verfügt. Das Imamat ist demnach weder ein Beruf, dessen Ausübung die Erfüllung klar bestimmter Kriterien voraussetzt; es ist ebenso wenig eine Rangstufe in einer Hierarchie. Es besteht vielmehr in der reinen Faktizität seiner Ausübung; nur solange jemand tatsächlich vorbetet, ist er Imam. – daß an vielen Moscheen besoldete Personen dieses Amt „berufsmäßig" wahrnehmen, tut dieser Theorie keinen Abbruch. – Die bloße Tatsächlichkeit des Angeleitetwerdens ist auch für den einzelnen an den Riten beteiligten Muslim das Entscheidende. Er braucht keinen Gedanken daran zu wenden, ob der im jeweiligen Augenblick das Imamat Innehabende alles richtig macht. Er hat ihn nachzuahmen, und dadurch wird er zum Mitglied der einträchtigen Gemeinschaft (arab.: *al-ǧamāʿa*) und entgeht dem Höllenfeuer. Etwaige Verstöße gegen die Ritualvorschriften wird Allah nicht ihm, sondern dem Imam anrechnen. Und noch weniger braucht es die Sorge des einzelnen Muslims zu sein, ob der betreffende Imam ein Sünder ist; sich in die Schar derjenigen eingereiht zu haben, die in dem gegebenen Zeitraum hinter dem Imam betete, das allein hat ihm wichtig zu sein. Das rituelle Gebet verwehrt sündhaftes Tun (Sure 29, 45), weil es den Menschen von Angesicht zu Angesicht vor Allah stellt, in die Position des Muslims im eigentlichen Sinne.

b. „Der Begriff Imamat wurde geprägt zur (Benennung der) Nachfolge (arab.: *al-ḫilāfa*) im Prophetenamt zwecks Überwachung der Glaubenspraxis und Führung der diesseitigen Angelegenheiten." Mit diesem Satz beginnt al-Māwardī (gest. 1058) die wirkmächtigste staatspolitische Abhandlung des sunnitischen Islams. Wie die einträchtige Gemeinschaft beim rituellen Gebet angeleitet werden muß, so auch in den das Gemeinwesen überhaupt angehenden Dingen. Der Anführer des Gemeinwesens, der Kalif, der das Imamat innehat, kommt seinen Pflichten nach, indem er sie delegiert: Wesire mit unterschiedlich definierter Zuständigkeit, Heerführer, sei es für den Kampf gegen innere Feinde, sei es für den Dschihad, Sachwalter der Rechtspflege, Imame in den Moscheen, Verantwortliche für die Urbarmachung von Brachland, für die Kontrolle der dem Verkehrswesen dienlichen Einrichtungen usw., sie alle versehen ihre Aufgaben als Beauftragte des Imams. Und auch hier, wie schon beim Moschee-Imamat, ist die faktische Ausübung wichtiger als die Qualifikation des Amtsinhabers und der durch ihn eingesetzten Funktionsträger. Zwar werden Voraussetzungen genannt, die beispielsweise der Imam zu erfüllen hat – Unbescholtenheit, hinreichendes Wissen von der Scharia, körperliche und geistige Unversehrtheit, Mut, Zugehörigkeit zu den Quraišiten –, doch ist dies alles im Notfall ohne Gewicht. Denn wenn im Reich ein Usurpator auftritt und Provinzen unter seine Herrschaft zwingt, dann hat der Imam ihn ohne Prüfung der Qualifikation zu seinem Statthalter zu ernennen, weil anderenfalls die göttlichen Bestimmungen nicht in Kraft wären (Nagel: *Staat und Glaubensgemeinschaft*, I, 363 f.); die rituellen Gebete in den Moscheen wären keine Bekundungen der einträchtigen Gemeinschaft und könnten nicht zum Jenseitsguthaben des einzelnen Teilnehmers hinzugerechnet werden. Die nachträgliche Legitimierung der Usurpation ist ein formaler Akt, nach dessen Vollzug den jeweiligen Regionen die eben erwähnten Fähigkeiten des Imams nicht mehr zugute kommen. So nimmt es nicht wunder, daß al-Ǧuwainī (gest. 1085), ein anderer sunnitischer Gelehrter, als Voraussetuung für die Ausübung des Imamats lediglich die Fähigkeit fordert, selbständig die Amtsgeschäfte zu führen und die Herrschaft zur Geltung zu bringen. Einen etwaigen Mangel an Schariakenntnissen könnten die zu Rate zu ziehenden Gelehrten ausgleichen, die Zugehörigkeit zu den Quraišiten ist ohne erkennbaren Nutzen für die Wahrnehmung des Imamats (ders.: *Die Festung des Glaubens*, 284–306). Die faktische Machtausübung ist in sich legitimiert, sofern der auf das Jenseitsverdienst anrechenbare Ablauf der Riten gewährleistet und die Beachtung der Schariagelehrten, in welcher Form auch immer, gesichert ist.

/284/ Die in die Abhandlung Ibn Qaijim al-Ǧauzījas (gest. 1350) über den *Rechtsstatus der „Schützlinge“* aufgenommene Fassung der „ʿumarschen Bedingungen“ stammt aus der mittleren Omaijadenzeit. In ihr sagen die andersgläubigen Bewohner des Fruchtbaren Halbmondes – wie der Text zeigt, handelt es sich durchweg um Christen (vgl. hierzu auch /*Z*/ VIII 397) – dem Rechtsgelehrten ʿAbd ar-Raḥmān b. Ġanm (gest. 697) folgendes zu:

Als du in unser Gebiet kamst, baten wir dich um Pardon (arab.: *al-amān*) für uns und unsere Glaubensgemeinschaft unter der Bedingung, daß wir uns zu folgendem verpflichteten: Daß wir in unserer Stadt keine neue Kirche errichten und in der Umgebung kein Kloster, keine Einsiedelei, keine Mönchszelle; daß wir keine verfallene Kirche wiederherstellen und keine, die in der Quartieren der Muslime liegt, (benutzen?); daß wir den Muslimen nicht verwehren, in unseren Kirchen des Nachts und am Tage abzusteigen; daß wir deren Tore offenhalten für die Vorbeigehenden und die Kämpfer auf dem Pfade Allahs und in den Kirchen und in unseren Wohungen keinen Späher beherbergen und nicht heimlich Verrat an den Muslimen üben; daß wir die Ratsche nur leicht betätigen, und zwar im Innern der Kirche; daß wir an der Kirche kein Kreuz öffentlich zeigen; daß wir, sofern Muslime zugegen sind, in unseren Kirchen weder die Gebete noch die Lesung laut vortragen; daß wir weder Kreuz noch Buch auf den Markt der Muslime hinausbringen, weder zu Ostern noch an Pfingsten (zur Prozession) ausziehen; daß wir bei Leichenbegängnissen weder unsere Stimme erheben noch auf den Märkten der Muslime dabei Fackeln zeigen; daß wir in ihrer Nachbarschaft weder Schweine halten noch Wein verkaufen; daß wir keinen Polytheismus treiben und niemanden für unsere Glaubenspraxis zu gewinnen trachten, noch zu ihrer Annahme auffordern; daß wir keine Sklaven freikaufen (?), die als Beuteanteil Muslimen zufallen; daß wir niemanden von unseren Verwandten behindern, der den Islam annehmen will; daß wir unsere Tracht anlegen, wo immer wir sind; daß wir uns nicht den Muslimen ähnlich machen, indem wir eine lange, spitzzulaufende Kopfbedeckung oder einen Turban aufsetzen, Sandalen anziehen, das Haar scheiteln oder indem wir ihre Reittiere benutzen, in ihrer Redeweise sprechen, uns bei ihnen übliche Vaternamen zulegen; daß wir den vorderen Teil des Haupthaares scheren und nicht unsere Stirnlocken scheiteln; daß wir uns um die Hüfte gürteln; daß wir unsere Siegelringe nicht mit arabischen Inschriften versehen; daß wir keine Sättel verwenden, uns keine Waffen zulegen und tragen, uns kein Schwert umhängen; daß wir den Muslimen, wenn sie zusammen sind, ehrerbietig begegnen, ihnen den richtigen Weg zeigen, für sie aufstehen, wenn sie sitzen möchten; daß wir nicht (von unseren Dächern aus) in ihre Häuser schauen; daß wir unseren Kindern nicht den Koran beibringen; daß wir mit keinem Muslim ein gemeinsames Handelsgeschäft beginnen, es sei denn, er hätte zu bestimmen; daß wir jeden durchreisenden Muslim drei Tage als Gast aufnehmen und so angemessen wir möglich verköstigen. Dies garantieren wir dir, wir, unsere Nachkommen, Ehefrauen und die Armen unter uns. Wenn wir etwas von dem ändern oder verletzen, was wir als Bedingung für den Erhalt des Pardons auf uns nehmen, dann gehen wir des „Schutzes“ (arab.: *aḏ-ḏimma*) verlustig, und du magst an uns verüben, was an Widerspenstigen und Zwietracht Säenden zu verüben ist (*Aḥkām ahl aḏ-ḏimma*, 659 f.).

Kapitel VII: Die Fitna

/179/ Die Quraišiten verfertigten Schmähverse auf den nach Medina vertriebenen Gesandten Allahs: ʿAbdallāh b. az-Zibaʿrā von den Banū Taim b. Murra, ein Mann, der dem Ḥanīfen Umaija b. abī ṣ-Ṣalt nahestand; Abū Sufjān b. al-Ḥāriṯ b. ʿAbd al-Muṭṭalib, ein Vetter Mohammeds (az-Zubairī: *Nasab*, 85); ʿAmr b. al-ʿĀṣ, der den Negus zur Ausweisung der Asylanten hatte bewegen wollen (vgl. oben, 214). Zunächst hatten die Gefolgsleute Mohammeds ʿAlī b. abī Ṭālib auffordern wollen, jenen drei zu antworten. Der Prophet habe aber gewußt, daß ʿAlī dazu nicht imstande sei, und vorgeschlagen, jemand von den „Helfern“ solle diese Aufgabe übernehmen. Ohne Zögern habe sich Ḥassān b. Ṯābit (über ihn vgl. /*Z*/ IV 260) an die Zungenspitze gefaßt und geprahlt, keine Zunge zwischen Bostra und Sanaa sei dem eher gewachsen als die seinige. Auch die „Helfer“ Kaʿb b. Mālik und ʿAbdallāh b. Rawāḥa hätten sich an das Schmieden von Antwortversen gemacht.

Ḥassān b. Ṯābit soll die größte Sorgfalt aufgewandt haben; er habe sich von Abū Bakr über die pikanten Einzelheiten der quraišitischen Vergangenheit unterrichten lassen. Als den Quraišiten die Verse Ḥassāns zu Ohren gekommen seien, hätten sie geahnt, daß Abū Bakr dahinter steckte. Die Gedichte der „Helfer“ wurden so beliebt, daß ʿUmar, nachdem er Kalif geworden war, deren Vortrag zu unterbinden versuchte. Das Schmähen der Lebenden wegen der Untaten der Toten und das Aufstacheln alten Hasses sollten unterbleiben – angesichts der in den letzten Lebensjahren Mohammeds aufgekommenen Reibereien zwischen den „Helfern" und den spätbekehrten Quraišiten eine ebenso weise wie kaum durchzusetzende Anordnung. ʿAbdallāh b. az-Zibaʿrā und ein weiterer Mekkaner waren in jener Zeit nach Medina gekommen, um Ḥassān die Schmähungen heimzuzahlen. Ḥassāns Verse waren schließlich dank dem Islam in aller Munde, die mekkanischen jedoch nicht. Nachdem die beiden Mekkaner Ḥassān mit dem Rezitieren ihrer Verse zur Weißglut gebracht hatten, verließen sie eilends Medina, freilich mit Gewissensbissen, denn sie fürchteten, ʿUmar werde ihnen diesen Affront nicht durchgehen lassen. In der Tat holte sie ein Bote ein; zurück in Medina, mußten in Gegenwart des Kalifen nun beide Parteien ihre Schmähungen rezitieren. ʿUmar bemerkte, er habe aus guten Gründen die Verbreitung solcher Gedichte verboten. Sollte man dergleichen nicht unterlassen, dann wäre es immer noch besser, alles aufzuschreiben und dadurch in dem ursprünglichen Bestand festzuhalten – wohl um ein Weiterwuchern zu verhindern. In der Tat wurden die Verse – Ḥassāns? – aufgezeichnet und von den „Helfern" immer dann kopiert, wenn der Zerfall des Schreibmaterials zu befürchten war (*AG2*, IV, 137–141). Das Niederschreiben eines Textes, um einem unkontrollierten Weiterwachsen zuvorzukommen, diesen Beweggund haben wir schon einmal kennengelernt, nämlich bei der Erörterung der Anstrengungen, die ʿUmar auf sich nahm, um einen festen Korantext zu schaffen (vgl. oben, 534).

Kapitel VIII: Der Islam

/92/ Mohammed hatte keine männlichen Nachkommen, die ihn überlebten. Zu bestimmen, in welcher Linie seiner Onkel väterlicherseits sein Erbe – was immer dies sein mochte – weitergereicht worden sei, hieß nichts anderes, als sich zu einer der religiös-politischen Strömungen zu bekennen, die sich seit der zweiten Hälfte des 7. Jahrhunderts mittels ihrer Zugehörigkeit zur Prophetenfamilie als Herrscher über das muslimische Gemeinwesen zu legitimieren hofften. Das Sunnitentum, das eine solche Legitimierung des „Imams" nicht kennt, läßt Mohammed denn auch sagen, daß keiner der Propheten je von irgendjemand beerbt worden sei; was ein Prophet zurücklasse, gelte als eine – zu den in Sure 9, Vers 60 genannten Zwecken zu verwendende – *ṣadaqa* (zahlreiche Belege bei Wensinck: *Concordance*, VII, 184, rechte Spalte).

Die Prophetenfamilie erscheint im Koran als *ahl al-bait* (vgl. oben, Kapitel I, Anmerkung 8). In der mekkanischen Sure 11, Vers 73 wird dieser Ausdruck auf Abraham und seine engsten Angehörigen bezogen. Vermutlich dachte Mohammed, indem er diesen Ausdruck verwendete, zugleich an seine eigene Sippe, die Nachkommen ʿAbd al-Muṭṭalibs, und an den Vorrang, den sie sich in den quraišitischen Angelegenheiten beimaßen, seitdem „Abrahas" Griff nach der Kaaba gescheitert war (vgl. oben, 68–78). Nach dem Grabenkrieg taucht der Begriff noch einmal im Koran auf: Allah wolle die *ahl al-bait* läutern, der Schmutz des Heidentums dürfe sie nicht mehr anrühren (Sure 33, 33). Diese Passage gehört, wie der Zusammenhang verrät, in die Zeit der beginnenden Überhöhung der Person Mohammeds und der strikten Absonderung seiner privaten Lebenssphäre von derjenigen seiner Gemeinde (vgl. oben, 372, 423). Die *ṣadaqāt*, die Bußgelder für einen mangelhaften Kampfeinsatz, durften nicht für die Bestreitung des Lebensunterhalts der Prophetenfamilie herangezogen werden, denn diese durfte nicht mit dem „Schmutz" der Unzulänglichkeiten besudelt werden (vgl. oben, 399).

Die frühen Auswanderer empfanden den Dünkel, den die Mitglieder der Prophetenfamilie in den Jahrzehnten nach dem Tod Mohammeds entwickelten, als unerträglich (vgl. Kapitel VIII, Unterkapitel 2). In der Epoche bis zum Ende des zubairidischen Kalifats hatte man, wenn man von Mohammeds Familie redete, ausschließlich die Nachkommen ʿAlī b. abī Ṭālibs im Sinn und unter diesen zunächst nur al-Ḥasan und al-Ḥusain, die beiden Söhne Fāṭimas. Nach dem Tod al-Ḥusains und dem Verzicht al-Ḥasans auf die Unbequemlichkeiten, die ein in die politischen Händel verstricktes Leben mit sich bringt, wurde der Begriff Prophetenfamilie, auf arabisch nun meist *āl Muḥammad*, auf Söhne ʿAlīs ausgedehnt, die er mit anderen Frauen gezeugt hatte, so etwa auf Muḥammad b. al-Ḥanafīja und auf dessen Sohn Abū Hāšim ʿAbdallāh. Sie rühmte der um 722 in Medina gestorbene Dichter Kuṯaijir ʿAzza als die Besten unter den Menschen, berufen, das Imamat (vgl. */Z/* VI 79) innezuhaben (Nagel: *Untersuchungen*, 74).

Um 700 bemerkt man die ersten Spuren einer weiteren Auslegung des Begriffs: Alle Nachkommen Hāšims, des Urgroßvaters Mohammeds, bilden nun seine Familie, besser: seine Sippe. Diese Grenzziehung hat natürlich damit zu tun, daß Hāšim der Bruder des ʿAbd Šams ist, des Ahnherrn der regierenden Omaijaden. Tatsächlich beschränkte man den Kreis der Erben des prophetischen Charismas jedoch auf die Nachkommen von Hāšims Sohn ʿAbd al-Muṭṭalib. Dessen Söhne waren Mohammeds Onkel väterlicherseits und hatten daher unter bestimmten Voraussetzungen einen Anspruch auf das Erbe des Propheten. Allerdings zog man die Söhne des gewissermaßen aus der Art geschlagenen ʿAbd al-ʿUzzā Abū Lahab niemals in Betracht, aber die männlichen Sprößlinge al-Ḥāriṯ', Abū Ṭālibs und al-ʿAbbās' waren in Rechnung zu stellen. Denn laut den Regeln des Erbrechts finden, wenn ein Erblasser keine männlichen Nachkommen hat, zunächst dessen männliche Vorfahren Berücksichtigung. Mohammeds Vater war aber zum Zeitpunkt des Ablebens des Propheten längst tot und sein Großvater ʿAbd al-Muṭṭalib ebenso. Daher kamen nun die Brüder und Halbbrüder des Vaters ins Spiel. Al-Ḥāriṯ' ältester Sohn Naufal galt als ein treuer Gefährte Mohammeds; ein Enkel Naufals war der erste aus dieser erweiterten Prophetensippe, dem man huldigte, und zwar in Basra nach dem Tod Jazīds im Jahre 684 (Nagel: *Untersuchungen*, 77). Nachkommen al-Ḥāriṯ' erhielten ihren Anspruch auf das Kalifat bis in die Abbasidenzeit hinein aufrecht (ebd., 166–169). Die Nachfahren Abū Ṭālibs konnten strenggenommen keine triftigeren Forderungen geltend machen; denn Abū Ṭālib war wie al-Ḥāriṯ lange vor dem Tod Mohammeds gestorben, und daß Abū Ṭālibs Sohn ʿAlī mit der Tochter des Propheten verheiratet gewesen war, blieb für die Erbfolge ohne Gewicht. Der letzte überlebende väterliche Onkel Mohammeds war al-ʿAbbās b. ʿAbd al-Muṭṭalib. Er war erst im Rağab (begann am 5. Februar 653) oder im Ramadan (begann am 5. April 653) des Jahres 32 in Medina gestorben. Er also wäre in der Lage gewesen, ein Erbe des Propheten – wenn es ein solches gegeben hätte – anzutreten. Die Prophetengefährten hätten ihm einen besonderen Rang zuerkannt, liest man oft (Ibn Ḥağar: *al-Iṣāba*, II, 221, Nr. 4507). Wir sahen, daß al-ʿAbbās in entscheidenden Augenblicken der Prophetenvita auf den Plan tritt, so etwa vor der Einnahme Mekkas (vgl. /*Z*/ IV 199). Doch alle derartigen Überlieferungen stehen unter dem Verdacht, Propagandaerfindungen der Abbasiden zu sein. Aber ist wirklich auszuschließen, daß man al-ʿAbbās zumindest nach dem Tode seines Neffen mit Hochachtung begegnete, eben wegen der überkommenen Bedeutung des Bruders des Vaters.

Die Vernichtung der Bagdader Abbasiden durch die Mongolen und zweihundertfünfzig Jahre später die osmanische Eroberung Kairos, wo das abbasidische Kalifat unter veränderten Voraussetzungen nach der Katastrophe von Bagdad neu gegründet worden war, führten dazu, daß die Prophetenfamilie wieder auf die Nachkommenschaft ʿAlīs verengt wurde. Sie war schon gegen Ende des 7. Jahrhunderts in rivalisierende Zweige zerfallen, von denen manche im Laufe der islamischen Geschichte die Macht anstrebten und auch errangen. Das kann allerdings nicht mehr ein Thema des vorliegenden Buches sein.

/231/ Es gibt zahlreiche Belege für das in der zweiten Hälfte der Omaijadenzeit bereits gefestigte Selbstbewußtsein der Kenner des Heilswissens. Als ein weiteres Beispiel führe ich eine Überlieferung aus der *ḥadīṯ*-Sammlung des ʿAbdallāh b. ʿAbd ar-Raḥmān ad-Dārimī (gest. 869) an, der seinem Werk eine vorwiegend diesem Gegenstand gewidmete Einführung vorangestellt hat. Auf dem Weg nach Mekka passierte Sulaimān b. ʿAbd al-Malik (reg. 715–717) Medina, wo er einige Tage Station machte. Ob es in Medina noch jemanden gebe, der einen Prophetengefährten kennengelernt habe, wollte er wissen. Man verwies ihn an einen gewissen Abū Ḥāzim (nicht zu identifizieren, vgl. Ibn Ḥağar: *Tahḏīb*, XII, 64 f., Nr. 259–261), den er holen ließ. Weshalb er sich so unhöflich verhalte und ihm nicht von sich aus seine Aufwartung mache, fragte der Kalif. Wieso unhöflich, erwiderte Abū Ḥāzim. Nun, die ganze Prominenz Medinas habe sich eingestellt, beharrte Sulaimān. Aber Abū Ḥāzim ließ sich nicht beirren: Bis gerade eben habe der Kalif ihn doch gar nicht gekannt, und er nicht den Kalifen. Sulaimān wandte sich verständnislos an Ibn Šihāb az-Zuhrī, den in Damaskus wirkenden Kenner der Überlieferung, der ihn begleitete; dieser mußte Abū Ḥāzim recht geben. Zu den Prominenten, die dem Kalifen wichtig gewesen waren, zählte dieser Alte nicht. Seine Würde beruhte auf dem persönlichen Kontakt mit einem der Genossen des Propheten; Abū Ḥāzim war mit jemandem in Berührung gekommen, der in der Aura des vom Gesandten Allahs ausstrahlenden Heilswissens gestanden hatte, und eben deshalb darf Abū Ḥāzim nun den Kalifen über die Kernfragen der menschlichen Existenz belehren. „Weshalb verabscheuen wir den Tod?" fragt Sulaimān. „Weil ihr das Jenseits verwüstet, das Diesseits beackert habt, und deshalb schmeckt es euch nicht, vom bebauten Land in die Wüste überzusiedeln." „Ganz recht! Und wie wird man morgen vor Allah treten?" „Wer Gutes tat, der wie ein Reisender, der zu seiner Familie zurückkehrt, und wer Schlechtes tat, der wie ein entlaufener Sklave, den man vor seinen Herrn bringt." Sulaimān brach in Tränen aus. „Wenn ich nur wüßte", jammerte er, „wie es um mich bei Allah steht!" „Vergleiche dein Handeln mit dem Buch Allahs!" Es folgen erbauliche Ratschläge, die darauf hinauslaufen, daß vor allem die Erfüllung der Riten und Wohltätigkeit vor der Hölle bewahren. Dann stellt Sulaimān eine heikle Frage, deren Beantwortung Abū Ḥāzim am liebsten umginge: „Was hältst du von uns Omaijaden?" „Befehlshaber der Gläubigen, deine Vorväter bezwangen die Menschen mit dem Schwert! Sie rissen diese Herrschaft mit Gewalt an sich, ohne mit den Muslimen zu beratschlagen und ohne deren Zustimmung, ja, sie töteten viele von ihnen! Nun haben sie das Diesseits verlassen. Ich wüßte auch gern, was sie zur ihrer Rechtfertigung vorbrachten und was man ihnen erwiderte!" Einer der Anwesenden rügte diese bösen Worte, doch Abū Ḥāzim verteidigte sich: „Du hast mit deiner Rüge unrecht! Allah nahm den Gelehrten die Verpflichtung ab, sie sollten zu den Menschen klar sprechen und nichts verschweigen!" Das Angebot des Kalifen, ihn als Berater zu begleiten, lehnt Abū Ḥāzim schroff ab; er fürchtet, er werde sich durch den Herrscher korrumpieren lassen. Die Errettung aus dem Höllenfeuer und den Einzug ins Paradies könne er niemandem vermitteln. Nur eine kurze Mahnung mag er dem Kalifen erteilen: „Verehre deinen Herrn! Und fürchte ihn so sehr, daß er dich nie erblickt, wo zu sein er dir verbot, und daß er dich nie vermißt, wo zu sein er dir gebot!" Der Kalif ließ Abū Ḥāzim einhundert Dinare zukommen, dieser aber wies sie zurück schrieb ihm eine Belehrung: Mose half in Midian den beiden Mädchen, das Vieh zu tränken; obwohl er selber hungrig und durstig war, bat er nicht für sich selber, sondern sagte nur: „Herr, ich bin des Guten bedürftig, das du herabsendest!" Um solcher Uneigennützigkeit willen wurde er von Šuʿaib, dem Vater der beiden Mädchen, gut aufgenommen; trotzdem war ihm die Gastfreundschaft Šuʿaibs peinlich, worauf dieser ihn beruhigte: „Es ist mein und meiner Väter Brauch, daß wir den Gast freundlich aufnehmen und bewirten!" Mit dieser Anwort war Mose zufrieden, und er aß von den Speisen, die man ihm vorsetzte – sie waren ja nicht als etwas Erdientes zu verstehen. Nach dieser freien Wiedergabe von Sure 28, Vers 22 bis 28 schloß Abū Ḥāzim mit den Worten: „Wenn diese einhundert Dinare das Entgelt für das sein sollen, was ich vortrug, dann ist es eher erlaubt, in einer Notlage Aas, Blut und Schweinefleisch zu verzehren. Sind sie ein mir zustehendes Anrecht aus dem Staatsschatz, dann habe ich viele mir gleichgestellte Teilhaber; entweder du teilst sie unter sie auf, oder ich habe sie nicht nötig" (ad-Dārimī: *Sunan*, I, 125 f., Kapitel 56, Nr. 653).

/294/ Die Kenntnisse der islamischen Glaubenspraxis hängen von der Aufrichtigkeit und der Zuverlässigkeit einer überschaubaren Anzahl von Personen ab; was sie verbürgen, braucht sich nicht an der Wirklichkeit zu bewähren: Der Prophet ist der alleinige Übermittler der Botschaften Allahs; sofern diese in schriftliche Form gebracht und als unmittelbare Rede Allahs angesehen wurden, konnten sie für sich selber stehen. Sie brauchten keine weiteren Bürgen, denn spätestens seit dem Kalifat ʿUmar b. al-Ḫaṭṭābs waren sie dank ihrer Schriftlichkeit von der zweiten Art religiösen Wissens geschieden, die dieser damals noch als „Mischna" abgetan hatte. Diese umschloß das, was die jüngeren Prophetengefährten für Mohammeds Sprechen, Handeln und Dulden auszugeben begannen; dies alles mußte unter der göttlichen Rechtleitung gestanden haben. Da aber die Zugehörigkeit zur unmittelbaren Rede Allahs nicht behauptet werden konnte, mußte es in einem eigenen Akt der Bestätigung mit der Person des Propheten verknüpft werden, es mußte durch die Gefährten, die es vorgeblich oder tatsächlich erlebt hatten, bezeugt werden. Mālik b. Anas (gest. 795) soll dem Kalifen Hārūn ar-Rašīd (reg. 786–809) nahegelegt haben, jemanden, der den Propheten verächtlich macht, hinzurichten, und jemanden, der die Prophetengenossen schmäht, auszupeitschen (Nagel: *Allahs Liebling*, 186): Das islamische Gemeinwesen kann ohne die unangefochtene Autorität Mohammeds nicht bestehen, und ebensowenig ohne die unangefochtene Autorität seiner Genossen. Der Inhalt sowohl der unmittelbar durch Allah verordneten wie auch der mittelbar über das praktische Wirken Mohammeds kundgegebenen Normen läßt sich letztlich nicht mit Argumenten rechtfertigen, sondern allein mit der Autorität derjenigen, die ihn verbürgen.

Dies jedenfalls ist die Meinung der Sunniten. Vertreter der Muʿtazila dachten anders. In ihren Augen war der Koran ein Anstoß für die Muslime, in eigener Verantwortung unter Beachtung seiner Maximen – die im übrigen durch die Menschen auch unabhängig von einer Offenbarung gefunden werden könnten – die Maßstäbe für das Leben im Diesseits und für die Beurteilung dieses Lebens am Jüngsten Tag fetszulegen. Infolgedessen war es für einen Muʿtaziliten nichts Erschreckendes, auch die negativen Züge der Prophetengenossen zur Kenntnis zu nehmen und zu tradieren. Wenn aber alles auf deren verläßliche Verbürgung der *sunna* des Propheten ankam, dann durften die Gefährten Mohammeds schlechte Seiten gar nicht gehabt haben. Hinter Mālik b. Anas' schroffem Verdikt steht die seit jener Zeit des öfteren bezeugte Forderung, um des streitlosen Fortbestandes des Gemeinwesens willen auch das Befremdliche, das sich mit dem Namen des einen oder anderen Prophetengenossen verband, in erkünstelter Arglosigkeit für wahr zu halten: Lieber das Absurde ohne alles Fragen billigen, als mit Erwägungen der Vernunft Meinungsverschiedenheiten auslösen. Ohne Krittelei den Gefährten Mohammeds zu folgen, das hieß doch, in der einträchtigen Gemeinschaft (arab.: *al-ǧamāʿa*) auszuharren und die Anwartschaft auf das Paradies zu wahren (Nagel: *Rechtleitung und Kalifat*, 264). Aḥmad b. Ḥanbal (gest. 855) überliefert ein sunnitisches Glaubensbekenntnis, in dem diese Überzeugungen bereits den Prophetengefährten selber zugeschrieben werden: „Die Besten dieser Gemeinde nach dem Propheten sind Abū Bakr, nach ihm ʿUmar, nach ihm ʿUṯmān, nach diesem ʿAlī. Allerdings bleiben manche bei ʿUṯmān stehen" – so daß ʿAlī nicht in die Reihe der namentlich genannten „besten Menschen" nach dem Propheten gehört. – „Diese (drei oder vier) sind die Rechtgeleiteten Kalifen. Dann kommen die (übrigen) Genossen des Gesandten Allahs; sie sind die besten Menschen nach jenen vier. Es ist niemandem erlaubt, etwas von ihren schlechten Seiten zu erwähnen, niemand darf einen von ihnen wegen eines Fehlers oder einer Unzulänglichkeit kritisieren. Wer dies dennoch tut, den soll die Staatsgewalt züchtigen und bestrafen; sie darf ihm nicht verzeihen, sondern muß ihn bestrafen und zur Reue auffordern. Sollte er Buße tun, möge sie es akzeptieren; beharrt er, muß sie ihn erneut bestrafen und ihn so lange ins Gefängnis stecken, bis er stirbt oder widerruft" (ebd., 270).

In diesem Text, dem spätere an die Seite gestellt werden könnten, zeigen sich Ansätze einer Rangordnung, die sich aus den Ereignissen der Zeit nach dem Tode Mohammeds ergibt – und daher gar nicht für die Ermittlung der Bedeutung der Betreffenden zu seinen Lebzeiten einschlägig sein kann. Aber natürlich ist von Allah alles so gefügt worden, daß der beste Mensch nächst Mohammed und daher der verläßlichste Zeuge auch sein erster Nachfolger wurde usw. Jedenfalls hat sich eine Klassifizierung der Prophetengenossen herausgebildet, bei der, nebenbei bemerkt, ʿUmars Maßstab des Zeitpunkts des Verdienstes (arab.: *as-sābiqa*) um den Islam aufgegriffen wurde (vgl. Einzelheiten bei Muranyi: *Prophetengenossen*, 32–47). Al-Buḫārī (gest. 870), der Sammler des am höchsten geschätzten *ḥadīṯ*-Kompendiums, suchte dagegen – vermutlich bei seiner Arbeit an diesem Werk – nach einer einfachen Definition, denn schließlich sollte auch der wenig prominente Genosse einen brauchbaren Bürgen abgeben. „Derjenige Muslim, der den Propheten begleitete oder sah, ist einer seiner Gefährten." Zwei Kriterien werden hier genannt: 1. Der Gefährte muß Muslim geworden sein. 2. Er muß Mohammed begleitet oder gesehen haben. Konnte aber ein Kind als Gefährte und Bürge gelten oder jemand, der nach dem Tod des Propheten vom Islam abgefallen war? Dies sind nur einige Probleme, die al-Buḫārīs pragmatisch-schlichte Definition offenließ. Ibn Ḥağar al-ʿAsqalānī (gest. 1448) bemühte sich um Präzisierungen: Ein Prophetengenosse muß Mohammed getroffen und sich zum Glauben an ihn bekehrt haben und als Muslim gestorben sein; eine enge Bekanntschaft mit Mohammed sollte nachzuweisen sein, möglichst auch die Teilnahme an Feldzügen, doch mag sich Ibn Ḥağar in diesem Punkt nicht festlegen (ebd., 13). In seinem großen Nachschlagewerk gliedert er die Personen in vier Kategorien, die nur scheinbar aus der Ereignisgeschichte abgeleitet sind. Denn die erste und mit Abstand umfangreichste bilden diejenigen, die als Bürgen von *Ḥadīṯ*en auftreten, gleichviel ob diese *Ḥadīṯ*e als „gesund" oder „schwach" bewertet werden; ferner fallen in diese erste Kategorie alle Personen, auf deren Gefährtenschaft man irgendwie schließen kann; wie schon beim Imamat beobachtet (vgl. /*Z*/ VI 79), endet auch hier alles in der bloßen Faktizität des Kontaktes mit Mohammed, damit nur ja keine Erörterung des Inhalts des als wahr Verbürgten aufkeime. Die zweite Gruppe besteht aus den Kindern, die bei Mohammeds Tod noch nicht das Alter des „Unterscheidungsvermögens" erreicht hatten; Neugeborene pflegte man in Medina zu ihm zu bringen, und daher ist anzunehmen, daß alle Kinder dieser Kategorie einen Augenblick in der Segensaura des Gesandten Allahs weilten. In die dritte Kategorie fallen jene Menschen, die vor der Berufung Mohammeds schon erwachsen waren und nicht den Weg zum Islam fanden; manche Gelehrten zählen sie trotzdem zu den Genossen, da sie dem Propheten immerhin zeitlich wie räumlich nahe gewesen waren. Zuletzt faßt Ibn Ḥağar alle Personen zusammen, die man irrtümlich für Genossen hielt (Ibn Ḥağar: *al-Iṣāba*, I, 4–6).

Die zweite und die dritte Kategorie zeigen, daß die Prophetengefährten zu Repräsentanten der Heilsfülle stilisiert werden, die Mohammed umgeben haben soll; Beispiele für die entsprechende Behandlung seines Speichels und seines Waschwassers haben wir kennengelernt. Die überlieferte *sunna* ist ein wesentlicher, vielleicht der wichtigste Teil dieser Fülle, und diese kann im ordnungsgemäßen Verfahren des Überlieferns mitsamt dem Inhalt der *Ḥadīṯe* über die sich von Mohammed entfernende Zeit hinweg weitergereicht werden. Deshalb ist der Brauch bezeugt, in den *ḥadīṯ*-Vortrag eines Gelehrten wie Ibn Ḥağars, der für die einwandfreie Weitergabe „gesunder" Überlieferungen bürgt, selbst Säuglinge mitzunehmen. Auch sie erfahren, durch viele Zwischenträger vermittelt, schon etwas von der prophetischen Heilsfülle, deren Glanz die Gefährten unablässig genossen (Nagel: *Im Offenkundigen das Verborgene*, viertes Buch).

/397/ Wenn man wissen möchte, von welcher Art das religiöse Umfeld war, dem der Islam die Ideen verdankte, die ihn prägten, dann empfiehlt es sich, die Mosaiken von Ravenna zu betrachten. In der Basilika S. Apollinare in Classe, die im 6. Jahrhundert errichtet wurde, fällt einem ein Mosaik ins Auge, auf dem Abel, Abraham und Melchisedek vereint sind: Der Hirte Abel bringt das Lamm als Opfer dar, das den Logos-Christus versinnbildlicht (*RGG*[4], s.v. Kain und Abel, IV, 737 f., N. Zchomelidse); Gott verzichtet auf die Opferung Isaaks; Melchisedek bewirtet Abram mit Brot und Wein (Gen 14, 19 f.), gleichsam das Meßopfer vorwegnehmend. Im Presbyterium von S. Vitale hat man die heilsgeschichtliche Kernaussage dieser Szenen auf zwei Darstellungen verteilt: In der linken Lünette erblicken wir die drei Engel, die Abraham die Geburt eines Sohne ankündigen (im Koran: Sure 11, 69–73), rechts daneben steht Abraham, das Schwert erhoben, um Isaak zu töten, die Hand Gottes aber hält den zum Schlag ausholdenden Arm auf (Sure 37, 99–107). Die rechte Lünette zeigt Abel und Melchisedek: Abel steht links von dem mit einem weißen Tuch bedeckten Altar und hält ein Lamm empor; auf der rechten Seite steht Melchisedek, ein Brot in der Hand; auf dem Altar befinden sich bereits zwei Brote und ein Kelch, und mitten darüber weist die Hand Gottes auf diese Opfergaben – sie sind es, die der Höchste fordert. Den Betrachter lehren die einander gegenüberliegenden Bilder, daß der Widder, der anstelle Isaaks getötet wurde, ein Tieropfer mithin, nicht mehr erwünscht ist, ja, niemals erwünscht gewesen ist; im Neuen Bund wurde in unanfechtbarer Deutlichkeit verkündet, was schon in der Zeit des Alten Bundes dem tiefer Blickenden hätte erkennbar sein können. Was damals Abraham widerfuhr, verlangt nach einer Auslegung im Lichte der im Neuen Bund ausdrücklich geltenden Sublimierung des Opfers. Diese Überzeugung gehört zum ältesten Bestand christlicher Glaubenslehren.

Bereits die *Didache* unterstreicht, daß das heidnische Opfer nichts als Götzendienst sei; das wahre Opfer seien die eucharistischen Gaben sowie die Worte der Konsekration (zitiert in *LCI*, s.v. Opfer, III, 349–352, R. von Dobschütz). In Sure 37, Vers 107 bis 109 sagt Mohammed demgegenüber: „Und wir (d.h. Allah) lösten (den Sohn Abrahams) durch ein gewaltiges Schlachtopfer aus und hinterließen unter den Späteren (zu Abrahams Gunsten den Gruß): ‚Heil sei über Abraham!'" Für Allah ist gerade das „gewaltige Schlachtopfer" wesentlich; einhundert Kamele mußte ʿAbd al-Muṭṭalib, wie erinnerlich, aufbringen, um seinen Sohn ʿAbdallāh zu retten (vgl. oben, 96). Durch Abgrenzung von der hochreligiösen Überlieferung auf den Begriff gebracht wird der Einspruch gegen die Sublimierung des Opfers in Sure 2, worüber ausführlich gehandelt wurde (vgl. oben, 290 f.): Allah verlangte die Schlachtung einer Kuh. Schon dem Kirchenvater Irenaeus (gest. um 200) war dergleichen ein Greuel; er betonte die Verwerflichkeit des Rinderopfers (*LCI*, s.v. Rind, III, 551–553, S. Braunfels). Das Widderopfer Abrahams nebst zwei Rindern weist in einer frühmittelalterlichen Darstellung auf die außer Kraft gesetzten Opferriten des Alten Bundes hin (*LCI*, s.v. Opfer).

Die Schilderung der Sublimierung des Opfers an Orten, die die Aufmerksamkeit der Gläubigen auf sich lenkten, belegt, für wie wichtig man dieses Thema im Christentum des 6. Jahrhunderts nahm; es war die Zeit einer verstärkten „inneren Mission", die Schließung der Philosophenschule in Athen im Jahre 529 wirft ein Schlaglicht auf die Religionspolitik Justinians. Auch für Mohammed war diese Sublimierung von Gewicht, nur eben im entgegengesetzten Sinn (vgl. oben, 21). Die entschiedene Rechtfertigung des Tieropfers wurde unumgänglich, sobald er sich als „heidnischer Prophet" (vgl. oben, 173–180 und /Z/ II 284) anheischig machte, eine auf Allah selber zurückgeführte Glaubenspraxis zu stiften. In der Nachahmung der Proskynesis während des Rezitierenes der Worte Allahs (vgl. /Z/ III 110) ging er mit chrsitlichen Riten konform. Der Konflikt mit dem Christentum war aber schon damals, als er die religiösen Vorstellungen der Ḥanīfen zu den seinigen machte, in seinen Verlautbarungen über Allah angelegt.

Die Übernahme der christlichen Endzeitszenerie (vgl. /Z/ V 320), so die Bereitstellung des leeren Throns für den Weltenrichter Allah (Sure 69, 17) statt für Christus, scheint für den sich anbahnenden Konflikt mit dem Christentum nicht ausschlaggebend gewesen zu sein. Der leere Thron war übrigens zuerst von Ephräm dem Syrer einseitig auf das Gericht bezogen worden. Im Christentum folgte man dieser Verengung des Sinnes der *hetoimasia* erst nach der Entstehung des Islams, in der christlichen Kunst erst ab dem 11. Jahrhundert; das eigentliche Thema der Bereitstellung des leeren Throns war bis dahin die Parusie Christi, ein Geschehen, von dem das Gericht nur einen Teil ausmachte (*LCI*, s.v. Thron/Hetoimasia, IV, 305–313, Th. von Bogyay).

In viel allgemeinerer Weise wurde das Christentum in Frage gestellt, indem die Ḥanīfen und in ihrem Gefolge Mohammed sich ein der *Hetoimasia* verwandtes, weit verbreitetes Bildmotiv aneigneten und umdeuteten. Sehen wir uns noch einmal in Ravenna um! In der Basilika S. Apollinare Nuovo erblicken wir Christus auf einem reich verzierten Thron;

seine Füße ruhen auf einem Podest; zu beiden Seiten wird er von Engeln bewacht. In S. Vitale sitzt er auf einer Himmelskugel zwischen Aposteln und Engeln. Die Szene läßt mehrere Deutungen zu: Er übergibt den Aposteln sein Gesetz oder einen Siegerkranz. In vergleichbarer Komposition treten vielfach die in Apk 4, 7 genannten Gestalten hinzu, Löwe, Stier, Adler, Mensch: Christus ist der ewige Weltenherrscher, ein Löwe an Tatkraft, der wahre Opferpriester – symbolisiert durch den Stier –, der Inbegriff des Geistes – der Adler – in der Gestalt eines Menschen (Deichmann, 195). Schon im 5. Jahrhundert sind derartige Darstellungen der *Maiestas Domini* entstanden; Christus, in dieser Zeit als ein bartloser junger Mann wiedergegeben, thront auf dem Himmelsbogen (*LCI*, s.v. Maiestas Domini, III, 136–142, F. van der Meer). „Der Gesandte schaute Allah auf einer grünen Wiese; unter Allah waren goldene Decken auf einem goldenen Thron ausgebreitet, den vier Engel trugen, einer in der Gestalt eines Mannes, ein anderer in der Gestalt eines Stieres, ein weiterer in der Gestalt eines Adlers, der letzte in der Gestalt eines Löwen" (as-Sujūṭī: *ad-Durr al-manṯūr*, VI, 124). Allah ist es, der bei den Ḥanīfen Christus von seinem Thron verdrängt, Allah, der alles im Diesseits bewirkt und bestimmt (vgl. /*Z*/ II 212).

Die Okkupation dieses eindrucksvollen Bildes durch die Ḥanīfen und Mohammed macht nun eine scharfe Polemik gegen die religiösen Ideen erforderlich, die deren Urheber damit hatten aussagen wollen. Mohammed eröffnet diese Polemik in den medinensischen Suren. Zuerst muß er sich gegen die Juden und Christen zur Wehr setzen, die behaupten, ein Heide werde nie das Paradies gewinnen (Sure 2, 111). Das sei ein Irrtum, beharrt Mohammed; denn er und sein Anhang seien gar keine Beigeseller, sondern Gefolgsleute des Ḥanīfen Abraham und glaubten genau an das, was nach diesem dessen Söhne Ismael und Isaak, dann Jakob, die Stämme Israels, Mose und Jesus und alle anderen Propheten für wahr erkannt hätten (Sure 2, 135 f.). Jesus sei ein Gesandter gewesen, von Allah mit dem heiligen Geist gestärkt (Sure 2, 87 und 253). Wenig später wird Mohammed deutlicher: Gleich Adam ist Jesus aus Lehm geschaffen, Allahs Schöpferwort machte ihn zu dem, als der er auf Erden wirkte (Sure 3, 45 und 59) – es ist abwegig, Jesus ein göttliches, und das heißt für Mohammed und die Ḥanīfen, ein schöpferisches Wesen zuzuschreiben. In Sure 4, Vers 171 f. wird dieser Gedanke zugespitzt: Jesus ist der Sohn Mariens, nicht Allahs, er ist Allahs Wort (arab: *al-kalima*). – Die Christen verneigen sich vor diesem Wort beim „kleinen Einzug", und beim Erklingen von Allahs Wort, das Mohammed verkündet, sollen sich die Muslime niederwerfen; auf diese Analogie wies ich hin (vgl. /*Z*/ III 110). – Christus sei sich nicht zu schade, ein Diener Allahs zu sein nach der gleichen Art wie die Engel, die um seinen Thron stehen, bereit, seine Befehle auszuführen. „Ungläubig sind diejenigen, die behaupten: ‚Allah ist der Christus, der Sohn der Maria.' Frag", empfiehlt dem Propheten sein Alter ego: „‚Wer vermöchte bei Allah irgendetwas zu erreichen, wenn dieser den Christus, Mariens Sohn, dessen Mutter und alle auf der Erde vernichten wollte?' Allah hat die Herrschaft über die Himmel und die Erde (alleine) inne; er schafft, was er will, er hat zu allem Macht!" (Sure 5, 17 f.).

Das Ḥanīfentum war ein mit jüdischen und christlichen Versatzstücken angfereicherter Eingottglaube, der seine heidnischen Grundlagen nicht verleugnete: Die richtige Ausübung der Riten, zu denen das Tieropfer als das kennzeichnende Merkmal zählt, hält den Menschen in der ihm von Allah zugedachten das Heil wahrenden Existenz fest; die hochreligiöse Erfahrung, daß zur Fristung des Daseins eigenverantwortliches Handeln unumgänglich ist und daß dieses Handeln den Menschen ebenso unumgänglich in Schuld verstrickt und ihm den Zorn und den Fluch Gottes zuzieht, fehlt dem Ḥanīfentum, und dieses Fehlen wird als Vorzug, als Beleg für die Wahrheit des *islām* gerühmt. Je genauer die Muslime in den ersten Jahrzehnten nach Mohammeds Tod mit der Gedankenwelt vor allem des syrischen Christentums bekannt wurden, desto dringlicher wurde es für sie, ihre Umdeutung des Bildes des thronenden Christus zu propagieren und gegen alle Kritik zu sichern: Mohammed brachte die authentischen Riten, von Jerusalem aus war er hierzu in den Himmel emporgehoben worden; er war ein gehorsamer Knecht Allahs gewesen, wie auch Jesus, der keinesfalls von dem Thron herab, dessen Schemel die Welt umschließt, über die Schöpfung herrscht. Das Christentum als der eigentliche Ursprung des muslimischen Gottesbildes ist darum der Feind, gegen den die Inschrift im Felsendom unter Verwendung der koranischen Vorlage polemisiert, wie denn auch die etwa zur selben Zeit entstandenen „ʿumarschen Bedingungen" gegen die Christen und niemanden sonst zielen (vgl. /*Z*/ VI 284). Mit dem Felsendom wollen die Omaijaden den Christen ebenso wie den Muslimen vor Augen führen, daß die – ḥanīfische – Heilsgeschichte mit dem Aufstieg Mohammeds in den Himmel und der anschließenden Darlegung der wahren Riten in ihr letztes Stadium getreten ist. – Über die Bedeutung von aš-Šaʾm in diesem Endstadium wurden wir unterrichtet (vgl. oben, 677–680). – Zorn und Fluch Allahs gehören der Vergangenheit an, jedenfalls für alle Menschen, die sich zum Islam bekehren.

Genealogische Tafeln

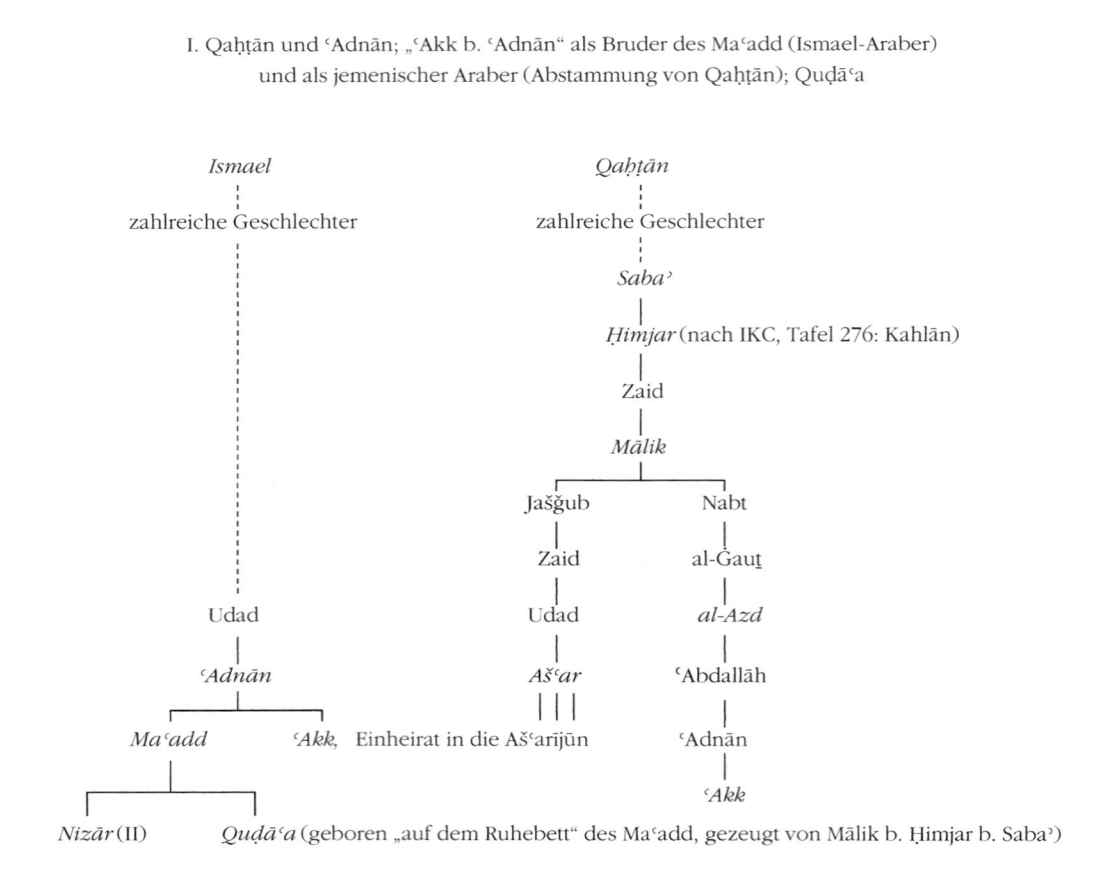

I. Qaḥṭān und ʿAdnān; „ʿAkk b. ʿAdnān" als Bruder des Maʿadd (Ismael-Araber) und als jemenischer Araber (Abstammung von Qaḥṭān); Quḍāʿa

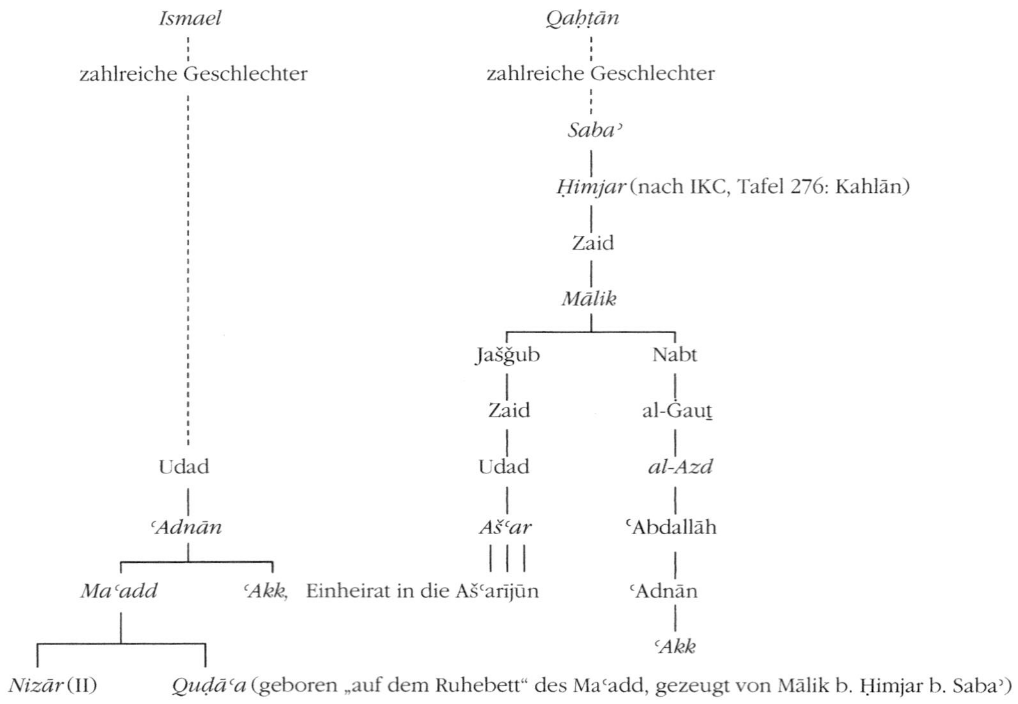

II. Die Nachkommen des Nizār; Quraiš, die Banū Tamīm, die Banū Bakr b. ʿAbd Manāt und die Aḥābīš

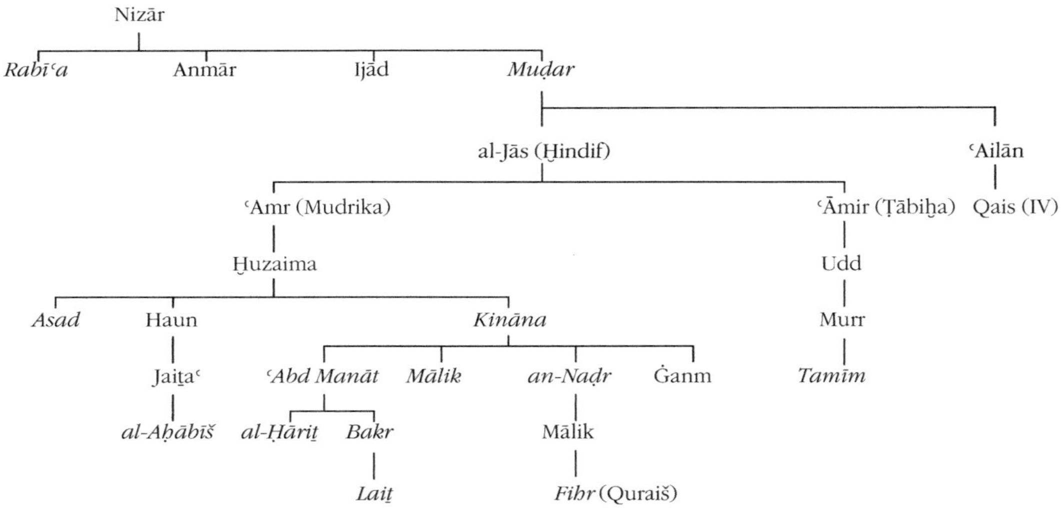

III. Quṣaij; die Banū Fuqaim

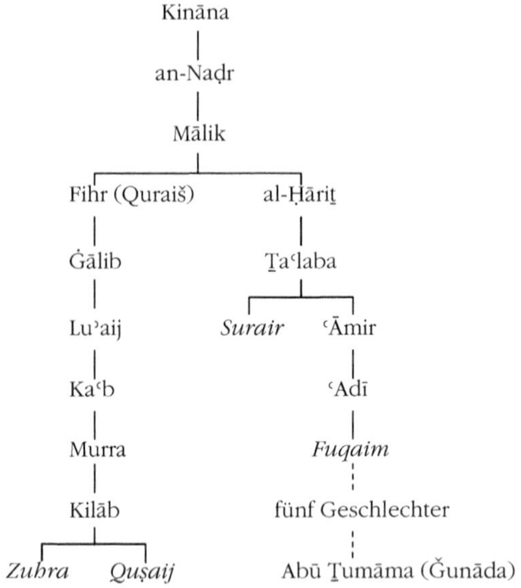

IV. Die wichtigsten qaisitischen Stämme

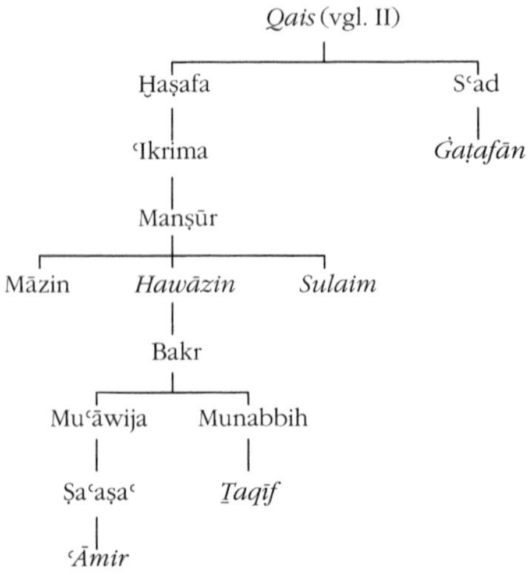

V. Die Sippen der Quraišiten

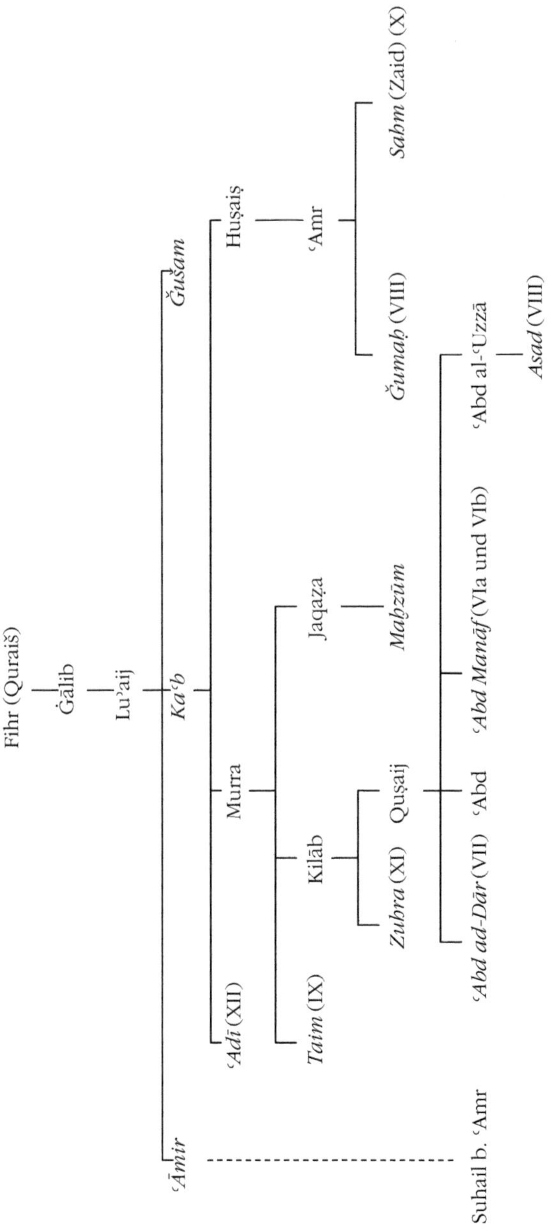

VIa. Die Nachkommen des ʿAbd Manāf: die Hāšimiten

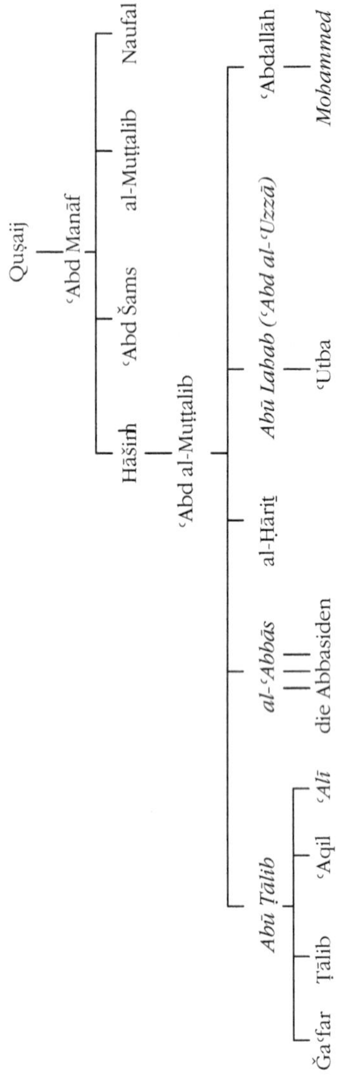

VIb. Die Nachkommen des ʿAbd Manāf: die Omajaden

- ʿAbd Manāf
  - ʿAbd Šams
    - Umaija al-Akbar
      - Abū l-ʿĀṣ
        - ʿAffān
          - *ʿUṯmān*
        - al-Ḥakam
          - *Marwān*
            - *ʿAbd al-Malik*
      - Ḥarb
        - Abū Sufjān
          - *Muʿāwija*
            - *Jazīd*
      - Abū ʿAmr
        - Abū Muʿaiṭ
          - *ʿUqba*
      - al-ʿĀṣ
        - Saʿīd (Abū Uḥaiḥa)
          - *Ḫālid*

VIc. Die mütterliche Verwandtschaft Mohameds

- Kilāb
  - 1. Zuhra ∞ ʿAqīla, Ṯaqafitin
    - al-Ḥāriṯ, Ahnherr des zahlenmäßig stärksten Klans der Banū Zuhra b. Kilāb
  - Quṣaij

2. Zuhra ∞ Ǧuml, Ḫuzāʿitin (XIX)
   - ʿAbd Manāf, Ahnherr des angesehensten Klans der Banū Zuhra b. Kilāb

3. ʿAbd Manāf b. Zuhra ∞ Qaila, Tochter des Ḫuzāʿiten Waǧz b. Ġālib
   - Wahb
     - Āmina bt. Wahb, Mohammeds Mutter

VII. Die Nachkommen des ʿAbd ad-Dār

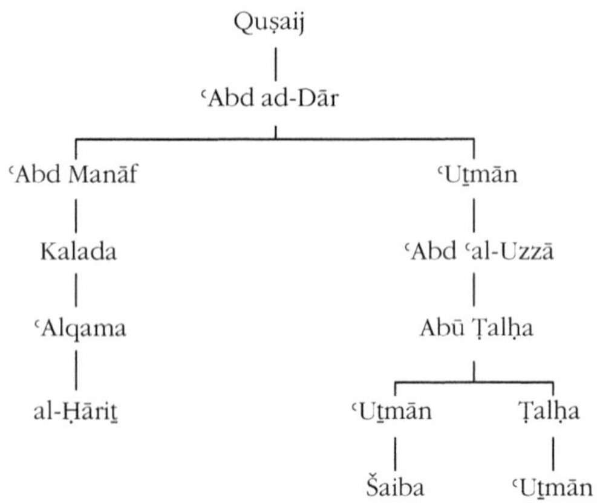

VIII. Die Nachkommen des Asad b. ʿAbd al-ʿUzzā

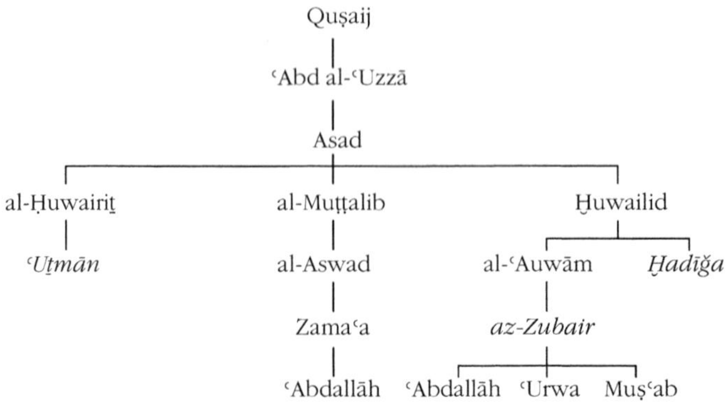

IX. Die quraišitischen Sippen Taim b. Murra und Maḫzūm

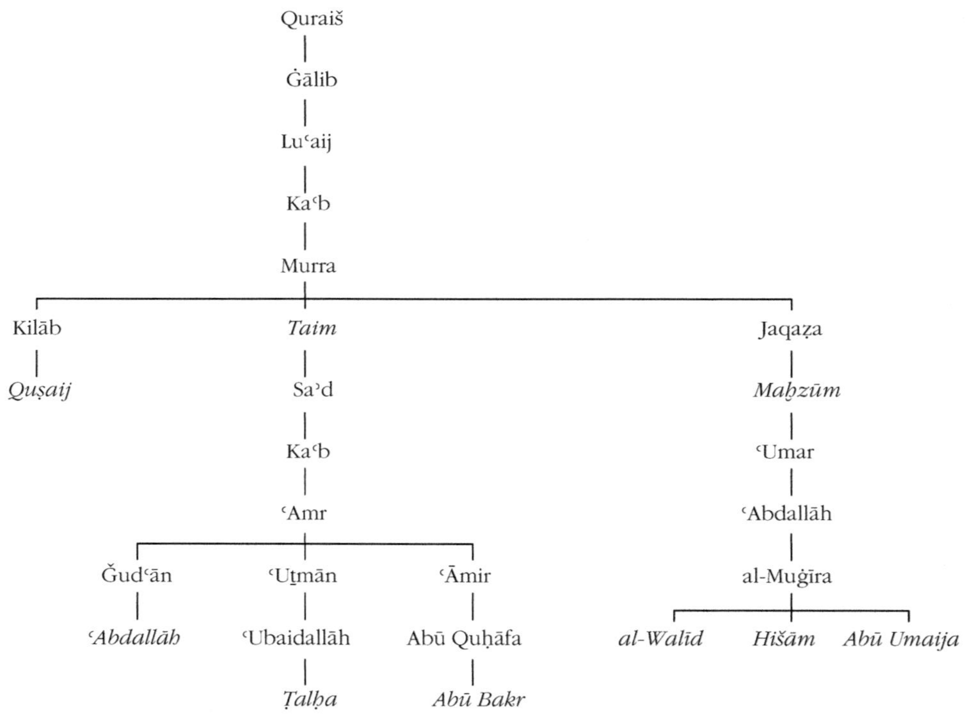

X. Die Banū Sahm

Sahm

ʿAmr | ʿAbd al-ʿUzzā | Saʿīd | Saʿd | Ḥabīb | Riʾāb

Saʿīd
Hāšim
Wāʾil
al-ʿĀṣ
ʿAmr

XI. Die Banū Zuhra

Zuhra
al-Ḥāriṯ
ʿAbd
ʿAbd ʿAuf
ʿAuf

al-Awad | *ʿAbd ar-Raḥmān* | ʿAbdallāh

XII. Die Banū ʿAdī b. Kaʿb

- Kaʿb
  - ʿAdī
    - Rizāḥ
      - Qurṭ
        - ʿAbdallāh
          - Rijāḥ
            - ʿAbd al-ʿUzzā
              - Nufail
                - al-Ḫaṭṭāb
                  - *ʿUmar*
                    - ʿUbaidallāh
                    - ʿAbdallāh
                    - ʿĀṣim
                - *ʿAmr*
                  - *Zaid*
                    - Saʿīd

XIII. Die Banū Ǧumaḥ

- Ǧumaḥ
  - Ḥuḏāfa
    - Wahb
      - Ḥabīb
        - Maẓʿūn
          - *ʿUṯmān*
        - Maʿmar
      - Ḫalaf
        - Umaija
          - *Ṣafwān*

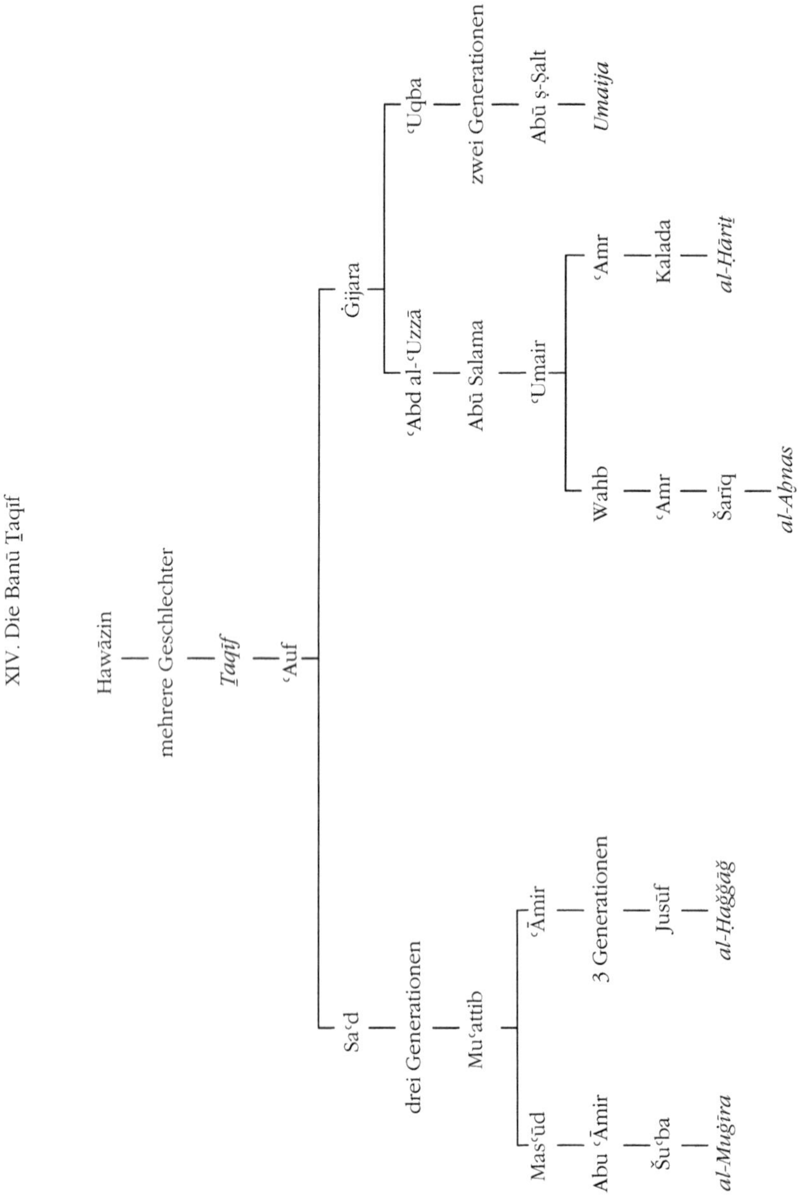
XIV. Die Banū Ṯaqīf
Hawāzin
mehrere Geschlechter
Ṯaqīf
ʿAuf
Saʿd
drei Generationen
Muʿattib
Masʿūd
Abu ʿĀmir
Šuʿba
al-Muġīra
ʿĀmir
3 Generationen
Jusūf
al-Ḥaǧǧāǧ
Ġijara
ʿAbd al-ʿUzzā
Abū Salama
ʿUmair
Wahb
ʿAmr
Šarīq
al-Aḫnas
ʿAmr
Kalada
al-Ḥāriṯ
ʿUqba
zwei Generationen
Abū ṣ-Ṣalt
Umaija

XV. Rabīʿitische Stämme

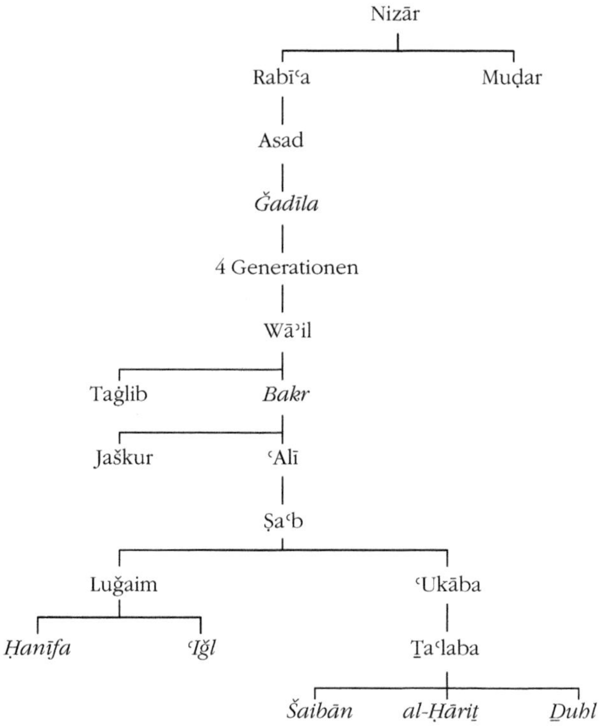

XVI. al-Qāra

- Nizār
  - Muḍar
    - zwei Generationen
      - Ḫuzaima
        - al-Haun
          - Mulaiḥ
            - Jaiṯaʿ
              - 3 Generationen
                - *al-Qāra*
                  - *ʿAḍal*
        - Kināna

XVII. Quḍāʿitische Stämme

- Quḍāʿa
  - al-Ḥāfi
    - *ʿAmr*
    - ʿImrān
      - Ḥulwān
        - Taġlib
          - Wabara
            - *an-Namir*
            - *Kalb*
            - *Asad*
    - *Aslum*

XVIII. Jemenische Stämme: die Azd, die Kinditen, die Laḫmiden u. a.

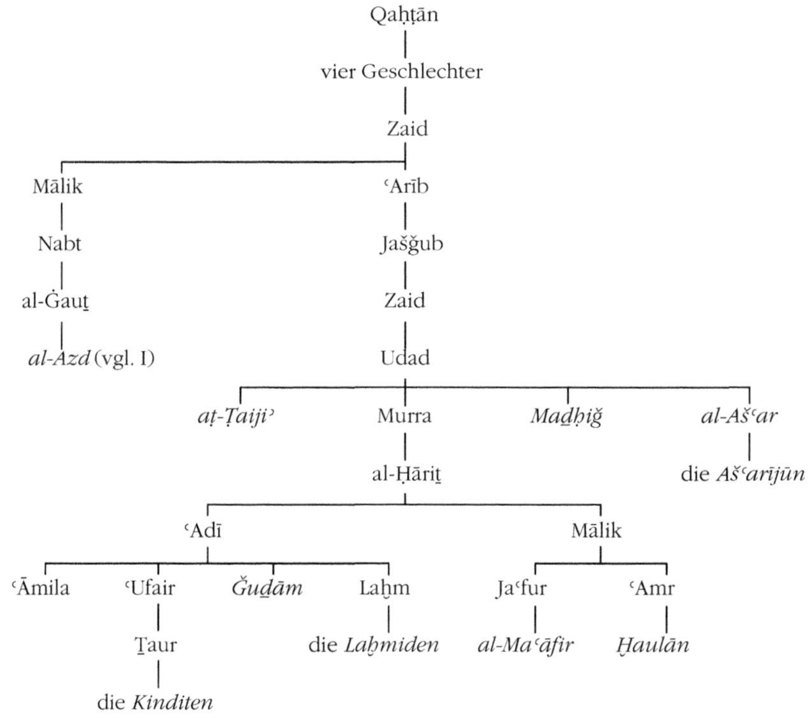

XIX. Jemenische Stämme: die Ġassāniden, die Ḫuzāʾiten; die Aus und al-Ḫazraǧ

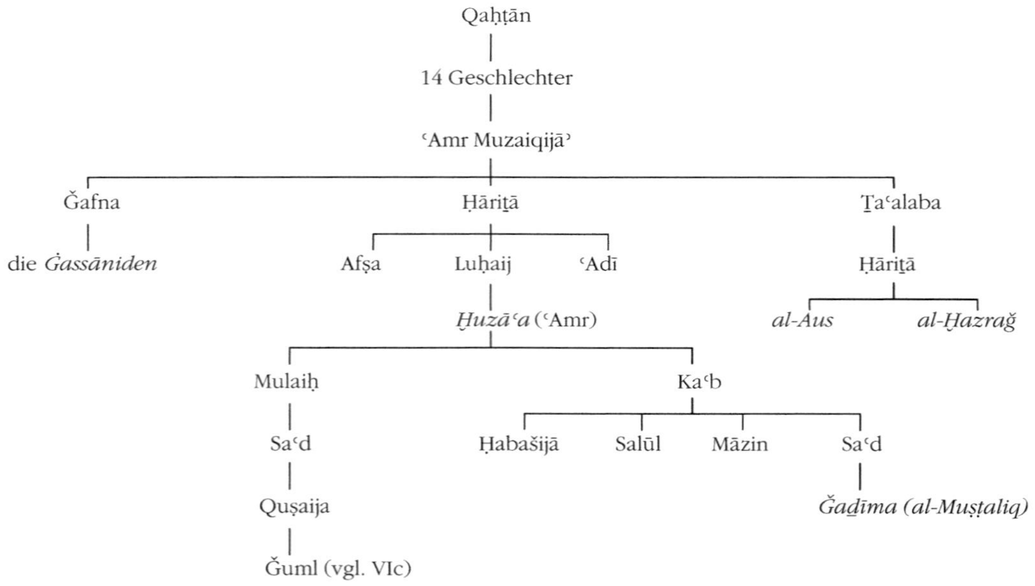

XX. Die Ausiten

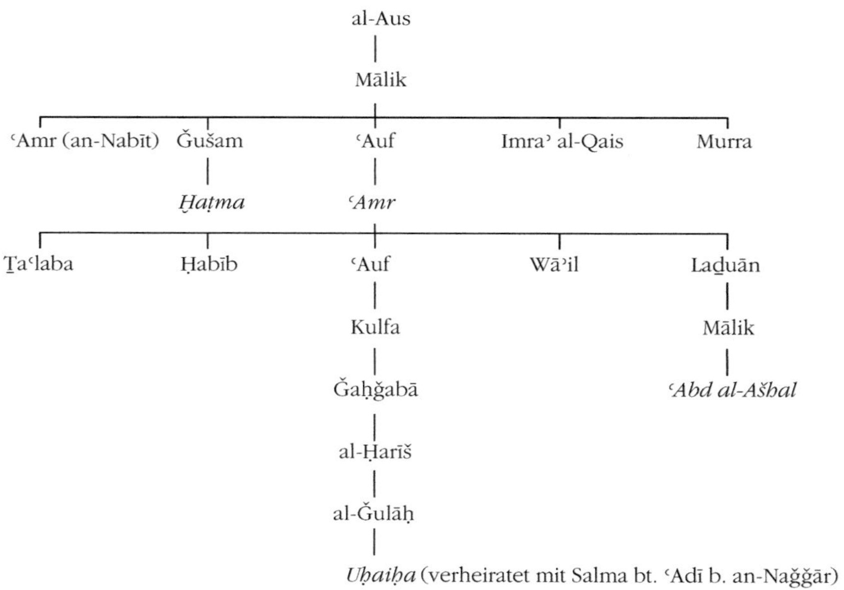

XXI. Die Ḫazraǧiten

- al-Ḫazraǧ
  - Kaʿb
    - *Sāʿida*
  - ʿAmr
    - Ṯaʿalaba
      - an-Naǧǧār
        - *Mālik*
        - *ʿAdī*
          - *Salmā* (verheiratet mit dem Ausiten Uḥaiḥa b. al-Ǧulāḥ, dann mit Hāšim; Mutter des ʿAbd al-Muṭṭalib)
  - ʿAuf
    - Ġanm
      - Mālik
        - drei Zwischenglieder
          - Ubaij
            - ʿAbdallāh

Landkarten

Karte 1: Karawanenrouten auf der Arabischen Halbinsel in der Epoche Mohammeds

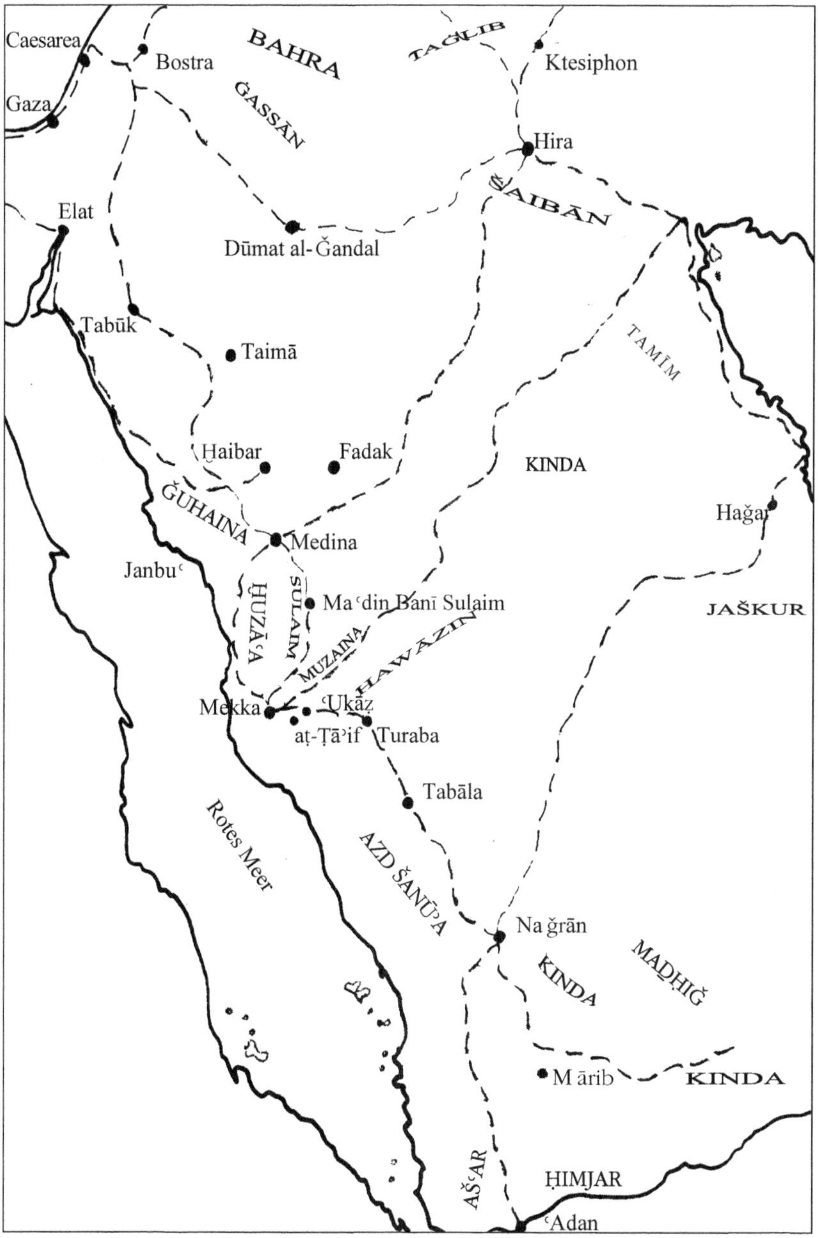

Ortsnamen
STAMMESNAMEN

Karte 2: Das Gebiet um Mekka

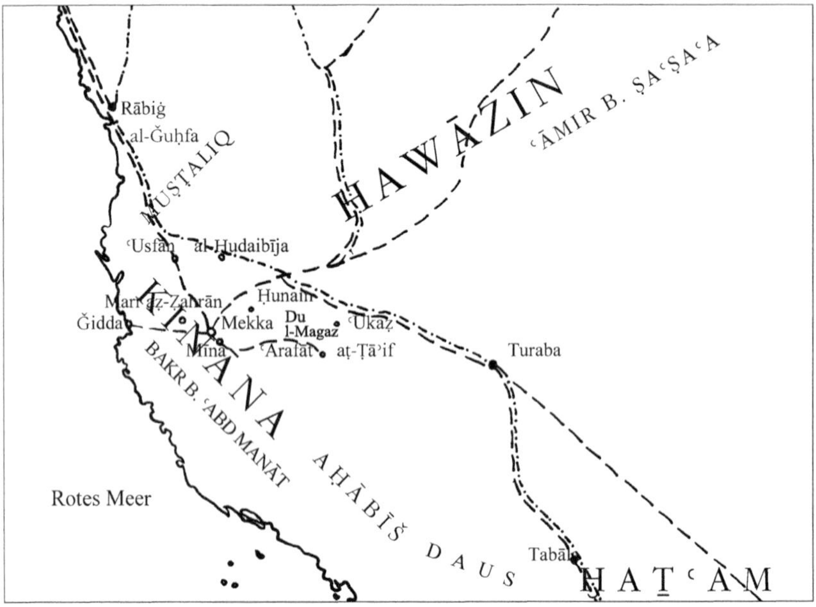

Karte 3: Das Gebiet um Medina

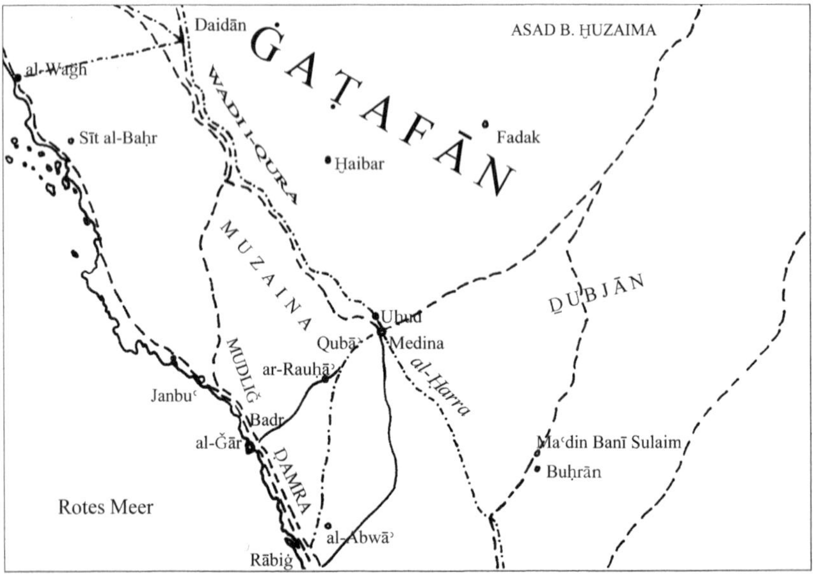

(Bei allen drei Karten sind die Angaben über die Territorien der Stämme dem Tübinger Atlas des Vorderen Orients entnommen.)

Zeittafel

1. Die große Politik

frühes 4. Jh.	Eine heidnisch-arabische Abrahamverehrung ist in Mamre bei Hebron bezeugt. Hochreligiöses Gedankengut beginnt in die Arabische Halbinsel einzudringen.
522–ca. 530	Der ḥimjarische Herrscher D̲ū Nuwās nimmt das Judentum an und kämpft gegen die Christen von Nadschran; damit löst er eine Intervention des christlichen Herrschers von Aksum aus.
ca. 530–570	Vorherrschaft der äthiopischen Interventionstruppen im Jemen; ihre Loyalität zum Negus ist schwankend.
ab etwa 570	Die Sasaniden fassen im Jemen Fuß und festigen ihren Einfluß auf die ganze Arabische Halbinsel; führende mekkanische Kreise richten sich auf Iran aus.
um 605	In den Kämpfen bei D̲ū Qār setzen sich arabische Stämme erfolgreich gegen die Sasaniden und ihre Verbündeten zur Wehr.
614	Die Herrschaft der Byzantiner über Syrien und Palästina bricht unter den Angriffen der Sasaniden zusammen, die sich um 620 vorübergehend auch Ägyptens bemächtigen.
628	Kaiser Herakleios rückt nach einem Sieg über die Sasaniden wieder in Syrien und Palästina ein.

2. Mekka und Mohammed

569	Mohammed wird in oder bei Mekka geboren.
570	Ein Vorstoß der den Jemen beherrschenden und selbständig agierenden äthiopischen Interventionstruppen in den Hedschas – gegen Mekka? – scheitert; Mohammeds Großvater ʿAbd al-Muṭṭalib rechnet sich dies als Verdienst an (vgl. Sure 105). Trotzdem vermag seine Sippe keinen Vorteil aus der sasanidischen Machtergreifung im Jemen zu ziehen. ʿAbd al-Muṭṭalib stirbt gegen 580.
ca. 575	Mohammed reist mit seiner Mutter zu einem mit seiner Sippe verschwägerten medinensischen Klan; in dessen Anwesen befindet sich das Grab seines Vaters ʿAbdallāh. Auf der Rückreise stirbt seine Mutter in al-Abwāʾ. Mohammed kommt nun unter die Obhut seines Onkels Abū Ṭālib.
um 595	Mohammed schließt mit H̲adīǧa bt. H̲uwailid eine uxorilokale Ehe und verbindet sich auf diese Weise mit dem quraišitischen Klan, der wegen seiner Parteinahme für das Byzantinische Reich nach der nunmehrigen Lage der Dinge in keinem guten Ansehen steht.

um 610 Seine ersten religiösen Äußerungen zeigen gnostischen Einfluß und setzen eine individuelle Heilsverantwortlichkeit voraus; man charakterisiert ihn als „Ṣābiʾer".

um 613 Mohammed wendet sich allmählich dem ḥanīfischen Eingottglauben zu und beginnt, für seine Vorstellungen zu werben.

um 615 Es bricht ein Streit mit den führenden Mekkanern über die kultischen Konsequenzen des Eingottglaubens aus, unter anderem über die Proskynesis, die Mohammed beim Vortrag seiner „Lesung" erwartet. Einige Ḥanīfen gehen nach Äthiopien ins Exil. Als Mohammed einen Ausgleich mit den ihn ablehnenden Mekkanern erreicht, kehren die Exilanten zurück. Mohammed widerruft den Ausgleich, eine größere Anzahl von Anhängern als zuvor sucht daraufhin in Äthiopien Zuflucht.

um 617 Mohammed, von seinen Feinden als der Exponent der mit dem Namen seines Großvaters ʿAbd al-Muṭṭalib verbundenen religiös-politischen Bestrebungen betrachtet, wird zum Anlaß einer etwa drei Jahre währenden Ächtung der Hāšimiten und der mit ihnen seit längerem im Schwurbund der „Parfümierten" vereinten Sippen.

um 620 Bald nach der Aufhebung der Ächtung sterben Ḫadīǧa und Abū Ṭālib. Da Mohammeds Verkündigungen die überkommene politische und rituelle Ordnung gefährden, bleibt er vielen verhaßt. Er erhält Schutz von seiten seines Onkels ʿAbd al-ʿUzzā Abū Lahab, vermutlich mit der Auflage, Mekka bald zu verlassen.

Jeweils während der Pilgertage wirbt Mohammed bei den Wallfahrern für seine Überzeugungen, so auch bei Medinensern des mit seiner Sippe verschwägerten Klans. Es entsteht in lockerer Beziehung zu ihm in Medina eine kleine Gemeinde, in der seine „Lesung" rezitiert wird.

Mohammed versucht vergeblich, im mit Mekka verfeindeten aṭ-Ṭāʾif eine Bleibe zu finden.

Nach Mekka zurückgekehrt, ist er völlig diskreditiert. Die Polemik zwischen ihm und seinen Feinden verschärft sich.

622 Obwohl er nach Maßgabe des Gewohnheitsrechts durch den Angehörigen eines bedeutenden mekkanischen Klans geschützt wird, entschließt er sich dazu, die Stadt zu verlassen. Er wendet sich nach Medina, da Unterredungen mit nordostarabischen Stämmen, die mit den Sasaniden verfeindet sind, allerdings deren militärische Stärke fürchten, ergebnislos bleiben. In Medina gewährt man ihm den üblichen Fremdenschutz. Etliche mekkanische Anhänger des Ḥanīfentums, das sich Mohammed nunmehr endgültig, jedoch in einer gegen die Askese

gerichteten Form angeeignet hat, sind bereits vor ihm nach Medina gezogen.

623–624 Wie bereits während der letzten Zeit in Mekka angekündigt, tritt Mohammed in Medina als der „heidnische Prophet“ auf, der eine von Allah gestiftete Glaubenspraxis anordnet und durchsetzt: Die grundlegenden Riten des Islams werden geschaffen, zum Teil unter Rückgriff auf Regelungen, die sich die medinensische Gemeinde selbständig gegeben hatte.

Ferner bereitet Mohammed den Krieg gegen Mekka vor, das ihm die Teilnahme an den Pilgerriten untersagt hat; sein Kriegsziel ist die Umgestaltung der dortigen Pilgerriten gemäß den Erfordernissen des Eingottglaubens und somit die Übernahme der quraišitischen Macht.

624–628 Mohammed besiegt die Quraišiten bei Badr. Nach Rückschlägen und nach der glücklichen Abwehr eines von einer quraišitischen Stammeskoalition verabredeten Angriffs auf Medina („Grabenkrieg“), sowie nach der Schwächung seiner innermedinensischen Gegner durch die Vertreibung bzw. Vernichtung dreier jüdischer Stämme entschließt er sich, zur „kleinen“, d.h. in jeder Jahreszeit möglichen Pilgerfahrt aufzubrechen.

628 Die Mekkaner haben in Erfahrung gebracht, daß Mohammed als Pilger, jedoch von einer Streitmacht begleitet, anrückt und ziehen ihm mit Truppen entgegen. Bei der Örtlichkeit al-Ḥudaibīja trifft man aufeinander. Beide Parteien ziehen Verhandlungen einem Gefecht vor: In einem auf zehn Jahre geltenden Waffenstillstandsabkommen erkennen die Mekkaner Mohammed als gleichberechtigten Partner an; die Sasaniden haben zur gleichen Zeit Syrien und Palästina wieder an Herakleios verloren, Mohammed hat mit byzantinischen Vasallen Fühlung aufgenommen.

Von al-Ḥudaibīja nach Medina zurückgekehrt, stiftet Mohammed die Dschihad-Bewegung; ihr erstes Opfer wird die jüdische Oasensiedlung Ḫaibar nördlich von Medina.

628–630 Der Dschihad erweist sich als attraktiv; Mohammeds Gemeinde steigt zur stärksten Macht in Nordwestarabien auf. Die Zusammenarbeit der Banū Ṯaqīf aus aṭ-Ṭāʾif mit den Mohammed feindlich gesonnenen quraišitischen Klanen in Mekka zerbricht; erste quraišitische Überläufer stellen sich bei ihm in Medina ein.

Januar 630 Mohammed nimmt Mekka in Besitz, führt seine Riten ein, greift aber die politischen Ziele der führenden quraišitischen Klane auf und zieht diese so auf seine Seite. Die medinensischen „Helfer“ und die frühen Auswanderer sehen sich um den Lohn für ihren Kampf gegen Mekka geprellt.

630–632 Die militärischen und machtpolitischen Erfolge – zahlreiche Stämme aus ganz Arabien unterwerfen sich mehr oder minder freiwillig – überdecken fürs erste die daraus resultierenden Spannungen. Gegen den erklärten Willen prominenter Medinenser befiehlt Mohammed Streifzüge in unter byzantinischer Oberhoheit stehende Territorien am Südsaum von aš-Šaʾm.

632 Mohammed stirbt in Medina.

3. Der Weg zum islamischen Reich

632–634 Nach dem überraschenden Tod Mohammeds brechen die latenten Spannungen auf; die höchst prekäre Lage Medinas, das die Angriffe von Stämmen befürchtet, die sich der Mohammed gegebenen Verpflichtungen ledig fühlen, erzwingt die Hintanstellung der Zwistigkeiten. Die kurze Herrschaft Abū Bakrs, eines der bewährten Vertrauten Mohammeds, ist wie ein Zwischenspiel im Übergang der Macht an die frühen Auswanderer, deren Wortführer damals ʿUmar b. al-Ḫaṭṭāb ist. Die zu keiner vereinten Aktion fähigen Stämme werden erneut unterworfen. Die militärischen Aktionen gehen in eine Eroberungswelle über, die im Osten in den Irak und im Norden in das byzantinische aš-Šaʾm vorstößt.

634–644 Während des Kalifats ʿUmar b. al-Ḫaṭṭābs dringen die Eroberungsheere in Iran ein, wo man ihnen wegen einer tiefen Krise der sasanidischen Herrschaft nur wenig Widerstand entgegensetzt; die Byzantiner geben Syrien und Palästina verloren; Unterägypten wird von arabischen Truppen besetzt.

Um die Kriegsbeute und die den Unterworfenen abgepreßten regelmäßigen Tribute zu verteilen, schafft ʿUmar ein Dotationssystem, das die Höhe der Zuwendungen nach dem kriegerischen Einsatz des einzelnen für die Sache des Gemeinwesens bemißt. Überdies festigt ʿUmar durch verschiedene Maßnahmen die religiöse Grundlage der Dschihad-Bewegung.

644–656 Unter ʿUṯmān b. ʿAffān, der die Politik seines Vorgängers beizubehalten bestrebt ist, gerät die Dschihad-Bewegung in eine schwere Krise; die Einkünfte aus der Kriegsbeute und aus den Tributen decken nicht mehr die durch Kriegsdienste erworbenen Ansprüche.

656–660 Die Spannungen entladen sich in einer Rebellion gegen den Kalifen, der in seinem Anwesen in Medina ermordet wird. Die Rebellen, die sich nur in der Ansicht einig sind, daß sie zu kurz gekommen seien, rufen ʿAlī b. abī Ṭālib, den Vetter und Schwiegersohn Mohammeds, zum Kalifen aus. Im Geruch stehend, er habe die Herrschaft aus den Händen von Mördern empfangen, kämpft er während seines Kalifats zunächst gegen all jene, die von ihm verlangen, er solle die Mörder ausliefern, damit man an ihnen Rache übe, und dann, als er zustimmt, die Berechtigung dieser Forderung durch ein Schiedsgericht überprüfen zu lassen, gegen Abtrünnige, die ihm vorwerfen, er habe mit seinem Einlenken der Entscheidung Allahs vorgegriffen. Diese Geschehnisse, der sogenannte Erste Bürgerkrieg, enden mit der Ermordung ʿAlīs durch einen der Abtrünnigen. In Syrien wird Muʿāwija, ein Verwandter ʿUṯmāns und hartnäckiger Befürworter des Vollzugs der Blutrache an dessen Mördern, zum Kalifen ausgerufen.

660–680 Unter dem Kalifat Muʿāwijas entfaltet sich, zum größten Teil ohne seine Kontrolle, aber geschickt von ihm genutzt, die verklärende Erinnerung an Mohammed, zu dessen Zeit die Mißhelligkeiten, die in den Bürgerkrieg geführt haben, naturgemäß noch nicht zu spüren gewesen waren.

Die Urheber und Verbreiter dieser Erinnerung gewinnen das Ansehen von Wahrern der echten, angeblich vernachlässigten Botschaft des Propheten, dessen göttliche Rechtleitung es für die Zukunft zu Nutz und Frommen des Gemeinwesens zu sichern gelte.

Als den Kern dieser Botschaft betrachten die Förderer dieses Gedankenguts nunmehr die Ritentreue, nicht mehr, wie unter ʿUmar b. al-Ḫaṭṭāb, das kriegerische Verdienst um die Ausdehnung der Macht des Gemeinwesens. Der Dschihad gegen die Andersgläubigen behält freilich seine Bedeutung als die nächst der Sicherstellung der Glaubenspraxis vornehmste Pflicht des islamischen Machthabers.

692 Der unter dem Kalifen ʿAbd al-Malik in diesem Jahr fertiggestellte Felsendom erhebt sich an dem Ort, von dem aus Mohammed – nach einer damals in Umlauf gekommen Fassung der Legende – in den Himmel emporgetragen worden sei. Dort habe ihn Allah über die Art und Weise des Vollzugs der wichtigsten islamischen Ritualpflicht, des fünfmaligen täglichen Gebets, aufgeklärt. Aus dem Himmel zurückgekehrt, habe Mohammed sogleich seinen Anhängern vorgebetet, damit diese ihn genau hätten nachahmen können: Die von Allah selber gestifteten Ritualpflichten, nun in dem Bild von den „fünf Säulen" des Islams zusammengefaßt, sind die Lebensmitte der Muslime.

Der Felsendom ist das Symbol der nach muslimischer Vorstellung wahren, d.h. noch nicht durch Juden und Christen „verfälschten" abrahamischen Glaubenspraxis, die durch die Machtentfaltung der muslimischen Gemeinschaft zum von Allah gewollten Triumph gelange.

Indices

1. Begriffe und Sachen

Aas, Verzehr von – 879
Abbasiden – 81, 189, 192, 252, 263, 266, 280, 304, 316, 383, 416, 527, 728, 830, 972
Abfall vom Islam – 183, 250 f., 405, 469, 496, 557, 792, 809
Abgrenzung der „Lesung" von anderen religiösen Texten – 534, 536, 543
Abgrenzung gegen Andersgläubige – 274–276, 279, 285, 291, 340, 462, 550, 920
Abrogierung – 503 f., 532
Abschiedswallfahrt – 333, 448
Absonderung der Ehefrauen Mohammeds – 372, 781
Abstammung – 56
Achse des Kosmos – 20, 875
Ächtung – 305, 310, 455
Achtung der Verwandtschaftsbeziehungen (s. auch Bevorzugung der eigenen Sippe) – 161
Ackerbau – 880
Adoption – 199, 421, 793, 953 f.
Aḥābīš – 49–52, 229, 261, 363, 377
Alexandersage – 224, 226, 485–489
Allah – 66 f., 120, 448, 526
Allzuständigkeit Mohammeds – 675 f., 696, 725, 732
Alter ego Mohammeds – 135, 736
Altes Testament – 122, 126, 149, 730, 896, 938
Amme Mohammeds – 101, 781
Andersgläubige – 340 f., 346, 350, 372, 388, 399, 402, 407, 519, 527, 536, 553, 711, 777, 791, 795, 811, 914
androgyner Urmensch – 335
Anfechtung – 319, 706
Anschlag auf Mohammed – 345, 360, 491
Ansiedlung in Mekka – 33, 170, 207
Antlitz Allahs – 115, 117, 278
„Apostasie", „Apostaten" (s. auch Abfall vom Islam) – 475, 496, 603, 682, 960
Araber, Arabertum – 24, 55, 451, 526, 549, 553, 556, 663, 665, 678, 725
Arabische, das – 23, 102, 147, 196, 530, 554, 566, 914
arabischer Charakter der „Lesung" – 916
Arabisierung von aš-Ša'm – 885
Askese – 166, 296, 335, 542, 592
Äthiopien – 69, 76 f., 208 f., 213, 328, 648, 674, 750, 767, 881, 907, 920, 941
Aufenthalt, ritueller – 282, 509, 735
Auferstehung – 115 f., 122, 148
Auferweckung der Toten – 291, 596
Ausbreitung des Islams – 211, 277, 376, 486–489
Auspeitschung – 507
Auswanderer – 299, 331, 336, 342, 365, 383, 386, 407, 413, 492, 527, 561, 601, 678, 772, 958
Auswanderer, frühe – 190, 208, 276, 315, 361, 397, 407 f., 410 f., 417, 456, 458, 466, 468, 501, 506, 528, 533, 544–546, 559, 561, 576, 578, 582, 597, 602, 604, 622, 624, 636, 650, 662, 672 f., 675, 686 f., 721
Auswanderung – 208, 236, 250, 256 f., 323, 387, 546
Authentizität der Überlieferung – 696
Autorität ʿĀ'išas – 502, 562 f.
Autorität Mohammeds – 568, 684 f., 690, 692 f., 703, 718, 720 f., 733–735
Barmherzige, der – 63, 67
Barmherzigkeit – 140, 156, 172, 179, 226, 236, 389, 794, 927
Baum, Weltenbaum – 875
Bedachtsamkeit, s. auch unter Besonnenheit – 201
Beduinen – 37, 182, 358, 362, 369, 375, 380, 392 f., 402, 413, 422, 427, 456,460, 478, 507, 512, 557, 591, 706, 710, 877, 881, 886, 908, 935–937, 963
„beduinische Huldigung" – 406
Befehlen des Billigenswerten – 715 f.
„Befehlshaber der Gläubigen" – 507, 660, 678
Begierde – 153, 174
Beglaubigungswunder – 239, 241, 759, 914 f., 927
Behang der Kaaba – 29, 80
Beigeseller, Beigesellung – 68, 111, 146, 171, 220, 226, 229, 263, 292, 324, 346, 358, 391, 435 f., 443–445, 451, 649, 724, 769, 784
Belehrung Mohammeds durch Fremde – 159, 223
Beratschlagung – 635, 658, 662
Berber – 550
Berufung Mohammeds – 108 f., 773
Beschneidung – 40, 124 f., 451, 742, 797, 821, 895, 960
Beschneidung der Frauen – 23, 40
Besessenheit – 136, 144, 178
Besetzung des Jemen durch die Sasaniden – 76 f.
Besonnenheit – 565, 641
Bestimmungsmacht Allahs – 930
Bestimmungsmacht der Geschöpfe – 234

Betreten der Kaaba – 274, 409, 419
Bevorzugung der eigenen Sippe durch Mohammed (s. auch Vorrang...) – 192, 195 f.
Bewegung, politisch-militärische – 452, 467, 480, 483, 496, 507, 519 f., 536, 543 f., 546–548, 560, 571–573, 582, 590, 602, 609, 615, 638, 706, 708
Bewegungsabfolge (beim rituellen Gebet) – 277, 538
Beziehungen zum Christentum – 217 f.
Bischof – 441
Blutfehde – 458
„Blutlecker", die – 42, 54, 232, 261, 558, 889
Blutrache – 50, 295, 309, 344, 358, 420, 618 f., 623, 629, 631 f., 636, 745, 943, 954 f.
Blutsverwandtschaft (s. auch Verwandtschaft) – 343, 952
Blutzeugen – 438, 551
Böse, das – 129, 152
Botenengel – 134
Bräuche, vorislamische – 26
Brautpreis – 326, 330
brennender Busch – 239
Brüderlichkeit im Glauben – 420, 422, 449
Brustöffnung – 754
Buch – 91, 93 f., 110, 138–141, 177 f., 223, 286, 385, 554, 627, 633, 663, 689, 707, 973
Buch Daniel – 656
Buch der Jubiläen – 123 f.
Bundeslade – 665
Bürgen (für das von Allah stammende Wissen) – 502, 505, 534, 654, 693, 905
Bürgerkrieg – 484, 501, 660, 710
Buße – 703, 713
„Bußfertige" – 661, 663
Byzantinisches Reich – 29, 69, 73, 76, 202, 215, 229, 259, 264, 362, 374, 402, 432, 437, 468 478, 547, 626, 659, 673, 677, 720, 732, 794, 802, 813, 818, 877, 882, 885, 895 f., 907, 914, 935 f., 946
Charidschiten – 573, 634, 637, 639, 657–659, 662, 667, 671 f., 679 f., 707, 718, 734, 804, 829 f.
Charisma – 497, 665 f., 903, 939, 971
Chasaren – 802
Christen, Christentum – 63, 70 f., 82, 111, 121, 124–126, 129, 146, 162 f., 179, 213 f., 216, 221, 258, 291, 293, 390, 399 f., 431, 436 f., 439 f., 444, 462 f., 472, 551 f., 554, 580, 588, 648, 711, 723, 769, 797, 829, 881, 895, 897, 907, 917, 921, 941, 961, 968 f. 978
Dämon (vgl. auch Dschinn) – 126, 129, 134–136, 144, 200, 913
Dankbarkeit gegen Allah – 115 f.
Darlehen – 389–391, 514, 703, 711, 729
Datierung (des Wirkens Mohammeds in Mekka) – 226
Demut der Schriftbesitzer gegenüber den Muslimen – 219
Demütigung der Andersgläubigen – 552
Dichter – 94, 126, 136–138, 140, 155
Dichtkunst – 312, 530 f., 555 f., 900, 902
Dienstlehen – 814
Diesseits – 127, 930, 963
Doketismus – 897
Domänen – 584
Dotationen – 384, 507, 520–523, 529, 547, 557, 570, 572 f., 601, 606, 670, 766, 792, 952, 959
Dreifaltigkeit – 897
Drohungen Mohammeds gegen die Quraišiten, gegen Andersgläubige – 238–243, 258, 454
Dschihad – 171, 316, 323, 342, 364, 384, 386–388, 392, 396, 403, 407 f., 411, 421 f., 435, 445, 463, 467, 475 f., 479, 484, 510, 514, 519 f., 524, 526, 551, 553, 557, 567, 572, 574, 581, 585, 587 f., 593 f., 599, 602 f., 630, 633, 638, 641, 649, 654, 667, 675, 703, 718, 774, 816, 830, 930, 937, 944, 967
Dschinn (sihe auch unter Dämonen) – 130, 136, 158, 162, 238, 268, 487, 886, 901 f., 956
Dualismus, religiöser – 73, 111
Dünkel der jemenischen Araber – 582
Echtheit der koranischen Botschaft – 87
Edelmut – 888
Ehe Abū Bakrs mit einer Medinenserin – 496
Ehe mit der Base – 807
Ehebestimmungen, islamische – 295, 313, 772
Ehebestimmungen, vorislamische – 781
Ehebruch – 390, 964
Eheentgelt – 329 f., 781
Eheformen, islamische – 515
Eheformen, vorislamische – 98, 107, 191, 326–328, 878, 888
Ehefrauen Mohammeds – 398, 498, 517, 528, 620, 940–942
Ehehindernisse – 331, 420 f., 768
Ehen Mohammeds – 104, 216
Eheverbot – 324 f.
Ehevertrag – 541
Ehrfurcht vor den Prophetengenossen – 653
Ehrverlust – 326
Eid – 913
Eidgenossenschaft – 41 f., 45 f., 202, 204, 232, 261, 315, 343, 349, 405, 412, 749, 780
Eigentumsanspruch – 786
Eigentumsrecht – 361, 372, 440 f., 513, 515, 520, 796
Eingebungen – 88–94, 105, 118, 155, 178, 185, 193, 226, 276, 286, 644, 693, 751, 756, 906
Eingottglaube, heidnischer oder islamischer – 66, 122, 134, 158, 160, 165, 170, 232, 242, 255, 473, 556, 747, 895, 923
Einheit Allahs – 67, 168, 219 f., 722
Einsicht in die lebenspraktischen

Konsequenzen des Islams – 693, 696, 702, 713, 829
Eintracht – 569, 573, 599, 604, 609, 611, 621 f., 625, 629, 640, 652, 682, 690, 702, 704, 714, 720, 726, 967, 974
Eisen – 297, 390
Endzeit – 792, 794, 805, 821
Engel – 21, 88 f., 116, 119, 121–123, 134, 136, 168, 223, 233 f., 245, 310, 312, 317 f., 380, 447, 648, 665, 707, 780
Entrücktheit Mohammeds – 535
Entscheidungen, eigenverantwortliche – 507, 535, 541, 686 f., 694–696, 700
Erbauungspredigt – 562, 973
Erbe des Propheten – 792
Erbe, Erbrecht – 295, 330, 372, 514, 540, 547, 567, 717, 879, 888, 954, 970
Erdschichten, sieben – 19
Ergebenheit gegen Mohammed – 377, 386, 416
Erhöhung Mohammeds – 723
Erkaufen von Loyalität – 427 f.
Erkrankung Mohammeds – 466, 491
Erlöser – 151 f.
Erlösung – 929
Eroberung der Welt – 484–488
Eroberungen – 384, 395, 467, 475–483, 509, 536, 581, 602, 659, 798, 938, 964
Erwähltheit Mohammeds – 96, 104, 141
Erwartung eines Propheten – 100, 106, 163, 181, 185, 263, 432, 443, 446, 451, 462, 589
Erwerben von Taten, von Verdienst – 112, 174, 177, 709
„Erzählen“, erbauliches – 688 f.
Eschatologie – 126, 154, 157, 430, 596, 653, 679, 909, 961, 977
Ethik – 130, 290, 374, 760, 802, 930
Eucharistie – 648, 768, 976
Evangelium – 89, 141, 146, 149, 160, 179, 293, 341, 381, 447, 462 f., 580, 896
„falscher Prophet“ – 461 f.
Fasten – 280–282, 473, 656, 775 f., 891. 932
Fatum – 115, 165
Fehde 954 f.
Fehden – 35, 45, 254, 303, 664
Feldzüge Mohammeds – 947–949
Felsendom – 767, 825, 831
„fernster Gebetsplatz“ – 247
Fiğār-Kriege – 50, 52, 54, 71, 106, 254, 255, 320, 356, 414, 426
Finsternis – 391
Fiskalismus – 398, 517 f., 584
Fluch Gottes/Allahs – 125, 163, 166, 172, 296, 711, 979
Frauen – 295
Frauen als „Kriegsgefangene“ – 450
Frauen als Besitz – 326 f.
Freigebigkeit – 114, 887
Freikauf von Gefangenen/Sklaven – 313, 343, 378, 510, 664, 779
Freitagsgottesdienst – 256, 271, 273–275, 406, 465, 562, 775, 830, 932 f.
Freitagsmoschee – 964–966
Fremdenrecht – 307
Fremdenschutz – 40, 243, 267, 300, 302, 314, 343 f., 358, 415, 420, 728, 730
Friedensabkommen – 345
Friedensgruß – 302, 437, 440, 722
Frömmigkeit – 961
Fron – 440
Fügung Allahs – 21, 92 f., 134, 140 f., 143, 168, 176, 234, 243, 696, 709, 930 f.
Fünfzahl der Gebete – 248, 276 f., 646
Fürsorge Allahs – 525
Fürsprache bei Allah – 64, 67, 113, 119, 121 f., 234, 722
Garnison – 483, 509
Ġassāniden – 877, 907, 935 f., 945
Gebet, rituelles – 63, 116, 130, 139, 171, 193, 212, 238, 244, 265, 406, 411, 416, 434, 438 f., 482, 496 f., 502, 570, 598, 600, 634, 643, 676, 702, 704, 707, 722, 891, 917, 932, 963, 966
Gebetsplatz – 251, 256, 271–273, 381, 438, 445
Gebetsrichtung – 53, 79, 247, 272 f., 278–280, 294, 588, 711, 736, 775
Gebetsruf – 275 f., 409, 445, 472, 474, 775
Gebetszeiten – 248 f., 276 f., 285, 365, 421, 449, 775
Geburtsdatum Mohammeds – 99, 194, 753
Geburtsort Mohammeds – 99
„Gegenmoschee“ – 315, 322, 460, 732
Gegenwart Allahs – 447
Gegenwart Mohammeds – 318, 496, 610
Gehorsam gegen Mohammed – 290, 319 f., 340, 380, 389, 440, 454, 464 f., 690, 712, 716, 777
Geist – 93, 147, 224
Geldentwertung 779
Gelehrte – 699, 718, 733, 968, 972
„gelobtes Land“ – 463
Gemeinde in Medina – 251, 253, 295
Gemeindebildung – 191 f., 262, 314, 323
Gemeindeordnung – 342, 403
Gemeinschaft der „Gläubigen“ – 342, 344, 348, 350, 364, 385 f., 388, 406, 520, 550, 599 f., 609, 619, 622, 633, 652, 699, 709, 927, 932, 964, 966
Genealogie – 27, 30, 34, 48, 55, 261, 325, 332, 355, 421, 436, 522, 526, 528, 530, 540, 557, 562, 566, 570, 664, 670, 743, 800, 882, 938 f., 950, 954, 957
Gerechtigkeit, islamische – 518 f., 543, 548, 572, 582, 596, 602, 610 f., 619, 624, 638
Gesandter Allahs – 138, 141, 155, 178–181, 223, 242, 288, 349, 380, 522, 649, 756
Gesandtschaft – 375
Gesandtschaften an Mohammed – 184, 400, 407, 433
Gesandtschaften Mohammeds – 431
Gesang – 512

Geschaffenheit der Menschen zu Allah hin, s. auch ursprüngliche Wesensart – 175 f., 278, 643, 648
Geschäft mit Allah – 447
Geschichte, Geschichtlichkeit – 283, 503, 931
Geschlechtsverkehr – 21, 283, 327, 330, 334 f.
gesellschaftliche Folgen des Islams – 205 f., 210 f., 282, 496, 502
Gesetz, islamisches – 588, 698, 721, 931
Gesetz, mosaisches – 123 f., 126, 129, 164, 290, 698
Gesinnung, islamische – 311
Gewährsmännerkette – 696 f., 734
Gewalt – 297, 556
Glaube – 288, 290, 294, 337, 385, 446, 639, 646 f., 679, 706 f., 711
Glaubensgemeinschaft, s. Gemeinschaft der „Gläubigen" – 171
Glaubenskrieg – 302, 308, 384, 401, 403, 410, 438, 475 f., 706
Glaubenspraxis – 24, 40 f., 53, 56, 112, 120, 162 f., 165–167, 171, 179 f., 198, 207, 235, 242, 261, 265, 278, 307, 321, 333, 341, 391, 408, 431, 450, 526, 612 f., 630, 647, 649, 656, 694, 698, 701 f., 705, 707 f., 719, 727, 776 f., 801, 829, 888, 890, 917, 964, 966, 977
Gläubigen, die – 170, 301, 314, 317, 323, 337, 340, 344, 377, 386, 391, 422, 521, 528, 571, 595, 599, 602, 621, 627, 633 f., 639, 649, 704, 716, 943 f.
Gleichheit – 452, 528, 549, 823
Gleichheit der Menschen vor Allah – 284
Gleichheit des Inhalts der Offenbarungen – 126
Glücksspiel – 879
Gnosis – 112, 176, 335 f., 690, 762, 782, 796
Gott – 63
Gottesfreunde – 933, 965
Gottesfurcht – 712
Gottesknecht – 899
Gottesnamen – 751
Gottesurteil – 340, 442
Gottheiten, heidnische – 64 f,
Gottsucher, s. Ḥanīfen
Gottvertrauen – 125
Götzen/Götzenbilder – 26, 62, 83, 159 f., 164, 171, 214, 419, 431, 443, 725, 897
„Grenzen", von Allah gesetzte – 282, 460, 462, 464, 595, 686, 713
großzügiges Hanifentum – 166, 172, 245, 281, 290, 335, 374, 542, 815
Grundbesitz Mohammeds – 516
Grundsteuer – 507, 520, 947
Gutachten – 686, 691, 700
ḥadīṯ (das Korpus der Prophetenüberlieferung) – 533 f., 537, 541, 543, 551, 661, 679, 684, 687, 691, 696 f., 700 f., 703, 709 f., 717 f., 724, 733 f.
Ḥadīṯ (die einzelne Überlieferung) – 534, 536, 596, 682 f., 691, 698, 707, 734
Handel – 50, 52 f., 60 f., 106, 209, 890 f.
Handeln, Handlungsvermögen des Menschen – 117, 129, 708, 710, 931, 979
Handelsbeziehungen der Quraišiten – 43 f.
Handelsrecht – 891
Handwerk – 512
Ḥanīfen, Ḥanīfentum – 26, 48, 63, 110, 112–114, 134, 146, 154–156, 158 f., 163, 165–168, 170, 173, 175, 182, 191, 197, 201, 211, 232, 238, 253–255, 259, 274, 278, 291–294, 315, 321, 341, 349, 360, 448–451, 453, 456, 459–461, 473, 525 f., 539, 542 f., 546, 554–556, 560, 570, 576 f., 610 f., 620, 647, 649, 669, 671, 673, 675, 690, 703, 707, 719, 752, 762, 775, 910, 919, 925, 941, 977
ḥaram-Gebiet – 406, 412, 414, 430, 722
Hāšimīja-Bewegung – 810
Hāšimiten – 672
Hedschas – 29 f., 69, 180, 399, 431, 512, 656, 662 f., 672
Hedschra – 88, 182, 189, 208, 216, 251, 257, 266, 268, 324, 361, 374, 407, 410, 435, 469, 483, 500, 520 f., 523, 527 f., 533, 545, 548, 556 f., 560, 573, 577, 591, 602, 604, 621, 624, 662, 667, 679, 703, 718 f., 730, 732 f., 876, 937, 947
Heeresbezirk – 522
Heeresfolge – 264–266, 728, 730
„Heerführer der Gläubigen" – 301, 305
Heerlagerstadt – 482 f., 507, 549, 553, 576, 592, 610, 662, 677
Heerschau – 593
Hegemonie, quraišitische – 316
Heidentum – 125, 165, 289, 293, 381, 424, 444, 551, 702, 812, 897, 970, 979
heidnische Araber – 20 f., 83, 114, 121, 165, 275, 402
heidnischer Prophet – 179, 242, 385, 648, 716, 736
Heil – 906
heilige Orte – 62
Heilige, das – 58 f.
heiliger Bezirk – 39, 207, 235 f., 239, 247, 379, 420, 669, 791
heiliger Bezirk in Medina – 447
Heilsbotschaft – 514
Heilsgeschichte – 106, 180, 221, 671, 678, 681, 733
Heilswissen, s. auch Wissen – 96, 504 f.
Heimtücke Allahs – 145, 151, 161, 320
„Helfer" – 276, 299, 324, 336 f., 342, 361, 364, 384, 386 f., 394, 402, 413, 417, 429, 437, 468, 492, 533, 577, 601, 604, 612, 617, 624, 728, 732, 794, 802, 808, 818, 876, 946, 958
Hellenismus – 126
Hephthaliten – 819
Herabsendung der Offenbarungen – 93 f., 146, 178, 196, 283, 286, 446, 541, 652
Herausforderung der Feinde durch

Mohammed – 145, 289, 915
„Herausragenden“, die – 44, 54 f., 98, 106, 196, 210, 252, 261, 889
Herde – 717
Herrschaft Allahs – 966
Herrschaft über Mekka – 207, 240, 243, 250, 267
Herrschaft, islamische – 656, 724
Herrschaftsanspruch Mohammeds – 177, 786
Herrschergewalt – 733
„Heuchelei“, „Heuchler“ – 310, 321, 357, 362, 364, 388 f., 444, 446, 453 f., 460 f., 536, 732
Himmel, sieben – 19, 92, 167
Himmelfahrt Mohammeds – 102, 223, 244, 248, 644–652, 720–722, 979
Himmelreich – 473
himmlisches Jerusalem – 493
Hinwendung des Gesichts zu Allah – 147, 151, 161, 166, 171 f., 175–177, 232, 245, 278, 293, 341, 450, 614, 705, 714
Ḥirmī – 58, 285
höchster Herr – 68, 110, 114, 116 f., 120, 122, 136, 157, 176
Hölle – 113, 391, 645
Huldigung – 263 f., 378, 380, 392, 407, 570, 578, 585, 614, 621, 627 f., 655, 658
Huldigungsruf – 67, 161, 409
Hundsstern – 67 f., 72, 120 f., 747, 757
Hungersnot – 512, 519, 521, 524
Hymnendichtung, christliche – 151 f., 237
Idole, s. Götzenbilder
Imam – 493, 503, 509, 571, 600, 603 f., 619, 635, 639, 660, 700 f., 704, 707, 716 f., 970
Imamat – 966–968, 971
Immanenz – 128
Immunität – 38
individuelle Heilsverantwortlichkeit – 561
„Insel der Araber“ – 551–553, 583, 669, 673, 689, 691
Institutionen – 35, 400
Integrität Mohammeds – 87 f., 90
Irrtumsfreiheit der Prophetengenossen – 501
Islam – 32, 111, 161 f., 169, 177, 180, 245, 278, 316, 348, 351, 374, 406, 411, 421, 452, 464, 527, 551, 613, 624 f., 629, 634, 639, 641, 654, 665, 679 f., 684, 703, 705–709, 715 f., 723, 733, 932, 960, 979
Islam als einzige zulässige Religion – 399
Islamideologie – 766
„Jahr der Eintracht“ – 638
Jemen – 76
Jenseits – 114, 630, 802, 960, 963, 968
Jesus als Wort Allahs – 929
Juden, Judentum – 62 f., 105 f., 111, 122, 124, 141, 143 f., 146, 162 f., 179, 185, 263, 275, 282, 288–293, 313, 338 f., 342, 344, 346 f., 357, 362, 367, 371, 373, 392 f., 402, 433, 436, 440, 444, 456, 461–463, 499, 551 f., 554, 589, 648, 688, 698, 711, 720, 762, 769, 776, 783 f., 821, 826881, 895, 907, 917, 921, 924, 935 f., 978
Judenchristen – 899
Jünger – 368
Jüngster Tag – 94, 111, 115, 133, 234, 290, 430, 465, 485, 526, 909
Kaaba – 19, 31, 33, 38, 56 f., 70, 79–85, 110, 162, 172, 207, 227, 274, 279 f., 283, 293, 323, 376, 419, 421, 486, 553, 645, 650, 657, 663, 669, 671, 687, 725, 747, 750, 875, 892 f.
Kaabakult – 25 f., 28, 36, 170, 240, 367, 831
Kalender – 33, 99, 283, 449, 507, 789
Kalif – 611, 629, 637, 657, 676, 680, 690, 695, 700, 717, 720
Kalifat – 494, 531, 657, 687, 716, 718 f., 967
Kamel – 26
Kampfbefehl Allahs – 449
Kampfgemeinschaft – 48, 180 f., 314, 322 f., 337, 342, 521, 571, 574, 634, 654, 704, 711, 785
Kampfkraft – 297, 390
Karawanen, Karawanenhandel – 33, 38, 50, 52, 104, 106, 209, 303, 353, 726, 880
Kaufehe – 807
Kinder Mohammeds – 107 f.
Kindestötung – 326
Kindheit Mohammeds – 103
„kleine“ Pilgerfahrt – 376, 448
Klientelschaft – 549 f., 553, 663, 667, 695, 780, 952
Knecht Gottes – 214
Knechtsverhältnis zu Allah – 714
Kompromißbereitschaft – 379
Konfiszierung – 351
König – 24, 28, 60 f., 75 f., 185, 264, 312, 400, 403, 443, 472, 527, 656, 764, 883, 890
Königsheil – 779
Königtum – 641
Kopfsteuer – 74, 374, 399, 407, 433, 439–444, 451, 476, 489, 507, 520, 525, 797, 938, 947
Koran, s. auch unter „Lesung“) – 93, 447, 514, 534, 550, 555, 580, 609, 631, 652, 686, 691, 696, 756, 896, 914, 974
Koranleser – 358 f., 529, 532, 566, 632, 634, 673
Koranredaktion – 807
Kosmographie – 801
Kosmos – 127, 167
Krankheit Mohammeds – 88–90, 109, 146, 750, 911
Kreuzigung – 831
Krieg – 265 f., 289, 296–298, 307, 344, 352, 377 f., 380, 389, 399, 438, 452, 460–463, 525, 527 f., 561, 570, 613, 624, 630, 639, 649, 673, 731, 885
Krieg gegen die Quraišiten – 251
Kriegsbeute – 301, 312, 316, 364, 370 f., 380, 383 f., 395 f., 413, 427, 438, 442, 508, 520, 572, 779

Kriegsgefangene – 313, 322 f., 333, 477, 512, 549, 664
Kuh als Opfertier – 290 f., 339
Kultstätten – 64 f., 424
Landbesitz der Quraišiten in aš-Ša᾿m – 156
Landfrieden – 49, 54
Landverteilung – 547
Läuterung – 960
Läuterungsgabe – 63, 117, 130, 139, 172, 179, 265, 399, 434, 439, 514, 525, 776, 932
Lebensunterhalt – 514, 518 f., 525, 553, 599
Lebenswasser – 485
Lebenswerk Mohammeds – 188
Legendenbildung – 82, 95 f., 160, 187–189, 266 f., 304, 308, 310, 355, 365, 394. 416 f., 419, 659, 670 f., 701, 727, 731–737
Legitimierung der Herrschaft – 31, 717
Legitimität der Herrschaft – 495 f., 504, 656, 687, 933
Lehrhaus, jüdisches – 349, 698
Leichtigkeit der kultischen Pflichten – 124, 163, 166, 179, 296, 331, 698
Leiden in Mekka – 216, 266, 728–730
„Lesung“ (s. auch Koran) – 138f., 157, 222, 237, 283, 286, 463, 451, 529, 541, 554, 562, 610, 679, 696 f., 732, 916, 941
„Leute Allahs“ – 721
„Leute unter dem Schattendach“ – 711 f.
Licht – 93, 96 f., 176 f., 388, 391, 450, 727
Liebe – 129
Liebe zu Mohammed – 595 f.
Liturgie – 929
Logos – 125 f., 128, 130
Logos-Christus – 976
Machtinteressen Mohammeds – 352, 390, 416, 436, 459
Magie – 654
Mahnung – 148
Maiestas Domini – 168, 978
Mal der Prophetenschaft – 105
Manichäismus – 111, 181, 755, 763
Mantel des Propheten – 681 f.
Markttage, Märkte – 37, 53, 60 f., 283, 303, 362, 778
Märtyrer – 961
Massaker – 370
Maultier – 665, 892
Mediatisierung des Wissens – 538
Meinungsstreit – 287, 357
Melchiten – 815
Menschenrechte – 932
Meteorit – 81, 84
Meuchelmord – 348, 373, 670
Mihrgān – 748
Milch – 643, 648
Milchverwandtschaft – 327, 428
Minderrangigkeit der Frauen – 332 f.
Mischbevölkerung – 824
Mischna – 534, 595, 610 f., 652, 670, 684, 798, 974
Mission, islamische – 190, 205, 252, 358, 375, 433, 948
Missionierung, jüdische und christliche – 907
Mittelpunkt der Welt – 19, 486, 811, 875
Mönch/Mönchtum – 104 f., 107, 163 f., 166, 296, 390, 441, 450, 589, 620
Mondkalender – 796, 884
Monophysiten – 882, 907, 928
Monopol Mohammeds auf den Zugang zum Verborgenen – 135, 237, 902
Monotheismus – 123–126
Moral – 912
Morgengabe – 313
Moschee – 273, 511, 964
„Moschee der beiden Gebetsrichtungen“ – 280
Mufti – 699
Münzen, arabische – 801, 825
Muslime – 386, 599, 602, 614, 619, 627, 629, 633, 638, 652, 704
Muʿtazila – 167, 914, 974
Nabatäer – 743
Nachahmung Mohammeds – 105, 505
Nachtgebete im Ramadan – 507
Nachtreise – 244, 246, 248, 430, 643, 646 f., 722
Naturphilosophie – 930
Naurūz – 748
Nennung Mohammeds beim Ritenvollzug – 672
Neubau der Kaaba – 80–84, 105, 193, 229, 671, 727
Noachiden – 924
Nomos – 90, 126, 129 f., 163 f., 169, 180, 186
Normen – 286 f., 397, 498, 503 f., 652, 671, 687, 699, 713, 974
Nutzen für den Islam – 912
Offenbarung – 68, 95, 752, 765
Omaijaden – 188, 260, 831
Omaijaden, die, und aš-Ša᾿m – 45
Opfer, Opferbräuche – 879, 976 f.
Opferfest in Medina – 447
Opfergaben – 929
Opferung des Sohnes – 74, 79, 130, 229, 291
Opposition gegen Mohammed – 437, 461
Pacht – 521
Paradies – 645 f., 689, 709 f., 713
Paraklet – 763
„Parfümierten“, die – 42, 54, 97 f., 261, 311, 404, 410, 558, 648, 889. 941
Parusie Christi – 962, 977
Paßwege – 480, 489, 588
Patrikios – 75
Patrilinearität – 28, 325, 336, 540, 782, 888, 939, 951
Peinigung der Außenseiter – 201–204
Personalität Gottes – 128, 278
Pfad Allahs – 294, 308, 311, 323, 337, 387, 389, 422, 434, 463, 510 f., 587

Pferde – 438, 513, 527, 892, 956
Pförtneramt an der Kaaba – 420
Philosophie – 125 f.
Pilger – 71
Pilgerämter – 41 f., 74, 227
Pilgerfahrt – 20 f., 64 f., 258, 667, 711, 790, 932
Pilgerfahrt, auch von Christen vollzogen – 82
Pilgerriten – 33, 40, 53, 56–59, 67, 83, 110, 165, 207, 282 f., 293, 377, 385, 553, 739, 876, 946, 949
Predigen Mohammeds – 109, 192, 197, 423, 965
Predigtkanzel – 566, 681
Privatisierung der Ländereien – 584
Profane, das – 58 f., 420, 891, 932
Prophet/Prophetentum – 40, 97, 106, 126, 129, 174, 176, 178–180, 220, 245, 288, 318, 340, 349, 392, 453, 469, 487, 531, 537, 562, 641, 649, 664, 680, 696, 699, 731, 903, 912, 967, 974
Prophetenbiographie – 502, 504, 731
Prophetenfamilie – 544, 561 f., 664 f., 672, 823, 970–972
Prophetengenossen – 425 ,500 f., 504, 533, 568, 571, 574, 584, 586, 595, 603, 611, 621, 653 f., 683, 686, 697, 700, 755, 828, 972, 974–976
Prophetengenossen, junge – 536, 562, 652, 666, 687, 700, 707, 718, 732 f.
Proskynesis – 928, 977
Prosternation – 212, 220 f., 231, 285, 381
Quraišitentum – 640, 654, 663 f., 702, 726, 780, 876 f., 882, 967, 969 f.
Rache im Namen Allahs – 946
Rağab – 796, 887
Ramadan – 79, 167, 229, 280–282, 536 f.
Raserei der Heiden – 381
Rationalismus – 828
Ratsversammlung – 40, 202, 227, 240 f.
Raubzüge – 34, 298, 353, 509 f., 556
Rechtleitung – 139, 172, 239, 246, 281, 289 f., 437, 450, 534, 569, 629, 641, 903, 926, 974
Redaktion des Korans – 143, 532 f., 579, 598, 610
Rede Allahs – 89, 92, 128 f., 180, 292, 535, 652, 697, 732, 896, 930 f.
Register der Dotationsberechtigten – 522 f., 525, 527 f., 548, 553, 557, 587, 670, 825
Reichtum – 587
Reimprosa – 130, 158, 200, 921
Reinheit der Abstammung – 32
Reinheit, rituelle (s. auch Waschung) – 110–112, 116, 122, 161, 173, 175, 205, 231, 278, 284 f., 358, 448, 462, 502, 551, 566, 588, 691, 961
Reinigung der Brust Mohammeds – 102
Reinigung, rituelle, durch Sand – 249, 365
Reise, rituelle – 652
Reisen des Kalifen – 547, 576, 601, 611
Reiseverbot für Frauen – 421
Religionsfreiheit – 932
Revidieren des Korantextes – 288
Rezitieren – 89, 91, 94, 110, 143, 220, 222, 286, 524, 529, 531, 537, 610, 630, 656, 679, 686, 752, 917, 922, 977
Riten – 117, 128, 130, 164, 176 f., 179, 221, 226, 232, 244, 274, 290, 323, 423, 433 f., 452, 463, 465, 470, 502, 600, 609, 676, 702, 704 f., 708 f., 712, 714, 720, 725, 736, 891, 917, 960
Ritenfrömmigkeit – 716, 719
Ritter – 800
Rivalität der quraišitischen Klane – 193, 215, 355, 404, 475, 478, 559–561
Rivalität zwischen Auswanderern und „Helfern" – 365 f., 370
Rivalität zwischen den Hāšimiten und den Banū ʿAbd Šams/Omaijaden – 45, 47, 586, 605, 658, 726
Rivalität zwischen Mekka und aṭ-Ṭāʾif – 37
Rivalitäten zwischen den quraisitischen Sippen – 578, 668
Rückkehr Mohammeds – 495, 535, 589, 611, 684, 691
Rückkunft Jesu – 589
Ruf zum Islam (s. auch Mission, islamische, und Zwang zum Islam) – 252, 289, 442, 476
Ruhmestitel der Quraišiten – 39 f.
Sabbat – 274, 339, 369
Sasaniden – 29, 61, 76–78, 111, 183, 202, 215, 229 f., 259 f., 264, 314, 363, 374 f., 399, 432, 472, 476, 478, 660, 733, 748, 773, 802, 813, 819, 882 f., 908, 919, 933 f., 955
Satan – 131 f., 134 f., 138, 147, 151, 172, 233, 240, 263, 267, 318, 320, 362, 449, 715, 962, 966
„satanische" Verse – 64, 122, 212, 226
Schalttage, Schaltmonate – 33, 283, 449, 746, 796, 883 f.
Schamgegend – 81, 421, 727
Scharia, Schariagelehrsamkeit – 551, 693, 699, 708, 906, 917, 967
„Schatten Allahs" – 690, 717
Schiedsgericht – 635
Schiiten – 501, 505, 655, 661 f., 665, 672, 680, 683, 685, 718, 734, 755, 804, 966
Schlachtruf – 793
Schlange – 80, 715, 886
Schmähung der Feinde – 951, 969
Schöpfergott – 115, 128, 909
Schöpfung – 111, 122, 450
Schöpfungshandeln Gottes/Allahs, unaufhörliches – 123, 126, 156, 177, 220 f., 234, 296, 334, 649, 689, 705, 709, 802, 905, 910, 919, 921, 923, 932
Schöpfungswort – 978
Schreiber der Offenbarung – 142, 272
Schreibkundigkeit – 927
Schreibkunst – 73, 144, 313

Schriftbesitzer – 28, 87 f., 106, 146, 180, 219, 337–342, 350, 372, 391, 451, 762, 797, 925
Schriftstücke Moses und Abrahams – 123, 138, 169
„Schutz“ Allahs/seines Gesandten – 343, 395, 405 f., 440, 442, 507, 552, 938, 969
Schutzbefohlene – 343 f., 520, 663 f., 672
Schwache, für gesellschaftlich gering Angesehene – 202–204, 239, 242 f., 252, 319, 337, 404
Schwurformeln – 118, 130, 132, 140, 758
Sechstagewerk – 921
Seekrieg – 659, 673, 720, 822
Seele – 150 f., 173, 335, 714, 901
Selbstbewußtsein Mohammeds – 137, 146, 340, 381
Selbsterlösung – 176
Selbstverständnis Mohammeds – 139, 152, 233
Selbstverantwortung – 979
Septuaginta – 127
Sicherheitsversprechen – 435
Siebenschläfer – 224 f.
Sieg als Wahrheitskriterium – 317, 374
Siegel der Propheten – 180 f., 184, 423
Sintflut – 19
Sippensolidarität – 196 f., 201, 230, 344, 346, 411, 434, 582
Sittlichkeit – 128
Sklaven/Sklaverei – 499, 510, 540, 549
Sklavenhandel – 213, 217
Sohn Gottes – 214, 220, 233 f., 340
„Söhne der Auswanderer“ – 655
Solidargemeinschaft – 252, 803, 818
Sonnabendandacht – 274
Souveränität Allahs – 464, 538, 964
Speisegebote – 124, 164, 295, 338, 707
Speisung der Pilger – 74
Sprache – 30
Sprachkraft der „Lesung“ – 139
Sprachstil der Suren – 910
Sprechweise Mohammeds – 814
Staatsländereien – 516 f., 520, 584
Staatsschatz – 508 f., 511, 521
Stammespolitik – 44, 52 f.
Stammeszwist – 25, 555, 660, 945
Statthaftigkeit des Kriegs im heiligen Monat – 301, 387
Statthalter – 508, 566, 570, 601, 717
Steinigung – 697 f., 964
Stellvertreter Allahs – 680 f., 690, 720
Stellvertreter des Gesandten Allahs – 467 f., 493, 497, 535, 548
Stellvertreter Gottes – 826
Sterblichkeit Mohammeds – 495 f.
Sternschnuppen – 236
Steuern – 183
Stiftung – 510, 517, 520
Strafe – 240, 242, 297, 318, 462, 484, 963
Strafen, koranische – 464 f., 538 f., 615, 798, 963
Straflegenden – 226, 882
„Strengen“, die – 56, 59, 67, 106, 110, 117, 132, 136, 175, 258, 279, 284 f., 690, 735, 746, 893
Sublimierung des Opfers – 929
Ṣūfa – 741
Sufismus – 826, 888
Sühnegabe – 385 f., 514
Sünde – 153
sunna – 627, 633, 663
Sunniten – 188, 493, 506, 733 f., 755, 966, 970, 974
Tatenverzeichnis – 94, 724
Terror – 348, 350, 373, 438, 452
Testamentsvollstrecker – 590, 597, 617, 639
Textgläubigkeit – 287
Thron Allahs – 19, 127 f., 134, 155, 168, 653, 689, 723, 752, 756, 760, 913, 919, 961, 977 f.
Thron, leerer – 155, 977
Thronfolge – 654, 822
Thronwagen – 920
Tieropfer – 21 f., 83, 165, 283, 290 f., 339, 380, 448, 791, 976 f.
Töchter Allahs – 64, 66, 114, 118, 234
Tod al-Ḥusains – 655
Tod der Mutter Mohammeds – 103
Tod des Vaters Mohammeds – 101
Toleranz – 777
Tora – 141, 146, 159, 179, 181, 275, 293, 341, 381, 447, 462 f., 588, 681, 688 f., 698
Totenklage – 494
Tötung der Beigeseller – 445
Tränkung der Pilger – 75, 420
Transzendenz – 128, 930
Traum – 89, 105, 150, 218, 246, 304 f., 376, 379, 486 f., 571, 644, 647, 649
„Treueid der Frauen“ – 774
Tribut – 219, 383 f., 399, 420, 433 f., 470, 514, 610, 960
Trinität – 219, 589, 723
Tugend – 151
Übereinstimmung der Ansichten ʿUmars mit dem Koran – 541–543
Übererfüllung der Riten – 704 f., 712 f.
Überfälle auf Karawanen – 298, 300 f.
Übergabevertrag, s. auch Unterwerfungsabkommen – 395
Überhöhung Mohammeds – 422 f.
Überlieferung, s. auch *ḥadīṯ* und *Ḥadīṯ* – 500 f., 504, 562, 661, 682, 684, 700
Übertritt zum Islam – 206, 252, 254, 307, 377, 386, 403, 407, 415, 418, 431, 525, 556, 664, 792
Überzeitlichkeit der Botschaft Allahs – 905, 931
„ʿumarsche Bedingungen“ – 552, 968, 979
Unabhängigkeit der Quraišiten – 75
Ungestüm (heidnisches) – 784
Unglaube – 454, 946

Unmittelbarkeit der Beziehungen Mohammeds zu Allah – 146
Unnachahmbarkeit des Korans – 245, 914 f.
Unterbrechung der Eingebungen – 90 f.
Unterwerfung unter Mohammeds Herrschaft – 373
Unterwerfungsabkommen – 480, 547, 581
Urchristentum – 897 f.
Urschrift des Buches – 140
ursprüngliche Wesensart, s. auch Geschaffenheit zu Allah hin – 278, 283, 705
Usurpation – 590, 717, 825, 967 f.
Usurpation des Pilgerkultes – 36
Vaterschaft – 31, 332
Veränderung der Riten – 249, 258, 267, 284, 379, 447–449
Verbannung – 361
Verbindungen Mohammeds nach Medina – 44 f.
Verbindungen zwischen Mekka und Medina – 255
Verborgene, das – 122 f., 134, 145, 237, 245, 902, 965
„Verbot der Tötung" – 798, 942–944
Verbrüderung – 302, 315, 324, 814
Verdienst um den Islam – 523 f., 528, 533, 544, 548, 560 f., 566, 569, 571, 584 f., 611, 629, 639, 675
Vereinheitlichung der Sprache – 531, 579, 896
Vereinheitlichung des Korans – 579
Verfolgung Mohammeds durch die Quraišiten – 187 f.
Vergraben neugeborener Mädchen – 162, 326
Verjagen der lauschenden Dämonen – 134, 136
Verkehrung der Schöpfungsordnung – 153
Verklärung der Vergangenheit – 574
Verknüpfung von Religion und Politik – 966
Verlebendigung der Erinnerung an Mohammed – 534
„Vermögen Allahs" – 513, 519, 524 f., 572, 583, 706
„Vermögen der Muslime" – 601, 706
Vernunft – 128
Verschleierung – 809
Verschriftlichung der „Lesung" – 135, 139–141, 144, 179, 223, 286, 314, 684, 736
Verschwägerung – 232, 332
Versöhnungstag – 282
Verstand – 240, 526, 757, 964
Verstetigung der Gottesverehrung – 161
Verstoßung – 331
Vertagung des Urteils über die Prophetengenossen – 501
Verteilung der Staatseinkünfte – 524
Vertiefung der Riten – 712
Vertreibung – 207, 241, 250 f., 265 f., 351, 396, 442, 445, 552
Verwandtschaft – 35, 230–232, 308, 323, 329, 332, 417, 502, 523, 526, 550, 562, 565, 585, 602, 616, 639, 788, 959
Verweigerung der Anerkennung Abū Bakrs – 468
Verwundung Mohammeds – 356
Verzeichnis der Weltgeschichte – 94 f.
Vigilien – 285, 473
Vision – 90 f., 113, 127
Völkertafel – 882, 938
Vollmacht – 690
Vollmacht Allahs – 118, 122, 147, 171, 649
Voraussagen des Propheten – 653
Vorbeter, s. auch Imam – 493, 502 f.
Vorbild, Mohammed als Vorbild – 604, 651 f., 663, 671, 677, 702, 905
Vorgänger Mohammeds – 138, 294, 339, 423
Vorherbestimmung – 87, 133, 390, 709
Vormacht der Sasaniden – 78
Vormundschaft – 330, 541, 781
Vorrang der eigenen Sippe – 195 f., 203, 221, 252, 315, 324, 404, 417, 514
Vorrang der Quraišiten – 27 f., 31, 39
Votivgaben – 20, 80
Waage – 961 f.
Waffenstillstand – 378 f., 413
Wahlgremium – 577
Wahrheit der Botschaft Mohammeds – 133, 137, 141, 287, 317, 339, 352, 440, 535, 546, 555, 562, 630, 690, 700, 718 f., 730–734, 902
Wahrsagerei – 25, 79, 115, 118, 130–133, 136 f., 140, 155, 157, 200, 877, 913, 921
Waisen – 330
Warner – 93, 110, 127, 129, 196, 240, 459
Wartefrist – 332, 421, 591
Waschung, rituelle, mit Sand – 438
Waschung, rituelle, s. auch Reinheit – 249, 365, 502, 702, 704 f.
Wein – 166, 191, 198, 218, 507, 538 f., 542, 556, 643, 648, 656, 702, 821
„Weiner" – 349, 711
Weintrauben – 918 f.
Weinverbot – 964
Weisheit – 151, 646 f.
Weisheit Gottes – 126
Weisheitsdichtung – 158
Weltgericht (s. auch unter Endzeit) – 126, 154, 708
Weltgeschichte –125
Wergeld – 303, 309, 343, 359, 377, 402, 420, 527, 539, 943, 955
Werkgerechtigkeit – 390, 930
Wesir – 967
Wille Allahs – 158, 429
Wirkkraft der „Lesung" – 147 f., 205, 697
Wissen, von Allah stammend – 501–503, 538, 568 f., 604, 652, 665, 683, 694, 701, 723, 832, 906, 972, 974
Wort Gottes (vgl. auch Rede Allahs) – 128
Wucher – 420, 434, 441, 450

Wunder – 239, 241, 731, 913
Wunder in Mohammeds Kindheit – 102 f.
Wunderzeichen – 135, 137, 157
Zahnholz – 438, 494
Zauberei – 109, 135 f., 147, 178, 181, 195, 200, 239, 241
Zechgenossenschaft – 47, 347, 783
Zehnte, der – 23, 60 f., 435, 439, 947
Zeit – 114–116, 165, 449, 555
Zeitehe – 540 f., 668, 809
Zeitrechnung – 68 f., 73, 507, 545 f., 731, 789, 810
Zemzembrunnen – 74, 79, 96, 198, 229, 419, 485, 646, 893
Zeremonialstab – 215, 674
Zerstörung der Moral – 458 f.
Zeugung Mohammeds – 97 f.
Zorn Allahs – 163, 166, 172, 195, 290, 296, 614, 711, 979
Zoroastrier – 433, 552, 648, 814
„zurückgeholtes" Gut – 360 f., 364, 383 f., 396, 428, 507, 512, 525, 567, 573, 622, 664, 794 f., 946
Zurücksetzung der „Helfer" – 429
Zusammenarbeit zwischen Seßhaften und Beduinen – 37
Zuversicht der Gläubigen – 380
Zwang in der Glaubenspraxis – 167, 296
Zwang zum Islam – 401, 424, 439, 442, 445, 476, 488 f., 499
Zweck der islamischen Machtausübung – 525
Zweifel am Inhalt des Korans – 287
Zweifel an Mohammed – 288, 453, 733
Zweikampf – 51, 309
Zwietracht – 568, 600, 610, 619, 770

2. Personen

Aaron 241 f., 291, 339, 645
Abān (Halbbruder des ʿAmr b. Saʿīd b. al-ʿĀṣ) 560
al-ʿAbbās b. ʿAbd al-Muṭṭalib (VIa) (Abū l-Faḍl 415) 81, 188 f., 246, 263, 280, 297, 304, 310 f., 384, 404, 415, 417, 419 f., 492, 494, 498, 502, 505 f., 523, 528, 530, 578, 754, 792, 926, 942, 971 f.
al-ʿAbbās b. ʿAlī b. abī Ṭālib 617
al-ʿAbbās b. Mirdās 427 f., 794
ʿAbd ad-Dār b. Quṣaij (V) 41, 42, 227, 558, 620, 726
ʿAbd Jālail b. ʿAmr b. ʿUmair b. ʿAuf b. ʿUqba b. Ġijara b. ʿAuf b. Ṯaqīf 236
ʿAbdallāh b. al-ʿAbbās 416, 503, 505, 531, 616 f., 619, 626, 628, 632, 637, 640, 686, 691, 700, 926, 942, 960
ʿAbdallāh b. ʿAbdallāh b. al-Ḥāriṯ b. Naufal b. al-Ḥāriṯ b. ʿAbd al-Muṭṭalib 383, 386
ʿAbdallāh b. ʿAbd al-Muṭṭalib b. Hāšim (VIa) 74, 79, 80, 96–98, 101, 103, 130, 327, 466, 727, 977
ʿAbdallāh b. abī Aḥmad 689
ʿAbdallāh b. abī Bakr 268
ʿAbdallāh b. abī Umaija b. al-Muġīra 415
ʿAbdallāh b. abī Rabīʿa b. al-Muġīra 194, 214
ʿAbdallāh b. abī Sulaimān 893
ʿAbdallāh b. ʿĀmir 482, 512, 581, 591 f., 594, 597, 607, 630, 805
ʿAbdallāh b. ʿAmr b. al-ʿĀṣ 636, 656, 679, 687, 690 f., 700, 926
ʿAbdallāh b. al-Arqam 509 f., 805
ʿAbdallāh b. ʿAuf 516
ʿAbdallāh b. Buḥaina 691
ʿAbdallāh b. Ǧaʿfar b. abī Ṭālib 512, 528, 616, 627, 813
ʿAbdallāh b. Ǧaḥš al-Asadī 257, 301, 305, 307, 309, 426, 433, 521, 528
ʿAbdallāh b. Ǧudʿān 47, 51, 55, 78, 191, 193, 202, 259, 558, 748, 791, 889, 940, 957
ʿAbdallāh b. Ḥadrad al-Aslamī 393
ʿAbdallāh b. Ḫālid b. Asīd b. abī l-ʿĀṣ 509, 510, 583
ʿAbdallāh b. Ḥanẓala 656, 657, 662
ʿAbdallāh b. al-Ḥāriṯ b. Naufal b. al-Ḥāriṯ b. ʿAbd al-Muṭṭalib b. Hāšim 658
ʿAbdallāh b. Ḥawāla 679, 680
ʿAbdallāh b. Jazīd al-Ḫaṭmī 661, 662, 701
ʿAbdallāh b. al-Kauwāʾ 635
ʿAbdallāh b. Masʿūd 302, 311, 500–502, 532, 535, 579 f., 582, 584, 650, 652, 804, 808, 916
ʿAbdallāh b. Muḥammad (Sohn Mohammeds) 107–109
ʿAbdallāh b. Muḥammad b. ʿUmar b. ʿAlī 804
ʿAbdallāh b. al-Muʿtamm 480
ʿAbdallāh b. Muṭīʿ 662, 663
ʿAbdallāh b. Naufal b. al-Ḥāriṯ 44, 45
ʿAbdallāh b. Qais 217
ʿAbdallāh b. Rawāḥa 373, 612 f., 969
ʿAbdallāh b. Sabaʾ (Ibn as-Saudāʾ 589) 589–595, 597 f., 601–603, 605, 615–618, 622–625, 634, 641, 684, 714
ʿAbdallāh b. Saʿd b. abī Sarḥ 142, 288, 292, 418, 529, 592, 594, 597–599, 606–608, 618, 732
ʿAbdallāh b. Saʿīd b. al-ʿĀṣ 560
ʿAbdallāh b. Ṣafwān al-Ǧumaḥī 558 f., 562, 668, 669
ʿAbdallāh b. Salām 185, 653, 925
ʿAbdallāh b. Ubaij 253 f., 321, 351, 354, 357, 360, 365 f., 429, 437, 455, 457–459,

543, 798
ʿAbdallāh b. ʿUmar b. al-Ḫaṭṭāb 274, 278, 282, 438, 509 f., 524, 541, 550, 559, 577, 583, 592, 636, 640, 655, 663, 666, 683, 686, 691, 693, 700, 709–711, 724, 733, 820
ʿAbdallāh b. ʿUmar b. Maḫzūm 131
ʿAbdallāh b. ʿUtba 501
ʿAbdallāh b. ʿUṯmān (aus der Ehe ʿUṯmān b. ʿAffān b. abī l-ʿĀṣ´ mit Ruqaija bt. Muḥammad hervorgegangen) 578
ʿAbdallāh b. Zaid 275, 276, 696
ʿAbdallāh b. Zamʿa b. al-Aswad b. al-Muṭṭalib b. Asad 493
ʿAbdallāh b. az-Zibaʿrā 72, 120, 233, 969 f.
ʿAbdallāh b. az-Zubair 83 f., 212, 501 f., 559, 575 f., 640, 655–677, 684, 699, 703, 721, 750, 824, 890, 926
ʿAbd Jaġūṯ (Bruder der Āmina bt. Wahb) 398
ʿAbd al-Malik b. Aijūb an-Numairī 958
ʿAbd al-Malik b. Marwān (VIb) 84, 236, 508, 528, 536, 657, 671, 674, 676 f., 688, 690, 700, 707, 709, 721, 825, 829, 831, 890, 899
ʿAbd Manāf b. Quṣaij (V) 40– 42, 48 f., 75, 96 f., 100, 193 f., 199, 205 f., 215, 231, 355, 417, 558, 560, 562, 577– 579, 616, 620, 678, 725 f., 785
ʿAbd Manāt 64
ʿAbd al-Muṭṭalib b. Hāšim (VIa) 21 f., 37, 41, 43–48, 68–72, 74–76, 78–82, 96–101, 103, 173, 193–195, 197, 199, 201, 206, 210, 212 f., 215, 229, 231, 233, 235 f., 243, 251, 257, 279, 327, 354 f., 361, 363, 377, 383, 395, 404, 406, 411, 414, 419, 426, 466, 525, 546, 557–560, 562, 578, 604, 620, 640, 648, 674, 686, 726 f., 735, 742, 750, 776 f., 780, 889, 892 f., 907, 936, 940, 970 f., 977
ʿAbd al-Muṭṭalib b. Rabīʿa 384
ʿAbd ar-Raḥmān (ein Schutzbefohlener des Muḥammad b. Rabīʿa b. al-Ḥāriṯ b. ʿAbd al-Muṭṭalib) 81
ʿAbd ar-Raḥmān b. abī Bakr 311, 822
ʿAbd ar-Raḥmān b. ʿAuf 190, 311, 371, 374, 397, 399, 427, 508, 510 f., 546, 574, 577 f., 585, 668, 700, 814
ʿAbd ar-Raḥmān b. Ġanm 724, 968
ʿAbd ar-Raḥmān b. al-Ḥāriṯ b. Hišām b. al-Muġīra al-Maḫzūmī siehe Ibrāhīm b. al-Ḥāriṯ b. Hišām b. al-Muġīra al-Maḫzūmī
ʿAbd ar-Raḥmān b. Ḥassān b. Ṯābit 945
ʿAbd ar-Raḥmān b. Mulǧam 638
ʿAbd ar-Raḥmān b. Saʿīd b. Jarbūʿ 299
ʿAbd ar-Raḥmān b. Saʿīd b. Zaid b. ʿAmr 654
ʿAbd Šams b. ʿAbd Manāf b. Quṣaij (VIa) 43, 53, 71, 100, 198, 210, 215, 355, 377, 502, 559, 561, 583, 605, 676, 678, 726, 744, 971
ʿAbd al-ʿUzzā b. ʿAbd al-Muṭṭalib (Abū Lahab 108, 199, 228, 235, 245, 466, 754, 778) (VIa) 199, 201, 235, 971
ʿAbd al-ʿUzzā b. ʿAbd Šams 616
Abel 464, 942, 976
Abīkarib Asʿad 63
Abraha al-Ašram (Abū Jaksūm 72) 30, 34, 63, 68–74, 77, 79, 82, 120, 194, 210, 356, 377, 427, 674, 780, 970
Abraha b. aṣ Ṣabbāḥ 820
Abraham (Ibrāhīm 65, 66, 333) 19–24, 30, 35 f., 57, 59, 63, 65 f., 81–83, 96, 99, 121–129, 135, 138, 146, 150, 159 f., 162 f., 165, 169–173, 176, 178 f., 195, 220, 232 f., 238, 244–246, 251, 253, 283, 291, 293 f., 296–298, 339–341, 349, 419, 423 f., 447 f., 486–488, 540 f., 546, 592, 643–646, 648–650, 670 f., 707, 713, 720, 725, 762, 882, 895, 925, 970, 976
Abraham (Bruder des Justus) 461
Abram 976
Abū ʿAfak 349, 352
Abū Ajūb Ḫālid b. Zaid 272, 357, 710, 774
Abū ʿĀmir ʿAbd ʿAmr b. Ṣaifī 321, 322, 354, 356, 360, 362, 364, 366, 457, 461, 463, 656, 729
Abū ʿAmr aš-Šaibānī 75
Abū ʿAmr b. Umaija b. ʿAbd Šams 888
Abū l-ʿĀṣ b. ar-Rabīʿ b. ʿAbd al-ʿUzzā b. ʿAbd Šams 108, 313, 325, 579, 616, 620
Abū l-ʿĀṣ b. Umaija b. ʿAbd Šams (VIb) 560
Abū ʿAzzā 357
Abū l-Baḫtarī b. Hišām b. al-Ḥāriṯ b. Asad b. ʿAbd al-ʿUzzā 228, 231, 310
Abū Bakr b. ʿAbdallāh b. Muḥammad b. abī Sabra 646
Abū Bakr b. ʿAbd ar-Raḥmān 209
Abū Bakr b. abī Quḥāfa (Abū Faṣīl 471, ʿAtīq 559) 47, 143, 185, 188–191, 203 f., 230, 246, 252, 259 f., 267 f., 271 f., 274, 307, 310 f., 328 f., 336, 378, 398, 404, 444, 447 f., 456, 458, 466–472, 474–479, 492–497, 502–507, 511, 518, 521 f., 529 f., 535, 541–543, 557–560, 570, 578 f., 586, 599, 616 f., 620, 628, 643, 676 f., 686–688, 693–695, 697, 700, 779, 792, 799, 802, 807, 822, 893, 941, 951, 959 f., 966, 969, 974
Abū Bakr b. Ḥizām 397
Abū Baṣīr 405 f., 408, 414, 669, 748, 790
Abū Burda b. abī Mūsā al-Ašʿarī 210
Abū d-Dardāʾ 580, 591, 827
Abū Ḏarr al-Ġifārī 255, 508 f., 557, 587, 590 f., 646 f., 650, 652
Abū Ḏiʾb b. Rabīʿa 749
Abū Duǧāna 612
Abū l-Faḍl siehe al-ʿAbbās b. ʿAbd al-Muṭṭalib
Abū Faṣīl siehe Abū Bakr b. abī Quḥāfa
Abū Ǧandal b. Suhail b. ʿAmr 379, 404, 406, 408
Abū Ǧubaila 936
Abū l-Haiṯam b. at-Taijihān 255, 262, 455, 457, 542

Abū l-Ḥakam b. Hišām 304
Abū Ḥanīfa 947
Abū Ḥanẓala siehe Abū Sufjān b. Ḥarb
Abū l-Ḥasan siehe ʿAlī b. abī Ṭālib
Abū Hāšim ʿAbdallāh b. Muḥammad b. al-Ḥanafīja 971
Abū Ḥātim ar-Rāzī 905
Abū Ḥāzim 972 f.
Abū Ḥuḏaifa b. al-Muġīra al-Maḫzūmī 204, 585
Abū Ḥuḏaifa b. ʿUtba b. Rabīʿa (Urenkel von ʿAbd Šams und Patron von Sālim, dem Vorbeter in Qubāʾ) 258, 274, 310 f., 816, 952
Abū Ḥuqaiq 396
Abū Huraira 399, 433, 495, 513 f., 518, 536–539, 682–684, 687, 691, 694, 697 f., 700, 704, 707, 710, 888, 960
Abū Jūsuf 442
Abū Kabša 120
Abū Lahab, s. ʿAbd al-ʿUzzā b. ʿAbd al-Muṭṭalib
Abū Lubāba 369 f., 612
Abū Luʾluʾa 512, 525
Abū Maʿšar 211
Abū Miḫnaf 566
Abū Muʿaiṭ 743, 888
Abū Mūsā al-Ašʿarī 210 f., 529, 545, 570 f., 579–582, 584 f., 598, 601, 618 f., 621, 632 f., 636, 672, 686, 694
Abū Muslim siehe Abū Samauʾal
Abū Muwaihiba 496
Abū Naizar (Sohn des Negus) 217
Abū Qais b. al-Aslat 164–166, 199, 253 f., 274, 291, 315, 321, 339, 457, 459, 557, 798
Abū l-Qāsim (Mohammed) 107
Abū Rabīʿa b. al-Muġīra 131 f., 193 f., 215
Abū Riġāl 73, 427, 747
Abū Ruhm b. ʿAbd al-ʿUzzā 942
Abū Šaḥm 371
Abū Saʿīd al-Ḫudrī 644 f., 652 f., 683, 691, 696, 700
Abū Ṣaifī b. abī ʿĀmir ʿAbd ʿAmr b. Ṣaifī 461
Abū Salama ʿAbdallāh b. ʿAbd al-Asad 209–212, 216, 256, 257, 311
Abū Salama b. ʿAbd al-Asad al-Maḫzūmī 497, 941, 948
Abū Salama b. ʿAbd ar-Raḥmān b. ʿAuf 686
Abū Salama az-Zuhrī 537 f.
Abū Samauʾal (Abū Muslim 688) 688
Abū Sufjān b. Ḥarb (VIb) (Abū Ḥanẓala 415) 51, 112, 187–189, 192 f., 197, 207, 303–305, 345, 347, 352–354, 356, 362, 366, 368 f., 378, 412 f., 415–417, 419, 427, 431, 479, 491, 514, 558–560, 616, 620, 658, 666, 676, 678, 682, 726, 733, 784, 795, 892, 926, 942
Abū Sufjān b. al-Ḥāriṯ b. ʿAbd al-Muṭṭalib 414 f., 419, 969
Abū Ṭālib (VIa) 43, 47, 78, 103, 105, 194, 197–201, 204, 207, 211, 228, 231, 235, 242 f., 246, 255, 263, 644, 647, 727, 770, 971
Abū ʿUbaid (Vater al-Muḫtārs) 667
Abū ʿUbaid al-Qāsim b. Salām 903
Abū ʿUbaida b. al-Ǧarrāḥ 190, 411, 436, 467, 477–479, 558, 577, 677, 700
Abū Umaija b. al-Muġīra (IX) 81, 304, 347
Abū Wadāʿa b. Ḍubaira 347
Abū Wāqid al-Laiṯī 691
Adam 19, 172, 220 f., 334 f., 340, 420, 463, 532, 645, 689, 739, 782, 924, 978
ʿAdī 42
ʿAdī b. (abī) Ḥamrāʾ 187
ʿAdī b. Ḥātim 431, 584
ʿAdī b. Naufal b. ʿAbd Manāf b. Quṣaij 215
ʿAdī b. Qais 228, 232
ʿAdī b. Zaid 115, 117, 164, 750, 919, 933
ʿAdnān b. Udad (I) 30 f., 881, 892
Afṣā b. Ḥāriṯa 46
Aḥmad b. Ḥanbal 701, 904 f., 974
Aḥmad b. Ṭūlūn 965
al-Aḥnaf b. Qais 622
al-Aḫnas b. Šarīq 70, 193, 236, 243, 305, 405, 414, 669
Aiman 63
ʿĀʾiša bt. Abī Bakr 84, 88–91, 282, 328–330, 364–366, 368, 384, 390, 397, 429, 464, 492–495, 498–506, 537, 538, 559, 561, 562, 568, 575, 619–621, 623 f., 626, 644, 668, 671, 683–685, 695, 698, 818, 940
ʿAijāš b. abī Rabīʿa 436, 466
ʿAkbara 31
ʿAkk b. ʿAdnān b. Udad (I) 30, 31
ʿAlāʾ ad-Dīn Muġlaṭāj 99
al-ʿAlāʾ b. al-Ḥaḍramī 432 f., 794
Alexander 484, 486 f., 801
ʿAlī b. abī Ṭālib (Abū l-Ḥasan 615) 64, 74, 98, 108 f., 189 f., 217, 267 f., 310, 316, 356, 366, 370, 375, 394, 397 f., 401, 427, 431, 443 f., 465 f., 468, 492, 494, 500 f., 503, 505 f., 508 f., 514 f., 517 f., 522, 527, 534, 539, 544, 546, 548 f., 558–561, 565, 567 f., 575–579, 584, 590, 593, 597, 602, 605, 606–608, 614–640, 644, 655, 658, 660 f., 663–665, 667, 670, 672, 674, 683, 685, 690, 694, 700 f., 709, 746, 817, 893, 901, 926, 959, 969, 971, 974
ʿAlī b. al-Madīnī 906
ʿAlī b. Umaija b. Ḫalaf 311
ʿAlqama b. Marṯad 937
ʿAlqama b. al-Muǧazziz 800
al-Amīn (der abbasidische Kalif) 733
Āmina bt. Abān b. Kulaib 888
Āmina bt. Wahb (VIc) 97, 98, 100–103, 327, 398, 727
ʿĀmir b. ʿAbd Qais 713–716, 719, 720
ʿĀmir b. Fuhaira 268
ʿĀmir b. Luʾaij b. Ġālib b. Fihr (V) 33, 243, 328, 378, 597
ʿĀmir b. Mālik 358, 359
ʿĀmir b. Rabīʿa 257, 954

ʿĀmir b. Šarāḥīl aš-Šaʿbī 533 f.
ʿĀmir b. aṭ-Ṭufail 359, 673, 785
ʿĀmir b. Ẓarib 53
ʿĀmir b. abī Waqqāṣ 174
ʿAmmār b. Jāsir 204, 357, 585 f., 592, 594 f., 598, 607, 628, 817
ʿAmr siehe Hāšim b. ʿAbd Manāf b. Quṣaij
ʿAmr b. ʿAbasa 255
ʿAmr b. ʿAbd Šams (Nachkomme des ʿĀmir b. Luʾaij b. Ġālib b. Fihr) 243
ʿAmr b. abī Šamir 75
ʿAmr b. ʿĀmir 877
ʿAmr b. al-ʿĀṣ b. Wāʾil 210, 213 f., 287, 400, 409, 411, 417, 425, 434, 475, 478 f., 483, 488, 508, 512, 519, 552, 553, 558, 593–597, 601, 607, 618, 626 f., 631–633, 636–638, 820, 964, 969
ʿAmr b. Asad 107
ʿAmr b. al-Ḥaḍramī (Bruder des al-ʿAlāʾ b. al-Ḥaḍramī) 309, 433
ʿAmr b. al-Ḥamiq 615
ʿAmr b. Hind 76
ʿAmr b. Hišām b. al-Muġīra (Abū Ǧahl) 131 f., 193, 222, 231, 242, 254, 258, 261, 268, 303–306, 309, 311, 312, 318, 323, 325, 466) 131, 193, 197, 207
ʿAmr b. Kaʿb b. Saʿd b. Taim b. Murra (IX) 620
ʿAmr b. Luḥaij 25 f., 32, 725, 892
ʿAmr b. Maʿdīkarib 184
ʿAmr b. Nufail 243, 889
ʿAmr b. Rabīʿa 46
ʿAmr b. Rabīʿa b. Ḥāriṯa b. ʿAmr b. ʿĀmir 877
ʿAmr b. Saʿīd b. al-ʿĀṣ 560
ʿAmr b. aṭ-Ṭufail b. ʿAmr b. Ṭuraiṯ 206
ʿAmr b. Uḥaiḥa b. al-Ǧulāḥ 45
ʿAmr b. ʿUtba 726
ʿAmr b. az-Zubair 824
ʿAmr b. Zurāra an-Naḫaʿī 568, 570 f.
ʿAmra (Enkelin des Asʿad b. Zurāra) 397
ʿAmra bt. Jazīd 940
Anas b. Mālik 333, 493, 503, 650, 652, 692 f., 700, 704 f., 711, 821
Andrae, T. 918, 961 f.
Anuschirwan 76 f., 98, 101, 480, 800
ʿĀqil b. abī Ṭālib 522, 670
al-Aqraʿ b. Ḥābis 428
Arjāṭ 69
al-Arqam b. abī l-Arqam (al-Arqam b. ʿAbd Manāf b. Asad b. ʿAbdallāh b. ʿUmar b. Maḫzūm 252) 187, 191, 204, 252, 689
al-ʿĀṣ b. Hišām b. al-Muġīra al-Maḫzūmī 778
al-ʿĀṣ b. Umaija 560
al-ʿĀṣ b. al-Wāʾil 54 f., 519, 890
Asʿad 63
Asʿad Abū Karib 29, 881
Asad b. ʿAbd al-ʿUzzā 41 f., 75, 199, 231, 676
Asʿad b. ʿAdī al-Aṣġar 878
Asʿad b. Zurāra 255 f., 262 f., 271–275, 279, 286, 288, 321 f., 342, 349 f., 397, 728, 730, 799
Asad b. Ḫuzaima (II) 32, 470, 941
al-Ašʿaṯ b. Qais al-Kindī 632, 635
ʿĀṣim b. ʿAdī 321
Asmāʾ bt. abī Bakr 268
Asmāʾ bt. Ḥāriṯa 701
ʿAṣmāʾ bt. Marwān 348, 352
Asmāʾ bt. An-Nuʿmān 940
al-Aswad al-ʿAnsī 183–185, 469 f.
al-Aswad b. ʿAbd al-Asad 309
al-Aswad b. al-Muṭṭalib 197
ʿĀtika bt. ʿAbd al-Muṭṭalib 304 f., 347
ʿĀtika bt. al-Auqaṣ b. Murra b. Hilāl 355
ʿĀtika bt. Hilāl b. Fāliǧ b. Hilāl 355
ʿĀtika bt. Murra 355, 414
ʿAtīq siehe Abū Bakr b. abī Quḥāfa
ʿAtīq b. ʿĀbid 107
ʿAttāb b. Asīd b. abī l-ʿĪṣ b. Umaija b. ʿAbd Šams 425, 497, 583, 721, 805
ʿAuf b. Luʾaij b. Ġālib b. Fihr 38
ʿAuf b. Mālik al-Ašǧaʿī 550, 688
al-Auqaṣ b. Murra b. Hilāl 355
ʿAuwāf 49 f., 54
al-ʿAuwām b. al-Ḫuwailid 807
al-Auzāʿī 829
Āzar 171
Azd 31
al-Azhar b. ʿAbd ʿAuf 669
al-Azraqī, Abū l-Walīd 19, 25, 29, 37, 187 f., 876, 893
Bāḏān 432, 470
Baġīḍ b. ʿĀmir b. Hāšim b. ʿAbd Manāf b. ʿAbd ad-Dār 227
Baḥīrā 104 f.
Baibars 965
al-Baihaqī 905
al-Balāḏurī 475
al-Barāʾ b. ʿĀzib 700, 705
al-Barāʾ b. Maʿrūr 280 f.
Barra (Ehefrau des Ṣafwān b. Umaija b. Ḫalaf al-Ǧumaḥī) 558
Barra bt. ʿAbd al-Muṭṭalib 209, 942
Barra bt. Murr 888
Barra bt. Quṣaij 131
Bell, R. 909 f.
Bergsträsser, G. 910
Bilāl 203 f., 215, 276, 311, 493
Blachère, R. 911
Budail b. Warqāʾ 377, 415
Buǧair b. Saʿd b. abī Waqqāṣ 516
al-Buḫārī 88–91, 537 f., 905 f., 975
Buraida b. al-Ḥuṣaib al-Aslamī 363, 400, 443, 704, 937
Busr b. Sufjān al-Kaʿbī 400
Buṯaina 950
Cook, M. 898
Crone, P. 898 f.
Daġfal aš-Šaibānī 96, 530
aḍ-Ḍaḥḥāk b. Qais al-Fihrī 676, 681 f.

Ḏakwān b. Qais 255
Daniel 656, 822
ad-Dārimī (ʿAbdallāh b. ʿAbd ar-Raḥmān) 937, 972
Dāʾūd b. al-Ḥusain 804
David 339
Decius 769
Diḥja al-Kalbī 375, 432, 437, 926
Ḍimād (von den Azd Šanūʾa) 255
Ḏū l-Aṣbaʿ 114
Ḏū l-Kulāʿ 628, 630, 631, 687, 688
Dumaija 515
Ḏū Nuwās (Jūsuf) 63, 881, 895, 907, 924
Duraid b. aṣ-Ṣimma 426
Eliade, M. 876, 923
Ephräm der Syrer 151–154, 918 f., 922, 961, 977
Eva 172, 334 f., 782
Ezra 233 f., 436, 450
al-Faḍl b. al-ʿAbbās 506, 804, 942
Fāḫita bt. Zuhair 893
Faḫr ad-Dīn ar-Rāzī 921, 928
al-Fakīh (Bruder von al-Walīd, dem Vater des Ḫālid b. al-Walīd) 424
al-Fākihī 29
al-Farazdaq 326
Farwa b. ʿAmr al-Ǧuḏāmī 437
Farwa b. Musaik 443
al-Fāsī, Taqī ad-Dīn 187–189, 247 f., 874
Fāṭima 33 f.
Fāṭima (Schwester des ʿUmar b. al-Ḫaṭṭāb) 139, 175
Fāṭima bt. Muḥammad (Tochter Mohammeds) 107, 108, 413, 468, 517, 518, 560, 617, 694, 971
Fāṭima bt. Murr 97
Fāṭima bt. al-Walīd b. al-Muġīra 558
Fihr b. Mālik b. an-Naḍr (Quraiš 32 f., 243, 470, 640) (II, III, V) 32, 52, 243, 470
al-Fiṭjūn 945
Flavius Josephus 924
Ǧabala b. al-Aiham 312, 436, 479, 800, 922, 926, 946
Ǧābir b. ʿAbdallāh al-Anṣārī 91, 110, 691, 700, 703 f., 710, 718
Ǧābir al-Ǧuʿfī 734
Ǧābir b. Samura 718
Ǧābir b. Zaid al-Azdī 756
Gabriel 20, 91, 143, 178, 189, 224, 244, 246 f., 273, 286, 292, 310, 424, 461, 537, 643, 645 f., 651, 670 f., 708–710, 720, 722, 765, 780
Ǧaʿda (hervorgegangen aus der Ehe Umm Hāniʾ bt. abī Ṭālibs mit einem Maḫzūmiten) 644
Ǧaʿda b. Hubaira 823
Ǧaʿfar b. abī Ṭālib 210, 212–214, 217, 227, 407, 465, 560
al-Ġāfiqī b. Ḥarb al-ʿAkkī 605, 606, 614
al-Ǧāḥẓ 914
Ǧahmān b. Saʿd b. abī Waqqāṣ 516
Ǧaḥš b. Riʾāb 742, 778
Ġailān b. Salama 748
Ǧamīl Buṯaina 950
Ǧarīr b. ʿAbdallāh al-Baǧalī 627–629, 632
al-Ǧārūd 539
Ǧauhar 965
al-Ġauṯ b. Murr 741
al-Ġazālī 931
Ġijara b. ʿAuf b. Ṯaqīf 236 f.
Gökburi 99
Ǧubair b. Muṭʿim 328, 355, 427, 522, 670
Ǧunāda b. abī Umaija 724
Ǧunāda b. ʿAuf 883
Ǧuhaim b. aṣ-Ṣalt 304 f., 347
al-Ǧulās 228
Ǧumaḥ 42
Ǧuṯaim b. Saʿd b. abī Waqqāṣ 516
Ǧuwairija bt. al-Ḥāriṯ (Tochter des Anführers der Banū l-Muṣṭaliq) 364, 371, 384, 523, 940 f.
Ḫabbāb b. al-Aratt 139, 584
Ḥabīb b. ʿAbd Šams 581
Ḥabīb b. ʿAmr b. ʿUmair b. ʿAuf b. ʿUqda b. Ġijara b. ʿAuf b. Ṯaqīf 236
Ḥabīb b. Maslama 817
Ḥabība bt. Ḫāriǧa b. Zaid 496
Ḥābis b. Saʿd 694
Ḫadīǧa bt. Ḫuwailid b. Asad b. ʿAbd al-ʿUzzā (VIII) 42, 81, 89, 97 f., 103, 106–110, 116, 129, 159, 187–189, 191, 199, 212, 227, 229, 231, 235, 258, 310, 327 f., 368, 466, 497, 640, 674, 678, 770, 807, 912, 939 f., 953
al-Ḫaḍir 226, 489, 943
Ḥafṣa (Tochter des Saʿd b. abī Waqqāṣ) 515
Ḥafṣa bt. ʿUmar b. al-Ḫaṭṭāb 578, 940 f.
Hagar 23, 30, 877, 895
al-Ḥaǧǧāǧ b. ʿIlāṭ 403
al-Ḥaǧǧāǧ b. Jūsuf 84, 237, 671, 677
al-Ḥakam b. abī l-ʿĀṣ 685
al-Ḥakam b. al-ʿĀṣ 598, 816
Ḥakam al-Ḫudrī 923
al-Ḥākim 965
Ḥakīm b. Ḥizām b. Ḫuwailid 54 f., 159, 227 f., 415, 755, 893, 953
Hāla bt. Wuhaib 98
Ḫālid b. Asīd 583
Ḫālid b. Ǧaʿfar 954–957
Ḫālid b. Mulǧam 592 f., 638
Ḫālid b. Saʿīd b. al-ʿĀṣ b. Umaija 218 f., 443, 475, 579, 616, 620, 676, 812
Ḫālid b. Sinān 182
Ḫālid b. ʿUrfuṭa 584
Ḫālid b. al-Walīd b. al-Muġīra 217, 376 f., 409, 418, 420, 424, 439 f., 442, 466, 470 f., 473–480, 496, 516, 593, 617, 667, 677, 792, 803
Ḥalīma bt. abī Ḏuʾaib 100, 102, 103, 549
Ham 550, 938
Ḥammād b. abī Sulaimān 696
Ḥammād b. Salama 693

Ḥammād b. Zaid 920
Ḥamza b. ʿAbd al-Muṭṭalib 98, 298 f., 303, 305, 309, 310, 355, 418, 560
Hāniʾ b. Qabīṣa 259, 260, 261
Ḥanẓala b. abī ʿĀmir 822
Ḥarb b. Umaija b. ʿAbd Šams b. ʿAbd Manāf b. Quṣaij (VIb) 39, 47, 50 f., 78, 193 f., 221, 243, 367, 433, 560, 674, 791, 886, 941
Ḫāriǧa b. Zaid 496
Ḫāriǧa b. Zaid b. Ṯābit 696
al-Ḥāriṯ, kinditischer Fürst 881
al-Ḥāriṯ (ein Enkel des Umaija b. ʿAbd Šams) 263
al-Ḥāriṯ b. ʿAbd Manāt b. Kināna 49
al-Ḥāriṯ b. ʿAbd al-Muṭṭalib b. Hāšim (VIa) 71, 383, 971
al-Ḥāriṯ (Arethas) b. ʿAmr 881 f.
al-Ḥāriṯ b. ʿAuf 369
al-Ḥāriṯ b. Fihr 33, 42
al-Ḥāriṯ b. Ǧabala 907
al-Ḥāriṯ b. al-Ḥakam b. abī l-ʿĀṣ 508
al-Ḥāriṯ b. Hišām b. al-Muġīra al-Maḫzūmī 88 f., 347, 558, 561
al-Ḥāriṯ b. Mālik b. Kināna 883
al-Ḥāriṯ b. Suwaid b. aṣ-Ṣāmit 458 f.
al-Ḥāriṯ b. ʿUmair al-Azdī 787
al-Ḥāriṯ b. Ẓālim 955–957
al-Ḥāriṯ b. Zuhra b. Kilāb 748
Ḥāriṯa b. Šarāḥīl 953 f.
Ḥāriṯa b. Ṯaʿlaba, Stammvater der Ausiten und der Ḫazraǧiten 877 f., 935
Ḥarmala 440
Harnack, Adolf von 128
Harṯama b. Aʿjan 903
Hārūn ar-Rašīd 39, 99, 121, 442, 684, 697, 898, 903, 914, 974
al-Ḥasan al-Baṣrī 266, 485–487, 583, 713
al-Ḥasan b. ʿAlī b. abī Ṭālib 523, 528, 559 f., 616, 621, 628, 638, 652, 668, 683, 721, 733, 818, 889, 971
Hāšim b. ʿAbd Manāf b. Quṣaij (ʿAmr 43) (VIa) 42–45, 52 f., 55, 71, 96 f., 100 f., 194, 201, 206, 215, 231, 257, 271, 327, 355, 604 f., 726, 744, 889, 892, 936, 942, 951, 957, 971
Ḥassān b. Ṯābit 73, 82, 230, 312, 347, 349, 366, 390, 429, 613, 625, 740, 876 f., 922, 945 f., 969
Ḥassān b. Tubbaʿ 628
Ḥātim aṭ-Ṭāʾī 114, 887
al-Ḫaṭṭāb b. Nufail (Vater des ʿUmar b. al-Ḫaṭṭāb) 162, 257, 954
Hauḏa b. ʿAlī 432 f., 473, 764
Ḫaula bt. Ǧaʿfar 617
Ḫaula bt. Manẓūr b. Zabbān 889
Haustein-Bartsch, E. 961
Hawāzin (IV) 425, 893
Herakleios 43, 77 f., 374 f., 402, 432, 437, 478–480, 593, 795, 800, 926
Heraklit 125
Henoch 820
Hesekiel 920
al-Ḫiḍr siehe al-Ḫaḍir
Hind bt. Ḥāriṯa 701
Hind bt. ʿUtba 112, 418, 558
Ḫindif 32
Hiob 339
Hišām b. ʿAbdallāh al-Maḫzūmī 515
Hišām b. ʿAmr b. Rabīʿa 230, 231
Hišām b. al-ʿĀṣ b. Wāʾil 287
Hišām b. al-Kalbī 42, 62, 64 f., 67, 76 f., 182, 283, 883, 951
Hišām b. al-Muġīra (IX) 78, 80, 193, 243, 791
Hišām b. ʿUrwa b. az-Zubair 236
Hišām b. al-Walīd b. al-Muġīra 204
Hubaira b. abī Wahb 104
Hubaira b. Sabl 803
Ḫubaib b. Jūsuf 307, 311, 325
Ḥubbā 34, 41, 785
Hūd 62, 138, 195 f., 202, 240, 600
Ḥuḏaifa b. al-Jamān 570 f., 579, 651 f., 792
Ḥuǧr b. ʿAdī 660 f.
Ḥuǧr b. ʿAmr 61
Ḥujaij b. Aḫṭab 368, 499
Ḥukaim b. Ǧabala 591
Ḥumama 714 f.
Ḫunais b. Ḥuḏāfa 941
Ḫuraiṯ b. Zaid aṭ-Ṭāʾī 440
Hurmuzān 230
Ḥurqūṣ b. Zuhair 605, 621
Hušaim 902, 906
al-Ḥusain b. ʿAlī b. abī Ṭālib 523, 528, 655 f., 658, 661, 664 f., 669, 890, 971
Huṣaiṣ 42
al-Ḥuṭaiʾa 739, 901
Ḫuwailid b. Asad b. ʿAbd al-ʿUzzā (VIII) 107
Ḥuwaiṭib b. ʿAbd al-ʿUzzā 670
Ḫuzaima b. Mudrika (II) 470, 740, 888, 951
Ḫuzaima b. Nahd 882
Ḫuzaima b. Ṯābit 530
Ibn al-ʿAbbās 19, 110, 139, 558, 588, 668, 671, 702
Ibn abī ʿAtīq 559, 560
Ibn abī Kabša (Mohammed) 120
Ibn abī Ṯābit 41, 49, 101
Ibn ʿAlqama 187
Ibn Aʿṯam 475
Ibn al-Bāqillānī 915
Ibn aḍ-Ḍurais 139, 143
Ibn Ǧuraiǧ 926
Ibn Ḥaǧar al-ʿAsqalānī 975 f.
Ibn Hišām 30 f., 99, 105, 109, 142, 190, 208 f., 212 f., 316, 429, 466, 491, 767, 877, 939, 948 f.
Ibn Isḥāq 29, 30, 34, 36, 40, 56 f., 72, 76 f., 82 f., 96–99, 101, 105–107, 109, 142, 158, 184, 189 f., 192, 198–200, 203, 207–212, 217, 224, 227, 230–234, 236, 252, 256 f., 259, 262–267, 271, 276, 280 f., 298 f., 312,

316, 318, 336, 342, 351, 356, 361, 374, 379, 398, 412, 419, 438, 444 f., 453 f., 457, 469, 481, 491–495, 504–506, 643–647, 652, 670, 728, 730, 755, 827, 926, 947–949
Ibn Māǧa 905
Ibn Qais ar-Ruqaijāt 574
Ibn Qutaiba 888
Ibn Saʿd 274, 299, 313, 406, 433, 435, 440, 522, 565, 902
Ibn Saʿīja 499
Ibn aṣ-Ṣalāḥ 874
Ibn as-Saudāʾ siehe ʿAbdallāh b. Sabaʾ
Ibn Šihāb az-Zuhrī 537
Ibn Umm Maktūm 256, 262, 271, 497, 728
Ibn Zabāla 273
Ibrāhīm siehe Abraham
Ibrāhīm (Sohn Mohammeds) 432, 801 f.
Ibrāhīm al-Ḥarbī 904
Ibrāhīm b. al-Ḥāriṯ b. Hišām b. al-Muġīra al-Maḫzūmī (ʿAbd ar-Raḥmān b. al-Ḥāriṯ b. Hišām b. al-Muġīra al-Maḫzūmī 535) 535
Ibrāhīm b. al-Aštar (Sohn des Mālik al-Aštar) 663–665
Idris 179, 645
ʿIjāḍ b. Ġanm al-Fuhrī 477, 480
ʿIjāḍ b. Ḥimār al-Muǧāšiʿī 58 f.
Ijās b. Qabīṣa 478
ʿIkrima b. abī Ǧahl 418, 558, 792, 812
ʿIkrima b. ʿĀmir b. Hāšim b. ʿAbd Manāf b. ʿAbd ad-Dār 227
Iljās b. Muḍar 36, 892
ʿImrān 340
ʿImrān b. ʿĀmir 877
ʿImrān b. al-Ḥuṣain 701
Imruʾ al-Qais 530, 531
Irenäus 168, 977
Isaak 21–23, 150, 169 f., 178 f., 220, 294, 339, 487, 976, 978
Isfandijār 223, 768
Isḥāq b. Jasār (Vater von Ibn Isḥāq) 217
Isḥāq b. Muḥammad 25
Ismael (Ismāʿīl 65 f.) 19, 20, 22–26, 28, 30, 31, 34–36, 46, 52, 58 f., 65 f., 74, 80, 96, 169, 179, 182, 260 f., 294, 339, 486 f., 541, 670 f., 725, 740, 746, 796, 877, 882, 892, 939, 978
Israel 220
Israfil 765, 780
Jacob von Edessa 155
Jaḥjā b. ʿAbd ar-Raḥmān 537
Jaḥjā b. Ḫālid al-Barmakī 903
Jaḥjā b. Maʿīn 927
Jakob 21, 92, 150 f., 179, 220, 294, 339, 978
Jakob Baradaios 908
Jakobus 588
Jaksūm 69, 820
Japhet 488, 550, 938
al-Jaʿqūbī 672, 892
Jāsir 204, 585
Jaṯaʿ b. al-Haun b. Ḫuzaima 49
Jazdagird III 472, 480, 482
Jazīd b. abī Sufjān 427, 475, 478 f., 591, 595, 677
Jazīd b. Muʿāwija b. abī Sufjān (VIb) 83, 559, 573, 653–660, 662, 667–669, 674, 678, 681, 685, 792, 812
Jazīd b. al-Muhallab 826
Jazīd b. ʿUbaid (Saʿdī 549) 549
Jesus 82, 115, 124 f., 152 f., 164, 178, 181, 214, 219, 220, 233 f., 246, 294, 338–340, 433, 588 f., 644 f., 650, 718, 723 f., 753, 767, 782, 808, 899, 928, 977–979
Johannes (der Täufer) 220, 645
Johannes von Ephesos 907
Jonas 238, 339
Josef 92, 142, 150–154, 493, 513, 645, 673, 759, 922
Juḥanna b. Rūba 439, 440, 441
Jūnus b. Bukair 109, 190, 209, 212
Justin I. 907
Justin II. 907
Justinian I. 30, 907, 977
Justinian II 674
Justinus 125
Justus 461
Kaʿb al-Aḥbār 19 f., 443, 465, 509, 653, 679, 681, 687–690, 826
Kaʿb b. al-Ašraf 347 f., 352 f., 373, 558, 783
Kaʿb b. Luʾaij b. Ġālib b. Fihr (V) 33, 243, 808
Kaʿb b. Mālik 49, 280, 455, 459, 612 f., 615, 618, 625, 641, 789, 797, 969
Kaʿb b. Sūr 623, 624
Kaʿb b. Zuhair 681, 739
Kain 464, 938, 942
Kanʿān 938
Kāwād (sasanidischer Herrscher) 819
Kilāb 33, 42, 57
Kināna b. abī Ḥuqaiq 396
Kināna b. Bišr 592, 594, 615, 819
Kināna b. Ḫuzaima b. Mudrika (II) 32, 43, 470, 888, 892, 941, 951
Kolesnikow, A. I. 935
Konstans II. 674
Konstantin 20, 156, 291
Konstantin II. 63
Konstantin IV. 673, 674
Konstantin VI. 914
Kumait 804
Kūš 938
Kuṯaijir ʿAzza 901, 971
Lailā al-Aḫjalīa 27, 556
Lot 21, 138, 148, 195, 240, 600
Luʾaij b. Ġālib b. Fihr (V) 33, 38, 230
Luḥaij 25
Lukas (Apostel) 124
Lüling, G. 896 f.
Luqmān 715, 773
Luxenberg, Chr. 917 f.
Maʿadd b. ʿAdnān b. Udad (I) 30–32, 37, 612, 881, 892
Maʿbad b. abī Maʿbad al-Ḫuzāʿī (Anführer

der Ḫuzāʿīten) 356
Maʿbad al-Ǧuhanī 709 f.
Maʿbad b. Uḥaiḥa b. al-Ǧulāḥ 45
Maʿbad b. Wahb 513, 950
Maǧdī b. ʿAmr 298, 303 f.
Māhān 878
al-Mahdī (der abbasidische Kalif) 252, 516
Maḥmīja b. Ǧazʾ az-Zubaidī 370, 383 f., 386
Maḫrama b. Naufal az-Zuhrī 516, 522, 668–670
Maḫzūm (V) 42, 132
Maimūna bt. al-Ḥāriṯ 498 f., 940, 942
Maisara 106 f.
Mālik b. al-ʿAǧlān 936, 945
Mālik b. Anas 604, 693, 974
Mālik al-Aštar an-Naḫaʿī 567–570, 571, 605, 626–628, 631 f., 634 f., 799
Mālik b. ʿAuf 426, 428, 791
Mālik b. Aus b. al-Ḥadaṯān 587
Mālik b. Ḥimjar Sabaʾ 31, 883
Mālik b. Kināna 741, 883
Mālik b. Nuwaira 472–474
Mālik b. Ṣaʿṣaʿa 650, 652, 821
Mālik b. ʿUmaila 130
Malkīkarib Juhaʾmin 63
al-Maʾmūn (abbasidischer Kalif) 733, 804, 903
al-Manṣūr (abbasidischer Kalif) 189, 191, 316
Manṣūr b. ʿAbd Šuraḥbīl b. Hāšim 227
Manṣūr b. ʿĀmir b. Hāšim b. ʿAbd Manāf b. ʿAbd ad-Dār 227
Manṣūr b. ʿIkrima b. ʿĀmir b. Hāšim b. ʿAbd Manāf b. ʿAbd ad-Dār (Manṣūr b. ʿIkrima al-ʿAbdarī 227) 227 f.
Manṣūr b. ʿIkrima b. Ḫaṣafa b. Qais b. ʿAilān 893
Maʿqil b. Sinān 662
Marcianus Aristides 125
Maria (Mirjam) 71, 82, 115, 214, 219 f., 233 f., 338–340, 419, 440, 589, 718, 724, 782, 978
Marwān b. al-Ḥakam 508, 561, 607 f., 614, 640, 657–659, 669, 675–677, 683, 685–687, 725, 812, 816
al-Marwazān 77
al-Marzūqī 526, 527
Māʾ as-Samāʾ 877
Maslama (Musailima 183–185, 206, 469, 472, 764) 472–474, 476
Maslama b. Muḫallad az-Zuraqī 701
Masrūq 69, 76, 77
Masʿūd b. ʿAmr b. ʿUmair b. ʿAuf b. ʿUqda b. Ġijara b. ʿAuf b. Ṯaqīf 236, 666
Masʿūd b. Sinān as-Salimī 401
al-Mawardī 717, 946 f., 967
Mehmed Fatih 966
Melchisedek 976
Michael 79, 244, 247, 292, 646, 780
Miḥṣan b. abī Qais b. al-Aslat 253
Minucius Felix 126
al-Miqdād b. ʿAmr 307 f.
Mirdās b. abī ʿĀmir 886
al-Miswar b. Maḫrama 668–670
Mose 92, 122–124, 126, 129, 136, 138, 157 f., 160, 178 f., 195, 203, 220, 226, 238 f., 241–248, 263, 284, 290–292, 294, 307 f., 337, 339, 423, 425, 463, 484, 487–489, 495, 535, 554, 644–647, 650, 689, 721, 771, 801, 808, 895, 913, 936, 973, 978
Muʿāḏ b. ʿAfrāʾ 256
Muʿāḏ b. Ǧabal 183, 425, 518, 519, 547, 595, 596, 700
Muʿattib b. Mālik b. Kaʿb b. ʿAmr b. ʿAuf b. Ṯaqīf 237
Muʿāwija b. abī Sufjān (VIb) 27 f., 44, 187–189, 228, 427, 435, 473, 475, 508, 521, 548 f., 557–562, 568–570, 572, 573, 575, 582, 585, 587, 590–592, 597, 605, 607, 616, 618, 625–638, 640 f., 652–654, 657, 659, 660, 664, 666, 669 f., 673 f., 676–678, 680–685, 687–690, 695, 701–704, 716, 718 f., 724–726, 733, 758, 792 f., 819, 822, 828, 890, 946
Muʿāwija b. Ḥudaiǧ 593 f.
Muʿāwija b. Jazīd 573, 657, 658, 676
Muʿāwija b. al-Muġīra 357
Muʿāwija b. Ṯaur 883
Muḍāḍ 24 f., 30
Muḍāḍ b. ʿAmr 23 f.
Muḍar b. Nizār b. Maʿadd (II) 32, 52, 60, 259, 530 f., 555 f., 725, 740, 796, 892
Mudrika b. Iljās b. Muḍar 32, 892
Muǧāhid b. Ǧabr 19, 247
al-Muġīra (IX) 131
al-Muġīra b. al-Aḫnas b. Šarīq 608, 817
al-Muġīra b. Šuʿba 237, 377, 414, 423, 431, 451, 508, 512, 616, 660 f., 718, 725, 733, 788, 817, 820
Muḫairīq 516, 517
Muḥammad (Sohn Ḫaula bt. Ǧaʿfars und ʿAlī b. abī Ṭālibs) 617
Muḥammad b. ʿAbdallāh (Mohammed) 378, 681
Muḥammad b. abī Bakr 598, 627
Muḥammad b. abī Ḥuḏaifa 598, 607 f., 626, 819
Muḥammad al-Bāqir 82, 109, 110
Muḥammad b. Ḥabīb 53, 60, 209, 261, 878
Muḥammad b. al-Ḥanafīja 661, 664 f., 667, 672, 901, 971
Muḥammad b. Ḫuzāʿī 70
Muḥammad b. Kaʿb al-Quraẓī 236, 237
Muḥammad b. Maslama 347 f., 351, 360, 371, 397, 497, 519, 592
Muḥammad b. Rabīʿa b. al-Ḥāriṯ b. ʿAbd al-Muṭṭalib 81
Muḥammad b. Sīrīn 583
Muḥammad b. Uḥaiḥa b. al-Ǧulāḥ 100
al-Muḫtār 501, 662–667, 672, 677
al-Munḏir b. ʿAmr 612
al-Munḏir b. al-Munḏir 933

al-Mundir b. Sawa al-Asbadī 433
Murāra b. ar-Rabīʿ 455, 459
Murra b. ʿAuf b. Luʾaij b. Ġālib b. Fihr 38
Murra b. Hilāl b. Fāliğ b. Dakwān b. Taʿlaba 355
Murra b. Kilāb 33
Mūsā b. Ṭalḥa b. ʿUbaidallāh 561, 584
Mūsā b. ʿUqba 211
Muṣʿab b. ʿAbd ar-Raḥmān b. ʿAuf 668 f., 686
Muṣʿab b. ʿUmair 191, 256, 258, 262, 271, 306, 728, 799, 811
Muṣʿab b. az-Zubair 672, 674, 677, 690
Musāfir b. abī ʿAmr 198
Musailima siehe Maslama
Muslim b. al-Ḥağğāğ 91, 503, 937
al-Muṭahhar b. Ṭāhir al-Maqdisī 167 f.
al-Mutannā b. Anas 692
al-Mutannā b. Ḥārita aš-Šaibānī 260 f., 475–478, 480, 667
Muṭʿim b. ʿAdī b. Naufal b. ʿAbd Manāf 198, 215, 228, 231, 244, 258, 263, 328, 427, 812
al-Muṭṭalib b. ʿAbd Manāf b. Quṣaij (VIa) 39, 43–45, 53, 201, 209, 215, 231, 298, 312, 355, 744, 941
an-Nābiġa 101, 103
an-Nābiġa ad-Dubjānī 531
an-Nābiġa al-Ğaʿdī 555–557
Nābit 23
an-Naḍla b. Hāšim b. ʿAbd Manāf 230
an-Naḍr b. al-Ḥārit 223 f., 227, 233, 313
an-Naḍr b. Kināna (II) 32, 49, 52, 303, 888
Nāfiʿ b. al-Azraq 824
Nāʾila (Ehefrau ʿUtmāns) 628
Nahšal b. Mālik 435
an-Nasāʾī 905
an-Nāṣir li-Dīn Allāh 99
Naṣr b. Rabīʿa 60
Nauf al-Bikālī 678 f., 826
Naufal b. ʿAbdallāh b. al-Muġīra 369
Naufal b. ʿAbd Manāf b. Quṣaij (VIa) 43 f., 53, 100, 198, 201, 215, 244, 561, 744, 889
Naufal b. ʿAbd Šams 678
Naufal b. al-Ḥārit b. ʿAbd al-Muṭṭalib 383, 971
Naufal b. Ḫuwailid (Bruder der Ḫadīğa bt. Ḫuwailid) 620
Naufal b. Muʿāwija 791
an-Nauwās b. Samʿān 962
Nebukadnezar 771
Nestorius 588
Neuwirth, A. 911
Nimrod 23
Nizār b. Maʿadd b. ʿAdnān 31 f., 881
Noah 92, 138, 195, 220, 240, 246, 340, 454, 550, 600, 763, 922, 924, 938
Nöldeke, Th. 909 f., 936
Nufail b. ʿAbd al-ʿUzzā 674, 889
an-Nuʿmān b. Bašīr 625, 628, 638, 655, 666, 701
an-Nuʿmān b. al-Mundir 76, 115, 259, 302, 571, 919, 956
Ohlig, K.-H. 899
Ohrmazd IV. 48, 77
Paret, R. 897, 909
Parwez 77, 432, 794, 908, 933 f.
Paulus 124 f., 163, 252, 588 f., 603
Philon von Alexandrien 126–129, 134, 176, 335, 759, 796
Potiphar 152 f.
Pretzl, O. 910
Qabīṣa b. Duʾaib 686
Qaḥṭān 30 f.
Qaidār 23
Qaila bt. Wağz b. Ġālib (VIc) 100, 120, 355
Qais, Enkel des al-Ḥārit b. ʿAmr 882
Qais ʿAilān (II) 425
Qais b. ʿĀṣim 326
Qais b. Masʿūd 934
Qais b. Muḥarrit 307
Qais b. Saʿd b. ʿUbāda 417, 617–619, 626–628, 818
Qais b. Zuhair al-ʿAbsī 957
al-Qaʿqāʿ b. ʿAmr 624, 818
Qaraẓa b. Kaʿb 534
al-Qāsim (Enkel Abū Bakrs) 534
al-Qāsim b. ʿAbdallāh b. ʿUmar 692 f.
al-Qāsim b. Muḥammad 107 f.
al-Qāsim b. Umaija b. abī ṣ-Ṣalt 609
Qaṭūrā 23 f.
Quḍāʿa b. Maʿadd b. ʿAdnān 31, 882, 892
Quḍāʿa b. Mālik b. Ḥimjar Sabaʾ 31
Qudāma b. Maẓʿūn (Bruder des ʿUtmān b. Maẓʿūn) 539
Quraiš siehe Fihr b. Mālik b. an-Naḍr
Quṣaij (Zaid 33, 100) (III, V) 26–31, 33–42, 49, 50, 53, 60 f., 65 f., 74, 81, 99, 131 f., 193, 205–207, 223, 227, 231, 258, 283, 284, 299, 355, 424, 465, 558, 620, 670 f., 725 f., 886, 892, 895, 940, 951
Quss b. Sāʿida 526 807, 921
Qūṭ 938
Qutam (Mohammed) 100, 181
Qutam b. al-ʿAbbās 619
Raʿla bt. Muḍāḍ b. ʿAmr 23
ar-Rabīʿ b. Zijād al-Ḥāritī 485
Rabīʿa b. Ḥarām 33 f.
Rabīʿa b. al-Ḥārit b. ʿAbd al-Muṭṭalib 383
Rabīʿa b. Kaʿb al-Aslamī 701
Rabīʿa b. Nizār b. Maʿadd (II) 32, 60, 259, 892
Rāfiʿ b. Ḫadīğ 691, 700
Rāfiʿ b. Makīt 400
Rāfiʿ b. Mālik 256
Raiḥāna 499, 782
Raiṭa bt. Munabbih 558
Ramla bt. al-Ḥārit 352, 784
Riʾāb b. Yaʿmur 42
Rizāḥ 34 f.
Robin, Chr. J. 895
Romanos der Sänger 152–154, 195, 922

Ruqaija bt. ʿAbd Šams b. ʿAbd Manāf (Mutter des Umaija b. abī ṣ-Ṣalt) 237
Ruqaija bt. abī Ṣaifī b. Hāšim 670
Ruqaija bt. Muḥammad (Tochter Mohammeds) 107 f., 200 f., 578, 613
Rustam 223, 481, 768
Saba' 488
Šabaṯ b. Ribʿī 635
aš-Šaʿbī 804
Saʿd b. abī Waqqāṣ 174, 190, 192, 256, 298 f., 431, 481, 483, 509, 515 f., 567, 577, 584, 593, 614, 636, 653, 700, 817
Saʿd b. Ḫaiṯama 257, 271
Saʿd b. Muʿāḏ al-Ašhalī 306, 308, 310, 314, 317, 319, 347, 348, 351, 368, 370, 372, 457, 500, 523, 524, 612
Saʿd b. ar-Rabīʿ 574, 831
Saʿd b. Sajal 33
Saʿd b. ʿUbāda 263 f., 368, 371, 394, 413, 417, 429, 443, 457, 467 f., 497, 662, 700, 730
aš-Šāfiʿī 692 f., 696, 905 f., 947
Ṣafīja (Schwester des al-Muḫtār) 666
Ṣafīja (Schwester des ʿUmar b. al-Ḫaṭṭāb) 539
Ṣafija bt. ʿAbd al-Muṭṭalib 524, 667
Ṣafija bt. Ḥujaij 523, 940, 942
Ṣafwān b. al-Ḥāriṯ 36
Ṣafwān b. Umaija b. Ḫalaf al-Ǧumaḥī 346, 353, 356, 418, 558, 669, 783
Saǧāḥ bt. al-Ḥāriṯ 185, 472 f.
aṣ-Ṣahbā' 617
Sahl b. Ḥunaif 617 f., 638
Sahl b. Saʿd as-Sāʿidī 701
Šahr b. Ḥaušab 678
aš-Šahrastānī 112, 173 f., 176
Sā'ib Ḫāṯir (Freigelassener des ʿAbdallāh b. Ǧaʿfar b. abī Ṭālib) 512 f.
as-Sā'ib b. Jazīd 286, 524
Šaiba (Neffe des ʿUṯmān b. Ṭalḥa al-ʿAbdarī) 419
Šaiba b. Rabīʿa b. ʿAbd Šams b. ʿAbd Manāf 39, 237 f., 258, 304, 309, 312, 448, 773
Saʿīd b. al-ʿĀṣ 50, 565–571, 580 f., 585, 597 f., 607 f., 614, 630, 636, 668, 749 814
Saʿīd b. Ǧubair 961
Saʿīd b. al-Musaijab 110, 164, 299, 485, 495, 535, 694–700, 712, 717
Saʿīd b. Jarbūʿ 670
Saʿīd b. Saʿīd b. al-ʿĀṣ 560
Saʿīd b. Zaid b. ʿAmr b. Nufail 164, 190, 584, 620, 700, 822
Saif b. ḏī Jazan 76, 77
as-Sakrān b. ʿAmr 328, 940
Saladin 965
Salama (Bruder von Ṭalḥa b. Ḫuwailid) 183
Salama (ʿUzzā Salama 131) 131
Salama b. ʿAmr b. al-Akwaʿ 691 793
Ṣāliḥ 74, 138, 195 f., 202 f., 240, 600
Sālim (Vorbeter in Qubā' und ein Schutzbefohlener Abū Ḥuḏaifas) 258
Sālim b. Maʿqil (b. abī Ḥuḏaifa) 952 f.
Sallām b. abī Ḥuqaiq 373, 392
Sallām b. Miškam 491
Salmā bt. ʿAmr 44 f., 100 f., 257, 327, 743, 784, 936
Salmā bt. Ḍabaiʿa 893
as-Samaidaʿ 23 f.
Šamar-Jurʿiš 877
Samura b. Ǧundab 666
Šāpūr I. 883
Sarah 23, 121
Šaraḥbīl 440
Šarāḥīl al-Ǧuʿfī 556
Šarīq 748
Ša's b. Zuhair al-ʿAbsī 954 f.
Ṣaʿṣaʿa 568
Ṣaʿṣaʿa b. Nāǧija (Großvater des al-Farazdaq) 326
Sāsān b. Bābak 30
Sauda bt. Zamaʿa 328–330, 542, 940
Saulus (Paulus) 252
Schwally, Fr. 910
Selim Yavuz 966
Sem 550, 938
Sergius von Ruṣāfa 908
Šimr b. Maṣfūd 71
Sindbad der Lastträger 900
Sindbad der Seefahrer 901
Sokrates 125
Sozomenos 20 f., 83, 121, 124, 127, 895
Sprenger, A. 911
Strabo von Amaseia 124
Šuʿaib 195 f., 240 f., 600, 973
Ṣubaiḥa at-Taimī 575
Sūdān b. Ḥumrān 592–594, 615
Sufjān b. Ḫālid 372
Sufjān b. Muǧāšiʿ 100
Sufjān aṯ-Ṯaurī 937
Ṣuhaib b. Sinān 202, 577
Suhail b. ʿAmr (V) 243, 378, 409, 418, 468 f., 498, 748, 940
as-Suhailī 99
Sulāfa bt. Saʿd 558
Sulaiḥ 878
Sulaimān b. ʿAbd al-Malik 700, 972 f.
Sulaimān b. Buraida b. al-Ḥuṣaib 937
Süleyman Kanuni 966
Šuraḥbīl b. Ḥasana 475, 478 f., 677
Surair b. al-Qalammas 33, 883
Suwaid b. Harmī 131, 193, 215
Suwaid b. aṣ-Ṣāmit 458, 743, 773
aṭ-Ṭabarī 76, 183, 187, 189 f., 192, 920, 927, 933
Ṯābit b. Aqram 612
Ṯābit b. Naṣr b. Mālik 904
Ṯābit b. Qais b. Šammās 302, 364, 371, 612
Taim b. Murra 42, 55
Ṯaʿlaba b. ʿĀmir 877
Ṯaʿlaba b. Mālik 883
Ṭalḥa b. abī Ṭalḥa 558
Ṭalḥa b. Ḫuwailid (Ṭulaiḥa) 183–185, 206, 469, 470 f., 618, 799

Ṭalḥa b. ʿUbaidallāh 190, 328, 356, 397, 468, 508 f., 559, 574 f., 577, 586, 597, 605–607, 614–616, 619–624, 628 f., 631 f., 668, 685, 700, 801, 827
Ṭālib b. abī Ṭālib 72
Tamīm ad-Dārī 156
Tamīm b. Murr b. Udd b. Muḍar (II) 52, 888
at-Tammām b. al-ʿAbbās (Bruder des Quṯam b. al-ʿAbbās) 619
Ṯaqīf 74
Ṯaʿrān Juhanʿim 63
Tauba 27
Ṯaubān (ein Schutzbefohlener des Propheten) 718
Ṭāʾūs b. Kaisān 894
Tertullian 126, 961
Theodor, Monophysit 907
Theodor von Mopsuestia 929
Theodora 907
Theodoret von Kyrrhos 895
Theophilos 126
Timotheos, Patriarch von Alexandrien, 908
Titus 771
aṭ-Ṭufail b. ʿAmr b. Ṭuraiṯ 205 f., 210, 255, 426, 790
Ṭulaiḥa bzw. Ṭulaiḥa b. Ḫuwailid siehe Ṭalḥa b. Ḫuwailid
Ṯumāma (Enkel des Anas b. Mālik) 693, 694
Ṭuwais 886
ʿUbāda b. aṣ-Ṣāmit 351, 357, 364, 591, 700, 704, 724, 730
ʿUbaid b. ʿUmair al-Laiṯī 91, 114, 668 f., 681
ʿUbaida b. al-Ḥāriṯ 298 f., 305, 310, 941
ʿUbaidallāh b. al-ʿAbbās (Bruder des ʿAbdallāh b. al-ʿAbbās) 617 f.
ʿUbaidallāh b. ʿAbdallāh b. ʿUtba b. Masʿūd 500, 502 f., 505
ʿUbaidallāh b. ʿAdī 561
ʿUbaidallāh b. Ǧaḥš 216, 218, 413, 941
ʿUbaidallāh b. Muḥammad (genannt Ibn ʿĀʾiša) 958
ʿUbaidallāh b. ʿUmar al-Ḫaṭṭāb 631
ʿUbaidallāh b. Zijād 572 f., 575 f., 655, 658, 661, 664 f., 677
Ubaij 440
Ubaij b. Kaʿb 143, 286, 530, 532 f., 536–538, 652, 700
Udad (I) 892
Uḥaiḥa b. al-Ǧulāḥ 45, 936, 957
ʿUjaina b. Ḥiṣn 362, 368 f., 373, 394 f., 401, 407 f., 413, 427 f., 470 f., 799
Ukaidir b. ʿAbd al-Malik 439, 440
Umaija b. ʿAbd Šams (VIb) 45, 193, 216, 222, 378, 560, 565, 581, 597 f., 668, 888
Umaija b. abī ṣ-Ṣalt 155, 168 f., 191, 237, 254, 274, 426, 557, 922
Umaija b. Ḫalaf 203 f., 207, 305 f., 311 f., 325 f.
Umaija b. Hilāl 455, 459
Umaima bt. ʿAbd al-Muṭṭalib b. Hāšim 257, 305
ʿUmair b. Wahb al-Ǧumaḥī 345 f., 669
ʿUmair b. abī Waqqāṣ (Bruder von Saʿd b. abī Waqqāṣ) 256
ʿUmaira b. Hāǧir 130 f.
Umaima bt. ʿAbd al-Muṭṭalib 941
Umāma bt. abī l-ʿĀṣ ar-Rabīʿ (Enkelin Mohammeds aus der Ehe seiner Tochter Zainab) 215
ʿUmar (Sohn von aṣ-Ṣahbāʾ und ʿAlī b. abī Ṭālib) 617
ʿUmar b. ʿAbd al-ʿAzīz 397, 501 f., 518, 524, 826, 917, 958–960
ʿUmar b. al-Ḫaṭṭāb 19, 38, 44, 47, 88, 139, 159, 162, 174 f., 183 f., 190 f., 194, 201, 204, 207 f., 211, 218, 222, 227, 230, 252, 260, 274, 276, 301, 307, 310 f., 336, 346, 355, 360, 364, 378, 396–399, 411, 415–417, 424, 427, 436, 442 f., 456, 464, 467 f., 474 f., 479–483, 486, 493–497, 500–502, 507 f., 510–515, 517, 519–527, 529–561, 565 f., 570–572, 576–580, 582–586, 593, 595 f., 599, 601–605, 611, 613, 617, 625, 628, 631, 633, 651–654, 659, 662–664, 666–675, 678, 682, 684, 686–688, 690–695, 700 f., 719–721, 725, 730, 733, 792, 811, 831, 883, 885, 889, 941, 946 f., 952, 966, 969, 974
ʿUmar b. Mālik 480
ʿUmar b. Šabba 514, 516
ʿUmar b. Saʿd b. abī Waqqāṣ 516
ʿUmāra bt. Ḥamza b. ʿAbd al-Muṭṭalib 409
ʿUmāra b. al-Walīd b. al-Muġīra 198, 210, 213
Umm Aiman 466 f., 953
Umm al-Ǧulās bt. al-Muḫarriba al-Ḥanẓalīja 227, 228
Umm Ḥabība bt. abī Sufjān b. Ḥarb 216–219, 413, 940 f.
Umm Ḥakīm bt. al-Ḥāriṯ 558
Umm Hāniʾ bt. abī Ṭālib 104, 246, 644, 647, 807
Umm Ḥuǧair (Tochter der Ḥafṣa bt. Saʿd b. abī Waqqāṣ) 515
Umm Kulṯūm bt. abī Bakr 336, 496, 620
Umm Kulṯūm bt. Muḥammad (Tochter Mohammeds) 107, 108, 200 f., 613
Umm Salama 209 f., 216 f., 365, 368, 493, 586, 683, 791, 940 f., 948
ʿUqba b. abī Muʿaiṭ 222, 224, 313, 565
ʿUqba b. ʿĀmir al-Ǧuhanī 701, 718
ʿUrwa b. Masʿūd b. ʿAmr 237, 377, 414, 431, 617, 666 f.
ʿUrwa b. az-Zubair 89–91, 189, 236, 265 f., 278, 282, 383, 386, 494, 501, 502, 537, 583, 681, 728, 730
Usaid b. abī l-ʿĪṣ 131 f., 193, 194
Usaid b. al-Ḥuḍair 368, 468, 700, 799
Usair 373, 392, 394
Usāma 131 f.
Usāma b. Zaid b. Ḥāriṯa 398, 466 f., 469, 471, 491–493, 495 f., 524, 584, 592, 599

ʿUtaiba b. ʿAbd al-ʿUzzā b. ʿAbd al-Muṭṭalib 108, 200
ʿUtba b. ʿAbd al-ʿUzzā b. ʿAbd al-Muṭṭalib (VIa) 108, 200
ʿUtba b. abī Waqqāṣ (Bruder von Saʿd b. abī Waqqāṣ) 256, 577
ʿUtba b. Ġazwān 482
ʿUtba b. Masʿūd 500, 502, 804
ʿUtba b. Rabīʿa b. ʿAbd Šams b. ʿAbd Manāf 237 f., 254 f., 304, 309 f., 312, 749, 890
ʿUṯmān b. ʿAffān b. abī l-ʿĀṣ 108, 142, 183, 190, 200, 215 f., 257, 273, 355, 357, 371, 378, 398, 418, 427, 468, 482–484, 489, 500 f., 506–512, 521, 522, 526, 536 f., 557, 559 f., 565–571, 576–581, 583–587, 589–595, 597–609, 611–627, 629, 631–634, 636, 640, 652, 658 f., 668, 671 f., 675, 682, 685–688, 691, 695, 700, 720, 724, 733, 798, 814 f., 893, 941, 974
ʿUṯmān b. Ḥunaif (Bruder des Sahl b. Ḥunaif) 617, 619–621, 631
ʿUṯmān b. al-Ḥuwairiṯ b. Asad b. ʿAbd al-ʿUzzā 75 f., 229, 258, 448, 668, 674, 750, 773
ʿUṯmān b. Maẓʿūn 165 f., 169, 176, 211 f., 257, 456, 473, 539, 542–544, 554, 556 f., 577, 669, 829, 941
ʿUṯmān b. Saʿd b. abī Waqqāṣ 516
ʿUṯmān b. Ṭalḥa al-ʿAbdarī 409, 419, 792
ʿUwaim b. Sāʿida 455
Waǧz b. Ġālib (VIc) 120
Wahb (VIc) 97, 120, 355
Wahb b. ʿAbd b. Quṣaij 620
Wahriz 76–7 78
Waḥšī 355
Wāʾil b. Ḥuǧr 434 f.
al-Walīd 700
al-Walīd b. Hišām b. al-Muġīra 522
al-Walīd b. Jazīd 534
al-Walīd b. al-Muġīra (IX) 80 f., 165, 193, 197, 200, 211, 233, 424, 893
al-Walīd b. Muslim 520
al-Walīd b. ʿUqba b. abī Muʿaiṭ 565 f., 581, 591, 614, 616, 630, 640
al-Walīd b. ʿUtba b. Rabīʿa b. ʿAbd Šams b. ʿAbd Manāf 309
al-Walīd b. al-Walīd b. al-Muġīra 204
Wansbrough, J. 898
Wāqida, eine Ehefrau ʿAbd Manāfs 889
al-Wāqidī, Muḥammad b. ʿUmar 97 f., 101, 163 f., 175, 184 f., 189, 208, 226–228, 232, 235, 244, 246–249, 253, 255–257, 262, 264, 276, 282, 298–300, 307, 328 f., 348, 364 f., 367 f., 376, 398, 400 f., 404, 413, 415–417, 427, 430, 433, 436, 438–441, 443, 447, 481, 499, 506, 516 f., 522 f., 607 f., 623, 637, 646 f., 651, 661, 670, 691, 700 f., 703, 730, 893, 902–907, 947–949
Waraqa b. Naufal b. Asad b. ʿAbd al-ʿUzzā 89, 90, 97, 107, 129 f., 159 f., 163, 758
al-Wāṯiq (abbasidischer Kalif) 802
Watt, W. Montgomery 909
Wensinck, A. J. 936
Wuhaib b. ʿAbd Manāf az-Zuhrī 98
Zabrāʾ (Tochter der Ḥafṣa bt. Saʿd b. abī Waqqāṣ) 515
Zacharias 220
Zachäus 124
Zaid 439
Zaid siehe Quṣaij
Zaid b. ʿAdī 934
Zaid b. ʿAmr b. Nufail 156–164, 169, 195, 199, 201, 236, 243, 280, 554, 557, 761, 889
Zaid b. Ḫālid al-Ǧuhanī 697, 701
Zaid b. Ḥāriṯa 158 f., 189, 235, 328, 353, 357, 375 f., 398, 407, 423, 465 f., 497, 645, 786, 793, 954
Zaid b. al-Ḫaṭṭāb (Bruder des ʿUmar b. al-Ḫaṭṭāb) 336
Zaid b. Ṣūḥān 568
Zaid b. Ṯābit 143, 272, 313, 397, 508, 530, 532, 536, 579 f., 662, 683, 694, 698
Zainab bt. Ǧaḥš 366, 368, 786, 793, 940 f.
Zainab bt. Ḫuzaima 940 f.
Zainab bt. Maẓʿūn 941
Zainab bt. Muḥammad (Tochter Mohammeds) 107, 215, 313, 325
Zamʿa b. al-Aswad 228, 231
Zijād b. abī Sufjān 572 f., 575 f., 626, 637 f, 661, 666, 695, 793
Zijād b. Muḥammad b. Ṭāriq 247
Zirr b. Ḥubaiš 651, 652
Zubaida 99
az-Zubair b. al-ʿAuwām 75, 185, 190, 302, 368, 370, 383, 397 f., 468, 500, 508 f., 515 f., 559, 575, 577, 584, 586, 597, 605–607, 614–616, 619, 621–624, 628 f., 631 f., 667 f., 674, 685, 700, 818
az-Zubair b. Bakkār 75
az-Zubairī, Abū ʿAbdallāh al-Muṣʿab 31 f., 75, 120, 182, 227
Zuhair b. abī Sulmā 531, 739
Zuhair b. abī Umaija 229, 231
Zuhair b. Ǧaḏīma al-ʿAbsī 954–956
Zuhair b. al-Ḥāriṯ b. Asad b. ʿAbd al-ʿUzzā 893
Zuhra b. Kilāb 55
az-Zuhrī 189, 192, 209, 260, 493–495, 507, 517, 569, 644, 696, 883, 894, 972
Zurāra (der Vater des ʿAmr b. Zurāra an-Naḫaʿī) 571

3. Arabische Termini

al-ʿabd – 65
al-ʿağam – 554
ahl allāh – 40
ahl al-bait – 739, 970
ahl aḏ-ḏimma – 507, 520
ahl as-sābiqa – 523
ahl aṣ-ṣuffa – 711
aḥmad – 181, 763
al-aḥzāb (Pl.) – 554
al-ʿālim Pl. *al-ʿulamāʾ* – 699
ʿām al-ğamāʿa – 638
al-ʿamal – 710
al-amān – 435, 968
al-amāna – 565
al-amīr – 406, 440, 471, 496, 612, 613
amīr al-muʾminīn – 301, 507
al-amr – 92 f., 130, 134, 168, 176, 696, 709, 930
al-ʿanaza – 215, 674
al-anfāl - 316
al-anṣār – 262
ʿanwatan – 547
al-aʿrāb (Pl.) – 937, 947
al-ʿarab al-ʿāriba – 881, 939
al-ʿarab al-mustaʿraba – 881
al-ʿaṣabīja – 660
al-ʿašīra – 202, 315
aslama – 897
al-atāwī – 783
al-ʿawānī (Pl.) – 333, 450
al-baḥīra – 879
al-baiʿa al-ʿarabīja – 406
bait al-māl – 805
al-bait al-maʿmūr – 821
bait al-maqdis – 821
al-bakkāʾūn (Pl.) – 784
al-baʿl – 330, 334
al-balīja – 879
al-barara (Pl.) – 947
al-baṭn – 951
al-burda – 682
ad-Dağğāl – 460, 596, 679, 962
ad-dahr – 488
ad-dār – 300
dār al-ḥarb – 791
ad-daʿwa – 252, 772
aḏ-ḏikr – 148
aḏ-ḏimma – 343, 395, 405, 440, 552, 716, 790, 969
ad-dīn – 40 f., 56, 59 f., 120, 167, 171, 600, 613, 647, 703, 705–707, 888, 890 f., 893
dīn Ibrāhīm al-ḥanīfīja – 163
ad-diʿwa – 523, 622, 818
ad-dīwān – 522
ad-dija – 303
aḏ-ḏurrīja – 572
al-fahḏ – 950 f.
al-fāḥiša, Pl. *al-fawāḥiš* – 129
al-faiʾ – 364, 383, 386, 507, 518, 525, 664, 786, 794, 807, 937, 946 f.
al-fāʾiḍ, Pl. *al-fauḍā* – 817
al-faqīh Pl. *al-fuqahāʾ* – 696, 700 f., 717
farḍ al-kifāja – 641, 830
al-fatra – 91
al-fatwā – 686
al-fāṣila – 916
faṣṣala – 915
al-fauḍā – 613
al-fiqh – 686, 694, 696, 903
al-fitna – 266, 568, 706
al-fiṭra – 112, 174 f., 245, 278, 643, 648, 650, 652, 705, 781, 960
al-furqa – 618, 631
al-furqān – 93
al-futūḥ – 507
al-ğamāʿa – 573, 618, 622, 629, 690, 702, 704, 707, 720, 967, 974
al-ğāmiʿ – 965
al-ġanīma – 316, 807, 937, 946
al-ğār – 884
al-ġazwa – 509
al-ğihād – 364
al-ğiwār – 91, 165, 208, 243, 263, 267
al-ğizja – 74, 374, 399, 451, 938, 947
Ḥadīṯ – 534–537, 595 f., 647, 682–685, 691, 693, 697 f., 700, 704, 707–711, 725, 734, 902, 904, 976
ḥadīṯ – 88, 90 f., 277, 438, 503 f., 533–535, 537 f., 541, 543, 551, 646, 648, 684, 687, 691, 693 f., 696 f., 699–701, 703, 709 f., 717–719, 724, 733–735, 904 f., 937, 949, 962, 976
al-ḥağğ – 894
ḥalāl – 694
ḥalaqa – 921
al-ḫalq – 930
al-ḫalīfa – 497, 680, 782, 803
ḫalīfat allāh – 681
ḫalīfat rasūl allāh – 681
al-ḥāmija – 879
al-ḥanaṯ – 886
al-ḥanīf Pl. *al-ḥunafāʾ* – 146, 164, 391, 925
al-ḥanīfīja as-samḥa – 166
al-ḥaqq – 751
al-ḫarāğ – 507, 520 f., 525, 805, 807, 813, 947
ḥarām – 694
al-ḥarf – 579
al-ḥarra – 653
al-ḥasab – 561, 888
ḫātam an-nabījīn – 184
al-ḫaṭīb – 302
al-ḥaṭīm – 741
al-ḥawārī – 368
al-hiğr – 741
a-hiğra – 208, 250

al-ḥijara (Pl.) – 947
al-ḥikma – 646
al-ḫilāfa – 467, 967
ḥilf al-fuḍūl – 889
al-ḥilla – 58, 893
al-ḥilm Pl. *al-aḥlām* – 565, 641
al-ḥimā – 431, 598
al-Ḥirmī – 58–60
al-ḫirqa – 826
al-ḥitān – 960
ḥizb Allāh – 787
al-ḥudūd (Pl.) – 282, 460, 686, 963
al-ḥukm, Pl. *al-aḥkām* – 694
al-ḥulla – 539
Ḥums-Brüder – 292, 893
al-ḥurma – 569
al-ḫuṭba – 965
al-ʿibāda – 715
ibn as-sabīl – 320
al-iḥāṭa – 906
al-iḥrām – 949
al-iḥsān – 708
al-ʿidda – 218
al-iʿǧāz – 759
al-iktisāb – 174
al-īmān – 646, 707
al-iʿrāb – 531
al-irǧāʾ – 501
al-islām – 176 f., 180, 278, 316, 340, 650, 654, 703, 705 f., 714 f., 717, 719
al-isnād – 696, 905
al-istilḥāq – 954
al-iṯm – 129
al-jahūdīja – 163
al-kalima – 723, 978
al-karam – 887
al-kasb – 112
al-kitāb – 94, 138
al-kuffār (Pl.) – 160
al-kufr – 757
al-kursī – 665
lailat al-qadr – 652
laqāḥ – 75
al-māʾ – 289
al-maġāzī (Pl.) – 298, 766
al-mahr – 326, 330
al-makruma – 960
māl Allāh – 513
al-malaʾ – 202
al-malāʾika (Pl.) – 234
al-malakūt – 649, 821
al-manʿa – 202, 208, 235, 259 f., 767
al-manāqib (Pl.) – 543
al-mannān – 705
al-masǧid – 63, 438, 964
al-masǧid al-adnā – 248
al-masǧid al-aqṣā – 246 f., 643, 647, 821
al-maṯal – 148
al-maulā, Pl. *al-mawālī* – 263, 343, 664, 952
al-miḫlāf, Pl. *al-maḫālīf* – 29, 739
a-milla – 82, 171
al-miṣr – 482
al-mīṯāq – 944
al-muʾallafa qulūbu-hum – 427
al-muǧāhid, Pl. *al-muǧāhidūn* – 387 f., 394–400, 403, 486, 508, 511, 544, 547–549, 551, 557, 575, 589, 593, 595, 598, 610, 652, 691, 706, 944
al-muǧāwara – 509
al-muhāǧirūn – 190, 208, 265, 469, 527, 544, 559, 561, 621, 624, 627, 667, 947
muḥammad – 100, 181, 899
al-muḥillūn – 60, 663
al-muḥrim, Pl. *al-muḥrimūn* – 59
al-mukātaba – 786
al-mulk – 641, 723, 724
mulk as-samāʾ – 473
al-multazam – 874
al-muʾminūn – 170
al-munāfiqūn – 321
al-muṣaddiq, Pl. *al-muṣaddiqūn* – 400 f., 792
al-muslim, Pl. *al-muslimūn* – 151, 162, 171, 705
al-mustaḍʿafūn (Pl.) – 202, 238
al-mutʿa – 540, 541, 781
al-mutābaʿa – 734
muṭahhar – 173
al-mutakabbir – 669
al-muwallad – 203, 766
an-nabī – 178, 648
an-nabī al-ummī – 179, 242, 783, 926 f.
an-nabīḏ – 652
an-nadīm – 783
an-nafs – 335
an-naǧwā – 788
an-nāmūs – 130, 163 f., 169, 186, 758
an-nasab – 561
an-nāšiʾa – 832
an-naṣrānīja – 163
an-nawāʾib (Pl.) – 517
an-nifāq – 310
an-nīja – 949
an-nikāḥ – 781
an-nisba – 953
al-qabāla – 521
al-qabīla – 951
al-qaḍāʾ, Pl. *al-aqḍija* – 486, 686, 691, 694
al-qadar – 709, 755, 930
al-qāḍī, Pl. *al-quḍāt* – 44, 397, 515, 591, 658, 695
al-qairawān – 483
al-qaṣaṣ – 562, 688
al-qāṣṣ – 824
al-qibla – 79, 745, 755
al-qisṭ – 343
al-qurʾān – 93, 135, 139
ar-rafīq al-aʿlā – 493
ar-raǧaz – 130 f., 921
ar-rahbānīja – 166
ar-Raḥmān – 63, 67

ar-raʿīja – 604
ar-rakʿa, Pl. *ar-rakaʿāt* – 189, 277, 425, 538, 587, 830, 928, 932
ar-rasūl – 178, 242, 821
ar-ribā – 297
ar-riḍā – 662
ar-ridda – 792
ar-rifāda – 620
ar-riǧz – 111, 175
ar-risāla – 297
ar-rizq – 514, 771, 880
ar-ruʿb – 438
ar-ruǧz – 110
ar-Rūḥ – 93, 224
aš-šaʿb – 951
as-sābiqa – 528, 533, 545, 563, 566, 582, 584 f., 597, 602, 604, 611, 615, 617, 619, 629, 634, 637, 639 f., 654, 975
as-sābiqūn (Pl.) – 460, 533
aṣ-ṣadāq – 327, 329
aṣ-ṣadaqa, Pl. *aṣ-ṣadaqāt* – 74, 183, 364, 384–386, 388, 396, 399–403, 411, 418, 420–422, 428, 433–435, 439, 443 f., 452, 460, 469–472, 474, 496 f., 510 f., 514–518, 520 f., 525, 587, 601, 611, 634, 638, 641, 662, 691–693, 706, 716, 776, 946, 960, 970
aṣ-ṣaduqāt – 329
aṣ-ṣāfija, Pl. *aṣ-ṣawāfī* – 516 f., 520, 584
as-saǧʿ – 921
aṣ-ṣaḥīfa – 139
as-sāʾiba – 879
aṣ-ṣāʾifa – 801
aš-šaiṭān – 131
as-safāha – 202
as-sakīna – 380, 447
as-salām – 302
aṣ-ṣalāt – 63, 537, 917, 932
ṣalāt al-ʿaṣr – 249, 277
ṣalāt aḍ-ḍuḥā – 248
ṣalāt al-ʿišāʾ – 276
ṣalāt aẓ-ẓuhr 277
ṣalāt al-maġrib – 276
aṣ-ṣāniʿ – 921
aš-šaraf – 726, 820
aṣ-ṣarūra – 894
aš-šīʿa, Pl. *aš-šijaʿ* – 600, 633, 819
aṣ-ṣiddīq – 644
as-sīra – 732, 949
as-siwār, Pl. *al-asāwira* – 800
as-suḥra – 440
aṣ-ṣulḥ – 581
as-sulṭān – 690
as-sunna – 627, 633, 663, 797, 893, 960, 976
aš-šūrā – 635, 658
at-tābiʿ – 130
aṭ-ṭāġūt – 292
at-taḥaddī – 759
aṭ-ṭahāra – 960
ṭaijib – 880
at-tarāwīḥ (Pl.)– 507, 538
at-tauba – 703
aṭ-ṭulaqāʾ (Pl.) – 792
aṭ-ṭuʿma – 259, 398, 518
al-uǧūr (Pl.) – 331 f.
al-ulfa – 629
umm walad – 540
al-umma – 97, 242, 342, 344, 622, 927
al-ummījūn (Pl.) – 180, 229, 264, 314, 341, 346, 451, 925–927
al-ʿumra – 376, 448, 889, 894
al-ʿurwa al-wuṯqā – 874
wāfī-Dirhem– 507, 572
al-waḥj – 693
al-walāʾ – 952
al-walad – 723
al-waqf – 510
al-wasq – 440
al-waṣī – 590, 660
al-waṣīla – 879
al-witr – 704
az-zakāt – 63, 117, 399, 514, 525, 776
az-zandaqa – 755

4. Zitierte bzw. erwähnte Koranstellen

Sure 1 – 291, 756
Sure 1, Vers 6 – 380
Sure 2 – 141, 145, 180, 249, 253, 282, 284 f., 288 f., 291, 296–298, 302, 325, 339, 341, 385, 423, 613, 649, 650, 706, 721, 917, 977
Sure 2, Vers 1–5 – 289
Sure 2, Vers 3 f. – 707 f.
Sure 2, Vers 6–20 – 289
Sure 2, Vers 8–20 – 349
Sure 2, Vers 21 f. – 145
Sure 2, Vers 23 f. – 145, 290
Sure 2, Vers 25 – 112
Sure 2, Vers 28 f. – 290
Sure 2, Vers 34–38 – 172
Sure 2, Vers 37–39 – 290
Sure 2, Vers 40–44 – 349
Sure 2, Vers 40–93 – 290
Sure 2, Vers 41 – 599
Sure 2, Vers 44 – 650
Sure 2, Vers 51–86 – 339, 782
Sure 2, Vers 57 – 557
Sure 2, Vers 61 – 290
Sure 2, Vers 62 – 111, 175, 290 f., 756
Sure 2, Vers 65 – 290
Sure 2, Vers 67–71 – 291
Sure 2, Vers 73 – 291
Sure 2, Vers 75 – 339
Sure 2, Vers 76 – 289

Sure 2, Vers 78 – 385
Sure 2, Vers 78 f. – 289, 925
Sure 2, Vers 80 – 349
Sure 2, Vers 83–85 – 349
Sure 2, Vers 87 – 339, 978
Sure 2, Vers 94–96 – 292
Sure 2, Vers 97 f. – 292
Sure 2, Vers 99–105 – 292
Sure 2, Vers 106 – 532
Sure 2, Vers 106–108 – 292
Sure 2, Vers 109–112 – 293
Sure 2, Vers 111 f. – 292, 390, 978
Sure 2, Vers 112 – 932
Sure 2, Vers 111–113 – 341
Sure 2, Vers 113–121 – 293
Sure 2, Vers 122 f. – 293
Sure 2, Vers 124 – 716
Sure 2, Vers 124–140 – 172
Sure 2, Vers 127 – 20
Sure 2, Vers 127 f. – 293
Sure 2, Vers 129 – 172, 294, 821
Sure 2, Vers 135 – 172, 294, 762, 978
Sure 2, Vers 135 f. – 179
Sure 2, Vers 136 – 295, 437
Sure 2, Vers 136–141 – 294
Sure 2, Vers 144 f. – 279
Sure 2, Vers 150 – 294
Sure 2, Vers 155 – 294
Sure 2, Vers 158 – 284
Sure 2, Vers 173 – 295, 879
Sure 2, Vers 177 – 295, 524
Sure 2, Vers 178 – 303, 449, 619, 698, 782, 963
Sure 2, Vers 178 f. – 295, 943 f.
Sure 2, Vers 179 – 303
Sure 2, Vers 180–182 – 295
Sure 2, Vers 184 – 281, 282
Sure 2, Vers 184 f. – 167
Sure 2, Vers 185 – 143, 164, 281, 282, 285
Sure 2, Vers 187 – 167, 282, 288, 334, 372, 462
Sure 2, Vers 189 – 59, 283, 284, 292
Sure 2, Vers 190 f. – 251, 279
Sure 2, Vers 190–193 – 649
Sure 2, Vers 191 – 301, 706
Sure 2, Vers 193 – 266, 405, 521, 569, 706, 728, 730, 932
Sure 2, Vers 194 – 943
Sure 2, Vers 196 – 385
Sure 2, Vers 198 f. – 284
Sure 2, Vers 207 – 785
Sure 2, Vers 213 – 287, 295
Sure 2, Vers 215 – 541
Sure 2, Vers 217 – 301, 319, 387, 447
Sure 2, Vers 218 – 387
Sure 2, Vers 219 – 167, 288, 538, 542
Sure 2, Vers 219–223 – 295
Sure 2, Vers 221 – 288, 325, 334
Sure 2, Vers 226 – 238 – 295
Sure 2, Vers 228 – 333, 591
Sure 2, Vers 228–235 – 332
Sure 2, Vers 229–230 – 462
Sure 2, Vers 238 – 277
Sure 2, Vers 242 – 288
Sure 2, Vers 245 – 729
Sure 2, Vers 252 – 295
Sure 2, Vers 253 – 296, 978
Sure 2, Vers 255 – 177, 296, 649, 665, 961
Sure 2, Vers 256 – 167, 292, 296, 385, 387, 777, 875
Sure 2, Vers 257 – 296
Sure 2, Vers 263 – 385
Sure 2, Vers 264 – 385
Sure 2, Vers 266 – 288
Sure 2, Vers 275–284 – 295
Sure 2, Vers 278 – 297
Sure 2, Vers 279 – 297
Sure 2, Vers 282 – 314, 332
Sure 2, Vers 285 – 295, 437
Sure 2, Vers 285 f. – 296
Sure 3 – 141, 145, 180, 339, 341 f., 349 f., 917
Sure 3, Vers 1–4 – 141
Sure 3, Vers 18 f. – 723
Sure 3, Vers 18–20 – 180, 341
Sure 3, Vers 19 – 705
Sure 3, Vers 20 – 289, 925 f.
Sure 3, Vers 21–26 – 342
Sure 3, Vers 28 – 340
Sure 3, Vers 29–32 – 340
Sure 3, Vers 33 – 340
Sure 3, Vers 34–57 – 340
Sure 3, Vers 45 – 723, 978
Sure 3, Vers 49 – 588
Sure 3, Vers 54 – 161
Sure 3, Vers 58–64 – 340
Sure 3, Vers 59 – 978
Sure 3, Vers 61 – 340
Sure 3, Vers 64 – 293
Sure 3, Vers 65–67 – 146
Sure 3, Vers 65–68 – 294, 341
Sure 3, Vers 65–80 – 141
Sure 3, Vers 67 – 154, 163, 232
Sure 3, Vers 68 – 649
Sure 3, Vers 75 – 186, 264, 346, 445, 924 f.
Sure 3, Vers 77 – 599
Sure 3, Vers 81 – 367, 423
Sure 3, Vers 81–83 – 294
Sure 3, Vers 84 – 437
Sure 3, Vers 86–92 – 454
Sure 3, Vers 93–97 – 296
Sure 3, Vers 93–110 – 141
Sure 3, Vers 99–101 – 350
Sure 3, Vers 102 – 599
Sure 3, Vers 103 – 288, 816
Sure 3, Vers 104 – 599, 716
Sure 3, Vers 105 – 568
Sure 3, Vers 110 – 350, 454, 590, 635, 716
Sure 3, Vers 114 – 716
Sure 3, Vers 117 – 875
Sure 3, Vers 118 – 350
Sure 3, Vers 137 – 816

Sure 3, Vers 142 – 388
Sure 3, Vers 144 – 495
Sure 3, Vers 144–146 – 339
Sure 3, Vers 152 – 585
Sure 3, Vers 155 – 585
Sure 3, Vers 187 – 569
Sure 3, Vers 199 – 925
Sure 4 – 142, 220, 325, 327, 329 – 332, 334, 339, 340, 342 f., 385, 388, 391, 789
Sure 4, Vers 1 – 329, 334, 782
Sure 4, Vers 2 f. – 329
Sure 4, Vers 3 – 498
Sure 4, Vers 4 – 329
Sure 4, Vers 5 f. – 330
Sure 4, Vers 7 – 12 – 330
Sure 4, Vers 11 f. – 695
Sure 4, Vers 15 – 333
Sure 4, Vers 19–21 – 333
Sure 4, Vers 22 – 743, 888
Sure 4, Vers 24 – 332, 781
Sure 4, Vers 24 f. – 331
Sure 4, Vers 25 – 332
Sure 4, Vers 26–28 – 331
Sure 4, Vers 28 – 332
Sure 4, Vers 29 – 621
Sure 4, Vers 29–33 – 332
Sure 4, Vers 34 – 333
Sure 4, Vers 35 – 333
Sure 4, Vers 43 – 167, 538, 542
Sure 4, Vers 44–57 – 367
Sure 4, Vers 49 – 367
Sure 4, Vers 51 – 367
Sure 4, Vers 59 – 716, 717
Sure 4, Vers 69 – 493
Sure 4, Vers 71 – 337
Sure 4, Vers 72 f. – 337
Sure 4, Vers 74 f. – 337, 785
Sure 4, Vers 75 – 203
Sure 4, Vers 92 – 402
Sure 4, Vers 92–96 – 944
Sure 4, Vers 93 – 621
Sure 4, Vers 94 – 945
Sure 4, Vers 95 f. – 388
Sure 4, Vers 97 – 312, 323
Sure 4, Vers 97 f. – 203
Sure 4, Vers 98 – 312
Sure 4, Vers 105 – 385
Sure 4, Vers 106–113 – 385
Sure 4, Vers 113–115 – 385
Sure 4, Vers 125 – 172, 316, 932
Sure 4, Vers 127 – 330
Sure 4, Vers 127–130 – 331
Sure 4, Vers 129 – 331
Sure 4, Vers 136–147 – 454
Sure 4, Vers 140 – 453
Sure 4, Vers 145 – 337
Sure 4, Vers 150–152 – 337
Sure 4, Vers 155–161 – 338
Sure 4, Vers 160 – 164
Sure 4, Vers 160 f. – 296
Sure 4, Vers 162–170 – 339
Sure 4, Vers 163 – 88
Sure 4, Vers 171 – 219, 437, 440, 723, 929
Sure 4, Vers 171 f. – 722, 978
Sure 4, Vers 171–173 – 339
Sure 4, Vers 175 – 343
Sure 5 – 87, 142, 365, 538, 598
Sure 5, Vers 1–5 – 465
Sure 5, Vers 3 – 462, 707, 879
Sure 5, Vers 6 – 365
Sure 5, Vers 7 – 599
Sure 5, Vers 12 – 263, 729
Sure 5, Vers 12 f. – 729
Sure 5, Vers 12–14 – 462
Sure 5, Vers 15 – 462
Sure 5, Vers 17 – 462
Sure 5, Vers 17 f. – 978
Sure 5, Vers 17–19 – 437
Sure 5, Vers 19 – 462
Sure 5, Vers 20–26 – 308
Sure 5, Vers 23 – 463
Sure 5, Vers 24 – 308
Sure 5, Vers 24–26 – 463
Sure 5, Vers 27–31 – 463
Sure 5, Vers 32 – 463, 942–944
Sure 5, Vers 33 – 284, 495, 601, 943, 964
Sure 5, Vers 33 f. – 464
Sure 5, Vers 35–37 – 464
Sure 5, Vers 38 f. – 464, 964
Sure 5, Vers 44 – 698
Sure 5, Vers 44–50 – 463
Sure 5, Vers 45 – 943 f.
Sure 5, Vers 48 – 599
Sure 5, Vers 51–53 – 463
Sure 5, Vers 54 – 463
Sure 5, Vers 59–66 – 465
Sure 5, Vers 67 – 88
Sure 5, Vers 69 – 111, 175, 465, 756
Sure 5, Vers 70–81 – 465
Sure 5, Vers 73 – 589
Sure 5, Vers 87 – 164
Sure 5, Vers 89–96 – 465
Sure 5, Vers 90 – 175
Sure 5, Vers 90 f. – 167, 538
Sure 5, Vers 93 – 539
Sure 5, Vers 110–120 – 465
Sure 6 – 238, 649
Sure 6, Vers 10 f. – 453
Sure 6, Vers 11 – 816
Sure 6, Vers 29 – 116
Sure 6, Vers 59 – 95
Sure 6, Vers 71 – 761
Sure 6, Vers 74–83 – 171, 705
Sure 6, Vers 75 – 245, 649, 821
Sure 6, Vers 80 – 238
Sure 6, Vers 81 – 122, 171, 771
Sure 6, Vers 81–83 – 649
Sure 6, Vers 84–89 – 179
Sure 6, Vers 93 – 901
Sure 6, Vers 97 f. – 916
Sure 6, Vers 98 – 95, 335
Sure 6, Vers 112 – 179

Sure 6, Vers 119 – 916
Sure 6, Vers 126 – 916
Sure 6, Vers 133 – 916
Sure 6, Vers 136 – 880
Sure 6, Vers 140 – 879
Sure 6, Vers 145 – 175, 879
Sure 6, Vers 146 – 296, 338
Sure 6, Vers 151 – 326
Sure 6, Vers 159 – 600, 608 f.
Sure 6, Vers 161 – 171, 238
Sure 7 – 141, 179, 202, 238, 241, 731, 916
Sure 7, Vers 1–18 – 240
Sure 7, Vers 8 f. – 154
Sure 7, Vers 23 – 557
Sure 7, Vers 26 – 111
Sure 7, Vers 27 – 894
Sure 7, Vers 26–33 – 111
Sure 7, Vers 28 – 240
Sure 7, Vers 31 f. – 894
Sure 7, Vers 32 – 916
Sure 7, Vers 35–39 – 240
Sure 7, Vers 52 f. – 240, 916
Sure 7, Vers 54 – 756, 919, 921, 930
Sure 7, Vers 63 – 175
Sure 7, Vers 64 – 761
Sure 7, Vers 69 – 175
Sure 7, Vers 71 – 93, 752
Sure 7, Vers 73 – 882
Sure 7, Vers 73–79 – 74
Sure 7, Vers 75 – 771
Sure 7, Vers 75–79 – 203
Sure 7, Vers 83 – 761
Sure 7, Vers 85 f. – 241
Sure 7, Vers 86–90 – 241
Sure 7, Vers 96–98 – 241
Sure 7, Vers 104–137 – 242, 913
Sure 7, Vers 123 f. – 284
Sure 7, Vers 128 – 185
Sure 7, Vers 133–135 – 111
Sure 7, Vers 137 – 203, 771
Sure 7, Vers 150 – 242, 771
Sure 7, Vers 155 f. – 242
Sure 7, Vers 156–158 – 179
Sure 7, Vers 157 – 248, 648, 716, 928
Sure 7, Vers 157 f. – 279, 290, 346
Sure 7, Vers 160 – 244, 557
Sure 7, Vers 160–162 – 242
Sure 7, Vers 161 f. – 247
Sure 7, Vers 174 – 916
Sure 7, Vers 175 – 169
Sure 7, Vers 189 – 151, 334, 782
Sure 7, Vers 196 – 95
Sure 8 – 313 f., 316, 323 f., 329, 342 f., 357, 361, 388, 404
Sure 8, Vers 1 – 317
Sure 8, Vers 2–8 – 317
Sure 8, Vers 9 f. – 317
Sure 8, Vers 11 – 111, 318
Sure 8, Vers 12 – 780
Sure 8, Vers 12–14 – 318
Sure 8, Vers 15 f. – 318
Sure 8, Vers 17 – 380
Sure 8, Vers 17–19 – 318
Sure 8, Vers 20–27 – 319
Sure 8, Vers 26 – 614
Sure 8, Vers 28–34 – 319
Sure 8, Vers 30 – 151
Sure 8, Vers 30–33 – 250
Sure 8, Vers 33 – 161, 381
Sure 8, Vers 34–40 – 320
Sure 8, Vers 34 f. – 250
Sure 8, Vers 39 – 405, 569
Sure 8, Vers 41 – 301, 320
Sure 8, Vers 42 – 320
Sure 8, Vers 43 – 320
Sure 8, Vers 43–47 – 320
Sure 8, Vers 47 – 304
Sure 8, Vers 48 – 320
Sure 8, Vers 49 – 321
Sure 8, Vers 50–58 – 322
Sure 8, Vers 58 – 351
Sure 8, Vers 59–64 – 322
Sure 8, Vers 65 f. – 322
Sure 8, Vers 67 – 313
Sure 8, Vers 67–69 – 322, 542
Sure 8, Vers 70 f. – 322
Sure 8, Vers 72 – 387
Sure 8, Vers 72–75 – 323
Sure 8, Vers 74 f. – 616
Sure 8, Vers 75 – 303, 315
Sure 9 – 99, 219, 388, 444, 446, 450 – 453
Sure 9, Vers 1–7 – 445, 551
Sure 9, Vers 1–29 – 737
Sure 9, Vers 3 – 775
Sure 9, Vers 5 – 932, 945
Sure 9, Vers 8 – 445
Sure 9, Vers 9–16 – 446
Sure 9, Vers 11 – 916
Sure 9, Vers 13 – 445
Sure 9, Vers 25 f. – 447
Sure 9, Vers 28 f. – 451
Sure 9, Vers 29 – 219, 554
Sure 9, Vers 30 – 436
Sure 9, Vers 30–35 – 450
Sure 9, Vers 33 – 219
Sure 9, Vers 34 – 508, 587
Sure 9, Vers 37 – 449
Sure 9, Vers 38–53 – 447
Sure 9, Vers 60 – 402, 418, 428, 515, 524, 776, 946, 960
Sure 9, Vers 61–63 – 453
Sure 9, Vers 64 – 454
Sure 9, Vers 65–68 – 454
Sure 9, Vers 66 – 454
Sure 9, Vers 67 – 716
Sure 9, Vers 69–72 – 454
Sure 9, Vers 71 – 716
Sure 9, Vers 73 f. – 454
Sure 9, Vers 75 – 402
Sure 9, Vers 80–84 – 543
Sure 9, Vers 86 – 703
Sure 9, Vers 86–89 – 446, 454

Sure 9, Vers 88 – 703
Sure 9, Vers 97 – 462, 963
Sure 9, Vers 100 – 533
Sure 9, Vers 100–103 – 460
Sure 9, Vers 103 – 386, 960
Sure 9, Vers 104–106 – 460
Sure 9, Vers 107–112 – 461
Sure 9, Vers 109 – 461
Sure 9, Vers 111 – 447, 481, 544, 631, 654, 785, 961, 963
Sure 9, Vers 112 – 462
Sure 9, Vers 117 f. – 455
Sure 9, Vers 123 – 447
Sure 9, Vers 124–129 – 446
Sure 9, Vers 128 – 453
Sure 9, Vers 128 f. – 530
Sure 10 – 141, 916
Sure 10, Vers 2 – 175
Sure 10, Vers 3 – 756
Sure 10, Vers 15 – 288
Sure 10, Vers 24 – 916
Sure 10, Vers 37 f. – 141, 916
Sure 10, Vers 38 – 145, 289
Sure 10, Vers 47 – 94
Sure 10, Vers 93 – 164, 287
Sure 11 – 22, 141, 201, 916
Sure 11, Vers 1 – 916
Sure 11, Vers 6 – 95
Sure 11, Vers 13 – 145, 289, 914
Sure 11, Vers 17 – 555, 716
Sure 11, Vers 27 – 175
Sure 11, Vers 56 – 127
Sure 11, Vers 57 – 497
Sure 11, Vers 69–73 – 21, 976
Sure 11, Vers 73 – 970
Sure 11, Vers 103 – 715
Sure 11, Vers 114 – 249, 775
Sure 12 – 142, 146, 150, 731, 759, 916
Sure 12, Vers 1–3 – 142, 150, 916
Sure 12, Vers 2 – 554, 810
Sure 12, Vers 4–18 – 150
Sure 12, Vers 7 – 142, 151, 196
Sure 12, Vers 15 – 92
Sure 12, Vers 18 – 150
Sure 12, Vers 19–53 – 150
Sure 12, Vers 21 – 152
Sure 12, Vers 23 – 152, 153
Sure 12, Vers 24 – 150, 152, 760
Sure 12, Vers 26 – 153
Sure 12, Vers 28 f. – 154
Sure 12, Vers 33 – 154
Sure 12, Vers 37–40 – 150, 770
Sure 12, Vers 52 f. – 151
Sure 12, Vers 53 – 714
Sure 12, Vers 76 – 151
Sure 12, Vers 92 – 420
Sure 12, Vers 100 f. – 151
Sure 12, Vers 102–105 – 68
Sure 12, Vers 106 – 68
Sure 12, Vers 109 f. – 151
Sure 13 – 789, 917
Sure 13, Vers 2 – 916
Sure 13, Vers 20 – 756
Sure 13, Vers 31 – 768
Sure 13, Vers 32 – 453
Sure 13, Vers 36 – 554, 555
Sure 13, Vers 37 – 810, 916
Sure 14 – 141, 170, 916
Sure 14, Vers 34 – 599
Sure 14, Vers 35–41 – 22
Sure 14, Vers 35–42 – 170
Sure 14, Vers 36 – 170
Sure 14, Vers 37 – 875
Sure 15 – 140, 245, 916
Sure 15, Vers 1 – 135, 147
Sure 15, Vers 1–11 – 136
Sure 15, Vers 6 – 136
Sure 15, Vers 11 – 244
Sure 15, Vers 15 – 245
Sure 15, Vers 26–43 – 172, 759
Sure 15, Vers 26–48 – 715
Sure 15, Vers 37–40 – 449
Sure 15, Vers 42 – 715
Sure 15, Vers 79 – 716
Sure 15, Vers 94 – 192
Sure 16, Vers 1 – 243
Sure 16, Vers 5–8 – 449
Sure 16, Vers 5–17 – 588
Sure 16, Vers 8 – 527
Sure 16, Vers 33 – 557
Sure 16, Vers 39 – 287
Sure 16, Vers 90 – 773
Sure 16, Vers 64 – 95
Sure 16, Vers 66 f. – 166
Sure 16, Vers 72 – 335
Sure 16, Vers 90 – 261
Sure 16, Vers 91 – 600
Sure 16, Vers 94 f. – 600
Sure 16, Vers 97–103 – 147
Sure 16, Vers 101 – 143
Sure 16, Vers 103 – 149, 160, 221, 555, 810, 916
Sure 16, Vers 106 – 204
Sure 16, Vers 115 – 879
Sure 16, Vers 118 – 296
Sure 16, Vers 120–123 – 170
Sure 16, Vers 124 – 287
Sure 17 – 223, 244 f., 248, 647 – 649
Sure 17, Vers 1 – 247, 647, 651, 652, 771, 880
Sure 17, Vers 1–9 – 246
Sure 17, Vers 2–8 – 721
Sure 17, Vers 5 – 247, 647
Sure 17, Vers 6 f. – 247, 831
Sure 17, Vers 6–8 – 248
Sure 17, Vers 7 – 679
Sure 17, Vers 39 – 92
Sure 17, Vers 42 – 246
Sure 17, Vers 45–47 – 147
Sure 17, Vers 48–52 – 148
Sure 17, Vers 51 – 648
Sure 17, Vers 59 – 647

Sure 17, Vers 60 – 246–248, 644, 647
Sure 17, Vers 66–69 – 648
Sure 17, Vers 71 – 94, 139, 154, 716, 760
Sure 17, Vers 73–80 – 180
Sure 17, Vers 76 – 648
Sure 17, Vers 78 – 276
Sure 17, Vers 81 f. – 147
Sure 17, Vers 85 – 178, 224
Sure 17, Vers 88–95 – 245, 247, 914
Sure 17, Vers 90–95 – 223, 913
Sure 17, Vers 93 – 415, 648, 876
Sure 17, Vers 95 – 648
Sure 17, Vers 106 – 149
Sure 17, Vers 107 – 222
Sure 17, Vers 111 – 722
Sure 18 – 93, 141, 224, 484, 916, 962
Sure 18, Vers 1–8 – 94
Sure 18, Vers 1–10 – 224
Sure 18, Vers 11–21 – 225
Sure 18, Vers 23 f. – 225
Sure 18, Vers 25 f. – 225
Sure 18, Vers 27 – 93, 225
Sure 18, Vers 39 f. – 225
Sure 18, Vers 44 – 751
Sure 18, Vers 49 – 94
Sure 18, Vers 60–63 – 485
Sure 18, Vers 60–64 – 487
Sure 18, Vers 60–82 – 226
Sure 18, Vers 64–82 – 485
Sure 18, Vers 74 – 943
Sure 18, Vers 83–98 – 226, 452, 484
Sure 18, Vers 84 – 487
Sure 18, Vers 86 – 485, 488
Sure 18, Vers 86 f. – 488
Sure 18, Vers 89–91 – 489
Sure 18, Vers 98 – 487
Sure 18, Vers 99–101 – 485
Sure 18, Vers 102 – 485
Sure 18, Vers 102–110 – 226
Sure 18, Vers 107–110 – 144
Sure 19 – 214, 219 f., 222
Sure 19, Vers 2–15 – 220
Sure 19, Vers 10 f. – 220
Sure 19, Vers 13 – 939
Sure 19, Vers 15 – 723
Sure 19, Vers 16 – 220
Sure 19, Vers 19 f. – 154
Sure 19, Vers 20 – 328
Sure 19, Vers 24 f. – 914
Sure 19, Vers 28 – 328
Sure 19, Vers 30 – 178
Sure 19, Vers 33 – 338
Sure 19, Vers 34–36 – 220, 723
Sure 19, Vers 37 – 555
Sure 19, Vers 41–49 – 170, 179
Sure 19, Vers 49 – 179, 220
Sure 19, Vers 51 – 179
Sure 19, Vers 53 – 220
Sure 19, Vers 54 – 179
Sure 19, Vers 56 – 179
Sure 19, Vers 57 – 645, 820
Sure 19, Vers 58 – 220, 221
Sure 19, Vers 71 – 782
Sure 19, Vers 73 – 288
Sure 20 – 139, 141, 159, 175, 554
Sure 20, Vers 5 – 756, 900
Sure 20, Vers 40 – 943
Sure 20, Vers 52 – 95
Sure 20, Vers 75 – 95
Sure 20, Vers 89 – 159
Sure 20, Vers 113 – 554, 810, 916
Sure 21 – 232
Sure 21, Vers 25 – 530
Sure 21, Vers 26–29 – 234
Sure 21, Vers 47 – 154
Sure 21, Vers 51–73 – 170
Sure 21, Vers 73 – 716
Sure 21, Vers 85 – 820
Sure 21, Vers 98–100 – 233
Sure 21, Vers 101–102 – 233
Sure 22 – 265, 282, 789
Sure 22, Vers 5 – 709, 723
Sure 22, Vers 6 – 751
Sure 22, Vers 17 – 111, 175, 756
Sure 22, Vers 25 – 283, 319
Sure 22, Vers 26 – 172
Sure 22, Vers 28 – 283
Sure 22, Vers 30 – 175, 283
Sure 22, Vers 31 – 283
Sure 22, Vers 34 – 283
Sure 22, Vers 39 – 41 – 265, 728, 730
Sure 22, Vers 40 – 268
Sure 22, Vers 41 – 716
Sure 22, Vers 52–55 – 122
Sure 22, Vers 62 – 751
Sure 22, Vers 71 – 93
Sure 22, Vers 77 f. – 387
Sure 22, Vers 78 – 172
Sure 23, Vers 13 – 335
Sure 23, Vers 13 f. – 220
Sure 23, Vers 14 – 709
Sure 23, Vers 24 – 116, 174 f.
Sure 23, Vers 27 f. – 116
Sure 23, Vers 58 – 707
Sure 23, Vers 74 – 707
Sure 23, Vers 102 f. – 154
Sure 24 – 390, 464, 789
Sure 24, Vers 2 – 464, 697 f.
Sure 24, Vers 2–20 – 964
Sure 24, Vers 2–33 – 391
Sure 24, Vers 4 – 366, 464
Sure 24, Vers 11–20 – 366
Sure 24, Vers 25 – 751
Sure 24, Vers 31 – 781
Sure 24, Vers 33 – 786
Sure 24, Vers 35 – 176, 391
Sure 24, Vers 36–40 – 177
Sure 24, Vers 40 – 391
Sure 24, Vers 41–46 – 391
Sure 24, Vers 47–54 – 391
Sure 24, Vers 58 – 543
Sure 24, Vers 58–61 – 391

Sure 24, Vers 62 – 707
Sure 24, Vers 62–64 – 391
Sure 25, Vers 1–3 – 93
Sure 25, Vers 4–5 – 223
Sure 25, Vers 4–8 – 223
Sure 25, Vers 7 – 178
Sure 25, Vers 20 – 223, 690
Sure 25, Vers 31 – 179
Sure 25, Vers 54 – 332
Sure 25, Vers 59 – 756
Sure 25, Vers 63 f. – 943
Sure 25, Vers 74 – 716
Sure 26 – 137, 139, 141, 195 – 197, 202, 214, 223, 240, 761, 916
Sure 26, Vers 1 – 135
Sure 26, Vers 1–9 – 137
Sure 26, Vers 10–67 – 138
Sure 26, Vers 27 – 136
Sure 26, Vers 67 f. – 195
Sure 26, Vers 68 – 138
Sure 26, Vers 69–89 – 169
Sure 26, Vers 72 f. – 159
Sure 26, Vers 88 – 201
Sure 26, Vers 103 – 195
Sure 26, Vers 104 – 138
Sure 26, Vers 121 f. – 195
Sure 26, Vers 122 – 138
Sure 26, Vers 139 f. – 195
Sure 26, Vers 140 – 138
Sure 26, Vers 153 – 202
Sure 26, Vers 158 f. – 195
Sure 26, Vers 159 – 138
Sure 26, Vers 167 – 195
Sure 26, Vers 174 f. – 195
Sure 26, Vers 175 – 138
Sure 26, Vers 190 f. – 196
Sure 26, Vers 191 – 138
Sure 26, Vers 195 – 554, 810, 916
Sure 26, Vers 198 – 451
Sure 26, Vers 208 – 196
Sure 26, Vers 210–226 – 138
Sure 26, Vers 213–216 – 196
Sure 26, Vers 214 – 192, 324
Sure 26, Vers 214 f. – 203
Sure 26, Vers 215 f. – 192
Sure 26, Vers 224–227 – 312
Sure 26, Vers 227 – 138
Sure 27 – 139, 141, 916
Sure 27, Vers 1 – 135
Sure 27, Vers 1–3 – 139
Sure 27, Vers 44 – 557
Sure 27, Vers 49 – 147
Sure 27, Vers 69 – 816
Sure 28 – 141, 207, 238, 240, 916
Sure 28, Vers 4 f. – 203
Sure 28, Vers 7 – 92
Sure 28, Vers 19 – 943
Sure 28, Vers 21 – 239
Sure 28, Vers 31 f. – 913
Sure 28, Vers 33 – 943
Sure 28, Vers 36 – 239
Sure 28, Vers 41 – 717
Sure 28, Vers 43–51 – 239
Sure 28, Vers 57 – 207, 239
Sure 28, Vers 58 f. – 247
Sure 28, Vers 58–84 – 240
Sure 28, Vers 85 – 268, 324, 589
Sure 29 – 759
Sure 29, Vers 6 – 387
Sure 29, Vers 8 – 387
Sure 29, Vers 45 – 93, 888, 967
Sure 29, Vers 47 f. – 927 f.
Sure 29, Vers 47–51 – 95
Sure 29, Vers 63 f. – 93
Sure 30 – 78, 212, 230, 675, 770
Sure 30, Vers 2 f. – 402
Sure 30, Vers 2–5 – 215, 229
Sure 30, Vers 6 – 229
Sure 30, Vers 18 – 248, 249
Sure 30, Vers 21 – 335
Sure 30, Vers 28 – 916
Sure 30, Vers 30 – 112, 176, 232, 648, 705, 932
Sure 30, Vers 42 – 816
Sure 30, Vers 58–60 – 149
Sure 31 – 141, 709, 916
Sure 31, Vers 12–19 – 773
Sure 31, Vers 15 – 174, 387
Sure 31, Vers 17 – 716
Sure 31, Vers 20 – 599
Sure 31, Vers 22 – 874
Sure 31, Vers 27 – 144
Sure 31, Vers 30 – 751
Sure 31, Vers 34 – 708
Sure 32 – 141, 222, 916
Sure 32, Vers 4 – 756
Sure 32, Vers 15 – 222
Sure 32, Vers 25 – 287
Sure 33 – 371 f., 789, 951
Sure 33, Vers 4–6 – 952–954
Sure 33, Vers 7 – 763
Sure 33, Vers 9–24 – 372
Sure 33, Vers 20 – 372
Sure 33, Vers 22 – 663
Sure 33, Vers 23 – 530
Sure 33, Vers 25–27 – 372
Sure 33, Vers 26 – 654
Sure 33, Vers 30–35 – 372
Sure 33, Vers 33 – 175, 970
Sure 33, Vers 35 f. – 372
Sure 33, Vers 40 – 180 f., 184, 423, 763, 793
Sure 33, Vers 49 – 218
Sure 33, Vers 50 – 104
Sure 33, Vers 53 – 372, 542, 620, 736, 781, 809, 913
Sure 33, Vers 56 – 722 f.
Sure 33, Vers 59 – 736, 781
Sure 34 – 204, 880
Sure 34, Vers 1–3 – 95
Sure 34, Vers 15–19 – 628
Sure 34, Vers 16–19 – 880 f.
Sure 34, Vers 31–33 – 203

Sure 34, Vers 34–37 – 201
Sure 34, Vers 47 – 959
Sure 35, Vers 31 – 93
Sure 36 – 140
Sure 36, Vers 1 – 135
Sure 36, Vers 30 – 178
Sure 36, Vers 69 – 148
Sure 37 – 22, 168
Sure 37, Vers 1–10 – 134
Sure 37, Vers 8–10 – 136
Sure 37, Vers 11–15 – 135
Sure 37, Vers 62–68 – 247
Sure 37, Vers 75–77 – 938
Sure 37, Vers 75–82 – 763
Sure 37, Vers 83–98 – 169
Sure 37, Vers 99–107 – 976
Sure 37, Vers 99–113 – 169
Sure 37, Vers 101–113 – 22
Sure 37, Vers 102 – 170, 644
Sure 37, Vers 102–110 – 96
Sure 37, Vers 112 – 178
Sure 38 – 140
Sure 38, Vers 1 – 135, 148
Sure 38, Vers 4 – 175
Sure 38, Vers 7–8 – 175
Sure 38, Vers 86 – 959
Sure 39 – 141, 916
Sure 39, Vers 6 – 334, 782
Sure 39, Vers 27–31 – 148
Sure 39, Vers 28 – 554, 810, 916
Sure 39, Vers 46 – 287
Sure 39, Vers 69 – 94, 139
Sure 40 – 141, 916
Sure 40, Vers 27 – 669
Sure 40, Vers 35 – 669
Sure 40, Vers 67 – 900
Sure 41 – 141, 916
Sure 41, Vers 2 f. – 554
Sure 41, Vers 2–4 – 149
Sure 41, Vers 3 – 810, 916
Sure 41, Vers 9 f. – 919
Sure 41, Vers 12 – 92
Sure 41, Vers 15 f. – 963
Sure 41, Vers 41 f. – 149
Sure 41, Vers 43 – 149
Sure 41, Vers 44 – 154, 555, 916
Sure 41, Vers 44 f. – 149
Sure 41, Vers 53 – 127
Sure 42, Vers 7 – 93, 555, 810
Sure 42, Vers 13 – 763, 924
Sure 42, Vers 36–39 – 635
Sure 42, Vers 37 – 129
Sure 42, Vers 38 – 130
Sure 42, Vers 51 – 809
Sure 42, Vers 52 – 93
Sure 43 – 140, 144, 232, 916
Sure 43, Vers 1 – 135
Sure 43, Vers 1–5 – 140
Sure 43, Vers 3 – 142, 554, 810, 916
Sure 43, Vers 6 f. – 179
Sure 43, Vers 31 f. – 236
Sure 43, Vers 57–61 – 234
Sure 43, Vers 65 – 555
Sure 43, Vers 83 – 594
Sure 44 – 140, 144, 916
Sure 44, Vers 1 – 135
Sure 44, Vers 1–9 – 141
Sure 44, Vers 4 – 141, 143
Sure 44, Vers 54 – 919
Sure 45 – 141, 916
Sure 45, Vers 17 – 287
Sure 45, Vers 23–27 – 116
Sure 45, Vers 28 f. – 94
Sure 46 – 141, 916
Sure 46, Vers 9 – 92, 459
Sure 46, Vers 10–12 – 106
Sure 46, Vers 12 – 554, 716, 810, 916
Sure 46, Vers 29–31 – 238
Sure 47 – 388, 789
Sure 47, Vers 1 – 388
Sure 47, Vers 4 – 389, 797
Sure 47, Vers 5 f. – 389
Sure 47, Vers 7–12 – 389
Sure 47, Vers 13 – 250, 389
Sure 47, Vers 14 f. – 389
Sure 47, Vers 16–22 – 389
Sure 47, Vers 23–32 – 389
Sure 47, Vers 31 – 388
Sure 47, Vers 33 – 716
Sure 47, Vers 33–38 – 389
Sure 48, Vers 1 – 380
Sure 48, Vers 2 – 459
Sure 48, Vers 2–7 – 380
Sure 48, Vers 10 – 380
Sure 48, Vers 11–17 – 380
Sure 48, Vers 16 – 501
Sure 48, Vers 18–20 – 380
Sure 48, Vers 21 – 380, 949
Sure 48, Vers 22–26 – 381
Sure 48, Vers 26 – 532, 613
Sure 48, Vers 27 – 379, 392
Sure 48, Vers 27 f. – 381
Sure 48, Vers 29 – 381
Sure 49 – 422, 789, 951
Sure 49, Vers 6 – 600
Sure 49, Vers 7 – 422
Sure 49, Vers 9 – 422
Sure 49, Vers 10 – 422
Sure 49, Vers 13 – 332, 420, 422
Sure 49, Vers 14 f. – 422, 706
Sure 49, Vers 16–18 – 423
Sure 50 – 140
Sure 50, Vers 1 – 135
Sure 50, Vers 30–32 – 897
Sure 51 – 759
Sure 51, Vers 1–6 – 134
Sure 51, Vers 20–23 – 135
Sure 51, Vers 24–37 – 121
Sure 51, Vers 32 – 162
Sure 51, Vers 36 – 162
Sure 51, Vers 37 – 135
Sure 51, Vers 38 – 136

Sure 51, Vers 51 f. – 136
Sure 51, Vers 52 – 178
Sure 51, Vers 53–60 – 136
Sure 51, Vers 56 – 220, 705, 714
Sure 52 – 140, 759, 916
Sure 52, Vers 12 – 594
Sure 52, Vers 20 – 919
Sure 52, Vers 24 – 147
Sure 52, Vers 25 – 386
Sure 52, Vers 33 f. – 289
Sure 53 – 109, 117 f., 121 – 123, 128 f., 190, 200, 212, 759
Sure 53, Vers 1–18 – 118, 200
Sure 53, Vers 2 – 92
Sure 53, Vers 4 – 92
Sure 53, Vers 5–10 – 113
Sure 53, Vers 10 f. – 92
Sure 53, Vers 14 – 244, 646, 650
Sure 53, Vers 19–22 – 66, 118
Sure 53, Vers 19–23 – 63
Sure 53, Vers 20 – 122
Sure 53, Vers 23 – 118, 120, 752
Sure 53, Vers 24 f. – 119
Sure 53, Vers 26 – 120
Sure 53, Vers 26–32 – 119
Sure 53, Vers 33 – 119
Sure 53, Vers 33–62 – 120
Sure 53, Vers 35 – 122
Sure 53, Vers 45 – 332
Sure 53, Vers 49 – 68, 120
Sure 53, Vers 55 – 129
Sure 53, Vers 60 – 961
Sure 54 – 759
Sure 54, Vers 9 – 136
Sure 54, Vers 17 f. – 148
Sure 54, Vers 22 f. – 148
Sure 54, Vers 23–26 – 175
Sure 54, Vers 32 – 148
Sure 54, Vers 40 – 148
Sure 55 – 129, 761, 789
Sure 55, Vers 1–3 – 909
Sure 55, Vers 29 – 177
Sure 55, Vers 36 – 875
Sure 56 – 531, 759, 789
Sure 56, Vers 7–14 – 112
Sure 56, Vers 10–26 – 962
Sure 56, Vers 27–40 – 962
Sure 56, Vers 41–56 – 962
Sure 56, Vers 77–81 – 146
Sure 56, Vers 79 – 175
Sure 56, Vers 88–94 – 112
Sure 57 – 390, 725, 789
Sure 57, Vers 1–10 – 389
Sure 57, Vers 2 – 722, 724 f.
Sure 57, Vers 4 – 756
Sure 57, Vers 9 – 389
Sure 57, Vers 11 – 389, 729
Sure 57, Vers 12–15 – 389
Sure 57, Vers 16–24 – 390
Sure 57, Vers 18 – 729
Sure 57, Vers 25 – 297, 390
Sure 57, Vers 26 f. – 164
Sure 57, Vers 27 – 296, 589
Sure 57, Vers 28 – 390
Sure 57, Vers 29 – 390
Sure 58 – 789
Sure 59 – 361, 372, 384, 396
Sure 59, Vers 2 – 361
Sure 59, Vers 4 – 361
Sure 59, Vers 6 – 361
Sure 59, Vers 6–8 – 958
Sure 59, Vers 7 – 361, 383, 946 f.
Sure 59, Vers 7–9 – 361
Sure 59, Vers 8 f. – 361
Sure 59, Vers 10 – 361
Sure 59, Vers 11–15 – 362
Sure 59, Vers 16 – 362
Sure 59, Vers 23 – 669
Sure 60, Vers 1–4 – 251
Sure 60, Vers 3 – 526
Sure 60, Vers 12 – 262, 774
Sure 61 – 181, 789
Sure 61, Vers 1–6 – 181, 183
Sure 61, Vers 4 – 630
Sure 61, Vers 6 – 763
Sure 61, Vers 14 – 589
Sure 62 – 275, 789
Sure 62, Vers 2 – 275, 925, 927
Sure 62, Vers 3–4 – 275
Sure 62, Vers 5 – 275
Sure 62, Vers 6–8 – 275
Sure 62, Vers 9 – 532, 775
Sure 62, Vers 9 f. – 275
Sure 63 – 789
Sure 63, Vers 1–8 – 454
Sure 63, Vers 10 – 402
Sure 63, Vers 11 – 275
Sure 64 – 789
Sure 64, Vers 9 – 154
Sure 64, Vers 16 – 599
Sure 64, Vers 17 – 729
Sure 65 – 142
Sure 65, Vers 1 – 591
Sure 65, Vers 1–4 – 218
Sure 65, Vers 4 – 591
Sure 65, Vers 6 – 781
Sure 66 – 142, 388, 789
Sure 66, Vers 1 f. – 736
Sure 66, Vers 8–9 – 388
Sure 67, Vers 3 – 167, 768
Sure 68 – 756
Sure 68, Vers 1–15 – 144
Sure 68, Vers 15 – 223
Sure 68, Vers 35 – 162
Sure 68, Vers 37 – 145
Sure 68, Vers 39 – 145
Sure 68, Vers 44–47 – 145
Sure 68, Vers 45 – 151
Sure 69 – 759
Sure 69, Vers 9 – 369
Sure 69, Vers 15 – 920
Sure 69, Vers 15–17 – 155, 919

Sure 70 – 759
Sure 70, Vers 42 – 594
Sure 71 – 63, 759
Sure 71, Vers 11 – 207
Sure 71, Vers 15 – 167, 768
Sure 71, Vers 23 – 62
Sure 71, Vers 26 – 938
Sure 72 – 759
Sure 72, Vers 3–10 – 137
Sure 72, Vers 14 – 162
Sure 72, Vers 23 – 297
Sure 73 – 285, 756, 759
Sure 73, Vers 1 – 751
Sure 73, Vers 1–7 – 735
Sure 73, Vers 7 – 277
Sure 73, Vers 11 – 161
Sure 73, Vers 20 – 286 f.
Sure 74 – 91, 94, 112–114, 286, 756, 759
Sure 74, Vers 1 – 751
Sure 74, Vers 1–5 – 90 f., 118
Sure 74, Vers 2 – 138, 909
Sure 74, Vers 8–10 – 909
Sure 74, Vers 32–38 – 112
Sure 74, Vers 35–55 – 113
Sure 74, Vers 37 – 177
Sure 74, Vers 38 – 112
Sure 75 – 759
Sure 75, Vers 16–19 – 90
Sure 75, Vers 37 – 723
Sure 75, Vers 37 f. – 332
Sure 76 – 789
Sure 77 – 759
Sure 77, Vers 1–7 – 134
Sure 78, Vers 17 – 94
Sure 78, Vers 27–29 – 94
Sure 78, Vers 29 – 138
Sure 79 – 157, 759
Sure 79, Vers 1–8 – 134
Sure 79, Vers 21–26 – 157
Sure 79, Vers 27–33 – 157, 909
Sure 79, Vers 34–39 – 157
Sure 79, Vers 42–46 – 157
Sure 80 – 759
Sure 80, Vers 11–17 – 123
Sure 80, Vers 14 – 175
Sure 80, Vers 17 – 123
Sure 80, Vers 17–22 – 909
Sure 80, Vers 18–37 – 123
Sure 80, Vers 24–30 – 909
Sure 80, Vers 38–42 – 123
Sure 81 – 133, 756, 759
Sure 81, Vers 1 – 154
Sure 81, Vers 8 – 162, 325
Sure 81, Vers 19–23 – 113
Sure 81, Vers 19–25 – 178
Sure 81, Vers 25 – 134
Sure 82 – 133, 759
Sure 83 – 759
Sure 84 – 759
Sure 84, Vers 1–12 – 909
Sure 84, Vers 7 – 154
Sure 84, Vers 10 – 154
Sure 84, Vers 16–21 – 222
Sure 85 – 759
Sure 85, Vers 6 – 882
Sure 85, Vers 7 – 880
Sure 85, Vers 17 f. – 74
Sure 86 – 759, 922
Sure 86, Vers 17 – 161
Sure 87 – 113 f., 116, 123, 756, 759
Sure 87, Vers 1 – 752
Sure 87, Vers 6 f. – 117, 928
Sure 87, Vers 8 – 115
Sure 87, Vers 9 – 909
Sure 87, Vers 14 – 117
Sure 87, Vers 15 – 116
Sure 88 – 759
Sure 89 – 756, 759
Sure 89, Vers 6 f. – 263
Sure 89, Vers 27 – 751
Sure 90 – 759
Sure 90, Vers 4 – 909
Sure 90, Vers 8–10 – 909
Sure 91 – 759
Sure 92 – 759, 922
Sure 92 – 113, 756
Sure 92, Vers 3 – 332
Sure 92, Vers 5–11 – 909
Sure 92, Vers 14–21 – 113
Sure 92, Vers 18 – 117
Sure 92, Vers 20 – 117
Sure 93 – 430, 756, 759
Sure 93, Vers 3–8 – 909
Sure 93, Vers 7 – 103
Sure 93, Vers 9–11 – 909
Sure 94 – 756, 759
Sure 95 – 112, 759
Sure 96 – 87, 90 f., 94, 110, 144, 286, 752, 756, 759
Sure 96, Vers 1–2 – 286
Sure 96, Vers 1–4 – 89
Sure 96, Vers 1–5 – 144, 909
Sure 97 – 143, 168, 286
Sure 98 – 391, 789
Sure 98, Vers 1 f. – 436
Sure 99 – 390, 789
Sure 100 – 759
Sure 100 – 132, 756
Sure 101 – 759
Sure 101, Vers 6 – 154
Sure 101, Vers 11 – 154
Sure 102 – 756
Sure 102, Vers 1 – 587
Sure 103 – 756, 759
Sure 104 – 759
Sure 105 – 69, 194, 229, 727, 756, 759
Sure 106 – 28, 44, 52, 54, 72, 194, 229, 727, 759, 880, 909
Sure 106, Vers 1–2 – 726
Sure 106, Vers 1–3 – 28
Sure 106, Vers 3 – 43
Sure 107 – 759

Sure 108 – 759
Sure 108, Vers 3 – 108
Sure 109 – 756
Sure 111 – 108, 756, 759
Sure 112 – 722, 756, 759
Sure 113 – 705, 756, 759
Sure 113, Vers 1–4 – 109
Sure 114 – 705, 756, 759

Literaturverzeichnis

AAA = Abū ʿUbaida Maʿmar b. al-Muṯannā at-Taimī: *Kitāb aijām al-ʿarab qabla l-islām*, al-ǧuzʾ al-auwal: Dirāsa muqārana li-malāḥim al-aijām al-ʿarabīja; al-ǧuzʾ aṯ-ṯānī: Ǧamʿ wa-taḥqīq wa-dirāsa, ed. ʿĀdil Ǧāsim al-Bajātī, Beirut 1987.

ʿAbd al-Bāqī, Muḥammad Fuʾād: *al-Muʿǧam al-mufahras li-alfāẓ al-qurʾān al-karīm*, o.O. 1378 h.

ʿAbd al-Qādir al-Ǧīlānī: *al-Ġunja li-ṭālibī ṭarīq al-Ḥaqq taʿālā*, ed. Faraǧ Taufīq al-Walīd, 3 Bde., Bagdad 1988.

ʿAbd ar-Razzāq b. Humām aṣ-Ṣanʿānī: *Tafsīr aṣ-Ṣanʿānī*, ed. Muṣṭafā Muslim Muḥammad, 2 Bde., Mekka 1410/1990.

Ders.: *Muṣannaf ʿAbd ar-Razzāq*, ed. Ḥabīb ar-Raḥmān al-Aʿẓamī, 11 Bde., Mekka 1403/1983.

Abū Jūsuf: *Kitāb al-āṯār*, ed. Abū l-Wafā al-Afġānī, Kairo 1355.

Abū Nuʿaim Aḥmad b. ʿAbdallāh al-Iṣbahānī: *Dalāʾil an-nubūwa*, 2. Auflage, Haidarabad/Dekkan 1950.

Ders.: *Ḥiljat al-aulijāʾ wa-ṭabaqāt al-aṣfijāʾ*, 10 Bde., 2. Auflage, Beirut 1967.

Adamek, Gerhard: *Das Kleinkind in Glaube und Sitte der Araber im Mittelalter*, phil. Diss., Bonn 1968.

al-Afġānī, Saʿīd: *Aswāq al-ʿarab fī l-ǧāhilīja wal-islām*, Damaskus 1379/1960.

AG2 = Abū l-Faraǧ ʿAlī b. al-Ḥusain al-Iṣbahānī: *Kitāb al-aġānī*, 24 Bände, Kairo 1963-1974.

AHM/a = Aḥmad b. Ḥanbal: *Musnad al-imām Aḥmad b. Ḥanbal*, Neudruck der sechsbändigen Bulaqer Ausgabe von 1313/1895-6, Beirut 1969.

AHM/n = Aḥmad b. Ḥanbal: *Musnad al-imām Aḥmad b. Ḥanbal*, ed. Aḥmad Muḥammad Šākir, Bd. 1–, Kairo 1949–

Ahrweiler, Hélène: *Byzance et la mer. La marine de guerre, la politique et les institutions maritimes de Byzance aux VIIe – XVe siècles*, Paris 1966 (Bibliothèque byzantine, Etudes 5).

al-ʿAinī, Badr ad-Dīn: *ʿUmdat al-qārī fī šarḥ al-Buḫārī*, 12 Bände, Beirut 1984.

Alf laila wa-laila, ed. Muḥammad b. ʿAbd ar-Raḥmān aš-Šahīr bi-Qiṭṭat al-ʿAdawī nach der Bulaqer Ausgabe von 1280/1863, 4 Bände, Kairo 1325/1907.

Altheim, Franz/Stiehl, Ruth: *Ein asiatischer Staat. Feudalismus unter den Sasaniden und ihren Nachbarn*, Wiesbaden 1954.

Altheim, Franz/Stiehl, Ruth: *Die Araber in der alten Welt*, 5 Bände, Berlin 1964-1968.

Andrae, Tor: *Die legenden von der berufung Muḥammeds*, in: *Le Monde Oriental* VI/1912, 5-18.

Ders.: *Der Ursprung des Islams und das Christentum*, in: *Kirkohistorisk Årsskrift*, 1923, 149–206, 1924, 213–292, 1925, 45–112.

BAA = Aḥmad b. Jaḥjā al-Balāḏurī: *Kitāb ǧumal min Ansāb al-ašrāf*, edd. Suhail Zakkār und Rijāḍ Ziriklī, 13 Bände, Beirut 1996.

BAA/Jer = ders.: *Ansāb al-ašrāf*, Teil IVB, ed. Max Schloessinger, Jerusalem 1938; Teil V, ed. S.D.F. Goitein, Jerusalem 1936.

BAF = ders.: *Futūḥ al-buldān* (Liber expugnationis regionum, auctore Imámo Ahmed ibn Jahja ibn Djábir al-Beládsorí, quem e codice Leidensi et codice Musei Britannici edidit M.J. de Goeje, editio secunda, photomechanice iterata, Lugduni Batavorum 1968).

Bāfaqīh, Muḥammad ʿAbd al-Qādir: *Abraha… tubbaʿan. Taʾammulāt fī ʿahdi-hī fī ḍauʾ naqši-hī al-kabīr*, in: *Dirāsāt jamanīja* 25/26, August–Dezember 1986, 86-113.

al-Baihaqī, Abū Bakr Aḥmad b. al-Ḥusain: *Sunan al-Baihaqī al-kubrā*, ed. Muḥammad ʿAbd al-Qādir ʿAṭā, 10 Bde., Mekka 1994.

Bailey, Lloyd R.: *Noah. The Person and the Story in History and Tradition*, Universtity of South Carolina Press 1989.

al-Balḫī, Abū Zaid Aḥmad b. Sahl, siehe al-Maqdisī, Muṭahhar b. Ṭāhir.

al-Bāqillānī, Abū Bakr Muḥammad b. aṭ-Ṭaijib: *al-Intiṣār lil-qurʾān*, Frankfurt/Main 1986 (Publications of the Institute for the History of Arabic-Islamic Science, Series C, Band 40).

Bashear, Suliman: *The Mission of Diḥja al-Kalbī and the Situation in Syria*, in: *Jerusalem Studies in Arabic and Islam*, 14/1991, 84-114.

Bat Ye'or: *Der Niedergang des orientalischen Christentums unter dem Islam. 7.–20. Jahrhundert. Zwischen Dschihad und Dhimmitude.* Mit einer Einführung von Heribert Busse, aus dem Französischen übersetzt von Kurt Maier, Resch Verlag Gräfelfing 2002.

Beck, Edmund: *Die Gestalt des Abraham am Wendepunkt der Entwicklung Muhammeds.* Analyse von Sure 2, 118(124)-135(141), in: Le Muséon LXV/1952, 73-94.

Ders.: *Ephräms Polemik gegen Mani und die Manichäer,* Löwen 1978 (CSCO 391 = Subsidia 55).

Bell, Richard: *The Qur'ān – Translated with a critical re-arrangement of the surahs,* 2 Bände, Edinburgh 1937 und 1939.

Ders.: *Muhammad's Visions,* In: *The Moslem World* XXIV/1934, 145-154.

Beltz, Walter: *Sehnsucht nach dem Paradies. Mythologie des Korans,* Berlin 1979.

van Berchem, M.: *Matériaux pour un Corpus Inscriptionum Arabicarum,* Teil 2: Nordsyrien, Bd. II, Jerusalem, Ḥaram. Kairo 1927.

Bijlefeld, Willem A.: *A prophet and more than a prophet,* in: *The Muslim World* LIX/1961, 1-28.

Birkeland, Harris: *The Legend of the Opening of Muhammed's Breast* (Avhandlinger utgitt av Det Norske Videnskaps-Akademi i Oslo, II. Hist.-Filos. Klasse 1955, No. 3).

Blachère, Régis: *Le Coran. Traduction selon un essai de réclassement des sourates,* 2 Bde., Paris 1949–1950.

Ders.: *Histoire de le littérature arabe,* 3. Bde., Paris 1964.

Bravmann, M. M.: *The Spiritual Background of Early Islam. Studies in Ancient Arab Concepts,* Leiden 1972.

Brenk, B.: *Die Anfänge der byzantinischen Weltgerichtsdarstellung,* in: *Byzantinische Zeitschrift,* LVII/1964, 106-126.

British Library Manuscript Add. 5928.

BS = al-Buḫārī, Muḥammad b. Ismāʿīl: *Ṣaḥīḥ al-Buḫārī,* Ausgabe in 9 Teilen, ohne Ort und Jahr.

Busse, Heribert: *Monotheismus und islamische Christologie in der Bauinschrift des Felsendoms in Jerusalem,* in: *Theologische Quartalschrift* 161/1981, 168-178.

Ders: *Jerusalem in the story of Muḥammad's night journey and ascension,* in: *Jerusalem Studies in Arabic and Islam,* 14/1991, 1–40.

Ders.: *The Destruction of the Temple and its Reconstruction in the Light of Muslim Exegesis of Sūra 17:2–8,* in: *Jerusalem Studies in Arabic and Islam* 20/1996, 1–17.

Caetani, Leone: *Annali dell' islam,* 10 Bde., Mailand/Rom 1905–1926.

Cambridge History of Iran, Band 4, *From the Period of the Arab Invasion to the Saljuqs* (R.N. Frye), Cambridge 1975.

von Campenhausen, Hans: *Griechische Kirchenväter,* Stuttgart 1955

Casanova, Paul: *Mohammed et la fin du monde. Etude critique sur l'islam primitif,* Paris 1911.

Caskel, Werner: *Aijām al-ʿArab. Studien zur altarabischen Epik,* in: Arabica III/1930, Ergänzungsheft, 1–99.

Ders.: *Der Felsendom und die Wallfahrt nach Jerusalem,* Köln/Opladen 1963 (Arbeitsgemeinschaft für Forschung des Landes Nordrhein-Westfalen, Geisteswissenschaften, Heft 114).

Charles, Henri: *Le christianisme des arabes nomades sur le Limes et dans le désert syro-mésopotamien aux alentours de l'hégire,* Paris 1936.

Christensen, Arthur: *L'Iran sous les Sassanides,* Kopenhagen 1936.

Conrad, Lawrence I.: *Abraha and Muḥammad. Some Observations Apropos of Chronology and Literary* topoi *in the Early Arabic Historical Tradition,* in: *Bulletin of the School of Oriental and African Studies* 50/1987, 225–240.

Cook, Michael: *Muhammad,* Oxford 1983.

Cook, Michael/Crone, Patricia: *Hagarism. The Making of the Islamic World,* Cambridge 1977.

Crone, Patricia: *Roman, Provincial, and Islamic Law,* Cambridge 1987.

Dies.: *Slaves on Horses. The Evolution of the Islamic Polity,* Cambridge 1980.

Dagorn, René: *La geste d'Ismaël d'après l'onomastique et la tradition arabes,* Genf 1981 (Centre de recherches d'histoire et de philologie de la quatrième section de l'Ecole pratique des Hautes Etudes, II Hautes Etudes Orientales, 16).

ad-Dārimī, ʿAbdallāh b. ʿAbd ar-Raḥmān: *Sunan ad-Dārimī,* ed. ʿAbdallāh Hāšim Jamānī al-Madanī, 2 Teile, Medina 1966.

Deichmann, Friedrich Wilhelm: *Einführung in die christliche Archäologie,* Darmstadt 1983.

Dietrich, Albert (Hg. u. Übers.): *Dioskurides triumphans. Ein anonymer arabischer Kommentar (Ende 12. Jahrh. n. Chr.) zur Materia medica*, 2 Teile, Göttingen 1988 (Abhandlungen der Akademie der Wissenschaften in Göttingen, philologisch-historische Klasse, dritte Folge, Nr. 173).

DNB = al-Baihaqī, Abū Bakr Aḥmad b. al-Ḥusain: *Dalāʾil an-nubūwa wa-maʿrifat aḥwāl ṣāḥib aš-šarīʿa*, ed. ʿAbd al-Muʿṭī Qalʿağī, 7 Bände, Beirut 1985.

Donner, Fred McGraw: *Mecca's Food Supplies and Muḥammad's Boycott*, in: *Journal of the Economic and Social History of the Orient* XX/1977, 249–266.

Ders.: *Muḥammad's Political Consolidation in Arabia up to the Conquest of Mecca. A Reassessment*, in: *The Muslim World* LXIX/1979, 229–247.

Ders.: *Tribal Settlement in Basra During the First Century A. H.*, in: Tarif Khalidi (Hg.): *Land Tenure and Social Transformation in the Middle East*, Beirut 1984, 97–120.

Dostal, Walter: *Mecca before the Time of the Prophet. Attempt of an Anthropological Interpretation*, in: *Der Islam* LXVIII/1991, 193–231.

Dozy, R.: *Supplément aux dictionnaires arabes*. Reproduction de l'édition originale de 1881, Leyde, E.J. Brill. 2 Bde., Beirut 1981.

Dreher, Josef: Das *Imamat des islamischen Mystikers Abū l-Qāsim Aḥmad ibn al-Ḥusain b. Qasī (gest.: 1151)*, phil. Diss, Bonn 1985.

Dubler, César E. und Quarella, Ursula: *Der Vertrag von Ḥudaybiyya (März 628) als Wendepunkt in der Geschichte des frühen Islam*, in: *Asiatische Studien. Zeitschrift der Schweizerischen Gesellschaft für Asienkunde* XXI/1967, 62–81.

Ducellier, Alain: *Byzanz. Das Reich und die Stadt*, Frankfurt/New York 1990.

Dussaud, René: *La pénétration des arabes en Syrie avant l'islam*, Paris 1955 (Institut Français d'Archéologie de Beyrouth, Bibliothèque Archéologique et Historique, tome LIX).

Dvornik, Francis: *Early Christian and Byzantine Political Philosophy. Origins and Background*, 2 Bde., Washington 1966 (Dumbarton Oaks Studies IX).

Eickelman, Dale F.: *Musaylima. An Approach to the Social Anthropology of Seventh Century Arabia*, in: *Journal of the Economic and Social History of the Orient*, X/1967, 17–52.

El-Abed, Mohsin: *Mittelalterliche Bergwerke und ihre Lagerstätten in den arabischen Ländern nach arabischen Geographen und Historikern*, phil. Diss., Bonn, 1963.

Eliade, Mircea: *Schamanismus und archaische Ekstasetechnik*, aus dem Französischen übersetzt von Inge Köck, Zürich/Stuttgart 1954.

Ders.: *Geschichte der religiösen Ideen*, aus dem Französischen übersetzt, 4 Bände in 5 Teilen, Freiburg 1991-1993 (Herder/Spektrum 4200).

Engelhardt, Isrun: *Mission und Politik in Byzanz. Ein Beitrag zur Strukturanalyse byzantinischer Mission zur Zeit Justins und Justinians*, phil. Diss. München 1974.

Ephräm, *Due sermoni* = Achille Neri (Übers.): *Due sermoni e la laudazione di Iosef di Santo Effrem*, Bologna 1867.

van Ess, Josef: *Zwischen* Ḥadīṯ *und Theologie. Studien zur Entstehung prädestinatianischer Überlieferung*, Berlin/New York 1975.

ders.: *Theologie und Gesellschaft im 2. und 3. Jahrhundert Hidschra*, 6 Bde., Berlin/New York 1991–1996.

Fabietti, Ugo: *The Role Played by the Organization of the „Ḥums" in the Evolution of Political Ideas in Pre-Islamic Mecca*, Nachdruck in F. E. Peters (Hg.): *The Arabs and Arabia on the Eve of Islam*, Ashgate Variorum 1998, 348–356.

Fagnan, E.: *Additions aux dictionnaires arabes*, Beirut o.J.

Faroqhi, Suraiya: *Herrscher über Mekka. Die Geschichte der Pilgerfahrt*, München und Zürich 1990.

Fazlur Rahman: *Pre-Foundations of the Muslim Community in Mecca*, in: *Studia Islamica* XLIII/1976, 5–24.

Flasch, Kurt: *Eva und Adam. Wandlungen eines Mythos*, München 2004.

Frend, W.H.C.: *The Rise of the Monophysite Movement. Chapters in the History of the Church in the Fifth and Sixth Centuries*, Cambridge 1972.

Friedlaender, Israel: *Die Chadhirlegende und der Alexanderroman. Eine sagengeschichtliche und literarhistorische Unresuchung*, Berlin 1913.

FSG = Taqī ad-Dīn Muḥammad b. Aḥmad b. ʿAlī al-Fāsī: *Šifāʾ al-ġarām bi-aḫbār al-balad al-ḥarām*, herausgegeben von einem Gelehrtengremium, 2 Teile, Nachdruck Beirut o.J.

Fück, Johann: *Die arabischen Studien in Europa bis in den Anfang des 20. Jahrhunderts*, Leipzig 1955.

Gabrieli, Franceso: *Die Macht des Propheten. Mohammed und die arabische Welt*, München 1968 (Kindlers Universitätsbibliothek)

Garcia Martinez, Florentino: *Qumran and Apocalyptic. Studies on the Aramaic Texts from Qumran*, Leiden 1992 (Studies on the Texts of the Desert of Judah, IX).

al-Ǧazarī, al-Mubārak b. Muḥammad: *an-Nihāja fī ġarīb al-aṯar*, edd. Ṭāhir Aḥmad az-Zāwī und Maḥmūd Muḥammad aṭ-Ṭanāḥī, 5 Bde., Beirut 1979.

Gerö, Stephen: *The Legend of the Monk Baḥīrā, the Cult of the Cross, and Iconoclasm*, in: Canivet/Rey-Coquait (Hgg.): *La Syrie de Byzance à l-'islam, VIIe–VIIIe siècles*. Actes du colloque international, Lyon – Maison de l'Orient Méditerranéen, Paris – Institut du Monde Arabe, 11-15 Septembre 1990, Damaskus 1992, 47–58.

GH = al-Ǧāḥiẓ, ʿAmr b. Baḥr: *Kitāb al-ḥajawān*, 7 Bände, Ed. Kairo 1937–45.

Gibb, H.A.R.: *The Evolution of Government in Early Islam*, in: *Studia Islamica*, IV/1955, 5–17.

Gilliot, Claude: *Exégèse, langue et théologie en islam. L'exégèse coranique de Tabari*, Paris 1990 (Etudes musulmanes XXXII).

Ders.: *Zur Herkunft der Gewährsmänner des Propheten*, in: Ohlig/Puin (Hgg.): *Die dunklen Anfänge. Neue Forschungen zur Entstehung und frühen Geschichte des Islam*, Verlag Hans Schiler, Berlin 2005.

Gimaret, Daniel: *Les noms divins en Islam. Exégèse lexicologique et théologique*, Paris 1988.

Glaser, Eduard: *Die Abessinier in Arabien und Afrika, auf Grund neuentdeckter Inschriften*, München 1895.

Goldziher, Ignaz: *Das Kitāb al-muʿammarīn des Abū Ḥātim as-Siǧistānī*, Leiden 1899 (Abhandlungen zur arabischen Philologie, zweiter Teil).

Götz, Manfred: *Zum historischen Hintergrund von Sure 30, 1–5*, in: Festschrift Werner Caskel, Leiden 1968, 111–120.

Gräf, Erwin: *Eine wichtige Rechtsdirektive ʿUṯmāns au dem Jahre 30*, in: *Oriens* 16/1963, 122–133.

Green, Tamara: *The City of the Moon. Religious Traditions of Harran*, Leiden/New York/Köln 1992 (Religions in the Graeco-Roman World 114).

Gribetz, Arthur: *Strange Bedfellows.* Mutʿat al-nisāʾ *and* Mutʿat al-ḥajj. *A Study Based on Sunnī and Shīʿī Sources of* Tafsīr, Ḥadīth *and* Fiqh. Berlin 1994 (Islamkundliche Untersuchungen 180).

Grosdidier de Matons, José: *Romanos le Mélode et les origines de la poésie religieuse à Byzance*, Paris 1977.

Guidi, I.: *Tables alphabétiques du Kitâb al-aġânî*, avec la collaboration de MM. R.E. Brünnow, S. Fraenkel, H.D. van Gelder, W. Guirgass, E. Hélois, H.G. Kleyn, Fr. Seybold et G. van Vloten, Leiden 1900.

Guidi, M.: *La lotta tra l'islam e il manicheismo*, Rom 1927.

Guillaume, Alfred: *Where was al-Masyid al-aqṣâ?*, in: *Al Andalus* XVIII/1953, 323–336.

Ders.: *The Meaning of* amānīya *in Sūrah 2 : 73*, in: *The World of Islam.* Studies in honour of Philip K. Hitti, London 1960, 41–45.

al-Ǧurǧānī, ʿAbdallāh b. ʿAdī: *al-Kāmil fī ḍuʿafāʾ ar-riǧāl*, ed. Jaḥjā Muḫtār Ġazawī, 7 Bde., Beirut 1988.

al-Ḥākim an-Naisābūrī: *al-Mustadrak ʿalā ṣ-ṣaḥīḥain*, ed. Muṣṭafā ʿAbd al-Qādir ʿAṭā, 4 Bde., Beirut 1990.

HAM = al-Ḥasan b. Aḥmad al-Hamdānī: *Kitāb ṣifat ǧazīrat al-ʿarab*, ed. Muḥammad an-Naǧdī, Kairo 1953.

Hamidullah, Mohamed: *Les Aḥābīsh de la Mecque*, in: Studi Orientalistici in Onore di Giorgio Levi della Vida, Rom 1956, I, 434–447.

von Harnack, Adolf: *Lehrbuch der Dogmengeschichte*, 3 Bde., Nachdruck Darmstadt 1980.

Ḥassān b. Ṯābit/Ar: *Dīwān of Ḥassān ibn Ṯābit*, ed. Walid N. ʿArafat, 2 Bände, London 1971 (E.J.W. Gibb Memorial Series, New Seiries XXV).

Ḥātim aṭ-Ṭāʾī, *Dīwān = Der Diwan des Dichters Ḥātim Ṭaj*, nebst Fragmenten herausgegeben von Friedrich Schultheß, Leipzig 1897.

al-Ḫaṭīb al-Baġdādī: *Taʾrīḫ Baġdād*, 14 Bände, Ed. Kairo 1931.

Haustein-Bartsch, Eva: *Das Jüngste Gericht. Eine Ikone im Ikonen-Museum Recklinghausen.* Mit einem Beitrag über die Randinschriften von Thomas Daiber, Recklinghausen 1994 (Monographien des Ikonen-Museums Recklinghausen, Band II).

Hawting, Gerald R.: *Al-Ḥudaybiyya and the Conquest of Mecca. A Reconsideration of the Tradition about the Muslim Takeover of the Sanctuary*, in: *Jerusalem Studies in Arabic and Islam*, 8/1986, 1–24.

Ders.: *The „Sacred Offices" of Mecca from Jāhiliyya to Islam*, in: *Jerusalem Studies in Arabic and Islam*, 13/1990, 62–84.

HdI = *Handwörterbuch des Islam*, im Auftrag der Koninklijke Akademie van Wetenschappen, Amsterdam, herausgegeben von A. J. Wensinck und J. H. Kramers, Leiden 1941.

Heiler, Friedrich: *Die Ostkirchen*, München/Basel 1971.

Heinen, Anton: *Islamic Cosmology. A Study of as-Suyūṭī's al-Hay'a as-sanīya fī l-hay'a as-sunnīya with a Critical Edition, Translation, and Commentary*, Beirut 1982.

Henninger, Joseph: *La religion bédouine préislamique*, in : Fr. Gabrieli (Hg.) : *L'antica società beduina*, Rom 1959, 115–140.

Hinds, Martin: Maghāzī *and* Sīra *in Early Islamic Scholarship*, in: J. Bacharach, L. I. Conrad, P. Crone (Hgg.): *Studies in Early Islamic History*, Princeton 1996, 188–198 (Studies in late antiquity and early Islam 4).

Hinz, Walther: *Islamische Maße und Gewichte*, Leiden 1955.

Hirschberg, J.W.: *Jüdische und christliche Lehren im vor- und frühislamischen Arabien. Ein Beitrag zur Entstehungsgeschichte des Islam*, Krakau 1939 (Polska Akademia Umiejetnosci, Prace Komisji Orientalistycznej Nr. 32).

Hitti, Philip K.: *History of the Arabs. From the Earliest Times to the Present*, 8. Auflage, London 1964.

Hoenerbach, Wilhelm: *Araber und Mittelmeer. Anfänge und Probleme arabischer Seegeschichte*, in: *Zeki Velidi Toğan'a armağan* (Symbolae in honorem Z. V. Toğan), Istanbul 1954–1955, 379–396.

Horovitz, Josef: *Koranische Untersuchungen*, Berlin 1926 (Studien zur Geschichte und Kultur des islamischen Orients 4).

Horst, Johannes: *Proskynein. Zur Anbetung im Urchristentum nach ihrer religionsgeschichtlichen Eigenart*, Gütersloh 1932.

Hoyland, Robert G.: *Seeing Islam as Others Saw it. A survey and evaluation of Christian, Jewish and Zoroastrian Writings on early Islam*, Princeton/New Jersey 1997 (Studies in Late Antiquity and Early Islam 13).

HT = Ḫalīfa b. Ḫaijāṭ: *Ta'rīḫ Ḫalīfa b. Ḫaijāṭ*, ed. Akram Ḍijā' al-ʿUmarī, Nedschef 1967.

al-Ḥulwānī, Aḥmad b. Aḥmad b. Ismāʿīl: *Mawākib Rabīʿ fī maulid aš-šafīʿ*, Kairo 1877.

IAB = Ibn ʿAbd al-Barr an-Namarī: *al-Istīʿāb fī maʿrifat al-aṣḥāb*, gedruckt am Rande von Ibn Ḥağar al-ʿAsqalānī, al-Iṣāba, 4 Bände, Ed. Kairo 1328 h.

IAB/I = ders.: *al-Istiḏkār*, edd. Sālim Muḥammad ʿAṭā und Muḥammad ʿAlī Muʿauwiḍ, 9 Bde., Beirut 2000.

IAK = Ibn Aʿṯam al-Kūfī: *Kitāb al-futūḥ*, 8 Bände, Ed. Haidarabad/Dekkan, 1968–1975.

Ibn ʿAbd al-Ḥakam, ʿAbd ar-Raḥmān b. ʿAbdallāh: *Futūḥ Miṣr wa-aḫbāru-hā*, Edited from the Manuscripts in London, Paris, and Leyden by Charles C. Torrey, New Haven 1922 (Yale Oriental Series – Researches III).

Ibn ʿAbd al-Kāfī = MS Leiden Warn 674 (*Kitāb Abī l-Qāsim ʿUmar b. Muḥammad b. ʿAbd al-Kāfī*).

Ibn abī Ḥātim, ʿAbd ar-Raḥmān b. Muḥammad ar-Rāzī: *Tafsīr Ibn abī Ḥātim*, ed. Asʿad Muḥammad aṭ-Ṭaijib, 10 Bde, Sidon ohne Jahr.

Ders.: *Kitāb al-ğarḥ wat-taʿdīl*, 9 Bde., Ed. Haidarabad 1952/3.

Ibn abī Šaiba, Abū Bakr ʿAbadllāh b. Muḥammad al-Kūfī: *Muṣannaf Ibn abī Šaiba*, ed. Kamāl Jūsuf al-Ḥūt, 7 Bde., Rijad 1409/1989.

Ibn al-Aṯīr: *al-Kāmil fī t-ta'rīḫ*, 12 Bände, Ed. Beirut 1966 (= Nachdruck der Ausgabe von C.J. Tornberg, Leiden 1851–1867).

Ibn al-Bāqillānī, Abū Bakr: *Kitāb al-intiṣār lil-qur'ān* (Facsimileausgabe, Frankfurt/Main 1986, Institut für Geschichte der arabischen Wissenschaften, Nr. 40).

Ibn Diḥja al-Kalbī: *Kitāb al-ḫaṣā'iṣ* (Handschrift Pm 464, Ahlwardt 2567)

Ibn Duraid, Abū Bakr Muḥammad b. al-Ḥasan: *al-Ištiqāq*, ed. ʿAbd as-Salām Muḥammad Hārūn, Kairo 1958.

Ibn Ǧubair, *Riḥla* = *The Travels of Ibn Jubayr, edited from a Ms. in the University Library of Leyden* by William Wright, second edition, revised by M. J. de Goeje, Leiden/London 1907 (E. J. W. Gibb Memorial Series V).

Ibn Ḥaǧar al-ʿAsqalānī: *Tahḏīb at-tahḏīb*, 12 Bände, Ed. Haidarabad 1325/1907-1327/1909.

Ders.: *al-Iṣāba fī tamjīz aṣ-ṣaḥāba*, 4 Bände, Ed. Kairo 1328 h.

Ders.: *Fatḥ al-bārī bi-šarḥ ṣaḥīḥ al-Buḫārī*, 14 Bände, Beirut o.J.

Ibn Ḫaldūn: *Histoire des Berbères et des dynasties musulmanes de l'Afrique septentrionale*, traduite de l'arabe par le Baron de Slane, nouvelle édition publiée sous la direction de Paul Casanova, 2 Bde., Paris 1925.

Ibn Ḫallikān, Šams ad-Dīn Aḥmad b. Muḥammad: *Wafajāt al-aʿjān wa-anbāʾ abnāʾ az-zamān*, ed. Iḥsān ʿAbbās, 7 Bde., Beirut o. J.

Ibn Ḥazm: *Ǧamharat ansāb al-ʿarab*, ed. ʿAbd as-Salām Muḥammad Hārūn, Kairo 1962 (Ḏaḫāʾir al-ʿarab 2).

Ibn Ḫurdaḏbah, *al-Masālik wal-mamālik* = *Kitâb al-masâlik wa'l-mamâlik auctore Abu'l-Kâsim Obaidallah ibn Abdallah Ibn Khordâdhbeh, accedunt excerpta e Kitâb al-kharâdj auctore Kodâma ibn Djaʿfar*, herausgegeben von M.J. de Goeje, Leiden 1889 (Bibliotheca geographorum arabicorum VI).

Ibn al-Kalbī, Hišām b. Muḥammad: *Ǧamharat an-nasab*, ed. Nāǧī Ḥasan, Beirut 1986.

Ibn Kaṯīr, Ismāʿīl b. ʿUmar ad-Dimašqī: *Tafsīr Ibn Kaṯīr*, 4 Bde., Ed. Beirut 1401/1981.

Ders.: *Maulid rasūl Allāh*, ed. Ṣalāḥ ad-Dīn al-Munaǧǧid, Beirut 1961.

Ibn Manẓūr, Ǧamāl ad-Dīn: *Lisān al-ʿarab*, 15 Bände, Beirut 1955/6.

Ibn an-Nadīm, Muḥammad b. abī Jaʿqūb Isḥāq: *Kitāb al-fihrist*, ed. Riḍā Taǧaddud al-Ḥāʾirī al-Māzandarānī, Teheran 1971.

Ibn Qaijim al-Ǧauzīja: *Aḥkām ahl aḏ-ḏimma*, ed. Ṣubḥī Ṣāliḥ, Damaskus 1961.

Ibn Qutaiba, ʿAbdallāh b. Muslim: *Kitāb al-maʿārif*, ed. Ṯarwat ʿUkkāša, Kairo 1960.

Ders.: *ʿUjūn al-aḫbār*, Ed. Kairo 1924-1930, 4 Teile in zwei Bden., Nachdruck Kairo 1963.

Ibn Qutaiba/Handbuch = *Ibn Coteiba's Handbuch der Geschichte*, ed. Ferdinand Wüstenfeld, Göttingen 1850.

IF = Ibn ʿAbd Rabbi-hī: *Kitāb al-ʿiqd al-farīd*, edd. Aḥmad Amīn. Aḥmad az-Zainī und Ibrāhīm al-Abjārī, 7 Bände, Kairo 1967.

IGM = Ibn al-Ǧauzī, Abū l-Faraǧ ʿAbd ar-Raḥmān: *al-Muntaẓam fī taʾrīḫ al-mulūk wal-umam*, edd. Muḥammad ʿAbd al-Qādir ʿAṭā und Muṣṭafā ʿAbd al-Qādir ʿAṭā, 17 Bände, 2. Auflage, Beirut 1995.

IHS = Ibn Hišām, Abū Muḥammad ʿAbd al-Malik: *as-Sīra an-nabawīja*, edd. Muṣṭafā as-Saqqā, Ibrāhīm al-Abjārī und ʿAbd alḤafīẓ Šalabī, 4 Bände, Kairo 1936.

IHT = Ibn Hišām, Abū Muḥammad ʿAbd al-Malik: *Kitāb at-tīǧān fī mulūk Ḥimjar*, Ed. Haidarabad/Dekkan 1347/1928.

IKC = Ǧamharat an-nasab. *Das genealogische Werk des Hišām ibn Muḥammad al-Kalbī*, von Werner Caskel, Tafeln von Gert Strenziok, 2 Bände, Leiden 1966.

IKR = *Das Götzenbuch Kitâb Al-Aṣnâm des Ibn al-Kalbî*, Abhandlung zur Erlangung der Doktorwürde der Philosophischen Fakultät I der Universität Zürich vorgelegt von Rosa Klinke-Rosenberger, Winterthur 1942.

ʿImāra, *Rasāʾil* = Muḥammad ʿAmāra (Hg.): *Rasāʾil al-ʿadl wat-tauḥīd*, 2. Auflage, Beirut 1988

IST = Ibn Saʿd, Abū ʿAbdallāh Muḥammad: *Kitāb aṭ-ṭabaqāt al-kabīr*, edd. Mittwoch, Sachau, Lippert, Zettersteen, Horowitz und Brockelmann, 9 Bände in 16 Teilen, Leiden 1905–1928.

Istorija = P.A. Gr'aznevič (Hg.): *Istorija Halifov anonimnogo avtora XI. veka (Taʾrīḫ al-ḫulafāʾ)*, Moskau 1967 (Pam'atniki pis'mennosti vostoka XI).

IU = ʿAlī b. Burhān ad-Dīn al-Ḥalabī: *Insān al-ʿujūn fī sīrat al-amīn al-maʾmūn al-maʿrūfa bis-sīra l-ḥalabīja*, 3 Bände, Bulaq 1320/1902-3, Nachdruck Beirut o.J.

Izutsu, Toshihiko: *God and Man in the Koran. Semantics of the Koranic Weltanschauung*, Tokio 1964.

al-Jaʿqūbī, Aḥmad b. Wāḍiḥ: *Taʾrīḫ al-Jaʿqūbī*, 2 Bände, Beirut 1960.

JB = *Kitāb as-sijar wal-maǧāzī li-Muḥammad b. Isḥāq al-Muṭṭalibī aš-šahīr bi-'bn Isḥāq* (in der Überlieferung des Jūnus b. Bukair), ed. Suhail Zakkār, Damaskus 1978.

Jeffery, Arthur: *The foreign vocabulary of the Qurʾān*, Baroda 1938.

Jonas, Hans: *Gnosis und spätantiker Geist.* Erster Teil: *Die mythologische Gnosis*, vierte Auflage, Göttingen 1988; zweiter Teil: *Von der Mythologie zur mystischen Philosophie*, Göttingen 1993.

JQ = Jāqūt b. ʿAbdallāh al-Ḥamawī ar-Rūmī: *Muʿǧam al-buldān*, ed. Ferdinand Wüstenfeld, 5 Bände, Leiden 1866-1869.

Juynboll, G.H.A.: *Muslim Tradition. Studies in Chronology, Provenance, and Authorship of Early Hadith*, Cambridge 1983.

Kaegi, Walter E.: *Heraclius, Emperor of Byzantium*, Cambridge 2003

Ders.: *Reflections on the Withdrawal of Byzantine Armies from Syria*, in: Canivet/Rey-Coquait (Hgg.): *La Syrie de Byzance à l-'islam, VIIe–VIIIe siècles.* Actes du colloque international, Lyon – Maison de l'Orient Méditerranéen, Paris – Institut du Monde Arabe, 11-15 Septembre 1990, Damaskus 1992, 265–279.

Kandil, Lamya: *Schwüre in mekkanischen Suren*, in: Stefan Wild (Hg.): *The Qur'an as Text*, Leiden 1996, 41–57.

Kaplony, Andreas: *Konstantinopel und Damaskus. Gesandtschaften und Verträge zwischen Kaisern und Kalifen 639–750. Untersuchungen zum Gewohnheits-Völkerrecht und zur interkulturellen Diplomatie.* Berlin 1996 (Islamkundliche Untersuchungen 208).

al-Kindī, *Kitāb al-umarāʾ = The Governors and Judges of Egypt or Kitâb el ʾumarâʾ (el wulâh) wa kitâb el quḍâh of al-Kindî together with an appendix derived mostly from Rafʿ el iṣr by Ibn Ḥajar*, ed. Rhuvon Guest, Leiden/London 1912 (Gibb Memorial Series 19).

Kister, M.J.: *Mecca and Tamīm (Aspects of their Relations)*, in: *Journal of the Economic and Social History of the Orient* VIII/1965, 113–163 (Nachdruck in: *Studies on Jāhiliyya and early Islam*, Variorum Reprints CS 123, London 1980, I).

Ders.: *The expedition of Biʾr Maʿūna*, in: *Arabic and Islamic Studies in Honor of H.A.R. Gibb*, ed. Makdisi, Leiden 1965, 337-357 (Nachdruck in: *Studies on Jāhiliyya and early Islam*, Variorum Reprints CS 123, X).

Ders.: *„A Bag of Meat". A Study of an Early* Ḥadīth, in: *Bulletin of the School of Oriental and African Studies* XXXIII/1970, 267–275.

Ders.: *The Campaign of Ḥulubān. A New Light on the Expedition of Abraha*, Nachdruck in F.E. Peters (Hg.): *The Arabs and Arabia on the Eve of Islam*, Ashgate Variorum 1998, 357–368.

Ders.: *Labbayka, allāhumma, labbayka...: On a monotheistic aspect of Jāhiliyya practice*, in: *Jerusalem Studies in Arabic and Islam* 2/1980, 33–57 (Nachdruck nebst „Additional notes" in: *Society and religion from Jāhiliyya to Islam*, Variorum Reprints CS 327, London 1990, I).

Ders.: *Mecca and the tribes of Arabia*, in: *Studies in Islamic History and Civilization in honour of David Ayalon*, ed. M. Sharon, Jerusalem: Cana/Leiden: E.J. Brill 1986, 33–57 (Nachdruck in: *Society and religion from Jāhiliyya to Islam*, Variorum Reprints CS 327, London 1990, II).

Ders.: *„O God, tighten Thy grip on Muḍar...": Some socio-economic and religious aspects of an early* ḥadīth, in: *Journal of the Economic und Social History of the Orient* 24/1981, 242–273 (Nachdruck in: *Society and Religion from Jāhiliyya to Islam*, Variorum Reprints CS 327, London 1990, VII).

Ders.: *The Sons of Khadīja*, in: *Jerusalem Studies in Arabic and Islam* 16/1993, 59–95.

Knauf, Ernst Axel: *Ismael. Untersuchungen zur Geschichte Palästinas und Nordarabiens im 1. Jahrtausend v. Chr.*, Wiesbaden 1985 (Abhandlungen des Deutschen Palästinavereins).

Knieps, Claudia: *Geschichte der Verschleierung der Frau im Islam*, Würzburg 1993 (Ethno-Islamica 3).

Koder, Johannes: *Romanos Melodos. Die Hymnen*, übersetzt und erläutert, zwei Halbbände, Stuttgart 2005/6 (Bibliothek der griechischen Lietratur 62 und 64).

Kolesnikow, A.I.: *Sraženije pri Ḏū Ḳāre*, in: *Palestinskij Sbornik* Nr. 19(82), Leningrad 1969, 76–86.

Kratz, Gregor: *„Öffne seinen Mund und seine Ohren!" – Wie Abraham Hebräisch lernte*, in: Ders. (Hg.): „Abraham, unser Vater". Die gemeinsamen Wurzeln von Judentum, Christentum und Islam, Göttingen 2003.

Krenkow, Fr. (Hg.): *Šarḥ qaṣīdat Kaʿb b. Zuhair... lil-imām Abī Zakarjā Jaḥjā b. ʿAlī al-Ḫaṭīb at-Tabrīzī*, in: *Zeitschrift der Deutschen Morgenländischen Gesellschaft* LXV/1911, 241–279.

Kropp, Manfred: *Die Geschichte der „reinen Araber" vom Stamme Qaḥṭān aus dem Kitāb našwat aṭ-ṭarab fī ta'rīḫ ǧāhiliyyat al-ʿarab des Ibn Saʿīd al-Maġribī*, 2 Bde., phil. Diss., Heidelberg 1975.

Landau-Tasseron, E.: *Asad from Jahiliyya to Islam*, in: *Jerusalem Studies in Arabic and Islam* 6/1985, 1–28.

Lane, Edward William: *An Arabic-English Lexicon*, 8 Teile, Nachdruck Beirut 1968.

Lassus, Jean: *Sanctuaires chrétiens de Syrie. Essai sur la genèse, la forme et l'usage du culte chrétien, en Syrie, du IIIe siècle à la conquête muslumane*, Paris 1947.

LCI = Lexikon der christlichen Ikonographie, herausgegeben von Engelbert Kirschbaum SJ in Zusammenarbeit mit Günter Bandmann, Wolfgang Braunfels, Johannes Kollwitz, Wilhelm Mrazek, Alfred A. Schmid, Hugo Schnell, 8 Bde., Freiburg 1971.

Lecker, Michael: *A note on early marriage links between Qurashīs and Jewish women*, in: JSAI 10/1987, 17–39.

Ders.: *On arabs of the Banū Kilāb executed together with the jewish Banū Quraiẓa*, in *Jerusalem Studies in Arabic and Islam*, 19/1995, 66–72.

Ders.: *The Banū Sulaym. A Contribution to the Study of Early Islam*, The Hebrew University of Jerusalem 1989 (The Max Schloessinger Memorial Series, Monographs IV).

Ders.: *Idol Worship in Pre-Islamic Medina (Yathrib)*, in: Le Muséon CVI/1993, 331–346.

Ders.: *Muslims, Jews & Pagans. Studies on Early Islamic Medina*, Leiden/New York/London 1995 (Islamic History and Civilization 13).

Ders.: *Wāqidī's Account of the Jews of Medina. A Study of a Combined Report*, in: *Journal of Near Eastern Studies* 54/1995, 15–32.

Ders.: *Did the Quraysh Conclude a Treaty with the Anṣār prior to the Hijra?*, in: Motzki, Harald: *The Biography of Muḥammad. The issue of the sources*, Leiden 2000, 157–169.

Leisegang, Hans: *Die Gnosis*, fünfte Auflage, Stuttgart 1985.

Lilie, Ralf-Johannes: *Die byzantinische Reaktion auf die Ausbreitung der Araber. Studien zum Strukturwandel des byzantinischen Staates im 7. und 8. Jahrhundert*, München 1976.

Ders.: *Byzanz. Das zweite Rom*, Berlin 2003.

Littmann, Enno (Übers.): *Die Erzählungen aus den tausendundein Nächten.* Vollständige deutsche Ausgabe in sechs Bänden zum ersten Mal nach dem arabischen Urtext der Calcuttaer Ausgabe aus dem Jahre 1830 übertragen von Enno Littmann. Nachdruck Wiesbaden 1953.

Lohlker, Rüdiger: *Der Handel im mālikitischen Recht. Am Beispiel des k. al-buyūʿ im Kitāb al-Muwaṭṭa' des Mālik b. Anas und des salam aus der Mudawwana al-kubrā von Saḥnūn*, Berlin 1991 (Islamkundliche Untersuchungen 143).

Lüling, Günter: *Über den Ur-Qur'ān*, Erlangen 1974.

Ders.: *Die Wiederentdeckung des Propheten Muhammad. Eine Kritik am „christlichen" Abendland*, Erlangen 1981.

Lundin, G. A.: *Južnaja Aravija v VI. veke*, Moskau 1961 (*Palestinskij Sbornik* 8 (71)).

Ders.: *The Jewish Communities in Yemen During the 4th–6th Centuries (according to epigraphic material)*, in: Ephraim Isaac/Yosef Tobi (Hgg.): *Judaeo-Yemenite Studies.* Proceedings of the second international congress, Princeton/Haifa 1999, 17–25.

Luxenberg, Christoph: *Die syro-aramäische Lesart des Koran. Ein Beitrag zur Entschlüsselung der Koransprache*, Berlin 2000.

Ders.: *Neudeutung der arabischen Inschrift im Felsendom zu Jerusalem*, in: Ohlig, Karl-Heinz/Puin, Gerd-R. (Hgg.): *Die dunklen Anfänge. Neue Forschungen zur Entstehung und frühen Geschichte des Islam*, Verlag Hans Schilder, 2005, 124–147.

Madelung, W. F.: *The Origins of the Yemenite Hijra*, in: Alan Jones (Hg.): *Arabicus Felix. Luminosus Britannicus.* Essays in Honour of A. F. L. Beeston on his Eightieth Birthday, Oxford 1991, 25–44.

al-Maḥāmilī, al-Ḥusain b. Ismāʿīl: *Amālī al-Maḥāmilī*, ed. Ibrāhīm al-Qaisī, Amman 1412/1992.

al-Maqdisī, Muṭahhar b. Ṭāhir: *al-Bad' wat-ta'rīḫ*, ed. Cl. Huart, 6 Teile, Paris 1899.

al-Maqrīzī, Aḥmad b. ʿAlī: *Imtāʿ al-asmāʿ bi-mā lin-nabī min al-aḥwāl wal amwāl wal-ḥafada wal-matāʿ*, ed. Muḥammad ʿAbd al-Ḥamīd an-Namīsī, 15 Teile, Beirut 1999.

Maraval, Pierre: *Lieux saints et pèlerinages d'Orient. Histoire et géographie des origines à la conquête arabe*, Paris 1985.

al-Marzūqī, Abū ʿAlī al-Iṣfahānī: *Kitāb al-azmina wal-amkina*, 2 Teile, Ed. Haidarabad/Dekkan, 1333 h/1914-5.

al-Māwardī, Abū l-Ḥasan ʿAlī b. Muḥammad: *al-Aḥkām as-sulṭānīja wal-wilājāt addīnīja*, Ed. Kairo 1960.

Mélamède, Gertrud: *The Meeting at al-Aḳaba*, in: *Le Monde Oriental* XXVIII/1934, 17–58 (nachgedruckt in: Rubin, Uri (Hg.): *The Life of Muḥammad*, Aldershot 1998, 105–150).

Meyer, Egbert: *Der historische Gehalt der Aiyām al-ʿArab*, Wiesbaden 1970 (Schriften der Max Freiherr von Oppenheim-Stiftung, Heft 7).

MHB = Muḥammad b. Ḥabīb: *Kitāb al-muḥabbar*, ed. Ilse Lichtenstaedter, Haidar–abad/Dekkan, 1361/1942.

al-Mizzī, Jūsuf b. az-Zakī: *Tahḏīb al-kamāl*, ed. Baššār ʿAuwāḍ Maʿrūf, 35 Teile, Beirut 1980.

Morimoto, K.: *The Fiscal Adminitration of Egypt in the Early Islamic Period*, Kioto 1981.

Morony, Michael G.: *Iraq after the Muslim Conquest*, Princeton 1984.

Motzki, Harald (Hg.): *The Biography of Muhammad. The Issue of the Sources*, Leiden 2000.

Ders.: *The Collection of the Qurʾān. A Reconsideration of Western Views in Light of Recent Methodological Developments*, in: *Der Islam* LXXVIII/2001, 1–34.

MS = Muslim b. al-Ḥaǧǧāǧ: *Ṣaḥīḥ Muslim*, ed. Muḥammad Fuʾād ʿAbd al-Bāqī, 6 Bände, Kairo 1954.

al-Mubarrad: *The Kāmil of el-Mubarrad*, ed. W. Wright, 2 Bände, Leipzig 1874 und 1892.

MUF = *The Mufaḍḍalīyāt. An Anthology of Ancient Arabian Odes Compiled by al-Mufaḍḍal Son of Muḥammad*, According to the Recension and with the Commentary of Abū Muḥammad al-Qāsim ibn Muḥammad al-Anbārī Edited for the First Time by Charles James Lyall, M.A., Oxford 1921.

Müller, Walter W.: *Adler und Geier als altarabische Gottheiten*, in: I. Kottsieper und andere (Hgg.): *„Wer ist wie du, Herr, unter den Göttern?"* Studien zur Theologie und Religionsgeschichte Israels für Ott Kaiser zum 70. Geburtstag, Göttingen 1994, 91-107.

Muranyi, Miklos: *Die Prophetengenosen in der frühislamischen Geschichte*, phil. Diss., Bonn 1973 (= Bonner orientalistische Studien, neue Serie 28).

Ders.: *Die Auslieferungsklausel des Vertrages von al-Ḥudaibīja und ihre Folgen*, in: *Arabica* 23/1976, 275–295.

Ders.: *Ein neuer Bericht über die Wahl des ersten Kalifen Abū Bakr*, in: *Arabica* 25/2978, 233–260.

Ders.: *Die ersten Muslime von Mekka – soziale Basis einer neuen Religion?* In: *Jerusalem Studies in Arabic and Islam* 8/1986, 25–35.

al-Murtaḍā az-Zabīdī: *Tāǧ al-ʿarūs min ǧawāhir al-qāmūs*, verschiedene Herausgeber, 40 Bände, Kuwait 1965-2001.

Nagel, Tilman: *Untersuchungen zur Entstehung des abbasidischen Kalifats*, Bonn 1972 (Bonner Orientalistische Studien 22).

Ders.: *Alexander der Große in der frühislamischen Volksliteratur*, Walldorf/Hessen 1978 (Beiträge zur Sprach- und Kulturgeschichte des Orients 28).

Ders.: *Muḥammads Haltung zu den anderen Religionen*, in: *Theologische Quartalschrift* 161/1981, 192–200.

Ders.: *Some Considerations Concerning the pre-Islamic and the Islamic Foundations of the Authority of the Caliphate*, in: G.H.A. Juynboll (Hg.): *Studies on the First Century of Islamic History*, Southern Illinois University Press 1982, 177–197.

Ders.: *Der Koran als Zeugnis einer Zeitenwende*, in: *Zeitschrift für Missionswissenschaft und Religionswissenschaft*, in: *Zeitschrift für Missionswissenschaft und Religionswissenschaft* 67/1983, 97–109.

Ders.: *Staat und Glaubensgemeinschaft im Islam. Geschichte der politischen* Ordnungsvorstellungen der Muslime, 2 Bände, Zürich/München 1980/1.

Ders.: *Die Inschriften im Felsendom und das islamische Glaubensbekenntnis – Der Koran und die Anfänge des* ḥadīṯ, in: *Arabica* XLVII/2000, 329–365.

Ders.: *Das islamische Recht. Eine Einführung*, Westhofen 2001.

Ders.: *Im Offenkundigen das Verborgene. Die Heilszusage des sunnitischen Islams*, Göttingen 2002 (Abhandlungen der Akademie der Wissenschaften zu Göttingen, Philologisch-Historische Klasse, Dritte Folge, Band 244).

Neuwirth, Angelika: *Studien zur Komposition der mekkanischen Suren*, Berlin 1981 (Studien zur Sprache, Geschichte und Kultur des islamischen Orients, neue Folge 10).

Dies.: *Der Horizont der Offenbarung. Zur Relevanz der einleitenden Schwurserien für die Suren der frühmekkanischen Zeit*, in: Udo Tworuschka (Hg.): *Gottes ist der Orient – Gottes ist der Okzident*. Festschrift Falaturi, Köln 1991, 3-39.

Dies.: *Vom Rezitationstext über die Liturgie zum Kanon. Zu Entstehung und Wiederauflösung der Surenkomposition im Verlauf der Entwicklung eines islamischen Kultus*, in: Stefan Wild (Hg.): *The Qur'an as Text*, Leiden 1996, 69–105.

Newby, Gordon Darnell: *The Making of the Last Prophet. A Reconstruction of the* Earliest *Biography of Muhammad*, University of South Carolina Press 1989.

Nicholson, R. A.: *A Literary History of the Arabs*, Cambridge 1966.

NMQ = Muḥammad b. Ḥabīb: *Kitāb al-munammaq fī aḫbār Quraiš*, ed. Ḫūršīd Aḥmad Fāriq, Beirut 1985.

Nöldeke, Theodor: *Geschichte der Perser und Araber zur Zeit der Sasaniden. Aus der arabischen Chronik des Tabari übersetzt und mit ausführlichen Erläuterungen und Ergänzungen versehn*, Leiden 1879, unveränderter Nachdruck Graz 1973.

Ders.: *Die ghassânischen Fürsten aus dem Hause Gafna's*, Berlin 1887 (aus den Abhandlungen der Königl. Preuß. Akademie der Wissenschaften zu Berlin).

Nöldeke, Theodor/Schwally, Friedrich: *Geschichte des Qorāns*, zweite Auflage, 3 Bd., Leipzig 1909–1938.

Noth, Albrecht: *Quellenkritische Studien zum Themen, Formen und Tendenzen frühislamischer Geschichtsüberlieferung, I. Themen und Formen*, Bonn 1973 (alles Erschienene) = *The Early Arabic Historical Tradition. A source-critical study*, second edition, in collaboration with Lawrence I. Conrad, translated from the German by Michael Bonner, Princeton 1994 (Studies in Late Antiquity and Early Islam 3).

Ders.: *Abgrenzungsprobleme zwischen Muslimen und Nicht-Muslimen. Die „Bedingungen ʿUmars (*aš-šurūṭ al-ʿumariyya*)" unter einem anderen Aspekt gelesen*, in: *Jerusalem Studies in Arabic and Islam*, 9/1987, 290315.

Novak, David: *The Image of the Non-Jew in Judaism. An Historical and Constructive Study of the Noahide Laws*, Toronto 1983 (Toronto Studies in Theology 14).

Nylander, K.U.: *Über die Upsalaer Handschrift Dalā'il al-Nubuwwa des Abu Bakr Aḥmed al-Baihaqi*, Upsala 1891.

Ohlig, Karl-Heinz: *Weltreligion Islam. Eine Einführung*. Mit einem Beitrag von Ulrike Stölting, Matthias-Grünewald-Verlag Mainz/ Edition Exodus Luzern 2000.

Ders.: *Das syrische und das arabische Christentum und der Koran*, in: Karl-Heinz Ohlig/Ger-R. Puin (Hgg.): *Die dunklen Anfänge. Neue Forschungen zur Entstehung und frühen Geschichte des Islam*, Berlin 2005, 366–404.

Ders.: *Vom Muhammad Jesus zum Propheten der Araber. Die Historisierung eines christologischen Prädikats*, in: ders. (Hg.): *Der frühe Islam. Eine historisch-kritische Rekonstruktion anhand zeitgenössischer Quellen*, Berlin 2007, 327–376.

Onasch, Konrad: *Liturgie und Kunst der Ostkirchen in Stichworten*, Leipzig 1981.

Paret, Rudi: *Grenzen der Koranforschung*, Stuttgart 1950.

Ders.: *Die Lücke in der Überlieferung über den Urislam*, in: *Westöstliche Abhandlungen*, Rudolf Tschudi zum siebzigsten Geburtstag überreicht von Freunden und Schülern, herausgegeben von Fritz Meier, Wiesbaden 1954, 147-153.

Ders.: *Mohammed und der Koran. Geschichte und Verkündigung des arabischen Propheten*, Stuttgart 1957.

Ders.: *Die „ferne Gebetsstätte" in Sure 17, 1*, in: *Der Islam* XXXIV/1959, 150–152.

Ders.: *Der Koran*. Übersetzung von Rudi Paret, zweite Auflage, Stuttgart 1980.

Ders.: *Der Koran. Kommentar und Konkordanz* von Rudi Paret. Mit einem Nachtrag zur Taschenbuchausgabe, Stuttgart 1980.

Pfister, Friedrich: *Eine jüdische Gründungsgeschichte Alexandriens mit einem Anhang über den Besuch Alexanders in Jerusalem*. Sitzungsberichte der Heidelberger Akademie der Wissenschaften, phil.-hist. Klasse 1914, Abhandlung 11.

Ders.: *Alexander der Große in den Offenbarungen der Griechen, Juden, Mohammedaner und Christen*. Deutsche Akademie der Wissenschaften zu Berlin, Sektion Altertumswissenschaft 3, Berlin 1956.

Philo, *De Josepho* = *The Works of Philo*, complete and unabridged. Translated by C.D.Yonge. New updated edition, Peabody/Massachusetts 1993, 435-458.

Plessner, M.: *Muḥammed's clandestine ʿumra in the Ḏū l-Qaʿda 8 H. and Sūra 17, 1*, in: *Rivista degli Studi Orientali* XXXII/1957, 525–530.

Popp, Volker: *Die frühe Islamgeschichte nach inschriftlichen und numismatischen Zeugnissen*, in: Ohlig, Karl-Hein/Puin, Gerd-R. (Hgg.): *Die dunklen Anfänge. Neue Forschungen zur Entstehung und frühen Geschichte des Islam*, Verlag Hans Schiler 2005, 16–123.

de Prémare, Alfred-Louis: *Les fondations de l'islam. Entre écriture et histoire*, Paris 2002.

Puin, Gerd-Rüdiger : *Der Dīwān von ʿUmar b. al-Ḫaṭṭāb. Ein Beitrag zur frühislamischen Verwaltungsgeschichte*, phil. Diss., Bonn 1969.

ar-Rāzī, Abū l-ʿAbbās Aḥmad: *Taʾrīḫ madīnat Ṣanʿāʾ*. Ṭabʿa ǧadīda munaqqaḥa, ulḥiqa bi-hā ḏailu-hū *Kitāb al-iḫtiṣāṣ* lil-ʿArašānī, ed. Ḥusain ʿAbdallāh al-ʿUmarī, 3. Auflage, Beirut/Damaskus 1989.

ar-Rāzī, Faḫr ad-Dīn: *Mafātīḥ al-ġaib*, 32 Teile in 16 Bänden, Beirut 1990.

Reynolds, Joyce Maire und Tannenbaum, Robert: *Jews and Godfearers at Aphrodisias: Greek Inscriptions with Commentary*, Cambridge 1987.

RGG = Religion in Geschichte und Gegenwart. Handwörterbuch für Theologie und Religionswissenschaft. Vierte, völlig neu bearbeitete Auflage, herausgegeben von Hans Dieter Betz, Don S. Browning, Bernd Janowski, Eberhard Jüngel, Tübingen 1998 ff.

Robin, Christian Julien: *Le judaïsme de Ḥimyar*, in: *Arabia* I/2003, 97–172.

Rothstein, Gustav: *Die Dynastie der Laḫmiden in al-Ḥîra. Ein Versuch zur arabisch-persischen Geschichte zur Zeit der Sasaniden*, Berlin 1899.

Rotter, Gernot: *Die Umayyaden und der Zweite Bürgerkrieg (680–692)*, Wiesbaden 1982 (Abhandlungen für die Kunde des Morgenlandes XLV.3).

Rubin, Uri: *Pre-existence and light. Aspects of the concept of Nūr Muḥammad*, in: *Israel Oriental Studies*, V/1975, 62–119.

Ders.: *The Kaʿba. Aspects of Ritual Functions and Position in Pre-Islamic and Early Islamic Times*, in: *Jerusalem Studies in Arabic and Islam* 8/1986, 97–131.

Ders.: *Morning and Evening Prayers in Early Islam*, in: *Jerusalem Studies in Arabic and Islam*, X/1987, 40–64.

Ders.: Ḥanīfiyya *and Kaʿba. An Inquiry into the Arabian pre-Islamic Background of* Dīn Ibrāhīm, in: *Jerusalem Studies in Arabic and Islam*, XII/1990, 85–112.

Ders.: *The Eye of the Beholder. The Life of Muḥammad as Viewed by the Early Muslims. A textual analysis*, Princeton 1995 (Studies in Late Antiquity and Early Islam 5).

Ders.: *The Life of Muḥammad. The case of Muḥammad's hijra*, in: *Jersusalem Studies in Arabic and Islam*, 28/2003, 40–64.

Rudolph, Kurt: *Die Anfänge Mohammeds im Lichte der Religionsgeschichte*, in: *Festschrift Walter Baetke*, dargebracht zu seinem 80. Geburtstag, Weimar 1966, 298-326.

Ryckmans, J.: *L'institution monarchique en Arabie méridionale avant l'islam*, Löwen 1951.

Saʿd b. ʿAbdallāh al-Qummī: *Kitāb al-maqālāt wal-firaq*, ed. Muḥammad Ǧawād Maškūr, Teheran 1963.

aš-Šāfiʿī, Muḥammad b. Idrīs: *Kitāb al-umm*, 8 Bde., Ed. Beirut 1393/1973–4.

Ṣafwat, Aḥmad Zakī (Hg.): *Ǧamharat rasāʾil al-ʿarab*, 4 Bände, Kairo 1937

aš-Šahrastānī, Abū l-Fatḥ ʿAbd al-Karīm: *Kitāb al-milal wan-niḥal*, gedruckt am Rande von Ibn Ḥazm, *Kitāb al-faṣl fī l-milal wal-ahwāʾ wan-niḥal*, 5 Bände, o.O. o.J.

Saif b. ʿUmar at-Tamīmī: *Kitāb ar-ridda wal-futūḥ wa-Kitāb al-ǧamal wa-masīr ʿĀʾiša wa-ʿAlī*, ed. Qāsim as-Samarrāʾī, Bd. I, arab. gedruckter Text (auf diesen beziehen sich die Seitenangaben in den Anmerkungen), Bd. II, Facsimile-Text, Leiden 1995.

Schaller, Günter: *Die „Gemeindeordnung von Medina" – Darstellung eines politischen Instruments. Ein Beitrag zur gegenwärtigen Fundamentalismus-Diskussion im Islam*, phil. Diss., Augsburg 1985.

Schick, Robert: *Jordan on the Eve of the Muslim Conquest A.D. 602–634*, in: Canivet/Rey-Coquait (Hgg.): *La Syrie de Byzance à l-'islam, VIIe–VIIIe siècles.* Actes du colloque international, Lyon – Maison de l'Orient Méditerranéen, Paris – Institut du Monde Arabe, 11–15 Septembre 1990, Damaskus 1992, 107–119.

Schirrmacher, Christine/Spuler-Stegemann, Ursula: *Frauen und die Scharia. Die Menschenrechte im Islam*, München 2004.

Schmucker, Werner: *Die pflanzliche und mineralische Materia Medica im Firdaus al-Ḥikma des ʿAlī ibn Sahl Rabbān aṭ-Ṭabarī*, phil. Diss., Bonn 1969.

Ders.: *Die christliche Minderheit von Nağrān und die Problematik ihrer Beziehungen zum frühen Islam*, in: *Studien zum Minderheitenproblem im Islam 1*, Bonn 1973, 183–281 (Bonner Orientalistische Studien, neue Serie, 27/1).

Schultheß, Friedrich: *Umajja ibn Abi ṣ-Ṣalt*, in: *Orientalistische Studien*, Theodor Nöldeke gewidmet, I, 1906, 71–89.

Ders.: *Umaiya b. Abi ṣ-Ṣalt. Die unter seinem Namen überlieferten Gedichtfragmente, gesammelt und übersetzt*, Leipzig 1911 (Beiträge zur Assyriologie VIII/3).

Schützinger, Heinrich: *Ursprung und Entwicklung der arabischen Abraham-Nimrod-Legende*, phil. Diss. Bonn 1961.

Serjeant, R. B.: *The Sunnah Jāmiʿah, Pacts with the Yathrib Jews, and the Taḥrīm of Yathrib: Analysis and Translation of the Documents Comprised in the So-Called „Constitution of Medina"*, in: *Bulletin of the School of Oriental and African Studies* 41/1978, 1–42.

Shahîd, Irfan: *The Arabs in the Peace Treaty of A.D. 561*, in: Arabica 3/1956, 181–213 (= Shahîd, Irfan: *Byzantium and the Semitic Orient before the Rise of Islam*, Variorum Reprints Nr. 270, London 1988, VII).

Ders.: *Byzantium and the Arabs in the Fifth Century*, Dumbarton Oaks Research Library and Collection 1989.

Ders.: *Byzantium and the Arabs in the Sixth Century*, Vol. I, Part 1: *Political and Military History*; Vol. I, Part 2: *Ecclesiastical History*, Dumbarton Oaks Research Library and Collection 1995.

Siegert, Folker: *„Und er hob seine Augen auf, und siehe". Abrahams Gottesvision (Gen 18) im hellenistischen Judentum*, in: R. Kratz (Hg.): *„Abraham, unser Vater". Die gemeinsamen Wurzeln von Judentum, Christentum und Islam*, Göttingen 2003.

as-Siğistānī, Sulaimān b. al-Ašʿaṯ: *Kitāb al-maṣāḥif*, Ed. Beirut 1995.

Simon, Róbert: *Meccan Trade and Islam. Problems of Origin and Structure*, Budapest 1989.

Ders.: *Mānī and Muḥammad*, in: *Jerusalem Studies in Arabic and Islam* 21/1997, 118–141.

Smith, William Robertson: *Die Religion der Semiten*, Freiburg 1899.

Ders.: *Kinship and Marriage in Early Arabia*, London 1885.

Sozomenos = Sozomène: *Histoire ecclésiastique*, edd. Grillet et Sabbah, Paris 1983.

Speyer, Heinrich: *Die biblischen Erzählungen im Qoran*, 2. Auflage, Darmstadt 1961.

Sprenger, Aloys: *Das Leben und die Lehre des Moḥammad nach bisher größtenteils unbenutzten Quellen*, 3 Bände, Berlin 1861–1865.

Spuler, Bertold: *Iran in früh-islamischer Zeit. Politik, Kultur, Verwaltung und öffentliches Leben zwischen der arabischen und der seldschukischen Eroberung 633 bis 1055*, Wiesbaden 1952.

SRU = as-Suhailī, ʿAbd ar-Raḥmān b. ʿAbdallāh: *ar-Rauḍ al-unuf fī tafsīr as-sīra an-nabawīja (wa-maʿa-hū s-Sīra an-nabawīja li-'bn Hišām)*, ed. Ṭāhā ʿAbd ar-Raʾūf, 4 Bände, Beirut 1989.

Stetter, Eckart: *Topoi und Schemata im Ḥadīṯ*, phil. Diss. Tübingen 1965.

as-Sujūṭī, *al-Itqān* = Ğalāl ad-Dīn as-Sujūṭī: *Kitāb al-itqān fī ʿulūm al-qurʾān*, 2 Bände, Kairo 1948.

Ders.: *Tanwīr al-ḥawālik*, 2 Bde., Kairo 1969.

SWW = as-Samhūdī: *Wafāʾ al-wafā bi-aḫbār dār al-muṣṭafā*, ed. Muḥammad Muḥjī d-Dīn ʿAbd al-Ḥamīd, 4 Teile in 2 Bänden, Beirut 1955.

aṭ-Ṭabarānī, Sulaimān b. Aḥmad: *al-Muʿğam al-kabīr*, ed. Ḥamdī ʿAbd al-Mağīd as-Salafī, 25 Bde., 2. Auflage, Mossul 1983.

Taft, Robert F.: *The Great Entrance. A History of the Transfer of Gifts and other Preanaphoral Rites of the Liturgy of St. Chrysostom*, Rom 1975 (Orientalia Christiana Analecta 200).

aṯ-Ṯaʿlabī, Aḥmad b. Muḥammad: *ʿArāʾis al-mağālis fī qiṣaṣ al-anbijāʾ*, Ed. Kairo 1315 h.

Tardieu, Michel: *Ṣābiens coraniques et «Ṣābiens» de Ḥarrān*, in: *Journal Asiatique* CCLXXIV/1986, 1–44.

Ders.: *L'arrivée des manichéens à al-Ḥīra*, in: Canivet/Rey-Coquait (Hgg.): *La Syrie de Byzance à l-'islam, VIIe–VIIIe siècles*. Actes du colloque international, Lyon – Maison de l'Orient Méditerranéen, Paris – Institut du Monde Arabe, 11–15 Septembre 1990, Damaskus 1992, 15–24.

TGB = aṭ-Ṭabarī, Muḥammad b. Ǧarīr: *Ǧāmiʿ al-bajān ʿan taʾwīl āj al-qurʾān*, edd. Maḥmūd Muḥammad Šākir und Aḥmad Muḥammad Šākir, ? Bände, Kairo 1956 ff.

Theissen, Gerd: *Die Religion der ersten Christen. Eine Theorie des Urchristentums*, 3.Auflage, Güterloh 2003.

at-Tirmidī, *Ṣaḥīḥ* = *Ṣaḥīḥ at-Trimidī (bi-šarḥ al-imām Ibn al-ʿArabī al-Mālikī)*, 13 Bände, Kairo 1350 h ff.

Tisdall, W.St.C.: Shi'ah Additions to the Koran, in: The Moslem World III/1913, 227–241.

TMD = Ibn ʿAsākir, ʿAlī: *Taʾrīḫ madīnat Dimašq*, ed. Muḥibb ad-Dīn ʿUmar al-ʿAmrawī, 80 Bände, Beirut 1995-2000.

Tottoli, *Suǧūd al-qurʾān* = Roberto Tottoli: *Muslim attitudes towards Prostration (sujûd). I. Arabs and prostration at the beginning of Islam and in the Qur'ân*, in: *Studia Islamica* 88/1998, 5–34.

Treitinger, Otto: *Die oströmische Kaiser und Reichsidee. Vom oströmischen Staats- und Reichsgedanken*, Darmstadt 1956.

TRM = aṭ-Ṭabarī, Muḥammad b. Ǧarīr: *Taʾrīḫ ar-rusul wal-mulūk*, edd. de Goeje und andere, 15 Bände in 3 Serien, Leiden 1879-1901.

Ullmann, Manfred: *WKAS* = *Wörterbuch der klassischen arabischen Sprache*, Band I (*kāf*) und Band II (*lām*), Wiesbaden 1970 ff.

Ders.: *Untersuchungen zur Raǧazpoesie*, Wiesbaden 1966.

USM = ʿUmar b. Šabba: *Taʾrīḫ al-Madīna al-munauwara*, ed. Fahīm Muḥammad Šaltūt, 4 Teile, Mekka 1979.

Vallaro, Michele: *Umayya ibn Abī ṣ-Ṣalt nella seconda parte del „Kitāb az-Zahrah" di Ibn Dāwūd al-Iṣfahānī*, in: *Atti della Accademia Nazionale dei Lincei*. Memorie. Classe di Scienze morali, storiche e filologiche 22/4 (1978).

Vesely, R.: *Die Anṣār im Ersten Bürgerkrieg*, in: *Archiv Orientalny* XXVI/1958, 36–58.

Wagner, Ewald: *Die arabische Rangstreitdichtung und ihre Einordnung in die allgemeine Literaturgeschichte* (Akademie der Wissenschaften und der Literatur Mainz, Abhandlungen der geistes- und sozialwissenschaftlichen Klasse 1962, Nr. 8).

Wagtendonk, K.: *Fasting in the Koran*, Leiden 1968 (Supplementa ad Numen, altera series: Dissertationes ad historiam religionum pertinentes 2).

Wakīʿ, Muḥammad b. Ḫalaf b. Ḥaijān: *Aḫbār al-quḍāt*, 2 Bde., Kairo 1947–1950.

WAM = Muḥammad b. ʿAbdallāh al-Azraqī: *Kitāb aḫbār Makka*, ed. Ferdinand Wüstenfeld, Leipzig 1858 (*Die Chroniken der Stadt Mekka*, erster Band).

WAMM = dto., ed. Rušdī aṣ-Ṣāliḥ Malḥas, Mekka 1965.

WAN = Quṭb ad-Dīn an-Nahrawālī: *Kitāb al-iʿlām bi-aʿlām bait Allāh al-ḥarām*, ed. Ferdinand Wüstenfeld, Leipzig 1857 (Die Chroniken der Stadt Mekka, dritter Band).

Wansbrough, John: *Quranic Studies. Sources and Methods of Scriptural Interpretation*, Oxford 1977.

Ders.: *The Sectarian Milieu. Content and Composition of Islamic Salvation History*, Oxford 1978.

WAQ = *Auszüge aus den Geschichtsbüchern der Stadt Mekka von Muhammed el-Fâkihî, Muhammed el-Fâsî und Muhammed Ibn Dhuheira*, herausgegeben von Ferdinand Wüstenfeld, Leipzig 1859 (Die Chroniken der Stadt Mekka, zweiter Band).

Watt, W. Montgomery: *Muhammad at Mecca*, Oxford 1953.

Ders.: *Muhammad at Medina*, Oxford 1956.

Ders. (Hg.): *Bell's Introduction to the Qurʾān, completely revised and enlarged*, Edinburgh 1970 (Islamic Surveys 8).

Ders.: *Belief in a „High God" in Pre-Islamic Mecca*, in: *Journal of Semitic Studies* XVI/1971, 35–40.

Watt, W. Montgomery/Welch, Alford T.: *Der Islam*, Band I: *Mohammed und die Frühzeit – Islamisches Recht – Religiöses Leben*, aus dem Englischen übersetzt von Sylvia Höfer, Stuttgart 1980 (Die Religionen der Menschheit 25,1).

Wehofer, Thomas: *Untersuchungen zur Apokalypse des Romanos*, Wien 1901

Wellhausen, Julius: *Medina vor dem Islam = Skizzen und Vorarbeiten IV*, Berlin 1889.

Wensinck, A.J., avec le concours de nombreux orientalistes: *Concordance et indices de la tradition musulmane*, 7 Bände, Leiden 1936–1969.

Ders.: *A Handbook of Early Muhammadan Tradition*, alphabetically arranged, Nachdruck der Ausgabe von 1927, Leiden 1971.

Ders.: *Mohammed en de Joden te Medina*, Leiden 1908.

Wink, André: *Al-Hind. The Making of the Indo-Islamic World*, Band I, *Early Medieval India and the Expasion of Islam 7th–11th Centuries*, Leiden 1990.

Wolfensohn, Israel: *Kaʿb al-Aḥbār und seine Stellung im Ḥadīṯ und in der islamischen Legendenliteratur*, phil Diss. Frankfurt/Main 1933.

WQ/Jones = al-Wāqidī, Muḥammad b. ʿUmar b. Wāqid: *Kitāb al-maġāzī*, ed. Marsden Jones, 3 Bände, Oxford University Press, London 1966.

WS = Naṣr b. Muzāḥim al-Minqarī: *Waqʿat Ṣiffīn*, ed. ʿAbd as-Salām Muḥammad Hārūn, 2. Auflage, Kairo 1382 h (1962/3).

az-Zabīdī, Murtaḍā: *Tāǧ al-ʿarūs min ǧawāhir al-qāmūs*, 40 Teile, Kuwait 1965–2001.

az-Zarkašī, Muḥammad b. ʿAbdallāh: *Iʿlām as-sāǧid bi-aḥkām al-masāǧid*, ed. Abū l-Wafā Muṣṭafā al-Marāġī, Kairo 1989.

az-Zubair b. Bakkār: *Ǧamharat nasab Quraiš wa-aḫbāri-hā*, ed. Maḥmūd Muḥammad Šākir, Teil I, Kairo 1381 h (1961).

az-Zubairī, Abū ʿAbdallāh al-Muṣʿab: *Kitāb nasab Quraiš*. Recension andalouse du traité de généalogie des Kuraishites, édition critique... par E. Lévi-Provençal, Kairo 1953.

Zur Transliteration arabischer Wörter

Haben sich in der deutschsprachigen Literatur bestimmte Schreibweisen arabischer Namen oder Begriffe eingebürgert, werden sie übernommen, auch wenn sie nicht der ohnehin nicht einheitlichen wissenschaftlichen Transliteration entsprechen. Im übrigen halte ich mich an die Umschriftregeln der Deutschen Morgenländischen Gesellschaft. Hierbei bedeuten:

ʾ = Stimmansatz

ʿ = gepreßter Kehllaut

ṯ = stimmloses englisches *th* wie in *thing*

ḏ = stimmhaftes englisches *th* wie in *they*

z = stimmhaftes s

s = stimmloses s

ṭ = emphatisches t

ḍ = emphatisches d

ẓ = emphatisches stimmhaftes s

ṣ = emphatisches stimmloses s

š = sch wie in *schön*

ǧ = stimmhaftes dsch wie im englischen Eigennamen *Jane*

ḫ = ähnlich wie das deutsche *ch* in *Bach*

ḥ = tief in der Kehle gebildetes h

h = auch am Ende einer Silbe als der Konsonant h zu sprechen, kein Dehnungs-h

q = gutturales k

ā = langes a

ī = langes i

ū = langes u